Stichwortverzeichnis

Stichwortverzeichnis

Allgemeines bürgerliches Gesetzbuch

Kundmachung des allgemeinen bürgerlichen Gesetzbuches

(1) Aus der Betrachtung, daß die bürgerlichen Gesetze, um den Bürgern volle Beruhigung über den gesicherten Genuß ihrer Privatrechte zu verschaffen, nicht nur nach den allgemeinen Grundsätzen der Gerechtigkeit; sondern auch nach den besonderen Verhältnissen der Einwohner bestimmt, in einer ihnen verständlichen Sprache bekannt gemacht, und durch eine ordentliche Sammlung in stetem Andenken erhalten werden sollen, haben Wir seit dem Antritte Unserer Regierung unausgesetzt Sorge getragen, daß die schon von Unseren Vorfahren beschlossene und unternommene Abfassung eines vollständigen, einheimischen bürgerlichen Gesetzbuches ihrer Vollendung zugeführt werde.

(2) Der während Unserer Regierung von Unserer Hofkommission in Gesetzsachen zu stande gebrachte Entwurf ward, sowie ehedem der Entwurf des Gesetzbuches über Verbrechen und schwere Polizeiübertretungen, den in den verschiedenen Provinzen eigens aufgestellten Kommissionen zur Beurteilung mitgeteilt, in Galizien aber inzwischen schon in Anwendung gesetzt.

(3) Nachdem auf solche Art die Meinungen der Sachverständigen, und die aus der Anwendung eingeholten Erfahrungen zur Berichtigung dieses so wichtigen Zweiges der Gesetzgebung benützt worden sind; haben Wir nun beschlossen, dieses allgemeine bürgerliche Gesetzbuch für Unsere gesamten deutschen Erbländer kund zu machen, und zu verordnen, daß dasselbe mit dem 1. Januar 1812 zur Anwendung kommen solle.

(4) Dadurch wird das bis jetzt angenommene gemeine Recht, der am 1. November 1786 kundgemachte erste Teil des bürgerlichen Gesetzbuches, das für Galizien gegebene bürgerliche Gesetzbuch, samt allen auf die Gegenstände dieses allgemeinen bürgerlichen Rechtes sich beziehenden Gesetzen und Gewohnheiten, außer Wirksamkeit gesetzt.

(5) Wie Wir aber in dem Gesetzbuche selbst zur allgemeinen Vorschrift aufgestellt haben, daß die Gesetze nicht zurückwirken sollen; so soll auch dieses Gesetzbuch auf Handlungen, die dem Tage, an welchem es verbindliche Kraft erhält, vorhergegangen, und auf die nach den früheren Gesetzen bereits erworbenen Rechte keinen Einfluß haben; diese Handlungen mögen in zweiseitig verbindlichen Rechtsgeschäften, oder in solchen Willenserklärungen bestehen, die von dem Erklärenden noch eigenmächtig abgeändert, und nach den in dem gegenwärtigen Gesetzbuche enthaltenen Vorschriften eingerichtet werden könnten.

(6) [1]Daher ist auch eine schon vor der Wirksamkeit dieses Gesetzbuches angefangene Ersitzung oder Verjährung nach den älteren Gesetzen zu beurteilen. [1]Wollte sich jemand auf eine Ersitzung oder Verjährung berufen, die in dem neueren Gesetze auf eine kürzere Zeit als in den früheren Gesetzen bestimmt ist; so kann er auch diese kürzere Frist erst von dem Zeitpunkte, an welchem das gegenwärtige Gesetz verbindliche Kraft erhält, zu berechnen anfangen.

(7) [1]Die Vorschriften dieses Gesetzbuches sind zwar allgemein verbindlich; doch bestehen für den Militärstand und für die zum Militärkörper gehörigen Personen besondere, auf das Privatrecht sich beziehende Vorschriften, welche bei den von, oder mit ihnen vorzunehmenden Rechtsgeschäften, obschon in dem Gesetzbuche nicht ausdrücklich darauf hingewiesen worden ist, zu beobachten sind. [1]Handels- und Wechselgeschäfte werden nach den besonderen Handels- und Wechselgesetzen, insofern sie von den Vorschriften dieses Gesetzbuches abweichen, beurteilt.

(8) Auch bleiben die über politische, Kameral- oder Finanzgegenstände kundgemachten, die Privatrechte beschränkenden, oder näher bestimmenden Verordnungen, obschon in diesem Gesetzbuche sich darauf nicht ausdrücklich bezogen würde, in ihrer Kraft.

(9) Insbesondere sind die auf Geldzahlungen sich beziehenden Rechte und Verbindlichkeiten nach dem, über das zum Umlauf und zur gemeinen Landes- (Wiener) Währung bestimmte Geld, bereits erlassenen Patente vom 20. Hornung 1811, oder nach den noch zu erlassenden besonderen Gesetzen, und nur bei deren Ermanglung, nach den allgemeinen Vorschriften des Gesetzbuches zu beurteilen.

(10) Wir erklären zugleich den gegenwärtigen deutschen Text des Gesetzbuches als den Urtext, wonach die veranstalteten Übersetzungen in die verschiedenen Landessprachen Unserer Provinzen zu beurteilen sind.

Einleitung

Von den bürgerlichen Gesetzen überhaupt

Begriff des bürgerlichen Rechtes

§ 1. Der Inbegriff der Gesetze, wodurch die Privatrechte und Pflichten der Einwohner des

Staates unter sich bestimmt werden, macht das bürgerliche Recht in demselben aus.

§ 2. Sobald ein Gesetz gehörig kundgemacht worden ist, kann sich niemand damit entschuldigen, daß ihm dasselbe nicht bekannt geworden sei.

Anfang der Wirksamkeit der Gesetze

§ 3. Die Wirksamkeit eines Gesetzes und die daraus entspringenden rechtlichen Folgen nehmen [gleich nach der Kundmachung] ihren Anfang; es wäre denn, daß in dem kundgemachten Gesetze selbst der Zeitpunkt seiner Wirksamkeit weiter hinaus bestimmt würde.

[] *Gegenstandslos, nach § 11 BGBlG BGBl I 2005/100 mit Ablauf des Tages der Freigabe zur Abfrage*

Umfang des Gesetzes

§ 4. *(aufgehoben, BGBl 1978/304)*

§ 5. Gesetze wirken nicht zurück; sie haben daher auf vorhergegangene Handlungen und auf vorher erworbene Rechte keinen Einfluß.

Auslegung

§ 6. Einem Gesetze darf in der Anwendung kein anderer Verstand beigelegt werden, als welcher aus der eigentümlichen Bedeutung der Worte in ihrem Zusammenhange und aus der klaren Absicht des Gesetzgebers hervorleuchtet.

§ 7. [1]Läßt sich ein Rechtsfall weder aus den Worten, noch aus dem natürlichen Sinne eines Gesetzes entscheiden, so muß auf ähnliche, in den Gesetzen bestimmt entschiedene Fälle, und auf die Gründe anderer damit verwandten Gesetze Rücksicht genommen werden. [2]Bleibt der Rechtsfall noch zweifelhaft; so muß solcher mit Hinsicht auf die sorgfältig gesammelten und reiflich erwogenen Umstände nach den natürlichen Rechtsgrundsätzen entschieden werden.

§ 8. [1]Nur dem Gesetzgeber steht die Macht zu, ein Gesetz auf eine allgemein verbindliche Art zu erklären. [2]Eine solche Erklärung muß auf alle noch zu entscheidende Rechtsfälle angewendet werden, dafern der Gesetzgeber nicht hinzufügt, daß seine Erklärung bei Entscheidung solcher Rechtsfälle, welche die vor der Erklärung unternommenen Handlungen und angesprochenen Rechte zum Gegenstande haben, nicht bezogen werden solle.

Dauer des Gesetzes

§ 9. Gesetze behalten so lange ihre Kraft, bis sie von dem Gesetzgeber abgeändert oder ausdrücklich aufgehoben werden.

Andere Arten der Vorschriften, als:

a) Gewohnheiten

§ 10. Auf Gewohnheiten kann nur in den Fällen, in welchen sich ein Gesetz darauf beruft, Rücksicht genommen werden.

[b) Provinzialstatuten]

§ 11. [Nur jene Statuten einzelner Provinzen und Landesbezirke haben Gesetzeskraft, welche nach der Kundmachung dieses Gesetzbuches von dem Landesfürsten ausdrücklich bestätigt werden.]

[] *Gegenstandslos*

c) Richterliche Aussprüche

§ 12. Die in einzelnen Fällen ergangenen Verfügungen und die von Richter[stühle]n in besonderen Rechtsstreitigkeiten gefällten Urteile haben nie die Kraft eines Gesetzes, sie können auf andere Fälle oder auf andere Personen nicht ausgedehnt werden.

d) Privilegien

§ 13. Die einzelnen Personen oder auch ganzen Körpern verliehenen Privilegien und Befreiungen sind, insofern hierüber die politischen Verordnungen keine besondere Bestimmung enthalten, gleich den übrigen Rechten zu beurteilen.

Haupteinteilung des bürgerlichen Rechtes

§ 14. Die in dem bürgerlichen Gesetzbuche enthaltenen Vorschriften haben das Personenrecht, das Sachenrecht und die denselben gemeinschaftlich zukommenden Bestimmungen zum Gegenstande.

Erster Teil
Von dem Personenrechte

Erstes Hauptstück
Von den Rechten, welche sich auf persönliche Eigenschaften und Verhältnisse beziehen

Personenrechte

§ 15. Die Personenrechte beziehen sich teils auf persönliche Eigenschaften und Verhältnisse; teils gründen sie sich in dem Familienverhältnisse.

I. Aus dem Charakter der Persönlichkeit. Angeborne Rechte

§ 16. [1]Jeder Mensch hat angeborne, schon durch die Vernunft einleuchtende Rechte, und ist daher als eine Person zu betrachten. [2]Sklaverei oder Leibeigenschaft, und die Ausübung einer darauf sich beziehenden Macht wird in diesen Ländern nicht gestattet.

Rechtliche Vermutung derselben

§ 17. Was den angebornen natürlichen Rechten angemessen ist, dieses wird so lange als bestehend angenommen, als die gesetzmäßige Beschränkung dieser Rechte nicht bewiesen wird.

Erwerbliche Rechte

§ 18. Jedermann ist unter den von den Gesetzen vorgeschriebenen Bedingungen fähig, Rechte zu erwerben.

Verfolgung der Rechte

§ 19. [1]Jedem, der sich in seinem Rechte gekränkt zu sein erachtet, steht es frei, seine Beschwerde vor der durch die Gesetze bestimmten Behörde anzubringen. [2]Wer sich aber mit Hintansetzung derselben der eigenmächtigen Hilfe bedient, oder, wer die Grenzen der Notwehr überschreitet, ist dafür verantwortlich.

§ 20. [Auch solche Rechtsgeschäfte, die das Oberhaupt des Staates betreffen, aber auf dessen Privateigentum, oder auf die in dem bürgerlichen Rechte gegründeten Erwerbungsarten sich beziehen, sind von den Gerichtsbehörden nach den Gesetzen zu beurteilen.]

[] *Gegenstandslos*

II. Personenrechte der Minderjährigen und sonstiger schutzberechtigter Personen

§ 21. (1) [1]Minderjährige und Personen, die aus einem anderen Grund als dem ihrer Minderjährigkeit alle oder einzelne ihrer Angelegenheiten selbst gehörig zu besorgen nicht vermögen, stehen unter dem besonderen Schutz der Gesetze. „[2]Sie heißen schutzberechtigte Personen.“ *(BGBl I 2017/59, ab 1. 7. 2018, s § 1503 Abs 9 Z 4)*

(2) Minderjährige sind Personen, die das achtzehnte Lebensjahr noch nicht vollendet haben; haben sie das vierzehnte Lebensjahr noch nicht vollendet, so sind sie unmündig. *(BGBl I 2000/135, ab 1. 7. 2001)*

(BGBl 1973/108)

§ 22. [1]Selbst ungeborne Kinder haben von dem Zeitpunkte ihrer Empfängnis an einen Anspruch auf den Schutz der Gesetze. [2]Insoweit es um ihre und nicht um die Rechte eines Dritten zu tun ist, werden sie als Geborne angesehen; ein totgebornes Kind aber wird in Rücksicht auf die ihm für den Lebensfall vorbehaltenen Rechte so betrachtet, als wäre es nie empfangen worden.

§ 23. [1]In zweifelhaftem Falle, ob ein Kind lebendig oder tot geboren worden sei, wird das erstere vermutet. [2]Wer das Gegenteil behauptet, muß es beweisen.

III. Handlungs- und Entscheidungsfähigkeit

§ 24. (1) [1]Handlungsfähigkeit ist die Fähigkeit einer Person, sich im jeweiligen rechtlichen Zusammenhang durch eigenes Handeln zu berechtigen und zu verpflichten. [2]Soweit nichts anderes bestimmt ist, setzt sie Entscheidungsfähigkeit voraus; im jeweiligen Zusammenhang können noch weitere Erfordernisse vorgesehen sein.

(2) [1]Entscheidungsfähig ist, wer die Bedeutung und die Folgen seines Handelns im jeweiligen Zusammenhang verstehen, seinen Willen danach bestimmen und sich entsprechend verhalten kann. [2]Dies wird im Zweifel bei Volljährigen vermutet.

(BGBl I 2017/59, ab 1. 7. 2018, s § 1503 Abs 9 Z 4)

§ 25. *(aufgehoben, dRGBl 1939 I 1186)*

IV. Aus dem Verhältnisse einer moralischen Person

§ 26. [1]Die Rechte der Mitglieder einer erlaubten Gesellschaft unter sich werden durch den Vertrag oder Zweck und die besondern für dieselben bestehenden Vorschriften bestimmt. [2]Im Verhältnisse gegen andere genießen erlaubte Gesellschaften in der Regel gleiche Rechte mit den einzelnen Personen. [3]Unerlaubte Gesellschaften haben als solche keine Rechte, weder gegen die Mitglieder, noch gegen andere, und sie sind unfähig, Rechte zu erwerben. [4]Unerlaubte Gesellschaften sind aber diejenigen, welche durch die politischen Gesetze insbesondere verboten werden, oder offenbar der Sicherheit, öffentlichen Ordnung oder den guten Sitten widerstreiten.

§ 27. Inwiefern Gemeinden in Rücksicht ihrer Rechte unter einer besonderen Vorsorge der öffentlichen Verwaltung stehen, ist in den politischen Gesetzen enthalten.

(In Vorarlberg für den selbständigen Wirkungsbereich der Länder aufgehoben durch § 92 Abs 2 lit a Vorarlberger GemeindeG LGBl 1965/45, Wv als § 100 LGBl 1985/40)

V. Aus dem Verhältnisse eines Staatsbürgers

§ 28. [1]Den vollen Genuß der bürgerlichen Rechte erwirbt man durch die Staatsbürgerschaft. [2][Die Staatsbürgerschaft in diesen [Erb]staaten ist Kindern eines österreichischen Staatsbürgers durch die Geburt eigen.]

[] *Gegenstandslos, s §§ 7, 7a und 8 StaatsbürgerschaftsG 1985 BGBl 311.*

§§ 29 bis 32. *(aufgehoben, RGBl 1860/108 und BGBl 1925/285)*

Rechte der Fremden

§ 33. [1]Den Fremden kommen überhaupt gleiche bürgerliche Rechte und Verbindlichkeiten mit den Eingebornen zu, wenn nicht zu dem Genusse dieser Rechte ausdrücklich die Eigenschaft eines Staatsbürgers erfordert wird. [2]Auch müssen die Fremden, um gleiches Recht mit den Eingebornen zu genießen, in zweifelhaften Fällen beweisen, daß der Staat, dem sie angehören, die hierländigen Staatsbürger in Rücksicht des Rechtes, wovon die Frage ist, ebenfalls wie die seinigen behandle.

§§ 34 bis 37. *(aufgehoben, BGBl 1978/304)*

§ 38. Die Gesandten, die öffentlichen Geschäftsträger und die in ihren Diensten stehenden Personen genießen die in dem Völkerrechte und in den öffentlichen Verträgen gegründeten Befreiungen.

VI. Personenrechte aus dem Religionsverhältnisse

§ 39. Die Verschiedenheit der Religion hat auf die Privatrechte keinen Einfluß, außer insofern dieses bei einigen Gegenständen durch die Gesetze insbesondere angeordnet wird.

VII. Aus dem Familienverhältnisse. Familie, Verwandtschaft und Schwägerschaft

§ 40. [1]Unter Familie werden die Stammeltern mit allen ihren Nachkommen verstanden. [2]Die Verbindung zwischen diesen Personen wird Verwandtschaft; die Verbindung aber, welche zwischen einem Ehegatten und den Verwandten des andern Ehegatten entsteht, Schwägerschaft genannt.

§ 41. [1]Die Grade der Verwandtschaft zwischen zwei Personen sind nach der Zahl der Zeugungen, mittels welcher in der geraden Linie eine derselben von der andern, und in der Seitenlinie beide von ihrem nächsten gemeinschaftlichen Stamme abhängen, zu bestimmen. [2]In welcher Linie und in welchem Grade jemand mit dem einen Ehegatten verwandt ist, in eben der Linie und in eben dem Grade ist er mit dem andern Ehegatten verschwägert.

§ 42. Unter dem Namen Eltern werden in der Regel ohne Unterschied des Grades alle Verwandte in der aufsteigenden; und unter dem Namen Kinder alle Verwandte in der absteigenden Linie begriffen.

VIII. Schutz des Namens

§ 43. Wird jemandem das Recht zur Führung seines Namens bestritten oder wird er durch unbefugten Gebrauch seines Namens (Decknamens) beeinträchtigt, so kann er auf Unterlassung und bei Verschulden auf Schadenersatz klagen.

(RGBl 1916/69)

Zweites Hauptstück

Von dem Eherechte

Begriff der Ehe

§ 44. [1]Die Familienverhältnisse werden durch den Ehevertrag gegründet. [2]In dem Ehevertrage erklären zwei Personen „ “ gesetzmäßig ihren Willen, in unzertrennlicher Gemeinschaft zu leben, Kinder zu zeugen, sie zu erziehen, und sich gegenseitigen Beistand zu leisten. *(BGBl I 2017/161 (VfGH), ab 1. 1. 2019)*

und des Eheverlöbnisses

§ 45. Ein Eheverlöbnis oder ein vorläufiges Versprechen, sich zu ehelichen, unter was für Umständen oder Bedingungen es gegeben oder erhalten worden, zieht keine rechtliche Verbindlichkeit nach sich, weder zur Schließung der Ehe selbst, noch zur Leistung desjenigen, was auf den Fall des Rücktrittes bedungen worden ist.

Rechtliche Wirkung des Rücktrittes vom Eheverlöbnisse

§ 46. Nur bleibt dem Teile, von dessen Seite keine gegründete Ursache zu dem Rücktritte entstanden ist, der Anspruch auf den Ersatz des wirklichen Schadens vorbehalten, welchen er aus diesem Rücktritte zu leiden beweisen kann.

§§ 47 bis 88. *(aufgehoben, dRGBl 1938 I 807)*

Persönliche Rechtswirkungen der Ehe

§ 89. Die persönlichen Rechte und Pflichten der Ehegatten im Verhältnis zueinander sind, soweit in diesem Hauptstück nicht anderes bestimmt ist, gleich.

(BGBl 1975/412)

§ 90. (1) Die Ehegatten sind einander zur umfassenden ehelichen Lebensgemeinschaft, besonders zum gemeinsamen Wohnen, sowie zur Treue, zur anständigen Begegnung und zum Beistand verpflichtet.

(2) Im Erwerb des anderen hat ein Ehegatte mitzuwirken, soweit ihm dies zumutbar, es nach den Lebensverhältnissen der Ehegatten üblich und nicht anderes vereinbart ist.

(3) [1]Jeder Ehegatte hat dem anderen in der Ausübung der Obsorge für dessen Kinder in angemessener Weise beizustehen. [2]Soweit es die Umstände erfordern, vertritt er ihn auch in den Obsorgeangelegenheiten des täglichen Lebens. *(BGBl I 2009/75, ab 1. 1. 2010)*

(BGBl I 1999/125, ab 1. 1. 2000)

§ 91. (1) Die Ehegatten sollen ihre eheliche Lebensgemeinschaft, besonders die Haushaltsführung, die Erwerbstätigkeit, die Leistung des Beistandes und die Obsorge, unter Rücksichtnahme aufeinander und auf das Wohl der Kinder mit dem Ziel voller Ausgewogenheit ihrer Beiträge einvernehmlich gestalten.

(2) [1]Von einer einvernehmlichen Gestaltung kann ein Ehegatte abgehen, wenn dem nicht ein wichtiges Anliegen des anderen oder der Kinder entgegensteht oder, auch wenn ein solches Anliegen vorliegt, persönliche Gründe des Ehegatten, besonders sein Wunsch nach Aufnahme einer Erwerbstätigkeit, als gewichtiger anzusehen sind. [2]In diesen Fällen haben sich die Ehegatten um ein Einvernehmen über die Neugestaltung der ehelichen Lebensgemeinschaft zu bemühen.

(BGBl I 1999/125, ab 1. 1. 2000)

§ 92. (1) Verlangt ein Ehegatte aus gerechtfertigten Gründen die Verlegung der gemeinsamen Wohnung, so hat der andere diesem Verlangen zu entsprechen, es sei denn, er habe gerechtfertigte Gründe von zumindest gleichem Gewicht, nicht mitzuziehen.

(2) Ungeachtet des Abs. 1, kann ein Ehegatte vorübergehend gesondert Wohnung nehmen, solange ihm ein Zusammenleben mit dem anderen Ehegatten, besonders wegen körperlicher Bedrohung, unzumutbar oder dies aus wichtigen persönlichen Gründen gerechtfertigt ist.

(3) [1]In den Fällen der Abs. 1 und 2 kann jeder der Ehegatten vor oder auch nach der Verlegung der Wohnung oder der gesonderten Wohnungnahme die Entscheidung des Gerichtes beantragen. [2]Das Gericht hat im Verfahren außer Streitsachen festzustellen, ob das Verlangen auf Verlegung der gemeinsamen Wohnung oder die Weigerung mitzuziehen oder die gesonderte Wohnungnahme durch einen Ehegatten rechtmäßig war oder ist. [3]Es hat bei der Entscheidung auf die gesamten Umstände der Familie, besonders auf das Wohl der Kinder, Bedacht zu nehmen.

(BGBl 1975/412)

Name

§ 93. (1) [1]Die Ehegatten führen den von ihnen bestimmten gemeinsamen Familiennamen. [2]Mangels einer solchen Bestimmung behalten sie ihre bisherigen Familiennamen bei.

(2) [1]Zum gemeinsamen Familiennamen können die Verlobten oder Ehegatten einen ihrer Namen bestimmen. [2]Wird hiefür ein aus mehreren voneinander getrennten oder durch einen Bindestrich verbundenen Teilen bestehender Name herangezogen, so können der gesamte Name oder dessen Teile verwendet werden. [3]Sie können auch einen aus den Familiennamen beider gebildeten Doppelnamen zum gemeinsamen Familiennamen bestimmen; dabei dürfen sie insgesamt zwei Teile dieser Namen verwenden.

(3) Derjenige Ehegatte, dessen Familienname nicht gemeinsamer Familienname ist, kann auch schon vor Eheschließung bestimmen, dass er einen aus dem gemeinsamen Familiennamen und seinem Familiennamen gebildeten Doppelnamen führt, sofern nicht der gemeinsame Familienname bereits aus mehreren Teilen besteht; auch darf der Ehegatte, dessen Familienname aus mehreren Teilen besteht, nur einen dieser Teile verwenden.

(4) Ein Doppelname ist durch einen Bindestrich zwischen dessen einzelnen Teilen zu trennen.

(BGBl I 2013/15, ab 1. 2. 2013; auf Ehegatten anzuwenden, die die Ehe nach dem 31. 3. 2013 schließen; s auch § 1503 Abs 1 Z 5, zu Abs 2 auch Z 6)

§ 93a. (1) Ändert sich der Familienname eines Ehegatten, so kann eine erneute Bestimmung vorgenommen werden.

(2) Wird die Ehe aufgelöst, so können die Ehegatten jeden früher rechtmäßig geführten Familiennamen wieder annehmen.

(3) [1]Eine Person kann bestimmen, dass ihr Familienname dem Geschlecht angepasst wird, soweit dies der Herkunft der Person oder der Tradition der Sprache entspricht, aus der der Name stammt. [2]Sie kann auch bestimmen, dass eine auf das Geschlecht hinweisende Endung des Namens entfällt.

(BGBl I 2013/15, ab 1. 2. 2013; auf Ehegatten anzuwenden, die die Ehe nach dem 31. 3. 2013 schließen, s auch § 1503 Abs 1 Z 5)

§ 93b. Die Bestimmung oder Wiederannahme eines Familiennamens nach den §§ 93 und 93a ist nur einmalig zulässig.

(BGBl I 2013/15, ab 1. 2. 2013; auf Ehegatten anzuwenden, die die Ehe nach dem 31. 3. 2013 schließen, s auch § 1503 Abs 1 Z 5)

§ 93c. [1]Namensrechtliche Erklärungen sind dem Standesbeamten gegenüber in öffentlicher oder öffentlich beglaubigter Urkunde abzugeben. [2]Ihre Wirkungen treten ein, sobald sie dem Standesbeamten zukommen.

(BGBl I 2013/15, ab 1. 2. 2013; auf Ehegatten anzuwenden, die die Ehe nach dem 31. 3. 2013 schließen, s auch § 1503 Abs 1 Z 5)

Sonstige Wirkungen der Ehe

§ 94. (1) Die Ehegatten haben nach ihren Kräften und gemäß der Gestaltung ihrer ehelichen Lebensgemeinschaft zur Deckung der ihren Lebensverhältnissen angemessenen Bedürfnisse gemeinsam beizutragen.

(2) [1]Der Ehegatte, der den gemeinsamen Haushalt führt, leistet dadurch seinen Beitrag im Sinn des Abs. 1; er hat an den anderen einen Anspruch auf Unterhalt, wobei eigene Einkünfte angemessen zu berücksichtigen sind. [2]Dies gilt nach der Aufhebung des gemeinsamen Haushalts zugunsten des bisher Unterhaltsberechtigten weiter, sofern nicht die Geltendmachung des Unterhaltsanspruchs, besonders wegen der Gründe, die zur Aufhebung des gemeinsamen Haushalts geführt haben, ein Mißbrauch des Rechtes wäre. [3]Ein Unterhaltsanspruch steht einem Ehegatten auch zu, soweit er seinen Beitrag nach Abs. 1 nicht zu leisten vermag.

(3) [1]„Auf Verlangen des unterhaltsberechtigten Ehegatten ist der Unterhalt auch bei aufrechter Haushaltsgemeinschaft ganz oder zum Teil in Geld zu leisten, soweit nicht ein solches Verlangen, insbesondere im Hinblick auf die zur Deckung der Bedürfnisse zur Verfügung stehenden Mittel, unbillig wäre.“[2]Auf den Unterhaltsanspruch an sich kann im vorhinein nicht verzichtet werden. *(BGBl I 1999/125, ab 1. 1. 2000)*

(BGBl 1975/412)

§ 95. [1]Die Ehegatten haben an der Führung des gemeinsamen Haushalts nach ihren persönlichen Verhältnissen, besonders unter Berücksichtigung ihrer beruflichen Belastung, mitzuwirken. [2]„Ist jedoch ein Ehegatte nicht erwerbstätig, so obliegt diesem die Haushaltsführung; der andere ist nach Maßgabe des § 91 zur Mithilfe verpflichtet.“ *(BGBl I 1999/125, ab 1. 1. 2000)*

(BGBl 1975/412)

§ 96. [1]Der Ehegatte, der den gemeinsamen Haushalt führt und keine Einkünfte hat, vertritt den anderen bei den Rechtsgeschäften des täglichen Lebens, die er für den gemeinsamen Haushalt schließt und die ein den Lebensverhältnissen der Ehegatten entsprechendes Maß nicht übersteigen. [2]Dies gilt nicht, wenn der andere Ehegatte dem Dritten zu erkennen gegeben hat, daß er von seinem Ehegatten nicht vertreten sein wolle. [3]Kann der Dritte aus den Umständen nicht erkennen, daß der handelnde Ehegatte als Vertreter auftritt, dann haften beide Ehegatten zur ungeteilten Hand.

(BGBl 1975/412)

§ 97. [1]Ist ein Ehegatte über die Wohnung, die der Befriedigung des dringenden Wohnbedürfnisses des anderen Ehegatten dient, verfügungsberechtigt, so hat dieser einen Anspruch darauf, daß der verfügungsberechtigte Ehegatte alles unterlasse und vorkehre, damit der auf die Wohnung angewiesene Ehegatte diese nicht verliere. [2]Dies gilt nicht, wenn das Handeln oder Unterlassen des verfügungsberechtigten Ehegatten durch die Umstände erzwungen wird.

(BGBl 1975/412)

§ 98. [1]Wirkt ein Ehegatte im Erwerb des anderen mit, so hat er Anspruch auf angemessene Abgeltung seiner Mitwirkung. [2]Die Höhe des Anspruchs richtet sich nach der Art und Dauer der Leistungen; die gesamten Lebensverhältnisse der Ehegatten, besonders auch die gewährten Unterhaltsleistungen, sind angemessen zu berücksichtigen.

(BGBl 1978/280)

§ 99. Ansprüche auf Abgeltung der Mitwirkung eines Ehegatten im Erwerb des anderen (§ 98) sind vererblich, unter Lebenden oder von Todes wegen übertragbar und verpfändbar, soweit sie durch Vertrag oder Vergleich anerkannt oder gerichtlich geltend gemacht worden sind.

(BGBl 1978/280)

§ 100. [1]Der § 98 berührt nicht vertragliche Ansprüche eines Ehegatten an den anderen aus einem Mit- oder Zusammenwirken im Erwerb. [2]Solche Ansprüche schließen einen Anspruch nach § 98 aus; bei einem Dienstverhältnis bleibt dem Ehegatten jedoch der Anspruch nach § 98 gewahrt, soweit er seine Ansprüche aus dem Dienstverhältnis übersteigt.

(BGBl 1978/280)

§§ 101 bis 106. *(aufgehoben, dRGBl 1938 I 807)*

§ 107. *(aufgehoben, BGBl 1975/412)*

§§ 108 und 109. *(aufgehoben, dRGBl 1938 I 807)*

§ 110. *(aufgehoben, BGBl 1975/412)*

§ 111. *(aufgehoben, dRGBl 1938 I 807)*

§§ 112 bis 114. *(aufgehoben, dRGBl 1939 I 1186)*

§§ 115 und 116. *(aufgehoben, dRGBl 1938 I 807)*

§§ 117 und 118. *(aufgehoben, BGBl 1975/412)*

§§ 119 und 120. *(aufgehoben, dRGBl 1938 I 807)*

§ 121. *(aufgehoben, BGBl 1975/412)*

§§ 122 bis 136. *(aufgehoben, dRGBl 1938 I 807)*

Drittes Hauptstück
Rechte zwischen Eltern und Kindern

Erster Abschnitt
Allgemeine Bestimmungen

Allgemeine Grundsätze

§ 137. (1) [1]Eltern und Kinder haben einander beizustehen und mit Achtung zu begegnen. [2]Die Rechte und Pflichten des Vaters und der Mutter sind, soweit nicht anderes bestimmt ist, gleich.

(2) [1]Eltern haben das Wohl ihrer minderjährigen Kinder zu fördern, ihnen Fürsorge, Geborgenheit und eine sorgfältige Erziehung zu gewähren. [2]Die Anwendung jeglicher Gewalt und die Zufügung körperlichen oder seelischen Leides sind unzulässig. [3]Soweit tunlich und möglich sollen die Eltern die Obsorge einvernehmlich wahrnehmen.

(BGBl I 2013/15, ab 1. 2. 2013)

Kindeswohl

§ 138. [1]In allen das minderjährige Kind betreffenden Angelegenheiten, insbesondere der Obsorge und der persönlichen Kontakte, ist das Wohl des Kindes (Kindeswohl) als leitender Gesichtspunkt zu berücksichtigen und bestmöglich zu gewährleisten. [2]Wichtige Kriterien bei der Beurteilung des Kindeswohls sind insbesondere

1. eine angemessene Versorgung, insbesondere mit Nahrung, medizinischer und sanitärer Betreuung und Wohnraum, sowie eine sorgfältige Erziehung des Kindes;
2. die Fürsorge, Geborgenheit und der Schutz der körperlichen und seelischen Integrität des Kindes;
3. die Wertschätzung und Akzeptanz des Kindes durch die Eltern;
4. die Förderung der Anlagen, Fähigkeiten, Neigungen und Entwicklungsmöglichkeiten des Kindes;
5. die Berücksichtigung der Meinung des Kindes in Abhängigkeit von dessen Verständnis und der Fähigkeit zur Meinungsbildung;
6. die Vermeidung der Beeinträchtigung, die das Kind durch die Um- und Durchsetzung einer Maßnahme gegen seinen Willen erleiden könnte;
7. die Vermeidung der Gefahr für das Kind, Übergriffe oder Gewalt selbst zu erleiden oder an wichtigen Bezugspersonen mitzuerleben;
8. die Vermeidung der Gefahr für das Kind, rechtswidrig verbracht oder zurückgehalten zu werden oder sonst zu Schaden zu kommen;
9. verlässliche Kontakte des Kindes zu beiden Elternteilen und wichtigen Bezugspersonen sowie sichere Bindungen des Kindes zu diesen Personen;
10. die Vermeidung von Loyalitätskonflikten und Schuldgefühlen des Kindes;
11. die Wahrung der Rechte, Ansprüche und Interessen des Kindes sowie
12. die Lebensverhältnisse des Kindes, seiner Eltern und seiner sonstigen Umgebung.

(BGBl I 2013/15, ab 1. 2. 2013)

§ 139. (1) Dritte dürfen in die elterlichen Rechte nur insoweit eingreifen, als ihnen dies durch die Eltern selbst, unmittelbar auf Grund des Gesetzes oder durch eine behördliche Verfügung gestattet ist.

(2) [1]Eine mit einem Elternteil und dessen minderjährigem Kind nicht nur vorübergehend im

gemeinsamen Haushalt lebende volljährige Person, die in einem familiären Verhältnis zum Elternteil steht, hat alles den Umständen nach Zumutbare zu tun, um das Kindeswohl zu schützen. [2]Soweit es die Umstände erfordern, vertritt sie den Elternteil auch in Obsorgeangelegenheiten des täglichen Lebens.

(BGBl I 2013/15, ab 1. 2. 2013)

Zweiter Abschnitt
Abstammung des Kindes

a) Allgemeines

§ 140. Die nach diesem Gesetzbuch begründete Abstammung und deren Änderung sowie die Feststellung der Nichtabstammung wirken gegenüber jedermann.

(BGBl I 2013/15, ab 1. 2. 2013)

Handlungsfähigkeit in Abstammungsangelegenheiten

§ 141. (1) [1]Eine Person kann in Angelegenheiten ihrer Abstammung und der Abstammung von ihr rechtswirksam handeln, wenn sie entscheidungsfähig ist. [2]Im Zweifel wird das Vorliegen der Entscheidungsfähigkeit bei mündigen Minderjährigen vermutet.

(2) [1]Minderjährige bedürfen darüber hinaus der Zustimmung ihres gesetzlichen Vertreters. [2]Handelt der gesetzliche Vertreter selbst, so bedarf er der Zustimmung des Minderjährigen.

(3) [1]Ist eine Person in Angelegenheiten der Abstammung nicht entscheidungsfähig, so kann ihr gesetzlicher Vertreter für sie handeln. [2]Ist die vertretene Person volljährig, so gilt § 250 Abs. 2 sinngemäß. [3]Die Vaterschaft oder Elternschaft kann eine Person jedoch nur selbst anerkennen.

(4) [1]Der gesetzliche Vertreter hat sich vom Wohl der vertretenen Person leiten zu lassen. [2]Seine Vertretungshandlungen in Angelegenheiten der Abstammung bedürfen nicht der Genehmigung des Gerichts.

(BGBl I 2017/59, ab 1. 7. 2018, s § 1503 Abs 9 Z 4)

Rechtsnachfolge in Abstammungsangelegenheiten

§ 142. Nach dem Tod der betroffenen Person kann die Feststellung der Abstammung, deren Änderung oder die Feststellung der Nichtabstammung von den Rechtsnachfolgern oder gegen diese bewirkt werden.

(BGBl I 2013/15, ab 12. 1. 2013; ist, außer in vor dem 12. 1. 2013 anhängig gemachten gerichtlichen Verfahren auch auf Anerkenntnisse anzuwenden, die vor dem 12. 1. 2013 erklärt worden sind)

b) Abstammung von der Mutter

§ 143. Mutter ist die Frau, die das Kind geboren hat.

(BGBl I 2013/15, ab 1. 2. 2013)

c) Abstammung vom Vater und vom anderen Elternteil[1)]

[1)] Im BGBl fehlt aufgrund eines Redaktionsversehens „c)" (s RV 445 BlgNR 25. GP)

§ 144. (1) Vater des Kindes ist der Mann,

1. der mit der Mutter im Zeitpunkt der Geburt des Kindes verheiratet ist oder als Ehemann der Mutter nicht früher als 300 Tage vor der Geburt des Kindes verstorben ist oder

2. der die Vaterschaft anerkannt hat oder

3. dessen Vaterschaft gerichtlich festgestellt ist.

(2) Ist an der Mutter innerhalb von nicht mehr als 300 und nicht weniger als 180 Tagen vor der Geburt eine medizinisch unterstützte Fortpflanzung durchgeführt worden, so ist die Frau Elternteil,

1. die mit der Mutter im Zeitpunkt der Geburt des Kindes in eingetragener Partnerschaft verbunden ist oder als eingetragene Partnerin der Mutter nicht früher als 300 Tage vor der Geburt des Kindes verstorben ist oder

2. die die Elternschaft anerkannt hat oder

3. deren Elternschaft gerichtlich festgestellt ist.

(3) [1]Auf diese Frau sind die auf den Vater und die Vaterschaft Bezug nehmenden Bestimmungen in diesem Gesetz und anderen bundesgesetzlichen Vorschriften sinngemäß anzuwenden. [2]Gelten im Verhältnis der Eltern zu ihrem Kind und zwischen den Eltern besondere Rechte und Pflichten, so kommen diese gleichermaßen zur Anwendung.

(4) [1]Würden nach Abs. 1 Z 1 mehrere Männer als Vater in Betracht kommen, so ist derjenige von ihnen Vater, der mit der Mutter zuletzt die Ehe geschlossen hat. [2]Würden nach Abs. 2 Z 1 mehrere Frauen in Betracht kommen, so ist diejenige von ihnen Elternteil, die mit der Mutter zuletzt die eingetragene Partnerschaft begründet hat.

(BGBl I 2015/35, ab 1. 1. 2015, s § 1503 Abs 6)

Anerkenntnis des Vaters und des anderen Elternteils

§ 145. (1) [1]Die Vaterschaft oder Elternschaft wird durch persönliche Erklärung in inländischer öffentlicher oder öffentlich-beglaubigter Urkunde anerkannt. [2]Dem Anerkenntnis der Elternschaft ist ein Nachweis über die an der Mutter durchgeführte medizinisch unterstützte Fortpflanzung (§ 144 Abs. 2) beizulegen. [3]Das Anerkenntnis wirkt ab dem Zeitpunkt der Erklärung, sofern die Urkunde oder ihre öffentlich-beglaubigte Abschrift mit den nötigen Nachweisen dem Standesbeamten zukommt. *(BGBl I 2015/35, ab 1. 1. 2015, s § 1503 Abs 6)*

(2) Das Anerkenntnis soll eine genaue Bezeichnung des Anerkennenden, der Mutter und des Kindes, sofern es bereits geboren ist, enthalten.

(3) Für Zustimmungen zum Anerkenntnis gelten die Abs. 1 und 2 entsprechend.

(BGBl I 2013/15, ab 1. 2. 2013)

§ 146. (1) Das Kind oder die Mutter, sofern sie „entscheidungsfähig" sowie am Leben ist, können gegen das Anerkenntnis innerhalb von zwei Jahren ab Kenntnis von dessen Rechtswirksamkeit bei Gericht Widerspruch erheben. *(BGBl I 2017/59, ab 1. 7. 2018, s § 1503 Abs 9 Z 4)*

(2) Der Lauf der Frist ist gehemmt, solange die zum Widerspruch berechtigte Person „minderjährig oder nicht entscheidungsfähig" ist oder innerhalb des letzten Jahres der Frist durch ein unvorhergesehenes oder unabwendbares Ereignis am Widerspruch gehindert ist. *(BGBl I 2017/59, ab 1. 7. 2018, s § 1503 Abs 9 Z 4)*

(BGBl I 2013/15, ab 1. 2. 2013)

§ 147. (1) Steht zum Zeitpunkt der Anerkennung bereits die Vaterschaft eines anderen Mannes fest, so wird das Anerkenntnis erst rechtswirksam, sobald mit allgemein verbindlicher Wirkung festgestellt ist, dass der andere Mann nicht der Vater des betreffenden Kindes ist.

(2) [1]Ein zu einem Zeitpunkt, zu dem die Abstammung des Kindes von einem anderen Mann feststand, abgegebenes Vaterschaftsanerkenntnis wird jedoch rechtswirksam, wenn das Kind dem Anerkenntnis in öffentlicher oder öffentlich beglaubigter Urkunde zustimmt. [2]Ist das Kind „minderjährig", so wird das Anerkenntnis überdies nur rechtswirksam, wenn die „entscheidungsfähige" Mutter selbst den Anerkennenden in der genannten Form als Vater bezeichnet. [3]Das Anerkenntnis wirkt ab dem Zeitpunkt seiner Erklärung, sofern die über diese Erklärung sowie über die Zustimmung zum Anerkenntnis und, falls erforderlich, über die Bezeichnung des Anerkennenden als Vater errichteten Urkunden oder ihre öffentlich-beglaubigten Abschriften dem Standesbeamten zukommen. *(BGBl I 2017/59, ab 1. 7. 2018, s § 1503 Abs 9 Z 4)*

(3) [1]Der Mann, der als Vater feststand, oder die Mutter, sofern sie „entscheidungsfähig" sowie am Leben ist und nicht nach Abs. 2 den Anerkennenden als Vater bezeichnet hat, kann gegen das Anerkenntnis bei Gericht Widerspruch erheben. [2]§ 146 gilt entsprechend. *(BGBl I 2017/59, ab 1. 7. 2018, s § 1503 Abs 9 Z 4)*

(4) Für die Zustimmung des minderjährigen Kindes ist der „Kinder- und Jugendhilfeträger" gesetzlicher Vertreter des Kindes. *(BGBl I 2017/59, ab 26. 4. 2017)*

(BGBl I 2013/15, ab 1. 2. 2013)

Gerichtliche Feststellung der Vaterschaft

§ 148. (1) [1]Als Vater hat das Gericht den Mann festzustellen, von dem das Kind abstammt. [2]Der Antrag kann vom Kind gegen den Mann oder von diesem gegen das Kind gestellt werden.

(2) [1]Auf Antrag des Kindes kann der Mann als Vater festgestellt werden, welcher der Mutter innerhalb von nicht mehr als 300 und nicht weniger als 180 Tagen vor der Geburt beigewohnt hat oder mit dessen Samen an der Mutter in diesem Zeitraum eine medizinisch unterstützte Fortpflanzung durchgeführt worden ist, es sei denn, er weist nach, dass das Kind nicht von ihm abstammt. [2]Eine solche Feststellung ist nach Ablauf von zwei Jahren nach dem Tod des Mannes nicht mehr möglich, es sei denn, das Kind weist nach, dass ihm der Beweis nach Abs. 1 aus Gründen auf Seiten des Mannes nicht gelingt.

(3) Ist an der Mutter innerhalb der im Abs. 2 genannten Frist eine medizinisch unterstützte Fortpflanzung mit dem Samen eines Dritten durchgeführt worden, so ist als Vater der Mann festzustellen, der dieser medizinisch unterstützten Fortpflanzung in Form eines Notariatsakts zugestimmt hat, es sei denn, er weist nach, dass das Kind nicht durch diese medizinisch unterstützte Fortpflanzung gezeugt worden ist.

(4) [1]Ein Dritter, dessen Samen für eine medizinisch unterstützte Fortpflanzung verwendet wird, kann nicht als Vater des mit seinem Samen gezeugten Kindes festgestellt werden. [2]Dritter ist, wer seinen Samen einer für medizinisch unterstützte Fortpflanzungen zugelassenen Krankenanstalt mit dem Willen überlässt, nicht selbst als Vater eines mit diesem Samen gezeugten Kindes festgestellt zu werden.

(BGBl I 2013/15, ab 1. 2. 2013; Abs 3 ist auf zu gerichtlichem Protokoll erklärte Zustimmungen entsprechend anzuwenden)

§ 149. (1) Der gesetzliche Vertreter hat dafür zu sorgen, dass die Vaterschaft festgestellt wird, es sei denn, dass die Feststellung der Vaterschaft für das Wohl des Kindes nachteilig ist oder die Mutter von ihrem Recht, den Namen des Vaters nicht bekanntzugeben, Gebrauch macht.

(2) Der „Kinder- und Jugendhilfeträger" hat die Mutter darauf aufmerksam zu machen, welche

Folgen es hat, wenn die Vaterschaft nicht festgestellt wird. *(BGBl I 2017/59, ab 26. 4. 2017)*

(BGBl I 2013/15, ab 1. 2. 2013)

Vaterschaftsfeststellung bei bestehender Abstammung

§ 150. [1]Das Kind kann die Feststellung seiner Abstammung auch beantragen, wenn die Vaterschaft eines anderen Mannes bereits feststeht. [2]In einem solchen Fall hat die Feststellung der Abstammung die vom Gericht auszusprechende Wirkung, dass das Kind nicht vom anderen Mann abstammt.

(BGBl I 2013/15, ab 1. 2. 2013)

Feststellung der Nichtabstammung vom Ehemann der Mutter

§ 151. (1) Stammt ein Kind, das während der Ehe der Mutter oder vor Ablauf von 300 Tagen nach dem Tod des Ehemanns der Mutter geboren worden ist, nicht von diesem ab, so hat das Gericht dies auf Antrag festzustellen.

(2) Der Antrag kann vom Kind gegen den Mann und von diesem gegen das Kind gestellt werden.

(BGBl I 2013/15, ab 1. 2. 2013)

§ 152. Hat der Ehemann der Mutter einer medizinisch unterstützten Fortpflanzung mit dem Samen eines Dritten in Form eines Notariatsakts zugestimmt, so kann nicht die Feststellung begehrt werden, dass das mit dem Samen des Dritten gezeugte Kind nicht vom Ehemann der Mutter abstammt.

(BGBl I 2013/15, ab 1. 2. 2013; ist auf zu gerichtlichem Protokoll erklärte Zustimmungen entsprechend anzuwenden)

§ 153. (1) [1]Ein Antrag auf Feststellung, dass das Kind nicht vom Ehemann der Mutter abstammt, kann binnen zwei Jahren ab Kenntnis der hiefür sprechenden Umstände gestellt werden. [2]Diese Frist beginnt frühestens mit der Geburt des Kindes, im Fall einer Änderung der Abstammung frühestens mit der Wirksamkeit der Änderung. [3]Ein Antrag ist nicht zulässig, solange die Abstammung des Kindes von einem anderen Mann feststeht.

(2) Der Lauf der Frist ist gehemmt, solange die antragsberechtigte Person „minderjährig oder nicht entscheidungsfähig" ist oder innerhalb des letzten Jahres der Frist durch ein unvorhergesehenes oder unabwendbares Ereignis an der Antragstellung gehindert ist. *(BGBl I 2017/59, ab 1. 7. 2018, s § 1503 Abs 9 Z 4)*

(3) Später als 30 Jahre nach der Geburt des Kindes oder nach einer Änderung der Abstammung kann nur das Kind die Feststellung der Nichtabstammung begehren.

(BGBl I 2013/15, ab 1. 2. 2013)

Rechtsunwirksamerklärung des Vaterschaftsanerkenntnisses

§ 154. (1) Das Gericht hat das Anerkenntnis für rechtsunwirksam zu erklären

1. von Amts wegen, wenn

a) das Anerkenntnis oder – im Fall des § 147 Abs. 2 – die Zustimmung des Kindes oder die Bezeichnung des Anerkennenden als Vater durch die Mutter nicht den Formvorschriften entspricht oder

b) der Anerkennende oder – im Fall des § 147 Abs. 2 – die Mutter oder das Kind nicht entscheidungsfähig war oder der gesetzliche Vertreter des Kindes nicht zugestimmt hat, es sei denn, dass der Mangel der gesetzlichen Vertretung nachträglich behoben wurde oder dass der Anerkennende nach Erreichen der Entscheidungsfähigkeit sein Anerkenntnis gebilligt hat; *(BGBl I 2017/59, ab 1. 7. 2018, s § 1503 Abs 9 Z 4)*

2. aufgrund eines Widerspruchs, es sei denn, es ist erwiesen, dass das Kind vom Anerkennenden abstammt oder – wenn das Kind durch eine medizinisch unterstützte Fortpflanzung mit dem Samen eines Dritten gezeugt worden ist – dass der Anerkennende dem in Form eines Notariatsakts zugestimmt hat;

3. auf Antrag des Anerkennenden, wenn er beweist,

a) dass sein Anerkenntnis durch List, ungerechte und gegründete Furcht oder Irrtum darüber veranlasst worden ist, dass das Kind von ihm abstammt oder dass an der Mutter eine medizinisch unterstützte Fortpflanzung mit seinem Samen oder mit seiner Zustimmung mit dem Samen eines Dritten vorgenommen wurde oder

b) dass das Kind nicht von ihm abstammt und er erst nachträglich von Umständen Kenntnis erlangt hat, die für die Nichtabstammung des Kindes sprechen.

(2) [1]Der Antrag nach Abs. 1 Z 3 kann längstens bis zum Ablauf von zwei Jahren nach Entdeckung der Täuschung, des Irrtums oder der genannten Umstände oder nach Wegfall der Zwangslage erhoben werden. [2]Die Frist beginnt frühestens mit der Geburt des Kindes.

(BGBl I 2013/15, ab 1. 2. 2013)

Dritter Abschnitt
Name

§ 155. (1) [1]Das Kind erhält den gemeinsamen Familiennamen der Eltern. [2]Es kann aber auch der Doppelname eines Elternteils (§ 93 Abs. 3) zum Familiennamen des Kindes bestimmt werden.

(2) [1]Führen die Eltern keinen gemeinsamen Familiennamen, so kann zum Familiennamen des Kindes der Familienname eines Elternteils bestimmt werden. [2]Wird hiefür ein aus mehreren voneinander getrennten oder durch einen Bindestrich verbundenen Teilen bestehender Name herangezogen, so können der gesamte Name oder dessen Teile verwendet werden. [3]Es kann auch ein aus den Familiennamen beider Elternteile gebildeter Doppelname bestimmt werden; dabei dürfen aber höchstens zwei Teile dieser Namen verwendet werden. [4]Ein Doppelname ist durch einen Bindestrich zwischen dessen einzelnen Teilen zu trennen.

(3) Mangels einer solchen Bestimmung erhält das Kind den Familiennamen der Mutter, auch wenn dieser ein Doppelname ist.

(BGBl I 2013/15, ab 1. 2. 2013; auf Kinder anzuwenden, deren Geburt oder Annahme an Kindesstatt nach dem 31. 3. 2013 beurkundet wird; s auch § 1503 Abs 1 Z 5; zu Abs 2 auch Z 6. § 139 in der Fassung des NamRÄG 1995 ist auf Kinder anzuwenden, deren Geburt vor dem 1. 4. 2013 beurkundet wird.)

§ 156. (1) [1]Den Familiennamen des Kindes bestimmt die mit der Pflege und Erziehung betraute Person. [2]Mehrere damit betraute Personen haben das Einvernehmen herzustellen; es genügt aber die Erklärung einer von ihnen, sofern sie versichert, dass die andere damit einverstanden ist oder das Einvernehmen nicht mit zumutbarem Aufwand erreicht werden kann.

(2) [1]„Entscheidungsfähige" Personen bestimmen ihren Familiennamen selbst. [2]Die „Entscheidungsfähigkeit" wird bei mündigen Minderjährigen vermutet. *(BGBl I 2017/59, ab 1. 7. 2018, s § 1503 Abs 9 Z 1, ab 1. 7. 2018, s § 1503 Abs 9 Z 4)*

(BGBl I 2013/15, ab 1. 2. 2013; auf Kinder anzuwenden, deren Geburt oder Annahme an Kindesstatt nach dem 31. 3. 2013 beurkundet wird; s auch § 1503 Abs 1 Z 5. § 139 in der Fassung des NamRÄG 1995 ist auf Kinder anzuwenden, deren Geburt vor dem 1. 4. 2013 beurkundet wird.)

§ 157. (1) Die Bestimmung eines Familiennamens nach § 155 ist nur einmalig zulässig.

(2) [1]Ändert sich der Familienname der Eltern oder eines Elternteils oder heiraten die Eltern einander, so kann der Familienname des Kindes erneut bestimmt werden. [2]Das Gleiche gilt bei Änderungen in der Person eines Elternteils, etwa bei einer Annahme an Kindesstatt oder bei einer Begründung oder Änderung der Abstammung des Kindes.

(3) Auf die Bestimmung des Familiennamens des Kindes sind die §§ 93a und 93c anzuwenden.

(BGBl I 2013/15, ab 1. 2. 2013; auf Kinder anzuwenden, deren Geburt oder Annahme an Kindesstatt nach dem 31. 3. 2013 beurkundet wird; s auch § 1503 Abs 1 Z 5. § 139 in der Fassung des NamRÄG 1995 ist auf Kinder anzuwenden, deren Geburt vor dem 1. 4. 2013 beurkundet wird.)

Vierter Abschnitt
Obsorge

Inhalt der Obsorge

§ 158. (1) Wer mit der Obsorge für ein minderjähriges Kind betraut ist, hat es zu pflegen und zu erziehen, sein Vermögen zu verwalten und es in diesen sowie allen anderen Angelegenheiten zu vertreten; Pflege und Erziehung sowie die Vermögensverwaltung umfassen auch die gesetzliche Vertretung in diesen Bereichen.

(2) [1]Solange ein Elternteil minderjährig ist, hat er nicht das Recht und die Pflicht, das Vermögen des Kindes zu verwalten und das Kind zu vertreten. [2]Ein volljähriger Elternteil muss, um sein Kind vertreten und dessen Vermögen verwalten zu können, über jene Entscheidungsfähigkeit verfügen, die ein Handeln in eigenen Angelegenheiten erfordert; § 181 ist sinngemäß anzuwenden. *(BGBl I 2017/59, ab 1. 7. 2018, s § 1503 Abs 9 Z 5)*

(BGBl I 2013/15, ab 1. 2. 2013)

Wohlverhaltensgebot

§ 159. Bei Ausübung der Rechte und Erfüllung der Pflichten nach diesem Hauptstück ist zur Wahrung des Kindeswohls alles zu unterlassen, was das Verhältnis des Minderjährigen zu anderen Personen, denen nach diesem Hauptstück das Kind betreffende Rechte und Pflichten zukommen, beeinträchtigt oder die Wahrnehmung von deren Aufgaben erschwert.

(BGBl I 2013/15, ab 1. 2. 2013)

Pflege, Erziehung und Bestimmung des Aufenthalts des Kindes

§ 160. (1) Die Pflege des minderjährigen Kindes umfasst besonders die Wahrnehmung des körperlichen Wohles und der Gesundheit sowie die unmittelbare Aufsicht, die Erziehung besonders die Entfaltung der körperlichen, geistigen, seelischen und sittlichen Kräfte, die Förderung der Anlagen, Fähigkeiten, Neigungen und Entwicklungsmöglichkeiten des Kindes sowie dessen Ausbildung in Schule und Beruf.

(2) Das Ausmaß der Pflege und Erziehung richtet sich nach den Lebensverhältnissen der Eltern.

(3) [1]Die Eltern haben in Angelegenheiten der Pflege und Erziehung auch auf den Willen des Kindes Bedacht zu nehmen, soweit dem nicht dessen Wohl oder ihre Lebensverhältnisse entgegenstehen. [2]Der Wille des Kindes ist umso maßgeblicher, je mehr es den Grund und die Bedeutung einer Maßnahme einzusehen und seinen Willen nach dieser Einsicht zu bestimmen vermag.

(BGBl I 2013/15, ab 1. 2. 2013)

§ 161. [1]Das minderjährige Kind hat die Anordnungen der Eltern zu befolgen. [2]Die Eltern haben bei ihren Anordnungen und deren Durchsetzung auf Alter, Entwicklung und Persönlichkeit des Kindes Bedacht zu nehmen.

(BGBl I 2013/15, ab 1. 2. 2013)

§ 162. (1) [1]Soweit die Pflege und Erziehung es erfordern, hat der hierzu berechtigte Elternteil auch das Recht, den Aufenthalt des Kindes zu bestimmen. [2]Hält sich das Kind woanders auf, so haben die Behörden und Organe des öffentlichen Sicherheitsdienstes auf Ersuchen eines berechtigten Elternteils bei der Ermittlung des Aufenthalts, notfalls auch bei der Zurückholung des Kindes mitzuwirken.

(2) Haben die Eltern vereinbart oder das Gericht bestimmt, welcher der obsorgeberechtigten Elternteile das Kind hauptsächlich in seinem Haushalt betreuen soll, so hat dieser Elternteil das alleinige Recht, den Wohnort des Kindes zu bestimmen.

(3) [1]Ist nicht festgelegt, in wessen Haushalt das Kind hauptsächlich betreut werden soll, so darf der Wohnort des Kindes nur mit Zustimmung beider Elternteile oder Genehmigung des Gerichts in das Ausland verlegt werden. [2]Das Gericht hat bei der Entscheidung über die Genehmigung sowohl das Kindeswohl zu beachten als auch die Rechte der Eltern auf Schutz vor Gewalt, Freizügigkeit und Berufsfreiheit zu berücksichtigen.

(BGBl I 2013/15, ab 1. 2. 2013)

§ 163. Weder ein minderjähriges Kind noch die Eltern können in eine medizinische Maßnahme, die eine dauernde Fortpflanzungsunfähigkeit des minderjährigen Kindes zum Ziel hat, einwilligen.

(BGBl I 2013/15, ab 1. 2. 2013)

Vermögensverwaltung

§ 164. (1) [1]Die Eltern haben das Vermögen eines minderjährigen Kindes mit der Sorgfalt ordentlicher Eltern zu verwalten. [2]„Sofern das Wohl des Kindes nichts anderes erfordert, haben sie es in seinem Bestand zu erhalten und nach Möglichkeit zu vermehren. [3]Für die Anlegung von Bargeld und Geld auf Zahlungskonten des Kindes, den Wechsel der Anlageform und die Veräußerung von dessen Vermögen gelten die §§ 215 bis 223 sinngemäß.“ *(BGBl I 2017/59, ab 1. 7. 2018, s § 1503 Abs 9 Z 6)*

(2) Aus dem Vermögen sind jedenfalls die Kosten der Verwaltung einschließlich der für die Erhaltung des Vermögens und den ordentlichen Wirtschaftsbetrieb nötigen Aufwendungen und die fälligen Zahlungen zu berichtigen; weiter auch die Kosten des Unterhalts, soweit das Kind nach den §§ 231 und 232 zur Heranziehung seines Vermögens verpflichtet ist oder die Bedürfnisse des Kindes nicht in anderer Weise gedeckt sind.

(BGBl I 2013/15, ab 1. 2. 2013)

§ 165. [1]Die Eltern haben über das Vermögen des minderjährigen Kindes dem Gericht Rechnung zu legen, soweit dies das Gericht aus besonderen Gründen verfügt; über die Erträgnisse jedoch nur, soweit sie nicht für den Unterhalt des Kindes verwendet worden sind. [2]Näheres wird in den Verfahrensgesetzen bestimmt.

(BGBl I 2018/58, ab 1. 8. 2018)

§ 166. [1]Wird einem minderjährigen Kind ein Vermögen zugewendet und ein Elternteil von der Verwaltung ausgeschlossen, so ist der andere Elternteil mit der Verwaltung betraut. [2]Sind beide Elternteile oder jener Elternteil, der mit der Obsorge allein betraut ist, ausgeschlossen, so hat das Gericht andere Personen mit der Verwaltung zu betrauen.

(BGBl I 2013/15, ab 1. 2. 2013)

Gesetzliche Vertretung des Kindes

§ 167. (1) Sind beide Eltern mit der Obsorge betraut, so ist jeder Elternteil für sich allein berechtigt und verpflichtet, das Kind zu vertreten; seine Vertretungshandlung ist selbst dann rechtswirksam, wenn der andere Elternteil mit ihr nicht einverstanden ist.

(2) [1]Vertretungshandlungen und Einwilligungen eines Elternteils, die die Änderung des Vornamens oder des Familiennamens, den Eintritt in eine Kirche oder Religionsgesellschaft und den Austritt aus einer solchen, die Übergabe in fremde Pflege, den Erwerb einer Staatsangehörigkeit oder den Verzicht auf eine solche, die vorzeitige Lösung eines Lehr-, Ausbildungs- oder Dienstvertrags und die Anerkennung der Vaterschaft zu

einem unehelichen Kind betreffen, bedürfen zu ihrer Rechtswirksamkeit der Zustimmung des anderen obsorgebetrauten Elternteils. [2]Dies gilt nicht für die Entgegennahme von Willenserklärungen und Zustellstücken.

(3) [1]Vertretungshandlungen und Einwilligungen eines Elternteils in Vermögensangelegenheiten bedürfen zu ihrer Rechtswirksamkeit der Zustimmung des anderen obsorgebetrauten Elternteils und der Genehmigung des Gerichtes, sofern die Vermögensangelegenheit nicht zum ordentlichen Wirtschaftsbetrieb gehört. [2]Unter dieser Voraussetzung gehören dazu besonders die Veräußerung oder Belastung von Liegenschaften, die Gründung, der, auch erbrechtliche, Erwerb, die Umwandlung, Veräußerung oder Auflösung sowie die Änderung des Gegenstandes eines Unternehmens, der, auch erbrechtliche, Eintritt in eine oder die Umwandlung einer Gesellschaft oder Genossenschaft, der Verzicht auf ein Erbrecht, die unbedingte Annahme oder die Ausschlagung einer Erbschaft, die Annahme einer mit Belastungen verbundenen Schenkung oder die Ablehnung eines Schenkungsanbots, die Anlegung von Geld mit Ausnahme der in den §§ 216 und 217 geregelten Arten sowie die Erhebung einer Klage und alle verfahrensrechtlichen Verfügungen, die den Verfahrensgegenstand an sich betreffen. [3]Dies gilt nicht für die Entgegennahme von Willenserklärungen und Zustellstücken.

(BGBl I 2013/15, ab 1. 2. 2013)

§ 168. [1]Bedarf ein Rechtsgeschäft der Einwilligung des gesetzlichen Vertreters, der Zustimmung des anderen Elternteils oder der Genehmigung des Pflegschaftsgerichts, so ist bei deren Fehlen das volljährig gewordene Kind nur dann daraus wirksam verpflichtet, wenn es schriftlich erklärt, diese Verpflichtungen als rechtswirksam anzuerkennen. [2]Fordert der Gläubiger den volljährig Gewordenen auf, sich nach dem ersten Satz zu erklären, so hat er ihm dafür eine angemessene Frist zu setzen.

(BGBl I 2013/15, ab 1. 2. 2013)

§ 169. (1) In zivilgerichtlichen Verfahren ist nur ein obsorgebetrauter Elternteil allein zur Vertretung des Kindes berechtigt; solange sich die Eltern nicht auf den anderen Elternteil einigen oder das Gericht nach § 181 diesen oder einen Dritten als Vertreter bestimmt, ist Vertreter derjenige Elternteil, der die erste Verfahrenshandlung setzt.

(2) Die nach § 167 erforderliche Zustimmung des anderen Elternteils und Genehmigung des Gerichtes gelten für das ganze Verfahren.

(BGBl I 2013/15, ab 1. 2. 2013)

Handlungsfähigkeit des Kindes

§ 170. (1) Ein minderjähriges Kind kann ohne ausdrückliche oder stillschweigende Einwilligung seines gesetzlichen Vertreters rechtsgeschäftlich weder verfügen noch sich verpflichten.

(2) Nach erreichter Mündigkeit kann es jedoch über Sachen, die ihm zur freien Verfügung überlassen worden sind, und über sein Einkommen aus eigenem Erwerb so weit verfügen und sich verpflichten, als dadurch nicht die Befriedigung seiner Lebensbedürfnisse gefährdet wird.

(3) Schließt ein minderjähriges Kind ein Rechtsgeschäft, das von Minderjährigen seines Alters üblicherweise geschlossen wird und eine geringfügige Angelegenheit des täglichen Lebens betrifft, so wird dieses Rechtsgeschäft, auch wenn die Voraussetzungen des Abs. 2 nicht vorliegen, mit der Erfüllung der das Kind treffenden Pflichten rückwirkend rechtswirksam.

(BGBl I 2013/15, ab 1. 2. 2013)

§ 171. [1]Soweit nicht anderes bestimmt ist, kann sich ein mündiges minderjähriges Kind selbständig durch Vertrag zu Dienstleistungen verpflichten, ausgenommen zu Dienstleistungen auf Grund eines Lehr- oder sonstigen Ausbildungsvertrags. [2]Der gesetzliche Vertreter des Kindes kann das durch den Vertrag begründete Rechtsverhältnis aus wichtigen Gründen vorzeitig lösen.

(BGBl I 2013/15, ab 1. 2. 2013)

§ 172. [1]Hat das „entscheidungsfähige" Kind seine Meinung über seine Ausbildung den Eltern erfolglos vorgetragen, so kann es das Gericht anrufen. [2]Dieses hat nach sorgfältiger Abwägung der von den Eltern und dem Kind angeführten Gründe die zum Wohl des Kindes angemessenen Verfügungen zu treffen. *(BGBl I 2017/59, ab 1. 7. 2018, s § 1503 Abs 9 Z 4)*

(BGBl I 2013/15, ab 1. 2. 2013)

§ 173. (1) [1]Einwilligungen in medizinische Behandlungen kann das „entscheidungsfähige" Kind nur selbst erteilen; im Zweifel wird das Vorliegen dieser „Entscheidungsfähigkeit" bei mündigen Minderjährigen vermutet. [2]Mangelt es an der notwendigen „Entscheidungsfähigkeit", so ist die Zustimmung der Person erforderlich, die mit der gesetzlichen Vertretung bei Pflege und Erziehung betraut ist. *(BGBl I 2017/59, ab 1. 7. 2018, s § 1503 Abs 9 Z 4)*

(2) Willigt ein „entscheidungsfähiges" minderjähriges Kind in eine Behandlung ein, die gewöhnlich mit einer schweren oder nachhaltigen Beeinträchtigung der körperlichen Unversehrtheit oder der Persönlichkeit verbunden ist, so darf die Behandlung nur vorgenommen werden, wenn auch die Person zustimmt, die mit der gesetzlichen

Vertretung bei Pflege und Erziehung betraut ist. *(BGBl I 2017/59, ab 1. 7. 2018, s § 1503 Abs 9 Z 4)*

(3) Die Einwilligung des „entscheidungsfähigen" Kindes sowie die Zustimmung der Person, die mit Pflege und Erziehung betraut ist, sind nicht erforderlich, wenn die Behandlung so dringend notwendig ist, dass der mit der Einholung der Einwilligung oder der Zustimmung verbundene Aufschub das Leben des Kindes gefährden würde oder mit der Gefahr einer schweren Schädigung der Gesundheit verbunden wäre. *(BGBl I 2017/59, ab 1. 7. 2018, s § 1503 Abs 9 Z 4)*

(BGBl I 2013/15, ab 1. 2. 2013)

§ 174. Ein verheiratetes minderjähriges Kind steht hinsichtlich seiner persönlichen Verhältnisse einem Volljährigen gleich, solange die Ehe dauert.

(BGBl I 2013/15, ab 1. 2. 2013)

§ 175. *(entfällt, BGBl I 2017/59, ab 1. 7. 2018, s § 1503 Abs 9 Z 7)*

Deliktsfähigkeit des Kindes

§ 176. Soweit einem minderjährigen Kind nicht bereits früher ein Verschulden zugerechnet werden kann (§ 1310), wird es mit der Erreichung der Mündigkeit nach den schadensersatzrechtlichen Bestimmungen „deliktsfähig". *(BGBl I 2017/59, ab 1. 7. 2018, s § 1503 Abs 9 Z 4)*

(BGBl I 2013/15, ab 1. 2. 2013)

Obsorge der Eltern

§ 177. (1) [1]Beide Elternteile sind mit der Obsorge betraut, wenn sie zum Zeitpunkt der Geburt des Kindes miteinander verheiratet sind. [2]Gleiches gilt ab dem Zeitpunkt der Eheschließung, wenn sie einander nach der Geburt des Kindes heiraten.

(2) [1]Sind die Eltern zum Zeitpunkt der Geburt des Kindes nicht miteinander verheiratet, so ist allein die Mutter mit der Obsorge betraut. [2]Die Eltern können aber vor dem Standesbeamten persönlich und unter gleichzeitiger Anwesenheit nach einer Belehrung über die Rechtsfolgen einmalig bestimmen, dass sie beide mit der Obsorge betraut sind, sofern die Obsorge nicht bereits gerichtlich geregelt ist. [3]Die Bestimmung wird wirksam, sobald beide Eltern persönlich vor dem Standesbeamten übereinstimmende Erklärungen abgegeben haben. [4]Innerhalb von acht Wochen ab ihrer Wirksamkeit kann die Bestimmung ohne Begründung durch einseitige Erklärung eines Elternteils gegenüber dem Standesbeamten widerrufen werden. [5]Vorher gesetzte Vertretungshandlungen bleiben davon unberührt.

(3) Die Eltern können weiters dem Gericht – auch in Abänderung einer bestehenden Regelung – eine Vereinbarung über die Betrauung mit der Obsorge vorlegen, wobei die Betrauung eines Elternteils allein oder beider Eltern vereinbart werden kann.

(4) [1]Sind beide Elternteile mit der Obsorge betraut und leben sie nicht in häuslicher Gemeinschaft, so haben sie festzulegen, bei welchem Elternteil sich das Kind hauptsächlich aufhalten soll. [2]Außerdem muss der Elternteil, in dessen Haushalt das Kind hauptsächlich betreut wird, vorbehaltlich des § 158 Abs. 2, mit der gesamten Obsorge betraut sein. [3]Im Fall des Abs. 3 kann die Obsorge des Elternteils, in dessen Haushalt das Kind nicht hauptsächlich betreut wird, auf bestimmte Angelegenheiten beschränkt sein.

(BGBl I 2013/15, ab 1. 2. 2013)

Obsorge bei Verhinderung eines Elternteils

§ 178. (1) [1]Ist ein Elternteil, der mit der Obsorge für das Kind gemeinsam mit dem anderen Elternteil betraut war, gestorben, ist sein Aufenthalt seit mindestens sechs Monaten unbekannt, kann die Verbindung mit ihm nicht oder nur mit unverhältnismäßig großen Schwierigkeiten hergestellt werden oder ist ihm die Obsorge ganz oder teilweise entzogen, so ist der andere Elternteil insoweit allein mit der Obsorge betraut. [2]Ist in dieser Weise der Elternteil, der mit der Obsorge allein betraut ist, betroffen, so hat das Gericht unter Beachtung des Wohles des Kindes zu entscheiden, ob der andere Elternteil oder ob und welches Großelternpaar (Großelternteil) oder Pflegeelternpaar (Pflegeelternteil) mit der Obsorge zu betrauen ist; Letzteres gilt auch, wenn beide Elternteile betroffen sind. [3]Die Regelungen über die Obsorge gelten dann für dieses Großelternpaar (diesen Großelternteil).

(2) Auf Antrag des Elternteiles, auf den die Obsorge nach Abs. 1 erster Satz übergegangen ist, hat das Gericht diesen Übergang festzustellen.

(3) Geht die Obsorge auf den anderen Elternteil über oder überträgt das Gericht die Obsorge, so sind, sofern sich der Übergang oder die Übertragung der Obsorge darauf bezieht, das Vermögen sowie sämtliche die Person des Kindes betreffenden Urkunden und Nachweise zu übergeben.

(BGBl I 2013/15, ab 1. 2. 2013)

Obsorge bei Auflösung der Ehe und der häuslichen Gemeinschaft

§ 179. (1) [1]Wird die Ehe oder die häusliche Gemeinschaft der Eltern aufgelöst, so bleibt die Obsorge beider Eltern aufrecht. [2]Sie können jedoch vor Gericht eine Vereinbarung schließen, wonach ein Elternteil allein mit der Obsorge betraut wird oder die Obsorge eines Elternteils auf bestimmte Angelegenheiten beschränkt wird.

(2) Im Fall einer Obsorge beider Eltern nach Auflösung der Ehe oder der häuslichen Gemeinschaft haben diese vor Gericht eine Vereinbarung darüber zu schließen, in wessen Haushalt das Kind hauptsächlich betreut wird.

(BGBl I 2013/15, ab 1. 2. 2013)

Änderung der Obsorge

§ 180. (1) [1]Sofern dies dem Wohl des Kindes entspricht, hat das Gericht eine vorläufige Regelung der elterlichen Verantwortung (Phase der vorläufigen elterlichen Verantwortung) zu treffen, wenn

1. nach Auflösung der Ehe oder der häuslichen Gemeinschaft der Eltern binnen angemessener Frist eine Vereinbarung nach § 179 nicht zustande kommt oder

2. ein Elternteil die Übertragung der alleinigen Obsorge an ihn oder seine Beteiligung an der Obsorge beantragt.

[2]Die Phase der vorläufigen elterlichen Verantwortung besteht darin, dass das Gericht einem mit der Obsorge betrauten Elternteil unter Aufrechterhaltung der bisherigen Obsorgeregelung für einen Zeitraum von sechs Monaten die hauptsächliche Betreuung des Kindes in seinem Haushalt aufträgt und dem anderen ein derart ausreichendes Kontaktrecht einräumt, dass er auch die Pflege und Erziehung des Kindes wahrnehmen kann. [3]Für diesen Zeitraum sind im Einvernehmen der Eltern oder auf gerichtliche Anordnung die Details des Kontaktrechts, der Pflege und Erziehung sowie der Unterhaltsleistung festzulegen.

(2) [1]Nach Ablauf des Zeitraums hat das Gericht auf der Grundlage der Erfahrungen in der Phase der vorläufigen elterlichen Verantwortung einschließlich der Leistung des gesetzlichen Unterhalts und nach Maßgabe des Kindeswohls über die Obsorge endgültig zu entscheiden. [2]Zum Zweck der Vorbereitung der Entscheidung kann das Gericht die Phase der vorläufigen elterlichen Verantwortung auch verlängern. [3]Wenn das Gericht beide Eltern mit der Obsorge betraut, hat es auch festzulegen, in wessen Haushalt das Kind hauptsächlich betreut wird.

(3) [1]Ist die Obsorge im Sinn des Abs. 2 endgültig geregelt, so kann jeder Elternteil, sofern sich die Verhältnisse maßgeblich geändert haben, bei Gericht eine Neuregelung der Obsorge beantragen. [2]Für die Änderung einer geregelten Obsorge gelten die Abs. 1 und 2 entsprechend.

(BGBl I 2013/15, ab 1. 2. 2013)

Entziehung oder Einschränkung der Obsorge

§ 181. (1) [1]Gefährden die Eltern durch ihr Verhalten das Wohl des minderjährigen Kindes, so hat das Gericht, von wem immer es angerufen wird, die zur Sicherung des Wohles des Kindes nötigen Verfügungen zu treffen. [2]Besonders darf das Gericht die Obsorge für das Kind ganz oder teilweise, auch gesetzlich vorgesehene Einwilligungs- und Zustimmungsrechte, entziehen. [3]Im Einzelfall kann das Gericht auch eine gesetzlich erforderliche Einwilligung oder Zustimmung ersetzen, wenn keine gerechtfertigten Gründe für die Weigerung vorliegen.

(2) [1]Solche Verfügungen können von einem Elternteil, etwa wenn die Eltern in einer wichtigen Angelegenheit des Kindes kein Einvernehmen erzielen, den sonstigen Verwandten in gerader aufsteigender Linie, den Pflegeeltern (einem Pflegeelternteil), dem „Kinder- und Jugendhilfeträger“ und dem mündigen Minderjährigen, von diesem jedoch nur in Angelegenheiten seiner Pflege und Erziehung, beantragt werden. [2]Andere Personen können solche Verfügungen anregen. *(BGBl I 2017/59, ab 26. 4. 2017)*

(3) Die gänzliche oder teilweise Entziehung der Pflege und Erziehung oder der Verwaltung des Vermögens des Kindes schließt die Entziehung der gesetzlichen Vertretung in dem jeweiligen Bereich mit ein; die gesetzliche Vertretung in diesen Bereichen kann für sich allein entzogen werden, wenn die Eltern oder der betreffende Elternteil ihre übrigen Pflichten erfüllen.

(4) Fordert das Gesetz die Einwilligung oder Zustimmung der mit Pflege und Erziehung betrauten Personen (Erziehungsberechtigten), so ist die Erklärung der mit der gesetzlichen Vertretung in diesem Bereich betrauten Person notwendig, aber auch hinreichend, sofern nicht Abweichendes bestimmt ist.

(BGBl I 2013/15, ab 1. 2. 2013)

§ 182. Durch eine Verfügung nach § 181 darf das Gericht die Obsorge nur so weit beschränken, als dies zur Sicherung des Wohles des Kindes nötig ist.

(BGBl I 2013/15, ab 1. 2. 2013)

Erlöschen der Obsorge

§ 183. (1) Die Obsorge für das Kind erlischt mit dem Eintritt seiner Volljährigkeit.

(2) Der gesetzliche Vertreter hat dem volljährig gewordenen Kind dessen Vermögen sowie sämtliche dessen Person betreffenden Urkunden und Nachweise zu übergeben.

(BGBl I 2013/15, ab 1. 2. 2013)

Pflegeeltern

§ 184. [1]Pflegeeltern sind Personen, die die Pflege und Erziehung des Kindes ganz oder teilweise besorgen und zu denen eine dem Verhältnis zwischen leiblichen Eltern und Kindern nahe kommende Beziehung besteht oder hergestellt werden soll. [2]Sie haben das Recht, in den die Person des Kindes betreffenden Verfahren Anträge zu stellen.

(BGBl I 2013/15, ab 1. 2. 2013)

§ 185. (1) [1]Das Gericht hat einem Pflegeelternpaar (Pflegeelternteil) auf seinen Antrag die Obsorge für das Kind ganz oder teilweise zu übertragen, wenn das Pflegeverhältnis nicht nur für kurze Zeit beabsichtigt ist und die Übertragung dem Wohl des Kindes entspricht. [2]Die Regelungen über die Obsorge gelten dann für dieses Pflegeelternpaar (diesen Pflegeelternteil).

(2) Sind die Eltern oder Großeltern mit der Obsorge betraut und stimmen sie der Übertragung nicht zu, so darf diese nur verfügt werden, wenn ohne sie das Wohl des Kindes gefährdet wäre.

(3) [1]Die Übertragung ist aufzuheben, wenn dies dem Wohl des Kindes entspricht. [2]Gleichzeitig hat das Gericht unter Beachtung des Wohles des Kindes auszusprechen, auf wen die Obsorge übergeht.

(4) [1]Das Gericht hat vor seiner Entscheidung die Eltern, den gesetzlichen Vertreter, weitere Erziehungsberechtigte, den „Kinder- und Jugendhilfeträger" und jedenfalls das bereits zehnjährige Kind zu hören. [2]§ 196 Abs. 2 gilt sinngemäß. *(BGBl I 2017/59, ab 26. 4. 2017)*

(BGBl I 2013/15, ab 1. 2. 2013)

Fünfter Abschnitt

Sonstige Rechte und Pflichten

Persönliche Kontakte

§ 186. Jeder Elternteil eines minderjährigen Kindes hat mit dem Kind eine persönliche Beziehung einschließlich der persönlichen Kontakte (§ 187) zu pflegen.

(BGBl I 2013/15, ab 1. 2. 2013)

§ 187. (1) [1]Das Kind und jeder Elternteil haben das Recht auf regelmäßige und den Bedürfnissen des Kindes entsprechende persönliche Kontakte. [2]Die persönlichen Kontakte sollen das Kind und die Eltern einvernehmlich regeln. [3]Soweit ein solches Einvernehmen nicht erzielt wird, hat das Gericht auf Antrag des Kindes oder eines Elternteils diese Kontakte in einer dem Wohl des Kindes entsprechenden Weise zu regeln und die Pflichten festzulegen. [4]Die Regelung hat die Anbahnung und Wahrung des besonderen Naheverhältnisses zwischen Eltern und Kind sicherzustellen und soll möglichst sowohl Zeiten der Freizeit als auch die Betreuung im Alltag des Kindes umfassen. [5]Das Alter, die Bedürfnisse und die Wünsche des Kindes sowie die Intensität der bisherigen Beziehung sind besonders zu berücksichtigen.

(2) Das Gericht hat nötigenfalls die persönlichen Kontakte einzuschränken oder zu untersagen, insbesondere soweit dies aufgrund der Anwendung von Gewalt gegen das Kind oder eine wichtige Bezugsperson geboten erscheint oder der Elternteil, der mit dem minderjährigen Kind nicht im gemeinsamen Haushalt lebt, seine Verpflichtung aus § 159 nicht erfüllt.

(BGBl I 2013/15, ab 1. 2. 2013)

§ 188. (1) [1]Zwischen Enkeln und ihren Großeltern gilt § 187 entsprechend. [2]Die persönlichen Kontakte der Großeltern sind jedoch auch so weit einzuschränken oder zu untersagen, als sonst das Familienleben der Eltern (eines Elternteils) oder deren Beziehung zu dem Kind gestört würde.

(2) [1]Wenn persönliche Kontakte des minderjährigen Kindes mit einem hiezu bereiten Dritten dem Wohl des Kindes dienen, hat das Gericht auf Antrag des Kindes, eines Elternteils oder des Dritten, sofern dieser zu dem Kind in einem besonderen persönlichen oder familiären Verhältnis steht oder gestanden ist, die zur Regelung der persönlichen Kontakte nötigen Verfügungen zu treffen. [2]Solche Verfügungen hat es auf Antrag des „Kinder- und Jugendhilfeträgers" oder von Amts wegen zu treffen, wenn ansonsten das Kindeswohl gefährdet wäre. *(BGBl I 2017/59, ab 26. 4. 2017, s § 1503 Abs 9 Z 2)*

(BGBl I 2013/15, ab 1. 2. 2013)

Informations-, Äußerungs- und Vertretungsrecht

§ 189. (1) [1]Ein nicht mit der Obsorge betrauter Elternteil

1. ist durch die mit der Obsorge betraute Person von wichtigen Angelegenheiten, insbesondere von beabsichtigten Maßnahmen nach § 167 Abs. 2 und 3, rechtzeitig zu verständigen und kann sich hiezu in angemessener Frist äußern,

2. hat den mit der Obsorge betrauten Elternteil in Angelegenheiten des täglichen Lebens zu vertreten sowie das Kind zu pflegen und zu erziehen, soweit das die Umstände erfordern und sich das Kind rechtmäßig bei ihm aufhält.

[2]Eine Äußerung nach Z 1 ist in jedem Fall zu berücksichtigen, wenn der darin ausgedrückte Wunsch dem Wohl des Kindes besser entspricht.

(2) [1]Wenn der nicht mit der Obsorge betraute Elternteil bei der Wahrnehmung seiner Rechte und Pflichten nach Abs. 1 das Wohl des Kindes gefährdet oder diese Rechte rechtsmissbräuchlich oder in einer für den anderen Elternteil oder das Kind nicht zumutbaren Weise in Anspruch nimmt, hat das Gericht diese Rechte auf Antrag, sofern das Wohl des Kindes gefährdet wird, auch von

Amts wegen, einzuschränken oder zu entziehen. [2]Die Rechte nach Abs. 1 entfallen, wenn der mit der Obsorge nicht betraute Elternteil grundlos das Recht des Kindes auf persönliche Kontakte ablehnt.

(3) Finden trotz Bereitschaft des nicht mit der Obsorge betrauten Elternteils persönliche Kontakte mit dem Kind nicht regelmäßig statt, so steht ihm das Verständigungs- und Äußerungsrecht (Abs. 1 Z 1) auch in minderwichtigen Angelegenheiten zu, sofern es sich dabei nicht bloß um Angelegenheiten des täglichen Lebens handelt.

(4) Wenn der mit der Obsorge betraute Elternteil die Rechte des anderen nach Abs. 1 beharrlich verletzt, hat das Gericht auf Antrag, sofern das Wohl des Kindes gefährdet wird, auch von Amts wegen, die angemessenen Verfügungen zu treffen.

(5) Diese Bestimmung gilt sinngemäß auch für einen mit der Obsorge betrauten Elternteil.

(BGBl I 2013/15, ab 1. 2. 2013)

Vereinbarungen über die Obsorge, die persönlichen Kontakte und den Unterhalt

§ 190. (1) Die Eltern haben bei Vereinbarungen über die Obsorge, die persönlichen Kontakte sowie die Betreuung des Kindes das Wohl des Kindes bestmöglich zu wahren.

(2) [1]Die Bestimmung der Obsorge (§ 177 Abs. 2) und vor Gericht geschlossene Vereinbarungen nach Abs. 1 bedürfen zu ihrer Rechtswirksamkeit keiner gerichtlichen Genehmigung. [2]Das Gericht hat die Bestimmung der Obsorge und Vereinbarungen der Eltern aber für unwirksam zu erklären und zugleich eine davon abweichende Anordnung zu treffen, wenn ansonsten das Kindeswohl gefährdet wäre.

(3) Vor Gericht geschlossene Vereinbarungen über die Höhe gesetzlicher Unterhaltsleistungen bedürfen zur ihrer Rechtswirksamkeit keiner gerichtlichen Genehmigung und sind für den Unterhaltsverpflichteten verbindlich.

(BGBl I 2013/15, ab 1. 2. 2013)

Sechster Abschnitt

Annahme an Kindesstatt

§ 191. (1) [1]Eine Person kann ein Kind an Kindesstatt annehmen, wenn sie entscheidungsfähig ist. [2]Sie kann dabei nicht vertreten werden. [3]Durch die Annahme an Kindesstatt wird die Wahlkindschaft begründet. *(BGBl I 2017/59, ab 1. 7. 2018, s § 1503 Abs 9 Z 4)*

(2) „ “* [1]Ehegatten dürfen in der Regel nur gemeinsam annehmen. [2]Ausnahmen sind zulässig, wenn das leibliche Kind des anderen Ehegatten angenommen werden soll, wenn ein Ehegatte nicht annehmen kann, weil er die gesetzlichen Voraussetzungen hinsichtlich der „Entscheidungsfähigkeit“** oder des Alters nicht erfüllt, wenn sein Aufenthalt seit mindestens einem Jahr unbekannt ist, wenn die Ehegatten seit mindestens drei Jahren die eheliche Gemeinschaft aufgegeben haben oder wenn ähnliche und besonders gewichtige Gründe die Annahme durch nur einen der Ehegatten rechtfertigen. *(*BGBl I 2015/25 (VfGH), ab 1. 1. 2016; **BGBl I 2017/59, ab 1. 7. 2018, s § 1503 Abs 9 Z 4)*

(3) [1]Personen, denen die Sorge für das Vermögen des anzunehmenden Wahlkindes durch gerichtliche Verfügung anvertraut ist, können dieses so lange nicht annehmen, als sie nicht von dieser Pflicht entbunden sind. [2]Sie müssen vorher Rechnung gelegt und die Bewahrung des anvertrauten Vermögens nachgewiesen haben.

(BGBl I 2013/15, ab 1. 2. 2013)

Form; Eintritt der Wirksamkeit

§ 192. (1) [1]Die Annahme an Kindesstatt kommt durch schriftlichen Vertrag zwischen dem Annehmenden und dem Wahlkind und durch gerichtliche Bewilligung auf Antrag eines Vertragsteiles zustande. [2]Sie wird im Fall ihrer Bewilligung mit dem Zeitpunkt der vertraglichen Willenseinigung wirksam. [3]Stirbt der Annehmende nach diesem Zeitpunkt, so hindert dies die Bewilligung nicht.

(2) [1]Ein entscheidungsfähiges Wahlkind schließt den Vertrag selbst ab. [2]Im Zweifel wird das Vorliegen der Entscheidungsfähigkeit bei mündigen Minderjährigen auch in Angelegenheiten der Annahme an Kindesstatt vermutet. *(BGBl I 2017/59, ab 1. 7. 2018, s § 1503 Abs 9 Z 4)*

(3) [1]Ist eine Person nicht entscheidungsfähig, so kann ihr gesetzlicher Vertreter für sie den Vertrag abschließen. [2]Verweigert der gesetzliche Vertreter die Einwilligung, so hat das Gericht sie auf Antrag des Annehmenden oder des Wahlkindes zu ersetzen, wenn keine gerechtfertigten Gründe für die Weigerung vorliegen. *(BGBl I 2017/59, ab 1. 7. 2018, s § 1503 Abs 9 Z 4)*

(4) [1]Der Vertreter hat sich vom Wohl der vertretenen Person leiten zu lassen. [2]Seine Vertretungshandlungen in Angelegenheiten der Annahme an Kindesstatt bedürfen nicht der Genehmigung des Gerichts. *(BGBl I 2017/59, ab 1. 7. 2018, s § 1503 Abs 9 Z 4)*

(BGBl I 2013/15, ab 1. 2. 2013)

Alter

§ 193. (1) Die Wahleltern müssen das fünfundzwanzigste Lebensjahr vollendet haben.

(2) Wahlvater und Wahlmutter müssen „ “ älter als das Wahlkind sein. *(BGBl I 2015/29 (VfGH), ab 1. 1. 2016)*

(BGBl I 2013/15, ab 1. 2. 2013)

Bewilligung

§ 194. (1) Die Annahme eines „minderjährigen“ Kindes ist zu bewilligen, wenn sie dessen Wohl dient und eine dem Verhältnis zwischen leiblichen Eltern und Kindern entsprechende Beziehung besteht oder hergestellt werden soll. Ist das Wahlkind „volljährig“, so ist die Annahme nur zu bewilligen, wenn die Antragsteller nachweisen, dass bereits ein enges, der Beziehung zwischen leiblichen Eltern und Kindern entsprechendes Verhältnis vorliegt, insbesondere wenn Wahlkind und Annehmender während fünf Jahren entweder in häuslicher Gemeinschaft gelebt oder einander in einer vergleichbar engen Gemeinschaft Beistand geleistet haben. *(BGBl I 2017/59, ab 1. 7. 2018, s § 1503 Abs 9 Z 4)*

(2) Die Bewilligung ist, außer bei Fehlen der Voraussetzungen des Abs. 1, zu versagen, wenn ein überwiegendes Anliegen eines leiblichen Kindes des Annehmenden entgegensteht, insbesondere dessen Unterhalt oder Erziehung gefährdet wäre; im übrigen sind wirtschaftliche Belange nicht zu beachten, außer der Annehmende handelt in der ausschließlichen oder überwiegenden Absicht, ein leibliches Kind zu schädigen.

(BGBl I 2013/15, ab 1. 2. 2013)

§ 195. (1) Die Bewilligung darf nur erteilt werden, wenn folgende Personen der Annahme zustimmen:

1. die Eltern des minderjährigen Wahlkindes;

2. der Ehegatte oder der eingetragene Partner des Annehmenden;

3. der Ehegatte oder der eingetragene Partner des Wahlkindes;

4. das nicht entscheidungsfähige volljährige Wahlkind; *(BGBl I 2017/59, ab 1. 7. 2018, s § 1503 Abs 9 Z 4)*

5. der gesetzliche Vertreter des minderjährigen Wahlkindes. *(BGBl I 2017/59, ab 1. 7. 2018, s § 1503 Abs 9 Z 4)*

(2) Das Zustimmungsrecht nach Abs. 1 entfällt, wenn die zustimmungsberechtigte Person als gesetzlicher Vertreter des Wahlkindes den Annahmevertrag geschlossen hat, wenn eine der in Abs. 1 Z 1 bis 4 genannten Personen zu einer Äußerung nicht nur vorübergehend unfähig ist oder wenn der Aufenthalt einer der in Abs. 1 Z 1 bis 3 genannten Personen seit mindestens sechs Monaten unbekannt ist. *(BGBl I 2017/59, ab 1. 7. 2018, s § 1503 Abs 9 Z 4)*

(3) Das Gericht hat die verweigerte Zustimmung einer der in Abs. 1 Z 1 bis 3 und 5 genannten Personen auf Antrag eines Vertragsteiles zu ersetzen, wenn keine gerechtfertigten Gründe für die Weigerung vorliegen. *(BGBl I 2017/59, ab 1. 7. 2018, s § 1503 Abs 9 Z 4)*

(BGBl I 2013/15, ab 1. 2. 2013)

§ 196. (1) Ein Recht auf Anhörung haben:

1. das nicht entscheidungsfähige minderjährige Wahlkind; *(BGBl I 2017/59, ab 1. 7. 2018, s § 1503 Abs 9 Z 4)*

2. die Eltern des volljährigen Wahlkindes;

3. die Pflegeeltern oder der Leiter des Heimes, in dem sich das Wahlkind befindet;

4. der „Kinder- und Jugendhilfeträger“. *(BGBl I 2017/59, ab 26. 4. 2017)*

(2) [1]Das Anhörungsrecht des in Abs. 1 genannten Wahlkindes entfällt, wenn es zu einer Äußerung nicht nur vorübergehend unfähig ist oder durch die Anhörung dessen Wohl gefährdet wäre. [2]Das Anhörungsrecht eines sonstigen im Abs. 1 genannten Berechtigten entfällt, wenn er als gesetzlicher Vertreter des Wahlkindes den Annahmevertrag geschlossen hat; ferner, wenn er nicht oder nur mit unverhältnismäßigen Schwierigkeiten gehört werden könnte. *(BGBl I 2017/59, ab 1. 7. 2018, s § 1503 Abs 9 Z 4)*

(BGBl I 2013/15, ab 1. 2. 2013)

Wirkungen

§ 197. (1) Zwischen dem Annehmenden und dessen Nachkommen einerseits und dem Wahlkind und dessen im Zeitpunkt des Wirksamwerdens der Annahme minderjährigen Nachkommen andererseits entstehen mit diesem Zeitpunkt die gleichen Rechte, wie sie durch die Abstammung begründet werden.

(2) Wird das Wahlkind durch Ehegatten als Wahleltern angenommen, so erlöschen mit den in § 198 bestimmten Ausnahmen die nicht bloß in der Verwandtschaft an sich (§ 40) bestehenden familienrechtlichen Beziehungen zwischen den leiblichen Eltern und deren Verwandten einerseits und dem Wahlkind und dessen im Zeitpunkt des Wirksamwerdens der Annahme minderjährigen Nachkommen andererseits mit diesem Zeitpunkt. *(BGBl I 2013/179, ab 1. 8. 2013, s § 1503 Abs 3)*

(3) Wird das Wahlkind nur durch einen Wahlvater (eine Wahlmutter) angenommen, so erlöschen die familienrechtlichen Beziehungen nach Maßgabe des Abs. 2 zum leiblichen Vater (zur leiblichen Mutter) und zu dessen (deren) Verwandten. Dem nicht verdrängten leiblichen Elternteil gegenüber hat das Gericht das Erlöschen auszusprechen, wenn dieser dem zustimmt. Das Erlöschen wirkt vom Zeitpunkt der Abgabe der Zustimmungserklärung an, frühestens jedoch vom Zeitpunkt des Wirksamwerdens der Annahme an. *(BGBl I 2013/179, ab 1. 8. 2013, s § 1503 Abs 3)*

(4) Nimmt ein Ehegatte, ein eingetragener Partner oder ein Lebensgefährte das Kind seines Ehegatten, eingetragenen Partners oder Lebensgefährten an, so erlöschen die familienrechtlichen Beziehungen nach Maßgabe des Abs. 2 lediglich zum anderen Elternteil und zu dessen Verwand-

ten. *(BGBl I 2013/179, ab 1. 8. 2013, s § 1503 Abs 3)*

(BGBl I 2013/15, ab 1. 2. 2013)

§ 198. (1) Die im Familienrecht begründeten Pflichten der leiblichen Eltern und deren Verwandten zur Leistung des Unterhaltes und der Ausstattung gegenüber dem Wahlkind und dessen im Zeitpunkt des Wirksamwerdens der Annahme minderjährigen Nachkommen bleiben aufrecht.

(2) Das gleiche gilt für die Unterhaltspflicht des Wahlkindes gegenüber den leiblichen Eltern, sofern diese ihre Unterhaltspflicht gegenüber dem noch nicht vierzehn Jahre alten Kinde vor dessen Annahme an Kindesstatt nicht gröblich vernachlässigt haben.

(3) Die nach den Abs. 1 und 2 aufrecht bleibenden Pflichten stehen jedoch den durch die Annahme begründeten gleichen Pflichten im Range nach.

(BGBl I 2013/15, ab 1. 2. 2013)

§ 199. (1) Die im Erbrecht begründeten Rechte zwischen den leiblichen Eltern und deren Verwandten einerseits und dem Wahlkind und dessen im Zeitpunkt des Wirksamwerdens der Annahme minderjährigen Nachkommen andererseits bleiben aufrecht.

(2) Bei der gesetzlichen Erbfolge in das Vermögen des Wahlkindes in der zweiten Linie gehen die Wahleltern und deren Nachkommen einerseits den leiblichen Eltern und deren Nachkommen andererseits vor. *(BGBl I 2013/179, ab 1. 8. 2013, s § 1503 Abs 3)*

(3) Ist das Wahlkind nur durch eine Person angenommen worden und sind sowohl diese Person oder deren Nachkommen als auch der nicht verdrängte leibliche Elternteil oder dessen Nachkommen vorhanden, so fällt „die Verlassenschaft" – ungeachtet eines allfälligen Erlöschens der familienrechtlichen Beziehungen nach § 197 Abs. 3 zweiter Satz – je zur Hälfte auf den Stamm der annehmenden Person und des nicht verdrängten leiblichen Elternteils. *(BGBl I 2013/179, ab 1. 8. 2013, s § 1503 Abs 3; BGBl I 2015/87, ab 1. 1. 2017, s § 1503 Abs 7 Z 2)*

(BGBl I 2013/15, ab 1. 2. 2013)

Widerruf und Aufhebung

§ 200. (1) Die gerichtliche Bewilligung ist vom Gericht mit rückwirkender Kraft zu widerrufen:

1. von Amts wegen oder auf Antrag eines Vertragsteiles, wenn beim Abschluss des Annahmevertrages der Annehmende nicht „entscheidungsfähig" gewesen ist, außer er hat nach der Erlangung seiner „Entscheidungsfähigkeit" zu erkennen gegeben, dass er die Wahlkindschaft fortsetzen wolle; *(BGBl I 2017/59, ab 1. 7. 2018, s § 1503 Abs 9 Z 4)*

2. von Amts wegen oder auf Antrag eines Vertragsteiles, wenn ein nicht „entscheidungsfähiges" Wahlkind selbst den Annahmevertrag geschlossen hat, außer es hat der gesetzliche Vertreter oder nach Erlangung der „Entscheidungsfähigkeit" das Wahlkind nachträglich zugestimmt oder das Gericht die verweigerte nachträgliche Zustimmung des gesetzlichen Vertreters im Sinne des „§ 192 Abs. 3" ersetzt; *(BGBl I 2017/59, ab 1. 7. 2018, s § 1503 Abs 9 Z 4)*

3. von Amts wegen oder auf Antrag eines Vertragsteiles, wenn das Wahlkind durch mehr als eine Person angenommen worden ist, außer die Annehmenden sind im Zeitpunkt der Bewilligung miteinander verheiratet gewesen;

4. von Amts wegen oder auf Antrag eines Vertragsteiles, wenn der Annahmevertrag ausschließlich oder vorwiegend in der Absicht geschlossen worden ist, dem Wahlkind die Führung des Familiennamens des Wahlvaters oder der Wahlmutter zu ermöglichen oder den äußeren Schein einer Wahlkindschaft zur Verdeckung rechtswidriger geschlechtlicher Beziehungen zu schaffen;

5. auf Antrag eines Vertragsteiles, wenn der Annahmevertrag nicht schriftlich geschlossen worden ist und seit dem Eintritt der Rechtskraft des Bewilligungsbeschlusses nicht mehr als fünf Jahre verstrichen sind.

(2) Hat einer der Vertragsteile den Widerrufsgrund (Abs. 1 Z 1 bis 3 und 5) bei Abschließung des Annahmevertrages nicht gekannt, so gilt in seinem Verhältnis zum anderen Vertragsteil der Widerruf insoweit als Aufhebung (§ 201), als er dies beansprucht.

(3) [1]Einem Dritten, der im Vertrauen auf die Gültigkeit der Annahme an Kindesstatt vor dem Widerruf Rechte erworben hat, kann nicht eingewendet werden, dass die Bewilligung widerrufen worden ist. [2]Zum Nachteil eines der Vertragsteile, der den Widerrufsgrund bei Abschließung des Annahmevertrages nicht gekannt hat, kann ein Dritter nicht die Wirkungen des Widerrufes beanspruchen.

(BGBl I 2013/15, ab 1. 2. 2013)

§ 201. (1) Die Wahlkindschaft ist vom Gericht aufzuheben:

1. wenn die Erklärung eines Vertragsteiles oder eines Zustimmungsberechtigten durch List oder ungerechte und gegründete Furcht veranlasst worden ist und der Betroffene die Aufhebung binnen Jahresfrist nach Entdeckung der Täuschung oder Wegfall der Zwangslage beantragt;

2. von Amts wegen, wenn die Aufrechterhaltung der Wahlkindschaft das Wohl des „minderjährigen oder nicht entscheidungsfähigen" Wahl-

kindes ernstlich gefährden würde; *(BGBl I 2017/59, ab 1. 7. 2018, s § 1503 Abs 9 Z 4)*

3. auf Antrag des Wahlkindes, wenn die Aufhebung nach Auflösung oder Nichtigerklärung der Ehe der Wahleltern oder des leiblichen Elternteils mit dem Wahlelternteil oder nach Auflösung oder Nichtigerklärung der eingetragenen Partnerschaft des leiblichen Elternteils mit dem Wahlelternteil oder nach dem Tode des Wahlvaters (der Wahlmutter) dem Wohle des Wahlkindes dient und nicht einem gerechtfertigten Anliegen des (der) von der Aufhebung betroffenen, wenn auch bereits verstorbenen Wahlvaters (Wahlmutter) widerspricht; *(BGBl I 2013/179, ab 1. 8. 2013, s § 1503 Abs 3)*

4. wenn der Wahlvater (die Wahlmutter) und das „ “ Wahlkind die Aufhebung beantragen. *(BGBl I 2017/59, ab 1. 7. 2018, s § 1503 Abs 9 Z 4)*

(2) Besteht die Wahlkindschaft gegenüber einem Wahlvater und einer Wahlmutter, so darf die Aufhebung im Sinne des Abs. 1 nur beiden gegenüber bewilligt werden; die Aufhebung gegenüber einem von ihnen allein ist nur im Falle der Auflösung oder Nichtigerklärung ihrer Ehe zulässig.

(BGBl I 2013/15, ab 1. 2. 2013)

§ 202. (1) Mit dem Eintritt der Rechtskraft des Aufhebungsbeschlusses erlöschen die durch die Annahme zwischen dem Wahlvater (der Wahlmutter) und dessen (deren) Nachkommen einerseits und dem Wahlkind und dessen Nachkommen andererseits begründeten Rechtsbeziehungen.

(2) Mit diesem Zeitpunkt leben die familienrechtlichen Beziehungen zwischen den leiblichen Eltern und deren Verwandten einerseits und dem Wahlkind und dessen Nachkommen andererseits, soweit sie nach dem § 197 erloschen sind, wieder auf.

(3) *(entfällt, BGBl I 2017/59, ab 1. 7. 2018, s § 1503 Abs 9 Z 4)*

(BGBl I 2013/15, ab 1. 2. 2013)

§ 203. Ein Widerruf oder eine Aufhebung aus anderen als den in den §§ 200 und 201 angeführten Gründen ist unzulässig; ebenso eine vertragliche Einigung oder ein Rechtsstreit über die Anfechtung des Annahmevertrages.

(BGBl I 2013/15, ab 1. 2. 2013)

Viertes Hauptstück

Von der Obsorge einer anderen Person

§ 204. Soweit nach dem dritten Hauptstück weder Eltern noch Großeltern oder Pflegeeltern mit der Obsorge betraut sind oder betraut werden können und kein Fall des § 207 vorliegt, hat das Gericht unter Beachtung des Wohles des Kindes eine andere geeignete Person mit der Obsorge zu betrauen.

(BGBl I 2013/15, ab 1. 2. 2013)

„**§ 205.**“ (1) [1]Bei der Auswahl einer anderen Person für die Obsorge ist besonders auf das Wohl des Kindes Bedacht zu nehmen. [2]Wünsche des Kindes und der Eltern, im Falle des „§ 166“ des Zuwendenden, sind zu berücksichtigen, sofern sie dem Wohl des Kindes entsprechen. *(BGBl I 2013/15, ab 1. 2. 2013)*

(2) Mit der Obsorge dürfen nicht betraut werden

1. „im Sinn des § 21 Abs. 1 schutzberechtigte“ Personen; *(BGBl I 2017/59, ab 1. 7. 2018, s § 1503 Abs 9 Z 4)*

2. Personen, von denen, besonders auch wegen der durch eine strafgerichtliche Verurteilung zutage getretenen Veranlagung oder Eigenschaft, eine dem Wohl des minderjährigen Kindes förderliche Ausübung der Obsorge nicht zu erwarten ist.

(BGBl I 2000/135, ab 1. 7. 2001; BGBl I 2013/15)

„**§ 206.**“ (1) [1]Derjenige, den das Gericht mit der Obsorge betrauen will, hat alle Umstände, die ihn dafür ungeeignet erscheinen lassen, dem Gericht mitzuteilen. [2]Unterlässt er diese Mitteilung schuldhaft, so haftet er für alle dem minderjährigen Kind daraus entstehenden Nachteile.

(2) Eine besonders geeignete Person kann die Betrauung mit der Obsorge nur ablehnen, wenn ihr diese unzumutbar wäre.

(BGBl I 2000/135, ab 1. 7. 2001; BGBl I 2013/15)

Aufgaben des Kinder- und Jugendhilfeträgers

„**§ 207.**“* [1]Wird ein minderjähriges Kind im Inland gefunden und sind dessen Eltern unbekannt, so ist kraft Gesetzes der „Kinder- und Jugendhilfeträger“** mit der Obsorge betraut. [2]„Dies gilt für den Bereich der Vermögensverwaltung und der Vertretung auch, wenn ein Kind im Inland geboren wird und dessen unverheiratete Mutter minderjährig ist.“** *(*BGBl I 2013/15; **BGBl I 2017/59, Satz 1 ab 26. 4. 2017, Satz 2 ab 1. 7. 2018, s § 1503 Abs 9 Z 5)*

(BGBl I 2000/135, ab 1. 7. 2001)

„**§ 208.**“ (1) Der „Kinder- und Jugendhilfeträger“ hat, soweit es nach den Umständen geboten scheint, den gesetzlichen Vertreter eines im Inland geborenen Kindes innerhalb angemessener Frist nach der Geburt über die elterlichen Rechte und Pflichten, besonders über den Unterhaltsanspruch des Kindes, gegebenenfalls auch über die Feststellung der Vaterschaft, in Kenntnis zu setzen und ihm für die Wahrnehmung der Rechte des Kindes seine Hilfe anzubieten. *(BGBl I 2017/59, ab 26. 4. 2017)*

(2) Für die Festsetzung oder Durchsetzung der Unterhaltsansprüche des Kindes sowie gegebenenfalls in Abstammungsangelegenheiten ist der „Kinder- und Jugendhilfeträger" Vertreter des Kindes, wenn die schriftliche Zustimmung des sonstigen gesetzlichen Vertreters vorliegt. *(BGBl I 2004/58, ab 1. 1. 2005; BGBl I 2017/59, ab 26. 4. 2017)*

(3) Für andere Angelegenheiten ist der „Kinder- und Jugendhilfeträger"** „Vertreter"* des Kindes, wenn er sich zur Vertretung bereit erklärt und die schriftliche Zustimmung des „sonstigen"* gesetzlichen Vertreters vorliegt. *(*BGBl I 2000/135, ab 1. 7. 2001, s Art XVIII § 2 KindRÄG 2001; **BGBl I 2017/59, ab 26. 4. 2017)*

(4) [1]Durch die Vertretungsbefugnis des „Kinder- und Jugendhilfeträgers"** wird die Vertretungsbefugnis des sonstigen gesetzlichen Vertreters nicht eingeschränkt, jedoch gilt „§ 169"* sinngemäß. [2]Der „Kinder- und Jugendhilfeträger"** und der sonstige gesetzliche Vertreter haben einander über ihre Vertretungshandlungen in Kenntnis zu setzen. *(*BGBl I 2013/15, ab 1. 2. 2013; **BGBl I 2017/59, ab 26. 4. 2017)*

(5) Die Vertretungsbefugnis des „Kinder- und Jugendhilfeträgers"** endet, wenn der „sonstige"* gesetzliche Vertreter seine Zustimmung schriftlich widerruft, der „Kinder- und Jugendhilfeträger"** seine Erklärung nach Abs. 3 zurücknimmt oder das Gericht den „Kinder- und Jugendhilfeträger"** auf dessen Antrag als „Vertreter"* enthebt, weil er zur Wahrung der Rechte und zur Durchsetzung der Ansprüche des Kindes nach Lage des Falles nichts mehr beizutragen vermag. *(*BGBl I 2000/135, ab 1. 7. 2001; **BGBl I 2017/59, ab 26. 4. 2017)*

(BGBl 1989/162; BGBl I 2013/15)

„**§ 209.**"** [1]Ist eine andere Person mit der Obsorge für einen Minderjährigen ganz oder teilweise zu betrauen und lassen sich dafür Verwandte oder andere nahe stehende oder sonst besonders geeignete Personen nicht finden, so hat das Gericht die Obsorge dem „Kinder- und Jugendhilfeträger"*** zu übertragen. [2]„Gleiches gilt, wenn einem Minderjährigen ein Kurator zu bestellen ist."* *(*BGBl I 2004/58, ab 1. 1. 2005; **BGBl I 2013/15; ***BGBl I 2017/59, ab 26. 4. 2017)*

(BGBl I 2000/135, ab 1. 7. 2001)

„**§ 210.**" (1) [1]Die „§§ 213,224, 228, 229 und 230"*[1)] gelten für den „Kinder- und Jugendhilfeträger"** nicht. [2]Dieser ist vor der Anlegung des Vermögens eines Minderjährigen nur im Fall des „§ 220"* verpflichtet, die Zustimmung des Gerichtes einzuholen. *(BGBl I 2000/135, ab 1. 7. 2001; *BGBl I 2013/15, ab 1. 2. 2013; **BGBl I 2017/59, ab 26. 4. 2017)*

(2) [1]Der „Kinder- und Jugendhilfeträger"** bedarf „ "* zum Abschluß von Vereinbarungen über die Höhe gesetzlicher Unterhaltsleistungen nicht der Genehmigung des Gerichtes. [2]Vereinbarungen über die Leistung des Unterhalts eines Minderjährigen, die vor dem „Kinder- und Jugendhilfeträger"** oder von ihm geschlossen und von ihm beurkundet werden, haben die Wirkung eines gerichtlichen Vergleiches. *(*BGBl I 2004/58, ab 1. 1. 2005; **BGBl I 2017/59, ab 26. 4. 2017)*

(3) Der „Kinder- und Jugendhilfeträger" hat Personen, die ein Kind pflegen und erziehen oder gesetzlich vertreten, über seine Vertretungstätigkeit bezüglich dieses Kindes Auskünfte zu erteilen, soweit das Wohl des Kindes hiedurch nicht gefährdet wird. *(BGBl I 2017/59, ab 26. 4. 2017)*

(BGBl 1989/162; BGBl I 2013/15)

---

1) Im BGBl unrichtig nur ein Paragrafenzeichen.

„**§ 211.**" (1) [1]Der „Kinder- und Jugendhilfeträger" hat die zur Wahrung des Wohles eines Minderjährigen erforderlichen gerichtlichen Verfügungen im Bereich der Obsorge zu beantragen. [2]Bei Gefahr im Verzug kann er die erforderlichen Maßnahmen der Pflege und Erziehung vorläufig mit Wirksamkeit bis zur gerichtlichen Entscheidung selbst treffen; er hat diese Entscheidung unverzüglich, jedenfalls innerhalb von acht Tagen, zu beantragen. [3]Im Umfang der getroffenen Maßnahmen ist der „Kinder- und Jugendhilfeträger" vorläufig mit der Obsorge betraut. *(BGBl I 2017/59, ab 26. 4. 2017, s § 1503 Abs 9 Z 2, ab 26. 4. 2017)*

(2) Eine einstweilige Verfügung „nach den §§ 382b und § 382e EO sowie deren Vollzug"* kann der „Kinder- und Jugendhilfeträger"*** als Vertreter des Minderjährigen beantragen, wenn der sonstige gesetzliche Vertreter einen erforderlichen Antrag nicht unverzüglich gestellt hat; „§ 208 Abs. 4"** gilt hiefür entsprechend. *(*BGBl I 2009/40, ab 1. 6. 2009; **BGBl I 2013/15, ab 1. 2. 2013; ***BGBl I 2017/59, ab 26. 4. 2017)*

(BGBl I 2000/135, ab 1. 7. 2001; BGBl I 2013/15)

„**§ 212.**"* [1]Sofern nicht anderes angeordnet ist, fallen die Aufgaben dem Bundesland als „Kinder- und Jugendhilfeträger"** zu, in dem das minderjährige Kind seinen gewöhnlichen Aufenthalt, mangels eines solchen im Inland seinen Aufenthalt hat. [2]Fehlt ein Aufenthalt im Inland, so ist, sofern das minderjährige Kind österreichischer Staatsbürger ist, für im Inland zu besorgende Aufgaben das Bundesland als „Kinder- und Jugendhilfeträger"** zuständig, in dem der Minderjährige seinen letzten Aufenthalt gehabt hat, dann dasjenige, in dem ein Elternteil seinen Aufenthalt hat oder zuletzt gehabt hat. [3]Wechselt das minderjährige Kind seinen Aufenthalt in ein anderes Bundesland, so kann der „Kinder- und Jugendhilfeträger"** seine Aufgaben dem anderen mit dessen Zustimmung übertragen. [4]Hievon ist das Gericht zu verständigen, wenn es mit den Angelegenheiten des minderjährigen Kindes bereits befasst war. *(*BGBl I 2013/15; **BGBl I 2017/59, ab 26. 4. 2017)*

(BGBl I 2000/135, ab 1. 7. 2001)

Besondere Pflichten und Rechte anderer mit der Obsorge betrauter Personen

a) in Angelegenheiten der Pflege und Erziehung

„**§ 213.**" „(1)"** [1]Ist eine andere Person mit der Obsorge betraut, so hat sie, soweit nicht anderes bestimmt ist, in wichtigen, die Person des Kindes betreffenden Angelegenheiten, insbesondere in den Angelegenheiten des „§ 167 Abs. 2"**, die Genehmigung des Gerichtes einzuholen. [2]Ohne Genehmigung getroffene Maßnahmen oder Vertretungshandlungen sind unzulässig und unwirksam, sofern nicht Gefahr im Verzug vorliegt. *(*BGBl I 2006/92, ab 1. 7. 2007; **BGBl I 2013/15, ab 1. 2. 2013)*

(2) [1]Einer medizinischen Behandlung, die gewöhnlich mit einer schweren oder nachhaltigen Beeinträchtigung der körperlichen Unversehrtheit oder der Persönlichkeit verbunden ist, kann die mit der Obsorge betraute Person nur zustimmen, wenn ein vom behandelnden Arzt unabhängiger Arzt in einem ärztlichen Zeugnis bestätigt, dass das Kind nicht über die erforderliche „Entscheidungsfähigkeit" verfügt und die Vornahme der Behandlung zur Wahrung seines Wohles erforderlich ist. [2]Wenn ein solches Zeugnis nicht vorliegt oder das Kind zu erkennen gibt, dass es die Behandlung ablehnt, bedarf die Zustimmung der Genehmigung des Gerichts. [3]Erteilt die mit der Obsorge betraute Person die Zustimmung zu einer medizinischen Behandlung nicht und wird dadurch das Wohl des Kindes gefährdet, so kann das Gericht die Zustimmung ersetzen oder die Obsorge an eine andere Person übertragen. *(BGBl I 2006/92, ab 1. 7. 2007; BGBl I 2017/59, ab 1. 7. 2018, s § 1503 Abs 9 Z 4)*

(BGBl I 2000/135; BGBl I 2013/15)

b) in Angelegenheiten der Vermögensverwaltung

Überwachung der Vermögensverwaltung

„**§ 214.**" „(1)"** [1]Die mit der gesetzlichen Vertretung in Angelegenheiten der Vermögensverwaltung betraute Person hat bei Antritt der Obsorge nach gründlicher Erforschung des Vermögensstandes dem Gericht gegenüber das Vermögen im Einzelnen anzugeben und „– ausgenommen ein Kinder- und Jugendhilfeträger –"*** „in weiterer Folge"** Rechnung zu legen. [2]Das Gericht hat die Tätigkeit des gesetzlichen Vertreters zur Vermeidung einer Gefährdung des Wohls des „ "** Kindes zu überwachen und die dazu notwendigen Aufträge zu erteilen. [3]Näheres wird in den Verfahrensgesetzen bestimmt. *(*BGBl I 2006/92, ab 1. 7. 2007; **BGBl I 2017/59, ab 1. 7. 2018, s § 1503 Abs 9 Z 6; ***BGBl I 2018/58, ab 1. 8. 2018)*

(2) Auf Vertretungshandlungen und Einwilligungen in Vermögensangelegenheiten ist „§ 167 Abs. 3 und § 168" sinngemäß anzuwenden. *(BGBl I 2006/92, ab 1. 7. 2007; BGBl I 2013/15, ab 1. 2. 2013)*

(BGBl I 2000/135; BGBl I 2013/15)

Anlegung von Mündelgeld

Allgemeine Grundsätze

„**§ 215.**" (1) Soweit „Bargeld und Geld auf Zahlungskonten eines Kindes (Mündelgeld)" nicht, dem Gesetz entsprechend, für besondere Zwecke zu verwenden ist, ist es unverzüglich sicher und möglichst fruchtbringend durch Spareinlagen, den Erwerb von Wertpapieren (Forderungen), die Gewährung von „Krediten", den Erwerb von Liegenschaften oder in anderer Weise nach den folgenden Bestimmungen anzulegen. *(BGBl I 2017/59, ab 1. 7. 2018, s § 1503 Abs 9 Z 6)*

(2) Ist es wirtschaftlich zweckmäßig, so ist Mündelgeld auf mehrere dieser Arten anzulegen.

(BGBl 1977/403; BGBl I 2013/15)

Mündelsichere Spareinlagen

§ 216. Spareinlagen bei einem Kreditinstitut, das zur Entgegennahme von Spareinlagen berechtigt ist, sind zur Anlegung von Mündelgeld geeignet, wenn

1. die Spareinlagen auf den Namen des Kindes lauten und ausdrücklich die Bezeichnung „Mündelgeld" tragen, und

2. für die Verzinsung und Rückzahlung der Mündelspareinlagen ein vom Kreditinstitut gebildeter, jederzeit mit der jeweiligen Höhe solcher

Einlagen übereinstimmender unbelasteter Deckungsstock haftet, und

3. der Deckungsstock ausschließlich in mündelsicheren Wertpapieren (§ 217), in Hypothekarforderungen mit gesetzmäßiger Sicherheit (§ 218), in Forderungen, für die der Bund oder ein Land haftet, oder in Bargeld besteht.

(BGBl I 2017/59, ab 1. 7. 2018, s § 1503 Abs 9 Z 6)

Mündelsichere Wertpapiere und Forderungen

„**§ 217.**" Der Erwerb folgender Wertpapiere und Forderungen ist zur Anlegung von Mündelgeld geeignet:

1. Teilschuldverschreibungen von Anleihen, für deren Verzinsung und Rückzahlung der Bund oder eines der Länder haftet;

2. Forderungen, die in das Hauptbuch der Staatsschuld eingetragen sind;

3. Pfandbriefe und Kommunalschuldverschreibungen der nach den gesetzlichen Vorschriften zur Ausgabe solcher Wertpapiere zugelassenen inländischen Kreditinstitute;

4. von einem inländischen Kreditinstitut ausgegebene Teilschuldverschreibungen, sofern das Kreditinstitut verpflichtet ist, die Ansprüche aus diesen Teilschuldverschreibungen vorzugsweise zu befriedigen und als Sicherheit für diese Befriedigung Forderungen des Kreditinstitutes, für das der Bund haftet, Wertpapiere oder Forderungen gemäß den Z. 1 bis 3 und 5 oder Bargeld zu bestellen, und dies auf den Teilschuldverschreibungen ausdrücklich ersichtlich gemacht ist;

5. sonstige Wertpapiere, sofern sie durch besondere gesetzliche Vorschriften zur Anlegung von Mündelgeld geeignet erklärt worden sind.

(BGBl 1977/403; BGBl I 2013/15)

Mündelsichere Kredite

„**§ 218.**" (1) [1]Kredite sind zur Anlegung von Mündelgeld geeignet, wenn zu ihrer Sicherstellung an einer inländischen Liegenschaft eine Hypothek bestellt wird und die Liegenschaft samt ihrem Zubehör während der Laufzeit des Kredites ausreichend feuerversichert ist. [2]Liegenschaften, deren Wert sich wegen eines darauf befindlichen Abbaubetriebs ständig und beträchtlich vermindert, sind nicht geeignet. *(BGBl I 2017/59, ab 1. 7. 2018, s § 1503 Abs 9 Z 6)*

(2) [1]„Es darf jedoch eine Liegenschaft nicht über die Hälfte des Verkehrswertes belastet werden."*[2]Bei Weingärten, Wäldern und anderen Liegenschaften, deren Ertrag auf ähnlichen dauernden Anpflanzungen beruht, ist die Belastungsgrenze ohne Berücksichtigung des Wertes der Kulturgattung vom Grundwert zu errechnen. [3]Ebenso ist bei industriell oder gewerblich genutzten Liegenschaften vom bloßen Grundwert auszugehen, doch sind von diesem die Kosten der Freimachung der Liegenschaft von industriell oder gewerblich genutzten Baulichkeiten abzuziehen. „ "** *(*BGBl I 2000/135, ab 1. 7. 2001; **BGBl I 2013/15, ab 1. 2. 2013)*

(BGBl 1977/403; BGBl I 2013/15)

Mündelsichere Liegenschaften

„**§ 219.**" (1) Der Erwerb inländischer Liegenschaften ist zur Anlegung von Mündelgeld geeignet, wenn sich ihr Wert nicht wegen eines darauf befindlichen Abbaubetriebs ständig und beträchtlich vermindert oder sie nicht ausschließlich oder überwiegend industriellen oder gewerblichen Zwecken dienen.

(2) Der Kaufpreis soll in der Regel den Verkehrswert nicht übersteigen.

(BGBl I 2000/135, ab 1. 7. 2001; BGBl I 2013/15)

Andere Anlageformen

§ 220. (1) [1]Eine andere Anlegung „von Mündelgeld" ist zulässig, wenn sie nach den Verhältnissen des Einzelfalls den Grundsätzen einer sicheren und wirtschaftlichen Vermögensverwaltung entspricht. [2]Dem Eintreten eines größeren Schadens durch Verwirklichung von „Risiken" ist tunlichst durch deren Streuung entgegenzuwirken. *(BGBl I 2017/59, ab 1. 7. 2018, s § 1503 Abs 9 Z 6)*

(2) [1]Bei Wertpapieren und Forderungen, die in den §§ 216 bis 218 nicht genannt sind, muss dafür vorgesorgt sein, dass sie laufend sachkundig auf ihre Sicherheit und Wirtschaftlichkeit hin verwaltet werden und ein Verkauf, falls er durch die Marktentwicklung geboten sein sollte, unverzüglich vorgenommen wird; die Haftung des Verwalters dem „ " Kind gegenüber muss gesichert sein. [2]Bei Einlagen, die eine regelmäßige Einzahlung voraussetzen, muss sichergestellt sein, dass diese aus dem Vermögen des „ " Kindes geleistet werden können. *(BGBl I 2017/59, ab 1. 7. 2018, s § 1503 Abs 9 Z 6)*

(3) Bei Liegenschaften, die im § 219 nicht genannt sind, muss ihr Erwerb dem „ " Kind mit Beziehung auf die gegenwärtige oder künftige Berufsausübung oder sonst zum „offenbaren" Vorteil gereichen; der Kaufpreis darf den Verkehrswert nicht übersteigen. *(BGBl I 2017/59, ab 1. 7. 2018, s § 1503 Abs 9 Z 6)*

(BGBl I 2013/15, ab 1. 2. 2013)

§ 221. Der gesetzliche Vertreter hat jedenfalls dann eine andere Anlegung von im Sinn des § 220 angelegtem Vermögen zu veranlassen, wenn ansonsten mit überwiegender Wahrscheinlichkeit damit zu rechnen ist, dass ein für das Kind unter Berücksichtigung seiner Lebensverhältnisse nicht unbeträchtliches Vermögen dauerhaft geschmälert werden wird und die Umschichtung dem Wohl des Kindes entspricht.

(BGBl I 2017/59, ab 1. 7. 2018, s § 1503 Abs 9 Z 6)

Veräußerung von beweglichem Vermögen

§ 222. Bewegliches Vermögen, außer Mündelgeld oder im Sinn der §§ 216 bis 220 veranlagtes Vermögen, darf nur soweit verwertet werden, als dies zur Befriedigung der gegenwärtigen oder zukünftigen Bedürfnisse des Kindes nötig ist oder sonst dem Wohl des Kindes entspricht.

(BGBl I 2017/59, ab 1. 7. 2018, s § 1503 Abs 9 Z 6)

Veräußerung von unbeweglichem Gut

§ 223. Ein unbewegliches Gut oder ein Anteil an einem solchen darf nur im Notfall oder zum offenbaren Vorteil des Kindes veräußert werden.

(BGBl I 2017/59, ab 1. 7. 2018, s § 1503 Abs 9 Z 6)

Entgegennahme von Zahlungen

§ 224. [1]Der gesetzliche Vertreter kann 10 000 Euro übersteigende Zahlungen an das Kind nur entgegennehmen und darüber quittieren, wenn er dazu vom Gericht im Einzelfall oder allgemein ermächtigt wurde oder eine gerichtliche Genehmigung des Wechsels der Anlageform vorliegt. [2]Fehlt eine solche Ermächtigung oder Genehmigung, so wird der Schuldner durch Zahlung an den Vertreter von seiner Schuld nur befreit, wenn das Gezahlte noch im Vermögen des Kindes vorhanden ist oder für dessen Zwecke verwendet wurde.

(BGBl I 2017/59, ab 1. 7. 2018, s § 1503 Abs 9 Z 6)

Änderungen in der Obsorge

„**§ 225.**"* Die Obsorge des „Kinder- und Jugendhilfeträgers"** („§ 207"*) endet, sofern der Umstand, der die Eltern von der Ausübung der Obsorge ausgeschlossen hat, weggefallen ist; im ersten Fall des „§ 207"* bedarf es hiezu jedoch der Übertragung der Obsorge an die Eltern durch das Gericht. *(*BGBl I 2013/15, ab 1. 2. 2013; **BGBl I 2017/59, ab 26. 4. 2017)*

(BGBl I 2000/135, ab 1. 7. 2001)

„**§ 226.**" Das Gericht hat die Obsorge an eine andere Person zu übertragen, wenn das Wohl des minderjährigen Kindes dies erfordert, insbesondere wenn die mit der Obsorge betraute Person ihre Verpflichtungen aus „§ 159" nicht erfüllt, einer der Umstände des „§ 205 Abs. 2" eintritt oder bekannt wird oder die Person, die bisher mit der Obsorge betraut war, stirbt. *(BGBl I 2013/15, ab 1. 2. 2013)*

(BGBl I 2000/135, ab 1. 7. 2001)

Haftung

„**§ 227.**" (1) Die nach „§ 204" mit der Obsorge betrauten Personen haften dem Kind gegenüber für jeden durch ihr Verschulden verursachten Schaden. *(BGBl I 2013/15, ab 1. 2. 2013)*

(2) Soweit sich die mit der Obsorge betraute Person zu ihrer Ausübung rechtmäßig anderer Personen bedient, haftet sie nur insoweit, als sie schuldhaft eine untüchtige oder gefährliche Person ausgewählt, deren Tätigkeit nur unzureichend überwacht oder die Geltendmachung von Ersatzansprüchen des minderjährigen Kindes gegen diese Personen schuldhaft unterlassen hat.

(BGBl I 2000/135, ab 1. 7. 2001; BGBl I 2013/15)

„**§ 228.**"* Der Richter kann die Ersatzpflicht nach „§ 227"* insoweit mäßigen oder ganz erlassen, als sie die mit der Obsorge betraute Person unter Berücksichtigung aller Umstände, insbesondere des Grades des Verschuldens oder eines besonderen Naheverhältnisses zwischen dem „ "** Kind und der mit der Obsorge betrauten Person, unbillig hart träfe. *(*BGBl I 2013/15, ab 1. 2. 2013; **BGBl I 2017/59, ab 1. 7. 2018, s § 1503 Abs 9 Z 6)*

(BGBl I 2000/135, ab 1. 7. 2001)

Entschädigung

„**§ 229.**" (1) Der nach „§ 204" mit der Obsorge betrauten Person gebührt unter Bedachtnahme auf Art und Umfang ihrer Tätigkeit und des damit gewöhnlich verbundenen Aufwands an Zeit und Mühe eine jährliche Entschädigung, soweit dadurch die Befriedigung der Lebensbedürfnisse des Kindes nicht gefährdet wird. *(BGBl I 2013/15, ab 1. 2. 2013)*

(2) [1]Sofern das Gericht nicht aus besonderen Gründen eine geringere Entschädigung für angemessen findet, beträgt sie fünf vom Hundert sämtlicher Einkünfte nach Abzug der hievon zu entrichtenden gesetzlichen Steuern und Abgaben. [2]Bezüge, die kraft besonderer gesetzlicher Anordnung zur Deckung bestimmter Aufwendungen dienen, sind nicht als Einkünfte zu berücksichtigen. [3]Übersteigt der Wert des Vermögens des „ " Kindes „15 000 Euro", so kann das Gericht überdies pro Jahr bis zu zwei vom Hundert des Mehrbetrags als Entschädigung gewähren, soweit sich die mit der Obsorge betraute Person um die

Erhaltung des Vermögens oder dessen Verwendung zur Deckung von Bedürfnissen des Kindes besonders verdient gemacht hat. [4]Betrifft die Obsorge nur einen Teilbereich der Obsorge oder dauert die Tätigkeit der mit der Obsorge betrauten Person nicht ein volles Jahr, so vermindert sich der Anspruch auf Entschädigung entsprechend. *(BGBl I 2017/59, ab 1. 7. 2018, s § 1503 Abs 9 Z 6)*

(3) Bei besonders umfangreichen und erfolgreichen Bemühungen der mit der Obsorge betrauten Person kann das Gericht die Entschädigung auch höher als nach Abs. 2 erster Satz bemessen, jedoch nicht höher als zehn vom Hundert der Einkünfte.

(BGBl I 2000/135, ab 1. 7. 2001; BGBl I 2013/15)

Entgelt und Aufwandsersatz

„**§ 230.**" (1) [1]Nützt die mit der Obsorge betraute Person für Angelegenheiten, deren Besorgung sonst einem Dritten übertragen werden müsste, ihre besonderen beruflichen Kenntnisse und Fähigkeiten, so hat sie hiefür einen Anspruch auf angemessenes Entgelt. [2]Dieser Anspruch besteht für die Kosten einer rechtsfreundlichen Vertretung jedoch nicht, soweit beim „ " Kind die Voraussetzungen für die Bewilligung der Verfahrenshilfe gegeben sind oder diese Kosten nach gesetzlichen Vorschriften vom Gegner ersetzt werden. *(BGBl I 2017/59, ab 1. 7. 2018, s § 1503 Abs 9 Z 4)*

(2) Zur zweckentsprechenden Ausübung der Obsorge notwendige Barauslagen, tatsächliche Aufwendungen und die Kosten der Versicherung der Haftpflicht nach „§ 227"* sind der mit der Obsorge betrauten Person vom „ "** Kind jedenfalls zu erstatten, soweit sie nach gesetzlichen Vorschriften nicht unmittelbar von Dritten getragen werden. *(*BGBl I 2013/15, ab 1. 2. 2013; **BGBl I 2017/59, ab 1. 7. 2018, s § 1503 Abs 9 Z 4)*

(3) Ansprüche nach den Abs. 1 und 2 bestehen insoweit nicht, als durch sie die Befriedigung der Lebensbedürfnisse des Kindes gefährdet wäre.

(BGBl I 2000/135, ab 1. 7. 2001; BGBl I 2013/15)

Fünftes Hauptstück

Kindesunterhalt

§ 231. (1) Die Eltern haben zur Deckung der ihren Lebensverhältnissen angemessenen Bedürfnisse des Kindes unter Berücksichtigung seiner Anlagen, Fähigkeiten, Neigungen und Entwicklungsmöglichkeiten nach ihren Kräften anteilig beizutragen.

(2) [1]Der Elternteil, der den Haushalt führt, in dem er das Kind betreut, leistet dadurch seinen Beitrag. [2]Darüber hinaus hat er zum Unterhalt des Kindes beizutragen, soweit der andere Elternteil zur vollen Deckung der Bedürfnisse des Kindes nicht imstande ist oder mehr leisten müsste, als es seinen eigenen Lebensverhältnissen angemessen wäre.

(3) Der Anspruch auf Unterhalt mindert sich insoweit, als das Kind eigene Einkünfte hat oder unter Berücksichtigung seiner Lebensverhältnisse selbsterhaltungsfähig ist.

(4) Vereinbarungen, wonach sich ein Elternteil dem anderen gegenüber verpflichtet, für den Unterhalt des Kindes allein oder überwiegend aufzukommen und den anderen für den Fall der Inanspruchnahme mit der Unterhaltspflicht schad- und klaglos zu halten, sind unwirksam, sofern sie nicht im Rahmen einer umfassenden Regelung der Folgen einer Scheidung vor Gericht geschlossen werden.

(BGBl I 2013/15, ab 1. 2. 2013)

§ 232. [1]Soweit die Eltern nach ihren Kräften zur Leistung des Unterhalts nicht imstande sind, schulden ihn die Großeltern nach den den Lebensverhältnissen der Eltern angemessenen Bedürfnissen des Kindes. [2]Im Übrigen gilt der § 231 sinngemäß; der Unterhaltsanspruch eines Enkels mindert sich jedoch auch insoweit, als ihm die Heranziehung des Stammes eigenen Vermögens zumutbar ist. [3]Überdies hat ein Großelternteil nur insoweit Unterhalt zu leisten, als er dadurch bei Berücksichtigung seiner sonstigen Sorgepflichten den eigenen angemessenen Unterhalt nicht gefährdet.

(BGBl I 2013/15, ab 1. 2. 2013)

§ 233. [1]Die Schuld eines Elternteils, dem Kind den Unterhalt zu leisten, geht bis zum Wert der Verlassenschaft auf seine Erben über. [2]„Auf den Anspruch des Kindes ist alles anzurechnen, was das Kind nach dem Verstorbenen" durch eine vertragliche oder letztwillige Zuwendung, als gesetzlichen Erbteil, als Pflichtteil oder durch eine öffentlich-rechtliche oder privatrechtliche Leistung erhält. [3]Reicht der Wert der Verlassenschaft nicht aus, um dem Kind den geschuldeten Unterhalt bis zum voraussichtlichen Eintritt der Selbsterhaltungsfähigkeit zu sichern, so mindert sich der Anspruch des Kindes entsprechend. *(BGBl I 2015/87, ab 1. 1. 2017, s § 1503 Abs 7 Z 2)*

(BGBl I 2013/15, ab 1. 2. 2013)

§ 234. (1) Das Kind schuldet seinen Eltern und Großeltern unter Berücksichtigung seiner Lebensverhältnisse den Unterhalt, soweit der Unterhaltsberechtigte nicht imstande ist, sich selbst zu erhalten, und sofern er seine Unterhaltspflicht gegenüber dem Kind nicht gröblich vernachlässigt hat.

(2) [1]Die Unterhaltspflicht der Kinder steht der eines Ehegatten, eines früheren Ehegatten, von Vorfahren und von Nachkommen näheren Grades des Unterhaltsberechtigten im Rang nach. [2]Mehrere Kinder haben den Unterhalt anteilig nach ihren Kräften zu leisten.

(3) [1]Der Unterhaltsanspruch eines Eltern- oder Großelternteils mindert sich insoweit, als ihm die Heranziehung des Stammes eigenen Vermögens zumutbar ist. [2]Überdies hat ein Kind nur insoweit Unterhalt zu leisten, als es dadurch bei Berücksichtigung seiner sonstigen Sorgepflichten den eigenen angemessenen Unterhalt nicht gefährdet.

(BGBl I 2013/15, ab 1. 2. 2013)

Ansprüche im Zusammenhang mit der Geburt

§ 235. (1) Der Vater ist verpflichtet, der Mutter die Kosten der Entbindung sowie die Kosten ihres Unterhaltes für die ersten acht Wochen nach der Entbindung und, falls infolge der Entbindung weitere Auslagen notwendig werden, auch diese zu ersetzen.

(2) Die Forderung ist mit Ablauf von drei Jahren nach der Entbindung verjährt.

(BGBl I 2013/15, ab 1. 2. 2013)

§§ 236 bis 238. *(aufgehoben, BGBl I 2000/135, ab 1. 7. 2001)*

Sechstes Hauptstück

Von der Vorsorgevollmacht und der Erwachsenenvertretung

Erster Abschnitt

Allgemeine Bestimmungen

I. Teilnahme am Rechtsverkehr

Selbstbestimmung

§ 239. (1) Im rechtlichen Verkehr ist dafür Sorge zu tragen, dass volljährige Personen, die aufgrund einer psychischen Krankheit oder einer vergleichbaren Beeinträchtigung in ihrer Entscheidungsfähigkeit eingeschränkt sind, möglichst selbständig, erforderlichenfalls mit entsprechender Unterstützung, ihre Angelegenheiten selbst besorgen können.

(2) Unterstützung kann insbesondere durch die Familie, andere nahe stehende Personen, Pflegeeinrichtungen, Einrichtungen der Behindertenhilfe und soziale und psychosoziale Dienste, Gruppen von Gleichgestellten, Beratungsstellen oder im Rahmen eines betreuten Kontos oder eines Vorsorgedialogs geleistet werden.

(BGBl I 2017/59, ab 1. 7. 2018, s § 1503 Abs 9 Z 4, 10 und 15)

Nachrang der Stellvertretung

§ 240. (1) [1]Die in § 239 Abs. 1 genannten Personen nehmen nur dann durch einen Vertreter am Rechtsverkehr teil, wenn sie dies selbst vorsehen oder eine Vertretung zur Wahrung ihrer Rechte und Interessen unvermeidlich ist. [2]Sie können durch eine von ihnen bevollmächtigte Person (Vorsorgevollmacht) oder durch einen gewählten oder gesetzlichen oder gerichtlichen Erwachsenenvertreter vertreten werden.

(2) Soweit eine volljährige Person bei Besorgung ihrer Angelegenheiten entsprechend unterstützt wird oder selbst, besonders durch eine Vorsorgevollmacht, für deren Besorgung im erforderlichen Ausmaß vorgesorgt hat, darf für sie kein Erwachsenenvertreter tätig werden.

(BGBl I 2017/59, ab 1. 7. 2018, s § 1503 Abs 9 Z 4, 10 und 15)

Selbstbestimmung trotz Stellvertretung

§ 241. (1) Ein Vorsorgebevollmächtigter oder Erwachsenenvertreter hat danach zu trachten, dass die vertretene Person im Rahmen ihrer Fähigkeiten und Möglichkeiten ihre Lebensverhältnisse nach ihren Wünschen und Vorstellungen gestalten kann, und sie, soweit wie möglich, in die Lage zu versetzen, ihre Angelegenheiten selbst zu besorgen.

(2) [1]Ein Vorsorgebevollmächtigter oder Erwachsenenvertreter hat die vertretene Person von beabsichtigten, ihre Person oder ihr Vermögen betreffenden Entscheidungen rechtzeitig zu verständigen und ihr die Möglichkeit zu geben, sich dazu in angemessener Frist zu äußern. [2]Die Äußerung der vertretenen Person ist zu berücksichtigen, es sei denn, ihr Wohl wäre hierdurch erheblich gefährdet.

(BGBl I 2017/59, ab 1. 7. 2018, s § 1503 Abs 9 Z 4, 10 und 15)

Handlungsfähigkeit

§ 242. (1) Die Handlungsfähigkeit einer vertretenen Person wird durch eine Vorsorgevollmacht oder eine Erwachsenenvertretung nicht eingeschränkt.

(2) [1]Soweit dies zur Abwendung einer ernstlichen und erheblichen Gefahr für die vertretene Person erforderlich ist, hat das Gericht im Wirkungsbereich der gerichtlichen Erwachsenenvertretung anzuordnen, dass die Wirksamkeit bestimmter rechtsgeschäftlicher Handlungen der vertretenen Person oder bestimmter Verfahrens-

handlungen bei Verwaltungsbehörden und Verwaltungsgerichten wie nach § 865 Abs. 3 und Abs. 5 die Genehmigung des Erwachsenenvertreters und in den Fällen des § 258 Abs. 4 auch jene des Gerichts voraussetzt. [2]Der Genehmigungsvorbehalt bleibt ungeachtet der Übertragung einer Erwachsenenvertretung im Sinn des § 246 Abs. 3 Z 2 bestehen; er ist vom Gericht aufzuheben, wenn er nicht mehr erforderlich ist.

(3) Schließt eine volljährige Person, die nicht entscheidungsfähig ist, ein Rechtsgeschäft des täglichen Lebens, das ihre Lebensverhältnisse nicht übersteigt, so wird dieses – sofern in diesem Bereich kein Genehmigungsvorbehalt nach Abs. 2 angeordnet wurde – mit der Erfüllung der sie treffenden Pflichten rückwirkend rechtswirksam.

(BGBl I 2017/59, ab 1. 7. 2018, s § 1503 Abs 9 Z 4, 10, 12 und 15)

II. Auswahl und Dauer der Vertretung

Eignung

§ 243. (1) Als Vorsorgebevollmächtigter und Erwachsenenvertreter darf nicht eingesetzt werden, wer

1. schutzberechtigt im Sinn des § 21 Abs. 1 ist,

2. eine dem Wohl der volljährigen Person förderliche Ausübung der Vertretung nicht erwarten lässt, etwa wegen einer strafgerichtlichen Verurteilung, oder

3. in einem Abhängigkeitsverhältnis oder in einer vergleichbar engen Beziehung zu einer Einrichtung steht, in der sich die volljährige Person aufhält oder von der diese betreut wird.

(2) [1]Eine Person darf nur so viele Vorsorgevollmachten und Erwachsenenvertretungen übernehmen, wie sie unter Bedachtnahme auf die damit verbundenen Pflichten, insbesondere jene zur persönlichen Kontaktaufnahme, ordnungsgemäß besorgen kann. [2]Insgesamt darf eine Person – ausgenommen ein Erwachsenenschutzverein (§ 1 ErwSchVG) – nicht mehr als 15 Vorsorgevollmachten und Erwachsenenvertretungen übernehmen. [3]Ein Notar (Notariatskandidat) oder Rechtsanwalt (Rechtsanwaltsanwärter) kann diese Anzahl überschreiten, wenn er aufrecht in der Liste von zur Übernahme von Vorsorgevollmachten und gerichtlichen Erwachsenenvertretungen besonders geeigneten Rechtsanwälten oder Notaren eingetragen ist.

(3) Mehrere Erwachsenenvertreter können für eine Person nur mit jeweils unterschiedlichem Wirkungsbereich eingesetzt und im Österreichischen Zentralen Vertretungsverzeichnis eingetragen werden.

(BGBl I 2017/59, ab 1. 7. 2018, s § 1503 Abs 9 Z 4, 10 und 15)

Erwachsenenvertreter-Verfügung

§ 244. (1) [1]Eine Person kann in einer Erwachsenenvertreter-Verfügung jemanden bezeichnen, der für sie als Erwachsenenvertreter tätig oder nicht tätig werden soll. [2]Die verfügende Person muss hierfür fähig sein, die Bedeutung und Folgen einer Erwachsenenvertretung sowie der Verfügung in Grundzügen zu verstehen, ihren Willen danach zu bestimmen und sich entsprechend zu verhalten.

(2) [1]Die Erwachsenenvertreter-Verfügung muss schriftlich vor einem Notar, Rechtsanwalt oder Mitarbeiter eines Erwachsenenschutzvereins errichtet und im Österreichischen Zentralen Vertretungsverzeichnis eingetragen werden. [2]Hegt die eintragende Person Bedenken gegen das Vorliegen der Entscheidungsfähigkeit der verfügenden Person, so hat sie die Eintragung abzulehnen und bei begründeten Anhaltspunkten für eine Gefährdung des Wohles der volljährigen Person unverzüglich das Pflegschaftsgericht zu verständigen.

(3) [1]Die verfügende Person kann die Erwachsenenvertreter-Verfügung jederzeit widerrufen. [2]Der Widerruf muss von einem Notar, Rechtsanwalt oder Mitarbeiter eines Erwachsenenschutzvereins im Österreichischen Zentralen Vertretungsverzeichnis eingetragen werden. [3]Die Eintragung hat auf Verlangen der vertretenen Person zu erfolgen. [4]Für den Widerruf genügt es, dass die verfügende Person zu erkennen gibt, dass die Verfügung nicht mehr gelten soll. [5]Auf diese Möglichkeiten kann sie nicht verzichten.

(BGBl I 2017/59, ab 1. 7. 2018, s § 1503 Abs 9 Z 4 und 10)

Beginn und Fortbestand

§ 245. (1) Eine Vorsorgevollmacht ist wirksam, wenn und soweit der Eintritt des Vorsorgefalls im Österreichischen Zentralen Vertretungsverzeichnis eingetragen ist.

(2) Eine gewählte oder gesetzliche Erwachsenenvertretung entsteht mit ihrer Eintragung im Österreichischen Zentralen Vertretungsverzeichnis.

(3) Eine gerichtliche Erwachsenenvertretung entsteht mit der Bestellung durch das Gericht.

(4) Solange die Vertretungsbefugnis eines Vorsorgebevollmächtigten oder Erwachsenenvertreters im Österreichischen Zentralen Vertretungsverzeichnis eingetragen ist, besteht sie fort, auch wenn die vertretene Person im Wirkungsbereich ihres Vertreters handlungsfähig ist oder ihre Handlungsfähigkeit erlangt.

(BGBl I 2017/59, ab 1. 7. 2018, s § 1503 Abs 9 Z 4, 10 und 15)

Änderung, Übertragung und Beendigung

§ 246. (1) [1]Die Vertretungsbefugnis des Vorsorgebevollmächtigten oder des Erwachsenenvertreters endet

1. mit dem Tod der vertretenen Person oder ihres Vertreters,

2. durch gerichtliche Entscheidung,

3. durch die Eintragung des Widerrufs oder der Kündigung einer Vorsorgevollmacht oder des Wegfalls des Vorsorgefalls im Österreichischen Zentralen Vertretungsverzeichnis,

4. durch die Eintragung des Widerrufs oder der Kündigung einer gewählten Erwachsenenvertretung im Österreichischen Zentralen Vertretungsverzeichnis,

5. bei einer gesetzlichen Erwachsenenvertretung durch die Eintragung des Widerspruchs der vertretenen Person oder ihres Vertreters im Österreichischen Zentralen Vertretungsverzeichnis oder mit dem Ablauf von drei Jahren, sofern sie nicht zuvor erneut eingetragen wird, oder

6. bei einer gerichtlichen Erwachsenenvertretung spätestens mit dem Ablauf von drei Jahren nach Beschlussfassung erster Instanz über die Bestellung, sofern sie nicht erneuert wird; die Änderung oder Übertragung der Erwachsenenvertretung verlängert diese Frist nicht.

[2]Für den Widerruf oder den Widerspruch der vertretenen Person genügt es, wenn sie zu erkennen gibt, dass sie nicht mehr vertreten sein will. [3]Auf diese Möglichkeiten kann sie nicht verzichten. [4]Die Eintragung des Widerrufs oder des Widerspruchs hat auf Verlangen der vertretenen Person oder ihres Vertreters zu erfolgen.

(2) Für die Änderung der Vertretungsbefugnis des Vorsorgebevollmächtigten oder Erwachsenenvertreters gilt § 245 sinngemäß.

(3) [1]Das Gericht hat

1. die Beendigung der Vorsorgevollmacht oder der gewählten oder gesetzlichen Erwachsenenvertretung anzuordnen und erforderlichenfalls einen gerichtlichen Erwachsenenvertreter zu bestellen, wenn der Vertreter nicht oder pflichtwidrig tätig wird oder es sonst das Wohl der vertretenen Person erfordert;

2. die gerichtliche Erwachsenenvertretung einer anderen Person zu übertragen, wenn der Vertreter verstorben ist, nicht die erforderliche Eignung aufweist oder durch die Vertretung unzumutbar belastet wird oder es sonst das Wohl der vertretenen Person erfordert;

3. die gerichtliche Erwachsenenvertretung zu beenden, wenn die übertragene Angelegenheit erledigt ist oder die Voraussetzungen für die Bestellung nach § 271 weggefallen sind; betrifft dies nur einen Teil der Angelegenheiten, so ist der Wirkungsbereich insoweit einzuschränken. [2]Erforderlichenfalls ist die gerichtliche Erwachsenenvertretung zu erweitern.

(4) § 178 Abs. 3, § 183 Abs. 2 und § 1025 gelten sinngemäß.

(BGBl I 2017/59, ab 1. 7. 2018, s § 1503 Abs 9 Z 4, 10, 15 und 17)

III. Besondere Rechte und Pflichten des Vertreters

Kontakte

§ 247. [1]Ein Erwachsenenvertreter hat mit der vertretenen Person in dem nach den Umständen des Einzelfalls erforderlichen Ausmaß persönlichen Kontakt zu halten. [2]Sofern ihm nicht ausschließlich Angelegenheiten übertragen worden sind, deren Besorgung vorwiegend Kenntnisse des Rechts oder der Vermögensverwaltung voraussetzen, soll der Kontakt mindestens einmal im Monat stattfinden.

(BGBl I 2017/59, ab 1. 7. 2018, s § 1503 Abs 9 Z 4 und 10)

Verschwiegenheitspflicht

§ 248. (1) Ein Vorsorgebevollmächtigter oder Erwachsenenvertreter ist, außer gegenüber dem Pflegschaftsgericht, zur Verschwiegenheit über alle ihm in Ausübung seiner Funktion anvertrauten oder bekannt gewordenen Tatsachen verpflichtet.

(2) [1]Ein Vorsorgebevollmächtigter oder Erwachsenenvertreter hat aber auf entsprechende Anfrage hin dem Ehegatten, eingetragenen Partner oder Lebensgefährten sowie den Eltern und Kindern der vertretenen Person über deren geistiges und körperliches Befinden und deren Wohnort sowie über seinen Wirkungsbereich Auskunft zu erteilen. [2]Dies gilt nicht, soweit die vertretene Person etwas anderes verfügt hat, oder zu erkennen gibt, dass sie eine solche Auskunftserteilung nicht will, oder diese ihrem Wohl widerspricht.

(3) Ein Vorsorgebevollmächtigter oder Erwachsenenvertreter ist weiters nicht zur Verschwiegenheit verpflichtet, soweit

1. ihn davon die insoweit entscheidungsfähige vertretene Person entbunden hat,

2. die vertretene Person zur Offenlegung verpflichtet ist oder

3. die Offenlegung zur Wahrung ihres Wohles erforderlich ist.

(BGBl I 2017/59, ab 1. 7. 2018, s § 1503 Abs 9 Z 4, 10 und 15)

Haftung und Aufwandersatz

§ 249. (1) [1]Ein Vorsorgebevollmächtigter oder Erwachsenenvertreter haftet der vertretenen Person für jeden durch sein Verschulden verursachten Schaden. [2]Das Gericht kann die Ersatzpflicht insoweit mäßigen oder ganz erlassen, als sie den Vertreter unter Berücksichtigung aller Umstände, insbesondere des Grades des Verschuldens oder seines besonderen Naheverhältnisses zur vertretenen Person, unbillig hart träfe.

(2) [1]Die zur zweckentsprechenden Ausübung der Vertretung notwendigen Barauslagen, die tatsächlichen Aufwendungen und die angemessenen Kosten einer zur Deckung der Haftung nach Abs. 1 abgeschlossenen Haftpflichtversicherung sind dem gewählten und gesetzlichen Erwachsenenvertreter von der vertretenen Person zu erstatten „, soweit sie nach gesetzlichen Vorschriften nicht unmittelbar von Dritten getragen werden; ist der einzelne Nachweis dem Erwachsenenvertreter nicht zumutbar, so ist ein angemessener Pauschalbetrag zu erstatten". [2]Für den gerichtlichen Erwachsenenvertreter gilt § 276 Abs. 4. *(BGBl I 2018/58, ab 1. 8. 2018)*

(BGBl I 2017/59, ab 1. 7. 2018, s § 1503 Abs 9 Z 4, 10 und 15)

IV. Personensorge

Vertretung in personenrechtlichen Angelegenheiten

§ 250. (1) Ein Vorsorgebevollmächtigter oder Erwachsenenvertreter darf in Angelegenheiten, die in der Persönlichkeit der vertretenen Person oder deren familiären Verhältnissen gründen, nur dann tätig werden, wenn

1. diese von seinem Wirkungsbereich umfasst sind,

2. die vertretene Person nicht entscheidungsfähig ist,

3. nach dem Gesetz eine Stellvertretung nicht jedenfalls ausgeschlossen ist und

4. eine Vertretungshandlung zur Wahrung des Wohles der vertretenen Person erforderlich ist.

(2) Gibt die vertretene Person zu erkennen, dass sie die geplante Vertretungshandlung ablehnt, so hat diese bei sonstiger Rechtsunwirksamkeit zu unterbleiben, es sei denn, das Wohl der vertretenen Person wäre sonst erheblich gefährdet.

(3) In wichtigen Angelegenheiten der Personensorge hat ein Erwachsenenvertreter die Genehmigung des Gerichts einzuholen, sofern nicht Gefahr im Verzug vorliegt.

(4) Das Recht der vertretenen Person auf persönliche Kontakte zu anderen Personen sowie ihr Schriftverkehr dürfen vom Vorsorgebevollmächtigten oder Erwachsenenvertreter nur eingeschränkt werden, wenn sonst ihr Wohl erheblich gefährdet wäre.

(BGBl I 2017/59, ab 1. 7. 2018, s § 1503 Abs 9 Z 4, 10 und 15)

Bemühung um Betreuung

§ 251. [1]Ein Erwachsenenvertreter ist nicht zur Betreuung der vertretenen Person verpflichtet. [2]Ist sie aber nicht umfassend betreut, so hat er sich, unabhängig von seinem Wirkungsbereich, darum zu bemühen, dass ihr die gebotene medizinische und soziale Betreuung gewährt wird.

(BGBl I 2017/59, ab 1. 7. 2018, s § 1503 Abs 9 Z 4, 10 und 15)

Medizinische Behandlung

a) entscheidungsfähiger Personen

§ 252. (1) [1]In eine medizinische Behandlung kann eine volljährige Person, soweit sie entscheidungsfähig ist, nur selbst einwilligen. [2]Eine medizinische Behandlung ist eine von einem Arzt oder auf seine Anordnung hin vorgenommene diagnostische, therapeutische, rehabilitative, krankheitsvorbeugende oder geburtshilfliche Maßnahme an der volljährigen Person. [3]Auf diagnostische, therapeutische, rehabilitative, krankheitsvorbeugende, pflegerische oder geburtshilfliche Maßnahmen von Angehörigen anderer gesetzlich geregelter Gesundheitsberufe sind die §§ 252 bis 254 sinngemäß anzuwenden.

(2) [1]Hält der Arzt eine volljährige Person für nicht entscheidungsfähig, so hat er sich nachweislich um die Beiziehung von Angehörigen, anderen nahe stehenden Personen, Vertrauenspersonen und im Umgang mit Menschen in solchen schwierigen Lebenslagen besonders geübten Fachleuten zu bemühen, die die volljährige Person dabei unterstützen können, ihre Entscheidungsfähigkeit zu erlangen. [2]Soweit sie aber zu erkennen gibt, dass sie mit der beabsichtigten Beiziehung anderer und der Weitergabe von medizinischen Informationen nicht einverstanden ist, hat der Arzt dies zu unterlassen.

(3) Kann durch Unterstützung im Sinn des Abs. 2 die Entscheidungsfähigkeit der volljährigen Person hergestellt werden, so ist ihre Einwilligung in die medizinische Behandlung ausreichend, andernfalls ist nach § 253 vorzugehen.

(4) Von einer Aufklärung der von der Behandlung betroffenen Person oder ihrer Unterstützung im Sinn des Abs. 2 ist abzusehen, wenn mit der damit einhergehenden Verzögerung eine Gefährdung des Lebens, die Gefahr einer schweren

Schädigung der Gesundheit oder starke Schmerzen verbunden wären.

(BGBl I 2017/59, ab 1. 7. 2018, s § 1503 Abs 9 Z 8)

b) nicht entscheidungsfähiger Personen

§ 253. (1) [1]Eine medizinische Behandlung an einer volljährigen Person, die nicht entscheidungsfähig ist, bedarf der Zustimmung ihres Vorsorgebevollmächtigten oder Erwachsenenvertreters, dessen Wirkungsbereich diese Angelegenheit umfasst. [2]Er hat sich dabei vom Willen der vertretenen Person leiten zu lassen. [3]Im Zweifel ist davon auszugehen, dass diese eine medizinisch indizierte Behandlung wünscht.

(2) Der Grund und die Bedeutung der medizinischen Behandlung sind auch einer im Behandlungszeitpunkt nicht entscheidungsfähigen Person zu erläutern, soweit dies möglich und ihrem Wohl nicht abträglich ist.

(3) [1]Die Zustimmung des Vorsorgebevollmächtigten oder Erwachsenenvertreters ist nicht erforderlich, wenn mit der damit einhergehenden Verzögerung eine Gefährdung des Lebens, die Gefahr einer schweren Schädigung der Gesundheit oder starke Schmerzen verbunden wären. [2]Dauert die medizinische Behandlung voraussichtlich auch nach Abwendung dieser Gefahrenmomente noch an, so ist sie zu beginnen und unverzüglich die Zustimmung des Vertreters zur weiteren Behandlung einzuholen bzw. das Gericht zur Bestellung eines Vertreters oder zur Erweiterung seines Wirkungsbereichs anzurufen.

(4) Hat die im Behandlungszeitpunkt nicht entscheidungsfähige Person die medizinische Behandlung in einer verbindlichen Patientenverfügung abgelehnt und gibt es keine Hinweise auf die Unwirksamkeit der Patientenverfügung, so muss die Behandlung ohne Befassung eines Vertreters unterbleiben.

(BGBl I 2017/59, ab 1. 7. 2018, s § 1503 Abs 9 Z 8)

§ 254. (1) Gibt eine nicht entscheidungsfähige Person ihrem Vorsorgebevollmächtigten oder Erwachsenenvertreter oder dem Arzt gegenüber zu erkennen, dass sie die medizinische Behandlung oder deren Fortsetzung ablehnt, so bedarf die Zustimmung des Vorsorgebevollmächtigten oder Erwachsenenvertreters zur Behandlung der Genehmigung des Gerichts.

(2) [1]Wenn der Vorsorgebevollmächtigte oder Erwachsenenvertreter der Behandlung einer nicht entscheidungsfähigen Person oder ihrer Fortsetzung nicht zustimmt und dadurch dem Willen der vertretenen Person nicht entspricht, so kann das Gericht die Zustimmung des Vertreters ersetzen oder einen anderen Vertreter bestellen. [2]Im Zweifel ist davon auszugehen, dass die vertretene Person eine medizinisch indizierte Behandlung wünscht.

(3) [1]Die Genehmigung oder Ersetzung der Zustimmung durch das Gericht oder die Bestellung eines anderen Vertreters ist nicht erforderlich, wenn mit der mit solchen Gerichtsverfahren einhergehenden Verzögerung eine Gefährdung des Lebens, die Gefahr einer schweren Schädigung der Gesundheit oder starke Schmerzen verbunden wären. [2]Dauert die medizinische Behandlung voraussichtlich auch nach Abwendung dieser Gefahrenmomente noch an, so ist sie zu beginnen und unverzüglich das Gericht anzurufen.

(BGBl I 2017/59, ab 1. 7. 2018, s § 1503 Abs 9 Z 8)

Sterilisation

§ 255. (1) Ein Vorsorgebevollmächtigter oder Erwachsenenvertreter darf einer medizinischen Maßnahme, die eine dauernde Fortpflanzungsunfähigkeit der vertretenen nicht entscheidungsfähigen Person zum Ziel hat, nicht zustimmen, es sei denn, dass sonst wegen eines dauerhaften körperlichen Leidens eine Gefährdung des Lebens oder die Gefahr einer schweren Schädigung der Gesundheit oder starker Schmerzen besteht.

(2) Die Zustimmung des Vorsorgebevollmächtigten oder Erwachsenenvertreters bedarf der gerichtlichen Genehmigung.

(BGBl I 2017/59, ab 1. 7. 2018, s § 1503 Abs 9 Z 8)

Forschung

§ 256. (1) Ebenso darf ein Vorsorgebevollmächtigter oder Erwachsenenvertreter einer medizinischen Forschung, die mit einer Beeinträchtigung der körperlichen Unversehrtheit oder der Persönlichkeit der vertretenen nicht entscheidungsfähigen Person verbunden ist, nicht zustimmen, es sei denn, dass diese für deren Gesundheit oder Wohlbefinden von unmittelbarem Nutzen sein kann. Die Zustimmung bedarf der gerichtlichen Genehmigung, außer es liegt eine befürwortende Stellungnahme einer für die jeweilige Krankenanstalt eingerichteten Ethikkommission vor. *(BGBl I 2018/58, ab 1. 8. 2018)*

(2) [1]Gibt eine nicht entscheidungsfähige Person ihrem Vorsorgebevollmächtigten oder Erwachsenenvertreter oder dem Arzt gegenüber zu erkennen, dass sie die Forschung oder deren Fortsetzung ablehnt, so hat diese zu unterbleiben, es sei denn, das Wohl der vertretenen Person wäre sonst erheblich gefährdet. [2]Die Zustimmung des gesetzlichen Vertreters bedarf diesfalls auch bei Vorlie-

gen einer befürwortenden Stellungnahme einer Ethikkommission der gerichtlichen Genehmigung.

(BGBl I 2017/59, ab 1. 7. 2018, s § 1503 Abs 9 Z 8)

Änderung des Wohnortes

§ 257. (1) Über eine Änderung des Wohnortes kann eine volljährige Person, soweit sie entscheidungsfähig ist, nur selbst entscheiden.

(2) Ist sie nicht entscheidungsfähig, so hat der Vorsorgebevollmächtigte oder Erwachsenenvertreter, dessen Wirkungsbereich diese Angelegenheit umfasst, die Entscheidung zu treffen, sofern dies zur Wahrung des Wohles der vertretenen Person erforderlich ist.

(3) [1]Soll der Wohnort der vertretenen Person dauerhaft geändert werden, so bedarf es zuvor der gerichtlichen Genehmigung. [2]Bis zum Vorliegen der gerichtlichen Entscheidung kann der Wohnort der vertretenen Person geändert werden, sofern eine Rückkehr möglich ist.

(4) Abs. 3 gilt für den Vorsorgebevollmächtigten sinngemäß, sofern der Wohnort der vertretenen Person dauerhaft ins Ausland verlegt werden soll.

(BGBl I 2017/59, ab 1. 7. 2018, s § 1503 Abs 9 Z 8)

V. Vermögenssorge

§ 258. (1) Ist ein Erwachsenenvertreter mit der Verwaltung des Vermögens oder des Einkommens der vertretenen Person betraut, so hat er mit dem Einkommen und dem Vermögen ihre den persönlichen Lebensverhältnissen angemessenen Bedürfnisse zu befriedigen.

(2) [1]Bei der Erfüllung der Verpflichtung nach Abs. 1 hat der Erwachsenenvertreter auch dafür zu sorgen, dass der vertretenen Person die notwendigen finanziellen Mittel für Rechtsgeschäfte des täglichen Lebens zur Verfügung stehen, soweit ihr Wohl dadurch nicht gefährdet ist. [2]Dafür hat der Erwachsenenvertreter der vertretenen Person etwa das notwendige Bargeld zu überlassen oder den notwendigen Zugriff auf Zahlungskonten zu gewähren.

(3) Für die Anlegung von Bargeld und von Geld auf Zahlungskonten der vertretenen Person, die Veräußerung von beweglichem Vermögen und unbeweglichem Gut sowie die Entgegennahme von Zahlungen gelten die §§ 215 bis 224 sinngemäß.

(4) [1]Vertretungshandlungen eines Erwachsenenvertreters in Vermögensangelegenheiten bedürfen zu ihrer Rechtswirksamkeit der Genehmigung des Gerichtes, sofern die Vermögensangelegenheit nicht zum ordentlichen Wirtschaftsbetrieb gehört. [2]§ 167 Abs. 3 gilt sinngemäß.

(5) Ist ein Vorsorgebevollmächtigter mit der Verwaltung des Vermögens oder des Einkommens der vertretenen Person betraut, so gelten die §§ 215 bis 221, soweit dies in der Vorsorgevollmacht verfügt wurde.

(BGBl I 2017/59, ab 1. 7. 2018, s § 1503 Abs 9 Z 4, 10 und 15)

VI. Gerichtliche Kontrolle

§ 259. (1) [1]Ein Erwachsenenvertreter hat dem Gericht jährlich über die Gestaltung und Häufigkeit seiner persönlichen Kontakte mit der vertretenen Person, ihren Wohnort, ihr geistiges und körperliches Befinden und die für sie im vergangenen Jahr besorgten und im kommenden Jahr zu besorgenden Angelegenheiten zu berichten. [2]Näheres wird in den Verfahrensgesetzen bestimmt.

(2) [1]Ein Erwachsenenvertreter, der mit der Verwaltung des Vermögens oder des Einkommens der vertretenen Person betraut ist, hat dem Gericht bei Antritt der Vermögenssorge nach gründlicher Erforschung des Vermögensstandes das Vermögen im Einzelnen anzugeben und in weiterer Folge Rechnung zu legen. [2]Das Gericht hat seine Tätigkeit zur Vermeidung einer Gefährdung des Wohles der vertretenen Person zu überwachen und die dazu notwendigen Aufträge zu erteilen. [3]Näheres wird in den Verfahrensgesetzen bestimmt.

(3) Ein Vorsorgebevollmächtigter oder Erwachsenenvertreter ist verpflichtet, die Vollmachtsurkunde sowie die nach § 140h NO erforderlichen ärztlichen Zeugnisse bis zur Beendigung seiner Vertretung aufzubewahren und auf Verlangen des Gerichts diesem zu übermitteln.

(4) Ist das Wohl einer vertretenen Person gefährdet, so hat das Gericht jederzeit von Amts wegen die zur Sicherung des Wohles nötigen Verfügungen zu treffen.

(BGBl I 2017/59, ab 1. 7. 2018, s § 1503 Abs 9 Z 4, 10 und 15)

Zweiter Abschnitt

Vorsorgevollmacht

Vollmacht für den Vorsorgefall

§ 260. [1]Eine Vorsorgevollmacht ist eine Vollmacht, die nach ihrem Inhalt dann wirksam werden soll, wenn der Vollmachtgeber die zur Besorgung der anvertrauten Angelegenheiten erforderliche Entscheidungsfähigkeit verliert. [2]Der Vollmachtgeber kann auch die Umwandlung einer bestehenden Vollmacht in eine Vorsorgevollmacht bei Eintritt des Vorsorgefalls anordnen.

(BGBl I 2017/59, ab 1. 7. 2018, s § 1503 Abs 9 Z 4 und 15)

Wirkungsbereich

§ 261. Die Vorsorgevollmacht kann für einzelne Angelegenheiten oder für Arten von Angelegenheiten erteilt werden.

(BGBl I 2017/59, ab 1. 7. 2018, s § 1503 Abs 9 Z 4 und 15)

Form

§ 262. (1) Die Vorsorgevollmacht ist vor einem Notar, einem Rechtsanwalt oder einem Erwachsenenschutzverein (§ 1 ErwSchVG) höchstpersönlich und schriftlich zu errichten.

(2) [1]Der Vollmachtgeber ist über

1. die Rechtsfolgen einer Vorsorgevollmacht,

2. die Möglichkeit, allgemein oder in bestimmten Angelegenheiten die Weitergabe der Vorsorgevollmacht zu untersagen oder eine gemeinsame Vertretung durch zwei oder mehrere Bevollmächtigte vorzusehen, sowie

3. die Möglichkeit des jederzeitigen Widerrufs

persönlich zu belehren. [2]Der Notar, der Rechtsanwalt oder der Mitarbeiter des Erwachsenenschutzvereins hat die Vornahme dieser Belehrung in der Vollmachtsurkunde zu dokumentieren.

(BGBl I 2017/59, ab 1. 7. 2018, s § 1503 Abs 9 Z 4 und 15)

Registrierung

§ 263. (1) [1]Die Vorsorgevollmacht und der Eintritt des Vorsorgefalls sind von einem Notar, einem Rechtsanwalt oder einem Erwachsenenschutzverein (§ 1 ErwSchVG) im Österreichischen Zentralen Vertretungsverzeichnis einzutragen. [2]Der Eintritt des Vorsorgefalls darf nur insoweit eingetragen werden, als der Vollmachtgeber die zur Besorgung der anvertrauten Angelegenheiten erforderliche Entscheidungsfähigkeit verloren hat.

(2) Hegt der Notar, der Rechtsanwalt oder der Mitarbeiter des Erwachsenenschutzvereins begründete Zweifel am Vorliegen der Entscheidungsfähigkeit des Vollmachtgebers im Zeitpunkt der Errichtung der Vorsorgevollmacht, am Eintritt des Vorsorgefalls oder an der Eignung des Bevollmächtigten, so hat er die Errichtung der Vorsorgevollmacht bzw. die Eintragung des Vorsorgefalls abzulehnen und bei begründeten Anhaltspunkten für eine Gefährdung des Wohles der volljährigen Person unverzüglich das Pflegschaftsgericht zu verständigen.

(3) [1]Erlangt die volljährige Person ihre Entscheidungsfähigkeit wieder, so ist dies auf ihr Verlangen oder jenes ihres Vertreters im Österreichischen Zentralen Vertretungsverzeichnis als Wegfall des Vorsorgefalls einzutragen. [2]Die Abs. 1 und 2 gelten sinngemäß.

(BGBl I 2017/59, ab 1. 7. 2018, s § 1503 Abs 9 Z 4 und 15)

Dritter Abschnitt

Gewählter Erwachsenenvertreter

Voraussetzungen

§ 264. Soweit eine volljährige Person ihre Angelegenheiten aufgrund einer psychischen Krankheit oder einer vergleichbaren Beeinträchtigung ihrer Entscheidungsfähigkeit nicht für sich selbst besorgen kann, dafür keinen Vertreter hat und eine Vorsorgevollmacht nicht mehr errichten kann, aber noch fähig ist, die Bedeutung und Folgen einer Bevollmächtigung in Grundzügen zu verstehen, ihren Willen danach zu bestimmen und sich entsprechend zu verhalten, kann sie eine oder mehrere ihr nahe stehende Personen als Erwachsenenvertreter zur Besorgung dieser Angelegenheiten auswählen.

(BGBl I 2017/59, ab 1. 7. 2018, s § 1503 Abs 9 Z 4)

Wirkungsbereich

§ 265. (1) Die volljährige Person und ihr gewählter Erwachsenenvertreter haben eine Vereinbarung (§ 1002) zu schließen und dabei die Vertretungsbefugnisse des Erwachsenenvertreters festzulegen.

(2) [1]Die Vereinbarung über die gewählte Erwachsenenvertretung kann – ausgenommen die Vertretung vor Gericht – vorsehen, dass der Erwachsenenvertreter nur im Einvernehmen mit der vertretenen Person rechtswirksam Vertretungshandlungen vornehmen kann. [2]Ebenso kann die Vereinbarung – ausgenommen die Vertretung vor Gericht – vorsehen, dass die vertretene Person selbst nur mit Genehmigung des Erwachsenenvertreters rechtswirksam Erklärungen abgeben kann.

(3) Die Vertretungsbefugnisse können einzelne Angelegenheiten oder Arten von Angelegenheiten betreffen.

(4) [1]Die Übertragung der Angelegenheiten umfasst, soweit nichts anderes vereinbart ist, immer auch die Vertretung vor Gericht. [2]In allen Fällen kann die Vertretungsbefugnis aber auch auf die Ausübung von Einsichts- und Auskunftsrechten beschränkt werden.

(BGBl I 2017/59, ab 1. 7. 2018, s § 1503 Abs 9 Z 4)

Form

§ 266. (1) Die Vereinbarung einer gewählten Erwachsenenvertretung muss höchstpersönlich und schriftlich vor einem Notar, einem Rechtsanwalt oder einem Erwachsenenschutzverein (§ 1 ErwSchVG) errichtet werden.

(2) [1]Vor dem Abschluss der Vereinbarung sind die volljährige Person und der Erwachsenenvertreter über das Wesen und die Folgen der Erwachsenenvertretung, die Möglichkeit des jederzeitigen Widerrufs sowie die Rechte und Pflichten des gewählten Erwachsenenvertreters persönlich zu belehren. [2]Der Notar, der Rechtsanwalt oder der Mitarbeiter des Erwachsenenschutzvereins hat die Vornahme dieser Belehrung in der Vereinbarung zu dokumentieren.

(BGBl I 2017/59, ab 1. 7. 2018, s § 1503 Abs 9 Z 4)

Registrierung

§ 267. (1) Die Vereinbarung über die gewählte Erwachsenenvertretung ist von einem Notar, einem Rechtsanwalt oder einem Erwachsenenschutzverein (§ 1 ErwSchVG) im Österreichischen Zentralen Vertretungsverzeichnis einzutragen.

(2) Hegt der Notar, der Rechtsanwalt oder der Mitarbeiter des Erwachsenenschutzvereins am Vorliegen der Voraussetzungen der gewählten Erwachsenenvertretung oder an der Eignung der Person, die als Erwachsenenvertreter eingetragen werden soll, begründete Zweifel, so hat er die Eintragung abzulehnen und bei begründeten Anhaltspunkten für eine Gefährdung des Wohles der volljährigen Person unverzüglich das Pflegschaftsgericht zu verständigen.

(BGBl I 2017/59, ab 1. 7. 2018, s § 1503 Abs 9 Z 4)

Vierter Abschnitt

Gesetzlicher Erwachsenenvertreter

Voraussetzungen

§ 268. (1) Eine volljährige Person kann in den in § 269 angeführten Angelegenheiten von einem oder mehreren nächsten Angehörigen vertreten werden, soweit sie

1. diese Angelegenheiten aufgrund einer psychischen Krankheit oder einer vergleichbaren Beeinträchtigung ihrer Entscheidungsfähigkeit nicht ohne Gefahr eines Nachteils für sich selbst besorgen kann,

2. dafür keinen Vertreter hat,

3. einen solchen nicht mehr wählen kann oder will und

4. der gesetzlichen Erwachsenenvertretung nicht vorab widersprochen hat und dies im Österreichischen Zentralen Vertretungsregister registriert wurde.

(2) Nächste Angehörige sind die Eltern und Großeltern, volljährige Kinder und Enkelkinder, Geschwister, Nichten und Neffen der volljährigen Person, ihr Ehegatte oder eingetragener Partner und ihr Lebensgefährte, wenn dieser mit ihr seit mindestens drei Jahren im gemeinsamen Haushalt lebt, sowie die von der volljährigen Person in einer Erwachsenenvertreter-Verfügung bezeichnete Person.

(BGBl I 2017/59, ab 1. 7. 2018, s § 1503 Abs 9 Z 4, 16 und 17)

Wirkungsbereich

§ 269. (1) Die Vertretungsbefugnisse können folgende Bereiche betreffen:

1. Vertretung in Verwaltungsverfahren und verwaltungsgerichtlichen Verfahren,

2. Vertretung in gerichtlichen Verfahren,

3. Verwaltung von Einkünften, Vermögen und Verbindlichkeiten,

4. Abschluss von Rechtsgeschäften zur Deckung des Pflege- und Betreuungsbedarfs,

5. Entscheidung über medizinische Behandlungen und Abschluss von damit im Zusammenhang stehenden Verträgen,

6. Änderung des Wohnortes und Abschluss von Heimverträgen,

7. Vertretung in nicht in Z 5 und 6 genannten personenrechtlichen Angelegenheiten sowie

8. Abschluss von nicht in Z 4 bis 6 genannten Rechtsgeschäften.

(2) Vom Wirkungsbereich der in Abs. 1 Z 3 bis 8 geregelten Angelegenheiten ist immer auch die Vertretung vor Gericht und die Befugnis mitumfasst, über laufende Einkünfte und das Vermögen der vertretenen Person insoweit zu verfügen, als diese zur Besorgung der Rechtsgeschäfte erforderlich ist.

(BGBl I 2017/59, ab 1. 7. 2018, s § 1503 Abs 9 Z 4)

Registrierung

§ 270. (1) Die gesetzliche Erwachsenenvertretung ist von einem Notar, einem Rechtsanwalt oder einem Erwachsenenschutzverein (§ 1 ErwSchVG) im Österreichischen Zentralen Vertretungsverzeichnis einzutragen.

(2) Hegt der Notar, der Rechtsanwalt oder der Mitarbeiter des Erwachsenenschutzvereins am Vorliegen der Voraussetzungen der gesetzlichen Erwachsenenvertretung oder an der Eignung der Person, die als Erwachsenenvertreter eingetragen werden soll, begründete Zweifel, so hat er die Eintragung abzulehnen und bei begründeten Anhaltspunkten für eine Gefährdung des Wohles der

volljährigen Person unverzüglich das Pflegschaftsgericht zu verständigen.

(3) [1]Vor der Eintragung der gesetzlichen Erwachsenenvertretung sind der Erwachsenenvertreter und die volljährige Person über das Wesen und die Folgen der Erwachsenenvertretung, über die Möglichkeit des jederzeitigen Widerspruchs sowie über die Rechte und Pflichten des gesetzlichen Erwachsenenvertreters persönlich zu belehren. [2]Der Notar, der Rechtsanwalt oder der Mitarbeiter des Erwachsenenschutzvereins hat die Vornahme dieser Belehrung zu dokumentieren.

(BGBl I 2017/59, ab 1. 7. 2018, s § 1503 Abs 9 Z 4)

Fünfter Abschnitt

Gerichtlicher Erwachsenenvertreter

Voraussetzungen

§ 271. Einer volljährigen Person ist vom Gericht auf ihren Antrag oder von Amts wegen insoweit ein gerichtlicher Erwachsenenvertreter zu bestellen, als

1. sie bestimmte Angelegenheiten aufgrund einer psychischen Krankheit oder einer vergleichbaren Beeinträchtigung ihrer Entscheidungsfähigkeit nicht ohne Gefahr eines Nachteils für sich selbst besorgen kann,

2. sie dafür keinen Vertreter hat,

3. sie einen solchen nicht wählen kann oder will und

4. eine gesetzliche Erwachsenenvertretung nicht in Betracht kommt.

(BGBl I 2017/59, ab 1. 7. 2018, s § 1503 Abs 9 Z 4, 10 und 14)

Wirkungsbereich

§ 272. (1) Ein gerichtlicher Erwachsenenvertreter darf nur für einzelne oder Arten von gegenwärtig zu besorgenden und bestimmt zu bezeichnenden Angelegenheiten bestellt werden.

(2) [1]Nach Erledigung der übertragenen Angelegenheit ist die gerichtliche Erwachsenenvertretung einzuschränken oder zu beenden. [2]Darauf hat der Erwachsenenvertreter unverzüglich bei Gericht hinzuwirken.

(BGBl I 2017/59, ab 1. 7. 2018, s § 1503 Abs 9 Z 4 und 10)

Auswahl und Bestellung

§ 273. (1) Bei der Auswahl des gerichtlichen Erwachsenenvertreters ist auf die Bedürfnisse der volljährigen Person und deren Wünsche, die Eignung des Erwachsenenvertreters und auf die zu besorgenden Angelegenheiten Bedacht zu nehmen.

(2) [1]Eine Person, die das Gericht zum gerichtlichen Erwachsenenvertreter bestellen will, hat alle Umstände, die sie dafür ungeeignet erscheinen lassen, dem Gericht unverzüglich mitzuteilen. [2]Treten solche Umstände nach der Bestellung ein, so hat sie diese ebenso unverzüglich offen zu legen. [3]Unterlässt sie diese Mitteilung schuldhaft, so haftet sie für alle der volljährigen Person daraus entstehenden Nachteile.

(BGBl I 2017/59, ab 1. 7. 2018, s § 1503 Abs 9 Z 4 und 10)

§ 274. (1) Zum Erwachsenenvertreter ist vorrangig mit deren Zustimmung die Person zu bestellen, die aus einer Vorsorgevollmacht, einer Vereinbarung einer gewählten Erwachsenenvertretung oder einer Erwachsenenvertreter-Verfügung hervorgeht.

(2) Ist eine solche Person nicht verfügbar oder geeignet, so ist mit deren Zustimmung eine der volljährigen Person nahestehende und für die Aufgabe geeignete Person zu bestellen.

(3) Kommt eine solche Person nicht in Betracht, so ist mit dessen Zustimmung ein Erwachsenenschutzverein (§ 1 ErwSchVG) zu bestellen.

(4) Ist auch die Bestellung eines Erwachsenenschutzvereins nicht möglich, so ist – nach Maßgabe des § 275 – ein Notar (Notariatskandidat) oder Rechtsanwalt (Rechtsanwaltsanwärter) oder mit deren Zustimmung eine andere geeignete Person zu bestellen.

(5) Ein Notar (Notariatskandidat) oder Rechtsanwalt (Rechtsanwaltsanwärter) ist vor allem dann zu bestellen, wenn die Besorgung der Angelegenheiten vorwiegend Rechtskenntnisse erfordert, ein Erwachsenenschutzverein (§ 1 ErwSchVG) vor allem dann, wenn sonst besondere Anforderungen mit der Erwachsenenvertretung verbunden sind.

(BGBl I 2017/59, ab 1. 7. 2018, s § 1503 Abs 9 Z 4 und 11)

§ 275. [1]Ein Notar (Notariatskandidat) oder Rechtsanwalt (Rechtsanwaltsanwärter), der nicht aufrecht in der Liste von zur Übernahme von Vorsorgevollmachten und gerichtlichen Erwachsenenvertretungen besonders geeigneten Rechtsanwälten oder Notaren eingetragen ist, kann die Übernahme einer gerichtlichen Erwachsenenvertretung nur ablehnen, wenn

1. die Besorgung der Angelegenheiten nicht vorwiegend Rechtskenntnisse erfordert,

2. er nachweist, dass ein Notar (Notariatskandidat) oder Rechtsanwalt (Rechtsanwaltsanwärter), der in der Liste von zur Übernahme von Vorsorgevollmachten und gerichtlichen Erwachsenenvertretungen besonders geeigneten Rechts-

anwälten oder Notaren aufrecht eingetragen ist, mit der Übernahme der Erwachsenenvertretung einverstanden wäre oder

3. ihm diese unter Berücksichtigung seiner persönlichen, familiären, beruflichen und sonstigen Verhältnisse nicht zugemutet werden kann. [2]Dies wird bei mehr als fünf gerichtlichen Erwachsenenvertretungen vermutet.

(BGBl I 2017/59, ab 1. 7. 2018, s § 1503 Abs 9 Z 4 und 11)

Entschädigung, Entgelt und Aufwandersatz

§ 276. (1) [1]Dem gerichtlichen Erwachsenenvertreter gebührt eine jährliche Entschädigung zuzüglich der allenfalls zu entrichtenden Umsatzsteuer. [2]Die Entschädigung beträgt fünf Prozent sämtlicher Einkünfte der vertretenen Person nach Abzug der davon zu entrichtenden Steuern und Abgaben, wobei Bezüge, die kraft besonderer gesetzlicher Anordnung zur Deckung bestimmter Aufwendungen dienen, nicht als Einkünfte zu berücksichtigen sind. [3]Übersteigt der Wert des Vermögens der vertretenen Person 15 000 Euro, so sind darüber hinaus pro Jahr zwei Prozent des Mehrbetrags an Entschädigung zu gewähren. [4]Ist der gerichtliche Erwachsenenvertreter kürzer als ein volles Jahr tätig, so vermindert sich der Anspruch auf Entschädigung entsprechend.

(2) [1]Das Gericht hat die so berechnete Entschädigung zu mindern, wenn es dies aus besonderen Gründen, insbesondere wenn die Tätigkeit nach Art oder Umfang mit einem bloß geringen Aufwand an Zeit und Mühe verbunden ist oder die vertretene Person ein besonders hohes Vermögen hat, für angemessen hält. [2]Bei besonders umfangreichen und erfolgreichen Bemühungen des gerichtlichen Erwachsenenvertreters, insbesondere im ersten Jahr seiner Tätigkeit oder im Bereich der Personensorge, kann das Gericht die Entschädigung auch mit bis zu zehn Prozent der Einkünfte und bis zu fünf Prozent des Mehrbetrags vom Vermögen bemessen. [3]Dies gilt auch, wenn der gerichtliche Erwachsenenvertreter ausschließlich aufgrund der Art der ihm übertragenen Angelegenheit für eine besonders kurze Zeit tätig war und deshalb die nach Abs. 1 berechnete Entschädigung unangemessen niedrig ist. [4]Bei der Ermittlung des Wertes des Vermögens nach Abs. 1 sind Verbindlichkeiten ausnahmsweise außer Acht zu lassen, wenn die Tätigkeit des gerichtlichen Erwachsenenvertreters wegen der bestehenden Verbindlichkeiten mit einem besonderen Aufwand verbunden war.

(3) [1]Nützt der gerichtliche Erwachsenenvertreter für Angelegenheiten, deren Besorgung sonst einem Dritten entgeltlich übertragen werden müsste, seine besonderen beruflichen Kenntnisse und Fähigkeiten, so hat er hiefür einen Anspruch auf angemessenes Entgelt. [2]Dieser Anspruch besteht für die Kosten einer rechtsfreundlichen Vertretung jedoch nicht, soweit bei der vertretenen Person die Voraussetzungen für die Bewilligung der Verfahrenshilfe gegeben sind oder diese Kosten nach gesetzlichen Vorschriften vom Gegner ersetzt werden.

(4) [1]Die zur zweckentsprechenden Ausübung der gerichtlichen Erwachsenenvertretung notwendigen Barauslagen, die tatsächlichen Aufwendungen und die angemessenen Kosten einer zur Deckung der Haftung nach § 249 Abs. 1 abgeschlossenen Haftpflichtversicherung sind dem gerichtlichen Erwachsenenvertreter zu erstatten, soweit sie nach gesetzlichen Vorschriften nicht unmittelbar von Dritten getragen werden. [2]Ist der einzelne Nachweis dem gerichtlichen Erwachsenenvertreter nicht zumutbar, so ist ein angemessener Pauschalbetrag zu erstatten.

(BGBl I 2017/59, ab 1. 7. 2018, s § 1503 Abs 9 Z 4 und 13)

Siebentes Hauptstück

Von der Kuratel

Voraussetzungen

§ 277. (1) Kann eine Person ihre Angelegenheiten selbst nicht besorgen, weil sie

1. noch nicht gezeugt,

2. ungeboren,

3. abwesend oder

4. unbekannt ist,

können diese Angelegenheiten nicht durch einen anderen Vertreter wahrgenommen werden und sind hierdurch die Interessen dieser Person gefährdet, so ist für sie ein Kurator zu bestellen.

(2) [1]Ein Kurator ist auch dann zu bestellen, wenn die Interessen einer minderjährigen oder sonst im Sinn des § 21 Abs. 1 schutzberechtigten Person dadurch gefährdet sind, dass in einer bestimmten Angelegenheit ihre Interessen jenen ihres gesetzlichen Vertreters oder jenen einer ebenfalls von diesem vertretenen anderen minderjährigen oder sonst schutzberechtigten Person widerstreiten (Kollision). [2]Im zweiten Fall darf der gesetzliche Vertreter keine der genannten Personen vertreten und hat das Gericht für jede von ihnen einen Kurator zu bestellen.

(3) Im berechtigten Interesse einer dritten Person ist ein Kurator zu bestellen, wenn der Dritte ansonsten an der Durchsetzung seiner Rechte aus seinem Rechtsverhältnis mit einer abwesenden oder unbekannten Person dieser gegenüber gehindert wäre.

(BGBl I 2017/59, ab 1. 7. 2018, s § 1503 Abs 9 Z 18)

Wirkungsbereich

§ 278. Das Gericht hat den Kurator mit bestimmt zu bezeichnenden Angelegenheiten zu betrauen.

(BGBl I 2017/59, ab 1. 7. 2018, s § 1503 Abs 9 Z 18)

Auswahl und Bestellung

§ 279. (1) Bei der Auswahl des Kurators ist auf die Interessen der vertretenen Person, die Eignung des Kurators und die zu besorgenden Angelegenheiten Bedacht zu nehmen.

(2) Ein Notar (Notariatskandidat) oder Rechtsanwalt (Rechtsanwaltsanwärter) ist vor allem dann zu bestellen, wenn die Besorgung der Angelegenheiten vorwiegend Rechtskenntnisse erfordert.

(3) Mit der Kuratel dürfen solche Personen nicht betraut werden, die

1. schutzberechtigt im Sinn des § 21 Abs. 1 sind oder

2. eine förderliche Ausübung der Kuratel nicht erwarten lassen, etwa wegen einer strafgerichtlichen Verurteilung.

(4) [1]Zum Kurator kann auch eine juristische Person oder eine eingetragene Personengesellschaft bestellt werden. [2]Sie hat dem Gericht bekanntzugeben, wer sie bei Ausübung der Kuratel vertritt.

(BGBl I 2017/59, ab 1. 7. 2018, s § 1503 Abs 9 Z 18)

§ 280. (1) [1]Eine Person, die das Gericht zum Kurator bestellen will, hat alle Umstände, die sie dafür ungeeignet erscheinen lassen, dem Gericht unverzüglich mitzuteilen. [2]Treten solche Umstände nach der Bestellung ein, so hat sie diese ebenso unverzüglich offen zu legen. [3]Unterlässt sie diese Mitteilung schuldhaft, so haftet sie für alle der vertretenen Person daraus entstehenden Nachteile.

(2) Eine Person darf nur so viele Kuratelen übernehmen, wie sie unter Bedachtnahme auf die damit verbundenen Pflichten ordnungsgemäß besorgen kann.

(3) [1]Die vom Gericht in Aussicht genommene Person kann die Übernahme der Kuratel ablehnen, soweit sie nicht durch besondere gesetzliche Bestimmungen zur Übernahme verpflichtet ist. [2]Ein Notar oder Rechtsanwalt kann die Übernahme nur ablehnen, wenn ihm diese unter Berücksichtigung seiner persönlichen, familiären, beruflichen und sonstigen Verhältnisse nicht zugemutet werden kann. [3]Dies wird bei mehr als fünf Kuratelen vermutet.

(BGBl I 2017/59, ab 1. 7. 2018, s § 1503 Abs 9 Z 18)

Besondere Rechte und Pflichten des Kurators

§ 281. (1) [1]Der Kurator hat das Recht und die Pflicht, alle Tätigkeiten vorzunehmen, die zur Besorgung der übertragenen Angelegenheiten erforderlich sind. [2]Der Kurator hat dabei die Interessen der vertretenen Person bestmöglich zu wahren.

(2) Der Kurator kann sich bei der Besorgung der übertragenen Angelegenheiten vertreten lassen.

(3) In Vermögensangelegenheiten gelten § 258 Abs. 3 und 4 sowie § 259 Abs. 2 und 4 sinngemäß.

(BGBl I 2017/59, ab 1. 7. 2018, s § 1503 Abs 9 Z 18 und 19)

Verschwiegenheitspflicht und Haftung

§ 282. (1) [1]Der Kurator ist, außer gegenüber dem Gericht, zur Verschwiegenheit über alle ihm in Ausübung seiner Funktion anvertrauten oder bekannt gewordenen Tatsachen verpflichtet. [2]§ 248 Abs. 2 und 3 gelten sinngemäß.

(2) [1]Der Kurator haftet der vertretenen Person für jeden durch sein Verschulden verursachten Schaden. [2]Das Gericht kann die Ersatzpflicht insoweit mäßigen oder ganz erlassen, als sie den Kurator unter Berücksichtigung aller Umstände, insbesondere des Grades des Verschuldens oder seines besonderen Naheverhältnisses zur vertretenen Person, unbillig hart träfe.

(BGBl I 2017/59, ab 1. 7. 2018, s § 1503 Abs 9 Z 18 und 19)

Entschädigung, Entgelt und Aufwandersatz

§ 283. (1) [1]Dem Kurator gebührt eine angemessene jährliche Entschädigung zuzüglich der allenfalls zu entrichtenden Umsatzsteuer. [2]Die Entschädigung beträgt fünf Prozent des von der Kuratel erfassten Vermögens. „[3]Bei der Ermittlung des Wertes des Vermögens sind Verbindlichkeiten nicht zu berücksichtigen.“ [4]Ist der Kurator kürzer als ein volles Jahr tätig, so vermindert sich der Anspruch auf Entschädigung entsprechend. *(BGBl I 2018/58, ab 15. 8. 2018)*

(2) [1]Das Gericht hat die so berechnete Entschädigung zu mindern, wenn es dies aus besonderen Gründen, insbesondere wenn die Tätigkeit nach Art oder Umfang mit einem bloß geringen Aufwand an Zeit und Mühe verbunden ist oder die vertretene Person ein besonders hohes Vermögen hat, für angemessen hält. [2]Das Gericht kann die Entschädigung auch mit bis zu zehn Prozent des von der Kuratel erfassten Vermögens bemessen, wenn sich der Kurator um die Erhaltung oder Vermehrung des Vermögens besonders verdient gemacht oder er ausschließlich aufgrund der Art der ihm übertragenen Angelegenheit nur für eine

besonders kurze Zeit tätig war und deshalb die nach Abs. 1 berechnete Entschädigung unangemessen niedrig ist. „ “ *(BGBl I 2018/58, ab 15. 8. 2018)*

(3) [1]Nützt der Kurator für Angelegenheiten, deren Besorgung sonst einem Dritten entgeltlich übertragen werden müsste, seine besonderen beruflichen Kenntnisse und Fähigkeiten, so hat er hiefür einen Anspruch auf angemessenes Entgelt. [2]Dieser Anspruch besteht für die Kosten einer rechtsfreundlichen Vertretung jedoch nicht, soweit bei der Person, für die der Kurator bestellt wurde, die Voraussetzungen für die Bewilligung der Verfahrenshilfe gegeben sind oder diese Kosten nach gesetzlichen Vorschriften vom Gegner ersetzt werden.

(4) [1]Die zur zweckentsprechenden Ausübung der Kuratel notwendigen Barauslagen, die tatsächlichen Aufwendungen und die angemessenen Kosten einer zur Deckung der Haftung nach § 282 Abs. 2 abgeschlossenen Haftpflichtversicherung sind dem Kurator zu erstatten, soweit sie nach gesetzlichen Vorschriften nicht unmittelbar von Dritten getragen werden. [2]Ist dem Kurator der einzelne Nachweis nicht zumutbar, so ist ein angemessener Pauschalbetrag zu erstatten.

(BGBl I 2017/59, ab 1. 7. 2018, s § 1503 Abs 9 Z 18 und 19)

Änderung und Beendigung der Kuratel

§ 284. (1) [1]Das Gericht hat die Kuratel auf Antrag des Kurators oder von Amts wegen einer anderen Person zu übertragen, wenn der Kurator stirbt, nicht die erforderliche Eignung aufweist oder durch die Kuratel unzumutbar belastet wird oder es sonst das Interesse der vertretenen Person aus anderen Gründen erfordert. [2]§ 178 Abs. 3 ist sinngemäß anzuwenden.

(2) [1]Das Gericht hat den Kurator auf Antrag oder von Amts wegen zu entheben, wenn die Voraussetzungen für seine Bestellung wegfallen; fallen diese Voraussetzungen nur für einen Teil der übertragenen Angelegenheiten weg, so ist der Wirkungskreis einzuschränken. [2]Der Wirkungskreis ist erforderlichenfalls zu erweitern. [3]Mit dem Tod der vertretenen Person erlischt die Kuratel. [4]§ 183 Abs. 2 ist sinngemäß anzuwenden.

(3) Das Gericht hat in angemessenen Zeitabständen zu prüfen, ob die Kuratel zu ändern oder zu beenden ist.

(BGBl I 2017/59, ab 1. 7. 2018, s § 1503 Abs 9 Z 18 und 19)

§§ 284a bis 284h. *(aufgehoben, BGBl I 2017/59, ab 1. 7. 2018, s § 1503 Abs 9 Z 17)*

Zweiter Teil

Von dem Sachenrechte

Von Sachen und ihrer rechtlichen Einteilung

Begriff von Sachen im rechtlichen Sinne

§ 285. Alles, was von der Person unterschieden ist, und zum Gebrauche der Menschen dient, wird im rechtlichen Sinne eine Sache genannt.

§ 285a. [1]Tiere sind keine Sachen; sie werden durch besondere Gesetze geschützt. [2]Die für Sachen geltenden Vorschriften sind auf Tiere nur insoweit anzuwenden, als keine abweichenden Regelungen bestehen.

(BGBl 1988/179)

Einteilung der Sachen nach Verschiedenheit des Subjektes, dem sie gehören

§ 286. [1]Die Sachen in dem Staatsgebiete sind entweder ein Staats- oder ein Privatgut. [2]Das letztere gehört einzelnen oder moralischen Personen, kleinern Gesellschaften, oder ganzen Gemeinden.

Freistehende Sachen; öffentliches Gut und Staatsvermögen

§ 287. [1]Sachen, welche allen Mitgliedern des Staates zur Zueignung überlassen sind, heißen freistehende Sachen. [2]Jene, die ihnen nur zum Gebrauche verstattet werden, als: Landstraßen, Ströme, Flüsse, Seehäfen und Meeresufer, heißen ein allgemeines oder öffentliches Gut. [3]Was zur Bedeckung der Staatsbedürfnisse bestimmt ist, als: das Münz- oder Post- und andere Regalien, Kammergüter, Berg- und Salzwerke, Steuern und Zölle, wird das Staatsvermögen genannt.

Gemeindegut; Gemeindevermögen;

§ 288. Auf gleiche Weise machen die Sachen, welche nach der Landesverfassung zum Gebrauche eines jeden Mitgliedes einer Gemeinde dienen, das Gemeindegut; diejenigen aber, deren Einkünfte zur Bestreitung der Gemeindeauslagen bestimmt sind, das Gemeindevermögen aus.

[Privatgut des Landesfürsten]

§ 289. [Auch dasjenige Vermögen des Landesfürsten, welches er nicht als Oberhaupt des Staates besitzt, wird als ein Privatgut betrachtet.]

[] *Gegenstandslos*

Allgemeine Vorschrift in Rücksicht dieser verschiedenen Arten der Güter

§ 290. [1]Die in diesem Privatrechte enthaltenen Vorschriften über die Art, wie Sachen rechtmäßig erworben, erhalten und auf andere übertragen werden können, sind in der Regel auch von den Verwaltern der Staats- und Gemeindegüter, oder des Staats- und Gemeindevermögens zu beobachten. [2]Die in Hinsicht auf die Verwaltung und den Gebrauch dieser Güter sich beziehenden Abweichungen und besondern Vorschriften sind in dem Staatsrechte und in den politischen Verordnungen enthalten.

Einteilung der Sachen nach dem Unterschiede ihrer Beschaffenheit

§ 291. Die Sachen werden nach dem Unterschiede ihrer Beschaffenheit eingeteilt: in körperliche und unkörperliche; in bewegliche und unbewegliche; in verbrauchbare und unverbrauchbare; in schätzbare und unschätzbare.

Körperliche und unkörperliche Sachen;

§ 292. Körperliche Sachen sind diejenigen, welche in die Sinne fallen; sonst heißen sie unkörperliche; z.B. das Recht zu jagen, zu fischen und alle andere Rechte.

bewegliche und unbewegliche

§ 293. [1]Sachen, welche ohne Verletzung ihrer Substanz von einer Stelle zur andern versetzt werden können, sind beweglich; im entgegengesetzten Falle sind sie unbeweglich. [2]Sachen, die an sich beweglich sind, werden im rechtlichen Sinne für unbeweglich gehalten, wenn sie vermöge des Gesetzes oder der Bestimmung des Eigentümers das Zugehör einer unbeweglichen Sache ausmachen.

Zugehör überhaupt;

§ 294. [1]Unter Zugehör versteht man dasjenige, was mit einer Sache in fortdauernde Verbindung gesetzt wird. [2]Dahin gehören nicht nur der Zuwachs einer Sache solange er von derselben nicht abgesondert ist; sondern auch die Nebensachen, ohne welche die Hauptsache nicht gebraucht werden kann, oder die das Gesetz, oder der Eigentümer zum fortdauernden Gebrauche der Hauptsache bestimmt hat.

insbesondere bei Grundstücken und Teichen;

§ 295. [1]Gras, Bäume, Früchte und alle brauchbare Dinge, welche die Erde auf ihrer Oberfläche hervorbringt, bleiben so lange ein unbewegliches Vermögen, als sie nicht von Grund und Boden abgesondert worden sind. [2]Selbst die Fische in einem Teiche, und das Wild in einem Walde werden erst dann ein bewegliches Gut, wenn der Teich gefischt, und das Wild gefangen oder erlegt worden ist.

§ 296. Auch das Getreide, das Holz, das Viehfutter und alle übrige, obgleich schon eingebrachte Erzeugnisse, sowie alles Vieh und alle zu einem liegenden Gute gehörige Werkzeuge und Gerätschaften werden insofern für unbewegliche Sachen gehalten, als sie zur Fortsetzung des ordentlichen Wirtschaftsbetriebes erforderlich sind.

und bei Gebäuden;

§ 297. Ebenso gehören zu den unbeweglichen Sachen diejenigen, welche auf Grund und Boden in der Absicht aufgeführt werden, daß sie stets darauf bleiben sollen, als: Häuser und andere Gebäude mit dem in senkrechter Linie darüber befindlichen Luftraume; ferner: nicht nur alles, was erd-, mauer-, niet- und nagelfest ist, als: Braupfannen, Branntweinkessel und eingezimmerte Schränke, sondern auch diejenigen Dinge, die zum anhaltenden Gebrauche eines Ganzen bestimmt sind: z.B. Brunneneimer, Seile, Ketten, Löschgeräte und dergleichen.

Maschinen

§ 297a. [1]Werden mit einer unbeweglichen Sache Maschinen in Verbindung gebracht, so gelten sie nicht als Zugehör, wenn mit Zustimmung des Eigentümers der Liegenschaft im öffentlichen Buch angemerkt wird, daß die Maschinen Eigentum eines anderen sind. [2]Werden sie als Ersatz an Stelle solcher Maschinen angebracht, die als Zugehör anzusehen waren, so ist zu dieser Anmerkung auch die Zustimmung der früher eingetragenen bücherlich Berechtigten erforderlich. [3]Die Anmerkung verliert mit Ablauf von fünf Jahren nach der Eintragung ihre Wirkung; durch das „Insolvenz- oder Zwangsversteigerungsverfahren" wird der Ablauf der Frist gehemmt. *(BGBl I 2010/58, ab 1. 8. 2010)*

(RGBl 1916/69)

Rechte sind insgemein als bewegliche Sachen anzusehen;

§ 298. Rechte werden den beweglichen Sachen beigezählt, wenn sie nicht mit dem Besitze einer unbeweglichen Sache verbunden, oder durch [die Landesverfassung][1)] für eine unbewegliche Sache erklärt sind.

[1)] *Jetzt: Gesetz*

auch die vorgemerkten Forderungen

§ 299. Schuldforderungen werden durch die Sicherstellung auf ein unbewegliches Gut nicht in ein unbewegliches Vermögen verwandelt.

Kellereigentum

§ 300. An Räumen und Bauwerken, die sich unter der Erdoberfläche der Liegenschaft eines anderen befinden und nicht der Fundierung von über der Erdoberfläche errichteten Bauwerken dienen, wie Kellern, Tiefgaragen und industriellen oder wirtschaftlichen Zwecken gewidmeten Stollen, kann mit Einwilligung des Liegenschaftseigentümers gesondert Eigentum begründet werden.

(BGBl I 2008/100, ab 1. 1. 2009)

Verbrauchbare und unverbrauchbare Sachen

§ 301. Sachen, welche ohne ihre Zerstörung oder Verzehrung den gewöhnlichen Nutzen nicht gewähren, heißen verbrauchbare; die von entgegengesetzter Beschaffenheit aber, unverbrauchbare Sachen.

Gesamtsache (universitas rerum)

§ 302. Ein Inbegriff von mehreren besondern Sachen, die als eine Sache angesehen, und mit einem gemeinschaftlichen Namen bezeichnet zu werden pflegen, macht eine Gesamtsache aus, und wird als ein Ganzes betrachtet.

Schätzbare und unschätzbare;

§ 303. [1]Schätzbare Sachen sind diejenigen, deren Wert durch Vergleichung mit andern zum Verkehre bestimmt werden kann; darunter gehören auch Dienstleistungen, Hand- und Kopfarbeiten. [2]Sachen hingegen, deren Wert durch keine Vergleichung mit andern im Verkehre befindlichen Sachen bestimmt werden kann, heißen unschätzbare.

Maßstab der gerichtlichen Schätzung

§ 304. [1]Der bestimmte Wert einer Sache heißt ihr Preis. [2]Wenn eine Sache vom Gerichte zu schätzen ist, so muß die Schätzung nach einer bestimmten Summe Geldes geschehen.

Ordentlicher und außerordentlicher Preis

§ 305. Wird eine Sache nach dem Nutzen geschätzt, den sie mit Rücksicht auf Zeit und Ort gewöhnlich und allgemein leistet, so fällt der ordentliche und gemeine Preis aus; nimmt man aber auf die besondern Verhältnisse und auf die in zufälligen Eigenschaften der Sache gegründete besondere Vorliebe desjenigen, dem der Wert ersetzt werden muß, Rücksicht, so entsteht ein außerordentlicher Preis.

Welcher bei gerichtlichen Schätzungen zur Richtschnur zu nehmen

§ 306. In allen Fällen, wo nichts anderes entweder bedungen, oder von dem Gesetze verordnet wird, muß bei der Schätzung einer Sache der gemeine Preis zur Richtschnur genommen werden.

Begriffe vom dinglichen und persönlichen Sachenrechte

§ 307. [1]Rechte, welche einer Person über eine Sache ohne Rücksicht auf gewisse Personen zustehen, werden dingliche Rechte genannt. [2]Rechte, welche zu einer Sache nur gegen gewisse Personen unmittelbar aus einem Gesetze, oder aus einer verbindlichen Handlung entstehen, heißen persönliche Sachenrechte.

§ 308. Dingliche Sachenrechte sind das Recht des Besitzes, des Eigentums, des Pfandes und der Dienstbarkeit.

(BGBl I 2015/87, ab 1. 1. 2017, s § 1503 Abs 7 Z 2)

Erste Abteilung des Sachenrechtes

Von den dinglichen Rechten

Erstes Hauptstück

Von dem Besitze

Inhaber. Besitzer

§ 309. [1]Wer eine Sache in seiner Macht oder Gewahrsame hat, heißt ihr Inhaber. [2]Hat der Inhaber einer Sache den Willen, sie als die seinige zu behalten, so ist er ihr Besitzer.

Erwerbung des Besitzes. Fähigkeit der Person zur Besitzerwerbung

§ 310. [1]„Kinder unter sieben Jahren sowie nicht entscheidungsfähige Personen können – außer in den Fällen des § 170 Abs. 3, § 242 Abs. 3 und § 865 Abs. 2 – Besitz nur durch ihren gesetzlichen Vertreter erwerben.“[2]Im übrigen ist die Fähigkeit zum selbständigen Besitzerwerb gegeben. *(BGBl I 2017/59, ab 1. 7. 2018, s § 1503 Abs 9 Z 4)*

(BGBl 1973/108)

Gegenstände des Besitzes

§ 311. Alle körperliche und unkörperliche Sachen, welche ein Gegenstand des rechtlichen

Verkehres sind, können in Besitz genommen werden.

Arten der Besitzerwerbung;

§ 312. [1]Körperliche, bewegliche Sachen werden durch physische Ergreifung, Wegführung oder Verwahrung; unbewegliche aber durch Betretung, Verrainung, Einzäunung, Bezeichnung oder Bearbeitung in Besitz genommen. [2]In den Besitz unkörperlicher Sachen oder Rechte kommt man durch den Gebrauch derselben im eigenen Namen.

insbesondere von einem bejahenden, verneinenden, oder einem Verbotsrechte

§ 313. Der Gebrauch eines Rechtes wird gemacht, wenn jemand von einem andern etwas als eine Schuldigkeit fordert, und dieser es ihm leistet; ferner, wenn jemand die einem andern gehörige Sache mit dessen Gestattung zu seinem Nutzen anwendet; endlich, wenn auf fremdes Verbot ein anderer das, was er sonst zu tun befugt wäre, unterläßt.

Unmittelbare und mittelbare Erwerbungsart des Besitzes

§ 314. Den Besitz sowohl von Rechten, als von körperlichen Sachen erlangt man entweder unmittelbar, wenn man freistehender Rechte und Sachen; oder mittelbar, wenn man eines Rechtes, oder einer Sache, die einem andern gehört, habhaft wird.

Umfang der Erwerbung

§ 315. Durch die unmittelbare und durch die mittelbare eigenmächtige Besitzergreifung erhält man nur so viel in Besitz, als wirklich ergriffen, betreten, gebraucht, bezeichnet, oder in Verwahrung gebracht worden ist; bei der mittelbaren, wenn uns der Inhaber in seinem oder eines andern Namen ein Recht oder eine Sache überläßt, erhält man alles, was der vorige Inhaber gehabt und durch deutliche Zeichen übergeben hat, ohne daß es nötig ist, jeden Teil des Ganzen besonders zu übernehmen.

Rechtmäßiger; unrechtmäßiger Besitz

§ 316. [1]Der Besitz einer Sache heißt rechtmäßig, wenn er auf einem gültigen Titel, das ist, auf einem zur Erwerbung tauglichen Rechtsgrunde beruht. [2]Im entgegengesetzten Falle heißt er unrechtmäßig.

Haupttitel des rechtmäßigen Besitzes

§ 317. Der Titel liegt bei freistehenden Sachen in der angebornen Freiheit zu Handlungen, wodurch die Rechte anderer nicht verletzt werden; bei andern in dem Willen des vorigen Besitzers, oder in dem Ausspruche des Richters, oder endlich in dem Gesetze, wodurch jemandem[1)] das Recht zum Besitze erteilt wird.

[1)] *In JGS „jemanden"*

Der Inhaber hat noch keinen Titel;

§ 318. Dem Inhaber, der eine Sache nicht in seinem, sondern im Namen eines andern innehat, kommt noch kein Rechtsgrund zur Besitznahme dieser Sache zu.

und kann ihn nicht eigenmächtig erlangen

§ 319. Der Inhaber einer Sache ist nicht berechtigt, den Grund seiner Gewahrsame eigenmächtig zu verwechseln, und sich dadurch eines Titels anzumaßen; wohl aber kann derjenige, welcher bisher eine Sache in eigenem Namen rechtmäßig besaß, das Besitzrecht einem anderen überlassen und sie künftig in dessen Namen innehaben.

Wirkung des bloßen Titels

§ 320. [1]Durch einen gültigen Titel erhält man nur das Recht zum Besitze einer Sache, nicht den Besitz selbst. [2]Wer nur das Recht zum Besitze hat, darf sich im Verweigerungsfalle nicht eigenmächtig in den Besitz setzen; er muß ihn von dem ordentlichen Richter mit Anführung seines Titels im Wege Rechtens fordern.

Erforderung zum wirklichen Besitzrechte

§ 321. Wo sogenannte Landtafeln, [Stadt-] oder Grundbücher, oder andere dergleichen öffentliche Register eingeführt sind, wird der rechtmäßige Besitz eines dinglichen Rechtes auf unbewegliche Sachen nur durch die ordentliche Eintragung in diese öffentlichen Bücher erlangt.

[] *Gegenstandslos*

§ 322. [1]Ist eine bewegliche Sache nach und nach mehreren Personen übergeben worden; so gebührt das Besitzrecht derjenigen, welche sie in ihrer Macht hat. [2]Ist aber die Sache unbeweglich, und sind öffentliche Bücher eingeführt, so steht das Besitzrecht ausschließlich demjenigen zu, welcher als Besitzer derselben eingeschrieben ist.

Der Besitzer kann zur Angabe des Rechtsgrundes nicht aufgefordert werden

§ 323. Der Besitzer einer Sache hat die rechtliche Vermutung eines gültigen Titels für sich; er kann also zur Angabe desselben nicht aufgefordert werden.

§ 324. [1]Diese Aufforderung findet auch dann noch nicht statt, wenn jemand behauptet, daß der Besitz seines Gegners mit andern rechtlichen Vermutungen, z.B. mit der Freiheit des Eigentumes, sich nicht vereinbaren lasse. [2]In solchen Fällen muß der behauptende Gegner vor dem ordentlichen Richter klagen, und sein vermeintliches stärkeres Recht dartun. [3]Im Zweifel gebührt dem Besitzer der Vorzug.

Ausnahme

§ 325. Inwiefern der Besitzer einer Sache, deren Verkehr verboten; oder die entwendet zu sein scheint, den Titel seines Besitzes anzuzeigen verbunden sei, darüber entscheiden die Straf- und politischen Gesetze.

Redlicher und unredlicher Besitzer

§ 326. [1]Wer aus wahrscheinlichen Gründen die Sache, die er besitzt, für die seinige hält, ist ein redlicher Besitzer. [2]Ein unredlicher Besitzer ist derjenige, welcher weiß oder aus den Umständen vermuten muß, daß die in seinem Besitze befindliche Sache einem andern zugehöre. [3]Aus Irrtum in Tatsachen oder aus Unwissenheit der gesetzlichen Vorschriften kann man ein unrechtmäßiger (§ 316) und doch ein redlicher Besitzer sein.

Wie ein Mitbesitzer zum unredlichen oder unrechtmäßigen Besitzer werde

§ 327. Besitzt eine Person die Sache selbst, eine andere aber das Recht auf alle oder auf einige Nutzungen dieser Sache; so kann eine und dieselbe Person, wenn sie die Grenzen ihres Rechtes überschreitet, in verschiedenen Rücksichten ein redlicher und unredlicher, ein rechtmäßiger und unrechtmäßiger Besitzer sein.

Entscheidung über die Redlichkeit des Besitzes

§ 328. [1]Die Redlichkeit oder Unredlichkeit des Besitzes muß im Falle eines Rechtsstreites durch richterlichen Ausspruch entschieden werden. [2]Im Zweifel ist die Vermutung für die Redlichkeit des Besitzes.

Fortdauer des Besitzes. Rechte des redlichen Besitzes:

a) in Rücksicht der Substanz der Sache;

§ 329. Ein redlicher Besitzer kann schon allein aus dem Grunde des redlichen Besitzes die Sache, die er besitzt, ohne Verantwortung nach Belieben brauchen, verbrauchen, auch wohl vertilgen.

b) der Nutzungen;

§ 330. Dem redlichen Besitzer gehören alle aus der Sache entspringende Früchte, sobald sie von der Sache abgesondert worden sind; ihm gehören auch alle andere schon eingehobene Nutzungen, insofern sie während des ruhigen Besitzes bereits fällig gewesen sind.

c) des Aufwandes

§ 331. Hat der redliche Besitzer an die Sache entweder zur fortwährenden Erhaltung der Substanz einen notwendigen, oder, zur Vermehrung noch fortdauernder Nutzungen einen nützlichen Aufwand gemacht; so gebührt ihm der Ersatz nach dem gegenwärtigen Werte, insofern er den wirklich gemachten Aufwand nicht übersteigt.

§ 332. Von dem Aufwande, welcher nur zum Vergnügen und zur Verschönerung gemacht worden ist, wird nur so viel ersetzt, als die Sache dem gemeinen Werte nach wirklich dadurch gewonnen hat; doch hat der vorige Besitzer die Wahl, alles für sich wegzunehmen, was davon ohne Schaden der Substanz weggenommen werden kann.

Anspruch auf den Ersatz des Preises

§ 333. [1]Selbst der redliche Besitzer kann den Preis, welchen er seinem Vormanne für die ihm überlassene Sache gegeben hat, nicht fordern. [2]Wer aber eine fremde Sache, die der Eigentümer sonst schwerlich wieder erlangt haben würde, redlicher Weise an sich gelöst, und dadurch dem Eigentümer einen erweislichen Nutzen verschafft hat, kann eine angemessene Vergütung fordern.

§ 334. Ob einem redlichen Inhaber das Recht zustehe, seiner Forderung wegen die Sache zurückzubehalten, wird in dem Hauptstücke vom Pfandrechte bestimmt.

Verbindlichkeit des unredlichen Besitzers

§ 335. [1]Der unredliche Besitzer ist verbunden, nicht nur alle durch den Besitz einer fremden Sache erlangte Vorteile zurückzustellen; sondern auch diejenigen, welche der Verkürzte erlangt haben würde, und allen durch seinen Besitz entstandenen Schaden zu ersetzen. [2]In dem Falle, daß der unredliche Besitzer durch eine in den Strafgesetzen verbotene Handlung zum Besitze gelangt ist, erstreckt sich der Ersatz bis zum Werte der besondern Vorliebe.

§ 336. Hat der unredliche Besitzer einen Aufwand auf die Sache gemacht, so ist dasjenige anzuwenden, was in Rücksicht des von einem Geschäftsführer ohne Auftrag gemachten Aufwandes in dem Hauptstücke von der Bevollmächtigung verordnet ist.

Beurteilung der Redlichkeit des Besitzes einer Gemeinde

§ 337. [1]Der Besitz einer Gemeinde wird nach der Redlichkeit oder Unredlichkeit der im Namen der Mitglieder handelnden Machthaber beurteilt. [2]Immer müssen jedoch die unredlichen sowohl den redlichen Mitgliedern, als dem Eigentümer den Schaden ersetzen.

Inwiefern durch die Klage der Besitz unredlich werde

§ 338. Auch der redliche Besitzer, wenn er durch richterlichen Ausspruch zur Zurückstellung der Sache verurteilt wird, ist in Rücksicht des Ersatzes der Nutzungen und des Schadens, wie auch in Rücksicht des Aufwandes, von dem Zeitpunkte der ihm zugestellten Klage, gleich einem unredlichen Besitzer zu behandeln; doch haftet er für den Zufall, der die Sache bei dem Eigentümer nicht getroffen hätte, nur in dem Falle, daß er die Zurückgabe durch einen mutwilligen Rechtsstreit verzögert hat.

Rechtsmittel des Besitzers bei einer Störung seines Besitzes;

§ 339. [1]Der Besitz mag von was immer für einer Beschaffenheit sein, so ist niemand befugt, denselben eigenmächtig zu stören. [2]Der Gestörte hat das Recht, die Untersagung des Eingriffes, und den Ersatz des erweislichen Schadens gerichtlich zu fordern.

besonders durch eine Bauführung;

§ 340. Wird der Besitzer einer unbeweglichen Sache oder eines dinglichen Rechtes durch Führung eines neuen Gebäudes, Wasserwerkes, oder andern Werkes in seinen Rechten gefährdet, ohne daß sich der Bauführer nach Vorschrift der allgemeinen Gerichtsordnung gegen ihn geschützt hat; so ist der Gefährdete berechtigt, das Verbot einer solchen Neuerung vor Gericht zu fordern, und das Gericht ist verbunden, die Sache auf das schleunigste zu entscheiden.

§ 341. [1]Bis zur Entscheidung der Sache ist die Fortsetzung des Baues von dem Gerichte in der Regel nicht zu gestatten. [2]Nur bei einer nahen, offenbaren Gefahr, oder, wenn der Bauführer eine angemessene Sicherheit leistet, daß er die Sache in den vorigen Stand setzen, und den Schaden vergüten wolle, der Verbotsleger dagegen in dem letztern Falle keine ähnliche Sicherstellung für die Folgen seines Verbots leistet, ist die einstweilige Fortsetzung des Baues zu bewilligen.

§ 342. Was in den vorhergehenden Paragraphen in Rücksicht einer neuen Bauführung verordnet wird, ist auch auf die Niederreißung eines alten Gebäudes, oder andern Werkes anzuwenden.

und bei der Gefahr eines vorhandenen Baues

§ 343. Kann der Besitzer eines dinglichen Rechtes beweisen, daß ein bereits vorhandener fremder Bau oder eine andere fremde Sache dem Einsturze nahe sei, und ihm offenbarer Schaden drohe; so ist er befugt, gerichtlich auf Sicherstellung zu dringen, wenn anders die politische Behörde nicht bereits hinlänglich für die öffentliche Sicherheit gesorgt hat.

Rechtsmittel zur Erhaltung des Besitzstandes:

a) bei dringender Gefahr;

§ 344. [1]Zu den Rechten des Besitzes gehört auch das Recht, sich in seinem Besitze zu schützen, und in dem Falle, daß die richterliche Hilfe zu spät kommen würde, Gewalt mit angemessener Gewalt abzutreiben (§ 19). [2]Übrigens hat die politische Behörde für die Erhaltung der öffentlichen Ruhe, so wie das Strafgericht für die Bestrafung öffentlicher Gewalttätigkeiten, zu sorgen.

b) gegen den unechten Besitzer;

§ 345. Wenn sich jemand in den Besitz eindringt, oder durch List oder Bitte heimlich einschleicht, und das, was man ihm aus Gefälligkeit, ohne sich einer fortdauernden Verbindlichkeit zu unterziehen gestattet, in ein fortwährendes Recht zu verwandeln sucht; so wird der an sich unrechtmäßige und unredliche Besitz noch überdies unecht; in entgegengesetzten Fällen wird der Besitz für echt angesehen.

§ 346. [1]Gegen jeden unechten Besitzer kann sowohl die Zurücksetzung in die vorige Lage, als auch die Schadloshaltung eingeklagt werden. [2]Beides muß das Gericht nach rechtlicher Verhandlung, selbst ohne Rücksicht auf ein stärkeres Recht, welches der Geklagte auf die Sache haben könnte, verordnen.

c) beim Zweifel über die Echtheit des Besitzes;

§ 347. [1]Zeigt es sich nicht gleich auf der Stelle, wer sich in einem echten Besitze befinde, und inwiefern der eine oder der andere Teil auf gerichtliche Unterstützung Anspruch habe; so wird die im Streite verfangene Sache so lange der Gewahrsame des Gerichtes oder eines Dritten anvertraut, bis der Streit über den Besitz verhandelt und entschieden worden ist. [2]Der Sachfällige kann auch nach dieser Entscheidung die Klage aus einem vermeintlich stärkeren Rechte auf die Sache noch anhängig machen.

Verwahrungsmittel des Inhabers gegen mehrere zusammentreffende Besitzwerber

§ 348. [1]Wenn der bloße Inhaber von mehreren Besitzwerbern zugleich um die Übergabe der Sache angegangen wird, und sich einer darunter befindet, in dessen Namen die Sache aufbewahrt wurde; so wird sie vorzüglich diesem übergeben, und die Übergabe den übrigen bekanntgemacht. [2]Kommt dieser Umstand keinem zustatten, so wird die Sache der Gewahrsame des Richters oder eines Dritten anvertraut. [3]Der Richter hat die Rechtsgründe der Besitzwerber zu prüfen und darüber zu entscheiden.

Erlöschung des Besitzes:

a) körperlicher Sachen;

§ 349. Der Besitz einer körperlichen Sache geht insgemein verloren, wenn dieselbe ohne Hoffnung, wieder gefunden zu werden, in Verlust gerät; wenn sie freiwillig verlassen wird; oder, in fremden Besitz kommt.

b) der in die öffentlichen Bücher eingetragenen Rechte;

§ 350. Der Besitz derjenigen Rechte und unbeweglichen Sachen, welche einen Gegenstand der öffentlichen Bücher ausmachen, erlischt, wenn sie aus den landtäflichen, [Stadt-] oder Grundbüchern gelöscht; oder wenn sie auf den Namen eines andern eingetragen werden.

[] *Gegenstandslos*

c) anderer Rechte

§ 351. [1]Bei andern Rechten hört der Besitz auf, wenn der Gegenteil das, was er sonst geleistet hat, nicht mehr leisten zu wollen erklärt; wenn er die Ausübung des Rechtes eines andern nicht mehr duldet; oder wenn er das Verbot, etwas zu unterlassen, nicht mehr achtet, der Besitzer aber in allen diesen Fällen es dabei bewenden läßt, und die Erhaltung des Besitzes nicht einklagt. [2]Durch den bloßen Nichtgebrauch eines Rechtes geht der Besitz, außer den im Gesetze bestimmten Verjährungsfällen, nicht verloren.

§ 352. [1]Solange noch Hoffnung vorhanden ist, eine verlorene Sache zu erhalten, kann man sich durch den bloßen Willen in ihrem Besitze erhalten. [2]Die Abwesenheit des Besitzers oder die eintretende Unfähigkeit einen Besitz zu erwerben, heben den bereits erworbenen Besitz nicht auf.

Zweites Hauptstück

Von dem Eigentumsrechte

Begriff des Eigentumes. Eigentum im objektiven Sinne;

§ 353. Alles, was jemandem[1)] zugehöret, alle seine körperlichen und unkörperlichen Sachen, heißen sein Eigentum.

[1)] *In JGS „jemanden“*

im subjektiven

§ 354. Als ein Recht betrachtet, ist Eigentum das Befugnis, mit der Substanz und den Nutzungen einer Sache nach Willkür zu schalten, und jeden andern davon auszuschließen.

Objektive und subjektive Möglichkeit der Erwerbung des Eigentumes

§ 355. Alle Sachen sind insgemein Gegenstände des Eigentumsrechtes, und jedermann, den die Gesetze nicht ausdrücklich ausschließen, ist befugt, dasselbe durch sich selbst oder durch einen andern in seinem Namen zu erwerben.

§ 356. Wer also behauptet, daß der Person, die etwas erwerben will, in Rücksicht ihrer persönlichen Fähigkeit, oder in Rücksicht auf die Sache, die erworben werden soll, ein gesetzliches Hindernis entgegenstehe, dem liegt der Beweis ob.

§ 357. *(aufgehoben, BGBl I 2006/113, ab 25. 7. 2006)*

§ 358. Alle „ “ Arten der Beschränkungen durch das Gesetz oder durch den Willen des Eigentümers heben die Vollständigkeit des Eigentumes nicht auf. *(BGBl I 2006/113, ab 25. 7. 2006)*

§§ 359 und 360. *(aufgehoben, BGBl I 2006/113, ab 25. 7. 2006)*

Miteigentum

§ 361. [1]Wenn eine noch ungeteilte Sache mehrern Personen zugleich zugehört; so entsteht ein gemeinschaftliches Eigentum. [2]In Beziehung auf das Ganze werden die Miteigentümer für eine einzige Person angesehen; insoweit ihnen aber gewisse, obgleich unabgesonderte Teile angewiesen sind, hat jeder Miteigentümer das vollständige Eigentum des ihm gehörigen Teiles.

Rechte des Eigentümers

§ 362. Kraft des Rechtes, frei über sein Eigentum zu verfügen, kann der vollständige Eigentümer in der Regel seine Sache nach Willkür benützen oder unbenützt lassen; er kann sie vertilgen, ganz oder zum Teile auf andere übertragen, oder unbedingt sich derselben begeben, das ist, sie verlassen.

Beschränkungen derselben

§ 363. Eben diese Rechte genießen auch unvollständige, sowohl Ober- als Nutzungseigentümer; nur darf der eine nichts vornehmen, was mit dem Rechte des andern im Widerspruche steht.

§ 364. (1) [1]Überhaupt findet die Ausübung des Eigentumsrechtes nur insofern statt, als dadurch weder in die Rechte eines Dritten ein Eingriff geschieht, noch die in den Gesetzen zur Erhaltung und Beförderung des allgemeinen Wohles vorgeschriebenen Einschränkungen übertreten werden. [2]„Im Besonderen haben die Eigentümer benachbarter Grundstücke bei der Ausübung ihrer Rechte aufeinander Rücksicht zu nehmen." *(BGBl I 2003/91, ab 1. 7. 2004)*

(2) [1]Der Eigentümer eines Grundstückes kann dem Nachbarn die von dessen Grund ausgehenden Einwirkungen durch Abwässer, Rauch, Gase, Wärme, Geruch, Geräusch, Erschütterung und ähnliche insoweit untersagen, als sie das nach den örtlichen Verhältnissen gewöhnliche Maß überschreiten und die ortsübliche Benutzung des Grundstückes wesentlich beeinträchtigen. [2]Unmittelbare Zuleitung ist ohne besonderen Rechtstitel unter allen Umständen unzulässig.

(3) [1]Ebenso kann der Grundstückseigentümer einem Nachbarn die von dessen Bäumen oder anderen Pflanzen ausgehenden Einwirkungen durch den Entzug von Licht oder Luft insoweit untersagen, als diese das Maß des Abs. 2 überschreiten und zu einer unzumutbaren Beeinträchtigung der Benutzung des Grundstücks führen. [2]Bundes- und landesgesetzliche Regelungen über den Schutz von oder vor Bäumen und anderen Pflanzen, insbesondere über den Wald-, Flur-, Feld-, Ortsbild-, Natur- und Baumschutz, bleiben unberührt. *(BGBl I 2003/91, ab 1. 7. 2004)*

(RGBl 1916/69)

Zum obligatorischen Schlichtungsversuch vor Einbringung einer Klage s Art III ZivRÄG BGBl I 2003/91.

§ 364a. Wird jedoch die Beeinträchtigung durch eine Bergwerksanlage oder eine behördlich genehmigte Anlage auf dem nachbarlichen Grund in einer dieses Maß überschreitenden Weise verursacht, so ist der Grundbesitzer nur berechtigt, den Ersatz des zugefügten Schadens gerichtlich zu verlangen, auch wenn der Schaden durch Umstände verursacht wird, auf die bei der behördlichen Verhandlung keine Rücksicht genommen wurde.

(RGBl 1916/69)

§ 364b. Ein Grundstück darf nicht in der Weise vertieft werden, daß der Boden oder das Gebäude des Nachbars die erforderliche Stütze verliert, es sei denn, daß der Besitzer des Grundstückes für eine genügende anderweitige Befestigung Vorsorge trifft.

(RGBl 1916/69)

§ 364c. [1]Ein vertragsmäßiges oder letztwilliges Veräußerungs- oder Belastungsverbot hinsichtlich einer Sache oder eines dinglichen Rechtes verpflichtet nur den ersten Eigentümer, nicht aber seine Erben oder sonstigen Rechtsnachfolger. [2]Gegen Dritte wirkt es dann, wenn es zwischen Ehegatten, eingetragenen Partnern, Eltern und Kindern, Wahl- oder Pflegekindern oder deren Ehegatten oder eingetragenen Partnern begründet und im öffentlichen Buche eingetragen wurde.

(BGBl I 2009/135, ab 1. 1. 2010)

§ 365. Wenn es das allgemeine Beste erheischt, muß ein Mitglied des Staates gegen eine angemessene Schadloshaltung selbst das vollständige Eigentum einer Sache abtreten.

Klagen aus dem Eigentumsrechte:

a) Eigentliche Eigentumsklage: wem und gegen wen sie gebühre?

§ 366. [1]Mit dem Rechte des Eigentümers, jeden andern von dem Besitze seiner Sache auszuschließen, ist auch das Recht verbunden, seine ihm vorenthaltene Sache von jedem Inhaber durch die Eigentumsklage gerichtlich zu fordern. [2]Doch steht dieses Recht demjenigen nicht zu, welcher eine Sache zur Zeit, da er noch nicht Eigentümer war, in seinem eigenen Namen veräußert, in der Folge aber das Eigentum derselben erlangt hat.

Gutgläubiger Erwerb

§ 367. (1) [1]Die Eigentumsklage gegen den rechtmäßigen und redlichen Besitzer einer beweglichen Sache ist abzuweisen, wenn er beweist, dass er die Sache gegen Entgelt in einer öffentlichen Versteigerung, von einem Unternehmer im gewöhnlichen Betrieb seines Unternehmens oder von jemandem erworben hat, dem sie der vorige Eigentümer anvertraut hatte. [2]In diesen Fällen erwirbt der rechtmäßige und redliche Besitzer das Eigentum. Der Anspruch des vorigen Eigentümers auf Schadenersatz gegen seinen Vertrauensmann oder gegen andere Personen bleibt unberührt.

(2) Ist die Sache mit dem Recht eines Dritten belastet, so erlischt dieses Recht mit dem Erwerb des Eigentums durch den rechtmäßigen und redlichen Besitzer, es sei denn, dass dieser in Ansehung dieses Rechtes nicht redlich ist.

(BGBl I 2005/120, ab 1. 1. 2007, auf nach dem 31. 12. 2006 abgeschlossene Rechtsgeschäfte anzuwenden. Auf davor abgeschlossene Rechtsgeschäfte sind die bisher geltenden Bestimmungen weiter anzuwenden)

§ 368. (1) [1]Der Besitzer ist redlich, wenn er weder weiß noch vermuten muss, dass die Sache nicht dem Veräußerer gehört. [2]Beim Erwerb von einem Unternehmer im gewöhnlichen Betrieb seines Unternehmens genügt der gute Glaube an die Befugnis des Veräußerers, über die Sache zu verfügen.

(2) Beweist der Eigentümer, dass der Besitzer aus der Natur der Sache, aus ihrem auffällig geringen Preis, aus den ihm bekannten persönlichen Eigenschaften seines Vormanns, aus dessen Unternehmen oder aus anderen Umständen einen gegründeten Verdacht hätte schöpfen müssen, so hat der Besitzer die Sache dem Eigentümer zu überlassen.

(BGBl I 2005/120, ab 1. 1. 2007, s Anm zu § 367)

Was dem Kläger zu beweisen obliege?

§ 369. Wer die Eigentumsklage übernimmt, muß den Beweis führen, daß der Geklagte die eingeklagte Sache in seiner Macht habe, und daß diese Sache sein Eigentum sei.

§ 370. Wer eine bewegliche Sache gerichtlich zurückfordert, muß sie durch Merkmale beschreiben, wodurch sie von allen ähnlichen Sachen gleicher Gattung ausgezeichnet wird.

§ 371. Sachen, die sich auf diese Art nicht unterscheiden lassen, wie bares Geld mit anderm baren Gelde vermengt, oder auf den Überbringer lautende Schuldbriefe, sind also in der Regel kein Gegenstand der Eigentumsklage; wenn nicht solche Umstände eintreten, aus denen der Kläger sein Eigentumsrecht beweisen kann, und aus denen der Geklagte wissen mußte, daß er die Sache sich zuzuwenden nicht berechtigt sei.

b) Eigentumsklage aus dem rechtlich vermuteten Eigentume des Klägers

Gegen welchen Besitzer diese Vermutung eintrete?

§ 372. Wenn der Kläger mit dem Beweise des erworbenen Eigentumes einer ihm vorenthaltenen Sache zwar nicht ausreicht, aber den gültigen Titel, und die echte Art, wodurch er zu ihrem Besitze gelangt ist, dargetan hat; so wird er doch in Rücksicht eines jeden Besitzers, der keinen, oder nur einen schwächern Titel seines Besitzes anzugeben vermag, für den wahren Eigentümer gehalten.

§ 373. Wenn also der Geklagte die Sache auf eine unredliche oder unrechtmäßige Weise besitzt; wenn er keinen oder nur einen verdächtigen Vormann anzugeben vermag; oder, wenn er die Sache ohne Entgelt, der Kläger aber gegen Entgelt erhalten hat; so muß er dem Kläger weichen.

§ 374. Haben der Geklagte und der Kläger einen gleichen Titel ihres echten Besitzes, so gebührt dem Geklagten kraft des Besitzes der Vorzug.

§ 375. Wer eine Sache in fremdem Namen besitzt, kann sich gegen die Eigentumsklage dadurch schützen, daß er seinen Vormann namhaft macht, und sich darüber ausweist.

Gesetzliche Folge:

a) der Ableugnung des Besitzes;

§ 376. Wer den Besitz einer Sache vor Gericht leugnet und dessen überwiesen wird, muß dem Kläger deswegen allein schon den Besitz abtreten; doch behält er das Recht, in der Folge seine Eigentumsklage anzustellen.

b) des vorgegebenen Besitzes;

§ 377. Wer eine Sache, die er nicht besitzt, zu besitzen vorgibt, und den Kläger dadurch irreführt, haftet für allen daraus entstehenden Schaden.

c) des aufgegebenen Besitzes der streitigen Sache

§ 378. Wer eine Sache im Besitze hatte, und nach zugestellter Klage fahren ließ, muß sie dem Kläger, wenn dieser sich nicht an den wirklichen Inhaber halten will, auf seine Kosten zurückverschaffen, oder den außerordentlichen Wert derselben ersetzen.

Was der Besitzer dem Eigentümer erstatte

§ 379. Was sowohl der redliche als unredliche Besitzer dem Eigentümer in Ansehung des entgangenen Nutzens, oder des erlittenen Schadens zu ersetzen habe, ist in dem vorigen Hauptstücke bestimmt worden.

Drittes Hauptstück

Von der Erwerbung des Eigentumes durch Zueignung

Rechtliche Erfordernisse der Erwerbung

§ 380. Ohne Titel und ohne rechtliche Erwerbungsart kann kein Eigentum erlangt werden.

Titel und Art der unmittelbaren Erwerbung: Die Zueignung

§ 381. [1]Bei freistehenden Sachen besteht der Titel in der angebornen Freiheit, sie in Besitz zu nehmen. [2]Die Erwerbungsart ist die Zueignung, wodurch man sich einer freistehenden Sache bemächtigt, in der Absicht, sie als die seinige zu behandeln.

§ 382. Freistehende Sachen können von allen Mitgliedern des Staates durch die Zueignung erworben werden, insofern diese Befugnis nicht durch politische Gesetze eingeschränkt ist, oder einigen Mitgliedern das Vorrecht der Zueignung zusteht.

1. durch den Tierfang;

§ 383. [1]Dieses gilt insbesondere von dem Tierfange. [2]Wem das Recht zu jagen oder zu fischen gebühre; wie der übermäßige Anwachs des Wildes gehemmt, und der vom Wilde verursachte Schaden ersetzt werde; wie der Honigraub, der durch fremde Bienen geschieht, zu verhindern sei; ist in den politischen Gesetzen festgesetzt. [3]Wie Wilddiebe zu bestrafen seien, wird in den Strafgesetzen bestimmt.

§ 384. [1]Häusliche Bienenschwärme und andere zahme oder zahm gemachte Tiere sind kein Gegenstand des freien Tierfanges, vielmehr hat der Eigentümer das Recht, sie auf fremdem Grunde zu verfolgen; doch soll er dem Grundbesitzer den ihm etwa verursachten Schaden ersetzen. [2]Im Falle, daß der Eigentümer des Mutterstockes den Schwarm durch zwei Tage nicht verfolgt hat; oder, daß ein zahm gemachtes Tier durch zweiundvierzig Tage von selbst ausgeblieben ist, kann sie auf gemeinem Grunde jedermann; auf dem seinigen der Grundeigentümer für sich nehmen, und behalten.

2. durch das Finden freistehender Sachen

§ 385. Keine Privatperson ist berechtigt, die dem Staate durch die politischen Verordnungen vorbehaltenen Erzeugnisse sich zuzueignen.

§ 386. [1]Bewegliche Sachen, welche der Eigentümer nicht mehr als die seinigen behalten will, und daher verläßt, kann sich jedes Mitglied des Staates eigen machen. [2]„Im Zweifel ist nicht zu vermuten, dass jemand sein Eigentum aufgeben wolle; daher darf kein Finder eine gefundene Sache für verlassen ansehen und sich diese zueignen.“ *(BGBl I 2002/104, ab 1. 2. 2003)*

§ 387. Inwiefern Grundstücke wegen gänzlicher Unterlassung ihres Anbaues, oder Gebäude wegen der unterlassenen Herstellung für verlassen anzusehen, oder einzuziehen seien, bestimmen die politischen Gesetze.

Vorschriften über das Finden

a) verlorener und vergessener Sachen

§ 388. (1) Verloren sind bewegliche, in niemandes Gewahrsame stehende Sachen, die ohne den Willen des Inhabers aus seiner Gewalt gekommen sind.

(2) Vergessen sind bewegliche Sachen, die ohne den Willen des Inhabers an einem fremden, unter der Aufsicht eines anderen stehenden Ort zurückgelassen worden und dadurch in fremde Gewahrsame gekommen sind.

(BGBl I 2002/104, ab 1. 2. 2003)

§ 389. (1) Finder ist, wer eine verlorene oder vergessene Sache entdeckt und an sich nimmt.

(2) Verlustträger sind der Eigentümer und andere zur Innehabung der verlorenen oder vergessenen Sache berechtigte Personen.

(BGBl I 2002/104, ab 1. 2. 2003)

§ 390. Der Finder hat den Fund unverzüglich der zuständigen Fundbehörde (§ 14 Abs. 5 SPG) unter Abgabe der gefundenen Sache anzuzeigen und über alle für die Ausforschung eines Verlustträgers maßgeblichen Umstände Auskunft zu geben.

(BGBl I 2002/104, ab 1. 2. 2003)

§ 391. Die Pflichten nach § 390 bestehen nicht, wenn

1. der Finder die gefundene Sache einem Verlustträger vor der Anzeigeerstattung ausfolgt oder

2. der gemeine Wert der gefundenen Sache 10 Euro nicht übersteigt, es sei denn erkennbar, dass

die Wiedererlangung der Sache für einen Verlustträger von erheblicher Bedeutung ist.

(BGBl I 2002/104, ab 1. 2. 2003)

§ 392. Der Finder hat gegen den, dem der Fundgegenstand ausgefolgt wird, Anspruch auf Finderlohn und auf Ersatz des notwendig und zweckmäßig gemachten Aufwandes.

(BGBl I 2002/104, ab 1. 2. 2003, nicht anzuwenden, wenn der Finder die verlorene oder vergessene Sache davor entdeckt und an sich genommen hat)

§ 393. (1) [1]Der Finderlohn beträgt bei verlorenen Sachen 10 vH, bei vergessenen Sachen 5 vH des gemeinen Wertes. [2]Übersteigt der gemeine Wert 2 000 Euro, so beträgt der Finderlohn in Rücksicht des Übermaßes die Hälfte dieser Hundertersätze.

(2) Bei unschätzbaren Sachen und solchen, deren Wiedererlangung für den Verlustträger von erheblicher Bedeutung ist, ist der Finderlohn nach billigem Ermessen festzulegen; hierbei ist auf die Grundsätze des Abs. 1, auf die dem Finder entstandene Mühe und auf den dem Verlustträger durch die Wiedererlangung der gefundenen Sache verschafften Vorteil Bedacht zu nehmen.

(BGBl I 2002/104, ab 1. 2. 2003, siehe Anm zu § 392)

§ 394. Ein Anspruch auf Finderlohn besteht nicht, wenn

1. die Sache von einer Person im Rahmen ihrer privat- oder öffentlich-rechtlichen, die Rettung der Sache umfassenden Pflicht gefunden worden ist oder

2. der Finder die in den §§ 390 und 391 enthaltenen Anordnungen schuldhaft verletzt hat oder

3. die vergessene Sache auch sonst ohne deren Gefährdung wiedererlangt worden wäre.

(BGBl I 2002/104, ab 1. 2. 2003, siehe Anm zu § 392)

§ 395. [1]Wird die Sache innerhalb eines Jahres von keinem Verlustträger angesprochen, so erwirbt der Finder das Eigentum an der in seiner Gewahrsame befindlichen Sache mit Ablauf der Frist, an der abgegebenen Sache mit ihrer Ausfolgung an ihn. [2]Die Frist beginnt im Fall des § 391 Z 2 mit dem Zeitpunkt des Findens, sonst mit der Erstattung der Anzeige (§ 390).

(BGBl I 2002/104, ab 1. 2. 2003, siehe Anm zu § 392)

§ 396. [1]Wer eine verlorene oder vergessene Sache entdeckt, sie aber nicht an sich nehmen kann, hat Anspruch auf die Hälfte des im § 393 bestimmten Finderlohnes, wenn er die Entdeckung einer im § 390 bezeichneten Stelle anzeigt und der Verlustträger die Sache dadurch wiedererlangt, es sei denn, dass dieser die Sache auch sonst ohne deren Gefährdung wiedererlangt hätte. [2]§ 394 Z 1 ist anzuwenden.

(BGBl I 2002/104, ab 1. 2. 2003, siehe Anm zu § 392)

b) verborgener Gegenstände

§ 397. (1) Werden vergrabene, eingemauerte oder sonst verborgene Sachen eines unbekannten Eigentümers entdeckt, so gilt sinngemäß das, was für die verlorenen Sachen bestimmt ist.

(2) Der Finderlohn ist auch dann nicht zu entrichten, wenn die Sache auch sonst ohne deren Gefährdung wiedererlangt worden wäre.

(BGBl I 2002/104, ab 1. 2. 2003, siehe Anm zu § 392)

c) eines Schatzes

§ 398. [1]Bestehen die entdeckten Sachen in Geld, Schmuck oder andern Kostbarkeiten, die so lange im Verborgenen gelegen haben, daß man ihren vorigen Eigentümer nicht mehr erfahren kann, dann heißen sie ein Schatz. [2]Die Entdeckung eines Schatzes ist von der Obrigkeit [der Landesstelle][1)] anzuzeigen.

1) Jetzt: dem Bundesdenkmalamt

§ 399. Von einem Schatz erhalten der Finder und der Eigentümer des Grundes je die Hälfte.

(BGBl I 2002/104, ab 1. 2. 2003)

§ 400. Wer sich dabei einer unerlaubten Handlung schuldig gemacht; wer ohne Wissen und Willen des Nutzungseigentümers den Schatz aufgesucht; oder den Fund verheimlicht hat; dessen Anteil soll dem Angeber; oder, wenn kein Angeber vorhanden ist, dem Staate zufallen.

§ 401. [1]Finden Arbeitsleute zufälliger Weise einen Schatz, so gebührt ihnen als Findern ein Drittheil[1)] davon. [2]Sind sie aber von dem Eigentümer ausdrücklich zur Aufsuchung eines Schatzes gedungen worden, so müssen sie sich mit ihrem ordentlichen Lohne begnügen.

1) Jetzt wohl: die Hälfte (s § 399)

3. von der Beute

§ 402. Über das Recht der Beute und der von dem Feinde zurückerbeuteten Sachen, sind die Vorschriften in den Kriegsgesetzen enthalten.

Von dem Rechte aus der Rettung einer fremden beweglichen Sache

§ 403. Wer eine fremde bewegliche Sache von dem unvermeidlichen Verluste oder Untergange rettet, ist berechtigt, von dem rückfordernden Eigentümer den Ersatz seines Aufwandes, und eine verhältnismäßige Belohnung von höchstens zehn von Hundert zu fordern.

Viertes Hauptstück

Von Erwerbung des Eigentumes durch Zuwachs

Zuwachs

§ 404. [1]Zuwachs heißt alles, was aus einer Sache entsteht, oder neu zu derselben kommt, ohne daß es dem Eigentümer von jemand andern übergeben worden ist. [2]Der Zuwachs wird durch Natur, durch Kunst, oder durch beide zugleich bewirkt.

I. Natürlicher Zuwachs:

a) an Naturprodukten;

b) Werfen der Tiere;

§ 405. Die natürlichen Früchte eines Grundes, nämlich solche Nutzungen, die er, ohne bearbeitet zu werden, hervorbringt, als: Kräuter, Schwämme und dergleichen, wachsen dem Eigentümer des Grundes, sowie alle Nutzungen, welche aus einem Tiere entstehen, dem Eigentümer des Tieres zu.

§ 406. Der Eigentümer eines Tieres, welches durch das Tier eines andern befruchtet wird, ist diesem keinen Lohn schuldig, wenn er nicht bedungen worden ist.

c) Inseln;

§ 407. [[1]Wenn in der Mitte eines Gewässers eine Insel entsteht, so sind die Eigentümer der nach der Länge derselben an beiden Ufern liegenden Grundstücke ausschließend befugt, die entstandene Insel in zwei gleichen Teilen sich zuzueignen, und nach Maß der Länge ihrer Grundstücke unter sich zu teilen. [2]Entsteht die Insel auf der einen Hälfte des Gewässers, so hat der Eigentümer des nähern Uferlandes allein darauf Anspruch. [3]Inseln auf schiffbaren Flüssen bleiben dem Staate vorbehalten.]

[] *Gegenstandslos, s § 4 Abs 1 WRG*

§ 408. Werden bloß durch die Austrocknung des Gewässers, oder durch desselben Teilung in mehrere Arme, Inseln gebildet, oder Grundstücke überschwemmt; so bleiben die Rechte des vorigen Eigentumes unverletzt.

d) vom verlassenen Wasserbette;

§ 409. Wenn ein Gewässer sein Bett verläßt, so haben vor allem die Grundbesitzer, welche durch den neuen Lauf des Gewässers Schaden leiden, das Recht, aus dem verlassenen Bette oder dessen Werte entschädigt zu werden.

§ 410. [Außer dem Falle einer solchen Entschädigung gehört das verlassene Bett, so wie von einer entstandenen Insel verordnet wird, den angrenzenden Uferbesitzern.]

[] *Gegenstandslos, s WRG*

e) vom Anspülen;

§ 411. Das Erdreich, welches ein Gewässer unmerklich an ein Ufer anspült, gehört dem Eigentümer des Ufers.

f) vom abgerissenen Lande

§ 412. Wird aber ein merklicher Erdteil durch die Gewalt des Flusses an ein fremdes Ufer gelegt; so verliert der vorige Besitzer sein Eigentumsrecht darauf nur in dem Falle, wenn er es in einer Jahresfrist nicht ausübt.

§ 413. [1]Jeder Grundbesitzer ist befugt, sein Ufer gegen das Ausreißen des Flusses zu befestigen. [2]Allein niemand darf solche Werke oder Pflanzungen anlegen, die den ordentlichen Lauf des Flusses verändern, oder die der Schifffahrt, den Mühlen, der Fischerei oder andern fremden Rechten nachteilig werden könnten. [3]Überhaupt können ähnliche Anlagen nur mit Erlaubnis der politischen Behörde gemacht werden.

II. Künstlicher Zuwachs durch Verarbeitung oder Vereinigung überhaupt;

§ 414. Wer fremde Sachen verarbeitet; wer sie mit den seinigen vereinigt, vermengt, oder vermischt, erhält dadurch noch keinen Anspruch auf das fremde Eigentum.

§ 415. [1]Können dergleichen verarbeitete Sachen in ihren vorigen Stand zurückgebracht; vereinigte, vermengte oder vermischte Sachen wieder abgesondert werden; so wird einem jeden Eigentümer das Seinige zurückgestellt, und demjenigen Schadloshaltung geleistet, dem sie gebührt. [2]Ist die Zurücksetzung in den vorigen Stand, oder die Absonderung nicht möglich, so wird die Sache den Teilnehmern gemein; doch steht demjenigen, mit dessen Sache der andere durch Verschulden die Vereinigung vorgenommen hat, die Wahl frei, ob er den ganzen Gegenstand gegen Ersatz der Verbesserung behalten, oder ihn dem andern ebenfalls gegen Vergütung überlassen wolle. [3]Der Schuld tragende Teilnehmer wird nach Beschaffenheit seiner redlichen oder unredlichen Absicht behandelt. [4]Kann aber keinem Teile ein Verschulden beigemessen werden, so bleibt dem, dessen Anteil mehr wert ist, die Auswahl vorbehalten.

§ 416. Werden fremde Materialien nur zur Ausbesserung einer Sache verwendet, so fällt die fremde Materie dem Eigentümer der Hauptsache zu, und dieser ist verbunden, nach Beschaffenheit seines redlichen oder unredlichen Verfahrens, dem vorigen Eigentümer der verbrauchten Materialien den Wert derselben zu bezahlen.

insbesondere bei einem Baue

§ 417. Wenn jemand auf eigenem Boden ein Gebäude aufführt, und fremde Materialien dazu verwendet hat, so bleibt das Gebäude zwar sein Eigentum; doch muß selbst ein redlicher Bauführer dem Beschädigten die Materialien, wenn er sie außer den im § 367 angeführten Verhältnissen an sich gebracht hat, nach dem gemeinen; ein unredlicher aber muß sie nach dem höchsten Preise, und überdies noch allen anderweitigen Schaden ersetzen.

§ 418. [1]Hat im entgegengesetzten Falle jemand mit eigenen Materialien, ohne Wissen und Willen des Eigentümers auf fremdem Grunde gebaut, so fällt das Gebäude dem Grundeigentümer zu. [2]Der redliche Bauführer kann den Ersatz der notwendigen und nützlichen Kosten fordern; der unredliche wird gleich einem Geschäftsführer ohne Auftrag behandelt. [3]Hat der Eigentümer des Grundes die Bauführung gewußt, und sie nicht sogleich dem redlichen Bauführer untersagt, so kann er nur den gemeinen Wert für den Grund fordern.

§ 419. [1]Ist das Gebäude auf fremdem Grunde, und aus fremden Materialien entstanden, so wächst auch in diesem Falle das Eigentum desselben dem Grundeigentümer zu. [2]Zwischen dem Grundeigentümer und dem Bauführer treten die nämlichen Rechte und Verbindlichkeiten, wie in dem vorstehenden Paragraphen[1)], ein, und der Bauführer muß dem vorigen Eigentümer der Materialien, nach Beschaffenheit seiner redlichen oder unredlichen Absicht, den gemeinen oder den höchsten Wert ersetzen.

[1)] in JGS „Paragraphe"

III. Vermischter Zuwachs

§ 420. [1]Was bisher wegen der mit fremden Materialien aufgeführten Gebäude bestimmt worden ist, gilt auch für die Fälle, wenn ein Feld mit fremden Samen besät, oder mit fremden Pflanzen besetzt worden ist. [2]Ein solcher Zuwachs gehört dem Eigentümer des Grundes, wenn anders die Pflanzen schon Wurzel geschlagen haben.

§ 421. [1]Das Eigentum eines Baumes wird nicht nach den Wurzeln, die sich in einem angrenzenden Grunde verbreiten, sondern nach dem Stamme bestimmt, der aus dem Grunde hervorragt. [2]Steht der Stamm auf den Grenzen mehrerer Eigentümer, so ist ihnen der Baum gemein.

§ 422. (1) [1]Jeder Eigentümer kann die in seinen Grund eindringenden Wurzeln eines fremden Baumes oder einer anderen fremden Pflanze aus seinem Boden entfernen und die über seinem Luftraum hängenden Äste abschneiden oder sonst benützen. [2]Dabei hat er aber fachgerecht vorzugehen und die Pflanze möglichst zu schonen. [3]Bundes- und landesgesetzliche Regelungen über den Schutz von oder vor Bäumen und anderen Pflanzen, insbesondere über den Wald-, Flur-, Feld-, Ortsbild-, Natur- und Baumschutz, bleiben unberührt.

(2) [1]Die für die Entfernung der Wurzeln oder das Abschneiden der Äste notwendigen Kosten hat der beeinträchtigte Grundeigentümer zu tragen. [2]Sofern diesem aber durch die Wurzeln oder Äste ein Schaden entstanden ist oder offenbar droht, hat der Eigentümer des Baumes oder der Pflanze die Hälfte der notwendigen Kosten zu ersetzen.

(BGBl I 2003/91, ab 1. 7. 2004)

Fünftes Hauptstück

Von Erwerbung des Eigentumes durch Übergabe

Mittelbare Erwerbung

§ 423. Sachen, die schon einen Eigentümer haben, werden mittelbar erworben, indem sie auf eine rechtliche Art von dem Eigentümer auf einen andern übergehen.

Titel derselben

§ 424. Der Titel der mittelbaren Erwerbung liegt in einem Vertrage; in einer Verfügung auf den Todesfall; in dem richterlichen Ausspruche; oder, in der Anordnung des Gesetzes.

Mittelbare Erwerbungsart

§ 425. [1]Der bloße Titel gibt noch kein Eigentum. [2]Das Eigentum und alle dingliche Rechte überhaupt können, außer den in dem Gesetze bestimmten Fällen, nur durch die rechtliche Übergabe und Übernahme erworben werden.

Arten der Übergabe: 1. bei beweglichen Sachen:

a) körperliche Übergabe;

§ 426. Bewegliche Sachen können in der Regel nur durch körperliche Übergabe von Hand zu Hand an einen andern übertragen werden.

b) Übergabe durch Zeichen;

§ 427. Bei solchen beweglichen Sachen aber, welche ihrer Beschaffenheit nach keine körperliche Übergabe zulassen, wie bei Schuldforderungen, Frachtgütern, bei einem Warenlager oder einer andern Gesamtsache, gestattet das Gesetz die Übergabe durch Zeichen; indem der Eigentümer dem Übernehmer die Urkunden, wodurch das Eigentum dargetan wird, oder die Werkzeuge übergibt, durch die der Übernehmer in den Stand gesetzt wird, ausschließend den Besitz der Sache zu ergreifen; oder, indem man mit der Sache ein Merkmal verbindet, woraus jedermann deutlich erkennen kann, daß die Sache einem andern überlassen worden ist.

c) durch Erklärung

§ 428. Durch Erklärung wird die Sache übergeben, wenn der Veräußerer auf eine erweisliche Art seinen Willen an den Tag legt, daß er die Sache künftig im Namen des Übernehmers innehabe; oder, daß der Übernehmer die Sache, welche er bisher ohne ein dingliches Recht innehatte, künftig aus einem dinglichen Rechte besitzen solle.

Folge in Rücksicht der übersendeten,

§ 429. Wenn die Sache mit Willen des Übernehmers an einen anderen Ort als den Erfüllungsort übersendet wird, ist die Sache bereits mit ihrer Aushändigung an eine mit der Übersendung betraute Person übergeben, sofern die Art der Übersendung der getroffenen Vereinbarung, mangels einer solchen der Verkehrsübung entspricht.

(BGBl I 2014/33, ab 13. 6. 2014)

oder, an mehrere veräußerten Sachen

§ 430. Hat ein Eigentümer eben dieselbe bewegliche Sache an zwei verschiedene Personen, an eine mit, an die andere ohne Übergabe veräußert; so gebührt sie derjenigen, welcher sie zuerst übergeben worden ist; doch hat der Eigentümer dem verletzten Teile zu haften.

2. Bei unbeweglichen Sachen und Bauwerken

§ 431. [1]Zur Übertragung des Eigentumes unbeweglicher Sachen muß das Erwerbungsgeschäft in die dazu bestimmten öffentlichen Bücher eingetragen werden. [2]Diese Eintragung nennt man Einverleibung (Intabulation).

Insbesondere bei Erwerbung

a) durch Vertrag;

§ 432. Zu diesem Zwecke muß über das Erwerbungsgeschäft eine beglaubigte Urkunde in der zur Gültigkeit des Geschäftes vorgeschriebenen Form oder eine öffentliche Urkunde ausgefertigt werden.

(RGBl 1916/69)

§ 433. Die Urkunde muß die genaue Angabe der Personen, die das Eigentum übergeben und übernehmen; der Liegenschaft, die übergeben werden soll, mit ihren Bestandteilen; des Rechtsgrundes der Übergabe; ferner des Ortes und der Zeit des Vertragsschlusses enthalten; und es muß von dem Übergeber in dieser oder in einer besonderen Urkunde die ausdrückliche Erklärung abgegeben werden, daß er in die Einverleibung einwillige.

(RGBl 1916/69)

§ 434. [1]Zur Übertragung des Eigentums an Liegenschaften, die in keinem Grundbuche eingetragen sind, muß eine mit den Erfordernissen der §§ 432 und 433 versehene Urkunde bei Gericht hinterlegt werden. [2]An die Stelle der Bewilligung der Einverleibung tritt die Erklärung der Einwilligung zur Hinterlegung der Urkunde.

(RGBl 1916/69)

§ 435. Dasselbe gilt auch für die Übertragung des Eigentums an Bauwerken, die auf fremdem Grund in der Absicht aufgeführt sind, daß sie nicht stets darauf bleiben sollen, soferne sie nicht Zugehör eines Baurechtes sind.

(RGBl 1916/69)

b) durch Urteil und andere gerichtliche Urkunden;

§ 436. Wenn das Eigentum unbeweglicher Sachen oder eines Bauwerkes zufolge rechtskräftigen Urteils, gerichtlicher Teilung oder Einantwortung einer Erbschaft übertragen werden soll, ist ebenfalls die Einverleibung (§§ 431 bis 433) oder die Hinterlegung der Urkunde (§§ 434, 435) erforderlich.

(RGBl 1916/69)

oder c) durch Vermächtnis

§ 437. Ebenso ist es, um das Eigentum eines vermachten unbeweglichen Gutes oder eines Bauwerkes zu erwerben, notwendig, daß die Sache dem Vermächtnisnehmer gemäß §§ 431 bis 435 übergeben werde.

(RGBl 1916/69)

Bedingte Aufzeichnung in das öffentliche Buch; oder Vormerkung

§ 438. [1]Wenn derjenige, welcher das Eigentum einer unbeweglichen Sache anspricht, darüber zwar eine glaubwürdige, aber nicht mit allen in den [§§ 434 und 435][1)] zur Einverleibung vorgeschriebenen Erfordernissen versehene Urkunde besitzt; so kann er doch, damit ihm niemand ein Vorrecht abgewinne, die bedingte Eintragung in das öffentliche Buch bewirken, welche Vormerkung (Pränotation) genannt wird. [2]Dadurch erhält er ein bedingtes Eigentumsrecht, und er wird, sobald er zu Folge richterlichen Ausspruches die Vormerkung gerechtfertigt hat, von der Zeit des nach gesetzlicher Ordnung eingereichten Vormerkungsgesuches, für den wahren Eigentümer gehalten.

[1)] Jetzt: §§ 432 und 433

§ 439. [Die geschehene Vormerkung muß sowohl demjenigen, der sie bewirkt hat, als auch seinem Gegner durch Zustellung zu eigenen Handen bekannt gemacht werden.] Der Vormerkungswerber muß binnen vierzehn Tagen, vom Tage der erhaltenen Zustellung, die ordentliche Klage zum Erweise des Eigentumsrechtes einreichen; widrigenfalls soll die bewirkte Vormerkung auf Ansuchen des Gegners gelöscht werden.

[] *Gegenstandslos, s §§ 118 ff GBG*

Vorschrift über die Kollision der Einverleibungen

§ 440. Hat der Eigentümer eben dieselbe unbewegliche Sache zwei verschiedenen Personen überlassen; so fällt sie derjenigen zu, welche früher die Einverleibung angesucht hat.

Folge der Erwerbung:

a) in Rücksicht des Besitzes;

§ 441. Sobald die Urkunde über das Eigentumsrecht in das öffentliche Buch eingetragen ist, tritt der neue Eigentümer in den rechtmäßigen Besitz.

b) der damit verbundenen Rechte;

§ 442. [1]Wer das Eigentum einer Sache erwirbt, erlangt auch die damit verbundenen Rechte. [2]Rechte, die auf die Person des Übergebers eingeschränkt sind, kann er nicht übergeben. [3]Überhaupt kann niemand einem andern mehr Recht abtreten, als er selbst hat.

c) Lasten

§ 443. [1]Mit dem Eigentume unbeweglicher Sachen werden auch die darauf haftenden, in den öffentlichen Büchern angemerkten Lasten übernommen. [2]Wer diese Bücher nicht einsieht, leidet in allen Fällen für seine Nachlässigkeit. [3]Andere Forderungen und Ansprüche, die jemand an den vorigen Eigentümer hat, gehen nicht auf den neuen Erwerber über.

Erlöschung des Eigentumsrechtes

§ 444. [1]Das Eigentum überhaupt kann durch den Willen des Eigentümers; durch das Gesetz, und durch richterlichen Ausspruch verloren gehen. [2]Das Eigentum der unbeweglichen Sachen aber wird nur durch die Löschung aus den öffentlichen Büchern aufgehoben.

Ausdehnung dieser Vorschriften auf andere dingliche Rechte

§ 445. Nach den in diesem Hauptstücke über die Erwerbungs- und Erlöschungsart des Eigentumsrechtes unbeweglicher Sachen gegebenen Vorschriften hat man sich auch bei den übrigen, auf unbewegliche Sachen sich beziehenden, dinglichen Rechten zu verhalten.

Form und Vorsichten der Einverleibungen

§ 446. Auf was Art und mit welchen Vorsichten überhaupt bei Einverleibung dinglicher Rechte vorzugehen sei, ist in den über die Einrichtung der Landtafeln und Grundbücher bestehenden besondern Anordnungen enthalten.

Sechstes Hauptstück

Von dem Pfandrechte

Begriff von dem Pfandrechte und Pfande

§ 447. [1]Das Pfandrecht ist das dingliche Recht, welches dem Gläubiger eingeräumt wird, aus einer Sache, wenn die Verbindlichkeit zur bestimmten Zeit nicht erfüllt wird, die Befriedigung zu erlangen. [2]Die Sache, worauf dem Gläubiger dieses Recht zusteht, heißt überhaupt ein Pfand.

Arten des Pfandes

§ 448. [1]Als Pfand kann jede Sache dienen, die im Verkehre steht. [2]Ist sie beweglich, so wird sie Handpfand, oder ein Pfand in enger Bedeutung genannt; ist sie unbeweglich, so heißt sie eine Hypothek oder ein Grundpfand.

Titel des Pfandrechtes

§ 449. [1]Das Pfandrecht bezieht sich zwar immer auf eine gültige Forderung, aber nicht jede Forderung gibt einen Titel zur Erwerbung des Pfandrechtes. [2]Dieser gründet sich auf das Gesetz; auf einen richterlichen Ausspruch; auf einen Vertrag; oder den letzten Willen des Eigentümers.

§ 450. [1]Die Fälle, in welchen das Gesetz jemandem[1)] das Pfandrecht einräumt, sind am gehörigen Orte dieses Gesetzbuches und bei dem Verfahren in Konkursfällen angegeben. [2]Inwiefern das Gericht ein Pfandrecht einräumen könne, bestimmt die Gerichtsordnung. [3]Soll durch die Einwilligung des Schuldners oder eines Dritten, der seine Sache für ihn verhaftet, das Pfandrecht erworben werden; so dienen die Vorschriften von Verträgen und Vermächtnissen zur Richtschnur.

[1)] In JGS „jemanden"

Erwerbungsart des Pfandrechtes:

a) durch körperliche Übergabe;

b) durch Einverleibung oder gerichtliche Urkundenhinterlegung;

§ 451. (1) [1]Um das Pfandrecht wirklich zu erwerben, muß der mit einem Titel versehene Gläubiger die verpfändete Sache, wenn sie beweglich ist, in Verwahrung nehmen; und, wenn sie unbeweglich ist, seine Forderung auf die zur Erwerbung des Eigentumes liegender Güter vorgeschriebene Art einverleiben lassen. [2]Der Titel allein gibt nur ein persönliches Recht zu der Sache, aber kein dingliches Recht auf die Sache.

(2) [1]Das Pfandrecht an bücherlich nicht eingetragenen Liegenschaften (§ 434) oder an Bauwerken (§ 435) wird durch die gerichtliche Hinterlegung einer beglaubigten Pfandbestellungsurkunde erworben. [2]Die Urkunde muß die genaue Angabe des Pfandgegenstandes und der Forderung mit einer ziffermäßig bestimmten Geldsumme, bei einer verzinslichen Forderung auch die Höhe der Zinsen; ferner die ausdrückliche Zustimmung des Verpfänders zu der gerichtlichen Hinterlegung enthalten.

(RGBl 1916/69)

c) durch symbolische Übergabe;

§ 452. [1]Bei Verpfändung derjenigen beweglichen Sachen, welche keine körperliche Übergabe von Hand zu Hand zulassen, muß man sich, wie bei der Übertragung des Eigentumes (§ 427), solcher Zeichen bedienen, woraus jedermann die Verpfändung leicht erfahren kann. [2]Wer diese Vorsicht unterläßt, haftet für die nachteiligen Folgen.

d) durch die Vormerkung

§ 453. [1]Findet die Einverleibung einer Forderung in die öffentlichen Bücher wegen Mangels gesetzmäßiger Förmlichkeit in der Urkunde nicht statt; so kann sich der Gläubiger vormerken (pränotieren) lassen. [2]Durch diese Vormerkung erhält er ein bedingtes Pfandrecht, welches, wenn die Forderung auf die oben §§ 438 und 439 angeführte Art gerechtfertigt worden ist, von dem Zeitpunkte des nach gesetzlicher Ordnung eingereichten Vormerkungsgesuches in ein unbedingtes übergeht.

Erwerbung eines Afterpfandes

§ 454. Der Pfandinhaber kann sein Pfand, insoweit er ein Recht darauf hat, einem Dritten wieder verpfänden, und insofern wird es zum Afterpfande, wenn zugleich letzterer sich dasselbe übergeben, oder die Afterverpfändung auf das Pfandrecht in die öffentlichen Bücher eintragen läßt.

§ 455. Wird der Eigentümer von der weiteren Verpfändung benachrichtigt; so kann er seine Schuld nur mit Willen dessen, der das Afterpfand hat, dem Gläubiger abführen, oder er muß sie gerichtlich hinterlegen, sonst bleibt das Pfand dem Inhaber des Afterpfandes verhaftet.

Verpfändung einer fremden Sache

§ 456. (1) [1]Wird eine bewegliche Sache von jemandem verpfändet, dem sie nicht gehört und der darüber auch nicht verfügen kann, so hat der Eigentümer zwar in der Regel das Recht, sie zurückzufordern. [2]In solchen Fällen, in denen die Eigentumsklage gegen einen rechtmäßigen und redlichen Besitzer abzuweisen ist (§§ 367 und 368), ist er aber verpflichtet, den Pfandbesitzer schadlos zu halten oder das Pfand fahren zu lassen und sich mit dem Schadenersatzanspruch gegen den Verpfänder oder dritte Personen zu begnügen.

(2) Ist die Sache mit dem Recht eines Dritten belastet, so geht das Pfandrecht des rechtmäßigen und redlichen Pfandbesitzers diesem Recht vor, es sei denn, dass der Pfandbesitzer in Ansehung dieses Rechtes nicht redlich ist (§ 368).

(BGBl I 2005/120, ab 1. 1. 2007, s Anm zu § 367)

Objektiver Umfang des Pfandrechtes

§ 457. [1]Das Pfandrecht erstreckt sich auf alle zu dem freien Eigentume des Verpfänders gehörige Teile, auf Zuwachs und Zugehör des Pfandes, folglich auch auf die Früchte, insolange sie noch nicht abgesondert oder bezogen sind. [2]Wenn also ein Schuldner einem Gläubiger sein Gut, und einem andern später die Früchte desselben verpfändet; so ist die spätere Verpfändung nur in Rücksicht auf die schon abgesonderten und bezogenen Früchte wirksam.

Rechte und Verbindlichkeiten des Pfandgläubigers:

a) bei Entdeckung eines unzureichenden Pfandes;

§ 458. Wenn der Wert eines Pfandes durch Verschulden des Pfandgebers, oder wegen eines erst offenbar gewordenen Mangels der Sache zur Bedeckung der Schuld nicht mehr zureichend gefunden wird; so ist der Gläubiger berechtigt, von dem Pfandgeber ein anderes angemessenes Pfand zu fordern.

b) vor dem Verfalle;

§ 459. [1]Ohne Bewilligung des Pfandgebers darf der Gläubiger das Pfandstück nicht benützen; er muß es vielmehr genau bewahren, und, wenn es durch sein Verschulden in Verlust gerät, dafür haften. [2]Geht es ohne sein Verschulden verloren, so verliert er deswegen seine Forderung nicht.

§ 460. Hat der Gläubiger das Pfand weiter verpfändet; so haftet er selbst für einen solchen Zufall, wodurch das Pfand bei ihm nicht zu Grunde gegangen oder verschlimmert worden wäre.

§ 460a. (1) [1]Wenn eine bewegliche körperliche Sache einschließlich eines Inhaber- oder Orderpapiers als Pfand zu verderben oder erheblich und dauernd so an Wert zu verlieren droht, dass die Sicherheit des Pfandgläubigers gefährdet wird, kann dieser das Pfand bereits vor der Fälligkeit seiner Forderung gemäß den §§ 466a bis 466d außergerichtlich verwerten. [2]Der Pfandgläubiger hat dem Pfandgeber tunlichst die Gelegenheit zur Leistung einer anderweitigen Sicherheit einzuräumen.

(2) [1]Der Erlös tritt an die Stelle des Pfandes. [2]Auf Verlangen des Pfandgebers ist der Erlös zu hinterlegen.

(BGBl I 2005/120, ab 1. 1. 2007, s Anm zu § 367)

c) nach dem Verfalle der Forderung

§ 461. [1]Wird der Pfandgläubiger nach Verlauf der bestimmten Zeit nicht befriedigt; so ist er befugt, die Feilbietung des Pfandes gerichtlich zu verlangen. [2]Das Gericht hat dabei nach Vorschrift der Gerichtsordnung zu verfahren.

§ 462. Vor der Feilbietung des Gutes ist jedem darauf eingetragenen Pfandgläubiger die Einlösung der Forderung, wegen welcher die Feilbietung angesucht worden, zu gestatten.

§ 463. Schuldner haben kein Recht, bei Versteigerung einer von ihnen verpfändeten Sache mitzubieten.

§ 464. Wird der Schuldbetrag aus dem Pfande nicht gelöst, so ersetzt der Schuldner das Fehlende; ihm fällt aber auch das zu, was über den Schuldbetrag gelöst wird.

§ 465. Inwiefern ein Pfandgläubiger sich an sein Pfand zu halten schuldig; oder, auf ein anderes Vermögen seines Schuldners zu greifen berechtigt sei, bestimmt die Gerichtsordnung.

§ 466. Hat der Schuldner während der Verpfändungszeit das Eigentum der verpfändeten Sache auf einen andern übertragen; so steht dem Gläubiger frei, erst sein persönliches Recht gegen den Schuldner, und dann seine volle Befriedigung an der verpfändeten Sache zu suchen.

d) außergerichtliche Pfandverwertung

§ 466a. (1) Der Pfandgläubiger kann sich aus einer beweglichen körperlichen Sache (§ 460a Abs. 1), die ihm verpfändet worden ist oder an der er ein gesetzliches Pfandrecht erworben hat, auch durch den Verkauf der Sache befriedigen.

(2) Der Pfandgläubiger hat bei der Verwertung der Sache angemessen auf die Interessen des Pfandgebers Bedacht zu nehmen.

(3) [1]Der Pfandgläubiger und der Pfandgeber können abweichende Arten der außergerichtlichen Pfandverwertung vereinbaren. [2]Besondere Vorschriften über die außergerichtliche Verwertung von Sicherheiten bleiben unberührt.

(BGBl I 2005/120, ab 1. 1. 2007, s Anm zu § 367)

§ 466b. (1) [1]Der Pfandgläubiger hat dem Pfandgeber nach Eintritt der Fälligkeit der gesicherten Forderung den Verkauf der Sache anzudrohen, soweit dies nicht untunlich ist. [2]Er hat dabei die Höhe der ausstehenden Forderung anzugeben. [3]Der Verkauf darf erst einen Monat nach dessen Androhung oder, wenn diese untunlich war, nach Eintritt der Fälligkeit stattfinden. [4]Besteht an der Sache ein anderes Pfandrecht, so hat der Gläubiger den Verkauf auch dem anderen Pfandgläubiger anzudrohen. [5]Diesem ist die Einlösung der Forderung zu gestatten (§ 462).

(2) Der Verkauf ist im Wege einer öffentlichen Versteigerung durch einen dazu befugten Unternehmer zu bewirken.

(3) [1]Zeit und Ort der Versteigerung sind unter allgemeiner Bezeichnung des Pfandes öffentlich bekannt zu machen. [2]Der Pfandgeber und Dritte, denen Rechte am Pfand zustehen, sind hievon zu benachrichtigen.

(4) [1]Sachen mit einem Börsen- oder Marktpreis dürfen zu diesem Preis vom Pfandgläubiger auch aus freier Hand verkauft werden. [2]Wertpapiere, die einen Börsen- oder Marktpreis haben, sowie Sparurkunden dürfen nur aus freier Hand zu ihrem Preis oder Wert verkauft werden.

(BGBl I 2005/120, ab 1. 1. 2007, s Anm zu § 367)

§ 466c. (1) [1]Das Pfand darf nur mit der Bestimmung verkauft werden, dass der Erwerber den Kaufpreis sofort zu entrichten hat. [2]Wird die Sache dem Erwerber vor der Entrichtung des Preises übergeben, so gilt auch der Kaufpreis als dem Pfandgläubiger übergeben.

(2) Der Pfandgläubiger hat den Pfandgeber vom Verkauf des Pfandes und von dessen Ergebnis unverzüglich zu verständigen.

(3) [1]Mit dem Verkauf erlöschen die Pfandrechte an der Sache selbst. [2]Das Gleiche gilt für andere dingliche Rechte, sofern diese nicht allen Pfandrechten im Rang vorgehen.

(4) [1]Der Kaufpreis gebührt dem Pfandgläubiger nach Maßgabe seines Ranges im Ausmaß der gesicherten Forderung und der angemessenen Kosten einer zweckentsprechenden Verwertung. [2]Im Übrigen tritt der Anspruch des Pfandgebers auf Herausgabe des Mehrbetrags an die Stelle des Pfandes.

(5) Wenn der Pfandgläubiger und der Pfandgeber eine abweichende Art der Pfandverwertung vereinbaren und am Pfand einem Dritten ein Recht zusteht, das durch die Verwertung erlischt, so bedarf die Vereinbarung zu ihrer Wirksamkeit der Zustimmung des Dritten.

(BGBl I 2005/120, ab 1. 1. 2007, s Anm zu § 367)

§ 466d. Wenn der Pfandgläubiger die Sache außergerichtlich als Pfand verwertet, genügt für die Redlichkeit des Erwerbers (§§ 367 und 368) der gute Glaube in die Befugnis des Pfandgläubigers, über die Sache zu verfügen.

(BGBl I 2005/120, ab 1. 1. 2007, s Anm zu § 367)

§ 466e. (1) Besteht das Pfandrecht an einem Inhaber- oder Orderpapier, so ist der Pfandgläubiger berechtigt, eine etwa erforderliche Kündigung vorzunehmen und die Forderung aus dem Wertpapier einzuziehen.

(2) [1]Ist die Forderung aus dem verpfändeten Papier bereits fällig, so kann der Pfandgläubiger diese auch dann einziehen, wenn die gesicherte Forderung noch nicht fällig ist. [2]In diesem Fall erwirbt der Pfandgläubiger ein Pfandrecht an der erhaltenen Leistung. [3]Besteht die Leistung in Geld, so hat der Pfandgläubiger den erhaltenen Betrag nach den Bestimmungen über die Anlegung von Mündelgeld zu veranlagen.

(BGBl I 2005/120, ab 1. 1. 2007, s Anm zu § 367)

Erlöschung des Pfandrechtes

§ 467. Wenn die verpfändete Sache zerstört wird; wenn sich der Gläubiger seines Rechtes darauf gesetzmäßig begibt; oder, wenn er sie dem Schuldner ohne Vorbehalt zurückstellt; so erlischt zwar das Pfandrecht, aber die Schuldforderung besteht noch.

§ 468. Das Pfandrecht erlischt ferner mit der Zeit, auf welche es eingeschränkt war, folglich auch mit dem zeitlichen Rechte des Pfandgebers auf die verpfändete Sache; wenn anders dieser Umstand dem Gläubiger bekannt war, oder aus den öffentlichen Büchern bekannt sein konnte.

§ 469. [1]Durch Tilgung der Schuld hört das Pfandrecht auf. [2]Der Pfandgeber ist aber die Schuld nur gegen dem zu tilgen verbunden, daß ihm das Pfand zugleich zurückgestellt werde. [3]Zur Aufhebung einer Hypothek ist die Tilgung der Schuld allein nicht hinreichend. [4]Ein Hypothekargut bleibt so lange verhaftet, bis die Schuld aus den öffentlichen Büchern gelöscht ist. [5]Bis dahin kann der Eigentümer des Gutes auf Grund einer Quittung oder einer anderen, das Erlöschen der Pfandschuld dartuenden Urkunde das Pfandrecht auf eine neue Forderung übertragen, die den Betrag der eingetragenen Pfandforderung nicht übersteigt.

(RGBl 1916/69)

§ 469a. [1]Bei Bestellung des Pfandrechtes kann auf dieses Verfügungsrecht nicht verzichtet werden. [2]„Ist jedoch im öffentlichen Buch ein der Hypothek im Rang nachfolgendes oder ihr gleichrangiges, rechtsgeschäftlich bestelltes Recht eingetragen, so kann der Eigentümer über die Hypothek nur dann verfügen, wenn er sich das Verfügungsrecht gegenüber dem Buchberechtigten vertraglich vorbehalten hat und dieser Vorbehalt im öffentlichen Buch bei der Hypothek angemerkt ist.“ *(BGBl I 1997/30, ab 1. 1. 1998, gilt* *unter der Voraussetzung, daß der Antrag auf Eintragung des der Hypothek im Rang nachfolgenden oder ihr gleichrangigen Rechts nach dem 31. 12. 1997 beim Grundbuchsgericht eingelangt ist. Auf Anträge auf Anmerkung der Löschungsverpflichtung nach § 469a aF, die vor dem 1. 1. 1998 beim Grundbuchsgericht einlangen, ist §469a aF anzuwenden. Anmerkungen der Löschungsverpflichtung nach § 469a aF kommt weiterhin die in der angeführten Bestimmung vorgesehene Rechtswirkung zu. Satz 2 aF lautete: „Verpflichtet sich der Eigentümer einem andern gegenüber, eine bestimmte Hypothek löschen zu lassen, so kann er über die Hypothek nicht verfügen, wenn diese Verpflichtung im öffentlichen Buch bei der Hypothek angemerkt ist.")*

(RGBl 1916/69)

§ 470. [1]Wird nach Tilgung der Schuld (§ 469) oder eingetretener Vereinigung (§ 1446), bevor das Pfandrecht bücherlich gelöscht oder die Liegenschaft oder das Pfandrecht übertragen worden ist, das Hypothekargut zwangsweise versteigert oder dessen Zwangsverwaltung bewilligt, so ist bei Verteilung des Erlöses auf dieses Pfandrecht keine Rücksicht zu nehmen. [2]Nur insoweit die durch das Pfandrecht gesicherte Forderung gegen einen Dritten noch fortbesteht oder dem Eigentümer der Ersatz für deren Tilgung gebührt (§ 1358), wird der darauf entfallende Teil dem Eigentümer zugewiesen.

(RGBl 1916/69)

Von dem Retentionsrechte

§ 471. (1) Wer zur Herausgabe einer Sache verpflichtet ist, kann sie zur Sicherung seiner fälligen Forderungen wegen des für die Sache gemachten Aufwandes oder des durch die Sache ihm verursachten Schadens mit der Wirkung zurückbehalten, daß er zur Herausgabe nur gegen die Zug um Zug zu bewirkende Gegenleistung verurteilt werden kann.

(2) Die Ausübung des Zurückbehaltungsrechtes kann durch Sicherheitsleistung abgewendet werden; Sicherheitsleistung durch Bürgen ist ausgeschlossen.

(RGBl 1916/69)

Siebentes Hauptstück

Von Dienstbarkeiten (Servituten)

Begriff des Rechtes der Dienstbarkeit

§ 472. [1]Durch das Recht der Dienstbarkeit wird ein Eigentümer verbunden, zum Vorteile eines andern in Rücksicht seiner Sache etwas zu dulden oder zu unterlassen. [2]Es ist ein dingliches, gegen jeden Besitzer der dienstbaren Sache wirksames Recht.

Einteilung der Dienstbarkeiten in Grunddienstbarkeiten und persönliche;

§ 473. Wird das Recht der Dienstbarkeit mit dem Besitze eines Grundstückes zu dessen vorteilhafteren oder bequemeren Benützung verknüpft; so entsteht eine Grunddienstbarkeit; außer dem ist die Dienstbarkeit persönlich.

in Feld- und Haus-Servituten

§ 474. [1]Grunddienstbarkeiten setzen zwei Grundbesitzer voraus, deren einem als Verpflichteten das dienstbare; dem andern als Berechtigten das herrschende Gut gehört. [2]Das herrschende Grundstück ist entweder zur Landwirtschaft oder zu einem andern Gebrauche bestimmt; daher unterscheidet man auch die Feld- und Haus-Servituten.

Gewöhnlichere Arten:

a) der Haus-Servituten;

§ 475. (1) Die Haus-Servituten sind gewöhnlich:

1. das Recht, eine Last seines Gebäudes auf ein fremdes Gebäude zu setzen;

2. einen Balken oder Sparren in eine fremde Wand einzufügen;

3. ein Fenster in der fremden Wand zu öffnen; es sei des Lichtes oder der Aussicht wegen;

4. ein Dach oder einen Erker über des Nachbars Luftraum zu bauen;

5. den Rauch durch des Nachbars Schornstein zu führen;

6. die Dachtraufe auf fremden Grund zu leiten;

7. Flüssigkeiten auf des Nachbars Grund zu gießen oder durchzuführen.

(2) Durch diese und ähnliche Haus-Servituten wird ein Hausbesitzer befugt, etwas auf dem Grunde seines Nachbars vorzunehmen, was dieser dulden muß.

§ 476. [1]Durch andere Haus-Servituten wird der Besitzer des dienstbaren Grundes verpflichtet, etwas zu unterlassen, was ihm sonst zu tun frei stand. [2]Dergleichen sind:

8. sein Haus nicht zu erhöhen;

9. es nicht niedriger zu machen;

10. dem herrschenden Gebäude Licht und Luft;

11. oder Aussicht nicht zu benehmen;

12. die Dachtraufe seines Hauses von dem Grunde des Nachbars, dem sie zur Bewässerung

seines Gartens oder zur Füllung seiner Zisterne, oder auf eine andere Art nützlich sein kann, nicht abzuleiten.

b) der Feld-Servituten

§ 477. Die vorzüglichen Feld-Servituten sind:

1. das Recht, einen Fußsteig, Viehtrieb oder Fahrweg auf fremdem[1)] Grund und Boden zu halten;

2. das Wasser zu schöpfen, das Vieh zu tränken, das Wasser ab- und herzuleiten;

3. das Vieh zu hüten und zu weiden;

4. Holz zu fällen, verdorrte Äste und Reiser zu sammeln, Eicheln zu lesen, Laub zu rechen;

5. zu jagen, zu fischen, Vögel zu fangen;

6. Steine zu brechen, Sand zu graben, Kalk zu brennen.

[1)] *In JGS „fremden“*

Arten der persönlichen Dienstbarkeiten

§ 478. Die persönlichen Servituten sind: der nötige Gebrauch einer Sache; die Fruchtnießung; und die Wohnung.

Unregelmäßige und Schein-Servituten

§ 479. [1]Es können aber auch Dienstbarkeiten, welche an sich Grunddienstbarkeiten sind, der Person allein; oder, es können Begünstigungen, die ordentlicher Weise Servituten sind, nur bloß auf Widerrufen zugestanden werden. [2]Die Abweichungen von der Natur einer Servitut werden jedoch nicht vermutet; wer sie behauptet, dem liegt der Beweis ob.

Erwerbung des Rechtes der Dienstbarkeit. Titel zur Erwerbung

§ 480. Der Titel zu einer Servitut ist auf einem Vertrage; auf einer letzten Willenserklärung; auf einem bei der Teilung gemeinschaftlicher Grundstücke erfolgten Rechtsspruche; oder endlich, auf Verjährung gegründet.

Erwerbungsart

§ 481. (1) Das dingliche Recht der Dienstbarkeit kann an Gegenständen, die in den öffentlichen Büchern eingetragen sind, nur durch die Eintragung in diese erworben werden.

(2) An bücherlich nicht eingetragenen Liegenschaften (§ 434) oder an Bauwerken (§ 435) wird das dingliche Recht durch die gerichtliche Hinterlegung einer über die Einräumung der Dienstbarkeit errichteten beglaubigten Urkunde; auf andere Sachen aber durch die oben (§§ 426 bis 428) angegebenen Arten der Übergabe erworben.

(RGBl 1916/69)

Rechtsverhältnis bei den Dienstbarkeiten. Allgemeine Vorschriften über das Recht der Dienstbarkeit

§ 482. Alle Servituten kommen darin überein, daß der Besitzer der dienstbaren Sache in der Regel nicht verbunden ist, etwas zu tun; sondern nur einem andern die Ausübung eines Rechtes zu gestatten, oder das zu unterlassen, was er als Eigentümer sonst zu tun berechtigt wäre.

§ 483. [1]Daher muß auch der Aufwand zur Erhaltung und Herstellung der Sache, welche zur Dienstbarkeit bestimmt ist, in der Regel von dem Berechtigten getragen werden. [2]Wenn aber diese Sache auch von dem Verpflichteten benützt wird; so muß er verhältnismäßig zu dem Aufwande beitragen, und nur durch die Abtretung derselben an den Berechtigten kann er sich, auch ohne dessen Beistimmung, von dem Beitrage befreien.

§ 484. Der Besitzer des herrschenden Gutes kann zwar sein Recht auf die ihm gefällige Art ausüben; doch dürfen Servituten nicht erweitert, sie müssen vielmehr, insoweit es ihre Natur und der Zweck der Bestellung gestattet, eingeschränkt werden.

§ 485. [1]Keine Servitut läßt sich eigenmächtig von der dienstbaren Sache absondern, noch auf eine andere Sache oder Person übertragen. [2]Auch wird jede Servitut insofern für unteilbar gehalten, als das auf dem Grundstücke haftende Recht durch Vergrößerung, Verkleinerung oder Zerstücklung desselben, abgesehen von dem im § 847 bezeichneten Falle, weder verändert noch geteilt werden kann.

(RGBl 1916/69)

§ 486. Ein Grundstück kann mehrern Personen zugleich dienstbar sein, wenn anders die ältern Rechte eines Dritten nicht darunter leiden.

Anwendung auf die Grunddienstbarkeiten; insbesondere auf das Recht, eine Last, einen Balken auf fremdem Gebäude zu haben, oder den Rauch durchzuführen

§ 487. [1]Nach den hier aufgestellten Grundsätzen sind die Rechtsverhältnisse bei den besondern Arten der Servituten zu bestimmen. [2]Wer also die Last des benachbarten Gebäudes zu tragen; die Einfügung des fremden Balkens an seiner Wand; oder, den Durchzug des fremden Rauches in seinem Schornsteine zu dulden hat; der muß verhältnismäßig zur Erhaltung der dazu bestimmten Mauer, Säule, Wand oder des Schornsteines beitragen. [3]Es kann ihm aber nicht zugemutet werden, daß er das herrschende Gut unterstützen oder den Schornstein des Nachbars ausbessern lasse.

Fensterrecht

§ 488. [1]Das Fensterrecht gibt nur auf Licht und Luft Anspruch; die Aussicht muß besonders bewilligt werden. [2]Wer kein Recht zur Aussicht hat, kann angehalten werden, das Fenster zu vergittern. [3]Mit dem Fensterrechte ist die Schuldigkeit verbunden, die Öffnung zu verwahren; wer diese Verwahrung vernachlässigt, haftet für den daraus entstehenden Schaden.

Recht der Dachtraufe

§ 489. [1]Wer das Recht der Dachtraufe besitzt, kann das Regenwasser auf das fremde Dach frei oder durch Rinnen abfließen lassen; er kann auch sein Dach erhöhen; doch muß er solche Vorkehrungen treffen, daß dadurch die Dienstbarkeit nicht lästiger werde. [2]Ebenso muß er häufig gefallenen Schnee zeitig hinwegräumen, wie auch die zum Abflusse bestimmten Rinnen unterhalten.

Recht der Ableitung des Regenwassers

§ 490. Wer das Recht hat, das Regenwasser von dem benachbarten Dache auf seinen Grund zu leiten, hat die Obliegenheit, für Rinnen, Wasserkästen und andere dazu gehörige Anstalten die Auslagen allein zu bestreiten.

§ 491. Erfordern die abzuführenden Flüssigkeiten Gräben und Kanäle; so muß sie der Eigentümer des herrschenden Grundes errichten; er muß sie auch ordentlich decken und reinigen, und dadurch die Last des dienstbaren Grundes erleichtern.

Recht des Fußsteiges, Viehtriebes und Fahrweges

§ 492. [1]Das Recht des Fußsteiges begreift das Recht in sich, auf diesem Steige zu gehen, sich von Menschen tragen, oder andere Menschen zu sich kommen zu lassen. [2]Mit dem Viehtriebe ist das Recht, einen Schiebkarren zu gebrauchen; und, mit dem Fahrwege das Recht, mit einem oder mehreren Zügen zu fahren, verbunden.

§ 493. Hingegen kann, ohne besondere Bewilligung, das Recht zu gehen, nicht auf das Recht, zu reiten, oder sich durch Tiere tragen zu lassen; weder das Recht des Viehtriebes auf das Recht, schwere Lasten über den dienstbaren Grund zu schleifen; noch das Recht zu fahren, auf das Recht, frei gelassenes Vieh darüber zu treiben, ausgedehnt werden.

§ 494. Zur Erhaltung des Weges, der Brücken und Stege tragen verhältnismäßig alle Personen oder Grundbesitzer, denen der Gebrauch derselben zusteht, folglich auch der Besitzer des dienstbaren Grundes, so weit bei, als er davon Nutzen zieht.

Raum hierzu

§ 495. [1]Der Raum für diese drei Servituten muß dem nötigen Gebrauche und den Umständen des Ortes angemessen sein. [2]Werden Wege und Steige durch Überschwemmung oder durch einen andern Zufall unbrauchbar; so muß, bis zu der Herstellung in den vorigen Stand, wenn nicht schon die politische Behörde eine Vorkehrung getroffen hat, ein neuer Raum angewiesen werden.

Recht, Wasser zu schöpfen

§ 496. Mit dem Rechte, fremdes Wasser zu schöpfen, wird auch der Zugang zu demselben gestattet.

Recht der Wasserleitung

§ 497. [1]Wer das Recht hat, Wasser von fremdem Grunde auf den seinigen; oder, von seinem Grunde auf fremden zu leiten, ist auch berechtigt, die dazu nötigen Röhren, Rinnen und Schleusen auf eigene Kosten anzulegen. [2]Das nicht zu überschreitende Maß dieser Anlagen wird durch das Bedürfnis des herrschenden Grundes festgesetzt.

Weiderecht

§ 498. [1]Ist bei Erwerbung des Weiderechtes die Gattung und die Anzahl des Triebviehes; ferner die Zeit und das Maß des Genusses nicht bestimmt worden; so ist der ruhige dreißigjährige Besitz zu schützen. [2]In zweifelhaften Fällen dienen folgende Vorschriften zur Richtschnur.

Gesetzliche Bestimmung:

a) über die Gattung des Triebviehes;

§ 499. [1]Das Weiderecht erstreckt sich, insoweit die politischen, und im Forstwesen gegebenen Verordnungen nicht entgegenstehen, auf jede Gattung von Zug-, Rind- und Schafvieh, aber nicht auf Schweine und Federvieh; ebensowenig in waldigen Gegenden auf Ziegen. [2]Unreines, ungesundes und fremdes Vieh ist stets von der Weide ausgeschlossen.

b) dessen Anzahl;

§ 500. [1]Hat die Anzahl des Triebviehes während der letzten dreißig Jahre abgewechselt; so muß aus dem Triebe der drei ersten Jahre die Mittelzahl angenommen werden. [2]Erhellt auch diese nicht; so ist teils auf den Umfang, teils auf die Beschaffenheit der Weide billige Rücksicht zu nehmen, und dem Berechtigten wenigstens nicht gestattet, daß er mehr Vieh auf der fremden Weide halte, als er mit dem auf dem herrschenden Grunde erzeugten Futter durchwintern kann. [3]Säugevieh wird nicht zur bestimmten Anzahl gerechnet.

c) Triftzeit;

§ 501. Die Triftzeit wird zwar überhaupt durch den in jeder Feldmarke eingeführten unangefochtenen Gebrauch bestimmt: allein in keinem Falle darf der vermöge politischer Bestimmungen geordnete Wirtschaftsbetrieb durch die Behütung verhindert, oder erschwert werden.

d) Maß des Genusses

§ 502. [1]Der Genuß des Weiderechtes erstreckt sich auf keine andere Benutzung. [2]Der Berechtigte darf weder Gras mähen, noch in der Regel den Eigentümer des Grundstückes von der Mitweide ausschließen, am wenigsten aber die Substanz der Weide verletzen. [3]Wenn ein Schade zu befürchten ist, muß er sein Vieh von einem Hirten hüten lassen.

Anwendung dieser Bestimmungen auf andere Servituten

§ 503. [1]Was bisher in Rücksicht auf das Weiderecht vorgeschrieben worden, ist verhältnismäßig auch auf die Rechte des Tierfanges, des Holzschlages, des Steinbrechens und die übrigen Servituten anzuwenden. [2]Glaubt jemand diese Rechte auf das Miteigentum gründen zu können; so sind die darüber entstehenden Streitigkeiten nach den, in dem Hauptstücke von der Gemeinschaft des Eigentumes, enthaltenen Grundsätzen zu entscheiden.

Persönliche Dienstbarkeiten; insbesondere:

1. das Recht des Gebrauches;

§ 504. Die Ausübung persönlicher Servituten wird, wenn nichts anderes verabredet worden ist, nach folgenden Grundsätzen bestimmt: Die Servitut des Gebrauches besteht darin, daß jemand befugt ist, eine fremde Sache, ohne Verletzung der Substanz, bloß zu seinem Bedürfnisse zu benützen.

Bestimmung in Rücksicht der Nutzungen;

§ 505. Wer also das Gebrauchsrecht einer Sache hat, der darf, ohne Rücksicht auf sein übriges Vermögen, den seinem Stande, seinem Gewerbe, und seinem Hauswesen angemessenen Nutzen davon ziehen.

§ 506. [1]Das Bedürfnis ist nach dem Zeitpunkte der Bewilligung des Gebrauches zu bestimmen. [2]Nachfolgende Veränderungen in dem Stande oder Gewerbe des Berechtigten geben keinen Anspruch auf einen ausgedehnteren Gebrauch.

der Substanz;

§ 507. Der Berechtigte darf die Substanz der ihm zum Gebrauche bewilligten Sache nicht verändern; er darf auch das Recht an keinen andern übertragen.

und der Lasten;

§ 508. [1]Alle Benützungen, die sich ohne Störung des Gebrauchsberechtigten aus der Sache schöpfen lassen, kommen dem Eigentümer zustatten. [2]Dieser ist aber verbunden, alle ordentlichen[1)] und außerordentlichen[2)], auf der Sache haftenden[3)] Lasten zu tragen, und sie auf seine Kosten in gutem Stande zu erhalten. [3]Nur wenn die Kosten denjenigen Nutzen übersteigen, der dem Eigentümer übrig bleibt, muß der Berechtigte den Überschuß tragen, oder vom Gebrauche abstehen.

[1)] *In JGS „ordentliche"*
[2)] *In JGS „außerordentliche"*
[3)] *In JGS „haftende"*

2. der Fruchtnießung

§ 509. Die Fruchtnießung ist das Recht eine fremde Sache, mit Schonung der Substanz ohne alle Einschränkung zu genießen.

Inwiefern sie sich auf verbrauchbare Sachen erstrecken könne

§ 510. [1]Verbrauchbare Sachen sind an sich selbst kein Gegenstand des Gebrauches oder der Fruchtnießung, sondern nur ihr Wert. [2]Mit dem baren Gelde kann der Berechtigte nach Belieben verfügen. [3]Wird aber ein bereits anliegendes Kapital zum Fruchtgenusse oder Gebrauche bewilligt; so kann der Berechtigte nur die Zinsen fordern.

Rechte und Verbindlichkeiten des Fruchtnießers

§ 511. [1]Der Fruchtnießer hat ein Recht auf den vollen, sowohl gewöhnlichen als ungewöhnlichen

Ertrag; ihm gehört daher auch die mit Beobachtung der bestehenden Bergwerksordnung erhaltene reine Ausbeute von Bergwerksanteilen, und das forstmäßig geschlagene Holz. [2]Auf einen Schatz, welcher in dem zur Fruchtnießung bestimmten Grunde gefunden wird, hat er keinen Anspruch.

Insbesondere:

a) in Rücksicht der auf der Sache haftenden Lasten;

§ 512. [1]Als ein reiner Ertrag kann aber nur das angesehen werden, was nach Abzug aller nötigen Auslagen übrig bleibt. [2]Der Fruchtnießer übernimmt also alle Lasten, welche zur Zeit der bewilligten Fruchtnießung mit der dienstbaren Sache verbunden waren, mithin auch die Zinsen der darauf eingetragenen Kapitalien. [3]Auf ihn fallen alle ordentlichen[1)] und außerordentlichen[2)], von der Sache zu leistenden[3)] Schuldigkeiten, insofern sie aus den während der Dauer der Fruchtnießung gezogenen Nutzungen bestritten werden können; er trägt auch die Kosten, ohne welche die Früchte nicht erzielt werden.

[1)] *In JGS „ordentliche"*
[2)] *In JGS „außerordentliche"*
[3)] *In JGS „leistende"*

b) der Erhaltung der Sache;

§ 513. [1]Der Fruchtnießer ist verbunden, die dienstbare Sache als ein guter Haushälter in dem Stande, in welchem er sie übernommen hat, zu erhalten, und aus dem Ertrage die Ausbesserungen, Ergänzungen und Herstellungen zu besorgen. [2]Wird dessen ungeachtet der Wert der dienstbaren Sache bloß durch den rechtmäßigen Genuß ohne Verschulden des Fruchtnießers verringert; so ist er dafür nicht verantwortlich.

c) der Bauführungen;

§ 514. Wenn der Eigentümer Bauführungen, die durch das Alter des Gebäudes, oder durch einen Zufall notwendig gemacht werden, auf Anzeige des Fruchtnießers auf seine Kosten besorgt; ist ihm der Fruchtnießer, nach Maß der dadurch verbesserten Fruchtnießung, die Zinsen des verwendeten Kapitals zu vergüten schuldig.

§ 515. Kann oder will der Eigentümer dazu sich nicht verstehen; so ist der Fruchtnießer berechtigt, entweder den Bau zu führen, und nach geendigter Fruchtnießung, gleich einem redlichen Besitzer, den Ersatz zu fordern; oder, für die durch Unterbleibung des Baues vermißte Fruchtnießung, eine angemessene Vergütung zu verlangen.

§ 516. Bauführungen, welche nicht notwendig, obgleich sonst zur Vermehrung des Ertrages gedeihlich sind, ist der Fruchtnießer nicht verbunden, ohne vollständige Entschädigung, zu gestatten.

d) der Meliorationskosten

§ 517. Was der Fruchtnießer ohne Einwilligung des Eigentümers zur Vermehrung fortdauernder Nutzungen verwendet hat, kann er zurücknehmen; eine Vergütung der aus der Verbesserung noch bestehenden Nutzungen aber kann er nur fordern; insofern sie ein Geschäftsführer ohne Auftrag zu fordern berechtigt ist.

Beweismittel darüber

§ 518. [1]Zur Erleichterung des Beweises der gegenseitigen Forderungen, sollen der Eigentümer und der Fruchtnießer eine beglaubte Beschreibung aller dienstbaren Sachen aufnehmen lassen. [2]Ist sie unterlassen worden; so wird vermutet, daß der Fruchtnießer die Sache samt allen zur ordentlichen Benützung derselben erforderlichen Stücken in brauchbarem Zustande von mittlerer Beschaffenheit erhalten habe.

Zuteilung der Nutzungen bei Erlöschung der Fruchtnießung

§ 519. [1]Nach geendigter Fruchtnießung gehören die noch stehenden Früchte dem Eigentümer; doch muß er die auf deren Erzielung verwendeten Kosten dem Fruchtnießer oder dessen Erben, gleich einem redlichen Besitzer, ersetzen. [2]Auf andere Nutzungen haben der Fruchtnießer oder dessen Erben den Anspruch nach Maß der Dauer der Fruchtnießung.

Inwiefern der Gebrauchsberechtigte oder der Fruchtnießer zur Sicherstellung verbunden sei

§ 520. [1]In der Regel kann der Eigentümer von dem Gebrauchsberechtigten oder Fruchtnießer nur bei einer sich äußernden Gefahr die Sicherstellung der Substanz verlangen. [2]Wird sie nicht geleistet; so soll die Sache entweder dem Eigentümer gegen eine billige Abfindung überlassen, oder nach Umständen in gerichtliche Verwaltung gegeben werden.

3. Dienstbarkeit der Wohnung

§ 521. [1]Die Servitut der Wohnung ist das Recht, die bewohnbaren Teile eines Hauses zu seinem Bedürfnisse zu benützen. [2]Sie ist also eine Servitut des Gebrauches von dem Wohngebäude. [3]Werden aber jemandem[1)] alle bewohnbaren[2)] Teile des Hauses, mit Schonung der Substanz, ohne Einschränkung zu genießen überlassen; so ist es eine Fruchtnießung des Wohngebäudes. [4]Hiernach sind die oben gegebenen Vorschriften auf das rechtliche Verhältnis zwischen dem Berechtigten und dem Eigentümer anzuwenden.

---

1) In JGS „jemanden“
2) In JGS „bewohnbare“

§ 522. In jedem Falle behält der Eigentümer das Recht, über alle Teile des Hauses, die nicht zur eigentlichen Wohnung gehören, zu verfügen; auch darf ihm die nötige Aufsicht über sein Haus nicht erschwert werden.

Klagerecht in Rücksicht der Servituten

§ 523. [1]In Ansehung der Servituten findet ein doppeltes Klagerecht statt. [2]Man kann gegen den Eigentümer das Recht der Servitut behaupten; oder, der Eigentümer kann sich über die Anmaßung einer Servitut beschweren. [3]Im ersten Falle muß der Kläger die Erwerbung der Servitut oder wenigstens den Besitz derselben als eines dinglichen Rechtes, im zweiten Falle muß er die Anmaßung der Servitut in seiner Sache beweisen.

Erlöschung der Dienstbarkeiten. Im allgemeinen

§ 524. Die Servituten erlöschen im allgemeinen auf diejenigen Arten, wodurch nach dem dritten und vierten Hauptstücke des dritten Teiles Rechte und Verbindlichkeiten überhaupt aufgehoben werden.

Besondere Anordnung bei deren Erlöschung:

a) durch den Untergang des dienstbaren oder herrschenden Grundes;

§ 525. Der Untergang des dienstbaren oder des herrschenden Grundes stellt zwar die Dienstbarkeit ein; sobald aber der Grund, oder das Gebäude wieder in den vorigen Stand gesetzt ist, erhält die Servitut wieder ihre vorige Kraft.

b) durch Vereinigung;

§ 526. [1]Wenn das Eigentum des dienstbaren und des herrschenden Grundes in einer Person vereinigt wird, hört die Dienstbarkeit von selbst auf. [2]Wird aber in der Folge einer dieser vereinigten Gründe wieder veräußert, ohne daß inzwischen in den öffentlichen Büchern die Dienstbarkeit gelöscht worden; so ist der neue Besitzer des herrschenden Grundes befugt, die Servitut auszuüben.

c) durch Zeitverlauf

§ 527. Hat das bloß zeitliche Recht desjenigen, der die Servitut bestellt hat, oder die Zeit, auf welche sie beschränkt worden ist, dem Servitutsinhaber aus öffentlichen Büchern, oder auf eine andere Art bekannt sein können; so hört nach Verlauf dieser Zeit die Servitut von selbst auf.

§ 528. Eine Servitut, welche jemandem[1)] bis zur Zeit, da ein Dritter ein bestimmtes Alter erreicht, verliehen wird, erlischt erst zu der bestimmten Zeit, obschon der Dritte vor diesem Alter verstorben ist.

---

1) In JGS „jemanden“

Erlöschung der persönlichen Servituten insbesondere

§ 529. [1]Persönliche Servituten hören mit dem Tode auf. [2]Werden sie ausdrücklich auf die Erben ausgedehnt; so sind im Zweifel nur die ersten gesetzlichen Erben darunter verstanden. [3]Das einer Familie verliehene Recht aber geht auf alle Mitglieder derselben über. [4]Die von einer Gemeinde oder einer andern moralischen Person erworbene persönliche Servitut dauert so lange, als die moralische Person besteht.

Unanwendbarkeit auf beständige Renten

§ 530. Beständige jährliche Renten sind keine persönliche Servitut, und können also ihrer Natur nach auf alle Nachfolger übertragen werden.

Achtes Hauptstück

Vom Erbrecht allgemein

I. Begriffe

Verlassenschaft

§ 531. Die Rechte und Verbindlichkeiten eines Verstorbenen bilden, soweit sie nicht höchstpersönlicher Art sind, dessen Verlassenschaft.

(BGBl I 2015/87, ab 1. 1. 2017, s § 1503 Abs 7 Z 2)

Erbrecht

§ 532. [1]Das Erbrecht ist das absolute Recht, die ganze Verlassenschaft oder einen bestimmten Teil davon zu erwerben. [2]Diejenige Person, der das Erbrecht gebührt, wird Erbe genannt.

(BGBl I 2015/87, ab 1. 1. 2017, s § 1503 Abs 7 Z 2)

Erbrechtstitel

§ 533. Das Erbrecht gründet sich auf einen Erbvertrag, auf den letzten Willen des Verstorbenen oder auf das Gesetz.

(BGBl I 2015/87, ab 1. 1. 2017, s § 1503 Abs 7 Z 2)

Mehrere Berufungsgründe

§ 534. Die angeführten Erbrechtstitel können auch nebeneinander bestehen, sodass einem Erben ein bestimmter Teil der Verlassenschaft aus dem letzten Willen, einem anderen ein Teil aus dem Erbvertrag und einem dritten ein Teil aus dem Gesetz gebühren können.

(BGBl I 2015/87, ab 1. 1. 2017, s § 1503 Abs 7 Z 2)

Unterschied zwischen Erbschaft und Vermächtnis

§ 535. [1]Wird einer Person nicht ein Erbteil, der sich auf die ganze Verlassenschaft bezieht, sondern eine bestimmte Sache, eine oder mehrere Sachen einer Gattung, ein Betrag oder ein Recht zugedacht, so ist das Zugedachte, auch wenn sein Wert einen erheblichen Teil der Verlassenschaft ausmacht, ein Vermächtnis. [2]Diejenige Person, der es hinterlassen wurde, ist nicht Erbe, sondern Vermächtnisnehmer.

(BGBl I 2015/87, ab 1. 1. 2017, s § 1503 Abs 7 Z 2)

II. Entstehung des Erbrechts

Erbanfall

§ 536. (1) Der Erbe erwirbt das Erbrecht (Erbanfall) mit dem Tod des Verstorbenen (Erbfall) oder mit dem Eintritt einer aufschiebenden Bedingung (§§ 696 und 703).

(2) Wenn ein möglicher Erbe vor dem Erbanfall verstirbt, erwirbt er kein Erbrecht; es kann daher auch nicht auf seine Erben übergehen.

(BGBl I 2015/87, ab 1. 1. 2017, s § 1503 Abs 7 Z 2)

Vererblichkeit des Erbrechts

§ 537. (1) Wenn der Erbe den Verstorbenen überlebt hat, geht das Erbrecht auch vor Einantwortung der Erbschaft auf seine Erben (Erbeserben) über, es sei denn, dass der Verstorbene dies ausgeschlossen hat, die Erbschaft ausgeschlagen wurde oder das Erbrecht auf eine andere Art erloschen ist.

(2) Die Erbeserben gehen Anwachsungsberechtigten (§ 560) jedenfalls und Ersatzerben (§ 604) dann vor, wenn der Erbe nach Abgabe seiner Erbantrittserklärung verstirbt.

(BGBl I 2015/87, ab 1. 1. 2017, s § 1503 Abs 7 Z 2)

Erbfähigkeit

§ 538. Erbfähig ist, wer rechtsfähig und erbwürdig ist.

(BGBl I 2015/87, ab 1. 1. 2017, s § 1503 Abs 7 Z 2)

Gründe für die Erbunwürdigkeit

§ 539. Wer gegen den Verstorbenen oder die Verlassenschaft eine gerichtlich strafbare Handlung begangen hat, die nur vorsätzlich begangen werden kann und mit mehr als einjähriger Freiheitsstrafe bedroht ist, ist erbunwürdig, sofern der Verstorbene nicht zu erkennen gegeben hat, dass er ihm verziehen hat.

(BGBl I 2015/87, ab 1. 1. 2017, s § 1503 Abs 7 Z 2)

§ 540. [1]Wer absichtlich die Verwirklichung des wahren letzten Willens des Verstorbenen vereitelt oder zu vereiteln versucht hat, etwa indem er ihn zur Erklärung des letzten Willens gezwungen oder arglistig verleitet, ihn an der Erklärung oder Änderung des letzten Willens gehindert oder einen bereits errichteten letzten Willen unterdrückt hat, ist erbunwürdig, sofern der Verstorbene nicht zu erkennen gegeben hat, dass er ihm verziehen hat. [2]Er haftet für jeden einem Dritten dadurch zugefügten Schaden.

(BGBl I 2015/87, ab 1. 1. 2017, s § 1503 Abs 7 Z 2)

§ 541. Wer

1. gegen den Ehegatten, eingetragenen Partner oder Lebensgefährten des Verstorbenen oder gegen dessen Verwandte in gerader Linie eine gerichtlich strafbare Handlung begangen hat, die nur vorsätzlich begangen werden kann und mit mehr als einjähriger Freiheitsstrafe bedroht ist,

2. dem Verstorbenen in verwerflicher Weise schweres seelisches Leid zugefügt hat oder

3. sonst gegenüber dem Verstorbenen seine Pflichten aus dem Rechtsverhältnis zwischen Eltern und Kindern gröblich vernachlässigt hat,

ist erbunwürdig, wenn der Verstorbene aufgrund seiner Testierunfähigkeit, aus Unkenntnis oder aus sonstigen Gründen nicht in der Lage war, ihn zu enterben, und er auch nicht zu erkennen gegeben hat, dass er ihm verziehen hat.

(BGBl I 2015/87, ab 1. 1. 2017, s § 1503 Abs 7 Z 2)

Eintrittsrecht bei Erbunwürdigkeit

§ 542. Bei gesetzlicher Erbfolge treten die Nachkommen der erbunwürdigen Person an deren Stelle, auch wenn diese den Verstorbenen überlebt hat.

(BGBl I 2015/87, ab 1. 1. 2017, s § 1503 Abs 7 Z 2)

Beurteilung der Erbfähigkeit

§ 543. (1) [1]Die Erbfähigkeit muss im Zeitpunkt des Erbanfalls vorliegen. [2]Eine später erlangte Erbfähigkeit ist unbeachtlich und berechtigt daher nicht, anderen das zu entziehen, was ihnen bereits rechtmäßig zugekommen ist.

(2) Wer nach dem Erbanfall eine gerichtlich strafbare Handlung gegen die Verlassenschaft im Sinn des § 539 begeht oder die Verwirklichung des wahren letzten Willens des Verstorbenen vereitelt oder zu vereiteln versucht (§ 540), verliert nachträglich seine Erbfähigkeit.

(BGBl I 2015/87, ab 1. 1. 2017, s § 1503 Abs 7 Z 2)

§§ 544 und 545. *(aufgehoben, BGBl I 2015/87, ab 1. 1. 2017)*

Verlassenschaft als juristische Person

§ 546. Mit dem Tod setzt die Verlassenschaft als juristische Person die Rechtsposition des Verstorbenen fort.

(BGBl I 2015/87, ab 1. 1. 2017, s § 1503 Abs 7 Z 2)

Gesamtrechtsnachfolge

§ 547. Mit der Einantwortung folgt der Erbe der Rechtsposition der Verlassenschaft nach; dasselbe gilt mit Übergabebeschluss für die Aneignung durch den Bund.

(BGBl I 2015/87, ab 1. 1. 2017, s § 1503 Abs 7 Z 2)

Verbindlichkeiten

§ 548. [1]Verbindlichkeiten, die der Verstorbene aus seinem Vermögen zu leisten gehabt hätte, übernimmt sein Erbe. [2]Geldstrafen gehen nicht auf den Erben über.

(BGBl I 2015/87, ab 1. 1. 2017, s § 1503 Abs 7 Z 2)

Begräbniskosten

§ 549. Zu den auf einer Verlassenschaft haftenden Lasten gehören auch die Kosten für ein ortsübliches und den Lebensverhältnissen sowie dem Vermögen des Verstorbenen angemessenes Begräbnis.

(BGBl I 2015/87, ab 1. 1. 2017, s § 1503 Abs 7 Z 2)

Erbengemeinschaft

§ 550. [1]Mehrere Erben bilden in Ansehung ihres gemeinschaftlichen Erbrechts eine Erbengemeinschaft. [2]Der Anteil eines dieser Miterben richtet sich nach seiner Erbquote. [3]Im Übrigen sind die Bestimmungen des Fünfzehnten und Sechzehnten Hauptstücks entsprechend anzuwenden.

(BGBl I 2015/87, ab 1. 1. 2017, s § 1503 Abs 7 Z 2)

Erbverzicht

§ 551. (1) [1]Wer über sein Erbrecht gültig verfügen kann, kann auch durch Vertrag mit dem Verstorbenen im Voraus darauf verzichten. [2]Der Vertrag bedarf zu seiner Gültigkeit der Aufnahme eines Notariatsakts oder der Beurkundung durch gerichtliches Protokoll; die Aufhebung des Vertrags bedarf der Schriftform.

(2) Soweit nichts anderes vereinbart ist, erstreckt sich ein solcher Verzicht auch auf den Pflichtteil und auf die Nachkommen.

(BGBl I 2015/87, ab 1. 1. 2017, s § 1503 Abs 7 Z 2 und 3)

Neuntes Hauptstück
Gewillkürte Erbfolge

I. Grundsätze

Letztwillige Verfügung

§ 552. (1) [1]Mit einer letztwilligen Verfügung wird das Schicksal der künftigen Verlassenschaft auf den Todesfall geregelt. [2]Eine letztwillige Verfügung kann jederzeit widerrufen werden.

(2) Wird über die Erbfolge verfügt, so liegt ein Testament vor. Es können aber auch sonstige letztwillige Verfügungen getroffen werden, insbesondere über Vermächtnisse, Auflagen oder die Einsetzung von Testamentsvollstreckern.

(BGBl I 2015/87, ab 1. 1. 2017, s § 1503 Abs 7 Z 2)

Auslegung letztwilliger Verfügungen

§ 553. [1]Wörter sind nach ihrer gewöhnlichen Bedeutung auszulegen, außer der Verstorbene hat mit gewissen Ausdrücken einen besonderen Sinn verbunden. [2]Maßgeblich ist der wahre Wille des Verstorbenen, der im Wortlaut der Verfügung zumindest angedeutet sein muss. [3]Die Auslegung soll so erfolgen, dass der vom Verstorbenen angestrebte Erfolg eintritt und dass die letztwillige Verfügung als solche zumindest teilweise aufrecht bleiben kann. [4]Die §§ 681 bis 683 sind anzuwenden.

(BGBl I 2015/87, ab 1. 1. 2017, s § 1503 Abs 7 Z 2)

Einsetzung eines einzigen Erben

§ 554. [1]Hat der Verstorbene nur eine Person unbestimmt, also ohne ihren Erbteil festzulegen, als Erben eingesetzt, so erhält sie die gesamte Verlassenschaft. [2]Hat er einer Person nur einen bestimmten Erbteil zugedacht, so fällt der übrige Teil an die gesetzlichen Erben.

(BGBl I 2015/87, ab 1. 1. 2017, s § 1503 Abs 7 Z 2)

Einsetzung mehrerer Erben

§ 555. Hat der Verstorbene mehrere Personen unbestimmt als Erben eingesetzt, so erben sie zu gleichen Teilen.

(BGBl I 2015/87, ab 1. 1. 2017, s § 1503 Abs 7 Z 2)

§ 556. [1]Hat der Verstorbene mehrere Personen als Erben zu bestimmten, die Verlassenschaft nicht erschöpfenden Erbteilen eingesetzt, so fällt der übrige Teil an die gesetzlichen Erben. [2]Hat der Verstorbene die Erben zur gesamten Verlassenschaft berufen, so schließt dies im Zweifel das gesetzliche Erbrecht aus, selbst wenn der Verstorbene sich verrechnet oder die Erbstücke unvollständig aufgezählt hat.

(BGBl I 2015/87, ab 1. 1. 2017, s § 1503 Abs 7 Z 2)

Bestimmte und unbestimmte Einsetzung nebeneinander

§ 557. Hat der Verstorbene nur den Anteil eines oder mehrerer Erben bestimmt, die Anteile der übrigen Erben aber nicht, so erhalten diese den Rest zu gleichen Teilen.

(BGBl I 2015/87, ab 1. 1. 2017, s § 1503 Abs 7 Z 2)

§ 558. Wenn danach für einen unbestimmt eingesetzten Erben nichts übrig bleibt, muss für ihn von sämtlichen bestimmten Teilen der anderen Erben verhältnismäßig so viel abgezogen werden, dass er den gleichen Anteil erhält wie der am geringsten bedachte Erbe.

(BGBl I 2015/87, ab 1. 1. 2017, s § 1503 Abs 7 Z 2)

Erbeinsetzung mehrerer Personen zu unbestimmten Anteilen

§ 559. [1]Sind unter mehreren unbestimmt eingesetzten Erben auch solche Personen, die nach der gesetzlichen Erbfolge als eine Person anzusehen sind (etwa die Kinder des einen Bruders gegenüber dem anderen Bruder des Verstorbenen), so gelten sie im Zweifel auch bei testamentarischer Einsetzung als eine Person. [2]Hat der Verstorbene als Erben bestimmbare Personen eingesetzt, so wird vermutet, dass er sie nebeneinander zu einzelnen Anteilen als Erben einsetzen wollte. [3]Wird eine Mehrheit unbestimmbarer Personen eingesetzt, so ist sie im Zweifel als eine Person zu betrachten.

(BGBl I 2015/87, ab 1. 1. 2017, s § 1503 Abs 7 Z 2)

Anwachsung

§ 560. (1) [1]Wenn der Verstorbene über die gesamte Verlassenschaft verfügt und mehrere Erben eingesetzt hat, einer der Erben aber von seinem Erbrecht keinen Gebrauch machen kann oder will und für diesen kein Ersatzerbe bestimmt ist, wächst der frei gewordene Teil im Zweifel den übrigen eingesetzten Erben im Verhältnis ihrer Erbteile an. [2]Gleiches gilt, wenn die Einsetzung eines von mehreren Erben unwirksam ist.

(2) Kommt es zu keiner Anwachsung, so fällt der frei gewordene Teil an die gesetzlichen Erben.

(BGBl I 2015/87, ab 1. 1. 2017, s § 1503 Abs 7 Z 2)

§§ 561 und 562. *(aufgehoben, BGBl I 2015/87, ab 1. 1. 2017)*

§ 563. Wer den frei gewordenen Erbteil erhält, übernimmt auch die damit verknüpften Lasten, soweit sie nicht in höchstpersönlichen Verpflichtungen des eingesetzten Erben bestehen.

(BGBl I 2015/87, ab 1. 1. 2017, s § 1503 Abs 7 Z 2)

II. Anforderungen an den letzten Willen

Höchstpersönliche Willenserklärung

§ 564. [1]Man kann seinen letzten Willen nur selbst erklären, den Erben nur selbst einsetzen und diese Erklärungen nicht einer dritten Person überlassen. [2]Auch genügt die bloße Bejahung des Vorschlags einer dritten Person nicht.

(BGBl I 2015/87, ab 1. 1. 2017, s § 1503 Abs 7 Z 2)

Bestimmtheit und Mangelfreiheit

§ 565. Der letzte Wille muss bestimmt, mit Überlegung, ernst sowie frei von Drohung, List und wesentlichem Irrtum erklärt werden.

(BGBl I 2015/87, ab 1. 1. 2017, s § 1503 Abs 7 Z 2)

Testierfähigkeit

§ 566. Testierfähig ist, wer die Bedeutung und die Folgen seiner letztwilligen Verfügung verstehen und sich entsprechend verhalten kann.

(BGBl I 2015/87, ab 1. 1. 2017, s § 1503 Abs 7 Z 2)

§ 567. Hat der Verstorbene seinen letzten Willen in einem die Testierfähigkeit ausschließenden Zustand erklärt, etwa unter dem Einfluss einer psychischen Krankheit oder im Rausch, so ist die letztwillige Verfügung ungültig.

(BGBl I 2015/87, ab 1. 1. 2017, s § 1503 Abs 7 Z 2)

§ 568. Wer behauptet, dass ein sonst nach § 566 testierunfähiger Verstorbener bei Erklärung des letzten Willens testierfähig war (lichter Augenblick), hat dies zu beweisen.

(BGBl I 2015/87, ab 1. 1. 2017, s § 1503 Abs 7 Z 2)

Alter

§ 569. [1]Unmündige Personen sind testierunfähig. [2]Mündige Minderjährige können – ausgenommen im Notfall (§ 584) – nur mündlich vor Gericht oder Notar testieren. [3]Das Gericht oder der Notar hat sich davon zu überzeugen, dass die Erklärung des letzten Willens frei und überlegt erfolgt. [4]Die Erklärung des letzten Willens und das Ergebnis der Erhebungen sind in einem Protokoll festzuhalten.

(BGBl I 2015/87, ab 1. 1. 2017, s § 1503 Abs 7 Z 2)

Wesentlicher Irrtum

§ 570. [1]Ein wesentlicher Irrtum des Verstorbenen macht die Anordnung ungültig. [2]Der Irrtum ist insbesondere wesentlich, wenn der Verstorbene die bedachte Person oder die zugewendete Sache verfehlt hat.

(BGBl I 2015/87, ab 1. 1. 2017, s § 1503 Abs 7 Z 2)

Falsche Bezeichnung

§ 571. Wenn sich zeigt, dass der Verstorbene die bedachte Person oder die zugewendete Sache nur unrichtig benannt oder beschrieben hat, ist die Verfügung gültig.

(BGBl I 2015/87, ab 1. 1. 2017, s § 1503 Abs 7 Z 2)

Motivirrtum

§ 572. Auch wenn sich der vom Verstorbenen angegebene Beweggrund als falsch herausstellt, bleibt die Verfügung gültig, es sei denn, dass sein Wille einzig und allein auf diesem irrigen Beweggrund beruht hat.

(BGBl I 2015/87, ab 1. 1. 2017, s § 1503 Abs 7 Z 2)

§ 573. *(aufgehoben, BGBl I 2015/87, ab 1. 1. 2017)*

§ 574. *(aufgehoben, RGBl 1867/131)*

Zeitpunkt für die Beurteilung der Gültigkeit

§ 575. Die Voraussetzungen der Gültigkeit einer letztwilligen Verfügung müssen bei deren Errichtung vorliegen.

(BGBl I 2015/87, ab 1. 1. 2017, s § 1503 Abs 7 Z 2)

§ 576. [1]Eine anfänglich ungültige letztwillige Verfügung wird durch den späteren Wegfall des Hindernisses nicht gültig. [2]Wird in diesem Fall keine neue Verfügung getroffen, so tritt die gesetzliche Erbfolge ein.

(BGBl I 2015/87, ab 1. 1. 2017, s § 1503 Abs 7 Z 2)

III. Form der letztwilligen Verfügung

Arten

§ 577. Eine letztwillige Verfügung kann nach Maßgabe der folgenden Bestimmungen außergerichtlich oder gerichtlich, schriftlich oder mündlich und schriftlich mit oder ohne Zeugen errichtet werden.

(BGBl I 2015/87, ab 1. 1. 2017, s § 1503 Abs 7 Z 5)

Eigenhändige Verfügung

§ 578. [1]Wer schriftlich ohne Zeugen letztwillig verfügen will, muss die Verfügung eigenhändig schreiben und eigenhändig mit seinem Namen unterschreiben. [2]Die Beisetzung von Ort und Datum der Errichtung ist zwar nicht notwendig, aber ratsam.

(BGBl I 2015/87, ab 1. 1. 2017, s § 1503 Abs 7 Z 5)

Fremdhändige Verfügung

§ 579. (1) Eine von ihm nicht eigenhändig geschriebene letztwillige Verfügung muss der Verfügende in Gegenwart von drei gleichzeitig anwesenden Zeugen eigenhändig unterschreiben und mit einem eigenhändig geschriebenen Zusatz versehen, dass die Urkunde seinen letzten Willen enthält.

(2) [1]Die Zeugen, deren Identität aus der Urkunde hervorgehen muss, haben auf der Urkunde mit einem auf ihre Eigenschaft als Zeugen hinweisenden und eigenhändig geschriebenen Zusatz zu unterschreiben. [2]Den Inhalt der letztwilligen Verfügung müssen sie nicht kennen.

(BGBl I 2015/87, ab 1. 1. 2017, s § 1503 Abs 7 Z 5)

§ 580. (1) [1]Wenn der letztwillig Verfügende nicht schreiben kann, muss er statt der Unterschrift und des eigenhändigen Zusatzes sein Handzeichen in Gegenwart der in § 579 genannten Zeugen eigenhändig setzen und ausdrücklich vor ihnen erklären, dass die Urkunde sein letzter Wille ist. [2]Die Anführung des Namens des letztwillig Verfügenden durch einen Zeugen ist zwar nicht notwendig, aber ratsam.

(2) Wer nicht lesen kann, muss sich die fremdhändige Verfügung von einem Zeugen in Gegenwart der beiden anderen Zeugen, die den Inhalt eingesehen haben, vorlesen lassen und bekräftigen, dass dieser seinem Willen entspricht.

(BGBl I 2015/87, ab 1. 1. 2017, s § 1503 Abs 7 Z 5)

Gerichtliche Verfügung

§ 581. (1) Eine letztwillige Verfügung kann auch vor Gericht schriftlich oder mündlich errichtet werden.

(2) [1]Die schriftliche Verfügung muss der Verfügende eigenhändig unterschreiben und dem Gericht persönlich übergeben. [2]Das Gericht hat ihn darüber zu belehren, dass die Verfügung eigenhändig unterschrieben sein muss, die Verfügung gerichtlich zu versiegeln und auf dem Umschlag anzumerken, wessen letzter Wille darin enthalten ist. [3]Über die Amtshandlung ist ein Protokoll aufzunehmen. [4]Die letztwillige Verfügung ist gegen Ausstellung einer Empfangsbestätigung gerichtlich zu hinterlegen.

(3) Will der letztwillig Verfügende seinen letzten Willen mündlich erklären, so ist über die Erklärung ein Protokoll aufzunehmen und dieses versiegelt zu hinterlegen.

(BGBl I 2015/87, ab 1. 1. 2017, s § 1503 Abs 7 Z 5)

§ 582. (1) [1]Das Gericht, das die schriftliche oder mündliche Erklärung des letzten Willens aufnimmt, muss zumindest aus zwei Gerichtsbediensteten bestehen, wobei eine Person an diesem Gericht als Richter tätig sein muss. [2]Der zweite Gerichtsbedienstete kann durch zwei andere Zeugen ersetzt werden.

(2) Im Notfall kann sich das Gericht zu der Person begeben, die eine letztwillige Verfügung errichten will, und seinen letzten Willen zu Protokoll nehmen.

(BGBl I 2015/87, ab 1. 1. 2017, s § 1503 Abs 7 Z 5)

Notarielle Verfügung

§ 583. [1]Eine letztwillige Verfügung kann weiters vor zwei Notaren oder vor einem Notar und zwei Zeugen schriftlich oder mündlich errichtet werden. [2]Die §§ 67 und 70 bis 75 Notariatsordnung sind anzuwenden.

(BGBl I 2015/87, ab 1. 1. 2017, s § 1503 Abs 7 Z 5)

Nottestament

§ 584. (1) [1]Droht aus Sicht des letztwillig Verfügenden unmittelbar die begründete Gefahr, dass er stirbt oder die Testierfähigkeit verliert, bevor er seinen letzten Willen auf andere Weise zu erklären vermag, so kann er seinen letzten Willen in Gegenwart von zwei Zeugen fremdhändig (§ 579) oder mündlich erklären. [2]Eine solche mündliche letztwillige Verfügung muss durch die übereinstimmenden Aussagen der Zeugen bestätigt werden, widrigenfalls diese Erklärung des letzten Willens ungültig ist.

(2) [1]Ein so erklärter letzter Wille verliert drei Monate nach Wegfall der Gefahr seine Gültigkeit und gilt als nicht errichtet. [2]Im Zweifel ist damit auch der durch das Nottestament erfolgte Widerruf einer früheren letztwilligen Verfügung (§§ 713 und 714) aufgehoben.

(BGBl I 2015/87, ab 1. 1. 2017, s § 1503 Abs 7 Z 5)

Verweisende Verfügung

§ 585. [1]Eine Verfügung des Verstorbenen durch Verweis auf einen Zettel oder auf eine andere Urkunde ist nur wirksam, wenn eine solche Urkunde alle Gültigkeitserfordernisse einer letztwilligen Verfügung erfüllt. [2]Sonst können derartige schriftliche Bemerkungen des Verstorbenen nur zur Auslegung seines Willens herangezogen werden.

(BGBl I 2015/87, ab 1. 1. 2017, s § 1503 Abs 7 Z 5)

Gemeinschaftliche letztwillige Verfügungen

§ 586. (1) In der Regel gilt ein und dieselbe schriftliche letztwillige Verfügung nur für einen Verstorbenen.

(2) [1]Allerdings können Ehegatten oder eingetragene Partner in einem Testament einander gegenseitig oder andere Personen als Erben einsetzen. [2]Ein solches Testament ist widerruflich. [3]Aus dem Widerruf der gegenseitigen Erbeinsetzung durch einen Teil kann auf den Widerruf dieser Erbeinsetzung durch den anderen geschlossen werden.

(BGBl I 2015/87, ab 1. 1. 2017, s § 1503 Abs 7 Z 5)

Zeugen

§ 587. [1]Unmündige Minderjährige, Personen, die auf Grund einer körperlichen oder geistigen Beeinträchtigung nicht fähig sind, entsprechend der jeweiligen Testamentsform einen letzten Willen zu bezeugen, sowie Personen, die die Sprache des letztwillig Verfügenden nicht verstehen, können nicht Zeugen letztwilliger Verfügungen sein. [2]Mündige Minderjährige können nur Zeugen eines Nottestaments sein.

(BGBl I 2015/87, ab 1. 1. 2017, s § 1503 Abs 7 Z 5)

§ 588. (1) Ein Erbe oder Vermächtnisnehmer ist für die ihm zugedachte Zuwendung kein fähiger Zeuge, ebenso wenig sein Ehegatte, eingetragener Partner oder Lebensgefährte, seine Eltern, Kinder, Geschwister sowie die Eltern, Kinder und Geschwister des Ehegatten, eingetragenen Partners oder Lebensgefährten des Erben oder Vermächtnisnehmers.

(2) Zeugnisunfähig sind auch gesetzliche Vertreter, „ “ vertretungsbefugte Organe, Gesellschafter, Machthaber und Dienstnehmer bedachter Personen oder rechtsfähiger Gesellschaften. *(BGBl I 2018/58, ab 1. 8. 2018)*

(BGBl I 2015/87, ab 1. 1. 2017, s § 1503 Abs 7 Z 5)

§ 589. Die Bestimmungen über die Fähigkeit und Unbefangenheit der Zeugen sind auch auf die Gerichtsbediensteten und Notare anzuwenden, die den letzten Willen aufnehmen.

(BGBl I 2015/87, ab 1. 1. 2017, s § 1503 Abs 7 Z 5)

Ausgeschlossenheit des Verfassers

§ 590. Der Verfasser einer nicht vom letztwillig Verfügenden handschriftlich geschriebenen Erklärung kann zugleich Zeuge sein, ist aber, wenn der Verfügende nicht lesen kann, vom Vorlesen des letzten Willens ausgeschlossen.

(BGBl I 2015/87, ab 1. 1. 2017, s § 1503 Abs 7 Z 5)

§ 591. Für den bedachten Verfasser einer letztwilligen Verfügung und ihm nahestehende bedachte Personen oder Gesellschaften gilt § 588 entsprechend.

(BGBl I 2015/87, ab 1. 1. 2017, s § 1503 Abs 7 Z 5)

§§ 592 und 593. *(aufgehoben, RGBl 1914/276 bzw RGBl 1860/9)*

§§ 594 bis 597. *(aufgehoben, BGBl I 2015/87, ab 1. 1. 2017)*

§§ 598 bis 600. *(aufgehoben, BGBl I 2004/58, ab 1. 1. 2005; s Anm zu § 568)*

Formungültige letztwillige Verfügungen

§ 601. Wurde bei Errichtung einer letztwilligen Verfügung eine zwingende Formvorschrift nicht eingehalten, so ist die letztwillige Verfügung ungültig.

(BGBl I 2015/87, ab 1. 1. 2017, s § 1503 Abs 7 Z 2)

IV. Vereinbarungen von Todes wegen

Erbverträge

§ 602. [1]Erbverträge können nur zwischen Ehegatten, eingetragenen Partnern sowie Personen, die sich verlobt oder die eingetragene Partnerschaft versprochen haben, gültig geschlossen werden. [2]Die Vorschriften hierüber sind im Achtundzwanzigsten Hauptstück enthalten.

(BGBl I 2015/87, ab 1. 1. 2017, s § 1503 Abs 7 Z 2)

Schenkung auf den Todesfall

§ 603. [1]Eine Schenkung auf den Todesfall ist auch nach dem Tod des Geschenkgebers als Vertrag anzusehen, wenn er sich kein Widerrufsrecht vertraglich vorbehalten hat und der Vertrag als Notariatsakt aufgenommen wurde. [2]Die Bestimmungen des Achtzehnten Hauptstücks von Schenkungen und § 1253 sind anzuwenden.

(BGBl I 2015/87, ab 1. 1. 2017, s § 1503 Abs 7 Z 5)

Zehntes Hauptstück
Von der Ersatz- und Nacherbschaft

Ersatzerbschaft

§ 604. (1) Für den Fall, dass der eingesetzte oder gesetzliche Erbe die Erbschaft nicht erlangt, können ein Ersatzerbe, und wenn auch dieser sie nicht erlangt, ein zweiter oder auch noch weitere Ersatzerben berufen werden.

(2) Ersatzerben gehen Anwachsungsberechtigten (§ 560) jedenfalls vor.

(BGBl I 2015/87, ab 1. 1. 2017, s § 1503 Abs 7 Z 2)

Vermutete Ersatzerbschaft

§ 605. Es wird vermutet, dass der Verstorbene die Nachkommen eingesetzter Kinder zu Ersatzerben einsetzen wollte.

(BGBl I 2015/87, ab 1. 1. 2017, s § 1503 Abs 7 Z 2)

Rechte und Pflichten des Ersatzerben

§ 606. Die Rechte und Pflichten des Erben kommen auch dem an seine Stelle tretenden Ersatzerben zu, sofern sie nicht nach dem ausdrücklichen Willen des Verstorbenen oder nach den Umständen des Falles allein die Person des Erben betreffen. Für einschränkende Bedingungen gilt § 702.

(BGBl I 2015/87, ab 1. 1. 2017, s § 1503 Abs 7 Z 2)

Gegenseitige Ersatzerbschaft

§ 607. [1]Sind allein Miterben gegenseitig zu Ersatzerben berufen, so wird vermutet, dass der Verstorbene die in der Einsetzung bestimmten Teile auch auf die Ersatzerbschaft ausdehnen wollte. [2]Ist aber in der Ersatzerbschaft außer den Miterben auch eine andere Person zum Ersatzerben berufen, so fällt der frei gewordene Erbteil allen zu gleichen Teilen zu.

(BGBl I 2015/87, ab 1. 1. 2017, s § 1503 Abs 7 Z 2)

Nacherbschaft

§ 608. (1) [1]Der letztwillig Verfügende kann einen Erben so einsetzen, dass dieser erst nach einem anderen Erben erbt. [2]Der Nacherbe ist im Zweifel auch Ersatzerbe.

(2) Hat der Verstorbene nichts anderes verfügt, so tritt der Nacherbfall mit dem Tod des Vorerben ein.

(BGBl I 2015/87, ab 1. 1. 2017, s § 1503 Abs 7 Z 2)

Nacherbschaft auf den Überrest

§ 609. Eine Nacherbschaft auf den Überrest liegt vor, wenn der Nacherbe nach dem Willen des Verstorbenen nur das erhalten soll, was beim Ableben des Vorerben noch übrig ist.

(BGBl I 2015/87, ab 1. 1. 2017, s § 1503 Abs 7 Z 2)

Umdeutung von Testieranordnungen

§ 610. (1) Hat der letztwillig Verfügende dem Erben verboten oder zugunsten einer bestimmten Person geboten, über die Verlassenschaft zu testieren, so ist dies im Zweifel in eine Nacherbschaft auf den Überrest umzudeuten, und zwar im Fall des Verbots zugunsten der gesetzlichen Erben, im Fall des Gebots zugunsten der bestimmten Person.

(2) Das Verbot, eine Sache zu veräußern, schließt im Zweifel das Recht, darüber letztwillig zu verfügen, nicht aus.

(BGBl I 2015/87, ab 1. 1. 2017, s § 1503 Abs 7 Z 2)

Nacherbschaft bei Zeitgenossen

§ 611. [1]Wenn die Nacherben Zeitgenossen des letztwillig Verfügenden sind, kann er sie ohne zahlenmäßige Beschränkung als Nacherben einsetzen. [2]Zeitgenossen sind natürliche Personen, die zum Zeitpunkt der Errichtung der Nacherbschaft bereits gezeugt (§ 22) oder geboren sind.

(BGBl I 2015/87, ab 1. 1. 2017, s § 1503 Abs 7 Z 2)

Einschränkung der Nacherbschaft

§ 612. Sind die Nacherben im Zeitpunkt der Errichtung der letztwilligen Verfügung noch keine Zeitgenossen des Verfügenden, so ist die Nacherbschaft bei Geld und anderen beweglichen Sachen auf zwei Nacherbfälle, bei unbeweglichen Sachen auf einen Nacherbfall beschränkt.

(BGBl I 2015/87, ab 1. 1. 2017, s § 1503 Abs 7 Z 2)

Rechte des Vorerben

§ 613. (1) Bis zum Eintritt der Nacherbschaft kommt dem eingesetzten Vorerben das eingeschränkte Eigentumsrecht mit den Rechten und Verbindlichkeiten eines Fruchtnießers zu.

(2) Verfügungen über Sachen der von der Nacherbschaft erfassten Verlassenschaft sind mit der Zustimmung des Nacherben zulässig, sonst nur zur Erfüllung von Verbindlichkeiten der Verlassenschaft, zur Vermeidung von Schäden an derselben oder soweit sie im Rahmen der ordentlichen Verwaltung erfolgen.

(3) Erlangt der Vorerbe durch die Verfügung über eine Sache der von der Nacherbschaft erfassten Verlassenschaft Geld oder eine andere Sache, so wird diese Ersatzsache im Zweifel Teil der Verlassenschaft.

(4) Ist jedoch die angeordnete Nacherbschaft eine solche auf den Überrest, so kann der Vorerbe wie jeder Eigentümer über Sachen der Verlassenschaft unter Lebenden verfügen.

(BGBl I 2015/87, ab 1. 1. 2017, s § 1503 Abs 7 Z 2)

Auslegung einer Ersatz- oder Nacherbschaft

§ 614. [1]Ist eine Ersatz- oder Nacherbschaft undeutlich ausgedrückt, so ist sie auf eine solche Art auszulegen, dass die Freiheit des Erben, über das Eigentum zu verfügen, am wenigsten eingeschränkt wird. [2]Dies gilt auch für die Frage, ob überhaupt eine Ersatz- oder Nacherbschaft angeordnet wurde.

(BGBl I 2015/87, ab 1. 1. 2017, s § 1503 Abs 7 Z 2)

Erlöschen der Ersatz- und Nacherbschaft

§ 615. (1) [1]Eine Ersatzerbschaft erlischt im Zweifel, sobald der eingesetzte Erbe die Erbschaft angetreten hat. [2]Eine Nacherbschaft erlischt, wenn kein berufener Nacherbe mehr vorhanden ist oder wenn sie unter einer aufschiebenden Bedingung errichtet wurde, die endgültig nicht eintreten kann.

(2) Das Recht eines Nacherben geht im Zweifel auch dann auf seine Erben über (§ 537 Abs. 1), wenn er den Eintritt des Nacherbfalls nicht erlebt.

(BGBl I 2015/87, ab 1. 1. 2017, s § 1503 Abs 7 Z 2)

§ 616. (1) Ist für eine vermeintlich testierunfähige Person ein Nacherbe bestimmt, so ist die Nacherbschaft im Zweifel ungültig, wenn diese Person im Zeitpunkt der Errichtung der letztwilligen Verfügung testierfähig war.

(2) [1]Ist für eine tatsächlich testierunfähige Person ein Nacherbe bestimmt, so erlischt die Nacherbschaft im Zweifel, wenn diese Person die Testierfähigkeit später erlangt. [2]Die Nacherbschaft lebt nicht wieder auf, wenn sie später wieder testierunfähig wird.

(BGBl I 2015/87, ab 1. 1. 2017, s § 1503 Abs 7 Z 2)

§ 617. Die von einem letztwillig Verfügenden seinem Kind in einem Zeitpunkt angeordnete Ersatz- oder Nacherbschaft, in dem dieses noch keine Kinder hatte, erlischt im Zweifel, wenn es später doch erbfähige Kinder hinterlassen hat.

(BGBl I 2015/87, ab 1. 1. 2017, s § 1503 Abs 7 Z 2)

§§ 618 bis 645. *Gegenstandslos seit der Aufhebung aller Familienfideikommisse und sonstigen gebundenen Vermögen durch dRGBl 1938 I 825*

§ 646. *(aufgehoben, BGBl I 2015/87, ab 1. 1. 2017)*

Elftes Hauptstück

Vermächtnisse

I. Grundsätze

Berufung zum Vermächtnisnehmer

§ 647. (1) Ein Vermächtnis (§ 535) gründet sich auf einen Erb- oder Vermächtnisvertrag, auf den gültig erklärten Willen des Verstorbenen oder auf das Gesetz.

(2) Die Bestimmungen über die Vererblichkeit des Erbrechts (§ 537) und die Erbfähigkeit (§§ 538 bis 543) sowie über die Ausschlagung der Erbschaft (§§ 803 ff.) sind entsprechend anzuwenden.

(BGBl I 2015/87, ab 1. 1. 2017, s § 1503 Abs 7 Z 2)

Erbe und Vermächtnisnehmer

§ 648. (1) [1]Einem Erben kann auch ein Vermächtnis zugedacht werden. [2]Insoweit wird der Erbe als Vermächtnisnehmer behandelt. [3]Im Zweifel ist ein solches Vermächtnis nicht auf den Anteil des begünstigten Erben anzurechnen und belastet alle Erben nach ihrer Erbquote (Vorausvermächtnis).

(2) Wenn die Anrechnung des Vermächtnisses auf den Erbteil ausdrücklich angeordnet wurde oder sich aus der Auslegung des letzten Willens ergibt (Hineinvermächtnis), liegt darin im Zweifel eine Teilungsanordnung.

(3) [1]Übersteigt der Wert des Hineinvermächtnisses den letztwillig zugedachten Erbteil, so erhöht sich im Zweifel der Erbteil dieses Erben entsprechend. [2]Im selben Ausmaß vermindern sich die Erbteile der übrigen eingesetzten Erben verhältnismäßig. [3]Im Zweifel kommt es auf den Wert des Hineinvermächtnisses im Zeitpunkt der Errichtung der letztwilligen Verfügung an.

(BGBl I 2015/87, ab 1. 1. 2017, s § 1503 Abs 7 Z 2)

Vermächtnisschuldner

§ 649. (1) Aufgrund des Vermächtnisses erwirbt der Vermächtnisnehmer eine Forderung gegen die Verlassenschaft und nach der Einantwortung gegen die Erben.

(2) [1]Im Zweifel haften die Erben zur ungeteilten Hand. [2]Sie haben im Zweifel untereinander im Verhältnis ihrer Erbteile zur Leistung des Vermächtnisses beizutragen, selbst wenn die Sache eines Miterben vermacht worden ist. [3]Die Leistung des Vermächtnisses kann aber auch einem Miterben allein oder einem Vermächtnisnehmer aufgetragen werden.

(BGBl I 2015/87, ab 1. 1. 2017, s § 1503 Abs 7 Z 2)

Untervermächtnis

§ 650. [1]Ein Vermächtnisnehmer kann sich von der vollständigen Erfüllung des ihm aufgetragenen weiteren Vermächtnisses nicht mit der Begründung befreien, dass es den Wert des ihm zugedachten Vermächtnisses übersteigt. [2]Nimmt er das Vermächtnis nicht an, so muss derjenige, dem es zufällt, das Untervermächtnis erfüllen oder das ihm zugefallene Vermächtnis dem darauf gewiesenen Untervermächtnisnehmer herausgeben.

(BGBl I 2015/87, ab 1. 1. 2017, s § 1503 Abs 7 Z 2)

Verteilungsvermächtnis

§ 651. [1]Wer ein Vermächtnis einer gewissen Personengruppe, etwa seinen Verwandten, seinen Dienstnehmern oder bedürftigen Menschen, zukommen lassen will, kann die Verteilung, welchen Personen was zukommen soll, dem Erben oder einem Dritten überlassen. [2]Ist dazu nichts bestimmt, so kann der Erbe die Verteilung vornehmen.

(BGBl I 2015/87, ab 1. 1. 2017, s § 1503 Abs 7 Z 2)

Ersatz- und Nachvermächtnis

§ 652. Es kann auch ein Ersatz- oder Nachvermächtnis angeordnet werden; die Bestimmungen des Zehnten Hauptstücks sind darauf sinngemäß anzuwenden.

(BGBl I 2015/87, ab 1. 1. 2017, s § 1503 Abs 7 Z 2)

Gegenstand eines Vermächtnisses

§ 653. (1) Jede Sache, die im Verkehr steht, vererblich ist und den Inhalt einer selbstständigen Forderung bilden kann, kann Gegenstand eines Vermächtnisses sein.

(2) Ist die vermachte Sache verpfändet oder sonst wie belastet, so hat der Vermächtnisnehmer auch die darauf haftenden Lasten zu übernehmen.

(BGBl I 2015/87, ab 1. 1. 2017, s § 1503 Abs 7 Z 2)

Unmöglichkeit

§ 654. [1]Ist die Leistung des Vermächtnisses ohne Verschulden des Vermächtnisschuldners oder eines Dritten unmöglich, so erhält der Vermächtnisnehmer keinen Ersatz. [2]Werden aber verkehrsfähige Sachen vermacht, die der Vermächtnisnehmer aus rechtlichen Gründen nicht erwerben kann, so gebührt ihm der Verkehrswert.

(BGBl I 2015/87, ab 1. 1. 2017, s § 1503 Abs 7 Z 2)

§ 655. *(aufgehoben, BGBl I 2015/87, ab 1. 1. 2017)*

II. Arten von Vermächtnissen

1. Gattungsvermächtnisse

§ 656. [1]Wenn eine oder mehrere Sachen einer Gattung ohne eine nähere Bestimmung vermacht werden und sich mehrere solche Sachen in der Verlassenschaft befinden, kann die Wahl dem Erben, einem Dritten oder dem Vermächtnisnehmer überlassen werden. [2]Im Zweifel steht dem Erben die Wahl zu. [3]Der Erbe und der Dritte müssen ein Stück wählen, das unter Beachtung des letzten Willens den Bedürfnissen des Vermächtnisnehmers entspricht. [4]Der Vermächtnisnehmer kann auch das beste Stück wählen.

(BGBl I 2015/87, ab 1. 1. 2017, s § 1503 Abs 7 Z 2)

§ 657. [1]Wenn eine oder mehrere Sachen einer Gattung nach dem Willen des Verstorbenen dessen Eigentum entstammen sollen, sich aber nicht in der Verlassenschaft befinden, ist das Vermächtnis ungültig. [2]Finden sie sich nicht in der bestimmten Zahl, so muss sich der Vermächtnisnehmer mit den vorhandenen begnügen.

(BGBl I 2015/87, ab 1. 1. 2017, s § 1503 Abs 7 Z 2)

§ 658. (1) Wenn hingegen solche Sachen nach dem Willen des Verstorbenen nicht ausdrücklich aus seinem Eigentum stammen sollen und sich nicht in der Verlassenschaft befinden, muss sie der Erbe dem Vermächtnisnehmer in einer dessen Bedürfnissen entsprechenden Eigenschaft verschaffen.

(2) Ein Geldvermächtnis verpflichtet den Erben zur Zahlung der bestimmten Summe ohne Rück-

sicht darauf, ob Bargeld in der Verlassenschaft vorhanden ist oder nicht.

(BGBl I 2015/87, ab 1. 1. 2017, s § 1503 Abs 7 Z 2)

§ 659. Kann oder will der Dritte oder der wahlberechtigte Vermächtnisnehmer nicht wählen, so hat das Gericht das Vermächtnis mit Rücksicht auf die Bedürfnisse des Vermächtnisnehmers zu bestimmen.

(BGBl I 2015/87, ab 1. 1. 2017)

Vermächtnis einer bestimmten Sache

§ 660. (1) [1]Der Vermächtnisnehmer kann die Erfüllung des Vermächtnisses einer bestimmten Sache nicht zugleich in Natur und dem Wert nach verlangen, auch wenn der Verstorbene ihm diese Sache mehrfach, sei dies in einer oder in mehreren letztwilligen Verfügungen, vermacht hat. [2]Andere Vermächtnisse, die eine Sache derselben Art oder denselben Betrag betreffen, gebühren dem Vermächtnisnehmer im Zweifel so oft, wie sie der Verstorbene wiederholt hat.

(2) Wie beim Gattungsvermächtnis kann auch einem Erben, Vermächtnisnehmer oder Dritten die Wahl überlassen werden, aus mehreren bestimmten Sachen auszuwählen.

(BGBl I 2015/87, ab 1. 1. 2017, s § 1503 Abs 7 Z 2)

§ 661. [1]Das Vermächtnis ist ungültig, wenn die vermachte Sache im Zeitpunkt der Errichtung der letztwilligen Verfügung schon im Eigentum des Vermächtnisnehmers stand. [2]Hat er sie später erworben, so gebührt ihm der Verkehrswert. [3]Wenn er sie aber vom Verstorbenen vor dessen Tod unentgeltlich erhalten hat, gilt das Vermächtnis als aufgehoben.

(BGBl I 2015/87, ab 1. 1. 2017, s § 1503 Abs 7 Z 2)

3. Vermächtnis einer fremden Sache

§ 662. (1) Das Vermächtnis einer fremden Sache, die weder dem Vermächtnisgeber noch dem Erben noch dem Vermächtnisnehmer, der sie einem Dritten leisten soll, gehört, ist unwirksam. Gebührt diesen Personen ein Anteil oder Recht an der Sache, so umfasst das Vermächtnis nur diesen Anteil oder dieses Recht.

(2) Wenn der Verstorbene ausdrücklich angeordnet hat, dass eine bestimmte fremde Sache gekauft und dem Vermächtnisnehmer geleistet werden soll (Verschaffungsvermächtnis) und der Eigentümer diese Sache nicht um den Verkehrswert veräußern will, ist dem Vermächtnisnehmer dieser Wert zu leisten.

(BGBl I 2015/87, ab 1. 1. 2017, s § 1503 Abs 7 Z 2)

4. Vermächtnis einer Forderung

§ 663. Das Vermächtnis einer Forderung, die der Verstorbene gegen den Vermächtnisnehmer hatte (Befreiungsvermächtnis), verpflichtet den Erben, die Forderung samt den rückständigen Zinsen zu erlassen.

(BGBl I 2015/87, ab 1. 1. 2017, s § 1503 Abs 7 Z 2)

§ 664. Hat der Verstorbene dem Vermächtnisnehmer eine Forderung vermacht, die ihm gegen einen Dritten zustand (Forderungsvermächtnis), so muss der Erbe die Forderung samt den rückständigen und weiter laufenden Zinsen dem Vermächtnisnehmer abtreten.

(BGBl I 2015/87, ab 1. 1. 2017, s § 1503 Abs 7 Z 2)

§ 665. Das Vermächtnis der Schuld, die der Verstorbene dem Vermächtnisnehmer gegenüber zu erfüllen hatte (Schuldvermächtnis), bewirkt, dass der Erbe die vom Verstorbenen bestimmte oder vom Vermächtnisnehmer ausgewiesene Schuld anerkennen und sie, ohne Rücksicht auf die mit der Schuld verbundenen Bedingungen oder Fristen, längstens binnen der zur Leistung der übrigen Vermächtnisse bestimmten Frist erfüllen muss.

(BGBl I 2015/87, ab 1. 1. 2017, s § 1503 Abs 7 Z 2)

§ 666. [1]Das Befreiungsvermächtnis umfasst im Zweifel nicht die erst nach Errichtung des Vermächtnisses entstandenen Schulden. [2]Hat der Verstorbene durch ein Vermächtnis ein Pfandrecht oder eine Bürgschaft erlassen, so folgt daraus nicht, dass er auch die Schuld erlassen hat. [3]Hat er die Zahlungsfristen verlängert, so müssen die Zinsen weiter bezahlt werden.

(BGBl I 2015/87, ab 1. 1. 2017, s § 1503 Abs 7 Z 2)

§ 667. Wenn der Verstorbene einer Person den gleichen Betrag vermacht hat, den er ihr geschuldet hat, wird nicht vermutet, dass er die Schuld mit dem Vermächtnis erfüllen wollte.

(BGBl I 2015/87, ab 1. 1. 2017, s § 1503 Abs 7 Z 2)

§ 668. *(aufgehoben, BGBl I 2015/87, ab 1. 1. 2017)*

§§ 669 bis 671. *(aufgehoben samt Überschrift, BGBl I 2009/75, ab 1. 1. 2010)*

5. Vermächtnis des Unterhalts oder der Ausbildung

§ 672. (1) [1]Das Vermächtnis des Unterhalts umfasst im Zweifel Nahrung, Kleidung, Wohnung, die nötige Ausbildung und die übrigen Bedürfnisse des Vermächtnisnehmers. [2]Das Ausmaß richtet sich im Zweifel nach den bisherigen Lebensverhältnissen des Vermächtnisnehmers.

(2) [1]Das Unterhaltsvermächtnis gewährt im Zweifel Unterhalt bis zur Selbsterhaltungsfähigkeit des Vermächtnisnehmers, wenn dieser im Zeitpunkt der Errichtung des Vermächtnisses nicht selbsterhaltungsfähig war. [2]Das einem selbsterhaltungsfähigen Vermächtnisnehmer eingeräumte Unterhaltsvermächtnis gewährt im Zweifel Unterhalt bis zum Lebensende.

(BGBl I 2015/87, ab 1. 1. 2017, s § 1503 Abs 7 Z 2)

§ 673. [1]Das Vermächtnis der Ausbildung umfasst im Zweifel alle Kosten einer den Fähigkeiten und Neigungen des Vermächtnisnehmers entsprechenden Ausbildung nach denselben Grundsätzen, wie sie für die Verpflichtung von Eltern gegenüber ihren Kindern gelten. [2]Die Kosten des notwendigen Lebensunterhalts sind im Zweifel insoweit mit umfasst, als dem Vermächtnisnehmer wegen seiner Ausbildung eine Erwerbstätigkeit nicht zuzumuten ist.

(BGBl I 2015/87, ab 1. 1. 2017, s § 1503 Abs 7 Z 2)

6. Vermächtnis der Möbel und des Hausrats

§ 674. [1]Unter den Möbeln oder der Einrichtung werden nur die zum gewöhnlichen Gebrauch der Wohnung, unter dem Hausrat die zur Führung des Haushalts erforderlichen Sachen verstanden. [2]Sachen zum Betrieb eines Unternehmens fallen im Zweifel nicht darunter.

(BGBl I 2015/87, ab 1. 1. 2017, s § 1503 Abs 7 Z 2)

7. Vermächtnis eines Behältnisses

§ 675. Wenn der Verstorbene ein Behältnis vermacht hat, das nicht für sich selbst besteht (etwa eine Schublade), so wird vermutet, dass nur diejenigen Sachen erfasst sind, die sich bei seinem Ableben darin befinden und zu deren Aufbewahrung das Behältnis seiner Natur nach bestimmt oder vom Verstorbenen gewöhnlich verwendet worden ist.

(BGBl I 2015/87, ab 1. 1. 2017, s § 1503 Abs 7 Z 2)

§ 676. Besteht das Behältnis dagegen für sich selbst (etwa ein Kasten), so hat der Vermächtnisnehmer im Zweifel nur auf das Behältnis, nicht aber auf die darin befindlichen Sachen Anspruch.

(BGBl I 2015/87, ab 1. 1. 2017, s § 1503 Abs 7 Z 2)

8. Pflegevermächtnis

§ 677. (1) Einer dem Verstorbenen nahe stehenden Person, die diesen in den letzten drei Jahren vor seinem Tod mindestens sechs Monate in nicht bloß geringfügigem Ausmaß gepflegt hat, gebührt dafür ein gesetzliches Vermächtnis, soweit nicht eine Zuwendung gewährt oder ein Entgelt vereinbart wurde.

(2) Pflege ist jede Tätigkeit, die dazu dient, einer pflegebedürftigen Person soweit wie möglich die notwendige Betreuung und Hilfe zu sichern sowie die Möglichkeit zu verbessern, ein selbstbestimmtes, bedürfnisorientiertes Leben zu führen.

(3) Nahe stehend sind Personen aus dem Kreis der gesetzlichen Erben des Verstorbenen, deren Ehegatte, eingetragener Partner oder Lebensgefährte und deren Kinder sowie der Lebensgefährte des Verstorbenen und dessen Kinder.

(BGBl I 2015/87, ab 1. 1. 2017, s § 1503 Abs 7 Z 2)

§ 678. (1) Die Höhe des Vermächtnisses richtet sich nach Art, Dauer und Umfang der Leistungen.

(2) [1]Das Vermächtnis gebührt jedenfalls neben dem Pflichtteil, neben anderen Leistungen aus der Verlassenschaft nur dann nicht, wenn der Verstorbene das verfügt hat. [2]Das Vermächtnis kann nur bei Vorliegen eines Enterbungsgrundes entzogen werden.

(BGBl I 2015/87, ab 1. 1. 2017, s § 1503 Abs 7 Z 2)

§§ 679 und 680. *(aufgehoben, BGBl I 2015/87, ab 1. 1. 2017)*

9. Auslegung bestimmter Begriffe

a) Kinder

§ 681. Unter dem Wort Kinder werden, wenn der Verstorbene die Kinder eines anderen bedacht hat, nur dessen Söhne und Töchter, wenn er aber seine eigenen Kinder bedacht hat, auch die an deren Stelle tretenden Nachkommen verstanden, die beim Ableben des Verstorbenen schon gezeugt waren.

(BGBl I 2015/87, ab 1. 1. 2017, s § 1503 Abs 7 Z 2)

b) Verwandte

§ 682. [1]Ein ohne nähere Bestimmung für die Verwandten ausgesetztes Vermächtnis wird den nach der gesetzlichen Erbfolge nächsten Verwandten zugewendet. [2]§ 555 ist sinngemäß anzuwenden.

(BGBl I 2015/87, ab 1. 1. 2017, s § 1503 Abs 7 Z 2)

c) Dienstnehmer

§ 683. Hat der Verstorbene seinen Dienstnehmern ein Vermächtnis hinterlassen und sie bloß durch das Dienstverhältnis bezeichnet, so wird vermutet, dass es diejenigen erhalten sollen, die im Zeitpunkt seines Ablebens in einem Dienstverhältnis zu ihm stehen.

(BGBl I 2015/87, ab 1. 1. 2017, s § 1503 Abs 7 Z 2)

III. Erwerb von Vermächtnissen

Anfallstag und Erwerbsvoraussetzungen bei Vermächtnissen

§ 684. (1) Der Vermächtnisnehmer erwirbt in der Regel (§ 699) mit dem Tod des Vermächtnisgebers für sich und seine Nachfolger das Recht auf das Vermächtnis.

(2) Das Eigentum an der vermachten Sache wird nach den Bestimmungen des Fünften Hauptstücks über den Erwerb des Eigentums erlangt.

(BGBl I 2015/87, ab 1. 1. 2017, s § 1503 Abs 7 Z 2)

Fälligkeit des Vermächtnisses

§ 685. [1]Das Vermächtnis ist im Zweifel sogleich mit dem Tod des Vermächtnisgebers zu erfüllen. [2]Geldvermächtnisse und Vermächtnisse von Sachen, die sich nicht in der Verlassenschaft befinden, können erst nach Ablauf eines Jahres nach dem Tod des Vermächtnisgebers geltend gemacht werden.

(BGBl I 2015/87, ab 1. 1. 2017, s § 1503 Abs 7 Z 2)

§ 686. [1]Beim Vermächtnis von Sachen aus der Verlassenschaft gebühren dem Vermächtnisnehmer auch die seit dem Tod des Vermächtnisgebers laufenden Zinsen und entstandenen Nutzungen sowie jeder andere Zuwachs. [2]Er trägt hingegen alle auf dem Vermächtnis haftenden Lasten und selbst den Verlust, wenn es ohne Verschulden eines Dritten gemindert oder die Leistung gänzlich unmöglich wird.

(BGBl I 2015/87, ab 1. 1. 2017, s § 1503 Abs 7 Z 2)

§ 687. [1]Wenn der Verstorbene dem Vermächtnisnehmer ein Rentenvermächtnis, also einen bestimmten, jährlich, monatlich oder sonst in periodischen Zeiträumen zu leistenden Betrag vermacht hat, erhält der Vermächtnisnehmer ein Recht auf den ganzen Betrag für den Zeitraum, dessen Anfang er erlebt hat. [2]Den Betrag selbst kann er jedoch erst mit Ende des Zeitraums fordern. [3]Der erste Zeitraum beginnt mit dem Tod des Vermächtnisgebers.

(BGBl I 2015/87, ab 1. 1. 2017, s § 1503 Abs 7 Z 2)

Recht des Vermächtnisnehmers auf Sicherstellung

§ 688. In allen Fällen, in denen ein Gläubiger von einem Schuldner Sicherstellung fordern kann, kann auch ein Vermächtnisnehmer die Sicherstellung seines Vermächtnisses verlangen.

(BGBl I 2015/87, ab 1. 1. 2017, s § 1503 Abs 7 Z 2)

Wem ein frei gewordenes Vermächtnis zufällt

§ 689. [1]Ein Vermächtnis, das der Vermächtnisnehmer nicht annehmen kann oder will, fällt dem Nachberufenen zu (§ 652). [2]Wenn kein Nachberufener vorhanden ist und das gesamte Vermächtnis mehreren Personen zugedacht worden ist, wächst der Anteil, den einer von ihnen nicht erhält, den übrigen Vermächtnisnehmern zu. [3]Außer diesen beiden Fällen bleibt ein frei gewordenes Vermächtnis in der Verlassenschaft.

(BGBl I 2015/87, ab 1. 1. 2017, s § 1503 Abs 7 Z 2)

Recht des Erben, wenn die Lasten die Verlassenschaft erschöpfen

§ 690. [1]Wenn die gesamte Verlassenschaft durch Vermächtnisse erschöpft ist, kann der beschränkt haftende Erbe nur die Vergütung seiner zum Besten der Verlassenschaft gemachten Auslagen und eine seinen Bemühungen angemessene Belohnung fordern. [2]Will er die Verlassenschaft nicht selbst verwalten, so muss er die Bestellung eines Kurators beantragen.

(BGBl I 2015/87, ab 1. 1. 2017, s § 1503 Abs 7 Z 2)

§ 691. Können nicht alle Vermächtnisnehmer aus der Verlassenschaft befriedigt werden, so wird das Vermächtnis des Unterhalts vor allen anderen entrichtet; diesem Vermächtnisnehmer gebührt der Unterhalt mit dem Erbfall.

(BGBl I 2015/87, ab 1. 1. 2017, s § 1503 Abs 7 Z 2)

Recht des Erben, wenn die Lasten die Verlassenschaft übersteigen

§ 692. [1]Reicht die Verlassenschaft nicht zur Zahlung der Schulden und anderer pflichtmäßiger Auslagen sowie zur Leistung aller Vermächtnisse aus, so erleiden die Vermächtnisnehmer bei beschränkter Haftung der Erben (§ 802) einen verhältnismäßigen Abzug. [2]Der beschränkt haftende Erbe kann, so lange eine solche Gefahr besteht, die Vermächtnisse auch nur gegen Sicherstellung leisten.

(BGBl I 2015/87, ab 1. 1. 2017, s § 1503 Abs 7 Z 2)

§ 693. Haben die Vermächtnisnehmer die Vermächtnisse bereits empfangen, so wird der verhältnismäßige Abzug nach dem Wert, den das Vermächtnis zum Zeitpunkt des Empfangs hatte, und den daraus gezogenen Nutzungen bestimmt.

(BGBl I 2015/87, ab 1. 1. 2017, s § 1503 Abs 7 Z 2)

§ 694. Der Vermächtnisnehmer kann zur Vermeidung einer Zahlung an die Verlassenschaft das Vermächtnis oder den in § 693 angeführten Wert und die bezogenen Nutzungen in die Verlassenschaft zurückstellen; in Rücksicht auf die Verbesserungen und Verschlechterungen wird er als ein redlicher Besitzer behandelt.

(BGBl I 2015/87, ab 1. 1. 2017, s § 1503 Abs 7 Z 2)

Zwölftes Hauptstück

Von der Einschränkung und Aufhebung des letzten Willens

I. Allgemeines

§ 695. [1]Der letztwillig Verfügende kann die Rechte der Erben oder Vermächtnisnehmer einschränken, etwa durch eine Bedingung, eine Befristung oder eine Auflage, sowie seine Beweggründe und den Zweck seiner Anordnung schildern. [2]Er kann seine letztwillige Verfügung auch ändern oder ganz aufheben.

(BGBl I 2015/87, ab 1. 1. 2017, s § 1503 Abs 7 Z 2)

II. Arten der Einschränkung

1. Bedingung

§ 696. [1]Eine Bedingung ist ein ungewisses Ereignis, von dem ein Recht abhängig gemacht wird. [2]Die Bedingung ist bejahend oder verneinend, je nachdem, ob sie sich auf den Eintritt oder Nichteintritt des Ereignisses bezieht. [3]Sie ist aufschiebend, wenn das zugedachte Recht erst nach ihrer Erfüllung wirksam wird, und auflösend, wenn das zugedachte Recht bei ihrem Eintritt verloren geht.

(BGBl I 2015/87, ab 1. 1. 2017, s § 1503 Abs 7 Z 2)

a) Unverständliche und gesetz- oder sittenwidrige Bedingungen

§ 697. Unverständliche, unbestimmte sowie gesetz- oder sittenwidrige Bedingungen gelten als nicht beigesetzt.

(BGBl I 2015/87, ab 1. 1. 2017, s § 1503 Abs 7 Z 2)

b) Unmögliche Bedingungen

§ 698. [1]Die Anordnung, durch die einer Person unter einer aufschiebenden unmöglichen Bedingung ein Recht zukommen soll, ist ungültig, selbst wenn die Erfüllung der Bedingung erst in der Folge unmöglich und die Unmöglichkeit dem Verstorbenen bekannt geworden war. [2]Eine auflösende unmögliche Bedingung ist als nicht beigesetzt anzusehen.

(BGBl I 2015/87, ab 1. 1. 2017, s § 1503 Abs 7 Z 2)

c) Mögliche und erlaubte Bedingungen

§ 699. Sind die Bedingungen möglich und erlaubt, so kann das davon abhängende Recht nur durch ihre genaue Erfüllung erworben werden, mögen sie vom Zufall oder vom Willen des bedachten Erben, Vermächtnisnehmers oder eines Dritten abhängen.

(BGBl I 2015/87, ab 1. 1. 2017, s § 1503 Abs 7 Z 2)

§ 700. *(aufgehoben, BGBl I 2015/87, ab 1. 1. 2017)*

d) Erfüllung der Bedingung zu Lebzeiten des Verstorbenen

§ 701. Ist die im letzten Willen vorgeschriebene Bedingung schon zu Lebzeiten des Verstorbenen erfüllt worden, so muss sie nach dessen Tod nur dann neuerlich erfüllt werden, wenn sie in einer Handlung des Erben oder Vermächtnisnehmers besteht, die von ihm wiederholt werden kann.

(BGBl I 2015/87, ab 1. 1. 2017, s § 1503 Abs 7 Z 2)

e) Keine Erfüllung der Bedingung durch Nachberufene

§ 702. Eine den Erben oder Vermächtnisnehmer einschränkende Bedingung ist ohne ausdrückliche Erklärung des Verstorbenen nicht auf den von diesem nachberufenen Erben oder Vermächtnisnehmer auszudehnen.

(BGBl I 2015/87, ab 1. 1. 2017, s § 1503 Abs 7 Z 2)

f) Wirkung einer möglichen aufschiebenden Bedingung

§ 703. Um eine unter einer aufschiebenden Bedingung zugedachte Verlassenschaft zu erwerben, muss die bedachte Person den Eintritt der Bedingung erleben und in diesem Zeitpunkt erbfähig sein.

(BGBl I 2015/87, ab 1. 1. 2017, s § 1503 Abs 7 Z 2)

§ 704. *(aufgehoben, BGBl I 2015/87, ab 1. 1. 2017)*

2. Befristung

§ 705. [1]Ist der Eintritt des Ereignisses, auf das der Verstorbene das zugedachte Recht „eingeschränkt" hat, gewiss, so geht das zugedachte Recht wie andere unbedingte Rechte auch auf die Erben der bedachten Person über. [2]In einem solchen Fall wird nur die Übergabe bis zum gesetzten Termin aufgeschoben. *(BGBl I 2017/59, ab 2. 1. 2017, s § 1503 Abs 9 Z 3)*

(BGBl I 2015/87, ab 1. 1. 2017, s § 1503 Abs 7 Z 2)

§ 706. [1]Ein unmöglicher Anfangstermin macht die Anordnung ungültig. [2]Ein unmöglicher Endtermin gilt als nicht beigesetzt. Wenn sich der Verstorbene in der Berechnung der Zeit geirrt hat, ist die Befristung nach seinem mutmaßlichen Willen zu bestimmen.

(BGBl I 2015/87, ab 1. 1. 2017, s § 1503 Abs 7 Z 2)

Vorberechtigung

§ 707. [1]Solange das Recht des Erben wegen einer noch nicht erfüllten Bedingung oder wegen einer Befristung in Schwebe bleibt, gelten zwischen dem gesetzlichen und dem eingesetzten Erben im Hinblick auf den einstweiligen Besitz und Genuss der Verlassenschaft die gleichen Rechte und Pflichten wie bei der Nacherbschaft. [2]Dies gilt sinngemäß für das Verhältnis zwischen dem Erben und dem bedingt oder befristet bedachten Vermächtnisnehmer.

(BGBl I 2015/87, ab 1. 1. 2017, s § 1503 Abs 7 Z 2)

Nachberechtigung

§ 708. Wer eine Erbschaft oder ein Vermächtnis unter einer verneinenden oder auflösenden Bedingung oder nur auf eine gewisse Zeit erhält, hat gegen den, dem die Erbschaft oder das Vermächtnis bei Eintritt der Bedingung oder des bestimmten Zeitpunktes zufällt, die gleichen Rechte und Pflichten, die einem Vorerben oder Vorvermächtnisnehmer gegen den Nacherben oder Nachvermächtnisnehmer zukommen (§§ 613 und 652).

(BGBl I 2015/87, ab 1. 1. 2017, s § 1503 Abs 7 Z 2)

3. Auflage

§ 709. Hat der Verstorbene die Verlassenschaft einer Person unter einer Auflage zugewendet, so muss der Belastete die Auflage möglichst genau erfüllen.

(BGBl I 2015/87, ab 1. 1. 2017, s § 1503 Abs 7 Z 2)

§ 710. Wenn der Belastete die Auflage aus seinem Alleinverschulden nicht oder nicht vollständig erfüllt hat, ist die Auflage im Zweifel als auflösende Bedingung (§ 696) zu behandeln.

(BGBl I 2015/87, ab 1. 1. 2017, s § 1503 Abs 7 Z 2)

§ 711. Ob der Verstorbene mit der Schilderung der Beweggründe oder des Zwecks seiner Verfügung eine Verpflichtung auferlegen wollte oder seine Erklärung nur ein Rat, ein Wunsch oder eine Bitte ist, dessen oder deren Nichteinhaltung keinen Nachteil bewirkt, ist durch Auslegung zu ermitteln.

(BGBl I 2015/87, ab 1. 1. 2017, s § 1503 Abs 7 Z 2)

Strafvermächtnis und Bestreitungsverbot

§ 712. (1) Die Anordnung des Verstorbenen, dass der Erbe einem Dritten ein Vermächtnis entrichten soll, wenn er eine Auflage nicht befolgt, ist insoweit gültig, als die Auflage möglich und erlaubt ist.

(2) Eine Anordnung des Verstorbenen, mit der er dem Erben oder Vermächtnisnehmer unter an-

gedrohter Entziehung eines Vorteils verboten hat, den letzten Willen zu bestreiten, ist insoweit unwirksam, als nur die Echtheit oder der Sinn der letztwilligen Verfügung und die Auslegung des Bestreitungsverbots angefochten, sittenwidrige oder gesetzlich verbotene Anordnungen bekämpft oder Verstöße gegen zwingende Formvorschriften eingewendet werden.

(BGBl I 2015/87, ab 1. 1. 2017, s § 1503 Abs 7 Z 2)

III. Aufhebung letztwilliger Verfügungen

1. durch Errichtung eines späteren Testaments

§ 713. (1) [1]Ein früheres Testament wird durch ein späteres gültiges Testament nicht nur in der Erbeinsetzung, sondern auch in den übrigen Anordnungen aufgehoben, sofern der Verstorbene in der späteren Verfügung nicht zu erkennen gegeben hat, dass die frühere ganz oder zum Teil weiter bestehen soll. [2]Dies gilt auch dann, wenn der Erbe im späteren Testament nur zu einem Teil der Erbschaft berufen wurde. [3]Der übrig bleibende Teil fällt nicht den im früheren Testament eingesetzten, sondern den gesetzlichen Erben zu.

(2) Frühere letztwillige Verfügungen ohne Erbeinsetzung (§ 552 Abs. 2) werden im Zweifel nur durch ein späteres Testament, mit dem über die gesamte Verlassenschaft verfügt wird, aufgehoben.

(BGBl I 2015/87, ab 1. 1. 2017, s § 1503 Abs 7 Z 2)

oder einer sonstigen späteren letztwilligen Verfügung

§ 714. Durch eine spätere letztwillige Verfügung ohne Erbeinsetzung werden frühere Vermächtnisse oder andere letztwillige Verfügungen ohne Erbeinsetzung nur insoweit aufgehoben, als sie ihr widersprechen.

(BGBl I 2015/87, ab 1. 1. 2017, s § 1503 Abs 7 Z 2)

§ 715. [1]Kann nicht festgestellt werden, welche von mehreren letztwilligen Verfügungen früher oder später errichtet wurde, so gelten alle, soweit sie nebeneinander bestehen können. [2]Die Bestimmungen des Sechzehnten Hauptstücks gelten entsprechend.

(BGBl I 2015/87, ab 1. 1. 2017, s § 1503 Abs 7 Z 2)

Unbeachtlichkeit der früher erklärten Unabänderlichkeit

§ 716. Die Erklärung in einer letztwilligen Verfügung, wonach jede spätere letztwillige Verfügung überhaupt oder dann unwirksam sein soll, wenn sie nicht in einer besonderen Form errichtet oder besonders gekennzeichnet wird, gilt als nicht beigesetzt.

(BGBl I 2015/87, ab 1. 1. 2017, s § 1503 Abs 7 Z 2)

2. durch Widerruf

a) Allgemeines

§ 717. Will der letztwillig Verfügende seine Verfügung aufheben, ohne eine neue zu errichten, so muss er sie ausdrücklich oder stillschweigend widerrufen.

(BGBl I 2015/87, ab 1. 1. 2017, s § 1503 Abs 7 Z 2)

§ 718. Der Widerruf kann nur im Zustand der Testierfähigkeit gültig erfolgen.

(BGBl I 2015/87, ab 1. 1. 2017, s § 1503 Abs 7 Z 2)

b) Ausdrücklicher Widerruf

§ 719. Der ausdrückliche Widerruf einer letztwilligen Verfügung kann nur in einer solchen Form erfolgen, die zur Errichtung einer letztwilligen Verfügung nötig ist.

(BGBl I 2015/87, ab 1. 1. 2017, s § 1503 Abs 7 Z 2)

§ 720. *(aufgehoben, BGBl I 2015/87, ab 1. 1. 2017)*

c) Stillschweigender Widerruf

§ 721. [1]Wer seine letztwillige Verfügung zerstört, etwa indem er sie zerreißt, zerschneidet, verbrennt oder die Unterschrift oder den ganzen Inhalt durchstreicht, widerruft sie. [2]Wenn von mehreren gleichlautenden Urkunden nur eine zerstört wird, so ist daraus im Zweifel nicht auf einen Widerruf der letztwilligen Verfügung zu schließen.

(BGBl I 2015/87, ab 1. 1. 2017, s § 1503 Abs 7 Z 2)

§ 722. Wenn die Urkunde nur zufällig zerstört wird oder verloren geht, bleibt der letzte Wille wirksam, sofern der Zufall oder Verlust und der Inhalt der Urkunde bewiesen werden.

(BGBl I 2015/87, ab 1. 1. 2017, s § 1503 Abs 7 Z 2)

§ 723. [1]Hat der Verstorbene eine spätere letztwillige Verfügung zerstört, eine frühere Verfügung aber unversehrt gelassen, so tritt im Zweifel diese frühere Anordnung wieder in Kraft. [2]Eine frühere mündliche Verfügung, ausgenommen die mündliche gerichtliche oder mündliche notarielle Verfügung, lebt dadurch aber nicht wieder auf.

(BGBl I 2015/87, ab 1. 1. 2017, s § 1503 Abs 7 Z 2)

d) Vermuteter Widerruf

§ 724. (1) Der Widerruf eines Vermächtnisses wird vermutet, wenn der Verstorbene

1. die vermachte Forderung eingetrieben oder sonst zum Erlöschen gebracht hat,

2. die zugedachte Sache veräußert und nicht wieder zurück erhalten hat oder

3. die Sache derart umgestaltet hat, dass sie ihre vorige Gestalt und Bezeichnung verliert.

(2) Wenn aber der Schuldner die Forderung aus eigenem Antrieb berichtigt hat, die Veräußerung des Vermächtnisses auf gerichtliche oder behördliche Anordnung erfolgt ist oder die Sache ohne Einwilligung des Verstorbenen umgestaltet worden ist, bleibt das Vermächtnis wirksam.

(BGBl I 2015/87, ab 1. 1. 2017, s § 1503 Abs 7 Z 2)

3. durch Verlust der Angehörigenstellung

§ 725. (1) [1]Mit Auflösung der Ehe, der eingetragenen Partnerschaft oder der Lebensgemeinschaft zu Lebzeiten des Verstorbenen werden davor errichtete letztwillige Verfügungen, soweit sie den früheren Ehegatten, eingetragenen Partner oder Lebensgefährten betreffen, aufgehoben, es sei denn, dass der Verstorbene ausdrücklich das Gegenteil angeordnet hat. [2]Das Gleiche gilt für die Aufhebung der Abstammung oder den Widerruf oder die Aufhebung der Adoption, auch wenn sie nach dem Erbfall erfolgt, für letztwillige Verfügungen zugunsten des früheren Angehörigen.

(2) [1]Die letztwillige Anordnung wird im Zweifel auch dann aufgehoben, wenn der Verstorbene oder die letztwillig bedachte Person das gerichtliche Verfahren zur Auflösung der Ehe oder eingetragenen Partnerschaft oder zum Widerruf oder zur Aufhebung der Adoption eingeleitet hat. [2]Das Gleiche gilt auch für den Fall, dass der Verstorbene das gerichtliche Abstammungsverfahren eingeleitet hat, wenn sich in der Folge herausstellt, dass der vermeintliche Angehörige tatsächlich nicht vom Verstorbenen abstammt.

(BGBl I 2015/87, ab 1. 1. 2017, s § 1503 Abs 7 Z 2)

4. durch Ausfall des eingesetzten Erben

§ 726. [1]Wenn weder ein Erbe noch ein Nacherbe die Erbschaft annehmen will oder kann, fällt das Erbrecht auf die gesetzlichen Erben. [2]Diese sind verpflichtet, die übrigen Verfügungen des Verstorbenen zu befolgen.

(BGBl I 2015/87, ab 1. 1. 2017, s § 1503 Abs 7 Z 2)

Dreizehntes Hauptstück

Von der gesetzlichen Erbfolge

I. Grundsätze

Fälle der gesetzlichen Erbfolge

§ 727. Wenn der Verstorbene seinen letzten Willen nicht gültig erklärt oder nicht über sein gesamtes Vermögen verfügt hat oder wenn die eingesetzten Erben die Verlassenschaft nicht annehmen können oder wollen, kommt es ganz oder zum Teil zur gesetzlichen Erbfolge.

(BGBl I 2015/87, ab 1. 1. 2017, s § 1503 Abs 7 Z 2)

§ 728. [1]Mangels einer gültigen Erklärung des letzten Willens fällt die gesamte Verlassenschaft den gesetzlichen Erben zu. [2]Hat der Verstorbene über einen Teil seines Vermögens nicht gültig verfügt, so kommt allein dieser den gesetzlichen Erben zu.

(BGBl I 2015/87, ab 1. 1. 2017, s § 1503 Abs 7 Z 2)

Verkürzter Pflichtteil und Folgen einer Enterbung

§ 729. (1) Ist eine pflichtteilsberechtigte Person durch eine letztwillige Verfügung verkürzt worden, so kann sie sich auf das Gesetz berufen und den ihr gebührenden Pflichtteil fordern.

(2) Hat der Verstorbene die gänzliche oder teilweise Entziehung des Pflichtteils verfügt, so wird vermutet, dass er der enterbten Person auch deren gesetzlichen Erbteil entziehen wollte.

(3) Bei gesetzlicher Erbfolge erben die Nachkommen der enterbten Person an deren Stelle, auch wenn diese den Verstorbenen überlebt hat.

(BGBl I 2015/87, ab 1. 1. 2017, s § 1503 Abs 7 Z 2)

Gesetzliche Erben

§ 730. Gesetzliche Erben sind die in nächster Linie mit dem Verstorbenen Verwandten und sein Ehegatte oder eingetragener Partner.

(BGBl I 2015/87, ab 1. 1. 2017, s § 1503 Abs 7 Z 2)

II. Gesetzliches Erbrecht der Verwandten

§ 731. (1) Zur ersten Linie gehören diejenigen Verwandten, die vom Verstorbenen abstammen, also seine Kinder und deren Nachkommen.

(2) Zur zweiten Linie gehören die Eltern des Verstorbenen und deren Nachkommen, also seine Geschwister und deren Nachkommen.

(3) Zur dritten Linie gehören die Großeltern des Verstorbenen und deren Nachkommen, also seine Onkel und Tanten und deren Nachkommen.

(4) In der vierten Linie sind nur die Urgroßeltern des Verstorbenen zur Erbfolge berufen.

(BGBl I 2015/87, ab 1. 1. 2017, s § 1503 Abs 7 Z 2)

1. Linie: Kinder

§ 732. [1]Wenn der Verstorbene Kinder hat, fällt ihnen die gesamte Verlassenschaft zu, mögen sie zu seinen Lebzeiten oder nach seinem Tod geboren sein. [2]Mehreren Kindern fällt die Verlassenschaft zu gleichen Teilen zu. [3]Enkel von noch lebenden Kindern und Urenkel von noch lebenden Enkeln haben kein Recht zur Erbfolge.

(BGBl I 2015/87, ab 1. 1. 2017, s § 1503 Abs 7 Z 2)

§ 733. Wenn ein Nachkomme des Verstorbenen vor ihm gestorben ist und seinerseits Nachkommen hinterlassen hat, fällt der Anteil, der dem verstorbenen Nachkommen gebührt hätte, dessen Kindern zu gleichen Teilen zu.

(BGBl I 2015/87, ab 1. 1. 2017, s § 1503 Abs 7 Z 2)

§ 734. [1]Auf diese Art wird eine Verlassenschaft nicht nur dann geteilt, wenn Enkel von verstorbenen Kindern mit noch lebenden Kindern oder entferntere Nachkommen mit näheren Nachkommen des Verstorbenen zusammen treffen, sondern auch dann, wenn die Verlassenschaft bloß zwischen Enkeln von verschiedenen Kindern oder zwischen Urenkeln von verschiedenen Enkeln zu teilen ist. [2]Es können also die von jedem Kind hinterlassenen Enkel und die von jedem Enkel hinterlassenen Urenkel nie mehr und nie weniger erhalten, als das verstorbene Kind oder der verstorbene Enkel erhalten hätte, wenn es oder er am Leben geblieben wäre.

(BGBl I 2015/87, ab 1. 1. 2017, s § 1503 Abs 7 Z 2)

2. Linie: Eltern und ihre Nachkommen

§ 735. [1]Ist kein Nachkomme des Verstorbenen vorhanden, so fällt die Verlassenschaft den mit ihm in zweiter Linie Verwandten, also seinen Eltern und deren Nachkommen zu. [2]Leben noch beide Eltern, so gebührt ihnen die ganze Verlassenschaft zu gleichen Teilen. [3]Ist ein Elternteil verstorben, so treten dessen Nachkommen in sein Recht ein. [4]Die Hälfte, die dem Verstorbenen gebührt hätte, wird nach den §§ 732 bis 734 geteilt.

(BGBl I 2015/87, ab 1. 1. 2017, s § 1503 Abs 7 Z 2)

§ 736. [1]Wenn beide Eltern des Verstorbenen verstorben sind, wird die eine Hälfte der Verlassenschaft, die dem einen Elternteil zugefallen wäre, unter dessen Nachkommen, die andere Hälfte aber unter den Nachkommen des anderen nach den §§ 732 bis 734 geteilt. [2]Haben die Eltern nur gemeinsame Kinder oder deren Nachkommen hinterlassen, so teilen diese die beiden Hälften unter sich gleich. [3]Sind aber außer diesen noch Kinder nur eines Elternteils vorhanden, so erhalten diese und deren Nachkommen nur den ihnen von der Hälfte gebührenden Anteil.

(BGBl I 2015/87, ab 1. 1. 2017, s § 1503 Abs 7 Z 2)

§ 737. [1]Hat ein verstorbener Elternteil des Verstorbenen keine Nachkommen hinterlassen, so fällt die gesamte Verlassenschaft dem anderen noch lebenden Elternteil zu. [2]Ist auch dieser verstorben, so wird die gesamte Verlassenschaft unter seinen Kindern und Nachkommen nach den bereits angeführten Grundsätzen verteilt.

(BGBl I 2015/87, ab 1. 1. 2017, s § 1503 Abs 7 Z 2)

3. Linie: Großeltern und ihre Nachkommen

§ 738. [1]Sind die Eltern des Verstorbenen ohne Nachkommen verstorben, so fällt die Verlassenschaft der dritten Linie, also den Großeltern und ihren Nachkommen zu. [2]Die Verlassenschaft wird dann in zwei gleiche Teile geteilt. [3]Die eine Hälfte gebührt den Eltern des einen Elternteils des Verstorbenen und ihren Nachkommen, die andere den Eltern des anderen und ihren Nachkommen.

(BGBl I 2015/87, ab 1. 1. 2017, s § 1503 Abs 7 Z 2)

§ 739. [1]Jede dieser Hälften wird unter den Großeltern der einen und der anderen Seite, wenn sie beide noch leben, gleich geteilt. [2]Ist ein Großelternteil oder sind beide Großeltern von der einen oder anderen Seite gestorben, so wird die dieser Seite zugefallene Hälfte zwischen den Kindern und Nachkommen dieser Großeltern nach den Grundsätzen geteilt, nach denen in der zweiten Linie die ganze Verlassenschaft zwischen den

Kindern und Nachkommen der Eltern des Verstorbenen geteilt wird (§§ 735 bis 737).

(BGBl I 2015/87, ab 1. 1. 2017, s § 1503 Abs 7 Z 2)

§ 740. Sind von der Seite eines Elternteils beide Großeltern ohne Nachkommen verstorben, so fällt den von der anderen Seite noch lebenden Großeltern oder nach deren Tod deren Kindern und Nachkommen die gesamte Verlassenschaft zu.

(BGBl I 2015/87, ab 1. 1. 2017, s § 1503 Abs 7 Z 2)

4. Linie: Urgroßeltern

§ 741. (1) [1]Nach gänzlichem Ausfall der dritten Linie sind die Urgroßeltern des Verstorbenen zur gesetzlichen Erbfolge berufen. [2]Auf die Großeltern des einen Elternteils des Verstorbenen entfällt die eine Hälfte der Verlassenschaft, auf die Großeltern des anderen Elternteils die andere Hälfte. [3]Jede Hälfte der Verlassenschaft teilen sich die beiden Großelternpaare zu gleichen Teilen. [4]Ist ein Teil eines Großelternpaares nicht vorhanden, so fällt das auf diesen Teil entfallende Achtel der Verlassenschaft an den überlebenden Teil dieses Großelternpaares. [5]Fehlt ein Großelternpaar, so ist zu seinem Viertel das andere Großelternpaar desselben Elternteiles des Verstorbenen berufen.

(2) Fehlen die Großelternpaare des einen Elternteils des Verstorbenen, so sind zu der auf sie entfallenden Verlassenschaftshälfte die Großelternpaare des anderen Elternteils in demselben Ausmaß wie zu der ihnen unmittelbar zufallenden Verlassenschaftshälfte berufen.

(BGBl I 2015/87, ab 1. 1. 2017, s § 1503 Abs 7 Z 2)

Mehrfache Verwandtschaft

§ 742. Wenn jemand mit dem Verstorbenen mehrfach verwandt ist, genießt er von jeder Seite das Erbrecht, das ihm als einem Verwandten von dieser Seite gebührt.

(BGBl I 2015/87, ab 1. 1. 2017, s § 1503 Abs 7 Z 2)

Ausschluss von entfernten Verwandten

§ 743. Auf diese vier Linien der Verwandtschaft (§ 731) wird die gesetzliche Erbfolge eingeschränkt.

(BGBl I 2015/87, ab 1. 1. 2017, s § 1503 Abs 7 Z 2)

III. Gesetzliches Erbrecht des Ehegatten und eingetragenen Partners

§ 744. (1) [1]Der Ehegatte oder eingetragene Partner des Verstorbenen ist neben Kindern des Verstorbenen und deren Nachkommen zu einem Drittel der Verlassenschaft, neben Eltern des Verstorbenen zu zwei Dritteln der Verlassenschaft und in den übrigen Fällen zur Gänze gesetzlicher Erbe. [2]Ist ein Elternteil vorverstorben, so fällt auch dessen Anteil dem Ehegatten oder dem eingetragenen Partner zu.

(2) Auf den Erbteil des Ehegatten oder eingetragenen Partners ist alles anzurechnen, was er durch Ehe- oder Partnerschaftspakt oder Erbvertrag aus dem Vermögen des Verstorbenen erhält.

(BGBl I 2015/87, ab 1. 1. 2017, s § 1503 Abs 7 Z 2)

Gesetzliches Vorausvermächtnis

§ 745. (1) Sofern der Ehegatte oder eingetragene Partner nicht rechtmäßig enterbt worden ist, gebühren ihm als gesetzliches Vorausvermächtnis das Recht, in der Ehe- oder Partnerschaftswohnung weiter zu wohnen, und die zum ehelichen oder partnerschaftlichen Haushalt gehörenden beweglichen Sachen, soweit sie zu dessen Fortführung entsprechend den bisherigen Lebensverhältnissen erforderlich sind.

(2) [1]Dem Lebensgefährten des Verstorbenen steht ein solches gesetzliches Vermächtnis zu, sofern er mit dem Verstorbenen als dessen Lebensgefährte zumindest in den letzten drei Jahren im gemeinsamen Haushalt gelebt hat und der Verstorbene im Zeitpunkt des Todes weder verheiratet war noch in einer eingetragenen Partnerschaft gelebt hat. [2]Die in Abs. 1 erwähnten Rechte enden ein Jahr nach dem Tod des Verstorbenen.

(BGBl I 2015/87, ab 1. 1. 2017, s § 1503 Abs 7 Z 2)

Auflösung der Ehe oder Partnerschaft

§ 746. (1) Nach Auflösung der Ehe oder eingetragenen Partnerschaft zu Lebzeiten des Verstorbenen steht dem früheren Ehegatten oder eingetragenen Partner weder ein gesetzliches Erbrecht noch das gesetzliche Vorausvermächtnis zu.

(2) [1]Das gesetzliche Erbrecht und das gesetzliche Vorausvermächtnis stehen dem überlebenden Ehegatten oder eingetragenen Partner auch dann nicht zu, wenn in einem im Zeitpunkt des Erbfalls anhängigen Verfahren über die Auflösung der Ehe oder eingetragenen Partnerschaft eine Vereinbarung über die Aufteilung des Gebrauchsvermögens und der Ersparnisse für den Fall der Rechtskraft der Auflösungsentscheidung vorliegt. [2]Eine solche Vereinbarung gilt im Zweifel auch für die Auflösung der Ehe oder eingetragenen

Partnerschaft durch den Tod eines Ehegatten oder eingetragenen Partners.

(BGBl I 2015/87, ab 1. 1. 2017, s § 1503 Abs 7 Z 2)

Anspruch auf Unterhalt

§ 747. [1]Der Ehegatte oder eingetragene Partner hat, außer in den Fällen der §§ 746 und 777, gegen die Verlassenschaft und nach Einantwortung gegen die Erben bis zum Wert der Verlassenschaft einen Anspruch auf Unterhalt nach den sinngemäß anzuwendenden Grundsätzen des § 94 oder des § 12 EPG, solange er nicht wieder eine Ehe oder eingetragene Partnerschaft eingeht. [2]Auf diesen Anspruch ist alles anzurechnen, was der Ehegatte oder eingetragene Partner nach dem Verstorbenen durch vertragliche oder letztwillige Zuwendung, als gesetzlichen Erbteil, als Pflichtteil und durch öffentlich-rechtliche oder privatrechtliche Leistung erhält, desgleichen eigenes Vermögen des Ehegatten oder eingetragenen Partners sowie Erträgnisse einer von ihm tatsächlich ausgeübten oder einer solchen Erwerbstätigkeit, die von ihm den Umständen nach erwartet werden kann.

(BGBl I 2015/87, ab 1. 1. 2017, s § 1503 Abs 7 Z 2)

IV. Außerordentliches Erbrecht und Aneignung durch den Bund

Außerordentliches Erbrecht des Lebensgefährten

§ 748. (1) Gelangt kein gesetzlicher Erbe zur Verlassenschaft, so fällt dem Lebensgefährten des Verstorbenen die ganze Erbschaft zu, sofern er mit dem Verstorbenen als dessen Lebensgefährte zumindest in den letzten drei Jahren vor dem Tod des Verstorbenen im gemeinsamen Haushalt gelebt hat.

(2) Vom Erfordernis eines gemeinsamen Haushalts ist dann abzusehen, wenn diesem erhebliche Gründe, etwa gesundheitlicher oder beruflicher Art, entgegenstanden, ansonsten aber eine für Lebensgefährten typische besondere Verbundenheit bestand.

(BGBl I 2015/87, ab 1. 1. 2017, s § 1503 Abs 7 Z 2)

Außerordentliches Erbrecht der Vermächtnisnehmer

§ 749. Gelangt weder ein gesetzlicher Erbe noch der Lebensgefährte des Verstorbenen zur Verlassenschaft, so werden die vom Verstorbenen bedachten Vermächtnisnehmer verhältnismäßig als Erben betrachtet.

(BGBl I 2015/87, ab 1. 1. 2017, s § 1503 Abs 7 Z 2)

Aneignung durch den Bund

§ 750. (1) Wenn kein zur Erbfolge Berechtigter vorhanden ist und auch sonst niemand die Verlassenschaft erwirbt, hat der Bund das Recht, sie sich anzueignen.

(2) Soweit eine Verlassenschaft, die sich im Zeitpunkt des Todes des Verstorbenen in Österreich befindet, weder auf einen durch Verfügung von Todes wegen eingesetzten Erben oder Vermächtnisnehmer noch auf eine natürliche Person als gesetzlicher Erbe übergeht, hat der Bund das Recht, sie sich anzueignen, auch wenn sich die Erbfolge nicht nach österreichischem Recht richtet.

(BGBl I 2015/87, Abs 1 ab 1. 1. 2017, Abs. 2 ab 17. 8. 2015, s § 1503 Abs. 7 Z 2 und 6)

Abweichungen von der allgemeinen Erbfolge

§ 751. Abweichungen von der in diesem Hauptstück bestimmten gesetzlichen Erbfolge, insbesondere für land- und forstwirtschaftliche Betriebe, sind gesondert geregelt.

(BGBl I 2015/87, ab 1. 1. 2017, s § 1503 Abs 7 Z 2)

V. Anrechnung beim Erbteil

§ 752. [1]Bei der gewillkürten und bei der gesetzlichen Erbfolge muss sich der Erbe eine Schenkung unter Lebenden (§ 781) anrechnen lassen, wenn der „Verstorbene" das letztwillig angeordnet oder mit dem Geschenknehmer vereinbart hat. [2]Dieser Vertrag und seine Aufhebung bedürfen der Schriftform, bei Abschluss erst nach erfolgter Schenkung aber der Formvorschriften für einen Erbverzicht. *(BGBl I 2017/59, ab 2. 1. 2017, s § 1503 Abs 9 Z 3)*

(BGBl I 2015/87, ab 1. 1. 2017, s § 1503 Abs 7 Z 7)

§ 753. [1]Bei der gesetzlichen Erbfolge der Kinder muss sich ein Kind auf Verlangen eines anderen Kindes eine Schenkung unter Lebenden (§ 781) anrechnen lassen, es sei denn, dass der Verstorbene die Schenkung aus Einkünften ohne Schmälerung des Stammvermögens gemacht hat oder den Erlass dieser Anrechnung letztwillig verfügt oder mit dem Geschenknehmer vereinbart hat. [2]Dieser Vertrag und seine Aufhebung bedürfen der Schriftform.

(BGBl I 2015/87, ab 1. 1. 2017, s § 1503 Abs 7 Z 7)

§ 754. [1]Einem Nachkommen wird nicht nur das, was er selbst, sondern auch das, was seine Vorfahren, an deren Stelle er tritt, auf solche Art empfangen haben, auf den Erbteil angerechnet. [2]Auch wer einen Erbteil im Wege der Anwachsung erhält (§ 560), hat sich Schenkungen an denjenigen, dessen frei gewordenen Erbteil er übernimmt, anrechnen zu lassen.

(BGBl I 2015/87, ab 1. 1. 2017, s § 1503 Abs 7 Z 2)

Rechenmethode

§ 755. (1) [1]Das bei der Anrechnung zu berücksichtigende Vermögen ist auf den Zeitpunkt zu bewerten, in dem die Schenkung wirklich gemacht wurde. [2]Dieser Wert ist sodann auf den Todeszeitpunkt nach einem von der Statistik Austria verlautbarten Verbraucherpreisindex aufzuwerten und der Verlassenschaft hinzuzurechnen.

(2) [1]Von dem Erbteil des anrechnungspflichtigen Erben ist das anzurechnende Vermögen abzuziehen. [2]Der anrechnungspflichtige Erbe ist nicht zur Herausgabe seines Geschenks verpflichtet.

(BGBl I 2015/87, ab 1. 1. 2017, s § 1503 Abs 7 Z 2)

Vierzehntes Hauptstück
Vom Pflichtteil und der Anrechnung auf den Pflichtteil

I. Allgemeines

1. Pflichtteilsberechtigung

§ 756. Der Pflichtteil ist der Anteil am Wert des Vermögens des Verstorbenen, der dem Pflichtteilsberechtigten zukommen soll.

(BGBl I 2015/87, ab 1. 1. 2017, s § 1503 Abs 7 Z 2)

§ 757. Pflichtteilsberechtigt sind die Nachkommen sowie der Ehegatte oder eingetragene Partner des Verstorbenen.

(BGBl I 2015/87, ab 1. 1. 2017, s § 1503 Abs 7 Z 2)

§ 758. (1) Einer in § 757 angeführten Person steht ein Pflichtteil zu, wenn ihr bei gesetzlicher Erbfolge ein Erbrecht zustünde, sie nicht enterbt wurde und nicht auf den Pflichtteil verzichtet worden ist.

(2) [1]Den Nachkommen einer „erbunfähigen, enterbten oder vorverstorbenen Person" steht ein Pflichtteil zu, wenn sie die Voraussetzungen des Abs. 1 erfüllen. [2]Der Verzicht auf den Pflichtteil und die Ausschlagung der Erbschaft erstrecken sich im Zweifel auch auf die Nachkommen. [3]Die Nachkommen eines vorverstorbenen Pflichtteilsberechtigten, dessen Pflichtteil gemindert worden ist, müssen sich mit dem geminderten Pflichtteil begnügen, wenn auch für sie die Voraussetzungen für die Minderung vorliegen (§ 776 Abs. 1 und 2). *(BGBl I 2017/59, ab 2. 1. 2017, s § 1503 Abs 9 Z 3)*

(3) Eine in ihrem Pflichtteil verkürzte Person kann sich auch dann auf ihre Pflichtteilsberechtigung stützen, wenn ihr ein Erbrecht aus einem Erbvertrag, einem letzten Willen oder dem Gesetz gebührt.

(BGBl I 2015/87, ab 1. 1. 2017, s § 1503 Abs 7 Z 2)

2. Höhe

§ 759. Als Pflichtteil gebührt jeder pflichtteilsberechtigten Person die Hälfte dessen, was ihr nach der gesetzlichen Erbfolge zustünde.

(BGBl I 2015/87, ab 1. 1. 2017, s § 1503 Abs 7 Z 2)

§ 760. (1) Wenn einer der in § 757 angeführten Personen infolge Pflichtteilsverzichtes oder Ausschlagung der Erbschaft kein Pflichtteil zusteht, erhöht dies im Zweifel die Pflichtteile der anderen Pflichtteilsberechtigten nicht.

(2) Wenn aber einer der in § 757 angeführten Personen aus anderen Gründen kein oder nur ein geminderter Pflichtteil zusteht und an ihrer Stelle auch keine Nachkommen den Pflichtteil erhalten, erhöhen sich die Pflichtteile der anderen Pflichtteilsberechtigten anteilig; die §§ 733 und 734 sind anzuwenden.

(BGBl I 2015/87, ab 1. 1. 2017, s § 1503 Abs 7 Z 2)

3. Erfüllungsarten

Leistung und Deckung des Pflichtteils

§ 761. (1) [1]Der Pflichtteil ist in Geld zu leisten. [2]Er kann aber auch durch eine Zuwendung auf den Todesfall des Verstorbenen (§ 780) oder eine Schenkung unter Lebenden (§ 781) gedeckt werden.

(2) Wenn der Verstorbene jemanden auf den Pflichtteil gesetzt hat, wird vermutet, dass er ihm einen Geldanspruch und nicht ein Vermächtnis zuwenden wollte.

(BGBl I 2015/87, ab 1. 1. 2017, s § 1503 Abs 7 Z 2)

Bedingungen und Belastungen

§ 762. Haften einer Zuwendung oder Schenkung im Sinn der §§ 780 und 781 Bedingungen oder Belastungen an, die der Verwertung des zugewendeten Vermögens entgegenstehen, so hindert dies nicht deren Eignung zur Pflichtteilsdeckung; ein dadurch fehlender oder verminderter Nutzen ist aber bei der Bewertung der Zuwendung oder Schenkung zu berücksichtigen.

(BGBl I 2015/87, ab 1. 1. 2017, s § 1503 Abs 7 Z 2)

Geldpflichtteil

§ 763. Soweit der Pflichtteil durch eine Zuwendung oder Schenkung im Sinn der §§ 780 und 781 nicht oder nicht voll gedeckt wird, kann der Pflichtteilsberechtigte den Pflichtteil selbst oder dessen Ergänzung in Geld fordern.

(BGBl I 2015/87, ab 1. 1. 2017, s § 1503 Abs 7 Z 2)

4. Pflichtteilsschuldner

§ 764. (1) Der Pflichtteilsanspruch ist von der Verlassenschaft und nach der Einantwortung von den Erben zu erfüllen.

(2) Wenn der Pflichtteil durch eine Zuwendung oder Schenkung im Sinn der §§ 780 und 781 nicht oder nicht voll gedeckt wird, haben neben den Erben auch die Vermächtnisnehmer höchstens bis zum Wert der Verlassenschaft zu seiner Bedeckung verhältnismäßig beizutragen, nicht jedoch der Ehegatte oder eingetragene Partner mit dem gesetzlichen Vorausvermächtnis, der Lebensgefährte mit einem solchen gesetzlichen Vermächtnis und der Begünstigte aus einem Pflegevermächtnis.

(BGBl I 2015/87, ab 1. 1. 2017, s § 1503 Abs 7 Z 2)

5. Anfall und Fälligkeit

§ 765. (1) Der Pflichtteilsberechtigte erwirbt den Anspruch für sich und seine Nachfolger mit dem Tod des Verstorbenen.

(2) Den Geldpflichtteil kann der Pflichtteilsberechtigte erst ein Jahr nach dem Tod des Verstorbenen fordern.

(BGBl I 2015/87, ab 1. 1. 2017, s § 1503 Abs 7 Z 2)

Stundung

§ 766. (1) [1]Der letztwillig Verfügende kann die Stundung des Pflichtteilsanspruchs auf höchstens fünf Jahre nach seinem Tod oder die Zahlung in Teilbeträgen innerhalb dieses Zeitraums anordnen. [2]Ebenso kann er die Deckung des Pflichtteils durch eine Zuwendung ganz oder zum Teil auf diesen Zeitraum erstrecken.

(2) [1]In den Fällen des Abs. 1 kann der Pflichtteilsberechtigte den gesamten oder restlichen Geldpflichtteil erst mit Ende dieses Zeitraums fordern, es sei denn, dass ihn dies unter Berücksichtigung aller Umstände unbillig hart träfe. [2]Die Interessen und die Vermögenslage des Pflichtteilsschuldners sind angemessen zu berücksichtigen.

(3) In besonders berücksichtigungswürdigen Fällen kann der in Abs. 1 genannte Zeitraum auf insgesamt höchstens zehn Jahre durch das Gericht verlängert werden.

(BGBl I 2015/87, ab 1. 1. 2017, s § 1503 Abs 7 Z 2)

§ 767. (1) [1]Der Pflichtteilsanspruch ist auf Verlangen eines Pflichtteilsschuldners auch gerichtlich zu stunden, soweit diesen die Erfüllung unter Berücksichtigung aller Umstände unbillig hart träfe. [2]Dies kann insbesondere der Fall sein, wenn er mangels ausreichenden anderen Vermögens die Wohnung, die ihm zur Befriedigung seines dringenden Wohnbedürfnisses dient, oder ein Unternehmen, das seine wirtschaftliche Lebensgrundlage darstellt, veräußern müsste. [3]Ebenso ist der Geldpflichtteilsanspruch auf Verlangen eines Pflichtteilsschuldners zu stunden, wenn dessen sofortige Entrichtung den Fortbestand eines Unternehmens erheblich gefährdet. [4]Die Interessen des Pflichtteilsberechtigten sind angemessen zu berücksichtigen.

(2) Das Gericht kann den Pflichtteilsanspruch auf höchstens fünf Jahre nach dem Tod des Verstorbenen stunden oder die Zahlung in Teilbeträgen innerhalb dieses Zeitraums bewilligen.

(3) In besonders berücksichtigungswürdigen Fällen kann der in Abs. 2 genannte Zeitraum auf insgesamt höchstens zehn Jahre durch das Gericht verlängert werden.

(BGBl I 2015/87, ab 1. 1. 2017, s § 1503 Abs 7 Z 2)

Sicherstellung des Pflichtteilsanspruchs und Anpassung einer Stundungsregelung

§ 768. [1]Das Gericht kann auf Antrag die Sicherstellung des Pflichtteilsanspruchs anordnen und bei einer erheblichen Änderung der Umstände eine Stundungsregelung ändern oder aufheben. [2]Der Pflichtteilsschuldner und der Pflichtteilsberechtigte haben einander über eine wesentliche Änderung der Umstände unverzüglich zu informieren.

(BGBl I 2015/87, ab 1. 1. 2017, s § 1503 Abs 7 Z 2)

II. Ausschluss von der Pflichtteilsberechtigung

1. Enterbung

Allgemeines

§ 769. Enterbung ist die gänzliche oder teilweise Entziehung des Pflichtteils durch letztwillige Verfügung.

(BGBl I 2015/87, ab 1. 1. 2017, s § 1503 Abs 7 Z 2)

Enterbungsgründe

§ 770. Ein Pflichtteilsberechtigter kann enterbt werden, wenn er

1. gegen den Verstorbenen eine gerichtlich strafbare Handlung begangen hat, die nur vorsätzlich begangen werden kann und mit mehr als einjähriger Freiheitsstrafe bedroht ist,

2. gegen den Ehegatten, eingetragenen Partner, Lebensgefährten oder Verwandten in gerader Linie, die Geschwister des Verstorbenen und deren Kinder, Ehegatten, eingetragenen Partner oder Lebensgefährten sowie die Stiefkinder des Verstorbenen eine gerichtlich strafbare Handlung begangen hat, die nur vorsätzlich begangen werden kann und mit mehr als einjähriger Freiheitsstrafe bedroht ist,

3. absichtlich die Verwirklichung des wahren letzten Willens des Verstorbenen vereitelt oder zu vereiteln versucht hat (§ 540),

4. dem Verstorbenen in verwerflicher Weise schweres seelisches Leid zugefügt hat,

5. sonst seine familienrechtlichen Pflichten gegenüber dem Verstorbenen gröblich vernachlässigt hat, oder

6. wegen einer oder mehrerer mit Vorsatz begangener strafbarer Handlungen zu einer lebenslangen oder zwanzigjährigen Freiheitsstrafe verurteilt worden ist.

(BGBl I 2015/87, ab 1. 1. 2017, s § 1503 Abs 7 Z 2)

Enterbung aus guter Absicht

§ 771. Wenn auf Grund der Verschuldung oder des verschwenderischen Lebensstils eines Pflichtteilsberechtigten die Gefahr besteht, dass der ihm gebührende Pflichtteil ganz oder größtenteils seinen Kindern entgehen wird, kann ihm der Pflichtteil zugunsten seiner Kinder entzogen werden.

(BGBl I 2015/87, ab 1. 1. 2017, s § 1503 Abs 7 Z 2)

Art der Erklärung und Ursächlichkeit des Grundes

§ 772. (1) Die Enterbung kann ausdrücklich oder stillschweigend durch Übergehung in der letztwilligen Verfügung erfolgen.

(2) Der Enterbungsgrund muss für die Enterbung durch den Verstorbenen ursächlich gewesen sein.

(BGBl I 2015/87, ab 1. 1. 2017, s § 1503 Abs 7 Z 2)

Widerruf der Enterbung und Verzeihung

§ 773. (1) Die Enterbung kann widerrufen werden, und zwar ausdrücklich oder stillschweigend durch die nachträgliche letztwillige Bedenkung des vorher Enterbten oder durch den Widerruf der letztwilligen Verfügung, welche die Enterbung anordnet.

(2) Konnte der Verstorbene die Enterbung auf Grund fehlender Testierfähigkeit nicht mehr widerrufen, so ist die Enterbung unwirksam, wenn der Verstorbene zu erkennen gegeben hat, dass er dem Enterbten verziehen hat.

(BGBl I 2015/87, ab 1. 1. 2017, s § 1503 Abs 7 Z 2)

Beweislast

§ 774. (1) Das Vorliegen eines Enterbungsgrundes muss der Pflichtteilsschuldner beweisen.

(2) Bei Vorliegen eines Enterbungsgrundes wird vermutet, dass dieser für die ausdrückliche oder stillschweigende Enterbung ursächlich war.

(BGBl I 2015/87, ab 1. 1. 2017, s § 1503 Abs 7 Z 2)

Enterbung ohne Grund und Übergehung

§ 775. (1) Hat der Verstorbene den Pflichtteilsberechtigten wegen eines bestimmten Verhaltens, das keinen Enterbungsgrund darstellt, ausdrücklich oder stillschweigend enterbt, so wird vermutet, dass er ihn auf den Pflichtteil setzen und nicht mit einem Erbteil bedenken wollte.

(2) [1]Wenn der Verstorbene Kinder und deren Nachkommen hatte, von deren Geburt er bei Errichtung einer letztwilligen Verfügung nicht wusste, wird vermutet, dass er ihnen letztwillig etwas zukommen lassen wollte. [2]Hatte er daneben noch andere Kinder, so wird vermutet, dass er das ihm nicht bekannte Kind zumindest gleich bedacht hätte wie das am mindesten bedachte Kind. [3]Wenn das ihm nicht bekannte Kind sein einziges war, gilt die letztwillige Verfügung als widerrufen, es sei denn, dass der Verstorbene

diese Verfügung auch in Kenntnis von seinem Kind errichtet hätte.

(BGBl I 2015/87, ab 1. 1. 2017, s § 1503 Abs 7 Z 2)

2. Pflichtteilsminderung

§ 776. (1) Der Verfügende kann den Pflichtteil letztwillig auf die Hälfte mindern, wenn er und der Pflichtteilsberechtigte zu keiner Zeit oder zumindest über einen längeren Zeitraum vor dem Tod des Verfügenden nicht in einem Naheverhältnis standen, wie es zwischen solchen Familienangehörigen gewöhnlich besteht.

(2) Das Recht auf Pflichtteilsminderung steht nicht zu, wenn der Verstorbene den Kontakt grundlos gemieden oder berechtigten Anlass für den fehlenden Kontakt gegeben hat.

(3) Die §§ 773 und 774 gelten sinngemäß für die Pflichtteilsminderung; die Pflichtteilsminderung kann auch stillschweigend durch Übergehung in der letztwilligen Verfügung angeordnet worden sein.

(BGBl I 2015/87, ab 1. 1. 2017, s § 1503 Abs 7 Z 2)

3. Notwendiger Unterhalt des Pflichtteilsberechtigten

§ 777. Selbst wenn ein Pflichtteilsberechtigter erbunwürdig oder enterbt worden ist, steht ihm doch stets der notwendige Unterhalt zu.

(BGBl I 2015/87, ab 1. 1. 2017, s § 1503 Abs 7 Z 2)

III. Pflichtteilsermittlung

1. Ermittlung und Berechnung des Pflichtteils

§ 778. (1) Auf Antrag eines Pflichtteilsberechtigten wird zur Ermittlung des Pflichtteils die gesamte Verlassenschaft genau beschrieben und geschätzt.

(2) [1]Die Schätzung hat auf den Todestag des Verstorbenen abzustellen. [2]Bis zur Erfüllung des Geldpflichtteils stehen dem Pflichtteilsberechtigten die gesetzlichen Zinsen zu.

(BGBl I 2015/87, ab 1. 1. 2017, s § 1503 Abs 7 Z 2)

§ 779. (1) Schulden und andere Lasten, die schon zu Lebzeiten des Verstorbenen auf dem Vermögen hafteten, werden von der Verlassenschaft ebenso abgezogen wie alle nach dem Erbfall und vor der Einantwortung entstandenen und mit der Besorgung, Verwaltung und Abhandlung der Verlassenschaft verbundenen Kosten.

(2) Der Pflichtteil wird aber ohne Rücksicht auf Vermächtnisse und andere aus dem letzten Willen entspringende Lasten berechnet.

(BGBl I 2015/87, ab 1. 1. 2017, s § 1503 Abs 7 Z 2)

2. Anrechnung von Zuwendungen auf den Todesfall

§ 780. (1) Alles, was der Pflichtteilsberechtigte als Erbteil, Vermächtnis oder nach dem Erbfall als Begünstigter einer vom Verstorbenen errichteten Privatstiftung oder vergleichbaren Vermögensmasse erhält, wird auf den Geldpflichtteil angerechnet, also von diesem abgezogen.

(2) Zuwendungen auf den Todesfall sind auf den Zeitpunkt des Todes des Verstorbenen zu bewerten.

(BGBl I 2015/87, ab 1. 1. 2017, s § 1503 Abs 7 Z 2)

3. Hinzu- und Anrechnung von Schenkungen unter Lebenden

§ 781. (1) Schenkungen, die der Pflichtteilsberechtigte oder auch ein Dritter vom Verstorbenen zu dessen Lebzeiten oder auf den Todesfall erhalten hat, sind der Verlassenschaft nach Maßgabe der folgenden Bestimmungen hinzuzurechnen und auf einen allfälligen Geldpflichtteil des Geschenknehmers anzurechnen.

(2) Als Schenkung in diesem Sinn gelten auch

1. die Ausstattung eines Kindes,
2. ein Vorschuss auf den Pflichtteil,
3. die Abfindung für einen Erb- oder Pflichtteilsverzicht,
4. die Vermögenswidmung an eine Privatstiftung,
5. die Einräumung der Stellung als Begünstigter einer Privatstiftung, soweit ihr der Verstorbene sein Vermögen gewidmet hat, sowie
6. jede andere Leistung, die nach ihrem wirtschaftlichen Gehalt einem unentgeltlichen Rechtsgeschäft unter Lebenden gleichkommt.

(BGBl I 2015/87, ab 1. 1. 2017, s § 1503 Abs 7 Z 2)

Schenkungen an nicht pflichtteilsberechtigte Personen

§ 782. (1) Auf Verlangen eines Pflichtteilsberechtigten sind Schenkungen, die der Verstorbene in den letzten beiden Jahren vor seinem Tod an Personen, die nicht dem Kreis der Pflichtteilsberechtigten angehören (§ 757), wirklich gemacht hat, bei der Berechnung der Verlassenschaft hinzuzurechnen.

(2) Dieses Recht steht einem Nachkommen nur bei Schenkungen zu, die der Verstorbene zu einer Zeit gemacht hat, zu der er ein pflichtteilsberechtigtes Kind gehabt hat, dem Ehegatten oder eingetragenen Partner nur bei Schenkungen, die während seiner Ehe oder eingetragenen Partnerschaft mit dem Verstorbenen gemacht worden sind.

(BGBl I 2015/87, ab 1. 1. 2017, s § 1503 Abs 7 Z 2)

Schenkungen an Pflichtteilsberechtigte

§ 783. (1) [1]Auf Verlangen eines Pflichtteilsberechtigten oder eines Erben sind Schenkungen an Personen, die dem Kreis der Pflichtteilsberechtigten angehören (§ 757), der Verlassenschaft hinzuzurechnen und auf den Pflichtteil der beschenkten Person oder derjenigen Person, die an deren Stelle tritt, anzurechnen. [2]Ein Geschenknehmer, der im Zeitpunkt der Schenkung allgemein zum Kreis der pflichtteilsberechtigten Personen gehörte (§ 757) und dem deshalb kein Pflichtteil zukommt, weil er auf seinen Pflichtteil verzichtet hat oder die Erbschaft ausgeschlagen hat, kann ebenfalls die Hinzu- und Anrechnung von Schenkungen an Pflichtteilsberechtigte verlangen.

(2) Die Hinzu- und Anrechnung kann auch ein Vermächtnisnehmer verlangen, soweit er zur Pflichtteilserfüllung beizutragen hat oder einen verhältnismäßigen Abzug erleidet.

(BGBl I 2015/87, ab 1. 1. 2017, s § 1503 Abs 7 Z 2)

Ausnahmen

§ 784. Schenkungen, die der Verstorbene aus Einkünften ohne Schmälerung des Stammvermögens, zu gemeinnützigen Zwecken, in Entsprechung einer sittlichen Pflicht oder aus Gründen des Anstandes gemacht hat, sind weder hinzunoch anzurechnen, sofern der Verstorbene und der Geschenknehmer nichts anderes vereinbart haben.

(BGBl I 2015/87, ab 1. 1. 2017, s § 1503 Abs 7 Z 2)

§ 785. [1]Schenkungen an einen Pflichtteilsberechtigten sind auf dessen Pflichtteil insoweit nicht anzurechnen, als der Verstorbene den Erlass dieser Anrechnung letztwillig verfügt oder mit ihm vereinbart hat. [2]In einem solchen Fall ist die von der Anrechnung befreite Zuwendung bei der Ermittlung des Pflichtteils dieses von der Anrechnung befreiten Pflichtteilsberechtigten nicht hinzuzurechnen. [3]Der Vertrag über den Erlass der Anrechnung bedarf der Schriftform; die Aufhebung dieses Vertrags bedarf der Formvorschriften für einen Pflichtteilsverzicht.

(BGBl I 2015/87, ab 1. 1. 2017, s § 1503 Abs 7 Z 7)

Auskunftsanspruch

§ 786. Wer berechtigt ist, die Hinzurechnung bestimmter Schenkungen zu verlangen, hat in Bezug auf diese einen Auskunftsanspruch gegen die Verlassenschaft, die Erben und den Geschenknehmer.

(BGBl I 2015/87, ab 1. 1. 2017, s § 1503 Abs 7 Z 2)

Rechenmethode

§ 787. (1) [1]Eine Schenkung, die der Verlassenschaft nach den vorstehenden Bestimmungen hinzugerechnet wird, ist ihr rechnerisch hinzuzuschlagen. [2]Von der dadurch vergrößerten Verlassenschaft sind die Pflichtteile zu ermitteln.

(2) Von einem auf solche Art und Weise vergrößerten Pflichtteil ist die Schenkung an den pflichtteilsberechtigten Geschenknehmer, soweit sie auf seinen Pflichtteil anzurechnen ist, abzuziehen.

(BGBl I 2015/87, ab 1. 1. 2017, s § 1503 Abs 7 Z 2)

Bewertung der Schenkung

§ 788. [1]Die geschenkte Sache ist auf den Zeitpunkt zu bewerten, in dem die Schenkung wirklich gemacht wurde. [2]Dieser Wert ist sodann auf den Todeszeitpunkt nach einem von der Statistik Austria verlautbarten Verbraucherpreisindex anzupassen.

(BGBl I 2015/87, ab 1. 1. 2017, s § 1503 Abs 7 Z 2)

IV. Haftung des Geschenknehmers

§ 789. (1) [1]Wenn bei Bestimmung der Pflichtteile Schenkungen hinzu- oder angerechnet werden, die Verlassenschaft aber zur Deckung der Pflichtteile nicht ausreicht, kann der verkürzte Pflichtteilsberechtigte vom Geschenknehmer die Zahlung des Fehlbetrags verlangen. [2]Dies gilt nicht für die Ausstattung, die ein Kind erhalten hat, soweit es auf diese nach § 1220 einen Anspruch hatte.

(2) Mehrere Geschenknehmer haften für den Ausfall am Pflichtteil anteilig im Verhältnis des Wertes ihrer Geschenke.

(3) Bezahlt der Geschenknehmer den Fehlbetrag oder den Anteil, für den er nach Abs. 2 ein-

zustehen hat, nicht, so haftet er nur mit der zugewendeten Sache.

(BGBl I 2015/87, ab 1. 1. 2017, s § 1503 Abs 7 Z 2)

§ 790. (1) Besitzt der Geschenknehmer die zugewendete Sache oder ihren Wert nicht mehr oder hat sich ihr Wert vermindert, so haftet er mit seinem gesamten Vermögen, wenn er diesen Verlust unredlich zugelassen hat.

(2) Auf den Anspruch auf Zahlung des Fehlbetrags sind §§ 766 bis 768 über die Stundung des Pflichtteils sinngemäß anzuwenden.

(BGBl I 2015/87, ab 1. 1. 2017, s § 1503 Abs 7 Z 2)

§ 791. (1) Ein pflichtteilsberechtigter Geschenknehmer (§ 758) haftet einem anderen verkürzten Pflichtteilsberechtigten nur insoweit, als er infolge der Schenkung mehr als den ihm bei Berücksichtigung der hinzuzurechnenden Schenkungen gebührenden Pflichtteil erhalten hat.

(2) [1]Ist der Geschenknehmer vorverstorben, hat er auf seinen Pflichtteil verzichtet oder die Erbschaft ausgeschlagen, so steht ihm oder seinen Erben die Haftungsfreistellung in Höhe seines hypothetischen Pflichtteils, der zum Todeszeitpunkt des Verstorbenen zu berechnen ist, zu. [2]Die Schenkung ist selbst dann hinzuzurechnen, wenn der Verstorbene die Anrechnung auf den Pflichtteil erlassen hat.

(3) Soweit der Geschenknehmer oder dessen Erbe eine Haftungsbeschränkung bereits geltend gemacht hat, kann eine Person, der der Pflichtteil anstelle des Pflichtteilsberechtigten zufällt oder deren Pflichtteil durch den Wegfall des Pflichtteilsberechtigten erhöht wird, keine weitere solche Haftungsbeschränkung geltend machen.

(BGBl I 2015/87, ab 1. 1. 2017, s § 1503 Abs 7 Z 2)

§ 792. Wenn der Geschenknehmer im Zeitpunkt der Schenkung nicht zum Kreis der pflichtteilsberechtigten Personen gehörte (§ 757), haftet er nicht, wenn der Verstorbene die Schenkung mehr als zwei Jahre vor seinem Tod wirklich gemacht hat.

(BGBl I 2015/87, ab 1. 1. 2017, s § 1503 Abs 7 Z 2)

§§ 793 bis 796. *(aufgehoben, BGBl I 2015/87, ab 1. 1. 2017)*

Fünfzehntes Hauptstück

Erwerb einer Erbschaft

I. Voraussetzungen für den Erwerb einer Erbschaft

Einantwortungsprinzip

§ 797. (1) [1]Niemand darf eine Erbschaft eigenmächtig in Besitz nehmen. [2]Der Erwerb einer Erbschaft erfolgt in der Regel nach Durchführung des Verlassenschaftsverfahrens durch die Einantwortung der Verlassenschaft, das ist die Übergabe in den rechtlichen Besitz der Erben.

(2) [1]Wie weit das Gericht nach einem Todesfall von Amts wegen vorzugehen hat und welche Fristen und Sicherungsmittel bei der Abhandlung zu beachten sind, bestimmen die Verfahrensgesetze. [2]Sie regeln auch, wie ein Erbe oder Gläubiger Ansprüche gegen die Verlassenschaft geltend machen kann.

(BGBl I 2015/87, ab 1. 1. 2017, s § 1503 Abs 7 Z 8)

Überlassung der Verlassenschaft

§ 798. [1]Überlässt das Gericht eine überschuldete Verlassenschaft an Zahlungs statt, so bildet der Überlassungsbeschluss den Titel zum Erwerb. [2]Das Gleiche gilt für die gerichtlich erteilte Ermächtigung, Verlassenschaftsvermögen zu übernehmen.

(BGBl I 2015/87, ab 1. 1. 2017, s § 1503 Abs 7 Z 8)

Nachweis des Rechtstitels; Erbantrittserklärung

§ 799. Wer eine Erbschaft erwerben will, muss dem Gericht den Rechtstitel (Erbvertrag, letztwillige Verfügung oder Gesetz) nachweisen und ausdrücklich erklären, die Erbschaft anzutreten.

(BGBl I 2015/87, ab 1. 1. 2017, s § 1503 Abs 7 Z 8)

Bedingte und unbedingte Erbantrittserklärung

§ 800. Die Erbantrittserklärung kann unbedingt oder bedingt, also unter dem Vorbehalt der Errichtung eines Inventars, abgegeben werden.

(BGBl I 2015/87, ab 1. 1. 2017, s § 1503 Abs 7 Z 8)

Wirkung der unbedingten Erbantrittserklärung

§ 801. Die unbedingte Erbantrittserklärung bewirkt, dass der Erbe persönlich allen Gläubigern des Verstorbenen für ihre Forderungen und allen Vermächtnisnehmern für ihre Vermächtnisse haftet, selbst wenn die Verlassenschaft zur Deckung dieser Lasten nicht hinreicht.

(BGBl I 2015/87, ab 1. 1. 2017, s § 1503 Abs 7 Z 8)

Wirkung der bedingten Erbantrittserklärung

§ 802. [1]Wird die Erbschaft mit Vorbehalt des Inventars angetreten, so hat das Gericht auf Kosten der Verlassenschaft ein Inventar zu errichten. [2]Ein solcher Erbe haftet den Gläubigern und Vermächtnisnehmern nur so weit, als die Verlassenschaft für ihre und auch seine eigenen Forderungen, das Erbrecht ausgenommen, hinreicht.

(BGBl I 2015/87, ab 1. 1. 2017, s § 1503 Abs 7 Z 8)

Berechtigung zum Antritt oder zur Ausschlagung der Erbschaft

§ 803. (1) Letztwillige Anordnungen, wonach der Erbe die Erbschaft nur unbedingt antreten darf oder bei Abgabe einer bedingten Erbantrittserklärung oder bei Antragstellung auf Inventarisierung der Verlassenschaft verliert, sind ungültig und gelten als nicht beigesetzt.

(2) Auf das Recht, eine Erbschaft bedingt oder unbedingt anzutreten, sie auszuschlagen oder die Errichtung eines Inventars zu verlangen, kann im Voraus nicht verzichtet werden.

(BGBl I 2015/87, ab 1. 1. 2017, s § 1503 Abs 7 Z 8)

§ 804. Auch ein Pflichtteilsberechtigter kann die Errichtung des Inventars beantragen.

(BGBl I 2015/87, ab 1. 1. 2017, s § 1503 Abs 7 Z 8)

§ 805. Der Erbe kann die Erbschaft auch ausschlagen.

(BGBl I 2015/87, ab 1. 1. 2017, s § 1503 Abs 7 Z 8)

§ 806. Der Erbe kann weder die Ausschlagung noch seine Erbantrittserklärung widerrufen noch seine unbedingte in eine bedingte Erbantrittserklärung ändern und sich die Errichtung des Inventars vorbehalten.

(BGBl I 2015/87, ab 1. 1. 2017, s § 1503 Abs 7 Z 8)

§ 807. [1]Wenn auch nur ein Miterbe eine bedingte Erbantrittserklärung abgibt, so ist ein Inventar zu errichten, das der Verlassenschaftsabhandlung zu Grunde zu legen ist. [2]Nach Errichtung eines Inventars genießt auch ein Erbe, der eine unbedingte Erbantrittserklärung abgegeben hat, die damit verbundene Haftungsbeschränkung.

(BGBl I 2015/87, ab 1. 1. 2017, s § 1503 Abs 7 Z 8)

§ 808. (1) [1]Wird eine Person zum Erben eingesetzt, der auch ohne letztwillige Verfügung das Erbrecht ganz oder zum Teil gebührt hätte, so ist sie nicht befugt, sich auf die gesetzliche Erbfolge zu berufen, wenn dadurch vom Verstorbenen getroffene Anordnungen unausgeführt blieben. [2]In einem solchen Fall muss sie die Erbschaft entweder aus dem letzten Willen antreten oder sie zur Gänze ausschlagen.

(2) Eine pflichtteilsberechtigte Person kann die Erbschaft nicht unter dem Vorbehalt ihres Pflichtteiles ausschlagen.

(BGBl I 2015/87, ab 1. 1. 2017, s § 1503 Abs 7 Z 8)

Übertragung des Erbrechts

§ 809. Stirbt der Erbe, bevor er die angefallene Erbschaft angetreten oder ausgeschlagen hat, so treten seine Erben in das Recht, die Erbschaft anzunehmen oder auszuschlagen, ein (§ 537).

(BGBl I 2015/87, ab 1. 1. 2017, s § 1503 Abs 7 Z 8)

II. Vorkehrungen vor Einantwortung

1. Verwaltung

§ 810. (1) [1]Der Erbe, der bei Antretung der Erbschaft sein Erbrecht hinreichend ausweist, hat das Recht, das Verlassenschaftsvermögen zu benützen, zu verwalten und die Verlassenschaft zu vertreten, solange das Verlassenschaftsgericht nichts anderes anordnet. [2]Trifft dies auf mehrere Personen zu, so üben sie dieses Recht gemeinsam aus, soweit sie nichts anderes vereinbaren.

(2) [1]Verwaltungs- und Vertretungshandlungen vor Abgabe von Erbantrittserklärungen zur gesamten Verlassenschaft sowie alle Veräußerungen von Gegenständen aus dem Verlassenschaftsvermögen bedürfen der Genehmigung des Verlassenschaftsgerichts, wenn sie nicht zum ordentlichen Wirtschaftsbetrieb gehören. [2]Die Genehmigung ist zu versagen, wenn die Handlung für die Verlassenschaft offenbar nachteilig wäre.

(3) Ist nach der Aktenlage die Errichtung eines Inventars zu erwarten, so dürfen Vermögensgegenstände, deren Veräußerung nicht zum ordentlichen Wirtschaftsbetrieb gehört, erst veräußert werden, nachdem sie in ein Inventar (Teilinventar) aufgenommen worden sind.

(BGBl I 2004/58, ab 1. 1. 2005, s Art IV § 3 Z 3 FamErbRÄG)

2. Sicherstellung oder Befriedigung der Gläubiger

§ 811. Die Gläubiger können die Befriedigung oder Sicherstellung ihrer Forderungen gegen die Verlassenschaft bereits vor Abgabe einer Erbantrittserklärung verlangen und zur Vertretung der Verlassenschaft die Bestellung eines Kurators beantragen.

(BGBl I 2015/87, ab 1. 1. 2017, s § 1503 Abs 7 Z 8)

3. Absonderung der Verlassenschaft vom Vermögen des Erben

§ 812. (1) Wenn die Forderung eines Gläubigers der Verlassenschaft durch Vermengung der Verlassenschaft mit dem Vermögen des Erben gefährdet wäre, kann der Gläubiger vor der Einantwortung beantragen, dass ein seiner Forderung entsprechender Teil der Verlassenschaft vom Vermögen des Erben abgesondert, vom Gericht verwahrt oder von einem Kurator verwaltet wird, bis sein Anspruch berichtigt ist.

(2) In einem solchen Fall haftet der Erbe den Separationsgläubigern auch nach Abgabe einer unbedingten Erbantrittserklärung nur mit der abgesonderten Verlassenschaft, den übrigen Gläubigern aber wie ein bedingt erbantrittserklärter Erbe.

(3) [1]Die Absonderung kann durch eine angemessene Sicherheitsleistung des Erben, die auch der Verlassenschaft entnommen werden kann, abgewendet oder aufgehoben werden. [2]Die Absonderung ist weiters von Amts wegen oder auf Antrag aufzuheben, wenn sie zu Unrecht bewilligt wurde, ihre Voraussetzungen weggefallen sind oder die Separationsgläubiger ihre Ansprüche nicht ohne Verzug gehörig betreiben.

(BGBl I 2015/87, ab 1. 1. 2017, s § 1503 Abs 7 Z 8)

4. Aufforderung der Verlassenschaftsgläubiger

§ 813. [1]Der Erbe oder Verlassenschaftskurator kann zur Feststellung des Schuldenstandes beantragen, dass mit Edikt alle Gläubiger aufgefordert werden, ihre Forderungen binnen einer zu bestimmenden angemessenen Frist anzumelden. [2]Dieses Edikt hat den Hinweis zu enthalten, dass bis zum Ablauf der Frist mit der Befriedigung der Gläubiger innegehalten werden kann.

(BGBl I 2015/87, ab 1. 1. 2017, s § 1503 Abs 7 Z 8)

Wirkung der Aufforderung oder ihrer Unterlassung

§ 814. [1]Die gerichtliche Aufforderung bewirkt, dass den Gläubigern, die ihre Forderung nicht fristgerecht angemeldet haben, gegen die Verlassenschaft kein weiterer Anspruch zusteht, wenn sie durch Befriedigung der angemeldeten Forderungen erschöpft ist. [2]Das gilt nicht, soweit die Forderung pfandrechtlich gesichert ist.

(BGBl I 2015/87, ab 1. 1. 2017, s § 1503 Abs 7 Z 8)

§ 815. Wenn der Erbe die Aufforderung unterlässt oder nur einige Gläubiger befriedigt, ohne auf die Rechte der anderen Rücksicht zu nehmen, und deshalb einige Gläubiger wegen Überschuldung der Verlassenschaft unbefriedigt bleiben, haftet der Erbe diesen Gläubigern, ungeachtet einer bedingten Erbantrittserklärung, mit seinem ganzen Vermögen für denjenigen Betrag, den sie bei gehöriger Aufforderung oder Befriedigung erhalten hätten.

(BGBl I 2015/87, ab 1. 1. 2017, s § 1503 Abs 7 Z 8)

5. Nachweis über die Erfüllung des letzten Willens

Testamentsvollstrecker

§ 816. [1]Der Verstorbene kann letztwillig einen Vollstrecker seines letzten Willens ernennen. [2]Übernimmt der Testamentsvollstrecker diese Aufgabe, so hat er entweder als Machthaber die Anordnungen des Verstorbenen selbst zu vollziehen oder deren Einhaltung zu überwachen und den säumigen Erben zur Vollziehung derselben zu veranlassen.

(BGBl I 2015/87, ab 1. 1. 2017, s § 1503 Abs 7 Z 8)

Nachweis der Testamentserfüllung

§ 817. Ist kein Testamentsvollstrecker ernannt oder nimmt dieser seine Ernennung nicht an, so hat der Erbe dem Gericht nachzuweisen, dass er den Willen des Verstorbenen möglichst erfüllt oder Sicherheit geleistet hat.

(BGBl I 2015/87, ab 1. 1. 2017, s § 1503 Abs 7 Z 8)

§ 818. *(aufgehoben, BGBl I 2015/87, ab 1. 1. 2017)*

III. Einantwortung und ihre Folgen

Einantwortung

§ 819. [1]Sobald die Erbantrittserklärungen abgegeben wurden, die Erben und ihre Quoten feststehen und die übrigen Voraussetzungen erfüllt sind, wird den Erben die Erbschaft eingeantwortet und die Abhandlung beendet. [2]Die Erben haben ihr durch die Einantwortung begründetes Eigentum an unbeweglichen Sachen in die öffentlichen Bücher eintragen zu lassen (§ 436).

(BGBl I 2015/87, ab 1. 1. 2017, s § 1503 Abs 7 Z 8)

Haftung mehrerer Erben

§ 820. [1]Mehrere Erben, die eine Erbschaft unbedingt angetreten haben, haften Erbschaftsgläubigern und Vermächtnisnehmern zur ungeteilten Hand. [2]Im Verhältnis zueinander haften sie nach dem Verhältnis ihrer Erbteile.

(BGBl I 2015/87, ab 1. 1. 2017, s § 1503 Abs 7 Z 8)

§ 821. [1]Wenn ein Inventar errichtet wurde und die Schuld teilbar ist, haftet jeder Miterbe persönlich nur für denjenigen Teil einer Forderung, der seiner Erbquote entspricht. [2]Ist die Schuld unteilbar, so haften die Erben trotz Inventarisierung zur ungeteilten Hand, insgesamt jedoch höchstens bis zum Wert der eingeantworteten Verlassenschaft.

(BGBl I 2015/87, ab 1. 1. 2017, s § 1503 Abs 7 Z 8)

§ 822. *(aufgehoben, BGBl I 2015/87, ab 1. 1. 2017)*

Erbschafts- und Aneignungsklage

§ 823. (1) [1]Auch nach Einantwortung kann der Erwerber der Verlassenschaft von jeder Person, die ein besseres oder gleichwertiges Erbrecht behauptet, auf Herausgabe der Erbschaft oder des seiner Berechtigung entsprechenden Teils der Erbschaft belangt werden. [2]Das Eigentum an einzelnen Erbschaftstücken wird aber nicht mit der Erbschafts-, sondern mit der Eigentumsklage geltend gemacht.

(2) Der Bund kann in sinngemäßer Anwendung des Abs. 1 gegen den eingeantworteten Erben das Recht, sich die Verlassenschaft anzueignen, geltend machen.

(BGBl I 2015/87, ab 1. 1. 2017, s § 1503 Abs 7 Z 8)

Wirkung der Erbschafts- und Aneignungsklage

§ 824. [1]Wenn der Beklagte ganz oder zum Teil zur Herausgabe der Verlassenschaft verurteilt wird, sind die Ansprüche auf die Zurückstellung der von ihm gezogenen Früchte oder auf die Vergütung der von ihm getätigten Aufwendungen und Kosten nach denjenigen Grundsätzen zu beurteilen, die für den redlichen oder unredlichen Besitzer im Hauptstück vom Besitz festgesetzt sind. [2]Ein dritter redlicher Erwerber ist für die in der Zwischenzeit erworbenen Erbstücke niemandem verantwortlich.

(BGBl I 2015/87, ab 1. 1. 2017, s § 1503 Abs 7 Z 8)

Sechzehntes Hauptstück

Von der Gemeinschaft des Eigentumes und anderer dinglichen Rechte

Ursprung einer Gemeinschaft

§ 825. [1]So oft das Eigentum der nämlichen Sache, oder ein und dasselbe Recht mehreren Personen ungeteilt zukommt; besteht eine Gemeinschaft. [2]Sie gründet sich auf eine zufällige Ereignung; auf ein Gesetz; auf eine letzte Willenserklärung, oder auf einen Vertrag.

§ 826. [1]Nach Verschiedenheit der Quellen, aus denen eine Gemeinschaft entspringt, erhalten auch die Rechte und Pflichten der Teilhaber ihre nähere Bestimmung. [2]„Für eine bloße Miteigentumsgemeinschaft gelten die Bestimmungen des siebenundzwanzigsten Hauptstücks nur dann, wenn die Miteigentümer ausdrücklich vereinbaren, als Gesellschafter einer Gesellschaft bürgerlichen Rechts zusammenwirken zu wollen." *(BGBl I 2014/83, ab 1. 1. 2015)*

§ 827. Wer einen Anteil an einer gemeinschaftlichen Sache anspricht, der muß sein Recht, wenn es von den übrigen Teilnehmern widersprochen wird, beweisen.

Gemeinschaftliche Rechte der Teilhaber

§ 828. (1) [1]Solange alle Teilhaber einverstanden sind, stellen sie nur eine Person vor, und haben das Recht, mit der gemeinschaftlichen Sache nach Belieben zu schalten. [2]Sobald sie uneinig sind, kann kein Teilhaber in der gemeinschaftlichen Sache eine Veränderung vornehmen, wodurch über den Anteil des andern verfügt würde.

(2) Eine gerichtliche oder vertraglich vereinbarte Benützungsregelung zwischen den Teilhabern einer unbeweglichen Sache wirkt auch für deren Rechtsnachfolger, wenn sie im Grundbuch angemerkt ist. *(BGBl I 2002/71, ab 1. 7. 2002)*

Rechte des Teilhabers auf seinen Anteil

§ 829. [1]Jeder Teilhaber ist vollständiger Eigentümer seines Anteiles. [2]Insofern er die Rechte seiner Mitgenossen nicht verletzt, kann er denselben, oder die Nutzungen davon willkürlich und unabhängig verpfänden, vermachen, oder sonst veräußern (§ 361).

§ 830. [1]Jeder Teilhaber ist befugt, auf Ablegung der Rechnung und auf Verteilung des Ertrages zu dringen. [2]Er kann in der Regel auch die Aufhebung der Gemeinschaft verlangen; doch nicht zur Unzeit, oder zum Nachteile der übrigen. [3]Er muß sich daher einen, den Umständen angemessenen, nicht wohl vermeidlichen Aufschub gefallen lassen.

§ 831. Hat sich ein Teilhaber zur Fortsetzung der Gemeinschaft verbunden, so kann er zwar vor Verlauf der Zeit nicht austreten; allein diese Verbindlichkeit wird, wie andere Verbindlichkeiten, aufgehoben, und erstreckt sich nicht auf die Erben, wenn diese nicht selbst dazu eingewilligt haben.

§ 832. [1]Auch die Anordnung eines Dritten, wodurch eine Sache zur Gemeinschaft bestimmt wird, muß zwar von den ersten Teilhabern, nicht auch von ihren Erben befolgt werden. [2]Eine Verbindlichkeit zu einer immerwährenden Gemeinschaft kann nicht bestehen.

Rechte der Teilhaber in der gemeinschaftlichen Sache:

a) In Rücksicht des Hauptstammes;

§ 833. [1]Der Besitz und die Verwaltung der gemeinschaftlichen Sache kommt allen Teilhabern insgesamt zu. [2]In Angelegenheiten, welche nur die ordentliche Verwaltung und Benützung des Hauptstammes betreffen, entscheidet die Mehrheit der Stimmen, welche nicht nach den Personen, sondern nach Verhältnis der Anteile der Teilnehmer gezählt werden.

§ 834. Bei wichtigen Veränderungen aber, welche zur Erhaltung oder besseren Benützung des Hauptstammes vorgeschlagen werden, können die Überstimmten Sicherstellung für künftigen Schaden; oder, wenn diese verweigert wird, den Austritt aus der Gemeinschaft verlangen.

§ 835. [1]Wollen sie nicht austreten; oder geschähe der Austritt zur Unzeit; so soll das Los, ein Schiedsmann, oder, wofern sie sich darüber nicht einhellig vereinigen, der Richter entscheiden, ob die Veränderung unbedingt oder gegen Sicherstellung stattfinden soll oder nicht. [2]Diese Arten der Entscheidung treten auch bei gleichen Stimmen der Mitglieder ein.

§ 836. Ist ein Verwalter der gemeinschaftlichen Sachen zu bestellen; so entscheidet über dessen Auswahl die Mehrheit der Stimmen, und in deren Abgang der Richter.

§ 837. [1]Der Verwalter des gemeinschaftlichen Gutes wird als ein Machthaber angesehen. [2]Er ist einerseits verbunden, ordentliche Rechnung abzulegen; andererseits aber befugt, alle nützlich gemachte Auslagen in Abrechnung zu bringen. [3]Dieses gilt auch in dem Falle, daß ein Teilgenosse ein gemeinschaftliches Gut ohne Auftrag der übrigen Teilnehmer verwaltet.

§ 838. Wird die Verwaltung mehreren überlassen; so entscheidet auch unter ihnen die Mehrheit der Stimmen.

§ 838a. Streitigkeiten zwischen den Teilhabern über die mit der Verwaltung und Benützung der gemeinschaftlichen Sache unmittelbar zusammenhängenden Rechte und Pflichten sind im Verfahren außer Streitsachen zu entscheiden.

(BGBl I 2004/58, ab 1. 1. 2005; anzuwenden, wenn die Sache nach dem 31. 12. 2004 anhängig wurde)

b) der Nutzungen und Lasten;

§ 839. [1]Die gemeinschaftlichen Nutzungen und Lasten werden nach Verhältnis der Anteile ausgemessen. [2]Im Zweifel wird jeder Anteil gleich groß angesehen; wer das Gegenteil behauptet, muß es beweisen.

§ 840. [1]Ordentlicher Weise sind die erzielten Nutzungen in Natur zu teilen. [2]Ist aber diese Verteilungsart nicht tunlich; so ist jeder berechtigt, auf die öffentliche Feilbietung zu dringen. [3]Der gelöste Wert wird den Teilhabern verhältnismäßig entrichtet.

c) der Teilung

§ 841. [1]Bei der nach aufgehobener Gemeinschaft vorzunehmenden Teilung der gemeinschaftlichen Sache gilt keine Mehrheit der Stimmen. [2]Die Teilung muß zur Zufriedenheit eines jeden Sachgenossen vorgenommen werden. [3]Können sie nicht einig werden; so entscheidet das Los, oder ein Schiedsmann, oder, wenn sie sich über die Bestimmung der einen oder andern dieser Entscheidungsarten nicht einhellig vereinigen, der Richter.

§ 842. Ein Schiedsmann oder der Richter entscheidet auch, ob bei der Teilung liegender Gründe oder Gebäude ein Teilgenosse, zur Benützung seines Anteiles, einer Servitut bedürfe, und unter welcher Bedingung sie ihm zu verwilligen sei.

§ 843. Kann eine gemeinschaftliche Sache entweder gar nicht, oder nicht ohne beträchtliche

Verminderung des Wertes geteilt werden; so ist sie, und zwar, wenn auch nur ein Teilgenosse es verlangt, vermittelst gerichtlicher Feilbietung zu verkaufen, und der Kaufschilling unter die Teilhaber zu verteilen.

§ 844. [1]Servituten, Grenzzeichen und die zum gemeinschaftlichen Gebrauche nötigen Urkunden sind keiner Teilung fähig. [2]Die Urkunden werden, wenn sonst nichts im Wege steht, bei dem ältesten Teilhaber niedergelegt. [3]Die übrigen erhalten auf ihre Kosten beglaubigte Abschriften. [4]Die Grunddienstbarkeiten bestehen mangels Vereinbarung zugunsten aller Teile fort; jedoch darf die Dienstbarkeit dadurch nicht erweitert oder für das dienstbare Gut beschwerlicher werden. [5]Kommt die Ausübung der Dienstbarkeit nur einzelnen Teilen zugute, so erlischt das Recht hinsichtlich der übrigen Teile.

(RGBl 1916/69)

§ 845. Bei Teilungen der Grundstücke sind die gegenseitigen Grenzen durch entsprechende Grenzzeichen auf eine deutliche und unwandelbare Art zu bezeichnen.

(BGBl 1968/306)

§ 846. [1]Über die gemachte Teilung sind Urkunden zu errichten. [2]Ein Teilhaber einer unbeweglichen Sache erhält auch erst dadurch ein dingliches Recht auf seinen Anteil, daß die darüber errichtete Urkunde den öffentlichen Büchern einverleibt wird (§ 436).

§ 847. [1]Die bloße Teilung was immer für eines gemeinschaftlichen Gutes kann einem Dritten nicht zum Nachteile gereichen; alle ihm zustehenden Pfand-, Servituts- und anderen dinglichen Rechte werden nach wie vor der Teilung ausgeübt. [2]Trifft jedoch die Ausübung einer Grunddienstbarkeit nur ein Teilstück, so erlischt das Recht hinsichtlich der übrigen Teile.

(RGBl 1916/69)

§ 848. [1]Auch persönliche Rechte, die einem Dritten gegen eine Gemeinschaft zustehen, haben ungeachtet des erfolgten Austrittes ihre vorige Kraft. [2]Ebenso kann derjenige, welcher an eine Gemeinschaft schuldig ist, die Zahlung nicht an einzelne Teilnehmer entrichten. [3]Solche Schulden müssen an die ganze Gemeinschaft oder an jenen, der sie ordentlich vorstellt, abgetragen werden.

(RGBl 1916/69)

§ 848a. [1]Gewährt eine Dienstbarkeit oder eine andere dingliche Last einen Anspruch auf Nutzungen, so kann bei Teilung des herrschenden Grundstückes jeder Berechtigte und bei Teilung des belasteten Grundstückes jeder Belastete eine gerichtliche Regelung der Ausübung begehren. [2]Die Ausübung ist mit Rücksicht auf die Natur und Zweckbestimmung des Rechtes sowie auf das Größenverhältnis und die wirtschaftliche Besonderheit der einzelnen Liegenschaftsteile ohne Erschwerung der Last so zu regeln, wie es allen Interessen billigerweise entspricht.

(RGBl 1916/69)

§ 849. Was bisher von der Gemeinschaft überhaupt bestimmt worden ist, läßt sich auch auf die einer Familie, als einer Gemeinschaft, zustehenden Rechte und Sachen, z.B. Stiftungen, [Fideikommisse] u. dgl. anwenden.

[] *Gegenstandslos, s Anm zu §§ 618 bis 645*

Erneuerung und Berichtigung der Grenzen

§ 850. [1]Wenn die Grenzzeichen zwischen zwei Grundstücken durch was immer für Umstände so verletzt worden sind, daß sie ganz unkenntlich werden könnten, oder wenn die Grenzen wirklich unkennbar oder streitig sind, so hat jeder der Nachbarn das Recht, die gerichtliche Erneuerung oder Berichtigung der Grenze zu verlangen. [2]Zu diesem Behufe sind die Nachbarn zu einer Verhandlung im Verfahren außer Streitsachen mit dem Bedeuten zu laden, daß trotz Ausbleibens des Geladenen die Grenze festgesetzt und vermarkt werden wird.

(RGBl 1915/208)

§ 851. (1) [1]Sind die Grenzen wirklich unkennbar geworden oder streitig, so werden sie nach dem letzten ruhigen Besitzstande festgesetzt. [2]Läßt sich dieser nicht feststellen, so hat das Gericht die streitige Fläche nach billigem Ermessen zu verteilen.

(2) Jeder Partei bleibt es vorbehalten, ihr besseres Recht im Prozeßweg geltend zu machen. *(BGBl 1958/268)*

(RGBl 1915/208)

§ 852. Die wichtigsten Behelfe bei einer Grenzberichtigung sind: die Ausmessung und Beschreibung, oder auch die Abzeichnung des streitigen Grundes; dann, die sich darauf beziehenden öffentlichen Bücher und andere Urkunden; endlich, die Aussagen sachkundiger Zeugen, und das von Sachverständigen nach vorgenommenem Augenscheine gegebene Gutachten.

§ 853. (1) [1]Die Kosten des Verfahrens sind von den Nachbarn nach Maß ihrer Grenzlinien zu bestreiten. [2]Der Antragsteller hat die Kosten des Verfahrens zu tragen, wenn sich aus der Verhandlung ergibt, daß die Grenzerneuerung oder Grenzberichtigung nicht notwendig war, weil die

Grenze nicht bestritten oder hinlänglich kenntlich gewesen ist, oder weil die anderen Beteiligten zur außergerichtlichen Vermarkung bereit waren. „ “ *(BGBl I 2004/58, ab 1. 1. 2005; anzuwenden, wenn die Sache nach dem 31. 12. 2004 anhängig wurde)*

(2) Wenn das Verfahren durch Störung des ruhigen Besitzes veranlaßt wurde, kann das Gericht die Kosten ganz oder teilweise der Partei auferlegen, die den Streit veranlaßt hat.

(RGBl 1915/208)

§ 853a. Für Grenzen von Grundstücken, die im Grenzkataster enthalten sind, finden die Bestimmungen der §§ 850 bis 853 keine Anwendung.

(BGBl 1968/306)

Vermutete Gemeinschaft

§ 854. Erdfurchen, Zäune, Hecken, Planken, Mauern, Privatbäche, Kanäle, Plätze und andere dergleichen Scheidewände, die sich zwischen benachbarten Grundstücken befinden, werden für ein gemeinschaftliches Eigentum angesehen; wenn nicht Wappen, Auf- oder Inschriften, oder andere Kennzeichen und Behelfe das Gegenteil beweisen.

§ 855. [1]Jeder Mitgenosse kann eine gemeinschaftliche Mauer auf seiner Seite bis zur Hälfte in der Dicke benützen, auch Blindtüren und Wandschränke dort anbringen, wo auf der entgegengesetzten Seite noch keine angebracht sind. [2]Doch darf das Gebäude durch einen Schornstein[1)], Feuerherd oder andere Anlagen nicht in Gefahr gesetzt, und der Nachbar auf keine Art in dem Gebrauche seines Anteiles gehindert werden.

[1)] In JGS „Schorstein“

§ 856. [1]Alle Miteigentümer tragen zur Erhaltung solcher gemeinschaftlichen Scheidewände verhältnismäßig bei. [2]Wo sie doppelt vorhanden sind; oder das Eigentum geteilt ist, bestreitet jeder die Unterhaltungskosten für das, was ihm allein gehört.

§ 857. [1]Ist die Stellung einer Scheidewand von der Art, daß die Ziegel, Latten oder Steine nur auf einer Seite vorlaufen oder abhängen; oder sind die Pfeiler, Säulen, Ständer, Bachställe auf einer Seite eingegraben; so ist im Zweifel auf dieser Seite das ungeteilte Eigentum der Scheidewand, wenn nicht aus einer beiderseitigen Belastung, Einfügung, aus andern Kennzeichen, oder sonstigen Beweisen das Gegenteil erhellt. [2]Auch derjenige wird für den ausschließenden Besitzer einer Mauer gehalten, welcher eine in der Richtung gleich fortlaufende Mauer von gleicher Höhe und Dicke unstreitig besitzt.

§ 858. [1]In der Regel ist der ausschließende Besitzer nicht schuldig, seine verfallene Mauer oder Planke neu aufzuführen; nur dann muß er sie in gutem Stande erhalten, wenn durch die Öffnung für den Grenznachbar Schaden zu befürchten stünde. [2]Es ist aber jeder Eigentümer verbunden, auf der rechten Seite seines Haupteinganges für die nötige Einschließung seines Raumes, und für die Abteilung von dem fremden Raume zu sorgen.

Zweite Abteilung

Von den persönlichen Sachenrechten

Siebzehntes Hauptstück

Von Verträgen und Rechtsgeschäften überhaupt

Grund der persönlichen Sachenrechte

§ 859. Die persönlichen Sachenrechte, vermöge welcher eine Person einer andern zu einer Leistung verbunden ist, gründen sich unmittelbar auf ein Gesetz; oder auf ein Rechtsgeschäft; oder auf eine erlittene Beschädigung.

(RGBl 1916/69)

Auslobung

§ 860. [1]Die nicht an bestimmte Personen gerichtete Zusage einer Belohnung für eine Leistung oder einen Erfolg (Auslobung) wird durch die öffentliche Bekanntmachung verbindlich. [2]Eine Auslobung, die eine Preisbewerbung zum Gegenstande hat, ist nur gültig, wenn in der Bekanntmachung eine Frist für die Bewerbung bestimmt ist.

(RGBl 1916/69)

§ 860a. [1]Bis zur Vollendung der Leistung kann die Auslobung in derselben Form, in welcher sie bekannt gemacht war, oder einer gleich wirksamen Form, oder durch besondere Mitteilung widerrufen werden, wenn anders darauf in der Bekanntmachung nicht ausdrücklich oder durch Bestimmung einer Frist verzichtet ist. [2]Der Widerruf ist aber unwirksam gegenüber demjenigen, der die Leistung im Hinblick auf die Auslobung vollbracht hat, wenn er dartut, daß der Widerruf ihm zu dieser Zeit ohne sein Verschulden nicht bekannt geworden war.

(RGBl 1916/69)

§ 860b. Ist die Leistung von mehreren Personen vollbracht worden, so gebührt, falls nicht aus der Auslobung ein anderer Wille hervorgeht, die

Belohnung demjenigen, der die Leistung zuerst vollbracht hat, und bei gleichzeitiger Vollendung allen zu gleichen Teilen.

(RGBl 1916/69)

Abschließung des Vertrages

§ 861. [1]Wer sich erklärt, daß er jemandem[1)] sein Recht übertragen, das heißt, daß er ihm etwas gestatten, etwas geben, daß er für ihn etwas tun, oder seinetwegen etwas unterlassen wolle, macht ein Versprechen; nimmt aber der andere das Versprechen gültig an, so kommt durch den übereinstimmenden Willen beider Teile ein Vertrag zustande. [2]Solange die Unterhandlungen dauern, und das Versprechen noch nicht gemacht, oder weder zum voraus, noch nachher angenommen ist, entsteht kein Vertrag.

---

1) In JGS „jemanden"

§ 862. [1]Das Versprechen (Antrag) muß innerhalb der vom Antragsteller bestimmten Frist angenommen werden. [2]In Ermanglung einer solchen muß der einem Anwesenden oder mittels Fernsprechers von Person zu Person gemachte Antrag sogleich, der sonst einem Abwesenden gemachte Antrag längstens bis zu dem Zeitpunkte angenommen werden, in welchem der Antragsteller unter der Voraussetzung, daß sein Antrag rechtzeitig angekommen sei, bei rechtzeitiger und ordnungsmäßiger Absendung der Antwort deren Eintreffen erwarten darf; widrigenfalls ist der Antrag erloschen. [3]Vor Ablauf der Annahmefrist kann der Antrag nicht zurückgenommen werden. [4]Er erlischt auch nicht, wenn ein Teil während der Annahmefrist stirbt oder handlungsunfähig wird, sofern nicht ein anderer Wille des Antragstellers aus den Umständen hervorgeht.

(RGBl 1916/69)

§ 862a. [1]Als rechtzeitig gilt die Annahme, wenn die Erklärung innerhalb der Annahmefrist dem Antragsteller zugekommen ist. [2]Trotz ihrer Verspätung kommt jedoch der Vertrag zustande, wenn der Antragsteller erkennen mußte, daß die Annahmeerklärung rechtzeitig abgesendet wurde, und gleichwohl seinen Rücktritt dem andern nicht unverzüglich anzeigt.

(RGBl 1916/69)

§ 863. (1) Man kann seinen Willen nicht nur ausdrücklich durch Worte und allgemein angenommene Zeichen; sondern auch stillschweigend durch solche Handlungen erklären, welche mit Überlegung aller Umstände keinen vernünftigen Grund, daran zu zweifeln, übrig lassen.

(2) In bezug auf die Bedeutung und Wirkung von Handlungen und Unterlassungen ist auf die im redlichen Verkehr geltenden Gewohnheiten und Gebräuche Rücksicht zu nehmen.

(RGBl 1916/69)

§ 864. (1) Ist eine ausdrückliche Erklärung der Annahme nach der Natur des Geschäftes oder der Verkehrssitte nicht zu erwarten, so kommt der Vertrag zustande, wenn dem Antrag innerhalb der hierfür bestimmten oder den Umständen angemessenen Frist tatsächlich entsprochen worden ist.

(2) [1]Das Behalten, Verwenden oder Verbrauchen einer Sache, die dem Empfänger ohne seine Veranlassung übersandt worden ist, gilt nicht als Annahme eines Antrags. [2]Der Empfänger ist nicht verpflichtet, die Sache zu verwahren oder zurückzuleiten, er darf sich ihrer auch entledigen. [3]Muß ihm jedoch nach den Umständen auffallen, daß die Sache irrtümlich an ihn gelangt ist, so hat er in angemessener Frist dies dem Absender mitzuteilen oder die Sache an den Absender zurückzuleiten. *(BGBl I 1997/6, ab 1. 1. 1997, nicht anzuwenden auf Verträge und andere Schuldverhältnisse, die davor abgeschlossen oder begründet worden sind.)*

(RGBl 1916/69)

§ 864a. Bestimmungen ungewöhnlichen Inhaltes in Allgemeinen Geschäftsbedingungen oder Vertragsformblättern, die ein Vertragsteil verwendet hat, werden nicht Vertragsbestandteil, wenn sie dem anderen Teil nachteilig sind und er mit ihnen auch nach den Umständen, vor allem nach dem äußeren Erscheinungsbild der Urkunde, nicht zu rechnen brauchte; es sei denn, der eine Vertragsteil hat den anderen besonders darauf hingewiesen.

(BGBl 1979/140)

Erfordernisse eines gültigen Vertrages:

1. Fähigkeiten der Personen

§ 865. (1) [1]Geschäftsfähigkeit ist die Fähigkeit einer Person, sich durch eigenes Handeln rechtsgeschäftlich zu berechtigen und zu verpflichten. [2]Sie setzt voraus, dass die Person entscheidungsfähig ist und wird bei Volljährigen vermutet; bei Minderjährigen sind die §§ 170 und 171, bei Volljährigen ist der § 242 Abs. 2 zu beachten.

(2) Ein bloß zu ihrem Vorteil gemachtes Versprechen kann jede Person annehmen.

(3) [1]Rechtsgeschäftliches Handeln von nicht geschäftsfähigen Volljährigen ist zur Gänze unwirksam, es sei denn, sie haben für das betreffende Rechtsgeschäft einen vertretungsbefugten Vorsorgebevollmächtigten oder Erwachsenenvertreter. [2]In diesem Fall ist das rechtsgeschäftliche Handeln mit Genehmigung des Vertreters und

gegebenenfalls auch des Gerichts wirksam. Abs. 2 und § 242 Abs. 3 bleiben unberührt.

(4) [1]Rechtsgeschäftliches Handeln von Minderjährigen unter sieben Jahren ist zur Gänze unwirksam. [2]Bei anderen Minderjährigen ist das rechtsgeschäftliche Handeln mit Genehmigung ihres Vertreters und gegebenenfalls auch des Gerichts wirksam. [3]Abs. 2 sowie die §§ 170 und 171 bleiben unberührt.

(5) Bis die nach Abs. 3 und 4 erforderlichen Genehmigungen erteilt werden, ist der andere Teil an seine Vertragserklärung gebunden, er kann aber für die Erteilung der Genehmigung durch den Vertreter eine angemessene Frist setzen.

(BGBl I 2017/59, ab 1. 7. 2018, s § 1503 Abs 9 Z 4)

§ 866. *(aufgehoben, BGBl I 2000/135, ab 1. 7. 2001)*

§ 867. Was zur Gültigkeit eines Vertrages mit einer unter der besondern Vorsorge der öffentlichen Verwaltung stehenden Gemeinde (§ 27), oder ihren einzelnen Gliedern und Stellvertretern erfordert werde, ist aus der Verfassung derselben und den politischen Gesetzen zu entnehmen (§ 290).[1)]

[1)] *Siehe Anm zu § 27*

§ 868. *(aufgehoben, RGBl 1867/131)*

2. Wahre Einwilligung

§ 869. [1]Die Einwilligung in einen Vertrag muß frei, ernstlich, bestimmt und verständlich erklärt werden. [2]Ist die Erklärung unverständlich, ganz unbestimmt, oder erfolgt die Annahme unter anderen Bestimmungen, als unter welchen das Versprechen geschehen ist; so entsteht kein Vertrag. [3]Wer sich, um einen andern zu bevorteilen, undeutlicher Ausdrücke bedient, oder eine Scheinhandlung unternimmt, leistet Genugtuung.

§ 870. Wer von dem anderen Teile durch List oder durch ungerechte und gegründete Furcht [(§ 55)] zu einem Vertrage veranlaßt worden, ist ihn zu halten nicht verbunden.

(RGBl 1916/69)

[] *Gegenstandslos, § 55 aufgehoben durch EheG*

§ 871. (1) War ein Teil über den Inhalt der von ihm abgegebenen oder dem anderen zugegangenen Erklärung in einem Irrtum befangen, der die Hauptsache oder eine wesentliche Beschaffenheit derselben betrifft, worauf die Absicht vorzüglich gerichtet und erklärt wurde, so entsteht für ihn keine Verbindlichkeit, falls der Irrtum durch den anderen veranlaßt war, oder diesem aus den Umständen offenbar auffallen mußte oder noch rechtzeitig aufgeklärt wurde.

(2) Ein Irrtum eines Teiles über einen Umstand, über den ihn der andere nach geltenden Rechtsvorschriften aufzuklären gehabt hätte, gilt immer als Irrtum über den Inhalt des Vertrages und nicht bloß als solcher über den Bewegungsgrund oder den Endzweck (§ 901). *(BGBl 1979/140)*

(RGBl 1916/69)

§ 872. Betrifft aber der Irrtum weder die Hauptsache, noch eine wesentliche Beschaffenheit derselben, sondern einen Nebenumstand; so bleibt der Vertrag, insofern beide Teile in den Hauptgegenstand gewilligt, und den Nebenumstand nicht als vorzügliche Absicht erklärt haben, noch immer gültig: allein dem Irregeführten ist von dem Urheber des Irrtumes die angemessene Vergütung zu leisten.

§ 873. [1]Ebendiese Grundsätze sind auch auf den Irrtum in der Person desjenigen, welchem ein Versprechen gemacht worden ist, anzuwenden; insofern ohne den Irrtum der Vertrag entweder gar nicht, oder doch nicht auf solche Art errichtet worden wäre. [2]„Als Irrtum in der Person gilt jedenfalls der Irrtum über das Vorhandensein einer erforderlichen verwaltungsrechtlichen Befugnis zur Erbringung der Leistung.“ *(BGBl 1979/140)*

§ 874. In jedem Falle muß derjenige, welcher einen Vertrag durch List oder ungerechte Furcht bewirkt hat, für die nachteiligen Folgen Genugtuung leisten.

§ 875. [1]Ist einer der Vertragschließenden von einem Dritten durch List oder durch ungerechte und gegründete Furcht zu einem Vertrage bewogen; oder zu einer irrtümlichen Erklärung veranlaßt worden; so ist der Vertrag gültig. [2]Nur in dem Falle, daß der andere Teil an der Handlung des Dritten teilnahm oder von derselben offenbar wissen mußte, kommen die §§ 870 bis 874 zur Anwendung.

(RGBl 1916/69)

§ 876. Die vorstehenden Bestimmungen (§§ 869 bis 875) finden entsprechende Anwendung auf sonstige Willenserklärungen, welche einer anderen Person gegenüber abzugeben sind.

(RGBl 1916/69)

§ 877. Wer die Aufhebung eines Vertrages aus Mangel der Einwilligung verlangt, muß dagegen auch alles zurückstellen, was er aus einem solchen Vertrage zu seinem Vorteile erhalten hat.

3. Möglichkeit und Erlaubtheit

§ 878. [1]Was geradezu unmöglich ist, kann nicht Gegenstand eines gültigen Vertrages werden. [2]Ist Mögliches und Unmögliches zugleich bedungen, so bleibt der Vertrag in ersterem Teile gültig, wenn anders aus dem Vertrage nicht hervorgeht, daß kein Punkt von dem anderen abgesondert werden könne. [3]Wer bei Abschließung des Vertrages die Unmöglichkeit kannte oder kennen mußte, hat dem anderen Teile, falls von diesem nicht dasselbe gilt, den Schaden zu ersetzen, den er durch das Vertrauen auf die Gültigkeit des Vertrages erlitten hat.

(RGBl 1916/69)

§ 879. (1) Ein Vertrag, der gegen ein gesetzliches Verbot oder gegen die guten Sitten verstößt, ist nichtig.

(2) Insbesondere sind folgende Verträge nichtig:

1. wenn etwas für die Unterhandlung eines Ehevertrages bedungen wird;

1a. wenn etwas für die Vermittlung einer medizinisch unterstützten Fortpflanzung bedungen wird; *(BGBl 1992/275, ab 1. 7. 1992)*

2. wenn ein Rechtsfreund eine ihm anvertraute Streitsache ganz oder teilweise an sich löst oder sich einen bestimmten Teil des Betrages versprechen läßt, der der Partei zuerkannt wird;

3. wenn eine Erbschaft oder ein Vermächtnis, die man von einer dritten Person erhofft, noch bei Lebzeiten derselben veräußert wird;

4. wenn jemand den Leichtsinn, die Zwangslage, Verstandesschwäche, Unerfahrenheit oder Gemütsaufregung eines anderen dadurch ausbeutet, daß er sich oder einem Dritten für eine Leistung eine Gegenleistung versprechen oder gewähren läßt, deren Vermögenswert zu dem Werte der Leistung in auffallendem Mißverhältnisse steht.

(3) Eine in Allgemeinen Geschäftsbedingungen oder Vertragsformblättern enthaltene Vertragsbestimmung, die nicht eine der beiderseitigen Hauptleistungen festlegt, ist jedenfalls nichtig, wenn sie unter Berücksichtigung aller Umstände des Falles einen Teil gröblich benachteiligt. *(BGBl 1979/140)*

(RGBl 1916/69)

§ 880. Wird der Gegenstand, worüber ein Vertrag geschlossen worden, vor dessen Übergabe dem Verkehre entzogen; so ist es ebensoviel, als wenn man den Vertrag nicht geschlossen hätte.

§ 880a. Hat jemand einem andern eine Leistung eines Dritten versprochen, so gilt dies als Zusage seiner Verwendung bei dem Dritten; ist er aber für den Erfolg eingestanden, so haftet er für volle Genugtuung, wenn die Leistung des Dritten ausbleibt.

(RGBl 1916/69)

Verträge zugunsten Dritter

§ 881. (1) Hat sich jemand eine Leistung an einen Dritten versprechen lassen, so kann er fordern, daß an den Dritten geleistet werde.

(2) [1]Ob und in welchem Zeitpunkt auch der Dritte unmittelbar das Recht erwirbt, vom Versprechenden Erfüllung zu fordern, ist aus der Vereinbarung und der Natur und dem Zwecke des Vertrages zu beurteilen. [2]Im Zweifel erwirbt der Dritte dieses Recht, wenn die Leistung hauptsächlich ihm zum Vorteile gereichen soll.

(3) Das Recht auf die bei einer Gutsabtretung vom Übernehmer zugunsten eines Dritten versprochenen Leistungen gilt mangels anderer Vereinbarung dem Dritten als mit der Übergabe des Gutes erworben.

(RGBl 1916/69)

§ 882. (1) Weist der Dritte das aus dem Vertrag erworbene Recht zurück, so gilt das Recht als nicht erworben.

(2) Einwendungen aus dem Vertrage stehen dem Versprechenden auch gegen den Dritten zu.

(RGBl 1916/69)

Form der Verträge

§ 883. [1]Ein Vertrag kann mündlich oder schriftlich; vor Gerichte oder außerhalb desselben; mit oder ohne Zeugen errichtet werden. [2]Diese Verschiedenheit der Form macht, außer den im Gesetze bestimmten Fällen, in Ansehung der Verbindlichkeit keinen Unterschied.

§ 884. Haben die Parteien für einen Vertrag die Anwendung einer bestimmten Form vorbehalten, so wird vermutet, daß sie vor Erfüllung dieser Form nicht gebunden sein wollen.

(RGBl 1916/69)

§ 885. Ist zwar noch nicht die förmliche Urkunde, aber doch ein Aufsatz über die Hauptpunkte errichtet und von den Parteien unterfertigt worden (Punktation), so gründet auch schon ein solcher Aufsatz diejenigen Rechte und Verbindlichkeiten, welche darin ausgedrückt sind.

(RGBl 1916/69)

§ 886. [1]Ein Vertrag, für den Gesetz oder Parteiwille Schriftlichkeit bestimmt, kommt durch die Unterschrift der Parteien oder, falls sie des Schreibens unkundig oder wegen Gebrechens unfähig sind, durch Beisetzung ihres gerichtlich oder notariell beglaubigten Handzeichens oder Beisetzung des Handzeichens vor zwei Zeugen, deren einer den Namen der Partei unterfertigt, zustande. [2]Der schriftliche Abschluß des Vertrages wird durch gerichtliche oder notarielle Beurkundung ersetzt. [3]Eine Nachbildung der eigenhändigen Unterschrift auf mechanischem Wege ist nur da genügend, wo sie im Geschäftsverkehr üblich ist.

(RGBl 1916/69)

§ 887. *(aufgehoben, RGBl 1916/69)*

Gemeinschaftliche Verbindlichkeit oder Berechtigung

§ 888. Wenn zwei oder mehrere Personen jemandem[1)] eben dasselbe Recht zu einer Sache versprechen, oder es von ihm annehmen; so wird sowohl die Forderung, als die Schuld nach den Grundsätzen der Gemeinschaft des Eigentumes geteilt.

[1)] In JGS „jemanden"

§ 889. Außer den in dem Gesetze bestimmten Fällen haftet also aus mehrern Mitschuldnern einer teilbaren Sache jeder nur für seinen Anteil, und ebenso muß von mehrern Mitgenossen einer teilbaren Sache, jeder sich mit dem ihm gebührenden Teile begnügen.

§ 890. [1]Betrifft es hingegen unteilbare Sachen; so kann ein Gläubiger, wenn er der einzige ist, solche von einem jeden Mitschuldner fordern. [2]Wenn aber mehrere Gläubiger und nur ein Schuldner da sind; so ist dieser die Sache einem einzelnen Mitgläubiger, ohne Sicherstellung herauszugeben, nicht verpflichtet; er kann auf die Übereinkunft aller Mitgläubiger dringen, oder die gerichtliche Verwahrung der Sache verlangen.

Korrealität

§ 891. [1]Versprechen mehrere Personen ein und dasselbe Ganze zur ungeteilten Hand dergestalt, daß sich einer für alle, und alle für einen ausdrücklich verbinden; so haftet jede einzelne Person für das Ganze. [2]Es hängt dann von dem Gläubiger ab, ob er von allen, oder von einigen Mitschuldnern das Ganze, oder nach von ihm gewählten Anteilen; oder ob er es von einem einzigen fordern wolle. [3]Selbst nach erhobener Klage bleibt ihm, wenn er von derselben absteht, diese Wahl vorbehalten; und, wenn er von einem oder dem andern Mitschuldner nur zum Teile befriedigt wird; so kann er das Rückständige von den übrigen fordern.

§ 892. Hat hingegen einer mehrern Personen eben dasselbe Ganze zugesagt, und sind diese ausdrücklich berechtigt worden, es zur ungeteilten Hand fordern zu können; so muß der Schuldner das Ganze demjenigen dieser Gläubiger entrichten, der ihn zuerst darum angeht.

§ 893. Sobald ein Mitschuldner dem Gläubiger das Ganze entrichtet hat, darf dieser von den übrigen Mitschuldnern nichts mehr fordern; und sobald ein Mitgläubiger von dem Schuldner ganz befriedigt worden ist, haben die übrigen Mitgläubiger keinen Anspruch mehr.

§ 894. Ein Mitschuldner kann dadurch, daß er mit dem Gläubiger lästigere Bedingungen eingeht, den übrigen keinen Nachteil zuziehen, und die Nachsicht oder Befreiung, welche ein Mitschuldner für seine Person erhält, kommt den übrigen nicht zustatten.

§ 895. [1]Wie weit aus mehrern Mitgläubigern, welchen eben dasselbe Ganze zur ungeteilten Hand zugesagt worden ist, derjenige, welcher die ganze Forderung für sich erhalten hat, den übrigen Gläubigern hafte, muß aus den besondern, zwischen den Mitgläubigern bestehenden, rechtlichen Verhältnissen bestimmt werden. [2]Besteht kein solches Verhältnis; so ist einer dem andern keine Rechenschaft schuldig.

§ 896. [1]Ein Mitschuldner zur ungeteilten Hand, welcher die ganze Schuld aus dem Seinigen abgetragen hat, ist berechtigt, auch ohne geschehene Rechtsabtretung, von den übrigen den Ersatz, und zwar, wenn kein anderes besonderes Verhältnis unter ihnen besteht, zu gleichen Teilen zu fordern. [2]War einer aus ihnen unfähig, sich zu verpflichten, oder ist er unvermögend, seiner Verpflichtung Genüge zu leisten; so muß ein solcher ausfallender Anteil ebenfalls von allen Mitverpflichteten übernommen werden. [3]Die erhaltene Befreiung eines Mitverpflichteten kann den übrigen bei der Forderung des Ersatzes nicht nachteilig sein (§ 894).

Nebenbestimmungen bei Verträgen:

1. Bedingungen;

§ 897. In Ansehung der Bedingungen bei Verträgen gelten überhaupt die nämlichen Vorschriften, welche über die den Erklärungen des letzten Willens beigesetzten Bedingungen aufgestellt worden sind.

§ 898. Verabredungen unter solchen Bedingungen, welche bei einem letzten Willen für nicht beigesetzt angesehen werden, sind ungültig.

§ 899. Ist die in einem Vertrage vorgeschriebene Bedingung schon vor dem Vertrage eingetroffen; so muß sie nach dem Vertrage nur dann wiederholt werden, wenn sie in einer Handlung dessen, der das Recht erwerben soll, besteht, und von ihm wiederholt werden kann.

§ 900. Ein unter einer aufschiebenden Bedingung zugesagtes Recht geht auch auf die Erben über.

2. Bewegungsgrund;

§ 901. [1]Haben die Parteien den Bewegungsgrund, oder den Endzweck ihrer Einwilligung ausdrücklich zur Bedingung gemacht; so wird der Bewegungsgrund oder Endzweck wie eine andere Bedingung angesehen. [2]Außerdem haben dergleichen Äußerungen auf die Gültigkeit entgeltlicher Verträge keinen Einfluß. [3]Bei den unentgeltlichen aber sind die bei den letzten Anordnungen gegebenen Vorschriften anzuwenden.

3. Zeit, Ort und Art der Erfüllung;

§ 902. (1) Eine durch Vertrag oder Gesetz bestimmte Frist ist vorbehaltlich anderer Festsetzung so zu berechnen, daß bei einer nach Tagen bestimmten Frist der Tag nicht mitgezählt wird, in welchen das Ereignis fällt, von dem der Fristenlauf beginnt.[1)]

(2) Das Ende einer nach Wochen, Monaten oder Jahren bestimmten Frist fällt auf denjenigen Tag der letzten Woche oder des letzten Monats, welcher nach seiner Benennung oder Zahl dem Tage des Ereignisses entspricht, mit dem der Lauf der Frist beginnt, wenn aber dieser Tag in dem letzten Monat fehlt, auf den letzten Tag dieses Monats.

(3) Unter einem halben Monate sind fünfzehn Tage zu verstehen, unter der Mitte eines Monats der fünfzehnte dieses Monats.

(RGBl 1916/69)

[1)] Siehe Fristenübk.

§ 903. [1]Ein Recht, dessen Erwerbung an einen bestimmten Tag gebunden ist, wird mit dem Anfang dieses Tages erworben. [2]Die Rechtsfolgen der Nichterfüllung einer Verbindlichkeit oder eines Versäumnisses treten erst mit dem Ablauf des letzten Tages der Frist ein. [3]Fällt der für die Abgabe einer Erklärung oder für eine Leistung bestimmte letzte Tag auf einen Sonntag oder anerkannten Feiertag[1)], so tritt an dessen Stelle, vorbehaltlich gegenteiliger Vereinbarung, der nächstfolgende Werktag.

(RGBl 1916/69)

[1)] Siehe Fristenübk.

§ 904. [1]Ist keine gewisse Zeit für die Erfüllung des Vertrages bestimmt worden; so kann sie sogleich, nämlich ohne unnötigen Aufschub, gefordert werden. [2]Hat der Verpflichtete die Erfüllungszeit seiner Willkür vorbehalten; so muß man entweder seinen Tod abwarten, und sich an die Erben halten; oder, wenn es um eine bloß persönliche, nicht vererbliche, Pflicht zu tun ist, die Erfüllungszeit von dem Richter nach Billigkeit festsetzen lassen. [3]Letzteres findet auch dann statt, wenn der Verpflichtete die Erfüllung, nach Möglichkeit, oder Tunlichkeit versprochen hat. [4]Übrigens müssen die Vorschriften, welche oben (§§ 704–706) in Rücksicht der den letzten Anordnungen beigerückten Zeitbestimmung gegeben werden, auch hier angewendet werden.

§ 905. (1) [1]Kann der Erfüllungsort weder aus der Verabredung noch aus der Natur oder dem Zwecke des Geschäftes bestimmt werden, so ist an dem Orte zu leisten, wo der Schuldner zur Zeit des Vertragsabschlusses seinen Wohnsitz hatte, oder, wenn die Verbindlichkeit im Betriebe des gewerblichen oder geschäftlichen Unternehmens des Schuldners entstand, am Orte der Niederlassung. [2]„Für das Maß und das Gewicht ist der Ort der Erfüllung maßgeblich.“ *(BGBl I 2013/50, ab 16. 3. 2013, s § 1503 Abs 2 Z 1)*

„(2)“ Aus der Übernahme der Kosten der Versendung durch den Schuldner allein folgt noch nicht, dass der Ort, an den die Versendung zu erfolgen hat, für den Schuldner als Erfüllungsort zu gelten hat. *(BGBl I 2005/120, ab 1. 1. 2007, s Anm zu § 367; BGBl I 2013/50)*

(3) Die Gefahr für eine mit Willen des Gläubigers an einen anderen Ort als den Erfüllungsort übersendete Sache geht mit dem Zeitpunkt der Übergabe (§ 429) an den Gläubiger über. *(BGBl I 2014/33, ab 13. 6. 2014)*

(RGBl 1916/69)

„§ 905a.“ Wird eine nur der Gattung nach bestimmte Sache geschuldet, so ist diese in mittlerer Art und Güte zu leisten. *(BGBl I 2013/50)*

(BGBl I 2005/120, ab 1. 1. 2007, s Anm zu § 367)

§ 906. (1) [1]Kann das Versprechen auf mehrere Arten erfüllt werden, so hat der Schuldner die Wahl. [2]Er kann aber von der einmal getroffenen Wahl für sich allein nicht abgehen.

(2) [1]Hat der Gläubiger die Wahl und ist er mit ihr in Verzug, so kann der Schuldner die Wahl an Stelle des Gläubigers treffen oder nach den §§ 918 und 919 vorgehen. [2]Wenn er die Wahl an Stelle des Gläubigers trifft, hat er diesen davon zu verständigen und ihm zugleich eine angemessene Frist zur Vornahme einer anderen Wahl zu setzen. [3]Trifft der Gläubiger keine solche Wahl,

so ist die Wahl des Schuldners maßgebend. [4]In jedem Fall gebührt dem Schuldner der Ersatz des Schadens.

(BGBl I 2005/120, ab 1. 1. 2007, s Anm zu § 367)

§ 907. [1]Wird ein Vertrag ausdrücklich mit Vorbehalt der Wahl geschlossen, und dieselbe durch zufälligen Untergang eines oder mehrerer Wahlstücke vereitelt; so ist der Teil, dem die Wahl zusteht, an den Vertrag nicht gebunden. [2]Unterläuft aber ein Verschulden des Verpflichteten; so muß er dem Berechtigten für die Vereitlung der Wahl haften.

§ 907a. (1) [1]Eine Geldschuld ist am Wohnsitz oder an der Niederlassung des Gläubigers zu erfüllen, indem der Geldbetrag dort übergeben oder auf ein vom Gläubiger bekanntgegebenes Bankkonto überwiesen wird. [2]Haben sich nach der Entstehung der Forderung der Wohnsitz oder die Niederlassung des Gläubigers oder dessen Bankverbindung geändert, so trägt der Gläubiger eine dadurch bewirkte Erhöhung der Gefahr und der Kosten für die Erfüllung.

(2) [1]Wird eine Geldschuld durch Banküberweisung erfüllt, so hat der Schuldner den Überweisungsauftrag so rechtzeitig zu erteilen, dass der geschuldete Betrag bei Fälligkeit auf dem Konto des Gläubigers wertgestellt ist. [2]Wenn der Fälligkeitstermin nicht schon im Vorhinein bestimmt ist, sondern die Fälligkeit erst durch Erbringung der Gegenleistung, Rechnungsstellung, Zahlungsaufforderung oder einen gleichartigen Umstand ausgelöst wird, hat der Schuldner den Überweisungsauftrag ohne unnötigen Aufschub nach Eintritt des für die Fälligkeit maßgeblichen Umstands zu erteilen. [3]Der Schuldner trägt die Gefahr für die Verzögerung oder das Unterbleiben der Gutschrift auf dem Konto des Gläubigers, soweit die Ursache dafür nicht beim Bankinstitut des Gläubigers liegt.

(BGBl I 2013/50, ab 16. 3. 2013, s § 1503 Abs 2 Z 1)

„§ 907b.“ (1) Ist eine in ausländischer Währung ausgedrückte Geldschuld im Inland zu zahlen, so kann die Zahlung in inländischer Währung erfolgen, es sei denn, dass die Zahlung in ausländischer Währung ausdrücklich bedungen worden ist.

(2) [1]Die Umrechnung erfolgt nach dem zur Zeit der Zahlung am Zahlungsort maßgeblichen Kurswert. [2]Wenn der Schuldner die Zahlung verzögert, hat der Gläubiger die Wahl zwischen dem bei Fälligkeit und dem zur Zeit der Zahlung maßgeblichen Kurswert.

(BGBl I 2005/120, ab 1. 1. 2007, s Anm zu § 367; BGBl I 2013/50)

4. Angeld;

§ 908. [1]Was bei Abschließung eines Vertrages voraus gegeben wird, ist, außer dem Falle einer besondern Verabredung, nur als ein Zeichen der Abschließung, oder als eine Sicherstellung für die Erfüllung des Vertrages zu betrachten, und heißt Angeld. [2]Wird der Vertrag durch Schuld einer Partei nicht erfüllt; so kann die schuldlose Partei das von ihr empfangene Angeld behalten, oder den doppelten Betrag des von ihr gegebenen Angeldes zurückfordern. [3]Will sie sich aber damit nicht begnügen, so kann sie auf die Erfüllung; oder, wenn diese nicht mehr möglich ist, auf den Ersatz dringen.

5. Reugeld;

§ 909. [1]Wird bei Schließung eines Vertrages ein Betrag bestimmt, welchen ein oder der andere Teil in dem Falle, daß er von dem Vertrage vor der Erfüllung zurücktreten will, entrichten muß; so wird der Vertrag gegen Reugeld geschlossen. [2]In diesem Falle muß entweder der Vertrag erfüllt, oder das Reugeld bezahlt werden. [3]Wer den Vertrag auch nur zum Teile erfüllt; oder das, was von dem andern auch nur zum Teile zur Erfüllung geleistet worden ist, angenommen hat, kann selbst gegen Entrichtung des Reugeldes nicht mehr zurücktreten.

§ 910. [1]Wenn ein Angeld gegeben, und zugleich die[1)] Befugnis des Rücktrittes ohne Bestimmung eines besondern Reugeldes bedungen wird; so vertritt das Angeld die Stelle des Reugeldes. [2]Im Falle des Rücktrittes verliert also der Geber das Angeld; oder der Empfänger stellt das Doppelte zurück.

---

1) In JGS „das“

§ 911. Wer nicht durch bloßen Zufall, sondern durch sein Verschulden an der Erfüllung des Vertrages verhindert wird, muß ebenfalls das Reugeld entrichten.

6. Nebengebühren

§ 912. [1]Der Gläubiger ist von seinem Schuldner außer der Hauptschuld zuweilen auch Nebengebühren zu fordern berechtigt. [2]Sie bestehen in dem Zuwachse, und in den Früchten der Hauptsache; in den bestimmten oder in den Zögerungszinsen; oder in dem Ersatze des verursachten Schadens; oder dessen, was dem andern daran liegt, daß die Verbindlichkeit nicht gehörig erfüllt worden; endlich in dem Betrage, welchen ein Teil sich auf diesen Fall bedungen hat.

§ 913. [1]Inwieweit mit einem dinglichen Rechte das Recht auf den Zuwachs, oder auf die Früchte verbunden sei, ist in dem ersten und vierten Hauptstücke des zweiten Teiles bestimmt worden. [2]Wegen eines bloß persönlichen Rechtes hat der Berechtigte noch keinen Anspruch auf Nebengebühren. [3]Inwieweit dem Gläubiger ein Recht auf diese zukomme, ist teils aus den besonderen Arten und Bestimmungen der Verträge; teils aus dem Hauptstücke von dem Rechte des Schadenersatzes und der Genugtuung zu entnehmen.

Auslegungsregeln bei Verträgen

§ 914. Bei Auslegung von Verträgen ist nicht an dem buchstäblichen Sinne des Ausdrucks zu haften, sondern die Absicht der Parteien zu erforschen und der Vertrag so zu verstehen, wie es der Übung des redlichen Verkehrs entspricht.

(RGBl 1916/69)

§ 915. Bei einseitig verbindlichen Verträgen wird im Zweifel angenommen, daß sich der Verpflichtete eher die geringere als die schwerere Last auflegen wollte; bei zweiseitig verbindlichen wird eine undeutliche Äußerung zum Nachteile desjenigen erklärt, der sich derselben bedient hat (§ 869).

§ 916. (1) [1]Eine Willenserklärung, die einem anderen gegenüber mit dessen Einverständnis zum Schein abgegeben wird, ist nichtig. [2]Soll dadurch ein anderes Geschäft verborgen werden, so ist dieses nach seiner wahren Beschaffenheit zu beurteilen.

(2) Einem Dritten, der im Vertrauen auf die Erklärung Rechte erworben hat, kann die Einrede des Scheingeschäftes nicht entgegengesetzt werden.

(RGBl 1916/69)

Allgemeine Bestimmungen über entgeltliche Verträge und Geschäfte

§ 917. Bei einem entgeltlichen Vertrage werden entweder Sachen mit Sachen, oder Handlungen, worunter auch die Unterlassungen gehören, mit Handlungen, oder endlich Sachen mit Handlungen und Handlungen mit Sachen vergolten.

(RGBl 1916/69)

§ 917a. [1]Ist zum Schutz eines Vertragspartners gesetzlich bestimmt, daß kein höheres oder kein niedrigeres als ein bestimmtes Entgelt vereinbart werden darf, so ist eine Entgeltvereinbarung soweit unwirksam, als sie dieses Höchstmaß beziehungsweise dieses Mindestmaß unterschreitet. [2]Im zweiten Fall gilt das festgelegte Mindestentgelt als vereinbart.

(BGBl 1979/140)

§ 918. (1) Wenn ein entgeltlicher Vertrag von einem Teil entweder nicht zur gehörigen Zeit, am gehörigen Ort oder auf die bedungene Weise erfüllt wird, kann der andere entweder Erfüllung und Schadenersatz wegen der Verspätung begehren oder unter Festsetzung einer angemessenen Frist zur Nachholung den Rücktritt vom Vertrag erklären.

(2) Ist die Erfüllung für beide Seiten teilbar, so kann wegen Verzögerung einer Teilleistung der Rücktritt nur hinsichtlich der einzelnen oder auch aller noch ausstehenden Teilleistungen erklärt werden.

(RGBl 1916/69)

§ 919. [1]Ist die Erfüllung zu einer festbestimmten Zeit oder binnen einer festbestimmten Frist bei sonstigem Rücktritt bedungen, so muß der Rücktrittsberechtigte, wenn er auf der Erfüllung bestehen will, das nach Ablauf der Zeit dem andern ohne Verzug anzeigen; unterläßt er dies, so kann er später nicht mehr auf der Erfüllung bestehen. [2]Dasselbe gilt, wenn die Natur des Geschäftes oder der dem Verpflichteten bekannte Zweck der Leistung entnehmen läßt, daß die verspätete Leistung oder, im Falle der Verspätung einer Teilleistung, die noch übrigen Leistungen für den Empfänger kein Interesse haben.

(RGBl 1916/69)

§ 920. [1]Wird die Erfüllung durch Verschulden des Verpflichteten oder einen von ihm zu vertretenden Zufall vereitelt, so kann der andere Teil entweder Schadenersatz wegen Nichterfüllung fordern oder vom Vertrage zurücktreten. [2]Bei teilweiser Vereitlung steht ihm der Rücktritt zu, falls die Natur des Geschäftes oder der dem Verpflichteten bekannte Zweck der Leistung entnehmen läßt, daß die teilweise Erfüllung für ihn kein Interesse hat.

(RGBl 1916/69)

§ 921. [1]Der Rücktritt vom Vertrage läßt den Anspruch auf Ersatz des durch verschuldete Nichterfüllung verursachten Schadens unberührt. [2]Das bereits empfangene Entgelt ist auf solche Art zurückzustellen oder zu vergüten, daß kein Teil aus dem Schaden des anderen Gewinn zieht.

(RGBl 1916/69)

Gewährleistung

§ 922. (1) [1]Wer einem anderen eine Sache gegen Entgelt überlässt, leistet Gewähr, dass sie dem Vertrag entspricht. [2]Er haftet also dafür, dass die Sache die bedungenen oder gewöhnlich vorausgesetzten Eigenschaften hat, dass sie seiner Beschreibung, einer Probe oder einem Muster entspricht und dass sie der Natur des Geschäftes oder der getroffenen Verabredung gemäß verwendet werden kann.

(2) [1]Ob die Sache dem Vertrag entspricht, ist auch danach zu beurteilen, was der Übernehmer auf Grund der über sie gemachten öffentlichen Äußerungen des Übergebers oder des Herstellers, vor allem in der Werbung und in den der Sache beigefügten Angaben, erwarten kann; das gilt auch für öffentliche Äußerungen einer Person, die die Sache in den Europäischen Wirtschaftsraum eingeführt hat oder die sich durch die Anbringung ihres Namens, ihrer Marke oder eines anderen Kennzeichens an der Sache als Hersteller bezeichnet. [2]Solche öffentlichen Äußerungen binden den Übergeber jedoch nicht, wenn er sie weder kannte noch kennen konnte, wenn sie beim Abschluss des Vertrags berichtigt waren oder wenn sie den Vertragsabschluss nicht beeinflusst haben konnten.

(BGBl I 2001/48, ab 1. 1. 2002, auf Verträge anzuwenden, die nach dem 31. 12. 2001 geschlossen werden)

Fälle der Gewährleistung

§ 923. Wer also der Sache Eigenschaften beilegt, die sie nicht hat und die ausdrücklich oder vermöge der Natur des Geschäftes stillschweigend bedungen worden sind; wer ungewöhnliche Mängel, oder Lasten derselben verschweigt; wer eine nicht mehr vorhandene, oder eine fremde Sache als die seinige veräußert; wer fälschlich vorgibt, daß die Sache zu einem bestimmten Gebrauche tauglich; oder daß sie auch von den gewöhnlichen Mängeln und Lasten frei sei; der hat, wenn das Widerspiel hervorkommt, dafür zu haften.

Vermutung der Mangelhaftigkeit

§ 924. [1]Der Übergeber leistet Gewähr für Mängel, die bei der Übergabe vorhanden sind. [2]Dies wird bis zum Beweis des Gegenteils vermutet, wenn der Mangel innerhalb von sechs Monaten nach der Übergabe hervorkommt. [3]Die Vermutung tritt nicht ein, wenn sie mit der Art der Sache oder des Mangels unvereinbar ist.

(BGBl I 2001/48, ab 1. 1. 2002, s Anm zu § 922)

§ 925. Durch Verordnung wird bestimmt, inwiefern die Vermutung eintritt, daß ein Tier schon vor der Übergabe krank gewesen ist, wenn innerhalb bestimmter Fristen gewisse Krankheiten und Mängel hervorkommen.[1)]

(RGBl 1916/69)

[1)] Siehe V BGBl 1972/472

§ 926. Von der rechtlichen Vermutung, daß der Mangel schon vor der Übergabe des Tieres vorhanden war, kann aber der Übernehmer nur dann Gebrauch machen, wenn er dem Übergeber oder in dessen Abwesenheit dem Gemeindevorsteher sogleich von dem bemerkten Fehler Nachricht gibt oder das Tier durch einen Sachverständigen untersuchen läßt oder die gerichtliche Beweisaufnahme zur Sicherung des Beweises beantragt.

(RGBl 1916/69)

§ 927. [1]Vernachlässigt der Übernehmer diese Vorsicht, so liegt ihm der Beweis ob, daß das Tier schon vor der Übergabe mangelhaft war. [2]Immer steht aber auch dem Übergeber der Beweis offen, daß der gerügte Mangel erst nach der Übergabe eingetreten sei.

(RGBl 1916/69)

§ 928. [1]Fallen die Mängel einer Sache in die Augen oder sind die auf der Sache haftenden Lasten aus den öffentlichen Büchern zu ersehen, so findet außer dem Falle arglistigen Verschweigens des Mangels oder einer ausdrücklichen Zusage, daß die Sache von allen Fehlern und Lasten frei sei, keine Gewährleistung statt (§ 443). [2]Schulden und Rückstände, welche auf der Sache haften, müssen stets vertreten werden.

(RGBl 1916/69)

§ 929. Wer eine fremde Sache wissentlich an sich bringt, hat ebensowenig Anspruch auf eine Gewährleistung, als derjenige, welcher ausdrücklich darauf Verzicht getan hat.

§ 930. Werden Sachen in Pausch und Bogen, nämlich so, wie sie stehen und liegen, ohne Zahl, Maß und Gewicht übergeben; so ist der Übergeber, außer dem Falle, daß eine von ihm fälschlich vorgegebene, oder von dem Empfänger bedungene Beschaffenheit mangelt, für die daran entdeckten Fehler nicht verantwortlich.

Bedingung der Gewährleistung

§ 931. [1]Wenn der Übernehmer wegen eines von einem Dritten auf die Sache erhobenen Anspruches von der Gewährleistung Gebrauch machen will, so muß er seinem Vormann den Streit verkündigen. [2]Unterläßt er dies, so verliert er zwar noch nicht das Recht der Schadloshaltung, aber sein Vormann kann ihm alle wider den Dritten unausgeführt gebliebenen Einwendungen entgegensetzen und sich dadurch von der Entschädigung in dem Maße befreien, als erkannt wird, daß diese Einwendungen, wenn von ihnen der gehörige Gebrauch gemacht worden wäre, eine andere

Entscheidung gegen den Dritten veranlaßt haben würden.

(RGBl 1916/69)

Rechte aus der Gewährleistung

§ 932. (1) Der Übernehmer kann wegen eines Mangels die Verbesserung (Nachbesserung oder Nachtrag des Fehlenden), den Austausch der Sache, eine angemessene Minderung des Entgelts (Preisminderung) oder die Aufhebung des Vertrags (Wandlung) fordern.

(2) [1]Zunächst kann der Übernehmer nur die Verbesserung oder den Austausch der Sache verlangen, es sei denn, dass die Verbesserung oder der Austausch unmöglich ist oder für den Übergeber, verglichen mit der anderen Abhilfe, mit einem unverhältnismäßig hohen Aufwand verbunden wäre. [2]Ob dies der Fall ist, richtet sich auch nach dem Wert der mangelfreien Sache, der Schwere des Mangels und den mit der anderen Abhilfe für den Übernehmer verbundenen Unannehmlichkeiten.

(3) Die Verbesserung oder der Austausch ist in angemessener Frist und mit möglichst geringen Unannehmlichkeiten für den Übernehmer zu bewirken, wobei die Art der Sache und der mit ihr verfolgte Zweck zu berücksichtigen sind.

(4) [1]Sind sowohl die Verbesserung als auch der Austausch unmöglich oder für den Übergeber mit einem unverhältnismäßig hohen Aufwand verbunden, so hat der Übernehmer das Recht auf Preisminderung oder, sofern es sich nicht um einen geringfügigen Mangel handelt, das Recht auf Wandlung. [2]Dasselbe gilt, wenn der Übergeber die Verbesserung oder den Austausch verweigert oder nicht in angemessener Frist vornimmt, wenn diese Abhilfen für den Übernehmer mit erheblichen Unannehmlichkeiten verbunden wären oder wenn sie ihm aus triftigen, in der Person des Übergebers liegenden Gründen unzumutbar sind.

(BGBl I 2001/48, ab 1. 1. 2002, s Anm zu § 922)

§ 932a. Während des Rechtsstreites über die Aufhebung des Vertrages wegen eines Viehmangels hat das Gericht auf Antrag einer der Parteien, sobald die Besichtigung nicht mehr erforderlich ist, durch einstweilige Verfügung den gerichtlichen Verkauf des Tieres und die gerichtliche Hinterlegung des Erlöses anzuordnen.

(RGBl 1916/69)

Verjährung

§ 933. (1) [1]Das Recht auf die Gewährleistung muss, wenn es unbewegliche Sachen betrifft, binnen drei Jahren, wenn es bewegliche Sachen betrifft, binnen zwei Jahren gerichtlich geltend gemacht werden. [2]Die Frist beginnt mit dem Tag der Ablieferung der Sache, bei Rechtsmängeln aber erst mit dem Tag, an dem der Mangel dem Übernehmer bekannt wird. [3]Die Parteien können eine Verkürzung oder Verlängerung dieser Frist vereinbaren.

(2) [1]Bei Viehmängeln beträgt die Frist sechs Wochen. [2]Sie beginnt bei Mängeln, für die eine Vermutungsfrist besteht, erst nach deren Ablauf.

(3) In jedem Fall bleibt dem Übernehmer die Geltendmachung durch Einrede vorbehalten, wenn er innerhalb der Frist dem Übergeber den Mangel anzeigt.

(BGBl I 2001/48, ab 1. 1. 2002, s Anm zu § 922)

Schadenersatz

§ 933a. (1) Hat der Übergeber den Mangel verschuldet, so kann der Übernehmer auch Schadenersatz fordern.

(2) [1]Wegen des Mangels selbst kann der Übernehmer auch als Schadenersatz zunächst nur die Verbesserung oder den Austausch verlangen. [2]Er kann jedoch Geldersatz verlangen, wenn sowohl die Verbesserung als auch der Austausch unmöglich ist oder für den Übergeber mit einem unverhältnismäßig hohen Aufwand verbunden wäre. [3]Dasselbe gilt, wenn der Übergeber die Verbesserung oder den Austausch verweigert oder nicht in angemessener Frist vornimmt, wenn diese Abhilfen für den Übernehmer mit erheblichen Unannehmlichkeiten verbunden wären oder wenn sie ihm aus triftigen, in der Person des Übergebers liegenden Gründen unzumutbar sind.

(3) Nach Ablauf von zehn Jahren ab der Übergabe der Sache obliegt für einen Ersatzanspruch wegen der Mangelhaftigkeit selbst und wegen eines durch diese verursachten weiteren Schadens dem Übernehmer der Beweis des Verschuldens des Übergebers.

(BGBl I 2001/48, ab 1. 1. 2002, s Anm zu § 922)

Besonderer Rückgriff

§ 933b. (1) [1]Hat ein Unternehmer einem Verbraucher Gewähr geleistet, so kann er von seinem Vormann, wenn auch dieser Unternehmer ist, auch nach Ablauf der Fristen des § 933 die Gewährleistung fordern. [2]Dasselbe gilt für frühere Übergeber im Verhältnis zu ihren Vormännern, wenn sie selbst wegen der Gewährleistungsrechte des letzten Käufers ihrem Nachmann Gewähr geleistet haben. [3]Der Anspruch ist mit der Höhe des eigenen Aufwandes beschränkt.

(2) [1]Ansprüche nach Abs. 1 sind innerhalb von zwei Monaten ab Erfüllung der eigenen Gewährleistungspflicht gerichtlich geltend zu machen.

[2]Die Haftung eines Rückgriffspflichtigen verjährt jedenfalls in fünf Jahren nach Erbringung seiner Leistung. [3]Die Frist wird durch eine Streitverkündigung für die Dauer des Rechtsstreits gehemmt.

(BGBl I 2001/48)

Schadloshaltung wegen Verkürzung über die Hälfte

§ 934. [1]Hat bei zweiseitig verbindlichen Geschäften ein Teil nicht einmal die Hälfte dessen, was er dem andern gegeben hat, von diesem an dem gemeinen Werte erhalten; so räumt das Gesetz dem verletzten Teile das Recht ein, die Aufhebung und die Herstellung in den vorigen Stand zu fordern. [2]Dem andern Teile steht aber bevor, das Geschäft dadurch aufrecht zu erhalten, daß er den Abgang bis zum gemeinen Werte zu ersetzen bereit ist. [3]Das Mißverhältnis des Wertes wird nach dem Zeitpunkte des geschlossenen Geschäftes bestimmt.

§ 935. „Die Anwendung des § 934 kann vertraglich nicht ausgeschlossen werden; er ist jedoch dann nicht anzuwenden, wenn jemand erklärt hat“, die Sache aus besonderer Vorliebe um einen außerordentlichen Wert zu übernehmen; wenn er, obgleich ihm der wahre Wert bekannt war, sich dennoch zu dem unverhältnismäßigen Werte verstanden hat; ferner, wenn aus dem Verhältnisse der Personen zu vermuten ist, daß sie einen, aus einem entgeltlichen und unentgeltlichen vermischten Vertrag schließen wollten; wenn sich der eigentliche Wert nicht mehr erheben läßt; endlich, wenn die Sache von dem Gerichte versteigert worden ist. *(BGBl 1979/140)*

Von der Verabredung eines künftigen Vertrages

§ 936. [1]Die Verabredung, künftig erst einen Vertrag schließen zu wollen, ist nur dann verbindlich, wenn sowohl die Zeit der Abschließung, als die wesentlichen Stücke des Vertrages bestimmt, und die Umstände inzwischen nicht dergestalt verändert worden sind, daß dadurch der ausdrücklich bestimmte, oder aus den Umständen hervorleuchtende Zweck vereitelt, oder das Zutrauen des einen oder andern Teiles verloren wird. [2]Überhaupt muß auf die Vollziehung solcher Zusagen längstens in einem Jahre nach dem bedungenen Zeitpunkte gedrungen werden; widrigenfalls ist das Recht erloschen.

Von dem Verzicht auf Einwendungen

§ 937. Allgemeine, unbestimmte Verzichtleistungen auf Einwendungen gegen die Gültigkeit eines Vertrages sind ohne Wirkung.

Achtzehntes Hauptstück

Von Schenkungen

Schenkung

§ 938. Ein Vertrag, wodurch eine Sache jemandem[1)] unentgeltlich überlassen wird, heißt eine Schenkung.

---

1) In JGS „jemanden“

Inwiefern eine Verzichtleistung eine Schenkung sei

§ 939. Wer auf ein gehofftes, oder wirklich angefallenes, oder zweifelhaftes Recht Verzicht tut, ohne es einem andern ordentlich abzutreten, oder dasselbe dem Verpflichteten mit dessen Einwilligung zu erlassen, ist für keinen Geschenkgeber anzusehen.

Belohnende Schenkung

§ 940. Es verändert die Wesenheit der Schenkung nicht, wenn sie aus Erkenntlichkeit; oder in Rücksicht auf die Verdienste des Beschenkten; oder als eine besondere Belohnung desselben gemacht worden ist; nur darf er vorher kein Klagerecht darauf gehabt haben.

§ 941. Hat der Beschenkte ein Klagerecht auf die Belohnung gehabt, entweder, weil sie unter den Parteien schon bedungen, oder durch das Gesetz vorgeschrieben war; so hört das Geschäft auf, eine Schenkung zu sein, und ist als ein entgeltlicher Vertrag anzusehen.

Wechselseitige Schenkungen

§ 942. Sind Schenkungen vorher dergestalt bedungen, daß der Schenkende wieder beschenkt werden muß; so entsteht keine wahre Schenkung im Ganzen; sondern nur in Ansehung des übersteigenden Wertes.

Form des Schenkungsvertrages,

§ 943. [1]Aus einem bloß mündlichen, ohne wirkliche Übergabe geschlossenen Schenkungsvertrage erwächst dem Geschenknehmer kein Klagerecht. [2]Dieses Recht muß durch eine schriftliche Urkunde begründet werden.

und Maß einer Schenkung

§ 944. [1]Ein unbeschränkter Eigentümer kann mit Beobachtung der gesetzlichen Vorschriften auch sein ganzes gegenwärtiges Vermögen verschenken. [2]Ein Vertrag aber, wodurch das künftige Vermögen verschenkt wird, besteht nur insoweit, als er die Hälfte dieses Vermögens nicht übersteigt.

Inwiefern der Geber für das Geschenkte hafte

§ 945. Wer wissentlich eine fremde Sache verschenkt, und dem Geschenknehmer diesen Umstand verschweigt, haftet für die nachteiligen Folgen.

Unwiderruflichkeit der Schenkungen

§ 946. Schenkungsverträge dürfen in der Regel nicht widerrufen werden.

Ausnahmen:

1. Wegen Dürftigkeit;

§ 947. [1]Gerät der Geschenkgeber in der Folge in solche Dürftigkeit, daß es ihm an dem nötigen Unterhalte gebricht; so ist er befugt, jährlich von dem geschenkten Betrage die gesetzlichen Zinsen, insoweit die geschenkte Sache, oder derselben Wert noch vorhanden ist, und ihm der nötige Unterhalt mangelt, von dem Beschenkten zu fordern, wenn sich anders dieser nicht selbst in gleich dürftigen Umständen befindet. [2]Aus mehreren Geschenknehmern ist der frühere nur insoweit verbunden, als die Beiträge der spätern zum Unterhalte nicht zureichen.

2. Undankes;

§ 948. [1]Wenn der Beschenkte sich gegen seinen Wohltäter eines groben Undankes schuldig macht, kann die Schenkung widerrufen werden. [2]Unter grobem Undanke wird eine Verletzung am Leibe, an Ehre, an Freiheit oder am Vermögen verstanden, welche von der Art ist, daß gegen den Verletzer von Amts wegen, oder auf Verlangen des Verletzten nach dem Strafgesetze verfahren werden kann.

§ 949. Der Undank macht den Undankbaren für seine Person zum unredlichen Besitzer, und gibt selbst dem Erben des Verletzten, insofern der letztere den Undank nicht verziehen hat, und noch etwas von dem Geschenke in Natur oder Werte vorhanden ist, ein Recht zur Widerrufungsklage auch gegen den Erben des Verletzers.

3. Verkürzung des schuldigen Unterhaltes;

§ 950. [1]Wer jemandem[1)] den Unterhalt zu reichen schuldig ist, kann dessen Recht durch Beschenkung eines Dritten nicht verletzen. [2]Der auf solche Art Verkürzte ist befugt, den Beschenkten um die Ergänzung desjenigen zu belangen, was ihm der Schenkende nun nicht mehr zu leisten vermag. [3]Bei mehreren Geschenknehmern ist die obige (§ 947) Vorschrift anzuwenden.

1) in JGS „jemanden"

§§ 951 und 952. *(aufgehoben, BGBl I 2015/87, ab 1. 1. 2017)*

[5. der Gläubiger;]

§ 953. [[1]Unter eben dieser (§ 952) Beschränkung können auch diejenigen Geschenke zurückgefordert werden, wodurch die zur Zeit der Schenkung schon vorhandenen Gläubiger verkürzt worden sind. [2]Auf Gläubiger, deren Forderungen jünger sind, als die Schenkung, erstreckt sich dieses Recht nur dann, wenn der Beschenkte eines hinterlistigen Einverständnisses überwiesen werden kann.]

[] *Gegenstandslos, s AnfO und §§ 27 bis 43 IO*

6. wegen nachgeborner Kinder

§ 954. [1]Dadurch, daß einem kinderlosen Geschenkgeber nach geschlossenem Schenkungsvertrage Kinder geboren werden, erwächst weder ihm, noch den nachgebornen Kindern das Recht, die Schenkung zu widerrufen. [2]Doch kann er, oder das nachgeborne Kind, im Notfalle sowohl gegen den Beschenkten, als gegen dessen Erben das oben angeführte Recht auf die gesetzlichen Zinsen des geschenkten Betrages geltend machen (§ 947).

Welche Schenkungen auf die Erben nicht übergehen

§ 955. Hat der Geschenkgeber dem Beschenkten eine Unterstützung in gewissen Fristen zugesichert, so erwächst für die Erben derselben weder ein Recht, noch eine Verbindlichkeit; es müßte denn in dem Schenkungsvertrage ausdrücklich anders bedungen worden sein.

§ 956. *(aufgehoben, BGBl I 2015/87, ab 1. 1. 2017)*

Neunzehntes Hauptstück

Von dem Verwahrungsvertrage

Verwahrungsvertrag

§ 957. [1]Wenn jemand eine fremde Sache in seine Obsorge übernimmt; so entsteht ein Verwahrungsvertrag. [2]Das angenommene Versprechen, eine fremde, noch nicht übergebene Sache in die Obsorge zu übernehmen, macht zwar den versprechenden Teil verbindlich; es ist aber noch kein Verwahrungsvertrag.

§ 958. Durch den Verwahrungsvertrag erwirbt der Übernehmer weder Eigentum, noch Besitz, noch Gebrauchsrecht; er ist bloßer Inhaber mit der Pflicht, die ihm anvertraute Sache vor Schaden zu sichern.

Wann er in einen Darlehens- oder Leihvertrag;

§ 959. Wird dem Verwahrer auf sein Verlangen, oder durch freiwilliges Anerbieten des Hinterlegers der Gebrauch gestattet; so hört im ersten Falle der Vertrag gleich nach der Verwilligung; im zweiten aber von dem Augenblicke, da das Anerbieten angenommen, oder von der hinterlegten Sache wirklich Gebrauch gemacht worden ist, auf, ein Verwahrungsvertrag zu sein; er wird bei verbrauchbaren Sachen in einen Darlehens-,[1)] bei unverbrauchbaren in einen Leihvertrag umgeändert, und es treten die damit verbundenen Rechte und Pflichten ein.

1) In JGS „Darleihens-"

oder in eine Bevollmächtigung übergehe

§ 960. [1]Es können bewegliche und unbewegliche Sachen in Obsorge gegeben werden. [2]Wird aber dem Übernehmer zugleich ein anderes, auf die anvertraute Sache sich beziehendes Geschäft aufgetragen; so wird er als ein Gewalthaber angesehen.

Pflichten und Rechte des Verwahrers;

§ 961. Die Hauptpflicht des Verwahrers ist: die ihm anvertraute Sache durch die bestimmte Zeit sorgfältig zu bewahren, und nach Verlauf derselben dem Hinterleger in eben dem Zustande, in welchem er sie übernommen hat, und mit allem Zuwachse zurückzustellen.

§ 962. [1]Der Verwahrer muß dem Hinterleger auf Verlangen die Sache auch noch vor Verlauf der Zeit zurückstellen, und kann nur den Ersatz des ihm etwa verursachten Schadens begehren. [2]Er kann hingegen die ihm anvertraute Sache nicht früher zurückgeben; es wäre denn, daß ein unvorhergesehener Umstand ihn außer Stand setzte, die Sache mit Sicherheit oder ohne seinen eigenen Nachteil zu verwahren.

§ 963. Ist die Verwahrungszeit weder ausdrücklich bestimmt worden, noch sonst aus Nebenumständen abzunehmen; so kann die Verwahrung nach Belieben aufgekündet werden.

§ 964. Der Verwahrer haftet dem Hinterleger für den aus der Unterlassung der pflichtmäßigen Obsorge verursachten Schaden, aber nicht für den Zufall; selbst dann nicht, wenn er die anvertraute, obschon kostbarere Sache, mit Aufopferung seiner eigenen hätte retten können.

§ 965. Hat aber der Verwahrer von der hinterlegten Sache Gebrauch gemacht; hat er sie ohne Not und ohne Erlaubnis des Hinterlegers einem Dritten in Verwahrung gegeben; oder die Zurückstellung verzögert, und die Sache leidet einen Schaden, welchem sie bei dem Hinterleger nicht ausgesetzt gewesen wäre; so kann er keinen Zufall vorschützen, und die Beschädigung wird ihm zugerechnet.

§ 966. [[1]Wenn Sachen verschlossen oder versiegelt hinterlegt, und in der Folge das Schloß oder Siegel verletzt worden; so ist der Hinterleger, wenn er einen Abgang behauptet, zur Beschwörung seines Schadens, insofern derselbe nach seinem Stande, Gewerbe, Vermögen und den übrigen Umständen wahrscheinlich ist, nach Vorschrift der Gerichtsordnung zuzulassen; es wäre denn, daß der Verwahrer beweisen könnte, daß die Verletzung des Schlosses oder Siegels ohne sein Verschulden geschehen sei. [2]Das Nämliche hat auch dann zu gelten, wenn sämtliche auf solche Art hinterlegte Sachen in Verlust geraten sind.]

[] *Gegenstandslos, s § 272 ZPO*

und des Hinterlegers

§ 967. [1]Der Hinterleger ist verpflichtet, dem Verwahrer den schuldbarer Weise zugefügten Schaden, und die zur Erhaltung der verwahrten Sache, oder zur Vermehrung der fortdauernden Nutzungen verwendeten Kosten zu ersetzen. [2]Hat der Verwahrer im Notfalle, um das hinterlegte Gut zu retten, seine eigenen Sachen aufgeopfert; so kann er einen angemessenen Ersatz fordern. [3]Die wechselseitigen Forderungen des Verwahrers und Hinterlegers einer beweglichen Sache können aber nur binnen dreißig Tagen von Zeit der Zurückstellung angebracht werden.

Sequester

§ 968. [1]Wird eine in Anspruch genommene Sache von den streitenden Parteien oder vom Gerichte jemandem[1)] in Verwahrung gegeben; so heißt der Verwahrer, Sequester. [2]Die Rechte und Verbindlichkeiten des Sequesters werden nach den hier festgesetzten Grundsätzen beurteilt.

1) In JGS „jemanden"

Ob dem Verwahrer ein Lohn gebühre

§ 969. Ein Lohn kann für die Aufbewahrung nur dann gefordert werden, wenn er ausdrücklich, oder nach dem Stande des Aufbewahrers stillschweigend bedungen worden ist.

Gastaufnahme

§ 970. (1) [1]Gastwirte, die Fremde beherbergen, haften als Verwahrer für die von den aufgenommenen Gästen eingebrachten Sachen, sofern sie nicht beweisen, daß der Schaden weder durch sie oder einen ihrer Leute verschuldet noch durch fremde, in dem Hause aus- und eingehende Personen verursacht ist. [2]Hat bei der Entstehung des Schadens ein Verschulden des Beschädigten mitgewirkt, so hat der Richter nach den Umständen zu entscheiden, ob und in welcher Höhe ein Ersatz gebührt.[1)]

(2) [1]Als eingebracht gelten die Sachen, die dem Wirte oder einem seiner Leute übergeben oder an einen von diesen angewiesenen oder hierzu bestimmten Ort gebracht sind. [2]Ebenso haften Unternehmer, die Stallungen und Aufbewahrungsräume halten, für die bei ihnen eingestellten Tiere und Fahrzeuge und die auf diesen befindlichen Sachen.

(3) Den Wirten werden gleichgehalten die Besitzer von Badeanstalten in Rücksicht auf die üblicherweise eingebrachten Sachen der Badegäste.

(RGBl 1916/69)

[1)] Siehe BG BGBl 1921/638 idF BGBl 1989/343

§ 970a. [1]Ablehnung der Haftung durch Anschlag ist ohne rechtliche Wirkung. [2]Für Kostbarkeiten, Geld und Wertpapiere haftet der Gastwirt nur bis zum Betrage von „550 Euro“, es sei denn, daß er diese Sachen in Kenntnis ihrer Beschaffenheit zur Aufbewahrung übernommen hat oder daß der Schaden von ihm selbst oder seinen Leuten verschuldet ist. *(BGBl I 2001/98, ab 1. 1. 2002, anzuwenden auf Schadensereignisse, die sich nach dem 31. 12. 2001 ereignet haben)*

(RGBl 1916/69)

§ 970b. [1]Der Ersatzanspruch aus der Gastaufnahme erlischt, wenn der Beschädigte nach erlangter Kenntnis von dem Schaden nicht ohne Verzug dem Wirte die Anzeige macht. [2]Dies gilt jedoch nicht, wenn die Sachen vom Wirte zur Aufbewahrung übernommen waren.

(RGBl 1916/69)

§ 970c. Den im § 970 bezeichneten Personen steht das Recht zu, zur Sicherung ihrer Forderungen aus der Beherbergung und Verpflegung sowie ihrer Auslagen für die Gäste die eingebrachten Sachen zurückzuhalten.

(RGBl 1916/69)

Zwanzigstes Hauptstück
Von dem Leihvertrage

Leihvertrag

§ 971. [1]Wenn jemandem[1)] eine unverbrauchbare Sache bloß zum unentgeltlichen Gebrauche auf eine bestimmte Zeit übergeben wird; so entsteht ein Leihvertrag. [2]Der Vertrag, wodurch man jemandem eine Sache zu leihen verspricht, ohne sie zu übergeben, ist zwar verbindlich, aber noch kein Leihvertrag.

[1)] In JGS „jemanden“

Rechte und Pflichten des Entlehners:

1. in Rücksicht des Gebrauches;

§ 972. [1]Der Entlehner erwirbt das Recht, den ordentlichen oder näher bestimmten Gebrauch von der Sache zu machen. [2]Nach Verlauf der Zeit ist er verpflichtet, eben dieselbe Sache zurückzustellen.

2. der Zurückstellung;

§ 973. Wenn keine Zeit zur Zurückgabe festgesetzt, wohl aber die Absicht des Gebrauches bestimmt worden ist; so ist der Entlehner verbunden, mit dem Gebrauche nicht zu zögern, und die Sache so bald als möglich zurückzugeben.

§ 974. Hat man weder die Dauer, noch die Absicht des Gebrauches bestimmt; so entsteht kein wahrer Vertrag, sondern ein unverbindliches Bittleihen (Prekarium), und der Verleiher kann die entlehnte Sache nach Willkür zurückfordern.

§ 975. Bei einem Streite über die Dauer des Gebrauches muß der Entlehner das Recht auf den längeren Gebrauch beweisen.

§ 976. Wenngleich die verlehnte Sache vor Verlauf der Zeit und vor geendigtem Gebrauche dem Verleiher selbst unentbehrlich wird; so hat er ohne ausdrückliche Verabredung doch kein Recht, die Sache früher zurückzunehmen.

§ 977. Der Entlehner ist zwar in der Regel berechtigt, die entlehnte Sache auch vor der bestimmten Zeit zurückzugeben; fällt aber die frühere Zurückgabe dem Verleiher beschwerlich; so kann sie wider seinen Willen nicht stattfinden.

3. der Beschädigung;

§ 978. Wenn der Entlehner die geliehene Sache anders gebraucht, als es bedungen war, oder den

Gebrauch derselben eigenmächtig einem Dritten gestattet; so ist er dem Verleiher verantwortlich, und dieser auch berechtigt, die Sache sogleich zurückzufordern.

§ 979. Wird die geliehene Sache beschädigt, oder zu Grunde gerichtet; so muß der Entlehner nicht nur den zunächst durch sein Verschulden verursachten, sondern auch den zufälligen Schaden, den er durch eine widerrechtliche Handlung veranlaßt hat, so wie der Verwahrer einer Sache ersetzen (§ 965).

§ 980. Dadurch, daß der Entlehner für ein verlornes Lehnstück den Wert erlegt, hat er noch kein Recht, dasselbe, wenn es wieder gefunden wird, gegen den Willen des Eigentümers für sich zu behalten, wenn dieser bereit ist, den empfangenen Wert zurückzugeben.

4. der Erhaltungskosten

§ 981. [1]Die mit dem Gebrauche ordentlicher Weise verbundenen Kosten muß der Entlehner selbst bestreiten. [2]Die außerordentlichen Erhaltungskosten hat er zwar, dafern er die Sache dem Verleiher nicht zur eigenen Besorgung überlassen kann oder will, inzwischen vorzuschießen; doch werden sie ihm gleich einem redlichen Besitzer vergütet.

Beschränkung der wechselseitigen Klagen

§ 982. Wenn der Verleiher nach der Zurücknahme des Lehnstückes dessen Mißbrauch, oder übertriebene Abnutzung innerhalb dreißig Tagen nicht gerügt; oder, wenn der Entlehner nach der Zurückgabe von den auf die Sache verwendeten außerordentlichen Kosten binnen eben diesem Zeitraume keine Meldung gemacht hat; so ist die Klage erloschen.

Einundzwanzigstes Hauptstück

Von dem Darlehensvertrage[1)]

[1)] *In JGS „Darleihensvertrag"*

Darlehensvertrag

§ 983. [1]Im Darlehensvertrag verpflichtet sich der Darlehensgeber, dem Darlehensnehmer vertretbare Sachen mit der Bestimmung zu übergeben, dass der Darlehensnehmer über die Sachen nach seinem Belieben verfügen kann. [2]Der Darlehensnehmer ist verpflichtet, dem Darlehensgeber spätestens nach Vertragsende ebenso viele Sachen derselben Gattung und Güte zurückzugeben.

(BGBl I 2010/28, ab 11. 6. 2010; auf Kreditverträge anzuwenden, die nach dem 10. 6. 2010 geschlossen werden)

Arten des Darlehensvertrags

§ 984. (1) [1]Gegenstand eines Darlehensvertrags können Geld oder andere vertretbare Sachen sein. [2]Ein Darlehen kann entweder unentgeltlich oder gegen Entgelt gewährt werden. Wenn die Parteien nichts über ein Entgelt vereinbaren, gilt der Darlehensvertrag im Zweifel als entgeltlich.

(2) Ein unentgeltlicher Darlehensvertrag ohne Übergabe der Sachen ist nur wirksam, wenn der Darlehensgeber seine Vertragserklärung schriftlich abgibt.

(BGBl I 2010/28, ab 11. 6. 2010; auf Kreditverträge anzuwenden, die nach dem 10. 6. 2010 geschlossen werden)

Steigerung und Minderung des Werts

§ 985. [1]Der Darlehensnehmer hat, sofern nichts anderes vereinbart ist, bei der Rückgabe der Sachen einen in der Zwischenzeit eingetretenen Wertverlust nicht auszugleichen. [2]Gleichermaßen kann er sich auch nicht auf eine Wertsteigerung zur Minderung seiner Rückgabepflicht berufen.

(BGBl I 2010/28, ab 11. 6. 2010; auf Kreditverträge anzuwenden, die nach dem 10. 6. 2010 geschlossen werden)

Dauer und Auflösung des Darlehensvertrags

§ 986. (1) Der Darlehensvertrag kann auf eine im Voraus bestimmte oder auf unbestimmte Zeit geschlossen werden.

(2) Ein auf unbestimmte Zeit geschlossener Darlehensvertrag kann von jedem Vertragsteil unter Einhaltung einer einmonatigen Kündigungsfrist gekündigt werden.

(3) Ein auf bestimmte Zeit geschlossener Darlehensvertrag endet durch Zeitablauf.

(BGBl I 2010/28, ab 11. 6. 2010; auf Kreditverträge anzuwenden, die nach dem 10. 6. 2010 geschlossen werden)

Außerordentliche Kündigung des Darlehensvertrags

§ 987. Jeder Vertragsteil kann den Darlehensvertrag jederzeit ohne Einhaltung einer Kündigungsfrist kündigen, wenn ihm die Aufrechterhaltung des Vertrags aus wichtigen Gründen unzumutbar ist.

(BGBl I 2010/28, ab 11. 6. 2010; auf Kreditverträge anzuwenden, die nach dem 10. 6. 2010 geschlossen werden)

Kreditvertrag

§ 988. [1]Der entgeltliche Darlehensvertrag über Geld heißt Kreditvertrag; dazu zählt auch ein

Vertrag, mit dem ein Geldbetrag zum Abruf zur Verfügung gestellt wird. [2]Die Parteien dieses Vertrags heißen Kreditgeber und Kreditnehmer. [3]Das Entgelt besteht in der Regel in den vom Kreditnehmer zu zahlenden Zinsen; für diese gilt § 1000 Abs. 1.

(BGBl I 2010/28, ab 11. 6. 2010; auf Kreditverträge anzuwenden, die nach dem 10. 6. 2010 geschlossen werden)

Befristung und Ende des Kreditvertrags

§ 989. (1) Beim Kreditvertrag kann sich eine bestimmte Vertragsdauer nicht bloß aus der datumsmäßigen Festlegung eines Endtermins ergeben, sondern auch aus den Vereinbarungen über den Kreditbetrag sowie über die Art der Rückzahlung des Kredits und die zu leistenden Zinsen.

(2) Nach Ende des Kreditvertrags hat der Kreditnehmer den Kreditbetrag samt den noch zu leistenden Zinsen zurückzuzahlen.

(BGBl I 2010/28, ab 11. 6. 2010; auf Kreditverträge anzuwenden, die nach dem 10. 6. 2010 geschlossen werden)

Unwirksame Vereinbarungen über das Kündigungsrecht des Kreditgebers

§ 990. Vereinbarungen, durch die dem Kreditgeber ein nicht an sachlich gerechtfertigte Gründe geknüpftes Recht zur vorzeitigen Kündigung eines auf bestimmte Zeit geschlossenen und seinerseits schon erfüllten Kreditvertrags eingeräumt wird, sind nicht wirksam.

(BGBl I 2010/28, ab 11. 6. 2010; auf Kreditverträge anzuwenden, die nach dem 10. 6. 2010 geschlossen werden)

Verweigerung der Kreditauszahlung

§ 991. Der Kreditgeber kann die Auszahlung des Kreditbetrags verweigern, wenn sich nach Vertragsabschluss Umstände ergeben, die eine Verschlechterung der Vermögenslage des Kreditnehmers oder eine Entwertung bedungener Sicherheiten in einem solchen Ausmaß erweisen, dass die Rückzahlung des Kredits oder die Entrichtung der Zinsen selbst bei Verwertung der Sicherheiten gefährdet sind.

(BGBl I 2010/28, ab 11. 6. 2010; auf Kreditverträge anzuwenden, die nach dem 10. 6. 2010 geschlossen werden)

§ 992. *(aufgehoben samt Überschrift, BGBl I 2010/28, ab 11. 6. 2010)*

§§ 993 bis 998. *(aufgehoben, RGBl 1868/62)*

§ 999. *(aufgehoben samt Überschrift, BGBl I 2010/28, ab 11. 6. 2010)*

Zinsen und Zinseszinsen

§ 1000. (1) An Zinsen, die ohne Bestimmung der Höhe vereinbart worden sind oder aus dem Gesetz gebühren, sind, sofern gesetzlich nicht anderes bestimmt ist, vier vom Hundert auf ein Jahr zu entrichten.[1)]

(2) [1]Der Gläubiger einer Geldforderung kann Zinsen von Zinsen verlangen, wenn die Parteien dies ausdrücklich vereinbart haben. [2]Sonst kann er, sofern fällige Zinsen eingeklagt werden, Zinseszinsen vom Tag der Streitanhängigkeit an fordern. [3]Wurde über die Höhe der Zinseszinsen keine Vereinbarung getroffen, so sind ebenfalls vier vom Hundert auf ein Jahr zu entrichten.

(3) Haben die Parteien über die Frist zur Zahlung der Zinsen keine Vereinbarung getroffen, so sind diese bei der Zurückzahlung des Kapitals oder, sofern der Vertrag auf mehrere Jahre abgeschlossen worden ist, jährlich zu zahlen.

(BGBl I 2002/118, ab 1. 8. 2002)

[1)] Zur Höhe der gesetzlichen Zinsen für Forderungen im Zusammenhang mit einem Arbeitsverhältnis s § 49a ASGG

§ 1001. *(aufgehoben samt Überschrift, BGBl I 2010/28, ab 11. 6. 2010)*

Zweiundzwanzigstes Hauptstück

Von der Bevollmächtigung und andern Arten der Geschäftsführung

Bevollmächtigungsvertrag

§ 1002. Der Vertrag, wodurch jemand ein ihm aufgetragenes Geschäft im Namen des andern zur Besorgung übernimmt, heißt Bevollmächtigungsvertrag.

§ 1003. Personen, welche zur Besorgung bestimmter Geschäfte öffentlich bestellt worden, sind schuldig, über einen darauf sich beziehenden Auftrag ohne Zögerung gegen den Auftragenden sich ausdrücklich zu erklären, ob sie denselben annehmen oder nicht; widrigenfalls bleiben sie dem Auftragenden für den dadurch veranlaßten Nachteil verantwortlich.

Einteilung der Bevollmächtigung in eine unentgeltliche oder entgeltliche;

§ 1004. Wird für die Besorgung eines fremden Geschäftes entweder ausdrücklich, oder nach dem Stande des Geschäftsträgers auch nur stillschweigend eine Belohnung bedungen; so gehört der

Vertrag zu den entgeltlichen, außer dem aber zu den unentgeltlichen.

mündliche oder schriftliche;

§ 1005. [1]Bevollmächtigungsverträge können mündlich oder schriftlich geschlossen werden. [2]Die von dem Gewaltgeber dem Gewalthaber hierüber ausgestellte Urkunde wird Vollmacht genannt.

allgemeine oder besondere;

§ 1006. [1]Es gibt allgemeine und besondere Vollmachten, je nachdem jemandem[1)] die Besorgung aller, oder nur einiger Geschäfte anvertraut wird. [2]Die besonderen Vollmachten können bloß gerichtliche oder bloß außergerichtliche Geschäfte überhaupt; oder sie können einzelne Angelegenheiten der einen oder der andern Gattung zum Gegenstande haben.

---

1) In JGS „jemanden"

unumschränkte oder beschränkte

§ 1007. [1]Vollmachten werden entweder mit unumschränkter oder mit beschränkter Freiheit zu handeln erteilet. [2]Durch die erstere wird der Gewalthaber berechtigt, das Geschäft nach seinem besten Wissen und Gewissen zu leiten; durch die letztere aber werden ihm die Grenzen, wie weit, und die Art, wie er dasselbe betreiben soll, vorgeschrieben.

§ 1008. [1]Folgende Geschäfte: wenn im Namen eines andern Sachen veräußert, oder entgeltlich übernommen; Anleihen oder Darlehen[1)] geschlossen; Geld oder Geldeswert erhoben; Prozesse anhängig gemacht; [Eide aufgetragen, angenommen oder zurückgeschoben], oder Vergleiche getroffen werden sollen, erfordern eine besondere, auf diese Gattungen der Geschäfte lautende Vollmacht. [2]Wenn aber eine Erbschaft unbedingt angenommen oder ausgeschlagen; Gesellschaftsverträge errichtet; Schenkungen gemacht; die[2)] Befugnis, einen Schiedsrichter zu wählen, eingeräumt, oder Rechte unentgeltlich aufgegeben werden sollen; ist eine besondere, auf das einzelne Geschäft ausgestellte Vollmacht notwendig. [3]Allgemeine, selbst unbeschränkte Vollmachten sind in diesen Fällen nur hinreichend, wenn die Gattung des Geschäftes in der Vollmacht ausgedrückt worden ist.

[] *Gegenstandslos*

---

1) In JGS „Darleihen"
2) In JGS „das"

Rechte und Verbindlichkeiten des Gewalthabers;

§ 1009. [1]Der Gewalthaber ist verpflichtet, das Geschäft seinem Versprechen und der erhaltenen Vollmacht gemäß, emsig und redlich zu besorgen, und allen aus dem Geschäfte entspringenden Nutzen dem Machtgeber zu überlassen. [2]Er ist, ob er gleich eine beschränkte Vollmacht hat, berechtigt, alle Mittel anzuwenden, die mit der Natur des Geschäftes notwendig verbunden, oder der erklärten Absicht des Machtgebers gemäß sind. [3]Überschreitet er aber die Grenzen der Vollmacht; so haftet er für die Folgen.

§ 1010. [1]Trägt der Gewalthaber das Geschäft ohne Not einem Dritten auf; so haftet er ganz allein für den Erfolg. [2]Wird ihm aber die Bestellung eines Stellvertreters in der Vollmacht ausdrücklich gestattet, oder durch die Umstände unvermeidlich; so verantwortet er nur ein bei der Auswahl der Person begangenes Verschulden.

§ 1011. Wird mehreren Bevollmächtigten zugleich ein Geschäft aufgetragen; so ist die Mitwirkung aller zur Gültigkeit des Geschäftes, und Verpflichtung des Machtgebers notwendig; wenn nicht ausdrücklich einem oder mehreren aus ihnen die volle Befugnis in der Vollmacht erteilt worden ist.

§ 1012. Der Gewalthaber ist schuldig, dem Machtgeber den durch sein Verschulden verursachten Schaden zu ersetzen, und die bei dem Geschäfte vorkommenden Rechnungen, sooft dieser es verlangt, vorzulegen.

§ 1013. [1]Gewalthaber sind, außer dem im § 1004 enthaltenen Falle, nicht befugt, ihrer Bemühung wegen eine Belohnung zu fordern. [2]Es ist ihnen nicht erlaubt, ohne Willen des Machtgebers in Rücksicht auf die Geschäftsverwaltung von einem Dritten Geschenke anzunehmen. [3]Die erhaltenen werden [zur Armenkasse][1)] eingezogen.

---

1) Jetzt: Fürsorgeverband

des Gewaltgebers;

§ 1014. Der Gewaltgeber ist verbunden, dem Gewalthaber allen zur Besorgung des Geschäftes notwendig oder nützlich gemachten Aufwand, selbst bei fehlgeschlagenem Erfolge, zu ersetzen, und ihm auf Verlangen zur Bestreitung der baren Auslagen auch einen angemessenen Vorschuß zu leisten; er muß ferner allen durch sein Verschulden entstandenen, oder mit der Erfüllung des Auftrages verbundenen Schaden vergüten.

§ 1015. Leidet der Gewalthaber bei der Geschäftsführung nur zufälligerweise Schaden; so kann er in dem Falle, daß er das Geschäft unentgeltlich zu besorgen übernahm, einen solchen Betrag fordern, welcher ihm bei einem entgeltlichen Vertrage zur Vergütung der Bemühung nach dem höchsten Schätzungswerte gebührt haben würde.

§ 1016. Überschreitet der Gewalthaber die Grenzen seiner Vollmacht; so ist der Gewaltgeber nur insofern verbunden, als er das Geschäft genehmigt, oder den aus dem Geschäfte entstandenen Vorteil sich zuwendet.

in Rücksicht eines Dritten;

§ 1017. [1]Insofern der Gewalthaber nach dem Inhalte der Vollmacht den Gewaltgeber vorstellt, kann er ihm Rechte erwerben und Verbindlichkeiten auflegen. [2]Hat er also innerhalb der Grenzen der offenen Vollmacht mit einem Dritten einen Vertrag geschlossen; so kommen die dadurch gegründeten Rechte und Verbindlichkeiten dem Gewaltgeber und dem Dritten; nicht aber dem Gewalthaber zu. [3]Die dem Gewalthaber erteilte geheime Vollmacht hat auf die Rechte des Dritten keinen Einfluß.

§ 1018. Auch in dem Falle, daß der Gewaltgeber einen solchen Gewalthaber, der sich selbst zu verbinden unfähig ist, aufgestellt hat, sind die innerhalb der Grenzen der Vollmacht geschlossenen Geschäfte sowohl für den Gewaltgeber, als für den Dritten verbindlich.

§ 1019. [1]Ist der Gewalthaber zu dem von ihm geschlossenen Geschäft nicht oder nicht ausreichend bevollmächtigt, so ist er, wenn der Gewaltgeber weder das Geschäft genehmigt noch sich den aus dem Geschäft entstandenen Vorteil zuwendet (§ 1016), dem anderen Teil zum Ersatz des Schadens verpflichtet, den dieser im Vertrauen auf die Vertretungsmacht erleidet. [2]Der Gewalthaber haftet jedoch nicht über den Betrag des Interesses hinaus, das der andere Teil an der Wirksamkeit des Vertrages hat.

(BGBl I 2005/120, ab 1. 1. 2007, s Anm zu § 367)

Auflösung des Vertrages durch den Widerruf;

§ 1020. [1]Es steht dem Machtgeber frei, die Vollmacht nach Belieben zu widerrufen; doch muß er dem Gewalthaber nicht nur die in der Zwischenzeit gehabten Kosten und den sonst erlittenen Schaden ersetzen; sondern auch einen der Bemühung angemessenen Teil der Belohnung entrichten. [2]Dieses findet auch dann statt, wenn die Vollendung des Geschäftes durch einen Zufall verhindert worden ist.

die Aufkündung;

§ 1021. [1]Auch der Machthaber kann die angenommene Vollmacht aufkünden. [2]Wenn er sie aber vor Vollendung des ihm insbesondere aufgetragenen, oder vermöge der allgemeinen Vollmacht angefangenen Geschäftes aufkündet; so muß er, dafern nicht ein unvorhergesehenes und unvermeidliches Hindernis eingetreten ist, allen daraus entstandenen Schaden ersetzen.

den Tod;

§ 1022. [1]In der Regel wird die Vollmacht sowohl durch den Tod des Gewaltgebers als des Gewalthabers aufgehoben. [2]Läßt sich aber das angefangene Geschäft ohne offenbaren Nachteil der Erben nicht unterbrechen, oder erstreckt sich die Vollmacht selbst auf den Sterbefall des Gewaltgebers; so hat der Gewalthaber das Recht und die Pflicht, das Geschäft zu vollenden.

§ 1023. Die von einem Körper (Gemeinschaft) ausgestellten und übernommenen Vollmachten werden durch die Erlöschung der Gemeinschaft aufgehoben.

oder ein Insolvenzverfahren

§ 1024. [1]Wird über das Vermögen des Machtgebers das Insolvenzverfahren eröffnet, so sind Vertretungshandlungen des Machthabers ab der Bekanntmachung der Insolvenzeröffnung nicht rechtswirksam. [2]Durch die Eröffnung des Insolvenzverfahrens über das Vermögen des Machthabers erlischt dessen Vollmacht.

(BGBl I 2010/58, ab 1. 8. 2010)

Inwiefern die Verbindlichkeit fortdauere

§ 1025. Wird die Vollmacht durch Widerruf, Aufkündung, oder durch den Tod des Gewaltgebers oder Gewalthabers aufgehoben; so müssen doch die Geschäfte, welche keinen Aufschub leiden, so lange fortgesetzt werden, bis von dem Machtgeber oder dessen Erben eine andere Verfügung getroffen worden ist, oder füglich getroffen werden konnte.

§ 1026. Auch bleiben die mit einem Dritten, dem die Aufhebung der Vollmacht ohne sein Verschulden unbekannt war, geschlossenen Verträge verbindlich, und der Gewaltgeber kann sich nur bei dem Gewalthaber, der die Aufhebung verschwiegen hat, wegen seines Schadens erholen.

Stillschweigende Bevollmächtigung der Dienstpersonen

§ 1027. Die in diesem Hauptstücke enthaltenen Vorschriften haben auch ihre Anwendung auf die Eigentümer einer Handlung, eines Schiffes, Kaufladens oder andern Gewerbes, welche die Verwaltung einem Faktor, Schiffer, Ladendiener oder andern Geschäftsträgern anvertrauen.

§ 1028. Die Rechte solcher Geschäftsführer sind vorzüglich aus der Urkunde ihrer Bestellung, dergleichen unter Handelsleuten die[1)] ordentlich kundgemachte Befugnis der Unterzeichnung (Firma) ist, zu beurteilen.

[1)] In JGS „das"

§ 1029. „(1)" [1]Ist die Vollmacht nicht schriftlich gegeben worden; so wird ihr Umfang aus dem Gegenstande, und aus der Natur des Geschäftes beurteilt. [2]Wer einem andern eine Verwaltung anvertraut hat, von dem wird vermutet, daß er ihm auch die Macht eingeräumt habe, alles dasjenige zu tun, was die Verwaltung selbst erfordert und was gewöhnlich damit verbunden ist (§ 1009). *(BGBl I 2005/120, ab 1. 1. 2007)*

(2) Der Überbringer einer Quittung gilt als ermächtigt, die Leistung zu empfangen, sofern nicht dem Leistenden bekannte Umstände der Annahme einer solchen Ermächtigung entgegenstehen. *(BGBl I 2005/120, ab 1. 1. 2007, s Anm zu § 367)*

§ 1030. Gestattet der Eigentümer einer Handlung, oder eines Gewerbes seinem Diener oder Lehrlinge, Waren im Laden oder außer demselben zu verkaufen; so wird vermutet, daß sie bevollmächtigt seien, die Bezahlung zu empfangen, und Quittungen dagegen auszustellen.

§ 1031. Die Vollmacht, Waren im Namen des Eigentümers zu verkaufen, erstreckt sich aber nicht auf das Recht, in seinem Namen Waren einzukaufen; auch dürfen Fuhrleute weder den Wert der ihnen anvertrauten Güter beziehen, noch Geld darauf anleihen, wenn es nicht ausdrücklich in Frachtbriefen bestimmt worden ist.

§ 1032. [1]Dienstgeber und Familienhäupter sind nicht verbunden, das, was von ihren Dienstpersonen oder andern Hausgenossen in ihrem Namen auf Borg genommen wird, zu bezahlen. [2]Der Borger muß in solchen Fällen den gemachten Auftrag erweisen.

§ 1033. Besteht aber zwischen dem Borgnehmer und dem Borggeber ein ordentliches Einschreibebuch, worin die ausgeborgten Sachen aufgezeichnet werden; so gilt die Vermutung, daß der Überbringer dieses Buches bevollmächtigt sei, die Ware auf Borg zu nehmen.

Gesetzliche Vertretung

§ 1034. (1) Als gesetzlicher Vertreter einer Person wird bezeichnet:

1. wer für ein minderjähriges Kind im Rahmen der Obsorge oder sonst im Einzelfall gesetzlich mit dessen Vertretung betraut ist;

2. ein Vorsorgebevollmächtigter, sobald die Vorsorgevollmacht wirksam ist (§ 245 Abs. 1);

3. ein gewählter und ein gesetzlicher Erwachsenenvertreter nach der Registrierung im Österreichischen Zentralen Vertretungsverzeichnis sowie ein gerichtlicher Erwachsenenvertreter und

4. ein Kurator (§ 277).

(2) Sofern nichts anderes angeordnet ist, wird eine durch Gerichtsentscheidung angeordnete gesetzliche Vertretung mit Rechtskraft der Entscheidung wirksam.

(BGBl I 2017/59, ab 1. 7. 2018, s § 1503 Abs 9 Z 4)

Geschäftsführung ohne Auftrag;

§ 1035. [1]Wer weder durch ausdrücklichen oder stillschweigenden Vertrag, noch vom Gerichte, noch aus dem Gesetze die[1)] Befugnis erhalten hat, darf der Regel nach sich in das Geschäft eines andern nicht mengen. [2]Hätte er sich dessen angemaßt; so ist er für alle Folgen verantwortlich.

[1)] In JGS „das"

im Notfalle;

§ 1036. Wer, obgleich unberufen, ein fremdes Geschäft zur Abwendung eines bevorstehenden Schadens besorgt, dem ist derjenige, dessen Geschäft er besorgt hat, den notwendigen und zweckmäßig gemachten Aufwand zu ersetzen schuldig; wenngleich die Bemühung ohne Verschulden fruchtlos geblieben ist (§ 403).

oder zum Nutzen des anderen;

§ 1037. [1]Wer fremde Geschäfte bloß, um den Nutzen des andern zu befördern, übernehmen will, soll sich um dessen Einwilligung bewerben. [2]Hat der Geschäftsführer zwar diese Vorschrift unterlassen, aber das Geschäft auf seine Kosten zu des andern klarem, überwiegenden Vorteile geführt; so müssen ihm von diesem die darauf verwendeten Kosten ersetzt werden.

§ 1038. Ist aber der überwiegende Vorteil nicht klar; oder hat der Geschäftsführer eigenmächtig so wichtige Veränderungen in einer fremden Sache vorgenommen, daß die Sache dem andern zu dem Zwecke, wozu er sie bisher benützte, unbrauchbar wird, so ist dieser zu keinem Ersatze verbunden; er kann vielmehr verlangen, daß der Geschäftsführer auf eigene Kosten die Sache in den vorigen Stand zurücksetze, oder, wenn das nicht möglich ist, ihm volle Genugtuung leiste.

§ 1039. Wer ein fremdes Geschäft ohne Auftrag auf sich genommen hat, muß es bis zur Vollendung fortsetzen, und gleich einem Bevollmächtigten genaue Rechnung darüber ablegen.

gegen den Willen des anderen

§ 1040. Wenn jemand gegen den gültig erklärten Willen des Eigentümers sich eines fremden Geschäftes anmaßt, oder den rechtmäßigen Bevollmächtigten durch eine solche Einmengung an der Besorgung des Geschäftes verhindert; so verantwortet er nicht nur den hieraus erwachsenen Schaden und entgangenen Gewinn, sondern er verliert auch den gemachten Aufwand, insofern er nicht in Natur zurückgenommen werden kann.

Verwendung einer Sache zum Nutzen des anderen

§ 1041. Wenn ohne Geschäftsführung eine Sache zum Nutzen eines andern verwendet worden ist; kann der Eigentümer sie in Natur, oder, wenn dies nicht mehr geschehen kann, den Wert verlangen, den sie zur Zeit der Verwendung gehabt hat, obgleich der Nutzen in der Folge vereitelt worden ist.

§ 1042. Wer für einen andern einen Aufwand macht, den dieser nach dem Gesetze selbst hätte machen müssen, hat das Recht, den Ersatz zu fordern.

§ 1043. [1]Hat jemand in einem Notfalle, um einen größern Schaden von sich und andern abzuwenden, sein Eigentum aufgeopfert; so müssen ihn alle, welche daraus Vorteil zogen, verhältnismäßig entschädigen. [2]Die ausführlichere Anwendung dieser Vorschrift auf Seegefahren ist ein Gegenstand der Seegesetze.

§ 1044. Die Verteilung der Kriegsschäden wird nach besondern Vorschriften von den politischen Behörden bestimmt.

Dreiundzwanzigstes Hauptstück
Von dem Tauschvertrage

Tausch

§ 1045. [1]Der Tausch ist ein Vertrag, wodurch eine Sache gegen eine andere Sache überlassen wird. [2]Die wirkliche Übergabe ist nicht zur Errichtung; sondern nur zur Erfüllung des Tauschvertrages, und zur Erwerbung des Eigentumes notwendig.

§ 1046. Das Geld ist kein Gegenstand des Tauschvertrages; doch lassen sich Gold und Silber als eine Ware, und selbst als Münzsorten insoweit vertauschen, als sie nur gegen andere Münzsorten, goldene nämlich gegen silberne, kleinere gegen größere Stücke verwechselt werden sollen.

Rechte und Pflichten der Tauschenden;

§ 1047. Tauschende sind vermöge des Vertrages verpflichtet, die vertauschten Sachen der Verabredung gemäß mit ihren Bestandteilen und mit allem Zugehöre zu rechter Zeit, am gehörigen Ort und in eben dem Zustand, in welchem sie sich bei Schließung des Vertrages befunden haben, zum freien Besitz zu übergeben und zu übernehmen.

(RGBl 1916/69)

insbesondere in Rücksicht der Gefahr;

§ 1048. Ist eine Zeit bedungen, zu welcher die Übergabe geschehen soll, und wird in der Zwischenzeit entweder die vertauschte bestimmte Sache durch Verbot außer Verkehr gesetzt, oder zufälligerweise ganz, oder doch über die Hälfte am Werte zu Grunde gerichtet, so ist der Tausch für nicht geschlossen anzusehen.

§ 1049. [1]Andere in dieser Zwischenzeit durch Zufall erfolgte Verschlimmerungen der Sache und Lasten gehen auf die Rechnung des Besitzers. [2]Sind jedoch Sachen in Pausch und Bogen behandelt worden; so trägt der Übernehmer den zufälligen Untergang einzelner Stücke, wenn anders hierdurch das Ganze nicht über die Hälfte am Werte verändert worden ist.

und der Nutzungen vor der Übergabe

§ 1050. [1]Dem Besitzer gebühren die Nutzungen der vertauschten Sache bis zur bedungenen Zeit der Übergabe. [2]Von dieser Zeit an gebühren sie, samt dem Zuwachse, dem Übernehmer, obgleich die Sache noch nicht übergeben worden ist.

§ 1051. Ist keine Zeit zur Übergabe der bestimmten Sache bedungen, und fällt keinem Teile ein Versehen zur Last; so sind die obigen Vorschriften wegen Gefahr und Nutzungen (§§ 1048–1050) auf den Zeitpunkt der Übergabe selbst anzuwenden; insofern die Parteien nicht etwas anderes festgesetzt haben.

§ 1052. [1]Wer auf die Übergabe dringen will, muß seine Verbindlichkeit erfüllt haben oder sie zu erfüllen bereit sein. [2]Auch der zur Vorausleistung Verpflichtete kann seine Leistung bis zur Bewirkung oder Sicherstellung der Gegenleistung verweigern, wenn diese durch schlechte Vermögensverhältnisse des anderen Teiles gefährdet ist, die ihm zur Zeit des Vertragsabschlusses nicht bekannt sein mußten.

(RGBl 1916/69)

Vierundzwanzigstes Hauptstück

Von dem Kaufvertrage

Kaufvertrag

§ 1053. [1]Durch den Kaufvertrag wird eine Sache um eine bestimmte Summe Geldes einem andern überlassen. [2]Er gehört, wie der Tausch, zu den Titeln ein Eigentum zu erwerben. [3]Die Erwerbung erfolgt erst durch die Übergabe des Kaufgegenstandes. [4]Bis zur Übergabe behält der Verkäufer das Eigentumsrecht.

Erfordernisse des Kaufvertrages

§ 1054. [1]Wie die Einwilligung des Käufers und Verkäufers beschaffen sein müsse, und welche Sachen gekauft und verkauft werden dürfen, dieses wird nach den Regeln der Verträge überhaupt bestimmt. [2]Der Kaufpreis muß in barem[1)] Gelde bestehen, und darf weder unbestimmt, noch gesetzwidrig sein.

[1)] *In JGS „im baren"*

Der Kaufpreis muß

a) in barem Gelde bestehen;

§ 1055. Wird eine Sache teils gegen Geld, teils gegen eine andere Sache veräußert; so wird der Vertrag, je nachdem der Wert am Gelde mehr oder weniger, als der gemeine Wert der gegebenen Sache beträgt, zum Kaufe oder Tausche, und bei gleichem Werte der Sache, zum Kaufe gerechnet.

b) bestimmt;

§ 1056. [1]Käufer und Verkäufer können die Festsetzung des Preises auch einer dritten bestimmten Person überlassen. [2]Wird von dieser in dem bedungenen Zeitraume nichts festgesetzt; oder will im Falle, daß kein Zeitraum bedungen worden ist, ein Teil vor der Bestimmung des Preises zurücktreten; so wird der Kaufvertrag als nicht geschlossen angesehen.

§ 1057. [1]Wird die Bestimmung des Preises mehreren Personen überlassen, so entscheidet die Mehrheit der Stimmen. [2]Fallen die Stimmen so verschieden aus, daß der Preis nicht einmal durch wirkliche Mehrheit der Stimmen festgesetzt wird; so ist der Kauf für nicht eingegangen zu achten.

§ 1058. [1]Auch der Wert, welcher bei einer frühern Veräußerung bedungen worden ist, kann zur Bestimmung des Preises dienen. [2]Hat man den ordentlichen Marktpreis zum Grunde gelegt, so wird der mittlere Marktpreis des Ortes, und der Zeit, wo und in welcher der Vertrag erfüllt werden muß, angenommen.

c) nicht gesetzwidrig sein

§ 1059. *(aufgehoben, BGBl 1979/140)*

§ 1060. [1]Außer diesem Falle kann der Kauf sowohl von dem Käufer als Verkäufer nur wegen Verletzung über die Hälfte bestritten werden (§§ 934–935). [2]Diese Beschwerde findet auch dann statt, wenn der Ausspruch des Kaufpreises einem Dritten überlassen worden ist.

Pflichten des Verkäufers,

§ 1061. Der Verkäufer ist schuldig, die Sache bis zur Zeit der Übergabe sorgfältig zu verwahren und sie dem Käufer nach eben den Vorschriften zu übergeben, welche oben bei dem Tausche (§ 1047) aufgestellt worden sind.

und des Käufers

§ 1062. Der Käufer hingegen ist verbunden, die Sache sogleich, oder zur bedungenen Zeit zu übernehmen, zugleich aber auch das Kaufgeld bar abzuführen; widrigenfalls ist der Verkäufer ihm die Übergabe der Sache zu verweigern berechtigt.

§ 1063. Wird die Sache dem Käufer von dem Verkäufer, ohne das Kaufgeld zu erhalten, übergeben; so ist die Sache auf Borg verkauft, und das Eigentum derselben geht gleich auf den Käufer über.

§ 1063a. Die Kosten der Übergabe der verkauften Ware, insbesondere die Kosten des Messens und des Wägens, fallen dem Verkäufer zur Last, die Kosten der Abnahme und der Versendung der Sache an einen anderen Ort als den Erfüllungsort aber dem Käufer.

(BGBl I 2005/120, ab 1. 1. 2007, s Anm zu § 367)

§ 1063b. [1]Wenn dem Käufer beim Kauf einer beweglichen Sache die nähere Bestimmung der Form, des Maßes oder ähnlicher Verhältnisse vorbehalten ist, ist er verpflichtet, die vorbehaltene Bestimmung zu treffen. [2]Im Übrigen gilt § 906 Abs. 2 sinngemäß.

(BGBl I 2005/120, ab 1. 1. 2007, s Anm zu § 367)

Gefahr und Nutzen des Kaufgegenstandes

§ 1064. In Rücksicht der Gefahr und Nutzungen einer zwar gekauften, aber noch nicht übergebenen Sache gelten die nämlichen Vorschriften, die bei dem Tauschvertrage gegeben worden sind (§§ 1048 – 1051).

Kauf einer gehofften Sache

§ 1065. Wenn Sachen, die noch zu erwarten stehen, gekauft werden; so sind die in dem Hauptstücke von gewagten Geschäften gegebenen Anordnungen anzuwenden.

Allgemeine Vorschrift

§ 1066. In allen bei einem Kaufvertrage vorkommenden Fällen, welche in dem Gesetze nicht ausdrücklich entschieden werden, sind die in den Hauptstücken von Verträgen überhaupt, und von dem Tauschvertrage insbesondere aufgestellten Vorschriften anzuwenden.

Besondere Arten oder Nebenverträge eines Kaufvertrages

§ 1067. Besondere Arten oder Nebenverträge eines Kaufvertrages sind: der Vorbehalt des Wiederkaufes, des Rückverkaufes, des Vorkaufes; der Verkauf auf die Probe; der Verkauf mit Vorbehalt eines bessern Käufers; und der Verkaufsauftrag.

Verkauf mit Vorbehalt des Wiederkaufes

§ 1068. [1]Das Recht, eine verkaufte Sache wieder einzulösen, heißt das Recht des Wiederkaufes. [2]Ist dieses Recht dem Verkäufer überhaupt und ohne nähere Bestimmung eingeräumt, so wird von einer Seite das Kaufstück in einem nicht verschlimmerten Zustande; von der andern Seite aber das erlegte Kaufgeld zurückgegeben, und die inzwischen beiderseits aus dem Gelde und der Sache gezogenen Nutzungen bleiben gegeneinander aufgehoben.

§ 1069. Hat der Käufer das Kaufstück aus dem Seinigen verbessert; oder zu dessen Erhaltung außerordentliche Kosten verwendet, so gebührt ihm gleich einem redlichen Besitzer der Ersatz; er haftet aber auch dafür, wenn durch sein Verschulden der Wert verändert, oder die Zurückgabe vereitelt worden ist.

§ 1070. [1]Der Vorbehalt des Wiederkaufes findet nur bei unbeweglichen Sachen statt und gebührt dem Verkäufer nur für seine Lebenszeit. [2]Er kann sein Recht weder auf die Erben noch auf einen anderen übertragen. [3]Ist das Recht in die öffentlichen Bücher einverleibt, so kann die Sache auch einem Dritten abgefordert werden und dieser wird nach Beschaffenheit seines redlichen oder unredlichen Besitzes behandelt.

(RGBl 1916/69)

Kauf mit Vorbehalt des Rückverkaufes

§ 1071. [1]Den nämlichen Beschränkungen unterliegt das von dem Käufer ausbedungene Recht, die Sache dem Verkäufer wieder zurückzuverkaufen; und es sind auf dasselbe die für den Wiederkauf erteilten Vorschriften anzuwenden. [2]Ist aber die Bedingung des Wiederverkaufs oder Wiederkaufs verstellt, und eigentlich, um ein Pfandrecht oder ein Borggeschäft zu verbergen, gebraucht worden, so tritt die Vorschrift des § 916 ein.

Vorbehalt des Vorkaufsrechts

§ 1072. Wer eine Sache mit der Bedingung verkauft, daß der Käufer, wenn er solche wieder verkaufen will, ihm die Einlösung anbieten soll, der hat das Vorkaufsrecht.

§ 1073. [1]Das Vorkaufsrecht ist in der Regel ein persönliches Recht. [2]In Rücksicht auf unbewegliche Güter kann es durch Eintragung in die öffentlichen Bücher in ein dingliches verwandelt werden.

§ 1074. Auch kann das Vorkaufsrecht weder einem Dritten abgetreten, noch auf die Erben des Berechtigten übertragen werden.

§ 1075. [1]Der Berechtigte muß bewegliche Sachen binnen vierundzwanzig Stunden; unbewegliche aber binnen dreißig Tagen, nach der geschehenen Anbietung, wirklich einlösen. [2]Nach Verlauf dieser Zeit ist das Vorkaufsrecht erloschen.

§ 1076. Das Vorkaufsrecht hat im Falle einer gerichtlichen Feilbietung der mit diesem Rechte belasteten Sachen keine andere Wirkung, als daß der den öffentlichen Büchern einverleibte Berechtigte zur Feilbietung insbesondere vorgeladen werden muß.

§ 1077. [1]Der zur Einlösung Berechtigte muß,[1)] außer dem Falle einer andern Verabredung, den vollständigen Preis, welcher von einem Dritten angeboten worden ist, entrichten. [2]Kann er die außer dem gewöhnlichen Kaufpreise angebotenen Nebenbedingungen nicht erfüllen, und lassen sie sich auch durch einen Schätzungswert nicht ausgleichen; so kann das Vorkaufsrecht nicht ausgeübt werden.

[1)] In JGS steht der Beistrich vor „muß“

§ 1078. Das Vorkaufsrecht läßt sich auf andere Veräußerungsarten ohne eine besondere Verabredung nicht ausdehnen.

§ 1079. [1]Hat der Besitzer dem Berechtigten die Einlösung nicht angeboten, so muß er ihm für allen Schaden haften. [2]Im Falle eines dinglichen Vorkaufsrechtes kann die veräußerte Sache dem Dritten abgefordert werden, und dieser wird nach Beschaffenheit seines redlichen oder unredlichen Besitzes behandelt.

Kauf auf die Probe

§ 1080. [1]Der Kauf auf die Probe ist unter der im Belieben des Käufers stehenden Bedingung geschlossen, daß er die Ware genehmige. [2]Die Bedingung ist im Zweifel eine aufschiebende; der Käufer ist vor der Genehmigung an den Kauf nicht gebunden, der Verkäufer hört auf, gebunden zu sein, wenn der Käufer bis zum Ablaufe der Probezeit nicht genehmigt.

(RGBl 1916/69)

§ 1081. Ist die Sache zum Zwecke der Besichtigung oder Probe bereits übergeben, so gilt Stillschweigen des Käufers bis nach Ablauf der Probezeit als Genehmigung.

(RGBl 1916/69)

§ 1082. Ist bei einem Kauf auf Probe keine Probezeit vereinbart worden, so kann der Verkäufer dem Käufer eine angemessene Frist als Probezeit setzen.

(BGBl I 2005/120, ab 1. 1. 2007, s Anm zu § 367)

Verkauf mit Vorbehalt eines besseren Käufers

§ 1083. Wird das Kaufgeschäft mit dem Vorbehalte verabredet, daß der Verkäufer, wenn sich binnen einer bestimmten Zeit ein besserer Käufer meldet, denselben vorzuziehen befugt sei; so bleibt in dem Falle, daß das Kaufstück nicht übergeben worden, die Wirklichkeit des Vertrages bis zum Eintritte der Bedingung aufgeschoben.

§ 1084. [1]Ist das Kaufstück übergeben worden, so ist der Kaufvertrag abgeschlossen; er wird aber durch den Eintritt der Bedingung wieder aufgelöst. [2]Bei dem Mangel einer ausdrücklichen Zeitbestimmung wird der bei dem Kaufe auf die Probe angenommene Zeitraum vermutet.

§ 1085. [1]Ob der neue Käufer besser sei, beurteilt der Verkäufer. [2]Er kann den zweiten Käufer, wenn der erste auch noch mehr zahlen wollte, vorziehen. [3]Bei der Auflösung des Vertrages heben sich die Nutzungen der Sache und des Geldes gegeneinander auf. [4]In Rücksicht der Verbesserungen oder Verschlimmerungen wird der Käufer gleich einem redlichen Besitzer behandelt.

Verkaufsauftrag

§ 1086. Wenn jemand seine bewegliche Sache einem anderen für einen gewissen Preis zum Verkaufe übergibt, mit der Bedingung, daß ihm der Übernehmer binnen einer festgesetzten Zeit entweder das bestimmte Kaufgeld liefern oder die Sache zurückstellen soll; so ist der Übergeber vor Verlauf der Zeit die Sache zurückzufordern nicht berechtigt; der Übernehmer aber muß nach deren Ablauf das bestimmte Kaufgeld entrichten.

§ 1087. [1]Während der festgesetzten Zeit bleibt der Übergeber Eigentümer. [2]Der Übernehmer haftet ihm für den durch sein Verschulden verursachten Schaden, und es werden ihm bei Zurückstellung der Sache nur solche Kosten vergütet, die dem Übergeber zum Nutzen gereichen.

§ 1088. [1]Ist die Sache unbeweglich; oder ist der Preis, oder die Zahlungsfrist nicht bestimmt; so wird der Übernehmer wie ein Gewalthaber angesehen. [2]In keinem Falle kann die zum Verkaufe anvertraute Sache dem Dritten, welcher sie von dem Übernehmer redlicherweise an sich gebracht hat, abgefordert werden (§ 367).

§ 1089. Auch bei gerichtlichen Verkäufen finden die über Verträge, und den Tausch- und Kaufvertrag insbesondere aufgestellten Vorschriften in der Regel statt; insofern nicht in diesem Gesetze, oder in der Gerichtsordnung eigene Anordnungen enthalten sind.

Fünfundzwanzigstes Hauptstück

Von Bestand-, [Erbpacht- und Erbzins]verträgen

Bestandvertrag

§ 1090. Der Vertrag, wodurch jemand den Gebrauch einer unverbrauchbaren Sache auf eine gewisse Zeit und gegen einen bestimmten Preis erhält, heißt überhaupt Bestandvertrag.

[] *Gegenstandslos*

I. Miet- und Pachtvertrag

§ 1091. [1]Der Bestandvertrag wird, wenn sich die in Bestand gegebene Sache ohne weitere Bearbeitung gebrauchen läßt, ein Mietvertrag; wenn sie aber nur durch Fleiß und Mühe benützt werden kann, ein Pachtvertrag genannt. [2]Werden durch einen Vertrag Sachen von der ersten und zweiten Art zugleich in Bestand gegeben; so ist der Vertrag nach der Beschaffenheit der Hauptsache zu beurteilen.

Erfordernisse

§ 1092. [1]Miet- und Pachtverträge können über die nämlichen Gegenstände und auf die nämliche Art, als der Kaufvertrag geschlossen werden. [2]Der Miet- und Pachtzins wird, wenn keine andere Übereinkunft getroffen worden ist, wie das Kaufgeld entrichtet.

§ 1093. Der Eigentümer kann sowohl seine beweglichen und unbeweglichen Sachen, als seine Rechte in Bestand geben; er kann aber auch in den Fall kommen, den Gebrauch seiner eigenen Sache, wenn er einem Dritten gebührt, in Bestand zu nehmen.

Wirkung

§ 1094. Sind die vertragschließenden Teile über das Wesentliche des Bestandes, nämlich über die Sache und den Preis, übereingekommen; so ist der Vertrag vollkommen abgeschlossen, und der Gebrauch der Sache für gekauft anzusehen.

§ 1095. Wenn ein Bestandvertrag in die öffentlichen Bücher eingetragen ist; so ist das Recht des Bestandnehmers als ein dingliches Recht zu betrachten, welches sich auch der nachfolgende Besitzer auf die noch übrige Zeit gefallen lassen muß.

Wechselseitige Rechte:

1. In Hinsicht auf Überlassung, Erhaltung, Benützung;

§ 1096. (1) [1]Vermieter und Verpächter sind verpflichtet, das Bestandstück auf eigene Kosten in brauchbarem Stande zu übergeben und zu erhalten und die Bestandinhaber in dem bedungenen Gebrauche oder Genusse nicht zu stören. [2]Ist das Bestandstück bei der Übergabe derart mangelhaft oder wird es während der Bestandzeit ohne Schuld des Bestandnehmers derart mangelhaft, daß es zu dem bedungenen Gebrauche nicht taugt, so ist der Bestandnehmer für die Dauer und in dem Maße der Unbrauchbarkeit von der Entrichtung des Zinses befreit. [3]Auf diese Befreiung kann bei der Miete unbeweglicher Sachen im voraus nicht verzichtet werden.

(2) Der Pächter hat die gewöhnlichen Ausbesserungen der Wirtschaftsgebäude nur insoweit selbst zu tragen, als sie mit den Materialien des Gutes und den Diensten, die er nach der Beschaffenheit des Gutes zu fordern berechtigt ist, bestritten werden können.

(RGBl 1916/69)

Siehe auch Art 4 WRN 2015

§ 1097. [1]Werden Ausbesserungen nötig, welche dem Bestandgeber obliegen, so ist der Bestandnehmer bei sonstigem Schadenersatz verpflichtet, dem Bestandgeber ohne Verzug Anzeige zu machen. [2]Der Bestandnehmer wird als ein Geschäftsführer ohne Auftrag betrachtet, wenn er auf das Bestandstück einen dem Bestandgeber obliegenden Aufwand (§ 1036) oder einen nützlichen Aufwand (§ 1037) gemacht hat; er muß aber den Ersatz längstens binnen sechs Monaten nach Zurückstellung des Bestandstückes gerichtlich fordern, sonst ist die Klage erloschen.

(RGBl 1916/69)

§ 1098. Mieter und Pächter sind berechtigt, die Miet- und Pachtstücke dem Vertrage gemäß durch die bestimmte Zeit zu gebrauchen und zu benützen, oder auch in Afterbestand zu geben, wenn es ohne Nachteil des Eigentümers geschehen kann und im Vertrage nicht ausdrücklich untersagt worden ist.

(RGBl 1916/69)

2. Lasten;

§ 1099. [1]Bei Vermietungen trägt alle Lasten und Abgaben der Vermieter. [2]Bei eigentlichen Pachtungen, wenn sie in Pausch und Bogen geschehen, übernimmt der Pächter, mit Ausschluß der eingetragenen Hypothekarlasten, alle übrige; wird aber die Pachtung nach einem Anschlage geschlossen, so trägt er jene Lasten, welche von dem Ertrage abgezogen worden sind, oder bloß von den Früchten, und nicht von dem Grunde selbst entrichtet werden müssen.

3. Zins

§ 1100. [1]Ist nichts anderes vereinbart oder ortsüblich, so ist der Zins, wenn eine Sache auf ein oder mehrere Jahre in Bestand genommen wird, halbjährlich, bei einer kürzeren Bestandzeit hingegen nach Verlauf derselben zu entrichten. [2]„Bei der Raummiete ist der Zins monatlich, und zwar jeweils am Fünften des Monats, zu entrichten.“ *(BGBl I 2013/50, ab 16. 3. 2013, s § 1503 Abs 2 Z 2)*

(RGBl 1916/69)

§ 1101. (1) [1]Zur Sicherstellung des Bestandzinses hat der Vermieter einer unbeweglichen Sache das Pfandrecht an den eingebrachten, dem Mieter oder seinen mit ihm in gemeinschaftlichem Haushalte lebenden Familienmitgliedern gehörigen Einrichtungsstücken und Fahrnissen, soweit sie nicht der Pfändung entzogen sind. [2]Das Pfandrecht erlischt, wenn die Gegenstände vor ihrer pfandweisen Beschreibung entfernt werden, es sei denn, daß dies infolge einer gerichtlichen Verfügung geschieht und der Vermieter binnen drei Tagen nach dem Vollzuge sein Recht bei Gericht anmeldet.

(2) Zieht der Mieter aus oder werden Sachen verschleppt, ohne daß der Zins entrichtet oder sichergestellt ist, so kann der Vermieter die Sachen auf eigene Gefahr zurückbehalten, doch muß er binnen drei Tagen um die pfandweise Beschreibung ansuchen oder die Sachen herausgeben.

(3) Dem Verpächter eines Grundstückes steht in gleichem Umfange und mit gleicher Wirkung das Pfandrecht an dem auf dem Pachtgute vorhandenen Vieh und den Wirtschaftsgerätschaften und den darauf noch befindlichen Früchten zu.

(RGBl 1916/69)

§ 1102. [1]Der Bestandgeber kann sich zwar die Vorausbezahlung des Bestandzinses bedingen. [2]Hat aber der Bestandnehmer mehr als eine Fristzahlung voraus geleistet, so kann er dieselbe einem später eingetragenen Gläubiger oder neuen Eigentümer nur dann entgegensetzen, wenn sie in dem öffentlichen Buch ersichtlich gemacht ist.

(RGBl 1916/69)

Zins in Früchten

§ 1103. Wenn der Eigentümer sein Gut mit der Bedingung überläßt, daß der Übernehmer die Wirtschaft betreiben, und dem Übergeber einen auf die ganze Nutzung sich beziehenden Teil, z.B. ein Dritteil oder die Hälfte der Früchte geben solle; so entsteht kein Pacht-, sondern ein Gesellschaftsvertrag, welcher nach den darüber aufgestellten Regeln beurteilt wird.

Fälle und Bedingungen einer Erlassung des Zinses

§ 1104. Wenn die in Bestand genommene Sache wegen außerordentlicher Zufälle, als Feuer, Krieg oder Seuche, großer Überschwemmungen, Wetterschläge, oder wegen gänzlichen Mißwachses gar nicht gebraucht oder benutzt werden kann, so ist der Bestandgeber zur Wiederherstellung nicht verpflichtet, doch ist auch kein Miet- oder Pachtzins zu entrichten.

(RGBl 1916/69)

§ 1105. [1]Behält der Mieter trotz eines solchen Zufalls einen beschränkten Gebrauch des Mietstückes, so wird ihm auch ein verhältnismäßiger Teil des Mietzinses erlassen. [2]Dem Pächter gebührt ein Erlaß an dem Pachtzinse, wenn durch außerordentliche Zufälle die Nutzungen des nur auf ein Jahr gepachteten Gutes um mehr als die Hälfte des gewöhnlichen Ertrages gefallen sind. [3]Der Verpächter ist so viel zu erlassen schuldig, als durch diesen Abfall an dem Pachtzinse mangelt.

(RGBl 1916/69)

§ 1106. [1]Hat der Bestandnehmer unbestimmt alle Gefahren auf sich genommen; so werden darunter nur die Feuer-, Wasserschäden und Wetterschläge verstanden. [2]Andere außerordentliche Unglücksfälle kommen nicht auf seine Gefahr. [3]Verbindet er sich aber ausdrücklich, auch alle andere außerordentliche Unglücksfälle zu tragen; so wird deswegen noch nicht vermutet, daß er auch für den zufälligen Untergang des ganzen Pachtstückes haften wolle.

§ 1107. [1]Wird der Gebrauch oder Genuß des Bestandstückes nicht wegen dessen Beschädigung oder sonst entstandener Unbrauchbarkeit, sondern aus einem dem Bestandnehmer zugestoßenen Hindernisse oder Unglücksfalle vereitelt, oder waren zur Zeit der Beschädigung die Früchte von dem Grunde schon abgesondert, so fällt die widrige Ereignung dem Bestandnehmer allein zur Last. [2]Er muß den Zins doch entrichten. [3]Der Bestandgeber muß sich aber den ersparten Aufwand und die Vorteile, die er durch anderweitige Verwertung des Bestandstückes erlangt, anrechnen.

(RGBl 1916/69)

§ 1108. Behauptet der Pächter den Erlaß des ganzen Pachtzinses oder eines Teiles davon entweder aus dem Vertrage oder aus dem Gesetze; so muß er dem Verpächter ohne Zeitverlust den geschehenen Unglücksfall anzeigen, und die Begebenheit, wenn sie nicht landkundig ist, gerichtlich, oder wenigstens durch zwei sachkundige Männer erheben lassen; ohne diese Vorsicht wird er nicht angehört.

4. Zurückstellung;

§ 1109. [1]Nach geendigtem Bestandvertrage muß der Bestandnehmer die Sache dem etwa errichteten Inventarium gemäß oder doch in dem Zustand, in welchem er sie übernommen hat, gepachtete Grundstücke aber mit Rücksicht auf die Jahreszeit, in welcher die[1)] Pacht geendigt worden ist, in gewöhnlicher wirtschaftlicher Kultur zurückstellen. [2]Weder ein Zurückbehaltungsrecht oder die Einwendung der Kompensation noch selbst des früheren Eigentumsrechtes kann ihn vor der Zurückstellung schützen.

(RGBl 1916/69)

1) Im RGBl „der“

§ 1110. Wenn bei dem Bestandvertrage kein Inventarium errichtet worden ist; so tritt die nämliche Vermutung, wie bei der Fruchtnießung (§ 518) ein.

§ 1111. [1]Wird das Miet- oder Pachtstück beschädigt, oder durch Mißbrauch abgenützt; so haften Mieter und Pächter sowohl für ihr eigenes, als des Afterbestandnehmers Verschulden, nicht aber für den Zufall. [2]Doch muß der Bestandgeber den Ersatz aus dieser Haftung längstens binnen einem Jahre nach Zurückstellung des Bestandstückes gerichtlich fordern; sonst ist das Recht erloschen.

5. Auflösung des Bestandvertrages:

a) durch Untergang der Sache;

§ 1112. [1]Der Bestandvertrag löst sich von selbst auf, wenn die bestandene Sache zu Grunde geht. [2]Geschieht dies aus Verschulden des einen Teiles, so gebührt dem andern Ersatz; geschieht es durch einen Unglücksfall, so ist kein Teil dem andern dafür verantwortlich.

b) Verlauf der Zeit;

§ 1113. Der Bestandvertrag erlischt auch durch den Verlauf der Zeit, welcher ausdrücklich oder stillschweigend, entweder durch den nach einem gewissen Zeitraume ausgemessenen Zins, wie bei sogenannten Tag-, Wochen- und Monatszimmern, oder durch die erklärte, oder aus den Umständen hervorleuchtende Absicht des Bestandnehmers bedungen worden ist.

Wenn keine Erneuerung geschieht;

§ 1114. [1]Der Bestandvertrag kann aber nicht nur ausdrücklich; sondern auch stillschweigend erneuert werden. [2]Ist in dem Vertrage eine vorläufige Aufkündigung bedungen worden; so wird der Vertrag durch die Unterlassung der gehörigen Aufkündigung stillschweigend erneuert. [3]Ist keine Aufkündigung bedungen worden; so geschieht eine stillschweigende Erneuerung, wenn der Bestandnehmer nach Verlauf der Bestandzeit fortfährt, die Sache zu gebrauchen oder zu benützen, und der Bestandgeber es dabei bewenden läßt.

§ 1115. [1]Die stillschweigende Erneuerung des Bestandvertrages geschieht unter den nämlichen Bedingungen, unter welchen er vorher geschlossen war. [2]Doch erstreckt sie sich bei Pachtungen nur auf ein Jahr; wenn aber der ordentliche Genuß erst in einem späteren Zeitraume erfolgen kann, auf eine so lange Zeit, als notwendig ist, um die Nutzungen einmal beziehen zu können. [3]Mietungen, wofür man den Zins erst nach einem ganzen oder halben Jahre zu bezahlen pflegt, werden auf ein halbes Jahr; alle kürzere Mietungen aber auf diejenige Zeit stillschweigend erneuert, welche vorher durch den Bestandvertrag bestimmt war. [4]Von wiederholten Erneuerungen gilt das Nämliche, was hier in Rücksicht der ersten Erneuerung vorgeschrieben ist.

c) Aufkündigung;

§ 1116. Insofern die Dauer eines Bestandvertrages weder ausdrücklich, noch stillschweigend, noch durch besondere Vorschriften bestimmt ist, muß derjenige, welcher den Vertrag aufheben will, dem andern die Pachtung sechs Monate;[1)] die Mietung einer unbeweglichen Sache vierzehn Tage;[1)] und einer beweglichen vierundzwanzig Stunden vorher aufkündigen, als die Abtretung erfolgen soll.

1) Siehe § 560 ZPO

§ 1116a. [1]Durch den Tod eines der vertragschließenden Teile wird der Bestandvertrag nicht aufgehoben. [2]Wohnungsmieten können jedoch, wenn der Mieter stirbt, ohne Rücksicht auf die vereinbarte Dauer sowohl von den Erben des Mieters wie von dem Vermieter unter Einhaltung der gesetzlichen Kündigungsfrist gelöst werden.

(RGBl 1916/69)

§ 1117. [1]Der Bestandnehmer ist berechtigt, auch vor Verlauf der bedungenen Zeit von dem Vertrag ohne Kündigung abzustehen, wenn das Bestandstück in einem Zustand übergeben oder ohne seine Schuld in einen Zustand geraten ist, der es zu dem bedungenen Gebrauch untauglich macht, oder wenn ein beträchtlicher Teil durch Zufall auf eine längere Zeit entzogen oder unbrauchbar wird. [2]Aus dem Grunde der Gesundheitsschädlichkeit gemieteter Wohnräume steht dieses Recht dem Mieter auch dann zu, wenn er im Vertrage darauf verzichtet oder die Beschaffenheit der Räume beim Vertragsabschluß gekannt hat.

(RGBl 1916/69)

§ 1118. [1]Der Bestandgeber kann seinerseits die frühere Aufhebung des Vertrages fordern, wenn der Bestandnehmer der Sache einen erheblichen nachteiligen Gebrauch davon macht; wenn er nach geschehener Einmahnung mit der Bezahlung des Zinses dergestalt säumig ist, daß er mit Ablauf des Termins den rückständigen Bestandzins nicht vollständig entrichtet hat; oder, wenn ein vermietetes Gebäude neu aufgeführt werden muß. [2]Eine nützlichere Bauführung ist der Mieter zu seinem Nachteile zuzulassen nicht schuldig, wohl aber notwendige Ausbesserungen.

§ 1119. Wenn dem Vermieter die Notwendigkeit der neuen Bauführung schon zur Zeit des geschlossenen Vertrages bekannt sein mußte; oder, wenn die Notwendigkeit der durch längere Zeit fortzusetzenden Ausbesserungen aus Vernachlässigung der kleinern Ausbesserungen entstanden ist; so muß dem Mieter für den vermißten Gebrauch eine angemessene Entschädigung geleistet werden.

d) Veräußerung der Sache

§ 1120. [1]Hat der Eigentümer das Bestandstück an einen andern veräußert, und ihm bereits übergeben; so muß der Bestandinhaber, wenn sein Recht nicht in die öffentlichen Bücher eingetragen ist (§ 1095), nach der gehörigen Aufkündigung dem neuen Besitzer weichen. [2]Er ist aber berechtigt, von dem Bestandgeber in Rücksicht auf den erlittenen Schaden, und entgangenen Nutzen eine vollkommene Genugtuung zu fordern.

§ 1121. [1]Bei einer zwangsweisen gerichtlichen Veräußerung ist das Bestandrecht, wenn es in die öffentlichen Bücher eingetragen ist, gleich einer Dienstbarkeit zu behandeln. [2]Hat der Ersteher das Bestandrecht nicht zu übernehmen, so muß ihm der Bestandnehmer nach gehöriger Aufkündigung weichen.

(RGBl 1916/69)

§ § 1122 bis 1150. *(aufgehoben samt Überschrift, BGBl I 2006/113, ab 25. 7. 2006)*

Sechsundzwanzigstes Hauptstück

Von Verträgen über Dienstleistungen

Dienst- und Werkvertrag

§ 1151. (1) Wenn jemand sich auf eine gewisse Zeit zur Dienstleistung für einen anderen verpflichtet, so entsteht ein Dienstvertrag; wenn jemand die Herstellung eines Werkes gegen Entgelt übernimmt, ein Werkvertrag.

(2) Insoweit damit eine Geschäftsbesorgung (§ 1002) verbunden ist, müssen auch die Vorschriften über den Bevollmächtigungsvertrag beobachtet werden.

(RGBl 1916/69)

§ 1152. Ist im Vertrage kein Entgelt bestimmt und auch nicht Unentgeltlichkeit vereinbart, so gilt ein angemessenes Entgelt als bedungen.

(RGBl 1916/69)

1. Dienstvertrag

§ 1153. [1]Wenn sich aus dem Dienstvertrage oder aus den Umständen nichts anderes ergibt, hat der Dienstnehmer die Dienste in eigener Person zu leisten und ist der Anspruch auf die Dienste nicht übertragbar. [2]Soweit über Art und Umfang der Dienste nichts vereinbart ist, sind die den Umständen nach angemessenen Dienste zu leisten.

(RGBl 1916/69)

Anspruch auf das Entgelt

§ 1154. (1) Wenn nichts anderes vereinbart oder bei Diensten der betreffenden Art üblich ist, ist das Entgelt nach Leistung der Dienste zu entrichten.

(2) [1]Ist das Entgelt nach Monaten oder kürzeren Zeiträumen bemessen, so ist es am Schlusse des einzelnen Zeitraumes; ist es nach längeren Zeiträumen bemessen, am Schlusse eines jeden Kalendermonats zu entrichten. [2]Ein nach Stunden, nach Stück oder Einzelleistungen bemessenes Entgelt ist für die schon vollendeten Leistungen am Schlusse einer jeden Kalenderwoche, wenn es sich jedoch um Dienste höherer Art handelt, am Schlusse eines jeden Kalendermonats zu entrichten.

(3) In jedem Falle wird das bereits verdiente Entgelt mit der Beendigung des Dienstverhältnisses fällig.

(RGBl 1916/69)

§ 1154a. Der nach Stück oder Einzelleistungen entlohnte Dienstnehmer kann einen den geleisteten Diensten und seinen Auslagen entsprechenden Vorschuß vor Fälligkeit des Entgelts verlangen.

(RGBl 1916/69)

§ 1154b. (1) [1]Der Dienstnehmer behält seinen Anspruch auf das Entgelt, wenn er nach Antritt des Dienstes durch Krankheit oder Unglücksfall an der Dienstleistung verhindert ist, ohne dies vorsätzlich oder durch grobe Fahrlässigkeit verschuldet zu haben, bis zur Dauer von sechs Wochen. [2]Der Anspruch auf das Entgelt erhöht sich auf die Dauer von acht Wochen, wenn das Dienstverhältnis fünf Jahre, von zehn Wochen, wenn es 15 Jahre und von zwölf Wochen, wenn es 25 Jahre ununterbrochen gedauert hat. [3]Durch jeweils weitere vier Wochen behält der Dienstnehmer den Anspruch auf das halbe Entgelt.

(2) Bei wiederholter Dienstverhinderung durch Krankheit (Unglücksfall) innerhalb eines Arbeitsjahres besteht ein Anspruch auf Fortzahlung des Entgelts nur insoweit, als die Dauer des Anspruchs gemäß Abs. 1 noch nicht erschöpft ist.

(3) [1]Wird ein Dienstnehmer durch Arbeitsunfall oder Berufskrankheit im Sinne der Vorschriften über die gesetzliche Unfallversicherung an der Leistung seiner Dienste verhindert, ohne dass er die Verhinderung vorsätzlich oder durch grobe Fahrlässigkeit herbeigeführt hat, so behält er seinen Anspruch auf das Entgelt ohne Rücksicht auf andere Zeiten einer Dienstverhinderung bis zur Dauer von acht Wochen. [2]Der Anspruch auf das Entgelt erhöht sich auf die Dauer von zehn Wochen, wenn das Dienstverhältnis 15 Jahre ununterbrochen gedauert hat. [3]Bei wiederholten Dienstverhinderungen, die im unmittelbaren ursächlichen Zusammenhang mit einem Arbeitsunfall oder einer Berufskrankheit stehen, besteht ein Anspruch auf Fortzahlung des Entgelts innerhalb eines Dienstjahres nur insoweit, als die Dauer des Anspruchs nach dem ersten oder zweiten Satz noch nicht erschöpft ist. [4]Ist ein Dienstnehmer gleichzeitig bei mehreren Dienstgebern beschäftigt, so entsteht ein Anspruch nach diesem Absatz nur gegenüber jenem Dienstgeber, bei dem die Dienstverhinderung im Sinne dieses Absatzes eingetreten ist; gegenüber den anderen Dienstgebern entstehen Ansprüche nach Abs. 1.

(4) Kur- und Erholungsaufenthalte, Aufenthalte in Heil- und Pflegeanstalten, Rehabilitationszentren und Rekonvaleszentenheimen, die wegen eines Arbeitsunfalles oder einer Berufskrankheit von einem Träger der Sozialversicherung, dem Bundesministerium für soziale Sicherheit und Generationen gemäß § 12 Abs. 4 Opferfürsorgegesetz, einem Bundesamt für Soziales und Behindertenwesen oder einer Landesregierung auf Grund eines Behindertengesetzes auf deren Rechnung bewilligt oder angeordnet werden, sind einer Dienstverhinderung gemäß Abs. 3 gleichzuhalten.

(5) Der Dienstnehmer behält ferner den Anspruch auf das Entgelt, wenn er durch andere wichtige, seine Person betreffende Gründe ohne sein Verschulden während einer verhältnismäßig kurzen Zeit an der Dienstleistung verhindert wird.

(6) Ist der Dienstnehmer nach Antritt des Dienstverhältnisses wegen eines Einsatzes als freiwilliges Mitglied einer Katastrophenhilfsorganisation, eines Rettungsdienstes oder einer freiwilligen Feuerwehr bei einem Großschadensereignis nach § 3 Z 2 lit. b des Katastrophenfondsgesetzes, BGBl. Nr. 201/1996 oder als Mitglied eines Bergrettungsdienstes an der Dienstleistung verhindert, so hat er unbeschadet seiner Ansprüche nach Abs. 5 einen Anspruch auf Fortzahlung des Entgelts, wenn das Ausmaß und die Lage der Dienstfreistellung mit dem Dienstgeber vereinbart wird. *(BGBl I 2019/74, ab 1. 9. 2019)*

(BGBl I 2000/44)

§ 1155. (1) Auch für Dienstleistungen, die nicht zustande gekommen sind, gebührt dem Dienstnehmer das Entgelt, wenn er zur Leistung bereit war und durch Umstände, die auf Seite des Dienstgebers liegen, daran verhindert worden ist; er muß sich jedoch anrechnen, was er infolge Unterbleibens der Dienstleistung erspart oder durch anderweitige Verwendung erworben oder zu erwerben absichtlich versäumt hat.

(2) Wurde er infolge solcher Umstände durch Zeitverlust bei der Dienstleistung verkürzt, so gebührt ihm angemessene Entschädigung.

(RGBl 1916/69)

Erlöschen der Ansprüche

§ 1156. [1]Die dem Dienstgeber „nach § 1154b" obliegenden Verpflichtungen erlöschen, wenn das Dienstverhältnis infolge Ablaufes der Zeit, für die es eingegangen wurde, oder infolge einer früheren Kündigung oder einer Entlassung endet, die nicht durch die Erkrankung oder sonstige die Person des Dienstnehmers betreffende wichtige Gründe im Sinne des § 1154b verursacht ist. [2]Wird der Dienstnehmer wegen der Verhinderung entlassen oder wird ihm während der Verhinderung gekündigt, so bleibt die dadurch herbeigeführte Beendigung des Dienstverhältnisses in Ansehung der bezeichneten Ansprüche außer Betracht. *(BGBl I 2000/44, s § 1164)*

(RGBl 1916/69)

§ 1156a. *(aufgehoben, BGBl I 2000/44, ab 8. 7. 2000)*

Fürsorgepflicht des Dienstgebers

§ 1157. (1) Der Dienstgeber hat die Dienstleistungen so zu regeln und bezüglich der von ihm beizustellenden oder beigestellten Räume und Gerätschaften auf seine Kosten dafür zu sorgen, daß Leben und Gesundheit des Dienstnehmers, soweit es nach der Natur der Dienstleistung möglich ist, geschützt werden.

(2) Ist der Dienstnehmer in die Hausgemeinschaft des Dienstgebers aufgenommen, so hat dieser in Ansehung des Wohn- und Schlafraumes, der Verpflegung sowie der Arbeits- und Erholungszeit die mit Rücksicht auf Gesundheit, Sittlichkeit und Religion des Dienstnehmers erforderlichen Anordnungen zu treffen.

(RGBl 1916/69)

Endigung des Dienstverhältnisses

§ 1158. (1) Das Dienstverhältnis endet mit dem Ablaufe der Zeit, für die es eingegangen wurde.

(2) Ein auf Probe oder nur für die Zeit eines vorübergehenden Bedarfes vereinbartes Dienstverhältnis kann während des ersten Monates von beiden Teilen jederzeit gelöst werden.

(3) Ein für die Lebenszeit einer Person oder für länger als fünf Jahre vereinbartes Dienstverhältnis kann von dem Dienstnehmer nach Ablauf von fünf Jahren unter Einhaltung einer Kündigungsfrist von sechs Monaten gelöst werden.

(4) Ist das Dienstverhältnis ohne Zeitbestimmung eingegangen oder fortgesetzt worden, so kann es durch Kündigung nach folgenden Bestimmungen gelöst werden.

Fassung ab 1. 1. 2021 (BGBl I 2017/153):
(4) *(entfällt, BGBl I 2017/153, ab 1. 1. 2021)*

(RGBl 1916/69)

Kündigungsfristen

§ 1159. [1]Die Kündigung ist zulässig:
wenn bei einem Dienstverhältnisse, das keine Dienste höherer Art zum Gegenstande hat, das Entgelt nach Stunden oder Tagen, nach Stück oder Einzelleistungen bemessen ist, jederzeit für den folgenden Tag; wenn ein solches Dienstverhältnis die Erwerbstätigkeit des Dienstnehmers hauptsächlich in Anspruch nimmt und schon drei Monate gedauert hat oder wenn das Entgelt nach Wochen bemessen ist, spätestens am ersten Werktage für den Schluß der Kalenderwoche. [2]Die Wirkung der Kündigung tritt im Falle der Entlohnung nach Stück oder Einzelleistungen keinesfalls vor Vollendung der zur Zeit der Kündigung in Ausführung begriffenen Leistungen ein.

(RGBl 1916/69)

Fassung ab 1. 1. 2021 (BGBl I 2017/153):

Kündigung

§ 1159. (1) Ist das Dienstverhältnis ohne Zeitbestimmung eingegangen oder fortgesetzt worden, so kann es durch Kündigung nach folgenden Bestimmungen gelöst werden.

(2) Mangels einer für den Dienstnehmer günstigeren Vereinbarung kann der Dienstgeber das Dienstverhältnis mit Ablauf eines jeden Kalendervierteljahres durch vorgängige Kündigung lösen. Die Kündigungsfrist beträgt sechs Wochen und erhöht sich nach dem vollendeten zweiten Dienstjahr auf zwei Monate, nach dem vollendeten fünften Dienstjahr auf drei, nach dem vollendeten fünfzehnten Dienstjahr auf vier und nach dem vollendeten fünfundzwanzigsten Dienstjahr auf fünf Monate. Durch Kollektivvertrag können für Branchen, in denen Saisonbetriebe im Sinne des § 53 Abs. 6 des Arbeitsverfassungsgesetzes, BGBl. Nr. 22/1974 überwiegen, abweichende Regelungen festgelegt werden.

(3) Die Kündigungsfrist kann durch Vereinbarung nicht unter die im Absatz 2 bestimmte Dauer herabgesetzt werden; jedoch kann vereinbart werden, dass die Kündigungsfrist am Fünfzehnten oder am Letzten des Kalendermonats endigt.

(4) Mangels einer für ihn günstigeren Vereinbarung kann der Dienstnehmer das Dienstverhältnis mit dem letzten Tage eines Kalendermonats unter Einhaltung einer einmonatigen Kündigungsfrist lösen. Diese Kündigungsfrist kann durch Vereinbarung bis zu einem halben Jahr ausgedehnt werden; doch darf die vom Dienstgeber einzuhaltende Frist nicht kürzer sein als die mit dem Dienstnehmer vereinbarte Kündigungsfrist. Durch Kollektivvertrag können für Branchen, in denen Saisonbetriebe im Sinne des § 53 Abs. 6 des Arbeitsverfassungsgesetzes, BGBl. Nr. 22/1974 überwiegen, abweichende Regelungen festgelegt werden.

(5) Ist das Dienstverhältnis nur für die Zeit eines vorübergehenden Bedarfes vereinbart, so kann es während des ersten Monats von beiden Teilen jederzeit unter Einhaltung einer einwöchigen Kündigungsfrist gelöst werden.

(BGBl I 2017/153, ab 1. 1. 2021, s § 1503 Abs 10)

§ 1159a. (1) Wenn ein Dienstverhältnis, das Dienste höherer Art zum Gegenstande hat, die Erwerbstätigkeit des Dienstnehmers hauptsächlich in Anspruch nimmt und schon drei Monate gedauert hat, so ist ohne Rücksicht auf die Art der Bemessung des Entgelts eine mindestens vierwöchentliche Kündigungsfrist einzuhalten.

(2) Dasselbe gilt überhaupt, wenn das Entgelt nach Jahren bemessen ist.

(RGBl 1916/69)

§ 1159b. In allen anderen Fällen kann das Dienstverhältnis unter Einhaltung einer mindestens vierzehntägigen Kündigungsfrist gelöst werden.

(RGBl 1916/69)

§ 1159c. [1]Die Kündigungsfrist muß immer für beide Teile gleich sein. [2]Wurden ungleiche Fristen vereinbart, so gilt für beide Teile die längere Frist.

(RGBl 1916/69)

Fassung ab 1. 1. 2021 (BGBl I 2017/153):
§§ 1159a bis 1159c. *(entfallen, BGBl I 2017/153, ab 1. 1. 2021, s § 1503 Abs 10)*

Freizeit während der Kündigungsfrist

§ 1160. (1) Bei Kündigung durch den Dienstgeber ist dem Dienstnehmer während der Kündigungsfrist auf sein Verlangen wöchentlich mindestens ein Fünftel der regelmäßigen wöchentlichen Arbeitszeit ohne Schmälerung des Entgelts freizugeben.

(2) Ansprüche nach Abs. 1 bestehen nicht, wenn der Dienstnehmer einen Anspruch auf eine Pension aus der gesetzlichen Pensionsversicherung hat, sofern eine Bescheinigung über die vorläufige Krankenversicherung vom Pensionsversicherungsträger ausgestellt wurde.

„(3)" Durch Kollektivvertrag können abweichende Regelungen getroffen werden. *(BGBl I 2018/100, der bisherige Abs 3 ist ab 23. 12. 2018 entfallen)*

(BGBl I 2000/44, ab 8. 7. 2000)

Insolvenzverfahren

§ 1161. Welche Wirkungen die Eröffnung des Insolvenzverfahrens über das Vermögen des Dienstgebers auf das Dienstverhältnis hat, bestimmt die Insolvenzordnung.

(BGBl I 2010/58, ab 1. 8. 2010)

Vorzeitige Auflösung

§ 1162. Das Dienstverhältnis kann, wenn es für bestimmte Zeit eingegangen wurde, vor Ablauf dieser Zeit, sonst aber ohne Einhaltung einer Kündigungsfrist von jedem Teile aus wichtigen Gründen gelöst werden.

(RGBl 1916/69)

§ 1162a. [1]Wenn der Dienstnehmer ohne wichtigen Grund vorzeitig austritt, kann der Dienstgeber entweder dessen Wiedereintritt zur Dienstleistung nebst Schadenersatz oder Schadenersatz wegen Nichterfüllung des Vertrages verlangen. [2]Wird der Dienstnehmer wegen eines Verschuldens vorzeitig entlassen, so hat er Schadenersatz wegen Nichterfüllung des Vertrages zu leisten. [3]Für die schon bewirkten Leistungen, deren Entgelt noch nicht fällig ist, steht dem Dienstnehmer ein Anspruch auf den entsprechenden Teil des Entgelts nur insoweit zu, als sie nicht durch die vorzeitige Auflösung des Dienstverhältnisses für den Dienstgeber ihren Wert ganz oder zum größten Teil eingebüßt haben.

(RGBl 1916/69)

§ 1162b. [1]Wenn der Dienstgeber den Dienstnehmer ohne wichtigen Grund vorzeitig entläßt oder wenn ihn ein Verschulden an dem vorzeitigen Austritte des Dienstnehmers trifft, behält dieser, unbeschadet weitergehenden Schadenersatzes, seine vertragsgemäßen Ansprüche auf das Entgelt für den Zeitraum, der bis zur Beendigung des Dienstverhältnisses durch Ablauf der Vertragszeit oder durch ordnungsmäßige Kündigung hätte verstreichen müssen, unter Anrechnung dessen, was er infolge des Unterbleibens der Dienstleistung erspart oder durch anderweitige Verwendung erworben oder zu erwerben absichtlich versäumt hat. [2]Soweit jedoch der oben genannte Zeitraum drei Monate nicht übersteigt, kann der Dienstnehmer das ganze für diese Zeit gebührende Entgelt ohne Abzug sofort fordern.

(RGBl 1916/69)

§ 1162c. Trifft beide Teile ein Verschulden an der vorzeitigen Lösung des Dienstverhältnisses, so hat der Richter nach freiem Ermessen zu entscheiden, ob und in welcher Höhe ein Ersatz gebührt.

(RGBl 1916/69)

§ 1162d. Ansprüche wegen vorzeitigen Austrittes oder vorzeitiger Entlassung im Sinne der §§ 1162a und 1162b müssen bei sonstigem Ausschlusse binnen sechs Monaten nach Ablauf des Tages, an dem sie erhoben werden konnten, gerichtlich geltend gemacht werden.

(RGBl 1916/69)

Zeugnis

§ 1163. (1) [1]Bei Beendigung des Dienstverhältnisses ist dem Dienstnehmer auf sein Verlangen ein schriftliches Zeugnis über die Dauer und Art der Dienstleistung auszustellen. [2]Verlangt der Dienstnehmer während der Dauer des Dienstverhältnisses ein Zeugnis, so ist ihm ein solches auf seine Kosten auszustellen. [3]Eintragungen und Anmerkungen im Zeugnisse, durch die dem Dienstnehmer die Erlangung einer neuen Stellung erschwert wird, sind unzulässig.

(2) Zeugnisse des Dienstnehmers, die sich in Verwahrung des Dienstgebers befinden, sind dem Dienstnehmer auf Verlangen jederzeit auszufolgen.

(RGBl 1916/69)

Zwingende Vorschriften

§ 1164. (1) Die Berechtigungen des Dienstnehmers, die sich aus den Bestimmungen der §§ 1154 Abs. 3, „1154b", 1156 bis 1159b, 1160 und 1162a bis 1163 ergeben, können durch den Dienstvertrag oder durch Normen der kollektiven Rechtsgestaltung nicht aufgehoben oder beschränkt werden. *(BGBl I 2019/74, ab 1. 9. 2019)*

(2) Die §§ 1154b, 1156 und 1164 in der Fassung des Bundesgesetzes BGBl. I Nr. 44/2000 sind auf Dienstverhinderungen anzuwenden, die in nach dem 31. Dezember 2000 begonnenen Arbeitsjahren eingetreten sind.

(3) [1]Die verlängerte Anspruchsdauer nach § 1154b Abs. 1 in der Fassung des Bundesgesetzes BGBl. I Nr. 44/2000 bewirkt keine Verlängerung einer in Normen der kollektiven Rechtsgestaltung oder Dienstverträgen vorgesehenen längeren Anspruchsdauer. [2]Sehen Normen der kollektiven Rechtsgestaltung oder Dienstverträge einen zusätzlichen Anspruch im Anschluss an den Anspruch nach § 1154b Abs. 1 vor, wird die Gesamtdauer der Ansprüche nicht verlängert.

(4) Im Zeitpunkt des Inkrafttretens des Bundesgesetzes BGBl. I Nr. 44/2000 für die Dienstnehmer günstigere Regelungen in Dienstverträgen oder in Normen der kollektiven Rechtsgestaltung werden durch die Neuregelung des Bundesgesetzes BGBl. I Nr. 44/2000 nicht berührt.

(BGBl I 2000/44)

Dienstzettel für das freie Dienstverhältnis

§ 1164a. (1) [1]Liegt ein freies Dienstverhältnis (§ 4 Abs. 4 Allgemeines Sozialversicherungsgesetz, BGBl. Nr. 189/1955, in der jeweils geltenden Fassung) vor, so hat der Dienstgeber dem freien Dienstnehmer unverzüglich nach dessen Beginn eine schriftliche Aufzeichnung über die wesentlichen Rechte und Pflichten aus dem freien Dienstvertrag (Dienstzettel) auszuhändigen. [2]Solche Aufzeichnungen sind von Stempel- und unmittelbaren Gebühren befreit. Der Dienstzettel hat folgende Angaben zu enthalten:

1. Name und Anschrift des Dienstgebers,

2. Name und Anschrift des freien Dienstnehmers,

3. Beginn des freien Dienstverhältnisses,

4. bei freien Dienstverhältnissen auf bestimmte Zeit das Ende des freien Dienstverhältnisses,

5. Dauer der Kündigungsfrist, Kündigungstermin,

6. vorgesehene Tätigkeit,

7. Entgelt, Fälligkeit des Entgelts.

(2) Hat der freie Dienstnehmer seine Tätigkeit länger als einen Monat im Ausland zu verrichten, so hat der vor der Aufnahme der Auslandstätigkeit auszuhändigende Dienstzettel oder schriftliche freie Dienstvertrag zusätzlich folgende Angaben zu enthalten:

1. voraussichtliche Dauer der Auslandstätigkeit,

2. Währung, in der das Entgelt auszuzahlen ist, sofern es nicht in Euro auszuzahlen ist,

3. allenfalls Bedingungen für die Rückführung nach Österreich und

4. allfällige zusätzliche Vergütung für die Auslandstätigkeit.

(3) Keine Verpflichtung zur Aushändigung eines Dienstzettels besteht, wenn

1. die Dauer des freien Dienstverhältnisses höchstens einen Monat beträgt oder

2. ein schriftlicher freier Dienstvertrag ausgehändigt wurde, der alle in Abs. 1 und 2 genannten Angaben enthält, oder

3. bei Auslandstätigkeit die in Abs. 2 genannten Angaben in anderen schriftlichen Unterlagen enthalten sind.

(4) Jede Änderung der Angaben gemäß Abs. 1 und 2 ist dem freien Dienstnehmer unverzüglich, spätestens jedoch einen Monat nach ihrer Wirksamkeit schriftlich mitzuteilen, es sei denn, die Änderung erfolgte durch Änderung von Gesetzen.

(5) [1]Hat das freie Dienstverhältnis bereits am 1. Juli 2004 bestanden, so ist dem freien Dienstnehmer auf sein Verlangen binnen zwei Monaten ein Dienstzettel gemäß Abs. 1 auszuhändigen. [2]Eine solche Verpflichtung des Dienstgebers besteht nicht, wenn ein früher ausgestellter Dienstzettel oder ein schriftlicher Vertrag über das freie Dienstverhältnis alle nach diesem Bundesgesetz erforderlichen Angaben enthält.

(6) Die Bestimmungen der Abs. 1 bis 5 können durch den freien Dienstvertrag weder aufgehoben noch beschränkt werden.

(BGBl I 2004/77, ab 1. 8. 2004)

2. Werkvertrag

§ 1165. Der Unternehmer ist verpflichtet, das Werk persönlich auszuführen oder unter seiner persönlichen Verantwortung ausführen zu lassen.

(RGBl 1916/69)

§ 1166. Hat derjenige, der die Verfertigung einer Sache übernommen hat, den Stoff dazu zu liefern, so ist der Vertrag im Zweifel als Kaufvertrag; liefert aber der Besteller den Stoff, im Zweifel als Werkvertrag zu betrachten.

(RGBl 1916/69)

Gewährleistung

§ 1167. Bei Mängeln des Werkes kommen die für entgeltliche Verträge überhaupt geltenden Bestimmungen (§§ 922 bis 933b) zur Anwendung.

(BGBl I 2001/48, ab 1. 1. 2002, auf Verträge anzuwenden, die nach dem 31. 12. 2001 geschlossen werden)

Vereitlung der Ausführung

§ 1168. (1) [1]Unterbleibt die Ausführung des Werkes, so gebührt dem Unternehmer gleichwohl das vereinbarte Entgelt, wenn er zur Leistung bereit war und durch Umstände, die auf Seite des Bestellers liegen, daran verhindert worden ist; er muß sich jedoch anrechnen, was er infolge Unterbleibens der Arbeit erspart oder durch anderweitige Verwendung erworben oder zu erwerben absichtlich versäumt hat. [2]Wurde er infolge solcher Umstände durch Zeitverlust bei der Ausführung des Werkes verkürzt, so gebührt ihm angemessene Entschädigung.

(2) Unterbleibt eine zur Ausführung des Werkes erforderliche Mitwirkung des Bestellers, so ist der Unternehmer auch berechtigt, ihm zur Nachholung eine angemessene Frist zu setzen mit der Erklärung, daß nach fruchtlosem Verstreichen der Frist der Vertrag als aufgehoben gelte.

(RGBl 1916/69)

§ 1168a. [1]Geht das Werk vor seiner Übernahme durch einen bloßen Zufall zugrunde, so kann der Unternehmer kein Entgelt verlangen. [2]Der Verlust des Stoffes trifft denjenigen Teil, der ihn beigestellt hat. [3]Mißlingt aber das Werk infolge offenbarer Untauglichkeit des vom Besteller gegebenen Stoffes oder offenbar unrichtiger Anweisungen des Bestellers, so ist der Unternehmer für den Schaden verantwortlich, wenn er den Besteller nicht gewarnt hat.

(RGBl 1916/69)

Fürsorgepflicht

§ 1169. Die Bestimmungen des § 1157, mit Ausnahme der die Regelung der Dienstleistungen und die Arbeits- und Erholungszeit betreffenden, finden auf den Werkvertrag sinngemäße Anwendung.

(RGBl 1916/69)

Entrichtung des Entgelts

§ 1170. [1]In der Regel ist das Entgelt nach vollendetem Werk zu entrichten. [2]Wird aber das Werk in gewissen Abteilungen verrichtet oder sind Auslagen damit verbunden, die der Unternehmer nicht auf sich genommen hat, so ist dieser befugt, einen verhältnismäßigen Teil des Entgelts und den Ersatz der gemachten Auslagen schon vorher zu fordern.

(RGBl 1916/69)

§ 1170a. (1) Ist dem Vertrage ein Kostenvoranschlag unter ausdrücklicher Gewährleistung für seine Richtigkeit zugrunde gelegt, so kann der Unternehmer auch bei unvorhergesehener Größe oder Kostspieligkeit der veranschlagten Arbeiten keine Erhöhung des Entgelts fordern.

(2) [1]Ist ein Voranschlag ohne Gewährleistung zugrunde gelegt und erweist sich eine beträchtliche Überschreitung als unvermeidlich, so kann der Besteller unter angemessener Vergütung der vom Unternehmer geleisteten Arbeit vom Vertrage zurücktreten. [2]Sobald sich eine solche Überschreitung als unvermeidlich herausstellt, hat der Unternehmer dies dem Besteller unverzüglich anzuzeigen, widrigenfalls er jeden Anspruch wegen der Mehrarbeiten verliert.

(RGBl 1916/69)

Sicherstellung bei Bauverträgen

§ 1170b. (1) [1]Der Unternehmer eines Bauwerks, einer Außenanlage zu einem Bauwerk oder eines Teils hievon kann vom Besteller ab Vertragsabschluss für das noch ausstehende Entgelt eine Sicherstellung bis zur Höhe eines Fünftels des vereinbarten Entgelts, bei Verträgen, die innerhalb von drei Monaten zu erfüllen sind, aber bis zur Höhe von zwei Fünfteln des vereinbarten Entgelts, verlangen. [2]Dieses Recht kann nicht abbedungen werden. [3]Als Sicherstellung können Bargeld, Bareinlagen, Sparbücher, Bankgarantien oder Versicherungen dienen. [4]Die Kosten der Sicherstellung hat der Sicherungsnehmer zu tragen, soweit sie pro Jahr zwei von Hundert der Sicherungssumme nicht übersteigen. [5]Die Kostentragungspflicht entfällt, wenn die Sicherheit nur mehr wegen Einwendungen des Bestellers gegen den Entgeltanspruch aufrechterhalten werden muss und die Einwendungen sich als unbegründet erweisen.

(2) [1]Sicherstellungen nach Abs. 1 sind binnen angemessener, vom Unternehmer festzusetzender Frist zu leisten. [2]Kommt der Besteller dem Verlangen des Unternehmers auf Leistung einer Sicherstellung nicht, nicht ausreichend oder nicht rechtzeitig nach, so kann der Unternehmer seine Leistung verweigern und unter Setzung einer angemessenen Nachfrist die Vertragsaufhebung erklären (§ 1168 Abs. 2).

(3) Abs. 1 und 2 gelten nicht, wenn der Werkbesteller eine juristische Person des öffentlichen Rechts oder ein Verbraucher im Sinne des § 1 Abs. 1 Z 2 und Abs. 3 KSchG ist.

(BGBl I 2005/120, ab 1. 1. 2007, s Anm zu § 367)

Erlöschen durch Tod

§ 1171. [1]Ein Werkvertrag über Arbeiten, bei denen es auf die besonderen persönlichen Eigenschaften des Unternehmers ankommt, erlischt durch dessen Tod und seine Erben können nur den Preis für den zubereiteten brauchbaren Stoff und einen dem Werte der geleisteten Arbeit angemessenen Teil des Entgelts fordern. [2]Stirbt der Besteller, so bleiben die Erben an den Vertrag gebunden.

(RGBl 1916/69)

3. Verlagsvertrag

§ 1172. Durch den Verlagsvertrag verpflichtet sich der Urheber eines Werkes der Literatur, der Tonkunst oder der bildenden Künste oder sein Rechtsnachfolger, das Werk einem anderen zur Vervielfältigung und Verbreitung für eigene Rechnung zu überlassen, dieser (der Verleger) dagegen, das Werk zu vervielfältigen und die Vervielfältigungsstücke zu verbreiten.

(BGBl 1936/111)

§ 1173. [1]Wurde über die Anzahl der Auflagen nichts bestimmt, so ist der Verleger nur zu einer Auflage berechtigt. [2]Vor dem Absatze der Auflage darf der Urheber über das Werk nur dann anderweitig verfügen, wenn er dem Verleger eine angemessene Schadloshaltung leistet.

(RGBl 1916/69)

4. Leistung zu unerlaubtem Zweck

§ 1174. (1) [1]Was jemand wissentlich zur Bewirkung einer unmöglichen oder unerlaubten Handlung gegeben hat, kann er nicht wieder zurückfordern. [2]Inwiefern es der Fiskus einzuziehen berechtigt sei, bestimmen die politischen Verordnungen. [3]Ist aber etwas zur Verhinderung einer unerlaubten Handlung demjenigen, der diese Handlung begehen wollte, gegeben worden, so findet die Zurückforderung statt.

(2) Ein zum Zweck eines verbotenen Spieles gegebenes Darlehen kann nicht zurückgefordert werden.

(RGBl 1916/69)

Siebenundzwanzigstes Hauptstück

Von der Gesellschaft bürgerlichen Rechts

1. Abschnitt

Allgemeine Bestimmungen

Begriff und Rechtsnatur der Gesellschaft bürgerlichen Rechts

§ 1175. (1) [1]Schließen sich zwei oder mehrere Personen durch einen Vertrag zusammen, um durch eine bestimmte Tätigkeit einen gemeinsamen Zweck zu verfolgen, so bilden sie eine Gesellschaft. [2]Sofern sie keine andere Gesellschaftsform wählen, bilden sie eine Gesellschaft bürgerlichen Rechts im Sinn dieses Hauptstücks.

(2) Die Gesellschaft bürgerlichen Rechts ist nicht rechtsfähig.

(3) Sie kann jeden erlaubten Zweck verfolgen und jede erlaubte Tätigkeit zum Gegenstand haben.

(4) Die Bestimmungen dieses Hauptstücks sind auch auf andere Gesellschaften anzuwenden, soweit für diese keine besonderen Vorschriften bestehen und die Anwendung dieser Bestimmungen auch unter Berücksichtigung der für die jeweilige Gesellschaft geltenden Grundsätze angemessen ist.

(BGBl I 2014/83, ab 1. 1. 2015, s § 1503 Abs 5 Z 1)

Innen- und Außengesellschaft

§ 1176. (1) [1]Die Gesellschafter können die Gesellschaft auf ihr Verhältnis untereinander beschränken (Innengesellschaft) oder gemeinschaftlich im Rechtsverkehr auftreten (Außengesellschaft). [2]Ist der Gegenstand der Gesellschaft der Betrieb eines Unternehmens oder führen die Gesellschafter einen gemeinsamen Gesellschaftsnamen (§ 1177), so wird vermutet, dass die Gesellschafter eine Außengesellschaft vereinbaren wollten.

(2) Haben die Gesellschafter in den Fällen des Abs. 1 zweiter Satz eine Außengesellschaft vertraglich ausgeschlossen, so kann dieser Umstand einem Dritten nur entgegengehalten werden, wenn dieser wusste oder hätte wissen müssen, dass es sich bloß um eine Innengesellschaft handelt.

(BGBl I 2014/83, ab 1. 1. 2015, s § 1503 Abs 5 Z 1)

Gesellschaftsname

§ 1177. (1) [1]Wenn die Gesellschafter unter einem gemeinsamen Namen auftreten, muss dieser auf das Bestehen einer solchen Gesellschaft hindeuten, zur Kennzeichnung der Gesellschaft geeignet sein und Unterscheidungskraft besitzen. [2]Er darf über die Verhältnisse der Gesellschaft nicht in die Irre führen.

(2) Wer in Angelegenheiten der Gesellschaft für alle Gesellschafter gemeinsam auftritt, hat jedem, der ein rechtliches Interesse daran hat, die Identität und die Anschrift der Gesellschafter offenzulegen.

(BGBl I 2014/83, ab 1. 1. 2015, s § 1503 Abs 5 Z 1)

Gesellschaftsvermögen

§ 1178. (1) Zum Gesellschaftsvermögen gehören das der Gesellschaft gewidmete Eigentum, die sonstigen gesellschaftsbezogenen Sachenrechte, die gesellschaftsbezogenen Vertragsverhältnisse, Forderungen und Verbindlichkeiten und die gesellschaftsbezogenen Immaterialgüterrechte sowie der jeweils daraus verschaffte Nutzen, die daraus gewonnenen Früchte und alles, was an Stelle bestehender Vermögenswerte zufließt.

(2) [1]Vom Gesellschaftsvermögen zu unterscheiden ist das sonstige Vermögen der einzelnen Gesellschafter. [2]Gegen eine Forderung, die zum Gesellschaftsvermögen gehört, kann der Schuldner nicht mit einer ihm gegen einen einzelnen Gesellschafter zustehenden Forderung aufrechnen.

(BGBl I 2014/83, ab 1. 1. 2015, s § 1503 Abs 5 Z 1)

Einbringung des Gesellschaftsvermögens

§ 1179. (1) [1]Der Gesellschaftsvertrag ist ein Titel für die Bildung und den Erwerb von Gesellschaftsvermögen. [2]Dessen Einbringung bedarf der jeweils allgemein erforderlichen Übergabe oder Verfügung.

(2) [1]Wenn nach dem Gesellschaftsvertrag das ganze Vermögen einzubringen ist, so ist darunter nur das gegenwärtige zu verstehen. [2]Soll aber auch das künftige Vermögen eingebracht werden, so ist darunter nicht das geerbte oder das geschenkte zu verstehen.

(BGBl I 2014/83, ab 1. 1. 2015, s § 1503 Abs 5 Z 1)

Vermögensordnung

§ 1180. (1) Soweit nichts anderes vereinbart ist, stehen körperliche Sachen, die von Gesellschaftern in das Gesellschaftsvermögen übertragen oder für das Gesellschaftsvermögen (§ 1178 Abs. 1) erworben worden sind, im Miteigentum der Gesellschafter; unkörperliche Sachen, insbesondere schuldrechtliche Forderungen, sind den Gesellschaftern zur gesamten Hand zugeordnet.

(2) Im Gesellschaftsvertrag können der Gesellschaft Sachen auch bloß zum Gebrauch zur Verfügung gestellt oder im Innenverhältnis so behandelt werden, als ob sie allen gemeinsam gehörten.

(BGBl I 2014/83, ab 1. 1. 2015, s § 1503 Abs 5 Z 1)

2. Abschnitt

Rechtsverhältnisse der Gesellschafter untereinander

Gestaltungsfreiheit

§ 1181. Die Rechtsverhältnisse der Gesellschafter untereinander richten sich nach dem Gesellschaftsvertrag; die Vorschriften dieses Abschnitts finden nur insoweit Anwendung, als nicht durch den Gesellschaftsvertrag anderes bestimmt ist.

(BGBl I 2014/83, ab 1. 1. 2015, s § 1503 Abs 5 Z 1)

Gesellschaftsanteil und Beiträge der Gesellschafter

§ 1182. (1) [1]Der Gesellschaftsanteil ist die Summe der gesellschaftsvertraglichen Rechte und Pflichten eines Gesellschafters gegenüber allen übrigen Gesellschaftern. [2]Ein Gesellschafter kann nicht ohne Zustimmung aller Gesellschafter über seinen Gesellschaftsanteil verfügen.

(2) [1]Das Ausmaß der Kapitalbeteiligung der Gesellschafter an der Gesellschaft bestimmt sich nach dem Verhältnis des Wertes der vereinbarten Einlagen (Kapitalanteil). [2]Im Zweifel sind die Gesellschafter zu gleichen Teilen beteiligt. [3]Soweit nichts anderes vereinbart ist, sind die Gesellschafter im gleichen Ausmaß zur Mitwirkung an der Förderung des Gesellschaftszwecks verpflichtet.

(3) [1]Der Beitrag eines Gesellschafters kann sich auch auf die Leistung von Diensten beschränken (Arbeitsgesellschafter). [2]Einem solchen Gesellschafter kann im Gesellschaftsvertrag eine Beteiligungsquote zuerkannt werden, so als ob er einen Kapitalanteil geleistet hätte. [3]Andernfalls steht ihm für seine Mitwirkung bloß ein angemessener Betrag des Jahresgewinns zu (§ 1195 Abs. 4).

(BGBl I 2014/83, ab 1. 1. 2015, s § 1503 Abs 5)

Verzinsungspflicht

§ 1183. (1) Ein Gesellschafter, der seine Geldeinlage nicht zur rechten Zeit einzahlt, eingenommenes Gesellschaftsgeld nicht zur rechten Zeit an das Gesellschaftsvermögen abführt oder unbefugt Geld aus dem Gesellschaftsvermögen entnimmt, hat Zinsen von dem Tag an zu entrichten, an dem die Zahlung oder die Ablieferung hätte geschehen sollen oder die Herausnahme des Geldes erfolgt ist.

(2) Die Geltendmachung eines weiteren Schadens ist nicht ausgeschlossen.

(BGBl I 2014/83, ab 1. 1. 2015, s § 1503 Abs 5)

Nachschuss

§ 1184. (1) Die Gesellschafter sind nicht verpflichtet, Nachschüsse zur vertraglich zugesagten Einlage zu leisten.

(2) [1]Auch ohne Vereinbarung im Gesellschaftsvertrag können die Gesellschafter mit Stimmenmehrheit (§ 1192 Abs. 2) die Leistung von Nachschüssen im Verhältnis ihrer Kapitalanteile beschließen, wenn die Fortführung der Gesell-

schaft sonst nicht möglich wäre. [2]Ein Gesellschafter, der dem Beschluss nicht zugestimmt hat und den Nachschuss nicht leistet, kann innerhalb angemessener Frist aus der Gesellschaft austreten oder aufgrund einer Klage der übrigen Gesellschafter vom Gericht aus der Gesellschaft ausgeschlossen werden. [3]Auf das Austrittsrecht kann im Vorhinein nicht verzichtet werden. [4]Für die Auseinandersetzung mit dem ausgetretenen oder ausgeschlossenen Gesellschafter und für die Ermittlung seiner Beteiligung an schwebenden Geschäften ist der Zeitpunkt der Beschlussfassung über die Nachschusspflicht maßgeblich.

(BGBl I 2014/83, ab 1. 1. 2015, s § 1503 Abs 5)

Ersatz für Aufwendungen und Verluste, Herausgabepflicht

§ 1185. (1) [1]Macht der Gesellschafter in den Gesellschaftsangelegenheiten Aufwendungen, die er den Umständen nach für erforderlich halten darf, oder erleidet er unmittelbar durch seine Geschäftsführung oder aus Gefahren, die mit ihr untrennbar verbunden sind, Verluste in seinem sonstigen Vermögen, so sind ihm, wenn er nicht sogleich Ersatz aus dem Gesellschaftsvermögen erhält, die übrigen Gesellschafter entsprechend ihrem Anteil zum Ersatz verpflichtet. [2]Aufgewendetes Geld ist von der Zeit der Aufwendungen an zu verzinsen.

(2) Für die Aufwendungen, die zur Erledigung der Gesellschaftsangelegenheiten nötig sind und nicht aus dem Gesellschaftsvermögen getragen werden können, kann ein Gesellschafter von den übrigen Gesellschaftern entsprechend ihrem Anteil verhältnismäßig einen Vorschuss verlangen.

(3) Ein Gesellschafter hat alles, was er zur Führung der Geschäfte erhält und was er aus der Geschäftsführung erlangt, an das Gesellschaftsvermögen abzuführen.

(BGBl I 2014/83, ab 1. 1. 2015, s § 1503 Abs 5)

Mitwirkung, Interessenwahrung und Gleichbehandlung

§ 1186. (1) Die Gesellschafter haben an der gesellschaftlichen Willensbildung und den zu treffenden Maßnahmen nach Kräften und mit gebotener Sorgfalt mitzuwirken, den Gesellschaftszweck redlich zu fördern und alles zu unterlassen, was den Gesellschaftsinteressen schadet.

(2) Die Gesellschafter sind unter gleichen Voraussetzungen gleich zu behandeln.

(BGBl I 2014/83, ab 1. 1. 2015, s § 1503 Abs 5)

Verbot schädlicher Nebengeschäfte

§ 1187. [1]Die Gesellschafter dürfen kein der Gesellschaft schädliches Nebengeschäft unternehmen. [2]Für unternehmerisch tätige Gesellschaften gelten überdies die unternehmensrechtlichen Vorschriften über Wettbewerbsverbote und deren Rechtsfolgen.

(BGBl I 2014/83, ab 1. 1. 2015, s § 1503 Abs 5)

Durchsetzung von Gesellschaftsansprüchen

§ 1188. [1]Die Erfüllung gesellschaftsbezogener Verpflichtungen eines Gesellschafters kann von jedem Gesellschafter zugunsten aller Gesellschafter gemeinsam eingefordert werden. [2]Davon abweichende Vereinbarungen sind unwirksam.

(BGBl I 2014/83, ab 1. 1. 2015, s § 1503 Abs 5)

Geschäftsführung

§ 1189. (1) Zur Führung der Geschäfte der Gesellschaft sind alle Gesellschafter berechtigt und verpflichtet.

(2) Überträgt der Gesellschaftsvertrag die Geschäftsführung einem einzelnen Gesellschafter oder mehreren Gesellschaftern, so sind die übrigen Gesellschafter von der Geschäftsführung ausgeschlossen.

(3) [1]Die Geschäfte sind so sorgfältig zu führen, wie es Art und Umfang der Gesellschaft erfordern. [2]Die geschäftsführenden Gesellschafter sind verpflichtet, über das Gesellschaftsvermögen, insbesondere über die Einnahmen und Ausgaben, die notwendigen Aufzeichnungen zu führen und soweit erforderlich ein Rechnungswesen einzurichten.

(4) [1]Ein Gesellschafter darf im Zweifel die Führung der Geschäfte nicht einem Dritten übertragen. [2]Ist die Übertragung gestattet, so hat er nur ein ihm bei der Übertragung zur Last fallendes Verschulden zu vertreten. [3]Das Verschulden eines Gehilfen hat er in gleichem Umfang zu vertreten wie eigenes Verschulden.

(BGBl I 2014/83, ab 1. 1. 2015, s § 1503 Abs 5)

Geschäftsführung durch mehrere Gesellschafter, Weisungsgebundenheit

§ 1190. (1) Steht die Geschäftsführung allen oder mehreren Gesellschaftern zu, so ist im Rahmen der gewöhnlichen Geschäfte jeder von ihnen allein zu handeln berechtigt; widerspricht jedoch ein anderer geschäftsführender Gesellschafter der Vornahme einer Handlung, so muss diese unterbleiben.

(2) Ist im Gesellschaftsvertrag bestimmt, dass die Gesellschafter, denen die Geschäftsführung zusteht, nur zusammen handeln können, so bedarf es für jedes Geschäft der Zustimmung aller geschäftsführenden Gesellschafter, es sei denn, dass Gefahr im Verzug ist.

(3) [1]Ist ein Gesellschafter an die Weisungen der übrigen Gesellschafter gebunden, so kann er von den ihm erteilten Weisungen abweichen, wenn er den Umständen nach annehmen darf, dass die übrigen Gesellschafter bei Kenntnis der Sachlage die Abweichung billigen würden. [2]Er hat die Abweichung den übrigen Gesellschaftern anzuzeigen und ihre Entscheidung abzuwarten, wenn nicht Gefahr im Verzug ist.

(BGBl I 2014/83, ab 1. 1. 2015, s § 1503 Abs 5)

Umfang der Geschäftsführungsbefugnis

§ 1191. (1) Die Befugnis zur Geschäftsführung erstreckt sich auf alle Handlungen, die der gewöhnliche Geschäftsbetrieb der Gesellschaft mit sich bringt.

(2) Zur Vornahme von Handlungen, die darüber hinausgehen (außergewöhnliche Geschäfte), ist ein einstimmiger Beschluss aller Gesellschafter erforderlich.

(3) [1]Zur Einräumung einer Vollmacht gemäß § 1008 bedarf es der Zustimmung aller geschäftsführenden Gesellschafter, es sei denn, dass Gefahr im Verzug ist. [2]Der Widerruf einer solchen Vollmacht kann von jedem der zur Erteilung oder zur Mitwirkung bei der Erteilung befugten Gesellschafter erfolgen.

(BGBl I 2014/83, ab 1. 1. 2015, s § 1503 Abs 5)

Gesellschafterbeschlüsse

§ 1192. (1) Gesellschafterbeschlüsse erfordern die Zustimmung aller zur Mitwirkung bei der Beschlussfassung berufenen Gesellschafter.

(2) [1]Hat nach dem Gesellschaftsvertrag die Mehrheit der Stimmen zu entscheiden, so bestimmt sie sich nach den abgegebenen gültigen Stimmen. [2]Das Stimmgewicht entspricht den Beteiligungsverhältnissen. [3]Sind nicht alle Gesellschafter am Kapital beteiligt, wird die Mehrheit nach Köpfen berechnet. [4]Arbeitsgesellschafter, denen der Gesellschaftsvertrag einen am Wert ihrer Arbeit orientierten Kapitalanteil zubilligt, gelten als am Kapital beteiligt.

(BGBl I 2014/83, ab 1. 1. 2015, s § 1503 Abs 5)

Entziehung und Kündigung der Geschäftsführungsbefugnis

§ 1193. (1) Die Befugnis eines Gesellschafters zur Geschäftsführung kann einem Gesellschafter aufgrund einer Klage aller übrigen Gesellschafter durch gerichtliche Entscheidung entzogen werden, wenn ein wichtiger Grund vorliegt; ein solcher Grund ist insbesondere grobe Pflichtverletzung oder Unfähigkeit zur ordnungsgemäßen Geschäftsführung.

(2) [1]Ein Gesellschafter kann seine Befugnis zur Geschäftsführung kündigen, wenn ein wichtiger Grund vorliegt. [2]Auf dieses Recht kann nicht verzichtet werden. [3]Die Geschäftsführung darf nur in der Art gekündigt werden, dass die Gesellschafter für die Führung der Geschäfte anderweitig Vorsorge treffen können, es sei denn, dass der wichtige Grund auch die unzeitige Kündigung rechtfertigt.

(BGBl I 2014/83, ab 1. 1. 2015, s § 1503 Abs 5)

Kontrollrechte der Gesellschafter

§ 1194. (1) [1]Ein geschäftsführender Gesellschafter ist verpflichtet, jedem anderen Gesellschafter die erforderlichen Nachrichten zu geben, auf Verlangen über den Stand der Geschäfte Auskunft zu erteilen und Rechenschaft abzulegen. [2]Ein Gesellschafter kann sich, auch wenn er von der Geschäftsführung ausgeschlossen ist, von den Angelegenheiten der Gesellschaft persönlich unterrichten, die Aufzeichnungen der Gesellschaft einsehen und sich aus ihnen eine Abrechnung anfertigen oder die Vorlage einer solchen Abrechnung fordern.

(2) Eine Vereinbarung, durch die dieses Recht ausgeschlossen oder beschränkt wird, ist unwirksam.

(BGBl I 2014/83, ab 1. 1. 2015, s § 1503 Abs 5)

Gewinn und Verlust

§ 1195. (1) Am Schluss jedes Geschäftsjahres wird auf Grund einer Jahresabrechnung der Gewinn oder Verlust ermittelt und der Anteil jedes Gesellschafters daran berechnet.

(2) [1]Sofern alle Gesellschafter in gleichem Ausmaß zur Mitwirkung verpflichtet sind, wird der Gewinn und Verlust eines Geschäftsjahres den Gesellschaftern im Verhältnis ihrer Kapitalanteile zugewiesen (§ 1182 Abs. 2). [2]Enthält der Gesellschaftsvertrag eine abweichende Bestimmung nur über den Anteil am Gewinn oder über den Anteil am Verlust, so gilt sie im Zweifel für Gewinn und Verlust.

(3) Sind die Gesellschafter nicht in gleichem Ausmaß zur Mitwirkung verpflichtet, so ist dies bei der Zuweisung des Gewinns angemessen zu berücksichtigen.

(4) [1]Einem Arbeitsgesellschafter, dem für seine Dienste keine Beteiligung an der Gesellschaft gewährt wird, ist ein den Umständen nach angemessener Betrag des Jahresgewinns zuzuweisen. [2]Der diesen Betrag übersteigende Teil des Jahresgewinns wird sodann den Gesellschaftern im Verhältnis ihrer Beteiligung zugewiesen.

(5) Die Gesellschafterstellung steht der Vereinbarung eines Entgelts für der Gesellschaft geleistete Dienste nicht entgegen.

(BGBl I 2014/83, ab 1. 1. 2015, s § 1503 Abs 5)

Gewinnausschüttung und Entnahmen

§ 1196. (1) [1]Jeder Gesellschafter hat Anspruch auf Auszahlung seines Gewinnanteils. [2]Der Anspruch kann nicht geltend gemacht werden, soweit die Auszahlung zum offenbaren Schaden der Gesellschaft gereicht, die Gesellschafter etwas anderes beschließen oder der Gesellschafter vereinbarungswidrig seine Einlage nicht geleistet hat.

(2) Im Übrigen ist ein Gesellschafter nicht befugt, ohne Einwilligung der anderen Gesellschafter Entnahmen zu tätigen.

(BGBl I 2014/83, ab 1. 1. 2015, s § 1503 Abs 5)

3. Abschnitt

Rechtsverhältnisse zu Dritten

Vertretung

§ 1197. (1) Wenn der Gesellschaftsvertrag einer Außengesellschaft nichts anderes vorsieht, deckt sich die Befugnis zur Vertretung aller Gesellschafter in Gesellschaftsangelegenheiten mit der Befugnis zur Geschäftsführung.

(2) [1]Bei einer unternehmerisch tätigen Außengesellschaft werden alle Gesellschafter aus dem Handeln eines Gesellschafters im Namen der Gesellschaft auch dann berechtigt und verpflichtet, wenn dieser Gesellschafter nicht, nicht allein oder nur beschränkt vertretungsbefugt war, der Dritte den Mangel der Vertretungsbefugnis aber weder kannte noch kennen musste. [2]Dasselbe gilt für nicht unternehmerisch tätige Außengesellschaften, wenn sich die Gesellschafter als Unternehmer an der Gesellschaft beteiligen.

(3) Bei Gesamtvertretung genügt die Abgabe einer gesellschaftsbezogenen Willenserklärung gegenüber einem der zur Mitwirkung an der Vertretung befugten Gesellschafter (passive Einzelvertretung).

(4) Wer, ohne Gesellschafter zu sein, mit der Vertretung in Gesellschaftsangelegenheiten betraut wird, vertritt die Gesellschafter nach Maßgabe der erteilten Vollmacht.

(BGBl I 2014/83, ab 1. 1. 2015, s § 1503 Abs 5 Z 1)

Entziehung der Vertretungsmacht

§ 1198. Die Vertretungsmacht kann einem Gesellschafter aufgrund einer Klage aller übrigen Gesellschafter durch gerichtliche Entscheidung entzogen werden, wenn ein wichtiger Grund vorliegt; ein solcher Grund ist insbesondere grobe Pflichtverletzung oder Unfähigkeit zur ordnungsgemäßen Vertretung der Gesellschaft.

(BGBl I 2014/83, ab 1. 1. 2015, s § 1503 Abs 5 Z 1)

Haftung der Gesellschafter

§ 1199. (1) Für gesellschaftsbezogene Verbindlichkeiten gegenüber Dritten haften die Gesellschafter als Gesamtschuldner, wenn mit diesen nichts anderes vereinbart ist.

(2) Aus Rechtsgeschäften, die ein Gesellschafter auf Rechnung der Gesellschaft, aber im eigenen Namen abschließt, wird er allein dem Dritten gegenüber berechtigt und verpflichtet.

(BGBl I 2014/83, ab 1. 1. 2015, s § 1503 Abs 5 Z 1)

Einwendungen des Gesellschafters

§ 1200. (1) Wird ein Gesellschafter wegen einer gesellschaftsbezogenen Verbindlichkeit in Anspruch genommen, so kann er Einwendungen, die nicht in seiner Person begründet sind, nur insoweit geltend machen, als sie von den Gesellschaftern gemeinsam erhoben werden können.

(2) Der Gesellschafter kann die Befriedigung des Gläubigers verweigern, solange den Gesellschaftern gemeinsam das Recht zusteht, das ihrer Verbindlichkeit zugrunde liegende Rechtsgeschäft anzufechten oder ihre Verbindlichkeit durch Aufrechnung mit einer fälligen Forderung zu erfüllen.

(BGBl I 2014/83, ab 1. 1. 2015, s § 1503 Abs 5 Z 1)

4. Abschnitt

Gesellschafternachfolge

Rechtsübergang

§ 1201. (1) [1]Sofern nichts anderes vereinbart wurde, gehen zum Zeitpunkt des Eintritts oder Ausscheidens eines Gesellschafters sowie zum Zeitpunkt des Gesellschafterwechsels durch Rechtsgeschäft unter Lebenden die gesellschaftsbezogenen, nicht höchstpersönlichen Rechtsverhältnisse im Verhältnis der Beteiligungen von den bisherigen Gesellschaftern auf den eintretenden Gesellschafter, vom ausscheidenden auf die verbleibenden Gesellschafter oder beim Gesellschafterwechsel vom ausscheidenden auf den eintretenden Gesellschafter über (Gesellschafternachfolge). [2]Für gesellschaftsbezogene Verbindlichkeiten bestellte Sicherheiten bleiben für diese Verbindlichkeiten aufrecht. [3]Der ausscheidende Gesellschafter haftet nach Maßgabe des § 1202

Abs. 2 für die gesellschaftsbezogenen Verbindlichkeiten weiter.

(2) [1]Bei Sachen des Gesellschaftsvermögens, die im Miteigentum der Gesellschafter stehen, gilt die Übergabe als vollzogen, sobald der Eintritt, Austritt oder Wechsel wirksam geworden ist. [2]Bücherliche Rechte sind nach den dafür geltenden Vorschriften zu übertragen.

(3) [1]Ein Dritter kann der im Zuge einer Gesellschafternachfolge von Gesetzes wegen eintretenden Übernahme seines Vertragsverhältnisses binnen dreier Monate nach Verständigung davon durch einen Gesellschafter gegenüber dem ausscheidenden, dem eintretenden oder einem anderen vom Vertragsverhältnis erfassten Gesellschafter widersprechen; in der Verständigung ist auf das Widerspruchsrecht hinzuweisen. [2]Dies gilt auch für den Besteller einer für gesellschaftsbezogene Verbindlichkeiten gewährten Sicherheit. [3]Im Fall eines wirksamen Widerspruchs besteht das Vertragsverhältnis auch noch mit dem ausgeschiedenen Gesellschafter fort.

(4) [1]Wurde dem Dritten nicht nachweislich mitgeteilt, ob das Vertragsverhältnis vom Erwerber übernommen wurde, oder kann der Dritte dieser Übernahme noch widersprechen, so kann er sowohl gegenüber dem ausscheidenden als auch gegenüber dem nachfolgenden Gesellschafter auf das Vertragsverhältnis bezogene Erklärungen abgeben und seine Verbindlichkeiten erfüllen. [2]Dies gilt auch für den Besteller einer für gesellschaftsbezogene Verbindlichkeiten gewährten Sicherheit.

(BGBl I 2014/83, ab 1. 1. 2015, s § 1503 Abs 5 Z 1)

Haftung des eintretenden und des ausscheidenden Gesellschafters

§ 1202. (1) Der eintretende Gesellschafter haftet nur insofern für vor seinem Eintritt begründete gesellschaftsbezogene Verbindlichkeiten, als er jenen gesellschaftsbezogenen Rechtsverhältnissen beitritt, auf denen die Verbindlichkeiten beruhen.

(2) [1]Der ausscheidende Gesellschafter haftet für gesellschaftsbezogene Verbindlichkeiten gegenüber Dritten, die vor seinem Ausscheiden aus der Gesellschaft begründet wurden, auch dann weiter, wenn er aus dem Rechtsverhältnis ausgeschieden ist (§ 1201 Abs. 3). [2]Soweit der Dritte einer Entlassung des Ausscheidenden aus der Haftung nicht zustimmt, haftet dieser für die Verbindlichkeiten nur, soweit sie innerhalb von fünf Jahren nach seinem Ausscheiden fällig werden. [3]Ansprüche daraus verjähren innerhalb der für die jeweilige Verbindlichkeit geltenden Verjährungsfrist, längstens jedoch innerhalb von drei Jahren.

(BGBl I 2014/83, ab 1. 1. 2015, s § 1503 Abs 5 Z 1)

Auseinandersetzung mit dem ausscheidenden Gesellschafter

§ 1203. (1) [1]Dem ausscheidenden Gesellschafter sind die Sachen, die er den Gesellschaftern zur Benutzung überlassen hat, zurückzugeben. [2]Für eine durch Zufall abhanden gekommene oder verschlechterte Sache kann er keinen Ersatz verlangen.

(2) [1]Dem ausscheidenden Gesellschafter ist in Geld auszuzahlen, was er bei der Auseinandersetzung erhielte, wenn die Gesellschaft zur Zeit seines Ausscheidens aufgelöst worden wäre. [2]Der Wert des Gesellschaftsvermögens ist, soweit erforderlich, durch Schätzung zu ermitteln.

(3) [1]Der ausscheidende Gesellschafter ist von den gesellschaftsbezogenen Verbindlichkeiten zu befreien, für die er den Gläubigern haftet. [2]Ist eine Schuld noch nicht fällig, so können ihm die anderen Gesellschafter Sicherheit leisten, statt ihn zu befreien.

(4) Verbleibt dem ausscheidenden Gesellschafter eine Verbindlichkeit aus dem Gesellschaftsverhältnis, so ist er verpflichtet, einen Ausgleich in entsprechender Höhe an die Gesellschafter zu zahlen.

(BGBl I 2014/83, ab 1. 1. 2015, s § 1503 Abs 5)

Beteiligung des Ausscheidenden an schwebenden Geschäften

§ 1204. (1) [1]Der ausgeschiedene Gesellschafter nimmt am Gewinn und am Verlust teil, der sich aus den zur Zeit seines Ausscheidens schwebenden Geschäften ergibt. [2]Die übrigen Gesellschafter sind berechtigt, diese Geschäfte so zu beenden, wie es ihnen am vorteilhaftesten erscheint.

(2) Der ausgeschiedene Gesellschafter kann am Schluss jedes Geschäftsjahres Rechenschaft über die inzwischen beendeten Geschäfte, Auszahlung des ihm gebührenden Betrags und Auskunft über den Stand der noch schwebenden Geschäfte verlangen.

(BGBl I 2014/83, ab 1. 1. 2015, s § 1503 Abs 5)

Fortsetzung mit den Erben

§ 1205. (1) [1]Ist im Gesellschaftsvertrag bestimmt, dass im Fall des Todes eines Gesellschafters die Gesellschaft mit seinen Erben fortgesetzt werden soll, so besteht sie nach dem Tod dieses Gesellschafters mit seiner Verlassenschaft und nach deren Einantwortung mit den Erben fort. [2]Jeder Erbe kann sein Verbleiben in der Gesellschaft davon abhängig machen, dass ihm unter Belassung des bisherigen Gewinnanteils die Stellung eines Kommanditisten in einer neu zu gründenden Kommanditgesellschaft (§ 1206) eingeräumt und der auf ihn fallende Teil der Einlage des „Verstorbenen" als seine Kommanditeinlage anerkannt wird. *(BGBl I 2015/87, ab 1. 1. 2017)*

(2) Nehmen die übrigen Gesellschafter einen dahingehenden Antrag des Erben nicht an, so ist dieser befugt, ohne Einhaltung einer Kündigungsfrist sein Ausscheiden aus der Gesellschaft zu erklären.

(3) [1]Die in Abs. 1 und 2 bezeichneten Rechte können von den Erben nur innerhalb einer Frist von drei Monaten nach der Einantwortung der Verlassenschaft geltend gemacht werden. [2]Ist ein Erbe geschäftsunfähig und ist für ihn kein gesetzlicher Vertreter bestellt, so läuft diese Frist erst ab der Bestellung eines solchen oder ab dem Eintritt der Geschäftsfähigkeit des Erben.

(4) Scheidet innerhalb der Frist des Abs. 3 der Erbe aus der Gesellschaft aus oder wird innerhalb der Frist die Gesellschaft aufgelöst oder dem Erben die Stellung eines Kommanditisten eingeräumt, so haftet er für die bis dahin entstandenen gesellschaftsbezogenen Verbindlichkeiten nur nach Maßgabe der die Haftung des Erben für „Verbindlichkeiten der Verlassenschaft" betreffenden Vorschriften. *(BGBl I 2015/87, ab 1. 1. 2017)*

(5) Der Gesellschaftsvertrag kann die Anwendung der Vorschriften der Abs. 1 bis 4 nicht ausschließen; es kann jedoch für den Fall, dass der Erbe sein Verbleiben von der Einräumung der Stellung eines Kommanditisten abhängig macht, sein Gewinnanteil anders als der des „Verstorbenen" bestimmt werden. *(BGBl I 2015/87, ab 1. 1. 2017)*

(BGBl I 2014/83, ab 1. 1. 2015, s § 1503 Abs 5)

5. Abschnitt

Umwandlung

Umwandlung in eine offene Gesellschaft oder Kommanditgesellschaft

§ 1206. (1) [1]Die Gesellschafter können die Errichtung einer offenen Gesellschaft oder einer Kommanditgesellschaft und zugleich die Einbringung des der Gesellschaft gewidmeten Vermögens in die offene Gesellschaft oder Kommanditgesellschaft beschließen. [2]In diesem Fall geht das der Gesellschaft gewidmete Vermögen einschließlich aller Rechte und Pflichten mit der Eintragung der offenen Gesellschaft oder Kommanditgesellschaft im Firmenbuch im Weg der Gesamtrechtsnachfolge auf diese Gesellschaft über. [3]Bücherliche Rechte sind nach den dafür geltenden Vorschriften zu übertragen.

(2) [1]Die Umwandlung erfordert einen einstimmigen Gesellschafterbeschluss. [2]Die Gesellschafter legen fest, ob die Gesellschaft in eine offene Gesellschaft oder in eine Kommanditgesellschaft umgewandelt werden soll. [3]Sie bestimmen die für die Eintragung erforderlichen Merkmale der neuen Gesellschaft.

(3) [1]Der Umwandlungsbeschluss enthält das von den geschäftsführenden Gesellschaftern aufgestellte Verzeichnis des Gesellschaftsvermögens (§ 1178 Abs. 1). [2]Was im Vermögensverzeichnis nicht angeführt ist, verbleibt den Gesellschaftern wie bisher.

(BGBl I 2014/83, ab 1. 1. 2015, s § 1503 Abs 5 Z 1)

Wirkung gegenüber Dritten

§ 1207. (1) Die Gesellschafter haften nach der Umwandlung für die vorher begründeten Verbindlichkeiten auch als Gesellschafter bürgerlichen Rechts weiter.

(2) Solange ein Dritter von der Umwandlung nicht verständigt wurde und sie ihm auch sonst nicht bekannt geworden ist, kann er seine Leistung mit schuldbefreiender Wirkung so erbringen, als würde die Gesellschaft bürgerlichen Rechts noch bestehen.

(BGBl I 2014/83, ab 1. 1. 2015, s § 1503 Abs 5 Z 1)

6. Abschnitt

Auflösung

Auflösungsgründe

§ 1208. Die Gesellschaft wird aufgelöst:

1. durch den Ablauf der Zeit, für die sie eingegangen ist;

2. durch Beschluss der Gesellschafter;

3. durch die rechtskräftige Eröffnung des Konkursverfahrens über das Vermögen eines Gesellschafters, durch die Abänderung der Bezeichnung Sanierungsverfahren in Konkursverfahren oder durch die rechtskräftige Nichteröffnung oder Aufhebung des Insolvenzverfahrens mangels kostendeckenden Vermögens;

4. durch Kündigung oder durch gerichtliche Entscheidung;

5. durch den Tod eines Gesellschafters, sofern sich aus dem Gesellschaftsvertrag nichts anderes ergibt.

(BGBl I 2014/83, ab 1. 1. 2015, s § 1503 Abs 5)

Kündigung durch einen Gesellschafter

§ 1209. (1) Die Kündigung der Gesellschaft durch einen Gesellschafter kann, wenn die Gesellschaft für unbestimmte Zeit eingegangen ist, nur für den Schluss eines Geschäftsjahres erfolgen; sie muss mindestens sechs Monate vor diesem Zeitpunkt stattfinden.

(2) [1]Eine Vereinbarung, durch die das Kündigungsrecht ausgeschlossen oder in anderer Weise als durch angemessene Verlängerung der Kündigungsfrist erschwert wird, ist nichtig. [2]„Dies gilt nicht für Innengesellschaften (§ 1176 Abs. 1).“ *(BGBl I 2016/43, ab 1. 7. 2016, s § 1503 Abs 8)*

(BGBl I 2014/83, ab 1. 1. 2015, s § 1503 Abs 5)

Auflösung durch gerichtliche Entscheidung

§ 1210. (1) Aufgrund der Klage eines Gesellschafters kann die Auflösung der Gesellschaft vor dem Ablauf der für ihre Dauer bestimmten Zeit oder bei einer für unbestimmte Zeit eingegangenen Gesellschaft ohne Kündigung durch gerichtliche Entscheidung ausgesprochen werden, wenn ein wichtiger Grund vorliegt.

(2) Ein solcher Grund ist insbesondere vorhanden, wenn ein anderer Gesellschafter eine ihm nach dem Gesellschaftsvertrag obliegende wesentliche Verpflichtung vorsätzlich oder aus grober Fahrlässigkeit verletzt oder wenn die Erfüllung einer solchen Verpflichtung unmöglich wird.

(3) Eine Vereinbarung, durch die das Recht des Gesellschafters, die Auflösung der Gesellschaft zu verlangen, ausgeschlossen oder diesen Vorschriften zuwider beschränkt wird, ist nichtig.

(BGBl I 2014/83, ab 1. 1. 2015, s § 1503 Abs 5)

Gesellschaft auf Lebenszeit, Befristung

§ 1211. Eine Gesellschaft, die für die Lebenszeit eines Gesellschafters eingegangen ist oder nach dem Ablauf der für ihre Dauer bestimmten Zeit stillschweigend fortgesetzt wird, steht im Sinn der §§ 1209 und 1210 einer für unbestimmte Zeit eingegangen Gesellschaft gleich.

(BGBl I 2014/83, ab 1. 1. 2015, s § 1503 Abs 5)

Kündigung durch einen Privatgläubiger

§ 1212. Hat ein Privatgläubiger eines Gesellschafters, nachdem innerhalb der letzten sechs Monate eine Zwangsvollstreckung in das bewegliche Vermögen des Gesellschafters ohne Erfolg versucht worden war, auf Grund eines nicht bloß vorläufig vollstreckbaren Exekutionstitels die Pfändung und Überweisung des Anspruchs auf dasjenige erwirkt, was dem Gesellschafter bei der Auseinandersetzung zukommt, so kann er die Gesellschaft ohne Rücksicht darauf, ob sie für bestimmte oder unbestimmte Zeit eingegangen ist, sechs Monate vor dem Ende des Geschäftsjahres für diesen Zeitpunkt kündigen.

(BGBl I 2014/83, ab 1. 1. 2015, s § 1503 Abs 5 Z 1)

Ausschluss statt Auflösung

§ 1213. (1) [1]Tritt in der Person eines Gesellschafters ein Umstand ein, der nach § 1210 für jeden der übrigen Gesellschafter das Recht begründet, die Auflösung der Gesellschaft zu verlangen, so kann vom Gericht aufgrund einer Klage aller übrigen Gesellschafter anstatt der Auflösung der Ausschluss dieses Gesellschafters aus der Gesellschaft ausgesprochen werden. [2]Der Ausschließungsklage steht nicht entgegen, dass nach dem Ausschluss nur ein Gesellschafter verbleibt.

(2) Für die Auseinandersetzung zwischen den verbleibenden Gesellschaftern und dem ausgeschlossenen Gesellschafter ist die Vermögenslage der Gesellschaft in dem Zeitpunkt maßgeblich, in dem die Klage auf Ausschließung erhoben wird.

(BGBl I 2014/83, ab 1. 1. 2015, s § 1503 Abs 5)

Fortsetzungsbeschluss

§ 1214. (1) [1]Die Gesellschafter können bei Auflösung der Gesellschaft deren Fortsetzung beschließen. [2]In den Fällen des § 1208 Z 3, 4 oder 5, der Kündigung der Gesellschaft durch einen Privatgläubiger (§ 1212) und der Auflösung der Gesellschaft durch das Gericht (§ 1210 Abs. 1) steht dieses Recht den übrigen Gesellschaftern zu. [3]In diesen Fällen scheidet der Gesellschafter, in dessen Person der Auflösungsgrund eingetreten ist, infolge des Fortsetzungsbeschlusses aus der Gesellschaft aus.

(2) Im Fall der Kündigung durch einen Privatgläubiger scheidet der betreffende Gesellschafter mit dem Ende des Geschäftsjahres aus der Gesellschaft aus; in den übrigen Fällen mit dem Wirksamwerden des Beschlusses.

(3) Im Fall der Eröffnung des Konkursverfahrens über das Vermögen eines Gesellschafters ist Abs. 1 mit der Maßgabe anzuwenden, dass eine Erklärung gegenüber dem Masseverwalter zu erfolgen hat und der Schuldner mit dem Zeitpunkt der Konkurseröffnung als aus der Gesellschaft ausgeschieden gilt.

(BGBl I 2014/83, ab 1. 1. 2015, s § 1503 Abs 5)

Übergang des Gesellschaftsvermögens

§ 1215. (1) [1]Verbleibt nur noch ein Gesellschafter, so erlischt die Gesellschaft ohne Liquidation. [2]Das Gesellschaftsvermögen geht im Weg der Gesamtrechtsnachfolge auf diesen über. [3]Bücherliche Rechte sind nach den dafür geltenden Vorschriften zu übertragen.

(2) Der ausscheidende Gesellschafter ist gemäß §§ 1203 und 1204 abzufinden.

(BGBl I 2014/83, ab 1. 1. 2015, s § 1503 Abs 5 Z 1)

Bekanntgabe der Auflösung der Außengesellschaft

§ 1216. Die Auflösung einer Außengesellschaft ist, soweit möglich, den Vertragspartnern, Gläubigern und Schuldnern mitzuteilen sowie auf verkehrsübliche Weise bekannt zu machen.

(BGBl I 2014/83, ab 1. 1. 2015, s § 1503 Abs 5 Z 1)

7. Abschnitt
Liquidation

Nachwirkung des Gesellschaftsvertrages

§ 1216a. (1) [1]Trotz Auflösung der Gesellschaft bestehen die gesellschaftsvertraglichen Rechte und Pflichten der Gesellschafter zueinander soweit fort, als dies für die Liquidation erforderlich ist und sich aus den folgenden Bestimmungen nichts anderes ergibt. [2]Gesellschaftsbezogene Rechtsverhältnisse der Gesellschafter zu Dritten werden in ihrem Fortbestand durch die Auflösung und Liquidation der Gesellschaft nur dann berührt, wenn dies mit dem Dritten vereinbart wurde.

(2) [1]Die Gesellschafter können anstelle der Liquidation eine andere Art der Auseinandersetzung vereinbaren. [2]Ist die Gesellschaft durch Kündigung eines Privatgläubigers eines Gesellschafters oder durch die Eröffnung des Konkursverfahrens über das Vermögen eines Gesellschafters aufgelöst, so kann die Liquidation nur mit Zustimmung des Gläubigers oder des Masseverwalters unterbleiben.

(BGBl I 2014/83, ab 1. 1. 2015, s § 1503 Abs 5 Z 1)

Bestellung der Liquidatoren

§ 1216b. (1) [1]Nach der Auflösung der Gesellschaft haben, sofern der Gesellschaftsvertrag nicht anderes bestimmt, die Gesellschafter als Liquidatoren das Gesellschaftsvermögen abzuwickeln. [2]Mehrere Erben eines Gesellschafters haben einen gemeinsamen Vertreter zu bestellen. [3]Ist über das Vermögen eines Gesellschafters das Konkursverfahren oder das Sanierungsverfahren eröffnet und dem Gesellschafter die Eigenverwaltung entzogen, so tritt der Insolvenzverwalter an die Stelle des Gesellschafters.

(2) [1]Auf Antrag eines Beteiligten kann aus wichtigen Gründen die Ernennung von Liquidatoren durch das Gericht erfolgen, in dessen Sprengel einer der Gesellschafter seinen Wohnsitz oder Sitz hat. [2]Das Gericht kann in einem solchen Fall Personen zu Liquidatoren ernennen, die nicht zu den Gesellschaftern gehören. [3]Als Beteiligter gilt außer den Gesellschaftern auch der Gläubiger, durch den die Kündigung der Gesellschaft erfolgt ist.

(3) Die Abberufung von Liquidatoren geschieht durch einstimmigen Beschluss der Beteiligten; sie kann auf Antrag eines Beteiligten aus wichtigen Gründen auch durch das Gericht erfolgen.

(4) Die Gesellschafter sind verpflichtet, die Liquidation und die Liquidatoren soweit möglich den Vertragspartnern, Gläubigern und Schuldnern mitzuteilen sowie auf ortsübliche Weise bekannt zu machen.

(BGBl I 2014/83, ab 1. 1. 2015, s § 1503 Abs 5 Z 1)

Rechte und Pflichten der Liquidatoren

§ 1216c. (1) [1]Die Liquidatoren haben die laufenden Geschäfte zu beenden, die gesellschaftsbezogenen Forderungen einzuziehen und die Gesellschaftsgläubiger zu befriedigen. [2]Zur Beendigung schwebender Geschäfte können die Liquidatoren auch neue Geschäfte eingehen.

(2) [1]Den Gesellschaftern sind die Gegenstände, die sie der Gesellschaft zur Benutzung überlassen haben, zurückzugeben. [2]Für einen durch Zufall abhanden gekommenen oder verschlechterten Gegenstand gebührt ihnen gegenüber den anderen Gesellschaftern kein Ersatz.

(BGBl I 2014/83, ab 1. 1. 2015, s § 1503 Abs 5 Z 1)

Handeln der Liquidatoren

§ 1216d. [1]Die Liquidatoren vertreten die Gesellschafter gerichtlich und außergerichtlich als Gesamtvertreter, sofern die Gesellschafter nicht einvernehmlich etwas anderes vereinbaren. [2]Die Liquidatoren können einzelne von ihnen zur Vornahme bestimmter Geschäfte oder bestimmter Arten von Geschäften ermächtigen. [3]Jeder Liquidator ist alleine befugt, gesellschaftsbezogene Erklärungen entgegenzunehmen.

(BGBl I 2014/83, ab 1. 1. 2015, s § 1503 Abs 5 Z 1)

Aufteilung und Ausgleich unter den Gesellschaftern

§ 1216e. (1) Das nach Berücksichtigung der Schulden verbleibende Gesellschaftsvermögen ist nach dem Verhältnis der Beteiligung der Gesellschafter unter Berücksichtigung ihrer Guthaben und Verbindlichkeiten aus dem Gesellschaftsverhältnis unter die Gesellschafter zu verteilen.

(2) [1]Das während der Liquidation entbehrliche Geld wird vorläufig verteilt. [2]Zur Deckung noch nicht fälliger oder streitiger Verbindlichkeiten sowie zur Sicherung der den Gesellschaftern bei der Schlussverteilung zukommenden Beträge ist das Erforderliche zurückzubehalten. [3]§ 1196 Abs. 1 ist während der Liquidation nicht anzuwenden.

(3) Entsteht über die Verteilung des Gesellschaftsvermögens Streit unter den Gesellschaftern, so haben die Liquidatoren die Verteilung bis zur Entscheidung des Streites auszusetzen.

(4) [1]Reicht das Gesellschaftsvermögen zur Deckung der Guthaben von Gesellschaftern aus dem Gesellschaftsverhältnis nicht aus, so sind die übrigen Gesellschafter ihnen gegenüber verpflichtet, für den Betrag im Verhältnis ihrer Verbindlichkeiten aus dem Gesellschaftsverhältnis aufzukommen. [2]Kann von einem Gesellschafter der auf ihn entfallende Betrag nicht erlangt werden, so wird der Ausfall auf die übrigen Gesellschafter wie ein Verlust verteilt.

(BGBl I 2014/83, ab 1. 1. 2015, s § 1503 Abs 5 Z 1)

Achtundzwanzigstes Hauptstück

Von den Ehepakten und dem Anspruch auf Ausstattung

Ehepakte

§ 1217. „(1)“ [1]Ehepakte heißen diejenigen Verträge, welche in der Absicht auf die eheliche Verbindung über das Vermögen geschlossen werden. [2]Sie haben vorzüglich die Gütergemeinschaft und den Erbvertrag zum Gegenstand. *(BGBl I 2009/135, ab 1. 1. 2010)*

(2) Die Bestimmungen dieses Hauptstücks sind auf eingetragene Partner sinngemäß anzuwenden. *(BGBl I 2009/135, ab 1. 1. 2010)*

(BGBl I 2009/75, ab 1. 1. 2010)

§§ 1218 und 1219. *(aufgehoben, BGBl I 2009/75, ab 1. 1. 2010)*

Ausstattung

§ 1220. Besitzt ein Kind kein eigenes, zu einer angemessenen Ausstattung hinlängliches Vermögen, so sind Eltern oder Großeltern nach der Reihenfolge und nach den Grundsätzen, nach denen sie für den Unterhalt der Kinder zu sorgen haben, verpflichtet, den Kindern oder Enkelkindern bei ihrer Verehelichung eine Ausstattung zu geben oder dazu verhältnismäßig beizutragen.

(BGBl I 2009/75, ab 1. 1. 2010)

§ 1221. Berufen sich Eltern oder Großeltern auf ihr Unvermögen zur Bestellung einer angemessenen Ausstattung, so hat das Gericht auf Antrag des Ausstattungsberechtigten, jedoch ohne strenge Untersuchung des Vermögensstands, darüber zu entscheiden.

(BGBl I 2009/75, ab 1. 1. 2010)

§ 1222. Wenn ein Kind ohne Wissen oder gegen den Willen seiner Eltern geheiratet hat und das Gericht die Ursache der Missbilligung begründet findet, sind die Eltern selbst in dem Falle, dass sie in der Folge die Ehe genehmigen, nicht schuldig, ihm eine Ausstattung zu geben.

(BGBl I 2009/75, ab 1. 1. 2010)

§ 1223. Hat ein Kind seine Ausstattung schon erhalten und sie, wenn auch ohne sein Verschulden, verloren, so ist es nicht mehr – selbst nicht bei Eingehung einer weiteren Ehe – berechtigt, eine neue zu fordern.

(BGBl I 2009/75, ab 1. 1. 2010)

§§ 1224 bis 1232. *(aufgehoben, BGBl I 2009/75, ab 1. 1. 2010)*

Gütergemeinschaft

§ 1233. [1]Die eheliche Verbindung allein begründet noch keine Gemeinschaft der Güter zwischen den Eheleuten. [2]Dazu wird ein besonderer Vertrag erfordert, dessen Umfang und rechtliche Form nach den §§ 1177 und 1178 des vorigen Hauptstückes beurteilt wird.

§ 1234. [1]Die Gütergemeinschaft unter Ehegatten wird in der Regel nur auf den Todesfall verstanden. [2]Sie gibt dem Ehegatten das Recht auf die Hälfte dessen, was von den der Gemeinschaft wechselseitig unterzogenen Gütern nach Ableben des andern Ehegatten noch vorhanden sein wird.

§ 1235. Bei einer Gemeinschaft, die sich auf das ganze Vermögen bezieht, sind vor der Teilung alle Schulden ohne Ausnahme; bei einer Gemeinschaft aber, die bloß das gegenwärtige, oder bloß das künftige Vermögen zum Gegenstande hat, nur diejenigen Schulden abzuziehen, die zum Nutzen des gemeinschaftlichen Gutes verwendet worden sind.

§ 1236. [1]Besitzt ein Ehegatte ein unbewegliches Gut, und wird das Recht des andern Ehegatten zur Gemeinschaft in die öffentlichen Bücher eingetragen; so erhält dieser durch die Eintragung auf die Hälfte der Substanz des Gutes ein dingliches Recht, vermöge dessen der eine Ehegatte über diese Hälfte keine Anordnung machen kann; auf die Nutzungen aber während der Ehe erhält er durch die Einverleibung keinen Anspruch. [2]Nach dem Tode des Ehegatten gebührt dem überlebenden Teile sogleich das freie Eigentum seines Anteiles. [3]Doch kann eine solche Einverleibung den auf das Gut früher eingetragenen Gläubigern nicht zum Nachteile gereichen.

Gesetzlicher ehelicher Güterstand

§ 1237. Haben Eheleute über die Verwendung ihres Vermögens keine besondere Übereinkunft getroffen; so behält jeder Ehegatte sein voriges Eigentumsrecht, und auf das, was ein jeder Teil während der Ehe erwirbt, und auf was immer für eine Art überkommt, hat der andere „ solange die Ehe besteht,“** keinen Anspruch. „ “* *(*BGBl 1978/280; **BGBl I 2009/75, ab 1. 1. 2010)*

§§ 1238 bis 1241. *(aufgehoben, BGBl 1978/280)*

§ 1242. *(aufgehoben, BGBl I 2009/75, ab 1. 1. 2010)*

§ 1243. *(aufgehoben, BGBl 1975/412)*

§§ 1244 und 1245. *(aufgehoben, BGBl I 2009/75, ab 1. 1. 2010)*

Schenkungen unter Ehegatten und Verlobten

§ 1246. Die Gültigkeit oder Ungültigkeit der Schenkungen zwischen Ehegatten wird nach den für die Schenkungen überhaupt bestehenden Gesetzen beurteilt.

§ 1247. [1]Was ein Mann seiner Ehegattin an Schmuck, Edelsteinen und andern Kostbarkeiten zum Putze gegeben hat, wird im Zweifel nicht für gelehnt; sondern für geschenkt angesehen. [2]Wenn aber ein verlobter Teil dem andern, oder auch ein Dritter dem einen oder andern Teile in Rücksicht auf die künftige Ehe etwas zusichert oder schenkt; so kann, wenn die Ehe ohne Verschulden des Geschenkgebers nicht erfolgt, die Schenkung widerrufen werden.

§ 1248. *(aufgehoben, BGBl I 2015/87, ab 1. 1. 2017)*

Erbverträge

§ 1249. [1]Zwischen Ehegatten kann auch ein Erbvertrag, wodurch die künftige Erbschaft oder ein Teil derselben versprochen und das Versprechen angenommen wird, geschlossen werden (§ 602). [2]Ein solcher Vertrag muss als Notariatsakt und mit allen Erfordernissen eines schriftlichen Testamentes errichtet werden.

(BGBl I 2015/87, ab 1. 1. 2017, s § 1503 Abs 7 Z 2)

§ 1250. *(aufgehoben, BGBl I 2015/87, ab 1. 1. 2017)*

Bedingungen

§ 1251. Die Bestimmungen über Bedingungen bei Verträgen sind auch auf Erbverträge anzuwenden.

(BGBl I 2015/87, ab 1. 1. 2017, s § 1503 Abs 7 Z 2)

Wirkungen des Erbvertrags

§ 1252. [1]Ein Erbvertrag hindert einen Vertragspartner nicht, zu Lebzeiten über sein Vermögen nach Belieben zu verfügen. [2]Aus dem Erbvertrag entstehende Rechte setzen den Tod eines Vertragsteils voraus und können vor Erbanfall nicht auf andere übertragen werden. [3]Aufgrund der künftigen Erbschaft kann keine Sicherstellung gefordert werden.

(BGBl I 2015/87, ab 1. 1. 2017, s § 1503 Abs 7 Z 2)

§ 1253. [1]Durch den Erbvertrag kann ein Vertragspartner auf das Recht zu testieren nicht gänzlich verzichten. [2]Ein reines Viertel, das weder durch Pflichtteile noch durch andere Forderungen belastet sein darf, muss zur freien letztwilligen Verfügung stehen. [3]Hat der Verstorbene darüber nicht verfügt, so fällt dieses Viertel nicht dem Vertragserben, auch wenn ihm im Erbvertrag die ganze Verlassenschaft versprochen wurde, sondern den gesetzlichen Erben zu.

(BGBl I 2015/87, ab 1. 1. 2017, s § 1503 Abs 7 Z 2)

§ 1254. [1]Ein Erbvertrag kann nicht einseitig widerrufen, aber aus vertragsrechtlichen Gründen entkräftet werden. [2]Die Rechte von Pflichtteilsberechtigten bleiben vom Erbvertrag unberührt.

(BGBl I 2015/87, ab 1. 1. 2017, s § 1503 Abs 7 Z 2)

§§ 1255 bis 1261. *(aufgehoben, BGBl I 2009/75, ab 1. 1. 2010)*

§ 1262. Ist zwischen den Ehegatten eine Gemeinschaft der Güter bedungen; so hört dieselbe durch den Konkurs des einen oder des andern Ehegatten auf, und das zwischen ihnen gemeinschaftliche Vermögen wird, wie bei dem Tode, geteilt.

§§ 1263 und 1264. *(aufgehoben, BGBl I 2009/75, ab 1. 1. 2010)*

Nichtigerklärung der Ehe

§ 1265. [1]Wird eine Ehe für ungültig erklärt: so zerfallen auch die Ehepakte; das Vermögen kommt, insofern es vorhanden ist, in den vorigen Stand zurück. [2]Der schuldtragende Teil hat aber dem schuldlosen Teile Entschädigung zu leisten „“. *(BGBl I 2009/75, ab 1. 1. 2010)*

Scheidung oder Aufhebung der Ehe

§ 1266. [1]Im Fall einer Scheidung oder Aufhebung der Ehe mit gleichteiligem oder ohne Verschulden oder einer Scheidung im Einvernehmen sind die Ehepakte für beide Teile erloschen, sofern keine andere Vereinbarung getroffen wurde. [2]Ansonsten gebührt dem schuldlosen oder minderschuldigen Ehegatten nicht nur volle Genugtuung, sondern ab dem Zeitpunkt der Scheidung alles dasjenige, was ihm in den Ehepakten auf den Fall des Überlebens bedungen worden ist. [3]Das Vermögen, worüber eine Gütergemeinschaft bestanden hat, wird wie im Falle des Todes geteilt, und das Recht aus einem Erbvertrag bleibt dem Schuldlosen oder Minderschuldigen auf den Todesfall vorbehalten. „“ *(BGBl I 2015/87, ab 1. 1. 2017, s § 1503 Abs 7 Z 2)*

(BGBl I 2009/75, ab 1. 1. 2010)

Neunundzwanzigstes Hauptstück

Von den Glücksverträgen

Glücksverträge

§ 1267. [1]Ein Vertrag, wodurch die Hoffnung eines noch ungewissen Vorteiles versprochen und angenommen wird, ist ein Glücksvertrag. [2]Er gehört, je nachdem etwas dagegen versprochen wird oder nicht, zu den entgeltlichen oder unentgeltlichen Verträgen.

§ 1268. Bei Glücksverträgen findet das Rechtsmittel wegen Verkürzung über die Hälfte des Wertes nicht statt.

Arten der Glücksverträge:

§ 1269. Glücksverträge sind: die Wette; das Spiel und das Los; alle über gehoffte Rechte, oder über künftige noch unbestimmte Sachen errichtete Kauf- und andere Verträge; ferner, die Leibrenten; die gesellschaftlichen Versorgungsanstalten; endlich die Versicherungs- und Bodmereiverträge.

1. die Wette;

§ 1270. [1]Wenn über ein beiden Teilen noch unbekanntes Ereignis ein bestimmter Preis zwischen ihnen für denjenigen, dessen Behauptung der Erfolg entspricht, verabredet wird; so entsteht eine Wette. [2]Hatte der gewinnende Teil von dem Ausgange Gewißheit, und verheimlichte er sie dem andern Teile; so macht er sich einer Arglist schuldig, und die Wette ist ungültig. [3]Der verlierende Teil aber, dem der Ausgang vorher bekannt war, ist als ein Geschenkgeber anzusehen.

§ 1271. [1]Redliche und sonst erlaubte Wetten sind insoweit verbindlich, als der bedungene Preis nicht bloß versprochen; sondern wirklich entrichtet, oder hinterlegt worden ist. [2]Gerichtlich kann der Preis nicht gefordert werden.

2. das Spiel;

§ 1272. [1]Jedes Spiel ist eine Art von Wette. [2]Die für Wetten festgesetzten Rechte gelten auch für Spiele. [3]Welche Spiele überhaupt, oder für besondere Klassen verboten; wie Personen, die verbotene Spiele treiben, und diejenigen, die ihnen dazu Unterschleif geben, zu bestrafen sind, bestimmen die politischen Gesetze.

3. Los;

§ 1273. [1]Ein zwischen Privatpersonen auf eine Wette oder auf ein Spiel abzielendes Los wird nach den für Wetten und Spiele festgesetzten Vorschriften beurteilt. [2]Soll aber eine Teilung, eine Wahl, oder eine Streitigkeit durch das Los entschieden werden; so treten dabei die Rechte der übrigen Verträge ein.

§ 1274. Staatslotterien sind nicht nach der Eigenschaft der Wette und des Spieles; sondern nach den jedes Mal darüber kundgemachten Planen, zu beurteilen.

4. Hoffnungskauf;

§ 1275. Wer für ein bestimmtes Maß von einem künftigen Erträgnisse einen verhältnismäßigen Preis verspricht, schließt einen ordentlichen Kaufvertrag.

§ 1276. Wer die künftigen Nutzungen einer Sache in Pausch und Bogen; oder wer die Hoffnung derselben in einem bestimmten Preise kauft, errichtet einen Glücksvertrag; er trägt die Gefahr der ganz vereitelten Erwartung; es gebühren ihm aber auch alle ordentliche erzielte Nutzungen.

[insbesondere eines Kuxes;]

§ 1277. [[1]Der Anteil an einem Bergwerke heißt Kux. [2]Der Kauf eines Kuxes gehört zu den gewagten Verträgen. [3]Der Verkäufer haftet nur für die Richtigkeit des Kuxes, und der Käufer hat sich nach den Gesetzen über den Bergbau zu benehmen].

[] *Gegenstandslos wegen Auflösung der bergrechtlichen Gewerkschaften durch das BergG*

Erbschaftskauf

§ 1278. (1) [1]Der Käufer einer vom Verkäufer angetretenen oder ihm wenigstens angefallenen Erbschaft tritt nicht allein in die Rechte, sondern auch in die Verbindlichkeiten des Verkäufers als Erben ein, soweit diese nicht höchstpersönlich sind. [2]Wenn dem Kauf kein Inventar zugrunde gelegt wird, ist auch der Erbschaftskauf ein Glücksvertrag.

(2) Der Erbschaftskauf bedarf zu seiner Gültigkeit eines Notariatsakts oder der Beurkundung durch gerichtliches Protokoll.

(BGBl I 2015/87, ab 1. 1. 2017, s § 1503 Abs 7 Z 2)

§ 1279. [1]Auf Sachen, die dem Verkäufer nicht als Erben, sondern aus einem anderen Grund, etwa als Vorausvermächtnis, als Ersatz- oder Nacherbschaft oder als Schuldforderung aus der Verlassenschaft gebühren und ihm auch ohne Erbrecht gebührt hätten, hat der Erbschaftskäufer keinen Anspruch. [2]Dagegen erhält er alles, was der Erbschaft selbst zuwächst, insbesondere durch den Ausfall eines Vermächtnisnehmers, eines Miterben oder auf was immer für eine andere Art, soweit der Verkäufer darauf Anspruch gehabt hätte.

(BGBl I 2015/87, ab 1. 1. 2017, s § 1503 Abs 7 Z 2)

§ 1280. [1]Alles, was der Erbe aus dem Erbrecht erhält, wie etwa die bezogenen Früchte und Forderungen, zählt zur Verlassenschaft. [2]Alle Aufwendungen, die er selbst für den Antritt der Erbschaft oder für die Verlassenschaft gemacht hat, werden hingegen von der Verlassenschaft abgezogen. [3]Dazu gehören die bezahlten Schulden, die schon abgeführten Vermächtnisse, Steuern, Abgaben und Gerichtsgebühren und, wenn nicht ausdrücklich etwas anderes vereinbart wurde, auch die Begräbniskosten.

(BGBl I 2015/87, ab 1. 1. 2017, s § 1503 Abs 7 Z 2)

§ 1281. Sofern der Verkäufer die Verlassenschaft vor der Übergabe verwaltet hat, haftet er dem Käufer dafür wie ein anderer Verwalter.

(BGBl I 2015/87, ab 1. 1. 2017, s § 1503 Abs 7 Z 2)

§ 1282. [1]Die Erbschaftsgläubiger und Vermächtnisnehmer können sich mit ihren Ansprüchen sowohl an den Käufer der Erbschaft als auch an den Erben selbst halten. [2]Ihre Rechte werden so wie jene der Erbschaftsschuldner durch den Verkauf der Erbschaft nicht geändert. [3]Die Erbantrittserklärung des Verkäufers gilt auch für den Käufer.

(BGBl I 2015/87, ab 1. 1. 2017, s § 1503 Abs 7 Z 2)

§ 1283. [1]Wurde dem Verkauf der Erbschaft ein Inventar zugrunde gelegt, so haftet der Verkäufer für dasselbe. [2]Andernfalls haftet er für die Richtigkeit seines Erbrechts, wie er es angegeben hat, und für jeden dem Käufer durch sein Verschulden zugefügten Schaden.

(BGBl I 2015/87, ab 1. 1. 2017, s § 1503 Abs 7 Z 2)

5. Leibrente;

§ 1284. Wird jemandem[1)] für Geld, oder gegen eine für Geld geschätzte Sache auf die Lebensdauer einer gewissen Person eine bestimmte jährliche Entrichtung versprochen; so ist es ein Leibrentenvertrag.

[1)] *In JGS „jemanden"*

§ 1285. [1]Die Dauer der Leibrente kann von dem Leben des einen oder andern Teiles, oder auch eines Dritten abhängen. [2]Sie wird im Zweifel vierteljährig vorhinein entrichtet; und nimmt in allen Fällen mit dem Leben desjenigen, auf dessen Kopf sie beruht, ihr Ende.

§ 1286. [1]Weder die Gläubiger, noch die Kinder desjenigen, welcher sich eine Leibrente bedingt, sind berechtigt, den Vertrag umzustoßen. [2]Doch steht den erstern frei, ihre Befriedigung aus den Leibrenten zu suchen; den letztern aber, die Hinterlegung eines entbehrlichen Teiles der Rente zu fordern, um sich den ihnen nach dem Gesetze gebührenden Unterhalt darauf versichern zu lassen.

6. gesellschaftliche Versorgungsanstalten;

§ 1287. Der Vertrag, wodurch vermittelst einer Einlage ein gemeinschaftlicher Versorgungsfonds für die Mitglieder, ihre Gattinnen oder Waisen errichtet wird, ist aus der Natur und dem Zwecke einer solchen Anstalt, und den darüber festgesetzten Bedingungen, zu beurteilen.

7. Versicherungsvertrag;

§ 1288. [1]Wenn jemand die Gefahr des Schadens, welcher einen andern ohne dessen Verschulden treffen könnte, auf sich nimmt, und ihm gegen einen gewissen Preis den bedungenen Ersatz zu leisten verspricht; so entsteht der Versicherungsvertrag. [2]Der Versicherer haftet dabei für den zufälligen Schaden, und der Versicherte für den versprochenen Preis.

§ 1289. [1]Der gewöhnliche Gegenstand dieses Vertrages sind Waren, die zu Wasser oder zu Lande verführt werden. [2]Es können aber auch andere Sachen, z.B. Häuser und Grundstücke gegen Feuer-, Wasser- und andere Gefahren versichert werden.

§ 1290. [1]Ereignet sich der zufällige Schade, wofür die Entschädigung versichert worden ist; so muß der Versicherte, wenn kein unüberwindliches Hindernis dazwischen kommt, oder nichts anderes verabredet worden ist, dem Versicherer, wenn sie sich im nämlichen Orte befinden, binnen drei Tagen, sonst aber in derjenigen Zeitfrist davon Nachricht geben, welche zur Bekanntmachung der Annahme eines von einem Abwesenden gemachten Versprechens bestimmt worden ist (§ 862). [2]Unterläßt er die Anzeige; kann er den Unfall nicht erweisen; oder kann der Versicherer beweisen, daß der Schade aus Verschulden des Versicherten entstanden ist; so hat dieser auch keinen Anspruch auf die versicherte Summe.

§ 1291. Wenn der Untergang der Sache dem Versicherten; oder der gefahrlose Zustand derselben dem Versicherer zur Zeit des geschlossenen Vertrages schon bekannt war; so ist der Vertrag ungültig.

8. Bodmerei- und Seeassekuranzen

§ 1292. Die Bestimmungen in Rücksicht der Versicherungen zur See; sowie die Vorschriften über den Bodmereivertrag sind ein Gegenstand der Seegesetze.

Dreißigstes Hauptstück

Von dem Rechte des Schadensersatzes und der Genugtuung

Schade

§ 1293. [1]Schade heißt jeder Nachteil, welcher jemandem[1)] an Vermögen, Rechten oder seiner Person zugefügt worden ist. [2]Davon unterscheidet sich der Entgang des Gewinnes, den jemand nach dem gewöhnlichen Laufe der Dinge zu erwarten hat.

[1)] In JGS „jemanden“

Quellen der Beschädigung

§ 1294. [1]Der Schade entspringt entweder aus einer widerrechtlichen Handlung, oder Unterlassung eines andern; oder aus einem Zufalle. [2]Die widerrechtliche Beschädigung wird entweder willkürlich, oder unwillkürlich zugefügt. [3]Die willkürliche Beschädigung aber gründet sich teils in einer bösen Absicht, wenn der Schade mit Wissen und Willen; teils in einem Versehen, wenn er aus schuldbarer Unwissenheit, oder aus Mangel der gehörigen Aufmerksamkeit, oder des gehörigen Fleißes verursacht worden ist. [4]Beides wird ein Verschulden genannt.

Von der Verbindlichkeit zum Schadensersatze:

1. Von dem Schaden aus Verschulden;

§ 1295. (1) Jedermann ist berechtigt, von dem Beschädiger den Ersatz des Schadens, welchen dieser ihm aus Verschulden zugefügt hat, zu fordern; der Schade mag durch Übertretung einer Vertragspflicht oder ohne Beziehung auf einen Vertrag verursacht worden sein.

(2) Auch wer in einer gegen die guten Sitten verstoßenden Weise absichtlich Schaden zufügt, ist dafür verantwortlich, jedoch falls dies in Ausübung eines Rechtes geschah, nur dann, wenn die Ausübung des Rechtes offenbar den Zweck hatte, den anderen zu schädigen.

(RGBl 1916/69)

§ 1296. Im Zweifel gilt die Vermutung, daß ein Schade ohne Verschulden eines andern entstanden sei.

§ 1297. [1]Es wird aber auch vermutet, daß jeder, welcher den Verstandesgebrauch besitzt, eines solchen Grades des Fleißes und der Aufmerksamkeit fähig sei, welcher bei gewöhnlichen Fähigkeiten angewendet werden kann. [2]Wer bei Handlungen, woraus eine Verkürzung der Rechte eines andern entsteht, diesen Grad des Fleißes oder der Aufmerksamkeit unterläßt, macht sich eines Versehens schuldig.

§ 1298. [1]Wer vorgibt, daß er an der Erfüllung seiner vertragsmäßigen oder gesetzlichen Verbindlichkeit ohne sein Verschulden verhindert worden sei, dem liegt der Beweis ob. „[2]Soweit er auf Grund vertraglicher Vereinbarung nur für grobe Fahrlässigkeit haftet, muß er auch beweisen, daß es an dieser Voraussetzung fehlt.“ *(BGBl I*

1997/6, ab 1. 1. 1997; nicht anzuwenden auf Verträge und Schuldverhältnisse, die davor abgeschlossen oder begründet worden sind)

insbesondere a) der Sachverständigen,

§ 1299. [1]Wer sich zu einem Amte, zu einer Kunst, zu einem Gewerbe oder Handwerke öffentlich bekennt; oder wer ohne Not freiwillig ein Geschäft übernimmt, dessen Ausführung eigene Kunstkenntnisse, oder einen nicht gewöhnlichen Fleiß erfordert, gibt dadurch zu erkennen, daß er sich den notwendigen Fleiß und die erforderlichen, nicht gewöhnlichen, Kenntnisse zutraue; er muß daher den Mangel derselben vertreten. [2]Hat aber derjenige, welcher ihm das Geschäft überließ, die Unerfahrenheit desselben gewußt; oder bei gewöhnlicher Aufmerksamkeit wissen können, so fällt zugleich dem letzteren ein Versehen zur Last.

§ 1300. [1]Ein Sachverständiger ist auch dann verantwortlich, wenn er gegen Belohnung in Angelegenheiten seiner Kunst oder Wissenschaft aus Versehen einen nachteiligen Rat erteilt. [2]Außer diesem Falle haftet ein Ratgeber nur für den Schaden, welchen er wissentlich durch Erteilung des Rates dem andern verursacht hat.

oder b) mehrerer Teilnehmer

§ 1301. Für einen widerrechtlich zugefügten Schaden können mehrere Personen verantwortlich werden, indem sie gemeinschaftlich, unmittelbarer oder mittelbarer Weise, durch Verleiten, Drohen, Befehlen, Helfen, Verhehlen u. dgl.; oder, auch nur durch Unterlassung der besonderen Verbindlichkeit das Übel zu verhindern, dazu beigetragen haben.

§ 1302. [1]In einem solchen Falle verantwortet, wenn die Beschädigung in einem Versehen gegründet ist, und die Anteile sich bestimmen lassen, jeder nur den durch sein Versehen verursachten Schaden. [2]Wenn aber der Schade vorsätzlich zugefügt worden ist; oder, wenn die Anteile der Einzelnen an der Beschädigung sich nicht bestimmen lassen; so haften alle für einen, und einer für alle; doch bleibt demjenigen, welcher den Schaden ersetzt hat, der Rückersatz gegen die übrigen vorbehalten.

§ 1303. Inwieweit mehrere Mitschuldner bloß aus der unterlassenen Erfüllung ihrer Verbindlichkeit zu haften haben, ist aus der Beschaffenheit des Vertrages zu beurteilen.

§ 1304. Wenn bei einer Beschädigung zugleich ein Verschulden von Seite des Beschädigten eintritt; so trägt er mit dem Beschädiger den Schaden verhältnismäßig; und wenn sich das Verhältnis nicht bestimmen läßt, zu gleichen Teilen.

2. aus dem Gebrauche des Rechtes;

§ 1305. Wer von seinem Rechte innerhalb der rechtlichen Schranken (§ 1295, Absatz 2) Gebrauch macht, hat den für einen anderen daraus entspringenden Nachteil nicht zu verantworten.

(RGBl 1916/69)

3. aus einer schuldlosen oder unwillkürlichen Handlung;

§ 1306. Den Schaden, welchen jemand ohne Verschulden oder durch eine unwillkürliche Handlung verursacht hat, ist er in der Regel zu ersetzen nicht schuldig.

§ 1306a. Wenn jemand im Notstand einen Schaden verursacht, um eine unmittelbar drohende Gefahr von sich oder anderen abzuwenden, hat der Richter unter Erwägung, ob der Beschädigte die Abwehr aus Rücksicht auf die dem anderen drohende Gefahr unterlassen hat, sowie des Verhältnisses der Größe der Beschädigung zu dieser Gefahr oder endlich des Vermögens des Beschädigers und des Beschädigten zu erkennen, ob und in welchem Umfange der Schaden zu ersetzen ist.

(RGBl 1916/69)

§ 1307. [1]Wenn sich jemand aus eigenem Verschulden in einen Zustand der Sinnesverwirrung oder in einen Notstand versetzt hat, so ist auch der in demselben verursachte Schade seinem Verschulden zuzuschreiben. [2]Eben dieses gilt auch von einem Dritten, der durch sein Verschulden diese Lage bei dem Beschädiger veranlaßt hat.

(RGBl 1916/69)

§ 1308. Wenn Personen, die den Gebrauch der Vernunft nicht haben, oder Unmündige jemanden beschädigen, der durch irgendein Verschulden hierzu selbst Veranlassung gegeben hat, so kann er keinen Ersatz ansprechen.

(BGBl I 1999/164, ab 18. 8. 1999)

§ 1309. Außer diesem Falle gebührt ihm der Ersatz von denjenigen Personen, denen der Schade wegen Vernachlässigung der ihnen über solche Personen anvertrauten Obsorge beigemessen werden kann.

§ 1310. Kann der Beschädigte auf solche Art den Ersatz nicht erhalten; so soll der Richter mit Erwägung des Umstandes, ob dem Beschädiger, ungeachtet er gewöhnlich seines Verstandes nicht mächtig ist, in dem bestimmten Falle nicht dennoch ein Verschulden zur Last liege; oder, ob der Beschädigte aus Schonung des Beschädigers die Verteidigung unterlassen habe; oder endlich, mit Rücksicht auf das Vermögen des Beschädigers und des Beschädigten; auf den ganzen Ersatz, oder doch einen billigen Teil desselben erkennen.

4. durch Zufall;

§ 1311. [1]Der bloße Zufall trifft denjenigen, in dessen Vermögen oder Person er sich ereignet. [2]Hat aber jemand den Zufall durch ein Verschulden veranlaßt; hat er ein Gesetz, das den zufälligen Beschädigungen vorzubeugen sucht, übertreten; oder, sich ohne Not in fremde Geschäfte gemengt; so haftet er für allen Nachteil, welcher außer dem nicht erfolgt wäre.

§ 1312. [1]Wer in einem Notfalle jemandem[1)] einen Dienst geleistet hat, dem wird der Schade, welchen er nicht verhütet hat, nicht zugerechnet; es wäre denn, daß er einen andern, der noch mehr geleistet haben würde, durch seine Schuld daran verhindert hätte. [2]Aber auch in diesem Falle kann er den sicher verschafften Nutzen gegen den verursachten Schaden in Rechnung bringen.

[1)] *In JGS „jemanden“*

5. durch fremde Handlungen;

§ 1313. [1]Für fremde, widerrechtliche Handlungen, woran jemand keinen Teil genommen hat, ist er in der Regel auch nicht verantwortlich. [2]Selbst in den Fällen, wo die Gesetze das Gegenteil anordnen, bleibt ihm der Rückersatz gegen den Schuldtragenden vorbehalten.

§ 1313a. Wer einem andern zu einer Leistung verpflichtet ist, haftet ihm für das Verschulden seines gesetzlichen Vertreters sowie der Personen, deren er sich zur Erfüllung bedient, wie für sein eigenes.

(RGBl 1916/69)

§ 1314. Wer eine Dienstperson ohne Zeugnis aufnimmt oder wissentlich eine durch ihre Leibes- oder Gemütsbeschaffenheit gefährliche Person im Dienste behält oder ihr Aufenthalt gibt, haftet dem Hausherrn und den Hausgenossen für den Ersatz des durch die gefährliche Beschaffenheit dieser Personen verursachten Schadens.

(RGBl 1916/69)

§ 1315. Überhaupt haftet derjenige, welcher sich einer untüchtigen oder wissentlich einer gefährlichen Person zur Besorgung seiner Angelegenheiten bedient, für den Schaden, den sie in dieser Eigenschaft einem Dritten zufügt.

(RGBl 1916/69)

§ 1316. Gastwirte, die Fremde beherbergen, sowie die anderen in § 970 bezeichneten Personen, ferner „ “ Fuhrleute haften für den Schaden, welchen ihre eigenen oder die von ihnen zugewiesenen Dienstpersonen an den eingebrachten oder übernommenen Sachen einem Gast oder Reisenden in ihrem Hause, ihrer Anstalt oder ihrem Fahrzeuge verursachen. *(dRGBl 1939 I 2394)*

(RGBl 1916/69)

§ 1317. Inwiefern bei öffentlichen Versendungsanstalten für den Schaden eine Haftung übernommen werde, bestimmen die besonderen Vorschriften.

§ 1318. Wird jemand durch das Herabfallen einer gefährlich aufgehängten oder gestellten Sache; oder, durch Herauswerfen oder Herausgießen aus einer Wohnung beschädigt; so haftet derjenige, aus dessen Wohnung geworfen oder gegossen worden, oder die Sache herabgefallen ist, für den Schaden.

6. durch ein Bauwerk;

§ 1319. Wird durch Einsturz oder Ablösung von Teilen eines Gebäudes oder eines anderen auf einem Grundstück aufgeführten Werkes jemand verletzt oder sonst ein Schaden verursacht, so ist der Besitzer des Gebäudes oder Werkes zum Ersatze verpflichtet, wenn die Ereignung die Folge der mangelhaften Beschaffenheit des Werkes ist und er nicht beweist, daß er alle zur Abwendung der Gefahr erforderliche Sorgfalt angewendet habe.

(RGBl 1916/69)

6a. durch einen Weg;

§ 1319a. (1) [1]Wird durch den mangelhaften Zustand eines Weges ein Mensch getötet, an seinem Körper oder an seiner Gesundheit verletzt oder eine Sache beschädigt, so haftet derjenige für den Ersatz des Schadens, der für den ordnungsgemäßen Zustand des Weges als Halter verantwortlich ist, sofern er oder einer seiner Leute den Mangel vorsätzlich oder grobfahrlässig verschuldet hat. [2]Ist der Schaden bei einer unerlaubten, besonders auch widmungswidrigen, Benützung des Weges entstanden und ist die Unerlaubtheit dem Benützer entweder nach der Art des Weges oder durch entsprechende Verbotszeichen, eine Abschrankung oder eine sonstige Absperrung des Weges erkennbar gewesen, so kann sich der Geschädigte auf den mangelhaften Zustand des Weges nicht berufen.

(2) [1]Ein Weg im Sinn des Abs. 1 ist eine Landfläche, die von jedermann unter den gleichen Bedingungen für den Verkehr jeder Art oder für bestimmte Arten des Verkehres benützt werden darf, auch wenn sie nur für einen eingeschränkten Benützerkreis bestimmt ist; zu einem Weg gehören auch die in seinem Zug befindlichen und dem Verkehr dienenden Anlagen, wie besonders Brücken, Stützmauern, Futtermauern, Durchlässe, Gräben und Pflanzungen. [2]Ob der Zustand eines Weges mangelhaft ist, richtet sich danach, was nach der Art des Weges, besonders nach seiner Widmung, für seine Anlage und Betreuung angemessen und zumutbar ist.

(3) Ist der mangelhafte Zustand durch Leute des Haftpflichtigen verschuldet worden, so haften auch sie nur bei Vorsatz oder grober Fahrlässigkeit.

(BGBl 1975/416)

7. durch ein Tier

§ 1320. „(1)“ [1]Wird jemand durch ein Tier beschädigt, so ist derjenige dafür verantwortlich, der es dazu angetrieben, gereizt oder zu verwahren vernachlässigt hat. [2]Derjenige, der das Tier hält, ist verantwortlich, wenn er nicht beweist, daß er für die erforderliche Verwahrung oder Beaufsichtigung gesorgt hatte. *(BGBl I 2019/69)*

(2) [1]In der Alm- und Weidewirtschaft kann der Halter bei Beurteilung der Frage, welche Verwahrung erforderlich ist, auf anerkannte Standards der Tierhaltung zurückgreifen. [2]Andernfalls hat er die im Hinblick auf die ihm bekannte Gefährlichkeit der Tiere, die ihm zumutbaren Möglichkeiten zur Vermeidung solcher Gefahren und die erwartbare Eigenverantwortung anderer Personen gebotenen Maßnahmen zu ergreifen. [3]Die erwartbare Eigenverantwortung der Besucher von Almen und Weiden richtet sich nach den durch die Alm- und Weidewirtschaft drohenden Gefahren, der Verkehrsübung und anwendbaren Verhaltensregeln. *(BGBl I 2019/69, ab 24. 7. 2019, S § 1503 Abs 12)*

(RGBl 1916/69)

§ 1321. [1]Wer auf seinem Grund und Boden fremdes Vieh antrifft, ist deswegen noch nicht berechtigt, es zu töten. [2]Er kann es durch anpassende Gewalt verjagen; oder, wenn er dadurch Schaden gelitten hat, das Recht der Privatpfändung über so viele Stücke Viehes ausüben, als zu seiner Entschädigung hinreicht. [3]Doch muß er binnen acht Tagen sich mit dem Eigentümer abfinden, oder seine Klage vor den Richter bringen; widrigenfalls aber das gepfändete Vieh zurückstellen.

§ 1322. Das gepfändete Vieh muß auch zurückgestellt werden, wenn der Eigentümer eine andere angemessene Sicherheit leistet.

Arten des Schadenersatzes

§ 1323. [1]Um den Ersatz eines verursachten Schadens zu leisten, muß alles in den vorigen Stand zurückversetzt, oder, wenn dieses nicht tunlich ist, der Schätzungswert vergütet werden. [2]Betrifft der Ersatz nur den erlittenen Schaden, so wird er eigentlich eine Schadloshaltung; wofern er sich aber auch auf den entgangenen Gewinn, und die Tilgung der verursachten Beleidigung erstreckt, volle Genugtuung genannt.

§ 1324. [1]In dem Falle eines aus böser Absicht, oder aus einer auffallenden Sorglosigkeit verursachten Schadens; ist der Beschädigte volle Genugtuung; in den übrigen Fällen aber nur die eigentliche Schadloshaltung zu fordern berechtigt. [2]Hiernach ist in den Fällen, wo im Gesetze der allgemeine Ausdruck: Ersatz, vorkommt, zu beurteilen, welche Art des Ersatzes zu leisten sei.

Insbesondere 1. bei Verletzungen an dem Körper;

§ 1325. Wer jemanden an seinem Körper verletzt, bestreitet die Heilungskosten des Verletzten, ersetzt ihm den entgangenen, oder, wenn der Beschädigte zum Erwerb unfähig wird, auch den künftig entgehenden Verdienst; und bezahlt ihm auf Verlangen überdies ein den erhobenen Umständen angemessenes Schmerzengeld.

§ 1326. Ist die verletzte Person durch die Mißhandlung verunstaltet worden; so muß zumal, wenn sie weiblichen Geschlechtes ist, insofern auf diesen Umstand Rücksicht genommen werden, als ihr besseres Fortkommen dadurch verhindert werden kann.

§ 1327. Erfolgt aus einer körperlichen Verletzung der Tod, so müssen nicht nur alle Kosten, sondern auch den Hinterbliebenen, für deren Unterhalt der Getötete nach dem Gesetze zu sorgen hatte, das, was ihnen dadurch entgangen ist, ersetzt werden.

(RGBl 1916/69)

1a. an der geschlechtlichen Selbstbestimmung

§ 1328. Wer jemanden durch eine strafbare Handlung oder sonst durch Hinterlist, Drohung oder Ausnutzung eines Abhängigkeits- oder Autoritätsverhältnisses zur Beiwohnung oder sonst zu geschlechtlichen Handlungen mißbraucht, hat ihm den erlittenen Schaden und den entgangenen Gewinn zu ersetzen sowie eine angemessene

Entschädigung für die erlittene Beeinträchtigung zu leisten.

(BGBl 1996/759, ab 1. 1. 1997, auf Tathandlungen anzuwenden, die nach dem 31. 12. 1996 gesetzt worden sind)

1b. am Recht auf Wahrung der Privatsphäre

§ 1328a. (1) [1]Wer rechtswidrig und schuldhaft in die Privatsphäre eines Menschen eingreift oder Umstände aus der Privatsphäre eines Menschen offenbart oder verwertet, hat ihm den dadurch entstandenen Schaden zu ersetzen. [2]Bei erheblichen Verletzungen der Privatsphäre, etwa wenn Umstände daraus in einer Weise verwertet werden, die geeignet ist, den Menschen in der Öffentlichkeit bloßzustellen, umfasst der Ersatzanspruch auch eine Entschädigung für die erlittene persönliche Beeinträchtigung.

(2) [1]Abs. 1 ist nicht anzuwenden, sofern eine Verletzung der Privatsphäre nach besonderen Bestimmungen zu beurteilen ist. [2]Die Verantwortung für Verletzungen der Privatsphäre durch Medien richtet sich allein nach den Bestimmungen des Mediengesetzes, BGBl. Nr. 314/1981, in der jeweils geltenden Fassung.

(BGBl I 2003/91, ab 1. 1. 2004, auf Schäden anzuwenden, die danach verursacht wurden)

2. an der persönlichen Freiheit;

§ 1329. [1]Wer jemanden durch gewaltsame Entführung, durch Privatgefangennehmung oder vorsätzlich durch einen widerrechtlichen Arrest seiner Freiheit beraubt, ist verpflichtet, dem Verletzten die vorige Freiheit zu verschaffen und volle Genugtuung zu leisten. [2]Kann er ihm die Freiheit nicht mehr verschaffen, so muß er den Hinterbliebenen, wie bei der Tötung, Ersatz leisten.

(RGBl 1916/69)

3. an der Ehre;

§ 1330. (1) Wenn jemandem durch Ehrenbeleidigung ein wirklicher Schade oder Entgang des Gewinnes verursacht worden ist, so ist er berechtigt, den Ersatz zu fordern.

(2) [1]Dies gilt auch, wenn jemand Tatsachen verbreitet, die den Kredit, den Erwerb oder das Fortkommen eines anderen gefährden und deren Unwahrheit er kannte oder kennen mußte. [2]In diesem Falle kann auch der Widerruf und die Veröffentlichung desselben verlangt werden. [3]Für eine nicht öffentlich vorgebrachte Mitteilung, deren Unwahrheit der Mitteilende nicht kennt, haftet er nicht, wenn er oder der Empfänger der Mitteilung an ihr ein berechtigtes Interesse hatte.

(RGBl 1916/69)

4. an dem Vermögen

§ 1331. Wird jemand an seinem Vermögen vorsätzlich oder durch auffallende Sorglosigkeit eines andern beschädigt; so ist er auch den entgangenen Gewinn, und wenn der Schade vermittelst einer durch ein Strafgesetz verbotenen Handlung, oder aus Mutwillen und Schadenfreude verursacht worden ist, den Wert der besondern Vorliebe zu fordern berechtigt.

§ 1332. Der Schade, welcher aus einem mindern Grade des Versehens oder der Nachlässigkeit verursacht worden ist, wird nach dem gemeinen Werte, den die Sache zur Zeit der Beschädigung hatte, ersetzt.

§ 1332a. Wird ein Tier verletzt, so gebühren die tatsächlich aufgewendeten Kosten der Heilung oder der versuchten Heilung auch dann, wenn sie den Wert des Tieres übersteigen, soweit auch ein verständiger Tierhalter in der Lage des Geschädigten diese Kosten aufgewendet hätte.

(BGBl 1988/179)

Besonders durch die Verzögerung der Zahlung

Gesetzliche Zinsen und weitere Schäden

§ 1333. (1) Der Schaden, den der Schuldner seinem Gläubiger durch die Verzögerung der Zahlung einer Geldforderung zugefügt hat, wird durch die gesetzlichen Zinsen (§ 1000 Abs. 1) vergütet.

„(2)“ Der Gläubiger kann außer den gesetzlichen Zinsen auch den Ersatz anderer, vom Schuldner verschuldeter und ihm erwachsener Schäden geltend machen, insbesondere die notwendigen Kosten zweckentsprechender außergerichtlicher Betreibungs- oder Einbringungsmaßnahmen, soweit diese in einem angemessenen Verhältnis zur betriebenen Forderung stehen. *(BGBl I 2005/120, ab 1. 1. 2007)*

(BGBl I 2002/118, ab 1. 8. 2002)

§ 1334. [1]Eine Verzögerung fällt einem Schuldner zur Last, wenn er den durch Gesetz oder Vertrag bestimmten Zahlungstag nicht einhält. [2]Sofern die Parteien nicht anderes vereinbart haben, hat der Schuldner seine Leistung bei vertragsgemäßer Erbringung der Gegenleistung ohne unnötigen Aufschub nach der Erfüllung durch den Gläubiger oder, wenn die Parteien ein solches Verfahren vereinbart haben, nach der Abnahme oder Überprüfung der Leistung des Gläubigers oder, wenn die Forderung der Höhe nach noch nicht feststeht, nach dem Eingang der Rechnung oder einer gleichwertigen Zahlungsaufforderung zu erbringen. [3]Ist die Zahlungszeit sonst nicht bestimmt, so trägt der Schuldner die Folgen der

Zahlungsverzögerung, wenn er sich nach dem Tag der gerichtlichen oder außergerichtlichen Einmahnung nicht mit dem Gläubiger abgefunden hat.

(BGBl I 2002/118, ab 1. 8. 2002)

§ 1335. [1]Hat der Gläubiger die Zinsen ohne gerichtliche Einmahnung bis auf den Betrag der Hauptschuld steigen lassen, so erlischt das Recht, vom Kapital weitere Zinsen zu fordern „ “. [2]Vom Tag der Streitanhängigkeit an können jedoch neuerdings Zinsen verlangt werden. *(BGBl I 2005/120, ab 1. 1. 2007, s Anm zu § 367)*

(BGBl I 2002/118, ab 1. 8. 2002)

Bedingung des Vergütungsbetrages[1] (Konventionalstrafe)

[1] *Irrtümlich „Vergütungsvertrag“*

§ 1336. (1) [1]Die vertragschließenden Teile können eine besondere Übereinkunft treffen, daß auf den Fall des entweder gar nicht oder nicht auf gehörige Art oder zu spät erfüllten Versprechens „ “ ein bestimmter Geld- oder anderer Betrag entrichtet werden solle (§ 912). [2]Der Schuldner erlangt mangels besonderer Vereinbarung nicht das Recht, sich durch Bezahlung des Vergütungsbetrages von der Erfüllung zu befreien. [3]Wurde die Konventionalstrafe für die Nichteinhaltung der Erfüllungszeit oder des Erfüllungsortes versprochen, so kann sie neben der Erfüllung gefordert werden. *(BGBl I 2005/120, ab 1. 1. 2007, s Anm zu § 367)*

(2) In allen Fällen ist der Vergütungsbetrag, wenn er vom Schuldner als übermäßig erwiesen wird, von dem Richter, allenfalls nach Einvernehmung von Sachverständigen, zu mäßigen.

(3) [1]Der Gläubiger kann neben einer Konventionalstrafe den Ersatz eines diese übersteigenden Schadens geltend machen. [2]Ist der Schuldner ein Verbraucher im Sinne des § 1 Abs. 1 Z 2 und Abs. 3 KSchG, so muss dies im Einzelnen ausgehandelt werden. *(BGBl I 2005/120, ab 1. 1. 2007, s Anm zu § 367)*

(RGBl 1916/69)

Verbindlichkeit der Erben des Beschädigers

§ 1337. Die Verbindlichkeit zum Ersatze des Schadens, und des entgangenen Gewinnes, oder zur Entrichtung des bedungenen Vergütungsbetrages haftet auf dem Vermögen, und geht auf die Erben über.

Rechtsmittel der Entschädigung

§ 1338. [1]Das Recht zum Schadenersatze muß in der Regel, wie jedes andere Privatrecht, bei dem ordentlichen Richter angebracht werden. [2]Hat der Beschädiger zugleich ein Strafgesetz übertreten; so trifft ihn auch die verhängte Strafe. [3]Die Verhandlung über den Schadenersatz aber gehört auch in diesem Falle, insofern sie nicht durch die Strafgesetze dem Strafgerichte oder der politischen Behörde aufgetragen ist, zu dem Zivilgerichte.

§ 1339. *(aufgehoben, BGBl 1974/496)*

§ 1340. [1]Diese Behörden haben in dem Falle, daß sich die Entschädigung unmittelbar bestimmen läßt, sogleich darüber nach den in diesem Hauptstücke erteilten Vorschriften zu erkennen. [2]Wenn aber der Ersatz des Schadens nicht unmittelbar bestimmt werden kann, ist in dem Erkenntnisse überhaupt auszudrücken, daß dem Beschädigten die Entschädigung im Wege Rechtens zu suchen vorbehalten bleibe. [3]Dieser Weg ist auch in Kriminalfällen dem Beschädigten [, und in andern Fällen beiden Teilen] dann vorbehalten, wenn sie mit der von der Strafbehörde erfolgten Bestimmung des Ersatzes sich nicht befriedigen wollten.

[] *Gegenstandslos*

§ 1341. [1]Gegen das Verschulden eines Richters beschwert man sich bei der höhern Behörde. [2]Diese untersucht und beurteilt die Beschwerde von Amts wegen.

Dritter Teil

Von den gemeinschaftlichen Bestimmungen der Personen- und Sachenrechte

Erstes Hauptstück

Von Befestigung der Rechte und Verbindlichkeiten

Gemeinschaftliche Bestimmungen der Rechte

§ 1342. Sowohl Personenrechte als Sachenrechte, und daraus entspringende Verbindlichkeiten können gleichförmig befestigt, umgeändert und aufgehoben werden.

Arten der Befestigung eines Rechtes;

§ 1343. Die rechtlichen Arten der Sicherstellung einer Verbindlichkeit und der Befestigung eines Rechtes, durch welche dem Berechtigten ein neues Recht eingeräumt wird, sind: die Verpflichtung eines Dritten für den Schuldner, und die Verpfändung.

I. durch Verpflichtung eines Dritten

§ 1344. Ein Dritter kann sich dem Gläubiger für den Schuldner auf dreierlei Art verpflichten: einmal, wenn er mit Einwilligung des Gläubigers die Schuld als Alleinzahler übernimmt; dann, wenn er der Verbindlichkeit als Mitschuldner beitritt; endlich, wenn er sich für die Befriedigung des Gläubigers auf den Fall verbindet, daß der erste Schuldner die Verbindlichkeit nicht erfülle.

§ 1345. Wenn jemand mit Einwilligung des Gläubigers die ganze Schuld eines andern übernimmt; so geschieht keine Befestigung, sondern eine Umänderung der Verbindlichkeit, wovon in dem folgenden Hauptstücke gehandelt wird.

a) Als Bürge;

§ 1346. (1) [1]Wer sich zur Befriedigung des Gläubigers auf den Fall verpflichtet, daß der erste Schuldner die Verbindlichkeit nicht erfülle, wird ein Bürge, und das zwischen ihm und dem Gläubiger getroffene Übereinkommen ein Bürgschaftsvertrag genannt. [2]Hier bleibt der erste Schuldner noch immer der Hauptschuldner, und der Bürge kommt nur als Nachschuldner hinzu.

(2) Zur Gültigkeit des Bürgschaftsvertrages ist erforderlich, daß die Verpflichtungserklärung des Bürgen schriftlich abgegeben wird.

(RGBl 1916/69)

b) als Mitschuldner;

§ 1347. Wenn jemand, ohne die den Bürgen zustatten kommende Bedingung, einer Verbindlichkeit als Mitschuldner beitritt; so entsteht eine Gemeinschaft mehrerer Mitschuldner, deren rechtliche Folgen nach den in dem Hauptstücke von Verträgen überhaupt gegebenen Vorschriften zu beurteilen sind (§§ 888–896).

Entschädigungsbürge

§ 1348. Wer dem Bürgen auf den Fall, daß derselbe durch seine Bürgschaft zu Schaden kommen sollte, Entschädigung zusagt, heißt Entschädigungsbürge.

Wer sich verbürgen könne

§ 1349. Fremde Verbindlichkeiten kann ohne Unterschied des Geschlechtes jedermann auf sich nehmen, dem die freie Verwaltung seines Vermögens zusteht.

Für welche Verbindlichkeiten

§ 1350. Eine Bürgschaft kann nicht nur über Summen und Sachen, sondern auch über erlaubte Handlungen und Unterlassungen in Beziehung auf den Vorteil oder Nachteil, welcher aus denselben für den Sichergestellten entstehen kann, geleistet werden.

§ 1351. Verbindlichkeiten, welche nie zu Recht bestanden haben, oder schon aufgehoben sind, können weder übernommen, noch bekräftigt werden.

§ 1352. Wer sich für eine Person verbürgt, die sich vermöge ihrer persönlichen Eigenschaft nicht verbinden kann, ist, obschon ihm diese Eigenschaft unbekannt war, gleich einem ungeteilten Mitschuldner verpflichtet (§ 896).

Umfang der Bürgschaft

§ 1353. [1]Die Bürgschaft kann nicht weiter ausgedehnt werden, als sich der Bürge ausdrücklich erklärt hat. [2]Wer sich für ein zinsbares Kapital verbürgt, haftet nur für jene rückständigen Zinsen, welche der Gläubiger noch nicht einzutreiben berechtigt war.

§ 1354. Von der Einwendung, wodurch ein Schuldner nach Vorschrift der Gesetze die Beibehaltung eines Teiles seines Vermögens zu seinem Unterhalte zu fordern berechtigt ist, kann der Bürge nicht Gebrauch machen.

Wirkung

§ 1355. Der Bürge kann in der Regel erst dann belangt werden, wenn der Hauptschuldner auf des Gläubigers gerichtliche oder außergerichtliche Einmahnung seine Verbindlichkeit nicht erfüllt hat.

§ 1356. Der Bürge kann aber, selbst wenn er sich ausdrücklich nur für den Fall verbürgt hat, daß der Hauptschuldner zu zahlen unvermögend sei, zuerst belangt werden, „wenn über das Vermögen des Hauptschuldners das Insolvenzverfahren eröffnet wurde oder wenn der Hauptschuldner zu der Zeit," als die Zahlung geleistet werden sollte, unbekannten Aufenthaltes, und der Gläubiger keiner Nachlässigkeit zu beschuldigen ist. *(BGBl I 2010/58, ab 1. 8. 2010)*

§ 1357. Wer sich als Bürge und Zahler verpflichtet hat, haftet als ungeteilter Mitschuldner für die ganze Schuld; es hängt von der Willkür des Gläubigers ab, ob er zuerst den Hauptschuldner, oder den Bürgen oder beide zugleich belangen wolle (§ 891).

§ 1358. [1]Wer eine fremde Schuld bezahlt, für die er persönlich oder mit bestimmten Vermögensstücken haftet, tritt in die Rechte des Gläubigers und ist befugt, von dem Schuldner den Ersatz der bezahlten Schuld zu fordern. [2]Zu diesem Ende ist der befriedigte Gläubiger verbunden, dem Zahler alle vorhandenen Rechtsbehelfe und Sicherungsmittel auszuliefern.

(RGBl 1916/69)

§ 1359. [1]Haben für den nämlichen ganzen Betrag mehrere Personen Bürgschaft geleistet; so haftet jede für den ganzen Betrag. [2]Hat aber eine von ihnen die ganze Schuld abgetragen; so gebührt ihr gleich dem Mitschuldner (§ 896) das Recht des Rückersatzes gegen die übrigen.

§ 1360. Wenn dem Gläubiger vor, oder bei Leistung der Bürgschaft noch außer derselben von dem Hauptschuldner, oder einem Dritten ein Pfand gegeben wird; so steht ihm zwar noch immer frei, den Bürgen der Ordnung nach (§ 1355) zu belangen; aber er ist nicht befugt, zu dessen Nachteil sich des Pfandes zu begeben.

§ 1361. Hat der Bürge oder Zahler den Gläubiger befriedigt, ohne sich mit dem Hauptschuldner einzuverstehen; so kann dieser alles gegen jene einwenden, was er gegen den Gläubiger hätte einwenden können.

§ 1362. Der Bürge kann von dem Entschädigungsbürgen nur dann Entschädigung verlangen, wenn er sich den Schaden nicht durch sein eigenes Verschulden zugezogen hat.

Arten der Erlöschung der Bürgschaft

§ 1363. [1]Die Verbindlichkeit des Bürgen hört verhältnismäßig mit der Verbindlichkeit des Schuldners auf. [2]Hat sich der Bürge nur auf eine gewisse Zeit verpflichtet; so haftet er nur für diesen Zeitraum. [3]Die Entlassung eines Mitbürgen kommt diesem zwar gegen den Gläubiger; aber nicht gegen die übrigen Mitbürgen zustatten (§ 896).

§ 1364. [1]Durch den Verlauf der Zeit, binnen welcher der Schuldner hätte zahlen sollen, wird der Bürge, wenn auch der Gläubiger auf die Befriedigung nicht gedrungen hat, noch nicht von seiner Bürgschaft befreit; allein er ist befugt, von dem Schuldner, wenn er mit dessen Einwilligung Bürgschaft geleistet hat, zu verlangen, daß er ihm Sicherheit verschaffe. [2]Auch der Gläubiger ist dem Bürgen insoweit verantwortlich, als dieser wegen dessen Saumseligkeit in Eintreibung der Schuld an Erholung des Ersatzes zu Schaden kommt.

§ 1365. Wenn gegen den Schuldner eine gegründete[1)] Besorgnis der Zahlungsunfähigkeit oder der Entfernung aus den [Erb]ländern, für welche dieses Gesetzbuch vorgeschrieben ist, eintritt; so steht dem Bürgen das Recht zu, von dem Schuldner die Sicherstellung der verbürgten Schuld zu verlangen.

[] *Gegenstandslos*

[1)] In JGS „ein gegründetes"

§ 1366. Wenn das verbürgte Geschäft beendigt ist; so kann die Abrechnung und die Aufhebung der Bürgschaft gefordert werden.

§ 1367. Ist der Bürgschaftsvertrag weder durch eine Hypothek, noch durch ein Faustpfand befestigt; so erlischt er binnen drei Jahren nach dem Tode des Bürgen, wenn der Gläubiger in der Zwischenzeit unterlassen hat, von dem Erben die verfallene Schuld gerichtlich oder außergerichtlich einzumahnen.

II. Durch Pfandvertrag

§ 1368. [1]Pfandvertrag heißt derjenige Vertrag, wodurch der Schuldner, oder ein anderer anstatt seiner auf eine Sache dem Gläubiger das Pfandrecht wirklich einräumt, folglich ihm das bewegliche Pfandstück übergibt, oder das unbewegliche durch die Pfandbücher verschreibt. [2]Der Vertrag, ein Pfand übergeben zu wollen, ist noch kein Pfandvertrag.

Wirkung des Pfandvertrages

§ 1369. [1]Was bei Verträgen überhaupt Rechtens ist, gilt auch bei dem Pfandvertrage; er ist zweiseitig verbindlich. [2]Der Pfandnehmer muß das Handpfand wohl verwahren, und es dem Verpfänder, sobald dieser die Befriedigung leistet, zurückgeben. [3]Betrifft es eine Hypothek; so muß der befriedigte Gläubiger den Verpfänder in den Stand setzen, die Löschung der Verbindlichkeit aus den Hypothekenbüchern bewirken zu können. [4]Die mit dem Pfandbesitze verknüpften Rechte und Verbindlichkeiten des Pfandgebers und Pfandnehmers sind im sechsten Hauptstücke des zweiten Teiles bestimmt worden.

§ 1370. [1]Der Handpfandnehmer ist verbunden, dem Pfandgeber einen Pfandschein auszustellen, und darin die unterscheidenden Kennzeichen des Pfandes zu beschreiben. [2]Auch können die wesentlichen Bedingungen des Pfandvertrages in dem Pfandscheine angeführt werden.

Unerlaubte Bedingungen

§ 1371. [1]Alle der Natur des Pfand- und Darlehensvertrages[1)] entgegenstehende Bedingungen und Nebenverträge sind ungültig. [2]Dahin gehören die Verabredungen: daß nach der Verfallzeit der Schuldforderung das Pfandstück dem Gläubiger zufalle; daß er es nach Willkür, oder in einem schon im voraus bestimmten Preise veräußern, oder für sich behalten könne; daß der Schuldner das Pfand niemals einlösen, oder ein liegendes Gut keinem andern verschreiben, oder daß der Gläubiger nach der Verfallzeit die Veräußerung des Pfandes nicht verlangen dürfe.

---

1) In JGS „Darleihensvertrages“

§ 1372. [1]Der Nebenvertrag, daß dem Gläubiger die Fruchtnießung der verpfändeten Sache zustehen solle, ist ohne rechtliche Wirkung. [2]Ist dem Gläubiger der bloße Gebrauch eines beweglichen Pfandstückes eingeräumt worden (§ 459), so muß diese Benützung auf eine dem Schuldner unschädliche Art geschehen.

Auf welche Art in der Regel Sicherstellung zu leisten ist

§ 1373. [1]Wer verbunden ist, eine Sicherstellung zu leisten, muß diese Verbindlichkeit durch ein Handpfand, oder durch eine Hypothek erfüllen. [2]Nur in dem Falle, daß er ein Pfand zu geben außer Stande ist, werden taugliche Bürgen angenommen.

§ 1374. [1]Niemand ist verpflichtet, eine Sache, die zur Sicherstellung dienen soll, in einem höheren Wert als der Hälfte ihres Verkehrswertes zum Pfand anzunehmen. [2]Wer ein angemessenes Vermögen besitzt und im Inland geklagt werden kann, ist ein tauglicher Bürge.

(BGBl I 2000/135, ab 1. 7. 2001)

Zweites Hauptstück

Von Umänderung der Rechte und Verbindlichkeiten

Umänderung der Rechte und Verbindlichkeiten:

§ 1375. [1]Es hängt von dem Willen des Gläubigers und des Schuldners ab, ihre gegenseitigen willkürlichen Rechte und Verbindlichkeiten umzuändern. [2]Die Umänderung kann ohne, oder mit Hinzukunft einer dritten Person, und zwar entweder eines neuen Gläubigers, oder eines neuen Schuldners geschehen.

1. durch Novation;

§ 1376. Die Umänderung ohne Hinzukunft einer dritten Person findet statt, wenn der Rechtsgrund, oder wenn der Hauptgegenstand einer Forderung verwechselt wird, folglich die alte Verbindlichkeit in eine neue übergeht.

§ 1377. [1]Eine solche Umänderung heißt Neuerungsvertrag (Novation). [2]Vermöge dieses Vertrages hört die vorige Hauptverbindlichkeit auf, und die neue nimmt zugleich ihren Anfang.

§ 1378. Die mit der vorigen Hauptverbindlichkeit verknüpften Bürgschafts-, Pfand- und anderen Rechte erlöschen durch den Neuerungsvertrag, wenn die Teilnehmer nicht durch ein besonderes Einverständnis hierüber etwas anderes festgesetzt haben.

§ 1379. [1]Die näheren Bestimmungen, wo, wann und wie eine schon vorhandene Verbindlichkeit erfüllt werden soll, und andere Nebenbestimmungen, wodurch in Rücksicht auf den Hauptgegenstand oder Rechtsgrund keine Umänderung geschieht, sind ebensowenig als ein Neuerungsvertrag anzusehen, als die bloße Ausstellung eines neuen Schuldscheines, oder einer anderen dahin gehörigen Urkunde. [2]Auch kann eine solche Abänderung in den Nebenbestimmungen einem Dritten, welcher derselben nicht beigezogen worden ist, keine neue Last auflegen. [3]Im Zweifel wird die alte Verbindlichkeit nicht für aufgelöst gehalten, solange sie mit der neuen noch wohl bestehen kann.

2. Vergleich

§ 1380. [1]Ein Neuerungsvertrag, durch welchen streitige, oder zweifelhafte Rechte dergestalt bestimmt werden, daß jede Partei sich wechselseitig etwas zu geben, zu tun, oder zu unterlassen verbindet, heißt Vergleich. [2]Der Vergleich gehört zu den zweiseitig verbindlichen Verträgen, und wird nach eben denselben Grundsätzen beurteilt.

§ 1381. Wer dem Verpflichteten mit dessen Einwilligung ein unstreitiges oder zweifelhaftes Recht unentgeltlich erläßt, macht eine Schenkung (§ 939).

Ungültigkeit eines Vergleiches in Rücksicht des Gegenstandes;

§ 1382. [1]Es gibt zweifelhafte Fälle, welche durch einen Vergleich nicht beigelegt werden dürfen. [2]Dahin gehört der zwischen Eheleuten über die Gültigkeit ihrer Ehe entstandene Streit. [3]Diesen kann nur der durch das Gesetz bestimmte Gerichtsstand entscheiden.

§ 1383. [1]Über den Inhalt einer letzten Anordnung kann vor deren Bekanntmachung kein Vergleich errichtet werden. [2]Die hierüber entstandene

Wette wird nach den Grundsätzen von Glücksverträgen beurteilt.

§ 1384. Vergleiche über Gesetzübertretungen sind nur in Hinsicht auf die Privatgenugtuung gültig; die gesetzmäßige Untersuchung und Bestrafung kann dadurch bloß dann abgewendet werden, wenn die Übertretungen von der Art sind, daß die Behörde nur auf Verlangen der Parteien ihr Amt zu handeln angewiesen ist.

oder anderer Mängel

§ 1385. Ein Irrtum kann den Vergleich nur insoweit ungültig machen, als er die Wesenheit der Person, oder des Gegenstandes betrifft.

§ 1386. Aus dem Grunde einer Verletzung über die Hälfte kann ein redlich errichteter Vergleich nicht angefochten werden.

§ 1387. Ebensowenig können neu gefundene Urkunden, wenn sie auch den gänzlichen Mangel eines Rechtes auf Seite einer Partei entdeckten, einen redlich eingegangenen Vergleich entkräften.

§ 1388. Ein offenbarer Rechnungsverstoß, oder ein Fehler, welcher bei dem Abschlusse eines Vergleiches in dem Summieren oder Abziehen begangen wird, schadet keinem der vertragmachenden Teile.

Umfang des Vergleiches

§ 1389. [1]Ein Vergleich, welcher über eine besondere Streitigkeit geschlossen worden ist, erstreckt sich nicht auf andere Fälle. [2]Selbst allgemeine, auf alle Streitigkeiten überhaupt lautende Vergleiche sind auf solche Rechte nicht anwendbar, die geflissentlich verheimlicht worden sind, oder auf welche die sich vergleichenden Parteien nicht denken konnten.

Wirkung in Rücksicht der Nebenverbindlichkeiten

§ 1390. [1]Bürgen und Pfänder, welche zur Sicherheit des ganzen noch streitigen Rechtes gegeben worden sind, haften auch für den Teil, der durch den Vergleich bestimmt worden ist. [2]Doch bleiben dem Bürgen und einem dritten Verpfänder, welche dem Vergleiche nicht beigestimmt haben, alle Einwendungen gegen den Gläubiger vorbehalten, welche ohne geschlossenen Vergleich der Forderung hätten entgegengesetzt werden können.

§ 1391. Der Vertrag, wodurch Parteien zur Entscheidung streitiger Rechte einen Schiedsrichter bestellen, erhält seine Bestimmung in der Gerichtsordnung.

3. Zession

§ 1392. [1]Wenn eine Forderung von einer Person an die andere übertragen, und von dieser angenommen wird; so entsteht die Umänderung des Rechtes mit Hinzukunft eines neuen Gläubigers. [2]Eine solche Handlung heißt Abtretung (Zession), und kann mit, oder ohne Entgelt geschlossen werden.

Gegenstände der Zession

§ 1393. [1]Alle veräußerlichen[1)] Rechte sind ein Gegenstand der Abtretung. [2]Rechte, die der Person ankleben, folglich mit ihr erlöschen, können nicht abgetreten werden. [3]Schuldscheine, die auf den Überbringer lauten, werden schon durch die Übergabe abgetreten, und bedürfen nebst dem Besitze keines andern Beweises der Abtretung.

1) In JGS „veräußerliche“

Wirkung

§ 1394. Die Rechte des Übernehmers sind mit den Rechten des Überträgers in Rücksicht auf die überlassene Forderung eben dieselben.

§ 1395. [1]Durch den Abtretungsvertrag entsteht nur zwischen dem Überträger (Zedent) und dem Übernehmer der Forderung (Zessionar); nicht aber zwischen dem letzten und dem übernommenen Schuldner (Zessus) eine neue Verbindlichkeit. [2]Daher ist der Schuldner, solange ihm der Übernehmer nicht bekannt wird, berechtigt, den ersten Gläubiger zu bezahlen, oder sich sonst mit ihm abzufinden.

§ 1396. [1]Dieses kann der Schuldner nicht mehr, sobald ihm der Übernehmer bekannt gemacht worden ist; allein es bleibt ihm das Recht, seine Einwendungen gegen die Forderung anzubringen. [2]Hat er die Forderung gegen den redlichen Übernehmer für richtig erkannt; so ist er verbunden, denselben als seinen Gläubiger zu befriedigen.

Zessionsverbot

§ 1396a. (1) [1]Eine Vereinbarung, dass eine Geldforderung zwischen Unternehmern aus unternehmerischen Geschäften nicht abgetreten werden darf (Zessionsverbot), ist nur verbindlich, wenn sie im Einzelnen ausgehandelt worden ist und den Gläubiger unter Berücksichtigung aller Umstände des Falles nicht gröblich benachteiligt. [2]Auch ein solches Zessionsverbot steht der Wirksamkeit einer Abtretung aber nicht entgegen; sobald die Abtretung und der Übernehmer dem Schuldner bekannt gemacht worden sind, kann dieser nicht mehr mit schuldbefreiender Wirkung an den Überträger leisten, es sei denn, dass ihm dabei nur leichte Fahrlässigkeit zur Last fällt.

(2) [1]Rechte des Schuldners gegen den Überträger wegen der Verletzung eines verbindlichen Zessionsverbots bleiben unberührt, sie können aber gegen die Forderung nicht eingewendet werden. [2]Der Übernehmer haftet dem Schuldner nicht allein deshalb, weil er das Zessionsverbot gekannt hat.

„(3)“ Die Abs. „1 und 2“ gelten nicht für Zessionsverbote, die zwischen einer juristischen Person des öffentlichen Rechts oder einer von dieser gegründeten Einrichtung und einem Förderungswerber vereinbart werden. *(BGBl I 2005/120, ab 1. 1. 2007)*

(BGBl I 2005/51, ab 1. 6. 2005; Zessionsverbote, die davor vereinbart worden sind, bleiben zwischen dem Schuldner und dem Gläubiger weiter verbindlich. Sie stehen aber der Wirksamkeit der Abtretung einer nachher entstandenen Forderung nicht entgegen. Auf solche Abtretungen sind Abs 1 letzter Halbsatz und Abs 2 anzuwenden; der auch erwähnte Abs 3 aF wurde aufgehoben)

Haftung des Zedenten

§ 1397. [1]Wer eine Forderung ohne Entgelt abtritt, also verschenkt, haftet nicht weiter für dieselbe. [2]Kommt aber die Abtretung auf eine entgeltliche Art zustande; so haftet der Überträger dem Übernehmer sowohl für die Richtigkeit, als für die Einbringlichkeit der Forderung, jedoch nie für mehr, als er von dem Übernehmer erhalten hat.

§ 1398. [1]Insofern der Übernehmer über die Einbringlichkeit der Forderung aus den öffentlichen Pfandbüchern sich belehren konnte, gebührt ihm in Rücksicht der Uneinbringlichkeit keine Entschädigung. [2]Auch für eine zur Zeit der Abtretung einbringliche, und durch einen bloßen Zufall oder durch Versehen des Übernehmers uneinbringlich gewordene Forderung haftet der Überträger nicht.

§ 1399. Ein Versehen dieser Art begeht der Übernehmer, wenn er die Forderung zur Zeit, als sie aufgekündigt werden kann, nicht aufkündigt, oder nach verfallener Zahlungsfrist nicht eintreibt; wenn er dem Schuldner nachsieht; wenn er die noch mögliche Sicherheit zu rechter Zeit sich zu verschaffen versäumt, oder die gerichtliche Exekution zu betreiben unterläßt.

4. Anweisung (Assignation)

§ 1400. [1]Durch die Anweisung auf eine Leistung eines Dritten wird der Empfänger der Anweisung (Assignatar) zur Einhebung der Leistung bei dem Angewiesenen (Assignat) und der letztere zur Leistung an ersteren für Rechnung des Anweisenden (Assignant) ermächtigt. [2]Einen unmittelbaren Anspruch erlangt der Anweisungsempfänger gegen den Angewiesenen erst, wenn die Erklärung des Angewiesenen über die Annahme der Anweisung ihm zugekommen ist.

(RGBl 1916/69)

§ 1401. (1) [1]Insoweit der Angewiesene das zu Leistende dem Anweisenden bereits schuldet, ist er diesem gegenüber verpflichtet, der Anweisung Folge zu leisten. [2]Wenn durch die Anweisung eine Schuld des Anweisenden bei dem Empfänger, der die Anweisung angenommen hat, getilgt werden soll, ist der Empfänger verpflichtet, den Angewiesenen zur Leistung aufzufordern.

(2) Will der Empfänger von der Anweisung keinen Gebrauch machen oder verweigert der Angewiesene die Annahme oder die Leistung, so hat der Empfänger dies dem Anweisenden ohne Verzug anzuzeigen.

(3) Die Tilgung der Schuld erfolgt, wenn nichts anderes vereinbart ist, erst durch die Leistung.

(RGBl 1916/69)

§ 1402. Hat der Angewiesene die Anweisung dem Empfänger gegenüber angenommen, so kann er diesem nur solche Einwendungen entgegensetzen, welche die Gültigkeit der Annahme betreffen oder sich aus dem Inhalte der Anweisung oder aus seinen persönlichen Beziehungen zum Empfänger ergeben.

(RGBl 1916/69)

§ 1403. (1) [1]Solange der Angewiesene die Anweisung noch nicht dem Empfänger gegenüber angenommen hat, kann sie der Anweisende widerrufen. [2]Besteht zwischen dem Anweisenden und dem Angewiesenen kein anderer Rechtsgrund, so gelten für das Rechtsverhältnis zwischen beiden die Vorschriften über den Bevollmächtigungsvertrag; die Anweisung erlischt jedoch nicht durch den Tod des Anweisenden oder Angewiesenen. [3]Inwiefern die Aufhebung der Anweisung auch gegenüber dem Empfänger rechtswirksam ist, bestimmt sich nach dem zwischen diesem und dem Anweisenden obwaltenden Rechtsverhältnis.

(2) Der Anspruch des Empfängers gegen den Angewiesenen verjährt in drei Jahren.

(RGBl 1916/69)

5. Schuldübernahme

§ 1404. [1]Wer einem Schuldner verspricht, die Leistung an dessen Gläubiger zu bewirken (Erfüllungsübernahme), haftet dem Schuldner dafür, daß der Gläubiger ihn nicht in Anspruch nehme. [2]Dem Gläubiger erwächst daraus unmittelbar kein Recht.

(RGBl 1916/69)

§ 1405. [1]Wer einem Schuldner erklärt, seine Schuld zu übernehmen (Schuldübernahme), tritt als Schuldner an dessen Stelle, wenn der Gläubiger einwilligt. [2]Bis diese Einwilligung erfolgt oder falls sie verweigert wird, haftet er wie bei Erfüllungsübernahme (§ 1404). [3]Die Einwilligung des Gläubigers kann entweder dem Schuldner oder dem Übernehmer erklärt werden.

(RGBl 1916/69)

§ 1406. (1) Auch ohne Vereinbarung mit dem Schuldner kann ein Dritter durch Vertrag mit dem Gläubiger die Schuld übernehmen.

(2) Im Zweifel ist aber die dem Gläubiger erklärte Übernahme als Haftung neben dem bisherigen Schuldner, nicht an dessen Stelle zu verstehen.

(RGBl 1916/69)

§ 1407. (1) [1]Die Verbindlichkeiten des Übernehmers sind mit den Verbindlichkeiten des bisherigen Schuldners in Rücksicht auf die übernommene Schuld ebendieselben. [2]Der Übernehmer kann dem Gläubiger die aus dem Rechtsverhältnis zwischen diesem und dem bisherigen Schuldner entspringenden Einwendungen entgegensetzen.

(2) [1]Die Nebenrechte der Forderung werden durch den Schuldnerwechsel nicht berührt. [2]Bürgen und von dritten Personen bestellte Pfänder haften jedoch nur dann fort, wenn der Bürge oder Verpfänder dem Schuldnerwechsel zugestimmt hat.

(RGBl 1916/69)

§ 1408. [1]Übernimmt bei Veräußerung einer Liegenschaft der Erwerber ein auf ihr haftendes Pfandrecht, so ist dies im Zweifel als Schuldübernahme zu verstehen. [2]Der Veräußerer kann, nach vollzogener Übertragung des Eigentums, den Gläubiger zur Annahme des neuen Schuldners an seiner Stelle schriftlich mit der Wirkung auffordern, daß die Einwilligung als erteilt gilt, wenn sie nicht binnen sechs Monaten versagt wird. [3]Auf diese Wirkung muß in der Aufforderung ausdrücklich hingewiesen sein.

(RGBl 1916/69)

§ 1409. (1) [1]Übernimmt jemand ein Vermögen oder ein Unternehmen, so ist er unbeschadet der fortdauernden Haftung des Veräußerers den Gläubigern aus den zum Vermögen oder Unternehmen gehörigen Schulden, die er bei der Übergabe kannte oder kennen mußte, unmittelbar verpflichtet. [2]Er wird aber von der Haftung insoweit frei, als er an solchen Schulden schon so viel berichtigt hat, wie der Wert des übernommenen Vermögens oder Unternehmens beträgt.

(2) Ist jedoch ein naher Angehöriger des Veräußerers (§ 32 „IO") der Übernehmer, so trifft ihn diese Verpflichtung, soweit er nicht beweist, daß ihm die Schulden bei der Übergabe weder bekannt waren noch bekannt sein mußten. *(BGBl 1982/370; BGBl I 2010/29, ab 1. 7. 2010)*

(3) Entgegenstehende Vereinbarungen zwischen Veräußerer und Übernehmer zum Nachteile der Gläubiger sind diesen gegenüber unwirksam.

(RGBl 1916/69)

§ 1409a. Wer ein Vermögen oder ein Unternehmen „im Weg eines Zwangsvollstreckungsverfahrens, eines Insolvenzverfahrens oder einer Überwachung des Schuldners durch einen Treuhänder der Gläubiger" erwirbt, haftet nicht nach § 1409 Abs. 1 und 2. *(BGBl I 2010/58, ab 1. 8. 2010)*

(BGBl 1982/370)

§ 1410. Wird der Eintritt des neuen Schuldners an Stelle des bisherigen Schuldners in der Weise verabredet, daß an die Stelle des aufgehobenen Schuldverhältnisses eine Verpflichtung des neuen Schuldners aus selbständigem Rechtsgrunde oder unter Änderung des Hauptgegenstandes der Forderung gesetzt wird, so treten nicht die Wirkungen der Schuldübernahme, sondern eines Neuerungsvertrages (§§ 1377, 1378) ein.

(RGBl 1916/69)

Drittes Hauptstück

Von Aufhebung der Rechte und Verbindlichkeiten

Aufhebung der Rechte und Verbindlichkeiten

§ 1411. Rechte und Verbindlichkeiten stehen in einem solchen Zusammenhange, daß mit Erlöschung des Rechtes die Verbindlichkeit, und mit Erlöschung der letzteren das Recht aufgehoben wird.

1. Durch die Zahlung

§ 1412. Die Verbindlichkeit wird vorzüglich durch die Zahlung, das ist: durch die Leistung dessen, was man zu leisten schuldig ist, aufgelöst (§ 469).

Wie die Zahlung zu leisten;

§ 1413. [1]Gegen seinen Willen kann weder der Gläubiger gezwungen werden, etwas anderes anzunehmen, als er zu fordern hat, noch der Schuldner etwas anderes zu leisten, als er zu leisten verbunden ist. [2]Dieses gilt auch von der Zeit, dem Orte und der Art, die Verbindlichkeit zu erfüllen.

§ 1414. Wird, weil der Gläubiger und der Schuldner einverstanden sind, oder weil die Zahlung selbst unmöglich ist, etwas anderes an Zahlungs Statt gegeben; so ist die Handlung als ein entgeltliches Geschäft zu betrachten.

§ 1415. [1]Der Gläubiger ist nicht schuldig, die Zahlung einer Schuldpost teilweise, oder auf Abschlag anzunehmen. [2]Sind aber verschiedene Posten zu zahlen; so wird diejenige für abgetragen gehalten, welche der Schuldner mit Einwilligung des Gläubigers tilgen zu wollen, sich ausdrücklich erklärt hat.

§ 1416. Wird die Willensmeinung des Schuldners bezweifelt, oder von dem Gläubiger widersprochen; so sollen zuerst die Zinsen, dann das Kapital, von mehreren Kapitalien aber dasjenige, welches schon eingefordert, oder wenigstens fällig ist, und nach diesem dasjenige, welches schuldig zu bleiben dem Schuldner am meisten beschwerlich fällt, abgerechnet werden.

wann;

§ 1417. [1]Wenn die Zahlungsfrist auf keine Art bestimmt ist; so tritt die Verbindlichkeit, die Schuld zu zahlen, erst mit dem Tage ein, an welchem die Einmahnung geschehen ist (§ 904). [2]„Für die Zahlungsfrist bei Erfüllung einer Geldschuld durch Banküberweisung gilt § 907a Abs. 2.“ *(BGBl I 2013/50, ab 16. 3. 2013, s § 1503 Abs 2 Z 1)*

§ 1418. [1]In gewissen Fällen wird die Zahlungsfrist durch die Natur der Sache bestimmt. [2]Alimente werden wenigstens auf einen Monat voraus bezahlt. [3]Stirbt der Verpflegte während dieser Zeit; so sind dessen Erben nicht schuldig, etwas von der Vorausbezahlung zurückzugeben.

§ 1419. Hat der Gläubiger gezögert, die Zahlung anzunehmen; so fallen die widrigen Folgen auf ihn.

§ 1420. Wenn der Ort und die Art der Leistung nicht bestimmt sind, so müssen die oben „(§ 905 Abs. 1 und 2, § 906, § 907a Abs. 1, § 907b)“aufgestellten Vorschriften angewendet werden. *(BGBl I 2014/33, ab 13. 6. 2014)*

(RGBl 1916/69)

von wem;

§ 1421. [1]Auch eine Person, die sonst unfähig ist, ihr Vermögen zu verwalten, kann eine richtige und verfallene Schuld rechtmäßig abtragen, und sich ihrer Verbindlichkeit entledigen. [2]Hätte sie aber eine noch ungewisse, oder nicht verfallene Schuld abgetragen, „ so „ist ihr gesetzlicher Vertreter“** berechtigt, das Geleistete zurückzufordern.“* *(*BGBl I 2000/135, ab 1. 7. 2001; **BGBl I 2017/59, ab 1. 7. 2018, s § 1503 Abs 9 Z 4)*

§ 1422. Wer die Schuld eines anderen, für die er nicht haftet (§ 1358), bezahlt, kann vor oder bei der Zahlung vom Gläubiger die Abtretung seiner Rechte verlangen; hat er dies getan, so wirkt die Zahlung als Einlösung der Forderung.

(RGBl 1916/69)

§ 1423. [1]Wird die Einlösung mit Einverständnis des Schuldners angeboten, so muß der Gläubiger die Zahlung annehmen; doch hat er außer dem Falle des Betruges für die Einbringlichkeit und Richtigkeit der Forderung nicht zu haften. [2]Ohne Einwilligung des Schuldners kann dem Gläubiger von einem Dritten in der Regel (§ 462) die Zahlung nicht aufgedrängt werden.

(RGBl 1916/69)

an wen

§ 1424. [1]Der Schuldbetrag muß dem Gläubiger oder dessen zum Empfange geeigneten Machthaber, oder demjenigen geleistet werden, den das Gericht als Eigentümer der Forderung erkannt hat. [2]Was jemand an eine Person bezahlt hat, die ihr Vermögen nicht selbst verwalten darf, ist er insoweit wieder zu zahlen verbunden, als das Bezahlte nicht wirklich vorhanden, oder zum Nutzen des Empfängers verwendet worden ist.

Gerichtliche Hinterlegung der Schuld

§ 1425. [1]Kann eine Schuld aus dem Grunde, weil der Gläubiger unbekannt, abwesend, oder mit dem Angebotenen unzufrieden ist, oder aus andern wichtigen Gründen nicht bezahlt werden; so steht dem Schuldner bevor, die abzutragende Sache bei dem Gerichte zu hinterlegen; oder wenn sie dazu nicht geeignet ist, die gerichtliche Einleitung zu deren Verwahrung anzusuchen. [2]Jede dieser Handlungen, wenn sie rechtmäßig geschehen und dem Gläubiger bekannt gemacht worden ist, befreit den Schuldner von seiner Verbindlichkeit, und wälzt die Gefahr der geleisteten Sache auf den Gläubiger.

Quittungen

§ 1426. [1]Der Zahler ist in allen Fällen berechtigt, von dem Befriedigten eine Quittung, nämlich ein schriftliches Zeugnis der erfüllten Verbindlichkeit, zu verlangen. [2]In der Quittung muß der Name des Schuldners und des Gläubigers, sowie der Ort, die Zeit und der Gegenstand der getilgten Schuld ausgedrückt, und sie muß von dem Gläubiger, oder dessen Machthaber unterschrieben werden. [3]„Die Kosten der Quittung hat, wenn nichts anderes vereinbart ist, der Gläubiger zu tragen." *(RGBl 1916/69)*

§ 1427. Eine Quittung über das bezahlte Kapital gründet die Vermutung, daß auch die Zinsen davon bezahlt worden seien.

§ 1428. [1]Besitzt der Gläubiger von dem Schuldner einen Schuldschein; so ist er nebst Ausstellung einer Quittung verbunden, denselben zurückzugeben, oder die allenfalls geleistete Abschlagszahlung auf dem Schuldschein selbst abschreiben zu lassen. [2]Der zurückerhaltene Schuldschein ohne Quittung gründet für den Schuldner die rechtliche Vermutung der geleisteten Zahlung; er schließt aber den Gegenbeweis nicht aus. [3]Ist der Schuldschein, welcher zurückgegeben werden soll, in Verlust geraten; so ist der Zahlende berechtigt, Sicherstellung zu fordern, oder den Betrag gerichtlich zu hinterlegen, und zu verlangen, daß der Gläubiger die Tötung des Schuldscheines der Gerichtsordnung gemäß bewirke.

§ 1429. Eine Quittung, die der Gläubiger dem Schuldner für eine abgetragene neuere Schuldpost ausgestellt hat, beweist zwar nicht, daß auch andere ältere Posten abgetragen worden seien: wenn es aber gewisse Gefälle, Renten, oder solche Zahlungen betrifft, welche, wie Geld-, Grund-, Haus- oder Kapitalszinsen, aus eben demselben Titel und zu einer gewissen Zeit geleistet werden sollen; so wird vermutet, daß derjenige, welcher sich mit der Quittung des letzt verfallenen Termines ausweist, auch die früher verfallenen berichtigt habe.

§ 1430. Ebenso wird von Handels- und Gewerbsleuten, welche mit ihren Abnehmern (Kunden) zu gewissen Fristen die Rechnungen abzuschließen pflegen, vermutet, daß ihnen, wenn sie über die Rechnung aus einer späteren Frist quittiert haben, auch die früheren Rechnungen bezahlt seien.

Zahlung einer Nichtschuld

§ 1431. Wenn jemandem[1)] aus einem Irrtume, wäre es auch ein Rechtsirrtum, eine Sache oder eine Handlung geleistet worden, wozu er gegen den Leistenden kein Recht hat; so kann in der Regel im ersten Falle die Sache zurückgefordert, im zweiten aber ein dem verschafften Nutzen angemessener Lohn verlangt werden.

[1)] *In JGS „jemanden"*

§ 1432. Doch können Zahlungen einer verjährten, oder einer solchen Schuld, welche nur aus Mangel der Förmlichkeiten ungültig ist, oder zu deren Eintreibung das Gesetz bloß das Klagerecht versagt, ebensowenig zurückgefordert werden, als wenn jemand eine Zahlung leistet, von der er weiß, daß er sie nicht schuldig ist.

§ 1433. Diese Vorschrift (§ 1432) kann aber auf den Fall, in dem eine minderjährige, eine nicht geschäftsfähige volljährige oder eine andere Person bezahlt hat, die nicht frei über ihr Eigentum verfügen kann, nicht angewendet werden.

(BGBl I 2017/59, ab 1. 7. 2018, s § 1503 Abs 9 Z 4)

§ 1434. [1]Die Zurückstellung des Bezahlten kann auch dann begehrt werden, wenn die Schuldforderung auf was immer für eine Art noch ungewiß ist; oder wenn sie noch von der Erfüllung einer beigesetzten Bedingung abhängt. [2]Die Bezahlung einer richtigen und unbedingten Schuld kann aber deswegen nicht zurückgefordert werden, weil die Zahlungsfrist noch nicht verfallen ist.

§ 1435. Auch Sachen, die als eine wahre Schuldigkeit gegeben worden sind, kann der Geber von dem Empfänger zurückfordern, wenn der rechtliche Grund, sie zu behalten, aufgehört hat.

§ 1436. War jemand verbunden, aus zwei Sachen nur eine nach seiner Willkür zu geben, und hat er aus Irrtum beide gegeben; so hängt es von ihm ab, die eine oder die andere zurückzufordern.

§ 1437. „[1]"Der Empfänger einer bezahlten Nichtschuld wird als ein redlicher oder unredlicher Besitzer angesehen, je nachdem er den Irrtum des Gebers gewußt hat, oder aus den Umständen vermuten mußte, oder nicht. „[2]Von einem minderjährigen oder nicht geschäftsfähigen volljährigen Empfänger kann der Geber das irrtümlich Bezahlte (§ 1431) nur insoweit zurückfordern, als es beim Empfänger wirklich vorhanden oder zum Nutzen des Empfängers verwendet worden ist." *(BGBl I 2017/59, ab 1. 7. 2018, s § 1503 Abs 9 Z 4)*

2. Kompensation

§ 1438. Wenn Forderungen gegenseitig zusammentreffen, die richtig, gleichartig und so beschaffen sind, daß eine Sache, die dem einen als Gläubiger gebührt, von diesem auch als Schuldner dem andern entrichtet werden kann; so entsteht, insoweit die Forderungen sich gegeneinander ausgleichen, eine gegenseitige Aufhebung der Verbindlichkeiten (Kompensation), welche schon für sich die gegenseitige Zahlung bewirkt.

§ 1439. [1]Zwischen einer richtigen und nicht richtigen, sowie zwischen einer fälligen und noch nicht fälligen Forderung findet die Kompensation nicht statt. [2]Inwiefern gegen eine „Insolvenzmasse“ die Kompensation stattfinde, wird in der „Insolvenzordnung“ bestimmt. *(BGBl I 2010/58, ab 1. 8. 2010)*

§ 1440. [1]Ebenso lassen sich Forderungen, welche ungleichartige oder bestimmte und unbestimmte Sachen zum Gegenstande haben, gegeneinander nicht aufheben. [2]Eigenmächtig oder listig entzogene, entlehnte, in Verwahrung oder in Bestand genommene Stücke sind überhaupt kein Gegenstand der Zurückbehaltung oder der Kompensation.

(RGBl 1916/69)

§ 1441. [1]Ein Schuldner kann seinem Gläubiger dasjenige nicht in Aufrechnung bringen, was dieser einem Dritten und der Dritte dem Schuldner zu zahlen hat. [2]Selbst eine Summe, die jemand an eine Staatskasse zu fordern hat, kann gegen eine Zahlung, die er an eine andere Staatskasse leisten muß, nicht abgerechnet werden.

§ 1442. Wenn eine Forderung allmählich auf mehrere übertragen wird; so kann der Schuldner zwar die Forderung, welche er zur Zeit der Abtretung an den ersten Inhaber derselben hatte, sowie auch jene, die ihm gegen den letzten Inhaber zusteht, in Abrechnung bringen; nicht aber auch diejenige, welche ihm an einen der Zwischeninhaber zustand.

§ 1443. Gegen eine den öffentlichen Büchern einverleibte Forderung kann die Einwendung der Kompensation einem Zessionar nur dann entgegengesetzt werden, wenn die Gegenforderung ebenfalls, und zwar bei der Forderung selbst eingetragen, oder dem Zessionar bei Übernehmung der letztern bekannt gemacht worden ist.

3. Entsagung

§ 1444. In allen Fällen, in welchen der Gläubiger berechtigt ist, sich seines Rechtes zu begeben, kann er demselben auch zum Vorteile seines Schuldners entsagen, und hierdurch die Verbindlichkeit des Schuldners aufheben.

4. Vereinigung

§ 1445. [1]Sooft auf was immer für eine Art das Recht mit der Verbindlichkeit in einer Person vereinigt wird, erlöschen beide; außer, wenn es dem Gläubiger noch frei steht, eine Absonderung seiner Rechte zu verlangen (§§ 802 und 812), oder wenn Verhältnisse von ganz verschiedener Art eintreten. [2]Daher wird durch die Nachfolge des Schuldners in die Verlassenschaft seines Gläubigers in den Rechten der Erbschaftsgläubiger, der Miterben oder „Vermächtnisnehmer“, und durch die Beerbung des Schuldners und Bürgen in den Rechten des Gläubigers nichts geändert. *(BGBl I 2017/59, ab 2. 1. 2017, s § 1503 Abs 9 Z 3)*

§ 1446. [1]Rechte und Verbindlichkeiten, welche den öffentlichen Büchern einverleibt sind, werden durch die Vereinigung nicht aufgehoben, bis die Löschung aus den öffentlichen Büchern erfolgt ist (§ 526). [2]Bis dahin kann das eingetragene Pfandrecht vom Eigentümer oder im Wege der Zwangsvollstreckung auf einen Dritten übertragen werden (§§ 469 bis 470).

(RGBl 1916/69)

5. Untergang der Sache

§ 1447. [1]Der zufällige gänzliche Untergang einer bestimmten Sache hebt alle Verbindlichkeit, selbst die, den Wert derselben zu vergüten, auf. [2]Dieser Grundsatz gilt auch für diejenigen Fälle, in welchen die Erfüllung der Verbindlichkeit, oder die Zahlung einer Schuld durch einen andern Zufall unmöglich wird. [3]In jedem Falle muß aber der Schuldner das, was er um die Verbindlichkeit in Erfüllung zu bringen, erhalten hat, zwar gleich einem redlichen Besitzer, jedoch auf solche Art zurückstellen oder vergüten, daß er aus dem Schaden des andern keinen Gewinn zieht.

6. Tod

§ 1448. Durch den Tod erlöschen nur solche Rechte und Verbindlichkeiten, welche auf die Person eingeschränkt sind, oder die bloß persönliche Handlungen des Verstorbenen betreffen.

7. Verlauf der Zeit

§ 1449. [1]Rechte und Verbindlichkeiten erlöschen auch durch den Verlauf der Zeit, worauf sie durch einen letzten Willen, Vertrag, richterlichen Ausspruch, oder durch das Gesetz beschränkt sind. [2]Auf welche Art sie durch die von dem Gesetze bestimmte Verjährung aufgehoben werden, wird in dem folgenden Hauptstücke festgesetzt.

Von der Einsetzung in den vorigen Stand

§ 1450. [1]Die bürgerlichen Gesetze, nach welchen widerrechtliche Handlungen und Geschäfte, wenn die Verjährung nicht im Wege steht, unmittelbar bestritten werden können, gestatten keine Einsetzung in den vorigen Stand. [2]Die zum gerichtlichen Verfahren gehörigen Fälle der Einsetzung in den vorigen Stand, sind in der Gerichtsordnung bestimmt.

Viertes Hauptstück

Von der Verjährung und Ersitzung

Verjährung

§ 1451. Die Verjährung ist der Verlust eines Rechtes, welches während der von dem Gesetze bestimmten Zeit nicht ausgeübt worden ist.

Ersitzung

§ 1452. Wird das verjährte Recht vermöge des gesetzlichen Besitzes zugleich auf jemand andern übertragen; so heißt es ein ersessenes Recht, und die Erwerbungsart Ersitzung.

Wer verjähren und ersitzen kann

§ 1453. Jeder, der sonst zu erwerben fähig ist, kann auch ein Eigentum oder andere Rechte durch Ersitzung erwerben.

Gegen wen

§ 1454. [1]Die Verjährung und Ersitzung kann gegen alle Privatpersonen, welche ihre Rechte selbst auszuüben fähig sind, stattfinden. [2]Gegen „Minderjährige und volljährige Personen, wenn diese aufgrund einer psychischen Krankheit oder einer vergleichbaren Beeinträchtigung ihrer Entscheidungsfähigkeit an der Durchsetzung ihrer Rechte gehindert sind;“ gegen Kirchen, Gemeinden und andere moralische Körper; gegen Verwalter des öffentlichen Vermögens und gegen diejenigen, welche ohne ihr Verschulden abwesend sind, wird sie nur unter den unten (§§ 1494, 1472 und 1475) folgenden Beschränkungen gestattet. *(BGBl I 2017/59, ab 1. 7. 2018, s § 1503 Abs 9 Z 4)*

Welche Gegenstände

§ 1455. [1]Was sich erwerben läßt, kann auch ersessen werden. [2]Sachen hingegen, welche man vermöge ihrer wesentlichen Beschaffenheit, oder vermöge der Gesetze nicht besitzen kann; ferner Sachen und Rechte, welche schlechterdings unveräußerlich sind, sind kein Gegenstand der Ersitzung.

§ 1456. Aus diesem Grunde können weder die dem Staat[soberhaupte] als solchem allein zukommenden Rechte, z.B. das Recht, Zölle anzulegen, Münzen zu prägen, Steuern auszuschreiben, und andere Hoheitsrechte (Regalien) durch Ersitzung erworben, noch die diesen Rechten entsprechenden Schuldigkeiten verjährt werden.

[] *Gegenstandslos*

§ 1457. Andere dem Staat[soberhaupte] zukommende, doch nicht ausschließend vorbehaltene Rechte, z.B. auf Waldungen, Jagden, Fischereien u. dgl., können zwar überhaupt von andern Staatsbürgern, doch nur binnen einem längeren als dem gewöhnlichen Zeitraume (§ 1472) ersessen werden.

[] *Gegenstandslos*

§ 1458. [1]Die Rechte eines Ehegatten, eines eingetragenen Partners, der Eltern, eines Kindes und andere Personenrechte sind kein Gegenstand der Ersitzung. [2]Doch kommt denjenigen, welche dergleichen Rechte redlicher Weise ausüben, die schuldlose Unwissenheit zur einstweiligen Behauptung und Ausübung ihrer vermeinten Rechte zustatten.

(BGBl I 2009/135, ab 1. 1. 2010)

§ 1459. [1]Die Rechte eines Menschen über seine Handlungen und über sein Eigentum, z.B. eine Ware da oder dort zu kaufen, seine Wiesen oder sein Wasser zu benutzen, unterliegen, außer dem Falle, daß das Gesetz mit der binnen einem Zeitraume unterlassenen Ausübung ausdrücklich den Verlust derselben verknüpft, keiner Verjährung. [2]Hat aber eine Person der andern die Ausübung eines solchen Rechtes untersagt, oder sie daran verhindert; so fängt der Besitz des Untersagungsrechtes von Seite der einen gegen die Freiheit der andern von dem Augenblicke an, als sich diese dem Verbote, oder der Verhinderung gefügt hat, und es wird dadurch, wenn alle übrigen[1)] Erfordernisse eintreffen, die Verjährung oder die Ersitzung bewirkt (§§ 313 und 351).

[1)] *In JGS „übrige“*

Erfordernisse zur Ersitzung: 1. Besitz;

§ 1460. Zur Ersitzung wird nebst der Fähigkeit der Person und des Gegenstandes erfordert: daß jemand die Sache oder das Recht, die auf diese Art erworben werden sollen, wirklich besitze; daß sein Besitz rechtmäßig, redlich und echt sei, und durch die ganze von dem Gesetze bestimmte Zeit fortgesetzt werde (§§ 309, 316, 326 und 345).

und zwar a) ein rechtmäßiger;

§ 1461. [1]Jeder Besitz, der sich auf einen solchen Titel gründet, welcher zur Übernahme des Eigentumes, wenn solches dem Übergeber gebührt hätte, hinlänglich gewesen wäre, ist rechtmäßig und zur Ersitzung hinreichend. [2]Dergleichen sind, z.B. das Vermächtnis, die Schenkung, das Darlehen[1)], der Kauf und Verkauf, der Tausch, die Zahlung, usw.

[1)] *In JGS „Darleihen"*

§ 1462. [1]Verpfändete, geliehene, in Verwahrung, oder zur Fruchtnießung gegebene Sachen können von Gläubigern, Entlehnern und Verwahrern oder Fruchtnießern, aus Mangel eines rechtmäßigen Titels, niemals ersessen werden. [2]Ihre Erben stellen die „Verstorbenen" vor, und haben nicht mehr Titel als dieselben. [3]Nur dem dritten rechtmäßigen Besitzer kann die Ersitzungszeit zustatten kommen. *(BGBl I 2015/87, ab 1. 1. 2017)*

b) redlicher;

§ 1463. [1]Der Besitz muß redlich sein. [2]Die Unredlichkeit des vorigen Besitzers hindert aber einen redlichen Nachfolger oder Erben nicht, die Ersitzung von dem Tage seines Besitzes anzufangen (§ 1493).

c) echter

§ 1464. [1]Der Besitz muß auch echt sein. [2]Wenn jemand sich einer Sache mit Gewalt oder List bemächtigt, oder in den Besitz heimlich einschleicht, oder eine Sache nur bittweise besitzt; so kann weder er selbst, noch können seine Erben dieselbe verjähren.

2. Verlauf der Zeit

§ 1465. [1]Zur Ersitzung und Verjährung ist auch der in dem Gesetze vorgeschriebene Verlauf der Zeit notwendig. [2]Außer dem, durch die Gesetze für einige besondere Fälle festgesetzten Zeiträume, wird hier das in allen übrigen Fällen zur Ersitzung oder Verjährung nötige Zeitmaß überhaupt bestimmt. [3]Es kommt dabei sowohl auf die Verschiedenheit der Rechte und der Sachen, als der Personen an.

Ersitzungszeit. Ordentliche;

§ 1466. Das Eigentumsrecht, dessen Gegenstand eine bewegliche Sache ist, wird durch einen dreijährigen rechtlichen Besitz ersessen.

§ 1467. *(aufgehoben, RGBl 1916/69)*

§ 1468. Wo noch keine ordentlichen öffentlichen Bücher eingeführt sind, und die Erwerbung unbeweglicher Sachen aus den Gerichtsakten und andern Urkunden zu erweisen ist, oder wenn die Sache auf den Namen desjenigen, der die Besitzrechte darüber ausübt, nicht eingetragen ist; wird die Ersitzung erst nach dreißig Jahren vollendet.

§ 1469. *(aufgehoben, RGBl 1916/69)*

§ 1470. Wo noch keine ordentlichen öffentlichen Bücher bestehen, oder ein solches Recht denselben nicht einverleibt ist, kann es der redliche Inhaber erst nach dreißig Jahren ersitzen.

§ 1471. Bei Rechten, die selten ausgeübt werden können, z.B. bei dem Rechte, eine Pfründe zu vergeben, oder jemanden bei Herstellung einer Brücke zum Beitrage anzuhalten, muß derjenige, welcher die Ersitzung behauptet, nebst einem Verlaufe von dreißig Jahren, zugleich erweisen, daß der Fall zur Ausübung binnen dieser Zeit wenigstens dreimal sich ergeben, und er jedesmal dieses Recht ausgeübt habe.

außerordentliche

§ 1472. [1]Gegen den Fiskus, das ist, gegen die Verwalter der Staatsgüter und des Staatsvermögens, insoweit die Verjährung Platz greift (§§ 287, [289] und 1456 – 1457), ferner gegen die Verwalter der Güter der Kirchen, Gemeinden und anderer erlaubten Körper, reicht die gemeine ordentliche Ersitzungszeit nicht zu. [2]Der Besitz beweglicher Sachen, [sowie auch der Besitz der unbeweglichen, oder der darauf ausgeübten Dienstbarkeiten und anderer Rechte, wenn sie auf den Namen des Besitzers den öffentlichen Büchern einverleibt sind,] muß durch sechs Jahre fortgesetzt werden. [3]Rechte solcher Art, die auf den Namen des Besitzers in die öffentlichen Bücher nicht einverleibt sind, und alle übrige Rechte lassen sich gegen den Fiskus und die hier angeführten begünstigten Personen nur durch den Besitz von vierzig Jahren erwerben.

[] *Gegenstandslos; letzteres wegen der Aufhebung der §§ 1467 und 1469*

§ 1473. [1]Wer mit einer von dem Gesetze in Ansehung der Verjährungszeit begünstigten Person in Gemeinschaft steht, dem kommt die nämliche Begünstigung zustatten. [2]Begünstigungen der längeren Verjährungsfrist haben auch gegen andere, darin ebenfalls begünstigte Personen ihre Wirkung.

§ 1474. *(aufgehoben, BGBl I 2006/113, ab 25. 7. 2006)*

§ 1475. [1]Der Aufenthalt des Eigentümers außer [der Provinz],[1)] in welcher sich die Sache befindet, steht der ordentlichen Ersitzung und Verjährung insoweit entgegen, daß die Zeit einer willkürlichen und schuldlosen Abwesenheit nur zur Hälfte, folglich ein Jahr nur für sechs Monate gerechnet wird. [2]Doch soll auf kurze Zeiträume der Abwesenheit, welche durch kein volles Jahr ununterbrochen gedauert haben, nicht Bedacht genommen, und überhaupt die Zeit nie weiter als bis auf dreißig Jahre zusammen ausgedehnt werden. [3]Schuldbare Abwesenheit genießt keine Ausnahme von der ordentlichen Verjährungszeit.

[1)] Jetzt: dem Bundesland

§ 1476. Auch derjenige, welcher eine bewegliche Sache unmittelbar von einem unechten, oder von einem unredlichen Besitzer an sich gebracht hat, oder seinen Vormann anzugeben nicht vermag; muß den Verlauf der sonst ordentlichen Ersitzungszeit doppelt abwarten.

§ 1477. [1]Wer die Ersitzung auf einen Zeitraum von dreißig oder vierzig Jahren stützt, bedarf keiner Angabe des rechtmäßigen Titels. [2]Die gegen ihn erwiesene Unredlichkeit des Besitzes schließt aber auch in diesem längeren Zeitraume die Ersitzung aus.

Verjährungszeit. Allgemeine

§ 1478. [1]Insofern jede Ersitzung eine Verjährung in sich begreift, werden beide mit den vorgeschriebenen Erfordernissen in einem Zeitraume vollendet. [2]Zur eigentlichen Verjährung aber ist der bloße Nichtgebrauch eines Rechtes, das an sich schon hätte ausgeübt werden können, durch dreißig Jahre hinlänglich.

§ 1479. Alle Rechte gegen einen Dritten, sie mögen den öffentlichen Büchern einverleibt sein oder nicht, erlöschen also in der Regel längstens durch den dreißigjährigen Nichtgebrauch, oder durch ein so lange Zeit beobachtetes Stillschweigen.

§ 1480. Forderungen von rückständigen jährlichen Leistungen, insbesondere Zinsen, Renten, Unterhaltsbeiträgen, Ausgedingsleistungen, sowie zur Kapitalstilgung vereinbarten Annuitäten erlöschen in drei Jahren; das Recht selbst wird durch einen Nichtgebrauch von dreißig Jahren verjährt.

(RGBl 1916/69)

Ausnahmen

§ 1481. Die in dem Familien- und überhaupt in dem Personenrechte gegründeten Verbindlichkeiten, z.B. den Kindern den unentbehrlichen Unterhalt zu verschaffen, sowie diejenigen, welche dem oben (§ 1459) angeführten Rechte, mit seinem Eigentume frei zu schalten, zusagen, z.B. die Verbindlichkeit, die Teilung einer gemeinschaftlichen Sache oder die Grenzbestimmung vornehmen zu lassen, können nicht verjährt werden.

§ 1482. [1]Auf gleiche Weise wird derjenige, welcher ein Recht auf einem fremden Grunde in Ansehung des Ganzen oder auf verschiedene beliebige Arten ausüben konnte, bloß dadurch, daß er es durch noch so lange Zeit nur auf einem Teile des Grundes oder nur auf eine bestimmte Weise ausübte, in seinem Rechte nicht eingeschränkt; sondern die Beschränkung muß durch Erwerbung oder Ersitzung des Untersagungs- oder Hinderungsrechtes bewirkt werden (§ 351). [2]Ebendieses ist auch auf den Fall anzuwenden, wenn jemand ein gegen alle Mitglieder einer Gemeinde zustehendes Recht bisher nur gegen gewisse Mitglieder derselben ausgeübt hat.

§ 1483. [1]Solange der Gläubiger das Pfand in Händen hat, kann ihm die unterlassene Ausübung des Pfandrechtes nicht eingewendet und das Pfandrecht nicht verjährt werden. [2]Auch das Recht des Schuldners sein Pfand einzulösen, bleibt unverjährt. [3]Insofern aber die Forderung den Wert des Pfandes übersteigt, kann sie inzwischen durch Verjährung erlöschen.

§ 1484. Zur Verjährung solcher Rechte, die nur selten ausgeübt werden können, wird erfordert, daß während der Verjährungszeit von dreißig Jahren von drei Gelegenheiten, ein solches Recht auszuüben, kein Gebrauch gemacht worden sei (§ 1471).

§ 1485. (1) In Rücksicht der in dem § 1472 begünstigten Personen werden, wie zur Ersitzung, also auch zur Verjährung, vierzig Jahre erfordert.

(2) Die allgemeine Regel, daß ein Recht wegen des Nichtgebrauches erst nach Verlauf von dreißig oder vierzig Jahren verloren gehe, ist nur auf diejenigen Fälle anwendbar, für welche das Gesetz nicht einen kürzeren Zeitraum ausgemessen hat (§ 1465).

(RGBl 1916/69)

Besondere Verjährungszeit

§ 1486. In drei Jahren sind verjährt: die Forderungen

1. für Lieferung von Sachen oder Ausführung von Arbeiten oder sonstige Leistungen in einem gewerblichen, kaufmännischen oder sonstigen geschäftlichen Betriebe;

2. für Lieferung land- und forstwirtschaftlicher Erzeugnisse in einem Betriebe der Land- und Forstwirtschaft;

3. für die Übernahme zur Beköstigung, Pflege, Heilung, zur Erziehung oder zum Unterricht durch Personen, die sich damit befassen, oder in Anstalten, die diesem Zwecke dienen;

4. von Miet- und Pachtzinsen;

5. der Dienstnehmer wegen des Entgelts und des Auslagenersatzes aus den Dienstverträgen von Hilfsarbeitern, Taglöhnern, Dienstboten und allen Privatbediensteten, sowie der Dienstgeber wegen der auf solche Forderungen gewährten Vorschüsse;

6. der Ärzte, Tierärzte, Hebammen, der Privatlehrer, der Rechtsanwälte, Notare, Patentanwälte und aller anderen zur Besorgung gewisser Angelegenheiten öffentlich bestellten Personen wegen Entlohnung ihrer Leistungen und Ersatzes ihrer Auslagen, sowie der Parteien wegen der Vorschüsse an diese Personen;

7. von Ausstattungen. *(BGBl I 2009/75, ab 1. 1. 2010)*

(RGBl 1916/69)

§ 1486a. Der Anspruch eines Ehegatten auf Abgeltung seiner Mitwirkung im Erwerb des anderen (§ 98) verjährt in „sechs" Jahren vom Ende des Monats, in dem die Leistung erbracht worden ist. *(BGBl I 1999/125, ab 1. 1. 2000)*

(BGBl 1978/280)

§ 1487. [1]Die Rechte, „ " eine Schenkung wegen Undankbarkeit des Beschenkten zu widerrufen „ "; einen entgeltlichen Vertrag wegen Verletzung über die Hälfte aufzuheben, oder die vorgenommene Teilung eines gemeinschaftlichen Gutes zu bestreiten; und die Forderung wegen einer bei dem Vertrage unterlaufenen Furcht oder eines Irrtums, wobei sich der andere vertragmachende Teil keiner List schuldig gemacht hat, müssen binnen drei Jahren geltend gemacht werden. [2]Nach Verlauf dieser Zeit sind sie verjährt. *(BGBl I 2015/87, ab 1. 1. 2017)*

(RGBl 1916/69)

Verjährung erbrechtlicher Ansprüche

§ 1487a. (1) [1]Das Recht, eine Erklärung des letzten Willens umzustoßen, den Geldpflichtteil zu fordern, letztwillige Bedingungen oder Belastungen von Zuwendungen anzufechten, nach erfolgter Einantwortung ein besseres oder gleiches Recht geltend zu machen, den Geschenknehmer wegen Verkürzung des Pflichtteils in Anspruch zu nehmen oder sonstige Rechte aus einem Geschäft von Todes wegen zu fordern, muss binnen drei Jahren ab Kenntnis der für das Bestehen des Anspruchs maßgebenden Tatsachen gerichtlich geltend gemacht werden. [2]Unabhängig von dieser Kenntnis verjähren diese Rechte dreißig Jahre nach dem Tod des Verstorbenen.

(2) Abs. 1 gilt sinngemäß für die Aneignung durch den Bund.

(BGBl I 2015/87, ab 1. 1. 2017, s § 1503 Abs 7 Z 9)

§ 1488. Das Recht der Dienstbarkeit wird durch den Nichtgebrauch verjährt, wenn sich der verpflichtete Teil der Ausübung der Servitut widersetzt, und der Berechtigte durch drei aufeinander folgende Jahre sein Recht nicht geltend gemacht hat.

§ 1489. [1]Jede Entschädigungsklage ist in drei Jahren von der Zeit an verjährt, zu welcher der Schade und die Person des Beschädigers dem Beschädigten bekannt wurde, der Schade mag durch Übertretung einer Vertragspflicht oder ohne Beziehung auf einen Vertrag verursacht worden sein. [2]Ist dem Beschädigten der Schade oder die Person des Beschädigers nicht bekannt geworden oder ist der Schade „aus einer oder mehreren gerichtlich strafbaren Handlungen, die nur vorsätzlich begangen werden können und mit mehr als einjähriger Freiheitsstrafe bedroht sind", entstanden, so erlischt das Klagerecht nur nach dreißig Jahren. *(BGBl 1974/496)*

(RGBl 1916/69)

§ 1490. (1) [1]Klagen über Ehrenbeleidigungen, die lediglich in Beschimpfungen durch Worte, Schriften oder Gebärden bestehen, können nach Verlauf eines Jahres nicht mehr erhoben werden. [2]Besteht aber die Beleidigung in Tätlichkeiten, so dauert das Klagerecht auf Genugtuung durch drei Jahre.

(2) Auf Schadenersatzklagen wegen Gefährdung des Kredits, des Erwerbes oder des Fortkommens eines andern durch Verbreitung unwahrer Tatsachen sind die Vorschriften des § 1489 anzuwenden.

(RGBl 1916/69)

§ 1491. [1]Einige Rechte sind von den Gesetzen auf eine noch kürzere Zeit eingeschränkt. [2]Hierüber kommen die Vorschriften an den Orten, wo diese Rechte abgehandelt werden, vor.

§ 1492. Wie lange das Wechselrecht einem Wechsel[briefe][1] zustatten komme, ist in der [Wechselordnung][2] bestimmt.

---

[1] *Jetzt: „Wechsel"*
[2] *Jetzt: „Wechselgesetz"*

Einrechnung der Verjährungszeit des Vorfahrers

§ 1493. [1]Wer eine Sache von einem rechtmäßigen und redlichen Besitzer redlich übernimmt, der ist als Nachfolger berechtigt, die Ersitzungszeit seines Vorfahrers mit einzurechnen (§ 1463). [2]Ebendieses gilt auch von der Verjährungszeit. [3]Bei einer Ersitzung von dreißig oder vierzig Jahren findet diese Einrechnung auch ohne einen rechtmäßigen Titel, und bei der eigentlichen Verjährung selbst ohne guten Glauben, oder schuldlose Unwissenheit statt.

Hemmung der Verjährung

§ 1494. (1) Ist eine volljährige Person aufgrund einer psychischen Krankheit oder einer vergleichbaren Beeinträchtigung ihrer Entscheidungsfähigkeit an der Durchsetzung ihrer Rechte gehindert, so beginnt die Ersitzungs- oder Verjährungszeit erst zu laufen, wenn sie die Entscheidungsfähigkeit wieder erlangt oder ein gesetzlicher Vertreter die Rechte wahrnehmen kann.

(2) Gegen eine minderjährige Person beginnt die Ersitzungs- und Verjährungszeit so lange nicht zu laufen, als sie keinen gesetzlichen Vertreter hat oder ihr gesetzlicher Vertreter an der Wahrnehmung ihrer Rechte gehindert ist.

(3) Die einmal angefangene Ersitzungs- oder Verjährungszeit läuft zwar fort; sie kann aber nie früher als zwei Jahre nach Wegfall der Hindernisse enden.

(BGBl I 2017/59, ab 1. 7. 2018, s § 1503 Abs 9 Z 20)

§ 1495. [1]„Auch zwischen Ehegatten oder eingetragenen Partnern sowie zwischen gesetzlichen Vertretern (§ 1034) und den von ihnen Vertretenen kann, solange die Ehe, die eingetragene Partnerschaft oder das Vertretungsverhältnis andauert, die Ersitzung oder Verjährung weder anfangen noch fortgesetzt werden"[2]Das gilt nicht für die Ansprüche eines Ehegatten oder eines eingetragenen Partners auf Abgeltung der Mitwirkung im Erwerb des anderen Teils, doch wird die Verjährung so lange gehemmt, als zwischen den Ehegatten oder eingetragenen Partnern ein gerichtliches Verfahren zur Entscheidung über einen Anspruch auf Abgeltung anhängig ist und gehörig fortgesetzt wird. *(BGBl I 2017/59, ab 1. 7. 2018, s § 1503 Abs 9 Z 20)*

(BGBl I 2009/135, ab 1. 1. 2010)

§ 1496. Durch Abwesenheit in Zivil- oder Kriegsdiensten, oder durch gänzlichen Stillstand der Rechtspflege, z.B. in Pest- oder Kriegszeiten, wird nicht nur der Anfang, sondern solange dieses Hindernis dauert, auch die Fortsetzung der Ersitzung oder Verjährung gehemmt.

Unterbrechung der Verjährung

§ 1497. [1]Die Ersitzung sowohl, als die Verjährung wird unterbrochen, wenn derjenige, welcher sich auf dieselbe berufen will, vor dem Verlaufe der Verjährungszeit entweder ausdrücklich oder stillschweigend das Recht des andern anerkannt hat, oder, wenn er von dem Berechtigten belangt, und die Klage gehörig fortgesetzt wird. [2]Wird aber die Klage durch einen rechtskräftigen Spruch für unstatthaft erklärt; so ist die Verjährung für ununterbrochen zu halten.

Wirkung der Ersitzung oder Verjährung

§ 1498. Wer eine Sache oder ein Recht ersessen hat, kann gegen den bisherigen Eigentümer bei dem Gerichte die Zuerkennung des Eigentumes ansuchen, und das zuerkannte Recht, wofern es einen Gegenstand der öffentlichen Bücher ausmacht, den letzteren einverleiben lassen.

§ 1499. Auf gleiche Art kann nach Verlauf der Verjährung der Verpflichtete die Löschung seiner in den öffentlichen Büchern eingetragenen Verbindlichkeit, oder die Nichtigerklärung des dem Berechtigten bisher zugestandenen Rechtes und der darüber ausgestellten Urkunden erwirken.

§ 1500. Das aus der Ersitzung oder Verjährung erworbene Recht kann aber demjenigen, welcher im Vertrauen auf die öffentlichen Bücher noch vor der Einverleibung desselben eine Sache oder ein Recht an sich gebracht hat, zu keinem Nachteile gereichen.

§ 1501. Auf die Verjährung ist, ohne Einwendung der Parteien, von Amts wegen kein Bedacht zu nehmen.

Entsagung oder Verlängerung der Verjährung

§ 1502. Der Verjährung kann weder im voraus entsagt, noch kann eine längere Verjährungsfrist, als durch die Gesetze bestimmt ist, bedungen werden.

Fünftes Hauptstück
Inkrafttreten und Übergangsbestimmungen ab 1. Februar 2013

§ 1503. „(1)“ Für das Inkrafttreten des Kindschafts- und Namensrechts-Änderungsgesetzes 2013, BGBl. I Nr. 15/2013[1)], gilt Folgendes:

1. Das Kindschafts- und Namensrechts-Änderungsgesetz 2013[2)] tritt, soweit im Folgenden nichts anderes bestimmt ist, mit 1. Februar 2013 in Kraft.

2. Die §§ 93 bis 93c in der Fassung dieses Bundesgesetzes sind auf Ehegatten anzuwenden, die die Ehe nach dem 31. März 2013 schließen.

3. Die §§ 148 Abs. 3 und 152 in der Fassung dieses Bundesgesetzes sind auf zu gerichtlichem Protokoll erklärte Zustimmungen entsprechend anzuwenden.

4. [1]Die §§ 155 bis 157 in der Fassung dieses Bundesgesetzes sind auf Kinder anzuwenden, deren Geburt oder Annahme an Kindesstatt nach dem 31. März 2013 beurkundet wird. [2]§ 139 in der Fassung des NamRÄG 1995, BGBl. Nr. 25/1995, ist auf Kinder anzuwenden, deren Geburt vor dem 1. April 2013 beurkundet wird.

5. [1]Ehegatten, die die Ehe vor dem 1. April 2013 geschlossen haben, können ihre Namen ab dem 1. September 2013 nach den Regeln dieses Bundesgesetzes bestimmen. [2]Gleichermaßen können für Kinder, deren Geburt oder Annahme an Kindesstatt vor diesem Zeitpunkt beurkundet worden ist, die Namen ab dem 1. September 2013 nach den Regeln dieses Bundesgesetzes bestimmt werden.

6. Unbeschadet der Z 6[3)] sind die §§ 93 Abs. 2 und 155 Abs. 2 in der Fassung dieses Bundesgesetzes anzuwenden, wenn die Änderung des Familiennamens des Ehegatten oder der Eltern oder eines Elternteils nach dem 31. März 2013 beurkundet wird.

7. Rechte und Pflichten zum Gebrauch eines Namens, die auf Grund eines vor dem 1. April 2013 erfolgten namensrechtlich bedeutsamen Ereignisses erworben oder entstanden sind, bleiben unberührt.

8. [1]§ 142 samt Überschrift in der Fassung dieses Bundesgesetzes ist, außer in vor dem auf die Kundmachung folgenden Tag anhängig gemachten gerichtlichen Verfahren auch auf Anerkenntnisse anzuwenden, die vor dem Inkrafttreten des § 142 erklärt worden sind. [2]§ 142 tritt mit dem auf die Kundmachung dieses Bundesgesetzes im Bundesgesetzblatt folgenden Tag[4)] in Kraft.

9. Verordnungen zur Durchführung dieses Bundesgesetzes können ab dem auf die Kundmachung im Bundesgesetzblatt folgenden Tag an erlassen werden; sie treten frühestens mit 1. Februar 2013 in Kraft.[5)]
(BGBl I 2013/50)

(2) 1. [1]Die §§ 905, 907a, 1417 und 1420 in der Fassung des Zahlungsverzugsgesetzes, BGBl. I Nr. 50/2013, sowie die Änderung der Paragraphenbezeichnung des bisherigen § 905a in § 907b und des bisherigen § 905b in § 905a durch dieses Bundesgesetz treten mit 16. März 2013 in Kraft. [2]Die genannten Bestimmungen sind in der Fassung des Zahlungsverzugsgesetzes auf Rechtsverhältnisse anzuwenden, die ab dem 16. März 2013 begründet werden. [3]Auf Rechtsverhältnisse, die vor dem 16. März 2013 begründet wurden, sind die bisherigen Bestimmungen weiter anzuwenden; wenn solche früher begründeten Rechtsverhältnisse jedoch wiederholte Geldleistungen vorsehen, gelten die neuen Bestimmungen für diejenigen Zahlungen, die ab dem 16. März 2013 fällig werden.

2. § 1100 in der Fassung des Zahlungsverzugsgesetzes, BGBl. I Nr. 50/2013, tritt mit 16. März 2013 in Kraft und ist in dieser Fassung auch auf Verträge anzuwenden, die vor diesem Zeitpunkt geschlossen wurden.
(BGBl I 2013/50)

(3) [1]§§ 197, 199 und 201 in der Fassung des Adoptionsrechts-Änderungsgesetzes 2013, BGBl. I Nr. 179/2013, treten mit 1. August 2013 in Kraft. [2]Sie sind in dieser Fassung auch auf Annahmen an Kindes statt anzuwenden, bei denen der schriftliche Vertrag vor dem 31. Juli 2013 geschlossen wurde. *(BGBl I 2013/179)*

(4) Die §§ 429, 905 und 1420 in der Fassung des Verbraucherrechte-Richtlinie-Umsetzungsgesetzes, BGBl. I Nr. 33/2014, treten mit 13. Juni 2014 in Kraft. *(BGBl I 2014/33)*

(5) Für das Inkrafttreten des GesbR-Reformgesetzes, BGBl. I Nr. 83/2014, gilt Folgendes:

1. [1]§ 826 und die §§ 1175 bis 1216e in der Fassung des GesbR-Reformgesetzes treten mit 1. Jänner 2015 in Kraft. [2]Soweit im Folgenden nichts anderes bestimmt ist, sind auf Sachverhalte, die sich vor diesem Zeitpunkt ereignet haben, die bisher geltenden Bestimmungen des 27. Hauptstücks des zweiten Teils weiter anzuwenden.

2. Unbeschadet des Vorrangs gesellschaftsvertraglicher Vereinbarungen (§ 1181 in der Fassung des GesbR-Reformgesetzes) gelten die §§ 1182 bis 1196, die §§ 1203 bis 1205, die §§ 1208 bis 1211, § 1213 und § 1214 Abs. 1 in der Fassung des GesbR-Reformgesetzes ab 1. Juli 2016 für Gesellschaften bürgerlichen Rechts, die vor dem 1. Jänner 2015 gebildet wurden, wenn bis zum Ablauf des 30. Juni 2016 keiner der Gesellschafter gegenüber den übrigen Gesellschaftern erklärt, die Anwendung des zuvor geltenden Rechts beibehalten zu wollen.

3. Ab 1. Jänner 2022 gelten die §§ 1182 bis 1196, die §§ 1203 bis 1205, die §§ 1208 bis 1211, § 1213 und § 1214 Abs. 1 in der Fassung des GesbR-Reformgesetzes unbeschadet des Vorrangs gesellschaftsvertraglicher Vereinbarungen (§ 1181

in der Fassung des GesbR-Reformgesetzes) jedenfalls auch für Gesellschaften bürgerlichen Rechts, die vor dem 1. Jänner 2015 gebildet wurden. *(BGBl I 2014/83)*

(6) §§ 144 und 145 Abs. 1 in der Fassung des Fortpflanzungsmedizinrechts-Änderungsgesetzes 2015, BGBl. I Nr. 35/2015, treten mit 1. Jänner 2015 in Kraft und sind auf ab dem 1. Jänner 2015 geborene und im Wege medizinisch unterstützter Fortpflanzung gezeugte Kinder anzuwenden. *(BGBl I 2015/35)*

(7) Für das Inkrafttreten des Erbrechts-Änderungsgesetzes 2015, BGBl. I Nr. 87/2015 (ErbRÄG 2015), gilt Folgendes:

1. Die §§ 199, 233, 269, 308, 531 bis 543, 546 bis 560, 563 bis 572, 575 bis 591, 601 bis 617, 647 bis 654, 656 bis 667, 672 bis 678, 681 bis 699, 701 bis 703, 705 bis 719, 721 bis 749, 750 Abs. 1, die §§ 751 bis 792, 797 bis 809, die Überschriften vor § 810, die §§ 811 bis 817, 819 bis 821, 823, 824, 1205, 1249, 1251 bis 1254, 1278 bis 1283, 1462, 1487 und 1487a samt Überschriften in der Fassung des ErbRÄG 2015 und der Entfall der §§ 544, 545, 561, 562, 573, 594 bis 597, 646, 655, 668, 679, 680, 700, 704, 720, 793 bis 796, 818, 822, 951, 952, 956, 1248, 1250 und 1266 letzter Satz samt Überschriften treten mit 1. Jänner 2017 in Kraft.

2. Soweit im Folgenden nichts anderes bestimmt ist, sind die nach Z 1 mit 1. Jänner 2017 in Kraft tretenden Bestimmungen anzuwenden, wenn der Verstorbene nach dem 31. Dezember 2016 verstorben ist.

3. § 551 Abs. 1 in der Fassung des ErbRÄG 2015 ist auf nach dem 31. Dezember 2016 vorgenommene Aufhebungen von Erbverzichten anzuwenden.

4. a) Anordnungen der Gerichte nach § 568 in der bis 31. Dezember 2016 geltenden Fassung, wonach eine Person unter Sachwalterschaft nur mündlich vor Gericht oder Notar testieren kann, verlieren mit 1. Jänner 2017 ihre Gültigkeit.

b) [1]Gleiches gilt insoweit für die vor dem 1. Jänner 2005 erlassenen gerichtlichen Beschlüsse über die Bestellung eines Sachwalters, mit denen die Einschränkung der Testierfreiheit der behinderten Person verbunden war. [2]Art. IV § 8 Familien- und Erbrechts-Änderungsgesetz 2004, BGBl. I Nr. 58/2004, wird mit Ablauf des 31. Dezember 2016 aufgehoben.

c) Die auf Grundlage der in lit. a und b genannten Bestimmungen errichteten letztwilligen Verfügungen bleiben aufrecht.

5. Die §§ 577 bis 591 und 603 in der Fassung des ErbRÄG 2015 sind auf letztwillige Verfügungen und Schenkungen auf den Todesfall anzuwenden, die nach dem 31. Dezember 2016 errichtet wurden.

6. § 750 Abs. 2 in der Fassung des ErbRÄG 2015 tritt mit 17. August 2015 in Kraft und ist anzuwenden, wenn der Verstorbene an oder nach diesem Tag gestorben ist.

7. Die §§ 752 und 753 sowie § 785 in der Fassung des ErbRÄG 2015 sind auf nach dem 31. Dezember 2016 vorgenommene Anrechnungsvereinbarungen und Anrechnungsaufhebungen anzuwenden.

8. Die §§ 797 bis 809, 811 bis 817, 819 bis 821, 823, 824 in der Fassung des ErbRÄG 2015 sind anzuwenden, wenn das Verlassenschaftsverfahren nach dem 31. Dezember 2016 anhängig gemacht worden ist.

9. [1]§ 1487a in der Fassung des ErbRÄG 2015 ist ab dem 1. Jänner 2017 auf das Recht, eine Erklärung des letzten Willens umzustoßen, den Geldpflichtteil zu fordern, letztwillige Bedingungen oder Belastungen von Zuwendungen anzufechten, nach erfolgter Einantwortung ein besseres oder gleichwertiges Recht geltend zu machen, den Geschenknehmer wegen Verkürzung des Pflichtteils in Anspruch zu nehmen oder sonstige Rechte aus einem Geschäft von Todes wegen zu fordern, anzuwenden, wenn dieses Recht am 1. Jänner 2017 nach dem bis dahin geltenden Recht nicht bereits verjährt ist. [2]Der Lauf der in § 1487a vorgesehenen kenntnisabhängigen Frist beginnt in solchen Fällen mit dem 1. Jänner 2017. *(BGBl I 2015/87)*

(8) [1]§ 1209 in der Fassung des Bundesgesetzes BGBl. I Nr. 43/2016 tritt mit 1. Juli 2016 in Kraft. [2]Abs. 5 ist auch auf dessen nunmehrige Fassung anzuwenden. *(BGBl I 2016/43)*

(9) Für das Inkrafttreten des 2. Erwachsenenschutz-Gesetzes, BGBl. I Nr. 59/2017 (2. ErwSchG), gilt Folgendes:

1. Die §§ 21, 24, 141, 146, 147 Abs. 1 bis 3[6)], 153, 154, 156, 158, 164, 172, 173, 176, 191, 192, 194 bis 196 Abs. 1 Z 1 und Abs. 2, 200 bis 202, 205, 207 zweiter Satz, 213 bis 216, 218, 220 bis 224, 228 bis 230, 239 bis 284, 310, 865, 1034, 1421, 1433, 1437, 1454, 1494 und 1495 samt Überschriften und die Überschriften vor §§ 142, 217, 218 und 219 in der Fassung des 2. ErwSchG sowie der Entfall des § 175 und der §§ 284a bis 284h samt Überschriften treten mit 1. Juli 2018 in Kraft.

2. Die §§ 147 Abs. 4, 149, 181, 185, 188, 196 Abs. 1 Z 4, 207 erster Satz bis 212 und 225 in der Fassung des Art. 1 Z 8 treten mit dem auf die Kundmachung dieses Bundesgesetzes folgenden Tag in Kraft.

3. Die §§ 705, 752, 758 und 1445 in der Fassung des 2. ErwSchG treten mit 2. 1. 2017 in Kraft; Abs. 7 in der Fassung des Erbrechts-Änderungsgesetzes 2015, BGBl. I Nr. 87/2015, bleibt ansonsten unberührt.

4. Soweit im Folgenden nichts anderes bestimmt ist, sind die nach Z 1 mit 1. Juli 2018 in Kraft tretenden Bestimmungen auf Sachverhalte anzuwenden, die sich nach dem 30. Juni 2018 ereignen oder über diesen Zeitpunkt hinaus andauern.

5. Die §§ 158 und 207 in der Fassung des 2. ErwSchG sind auf die Ausübung und Betrauung mit der Obsorge nach dem 30. Juni 2018 anzuwenden.

6. Die §§ 164, 214 bis 224 sowie 228 und 229 in der Fassung des 2. ErwSchG sind nach dem 30. Juni 2018 auf die Verwaltung von Vermögen anzuwenden.

7. Die Aufhebung des § 175 in der Fassung des 2. ErwSchG ist auch in gerichtlichen Verfahren anzuwenden, die am 1. Juli 2018 noch anhängig sind; Anordnungen der Gerichte nach § 175 in der bis 30. Juni 2018 geltenden Fassung verlieren mit 1. Juli 2018 ihre Gültigkeit.

8. [1]Die §§ 252 bis 256 in der Fassung des 2. ErwSchG sind auf medizinische Behandlungen, Sterilisationen und Forschungen anzuwenden, die nach dem 30. Juni 2018 begonnen oder abgebrochen werden. [2]§ 257 in der Fassung des 2. ErwSchG ist anzuwenden, wenn die Wohnortänderung nach dem 30. Juni 2018 erfolgt.

9. Bei der Auswahl des gerichtlichen Erwachsenenvertreters ist auf Sachwalterverfügungen im Sinn des § 279 Abs. 1 in der bis zum 2. ErwSchG geltenden Fassung auch nach dem 30. Juni 2018 Bedacht zu nehmen.

10. [1]Sachwalter, die vor dem 1. Juli 2018 bestellt wurden, sind nach dem 30. Juni 2018 gerichtliche Erwachsenenvertreter. [2]Für sie gelten die Vorschriften des sechsten Hauptstücks des ersten Teils in der Fassung des 2. ErwSchG, soweit in den Z 11 bis 14 nichts anderes bestimmt ist.

11. Die §§ 274 und 275 in der Fassung des 2. ErwSchG sind – außer in einem Erneuerungsverfahren nach Z 14 – auf gerichtliche Erwachsenenvertreter im Sinn der Z 10 nicht anzuwenden.

12. [1]Bis zum 30. Juni 2019 besteht im Fall einer gerichtlichen Erwachsenenvertretung im Sinn der Z 10 auch ohne gerichtliche Anordnung im gesamten Wirkungsbereich des ehemaligen Sachwalters und nunmehrigen gerichtlichen Erwachsenenvertreters ein Genehmigungsvorbehalt im Sinn des § 242 Abs. 2 in der Fassung des 2. ErwSchG. [2]Nach dem 30. Juni 2019 besteht für Personen, für die vor dem 1. Juli 2018 ein Sachwalter bestellt worden ist, nur ein Genehmigungsvorbehalt, wenn und soweit er gerichtlich angeordnet wird.

13. [1]Stellen gerichtliche Erwachsenenvertreter im Sinn der Z 10 nach dem 30. Juni 2018 einen Antrag auf Gewährung von Entgelt, Entschädigung oder Aufwandersatz, so ist dieser Anspruch nach § 276 in der Fassung des 2. ErwSchG zu beurteilen, wenn zumindest die Hälfte des Abrechnungszeitraumes nach dem 30. Juni 2018 liegt. [2]Liegt mehr als die Hälfte des Abrechnungszeitraumes vor dem 30. Juni 2018, so ist § 276 in der Fassung bis zum 30. Juni 2018 anzuwenden.

14. [1]Das Gericht hat nach dem 30. Juni 2018 unter sinngemäßer Anwendung des § 278 Abs. 3 in der bis zum 2. ErwSchG geltenden Fassung für alle gerichtlichen Erwachsenenvertretungen im Sinn der Z 10 von Amts wegen ein Erneuerungsverfahren einzuleiten. [2]Eine gerichtliche Erwachsenenvertretung im Sinn der Z 10 endet jedenfalls mit 1. Jänner 2024, es sei denn, es wurde davor ein Erneuerungsverfahren eingeleitet; diesfalls bleibt die Erwachsenenvertretung bis zur rechtskräftigen Entscheidung über die Erneuerung aufrecht.

15. [1]Vorsorgevollmachten, die vor dem 1. Juli 2018 wirksam errichtet worden sind, behalten ihre Gültigkeit. [2]Der Eintritt des Vorsorgefalls kann für diese nach dem 30. Juni 2018 nur nach Maßgabe des § 263 in der Fassung des 2. ErwSchG im Österreichischen Zentralen Vertretungsverzeichnis eingetragen werden. [3]Auf solche Vorsorgevollmachten sind die Vorschriften des sechsten Hauptstücks des ersten Teils in der Fassung des 2. ErwSchG anzuwenden. [4]Vorsorgevollmachten, deren Wirksamwerden vor dem 1. Juli 2018 im Österreichischen Zentralen Vertretungsverzeichnis registriert wurden, sind so zu behandeln, als wäre die Registrierung nach diesem Zeitpunkt erfolgt.

16. [1]Als gesetzlicher Erwachsenenvertreter kommt eine Person nicht in Betracht, gegen die sich ein vor dem 1. Juli 2018 im Österreichischen Vertretungsverzeichnis eingetragener Widerspruch gegen die Vertretungsbefugnis nächster Angehöriger richtet. [2]Personen, die in vor dem 1. Juli 2018 errichteten Sachwalterverfügungen genannt wurden, gelten nicht als nächste Angehörige im Sinn des § 268 Abs. 2 letzter Fall in der Fassung des 2. ErwSchG.

17. [1]Vertretungsbefugnisse nächster Angehöriger, die vor dem 1. Juli 2018 registriert worden sind, bleiben bestehen und enden spätestens mit Ablauf des 30. Juni 2021. [2]Auf solche Angehörigenvertretungen sind nach dem 30. Juni 2018 weiterhin die §§ 284b bis 284e in der bis zum 2. ErwSchG geltenden Fassung sowie zusätzlich § 246 Abs. 3 in der Fassung des 2. ErwSchG anzuwenden.

18. Die §§ 277 bis 284 in der Fassung des 2. ErwSchG sind anzuwenden, wenn ein Kurator nach dem 30. Juni 2018 bestellt wird.

19. [1]Kuratoren, die vor dem 1. Juli 2018 bestellt worden sind, bleiben wirksam bestellt. [2]Auf ihre Rechte und Pflichten sind nach dem 30. Juni 2018 die §§ 281 bis 284 in der Fassung des 2. ErwSchG anzuwenden. [3]Z 13 gilt sinngemäß.

20. Die §§ 1494 und 1495 in der Fassung des 2. ErwSchG sind anzuwenden, wenn eine Ersitzungs- und Verjährungszeit am 1. Juli 2018 noch nicht geendet hat oder nach dem 30. Juni 2018 zu laufen beginnt.
(BGBl I 2017/59)

(10) § 1164 Abs. 1 in der Fassung des Bundesgesetzes, BGBl. I Nr. 153/2017, tritt mit 1. Juli 2018 in Kraft. Mit Ablauf des 30. Juni 2018 tritt § 1154b Abs. 6 außer Kraft. § 1159 in der Fassung des Bundesgesetzes, BGBl. I Nr. 153/2017, tritt mit 1. Jänner 2021 in Kraft und ist auf Beendigungen anzuwenden, die nach dem 31. Dezember 2020 ausgesprochen werden. Mit diesem Zeitpunkt treten auch § 1158 Abs. 4 und § 1159a bis § 1159c dieses Bundesgesetzes sowie § 77 der Gewerbeordnung 1859, RGBl. Nr. 227/1859, außer Kraft. Sie sind jedoch weiterhin auf Beendigungen anzuwenden, die vor dem 1. Jänner 2021 ausgesprochen wurden. *(BGBl I 2017/153)*

(11) §§ 165, 214, 249, 256 und 588 in der Fassung des Bundesgesetzes BGBl. I Nr. 58/2018, treten mit 1. August 2018 in Kraft. *(BGBl I 2018/58)*

(12) § 1320 in der Fassung des Bundesgesetzes BGBl. I Nr. 69/2019 tritt mit dem der Kundmachung folgenden Tag in Kraft. Die Bestimmung ist in dieser Fassung auf schädigende Ereignisse anzuwenden, die nach diesem Zeitpunkt eintreten. Der Bundesminister für Verfassung, Reformen, Deregulierung und Justiz hat dem Nationalrat drei Jahre nach dem Inkrafttreten dieser Regelung einen Bericht über deren Auswirkungen vorzulegen. *(BGBl I 2019/69)*

(12)[7] Die §§ 1154b Abs. 6 und 1164 in der Fassung des Bundesgesetzes BGBl. I Nr. 74/2019 treten mit 1. September 2019 in Kraft. *(BGBl I 2019/74)*

(BGBl I 2013/15)

---

[1] *Im BGBl fehlt „Nr.“.*
[2] *Im BGBl irrtümlich „-gesetzes“.*
[3] *Richtig wohl: Z 7.*
[4] *Am 12. 1. 2013.*
[5] *V wurde nicht erlassen.*
[6] *§ 147 Abs 1 wurde nicht geändert.*
[7] *Richtig wohl: (13)*

2. Konsumentenschutzgesetz

BGBl 1979/140 idF

1 BGBl 1983/135
2 BGBl 1984/456
3 BGBl 1985/481
4 BGBl 1993/247
5 BGBl 1996/262 (MaklerG)
6 BGBl I 1997/6
7 BGBl I 1997/140 (WGN 1997)
8 BGBl I 1998/119
9 BGBl I 1999/185
10 BGBl I 2001/48 (GewRÄG)
11 BGBl I 2001/98 (2. Euro-JuBeG)
12 BGBl I 2002/111
13 BGBl I 2003/91 (ZivRÄG 2004)
14 BGBl I 2004/12 (HVerG)
15 BGBl I 2004/62
16 BGBl I 2006/92 (SWRÄG 2006)
17 BGBl I 2007/60 (WAG 2007)
18 BGBl I 2008/21
19 BGBl I 2009/66
20 BGBl I 2009/135 (EPG)
21 BGBl I 2010/28 (DaKRÄG)
22 BGBl I 2010/107
23 BGBl I 2011/22 (KSchRÄG 2011)
24 BGBl I 2011/77 (InvFG 2011)
25 BGBl I 2011/100 (DLG)
26 BGBl I 2013/50 (ZVG)
27 BGBl I 2014/33 (VRUG)
28 BGBl I 2015/105 (AStG)
29 BGBl I 2016/35 (VZKG)
30 BGBl I 2017/50 (PRG)
31 BGBl I 2018/51
32 BGBl I 2018/58 (ErwSchAG-Justiz)

GLIEDERUNG

STICHWORTVERZEICHNIS

(Die Zahlenangaben beziehen sich auf die Paragraphen)

Stichwortverzeichnis

Bundesgesetz vom 8. März 1979, mit dem Bestimmungen zum Schutz der Verbraucher getroffen werden (Konsumentenschutzgesetz – KSchG)

I. Hauptstück
Besondere Bestimmungen für Verträge zwischen Unternehmern und Verbrauchern

Abschnitt I
Geltungsbereich

§ 1. (1) Dieses Hauptstück gilt für Rechtsgeschäfte, an denen

1. einerseits jemand, für den das Geschäft zum Betrieb seines Unternehmens gehört, (im folgenden kurz Unternehmer genannt) und

2. andererseits jemand, für den dies nicht zutrifft, (im folgenden kurz Verbraucher genannt) beteiligt sind.

(2) Unternehmen im Sinn des Abs. 1 Z. 1 ist jede auf Dauer angelegte Organisation selbständiger wirtschaftlicher Tätigkeit, mag sie auch nicht auf Gewinn gerichtet sein. Juristische Personen des öffentlichen Rechts gelten immer als Unternehmer.

(3) Geschäfte, die eine natürliche Person vor Aufnahme des Betriebes ihres Unternehmens zur Schaffung der Voraussetzungen dafür tätigt, gehören noch nicht im Sinn des Abs. 1 Z. 1 zu diesem Betrieb.

(4) Dieses Hauptstück gilt nicht für Verträge, die jemand als Arbeitnehmer oder arbeitnehmerähnliche Person „(§ 51 Abs 3 ASGG)“ mit dem Arbeitgeber schließt. *(BGBl I 1997/6)*

(5) Die Bestimmungen des I. und des II. Hauptstücks sind auch auf den Beitritt zu und die Mitgliedschaft bei Vereinen anzuwenden, wenn diese zwar von ihren Mitgliedern Beiträge oder sonstige Geldleistungen verlangen, ihnen aber nur eingeschränkte Mitgliedschaftsrechte einräumen und die Mitgliedschaft nicht geschäftlichen Zwecken dient. *(BGBl I 1999/185, s § 41a Abs 7)*

§ 2. (1) Dieses Hauptstück läßt Regelungen unberührt, nach denen die hier vorgesehenen Rechtsfolgen in anderen Fällen eintreten.

(2) Soweit in Vereinbarungen von diesem Hauptstück zum Nachteil des Verbrauchers abgewichen wird, sind sie unwirksam.

Abschnitt II
Allgemeine Regeln

Rücktrittsrecht

§ 3. (1) Hat der Verbraucher seine Vertragserklärung weder in den vom Unternehmer für seine geschäftlichen Zwecke dauernd benützten Räumen noch bei einem von diesem dafür auf einer Messe oder einem Markt benützten Stand abgegeben, so kann er von seinem Vertragsantrag oder vom Vertrag zurücktreten. Dieser Rücktritt kann bis zum Zustandekommen des Vertrags oder danach binnen 14 Tagen erklärt werden. Der Lauf dieser Frist beginnt mit der Ausfolgung einer Urkunde, die zumindest den Namen und die Anschrift des Unternehmers, die zur Identifizierung des Vertrags notwendigen Angaben sowie eine Belehrung über das Rücktrittsrecht, die Rücktrittsfrist und die Vorgangsweise für die Ausübung des Rücktrittsrechts enthält, an den Verbraucher, frühestens jedoch mit dem Zustandekommen des Vertrags, bei Kaufverträgen über Waren mit dem Tag, an dem der Verbraucher den Besitz an der Ware erlangt. Ist die Ausfolgung einer solchen Urkunde unterblieben, so steht dem Verbraucher das Rücktrittsrecht für eine Frist von zwölf Monaten und 14 Tagen ab Vertragsabschluss beziehungsweise Warenlieferung zu; wenn der Unternehmer die Urkundenausfolgung innerhalb von zwölf Monaten ab dem Fristbeginn nachholt, so endet die verlängerte Rücktrittsfrist 14 Tage nach dem Zeitpunkt, zu dem der Verbraucher die Urkunde erhält. „ “ *(BGBl I 2014/33, s § 41a Abs 29; BGBl I 2018/51, ab 1. 1. 2019, s § 41a Abs 33)*

(2) Das Rücktrittsrecht besteht auch dann, wenn der Unternehmer oder ein mit ihm zusammenwirkender Dritter den Verbraucher im Rahmen einer Werbefahrt, einer Ausflugsfahrt oder einer ähnlichen Veranstaltung „oder durch persönliches, individuelles Ansprechen auf der Straße“ in die vom Unternehmer für seine geschäftlichen Zwecke benützten Räume gebracht hat. *(BGBl 1984/456)*

(3) Das Rücktrittsrecht steht dem Verbraucher nicht zu,

1. wenn er selbst die geschäftliche Verbindung mit dem Unternehmer oder dessen Beauftragten zwecks Schließung dieses Vertrages angebahnt hat,

2. wenn dem Zustandekommen des Vertrages keine Besprechungen zwischen den Beteiligten oder ihren Beauftragten vorangegangen sind „,“ *(BGBl I 2017/50)*

3. bei Verträgen, bei denen die beiderseitigen Leistungen sofort zu erbringen sind, wenn sie üblicherweise von Unternehmern außerhalb ihrer Geschäftsräume geschlossen werden und das vereinbarte Entgelt „25 Euro“*, oder wenn das

Unternehmen nach seiner Natur nicht in ständigen Geschäftsräumen betrieben wird und das Entgelt „50 Euro"* nicht übersteigt „,"** *(*BGBl I 2014/33, s § 41a Abs 29; **BGBl I 2017/50)*

4. bei Verträgen, die dem Fern- und Auswärtsgeschäfte-Gesetz „oder dem Versicherungsvertragsgesetz" unterliegen, oder *(BGBl I 2014/33, s § 41a Abs 29; BGBl I 2018/51, ab 1. 1. 2019, s § 41a Abs 33)*

5. bei Vertragserklärungen, die der Verbraucher in körperlicher Abwesenheit des Unternehmers abgegeben hat, es sei denn, dass er dazu vom Unternehmer gedrängt worden ist. *(BGBl I 2014/33, s § 41a Abs 29)*

(4) Die Erklärung des Rücktritts ist an keine bestimmte Form gebunden. Die Rücktrittsfrist ist gewahrt, wenn die Rücktrittserklärung innerhalb der Frist abgesendet wird. *(BGBl I 2014/33, s § 41a Abs 29)*

(5) Der Verbraucher kann ferner von seinem Vertragsantrag oder vom Vertrag zurücktreten, wenn der Unternehmer gegen die gewerberechtlichen Regelungen über das Sammeln und die Entgegennahme von Bestellungen auf Dienstleistungen (§ 54 GewO 1994), über das Aufsuchen von Privatpersonen und Werbeveranstaltungen (§ 57 GewO 1994) oder über die Entgegennahme von Bestellungen auf Waren von Privatpersonen (§ 59 GewO 1994) verstoßen hat. Die Bestimmungen des Abs. 1, Abs. 3 Z 4 und 5 und Abs. 4 sind auch auf dieses Rücktrittsrecht anzuwenden. Dieses steht dem Verbraucher auch in den Fällen des Abs. 3 Z 1 bis 3 zu. *(BGBl I 2014/33, s § 41a Abs 29)*

§ 3a. (1) Der Verbraucher kann von seinem Vertragsantrag oder vom Vertrag weiters zurücktreten, wenn ohne seine Veranlassung für seine Einwilligung maßgebliche Umstände, die der Unternehmer im Zuge der Vertragsverhandlungen als wahrscheinlich dargestellt hat, nicht oder nur in erheblich geringerem Ausmaß eintreten.

(2) Maßgebliche Umstände im Sinn des Abs. 1 sind

1. die Erwartung der Mitwirkung oder Zustimmung eines Dritten, die erforderlich ist, damit die Leistung des Unternehmers erbracht oder vom Verbraucher verwendet werden kann,

2. die Aussicht auf steuerrechtliche Vorteile,

3. die Aussicht auf eine öffentliche Förderung und

4. die Aussicht auf einen Kredit.

(3) Der Rücktritt kann binnen einer Woche erklärt werden. Die Frist beginnt zu laufen, sobald für den Verbraucher erkennbar ist, daß die in Abs. 1 genannten Umstände nicht oder nur in erheblich geringerem Ausmaß eintreten und er eine schriftliche Belehrung über dieses Rücktrittsrecht erhalten hat. Das Rücktrittsrecht erlischt jedoch spätestens einen Monat nach der vollständigen Erfüllung des Vertrags durch beide Vertragspartner, bei „Bankverträgen" mit einer ein Jahr übersteigenden Vertragsdauer spätestens einen Monat nach dem Zustandekommen des Vertrags. *(BGBl I 2018/51, ab 1. 1. 2019, s § 41a Abs 33)*

(4) Das Rücktrittsrecht steht dem Verbraucher nicht zu, wenn

1. er bereits bei den Vertragsverhandlungen wußte oder wissen mußte, daß die maßgeblichen Umstände nicht oder nur in erheblich geringerem Ausmaß eintreten werden,

2. der Ausschluß des Rücktrittsrechts im einzelnen ausgehandelt worden ist „," *(BGBl I 2018/51)*

3. der Unternehmer sich zu einer angemessenen Anpassung des Vertrags bereit erklärt „oder" *(BGBl I 2018/51)*

4. der Vertrag dem Versicherungsvertragsgesetz unterliegt. *(BGBl I 2018/51, ab 1. 1. 2019, s § 41a Abs 33)*

(5) Für die Rücktrittserklärung gilt § 3 Abs. 4 sinngemäß.

(BGBl I 1997/6, s § 41a Abs 4 Z 2)

§ 4. (1) Tritt der Verbraucher „nach § 3 oder § 3a" vom Vertrag zurück, so hat Zug um Zug

1. der Unternehmer alle empfangenen Leistungen samt gesetzlichen Zinsen vom Empfangstag an zurückzuerstatten und den vom Verbraucher auf die Sache gemachten notwendigen und nützlichen Aufwand zu ersetzen,

2. der Verbraucher die empfangenen Leistungen zurückzustellen und dem Unternehmer ein angemessenes Entgelt für die Benützung, einschließlich einer Entschädigung für eine damit verbundene Minderung des gemeinen Wertes der Leistung, zu zahlen; die Übernahme der Leistungen in die Gewahrsame des Verbrauchers ist für sich allein nicht als Wertminderung anzusehen. *(BGBl I 1997/6, s § 41a Abs 4 Z 2)*

(2) Ist die Rückstellung der vom Unternehmer bereits erbrachten Leistungen unmöglich oder untunlich, so hat der Verbraucher dem Unternehmer deren Wert zu vergüten, soweit sie ihm zum klaren und überwiegenden Vorteil gereichen.

(3) Die Abs. 1 und 2 lassen Schadenersatzansprüche unberührt.

Kostenvoranschläge

§ 5. (1) Für die Erstellung eines Kostenvoranschlags im Sinn des § 1170a ABGB durch den Unternehmer hat der Verbraucher ein Entgelt nur dann zu zahlen, wenn er vorher auf diese Zahlungspflicht hingewiesen worden ist.

(2) Wird dem Vertrag ein Kostenvoranschlag des Unternehmers zugrunde gelegt, so gilt dessen

Richtigkeit als gewährleistet, wenn nicht das Gegenteil ausdrücklich erklärt ist.

Allgemeine Informationspflichten des Unternehmers

§ 5a. (1) Bevor der Verbraucher durch einen Vertrag oder seine Vertragserklärung gebunden ist, muss ihn der Unternehmer in klarer und verständlicher Weise über Folgendes informieren, soweit sich diese Informationen nicht bereits unmittelbar aus den Umständen ergeben:

1. die wesentlichen Eigenschaften der Ware oder Dienstleistung in dem für das Kommunikationsmittel und die Ware oder Dienstleistung angemessenen Umfang,

2. den Namen oder die Firma und die Telefonnummer des Unternehmers sowie die Anschrift seiner Niederlassung,

3. den Gesamtpreis der Ware oder Dienstleistung einschließlich aller Steuern und Abgaben, wenn aber der Preis aufgrund der Beschaffenheit der Ware oder Dienstleistung vernünftigerweise nicht im Voraus berechnet werden kann, die Art der Preisberechnung und gegebenenfalls alle zusätzlichen Fracht-, Liefer- oder Versandkosten oder, wenn diese Kosten vernünftigerweise nicht im Voraus berechnet werden können, das allfällige Anfallen solcher zusätzlicher Kosten,

4. gegebenenfalls die Zahlungs-, Liefer- und Leistungsbedingungen, den Zeitraum, innerhalb dessen nach der Zusage des Unternehmers die Ware geliefert oder die Dienstleistung erbracht wird, sowie ein allenfalls vorgesehenes Verfahren beim Umgang des Unternehmers mit Beschwerden,

5. zusätzlich zu dem Hinweis auf das Bestehen eines gesetzlichen Gewährleistungsrechts für die Ware gegebenenfalls das Bestehen und die Bedingungen von Kundendienstleistungen nach dem Verkauf und von gewerblichen Garantien,

6. gegebenenfalls die Laufzeit des Vertrags oder die Bedingungen für die Kündigung unbefristeter Verträge oder sich automatisch verlängernder Verträge,

7. gegebenenfalls die Funktionsweise digitaler Inhalte einschließlich anwendbarer technischer Schutzmaßnahmen für solche Inhalte und

8. gegebenenfalls – soweit wesentlich – die Interoperabilität digitaler Inhalte mit Hard- und Software, soweit diese dem Unternehmer bekannt ist oder vernünftigerweise bekannt sein muss.

(2) Die in Abs. 1 festgelegten Informationspflichten gelten nicht für Verträge

1. über Geschäfte des täglichen Lebens, die zum Zeitpunkt des Vertragsabschlusses sofort erfüllt werden,

2. die dem Fern- und Auswärtsgeschäfte-Gesetz unterliegen,

3. über soziale Dienstleistungen einschließlich der Bereitstellung und Vermietung von Sozialwohnungen, der Kinderbetreuung oder der Unterstützung von dauerhaft oder vorübergehend hilfsbedürftigen Familien oder Personen einschließlich Langzeitpflege,

4. über Gesundheitsdienstleistungen gemäß Artikel 3 Buchstabe a der Richtlinie 2011/24/EU über die Ausübung der Patientenrechte in der grenzüberschreitenden Gesundheitsversorgung, ABl. Nr. L 88 vom 4.4.2011 S. 45, unabhängig davon, ob sie von einer Einrichtung des Gesundheitswesens erbracht werden,

5. über Glücksspiele, die einen geldwerten Einsatz verlangen, einschließlich Lotterien, Glücksspiele in Spielkasinos und Wetten,

6. über Finanzdienstleistungen,

7. über die Begründung, den Erwerb oder die Übertragung von Eigentum oder anderen Rechten an unbeweglichen Sachen,

8. über den Bau von neuen Gebäuden, erhebliche Umbaumaßnahmen an bestehenden Gebäuden oder die Vermietung von Wohnraum,

9. über Pauschalreisen im Sinn von Art. 3 Z 2 der Richtlinie (EU) 2015/2302 über Pauschalreisen und verbundene Reiseleistungen, zur Änderung der Verordnung (EG) Nr. 2006/2004 und der Richtlinie 2011/83/EU sowie zur Aufhebung der Richtlinie 90/314/EWG, ABl. Nr. L 326 vom 11.12.2015 S. 1, *(BGBl I 2017/50, ab 1. 7. 2018)*

10. die in den Geltungsbereich der Richtlinie 2008/122/EG über den Schutz der Verbraucher im Hinblick auf bestimmte Aspekte von Teilzeitnutzungsverträgen, Verträgen über langfristige Urlaubsprodukte sowie Wiederverkaufs- und Tauschverträgen, ABl. Nr. L 33 vom 3.2.2009 S. 10, fallen,

11. die vor einem öffentlichen Amtsträger geschlossen werden, der gesetzlich zur Unabhängigkeit und Unparteilichkeit verpflichtet ist und durch umfassende rechtliche Aufklärung sicherzustellen hat, dass der Verbraucher den Vertrag nur aufgrund gründlicher rechtlicher Prüfung und in Kenntnis seiner rechtlichen Tragweite abschließt,

12. über die Lieferung von Lebensmitteln, Getränken oder sonstigen Haushaltsgegenständen des täglichen Bedarfs, die vom Unternehmer im Rahmen häufiger und regelmäßiger Fahrten am Wohnsitz, am Aufenthaltsort oder am Arbeitsplatz des Verbrauchers geliefert werden,

13. über die Beförderung von Personen,

14. die unter Verwendung von Warenautomaten oder automatisierten Geschäftsräumen geschlossen werden,

15. die mit Betreibern von Telekommunikationsmitteln mit Hilfe öffentlicher Fernsprecher zu deren Nutzung geschlossen werden oder die zur Nutzung einer einzelnen von einem Verbraucher

hergestellten Telefon-, Internet- oder Faxverbindung geschlossen werden.

(BGBl I 2014/33, s § 41a Abs 29)

Telefonische Vertragsabschlüsse im Zusammenhang mit Gewinnzusagen oder Wett- und Lotteriedienstleistungen

§ 5b. Verträge, die während eines vom Unternehmer eingeleiteten Anrufs im Zusammenhang mit Gewinnzusagen oder Wett- und Lotteriedienstleistungen ausgehandelt werden, sind nichtig. Auf die Ungültigkeit des Vertrags kann sich nur der Verbraucher berufen. Für Leistungen, die der Unternehmer trotz der Nichtigkeit derartiger Verträge erbracht hat, kann er weder ein Entgelt noch eine Wertminderung verlangen. Der Verbraucher kann alle Zahlungen und Leistungen, die vom Unternehmer entgegen dieser Bestimmung angenommen wurden, zurückfordern.

(BGBl I 2014/33, s § 41a Abs 29)

Verbindlichkeit von Gewinnzusagen

„**§ 5c.**“ Unternehmer, die Gewinnzusagen oder andere vergleichbare Mitteilungen an bestimmte Verbraucher senden und durch die Gestaltung dieser Zusendungen den Eindruck erwecken, daß der Verbraucher einen bestimmten Preis gewonnen habe, haben dem Verbraucher diesen Preis zu leisten; er kann auch gerichtlich eingefordert werden. *(BGBl I 2014/33, s § 41a Abs 29)*

(BGBl I 1999/185, s § 41a Abs 7)

Unzulässige Vertragsbestandteile

§ 6. (1) Für den Verbraucher sind besonders solche Vertragsbestimmungen im Sinn des § 879 ABGB jedenfalls nicht verbindlich, nach denen

1. sich der Unternehmer eine unangemessen lange oder nicht hinreichend bestimmte Frist ausbedingt, während deren er einen Vertragsantrag des Verbrauchers annehmen oder ablehnen kann oder während deren der Verbraucher an den Vertrag gebunden ist;

2. ein bestimmtes Verhalten des Verbrauchers als Abgabe oder Nichtabgabe einer Erklärung gilt, es sei denn, der Verbraucher wird bei Beginn der hiefür vorgesehenen Frist auf die Bedeutung seines Verhaltens besonders hingewiesen und hat zur Abgabe einer ausdrücklichen Erklärung eine angemessene Frist;

3. eine für den Verbraucher rechtlich bedeutsame Erklärung des Unternehmers, die jenem nicht zugegangen ist, als ihm zugegangen gilt, sofern es sich nicht um die Wirksamkeit einer an die zuletzt bekanntgegebene Anschrift des Verbrauchers gesendeten Erklärung für den Fall handelt, daß der Verbraucher dem Unternehmer eine Änderung seiner Anschrift nicht bekanntgegeben hat;

4. eine vom Verbraucher dem Unternehmer oder einem Dritten abzugebende Anzeige oder Erklärung einer strengeren Form als der Schriftform oder besonderen Zugangserfordernissen zu genügen hat;

5. dem Unternehmer auf sein Verlangen für seine Leistung ein höheres als das bei der Vertragsschließung bestimmte Entgelt zusteht, es sei denn, daß der Vertrag bei Vorliegen der vereinbarten Voraussetzungen für eine Entgeltänderung auch eine Entgeltsenkung vorsieht, daß die für die Entgeltänderung maßgebenden Umstände im Vertrag umschrieben und sachlich gerechtfertigt sind sowie daß ihr Eintritt nicht vom Willen des Unternehmers abhängt; *(BGBl I 1997/6, s § 41a Abs 4 Z 3)*

6. das Recht des Verbrauchers, seine Leistung nach § 1052 ABGB bis zur Bewirkung oder Sicherstellung der Gegenleistung zu verweigern, für den Fall ausgeschlossen oder eingeschränkt wird, daß der Unternehmer seine Leistung nicht vertragsgemäß erbringt oder ihre Erbringung durch seine schlechten Vermögensverhältnisse, die dem Verbraucher zur Zeit der Vertragsschließung weder bekannt waren noch bekannt sein mußten, gefährdet ist, indem etwa das Leistungsverweigerungsrecht davon abhängig gemacht wird, daß der Unternehmer Mängel seiner Leistung anerkennt;

7. ein dem Verbraucher nach dem Gesetz zustehendes Zurückbehaltungsrecht ausgeschlossen oder eingeschränkt wird;

8. das Recht des Verbrauchers, seine Verbindlichkeiten durch Aufrechnung aufzuheben, für den Fall der Zahlungsunfähigkeit des Unternehmers oder für Gegenforderungen ausgeschlossen oder eingeschränkt wird, die im rechtlichen Zusammenhang mit der Verbindlichkeit des Verbrauchers stehen, die gerichtlich festgestellt oder die vom Unternehmer anerkannt worden sind;

9. eine Pflicht des Unternehmers zum Ersatz eines Schadens an der Person ausgeschlossen oder eingeschränkt wird oder eine Pflicht des Unternehmers zum Ersatz sonstiger Schäden für den Fall ausgeschlossen oder eingeschränkt wird, daß er oder eine Person, für die er einzustehen hat, den Schaden vorsätzlich oder grob fahrlässig verschuldet hat; *(BGBl I 1997/6, s § 41a Abs 4 Z 2)*

10. der Unternehmer oder eine seinem Einflußbereich unterliegende Stelle oder Person ermächtigt wird, mit bindender Wirkung für den Verbraucher darüber zu entscheiden, ob die ihm vom Unternehmer erbrachten Leistungen der Vereinbarung entsprechen;

11. dem Verbraucher eine Beweislast auferlegt wird, die ihn von Gesetzes wegen nicht trifft;

12. die Rechte des Verbrauchers auf eine Sache, die der Unternehmer zur Bearbeitung übernommen hat, in unangemessen kurzer Frist verfallen;

13. die im Fall des Verzugs des Verbrauchers zu zahlenden Zinsen den für den Fall vertragsgemäßer Zahlung vereinbarten Zinssatz um mehr als fünf Prozentpunkte pro Jahr übersteigen; *(BGBl I 1997/6, s § 41a Abs 4 Z 3)*

14. das Recht zur Geltendmachung eines ihm unterlaufenen Irrtums oder des Fehlens oder Wegfalls der Geschäftsgrundlage im vorhinein ausgeschlossen oder eingeschränkt wird, etwa auch durch eine Vereinbarung, wonach Zusagen des Unternehmers nicht die Hauptsache oder eine wesentliche Beschaffenheit derselben (§ 871 Abs. 1 ABGB) betreffen; *(BGBl I 1997/6, s § 41a Abs 4 Z 2)*

15. er sich nach Eintritt des Verzugs zur Zahlung von Betreibungs- oder Einbringungskosten verpflichtet, sofern diese Kosten in der Vereinbarung nicht gesondert und aufgeschlüsselt ausgewiesen sind oder soweit diese Kosten zur zweckentsprechenden Betreibung oder Einbringung der Forderung nicht notwendig waren. *(BGBl I 1997/6, s § 41a Abs 4 Z 2)*

(2) Sofern der Unternehmer nicht beweist, daß sie im einzelnen ausgehandelt worden sind, gilt das gleiche auch für Vertragsbestimmungen, nach denen

1. der Unternehmer ohne sachliche Rechtfertigung vom Vertrag zurücktreten kann,

2. dem Unternehmer das Recht eingeräumt wird, seine Pflichten oder den gesamten Vertrag mit schuldbefreiender Wirkung einem Dritten zu überbinden, der im Vertrag nicht namentlich genannt ist;

3. der Unternehmer eine von ihm zu erbringende Leistung einseitig ändern oder von ihr abweichen kann, es sei denn, die Änderung beziehungsweise Abweichung ist dem Verbraucher zumutbar, besonders weil sie geringfügig und sachlich gerechtfertigt ist;

4. dem Unternehmer auf sein Verlangen für seine innerhalb von zwei Monaten nach der Vertragsschließung zu erbringende Leistung ein höheres als das ursprünglich bestimmte Entgelt zusteht;

5. eine Pflicht des Unternehmers zum Ersatz eines Schadens an einer Sache, die er zur Bearbeitung übernommen hat, ausgeschlossen oder beschränkt wird;

6. Ansprüche des Verbrauchers aus § 908 ABGB eingeschränkt oder ausgeschlossen werden; *(BGBl I 1997/6, s § 41a Abs 4 Z 2)*

7. ein Rechtsstreit zwischen dem Unternehmer und dem Verbraucher durch einen oder mehrere Schiedsrichter entschieden werden soll. *(BGBl I 2003/91, s § 41a Abs 15)*

(3) Eine in Allgemeinen Geschäftsbedingungen oder Vertragsformblättern enthaltene Vertragsbestimmung ist unwirksam, wenn sie unklar oder unverständlich abgefaßt ist. *(BGBl I 1997/6, s § 41a Abs 4 Z 2)*

Erfüllung einer Geldschuld

§ 6a. (1) Sofern nicht nach der Natur des Vertragsverhältnisses – wie etwa bei Zug um Zug zu erfüllenden Verträgen – Barzahlung verkehrsüblich ist, hat der Unternehmer dem Verbraucher für die Erfüllung von dessen Geldschuld ein verkehrsübliches Bankkonto bekanntzugeben. Dies gilt nicht, wenn eine bestimmte andere Art der Erfüllung – etwa im Weg der Einziehung oder mittels Kreditkarte – vereinbart wurde.

(2) Wird die Geldschuld eines Verbrauchers gegenüber einem Unternehmer durch Banküberweisung erfüllt, so reicht es für die Rechtzeitigkeit der Erfüllung – abweichend von § 907a Abs. 2 erster Satz ABGB – auch bei einem im Vorhinein bestimmten Fälligkeitstermin aus, dass der Verbraucher am Tag der Fälligkeit den Überweisungsauftrag erteilt.

(BGBl I 2013/50, ab 16. 3. 2013, s § 41a Abs 28)

Kosten telefonischer Kontaktaufnahme nach Vertragsabschluss

§ 6b. Hat der Unternehmer einen Telefonanschluss eingerichtet, um im Zusammenhang mit geschlossenen Verbraucherverträgen seinen Vertragspartnern eine telefonische Kontaktnahme mit ihm zu ermöglichen, so darf er einem Verbraucher, der diese Möglichkeit in Anspruch nimmt, dafür kein Entgelt anlasten. Das Recht von Anbietern von Telekommunikationsdiensten, Entgelte für eigentliche Kommunikationsdienstleistungen zu verlangen, bleibt dadurch unberührt.

(BGBl I 2014/33, s § 41a Abs 29)

Zusätzliche Zahlungen

§ 6c. (1) Eine Vereinbarung, mit der sich ein Verbraucher neben dem für die Hauptleistung vereinbarten Entgelt zu weiteren Zahlungen – etwa als Entgelt für eine Zusatzleistung des Unternehmers – verpflichtet, kommt nur wirksam zustande, wenn ihr der Verbraucher ausdrücklich zustimmt. Eine solche Zustimmung liegt insbesondere dann nicht vor, wenn der Verbraucher zur Vermeidung einer Vertragserklärung eine vom Unternehmer vorgenommene Voreinstellung ablehnen müsste, diese Ablehnung jedoch unterlässt.

(2) Fehlt die nach Abs. 1 erforderliche Zustimmung, so hat der Unternehmer dem Verbraucher geleistete zusätzliche Zahlungen zurückzuerstatten.

(3) Der Verbraucher kann die Wirksamkeit der Vereinbarung nachträglich herbeiführen, indem er dieser im Sinn des Abs. 1 ausdrücklich zustimmt.

(4) Die Abs. 1 bis 3 gelten nicht für die in § 5a Abs. 2 Z 3 bis 8, 10 bis 12, 14 und 15 angeführten Verträge.

(BGBl I 2014/33, s § 41a Abs 29)

Angeld und Reugeld

§ 7. Ist der Unternehmer zur Einbehaltung oder Rückforderung eines Angeldes (§ 908 ABGB) berechtigt oder der Verbraucher zur Zahlung eines Reugeldes (§ 909 ABGB) verpflichtet, so kann der Richter das Angeld beziehungsweise das Reugeld in sinngemäßer Anwendung des § 1336 Abs. 2 ABGB mäßigen.

(BGBl I 1997/6, s § 41a Abs 4 Z 2)

Leistungsfrist bei Verträgen über Waren

§ 7a. Mangels anderer vertraglicher Vereinbarung hat der Unternehmer die Ware ohne unnötigen Aufschub, jedenfalls aber nicht später als 30 Tage nach Vertragsabschluss bereitzustellen oder – wenn die Übersendung der Ware vereinbart ist – beim Verbraucher abzuliefern.

(BGBl I 2014/33, s § 41a Abs 29)

Gefahrenübergang bei Übersendung der Ware

§ 7b. Wenn der Unternehmer die Ware übersendet, geht die Gefahr für den Verlust oder die Beschädigung der Ware erst auf den Verbraucher über, sobald die Ware an den Verbraucher oder an einen von diesem bestimmten, vom Beförderer verschiedenen Dritten abgeliefert wird. Hat aber der Verbraucher selbst den Beförderungsvertrag geschlossen, ohne dabei eine vom Unternehmer vorgeschlagene Auswahlmöglichkeit zu nützen, so geht die Gefahr bereits mit der Aushändigung der Ware an den Beförderer über. Mangels anderer Vereinbarung erwirbt der Verbraucher zugleich mit dem Gefahrenübergang das Eigentum an der Ware.

(BGBl I 2014/33, s § 41a Abs 29)

Gewährleistung

§ 8. (1) „Ist der Unternehmer zur Verbesserung oder zum Austausch verpflichtet (§ 932 ABGB), so hat er diese Pflicht zu erfüllen“

1. an dem Ort, an dem die Sache übergeben worden ist; hat der Unternehmer die Sache vertragsgemäß nach einem im Inland gelegenen Ort befördert oder versendet, so tritt dieser Ort an die Stelle des Übergabsortes; oder wenn es der Verbraucher verlangt

2. an dem Ort, an dem sich die Sache gewöhnlich befindet, sofern dieser Ort im Inland gelegen ist, für den Unternehmer nicht überraschend sein mußte und sofern nach der Art der Sache deren Beförderung zum Unternehmer für den Verbraucher untunlich ist, besonders weil die Sache sperrig, gewichtig oder durch Einbau unbeweglich geworden ist.
(BGBl I 2001/48, s § 41a Abs 11)

(2) Der Unternehmer kann verlangen, dass ihm der Verbraucher, wenn es für diesen tunlich ist, die Sache übersendet. Der Unternehmer hat jedoch die Gefahr der Übersendung zu tragen. *(BGBl I 2001/48, s § 41a Abs 11)*

(3) Die notwendigen Kosten der Verbesserung oder des Austauschs, insbesondere Versand-, Arbeits- und Materialkosten, hat der Unternehmer zu tragen. *(BGBl I 2001/48, s § 41a Abs 11)*

§ 9. (1) Gewährleistungsrechte des Verbrauchers (§§ 922 bis 933 ABGB) können vor Kenntnis des Mangels nicht ausgeschlossen oder eingeschränkt werden. Die Vereinbarung einer kürzeren als der gesetzlichen Gewährleistungsfrist ist unwirksam, doch kann bei der Veräußerung gebrauchter beweglicher Sachen die Gewährleistungsfrist auf ein Jahr verkürzt werden, sofern dies im Einzelnen ausgehandelt wird. Bei Kraftfahrzeugen ist eine solche Verkürzung nur dann wirksam, wenn seit dem Tag der ersten Zulassung mehr als ein Jahr verstrichen ist.

(2) Die §§ 925 bis 927 und 933 Abs. 2 ABGB über Viehmängel sind auf den Erwerb durch Verbraucher nicht anzuwenden.

(BGBl I 2001/48, s § 41a Abs 11)

§ 9a. War der Unternehmer nach dem Vertrag zur Montage verpflichtet, so haftet er auch für einen dabei durch sein unsachgemäßes Verhalten an der Sache verursachten Mangel. Dasselbe gilt, wenn die Sache zur Montage durch den Verbraucher bestimmt war und die unsachgemäße Montage auf einem Fehler der Montageanleitung beruht.

(BGBl I 2001/48, s § 41a Abs 11)

Vertragliche Garantie

§ 9b. (1) Verpflichtet sich ein Unternehmer gegenüber einem Verbraucher, für den Fall der Mangelhaftigkeit der Sache diese zu verbessern, auszutauschen, den Kaufpreis zu erstatten oder sonst Abhilfe zu schaffen (Garantie), so hat er auch auf die gesetzliche Gewährleistungspflicht des Übergebers und darauf hinzuweisen, dass sie durch die Garantie nicht eingeschränkt wird. Der Unternehmer ist an die Zusagen in der Garantieerklärung und an den in der Werbung bekannt gemachten Inhalt der Garantie gebunden.

(2) Die Garantieerklärung hat den Namen und die Anschrift des Garanten sowie in einfacher und verständlicher Form den Inhalt der Garantie, vor allem ihre Dauer und ihre räumliche Geltung, und die sonstigen für ihre Inanspruchnahme nötigen Angaben zu enthalten. Gehen aus der Erklärung die garantierten Eigenschaften nicht hervor, so haftet der Garant dafür, dass die Sache die gewöhnlich vorausgesetzten Eigenschaften hat.

(3) Die Garantie ist dem Verbraucher auf sein Verlangen schriftlich oder auf einem anderen für ihn verfügbaren dauerhaften Datenträger bekannt zu geben.

(4) Verstößt der Garant gegen die Abs. 1 bis 3, so berührt dies die Gültigkeit der Garantie nicht. Der Garant haftet überdies dem Verbraucher für den durch den Verstoß verschuldeten Schaden.

(BGBl I 2001/48, s § 41a Abs 11)

Umfang der Vertretungsmacht und mündliche Zusagen

§ 10. (1) Eine Vollmacht, die ein Unternehmer erteilt hat, erstreckt sich im Verkehr mit Verbrauchern auf alle Rechtshandlungen, die derartige Geschäfte gewöhnlich mit sich bringen; besondere gesetzliche Regeln über den Umfang der Vollmacht bleiben davon unberührt. Eine Beschränkung dieser Vollmacht ist dem Verbraucher gegenüber nur wirksam, wenn sie ihm bewußt war.

(2) War dem Verbraucher die Beschränkung der Vollmacht nur infolge grober Fahrlässigkeit nicht bewußt, so hat der Unternehmer – unbeschadet der Geltendmachung dieses Umstandes nach anderen Bestimmungen – das Recht, vom Vertrag zurückzutreten; der Rücktritt muß unverzüglich nach Kenntnis des Unternehmers von der Überschreitung durch den Vertreter und den Umständen, aus denen sich die grobe Fahrlässigkeit des Verbrauchers ergibt, erklärt werden.

(3) Die Rechtswirksamkeit formloser Erklärungen des Unternehmers oder seiner Vertreter kann zum Nachteil des Verbrauchers vertraglich nicht ausgeschlossen werden.

Verbot des Orderwechsels

§ 11. (1) Der Unternehmer darf sich für seine Forderungen an den Verbraucher eine Wechselverbindlichkeit eines Verbrauchers nur einräumen lassen, wenn der Unternehmer Wechselnehmer (Art. 1 Z. 6, Art. 75 Z. 5 des Wechselgesetzes 1955) ist und der Wechsel die Worte "nicht an Order" oder einen gleichbedeutenden Vermerk enthält. Eine Verletzung dieser Bestimmung läßt die Rechtswirksamkeit des Wechsels unberührt.

(2) Ist dem Abs. 1 nicht entsprochen worden, so hat jeder Verbraucher, der den Wechsel eingelöst hat, an den Unternehmer einen Anspruch auf Zahlung eines Betrages in der Höhe der Rückgriffssumme, soweit nicht der Unternehmer beweist, daß der Verbraucher durch die Übernahme oder Erfüllung der Wechselverbindlichkeit von einer auch ohne den Wechsel bestehenden Pflicht zur Zahlung dieses Betrages befreit worden ist.

Verbot der Gehaltsabtretung

§ 12. (1) Eine Lohn- oder Gehaltsforderung des Verbrauchers darf dem Unternehmer nicht zur Sicherung oder Befriedigung seiner noch nicht fälligen Forderungen abgetreten werden.

(2) Hat der Dienstgeber dem Unternehmer oder einem Dritten auf Grund einer entgegen dem Abs. 1 abgetretenen Lohn- oder Gehaltsforderung Beträge mit der Wirkung gezahlt, daß er von der Lohn- oder Gehaltsforderung des Verbrauchers befreit worden ist, so hat der Verbraucher an den Unternehmer einen Anspruch auf Ersatz dieses Betrages, soweit nicht der Unternehmer beweist, daß der Verbraucher durch die Abtretung oder die Bezahlung der Lohn- oder Gehaltsforderung von einer Schuld befreit worden ist.

§§ 12a bis 13. *(aufgehoben samt Überschrift, BGBl I 2010/28, ab 11. 6. 2010, s § 41a Abs 23)*

Verbraucherverträge mit Auslandsbezug

§ 13a. (1) Haben die Parteien eines Verbrauchervertrags mit Auslandsbezug das Recht eines Staates gewählt, der nicht Vertragsstaat des EWR-Abkommens ist, so ist diese Rechtswahl für die Beurteilung

1. der Gültigkeit und der Folgen der Ungültigkeit einer Vertragsbestimmung, die nicht eine der beiderseitigen Hauptleistungen festlegt,

2. der Folgen einer unklar und unverständlich abgefaßten Vertragsbestimmung,

3. des Schutzes bei Vertragsabschlüssen „ "** im Sinn „ "** der Bestimmungen des Fern-Finanzdienstleistungs-Gesetzes, BGBl. I Nr. 62/2004 „ ,"* *(BGBl I 2004/62, s § 41a Abs 18; *BGBl I 2010/28, ab 11. 6. 2010; **BGBl I 2017/50, ab 1. 7. 2018)*

4. der Gewährleistung und der Garantie beim Kauf oder bei der Herstellung beweglicher Sachen im Sinne der §§ 8 bis 9b sowie der §§ 922 bis 924, 928, 932 und 933 ABGB „und" *(BGBl I 2001/48, s § 41a Abs 11; BGBl I 2010/28, ab 11. 6. 2010)*

5. des Schutzes bei Verbraucherkreditverträgen und anderen Formen der Kreditierung im Sinn der Richtlinie 2008/48/EG *(BGBl I 2010/28, ab 11. 6. 2010, s § 41a Abs 23)*

insoweit unbeachtlich, als das gewählte Recht für den Verbraucher nachteiliger ist als das Recht, das ohne die Rechtswahl maßgebend wäre. Dies gilt nur, wenn ohne die Rechtswahl das Recht eines Staates anzuwenden wäre, der Vertragsstaat des EWR-Abkommens ist. *(BGBl I 1999/185, s § 41a Abs 9)*

(2) „§ 6" und die §§ 864a und 879 Abs. 3 ABGB sind zum Schutz des Verbrauchers ohne Rücksicht darauf anzuwenden, welchem Recht der Vertrag unterliegt, wenn dieser im Zusammenhang mit einer in Österreich entfalteten, auf die Schließung solcher Verträge gerichteten Tätigkeit des Unternehmers oder der von ihm hiefür verwendeten Personen zustande gekommen ist. *(BGBl I 1998/119, s § 41a Abs 5; BGBl I 2010/28, ab 11. 6. 2010)*

Gerichtsstand

§ 14. (1) Hat der Verbraucher im Inland seinen Wohnsitz oder seinen gewöhnlichen Aufenthalt oder ist er im Inland beschäftigt, so kann für eine Klage gegen ihn nach den §§ 88, 89, 93 Abs. 2 und 104 Abs. 1 JN nur die Zuständigkeit des Gerichtes begründet werden, in dessen Sprengel der Wohnsitz, der gewöhnliche Aufenthalt oder der Ort der Beschäftigung liegt; dies gilt nicht für Rechtsstreitigkeiten, die bereits entstanden sind. *(BGBl I 1997/140, anzuwenden auf Verfahren, in denen die Klagen bei Gericht nach dem 31. 12. 1997 angebracht werden)*

(2) Das Fehlen der inländischen Gerichtsbarkeit sowie der örtlichen Zuständigkeit des Gerichts ist in jeder Lage des Verfahrens von Amts wegen wahrzunehmen; die Bestimmungen über die Heilung des Fehlens der inländischen Gerichtsbarkeit oder der sachlichen oder örtlichen Zuständigkeit (§ 104 Abs. 3 JN) sind jedoch anzuwenden. *(BGBl I 1997/140, s Anm zu Abs 1)*

(3) Eine Vereinbarung, mit der für eine Klage des Verbrauchers gegen den Unternehmer ein nach dem Gesetz gegebener Gerichtsstand ausgeschlossen wird, ist dem Verbraucher gegenüber rechtsunwirksam.

(4) Die Abs. 1 bis 3 sind insoweit zur Gänze oder zum Teil nicht anzuwenden, als nach Völkerrecht oder besonderen gesetzlichen Anordnungen ausdrücklich anderes bestimmt ist. *(BGBl I 1997/140, s Anm zu Abs 1)*

Abschnitt III

Besondere Vertragsarten

Verträge über wiederkehrende Leistungen

§ 15. (1) Verträge, durch die sich der Unternehmer zur wiederholten Lieferung beweglicher körperlicher Sachen einschließlich Energie oder zu wiederholten Werkleistungen und der Verbraucher zu wiederholten Geldzahlungen verpflichten und die für eine unbestimmte oder eine ein Jahr übersteigende Zeit geschlossen worden sind, kann der Verbraucher unter Einhaltung einer zweimonatigen Frist zum Ablauf des ersten Jahres, nachher zum Ablauf jeweils eines halben Jahres kündigen. „ " *(BGBl 1984/456)*

(2) Ist die Gesamtheit der zu liefernden Sachen eine nach ihrer Art unteilbare Leistung, deren Umfang und Preis schon bei der Vertragsschließung bestimmt sind, so kann der erste Kündigungstermin bis zum Ablauf des zweiten Jahres hinausgeschoben werden. „In solchen Verträgen kann die Kündigungsfrist auf höchstens sechs Monate verlängert werden." *(BGBl 1984/456)*

(3) Erfordert die Erfüllung eines bestimmten, im Abs. 1 genannten Vertrages oder von solchen Verträgen mit einer Gruppe von bereits bestimmten einzelnen Verbrauchern erhebliche Aufwendungen des Unternehmers und hat er dies dem Verbraucher spätestens bei der Vertragsschließung bekanntgegeben, so können den Umständen angemessene, von den Abs. 1 und 2 abweichende Kündigungstermine und Kündigungsfristen vereinbart werden.

(4) Eine Kündigung des Verbrauchers, die nicht fristgerecht ausgesprochen worden ist, wird zum nächsten nach Ablauf der Kündigungsfrist liegenden Kündigungstermin wirksam.

§§ 16 bis 25. *(aufgehoben samt Überschrift, BGBl I 2010/28, ab 11. 6. 2010, s § 41a Abs 23)*

Kreditgeschäfte von Ehegatten

§ 25a.[1)] Unternehmer, deren Unternehmensgegenstand die Gewährung oder die Vermittlung von Krediten ist, haben Ehegatten, die als Verbraucher gemeinsam einen Kredit aufnehmen, mag auch einer die Haftung nur als Bürge eingehen, oder einem Ehegatten, der als Verbraucher die Haftung für eine bestehende Kreditverbindlichkeit des anderen übernimmt, durch die Übergabe einer gesonderten Urkunde darüber zu belehren,

1. daß, falls die Ehegatten solidarisch haften, von jedem der Schuldner in beliebiger Reihenfolge der volle Schuldbetrag verlangt werden kann, ohne Rücksicht darauf, wem von ihnen die Kreditsumme zugekommen ist,

2. daß die Haftung auch bei Auflösung der Ehe aufrecht bleibt sowie

3. daß nur das Gericht im Fall der Scheidung die Haftung eines der Ehegatten gemäß § 98 Ehegesetz auf eine Ausfallsbürgschaft beschränken kann, was binnen eines Jahres nach Eintritt der Rechtskraft der Scheidung beantragt werden müßte.

(BGBl I 1997/6, s § 41a Abs 4 Z 2)

[1)] *§ 25a ist nach § 43 Abs 1 Z 9 EPG auf eingetragene Partner sinngemäß anzuwenden.*

Kreditverbindlichkeiten von Verbrauchern

§ 25b. (1) Ist ein Verbraucher Solidarschuldner eines von einem in § 25a genannten Unternehmer gewährten Kredites, so hat der Gläubiger jede Mahnung und sonstige Erklärung wegen einer Säumigkeit eines anderen Solidarschuldners auch dem Verbraucher zuzustellen.

(2) Ist ein Verbraucher Bürge oder Garant eines von einem in § 25a genannten Unternehmer gewährten Kredites und wird der Hauptschuldner säumig, so hat der Gläubiger den Verbraucher davon in angemessener Frist zu verständigen. Unterläßt er dies, so haftet ihm der Verbraucher nicht für die Zinsen und Kosten, die ab der Kenntnis des Gläubigers von der Säumigkeit des Hauptschuldners bis zu einem Verzug des Verbrauchers selbst entstehen.

(BGBl I 1997/6, s § 41a Abs 4 Z 2)

§ 25c. Tritt ein Verbraucher einer Verbindlichkeit als Mitschuldner, Bürge oder Garant bei (Interzession), so hat ihn der Gläubiger auf die wirtschaftliche Lage des Schuldners hinzuweisen, wenn er erkennt oder erkennen muß, daß der Schuldner seine Verbindlichkeit voraussichtlich nicht oder nicht vollständig erfüllen wird. Unterläßt der Unternehmer diese Information, so haftet der Interzedent nur dann, wenn er seine Verpflichtung trotz einer solchen Information übernommen hätte.

(BGBl I 1997/6, s § 41a Abs 4 Z 2)

Mäßigungsrecht

§ 25d. (1) Der Richter kann die Verbindlichkeit eines Interzedenten (§ 25c) insoweit mäßigen oder auch ganz erlassen, als sie in einem unter Berücksichtigung aller Umstände unbilligen Mißverhältnis zur Leistungsfähigkeit des Interzedenten steht, sofern die Tatsache, daß der Verbraucher bloß Interzedent ist, und die Umstände, die dieses Mißverhältnis begründet oder herbeigeführt haben, bei Begründung der Verbindlichkeit für den Gläubiger erkennbar waren.

(2) Bei der Entscheidung nach Abs. 1 ist insbesondere zu berücksichtigen:

1. das Interesse des Gläubigers an der Begründung der Haftung des Interzedenten,

2. das Verschulden des Interzedenten an den Umständen, die das in Abs. 1 genannte Mißverhältnis begründet oder herbeigeführt haben,

3. der Nutzen des Interzedenten aus der Leistung des Gläubigers sowie

4. der Leichtsinn, die Zwangslage, die Unerfahrenheit, die Gemütsaufregung oder die Abhängigkeit des Interzedenten vom Schuldner bei Begründung der Verbindlichkeit.

(BGBl I 1997/6, s § 41a Abs 4 Z 2)

§§ 26 bis 26b. *(aufgehoben samt Überschrift, BGBl I 2014/33)*

§ 26c. *(aufgehoben samt Überschrift, BGBl I 2010/28, ab 11. 6. 2010, s § 41a Abs 23)*

Wohnungsverbesserung

§ 26d. (1) Verträge über Leistungen zur Sanierung von Wohnräumen sind schriftlich zu errichten, wenn der Besteller Verbraucher ist und sie unter solchen Umständen geschlossen werden, die ihn nach § 3 zum Rücktritt berechtigen.

(2) Die Vertragsurkunde hat zu enthalten:

1. den Vor- und den Familiennamen (die Firma), den Beruf (Gegenstand des Unternehmens) und den gewöhnlichen Aufenthalt (Sitz) der Vertragsteile;

2. den Tag und den Ort des Vertragsantrags oder der Vertragsannahme des Verbrauchers;

3. den Gegenstand des Vertrags, und zwar unter Angabe des Herstellers und der Type der Waren, die zur Erfüllung des Vertrags zu liefern sind, sofern deren Umschreibung mit Hersteller und Type üblich ist;

4. die Höhe und die Fälligkeit der zu leistenden Zahlungen;

5. falls der Rücktritt des Verbrauchers nach § 3a Abs. 4 Z 2 ausgeschlossen worden ist, diese Vereinbarung;

6. eine Belehrung über das Rücktrittsrecht nach den §§ 3 und 3a.

(3) Der Unternehmer hat auf seine Kosten unverzüglich nach Unterfertigung der Vertragsurkunde durch den Verbraucher diesem eine Abschrift auszufolgen; darin sind die in Abs. 2 genannten Angaben deutlich lesbar wiederzugeben.

(4) Die Rechtswirksamkeit eines Vertrags nach Abs. 1 ist von der Errichtung der Vertragsurkunde unabhängig.

(5) Die Regelungen der Abs. 1 bis 4 gelten nicht für solche Verträge über Leistungen zur Sanierung von Wohnräumen, die dem Fern- und Auswärtsgeschäfte-Gesetz unterliegen. *(BGBl I 2014/33, s § 41a Abs 29)*

(BGBl I 1997/6, s § 41a Abs 4 Z 2)

Vorauszahlungskäufe

§ 27. Von einem Vertrag über die Lieferung einer beweglichen körperlichen Sache, mit dem sich der Verbraucher verpflichtet, den Kaufpreis in Teilbeträgen vorauszuzahlen, kann er zurücktreten, sofern die Ware bloß durch Erklärung der Vertragspartner bestimmbar oder der Preis nicht nach den Preisverhältnissen zur Zeit der Vertragsschließung festgelegt und solange der Vertrag nicht beiderseits vollständig erfüllt ist. Für die

Rückstellung bereits erbrachter Leistungen gilt der § 4 sinngemäß.

Werkvertrag

§ 27a. Ist die Ausführung eines Werkes unterblieben und verlangt der Unternehmer gleichwohl das vereinbarte Entgelt (§ 1168 Abs. 1 ABGB), so hat er dem Verbraucher die Gründe dafür mitzuteilen, daß er infolge Unterbleibens der Arbeit weder etwas erspart noch durch anderweitige Verwendung erworben oder zu erwerben absichtlich versäumt hat.

(BGBl I 1997/6, s § 41a Abs 4 Z 2)

Verträge zwischen Heimträgern und -bewohnern

§ 27b. (1) Die §§ 27b bis 27i regeln bestimmte Aspekte zivilrechtlicher Verträge zwischen den Trägern und den Bewohnern von Altenheimen, Pflegeheimen und anderen Einrichtungen, in denen wenigstens drei Menschen aufgenommen werden können. Sie gelten für Verträge über die dauernde oder auch nur vorübergehende Unterkunft, Betreuung und Pflege in solchen Einrichtungen (Heimverträge). Auf Verträge über die Übernahme der Pflege und Erziehung von Minderjährigen in Heimen oder anderen Einrichtungen sowie auf Verträge über die Aufnahme, Pflege und Betreuung von Pfleglingen in Krankenanstalten und stationären Einrichtungen für medizinische Rehabilitationsmaßnahmen sind diese Bestimmungen nicht anzuwenden.

(2) Heimverträge im Sinn des Abs. 1 unterliegen nicht der Gebührenpflicht nach § 33 Tarifpost 5 des Gebührengesetzes, BGBl. Nr. 267/1957, in der jeweils geltenden Fassung.

(BGBl I 2004/12, ab 1. 7. 2004, auf Sachverhalte anzuwenden, die nach diesem Zeitpunkt verwirklicht werden)

Informationspflicht

§ 27c. Der Heimträger hat Interessenten, die er in seine Einrichtung aufnehmen kann, auf deren Verlangen schriftlich über alle für den Vertragsabschluss sowie die Unterkunft, die Betreuung und die Pflege im Heim wesentlichen Belange zu informieren. Er hat in jeder Werbung für seine Einrichtung anzugeben, wo diese Informationen angefordert werden können.

(BGBl I 2004/12, s Anm zu § 27b)

Inhalt und Form des Heimvertrags

§ 27d. (1) Der Heimvertrag hat zumindest Angaben zu enthalten über

1. den Namen (die Firma) und die Anschrift der Vertragsteile;

2. die Dauer des Vertragsverhältnisses;

3. die Räumlichkeiten (Wohnräume, in denen der Bewohner untergebracht wird, sowie Gemeinschaftsräume und -einrichtungen), deren Ausstattung, die Wäscheversorgung und die Reinigung der Wohnräume;

4. die allgemeine Verpflegung der Heimbewohner;

5. die Leistungen im Rahmen der Grundbetreuung, wie etwa die Pflege bei kurzen Erkrankungen, die Einrichtung eines Bereitschaftsdienstes und die Unterstützung des Bewohners in persönlichen Angelegenheiten;

6. die Fälligkeit und die Höhe des Entgelts, eine Aufschlüsselung des Entgelts jeweils für Unterkunft, Verpflegung, Grundbetreuung, besondere Pflegeleistungen und zusätzliche Leistungen sowie die vom Träger der Sozial- oder Behindertenhilfe gedeckten Leistungen und *(BGBl I 2006/92, ab 1. 7. 2007, auf Verträge, die vor diesem Zeitpunkt geschlossen worden sind, nicht anzuwenden, s § 41a Abs 19)*

7. die Vorgangsweise des Heimträgers bei Beendigung des Vertragsverhältnisses.

(2) Sofern und soweit der Heimträger solche Leistungen erbringt, vermittelt oder verlangt, hat der Heimvertrag zudem Angaben zu enthalten über

1. die besonderen Verpflegungsleistungen, wie etwa Diätkostangebote;

2. die Art und das Ausmaß der besonderen Pflegeleistungen;

3. die medizinischen und therapeutischen Leistungen, wie etwa die Anwesenheit und Erreichbarkeit von Ärzten, anderen Therapeuten und Sozialarbeitern, sowie die Ausstattung für die Erbringung solcher Leistungen;

4. die sonstigen Dienstleistungen, die von dritten Personen erbracht werden;

5. die soziale und kulturelle Betreuung der Heimbewohner, wie etwa Bildungs-, Beschäftigungs- und Kulturveranstaltungen, und

6. die vom Heimbewohner zu erlegende Kaution.

Wenn und soweit der Heimträger solche Leistungen nicht erbringt, vermittelt oder verlangt, hat er darauf im Heimvertrag hinzuweisen.

(3) Der Heimvertrag hat ferner insbesondere Feststellungen hinsichtlich folgender Persönlichkeitsrechte des Heimbewohners zu enthalten:

1. Recht auf freie Entfaltung der Persönlichkeit, auf anständige Begegnung, auf Selbstbestimmung sowie auf Achtung der Privat- und Intimsphäre,

2. Recht auf Wahrung des Brief-, Post- und Fernmeldegeheimnisses,

3. Recht auf politische und religiöse Selbstbestimmung, auf freie Meinungsäußerung, auf Versammlung und auf die Bildung von Vereini-

gungen, insbesondere zur Durchsetzung der Interessen der Heimbewohner,

4. Recht auf Verkehr mit der Außenwelt, auf Besuch durch Angehörige und Bekannte und auf Benützung von Fernsprechern,

5. Recht auf Gleichbehandlung ungeachtet des Geschlechts, der Abstammung und Herkunft, der Rasse, der Sprache, der politischen Überzeugung und des religiösen Bekenntnisses,

6. Recht auf zeitgemäße medizinische Versorgung, auf freie Arzt- und Therapiewahl und auf eine adäquate Schmerzbehandlung sowie

7. Recht auf persönliche Kleidung und auf eigene Einrichtungsgegenstände.

(4) Die einzelnen Inhalte des Vertrags sind einfach und verständlich, aber doch umfassend und genau zu umschreiben.

(5) Der Heimvertrag ist bis zur Aufnahme des Heimbewohners, bei auf unbestimmte Zeit laufenden Vertragsverhältnissen aber spätestens innerhalb von drei Monaten ab der Aufnahme, schriftlich zu errichten. Der Heimträger hat dem Heimbewohner, dessen Vertreter und der Vertrauensperson (§ 27e Abs. 1) eine Abschrift der Vertragsurkunde auszufolgen. Auf den Mangel der Form kann sich nur der Heimbewohner berufen.

(6) „Ein Erwachsenenvertreter" bedarf für den Abschluss eines Heimvertrags nicht der gerichtlichen Genehmigung, wenn der Heimvertrag die inhaltlichen und formellen Voraussetzungen der Abs. 1 bis 5 erfüllt und das Entgelt in den Einkommens- und Vermögensverhältnissen der „vertretenen" Person Deckung findet oder durch die Sozialhilfe getragen wird. *(BGBl I 2006/92, ab 1. 7. 2007, auf Verträge, die vor diesem Zeitpunkt geschlossen worden sind, nicht anzuwenden, s § 41a Abs 19; BGBl I 2018/58, ab 1. 8. 2018)*

(BGBl I 2004/12, s Anm zu § 27b)

Vertrauensperson

§ 27e. (1) Der Heimbewohner hat das Recht, dem Träger jederzeit eine Vertrauensperson namhaft zu machen. Sofern der Bewohner nichts anderes bestimmt, hat sich der Heimträger in wichtigen zivilrechtlichen Angelegenheiten auch an die Vertrauensperson zu wenden.

(2) Wenn ein Heimbewohner seine Pflichten aus dem Vertrag gröblich verletzt oder den Betrieb des Heimes schwerwiegend gestört hat, hat ihn der Träger zu ermahnen und auf die möglichen Folgen der Fortsetzung seines Verhaltens hinzuweisen. Der Vertreter des Heimbewohners und dessen Vertrauensperson sind zu diesem Termin unter Bekanntgabe des Grundes mit eingeschriebenem Brief zu laden. Der Träger hat dem Heimbewohner, dessen Vertreter und der Vertrauensperson unverzüglich eine Abschrift dieser Ermahnung auszufolgen oder mit eingeschriebenem Brief zu übersenden.

(BGBl I 2004/12, s Anm zu § 27b)

Entgeltminderung

§ 27f. Bei Mängeln der Leistungen des Heimträgers mindert sich das Entgelt entsprechend der Dauer und Schwere des Mangels. Gleiches gilt für Leistungen, die sich der Heimträger während einer Abwesenheit des Heimbewohners von mehr als drei Tagen erspart.

(BGBl I 2004/12, s Anm zu § 27b)

Kautionen und unzulässige Vereinbarungen

§ 27g. (1) Sofern der Heimträger vom Heimbewohner eine Kaution verlangt, darf deren Höhe das Entgelt für einen Monat, bei einem Heimbewohner, bei dem das Entgelt ganz oder teilweise vom Träger der Sozialhilfe geleistet wird, aber den Betrag von 300 Euro nicht übersteigen. Der Heimträger hat dem Heimbewohner, dessen Vertreter und der Vertrauensperson unverzüglich schriftlich den Erhalt der Kaution zu bestätigen.

(2) Der Heimträger darf eine vom Bewohner erlegte Kaution nur zur Abdeckung von Entgelt-, Schadenersatz- oder Bereicherungsansprüchen gegen den Bewohner verwenden. Er hat die Kaution auf ein von ihm gesondert anzulegendes Treuhandkonto einzuzahlen. Die Kaution geht nicht in das Eigentum des Heimträgers über.

(3) Wenn der Heimträger die Kaution in Anspruch nehmen will, muss er den Heimbewohner, dessen Vertreter und die Vertrauensperson davon schriftlich unter Angabe der Gründe verständigen.

(4) Soweit der Heimträger die Kaution nicht in Anspruch nimmt, muss er sie nach Beendigung des Vertragsverhältnisses, zuzüglich der für Sichteinlagen geltenden Bankzinsen, jedoch abzüglich der von ihm geleisteten Abgaben und Kontoführungskosten, dem Heimbewohner oder dessen Rechtsnachfolger erstatten.

(5) Vertragsbestimmungen, nach denen der Heimbewohner dem Heimträger oder einem anderen etwas ohne gleichwertige Gegenleistung zu leisten hat oder nach denen Sachen des Heimbewohners nach der Beendigung des Vertragsverhältnisses in unangemessen kurzer Frist verfallen, sind nicht verbindlich.

(BGBl I 2004/12, s Anm zu § 27b)

Kündigung durch Heimbewohner, Todesfall

§ 27h. (1) Der Heimbewohner kann das Vertragsverhältnis – vorbehaltlich der sofortigen Kündigung aus einem wichtigen Grund – jederzeit unter Einhaltung einer einmonatigen Kündigungsfrist zum jeweiligen Monatsende kündigen. Der

Heimträger hat dem Bewohner, dessen Vertreter und der Vertrauensperson unverzüglich schriftlich den Erhalt der Kündigung zu bestätigen.

(2) Der Heimvertrag wird durch den Tod des Heimbewohners aufgehoben. Der Heimträger hat dem Rechtsnachfolger des Heimbewohners ein bereits im Voraus gezahltes Entgelt anteilig zu erstatten.

(BGBl I 2004/12, s Anm zu § 27b)

Kündigung durch Heimträger

§ 27i. (1) Der Heimträger kann das Vertragsverhältnis nur aus wichtigen Gründen schriftlich unter Angabe der Gründe und unter Einhaltung einer einmonatigen Kündigungsfrist, im Fall der Z 1 aber einer Frist von drei Monaten, zum jeweiligen Monatsende kündigen. Ein wichtiger Grund liegt insbesondere vor, wenn

1. der Betrieb des Heimes eingestellt oder wesentlich eingeschränkt wird;

2. der Gesundheitszustand des Heimbewohners sich so verändert hat, dass die sachgerechte und medizinisch gebotene Betreuung und Pflege im Heim nicht mehr durchgeführt werden können;

3. der Heimbewohner den Heimbetrieb trotz einer Ermahnung des Trägers (§ 27e Abs. 2) und trotz der von diesem dagegen ergriffenen zumutbaren Maßnahmen zur Abhilfe fortgesetzt derart schwer stört, dass dem Träger oder den anderen Bewohnern sein weiterer Aufenthalt im Heim nicht mehr zugemutet werden kann, oder

4. der Heimbewohner trotz einer nach Eintritt der Fälligkeit erfolgten Ermahnung (§ 27e Abs. 2) mit der Zahlung des Entgelts mindestens zwei Monate in Verzug ist.

(2) Ist in einem auf eine Kündigung nach Abs. 1 Z 4 gestützten gerichtlichen Räumungsstreit die Höhe des geschuldeten Betrags strittig, so hat das Gericht darüber vor Schluss der mündlichen Verhandlung mit Beschluss zu entscheiden. Eine auf Abs. 1 Z 4 gestützte Kündigung ist unwirksam, wenn der Rückstand binnen 14 Tagen nach Rechtskraft dieses Beschlusses entrichtet wird. Der Heimbewohner hat jedoch dem Träger die Kosten des Verfahrens zu ersetzen, soweit ihn ohne seine Zahlung eine Kostenersatzpflicht getroffen hätte und sofern er den Verzug verschuldet hat.

(3) Der Heimträger hat im Fall der Kündigung des Vertragsverhältnisses zugleich mit der Kündigung den örtlich zuständigen Träger der Sozial- und Behindertenhilfe davon zu verständigen, sofern der Heimbewohner dem nicht widerspricht. Andere gesetzliche oder vertragliche Verständigungspflichten bleiben unberührt.

(BGBl I 2004/12, s Anm zu § 27b)

II. Hauptstück

Verbandsklage

Unterlassungsanspruch

§ 28. (1) Wer im geschäftlichen Verkehr in Allgemeinen Geschäftsbedingungen, die er von ihm geschlossenen Verträgen zugrunde legt, oder in hiebei verwendeten Formblättern für Verträge Bedingungen vorsieht, die gegen ein gesetzliches Verbot oder gegen die guten Sitten verstoßen, oder wer solche Bedingungen für den geschäftlichen Verkehr empfiehlt, kann auf Unterlassung geklagt werden. Dieses Verbot schließt auch das Verbot ein, sich auf eine solche Bedingung zu berufen, soweit sie unzulässigerweise vereinbart worden ist.

(2) Die Gefahr einer Verwendung und Empfehlung derartiger Bedingungen besteht nicht mehr, wenn der Unternehmer nach Abmahnung durch eine gemäß § 29 klageberechtigte Einrichtung binnen angemessener Frist eine mit angemessener Konventionalstrafe (§ 1336 ABGB) besicherte Unterlassungserklärung abgibt.

(3) Wer Allgemeine Geschäftsbedingungen oder Formblätter für Verträge verwendet oder empfiehlt, hat diese einer nach § 29 klagebefugten Einrichtung auf deren Verlangen binnen vier Wochen auszufolgen, sofern die Einrichtung glaubhaft macht, dass die Kenntnis der Geschäftsbedingungen oder Formblätter zur Wahrnehmung der Interessen der Verbraucher erforderlich ist. *(BGBl I 2003/91, s § 41a Abs 15)*

(BGBl I 1997/6, ab 1. 1. 1997, nicht auf Empfehlungen anzuwenden, die davor abgegeben worden sind)

§ 28a. (1) Wer im geschäftlichen Verkehr mit Verbrauchern im Zusammenhang mit Haustürgeschäften, außerhalb von Geschäftsräumen geschlossenen Verträgen, den allgemeinen Informationspflichten des Unternehmers (§ 5a), Verbraucherkreditverhältnissen, „Pauschalreiseverträgen und Verträgen über die Vermittlung verbundener Reiseleistungen", Teilzeitnutzungsrechtsverhältnissen, Abschlüssen im Fernabsatz, der Vereinbarung von missbräuchlichen Vertragsklauseln, der Gewährleistung oder Garantie beim Kauf oder bei der Herstellung beweglicher körperlicher Sachen, der Forderung von Telefonkosten (§ 6b) oder zusätzlichen Zahlungen (§ 6c), der Leistungsfrist (§ 7a) oder dem Gefahrenübergang (§ 7b), im Zusammenhang mit Diensten der Informationsgesellschaft im elektronischen Geschäftsverkehr, Wertpapierdienstleistungen, Dienstleistungen der Vermögensverwaltung, Zahlungsdiensten, der Ausgabe von E-Geld oder Verbraucherzahlungskonten gegen ein gesetzliches Gebot oder Verbot verstößt, im Zusammenhang mit der alternativen Streitbeilegung (§ 19 AStG) oder der

Online-Streitbeilegung (Artikel 14 Abs. 1 und 2 der Verordnung (EU) Nr. 524/2013) Informationspflichten verletzt oder gegen ein gesetzliches Gebot oder Verbot auf Grund der Richtlinie 2006/123/EG über Dienstleistungen im Binnenmarkt, ABl. Nr. L 376 vom 27. 12. 2006, S. 36, bei der Erbringung von Dienstleistungen im Binnenmarkt verstößt und dadurch jeweils die allgemeinen Interessen der Verbraucher beeinträchtigt, kann unbeschadet des § 28 Abs. 1 auf Unterlassung geklagt werden. *(BGBl I 2016/35, ab 18. 9. 2016; BGBl I 2017/50, ab 1. 7. 2018)*

(1a) Abs. 1 ist auch anzuwenden, wenn ein Unternehmer im geschäftlichen Verkehr mit Verbrauchern im Zusammenhang mit Heimverträgen gegen ein gesetzliches Gebot oder Verbot verstößt und dadurch die allgemeinen Interessen der Verbraucher beeinträchtigt. *(BGBl I 2004/12, s Anm zu § 27b)*

(2) § 28 Abs. 2 ist anzuwenden.

(BGBl I 1999/185)

Klageberechtigung

§ 29. (1) Der Anspruch kann von der Wirtschaftskammer Österreich, der Bundesarbeitskammer, dem Österreichischen Landarbeiterkammertag, der Präsidentenkonferenz der Landwirtschaftskammern Österreichs, dem Österreichischen Gewerkschaftsbund, dem Verein für Konsumenteninformation und dem Österreichischen Seniorenrat geltend gemacht werden.

(2) Liegt der Ursprung des Verstoßes (§§ 28 Abs. 1 und 28a Abs. 1) in Österreich, so kann der Anspruch auch von jeder der im Amtsblatt der Europäischen Gemeinschaften von der Kommission gemäß Artikel 4 Abs. 3 der Richtlinie 98/27/EG über Unterlassungsklagen zum Schutz der Verbraucherinteressen, ABl. Nr. L 166 vom 11. Juni 1998 S 51, veröffentlichten Stellen und Organisationen eines anderen Mitgliedstaates der Europäischen Union geltend gemacht werden, sofern

1. die von dieser Einrichtung geschützten Interessen in diesem Mitgliedstaat beeinträchtigt werden und

2. der in der Veröffentlichung angegebene Zweck der Einrichtung diese Klagsführung rechtfertigt.

(3) Die Veröffentlichung ist bei Klagseinbringung nachzuweisen.

(BGBl I 1999/185)

Anwendung des UWG

§ 30. (1) Die §§ 24, 25 Abs. 3 bis 7 und 26 des Bundesgesetzes gegen den unlauteren Wettbewerb 1984 gelten sinngemäß. *(BGBl I 1997/6)*

(2) Der § 7 Abs. 2 erster Satz und der § 8 Abs. 2 JN sind nicht anzuwenden.

III. Hauptstück
Ergänzende Bestimmungen

Rücktritt von Immobiliengeschäften

§ 30a. (1) Gibt ein Verbraucher eine Vertragserklärung, die auf den Erwerb eines Bestandrechts, eines sonstigen Gebrauchs- oder Nutzungsrechts oder des Eigentums an einer Wohnung, an einem Einfamilienwohnhaus oder an einer Liegenschaft, die zum Bau eines Einfamilienwohnhauses geeignet ist, am selben Tag ab, an dem er das Vertragsobjekt das erste Mal besichtigt hat, so kann er von seiner Vertragserklärung zurücktreten, sofern der Erwerb der Deckung des dringenden Wohnbedürfnisses des Verbrauchers oder eines nahen Angehörigen dienen soll.

(2) Der Rücktritt kann binnen einer Woche nach der Vertragserklärung des Verbrauchers erklärt werden. Ist ein Makler eingeschritten und wird die Rücktrittserklärung an diesen gerichtet, so gilt der Rücktritt auch für einen im Zug der Vertragserklärung geschlossenen Maklervertrag. Im übrigen gilt für die Rücktrittserklärung § 3 Abs. 4.

(3) Die Frist des Abs. 2 beginnt erst zu laufen, sobald der Verbraucher eine Zweitschrift seiner Vertragserklärung und eine schriftliche Belehrung über das Rücktrittsrecht erhalten hat. Das Rücktrittsrecht erlischt jedoch spätestens einen Monat nach dem Tag der erstmaligen Besichtigung.„Rücktrittsrechte, die dem Verbraucher nach anderen Bestimmungen – insbesondere nach §§ 11 ff. FAGG – zustehen, bleiben unberührt.“ *(BGBl I 2014/33, ab 13. 6. 2014)*

(4) Die Zahlung eines Angelds, Reugelds oder einer Anzahlung vor Ablauf der Rücktrittsfrist kann nicht wirksam vereinbart werden.

(BGBl 1996/262)

Besondere Aufklärungspflichten des Immobilienmaklers

§ 30b. (1) Der Immobilienmakler hat vor Abschluß des Maklervertrags dem Auftraggeber, der Verbraucher ist, mit der Sorgfalt eines ordentlichen Immobilienmaklers eine schriftliche Übersicht zu geben, aus der hervorgeht, daß er als Makler einschreitet, und die sämtliche dem Verbraucher durch den Abschluß des zu vermittelnden Geschäfts voraussichtlich erwachsenden Kosten, einschließlich der Vermittlungsprovision, ausweist. Die Höhe der Vermittlungsprovision ist gesondert anzuführen; auf ein allfälliges wirtschaftliches oder familiäres Naheverhältnis im Sinn des § 6 Abs. 4 dritter Satz MaklerG ist hinzuweisen. Wenn der Immobilienmakler kraft Geschäftsgebrauchs als Doppelmakler tätig sein kann, hat diese Übersicht auch einen Hinweis darauf zu enthalten. Bei erheblicher Änderung der Verhältnisse hat der Immobilienmakler die Übersicht entsprechend richtigzustellen. Erfüllt der Makler diese Pflichten nicht spätestens vor einer Vertragserklärung des Auftraggebers zum vermittelten Geschäft, so gilt § 3 Abs. 4 MaklerG.

(2) Der Immobilienmakler hat dem Auftraggeber die nach § 3 Abs. 3 MaklerG erforderlichen Nachrichten schriftlich mitzuteilen. Zu diesen zählen jedenfalls auch sämtliche Umstände, die für die Beurteilung des zu vermittelnden Geschäfts wesentlich sind. *(BGBl I 2003/91)*

(BGBl 1996/262)

Höchstdauer von Alleinvermittlungsaufträgen

§ 30c. (1) Die Dauer von Alleinvermittlungsaufträgen (§ 14 Abs. 2 MaklerG) von Verbrauchern darf höchstens vereinbart werden mit

1. drei Monaten für die Vermittlung von Bestandverträgen über Wohnungen oder sonstigen den Gebrauch oder die Nutzung von Wohnungen betreffenden Verträgen;

2. sechs Monaten für die Vermittlung von Verträgen zur Veräußerung oder zum Erwerb des Eigentums an Wohnungen, Einfamilienwohnhäusern und einzelnen Grundstücken, die zum Bau eines Einfamilienwohnhauses geeignet sind.

(2) Wenn besondere Umstände vorliegen, die die Vermittlung wesentlich erschweren oder verzögern, darf auch eine entsprechend längere als die in Abs. 1 bestimmte Frist vereinbart werden.

(BGBl 1996/262)

Schriftlichkeit und zwingende Bestimmungen beim Maklervertrag

§ 31. (1) Die folgenden Vereinbarungen sind nur rechtswirksam, wenn sie ausdrücklich und schriftlich erfolgen:

1. Vereinbarung des Ersatzes von Aufwendungen auf Grund von zusätzlichen Aufträgen (§ 9 MaklerG);

2. Abschluß und Verlängerung von Alleinvermittlungsaufträgen (§ 14 MaklerG);

3. besondere Vereinbarungen für Fälle fehlenden Vermittlungserfolgs (§ 15 MaklerG).

(2) Von den Bestimmungen der §§ 30a bis 31 Abs. 1 sowie von § 2 Abs. 2, § 3, § 9, § 10, § 28 Z 4 und Z 5 sowie § 39 MaklerG darf nicht zum Nachteil des Verbrauchers abgegangen werden. *(BGBl I 1997/6)*

(BGBl 1996/262)

Mißbrauch von Zahlungskarten im Fernabsatz

§ 31a. *(aufgehoben, BGBl I 2009/66, ab 1. 11. 2009)*

§§ 31b bis 31f. *(aufgehoben, BGBl I 2017/50, ab 1. 7. 2018, s § 41a Abs 32)*

Strafbestimmungen

§ 32. (1) Sofern die Tat nicht den Tatbestand einer in die Zuständigkeit der Gerichte fallenden strafbaren Handlung bildet, begeht „ein Unternehmer oder der für ihn handelnde Vertreter“** eine Verwaltungsübertretung und ist mit einer Geldstrafe bis „1 450 Euro“* zu bestrafen, der *(*BGBl I 2001/98, s § 41a Abs 13; **BGBl I 2010/28, ab 11. 6. 2010)*

1. es unterläßt,

a) die Informationspflicht nach § 5a vollständig und mit zutreffenden Angaben zu erfüllen, *(BGBl I 2014/33, ab 13. 6. 2014)*

b) die Ware im Sinn des § 7a rechtzeitig bereitzustellen oder abzuliefern, *(BGBl I 2014/33, ab 13. 6. 2014)*

c) die in § 26d Abs. 1 vorgesehene Urkunde mit den in § 26d Abs. 2 vorgeschriebenen Angaben zu errichten oder *(BGBl I 2014/33, ab 13. 6. 2014)*

„d)“ Kreditnehmer oder Interzedenten den §§ 25a bis 25c entsprechend zu belehren oder zu informieren, *(BGBl I 2014/33, ab 13. 6. 2014)*

2. dem § 26d Abs. 3 zuwiderhandelt, *(BGBl I 2014/33, ab 13. 6. 2014)*

3. dem § 11 Abs. 1 zuwiderhandelt,

4. dem § 12 Abs. 1 zuwiderhandelt,

5. einem Verbraucher ohne dessen Veranlassung Waren übersendet oder Dienstleistungen erbringt und damit eine Zahlungsaufforderung verbindet,

6. in die dem Verbraucher gemäß § 3 Abs. 1 auszufolgende Urkunde unrichtige Angaben aufnimmt „.“ *(BGBl I 2014/33, ab 13. 6. 2014)*

7. *(entfällt, BGBl I 2014/33)*

(BGBl I 1997/6, s § 41a Abs 4 Z 2)

(2) Macht im Fall des Abs. 1 Z 3 ein Dritter gegen den Verbraucher oder dessen Bürgen die Wechselschuld wechselmäßig oder im Fall des Abs. 1 Z 4 der Unternehmer oder ein Dritter die abgetretene Lohn- oder Gehaltsforderung gegen den Dienstgeber geltend, so kann die Obergrenze der Geldstrafe bis zum Betrag der Wechselsumme beziehungsweise dem Betrag, dessen Zahlung vom Dienstgeber verlangt worden ist, jedenfalls aber bis zum Doppelten überschritten werden.

(3) Die Verjährungsfrist beginnt in den Fällen des Abs. 1 Z 3 und 4 – je nachdem, welcher Zeitpunkt früher liegt – mit der wechselmäßigen

Geltendmachung oder mit der Rückstellung oder Vernichtung des Wechsels beziehungsweise mit der Geltendmachung der abgetretenen Lohn- oder Gehaltsforderung gegenüber dem Dienstgeber oder mit dem Zeitpunkt zu laufen, an dem die Abtretung rückgängig gemacht wird.

§ 33. *(betrifft Änderungen des ABGB)*

§ 34. *(betrifft Änderungen des Handelsgesetzbuchs)*

§ 35. *(betrifft Änderungen des Wuchergesetzes)*

§ 36. *(betrifft Änderungen der Zivilprozessordnung)*

§ 37. *(betrifft Änderungen der Exekutionsordnung)*

Übergangs- und Schlußbestimmungen

§ 38. Dieses Bundesgesetz tritt mit dem 1. Oktober 1979 in Kraft.

§ 39. (1) Dieses Bundesgesetz ist auf Verträge, die vor seinem Inkrafttreten geschlossen worden sind, nicht anzuwenden.

(2) *(betrifft §§ 36 und 37)*

§ 40. (1) Mit dem Inkrafttreten dieses Bundesgesetzes tritt das Bundesgesetz vom 15. November 1961, BGBl. Nr. 279, über das Abzahlungsgeschäft (Ratengesetz) außer Kraft. Es ist jedoch – mit Ausnahme der §§ 12 und 15 Abs. 1 Z. 12 – auf Abzahlungsgeschäfte, die vorher geschlossen worden sind, weiterhin anzuwenden.

(2) Das Gesetz vom 30. Juni 1878, RGBl. Nr. 90, enthaltend einige Bestimmungen über die Veräußerung von Staats- und anderen Losen oder deren Gewinsthoffnung, und das Gesetz vom 25. November 1933, deutsches RGBl. I Seite 1011, über Preisnachlässe (Rabattgesetz), in der Fassung der Verordnung vom 16. Feber 1940, deutsches RGBl. I Seite 399, bleiben unberührt.

§ 41. Mit dem Inkrafttreten dieses Bundesgesetzes tritt der Art. 8 Z. 6 der Vierten Verordnung zur Einführung handelsrechtlicher Vorschriften im Lande Österreich vom 24. Dezember 1938, deutsches RGBl. I Seite 1999, zuletzt geändert durch das Bundesgesetz BGBl. Nr. 91/1976, außer Kraft. Diese Bestimmung ist jedoch auf Handelsgeschäfte, die vor diesem Zeitpunkt geschlossen worden sind, weiterhin anzuwenden.

§ 41a. (1) Die §§ 3 Abs. 1, 16 Abs. 1 Z 1, 19 Z 2 und 26b sowie die §§ 12a, 26c und 31b bis 31f in der Fassung des Bundesgesetzes BGBl. Nr. 247/1993 treten mit demselben Zeitpunkt in Kraft wie das Abkommen über den Europäischen Wirtschaftsraum[1)], die §§ 31b bis 31f jedoch frühestens mit 1. Mai 1994. *(BGBl I 1997/6)*

(2) Die neuen Bestimmungen sind auf Verträge, die vor den im Abs. 1 genannten Zeitpunkten geschlossen worden sind, nicht anzuwenden.

(3) Die Änderungen in § 1 Abs. 4, § 3 Abs. 3, § 3a, § 4 Abs. 1, § 6 Abs. 1 Z 9, 14 und 15, Abs. 2 Z 6 sowie Abs. 3, § 7, § 16 Abs. 1 Z 1 und Abs. 3, § 19 Z 2, § 20 Abs. 1, § 24 Abs. 1 Z 5, §§ 25a bis 25d, § 26c Abs. 2, § 26d, § 27a, §§ 28 und 29, § 30 Abs. 1, § 31 Abs. 2, § 31a, § 31f Abs. 1 und 2, § 32 Abs. 1, § 41a Abs. 1 und § 42 durch das Bundesgesetz BGBl. I Nr. 6/1997 treten mit 1. Jänner 1997 in Kraft. § 6 Abs. 1 Z 5 und 13 in der Fassung des Bundesgesetzes BGBl. I Nr. 6/1997 tritt mit 1. März 1997 in Kraft. *(BGBl I 1997/6)*

(4) Nicht in der in Abs. 3 genannten Fassung anzuwenden sind

1. § 28 auf Empfehlungen, die vor dem 1. Jänner 1997 abgegeben worden sind,

2. § 3 Abs. 3, § 3a, § 4 Abs. 1, § 6 Abs. 1 Z 9, 14 und 15, Abs. 2 Z 6 sowie Abs. 3, § 7, § 16 Abs. 1 Z 1 und Abs. 3, § 19 Z 2, § 20 Abs. 1, § 24 Abs. 1, §§ 25a bis 25d, § 26c Abs. 2, § 26d, § 27a, § 31 Abs. 2, § 31a, § 31f Abs. 1 und 2 sowie § 32 Abs. 1 auf Verträge, die vor dem 1. Jänner 1997 geschlossen worden sind, sowie

3. § 6 Abs. 1 Z 5 und 13 auf Verträge, die vor dem 1. März 1997 geschlossen worden sind. *(BGBl I 1997/6)*

(5) § 13a tritt mit dem Tag in Kraft, an dem das Übereinkommen vom 19. Juni 1980 über das auf vertragliche Schuldverhältnisse anzuwendende Recht für die Republik Österreich in Kraft tritt[2)]; er ist auf Verträge anzuwenden, die nach diesem Zeitpunkt geschlossen worden sind. *(BGBl I 1998/119)*

(6) § 1 Abs. 5, § 5j und § 42 in der Fassung des Bundesgesetzes BGBl. I Nr. 185/1999 treten mit 1. Oktober 1999 in Kraft. *(BGBl I 1999/185)*

(7) § 1 Abs. 5 ist auf den Beitritt und die Mitgliedschaft bei Vereinen nicht anzuwenden, wenn der Beitritt vor dem 1. Oktober 1999 erfolgt ist. § 5j ist auf Gewinnzusagen und andere vergleichbare Mitteilungen, die einem bestimmten Verbraucher vor dem 1. Oktober 1999 zugegangen sind, nicht anzuwenden. *(BGBl I 1999/185)*

(8) Die §§ 5a bis 5i, 13a Abs. 1, 31a und 32 Abs. 1 Z 7 in der Fassung des Bundesgesetzes BGBl. I Nr. 185/1999 treten mit 1. Juni 2000 in Kraft. *(BGBl I 1999/185)*

(9) Die in Abs. 8 genannten Bestimmungen sind auf Verträge, die vor dem 1. Juni 2000 geschlossen worden sind, nicht anzuwenden. *(BGBl I 1999/185)*

(10) Die §§ 28a und 29 Abs. 2 und 3 in der Fassung des Bundesgesetzes BGBl. I Nr. 185/1999 treten mit 1. Jänner 2001 in Kraft. *(BGBl I 1999/185)*

(11) Die §§ 8, 9, 9a, 9b, 13a und 28a in der Fassung des Bundesgesetzes BGBl. I Nr. 48/2001 treten mit 1. Jänner 2002 in Kraft. Sie sind in dieser Fassung auf Verträge anzuwenden, die nach dem 31. Dezember 2001 geschlossen werden. *(BGBl I 2001/48)*

(12) Die §§ 3, 12a, 16, 20, 26b, 32 und 41a in der Fassung des Bundesgesetzes BGBl. I Nr. 98/2001 treten mit 1. Jänner 2002 in Kraft. *(BGBl I 2001/98)*

(13) Die §§ 3, 12a, 16, 20 und 26b in der in Abs. 12 genannten Fassung sind auf Verträge anzuwenden, die nach dem 31. Dezember 2001 abgeschlossen worden sind. § 32 in der in Abs. 12 genannten Fassung ist auf strafbare Handlungen anzuwenden, die nach dem 31. Dezember 2001 begangen worden sind. *(BGBl I 2001/98)*

(14) § 3 in der Fassung des Bundesgesetzes BGBl. I Nr. 111/2002 tritt mit dem auf die Kundmachung dieses Gesetzes folgenden Monatsersten in Kraft. Die Bestimmung ist in dieser Fassung auf Verträge anzuwenden, die nach diesem Zeitpunkt geschlossen werden. *(BGBl I 2002/111)*

(15) Die §§ 6, 28, 30b, 31f und 42 in der Fassung des Bundesgesetzes BGBl. I Nr. 91/ 2003 treten mit 1. Jänner 2004 in Kraft. Sie sind auf Verträge oder Vertragserklärungen, die vor diesem Zeitpunkt geschlossen bzw. abgegeben worden sind, nicht anzuwenden. *(BGBl I 2003/91)*

(16) Die §§ 3 und 31e in der Fassung des Bundesgesetzes BGBl. I Nr. 91/2003 treten mit 1. Jänner 2004 in Kraft. *(BGBl I 2003/91)*

(17) Die §§ 27b bis 27i, 28a und 42 in der Fassung des Bundesgesetzes BGBl. I Nr. 12/2004 treten mit 1. Juli 2004 in Kraft. Sie sind nur auf Sachverhalte anzuwenden, die nach diesem Zeitpunkt verwirklicht werden. *(BGBl I 2004/12)*

(18) Die §§ 5b, 13a, und 31a in der Fassung des Bundesgesetzes BGBl. I Nr. 62/2004 treten mit 1. Oktober 2004 in Kraft. Auf Verträge, die vor diesem Zeitpunkt abgeschlossen wurden, sind diese Bestimmungen in ihrer bisher geltenden Fassung anzuwenden. *(BGBl I 2004/62)*

(19) § 27d Abs. 1 Z 6 und Abs. 6 in der Fassung des Bundesgesetzes BGBl. I Nr. 92/2006 tritt mit 1. Juli 2007 in Kraft. Die in § 27d Abs. 1 Z 6 vorgesehene Offenlegung der vom Träger der Sozial- oder Behindertenhilfe gedeckten Leistungen und § 27d Abs. 6 sind auf Verträge, die vor diesem Zeitpunkt geschlossen worden sind, nicht anzuwenden. *(BGBl I 2006/92)*

(20) § 28a Abs. 1 in der Fassung des Bundesgesetzes BGBl. I Nr. 60/2007 tritt mit 1. November 2007 in Kraft. *(BGBl I 2007/60)*

(21) § 3 Abs. 5 in der Fassung des Bundesgesetzes BGBl. I Nr. 21/2008 tritt am Tag nach der Veröffentlichung im Bundesgesetzblatt in Kraft.[3)]Die Bestimmung ist in dieser Fassung auf Verträge anzuwenden, die nach diesem Zeitpunkt geschlossen werden. *(BGBl I 2008/21)*

(22) § 28a Abs. 1 in der Fassung des Bundesgesetzes BGBl. I Nr. 66/2009 tritt mit 1. November 2009 in Kraft; § 31a tritt mit Ablauf des 31. Oktober 2009 außer Kraft, ist jedoch weiterhin auf Geschäftsfälle anzuwenden, bei denen eine Zahlungskarte oder deren Daten vor dem 1. November 2009 missbräuchlich verwendet worden sind. *(BGBl I 2009/66)*

(23) § 5h Abs. 1 und § 32 Abs. 1 in der Fassung des Bundesgesetzes BGBl. I Nr. 28/2010 treten am 11. Juni 2010 in Kraft. § 13a in der Fassung des Bundesgesetzes BGBl. I Nr. 28/2010 tritt am 11. Juni 2010 in Kraft und ist auf Verträge anzuwenden, die nach dem 10. Juni 2010 geschlossen werden. Die §§ 12a, 13, 16 bis 25 und 26c treten mit Ablauf des 10. Juni 2010 außer Kraft, sind jedoch weiterhin auf vor dem 11. Juni 2010 geschlossene Verträge anzuwenden. *(BGBl I 2010/28)*

(24) § 5e Abs. 4 und 5 sowie § 5f Abs. 2 in der Fassung des Bundesgesetzes BGBl. I Nr. 22/2011 treten mit 1. Mai 2011 in Kraft. Diese Bestimmungen sind auf Verträge anzuwenden, die nach dem 30. April 2011 ausgehandelt werden. *(BGBl I 2011/22)*

(25) § 28a Abs. 1 in der Fassung des Bundesgesetzes BGBl. I Nr. 107/2010 tritt mit 30. April 2011 in Kraft. *(BGBl I 2010/107)*

(26) § 28a Abs. 1 in der Fassung des Bundesgesetzes BGBl. I Nr. 77/2011 tritt mit 31. August 2011 in Kraft. *(BGBl I 2011/77)*

(27) § 28a Abs. 1 in der Fassung des Bundesgesetzes BGBl. I Nr. 100/2011 tritt mit 1. Jänner 2012 in Kraft. *(BGBl I 2011/100)*

(28) § 6a in der Fassung des Zahlungsverzugsgesetzes, BGBl. I Nr. 50/2013, tritt mit 16. März 2013 in Kraft und ist in dieser Fassung auf Verträge anzuwenden, die ab dem 16. März 2013 geschlossen werden. Auf Verträge, die vor dem 16. März 2013 geschlossen wurden, sind die bisherigen Bestimmungen weiter anzuwenden; wenn solche früher geschlossenen Verträge jedoch wiederholte Geldleistungen vorsehen, gelten die neuen Bestimmungen für diejenigen Zahlungen, die ab dem 16. März 2013 fällig werden. *(BGBl I 2013/50)*

(29) §§ 3, 5a, 5b, 6b, 6c, 7a, 7b, 26d Abs. 5, 28a Abs. 1, 30a Abs. 3 und § 32 Abs. 1 in der Fassung des Bundesgesetzes BGBl. I Nr. 33/2014 sowie die mit diesem Bundesgesetz herbeigeführte Änderung der Paragraphenbezeichnung des bisherigen § 5j treten mit 13. Juni 2014 in Kraft. §§ 3, 5a, 5b, 6b, 6c, 7a, 7b, 26d Abs. 5 und 30a Abs. 3 in der Fassung dieses Bundesgesetzes sind

auf Verträge anzuwenden, die ab dem 13. Juni 2014 geschlossen werden; für die in § 5a Abs. 2 Z 9 angeführten Verträge ist § 6c aber erst ab dem 1. Juli 2015 anzuwenden. Die bisherigen §§ 5c bis 5i und 26 bis 26b sowie die bisherige Überschrift vor § 5a treten mit Ablauf des 12. Juni 2014 außer Kraft; sie sowie §§ 5a, 5b, 26d und 30a in der bisherigen Fassung sind jedoch weiterhin auf vor dem 13. Juni 2014 geschlossene Verträge anzuwenden. *(BGBl I 2014/33)*

(30) § 28a Abs. 1 in der Fassung des Bundesgesetzes BGBl. I Nr. 105/2015 tritt mit 9. Jänner 2016 in Kraft. *(BGBl I 2015/105)*

(31) § 28a Abs. 1 in der Fassung des Bundesgesetzes BGBl. I Nr. 35/2016 tritt mit 18. September 2016 in Kraft. *(BGBl I 2016/35)*

(32) § 3 Abs. 3, § 5a Abs. 2 Z 9, § 13a Abs. 1 Z 3 und § 28a Abs. 1 in der Fassung des Bundesgesetzes BGBl. I Nr. 50/2017 sowie die Aufhebung der §§ 31b bis 31f treten mit 1. Juli 2018 in Kraft. Die §§ 31b bis 31f sind jedoch weiterhin auf Verträge über Reiseveranstaltungen anzuwenden, die vor dem 1. Juli 2018 geschlossen wurden. *(BGBl I 2017/50)*

(33) § 3 Abs. 1 und 3, § 3a Abs. 3 und 4 in der Fassung des Bundesgesetzes BGBl. I. Nr. 51/2018 treten mit 1. Jänner 2019 in Kraft und sind auf Verträge anzuwenden, die nach dem 31. Dezember 2018 geschlossen werden. *(BGBl I 2018/51)*

(33)[4] § 27d in der Fassung des Bundesgesetzes BGBl. I Nr. 58/2018, tritt mit 1. August 2018 in Kraft. *(BGBl I 2018/58)*

---

[1] *Am 1. 1. 1994 (Z 42 K BGBl 1993/917).*
[2] *Am 1. 12. 1998.*
[3] *Am 10. 1. 2008.*
[4] *Redaktionsfehler: gemeint wohl: (34)*

§ 42. Mit der Vollziehung dieses Bundesgesetzes sind „hinsichtlich des § 27b Abs. 2 der Bundesminister für Finanzen,“** hinsichtlich des § 32 „der Bundesminister für soziale Sicherheit, Generationen und Konsumentenschutz“* im Einvernehmen mit dem Bundesminister für Justiz und im übrigen der Bundesminister für Justiz betraut. *(*BGBl I 2003/91; **BGBl I 2004/12)*

KODEX
DES ÖSTERREICHISCHEN RECHTS
HERAUSGEBER: UNIV.-PROF. DR. WERNER DORALT
VERFASSUNGS-
RECHT
LexisNexis
1 B-VG
1a ÜG, B-VGNov
2a StGG
2b EMRK
3a BVG
3b VfBest in BG
6 StbG
11 BGBlG
12 BMG
13a F-VG, FAG 2008
14 RHG
16 VwGG
17 VfGG
18 VolksanwG
19 AHG, OrgHG
20 AuskPfl
21 EUV, AEUV
EU-GRC
Anh

KODEX
DES ÖSTERREICHISCHEN RECHTS
HERAUSGEBER: UNIV.-PROF. DR. WERNER DORALT
VÖLKER-
RECHT
LexisNexis
1 UN
2 WVK
3 Österreich
4 Immunität
5 Dipl. Verkehr
6 Streitbeileg.
7 Gewaltverbot
8 Humanitäres VR
9 Seerecht
10 Polarrecht
11 LuftfahrtR
12 WeltraumR
13 WirtschaftsR
14 UmweltR
15 Menschenrechte
16 Strafrecht
17 Verantwortlk.

KODEX
DES ÖSTERREICHISCHEN RECHTS
HERAUSGEBER: UNIV.-PROF. DR. WERNER DORALT
UNTERNEHMENS-
RECHT
LexisNexis
1 UGB
2 ABGB
3 E-Commerce-G
4 FBG
6 KSchG
7 UN-KaufR
8 GmbHG
9 AktG
10 SE (EU-Ges)
SE-Gesetz
11 GenG
12 SCE (EU-Gen)
SCEG
13 VerG
14 EWIVG
15 PSG
16 ArbVG
17 StellenbesG
18 GesAusG
19 KapBG
20 EKEG
21 URG
22 UmwG
23 SpaltG
24 EU-VerschG
25 UmgrStG
26 KMG
27 ScheckG
28 WechselG
29 KEG
30 AÖSp
31 CMR
32 UWG
33 KartG
34 WettbG
35 UrhG
36 MarkSchG
37 MuSchG
38 PatG
Anhang:
Entwurf
Europäische
Einmann-GmbH

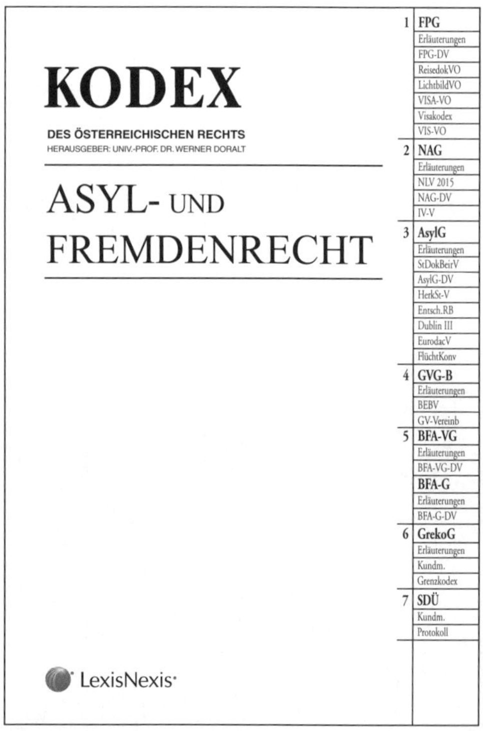
KODEX
DES ÖSTERREICHISCHEN RECHTS
HERAUSGEBER: UNIV.-PROF. DR. WERNER DORALT
ASYL- UND
FREMDENRECHT
LexisNexis
1 FPG
Erläuterungen
FPG-DV
ReisedokVO
LichtbildVO
VISA-VO
Visakodex
VIS-VO
2 NAG
Erläuterungen
NLV 2015
NAG-DV
IV-V
3 AsylG
Erläuterungen
StDokBeirV
AsylG-DV
HerkSt-V
Entsch.RB
Dublin III
EurodacV
FlüchtKonv
4 GVG-B
Erläuterungen
BEBV
GV-Vereinb
5 BFA-VG
Erläuterungen
BFA-VG-DV
BFA-G
Erläuterungen
BFA-G-DV
6 GrekoG
Erläuterungen
Kundm.
Grenzkodex
7 SDÜ
Kundm.
Protokoll

3. Fern- und Auswärtsgeschäfte-Gesetz

BGBl I 2014/33 idF

1 BGBl I 2017/50 (PRG)

GLIEDERUNG

STICHWORTVERZEICHNIS

(Die Zahlenangaben beziehen sich auf die Paragraphen)

Bundesgesetz über Fernabsatz- und außerhalb von Geschäftsräumen geschlossene Verträge (Fern- und Auswärtsgeschäfte-Gesetz – FAGG)

1. Abschnitt

Allgemeines

Geltungsbereich

§ 1. (1) Dieses Bundesgesetz gilt für Fernabsatz- und außerhalb von Geschäftsräumen geschlossene Verträge (Fern- und Auswärtsgeschäfte) zwischen Unternehmern und Verbrauchern (§ 1 KSchG).

(2) Dieses Bundesgesetz gilt – soweit in § 8 Abs. 4 nicht anderes bestimmt ist – nicht für Verträge,

1. die außerhalb von Geschäftsräumen geschlossen werden (§ 3 Z 1) und bei denen das vom Verbraucher zu zahlende Entgelt den Betrag von 50 Euro nicht überschreitet,

2. über soziale Dienstleistungen einschließlich der Bereitstellung und Vermietung von Sozialwohnungen, der Kinderbetreuung oder der Unterstützung von dauerhaft oder vorübergehend hilfsbedürftigen Familien oder Personen einschließlich Langzeitpflege,

3. über Gesundheitsdienstleistungen gemäß Artikel 3 Buchstabe a der Richtlinie 2011/24/EU über die Ausübung der Patientenrechte in der grenzüberschreitenden Gesundheitsversorgung, ABl. Nr. L 88 vom 4.4.2011 S. 45, unabhängig davon, ob sie von einer Einrichtung des Gesundheitswesens erbracht werden, dies mit Ausnahme des Vertriebs von Arzneimitteln und Medizinprodukten im Fernabsatz,

4. über Glücksspiele, die einen geldwerten Einsatz verlangen, einschließlich Lotterien, Glücksspiele in Spielkasinos und Wetten,

5. über Finanzdienstleistungen,

6. über die Begründung, den Erwerb oder die Übertragung von Eigentum oder anderen Rechten an unbeweglichen Sachen,

7. über den Bau von neuen Gebäuden, erhebliche Umbaumaßnahmen an bestehenden Gebäuden oder die Vermietung von Wohnraum,

8. über Pauschalreisen im Sinn von Art. 3 Z 2 der Richtlinie (EU) 2015/2302 über Pauschalreisen und verbundene Reiseleistungen, zur Änderung der Verordnung (EG) Nr. 2006/2004 und der Richtlinie 2011/83/EU sowie zur Aufhebung der Richtlinie 90/314/EWG, ABl. Nr. L 326 vom 11.12.2015 S. 1, *(BGBl I 2017/50, ab 1. 7. 2018)*

9. die in den Geltungsbereich der Richtlinie 2008/122/EG über den Schutz der Verbraucher im Hinblick auf bestimmte Aspekte von Teilzeitnutzungsverträgen, Verträgen über langfristige Urlaubsprodukte sowie Wiederverkaufs- und Tauschverträgen, ABl. Nr. L 33 vom 3.2.2009 S. 10, fallen,

10. die vor einem öffentlichen Amtsträger geschlossen werden, der gesetzlich zur Unabhängigkeit und Unparteilichkeit verpflichtet ist und durch umfassende rechtliche Aufklärung sicherzustellen hat, dass der Verbraucher den Vertrag nur aufgrund gründlicher rechtlicher Prüfung und in Kenntnis seiner rechtlichen Tragweite abschließt,

11. über die Lieferung von Lebensmitteln, Getränken oder sonstigen Haushaltsgegenständen des täglichen Bedarfs, die vom Unternehmer im Rahmen häufiger und regelmäßiger Fahrten am Wohnsitz, am Aufenthaltsort oder am Arbeitsplatz des Verbrauchers geliefert werden,

12. die unter Verwendung von Warenautomaten oder automatisierten Geschäftsräumen geschlossen werden,

13. die mit Betreibern von Telekommunikationsmitteln mit Hilfe öffentlicher Fernsprecher zu deren Nutzung geschlossen werden oder die zur Nutzung einer einzelnen von einem Verbraucher hergestellten Telefon-, Internet- oder Faxverbindung geschlossen werden.

(3) Für Verträge über die Beförderung von Personen ist nur § 8 anzuwenden.

(4) Soweit eine Bestimmung dieses Bundesgesetzes zu einer anderen Gesetzesbestimmung, die der Umsetzung eines sektorspezifischen Unionsrechtsakts dient, oder zu einem innerstaatlich unmittelbar anwendbaren Unionsrechtsakt in einem unlösbaren inhaltlichen Widerspruch steht, ist sie auf die von der kollidierenden Vorschrift erfassten Verträge nicht anzuwenden.

Zwingendes Recht

§ 2. Soweit Vereinbarungen zum Nachteil des Verbrauchers von den Bestimmungen dieses Bundesgesetzes abweichen, sind sie unwirksam.

Begriffsbestimmungen

§ 3. In diesem Bundesgesetz bezeichnet der Ausdruck

1. „außerhalb von Geschäftsräumen geschlossener Vertrag" jeden Vertrag zwischen einem Unternehmer und einem Verbraucher,

a) der bei gleichzeitiger körperlicher Anwesenheit des Unternehmers und des Verbrauchers an einem Ort geschlossen wird, der kein Geschäftsraum des Unternehmers ist,

b) für den der Verbraucher unter den in lit. a genannten Umständen ein Angebot gemacht hat,

c) der in den Geschäftsräumen des Unternehmers oder durch Fernkommunikationsmittel geschlossen wird, unmittelbar nachdem der Verbraucher an einem anderen Ort als den Geschäftsräumen des Unternehmers bei gleichzeitiger körperlicher Anwesenheit des Unternehmers oder dessen Beauftragten und des Verbrauchers persönlich und individuell angesprochen wurde, oder

d) der auf einem Ausflug geschlossen wird, der von einem Unternehmer oder von dessen Beauftragten in der Absicht oder mit dem Ergebnis organisiert wurde, dass der Unternehmer für den Verkauf von Waren oder die Erbringung von Dienstleistungen beim Verbraucher wirbt oder werben lässt und entsprechende Verträge mit dem Verbraucher abschließt;

2. „Fernabsatzvertrag" jeden Vertrag, der zwischen einem Unternehmer und einem Verbraucher ohne gleichzeitige körperliche Anwesenheit des Unternehmers und des Verbrauchers im Rahmen eines für den Fernabsatz organisierten Vertriebs- oder Dienstleistungssystems geschlossen wird, wobei bis einschließlich des Zustandekommens des Vertrags ausschließlich Fernkommunikationsmittel verwendet werden;

3. „Geschäftsräume" unbewegliche Gewerberäume, in denen der Unternehmer seine Tätigkeit dauerhaft ausübt, oder bewegliche Gewerberäume, in denen der Unternehmer seine Tätigkeit für gewöhnlich ausübt;

4. „öffentliche Versteigerung" eine Verkaufsmethode, bei der der Unternehmer Verbrauchern, die bei der Versteigerung persönlich anwesend sind oder denen diese Möglichkeit gewährt wird, Waren oder Dienstleistungen anbietet, und zwar in einem vom Versteigerer durchgeführten, auf konkurrierenden Geboten basierenden transparenten Verfahren, bei dem der Bieter, der den Zuschlag erhalten hat, zum Erwerb der Waren oder Dienstleistungen verpflichtet ist;

5. „dauerhafter Datenträger" jedes Medium, das es dem Verbraucher oder dem Unternehmer gestattet, an ihn persönlich gerichtete Informationen derart zu speichern, dass er sie in der Folge für eine für die Zwecke der Informationen angemessene Dauer einsehen kann, und das die unveränderte Wiedergabe der gespeicherten Informationen ermöglicht;

6. „digitale Inhalte" Daten, die in digitaler Form hergestellt oder bereitgestellt werden;

7. „akzessorischer Vertrag" einen Vertrag, mit dem der Verbraucher Waren oder Dienstleistungen erwirbt, die im Zusammenhang mit einem Fern- oder Auswärtsgeschäft stehen und bei dem diese Waren oder Dienstleistungen von dem Unternehmer oder einem Dritten auf der Grundlage einer Vereinbarung zwischen diesem Dritten und dem Unternehmer geliefert oder erbracht werden.

2. Abschnitt
Informationspflichten

Inhalt der Informationspflicht; Rechtsfolgen

§ 4. (1) Bevor der Verbraucher durch einen Vertrag oder seine Vertragserklärung gebunden ist, muss ihn der Unternehmer in klarer und verständlicher Weise über Folgendes informieren:

1. die wesentlichen Eigenschaften der Ware oder Dienstleistung in dem für das Kommunikationsmittel und die Ware oder Dienstleistung angemessenen Umfang,

2. den Namen oder die Firma des Unternehmers sowie die Anschrift seiner Niederlassung,

3. gegebenenfalls

a) die Telefonnummer, die Faxnummer und die E-Mail-Adresse, unter denen der Verbraucher den Unternehmer schnell erreichen und ohne besonderen Aufwand mit ihm in Verbindung treten kann,

b) die von der Niederlassung des Unternehmers abweichende Geschäftsanschrift, an die sich der Verbraucher mit jeder Beschwerde wenden kann, und

c) den Namen oder die Firma und die Anschrift der Niederlassung jener Person, in deren Auftrag der Unternehmer handelt, sowie die allenfalls abweichende Geschäftsanschrift dieser Person, an die sich der Verbraucher mit jeder Beschwerde wenden kann,

4. den Gesamtpreis der Ware oder Dienstleistung einschließlich aller Steuern und Abgaben, wenn aber der Preis aufgrund der Beschaffenheit der Ware oder Dienstleistung vernünftigerweise nicht im Voraus berechnet werden kann, die Art der Preisberechnung und gegebenenfalls alle zusätzlichen Fracht-, Liefer-, Versand- oder sonstigen Kosten oder, wenn diese Kosten vernünftigerweise nicht im Voraus berechnet werden können, das allfällige Anfallen solcher zusätzlichen Kosten,

5. bei einem unbefristeten Vertrag oder einem Abonnementvertrag die für jeden Abrechnungszeitraum anfallenden Gesamtkosten, wenn für einen solchen Vertrag Festbeträge in Rechnung gestellt werden, die monatlichen Gesamtkosten, wenn aber die Gesamtkosten vernünftigerweise nicht im Voraus berechnet werden können, die Art der Preisberechnung,

6. die Kosten für den Einsatz der für den Vertragsabschluss genutzten Fernkommunikationsmittel, sofern diese nicht nach dem Grundtarif berechnet werden,

7. die Zahlungs-, Liefer- und Leistungsbedingungen, den Zeitraum, innerhalb dessen nach der Zusage des Unternehmers die Ware geliefert oder die Dienstleistung erbracht wird, sowie ein allenfalls vorgesehenes Verfahren beim Umgang des Unternehmers mit Beschwerden,

8. bei Bestehen eines Rücktrittsrechts die Bedingungen, die Fristen und die Vorgangsweise für die Ausübung dieses Rechts, dies unter Zurverfügungstellung des Muster-Widerrufsformulars gemäß **Anhang I Teil B**,

9. gegebenenfalls die den Verbraucher im Fall seines Rücktritts vom Vertrag gemäß § 15 treffende Pflicht zur Tragung der Kosten für die Rücksendung der Ware sowie bei Fernabsatzverträgen über Waren, die wegen ihrer Beschaffenheit üblicherweise nicht auf dem Postweg versendet werden, die Höhe der Rücksendungskosten,

10. gegebenenfalls die den Verbraucher im Fall seines Rücktritts vom Vertrag gemäß § 16 treffende Pflicht zur Zahlung eines anteiligen Betrags für die bereits erbrachten Leistungen,

11. gegebenenfalls über das Nichtbestehen eines Rücktrittsrechts nach § 18 oder über die Umstände, unter denen der Verbraucher sein Rücktrittsrecht verliert,

12. zusätzlich zu dem Hinweis auf das Bestehen eines gesetzlichen Gewährleistungsrechts für die Ware gegebenenfalls das Bestehen und die Bedingungen von Kundendienstleistungen und von gewerblichen Garantien,

13. gegebenenfalls bestehende einschlägige Verhaltenskodizes gemäß § 1 Abs. 4 Z 4 UWG und darüber, wie der Verbraucher eine Ausfertigung davon erhalten kann,

14. gegebenenfalls die Laufzeit des Vertrags oder die Bedingungen für die Kündigung unbefristeter Verträge oder sich automatisch verlängernder Verträge,

15. gegebenenfalls die Mindestdauer der Verpflichtungen, die der Verbraucher mit dem Vertrag eingeht,

16. gegebenenfalls das Recht des Unternehmers, vom Verbraucher die Stellung einer Kaution oder anderer finanzieller Sicherheiten zu verlangen, sowie deren Bedingungen,

17. gegebenenfalls die Funktionsweise digitaler Inhalte einschließlich anwendbarer technischer Schutzmaßnahmen für solche Inhalte,

18. gegebenenfalls – soweit wesentlich – die Interoperabilität digitaler Inhalte mit Hard- und Software, soweit diese dem Unternehmer bekannt ist oder vernünftigerweise bekannt sein muss, und

19. gegebenenfalls die Möglichkeit des Zugangs zu einem außergerichtlichen Beschwerde- und Rechtsbehelfsverfahren, dem der Unternehmer unterworfen ist, und die Voraussetzungen für diesen Zugang.

(2) Im Fall einer öffentlichen Versteigerung können anstelle der in Abs. 1 Z 2 und 3 genannten Informationen die entsprechenden Angaben des Versteigerers übermittelt werden.

(3) Die Informationen nach Abs. 1 Z 8, 9 und 10 können mittels der Muster-Widerrufsbelehrung gemäß **Anhang I Teil A** erteilt werden. Mit dieser formularmäßigen Informationserteilung gelten die genannten Informationspflichten des Unternehmers als erfüllt, sofern der Unternehmer dem Verbraucher das Formular zutreffend ausgefüllt übermittelt hat.

(4) Die dem Verbraucher nach Abs. 1 erteilten Informationen sind Vertragsbestandteil. Änderungen sind nur dann wirksam, wenn sie von den Vertragsparteien ausdrücklich vereinbart wurden.

(5) Hat der Unternehmer seine Pflicht zur Information über zusätzliche und sonstige Kosten nach Abs. 1 Z 4 oder über die Kosten für die Rücksendung der Ware nach Abs. 1 Z 9 nicht erfüllt, so hat der Verbraucher die zusätzlichen und sonstigen Kosten nicht zu tragen.

(6) Die Informationspflichten nach Abs. 1 gelten unbeschadet anderer Informationspflichten

nach gesetzlichen Vorschriften, die auf der Richtlinie 2006/123/EG über Dienstleistungen im Binnenmarkt, ABl. Nr. L 376 vom 27.12.2006 S. 36, oder auf der Richtlinie 2000/31/EG über bestimmte rechtliche Aspekte der Dienste der Informationsgesellschaft, insbesondere des elektronischen Geschäftsverkehrs, im Binnenmarkt, ABl. Nr. L 178 vom 17.7.2000 S. 1, beruhen.

Informationserteilung bei außerhalb von Geschäftsräumen geschlossenen Verträgen

§ 5. (1) Bei außerhalb von Geschäftsräumen geschlossenen Verträgen sind die in § 4 Abs. 1 genannten Informationen dem Verbraucher auf Papier oder, sofern der Verbraucher dem zustimmt, auf einem anderen dauerhaften Datenträger bereitzustellen. Die Informationen müssen lesbar, klar und verständlich sein.

(2) Der Unternehmer hat dem Verbraucher eine Ausfertigung des unterzeichneten Vertragsdokuments oder die Bestätigung des geschlossenen Vertrags auf Papier oder, sofern der Verbraucher dem zustimmt, auf einem anderen dauerhaften Datenträger bereitzustellen. Gegebenenfalls muss die Ausfertigung oder Bestätigung des Vertrags auch eine Bestätigung der Zustimmung und Kenntnisnahme des Verbrauchers nach § 18 Abs. 1 Z 11 enthalten.

Vereinfachte Informationserteilung bei Handwerkerverträgen

§ 6. (1) Bei außerhalb von Geschäftsräumen geschlossenen Verträgen über Reparatur- oder Instandhaltungsarbeiten, bei denen der Verbraucher das Kommen und die Dienste des Unternehmers zur Ausführung dieser Arbeiten ausdrücklich angefordert hat, das vom Verbraucher zu zahlende Entgelt den Betrag von 200 Euro nicht übersteigt und beide Vertragsteile ihre vertraglichen Verpflichtungen sofort erfüllen, gelten für die Informationserteilung abweichend von § 5 Abs. 1 die Bestimmungen des nachfolgenden Absatzes.

(2) Der Unternehmer hat dem Verbraucher die in § 4 Abs. 1 Z 2 und 3 lit. a und c genannten Informationen sowie Informationen über die Höhe des Preises oder die Art der Preisberechnung zusammen mit einem Kostenvoranschlag über die Gesamtkosten auf Papier oder, wenn der Verbraucher dem zustimmt, einem anderen dauerhaften Datenträger bereitzustellen. Überdies hat der Unternehmer dem Verbraucher die in § 4 Abs. 1 Z 1, 8 und 11 genannten Informationen zu erteilen, kann jedoch davon absehen, diese auf Papier oder einem anderen dauerhaften Datenträger bereitzustellen, wenn sich der Verbraucher damit ausdrücklich einverstanden erklärt. Die nach § 5 Abs. 2 zur Verfügung zu stellende Ausfertigung oder Bestätigung muss auch die in § 4 Abs. 1 genannten Informationen enthalten.

Informationserteilung bei Fernabsatzverträgen

§ 7. (1) Bei Fernabsatzverträgen sind die in § 4 Abs. 1 genannten Informationen dem Verbraucher klar und verständlich in einer dem verwendeten Fernkommunikationsmittel angepassten Art und Weise bereitzustellen. Werden diese Informationen auf einem dauerhaften Datenträger bereitgestellt, so müssen sie lesbar sein.

(2) Wird der Vertrag unter Verwendung eines Fernkommunikationsmittels geschlossen, bei dem für die Darstellung der Information nur begrenzter Raum oder begrenzte Zeit zur Verfügung steht, so hat der Unternehmer dem Verbraucher vor dem Vertragsabschluss über dieses Fernkommunikationsmittel zumindest die in § 4 Abs. 1 Z 1, 2, 4, 5, 8 und 14 genannten Informationen über die wesentlichen Merkmale der Waren oder Dienstleistungen, den Namen des Unternehmers, den Gesamtpreis, das Rücktrittsrecht, die Vertragslaufzeit und die Bedingungen der Kündigung unbefristeter Verträge zu erteilen. Die anderen in § 4 Abs. 1 genannten Informationen sind dem Verbraucher auf geeignete Weise unter Beachtung von Abs. 1 zu erteilen.

(3) Der Unternehmer hat dem Verbraucher innerhalb einer angemessenen Frist nach dem Vertragsabschluss, spätestens jedoch mit der Lieferung der Waren oder vor dem Beginn der Dienstleistungserbringung, eine Bestätigung des geschlossenen Vertrags auf einem dauerhaften Datenträger zur Verfügung zu stellen, die die in § 4 Abs. 1 genannten Informationen enthält, sofern er diese Informationen dem Verbraucher nicht schon vor Vertragsabschluss auf einem dauerhaften Datenträger bereitgestellt hat. Gegebenenfalls muss die Vertragsbestätigung auch eine Bestätigung der Zustimmung und Kenntnisnahme des Verbrauchers nach § 18 Abs. 1 Z 11 enthalten.

Besondere Erfordernisse bei elektronisch geschlossenen Verträgen

§ 8. (1) Wenn ein elektronisch, jedoch nicht ausschließlich im Weg der elektronischen Post oder eines damit vergleichbaren individuellen elektronischen Kommunikationsmittels geschlossener Fernabsatzvertrag den Verbraucher zu einer Zahlung verpflichtet, hat der Unternehmer den Verbraucher, unmittelbar bevor dieser seine Vertragserklärung abgibt, klar und in hervorgehobener Weise auf die in § 4 Abs. 1 Z 1, 4, 5, 14 und 15 genannten Informationen hinzuweisen.

(2) Der Unternehmer hat dafür zu sorgen, dass der Verbraucher bei der Bestellung ausdrücklich bestätigt, dass die Bestellung mit einer Zahlungsverpflichtung verbunden ist. Wenn der Bestellvorgang die Aktivierung einer Schaltfläche oder die Betätigung einer ähnlichen Funktion erfordert, muss diese Schaltfläche oder Funktion gut lesbar ausschließlich mit den Worten „zahlungspflichtig

bestellen“ oder einer gleichartigen, eindeutigen Formulierung gekennzeichnet sein, die den Verbraucher darauf hinweist, dass die Bestellung mit einer Zahlungsverpflichtung gegenüber dem Unternehmer verbunden ist. Kommt der Unternehmer den Pflichten nach diesem Absatz nicht nach, so ist der Verbraucher an den Vertrag oder seine Vertragserklärung nicht gebunden.

(3) Auf Websites für den elektronischen Geschäftsverkehr ist spätestens bei Beginn des Bestellvorgangs klar und deutlich anzugeben, ob Lieferbeschränkungen bestehen und welche Zahlungsmittel akzeptiert werden.

(4) Die Abs. 1 bis 3 gelten auch für die in § 1 Abs. 2 Z 8 genannten Verträge. Die Regelungen in Abs. 2 zweiter und dritter Satz gelten auch für die in § 1 Abs. 2 Z 2 und 3 genannten Verträge, sofern diese auf die in Abs. 1 angeführte Weise geschlossen werden.

Besondere Erfordernisse bei telefonisch geschlossenen Verträgen

§ 9. (1) Bei Ferngesprächen mit Verbrauchern, die auf den Abschluss eines Fernabsatzvertrags abzielen, hat der Unternehmer dem Verbraucher zu Beginn des Gesprächs seinen Namen oder seine Firma, gegebenenfalls den Namen der Person, in deren Auftrag er handelt, sowie den geschäftlichen Zweck des Gesprächs offenzulegen.

(2) Bei einem Fernabsatzvertrag über eine Dienstleistung, der während eines vom Unternehmer eingeleiteten Anrufs ausgehandelt wurde, ist der Verbraucher erst gebunden, wenn der Unternehmer dem Verbraucher eine Bestätigung seines Vertragsanbots auf einem dauerhaften Datenträger zur Verfügung stellt und der Verbraucher dem Unternehmer hierauf eine schriftliche Erklärung über die Annahme dieses Anbots auf einem dauerhaften Datenträger übermittelt.

(3) Die Abs. 1 und 2 gelten auch für die in § 1 Abs. 2 Z 8 genannten Verträge. *(BGBl I 2017/50)*

Beginn der Vertragserfüllung vor Ablauf der Rücktrittsfrist

§ 10. Hat ein Fernabsatzvertrag oder ein außerhalb von Geschäftsräumen geschlossener Vertrag eine Dienstleistung, die nicht in einem begrenzten Volumen oder in einer bestimmten Menge angebotene Lieferung von Wasser, Gas oder Strom oder die Lieferung von Fernwärme zum Gegenstand und wünscht der Verbraucher, dass der Unternehmer noch vor Ablauf der Rücktrittsfrist nach § 11 mit der Vertragserfüllung beginnt, so muss der Unternehmer den Verbraucher dazu auffordern, ihm ein ausdrücklich auf diese vorzeitige Vertragserfüllung gerichtetes Verlangen – im Fall eines außerhalb von Geschäftsräumen geschlossenen Vertrags auf einem dauerhaften Datenträger – zu erklären.

3. Abschnitt
Rücktritt vom Vertrag

Rücktrittsrecht und Rücktrittsfrist

§ 11. (1) Der Verbraucher kann von einem Fernabsatzvertrag oder einem außerhalb von Geschäftsräumen geschlossenen Vertrag binnen 14 Tagen ohne Angabe von Gründen zurücktreten.

(2) Die Frist zum Rücktritt beginnt

1. bei Dienstleistungsverträgen mit dem Tag des Vertragsabschlusses,

2. bei Kaufverträgen und sonstigen auf den entgeltlichen Erwerb einer Ware gerichteten Verträgen

a) mit dem Tag, an dem der Verbraucher oder ein vom Verbraucher benannter, nicht als Beförderer tätiger Dritter den Besitz an der Ware erlangt,

b) wenn der Verbraucher mehrere Waren im Rahmen einer einheitlichen Bestellung bestellt hat, die getrennt geliefert werden, mit dem Tag, an dem der Verbraucher oder ein vom Verbraucher benannter, nicht als Beförderer tätiger Dritter den Besitz an der zuletzt gelieferten Ware erlangt,

c) bei Lieferung einer Ware in mehreren Teilsendungen mit dem Tag, an dem der Verbraucher oder ein vom Verbraucher benannter, nicht als Beförderer tätiger Dritter den Besitz an der letzten Teilsendung erlangt,

d) bei Verträgen über die regelmäßige Lieferung von Waren über einen festgelegten Zeitraum hinweg mit dem Tag, an dem der Verbraucher oder ein vom Verbraucher benannter, nicht als Beförderer tätiger Dritter den Besitz an der zuerst gelieferten Ware erlangt,

3. bei einem Vertrag, der die nicht in einem begrenzten Volumen oder in einer bestimmten Menge angebotene Lieferung von Wasser, Gas oder Strom, die Lieferung von Fernwärme oder die Lieferung von nicht auf einem körperlichen Datenträger gespeicherten digitalen Inhalten zum Gegenstand hat, mit dem Tag des Vertragsabschlusses.

Unterbliebene Aufklärung über das Rücktrittsrecht

§ 12. (1) Ist der Unternehmer seiner Informationspflicht nach § 4 Abs. 1 Z 8 nicht nachgekommen, so verlängert sich die in § 11 vorgesehene Rücktrittsfrist um zwölf Monate.

(2) Holt der Unternehmer die Informationserteilung innerhalb von zwölf Monaten ab dem gemäß § 11 Abs. 2 für den Fristbeginn maßgebli-

chen Tag nach, so endet die Rücktrittsfrist 14 Tage nach dem Zeitpunkt, zu dem der Verbraucher diese Information erhält.

Ausübung des Rücktrittsrechts

§ 13. (1) Die Erklärung des Rücktritts ist an keine bestimmte Form gebunden. Der Verbraucher kann dafür das Muster-Widerrufsformular gemäß **Anhang I Teil B** verwenden. Die Rücktrittsfrist ist gewahrt, wenn die Rücktrittserklärung innerhalb der Frist abgesendet wird.

(2) Der Unternehmer kann dem Verbraucher auch die Möglichkeit einräumen, das Muster-Widerrufsformular gemäß **Anhang I Teil B** oder eine anders formulierte Rücktrittserklärung auf der Website des Unternehmers elektronisch auszufüllen und abzuschicken. Gibt der Verbraucher eine Rücktrittserklärung auf diese Weise ab, so hat ihm der Unternehmer unverzüglich eine Bestätigung über den Eingang der Rücktrittserklärung auf einem dauerhaften Datenträger zu übermitteln.

Pflichten des Unternehmers bei Rücktritt des Verbrauchers vom Vertrag

§ 14. (1) Tritt der Verbraucher nach § 11 Abs. 1 vom Vertrag zurück, so hat der Unternehmer alle vom Verbraucher geleisteten Zahlungen, gegebenenfalls einschließlich der Lieferkosten, unverzüglich, spätestens jedoch binnen 14 Tagen ab Zugang der Rücktrittserklärung zu erstatten. Er hat für die Rückzahlung dasselbe Zahlungsmittel zu verwenden, dessen sich der Verbraucher für die Abwicklung seiner Zahlung bedient hat; die Verwendung eines anderen Zahlungsmittels ist aber dann zulässig, wenn dies mit dem Verbraucher ausdrücklich vereinbart wurde und dem Verbraucher dadurch keine Kosten anfallen.

(2) Hat sich der Verbraucher ausdrücklich für eine andere Art der Lieferung als die vom Unternehmer angebotene günstigste Standardlieferung entschieden, so hat er keinen Anspruch auf Erstattung der ihm dadurch entstandenen Mehrkosten.

(3) Bei Kaufverträgen und sonstigen auf den entgeltlichen Erwerb einer Ware gerichteten Verträgen kann der Unternehmer die Rückzahlung verweigern, bis er entweder die Ware wieder zurückerhalten oder ihm der Verbraucher einen Nachweis über die Rücksendung der Ware erbracht hat; dies gilt nicht, wenn der Unternehmer angeboten hat, die Ware selbst abzuholen.

Pflichten des Verbrauchers bei Rücktritt vom Kaufvertrag

§ 15. (1) Tritt der Verbraucher nach § 11 Abs. 1 von einem Kaufvertrag oder einem sonstigen auf den entgeltlichen Erwerb einer Ware gerichteten Vertrag zurück, so hat er die empfangene Ware unverzüglich, spätestens jedoch binnen 14 Tagen ab Abgabe der Rücktrittserklärung, an den Unternehmer zurückzustellen; dies gilt nicht, wenn der Unternehmer angeboten hat, die Ware selbst abzuholen. Die Rückstellungsfrist ist gewahrt, wenn die Ware innerhalb der Frist abgesendet wird.

(2) Die unmittelbaren Kosten der Rücksendung der Ware sind vom Verbraucher zu tragen; dies gilt nicht, wenn der Unternehmer sich bereit erklärt hat, diese Kosten zu tragen, oder wenn er es unterlassen hat, den Verbraucher über dessen Kostentragungspflicht zu unterrichten.

(3) Bei außerhalb von Geschäftsräumen geschlossenen Verträgen, bei denen die Ware zum Zeitpunkt des Vertragsabschlusses zur Wohnung des Verbrauchers geliefert wurde, hat der Unternehmer die Ware auf eigene Kosten abzuholen, wenn solche Waren wegen ihrer Beschaffenheit üblicherweise nicht auf dem Postweg versendet werden.

(4) Der Verbraucher hat dem Unternehmer nur dann eine Entschädigung für eine Minderung des Verkehrswerts der Ware zu zahlen, wenn dieser Wertverlust auf einen zur Prüfung der Beschaffenheit, der Eigenschaften und der Funktionsweise der Ware nicht notwendigen Umgang mit derselben zurückzuführen ist. Der Verbraucher haftet in keinem Fall für einen Wertverlust der Ware, wenn er vom Unternehmer nicht gemäß § 4 Abs. 1 Z 8 über sein Rücktrittsrecht belehrt wurde.

(5) Außer den in dieser Bestimmung angeführten Zahlungen und allfälligen Mehrkosten nach § 14 Abs. 2 dürfen dem Verbraucher wegen seines Rücktritts keine sonstigen Lasten auferlegt werden.

Pflichten des Verbrauchers bei Rücktritt von einem Vertrag über Dienstleistungen, Energie- und Wasserlieferungen oder digitale Inhalte

§ 16. (1) Tritt der Verbraucher nach § 11 Abs. 1 von einem Vertrag über Dienstleistungen oder über die in § 10 genannten Energie- und Wasserlieferungen zurück, nachdem er ein Verlangen gemäß § 10 erklärt und der Unternehmer hierauf mit der Vertragserfüllung begonnen hat, so hat er dem Unternehmer einen Betrag zu zahlen, der im Vergleich zum vertraglich vereinbarten Gesamtpreis verhältnismäßig den vom Unternehmer bis zum Rücktritt erbrachten Leistungen entspricht. Ist der Gesamtpreis überhöht, so wird der anteilig zu zahlende Betrag auf der Grundlage des Marktwerts der erbrachten Leistungen berechnet.

(2) Die anteilige Zahlungspflicht nach Abs. 1 besteht nicht, wenn der Unternehmer seiner Informationspflicht nach § 4 Abs. 1 Z 8 und 10 nicht nachgekommen ist.

(3) Tritt der Verbraucher nach § 11 Abs. 1 von einem Vertrag über die Lieferung von nicht auf einem körperlichen Datenträger gespeicherten digitalen Inhalten zurück, so trifft ihn für bereits erbrachte Leistungen des Unternehmers keine Zahlungspflicht.

(4) Außer der in Abs. 1 angeführten Zahlung dürfen dem Verbraucher wegen seines Rücktritts keine sonstigen Lasten auferlegt werden.

Auswirkungen des Rücktritts auf akzessorische Verträge

§ 17. Tritt der Verbraucher nach § 11 Abs. 1 vom Vertrag zurück, so gilt der Rücktritt auch für einen akzessorischen Vertrag. Außer den in §§ 15 und 16 angeführten Zahlungen dürfen dem Verbraucher daraus keine sonstigen Lasten auferlegt werden.

Ausnahmen vom Rücktrittsrecht

§ 18. (1) Der Verbraucher hat kein Rücktrittsrecht bei Fernabsatz- oder außerhalb von Geschäftsräumen geschlossenen Verträgen über

1. Dienstleistungen, wenn der Unternehmer – auf Grundlage eines ausdrücklichen Verlangens des Verbrauchers nach § 10 sowie einer Bestätigung des Verbrauchers über dessen Kenntnis vom Verlust des Rücktrittsrechts bei vollständiger Vertragserfüllung – noch vor Ablauf der Rücktrittsfrist nach § 11 mit der Ausführung der Dienstleistung begonnen hatte und die Dienstleistung sodann vollständig erbracht wurde,

2. Waren oder Dienstleistungen, deren Preis von Schwankungen auf dem Finanzmarkt abhängt, auf die der Unternehmer keinen Einfluss hat und die innerhalb der Rücktrittsfrist auftreten können,

3. Waren, die nach Kundenspezifikationen angefertigt werden oder eindeutig auf die persönlichen Bedürfnisse zugeschnitten sind,

4. Waren, die schnell verderben können oder deren Verfallsdatum schnell überschritten würde,

5. Waren, die versiegelt geliefert werden und aus Gründen des Gesundheitsschutzes oder aus Hygienegründen nicht zur Rückgabe geeignet sind, sofern deren Versiegelung nach der Lieferung entfernt wurde,

6. Waren, die nach ihrer Lieferung auf Grund ihrer Beschaffenheit untrennbar mit anderen Gütern vermischt wurden,

7. alkoholische Getränke, deren Preis bei Vertragsabschluss vereinbart wurde, die aber nicht früher als 30 Tage nach Vertragsabschluss geliefert werden können und deren aktueller Wert von Schwankungen auf dem Markt abhängt, auf die der Unternehmer keinen Einfluss hat,

8. Ton- oder Videoaufnahmen oder Computersoftware, die in einer versiegelten Packung geliefert werden, sofern deren Versiegelung nach der Lieferung entfernt wurde,

9. Zeitungen, Zeitschriften oder Illustrierte mit Ausnahme von Abonnement-Verträgen über die Lieferung solcher Publikationen,

10. Dienstleistungen in den Bereichen Beherbergung zu anderen als zu Wohnzwecken, Beförderung von Waren, Vermietung von Kraftfahrzeugen sowie Lieferung von Speisen und Getränken und Dienstleistungen, die im Zusammenhang mit Freizeitbetätigungen erbracht werden, sofern jeweils für die Vertragserfüllung durch den Unternehmer ein bestimmter Zeitpunkt oder Zeitraum vertraglich vorgesehen ist,

11. die Lieferung von nicht auf einem körperlichen Datenträger gespeicherten digitalen Inhalten, wenn der Unternehmer – mit ausdrücklicher Zustimmung des Verbrauchers, verbunden mit dessen Kenntnisnahme vom Verlust des Rücktrittsrechts bei vorzeitigem Beginn mit der Vertragserfüllung, und nach Zurverfügungstellung einer Ausfertigung oder Bestätigung nach § 5 Abs. 2 oder § 7 Abs. 3 – noch vor Ablauf der Rücktrittsfrist nach § 11 mit der Lieferung begonnen hat.

(2) Der Verbraucher hat weiters kein Rücktrittsrecht bei Verträgen über dringende Reparatur- oder Instandhaltungsarbeiten, bei denen der Verbraucher den Unternehmer ausdrücklich zu einem Besuch zur Ausführung dieser Arbeiten aufgefordert hat. Erbringt der Unternehmer bei einem solchen Besuch weitere Dienstleistungen, die der Verbraucher nicht ausdrücklich verlangt hat, oder liefert er Waren, die bei der Instandhaltung oder Reparatur nicht unbedingt als Ersatzteile benötigt werden, so steht dem Verbraucher hinsichtlich dieser zusätzlichen Dienstleistungen oder Waren das Rücktrittsrecht zu.

(3) Dem Verbraucher steht schließlich kein Rücktrittsrecht bei Verträgen zu, die auf einer öffentlichen Versteigerung geschlossen werden.

4. Abschnitt

Strafbestimmungen

§ 19. Sofern die Tat nicht den Tatbestand einer gerichtlich strafbaren Handlung bildet oder nach anderen Verwaltungsstrafbestimmungen mit strengerer Strafe bedroht ist, begeht ein Unternehmer eine Verwaltungsübertretung und ist mit einer Geldstrafe bis zu 1 450 Euro zu bestrafen, wenn er

1. in die gemäß § 4 Abs. 1 gebotenen vorvertraglichen Informationen falsche Angaben aufnimmt oder die Informationspflichten gemäß § 4 Abs. 1 nicht oder nicht vollständig erfüllt,

2. gegen eine der in § 5 Abs. 1, § 6 Abs. 2 und § 7 Abs. 1 und 2 getroffenen Anordnungen über

die Art der „Informationserteilung" verstößt, *(BGBl I 2017/50, ab 25. 4. 2017)*

3. dem Verbraucher entgegen § 5 Abs. 2 oder § 7 Abs. 3 keine Vertragsausfertigung oder -bestätigung zur Verfügung stellt;

4. seine besonderen vorvertraglichen Informationspflichten bei elektronisch geschlossenen Verträgen gemäß § 8 Abs. 1 und 3 nicht oder nicht vollständig erfüllt;

5. ein Ferngespräch beginnt, ohne zu Beginn des Gesprächs den Namen (die Firma) des Unternehmers, gegebenenfalls den Namen der Person, in deren Auftrag er handelt, sowie den geschäftlichen Zweck des Gesprächs gemäß § 9 Abs. 1 offenzulegen;

6. es unterlässt, dem Verbraucher gemäß § 13 Abs. 2 eine Bestätigung über den Eingang der Rücktrittserklärung auf einem dauerhaften Datenträger zu übermitteln;

7. gegen seine Erstattungspflicht nach § 14 Abs. 1 verstößt.

5. Abschnitt
Schlussbestimmungen

Inkrafttreten

§ 20. (1) § 8 Abs. 4 tritt mit 1. Juli 2015 in Kraft und ist auf Fern- und Auswärtsgeschäfte anzuwenden, die ab diesem Zeitpunkt geschlossen werden.

(2) Im Übrigen tritt dieses Bundesgesetz mit 13. Juni 2014 in Kraft und ist auf Fern- und Auswärtsgeschäfte anzuwenden, die ab diesem Zeitpunkt geschlossen werden.

(3) § 1 Abs. 2 Z 8 und § 9 Abs. 3 in der Fassung des Bundesgesetzes BGBl. I Nr. 50/2017 treten mit 1. Juli 2018 in Kraft. *(BGBl I 2017/50)*

Vollziehung

§ 21. Mit der Vollziehung dieses Bundesgesetzes ist der Bundesminister für Justiz betraut.

Umsetzungshinweis

§ 22. Mit diesem Bundesgesetz wird die Richtlinie 2011/83/EU über die Rechte der Verbraucher, zur Abänderung der Richtlinie 93/13/EWG und der Richtlinie 1999/44/EG sowie zur Aufhebung der Richtlinie 85/577/EWG und der Richtlinie 97/7/EG, ABl. Nr. L 304 vom 22.11.2011 S. 64, umgesetzt.

Anhang

ANHANG I

Informationen zur Ausübung des Widerrufsrechts

A. Muster-Widerrufsbelehrung

Widerrufsrecht

Sie haben das Recht, binnen vierzehn Tagen ohne Angabe von Gründen diesen Vertrag zu widerrufen.

Die Widerrufsfrist beträgt vierzehn Tage ab dem Tag [1].

Um Ihr Widerrufsrecht auszuüben, müssen Sie uns ([2]) mittels einer eindeutigen Erklärung (z. B. ein mit der Post versandter Brief, Telefax oder E-Mail) über Ihren Entschluss, diesen Vertrag zu widerrufen, informieren. Sie können dafür das beigefügte Muster-Widerrufsformular verwenden, das jedoch nicht vorgeschrieben ist. [3]

Zur Wahrung der Widerrufsfrist reicht es aus, dass Sie die Mitteilung über die Ausübung des Widerrufsrechts vor Ablauf der Widerrufsfrist absenden.

Folgen des Widerrufs

Wenn Sie diesen Vertrag widerrufen, haben wir Ihnen alle Zahlungen, die wir von Ihnen erhalten haben, einschließlich der Lieferkosten (mit Ausnahme der zusätzlichen Kosten, die sich daraus ergeben, dass Sie eine andere Art der Lieferung als die von uns angebotene, günstigste Standardlieferung gewählt haben), unverzüglich und spätestens binnen vierzehn Tagen ab dem Tag zurückzuzahlen, an dem die Mitteilung über Ihren Widerruf dieses Vertrags bei uns eingegangen ist. Für diese Rückzahlung verwenden wir dasselbe Zahlungsmittel, das Sie bei der ursprünglichen Transaktion eingesetzt haben, es sei denn, mit Ihnen wurde ausdrücklich etwas anderes vereinbart; in keinem Fall werden Ihnen wegen dieser Rückzahlung Entgelte berechnet. [4]

[5]

[6]

Gestaltungshinweise:

[1.] Fügen Sie einen der folgenden in Anführungszeichen gesetzten Textbausteine ein:

a) im Falle eines Dienstleistungsvertrags oder eines Vertrags über die Lieferung von Wasser, Gas oder Strom, wenn sie nicht in einem begrenzten Volumen oder in einer bestimmten Menge zum Verkauf angeboten werden, von Fernwärme oder von digitalen Inhalten, die nicht auf einem körperlichen Datenträger geliefert werden: „des Vertragsabschlusses.“;

b) im Falle eines Kaufvertrags: „, an dem Sie oder ein von Ihnen benannter Dritter, der nicht der Beförderer ist, die Waren in Besitz genommen haben bzw. hat.“;

c) im Falle eines Vertrags über mehrere Waren, die der Verbraucher im Rahmen einer einheitlichen Bestellung bestellt hat und die getrennt geliefert werden: „, an dem Sie oder ein von Ihnen benannter Dritter, der nicht der Beförderer ist, die letzte Ware in Besitz genommen haben bzw. hat.“;

d) im Falle eines Vertrags über die Lieferung einer Ware in mehreren Teilsendungen oder Stücken: „, an dem Sie oder ein von Ihnen benannter Dritter, der nicht der Beförderer ist, die letzte Teilsendung oder das letzte Stück in Besitz genommen haben bzw. hat.“;

e) im Falle eines Vertrags zur regelmäßigen Lieferung von Waren über einen festgelegten Zeitraum hinweg: „, an dem Sie oder ein von Ihnen benannter Dritter, der nicht der Beförderer ist, die erste Ware in Besitz genommen haben bzw. hat.“

[2.] Fügen Sie Ihren Namen, Ihre Anschrift und, soweit verfügbar, Ihre Telefonnummer, Faxnummer und E-Mail-Adresse ein.

[3.] Wenn Sie dem Verbraucher die Wahl einräumen, die Information über seinen Widerruf des Vertrags auf Ihrer Webseite elektronisch auszufüllen und zu übermitteln, fügen Sie Folgendes ein: „Sie können das Muster-Widerrufsformular oder eine andere eindeutige Erklärung auch auf unserer Webseite [Internet-Adresse einfügen] elektronisch ausfüllen und übermitteln. Machen Sie von dieser Möglichkeit Gebrauch, so werden wir Ihnen unverzüglich (z. B. per E-Mail) eine Bestätigung über den Eingang eines solchen Widerrufs übermitteln.“

[4.] Im Falle von Kaufverträgen, in denen Sie nicht angeboten haben, im Fall des Widerrufs die Waren selbst abzuholen, fügen Sie Folgendes ein: „Wir können die Rückzahlung verweigern, bis wir die Waren wieder zurückerhalten haben oder bis Sie den Nachweis erbracht haben, dass Sie die Waren zurückgesandt haben, je nachdem, welches der frühere Zeitpunkt ist.“

[5.] Wenn der Verbraucher Waren im Zusammenhang mit dem Vertrag erhalten hat:

a) Fügen Sie ein:

- „Wir holen die Waren ab.“ oder
- „Sie haben die Waren unverzüglich und in jedem Fall spätestens binnen vierzehn Tagen ab dem Tag, an dem Sie uns über den Widerruf dieses Vertrags unterrichten, an … uns oder an [hier sind gegebenenfalls der Name und die Anschrift der von Ihnen zur Entgegennahme der Waren ermächtigten Person einzufügen] zurückzusenden oder zu übergeben. Die Frist ist gewahrt, wenn Sie die Waren vor Ablauf der Frist von vierzehn Tagen absenden.“

b) Fügen Sie ein:

- „Wir tragen die Kosten der Rücksendung der Waren.“;
- „Sie tragen die unmittelbaren Kosten der Rücksendung der Waren.“;
- Wenn Sie bei einem Fernabsatzvertrag nicht anbieten, die Kosten der Rücksendung der Waren zu tragen, und die Waren aufgrund ihrer Beschaffenheit nicht normal mit der Post zurückgesandt werden können: „Sie tragen die unmittelbaren Kosten der Rücksendung der Waren in Höhe von … EUR [Betrag einfügen].“, oder wenn die Kosten vernünftigerweise nicht im Voraus berechnet werden können: „Sie tragen die unmittelbaren Kosten der Rücksendung der Waren. Die Kosten werden auf höchstens etwa … EUR [Betrag einfügen] geschätzt.“ oder

– wenn die Waren bei einem außerhalb von Geschäftsräumen geschlossenen Vertrag aufgrund ihrer Beschaffenheit nicht normal mit der Post zurückgesandt werden können und zum Zeitpunkt des Vertragsschlusses zur Wohnung des Verbrauchers geliefert worden sind: „Wir holen die Waren auf unsere Kosten ab." und

c) Fügen Sie ein: „Sie müssen für einen etwaigen Wertverlust der Waren nur aufkommen, wenn dieser Wertverlust auf einen zur Prüfung der Beschaffenheit, Eigenschaften und Funktionsweise der Waren nicht notwendigen Umgang mit ihnen zurückzuführen ist."

[6.] Im Falle eines Vertrags zur Erbringung von Dienstleistungen oder der Lieferung von Wasser, Gas oder Strom, wenn sie nicht in einem begrenzten Volumen oder in einer bestimmten Menge zum Verkauf angeboten werden, oder von Fernwärme fügen Sie Folgendes ein: „Haben Sie verlangt, dass die Dienstleistungen oder Lieferung von Wasser/Gas/Strom/Fernwärme [Unzutreffendes streichen] während der Widerrufsfrist beginnen soll, so haben Sie uns einen angemessenen Betrag zu zahlen, der dem Anteil der bis zu dem Zeitpunkt, zu dem Sie uns von der Ausübung des Widerrufsrechts hinsichtlich dieses Vertrags unterrichten, bereits erbrachten Dienstleistungen im Vergleich zum Gesamtumfang der im Vertrag vorgesehenen Dienstleistungen entspricht."

B. Muster-Widerrufsformular

(Wenn Sie den Vertrag widerrufen wollen, dann füllen Sie bitte dieses Formular aus und senden Sie es zurück)

– An [hier ist der Name, die Anschrift und gegebenenfalls die Faxnummer und E-Mail-Adresse des Unternehmers durch den Unternehmer einzufügen]:
– Hiermit widerrufe(n) ich/wir (*) den von mir/uns (*) abgeschlossenen Vertrag über den Kauf der folgenden Waren (*)/die Erbringung der folgenden Dienstleistung (*)
– Bestellt am (*)/erhalten am (*)
– Name des/der Verbraucher(s)
– Anschrift des/der Verbraucher(s)
– Unterschrift des/der Verbraucher(s) (nur bei Mitteilung auf Papier)
– Datum

(*) Unzutreffendes streichen.

4. Verbraucherkreditgesetz

BGBl I 2010/28 (DaKRÄG) idF

1 BGBl I 2013/50 (ZVG)
2 BGBl I 2013/83 (DSG-Nov 2014; Begriffsersetzung)
3 BGBl I 2015/135 (HIKrG)
4 BGBl I 2017/93 (RW-VG)

GLIEDERUNG

STICHWORTVERZEICHNIS

(Die Zahlenangaben beziehen sich auf die Paragraphen)

Bundesgesetz über Verbraucherkreditverträge und andere Formen der Kreditierung zu Gunsten von Verbrauchern (Verbraucherkreditgesetz – VKrG)

1. Abschnitt
Regelungsgegenstand, Begriffsbestimmungen, zwingendes Recht

Regelungsgegenstand

§ 1. Dieses Bundesgesetz regelt zur Umsetzung der Richtlinie 2008/48/EG des Europäischen Parlaments und des Rates vom 23. April 2008 über Verbraucherkreditverträge, ABl. Nr. L 133 vom 22. Mai 2008, S. 66, bestimmte Gesichtspunkte von Verbraucherkreditverträgen und anderen Formen der Kreditierung zu Gunsten von Verbrauchern, insbesondere die vorvertraglichen Pflichten des Kreditgebers, seine Pflichten beim Vertragsabschluss, die Rechte des Verbrauchers zum Rücktritt vom Vertrag, zur Kündigung des Vertrags und zur vorzeitigen Rückzahlung sowie die Pflichten von Kreditvermittlern.

Begriffsbestimmungen

§ 2. (1) Kreditgeber ist ein Unternehmer im Sinn des § 1 Abs. 1 Z 1 KSchG, der einen Kredit gewährt oder zu gewähren verspricht oder eine sonstige Kreditierung einräumt.

(2) Kreditnehmer ist ein Verbraucher im Sinn des § 1 Abs. 1 Z 2 und Abs. 3 KSchG, der einen Kredit oder eine sonstige Kreditierung in Anspruch nimmt.

(3) Verbraucherkreditvertrag (Kreditvertrag) ist ein Kreditvertrag im Sinn des § 988 ABGB, an dem ein Unternehmer als Kreditgeber und ein Verbraucher als Kreditnehmer beteiligt sind.

(4) Kreditvermittler ist eine natürliche oder juristische Person, die nicht als Kreditgeber handelt und die in Ausübung ihrer gewerblichen oder beruflichen Tätigkeit gegen ein Entgelt, das aus einer Geldzahlung oder einem sonstigen vereinbarten wirtschaftlichen Vorteil bestehen kann,

1. Verbrauchern Kreditverträge oder sonstige Kreditierungen vorstellt oder anbietet,

2. Verbrauchern bei anderen als den in Z 1 genannten Vorarbeiten zum Abschluss von Kreditverträgen oder sonstigen Kreditierungen behilflich ist oder

3. für den Kreditgeber Kreditverträge mit Verbrauchern abschließt oder bei sonstigen Kreditierungen für den Kreditgeber handelt.

(5) Gesamtkosten des Kredits für den Verbraucher sind sämtliche Kosten einschließlich der Zinsen, Provisionen etwa für die Vermittlung des Kredits, Abgaben und Kosten jeder Art — ausgenommen Notariatsgebühren —, die der Verbraucher im Zusammenhang mit dem Kreditvertrag zu zahlen hat und die dem Kreditgeber bekannt sind. Dazu zählen auch Kosten für Nebenleistungen im Zusammenhang mit dem Kreditvertrag, insbesondere Versicherungsprämien, wenn der Abschluss des Vertrags über diese Nebenleistung eine vom Kreditgeber geforderte Voraussetzung dafür ist, dass der Kredit überhaupt oder nach den vorgesehenen Vertragsbedingungen gewährt wird.

(6) Der vom Verbraucher zu zahlende Gesamtbetrag ist die Summe des Gesamtkreditbetrags und der Gesamtkosten des Kredits für den Verbraucher.

(7) Der effektive Jahreszins drückt die Gesamtkosten des Kredits für den Verbraucher als jährlichen Prozentsatz des Gesamtkreditbetrags aus (§ 27).

(8) Sollzinssatz ist der als fester oder variabler periodischer Prozentsatz ausgedrückte Zinssatz, der auf jährlicher Basis auf die in Anspruch genommenen Kreditauszahlungsbeträge angewandt wird.

(9) Ein fester Sollzinssatz liegt dann vor, wenn der Kreditgeber und der Verbraucher im Kreditvertrag einen einzigen Sollzinssatz für die gesamte Laufzeit des Kreditvertrags oder mehrere Sollzinssätze für verschiedene Teilzeiträume der Gesamtlaufzeit vereinbaren, wobei ausschließlich ein bestimmter fester Prozentsatz zugrunde gelegt wird. Sind in dem Kreditvertrag nicht alle Sollzinssätze festgelegt, so gilt der Sollzinssatz nur für diejenigen Teilzeiträume der Gesamtlaufzeit als vereinbart, für die die Sollzinssätze ausschließlich durch einen bei Abschluss des Kreditvertrags vereinbarten bestimmten festen Prozentsatz festgelegt wurden.

(10) Gesamtkreditbetrag ist die Obergrenze oder die Summe aller Beträge, die auf Grund eines Kreditvertrags zur Verfügung gestellt werden.

(11) Dauerhafter Datenträger ist jedes Medium, das es dem Verbraucher gestattet, an ihn persönlich gerichtete Informationen derart zu speichern, dass er sie in der Folge für eine den Zwecken der Informationen angemessene Dauer einsehen kann, und das die unveränderte Wiedergabe der gespeicherten Informationen ermöglicht.

(12) Fremdwährungskredit ist ein Kredit, der dem Verbraucher ganz oder teilweise in einer anderen Währung als in Euro gewährt wird.

(13) Kredit mit Tilgungsträger ist ein Kredit, bei dem die Zahlungen des Verbrauchers zunächst nicht der Tilgung des Kreditbetrags, sondern der Bildung von Kapital auf einem Tilgungsträger dienen und vorgesehen ist, dass der Kredit später zumindest teilweise mit Hilfe des Tilgungsträgers zurückgezahlt wird. Tilgungsträger können Wertpapiere, Kapitallebensversicherungen oder sonstige Finanzprodukte sein.

Unwirksame Vereinbarungen

§ 3. Soweit in Vereinbarungen zum Nachteil des Verbrauchers von den Bestimmungen dieses Bundesgesetzes abgewichen wird, sind sie unwirksam.

2. Abschnitt
Verbraucherkreditverträge

Anwendungsbereich

§ 4. (1) Dieser Abschnitt gilt für Verbraucherkreditverträge (Kreditverträge) mit einem Gesamtkreditbetrag von zumindest 200 Euro.

(2) Dieser Abschnitt gilt nicht für Kreditverträge,

1. bei denen der Kredit binnen drei Monaten zurückzuzahlen ist und nur geringe Kosten anfallen,

2. bei denen der Kreditnehmer nur mit einer dem Kreditgeber übergebenen Sache haftet,

3. die zwischen Arbeitgebern und Arbeitnehmern als Nebenleistung aus dem Arbeitsverhältnis zu einem effektiven Jahreszins unter dem marktüblichen Zins geschlossen werden,

4. die in Gestalt eines vor einem Gericht oder einer sonstigen staatlichen Einrichtung geschlossenen Vergleichs oder als dessen Ergebnis geschlossen werden,

5. die von einem Land, einem von einem Land eingerichteten Fonds oder einer von einem Land beauftragten juristischen Person nach den gesetzlichen Vorschriften über die Wohnbauförderung geschlossen werden „;" *(BGBl I 2015/135, ab 21. 3. 2016)*

6. die durch ein Pfandrecht oder ein sonstiges Recht an einer unbeweglichen Sache oder einem Superädifikat besichert werden, *(BGBl I 2015/135, ab 21. 3. 2016)*

7. die für den Erwerb oder die Erhaltung von Eigentumsrechten an einer unbeweglichen Sache oder einem bestehenden oder geplanten Superädifikat bestimmt sind. *(BGBl I 2015/135, ab 21. 3. 2016)*

Werbung

§ 5. (1) Werden in einer Werbung für Kreditverträge Zinssätze oder sonstige, auf die Kosten eines Kredits für den Verbraucher bezogene Zahlen genannt, so muss die Werbung klar, prägnant und auffallend anhand eines repräsentativen Beispiels folgende Standardinformationen enthalten:

1. den festen oder variablen Sollzinssatz oder den festen und den variablen Sollzinssatz, zusammen mit Einzelheiten aller für den Verbraucher anfallenden, in die Gesamtkosten des Kredits einbezogenen Kosten, im Fall einer Kombination von festem und variablem Sollzinssatz die Geltungsdauer des festen Sollzinssatzes,

2. den Gesamtkreditbetrag,

3. den effektiven Jahreszins,

4. gegebenenfalls die Laufzeit des Kreditvertrags und

5. gegebenenfalls den vom Verbraucher zu zahlenden Gesamtbetrag sowie den Betrag der Teilzahlungen.

(2) Ist der Abschluss eines Vertrags über die Inanspruchnahme einer Nebenleistung, insbesondere eines Versicherungsvertrags, im Zusammenhang mit dem Kreditvertrag eine vom Kreditgeber geforderte Voraussetzung dafür, dass der Kredit überhaupt oder nach den vorgesehenen Vertragsbedingungen gewährt wird, und können die Kosten der Nebenleistung nicht im Voraus bestimmt werden, so ist auf die Verpflichtung zum Abschluss jenes Vertrags ebenfalls klar und prägnant an optisch hervorgehobener Stelle zusammen mit dem effektiven Jahreszinssatz hinzuweisen.

Vorvertragliche Informationspflichten

§ 6. (1) Rechtzeitig bevor der Verbraucher durch einen Kreditvertrag oder ein Angebot gebunden ist, muss der Kreditgeber dem Verbraucher auf der Grundlage der vom Kreditgeber angebotenen Kreditbedingungen und gegebenenfalls der vom Verbraucher geäußerten Präferenzen und vorgelegten Auskünfte diejenigen Informationen zur Verfügung stellen, die der Verbraucher benötigt, um verschiedene Angebote zu vergleichen und eine fundierte Entscheidung über den Abschluss eines Kreditvertrags zu treffen. Diese Informationen müssen auf Papier oder einem anderen dauerhaften Datenträger mitgeteilt werden und insbesondere folgende Angaben enthalten:

1. die Art des Kredits;

2. die Identität und die Anschrift des Kreditgebers sowie gegebenenfalls die Identität und die Anschrift des beteiligten Kreditvermittlers;

3. den Gesamtkreditbetrag und die Bedingungen für die Inanspruchnahme;

4. die Laufzeit des Kreditvertrags;

5. bei verbundenen Kreditverträgen die Ware oder die Dienstleistung und den Barzahlungspreis;

6. den Sollzinssatz, die Bedingungen für die Anwendung des Sollzinssatzes und, soweit vorhanden, Indizes oder Referenzzinssätze, die auf den anfänglichen Sollzinssatz Anwendung finden, ferner die Zeiträume, die Bedingungen und die Vorgangsweise bei der Anpassung des Sollzinssatzes; gelten abhängig von den Umständen unterschiedliche Sollzinssätze, so sind die genannten Informationen für alle anzuwendenden Sollzinssätze zur Verfügung zu stellen;

7. den effektiven Jahreszins und den vom Verbraucher zu zahlenden Gesamtbetrag, erläutert durch ein repräsentatives Beispiel unter Angabe sämtlicher in die Berechnung des Jahreszinses einfließenden Annahmen gemäß § 27; hat der Verbraucher dem Kreditgeber seine Wünsche über ein oder mehrere Elemente seines Kredits mitgeteilt, beispielsweise über die Laufzeit des Kreditvertrags oder den Gesamtkreditbetrag, so muss der Kreditgeber diese Elemente berücksichtigen; sofern ein Kreditvertrag unterschiedliche Verfahren der Inanspruchnahme mit jeweils unterschiedlichen Entgelten oder Sollzinssätzen vorsieht und der Kreditgeber die Vermutung nach Anhang I Teil II Buchstabe b in Anspruch nimmt, hat er darauf hinzuweisen, dass andere Mechanismen der Inanspruchnahme bei der Art des Kreditvertrags zu einem höheren effektiven Jahreszins führen können;

8. den Betrag, die Anzahl und die Fälligkeit der vom Verbraucher zu leistenden Zahlungen und gegebenenfalls die Reihenfolge, in der die Zahlungen auf verschiedene ausstehende Restbeträge, für die unterschiedliche Sollzinssätze gelten, zum Zweck der Rückzahlung angerechnet werden;

9. gegebenenfalls die Entgelte für die Führung eines oder mehrerer Konten für die Buchung der Zahlungsvorgänge und der in Anspruch genommenen Kreditbeträge, es sei denn, die Eröffnung eines entsprechenden Kontos ist fakultativ, zusammen mit den Entgelten für die Verwendung eines Zahlungsmittels, mit dem sowohl Zahlungsvorgänge als auch Abhebungen getätigt werden können, sonstige Entgelte auf Grund des Kreditvertrags und die Bedingungen, unter denen diese Entgelte geändert werden können;

10. gegebenenfalls einen Hinweis auf vom Verbraucher bei Abschluss des Kreditvertrags zu zahlende Notariatsgebühren;

11. gegebenenfalls die Verpflichtung, einen mit dem Kreditvertrag zusammenhängenden Vertrag, insbesondere über eine Versicherung, abzuschließen, wenn der Abschluss eines solchen Vertrags eine vom Kreditgeber geforderte Voraussetzung dafür ist, dass der Kredit überhaupt oder nach den vorgesehenen Vertragsbedingungen gewährt wird;

12. den anwendbaren Satz der Verzugszinsen und die Art seiner etwaigen Anpassung sowie gegebenenfalls anfallende Verzugskosten;

13. einen Warnhinweis über die Folgen ausbleibender Zahlungen;

14. die gegebenenfalls verlangten Sicherheiten;

15. das Bestehen oder Nichtbestehen eines Rücktrittsrechts;

16. das Recht auf vorzeitige Rückzahlung und gegebenenfalls die Informationen zum Anspruch des Kreditgebers auf Entschädigung sowie zur Art der Berechnung dieser Entschädigung gemäß § 16;

17. das Recht des Verbrauchers auf unverzügliche und unentgeltliche Verständigung gemäß § 7 Abs. 4 über das Ergebnis einer Datenbankabfrage zur Beurteilung der Kreditwürdigkeit;

18. das Recht des Verbrauchers, auf Verlangen unentgeltlich eine Kopie des Kreditvertragsentwurfs zu erhalten; diese Bestimmung gilt nicht, wenn der Kreditgeber zum Zeitpunkt des Verlangens nicht zum Abschluss eines Kreditvertrags mit dem Verbraucher bereit ist;

19. gegebenenfalls den Zeitraum, während dessen der Kreditgeber an die vorvertraglichen Informationen gebunden ist.

Für die Mitteilung der in Z 1 bis 19 angeführten Informationen ist das Informationsformular nach Anhang II („Europäische Standardinformationen für Kreditierungen nach dem Verbraucherkreditgesetz") zu verwenden. Mit dieser Mitteilung der Standardinformationen gelten die spezifischen Informationspflichten des Kreditgebers nach diesem Absatz und nach § 5 Abs. 1 FernFinG als erfüllt. Etwaige zusätzliche Informationen des Kreditgebers für den Verbraucher, etwa Informationen nach Abs. 6 oder 7, sind in einem gesonderten Dokument zu erteilen, das dem Informationsformular nach Anhang II beigefügt werden kann.

(1a) Wird in dem Kreditvertrag auf einen Referenzwert im Sinn des Artikels 3 Absatz 1 Nummer 3 der Verordnung (EU) 2016/1011 über Indizes, die bei Finanzinstrumenten und Finanzkontrakten als Referenzwert oder zur Messung der Wertentwicklung eines Investmentfonds verwendet werden, und zur Änderung der Richtlinien 2008/48/EG und 2014/17/EU sowie der Verordnung (EU) Nr. 596/2014, ABl. Nr. L 171 vom 29.06.2016 S. 1, in der Fassung der Berichtigung ABl. Nr. L 306 vom 15.11.2016, S. 43, Bezug genommen, so hat der Kreditgeber dem Verbraucher in einem eigenen Dokument, das dem Informationsformular nach Anhang II beigefügt werden kann, den Namen des Referenzwerts und seines Administrators sowie dessen mögliche Auswirkungen auf den Verbraucher mitzuteilen. *(BGBl I 2017/93, ab 1. 7. 2018)*

(2) Bei Ferngesprächen im Sinn des § 6 FernFinG muss die nach § 6 Abs. 2 Z 2 FernFinG gebotene Beschreibung der Hauptmerkmale der Finanzdienstleistung zumindest die in Abs. 1 Z 3, 4, 5, 6 und 8 vorgesehenen Angaben und den anhand eines repräsentativen Beispiels erläuterten effektiven Jahreszins sowie den vom Verbraucher zu zahlenden Gesamtbetrag enthalten.

(3) Wurde der Vertrag auf Ersuchen des Verbrauchers mittels eines Fernkommunikationsmittels geschlossen, bei dem die Erteilung der vorvertraglichen Informationen gemäß Abs. 1 nicht möglich ist, insbesondere in dem in Abs. 2 genann-

ten Fall, so hat der Kreditgeber dem Verbraucher unverzüglich nach Abschluss des Kreditvertrags die vollständigen vorvertraglichen Informationen mittels des Informationsformulars nach Anhang II mitzuteilen.

(4) Der Kreditgeber hat dem Verbraucher auf dessen Verlangen zusätzlich zum Informationsformular nach Anhang II unentgeltlich eine Kopie des Kreditvertragsentwurfs zur Verfügung zu stellen. Diese Bestimmung gilt nicht, wenn der Kreditgeber zum Zeitpunkt des Verlangens nicht zum Abschluss eines Kreditvertrags mit dem Verbraucher bereit ist.

(5) Der Kreditgeber hat dem Verbraucher angemessene Erklärungen zu geben, gegebenenfalls durch Erläuterung der vorvertraglichen Informationen gemäß Abs. 1, der Hauptmerkmale der angebotenen Produkte und der möglichen spezifischen Auswirkungen der Produkte auf den Verbraucher, einschließlich der Konsequenzen bei Zahlungsverzug des Verbrauchers, damit der Verbraucher in die Lage versetzt wird, zu beurteilen, ob der Vertrag seinen Bedürfnissen und seiner wirtschaftlichen Lage entspricht.

(6) Bei einem Kredit mit Tilgungsträger muss aus den nach Abs. 1 zur Verfügung gestellten vorvertraglichen Informationen klar und prägnant hervorgehen, welche Risiken mit einem solchen Kredit im Vergleich mit einem Ratenkredit verbunden sind und dass im Besonderen der Kreditvertrag oder der Vertrag über den Tilgungsträger keine Garantie für die Rückzahlung des auf Grund des Kreditvertrags in Anspruch genommenen Gesamtbetrags vorsieht, es sei denn, eine solche Garantie wird gegeben. Wird der Vertrag über den Tilgungsträger mit dem Kreditgeber selbst abgeschlossen oder von diesem vermittelt, so müssen diese Informationen überdies eine grafische Darstellung der bisherigen Wertentwicklung des Tilgungsträgers über einen Zeitraum, der das vom Verbraucher zu tragende Veranlagungsrisiko anschaulich verdeutlicht, sowie eine tabellarische prozentmäßige und – sofern möglich – auch betragsmäßige Darstellung sämtlicher Kosten des Tilgungsträgers enthalten.

(7) Bei einem Fremdwährungskredit müssen aus den nach Abs. 1 zur Verfügung gestellten vorvertraglichen Informationen das mit der anderen Währung verbundene Wechselkurs- und Zinsänderungsrisiko sowie alle gegenüber einem gleichartigen Kredit in Euro zusätzlich anfallenden Kosten klar und prägnant hervorgehen. Die Information über das Wechselkurs- und Zinsänderungsrisiko muss auch eine grafische Darstellung der Entwicklung des Wechselkurses im Verhältnis zum Euro seit dessen Bestehen, höchstens aber für die letzten zehn Jahre, bei einem Kredit ohne festen Sollzinssatz eine grafische Darstellung der Entwicklung des für Änderungen des Sollzinssatzes maßgeblichen Referenzzinssatzes seit dessen Veröffentlichung, höchstens aber für die letzten zehn Jahre, sowie ein Rechenbeispiel enthalten, in dem unter Zugrundelegung der Schwankungsneigung der anderen Währung die Risiken des Fremdwährungskredits anschaulich verdeutlicht werden.

(8) Die in den Abs. 1 bis 7 vorgesehenen Informationspflichten gelten auch für den Kreditvermittler, sofern es sich bei diesem nicht um einen an der Kreditvermittlung nur in untergeordneter Funktion beteiligten Warenlieferanten oder Dienstleistungserbringer handelt.

Prüfung der Kreditwürdigkeit des Verbrauchers

§ 7. (1) Vor Abschluss des Kreditvertrags hat der Kreditgeber die Kreditwürdigkeit des Verbrauchers anhand ausreichender Informationen zu prüfen, die er – soweit erforderlich – vom Verbraucher verlangt; erforderlichenfalls hat er auch Auskünfte aus einer zur Verfügung stehenden Datenbank einzuholen.

(2) Wenn diese Prüfung erhebliche Zweifel an der Fähigkeit des Verbrauchers ergibt, seine Pflichten aus dem Kreditvertrag vollständig zu erfüllen, hat der Kreditgeber den Verbraucher auf diese Bedenken gegen dessen Kreditwürdigkeit hinzuweisen.

(3) Sofern Kreditgeber und Verbraucher übereinkommen, den Gesamtkreditbetrag nach Abschluss des Kreditvertrags zu ändern, hat der Kreditgeber die ihm zur Verfügung stehenden Finanzinformationen über den Verbraucher auf neuen Stand zu bringen und die Kreditwürdigkeit des Verbrauchers vor jeder deutlichen Erhöhung des Gesamtkreditbetrags zu prüfen. Abs. 2 gilt entsprechend.

(4) Wird ein Kreditantrag auf Grund einer Datenbankabfrage abgelehnt, so hat der Kreditgeber den Verbraucher unverzüglich und unentgeltlich über das Ergebnis dieser Abfrage und über die Angaben der betreffenden Datenbank zu informieren, es sei denn, dies liefe Zielen der öffentlichen Ordnung oder der öffentlichen Sicherheit zuwider. Die Bestimmungen des Datenschutzgesetzes 2000 bleiben unberührt.

(5) § 28 Abs. 2 des Datenschutzgesetzes 2000 – DSG 2000, BGBl. I Nr. 165/1999 in der jeweils geltenden Fassung, ist auf bei der „Datenschutzbehörde"* registrierte Informationsverbundsysteme kreditgebender Institutionen zur Bonitätsbeurteilung, bei denen die Verwendung auf § 8 Abs. 1 Z 2 oder Z 4 DSG 2000 beruht, „ungeachtet des Zeitpunkts des Abschlusses der darin erfassten Verträge"** nicht anzuwenden. *(*BGBl I 2013/83, ab 1. 1. 2014; **BGBl I 2015/135, ab 21. 3. 2016)*

Zugang zu Datenbanken

§ 8. Bei grenzüberschreitenden Krediten ist der Zugang zu Datenbanken, die zur Bewertung der Kreditwürdigkeit des Verbrauchers verwendet werden, ohne Diskriminierung auch Kreditgebern aus anderen Mitgliedstaaten der Europäischen Union oder anderen Vertragsstaaten des Abkommens über den Europäischen Wirtschaftsraum zu gewähren. Die Bestimmungen des Datenschutzgesetzes 2000 bleiben unberührt.

Zwingende Angaben in Kreditverträgen

§ 9. (1) Unbeschadet der Wirksamkeit des Rechtsgeschäfts sind Kreditverträge auf Papier oder auf einem anderen dauerhaften Datenträger zu erstellen. Der Kreditgeber hat allen Vertragsparteien unverzüglich nach Vertragsabschluss eine Ausfertigung des Kreditvertrags zur Verfügung zu stellen.

(2) Im Kreditvertrag ist klar und prägnant Folgendes anzugeben:

1. die Art des Kredits;

2. die Identität und die Anschriften der Vertragsparteien sowie gegebenenfalls die Identität und die Anschrift des beteiligten Kreditvermittlers;

3. die Laufzeit des Kreditvertrags;

4. der Gesamtkreditbetrag und die Bedingungen für die Inanspruchnahme;

5. bei verbundenen Kreditverträgen die Ware oder die Dienstleistung und der Barzahlungspreis;

6. der Sollzinssatz, die Bedingungen für die Anwendung des Sollzinssatzes und, soweit vorhanden, Indizes oder Referenzzinssätze, die sich auf den anfänglichen Sollzinssatz beziehen, ferner die Zeiträume, die Bedingungen und die Vorgangsweise bei der Anpassung des Sollzinssatzes; gelten unter verschiedenen Umständen unterschiedliche Sollzinssätze, so sind die genannten Informationen für alle anzuwendenden Sollzinssätze zu erteilen;

7. der effektive Jahreszins unter Angabe aller in dessen Berechnung einfließenden Annahmen gemäß § 27 und der vom Verbraucher zu zahlende Gesamtbetrag, berechnet zum Zeitpunkt des Abschlusses des Kreditvertrags;

8. der Betrag, die Anzahl und die Fälligkeit der vom Verbraucher zu leistenden Zahlungen und gegebenenfalls die Reihenfolge, in der die Zahlungen auf verschiedene ausstehende Restbeträge, für die unterschiedliche Sollzinssätze gelten, zum Zweck der Rückzahlung angerechnet werden;

9. im Fall der Kredittilgung bei einem Kreditvertrag mit fester Laufzeit das Recht des Verbrauchers, auf Verlangen kostenlos und zu jedem beliebigen Zeitpunkt während der Gesamtlaufzeit des Kreditvertrags eine Aufstellung in Form eines Tilgungsplans zu erhalten (§ 10);

10. sofern die Zahlung von Entgelten und Zinsen ohne Kapitaltilgung vorgesehen ist, eine Aufstellung der Zeiträume und Bedingungen für die Zahlung der Sollzinsen und der damit verbundenen wiederkehrenden und nicht wiederkehrenden Entgelte;

11. gegebenenfalls die Entgelte für die Führung eines oder mehrerer Konten für die Buchung der Zahlungsvorgänge und der in Anspruch genommenen Kreditbeträge, es sei denn, die Eröffnung eines Kontos ist fakultativ, zusammen mit den Entgelten für die Verwendung eines Zahlungsmittels, mit dem sowohl Zahlungsvorgänge als auch Abhebungen getätigt werden können, sonstige Entgelte auf Grund des Kreditvertrags und die Bedingungen, unter denen diese Entgelte geändert werden können;

12. der Verzugszinssatz gemäß der zum Zeitpunkt des Abschlusses des Kreditvertrags geltenden Regelung und die Art seiner etwaigen Anpassung sowie gegebenenfalls anfallende Verzugskosten;

13. ein Warnhinweis über die Folgen ausbleibender Zahlungen;

14. gegebenenfalls ein Hinweis auf anfallende Notariatsgebühren;

15. gegebenenfalls die verlangten Sicherheiten und Versicherungen;

16. das Bestehen oder Nichtbestehen eines Rücktrittsrechts sowie die Frist und die anderen Modalitäten für die Ausübung des Rücktrittsrechts, einschließlich der Angaben zu der Verpflichtung des Verbrauchers, das in Anspruch genommene Kapital zurückzuzahlen, den Zinsen gemäß § 12 Abs. 3 und der Höhe der Zinsen pro Tag;

17. Informationen über die aus § 13 erwachsenden Rechte und über die Bedingungen für die Ausübung dieser Rechte;

18. das Recht auf vorzeitige Rückzahlung, das Verfahren bei vorzeitiger Rückzahlung und gegebenenfalls Informationen über den Anspruch des Kreditgebers auf Entschädigung sowie über die Art der Berechnung dieser Entschädigung;

19. die einzuhaltenden Modalitäten bei der Ausübung des Rechts auf Kündigung des Kreditvertrags;

20. die Angabe, ob der Verbraucher Zugang zu einem außergerichtlichen Beschwerde- oder Schlichtungsverfahren hat, und gegebenenfalls die Voraussetzungen für diesen Zugang;

21. gegebenenfalls weitere Vertragsbedingungen;

22. gegebenenfalls der Name und die Anschrift der zuständigen Aufsichtsbehörde.

(3) Bei einem Kredit mit Tilgungsträger muss aus dem Kreditvertrag überdies klar und prägnant hervorgehen, welche Risiken mit einem solchen Kredit im Vergleich mit einem Ratenkredit verbunden sind und dass im Besonderen der Kreditvertrag oder der Vertrag über den Tilgungsträger keine Garantie für die Rückzahlung des auf Grund des Kreditvertrags in Anspruch genommenen Gesamtbetrags vorsieht, es sei denn, eine solche Garantie wird gegeben. Wird der Vertrag über den Tilgungsträger mit dem Kreditgeber selbst abgeschlossen oder von diesem vermittelt, so muss der Kreditvertrag außerdem die in § 6 Abs. 6 zweiter Satz genannten Informationen enthalten.

(4) Bei einem Fremdwährungskredit muss der Kreditvertrag auch die in § 6 Abs. 7 genannten Informationen über das mit der anderen Währung verbundene Wechselkurs- und Zinsänderungsrisiko sowie über die zusätzlich anfallenden Kosten enthalten.

(5) Bei den nachstehend angeführten Mängeln im Kreditvertrag gilt Folgendes:

1. Enthält der Kreditvertrag keine Angaben zum Sollzinssatz, zum effektiven Jahreszins oder zu dem vom Verbraucher zu zahlenden Gesamtbetrag, so gilt der in § 1000 Abs. 1 ABGB genannte Zinssatz als vereinbarter Sollzinssatz, sofern nicht ein niedrigerer Sollzinssatz vereinbart war. Bei einem Ratenkredit hat der Kreditgeber die dadurch verminderten Teilzahlungen zu berechnen und dem Verbraucher bekanntzugeben.

2. Ist im Kreditvertrag der effektive Jahreszins zu niedrig angegeben, so gilt ein Sollzinssatz als vereinbart, der dieser Angabe unter Berücksichtigung der sonstigen Vertragsinhalte entspricht. Z 1 zweiter Satz gilt entsprechend.

3. Enthält der Kreditvertrag keine Angaben zu den Bedingungen, unter denen der Sollzinssatz oder sonstige Entgelte geändert werden können, so kann der Kreditgeber solche Änderungen zum Nachteil des Verbrauchers nicht vornehmen.

4. Enthält der Kreditvertrag keine Angaben zum Recht auf vorzeitige Rückzahlung oder zum Anspruch auf Entschädigung, so kann der Kreditgeber keine Entschädigung verlangen.

Die in Z 1 bis 4 genannten Rechtsfolgen treten nicht ein, wenn der Verbraucher die im Kreditvertrag fehlenden oder unrichtig angegebenen Informationen den späteren vertraglichen Vereinbarungen entsprechend bereits im Rahmen der vorvertraglichen Information nach § 6 Abs. 1 erhalten hat.

Tilgungsplan

§ 10. (1) Bei einem Kreditvertrag mit fester Laufzeit hat der Kreditgeber dem Verbraucher auf dessen Verlangen kostenlos und zu jedem beliebigen Zeitpunkt während der Gesamtlaufzeit des Kreditvertrags eine Aufstellung in Form eines Tilgungsplans zur Verfügung zu stellen.

(2) Aus dem Tilgungsplan muss hervorgehen, welche Zahlungen in welchen Zeitabständen zu leisten sind und welche Bedingungen für diese Zahlungen gelten. In dem Plan sind die einzelnen periodischen Rückzahlungen nach der Kredittilgung, den nach dem Sollzinssatz berechneten Zinsen und allfälligen zusätzlichen Kosten aufzuschlüsseln. Im Fall eines Kreditvertrags, bei dem kein fester Zinssatz vereinbart wurde oder die zusätzlichen Kosten geändert werden können, ist im Tilgungsplan klar und prägnant anzugeben, dass die Daten im Tilgungsplan nur bis zur nächsten Änderung des Sollzinssatzes oder der zusätzlichen Kosten gemäß dem Kreditvertrag Gültigkeit haben.

Änderung des Sollzinssatzes; Kontomitteilung

§ 11. (1) Bevor eine Änderung des Sollzinssatzes wirksam wird, hat der Kreditgeber den Verbraucher auf Papier oder einem anderen dauerhaften Datenträger über den angepassten Sollzinssatz, die angepasste Höhe der Teilzahlungen sowie über allfällige Änderungen in der Anzahl oder der Fälligkeit der Teilzahlungen zu informieren. Eine Änderung des Sollzinssatzes zum Nachteil des Verbrauchers wird diesem gegenüber erst wirksam, wenn ihm der Kreditgeber die vorgenannten Informationen zur Verfügung gestellt hat.

(2) Geht die Änderung des Sollzinssatzes auf die Änderung eines Referenzzinssatzes zurück und wird der neue Referenzzinssatz auf geeigneten Wegen öffentlich zugänglich gemacht, so können die Vertragsparteien einen von Abs. 1 abweichenden Zeitpunkt für die Wirksamkeit der Änderung des Sollzinssatzes vereinbaren. In diesen Fällen muss der Vertrag eine Pflicht des Kreditgebers vorsehen, dem Verbraucher die Information nach Abs. 1 in regelmäßigen Zeitabständen zu übermitteln. Außerdem muss der Verbraucher die Höhe des Referenzzinssatzes in den Geschäftsräumen des Kreditgebers einsehen können.

(3) Die periodische Zahlungspflicht des Verbrauchers ist bei einer Änderung des Sollzinssatzes so anzupassen, dass der vom Verbraucher zu zahlende Gesamtbetrag innerhalb der ursprünglich vereinbarten Laufzeit zur Gänze beglichen ist. Eine abweichende Vereinbarung ist zulässig, wenn sie im Einzelnen ausgehandelt wird.

(4) Der Kreditgeber hat dem Verbraucher in jedem ersten Vierteljahr eines Kalenderjahres eine Kontomitteilung auszuhändigen, in der zum Stichtag 31. Dezember des jeweiligen Vorjahres zumindest die Summe der vom Verbraucher geleisteten Zahlungen, die Summe der Belastungen sowie die aushaftenden Salden enthalten sind.

Rücktrittsrecht

§ 12. (1) Der Verbraucher kann von einem Kreditvertrag innerhalb von vierzehn Tagen ohne Angabe von Gründen zurücktreten. Die Frist für die Ausübung des Rücktrittsrechts beginnt mit dem Tag, an dem der Kreditvertrag abgeschlossen wurde. Erhält der Verbraucher die Vertragsbedingungen und die Informationen gemäß § 9 erst später, so beginnt die Frist mit diesem Tag.

(2) Die Frist des Abs. 1 ist jedenfalls gewahrt, wenn der Rücktritt auf Papier oder einem anderen, dem Kreditgeber zur Verfügung stehenden und zugänglichen dauerhaften Datenträger erklärt und diese Erklärung vor dem Ablauf der Frist an den Kreditgeber abgesendet wird. Der Kreditgeber muss den Rücktritt jedenfalls gegen sich gelten lassen, sofern die Rücktrittserklärung den Informationen entspricht, die er selbst dem Verbraucher gemäß § 9 Abs. 2 Z 16 gegeben hat.

(3) Nach dem Rücktritt hat der Verbraucher dem Kreditgeber unverzüglich, spätestens jedoch binnen 30 Kalendertagen nach Absendung der Rücktrittserklärung, den ausbezahlten Betrag samt den seit der Auszahlung aufgelaufenen Zinsen zurückzuzahlen. Die Zinsen sind auf der Grundlage des vereinbarten Sollzinssatzes zu berechnen. Der Kreditgeber hat überdies Anspruch auf Ersatz der Zahlungen, die er an öffentliche Stellen entrichtet hat und nicht zurückverlangen kann; sonstige Entschädigungen hat der Verbraucher nicht zu leisten.

(4) Übt der Verbraucher sein Rücktrittsrecht aus, so gilt der Rücktritt auch für eine Vereinbarung über eine Restschuldversicherung oder eine sonstige Nebenleistung, die im Zusammenhang mit dem Kreditvertrag vom Kreditgeber selbst oder auf Grund einer Vereinbarung mit dem Kreditgeber von einem Dritten erbracht wird.

(5) Wenn der Verbraucher nach Abs. 1 zum Rücktritt berechtigt ist, entfällt ein Recht zum Rücktritt vom Kreditvertrag gemäß § 8 FernFinG oder § 3 Abs. 1 bis 3 KSchG.

(6) *(aufgehoben, BGBl I 2015/135, ab 21. 3. 2016)*

Verbundene Kreditverträge

§ 13. (1) Ein verbundener Kreditvertrag ist ein Kreditvertrag, der

1. ganz oder teilweise der Finanzierung eines Vertrags über die Lieferung bestimmter Waren oder die Erbringung einer bestimmten Dienstleistung dient und

2. mit dem finanzierten Vertrag objektiv betrachtet eine wirtschaftliche Einheit bildet; von einer wirtschaftlichen Einheit ist insbesondere dann auszugehen,

a) wenn der Kredit dem Verbraucher vom Warenlieferanten oder Dienstleistungserbringer selbst gewährt wird,

b) wenn sich der Kreditgeber bei der Vorbereitung oder dem Abschluss des Kreditvertrags der Mitwirkung des Warenlieferanten oder Dienstleistungserbringers bedient,

c) wenn im Kreditvertrag ausdrücklich die spezifischen Waren oder die Erbringung einer spezifischen Dienstleistung angegeben sind oder

d) wenn der Kreditgeber und der Warenlieferant oder Dienstleistungserbringer im Rahmen dieser Finanzierung zueinander in eine vertragliche Beziehung treten oder miteinander wegen derartiger Finanzierungen in ständiger Geschäftsverbindung stehen.

(2) Im Fall eines verbundenen Kreditvertrags kann der Verbraucher die Befriedigung des Kreditgebers verweigern, soweit ihm Einwendungen aus dem Rechtsverhältnis zum Lieferanten oder Dienstleistungserbringer gegen diesen zustehen und von ihm erfolglos gegen den Lieferanten oder Dienstleistungserbringer geltend gemacht wurden.

(3) Tritt der Verbraucher nach verbraucherschutzrechtlichen Vorschriften von einem Vertrag über die Lieferung von Waren oder die Erbringung von Dienstleistungen zurück, so gilt der Rücktritt auch für einen damit verbundenen Kreditvertrag. Der Kreditgeber hat in diesem Fall Anspruch auf Ersatz der Zahlungen, die er an öffentliche Stellen entrichtet hat und nicht zurückfordern kann, nicht aber auf sonstige Entschädigungen oder Zinsen.

(4) Tritt der Verbraucher gemäß § 12 vom Kreditvertrag zurück, so kann er binnen einer Woche ab Abgabe der Rücktrittserklärung von einem Vertrag über die Lieferung von Waren oder die Erbringung von Dienstleistungen zurücktreten, wenn der Kreditvertrag mit diesem Vertrag im Sinn des Abs. 1 verbunden ist. Dies gilt nicht, wenn sich die wirtschaftliche Einheit nur aus der Angabe der Waren oder der Dienstleistung im Kreditvertrag ergibt (Abs. 1 Z 2 lit. c).

(5) Die Abs. 2 bis 4 gelten nicht für Kreditverträge, die der Finanzierung des Erwerbs von Finanzinstrumenten dienen.

Kündigungsrecht und ähnliche Rechte des Kreditgebers

§ 14. (1) Der Kreditgeber kann einen auf unbestimmte Zeit geschlossenen Kreditvertrag abweichend von § 986 Abs. 2 ABGB nur kündigen, wenn dieses Recht mit dem Verbraucher vereinbart worden ist und eine zumindest zweimonatige Kündigungsfrist eingehalten wird. Die Kündigung muss dem Verbraucher auf Papier oder einem anderen dauerhaften Datenträger zugehen.

(2) Dem Kreditgeber kommt das gesetzliche Auszahlungsverweigerungsrecht nach § 991 ABGB nicht zu; er kann sich aber vertraglich das Recht vorbehalten, die Auszahlung von Kreditbeträgen, die der Verbraucher noch nicht in Anspruch genommen hat, aus sachlich gerechtfertigten Gründen zu verweigern. Beabsichtigt er, von diesem Recht Gebrauch zu machen, so hat er dies dem Verbraucher unverzüglich auf Papier oder einem anderen dauerhaften Datenträger unter Angabe der Gründe mitzuteilen. Die Angabe der Gründe hat zu unterbleiben, soweit dadurch die öffentliche Sicherheit oder Ordnung gefährdet würde.

(3) Hat der Verbraucher seine Schuld in Raten zu zahlen und hat sich der Kreditgeber für den Fall der Nichtzahlung von Teilbeträgen oder Nebenforderungen das Recht vorbehalten, die sofortige Entrichtung der gesamten noch offenen Schuld zu fordern (Terminsverlust), so darf er dieses Recht nur ausüben, wenn er selbst seine Leistungen bereits erbracht hat, zumindest eine rückständige Leistung des Verbrauchers seit mindestens sechs Wochen fällig ist sowie der Kreditgeber den Verbraucher unter Androhung des Terminsverlustes und unter Setzung einer Nachfrist von mindestens zwei Wochen erfolglos gemahnt hat.

Kündigung durch den Verbraucher

§ 15. Der Verbraucher kann einen auf unbestimmte Zeit geschlossenen Kreditvertrag jederzeit kündigen. Für die Kündigung dürfen ihm keine Kosten verrechnet werden. Eine Kündigungsfrist ist abweichend von § 986 Abs. 2 ABGB nur dann einzuhalten, wenn sie im Vertrag vereinbart wurde und einen Monat nicht übersteigt.

Vorzeitige Rückzahlung

§ 16. (1) Der Kreditnehmer hat das jederzeit ausübbare Recht, den Kreditbetrag vor Ablauf der bedungenen Zeit zum Teil oder zur Gänze zurückzuzahlen. Die vorzeitige Rückzahlung des gesamten Kreditbetrags samt Zinsen gilt als Kündigung des Kreditvertrags. Die vom Kreditnehmer zu zahlenden Zinsen verringern sich bei vorzeitiger Kreditrückzahlung entsprechend dem dadurch verminderten Außenstand und gegebenenfalls entsprechend der dadurch verkürzten Vertragsdauer; laufzeitabhängige Kosten verringern sich verhältnismäßig.

(2) Der Kreditgeber kann vom Kreditnehmer eine angemessene und objektiv gerechtfertigte Entschädigung für den ihm aus der vorzeitigen Rückzahlung voraussichtlich unmittelbar entstehenden Vermögensnachteil verlangen. Dies gilt nicht, wenn

1. die vorzeitige Rückzahlung mit einer Versicherungsleistung aus einem Versicherungsvertrag getätigt wird, der vereinbarungsgemäß die Rückzahlung des Kredits gewährleisten soll,

2. die Rückzahlung in einen Zeitraum fällt, für den kein fester Sollzinssatz vereinbart wurde,

3. der vorzeitig zurückgezahlte Betrag 10 000 Euro innerhalb eines Zeitraums von zwölf Monaten nicht übersteigt oder

4. der Kredit in Gestalt einer Überziehungsmöglichkeit gewährt worden ist.

(3) Die Entschädigung darf die Zinsen, die der Verbraucher bis zum Ende der Laufzeit des Kreditvertrags für den betreffenden Kreditbetrag hätte zahlen müssen, nicht übersteigen. Sie darf überdies höchstens

1. 0,5% des vorzeitig zurückgezahlten Kreditbetrags, wenn der Zeitraum zwischen der vorzeitigen Rückzahlung und dem vereinbarten Ablauf des Kreditvertrags ein Jahr nicht überschreitet, und

2. 1% in allen anderen Fällen

betragen.

(4) *(aufgehoben, BGBl I 2015/135, ab 21. 3. 2016)*

(5) Bei einem Kredit mit Tilgungsträger muss der Kreditgeber auf Verlangen des Kreditnehmers auf ein vertragliches Recht hinsichtlich der auf den Tilgungsträger zu leistenden Zahlungen insoweit verzichten, als der Kreditnehmer den Kredit vorzeitig zurückzahlt.

Forderungsabtretung

§ 17. Werden die Ansprüche des Kreditgebers aus einem Kreditvertrag abgetreten oder der Kreditvertrag selbst zulässigerweise auf einen Dritten übertragen, so ist der Verbraucher darüber zu unterrichten, es sei denn, der ursprüngliche Kreditgeber tritt mit dem Einverständnis des Zessionars oder des Vertragsübernehmers dem Verbraucher gegenüber nach wie vor als Kreditgeber auf. Von § 1396 ABGB kann nicht zum Nachteil des Verbrauchers durch Vereinbarung abgewichen werden.

3. Abschnitt

Überziehungsmöglichkeiten

Definition und anwendbare Bestimmungen

§ 18. (1) Eine Überziehungsmöglichkeit ist ein ausdrücklicher Kreditvertrag, mit dem sich der Kreditgeber verpflichtet, dem Verbraucher Beträge zur Verfügung zu stellen, die das aktuelle Guthaben auf dem laufenden Konto des Verbrauchers überschreiten.

(2) Für Überziehungsmöglichkeiten, bei denen der Kredit nach Aufforderung oder binnen drei Monaten zurückzuzahlen ist (kurzfristige Überziehungsmöglichkeiten), sind vom 2. Abschnitt nur die §§ 4, 5 Abs. 1 Z 1 bis 3 und Abs. 2, die §§ 7, 8, 9 Abs. 1 und 3 und die §§ 13 und 14 Abs. 3 mit den in den §§ 21 und 22 geregelten Besonderheiten anzuwenden. Überdies gelten für diese Überziehungsmöglichkeiten die §§ 19 und 20.

(3) Für sonstige Überziehungsmöglichkeiten ist der 2. Abschnitt mit den in den §§ 21 und 22 geregelten Besonderheiten anzuwenden.

Vorvertragliche Informationspflichten bei kurzfristigen Überziehungsmöglichkeiten

§ 19. (1) Rechtzeitig bevor der Verbraucher durch einen Kreditvertrag oder ein Angebot für einen Kreditvertrag in Form einer Überziehungsmöglichkeit gebunden ist, bei dem der Kredit nach Aufforderung oder binnen drei Monaten zurückzuzahlen ist, muss der Kreditgeber dem Verbraucher auf der Grundlage der vom Kreditgeber angebotenen Kreditbedingungen und gegebenenfalls der vom Verbraucher geäußerten Präferenzen und vorgelegten Auskünfte diejenigen Informationen zur Verfügung stellen, die der Verbraucher benötigt, um verschiedene Angebote zu vergleichen und eine fundierte Entscheidung über den Abschluss eines Kreditvertrags zu treffen. Diese Informationen müssen auf Papier oder einem anderen dauerhaften Datenträger mitgeteilt werden und insbesondere folgende Angaben – alle in gleicher Weise optisch hervorgehoben – enthalten:

1. die Art des Kredits,

2. die Identität und die Anschrift des Kreditgebers sowie gegebenenfalls die Identität und die Anschrift des beteiligten Kreditvermittlers,

3. den Gesamtkreditbetrag,

4. die Laufzeit des Kreditvertrags,

5. den Sollzinssatz, die Bedingungen für die Anwendung des Sollzinssatzes sowie Indizes oder Referenzzinssätze, die auf den anfänglichen Sollzinssatz Anwendung finden, die vom Zeitpunkt des Vertragsabschlusses des Kreditvertrags an zu zahlenden Entgelte und gegebenenfalls die Bedingungen, unter denen diese Entgelte geändert werden können,

6. den effektiven Jahreszins, erläutert anhand repräsentativer Beispiele unter Angabe sämtlicher in die Berechnung des Jahreszinses einfließenden Annahmen gemäß § 27,

7. die Bedingungen und das Verfahren zur Beendigung des Kreditvertrags,

8. gegebenenfalls den Hinweis, dass der Verbraucher jederzeit zur Rückzahlung des gesamten Kreditbetrags aufgefordert werden kann,

9. den Zinssatz, der im Verzugsfall Anwendung findet, und die Art seiner etwaigen Anpassung sowie gegebenenfalls anfallende Verzugskosten,

10. das Recht des Verbrauchers auf unverzügliche und unentgeltliche Verständigung gemäß § 7 Abs. 4 über das Ergebnis einer Datenbankabfrage zur Beurteilung seiner Kreditwürdigkeit,

11. Angaben zu den ab Abschluss des Kreditvertrags einschlägigen Kosten und, sofern zutreffend, die Bedingungen, nach denen diese Kosten geändert werden können,

12. gegebenenfalls den Zeitraum, während dessen der Kreditgeber an die vorvertraglichen Informationen gebunden ist.

Wird für die Mitteilung der in Z 1 bis 12 angeführten Informationen das Informationsformular nach Anhang III („Europäische Standardinformationen für Überziehungsmöglichkeiten nach dem Verbraucherkreditgesetz“) verwendet, so gelten die spezifischen Informationspflichten des Kreditgebers nach diesem Absatz und nach § 5 Abs. 1 FernFinG als erfüllt.

(2) Bei Ferngesprächen oder falls der Verbraucher verlangt, dass die Überziehungsmöglichkeit sofort zur Verfügung steht, muss die Beschreibung der Hauptmerkmale der Finanzdienstleistung zumindest die in Abs. 1 Z 3, 5, 6 und 8 vorgesehenen Angaben enthalten.

(3) Wurde der Vertrag auf Ersuchen des Verbrauchers mittels eines Fernkommunikationsmittels geschlossen, bei dem die Erteilung der vorvertraglichen Informationen gemäß Abs. 1 – einschließlich der in Abs. 2 genannten Fälle – nicht möglich ist, so hat der Kreditgeber unverzüglich nach Abschluss des Kreditvertrags seinen Verpflichtungen gemäß Abs. 1 nachzukommen, indem er dem Verbraucher die vertraglichen Informationen gemäß § 20 vorlegt.

(4) Der Kreditgeber hat dem Verbraucher auf dessen Verlangen zusätzlich zu den Informationen nach Abs. 1 oder 2 unentgeltlich eine Kopie des Kreditvertragsentwurfs mit den vertraglichen Informationen gemäß § 20 zur Verfügung zu stellen. Diese Bestimmung gilt nicht, wenn der Kreditgeber zum Zeitpunkt des Verlangens nicht zum Abschluss eines Kreditvertrags mit dem Verbraucher bereit ist.

(5) Die in dieser Bestimmung vorgesehenen Informationspflichten gelten auch für den Kreditvermittler, sofern es sich bei diesem nicht um einen an der Kreditvermittlung nur in untergeordneter Funktion beteiligten Warenlieferanten oder Dienstleistungserbringer handelt.

Zwingende Angaben bei kurzfristigen Überziehungsmöglichkeiten

§ 20. Bei Kreditverträgen in Form von Überziehungsmöglichkeiten, bei denen der Kredit nach

Aufforderung oder binnen drei Monaten zurückzuzahlen ist, ist klar und prägnant Folgendes anzugeben:

1. die Art des Kredits;

2. die Identität und die Anschriften der Vertragsparteien sowie gegebenenfalls die Identität und die Anschrift des beteiligten Kreditvermittlers;

3. die Laufzeit des Kreditvertrags;

4. der Gesamtkreditbetrag und die Bedingungen für die Inanspruchnahme des Kredits;

5. der Sollzinssatz, die Bedingungen für die Anwendung des Sollzinssatzes und, soweit vorhanden, Indizes oder Referenzzinssätze, die sich auf den anfänglichen Sollzinssatz beziehen, ferner die Zeiträume, die Bedingungen und die Vorgangsweise bei der Anpassung des Sollzinssatzes; gelten abhängig von den Umständen unterschiedliche Sollzinssätze, so sind die genannten Informationen für alle anzuwendenden Sollzinssätze zu erteilen;

6. der effektive Jahreszins unter Angabe aller in dessen Berechnung einfließenden Annahmen gemäß § 27 und die Gesamtkosten des Kredites für den Verbraucher, berechnet zum Zeitpunkt des Abschlusses des Kreditvertrags;

7. der Hinweis, dass der Verbraucher jederzeit zur Rückzahlung des gesamten Kreditbetrags aufgefordert werden kann;

8. die einzuhaltenden Modalitäten bei der Ausübung des Rechts auf Kündigung des Kreditvertrags und

9. Angaben über die vom Zeitpunkt des Abschlusses des Kreditvertrags an einschlägigen Entgelte und, soweit zutreffend, die Bedingungen, unter denen diese Entgelte geändert werden können.

Kontoauszug

§ 21. Wird einem Verbraucher ein Kredit in Form einer Überziehungsmöglichkeit eingeräumt, so hat ihn der Kreditgeber regelmäßig mittels eines Kontoauszugs auf Papier oder einem anderen dauerhaften Datenträger zu informieren. Der Kontoauszug hat folgende Einzelheiten zu enthalten:

1. den genauen Zeitraum, auf den sich der Kontoauszug bezieht,

2. die in Anspruch genommenen Beträge und das Datum der Inanspruchnahme,

3. den Saldo sowie das Datum des letzten Kontoauszugs,

4. den neuen Saldo,

5. das jeweilige Datum und den jeweiligen Betrag der Zahlungen des Verbrauchers,

6. den angewandten Sollzinssatz,

7. etwaige erhobene Entgelte,

8. den gegebenenfalls zu zahlenden Mindestbetrag.

Informationen bei Änderung des Sollzinssatzes

§ 22. (1) Bei einem Kredit in Form einer Überziehungsmöglichkeit kann eine Erhöhung des Sollzinssatzes oder der erhobenen Entgelte erst wirksam werden, nachdem der Kreditgeber den Verbraucher auf Papier oder einem anderen dauerhaften Datenträger darüber informiert hat.

(2) Unter den Voraussetzungen des § 11 Abs. 2 kann ein abweichender Zeitpunkt für die Wirksamkeit der Änderung des Sollzinssatzes vereinbart werden, wobei die Information in Form eines Kontoauszugs gemäß § 21 zu erteilen ist.

4. Abschnitt
Überschreitungen

Definition und anwendbare Bestimmungen

§ 23. (1) Überschreitung ist eine stillschweigend akzeptierte Überziehung, bei der der Kreditgeber dem Verbraucher entgeltlich Beträge zur Verfügung stellt, die das aktuelle Guthaben auf dem laufenden Konto des Verbrauchers oder die vereinbarte Überziehungsmöglichkeit überschreiten.

(2) Für Überschreitungen von zumindest 200 Euro gilt § 24; ausgenommen sind Überschreitungen, bei denen der kreditierte Betrag binnen drei Monaten zurückzuzahlen ist und nur geringe Kosten anfallen. Der 2. Abschnitt ist auf Überschreitungen nicht anwendbar.

Zwingende Angaben im Vertrag und Informationspflichten

§ 24. (1) Ein Vertrag über die Eröffnung eines laufenden Kontos, der dem Verbraucher die Möglichkeit der Überschreitung einräumt, muss Informationen über den Sollzinssatz, über die Bedingungen für die Anwendung des Sollzinssatzes, über Indizes oder Referenzzinssätze, die auf den anfänglichen Sollzinssatz Anwendung finden, über die vom Zeitpunkt einer Überschreitung an zu zahlenden Entgelte und gegebenenfalls über die Bedingungen, unter denen diese Entgelte geändert werden können, enthalten. Der Kreditgeber muss diese Informationen in regelmäßigen Abständen auf Papier oder einem anderen dauerhaften Datenträger mitteilen.

(2) Im Fall einer erheblichen Überschreitung für die Dauer von mehr als einem Monat hat der Kreditgeber dem Verbraucher unverzüglich auf Papier oder einem anderen dauerhaften Datenträger Folgendes mitzuteilen:

1. das Vorliegen einer Überschreitung,

2. den betreffenden Betrag,

3. den Sollzinssatz,

4. allfällige Vertragsstrafen, Entgelte oder Verzugszinsen.

5. Abschnitt
Zahlungsaufschub und sonstige Finanzierungshilfen

Anwendbare Bestimmungen

§ 25. (1) Auf Verträge, mit denen ein Unternehmer einem Verbraucher einen entgeltlichen Zahlungsaufschub oder eine sonstige entgeltliche Finanzierungshilfe gewährt, sind die Bestimmungen des 2. Abschnitts mit Ausnahme von § 11 Abs. 4 und mit den nachfolgenden Sonderregelungen anzuwenden. Von der Anwendung des 2. Abschnitts ausgenommen sind jedoch Verträge über die wiederkehrende Erbringung von Dienstleistungen oder über die Lieferung von Waren gleicher Art, bei denen der Verbraucher für die Dauer der Erbringung oder Lieferung Teilzahlungen für diese Dienstleistungen oder Waren leistet.

(2) Bei einem Zahlungsaufschub für eine bestimmte Ware oder Dienstleistung müssen die Standardinformationen in der Werbung (§ 5 Abs. 1) auch den Barzahlungspreis und die Höhe etwaiger Anzahlungen enthalten. Der Barzahlungspreis sowie die Ware oder die Dienstleistung müssen auch in den vorvertraglichen Informationen (§ 6 Abs. 1) und im Kreditvertrag (§ 9 Abs. 2) angegeben werden.

Verbraucherleasingverträge

§ 26. (1) Verträge, bei denen ein Unternehmer einem Verbraucher eine Sache entgeltlich zum Gebrauch überlässt, gelten als Finanzierungshilfe im Sinn des § 25 Abs. 1, wenn im Vertrag selbst oder in einem gesonderten Vertrag zusätzlich vereinbart ist, dass

1. der Verbraucher zum Erwerb der Sache verpflichtet ist,

2. der Unternehmer vom Verbraucher den Erwerb der Sache verlangen kann,

3. der Verbraucher bei Beendigung des Vertrags das Recht hat, die Sache zu einem bestimmten Preis zu erwerben, und er, falls er dieses Recht nicht ausübt, dem Unternehmer dafür einzustehen hat, dass die Sache diesen Wert hat, oder

4. der Verbraucher dem Unternehmer bei Beendigung des Vertrags für einen bestimmten Wert der Sache einzustehen hat, ohne dass ihm das Recht eingeräumt wird, die Sache zu erwerben.

(2) Für Verbraucherleasingverträge gilt § 25 Abs. 2 entsprechend; als Barzahlungspreis gilt der vom Unternehmer für den Erwerb der Sache zu zahlende Kaufpreis. Bei Erfüllung seiner Informationspflicht nach § 6 hat der Unternehmer den Verbraucher auch über das von diesem zu tragende Restwertrisiko und über die Art der Feststellung des Wertes der Sache bei Beendigung des Vertrags aufzuklären; diese Informationen sind auch in den Vertrag (§ 9) aufzunehmen.

(3) Auf Verbraucherleasingverträge nach Abs. 1 Z 3 und 4 sind § 12 und § 15 nicht anzuwenden.

(4) Auf Verbraucherleasingverträge nach Abs. 1 Z 1 ist § 16 Abs. 1 mit der Maßgabe anzuwenden, dass der vorzeitige Erwerb der Sache als vorzeitige Rückzahlung im Sinn dieser Bestimmung gilt. In diesem Fall vermindern sich die vom Verbraucher zu leistenden Zahlungen entsprechend der durch den vorzeitigen Erwerb verkürzten Vertragsdauer. Der Unternehmer hat die für die Vornahme dieser Berechnung erforderlichen Grundlagen im Vertrag (§ 9) anzugeben.

(5) Macht bei einem Verbraucherleasingvertrag nach Abs. 1 Z 2 der Verbraucher von seinem Recht nach § 16 Abs. 1 Gebrauch, so kann der Unternehmer darauf bestehen, dass der Verbraucher die Sache dennoch erwirbt. In diesem Fall vermindern sich die vom Verbraucher zu leistenden Zahlungen entsprechend der durch den vorzeitigen Erwerb verkürzten Vertragsdauer. Stellt der Verbraucher hingegen mangels eines Erwerbsverlangens des Unternehmers die Sache vorzeitig zurück, so sind die von ihm zu leistenden Zahlungen überdies um den Wert der Sache zum Zeitpunkt der Rückstellung zu vermindern. Der Unternehmer hat die für die Vornahme dieser Berechnungen erforderlichen Grundlagen im Vertrag (§ 9) anzugeben.

(6) Macht bei einem Verbraucherleasingvertrag nach Abs. 1 Z 3 der Verbraucher von seinem Recht nach § 16 Abs. 1 Gebrauch, so hat er zu erklären, ob er die Sache vorzeitig erwirbt. In diesem Fall vermindern sich die von ihm zu leistenden Zahlungen entsprechend der durch den vorzeitigen Erwerb verkürzten Vertragsdauer. Stellt der Verbraucher hingegen die Sache vorzeitig zurück, so sind die von ihm zu leistenden Zahlungen überdies um den Wert der Sache zum Zeitpunkt der Rückstellung zu vermindern. Abs. 5 letzter Satz ist anzuwenden.

(7) Auf Verbraucherleasingverträge nach Abs. 1 Z 4 ist § 16 nicht anzuwenden. Solche Verträge können jedoch vom Verbraucher jederzeit gekündigt werden. Der Unternehmer kann in diesem Fall gleich hohe Zahlungen verlangen, wie sie bei einem Verbraucherleasingvertrag nach Abs. 1 Z 2 oder 3 der Verbraucher auf Grund einer vorzeitigen Rückstellung der Sache nach Abs. 5 dritter Satz oder Abs. 6 dritter Satz zu leisten hätte. Bei Erfüllung seiner Informationspflicht nach § 6 hat der Unternehmer den Verbraucher auch über dessen Kündigungsrecht, über die den Verbraucher diesfalls treffende Zahlungs-

pflicht und über deren Berechnung aufzuklären; diese Informationen sind auch in den Vertrag (§ 9) aufzunehmen.

6. Abschnitt
Ergänzende Bestimmungen

Berechnung des effektiven Jahreszinses

§ 27. (1) Der effektive Jahreszins, der auf Jahresbasis die Gleichheit zwischen den Gegenwartswerten der gesamten gegenwärtigen oder künftigen Verpflichtungen (in Anspruch genommene Kreditbeträge, Tilgungszahlungen und Entgelte) des Kreditgebers und des Verbrauchers herstellt, ist anhand der mathematischen Formel in Teil I des Anhangs I zu berechnen.

(2) Für die Berechnung des effektiven Jahreszinses sind die Gesamtkosten des Kredits für den Verbraucher maßgebend, mit Ausnahme der Kosten, die er bei Nichterfüllung einer seiner Verpflichtungen aus dem Kreditvertrag zu tragen hat, sowie der Kosten mit Ausnahme des Kaufpreises, die er beim Erwerb von Waren oder Dienstleistungen unabhängig davon zu tragen hat, ob es sich um ein Bar- oder ein Kreditgeschäft handelt. Die Kosten für die Führung eines Kontos, auf dem sowohl Zahlungen als auch in Anspruch genommene Kreditbeträge verbucht werden, die Kosten für die Verwendung eines Zahlungsmittels, mit dem sowohl Zahlungen getätigt als auch Kreditbeträge in Anspruch genommen werden können, sowie sonstige Kosten für Zahlungsgeschäfte sind als Gesamtkosten des Kredits für den Verbraucher zu berücksichtigen, es sei denn, die Eröffnung des Kontos ist fakultativ und die mit dem Konto verbundenen Kosten sind im Kreditvertrag oder in einem anderen mit dem Verbraucher geschlossenen Vertrag klar und getrennt ausgewiesen.

(3) Bei der Berechnung des effektiven Jahreszinses ist von der Annahme auszugehen, dass der Kreditvertrag für den vereinbarten Zeitraum gilt und dass Kreditgeber und Verbraucher ihren Verpflichtungen unter den im Kreditvertrag festgelegten Bedingungen und zu den dort festgelegten Zeitpunkten nachkommen.

(4) In Kreditverträgen mit Klauseln, nach denen der Sollzinssatz und gegebenenfalls die Entgelte, die im effektiven Jahreszins enthalten sind, deren Bezifferung zum Zeitpunkt seiner Berechnung aber nicht möglich ist, geändert werden können, ist bei der Berechnung des effektiven Jahreszinses von der Annahme auszugehen, dass der Sollzinssatz und die sonstigen Kosten gemessen an der ursprünglichen Höhe fest bleiben und bis zum Ende des Kreditvertrags gelten.

(5) Erforderlichenfalls kann für die Berechnung des effektiven Jahreszinses von den in Anhang I genannten zusätzlichen Annahmen ausgegangen werden.

Strafbestimmungen

§ 28. Sofern die Tat nicht den Tatbestand einer gerichtlich strafbaren Handlung bildet oder nach anderen Verwaltungsstrafbestimmungen mit strengerer Strafe bedroht ist, begeht eine Verwaltungsübertretung und ist mit einer Geldstrafe bis zu 10 000 Euro zu bestrafen, wer

1. Kredite ohne die gemäß § 5 erforderlichen oder mit falschen Angaben bewirbt;

2. in die gemäß § 6 oder § 19 gebotenen vorvertraglichen Informationen falsche Angaben aufnimmt oder die Informationspflichten gemäß § 6 oder § 19 nicht oder nicht vollständig erfüllt,

3. die Kreditwürdigkeit des Verbrauchers nicht entsprechend § 7 Abs. 1 bewertet, den Verbraucher nicht gemäß § 7 Abs. 2 auf die Bedenken gegen die Kreditwürdigkeit hinweist oder den Verbraucher nicht gemäß § 7 Abs. 4 über das Ergebnis der Datenbankabfrage informiert,

4. nicht alle gemäß § 9 oder § 20 vorgesehenen oder falsche Angaben in einen Kreditvertrag aufnimmt,

5. dem Verbraucher auf dessen Verlangen keinen Tilgungsplan gemäß § 10 zur Verfügung stellt,

6. nicht entsprechend § 11 oder § 22 über eine Änderung des Sollzinssatzes informiert,

7. den Verbraucher nicht mittels eines den Anforderungen des § 21 entsprechenden Kontoauszugs informiert,

8. bei einem Konto mit Überschreitungsmöglichkeit in die gemäß § 24 gebotenen Informationen falsche Angaben aufnimmt oder die Informationspflichten gemäß § 24 nicht oder nicht vollständig erfüllt,

9. eine der in Z 1 bis 6 genannten Taten bei einem entgeltlichen Zahlungsaufschub oder einer sonstigen entgeltlichen Finanzierungshilfe begeht und dadurch gegen § 25 in Verbindung mit den Bestimmungen des 2. Abschnitts verstößt,

10. eine der in Z 1 bis 6 genannten Taten bei einem Verbraucherleasingvertrag begeht und dadurch gegen § 25 und § 26 in Verbindung mit § 25 Abs. 1 und den Bestimmungen des 2. Abschnitts verstößt.

Inkrafttretens- und Übergangsbestimmung

§ 29. (1) Dieses Bundesgesetz tritt mit 11. Juni 2010 in Kraft.

(2) Es ist – soweit die folgenden Absätze nichts anderes bestimmen – nur auf Kreditverträge und Kreditierungen anzuwenden, die nach dem 10. Juni 2010 geschlossen beziehungsweise gewährt werden.

(3) Die §§ 11, 14 Abs. 1 und 2, §§ 15, 17, 22 und 24 Abs. 1 zweiter Satz und Abs. 2 sind auch auf Kreditverträge und Kreditierungen anzuwenden, die vor dem 11. Juni 2010 geschlossen beziehungsweise gewährt wurden und am 11. Juni 2010 noch aufrecht sind. Im Übrigen sind auf Kreditverträge und Kreditierungen, die vor dem 11. Juni 2010 geschlossen beziehungsweise gewährt wurden, die bisherigen Bestimmungen weiter anzuwenden.

(4) § 6 ist im Zeitraum ab 11. Juni 2010 bis einschließlich 31. Oktober 2010 mit der Maßgabe anzuwenden, dass die darin vorgesehenen Informationen neben der in § 6 angeführten Form auch auf andere zumutbare Weise erteilt werden können. § 19 ist im Zeitraum ab 11. Juni 2010 bis einschließlich 31. Oktober 2010 mit der Maßgabe anzuwenden, dass die darin vorgesehenen Informationen neben der in § 19 angeführten Form auch auf andere zumutbare Weise erteilt werden können.

(5) § 9 ist im Zeitraum ab 11. Juni 2010 bis einschließlich 31. Oktober 2010 mit der Maßgabe anzuwenden, dass die darin vorgesehenen Angaben neben der in § 9 angeführten Form auch auf andere zumutbare Weise erteilt werden können, soweit nicht die auf das Vertragsverhältnis bisher anwendbaren Vorschriften eine bestimmte Form der Mitteilung von Angaben im Vertrag vorgesehen haben. Durch eine dem vorstehenden Satz entsprechende Mitteilung der Angaben gilt die Voraussetzung des § 12 Abs. 1 letzter Satz für den Beginn der Rücktrittsfrist als erfüllt.

(6) § 25 Abs. 1 ist im Zeitraum ab 11. Juni 2010 bis einschließlich 31. Oktober 2010 auf Vertragsabschlüsse mittels eines Fernkommunikationsmittels im Sinn des § 5a KSchG mit der Maßgabe anzuwenden, dass die Verpflichtungen nach §§ 6 und 9 als erfüllt gelten, wenn die darin vorgesehenen Informationen dem Verbraucher spätestens zusammen mit der Lieferung der Ware auf Papier oder einem anderen dauerhaften Datenträger mitgeteilt werden.

(7) §§ 10 und 21 sind erst ab 1. November 2010 anzuwenden, ab diesem Zeitpunkt aber auch auf Kreditverträge und Kreditierungen, die zwischen dem 11. Juni 2010 und dem 1. November 2010 geschlossen beziehungsweise gewährt wurden und am 1. November 2010 noch aufrecht sind.

(8) Anhang I in der Fassung des Zahlungsverzugsgesetzes, BGBl. I Nr. 50/2013, tritt am 1. Jänner 2013 in Kraft. *(BGBl I 2013/50)*

(9) §§ 4, 7, 12 und 16 in der Fassung des Bundesgesetzes BGBl. I Nr. 135/2015, treten mit 21. März 2016 in Kraft. *(BGBl I 2015/135)*

(10) § 6 in der Fassung des Bundesgesetzes BGBl. I Nr. 93/2017 tritt mit 1. Juli 2018 in Kraft. *(BGBl I 2017/93)*

Vollziehung

§ 30. Mit der Vollziehung dieses Bundesgesetzes ist hinsichtlich der §§ 7 Abs. 5 sowie 28 der Bundeskanzler und im Übrigen der Bundesminister für Justiz betraut.

Anhang I

I. Grundgleichung zur Darstellung der Gleichheit zwischen Kredit-Auszahlungsbeträgen einerseits und Rückzahlungen (Tilgung und Kreditkosten) andererseits

(1) Die nachstehende Gleichung zur Ermittlung des effektiven Jahreszinses drückt auf jährlicher Basis die rechnerische Gleichheit zwischen der Summe der Gegenwartswerte der in Anspruch genommenen Kredit-Auszahlungsbeträge einerseits und der Summe der Gegenwartswerte der Rückzahlungen (Tilgung und Kosten) andererseits aus:

$$\sum_{k=1}^{m} C_k(1+X)^{-t_k} = \sum_{l=1}^{m'} D_l(1+X)^{-S_l}$$

Dabei ist

- X der effektive Jahreszins;
- m die laufende Nummer des letzten Kredit-Auszahlungsbetrags;
- k die laufende Nummer eines Kredit-Auszahlungsbetrags, wobei $1 \leq k \leq m$;
- C_k die Höhe des Kredit-Auszahlungsbetrags mit der Nummer k;
- t_k der in Jahren oder Jahresbruchteilen ausgedrückte Zeitraum zwischen der ersten Kreditauszahlung und dem Zeitpunkt der einzelnen nachfolgenden in Anspruch genommenen Kredit-Auszahlungsbeträge, wobei t1 = 0;
- m' die laufende Nummer der letzten Tilgungs- oder Kostenzahlung;
- l die laufende Nummer einer Tilgungs- oder Kostenzahlung;
- D_l der Betrag einer Tilgungs- oder Kostenzahlung;
- s_l der in Jahren oder Jahresbruchteilen ausgedrückte Zeitraum zwischen dem Zeitpunkt der Inanspruchnahme des ersten Kredit-Auszahlungsbetrags und dem Zeitpunkt jeder einzelnen Tilgungs- oder Kostenzahlung.

(2) Bei der Berechnung ist Folgendes zu berücksichtigen:

a) Die von beiden Seiten zu unterschiedlichen Zeitpunkten gezahlten Beträge sind nicht notwendigerweise gleich groß und werden nicht notwendigerweise in gleichen Zeitabständen entrichtet.

b) Anfangszeitpunkt ist der Tag der Auszahlung des ersten Kreditbetrags.

c) Der Zeitraum zwischen diesen Zeitpunkten wird in Jahren oder Jahresbruchteilen ausgedrückt. Zugrunde gelegt werden für ein Jahr 365 Tage (bzw. für ein Schaltjahr 366 Tage), 52 Wochen oder zwölf Standardmonate. Ein Standardmonat hat 30,41666 Tage (d. h. 365/12), unabhängig davon, ob es sich um ein Schaltjahr handelt oder nicht.

d) Das Rechenergebnis wird auf mindestens eine Dezimalstelle genau angegeben. Ist die Ziffer der darauf folgenden Dezimalstelle größer als oder gleich 5, so erhöht sich die Ziffer der ersten Dezimalstelle um den Wert 1.

e) Mathematisch darstellen lässt sich diese Gleichung durch eine einzige Summation unter Verwendung des Faktors „Ströme“ (Ak), die entweder positiv oder negativ sind, je nachdem, ob sie für Auszahlungen oder für Rückzahlungen innerhalb der Perioden 1 bis k, ausgedrückt in Jahren, stehen:

$$S = \sum_{k=1}^{n} A_k(1+X)^{-t_k}$$

dabei ist S der Saldo der Gegenwartswerte aller „Ströme“, deren Wert gleich Null sein muss, damit die Gleichheit zwischen den „Strömen“ gewahrt bleibt.

II. Es gelten die folgenden zusätzlichen Annahmen für die Berechnung des effektiven Jahreszinses:

a) Ist es dem Verbraucher nach dem Kreditvertrag freigestellt, wann er den Kredit in Anspruch nehmen will, so gilt der gesamte Kredit als sofort in voller Höhe in Anspruch genommen.

b) Ist dem Verbraucher nach dem Kreditvertrag generell freigestellt, wann er den Kredit in Anspruch nehmen will, sind jedoch je nach Art der Inanspruchnahme Beschränkungen in Bezug auf Kreditbetrag und Zeitraum vorgesehen, so gilt der gesamte Kredit als zu dem im Kreditvertrag vorgesehenen frühestmöglichen Zeitpunkt mit den entsprechenden Beschränkungen in Anspruch genommen.

c) Sieht der Kreditvertrag verschiedene Arten der Inanspruchnahme mit unterschiedlichen Kosten oder Sollzinssätzen vor, so gilt der gesamte Kredit als zu den höchsten Kosten und zum höchsten Sollzinssatz in Anspruch genommen, wie sie für die Kategorie von Geschäften gelten, die bei dieser Kreditvertragsart am häufigsten vorkommt.

d) Bei einer Überziehungsmöglichkeit gilt der gesamte Kreditbetrag als in voller Höhe und für die gesamte Laufzeit des Kreditvertrags in Anspruch genommen. Ist die Dauer der Überziehungsmöglichkeit nicht bekannt, so wird bei der Berechnung des effektiven Jahreszinses von der Annahme ausgegangen, dass die Laufzeit des Kreditvertrags drei Monate beträgt.

e) Bei unbefristeten Kreditverträgen, die keine Überziehungsmöglichkeiten sind, wird angenommen, dass

i) der Kredit ab der ersten Inanspruchnahme für einen Zeitraum von einem Jahr gewährt wird und dass mit der letzten Zahlung des Verbrauchers der Saldo, die Zinsen und etwaige sonstige Kosten ausgeglichen sind;

ii) der Kreditbetrag in gleich hohen monatlichen Zahlungen, beginnend einen Monat nach dem Zeitpunkt der ersten Inanspruchnahme zurückgezahlt wird. Muss der Kreditbetrag jedoch vollständig, in Form einer einmaligen Zahlung, innerhalb jedes Zahlungszeitraums zurückgezahlt werden, so wird angenommen, dass spätere Inanspruchnahmen und Rückzahlungen des gesamten Kreditbetrags durch den Verbraucher innerhalb eines Jahres stattfinden. Zinsen und sonstige Kosten werden entsprechend diesen Inanspruchnahmen und Tilgungszahlungen und nach den Bestimmungen des Kreditvertrags festgelegt.

Als unbefristete Kreditverträge gelten für die Zwecke dieses Punkts Kreditverträge ohne feste Laufzeit, einschließlich solcher Kredite, bei denen der Kreditbetrag innerhalb oder nach Ablauf eines Zeitraums vollständig zurückgezahlt werden muss, dann aber erneut in Anspruch genommen werden kann.

f) Bei anderen Kreditverträgen, die weder Überziehungsmöglichkeiten noch unbefristete Kredite sind (siehe die Annahmen unter d und e), gilt Folgendes:

i) Lassen sich der Zeitpunkt oder die Höhe einer vom Verbraucher zu leistenden Tilgungszahlung nicht feststellen, so wird angenommen, dass die Rückzahlung zu dem im Kreditvertrag genannten frühestmöglichen Zeitpunkt und in der darin festgelegten geringsten Höhe erfolgt.

ii) Ist der Zeitpunkt des Abschlusses des Kreditvertrags nicht bekannt, so wird angenommen, dass der Kredit erstmals zu dem Zeitpunkt in Anspruch genommen wurde, der sich aus dem kürzesten zeitlichen Abstand zwischen diesem Zeitpunkt und der Fälligkeit der ersten vom Verbraucher zu leistenden Zahlung ergibt.

g) Lassen sich der Zeitpunkt oder die Höhe einer vom Verbraucher zu leistenden Tilgungszahlung nicht anhand des Kreditvertrags oder der Annahmen nach den Buchstaben d, e oder f feststellen, so wird angenommen, dass die Zahlung in Übereinstimmung mit den vom Kreditgeber bestimmten Fristen und Bedingungen erfolgt, und dass, falls diese nicht bekannt sind,

i) die Zinszahlungen zusammen mit den Tilgungszahlungen erfolgen,

ii) Zahlungen für Kosten, die keine Zinsen sind und die als Einmalbetrag ausgedrückt sind, bei Abschluss des Kreditvertrags erfolgen,

iii) Zahlungen für Kosten, die keine Zinsen sind und die als Mehrfachzahlungen ausgedrückt sind, beginnend mit der ersten Tilgungszahlung in regelmäßigen Abständen erfolgen, und es sich, falls die Höhe dieser Zahlungen nicht bekannt ist, um jeweils gleich hohe Beträge handelt,

iv) mit der letzten Zahlung der Saldo, die Zinsen und etwaige sonstige Kosten ausgeglichen sind.

h) Wurde noch keine Kreditobergrenze vereinbart, so wird eine Obergrenze in Höhe von 1 500 Euro angenommen.

i) Werden für einen begrenzten Zeitraum oder Betrag verschiedene Sollzinssätze und Kosten angeboten, so werden als Sollzinssatz oder als Kosten während der gesamten Laufzeit des Kreditvertrags der höchste Zinssatz bzw. die höchsten Kosten angenommen.

j) Bei Verbraucherkreditverträgen, bei denen für den Anfangszeitraum ein fester Sollzinssatz vereinbart wurde, nach dessen Ablauf ein neuer Sollzinssatz festgelegt wird, der anschließend in regelmäßigen Abständen nach einem vereinbarten Indikator angepasst wird, wird bei der Berechnung des effektiven Jahreszinses von der Annahme ausgegangen, dass der Sollzinssatz ab dem Ende der Festzinsperiode dem Sollzinssatz entspricht, der sich aus dem Wert des vereinbarten Indikators im Zeitpunkt der Berechnung des effektiven Jahreszinses ergibt.

(BGBl I 2013/50)

Anhang II

Europäische Standardinformationen für Kreditierungen nach dem Verbraucherkreditgesetz

1. Name und Kontaktangaben des Kreditgebers/Kreditvermittlers

Kreditgeber Anschrift Telefon[1)] E-Mail[1)] Fax[1)] Internet-Adresse[1)]	[Name] [Anschrift für Kontakte mit dem Verbraucher]
(falls zutreffend) Kreditvermittler Anschrift Telefon[1)] E-Mail[1)] Fax[1)] Internet-Adresse[1)]	[Name] [Anschrift für Kontakte mit dem Verbraucher]

[1)] Freiwillige Angaben des Kreditgebers

In allen Fällen, in denen „falls zutreffend“ angegeben ist, muss der Kreditgeber das betreffende Kästchen ausfüllen, wenn die Information für das Kreditprodukt relevant ist, oder die betreffende Information bzw. die gesamte Zeile durchstreichen, wenn die Information für die in Frage kommende Kreditart nicht relevant ist.

Die Vermerke in eckigen Klammern dienen zur Erläuterung und sind durch die entsprechenden Angaben zu ersetzen.

2. Beschreibung der wesentlichen Merkmale des Kreditprodukts

Kreditart	
Gesamtkreditbetrag *Obergrenze oder Summe aller Beträge, die auf Grund des Kreditvertrags zur Verfügung gestellt wird*	
Bedingungen für die Inanspruchnahme Gemeint ist, wie und wann Sie das Geld erhalten	
Laufzeit des Kreditvertrags	
Teilzahlungen und gegebenenfalls Reihenfolge, in der die Teilzahlungen angerechnet werden	Sie müssen folgende Zahlungen leisten: [Betrag, Anzahl und Fälligkeit der vom Verbraucher zu leistenden Zahlungen] Zinsen und/oder Kosten sind wie folgt zu entrichten:
Von Ihnen zu zahlender Gesamtbetrag *Betrag des geliehenen Kapitals zuzüglich Zinsen und etwaiger Kosten im Zusammenhang mit Ihrem Kredit*	[Summe des Gesamtkreditbetrags und der Gesamtkosten des Kredits]
(falls zutreffend) Der Kredit wird in Form eines Zahlungsaufschubs für eine Ware oder Dienstleistung gewährt oder ist mit der Lieferung bestimmter Waren oder der Erbringung einer Dienstleistung verbunden. Bezeichnung des Produkts/der Dienstleistung Barzahlungspreis	
(falls zutreffend) Verlangte Sicherheiten	[Art der Sicherheiten]

Beschreibung der von Ihnen im Zusammenhang mit dem Kreditvertrag zu stellenden Sicherheiten	
(falls zutreffend) *Zahlungen dienen nicht der unmittelbaren Kapitaltilgung*	

3. Kreditkosten

Sollzinssatz oder gegebenenfalls die verschiedenen Sollzinssätze, die für den Kreditvertrag gelten	[% – fest oder – variabel (mit dem Index oder Referenzzinssatz für den anfänglichen Sollzinssatz) – Zeiträume]
Effektiver Jahreszins *Gesamtkosten ausgedrückt als jährlicher Prozentsatz des Gesamtkreditbetrags* *Diese Angabe hilft Ihnen dabei, unterschiedliche Angebote zu vergleichen.*	[%. Repräsentatives Beispiel unter Angabe sämtlicher in die Berechnung des Jahreszinses einfließender Annahmen]
Ist – der Abschluss einer Kreditversicherung oder – die Inanspruchnahme einer anderen mit dem Kreditvertrag zusammenhängenden Nebenleistung zwingende Voraussetzung dafür, dass der Kredit überhaupt oder nach den vorgesehenen Vertragsbedingungen gewährt wird? *Falls der Kreditgeber die Kosten dieser Dienstleistungen nicht kennt, sind sie nicht im effektiven Jahreszins enthalten.*	Ja/nein [Falls ja, Art der Versicherung:] Ja/nein [Falls ja, Art der Nebenleistung:]
Kosten im Zusammenhang mit dem Kredit	
(falls zutreffend) Die Führung eines oder mehrerer Konten ist für die Buchung der Zahlungsvorgänge und der in Anspruch genommenen Kreditbeträge erforderlich.	
(falls zutreffend) Höhe der Kosten für die Verwendung eines bestimmten Zahlungsmittels (z. B. einer Kreditkarte)	
(falls zutreffend) Sonstige Kosten im Zusammenhang mit dem Kreditvertrag	
(falls zutreffend) Bedingungen, unter denen die vorstehend genannten Kosten im Zusammenhang mit dem Kreditvertrag geändert werden können	
(falls zutreffend) Verpflichtung zur Zahlung von Notariatsgebühren	
Kosten bei Zahlungsverzug *Ausbleibende Zahlungen können schwerwiegende Folgen für Sie haben (z. B. Zwangsversteigerung) und die Erlangung eines Kredits erschweren.*	Bei Zahlungsverzug wird Ihnen [… (anwendbarer Zinssatz und Regelungen für seine Anpassung sowie gegebenenfalls Verzugskosten)] berechnet. *(BGBl I 2013/50, ab 21. 3. 2013)*

4. Andere wichtige rechtliche Aspekte

Rücktrittsrecht *Sie haben das Recht, innerhalb von 14 Kalendertagen vom Kreditvertrag zurückzutreten.*	ja/nein
Vorzeitige Rückzahlung Sie haben das Recht, den Kredit jederzeit ganz oder teilweise vorzeitig zurückzuzahlen.	
(falls zutreffend) Dem Kreditgeber steht bei vorzeitiger Rückzahlung eine Entschädigung zu	Festlegung der Entschädigung (Berechnungsmethode) gemäß § 16 Verbraucherkreditgesetz]
Datenbankabfrage *Der Kreditgeber muss Sie unverzüglich und unentgeltlich über das Ergebnis einer Datenbankabfrage informieren, wenn ein Kreditantrag auf Grund einer solchen Abfrage abgelehnt wird.* *Dies gilt nicht, wenn eine entsprechende Unterrichtung den Zielen der öffentlichen Ordnung oder der öffentlichen Sicherheit zuwiderläuft.*	
Recht auf einen Kreditvertragsentwurf *Sie haben das Recht, auf Verlangen unentgeltlich eine Kopie des Kreditvertragsentwurfs zu erhalten. Diese Bestimmung gilt nicht, wenn der Kreditgeber zum Zeitpunkt des Verlangens nicht zum Abschluss eines Kreditvertrags mit Ihnen bereit ist.*	
(falls zutreffend) Zeitraum, während dessen der Kreditgeber an die vorvertraglichen Informationen gebunden ist	Diese Informationen gelten vom … bis ...

(falls zutreffend)

5. Zusätzliche Informationen beim Fernabsatz von Finanzdienstleistungen

a) zum Kreditgeber	
(falls zutreffend) Vertreter des Kreditgebers in dem Mitgliedstaat, in dem Sie Ihren Wohnsitz haben Anschrift Telefon[1)] E-Mail[1)] Fax[1)] Internet-Adresse[1)]	[Name] [tatsächliche Anschrift, für den Verbraucher]
(falls zutreffend) Eintragung im Firmenbuch (Handelsregister)	[Firmenbuch (Handelsregister), in das der Kreditgeber eingetragen ist, und seine Firmenbuchnummer (Handelsregisternummer oder eine gleichwertige in diesem Register verwendete Kennung)]
(falls zutreffend) Zuständige Aufsichtsbehörde	
b) zum Kreditvertrag	
(falls zutreffend) Ausübung des Rücktrittsrechts	[Praktische Hinweise zur Ausübung des Rücktrittsrechts, darunter Rücktrittsfrist, Angabe der Anschrift, an die die Rücktrittserklärung zu senden ist, sowie Folgen bei Nichtausübung dieses Rechts]
(falls zutreffend)	

Recht, das der Kreditgeber der Aufnahme von Beziehungen zu Ihnen vor Abschluss des Kreditvertrags zugrunde legt	
(falls zutreffend) Klauseln über das auf den Kreditvertrag anwendbare Recht und/oder die zuständige Gerichtsbarkeit	[entsprechende Klausel hier wiedergeben]
(falls zutreffend) Wahl der Sprache	Die Informationen und Vertragsbedingungen werden in [Angabe der Sprache] vorgelegt. Mit Ihrer Zustimmung werden wir während der Laufzeit des Kreditvertrags in [Angabe der Sprache(n)] mit Ihnen Kontakt halten.
c) zu den Rechtsmitteln	
Verfügbarkeit außergerichtlicher Beschwerde- oder Schlichtungsverfahren und Zugang dazu	[Angabe, ob der Verbraucher, der Vertragspartei eines Fernabsatzvertrags ist, Zugang zu einem außergerichtlichen Beschwerde- oder Schlichtungsverfahren hat, und gegebenenfalls die Voraussetzungen für diesen Zugang]

1) Freiwillige Angaben des Kreditgebers.

Anhang III

Europäische Verbraucherkreditinformationen bei Überziehungsmöglichkeiten nach dem Verbraucherkreditgesetz

1. Name und Kontaktangaben des Kreditgebers/Kreditvermittlers

Kreditgeber Anschrift Telefon[1)] E-Mail[1)] Fax[1)] Internet-Adresse[1)]	[Name] [Anschrift für Kontakte mit dem Verbraucher]
(falls zutreffend) Kreditvermittler Anschrift Telefon[1)] E-Mail[1)] Fax[1)] Internet-Adresse[1)]	[Name] [Anschrift für Kontakte mit dem Verbraucher]

[1)] *Freiwillige Angaben des Kreditgebers.*

In allen Fällen, in denen „falls zutreffend" angegeben ist, muss der Kreditgeber das betreffende Kästchen ausfüllen, wenn die Information für das Kreditprodukt relevant ist, oder die betreffende Information bzw. die gesamte Zeile durchstreichen, wenn die Information für die in Frage kommende Kreditart nicht relevant ist.

Die Vermerke in eckigen Klammern dienen zur Erläuterung und sind durch die entsprechenden Angaben zu ersetzen.

2. Beschreibung der wesentlichen Merkmale des Kreditprodukts

Kreditart	
Gesamtkreditbetrag *Obergrenze oder Summe aller Beträge, die auf Grund des Kreditvertrags zur Verfügung gestellt wird*	
Laufzeit des Kreditvertrags	
(falls zutreffend) Sie können jederzeit zur Rückzahlung des gesamten Kreditbetrags aufgefordert werden.	

3. Kreditkosten

Sollzinssatz oder gegebenenfalls die verschiedenen Sollzinssätze, die für den Kreditvertrag gelten	[% – fest oder – variabel (mit dem Index oder Referenzzinssatz für den anfänglichen Sollzinssatz)]
effektiver Jahreszins *Gesamtkosten ausgedrückt als jährlicher Prozentsatz des Gesamtkreditbetrags des Kredits. Der effektive Jahreszins soll dem Verbraucher einen Vergleich der verschiedenen Angebote ermöglichen.*	[%. Repräsentatives Beispiel unter Angabe sämtlicher in die Berechnung des Jahreszinses einfließender Annahmen]
(falls zutreffend) Kosten (falls zutreffend)	[sämtliche vom Zeitpunkt einer Überschreitung an zu zahlende Kosten]

Bedingungen, unter denen diese Kosten geändert werden können	
Kosten bei Zahlungsverzug	Bei Zahlungsverzug wird Ihnen [… (anwendbarer Zinssatz und Regelungen für seine Anpassung sowie gegebenenfalls Verzugskosten)] berechnet. *(BGBl I 2013/50, ab 21. 3. 2013)*

4. Andere wichtige rechtliche Aspekte

Beendigung des Kreditvertrags	[Bedingungen und Verfahren zur Beendigung des Kreditvertrags]
Datenbankabfrage *Der Kreditgeber muss Sie unverzüglich und unentgeltlich über das Ergebnis einer Datenbankabfrage informieren, wenn ein Kreditantrag auf Grund einer solchen Abfrage abgelehnt wird.* *Dies gilt nicht, wenn eine entsprechende Unterrichtung den Zielen der öffentlichen Ordnung oder der öffentlichen Sicherheit zuwiderläuft.*	
(falls zutreffend) Zeitraum, während dessen der Kreditgeber an die vorvertraglichen Informationen gebunden ist	Diese Informationen gelten vom … bis ...

Falls zutreffend

5. Zusätzlich zu gebende Informationen beim Fernabsatz von Finanzdienstleistungen

a) zum Kreditgeber	
(falls zutreffend) Vertreter des Kreditgebers in dem Mitgliedstaat, in dem Sie Ihren Wohnsitz haben Anschrift Telefon[1)] E-Mail[1)] Fax[1)] Internet-Adresse[1)]	[Name] [Anschrift für Kontakte mit dem Verbraucher]
(falls zutreffend) Eintrag im Firmenbuch (Handelsregister)	[Firmenbuch (Handelsregister), in das der Kreditgeber eingetragen ist, und seine Firmenbuchnummer (Handelsregisternummer oder eine gleichwertige in diesem Register verwendete Kennung)]
(falls zutreffend) zuständige Aufsichtsbehörde	
b) zum Kreditvertrag	
Rücktrittsrecht *Sie haben das Recht, innerhalb von 14 Tagen vom Kreditvertrag zurückzutreten.* (falls zutreffend) Ausübung des Rücktrittsrechts	Ja/Nein [praktische Hinweise zur Ausübung des Rücktrittsrechts, u.a. Anschrift, an die die Rücktrittserklärung zu senden ist, sowie Folgen bei Nichtausübung dieses Rechts]
(falls zutreffend) Recht, das der Kreditgeber der Aufnahme von Beziehungen zu Ihnen vor Abschluss des Kreditvertrags zugrunde legt	
(falls zutreffend) Klauseln über das auf den Kreditvertrag anwendbare Recht und/oder die zuständige Gerichtsbarkeit	[entsprechende Klausel hier wiedergeben]

(falls zutreffend) Wahl der Sprache	Die Informationen und Vertragsbedingungen werden in [Angabe der Sprache] vorgelegt. Mit Ihrer Zustimmung werden wir während der Laufzeit des Kreditvertrags in [Angabe der Sprache(n)] mit Ihnen Kontakt halten.
c) zu den Rechtsmitteln	
Verfügbarkeit außergerichtlicher Beschwerde- oder Schlichtungsverfahren und Zugang zu ihnen	[Angabe, ob der Verbraucher, der Vertragspartei eines Fernabsatzvertrags ist, Zugang zu einem außergerichtlichen Beschwerde- oder Schlichtungsverfahren hat, und gegebenenfalls die Voraussetzungen für diesen Zugang]

[1)] *Freiwillige Angaben des Kreditgebers.*

5. Eisenbahn- und Kraftfahrzeughaftpflichtgesetz

BGBl 1959/48 idF

1 BGBl 1968/69
2 BGBl 1976/91
3 BGBl 1977/676
4 BGBl 1989/343
5 BGBl 1991/628 (EO-Nov 1991)
6 BGBl I 1997/140 (WGN 1997)
7 BGBl I 2001/98 (2. Euro-JuBeG)
8 BGBl I 2004/115
9 BGBl I 2007/37 (KrÄG 2007)
10 BGBl I 2011/138
11 BGBl I 2017/19 (MinVersValG 2016)

STICHWORTVERZEICHNIS

(Die Zahlenangaben beziehen sich auf die Paragraphen)

Bundesgesetz vom 21. Jänner 1959 über die Haftung für den Ersatz von Schäden aus Unfällen beim Betrieb von Eisenbahnen und beim Betrieb von Kraftfahrzeugen (Eisenbahn- und Kraftfahrzeughaftpflichtgesetz – EKHG.)

Anwendungsbereich

§ 1. Wird durch einen Unfall beim Betrieb einer Eisenbahn oder beim Betrieb eines Kraftfahrzeugs ein Mensch getötet, an seinem Körper oder an seiner Gesundheit verletzt oder eine Sache beschädigt, so ist der hieraus entstehende Schaden gemäß den Bestimmungen dieses Bundesgesetzes zu ersetzen.

§ 2. (1) „Der Begriff der Eisenbahn ist im Sinn des Eisenbahngesetzes 1957, BGBl. Nr. 60, in der jeweils geltenden Fassung und des Seilbahngesetzes 2003, BGBl. I Nr. 103/2003, in der jeweils geltenden Fassung auszulegen." Soweit sich aus dem vorliegenden Bundesgesetz nichts anderes ergibt, ist dieses auf Materialbahnen und Materialseilbahnen ohne beschränkt-öffentlichen Verkehr, die Bestandteil eines Bergwerks oder eines gewerblichen oder land- oder forstwirtschaftlichen Unternehmens sind oder einer Gemeinschaft solcher Unternehmungen gehören, sowie auf Bahnen, die ohne besondere Herstellung des Unterbaus angelegt werden (Feldbahnen), nicht anzuwenden. *(BGBl I 2004/115, ab 1. 10. 2004; s § 21 Abs 3)*

(2) Der Begriff des Kraftfahrzeugs ist im Sinne des Kraftfahrgesetzes 1967, BGBl. Nr. 267, auszulegen. Soweit sich aus dem vorliegenden Bundesgesetz nicht anderes ergibt, ist dieses auf Kraftfahrzeuge, bei denen nach ihrer Bauart und ihrer Ausrüstung dauernd gewährleistet ist, daß mit ihnen auf gerader, waagrechter Fahrbahn bei Windstille eine Geschwindigkeit von 10 km in der Stunde nicht überschritten werden kann, nicht anzuwenden. *(BGBl 1968/69)*

§ 3. Im Falle der Tötung oder Verletzung eines durch die Eisenbahn oder das Kraftfahrzeug beförderten Menschen ist dieses Bundesgesetz hinsichtlich der befördernden Eisenbahn oder des befördernden Kraftfahrzeugs insofern nicht anzuwenden, als der Verletzte zur Zeit des Unfalls

1. durch die Eisenbahn ohne den Willen des Betriebsunternehmers und ohne ein diesem zufließendes, wenn auch unangemessenes Entgelt befördert wurde oder

2. durch das Kraftfahrzeug ohne den Willen des Halters befördert wurde oder *(BGBl I 2004/115, ab 1. 10. 2004; s § 21 Abs 3)*

3. beim Betrieb der Eisenbahn oder beim Betrieb des Kraftfahrzeugs tätig war.

§ 4. (1) Im Falle der Beschädigung einer durch die Eisenbahn oder das Kraftfahrzeug beförderten Sache ist dieses Bundesgesetz hinsichtlich der befördernden Eisenbahn oder des befördernden Kraftfahrzeugs nur insofern anzuwenden, als zur Zeit des Unfalls ein Fahrgast die Sache als Handgepäck mit sich führte oder an sich trug, dem gegenüber die Anwendung dieses Bundesgesetzes nicht nach § 3 ausgeschlossen ist.

(2) Hinsichtlich der Sachen, die zur Zeit des Unfalls von der Eisenbahn zur Beförderung oder zur Aufbewahrung angenommen waren, ist dieses Bundesgesetz nicht anzuwenden.

Haftung

§ 5. (1) Für den Ersatz der im § 1 bezeichneten Schäden haftet bei der Eisenbahn der Betriebsunternehmer, beim Kraftfahrzeug der Halter.

(2) Mehrere Betriebsunternehmer derselben Eisenbahn und mehrere Halter desselben Kraftfahrzeugs haften zur ungeteilten Hand.

§ 6. (1) Benutzte jemand zur Zeit des Unfalls das Verkehrsmittel der Eisenbahn ohne den Willen des Betriebsunternehmers oder das Kraftfahrzeug ohne den Willen des Halters, so haftet er an Stelle des Betriebsunternehmers oder Halters für den Ersatz des Schadens. Daneben bleibt der Betriebsunternehmer oder Halter für den Ersatz des Schadens haftbar, wenn die Benutzung des Verkehrsmittels der Eisenbahn oder des Kraftfahrzeugs durch sein oder der Personen Verschulden ermöglicht worden ist, die mit seinem Willen beim Betrieb der Eisenbahn oder beim Betrieb des Kraftfahrzeugs tätig gewesen sind.

(2) Der Abs. 1 gilt nicht, wenn der Benutzer vom Betriebsunternehmer oder Halter für den Betrieb der Eisenbahn oder für den Betrieb des Kraftfahrzeugs angestellt oder wenn ihm das Verkehrsmittel der Eisenbahn vom Betriebsunternehmer oder das Kraftfahrzeug vom Halter überlassen war. Eine aus dem allgemeinen bürgerlichen Recht abzuleitende Ersatzpflicht eines solchen Benutzers ist ausgeschlossen, wenn er beweist, daß der Schaden nicht durch sein Verschulden verursacht worden ist.

(3) Benutzer im Sinne der Abs. 1 und 2 ist jeder, der sich den Gebrauch des Verkehrsmittels der Eisenbahn als solchen oder des Kraftfahrzeugs als solchen mit Herrschaftswillen anmaßt.

§ 7. (1) Hat bei der Entstehung des Schadens ein Verschulden des Geschädigten mitgewirkt, so ist der § 1304 Allgemeines bürgerliches Gesetzbuch anzuwenden.

(2) Dem Verschulden des Geschädigten steht im Falle der Tötung das Verschulden des Getöteten und im Falle der Beschädigung einer Sache

das Verschulden desjenigen gleich, der die tatsächliche Gewalt über die Sache ausübte.

§ 8. (1) Wurde der Schaden durch mehrere Eisenbahnen oder mehrere Kraftfahrzeuge oder durch eine oder mehrere Eisenbahnen und ein oder mehrere Kraftfahrzeuge verursacht, so kann der Geschädigte seine Ersatzansprüche gegen jeden an dem Unfall Beteiligten richten, soweit nicht dessen Haftung nach den für seine Ersatzpflicht geltenden Vorschriften ausgeschlossen ist.

(2) Sind im Falle des Abs. 1 mehrere Beteiligte verschiedener Eisenbahnen oder Kraftfahrzeuge nebeneinander ersatzpflichtig, so haften sie zur ungeteilten Hand, es haftet jedoch keiner der mehreren Betriebsunternehmer oder Halter, außer bei Verschulden, über die für ihn maßgeblichen Haftungshöchstbeträge hinaus.

Haftungsbefreiung

§ 9. (1) Die Ersatzpflicht ist ausgeschlossen, wenn der Unfall durch ein unabwendbares Ereignis verursacht wurde, das weder auf einem Fehler in der Beschaffenheit noch auf einem Versagen der Verrichtungen der Eisenbahn oder des Kraftfahrzeugs beruhte.

(2) Als unabwendbar gilt ein Ereignis insbesondere dann, wenn es auf das Verhalten des Geschädigten, eines nicht beim Betrieb tätigen Dritten oder eines Tieres zurückzuführen ist, sowohl der Betriebsunternehmer oder Halter als auch die mit Willen des Betriebsunternehmers oder Halters beim Betrieb tätigen Personen jede nach den Umständen des Falles gebotene Sorgfalt beachtet haben und der Unfall nicht unmittelbar auf die durch das Verhalten eines nicht beim Betrieb tätigen Dritten oder eines Tieres ausgelöste außergewöhnliche Betriebsgefahr zurückzuführen ist.

§ 9a. Der Betriebsunternehmer eines Schleppliftes haftet für Schäden, die sich aus dem Zustand der Schleppspur ergeben, nur bei eigenem Verschulden oder Verschulden eines seiner Leute.

(BGBl 1977/676)

§ 10. Die Verpflichtung des Betriebsunternehmers oder Halters, für die Tötung oder Verletzung entgeltlich beförderter Personen Ersatz zu leisten, darf im vorhinein weder ausgeschlossen noch beschränkt werden; entgegenstehende Vereinbarungen sind nichtig.

Rückgriffs- und Ausgleichsanspruch

§ 11. (1) Wurde der Schaden durch mehrere Eisenbahnen oder mehrere Kraftfahrzeuge oder durch eine oder mehrere Eisenbahnen und ein oder mehrere Kraftfahrzeuge verursacht und sind die Beteiligten einem Dritten kraft Gesetzes zum Ersatz des Schadens verpflichtet, so hängen im Verhältnis der Beteiligten zueinander die Verpflichtung zum Ersatz und der Umfang des Ersatzes von den Umständen, insbesondere davon ab, inwieweit der Schaden vorwiegend von dem einen oder anderen Beteiligten verschuldet oder durch außergewöhnliche Betriebsgefahr (§ 9 Abs. 2) oder überwiegende gewöhnliche Betriebsgefahr verursacht wurde. Das gleiche gilt für die gegenseitige Ersatzpflicht der Beteiligten.

(2) In den Fällen des Abs. 1 haftet keiner der beteiligten Betriebsunternehmer oder Halter, außer bei Verschulden, über die für ihn maßgeblichen Haftungshöchstbeträge hinaus.

Gegenstand des Ersatzes

§ 12. (1) Im Falle der Tötung sind zu ersetzen

1. die Kosten der versuchten Heilung des Verletzten,

2. der Vermögensnachteil, den der Verletzte dadurch erlitten hat, daß infolge der Verletzung seine Erwerbsfähigkeit aufgehoben oder gemindert gewesen ist,

3. die Kosten aus einer Vermehrung seiner Bedürfnisse,

4. ein angemessenes Schmerzengeld und

5. die Kosten angemessener Bestattung; Anspruch auf Ersatz der Bestattungskosten hat derjenige, der sie zu tragen verpflichtet ist oder der sie tatsächlich getragen hat.

(BGBl 1968/69)

(2) Stand der Getötete zur Zeit der Verletzung zu einem Dritten in einem Verhältnis, vermöge dessen er diesem kraft Gesetzes unterhaltspflichtig war oder unterhaltspflichtig werden konnte, und ist dem Dritten infolge der Tötung das Recht auf Unterhalt entzogen, so hat der Ersatzpflichtige dem Dritten insoweit Schadenersatz zu leisten, als der Getötete während der mutmaßlichen Dauer seines Lebens zur Gewährung des Unterhalts verpflichtet gewesen wäre. Die Ersatzpflicht tritt auch dann ein, wenn der Dritte zur Zeit der Verletzung gezeugt, aber noch nicht geboren war.

§ 13. Im Falle der Verletzung des Körpers oder der Gesundheit sind zu ersetzen

1. die Kosten der Heilung oder der versuchten Heilung des Verletzten,

2. der Vermögensnachteil, den der Verletzte dadurch erleidet, daß infolge der Verletzung zeitweise oder dauernd seine Erwerbsfähigkeit aufgehoben oder gemindert ist,

3. die Kosten aus einer Vermehrung seiner Bedürfnisse,

4. ein angemessenes Schmerzengeld und

5. im Fall einer Verunstaltung, durch die das bessere Fortkommen des Verletzten verhindert werden kann, eine angemessene Entschädigung.

(BGBl 1968/69)

§ 14. (1) Der Schadenersatz hinsichtlich

1. der Aufhebung oder Minderung der Erwerbsfähigkeit,

2. der Vermehrung der Bedürfnisse und

3. der Unterhaltsansprüche Dritter

ist für die Zukunft durch Entrichtung einer Geldrente zu leisten.

(2) Die Geldrente ist für einen Monat vorauszuzahlen. „Für die Geldrente gilt § 1418 Satz 3 ABGB sinngemäß." *(BGBl 1991/628)*

(3) Statt der Rente kann der Ersatzberechtigte aus wichtigen Gründen eine Abfindung in Kapital verlangen, wenn die einmalige Zahlung dem Ersatzpflichtigen wirtschaftlich zumutbar ist.

(4) Der Anspruch auf Geldrente wird nicht dadurch ausgeschlossen, daß ein Dritter dem Ersatzberechtigten Unterhalt zu gewähren hat.

Haftungshöchstbeträge

§ 15. (1) Die in diesem Bundesgesetz festgesetzte Haftung für Tötung und Verletzung von Menschen ist der Höhe nach mit

1. einem Kapitalsbetrag von „2 080 000 Euro" oder *(BGBl I 2017/19, ab 1. 1. 2017, s § 21 Abs 6)*

2. einem jährlichen Rentenbetrag von „130 000 Euro" *(BGBl I 2017/19, ab 1. 1. 2017, s § 21 Abs 6)*

für den einzelnen Verletzten begrenzt.

(2) Treffen Schäden, die mit einem Kapitalsbetrag abzufinden sind, mit Schäden zusammen, für die eine Rente zu gewähren ist, so kürzt sich der im Abs. 1 für die Rente festgesetzte Höchstbetrag um den Hundertsatz, den der zu leistende Kapitalsbetrag vom Kapitalshöchstbetrag ausmacht.

(3) Im Falle der Tötung oder der Verletzung mehrerer Menschen durch dasselbe Ereignis haftet der Halter eines Kraftfahrzeugs insgesamt nur bis zu den im folgenden genannten Höchstbeträgen. Hierbei bleiben hinsichtlich der einzelnen Verletzten die in Abs. 1 genannten Höchstbeträge unberührt. Übersteigen die mehreren Menschen zu leistenden Ersätze die nachstehenden Höchstbeträge, so verringern sich die einzelnen Ersätze in demVerhältnis, in dem ihr Gesamtbetrag zum Höchstbetrag steht. Die Gesamthöchstbeträge sind:

1. für den Halter eines jeden Kraftfahrzeugs „6 300 000 Euro"; *(BGBl I 2017/19, ab 1. 1. 2017, s § 21 Abs 6)*

2. für den Halter eines Omnibusses mit nicht mehr als 19 Plätzen (Sitz- und Stehplätzen) außer dem Lenkerplatz sowie für den Halter eines Lastkraftwagens mit mehr als acht, jedoch nicht mehr als 19 Plätzen außer dem Lenkerplatz überdies „7 600 000 Euro" bezüglich der beförderten Menschen, für den Halter eines Omnibusses und den Halter eines Lastkraftwagens mit mehr als 19 Plätzen außer dem Lenkerplatz für je weitere angefangene fünf Plätze überdies je „3 800 000 Euro" bezüglich der beförderten Menschen; *(BGBl I 2004/115, ab 1. 10. 2004; s § 21 Abs 3; BGBl I 2017/19, ab 1. 1. 2017, s § 21 Abs 6)*

3. für den Halter eines Kraftfahrzeugs, mit dem gefährliche Güter gemäß den in § 2 Z 1 des Gefahrgutbeförderungsgesetzes, BGBl. I Nr. 145/1998, in der jeweils geltenden Fassung angeführten Vorschriften befördert werden und das gemäß diesen Vorschriften zu kennzeichnen ist, überdies „8 900 000 Euro" für Schäden infolge der gefährlichen Beschaffenheit des Gutes. *(BGBl I 2004/115, ab 1. 10. 2004; s § 21 Abs 3; BGBl I 2017/19, ab 1. 1. 2017, s § 21 Abs 6)*

(BGBl I 1997/140, ab 1. 7. 1998)

§ 16. (1) Die in diesem Bundesgesetz festgesetzte Haftung für Schäden an Sachen ist, selbst wenn durch dasselbe Ereignis mehrere Sachen beschädigt werden, der Höhe nach mit folgenden Beträgen begrenzt:

1. für den Halter eines jeden Kraftfahrzeugs oder den Betriebsunternehmer einer Eisenbahn (§ 2) bei einem Unfall aus dem Betrieb des Kraftfahrzeugs oder der Eisenbahn mit „1 300 000 Euro"; *(BGBl I 2017/19, ab 1. 1. 2017, s § 21 Abs 6)*

2. für den Halter eines Kraftfahrzeugs, mit dem gefährliche Güter gemäß den in § 2 Z 1 des Gefahrgutbeförderungsgesetzes, BGBl. I Nr. 145/1998, in der jeweils geltenden Fassung angeführten Vorschriften befördert werden und das gemäß diesen Vorschriften zu kennzeichnen ist, überdies mit „13 900 000 Euro" für Schäden infolge der gefährlichen Beschaffenheit des Gutes. *(BGBl I 2004/115, ab 1. 10. 2004; s § 21 Abs 3; BGBl I 2017/19, ab 1. 1. 2017, s § 21 Abs 6)*

(2) Sind auf Grund desselben Ereignisses an mehrere Geschädigte Ersätze zu leisten, die insgesamt die im Abs. 1 genannten Höchstbeträge übersteigen, so verringern sich die einzelnen Ersätze in dem Verhältnis, in dem ihr Gesamtbetrag zum Höchstbetrag steht.

(3) Für Schäden an Liegenschaften durch einen Unfall aus dem Betrieb einer Eisenbahn gelten die Haftungsbegrenzungen des Abs. 1 nicht.

(BGBl I 1997/140, ab 1. 7. 1998)

Verjährung und Anzeigepflicht

§ 17. (1) Die in diesem Bundesgesetz festgesetzten Ersatzansprüche verjähren in drei Jahren von dem Zeitpunkt an, in dem der Ersatzberechtigte von dem Schaden und von der Person des Ersatzpflichtigen Kenntnis erlangt, ohne Rücksicht auf diese Kenntnis in 30 Jahren vom Unfall an.

(2) Im übrigen gelten für die Verjährung die Vorschriften des allgemeinen bürgerlichen Rechtes.

§ 18. Der Ersatzberechtigte verliert die in diesem Bundesgesetz festgesetzten Ersatzansprüche, wenn er nicht innerhalb dreier Monate, nachdem er von dem Schaden und von der Person des Ersatzpflichtigen Kenntnis erlangt hat, diesem den Unfall anzeigt. Der Verlust tritt nicht ein, wenn die Anzeige infolge eines vom Ersatzberechtigten nicht zu vertretenden Umstands unterblieben ist oder der Ersatzpflichtige innerhalb der bezeichneten Frist auf andere Weise von dem Schaden Kenntnis erhalten hat.

Vorschriften des bürgerlichen Rechtes

§ 19. (1) Unberührt bleiben die Vorschriften des Allgemeinen bürgerlichen Gesetzbuchs und andere Vorschriften, nach denen der Betriebsunternehmer oder Halter für den verursachten Schaden in weiterem Umfang als nach den Bestimmungen dieses Bundesgesetzes haftet oder nach denen ein anderer für den Schaden verantwortlich ist.

(2) Auch dort, wo die Ersatzansprüche für einen durch einen Unfall beim Betrieb einer Eisenbahn oder beim Betrieb eines Kraftfahrzeugs verursachten Schaden nach den allgemeinen Vorschriften des bürgerlichen Rechtes zu beurteilen sind, wie insbesondere auch bei solchen Eisenbahnen und Kraftfahrzeugen, auf die dieses Bundesgesetz nicht anzuwenden ist, haftet der Betriebsunternehmer und der Halter für das Verschulden der Personen, die mit seinem Willen beim Betrieb der Eisenbahn oder beim Betrieb des Kraftfahrzeugs tätig waren, soweit diese Tätigkeit für den Unfall ursächlich war.

Gerichtsstand

§ 20. Für Klagen, die auf Grund dieses Bundesgesetzes erhoben werden, ist auch das Gericht zuständig, in dessen Sprengel sich der Unfall ereignet hat. Bei diesem Gericht können auch anderweitige aus dem Schadensfall abgeleitete Klageansprüche gegen den Betriebsunternehmer oder den Halter oder einen sonst Ersatzpflichtigen erhoben werden.

Inkrafttreten

§ 21. (1) Dieses Bundesgesetz tritt mit dem ersten Tage des auf die Kundmachung folgenden dritten Monats in Kraft.

(2) Die §§ 15, 16 und 21 in der Fassung des Bundesgesetzes BGBl. I Nr. 98/2001 treten mit 1. Jänner 2002 in Kraft. Die geänderten Bestimmungen sind auf Unfälle anzuwenden, die sich nach dem 31. Dezember 2001 ereignet haben. *(BGBl I 2001/98)*

(3) Die §§ 2, 3, 15, 16 und 22 in der Fassung des Bundesgesetzes BGBl. I Nr. 115/2004 treten mit 1. Oktober 2004 in Kraft. Die geänderten Bestimmungen sind auf Unfälle anzuwenden, die sich nach dem 30. September 2004 ereignet haben. *(BGBl I 2004/115)*

(4) Die §§ 15 und 16 in der Fassung des Bundesgesetzes BGBl. I Nr. 37/2007 treten mit 1. Juli 2007 in Kraft. Die geänderten Bestimmungen sind auf Unfälle anzuwenden, die sich nach dem 30. Juni 2007 ereignet haben. *(BGBl I 2007/37)*

(5) § 15 Abs. 1 und 3 sowie § 16 Abs. 1 in der Fassung des Bundesgesetzes BGBl. I Nr. 138/2011 treten mit 1. Jänner 2012 in Kraft. Die geänderten Bestimmungen sind auf Unfälle anzuwenden, die sich nach dem 31. Dezember 2011 ereignet haben. *(BGBl I 2011/138)*

(6) § 15 Abs. 1 und 3 sowie § 16 Abs. 1 in der Fassung des Bundesgesetzes BGBl. I Nr. 19/2017 treten mit 1. Jänner 2017 in Kraft. Die geänderten Bestimmungen sind auf Unfälle anzuwenden, die sich nach dem 31. Dezember 2016 ereignet haben. *(BGBl I 2017/19)*

Aufhebung bisheriger Vorschriften

§ 22. (1) Soweit der § 23 nichts anderes bestimmt, werden mit dem Inkrafttreten dieses Bundesgesetzes folgende Vorschriften aufgehoben:

1. Verordnung zur Einführung des Reichshaftpflichtgesetzes in den Reichsgauen der Ostmark und im Reichsgau Sudetenland vom 3. Mai 1940, Deutsches RGBl. I S. 713, soweit sie sich auf Eisenbahnen bezieht,

2. Gesetz, betreffend die Verbindlichkeit zum Schadenersatz für die bei dem Betrieb von Eisenbahnen, Bergwerken usw. herbeigeführten Tötungen und Körperverletzungen vom 7. Juni 1871, Deutsches RGBl. S. 207, soweit es sich auf Eisenbahnen bezieht;

3. Verordnung zur Einführung des Gesetzes über die Haftpflicht der Eisenbahnen und Straßenbahnen für Sachschaden in den Reichsgauen der Ostmark und im Reichsgau Sudetenland vom 25. September 1940, Deutsches RGBl. I S. 1279;

4. Gesetz über die Haftpflicht der Eisenbahnen und Straßenbahnen für Sachschaden vom 29. April 1940, Deutsches RGBl. I S. 691;

5. Verordnung zur Ergänzung des Gesetzes über die Haftpflicht der Eisenbahnen und Straßenbahnen für Sachschaden vom 6. Mai 1941, Deutsches RGBl. I S. 252;

6. Verordnung zur Einführung des Gesetzes über den Verkehr mit Kraftfahrzeugen in der Ostmark und im Reichsgau Sudetenland vom 23. März 1940, Deutsches RGBl. I S. 537;

7. Gesetz über den Verkehr mit Kraftfahrzeugen vom 3. Mai 1909, Deutsches RGBl. S. 437, soweit es nicht bereits aufgehoben ist;

8. Gesetz über die erweiterte Zulassung von Schadenersatzansprüchen bei Dienst- und Arbeitsunfällen vom 7. Dezember 1943, Deutsches RGBl. I S. 674, soweit es nicht bereits aufgehoben ist.

(2) Wo in anderen gesetzlichen Vorschriften des geltenden Rechtes auf die im Abs. 1 genannten Vorschriften verwiesen wird, erhält die Verweisung ihren Inhalt aus den entsprechenden Bestimmungen dieses Bundesgesetzes.

(3) Unberührt bleiben:

1. die §§ 11 und 19 Abs. 2 Eisenbahngesetz 1957, BGBl. Nr. 60,

2. der § 1 Abs. 4 Kraftfahrgesetz 1967, BGBl. Nr. 267, *(BGBl 1968/69)*

3. das Atomhaftungsgesetz 1999, BGBl. I Nr. 170/1998, *(BGBl I 2004/115)*

4. das Allgemeine Sozialversicherungsgesetz, BGBl. Nr. 189/1955,

5. Bestimmungen in Staatsverträgen, soweit sie die Haftung für Schäden aus Unfällen beim Betrieb von Eisenbahnen regeln.

Überleitung

§ 23. Dieses Bundesgesetz ist nur auf Unfälle anzuwenden, die sich nach seinem Inkrafttreten ereignen. Für Unfälle, die sich vorher ereignet haben, gelten die bisherigen Vorschriften.

§ 24. Mit der Vollziehung dieses Bundesgesetzes ist das Bundesministerium für Justiz betraut. Dieses hat das Einvernehmen herzustellen,

1. soweit es sich um Eisenbahnen handelt, mit dem Bundesministerium für öffentliche Wirtschaft und Verkehr,

2. soweit es sich um Kraftfahrzeuge handelt, mit dem Bundesministerium für wirtschaftliche Angelegenheiten und,

3. soweit es sich um die Bestimmungen über die Haftungshöchstbeträge für Kraftfahrzeuge handelt, außerdem mit dem Bundesministerium für Finanzen.

(BGBl 1968/69)

6. Produkthaftungsgesetz

BGBl 1988/99 idF

1 BGBl 1993/95
2 BGBl 1994/510 (GTG)
3 BGBl I 1999/185
4 BGBl I 2001/98 (2. Euro-JuBeG)

STICHWORTVERZEICHNIS

(Die Zahlenangaben beziehen sich auf die Paragraphen)

Bundesgesetz vom 21. Jänner 1988 über die Haftung für ein fehlerhaftes Produkt (Produkthaftungsgesetz)

Haftung

§ 1. (1) Wird durch den Fehler eines Produkts ein Mensch getötet, am Körper verletzt oder an der Gesundheit geschädigt oder eine von dem Produkt verschiedene körperliche Sache beschädigt, so haftet für den Ersatz des Schadens

1. der Unternehmer, der es hergestellt und in den Verkehr gebracht hat,

2. der Unternehmer, der es zum Vertrieb in den Europäischen Wirtschaftsraum eingeführt und hier in den Verkehr gebracht hat (Importeur). *(BGBl 1993/95, ab 1. 1. 1994; nicht anzuwenden, wenn das Produkt davor in Verkehr gebracht wurde)*

(2) Kann der Hersteller oder – bei eingeführten Produkten – der Importeur (Abs. 1 Z 2) nicht festgestellt werden, so haftet jeder Unternehmer, der das Produkt in den Verkehr gebracht hat, nach Abs. 1, wenn er nicht dem Geschädigten in angemessener Frist den Hersteller beziehungsweise – bei eingeführten Produkten – den Importeur oder denjenigen nennt, der ihm das Produkt geliefert hat.

§ 2. Der Schaden durch die Beschädigung einer Sache ist nur zu ersetzen,

1. wenn ihn nicht ein Unternehmer erlitten hat, der die Sache überwiegend in seinem Unternehmen verwendet hat, und

2. überdies nur mit dem „500 Euro" übersteigenden Teil. *(BGBl I 2001/98, ab 1. 1. 2002, s § 19a Abs 3)*

(BGBl 1993/95, ab 1. 1. 1994; nicht anzuwenden, wenn das Produkt davor in Verkehr gebracht wurde)

Hersteller

§ 3. Hersteller (§ 1 Abs. 1 Z 1) ist derjenige, der das Endprodukt, einen Grundstoff oder ein Teilprodukt erzeugt hat, sowie jeder, der als Hersteller auftritt, indem er seinen Namen, seine Marke oder ein anderes Erkennungszeichen auf dem Produkt anbringt.

Produkt

§ 4. Produkt ist jede bewegliche körperliche Sache, auch wenn sie ein Teil einer anderen beweglichen Sache oder mit einer unbeweglichen Sache verbunden worden ist, einschließlich Energie. „ " *(BGBl I 1999/185, ab 1. 1. 2000, s § 19a Abs 3)*

Fehler

§ 5. (1) Ein Produkt ist fehlerhaft, wenn es nicht die Sicherheit bietet, die man unterBerücksichtigung aller Umstände zu erwarten berechtigt ist, besonders angesichts

1. der Darbietung des Produkts,

2. des Gebrauchs des Produkts, mit dem billigerweise gerechnet werden kann,

3. des Zeitpunkts, zu dem das Produkt in den Verkehr gebracht worden ist.

(2) Ein Produkt kann nicht allein deshalb als fehlerhaft angesehen werden, weil später ein verbessertes Produkt in den Verkehr gebracht worden ist.

Inverkehrbringen

§ 6. Ein Produkt ist in den Verkehr gebracht, sobald es der Unternehmer, gleich auf Grund welchen Titels, einem anderen in dessen Verfügungsmacht oder zu dessen Gebrauch übergeben hat. Die Versendung an den Abnehmer genügt.

Beweislastumkehr

§ 7. (1) Behauptet ein Hersteller oder ein Importeur, die Sache nicht in den Verkehr gebracht oder nicht als Unternehmer gehandelt zu haben, so obliegt ihm der Beweis.

(2) Behauptet ein in Anspruch Genommener, daß das Produkt den Fehler, der den Schaden verursacht hat, noch nicht hatte, als er es in den Verkehr gebracht hat, so hat er dies als unter Berücksichtigung der Umstände wahrscheinlich darzutun.

Haftungsausschlüsse

§ 8. Die Haftung kann nicht durch den Mangel eines Verschuldens, sondern nur durch den Nachweis ausgeschlossen werden, daß

1. der Fehler auf eine Rechtsvorschrift oder behördliche Anordnung zurückzuführen ist, der das Produkt zu entsprechen hatte,

2. die Eigenschaften des Produkts nach dem Stand der Wissenschaft und Technik zu dem Zeitpunkt, zu dem es der in Anspruch Genommene in den Verkehr gebracht hat, nicht als Fehler erkannt werden konnten oder

3. – wenn der in Anspruch Genommene nur einen Grundstoff oder ein Teilprodukt hergestellt hat – der Fehler durch die Konstruktion des Produkts, in welches der Grundstoff oder das Teilprodukt eingearbeitet worden ist, oder durch die Anleitungen des Herstellers dieses Produkts verursacht worden ist.

4. *(aufgehoben, BGBl I 1999/185, ab 1. 1. 2000, s § 19a Abs 3)*

§ 9. Die Ersatzpflicht nach diesem Bundesgesetz kann im voraus weder ausgeschlossen noch beschränkt werden.

(BGBl 1993/95, ab 1. 1. 1994; nicht anzuwenden, wenn das Produkt davor in Verkehr gebracht wurde)

Solidarhaftung

§ 10. Trifft die Haftpflicht mehrere, so haften sie zur ungeteilten Hand. Ihre Haftung wird nicht dadurch gemindert, daß auch andere nach anderen Bestimmungen für den Ersatz desselben Schadens haften.

Mitverschulden des Geschädigten

§ 11. Trifft den Geschädigten oder jemanden, dessen Verhalten er zu vertreten hat, ein Verschulden, so ist § 1304 ABGB sinngemäß anzuwenden.

Rückgriff

§ 12. (1) Hat ein Ersatzpflichtiger Schadenersatz geleistet und ist der Fehler des Produkts weder von ihm noch von einem seiner Leute verursacht worden, so kann er vom Hersteller des fehlerhaften Endprodukts, Grundstoffs oder Teilprodukts Rückersatz verlangen. Sind mehrere rückersatzpflichtig, so haften sie zur ungeteilten Hand.

(2) Haben mehrere Haftende den Fehler mitverursacht, so richtet sich das Ausmaß des Anspruchs desjenigen, der den Schaden ersetzt hat, auf Rückersatz gegen die übrigen nach den Umständen, besonders danach, wie weit der Schaden von dem einen oder dem anderen Beteiligten verschuldet oder durch die Herbeiführung eines Fehlers des Produkts verursacht worden ist.

(3) Kann ein nach Abs. 1 oder 2 Rückersatzpflichtiger nicht festgestellt werden, so ist jeder Unternehmer rückersatzpflichtig, der das Produkt vor dem Rückersatzberechtigten in den Verkehr gebracht hat, wenn er nicht diesem in angemessener Frist den Hersteller oder denjenigen nennt, der ihm das Produkt geliefert hat.

Erlöschung

§ 13. Sofern nach diesem Bundesgesetz bestehende Ersatzansprüche nicht früher verjähren, erlöschen sie zehn Jahre nach dem Zeitpunkt, zu dem der Ersatzpflichtige das Produkt in den Verkehr gebracht hat, es sei denn, der Geschädigte hat seinen Anspruch inzwischen gerichtlich geltend gemacht.

(BGBl 1993/95, ab 1. 1. 1994; nicht anzuwenden, wenn das Produkt davor in Verkehr gebracht wurde)

Anwendung des ABGB

§ 14. Soweit in diesem Bundesgesetz nicht anderes bestimmt ist, ist auf die darin vorgesehenen Ersatzansprüche das Allgemeine bürgerliche Gesetzbuch anzuwenden.

Sonstige Ersatzansprüche

§ 15. (1) Bestimmungen des Allgemeinen bürgerlichen Gesetzesbuchs und anderer Vorschriften, nach denen Schäden in weiterem Umfang oder von anderen Personen als nach diesem Bundesgesetz zu ersetzen sind, bleiben unberührt.

(2) Dieses Bundesgesetz gilt nicht für Schäden durch ein nukleares Ereignis, die in einem von EFTA-Staaten und EG-Mitgliedstaaten ratifizierten internationalen Übereinkommen erfaßt sind.
(BGBl 1993/95, ab 1. 1. 1994; nicht anzuwenden, wenn das Produkt davor in Verkehr gebracht wurde)

Deckungsvorsorge

§ 16. Hersteller und Importeure von Produkten sind verpflichtet, in einer Art und in einem Ausmaß, wie sie im redlichen Geschäftsverkehr üblich sind, durch das Eingehen einer Versicherung oder in anderer geeigneter Weise dafür Vorsorge zu treffen, daß Schadenersatzpflichten nach diesem Bundesgesetz befriedigt werden können.

§ 17. Als Importeur im Sinn des § 1 Abs. 1 Z 2 gilt überdies derjenige Unternehmer, der das Produkt zum Vertrieb von einem EFTA-Staat in die Europäische Wirtschaftsgemeinschaft oder von der Europäischen Wirtschaftsgemeinschaft in einen EFTA-Staat oder von einem EFTA-Staat in einen anderen EFTA-Staat eingeführt und hier in den Verkehr gebracht hat. Dies gilt ab dem Tag, an dem das Luganer Übereinkommen vom 16. September 1988 über die gerichtliche Zuständigkeit und die Vollstreckung gerichtlicher Entscheidungen in Zivil- und Handelssachen für einen EG-Mitgliedstaat oder einen EFTA-Staat in Kraft tritt, nicht mehr für diejenigen Staaten, die das Übereinkommen ratifiziert haben, insoweit auf Grund dieser Ratifikationen ein zugunsten des Geschädigten erwirktes nationales Urteil gegen den Hersteller oder den Importeur im Sinn des § 1 Abs. 1 Z 2 vollstreckbar ist.

(BGBl 1993/95, ab 1. 1. 1994; nicht anzuwenden, wenn das Produkt davor in Verkehr gebracht wurde)

Übergangsbestimmung, Vollziehung

§ 18. Dieses Bundesgesetz tritt mit 1. Juli 1988 in Kraft.

§ 19. Dieses Bundesgesetz ist auf Schäden durch Produkte, die vor seinem Inkrafttreten in den Verkehr gebracht worden sind, nicht anzuwenden.

§ 19a. (1) § 1 Abs. 1 Z 2 , § 2 , § 9 , § 13 , § 15 Abs. 2 und § 17 in der Fassung des Bundesgesetzes BGBl. Nr. 95/1993 treten zu demselben Zeitpunkt in Kraft wie das Abkommen über den Europäischen Wirtschaftsraum.[1)]

(2) Die Neufassung dieser Bestimmungen ist auf Schäden durch Produkte, die vor dem im Abs. 1 genannten Zeitpunkt in Verkehr gebracht worden sind, nicht anzuwenden.

(3) Die §§ 4 und 8 in der Fassung des Bundesgesetzes BGBl. I Nr. 185/1999 treten mit 1. Jänner 2000 in Kraft. Die Neufassung dieser Bestimmungen ist auf Produkte, die vor dem 1. Jänner 2000 in Verkehr gebracht worden sind, nicht anzuwenden. *(BGBl I 1999/185)*

(4) Die §§ 2 und 19a in der Fassung des Bundesgesetzes BGBl. I Nr. 98/2001 treten mit 1. Jänner 2002 in Kraft. § 2 ist in dieser Fassung auf Schäden durch Produkte, die vor diesem Tag in Verkehr gebracht worden sind, nicht anzuwenden. *(BGBl I 2001/98)*

(BGBl 1993/95)

[1)] Am 1. 1. 1994 (Z 28 K BGBl 1993/917).

§ 20. Mit der Vollziehung dieses Bundesgesetzes ist der Bundesminister für Justiz betraut.

7. Wohnungseigentumsgesetz

BGBl I 2002/70 idF

1 BGBl I 2002/114 (DFB)
2 BGBl I 2003/113 (WohnAußStrBeglG)
3 BGBl I 2005/120 (HaRÄG)
4 BGBl I 2006/124 (WRN 2006)
5 BGBl I 2009/25 (WRN 2009)
6 BGBl I 2010/29 (IRÄG 2010; Begriffersetzung)
7 BGBl I 2010/58 (IRÄ-BG)
8 BGBl I 2010/111 (BudgetbegleitG 2011)
9 BGBl I 2012/30 (GB-Nov 2012)
10 BGBl I 2014/100 (WRN 2015)
11 BGBl I 2015/87 (ErbRÄG 2015)
12 BGBl I 2018/58 (ErwSchAG-Justiz)

GLIEDERUNG

STICHWORTVERZEICHNIS

(Die Zahlenangaben beziehen sich auf die Paragraphen)

WEG

Bundesgesetz über das Wohnungseigentum (Wohnungseigentumsgesetz 2002 – WEG 2002)

1. Abschnitt

Regelungsgegenstand und Begriffsbestimmungen

Regelungsgegenstand

§ 1. Dieses Bundesgesetz regelt die Rechtsform des Wohnungseigentums, insbesondere die Voraussetzungen, die Begründung, den Erwerb und das Erlöschen von Wohnungseigentum, die Rechte und Pflichten der Wohnungseigentümer und Wohnungseigentumsbewerber, des Wohnungseigentumsorganisators und des Verwalters, die Verwaltung der Liegenschaft, die Eigentümergemeinschaft, die Ausschließung von Wohnungseigentümern, das vorläufige Wohnungseigentum des Alleineigentümers der Liegenschaft und das wohnungseigentumsrechtliche Außerstreitverfahren.

Begriffsbestimmungen

§ 2. (1) Wohnungseigentum ist das dem Miteigentümer einer Liegenschaft oder einer Eigentümerpartnerschaft eingeräumte dingliche Recht, ein Wohnungseigentumsobjekt ausschließlich zu nutzen und allein darüber zu verfügen. Vorläufiges Wohnungseigentum ist das nach den Regelungen im 10. Abschnitt beschränkte Wohnungseigentum, das unter den dort umschriebenen Voraussetzungen vom Alleineigentümer einer Liegenschaft begründet werden kann.

(2) Wohnungseigentumsobjekte sind Wohnungen, sonstige selbständige Räumlichkeiten und Abstellplätze für Kraftfahrzeuge (wohnungseigentumstaugliche Objekte), an denen Wohnungseigentum begründet wurde. Eine Wohnung ist ein baulich abgeschlossener, nach der Verkehrsauffassung selbständiger Teil eines Gebäudes, der nach seiner Art und Größe geeignet ist, der Befriedigung eines individuellen Wohnbedürfnisses von Menschen zu dienen. Eine sonstige selbständige Räumlichkeit ist ein baulich abgeschlossener, nach der Verkehrsauffassung selbständiger Teil eines Gebäudes, dem nach seiner Art und Größe eine erhebliche wirtschaftliche Bedeutung zukommt, wie etwa ein selbständiger Geschäftsraum oder eine Garage. Ein Abstellplatz für ein Kraftfahrzeug ist eine – etwa durch Bodenmarkierung – deutlich abgegrenzte Bodenfläche, die ausschließlich zum Abstellen eines Kraftfahrzeugs gewidmet und dazu nach ihrer Größe, Lage und Beschaffenheit geeignet ist „; eine Stellfläche etwa aus Metall, die zu einer technischen Vorrichtung zur Platz sparenden Unterbringung von Kraftfahrzeugen gehört, ist einer Bodenfläche gleichzuhalten.“ *(BGBl I 2006/124, ab 1. 10. 2006)*

(3) Zubehör-Wohnungseigentum ist das mit dem Wohnungseigentum verbundene Recht, andere, mit dem Wohnungseigentumsobjekt baulich nicht verbundene Teile der Liegenschaft, wie etwa Keller- oder Dachbodenräume, Hausgärten oder Lagerplätze, ausschließlich zu nutzen. Diese rechtliche Verbindung setzt voraus, dass das Zubehörobjekt ohne Inanspruchnahme anderer Wohnungseigentums- oder Zubehörobjekte zugänglich und deutlich abgegrenzt ist.

(4) Allgemeine Teile der Liegenschaft sind solche, die der allgemeinen Benützung dienen oder deren Zweckbestimmung einer ausschließlichen Benützung entgegensteht.

(5) Wohnungseigentümer ist ein Miteigentümer der Liegenschaft, dem Wohnungseigentum an einem darauf befindlichen Wohnungseigentumsobjekt zukommt. Alle Wohnungseigentümer bilden zur Verwaltung der Liegenschaft die Eigentümergemeinschaft; sie ist eine juristische Person mit Rechtsfähigkeit in dem durch „§ 18 Abs. 1 und 2“ umschriebenen Umfang. *(BGBl I 2006/124, ab 1. 10. 2006)*

(6) Wohnungseigentumsbewerber ist derjenige, dem schriftlich, sei es auch bedingt oder befristet, von einem Wohnungseigentumsorganisator die Einräumung von Wohnungseigentum an einem bestimmt bezeichneten wohnungseigentumstauglichen Objekt zugesagt wurde. Wohnungseigentumsorganisator ist sowohl der Eigentümer oder außerbücherliche Erwerber der Liegenschaft als auch jeder, der mit dessen Wissen die organisatorische Abwicklung des Bauvorhabens oder – bei bereits bezogenen Gebäuden – der Wohnungseigentumsbegründung durchführt oder an dieser Abwicklung in eigener Verantwortlichkeit beteiligt ist. Miteigentumsbewerber ist derjenige, dem im Fall der Begründung von vorläufigem Wohnungseigentum schriftlich, sei es auch bedingt oder befristet, vom (früheren) Alleineigentümer die Einräumung von Miteigentum an der Liegenschaft und der Erwerb von Wohnungseigentum an einem bestimmt bezeichneten Wohnungseigentumsobjekt zugesagt wurde.

(7) Die Nutzfläche ist die gesamte Bodenfläche eines Wohnungseigentumsobjekts abzüglich der Wandstärken sowie der im Verlauf der Wände befindlichen Durchbrechungen und Ausnehmungen. Treppen, offene Balkone und Terrassen sowie Zubehörobjekte im Sinne des Abs. 3 sind bei der Berechnung der Nutzfläche nicht zu berücksichtigen; für Keller- und Dachbodenräume gilt

dies jedoch nur, soweit sie ihrer Ausstattung nach nicht für Wohn- oder Geschäftszwecke geeignet sind.

(8) Der Nutzwert ist die Maßzahl, mit der der Wert eines Wohnungseigentumsobjekts im Verhältnis zu den Werten der anderen Wohnungseigentumsobjekte der Liegenschaft bezeichnet wird. Er ergibt sich aus der Nutzfläche des Objekts und aus Zuschlägen oder Abstrichen für werterhöhende oder wertvermindernde Eigenschaften desselben.

(9) Der Mindestanteil ist jener Miteigentumsanteil an der Liegenschaft, der zum Erwerb von Wohnungseigentum an einem Wohnungseigentumsobjekt erforderlich ist. Er entspricht dem Verhältnis des Nutzwerts des Objekts zur Summe der Nutzwerte aller Wohnungseigentumsobjekte der Liegenschaft.

(10) Die Eigentümerpartnerschaft ist die Rechtsgemeinschaft zweier natürlicher Personen, die gemeinsam Wohnungseigentümer eines Wohnungseigentumsobjekts sind.

2. Abschnitt

Begründung und Erwerb von Wohnungseigentum

Begründung von Wohnungseigentum; Titel, Zustimmung, Beschränkung

§ 3. (1) Das Wohnungseigentum kann begründet werden auf Grundlage

1. einer schriftlichen Vereinbarung aller Miteigentümer (Wohnungseigentumsvertrag),

2. einer gerichtlichen Entscheidung über eine Klage nach § 43,

3. einer gerichtlichen Entscheidung in einem Verfahren zur Aufhebung einer Miteigentumsgemeinschaft oder

4. einer gerichtlichen Aufteilung des ehelichen Gebrauchsvermögens und der ehelichen Ersparnisse (§§ 81 bis 98 Ehegesetz).[1)]

(2) Die Begründung von Wohnungseigentum ist nur zulässig, wenn sie sich auf alle wohnungseigentumstauglichen Objekte bezieht, die nach der Widmung der Miteigentümer als Wohnungseigentumsobjekte vorgesehen sind. *(BGBl I 2006/124, ab 1. 10. 2006)*

(3) An allgemeinen Teilen der Liegenschaft kann Wohnungseigentum nicht begründet werden.

(4) Wenn für jeden der künftigen Wohnungseigentümer bereits vor der Wohnungseigentumsbegründung entweder das Miteigentum an einem Anteil der Liegenschaft einverleibt oder die Anmerkung der Einräumung von Wohnungseigentum an einem Anteil eingetragen ist, kann mit Zustimmung aller dieser Miteigentümer und Wohnungseigentumsbewerber sowie der Buchberechtigten die zur Schaffung der erforderlichen Miteigentumsanteile (§ 2 Abs. 9) notwendige Veränderung der bestehenden Miteigentumsanteile durch Berichtigung in sinngemäßer Anwendung des § 136 Abs. 1 GBG 1955 geschehen. Die Zustimmung von Buchberechtigten, die im Rang nach einer Anmerkung der Einräumung von Wohnungseigentum eingetragen sind, ist für die Berichtigung jedoch nicht erforderlich. Soweit zu Gunsten eines Wohnungseigentumsbewerbers die Anmerkung der Einräumung des Wohnungseigentums eingetragen ist, ist die Berichtigung im Rang der Zusage vorzunehmen. Bücherliche Rechte, die auf den Miteigentumsanteilen lasten, beziehen sich ohne weiteres auf die berichtigten Miteigentumsanteile. *(BGBl I 2012/30, ab 1. 5. 2012, anzuwenden, wenn der Antrag auf Einverleibung des Wohnungseigentums nach dem 30. 4. 2012 gestellt wird)*

(Zu Abs 1 Z 3 s § 56 Abs 3)

[1)] *Nach § 43 Abs 1 Z 24 EPG auf eingetragene Partner sinngemäß anzuwenden.*

Wirkung der Wohnungseigentumsbegründung auf ein bestehendes Mietverhältnis

§ 4. (1) Mit der Begründung von Wohnungseigentum an einem vermieteten wohnungseigentumstauglichen Objekt geht die Rechtsstellung des Vermieters auf den Wohnungseigentümer über, dem das Wohnungseigentum an diesem Objekt zukommt.

(2) Soweit der Hauptmieter des Wohnungseigentumsobjekts Geldansprüche aus dem Mietverhältnis, die noch aus der Zeit vor der Begründung des Wohnungseigentums an dem von ihm gemieteten Objekt herrühren, gegen den Wohnungseigentümer auch durch Exekution nicht hereinbringen kann, haftet die Eigentümergemeinschaft für den Ausfall.

(3) Der Hauptmieter des Wohnungseigentumsobjekts kann mietrechtliche Ansprüche, die sich auf die allgemeinen Teile der Liegenschaft oder auf die Liegenschaft als Gesamtheit beziehen, ungeachtet der Rechtsstellung des Wohnungseigentümers als Vermieter auch gegen die Eigentümergemeinschaft geltend machen.

(Siehe § 56 Abs 5)

Erwerb des Wohnungseigentums

§ 5. (1) Das Wohnungseigentum kann von jedem Miteigentümer erworben werden, dessen Anteil „dem Mindestanteil entspricht“. Zwei natürliche Personen, deren Miteigentumsanteile je „dem halben Mindestanteil entsprechen“ , können als Eigentümerpartnerschaft gemeinsam Wohnungseigentum erwerben (§ 13). *(BGBl I 2006/124, ab 1. 10. 2006)*

(2) Wohnungseigentum an einem Abstellplatz für ein Kraftfahrzeug kann bis zum Ablauf von

drei Jahren nach Begründung von Wohnungseigentum an der Liegenschaft nur von einer Person oder Eigentümerpartnerschaft erworben werden, der Wohnungseigentum an einer Wohnung oder einem selbständigen Geschäftsraum der Liegenschaft (Bedarfsobjekte) zukommt; dabei kann ein Wohnungseigentümer mehrerer Bedarfsobjekte schon während der dreijährigen Frist eine entsprechende Mehrzahl von Abstellplätzen erwerben. Darüber hinaus kann der Wohnungseigentümer eines Bedarfsobjekts während der dreijährigen Frist mehrere Abstellplätze nur erwerben, soweit die Zahl der auf der Liegenschaft vorhandenen und als Wohnungseigentumsobjekte gewidmeten Abstellplätze die Zahl der Bedarfsobjekte übersteigt; bei der Berechnung der überzähligen Abstellplätze ist der schriftlich erklärte Verzicht eines Wohnungseigentümers auf den ihm vorzubehaltenden Abstellplatz zu berücksichtigen. Nach Ablauf der dreijährigen Frist können auch andere Personen Wohnungseigentum an einem Abstellplatz erwerben. Die Beschränkungen des ersten und zweiten Satzes gelten nicht für denjenigen Wohnungseigentumsorganisator, der im Wohnungseigentumsvertrag als Hauptverantwortlicher für die Wohnungseigentumsbegründung und den Abverkauf der Wohnungseigentumsobjekte bezeichnet ist; dies kann je Liegenschaft nur eine einzige Person sein. *(BGBl I 2006/124, ab 1. 10. 2006, s auch § 58 Abs 2)*

(3) Das Wohnungseigentum wird durch die Einverleibung in das Grundbuch erworben. Es ist im Eigentumsblatt auf dem Mindestanteil einzutragen; bei einer Eigentümerpartnerschaft sind die Anteile der Partner am Mindestanteil („§ 13 Abs. 2“*) zu verbinden. „Die Eintragung des Wohnungseigentums an einem Wohnungseigentumsobjekt erstreckt sich auch auf dessen Zubehörobjekte nach § 2 Abs. 3, soweit sich deren Zuordnung zum Wohnungseigentumsobjekt aus dem Wohnungseigentumsvertrag (§ 3 Abs. 1 Z 1) oder der gerichtlichen Entscheidung (§ 3 Abs. 1 Z 2 bis 4) jeweils im Zusammenhalt mit der Nutzwertermittlung oder -festsetzung eindeutig ergibt.“** Wird auf einer Liegenschaft das Wohnungseigentum einverleibt, so ist in der Aufschrift des Gutsbestandsblatts das Wort „Wohnungseigentum” einzutragen. *(*BGBl I 2006/124, ab 1. 10. 2006; **BGBl I 2014/100, ab 1. 1. 2015, s § 58c Abs 1)*

(4) Die Übertragung eines Zubehörobjekts von einem Wohnungseigentumsobjekt an ein anderes bedarf zu ihrer Wirksamkeit nicht der Zustimmung der übrigen Wohnungseigentümer. *(BGBl I 2014/100, ab 1. 1. 2015, s § 58c Abs 2)*

(Zu Abs 2 s § 56 Abs 6)

Grundlagen für die Einverleibung des Wohnungseigentums

§ 6. (1) Dem Antrag auf Einverleibung sind jedenfalls beizulegen

1. die schriftliche Vereinbarung der Miteigentümer nach § 3 Abs. 1 Z 1 oder die gerichtliche Entscheidung nach § 3 Abs. 1 Z 2 bis 4,

2. die Bescheinigung der Baubehörde oder das Gutachten eines für den Hochbau zuständigen Ziviltechnikers oder eines allgemein beeideten und gerichtlich zertifizierten Sachverständigen für das Hochbau- oder das Immobilienwesen über den Bestand an „wohnungseigentumstauglichen Objekten“, *(BGBl I 2006/124, ab 1. 10. 2006)*

3. das Nutzwertgutachten (§ 9 Abs. 1) oder die rechtskräftige Entscheidung über die gerichtliche Nutzwertfestsetzung (§ 9 Abs. 2).

(2) Die Bescheinigung oder das Gutachten gemäß Abs. 1 Z 2 darf schon auf Grund der behördlich bewilligten Baupläne auf Antrag eines Miteigentümers oder eines Wohnungseigentumsbewerbers ausgestellt werden; der Verfasser eines solches Gutachtens hat der zuständigen Baubehörde eine Ausfertigung des Gutachtens zu übermitteln.

WEG

3. Abschnitt

Nutzfläche, Nutzwert, Mindestanteil

Berechnung der Nutzfläche

§ 7. Die Nutzfläche ist in Quadratmetern auszudrücken. Sie ist auf Grund des behördlich genehmigten Bauplans zu berechnen. Ist dies jedoch nicht möglich oder wird eine Abweichung des Bauplans vom Naturmaß des jeweiligen Wohnungseigentumsobjekts um mehr als 3 vH erwiesen, so ist dessen Nutzfläche nach dem Naturmaß zu berechnen.

Berechnung des Nutzwerts

§ 8. (1) Der Nutzwert ist in einer ganzen Zahl auszudrücken, wobei Teilbeträge unter 0,5 abgerundet und ab 0,5 aufgerundet werden. Er ist aus der Nutzfläche und aus Zuschlägen oder Abstrichen für Umstände zu berechnen, die nach der Verkehrsauffassung den Wert des Wohnungseigentumsobjekts erhöhen oder vermindern, wie etwa dessen Zweckbestimmung, Stockwerkslage, Lage innerhalb eines Stockwerks oder dessen Ausstattung mit offenen Balkonen, Terrassen und Zubehörobjekten im Sinne des § 2 Abs. 3 „.“ *(BGBl I 2006/124, ab 1. 10. 2006)*

(2) Zuschläge für die Ausstattung mit Zubehörobjekten im Sinne des § 2 Abs. 3 „sowie mit offenen Balkonen und Terrassen“ sind in einer ganzen Zahl auszudrücken; es gilt die Rundungsbestimmung des Abs. 1 erster Satz; der Zuschlag ist jedoch mindestens mit der Zahl Eins anzusetzen.

Sonstige werterhöhende oder wertvermindernde Unterschiede, die insgesamt nur einen Zuschlag oder Abstrich von nicht mehr als 2 vH rechtfertigen würden, sind zu vernachlässigen. *(BGBl I 2006/124, ab 1. 10. 2006, s auch § 58 Abs 3)*

(3) Der Nutzwert eines Abstellplatzes für ein Kraftfahrzeug darf dessen Nutzfläche „- außer zur Berücksichtigung von Zubehörobjekten -" rechnerisch nicht übersteigen. Bei seiner Berechnung ist neben den in Abs. 1 genannten Umständen auch zu berücksichtigen, ob der Abstellplatz in einem Gebäude oder im Freien liegt, letzterenfalls ob er überdacht ist. *(BGBl I 2006/124, ab 1. 10. 2006)*

Ermittlung und Änderung der Nutzwerte

§ 9. (1) Die Nutzwerte sind durch das Gutachten eines für den Hochbau zuständigen Ziviltechnikers oder eines allgemein beeideten und gerichtlich zertifizierten Sachverständigen für das Hochbau- oder das Immobilienwesen zu ermitteln.

(2) Auf Antrag sind die Nutzwerte vom Gericht insbesondere dann abweichend vom Nutzwertgutachten (Abs. 1) festzusetzen, wenn

1. das Gutachten gegen zwingende Grundsätze der Nutzwertberechnung verstößt,

2. das Gutachten bei einem Wohnungseigentumsobjekt um mehr als 3 vH von den tatsächlichen Gegebenheiten abweicht,

3. sich der Nutzwert eines Wohnungseigentumsobjekts durch eine gegenüber den Grundlagen der Nutzwertermittlung abweichende Bauführung um mehr als 3 vH ändert,

4. sich der Nutzwert eines Wohnungseigentumsobjekts nach Vollendung der Bauführung durch bauliche Vorgänge auf der Liegenschaft wesentlich ändert oder

5. sich die Nutzwerte durch Änderungen im Bestand räumlich unmittelbar aneinandergrenzender Wohnungseigentumsobjekte oder durch die Übertragung von Zubehörobjekten im Sinne des § 2 Abs. 3 ändern.

(3) Abs. 2 gilt entsprechend auch für eine gerichtliche Neufestsetzung der Nutzwerte abweichend von einer bereits früher ergangenen Nutzwertfestsetzung durch das Gericht.

(4) In den Entscheidungen über die gerichtliche Nutzwertfestsetzung ist auch festzustellen, inwieweit sich durch sie die Summe der Nutzwerte aller Wohnungseigentumsobjekte der Liegenschaft ändert.

(5) In den Fällen des Abs. 2 Z 5 sind die Nutzwerte der von der Änderung oder Übertragung betroffenen Wohnungseigentumsobjekte so festzusetzen, dass ihre Summe gleich bleibt. Bei der Übertragung eines Zubehörobjekts ist eine Nutzwertfestsetzung entbehrlich, wenn sich der Nutzwert des Zubehörobjekts zweifelsfrei aus der früheren Nutzwertermittlung ergibt. *(BGBl I 2006/124, ab 1. 10. 2006)*

(6) Die Nutzwerte können auch ohne gerichtliche Entscheidung abweichend vom Nutzwertgutachten (Abs. 1) oder von einer gerichtlichen Nutzwertfestsetzung (Abs. 2 oder 3) festgesetzt werden, indem ein neues Nutzwertgutachten eingeholt wird und sämtliche Wohnungseigentümer den Ergebnissen dieses Gutachtens öffentlich beglaubigt schriftlich zustimmen. *(BGBl I 2006/124, ab 1. 10. 2006)*

Recht zum Antrag auf gerichtliche Nutzwertfestsetzung; Änderung der Miteigentumsanteile

§ 10. (1) Die gerichtliche Nutzwertfestsetzung kann in den Fällen des § 9 Abs. 2 Z 1 bis 4 von jedem Miteigentümer und Wohnungseigentumsbewerber, in den Fällen des § 9 Abs. 2 Z 5 nur gemeinsam von den von der Änderung oder Übertragung betroffenen Wohnungseigentümern beantragt werden.

(2) Die gerichtliche Nutzwertfestsetzung kann im Fall des § 9 Abs. 2 Z 2 nur innerhalb eines Jahres ab Rechtskraft der Bewilligung der Einverleibung von Wohnungseigentum und in den Fällen des § 9 Abs. 2 Z 3 und 4 nur innerhalb eines Jahres ab Vollendung der Bauführung beantragt werden. Für einen Wohnungseigentumsbewerber beginnt im Fall des § 9 Abs. 2 Z 2 die Antragsfrist erst mit der Verständigung von der Einverleibung des Wohnungseigentums.

(3) Sollen auf Grund einer gerichtlichen (§ 9 Abs. 2 und 3) oder einvernehmlichen (§ 9 Abs. 6) Nutzwertfestsetzung die Miteigentumsanteile geändert werden, so kann dies bei bereits einverleibtem Wohnungseigentum durch Berichtigung in sinngemäßer Anwendung des § 136 Abs. 1 GBG 1955 geschehen. Wenn die Berichtigung bei keinem der Miteigentumsanteile zu einer Änderung von mehr als 10 vH führt, ist sie auf Antrag auch nur eines der von der Änderung betroffenen Miteigentümer vorzunehmen; einer Zustimmung der übrigen Miteigentümer oder Buchberechtigten bedarf es in diesem Fall nicht. Wird hingegen ein Miteigentumsanteil durch die Berichtigung um mehr als 10 vH geändert, so ist die Berichtigung nur mit Zustimmung aller Miteigentümer und derjenigen Buchberechtigten zulässig, die Rechte an einem Miteigentumsanteil haben, der durch die Berichtigung kleiner wird. Bücherliche Rechte, die auf den Miteigentumsanteilen lasten, beziehen sich ohne weiteres auf die berichtigten Miteigentumsanteile. *(BGBl I 2012/30, ab 1. 5. 2012, anzuwenden, wenn im Fall einer gerichtlichen Nutzwertfestsetzung das darüber geführte Verfahren nach dem 30. 4. 2012 geendet hat oder im Fall einer einvernehmlichen Nutzwertfestsetzung das neue Gutachten nach dem 30. 4. 2012 erstattet wurde)*

(4) Liegen die im vorstehenden Absatz genannten Voraussetzungen einer Berichtigung in sinngemäßer Anwendung des § 136 Abs. 1 GBG 1955 nicht vor, so haben die Miteigentümer zur Änderung der Miteigentumsanteile entsprechend einer gerichtlichen oder einvernehmlichen Nutzwertfestsetzung gegenseitig Miteigentumsanteile in einem solchen Ausmaß zu übernehmen und zu übertragen, dass jedem Wohnungseigentümer der nun für sein Wohnungseigentumsobjekt erforderliche Mindestanteil zukommt. Mangels vereinbarter Unentgeltlichkeit ist für die übernommenen Miteigentumsanteile ein angemessenes Entgelt zu entrichten. Die durch die einzelne Übertragung entstehenden Kosten und Abgaben hat der Miteigentümer zu tragen, dem ein Miteigentumsanteil übertragen wird. *(BGBl I 2012/30, ab 1. 5. 2012, anzuwenden, wenn im Fall einer gerichtlichen Nutzwertfestsetzung das darüber geführte Verfahren nach dem 30. 4. 2012 geendet hat oder im Fall einer einvernehmlichen Nutzwertfestsetzung das neue Gutachten nach dem 30. 4. 2012 erstattet wurde)*

Verbindung mit dem Mindestanteil

§ 11. (1) Das Wohnungseigentum ist mit dem Mindestanteil untrennbar verbunden. Es kann nur mit diesem zusammen beschränkt, belastet, veräußert, von Todes wegen übertragen und der Zwangsvollstreckung unterworfen werden.

(2) Bücherliche Eintragungen auf dem Mindestanteil erstrecken sich auch dann auf das Wohnungseigentum, wenn sie dem Wohnungseigentum im Rang vorangehen.

(3) Im Fall der Zwangsversteigerung eines Miteigentumsanteils sind die durch das Wohnungseigentum bewirkten Beschränkungen vom Ersteher ohne Rücksicht auf den bücherlichen Rang und ohne Anrechnung auf das Meistbot zu übernehmen.

Unteilbarkeit des Mindestanteils

§ 12. (1) Der mit dem Wohnungseigentum untrennbar verbundene Mindestanteil darf, solange das Wohnungseigentum besteht, außer im Fall einer Eigentümerpartnerschaft (§ 2 Abs. 10, § 13), nicht geteilt werden.

(2) Würde nach dem Tod des Wohnungseigentümers nach den Ergebnissen des Verlassenschaftsverfahrens der mit dem Wohnungseigentum verbundene Mindestanteil mehr als zwei natürlichen Personen oder zwei natürlichen Personen zu unterschiedlichen Anteilen oder zum Teil einer juristischen Person „oder einer eingetragenen Personengesellschaft“ zufallen und kommt es auch nicht zur Bildung einer „eingetragenen Personengesellschaft“, die den Mindestanteil erwirbt, so hat das Verlassenschaftsgericht eine öffentliche Feilbietung des Mindestanteils und des damit verbundenen Wohnungseigentums durch Versteigerung vorzunehmen. *(BGBl I 2005/120, ab 1. 1. 2007)*

(3) Hat trotz der Anordnung des Abs. 2 eine Personenmehrheit ohne Bildung einer Eigentümerpartnerschaft durch Rechtsnachfolge von Todes wegen Eigentum am Mindestanteil erworben, so kann deren Eigentum nicht im Grundbuch einverleibt werden. Wird ein Antrag auf Einverleibung des Eigentumsrechts gestellt, so hat das Grundbuchsgericht die Antragsteller auf die Unmöglichkeit der begehrten Einverleibung hinzuweisen und ihnen eine angemessene Frist dafür einzuräumen, um stattdessen den Erwerb des Mindestanteils durch eine einzelne Person oder durch eine Eigentümerpartnerschaft zu beantragen. Wenn diese Frist ungenützt verstreicht, hat das Grundbuchsgericht eine öffentliche Feilbietung nach Abs. 2 vorzunehmen. *(BGBl I 2015/87, ab 17. 8. 2015, s § 58d)*

4. Abschnitt

Eigentümerpartnerschaft

Gemeinsames Wohnungseigentum der Partner

§ 13. (1) Für die Eigentümerpartnerschaft gelten, soweit im Folgenden keine besonderen Regelungen getroffen werden, die Bestimmungen des 16. Hauptstücks des Zweiten Teils des ABGB.

(2) Zur Begründung einer Eigentümerpartnerschaft müssen die Partner Eigentümer je eines halben Mindestanteils (im Folgenden „Anteil am Mindestanteil” genannt) sein; ihre Anteile am Mindestanteil dürfen nicht verschieden belastet sein. Das Gleiche gilt, wenn ein Wohnungseigentümer einer anderen Person unter gleichzeitiger Begründung des gemeinsamen Wohnungseigentums den dazu erforderlichen Anteil am Mindestanteil überträgt.

(3) Durch das gemeinsame Wohnungseigentum der Partner werden ihre Anteile am Mindestanteil so verbunden, dass sie, solange die Eigentümerpartnerschaft besteht, nicht getrennt und nur gemeinsam beschränkt, belastet „ “* oder der Zwangsvollstreckung unterworfen werden dürfen. Die Zwangsvollstreckung auf Grund eines Exekutionstitels, der bloß gegen einen der Partner besteht, ist nur im Weg des mit der Pfändung des Anspruchs auf Aufhebung des gemeinsamen Wohnungseigentums zu verbindenden Antrags auf Zwangsversteigerung des gesamten Mindestanteils und des damit verbundenen gemeinsamen Wohnungseigentums zulässig. In diesem Exekutionsverfahren ist der Partner, gegen den kein Exekutionstitel besteht, Beteiligter; er kann zur Wahrung seiner Rechte alle Rechtsmittel erheben, wie wenn er selbst Verpflichteter wäre; überdies kann er gegen diese Exekution Wider-

WEG

spruch erheben (§ 37 der Exekutionsordnung), wenn sich die Exekution auf das Wohnungseigentumsobjekt bezieht, das ihm zur Befriedigung seines dringenden Wohnbedürfnisses dient. „Unter der selben Voraussetzung hat ein Partner „im Fall eines Insolvenzverfahrens über das Vermögen des anderen Partners“*** das Recht auf Aussonderung von dessen halbem Mindestanteil (§ 44 „IO“**). Jeder der Partner darf seinen Anteil am Mindestanteil nur mit Zustimmung des anderen Partners veräußern.“* *(*BGBl I 2006/124, ab 1. 10. 2006; **BGBl I 2010/29, ab 1. 7. 2010; ***BGBl I 2010/58, ab 1. 8. 2010)*

(4) Die Partner haften für alle Verbindlichkeiten aus ihrem gemeinsamen Wohnungseigentum zur ungeteilten Hand. Sie dürfen über das gemeinsame Wohnungseigentum und die Nutzung des im gemeinsamen Wohnungseigentum stehenden Wohnungseigentumsobjekts nur gemeinsam verfügen.

(5) Die mit ihrem gemeinsamen Wohnungseigentum verbundenen Befugnisse zur Mitwirkung an der Entscheidungsfindung in der Eigentümergemeinschaft (Äußerungs- und Stimmrecht sowie Minderheitsrechte bei der Willensbildung der Eigentümergemeinschaft) stehen den Partnern nur gemeinsam zu.

(6) Der vertragliche Ausschluss einer Klage auf Aufhebung der Eigentümerpartnerschaft (§ 830 ABGB) bedarf der Schriftform und ist nur für drei Jahre ab Abschluss der jeweiligen Ausschlussvereinbarung rechtswirksam. Ausnahmsweise kann ein solcher Aufhebungsausschluss auch für längere Zeit oder unbefristet vereinbart werden, wenn für einen der Partner eine bloß dreijährige Bindung aus triftigen Gründen, etwa wegen seines hohen Alters, unzumutbar wäre. Eine Ausschlussvereinbarung kann schriftlich beliebig oft wiederholt werden. Sind die Partner Ehegatten[1] und dient ihr Wohnungseigentumsobjekt wenigstens einem von ihnen zur Befriedigung seines dringenden Wohnbedürfnisses, so ist während der Ehe die Aufhebungsklage des anderen unzulässig. Dient das gemeinsame Wohnungseigentumsobjekt einem minderjährigen Partner zur Befriedigung seines dringenden Wohnbedürfnisses, so ist während dessen Minderjährigkeit die Aufhebungsklage des anderen unzulässig. *(BGBl I 2006/124, ab 1. 10. 2006, s auch § 58 Abs 5)*

---

[1] Nach § 43 Abs 1 Z 24 EPG auf eingetragene Partner sinngemäß anzuwenden.

Wohnungseigentum der Partner im Todesfall

§ 14. (1) Beim Tod eines Partners gilt für den Anteil des Verstorbenen - unter Ausschluss sonstigen Erwerbs von Todes wegen, aber vorbehaltlich einer abweichenden Vereinbarung nach Abs. 5 - Folgendes:

1. Der Anteil des Verstorbenen am Mindestanteil und gemeinsamen Wohnungseigentum geht von Gesetzes wegen unmittelbar ins Eigentum des überlebenden Partners über.

2. Der Eigentumsübergang tritt jedoch nicht ein, wenn der überlebende Partner innerhalb einer vom Verlassenschaftsgericht festzusetzenden angemessenen Frist entweder auf ihn verzichtet oder gemeinsam mit den Erben des Verstorbenen unter Zustimmung der Pflichtteilsberechtigten eine Vereinbarung schließt, auf Grund derer der Anteil des Verstorbenen einer anderen Person zukommt.

3. Verzichtet der überlebende Partner auf den Eigentumsübergang, so hat das Verlassenschaftsgericht eine öffentliche Feilbietung des gesamten Mindestanteils und des damit verbundenen Wohnungseigentums durch Versteigerung vorzunehmen.

4. Solange die Möglichkeit des Verzichts besteht, sind die Rechte des überlebenden Partners am Anteil des Verstorbenen auf jene eines Verwalters (§ 837 ABGB) beschränkt.

5. Erwirbt der überlebende Partner den Anteil des Verstorbenen nach Z 1 oder geht dieser Anteil auf Grund einer Vereinbarung nach Z 2 auf eine andere Person über, so gilt für die Eintragung in das Grundbuch § 182 Abs. 3 AußStrG sinngemäß.

(2) Der überlebende Partner, der den Anteil des Verstorbenen am Mindestanteil und Wohnungseigentum gemäß Abs. 1 Z 1 erwirbt, hat der Verlassenschaft nach dem Verstorbenen die Hälfte des Verkehrswerts (§ 2 Abs. 2 LBG) des Mindestanteils zu bezahlen (Übernahmspreis). Eine einvernehmliche Bestimmung des Übernahmspreises ist nur zulässig, wenn kein Inventar zu errichten ist und soweit dadurch nicht in Rechte von Gläubigern oder Pflichtteilsberechtigten des Verstorbenen eingegriffen wird.

(3) Ist der überlebende Partner ein Pflichtteilsberechtigter des Verstorbenen und war Gegenstand des gemeinsamen Wohnungseigentums eine Wohnung, die dem Überlebenden zur Befriedigung seines dringenden Wohnbedürfnisses dient, so gilt Abs. 2 nicht. Wenn aber noch ein anderer Pflichtteilsberechtigter vorhanden ist, hat der überlebende Partner ein Viertel des Verkehrswerts des Mindestanteils an die Verlassenschaft nach dem Verstorbenen zu bezahlen. Wenn zwar kein anderer Pflichtteilsberechtigter vorhanden ist, die Verlassenschaft jedoch ohne eine Zahlung des überlebenden Partners überschuldet wäre, hat der Überlebende bis zur Höhe eines Viertels des Verkehrswerts des Mindestanteils den zur Deckung der „Verbindlichkeiten der Verlassenschaft“ erforderlichen Betrag an die Verlassenschaft zu bezahlen. Abs. 2 zweiter Satz gilt entsprechend. Ist dem überlebenden Partner die sofortige Zahlung dieses verminderten Übernahms-

preises nach seinen Verhältnissen, insbesondere seinem Vermögen, seinem Einkommen, seinen Sorgepflichten sowie seinen Aufwendungen für die Wohnung und zur Aufrechterhaltung einer angemessenen Lebenshaltung, nicht zumutbar, so hat das Verlassenschaftsgericht mangels einer anders lautenden Vereinbarung auf Antrag die Zahlungspflicht bis zu einer Frist von höchstens fünf Jahren hinauszuschieben oder die Zahlung in Teilbeträgen innerhalb dieses Zeitraums zu bewilligen; in beiden Fällen ist eine angemessene Verzinsung festzusetzen. *(BGBl I 2015/87, ab 17. 8. 2015)*

(4) Die in Abs. 2 und 3 bestimmte Zahlungspflicht des überlebenden Partners kann durch letztwillige Verfügung des anderen Partners oder Schenkung auf den Todesfall erlassen werden.

(5) 1. Die Partner können durch eine vor einem Notar oder unter anwaltlicher Mitwirkung schriftlich geschlossene Vereinbarung bestimmen, dass anstelle des gesetzlichen Eigentumsübergangs nach Abs. 1 Z 1 der Anteil des Verstorbenen am Mindestanteil und gemeinsamen Wohnungseigentum einer anderen natürlichen Person zukommt. Der durch eine solche Vereinbarung Begünstigte erwirbt durch den Erbfall nicht unmittelbar Eigentum am halben Mindestanteil, sondern erhält damit erst einen Anspruch auf dessen Übereignung. Er hat diesen Anspruch innerhalb einer vom Verlassenschaftsgericht festzusetzenden angemessenen Frist durch Anmeldung im Verlassenschaftsverfahren gegen „die Verlassenschaft"*** des Verstorbenen geltend zu machen. Der Begünstigte hat „im Fall einer „Insolvenz der Verlassenschaft"**"** das Recht auf Aussonderung des halben Mindestanteils (§ 44 „IO"*), sofern Gegenstand des gemeinsamen Wohnungseigentums eine Wohnung ist, die ihm zur Befriedigung seines dringenden Wohnbedürfnisses dient. Der Begünstigte hat für die Übereignung des Anteils des Verstorbenen am Mindestanteil den Übernahmspreis nach Abs. 2 an die Verlassenschaft nach dem Verstorbenen zu bezahlen; wenn beim Begünstigten aber die in Abs. 3 erster Satz genannten Voraussetzungen entsprechend vorliegen, gilt für ihn Abs. 3; für die Erlassung der Zahlungspflicht des Begünstigten durch letztwillige Verfügung oder Schenkung auf den Todesfall gilt Abs. 4. *(*BGBl I 2010/29, ab 1. 7. 2010; **BGBl I 2010/58, ab 1. 8. 2010; ***BGBl I 2015/87, ab 17. 8. 2015)*

2. Unterlässt der Begünstigte die fristgerechte Verfolgung seines Anspruchs, so tritt der Eigentumsübergang nach Abs. 1 Z 1 mit der Rechtsfolge des Abs. 2 oder 3 ein. Gleiches gilt, wenn der Begünstigte den Erbfall nicht erlebt. Wenn der Begünstigte nach dem Erbfall, aber vor seiner Eintragung im Grundbuch stirbt, gilt für den Anspruch des Begünstigten die Regelung des Abs. 1 Z 1 entsprechend.

(6) In den Fällen des Abs. 3 und 5 Z 1 vierter und fünfter Satz gelten die dort vorgesehenen Begünstigungen auch für einen im gemeinsamen Wohnungseigentum der Partner stehenden Abstellplatz für ein Kraftfahrzeug, der von den Partnern zur einheitlichen Benützung zusammen mit der Wohnung gewidmet war.

(7) Wird eine Verlassenschaft im Ausland abgehandelt, so kommen die dem Verlassenschaftsgericht in den voranstehenden Absätzen zugewiesenen Aufgaben und Befugnisse dem Grundbuchsgericht zu. *(BGBl I 2015/87, ab 17. 8. 2015, s § 58d)*

(BGBl I 2006/124, ab 1. 10. 2006, s auch § 58 Abs 6)

Eigentümerpartnerschaft von Ehegatten bei Nichtigerklärung, Aufhebung oder Scheidung der Ehe

§ 15. „(1)" Einigen sich im Fall der Nichtigerklärung, Aufhebung oder Scheidung der Ehe die bisherigen Ehegatten nicht über die Aufhebung ihrer Eigentümerpartnerschaft, so steht dem Begehren eines von ihnen auf Aufhebung der Partnerschaft (§ 830 ABGB) nach Ablauf eines Jahres seit dem Eintritt der Rechtskraft der Auflösung der Ehe der Einwand der Unzeit oder des Nachteils nicht entgegen. *(BGBl I 2006/124, ab 1. 10. 2006)*

(2) Ist im Zeitpunkt des Todes eines der beiden bisherigen Ehegatten ein Verfahren zur Aufteilung des ehelichen Gebrauchsvermögens und der ehelichen Ersparnisse anhängig und gehört auch das gemeinsame Wohnungseigentumsobjekt zum Gegenstand dieses Verfahrens, so gehen die darüber im Aufteilungsverfahren getroffenen Anordnungen den Regelungen des § 14 vor. *(BGBl I 2006/124, ab 1. 10. 2006)*

5. Abschnitt

Nutzung der Wohnungseigentumsobjekte und der allgemeinen Teile der Liegenschaft

Nutzung, Änderung und Erhaltung des Wohnungseigentumsobjekts

§ 16. (1) Die Nutzung des Wohnungseigentumsobjekts kommt dem Wohnungseigentümer zu.

(2) Der Wohnungseigentümer ist zu Änderungen (einschließlich Widmungsänderungen) an seinem Wohnungseigentumsobjekt auf seine Kosten berechtigt; dabei gilt Folgendes:

1. Die Änderung darf weder eine Schädigung des Hauses noch eine Beeinträchtigung schutzwürdiger Interessen der anderen Wohnungseigentümer, besonders auch keine Beeinträchtigung der äußeren Erscheinung des Hauses, noch eine Ge-

fahr für die Sicherheit von Personen, des Hauses oder von anderen Sachen zur Folge haben.

2. Werden für eine solche Änderung auch allgemeine Teile der Liegenschaft in Anspruch genommen, so muss die Änderung überdies entweder der Übung des Verkehrs entsprechen oder einem wichtigen Interesse des Wohnungseigentümers dienen. Die Einbeziehung oder der Einbau einer Wasserentnahmestelle oder eines Klosetts in das Innere des Wohnungseigentumsobjekts, die Errichtung von Strom-, Gas-, Wasser- oder Fernsprechleitungen, Beheizungsanlagen und ähnlichen Einrichtungen kann aus diesem Grund jedenfalls nicht untersagt werden; das Gleiche gilt für das Anbringen der nach dem Stand der Technik notwendigen Einrichtungen für den Hörfunk- und Fernsehempfang sowie für Multimediadienste, sofern der Anschluss an eine bestehende Einrichtung nicht möglich oder nicht zumutbar ist.

3. Werden für eine solche Änderung auch Wohnungseigentums- oder Zubehörobjekte anderer Wohnungseigentümer in Anspruch genommen, so muss überdies der betroffene Wohnungseigentümer die Änderung nur zulassen, wenn sie keine wesentliche und dauernde Beeinträchtigung seines Wohnungseigentums zur Folge hat und sie ihm bei billiger Abwägung aller Interessen zumutbar ist. Der Wohnungseigentümer, der die Änderung durchführt, hat den beeinträchtigten Wohnungseigentümer angemessen zu entschädigen.

4. Ist eine behördliche Bewilligung für Änderungen erforderlich, die die anderen Wohnungseigentümer dulden müssen, so dürfen diese eine allenfalls erforderliche Zustimmung nicht verweigern.

5. Die Z 1 und 4 gelten sinngemäß auch für Änderungen im Bestand räumlich unmittelbar aneinandergrenzender Wohnungseigentumsobjekte sowie für die Übertragung von Zubehörobjekten.

(3) Der Wohnungseigentümer hat das Wohnungseigentumsobjekt und die dafür bestimmten Einrichtungen, insbesondere die Strom-, Gas- und Wasserleitungen sowie die Beheizungs- und sanitären Anlagen, auf seine Kosten so zu warten und in Stand zu halten, dass den anderen Wohnungseigentümern kein Nachteil erwächst. Er hat ferner das Betreten und die Benützung des Wohnungseigentumsobjekts zu gestatten, soweit dies zur Erhaltung der allgemeinen Teile der Liegenschaft und der Behebung ernster Schäden des Hauses erforderlich ist; für die vermögensrechtlichen Nachteile, die er dadurch erleidet, ist er von der Eigentümergemeinschaft angemessen zu entschädigen.

Benützungsregelung

§ 17. (1) Sämtliche Wohnungseigentümer können schriftlich eine Vereinbarung über die Benützung der verfügbaren allgemeinen Teile der Liegenschaft treffen.

(2) Jeder Wohnungseigentümer kann eine gerichtliche Regelung über die Benützung der verfügbaren allgemeinen Teile der Liegenschaft oder die gerichtliche Abänderung einer bestehenden Regelung aus wichtigen Gründen beantragen. Im erstgenannten Fall kann während des Verfahrens über den Antrag mit einer Mehrheit von zwei Dritteln der Anteile eine vorläufige Benützungsregelung beschlossen werden.

(3) Die Benützungsregelung wird durch den Wechsel eines Wohnungseigentümers nicht berührt. Sie ist bei Festsetzung durch das Gericht von Amts wegen, sonst, sofern die Unterschrift auch nur eines Wohnungseigentümers öffentlich beglaubigt ist, auf Antrag dieses oder eines anderen Wohnungseigentümers im Grundbuch ersichtlich zu machen.

6. Abschnitt

Eigentümergemeinschaft, Verwalter, Vorzugspfandrecht

Rechtsfähigkeit und Vertretung der Eigentümergemeinschaft

§ 18. (1) Die Eigentümergemeinschaft kann in Angelegenheiten der Verwaltung der Liegenschaft Rechte erwerben und Verbindlichkeiten eingehen sowie klagen und geklagt werden. Für Klagen gegen die Eigentümergemeinschaft ist das Gericht örtlich zuständig, in dessen Sprengel die Liegenschaft gelegen ist. Bei diesem Gericht kann auch ein Wohnungseigentümer von der Eigentümergemeinschaft geklagt werden. Forderungen gegen die Eigentümergemeinschaft können gegen die einzelnen Wohnungseigentümer nur nach Maßgabe des „Abs. 4 zweiter Satz“ und nur durch gesonderte Klagsführung geltend gemacht werden. *(BGBl I 2006/124, ab 1. 10. 2006)*

(2) Die Wohnungseigentümer können der Eigentümergemeinschaft aus ihrem Miteigentum erfließende Unterlassungsansprüche sowie die Liegenschaft betreffende Gewährleistungs- und Schadenersatzansprüche abtreten, wodurch die Eigentümergemeinschaft diese Ansprüche erwirbt und in eigenem Namen geltend machen kann. Unterlässt die Eigentümergemeinschaft die Geltendmachung eines ihr abgetretenen Anspruchs und droht dadurch eine Frist für die Anspruchsverfolgung abzulaufen, so kann der betreffende Wohnungseigentümer den Anspruch für die Eigentümergemeinschaft geltend machen. *(BGBl I 2006/124, ab 1. 10. 2006)*

(3) Die Eigentümergemeinschaft wird vertreten:

1. wenn ein Verwalter bestellt ist,

a) durch den Verwalter,

b) in Fragen des rechtlichen Verhältnisses zwischen der Eigentümergemeinschaft und dem Verwalter durch die nach Miteigentumsanteilen zu berechnende Mehrheit der Wohnungseigentümer,

c) bei Bestellung eines Eigentümervertreters nach § 22 in dem von der Interessenkollision betroffenen Geschäftsbereich nur durch den Eigentümervertreter;

2. wenn kein Verwalter bestellt ist,

a) durch die nach Miteigentumsanteilen zu berechnende Mehrheit der Wohnungseigentümer,

b) bei Bestellung eines vorläufigen Verwalters nach § 23 nur durch diesen.
(BGBl I 2006/124, ab 1. 10. 2006)

„(4)“ Ein gegen die Eigentümergemeinschaft ergangener Exekutionstitel kann nur in die Rücklage (§ 31) oder in die von den Wohnungseigentümern geleisteten oder geschuldeten Zahlungen für Aufwendungen (§ 32) vollstreckt werden. Soweit die Forderung durch eine solche Exekution nicht hereingebracht werden kann, haften die Wohnungseigentümer für den Ausfall im Verhältnis ihrer Miteigentumsanteile. *(BGBl I 2006/124, ab 1. 10. 2006)*

Bestellung eines Verwalters

§ 19. Die Eigentümergemeinschaft kann eine natürliche oder juristische Person zum Verwalter bestellen. „Name und Anschrift des Verwalters sind bei Bestellung durch das Gericht von Amts wegen, sonst auf Grund einer Urkunde über die Bestellung zum Verwalter, sofern die Unterschriften auch nur eines Wohnungseigentümers sowie des Verwalters darauf öffentlich beglaubigt sind, auf Antrag dieses oder eines anderen Wohnungseigentümers oder des Verwalters im Grundbuch ersichtlich zu machen.“ *(BGBl I 2006/124, ab 1. 10. 2006)*

Aufgaben und Befugnisse des Verwalters

§ 20. (1) Der Verwalter ist verpflichtet, die gemeinschaftsbezogenen Interessen aller Wohnungseigentümer zu wahren und Weisungen der Mehrheit der Wohnungseigentümer zu befolgen, soweit diese nicht gesetzwidrig sind. Dem Verwalter steht die Verwaltung der Liegenschaft und dabei insbesondere auch die nach außen unbeschränkbare Vertretung der Eigentümergemeinschaft zu; im Rahmen dieser Vertretung ist er auch zur Bestellung eines berufsmäßigen Parteienvertreters befugt.

(2) Der Verwalter hat den Wohnungseigentümern bis spätestens zum Ende der laufenden Abrechnungsperiode auf die in § 24 Abs. 5 beschriebene Weise eine Vorausschau zur Kenntnis zu bringen, in der die in absehbarer Zeit notwendigen, über die laufende Instandhaltung hinausgehenden Erhaltungsarbeiten und die in Aussicht genommenen Verbesserungsarbeiten, die dafür erforderlichen Beiträge zur Rücklage sowie die sonst vorhersehbaren Aufwendungen, vor allem die Bewirtschaftungskosten, und die sich daraus ergebenden Vorauszahlungen bekannt zu geben sind.

(3) Der Verwalter hat den Wohnungseigentümern nach den Regelungen des § 34 eine ordentliche und richtige Abrechnung sowie gegebenenfalls nach den Regelungen des Heizkostenabrechnungsgesetzes die Abrechnung über die Heiz- und Warmwasserkosten zu legen.

(3a) Soweit nichts anderes vereinbart oder beschlossen wird, hat der Verwalter dafür zu sorgen, dass ein höchstens zehn Jahre alter Energieausweis nach § 2 Z 3 EAVG für das gesamte Gebäude vorhanden ist, und jedem Wohnungseigentümer auf Verlangen und gegen Ersatz der Kopierkosten eine Ablichtung desselben zur Verfügung zu stellen. *(BGBl I 2009/25, ab 1. 1. 2009)*

(4) Beabsichtigt der Verwalter den Abschluss eines Rechtsgeschäfts mit einer Person, die mit ihm durch ein familiäres oder wirtschaftliches Naheverhältnis verbunden ist, so hat er die Wohnungseigentümer auf dieses Naheverhältnis hinzuweisen. Der Verwalter hat für Erhaltungsarbeiten, die über die laufende Instandhaltung hinausgehen, und für größere Verbesserungsarbeiten mindestens drei Angebote einzuholen.

(5) Der Verwalter hat rückständige Zahlungen eines Wohnungseigentümers auf die Aufwendungen für die Liegenschaft einzumahnen und nötigenfalls Klage nach § 27 Abs. 2 binnen der dort genannten Frist zu erheben und die Anmerkung der Klage zu beantragen.

(6) Der Verwalter hat alle die Eigentümergemeinschaft betreffenden Ein- und Auszahlungen entweder über ein für jeden Wohnungseigentümer einsehbares Eigenkonto der Eigentümergemeinschaft oder über ein ebenso einsehbares Anderkonto durchzuführen. *(BGBl I 2006/124, ab 1. 10. 2006)*

(7) Die dem Verwalter als Machthaber nach dem 22. Hauptstück des Zweiten Teils des ABGB auferlegten Verbindlichkeiten können weder aufgehoben noch beschränkt werden. „Der Verwalter hat auf Verlangen jedem Wohnungseigentümer Auskunft über den Inhalt des Verwaltungsvertrags, besonders über die Entgeltvereinbarungen und den Umfang der vereinbarten Leistungen, und im Fall einer schriftlichen Willensbildung (§ 24 Abs. 1) über das Stimmverhalten der anderen Wohnungseigentümer zu geben.“ *(BGBl I 2006/124, ab 1. 10. 2006)*

(8) Wenn der Verwalter seine Pflichten grob verletzt, kann die Eigentümergemeinschaft – neben allfälligen Schadenersatzansprüchen – auch eine Herabsetzung des mit dem Verwalter vereinbarten Entgelts nach Maßgabe der mit dem

Pflichtverstoß einhergehenden Minderung des Nutzens aus der Verwaltertätigkeit verlangen.

Auflösung und Verlängerung des Verwaltungsvertrags

§ 21. (1) Wurde der Verwalter auf unbestimmte Zeit bestellt, so können sowohl die Eigentümergemeinschaft als auch der Verwalter den Verwaltungsvertrag unter Einhaltung einer Frist von drei Monaten zum Ende jeder Abrechnungsperiode (§ 34 Abs. 2) kündigen.

(2) Wurde der Verwalter auf bestimmte, mehr als dreijährige Zeit bestellt, so können sowohl die Eigentümergemeinschaft als auch der Verwalter nach Ablauf von drei Jahren den Verwaltungsvertrag ohne Angabe von Gründen unter Einhaltung einer Frist von drei Monaten zum Ende jeder Abrechnungsperiode (§ 34 Abs. 2) kündigen.

(3) Im Übrigen kann der Verwaltungsvertrag jederzeit aus wichtigen Gründen von der Eigentümergemeinschaft gekündigt oder bei grober Verletzung der Pflichten des Verwalters auf Antrag eines Wohnungseigentümers vom Gericht aufgelöst werden; bei Auflösung durch das Gericht ist die Wiederbestellung des Verwalters unzulässig.

(4) Nach Auflösung des Verwaltungsvertrags durch das Gericht ist die Ersichtlichmachung des Verwalters im Grundbuch von Amts wegen zu löschen. Wird der Verwaltungsvertrag auf andere Art aufgelöst, so ist die Ersichtlichmachung des Verwalters auf Grund einer Urkunde über die Kündigung oder die sonstige Auflösung des Vertrags auf Antrag eines Wohnungseigentümers oder des Verwalters im Grundbuch zu löschen; die Urkunde muss bei Auflösung durch den Verwalter dessen öffentlich beglaubigte Unterschrift, ansonsten die öffentlich beglaubigte Unterschrift eines Wohnungseigentümers tragen. *(BGBl I 2006/124, ab 1. 10. 2006)*

(5) Die Regelungen der vorstehenden Absätze können nicht vertraglich abbedungen werden.

(6) Wird ein auf bestimmte Zeit geschlossener Verwaltungsvertrag nach Ablauf der Vertragsdauer stillschweigend verlängert (§ 863 ABGB), so gilt dies als Verlängerung auf unbestimmte Zeit.

Eigentümervertreter

§ 22. (1) Die Eigentümergemeinschaft kann aus dem Kreis der Wohnungseigentümer eine natürliche Person mit deren Zustimmung zum Eigentümervertreter bestellen. Der Eigentümervertreter vertritt die Eigentümergemeinschaft gegenüber dem bestellten Verwalter, soweit dieser die Belange der Gemeinschaft wegen widerstreitender eigener Interessen – wie etwa im Fall einer gerichtlichen oder außergerichtlichen Auseinandersetzung zwischen ihm und der Gemeinschaft – nicht ausreichend wahrnehmen kann, sowie in dem von der Interessenkollision betroffenen Geschäftsbereich auch gegenüber Dritten. Die Funktion des Eigentümervertreters endet spätestens zwei Jahre nach seiner Bestellung; eine Wiederbestellung ist jedoch zulässig.

(2) Der Eigentümervertreter hat Weisungen der Mehrheit der Wohnungseigentümer zu befolgen, soweit diese nicht gesetzwidrig sind. Im Rahmen der Vertretung der Eigentümergemeinschaft ist er auch zur Bestellung eines berufsmäßigen Parteienvertreters befugt. Für die Ersichtlichmachung des Eigentümervertreters im Grundbuch und deren Löschung gelten § 19 zweiter Satz und § 21 Abs. 4 entsprechend.

Vorläufiger Verwalter

§ 23. Ist kein Verwalter bestellt, so kann sowohl ein Wohnungseigentümer als auch ein Dritter, der ein berechtigtes Interesse an einer wirksamen Vertretung der Eigentümergemeinschaft hat, die gerichtliche Bestellung eines vorläufigen Verwalters beantragen. Bis zu dieser Entscheidung gilt der im Grundbuch erstgenannte Wohnungseigentümer als Zustellbevollmächtigter. Die Vertretungsbefugnis des vorläufigen Verwalters endet mit der Bestellung eines Verwalters durch die Gemeinschaft.

Beschlüsse der Eigentümergemeinschaft

§ 24. (1) Zur Willensbildung in der Eigentümergemeinschaft dient vornehmlich die Eigentümerversammlung, doch können Beschlüsse auch – allenfalls ergänzend zu den in einer Eigentümerversammlung abgegebenen Erklärungen – auf andere Weise, etwa auf schriftlichem Weg, zustande kommen. Ein Beschluss ist – mit der sich aus Abs. 6 ergebenden Einschränkung – erst wirksam, nachdem allen Wohnungseigentümern Gelegenheit zur Äußerung gegeben worden ist; bis dahin ist ein Wohnungseigentümer an seine bereits abgegebene Erklärung nicht gebunden.

(2) Die Wohnungseigentümer können ihr Äußerungs- und Stimmrecht entweder persönlich oder durch einen Vertreter ausüben. Weist der für den Wohnungseigentümer Einschreitende seine Vertretungsbefugnis nicht durch eine darauf gerichtete, höchstens drei Jahre alte, schriftliche Vollmacht „oder durch eine dieses Einschreiten umfassende Vorsorgevollmacht „oder eine gewählte Erwachsenenvertretung“**“* nach, so ist sein Handeln nur wirksam, wenn es vom Wohnungseigentümer nachträglich binnen 14 Tagen schriftlich genehmigt wird. *(*BGBl I 2009/25, ab 1. 4. 2009; **BGBl I 2018/58, ab 1. 8. 2018)*

(3) Ist Gegenstand der beabsichtigten Beschlussfassung ein Rechtsgeschäft, Rechtsverhältnis oder Rechtsstreit mit einem Wohnungseigentümer oder mit einer Person, mit der dieser durch ein familiäres oder wirtschaftliches Naheverhältnis verbun-

den ist, so steht diesem Wohnungseigentümer kein Stimmrecht zu.

(4) Die Mehrheit der Stimmen der Wohnungseigentümer richtet sich nach dem Verhältnis der Miteigentumsanteile. Bei Stimmengleichheit kann jeder Wohnungseigentümer die nach pflichtgemäßem Ermessen zu treffende Entscheidung des Gerichts beantragen.

(5) Beschlüsse der Eigentümergemeinschaft sind jedem Wohnungseigentümer sowohl durch Anschlag an einer für alle Wohnungseigentümer deutlich sichtbaren Stelle des Hauses (bei mehreren Häusern oder mehreren Stiegenhäusern an einer entsprechenden Mehrzahl solcher Stellen) als auch durch Übersendung schriftlich zur Kenntnis zu bringen. Eine Übersendung an den Wohnungseigentümer einer Wohnung oder sonstigen selbständigen Räumlichkeit hat an die Anschrift seines Wohnungseigentumsobjekts oder an eine andere von ihm bekannt gegebene inländische Zustellanschrift zu erfolgen. Eine Übersendung an den Wohnungseigentümer eines Abstellplatzes für Kraftfahrzeuge hat an eine von ihm bekannt zu gebende inländische Zustellanschrift zu erfolgen. Dem übersendeten Beschluss ist ein Hinweis darauf beizufügen, dass für den Beginn der Frist zur Anfechtung des Beschlusses dessen Anschlag im Haus maßgeblich ist; zugleich ist der Tag des Anschlags und das sich daraus ergebende Ende der Frist bekannt zu geben. „Jeder Wohnungseigentümer kann verlangen, dass die Übersendung von Beschlüssen an ihn nicht auf dem Postweg, sondern durch elektronische Übermittlung geschieht.“ *(BGBl I 2006/124, ab 1. 10. 2006)*

(6) Jeder Wohnungseigentümer kann innerhalb eines Monats ab Anschlag eines Beschlusses der Eigentümergemeinschaft entsprechend Abs. 5 mit einem gegen die übrigen Wohnungseigentümer zu richtenden Antrag verlangen, dass die Rechtsunwirksamkeit des Beschlusses wegen formeller Mängel, Gesetzwidrigkeit oder Fehlens der erforderlichen Mehrheit gerichtlich festgestellt wird. Beschlüsse in Angelegenheiten der außerordentlichen Verwaltung können überdies nach § 29 angefochten werden.

(7) Die den Wohnungseigentümern zustehenden Befugnisse zur Mitwirkung an der Entscheidungsfindung in der Eigentümergemeinschaft (Äußerungs- und Stimmrecht sowie Minderheitsrechte bei der Willensbildung der Eigentümergemeinschaft) können nicht vertraglich abbedungen werden.

(Zu Abs 6 s § 56 Abs 9)

Eigentümerversammlung

§ 25. (1) Soweit nichts anderes vereinbart oder mit einer Mehrheit von zwei Dritteln der Anteile beschlossen wird, hat der Verwalter alle zwei Jahre eine Eigentümerversammlung einzuberufen. Tag und Zeitpunkt der Eigentümerversammlung sind so zu wählen, dass voraussichtlich möglichst viele Wohnungseigentümer daran teilnehmen können. Darüber hinaus können mindestens drei Wohnungseigentümer, die zusammen mindestens ein Viertel der Anteile haben, vom Verwalter schriftlich unter Angabe eines wichtigen Grundes dafür die Einberufung der Eigentümerversammlung verlangen. Das Recht jedes Wohnungseigentümers, auf das Zustandekommen einer Eigentümerversammlung auch ohne Tätigwerden des Verwalters hinzuwirken, bleibt davon unberührt.

WEG

(2) Die Einberufung der Eigentümerversammlung und die dabei zur Beschlussfassung anstehenden Gegenstände sind jedem Wohnungseigentümer mindestens zwei Wochen vor dem Versammlungstermin schriftlich auf die in § 24 Abs. 5 beschriebene Weise zur Kenntnis zu bringen.

(3) Der Verwalter hat über die Teilnehmer an und über das Geschehen bei der Eigentümerversammlung, insbesondere über die Ergebnisse von Abstimmungen und gefasste Beschlüsse, eine Niederschrift aufzunehmen und jedem Wohnungseigentümer auf die in § 24 Abs. 5 beschriebene Weise zur Kenntnis zu bringen. Hat eine Abstimmung keine Mehrheit der Miteigentumsanteile für oder gegen einen Vorschlag ergeben, so hat der Verwalter zur Herbeiführung eines Beschlusses die bei der Versammlung nicht erschienenen und auch nicht rechtswirksam vertretenen Wohnungseigentümer zugleich mit der Bekanntmachung der Niederschrift aufzufordern, sich zu dieser Frage ihm gegenüber innerhalb einer zu bestimmenden Frist „ “ zu äußern. *(BGBl I 2006/124, ab 1. 10. 2006)*

Gemeinschaftsordnung

§ 26. (1) Sämtliche Wohnungseigentümer können eine Vereinbarung über die Einrichtung bestimmter Funktionen innerhalb der Eigentümergemeinschaft oder über die Willensbildung treffen. Eine solche Vereinbarung ist rechtswirksam, wenn sie schriftlich geschlossen wird und soweit sie nicht zwingenden Grundsätzen dieses Bundesgesetzes widerspricht. Die mit einer solchen Funktion betrauten Wohnungseigentümer können nicht mit Vertretungsbefugnis ausgestattet werden.

(2) Die Gemeinschaftsordnung wird durch den Wechsel eines Wohnungseigentümers nicht berührt. Sie ist, sofern die Unterschrift auch nur eines Wohnungseigentümers öffentlich beglaubigt ist, auf Antrag dieses oder eines anderen Wohnungseigentümers im Grundbuch ersichtlich zu machen.

Gesetzliches Vorzugspfandrecht

§ 27. (1) An jedem Miteigentumsanteil besteht in dem durch § 216 Abs. 1 Z 3 der Exekutionsordnung bestimmten Ausmaß ein gesetzliches Vorzugspfandrecht zu Gunsten

1. der Forderungen der Eigentümergemeinschaft gegen den Eigentümer des Anteils und

2. der Rückgriffsforderungen eines anderen Wohnungseigentümers

a) aus der Inanspruchnahme von dessen Haftung nach „§ 18 Abs. 4 zweiter Satz“ , *(BGBl I 2006/124, ab 1. 10. 2006)*

b) aus dessen Zahlung auf Verbindlichkeiten des Eigentümers des Anteils, die mit der Verwaltung der Liegenschaft zusammenhängen, oder

c) aus dessen Zahlung auf Verbindlichkeiten, die mit der Verwaltung der Liegenschaft zusammenhängen und für die dieser mit den übrigen Wohnungseigentümern zur ungeteilten Hand haftet.

(2) Das Vorzugspfandrecht kommt dem Forderungsberechtigten nur zu, wenn er die Forderung samt dem Pfandrecht innerhalb von sechs Monaten mit Klage geltend macht und die Anmerkung der Klage im Grundbuch beim Miteigentumsanteil des Beklagten beantragt.

(3) Die durch das Vorzugspfandrecht besicherte Forderung ist im Fall einer Zwangsversteigerung des Miteigentumsanteils durch Barzahlung zu berichtigen, soweit sie in der Verteilungsmasse (§ 215 der Exekutionsordnung) Deckung findet, ansonsten aber vom Ersteher ohne Anrechnung auf das Meistbot zu übernehmen.

7. Abschnitt
Verwaltung der Liegenschaft

Ordentliche Verwaltung

§ 28. (1) In Angelegenheiten der ordentlichen Verwaltung der Liegenschaft entscheidet – unbeschadet der Rechte des einzelnen Wohnungseigentümers nach § 30 – die Mehrheit der Wohnungseigentümer. Zu diesen Angelegenheiten gehören insbesondere:

1. die ordnungsgemäße Erhaltung der allgemeinen Teile der Liegenschaft im Sinne des § 3 MRG, einschließlich der baulichen Veränderungen, die über den Erhaltungszweck nicht hinausgehen, und der Behebung ernster Schäden des Hauses in einem Wohnungseigentumsobjekt,

2. die Bildung einer angemessenen Rücklage (§ 31),

3. die Aufnahme eines Darlehens zur Deckung der durch die Rücklage nicht gedeckten Kosten einer in längeren als einjährigen Abständen wiederkehrenden Arbeit zur ordnungsgemäßen Erhaltung,

4. die angemessene Versicherung der Liegenschaft,

5. die Bestellung des Verwalters und die Auflösung des Verwaltungsvertrags,

6. die Bestellung und Abberufung eines Eigentümervertreters,

7. die Erlassung und Änderung der Hausordnung,

8. die Vermietung der verfügbaren allgemeinen, aber einer abgesonderten Benützung zugänglichen Teile der Liegenschaft, an eine Person, die nicht Wohnungseigentümer ist, „ “ *(BGBl I 2009/25, ab 1. 1. 2009)*

9. die Aufkündigung der nach Z 8 geschlossenen Mietverträge „und“ *(BGBl I 2009/25, ab 1. 1. 2009)*

10. die Erstellung und Vorrätighaltung eines Energieausweises nach § 2 Z 3 EAVG für das gesamte Gebäude. *(BGBl I 2009/25, ab 1. 1. 2009)*

(2) Die Eigentümergemeinschaft kann ungeachtet anderer gesetzlicher oder vertraglicher Regelungen Mietverträge über nicht im Wohnungseigentum stehende Abstellplätze für Kraftfahrzeuge unter Einhaltung einer Frist von drei Monaten kündigen, sobald bei einer Person, der Wohnungseigentum an einer Wohnung oder sonstigen selbständigen Räumlichkeit der Liegenschaft zukommt, ein Bedarf nach einem Abstellplatz entsteht. Bei einem Mietvertrag mit einem Wohnungseigentümer gilt dies nur dann, soweit dieser mehr als einen Abstellplatz gemietet hat und der Bedarf des anderen Wohnungseigentümers bei Abwägung der beiderseitigen Interessen schwerer wiegt.

Außerordentliche Verwaltung

§ 29. (1) Über Veränderungen an den allgemeinen Teilen der Liegenschaft, die über die in § 28 genannten Angelegenheiten hinausgehen, wie etwa nützliche Verbesserungen oder sonstige über die Erhaltung hinausgehende bauliche Veränderungen, entscheidet die Mehrheit der Wohnungseigentümer, doch kann jeder der Überstimmten mit einem gegen die übrigen Wohnungseigentümer zu richtenden Antrag die gerichtliche Aufhebung des Mehrheitsbeschlusses verlangen. Die Antragsfrist beträgt drei Monate, bei unterbliebener Verständigung des Wohnungseigentümers von der beabsichtigten Beschlussfassung und von ihrem Gegenstand (§ 25 Abs. 2) hingegen sechs Monate und beginnt mit dem Anschlag des Beschlusses im Haus gemäß § 24 Abs. 5.

(2) Das Gericht hat den Mehrheitsbeschluss aufzuheben, wenn

1. die Veränderung den Antragsteller übermäßig beeinträchtigen würde oder

2. die Kosten der Veränderung – unter Berücksichtigung auch der in absehbarer Zeit anfallenden Erhaltungsarbeiten – nicht aus der Rücklage gedeckt werden könnten.

(3) Eine Aufhebung des Mehrheitsbeschlusses aus dem Grund des Abs. 2 Z 2 hat nicht stattzufinden, wenn der nicht gedeckte Kostenanteil von der beschließenden Mehrheit getragen wird oder wenn es sich um eine Verbesserung handelt, die auch unter Berücksichtigung der fehlenden Kostendeckung in der Rücklage allen Wohnungseigentümern eindeutig zum Vorteil gereicht.

(4) Würde die Veränderung nur zu einer Beeinträchtigung des Antragstellers führen, die finanziell ausgeglichen werden kann, so hat das Gericht auszusprechen, dass die Veränderung nur gegen Entrichtung einer ziffernmäßig festzusetzenden angemessenen Entschädigung vorgenommen werden darf.

(5) Im Übrigen gelten für Angelegenheiten der außerordentlichen Verwaltung die §§ 834 und 835 ABGB.

(6) Unbeschadet seiner unbeschränkbaren Vertretungsbefugnis (§ 20 Abs. 1) darf der Verwalter Maßnahmen der außerordentlichen Verwaltung nur auf Grund eines Beschlusses nach Abs. 1 durchführen.

Minderheitsrechte und Anzeigepflicht des einzelnen Wohnungseigentümers

§ 30. (1) Jeder Wohnungseigentümer kann – über die Rechte zur Anfechtung von Beschlüssen nach § 24 Abs. 6 und § 29 hinaus – mit einem gegen die übrigen Wohnungseigentümer „ , im Fall der Z 5 aber gegen den Verwalter“ zu richtenden Antrag die Entscheidung des Gerichts darüber verlangen, dass

1. Arbeiten im Sinne des § 28 Abs. 1 Z 1 binnen einer angemessenen Frist durchgeführt werden,

2. eine angemessene Rücklage gebildet oder der bereits festgelegte Beitrag zur Bildung der Rücklage angemessen erhöht oder gemindert wird,

3. ihm die Entrichtung des auf ihn entfallenden Teils der durch die Rücklage nicht gedeckten Kosten einer in längeren als einjährigen Abständen wiederkehrenden Erhaltungsarbeit in angemessenen, den Verteilungszeitraum von zehn Jahren nicht übersteigenden Monatsraten gegen „ “ Zahlung der ortsüblichen Hypothekarzinsen gestattet wird, soweit ihm die sofortige Entrichtung des auf ihn entfallenden Teilbetrags der Erhaltungsarbeit unmöglich oder unzumutbar ist, *(BGBl I 2006/124, ab 1. 10. 2006)*

4. eine angemessene Feuerversicherung und Haftpflichtversicherung abgeschlossen wird,

5. dem Verwalter bei Verstößen gegen § 20 Abs. 2 bis 7 die Einhaltung dieser Pflichten aufgetragen oder der Verwaltungsvertrag wegen grober Verletzung der Pflichten des Verwalters aufgelöst wird (§ 21 Abs. 3), *(BGBl I 2006/124, ab 1. 10. 2006)*

6. ein Verwalter (§§ 19 ff.) oder ein vorläufiger Verwalter (§ 23) bestellt wird, *(BGBl I 2006/124, ab 1. 10. 2006)*

7. jene Bestimmungen der Hausordnung aufgehoben oder geändert werden, die seine schutzwürdigen Interessen verletzen oder ihm bei billigem Ermessen unzumutbar sind,

8. die Unwirksamkeit jener Bestimmungen einer Gemeinschaftsordnung festgestellt wird, die § 26 widersprechen, und *(BGBl I 2006/124, ab 1. 10. 2006)*

9. – sofern er Wohnungseigentümer einer Wohnung oder sonstigen selbständigen Räumlichkeit ist – ein nach § 28 Abs. 1 Z 8 über einen Kraftfahrzeug-Abstellplatz geschlossener Mietvertrag wegen eines bei ihm vorliegenden Bedarfs gekündigt wird.
(BGBl I 2006/124, ab 1. 10. 2006)

(2) Wenn ein einzelner Wohnungseigentümer die Mehrheit der Miteigentumsanteile hat und zum unverhältnismäßigen Nachteil eines anderen Wohnungseigentümers Maßnahmen trifft oder unterlässt beziehungsweise dem Verwalter aufträgt oder untersagt, kann der andere dagegen mit einem gegen den Mehrheitseigentümer zu richtenden Antrag – im Fall einer bereits getroffenen oder aufgetragenen Maßnahme innerhalb von drei Monaten ab deren Erkennbarkeit – das Gericht anrufen, auch wenn es sich nur um eine Maßnahme der ordentlichen Verwaltung (§ 28 Abs. 1) handelt. Das Gericht kann dem Mehrheitseigentümer die Unterlassung beabsichtigter, die Rücknahme bereits getroffener oder die Durchführung verabsäumter Maßnahmen auftragen. Der Anteilsmehrheit eines einzelnen Wohnungseigentümers ist es gleichzuhalten, wenn die Mehrheit der Miteigentumsanteile im Eigentum mehrerer Personen steht, die miteinander durch ein familiäres oder wirtschaftliches Naheverhältnis verbunden sind.

(3) Jeder Wohnungseigentümer hat Schäden an den allgemeinen Teilen der Liegenschaft und ernste Schäden des Hauses in einem Wohnungseigentumsobjekt bei sonstiger Schadenersatzpflicht ohne Verzug dem Verwalter oder dem vorläufigen Verwalter anzuzeigen, sofern dieser nicht bereits Kenntnis von dem Schaden hat. Bei Gefahr im Verzug darf jeder Wohnungseigentümer auch ohne Zustimmung der übrigen Wohnungseigentümer die zur Abwehr notwendigen Maßnahmen treffen.

Rücklage

§ 31. (1) Die Wohnungseigentümer haben eine angemessene Rücklage zur Vorsorge für künftige

Aufwendungen (§ 32) zu bilden. Bei der Festlegung der Beiträge zur Bildung der Rücklage ist auf die voraussichtliche Entwicklung der Aufwendungen Bedacht zu nehmen.

(2) Die Rücklage ist für die Deckung von Aufwendungen zu verwenden. Sie ist entweder auf einem für jeden Wohnungseigentümer einsehbaren Eigenkonto der Eigentümergemeinschaft oder auf einem ebenso einsehbaren Anderkonto fruchtbringend anzulegen. *(BGBl I 2006/124, ab 1. 10. 2006)*

(3) Bei Beendigung eines Verwaltungsvertrags hat der Verwalter ohne Verzug über die Rücklage Rechnung zu legen und den Überschuss an den neuen Verwalter oder bei Fehlen eines solchen an die Eigentümergemeinschaft herauszugeben. Wird der Verwaltungsvertrag durch das Gericht aufgelöst, so ist dem Verwalter die Herausgabe des festgestellten Überschusses binnen 14 Tagen bei Zwangsvollstreckung aufzutragen.

(4) Für abweichende Abrechnungseinheiten und gesondert abzurechnende Anlagen (§ 32 Abs. 6) können gesonderte Rücklagen gebildet werden.

Aufteilung der Aufwendungen

§ 32. (1) Die Aufwendungen für die Liegenschaft einschließlich der Beiträge zur Rücklage sind von den Wohnungseigentümern nach dem Verhältnis ihrer Miteigentumsanteile bei Ende der Abrechnungsperiode zu tragen. Besteht aber ein vor Wohnungseigentumsbegründung über ein wohnungseigentumstaugliches Objekt geschlossener Hauptmiet- oder Nutzungsvertrag (§ 1 Abs. 1 MRG, § 13 WGG) nach diesem Zeitpunkt weiter, so sind – soweit nichts anderes rechtswirksam vereinbart ist – nur die Beiträge zur Rücklage sowie die Kosten für die Erhaltung und Verbesserung nach der Regelung des ersten Satzes, die übrigen Aufwendungen jedoch nach dem Aufteilungsschlüssel zu tragen, der für das vor Wohnungseigentumsbegründung eingegangene Hauptmiet- oder Nutzungsverhältnis maßgeblich ist; hinsichtlich der diesem Aufteilungsschlüssel unterliegenden Aufwendungen kann jeder Wohnungseigentümer eine Überprüfung der Aufteilung gemäß § 37 MRG beziehungsweise § 22 WGG beantragen.

(2) Sämtliche Wohnungseigentümer können einen von der Regelung des Abs. 1 abweichenden Aufteilungsschlüssel oder eine von der Liegenschaft abweichende Abrechnungseinheit festlegen; für die nur diese abweichende Abrechnungseinheit betreffenden Angelegenheiten kann auch eine von der Liegenschaft abweichende Abstimmungseinheit festgelegt werden. Solche Vereinbarungen bedürfen zu ihrer Rechtswirksamkeit der Schriftform; sie werden frühestens für die ihrem Abschluss nachfolgende Abrechnungsperiode wirksam.

(3) Wenn einzelne Aufwendungen vom Verbrauch abhängig sind und die Anteile der Wohnungseigentumsobjekte am Gesamtverbrauch mit wirtschaftlich vernünftigem Kostenaufwand durch Messvorrichtungen ermittelt werden können, können die Wohnungseigentümer mit einer Mehrheit von zwei Dritteln der Anteile eine Aufteilung dieser Aufwendungen nach den Verbrauchsanteilen festlegen; dieser Beschluss wird frühestens für die ihm nachfolgende Abrechnungsperiode wirksam. Bei Vorliegen eines solchen Beschlusses hat jeder Wohnungseigentümer die Erfassung der Verbrauchsanteile in seinem Objekt zu dulden. Konnten trotz zumutbarer Bemühungen Verbrauchsanteile nicht erfasst werden, so sind sie, sofern dies dem Stand der Technik entspricht, durch rechnerische Verfahren zu ermitteln; die Nutzfläche, für die auf diese Weise die Verbrauchsanteile ermittelt werden, darf 20 vH nicht übersteigen. Der Teil der Aufwendungen, der dem auf die allgemeinen Teile der Liegenschaft entfallenden Verbrauchsanteil zuzuordnen ist, ist nach dem Schlüssel des Abs. 1 aufzuteilen.

(4) Können bei Gemeinschaftsanlagen die Energiekosten den Benützern zugeordnet werden, so kann die Mehrheit der Wohnungseigentümer festlegen, dass diese Energiekosten in pauschalierter Form (zum Beispiel durch Münzautomaten) von den Benützern eingehoben werden. Diese Entgelte sind in der Abrechnung als Einnahmen auszuweisen.

(5) Das Gericht kann bei einer wesentlichen Änderung der Nutzungsmöglichkeit seit einer Vereinbarung nach Abs. 2 oder bei erheblich unterschiedlichen Nutzungsmöglichkeiten den Aufteilungsschlüssel auf Antrag eines Wohnungseigentümers nach billigem Ermessen neu festsetzen. Eine solche Festsetzung ist ab der der Antragstellung nachfolgenden Abrechnungsperiode wirksam.

(6) Das Gericht kann auf Antrag eines Wohnungseigentümers eine von der Liegenschaft abweichende Abrechnungseinheit festsetzen, wenn auf der Liegenschaft mehr als fünfzig Wohnungseigentumsobjekte oder eine gesondert abzurechnende Anlage, wie etwa eine Waschküche, ein Personenaufzug oder eine gemeinsame Wärmeversorgungsanlage, vorhanden sind. Eine solche Festsetzung ist ab der der Antragstellung nachfolgenden Abrechnungsperiode wirksam. Mit der Festsetzung einer abweichenden Abrechnungseinheit kann auch die Einrichtung einer von der Liegenschaft abweichenden Abstimmungseinheit für die nur diese Abrechnungseinheit betreffenden Angelegenheiten verbunden werden.

(7) Durch den Wechsel eines Wohnungseigentümers werden der Aufteilungsschlüssel, die Abrechnungseinheit und die Abstimmungseinheit nicht berührt.

(8) Von der Regelung des Abs. 1 abweichende Aufteilungsschlüssel sowie von der Liegenschaft abweichende Abrechnungs- und Abstimmungseinheiten sind bei Festsetzung durch das Gericht von Amts wegen, sonst, sofern die Unterschrift auch nur eines Wohnungseigentümers öffentlich beglaubigt ist, auf Antrag dieses oder eines anderen Wohnungseigentümers im Grundbuch ersichtlich zu machen.

(9) Mangels anderslautender Vereinbarung sind die den Wohnungseigentümern vorgeschriebenen Vorauszahlungen auf die Aufwendungen für die Liegenschaft am Fünften eines jeden Kalendermonats fällig.

(10) Soweit die Eigentümergemeinschaft ihre Umsätze steuerpflichtig behandelt, hat jeder Wohnungseigentümer die auf sein Wohnungseigentumsobjekt nach der jeweiligen Nutzungsart entfallende Umsatzsteuer zu entrichten.

Verteilung der Erträgnisse

§ 33. (1) Erträgnisse aus Wohnungseigentumsobjekten stehen dem Wohnungseigentümer allein zu.

(2) Erträgnisse aus den allgemeinen Teilen der Liegenschaft stehen allen Wohnungseigentümern nach dem Verhältnis ihrer Miteigentumsanteile zu.

(3) Wenn für die Tragung der Kosten, die für die Errichtung allgemeiner Teile der Liegenschaft anfallen, ein vom Verhältnis der Miteigentumsanteile abweichender Schlüssel vereinbart wird, können sämtliche Wohnungseigentümer festlegen, dass die aus diesen allgemeinen Teilen erzielten Erträgnisse entsprechend diesem Schlüssel verteilt werden, soweit diese Festlegung dem § 38 Abs. 1 nicht widerspricht. Für eine solche Festlegung gilt § 32 Abs. 2 zweiter Satz, 7 und 8 entsprechend. Im Übrigen können die Regelungen der vorstehenden Absätze nicht vertraglich abbedungen werden.

(Siehe § 56 Abs 12)

Abrechnung

§ 34. (1) Die Abrechnung ist innerhalb von sechs Monaten nach Ablauf der Abrechnungsperiode jedem Wohnungseigentümer an die in § 24 Abs. 5 bestimmte Anschrift zu übermitteln. Sodann ist den Wohnungseigentümern in geeigneter Weise Einsicht in die Belege – bei Belegen auf Datenträgern Einsicht in Ausdrucke der Belege – zu gewähren. Wenn ein Wohnungseigentümer dies verlangt, sind für ihn gegen Kostenersatz Kopien (weitere Ausdrucke) der Belege anzufertigen. Der Anspruch der Wohnungseigentümer auf Rechnungslegung verjährt in drei Jahren ab dem Ende der Abrechnungsfrist.

(2) Abrechnungsperiode ist das Kalenderjahr. Eine davon abweichende Abrechnungsperiode kann entweder durch schriftliche Vereinbarung aller Wohnungseigentümer oder auf Antrag eines Wohnungseigentümers aus wichtigen Gründen durch das Gericht festgesetzt werden. Die vereinbarte Festsetzung ist frühestens ab der der Vereinbarung, die gerichtliche ab der der Antragstellung nachfolgenden Abrechnungsperiode wirksam. Durch den Wechsel eines Wohnungseigentümers wird die Abrechnungsperiode nicht berührt. Die abweichende Abrechnungsperiode ist bei Festsetzung durch das Gericht von Amts wegen, sonst, sofern die Unterschrift auch nur eines Wohnungseigentümers öffentlich beglaubigt ist, auf Antrag dieses oder eines anderen Wohnungseigentümers im Grundbuch ersichtlich zu machen.

(3) Wird die Abrechnung nicht gehörig gelegt oder die Einsicht in die Belege nicht gewährt oder werden die verlangten Kopien oder Ausdrucke der Belege trotz Kostenerlags nicht angefertigt, so ist der Verwalter auf Antrag eines Wohnungseigentümers vom Gericht unter Androhung einer Geldstrafe bis zu 6 000 Euro dazu zu verhalten. Die Geldstrafe ist zu verhängen, wenn dem Auftrag ungerechtfertigterweise nicht entsprochen wird; eine solche Geldstrafe kann auch wiederholt verhängt werden. „Besteht der Mangel der Abrechnung nur in einer inhaltlichen Unrichtigkeit, so hat sich die gerichtliche Entscheidung auf die Feststellung der Unrichtigkeit sowie des sich aus der Richtigstellung ergebenden Überschuss- oder Fehlbetrags zu beschränken.“ *(BGBl I 2006/124, ab 1. 10. 2006)*

(4) Soweit nichts anderes vereinbart oder beschlossen wird, ist ein sich aus der Abrechnung zu Gunsten eines Wohnungseigentümers ergebender Überschussbetrag auf dessen künftige Vorauszahlungen auf die Aufwendungen für die Liegenschaft gutzuschreiben. Ergibt sich aus der Abrechnung ein Fehlbetrag zu Lasten eines Wohnungseigentümers, so hat dieser den Fehlbetrag innerhalb von zwei Monaten ab der Rechnungslegung nachzuzahlen. Im Fall des Wechsels eines Wohnungseigentümers ist derjenige zur Nachzahlung verpflichtet, der im Zeitpunkt von deren Fälligkeit Wohnungseigentümer ist.

(5) Der Bundesminister für Justiz kann durch Verordnung ÖNORMEN bezeichnen, die in besonderem Maß als Grund- und Vorlage für eine ordentliche Abrechnung geeignet sind.

(Zu Abs 1 s § 56 Abs 10)

8. Abschnitt
Beendigung von Wohnungs- und Miteigentum

Erlöschen des Wohnungseigentums; Aufhebung der Gemeinschaft des Eigentums

§ 35. (1) Das Wohnungseigentum erlischt durch den Untergang des Gegenstands des Wohnungseigentums oder durch die Einverleibung der Löschung auf Grund eines Verzichts des Wohnungseigentümers; die Einverleibung der Löschung auf Grund eines Verzichts bedarf der Zustimmung der Wohnungseigentümer und der Buchberechtigten, deren Rechte den Mindestanteil belasten.

(2) Die Gemeinschaft des Eigentums an der Liegenschaft kann erst aufgehoben werden, nachdem das auf der Liegenschaft erworbene Wohnungseigentum erloschen ist.

Ausschließung von Wohnungseigentümern

§ 36. (1) Ein Wohnungseigentümer ist auf Klage der Mehrheit der übrigen Wohnungseigentümer aus der Gemeinschaft auszuschließen, wenn er

1. seinen Pflichten aus der Gemeinschaft nicht nachkommt, insbesondere die ihm obliegenden Zahlungen auch nicht bis zum Schluss der dem erstinstanzlichen Urteil vorangehenden Verhandlung leistet,

2. von seinem Wohnungseigentumsobjekt oder den allgemeinen Teilen der Liegenschaft einen die Interessen der übrigen Wohnungseigentümer empfindlich schädigenden Gebrauch macht oder

3. durch sein rücksichtsloses, anstößiges oder sonst grob ungehöriges Verhalten den Mitbewohnern das Zusammenwohnen verleidet oder sich gegenüber einem Wohnungseigentümer oder einer im Haus wohnenden Person einer strafbaren Handlung gegen das Eigentum, die Sittlichkeit oder die körperliche Sicherheit schuldig macht, sofern es sich nicht um den Umständen nach geringfügige Fälle handelt.

(2) Ist im Fall des Abs. 1 Z 1 strittig, welche Zahlungen der beklagte Wohnungseigentümer zu leisten hat, so ist darüber abgesondert zu verhandeln und mit Beschluss zu entscheiden. Zahlt der beklagte Wohnungseigentümer vor Schluss der dem erstinstanzlichen Urteil vorangehenden Verhandlung den geschuldeten Betrag, so ist die Klage abzuweisen; der beklagte Wohnungseigentümer hat jedoch die Kosten des Verfahrens zu ersetzen, soweit ihn ohne Zahlung eine Kostenersatzpflicht getroffen hätte.

(3) In den Fällen des Abs. 1 Z 2 und 3 steht dem Verhalten des auszuschließenden Wohnungseigentümers das Verhalten seines Ehegatten und der anderen mit ihm zusammenwohnenden Familienangehörigen sowie der Personen gleich, die sein Wohnungseigentumsobjekt oder die von ihm sonst benützten allgemeinen Teile der Liegenschaft mit seiner Zustimmung oder Duldung benützen, sofern er es unterlässt, die ihm mögliche Abhilfe zu schaffen.

(4) Die Ausschlussklage ist im Grundbuch anzumerken; diese Anmerkung hat die Rechtsfolge des § 61 Abs. 2 GBG 1955. Nach Ablauf von drei Monaten nach dem Eintritt der Rechtskraft des Urteils kann auf Antrag eines Wohnungseigentümers die Versteigerung des Miteigentumsanteils und des damit verbundenen Wohnungseigentums nach den Bestimmungen der Exekutionsordnung über die Zwangsversteigerung durchgeführt werden.

(5) Findet ein durch ein Verhalten nach Abs. 1 Z 2 oder 3 unmittelbar beeinträchtigter Wohnungseigentümer, der für dieses Verhalten keinen Anlass gegeben hat, nicht die Unterstützung der Mehrheit zur Ausschließung des Wohnungseigentümers, der das Verhalten an den Tag gelegt oder zu vertreten (Abs. 3) hat, so kann der beeinträchtigte Wohnungseigentümer den betreffenden Wohnungseigentümer auf Unterlassung dieses Verhaltens klagen. Wird das Verhalten trotz eines der Klage stattgebenden Urteils und einer darauf gegründeten Zwangsvollstreckung beharrlich fortgesetzt, so steht sodann die Klage auf Ausschließung auch dem beeinträchtigten Wohnungseigentümer zu.

(6) In den Fällen des Abs. 1 Z 2 und 3 sind Personen, die mit dem auszuschließenden Wohnungseigentümer durch ein familiäres oder wirtschaftliches Naheverhältnis verbunden sind, bei der Versteigerung des Miteigentumsanteils vom Bieten ausgeschlossen (§ 180 der Exekutionsordnung).

9. Abschnitt
Schutz des Wohnungseigentumsbewerbers

Annahmeverbot; Ansprüche des Wohnungseigentumsbewerbers

§ 37. (1) Vor Eintragung der Anmerkung der Einräumung von Wohnungseigentum (§ 40 Abs. 2) werden die mit dem Wohnungseigentumsbewerber vereinbarten Zahlungen nicht fällig; der Wohnungseigentumsorganisator darf sie vor Fälligkeit weder fordern noch annehmen. Der Wohnungseigentumsbewerber kann alle Zahlungen, die entgegen diesem Verbot angenommen wurden, zurückfordern. Der Wohnungseigentumsorganisator hat die angenommenen Beträge ab dem Zahlungstag mit einem den jeweiligen Basiszinssatz (§ 1 Abs. 1 1. Euro-JuBeG) um sechs Prozentpunkte übersteigenden Zinssatz zu verzinsen.

(2) Hat der Wohnungseigentumsbewerber einem der Wohnungseigentumsorganisatoren die zahlenmäßig bestimmt vereinbarten, bis zur Vollendung der Bauführung zu entrichtenden Beträge an Grund-, Bau- und sonstigen Kosten bezahlt, so hat er gegen den verfügungsberechtigten Wohnungseigentumsorganisator den Anspruch,

1. dass ihm das zugesagte wohnungseigentumstaugliche Objekt zur Nutzung übergeben wird, sobald es beziehbar ist, und

2. dass nach Vollendung der Bauführung am Haus, in dem sich das zugesagte wohnungseigentumstaugliche Objekt befindet, ohne Verzug die für die Einverleibung seines Eigentumsrechts am Mindestanteil und „für die – allenfalls noch durchzuführende – Begründung von Wohnungseigentum an allen dafür gewidmeten wohnungseigentumstauglichen Objekten" erforderlichen Urkunden errichtet und Anträge gestellt werden. *(BGBl I 2006/124, ab 1. 10. 2006)*

(3) Überdies haben die Wohnungseigentumsorganisatoren

1. vor oder mit der Zusage der Einräumung des Wohnungseigentums dem Wohnungseigentumsbewerber bestimmt zu erklären, ob ein Nutzwertgutachten (§ 9 Abs. 1) oder eine Entscheidung über die gerichtliche Nutzwertfestsetzung (§ 9 Abs. 2) vorliegt und welches Verhältnis sich daraus zur Summe der Nutzwerte aller wohnungseigentumstauglichen Objekte der Liegenschaft ergibt,

2. den Wohnungseigentumsbewerber in allen Verfahren zur gerichtlichen Nutzwertfestsetzung zu benennen und

3. die Miteigentümer und die Wohnungseigentumsbewerber, die noch nicht Miteigentümer sind, ohne Verzug von der Vollendung der Bauführung zu verständigen.

(4) Vor oder mit der Zusage der Einräumung des Wohnungseigentums an Teilen eines Hauses, dessen Baubewilligung zum Zeitpunkt der Zusage älter als 20 Jahre ist, haben die Wohnungseigentumsorganisatoren dem Wohnungseigentumsbewerber ein Gutachten eines für den Hochbau zuständigen Ziviltechnikers oder eines allgemein beeideten und gerichtlich zertifizierten Sachverständigen für das Hochbauwesen über den Bauzustand der allgemeinen Teile des Hauses, insbesondere über in absehbarer Zeit notwendig werdende Erhaltungsarbeiten, zu übergeben. Das Gutachten darf zum Zeitpunkt der Zusage nicht älter als ein Jahr sein und ist in den Kaufvertrag über den Liegenschaftsanteil, an dem Wohnungseigentum erworben werden soll, einzubeziehen; mit seiner Einbeziehung gilt der darin beschriebene Bauzustand als bedungene Eigenschaft (§ 922 Abs. 1 ABGB). Wird in den Kaufvertrag kein solches Gutachten einbezogen, so gilt ein Erhaltungszustand des Hauses als vereinbart, der in den nächsten zehn Jahren keine größeren Erhaltungsarbeiten erfordert.

(5) Sobald eine Zusage der Einräumung des Wohnungseigentums im Grundbuch angemerkt ist und zumindest ein Wohnungseigentumsbewerber Miteigentum erworben hat, gelten für die Verwaltung der Liegenschaft und die Rechte der Miteigentümer die §§ 16 bis 34, 36 und 52. Ein Wohnungseigentumsbewerber, der noch nicht Miteigentümer, zu dessen Gunsten aber eine solche Zusage angemerkt ist, hat ab Bezug des wohnungseigentumstauglichen Objekts die Rechte nach § 16 und § 52 Abs. 1 Z 2 sowie den Anspruch auf Rechnungslegung gemäß § 34. Weiters hat ein solcher Wohnungseigentumsbewerber ab dem Zeitpunkt, zu dem sein späterer Miteigentumsanteil – insbesondere durch ein bereits vorliegendes Nutzwertgutachten – bekannt ist, die Rechte eines Miteigentümers, sofern zumindest ein anderer Wohnungseigentumsbewerber bereits Miteigentum erworben hat.

(6) Die Regelungen der vorstehenden Absätze können nicht vertraglich abbedungen werden.

(Zu Abs 1 s § 56 Abs 11)

Rechtsunwirksame Vereinbarungen

§ 38. (1) Rechtsunwirksam sind Vereinbarungen oder Vorbehalte, die geeignet sind, die dem Wohnungseigentumsbewerber oder Wohnungseigentümer zustehenden Nutzungs- oder Verfügungsrechte aufzuheben oder unbillig zu beschränken, wie insbesondere

1. von Wohnungseigentumsorganisatoren vereinbarte Mietverträge oder Nutzungsvorbehalte über Teile der Liegenschaft, die sich nur als Zubehörobjekte im Sinn des § 2 Abs. 3 eignen oder an denen Wohnungseigentum nicht bestehen kann (§ 3 Abs. 3),

2. Vereinbarungen oder Vorbehalte über die Vergabe oder Durchführung von künftigen Instandhaltungs- oder Verbesserungsarbeiten oder Vermittlungsaufträge jeder Art,

3. Vereinbarungen über Vorkaufs- und Wiederkaufsrechte,

4. Vereinbarungen über Beschränkungen der nach den §§ 918 bis 924, 932, 933, 933a und 934 ABGB zustehenden Rechte oder

5. Vereinbarungen über Konventionalstrafen oder Reugelder.

(2) Die Rechtsunwirksamkeit erstreckt sich auch auf den daraus begünstigten Dritten, es sei denn, dass ihm die Absicht, auf der Liegenschaft Wohnungseigentum zu begründen, weder bekannt war noch bekannt sein musste.

Rücktritt des Wohnungseigentumsorganisators

§ 39. Macht der Wohnungseigentumsorganisator seinen Rücktritt wegen Zahlungsverzugs mit

Klage geltend und ist die Höhe der vom Wohnungseigentumsbewerber oder Wohnungseigentümer noch zu leistenden Zahlungen strittig, so ist darüber abgesondert zu verhandeln und mit Beschluss zu entscheiden. Zahlt der Wohnungseigentumsbewerber oder Wohnungseigentümer vor Schluss der dem erstinstanzlichen Urteil vorangehenden Verhandlung den geschuldeten Betrag, so ist die Klage abzuweisen; der Wohnungseigentumsbewerber oder Wohnungseigentümer hat jedoch dem Kläger die Kosten des Verfahrens zu ersetzen, soweit ihn ohne Zahlung eine Kostenersatzpflicht getroffen hätte.

Grundbücherliche Sicherung des Wohnungseigentumsbewerbers

§ 40. (1) Auf Antrag des Liegenschaftseigentümers ist im Grundbuch anzumerken, dass für die Begründung von Wohnungseigentum die Verpfändung bis zu einem bestimmten Betrag vorbehalten wird (Anmerkung der vorbehaltenen Verpfändung).

(2) Auf Antrag des Wohnungseigentumsbewerbers oder des Wohnungseigentumsorganisators ist die Zusage der Einräumung des Wohnungseigentums im Grundbuch anzumerken (Anmerkung der Einräumung von Wohnungseigentum). Ist der Wohnungseigentumsorganisator nicht alleiniger Liegenschaftseigentümer, so ist dazu die Zustimmung des alleinigen Eigentümers beziehungsweise aller (anderen) Miteigentümer der Liegenschaft erforderlich; einer öffentlichen Beglaubigung dieser Zustimmungserklärungen bedarf es nicht. In der Anmerkung sind der Wohnungseigentumsbewerber und die Bezeichnung des wohnungseigentumstauglichen Objekts anzuführen. Die Anmerkung kann auf Grund eines Rechtsgeschäfts unter Lebenden oder von Todes wegen mit Rang wahrender Wirkung an den Erwerber des Rechts auf Einräumung des Wohnungseigentums übertragen werden (Anmerkung der Übertragung des Rechts auf Wohnungseigentumseinräumung); diese Anmerkung erfolgt auf Antrag des bisherigen oder des neuen Wohnungseigentumsbewerbers mit Zustimmung des jeweils anderen.

(3) Gleichzeitig mit der erstmaligen Eintragung einer Anmerkung nach Abs. 1 oder 2 sind in der Aufschrift des Gutsbestandsblatts die Worte „Wohnungseigentum in Vorbereitung" einzutragen.

(4) Wird an dem in der Anmerkung der Einräumung von Wohnungseigentum angeführten wohnungseigentumstauglichen Objekt Wohnungseigentum begründet, so kann der eingetragene Wohnungseigentumsbewerber die Einverleibung seines Eigentums am Mindestanteil und des Wohnungseigentums im Rang dieser Anmerkung auch dann verlangen, wenn die Liegenschaft nach der Anmerkung einem Dritten übertragen oder belastet wurde. § 57 Abs. 1 GBG 1955 ist entsprechend anzuwenden. Von der Löschung sind jedoch folgende Eintragungen ausgenommen:

1. Veräußerungsverbote gemäß § 49 des Wohnbauförderungsgesetzes 1984 oder nach den landesgesetzlichen Vorschriften für die Wohnbauförderung und Wohnhaussanierung,

2. Eintragungen, zu deren Übernahme sich der Wohnungseigentumsbewerber gegenüber dem Liegenschaftseigentümer verpflichtet hat, und

3. Pfandrechte im Rang einer Anmerkung der vorbehaltenen Verpfändung, sofern diese der Anmerkung der Einräumung von Wohnungseigentum im Rang vorging, bis zum angemerkten Betrag.

(5) Die Anmerkung der vorbehaltenen Verpfändung darf, wenn im Rang danach eine Anmerkung der Einräumung von Wohnungseigentum und nach dieser ein Pfandrecht eingetragen ist, nur mit Zustimmung des Pfandgläubigers gelöscht werden. Die Anmerkung der Einräumung von Wohnungseigentum darf vor den in Abs. 4 genannten Eintragungen nur mit Zustimmung des eingetragenen Wohnungseigentumsbewerbers gelöscht werden.

Zustimmung zur Nachfinanzierung

§ 41. (1) Ist zwischen Wohnungseigentumsorganisator und Wohnungseigentumsbewerber schriftlich vereinbart, dass der Wohnungseigentumsorganisator dem Wohnungseigentumsbewerber Kostensteigerungen (Bau- einschließlich der Finanzierungskosten, jedoch nicht Grundbeschaffungskosten) in Rechnung stellen darf, so ist dieser verpflichtet, einer zusätzlichen Hypothekardarlehensaufnahme zur Finanzierung der Bauvollendung über den bereits eingetragenen oder vorbehaltenen (§ 40 Abs. 1) Pfandbetrag hinaus zuzustimmen. Die Höhe des zusätzlichen Pfandbetrags hat das Gericht in entsprechender Anwendung des § 273 ZPO festzusetzen. Den beiderseitigen Ansprüchen wird durch diese Entscheidung nicht vorgegriffen.

(2) Wenn über das Vermögen des Wohnungseigentumsorganisators ein Insolvenzverfahren eröffnet wurde oder die Voraussetzungen für die Eröffnung eines Konkursverfahrens vorliegen oder ein Insolvenzverfahren nur mangels kostendeckenden Vermögens nicht eröffnet wurde, entscheidet darüber, ob der Aufnahme zusätzlicher Hypothekardarlehen zur Finanzierung der Bauvollendung zugestimmt wird, die nach Köpfen berechnete Mehrheit der Wohnungseigentumsbewerber. *(BGBl I 2010/58, ab 1. 8. 2010)*

Rangordnung für die beabsichtigte Einräumung von Wohnungseigentum

§ 42. (1) Ist auf einer Liegenschaft zumindest eine Anmerkung der Einräumung von Wohnungseigentum (§ 40 Abs. 2) eingetragen oder das

Miteigentum an einem Anteil auf Grund eines Vertrags einverleibt, der Anspruch auf eine derartige Anmerkung gibt, so ist auf Antrag des nach § 12 BTVG bestellten Treuhänders im Grundbuch die unbefristete Rangordnung für die beabsichtigte Einräumung von Wohnungseigentum anzumerken. In dieser Anmerkung ist der Treuhänder anzugeben. Der Antragsteller hat seine Bestellung zum Treuhänder durch eine beglaubigte Bestätigung des Bauträgers oder durch einen Gerichtsbeschluss nachzuweisen. Ist der Bauträger nicht Liegenschaftseigentümer (Bauberechtigter), so ist überdies eine beglaubigte Erklärung des Liegenschaftseigentümers (Bauberechtigten) über seine Zustimmung zur Eintragung dieser Anmerkung vorzulegen; in der Zustimmungserklärung muss der Bauträger angegeben sein.

(2) Die Anmerkung hat folgende Rechtswirkungen:

1. Soweit für wohnungseigentumstaugliche Objekte noch keine Wohnungseigentumsbewerber vorhanden sind, übt der Treuhänder die Rechte aus, die Wohnungseigentumsbewerbern nach § 41 Abs. 2 und § 44 zustehen würden.

2. Wohnungseigentumsbewerber können die Anmerkung der Einräumung von Wohnungseigentum im Rang der Anmerkung der Rangordnung verlangen.

(3) Die Anmerkung kann nur auf Antrag des Treuhänders gelöscht werden.

(4) Im Fall des § 7 Abs. 6 Z 3 BTVG ist anstelle eines Treuhänders der Bauträger, der zugleich Liegenschaftseigentümer (Bauberechtigter) ist, unter den in Abs. 1 erster Satz genannten Voraussetzungen antragsberechtigt. Der Antrag bedarf der Beglaubigung. Der Bauträger hat die Gewährung der Förderung durch Vorlage der schriftlichen Förderungszusicherung (§ 7 Abs. 6 Z 3 lit. a BTVG) nachzuweisen. In der Anmerkung ist das Vorliegen einer öffentlichen Förderung im Sinne des § 7 Abs. 6 Z 3 BTVG anzugeben.

(5) Die Anmerkung nach Abs. 4 hat nur die Rechtswirkung des Abs. 2 Z 2.

(6) Die Anmerkung nach Abs. 4 kann nur auf Antrag des Bauträgers mit einer beglaubigten Zustimmungserklärung jener Wohnungseigentumsbewerber gelöscht werden, für die eine Anmerkung der Einräumung von Wohnungseigentum eingetragen ist.

Klage auf Einverleibung des Eigentumsrechts

§ 43. (1) Sind die Wohnungseigentumsorganisatoren mit der Stellung der Anträge oder der Errichtung der Urkunden (§ 37 Abs. 2 Z 2) säumig, so kann der Wohnungseigentumsbewerber den Liegenschaftseigentümer auf die Einwilligung in die Einverleibung seines Eigentums am Mindestanteil und „in die Begründung von Wohnungseigentum an allen dafür gewidmeten wohnungseigentumstauglichen Objekten" bei dem Bezirksgericht klagen, in dessen Sprengel die Liegenschaft gelegen ist. „Ist die Wohnungseigentumsbegründung an allen wohnungseigentumstauglichen Objekten nicht möglich, etwa weil nicht jedem Miteigentümer ein Objekt zugewiesen werden kann, so kann im Urteil über die Klage entgegen der Bestimmung des § 3 Abs. 2 ausnahmsweise die Einverleibung von Wohnungseigentum nur an dem dem Kläger zugesagten Objekt vorgesehen werden." *(BGBl I 2006/124, ab 1. 10. 2006, s auch § 58 Abs 7)*

(2) Sind die für die Bestimmung des Mindestanteils maßgebenden Nutzwerte noch nicht ermittelt oder wird bescheinigt, dass die Voraussetzungen für eine gerichtliche Nutzwertfestsetzung vorliegen, so kann sich der Kläger die bestimmte Angabe des von ihm beanspruchten Mindestanteils bis zur Ermittlung oder Festsetzung der Nutzwerte vorbehalten. In diesem Fall hat das Gericht den Parteien mit Beschluss aufzutragen, einen Ziviltechniker oder Sachverständigen (§ 9 Abs. 1) mit der Erstattung eines Nutzwertgutachtens zu betrauen beziehungsweise die Einleitung des Verfahrens zur gerichtlichen Nutzwertfestsetzung zu beantragen, und zugleich das Verfahren über die Klage zu unterbrechen. Das unterbrochene Verfahren ist nach Vorliegen des Nutzwertgutachtens beziehungsweise nach rechtskräftiger Entscheidung über die gerichtliche Nutzwertfestsetzung auf Antrag wieder aufzunehmen.

(3) Der Kläger kann die Anmerkung der Klage im Grundbuch verlangen. Die Anmerkung hat zur Folge, dass das über die Klage ergehende Urteil auch gegen die Personen wirkt, die erst nach dem Einlangen des Gesuchs um die Streitanmerkung beim Grundbuchsgericht bücherliche Rechte erlangt haben. § 65 GBG 1955 ist mit der Maßgabe anzuwenden, dass die Einverleibung des Eigentums am Mindestanteil und des Wohnungseigentums im Rang der Streitanmerkung vorzunehmen und alle nach der Streitanmerkung auf dem Mindestanteil vorgenommenen Eintragungen zu löschen sind.

(4) Wenn zu Gunsten des Wohnungseigentumsbewerbers eine Anmerkung nach § 40 Abs. 2 oder eine Streitanmerkung nach Abs. 3 eingetragen ist, hat im Fall der Zwangsversteigerung der Liegenschaft der Ersteher sowie im Fall der Verwertung der Liegenschaft in der Insolvenz des Liegenschaftseigentümers der Ersteher oder Erwerber die dem Wohnungseigentumsbewerber auf Grund dieser Anmerkungen zustehenden Rechte nach Maßgabe des § 150 der Exekutionsordnung zu übernehmen. *(BGBl I 2006/124, ab 1. 10. 2006, s auch § 58 Abs 8)*

(5) Wird auf Grund einer Klage nach Abs. 1 Wohnungseigentum an allen dafür gewidmeten wohnungseigentumstauglichen Objekten begründet, so hindert dies nachfolgende Anmerkungen

WEG

der Einräumung von Wohnungseigentum (§ 40 Abs. 2) nicht. *(BGBl I 2006/124, ab 1. 10. 2006)*

Fortsetzung der Bauführung bei Insolvenz

§ 44. Wenn über das Vermögen des Wohnungseigentumsorganisators ein Insolvenzverfahren eröffnet wurde oder die Voraussetzungen für die Eröffnung eines Konkursverfahrens vorliegen oder ein Insolvenzverfahren nur mangels kostendeckenden Vermögens nicht eröffnet wurde, entscheidet darüber, ob das Bauvorhaben von einem anderen Wohnungseigentumsorganisator durchgeführt wird, die nach Köpfen berechnete Mehrheit der Wohnungseigentumsbewerber.

(BGBl I 2010/58, ab 1. 8. 2010)

10. Abschnitt

Vorläufiges Wohnungseigentum des Alleineigentümers

Begründung von vorläufigem Wohnungseigentum

§ 45. (1) Der Alleineigentümer einer Liegenschaft kann vorläufiges Wohnungseigentum auf Grundlage einer schriftlichen Errichtungserklärung (Wohnungseigentumsstatut) begründen. Das Wohnungseigentumsstatut tritt dabei an die Stelle des Wohnungseigentumsvertrags.

(2) Das Wohnungseigentumsstatut hat zu enthalten:

1. die Bezeichnung der Liegenschaft,

2. die Bezeichnung der wohnungseigentumstauglichen Objekte, an denen vorläufiges Wohnungseigentum begründet werden soll, nach ihrer Art (Wohnung, sonstige selbständige Räumlichkeit oder Kraftfahrzeug-Abstellplatz) und ihrer Lage,

3. die Erklärung des Alleineigentümers der Liegenschaft, an diesen Objekten vorläufiges Wohnungseigentum begründen zu wollen, und

4. die Nutzflächen und Nutzwerte der wohnungseigentumstauglichen Objekte, an denen vorläufiges Wohnungseigentum begründet werden soll.

(3) Die Begründung von vorläufigem Wohnungseigentum ist nur zulässig, wenn sie sich auf alle wohnungseigentumstauglichen Objekte bezieht, die nach der Widmung des Alleineigentümers als Wohnungseigentumsobjekte vorgesehen sind. *(BGBl I 2006/124, ab 1. 10. 2006)*

(4) Das vorläufige Wohnungseigentum des Alleineigentümers wird durch die Einverleibung in das Grundbuch begründet; dabei ist in der Aufschrift des Gutsbestandsblatts die Bezeichnung „Vorläufiges Wohnungseigentum" einzutragen. Die Regelungen des § 6 sind mit der Maßgabe anzuwenden, dass anstelle der schriftlichen Vereinbarung der Miteigentümer das Wohnungseigentumsstatut vorzulegen ist.

Wohnungseigentum an einem Abstellplatz für Kraftfahrzeuge

§ 46. Die dreijährige Frist nach § 5 Abs. 2 beginnt im Fall des vorläufigen Wohnungseigentums erst mit dem Erwerb von Miteigentum durch eine vom bisherigen Alleineigentümer verschiedene und mit diesem nicht durch ein familiäres oder wirtschaftliches Naheverhältnis verbundene Person.

Ermittlung und gerichtliche Festsetzung der Nutzwerte

§ 47. Die Regelungen der §§ 9 und 10 gelten für das vorläufige Wohnungseigentum mit der Maßgabe, dass das in § 10 Abs. 1 jedem Miteigentümer eingeräumte Antragsrecht dem Alleineigentümer und das in dieser Bestimmung den Wohnungseigentumsbewerbern eingeräumte Antragsrecht den Miteigentumsbewerbern (§ 2 Abs. 6) zukommt. Die einjährige Frist nach § 10 Abs. 2 beginnt vor dem Erwerb von Miteigentum durch eine vom bisherigen Alleineigentümer verschiedene und mit diesem nicht durch ein familiäres oder wirtschaftliches Naheverhältnis verbundene Person jedenfalls nicht zu laufen.

Nicht anwendbare Regelungen über das Wohnungseigentum

§ 48. Für das vorläufige Wohnungseigentum des Alleineigentümers gelten insbesondere folgende Regelungen der übrigen Abschnitte dieses Bundesgesetzes nicht:

1. die Bestimmung des § 4 über die Wirkung der Wohnungseigentumsbegründung auf ein bestehendes Mietverhältnis,

2. die Regelungen des 4. Abschnitts über die Eigentümerpartnerschaft,

3. die Regelungen des 6. Abschnitts über die Eigentümergemeinschaft, den Verwalter und das Vorzugspfandrecht,

4. die Regelungen des 7. Abschnitts über die Verwaltung der Liegenschaft,

5. die Bestimmung des § 36 über die Ausschließung von Wohnungseigentümern,

6. die Bestimmung des § 52 über das wohnungseigentumsrechtliche Außerstreitverfahren mit Ausnahme der Regelungen über die Nutzwertfestsetzung.

Rechtsunwirksamkeit von Festlegungen

§ 49. (1) Über die Dauer des vorläufigen Wohnungseigentums hinausreichende Festlegungen des Alleineigentümers der Liegenschaft – auf welche Weise immer sie getroffen werden – über die folgenden Angelegenheiten sind unwirksam, dies insbesondere mit der Rechtsfolge, dass Miteigentumsbewerber und spätere Wohnungseigentümer daran nicht gebunden sind:

1. Benützungsregelung (§ 17),

2. Gemeinschaftsordnung (§ 26),

3. Höhe der Rücklage (§ 31),

4. Versicherung der Liegenschaft (§ 28 Abs. 1 Z 4),

5. Hausordnung (§ 28 Abs. 1 Z 7),

6. Vermietung der allgemeinen Teile der Liegenschaft (§ 28 Abs. 1 Z 8 und 9),

7. Bestellung eines Verwalters und Inhalt des Verwaltungsvertrags (§§ 19, 20, § 28 Abs. 1 Z 5),

8. Aufnahme von Darlehen zur Erhaltung der Liegenschaft (§ 28 Abs. 1 Z 3),

9. abweichende Aufteilungsschlüssel, abweichende Abrechnungseinheiten und abweichende Abstimmungseinheiten (§ 32 Abs. 2),

10. verbrauchsabhängige Abrechnung (§ 32 Abs. 3),

11. benützungsabhängige Einhebung der Energiekosten für Gemeinschaftsanlagen (§ 32 Abs. 4),

12. Verteilung der Erträgnisse (§ 33),

13. Rechnungslegung (§ 34),

14. abweichende Abrechnungsperioden (§ 34 Abs. 2),

15. Vorgangsweise bei Überschüssen und Fehlbeträgen aus der Abrechnung (§ 34 Abs. 4).

(2) Abs. 1 gilt entsprechend für Festlegungen einer Eigentümergemeinschaft, die nur aus dem Wohnungseigentumsorganisator und einer mit diesem durch ein familiäres oder wirtschaftliches Naheverhältnis verbundenen Person besteht.

Rechte von Miteigentumsbewerbern

§ 50. Die im 9. und 11. Abschnitt den Wohnungseigentumsbewerbern eingeräumten Rechte kommen bei vorläufigem Wohnungseigentum des Alleineigentümers den Miteigentumsbewerbern zu.

Übergehen in Wohnungseigentum

§ 51. Sobald eine andere Person als der Alleineigentümer Miteigentum an der Liegenschaft erwirbt, geht das vorläufige Wohnungseigentum – unbeschadet der Unwirksamkeit von Festlegungen gemäß § 49 – in Wohnungseigentum über. Jeder Wohnungseigentümer kann die dem entsprechende Berichtigung des Grundbuchsstandes beantragen.

11. Abschnitt
Verfahrens- und gebührenrechtliche Bestimmungen

Wohnungseigentumsrechtliches Außerstreitverfahren

§ 52. (1) Über die Anträge in den folgenden Angelegenheiten entscheidet das für Zivilrechtssachen zuständige Bezirksgericht, in dessen Sprengel die Liegenschaft gelegen ist, im Verfahren außer Streitsachen:

1. Nutzwertfestsetzung (§ 9 Abs. 2) und Nutzwertneufestsetzung (§ 9 Abs. 3);

2. Duldung von Änderungen und Erhaltungsarbeiten einschließlich der Entschädigung eines dadurch beeinträchtigten Wohnungseigentümers (§ 16 Abs. 2 und 3);

3. Minderheitsrechte des einzelnen Wohnungseigentümers (§ 30 Abs. 1 und 2) einschließlich der sonstigen Angelegenheiten der Wohnungseigentümer der Liegenschaft, über die nach dem 16. Hauptstück des Zweiten Teils des ABGB im Verfahren außer Streitsachen zu entscheiden ist, wie etwa Benützungsregelungen (§ 17);

4. Rechtswirksamkeit eines Beschlusses der Eigentümergemeinschaft (§ 24 Abs. 6);

5. Aufhebung eines Beschlusses der Eigentümergemeinschaft über eine zur außerordentlichen Verwaltung zählende Veränderung an den allgemeinen Teilen der Liegenschaft (§ 29);

6. Durchsetzung der Pflichten des Verwalters mit Ausnahme der Herabsetzung des Entgelts (§§ 20 Abs. 1 bis 7, 31 Abs. 3);

7. Festsetzung einer abweichenden Abrechnungsperiode (§ 34 Abs. 2);

8. Bestellung eines vorläufigen Verwalters (§ 23), Rechtswirksamkeit einer Kündigung oder gerichtliche Auflösung des Verwaltungsvertrags (§ 21);

9. Zulässigkeit eines vereinbarten oder Festsetzung eines abweichenden Aufteilungsschlüssels oder einer abweichenden Abrechnungs- oder Abstimmungseinheit (§ 32 Abs. 2, 5 und 6), verbrauchsabhängige Aufteilung von Aufwendungen (§ 32 Abs. 3), benützungsabhängige Einhebung von Energiekosten bei Gemeinschaftsanlagen (§ 32 Abs. 4);

10. Zustimmung zur Nachfinanzierung (§ 41);

11. Fortsetzung der Bauführung bei Insolvenz (§ 44).

(2) In den in Abs. 1 angeführten Verfahren gelten die allgemeinen Bestimmungen über das gerichtliche Verfahren in Rechtsangelegenheiten außer Streitsachen mit den in § 37 Abs. 3 Z 1, 6, 8, 10 bis 19 sowie Abs. 4 MRG genannten und den folgenden Besonderheiten:

1. Den Wohnungseigentümern und dem Verwalter kommt insoweit Parteistellung zu, als ihre Interessen durch die Entscheidung über den Antrag unmittelbar berührt werden können „; dem Verwalter kommt überdies auch dann Parteistellung zum, wenn Gegenstand des Verfahrens ein Verhalten des Verwalters ist.“ *(BGBl I 2006/124, ab 1. 10. 2006)*

2. In Verfahren nach Abs. 1 Z 1 kommt überdies – unbeschadet weiterer Rechte nach § 37 Abs. 5 – den Wohnungseigentumsbewerbern, die dem Gericht vom Antragsteller bekannt gegeben oder sonst bekannt wurden, Parteistellung zu.

3. Für die Beiziehung von im Antrag nicht namentlich genannten Wohnungseigentümern reicht es aus, wenn sie zu einem Zeitpunkt, zu dem dies noch zulässig ist, Sachvorbringen erstatten können.

4. Zustellungen an mehr als sechs Wohnungseigentümer können durch Anschlag im Sinne des § 24 Abs. 5 vorgenommen werden. Der Anschlag darf frühestens nach 30 Tagen abgenommen werden. Die Zustellung des verfahrenseinleitenden Antrags gilt mit Ablauf dieser Frist als vollzogen, spätere Zustellungen hingegen schon mit dem Anschlag. Die Gültigkeit der Zustellung wird dadurch, dass der Anschlag noch vor Ablauf dieser Frist abgerissen oder beschädigt wurde, nicht berührt. Der verfahrenseinleitende Antrag ist überdies einem vom Gericht zu bestimmenden Wohnungseigentümer „mit Zustellnachweis“ zuzustellen. „Die Zustellung an einen Ersatzempfänger ist zulässig.“ *(BGBl I 2010/111, ab 1. 5. 2011, anzuwenden, wenn das zuzustellende Schriftstück nach dem 30. 4. 2011 abgefertigt wird)*

5. Einem Antrag auf gerichtliche Nutzwertfestsetzung (§ 9 Abs. 2) oder Nutzwertneufestsetzung (§ 9 Abs. 3) sind die Unterlagen beizufügen, aus denen sich die Notwendigkeit der Nutzwertfest- oder -neufestsetzung und – soweit dies urkundlich belegbar ist – die Rechtzeitigkeit des Antrags ergeben.

6. „In erster und zweiter Instanz können die Parteien selbst vor Gericht handeln und sich durch jede Person vertreten lassen, die volljährig und geschäftsfähig ist und für die in keinem Bereich ein gerichtlicher Erwachsenenvertreter bestellt oder eine gewählte oder gesetzliche Erwachsenenvertretung oder Vorsorgevollmacht wirksam ist.“ In dritter Instanz müssen sich die Parteien entweder durch einen Rechtsanwalt oder Notar oder durch einen Interessenvertreter vertreten lassen. Interessenvertreter ist ein Funktionär oder Angestellter eines Vereins, zu dessen satzungsmäßigen Zwecken der Schutz und die Vertretung der Interessen von Wohnungseigentümern und Wohnungseigentumsbewerbern gehören und der sich regelmäßig mit der Beratung seiner Mitglieder in Wohnungseigentumsangelegenheiten in mehr als zwei Bundesländern befasst; er ist zur Vertretung von Parteien in allen Instanzen befugt. *(BGBl I 2018/58, ab 1. 8. 2018, auf Verfahren anzuwenden, die nach dem 31. Juli 2018 anhängig sind oder anhängig werden)*
(BGBl I 2003/113, ab 1. 1. 2005; auch auf Verfahren anzuwenden, die davor anhängig geworden sind; Z 6 anzuwenden, wenn das Datum der angefochtenen Entscheidung nach dem 31. 12. 2004 liegt)

(3) In den durch Kundmachung gemäß § 39 Abs. 2 und § 50 MRG bestimmten Gemeinden kann ein Verfahren auf Nutzwertfestsetzung (§ 9 Abs. 2) oder Nutzwertneufestsetzung (§ 9 Abs. 3) bei Gericht nur eingeleitet werden, wenn die Sache vorher bei der Gemeinde anhängig gemacht wurde; diesbezüglich gelten „neben Abs. 2“ auch § 39 Abs. 3 bis 5 und § 40 MRG. *(BGBl I 2003/113, ab 1. 1. 2005)*

Gerichtsgebühren

§ 53. Für die in § 52 Abs. 1 genannten Verfahren ist die in der Tarifpost 12 lit. c Z 6 GGG bestimmte Pauschalgebühr zu entrichten.

12. Abschnitt

Schluss- und Übergangsbestimmungen

In-Kraft-Treten

§ 54. (1) Dieses Bundesgesetz tritt mit 1. Juli 2002 in Kraft.

(2) § 20 Abs. 6 tritt abweichend von Abs. 1 mit 1. Jänner 2003 in Kraft.

Außer-Kraft-Treten

§ 55. Das Wohnungseigentumsgesetz 1975, BGBl. Nr. 417, zuletzt geändert durch das Bundesgesetz BGBl. I Nr. 98/2001, tritt mit Ablauf des 30. Juni 2002 außer Kraft. Die Übergangsregelungen des § 29 Abs. 1 bis 3 des Wohnungseigentumsgesetzes 1975 gelten jedoch für die davon erfassten Rechtsverhältnisse weiter.

Übergangsbestimmungen

§ 56. (1) Wurde vor dem 1. Juli 2002 ein Abstellplatz für ein Kraftfahrzeug gemäß § 1 Abs. 2 WEG 1975 mit einer Wohnung oder sonstigen selbständigen Räumlichkeit verbunden, so bleibt diese Verbindung weiterhin gültig. „In den Fällen des § 14 Abs. 3 und 5 Z 1 vierter Satz gelten die dort vorgesehenen Begünstigungen auch für einen Abstellplatz für ein Kraftfahrzeug, der gemäß § 1 Abs. 2 WEG 1975 mit der Wohnung verbunden ist. Die Begründung von selbständigem Wohnungseigentum an einem im Zubehör-Wohnungseigentum stehenden Abstellplatz für ein Kraftfahrzeug bedarf nicht der Zustimmung der anderen Miteigentümer; eine Nutzwertfestsetzung gemäß § 9 Abs. 2, 3 oder 6 ist entbehrlich, wenn sich der

Nutzwert des Abstellplatzes zweifelsfrei aus der früheren Nutzwertermittlung ergibt.“ *(BGBl I 2006/124, ab 27. 7. 2006)*

(2) Wurde vor dem 1. Juli 2002 selbständiges Wohnungseigentum entgegen der Bestimmung des § 1 Abs. 2 WEG 1975 an einem Abstellplatz für Kraftfahrzeuge oder entgegen der Bestimmung des § 1 Abs. 3 WEG 1975 an einer Substandardwohnung begründet, gilt dieses selbständige Wohnungseigentum nach dem 30. Juni 2002 als wirksam begründet, sofern die Wohnungseigentumsbegründung nach der nunmehrigen Rechtslage gültig wäre.

(3) § 3 Abs. 1 Z 3 dieses Bundesgesetzes ist auf Verfahren anzuwenden, die nach dem 30. Juni 2002 eingeleitet werden. Für früher eingeleitete Verfahren gilt § 2 Abs. 2 Z 2 WEG 1975 weiter und ist die Möglichkeit der Begründung von Wohnungseigentum noch anhand der bisherigen Rechtslage zu beurteilen.

(4) Wurde vor dem 1. Juli 2002 Wohnungseigentum – jedoch nicht an allen wohnungseigentumstauglichen Objekten der Liegenschaft – begründet, so ist nach dem 30. Juni 2002 die weitere Begründung von Wohnungseigentum nur zulässig, wenn sie sich auf alle restlichen Wohnungen und sonstigen selbständigen Räumlichkeiten der Liegenschaft sowie auf alle restlichen Abstellplätze für Kraftfahrzeuge bezieht, die nach der Widmung der Miteigentümer als Wohnungseigentumsobjekte vorgesehen sind.

(5) § 4 dieses Bundesgesetzes ist in Verfahren anzuwenden, die nach dem 30. Juni 2002 eingeleitet werden. In früher eingeleiteten Verfahren ist weiterhin die bisherige Rechtslage anzuwenden.

(6) Bei Liegenschaften, an denen schon vor dem 1. Juli 2002 Wohnungseigentum ganz oder teilweise begründet wurde, beginnt die dreijährige Frist nach § 5 Abs. 2 erst mit 1. Juli 2002 zu laufen.

(7) Wurde bei einem Haus, für das die Baubewilligung vor dem 1. Jänner 1985 erteilt wurde, in einem vor dem 1. Juli 2002 eingeleiteten Verfahren die Nutzfläche gemäß § 6 Abs. 2 WEG 1975 nach dem Naturmaß berechnet, so bleibt die der Entscheidung zugrunde gelegte Nutzflächenberechnung weiter gültig.

(8) Soweit in anderen Rechtsvorschriften auf das gemeinsame Wohnungseigentum von Ehegatten Bezug genommen wird, ist darunter ab dem 1. Juli 2002 die Eigentümerpartnerschaft im Sinne des 4. Abschnitts dieses Bundesgesetzes zu verstehen.

(9) § 24 Abs. 6 dieses Bundesgesetzes ist auf Beschlüsse der Eigentümergemeinschaft anzuwenden, soweit sie nach dem 30. Juni 2002 bekannt gemacht werden. Soweit Beschlüsse früher bekannt gemacht wurden, gilt § 13b Abs. 4 WEG 1975 weiter.

(10) § 34 Abs. 1 letzter Satz dieses Bundesgesetzes ist auch auf Rechnungslegungsansprüche anzuwenden, die vor dem 1. Juli 2002 fällig geworden sind; in diesen Fällen beginnt die dreijährige Verjährungsfrist aber erst mit 1. Juli 2002 zu laufen.

(11) § 37 Abs. 1 dieses Bundesgesetzes ist auf Zahlungen anzuwenden, die nach dem 30. Juni 2002 geleistet werden. Für früher geleistete Zahlungen gilt § 23 Abs. 1a WEG 1975 weiter.

(12) Besteht die Eigentümergemeinschaft auf Grund einer vor dem 1. Juli 2002 durchgeführten, nicht alle wohnungseigentumstauglichen Objekte der Liegenschaft erfassenden Wohnungseigentumsbegründung zum Teil auch aus schlichten Miteigentümern, so gelten die sich auf die Wohnungseigentümer beziehenden Regelungen des neuen Rechts sinngemäß auch für die schlichten Miteigentümer, soweit die ihnen entsprechenden Bestimmungen des Wohnungseigentumsgesetzes 1975 auch für die schlichten Miteigentümer galten. Solange einer solchen Eigentümergemeinschaft noch schlichte Miteigentümer angehören, gilt jedoch anstelle des § 33 dieses Bundesgesetzes der § 20 WEG 1975. Die in § 2 Abs. 2 Z 1 zweiter Halbsatz WEG 1975 vorgesehene Beschränkung des Rechts eines Wohnungseigentümers auf Verweigerung der Zustimmung zur weiteren Begründung von Wohnungseigentum ist nach dem 30. Juni 2002 sowohl auf Wohnungseigentümer als auch auf schlichte Miteigentümer anzuwenden.

(13) Im Übrigen ist dieses Bundesgesetz auch auf die vor dem 1. Juli 2002 begründeten Wohnungseigentumsrechte und auf die vor diesem Zeitpunkt zwischen Wohnungseigentümern, Wohnungseigentumsbewerbern und Wohnungseigentumsorganisatoren untereinander oder mit Dritten geschlossenen Rechtsgeschäfte anzuwenden.

(14) Soweit in anderen Rechtsvorschriften auf Bestimmungen des Wohnungseigentumsgesetzes 1975 verwiesen wird, treten an deren Stelle die entsprechenden Bestimmungen dieses Bundesgesetzes.

Begründung von Wohnungseigentum auf Grundlage des Wohnungseigentumsgesetzes 1975

§ 57. (1) Bis zum Ablauf des 31. Dezember 2006 kann - ungeachtet eines allfälligen Widerspruchs zu Regelungen des Wohnungseigentumsgesetzes 2002 – die Einverleibung von Wohnungseigentum auf Grund von Urkunden beantragt werden, die noch nach der Rechtslage des Wohnungseigentumsgesetzes 1975 erstellt wurden, sofern die Wohnungseigentumsbegründung nach dem Wohnungseigentumsgesetz 1975 gültig gewesen wäre.

(2) Wurde nach dem 30. Juni 2002 und vor dem In-Kraft-Treten des Abs. 1 Wohnungseigentum auf Grund von Urkunden begründet, die noch nach der Rechtslage des Wohnungseigentumsgesetzes 1975 erstellt wurden, so ist die Wohnungseigentumsbegründung ungeachtet eines allfälligen Widerspruchs zu Regelungen des Wohnungseigentumsgesetzes 2002 gültig, wenn sie nach dem Wohnungseigentumsgesetz 1975 gültig gewesen wäre.

(BGBl I 2006/124, Abs 1 ab 27. 7. 2006, Abs 2 ab 1. 10. 2006)

Übergangsbestimmungen zur Wohnrechtsnovelle 2006

§ 58. (1) § 56 Abs. 1 letzter Satz und § 57 Abs. 1 jeweils in der Fassung der Wohnrechtsnovelle 2006, BGBl. I Nr. 124, treten mit dem der Kundmachung der Wohnrechtsnovelle 2006 folgenden Tag in Kraft. Im Übrigen treten die Änderungen dieses Bundesgesetzes durch die Wohnrechtsnovelle 2006 mit 1. Oktober 2006 in Kraft.

(2) § 5 Abs. 2 letzter Satz in der Fassung der Wohnrechtsnovelle 2006 ist auch anzuwenden, wenn der Erwerb des Abstellplatzes vor dem 1. Oktober 2006 stattgefunden hat. Wurde der dem Erwerb dienende Grundbuchsantrag vor dem 1. Februar 2005 eingebracht, so gilt die Ausnahmeregelung für jede Person, der gemäß § 2 Abs. 6 zweiter Satz die Eigenschaft eines Wohnungseigentumsorganisators zukommt.

(3) Auch nach dem 30. September 2006 kann - ungeachtet der mit der Wohnrechtsnovelle 2006 herbeigeführten Änderung des § 8 Abs. 2 WEG 2002 – die Einverleibung von Wohnungseigentum auf Grund einer vor dem 1. Oktober 2006 vorgenommenen Nutzwertermittlung beantragt werden, bei der § 8 Abs. 2 WEG 2002 in seiner Fassung vor dem In-Kraft-Treten der Wohnrechtsnovelle 2006 angewendet wurde.

(4) § 10 Abs. 3 und 4 in der Fassung der Wohnrechtsnovelle 2006 ist anzuwenden, wenn im Fall einer gerichtlichen Nutzwertfestsetzung das darüber geführte Verfahren nach dem 30. September 2006 geendet hat oder im Fall einer einvernehmlichen Nutzwertfestsetzung das neue Gutachten nach dem 30. September 2006 erstattet wurde.

(5) Das Schriftformgebot des § 13 Abs. 6 in der Fassung der Wohnrechtsnovelle 2006 gilt für Vereinbarungen, die nach dem 30. September 2006 geschlossen werden.

(6) § 14 Abs. 1, 2 und 3 in der Fassung der Wohnrechtsnovelle 2006 ist anzuwenden, wenn der Partner nach dem 30. September 2006 stirbt. § 14 Abs. 4 in der Fassung der Wohnrechtsnovelle 2006 ist anzuwenden, wenn die Erlassung der Zahlungspflicht nach dem 30. September 2006 verfügt oder vereinbart wird. Das Formgebot des § 14 Abs. 5 Z 1 in der Fassung der Wohnrechtsnovelle 2006 gilt für Vereinbarungen, die nach dem 30. September 2006 geschlossen werden; die übrigen Regelungen des § 14 Abs. 5 Z 1 sowie § 14 Abs. 5 Z 2 jeweils in der Fassung der Wohnrechtsnovelle 2006 sind anzuwenden, wenn der Partner nach dem 30. September 2006 stirbt.

(7) Hat ein Wohnungseigentumsbewerber in einer vor dem 1. Oktober 2006 erhobenen Einverleibungsklage gemäß § 43 Abs. 1 die Einwilligung in die Einverleibung von Wohnungseigentum nur hinsichtlich des ihm zugesagten Objekts begehrt, so steht die Regelung des § 3 Abs. 2 auch unabhängig vom Vorliegen eines Falls nach § 43 Abs. 1 zweiter Satz einer Klagsstattgebung nicht entgegen.

(8) Hat ein Wohnungseigentumsbewerber vor dem 1. Oktober 2006 sein Aussonderungsrecht oder sein Widerspruchsrecht jeweils gemäß § 43 Abs. 4 in der Fassung vor dem In-Kraft-Treten der Wohnrechtsnovelle 2006 gerichtlich geltend gemacht, so gilt für diese Rechte die bisherige Rechtslage weiter.

(BGBl I 2006/124)

Übergangsbestimmungen zur Wohnrechtsnovelle 2009

§ 58a. § 24 Abs. 2 in der Fassung der Wohnrechtsnovelle 2009, BGBl. I Nr. 25/2009, tritt mit 1. April 2009 in Kraft; § 20 Abs. 3a und § 28 Abs. 1 jeweils in der Fassung dieser Novelle treten mit 1. Jänner 2009 in Kraft.

(BGBl I 2009/25)

Übergangsbestimmungen zur Grundbuchs-Novelle 2012

§ 58b. (1) § 3 Abs. 4 und § 10 Abs. 3 und 4 in der Fassung des Bundesgesetzes BGBl. I Nr. 30/2012 treten mit 1. Mai 2012 in Kraft.

(2) § 3 Abs. 4 ist anzuwenden, wenn der Antrag auf Einverleibung des Wohnungseigentums nach dem 30. April 2012 gestellt wird.

(3) § 10 Abs. 3 und 4 in der geänderten Fassung ist anzuwenden, wenn im Fall einer gerichtlichen Nutzwertfestsetzung das darüber geführte Verfahren nach dem 30. April 2012 geendet hat oder im Fall einer einvernehmlichen Nutzwertfestsetzung das neue Gutachten nach dem 30. April 2012 erstattet wurde.

(BGBl I 2012/30)

Übergangsbestimmungen zur Wohnrechtsnovelle 2015

§ 58c. (1) § 5 Abs. 3 in der Fassung der Wohnrechtsnovelle 2015, BGBl. I Nr. 100/2014, tritt mit 1. Jänner 2015 in Kraft. Die Bestimmung gilt in dieser Fassung auch für Eintragungen, die vor ihrem Inkrafttreten vorgenommen wurden. Sie ist auch in gerichtlichen Verfahren anzuwenden, die zum Zeitpunkt ihres Inkrafttretens bereits anhängig geworden, aber noch nicht rechtskräftig entschieden worden sind.

(2) § 5 Abs. 4 in der Fassung der Wohnrechtsnovelle 2015, BGBl. I Nr. 100/2014, tritt mit 1. Jänner 2015 in Kraft. Die Bestimmung gilt in dieser Fassung auch für Übertragungen, die vor ihrem Inkrafttreten vorgenommen wurden. Sie ist auch in gerichtlichen Verfahren anzuwenden, die zum Zeitpunkt ihres Inkrafttretens bereits anhängig geworden, aber noch nicht rechtskräftig entschieden worden sind.

(BGBl I 2014/100)

Übergangsbestimmung zum ErbRÄG 2015

§ 58d. Die §§ 12 Abs. 3 und 14 Abs. 3, 5 und 7 in der Fassung des Erbrechts-Änderungsgesetzes 2015 (ErbRÄG 2015), BGBl. I Nr. 87/2015, treten mit 17. August 2015 in Kraft. Die §§ 12 Abs. 3 und 14 Abs. 7 sind anzuwenden, wenn der Wohnungseigentümer bzw. der Partner an oder nach diesem Tag gestorben ist.

(BGBl I 2015/87)

Übergangsbestimmung zum Bundesgesetz BGBl. I Nr 58/2018

§ 58e. Die §§ 24 und 52 in der Fassung des Bundesgesetzes BGBl. I Nr. 58/2018, treten mit 1. August 2018 in Kraft; § 52 ist auf Verfahren anzuwenden, die nach dem 31. Juli 2018 anhängig sind oder anhängig werden.

(BGBl I 2018/58)

Vollziehung

„**§ 59.**“ Mit der Vollziehung dieses Bundesgesetzes ist der Bundesminister für Justiz betraut.
(BGBl I 2006/124, ab 1. 10. 2006)

KODEX

DES ÖSTERREICHISCHEN RECHTS
HERAUSGEBER: UNIV.-PROF. DR. WERNER DORALT

LEBENSMITTELRECHT

1 LMSVG
2 Kennzeichnung
3 Lebensmittel
4 LM für spez. Gruppen
5 Wasser
6 Zusatzstoffe
7 Hygiene
8 Gebrauchsgegenstände
9 Kosmetika
10 Amtl Kontrolle
11 EG-Basis-Verordnung
12 EG-Hygiene-Verordnungen
13 EG-KontrollV
14 EG-ClaimsV
15 EG-AnreicherungsV
16 EU-Novel FoodV
17 EU-QuaDG

LexisNexis

KODEX

DES ÖSTERREICHISCHEN RECHTS
HERAUSGEBER: UNIV.-PROF. DR. WERNER DORALT

GESUNDHEITSBERUFE

1 GuKG, GuK-AV, GuK-TAV, FH-GuK-AV, GuK-SV, GuK-LFV, PA-PFA-AV, GuK-WV, GuK-BAV, GuK-AusweisV, GBR-BAV, GuK-EWRV, Art. 15a-B-VG-V, SozbetrB
2 HebG, Heb-AV, FH-Heb-AV, HebAV, Heb-EWRV 2008, HebGSV, Heb-GWO
3 KTG, KT-AV
4 MABG, MAB-AV, TT-AV, TT-AkkV
5 MMHmG, MMHm-AV, MMHm-ZV, Hm-BerufsausweisV
6 MTD-G, FH-MTD-AV, V-RFS-MTD, MTD-AusweisV
7 MTF-SHD-G
8 MuthG
9 PsychologenG, EWR-PsychologenG, EWR-PsychologenV, PsychotherapieG, EWR-PsychotherapieG, EWR-PsychotherapieV
10 SanG, San-AV, SanAFV
11 ZÄG, ZASS-VO, BAG, Lehre ZfAO
12 GBRG

LexisNexis

KODEX

DES ÖSTERREICHISCHEN RECHTS
HERAUSGEBER: UNIV.-PROF. DR. WERNER DORALT

POLIZEIRECHT

1 SPG + Ven
2 PStSG
3 WaffGebrG
4 BKA-G
5 BAK-G
6 PolKG, EU-PolKG
7 Sonstige
8 StGB, VbVG
9 NebenG
10 StPO, JGG
11 StRegG, TilgG
12 Sonstige
13 EGVG + Sonstige
14 AVG
15 VStG, VVG + VwGVG
16 ZustellG
17 MeldeG + DV
18 PassG + DV
19 BFA-G + DV, BFA-VG + DV
20 FPG + DV
21 NAG + DV
22 AsylG + DV
23 GrekoG
24 SDÜ + Sonstige
25 AuslBG
26 WaffG + Ven
27 KriegsmatG + V
28 PyroTG + DV
29 SprG + Ven
30 MedienG
31 VersammlG
32 StVO + Ven
33 FSG + DV
34 KFG + Ven
35 Sonstige
36 B-VG
37 EMRK + ZP, StGG, HausRG, PersFrG
38 Sonstige
39 ABGB
40 AHG, OrgHG, PolBEG
41 ASVG
42 BDG + Ven

LexisNexis

KODEX

DES ÖSTERREICHISCHEN RECHTS
HERAUSGEBER: UNIV.-PROF. DR. WERNER DORALT

BESONDERES VERWALTUNGSRECHT

1 BVergG 2006
2 DSG
3 UG 2002
4 DMSG
5 KAKuG
6 GTG
7 SPG + BG KorruptPräv + PStSG
8 MeldeG
9 PassG
10 FPG
11 NAG
12 AsylG 2005
13 GVG-B 2005
14 WaffG
15 BFA-G
16 BFA-VG
17 PStG 2013
18 ForstG
19 WRG
20 AWG
21 IG-L
22 EG-K
23 UVP-G
24 StVO
25 KFG
26 FSG
27 GewO

LexisNexis

8. Mietrechtsgesetz

BGBl 1981/520 idF

1 BGBl 1983/135
2 BGBl 1984/482 (WFG 1984)
3 BGBl 1985/559
4 BGBl 1988/724
5 BGBl 1989/343 (WGN 1989)
6 BGBl 1989/654 (RRAG)
7 BGBl 1991/68 (2. WÄG)
8 BGBl 1992/827 (HeizKG)
9 BGBl 1993/800 (3. WÄG)
10 BGBl I 1997/22
11 BGBl I 1997/140 (WGN 1997)
12 BGBl I 1999/19
13 BGBl I 1999/28 (AbgÄG 1998)
14 BGBl I 1999/147 (WRN 1999)
15 BGBl I 2000/36 (WRN 2000)
16 BGBl I 2001/98 (2. Euro-JuBeG)
17 BGBl I 2001/161 (MRN 2001)
18 BGBl I 2002/71
19 BGBl I 2003/113 (WohnAußStrBeglG)
20 BGBl I 2004/2 (VfGH)
21 BGBl I 2005/120 (HaRÄG)
22 BGBl I 2006/124 (WRN 2006)
23 BGBl I 2009/25 (WRN 2009)
24 BGBl I 2009/30 (ZVN 2009)
25 BGBl I 2010/29 (IRÄG 2010; Begriffersetzung)
26 BGBl I 2013/50 (ZVG)
27 BGBl I 2014/100 (WRN 2015)
28 BGBl I 2018/58 (ErwSchAG-Justiz)

GLIEDERUNG

STICHWORTVERZEICHNIS

(Die Zahlenangaben beziehen sich auf die Paragraphen, Fundstellen ohne Gesetzesangabe auf das MRG)

MRG

Bundesgesetz vom 12. November 1981 über das Mietrecht (Mietrechtsgesetz – MRG)

I. Hauptstück
Miete

Geltungsbereich

§ 1. (1) Dieses Bundesgesetz gilt für die Miete von Wohnungen, einzelnen Wohnungsteilen oder Geschäftsräumlichkeiten aller Art (wie im besonderen von Geschäftsräumen, Magazinen, Werkstätten, Arbeitsräumen, Amts- oder Kanzleiräumen) samt den etwa mitgemieteten (§ 1091 ABGB) Haus- oder Grundflächen (wie im besonderen von Hausgärten, Abstell-, Lade- oder Parkflächen) und für die genossenschaftlichen Nutzungsverträge über derartige Objekte (im folgenden Mietgegenstände genannt); in diesem Bundesgesetz wird unter Mietvertrag auch der genossenschaftliche Nutzungsvertrag, unter Mietzins auch das auf Grund eines genossenschaftlichen Nutzungsvertrages zu bezahlende Nutzungsentgelt verstanden.

(2) In den Anwendungsbereich dieses Bundesgesetzes fallen nicht

1. Mietgegenstände, die im Rahmen des Betriebes eines Beherbergungs-, Garagierungs-, Verkehrs-, Flughafenbetriebs-, Speditions- oder Lagerhausunternehmens oder eines hiefür besonders eingerichteten Heimes für ledige oder betagte Menschen, Lehrlinge, jugendliche Arbeitnehmer, Schüler oder Studenten vermietet werden, *(BGBl 1993/800, ab 1. 3. 1994)*

1a. Wohnungen oder Wohnräume, die von einer karitativen oder humanitären Organisation im Rahmen sozialpädagogisch betreuten Wohnens vermietet werden, *(BGBl I 2001/161, ab 1. 1. 2002, s § 49d Abs 2)*

2. Wohnungen, die auf Grund eines Dienstverhältnisses oder im Zusammenhang mit einem solchen als Dienst-, Natural- oder Werkswohnung überlassen werden,

3. Mietverträge, die durch Ablauf der Zeit ohne Kündigung erlöschen, sofern die ursprüngliche oder verlängerte vertragsmäßige Dauer ein halbes Jahr nicht übersteigt und der Mietgegenstand

a) eine Geschäftsräumlichkeit oder

b) eine Wohnung der Ausstattungskategorie A oder B (§ 15a Abs. 1 Z 1 und 2) ist und der Mieter diese nur zum schriftlich vereinbarten Zweck der Nutzung als Zweitwohnung wegen eines durch Erwerbstätigkeit verursachten vorübergehenden Ortswechsels mietet,
(BGBl 1993/800, ab 1. 3. 1994)

4. Wohnungen oder Wohnräume, die vom Mieter bloß als Zweitwohnung zu Zwecken der Erholung oder der Freizeitgestaltung gemietet werden; „eine Zweitwohnung im Sinne der Z 3 und 4 liegt vor, wenn daneben ein gewöhnlicher Aufenthalt im Sinne des § 66 JN besteht," *(BGBl 1993/800, ab 1. 3. 1994)*

5. Mietgegenstände in einem Gebäude mit nicht mehr als zwei selbständigen Wohnungen oder Geschäftsräumlichkeiten, wobei Räume, die nachträglich durch einen Ausbau des Dachbodens neu geschaffen wurden oder werden, nicht zählen. *(BGBl I 2001/161, ab 1. 1. 2002, s § 49d Abs 2)*

(3) Für Mietgegenstände in Gebäuden, die von einer gemeinnützigen Bauvereinigung im eigenen Namen errichtet worden sind, gelten die Bestimmungen dieses Bundesgesetzes nach Maßgabe des § 20 des Wohnungsgemeinnützigkeitsgesetzes. *(BGBl 1991/68, ab 1. 3. 1991)*

(4) Die §§ 14, „16b," 29 bis 36, 45, 46 und 49, nicht jedoch die übrigen Bestimmungen des I. und II. Hauptstückes, gelten für *(BGBl I 2009/25, ab 1. 4. 2009)*

1. Mietgegenstände, die in Gebäuden gelegen sind, die ohne Zuhilfenahme öffentlicher Mittel auf Grund einer nach dem 30. Juni 1953 erteilten Baubewilligung neu errichtet worden sind,

2. Mietgegenstände, die durch den Ausbau eines Dachbodens oder einen Aufbau auf Grund einer nach dem 31. Dezember 2001 erteilten Baubewilligung neu errichtet worden sind, sowie unausgebaute Dachbodenräumlichkeiten, die mit der Abrede vermietet werden, dass – wenn auch zum Teil oder zur Gänze durch den Hauptmieter – entweder in ihnen oder in einem an ihrer Stelle durchgeführten Aufbau eine Wohnung oder Geschäftsräumlichkeit errichtet werde, *(BGBl I 2006/124, ab 1. 10. 2006, s § 49e Abs 2)*

2a. Mietgegenstände, die durch einen Zubau auf Grund einer nach dem 30. September 2006 erteilten Baubewilligung neu errichtet worden sind, *(BGBl I 2006/124, ab 1. 10. 2006, s § 49e Abs 3)*

3. Mietgegenstände, die im Wohnungseigentum stehen, sofern der Mietgegenstand in einem Gebäude gelegen ist, das auf Grund einer nach dem 8. Mai 1945 erteilten Baubewilligung neu errichtet worden ist.

(5) Die §§ 14 und 29 bis 36, nicht jedoch die übrigen Bestimmungen des I. und II. Hauptstückes, gelten für Mietgegenstände in einem Wirtschaftspark, das ist eine wirtschaftliche Einheit von ausschließlich zu Geschäftszwecken genutzten Gebäuden und Liegenschaften in (auf) denen jedoch nicht überwiegend Handelsgewerbe im Sinne der Gewerbeordnung 1973[1)] betrieben werden. *(BGBl 1993/800, ab 1. 3. 1994)*

[1)] *Jetzt: Gewerbeordnung 1994.*

Haupt- und Untermiete

§ 2. (1) „Hauptmiete liegt vor, wenn der Mietvertrag mit dem Eigentümer oder dem dinglich oder obligatorisch berechtigten Fruchtnießer der Liegenschaft oder mit dem Mieter oder Pächter eines ganzen Hauses geschlossen wird. Steht der Mietgegenstand im Wohnungseigentum, so wird Hauptmiete durch den Mietvertrag mit dem Wohnungseigentümer begründet. Wenn am Mietgegenstand Wohnungseigentum erst begründet werden soll, kommt durch den mit dem Wohnungseigentumsbewerber geschlossenen Mietvertrag Hauptmiete mit dem Eigentümer oder den Eigentümern der Liegenschaft zustande, doch geht mit der Begründung von Wohnungseigentum am Mietgegenstand die Rechtsstellung des Vermieters auf den Wohnungseigentümer über." An den wirksam geschlossenen Hauptmietvertrag sind ab der Übergabe des Mietgegenstandes an den Hauptmieter die Rechtsnachfolger des Vermieters auch dann gebunden, wenn der Vertrag nicht in die öffentlichen Bücher eingetragen ist. Enthält ein Hauptmietvertrag Nebenabreden ungewöhnlichen Inhalts, so ist der Rechtsnachfolger des Vermieters an diese Nebenabreden nur gebunden, wenn er sie kannte oder kennen mußte. Soweit das Mietverhältnis zwischen dem Mieter oder Pächter eines ganzen Hauses und dessen Vermieter aufgelöst wird, tritt der Vermieter in den Hauptmietvertrag zwischen dem Mieter oder Pächter des ganzen Hauses und dessen Mieter ein. *(BGBl I 2002/71, ab 1. 7. 2002)*

(2) Untermiete liegt vor, wenn der Mietvertrag mit einer Person geschlossen wird, die in Abs. 1 nicht genannt ist. Wird das Benützungsrecht des Untervermieters aufgelöst, so hat der Untervermieter den Untermieter hievon unverzüglich in Kenntnis zu setzen.

(3) Besteht bei Überlegung aller Umstände kein vernünftiger Grund daran zu zweifeln, daß ein Hauptmietvertrag nur zur Untervermietung durch den Hauptmieter und zur Umgehung der einem Hauptmieter nach diesem Bundesgesetz zustehenden Rechte geschlossen wurde, so kann der Mieter, mit dem der Untermietvertrag geschlossen wurde, begehren, als Hauptmieter des Mietgegenstands mit den sich aus diesem Bundesgesetz ergebenden Rechten und Pflichten anerkannt zu werden. Liegen konkrete Anhaltspunkte für eine solche Umgehungshandlung vor – dies ist insbesondere dann der Fall, wenn der Hauptmieter mehr als eine Wohnung im selben Gebäude zur Gänze untervermietet oder bei Vorliegen eines „ " befristeten Hauptmietvertrags die Wohnung zur Gänze untervermietet –, so obliegt es dem Antragsgegner, das Fehlen der Umgehungsabsicht zu beweisen. *(BGBl I 2001/161, ab 1. 1. 2002, s § 49d Abs 4)*

(BGBl 1993/800, ab 1. 3. 1994)

Erhaltung

§ 3. (1) „Der Vermieter hat nach Maßgabe der rechtlichen, wirtschaftlichen und technischen Gegebenheiten und Möglichkeiten dafür zu sorgen, dass das Haus, die Mietgegenstände und die der gemeinsamen Benützung der Bewohner des Hauses dienenden Anlagen im jeweils ortsüblichen Standard erhalten und erhebliche Gefahren für die Gesundheit der Bewohner beseitigt werden." Im übrigen bleibt § 1096 des allgemeinen bürgerlichen Gesetzbuchs unberührt. *(BGBl I 2006/124, ab 1. 10. 2006, s § 49e Abs 9)*

(2) Die Erhaltung im Sinn des Abs. 1 umfaßt:

1. die Arbeiten, die zur Erhaltung der allgemeinen Teile des Hauses „ " erforderlich sind; *(BGBl I 2000/36, ab 1. 7. 2000, s § 49c Abs 2)*

2. die Arbeiten, die zur Erhaltung der Mietgegenstände des Hauses erforderlich sind; diese Arbeiten jedoch nur dann, wenn es sich um die Behebung von ernsten Schäden des Hauses „oder um die Beseitigung einer vom Mietgegenstand ausgehenden erheblichen Gesundheitsgefährdung" handelt oder wenn sie erforderlich sind, um einen zu vermietenden Mietgegenstand in brauchbarem Zustand zu übergeben; *(BGBl I 2006/124, ab 1. 10. 2006, s § 49e Abs 9)*

2a. die Arbeiten, die zur Erhaltung von mitvermieteten Heizthermen, mitvermieteten Warmwasserboilern und sonstigen mitvermieteten Wärmebereitungsgeräten in den Mietgegenständen des Hauses erforderlich sind; *(BGBl I 2014/100, ab 1. 1. 2015, s § 49g)*

3. die Arbeiten, die zur Aufrechterhaltung des Betriebes von bestehenden, der gemeinsamen Benützung der Bewohner dienenden Anlagen, wie im besonderen von zentralen Wärmeversorgungsanlagen, Personenaufzügen oder zentralen Waschküchen erforderlich sind, es sei denn, daß alle Mieter des Hauses für die gesamte Dauer ihres Mietvertrages auf die Benützung der Anlage verzichten; ist die Erhaltung einer bestehenden Anlage unter Bedachtnahme auf die Kosten der Errichtung und des Betriebes einer vergleichbaren neuen Anlage wirtschaftlich nicht vertretbar, so ist anstelle der Erhaltung der bestehenden Anlage eine vergleichbare neue Anlage zu errichten;

4. die Neueinführungen oder Umgestaltungen, die kraft öffentlich-rechtlicher Verpflichtungen vorzunehmen sind, wie etwa der Anschluß an eine Wasserleitung oder an eine Kanalisierung, die Installation von geeigneten Schutzvorrichtungen für die Energieversorgung oder von Geräten zur Feststellung des individuellen Energieverbrauchs;

5. die Installation von technisch geeigneten Gemeinschaftseinrichtungen zur Senkung des Energieverbrauchs oder die der Senkung des Energieverbrauchs sonst dienenden Ausgestaltungen des Hauses, von einzelnen Teilen des Hauses oder von einzelnen Mietgegenständen, wenn und insoweit die hiefür erforderlichen Kosten in einem wirtschaftlich vernünftigen Verhältnis zum allgemeinen Erhaltungszustand des Hauses und den zu erwartenden Einsparungen stehen;

6. bei Vorliegen einer nach § 17 Abs. 1a zulässigen Vereinbarung die Installation und die Miete von technisch geeigneten Meßvorrichtungen zur Verbrauchsermittlung im Sinn dieser Bestimmung. *(BGBl I 1999/147, ab 1. 1. 2000, anzuwenden auch auf Verträge, die davor geschlossen worden sind)*

(3) Die Kosten von Erhaltungsarbeiten sind aus den in den vorausgegangenen zehn Kalenderjahren erzielten Mietzinsreserven einschließlich der Zuschüsse, die aus Anlaß der Durchführung einer Erhaltungsarbeit gewährt werden, zu decken. Reichen diese Beträge zur Deckung der Kosten aller unmittelbar heranstehenden Erhaltungsarbeiten nicht aus, so gilt folgendes:

1. Zur Bedeckung der Kosten einer Erhaltungsarbeit sind auch die während des Zeitraums, in dem sich solche oder ähnliche Arbeiten unter Zugrundelegung regelmäßiger Bestandsdauer erfahrungsgemäß wiederholen, zu erwartenden oder anrechenbaren Hauptmietzinse, somit einschließlich der zur Deckung eines erhöhten Aufwandes zulässigen Einhebung eines erhöhten Hauptmietzinses, für alle vermieteten, vermietbaren oder vom Vermieter benützten Wohnungen und Geschäftsräumlichkeiten des Hauses heranzuziehen; insoweit hiedurch Deckung geboten ist, hat der Vermieter zur Finanzierung der nach Abzug der erzielten Mietzinsreserven ungedeckten Kosten der Erhaltungsarbeit eigenes oder fremdes Kapital aufzuwenden; die mit der Aufnahme fremden Kapitals verbundenen notwendigen Geldbeschaffungskosten und angemessenen Sollzinsen sowie die durch den Einsatz eigenen Kapitals entgangenen angemessenen Habenzinsen (Kapitalmarktzinsen) sind in diesen Fällen Kosten der Erhaltungsarbeiten.

2. Können die Kosten aller Erhaltungsarbeiten auch auf diese Weise nicht gedeckt werden, so sind die Erhaltungsarbeiten nach Maßgabe ihrer bautechnischen Dringlichkeit zu reihen und durchzuführen; jedenfalls sind aber die Arbeiten,

a) die kraft eines öffentlich-rechtlichen Auftrages vorzunehmen sind,

b) die der Behebung von Baugebrechen, die die Sicherheit von Personen oder Sachen gefährden, dienen oder

c) die zur Aufrechterhaltung des Betriebes von bestehenden Wasserleitungs-, Lichtleitungs-, Gasleitungs-, Beheizungs- (einschließlich der zentralen Wärmeversorgungsanlagen), Kanalisations- und sanitären Anlagen erforderlich sind,

vorweg durchzuführen.

Nützliche Verbesserung durch bautechnische Maßnahmen

§ 4. (1) Der Vermieter hat nützliche Verbesserungen des Hauses oder einzelner Mietgegenstände nach Maßgabe der rechtlichen, wirtschaftlichen und technischen Gegebenheiten und Möglichkeiten durchzuführen, soweit dies im Hinblick auf den allgemeinen Erhaltungszustand des Hauses zweckmäßig ist; „hiebei ist nützlichen Verbesserungen des Hauses gegenüber nützlichen Verbesserungen einzelner Mietgegenstände der Vorrang einzuräumen.“ *(BGBl 1985/559)*

(2) Unter den Voraussetzungen des Abs. 1 sind nützliche Verbesserungen:

1. die den Erfordernissen der Haushaltsführung der Bewohner dienende Neuerrichtung oder Umgestaltung von Wasserleitungs-, Lichtleitungs-, Gasleitungs-, Beheizungs- (einschließlich von zentralen Wärmeversorgungsanlagen), Kanalisations- und sanitären Anlagen in normaler Ausstattung,

2. die Errichtung oder Ausgestaltung von der gemeinsamen Benützung der Bewohner dienenden, einer zeitgemäßen Wohnkultur entsprechenden sonstigen Anlagen in normaler Ausstattung, wie etwa von Personenaufzügen, zentralen Waschküchen oder Schutzräumen vom Typ Grundschutz,

3. Maßnahmen, die eine dem jeweiligen Stand der Technik entsprechende Erhöhung der Schalldämmung bewirken, wie die Verbesserung der Schalldämmung von Fenstern, Außentüren, Außenwänden, Dächern, Kellerdecken und obersten Geschoßdecken,

3a. die Errichtung einer Anlage, die den Anschluß des Hauses (samt den einzelnen Mietgegenständen) an eine Einrichtung zur Fernwärmeversorgung bewirkt; *(BGBl 1985/559)*

4. die Installation einer Wasserentnahmestelle oder eines Klosettes im Inneren eines Mietgegenstandes,

5. die bautechnische Umgestaltung eines Mietgegenstandes, im besonderen einer Mietwohnung der Ausstattungskategorie D oder C in eine Mietwohnung der Ausstattungskategorie C, B oder A.

(3) Nützliche Verbesserungen sind vom Vermieter durchzuführen

1. wenn und soweit die Kosten aus den in den vorausgegangenen zehn Kalenderjahren erzielten Mietzinsreserven einschließlich der Zuschüsse, die zur Finanzierung der nützlichen Verbesserung gewährt werden, gedeckt werden können und Erhaltungsarbeiten nicht erforderlich sind oder sichergestellt ist, daß hiemit auch die erforderlichen Erhaltungsarbeiten in einem Zug durchgeführt werden, oder

2. wenn und soweit sich der Vermieter und die Mehrheit der Mieter – berechnet nach der Anzahl der im Zeitpunkt der Vereinbarung vermieteten Mietgegenstände – des Hauses über ihre Durchführung und die Finanzierung des durch die in den vorausgegangenen zehn Kalenderjahren erzielten Mietzinsreserven nicht gedeckten Teiles

MRG

der Kosten schriftlich einigen sowie überdies sichergestellt ist, daß die übrigen Mieter des Hauses durch die Verbesserungsarbeiten finanziell nicht belastet und auch sonst nicht übermäßig beeinträchtigt werden.

(4) Nützliche Verbesserungen im Inneren eines Mietgegenstandes bedürfen der Zustimmung des Hauptmieters, es gilt jedoch § 30 Abs. 2 Z 16, sofern der Hauptmieter einer mangelhaft ausgestatteten Wohnung im Sinn des § 3 Z 10 des Stadterneuerungsgesetzes, die zur Anhebung des Standards nach Abs. 2 Z 4 geeignet ist, das vom Vermieter gestellte Anbot, die zur Abwendung eines Enteignungsantrags nach § 14 des Stadterneuerungsgesetzes erforderlichen bautechnischen Maßnahmen gegen Entrichtung des für die so verbesserte Wohnung nach „§ 15a Abs. 3 Z 3" berechneten Hauptmietzinses durchzuführen, ablehnt und auch nicht bereit ist, diese bautechnischen Maßnahmen selbst durchzuführen. *(BGBl 1993/800, ab 1. 3. 1994)*

(5) Auf Antrag auch nur eines Mieters hat der Vermieter im Miethaus einen dem Stand der Technik entsprechenden Behindertenaufzug zu errichten, wenn und soweit eine solche Maßnahme bei billiger Abwägung aller Interessen dem Vermieter auch zumutbar ist; die Kosten der Herstellung und Erhaltung dieser Anlage hat der Mieter, der den Antrag gestellt hat, dem Vermieter zu ersetzen. *(BGBl 1985/559)*

Nützliche Verbesserung durch Vereinigung von Wohnungen; Anbotspflicht

§ 5. (1) Als nützliche Verbesserung gilt auch die Vereinigung und bautechnische Umgestaltung zweier oder mehrerer Wohnungen, im besonderen von Mietwohnungen der Ausstattungskategorie D oder C in eine oder mehrere Mietwohnungen der Ausstattungskategorie C, B oder A.

(2) Wird eine Wohnung der Ausstattungskategorie D durch Beendigung des Mietverhältnisses frei und ist es baurechtlich zulässig und bautechnisch möglich und zweckmäßig, diese Wohnung mit einer Nachbarwohnung der Ausstattungskategorie D zu einer Wohnung der Ausstattungskategorie C mit einer Nutzfläche bis zu 90 m² zu vereinigen und umzugestalten, so hat der Vermieter die frei gewordene Wohnung vor der Vermietung an einen Dritten dem Hauptmieter einer zur Anhebung des Standards geeigneten Nachbarwohnung der Ausstattungskategorie D zur Zumietung und Umgestaltung in eine Wohnung der Ausstattungskategorie C gegen Entrichtung des für die so vergrößerte Wohnung nach „§ 15a Abs. 3 Z 3" berechenbaren Hauptmietzinses anzubieten, es sei denn, daß der Vermieter die durch Beendigung des Mietverhältnisses frei gewordene Wohnung der Ausstattungskategorie D durch sonstige bautechnische Maßnahmen (§ 4 Abs. 2 Z 4 oder 5) in eine Wohnung der Ausstattungskategorie C verbessert. Zur Abgabe des Anbots genügt die Absendung eines eingeschriebenen Briefes. Der Hauptmieter der Nachbarwohnung muß das vom Vermieter gestellte Anbot binnen 30 Tagen annehmen, widrigenfalls sein Recht auf Zumietung erloschen ist. *(BGBl 1993/800, ab 1. 3. 1994)*

(3) Hat der Vermieter eine durch Beendigung des Mietverhältnisses frei gewordene Wohnung der Ausstattungskategorie D allen hiefür in Betracht kommenden Hauptmietern der Nachbarwohnungen der Ausstattungskategorie D im Sinn des Abs. 2 erfolglos zur Zumietung und Umgestaltung angeboten, so kann der Vermieter die frei gewordene Wohnung der Ausstattungskategorie D an einen Dritten vermieten; mit diesem Hauptmieter darf vereinbart werden, daß sich der Hauptmieter im Fall des Freiwerdens einer zur Anhebung des Standards geeigneten Nachbarwohnung der Ausstattungskategorie D zur Zumietung und Umgestaltung in eine Wohnung der Ausstattungskategorie C gegen Entrichtung des für die so vergrößerte Wohnung nach „§ 15a Abs. 3 Z 3" berechenbaren Hauptmietzinses verpflichtet und daß für den Fall, in dem er dieser Pflicht nicht nachkommen sollte, das Freiwerden einer solchen Nachbarwohnung der Ausstattungskategorie D einen Kündigungsgrund darstellt, der im Sinn des § 30 Abs. 2 Z 13 als wichtig und bedeutsam anzusehen ist. *(BGBl 1993/800, ab 1. 3. 1994)*

Auftrag zur Durchführung von Erhaltungs- oder Verbesserungsarbeiten

§ 6. (1) Unterläßt der Vermieter durchzuführende Erhaltungs- oder Verbesserungsarbeiten, so hat ihm das Gericht (die Gemeinde, § 39) auf Antrag die Vornahme der Arbeiten binnen angemessener, ein Jahr nicht übersteigender Frist aufzutragen. Sind darunter Arbeiten, die nach § 3 Abs. 3 Z 2 lit. a bis c vorweg durchzuführen sind, so ist die Durchführung dieser Arbeiten vorweg aufzutragen, hinsichtlich solcher Arbeiten gilt Abs. 4 nicht. Zur Antragstellung sind berechtigt

1. die Gemeinde, in der das Haus gelegen ist, im eigenen Wirkungsbereich und jeder Hauptmieter des Hauses hinsichtlich der im § 3 Abs. 2 Z 1 bis 4 „und 6" genannten Erhaltungsarbeiten, *(BGBl I 1999/147, ab 1. 1. 2000, s Anm zu § 3 Abs 2 Z 6)*

2. die Mehrheit der Hauptmieter – berechnet nach der Anzahl der Mietgegenstände – des Hauses hinsichtlich der im § 3 Abs. 2 Z 5 genannten Erhaltungsarbeiten und der nützlichen Verbesserungen nach Maßgabe des § 4 Abs. 1 und 2.

(1a) Dem Vermieter können Erhaltungsarbeiten zur Beseitigung einer erheblichen Gesundheitsgefährdung im Sinn des § 3 Abs. 1 und Abs. 2 Z 2 nur aufgetragen werden, wenn sich die Gesundheitsgefährdung nicht durch andere, den Bewohnern des Hauses zumutbare Maßnahmen abwenden lässt. *(BGBl I 2006/124, ab 1. 10. 2006, s § 49e Abs 9)*

(2) Der in Rechtskraft erwachsene Auftrag zur Durchführung von Erhaltungs- oder Verbesserungsarbeiten nach Abs. 1 ist ein Exekutionstitel, der nach dem fruchtlosen Ablauf der zur Vornahme der Arbeiten bestimmten Frist jeden Mieter des Hauses und die Gemeinde im eigenen Wirkungsbereich als betreibende Partei zum Antrag berechtigt, zum Zweck der Durchführung der aufgetragenen Arbeiten, der Aufnahme und Tilgung des erforderlichen Kapitals und der ordnungsgemäßen Erhaltung und Verwaltung des Hauses bis zur Tilgung des Kapitals für das Haus einen Verwalter zu bestellen. Zum Verwalter können, wenn sie sich dazu bereit erklären, bestellt werden: die Gemeinde, ein von der Gemeinde vorgeschlagener oder ein hiezu sonst geeigneter Dritter. Der bestellte Verwalter ist im besonderen befugt, zur Finanzierung der aufgetragenen Arbeiten namens des Vermieters ein auf inländische Währung lautendes Hypothekardarlehen gegen angemessene Verzinsung und Abtretung der Hauptmietzinse aufzunehmen, die Übernahme einer Bürgschaft durch eine Gebietskörperschaft „“** „“* anzustreben, die erforderlichen Urkunden zu fertigen und die grundbücherliche Sicherstellung auf der Liegenschaft, an der die Arbeit vorgenommen werden soll, durchzuführen. Auf Antrag ist ihm auch die Befugnis zur Verwaltung der in den vorausgegangenen zehn Kalenderjahren erzielten Mietzinsreserven zu erteilen und demjenigen, der über diese Mietzinsreserven verfügt, aufzutragen, diese Mietzinsreserven binnen 14 Tagen bei Exekution an den bestellten Verwalter herauszugeben. Im übrigen sind hierauf die §§ 98, 99, 103, 108 – 121, 130 und 132 der Exekutionsordnung sinngemäß anzuwenden. Über den Exekutionsantrag entscheidet das im § 37 Abs. 1 bestimmte Bezirksgericht im Verfahren außer Streitsachen, es sei denn, daß für das Haus bereits eine Zwangsverwaltung nach §§ 97ff. der Exekutionsordnung anhängig ist. Ist für das Haus bereits ein Zwangsverwalter nach §§ 97ff. der Exekutionsordnung bestellt, so hat das Exekutionsgericht dem bestellten Zwangsverwalter aufzutragen, die aufgetragenen Arbeiten vordringlich durchzuführen, und ihm die vorstehend genannten Ermächtigungen zu erteilen. *(*BGBl 1991/68, ab 1. 3. 1991; **BGBl I 2006/124, ab 1. 10. 2006, s § 49e Abs 9)*

(3) Die Zwangsverwaltung nach Abs. 2 ist nach Einvernehmung der Parteien einzustellen, wenn

1. die aufgetragenen Arbeiten durchgeführt und das hiezu aufgenommene Kapital getilgt ist,

2. sich erweist, daß die aufgetragenen Arbeiten wegen mangelnder Finanzierbarkeit oder aus sonst unüberwindbaren Hindernissen nicht durchgeführt werden können,

3. der verpflichtete Vermieter vor der Aufnahme des zur Finanzierung der aufgetragenen Arbeiten erforderlichen Kapitals und der Inangriffnahme der Arbeiten durch den Zwangsverwalter erweist, daß er die aufgetragenen Arbeiten selbst durchführen und finanzieren wird, oder

4. nach der Durchführung der aufgetragenen Arbeiten und Aufnahme des erforderlichen Kapitals durch den Zwangsverwalter der Kreditgeber und, falls eine Gebietskörperschaft die Bürgschaft übernommen hat, diese zustimmen.

(4) Ist zur Finanzierung der Kosten einer nach Abs. 1 beantragten Erhaltungsarbeit, die nicht vorweg aufzutragen ist, die Einhebung eines erhöhten Hauptmietzinses (§§ 18, 19) erforderlich, so ist der Antrag abzuweisen, wenn die Mehrheit der Hauptmieter – berechnet nach der Anzahl der im Zeitpunkt des Widerspruchs vermieteten Mietgegenstände – des Hauses und der Vermieter der Vornahme der beantragten Arbeit widersprechen. Wird ein solcher Widerspruch nicht erhoben, so hat in diesem Fall sowie auch dann, wenn der Vermieter neben der beantragten Erhaltungsarbeit, die nicht vorweg aufzutragen ist, noch andere unmittelbar heranstehende Erhaltungsarbeiten durchführen will, zu deren Finanzierung die Einhebung eines erhöhten Hauptmietzinses (§§ 18, 19) erforderlich ist, das Gericht (die Gemeinde, § 39) auf Antrag des Vermieters, des von ihm oder des nach Abs. 2 bestellten Verwalters mit der Entscheidung nach Abs. 1 auch die Entscheidung über die Bewilligung zur Einhebung eines erhöhten Hauptmietzinses (§§ 18, 19) zu verbinden.

Wiederherstellungspflicht

§ 7. (1) Wird ein Mietgegenstand durch Zufall zur Gänze oder zum Teil unbrauchbar, so ist der Vermieter zur baurechtlich zulässigen und bautechnisch möglichen Wiederherstellung des Mietgegenstandes in dem Maß verpflichtet, als die Leistungen aus einer bestehenden Versicherung ausreichen. Im übrigen gilt der § 1104 des allgemeinen bürgerlichen Gesetzbuchs.

(2) Zur Durchsetzung des Anspruchs auf Wiederherstellung gilt der § 6. Zur Antragstellung sind die Gemeinde im eigenen Wirkungsbereich und jeder Mieter berechtigt, dessen Mietgegenstand unbrauchbar geworden ist.

Umfang des Benützungsrechts

§ 8. (1) Der Hauptmieter ist berechtigt, den Mietgegenstand dem Vertrag gemäß zu gebrauchen und zu benützen. Er hat den Mietgegenstand und die für den Mietgegenstand bestimmten Einrichtungen, wie im besonderen die Lichtleitungs-, Gasleitungs-, Wasserleitungs-, Beheizungs- (einschließlich von zentralen Wärmeversorgungsanlagen) und sanitären Anlagen so zu warten und, soweit es sich nicht um die Behebung von ernsten Schäden des Hauses „oder um die Beseitigung einer erheblichen Gesundheitsgefährdung" handelt, so instand zu halten, daß dem Vermieter und den anderen Mietern des Hauses kein Nachteil erwächst. Wird die Behebung von ernsten Schäden des Hauses nötig, so ist der Hauptmieter bei sonstigem Schadenersatz verpflichtet, dem Vermieter ohne Verzug Anzeige zu machen. *(BGBl I 2006/124, ab 1. 10. 2006, s § 49e Abs 9)*

(2) Der Hauptmieter hat das Betreten des Mietgegenstandes durch den Vermieter oder die von diesem beauftragten Personen aus wichtigen Gründen zu gestatten, wobei die berechtigten Interessen des Mieters nach Maßgabe der Wichtigkeit des Grundes angemessen zu berücksichtigen sind; er hat die vorübergehende Benützung und die Veränderung seines Mietgegenstandes bei Vorliegen der folgenden Voraussetzungen zuzulassen:

1. wenn und soweit ein solcher Eingriff in das Mietrecht zur Durchführung von Erhaltungs- oder Verbesserungsarbeiten an allgemeinen Teilen des Miethauses oder zur Behebung ernster Schäden des Hauses „oder zur Erhaltung einer mitvermieteten Heiztherme, eines mitvermieteten Warmwasserboilers oder eines sonstigen mitvermieteten Wärmebereitungsgeräts" in seinem oder in einem anderen Mietgegenstand notwendig oder zweckmäßig ist; *(BGBl I 2014/100, ab 1. 1. 2015, s § 49g)*

2. wenn und soweit ein solcher Eingriff in das Mietrecht „zur Beseitigung einer von seinem oder einem anderen Mietgegenstand ausgehenden erheblichen Gesundheitsgefährdung oder" zur Durchführung von Veränderungen (Verbesserungen) in einem anderen Mietgegenstand notwendig, zweckmäßig und bei billiger Abwägung aller Interessen auch zumutbar ist; die Zumutbarkeit ist im besonderen anzunehmen, wenn „die Beseitigungsmaßnahme oder" die Veränderung keine wesentliche oder dauernde Beeinträchtigung des Mietrechts zur Folge hat. *(BGBl I 2006/124, ab 1. 10. 2006, s § 49e Abs 9)*
(BGBl 1993/800, ab 1. 3. 1994)

(3) Alle Erhaltungs-, Verbesserungs-, Änderungs- und Errichtungsarbeiten, die ein Mieter hienach zuzulassen hat, sind so durchzuführen, daß eine möglichste Schonung des Mietrechts des betroffenen Mieters gewährleistet ist; für wesentliche Beeinträchtigungen hat der Vermieter, sofern aber die Arbeiten ein Mieter durchführt, dieser Mieter den Mieter, der hiedurch in seinen Rechten beeinträchtigt wird, angemessen zu entschädigen, wobei im Fall eines zumindest grob fahrlässigen Verstoßes gegen die Pflicht zur möglichsten Schonung des Mietrechts auch auf erlittenes Ungemach Bedacht zu nehmen ist. *(BGBl 1993/800, ab 1. 3. 1994)*

Veränderung (Verbesserung) des Mietgegenstandes

§ 9. (1) Der Hauptmieter hat eine von ihm beabsichtigte wesentliche Veränderung (Verbesserung) des Mietgegenstandes dem Vermieter anzuzeigen. Lehnt der Vermieter nicht innerhalb von zwei Monaten nach Zugang der Anzeige die beabsichtigte Veränderung ab, so gilt seine Zustimmung als erteilt. Der Vermieter kann seine Zustimmung und eine erforderliche Antragstellung bei der Baubehörde nicht verweigern, wenn[1)]

1. die Veränderung dem jeweiligen Stand der Technik entspricht,

2. die Veränderung der Übung des Verkehrs entspricht und einem wichtigen Interesse des Hauptmieters dient,

3. die einwandfreie Ausführung der Veränderung gewährleistet ist,

4. der Hauptmieter die Kosten trägt,

5. durch die Veränderung keine Beeinträchtigung schutzwürdiger Interessen des Vermieters oder eines anderen Mieters zu besorgen ist,

6. durch die Veränderung keine Schädigung des Hauses, im besonderen keine Beeinträchtigung der äußeren Erscheinung des Hauses, erfolgt,

7. die Veränderung keine Gefahr für die Sicherheit von Personen und Sachen bewirkt.

(2) Die Voraussetzung des Abs. 1 Z 2 ist jedenfalls gegeben, wenn es sich handelt um

1. die Errichtung oder die den Erfordernissen der Haushaltsführung dienende Umgestaltung von Wasserleitungs-, Lichtleitungs-, Gasleitungs-, Beheizungs- (einschließlich der Einrichtung von zentralen Wärmeversorgungsanlagen) oder sanitären Anlagen,

2. die der Senkung des Energieverbrauchs dienende Ausgestaltung eines Mietgegenstandes,

3. die Verbesserungen, die von einer Gebietskörperschaft aus öffentlichen Mitteln gefördert werden,

4. die Einleitung eines Fernsprechanschlusses oder

5. die Anbringung der nach dem Stand der Technik notwendigen Antennen und sonstigen Einrichtungen für den Hörfunk- und Fernsehempfang „sowie für Multimediadienste", sofern der Anschluß an eine bestehende Einrichtung nicht möglich oder nicht zumutbar ist. *(BGBl I 2001/161, ab 1. 1. 2002, s § 49d Abs 4)*

(3) Handelt es sich um eine wesentliche Veränderung (Verbesserung), die nicht im Abs. 2 angeführt ist, so kann der Vermieter seine Zustimmung von der Verpflichtung des Hauptmieters zur Wiederherstellung des früheren Zustandes bei der

Zurückstellung des Mietgegenstandes abhängig machen.

[1] *Im BGBl steht der Beistrich irrtümlich nach „wenn".*

Ersatz von Aufwendungen auf eine Wohnung

§ 10. (1) Der Hauptmieter einer Wohnung, der in den letzten zwanzig Jahren vor der Beendigung des Mietverhältnisses in der gemieteten Wohnung Aufwendungen zur wesentlichen Verbesserung (§ 9) gemacht hat, die über seine Mietdauer hinaus wirksam und von Nutzen sind, oder der solche Aufwendungen dem Vormieter oder dem Vermieter abgegolten hat (Abs. 6 erster und zweiter Satz), hat bei der Beendigung des Mietverhältnisses Anspruch auf Ersatz dieser Aufwendungen vermindert um eine jährliche Abschreibung. Das Ausmaß dieser Abschreibung beträgt für jedes vollendete Jahr

1. bei den in Abs. 3 Z 1 und 3 genannten Aufwendungen ein Zehntel,

2. bei den von einer Gebietskörperschaft aus öffentlichen Mitteln geförderten Aufwendungen jenen Bruchteil, der sich aus der Laufzeit der Förderung errechnet,

3. sonst ein Zwanzigstel.
(BGBl I 1997/22, ab 21. 2. 1997, s § 49b Abs 2)

(2) Der Abs. 1 gilt nicht, wenn der Vermieter berechtigterweise seine Zustimmung verweigert oder an die Verpflichtung zur Wiederherstellung des früheren Zustandes gebunden hat oder wenn er deswegen, weil ihm der Hauptmieter die beabsichtigte wesentliche Veränderung nicht angezeigt hat, verhindert war, das eine oder das andere zu tun.

(3) Die im Abs. 1 genannten Aufwendungen sind:

1. die Errichtung oder die den Erfordernissen der Haushaltsführung dienende Umgestaltung von Wasserleitungs-, Lichtleitungs-, Gasleitungs-, Beheizungs- (einschließlich der Errichtung von zentralen Wärmeversorgungsanlagen) oder sanitären Anlagen in normaler und dem jeweiligen Stand der Technik entsprechender Ausstattung „sowie die Erneuerung einer bei Beginn des Mietverhältnisses vorhandenen, aber schadhaft gewordenen Heiztherme oder eines solchen Warmwasserboilers," *(BGBl I 2006/124, ab 1. 10. 2006, s § 49e Abs 9)*

2. die Vereinigung und die Umgestaltung der Wohnung mit der zur Zumietung angebotenen Nachbarwohnung (§ 5 Abs. 2) in normaler Ausstattung,

3. die gänzliche Erneuerung eines schadhaft gewordenen Fußbodens in einer dem sonstigen Ausstattungszustand der Wohnung entsprechenden Ausführung und

4. andere gleich wesentliche Verbesserungen, insbesondere solche, die von einer Gebietskörperschaft aus öffentlichen Mitteln gefördert worden sind. *(BGBl 1991/68, ab 1. 3. 1991)*

(4) „Der Anspruch auf Ersatz ist bei sonstigem Verlust des Anspruches dem Vermieter vom Hauptmieter unter Vorlage von Rechnungen schriftlich anzuzeigen;"

1. bei einvernehmlicher Auflösung des Mietverhältnisses spätestens 14 Tage nach Abschluss der Auflösungsvereinbarung, *(BGBl I 2006/124, ab 1. 10. 2006, s § 49e Abs 4)*

MRG

2. bei Aufkündigung des Mietverhältnisses durch den Hauptmieter spätestens 14 Tage nach Zustellung der Aufkündigung an den Vermieter, *(BGBl I 2006/124, ab 1. 10. 2006, s § 49e Abs 4)*

3. in allen übrigen Fällen binnen einer Frist von zwei Monaten ab Eintritt der Rechtskraft des Räumungstitels, bei früherer Zurückstellung des Mietgegenstandes jedoch spätestens mit der Zurückstellung.
(BGBl 1991/68, ab 1. 3. 1991)

(4a) Entspricht eine rechtzeitig erstattete Anzeige des Ersatzanspruchs in Form oder Inhalt nicht der Regelung des Abs. 4, so hat der Vermieter den Mieter zur Verbesserung des Mangels binnen einer Frist von mindestens 14 Tagen aufzufordern. Der Verlust des Ersatzanspruchs tritt nur ein, wenn der Mieter einer solchen Aufforderung nicht fristgerecht nachkommt. *(BGBl I 2006/124, ab 1. 10. 2006, s § 49e Abs 4)*

(5) Der Hauptmieter einer Wohnung kann den Ersatzanspruch nach Abs. 1 überdies nur gerichtlich geltend machen,

1. wenn er innerhalb von sechs Monaten nach der Zurückstellung des Mietgegenstandes dem Vermieter einen Mieter namhaft macht, der zur Befriedigung des Ersatzanspruches nach Abs. 1 bereit ist, oder

2. sobald der Vermieter den Mietgegenstand sonst vermietet oder verwertet.

(6) Befriedigt der neue Mieter den berechtigten Ersatzanspruch des früheren Mieters, so ist die dadurch abgegoltene Aufwendung bei der Bestimmung der Höhe des zulässigen Hauptmietzinses als nicht getätigt zu behandeln. Dies gilt auch dann, wenn der Vermieter die Ansprüche des früheren Mieters befriedigt hat und den Ersatz des von ihm geleisteten Betrags nun vom neuen Mieter begehrt. Verlangt der Vermieter vom neuen Mieter keinen Ersatz, so sind die Bestimmungen über den höchstzulässigen Hauptmietzins (§ 16) uneingeschränkt anzuwenden; der Vermieter kann diesfalls den von ihm an den früheren Mieter geleisteten Betrag insoweit als Ausgabe in der Hauptmietzinsabrechnung ausweisen (§ 20 Abs. 1 Z 2), als dieser Betrag unter Annahme einer zehnjährigen gleichmäßigen Mietzinszahlung den Unterschiedsbetrag zwischen dem ohne die

abgegoltene Aufwendung zulässigen Hauptmietzins und dem auf Grund dieser Aufwendung zulässigen Hauptmietzins nicht übersteigt. *(BGBl 1993/800, ab 1. 3. 1994)*

(7) Auf den Ersatzanspruch kann der Hauptmieter im voraus nicht rechtswirksam verzichten.

(8) Weitergehende Ansprüche nach den §§ 1097, 1036, 1037 des allgemeinen bürgerlichen Gesetzbuchs bleiben hiedurch unberührt.

Untermietverbote

§ 11. (1) Auf ein vertragliches Verbot der Untervermietung kann sich der Vermieter nur berufen, wenn ein wichtiger Grund gegen die Untervermietung vorliegt. Ein wichtiger Grund gegen die Untervermietung liegt insbesondere vor, wenn

1. der Mietgegenstand zur Gänze untervermietet werden soll,

2. der in Aussicht genommene Untermietzins eine im Vergleich zu dem vom Untervermieter zu entrichtenden Mietzins und etwaigen sonstigen Leistungen des Untervermieters unverhältnismäßig hohe Gegenleistung darstellt,

3. die Anzahl der Bewohner einer gemieteten Wohnung die Anzahl der Wohnräume übersteigt oder nach der Aufnahme des Untermieters übersteigen würde, oder

4. wenn mit Grund zu besorgen ist, daß der Untermieter den Frieden der Hausgemeinschaft stören wird.

(2) Abs. 1 gilt nicht für eine von einer gemeinnützigen Bauvereinigung, die auf Grund ihrer Satzung oder zufolge ihres tatsächlichen Geschäftsbetriebes ihre Tätigkeit auf einen bestimmten Personenkreis im Sinn des § 8 Abs. 2 Z 1 oder 2 des Wohnungsgemeinnützigkeitsgesetzes eingeschränkt hat, gemietete Wohnung.

Abtretung des Mietrechts

§ 12. (1) Der Hauptmieter einer Wohnung, der die Wohnung verläßt, darf seine Hauptmietrechte an der Wohnung seinem Ehegatten[1)] oder Verwandten in gerader Linie einschließlich der Wahlkinder oder Geschwister abtreten, falls der Ehegatte oder die Verwandten in gerader Linie einschließlich der Wahlkinder mindestens die letzten zwei Jahre, die Geschwister mindestens die letzten fünf Jahre mit dem Hauptmieter im gemeinsamen Haushalt in der Wohnung gewohnt haben. Dem mehrjährigen Aufenthalt in der Wohnung ist es gleichzuhalten, wenn der Angehörige die Wohnung seinerzeit mit dem bisherigen Mieter gemeinsam bezogen hat, beim Ehegatten auch, wenn er seit der Verehelichung, und bei Kindern auch, wenn sie seit ihrer Geburt in der Wohnung gewohnt haben, mag auch ihr Aufenthalt in der Wohnung noch nicht die vorgeschriebene Zeit gedauert haben. Der Eintritt in das Hauptmietrecht nach §§ 87 und 88 des Ehegesetzes wird dadurch nicht berührt.

(2) Sowohl der bisherige Hauptmieter als auch der Angehörige (die Angehörigen) sind verpflichtet, die Abtretung der Hauptmietrechte dem Vermieter unverzüglich anzuzeigen. Der Vermieter kann die Rechtsfolgen des durch die Abtretung herbeigeführten Eintritts des (der) Angehörigen in das Hauptmietverhältnis ab dem der Abtretung folgenden Zinstermin geltend machen. Mehrere Angehörige, die in das Hauptmietverhältnis eintreten, sind für den Mietzins zur ungeteilten Hand zahlungspflichtig. *(BGBl 1993/800, ab 1. 3. 1994)*

(3) Ist der Mietgegenstand eine Seniorenwohnung, wurde im Mietvertrag die Bereitstellung einer Grundversorgung des Hauptmieters mit sozialen Diensten der Altenhilfe vereinbart und hatte der Hauptmieter bei Abschluss des Mietvertrags das 60. Lebensjahr bereits vollendet, so steht ihm das Recht der Abtretung der Hauptmietrechte an Verwandte in absteigender Linie einschließlich der Wahlkinder nicht zu. Eine Seniorenwohnung liegt vor, wenn sowohl die Wohnung als auch die allgemeinen Teile des Hauses, über die sie erreicht werden kann, eigens – etwa durch barrierefreie Zugänge, besondere sanitäre Einrichtungen oder besondere Sicherheitseinrichtungen – für ein altengerechtes Wohnen ausgestattet sind. *(BGBl I 2006/124, ab 1. 10. 2006, s § 49e Abs 3)*

[1)] Nach § 43 Abs 1 Z 10 EPG auf eingetragene Partner sinngemäß anzuwenden.

Veräußerung und Verpachtung eines Unternehmens

§ 12a. (1) Veräußert der Hauptmieter einer Geschäftsräumlichkeit das von ihm im Mietgegenstand betriebene Unternehmen zur Fortführung in diesen Räumen, so tritt der Erwerber des Unternehmens anstelle des bisherigen Hauptmieters in das Hauptmietverhältnis ein. Sowohl der Veräußerer als auch der Erwerber sind verpflichtet, die Unternehmensveräußerung dem Vermieter unverzüglich anzuzeigen. Der Vermieter kann die Rechtsfolgen des durch die Unternehmensveräußerung herbeigeführten Eintritts des Erwerbers in das Hauptmietverhältnis ab dem der Unternehmensveräußerung folgenden Zinstermin geltend machen.

(2) Ist der bisherige Hauptmietzins niedriger als der angemessene Hauptmietzins nach § 16 Abs. 1, so darf der Vermieter bis spätestens sechs Monate nach Anzeige der Unternehmensveräußerung die Anhebung des Hauptmietzinses bis zu dem nach § 16 Abs. 1 zulässigen Betrag, jedoch unter Berücksichtigung der Art der im Mietgegenstand ausgeübten Geschäftstätigkeit, verlangen. Ändert der neue Hauptmieter in der Folge die Art dieser Geschäftstätigkeit, so darf der Vermieter ab diesem Zeitpunkt den nach § 16 Abs. 1 zuläs-

sigen Hauptmietzins ohne Berücksichtigung der Art der Geschäftstätigkeit verlangen. „Eine sich aus der Anhebung ergebende Unwirksamkeit des Hauptmietzinses ist innerhalb der in § 16 Abs. 8 genannten Fristen ab dem Anhebungsbegehren gerichtlich (bei der Gemeinde, § 39) geltend zu machen.“ *(BGBl I 2006/124, ab 1. 10. 2006, s § 49e Abs 5)*

(3) Ist eine juristische Person oder eine „unternehmerisch tätige eingetragene Personengesellschaft“ Hauptmieter einer Geschäftsräumlichkeit und ändern sich in ihr die rechtlichen und wirtschaftlichen Einflußmöglichkeiten entscheidend, wie etwa durch Veräußerung der Mehrheit der Anteile an einer Gesellschaft, so ist Abs. 2 anzuwenden, auch wenn die entscheidende Änderung nicht auf einmal geschieht. Die vertretungsbefugten Organe der juristischen Person oder „unternehmerisch tätigen eingetragenen Personengesellschaft“ sind verpflichtet, solche Änderungen der rechtlichen und wirtschaftlichen Einflußmöglichkeiten dem Vermieter unverzüglich anzuzeigen. Besteht bei Überlegung aller Umstände kein vernünftiger Grund, daran zu zweifeln, daß ein Rechtsgeschäft zur Umgehung des dem Vermieter zustehenden Rechtes auf Anhebung des Hauptmietzinses geschlossen wurde, so obliegt es dem Hauptmieter, das Fehlen der Umgehungsabsicht zu beweisen. *(BGBl I 2005/120, ab 1. 1. 2007)*

(4) Die Anhebung ist entsprechend der Anhebungsregel des § 46a Abs. 2 vorzunehmen, wenn der neue Hauptmieter im Zeitpunkt des Eintritts gesetzlicher Erbe des bisherigen Hauptmieters wäre oder ist.

(5) Der Hauptmieter einer Geschäftsräumlichkeit darf das von ihm im Mietgegenstand betriebene Unternehmen ohne Rücksicht auf entgegenstehende Vereinbarungen verpachten. Sowohl der Hauptmieter als auch der Pächter sind verpflichtet, die Verpachtung unter Angabe der dafür vorgesehenen Dauer dem Vermieter unverzüglich anzuzeigen. Der Vermieter kann die Rechtsfolgen der Verpachtung ab dem der Verpachtung folgenden Zinstermin geltend machen. Ist der bisherige Hauptmietzins niedriger als der angemessene Hauptmietzins nach § 16 Abs. 1, so darf der Vermieter für die Dauer der Verpachtung die Anhebung des Hauptmietzinses bis zu dem nach § 16 Abs. 1 zulässigen Betrag, jedoch unter Berücksichtigung der Art der im Mietgegenstand ausgeübten Geschäftstätigkeit, verlangen. Ändert der Pächter in der Folge die Art dieser Geschäftstätigkeit, so darf der Vermieter ab diesem Zeitpunkt den nach § 16 Abs. 1 zulässigen Hauptmietzins ohne Berücksichtigung der Art der Geschäftstätigkeit verlangen.

(6) Wird das im Mietgegenstand betriebene Unternehmen vom Hauptmieter aus wichtigen, in seiner Person gelegenen Gründen, wie insbesondere Krankheit, für einen Zeitraum von insgesamt höchstens fünf Jahren verpachtet, so findet eine Anhebung des Hauptmietzinses nach Abs. 5 für diesen Zeitraum nicht statt.

(7) Bei Ermittlung des nach § 16 Abs. 1 zulässigen Hauptmietzinses sind im Fall des Abs. 2 die Verhältnisse zum Zeitpunkt der Unternehmensveräußerung, im Fall des Abs. 3 jene zum Zeitpunkt der entscheidenden Änderung und im Fall des Abs. 5 jene bei Beginn des Pachtverhältnisses zugrunde zu legen. Zuvor vom Hauptmieter getätigte Aufwendungen zur Verbesserung des Mietgegenstandes sind aber angemessen zu berücksichtigen, soweit sie über den maßgeblichen Zeitpunkt hinaus von objektivem Nutzen sind.

(8) Auf Antrag des Hauptmieters einer Geschäftsräumlichkeit, der beabsichtigt, das im Mietgegenstand betriebene Unternehmen zu veräußern oder zu verpachten, hat das Gericht (die Gemeinde, § 39) die Höhe des nach § 16 Abs. 1 und § 12a Abs. 2 und 5 zulässigen Hauptmietzinses zu bestimmen. Diese Entscheidung ist auch für den Erwerber oder den Pächter des Unternehmens bindend; sie ist gegenüber dem Vermieter aber nur dann rechtswirksam, wenn das Unternehmen innerhalb eines Jahres ab dem Zeitpunkt des Eintritts der Rechtskraft der Entscheidung veräußert oder verpachtet wird.

(BGBl 1993/800, ab 1. 3. 1994)

Wohnungstausch

§ 13. (1) Stimmt der Vermieter dem von seinem Hauptmieter, der die Wohnung vor mehr als fünf Jahren gemietet hat, aus wichtigen, besonders sozialen, gesundheitlichen oder beruflichen Gründen mit einem Dritten geschlossenen Vertrag über den Tausch ihrer im selben Gemeindegebiet befindlichen Mietwohnungen zur angemessenen Befriedigung des beiderseitigen Wohnbedürfnisses nicht zu, obwohl ihm der Eintritt des Dritten in den Mietvertrag nach Lage der Verhältnisse zugemutet werden kann, so hat das Gericht (die Gemeinde, § 39) auf Antrag des Hauptmieters die zum Eintritt des Dritten in den Mietvertrag erforderliche Zustimmung des Vermieters zu ersetzen, sofern im Zeitpunkt der Antragstellung gegen den Hauptmieter weder eine gerichtliche Kündigung noch eine Klage auf Räumung der Wohnung anhängig ist.

(2) Gibt das Gericht dem Antrag Folge, so gilt der Eintritt des neuen Mieters in den Mietvertrag in dem Zeitpunkt als vollzogen, in dem er dem Vermieter den Bezug der Wohnung anzeigt. Die Entscheidung verliert ihre Rechtswirksamkeit, wenn

1. der Mieter vor dem Eintritt des Dritten in den Mietvertrag rechtskräftig zur Räumung der Wohnung verurteilt wird,

2. der Dritte die Einwilligung seines Vermieters zum Wohnungstausch nicht unverzüglich einholt oder

3. der von ihm gestellte Antrag rechtskräftig abgewiesen wird.

(3) Wird der Eintritt des Dritten in den Mietvertrag vollzogen, so haften für die Verbindlichkeiten, die während der Mietzeit des bisherigen Mieters entstanden sind, der bisherige Mieter und der neue Mieter zur ungeteilten Hand. Ist der Hauptmietzins, den der tauschende Hauptmieter bisher für die Wohnung entrichtet hat, niedriger als der Betrag, der sich für die Wohnung bei Zugrundelegung des § 16 Abs. 2 und der Ausstattungskategorie im Zeitpunkt des Wohnungstausches errechnet, so darf der Vermieter ab dem auf den Eintritt des Tauschpartners folgenden Zinstermin eine Erhöhung des Hauptmietzinses auf den so berechneten Betrag begehren. Aus Anlaß des Wohnungstausches kann gegen den Vermieter ein Ersatz von Aufwendungen auf die Wohnung nach § 10 nicht geltend gemacht werden.

(4) Die vorstehenden Absätze gelten nicht für eine Wohnung, die von einer gemeinnützigen Bauvereinigung oder einer Gemeinde zum Zweck der Wohnraumversorgung von Flüchtlingen oder Heimatvertriebenen errichtet und an einen Flüchtling oder Heimatvertriebenen vermietet oder zur Nutzung überlassen worden ist. Sie gelten für eine von einer gemeinnützigen Bauvereinigung, die auf Grund ihrer Satzung oder zufolge ihres tatsächlichen Geschäftsbetriebes ihre Tätigkeit auf einen bestimmten Personenkreis im Sinn des § 8 Abs. 2 Z 1 oder 2 des Wohnungsgemeinnützigkeitsgesetzes eingeschränkt hat, gemietete Wohnung mit der Einschränkung, daß auch der Tauschpartner diesem Personenkreis angehören muß.

Mietrecht im Todesfall

§ 14.[1)] (1) Durch den Tod des Vermieters oder des Mieters wird der Mietvertrag nicht aufgehoben.

(2) Nach dem Tod des Hauptmieters einer Wohnung treten in den Mietvertrag mit Ausschluß anderer zur Erbfolge berufenen Personen die im Abs. 3 genannten eintrittsberechtigten Personen ein, sofern sie nicht binnen 14 Tagen nach dem Tod des Hauptmieters dem Vermieter bekanntgeben, daß sie das Mietverhältnis nicht fortsetzen wollen. Mit dem Eintritt haften die eintretenden Personen für den Mietzins und die Verbindlichkeiten, die während der Mietzeit des verstorbenen Hauptmieters entstanden sind. Sind mehrere Personen eintrittsberechtigt, so treten sie gemeinsam in den Mietvertrag ein und haften zur ungeteilten Hand.

(3) Eintrittsberechtigt nach Abs. 2 sind der Ehegatte, der Lebensgefährte, Verwandte in gerader Linie einschließlich der Wahlkinder und die Geschwister des bisherigen Mieters, sofern diese Personen ein dringendes Wohnbedürfnis haben und schon bisher im gemeinsamen Haushalt mit dem Mieter in der Wohnung gewohnt haben. Lebensgefährte im Sinne dieser Bestimmung ist, wer mit dem bisherigen Mieter bis zu dessen Tod durch mindestens drei Jahre hindurch in der Wohnung in einer in wirtschaftlicher Hinsicht gleich einer Ehe eingerichteten Haushaltsgemeinschaft gelebt hat; einem dreijährigen Aufenthalt des Lebensgefährten in der Wohnung ist es gleichzuhalten, wenn er die Wohnung seinerzeit mit dem bisherigen Mieter gemeinsam bezogen hat. „In dem in § 12 Abs. 3 genannten Fall sind Verwandte in absteigender Linie einschließlich der Wahlkinder nicht eintrittsberechtigt.“ *(BGBl I 2006/124, ab 1. 10. 2006, s § 49e Abs 3)*

---

1) § 14 ist nach § 43 Abs 1 Z 10 EPG auf eingetragene Partner sinngemäß anzuwenden.

Mietzins für Hauptmiete

§ 15. (1) Der vom Mieter für die Überlassung eines Mietgegenstandes in Hauptmiete zu entrichtende Mietzins besteht aus:

1. dem Hauptmietzins,

2. dem auf den Mietgegenstand entfallenden Anteil an den Betriebskosten und den von der Liegenschaft zu entrichtenden laufenden öffentlichen Abgaben,

3. dem auf den Mietgegenstand entfallenden Anteil für allfällige besondere Aufwendungen,

4. dem angemessenen Entgelt für mitvermietete Einrichtungsgegenstände oder sonstige Leistungen, die der Vermieter über die Überlassung des Mietgegenstandes hinaus erbringt.

(2) Der Vermieter ist ferner berechtigt, vom Mieter die Umsatzsteuer zu begehren, die vom Mietzins zu entrichten ist. Begehrt der Vermieter die Zahlung der Umsatzsteuer, so muß er aber seinerseits alle Aufwendungen, die er dem Mieter auf- oder verrechnet, um die darauf entfallenden Vorsteuerbeträge entlasten.

(3) Der Mieter hat den Mietzins, sofern kein späterer Zahlungstermin vereinbart ist, am Fünften eines jeden Kalendermonats im Vorhinein zu entrichten. Der Vermieter hat ihm dafür ein verkehrsübliches Bankkonto bekanntzugeben. *(BGBl I 2013/50, ab 16. 3. 2013, nach Art 8 Abs 1 ZVG auf Verträge anzuwenden, die davor geschlossen wurden)*

(4) Auf Antrag des Vermieters oder des Hauptmieters hat das Gericht (die Gemeinde, § 39) mit Beschluß auszusprechen, daß anstelle eines pauschal vereinbarten Mietzinses ab dem auf den Antragstag folgenden Zinstermin ein nach Abs. 1 aufgegliederter Mietzins zu entrichten ist. Dabei sind zur Errechnung des auf den Hauptmiet-

zins entfallenden Betrags die Betriebskosten des Jahres zugrunde zu legen, in dem der Mietzins vereinbart wurde. Soweit die zugrunde zu legenden Beträge nicht oder nur mit unverhältnismäßigen Schwierigkeiten ermittelt werden können, ist die Aufgliederung des Mietzinses nach freier Überzeugung (§ 273 ZPO) vorzunehmen. Der so ermittelte Hauptmietzins valorisiert sich entsprechend der Regelung des § 16 Abs. 6, sofern ursprünglich eine Wertsicherung vereinbart war; § 16 Abs. 8 und 9 sind anzuwenden. *(BGBl 1993/800, ab 1. 3. 1994)*

Ausstattungskategorien und Kategoriebeträge

§ 15a. (1) Eine Wohnung hat die Ausstattungskategorie

1. A, wenn sie in brauchbarem Zustand ist, ihre Nutzfläche mindestens 30 m² beträgt, die Wohnung zumindest aus Zimmer, Küche (Kochnische), Vorraum, Klosett und einer dem zeitgemäßen Standard entsprechenden Badegelegenheit (Baderaum oder Badenische) besteht und über eine gemeinsame Wärmeversorgungsanlage oder eine Etagenheizung oder eine gleichwertige stationäre Heizung und über eine Warmwasseraufbereitung verfügt;

2. B, wenn sie in brauchbarem Zustand ist, zumindest aus Zimmer, Küche (Kochnische), Vorraum, Klosett und einer dem zeitgemäßen Standard entsprechenden Badegelegenheit (Baderaum oder Badenische) besteht;

3. C, wenn sie in brauchbarem Zustand ist und zumindest über eine Wasserentnahmestelle und ein Klosett im Inneren verfügt;

4. D, wenn sie entweder über keine Wasserentnahmestelle oder über kein Klosett im Inneren verfügt oder wenn bei ihr eine dieser beiden Einrichtungen nicht brauchbar ist „ “. *(BGBl I 2006/124, ab 1. 10. 2006, s § 49e Abs 3)*

(2) Die Ausstattungskategorie nach Abs. 1 richtet sich nach dem Ausstattungszustand der Wohnung im Zeitpunkt des Abschlusses des Mietvertrags. Eine Wohnung ist in eine Ausstattungskategorie auch bei Fehlen eines Ausstattungsmerkmals einzuordnen, wenn das fehlende Ausstattungsmerkmal, nicht jedoch eine Badegelegenheit, durch ein oder mehrere Ausstattungsmerkmale einer höheren Ausstattungskategorie aufgewogen wird. „Ist im Zeitpunkt des Abschlusses des Mietvertrags die Wohnung oder ein Ausstattungsmerkmal nicht brauchbar oder entspricht eine Badegelegenheit nicht dem zeitgemäßen Standard, so ist dies für die Einstufung der Wohnung im Kategoriesystem nur zu berücksichtigen, wenn der Mieter die Unbrauchbarkeit oder das Fehlen des zeitgemäßen Standards dem Vermieter angezeigt und dieser den Mangel nicht in angemessener Frist, höchstens aber binnen dreier Monate ab Zugang der Anzeige, behoben hat.“ *(BGBl I 2006/124, ab 1. 10. 2006, s § 49e Abs 3)*

(3) Der Kategoriebetrag je Quadratmeter der Nutzfläche und Monat wird für die Ausstattungskategorie

1. A mit „3,60 Euro”,

2. B mit „2,70 Euro”,

3. C mit „1,80 Euro”,

4. D mit „0,90 Euro”

festgesetzt und entsprechend der Regelung des § 16 Abs. 6 valorisiert.[1)] *(BGBl I 2001/98, ab 1. 1. 2002; Beträge lt K BGBl II 2018/10, ab 1. 2. 2018)*

(4) Der Bundesminister für Justiz hat die durch die Valorisierung geänderten Beträge und den Zeitpunkt, in dem deren Änderung mietrechtlich wirksam wird, im Bundesgesetzblatt kundzumachen. Die Kundmachung hat auch einen Hinweis auf die in § 16 Abs. 9 zweiter Satz angeführten weiteren Voraussetzungen für eine Erhöhung des Hauptmietzinses zu enthalten. *(BGBl I 2001/98, ab 1. 1. 2002)*

(BGBl 1993/800, ab 1. 3. 1994)

MRG

---

1) Zur Höhe der Kategoriebeträge ab 1. 1. 1982 s K BGBl 1994/245
1. Für den Zeitraum vom 1. Jänner 1982 bis 31. Jänner 1984:
a) für Wohnungen der Ausstattungskategorie A mit 22,– S,
b) für Wohnungen der Ausstattungskategorie B mit 16,50 S,
c) für Wohnungen der Ausstattungskategorie C mit 11,– S und
d) für Wohnungen der Ausstattungskategorie D mit 5,50 S;
2. für den Zeitraum vom 1. Februar 1984 bis 31. Oktober 1988:
a) für Wohnungen der Ausstattungskategorie A mit 24,40 S,
b) für Wohnungen der Ausstattungskategorie B mit 18,30 S,
c) für Wohnungen der Ausstattungskategorie C mit 12,20 S und
d) für Wohnungen der Ausstattungskategorie D mit 6,10 S;
3. für den Zeitraum vom 1. November 1988 bis 30. November 1991:
a) für Wohnungen der Ausstattungskategorie A mit 26,90 S,
b) für Wohnungen der Ausstattungskategorie B mit 20,20 S,
c) für Wohnungen der Ausstattungskategorie C mit 13,40 S und
d) für Wohnungen der Ausstattungskategorie D mit 6,70 S;
4. für den Zeitraum ab 1. Dezember 1991 bis 31. 10. 1994:
a) für Wohnungen der Ausstattungskategorie A mit 29,60 S,
b) für Wohnungen der Ausstattungskategorie B mit 22,20 S,
c) für Wohnungen der Ausstattungskategorie C mit 14,80 S und
d) für Wohnungen der Ausstattungskategorie D mit 7,40 S.
Nach K BGBl 1994/818 ab 1. 11. 1994 bis 31. 3. 1998:
a) für Wohnungen der Ausstattungskategorie A mit 32,80 S,
b) für Wohnungen der Ausstattungskategorie B mit 24,60 S,
c) für Wohnungen der Ausstattungskategorie C mit 16,40 S und
d) für Wohnungen der Ausstattungskategorie D mit 8,20 S.
Nach K BGBl II 1998/74 ab 1. 4. 1998 bis 31. 5. 2001:
a) für Wohnungen der Ausstattungskategorie A mit 34,50 S,
b) für Wohnungen der Ausstattungskategorie B mit 25,90 S,
c) für Wohnungen der Ausstattungskategorie C mit 17,20 S und
d) für Wohnungen der Ausstattungskategorie D mit 8,60 S.

Nach K BGBl II 2001/183 ab 1. 6. 2001 bis 31. 5. 2004:
a) für Wohnungen der Ausstattungskategorie A mit 36,30 S (entspricht 2,64 Euro),
b) für Wohnungen der Ausstattungskategorie B mit 27,20 S (entspricht 1,98 Euro),
c) für Wohnungen der Ausstattungskategorie C mit 18,10 S (entspricht 1,32 Euro) und
d) für Wohnungen der Ausstattungskategorie D mit 9,10 S (entspricht 0,66 Euro).
Nach K BGBl II 2004/185 ab 1. 6. 2004 bis 31. 8. 2006:
a) für Wohnungen der Ausstattungskategorie A mit 2,77 Euro,
b) für Wohnungen der Ausstattungskategorie B mit 2,08 Euro,
c) für Wohnungen der Ausstattungskategorie C mit 1,39 Euro und
d) für Wohnungen der Ausstattungskategorie D mit 0,69 Euro.
Nach K BGBl II 2006/296 ab 1. 9. 2006 bis 31. 8. 2008:
a) für Wohnungen der Ausstattungskategorie A mit 2,91 Euro,
b) für Wohnungen der Ausstattungskategorie B mit 2,19 Euro,
c) für Wohnungen der Ausstattungskategorie C mit 1,46 Euro und
d) für Wohnungen der Ausstattungskategorie D mit 0,73 Euro.
Nach K BGBl II 2008/295 ab 1. 9. 2008 bis 31. 7. 2011:
a) für Wohnungen der Ausstattungskategorie A mit 3,08 Euro,
b) für Wohnungen der Ausstattungskategorie B mit 2,31 Euro,
c) für Wohnungen der Ausstattungskategorie C mit 1,54 Euro und
d) für Wohnungen der Ausstattungskategorie D mit 0,77 Euro.
Nach K BGBl II 2011/218 ab 1. 8. 2011:
a) für Wohnungen der Ausstattungskategorie A mit 3,25 Euro,
b) für Wohnungen der Ausstattungskategorie B mit 2,44 Euro,
c) für Wohnungen der Ausstattungskategorie C mit 1,62 Euro und
d) für Wohnungen der Ausstattungskategorie D mit 0,81 Euro.
Nach K BGBl II 2014/62 ab 1. 4. 2014:
a) für Wohnungen der Ausstattungskategorie A mit 3,43 Euro,
b) für Wohnungen der Ausstattungskategorie B mit 2,57 Euro,
c) für Wohnungen der Ausstattungskategorie C mit 1,71 Euro und
d) für Wohnungen der Ausstattungskategorie D mit 0,86 Euro.
Nach K BGBl II 2018/10 ab 1. 2. 2018:
a) für Wohnungen der Ausstattungskategorie A mit 3,60 Euro,
b) für Wohnungen der Ausstattungskategorie B mit 2,70 Euro,
c) für Wohnungen der Ausstattungskategorie C mit 1,80 Euro und
d) für Wohnungen der Ausstattungskategorie D mit 0,90 Euro.

Vereinbarungen über die Höhe des Hauptmietzinses

§ 16. (1) Vereinbarungen zwischen dem Vermieter und dem Mieter über die Höhe des Hauptmietzinses für einen in Hauptmiete gemieteten Mietgegenstand sind ohne die Beschränkungen der Abs. 2 bis 5 bis zu dem für den Mietgegenstand im Zeitpunkt des Abschlusses des Mietvertrages nach Größe, Art, Beschaffenheit, Lage, Ausstattungs- und Erhaltungszustand angemessenen Betrag zulässig, wenn

1. der Mietgegenstand nicht zu Wohnzwecken dient; wird ein Mietgegenstand teils als Wohnung, teils als Geschäftsräumlichkeit verwendet, so darf nur der für Wohnungen zulässige Hauptmietzins angerechnet werden, es sei denn, daß die Verwendung zu Geschäftszwecken die Verwendung zu Wohnzwecken bedeutend überwiegt; ein Unternehmer, der eine Geschäftsräumlichkeit mietet, kann sich auf die Überschreitung des zulässigen Höchstmaßes nach Abs. 8 erster Satz nur berufen, wenn er die Überschreitung unverzüglich, spätestens jedoch bei Übergabe des Mietgegenstandes, gerügt hat;

2. der Mietgegenstand in einem Gebäude gelegen ist, das auf Grund einer nach dem 8. Mai 1945 erteilten Baubewilligung neu errichtet worden ist, oder der Mietgegenstand auf Grund einer nach dem 8. Mai 1945 erteilten Baubewilligung durch Um-, Auf-, Ein- oder Zubau neu geschaffen worden ist; „ “ *(BGBl I 2001/161, ab 1. 1. 2002, s § 49d Abs 2)*

3. der Mietgegenstand in einem Gebäude gelegen ist, an dessen Erhaltung aus Gründen des Denkmalschutzes öffentliches Interesse besteht, sofern der Vermieter unbeschadet der Gewährung öffentlicher Mittel zu dessen Erhaltung nach dem 8. Mai 1945 erhebliche Eigenmittel aufgewendet hat;

4. der Mietgegenstand eine Wohnung der Ausstattungskategorie A oder B ist und seine Nutzfläche 130 m² übersteigt, sofern der Vermieter eine solche Wohnung innerhalb von sechs Monaten nach der Räumung durch den früheren Mieter oder Inhaber an einen nicht zum Eintritt in die Mietrechte des früheren Mieters Berechtigten vermietet; bei Durchführung von Verbesserungsarbeiten verlängert sich diese Frist um ein Jahr;

5. ein unbefristetes Mietverhältnis vorliegt, seit Übergabe des Mietgegenstandes mehr als ein Jahr verstrichen ist und die Vereinbarung über die Höhe des Hauptmietzinses in Schriftform getroffen wird.

(2) Liegen die Voraussetzungen des Abs. 1 nicht vor, so darf der zwischen dem Vermieter und dem Mieter für eine gemietete Wohnung der Ausstattungskategorien A, B oder C vereinbarte Hauptmietzins je Quadratmeter der Nutzfläche und Monat den angemessenen Betrag nicht übersteigen, der ausgehend vom Richtwert (§ 1 RichtWG) unter Berücksichtigung allfälliger Zuschläge und Abstriche zu berechnen ist. Für die Berechnung des demnach höchstzulässigen Hauptmietzinses sind im Vergleich zur mietrecht-

lichen Normwohnung (§ 2 Abs. 1 RichtWG) entsprechende Zuschläge zum oder Abstriche vom Richtwert für werterhöhende oder wertvermindernde Abweichungen vom Standard der mietrechtlichen Normwohnung nach der allgemeinen Verkehrsauffassung und der Erfahrung des täglichen Lebens vorzunehmen, wobei die folgenden, für die Bewertung einer Wohnung bedeutsamen Umstände im Zeitpunkt des Abschlusses des Mietvertrages zu berücksichtigen sind:

1. die Zweckbestimmung der Wohnung, ihre Stockwerkslage, ihre Lage innerhalb eines Stockwerks, ihre über oder unter dem Durchschnitt liegende Ausstattung mit anderen Teilen der Liegenschaft, beispielsweise mit Balkonen, Terrassen, Keller- oder Dachbodenräumen, Hausgärten oder Abstellplätzen, ihre sonstige Ausstattung oder Grundrißgestaltung, eine gegenüber der mietrechtlichen Normwohnung bessere Ausstattung oder Grundrißgestaltung jedoch nur, wenn sie nicht allein auf Kosten des Hauptmieters vorgenommen wurde,

2. die Ausstattung der Wohnung (des Gebäudes) mit den in § 3 Abs. 4 RichtWG angeführten Anlagen, Garagen, Flächen und Räumen, wobei die jeweiligen Zuschläge mit den bei der Ermittlung des Richtwerts abgezogenen Baukostenanteilen begrenzt sind,

„3." die Lage (Wohnumgebung) des Hauses, *(BGBl I 2014/100, ab 1. 1. 2015)*

„4." der Erhaltungszustand des Hauses, *(BGBl I 2014/100, ab 1. 1. 2015)*

„5." die gegenüber der mietrechtlichen Normwohnung niedrigere Ausstattungskategorie bei einer Wohnung der Ausstattungskategorie B und bei einer Wohnung der Ausstattungskategorie C durch entsprechende Abstriche. *(BGBl I 2014/100, ab 1. 1. 2015)*

(3) Für werterhöhende oder wertvermindernde Abweichungen gemäß „Abs. 2 Z 3" sind je Quadratmeter der Nutzfläche und Monat Zuschläge oder Abstriche bis zur Höhe von 0,33 vH der Differenz zwischen dem der Richtwertermittlung zugrunde gelegten Grundkostenanteil (§ 3 Abs. 2 und 5 und § 6 RichtWG) und den der Lage des Hauses entsprechenden Grundkostenanteilen je Quadratmeter der Nutzfläche zulässig, die unter Berücksichtigung der nach der Bauordnung zulässigen Bebaubarkeit für die Anschaffung von bebauten Liegenschaften, die überwiegend Wohnzwecken dienen, in dieser Lage (Wohnumgebung) üblicherweise aufgewendet werden. *(BGBl I 2014/100, ab 1. 1. 2015)*

(4) Ein Zuschlag nach Abs. 3 ist nur dann zulässig, wenn die Liegenschaft, auf der sich die Wohnung befindet, eine Lage aufweist, die besser ist als die durchschnittliche Lage (§ 2 Abs. 3 RichtWG), und wenn die für den Lagezuschlag maßgebenden Umstände dem Mieter in Schriftform bis spätestens bei Zustandekommen des Mietvertrages ausdrücklich bekanntgegeben worden sind.

(5) Liegen die Voraussetzungen des Abs. 1 nicht vor, so darf der für eine Wohnung der Ausstattungskategorie D vereinbarte Hauptmietzins je Quadratmeter der Nutzfläche und Monat „0,90 Euro" nicht übersteigen; befindet sich diese Wohnung jedoch in brauchbarem Zustand, so darf ein Hauptmietzins bis zu einem Betrag von „1,80 Euro" je Quadratmeter der Nutzfläche und Monat vereinbart werden. *(BGBl I 2001/98, Beträge gemäß K BGBl II 2018/10, ab 1. 2. 2018)*

(6) Die in Abs. 5 genannten Beträge vermindern oder erhöhen sich in dem Maß, das sich aus der Veränderung des von der Bundesanstalt Statistik Österreich verlautbarten Verbraucherpreisindex 2000 oder des an seine Stelle tretenden Index gegenüber der für Februar 2001 verlautbarten Indexzahl ergibt, wobei Änderungen solange nicht zu berücksichtigen sind, als sie 5 vH dieser Indexzahl und in der Folge 5 vH der zuletzt für die Valorisierung maßgebenden Indexzahl nicht übersteigen. Bei der Berechnung der neuen Beträge sind Beträge, die einen halben Cent nicht übersteigen, auf den nächstniedrigeren ganzen Cent abzurunden und Beträge, die einen halben Cent übersteigen, auf den nächsthöheren ganzen Cent aufzurunden. Die neuen Beträge gelten ab dem der Verlautbarung der Indexveränderung durch die Bundesanstalt Statistik Österreich folgenden übernächsten Monatsersten. Der Bundesminister für Justiz hat die durch die Valorisierung geänderten Beträge und den Zeitpunkt, in dem deren Änderung mietrechtlich wirksam wird, im Bundesgesetzblatt kundzumachen; die Kundmachung hat in den Fällen einer Erhöhung auch einen Hinweis auf die in Abs. 9 zweiter Satz angeführten weiteren Voraussetzungen für eine Erhöhung des Hauptmietzinses zu enthalten. *(BGBl I 2001/98, ab 1. 1. 2002)*

(7) Der nach Abs. 1 bis 6 höchstzulässige Hauptmietzins vermindert sich im Fall eines befristeten Hauptmietvertrags (§ 29 Abs. 1 Z 3) um 25 vH. Wird der befristete Hauptmietvertrag in einen Mietvertrag auf unbestimmte Zeit umgewandelt, so gilt die Verminderung des nach Abs. 1 bis 6 höchstzulässigen Hauptmietzinses ab dem Zeitpunkt der Umwandlung nicht mehr, sofern sie im Hauptmietvertrag ziffernmäßig durch Gegenüberstellung des für ein unbefristetes Mietverhältnis zulässigen und des tatsächlich vereinbarten Hauptmietzinses schriftlich ausgewiesen wurde. *(BGBl I 2000/36, ab 1. 7. 2000, s § 49c Abs. 3)*

(7a) *(aufgehoben, BGBl I 2000/36, ab 1. 7. 2000)*

(7b) *(aufgehoben, BGBl I 2000/36, ab 1. 7. 2000, s § 49c Abs. 4)*

(8) Mietzinsvereinbarungen sind insoweit unwirksam, als der vereinbarte Hauptmietzins den nach Abs. 1 bis 7 zulässigen Höchstbetrag über-

schreitet. Die Unwirksamkeit ist binnen drei Jahren gerichtlich (bei der Gemeinde, § 39) geltend zu machen. Bei befristeten Hauptmietverhältnissen (§ 29 Abs. 1 Z 3) endet diese Frist frühestens sechs Monate nach Auflösung des Mietverhältnisses oder nach seiner Umwandlung in ein unbefristetes Mietverhältnis; die Verjährungsfrist beträgt in diesem Fall zehn Jahre. *(BGBl I 2000/36, ab 1. 7. 2000)*

(9) Ergibt sich durch die Anwendung einer Wertsicherungsvereinbarung ein höherer Hauptmietzins als nach Abs. 1 bis 7 zu diesem Zeitpunkt zulässig ist, so ist der übersteigende Teil unwirksam. Berechtigt eine Wertsicherungsvereinbarung den Vermieter zu einer Erhöhung des Hauptmietzinses, so hat der Hauptmieter dem Vermieter den erhöhten Hauptmietzins von dem auf das Wirksamwerden der Indexveränderung (Abs. 6 dritter Satz) folgenden Zinstermin an zu entrichten, wenn der Vermieter dem Hauptmieter in einem nach Wirksamwerden der Indexveränderung ergehenden Schreiben, jedoch spätestens 14 Tage vor dem Termin, sein darauf gerichtetes Erhöhungsbegehren bekanntgibt. „Eine sich durch die Anwendung einer Wertsicherungsvereinbarung ergebende Unwirksamkeit des erhöhten Hauptmietzinses ist innerhalb der in Abs. 8 genannten Fristen ab dem Erhöhungsbegehren gerichtlich (bei der Gemeinde, § 39) geltend zu machen.“ *(BGBl I 2006/124, ab 1. 10. 2006, s § 49e Abs 5)*

(10) Die Beschränkungen der Abs. 2 bis 7 gelten nicht für Vereinbarungen über die zeitlich begrenzte Erhöhung des Hauptmietzinses zur Deckung der Kosten der Erhaltung und von nützlichen Verbesserungen im Sinn der §§ 3 und 4 sowie zur Deckung der Kosten von geförderten Sanierungsmaßnahmen. Solche Vereinbarungen sind nur in Schriftform und frühestens ein halbes Jahr nach Abschluß des Mietvertrags zulässig; das Ausmaß der Erhöhung und der Erhöhungszeitraum sind ausdrücklich zu vereinbaren. Bei befristeten Mietverträgen sind solche Vereinbarungen überdies nur zulässig, sofern der Erhöhungszeitraum vor dem Ablauf des Mietverhältnisses endet.

(11) Vereinbarungen gemäß Abs. 10 sind auch für spätere Mieter rechtswirksam, sofern ihnen bei Abschluß des Mietvertrages das Ausmaß der Erhöhung und der Erhöhungszeitraum schriftlich bekanntgegeben wurde und bei einem befristeten Mietvertrag der Erhöhungszeitraum vor dem Ablauf des Mietverhältnisses endet.

(12) Mietzinsvorschriften in förderungsrechtlichen Bestimmungen bleiben unberührt.

(BGBl 1993/800, ab 1. 3. 1994)

Unwirksamkeit von Zinsanpassungsklauseln und Mietzinsvereinbarungen

§ 16a. (1) Vereinbarungen, die eine Erhöhung des Hauptmietzinses für den Fall einer Änderung der gesetzlichen Vorschriften über die Höhe des Hauptmietzinses vorsehen, sind rechtsunwirksam. Darunter sind auch Vereinbarungen zu verstehen, in denen sich der Mieter für den Fall einer Änderung der gesetzlichen Vorschriften über die Höhe des Hauptmietzinses zum Abschluß einer neuen Mietzinsvereinbarung verpflichtet hat.

(2) Ist oder war das Vorliegen einer Zinsanpassungsklausel im Sinn des Abs. 1 Beweggrund für den Abschluß einer Mietzinsvereinbarung, so ist diese Vereinbarung rechtsunwirksam; in diesem Fall gilt eine frühere Mietzinsvereinbarung weiter.

(BGBl 1993/800, ab 1. 3. 1994)

Kaution

§ 16b. (1) Für die dem Vermieter aus dem Mietvertrag künftig entstehenden Ansprüche gegen den Mieter kann die Übergabe einer Kaution an den Vermieter vereinbart werden. Wenn die Kaution dem Vermieter nicht ohnehin bereits in Gestalt eines Sparbuchs, sondern als Geldbetrag übergeben wird, hat sie der Vermieter auf einem Sparbuch fruchtbringend zu veranlagen und den Mieter darüber auf Verlangen schriftlich zu informieren. Andere Arten der Kautionsveranlagung sind zulässig, wenn sie eine gleich gute Verzinsung und – insbesondere durch Anwendbarkeit der gesetzlichen Einlagensicherung – eine gleich hohe Sicherheit wie eine Spareinlage bieten und wenn sie eine eindeutige Abgrenzung vom Vermögen des Vermieters und bei dessen Insolvenz eine Absonderung ermöglichen.

(2) Nach Ende des Mietvertrags hat der Vermieter dem Mieter die Kaution samt den aus ihrer Veranlagung erzielten Zinsen unverzüglich zurückzustellen, soweit sie nicht zur Tilgung von berechtigten Forderungen des Vermieters aus dem Mietverhältnis herangezogen wird.

(3) Wird über das Vermögen des Vermieters ein Insolvenzverfahren eröffnet, so darf darin die Kaution für Ansprüche, die nicht im Zusammenhang mit dem Mietverhältnis stehen, nicht herangezogen werden. Nach Ende des Mietvertrags kann der Mieter wegen des Rückforderungsanspruchs nach Abs. 2 – soweit ihm nicht ohnehin weitergehende Rechte zukommen – abgesonderte Befriedigung aus dem Kautionssparbuch verlangen (§ 48 „IO“). *(BGBl I 2010/29, ab 1. 7. 2010)*

(4) Über die Höhe des Rückforderungsanspruchs nach Abs. 2 ist auch dann im Verfahren nach §§ 37 bis 41 zu entscheiden, wenn es sich

um einen der in § 1 Abs. 4 genannten Mietgegenstände handelt.

(BGBl I 2009/25, ab 1. 4. 2009, auch auf Mietverträge anzuwenden, die davor geschlossen worden sind; Abs 4 ist anzuwenden, wenn die Sache nach dem 31. März 2009 anhängig geworden ist; s auch § 49 Abs 2 und 3)

Anteil an den Gesamtkosten; Nutzfläche

§ 17. (1) Insoweit nicht zwischen dem Vermieter und allen Mietern des Hauses für einzelne Aufwendungen des Hauses schriftlich ein anderer Verteilungsschlüssel vereinbart worden ist oder sich aus den folgenden Bestimmungen ein solcher Verteilungsschlüssel ergibt, bestimmt sich der Anteil eines Mietgegenstandes an den Gesamtkosten des Hauses nach dem Verhältnis der Nutzfläche des Mietgegenstandes zur Nutzfläche aller vermieteten, vom Vermieter benützten oder trotz ihrer Vermietbarkeit nicht vermieteten Wohnungen oder sonstigen Mietgegenstände des Hauses „ “. *(BGBl I 2000/36, ab 1. 7. 2000, s § 49c Abs. 2)*

(1a) Wenn einzelne Aufwendungen vom Verbrauch abhängig sind und die Anteile der Wohnungen oder sonstigen Mietgegenstände des Hauses am Gesamtverbrauch mit wirtschaftlich vernünftigem Kostenaufwand durch Meßvorrichtungen ermittelt werden können, kann durch schriftliche Vereinbarung zwischen dem Vermieter und einer Mehrheit von mindestens zwei Dritteln der Mieter – berechnet nach der Anzahl der vermieteten Mietgegenstände – des Hauses eine Aufteilung dieser Aufwendungen nach den Verbrauchsanteilen festgelegt werden. Bei Vorliegen einer solchen Vereinbarung hat jeder Mieter die Erfassung der Verbrauchsanteile in seinem Mietgegenstand zu dulden. Konnten trotz zumutbarer Bemühungen Verbrauchsanteile nicht erfaßt werden, so sind sie, sofern dies dem Stand der Technik entspricht, durch rechnerische Verfahren zu ermitteln; die Nutzfläche, für die auf diese Weise die Verbrauchsanteile ermittelt werden, darf 20 vH nicht übersteigen. Der Teil der Aufwendungen, der dem auf die allgemeinen Teile des Hauses „ “ entfallenden Verbrauchsanteil zuzuordnen ist, ist nach dem Verhältnis der Nutzflächen im Sinn des Abs. 1 aufzuteilen. Der Vermieter kann für diese Aufwendungen eine vom Kalenderjahr abweichende Abrechnungsperiode in der Dauer von zwölf Monaten vorsehen. *(BGBl I 1999/147, ab 1. 1. 2000, s Anm zu § 3 Abs 2 Z 6; BGBl I 2000/36, ab 1. 7. 2000, s § 49c Abs. 2)*

(2) Die Nutzfläche, die in Quadratmetern auszudrücken ist, ist die gesamte Bodenfläche einer Wohnung oder eines sonstigen Mietgegenstandes abzüglich der Wandstärken und der im Verlauf der Wände befindlichen Durchbrechungen (Ausnehmungen). Keller- und Dachbodenräume, soweit sie ihrer Ausstattung nach nicht für Wohn- oder Geschäftszwecke geeignet sind, sowie Treppen, offene Balkone und Terrassen sind bei der Berechnung der Nutzfläche nicht zu berücksichtigen. „Veränderungen der Nutzfläche auf Grund baulicher Maßnahmen des Mieters oder sonstigen Nutzers im Inneren der Wohnung oder des sonstigen Mietgegenstandes einschließlich der Verglasung von Balkonen bleiben bis zur Beendigung seines Miet- oder sonstigen Nutzungsverhältnisses unberücksichtigt.“ *(BGBl 1984/482; BGBl I 1999/147, ab 1. 1. 2000, anzuwenden auf am 1. 1. 2000 anhängige Verfahren nach § 37 Abs 1 Z 9, wenn die Entscheidung erster Instanz nicht bis zum Ablauf des 31. 12. 1999 ergangen ist. Wenn in einem solchen Verfahren ein Mieter nur wegen der Änderungen unterliegt, hat der Vermieter dem Mieter ungeachtet dieses Verfahrensausgangs die Kosten des Verfahrens mit Ausnahme der Kosten rechtsfreundlicher Vertretung zu ersetzen.)*

(3) Die Nutzfläche ist nach dem Naturmaß zu berechnen. Bei Gebäuden, für die die Baubewilligung nach dem 1. Jänner 1985 erteilt wurde, ist sie jedoch auf Grund des behördlich genehmigten Bauplans zu berechnen, es sei denn, daß dies nicht möglich ist oder eine Abweichung vom behördlich genehmigten Bauplan um mehr als „3 vH“ erwiesen wird. *(BGBl 1984/482; BGBl I 1997/22, ab 1. 3. 1997, s § 49b Abs. 13)*

Erhöhung der Hauptmietzinse

§ 18. (1) Finden die Kosten einer vom Vermieter durchzuführenden, unmittelbar heranstehenden größeren Erhaltungsarbeit einschließlich der nach § 3 Abs. 3 Z 1 anrechenbaren Verzinsung und Geldbeschaffungskosten in der Summe der sich in den vorausgegangenen zehn Kalenderjahren ergebenden Mietzinsreserven oder Mietzinsabgänge keine Deckung und übersteigen sie die während des Verteilungszeitraums zu erwartenden Hauptmietzinseinnahmen, so kann zur Deckung des Fehlbetrags eine Erhöhung des Hauptmietzinses begehrt werden. Zur Festsetzung des erforderlichen erhöhten Hauptmietzinses sind maßgebend:

1. die Summe der sich in den vorausgegangenen zehn Kalenderjahren ergebenden Mietzinsreserven oder Mietzinsabgänge einschließlich eines allfälligen Zuschusses, der aus Anlaß der Durchführung der Arbeiten gewährt wird;

2. die angemessenen Kosten der durch einen Kostenvoranschlag umschriebenen unmittelbar heranstehenden Erhaltungsarbeit einschließlich der angemessenen Kosten der Bauverwaltung und Bauüberwachung, soweit diese zusammen 5 vH der Baukosten nicht überschreiten; diese Kosten sind um den Unterschiedsbetrag nach Z 1 zu kürzen oder zu erhöhen (Deckungsfehlbetrag);

3. ein zehn Jahre nicht übersteigender Verteilungszeitraum, der unter Berücksichtigung des

Zeitraums, in dem sich solche oder ähnliche Arbeiten bei Zugrundelegung regelmäßiger Bestandsdauer erfahrungsgemäß wiederholen, sowie der wirtschaftlichen Lage des Vermieters und der Gesamtheit der Mieter des Hauses nach billigem Ermessen zu bestimmen ist;

4. das zur Finanzierung des Deckungsfehlbetrags notwendige eigene oder fremde Kapital des Vermieters samt den mit der Aufnahme fremden Kapitals verbundenen Geldbeschaffungskosten sowie das auf den Kalendermonat umzurechnende Erfordernis zur Tilgung und angemessenen Verzinsung dieses Kapitals;

5. ein nach freier Überzeugung (§ 273 ZPO) festzusetzender Pauschalbetrag zur Deckung der Kosten von laufend wiederkehrenden Erhaltungsarbeiten und der laufend fällig werdenden Aufwendungen für die mit dem Eigentum verbundene Vermögensteuer samt Zuschlägen zuzüglich des allfälligen Betrags, der zur Tilgung und Verzinsung einer nach § 3 Abs. 3 Z 1 finanzierten früheren Erhaltungsarbeit je Kalendermonat aufgebracht werden muß;

6. die Gesamtsumme der für die vermieteten, vom Vermieter benützten oder trotz ihrer Vermietbarkeit leerstehenden Mietgegenstände des Hauses anrechenbaren monatlichen Hauptmietzinse, die sich gemäß § 20 Abs. 1 Z 1 lit. b bis d errechnen; *(BGBl 1993/800, ab 1. 3. 1994)*

7. die Feststellung, ob oder inwieweit das nach Z 4 und 5 ermittelte monatliche Deckungserfordernis in der nach Z 6 ermittelten Gesamtsumme Deckung findet oder nicht.

(2) Ist der monatliche Hauptmietzins, den ein Hauptmieter für seinen Mietgegenstand entrichtet, niedriger als der bei der Berechnung der Gesamtsumme nach Abs. 1 Z 6 für den Mietgegenstand ausgewiesene Betrag, so hat das Gericht (die Gemeinde, § 39) dem Vermieter während des festgesetzten Verteilungszeitraums die Anhebung dieses Hauptmietzinses nach Maßgabe des Deckungserfordernisses (Abs. 1 Z 4 und 5) bis zu der im Abs. 1 Z 6 für den Mietgegenstand ausgewiesenen Höhe des Hauptmietzinses zu bewilligen.

(3) Findet das nach Abs. 1 Z 4 und 5 ermittelte Deckungserfordernis in der nach Abs. 1 Z 6 ermittelten Gesamtsumme nicht oder nicht zur Gänze Deckung, so hat das Gericht (die Gemeinde, § 39) neben der nach Abs. 2 allenfalls zu bewilligenden Anhebung der Hauptmietzinse die Einhebung eines erhöhten Hauptmietzinses während des festgesetzten Verteilungszeitraums in der Weise zu bewilligen, daß der Vermieter von jedem Hauptmieter eines Mietgegenstandes im Haus neben dem für den Mietgegenstand nach Abs. 1 Z 6 ausgewiesenen und allenfalls nach Abs. 2 angehobenen monatlichen Hauptmietzins den auf den Mietgegenstand nach dem Verhältnis der Nutzflächen (§ 17) entfallenden Anteil am nicht gedeckten Teil des Deckungserfordernisses begehren darf.

(4) Steht fest, daß eine Erhöhung der Hauptmietzinse auch dann erforderlich ist, wenn die von den Hauptmietern gegen die Hauptmietzinsabrechnung der vorausgegangenen zehn Kalenderjahre erhobenen Einwendungen berechtigt sind, und ist zu besorgen, daß durch die Überprüfung dieser Einwendungen der Hauptmieter die Durchführung der Erhaltungsarbeiten verzögert würde, so kann das Gericht (die Gemeinde, § 39) die Überprüfung dieser Einwendungen der Hauptmieter der Entscheidung nach § 19 Abs. 3 vorbehalten und zunächst die Höhe der anrechenbaren Mietzinsreserven oder Mietzinsabgänge nach freier Überzeugung (§ 273 ZPO) festsetzen.

(5) Der Vermieter kann eine Erhöhung der Hauptmietzinse für eine Wohnung nicht verlangen,

1. wenn es sich um eine Wohnung der Ausstattungskategorie D handelt und für sie ein Hauptmietzins vereinbart wurde, der „0,90 Euro“ je Quadratmeter der Nutzfläche und Monat übersteigt; dieser Betrag valorisiert sich entsprechend der Regelung des § 16 Abs. 6; *(BGBl I 2001/98, ab 1. 1. 2002; Betrag gemäß K BGBl II 2018/10, ab 1. 2. 2018)*

2. wenn bei einem befristeten Hauptmietvertrag (§ 29 Abs. 1 Z 3) die jeweils vereinbarte Vertragsdauer weniger als vier Jahre beträgt. *(BGBl I 2000/36, ab 1. 7. 2000, s § 49c Abs. 9)*
(BGBl I 1997/22, ab 21. 2. 1997, s § 49b Abs. 5)

Grundsatzentscheidung und vorläufige Erhöhung

§ 18a. (1) Wird vor der Durchführung einer Erhaltungsarbeit eine Erhöhung der Hauptmietzinse (§ 18) begehrt, so hat das Gericht (die Gemeinde, § 39) auf Antrag zunächst dem Grunde nach zu entscheiden, ob und inwieweit die bestimmt bezeichnete Erhaltungsarbeit die Erhöhung der Hauptmietzinse rechtfertigt und innerhalb welchen Zeitraumes, der zehn Jahre nicht übersteigen darf, die dafür erforderlichen Kosten aus den Hauptmietzinsen zu decken sind.

(2) Verpflichtet sich der Vermieter, die in der Grundsatzentscheidung (Abs. 1) genannten Erhaltungsarbeiten innerhalb einer angemessenen Frist in Angriff zu nehmen und durchzuführen, so kann das Gericht (die Gemeinde, § 39) auf Antrag aussprechen, daß eine vorläufige Erhöhung des Hauptmietzinses zulässig ist. Beginn und Ausmaß dieser vorläufigen Erhöhung (auch die zunächst zugrunde gelegten Ausstattungskategorien) sind unter Berücksichtigung der bereits vorliegenden Verfahrensergebnisse so festzusetzen, daß sie das in der endgültigen Erhöhung voraussichtlich ergebende Ausmaß nicht übersteigen. Werden der Entscheidung über die endgültige Mietzinserhö-

hung bei einzelnen Mietgegenständen andere Ausstattungskategorien zugrunde gelegt als in der vorläufigen Mietzinserhöhung, so hat der Hauptmieter den sich daraus ergebenden Differenzbetrag nachzuzahlen bzw. ist ihm ein übersteigender Betrag zurückzuerstatten. Hält der Vermieter seine Pflicht zur Durchführung der Arbeiten nicht ein, so hat er – unbeschadet der Bestimmungen des § 6 – die aus der vorläufigen Erhöhung der Hauptmietzinse sich ergebenden Mehrbeträge samt einer angemessenen Verzinsung zurückzuerstatten.

(BGBl 1985/559)

Kosten von Sanierungsmaßnahmen

§ 18b. Werden an einem Haus Sanierungsmaßnahmen (§ 11 des Wohnhaussanierungsgesetzes, BGBl. Nr. 483/1984) vorgenommen, die mit Mitteln gefördert werden, die auf Grund der Bestimmungen des Wohnhaussanierungsgesetzes gewährt worden sind, sind die zur Finanzierung erforderlichen Darlehen innerhalb eines Zeitraumes zurückzuzahlen, der zehn Jahre nicht übersteigt und ist außerdem zur Finanzierung der Sanierungsmaßnahmen (Deckung des Fehlbetrages) eine Erhöhung der Hauptmietzinse notwendig, so gelten Sanierungsmaßnahmen in den Verfahren zur Erhöhung der Hauptmietzinse (§§ 18, 18a) als Erhaltungsarbeiten. Die Erhöhung der Hauptmietzinse darf jedoch nicht das Ausmaß übersteigen, das sich bei bloßer Durchführung von Erhaltungsarbeiten (§ 3) ohne Gewährung öffentlicher Förderungsmittel nach dem Wohnhaussanierungsgesetz ergeben würde.

(BGBl 1985/559)

Nachträgliche Neuerrichtung von Mietgegenständen

§ 18c. (1) Werden in einem Haus (auf einer Liegenschaft) oder in Häusern auf einer Liegenschaft, die hinsichtlich der Mietzinsbildung eine wirtschaftliche Einheit bilden, nachträglich weitere Wohnungen oder Geschäftsräumlichkeiten durch Auf-, Ein-, Um- oder Zubau neu errichtet, sind diese hinsichtlich ihrer Errichtungskosten als eigene wirtschaftliche Einheit zu behandeln.

(2) Stünden den Baumaßnahmen Rechte zur Benützung von allgemeinen Teilen der Liegenschaft, wie etwa von Dachboden- oder Kellerräumen, Grünanlagen oder Hofflächen entgegen, so haben dennoch die bisherigen Benützungsberechtigten die Baumaßnahmen unter der Voraussetzung zu dulden, daß ihnen gleichwertige Benützungsrechte oder die sonstige Möglichkeit zur gleichwertigen Befriedigung ihrer Interessen eingeräumt werden, oder daß ihnen der Verlust des Benützungsrechtes unter Berücksichtigung der bisherigen Ausübung abgegolten wird.

(3) Die Kosten von Baumaßnahmen zur nachträglichen Neuerrichtung weiterer Wohnungen oder Geschäftsräumlichkeiten durch Auf-, Ein-, Um- oder Zubau können, soweit diese Baumaßnahmen in absehbarer Zeit notwendig werdende Erhaltungsarbeiten ersetzen oder nützliche Verbesserungen sind, in der Hauptmietzinsabrechnung nach Maßgabe des § 4 als Ausgaben ausgewiesen werden.

(4) Werden Baumaßnahmen nach Abs. 1 durchgeführt, so hat das Gericht (die Gemeinde, § 39) auf Antrag des Vermieters über die Höhe der Kosten gemäß Abs. 3 zu entscheiden, die aus der Mietzinsreserve zu decken sind. Reicht die Mietzinsreserve zur Deckung der Kosten für die jeweils erkennbaren und in absehbarer Zeit notwendig werdenden Erhaltungsarbeiten sowie nützlichen Verbesserungsarbeiten nicht aus, so sind die Fehlbeträge unter Anwendung der §§ 18, 18a, 18b und 19 zu decken.

(BGBl 1993/800, ab 1. 3. 1994)

Antrag und Entscheidung

§ 19. (1) Die Einhebung eines erhöhten Hauptmietzinses ist nur auf Grund einer Entscheidung des Gerichtes (der Gemeinde, § 39) zulässig. Zur Antragstellung sind der Vermieter, die Gemeinde, in deren Sprengel das Haus gelegen ist, im eigenen Wirkungsbereich oder der nach § 6 Abs. 2 bestellte Verwalter berechtigt. Dem Antrag sind beizulegen:

1. ein Kostenvoranschlag über die unmittelbar heranstehende Erhaltungsarbeit in dreifacher Ausfertigung;

2. die Hauptmietzinsabrechnung über die der Antragstellung unmittelbar vorausgegangenen zehn Kalenderjahre;

3. eine Aufstellung, die alle vermieteten, vermietbaren oder vom Vermieter benützten Mietgegenstände des Hauses enthält, wobei im besonderen von jedem Mietgegenstand die topographische Bezeichnung (Türnummer), die Nutzfläche, die Ausstattungskategorie bei Wohnungen, die Höhe des monatlichen Hauptmietzinses, die Höhe des nach § 18 Abs. 1 Z 6 anrechenbaren monatlichen Betrages, der Vor- und Zuname des Mieters (Benützers) anzuführen sind;

4. eine Berechnung des Deckungsfehlbetrags und des monatlichen Deckungserfordernisses;

5. ein Finanzierungsplan einschließlich allfälliger Kreditzusagen.

(2) Selbst wenn der Antrag auf Bewilligung der Einhebung eines erhöhten Hauptmietzinses nicht im Zuge eines Verfahrens zur Durchführung von Erhaltungsarbeiten gestellt worden ist (§ 6 Abs. 3), ist mit der Bewilligung der Einhebung eines erhöhten Hauptmietzinses der Auftrag zur Vornahme der der Entscheidung zugrunde liegen-

den Erhaltungsarbeit binnen einer angemessenen, ein Jahr nicht übersteigenden Frist (§ 6 Abs. 1) zu erteilen. Stellt sich nach dem Ablauf der festgesetzten Frist heraus, daß die aufgetragenen Arbeiten nicht durchführbar sind, so ist auf Antrag eines Mieters die Bewilligung der Einhebung eines erhöhten Hauptmietzinses zu widerrufen und der Vermieter zu verpflichten, die von den Mietern des Hauses auf Grund der widerrufenen Entscheidung entrichteten erhöhten Hauptmietzinse zuzüglich einer angemessenen Verzinsung binnen 14 Tagen bei Exekution zurückzuerstatten.

(3) Hat das Gericht (die Gemeinde, § 39) die Überprüfung der von den Mietern gegen die Hauptmietzinsabrechnung der vorausgegangenen zehn Kalenderjahre erhobenen Einwendungen vorbehalten (§ 18 Abs. 3) oder stellt sich während oder nach der Durchführung der aufgetragenen Erhaltungsarbeit heraus, daß sich die veranschlagten Kosten geändert haben und daß daher die zur Finanzierung des Deckungserfordernisses bewilligte Einhebung eines erhöhten Hauptmietzinses zur Deckung eines erhöhten Aufwands nicht ausreicht oder überhöht ist, so ist auf Antrag des Vermieters, des nach § 6 Abs. 2 bestellten Verwalters oder eines Hauptmieters der zur Tilgung des Deckungserfordernisses notwendige erhöhte Hauptmietzins neu zu berechnen und für die restliche Dauer des Verteilungszeitraums dementsprechend zu erhöhen oder zu senken.

Hauptmietzinsabrechnung

§ 20. (1) Der Vermieter hat in übersichtlicher Form eine Abrechnung über die Einnahmen und Ausgaben eines jeden Kalenderjahres zu legen.

1. Die Abrechnung hat als Einnahmen auszuweisen:

a) die dem Vermieter für die vermieteten Mietgegenstände des Hauses als Hauptmietzins (erhöhter Hauptmietzins) „ “ entrichteten Beträge; *(BGBl I 2001/161, ab 1. 1. 2002, s § 49d Abs 4)*

b) für Objekte des Hauses, die der Vermieter benützt je Quadratmeter der Nutzfläche und Monat:

aa) den jeweiligen Richtwert (§§ 3, 5 und 6 RichtWG), wenn es sich um eine Wohnung der Ausstattungskategorie A oder um eine Geschäftsräumlichkeit handelt; sofern aber bei Geschäftsräumlichkeiten erwiesen wird, daß dieser Betrag den für die Geschäftsräumlichkeit nach § 16 Abs. 1 angemessenen monatlichen[1] Hauptmietzins übersteigt, der nach § 16 Abs. 1 angemessene Hauptmietzins,

bb) 75 vH des jeweiligen Richtwerts, wenn es sich um eine Wohnung der Ausstattungskategorie B handelt,

cc) 50 vH des jeweiligen Richtwerts, wenn es sich um eine Wohnung der Ausstattungskategorie C handelt und

dd) „0,90 Euro“ valorisiert entsprechend der Regelung des § 16 Abs. 6, wenn es sich um eine Wohnung der Ausstattungskategorie D handelt; *(BGBl I 2001/98, ab 1. 1. 2002; Betrag gemäß K BGBl II 2018/10, ab 1. 2. 2018)*

c) für Objekte des Hauses, die ein Wohnungseigentümer benützt oder vermietet, die Kategoriebeträge gemäß § 15a Abs. 3 je Quadratmeter der Nutzfläche und Monat;

d) für die Objekte des Hauses, die der Vermieter trotz ihrer Vermietbarkeit mehr als sechs Monate leerstehen ließ, das Eineinhalbfache des jeweils nach lit. b anzusetzenden Betrages je Quadratmeter der Nutzfläche und Monat; die sechsmonatige Frist erhöht sich um ein Jahr, wenn der Vermieter zur Anhebung des Standards eines Mietgegenstands nützliche Verbesserungen (§§ 4 oder 5 Abs. 1) durchführen ließ;

e) 25 vH der vom Vermieter aus der Vermietung oder Überlassung von Dach- oder Fassadenflächen des Hauses zu Werbezwecken erzielten Einnahmen;

f) die Zuschüsse, die dem Vermieter aus Anlaß der Durchführung einer Erhaltungs- oder nützlichen Verbesserungsarbeit gewährt wurden;

g) die im § 27 Abs. 4 genannten Beträge. *(BGBl 1993/800, ab 1. 3. 1994, s Art II II. Abschnitt Z 7 und 8 3. WÄG)*

2. In der Abrechnung dürfen als Ausgaben ausgewiesen werden:

a) die Beträge, die aufgewendet wurden, um die durch Rechnungen und Zahlungsbelege (Quittungen) belegten Kosten der zur ordnungsgemäßen Erhaltung (§ 3) oder nützlichen Verbesserung (§§ 4, 5) des Hauses durchgeführten Arbeiten zu decken;

b) 20 vH von den durch Rechnungen und Zahlungsbelege (Quittungen) belegten Kosten der Arbeiten, die der Vermieter in Kalenderjahren, in denen von den Hauptmietern des Hauses kein gemäß § 18 Abs. 2 oder 3 erhöhter Hauptmietzins eingehoben wird, zur ordnungsgemäßen Erhaltung (§ 3) oder nützlichen Verbesserung (§§ 4, 5) des Hauses aufgewendet hat;

c) die Beträge, die vom Vermieter für die mit dem Eigentum des Hauses verbundene Vermögensteuer samt Zuschlägen entrichtet wurden;

d) die zur Tilgung und Verzinsung eines Förderungsdarlehens des Bundes, eines Landes oder eines öffentlich-rechtlichen Fonds oder eines von diesem geförderten Darlehens (Kredites) erforderlichen Beträge, soweit sich das Darlehen (der Kredit) nicht ausschließlich auf vom Vermieter benützte oder trotz ihrer Vermietbarkeit leerstehende Objekte beziehen; *(BGBl 1991/68, ab 1. 3. 1991)*

e) die in § 10 Abs. 6 dritter Satz genannten Beträge; *(BGBl 1993/800, ab 1. 3. 1994, s Art II II. Abschnitt Z 9 3. WÄG)*

f) die Beträge, die der Vermieter für die Erstellung eines Energieausweises nach § 2 Z 3 EAVG für das gesamte Gebäude aufgewendet hat; *(BGBl I 2009/25, ab 1. 1. 2009)*

„g)“ sofern der Vermieter in dem Kalenderjahr keine nach §§ 18 ff. erhöhten Hauptmietzinse vereinnahmt hat, vom Überschuss der Einnahmen (Z 1) über die Ausgaben „(lit. a bis f)“ 35 vH bei Einkommensteuerpflicht oder 25 vH bei Körperschaftsteuerpflicht des Vermieters. *(BGBl I 2006/124, ab 1. 10. 2006, s § 49e Abs 6; BGBl I 2009/25, ab 1. 1. 2009)*

(2) Der Unterschiedsbetrag, der sich aus der Gegenüberstellung der so ausgewiesenen Einnahmen und Ausgaben eines Kalenderjahres errechnet, ist die Mietzinsreserve oder der Mietzinsabgang des Kalenderjahres.

(3) „Der Vermieter ist verpflichtet, spätestens zum 30. Juni eines jeden Kalenderjahres die Abrechnung über das vorausgegangene Kalenderjahr an einer geeigneten Stelle im Haus zur Einsicht durch die Hauptmieter aufzulegen und den Hauptmietern in geeigneter Weise Einsicht in die Belege – bei Belegen auf Datenträgern Einsicht in Ausdrucke der Belege – zu gewähren.“ Auf Verlangen eines Hauptmieters sind von der Abrechnung und (oder) den Belegen auf seine Kosten Abschriften (Ablichtungen, weitere Ausdrucke) anfertigen zu lassen. *(BGBl I 1999/147, ab 1. 1. 2000, s Anm zu § 3 Abs 2 Z 6; BGBl I 2000/36, ab 1. 7. 2000, s § 49c Abs. 9)*

(4) Kommt der Vermieter der in den Abs. 1 und 3 ausgesprochenen Verpflichtung zur Abrechnung und Einsichtgewährung nicht nach, so ist er auf Antrag eines Hauptmieters vom Gericht (der Gemeinde, § 39) dazu zu verhalten. Weigert er sich auch bei der mündlichen Verhandlung vor Gericht (der Gemeinde), die Mietzinsabrechnung zu legen oder die Einsicht in die Belege zu gewähren, oder erscheint er zur Verhandlung nicht, so hat das Gericht (die Gemeinde) auf Antrag eines Hauptmieters dem Vermieter unter Androhung einer Ordnungsstrafe bis zu „2 000 Euro“ aufzutragen, binnen einer angemessenen, 14 Tage nicht übersteigenden Frist die Abrechnung zu legen und (oder) die Einsicht in die Belege zu gewähren. Die Ordnungsstrafe ist zu verhängen, wenn dem Auftrag ungerechtfertigterweise nicht entsprochen wird; sie kann auch wiederholt verhängt werden. *(BGBl I 2001/98, ab 1. 1. 2002)*

(5) Wenn der Vermieter die Kosten für die Erstellung eines Energieausweises unter den Ausgaben nach Abs. 1 Z 2 verrechnet, hat er jedem Hauptmieter auf dessen Verlangen Einsicht in den Energieausweis zu gewähren und ihm gegen Ersatz der Kopierkosten eine Ablichtung desselben zur Verfügung zu stellen. *(BGBl I 2009/25, ab 1. 1. 2009)*

---

[1] *Im BGBl irrtümlich monatliche.*

Betriebskosten und laufende öffentliche Abgaben

§ 21. (1) Als Betriebskosten gelten die vom Vermieter aufgewendeten Kosten für

1. die Versorgung des Hauses mit Wasser aus einer öffentlichen Wasserleitung (Wassergebühren und Kosten, die durch die nach den Lieferbedingungen gebotenen Überprüfungen der Wasserleitungen erwachsen) oder die Erhaltung der bestehenden Wasserversorgung aus einem Hausbrunnen oder einer nicht öffentlichen Wasserleitung;

1a. die Eichung, Wartung und Ablesung von Meßvorrichtungen zur Verbrauchsermittlung im Sinn des § 17 Abs. 1a; *(BGBl I 1999/147, ab 1. 1. 2000, s Anm zu § 3 Abs 2 Z 6)*

2. die auf Grund der Kehrordnung regelmäßig durchzuführende Rauchfangkehrung, die Kanalräumung, die Unratabfuhr und die Schädlingsbekämpfung;

3. die entsprechende Beleuchtung der allgemein zugänglichen Teile des Hauses, erforderlichenfalls auch des Hofraums und des Durchgangs zu einem Hinterhaus;

4. die angemessene Versicherung des Hauses gegen Brandschaden (Feuerversicherung), sofern und soweit die Versicherungssumme dem Betrag entspricht, der im Schadenfall zur Wiederherstellung (§ 7) ausreicht; bestehen für solche Versicherungen besondere Versicherungsbedingungen, die im Schadenfall den Einwand der Unterversicherung des Versicherers ausschließen, so sind die entsprechend solchen Versicherungsbedingungen ermittelten Versicherungswerte als angemessen anzusehen;

5. die angemessene Versicherung des Hauses gegen die gesetzliche Haftpflicht des Hauseigentümers (Haftpflichtversicherung) und gegen Leitungswasserschäden einschließlich Korrosionsschäden;

6. die angemessene Versicherung des Hauses gegen andere Schäden, wie besonders gegen Glasbruch hinsichtlich der Verglasung der der allgemeinen Benützung dienenden Räume des Hauses einschließlich aller Außenfenster oder gegen Sturmschäden, wenn und soweit die Mehrheit der Hauptmieter – diese berechnet nach der Anzahl der vermieteten Mietgegenstände – des Hauses dem Abschluß, der Erneuerung oder der Änderung des Versicherungsvertrags zugestimmt haben;

7. die im § 22 bestimmten Auslagen für die Verwaltung;

8. die im § 23 bestimmten angemessenen Aufwendungen für die Hausbetreuung. *(BGBl I 2000/36, ab 1. 7. 2000, s § 49c Abs. 5)*

(2) Die anteilig anrechenbaren, öffentlichen Abgaben sind die von der Liegenschaft, auf die sich der Mietvertrag bezieht, zu entrichtenden

MRG

laufenden öffentlichen Abgaben mit Ausnahme solcher, die nach landesgesetzlichen Bestimmungen auf die Mieter nicht überwälzt werden dürfen.

(3) Der Vermieter darf zur Deckung der im Lauf eines Kalenderjahres fällig werdenden Betriebskosten und öffentlichen Abgaben zu jedem Zinstermin einen gleichbleibenden Teilbetrag zur Anrechnung bringen (Jahrespauschalverrechnung), der vom Gesamtbetrag der Betriebskosten und der öffentlichen Abgaben des vorausgegangenen Kalenderjahres zu errechnen ist und im Fall einer zwischenzeitlichen Erhöhung von Betriebskosten oder den öffentlichen Abgaben um höchstens 10 vH überschritten werden darf. „Der Vermieter hat die im Lauf des Kalenderjahres fällig gewordenen Betriebskosten und öffentlichen Abgaben spätestens zum 30. Juni des folgenden Kalenderjahres abzurechnen; er hat die Abrechnung an einer geeigneten Stelle im Haus zur Einsicht durch die Hauptmieter aufzulegen und den Hauptmietern in geeigneter Weise Einsicht in die Belege – bei Belegen auf Datenträgern Einsicht in Ausdrucke der Belege – zu gewähren."** „Auf Verlangen eines Hauptmieters sind von der Abrechnung und (oder) den Belegen auf seine Kosten Abschriften (Ablichtungen, weitere Ausdrucke) anfertigen zu lassen."* In den Fällen einer Jahrespauschalverrechnung beginnt die einjährige Frist zur Geltendmachung der Betriebskosten und öffentlichen Abgaben mit Ablauf des Kalenderjahres zu laufen, in dem die Betriebskosten und öffentlichen Abgaben gegenüber dem Vermieter fällig geworden sind. Ergibt sich aus der Abrechnung ein Überschuß zugunsten der Hauptmieter, so ist der Überschußbetrag zum übernächsten Zinstermin zurückzuerstatten. Ergibt sich aus der Abrechnung ein Fehlbetrag zu Lasten der Hauptmieter, so haben die Hauptmieter den Fehlbetrag zum übernächsten Zinstermin zu entrichten. *(BGBl 1985/559; *BGBl I 1999/147, ab 1. 1. 2000, s Anm zu § 3 Abs 2 Z 6; **BGBl I 2000/36, ab 1. 7. 2000, s § 49c Abs. 9)*

(4) Macht der Vermieter von der Jahrespauschalverrechnung nach Abs. 3 nicht Gebrauch, so hat der Mieter den auf seinen Mietgegenstand entfallenden Anteil an den Betriebskosten und den laufenden öffentlichen Abgaben an den Vermieter am 1. eines jeden Kalendermonats zu entrichten, wenn ihm dessen Höhe vorher unter Vorlage der Rechnungsbelege nachgewiesen wird; dabei kann der Vermieter jeweils die Betriebskosten und Abgaben in Anschlag bringen, die spätestens am genannten Tag fällig werden. In jedem dieser Fälle sind die Betriebskosten und Abgaben nur zu entrichten, wenn dem Mieter deren Höhe wenigstens drei Tage vorher unter Vorlage der Rechnungsbelege nachgewiesen wird. Betriebskosten und Abgaben, deren Fälligkeit vor mehr als einem Jahr eingetreten ist, können nicht mehr geltend gemacht werden.

(5) Kommt der Vermieter der im Abs. 3 ausgesprochenen Verpflichtung zur Legung der Abrechnung und Einsichtgewährung in die Belege nicht nach, so gilt § 20 Abs. 4.

(6) Der Bundesminister für Justiz kann durch Verordnung ÖNORMEN bezeichnen, die in besonderem Maß geeignet sind, das Vorliegen der Voraussetzungen für eine ordnungsgemäße Abrechnung nach § 21 Abs. 3 festzustellen. *(BGBl I 1997/22, ab 1. 3. 1997, s § 49b Abs. 13)*

Auslagen für die Verwaltung

§ 22. Zur Deckung der Auslagen für die Verwaltung des Hauses einschließlich der Auslagen für Drucksorten, Buchungsgebühren u. dgl. darf der Vermieter je Kalenderjahr und Quadratmeter der Nutzfläche des Hauses den nach § 15a Abs. 3 Z 1 jeweils geltenden Betrag anrechnen, der auf zwölf gleiche Monatsbeträge zu verteilen ist.

(BGBl 1993/800, ab 1. 3. 1994)

Aufwendungen für die Hausbetreuung

§ 23. (1) Die Hausbetreuung umfaßt die Reinhaltung und Wartung jener Räume des Hauses, die von allen oder mehreren Hausbewohnern benützt werden können, solcher Flächen und Anlagen der Liegenschaft und der in die Betreuungspflicht des Liegenschaftseigentümers fallenden Gehsteige einschließlich der Schneeräumung sowie die Beaufsichtigung des Hauses und der Liegenschaft.

(2) Aufwendungen für die Hausbetreuung sind, soweit diese

a) durch einen Dienstnehmer des Vermieters erfolgt, das diesem gebührende angemessene Entgelt zuzüglich des Dienstgeberanteils des Sozialversicherungsbeitrags und der sonstigen durch Gesetz bestimmten Belastungen oder Abgaben sowie die Kosten der erforderlichen Gerätschaften und Materialien,

b) durch einen vom Vermieter bestellten Werkunternehmer erfolgt, der angemessene Werklohn,

c) durch den Vermieter selbst erfolgt, der Betrag nach lit. a.

(BGBl I 2000/36, ab 1. 7. 2000, s § 49c Abs. 5)

Anteil an besonderen Aufwendungen

§ 24. (1) Ist der Hauptmieter eines Mietgegenstandes auf Grund des Mietvertrags oder einer anderen Vereinbarung berechtigt, eine der gemeinsamen Benützung der Bewohner dienende Anlage des Hauses, wie einen Personenaufzug, eine gemeinsame Wärmeversorgungsanlage oder eine zentrale Waschküche zu benützen, so bestimmt sich sein Anteil an den Gesamtkosten des Betriebes dieser Anlage – soweit nicht das Heizkostenabrechnungsgesetz anzuwenden ist – nach den Grundsätzen des § 17. *(BGBl 1992/827, ab 1. 10. 1992)*

(2) Zu den besonderen Aufwendungen im Sinn des Abs. 1 zählen auch die Kosten für die Betreuung von Grünanlagen sowie für den Betrieb von sonstigen Gemeinschaftsanlagen, die allen Mietern zur Verfügung stehen.

(2a) Können bei Gemeinschaftsanlagen die Energiekosten den Benützern zugeordnet werden, so dürfen diese Energiekosten in pauschalierter Form (zum Beispiel durch Münzautomaten) von den Benützern eingehoben werden. Diese Entgelte sind in der Abrechnung als Einnahmen auszuweisen. *(BGBl I 1999/147, ab 1. 1. 2000, s Anm zu § 17 Abs. 2)*

(3) Im übrigen gilt § 21 Abs. 3 bis 5 sinngemäß.

Entgelt für mitvermietete Einrichtungsgegenstände oder sonstige Leistungen

§ 25. Stellt der Vermieter dem Hauptmieter eines Mietgegenstandes Einrichtungsgegenstände bei oder verpflichtet er sich auch zu anderen Leistungen, so darf hiefür nur ein angemessenes Entgelt vereinbart werden.

Untermietzins

§ 26. (1) Wird der Mietgegenstand zur Gänze untervermietet, darf der Untermietzins, abgesehen von der Überwälzung der Mietzinsbestandteile gemäß § 15 Abs. 1 Z 2 bis 4 und der Umsatzsteuer, den vom Untervermieter zulässigerweise zu entrichtenden Hauptmietzins um nicht mehr als 50 vH übersteigen. Darüber hinaus sind jedoch bei der Bestimmung des vom Untermieter zulässigerweise zu entrichtenden Mietzinses die vom Untervermieter getätigten Aufwendungen zur Verbesserung des Mietgegenstandes angemessen zu berücksichtigen, soweit sie für den Untermieter von objektivem Nutzen sind. § 25 gilt für das Verhältnis zwischen Untervermieter und Untermieter sinngemäß.

(2) Bei nur teilweiser Untervermietung des Mietgegenstandes darf der Untermietzins einen dem untervermieteten Teil entsprechenden angemessenen Betrag im Sinne des Abs. 1 nicht übersteigen.

(3) Im Fall eines befristeten Untermietvertrags (§ 29 Abs. 1 Z 3) vermindert sich der nach Abs. 1 und 2 höchstzulässige Untermietzins – mit Ausnahme der überwälzten Mietzinsbestandteile gemäß § 15 Abs. 1 Z 2 und 3 – um 25 vH. Wird der befristete Untermietvertrag in einen Mietvertrag auf unbestimmte Zeit umgewandelt, so gilt die Verminderung des höchstzulässigen Untermietzinses ab dem Zeitpunkt der Umwandlung nicht mehr, sofern sie im Untermietvertrag ziffernmäßig durch Gegenüberstellung des für ein unbefristetes Mietverhältnis zulässigen und des tatsächlich vereinbarten Untermietzinses schriftlich ausgewiesen wurde. *(BGBl I 2000/36, ab 1. 7. 2000, s § 49c Abs. 3)*

(4) Vereinbarungen über den Untermietzins sind insoweit unwirksam, als der vereinbarte Untermietzins den nach Abs. 1 bis 3 zulässigen Höchstbetrag überschreitet. Die Unwirksamkeit ist binnen drei Jahren gerichtlich (bei der Gemeinde, § 39) geltend zu machen. Bei befristeten Untermietverträgen endet diese Frist frühestens sechs Monate nach Auflösung des Mietverhältnisses oder nach seiner Umwandlung in ein unbefristetes Mietverhältnis; die Verjährungsfrist beträgt in diesem Fall zehn Jahre. *(BGBl I 2000/36, ab 1. 7. 2000)*

(BGBl 1993/800, ab 1. 3. 1994)

Verbotene Vereinbarungen und Strafbestimmungen

§ 27. (1) Ungültig und verboten sind

1. Vereinbarungen, wonach der neue Mieter dafür, daß der frühere Mieter den Mietgegenstand aufgibt oder sonst ohne gleichwertige Gegenleistung dem Vermieter, dem früheren Mieter oder einem anderen etwas zu leisten hat; unter dieses Verbot fallen aber nicht die Verpflichtung zum Ersatz der tatsächlichen Übersiedlungskosten oder zum Rückersatz des Aufwandes, den der Vermieter dem bisherigen Mieter nach § 10 zu ersetzen hat;

2. Vereinbarungen, wonach der Mieter für den Verzicht des Vermieters auf die Geltendmachung eines Kündigungsgrundes dem Vermieter oder einem anderen etwas zu leisten hat;

3. Vereinbarungen, wonach für die Vermittlung einer Miete ein offenbar übermäßiges Entgelt zu leisten ist;

4. Vereinbarungen, wonach von demjenigen, der Erhaltungs- oder Verbesserungsarbeiten im Hause durchführt, dem Vermieter, dem Verwalter, einem Mieter oder einer dritten Person, die von einer dieser Personen bestimmt wurde, ein Entgelt für die Erteilung oder Vermittlung des Auftrages zur Vornahme der Arbeiten zu leisten ist;

5. Vereinbarungen, wonach der Vermieter oder der frühere Mieter sich oder einem anderen gegen die guten Sitten Leistungen versprechen läßt, die mit dem Mietvertrag in keinem unmittelbaren Zusammenhang stehen.

(2) Unter die Verbote des Abs. 1 fallen nicht

a) Beträge, die nach § 14 Abs. 1 oder § 17 WGG geleistet werden;

b) Beträge, die bei Abschluß des Mietvertrages vom Mieter für den Verzicht des Vermieters auf den Kündigungsgrund des § 30 Abs. 2 Z 4 und 6 gezahlt werden, sofern die konkreten Umstände, die für den Mieter schon damals den Abschluß des Mietvertrages ohne einen solchen Verzicht sinnlos gemacht hätten, nachgewiesen werden und der für den Verzicht gezahlte Betrag den Hauptmietzins für 10 Jahre nicht übersteigt.

(3) Was entgegen den Bestimmungen der §§ 15 bis 26 oder den Bestimmungen des Abs. 1 geleistet wird, kann samt gesetzlichen Zinsen zurückgefordert werden. Auf diesen Rückforderungsanspruch kann im voraus nicht rechtswirksam verzichtet werden. „Der Anspruch auf Rückforderung der entgegen den Bestimmungen der §§ 15 bis 26 vereinnahmten Leistungen verjährt in drei Jahren; der Anspruch auf Rückforderung der entgegen den Bestimmungen des Abs. 1 vereinnahmten Leistungen verjährt in zehn Jahren.“ Die Verjährung des Rückforderungsanspruchs ist gehemmt, solange bei Gericht (bei der Gemeinde, § 39) ein Verfahren über die Höhe des Mietzinses anhängig ist. *(BGBl 1993/800, ab 1. 3. 1994, s Art II II. Abschnitt Z 8 3. WÄG)*

(4) Ungeachtet einer Rückforderung nach Abs. 3 hat der Vermieter die entgegen den Regelungen des Abs. 1 an ihn geleisteten Beträge als Einnahmen im Sinn des § 20 Abs. 1 Z 1 lit. g auszuweisen. *(BGBl 1993/800, ab 1. 3. 1994, s Art II II. Abschnitt Z 8 3. WÄG)*

(5) Wer für sich oder einen anderen Leistungen entgegennimmt oder sich versprechen läßt, die mit den Vorschriften des Abs. 1 im Widerspruch stehen, in den Fällen des Abs. 1 Z 4 auch wer eine solche Leistung erbringt oder verspricht, begeht, sofern die Tat nicht nach anderen Bestimmungen mit strengerer Strafe bedroht ist, eine Verwaltungsübertretung und ist von der Bezirksverwaltungsbehörde mit Geldstrafe bis zu „15 000 Euro“ zu bestrafen. Die Geldstrafe ist unter Berücksichtigung der persönlichen Verhältnisse und der wirtschaftlichen Leistungsfähigkeit so zu bemessen, daß sie den Wert der nach Abs. 1 unzulässig vereinbarten Leistung, ist aber der Täter bereits zweimal wegen einer solchen Verwaltungsübertretung bestraft worden, das Zweifache dieses Wertes übersteigt; reicht das gesetzliche Höchstmaß nicht aus, so kann dieses um die Hälfte überschritten werden. Bei der Strafbemessung ist eine den Täter nach Abs. 4 treffende Ausweisungspflicht mildernd zu berücksichtigen. Würde eine so bemessene Geldstrafe zur Gefährdung der wirtschaftlichen Existenz des Täters führen, so kann auch eine niedrigere Geldstrafe ausgesprochen werden, als es dem Wert oder zweifachen Wert der unzulässig vereinbarten Leistung entspräche. Die für den Fall der Uneinbringlichkeit der Geldstrafe festzusetzende Ersatzfreiheitsstrafe darf sechs Wochen nicht übersteigen. *(BGBl 1993/800, ab 1. 3. 1994; BGBl I 2001/98, ab 1. 1. 2002)*

(6) Ein Vermieter oder ein von diesem mit der Vermietung oder Verwaltung des Mietgegenstands Beauftragter, der dem Vermieter mit vollstreckbarer Entscheidung aufgetragene Erhaltungsarbeiten (§ 6 Abs. 1) nicht oder nur mit ungerechtfertigter Verzögerung durchführt oder durchführen läßt und dadurch den Mieter erheblich und nachhaltig im Gebrauch des Mietgegenstands beeinträchtigt, ist vom Gericht mit Freiheitsstrafe bis zu sechs Monaten oder mit Geldstrafe bis zu 360 Tagessätzen zu bestrafen. *(BGBl 1993/800, ab 1. 3. 1994)*

(7) Ebenso ist ein Vermieter oder ein von diesem Beauftragter zu bestrafen, der – ungeachtet einer vollstreckbaren Entscheidung auf Unterlassung – eine der in § 8 Abs. 2 festgelegten Duldungspflichten des Hauptmieters in schikanöser und exzessiver Weise mißbraucht. *(BGBl 1993/800, ab 1. 3. 1994)*

Anrechnung von Dienstleistungen auf den Hauptmietzins

§ 28. Besteht der vereinbarte Hauptmietzins ganz oder teilweise in Dienstleistungen des Hauptmieters, so kann der Hauptmieter verlangen, daß der Wert der Dienstleistungen in der Höhe veranschlagt werde, die dem jeweiligen ortsüblichen Entgelt für Dienstleistungen solcher Art entspricht. Ergibt sich dadurch für die Dienstleistungen des Hauptmieters ein erheblich höherer Betrag als der nach diesem Bundesgesetz zulässige Mietzins, so hat der Vermieter dem Hauptmieter für die Dienstleistungen das angemessene Entgelt zu bezahlen. Der Vermieter kann aber seinerseits vom Hauptmieter statt der Dienstleistungen die Entrichtung des nach diesem Bundesgesetz zulässigen Mietzinses in barem begehren; das gleiche gilt, wenn zwar das Dienstverhältnis, nicht aber das Hauptmietverhältnis beendet wird.

Auflösung und Erneuerung des Mietvertrages; Zurückstellung des Mietgegenstandes

§ 29. (1) Der Mietvertrag wird aufgelöst

1. durch Aufkündigung,

2. durch den Untergang des Mietgegenstandes, wenn und soweit eine Pflicht zur Wiederherstellung (§ 7) nicht besteht,

3. durch „Ablauf der vereinbarten Vertragsdauer“, jedoch nur wenn *(BGBl I 2006/124, ab 1. 10. 2006)*

a) im Haupt- oder Untermietvertrag schriftlich vereinbart wurde, dass er durch den Ablauf der bedungenen Zeit erlischt, und

b) bei Wohnungen die ursprünglich vereinbarte Vertragsdauer oder die Verlängerung der Vertragsdauer (Abs. 4) jeweils mindestens drei Jahre beträgt,

(BGBl I 2000/36, ab 1. 7. 2000, s § 49c Abs. 6)

3a. durch Ablauf des dreijährigen Erneuerungszeitraums im Fall des Abs. 3 lit. b erster Satz, *(BGBl I 2006/124, ab 1. 10. 2006)*

4. wenn der Mieter vom Vertrag vor dem Ablauf der bedungenen Zeit aus den Gründen des § 1117 des allgemeinen bürgerlichen Gesetzbuchs absteht,

5. wenn der Vermieter wegen erheblich nachteiligen Gebrauches des Mietgegenstandes oder wegen Säumnis bei der Bezahlung des Mietzinses nach § 1118 des allgemeinen bürgerlichen Gesetzbuches die frühere Aufhebung des Vertrages fordert.

(2) Im Fall eines nach Abs. 1 Z 3 befristeten Haupt- oder Untermietvertrags über eine Wohnung hat der Mieter nach Ablauf eines Jahres der ursprünglich vereinbarten oder verlängerten Dauer des Mietverhältnisses das unverzichtbare und unbeschränkbare Recht, den Mietvertrag vor Ablauf der bedungenen Zeit jeweils zum Monatsletzten „gerichtlich oder schriftlich" unter Einhaltung einer dreimonatigen Kündigungsfrist zu kündigen. *(BGBl I 2000/36, ab 1. 7. 2000; BGBl I 2009/25, ab 1. 4. 2009, auch auf Mietverträge anzuwenden, die vor dem 1. April 2009 geschlossen worden sind)*

(3) a) Mietverträge auf bestimmte Zeit, deren Ablauf wegen eines Verstoßes gegen die Regelungen des Abs. 1 Z 3 oder des Abs. 4 nicht durchgesetzt werden kann, gelten als auf unbestimmte Zeit abgeschlossen oder erneuert.

b) Mietverträge auf bestimmte Zeit, die nach Ablauf der wirksam vereinbarten oder verlängerten Vertragsdauer weder vertraglich verlängert noch aufgelöst werden, gelten einmalig als auf drei Jahre erneuert; der Mieter hat jedoch jederzeit das unverzichtbare und unbeschränkbare Recht, den erneuerten Mietvertrag jeweils zum Monatsletzten „gerichtlich oder schriftlich" unter Einhaltung einer dreimonatigen Kündigungsfrist zu kündigen. Wird der Mietvertrag nach Ablauf dieser drei Jahre ein weiteres Mal nicht aufgelöst, gilt er als auf unbestimmte Zeit erneuert. *(BGBl I 2009/25, ab 1. 4. 2009, auch auf Mietverträge anzuwenden, die vor dem 1. April 2009 geschlossen worden sind)*
(BGBl I 2006/124, ab 1. 10. 2006, s § 49e Abs 7)

(4) Nach Abs. 1 Z 3 befristete Mietverträge können schriftlich beliebig oft um jede – bei Wohnungen jedoch drei Jahre jeweils nicht unterschreitende – Vertragsdauer erneuert werden. „Nach Abs. 3 lit. b erster Satz befristete Mietverträge können schriftlich – bei Wohnungen um mindestens drei Jahre – erneuert werden." *(BGBl I 2000/36, ab 1. 7. 2000; BGBl I 2006/124, ab 1. 10. 2006)*

(4a) bis (4c) *(aufgehoben, BGBl I 2000/36, ab 1. 7. 2000, s § 49c Abs. 7 und § 49e Abs 7)*

§ 29a. *(aufgehoben, BGBl I 2000/36, ab 1. 7. 2000)*

Kündigungsbeschränkungen

§ 30. (1) Der Vermieter kann nur aus wichtigen Gründen den Mietvertrag kündigen.

(2) Als ein wichtiger Grund ist es insbesondere anzusehen, wenn

1. der Mieter trotz einer nach dem Eintritt der Fälligkeit erfolgten Mahnung mit der Bezahlung des Mietzinses über die übliche oder ihm bisher zugestandene Frist hinaus, mindestens aber acht Tage im Rückstand ist;

2. der Mieter, dessen vereinbarter Mietzins ganz oder teilweise in eigenen Dienstleistungen besteht, die bedungenen Dienste vertragswidrig verweigert;

3. der Mieter vom Mietgegenstand einen erheblich nachteiligen Gebrauch macht, namentlich den Mietgegenstand in arger Weise vernachlässigt oder durch sein rücksichtsloses, anstößiges oder sonst grob ungehöriges Verhalten den Mitbewohnern das Zusammenwohnen verleidet oder sich gegenüber dem Vermieter oder einer im Haus wohnenden Person einer mit Strafe bedrohten Handlung gegen das Eigentum, die Sittlichkeit oder die körperliche Sicherheit schuldig macht, sofern es sich nicht um Fälle handelt, die nach den Umständen als geringfügig zu bezeichnen sind; dem Verhalten des Mieters steht, soweit er es unterließ, die ihm mögliche Abhilfe zu schaffen, das Verhalten seines Ehegatten und der anderen mit ihm zusammenwohnenden Familienangehörigen sowie der von ihm sonst in die gemieteten Räume aufgenommenen Personen gleich;

4. der Mieter den Mietgegenstand mit oder ohne Beistellung von Einrichtungsgegenständen ganz weitergegeben hat und ihn offenbar in naher Zeit nicht für sich oder die eintrittsberechtigten Personen (§ 14 Abs. 3) dringend benötigt oder, wenngleich auch nur teilweise, durch Überlassung an einen Dritten gegen eine im Vergleich zu dem von ihm zu entrichtenden Mietzins und etwaigen eigenen Leistungen an den Dritten unverhältnismäßig hohe Gegenleistung verwertet. Die teilweise Weitergabe einer Wohnung kommt einer gänzlichen Weitergabe gleich, wenn die nicht weitergegebenen Teile der Wohnung nicht zur Befriedigung des Wohnbedürfnisses des Mieters oder der eintrittsberechtigten Personen regelmäßig verwendet werden;

5. die vermieteten Wohnräume nach dem Tod des bisherigen Mieters nicht mehr einem dringenden Wohnbedürfnis eintrittsberechtigter Personen (§ 14 Abs. 3) dienen;

6. die vermietete Wohnung nicht zur Befriedigung des dringenden Wohnbedürfnisses des Mieters oder der eintrittsberechtigten Personen (§ 14 Abs. 3) regelmäßig verwendet wird, es sei

denn, daß der Mieter zu Kur- oder Unterrichtszwecken oder aus beruflichen Gründen abwesend ist;

7. die vermieteten Räumlichkeiten nicht zu der im Vertrag bedungenen oder einer gleichwertigen geschäftlichen Betätigung regelmäßig verwendet werden, es sei denn, daß der Mieter nur vorübergehend wegen Urlaubs, Krankheit oder Kuraufenthalts abwesend ist;

8. der Vermieter die gemieteten Wohnräume für sich selbst oder für Verwandte in absteigender Linie dringend benötigt und ihm oder der Person, für die der Mietgegenstand benötigt wird, aus der Aufrechterhaltung des Mietvertrags ein unverhältnismäßig größerer Nachteil erwüchse als dem Mieter aus der Kündigung; die Abwägung der beiderseitigen Interessen entfällt, wenn es sich um eine vom Wohnungseigentümer nach Wohnungseigentumsbegründung vermietete Eigentumswohnung handelt; *(BGBl I 2001/161, ab 1. 1. 2002, s § 49d Abs 2)*

9. der Vermieter den Mietgegenstand für sich selbst oder für Verwandte in gerader Linie dringend benötigt und dem Mieter Ersatz beschaffen wird;

10. der Vermieter den Mietgegenstand, der schon vor der Kündigung zur Unterbringung von Arbeitern oder sonstigen Angestellten des eigenen Betriebes bestimmt war, für diesen Zweck dringend benötigt;

11. ein dem Bund, einem Bundesland oder einer Gemeinde gehöriger Mietgegenstand auf eine Art verwendet werden soll, die in höherem Maß den Interessen der Verwaltung dient als die gegenwärtige Verwendung, und dem Mieter Ersatz beschafft wird;

12. bei Untermietverhältnissen durch die Fortsetzung der Untermiete wichtige Interessen des Untervermieters verletzt würden, namentlich wenn der Untervermieter den Mietgegenstand für sich selbst oder für nahe Angehörige dringend benötigt oder wenn ihm nach den Umständen die Aufrechterhaltung der Wohnungsgemeinschaft mit dem Untermieter billigerweise nicht zugemutet werden kann;

13. ein im Mietvertrag schriftlich als Kündigungsgrund vereinbarter Umstand eintritt, der in bezug auf die Kündigung oder die Auflösung des Mietverhältnisses für den Vermieter (Untervermieter), für seine nahen Angehörigen (§ 14 Abs. 3) oder für das Unternehmen, für das der Vermieter (Untervermieter) allein oder in Gemeinschaft mit anderen Personen vertretungsbefugt ist, als wichtig und bedeutsam anzusehen ist;

14. die ordnungsgemäße Erhaltung des Miethauses, in dem sich der Mietgegenstand befindet, aus den Hauptmietzinsen einschließlich der zur Deckung eines erhöhten Erhaltungsaufwandes zulässigen erhöhten Hauptmietzinse weder derzeit, noch auf Dauer sichergestellt werden kann, die baubehördliche Bewilligung zur Abtragung des Miethauses erteilt worden ist und dem Mieter Ersatz beschafft wird;

15. ein Miethaus ganz oder in dem Teil, in dem sich der Mietgegenstand befindet, abgetragen oder umgebaut werden soll, mit dem Abbruch (Umbau) die Errichtung eines neuen (geänderten) Baues sichergestellt ist, die Bezirksverwaltungsbehörde auf Antrag des Bauwerbers mit Bescheid erkannt hat, daß selbst unter Berücksichtigung schutzwürdiger Interessen der bisherigen Mieter der geplante Neubau (Umbau) aus Verkehrsrücksichten, zu Assanierungszwecken, zur Vermehrung der Wohnungen, die zur Beseitigung oder Milderung eines im Ortsgebiet bestehenden quantitativen Wohnungsbedarfes oder eines qualitativen Wohnfehlbestandes geeignet sind, oder aus anderen Gründen im öffentlichen Interesse liegt und dem Mieter Ersatz beschafft wird; *(BGBl 1991/68, ab 1. 3. 1991)*

16. der Hauptmieter einer Wohnung der Ausstattungskategorie „D” weder bereit ist, eine vom Vermieter im Sinn des „§ 4 Abs. 4“ angebotene Standardverbesserung zuzulassen, noch die angebotene Standardverbesserung selbst durchzuführen, und dem Mieter Ersatz beschafft wird. *(BGBl 1985/559)*

(3) Eine Vereinbarung, wonach dem Vermieter das Kündigungsrecht unbeschränkt oder in einem weiteren als dem vorstehend bestimmten Maß zustehen soll, ist rechtsunwirksam. Überdies kann der Vermieter, der das Miethaus durch Rechtsgeschäft unter Lebenden erworben hat, aus dem Grund des Abs. 2 Z 8 nur kündigen, wenn zwischen dem Zeitpunkt der Erwerbung und dem Kündigungstermin mindestens zehn Jahre liegen. Ein Miteigentümer kann die Kündigungsgründe des Abs. 2 Z 8 bis 11 überdies nur geltend machen, wenn er wenigstens Eigentümer zur Hälfte ist.

Teilkündigung

§ 31. (1) Benötigt der Vermieter oder ein Miteigentümer des Hauses, der wenigstens Eigentümer zur Hälfte ist, einzelne Teile eines Mietgegenstandes für sich oder für Verwandte in gerader Linie dringend, so kann er den Mietvertrag in Ansehung dieser Teile aufkündigen, wenn der restliche Teil des Mietgegenstandes abgesondert benutzbar ist oder ohne unverhältnismäßige Schwierigkeiten abgesondert benutzbar gemacht werden kann und zur Befriedigung des Wohnbedürfnisses des Mieters und der schon bisher mit ihm im gemeinsamen Haushalt darin wohnenden eintrittsberechtigten Personen oder zur Besorgung seiner Geschäfte ausreicht. Die hiefür erforderlichen Kosten hat mangels anderweitiger Vereinbarung der Vermieter zu tragen.

(2) Im Rechtsstreit auf Grund von Einwendungen gegen eine Aufkündigung kann auf Antrag

die Kündigung hinsichtlich einzelner Teile des ganz aufgekündigten Mietgegenstandes oder anderer als der vom Vermieter in Anspruch genommenen Teile als wirksam erkannt, hinsichtlich der übrigen aber aufgehoben werden, wenn der Kündigungsgrund nicht hinsichtlich des ganzen Mietgegenstandes gegeben ist und eine abgesonderte Benutzung der entstehenden Teile des Mietgegenstandes möglich ist oder ohne unverhältnismäßige Schwierigkeiten möglich gemacht werden kann. Die Bestimmung des Abs. 1 über die Kosten findet Anwendung.

(3) Wird eine Kündigung nur hinsichtlich eines Teiles des Mietgegenstandes als wirksam erkannt, so steht es dem Mieter frei zu erklären, daß er den Mietvertrag auch hinsichtlich des restlichen Teiles des Mietgegenstandes nicht fortsetzen will. Eine solche Erklärung ist, um rechtsgültig zu sein, ohne Verzug nach Rechtskraft des Urteils gegenüber dem Vermieter abzugeben; der Mietvertrag endet dann hinsichtlich des ganzen Mietgegenstandes an dem Tage, der sich für den wirksam gekündigten Teil aus dem Urteil ergibt. Muß der restliche Teil des Mietgegenstandes erst abgesondert benutzbar gemacht werden, so hat der Mieter dem Vermieter den diesem zugesprochenen Teil erst zu übergeben, wenn der ihm verbleibende Teil abgesondert benutzbar gemacht ist. Die erforderlichen Arbeiten hat der Mieter zu gestatten. Dies ist im Urteil auszusprechen.

(4) In Fällen der in den vorhergehenden Absätzen bezeichneten Art hat der Mieter für den verbleibenden Teil des Mietgegenstandes einen Mietzins zu entrichten, der gegenüber dem bisher entrichteten Mietzins angemessen vermindert ist. Entsteht darüber Streit, so kann der Vermieter oder der Mieter bei Gericht den Antrag auf Entscheidung stellen.

(5) Die vorstehenden Bestimmungen gelten sinngemäß, wenn der Vermieter, der den Mietgegenstand mit Einrichtungsgegenständen vermietet hat, die Einrichtungsgegenstände oder einzelne von ihnen dringend benötigt, desgleichen für Nebenräume, wie Keller- oder Dachbodenräume, oder Nebenflächen, wie Terrassen, Hausgärten, Abstell- oder Ladeflächen, die mit einer Wohnung, einem Wohnraum oder einer sonstigen Räumlichkeit mitvermietet worden sind.

(6) Überdies kann auch der Mieter die Miete von mitgemieteten Nebenräumen oder Nebenflächen aufkündigen, wenn die aufgekündigten Nebenräume oder Nebenflächen abgesondert benutzbar sind oder ohne unverhältnismäßige Schwierigkeiten abgesondert benutzbar gemacht werden können. In diesen Fällen hat die für die Abtrennung erforderlichen Kosten mangels anderweitiger Vereinbarung der aufkündigende Mieter zu tragen.

Ersatzbeschaffung

§ 32. (1) Kündigt der Vermieter dem Mieter einen Mietgegenstand aus Gründen des § 30 Abs. 2 Z 9, 11, 14 bis 16 auf, so kann er sich in der Kündigung vorbehalten, die hiernach gebotenen Ersatzmietgegenstände erst im Zug des Verfahrens anzubieten. Erhebt der Mieter gegen diese Aufkündigung Einwendungen, so hat das Gericht vorab durch Zwischenurteil darüber zu entscheiden, ob der Kündigungsgrund – vorbehaltlich der Ersatzbeschaffung – gegeben ist.

(2) Wird durch Zwischenurteil entschieden, daß der Kündigungsgrund gegeben ist, so hat der Vermieter binnen drei Monaten nach dem Eintritt der Rechtskraft des Zwischenurteils dem Mieter bei Geschäftsräumlichkeiten einen nach Lage und Beschaffenheit angemessenen, bei Wohnungen zwei entsprechende Wohnungen zur Auswahl mit Schriftsatz als Ersatz anzubieten. Eine Wohnung ist entsprechend, wenn sie dem Mieter nach der Größe, der Ausstattung, der Lage und der Höhe des Mietzinses unter Berücksichtigung seiner persönlichen, familiären und wirtschaftlichen Verhältnisse zumutbar ist. Das gleiche gilt, wenn der Mieter gegen die Aufkündigung Einwendungen nicht erhebt oder ausdrücklich erklärt, gegen das Vorliegen des Kündigungsgrundes Einwendungen nicht zu erheben. Der Vermieter kann erst nach Ablauf von drei Monaten nach Zustellung des Anbots an den Mieter die Fortsetzung des Verfahrens beantragen. Bietet der Vermieter innerhalb der dreimonatigen Frist die Ersatzmietgegenstände nicht an oder entspricht der Ersatz nach Ansicht des Mieters nicht den Erfordernissen, so kann der Mieter die Fortsetzung des Verfahrens beantragen.

(3) Im Zug des fortgesetzten Verfahrens hat der Vermieter auf Begehren des Mieters überdies eine angemessene Entschädigung anzubieten. Kommt der Vermieter diesem Begehren nicht nach oder ist die Höhe der Entschädigung strittig, so hat das Gericht vor Schluß der Verhandlung die angemessene Entschädigung durch Beschluß festzusetzen und nach Eintritt der Rechtskraft dieses Beschlusses über die Aufkündigung durch Endurteil zu entscheiden. Die Aufkündigung ist für rechtswirksam zu erklären, wenn der Mieter

1. spätestens im Zug des Rechtsstreits erster Instanz das Anbot bezüglich einer der angebotenen Wohnungen, bezüglich des sonst angebotenen Ersatzmietgegenstandes oder bezüglich der angebotenen oder vom Gericht festgesetzten Entschädigung angenommen hat; im Urteil ist die Pflicht zur Räumung Zug um Zug gegen Leistung des angenommenen Ersatzmietgegenstandes oder der angenommenen Entschädigung und unter gegenseitiger Aufhebung der Verfahrenskosten auszusprechen, oder

2. weder einen Ersatzmietgegenstand noch eine Entschädigung angenommen hat und sich erweist,

daß das Anbot bezüglich einer der angebotenen Wohnungen oder bezüglich des sonst angebotenen Ersatzmietgegenstandes im Sinn des Abs. 2 angemessen oder entsprechend gewesen ist; in diesem Fall gebührt dem Mieter, unbeschadet seiner Pflicht zur Räumung, die angemessene Entschädigung.

(4) Eine Entschädigung ist angemessen, wenn sie die Kosten für die Beschaffung eines den Voraussetzungen des Abs. 2 angemessenen oder entsprechenden Ersatzmietgegenstandes deckt.

(5) Der Vermieter hat überdies dem Mieter nach der Räumung die für den Umzug in der Gemeinde erforderlichen Übersiedlungskosten zu ersetzen. Das gleiche gilt im Fall des Umzugs in eine angebotene Ersatzwohnung oder Geschäftsräumlichkeit, die außerhalb des Gemeindegebiets gelegen ist. Zieht der Betroffene in eine außerhalb des Gemeindegebiets gelegene Wohnung um, die nicht angeboten (Abs. 2) worden ist, so hat der Vermieter die Übersiedlungskosten in einer für den Umzug innerhalb der Gemeinde erforderlichen Höhe zu ersetzen. Dieser Anspruch auf Ersatz der Übersiedlungskosten besteht auch in den Fällen einer Kündigung aus den Gründen des § 30 Abs. 2 Z 8 oder in den Fällen einer Kündigung wegen Eigenbedarfs nach § 30 Abs. 2 Z 12.

Gerichtliche Kündigung

§ 33. (1) „Mietverträge können vom Mieter gerichtlich oder schriftlich, vom Vermieter jedoch nur gerichtlich gekündigt werden.“* „Geht dem Vermieter eine schriftliche Kündigung des Mieters erst nach Beginn der für den darin genannten Kündigungstermin einzuhaltenden Kündigungsfrist zu, so ist sie für den ersten späteren Kündigungstermin wirksam, für den die Frist zu diesem Zeitpunkt noch offen war; für die gerichtliche Kündigung des Mieters sowie für die Kündigung des Vermieters gilt § 563 ZPO.“** Der Vermieter hat in der Kündigung die Kündigungsgründe kurz anzuführen; andere Kündigungsgründe kann er in diesem Verfahren nicht mehr geltend machen. Werden gegen die Kündigung Einwendungen erhoben, so hat der Vermieter nachzuweisen, daß der von ihm geltend gemachte Kündigungsgrund gegeben ist. Gegen die Versäumung der Frist zur Anbringung von Einwendungen ist die Wiedereinsetzung in den vorigen Stand nach den Bestimmungen der §§ 146ff. ZPO zulässig. *(*BGBl I 2006/124, ab 1. 10. 2006, s § 49e Abs 8; **BGBl I 2009/30, ab 1. 4. 2009)*

(2) Wenn ein Mieter, dem aus dem Grund des § 30 Abs. 2 Z 1 gekündigt wurde und den an dem Zahlungsrückstand kein grobes Verschulden trifft, vor Schluß der der Entscheidung des Gerichtes erster Instanz unmittelbar vorangehenden Verhandlung den geschuldeten Betrag entrichtet, so ist die Kündigung aufzuheben; der Mieter hat jedoch dem Vermieter die Kosten zu ersetzen, soweit ihn ohne seine Zahlung eine Kostenersatzpflicht getroffen hätte. Ist die Höhe des geschuldeten Betrages strittig, so hat das Gericht vor Schluß der Verhandlung darüber durch Beschluß zu entscheiden.

(3) Abs. 2 gilt sinngemäß, wenn in einem Verfahren über eine Kündigung nach § 30 Abs. 2 Z 16 der Mieter sich vor Schluß der der Entscheidung des Gerichtes erster Instanz unmittelbar vorangehenden Verhandlung mit der Standardverbesserung einverstanden erklärt, sowie in Rechtsstreitigkeiten wegen Aufhebung der Miete und Räumung des Mietgegenstandes, wenn der Klagsanspruch darauf gegründet ist, daß der Mieter nach geschehener Einmahnung mit der Bezahlung des Mietzinses dergestalt säumig war, daß er mit dem Ablauf des Termines den rückständigen Mietzins nicht vollständig entrichtet hatte (§ 1118 ABGB).

Siehe auch § 560 ZPO.

Benachrichtigung der Gemeinde

§ 33a. Sobald gegen einen Mieter ein auf die Erwirkung eines Exekutionstitels auf Räumung von Wohnräumen abzielendes Verfahren eingeleitet oder mit einem Mieter von Wohnräumen ein Räumungsvergleich abgeschlossen wird, hat das Gericht davon die Gemeinde zu benachrichtigen, sofern sich der Mieter nicht gegen diese Benachrichtigung ausspricht; das Gericht hat dem Mieter Gelegenheit zu einer solchen Ablehnung zu geben. Die Gemeinde kann soziale Institutionen, die Hilfeleistungen bei drohendem Wohnungsverlust oder Obdachlosigkeit erbringen, von der Verfahrenseinleitung oder dem Vergleichsabschluß informieren.

(BGBl I 1999/147, ab 1. 1. 2000, auf zu diesem Zeitpunkt anhängige Verfahren ist nicht § 33a, sondern weiterhin der bisherige § 34 Abs 3 anzuwenden.)

Verlängerung der Räumungsfrist im Urteil

§ 34. (1) Das Gericht kann in Rechtssachen über die Kündigung oder Räumung gemieteter Wohnräume auf Antrag im Urteil eine längere als die gesetzliche Räumungsfrist festsetzen, wenn der Mieter wichtige Gründe dafür geltend macht und dem Vermieter aus der Verzögerung der Räumung kein unverhältnismäßiger Nachteil erwächst. Die Verlängerung darf nicht mehr als neun Monate betragen. Eine solche Entscheidung kann ohne gleichzeitige Anfechtung der in der Hauptsache ergangenen Entscheidung nur mit Rekurs angefochten werden; gegen die Entscheidung des Gerichtes zweiter Instanz findet kein Rechtsmittel statt.

(2) Während der Dauer der verlängerten Räumungsfrist bleiben, unbeschadet gegenteiliger Vereinbarung und einer nach den Bestimmungen dieses Bundesgesetzes zulässigen Erhöhung des Mietzinses, die Rechte und Pflichten aus dem Mietverhältnis so wie bisher aufrecht.

(3) Hat der Mieter selbst den Mietgegenstand gekündigt, sind die Abs. 1 und 2 nicht anzuwenden. *(BGBl I 2000/36, ab 1. 7. 2000, s § 49c Abs. 9)*

(4) *(aufgehoben, BGBl I 2000/36, ab 1. 7. 2000)*

(5) *(aufgehoben, BGBl I 2000/36, ab 1. 7. 2000, s § 49c)*

Räumungsschutz des Scheinuntermieters

§ 34a. (1) Mit der Räumung ist innezuhalten, wenn den zu räumenden Mietgegenstand ein Mieter nutzt, der glaubhaft macht, daß die Räumungsexekution zur Umgehung der Ansprüche des Mieters nach § 2 Abs. 3 auf Anerkennung als Hauptmieter vollzogen werden soll. Dies ist jedenfalls dann nicht anzunehmen, wenn der betreibende Gläubiger nachweist, daß er den Mieter gemäß § 2 Abs. 2 vor Entstehung des der Räumung zugrunde liegenden Exekutionstitels von der Endigung des Hauptmietverhältnisses schriftlich verständigt hat.

(2) Die Aufschiebung (Hemmung) der Exekution kann auf Antrag angeordnet werden, wenn ein Antrag auf Anerkennung als Hauptmieter nach § 2 Abs. 3 gestellt und glaubhaft gemacht ist, daß die Räumungsexekution zur Umgehung der Ansprüche des Mieters nach § 2 Abs. 3 auf Anerkennung als Hauptmieter vollzogen werden soll. Im übrigen gelten die Bestimmungen der Exekutionsordnung über die Aufschiebung der Exekution; § 44 Abs. 2 Z 3 EO ist nicht anzuwenden.

(3) Die Exekution ist auf Antrag unter gleichzeitiger Aufhebung aller bis dahin vollzogenen Exekutionsakte einzustellen, wenn der in Abs. 1 angeführte Mieter rechtskräftig als Hauptmieter im Sinne des § 2 Abs. 3 anerkannt ist.

(BGBl 1991/68, ab 1. 3. 1991)

[Außerkrafttreten des Exekutionstitels;] Aufschiebung der Räumungsexekution

§ 35. (1) Ist ein Mieter, dem rechtskräftig gekündigt worden ist, im Fall der zwangsweisen Räumung der Wohnung oder eines Wohnraumes der Obdachlosigkeit ausgesetzt, so ist auf seinen Antrag die Räumungsexekution aufzuschieben (§ 42 EO), wenn die Aufschiebung dem betreibenden Vermieter nach Lage der Verhältnisse zugemutet werden kann. Die so bewilligte Verlängerung der Räumungsfrist soll drei Monate nicht übersteigen. Bei besonders berücksichtigungswürdigen Umständen darf darüber hinaus ein weiterer Aufschub, jedoch höchstens zweimal und jeweils nicht länger als um drei Monate, bewilligt werden. Wurde bereits im Urteil eine Verlängerung der Räumungsfrist nach § 34 Abs. 1 bewilligt, so darf eine weitere Verlängerung der Räumungsfrist nur bei Vorliegen besonders berücksichtigungswürdiger Umstände bewilligt werden, und es darf die Gesamtdauer der so bewilligten Räumungsaufschübe ein Jahr nicht übersteigen. Während der Dauer eines Aufschubes gilt der § 34 Abs. 2.

(2) Setzt der Mieter nach der Bewilligung des Aufschubes der Räumungsexekution einen neuen Kündigungsgrund, so ist auf Antrag des Vermieters nach Einvernehmung des Mieters (§ 56 EO) die Aufschiebung zu widerrufen und, wenn die ursprüngliche Räumungsfrist bereits abgelaufen ist, eine neue Räumungsfrist zu bestimmen, die auf das zur freiwilligen Räumung unbedingt erforderliche Maß zu beschränken ist.

(3) Im Verfahren über die Aufschiebung der Räumungsexekution findet ein Kostenersatz zwischen den Parteien nicht statt.

Ersatz des Ausmietungsschadens

§ 36. Der Vermieter, der aus Gründen des § 30 Abs. 2 Z 8, 9, 10, 11, 14, 15 oder 16, ebenso der Vermieter, der auf Grund einer Kündigung nach § 30 Abs. 2 Z 13 wegen des Eintritts eines bestimmten Bedarfes einen gerichtlichen Exekutionstitel auf Räumung des Mietgegenstandes erwirkt hat, der den Mietgegenstand aber nach dessen Räumung entweder gar nicht oder anderweitig verwertet, ohne durch eine mittlerweile eingetretene Änderung der Verhältnisse dazu veranlaßt zu sein, hat dem so ausgemieteten Mieter den durch die Ausmietung tatsächlich erlittenen Schaden zu ersetzen.

Entscheidungen im Verfahren außer Streitsachen

§ 37. (1) Über die Anträge[1)] in den im folgenden genannten Angelegenheiten entscheidet das für Zivilrechtssachen zuständige Bezirksgericht, in dessen Sprengel das Miethaus gelegen ist:

1. Anerkennung als Hauptmieter (§ 2 Abs. 3);

2. Durchführung von Erhaltungs- oder Verbesserungsarbeiten (§§ 3, 4 und 6);

3. Durchsetzung der Anbotspflicht (§ 5 Abs. 2);

4. Durchsetzung des Anspruchs auf Wiederherstellung (§ 7);

5. Duldung von Eingriffen in das Mietrecht zur Durchführung von Erhaltungs-, Verbesserungs-, Änderungs- und Errichtungsarbeiten einschließlich des Anspruches auf angemessene Entschädigung (§ 8 Abs. 2 und 3 und § 18c Abs. 2); *(BGBl 1993/800, ab 1. 3. 1994)*

6. Veränderung (Verbesserung) des Mietgegenstandes (§ 9) sowie Feststellung der Höhe und Ersatz von Aufwendungen auf eine Wohnung (§ 10); *(BGBl 1991/68, ab 1. 3. 1991)*

7. Wohnungstausch (§ 13);

8. Angemessenheit des vereinbarten oder begehrten Hauptmietzinses (§§ 12a, 16, 43, 44, „45“, 46, 46a, 46c), Untermietzinses (§ 26) und Anrechnung von Dienstleistungen auf den Hauptmietzins (§ 28); *(BGBl 1993/800, ab 1. 3. 1994; BGBl I 2001/161, ab 1. 1. 2002, s § 49d Abs 4)*

8a. Aufgliederung eines Pauschalmietzinses (§ 15 Abs. 4); *(BGBl 1993/800, ab 1. 3. 1994)*

8b. Höhe des rückforderbaren Kautionsbetrags (§ 16b Abs. 2); *(BGBl I 2009/25, ab 1. 4. 2009, anzuwenden, wenn die Sache nach dem 31. März 2009 anhängig geworden ist)*

9. Verteilung der Gesamtkosten und Anteil eines Mietgegenstandes an den Gesamtkosten (§ 17);

10. Erhöhung der Hauptmietzinse (§§ 18, 18a, 18b, 19) sowie Höhe und Zuordnung der Kosten von Baumaßnahmen gemäß § 18c (§ 18c Abs. 4); *(BGBl 1993/800, ab 1. 3. 1994)*

11. Legung der Abrechnungen (§ 20 Abs. 3 und 4, § 21 Abs. 5, § 24 Abs. 3, § 45 Abs. 2) „Vorlage und Kopie des Energieausweises (§ 20 Abs. 5)“; *(BGBl 1985/559; BGBl I 2009/25, ab 1. 4. 2009, anzuwenden, wenn die Sache nach dem 31. März 2009 anhängig geworden ist)*

12. Betriebskosten und laufende öffentliche Abgaben, Auslagen für die Verwaltung, „Aufwendungen für die Hausbetreuung,“ besondere Aufwendungen (§§ 21 bis 24); *(BGBl I 1997/22, ab 1. 3. 1997, s § 49b Abs. 11; BGBl I 2000/36, ab 1. 7. 2000, s § 49c Abs. 5)*

12a. Entgelt für mitvermietete Einrichtungsgegenstände und sonstige Leistungen (§ 25); *(BGBl I 1997/22, ab 1. 3. 1997, s § 49b Abs. 11)*

13. Angemessenheit des Erhaltungs- und Verbesserungsbeitrags und Rückzahlung sowie Bekanntgabe der Erhaltungs- und Verbesserungsarbeiten (§ 45)[2)]; *(BGBl 1985/559)*

14. Rückzahlungen von verbotenen Leistungen und Entgelten (§ 27). *(BGBl 1991/68, ab 1. 3. 1991)*

(2) Liegen im Falle eines Wohnungstausches (Abs. 1 Z 7, § 13) die Miethäuser in den Sprengeln verschiedener Bezirksgerichte, so ist, sofern der Antrag gemeinsam bei einem der Bezirksgerichte gestellt wird, dieses, sonst das zuerst angerufene der beiden Bezirksgerichte zuständig.

(2a) Gilt der Verteilungsschlüssel für die Gesamtkosten des Hauses (§ 17 Abs. 1) gemäß „§ 32 Abs. 1 zweiter Satz WEG 2002“ auch für die Miteigentümer der Liegenschaft, so stehen jedem dieser Miteigentümer in den im Abs. 1 Z 9 angeführten Angelegenheiten die im Abs. 3 und 4 genannten Rechte und Pflichten in gleicher Weise wie einem Hauptmieter zu. *(BGBl I 1997/22, ab 21. 2. 1997, s § 49b Abs. 11 und 12; BGBl I 2003/113, ab 1. 1. 2005)*

(3) Für das Verfahren über die in Abs. 1 genannten Angelegenheiten gelten die allgemeinen Bestimmungen über das gerichtliche Verfahren in Rechtsangelegenheiten außer Streitsachen mit folgenden Besonderheiten:

1. Kommt auf einer Seite mehr als sechs Personen Parteistellung zu, so kann im verfahrenseinleitenden Antrag die namentliche Nennung dieser Personen durch die allgemeine Bezeichnung ihrer Rechtsstellung und die Vorlage eines Verzeichnisses dieser Personen ersetzt werden.

2. In einem Verfahren, das von einem oder mehreren Hauptmietern des Hauses gegen den oder die Vermieter eingeleitet wird, ist der verfahrenseinleitende Antrag auch jenen anderen Hauptmietern des Hauses zuzustellen, deren Interessen durch eine stattgebende Entscheidung darüber unmittelbar berührt werden könnten; diesen Hauptmietern ist Gelegenheit zur Teilnahme am Verfahren zu geben, wofür es genügt, wenn sie zu einem Zeitpunkt, zu dem dies noch zulässig ist, Sachvorbringen erstatten können.

3. In einem Verfahren, das vom Vermieter gegen Hauptmieter des Hauses eingeleitet wird, kommt auch jenen anderen Hauptmietern des Hauses Parteistellung zu, deren Interessen durch eine stattgebende Entscheidung über den Antrag unmittelbar berührt werden könnten.

4. Die Zustellung an die anderen, in ihren Interessen unmittelbar berührten Hauptmieter des Hauses nach Z 2 kann durch Anschlag an einer für alle Hausbewohner deutlich sichtbaren Stelle des Hauses (bei mehreren Stiegenhäusern an einer entsprechenden Mehrzahl solcher Stellen) vorgenommen werden. Der Anschlag darf frühestens nach 30 Tagen abgenommen werden. Die Zustellung des verfahrenseinleitenden Antrags gilt mit Ablauf dieser Frist als vollzogen, spätere Zustellungen hingegen schon mit dem Anschlag. Die Gültigkeit der Zustellung wird dadurch, dass der Anschlag noch vor Ablauf dieser Frist abgerissen oder beschädigt wurde, nicht berührt.

5. Kommt in einem Verfahren nach Z 3 mehr als sechs Hauptmietern Parteistellung zu, so kann die Zustellung an diese Hauptmieter durch Anschlag nach Z 4 und damit verbundene individuelle Zustellung an einen dieser Hauptmieter, der vom Gericht zu bestimmen ist, vorgenommen werden.

6. Mehreren Parteien, die durch einen gemeinsamen Antrag ein Verfahren eingeleitet haben, ist nur einmal zuzustellen, und zwar zu Handen des von ihnen namhaft gemachten Vertreters oder Zustellungsbevollmächtigten, sonst zu Handen der im Antrag zuerst genannten Partei. Überdies

kann das Gericht für namentlich bestimmte Parteien, deren Interessen nicht offenbar widerstreiten, jederzeit auch von Amts wegen einen gemeinsamen Zustellungsbevollmächtigten bestellen; § 97 ZPO ist darauf entsprechend anzuwenden.

7. Zustellungen an den oder die Vermieter können auch zu Handen des für das Haus bestellten Verwalters vorgenommen werden.

8. Den für das Verfahren bestellten und dem Gericht ausgewiesenen Parteienvertretern ist jedenfalls zuzustellen.

9. „In erster und zweiter Instanz können die Parteien selbst vor Gericht handeln und sich durch jede Person vertreten lassen, die volljährig und geschäftsfähig ist und für die in keinem Bereich ein gerichtlicher Erwachsenenvertreter bestellt oder eine gewählte oder gesetzliche Erwachsenenvertretung oder Vorsorgevollmacht wirksam ist.“ In dritter Instanz müssen sich die Parteien entweder durch einen Rechtsanwalt oder Notar oder durch einen Interessenvertreter vertreten lassen. Interessenvertreter ist ein Funktionär oder Angestellter eines Vereins, zu dessen satzungsmäßigen Zwecken der Schutz und die Vertretung der Interessen der Vermieter oder der Mieter gehören und der sich regelmäßig mit der Beratung seiner Mitglieder in Mietangelegenheiten in mehr als zwei Bundesländern befasst; er ist zur Vertretung von Parteien in allen Instanzen befugt. *(BGBl I 2018/58, ab 1. 8. 2018, auf Verfahren anzuwenden, die nach dem 31. Juli 2018 anhängig sind oder anhängig werden.)*

10. Die Beweise sind in mündlicher Verhandlung vor dem erkennenden Gericht aufzunehmen, sofern nicht die Aufnahme eines Beweises durch einen ersuchten oder beauftragten Richter angeordnet wird.

11. Jede Partei kann während des Verfahrens erster Instanz beantragen, dass ein im Verfahren strittiges Rechtsverhältnis oder Recht, von dessen Bestehen oder Nichtbestehen die Entscheidung über den Antrag ganz oder zum Teil abhängt, in dem über den Hauptantrag ergehenden Sachbeschluss (Z 13) oder in einem demselben vorausgehenden Zwischensachbeschluss festgestellt werde, sofern die Wirkung einer solchen Feststellungsentscheidung über jene der Entscheidung über den Hauptantrag hinausgeht und auch für die beantragte Feststellung das Verfahren nach § 37 zulässig ist.

12. In den Fällen des § 25 Abs. 1 Z 1, 2 und 4 AußStrG wird das Verfahren nur unterbrochen, wenn der Unterbrechungsgrund bei einer Partei eintritt, der ungeachtet der Regelungen in Z 4 und 5 individuell zugestellt werden muss. Ein Verfahren kann, sofern dies zweckmäßig ist, mit einem anderen Verfahren nach Abs. 1, § 52 WEG 2002, § 22 WGG oder § 25 HeizKG verbunden werden.

13. Die Entscheidung in der Sache ergeht mit Sachbeschluss. § 44 AußStrG ist nicht anzuwenden.

14. Im Rekursverfahren sind abweichend von § 49 AußStrG neu vorgebrachte Tatsachen und neu angebotene Beweismittel – außer zur Dartung oder Widerlegung der geltend gemachten Rekursgründe – nicht zu berücksichtigen. § 46 Abs. 3 und § 52 Abs. 2 letzter Halbsatz AußStrG sind nicht anzuwenden. § 47 Abs. 1 AußStrG gilt mit der Maßgabe, dass auch die Vertretung durch einen Interessenvertreter eine mündliche Rekurserhebung ausschließt.

15. Die Frist für den Rekurs gegen einen Sachbeschluss und für die Rekursbeantwortung hiezu beträgt abweichend von § 46 Abs. 1 und § 48 Abs. 2 AußStrG vier Wochen. Für die Zustellung eines Rekurses sind die Z 4 und 5 schon bei der Zustellung an mehr als zwei Hauptmieter anzuwenden.

16. Für die Zulässigkeit des Revisionsrekurses gelten die §§ 62 bis 64 AußStrG mit der Maßgabe, dass die in Abs. 1 genannten Entscheidungsgegenstände rein vermögensrechtlicher Natur sind und dass die gemäß „§ 59 Abs. 2,“ § 62 Abs. 3 und 5 und § 63 Abs. 1 AußStrG maßgebliche Wertgrenze 10 000 Euro beträgt. Die Frist für den Revisionsrekurs oder die Zulassungsvorstellung gegen einen Sachbeschluss und für den Revisionsrekurs gegen einen Aufhebungsbeschluss (§ 64 AußStrG) „, mit dem ein Sachbeschluss aufgehoben wurde,“ sowie für die Revisionsrekursbeantwortung hiezu beträgt abweichend von § 63 Abs. 2, § 65 Abs. 1 und § 68 Abs. 1 AußStrG vier Wochen. Der Revisionsrekurs und die Revisionsrekursbeantwortung haben abweichend von § 65 Abs. 3 Z 5 und § 68 Abs. 1 AußStrG die Unterschrift eines Rechtsanwalts, eines Notars oder eines Interessenvertreters zu enthalten. Z 15 zweiter Satz gilt entsprechend. *(BGBl I 2006/124, ab 1. 10. 2006)*

17. Die Verfahrenskosten einschließlich der Kosten der Vertretung durch einen Rechtsanwalt, Notar oder Interessenvertreter sind von den Parteien nach Billigkeit zu tragen, wofür zu berücksichtigen ist, in welchem Ausmaß die Parteien mit ihren Anträgen durchgedrungen sind, in wessen Interesse das Verfahren durchgeführt wurde, welcher nicht zweckentsprechende Verfahrensaufwand zumindest überwiegend durch das Verhalten einzelner Parteien verursacht wurde und ob eine Partei durch den Kostenersatz an eine Vielzahl von Verfahrensgegnern übermäßig belastet würde. Hat demnach eine durch einen Interessenvertreter vertretene Partei Anspruch auf Ersatz ihrer Vertretungskosten, so beträgt dieser 400 Euro für das Verfahren erster Instanz und jeweils 180 Euro für das Verfahren zweiter und dritter Instanz. Werden mehrere Parteien eines Verfahrens durch ein und denselben Interessen-

vertreter vertreten, so erhöht sich ihr gemeinschaftlicher Kostenersatzanspruch bei zwei gemeinsam vertretenen Personen um 10 vH, bei drei Personen um 15 vH, bei vier Personen um 20 vH und bei fünf oder mehr Personen um 25 vH.

18. In den in Z 2 genannten Verfahren erstreckt sich die Rechtskraft von antragsstattgebenden Sachbeschlüssen über Feststellungsbegehren auf alle Hauptmieter, denen der verfahrenseinleitende Antrag nach Z 2 zugestellt wurde.

19. Die Bestimmung des § 79 AußStrG ist nicht anzuwenden.

20. Zur Sicherung von Ansprüchen, die gemäß Abs. 1 in einem Verfahren nach Abs. 3 geltend zu machen sind, kann das Gericht einstweilige Verfügungen nach der Exekutionsordnung erlassen. Soll die einstweilige Verfügung der Sicherung eines Anspruchs auf Durchführung von Erhaltungsarbeiten nach § 3 Abs. 3 Z 2 dienen, so kann ihre Bewilligung nicht von einer Sicherheitsleistung nach § 390 Abs. 2 der Exekutionsordnung abhängig gemacht werden. Wird ein Antrag auf Erlassung einer einstweiligen Verfügung bei Gericht gestellt, so kann ab diesem Zeitpunkt ein Verfahren vor der Gemeinde gemäß § 39 nicht mehr anhängig gemacht werden; für ein bereits vor der Gemeinde anhängiges Verfahren gilt § 40 Abs. 2 zweiter Satz sinngemäß. Der Antrag in der Hauptsache ist in diesen Fällen bei Gericht einzubringen.
(BGBl I 2003/113, ab 1. 1. 2005; Z 9 und Z 14 bis 16 sind anzuwenden, wenn das Datum der angefochtenen Entscheidung nach dem 31. 12. 2004 liegt; Z 17 ist anzuwenden, wenn die Sache nach dem 31. 12. 2004 anhängig gemacht worden ist; im Übrigen ist Abs 3 auch auf Verfahren anzuwenden, die vor dem 1. 1. 2005 anhängig geworden sind)

(4) Ergibt sich in einem Verfahren nach Abs. 1 ein Anspruch des antragstellenden Mieters auf Rückforderung oder Ersatz, so ist sein Gegner auch zur Zahlung des hienach zustehenden Betrages samt Zinsen binnen 14 Tagen bei Exekution zu verhalten.

---

[1] *Siehe Art IV Z 6 MRG-Nov 1985, Art V Abs 3 Z 3 2. WÄG, Art II II. Abschnitt Z 10 3. WÄG und § 49b Abs 11 MRG.*

[2] *Siehe die Neufassung des § 45 durch BGBl I 2001/161.*

Stellungnahme der Gemeinde als Baubehörde

§ 38. Das Gericht (die Gemeinde, § 39) hat vor der Entscheidung über einen Antrag auf

1. Durchführung von Erhaltungs-, Verbesserungs- oder Wiederherstellungsarbeiten,

2. Bewilligung eines erhöhten Hauptmietzinses oder

3. Vornahme von Verbesserungen oder Änderungen am Mietgegenstand der für die Baulichkeit als Baubehörde zuständigen Gemeinde die Gelegenheit zu geben, binnen angemessener Frist zu den beantragten Arbeiten und den damit in Zusammenhang stehenden Fragen, wie im besonderen deren Notwendigkeit, Zweckmäßigkeit, Preisangemessenheit, Beeinträchtigung der äußeren Erscheinung des Hauses oder des Ausmaßes der Beeinträchtigung eines Mietgegenstandes, Stellung zu nehmen. „Die Gemeinde kann auch einen Dritten zur Abgabe dieser Stellungnahme ermächtigen.“ *(BGBl I 1999/147, ab 1. 9. 1999)*

Entscheidung der Gemeinde

§ 39. (1) Verfügt eine Gemeinde über einen in Mietangelegenheiten fachlich geschulten Beamten oder Angestellten und rechtfertigt die Anzahl der dort nach § 37 Abs. 1 anfallenden Verfahren die Betrauung der Gemeinde zum Zwecke der Entlastung des Gerichtes, so kann ein Verfahren nach § 37 Abs. 1 bei Gericht hinsichtlich der in der Gemeinde gelegenen Mietgegenstände nur eingeleitet werden, wenn die Sache vorher bei der Gemeinde anhängig gemacht worden ist.

(2) Auf welche Gemeinden die im Abs. 1 genannten Voraussetzungen zutreffen, stellt der Bundesminister für Justiz gemeinsam mit dem Bundesminister für Inneres durch Kundmachung fest.

(3) Die Gemeinde hat nach Vornahme der erforderlichen Ermittlungen, wenn der Versuch einer gütlichen Beilegung des Streites erfolglos geblieben ist, über den Antrag nach § 37 Abs. 1 zu entscheiden. „Auf das Verfahren sind die Regelungen der § 8 Abs. 1, § 10 Abs. 2, §§ 17, 25 bis 28, § 31 Abs. 1 bis 4 und §§ 32 bis 34 AußStrG sowie § 37 Abs. 2, Abs. 2a, Abs. 3 Z 1 bis 12 und 18 und Abs. 4 entsprechend anzuwenden; im Übrigen gilt für das Verfahren das Allgemeine Verwaltungsverfahrensgesetz 1991.“ *(BGBl I 1999/19, ab 1. 1. 1999; BGBl I 2003/113, ab 1. 1. 2005; auch auf Verfahren anzwenden, die davor anhängig geworden sind)*

(4) Die Entscheidung der Gemeinde kann durch kein Rechtsmittel angefochten werden. Sie bildet, wenn die Frist zur Anrufung des Gerichtes nach § 40 Abs. 1 abgelaufen ist, einen Exekutionstitel im Sinn des § 1 der Exekutionsordnung. *(BGBl I 1999/19, ab 1. 1. 1999)*

(5) Die im Verfahren vor der Gemeinde erforderlichen Schriften, die vor ihr abgeschlossenen Vergleiche sowie die von ihr ausgestellten Rechtskraftbestätigungen und Bescheinigungen gemäß § 40 Abs. 3 sind von den Stempel- und Rechtsgebühren befreit. *(BGBl I 2003/113, ab 1. 1. 2005)*

MRG

Anrufung des Gerichtes

§ 40. (1) Die Partei, die sich mit der Entscheidung der Gemeinde über den Antrag nach § 37 Abs. 1 nicht zufriedengibt, kann die Sache innerhalb von vier Wochen ab Zustellung der Entscheidung bei Gericht anhängig machen. Durch die Anrufung des Gerichtes tritt die Entscheidung der Gemeinde außer Kraft. Sie tritt jedoch wieder in Kraft, wenn der Antrag auf Entscheidung des Gerichtes zurückgezogen wird. Die Entscheidung über einen Antrag auf Bewilligung der Wiedereinsetzung gegen den Ablauf der Anrufungsfrist obliegt dem Gericht; der Wiedereinsetzungsantrag ist unmittelbar bei Gericht einzubringen. *(BGBl I 1999/19, ab 1. 1. 1999, anzuwenden, wenn die Frist zur Anrufung des Gerichtes zum Zeitpunkt des Inkrafttretens noch nicht zu laufen begonnen hat.)*

(2) Das Gericht kann ferner von jeder Partei angerufen werden, wenn das Verfahren vor der Gemeinde nicht binnen drei Monaten zum Abschluß gelangt ist. Sobald ein solches Begehren bei Gericht eingebracht wurde, hat die Gemeinde das Verfahren einzustellen. *(BGBl I 1999/19, ab 1. 1. 1999)*

(3) Über den Tag, an dem das Verfahren bei der Gemeinde anhängig gemacht wurde, über den Inhalt der Entscheidung der Gemeinde oder, wenn es zu einer solchen nicht kommt, darüber, daß der Vergleichsversuch erfolglos geblieben ist, hat die Gemeinde der Partei auf Verlangen eine Bestätigung auszustellen. Begehrt die Partei die Entscheidung des Gerichtes, so hat sie diesem die Bestätigung vorzulegen. Die Gemeinde hat dem Gerichte auf Ersuchen die Akten zu übermitteln.

Aufhebung der Unterbrechung eines Kündigungs- oder Räumungsverfahrens

§ 41. Die wegen eines Verfahrens nach § 37 angeordnete Unterbrechung eines Rechtsstreits über eine Kündigung nach § 30 Abs. 2 Z 1 oder über eine Räumungsklage wegen Mietzinsrückstandes gemäß § 1118 ABGB ist auf Antrag des Vermieters wieder aufzuheben, wenn dem Mieter die Zahlung eines einstweiligen Mietzinses gemäß § 382f der Exekutionsordnung auferlegt wurde und der Vermieter den einstweiligen Mietzins auch durch Fahrnis- und Gehaltsexekution sowie durch Verwertung ihm zur Verfügung stehender Sicherheiten in angemessener Frist nicht hereinbringen konnte. Das Gericht kann von der Aufhebung der Unterbrechung jedoch absehen, wenn selbst unter Berücksichtigung der erfolglosen Versuche zur Hereinbringung des einstweiligen Mietzinses nach Lage des Falles nicht angenommen werden muss, dass durch die Einwendungen des Mieters gegen das Bestehen eines Mietzinsrückstandes der Rechtsstreit bloß verschleppt werden soll.

(BGBl I 2003/113, ab 1. 1. 2005, s Anm zu § 39 Abs 3)

Exekutionsbeschränkung

§ 42. (1) Auf Mietzinse aus Mietverträgen, auf welche die Bestimmungen dieses Bundesgesetzes Anwendung finden, kann vom Tage des Wirksamkeitsbeginnes dieses Bundesgesetzes angefangen nur im Wege der Zwangsverwaltung Exekution geführt werden. Im Zuge der Zwangsverwaltung hat der Verwalter die Mietzinse in der von diesem Bundesgesetze vorgeschriebenen Weise zu verwenden.

(2) Jede Verfügung über Mietzinse für Mietgegenstände in Gebäuden durch Abtretung, Anweisung, Verpfändung oder durch ein anderes Rechtsgeschäft ist, sofern auf den Mietvertrag die Bestimmungen dieses Bundesgesetzes Anwendung finden, vom Tage des Wirksamkeitsbeginnes dieses Bundesgesetzes angefangen ohne rechtliche Wirkung. Die Abtretung (Verpfändung) von Hauptmietzinsen zur Sicherung eines zur ordnungsgemäßen Erhaltung oder notwendigen oder nützlichen Veränderung (Verbesserung) aufgenommenen Darlehens an den Gläubiger ist aber nicht ausgeschlossen. Die Abtretung (Verpfändung) ist unter Beibringung einer einverleibungsfähigen Urkunde auf Antrag im öffentlichen Buch anzumerken; erst von da an ist sie gegenüber dritten Personen rechtswirksam. Die Mietzinse eines Hauses, über die der Hauseigentümer sonach zur ordnungsgemäßen Erhaltung „ “ oder nützlichen Veränderung (Verbesserung) rechtsgültig verfügt hat, sind im Sinne der Exekutionsordnung nicht als Nutzungen und Einkünfte (§§ 97, 109 Abs. 3 EO), Erträgnisse (§§ 97 Abs. 3[1]), 119 Abs. 1 EO) oder Früchte und Einkünfte (§ 156 Abs. 1 EO) der betreffenden Liegenschaft anzusehen. *(BGBl 1985/559)*

(3) Den Bestimmungen dieses Bundesgesetzes unterliegende Mietrechte können vom Hauseigentümer zugunsten einer von ihm durch Abtretung erworbenen Forderung nicht in Exekution gezogen werden.

(4) Solche Mietrechte über Wohnungen sind gegenüber jedem Gläubiger der Exekution insoweit entzogen, als sie für den Mieter und die mit ihm im gemeinsamen Haushalt lebenden Familienangehörigen unentbehrliche Wohnräume betreffen.

(5) Der Anspruch des Hauseigentümers gegen seinen Vertreter auf Ausfolgung vereinnahmter Mietzinse ist nur zugunsten der im zweiten Satz des Abs. 2 angeführten Forderungen pfändbar. *(BGBl 1985/559)*

(6) Die Exekutionsbeschränkungen sind in jeder Lage des Verfahrens von Amts wegen wahrzunehmen. *(BGBl 1985/559)*

[1)] *Jetzt § 97 Abs 4 EO.*

Vorzugspfandrecht für Erhaltungsarbeiten

§ 42a. (1) An jeder Liegenschaft, auf der sich ein diesem Bundesgesetz unterliegender Mietgegenstand befindet, besteht ein gesetzliches Vorzugspfandrecht zugunsten von Forderungen der in § 6 Abs. 1 Z 1 genannten Personen, die aus der Finanzierung der in § 3 Abs. 3 Z 2 angeführten Erhaltungsarbeiten entstanden sind, sofern diese nach Erlassung einer einstweiligen Verfügung gemäß „§ 37 Abs. 3 Z 20" durchgeführt wurden. *(BGBl I 2003/113, ab 1. 1. 2005)*

(2) Diese einstweilige Verfügung ist von Amts wegen im Grundbuch ersichtlich zu machen.

(3) Die durch das Vorzugspfandrecht besicherte Forderung ist im Fall einer Zwangsversteigerung der Liegenschaft durch Barzahlung zu berichtigen, soweit sie in der Verteilungsmasse (§ 215 EO) Deckung findet, ansonsten aber vom Ersteher ohne Anrechnung auf das Meistbot zu übernehmen. *(BGBl 1993/800, ab 1. 3. 1994)*

II. Hauptstück

Bestimmungen über bestehende Mietverträge und Übergangsregelung

Allgemeine Grundsätze

§ 43. (1) Insoweit im folgenden nichts anderes bestimmt ist, gilt das I. Hauptstück auch für Mietverträge, die vor dem Inkrafttreten dieses Bundesgesetzes geschlossen worden sind.

(2) Ist eine vor dem Inkrafttreten dieses Bundesgesetzes geschlossene Vereinbarung über die Höhe des Mietzinses nach den bisher in Geltung gestandenen Vorschriften rechtsunwirksam, so sind diesbezüglich die bisher in Geltung gestandenen Vorschriften weiter anzuwenden.

§ 44. *(aufgehoben, BGBl I 2000/36, ab 1. 7. 2000, s § 49c Abs. 8)*

Wertbeständigkeit des Mietzinses

§ 45. (1) Im Fall eines vor dem 1. März 1994 geschlossenen Hauptmietvertrags kann der Vermieter den Hauptmietzins für eine Wohnung der Ausstattungskategorie A oder eine Geschäftsräumlichkeit auf „2,39 Euro"*, für eine Wohnung der Ausstattungskategorie B auf „1,80 Euro"*, für eine Wohnung der Ausstattungskategorie C oder eine Wohnung der Ausstattungskategorie D in brauchbarem Zustand auf „1,20 Euro"* und für eine Wohnung der Ausstattungskategorie D in nicht brauchbarem Zustand auf „0,90 Euro"*, jeweils je Quadratmeter der Nutzfläche und Monat, anheben, wenn der bisherige Hauptmietzins unter dem jeweils anzuwendenden Betrag liegt. Die angeführten Beträge valorisieren sich entsprechend der Regelung des § 16 Abs. 6. Die Anhebung ist aber nur dann zulässig, wenn sich der Mietgegenstand in einem Gebäude befindet, für das weder eine Abbruchbewilligung noch ein Abbruchauftrag der Baubehörde vorliegt. „Eine sich aus der Anhebung ergebende Unwirksamkeit des Hauptmietzinses ist innerhalb der in § 16 Abs. 8 genannten Fristen ab dem Anhebungsbegehren gerichtlich (bei der Gemeinde, § 39) geltend zu machen." *(BGBl I 2006/124, ab 1. 10. 2006, s § 49e Abs 5, Beträge gemäß *K BGBl II 2018/10, ab 1. 2. 2018)*

(2) Ist der nach § 16 Abs. 1 und 9 zulässige Hauptmietzins bei einer Geschäftsräumlichkeit niedriger als „3,60 Euro"* je Quadratmeter der Nutzfläche und Monat, so kann der Vermieter abweichend von Abs. 1 den Hauptmietzins nur auf zwei Drittel des nach § 16 Abs. 1 und 9 zulässigen Betrags anheben. Der Betrag von 2,64 Euro valorisiert sich entsprechend der Regelung des § 16 Abs. 6. „Der letzte Satz des Abs. 1 gilt entsprechend." *(BGBl I 2006/124, ab 1. 10. 2006, s § 49e Abs 5, Betrag gemäß *K BGBl II 2018/10, ab 1. 2. 2018)*

(3) Der Vermieter hat sein Anhebungsbegehren dem Hauptmieter spätestens einen Monat vor dem Zinstermin, zu dem er die Anhebung fordert, schriftlich bekannt zu geben. Begehrt der Vermieter die Anhebung für einen in § 1 Abs. 4 Z 1 genannten Mietgegenstand, so gelten für die Mietgegenstände dieses Hauses ab diesem Zeitpunkt die Bestimmungen des I. Hauptstücks mit Ausnahme der Bestimmungen über die Mietzinsbildung nach § 16 Abs. 2 bis 7 und 10 und über die Richtwerte nach dem Richtwertgesetz. In diesen Fällen darf der Vermieter in der Hauptmietzinsabrechnung (§ 20) auch die Beträge als Ausgaben absetzen, die in den jeweiligen Verrechnungsjahren zur Amortisation der seinerzeit aufgewendeten Bau-, Grund- oder Aufschließungskosten zu entrichten sind.

(BGBl I 2001/161, ab 1. 1. 2002, s § 49d Abs 3 und 4)

Hauptmietzins bei Eintritt in einen bestehenden Mietvertrag über eine Wohnung

§ 46.[1)] (1) Treten in einen am 1. März 1994 bestehenden Hauptmietvertrag über eine Wohnung der Ehegatte, der Lebensgefährte oder minderjährige Kinder (§ 42 ABGB) des bisherigen Hauptmieters allein oder gemeinsam mit anderen Angehörigen ein (§ 12 Abs. 1 und 2, § 14), so darf der Vermieter vom (von den) in das Hauptmietrecht Eintretenden weiterhin nur den Hauptmietzins begehren, den er ohne den Eintritt begehren dürfte. Das gleiche gilt für den Eintritt auf Grund einer gerichtlichen Anordnung nach § 87 Abs. 2 des Ehegesetzes.

(2) Treten in einen am 1. März 1994 bestehenden Hauptmietvertrag über eine Wohnung ausschließlich Personen ein, die in Abs. 1 nicht genannt sind, so darf der Vermieter vom (von den) in das Hauptmietrecht Eintretenden ab dem auf den Eintritt folgenden Zinstermin eine Erhöhung des bisherigen Hauptmietzinses bis zu dem für die Wohnung nach § 16 Abs. 2 bis 6 im Zeitpunkt des Eintritts zulässigen Betrag, höchstens aber „3,60"*** je Quadratmeter der Nutzfläche und Monat, verlangen, sofern der bisherige Hauptmietzins niedriger ist. Dieser Höchstbetrag von „2,64"* Euro valorisiert sich entsprechend der Regelung des § 16 Abs. 6. In den Fällen des Abs. 1 darf der Vermieter diese Erhöhung des bisherigen Hauptmietzinses ab dem Zinstermin begehren, zu dem alle in Abs. 1 genannten Eintretenden auf Dauer die Wohnung verlassen haben oder volljährig geworden sind. Gleiches gilt, wenn Personen, die in Abs. 1 in dessen bis 28. Februar 1994 in Geltung gestandener Fassung genannt waren, nach dem 31. Dezember 1981 und vor dem 1. März 1994 in den Hauptmietvertrag eingetreten sind, aber erst nach dem 28. Februar 1994 die Wohnung auf Dauer verlassen haben oder volljährig geworden sind. Die Anhebung des Hauptmietzinses ist aber solange nicht zulässig, als dem Hauptmieter – unter der Annahme einer sofortigen Beendigung des Mietverhältnisses – für vor dem 1. März 1994 getätigte Aufwendungen noch Ersatzansprüche nach § 10 zustünden, die der Mieter geltend macht und der Vermieter zu befriedigen nicht bereit ist. „Eine sich aus der Anhebung ergebende Unwirksamkeit des Hauptmietzinses ist innerhalb der in § 16 Abs. 8 genannten Fristen ab dem Anhebungsbegehren gerichtlich (bei der Gemeinde, § 39) geltend zu machen."** *(*BGBl I 2001/98, ab 1. 1. 2002; **BGBl I 2006/124, ab 1. 10. 2006, s § 49e Abs 5; Betrag gemäß ***K BGBl II 2018/10, ab 1. 2. 2018)*

(BGBl 1993/800, ab 1. 3. 1994)

[1]) *§ 46 ist nach § 43 Abs 1 Z 10 EPG auf eingetragene Partner sinngemäß anzuwenden.*

Hauptmietzins bei bestehenden Mietverträgen über Geschäftsräumlichkeiten

§ 46a. (1) Im Fall eines am 1. März 1994 bestehenden Hauptmietvertrags über eine Geschäftsräumlichkeit ist § 12a Abs. 3 mit der Maßgabe anzuwenden, daß solche Änderungen unberücksichtigt bleiben, die vor dem 1. Oktober 1993 eingetreten sind.

(2) Im Fall eines am 1. März 1994 bestehenden Hauptmietvertrags über eine Geschäftsräumlichkeit darf der Vermieter, sofern der bisherige Hauptmietzins niedriger als der angemessene Hauptmietzins nach § 16 Abs. 1 ist, nach dem Tod des Hauptmieters von dessen Rechtsnachfolgern ab dem auf den Todesfall folgenden 1. Jänner die schrittweise Anhebung des bisherigen Hauptmietzinses bis zu dem für die Geschäftsräumlichkeit nach § 16 Abs. 1 zulässigen Betrag innerhalb von 15 Jahren in der Weise verlangen, daß der Hauptmietzins für jedes Kalenderjahr nach dem Todestag um jeweils ein Fünfzehntel des bis zum angemessenen Hauptmietzins nach § 16 Abs. 1 fehlenden Betrages angehoben wird, wobei eine Valorisierung dieses Betrages entsprechend der Regelung des § 16 Abs. 6 zu erfolgen hat, ein Überschreiten der Indexschwelle aber erst ab dem jeweils folgenden Kalenderjahr zu berücksichtigen ist. Solange der Rechtsnachfolger des verstorbenen Hauptmieters das Unternehmen ohne Änderung der Art der Geschäftstätigkeit fortführt, ist bei Ermittlung des nach § 16 Abs. 1 angemessenen Hauptmietzinses die Art der im Mietgegenstand ausgeübten Geschäftstätigkeit zu berücksichtigen.

(3) § 12a Abs. 5 ist anzuwenden, wenn der Pachtvertrag nach dem 28. Februar 1994 abgeschlossen wurde. Wenn der Hauptmieter einer Geschäftsräumlichkeit sein darin betriebenes Unternehmen vor dem 1. März 1994 verpachtet hat und das Pachtverhältnis nach dem 28. Februar 1994 noch aufrecht ist, darf der Vermieter, sofern der bisherige Hauptmietzins niedriger als der angemessene Hauptmietzins nach § 16 Abs. 1 ist, ab dem auf das Anhebungsbegehren folgenden 1. Jänner die schrittweise Anhebung des bisherigen Hauptmietzinses bis zu dem für die Geschäftsräumlichkeit nach § 16 Abs. 1 zulässigen Betrag innerhalb von 15 Jahren in der in Abs. 2 angeführten Weise verlangen. Das Recht des Vermieters, die Entrichtung eines schrittweise angehobenen Hauptmietzinses zu verlangen, besteht nur für die Dauer des Pachtverhältnisses.

(4) Hat eine juristische Person oder eine Personengesellschaft des Handelsrechts[1]) vor dem 1. Jänner 1968 eine Geschäftsräumlichkeit als Hauptmieter gemietet und war bei Vertragsabschluß eine freie Mietzinsvereinbarung nicht möglich, darf der Vermieter ab dem auf das Anhebungsbegehren folgenden 1. Jänner die schrittweise Anhebung des bisherigen Hauptmietzinses bis zu dem für Geschäftsräumlichkeiten nach § 16 Abs. 1 zulässigen Betrag innerhalb von 15 Jahren in der in Abs. 2 angeführten Weise verlangen, wenn der bisherige Hauptmietzins niedriger als der angemessene Hauptmietzins nach § 16 Abs. 1 ist und

1. eine Änderung der rechtlichen und wirtschaftlichen Einflußmöglichkeiten im Sinne des § 12a Abs. 3 erfolgt ist und

MRG

2. keine Mietzinsvereinbarung im Sinne des § 16 Abs. 1 Z 7 in der Stammfassung des Mietrechtsgesetzes oder anderer gleichartiger (zB § 38 WSG, § 16 Abs. 1 Z 4 MRG) mietrechtlicher Regelungen erfolgte oder

3. keine Vereinbarung im Sinne der Z 2 geschlossen wurde, obwohl eine solche wegen einer Änderung des Vertrages über den Mietgegenstand möglich gewesen wäre.

(5) Entstand durch die Veräußerung des in einer gemieteten Geschäftsräumlichkeit betriebenen Unternehmens ohne Übergang der Hauptmietrechte vor dem 1. Jänner 1982 ein Mietverhältnis, bei dem im Innenverhältnis zwischen dem Veräußerer und dem Erwerber des Unternehmens die Rechte und Pflichten aus dem Mietverhältnis an den Erwerber übertragen wurden, so darf der Vermieter, sofern der bisherige Hauptmietzins niedriger als der angemessene Hauptmietzins nach § 16 Abs. 1 ist, die schrittweise Anhebung des bisherigen Hauptmietzinses bis zu dem für die Geschäftsräumlichkeit nach § 16 Abs. 1 zulässigen Betrag innerhalb von 15 Jahren in der in Abs. 2 angeführten Weise ab dem auf das schriftliche Anhebungsbegehren folgenden 1. Jänner verlangen, wenn er mit dem Anhebungsbegehren den Erwerber des Unternehmens als neuen Hauptmieter anerkennt. Mit dieser Anerkennung erlischt das Hauptmietverhältnis zum Veräußerer.

(6) Im übrigen ist § 12a Abs. 7 auf die in Abs. 2 bis 5 geregelten Fälle sinngemäß anzuwenden. „Eine sich aus einer Anhebung nach Abs. 2 bis 5 ergebende Unwirksamkeit des Hauptmietzinses ist innerhalb der in § 16 Abs. 8 genannten Fristen ab dem jeweiligen Anhebungsbegehren gerichtlich (bei der Gemeinde, § 39) geltend zu machen.“ *(BGBl I 2006/124, ab 1. 10. 2006, s § 49e Abs 5)*

(BGBl 1993/800, ab 1. 3. 1994)

---

[1] *Jetzt: eingetragene Personengesellschaft.*

Erfordernisse eines Anhebungsbegehrens

§ 46b. In allen Fällen, in denen der Vermieter nach §§ 46 und 46a die Anhebung des Hauptmietzinses verlangen darf, hat der Vermieter sein Anhebungsbegehren dem Hauptmieter spätestens einen Monat vor dem Zinstermin, zu dem er die Entrichtung des angehobenen Mietzinses fordert, schriftlich bekanntzugeben; im Fall einer schrittweisen Anhebung nach § 46a Abs. 2 bis 4 bewirkt ein verspätetes Anhebungsbegehren aber nicht den Verlust des Anhebungsrechts für das gesamte Kalenderjahr. Die schriftliche Aufforderung hat die Höhe des angehobenen Hauptmietzinses und die Nutzfläche des Mietgegenstands sowie gegebenenfalls die der Anhebung für das jeweilige Jahr zugrunde liegende Berechnung zu enthalten. „Bei der Berechnung des angehobenen Hauptmietzinses sind Beträge, die einen halben Cent nicht übersteigen, auf den nächstniedrigeren ganzen Cent abzurunden und Beträge, die einen halben Cent übersteigen, auf den nächsthöheren ganzen Cent aufzurunden.“ *(BGBl I 2001/98, ab 1. 1. 2002)*

(BGBl 1993/800, ab 1. 3. 1994)

Hauptmietzins bei früherer Standardanhebung

§ 46c. Wenn die Voraussetzungen des § 16 Abs. 1 nicht vorliegen, sind dennoch Vereinbarungen über die Höhe des Hauptmietzinses für eine Wohnung ohne die Beschränkungen des § 16 Abs. 2 bis 4 und 6 bis zu dem für die Wohnung nach Größe, Art, Beschaffenheit, Lage, Ausstattungs- und Erhaltungszustand angemessenen Betrag auch weiterhin zulässig, wenn der Mietgegenstand eine Wohnung der Ausstattungskategorie A oder B in ordnungsgemäßem Zustand ist, deren Standard vom Vermieter nach dem 31. Dezember 1967 durch Zusammenlegung von Wohnungen der Ausstattungskategorie B, C oder D, durch eine andere bautechnische Aus- oder Umgestaltung größeren Ausmaßes einer Wohnung oder mehrerer Wohnungen der Ausstattungskategorien B, C oder D oder sonst unter Aufwendungen erheblicher Mittel angehoben wurde, oder wenn der Mietgegenstand eine Wohnung der Ausstattungskategorie C in ordnungsgemäßem Zustand ist, deren Standard vom Vermieter nach dem 31. Dezember 1967 durch Zusammenlegung von Wohnungen der Ausstattungskategorie D, durch eine andere bautechnische Aus- oder Umgestaltung größeren Ausmaßes einer Wohnung oder mehrerer Wohnungen der Ausstattungskategorie D oder sonst unter Aufwendung erheblicher Mittel angehoben wurde, sofern der Vermieter die Arbeiten zur Standardanhebung vor dem 1. Oktober 1993 tatsächlich begonnen hat. Die Beschränkungen des § 16 Abs. 2 bis 4 und 6 werden jedoch sowohl für bestehende, nach dem 28. Februar 1994 geschlossene als auch für neue Mietverträge wieder wirksam, sobald nach dem Abschluß der Arbeiten zur Standardanhebung ein Zeitraum von zwanzig Jahren verstrichen ist. Bei Ermittlung des nach Ablauf dieses zwanzigjährigen Zeitraums zulässigen Hauptmietzinses sind die Verhältnisse am Ende dieses Zeitraums zugrunde zu legen; zuvor vom Hauptmieter getätigte Aufwendungen zur Verbesserung des Mietgegenstands sind aber angemessen zu berücksichtigen, soweit sie über diesen Zeitpunkt hinaus von objektivem Nutzen sind.

(BGBl 1993/800, ab 1. 3. 1994)

Betriebskosten; Umstellung der Verteilungsschlüssel

§ 47. (1) Die vor dem Inkrafttreten dieses Bundesgesetzes auf Grund der bisherigen Vorschriften fällig gewordenen Betriebskosten dürfen nach Maßgabe der bisherigen Vorschriften eingehoben werden.

(2) Die bei Inkrafttreten dieses Bundesgesetzes für die Berechnung des Anteiles an den Betriebskosten oder besonderen Aufwendungen maßgebenden Verteilungsschlüssel darf der Vermieter bis 31. Dezember 1983 anwenden. Eine frühere Umstellung auf die in § 17 geregelte Verteilung hat jedenfalls zu erfolgen, wenn vor diesem Zeitpunkt

1. eine Erhöhung der Hauptmietzinse nach den §§ 18 und 19 bewilligt oder

2. ein Erhaltungsbeitrag nach § 45 eingehoben wird.

Anhängiges Verfahren; bewilligte Mietzinserhöhungen

§ 48. (1) Die im Zeitpunkt des Inkrafttretens dieses Bundesgesetzes bei Gericht (der Gemeinde, § 39) anhängigen Verfahren sind nach den bisher in Geltung gestandenen Vorschriften durchzuführen. Wird auf Grund einer Entscheidung über eine Mietzinserhöhung nach § 7, § 28 Abs. 2 des Mietengesetzes innerhalb eines Jahres nach dem Inkrafttreten dieses Bundesgesetzes bei Gericht (der Gemeinde, § 39) das Verfahren über die Mietzinserhöhung der Höhe nach eingeleitet, so ist auch dieses Verfahren nach den bisherigen Vorschriften durchzuführen.

(2) Der Vermieter ist berechtigt, die im Zeitpunkt des Inkrafttretens dieses Bundesgesetzes nach § 7, § 28 Abs. 2 oder 3 des Mietengesetzes oder § 2 des Zinsstoppgesetzes erhöhten Hauptmietzinse bis zum Ablauf der seinerzeit bewilligten Laufzeit einzuheben. Das gleiche gilt für die Mietzinserhöhungen, die nach Abs. 1 bewilligt werden.

Kündigungsrechtliche Übergangsregelung

§ 49. (1) „Für die Mietverträge über die Exerzier-, Schieß- und sonstigen Übungsplätze des Bundesheeres, die bei Inkrafttreten dieses Bundesgesetzes bereits bestanden haben, gelten die Kündigungsbeschränkungen des § 30. Insoweit für andere Mietverträge, die dem Geltungsbereich dieses Bundesgesetzes (§ 1) nicht unterliegen, vor dem Inkrafttreten dieses Bundesgesetzes die Kündigungsbeschränkungen des § 19 des Mietengesetzes anzuwenden waren, gelten die §§ 19 bis 23 des Mietengesetzes bis zum 31. Dezember 1988 weiter."* Für solche Mietverhältnisse gilt:

1. Der Bundesminister für Justiz kann für bestimmte Bundesländer für die Zeit bis längstens 31. Dezember 1990 durch Verordnung[1)] für gemietete Grundflächen, die als Sportstätten, Kinderspielplätze oder Verkehrsübungsplätze für Kinder verwendet werden, Regelungen treffen, die den §§ 19 bis 23 des Mietengesetzes entsprechen, wenn nach Anhörung des Landeshauptmannes feststeht, daß im Land Maßnahmen der Raumordnung zur Erhaltung der Widmung von Grundflächen als Sportstätten, Kinderspielplätze oder Verkehrsübungsplätze für Kinder vorbereitet oder getroffen werden.

2. Endet ein Mietverhältnis, für das nach dem zweiten Satz dieses Absatzes die §§ 19 bis 23 des Mietengesetzes bis zum 31. Dezember 1988 weiter gelten oder für das eine Verordnung nach Z 1 gilt, mit oder nach dem 31. Dezember 1988 durch Kündigung des Vermieters oder durch Zeitablauf, so hat der Mieter, der während der Dauer des Mietverhältnisses auf den Mietgegenstand bauliche Aufwendungen gemacht hat, die über die Mietdauer hinaus wirksam und von Nutzen sind, bei Beendigung des Mietverhältnisses Anspruch auf Ersatz dieser Aufwendungen durch den Vermieter nach ihrem gegenwärtigen Wert, soweit dieser den wirklich gemachten Aufwand nicht übersteigt. Dieser Anspruch besteht nicht, wenn der Vermieter seine Zustimmung zu den Aufwendungen verweigert oder an die Verpflichtung zur Wiederherstellung des früheren Zustandes gebunden hat oder wenn der Vermieter verhindert war, das eine oder das andere zu tun, weil ihm der Mieter die beabsichtigten Aufwendungen nicht angezeigt hat. Der Wert ist objektiv unter der Annahme zu ermitteln, daß der Mietgegenstand weiter zu dem Zweck verwendet wird, zu dem ihn der Mieter vertragsgemäß verwendet hat.
*(*BGBl 1985/559; BGBl 1988/724)*

(2) Wurde in einem vor dem Inkrafttreten dieses Bundesgesetzes geschlossenen Hauptmietvertrag über einen Mietgegenstand, der nach dem 31. Dezember 1967 durch Neu-, Um-, Auf-, Ein- oder Zubau ohne Zuhilfenahme öffentlicher Mittel neu geschaffen worden ist, weder die Anwendbarkeit der Kündigungsbeschränkungen des § 19 des Mietengesetzes, noch eine Bestandsdauer vereinbart, die über den Zeitpunkt des Inkrafttretens dieses Bundesgesetzes hinaus wirksam ist, so gelten für diesen Hauptmietvertrag die Kündigungsbeschränkungen des § 30, sofern es der Vermieter bis 30. Juni 1982 unterläßt, dem Hauptmieter einen befristeten Hauptmietvertrag nach § 29 Abs. 1 Z 3 lit. a „in der Stammfassung dieses Gesetzes" anzubieten, der zumindest bis 31. Dezember 1984 wirksam ist. Nimmt der Hauptmieter ein diesbezügliches Anbot des Vermieters binnen sechs Monaten nach dem Zugang des Anbotes nicht an und wird auch keine andere Vereinbarung über die Bestandsdauer geschlos-

sen, so gelten für dieses Hauptmietverhältnis die Kündigungsbeschränkungen des § 30 nicht. *(BGBl I 2000/36, ab 1. 7. 2000)*

(3) Haben für einen vor dem Inkrafttreten dieses Bundesgesetzes geschlossenen Untermietvertrag die Kündigungsbeschränkungen des § 19 des Mietengesetzes nicht gegolten, so gelten hiefür auch nicht die Kündigungsbeschränkungen des § 30.

[1)] *V erlassen für Burgenland, Niederösterreich, Steiermark, Tirol (BGBl 1988/759), Oberösterreich und Salzburg (BGBl 1989/11).*

Wirksamkeit früherer Befristungen

§ 49a. (1) Eine vor dem 1. März 1994 geschlossene und nach den damaligen Bestimmungen rechtswirksame Vereinbarung über die Befristung eines Mietvertrages behält ihre Rechtswirksamkeit. Eine nach den damaligen Bestimmungen rechtsunwirksame Befristung bleibt rechtsunwirksam.

(2) Wird ein vor dem 1. März 1994 geschlossener und nach den damaligen Bestimmungen des § 1 Abs. 2 Z 3 oder des § 29 Abs. 1 Z 3 lit. c rechtswirksam befristeter Mietvertrag nach dem 28. Februar 1994 erneuert, so gilt diese Erneuerung als Abschluß eines neuen Mietvertrages.

(BGBl 1993/800, ab 1. 3. 1994)

Übergangsregelung für Befristungen und Abrechnungsbestimmungen

§ 49b. (1) Die Änderungen der § 16 Abs. 7 bis 8, § 17 Abs. 3, § 20 Abs. 1 Z 2, § 21 Abs. 6, § 29 Abs. 1 Z 3 lit. b und c, Abs. 4 bis Abs. 6, § 34 Abs. 5, § 37 Abs. 1 Z 12 und 12a, Abs. 3 Z 2 und Z 20a durch das Bundesgesetz BGBl. I Nr. 22/1997 treten mit 1. März 1997 in Kraft.

(2) § 10 Abs. 1 in der Fassung des Bundesgesetzes BGBl. I Nr. 22/1997 gilt für Aufwendungen, die nach dem 28. Februar 1997 vorgenommen werden.

(3) § 16 Abs. 7 und 7a in der Fassung des Bundesgesetzes BGBl. I Nr. 22/1997 gilt für

1. Mietverhältnisse, die nach dem 28. Februar 1997 beginnen, und

2. Verlängerung früherer Mietverhältnisse für einen nach dem 28. Februar 1997 beginnenden Zeitraum.

(4) § 16 Abs. 7b in der Fassung des Bundesgesetzes BGBl. I Nr. 22/1997 gilt für Umwandlungen von Mietverhältnissen in ein Mietverhältnis auf unbestimmte Zeit, die für einen nach dem 28. Februar 1997 liegenden Zeitraum vereinbart werden. Bei der Berechnung der Differenz ist für den Zeitraum vor dem 1. März 1997 § 16 Abs. 7 in der damaligen Fassung zugrunde zu legen.

(5) § 18 Abs. 5 in der Fassung des Bundesgesetzes BGBl. I Nr. 22/1997 gilt für

1. Mietverhältnisse, die nach dem 28. Februar 1997 beginnen, und

2. Verlängerung früherer Mietverhältnisse für einen nach dem 28. Februar 1997 beginnenden Zeitraum.

(6) *(aufgehoben, BGBl I 2004/2, ab 1. 1. 2005)*

(7) Eine vor dem 1. März 1997 geschlossene und nach den damaligen Bestimmungen rechtswirksame Vereinbarung über die Befristung eines Mietvertrages bleibt rechtswirksam. Eine nach den damaligen Bestimmungen rechtsunwirksame Befristung bleibt rechtsunwirksam.

(8) Wird ein vor dem 1. März 1997 geschlossener und nach den damaligen Bestimmungen des § 29 Abs. 1 Z 3 lit. b oder c in der Fassung des 3. Wohnrechtsänderungsgesetzes, BGBl. Nr. 800/1993, rechtswirksam befristeter Mietvertrag für einen Zeitraum nach dem 28. Februar 1997 verlängert, so ist § 29 Abs. 1 Z 3 lit. b oder c in der Fassung des Bundesgesetzes BGBl. I Nr. 22/1997 anzuwenden.

(9) § 29 Abs. 4a in der Fassung des Bundesgesetzes BGBl. I Nr. 22/1997 ist auch auf Mietverhältnisse anzuwenden, die vor dem 1. März 1997 begonnen haben. Endet das Mietverhältnis jedoch bereits vor dem 1. September 1997, so kann der Vermieter diese Verlängerung nur in sinngemäßer Anwendung des § 569 ZPO verhindern.

(10) § 29 Abs. 4b in der Fassung des Bundesgesetzes BGBl. I Nr. 22/1997 ist nur auf Mietverhältnisse anzuwenden, die nach dem 28. Februar 1997 begonnen haben oder nach diesem Zeitpunkt schon einmal rechtswirksam verlängert worden sind.

(11) § 37 Abs. 1 Z 12 und 12a, Abs. 2a sowie Abs. 3 Z 2 erster Satz und Abs. 3 Z 20a in der Fassung des Bundesgesetzes BGBl. I Nr. 22/1997 sind auf Verfahren anzuwenden, die nach dem 28. Februar 1997 anhängig gemacht worden sind; auf Verfahren, die zu diesem Zeitpunkt anhängig sind, sind die bisherigen Vorschriften anzuwenden.

(12) § 37 Abs. 2a in der Fassung des Bundesgesetzes BGBl. I Nr. 22/1997 ist für Abrechnungsperioden anzuwenden, die nach dem 31. Dezember 1997 beginnen.

(13) Im übrigen ist das Bundesgesetz BGBl. I Nr. 22/1997 ab dem 1. März 1997 auch auf Mietverträge anzuwenden, die vor seinem Inkrafttreten geschlossen worden sind.

(BGBl I 1997/22)

Übergangsregelung zur Wohnrechtsnovelle 2000

§ 49c. (1) Die Änderungen der §§ 3, 16, 17, 18, 20, 21, 23, 26, 29, 34, 37, 45 und 49 sowie die Aufhebung der §§ 29a und 44 durch die Wohnrechtsnovelle 2000, BGBl. I Nr. 36/2000, treten mit 1. Juli 2000 in Kraft.

(2) Solange auf Grund eines vor dem 1. Juli 2000 eingegangenen und nach dem 30. Juni 2000 weiter aufrechten Dienstverhältnisses nach dem Hausbesorgergesetz eine Wohnung des Hauses als Hausbesorgerdienstwohnung benützt wird, zählt diese Wohnung zu den allgemeinen Teilen des Hauses im Sinn des § 3 Abs. 2 Z 1 und des § 17 Abs. 1a vierter Satz und hat die Nutzfläche dieser Wohnung im Sinn des § 17 Abs. 1 außer Betracht zu bleiben. Die diesbezüglich durch die Beendigung des Dienstverhältnisses eintretende Änderung ist erst ab der dieser Beendigung nachfolgenden Abrechnungsperiode wirksam.

(3) § 16 Abs. 7 und § 26 Abs. 3 jeweils in der Fassung der Wohnrechtsnovelle 2000, BGBl. I Nr. 36/2000, gelten für Mietverhältnisse, die nach dem 30. Juni 2000 beginnen, sowie für die Verlängerung früherer Mietverhältnisse für einen nach dem 30. Juni 2000 beginnenden Zeitraum. Bei einem befristeten Mietverhältnis, das vor dem 1. Juli 2000 begonnen hat, gilt eine allfällige Verminderung des höchstzulässigen Mietzinses ab dem Zeitpunkt der Umwandlung in einen Mietvertrag auf unbestimmte Zeit nicht mehr, ohne dass dies von einer schriftlichen Ausweisung der Verminderung im ursprünglichen Mietvertrag oder in einer Verlängerungsvereinbarung abhängig wäre.

(4) § 16 Abs. 7b in der Fassung vor dem Inkrafttreten der Wohnrechtsnovelle 2000, BGBl. I Nr. 36/2000, ist auf Mietverhältnisse weiter anzuwenden, die vor dem 1. Juli 2000 begonnen haben oder verlängert wurden, bei Verlängerung jedoch nur hinsichtlich jenes Verlängerungszeitraums, der vor dem 1. Juli 2000 begonnen hat.

(5) Solange ein vor dem 1. Juli 2000 eingegangenes Dienstverhältnis nach dem Hausbesorgergesetz nach dem 30. Juni 2000 weiter aufrecht ist, gilt anstelle von § 23 Abs. 2 der§ 23 Abs. 1 in seiner vor dem Inkrafttreten der Wohnrechtsnovelle 2000, BGBl. I Nr. 36/2000, geltenden Fassung und sind § 21 Abs. 1 Z 8 und § 37 Abs. 1 Z 12 weiterhin in ihrer vor dem Inkrafttreten der Wohnrechtsnovelle 2000, BGBl. I Nr. 36/2000, geltenden Fassung anzuwenden.

(6) Eine vor dem 1. Juli 2000 geschlossene und nach den damaligen Bestimmungen rechtswirksame Vereinbarung über die Befristung eines Mietverhältnisses – einschließlich einer befristeten Erneuerung – bleibt rechtswirksam. Eine nach den damaligen Bestimmungen rechtsunwirksame Befristung bleibt rechtsunwirksam.

(7) § 29 Abs. 4a, 4b und 4c und § 34 Abs. 5 jeweils in der Fassung vor dem Inkrafttreten der Wohnrechtsnovelle 2000, BGBl. I Nr. 36/2000, sind auf Mietverhältnisse weiter anzuwenden, die vor dem 1. Juli 2000 begonnen haben oder verlängert wurden, bei Verlängerung jedoch nur hinsichtlich jenes Verlängerungszeitraums, der vor dem 1. Juli 2000 begonnen hat.

(8) § 44 MRG in der Fassung der Wohnrechtsnovelle 1999, BGBl. I Nr. 147/1999, ist auf Verfahren über die Unwirksamkeit von Mietzinsvereinbarungen, die vor dem 1. Juli 2000 bei Gericht (bei der Gemeinde, § 39) anhängig gemacht worden sind, weiter anzuwenden.

(9) Im Übrigen ist die Wohnrechtsnovelle 2000, BGBl. I Nr. 36/2000, ab dem 1. Juli 2000 auch auf Mietverträge anzuwenden, die vor ihrem Inkrafttreten geschlossen worden sind.

(BGBl I 2000/36)

MRG

Übergangsregelung zur Mietrechtsnovelle 2001

§ 49d. (1) Die Änderungen der §§ 1, 2, 9, 16, 20, 30, 37 und 45 durch die Mietrechtsnovelle 2001, BGBl. I Nr. 161/2001, treten mit 1. Jänner 2002 in Kraft.

(2) § 1 Abs. 2 und 4, § 16 und § 30 Abs. 2 jeweils in der Fassung der Mietrechtsnovelle 2001, BGBl. I Nr. 161/2001, gelten für Mietverträge, die nach dem 31. Dezember 2001 geschlossen wurden.

(3) Ein Erhaltungs- und Verbesserungsbeitrag, der vor dem 1. Jänner 2002 eingehoben wurde, ist bei der Anhebung des Hauptmietzinses gemäß § 45 in der Fassung der Mietrechtsnovelle 2001, BGBl. I Nr. 161/ 2001, durch Hinzurechnung zum bisherigen Hauptmietzins zu berücksichtigen, sodass eine Anhebung nur zulässig ist, soweit die Summe aus dem bisherigen Hauptmietzins und dem Erhaltungs- und Verbesserungsbeitrag unter dem jeweils anzuwendenden Betrag nach § 45 Abs. 1 liegt. Ein Erhaltungs- und Verbesserungsbeitrag, der nach dem 28. Februar 1994 und vor dem 1. Jänner 2002 eingehoben wurde, gilt ab 1. Jänner 2002 als Teil des Hauptmietzinses; ein nach dem 28. Februar 1994 und vor dem 1. Jänner 2002 gestelltes Verlangen des Vermieters nach Entrichtung eines Erhaltungs- und Verbesserungsbeitrags gilt ab 1. Jänner 2002 als Anhebungsbegehren gemäß § 45 in der Fassung der Mietrechtsnovelle 2001, BGBl. I Nr. 161/2001.

(4) Im Übrigen ist die Mietrechtsnovelle 2001, BGBl. I Nr. 161/2001, ab dem 1. Jänner 2002 auch auf Mietverträge anzuwenden, die vor ihrem In-Kraft-Treten geschlossen worden sind.

(BGBl I 2001/161)

Übergangsregelung zur Wohnrechtsnovelle 2006

§ 49e. (1) Die Änderungen der §§ 1, 3, 6, 8, 10, 12, 12a, 14, 15a, 16, 20, 29, 33, 37, 45, 46 und 46a durch die Wohnrechtsnovelle 2006,

BGBl. I Nr. 124, treten mit 1. Oktober 2006 in Kraft.

(2) § 1 Abs. 4 Z 2 in der Fassung der Wohnrechtsnovelle 2006 gilt

1. in Ansehung von Mietgegenständen, die durch einen nicht mit einem Dachbodenausbau verbundenen Aufbau neu errichtet worden sind, für Mietverträge, die nach dem 30. September 2006 geschlossen wurden,

2. im Übrigen jedoch für Mietverträge, die nach dem 31. Dezember 2001 geschlossen wurden.

(3) § 1 Abs. 4 Z 2a, § 12 Abs. 3, § 14 Abs. 3 und § 15a Abs. 1 und 2 jeweils in der Fassung der Wohnrechtsnovelle 2006 gelten für Mietverträge, die nach dem 30. September 2006 geschlossen wurden.

(4) § 10 Abs. 4 und 4a in der Fassung der Wohnrechtsnovelle 2006 ist anzuwenden, wenn der Mietvertrag nach dem 30. September 2006 aufgelöst wird.

(5) § 12a Abs. 2, § 16 Abs. 9, § 45 Abs. 1 und 2, § 46 Abs. 2 und § 46a Abs. 6 jeweils in der Fassung der Wohnrechtsnovelle 2006 sind auch anzuwenden, wenn die Anhebung vor dem 1. Oktober 2006 stattgefunden hat, doch beginnt die dreijährige Frist in diesen Fällen – ausgenommen jene nach § 16 Abs. 9 – erst mit 1. Oktober 2006 zu laufen.

(6) § 20 Abs. 1 Z 2 lit. f in der Fassung der Wohnrechtsnovelle 2006 ist auf die die Kalenderjahre nach 2004 betreffenden Hauptmietzinsabrechnungen anzuwenden. Auf die die Kalenderjahre vor 2005 betreffenden Hauptmietzinsabrechnungen ist § 20 Abs. 1 Z 2 lit. f in der Fassung vor der Aufhebung durch das Erkenntnis des Verfassungsgerichtshofs vom 11. Dezember 2003, kundgemacht in BGBl. I Nr. 2/2004, anzuwenden.

(7) § 29 Abs. 3 in der Fassung der Wohnrechtsnovelle 2006 ist anzuwenden, wenn die wirksam vereinbarte oder durch Vereinbarung verlängerte Vertragsdauer nach dem 30. September 2006 endet. § 29 Abs. 4a, 4b und 4c sowie § 34 Abs. 5 jeweils in der Fassung des Bundesgesetzes BGBl. I Nr. 22/1997 sind nicht mehr anzuwenden, wenn die wirksam vereinbarte oder durch Vereinbarung verlängerte Vertragsdauer nach dem 30. September 2006 endet.

(8) § 33 Abs. 1 in der Fassung der Wohnrechtsnovelle 2006 ist auf Kündigungserklärungen anzuwenden, die nach dem 30. September 2006 abgegeben werden.

(9) Im Übrigen ist die Wohnrechtsnovelle 2006 ab dem 1. Oktober 2006 auch auf Mietverträge anzuwenden, die vor dem 1. Oktober 2006 geschlossen worden sind.

(BGBl I 2006/124)

Übergangsregelung zur Wohnrechtsnovelle 2009

§ 49f. (1) § 16b sowie die Änderungen der §§ 1, 29 und 37 durch die Wohnrechtsnovelle 2009, BGBl. I Nr. 25/2009, treten mit 1. April 2009 in Kraft; die Änderung des § 20 durch diese Novelle tritt mit 1. Jänner 2009 in Kraft.

(2) Die Wohnrechtsnovelle 2009 ist ab dem 1. April 2009 auch auf Mietverträge anzuwenden, die vor dem 1. April 2009 geschlossen worden sind. Hat im Fall eines vor dem 1. April 2009 geschlossenen Mietvertrags der Vermieter die von ihm entgegengenommene Kaution nicht in der in § 16b Abs. 1 vorgesehenen Weise veranlagt, so hat er dies bis 30. September 2009 nachzuholen.

(3) § 16b Abs. 4 und § 37 Abs. 1 in der Fassung der Wohnrechtsnovelle 2009, BGBl. I Nr. 25/2009, sind anzuwenden, wenn die Sache nach dem 31. März 2009 anhängig geworden ist. Alle vorher anhängig gewordenen Verfahren sind im streitigen Verfahren weiterzuführen.

(BGBl I 2009/25)

Übergangsregelung zur Wohnrechtsnovelle 2015

§ 49g. (1) Die Änderungen der §§ 3, 8, und 16 durch die Wohnrechtsnovelle 2015, BGBl. I Nr. 100/2014, treten mit 1. Jänner 2015 in Kraft.

(2) § 3 Abs. 2 und § 8 Abs. 2 jeweils in der Fassung der Wohnrechtsnovelle 2015 sind auch in gerichtlichen Verfahren anzuwenden, die am 1. Jänner 2015 bereits anhängig geworden, aber noch nicht rechtskräftig entschieden worden sind.

(3) Im Übrigen ist die Wohnrechtsnovelle 2015 ab ihrem Inkrafttreten auch auf Mietverträge anzuwenden, die vor dem 1. Jänner 2015 geschlossen wurden.“

(BGBl I 2014/100)

Übergangsregelung zum Bundesgesetz BGBl I Nr. 58/2018

§ 49h. § 37 in der Fassung des Bundesgesetzes BGBl. I Nr. 58/2018, tritt mit 1. August 2018 in Kraft und ist auf Verfahren anzuwenden, die nach dem 31. Juli 2018 anhängig sind oder anhängig werden.

(BGBl I 2018/58)

Kundmachung gemäß § 39 Abs. 2

§ 50. Die Gemeinden, auf die im Zeitpunkt des Inkrafttretens dieses Bundesgesetzes die Voraussetzungen des § 39 Abs. 1 zutreffen, sind durch die Kundmachung der Bundesminister für Justiz und für Inneres, BGBl. Nr. 299/1979, bestimmt.[1)]

[1)] Klagenfurt, Neunkirchen, St. Pölten, Stockerau, Linz, Salzburg, Graz, Leoben, Mürzzuschlag, Innsbruck, Wien.

Übergangsregelung für die Mietzinsreserve

§ 51. Für die Anwendung des für die Mietzinsreserve bestimmten Verrechnungszeitraums von zehn Jahren gilt für die Übergangszeit von drei Jahren die Beschränkung, daß dieser Verrechnungszeitraum nicht vor dem 1. Jänner 1975 beginnt. Die Verrechnung der Mietzinsreserve aus der Zeit vor dem Inkrafttreten dieses Bundesgesetzes richtet sich nach den bisherigen Vorschriften des Mietengesetzes.

Übergangsregelung für Darlehens- und Kreditverträge

§ 52. Die in einem vor dem Inkrafttreten dieses Bundesgesetzes geschlossenen Darlehens- oder Kreditvertrag rechtswirksam vereinbarte Abtretung oder Verpfändung der Teilbeträge der Hauptmietzinse, die nach den bisherigen Vorschriften des Mietengesetzes von der Verwendungs- und Verrechnungspflicht ausgenommen waren, wird von der Exekutionsbeschränkung nach § 42 nicht erfaßt.

Pfandrechtliche Übergangsregelungen

§ 52a. Ein vor dem 1. März 1994 zugunsten eines Darlehens oder Kredits zur Finanzierung von Erhaltungsarbeiten an einer Liegenschaft begründetes Pfandrecht geht dem Vorzugspfandrecht nach § 42a im Rang vor, soweit der Darlehens- oder Kreditbetrag tatsächlich für Erhaltungsarbeiten verwendet wurde.

(BGBl 1993/800, ab 1. 3. 1994)

III.–VI. Hauptstück (§§ 53–56)

betreffen andere Gesetze (RückzahlungsbegG, WBFG, WGemG, WEG, UStG)

VII. Hauptstück

Abgabenrechtliche Vorschriften

§ 57. (1) Die Beträge, die der Nachmieter dem Vermieter im Sinne des § 27 Abs. 1 Z 1 des Mietrechtsgesetzes zur teilweisen oder gänzlichen Deckung des vom Vermieter dem Vormieter geleisteten Ersatzes von Aufwendungen nach § 10 des Mietrechtsgesetzes leistet, gelten nicht als Entgelt im Sinne des Umsatzsteuergesetzes 1972[1)].

(2) *(betrifft EStG)*

[1)] Jetzt: UStG 1994.

VIII. Hauptstück

In- und Außerkrafttreten

§ 58. (1) Dieses Bundesgesetz tritt mit 1. Jänner 1982 in Kraft.

(2) *(betrifft EStG)*

(3) Mit dem Inkrafttreten dieses Bundesgesetzes treten vorbehaltlich der Regelungen im II. Hauptstück außer Kraft:

1. das Bundesgesetz über die Miete von Wohnungen und Geschäftsräumlichkeiten (Mietengesetz), BGBl. Nr. 210/1929, in der Fassung des Bundesgesetzes BGBl. Nr. 91/1976;

2. das Bundesgesetz vom 29. Juni 1954, BGBl. Nr. 132, womit Bestimmungen über die Mietzinsbildung für nicht dem Mietengesetz unterliegende Räume getroffen werden;

3. der Art. II des Bundesgesetzes vom 30. Juni 1967, BGBl. Nr. 281, über die Änderung mietrechtlicher Vorschriften (Mietrechtsänderungsgesetz);

4. die Art. XII Z 2 und XIII Z 2 des Einführungsgesetzes zum Umsatzsteuergesetz 1972, BGBl. Nr. 224;

5. der Art. 6 der Verordnung vom 4. Dezember 1943 über Maßnahmen auf dem Gebiete des bürgerlichen Streitverfahrens und der Zwangsvollstreckung (Schutzverordnung), RGBl. I S 666.

(4) Insoweit in anderen bundesgesetzlichen Rechtsvorschriften auf eine durch den Abs. 3 aufgehobene Rechtsvorschrift verwiesen wird, tritt an deren Stelle die entsprechende Bestimmung dieses Bundesgesetzes.

IX. Hauptstück

Vollziehung

§ 59. Mit der Vollziehung dieses Bundesgesetzes sind betraut:

1. der Bundesminister für Finanzen hinsichtlich des § 39 Abs. 5, des § 57 und des § 58 Abs. 2;

2. der Bundesminister für Inneres hinsichtlich der im § 30 Abs. 2 Z 15 geregelten Bescheide der Bezirksverwaltungsbehörde, der „§ 27 Abs. 5", § 38, § 39 Abs. 3 und 4 sowie § 40 Abs. 3; *(BGBl I 1997/22)*

3. der Bundesminister für Justiz gemeinsam mit dem Bundesminister für Inneres hinsichtlich des § 39 Abs. 2;

4. die Landesregierungen hinsichtlich des [„§ 29a und des"] § 54, wobei der Bundesminister für wirtschaftliche Angelegenheiten mit der

Wahrnehmung der Rechte des Bundes nach Art. 15 Abs. 8 B-VG betraut ist; *(BGBl 1993/800, ab 1. 3. 1994)*

5. der Bundesminister für Justiz für alle übrigen Bestimmungen.

[] *Gegenstandslos*

9. Unternehmensgesetzbuch

Hinweis: In den Klammern finden sich Kurzbezeichnungen bzw -hinweise zu den einzelnen Novellen. Dabei wurden nur insoweit die offiziellen Abkürzungen alleine verwendet, als diese aussagekräftig sind oder überhaupt solche vorhanden sind.

DRGBl 1897 S 219 idF

1 DRGBl 1902 S 218
2 DRGBl 1904 S 167
3 DRGBl 1908 S 307
4 DRGBl 1913 S 90
5 DRGBl 1924 I S 44
6 DRGBl 1925 I S 9
7 DRGBl 1927 I S 337
8 DRGBl 1929 II S 759
9 DRGBl 1933 I S 520
10 DRGBl 1937 I S 166
11 DRGBl 1937 I S 891
12 DRGBl 1937 I S 897
13 DRGBl 1937 I S 1026
14 DRGBl 1938 I S 1149
15 DRGBl 1938 I S 1188
16 DRGBl 1938 I S 1428 (Dritte VO z Einführung handelsrechtlicher Vorschriften im Lande Österreich)
17 DRGBl 1938 I S 1999 (Vierte VO z Einführung handelsrechtlicher Vorschriften im Lande Österreich)
18 DRGBl 1939 I S 23 (DFB)
19 DRGBl 1939 I S 1383 (VO z Einführung börsenrechtlicher Vorschriften in der Ostmark)
20 DRGBl 1944 I S 42 (VO z Vereinfachung der Bekanntmachungen über Wertpapiere)
21 StGBl 1945/184 (Verlautbarungsgesetz 1945; WV BGBl 1985/201)
22 StGBl 1945/187 (Kraftloserklärungsnovelle 1945)
23 StGBl 1945/231 (Schillinggesetz)
24 BGBl 1946/21 (VO: Zuständigkeit zur Führung des Handelsregisters)
25 BGBl 1954/213 (Eisenbahn-Verkehrsordnung – EVO)
26 BGBl 1960/153 (Ä des Handelsagentengesetz; Handelsvertreter)
27 BGBl 1964/196 (Verkürzung von Aufbewahrungsfristen)
28 BGBl 1967/170 (Eisenbahn-Verkehrsordnung – EVO)
29 BGBl 1973/577 (HaRÄG – Verwendung von Datenträgern)
30 BGBl 1974/422 (Strafrechtsanpassungsgesetz)
31 BGBl 1976/91 (Wertgrenzennovelle 1976)
32 BGBl 1977/163 (Ä der Eisenbahn-Verkehrsordnung)
33 BGBl 1979/140 (Konsumentenschutzgesetz – KSchG)
34 BGBl 1981/174 (Seeschiffahrtsgesetz)
35 BGBl 1982/370 (IRÄG 1982)
36 BGBl 1988/180 (Eisenbahnbeförderungsgesetz – EBG)
37 BGBl 1989/343 (Erweiterte Wertgrenzen-Novelle – WGN 1989)
38 BGBl 1990/459 (Binnengüterbeförderungsgesetz)
39 BGBl 1990/475 (Rechnungslegungsgesetz – RLG)
40 BGBl 1991/10 (HaRÄG; Firmenbuchgesetz – FBG)
41 BGBl 1993/458 (GesRÄG 1993)
42 BGBl 1994/153 (IRÄG 1994)
43 BGBl 1996/262 (Maklergesetz)
44 BGBl 1996/304 (EU-GesRÄG)
45 BGBl I 1997/106 (IRÄG 1997, ersetzt durch I 1997/114)
46 BGBl I 1997/114 (IRÄG 1997)
47 BGBl I 1998/125 (1. Euro-JuBeG)
48 BGBl I 1998/158 (HaRÄG)
49 BGBl I 1999/49 (Konzernabschlußgesetz – KonzaG)
50 BGBl I 1999/187 (Aktienrückerwerbsgesetz – AreG)
51 BGBl I 2000/61 (HaRÄG)
52 BGBl I 2000/142 (BudgetBeglG 2001)
53 BGBl I 2001/41 (HaRÄG; Jahresabschlussübermittlung)
54 BGBl I 2001/42 (Aktienoptionengesetz – AOG)
55 BGBl I 2001/97 (Finanzmarktaufsichtsgesetz – FMAG)
56 BGBl I 2001/98 (1. Euro-Umstellungsgesetz – Bund)
57 BGBl I 2002/108 (Ä in den Übergangsbestimmungen)
58 BGBl I 2002/118 (Zinsenrechts-Änderungsgesetz – ZinsRÄG)
59 BGBl I 2003/71 (BudgetBeglG 2003)
60 BGBl I 2003/118 (Fair Value-Bewertungsgesetz – FVBG)
61 BGBl I 2004/14 (HaRÄG; Ä der Inkrafttretensbestimmungen)
62 BGBl I 2004/161 (Rechnungslegungsänderungsgesetz – ReLÄG 2004)
63 BGBl I 2005/59 (GesRÄG 2005)
64 BGBl I 2005/120 (HaRÄG; Umbenennung in UGB)
65 BGBl I 2006/75 (Übernahmerechts-Änderungsgesetz – ÜbRÄG 2006)
66 BGBl I 2006/103 (Publizitätsrichtlinie-Gesetz – PuG)
67 BGBl I 2007/72 (GesRÄG 2007)
68 BGBl I 2008/70 (URÄG 2008)
69 BGBl I 2009/71 (AktRÄG 2009)
70 BGBl I 2009/135 (EPG)
71 BGBl I 2009/140 (RÄG 2010)

72 BGBl I 2010/29 (IRÄG 2010; Begriffsersetzungen)
73 BGBl I 2010/58 (IRÄ-BG)
74 BGBl I 2010/111 (BudgetbegleitG 2011)
75 BGBl I 2012/35 (2. StabG 2012)
76 BGBl I 2013/50 (ZVG)
77 BGBl I 2014/83
78 BGBl I 2015/22 (RÄG 2014)
79 BGBl I 2015/163 (AbgÄG 2015)
80 BGBl I 2016/43 (APRÄG 2016)
81 BGBl I 2017/20 (NaDiVeG)
82 BGBl I 2017/107
83 BGBl I 2018/17
84 BGBl I 2018/58 (ErwSchAG-Justiz)
85 BGBl I 2019/46 (Anti-Gold-Plating-Gesetz 2019)
86 BGBl I 2019/63 (AktRÄG 2019)

GLIEDERUNG

UGB

Zweiter Abschnitt: Warenkauf §§ 373 – 381

Dritter Abschnitt: Kommissionsgeschäft §§ 383 – 405

Vierter Abschnitt: Speditionsgeschäft §§ 407 – 414

Fünfter Abschnitt: Lagergeschäft §§ 416 – 424

Sechster Abschnitt: Frachtgeschäft §§ 425 – 450

STICHWORTVERZEICHNIS

(Die Zahlenangaben beziehen sich auf die Paragraphen)

UGB

B

F

UGB

K

UGB

Stichwortverzeichnis

S

UGB

V

„Bundesgesetz über besondere zivilrechtliche Vorschriften für Unternehmen

(Unternehmensgesetzbuch – UGB)“

(BGBl I 2005/120)

Vorbemerkungen:
Die Vierte Verordnung zur Einführung handelsrechtlicher Vorschriften (EVHGB) im Lande Österreich vom 24. Dezember 1938, dRGBl. 1938 I 1999, zurletzt geändert durch das Bundesgesetz BGBl. I 2002/118, tritt mit Ablauf des 31. Dezember 2006 außer Kraft. Dessen Aufhebung wurde im UGB nicht mehr gesondert kenntlich gemacht. (HaRÄG, BGBl I 2005/120)

Erstes Buch

Allgemeine Bestimmungen

Erster Abschnitt

Begriffe und Anwendungsbereich

Unternehmer und Unternehmen

§ 1. (1) Unternehmer ist, wer ein Unternehmen betreibt.

(2) Ein Unternehmen ist jede auf Dauer angelegte Organisation selbständiger wirtschaftlicher Tätigkeit, mag sie auch nicht auf Gewinn gerichtet sein.

(3) Soweit in der Folge der Begriff des Unternehmers verwendet wird, erfasst er Unternehmerinnen und Unternehmer gleichermaßen.

(BGBl I 2005/120)

Unternehmer kraft Rechtsform

§ 2. Aktiengesellschaften, Gesellschaften mit beschränkter Haftung, Erwerbs- und Wirtschaftsgenossenschaften, Versicherungsvereine auf Gegenseitigkeit, Sparkassen, Europäische wirtschaftliche Interessenvereinigungen (EWIV), Europäische Gesellschaften (SE) und Europäische Genossenschaften (SCE) sind Unternehmer kraft Rechtsform.

(BGBl I 2005/120)

Unternehmer kraft Eintragung

§ 3. Personen, die zu Unrecht ins Firmenbuch eingetragen sind und unter ihrer Firma handeln, gelten als Unternehmer kraft Eintragung.

(BGBl I 2005/120)

Anwendungsbereich des Ersten Buches, Wahlmöglichkeit

§ 4. (1) Das Erste Buch ist auf Unternehmer im Sinn der §§ 1 bis 3 anzuwenden.

(2) [1]Angehörige der freien Berufe sind von der Anwendung der folgenden Abschnitte des Ersten Buches ausgenommen. [2]Sie können sich jedoch durch Eintragung in das Firmenbuch freiwillig dem Ersten Buch unterstellen, sofern dem keine berufsrechtlichen Sonderbestimmungen entgegenstehen.

(3) [1]Auch Land- und Forstwirte sind von der Anwendung der folgenden Abschnitte des Ersten Buches ausgenommen. [2]Sie können sich mit ihrem Unternehmen oder mit einem zu ihrer Land- oder Forstwirtschaft zählenden Nebengewerbe in das Firmenbuch eintragen lassen und damit ebenfalls freiwillig dem Ersten Buch unterstellen.

(BGBl I 2005/120)

Anwendungsbereich der weiteren Bücher

§ 5. [1]Der Anwendungsbereich des Zweiten Buches ergibt sich für offene Gesellschaften aus § 105, für Kommanditgesellschaften aus § 161 und für stille Gesellschaften aus § 179. [2]„Der Anwendungsbereich des Dritten Buches ergibt sich aus § 189, der des Vierten Buches aus § 343, für dessen Achten Abschnitt aber aus § 455, und der des Fünften Buches aus den §§ 1 bis 3.“ *(BGBl I 2013/50)*

(BGBl I 2005/120)

Öffentlichrechtliche Bestimmungen

§ 6. Durch Vorschriften des öffentlichen Rechtes, nach denen die Befugnis zur unternehmerischen Tätigkeit ausgeschlossen oder von gewissen Voraussetzungen abhängig gemacht ist, wird die Anwendung dieses Gesetzbuchs nicht berührt.

(BGBl I 2005/120)

Zweiter Abschnitt

Firmenbuch

Führung des Firmenbuchs

§ 7. Das Firmenbuch wird von den Gerichten geführt.

(BGBl I 2005/120)

Eintragung

§ 8. (1) [1]Unternehmerisch tätige natürliche Personen, die nach § 189 der Pflicht zur Rechnungslegung unterliegen, sind verpflichtet, sich in das Firmenbuch eintragen zu lassen. [2]Andere

Einzelunternehmer sind dazu berechtigt. [3]Eine freiwillige Eintragung ist auf Antrag wieder zu löschen.

(2) Die Eintragung von Unternehmern kraft Rechtsform, offenen Gesellschaften, Kommanditgesellschaften und anderen Rechtsträgern wird in den für sie geltenden Sonderbestimmungen geregelt.

(3) Betreiben mehrere Personen ein Unternehmen in der Rechtsform einer Gesellschaft bürgerlichen Rechts (§§ 1175 ff. ABGB) und überschreitet die Gesellschaft den Schwellenwert des § 189, so sind sie zur Eintragung der Gesellschaft als offene Gesellschaft oder als Kommanditgesellschaft verpflichtet.

(BGBl I 2005/120)

Das Firmenbuch betreffende Einsichtnahmen, Auszüge und Bestätigungen

§ 9. (1) Zur Einsicht in das Hauptbuch und in die zur Urkundensammlung eingereichten Schriftstücke ist jedermann befugt. *(BGBl 1991/10)*

(2) [1]Von den Eintragungen im Hauptbuch und den zur Urkundensammlung eingereichten Schriftstücken können Auszüge (Ausdrucke) gefordert werden. [2]Der Auszug ist zu beglaubigen, sofern nicht auf die Beglaubigung verzichtet wird. *(BGBl 1991/10)*

(3) [1]Soweit dies nicht durch Auszüge aus dem Firmenbuch ersichtlich ist, kann der Nachweis, wer der Inhaber einer in das Firmenbuch eingetragenen Firma ist, Behörden gegenüber durch eine Bestätigung des Gerichts über die Eintragung geführt werden. [2]Das Gleiche gilt vom Nachweis der Befugnis zu im Firmenbuch eingetragenen Vertretungen sowie davon, dass bezüglich des Gegenstandes einer Eintragung weitere Eintragungen nicht vorhanden sind oder dass eine bestimmte Eintragung nicht erfolgt ist. *(BGBl I 2005/120)*

(4) *(aufgehoben, BGBl I 2005/120)*

Veröffentlichungen

§ 10. (1) [1]Eintragungen im Firmenbuch und sonstige vom Firmenbuchgericht vorzunehmende Veröffentlichungen sind in der Ediktsdatei (§ 89j GOG) und im „Amtsblatt zur Wiener Zeitung" bekannt zu machen. [2]Soweit nicht das Gesetz etwas anderes vorschreibt, werden die Eintragungen ihrem ganzen Inhalt nach veröffentlicht. [3]Mit dem im § 89j Abs. 1 letzter Satz GOG genannten Zeitpunkt gilt die Bekanntmachung als vorgenommen; die Bekanntmachung muss zumindest einen Monat lang abfragbar bleiben.

(2) [1]Die Veröffentlichungen im „Amtsblatt zur Wiener Zeitung" sind tunlichst innerhalb eines Zeitraumes von zwei Monaten nach Erteilung der Druckgenehmigung in leicht lesbarer Schrift vorzunehmen; sie können in einer Beilage zum Blatt zusammengefasst werden. [2]Der betroffene Rechtsträger hat das Entgelt für die Veröffentlichung an die Wiener Zeitung GmbH zu bezahlen. [3]Der Bundeskanzler hat durch Verordnung Höchstsätze für diese Entgelte festzusetzen. [4]Diese Höchstsätze müssen sich an marktüblichen Einschaltungskosten orientieren.

(BGBl I 2000/142)

Anmeldungen

§ 11. (1) Die Anmeldungen zur Eintragung in das Firmenbuch sowie die zur Aufbewahrung bei Gericht bestimmten Zeichnungen von Unterschriften sind in der Regel schriftlich in öffentlich beglaubigter Form einzureichen.

(2) [1]Die gleiche Form ist für eine Vollmacht zur Anmeldung erforderlich. [2]Rechtsnachfolger eines Beteiligten haben die Rechtsnachfolge soweit tunlich durch öffentliche Urkunden nachzuweisen.

(BGBl I 2005/120)

Inländische Zweigniederlassungen ausländischer Rechtsträger

„**§ 12.**" (1) Liegt die Hauptniederlassung oder der Sitz eines Rechtsträgers im Ausland, so ist der Rechtsträger in das Firmenbuch einzutragen, wenn er im Inland eine Zweigniederlassung hat.

(2) [1]Bei der Anmeldung ist das Bestehen des Rechtsträgers als solchen nachzuweisen. [2]In die Anmeldung sind die in das Firmenbuch einzutragenden Tatsachen aufzunehmen.

(3) [1]In das Firmenbuch einzutragen sind die Angaben gemäß § 3 FBG sowie die für einen Rechtsträger im FBG vorgesehenen besonderen Eintragungen. [2]Weiters sind in das Firmenbuch die Tätigkeit der Zweigniederlassung, das Personalstatut des Rechtsträgers (§§ 9, 10 IPR-Gesetz, BGBl. Nr. 304/1978), sowie – sofern das Personalstatut eine Registereintragung vorsieht – das Register, bei dem der Rechtsträger geführt wird, und die Nummer der Eintragung in dieses Register einzutragen. [3]Personen, die nicht auf Grund des Gesetzes befugt sind, den Rechtsträger zu vertreten, sind nur dann in das Firmenbuch einzutragen, wenn sich die Vertretungsbefugnis auf die inländische Zweigniederlassung erstreckt.

(4) Für die Anmeldungen, Zeichnungen, Einreichungen, Eintragungen und Bekanntmachungen gelten im übrigen, soweit nicht das ausländische Recht Abweichungen nötig macht, sinngemäß die für einen derartigen Rechtsträger bestehenden inländischen Vorschriften.

(BGBl 1996/304; BGBl I 2005/120)

Verlegung der Hauptniederlassung oder des Sitzes

„**§ 13.**“ (1) [1]Wird die Hauptniederlassung oder der Sitz eines Rechtsträgers im Inland verlegt, so ist die Verlegung beim Gericht der bisherigen Hauptniederlassung oder des bisherigen Sitzes anzumelden. [2]Führt die Sitzverlegung zu einer Änderung der Zuständigkeit (§ 120 JN), so hat dies das Gericht der bisherigen Hauptniederlassung oder des bisherigen Sitzes dem Gericht der neuen Hauptniederlassung oder des neuen Sitzes mitzuteilen und diese Tatsache im Firmenbuch einzutragen. [3]Der Mitteilung sind die Anmeldung sowie die bei dem bisher zuständigen Gericht aufbewahrten Akten und Urkunden (Urkundensammlung) beizufügen.

(2) [1]Das Gericht der neuen Hauptniederlassung oder des neuen Sitzes hat zu prüfen, ob die Hauptniederlassung oder der Sitz ordnungsgemäß verlegt und „§ 29“ beachtet ist. [2]Ist dies der Fall, so hat es die Verlegung sowie allenfalls mit der Anmeldung der Sitzverlegung verbundene weitere Anmeldungen einzutragen. *(BGBl I 2005/120)*

(BGBl 1991/10; BGBl I 2005/120)

Geschäftspapiere und Bestellscheine

§ 14. (1) [1]In das Firmenbuch eingetragene Unternehmer haben auf allen Geschäftsbriefen und Bestellscheinen, die auf Papier oder in sonstiger Weise an einen bestimmten Empfänger gerichtet sind, sowie auf ihren Webseiten die Firma, die Rechtsform, den Sitz und die Firmenbuchnummer des Unternehmers, gegebenenfalls den Hinweis, dass sich der Unternehmer in Liquidation befindet, sowie das Firmenbuchgericht anzugeben. [2]Bei einer offenen Gesellschaft oder Kommanditgesellschaft, bei der kein unbeschränkt haftender Gesellschafter eine natürliche Person ist, sind diese Angaben auf den Geschäftsbriefen, Bestellscheinen und Webseiten der Gesellschaft auch über die unbeschränkt haftenden Gesellschafter zu machen. [3]Einzelunternehmer haben auch ihren Namen anzugeben, wenn er sich von der Firma unterscheidet. [4]Genossenschaften haben auch die Art ihrer Haftung anzugeben.

(2) Werden bei einer Kapitalgesellschaft auf Geschäftsbriefen, Bestellscheinen und Webseiten Angaben über das Kapital der Gesellschaft gemacht, so müssen in jedem Fall das Grund- und Stammkapital sowie bei der Aktiengesellschaft, wenn auf die Aktien der Ausgabebetrag nicht vollständig, bei der Gesellschaft mit beschränkter Haftung, wenn nicht alle in Geld zu leistenden Einlagen eingezahlt sind, der Gesamtbetrag der ausstehenden Einlagen angegeben werden.

(3) Auf Geschäftsbriefen, Bestellscheinen und Webseiten, die von einer inländischen Zweigniederlassung eines Unternehmers mit ausländischer Hauptniederlassung oder mit ausländischem Sitz benützt werden, sind außer den Angaben nach Abs. 1 und 2 die Firma, die Firmenbuchnummer der Zweigniederlassung und das Firmenbuchgericht anzugeben.

(4) [1]Der Angaben nach Abs. 1 und 2 bedarf es nicht bei Mitteilungen oder Berichten, die im Rahmen einer bestehenden Geschäftsverbindung ergehen und für die üblicherweise Vordrucke verwendet werden, in denen lediglich die im Einzelfall erforderlichen besonderen Angaben eingefügt zu werden brauchen. [2]Diese Regelung gilt nicht für Bestellscheine.

(5) [1]Wer als Unternehmer diesen Verpflichtungen nicht nachkommt, ist dazu vom Firmenbuchgericht durch eine Zwangsstrafe anzuhalten. [2]§ 24 FBG findet sinngemäß Anwendung. [3]Ist der Unternehmer keine natürliche Person, so richtet sich die Zwangsstrafe gegen die Mitglieder des vertretungsbefugten Organs, im Falle einer inländischen Zweigniederlassung eines Unternehmers mit ausländischer Hauptniederlassung oder mit ausländischem Sitz gegen die für diese vertretungsbefugten Personen.“

(BGBl I 2005/120)

Publizität des Firmenbuchs

§ 15. (1) Solange eine in das Firmenbuch einzutragende Tatsache nicht eingetragen und bekanntgemacht ist, kann sie von demjenigen, in dessen Angelegenheiten sie einzutragen war, einem Dritten nicht entgegengesetzt werden, es sei denn, daß sie diesem bekannt war.

(2) [1]Ist die Tatsache eingetragen und bekanntgemacht worden, so muß ein Dritter sie gegen sich gelten lassen. [2]Dies gilt nicht bei Rechtshandlungen, die innerhalb von 15 Tagen nach der „ “ Bekanntmachung vorgenommen werden, sofern der Dritte beweist, daß er die Tatsache weder kannte noch kennen mußte. *(BGBl 1991/10; BGBl I 2000/142)*

(3) Wer eine unrichtige Eintragung veranlasst oder eine, wenn auch nicht von ihm veranlasste, wohl aber von ihm als unrichtig erkannte oder für ihn als unrichtig erkennbare Eintragung aus Verschulden nicht löschen lässt, muss die unrichtige Eintragung dem Dritten gegenüber im Geschäftsverkehr gegen sich gelten lassen, sofern er nicht beweist, dass der Dritte nicht im Vertrauen auf die Eintragung gehandelt hat oder deren Unrichtigkeit kannte oder grob fahrlässig nicht kannte. *(BGBl I 2005/120)*

(4) § 3 bleibt unberührt. *(BGBl I 2005/120)*

Gerichtliche Feststellungen

§ 16. (1) [1]Ist durch eine rechtskräftige oder vollstreckbare Entscheidung des Prozeßgerichts die Verpflichtung zur Mitwirkung bei einer Anmeldung zum Firmenbuch oder ein Rechtsverhältnis, bezüglich dessen eine Eintragung zu erfolgen hat, gegen einen von mehreren bei der Vornahme der Anmeldung Beteiligten festgestellt, so genügt zur Eintragung die Anmeldung der übrigen Beteiligten. [2]Wird die Entscheidung, auf Grund deren die Eintragung erfolgt ist, aufgehoben, so ist dies auf Antrag eines der Beteiligten in das Firmenbuch einzutragen.

(2) Ist durch eine rechtskräftige oder vollstreckbare Entscheidung des Prozeßgerichts die Vornahme einer Eintragung für unzulässig erklärt, so darf die Eintragung nicht gegen den Widerspruch desjenigen erfolgen, welcher die Entscheidung erwirkt hat.

Dritter Abschnitt

Firma

Begriff

§ 17. (1) Die Firma ist der in das Firmenbuch eingetragene Name eines Unternehmers, unter dem er seine Geschäfte betreibt und die Unterschrift abgibt.

(2) [1]Ein Unternehmer kann in Verfahren vor Gerichten oder Verwaltungsbehörden seine Firma als Parteibezeichnung führen und mit seiner Firma als Partei bezeichnet werden. [2]Für Einzelunternehmer gilt dies nicht in Strafverfahren.

(BGBl I 2005/120)

Eigenschaften der Firma

§ 18. (1) Die Firma muss zur Kennzeichnung des Unternehmers geeignet sein und Unterscheidungskraft besitzen.

(2) [1]Die Firma darf keine Angaben enthalten, die geeignet sind, über geschäftliche Verhältnisse, die für die angesprochenen Verkehrskreise wesentlich sind, irrezuführen. [2]Im Verfahren vor dem Firmenbuchgericht wird die Eignung zur Irreführung nur berücksichtigt, wenn sie ersichtlich ist.

(BGBl I 2005/120)

Zwingende Rechtsformzusätze

§ 19. (1) Bei in das Firmenbuch eingetragenen Unternehmern muss die Firma, auch wenn sie nach den §§ 21, 22, 24 oder nach anderen gesetzlichen Vorschriften fortgeführt wird, enthalten:

1. bei Einzelunternehmern die Bezeichnung „eingetragener Unternehmer" oder „eingetragene Unternehmerin" oder eine allgemein verständliche Abkürzung dieser Bezeichnung, insbesondere „e.U.";

2. bei einer offenen Gesellschaft die Bezeichnung „offene Gesellschaft" oder eine allgemein verständliche Abkürzung dieser Bezeichnung, insbesondere „OG";

3. bei einer Kommanditgesellschaft die Bezeichnung „Kommanditgesellschaft" oder eine allgemein verständliche Abkürzung dieser Bezeichnung, insbesondere „KG";

4. bei Angehörigen eines freien Berufes, soweit die berufsrechtlichen Vorschriften für die Firma nichts anderes vorsehen, einen Hinweis auf den ausgeübten freien Beruf. An die Stelle der Bezeichnung „offene Gesellschaft" kann die Bezeichnung „Partnerschaft" oder – sofern die Firma nicht die Namen aller Gesellschafter enthält – der Zusatz „und (&) Partner", an die Stelle der Bezeichnung „Kommanditgesellschaft" die Bezeichnung „Kommandit-Partnerschaft" treten.

(2) Wenn in einer offenen Gesellschaft oder einer Kommanditgesellschaft keine natürliche Person unbeschränkt haftet, muss dieser Umstand aus der Firma erkennbar sein, auch wenn sie nach den §§ 21, 22, 24 oder nach anderen gesetzlichen Vorschriften fortgeführt wird.

(BGBl I 2005/120)

Unzulässige Verwendung fremder Namen

§ 20. In die Firma eines Einzelunternehmers oder einer eingetragenen Personengesellschaft darf der Name einer anderen Person als des Einzelunternehmers oder eines unbeschränkt haftenden Gesellschafters nicht aufgenommen werden.

(BGBl I 2005/120)

Fortführung bei Namensänderung

§ 21. Wird der Name einer in der Firma genannten Person geändert, so kann die bisherige Firma fortgeführt werden.

(BGBl I 2005/120)

Fortführung bei Unternehmenserwerb

§ 22. (1) Wer ein bestehendes Unternehmen unter Lebenden oder von Todes wegen erwirbt, darf für das Unternehmen die bisherige Firma, auch wenn sie den Namen des bisherigen Unternehmers enthält, mit oder ohne Beifügung eines das Nachfolgeverhältnis andeutenden Zusatzes fortführen, wenn der bisherige Unternehmer oder dessen Erben in die Fortführung der Firma ausdrücklich einwilligen. *(BGBl I 2005/120)*

(2) Wird „das Unternehmen" auf Grund eines Nießbrauchs, eines Pachtvertrags oder eines ähnlichen Verhältnisses übernommen, so finden diese Vorschriften entsprechende Anwendung. *(BGBl I 2005/120)*

UGB

Verbot der Leerübertragung

§ 23. Die Firma kann nicht ohne das „Unternehmen, für das“ sie geführt wird, veräußert werden. *(BGBl I 2005/120)*

Fortführung bei Änderungen im Gesellschafterbestand

§ 24. (1) Tritt ein neuer Gesellschafter in eine Gesellschaft ein oder scheidet ein Gesellschafter aus einer solchen aus, so kann ungeachtet dieser Veränderung die bisherige Firma fortgeführt werden. *(BGBl I 2005/120)*

(2) Bei „ “ Ausscheiden eines Gesellschafters, dessen Name in der Firma enthalten ist, bedarf es zur Fortführung der Firma der ausdrücklichen Einwilligung des Gesellschafters oder seiner Erben. *(BGBl I 2005/120)*

§§ 25 bis 27. *(aufgehoben, BGBl I 2005/120)*

Anmeldung der Firma

§ 28. [1]Die Anmeldung zum Firmenbuch erfolgt bei dem Gericht, in dessen Sprengel sich der Sitz des Unternehmens befindet. [2]Der Unternehmer hat in der Anmeldung die in § 3 Z 2 bis 4, 5, 8 und 16, gegebenenfalls auch die in § 3 Z 6, 9, 11 und 15 und § 4 Z 2 und 3 FBG genannten Tatsachen anzugeben und seine Namensunterschrift zur Aufbewahrung bei Gericht zu zeichnen.

(BGBl I 2005/120)

Unterscheidbarkeit der Firma

„**§ 29.**“ (1) Jede neue Firma muß sich von allen an demselben Orte oder in derselben Gemeinde bereits bestehenden und in das Firmenbuch eingetragenen Firmen deutlich unterscheiden.

(2) Hat ein „Unternehmer“ mit einem bereits eingetragenen „Unternehmer“ die gleichen Vornamen und den gleichen Familiennamen und will auch er sich dieser Namen als seiner Firma bedienen, so muß er der Firma einen Zusatz beifügen, durch den sie sich von der bereits eingetragenen Firma deutlich unterscheidet. *(BGBl I 2005/120)*

(3) Besteht an dem Orte oder in der Gemeinde, wo eine Zweigniederlassung errichtet wird, bereits eine gleiche eingetragene Firma, so muß der Firma für die Zweigniederlassung ein der Vorschrift des Abs. 2 entsprechender Zusatz beigefügt werden.

(4) *(aufgehoben, BGBl I 2005/120)*

(BGBl I 2005/120)

Anm: § 29 aF (nicht abgedruckt) wurde offensichtlich durch ein Redaktionsversehen zu BGBl I 2005/120 vergessen aufzuheben. Der Inhalt dürfte durch § 28 nF abgedeckt sein.

Änderung der Firma, Unternehmensbeendigung

„**§ 30.**“ (1) Eine Änderung der Firma oder ihrer Inhaber sowie die Verlegung des Sitzes an einen anderen Ort sind nach den Vorschriften des § 28 zur Eintragung in das Firmenbuch anzumelden. *(BGBl I 2005/120)*

(2) [1]Das gleiche gilt, wenn die Firma erlischt. [2]„Kann die Anmeldung des Erlöschens einer eingetragenen Firma durch die hierzu Verpflichteten nicht auf dem in § 24 FBG bezeichneten Wege innerhalb von zwei Monaten ab Rechtskraft der Verhängung der Zwangsstrafe herbeigeführt werden, so hat das Gericht das Erlöschen von Amts wegen einzutragen.“ *(BGBl 1991/10)*

(BGBl I 2005/120)

Insolvenzverfahren

„**§ 31.**“ (1) [1]Die Insolvenzgesetze bestimmen, inwieweit im Insolvenzverfahren ergangene Entscheidungen einzutragen sind. [2]„§ 10 und § 15 sind nicht anzuwenden.“ *(BGBl I 2000/142)*

(2) Für die Zwangsverwaltung gilt § 342 EO.

(3) Die nach Abs. 1 und 2 einzutragenden Personen haben ihre Unterschrift persönlich zur Aufbewahrung bei Gericht zu zeichnen oder die Zeichnung in beglaubigter Form einzureichen.

(BGBl 1991/10; BGBl I 2005/120)

Eintragung des Genehmigungsvorbehalts oder des Vertreters der Verlassenschaft

§ 32. (1) [1]„Ist für einen in das Firmenbuch eingetragenen Einzelunternehmer oder einen vertretungsbefugten Gesellschafter einer offenen Gesellschaft oder Kommanditgesellschaft ein Genehmigungsvorbehalt (§ 242 Abs. 2 ABGB) angeordnet, der die Führung eines Unternehmens oder die Ausübung von Gesellschafterrechten ganz oder teilweise umfasst, so ist dieser von Amts wegen in das Firmenbuch einzutragen.“[2]§ 15 ist nicht anzuwenden. *(BGBl I 2018/58)*

(2) Stirbt ein im Firmenbuch eingetragener Einzelunternehmer oder ein vertretungsbefugter Gesellschafter einer offenen Gesellschaft oder Kommanditgesellschaft, so ist auf Antrag einzutragen, wer berechtigt ist, die Verlassenschaft zu vertreten.

(3) Für die nach den vorstehenden Absätzen einzutragenden Personen gilt § 31 Abs. 3 sinngemäß.

(BGBl I 2005/120)

§ 32a. *(aufgehoben, BGBl I 2005/120)*

Anmeldung einer juristischen Person

§ 33. (1) Soll eine juristische Person in das Firmenbuch eingetragen werden, ist sie von sämtlichen vertretungsbefugten Organwaltern (Vorstand) zur Eintragung anzumelden. *(BGBl I 2005/120)*

(2) [1]Der Anmeldung sind die Satzung der juristischen Person und die Urkunden über die Bestellung des Vorstandes in Urschrift oder in öffentlich beglaubigter Abschrift beizufügen. [2]Bei der Eintragung sind die Firma und der Sitz der juristischen Person, „ “ und die Mitglieder des Vorstandes anzugeben. [3]Besondere Bestimmungen der Satzung über die Befugnis des Vorstandes zur Vertretung der juristischen Person oder über die Zeitdauer des Unternehmens sind gleichfalls einzutragen. *(BGBl 1991/10)*

(3) Die Errichtung einer Zweigniederlassung ist durch den Vorstand unter Beifügung einer öffentlich beglaubigten Abschrift der Satzung anzumelden.

(4) Die Abs. 1 bis 3 finden keine Anwendung, soweit Sondervorschriften bestehen. *(BGBl I 2005/120)*

(DRGBl 1937 I S 897)

Anmeldung und Eintragung von Änderungen

§ 34. (1) Jede Änderung der nach § 33 Abs. 2 einzutragenden Tatsachen oder der Satzung, die Auflösung der juristischen Person, falls sie nicht die Folge der Eröffnung des „Konkursverfahrens“ ist, sowie die Personen der Liquidatoren und die besonderen Bestimmungen über ihre Vertretungsbefugnis sind zur Eintragung in das Firmenbuch anzumelden. *(BGBl I 2010/58)*

(2) Bei der Eintragung einer Änderung der Satzung genügt, soweit nicht die Änderung die im § 33 Abs. 2 bezeichneten Angaben betrifft, die Bezugnahme auf die bei dem Gericht eingereichten Urkunden über die Änderung.

(3) Die Anmeldung hat durch den Vorstand oder, sofern die Eintragung erst nach der Anmeldung der ersten Liquidatoren geschehen soll, durch Liquidatoren zu erfolgen.

(4) Die Eintragung gerichtlich bestellter Vorstandsmitglieder oder Liquidatoren geschieht von Amts wegen.

(5) Im Falle eines Insolvenzverfahrens finden die Vorschriften des § 31 Anwendung. *(BGBl I 2010/58)*

Unterschriftenzeichnung

§ 35. Die Mitglieder des Vorstandes und die Liquidatoren einer juristischen Person haben ihre Unterschrift zur Aufbewahrung bei dem Gerichte zu zeichnen.

Ehepakte von Unternehmern

§ 36. (1) [1]Die dem Ehegatten eines Unternehmers, dessen Firma im Firmenbuch eingetragen ist, durch Ehepakte eingeräumten Vermögensrechte können, um den Unternehmensgläubigern gegenüber wirksam zu sein, in das Firmenbuch eingetragen werden, die Ehepakte mögen schon vor oder erst nach der Eintragung der Firma geschlossen worden sein. [2]Jeder der Ehegatten kann die Ehepakte zur Eintragung in das Firmenbuch anmelden.

(2) In das Firmenbuch sind nur das Datum der eingereichten Ehepakte oder ihrer Änderungen sowie der Name und das Geburtsdatum des Ehegatten einzutragen.

(3) Aus Ehepakten gegen einen Unternehmer entspringende Rechte sind einem Unternehmensgläubiger gegenüber unwirksam, wenn dessen Forderung vor Eintragung der Ehepakte in das Firmenbuch entstanden ist.

(4) Abs. 3 gilt nicht, soweit die aus Ehepakten entspringenden Rechte dem Gläubiger vor Entstehung der Forderung bekannt waren oder soweit es sich um Rechte aus Ehepakten handelt, die schon vor Entstehung der Forderung in einem öffentlichen Buch eingetragen waren.

(5) Abs. 1 bis 4 gelten auch für die unbeschränkt haftenden Gesellschafter einer offenen Gesellschaft oder Kommanditgesellschaft.

(BGBl I 2005/120)

Anmerkung zu § 36: Die „für Ehegatten, Ehesachen oder in Eheangelegenheiten maßgebenden Bestimmungen in der jeweils geltenden Fassung sind auf eingetragene Partner, Partnersachen oder Partnerangelegenheiten sinngemäß anzuwenden" (§ 43 Abs 1 EPG, BGBl I 2009/135).

Unbefugter Firmengebrauch

§ 37. „ “ [1]Wer in seinen Rechten dadurch verletzt wird, daß ein anderer eine Firma unbefugt gebraucht, kann von diesem die Unterlassung des Gebrauchs der Firma verlangen. [2]Ein nach sonstigen Vorschriften begründeter Anspruch auf Schadensersatz bleibt unberührt. *(BGBl 1991/10)*

Vierter Abschnitt

Unternehmensübergang

Übernahme der Rechtsverhältnisse des Veräußerers durch den Erwerber, Haftung von Veräußerer und Erwerber

§ 38. (1) [1]Wer ein unter Lebenden erworbenes Unternehmen fortführt, übernimmt, sofern nichts anderes vereinbart ist, zum Zeitpunkt des Unternehmensübergangs die unternehmensbezogenen, nicht höchstpersönlichen Rechtsverhältnisse des

Veräußerers mit den bis dahin „begründeten" Rechten und Verbindlichkeiten. [2]Für unternehmensbezogene Verbindlichkeiten des Veräußerers bestellte Sicherheiten bleiben für diese Verbindlichkeiten aufrecht. [3]Der Veräußerer haftet nach Maßgabe des § 39 für die unternehmensbezogenen Verbindlichkeiten fort. *(BGBl I 2014/83)*

(2) [1]Der Dritte kann der Übernahme seines Vertragsverhältnisses binnen dreier Monate nach Mitteilung davon sowohl gegenüber dem Veräußerer als auch gegenüber dem Erwerber widersprechen; in der Mitteilung ist er auf das Widerspruchsrecht hinzuweisen. [2]Dies gilt auch für den Besteller einer für unternehmensbezogene Verbindlichkeiten des Veräußerers gewährten Sicherheit. [3]Im Falle eines wirksamen Widerspruchs besteht das Vertragsverhältnis mit dem Veräußerer fort.

(3) [1]Wurde dem Dritten nicht nachweislich mitgeteilt, „ob" das Vertragsverhältnis vom Erwerber übernommen wurde, oder kann dieser Übernahme noch widersprochen werden, so kann er sowohl gegenüber dem Veräußerer als auch gegenüber dem Erwerber auf das Vertragsverhältnis bezogene Erklärungen abgeben und seine Verbindlichkeiten erfüllen. [2]Dies gilt auch für den Besteller einer für unternehmensbezogene Verbindlichkeiten des Veräußerers gewährten Sicherheit. *(BGBl I 2008/70)*

(4) [1]Werden unternehmensbezogene Rechtsverhältnisse des Veräußerers vom Erwerber nicht übernommen, so haftet er dennoch für die damit verbundenen Verbindlichkeiten. [2]Dies gilt auch, wenn der Erwerber nur einzelne Verbindlichkeiten des Veräußerers nicht übernimmt. [3]Eine davon abweichende Vereinbarung über die Haftung ist einem Dritten gegenüber nur wirksam, wenn sie beim Unternehmensübergang in das Firmenbuch eingetragen, auf verkehrsübliche Weise bekannt gemacht oder dem Dritten vom Veräußerer oder vom Erwerber mitgeteilt wurde.

(5) Wird ein Unternehmen „im Weg eines Zwangsvollstreckungsverfahrens, eines Insolvenzverfahrens oder einer Überwachung des Schuldners durch einen Treuhänder der Gläubiger" erworben, so finden diese Bestimmungen keine Anwendung. *(BGBl I 2010/58)*

(5a) [1]Nicht als Erwerb eines Unternehmens im Sinn des Abs. 1 gilt die Fortführung im Weg der Pacht, der Leihe, der Fruchtnießung, des Rechtes des Gebrauchs und der Beendigung dieser Verträge. [2]Auch in diesen Fällen kann jedoch ein Dritter oder ein Sicherheitenbesteller gegenüber dem neuen Unternehmer Erklärungen in Bezug auf ein zum früheren Unternehmer bestehendes, unternehmensbezogenes und nicht höchstpersönliches Vertragsverhältnis abgeben und seine Verbindlichkeiten erfüllen, solange ihm die Fortführung des Unternehmens im Weg der Pacht, der Leihe, der Fruchtnießung, des Rechtes des Gebrauchs oder der Beendigung dieser Verträge nicht bekannt ist. *(BGBl I 2008/70, zum Inkrafttreten siehe § 906 Abs 18!)*

(6) Eine durch andere Bestimmungen begründete Haftung oder Übernahme von Rechtsverhältnissen durch den Erwerber bleibt unberührt.

(BGBl I 2005/120)

Begrenzung der Haftung des Veräußerers, Frist

§ 39. [1]Übernimmt der Erwerber des Unternehmens unternehmensbezogene Rechtsverhältnisse des Veräußerers mit den bis zum Unternehmensübergang „begründeten" Rechten und Verbindlichkeiten, so haftet der Veräußerer für diese Verbindlichkeiten nur, soweit sie vor Ablauf von fünf Jahren nach dem Unternehmensübergang fällig werden. [2]Ansprüche daraus verjähren innerhalb der für die jeweilige Verbindlichkeit geltenden Verjährungsfrist, längstens jedoch in drei Jahren. *(BGBl I 2014/83)*

(BGBl I 2005/120)

Rechtsstellung des Erben bei Unternehmensfortführung

§ 40. (1) Wird ein zu einem Nachlass gehörendes Unternehmen von dem Erben fortgeführt, so haftet er für die unternehmensbezogenen Verbindlichkeiten unbeschadet seiner Haftung als Erbe unbeschränkt.

(2) [1]Die unbeschränkte Haftung tritt nicht ein, wenn die Fortführung des Unternehmens spätestens drei Monate nach Einantwortung eingestellt oder die Haftung in sinngemäßer Anwendung des § 38 Abs. 4 ausgeschlossen wird. [2]Ist der Erbe nicht geschäftsfähig und ist für ihn kein gesetzlicher Vertreter bestellt, so endet diese Frist nicht vor dem Ablauf von drei Monaten seit der Bestellung eines gesetzlichen Vertreters oder seit dem Eintritt der Geschäftsfähigkeit des Erben.

(BGBl I 2005/120)

§§ 41 bis 47. *(aufgehoben, BGBl 1990/475)*

Fünfter Abschnitt

Prokura und Handlungsvollmacht

Erteilung der Prokura

§ 48. (1) Die Prokura kann nur von „einem in das Firmenbuch eingetragenen Unternehmer" oder seinem gesetzlichen Vertreter und nur mittels ausdrücklicher Erklärung erteilt werden. *(BGBl I 2005/120)*

(2) Die Erteilung kann an mehrere Personen gemeinschaftlich erfolgen (Gesamtprokura).

Umfang der Prokura

§ 49. (1) [1]Die Prokura ermächtigt zu allen Arten von gerichtlichen und außergerichtlichen Geschäften und Rechtshandlungen, die der Betrieb eines „Unternehmens" mit sich bringt. [2]„Für diese bedarf es keiner besonderen Vollmacht nach § 1008 ABGB." *(BGBl I 2005/120)*

(2) Zur Veräußerung und Belastung von Grundstücken ist der Prokurist nur ermächtigt, wenn ihm diese Befugnis besonders erteilt ist.

Unbeschränkbarkeit der Prokura

§ 50. (1) Eine Beschränkung des Umfanges der Prokura ist Dritten gegenüber unwirksam.

(2) Dies gilt insbesondere von der Beschränkung, daß die Prokura nur für gewisse Geschäfte oder gewisse Arten von Geschäften oder nur unter gewissen Umständen oder für eine gewisse Zeit oder an einzelnen Orten ausgeübt werden soll.

(3) [1]Eine Beschränkung der Prokura auf den Betrieb einer von mehreren Niederlassungen des „Unternehmers" ist Dritten gegenüber nur wirksam, wenn die Niederlassungen unter verschiedenen Firmen betrieben werden. [2]Eine Verschiedenheit der Firmen im Sinne dieser Vorschrift wird auch dadurch begründet, daß für eine Zweigniederlassung der Firma ein Zusatz beigefügt wird, der sie als Firma der Zweigniederlassung bezeichnet. *(BGBl I 2005/120)*

Zeichnung des Prokuristen

§ 51. Der Prokurist hat in der Weise zu zeichnen, daß er der Firma seinen Namen mit einem die Prokura andeutenden Zusatze beifügt.

Widerruflichkeit und Unübertragbarkeit der Prokura

§ 52. (1) Die Prokura ist ohne Rücksicht auf das der Erteilung zugrunde liegende Rechtsverhältnis jederzeit widerruflich, unbeschadet des Anspruchs auf die vertragsmäßige Vergütung.

(2) Die Prokura ist nicht übertragbar.

(3) Die Prokura erlischt nicht durch den Tod des „Unternehmers". *(BGBl I 2005/120)*

Eintragung der Prokura

§ 53. (1) [1]Die Erteilung der Prokura ist „vom Unternehmer" zur Eintragung in das Firmenbuch anzumelden. [2]Ist die Prokura als Gesamtprokura erteilt, so muß auch dies zur Eintragung angemeldet werden. *(BGBl I 2005/120)*

(2) Der Prokurist hat seine Namensunterschrift mit einem die Prokura andeutenden Zusatz zur Aufbewahrung bei Gericht zu zeichnen. *(BGBl 1991/10)*

(3) Das Erlöschen der Prokura ist in gleicher Weise wie die Erteilung zur Eintragung anzumelden.

Umfang der Handlungsvollmacht

§ 54. (1) [1]Ist jemand ohne Erteilung der Prokura zum Betrieb eines Unternehmens oder zur Vornahme einer bestimmten zu einem Unternehmen gehörigen Art von Geschäften oder zur Vornahme einzelner zu einem Unternehmen gehöriger Geschäfte ermächtigt, so erstreckt sich die Vollmacht (Handlungsvollmacht) auf alle Geschäfte und Rechtshandlungen, die der Betrieb eines derartigen Unternehmens oder die Vornahme derartiger Geschäfte gewöhnlich mit sich bringt; dies umfasst auch den Abschluss von Schiedsvereinbarungen. [2]Für solche Geschäfte und Rechtshandlungen bedarf es keiner besonderen Vollmacht nach § 1008 ABGB.

(2) Zur Veräußerung oder Belastung von Grundstücken, zur Eingehung von Wechselverbindlichkeiten, zur Aufnahme von Darlehen und zur Prozessführung ist der Handlungsbevollmächtigte nur ermächtigt, wenn ihm eine solche Befugnis besonders erteilt ist.

(BGBl I 2005/120)

Beschränkbarkeit der Handlungsvollmacht

§ 55. Sonstige Beschränkungen der Handlungsvollmacht braucht ein Dritter nur dann gegen sich gelten zu lassen, wenn er sie kannte oder kennen musste.

(BGBl I 2005/120)

Ladenvollmacht

§ 56. Wer in einem Laden oder in einem offenen Warenlager angestellt ist, gilt als ermächtigt zu Verkäufen und Empfangnahmen, die in einem derartigen Laden oder Warenlager gewöhnlich geschehen.

Zeichnung des Handlungsbevollmächtigten

§ 57. Der Handlungsbevollmächtigte hat sich bei der Zeichnung jedes eine Prokura andeutenden Zusatzes zu enthalten; er hat mit einem das Vollmachtsverhältnis ausdrückenden Zusatze zu zeichnen.

Widerruflichkeit und Übertragbarkeit der Handlungsvollmacht

§ 58. (1) Die Handlungsvollmacht ist unbeschadet des Anspruchs auf die vertragsmäßige Vergütung jederzeit widerruflich, sofern sich aus dem ihrer Erteilung zugrunde liegenden Rechtsverhältnis nicht das Gegenteil ergibt.

(2) Die Handlungsvollmacht ist nur mit Zustimmung des Unternehmers auf einen anderen übertragbar.

(3) Die Handlungsvollmacht erlischt im Zweifel nicht durch den Tod des Unternehmers.

(BGBl I 2005/120)

Sechster Abschnitt

Handlungsgehilfen und Handlungslehrlinge §§ 59 bis 83

(DRGBl 1938 I S 1999, keine Geltung in Österreich)

Siebenter Abschnitt

Handlungsagenten §§ 84 bis 92

(DRGBl 1938 I S 1999, keine Geltung in Österreich)

Achter Abschnitt

Handelsmakler §§ 93 bis 104

(aufgehoben, BGBl 1996/262)

Zweites Buch

Offene Gesellschaft, Kommanditgesellschaft und stille Gesellschaft

Hinweis: Gem § 907 UGB sind gewisse („bisher geltende") Bestimmungen des HGB auf bis 31. Dezember 2006 errichtete Gesellschaften (offene Handelsgesellschaften und Kommanditgesellschaften) uU weiter anzuwenden!

Erster Abschnitt

Offene Gesellschaft

Erster Titel

Errichtung der Gesellschaft

Begriff

§ 105. [1]Eine offene Gesellschaft ist eine unter eigener Firma geführte Gesellschaft, bei der die Gesellschafter gesamthandschaftlich verbunden sind und bei keinem der Gesellschafter die Haftung gegenüber den Gesellschaftsgläubigern beschränkt ist. [2]Die offene Gesellschaft ist rechtsfähig. [3]Sie kann jeden erlaubten Zweck einschließlich freiberuflicher und land- und forstwirtschaftlicher Tätigkeit haben. Ihr gehören mindestens zwei Gesellschafter an.

(BGBl I 2005/120)

Anmeldung zum Firmenbuch

§ 106. [1]Die Gesellschaft ist bei dem Gericht, in dessen Sprengel sie ihren Sitz hat, zur Eintragung in das Firmenbuch anzumelden. [2]Die Anmeldung hat die in § 3 Z 2 bis 4, 5, 7, 8 und 16, gegebenenfalls auch die in § 3 Z 6, 9, 11 und 15 und § 4 Z 2, 3, 5 und 7 FBG genannten Tatsachen zu enthalten.

(BGBl I 2005/120)

Anmeldeverpflichtete, Musterzeichnung

„**§ 107.**" (1) Die Anmeldungen sind von sämtlichen Gesellschaftern zu bewirken.

(2) Die Gesellschafter, welche die Gesellschaft vertreten sollen, haben ihre Namensunterschrift zur Aufbewahrung bei Gericht zu zeichnen. *(BGBl 1991/10)*

(BGBl I 2005/120)

Anm: § 107 aF (nicht abgedruckt) wurde offensichtlich durch ein Redaktionsversehen zu BGBl I 2005/120 vergessen aufzuheben.

Zweiter Titel

Rechtsverhältnis der Gesellschafter untereinander

Gestaltungsfreiheit

§ 108. Die Rechtsverhältnisse der Gesellschafter untereinander richten sich nach dem Gesellschaftsvertrag; die Vorschriften der §§ 109 bis 122 finden nur insoweit Anwendung, als nicht durch den Gesellschaftsvertrag anderes bestimmt ist.

(BGBl I 2014/83)

Anm: siehe die Übergangsbestimmungen gem § 906 Abs 27 UGB.

Beteiligungsverhältnisse und Beiträge der Gesellschafter, Nachschüsse

§ 109. (1) [1]Soweit die Gesellschafter nichts anderes vereinbart haben, bestimmt sich ihre Beteiligung an der Gesellschaft nach dem Verhältnis des Wertes der vereinbarten Einlagen (Kapitalanteil). [2]Im Zweifel sind die Gesellschafter zu gleichen Teilen beteiligt.

(2) [1]Soweit nichts anderes vereinbart ist, sind die Gesellschafter im gleichen Ausmaß zur Mitwirkung an der Förderung des Gesellschaftszwecks verpflichtet. [2]Der Beitrag eines Gesellschafters kann sich auch auf die Leistung von Diensten beschränken (Arbeitsgesellschafter).

(3) Die Gesellschafter sind nicht verpflichtet, Nachschüsse zur vertraglich zugesagten Einlage zu leisten.

(4) [1]Auch ohne Vereinbarung im Gesellschaftsvertrag können die Gesellschafter mit Stimmenmehrheit die Leistung von Nachschüssen im Verhältnis ihrer Kapitalanteile beschließen, wenn die Fortführung der Gesellschaft sonst nicht möglich wäre. [2]Ein Gesellschafter, der dem Beschluss nicht zugestimmt hat und den Nachschuss nicht leistet, kann innerhalb angemessener Frist aus der Gesellschaft austreten oder aufgrund einer Klage der übrigen Gesellschafter vom Gericht ausgeschlossen werden. [3]Auf das Austrittsrecht kann im Vorhinein nicht verzichtet werden. [4]Für die Auseinandersetzung mit dem ausgetretenen oder ausgeschlossenen Gesellschafter und für die Ermittlung seiner Beteiligung an schwebenden Geschäften ist der Zeitpunkt der Beschlussfassung über die Nachschusspflicht maßgeblich.

(BGBl I 2014/83)

Anm: siehe die Übergangsbestimmungen gem § 906 Abs 27 UGB.

Ersatz für Aufwendungen und Verluste; Herausgabepflicht

§ 110. (1) Macht der Gesellschafter in den Gesellschaftsangelegenheiten Aufwendungen, die er den Umständen nach für erforderlich halten darf, oder erleidet er unmittelbar durch seine Geschäftsführung oder aus Gefahren, die mit ihr untrennbar verbunden sind, Verluste, so ist ihm die Gesellschaft zum Ersatz verpflichtet.

(2) Aufgewendetes Geld hat die Gesellschaft von der Zeit der Aufwendungen an zu verzinsen.

(3) Ein Gesellschafter kann für die Aufwendungen, die zur Erledigung der Gesellschaftsangelegenheiten nötig sind, von der Gesellschaft einen Vorschuss verlangen.

(4) Er hat alles, was er zur Führung der Geschäfte erhält und was er aus der Geschäftsführung erlangt, an die Gesellschaft herauszugeben.

(BGBl I 2005/120)

Verzinsungspflicht

§ 111. (1) Ein Gesellschafter, der seine Geldeinlage nicht zur rechten Zeit einzahlt oder eingenommenes Gesellschaftsgeld nicht zur rechten Zeit an die Gesellschaftskasse abliefert oder unbefugt Geld aus der Gesellschaftskasse für sich entnimmt, hat Zinsen von dem Tage an zu entrichten, an welchem die Zahlung oder die Ablieferung hätte geschehen sollen oder die Herausnahme des Geldes erfolgt ist.

(2) Die Geltendmachung eines weiteren Schadens ist nicht ausgeschlossen.

Mitwirkung, Interessenwahrung, Gleichbehandlung, Wettbewerbsverbot

§ 112. (1) [1]Die Gesellschafter haben unter Wahrung ihrer Rechte an der gesellschaftlichen Willensbildung und den zu treffenden Maßnahmen nach Kräften und mit gebotener Sorgfalt mitzuwirken, den Zweck und den Gegenstand der Gesellschaft redlich zu fördern und alles zu unterlassen, was den Gesellschaftsinteressen schadet. [2]Die Gesellschafter sind unter gleichen Voraussetzungen gleich zu behandeln. *(BGBl I 2014/83)*

„(2)“ Ein Gesellschafter darf ohne Einwilligung der anderen Gesellschafter weder im Geschäftszweig der Gesellschaft Geschäfte machen noch an einer anderen gleichartigen Gesellschaft als unbeschränkt haftender Gesellschafter teilnehmen. *(BGBl I 2005/120; BGBl I 2014/83)*

„(3)“** Die Einwilligung zur Teilnahme an einer anderen Gesellschaft gilt als erteilt, wenn den übrigen Gesellschaftern bei Eingehung der Gesellschaft bekannt ist, daß der Gesellschafter an einer anderen Gesellschaft als „unbeschränkt“* haftender Gesellschafter teilnimmt und gleichwohl die Aufgabe dieser Beteiligung nicht ausdrücklich bedungen wird. *(*BGBl I 2005/120; **BGBl I 2014/83)*

Verletzung des Wettbewerbsverbots

§ 113. (1) Verletzt ein Gesellschafter die ihm nach „§ 112 Abs. 2“ obliegende Verpflichtung, so kann die Gesellschaft Schadensersatz fordern; sie kann statt dessen von dem Gesellschafter verlangen, daß er die für eigene Rechnung gemachten Geschäfte als für Rechnung der Gesellschaft eingegangen gelten lasse und die aus Geschäften für fremde Rechnung bezogene Vergütung herausgebe oder seinen Anspruch auf die Vergütung abtrete. *(BGBl I 2014/83)*

(2) Über die Geltendmachung dieser Ansprüche beschließen die übrigen Gesellschafter.

(3) Die Ansprüche verjähren in drei Monaten von dem Zeitpunkte an, in welchem die übrigen Gesellschafter von dem Abschlusse des Geschäfts oder von der Teilnahme des Gesellschafters an der anderen Gesellschaft Kenntnis erlangen; sie verjähren ohne Rücksicht auf diese Kenntnis in fünf Jahren von ihrer Entstehung an.

(4) Das Recht der Gesellschafter, die Auflösung der Gesellschaft zu verlangen, wird durch diese Vorschriften nicht berührt.

Geschäftsführung

§ 114. (1) Zur Führung der Geschäfte der Gesellschaft sind alle Gesellschafter berechtigt und verpflichtet.

(2) Ist im Gesellschaftsvertrage die Geschäftsführung einem Gesellschafter oder mehreren Ge-

sellschaftern übertragen, so sind die übrigen Gesellschafter von der Geschäftsführung ausgeschlossen.

(3) Ein geschäftsführender Gesellschafter ist verpflichtet, der Gesellschaft die erforderlichen Nachrichten zu geben, auf Verlangen über den Stand der Geschäfte Auskunft zu erteilen und Rechenschaft abzulegen. *(BGBl I 2005/120)*

(4) [1]Ein Gesellschafter darf im Zweifel die Führung der Geschäfte nicht einem Dritten übertragen. Ist die Übertragung gestattet, so hat er nur ein ihm bei der Übertragung zur Last fallendes Verschulden zu vertreten. [2]Das Verschulden eines Gehilfen hat er in gleichem Umfang zu vertreten wie eigenes Verschulden. *(BGBl I 2005/120)*

Geschäftsführung durch mehrere Gesellschafter; Weisungsgebundenheit

§ 115. (1) Steht die Geschäftsführung allen oder mehreren Gesellschaftern zu, so ist jeder von ihnen allein zu handeln berechtigt; widerspricht jedoch ein anderer geschäftsführender Gesellschafter der Vornahme einer Handlung, so muß diese unterbleiben.

(2) Ist im Gesellschaftsvertrage bestimmt, daß die Gesellschafter, denen die Geschäftsführung zusteht, nur zusammen handeln können, so bedarf es für jedes Geschäft der Zustimmung aller geschäftsführenden Gesellschafter, es sei denn, daß Gefahr im Verzug ist.

(3) [1]Ist ein Gesellschafter an die Weisungen der übrigen Gesellschafter gebunden, so kann er von den ihm erteilten Weisungen abweichen, wenn er den Umständen nach annehmen darf, dass die übrigen Gesellschafter bei Kenntnis der Sachlage die Abweichung billigen würden. [2]Er hat die Abweichung den übrigen Gesellschaftern anzuzeigen und ihre Entscheidung abzuwarten, wenn nicht Gefahr im Verzug ist. *(BGBl I 2005/120)*

Umfang der Geschäftsführungsbefugnis

§ 116. (1) Die Befugnis zur Geschäftsführung erstreckt sich auf alle Handlungen, die der gewöhnliche „Geschäftsbetrieb" der Gesellschaft mit sich bringt. *(BGBl I 2014/83)*

(2) Zur Vornahme von Handlungen, die darüber hinausgehen, ist „ein einstimmiger Beschluss aller" Gesellschafter erforderlich. *(BGBl I 2014/83)*

(3) [1]Zur Bestellung eines Prokuristen bedarf es der Zustimmung aller geschäftsführenden Gesellschafter, es sei denn, daß Gefahr im Verzug ist. [2]Der Widerruf der Prokura kann von jedem der zur Erteilung oder zur Mitwirkung bei der Erteilung befugten Gesellschafter erfolgen.

Entzug und Kündigung der Geschäftsführungsbefugnis

§ 117. (1) Die Befugnis zur Geschäftsführung kann einem Gesellschafter „aufgrund einer Klage aller" übrigen Gesellschafter durch gerichtliche Entscheidung entzogen werden, wenn ein wichtiger Grund vorliegt; ein solcher Grund ist insbesondere grobe Pflichtverletzung oder Unfähigkeit zur ordnungsmäßigen Geschäftsführung. *(BGBl I 2014/83)*

(2) [1]Ein Gesellschafter kann die Geschäftsführung kündigen, wenn ein wichtiger Grund vorliegt. [2]Auf dieses Recht kann nicht verzichtet werden.

(3) [1]Die Geschäftsführung darf nur in der Art gekündigt werden, dass die Gesellschafter für die Führung der Geschäfte anderweitig Vorsorge treffen können, es sei denn, dass ein wichtiger Grund für die unzeitige Kündigung vorliegt. [2]Kündigt der Gesellschafter ohne solchen Grund zur Unzeit, so hat er der Gesellschaft den daraus entstehenden Schaden zu ersetzen.

(BGBl I 2005/120)

Kontrollrecht der Gesellschafter

§ 118. (1) Ein Gesellschafter kann sich, auch wenn er von der Geschäftsführung ausgeschlossen ist, von den Angelegenheiten der Gesellschaft persönlich unterrichten, die Bücher und Schriften der Gesellschaft einsehen und sich aus ihnen einen Jahresabschluss oder, wenn nach den Vorschriften des Dritten Buches keine Pflicht zur Rechnungslegung besteht, eine sonstige Abrechnung anfertigen oder die Vorlage eines solchen Abschlusses oder einer solchen Abrechnung fordern. *(BGBl I 2005/120)*

(2) Eine Vereinbarung, durch die dieses Recht ausgeschlossen oder beschränkt wird, ist unwirksam. *(BGBl I 2014/83)*

Beschlussfassung

§ 119. (1) Gesellschafterbeschlüsse erfordern die Zustimmung aller zur Mitwirkung bei der Beschlussfassung berufenen Gesellschafter.

(2) [1]Hat nach dem Gesellschaftsvertrag die Mehrheit der Stimmen zu entscheiden, so bestimmt sie sich nach den abgegebenen gültigen Stimmen. [2]Das Stimmgewicht entspricht den Beteiligungsverhältnissen. [3]Sind nicht alle Gesellschafter am Kapital beteiligt, wird die Mehrheit nach Köpfen berechnet. [4]Arbeitsgesellschafter, denen der Gesellschaftsvertrag einen am Wert ihrer Arbeit orientierten Kapitalanteil zubilligt, gelten als am Kapital beteiligt.

(BGBl I 2014/83)

Anm: siehe die Übergangsbestimmungen gem § 906 Abs 27 UGB.

Gewinn und Verlust

§ 120. „“ Am Schluß jedes Geschäftsjahrs wird auf Grund des Jahresabschlusses „oder, wenn nach den Vorschriften des Dritten Buches keine Pflicht zur Rechnungslegung besteht, nach den Ergebnissen einer sonstigen Abrechnung“ der Gewinn oder der Verlust des Jahres ermittelt und für jeden Gesellschafter sein Anteil daran berechnet. *(BGBl 1990/475; BGBl I 2005/120)*

(2) *(aufgehoben, BGBl I 2005/120)*

Verteilung von Gewinn und Verlust

§ 121. (1) [1]Sofern alle Gesellschafter in gleichem Ausmaß zur Mitwirkung verpflichtet sind, wird der Gewinn und Verlust eines Geschäftsjahres den Gesellschaftern im Verhältnis ihrer Kapitalanteile zugewiesen (§ 109 Abs. 1). [2]Enthält der Gesellschaftsvertrag eine abweichende Bestimmung nur über den Anteil am Gewinn oder über den Anteil am Verlust, so gilt sie im Zweifel für Gewinn und Verlust.

(2) Sind die Gesellschafter nicht in gleichem Ausmaß zur Mitwirkung verpflichtet, so ist dies bei der Zuweisung des Gewinns angemessen zu berücksichtigen.

(3) [1]Arbeitsgesellschaftern ohne Kapitalanteil ist ein den Umständen nach angemessener Betrag des Jahresgewinns zuzuweisen. [2]Der diesen Betrag übersteigende Teil des Jahresgewinns wird sodann den Gesellschaftern im Verhältnis ihrer Beteiligung zugewiesen.

(4) Die Gesellschafterstellung steht der Vereinbarung eines Entgelts für der Gesellschaft geleistete Dienste nicht entgegen.

(BGBl I 2014/83)

Anm: siehe die Übergangsbestimmungen gem § 906 Abs 27 UGB.

Gewinnausschüttung und Entnahmen

§ 122. (1) [1]Jeder Gesellschafter hat Anspruch auf Auszahlung seines Gewinnanteils. [2]Der Anspruch kann jedoch nicht geltend gemacht werden, soweit die Auszahlung zum offenbaren Schaden der Gesellschaft gereicht, die Gesellschafter ein anderes beschließen oder der Gesellschafter vereinbarungswidrig seine Einlage nicht geleistet hat.

(2) Im Übrigen ist ein Gesellschafter nicht befugt, ohne Einwilligung der anderen Gesellschafter Entnahmen zu tätigen.

(BGBl I 2005/120)

Dritter Titel

Rechtsverhältnis der Gesellschaft zu Dritten

Entstehung der Gesellschaft

§ 123. (1) Die offene Gesellschaft entsteht mit der Eintragung in das Firmenbuch.

(2) [1]Handeln Gesellschafter oder zur Vertretung der Gesellschaft bestellte Personen nach Errichtung, aber vor Entstehung der Gesellschaft in deren Namen, so werden alle Gesellschafter daraus berechtigt und verpflichtet. [2]Dies gilt auch dann, wenn ein handelnder Gesellschafter nicht, nicht allein oder nur beschränkt vertretungsbefugt ist, der Dritte den Mangel der Vertretungsmacht aber weder kannte noch kennen musste. [3]Die Gesellschaft tritt mit Eintragung in das Firmenbuch in die Rechtsverhältnisse ein.

(BGBl I 2005/120)

Gesamthandbindung der Gesellschafter

§ 124. (1) Soweit im Gesellschaftsvertrag nichts anderes bestimmt ist, kann ein Gesellschafter nicht ohne Zustimmung aller Gesellschafter über seinen Gesellschaftsanteil verfügen.

(2) Gegen eine Forderung, die zum Gesellschaftsvermögen gehört, kann der Schuldner nicht eine ihm gegen einen einzelnen Gesellschafter zustehende Forderung aufrechnen.

(3) [1]Die Ansprüche, die den Gesellschaftern aus dem Gesellschaftsverhältnis gegeneinander oder gegen die Gesellschaft zustehen, sind nicht übertragbar und nicht pfändbar. [2]Ausgenommen sind die einem Gesellschafter aus der Geschäftsführung zustehenden Ansprüche, soweit deren Befriedigung vor der Auseinandersetzung verlangt werden kann, sowie die Ansprüche auf einen Gewinnanteil oder auf das, was dem Gesellschafter bei der Auseinandersetzung zukommt.

(BGBl I 2005/120)

Vertretung der Gesellschaft

§ 125. (1) Zur Vertretung der Gesellschaft ist jeder Gesellschafter befugt (Einzelvertretung), wenn er nicht durch den Gesellschaftsvertrag davon ausgeschlossen ist.

(2) [1]Im Gesellschaftsvertrag kann bestimmt werden, dass alle oder mehrere Gesellschafter nur in Gemeinschaft zur Vertretung der Gesellschaft ermächtigt sein sollen (Gesamtvertretung). [2]Die zur Gesamtvertretung berechtigten Gesellschafter können einzelne von ihnen zur Vornahme bestimmter Geschäfte oder bestimmter Arten von Geschäften ermächtigen. [3]Ist der Gesellschaft gegenüber eine Willenserklärung abzugeben, so genügt jedenfalls die Abgabe gegenüber einem

der zur Mitwirkung bei der Vertretung befugten Gesellschafter (passive Einzelvertretung).

(3) [1]Im Gesellschaftsvertrag kann bestimmt werden, dass die Gesellschafter, wenn nicht mehrere zusammen handeln, nur in Gemeinschaft mit einem Prokuristen zur Vertretung der Gesellschaft ermächtigt sein sollen (gemischte Gesamtvertretung). [2]Die Vorschriften des Abs. 2 zweiter und dritter Satz finden in diesem Fall entsprechende Anwendung.

(4) Der Ausschluss eines Gesellschafters von der Vertretung, die Anordnung einer Gesamtvertretung oder einer gemischten Gesamtvertretung sowie jede Änderung in der Vertretungsmacht eines Gesellschafters ist von sämtlichen Gesellschaftern zur Eintragung in das Firmenbuch anzumelden.

(BGBl I 2005/120)

Umfang der Vertretungsmacht

§ 126. (1) Die Vertretungsmacht der Gesellschafter erstreckt sich auf alle gerichtlichen und außergerichtlichen Geschäfte und Rechtshandlungen einschließlich der Veräußerung und Belastung von Grundstücken sowie der Erteilung und des Widerrufs einer Prokura.

(2) Eine Beschränkung des Umfanges der Vertretungsmacht ist Dritten gegenüber unwirksam; dies gilt insbesondere von der Beschränkung, daß sich die Vertretung nur auf gewisse Geschäfte oder Arten von Geschäften erstrecken oder daß sie nur unter gewissen Umständen oder für eine gewisse Zeit oder an einzelnen Orten stattfinden soll.

(3) In betreff der Beschränkung auf den Betrieb einer von mehreren Niederlassungen der Gesellschaft finden die Vorschriften des § 50, Abs. 3, entsprechende Anwendung.

Entziehung der Vertretungsmacht

§ 127. Die Vertretungsmacht kann einem Gesellschafter „aufgrund einer Klage aller“ übrigen Gesellschafter durch gerichtliche Entscheidung entzogen werden, wenn ein wichtiger Grund vorliegt; ein solcher Grund ist insbesondere grobe Pflichtverletzung oder Unfähigkeit zur ordnungsmäßigen Vertretung der Gesellschaft. *(BGBl I 2014/83)*

Unbeschränkte Haftung der Gesellschafter

§ 128. [1]Die Gesellschafter haften für die Verbindlichkeiten der Gesellschaft den Gläubigern als Gesamtschuldner „unbeschränkt“. [2]Eine entgegenstehende Vereinbarung ist Dritten gegenüber unwirksam. *(BGBl I 2005/120)*

Einwendungen des Gesellschafters

§ 129. (1) Wird ein Gesellschafter wegen einer Verbindlichkeit der Gesellschaft in Anspruch genommen, so kann er Einwendungen, die nicht in seiner Person begründet sind, nur insoweit geltend machen, als sie von der Gesellschaft erhoben werden können.

(2) Der Gesellschafter kann die Befriedigung des Gläubigers verweigern, solange der Gesellschaft das Recht zusteht, das ihrer Verbindlichkeit zugrunde liegende Rechtsgeschäft anzufechten „oder ihre Verbindlichkeit durch Aufrechnung mit einer fälligen Forderung zu erfüllen“. *(BGBl I 2014/83)*

(3) *(entfällt, BGBl I 2014/83)*

(4) Aus einem gegen die Gesellschaft gerichteten vollstreckbaren Schuldtitel findet die Zwangsvollstreckung gegen die Gesellschafter nicht statt.

Haftung des eintretenden Gesellschafters

§ 130. (1) Wer in eine bestehende Gesellschaft eintritt, haftet gleich den anderen Gesellschaftern nach Maßgabe der §§ 128, 129 für die vor seinem „Eintritt“ begründeten Verbindlichkeiten der Gesellschaft, ohne Unterschied, ob die Firma „geändert wird“ oder nicht. *(BGBl I 2005/120)*

(2) Eine entgegenstehende Vereinbarung ist Dritten gegenüber unwirksam.

Vierter Titel

Auflösung der Gesellschaft und Ausscheiden von Gesellschaftern

Auflösungsgründe

§ 131. Die offene „Gesellschaft“ wird aufgelöst: *(BGBl I 2005/120)*

1. durch den Ablauf der Zeit, für welche sie eingegangen ist;

2. durch Beschluß der Gesellschafter;

3. durch die rechtskräftige Eröffnung des Konkursverfahrens über das Vermögen der Gesellschaft, durch die Abänderung der Bezeichnung Sanierungsverfahren in Konkursverfahren oder durch die rechtskräftige Nichteröffnung oder Aufhebung des Insolvenzverfahrens mangels kostendeckenden Vermögens; *(BGBl I 2015/22)*

4. durch den Tod eines Gesellschafters, „sofern sich aus dem Gesellschaftsvertrag nichts anderes ergibt“; *(BGBl I 2005/120)*

5. durch die rechtskräftige Eröffnung des Konkursverfahrens über das Vermögen eines Gesellschafters, durch die Abänderung der Bezeichnung Sanierungsverfahren in Konkursverfahren oder durch die rechtskräftige Nichteröffnung

oder Aufhebung des Insolvenzverfahrens mangels kostendeckenden Vermögens; *(BGBl I 2015/22)*

6. durch Kündigung „oder" durch gerichtliche Entscheidung. *(BGBl I 2014/83)*

Kündigung eines Gesellschafters

§ 132. „(1)" Die Kündigung eines Gesellschafters kann, wenn die Gesellschaft für unbestimmte Zeit eingegangen ist, nur für den Schluß eines Geschäftsjahrs erfolgen; sie muß mindestens sechs Monate vor diesem Zeitpunkte stattfinden. *(BGBl I 2005/120)*

(2) Eine Vereinbarung, durch die das Kündigungsrecht ausgeschlossen oder in anderer Weise als durch angemessene Verlängerung der Kündigungsfrist erschwert wird, ist nichtig. *(BGBl I 2005/120)*

Auflösung durch gerichtliche Entscheidung

§ 133. (1) „Aufgrund der Klage" eines Gesellschafters kann die Auflösung der Gesellschaft vor dem Ablaufe der für ihre Dauer bestimmten Zeit oder bei einer für unbestimmte Zeit eingegangenen Gesellschaft ohne Kündigung durch gerichtliche Entscheidung ausgesprochen werden, wenn ein wichtiger Grund vorliegt. *(BGBl I 2014/83)*

(2) Ein solcher Grund ist insbesondere vorhanden, wenn ein anderer Gesellschafter eine ihm nach dem Gesellschaftsvertrag obliegende wesentliche Verpflichtung vorsätzlich oder aus grober Fahrlässigkeit verletzt oder wenn die Erfüllung einer solchen Verpflichtung unmöglich wird.

(3) Eine Vereinbarung, durch welche das Recht des Gesellschafters, die Auflösung der Gesellschaft zu verlangen, ausgeschlossen oder diesen Vorschriften zuwider beschränkt wird, ist nichtig.

Gesellschaft auf Lebenszeit, Befristung

§ 134. Eine Gesellschaft, die für die Lebenszeit eines Gesellschafters eingegangen ist oder nach dem Ablaufe der für ihre Dauer bestimmten Zeit stillschweigend fortgesetzt wird, steht im Sinne der Vorschriften der §§ 132, 133 einer für unbestimmte Zeit eingegangenen Gesellschaft gleich.

Kündigung durch den Privatgläubiger

§ 135. Hat ein Privatgläubiger eines Gesellschafters, nachdem innerhalb der letzten sechs Monate eine Zwangsvollstreckung in das bewegliche Vermögen des Gesellschafters ohne Erfolg „versucht worden war", auf Grund eines nicht bloß vorläufig vollstreckbaren „Exekutionstitels" die Pfändung und Überweisung des Anspruchs auf dasjenige erwirkt, was dem Gesellschafter bei der Auseinandersetzung zukommt, so kann er die Gesellschaft ohne Rücksicht darauf, ob sie für bestimmte oder unbestimmte Zeit eingegangen ist, sechs Monate vor dem Ende des Geschäftsjahrs für diesen Zeitpunkt kündigen. *(BGBl I 2014/83)*

§ 136. *(aufgehoben samt Überschrift, BGBl I 2014/83)*

Auseinandersetzung mit dem ausscheidenden Gesellschafter

§ 137. (1) [1]Dem ausscheidenden Gesellschafter sind die Gegenstände, die er der Gesellschaft zur Benutzung überlassen hat, zurückzugeben. [2]Für einen durch Zufall abhanden gekommenen oder verschlechterten Gegenstand kann er keinen Ersatz verlangen.

(2) [1]Dem ausscheidenden Gesellschafter ist in Geld auszuzahlen, was er bei der Auseinandersetzung erhielte, wenn die Gesellschaft zur Zeit seines Ausscheidens aufgelöst worden wäre. [2]Der Wert des Gesellschaftsvermögens ist, soweit erforderlich, durch Schätzung zu ermitteln.

(3) [1]Der ausscheidende Gesellschafter ist von den Gesellschaftsschulden zu befreien, für die er den Gläubigern haftet. [2]Ist eine Schuld noch nicht fällig, so kann ihm die Gesellschaft Sicherheit leisten statt ihn zu befreien.

(4) Verbleibt dem ausscheidenden Gesellschafter eine Verbindlichkeit aus dem Gesellschaftsverhältnis, so ist er verpflichtet, einen Ausgleich in entsprechender Höhe an die Gesellschaft zu zahlen.

(BGBl I 2005/120)

Beteiligung des Ausscheidenden an schwebenden Geschäften

§ 138. (1) [1]Der ausgeschiedene Gesellschafter nimmt am Gewinn und am Verlust teil, der sich aus den zur Zeit seines Ausscheidens schwebenden Geschäften ergibt. [2]Die Gesellschaft ist berechtigt, diese Geschäfte so zu beenden, wie es ihr am vorteilhaftesten erscheint.

(2) Der ausgeschiedene Gesellschafter kann am Schluss jedes Geschäftsjahrs Rechenschaft über die inzwischen beendeten Geschäfte, Auszahlung des ihm gebührenden Betrages und Auskunft über den Stand der noch schwebenden Geschäfte verlangen.

(BGBl I 2005/120)

Fortsetzung mit den Erben

§ 139. (1) [1]Ist im Gesellschaftsvertrag bestimmt, dass im Fall des Todes eines Gesellschafters die Gesellschaft mit seinen Erben fortgesetzt werden soll, so besteht sie nach dem Tod dieses Gesellschafters mit seiner Verlassenschaft und nach deren Einantwortung mit den Erben fort. [2]Jeder Erbe kann sein Verbleiben in der Gesellschaft davon abhängig machen, dass ihm unter Belassung des bisherigen Gewinnanteils die Stellung eines Kommanditisten eingeräumt und der auf ihn fallende Teil der Einlage des Erblassers als seine Kommanditeinlage anerkannt wird. *(BGBl I 2005/120)*

(2) Nehmen die übrigen Gesellschafter einen dahingehenden Antrag des Erben nicht an, so ist dieser befugt, ohne Einhaltung einer Kündigungsfrist sein Ausscheiden aus der Gesellschaft zu erklären.

(3) [1]Die in Abs. 1 und 2 bezeichneten Rechte können von den Erben nur innerhalb einer Frist von drei Monaten nach der Einantwortung der Verlassenschaft geltend gemacht werden. [2]Ist ein Erbe nicht geschäftsfähig und ist für ihn kein gesetzlicher Vertreter bestellt, so läuft diese Frist erst ab der Bestellung eines solchen oder ab dem Eintritt der Geschäftsfähigkeit des Erben. *(BGBl I 2005/120)*

(4) Scheidet [innerhalb der Frist des Abs. 3] der Erbe aus der Gesellschaft aus oder wird [innerhalb der Frist] die Gesellschaft aufgelöst oder dem Erben die Stellung eines Kommanditisten eingeräumt, so haftet er für die bis dahin entstandenen Gesellschaftsschulden nur nach Maßgabe der die Haftung des Erben für die Nachlaßverbindlichkeiten betreffenden Vorschriften des bürgerlichen Rechtes.

(5) Der Gesellschaftsvertrag kann die Anwendung der Vorschriften der Abs. 1 bis 4 nicht ausschließen; es kann jedoch für den Fall, daß der Erbe sein Verbleiben in der Gesellschaft von der Einräumung der Stellung eines Kommanditisten abhängig macht, sein Gewinnanteil anders als der des Erblassers bestimmt werden.

Ausschluss statt Auflösung

§ 140. (1) [1]„Tritt in der Person eines Gesellschafters ein Umstand ein, der nach § 133 für jeden der übrigen Gesellschafter das Recht begründet, die Auflösung der Gesellschaft zu verlangen, so kann vom Gericht aufgrund einer Klage aller übrigen Gesellschafter anstatt der Auflösung der Gesellschaft der Ausschluss dieses Gesellschafters aus der Gesellschaft ausgesprochen werden.“[2]Der Ausschließungsklage steht nicht entgegen, dass nach der Ausschließung nur ein Gesellschafter verbleibt. *(BGBl I 2014/83)*

(2) Für die Auseinandersetzung zwischen der Gesellschaft oder dem allein verbleibenden Gesellschafter (Abs. 1 letzter Satz) und dem ausgeschlossenen Gesellschafter ist die Vermögenslage der Gesellschaft in dem Zeitpunkt maßgebend, in dem die Klage auf Ausschließung erhoben wird.

(BGBl I 2005/120)

Fortsetzungsbeschluss

§ 141. (1) [1]Die Gesellschafter können bei Auflösung der Gesellschaft, wenn sie nicht in Folge der Eröffnung des „Konkursverfahrens“* über das Vermögen der Gesellschaft eintritt (§ 144), deren Fortbestand beschließen. [2]In den Fällen des § 131 Z 4, 5 oder 6 erster Fall steht dieses Recht den verbleibenden Gesellschaftern zu. „[3]In diesen Fällen scheidet der Gesellschafter, in dessen Person der Auflösungsgrund eingetreten ist, infolge des Fortsetzungsbeschlusses aus der Gesellschaft aus.“** *(*BGBl I 2010/58; **BGBl I 2014/83)*

(2) Im Fall der Kündigung durch einen Privatgläubiger (§ 135) scheidet der betreffende Gesellschafter mit dem Ende des Geschäftsjahrs aus der Gesellschaft aus „ , in den übrigen Fällen mit dem Wirksamwerden des Beschlusses.“ *(BGBl I 2014/83)*

(3) Im Fall der Eröffnung des „Konkursverfahrens“ über das Vermögen eines Gesellschafters ist Abs. 1 mit der Maßgabe anzuwenden, dass eine Erklärung gegenüber dem Masseverwalter zu erfolgen hat und der „Schuldner“ mit dem Zeitpunkt der Konkurseröffnung als aus der Gesellschaft ausgeschieden gilt. *(BGBl I 2010/58)*

(BGBl I 2005/120)

Übergang des Gesellschaftsvermögens

§ 142. (1) [1]Verbleibt nur noch ein Gesellschafter, so erlischt die Gesellschaft ohne Liquidation. [2]Das Gesellschaftsvermögen geht im Weg der Gesamtrechtsnachfolge auf diesen über.

(2) Der ausscheidende Gesellschafter ist in sinngemäßer Anwendung der §§ 137 und 138 abzufinden.

(BGBl I 2005/120)

Anmeldung von Auflösung und Ausscheiden

§ 143. (1) Die Auflösung der Gesellschaft ist, wenn sie nicht infolge der Eröffnung des „Konkursverfahrens“ über das Vermögen der Gesellschaft eintritt, von sämtlichen Gesellschaftern zur Eintragung in das Firmenbuch anzumelden. *(BGBl I 2010/58)*

(2) Das gleiche gilt von dem Ausscheiden eines Gesellschafters aus der Gesellschaft.

(3) Ist anzunehmen, dass der Tod eines Gesellschafters die Auflösung oder das Ausscheiden zur Folge gehabt hat, so kann die Eintragung auch ohne Mitwirkung der Erben bei der Anmeldung erfolgen, soweit einer solchen Mitwirkung besondere Hindernisse entgegenstehen. *(BGBl I 2005/120)*

Fortsetzung nach Insolvenz der Gesellschaft

§ 144. (1) Ist die Gesellschaft durch die Eröffnung des Konkursverfahrens über ihr Vermögen aufgelöst, das Insolvenzverfahren aber durch Bestätigung eines Sanierungsplans (§ 152 IO) oder mit Einverständnis der Gläubiger (§ 123b IO) aufgehoben worden, so können die Gesellschafter die Fortsetzung der Gesellschaft beschließen. *(BGBl I 2010/58)*

(2) Die Fortsetzung ist von sämtlichen Gesellschaftern zur Eintragung in das Firmenbuch anzumelden.

Fünfter Titel

Liquidation der Gesellschaft

Notwendigkeit der Liquidation

§ 145. (1) Nach der Auflösung der Gesellschaft findet die Liquidation statt, sofern nicht eine andere Art der Auseinandersetzung von den Gesellschaftern vereinbart oder über das Vermögen der Gesellschaft „das Insolvenzverfahren" eröffnet ist. *(BGBl I 2010/58)*

(2) Ist die Gesellschaft durch Kündigung des Gläubigers eines Gesellschafters oder durch die Eröffnung des „Konkursverfahrens"** über das Vermögen eines Gesellschafters aufgelöst, so kann die Liquidation nur mit Zustimmung des Gläubigers oder des „Masseverwalters"* unterbleiben. *(*BGBl I 2005/120; **BGBl I 2010/58)*

Bestellung der Liquidatoren

§ 146. (1) [1]Die Liquidation erfolgt, sofern sie nicht durch Beschluß der Gesellschafter oder durch den Gesellschaftsvertrag einzelnen Gesellschaftern oder anderen Personen übertragen ist, durch sämtliche Gesellschafter als Liquidatoren. [2]Mehrere Erben eines Gesellschafters haben einen gemeinsamen Vertreter zu bestellen.

(2) [1]Auf Antrag eines Beteiligten kann aus wichtigen Gründen die Ernennung von Liquidatoren durch das Gericht erfolgen, in dessen „Sprengel" die Gesellschaft ihren Sitz hat; das Gericht kann in einem solchen Falle Personen zu Liquidatoren ernennen, die nicht zu den Gesellschaftern gehören. [2]Als Beteiligter gilt außer den Gesellschaftern im Falle des § 135 auch der Gläubiger, durch den die Kündigung erfolgt ist. *(BGBl I 2005/120)*

(3) Ist über das Vermögen eines Gesellschafters das Konkursverfahren eröffnet oder das Sanierungsverfahren eröffnet und dem Gesellschafter die Eigenverwaltung entzogen, so tritt der Insolvenzverwalter an die Stelle des Gesellschafters. *(BGBl I 2010/58)*

Abberufung von Liquidatoren

§ 147. Die Abberufung von Liquidatoren geschieht durch einstimmigen Beschluß der nach § 146, Abs. 2, 3, Beteiligten; sie kann auf Antrag eines Beteiligten aus wichtigen Gründen auch durch das Gericht erfolgen.

Anmeldung der Liquidatoren

§ 148. (1) [1]Die Liquidatoren sind von sämtlichen Gesellschaftern zur Eintragung in das Firmenbuch anzumelden. [2]Das gleiche gilt von jeder Änderung in den Personen der Liquidatoren oder in ihrer Vertretungsmacht. [3]„Im Fall des Todes eines Gesellschafters kann, wenn anzunehmen ist, dass die Anmeldung den Tatsachen entspricht, die Eintragung auch ohne Mitwirkung der Erben bei der Anmeldung erfolgen, soweit einer solchen Mitwirkung besondere Hindernisse entgegenstehen." *(BGBl I 2005/120)*

(2) Die Eintragung gerichtlich bestellter Liquidatoren sowie die Eintragung der gerichtlichen Abberufung von Liquidatoren geschieht von Amts wegen.

(3) Die Liquidatoren haben ihre Namensunterschrift zur Aufbewahrung bei Gericht zu zeichnen. *(BGBl 1991/10)*

Rechte und Pflichten der Liquidatoren; Auseinandersetzung

§ 149. (1) [1]Die Liquidatoren haben die laufenden Geschäfte zu beenden, die Forderungen einzuziehen, das übrige Vermögen in Geld umzusetzen und die Gläubiger zu befriedigen; zur Beendigung schwebender Geschäfte können sie auch neue Geschäfte eingehen. [2]Die Liquidatoren vertreten die Gesellschaft gerichtlich und außergerichtlich.

(2) [1]Den Gesellschaftern sind die Gegenstände, die sie der Gesellschaft zur Benutzung überlassen haben, zurückzugeben. [2]Für einen durch Zufall abhanden gekommenen oder verschlechterten Gegenstand können sie keinen Ersatz verlangen.

(BGBl I 2005/120)

Mehrere Liquidatoren

§ 150. (1) Sind mehrere Liquidatoren vorhanden, so können sie die zur Liquidation gehörenden Handlungen nur in Gemeinschaft vornehmen, sofern nicht bestimmt ist, daß sie einzeln handeln können; „ eine solche Bestimmung ist zur Eintragung in das Firmenbuch anzumelden." *(BGBl 1991/10)*

(2) [1]Durch die Vorschrift des Abs. 1 wird nicht ausgeschlossen, daß die Liquidatoren einzelne von ihnen zur Vornahme bestimmter Geschäfte oder bestimmter Arten von Geschäften ermächti-

UGB

gen. [2]Ist der Gesellschaft gegenüber eine Willenserklärung abzugeben, so findet die Vorschrift des § 125, Abs. 2, Satz 3, entsprechende Anwendung.

Unbeschränkbarkeit der Befugnisse

§ 151. Eine Beschränkung des Umfanges der Befugnisse der Liquidatoren ist Dritten gegenüber unwirksam.

Bindung an Weisungen

§ 152. Die Liquidatoren haben, auch wenn sie gerichtlich bestellt sind, den in Bezug auf die Geschäftsführung einstimmig beschlossenen Anordnungen der gemäß § 146 Abs. 2 und 3 Beteiligten Folge zu leisten.

(BGBl I 2005/120)

Unterschrift

§ 153. Die Liquidatoren haben ihre Unterschrift in der Weise abzugeben, daß sie der bisherigen, als Liquidationsfirma zu bezeichnenden Firma ihren Namen beifügen.

Liquidationsbilanz; Zuweisung des Liquidationsgewinnes oder -verlustes

§ 154. „(1)" Die Liquidatoren haben bei dem Beginne sowie bei der Beendigung der Liquidation eine Bilanz aufzustellen. *(BGBl I 2005/120)*

(2) Die Zuweisung eines Liquidationsgewinns oder -verlustes richtet sich nach der Beteiligung der Gesellschafter (§ 109). *(BGBl I 2005/120)*

Verteilung des Gesellschaftsvermögens; Ausgleich unter den Gesellschaftern

§ 155. (1) Das nach Berücksichtigung der Schulden verbleibende Vermögen der Gesellschaft ist von den Liquidatoren nach dem Verhältnis der Beteiligung der Gesellschafter unter Berücksichtigung ihrer Guthaben und Verbindlichkeiten aus dem Gesellschaftsverhältnis, wie sie sich aufgrund der Schlussbilanz ergeben, unter die Gesellschafter zu verteilen. *(BGBl I 2005/120)*

(2) [1]Das während der Liquidation entbehrliche Geld wird vorläufig verteilt. [2]Zur Deckung noch nicht fälliger oder streitiger Verbindlichkeiten sowie zur Sicherung der den Gesellschaftern bei der Schlußverteilung zukommenden Beträge ist das Erforderliche zurückzubehalten. [3]Die Vorschriften des § 122, Abs. 1, finden während der Liquidation keine Anwendung.

(3) Entsteht über die Verteilung des Gesellschaftsvermögens Streit unter den Gesellschaftern, so haben die Liquidatoren die Verteilung bis zur Entscheidung des Streites auszusetzen.

(4) [1]Reicht das Gesellschaftsvermögen zur Deckung der Guthaben von Gesellschaftern aus dem Gesellschaftsverhältnis nicht aus, so sind die übrigen Gesellschafter ihnen gegenüber verpflichtet, für den Betrag im Verhältnis ihrer Verbindlichkeiten aus dem Gesellschaftsverhältnis aufzukommen. [2]Kann von einem Gesellschafter der auf ihn entfallende Betrag nicht erlangt werden, so wird der Ausfall auf die übrigen Gesellschafter wie ein Verlust verteilt. *(BGBl I 2005/120)*

Rechtsverhältnis der bisherigen Gesellschafter untereinander

§ 156. Bis zur Beendigung der Liquidation kommen in bezug auf das Rechtsverhältnis der bisherigen Gesellschafter untereinander sowie der Gesellschaft zu Dritten die Vorschriften des zweiten und dritten Titels zur Anwendung, soweit sich nicht aus dem gegenwärtigen Titel oder aus dem Zwecke der Liquidation ein anderes ergibt.

Anmeldung des Erlöschens; Einsichtsrecht

§ 157. (1) Nach der Beendigung der Liquidation ist das Erlöschen der Firma von den Liquidatoren zur Eintragung in das Firmenbuch anzumelden.

(2) [1]Die Bücher und Papiere der aufgelösten Gesellschaft werden einem der Gesellschafter oder einem Dritten in Verwahrung gegeben. [2]Der Gesellschafter oder der Dritte wird in Ermangelung einer Verständigung durch das Gericht bestimmt, in dessen „Sprengel" die Gesellschaft ihren Sitz hat. *(BGBl I 2005/120)*

(3) Die Gesellschafter und deren Erben behalten das Recht auf Einsicht und Benutzung der Bücher und Papiere.

Andere Art der Auseinandersetzung

§ 158. Vereinbaren die Gesellschafter statt der Liquidation eine andere Art der Auseinandersetzung, so finden, solange noch ungeteiltes Gesellschaftsvermögen vorhanden ist, im Verhältnis zu Dritten die für die Liquidation geltenden Vorschriften entsprechende Anwendung.

Sechster Titel

Zeitliche Begrenzung der Haftung

Ansprüche gegen einen Gesellschafter

§ 159. (1) Die Ansprüche gegen einen Gesellschafter aus Verbindlichkeiten der Gesellschaft verjähren in fünf Jahren nach der Auflösung der Gesellschaft „ ", sofern nicht der Anspruch gegen die Gesellschaft einer kürzeren Verjährung unterliegt. *(BGBl I 2005/120)*

(2) Die Verjährung beginnt mit dem Ende des Tages, an welchem die Auflösung der Gesellschaft „ “ in das Firmenbuch des für den Sitz der Gesellschaft zuständigen Gerichts eingetragen wird. *(BGBl I 2005/120)*

(3) Wird der Anspruch des Gläubigers gegen die Gesellschaft erst nach der Eintragung fällig, so beginnt die Verjährung mit dem Zeitpunkte der Fälligkeit.

(4) Die Unterbrechung der Verjährung gegenüber der aufgelösten Gesellschaft wirkt auch gegenüber den Gesellschaftern, die der Gesellschaft zur Zeit der Auflösung angehört haben. *(BGBl I 2005/120)*

Begrenzung der Haftung des ausscheidenden Gesellschafters, Frist

§ 160. (1) [1]Scheidet ein Gesellschafter aus der Gesellschaft aus, so haftet er für ihre bis dahin „begründeten“ Verbindlichkeiten nur, soweit sie vor Ablauf von fünf Jahren nach dem Ausscheiden fällig sind. [2]Ansprüche daraus verjähren innerhalb der für die jeweilige Verbindlichkeit geltenden Verjährungsfrist, längstens jedoch in drei Jahren. *(BGBl I 2014/83)*

(2) Die Frist beginnt mit dem Ende des Tages, an dem das Ausscheiden des Gesellschafters in das Firmenbuch eingetragen wird.

(3) [1]Werden Forderungen eines Gläubigers für Leistungen, die er noch vor Ausscheiden des Gesellschafters erbracht hat, erst nach Ablauf von fünf Jahren fällig, so ist der Gläubiger vom Ausscheiden des Gesellschafters zu verständigen. [2]Bei Vorliegen eines wichtigen Grundes kann der Gläubiger vom ausscheidenden Gesellschafter die Sicherstellung seiner Ansprüche verlangen; auf dieses Recht ist er in der Verständigung hinzuweisen. [3]Wird seinem Verlangen nicht entsprochen, so findet Abs. 1 keine Anwendung.

(4) [1]Wird ein Gesellschafter Kommanditist, so sind für die Begrenzung seiner Haftung für die im Zeitpunkt der Eintragung der Änderung in das Firmenbuch entstandenen Verbindlichkeiten die Abs. 1 bis 3 entsprechend anzuwenden. [2]Dies gilt auch, wenn er in der Gesellschaft oder einem ihr als Gesellschafter angehörenden Unternehmen geschäftsführend tätig wird. [3]Seine Haftung als Kommanditist bleibt unberührt.

(BGBl I 2005/120)

Zweiter Abschnitt

Kommanditgesellschaft

Begriff, Anwendung der Vorschriften über die offene Gesellschaft

§ 161. (1) Eine Kommanditgesellschaft ist eine unter eigener Firma geführte Gesellschaft, bei der die Haftung gegenüber den Gesellschaftsgläubigern bei einem Teil der Gesellschafter auf einen bestimmten Betrag (Haftsumme) beschränkt ist (Kommanditisten), beim anderen Teil dagegen unbeschränkt ist (Komplementäre).

(2) Soweit dieser Abschnitt nichts anderes bestimmt, finden auf die Kommanditgesellschaft die für die offene Gesellschaft geltenden Vorschriften Anwendung.

(BGBl I 2005/120)

Anmeldung zum Firmenbuch

§ 162. (1) Die Anmeldung hat die in § 3 Z 2 bis 4, 5, 7, 8 und 16 sowie in § 4 Z 6, gegebenenfalls auch die in § 3 Z 6, 9, 11 und 15 und in § 4 Z 2, 3, 5 und 7 FBG genannten Tatsachen zu enthalten. *(BGBl I 2005/120)*

(2) Sofern der Eintritt eines Kommanditisten unter der Bedingung der Eintragung in das Firmenbuch erfolgt, hat auch der Eintretende an der Anmeldung mitzuwirken. *(BGBl I 2005/120)*

(3) Diese Vorschriften finden im Falle des Eintritts eines Kommanditisten in eine bestehende „Personengesellschaft“ und im Falle des Ausscheidens eines Kommanditisten aus einer Kommanditgesellschaft entsprechende Anwendung. *(BGBl I 2005/120)*

Rechtsverhältnis der Gesellschafter untereinander

§ 163. Für das Verhältnis der Gesellschafter untereinander gelten in Ermangelung abweichender Bestimmungen des Gesellschaftsvertrags die besonderen Vorschriften der §§ 164 bis 169.

Geschäftsführung

§ 164. [1]Die Kommanditisten sind von der Führung der Geschäfte der Gesellschaft ausgeschlossen; sie können einer Handlung der „unbeschränkt“ haftenden Gesellschafter nicht widersprechen, es sei denn, daß die Handlung über den gewöhnlichen Betrieb des „Unternehmens“ der Gesellschaft hinausgeht. [2]Die Vorschriften des § 116, Abs. 3, bleiben unberührt. *(BGBl I 2005/120)*

Wettbewerbsverbot

§ 165. Die §§ 112, 113 finden auf die Kommanditisten keine Anwendung.

Kontrollrecht

§ 166. (1) Der Kommanditist ist berechtigt, die abschriftliche Mitteilung des Jahresabschlusses „oder, wenn nach den Vorschriften des Dritten Buches keine Pflicht zur Rechnungslegung besteht, einer sonstigen Abrechnung“ zu verlangen und dessen Richtigkeit unter Einsicht der Bücher und Schriften zu prüfen. *(BGBl 1990/475; BGBl I 2005/120)*

(2) Die im § 118 dem von der Geschäftsführung ausgeschlossenen Gesellschafter eingeräumten weiteren Rechte stehen dem Kommanditisten nicht zu.

(3) Auf Antrag eines Kommanditisten kann das Gericht, wenn wichtige Gründe vorliegen, die Mitteilung einer Bilanz oder sonstiger Aufklärungen sowie die Vorlegung der Bücher und „Schriften“ jederzeit anordnen. *(BGBl I 2005/120)*

Berechnung von Gewinn und Verlust

§ 167. [1]Soweit der Gesellschaftsvertrag nichts anderes vorsieht, ist den unbeschränkt haftenden Gesellschaftern zunächst ein ihrer Haftung angemessener Betrag des Jahresgewinns zuzuweisen. [2]Im Übrigen ist für den diesen Betrag übersteigenden Teil des Jahresgewinns sowie für den Verlust eines Geschäftsjahrs § 121 anzuwenden.

(BGBl I 2005/120)

Gewinnausschüttung

§ 168. (1) [1]Der Kommanditist kann die Auszahlung des Gewinnes nicht verlangen, soweit die bedungene Einlage nicht geleistet ist oder durch dem Kommanditisten zugewiesene Verluste oder die Auszahlung des Gewinnes unter den auf sie geleisteten Betrag gemindert würde. [2]Im Übrigen findet § 122 Anwendung.

(2) Der Kommanditist ist nicht verpflichtet, den bezogenen Gewinn wegen späterer Verluste zurückzuzahlen.

(BGBl I 2005/120)

Keine Teilnahme am Ausgleich unter den Gesellschaftern

§ 169. Soweit der Kommanditist die bedungene Einlage geleistet hat, sind § 137 Abs. 4 und § 155 Abs. 4 auf ihn nicht anzuwenden.

(BGBl I 2005/120)

Vertretung

§ 170. Der Kommanditist ist als solcher nicht befugt, die Gesellschaft zu vertreten.

(BGBl I 2005/120)

Haftung des Kommanditisten

§ 171. (1) [1]Der Kommanditist haftet den Gläubigern der Gesellschaft bis zur Höhe der im Firmenbuch eingetragenen Haftsumme unmittelbar; die Haftung ist ausgeschlossen, soweit die Einlage geleistet ist. [2]Auf Verlangen hat der Kommanditist den Gläubigern über die Höhe der geleisteten Einlage binnen angemessener Frist Auskunft zu geben.

(2) Ist über das Vermögen der Gesellschaft das Insolvenzverfahren eröffnet, so übt während dessen Dauer der Masse- oder Sanierungsverwalter das Recht der Gesellschaftsgläubiger nach Abs. 1 aus. *(BGBl I 2010/58)*

(BGBl I 2005/120)

Umfang der Haftung

§ 172. (1) Auf eine nicht eingetragene Erhöhung der aus dem Firmenbuch ersichtlichen Haftsumme können sich die Gläubiger nur berufen, wenn die Erhöhung in gehöriger Weise kundgemacht oder ihnen von der Gesellschaft mitgeteilt worden ist.

(2) Eine Vereinbarung der Gesellschafter, durch die einem Kommanditisten die Einlage erlassen oder gestundet wird, ist den Gläubigern gegenüber unwirksam.

(3) [1]Soweit die Einlage eines Kommanditisten zurückgezahlt wird, gilt sie den Gläubigern gegenüber als nicht geleistet. [2]Das Gleiche gilt, soweit ein Kommanditist Gewinnanteile entnimmt, obwohl frühere Verlustzuweisungen noch nicht durch spätere Gewinne ausgeglichen wurden. [3]Ein Kommanditist, der seine Einlage geleistet und in der Folge nicht zurückerhalten hat, haftet für Verringerungen der Einlage durch Nachfolger nicht.

(4) Was ein Kommanditist im guten Glauben als Gewinn bezieht, ist er in keinem Fall zurückzuzahlen verpflichtet.

(BGBl I 2005/120)

Haftung bei Eintritt als Kommanditist

§ 173. (1) Wer in eine bestehende „eingetragene Personengesellschaft“ als Kommanditist eintritt, haftet nach Maßgabe der §§ 171, 172 für die vor seinem Eintritte begründeten Verbindlichkeiten der Gesellschaft, ohne Unterschied, ob die Firma „geändert wird“ oder nicht. *(BGBl I 2005/120)*

(2) Eine entgegenstehende Vereinbarung ist Dritten gegenüber unwirksam.

Herabsetzung der Haftsumme

§ 174. Eine Herabsetzung der Haftsumme eines Kommanditisten ist, solange sie nicht in das Firmenbuch eingetragen ist, den Gläubigern gegenüber unwirksam; Gläubiger, deren Forderungen zur Zeit der Eintragung begründet waren, brauchen die Herabsetzung nicht gegen sich gelten zu lassen.

(BGBl I 2005/120)

Anmeldung der Änderung einer Haftsumme

§ 175. [1]Die Erhöhung sowie die Herabsetzung einer Haftsumme sind durch sämtliche Gesellschafter zur Eintragung in das Firmenbuch anzumelden. [2]§ 24 FBG ist nicht anzuwenden.

(BGBl I 2005/120)

Haftungsumfang vor Eintragung der Gesellschaft, bei Eintritt in diese

§ 176. (1) [1]Handeln Gesellschafter oder zur Vertretung der Gesellschaft bestellte Personen nach Errichtung, aber vor Entstehung der Gesellschaft in deren Namen, so haftet der Kommanditist für die in der Zeit bis zur Eintragung begründeten Verbindlichkeiten der Gesellschaft bis zur Höhe seiner Haftsumme. [2]Dies gilt auch dann, wenn ein handelnder Gesellschafter nicht, nicht allein oder nur beschränkt vertretungsbefugt ist, der Dritte den Mangel der Vertretungsmacht aber weder kannte noch kennen musste.

(2) [1]Tritt ein Kommanditist in eine bestehende Personengesellschaft ein, so findet Abs. 1 für die in der Zeit zwischen seinem Eintritt und seiner Eintragung in das Firmenbuch begründeten Verbindlichkeiten der Gesellschaft entsprechende Anwendung. [2]§ 171 Abs. 1 gilt sinngemäß.

(BGBl I 2005/120)

Tod des Kommanditisten

§ 177. Der Tod eines Kommanditisten hat die Auflösung der Gesellschaft nicht zur Folge.

Ausscheiden des einzigen Komplementärs

§ 178. [1]Würde der einzige Komplementär aufgrund einer Bestimmung des Gesellschaftsvertrags oder durch die Ausübung eines ihm im Gesellschaftsvertrag eingeräumten Kündigungsrechts aus der Gesellschaft ausscheiden, so tritt diese Rechtsfolge nur ein, wenn die verbleibenden Kommanditisten vereinbaren, dass sie die Gesellschaft fortsetzen und wenigstens einer von ihnen die Stellung eines Komplementärs übernimmt, oder wenn der einzige verbleibende Kommanditist erklärt, das Gesellschaftsvermögen im Weg der Gesamtrechtsnachfolge (§ 142) zu übernehmen. [2]Ansonsten ist die Gesellschaft stattdessen aufgelöst und wird unter Beteiligung des Komplementärs abgewickelt.

(BGBl I 2014/83)

Dritter Abschnitt
Stille Gesellschaft

Begriff und Wesen der stillen Gesellschaft

§ 179. (1) Wer sich als stiller Gesellschafter am Unternehmen oder Vermögen eines anderen mit einer Vermögenseinlage beteiligt, hat die Einlage so zu leisten, dass sie in das Vermögen des anderen übergeht.

(2) Aus den Geschäften, die im Betrieb des Unternehmens geschlossen werden oder das Vermögen betreffen, an dem die Beteiligung besteht, wird allein der Inhaber berechtigt und verpflichtet.

(BGBl I 2014/83)

Einlage des stillen Gesellschafters [;][1)]

[1)] Der „;“ wurde vergessen aufzuheben (vgl BGBl I 2005/120).

§ 180. „“ Zur Erhöhung der vereinbarten oder zur Ergänzung der durch Verlust verminderten Einlage ist der stille Gesellschafter nicht verpflichtet. *(BGBl I 2005/120)*

(2) *(aufgehoben, BGBl I 2005/120)*

(BGBl 1990/475)

Gewinn und Verlust

§ 181. (1) Ist der Anteil des stillen Gesellschafters am Gewinn und Verlust nicht bestimmt, so gilt ein den Umständen nach angemessener Anteil als bedungen.

(2) Im Gesellschaftsvertrag kann bestimmt werden, daß der stille Gesellschafter nicht am Verlust beteiligt sein soll; seine Beteiligung am Gewinn kann nicht ausgeschlossen werden.

(3) Ist im Gesellschaftsvertrag nur der Anteil am Gewinn oder am Verlust bestimmt, so gilt die Bestimmung im Zweifel für Gewinn und Verlust.

(BGBl 1990/475)

Gewinn- oder Verlustberechnung

§ 182. (1) Am Schluß jedes Geschäftsjahres ist der Gewinn oder Verlust zu berechnen und der auf den stillen Gesellschafter fallende Gewinn auszuzahlen.

(2) [1]Der stille Gesellschafter nimmt an dem Verlust nur bis zum Betrag seiner eingezahlten oder rückständigen Einlage teil. [2]Er ist nicht verpflichtet, den bezogenen Gewinn wegen späterer Verluste zurückzuzahlen; jedoch wird, solange seine Einlage durch Verlust vermindert ist, der jährliche Gewinn zur Deckung des Verlustes verwendet.

(3) Der Gewinn, der von dem stillen Gesellschafter nicht behoben wird, vermehrt dessen Einlage nicht, sofern nicht ein anderes vereinbart ist.

(BGBl 1990/475)

Kontrollrecht des stillen Gesellschafters

§ 183. (1) Der stille Gesellschafter ist berechtigt, die abschriftliche Mitteilung des Jahresabschlusses „oder, wenn nach den Vorschriften des Dritten Buches keine Pflicht zur Rechnungslegung besteht, einer sonstigen Abrechnung" zu verlangen und dessen Richtigkeit unter Einsicht der Bücher und Schriften zu prüfen. *(BGBl I 2005/120)*

(2) Die im § 118 dem von der Geschäftsführung ausgeschlossenen Gesellschafter eingeräumten weiteren Rechte stehen dem stillen Gesellschafter nicht zu.

(3) Auf Antrag des stillen Gesellschafters kann das Gericht, wenn wichtige Gründe vorliegen, die Mitteilung eines Status oder sonstiger Aufklärungen sowie die Vorlage der Bücher und Schriften jederzeit anordnen.

(BGBl 1990/475)

Kündigung der Gesellschaft; Tod des stillen Gesellschafters

§ 184. (1) [1]Auf die Kündigung der Gesellschaft durch einen der Gesellschafter oder durch einen Gläubiger des stillen Gesellschafters finden die Vorschriften der §§ 132, 134, 135 entsprechende Anwendung. [2]Wenn ein wichtiger Grund vorliegt, kann jeder Gesellschafter die Gesellschaft, mag sie auch auf bestimmte Zeit eingegangen sein, ohne Einhaltung einer Frist jederzeit kündigen. [3]Eine Vereinbarung, durch die dieses Kündigungsrecht ausgeschlossen oder beschränkt wird, ist nichtig.

(2) Durch den Tod des stillen Gesellschafters wird die Gesellschaft nicht aufgelöst.

(BGBl 1990/475)

Andere Auflösungsgründe

§ 185. (1) Wird der vereinbarte Zweck erreicht oder seine Erreichung unmöglich, so endet die stille Gesellschaft, auch wenn sie auf bestimmte Zeit eingegangen worden und diese Zeit noch nicht abgelaufen ist.

(2) [1]Die stille Gesellschaft wird ferner durch die Eröffnung des Konkursverfahrens über das Vermögen eines Gesellschafters und, wenn der Gesellschaftsvertrag nichts anderes bestimmt, durch den Tod des Inhabers des „Unternehmens"* „oder Vermögens"** aufgelöst. [2]„§ 136"* über die Fürsorgepflicht beim Tod oder Konkurs eines Gesellschafters ist sinngemäß anzuwenden. *(*BGBl I 2005/120; **BGBl I 2016/43)*

(BGBl 1990/475)

Auseinandersetzung

§ 186. (1) Nach der Auflösung der Gesellschaft hat sich der Inhaber des „Unternehmens"* „oder Vermögens"** mit dem stillen Gesellschafter auseinanderzusetzen und dessen Guthaben in Geld zu berichtigen. *(*BGBl I 2005/120; **BGBl I 2016/43)*

(2) [1]Die zur Zeit der Auflösung schwebenden Geschäfte werden von dem Inhaber des „Unternehmens"* „oder Vermögens"** abgewickelt. [2]Der stille Gesellschafter nimmt teil an dem Gewinn oder Verlust, der sich aus diesen Geschäften ergibt. *(*BGBl I 2005/120; **BGBl I 2016/43)*

(3) Er kann am Schluß jedes Geschäftsjahrs Rechenschaft über die inzwischen beendigten Geschäfte, Auszahlung des ihm gebührenden Betrags und Auskunft über den Stand der noch schwebenden Geschäfte verlangen.

(BGBl 1990/475)

Konkurs des Inhabers

§ 187. (1) Wird über das Vermögen des Inhabers des „Unternehmens"* „oder Vermögens"*** „das Konkursverfahren"** eröffnet, so kann der stille Gesellschafter wegen der Einlage, soweit sie den Betrag des auf ihn fallenden Anteils am Verlust übersteigt, seine Forderung als „Insolvenzgläubiger"** geltend machen. *(*BGBl I 2005/120; **BGBl I 2010/58; ***BGBl I 2016/43)*

(2) Ist die Einlage zum Zeitpunkt der Eröffnung des Konkursverfahrens noch nicht zur Gänze geleistet worden, so hat sie der stille Gesellschafter bis zu dem Betrag, welcher zur Deckung seines Anteils am Verlust erforderlich ist, zur Insolvenzmasse einzuzahlen. *(BGBl I 2010/58)*

(BGBl 1990/475)

Anfechtung im Insolvenzverfahren

§ 188. (1) [1]Ist auf Grund einer in dem letzten Jahr vor der Eröffnung „des Insolvenzverfahrens"** zwischen dem Inhaber des „Unternehmens"* „oder Vermögens"*** und dem stillen Gesellschafter getroffenen Vereinbarung diesem die Einlage ganz oder teilweise zurückgewährt oder sein Anteil an dem entstandenen Verlust ganz oder teilweise erlassen worden, so kann die Rückgewähr oder der Erlaß vom „Masse- oder Sanierungsverwalter"*** angefochten werden. [2]Es begründet keinen Unterschied, ob die Rückgewähr oder der Erlaß unter Auflösung der Gesellschaft stattgefunden hat oder nicht. *(*BGBl I 2005/120; **BGBl I 2010/58; ***BGBl I 2016/43)*

(2) Die Anfechtung ist ausgeschlossen, wenn „das Insolvenzverfahren“ in Umständen seinen Grund hat, die erst nach der Vereinbarung der Rückgewähr oder des Erlasses eingetreten sind. *(BGBl I 2010/58)*

(3) Die Vorschriften der „Insolvenzordnung“ über die Geltendmachung der Anfechtung und deren Wirkung finden Anwendung. *(BGBl I 2010/29)*

(BGBl 1990/475)

Drittes Buch
Rechnungslegung

Erster Abschnitt
Allgemeine Vorschriften

Erster Titel
Buchführung, Inventarerrichtung

Anwendungsbereich

§ 189. (1) Soweit in der Folge nichts anderes bestimmt wird, ist das Dritte Buch anzuwenden auf:

1. Kapitalgesellschaften; *(BGBl I 2015/22)*

2. „eingetragene“ Personengesellschaften, bei denen *(BGBl I 2016/43)*

a) alle unmittelbaren oder mittelbaren Gesellschafter mit ansonsten unbeschränkter Haftung tatsächlich nur beschränkt haftbar sind, weil sie entweder Kapitalgesellschaften im Sinn des Anhangs I der Richtlinie 2013/34/EU über den Jahresabschluss, den konsolidierten Abschluss und damit verbundene Berichte von Unternehmen bestimmter Rechtsformen und zur Änderung der Richtlinie 2006/43/EG des Europäischen Parlaments und des Rates und zur Aufhebung der Richtlinien 78/660/EWG und 83/349/EWG, ABl. Nr. L 182 vom 29. 6. 2013 S. 19 „, in der Fassung der Richtlinie 2014/102/EU des Rates vom 7. November 2014, ABl. Nr. L 334 vom 21. 11. 2014, S. 86“ (im Folgenden: Bilanz-Richtlinie), sind oder Gesellschaften sind, die nicht dem Recht eines Mitgliedstaats der Europäischen Union oder eines Vertragsstaats des Abkommens über den Europäischen Wirtschaftsraum unterliegen, aber über eine Rechtsform verfügen, die einer in Anhang I der Richtlinie 2013/34/EU genannten vergleichbar ist; „als Kapitalgesellschaften im Sinn des Anhangs I der Bilanz-Richtlinie gelten auch solche, die mittels delegierter Rechtsakte der Kommission im Sinn des Art. 1 Abs. 2 dieser Richtlinie als solche erklärt werden;“ oder *(BGBl I 2016/43)*

b) kein unbeschränkt haftender Gesellschafter eine natürliche Person oder eine Personengesellschaft mit einer natürlichen Person als unbeschränkt haftendem Gesellschafter ist oder bei denen sich die Verbindung von Gesellschaften in dieser Art fortsetzt, und die unternehmerisch tätig sind; *(BGBl I 2016/43)*
(BGBl I 2015/22)

„3.“*** alle anderen mit Ausnahme der in Abs. 4 genannten Unternehmer, „die hinsichtlich der einzelnen einheitlichen Betriebe jeweils mehr als“* „700 000“** Euro Umsatzerlöse im Geschäftsjahr erzielen. *(*BGBl I 2006/103; **BGBl I 2009/140; ***BGBl I 2015/22)*

(2) Die Rechtsfolgen des Schwellenwertes („Abs. 1 Z 3“) treten ein: *(BGBl I 2015/22)*

UGB

1. ab dem zweitfolgenden Geschäftsjahr, wenn der Schwellenwert in zwei aufeinanderfolgenden Geschäftsjahren überschritten wird; sie entfallen ab dem folgenden Geschäftsjahr, wenn er in zwei aufeinanderfolgenden Geschäftsjahren nicht mehr überschritten wird;

2. „jedoch schon ab dem folgenden Geschäftsjahr, wenn der Schwellenwert um mindestens 300 000 Euro überschritten wird“** oder wenn bei Gesamt- oder bei Einzelrechtsnachfolge in den Betrieb oder Teilbetrieb eines Unternehmens der Rechtsvorgänger zur Rechnungslegung verpflichtet war, es sei denn, dass der Schwellenwert für den übernommenen Betrieb oder Teilbetrieb in den letzten zwei aufeinanderfolgenden Geschäftsjahren nicht erreicht wurde; sie entfallen ab dem folgenden Geschäftsjahr, wenn er bei Aufgabe eines „Teilbetriebs“* um mindestens die Hälfte unterschritten wird. *(*BGBl I 2006/103; **BGBl I 2009/140)*

(3) Rechnungslegungsrechtliche Sonderbestimmungen gehen der Anwendung dieses Gesetzes vor.

(4) Das Dritte Buch ist nicht anzuwenden auf Angehörige der freien Berufe, Land- und Forstwirte sowie Unternehmer, deren Einkünfte im Sinne des § 2 Abs. 4 Z 2 EStG 1988 im Überschuss der Einnahmen über die Werbungskosten liegen, auch wenn ihre Tätigkeit im Rahmen einer eingetragenen Personengesellschaft ausgeübt wird, es sei denn, dass es sich um eine Personengesellschaft im Sinn des „Abs. 1 Z 2“ handelt. *(BGBl I 2015/22)*

(BGBl I 2005/120)

Begriffsbestimmungen

§ 189a. Für das Dritte Buch gelten folgende Begriffsbestimmungen:

1. Unternehmen von öffentlichem Interesse:

a) Unternehmen, deren übertragbare Wertpapiere zum Handel an einem geregelten Markt eines Mitgliedstaats der Europäischen Union oder eines Vertragsstaats des Abkommens über den Europäischen Wirtschaftsraum im Sinn des Art. 4 Abs. 1

Nr. 21 der Richtlinie 2014/65/EU über Märkte für Finanzinstrumente sowie zur Änderung der Richtlinien 2002/92/EG und 2011/61/EU, ABl. Nr. L 173 vom 12. 6. 2014 S. 349, zugelassen sind;

b) Kapitalgesellschaften, die Kreditinstitute im Sinn des Art. 4 Abs. 1 Nr. 1 der Verordnung (EU) Nr. 575/2013 über Aufsichtsanforderungen an Kreditinstitute und Wertpapierfirmen und zur Änderung der Verordnung (EU) Nr. 646/2012, ABl. Nr. L 176 vom 27. 6. 2013 S. 1 – mit Ausnahme der in Artikel 2 Abs. 5 der Richtlinie 2013/36/EU über den Zugang zur Tätigkeit von Kreditinstituten und die Beaufsichtigung von Kreditinstituten und Wertpapierfirmen, zur Änderung der Richtlinie 2002/87/EG und zur Aufhebung der Richtlinien 2006/48/EG und 2006/49/EG, ABl. Nr. L 176 vom 27. 6. 2013 S. 338, genannten Kreditinstitute – sind;

c) Kapitalgesellschaften, die Versicherungsunternehmen im Sinn des Art. 2 Abs. 1 der Richtlinie 91/674/EWG über den Jahresabschluss und den konsolidierten Abschluss von Versicherungsunternehmen, ABl. Nr. L 374 vom 31. 12. 1991 S. 7, sind oder

d) Unternehmen, die ungeachtet ihrer Rechtsform in einem Bundesgesetz unter Verweis auf diese Bestimmung als solche bezeichnet werden;

2. Beteiligung: Anteile an einem anderen Unternehmen, die dazu bestimmt sind, dem eigenen Geschäftsbetrieb durch Herstellung einer dauernden Verbindung zu diesem Unternehmen zu dienen; dabei ist es gleichgültig, ob die Anteile in Wertpapieren verbrieft sind oder nicht; es wird eine Beteiligung an einem anderen Unternehmen vermutet, wenn der Anteil am Kapital 20% beträgt oder darüber liegt; § 244 Abs. 4 und 5 über die Berechnung der Anteile ist anzuwenden; die Beteiligung als unbeschränkt haftender Gesellschafter an einer Personengesellschaft gilt stets als Beteiligung;

3. beizulegender Wert: der Betrag, den ein Erwerber des gesamten Unternehmens im Rahmen des Gesamtkaufpreises für den betreffenden Vermögensgegenstand oder die betreffende Schuld ansetzen würde; dabei ist davon auszugehen, dass der Erwerber das Unternehmen fortführt;

4. beizulegender Zeitwert: der Börsenkurs oder Marktpreis; im Fall von Finanzinstrumenten, deren Marktpreis sich als Ganzes nicht ohne weiteres ermitteln lässt, der aus den Marktpreisen der einzelnen Bestandteile des Finanzinstruments oder dem Marktpreis für ein gleichartiges Finanzinstrument abgeleitete Wert; falls sich bei Finanzinstrumenten ein verlässlicher Markt nicht ohne weiteres ermitteln lässt, der mit Hilfe allgemein anerkannter Bewertungsmodelle und -methoden bestimmte Wert, sofern diese Modelle und Methoden eine angemessene Annäherung an den Marktpreis gewährleisten; *(BGBl I 2019/46)*

5. Umsatzerlöse: die Beträge, die sich aus dem Verkauf von Produkten und der Erbringung von Dienstleistungen nach Abzug von Erlösschmälerungen und der Umsatzsteuer sowie von sonstigen direkt mit dem Umsatz verbundenen Steuern ergeben;

6. Mutterunternehmen: ein Unternehmen, das ein oder mehrere Tochterunternehmen im Sinn des § 244 beherrscht;

7. Tochterunternehmen: ein Unternehmen, das von einem Mutterunternehmen im Sinn des § 244 unmittelbar oder mittelbar beherrscht wird;

8. verbundene Unternehmen: zwei oder mehrere Unternehmen innerhalb einer Gruppe, wobei eine Gruppe das Mutterunternehmen und alle Tochterunternehmen bilden;

9. assoziiertes Unternehmen: ein Unternehmen, an dem ein anderes Unternehmen eine Beteiligung hält und dessen Geschäfts- und Finanzpolitik durch das andere Unternehmen maßgeblich beeinflusst wird; es wird vermutet, dass ein Unternehmen einen maßgeblichen Einfluss auf ein anderes Unternehmen ausübt, sofern jenes Unternehmen 20% oder mehr der Stimmrechte der Aktionäre oder Gesellschafter dieses Unternehmens besitzt;

10. [1]wesentlich: der Status von Informationen, wenn vernünftigerweise zu erwarten ist, dass ihre Auslassung oder fehlerhafte Angabe Entscheidungen beeinflusst, die Nutzer auf der Grundlage des Jahres- oder Konzernabschlusses treffen. [2]Die Wesentlichkeit ist von der Größe oder der spezifischen Eigenschaft des Postens oder der Fehlerhaftigkeit der Angabe abhängig. [3]Selbst wenn ein einzelner Posten für sich genommen als unwesentlich angesehen werden kann, können mehrere unwesentliche gleichartige Posten zusammen als wesentlich gelten;

11. Investmentunternehmen:

a) Unternehmen, deren einziger Zweck darin besteht, ihre Mittel in Wertpapieren oder Immobilien verschiedener Art oder in anderen Werten anzulegen mit dem einzigen Ziel, das Risiko der Investitionen zu verteilen und ihre Aktionäre oder Gesellschafter an dem Gewinn aus der Verwaltung ihres Vermögens zu beteiligen;

b) Unternehmen, die mit Unternehmen nach lit. a mit festem Kapital verbunden sind, sofern der einzige Zweck dieser verbundenen Unternehmen darin besteht, voll eingezahlte Anteile, die von den Unternehmen nach lit. a ausgegeben worden sind, zu erwerben, unbeschadet des Artikels 22 Absatz 1 Buchstabe h der Richtlinie 2012/30/EU zur Koordinierung der Schutzbestimmungen, die in den Mitgliedstaaten den Gesellschaften im Sinne des Artikels 54 Absatz 2 des Vertrages über die Arbeitsweise der Europäischen Union im Interesse der Gesellschafter sowie

Dritter für die Gründung der Aktiengesellschaft sowie für die Erhaltung und Änderung ihres Kapitals vorgeschrieben sind, um diese Bestimmungen gleichwertig zu gestalten, ABl. Nr. L 315 vom 14. 11. 2012 S. 74;

12. Beteiligungsgesellschaft: Unternehmen, deren einziger Zweck darin besteht, Beteiligungen an anderen Unternehmen zu erwerben sowie die Verwaltung und Verwertung dieser Beteiligungen wahrzunehmen, ohne dass sie unmittelbar oder mittelbar in die Verwaltung dieser Unternehmen eingreifen, unbeschadet der Rechte, die ihnen in ihrer Eigenschaft als Anteilsinhaber zustehen.

(BGBl I 2015/22)

Führung der Bücher

§ 190. (1) [1]Der Unternehmer hat Bücher zu führen und in diesen seine unternehmensbezogenen Geschäfte und die Lage seines Vermögens nach den Grundsätzen ordnungsmäßiger Buchführung ersichtlich zu machen. [2]Die Buchführung muss so beschaffen sein, dass sie einem sachverständigen Dritten innerhalb angemessener Zeit einen Überblick über die Geschäftsvorfälle und über die Lage des Unternehmens vermitteln kann. [3]Die Geschäftsvorfälle müssen sich in ihrer Entstehung und Abwicklung verfolgen lassen.

(2) [1]Bei der Führung der Bücher und bei den sonst erforderlichen Aufzeichnungen hat sich der Unternehmer einer lebenden Sprache zu bedienen. [2]Werden Abkürzungen, Zahlen, Buchstaben oder Symbole verwendet, so muss im Einzelfall deren Bedeutung eindeutig festliegen.

(3) Die Eintragungen in Büchern und die sonst erforderlichen Aufzeichnungen müssen vollständig, richtig, zeitgerecht und geordnet vorgenommen werden.

(4) [1]Eine Eintragung oder eine Aufzeichnung darf nicht in einer Weise verändert werden, dass der ursprüngliche Inhalt nicht mehr feststellbar ist. [2]Auch darf durch eine Veränderung keine Ungewissheit darüber entstehen, ob eine Eintragung oder Aufzeichnung ursprünglich oder zu einem späteren Zeitpunkt gemacht wurde.

(5) [1]Der Unternehmer kann zur ordnungsmäßigen Buchführung und zur Aufbewahrung seiner Geschäftsbriefe (§ 212 Abs. 1) Datenträger benützen. [2]Hierbei muss die inhaltsgleiche, vollständige und geordnete, hinsichtlich der in § 212 Abs. 1 genannten Schriftstücke auch die urschriftgetreue Wiedergabe bis zum Ablauf der gesetzlichen Aufbewahrungsfristen jederzeit gewährleistet sein. [3]Werden solche Schriftstücke auf elektronischem Weg übertragen, so muss ihre Lesbarkeit in geeigneter Form gesichert sein. [4]Soweit die Schriftstücke nur auf Datenträgern vorliegen, entfällt das Erfordernis der urschriftgetreuen Wiedergabe.

(BGBl I 2005/120)

Inventar

§ 191. (1) Der „Unternehmer" hat zu Beginn seines „Unternehmens" die diesem gewidmeten Vermögensgegenstände und Schulden genau zu verzeichnen und deren Wert anzugeben (Inventar). *(BGBl I 2005/120)*

(2) Er hat für den Schluß eines jeden Geschäftsjahrs ein solches Inventar aufzustellen.

(BGBl 1990/475)

Inventurverfahren

§ 192. (1) Die Vermögensgegenstände sind im Regelfall im Weg einer körperlichen Bestandsaufnahme zu erfassen.

(2) Bei der Inventur für den Schluß eines Geschäftsjahrs bedarf es einer körperlichen Bestandsaufnahme der Vermögensgegenstände für diesen Zeitpunkt nicht, soweit durch Anwendung eines den Grundsätzen ordnungsmäßiger Buchführung entsprechenden anderen Verfahrens gesichert ist, daß der Bestand der Vermögensgegenstände nach Art, Menge und Wert auch ohne die körperliche Bestandsaufnahme für diesen Zeitpunkt festgestellt werden kann.

(3) In dem Inventar für den Schluß eines Geschäftsjahrs müssen Vermögensgegenstände nicht verzeichnet werden, wenn

1. der „Unternehmer" ihren Bestand auf Grund einer körperlichen Bestandsaufnahme oder auf Grund eines gemäß Abs. 2 zulässigen anderen Verfahrens nach Art, Menge und Wert in einem besonderen Inventar verzeichnet hat, das für einen Tag innerhalb der letzten drei Monate vor oder der „ersten beiden" Monate nach dem Schluß des Geschäftsjahrs aufgestellt ist, und *(BGBl I 2005/120)*

2. auf Grund des besonderen Inventars durch Anwendung eines den Grundsätzen ordnungsmäßiger Buchführung entsprechenden Fortschreibungs- oder Rückrechnungsverfahrens gesichert ist, daß der am Schluß des Geschäftsjahrs vorhandene Bestand der Vermögensgegenstände für diesen Zeitpunkt ordnungsgemäß bewertet werden kann.

(4) [1]Bei der Inventur darf der Bestand von Vermögensgegenständen nach Art, Menge und Wert auch mit Hilfe anerkannter mathematisch-statistischer Methoden auf Grund von Stichproben ermittelt werden. [2]Das Verfahren muß den Grundsätzen ordnungsmäßiger Buchführung entsprechen. [3]Der Aussagewert des auf diese Weise aufgestellten Inventars muß dem Aussagewert eines auf Grund einer körperlichen Bestandsaufnahme aufgestellten Inventars gleichkommen.

(BGBl 1990/475)

ZWEITER TITEL
Eröffnungsbilanz, Jahresabschluß

Pflicht zur Aufstellung

§ 193. (1) Der „Unternehmer" hat zu Beginn seines „Unternehmens" eine Eröffnungsbilanz nach den Grundsätzen ordnungsmäßiger Buchführung aufzustellen. *(BGBl I 2005/120)*

(2) Er hat sodann für den Schluß eines jeden Geschäftsjahrs in den ersten neun Monaten des Geschäftsjahrs für das vorangegangene Geschäftsjahr einen Jahresabschluß aufzustellen.

(3) Die Dauer des Geschäftsjahrs darf zwölf Monate nicht überschreiten.

(4) Der Jahresabschluß besteht aus der Bilanz und der Gewinn- und Verlustrechnung; er ist in „Euro" und in deutscher Sprache unbeschadet der volksgruppenrechtlichen Bestimmungen in der jeweils geltenden Fassung aufzustellen. *(BGBl I 1998/125)*

(BGBl 1990/475)

Unterzeichnung

§ 194. [1]Der Jahresabschluß ist vom „Unternehmer" unter Beisetzung des Datums zu unterzeichnen. [2]Sind mehrere „unbeschränkt" haftende Gesellschafter vorhanden, so haben sie alle zu unterzeichnen. *(BGBl I 2005/120)*

(BGBl 1990/475)

Inhalt des Jahresabschlusses

§ 195. [1]Der Jahresabschluß hat den Grundsätzen ordnungsmäßiger Buchführung zu entsprechen. [2]Er ist klar und übersichtlich aufzustellen. [3]Er hat dem „Unternehmer" ein möglichst getreues Bild der Vermögens- und Ertragslage des Unternehmens zu vermitteln. *(BGBl I 2005/120)*

(BGBl 1990/475)

Vollständigkeit, Verrechnungsverbot

§ 196. (1) Der Jahresabschluß hat sämtliche Vermögensgegenstände, Rückstellungen, Verbindlichkeiten, Rechnungsabgrenzungsposten, Aufwendungen und Erträge zu enthalten, soweit gesetzlich nichts anderes bestimmt ist.

(2) Posten der Aktivseite dürfen nicht mit Posten der Passivseite, Aufwendungen dürfen nicht mit Erträgen, Grundstücksrechte nicht mit Grundstückslasten verrechnet werden.

(BGBl 1990/475)

Wirtschaftlicher Gehalt

§ 196a. „" Die Posten des Jahresabschlusses sind unter Berücksichtigung des wirtschaftlichen Gehalts der betreffenden Geschäftsvorfälle oder der betreffenden Vereinbarungen zu bilanzieren und darzustellen. *(BGBl I 2019/46)*

(2) *(entfällt, BGBl I 2019/46)*

(BGBl I 2015/22)

Bilanzierungsverbote

§ 197. (1) Aufwendungen für die Gründung des Unternehmens und für die Beschaffung des Eigenkapitals dürfen nicht als Aktivposten in die Bilanz eingestellt werden.

(2) Für immaterielle Gegenstände des Anlagevermögens, die nicht entgeltlich erworben wurden, darf ein Aktivposten nicht angesetzt werden.

(BGBl 1990/475)

Inhalt der Bilanz

§ 198. (1) In der Bilanz sind das Anlage- und das Umlaufvermögen, das Eigenkapital, „ " die Rückstellungen, die Verbindlichkeiten sowie die Rechnungsabgrenzungsposten gesondert auszuweisen und unter Bedachtnahme auf die Grundsätze des § 195 aufzugliedern. *(BGBl I 2015/22)*

(2) Als Anlagevermögen sind die Gegenstände auszuweisen, die bestimmt sind, dauernd dem Geschäftsbetrieb zu dienen.

(3) *(aufgehoben, BGBl I 2009/140)*

(4) Als Umlaufvermögen sind die Gegenstände auszuweisen, die nicht bestimmt sind, dauernd dem Geschäftsbetrieb zu dienen.

(5) Als Rechnungsabgrenzungsposten sind auf der Aktivseite Ausgaben vor dem Abschlußstichtag auszuweisen, soweit sie Aufwand für eine bestimmte Zeit nach diesem Tag sind.

(6) Als Rechnungsabgrenzungsposten sind auf der Passivseite Einnahmen vor dem Abschlußstichtag auszuweisen, soweit sie Ertrag für eine bestimmte Zeit nach diesem Tag sind.

(7) [1]„Ist der Rückzahlungsbetrag einer Verbindlichkeit zum Zeitpunkt ihrer Begründung höher als der Ausgabebetrag, so ist der Unterschiedsbetrag in den Rechnungsabgrenzungsposten auf der Aktivseite aufzunehmen und gesondert auszuweisen."** „ "*[2]Der eingesetzte Betrag ist durch planmäßige jährliche Abschreibung zu tilgen. *(*BGBl 1996/304; **BGBl I 2015/22)*

(8) Für Rückstellungen gilt folgendes:

1. Rückstellungen sind für ungewisse Verbindlichkeiten und für drohende Verluste aus schwebenden Geschäften zu bilden, die am Abschlußstichtag wahrscheinlich oder sicher, aber hinsichtlich ihrer Höhe oder „des Zeitpunkts" ihres Eintritts unbestimmt sind. *(BGBl I 2005/120)*

2. [1]Rückstellungen dürfen außerdem für ihrer Eigenart nach genau umschriebene, dem Geschäftsjahr oder einem früheren Geschäftsjahr zuzuordnende Aufwendungen gebildet werden, die am Abschlußstichtag wahrscheinlich oder sicher, aber hinsichtlich ihrer Höhe oder „des Zeitpunkts" ihres Eintritts unbestimmt sind. [2]Derartige Rückstellungen sind zu bilden, soweit dies den Grundsätzen ordnungsmäßiger Buchführung entspricht. *(BGBl I 2005/120)*

3. [1]Andere Rückstellungen als die gesetzlich vorgesehenen dürfen nicht gebildet werden. [2]Eine Verpflichtung zur Rückstellungsbildung besteht nicht, soweit es sich um „nicht wesentliche Beträge" handelt. *(BGBl I 2015/22)*

4. Rückstellungen sind insbesondere zu bilden für

a) Anwartschaften auf Abfertigungen,

b) laufende Pensionen und Anwartschaften auf Pensionen,

c) Kulanzen, nicht konsumierten Urlaub, Jubiläumsgelder, Heimfallasten und Produkthaftungsrisiken „, " *(BGBl I 2003/71)*

d) auf Gesetz oder Verordnung beruhende Verpflichtungen zur Rücknahme und Verwertung von Erzeugnissen. *(BGBl I 2003/71)*
(BGBl 1996/304)

(9) [1]Bestehen zwischen den unternehmensrechtlichen und den steuerrechtlichen Wertansätzen von Vermögensgegenständen, Rückstellungen, Verbindlichkeiten und Rechnungsabgrenzungsposten Differenzen, die sich in späteren Geschäftsjahren voraussichtlich abbauen, so ist bei einer sich daraus insgesamt ergebenden Steuerbelastung diese als Rückstellung für passive latente Steuern in der Bilanz anzusetzen. [2]Sollte sich eine Steuerentlastung ergeben, so haben mittelgroße und große Gesellschaften im Sinn des § 189 Abs. 1 Z 1 und 2 lit. a diese als aktive latente Steuern (§ 224 Abs. 2 D) in der Bilanz anzusetzen; kleine Gesellschaften im Sinn des § 189 Abs. 1 Z 1 und 2 dürfen dies nur tun, soweit sie die unverrechneten Be- und Entlastungen im Anhang aufschlüsseln. [3]Für künftige steuerliche Ansprüche aus steuerlichen Verlustvorträgen können aktive latente Steuern in dem Ausmaß angesetzt werden, in dem ausreichende passive latente Steuern vorhanden sind oder soweit überzeugende substantielle Hinweise vorliegen, dass ein ausreichendes zu versteuerndes Ergebnis in Zukunft zur Verfügung stehen wird; diesfalls sind in die Angabe nach § 238 Abs. 1 Z 3 auch die substantiellen Hinweise, die den Ansatz rechtfertigen, aufzunehmen. *(BGBl I 2015/22)*

(10) [1]Die Bewertung der Differenzen nach Abs. 9 ergibt sich aus der Höhe der voraussichtlichen Steuerbe- und -entlastung nachfolgender Geschäftsjahre; der Betrag ist nicht abzuzinsen. [2]Eine Saldierung aktiver latenter Steuern mit passiven latenten Steuern ist nicht vorzunehmen, soweit eine Aufrechnung der tatsächlichen Steuererstattungsansprüche mit den tatsächlichen Steuerschulden rechtlich nicht möglich ist. [3]Latente Steuern sind nicht zu berücksichtigen, soweit sie entstehen

1. aus dem erstmaligen Ansatz eines Geschäfts(Firmen)werts; oder

2. aus dem erstmaligen Ansatz eines Vermögenswerts oder einer Schuld bei einem Geschäftsvorfall, der

a) keine Umgründung im Sinn des § 202 Abs. 2 oder Übernahme im Sinn des § 203 Abs. 5 ist, und

b) zum Zeitpunkt des Geschäftsvorfalls weder das bilanzielle Ergebnis vor Steuern noch das zu versteuernde Ergebnis (den steuerlichen Verlust) beeinflusst;

3. in Verbindung mit Anteilen an Tochterunternehmen, assoziierten Unternehmen oder Gemeinschaftsunternehmen im Sinn des § 262 Abs. 1, wenn das Mutterunternehmen in der Lage ist, den zeitlichen Verlauf der Auflösung der temporären Differenzen zu steuern, und es wahrscheinlich ist, dass sich die temporäre Differenz in absehbarer Zeit nicht auflösen wird.

[4]Die ausgewiesenen Posten sind aufzulösen, soweit die Steuerbe- oder -entlastung eintritt oder mit ihr nicht mehr zu rechnen ist. [5]Der Aufwand oder Ertrag aus der Veränderung bilanzierter latenter Steuern ist in der Gewinn- und Verlustrechnung gesondert unter dem Posten „Steuern vom Einkommen und vom Ertrag" auszuweisen. *(BGBl I 2015/22)*

(BGBl 1990/475)

UGB

Haftungsverhältnisse

§ 199. Unter der Bilanz sind Verbindlichkeiten aus der Begebung und Übertragung von Wechseln, Bürgschaften, Garantien sowie sonstigen vertraglichen Haftungsverhältnissen, soweit sie nicht auf der Passivseite auszuweisen sind, zu vermerken, auch wenn ihnen gleichwertige Rückgriffsforderungen gegenüberstehen.

(BGBl 1996/304)

Inhalt der Gewinn- und Verlustrechnung

§ 200. [1]In der Gewinn- und Verlustrechnung sind die Erträge und Aufwendungen unter Bedachtnahme auf die Grundsätze des § 195 aufzugliedern. [2]Der Jahresüberschuß (Jahresfehlbetrag) und der Bilanzgewinn (Bilanzverlust) sind gesondert auszuweisen.

(BGBl 1990/475)

DRITTER TITEL
Ansatz und Bewertung

Allgemeine Grundsätze

§ 201. (1) Die Bewertung hat den Grundsätzen ordnungsmäßiger Buchführung zu entsprechen.

(2) Insbesondere gilt folgendes:

1. Die auf den vorhergehenden Jahresabschluß angewendeten „Bilanzierungs- und Bewertungsmethoden" sind beizubehalten. *(BGBl I 2015/22)*

2. Bei der Bewertung ist von der Fortführung des Unternehmens auszugehen, solange dem nicht tatsächliche oder rechtliche Gründe entgegenstehen.

3. Die Vermögensgegenstände und Schulden sind zum Abschlußstichtag einzeln zu bewerten.

4. Der Grundsatz der Vorsicht ist einzuhalten, insbesondere sind

a) nur die am Abschlußstichtag verwirklichten Gewinne auszuweisen,

b) erkennbare Risken und drohende Verluste, die in dem Geschäftsjahr oder einem früheren Geschäftsjahr entstanden sind, zu berücksichtigen, selbst wenn die Umstände erst zwischen dem Abschlußstichtag und dem Tag der Aufstellung des Jahresabschlusses bekannt geworden sind,

c) Wertminderungen unabhängig davon zu berücksichtigen, ob das Geschäftsjahr mit einem Gewinn oder einem Verlust abschließt.

5. Aufwendungen und Erträge des Geschäftsjahrs sind unabhängig vom Zeitpunkt der entsprechenden Zahlungen im Jahresabschluß zu berücksichtigen.

6. Die Eröffnungsbilanz des Geschäftsjahrs muß mit der Schlußbilanz des vorhergehenden Geschäftsjahrs übereinstimmen.

7. [1]Ist die Bestimmung eines Wertes nur auf Basis von Schätzungen möglich, so müssen diese auf einer umsichtigen Beurteilung beruhen. [2]Liegen statistisch ermittelbare Erfahrungswerte aus gleich gelagerten Sachverhalten vor, so sind diese zu berücksichtigen. *(BGBl I 2015/22)*

„ " *(BGBl I 2015/22)*

(3) [1]Ein Abweichen von diesen Grundsätzen ist nur bei Vorliegen besonderer Umstände und unter Beachtung der in § 195 dritter Satz beschriebenen Zielsetzung, bei Gesellschaften im Sinn des § 189 Abs. 1 Z 1 und 2 nur unter Beachtung der in § 222 Abs. 2 erster Satz umschriebenen Zielsetzung zulässig. [2]Die angeführten Gesellschaften haben die Abweichung im Anhang anzugeben, zu begründen und ihren Einfluss auf die Vermögens-, Finanz- und Ertragslage des Unternehmens darzulegen. *(BGBl I 2015/22)*

(BGBl 1996/304)

Bewertung von Einlagen und Zuwendungen sowie Entnahmen

§ 202. (1) [1]Einlagen und Zuwendungen sowie Entnahmen sind mit dem Wert anzusetzen, der ihnen im Zeitpunkt ihrer Leistung beizulegen ist, soweit sich nicht aus der Nutzungsmöglichkeit im Unternehmen ein geringerer Wert ergibt. [2]„Werden Betriebe oder Teilbetriebe eingelegt oder zugewendet, so gilt § 203 Abs. 5 sinngemäß." *(BGBl 1993/458)*

(2) [1]Bei Umgründungen (Verschmelzungen, Umwandlungen, Einbringungen, Zusammenschlüssen, Realteilungen und Spaltungen) gilt folgendes:

1. [1]Abweichend von Abs. 1 dürfen die Buchwerte aus dem letzten Jahresabschluß oder einer Zwischenbilanz, die nach den auf den letzten Jahresabschluß angewandten Bilanzierungs- und Bewertungsmethoden zu erstellen ist, fortgeführt werden. [2]Der Stichtag der zugrundegelegten Bilanz darf höchstens neun Monate vor der Anmeldung zum Firmenbuch liegen; ist eine Anmeldung zum Firmenbuch nicht vorgesehen, so ist der Tag des Abschlusses der zugrundeliegenden Vereinbarung maßgeblich. [3]War der Rechtsvorgänger (der Übertragende) zur Führung von Büchern nicht verpflichtet, dürfen die steuerrechtlichen Werte angesetzt werden.

2. Übersteigt der Gesamtbetrag der Gegenleistung die fortgeführten Werte nach Z 1, so darf der Unterschiedsbetrag unter die Posten des Anlagevermögens aufgenommen werden; der Gesamtbetrag der Gegenleistung ergibt sich aus dem „ " Gesamtausgabebetrag der neuen Anteile, dem Buchwert eigener oder untergehender Anteile und den baren Zuzahlungen. *(BGBl I 1998/125)*

3. [1]Jener Teil des Unterschiedsbetrags, der den Aktiven und Passiven des übertragenen Vermögens zugeordnet werden kann, ist als Umgründungsmehrwert gesondert auszuweisen; auf diesen Wert sind die für Vermögensgegenstände und Schulden geltenden Bestimmungen anzuwenden. [2]Ein danach verbleibender Restbetrag darf als Firmenwert angesetzt werden.
(BGBl 1993/458)

(BGBl 1990/475)

Wertansätze für Gegenstände des Anlagevermögens; Anschaffungs- und Herstellungskosten

§ 203. (1) Gegenstände des Anlagevermögens sind mit den Anschaffungs- oder Herstellungskosten, vermindert um Abschreibungen gemäß § 204, anzusetzen.

(2) [1]Anschaffungskosten sind die Aufwendungen, die geleistet werden, um einen Vermögensgegenstand zu erwerben und ihn in einen betriebsbereiten Zustand zu versetzen, soweit sie dem Vermögensgegenstand einzeln zugeordnet werden

können. [2]Zu den Anschaffungskosten gehören auch die Nebenkosten sowie die nachträglichen Anschaffungskosten. [3]Anschaffungspreisminderungen sind abzusetzen.

(3) [1]Herstellungskosten sind die Aufwendungen, die für die Herstellung eines Vermögensgegenstandes, seine Erweiterung oder für eine über seinen ursprünglichen Zustand hinausgehende wesentliche Verbesserung entstehen. [2] „Bei der Berechnung der Herstellungskosten sind auch angemessene Teile dem einzelnen Erzeugnis nur mittelbar zurechenbarer fixer und variabler Gemeinkosten in dem Ausmaß, wie sie auf den Zeitraum der Herstellung entfallen, einzurechnen.“ [3]Sind die Gemeinkosten durch offenbare Unterbeschäftigung überhöht, so dürfen nur die einer durchschnittlichen Beschäftigung entsprechenden Teile dieser Kosten eingerechnet werden. [4]Aufwendungen für Sozialeinrichtungen des Betriebes, für freiwillige Sozialleistungen, für betriebliche Altersversorgung und Abfertigungen dürfen eingerechnet werden. [5]Kosten der allgemeinen Verwaltung und des Vertriebes dürfen nicht in die Herstellungskosten einbezogen werden. *(BGBl I 2015/22)*

(4) [1]Zinsen für Fremdkapital, das zur Finanzierung der Herstellung von Gegenständen des Anlage- oder des Umlaufvermögens verwendet wird, dürfen im Rahmen der Herstellungskosten angesetzt werden, soweit sie auf den Zeitraum der Herstellung entfallen. [2]Die Anwendung dieses Wahlrechts ist im Anhang anzugeben; mittelgroße und große Gesellschaften (§ 221 Abs. 2 und 3) haben außerdem im Anhang den insgesamt nach dieser Bestimmung im Geschäftsjahr aktivierten Betrag anzugeben. *(BGBl I 2015/22)*

(5) [1]Als Geschäfts(Firmen)wert ist der Unterschiedsbetrag anzusetzen, um den die Gegenleistung für die Übernahme eines Betriebes die Werte der einzelnen Vermögensgegenstände abzüglich der Schulden im Zeitpunkt der Übernahme übersteigt. [2]Die Abschreibung des Geschäfts(Firmen)werts ist planmäßig auf die Geschäftsjahre, in denen er voraussichtlich genutzt wird, zu verteilen. „[3]In Fällen, in denen die Nutzungsdauer des Geschäfts(Firmen)werts nicht verlässlich geschätzt werden kann, ist der Geschäfts(Firmen)wert über 10 Jahre gleichmäßig verteilt abzuschreiben. [4]Im Anhang ist der Zeitraum zu erläutern, über den der Geschäfts(Firmen)wert abgeschrieben wird.“ *(BGBl I 2009/140; BGBl I 2015/22)*

(BGBl 1990/475)

Abschreibungen im Anlagevermögen

§ 204. (1) [1]Die Anschaffungs- oder Herstellungskosten sind bei den Gegenständen des Anlagevermögens, deren Nutzung zeitlich begrenzt ist, um planmäßige Abschreibungen zu vermindern. [2]Der Plan muß die Anschaffungs- oder Herstellungskosten auf die Geschäftsjahre verteilen, in denen der Vermögensgegenstand voraussichtlich wirtschaftlich genutzt werden kann.

(1a) Anschaffungs- oder Herstellungskosten geringwertiger Vermögensgegenstände des abnutzbaren Anlagevermögens dürfen im Jahr ihrer Anschaffung oder Herstellung voll abgeschrieben werden. *(BGBl I 2015/22)*

(2) [1]„Gegenstände des Anlagevermögens sind bei voraussichtlich dauernder Wertminderung ohne Rücksicht darauf, ob ihre Nutzung zeitlich begrenzt ist, außerplanmäßig auf den niedrigeren am Abschlussstichtag beizulegenden Wert abzuschreiben „ “**“*. [2]Bei Finanzanlagen dürfen solche Abschreibungen auch vorgenommen werden, wenn die Wertminderung voraussichtlich nicht von Dauer ist. *(BGBl 1996/304; *BGBl I 2015/22; **BGBl I 2019/46)*

(3) *(aufgehoben, BGBl 1996/304)*

(BGBl 1990/475)

§ 205. *(entfällt samt Überschrift, BGBl I 2015/22)*

Wertansätze für Gegenstände des Umlaufvermögens

§ 206. (1) Gegenstände des Umlaufvermögens sind mit den Anschaffungs- oder Herstellungskosten, vermindert um Abschreibungen gemäß § 207, anzusetzen.

(2) Auf die Feststellung der Anschaffungs- und Herstellungskosten ist § 203 Abs. 2 bis 4 sinngemäß anzuwenden.

(3) [1]Führt in Ausnahmefällen das Verbot der Einbeziehung von Kosten der allgemeinen Verwaltung und des Vertriebs (§ 203 Abs. 3 letzter Satz) dazu, dass ein möglichst getreues Bild der Vermögens-, Finanz- und Ertragslage auch mit zusätzlichen Anhangangaben (§ 222 Abs. 2) nicht vermittelt werden kann, so können bei Aufträgen, deren Ausführung sich über mehr als zwölf Monate erstreckt, angemessene Teile der Verwaltungs- und Vertriebskosten angesetzt werden, falls eine verlässliche Kostenrechnung vorliegt und soweit aus der weiteren Auftragsabwicklung keine Verluste drohen. [2]Die Anwendung dieser Bestimmung ist im Anhang anzugeben und zu begründen und ihr Einfluss auf die Vermögens-, Finanz- und Ertragslage der Gesellschaft darzulegen; gleichzeitig ist der insgesamt über die Herstellungskosten hinaus angesetzte Betrag anzugeben. *(BGBl I 2015/22)*

(BGBl 1990/475)

Abschreibungen auf Gegenstände des Umlaufvermögens

§ 207. [1]Bei Gegenständen des Umlaufvermögens sind Abschreibungen vorzunehmen, um sie mit dem Wert anzusetzen, der sich aus dem niedrigeren Börsenkurs oder Marktpreis am Abschlussstichtag ergibt. [2]Ist ein Börsenkurs oder Marktpreis nicht festzustellen und übersteigen die Anschaffungs- oder Herstellungskosten den beizulegenden Wert, so ist der Vermögensgegenstand auf diesen Wert abzuschreiben.

(BGBl I 2019/46)

Wertaufholung

§ 208. (1) Wird bei einem Vermögensgegenstand eine Abschreibung gemäß § 204 Abs. 2 oder § 207 vorgenommen und stellt sich in einem späteren Geschäftsjahr heraus, daß die Gründe dafür nicht mehr bestehen, so ist der Betrag dieser Abschreibung im Umfang der Werterhöhung unter Berücksichtigung der Abschreibungen, die inzwischen vorzunehmen gewesen wären, zuzuschreiben.

(2) Abs. 1 gilt nicht bei Abschreibungen des Geschäfts(Firmen)werts. *(BGBl I 2015/22)*

(3) *(entfällt, BGBl I 2015/22)*

(BGBl 1996/304)

Bewertungsvereinfachungsverfahren

§ 209. (1) [1]Gegenstände des Sachanlagevermögens sowie Roh-, Hilfs- und Betriebsstoffe können, wenn sie regelmäßig ersetzt werden und ihr Gesamtwert „nicht wesentlich" ist, mit einem gleichbleibenden Wert angesetzt werden, sofern ihr Bestand voraussichtlich in seiner Größe, seinem Wert und seiner Zusammensetzung nur geringen Veränderungen unterliegt. [2]Jedoch ist mindestens alle fünf Jahre eine Bestandsaufnahme durchzuführen. [3]Ergibt sich dabei eine wesentliche Änderung des mengenmäßigen Bestandes, so ist insoweit der Wert anzupassen. *(BGBl I 2015/22)*

(2) [1]Gleichartige Gegenstände des Finanzanlage- und des Vorratsvermögens, Wertpapiere (Wertrechte) sowie andere gleichartige oder annähernd gleichwertige bewegliche Vermögensgegenstände können jeweils zu einer Gruppe zusammengefaßt und mit dem gewogenen Durchschnittswert angesetzt werden. [2]Soweit es den Grundsätzen ordnungsmäßiger Buchführung entspricht, kann für den Wertansatz gleichartiger Vermögensgegenstände des Vorratsvermögens unterstellt werden, daß die zuerst oder zuletzt angeschafften oder hergestellten Vermögensgegenstände zuerst oder in einer sonstigen bestimmten Folge verbraucht oder veräußert worden sind.

(BGBl 1990/475)

§ 210. *(aufgehoben samt Überschrift, BGBl I 2009/140)*

Wertansätze von Passivposten

§ 211. (1) [1]Verbindlichkeiten sind zu ihrem Erfüllungsbetrag, Rentenverpflichtungen zum Barwert der zukünftigen Auszahlungen anzusetzen. [2]Rückstellungen sind mit dem Erfüllungsbetrag anzusetzen, der bestmöglich zu schätzen ist. [3]Rückstellungen für „Pensionen" oder vergleichbare langfristig fällige Verpflichtungen sind mit dem sich nach versicherungsmathematischen Grundsätzen ergebenden Betrag anzusetzen.[4]„Für Rückstellungen für Abfertigungsverpflichtungen, Jubiläumsgeldzusagen oder vergleichbare langfristig fällige Verpflichtungen kann der Betrag auch durch eine finanzmathematische Berechnung ermittelt werden, sofern dagegen im Einzelfall keine erheblichen Bedenken bestehen." *(BGBl I 2019/46)*

(2) [1]Rückstellungen mit einer Restlaufzeit von mehr als einem Jahr sind mit einem marktüblichen Zinssatz abzuzinsen. [2]Bei Rückstellungen für Abfertigungsverpflichtungen, Pensionen, Jubiläumsgeldzusagen oder vergleichbare langfristig fällige Verpflichtungen kann ein durchschnittlicher Marktzinssatz angewendet werden, der sich bei einer angenommenen Restlaufzeit von 15 Jahren ergibt, sofern dagegen im Einzelfall keine erheblichen Bedenken bestehen.

(BGBl I 2015/22)

VIERTER TITEL

Aufbewahrung und Vorlage von Unterlagen

Aufbewahrungspflicht, Aufbewahrungsfrist

§ 212. (1) Der „Unternehmer"* hat seine „Bücher"*, Inventare, Eröffnungsbilanzen, Jahresabschlüsse samt den Lageberichten, Konzernabschlüsse samt den Konzernlageberichten, empfangene „Geschäftsbriefe"*, Abschriften der abgesendeten „Geschäftsbriefe"* und Belege für Buchungen in den von ihm gemäß „§ 190"** zu führenden Büchern (Buchungsbelege) sieben Jahre lang geordnet aufzubewahren; darüber hinaus noch solange, als sie für ein anhängiges gerichtliches oder behördliches Verfahren, in dem der „Unternehmer"* Parteistellung hat, von Bedeutung sind. *(*BGBl I 2005/120; **BGBl I 2015/22)*

(2) Die Frist läuft vom Schluß des Kalenderjahrs an, für das die letzte „Bucheintragung" vorgenommen, das Inventar aufgestellt, die Eröffnungsbilanz und der Jahresabschluß festgestellt, der Konzernabschluß aufgestellt oder der „Geschäftsbrief" empfangen oder abgesendet worden ist. *(BGBl I 2005/120)*

(BGBl 1990/475)

Vorlage im Rechtsstreit

§ 213. (1) Im Laufe eines Rechtsstreits kann das Gericht auf Antrag oder von Amts wegen die Vorlage der „Bücher“ einer Partei anordnen. *(BGBl I 2005/120)*

(2) Die Vorschriften der Zivilprozeßordnung über die Verpflichtung des Prozeßgegners zur Vorlage von Urkunden bleiben unberührt.

(BGBl 1990/475)

Auszug bei Vorlage im Rechtsstreit

§ 214. [1]Werden in einem Rechtsstreit „Bücher“ vorgelegt, so ist in sie, soweit sie den Streitpunkt betreffen, unter Zuziehung der Parteien Einsicht zu nehmen und geeignetenfalls ein Auszug davon anzufertigen. [2]Der übrige Inhalt der Bücher ist dem Gericht insoweit offenzulegen, als es zur Prüfung ihrer ordnungsmäßigen Führung notwendig ist. *(BGBl I 2005/120)*

(BGBl 1990/475)

Vorlage bei Vermögensauseinandersetzungen

§ 215. Bei Vermögensauseinandersetzungen, insbesondere in Erbschafts-, Gütergemeinschafts- und Gesellschaftsteilungssachen, darf das Gericht die Vorlage der „Bücher“ zur Kenntnisnahme von ihrem ganzen Inhalt anordnen. *(BGBl I 2005/120)*

(BGBl 1990/475)

Vorlage von Unterlagen auf Datenträgern

§ 216. Wer Eintragungen oder Aufbewahrungen in der Form des „§ 190 Abs. 5“ vorgenommen hat, muß, soweit er zur Einsichtgewährung verpflichtet ist, auf seine Kosten innerhalb angemessener Frist diejenigen Hilfsmittel zur Verfügung stellen, die notwendig sind, um die Unterlagen lesbar zu machen, und, soweit erforderlich, die benötigte Anzahl ohne Hilfsmittel lesbarer, dauerhafter Wiedergaben beibringen. *(BGBl I 2015/22)*

(BGBl 1990/475)

§§ 217 bis 220. *(Diese Paragraphen sind derzeit nicht belegt. Fortsetzung mit § 221.)*

ZWEITER ABSCHNITT
Ergänzende Vorschriften für Kapitalgesellschaften

ERSTER TITEL
Größenklassen

Umschreibung

§ 221. (1) Kleine Kapitalgesellschaften sind solche, die mindestens zwei der drei nachstehenden Merkmale nicht überschreiten:

1. „5 Millionen“ Euro Bilanzsumme; *(BGBl I 2008/70; BGBl I 2015/22)*

2. „10 Millionen“ Euro Umsatzerlöse in den zwölf Monaten vor dem Abschlussstichtag; *(BGBl I 2008/70; BGBl I 2015/22)*

3. im Jahresdurchschnitt 50 Arbeitnehmer.

(1a) Kleinstkapitalgesellschaften sind kleine Kapitalgesellschaften, die keine Investmentunternehmen oder Beteiligungsgesellschaften sind und mindestens zwei der drei nachstehenden Merkmale nicht überschreiten:

1. 350.000 Euro Bilanzsumme;

2. 700.000 Euro Umsatzerlöse in den zwölf Monaten vor dem Abschlussstichtag;

3. im Jahresdurchschnitt 10 Arbeitnehmer. *(BGBl I 2015/22)*

(2) Mittelgroße Kapitalgesellschaften sind solche, die mindestens zwei der drei in Abs. 1 bezeichneten Merkmale überschreiten und mindestens zwei der drei nachstehenden Merkmale nicht überschreiten:

1. „20 Millionen“ Euro Bilanzsumme; *(BGBl I 2008/70; BGBl I 2015/22)*

2. „40 Millionen“ Euro Umsatzerlöse in den zwölf Monaten vor dem Abschlussstichtag; *(BGBl I 2008/70; BGBl I 2015/22)*

3. im Jahresdurchschnitt 250 Arbeitnehmer.

(3) [1]Große Kapitalgesellschaften sind solche, die mindestens zwei der drei in Abs. 2 bezeichneten Merkmale überschreiten. [2]„Ein Unternehmen von öffentlichem Interesse (§ 189a Z 1) gilt stets als große Kapitalgesellschaft.“ *(BGBl I 2004/161; BGBl I 2015/22)*

(4) [1]Die Rechtsfolgen der Größenmerkmale (Abs. 1 bis Abs. 3 erster Satz) treten ab dem folgenden Geschäftsjahr ein, wenn diese Merkmale an den Abschlussstichtagen von zwei aufeinanderfolgenden Geschäftsjahren überschritten beziehungsweise nicht mehr überschritten werden. [2]Im Falle der Neugründung und Umgründung (Verschmelzung, Umwandlung, Einbringung, Zusammenschluss, Realteilung oder Spaltung) außer bei einer rechtsformwechselnden Umwandlung treten die Rechtsfolgen bereits ein, wenn die Größenmerkmale am ersten Abschlussstichtag nach der

Neugründung oder Umgründung vorliegen; dies gilt auch bei der Aufgabe eines Betriebes oder eines Teilbetriebes, wenn die Größenmerkmale um mindestens die Hälfte unterschritten werden. *(BGBl I 2015/22)*

(4a) Aktiengesellschaften, die Mutterunternehmen (§ 189a Z 6) sind, haben die Schwellenwerte nach den Abs. 1 bis 2 auf konsolidierter oder aggregierter Basis zu berechnen. *(BGBl I 2015/22)*

(5) [1]Eine Personengesellschaft im Sinn des § 189 Abs. 1 Z 2 unterliegt hinsichtlich der in den §§ 222 bis 227, § 229 Abs. 1 bis 3, „§§ 231 bis 243c" und §§ 268 bis 285 geregelten Tatbestände den der Rechtsform ihres unbeschränkt haftenden Gesellschafters entsprechenden Rechtsvorschriften; ist dieser keine Kapitalgesellschaft, so gelten die Vorschriften für Gesellschaften mit beschränkter Haftung. „[2]Dies gilt bei Unternehmen von öffentlichem Interesse im Sinn des § 189a Z 1 lit. a und d auch für die Einrichtung eines Aufsichtsrates sowie eines Prüfungsausschusses. [3]Die Einordnung in die Größenklassen nach Abs. 1 bis 4a, 6 und 7 erfolgt nach den maßgeblichen Kennzahlen der Personengesellschaft selbst." *(BGBl I 2015/22; BGBl I 2016/43)*

(6) Der Durchschnitt der Arbeitnehmeranzahl bestimmt sich nach der Arbeitnehmeranzahl an den jeweiligen Monatsletzten innerhalb des Geschäftsjahrs.

(7) Der Bundesminister für Justiz wird ermächtigt, in Umsetzung von Rechtsvorschriften der Europäischen Union durch Verordnung an Stelle der in „Abs. 1 bis 2" angeführten Merkmale andere Zahlen festzusetzen. *(BGBl I 2004/161; BGBl I 2015/22)*

(BGBl 1996/304)

ZWEITER TITEL

Allgemeine Vorschriften über den Jahresabschluss, den Lagebericht sowie den Corporate Governance-Bericht und den Bericht über Zahlungen an staatliche Stellen

Inhalt des Jahresabschlusses

§ 222. (1) [1]Die gesetzlichen Vertreter einer Kapitalgesellschaft haben in den ersten fünf Monaten des Geschäftsjahrs für das vorangegangene Geschäftsjahr den um den Anhang erweiterten Jahresabschluss, einen Lagebericht sowie gegebenenfalls „ " einen Corporate Governance-Bericht „und einen Bericht über Zahlungen an staatliche Stellen" aufzustellen und den Mitgliedern des Aufsichtsrats vorzulegen. [2]Der Jahresabschluss, der Lagebericht sowie der Corporate Governance-Bericht „und der Bericht über Zahlungen an staatliche Stellen" sind von sämtlichen gesetzlichen Vertretern zu unterzeichnen. *(BGBl I 2008/70; BGBl I 2015/22)*

(2) [1]Der Jahresabschluß hat ein möglichst getreues Bild der Vermögens-, Finanz- und Ertragslage des Unternehmens zu vermitteln. [2]Wenn dies aus besonderen Umständen nicht gelingt, sind im Anhang die erforderlichen zusätzlichen Angaben zu machen.

(3) [1]Führt in Ausnahmefällen die Anwendung einer in diesem Bundesgesetz festgelegten Rechnungslegungsvorschrift dazu, dass ein möglichst getreues Bild der Vermögens-, Finanz- und Ertragslage des Unternehmens auch mit zusätzlichen Angaben nach Abs. 2 nicht vermittelt werden kann, so kann durch Verordnung angeordnet werden, dass die betreffende Bestimmung insoweit nicht anzuwenden ist, als dies erforderlich ist, um ein möglichst getreues Bild der Vermögens-, Finanz- und Ertragslage des Unternehmens zu vermitteln. [2]Eine solche Verordnung ist vom Bundesminister für Justiz im Einvernehmen mit dem Bundesminister für Finanzen zu erlassen; sie hat die Ausnahmefälle zu definieren und vorzugeben, in welcher Art und welchem Ausmaß von der Bestimmung abgewichen werden muss, sowie die erforderlichen Anhangangaben zu regeln. *(BGBl I 2015/22)*

(BGBl 1990/475)

Allgemeine Grundsätze für die Gliederung

§ 223. (1) [1]Die einmal gewählte Form der Darstellung, insbesondere die Gliederung der aufeinanderfolgenden Bilanzen und Gewinn- und Verlustrechnungen, ist beizubehalten. [2]Ein Abweichen von diesem Grundsatz ist nur unter Beachtung der im § 222 Abs. 2 umschriebenen Zielsetzung zulässig. [3]Die Abweichungen sind im Anhang anzugeben und zu begründen.

(2) [1]Im Jahresabschluß ist zu jedem Posten der entsprechende Betrag des vorangegangenen Geschäftsjahrs zumindest „in vollen 1 000 Euro" anzugeben; dies gilt auch für die gesondert anzumerkenden Posten. [2]Sind die Beträge nicht vergleichbar, so ist dies im Anhang anzugeben und zu erläutern. [3]Wird der Vorjahresbetrag angepaßt, so ist auch dies im Anhang anzugeben und zu erläutern. *(BGBl I 2001/41)*

(3) [1]Betreibt eine Gesellschaft mehrere Geschäftszweige und bedingt dies die Gliederung des Jahresabschlusses nach verschiedenen Gliederungsvorschriften, so hat die Gesellschaft den Jahresabschluß nach der für den wirtschaftlich bedeutendsten Geschäftszweig vorgeschriebenen Gliederung aufzustellen und nach der für seine anderen Geschäftszweige jeweils vorgeschriebenen Gliederung zu ergänzen „." [2]„Gesellschaften, die nicht klein sind, haben die Ergänzung im Anhang anzugeben und zu begründen." *(BGBl I 2015/22)*

(4) [1]Eine weitere Untergliederung der Posten ist zulässig; dabei ist jedoch die vorgeschriebene

Gliederung zu beachten. [2]Zusätzliche Posten „und Zwischensummen“ dürfen hinzugefügt werden, wenn ihr Inhalt nicht von einem vorgeschriebenen Posten gedeckt wird. [3]Die Aufnahme weiterer zusätzlicher Posten ist geboten, soweit es zur Erreichung der im § 222 Abs. 2 umschriebenen Zielsetzung erforderlich ist. [4]Die Postenbezeichnungen sind auf die tatsächlichen Inhalte zu verkürzen. *(BGBl I 2015/22)*

(5) Fällt ein Vermögensgegenstand oder eine Verbindlichkeit unter mehrere Posten der Bilanz, so ist die Zugehörigkeit auch zu anderen Posten bei dem Posten, unter dem der Ausweis erfolgt ist, zu vermerken oder im Anhang anzugeben, wenn dies zur Aufstellung eines klaren und übersichtlichen Jahresabschlusses erforderlich ist.

(6) Die mit arabischen Zahlen versehenen Posten der Bilanz und die mit Buchstaben gekennzeichneten Posten der Gewinn- und Verlustrechnung können zusammengefaßt werden, wenn

1. sie einen Betrag enthalten, der für die Vermittlung eines möglichst getreuen Bildes der Vermögens-, Finanz- und Ertragslage der Gesellschaft nicht wesentlich ist, oder

2. dadurch die Klarheit der Darstellung verbessert wird; in diesem Fall müssen die zusammengefaßten Posten jedoch im Anhang ausgewiesen werden.
(BGBl 1996/304)

(7) Ein Posten der Bilanz oder der Gewinn- und Verlustrechnung, der keinen Betrag ausweist, braucht nicht angeführt zu werden, es sei denn, daß im vorangegangenen Geschäftsjahr unter diesem Posten ein Betrag ausgewiesen wurde.

(8) [1]Gliederung und Bezeichnung der mit arabischen Zahlen versehenen Posten der Bilanz und der Gewinn- und Verlustrechnung sind zu ändern, wenn dies wegen Besonderheiten der Kapitalgesellschaft zur Aufstellung eines klaren und übersichtlichen Jahresabschlusses erforderlich ist. [2]Der Bundesminister für Justiz kann im Einvernehmen mit dem in seinem Wirkungsbereich berührten Bundesminister verbindliche Formblätter durch Verordnung festlegen.

(BGBl 1990/475)

DRITTER TITEL
Bilanz

Gliederung

§ 224. (1) In der Bilanz sind, unbeschadet einer weiteren Gliederung, die in den Abs. 2 und 3 angeführten Posten gesondert und in der vorgeschriebenen Reihenfolge auszuweisen.

(2) Aktivseite:
A. Anlagevermögen:
I. Immaterielle Vermögensgegenstände:

1. Konzessionen, gewerbliche Schutzrechte und ähnliche Rechte und Vorteile sowie daraus abgeleitete Lizenzen;

2. Geschäfts(Firmen)wert;

3. geleistete Anzahlungen;

II. Sachanlagen:

1. Grundstücke, grundstücksgleiche Rechte und Bauten, einschließlich der Bauten auf fremdem Grund;

2. technische Anlagen und Maschinen;

3. andere Anlagen, Betriebs- und Geschäftsausstattung;

4. geleistete Anzahlungen und Anlagen in Bau;

III. Finanzanlagen:

1. Anteile an verbundenen Unternehmen;

2. Ausleihungen an verbundene Unternehmen;

3. Beteiligungen;

4. Ausleihungen an Unternehmen, mit denen ein Beteiligungsverhältnis besteht;

5. Wertpapiere (Wertrechte) des Anlagevermögens;

6. sonstige Ausleihungen.

B. Umlaufvermögen:
I. Vorräte:

1. Roh-, Hilfs- und Betriebsstoffe;

2. unfertige Erzeugnisse;

3. fertige Erzeugnisse und Waren;

4. noch nicht abrechenbare Leistungen;

5. geleistete Anzahlungen;

II. Forderungen und sonstige Vermögensgegenstände:

1. Forderungen aus Lieferungen und Leistungen;

2. Forderungen gegenüber verbundenen Unternehmen;

3. Forderungen gegenüber Untenehmen, mit denen ein Beteiligungsverhältnis besteht;

4. sonstige Forderungen und Vermögensgegenstände;

III. Wertpapiere und Anteile:

1. Anteile an verbundenen Unternehmen;

2. sonstige Wertpapiere und Anteile;

IV. Kassenbestand, Schecks, Guthaben bei Kreditinstituten.
C. Rechnungsabgrenzungsposten.
„D. Aktive latente Steuern.“
(BGBl 1996/304; BGBl I 2015/22)

(3) Passivseite:
A. Eigenkapital:
I. „eingefordertes“** Nennkapital (Grund-, Stammkapital);
II. Kapitalrücklagen:

UGB

1. gebundene;

2. nicht gebundene;

III. Gewinnrücklagen:

1. gesetzliche Rücklage;

2. satzungsmäßige Rücklagen;

3. andere Rücklagen (freie Rücklagen);

IV. Bilanzgewinn (Bilanzverlust), davon Gewinnvortrag/Verlustvortrag.
„ “*

„B.“* Rückstellungen:

1. Rückstellungen für Abfertigungen;

2. Rückstellungen für Pensionen;

3. Steuerrückstellungen;

4. sonstige Rückstellungen.

„C.“* Verbindlichkeiten:

1. Anleihen, davon konvertibel;

2. Verbindlichkeiten gegenüber Kreditinstituten;

3. erhaltene Anzahlungen auf Bestellungen;

4. Verbindlichkeiten aus Lieferungen und Leistungen;

5. Verbindlichkeiten aus der Annahme gezogener Wechsel und der Ausstellung eigener Wechsel;

6. Verbindlichkeiten gegenüber verbundenen Unternehmen;

7. Verbindlichkeiten gegenüber Unternehmen, mit denen ein Beteiligungsverhältnis besteht;

8. sonstige Verbindlichkeiten, davon aus Steuern, davon im Rahmen der sozialen Sicherheit.

„D.“* Rechnungsabgrenzungsposten.
*(BGBl 1996/304; *BGBl I 2015/22; **BGBl I 2016/43)*

(BGBl 1990/475)

Vorschriften zu einzelnen Posten der Bilanz

§ 225. (1) [1]„Ist das Eigenkapital durch Verluste aufgebraucht, so lautet dieser Posten „negatives Eigenkapital“.“[2]Im Anhang ist zu erläutern, ob eine Überschuldung im Sinne des Insolvenzrechts vorliegt. *(BGBl 1996/304)*

(2) „ “[1]Forderungen und Verbindlichkeiten gegenüber verbundenen Unternehmen und gegenüber Unternehmen, mit denen ein Beteiligungsverhältnis besteht, sind in der Regel als solche jeweils gesondert auszuweisen. [2]Werden sie unter anderen Posten ausgewiesen, so ist dies zu vermerken. *(BGBl 1996/304)*

(3) [1]Der Betrag der Forderungen mit einer Restlaufzeit von mehr als einem Jahr ist bei jedem gesondert ausgewiesenen Posten in der Bilanz anzumerken. [2]Sind unter dem Posten „sonstige Forderungen und Vermögensgegenstände” Erträge enthalten, die erst nach dem Abschlussstichtag zahlungswirksam werden, so haben Gesellschaften, die nicht klein sind, diese Beträge im Anhang zu erläutern, wenn diese Information wesentlich ist. *(BGBl I 2015/22)*

(4) Wechsel dürfen als Wertpapiere nur ausgewiesen werden, wenn dem Unternehmen nicht die der Ausstellung zugrunde liegende Forderung zusteht; anderenfalls „haben Gesellschaften, die nicht klein sind,“ bei Forderungen die wechselmäßige Verbriefung im Anhang anzugeben. *(BGBl I 2015/22)*

(5) [1]Anteile an Mutterunternehmen sind je nach ihrer Zweckbestimmung im Anlagevermögen oder im Umlaufvermögen in einem gesonderten Posten “Anteile an Mutterunternehmen” auszuweisen. [2]In gleicher Höhe ist auf der Passivseite eine Rücklage gesondert auszuweisen. [3]Diese Rücklage darf durch Umwidmung frei verfügbarer Kapital- und Gewinnrücklagen gebildet werden, soweit diese einen Verlustvortrag übersteigen. [4]Sie ist insoweit aufzulösen, als diese Anteile aus dem Vermögen ausscheiden oder für sie ein niedrigerer Betrag angesetzt wird. *(BGBl I 2015/22)*

(6) [1]Der Betrag der Verbindlichkeiten mit einer Restlaufzeit von bis zu einem Jahr und der Betrag der Verbindlichkeiten mit einer Restlaufzeit von mehr als einem Jahr sind bei den Posten C 1 bis 8 jeweils gesondert und für diese Posten insgesamt anzugeben. [2]Erhaltene Anzahlungen auf Bestellungen sind, soweit Anzahlungen auf Vorräte nicht von einzelnen Posten der Vorräte offen abgesetzt werden, unter den Verbindlichkeiten gesondert auszuweisen. [3]Sind unter dem Posten „sonstige Verbindlichkeiten” Aufwendungen enthalten, die erst nach dem Abschlussstichtag zahlungswirksam werden, so haben Gesellschaften, die nicht klein sind, diese Beträge im Anhang zu erläutern, wenn diese Information wesentlich ist. *(BGBl I 2015/22)*

(7) Gesellschaften, die nicht klein sind, haben bei Grundstücken den Grundwert in der Bilanz anzumerken oder im Anhang anzugeben. *(BGBl I 2015/22)*

(BGBl 1990/475)

Entwicklung des Anlagevermögens, Pauschalwertberichtigung

§ 226. (1) [1]Im Anhang ist die Entwicklung der einzelnen Posten des Anlagevermögens darzustellen. [2]Dabei sind für die verschiedenen Posten des Anlagevermögens jeweils gesondert anzugeben:

1. die Anschaffungs- oder Herstellungskosten zum Beginn und Ende des Geschäftsjahrs;

2. die Zu- und Abgänge sowie Umbuchungen im Laufe des Geschäftsjahrs;

3. die kumulierten Abschreibungen zu Beginn und Ende des Geschäftsjahrs;

4. die Ab- und Zuschreibungen des Geschäftsjahrs;

5. die Bewegungen in Abschreibungen im Zusammenhang mit Zu- und Abgängen sowie Umbuchungen im Laufe des Geschäftsjahrs und

6. der im Laufe des Geschäftsjahrs aktivierte Betrag, wenn Zinsen gemäß § 203 Abs. 4 aktiviert werden.
(BGBl I 2015/22)

(2) *(entfällt, BGBl I 2015/22)*

(3) Werden Vermögensgegenstände des Anlagevermögens im Hinblick auf ihre Geringwertigkeit im Jahre ihrer Anschaffung oder Herstellung vollständig abgeschrieben „ “, dann dürfen diese Vermögensgegenstände als Abgang behandelt werden. *(BGBl I 2015/22)*

(4) [1]Ein Geschäfts(Firmen)wert ist in die Darstellung der Entwicklung des Anlagevermögens aufzunehmen. [2]Ein voll abgeschriebener Geschäfts(Firmen)wert ist als Abgang zu behandeln.

(5) [1]„Gesellschaften, die nicht klein sind, haben den Betrag einer Pauschalwertberichtigung zu Forderungen für den entsprechenden Posten der Bilanz im Anhang anzugeben.“ [2]Einzelwertberichtigungen zum Umlaufvermögen sind vom entsprechenden Aktivposten abzusetzen. *(BGBl I 2015/22)*

(BGBl 1990/475)

Ausleihungen

§ 227. [1]Forderungen mit einer Laufzeit von mindestens fünf Jahren sind jedenfalls als Ausleihungen auszuweisen. [2]„Gesellschaften, die nicht klein sind, haben Ausleihungen mit einer Restlaufzeit bis zu einem Jahr im Anhang anzugeben.“ *(BGBl I 2015/22)*

(BGBl 1990/475)

§ 228. *(entfällt samt Überschrift, BGBl I 2015/22)*

Eigenkapital

§ 229. (1) „[1]Beim eingeforderten Nennkapital sind auch der Betrag der übernommenen Einlagen („Nennkapital“) und das einbezahlte Nennkapital anzugeben.“ [2]Gesellschaften, die eine Gründungsprivilegierung in Anspruch nehmen (§ 10b GmbHG), haben zusätzlich jenen Betrag auszuweisen, den die Gesellschafter nach § 10b Abs. 4 GmbHG nicht zu leisten verpflichtet sind. [3]Der eingeforderte, aber noch nicht eingezahlte Betrag ist unter den Forderungen gesondert auszuweisen und entsprechend zu bezeichnen. *(BGBl I 2015/22; BGBl I 2016/43)*

(1a) [1]Der Nennbetrag oder, falls ein solcher nicht vorhanden ist, der rechnerische Wert von erworbenen eigenen Anteilen ist „offen vom Nennkapital abzuziehen“. [2]Der Unterschiedsbetrag zwischen dem Nennbetrag oder dem rechnerischen Wert dieser Anteile und ihren Anschaffungskosten ist mit den nicht gebundenen Kapitalrücklagen und den freien Gewinnrücklagen (§ 224 Abs. 3 A II Z 2 und III Z 3) zu verrechnen. [3]Aufwendungen, die Anschaffungsnebenkosten sind, sind Aufwand des Geschäftsjahrs. [4]In die gebundenen Rücklagen ist ein Betrag einzustellen, der dem Nennbetrag beziehungsweise dem rechnerischen Wert der erworbenen eigenen Anteile entspricht. [5]§ 192 Abs. 5 AktG ist anzuwenden. *(BGBl I 2015/22; BGBl I 2016/43)*

(1b) [1]Nach der Veräußerung der eigenen Anteile entfällt der „Abzug“ nach Abs. 1a erster Satz. [2]Ein den Nennbetrag oder den rechnerischen Wert übersteigender Differenzbetrag aus dem Veräußerungserlös ist bis zur Höhe des mit den frei verfügbaren Rücklagen nach Abs. 1a zweiter Satz verrechneten Betrags in die jeweiligen Rücklagen einzustellen. [3]Ein darüber hinausgehender Differenzbetrag ist in die Kapitalrücklage gemäß Abs. 2 Z 1 einzustellen. [4]Die Nebenkosten der Veräußerung sind Aufwand des Geschäftsjahrs. [5]Die Rücklage nach Abs. 1a vierter Satz ist aufzulösen. *(BGBl I 2015/22; BGBl I 2016/43)*

(2) Als Kapitalrücklage sind auszuweisen:

1. der Betrag, der bei der ersten oder einer späteren Ausgabe von Anteilen für einen höheren Betrag als den Nennbetrag „oder den dem anteiligen Betrag des Grundkapitals entsprechenden Betrag“ über diesen hinaus erzielt wird; *(BGBl I 1998/125)*

2. der Betrag, der bei der Ausgabe von Schuldverschreibungen für Wandlungsrechte und Optionsrechte zum Erwerb von Anteilen erzielt wird;

3. der Betrag von Zuzahlungen, die Gesellschafter gegen Gewährung eines Vorzugs für ihre Anteile leisten;

4. die Beträge, die bei der Kapitalherabsetzung gemäß den §§ 185, 192 Abs. 5 AktG und § 59 GmbHG zu binden sind; *(BGBl I 1997/114)*

5. der Betrag von sonstigen Zuzahlungen, die durch gesellschaftsrechtliche Verbindungen veranlaßt sind. *(BGBl 1996/304)*

(3) Als Gewinnrücklagen dürfen nur Beträge ausgewiesen werden, die im Geschäftsjahr oder in einem früheren Geschäftsjahr aus dem Jahresüberschuß „ “ gebildet worden sind. *(BGBl 1996/304; BGBl I 2015/22)*

(4) Aktiengesellschaften und große Gesellschaften mit beschränkter Haftung (§ 221 Abs. 3) haben „gemäß den folgenden Abs. 5 bis 7“ gebundene Rücklagen auszuweisen, die aus der gebundenen Kapitalrücklage und der gesetzlichen

UGB

Rücklage bestehen. *(BGBl I 2009/71; BGBl I 2015/22)*

(5) [1]In die gebundene Kapitalrücklage sind die in Abs. 2 Z 1 bis 4 genannten Beträge einzustellen. [2]Der Gesamtbetrag der gebundenen Teile der Kapitalrücklage ist in dieser gesondert auszuweisen. *(BGBl I 2009/71)*

(6) In die gesetzliche Rücklage ist ein Betrag einzustellen, der mindestens dem zwanzigsten Teil des um einen Verlustvortrag geminderten Jahresüberschusses „ “ entspricht, bis der Betrag der gebundenen Rücklagen insgesamt den zehnten oder den in der Satzung bestimmten höheren Teil des Nennkapitals erreicht hat. *(BGBl I 2009/71; BGBl I 2015/22)*

(7) [1]Die gebundenen Rücklagen dürfen nur zum Ausgleich eines ansonsten auszuweisenden Bilanzverlustes aufgelöst werden. [2]Der Verwendung der gesetzlichen Rücklage steht nicht entgegen, dass freie, zum Ausgleich von Wertminderungen und zur Deckung von sonstigen Verlusten bestimmte Rücklagen vorhanden sind. *(BGBl I 2009/71)*

(BGBl 1990/475)

§ 230. *(entfällt samt Überschrift, BGBl I 2015/22)*

VIERTER TITEL

Gewinn- und Verlustrechnung

Gliederung

§ 231. (1) [1]Die Gewinn- und Verlustrechnung ist in Staffelform nach dem Gesamtkostenverfahren oder dem Umsatzkostenverfahren aufzustellen. [2]In ihr sind unbeschadet einer weiteren Gliederung die nachstehend bezeichneten Posten in der angegebenen Reihenfolge gesondert auszuweisen, sofern nicht eine abweichende Gliederung vorgeschrieben ist.

(2) Bei Anwendung des Gesamtkostenverfahrens sind auszuweisen:

1. Umsatzerlöse;

2. Veränderung des Bestands an fertigen und unfertigen Erzeugnissen sowie an noch nicht abrechenbaren Leistungen; *(BGBl 1996/304)*

3. andere aktivierte Eigenleistungen; *(BGBl 1996/304)*

4. sonstige betriebliche Erträge „ , wobei Gesellschaften, die nicht klein sind, folgende Beträge aufgliedern müssen“:

a) Erträge aus dem Abgang vom und der Zuschreibung zum Anlagevermögen mit Ausnahme der Finanzanlagen; *(BGBl 1996/304)*

b) Erträge aus der Auflösung von Rückstellungen,

c) übrige;
(BGBl I 2015/22)

5. Aufwendungen für Material und sonstige bezogene Herstellungsleistungen:

a) Materialaufwand,

b) Aufwendungen für bezogene Leistungen;
(BGBl 1996/304)

6. Personalaufwand:

a) Löhne und Gehälter, wobei Gesellschaften, die nicht klein sind, Löhne und Gehälter getrennt voneinander ausweisen müssen;

b) soziale Aufwendungen, davon Aufwendungen für Altersversorgung, wobei Gesellschaften, die nicht klein sind, folgende Beträge zusätzlich gesondert ausweisen müssen:

aa) Aufwendungen für Abfertigungen und Leistungen an betriebliche Mitarbeitervorsorgekassen;

bb) Aufwendungen für gesetzlich vorgeschriebene Sozialabgaben sowie vom Entgelt abhängige Abgaben und Pflichtbeiträge;
(BGBl I 2015/22)

7. Abschreibungen:

a) auf immaterielle Gegenstände des Anlagevermögens und Sachanlagen „ “, *(BGBl I 2009/140)*

b) auf Gegenstände des Umlaufvermögens, soweit diese die im Unternehmen üblichen Abschreibungen überschreiten;
(BGBl 1996/304)

8. sonstige betriebliche Aufwendungen, wobei Gesellschaften, die nicht klein sind, Steuern, soweit sie nicht unter Z 18 fallen, gesondert ausweisen müssen; *(BGBl I 2015/22)*

9. Zwischensumme aus Z 1 bis 8;

10. Erträge aus Beteiligungen,
davon aus verbundenen Unternehmen;
(BGBl 1996/304)

11. Erträge aus anderen Wertpapieren und Ausleihungen des Finanzanlagevermögens, davon aus verbundenen Unternehmen; *(BGBl 1996/304)*

12. sonstige Zinsen und ähnliche Erträge,
davon aus verbundenen Unternehmen;
(BGBl 1996/304)

13. Erträge aus dem Abgang von und der Zuschreibung zu Finanzanlagen und Wertpapieren des Umlaufvermögens; *(BGBl 1996/304)*

14. „Aufwendungen aus Finanzanlagen und aus Wertpapieren des Umlaufvermögens, davon haben Gesellschaften, die nicht klein sind, gesondert auszuweisen:“

a) Abschreibungen

b) Aufwendungen aus verbundenen Unternehmen;
(BGBl 1996/304; BGBl I 2015/22)

15. Zinsen und ähnliche Aufwendungen, davon betreffend verbundene Unternehmen;

16. Zwischensumme aus Z 10 bis 15;

17. Ergebnis vor Steuern (Zwischensumme aus Z 9 und Z 16); *(BGBl I 2015/22)*

18. Steuern vom Einkommen und vom Ertrag; *(BGBl I 2015/22)*

19. Ergebnis nach Steuern; *(BGBl I 2015/22)*

20. sonstige Steuern, soweit nicht unter den Posten 1 bis 19 enthalten; *(BGBl I 2015/22)*

21. Jahresüberschuss/Jahresfehlbetrag; *(BGBl I 2015/22)*

22. Auflösung von Kapitalrücklagen; *(BGBl I 2015/22)*

23. Auflösung von Gewinnrücklagen; *(BGBl I 2015/22)*

24. Zuweisung zu Gewinnrücklagen; *(BGBl I 2015/22)*

25. Gewinnvortrag/Verlustvortrag aus dem Vorjahr; *(BGBl I 2015/22)*

26. Bilanzgewinn (Bilanzverlust). *(BGBl I 2015/22)*

27. bis 29. *(entfällt, BGBl I 2015/22)*

(3) Bei Anwendung des Umsatzkostenverfahrens sind auszuweisen:

1. Umsatzerlöse;

2. Herstellungskosten der zur Erzielung der Umsatzerlöse erbrachten Leistungen;

3. Bruttoergebnis vom Umsatz;

4. Vertriebskosten; *(BGBl I 2015/22)*

5. allgemeine Verwaltungskosten; *(BGBl I 2015/22)*

6. sonstige betriebliche Erträge, wobei Gesellschaften, die nicht klein sind, folgende Beträge aufgliedern müssen:

a) Erträge aus dem Abgang vom und der Zuschreibung zum Anlagevermögen mit Ausnahme der Finanzanlagen,

b) Erträge aus der Auflösung von Rückstellungen,

c) übrige;
(BGBl I 2015/22)

7. sonstige betriebliche Aufwendungen;

8. Zwischensumme aus Z 1 bis 7;

9. Erträge aus Beteiligungen,
davon aus verbundenen Unternehmen;
(BGBl 1996/304)

10. Erträge aus anderen Wertpapieren und Ausleihungen des Finanzanlagevermögens,
davon aus verbundenen Unternehmen;
(BGBl 1996/304)

11. sonstige Zinsen und ähnliche Erträge,
davon aus verbundenen Unternehmen;
(BGBl 1996/304)

12. Erträge aus dem Abgang von und der Zuschreibung zu Finanzanlagen und Wertpapieren des Umlaufvermögens; *(BGBl 1996/304)*

13. „Aufwendungen aus Finanzanlagen und aus Wertpapieren des Umlaufvermögens, davon haben Gesellschaften, die nicht klein sind, gesondert auszuweisen:“

a) Abschreibungen

b) Aufwendungen aus verbundenen Unternehmen;
(BGBl 1996/304; BGBl I 2015/22)

14. Zinsen und ähnliche Aufwendungen, davon betreffend verbundene Unternehmen;

15. Zwischensumme aus Z 9 bis 14;

16. Ergebnis vor Steuern (Zwischensumme aus Z 8 und Z 15); *(BGBl I 2015/22)*

17. Steuern vom Einkommen und vom Ertrag; *(BGBl I 2015/22)*

18. Ergebnis nach Steuern; *(BGBl I 2015/22)*

19. sonstige Steuern, soweit nicht unter den Posten 1 bis 18 enthalten; *(BGBl I 2015/22)*

20. Jahresüberschuss/Jahresfehlbetrag; *(BGBl I 2015/22)*

21. Auflösung von Kapitalrücklagen; *(BGBl I 2015/22)*

22. Auflösung von Gewinnrücklagen; *(BGBl I 2015/22)*

23. Zuweisung zu Gewinnrücklagen; *(BGBl I 2015/22)*

24. Gewinnvortrag/Verlustvortrag aus dem Vorjahr; *(BGBl I 2015/22)*

25. Bilanzgewinn (Bilanzverlust). *(BGBl I 2015/22)*

26. bis 28. *(entfällt, BGBl I 2015/22)*

(4) Die Bildung von Zwischensummen (mit Ausnahme jener nach Abs. 2 Z 19 beziehungsweise Abs. 3 Z 18) darf bei kleinen Gesellschaften unterbleiben. *(BGBl I 2015/22)*

(5) [1]Alternativ zum Ausweis in der Gewinn- und Verlustrechnung können Veränderungen der Kapital- und Gewinnrücklagen auch im Anhang ausgewiesen werden. [2]In diesem Fall endet die Gewinn- und Verlustrechnung mit dem Posten „Jahresüberschuss/Jahresfehlbetrag“. *(BGBl I 2015/22)*

(BGBl 1990/475)

Vorschriften zu einzelnen Posten der Gewinn- und Verlustrechnung

§ 232. (1) *(entfällt, BGBl I 2015/22)*

(2) Als Bestandsveränderungen sind außer Änderungen der Menge auch solche des Wertes zu berücksichtigen „.“ *(BGBl I 2015/22)*

(3) Ist die Gesellschaft vertraglich verpflichtet, ihren Gewinn oder Verlust ganz oder teilweise an andere Personen zu überrechnen, so ist der überrechnete Betrag unter entsprechender Bezeichnung „vor dem Posten“* gemäß „§ 231 Abs. 2

UGB

Z 25 oder § 231 Abs. 3 Z 24"** gesondert auszuweisen. *(*BGBl 1996/304; **BGBl I 2015/22)*

(4) *(entfällt, BGBl I 2015/22)*

(5) Außerplanmäßige Abschreibungen gemäß § 204 Abs. 2 sind gesondert auszuweisen.

(BGBl 1990/475)

§ 233. *(entfällt samt Überschrift, BGBl I 2015/22)*

Steuern

§ 234. [1]Im Posten „Steuern vom Einkommen und vom Ertrag" sind die Beträge auszuweisen, die das Unternehmen als Steuerschuldner vom Einkommen und Ertrag zu entrichten hat. [2]„Gesellschaften, die nicht klein sind, haben Erträge aus Steuergutschriften und aus der Auflösung von nicht bestimmungsgemäß verwendeten Steuerrückstellungen gesondert auszuweisen, soweit sie wesentlich (§ 189a Z 10) sind." *(BGBl I 2015/22)*

(BGBl 1990/475)

Beschränkung der Ausschüttung

§ 235. (1) [1]Gewinne dürfen nicht ausgeschüttet werden, soweit sie durch Umgründungen unter Ansatz des beizulegenden Wertes entstanden sind und

1. aus der Auflösung von Kapitalrücklagen stammen,

2. nicht als Kapitalrücklage ausgewiesen werden können, oder

3. der beizulegende Wert für eine Gegenleistung angesetzt wurde.

[2]Dies gilt sinngemäß für einen Übergang des Gesellschaftsvermögens gemäß § 142. [3]Die ausschüttungsgesperrten Beträge vermindern sich insoweit, als der Unterschiedsbetrag zwischen Buchwert und dem höheren beizulegenden Wert in der Folge insbesondere durch planmäßige oder außerplanmäßige Abschreibungen gemäß den §§ 204 und 207 oder durch Buchwertabgänge vermindert wird. [4]Dies gilt unabhängig von der Auflösung einer zugrunde liegenden Kapitalrücklage. *(BGBl I 2015/163)*

(2) Bei Aktivierung latenter Steuern gemäß § 198 Abs. 9 dürfen außerdem Gewinne nur ausgeschüttet werden, soweit die danach verbleibenden jederzeit auflösbaren Rücklagen zuzüglich eines Gewinnvortrags und abzüglich eines Verlustvortrags dem aktivierten Betrag mindestens entsprechen.

(BGBl I 2015/22)

FÜNFTER TITEL
Anhang und Lagebericht

Erläuterung der Bilanz und der Gewinn- und Verlustrechnung

Erläuterung der Bilanz und der Gewinn- und Verlustrechnung

§ 236. [1]Im Anhang sind die Bilanz und die Gewinn- und Verlustrechnung sowie die darauf angewandten Bilanzierungs- und Bewertungsmethoden so zu erläutern, dass ein möglichst getreues Bild der Vermögens-, Finanz- und Ertragslage des Unternehmens vermittelt wird. [2]Eine kleine Gesellschaft braucht keine über die Anforderungen in diesem Bundesgesetz hinausgehenden Anhangangaben zu machen, soweit auf sie keine Rechnungslegungsvorschriften für Unternehmen bestimmter Rechtsformen anwendbar sind, die auf Rechtsakten der Europäischen Union beruhen. [3]Die Anhangangaben sind in der Reihenfolge der Darstellung der Posten in der Bilanz und in der Gewinn- und Verlustrechnung zu machen.

(BGBl I 2015/22)

Inhalt des für alle Gesellschaften geltenden Anhangs

§ 237. (1) Jede Gesellschaft hat im Anhang zusätzlich zu den aufgrund anderer Bestimmungen in diesem Bundesgesetz vorgesehenen Angaben folgende Angaben zu machen:

1. die Bilanzierungs- und Bewertungsmethoden; diese umfassen insbesondere die Bewertungsgrundlagen für die verschiedenen Posten, eine Angabe zur Übereinstimmung dieser Bilanzierungs- und Bewertungsmethoden mit dem Konzept der Unternehmensfortführung und wesentliche Änderungen der Bilanzierungs- und Bewertungsmethoden; diese Angaben enthalten auch die Grundlagen für die Umrechnung in Euro, soweit den Posten Beträge zugrunde liegen, die auf eine andere Währung lauten oder ursprünglich gelautet haben;

2. an Stelle des Vermerks unter der Bilanz der Gesamtbetrag der Haftungsverhältnisse (§ 199) sowie sonstiger wesentlicher finanzieller Verpflichtungen, die nicht auf der Passivseite auszuweisen sind, auch wenn ihnen gleichwertige Rückgriffsforderungen gegenüberstehen, sowie Art und Form jeder gewährten dinglichen Sicherheit; etwaige Pensionsverpflichtungen und Verpflichtungen gegenüber verbundenen oder assoziierten Unternehmen sind gesondert zu vermerken;

3. [1]die Beträge der den Mitgliedern des Vorstands und des Aufsichtsrats gewährten Vorschüsse und Kredite unter Angabe der Zinsen, der wesentlichen Bedingungen und der gegebenenfalls

zurückgezahlten oder erlassenen Beträge sowie die zugunsten dieser Personen eingegangenen Haftungsverhältnisse. [2]Diese Angaben sind zusammengefasst für jede dieser Personengruppen zu machen;

4. der Betrag und die Wesensart der einzelnen Ertrags- oder Aufwandsposten von außerordentlicher Größenordnung oder von außerordentlicher Bedeutung;

5. der Gesamtbetrag der Verbindlichkeiten mit einer Restlaufzeit von mehr als fünf Jahren sowie der Gesamtbetrag der Verbindlichkeiten, für die dingliche Sicherheiten bestellt sind, unter Angabe von Art und Form der Sicherheit;

6. die durchschnittliche Zahl der Arbeitnehmer während des Geschäftsjahrs;

7. Name und Sitz des Mutterunternehmens der Gesellschaft, das den Konzernabschluss für den kleinsten Kreis von Unternehmen aufstellt.

(2) Kleine Aktiengesellschaften haben zusätzlich die Angabe nach § 238 Abs. 1 Z 11 im Anhang zu machen.

(BGBl I 2015/22)

§ 237a. *(aufgehoben samt Überschrift, BGBl I 2015/22)*

Anhangangaben für mittelgroße und große Gesellschaften

§ 238. (1) Mittelgroße und große Gesellschaften haben im Anhang zusätzlich anzugeben:

1. für jede Kategorie derivativer Finanzinstrumente:

a) Art und Umfang der Finanzinstrumente,

b) den beizulegenden Zeitwert der betreffenden Finanzinstrumente, soweit sich dieser gemäß § 189a Z 4 verlässlich ermitteln lässt, unter Angabe der angewandten Bewertungsmethode sowie eines gegebenenfalls vorhandenen Buchwertes und des Bilanzpostens, in welchem der Buchwert erfasst ist;

2. für zum Finanzanlagevermögen gehörende Finanzinstrumente, die über ihrem beizulegenden Zeitwert ausgewiesen werden, wenn eine außerplanmäßige Abschreibung gemäß § 204 Abs. 2 zweiter Satz unterblieben ist:

a) den Buchwert und den beizulegenden Zeitwert der einzelnen Vermögensgegenstände oder angemessener Gruppierungen sowie

b) die Gründe für das Unterlassen einer Abschreibung gemäß § 204 Abs. 2 und jene Anhaltspunkte, die darauf hindeuten, dass die Wertminderung voraussichtlich nicht von Dauer ist;

3. auf welchen Differenzen oder steuerlichen Verlustvorträgen die latenten Steuern beruhen und mit welchen Steuersätzen die Bewertung erfolgt ist; weiters sind die im Laufe des Geschäftsjahrs erfolgten Bewegungen der latenten Steuersalden anzugeben;

4. Name und Sitz anderer Unternehmen, an denen die Gesellschaft oder für deren Rechnung eine andere Person eine Beteiligung (§ 189a Z 2) hält; außerdem sind die Höhe des Anteils am Kapital, das Eigenkapital und das Ergebnis des letzten Geschäftsjahrs dieser Unternehmen anzugeben, für das ein Jahresabschluss vorliegt;

5. das Bestehen von Genussscheinen, Genussrechten, Wandelschuldverschreibungen, Optionsscheinen, Optionen, Besserungsscheinen oder vergleichbaren Wertpapieren oder Rechten, unter Angabe der Zahl und der Rechte, die sie verbriefen;

6. Name, Sitz und Rechtsform der Unternehmen, deren unbeschränkt haftender Gesellschafter die Gesellschaft ist;

7. Name und Sitz des Mutterunternehmens der Gesellschaft, das den Konzernabschluss für den größten Kreis von Unternehmen aufstellt;

8. im Fall der Offenlegung der von den Mutterunternehmen „nach Z 7" und § 237 Abs. 1 Z 7 aufgestellten Konzernabschlüsse die Orte, wo diese erhältlich sind; *(BGBl I 2016/43)*

9. den Vorschlag zur Verwendung des Ergebnisses oder gegebenenfalls die Verwendung des Ergebnisses;

10. Art, Zweck und finanzielle Auswirkungen der nicht in der Bilanz enthaltenen und auch nicht gemäß § 237 Abs. 1 Z 2 anzugebenden Geschäfte, sofern die Risiken und Vorteile, die aus solchen Geschäften entstehen, wesentlich sind und die Offenlegung derartiger Risiken und Vorteile für die Beurteilung der Finanzlage der Gesellschaft notwendig ist;

11. Art und finanzielle Auswirkungen wesentlicher Ereignisse nach dem Abschlussstichtag, die weder in der Gewinn- und Verlustrechnung noch in der Bilanz berücksichtigt sind;

12. [1]Geschäfte der Gesellschaft mit nahe stehenden Unternehmen und Personen im Sinn der gemäß der Verordnung (EG) Nr. 1606/2002 des Europäischen Parlaments und des Rates vom 19. Juli 2002 betreffend die Anwendung internationaler Rechnungslegungsstandards, ABl. Nr. L 2002/243, S. 1, übernommenen internationalen Rechnungslegungsstandards, einschließlich Angaben zu deren Wertumfang, zu der Art der Beziehung mit den nahe stehenden Unternehmen und Personen sowie weiterer Angaben zu den Geschäften, die für die Beurteilung der Finanzlage der Gesellschaft notwendig sind, sofern diese Geschäfte wesentlich und unter marktunüblichen Bedingungen abgeschlossen worden sind. [2]Angaben über Einzelgeschäfte können nach Geschäftsarten zusammengefasst werden, sofern für die Beurteilung der Auswirkungen dieser Geschäfte auf die Finanzlage der Gesellschaft keine getrenn-

ten Angaben benötigt werden. [3]Geschäfte zwischen verbundenen Unternehmen sind ausgenommen, wenn die an den Geschäften beteiligten Tochterunternehmen unmittelbar oder mittelbar in hundertprozentigem Anteilsbesitz ihres Mutterunternehmens stehen;

13. bei Anwendung des Umsatzkostenverfahrens (§ 231 Abs. 3) die Aufwendungen des Geschäftsjahrs für Material und sonstige bezogene Herstellungsleistungen, gegliedert gemäß § 231 Abs. 2 Z 5, und den Personalaufwand des Geschäftsjahrs, gegliedert gemäß § 231 Abs. 2 Z 6;

14. die Aufgliederung der nach § 237 Abs. 1 Z 2 anzugebenden Haftungsverhältnisse und Erläuterungen dazu; überdies sind wesentliche Verpflichtungen aus der Nutzung von in der Bilanz nicht ausgewiesenen Sachanlagen (§ 224 Abs. 2 A II) gesondert anzugeben, wobei der Betrag der Verpflichtungen des folgenden Geschäftsjahrs und der Gesamtbetrag der folgenden fünf Jahre anzugeben ist;

15. Rückstellungen, die in der Bilanz nicht gesondert ausgewiesen werden, wenn sie einen erheblichen Umfang haben; diese Rückstellungen sind zu erläutern;

16. den in der Bilanz nicht gesondert ausgewiesenen Betrag der Einlagen von stillen Gesellschaftern;

17. bei der Anwendung einer Bewertungsmethode gemäß § 209 Abs. 2 die Unterschiedsbeträge für die jeweilige Gruppe, wenn die Bewertung im Vergleich zu einer Bewertung auf der Grundlage des letzten vor dem Abschlussstichtag bekannten Börsenkurses oder Marktpreises einen wesentlichen Unterschied aufweist;

18. [1]die auf das Geschäftsjahr entfallenden Aufwendungen für den Abschlussprüfer, aufgeschlüsselt nach den Aufwendungen für die Prüfung des Jahresabschlusses, für andere Bestätigungsleistungen, für Steuerberatungsleistungen und für sonstige Leistungen. [2]Diese Angabe kann unterbleiben, wenn das Unternehmen in einen Konzernabschluss einbezogen und eine derartige Information darin enthalten ist;

19. in der Bilanz ausgewiesene immaterielle Vermögensgegenstände, die von einem verbundenen Unternehmen oder von einem Gesellschafter mit einer Beteiligung (§ 189a Z 2) erworben wurden;

20. die Beziehungen zu verbundenen Unternehmen; hiebei ist auch über Verträge zu berichten, die die Gesellschaft verpflichten, ihren Gewinn oder Verlust ganz oder teilweise an andere Personen zu überrechnen oder einen solchen von anderen Personen zu übernehmen;

21. die im § 231 Abs. 2 Z 10 und Abs. 3 Z 9 enthaltenen Erträge sowie die im § 231 Abs. 2 Z 14 und Abs. 3 Z 13 enthaltenen Aufwendungen aus Gewinngemeinschaften.

(2) [1]Als derivative Finanzinstrumente im Sinn des Abs. 1 Z 1 gelten auch Verträge über den Erwerb oder die Veräußerung von Waren, bei denen jede der Vertragsparteien zur Abgeltung in bar oder durch ein anderes Finanzinstrument berechtigt ist, es sei denn, der Vertrag wurde geschlossen, um einen für den Erwerb, die Veräußerung oder den eigenen Gebrauch erwarteten Bedarf abzusichern, sofern diese Zweckwidmung von Anfang an bestand und nach wie vor besteht und der Vertrag mit der Lieferung der Ware als erfüllt gilt. [2]Bei der Anwendung allgemein anerkannter Bewertungsmodelle und -methoden (§ 189a Z 4) sind die zentralen Annahmen anzugeben, die jeweils der Bestimmung des beizulegenden Zeitwertes zugrunde gelegt wurden.

(3) Mittelgroße Gesellschaften dürfen die Angaben gemäß Abs. 1 Z 12 auf diejenigen Geschäfte beschränken, die mit ihren Gesellschaftern, die eine Beteiligung (§ 189a Z 2) halten, mit Unternehmen, an denen die Gesellschaft selbst beteiligt ist, oder mit den Mitgliedern des Vorstands oder des Aufsichtsrats geschlossen werden.

(BGBl I 2015/22)

Pflichtangaben über Organe und Arbeitnehmer

§ 239. (1) „Der Anhang von mittelgroßen und großen Gesellschaften hat über Organe und Arbeitnehmer insbesondere anzuführen:“ *(BGBl I 2015/22)*

1. die Aufgliederung der durchschnittlichen Zahl der Arbeitnehmer während des Geschäftsjahrs nach Arbeitern und Angestellten; *(BGBl I 2015/22)*

2. die im Posten § 231 Abs. 2 Z 6 lit. b sublit. aa oder in der entsprechenden Angabe gemäß § 238 Abs. 1 Z 13 enthaltenen Aufwendungen für Abfertigungen oder einen Hinweis, dass der Betrag nur mehr aus Leistungen an betriebliche Mitarbeitervorsorgekassen besteht; *(BGBl I 2015/22)*

3. die Aufwendungen für Abfertigungen und Pensionen, getrennt nach solchen für Vorstandsmitglieder und leitende Angestellte gemäß § 80 Abs. 1 AktG 1965 und für andere Arbeitnehmer;

4. die Bezüge der Mitglieder des Vorstands, des Aufsichtsrats oder ähnlicher Einrichtungen gesondert für jede Personengruppe, und zwar:

a) die für die Tätigkeit im Geschäftsjahr gewährten Gesamtbezüge (Gehälter, Gewinnbeteiligungen, Aufwandsentschädigungen, Versicherungsentgelte, Provisionen und Nebenleistungen jeder Art). In die Gesamtbezüge sind auch Bezüge einzurechnen, die nicht ausgezahlt, sondern in Ansprüche anderer Art umgewandelt oder zur Erhöhung anderer Ansprüche verwendet werden. Erhalten Mitglieder des Vorstands von verbundenen Unternehmen für ihre Tätigkeit für das Unternehmen oder für ihre Tätigkeit als gesetzliche Vertreter oder Angestellte des verbundenen Unternehmens Bezüge, so sind diese Bezüge gesondert anzugeben;

b) die Gesamtbezüge (Abfindungen, Ruhegehälter, Hinterbliebenenbezüge und Leistungen verwandter Art) der früheren Mitglieder der bezeichneten Organe und ihrer Hinterbliebenen; lit. a ist entsprechend anzuwenden;

5. a) Anzahl und Aufteilung der insgesamt und der im Geschäftsjahr eingeräumten Optionen auf Arbeitnehmer und leitende Angestellte sowie auf die namentlich anzuführenden Organmitglieder; anzugeben sind die jeweils beziehbare Anzahl an Aktien sowie der Ausübungspreis oder die Grundlagen oder die Formel seiner Berechnung, die Laufzeit sowie zeitliche Ausübungsfenster, die Übertragbarkeit der Optionen, eine allfällige Behaltefrist für bezogene Aktien und die Art der Bedienung der Optionen;

b) Anzahl, Aufteilung und Ausübungspreis der im Geschäftsjahr ausgeübten Optionen auf Arbeitnehmer und leitende Angestellte sowie auf die namentlich anzuführenden Organmitglieder;

c) bei „Gesellschaften nach § 189a Z 1 lit. a" überdies den jeweiligen Schätzwert (allenfalls Bandbreite des Schätzwerts) der eingeräumten Optionen zum Bilanzstichtag sowie den Wert der im Geschäftsjahr ausgeübten Optionen zum Zeitpunkt der Ausübung. *(BGBl I 2015/22)* *(BGBl I 2001/42)*

(2) [1]Im Anhang „einer großen oder mittelgroßen Gesellschaft" sind alle im Geschäftsjahr tätigen Mitglieder des Vorstands und des Aufsichtsrats, auch wenn sie im Geschäftsjahr oder später ausgeschieden sind, mit dem Familiennamen und mindestens einem ausgeschriebenen Vornamen anzugeben. [2]Der Vorsitzende des Aufsichtsrats, seine Stellvertreter und ein etwaiger Vorsitzender des Vorstands sind als solche zu bezeichnen. *(BGBl I 2015/22)*

(BGBl 1990/475)

Anhangangaben für große Gesellschaften

§ 240. [1]Große Gesellschaften haben im Anhang zusätzlich die Aufgliederung der Umsatzerlöse nach Tätigkeitsbereichen sowie nach geographisch bestimmten Märkten anzugeben, soweit sich, unter Berücksichtigung der Organisation des Verkaufs von Erzeugnissen und der Erbringung von Dienstleistungen, die Tätigkeitsbereiche und geographisch bestimmten Märkte untereinander erheblich unterscheiden. [2]Die Umsatzerlöse brauchen jedoch nicht aufgegliedert zu werden, soweit die Aufgliederung nach vernünftiger unternehmerischer Beurteilung geeignet ist, dem Unternehmen einen erheblichen Nachteil zuzufügen; die Anwendung dieser Ausnahmeregelung ist im Anhang zu erwähnen.

(BGBl I 2015/22)

Pflichtangaben bei Aktiengesellschaften

§ 241. Im Anhang von großen oder mittelgroßen Aktiengesellschaften sind auch Angaben zu machen über

1. den auf jede Aktiengattung entfallenden Betrag des Grundkapitals, bei Nennbetragsaktien die Nennbeträge und die Zahl der Aktien jedes Nennbetrags, bei Stückaktien deren Zahl sowie, wenn mehrere Gattungen bestehen, die Zahl der Aktien jeder Gattung;

2. den Bestand und den Zugang an Aktien, die ein Aktionär für Rechnung der Gesellschaft oder eines verbundenen Unternehmens oder ein verbundenes Unternehmen als Gründer oder Zeichner oder in Ausübung eines bei einer bedingten Kapitalerhöhung eingeräumten Umtausch- oder Bezugsrechts übernommen hat; sind solche Aktien im Geschäftsjahr verwertet worden, so ist auch über die Verwertung unter Angabe des Erlöses und der Verwendung des Erlöses zu berichten;

3. Aktien, die aus einer bedingten Kapitalerhöhung oder einem genehmigten Kapital im Geschäftsjahr gezeichnet wurden;

4. das genehmigte Kapital;

5. den Betrag des unter den Verbindlichkeiten ausgewiesenen nachrangigen Kapitals;

6. das Bestehen einer wechselseitigen Beteiligung (§ 189a Z 2) unter Angabe des beteiligten Unternehmens.

(BGBl I 2015/22)

Unterlassen von Angaben

§ 242. (1) [1]Kleinstkapitalgesellschaften brauchen keinen Anhang aufzustellen, wenn sie die nach § 237 Abs. 1 Z 2 und 3 geforderten Angaben unter der Bilanz machen. [2]Bei Kleinstkapitalgesellschaften wird davon ausgegangen, dass der nach den Bestimmungen dieses Bundesgesetzes erstellte Jahresabschluss ein möglichst getreues Bild der Vermögens-, Finanz- und Ertragslage gemäß § 222 Abs. 2 vermittelt, weshalb § 222 Abs. 2 zweiter Satz und § 222 Abs. 3 keine Anwendung finden.

(2) Bei allen anderen Kapitalgesellschaften können die Angaben gemäß § 238 Abs. 1 Z 4 unterbleiben, soweit sie

1. nicht wesentlich (§ 189a Z 10) sind oder

2. nach vernünftiger unternehmerischer Beurteilung geeignet sind, dem Unternehmen oder dem anderen Unternehmen einen erheblichen Nachteil zuzufügen, wobei in diesem Fall die Anwendung dieser Ausnahmeregelung im Anhang erwähnt werden muss.

Die Angabe des Eigenkapitals und des Jahresergebnisses kann unterbleiben, wenn das Unternehmen, über das gemäß „§ 238 Abs. 1 Z 4“ zu berichten ist, seinen Jahresabschluss nicht offenzulegen hat und es von der berichtenden Gesellschaft nicht beherrscht wird. *(BGBl I 2016/43)*

(3) [1]Bei der Berichterstattung gemäß § 238 Abs. 1 Z 20 brauchen Einzelheiten nicht angegeben zu werden, soweit die Angaben nach vernünftiger unternehmerischer Beurteilung geeignet sind, dem Unternehmen oder einem verbundenen Unternehmen einen erheblichen Nachteil zuzufügen. [2]Die Anwendung der Ausnahmeregelung ist im Anhang anzugeben.

(4) Betreffen die Aufschlüsselungen gemäß § 239 Abs. 1 Z 3 und 4 weniger als drei Personen, so dürfen sie „bei Gesellschaften, die nicht zur Aufstellung eines Coporate Governance-Berichts nach § 243c verpflichtet sind,“ unterbleiben. *(BGBl I 2019/63)*

(BGBl I 2015/22)

Lagebericht

§ 243. (1) Im Lagebericht sind der Geschäftsverlauf, einschließlich des Geschäftsergebnisses, und die Lage des Unternehmens so darzustellen, dass ein möglichst getreues Bild der Vermögens-, Finanz- und Ertragslage vermittelt wird, und die wesentlichen Risiken und Ungewissheiten, denen das Unternehmen ausgesetzt ist, zu beschreiben.

(2) [1]Der Lagebericht hat eine ausgewogene und umfassende, dem Umfang und der Komplexität der Geschäftstätigkeit angemessene Analyse des Geschäftsverlaufs, einschließlich des Geschäftsergebnisses, und der Lage des Unternehmens zu enthalten. [2]Abhängig von der Größe des Unternehmens und von der Komplexität des Geschäftsbetriebs hat die Analyse auf die für die jeweilige Geschäftstätigkeit wichtigsten finanziellen Leistungsindikatoren einzugehen und sie unter Bezugnahme auf die im Jahresabschluss ausgewiesenen Beträge und Angaben zu erläutern.

(3) Der Lagebericht hat auch einzugehen auf

1. die voraussichtliche Entwicklung des Unternehmens;

2. Tätigkeiten im Bereich Forschung und Entwicklung;

3. [1]den Bestand an eigenen Anteilen der Gesellschaft, die sie, ein verbundenes Unternehmen oder eine andere Person für Rechnung der Gesellschaft oder eines verbundenen Unternehmens erworben oder als Pfand genommen hat; dabei sind die Zahl dieser Anteile, der auf sie entfallende Betrag des Grundkapitals sowie ihr Anteil am Grundkapital, für erworbene Anteile ferner der Zeitpunkt des Erwerbs und die Gründe für den Erwerb anzugeben. [2]Sind solche Anteile im Geschäftsjahr erworben oder veräußert worden, so ist auch über den Erwerb oder die Veräußerung unter Angabe der Zahl dieser Anteile, des auf sie entfallenden Betrags des Grundkapitals, des Anteils am Grundkapital und des Erwerbs- oder Veräußerungspreises sowie über die Verwendung des Erlöses zu berichten;

4. bestehende Zweigniederlassungen der Gesellschaft;

5. die Verwendung von Finanzinstrumenten, sofern dies für die Beurteilung der Vermögens-, Finanz- und Ertragslage wesentlich ist; diesfalls sind anzugeben

a) die Risikomanagementziele und -methoden, einschließlich der Methoden zur Absicherung aller wichtigen Arten geplanter Transaktionen, die im Rahmen der Bilanzierung von Sicherungsgeschäften angewandt werden, und

b) bestehende Preisänderungs-, Ausfall-, Liquiditäts- und Cashflow-Risiken.
(BGBl I 2015/22)

(4) Kleine Gesellschaften mit beschränkter Haftung (§ 221 Abs. 1) brauchen den Lagebericht nicht aufzustellen.

(5) Für große Kapitalgesellschaften „, die nicht der Pflicht nach § 243b unterliegen,“ umfasst die Analyse nach Abs. 2 letzter Satz auch die wichtigsten nichtfinanziellen Leistungsindikatoren, einschließlich Informationen über Umwelt- und Arbeitnehmerbelange. Abs. 3 bleibt unberührt. *(BGBl I 2017/20)*

(BGBl I 2004/161)

§ 243a. „(1)“* „Eine Aktiengesellschaft, deren Aktien zum Handel auf einem geregelten Markt im Sinn des „§ 1 Z 2 Börsegesetz 2018 – BörseG 2018, BGBl. I Nr. 107/2017,“** zugelassen sind oder die ausschließlich andere Wertpapiere als Aktien auf einem solchen Markt emittiert und deren Aktien mit Wissen der Gesellschaft über ein multilaterales Handelssystem im Sinn des „§ 1 Z 24 Wertpapieraufsichtsgesetz 2018 – WAG 2018, BGBl. I Nr. 107/2017,“** gehandelt werden, hat im Lagebericht überdies anzugeben:“* *(*BGBl I 2008/70; **BGBl I 2017/107)*

1. die Zusammensetzung des Kapitals einschließlich der Aktien, die nicht auf einem geregelten Markt im Sinne des „§ 1 Z 2 Börsegesetz 2018 – BörseG 2018, BGBl. I Nr. 107/2017,“ gehandelt werden, sowie gegebenenfalls die Angabe der verschiedenen Aktiengattungen und zu jeder Aktiengattung die Angabe der mit dieser Gattung verbundenen Rechte und Pflichten sowie des Anteils dieser Gattung am Gesellschaftskapital; *(BGBl I 2017/107)*

2. alle Beschränkungen, die Stimmrechte oder die Übertragung von Aktien betreffen, auch wenn sie in Vereinbarungen zwischen Gesellschaftern enthalten sind, soweit sie dem Vorstand der Gesellschaft bekannt sind;

3. direkte oder indirekte Beteiligungen am Kapital, die zumindest 10 vom Hundert betragen;

4. die Inhaber von Aktien mit besonderen Kontrollrechten und eine Beschreibung dieser Rechte;

5. die Art der Stimmrechtskontrolle bei einer Kapitalbeteiligung der Arbeitnehmer, wenn sie das Stimmrecht nicht unmittelbar ausüben;

6. die sich nicht unmittelbar aus dem Gesetz ergebenden Bestimmungen über die Ernennung und Abberufung der Mitglieder des Vorstands und des Aufsichtsrats und über die Änderung der Satzung der Gesellschaft;

7. die sich nicht unmittelbar aus dem Gesetz ergebenden Befugnisse der Mitglieder des Vorstands, insbesondere hinsichtlich der Möglichkeit, Aktien auszugeben oder zurückzukaufen;

8. alle bedeutenden Vereinbarungen, an denen die Gesellschaft beteiligt ist und die bei einem Kontrollwechsel in der Gesellschaft infolge eines Übernahmeangebots wirksam werden, sich ändern oder enden, sowie ihre Wirkungen; ausgenommen hiervon sind Vereinbarungen, deren Bekanntmachung der Gesellschaft erheblich schaden würde, es sei denn, die Gesellschaft ist zur Bekanntgabe derartiger Informationen aufgrund anderer Rechtsvorschriften ausdrücklich verpflichtet;

9. Bestand und wesentlicher Inhalt von Entschädigungsvereinbarungen zwischen der Gesellschaft und ihren Vorstands- und Aufsichtsratsmitgliedern oder Arbeitnehmern für den Fall eines öffentlichen Übernahmeangebots.
*(*BGBl I 2008/70)*

(2) Eine „Gesellschaft nach § 189a Z 1 lit. a" hat im Lagebericht darüber hinaus die wichtigsten Merkmale des internen Kontroll- und des Risikomanagementsystems im Hinblick auf den Rechnungslegungsprozess zu beschreiben. *(BGBl I 2008/70; BGBl I 2015/22)*

(BGBl I 2006/75)

Nichtfinanzielle Erklärung, nichtfinanzieller Bericht

§ 243b. (1) Große Kapitalgesellschaften, die Unternehmen von öffentlichem Interesse sind und an den Abschlussstichtagen das Kriterium erfüllen, im Jahresdurchschnitt (§ 221 Abs. 6) mehr als 500 Arbeitnehmer zu beschäftigen, haben in den Lagebericht an Stelle der Angaben nach § 243 Abs. 5 eine nichtfinanzielle Erklärung aufzunehmen.

(2) [1]Die nichtfinanzielle Erklärung hat diejenigen Angaben zu enthalten, die für das Verständnis des Geschäftsverlaufs, des Geschäftsergebnisses, der Lage der Gesellschaft sowie der Auswirkungen ihrer Tätigkeit erforderlich sind und sich mindestens auf Umwelt-, Sozial- und Arbeitnehmerbelange, auf die Achtung der Menschenrechte und auf die Bekämpfung von Korruption und Bestechung beziehen. [2]Die Analyse hat die nichtfinanziellen Leistungsindikatoren unter Bezugnahme auf die im Jahresabschluss ausgewiesenen Beträge und Angaben zu erläutern.

(3) [1]Die Angaben nach Abs. 2 haben zu umfassen:

1. eine kurze Beschreibung des Geschäftsmodells der Gesellschaft;

2. eine Beschreibung der von der Gesellschaft in Bezug auf die in Abs. 2 genannten Belange verfolgten Konzepte;

3. die Ergebnisse dieser Konzepte;

4. die angewandten Due-Diligence-Prozesse;

5. die wesentlichen Risiken, die wahrscheinlich negative Auswirkungen auf diese Belange haben werden, und die Handhabung dieser Risiken durch die Gesellschaft, und zwar

a) soweit sie aus der eigenen Geschäftstätigkeit der Gesellschaft entstehen und,

b) wenn dies relevant und verhältnismäßig ist, soweit sie aus ihren Geschäftsbeziehungen, ihren Erzeugnissen oder ihren Dienstleistungen entstehen;

6. die wichtigsten nichtfinanziellen Leistungsindikatoren, die für die konkrete Geschäftstätigkeit von Bedeutung sind.

[2]Verfolgt die Gesellschaft in Bezug auf einen oder mehrere der in Abs. 2 genannten Belange kein Konzept, hat die nichtfinanzielle Erklärung eine klare Begründung hiefür zu enthalten.

(4) [1]In Ausnahmefällen können Informationen über künftige Entwicklungen oder Belange, über die Verhandlungen geführt werden, weggelassen werden, soweit

1. eine solche Angabe nach vernünftiger unternehmerischer Beurteilung geeignet ist, der Geschäftslage der Gesellschaft ernsthaft zu schaden, und

2. eine solche Nichtaufnahme ein den tatsächlichen Verhältnissen entsprechendes Verständnis des Geschäftsverlaufs, des Geschäftsergebnisses, der Lage der Gesellschaft sowie der Auswirkungen ihrer Tätigkeit nicht verhindert.

(5) [1]Die Gesellschaft kann sich bei der Erstellung der nichtfinanziellen Erklärung auf nationale, unionsbasierte oder internationale Rahmenwerke stützen; wenn sie hiervon Gebrauch macht, hat sie anzugeben, auf welche Rahmenwerke sie sich stützt. [2]Bei der Anwendung solcher Rahmenwerke ist sicherzustellen, dass die Anforderungen nach Abs. 2 und Abs. 3 erfüllt sind.

(6) [1]Eine Gesellschaft ist von der Pflicht zur Erstellung einer nichtfinanziellen Erklärung im Lagebericht befreit, wenn sie einen gesonderten nichtfinanziellen Bericht erstellt, der zumindest die Anforderungen nach Abs. 2 bis Abs. 5 erfüllt. [2]Dieser ist von den gesetzlichen Vertretern aufzu-

stellen, von sämtlichen gesetzlichen Vertretern zu unterzeichnen, den Mitgliedern des Aufsichtsrats vorzulegen, von diesem zu prüfen und gemeinsam mit dem Lagebericht nach § 277 offenzulegen.

(7) Eine Gesellschaft ist auch dann von der Pflicht zur Erstellung einer nichtfinanziellen Erklärung befreit, wenn sie und ihre Tochterunternehmen in den Konzernlagebericht oder gesonderten konsolidierten nichtfinanziellen Bericht eines Mutterunternehmens mit Sitz in einem Mitgliedstaat der Europäischen Union oder einem Vertragsstaat des Abkommens über den Europäischen Wirtschaftsraum einbezogen sind, der nach den Anforderungen der Bilanz-Richtlinie erstellt und offengelegt wurde, und wenn sie im Anhang des Jahresabschlusses angibt, bei welchem Unternehmen sie in den Konzernlagebericht oder gesonderten konsolidierten nichtfinanziellen Bericht einbezogen ist und wo dieser erhältlich ist.

(BGBl I 2017/20)

Corporate Governance-Bericht

„**§ 243c.**“ (1) Eine Aktiengesellschaft, deren Aktien zum Handel auf einem geregelten Markt im Sinn des § 1 Z 2 BörseG 2018 zugelassen sind oder die ausschließlich andere Wertpapiere als Aktien auf einem solchen Markt emittiert und deren Aktien mit Wissen der Gesellschaft über ein multilaterales Handelssystem im Sinn des § 1 Z 24 WAG 2018 gehandelt werden, hat einen Corporate Governance-Bericht aufzustellen, der zumindest die folgenden Angaben enthält:

1. die Nennung eines in Österreich oder am jeweiligen Börseplatz allgemein anerkannten Corporate Governance Kodex;

2. die Angabe, wo dieser öffentlich zugänglich ist;

3. soweit sie von diesem abweicht, eine Erklärung, in welchen Punkten und aus welchen Gründen diese Abweichung erfolgt;

4. wenn sie beschließt, keinem Kodex im Sinn der Z 1 zu entsprechen, eine Begründung hiefür. *(BGBl I 2018/17)*

(2) In diesem Bericht sind anzugeben:

1. die Zusammensetzung und die Arbeitsweise des Vorstands und des Aufsichtsrats sowie seiner Ausschüsse;

2. welche Maßnahmen zur Förderung von Frauen im Vorstand, im Aufsichtsrat und in leitenden Stellungen (§ 80 AktG) der Gesellschaft gesetzt wurden „;“ *(BGBl I 2012/35)*

„3.“ soweit es sich auch ohne Anwendung des § 221 Abs. 3 zweiter Satz um eine große Aktiengesellschaft handelt, eine Beschreibung des Diversitätskonzepts, das im Zusammenhang mit der Besetzung des Vorstands und des Aufsichtsrats der Gesellschaft in Bezug auf Aspekte wie Alter, Geschlecht, Bildungs- und Berufshintergrund verfolgt wird, der Ziele dieses Diversitätskonzepts sowie der Art und Weise der Umsetzung dieses Konzepts und der Ergebnisse im Berichtszeitraum; wird kein derartiges Konzept angewendet, so ist dies zu begründen „.“ *(BGBl I 2017/20; BGBl I 2019/63)*
(BGBl I 2009/71)

(BGBl I 2008/70; BGBl I 2017/20)

Bericht über Zahlungen an staatliche Stellen

„**§ 243d.**“ (1) [1]Große Gesellschaften und Unternehmen von öffentlichem Interesse, die in der mineralgewinnenden Industrie oder auf dem Gebiet des Holzeinschlags in Primärwäldern tätig sind, haben jährlich einen Bericht über Zahlungen an staatliche Stellen zu erstellen. [2]Gesellschaften, bei denen die Zahlungen an staatliche Stellen im konsolidierten Bericht eines Mutterunternehmens mit Sitz in einem Mitgliedstaat der Europäischen Union oder einem Vertragsstaat des Abkommens über den Europäischen Wirtschaftsraum enthalten sind, der nach den Anforderungen des Art. 44 der Bilanz-Richtlinie erstellt und offengelegt wurde, sind davon befreit, wenn sie im Anhang des Jahresabschlusses angeben, bei welchem Unternehmen sie in den konsolidierten Bericht einbezogen sind und wo dieser erhältlich ist.

(2) [1]Als Tätigkeit in der mineralgewinnenden Industrie ist eine Tätigkeit auf dem Gebiet der Exploration, Prospektion, Entdeckung, Weiterentwicklung und Gewinnung von Mineralien, Erdöl- oder Erdgasvorkommen oder anderen Stoffen in den Wirtschaftszweigen zu verstehen, die in Abschnitt B Abteilungen 05 bis 08 von Anhang I der Verordnung (EG) Nr. 1893/2006 des Europäischen Parlaments und des Rates vom 20. Dezember 2006 zur Aufstellung der statistischen Systematik der Wirtschaftszweige NACE Revision 2 und zur Änderung der Verordnung (EWG) Nr. 3037/90 des Rates sowie einiger Verordnungen der EG über bestimmte Bereiche der Statistik, ABl. Nr. L 393 vom 30. 12. 2006 S. 1, aufgeführt sind. [2]Primärwälder sind natürlich regenerierte Wälder mit einheimischen Arten, in denen es keine deutlich sichtbaren Anzeichen für menschliche Eingriffe gibt und die ökologischen Prozesse nicht wesentlich gestört sind.

(3) [1]Im Bericht sind Geld- und Sachleistungen auszuweisen, die für die Tätigkeit in der mineralgewinnenden Industrie oder auf dem Gebiet des Holzeinschlags in Primärwäldern an eine staatliche Stelle je Geschäftsjahr geleistet werden. [2]Staatliche Stellen sind nationale, regionale oder lokale staatliche Behörden oder von solchen kontrollierte Abteilungen, Agenturen oder im Sinn des § 244 beherrschte Unternehmen. [3]Es ist der Gesamtwert der Leistungen im Geschäftsjahr je staatlicher Stelle anzugeben und zusätzlich

aufzugliedern, welcher Gesamtbetrag jeweils entfällt auf

1. Produktionszahlungsansprüche,

2. Steuern, die auf die Erträge, die Produktion oder die Gewinne von Unternehmen erhoben werden, ausgenommen Steuern, die auf den Verbrauch erhoben werden (wie etwa Umsatzsteuern), Lohnsteuern oder vom Umsatz abhängige Steuern,

3. Nutzungsentgelte,

4. Dividenden,

5. Unterzeichnungs-, Entdeckungs- und Produktionsboni,

6. Lizenz-, Miet- und Zugangsgebühren sowie sonstige Gegenleistungen für Lizenzen und/oder Konzessionen und

7. Beiträge für die Verbesserung der Infrastruktur.

(4) [1]Wenn die Leistungen für ein bestimmtes Projekt gewidmet sind, ist anzugeben, welcher Teil der gemäß Abs. 3 anzugebenden Beträge auf das Projekt entfällt. [2]Zusätzlich ist der Gesamtwert der Leistungen für das Projekt anzugeben. [3]Als Projekt ist die Gesamtheit der operativen Tätigkeiten anzusehen, die sich nach einer einzigen Vereinbarung oder nach mehreren inhaltlich miteinander verbundenen Vereinbarungen richten, welche die Grundlage für die Leistungen nach Abs. 3 bildet oder bilden.

(5) [1]Leistungen, deren Gegenwert im Geschäftsjahr unter 100.000 Euro liegt, müssen nicht ausgewiesen werden. [2]Im Falle einer bestehenden Vereinbarung über regelmäßige Leistungen ist auf den Gesamtbetrag der verbundenen regelmäßigen Leistungen im Berichtszeitraum abzustellen. [3]Wenn bei einer Aufgliederung nach Art der Leistung und nach Projekten einzelne Leistungen wegen Unterschreitens der Grenze von 100.000 Euro nicht ausgewiesen werden, sodass die Summe der aufgegliederten Einzelleistungen den anzugebenden Gesamtbetrag nicht erreicht, so ist gesondert auf die Inanspruchnahme dieser Erleichterung hinzuweisen. [4]Hat eine zur Erstellung eines Berichts verpflichtete Gesellschaft in einem Berichtszeitraum an keine staatliche Stelle berichtspflichtige Zahlungen geleistet, so hat sie im Bericht nur anzugeben, dass eine Geschäftstätigkeit in der mineralgewinnenden Industrie oder auf dem Gebiet des Holzeinschlags in Primärwäldern ausgeübt wurde, ohne dass berichtspflichtige Zahlungen geleistet wurden.

(6) [1]Bei der Angabe der Leistungen wird auf den Inhalt der betreffenden Zahlung oder Tätigkeit und nicht auf deren Form Bezug genommen. [2]Zahlungen und Tätigkeiten dürfen nicht künstlich mit dem Ziel aufgeteilt oder zusammengefasst werden, die Anwendung dieser Bestimmung zu umgehen. [3]Soweit Sachleistungen erbracht werden, sind ihr Wert und, wenn möglich, ihr Umfang anzugeben. [4]Ergänzende Erläuterungen sind beizufügen, um darzulegen, wie ihr Wert festgelegt worden ist.

(7) Ist eine staatliche Stelle stimmberechtigter Anteilsinhaber der Gesellschaft, so müssen gezahlte Dividenden oder Gewinnanteile nur berücksichtigt werden, wenn sie

1. nicht unter denselben Bedingungen wie an andere Anteilsinhaber mit vergleichbaren Anteilen gleicher Gattung gezahlt wurden oder

2. anstelle von Produktionsrechten oder Nutzungsentgelten gezahlt wurden.

(8) [1]Unternehmen, die einen Bericht nach gleichwertigen Berichtspflichten eines Drittlands erstellen und gemäß § 277 offenlegen, sind von der Erstellung eines Berichts nach Abs. 1 ausgenommen. [2]Ob die Berichtspflichten eines Drittlands gleichwertig sind, ist nach den aufgrund des Art. 47 der Bilanz-Richtlinie ergangenen Durchführungsrechtsakten zu beurteilen.

(BGBl I 2015/22; BGBl I 2017/20)

UGB

DRITTER ABSCHNITT

Konzernabschluss, Konzernlagebericht, konsolidierter Corporate Governance-Bericht und konsolidierter Bericht über Zahlungen an staatliche Stellen

ERSTER TITEL

Anwendungsbereich

Pflicht zur Aufstellung

§ 244. (1) [1]Stehen Unternehmen unter der einheitlichen Leitung einer Kapitalgesellschaft (Mutterunternehmen) mit Sitz im Inland, so haben die gesetzlichen Vertreter des Mutterunternehmens einen Konzernabschluss, einen Konzernlagebericht sowie gegebenenfalls einen konsolidierten Corporate Governance-Bericht „ “ aufzustellen sowie dem Aufsichtsrat und der Hauptversammlung (Generalversammlung) des Mutterunternehmens innerhalb der für die Vorlage des Jahresabschlusses geltenden Fristen vorzulegen. [2]Der Konzernabschluss, der Konzernlagebericht sowie der konsolidierte Corporate Governance-Bericht „ “ sind von sämtlichen gesetzlichen Vertretern zu unterzeichnen und der Haupt- oder Generalversammlung zusammen mit dem Jahresabschluss des Mutterunternehmens vorzulegen. [3]Soweit in den folgenden Bestimmungen der Konzernlagebericht erwähnt wird, erfasst dieser Begriff gegebenenfalls auch den konsolidierten Corporate Governance-Bericht. *(BGBl I 2015/22; BGBl I 2017/20)*

(2) Eine Kapitalgesellschaft mit Sitz im Inland ist stets zur Aufstellung eines Konzernabschlusses und eines Konzernlageberichtes verpflichtet

(Mutterunternehmen), wenn ihr bei einem Unternehmen (Tochterunternehmen)

1. die Mehrheit der Stimmrechte der Gesellschafter zusteht,

2. das Recht zusteht, die Mehrheit der Mitglieder des Verwaltungs-, Leitungs- oder Aufsichtsorgans zu bestellen oder abzuberufen, und sie gleichzeitig Gesellschafter ist oder

3. das Recht zusteht, einen beherrschenden Einfluß auszuüben, oder

4. auf Grund eines Vertrages mit einem oder mehreren Gesellschaftern des Tochterunternehmens das Recht zur Entscheidung zusteht, wie Stimmrechte der Gesellschafter, soweit sie mit ihren eigenen Stimmrechten zur Erreichung der Mehrheit aller Stimmen erforderlich sind, bei Bestellung oder Abberufung der Mehrheit der Mitglieder des Leitungs- oder eines Aufsichtsorgans auszuüben sind.
(BGBl 1996/304)

(3) Eine Personengesellschaft im Sinn des § 189 Abs. 1 Z 2 unterliegt hinsichtlich der in den §§ 244 bis 267b geregelten Tatbestände den der Rechtsform ihres unbeschränkt haftenden Gesellschafters entsprechenden Rechtsvorschriften; ist dieser keine Kapitalgesellschaft, so gelten die Vorschriften für Gesellschaften mit beschränkter Haftung. *(BGBl I 2015/22)*

(4) [1]Als Rechte, die einem Mutterunternehmen zustehen, gelten auch die Rechte eines anderen Tochterunternehmens oder von Personen, die für Rechnung des Mutterunternehmens oder eines anderen Tochterunternehmens handeln. [2]Abzuziehen sind die Rechte, die mit Anteilen verbunden sind, die

1. vom Mutterunternehmen oder einem Tochterunternehmen für Rechnung einer anderen Person gehalten werden oder

2. als Sicherheit gehalten werden, sofern diese Rechte nach Weisung des Sicherungsgebers oder, wenn ein Kreditinstitut die Anteile als Sicherheit für eine Kreditgewährung hält, im Interesse des Sicherungsgebers ausgeübt werden.
(BGBl I 2015/22)

(5) Bei Ermittlung der Mehrheit der Stimmrechte sind von der Zahl aller Stimmrechte die Stimmrechte aus eigenen Anteilen abzuziehen, die dem Tochterunternehmen selbst, einem seiner Tochterunternehmen oder einer anderen Person für Rechnung dieser Unternehmen gehören.

(6) *(entfällt, BGBl I 2015/22)*

(7) [1]Bei Meinungsverschiedenheiten über das Vorliegen einer Verpflichtung zur Aufstellung „des Konzernabschlusses, des Konzernlageberichts und des konsolidierten Berichts über Zahlungen an staatliche Stellen"** entscheidet der für den Sitz des Unternehmens zuständige, zur Ausübung der Gerichtsbarkeit in Handelssachen berufene Gerichtshof erster Instanz im Verfahren außer Streitsachen. [2]Vom Mutter- als auch vom Tochterunternehmen sind antragsberechtigt: jedes Vorstands- und Aufsichtsratsmitglied, der Abschlußprüfer und eine Minderheit, deren Anteile den zwanzigsten Teil des Nennkapitals oder den „anteiligen Betrag von 700 000 Euro"* erreichen. [3]„Diese Regelung gilt sinngemäß für Personengesellschaften im Sinn des § 189 Abs. 1 Z 2."**.
*(*BGBl I 1998/125; **BGBl I 2016/43)*

(BGBl 1990/475)

Befreiende Konzernabschlüsse und Konzernlageberichte

§ 245. (1) Ein Mutterunternehmen (§ 189a Z 6), das österreichischem Recht unterliegt, braucht bei Erfüllung der Voraussetzungen des Abs. 2 keinen Teilkonzernabschluss samt Konzernlagebericht aufzustellen (befreites Unternehmen), wenn es in den Konzernabschluss eines übergeordneten Mutterunternehmens (befreiender Konzernabschluss) einbezogen ist und

1. das übergeordnete Mutterunternehmen dem Recht eines Mitgliedstaats der Europäischen Union oder eines Vertragsstaats des Abkommens über den Europäischen Wirtschaftsraum unterliegt und entweder

a) sämtliche Anteile am befreiten Unternehmen besitzt oder

b) mindestens 90% der Anteile am befreiten Unternehmen besitzt und die anderen Anteilsinhaber der Befreiung zugestimmt haben oder

c) weder der Aufsichtsrat noch eine qualifizierte Minderheit, deren Anteile 10% des Nennkapitals oder den anteiligen Betrag von 1 400 000 Euro erreichen, spätestens sechs Monate vor dem Ablauf des Konzerngeschäftsjahrs die Aufstellung des Teilkonzernabschlusses verlangen oder

2. das übergeordnete Mutterunternehmen nicht dem Recht eines Mitgliedstaats der Europäischen Union oder eines Vertragsstaats des Abkommens über den Europäischen Wirtschaftsraum unterliegt und weder der Aufsichtsrat noch eine qualifizierte Minderheit, deren Anteile 5% des Nennkapitals oder den anteiligen Betrag von 700 000 Euro erreichen, spätestens sechs Monate vor dem Ablauf des Konzerngeschäftsjahres die Aufstellung des Teilkonzernabschlusses verlangen.

(2) Der Konzernabschluss und der Konzernlagebericht des übergeordneten Mutterunternehmens haben nur befreiende Wirkung nach Abs. 1, wenn alle nachstehenden Voraussetzungen erfüllt sind:

1. das befreite Unternehmen sowie alle seine Tochterunternehmen sind unbeschadet des § 249 in den befreienden Konzernabschluss einbezogen;

2. Konzernabschluss und Konzernlagebericht wurden nach dem für das übergeordnete Mutterunternehmen maßgeblichen Recht im Einklang

mit der Bilanz-Richtlinie oder nach den gemäß der Verordnung (EG) Nr. 1606/2002 angenommenen internationalen Rechnungslegungsstandards aufgestellt; im Fall des Abs. 1 Z 2 reicht es aus, wenn Konzernabschluss und Konzernlagebericht den nach der Bilanz-Richlinie erstellten Unterlagen oder internationalen Rechnungslegungsstandards, die gemäß der Verordnung (EG) Nr. 1569/2007 der Kommission über die Einrichtung eines Mechanismus zur Festlegung der Gleichwertigkeit der von Drittstaatemittenten angewandten Rechnungslegungsgrundsätze gemäß den Richtlinien 2003/71/EG und 2004/109/EG ABl. Nr. L 340 vom 22. 12. 2007 S. 66, festgelegt wurden, gleichwertig sind;

3. der befreiende Konzernabschluss eines übergeordneten Mutterunternehmens nach Abs. 1 Z 2 wurde von einem nach dem anzuwendenden Recht zugelassenen Abschlussprüfer geprüft;

4. der Anhang des Jahresabschlusses des befreiten Unternehmens enthält Angaben über den Namen und den Sitz des übergeordneten Mutterunternehmens, das den befreienden Konzernabschluss aufstellt, sowie einen Hinweis auf die Befreiung von der Verpflichtung, einen Konzernabschluss und einen Konzernlagebericht aufzustellen;

5. der befreiende Konzernabschluss und der Konzernlagebericht des übergeordneten Mutterunternehmens werden unverzüglich in deutscher Sprache oder in einer in internationalen Finanzkreisen gebräuchlichen Sprache beim Firmenbuchgericht offengelegt (§ 280 Abs. 2) und dem Aufsichtsrat sowie der nächsten ordentlichen Hauptversammlung (Generalversammlung) vorgelegt.

(3) Die Befreiung nach Abs. 1 darf nicht in Anspruch genommen werden, wenn das befreite Unternehmen eine Gesellschaft im Sinn des § 189a Abs. 1 lit. a ist.

(BGBl I 2015/22)

Konzernabschlüsse nach international anerkannten Rechnungslegungsgrundsätzen

§ 245a. (1) Ein Mutterunternehmen, das nach Art. 4 der Verordnung (EG) Nr. 1606/2002 betreffend die Anwendung internationaler Rechnungslegungsstandards dazu verpflichtet ist, den Konzernabschluss nach den internationalen Rechnungslegungsstandards aufzustellen, die nach Art. 3 der Verordnung übernommen wurden, hat dabei § 193 Abs. 4 zweiter Halbsatz und § 194 „sowie von den Vorschriften des zweiten bis neunten Titels § 247 Abs. 3, § 265 Abs. 2 bis 4, „§ 267, § 267a und § 267b“** anzuwenden; der Konzernanhang ist außerdem um die Angaben nach § 237 Abs. 1 Z 6 in Verbindung mit § 266 Z 4, § 237 Abs. 1 Z 3 und § 239 Abs. 1 Z 4 in Verbindung mit § 266 Z 2 sowie § 238 Abs. 1 Z 10 und Z 18 zu ergänzen“*. *(BGBl I 2008/70; *BGBl I 2015/22; **BGBl I 2019/46)*

(2) Ein Mutterunternehmen, das nicht unter Abs. 1 fällt, kann den Konzernabschluss nach den Rechnungslegungsvorschriften in Abs. 1 aufstellen.

(3) Ein Mutterunternehmen, das einen Konzernabschluss nach den in Abs. 1 bezeichneten Rechnungslegungsstandards aufstellt, hat bei der Offenlegung ausdrücklich darauf hinzuweisen, dass es sich um einen nach den in Abs. 1 bezeichneten Rechnungslegungsstandards aufgestellten Konzernabschluss und Konzernlagebericht handelt.

(BGBl I 2004/161)

Größenabhängige Befreiungen

§ 246. (1) Ein Mutterunternehmen ist von der Pflicht, einen Konzernabschluß und einen Konzernlagebericht aufzustellen, befreit, wenn

1. am Abschlußstichtag seines Jahresabschlusses und am vorhergehenden Abschlußstichtag mindestens zwei der drei nachstehenden Merkmale zutreffen:

a) Die Bilanzsummen in den Bilanzen des Mutterunternehmens und der Tochterunternehmen, die in den Konzernabschluß einzubeziehen wären, übersteigen insgesamt nicht „ „24“** Millionen Euro“*. *(*BGBl I 2000/61; **BGBl I 2015/22)*

b) Die Umsatzerlöse des Mutterunternehmens und der Tochterunternehmen, die in den Konzernabschluß einzubeziehen wären, übersteigen in den zwölf Monaten vor dem Abschlußstichtag insgesamt nicht „ „48“** Millionen Euro“*. *(*BGBl I 2000/61; **BGBl I 2015/22)*

c) Das Mutterunternehmen und die Tochterunternehmen, die in den Konzernabschluß einzubeziehen wären, haben in den zwölf Monaten vor dem Abschlußstichtag im Jahresdurchschnitt nicht mehr als „250 Arbeitnehmer“ beschäftigt; oder *(BGBl I 2000/61)*

2. am Abschlußstichtag eines von ihm aufzustellenden Konzernabschlusses und am vorhergehenden Abschlußstichtag mindestens zwei der drei nachstehenden Merkmale zutreffen:

a) Die Bilanzsumme übersteigt nicht „ „20“** Millionen Euro“*. *(*BGBl I 2000/61; **BGBl I 2015/22)*

b) Die Umsatzerlöse in den zwölf Monaten vor dem Abschlußstichtag übersteigen nicht „ „40“** Millionen Euro“*. *(*BGBl I 2000/61; **BGBl I 2015/22)*

c) Das Mutterunternehmen und die in den Konzernabschluß einbezogenen Tochterunternehmen haben in den zwölf Monaten vor dem Abschlußstichtag im Jahresdurchschnitt nicht mehr als „250 Arbeitnehmer“ beschäftigt. *(BGBl I 2000/61)*

(2) Die Rechtsfolgen der Merkmale gemäß Abs. 1 Z 1 und 2 treten, wenn diese Merkmale an den Abschlußstichtagen von zwei aufeinanderfolgenden Geschäftsjahren zutreffen, ab dem folgenden Geschäftsjahr ein.

(3) Abs. 1 ist nicht anzuwenden, wenn eines der verbundenen Unternehmen ein Unternehmen von öffentlichem Interesse (§ 189a Z 1) ist. *(BGBl I 2015/22)*

(4) § 221 Abs. 7 gilt sinngemäß für die in Abs. 1 Z 1 und 2 angeführten Merkmale. *(BGBl 1996/304)*

(BGBl 1990/475)

ZWEITER TITEL

Umfang der einzubeziehenden Unternehmen (Konsolidierungskreis)

Einzubeziehende Unternehmen, Vorlage- und Auskunftspflichten

§ 247. (1) In den Konzernabschluß sind das Mutterunternehmen und alle Tochterunternehmen ohne Rücksicht auf den Sitz der Tochterunternehmen einzubeziehen, sofern die Einbeziehung nicht „gemäß § 249" unterbleibt. *(BGBl I 2004/161)*

(2) [1]Hat sich die Zusammensetzung der in den Konzernabschluß einbezogenen Unternehmen im Laufe des Geschäftsjahrs wesentlich geändert, so sind in den Konzernabschluß Angaben aufzunehmen, die es ermöglichen, die aufeinanderfolgenden Konzernabschlüsse sinnvoll zu vergleichen. [2]Dieser Verpflichtung kann auch dadurch entsprochen werden, daß die entsprechenden Beträge des vorhergehenden Konzernabschlusses an die Änderung angepaßt werden.

(3) [1]Die Tochterunternehmen haben dem Mutterunternehmen ihre Jahresabschlüsse, Lageberichte, Konzernabschlüsse, Konzernlageberichte und, wenn eine Prüfung des Jahresabschlusses oder des Konzernabschlusses stattgefunden hat, die Prüfungsberichte sowie, wenn ein Zwischenabschluß aufzustellen ist, einen auf den Stichtag des Konzernabschlusses aufgestellten Abschluß unverzüglich einzureichen. [2]Das Mutterunternehmen kann von jedem Tochterunternehmen alle Aufklärungen und Nachweise verlangen, welche die Aufstellung des Konzernabschlusses und des Konzernlageberichts erfordert.

(BGBl 1990/475)

Verbot der Einbeziehung

§ 248. *(aufgehoben, BGBl I 2004/161)*

Verzicht auf die Einbeziehung

§ 249. (1) Ein Tochterunternehmen braucht in den Konzernabschluss nicht einbezogen zu werden, wenn

1. die für die Aufstellung des Konzernabschlusses erforderlichen Angaben nicht ohne unverhältnismäßige Verzögerungen oder ohne unverhältnismäßig hohe Kosten zu erhalten sind, wobei auf die Größe des Unternehmens Bedacht zu nehmen ist; oder

2. die Anteile an dem Tochterunternehmen ausschließlich zum Zwecke ihrer Weiterveräußerung gehalten werden; oder

3. erhebliche und andauernde Beschränkungen die Ausübung der Rechte des Mutterunternehmens in Bezug auf das Vermögen oder die Geschäftsführung dieses Unternehmens nachhaltig beeinträchtigen.

(2) [1]Wenn die Einbeziehung eines Tochterunternehmens nicht wesentlich ist, braucht es nicht in den Konzernabschluss einbezogen zu werden. [2]Trifft dies auf mehrere Tochterunternehmen zu, so sind sie dann in den Konzernabschluss einzubeziehen, wenn sie zusammen wesentlich sind. [3]Für ein Mutterunternehmen, das ausschließlich Tochterunternehmen hat, deren Einbeziehung entweder für sich und zusammengenommen nicht wesentlich ist oder die aufgrund von Abs. 1 nicht einbezogen zu werden brauchen, entfällt die Pflicht zur Aufstellung eines Konzernabschlusses und eines Konzernlageberichts.

(3) Der Ausschluss der in Abs. 1 bezeichneten Unternehmen ist im Konzernanhang, falls kein Konzernabschluss aufzustellen ist, im Anhang des Jahresabschlusses der Muttergesellschaft anzugeben und zu begründen.

(BGBl I 2015/22)

DRITTER TITEL

Inhalt und Form des Konzernabschlusses

Inhalt

§ 250. (1) [1]Der Konzernabschluss besteht aus der Konzernbilanz, der Konzern-Gewinn- und Verlustrechnung, dem Konzernanhang, der Konzernkapitalflussrechnung und einer Darstellung der Komponenten des Eigenkapitals und ihrer Entwicklung. [2]Er kann um die Segmentberichterstattung erweitert werden. *(BGBl I 2004/161)*

(2) [1]Der Konzernabschluß hat den Grundsätzen ordnungsmäßiger Buchführung zu entsprechen. [2]Er ist klar und übersichtlich aufzustellen. [3]Er hat ein möglichst getreues Bild der Vermögens-, Finanz- und Ertragslage des Konzerns zu vermitteln. [4]Wenn dies aus besonderen Umständen nicht gelingt, sind im Konzernanhang die erforderlichen zusätzlichen Angaben zu machen.

(3) [1]Im Konzernabschluß ist die Vermögens-, Finanz- und Ertragslage der einbezogenen Unternehmen so darzustellen, als ob diese Unternehmen insgesamt ein einziges Unternehmen wären. [2]Die auf den vorhergehenden Konzernabschluß angewandten Zusammenfassungs(Konsolidierungs)methoden sind beizubehalten. [3]„Ein Abweichen von diesem Grundsatz ist nur bei Vorliegen besonderer Umstände und unter Beachtung der in Abs. 2 dritter Satz umschriebenen Zielsetzung zulässig; im Konzernanhang ist die Abweichung anzugeben, zu begründen und ihr Einfluss auf die Vermögens-, Finanz- und Ertragslage des Konzerns darzulegen.“ *(BGBl I 2015/22)*

(BGBl 1990/475)

Anzuwendende Vorschriften; Erleichterungen

§ 251. (1) Auf den Konzernabschluß sind, soweit seine Eigenart keine Abweichung bedingt oder in den folgenden Vorschriften nichts anderes bestimmt ist, „§ 193 Abs. 3 und 4 zweiter Halbsatz, §§ 194 bis 211, §§ 223 bis 227, § 229 Abs. 1 bis 3, §§ 231 bis 234 und §§ 237 bis 241“ über den Jahresabschluß und die für die Rechtsform und den Geschäftszweig der in den Konzernabschluß einbezogenen Unternehmen mit dem Sitz im Geltungsbereich dieses Gesetzes geltenden Vorschriften entsprechend anzuwenden. *(BGBl I 2015/22)*

(2) In der Gliederung der Konzernbilanz dürfen die Vorräte in einem Posten zusammengefasst werden, wenn die Aufgliederung nicht wesentlich ist. *(BGBl I 2015/22)*

(3) [1]Der Konzernanhang und der Anhang des Jahresabschlusses des Mutterunternehmens dürfen zusammengefaßt werden. [2]In diesem Falle müssen der Konzernabschluß und der Jahresabschluß des Mutterunternehmens gemeinsam offengelegt und dürfen auch die Prüfungsberichte und die Bestätigungsvermerke zusammengefaßt werden.

(BGBl 1990/475)

Stichtag für die Aufstellung

§ 252. (1) Der Konzernabschluß ist auf den Stichtag des Jahresabschlusses des Mutterunternehmens oder auf den hievon abweichenden Stichtag der Jahresabschlüsse der bedeutendsten oder der Mehrzahl der in den Konzernabschluß einbezogenen Unternehmen aufzustellen; die Abweichung vom Abschlußstichtag des Mutterunternehmens ist im Konzernanhang anzugeben und zu begründen.

(2) [1]Die Jahresabschlüsse der in den Konzernabschluß einbezogenen Unternehmen sollen auf den Stichtag des Konzernabschlusses aufgestellt werden. [2]Liegt der Abschlußstichtag eines Unternehmens um mehr als drei Monate vor „oder nach“ dem Stichtag des Konzernabschlusses, so ist dieses Unternehmen auf Grund eines auf den Stichtag und den Zeitraum des Konzernabschlusses aufgestellten Zwischenabschlusses in den Konzernabschluß einzubeziehen. *(BGBl 1996/304; BGBl I 2015/22)*

(3) Wird bei abweichenden Abschlußstichtagen ein Unternehmen nicht auf der Grundlage eines auf den Stichtag und den Zeitraum des Konzernabschlusses aufgestellten Zwischenabschlusses einbezogen, so sind Vorgänge von besonderer Bedeutung für die Vermögens-, Finanz- und Ertragslage eines in den Konzernabschluß einbezogenen Unternehmens, die zwischen dem Abschlußstichtag dieses Unternehmens und dem Abschlußstichtag des Konzernabschlusses eingetreten sind, in der Konzernbilanz und der Konzern-Gewinn- und Verlustrechnung zu berücksichtigen oder im Konzernanhang anzugeben. *(BGBl 1996/304)*

(BGBl 1990/475)

UGB

VIERTER TITEL
Vollständige Zusammenfassung der Jahresabschlüsse verbundener Unternehmen (Vollkonsolidierung)

Grundsätze, Vollständigkeitsgebot

§ 253. (1) [1]In dem Konzernabschluß ist der Jahresabschluß des Mutterunternehmens mit den Jahresabschlüssen der Tochterunternehmen zusammenzufassen. [2]An die Stelle der dem Mutterunternehmen gehörenden Anteile an den einbezogenen Tochterunternehmen treten die Vermögensgegenstände, „ “ Rückstellungen, Verbindlichkeiten und Rechnungsabgrenzungsposten der Tochterunternehmen, soweit sie nach dem Recht des Mutterunternehmens bilanzierbar sind und die Eigenart des Konzernabschlusses keine Abweichungen bedingt oder in den folgenden Vorschriften nichts anderes bestimmt ist. *(BGBl I 2015/22)*

(2) [1]Die Vermögensgegenstände, „ “* „aktiven latenten Steuern,“** Rückstellungen, Verbindlichkeiten und Rechnungsabgrenzungsposten sowie die Erträge und Aufwendungen der in den Konzernabschluß einbezogenen Unternehmen sind unabhängig von ihrer Berücksichtigung in den Jahresabschlüssen dieser Unternehmen vollständig aufzunehmen, soweit nach dem Recht des Mutterunternehmens nicht ein Bilanzierungsverbot oder ein Bilanzierungswahlrecht besteht. [2]Nach dem Recht des Mutterunternehmens zulässige Bilanzierungswahlrechte dürfen im Konzernabschluß unabhängig von ihrer Ausübung in den Jahresabschlüssen der in den Konzernabschluß einbezogenen Unternehmen ausgeübt werden. *(*BGBl I 2015/22; **BGBl I 2016/43)*

(3) *(entfällt, BGBl I 2015/22)*

(BGBl 1990/475)

Zusammenfassung von Eigenkapital und Beteiligungen (Kapitalkonsolidierung)

§ 254. (1) [1]Der Wertansatz der dem Mutterunternehmen gehörenden Anteile an einem in den Konzernabschluss einbezogenen Tochterunternehmen wird mit dem auf diese Anteile entfallenden Betrag des Eigenkapitals des Tochterunternehmens verrechnet. [2]Das Eigenkapital ist mit dem Betrag anzusetzen, der dem beizulegenden Zeitwert der in den Konzernabschluss aufzunehmenden Vermögensgegenstände, Rückstellungen, Verbindlichkeiten und Rechnungsabgrenzungsposten zu dem für die Verrechnung gemäß Abs. 2 gewählten Zeitpunkt entspricht. [3]Das anteilige Eigenkapital darf nicht mit einem Betrag angesetzt werden, der die Anschaffungskosten des Mutterunternehmens für die Anteile an dem einbezogenen Tochterunternehmen überschreitet. [4]Wenn die Anschaffungskosten den Buchwert des anteiligen Eigenkapitals unterschreiten, so ist der Buchwert anzusetzen. *(BGBl I 2015/22)*

(2) [1]Die Verrechnung gemäß Abs. 1 wird auf der Grundlage der Wertansätze zum Zeitpunkt des Erwerbs der Anteile oder der erstmaligen Einbeziehung des Tochterunternehmens in den Konzernabschluß oder, beim Erwerb der Anteile zu verschiedenen Zeitpunkten, zu dem Zeitpunkt, zu dem das Unternehmen Tochterunternehmen geworden ist, durchgeführt. [2]Der gewählte Zeitpunkt ist im Konzernanhang anzugeben.

(3) [1]„Ein bei der Verrechnung entstehender Unterschiedsbetrag ist in der Konzernbilanz, wenn er auf der Aktivseite entsteht, als Geschäfts(Firmen)wert und, wenn er auf der Passivseite entsteht, als Unterschiedsbetrag aus der Zusammenfassung von Eigenkapital und Beteiligungen (Kapitalkonsolidierung) auszuweisen.“ [2]Dieser Posten und wesentliche Änderungen gegenüber dem Vorjahr sind im Anhang zu erläutern. [3]Werden Unterschiedsbeträge der Aktivseite mit solchen der Passivseite verrechnet, so sind die verrechneten Beträge im Anhang anzugeben. *(BGBl I 2015/22)*

(4) Anteile an dem Mutterunternehmen, die diesem oder einem in den Konzernabschluß einbezogenen Tochterunternehmen gehören, sind in der Konzernbilanz als eigene Anteile „zu behandeln“. *(BGBl I 2016/43)*

(BGBl 1990/475)

Zusammenfassung von Forderungen und Schulden verbundener Unternehmen (Schuldenkonsolidierung)

§ 255. (1) Ausleihungen und andere Forderungen, Rückstellungen und Verbindlichkeiten aus Beziehungen zwischen den in den Konzernabschluß einbezogenen Unternehmen sowie entsprechende Rechnungsabgrenzungsposten sind wegzulassen.

(2) Abs. 1 braucht nicht angewendet zu werden, soweit die wegzulassenden Beträge nicht wesentlich (§ 189a Z 10) sind. *(BGBl I 2015/22)*

(BGBl 1990/475)

Behandlung der Zwischenergebnisse

§ 256. (1) In den Konzernabschluß zu übernehmende Vermögensgegenstände, die ganz oder teilweise auf Lieferungen oder Leistungen zwischen in den Konzernabschluß einbezogenen Unternehmen beruhen, sind in der Konzernbilanz mit dem Betrag anzusetzen, zu dem sie in der auf den Stichtag des Konzernabschlusses aufgestellten Bilanz dieses Unternehmens anzusetzen wären, wenn die in den Konzernabschluß einbezogenen Unternehmen auch rechtlich ein einziges Unternehmen bildeten.

(2) Abs. 1 braucht nicht angewendet zu werden, soweit die Behandlung der Zwischenergebnisse nicht wesentlich (§ 189a Z 10) ist. *(BGBl I 2015/22)*

(BGBl 1990/475)

Zusammenfassung von Aufwendungen und Erträgen verbundener Unternehmen (Aufwands- und Ertragskonsolidierung)

§ 257. (1) In der Konzern-Gewinn- und Verlustrechnung sind

1. bei den Umsatzerlösen die Erlöse aus Lieferungen und Leistungen zwischen den in den Konzernabschluß einbezogenen Unternehmen mit den auf sie entfallenden Aufwendungen zu verrechnen, soweit sie nicht als Erhöhung des Bestands an fertigen und unfertigen Erzeugnissen oder als andere „aktivierte“ Eigenleistungen auszuweisen sind, *(BGBl 1996/304)*

2. andere Erträge aus Lieferungen und Leistungen zwischen den in den Konzernabschluß einbezogenen Unternehmen mit den auf sie entfallenden Aufwendungen zu verrechnen, soweit sie nicht als andere „aktivierte“ Eigenleistungen auszuweisen sind. *(BGBl 1996/304)*

(2) Aufwendungen und Erträge brauchen nicht gemäß Abs. 1 weggelassen zu werden, soweit die wegzulassenden Beträge nicht wesentlich (§ 189a Z 10) sind. *(BGBl I 2015/22)*

(BGBl 1990/475)

Steuerabgrenzung

§ 258. [1]Führen Maßnahmen, die nach den Vorschriften des dritten Abschnitts durchgeführt worden sind, zu Differenzen zwischen den unternehmensrechtlichen und den steuerrechtlichen Wertansätzen der Vermögensgegenstände,

Schulden oder Rechnungsabgrenzungsposten und bauen sich diese Differenzen in späteren Geschäftsjahren voraussichtlich wieder ab, so ist eine sich insgesamt ergebende Steuerbelastung als Rückstellung für passive latente Steuern und eine sich insgesamt ergebende Steuerentlastung als aktive latente Steuern in der Konzernbilanz anzusetzen. [2]Differenzen aus dem erstmaligen Ansatz eines nach § 254 Abs. 3 verbleibenden Unterschiedsbetrages bleiben unberücksichtigt. [3]Unberücksichtigt bleiben auch Differenzen, die sich zwischen dem steuerrechtlichen Wertansatz einer Beteiligung an einem Tochterunternehmen, einem assoziierten Unternehmen oder einem Gemeinschaftsunternehmen im Sinn des § 262 Abs. 1 und dem unternehmensrechtlichen Wertansatz des im Konzernabschluss angesetzten Nettovermögens ergeben, wenn das Mutterunternehmen in der Lage ist, den zeitlichen Verlauf der Auflösung der temporären Differenzen zu steuern, und es wahrscheinlich ist, dass sich die temporäre Differenz in absehbarer Zeit nicht auflösen wird. [4]Eine Saldierung ist nicht vorzunehmen, soweit eine Aufrechnung der tatsächlichen Steuererstattungsansprüche mit den tatsächlichen Steuerschulden rechtlich nicht möglich ist. [5]§ 198 Abs. 10 ist entsprechend anzuwenden. [6]Die Posten dürfen mit den Posten nach § 198 Abs. 9 zusammengefasst werden. [7]Die Steuerabgrenzung braucht nicht vorgenommen zu werden, soweit sie nicht wesentlich ist.

(BGBl I 2015/22)

Anteile anderer Gesellschafter

§ 259. (1) In der Konzernbilanz ist für die nicht dem Mutterunternehmen oder einem einbezogenen Tochterunternehmen gehörenden Anteile an den in den Konzernabschluss einbezogenen Tochterunternehmen ein Ausgleichsposten für die Anteile der anderen Gesellschafter in Höhe ihres Anteils am nach den Vorschriften des „§ 254 Abs. 1" ermittelten Eigenkapital unter dem Posten „nicht beherrschende Anteile" innerhalb des Eigenkapitals gesondert auszuweisen. *(BGBl I 2015/22; BGBl I 2016/43)*

(2) In der Konzern-Gewinn- und Verlustrechnung ist der im Jahresergebnis enthaltene, anderen Gesellschaftern zustehende Gewinn und der auf sie entfallende Verlust nach dem Posten „Jahresüberschuß/Jahresfehlbetrag" unter entsprechender Bezeichnung gesondert auszuweisen.

(BGBl 1990/475)

FÜNFTER TITEL
Bewertungsvorschriften

Einheitliche Bewertung

§ 260. (1) [1]Die in den Konzernabschluß gemäß § 253 Abs. 2 übernommenen Vermögensgegenstände und Schulden der in den Konzernabschluß einbezogenen Unternehmen sind nach den auf den Jahresabschluß des Mutterunternehmens anwendbaren Bewertungsmethoden einheitlich zu bewerten; zulässige Bewertungswahlrechte können im Konzernabschluß unabhängig von ihrer Ausübung in den Jahresabschlüssen der in den Konzernabschluß einbezogenen Unternehmen ausgeübt werden. [2]Abweichungen von den auf den Jahresabschluß des Mutterunternehmens angewandten Bewertungsmethoden sind im Konzernanhang anzugeben und zu begründen.

(2) [1]Sind in den Konzernabschluß aufzunehmende Vermögensgegenstände oder Schulden des Mutterunternehmens oder der Tochterunternehmen in den Jahresabschlüssen dieser Unternehmen nach Methoden bewertet worden, die sich von denen unterscheiden, die auf den Konzernabschluß anzuwenden sind oder die von den gesetzlichen Vertretern des Mutterunternehmens in Ausübung von Bewertungswahlrechten auf den Konzernabschluß angewendet werden, so sind die abweichend bewerteten Vermögensgegenstände oder Schulden nach den auf den Konzernabschluß angewandten Bewertungsmethoden neu zu bewerten und mit den neuen Wertansätzen in den Konzernabschluß zu übernehmen. [2]Wertansätze, die auf Sondervorschriften für Banken oder Versicherungsunternehmen beruhen, sind beizubehalten; auf die Anwendung dieser Ausnahme ist im Konzernanhang hinzuweisen. [3]„Eine einheitliche Bewertung nach dem ersten Satz braucht nicht vorgenommen zu werden, soweit ihre Auswirkungen nicht wesentlich (§ 189a Z 10) sind. [4]Darüber hinaus ist ein Abweichen bei Vorliegen besonderer Umstände und unter Beachtung der in § 250 Abs. 2 dritter Satz umschriebenen Zielsetzung zulässig; im Konzernanhang ist die Abweichung anzugeben, zu begründen und ihr Einfluss auf die Vermögens-, Finanz- und Ertragslage des Konzerns darzulegen." *(BGBl I 2015/22)*

(3) *(aufgehoben, BGBl I 2004/161)*

(BGBl 1990/475)

Behandlung des Unterschiedsbetrags

§ 261. (1) Die Abschreibung eines nach § 254 Abs. 3 auszuweisenden Geschäfts(Firmen)werts richtet sich nach § 203 Abs. 5. *(BGBl I 2015/22)*

(2) Ein gemäß § 254 Abs. 3 auf der Passivseite auszuweisender Unterschiedsbetrag darf ergebniswirksam aufgelöst werden, soweit

1. eine zum Zeitpunkt des Erwerbs der Anteile oder der erstmaligen Zusammenfassung der Jahresabschlüsse verbundener Unternehmen (Konsolidierung) erwartete ungünstige Entwicklung der künftigen Ertragslage des Unternehmens eingetreten ist oder zu diesem Zeitpunkt erwartete Aufwendungen zu berücksichtigen sind oder

2. am Abschlußstichtag feststeht, daß er einem verwirklichten Gewinn entspricht „." *(BGBl I 2015/22)*

(BGBl 1990/475)

SECHSTER TITEL

Anteilmäßige Zusammenfassung der Jahresabschlüsse verbundener Unternehmen (anteilmäßige Konsolidierung)

Begriff

§ 262. (1) Führt ein in einen Konzernabschluß einbezogenes Mutter- oder Tochterunternehmen ein anderes Unternehmen gemeinsam mit einem oder mehreren nicht in den Konzernabschluß einbezogenen Unternehmen, so darf das andere Unternehmen in den Konzernabschluß entsprechend den Anteilen am Kapital einbezogen werden, die dem Mutter- oder dem Tochterunternehmen gehören.

(2) Auf die anteilmäßige Zusammenfassung der Jahresabschlüsse verbundener Unternehmen (anteilmäßige Konsolidierung) sind die §§ 250 bis 258, 260 und 261 entsprechend anzuwenden.

(BGBl 1990/475)

SIEBENTER TITEL

Assoziierte Unternehmen

Befreiung

§ 263. (1) Die Beteiligung an einem assoziierten Unternehmen ist in der Konzernbilanz unter einem besonderen Posten mit entsprechender Bezeichnung auszuweisen. *(BGBl I 2015/22)*

(2) Auf eine Beteiligung an einem „assoziierten Unternehmen" brauchen Abs. 1 und § 264 nicht angewendet zu werden, wenn die Beteiligung „nicht wesentlich (§ 189a Z 10)" ist. *(BGBl I 2015/22)*

(BGBl 1990/475)

Wertansatz der Beteiligung und Behandlung des Unterschiedsbetrags

§ 264. (1) [1]Eine Beteiligung an einem assoziierten Unternehmen ist in der Konzernbilanz beim erstmaligen Ansatz mit dem Buchwert gemäß den §§ 198 bis 242 anzusetzen. [2]Der Unterschiedsbetrag zwischen dem Buchwert und dem anteiligen Eigenkapital des assoziierten Unternehmens ist bei erstmaliger Anwendung in der Konzernbilanz oder im Konzernanhang gesondert auszuweisen. *(BGBl I 2015/22)*

(2) [1]Der Unterschiedsbetrag gemäß Abs. 1 zweiter Satz ist den Wertansätzen von Vermögensgegenständen und Schulden des assoziierten Unternehmens insoweit zuzuordnen, als deren beizulegender Zeitwert höher oder niedriger ist als ihr Buchwert. [2]Der nach dem ersten Satz zugeordnete Unterschiedsbetrag ist entsprechend der Behandlung der Wertansätze dieser Vermögensgegenstände und Schulden im Jahresabschluss des assoziierten Unternehmens im Konzernabschluss fortzuführen, abzuschreiben oder aufzulösen. [3]Auf einen nach Zuordnung nach dem ersten Satz verbleibenden Unterschiedsbetrag ist § 261 entsprechend anzuwenden. *(BGBl I 2015/22)*

(3) [1]Der Wertansatz der Beteiligung und die Unterschiedsbeträge werden auf der Grundlage der Wertansätze zum Zeitpunkt des Erwerbs der Anteile oder der erstmaligen Einbeziehung des „assoziierten Unternehmens" in den Konzernabschluß oder beim Erwerb der Anteile zu verschiedenen Zeitpunkten zu dem Zeitpunkt, zu dem das Unternehmen „assoziiertes Unternehmen" geworden ist, ermittelt. [2]Der gewählte Zeitpunkt ist im Konzernanhang anzugeben. *(BGBl I 2015/22)*

(4) [1]Der gemäß Abs. 1 ermittelte Wertansatz einer Beteiligung ist in den Folgejahren um den Betrag der Eigenkapitalveränderungen, die den dem Mutterunternehmen gehörenden Anteilen am Kapital des „assoziierten Unternehmens" entsprechen, zu erhöhen oder zu vermindern; auf die Beteiligung entfallende Gewinnausschüttungen sind abzusetzen. [2]In der Konzern-Gewinn- und Verlustrechnung ist das auf „Beteiligungen an assoziierten Unternehmen" entfallende Ergebnis unter einem gesonderten Posten auszuweisen. *(BGBl I 2015/22)*

(5) [1]Wendet das „assoziierte Unternehmen" in seinem Jahresabschluß vom Konzernabschluß abweichende Bewertungsmethoden an, so können abweichend bewertete Vermögensgegenstände oder Schulden für die Zwecke der Abs. 1 bis 4 nach den auf den Konzernabschluß angewandten Bewertungsmethoden bewertet werden. [2]Wird die Bewertung nicht angepaßt, so ist dies im Konzernanhang anzugeben. [3]§ 256 über die Behandlung der Zwischenergebnisse ist entsprechend anzuwenden, soweit die für die Beurteilung maßgeblichen Sachverhalte bekannt oder zugänglich sind. [4]Die Zwischenergebnisse dürfen auch anteilig entsprechend den dem Mutterunternehmen gehörenden Anteilen am Kapital des „assoziierten Unternehmens" weggelassen werden. *(BGBl I 2015/22)*

(6) [1]Es ist jeweils der letzte Jahresabschluß des „assoziierten Unternehmens" zu Grunde zu legen. [2]Stellt das „assoziierte Unternehmen" einen

Konzernabschluß auf, so ist von diesem und nicht vom Jahresabschluß des „assoziierten Unternehmens“ auszugehen. *(BGBl I 2015/22)*

(BGBl 1990/475)

ACHTER TITEL
Konzernanhang

Erläuterung der Konzernbilanz und der Konzern-Gewinn- und Verlustrechnung, Angaben zum Beteiligungsbesitz

§ 265. (1) [1]Im Konzernanhang sind die Konzernbilanz und die Konzern-Gewinn- und Verlustrechnung sowie die darauf angewandten Bilanzierungs- und Bewertungsmethoden so zu erläutern, daß ein möglichst getreues Bild der Vermögens-, Finanz- und Ertragslage des Konzerns vermittelt wird. [2]Insbesondere sind „anstelle der Angabe nach § 237 Abs. 1 Z 1“ anzugeben: *(BGBl I 2015/22)*

1. die auf die Posten der Konzernbilanz und der Konzern-Gewinn- und Verlustrechnung angewandten Bilanzierungs- und Bewertungsmethoden;

2. die Grundlagen für die Umrechnung in „Euro“, sofern der Konzernabschluß Posten enthält, denen Beträge zugrunde liegen, die auf fremde Währung lauten oder ursprünglich auf fremde Währung lauteten; *(BGBl I 1998/125)*

3. Änderungen der Bilanzierungs-, Bewertungs- und Zusammenfassungs(Konsolidierungs)methoden; diese sind zu begründen und ihr Einfluß auf die Vermögens-, Finanz- und Ertragslage des Konzerns ist gesondert darzustellen.

(2) Im Konzernanhang sind ferner „anstelle der Angabe nach § 238 Abs. 1 Z 4“ anzugeben: *(BGBl I 2015/22)*

1. [1]Name und Sitz der in den Konzernabschluß einbezogenen Unternehmen, der Anteil am Kapital der Tochterunternehmen, der dem Mutterunternehmen und den in den Konzernabschluß einbezogenen Tochterunternehmen gehört oder für Rechnung dieser Unternehmen von einer anderen Person gehalten wird, sowie der zur Einbeziehung in den Konzernabschluß verpflichtende Sachverhalt, sofern die Einbeziehung nicht auf einer der Kapitalbeteiligung entsprechenden Mehrheit der Stimmrechte beruht. [2]Diese Angaben sind auch für Tochterunternehmen zu machen, die „gemäß § 249“ nicht einbezogen worden sind; *(BGBl I 2004/161)*

2. [1]Name und Sitz der „assoziierten Unternehmen“, der Anteil am Kapital der „assoziierten Unternehmen“, der dem Mutterunternehmen und den in den Konzernabschluß einbezogenen Tochterunternehmen gehört oder für Rechnung dieser Unternehmen von einer anderen Person gehalten wird. [2]Die Anwendung des § 263 Abs. 2 ist jeweils anzugeben und zu begründen; *(BGBl I 2015/22)*

3. Name und Sitz der Unternehmen, die gemäß § 262 nur anteilmäßig in den Konzernabschluß einbezogen worden sind, der Tatbestand, aus dem sich die Anwendung dieser Vorschrift ergibt, sowie der Anteil am Kapital dieser Unternehmen, der dem Mutterunternehmen und den in den Konzernabschluß einbezogenen Tochterunternehmen gehört oder für Rechnung dieser Unternehmen von einer anderen Person gehalten wird;

4. [1]„Name und Sitz anderer als der unter den Z 1 bis 3 bezeichneten Unternehmen, bei denen das Mutterunternehmen, ein Tochterunternehmen oder für Rechnung eines dieser Unternehmen eine andere Person „eine Beteiligung (§ 189a Z 2)“** besitzt, unter Angabe des Anteils am Kapital sowie der Höhe des Eigenkapitals und des Ergebnisses des letzten Geschäftsjahrs, für das ein Abschluß aufgestellt worden ist.“*[2]Diese Angaben brauchen nicht gemacht zu werden, wenn sie „nicht wesentlich (§ 189a Z 10)“** sind. [3]Das Eigenkapital und das Ergebnis brauchen nicht angegeben zu werden, wenn das in Anteilsbesitz stehende Unternehmen seinen Jahresabschluß nicht offenzulegen hat und das Mutterunternehmen, das Tochterunternehmen oder die andere Person weniger als die Hälfte der Anteile an diesem Unternehmen besitzt. *(*BGBl 1996/304; **BGBl I 2015/22)*

(3) [1]Die in Abs. 2 verlangten Angaben können insoweit unterlassen werden, soweit die Angaben nach vernünftiger „unternehmerischer“ Beurteilung geeignet sind, dem Mutterunternehmen, einem Tochterunternehmen oder einem anderen in Abs. 2 bezeichneten Unternehmen einen erheblichen Nachteil zuzufügen. [2]Die Anwendung der Ausnahmeregelung ist im Konzernanhang anzugeben. *(BGBl I 2005/120)*

(4) [1]Die Angaben gemäß Abs. 2 dürfen statt im Anhang auch in einer Aufstellung des Anteilsbesitzes gesondert gemacht werden. [2]Die Aufstellung ist Bestandteil des Anhangs. [3]Auf die besondere Aufstellung des Anteilsbesitzes und den Ort ihrer Hinterlegung ist im Anhang hinzuweisen.

(BGBl 1990/475)

UGB

Weitere Angaben

§ 266. Bei den Angaben, die gemäß § 251 Abs. 1 in Verbindung mit den §§ 237 bis 240 zu machen sind, gelten folgende Besonderheiten:

1. die Angabe nach § 238 Abs. 1 Z 9 hat sich auf das Ergebnis des Mutterunternehmens zu beziehen; *(BGBl I 2016/43)*

2. [1]bei den Angaben nach § 237 Abs. 1 Z 3 und nach § 239 Abs. 1 Z 4 ist nur die Höhe der Beträge anzugeben, die das Mutterunternehmen und seine Tochterunternehmen den Mitgliedern des Vorstands, des Aufsichtsrats oder ähnlicher Ein-

richtungen des Mutterunternehmens gewährt haben. [2]„§ 239 Abs. 1 Z 4 lit. a dritter Satz" bleibt unberücksichtigt. [3]§ 242 Abs. 4 ist sinngemäß anzuwenden. [4]Außer den Bezügen für das Geschäftsjahr sind die weiteren Bezüge anzugeben, die im Geschäftsjahr gewährt, bisher aber in keinem Konzernabschluss angegeben worden sind; *(BGBl I 2016/43)*

3. bei der Angabe nach § 237 Abs. 1 Z 5 ist auf Verbindlichkeiten Bedacht zu nehmen, für die von den in den Konzernabschluss einbezogenen Unternehmen dingliche Sicherheiten bestellt sind;

4. bei den Angaben nach § 237 Abs. 1 Z 6 und § 239 Abs. 1 Z 1 und 3 ist auf die Beschäftigten der in den Konzernabschluss einbezogenen Unternehmen Bezug zu nehmen; die durchschnittliche Zahl der Arbeitnehmer von gemäß § 262 nur anteilig einbezogenen Unternehmen ist gesondert anzugeben;

5. bei der Angabe von Geschäften von in den Konzernabschluss einbezogenen Unternehmen und mit nahe stehenden Unternehmen und Personen (§ 238 Abs. 1 Z 12) werden Geschäfte, die bei der Konsolidierung weggelassen werden, nicht berücksichtigt; § 238 Abs. 3 ist nicht anzuwenden;

6. die Angaben nach § 238 Abs. 1 Z 15 bis 17 und 19 bis 21, § 239 Abs. 1 Z 2 und Z 5 und § 241 Z 2, 4, 5 und 6 können unterbleiben.

(BGBl I 2015/22)

NEUNTER TITEL

Konzernlagebericht, konsolidierter Corporate Governance-Bericht

Konzernlagebericht

§ 267. (1) Im Konzernlagebericht sind der Geschäftsverlauf, einschließlich des Geschäftsergebnisses, und die Lage des Konzerns so darzustellen, dass ein möglichst getreues Bild der Vermögens-, Finanz- und Ertragslage vermittelt wird, und die wesentlichen Risiken und Ungewissheiten, denen der Konzern ausgesetzt ist, zu beschreiben.

(2) [1]Der Konzernlagebericht hat eine ausgewogene und umfassende, dem Umfang und der Komplexität der Geschäftstätigkeit angemessene Analyse des Geschäftsverlaufs, einschließlich des Geschäftsergebnisses, und der Lage des Konzerns zu enthalten. [2]Abhängig von der Größe des Konzerns und von der Komplexität des Geschäftsbetriebs der einbezogenen Unternehmen hat die Analyse auf die für die jeweilige Geschäftstätigkeit wichtigsten finanziellen und nichtfinanziellen Leistungsindikatoren, einschließlich Informationen über Umwelt- und Arbeitnehmerbelange, einzugehen und sie unter Bezugnahme auf die im Konzernabschluss ausgewiesenen Beträge und Angaben zu erläutern.

(3) Der Konzernlagebericht hat auch einzugehen auf

1. die voraussichtliche Entwicklung des Konzerns;

2. Tätigkeiten des Konzerns im Bereich Forschung und Entwicklung;

3. [1]den Bestand an Aktien an dem Mutterunternehmen, die das Mutterunternehmen oder ein Tochterunternehmen oder eine andere Person für Rechnung eines dieser Unternehmen erworben oder als Pfand genommen hat; dabei sind die Zahl dieser Aktien, der auf sie entfallende Betrag des Grundkapitals sowie ihr Anteil am Grundkapital anzugeben. [2]Sind solche Aktien im Geschäftsjahr erworben oder veräußert worden, so ist auch über den Erwerb oder die Veräußerung unter Angabe der Zahl dieser Aktien, des auf sie entfallenden Betrags des Grundkapitals, des Anteils am Grundkapital und des Erwerbs- oder Veräußerungspreises sowie über die Verwendung des Erlöses zu berichten;

4. für das Verständnis der Lage der in den Konzernabschluss einbezogenen Unternehmen wesentliche Zweigniederlassungen des Mutterunternehmens und der Tochterunternehmen;

5. die Verwendung von Finanzinstrumenten, sofern dies für die Beurteilung der Vermögens-, Finanz- und Ertragslage wesentlich (§ 189a Z 10) ist; diesfalls sind anzugeben

a) die Risikomanagementziele und -methoden, einschließlich der Methoden zur Absicherung aller wichtigen Arten geplanter Transaktionen, die im Rahmen der Bilanzierung von Sicherungsgeschäften angewandt werden, und

b) bestehende Preisänderungs-, Ausfall-, Liquiditäts- und Cashflow-Risiken.
(BGBl I 2015/22)

(3a) Bei einem Mutterunternehmen, dessen Aktien zum Handel auf einem geregelten Markt im Sinn des § 1 Z 2 BörseG 2018 zugelassen sind oder das ausschließlich andere Wertpapiere als Aktien auf einem solchen Markt emittiert und dessen Aktien mit Wissen der Gesellschaft über ein multilaterales Handelssystem im Sinne des § 1 Z 24 WAG 2018 gehandelt werden, hat der Konzernlagebericht auch die Angaben nach § 243a Abs. 1 zu enthalten. *(BGBl I 2017/107)*

(3b) Bei einem „Mutterunternehmen nach § 189a Z 1 lit. a" hat der Konzernlagebericht auch die Angaben nach § 243a Abs. 2 zu enthalten. Diese haben sich auf das interne Kontroll- und das Risikomanagementsystem des Konzerns im Zusammenhang mit der Aufstellung des Konzernabschlusses zu beziehen. *(BGBl I 2008/70; BGBl I 2015/22)*

(4) § 251 Abs. 3 über die Zusammenfassung von Konzernanhang und Anhang ist entsprechend anzuwenden.

(BGBl I 2004/161)

Konsolidierte nichtfinanzielle Erklärung, konsolidierter nichtfinanzieller Bericht

§ 267a. (1) Unternehmen von öffentlichem Interesse, die Mutterunternehmen sind und an den Abschlussstichtagen das Kriterium erfüllen, im Jahresdurchschnitt (§ 221 Abs. 6) auf konsolidierter Basis mehr als 500 Arbeitnehmer zu beschäftigen, haben, wenn sie nicht von der Aufstellung eines Konzernabschlusses nach § 246 Abs. 1 befreit sind, in den Konzernlagebericht an Stelle der Analyse der nichtfinanziellen Leistungsindikatoren nach § 267 Abs. 2 eine konsolidierte nichtfinanzielle Erklärung aufzunehmen.

(2) [1]Die konsolidierte nichtfinanzielle Erklärung hat diejenigen Angaben zu enthalten, die für das Verständnis des Geschäftsverlaufs, des Geschäftsergebnisses, der Lage des Konzerns sowie der Auswirkungen seiner Tätigkeit erforderlich sind und sich mindestens auf Umwelt-, Sozial- und Arbeitnehmerbelange, auf die Achtung der Menschenrechte und auf die Bekämpfung von Korruption und Bestechung beziehen. [2]Die Analyse hat die nichtfinanziellen Leistungsindikatoren unter Bezugnahme auf die im Konzernabschluss ausgewiesenen Beträge und Angaben zu erläutern.

(3) [1]Die Angaben nach Abs. 2 haben zu umfassen:

1. eine kurze Beschreibung des Geschäftsmodells des Konzerns;

2. eine Beschreibung der vom Konzern in Bezug auf diese Belange verfolgten Konzepte;

3. die Ergebnisse dieser Konzepte;

4. die angewandten Due-Diligence-Prozesse;

5. die wesentlichen Risiken, die wahrscheinlich negative Auswirkungen auf diese Belange haben werden, und die Handhabung dieser Risiken durch den Konzern, und zwar

a) soweit sie aus der eigenen Geschäftstätigkeit des Konzerns entstehen und,

b) wenn dies relevant und verhältnismäßig ist, soweit sie aus seinen Geschäftsbeziehungen, seinen Erzeugnissen oder seinen Dienstleistungen entstehen;

6. die wichtigsten nichtfinanziellen Leistungsindikatoren, die für die konkrete Geschäftstätigkeit von Bedeutung sind.

[2]Verfolgt der Konzern in Bezug auf einen oder mehrere dieser Belange kein Konzept, hat die konsolidierte nichtfinanzielle Erklärung eine klare und begründete Erläuterung zu enthalten, warum dies der Fall ist.

(4) In Ausnahmefällen können Informationen über künftige Entwicklungen oder Belange, über die Verhandlungen geführt werden, weggelassen werden, soweit

1. eine solche Angabe nach vernünftiger unternehmerischer Beurteilung geeignet ist, der Geschäftslage des Konzerns ernsthaft zu schaden, und

2. eine solche Nichtaufnahme ein den tatsächlichen Verhältnissen entsprechendes Verständnis des Geschäftsverlaufs, des Geschäftsergebnisses, der Lage des Konzerns sowie der Auswirkungen seiner Tätigkeit nicht verhindert.

(5) [1]Das Mutterunternehmen kann sich bei der Erstellung der konsolidierten nichtfinanziellen Erklärung auf nationale, unionsbasierte oder internationale Rahmenwerke stützen; wenn es hiervon Gebrauch macht, hat es anzugeben, auf welche Rahmenwerke es sich stützt. [2]Bei der Anwendung solcher Rahmenwerke ist sicherzustellen, dass die Anforderungen nach Abs. 2 und Abs. 3 erfüllt sind.

(6) [1]Die konsolidierte nichtfinanzielle Erklärung kann als gesonderter konsolidierter nichtfinanzieller Bericht erstellt werden. [2]Der gesonderte konsolidierte nichtfinanzielle Bericht ist von den gesetzlichen Vertretern aufzustellen, von sämtlichen gesetzlichen Vertretern zu unterzeichnen, dem Aufsichtsrat vorzulegen und von diesem zu prüfen, sowie gemeinsam mit dem konsolidierten Lagebericht nach § 280 offenzulegen.

(7) [1]Ein Mutterunternehmen (§ 189a Z 6), das österreichischem Recht unterliegt, ist von der Verpflichtung zur Aufstellung einer konsolidierten nichtfinanziellen Erklärung befreit, wenn dieses Mutterunternehmen (befreites Unternehmen) und seine Tochterunternehmen in den Konzernlagebericht oder gesonderten konsolidierten nichtfinanziellen Bericht eines anderen Unternehmens einbezogen sind, der im Einklang mit der Bilanz-Richtlinie aufgestellt wurde. [2]Ist das Mutterunternehmen zwar nach § 245 von der Aufstellung eines Teilkonzernabschlusses und Teilkonzernlageberichts befreit, nicht aber von der konsolidierten nichtfinanziellen Erklärung, hat es einen gesonderten konsolidierten nichtfinanziellen Bericht nach Abs. 6 aufzustellen.

(BGBl I 2017/20)

Konsolidierter Corporate-Governance Bericht

§ 267b. [1]Ein Mutterunternehmen, dessen Aktien zum Handel auf einem geregelten Markt im Sinn des § 1 Z 2 BörseG 2018 zugelassen sind oder das ausschließlich andere Wertpapiere als Aktien auf einem solchen Markt emittiert und dessen Aktien mit Wissen des Unternehmens über ein multilaterales Handelssystem im Sinn des § 1 Z 24 WAG 2018 gehandelt werden, hat einen konsolidierten Corporate Governance-Bericht aufzustellen, der die in § 243c vorgeschriebenen Angaben enthält, wobei die erforderlichen Anpassungen vorzunehmen sind, um die Lage der insgesamt in die Konsolidierung einbezogenen Unternehmen bewerten zu können. [2]§ 251 Abs. 3 ist entsprechend anzuwenden.

(BGBl I 2017/107)

ZEHNTER TITEL

Konsolidierter Bericht über Zahlungen an staatliche Stellen

„**§ 267c.**“ (1) [1]Die gesetzlichen Vertreter eines großen (§ 221 Abs. 3) Mutterunternehmens (§ 189a Z 6) haben, wenn es selbst oder eines seiner Tochterunternehmen in der mineralgewinnenden Industrie oder auf dem Gebiet des Holzeinschlags in Primärwäldern tätig ist, auch wenn die Aufstellung des Konzernabschlusses im Einzelfall wegen der Anwendung des § 249 unterbleibt, jährlich einen konsolidierten Bericht über Zahlungen an staatliche Stellen nach den Vorgaben des „§ 243d“ aufzustellen und dem Aufsichtsrat und der Hauptversammlung (Generalversammlung) des Mutterunternehmens innerhalb der für die Vorlage des Jahresabschlusses geltenden Fristen vorzulegen. [2]Der konsolidierte Bericht ist von sämtlichen gesetzlichen Vertretern zu unterzeichnen und der Hauptversammlung zusammen mit dem Jahresabschluss des Mutterunternehmens vorzulegen. [3]Er hat sich nur auf Leistungen zu erstrecken, die sich aus der Geschäftstätigkeit in der mineralgewinnenden Industrie oder auf dem Gebiet des Holzeinschlags in Primärwäldern ergeben. *(BGBl I 2017/20)*

(2) [1]Von der Erstellung eines konsolidierten Berichts über Zahlungen an staatliche Stellen sind Mutterunternehmen befreit, die gemäß § 246 von der Aufstellung eines Konzernabschlusses befreit sind oder Tochterunternehmen eines Unternehmens sind, das dem Recht eines anderen Mitgliedstaats der Europäischen Union oder eines Vertragsstaat des Abkommens über den Europäischen Wirtschaftsraum unterliegt. [2]Von der Einbeziehung eines Tochterunternehmens in den konsolidierten Bericht über Zahlungen an staatliche Stellen kann unter den Voraussetzungen des § 249 Abs. 1 abgesehen werden, wenn das Tochterunternehmen aus diesen Gründen auch nicht in den Konzernabschluss einbezogen wird. [3]Schließlich sind Mutterunternehmen befreit, die einen konsolidierten Bericht nach gleichwertigen Berichtspflichten eines Drittlands erstellen und gemäß § 277 offenlegen. [4]Ob die Berichtspflichten eines Drittlands gleichwertig sind, ist nach den aufgrund des Art. 47 der Bilanz-Richtlinie ergangenen Durchführungsrechtsakten zu beurteilen.

(BGBl I 2015/22; BGBl I 2017/20)

VIERTER ABSCHNITT

Vorschriften über die Prüfung, Offenlegung, Veröffentlichung und Zwangsstrafen

ERSTER TITEL

Abschlußprüfung

Pflicht zur Abschlußprüfung

§ 268. (1) [1]Der Jahresabschluß und der Lagebericht von Kapitalgesellschaften sind durch einen Abschlußprüfer zu prüfen. [2]Dies gilt nicht für kleine Gesellschaften mit beschränkter Haftung (§ 221 Abs. 1), sofern diese nicht auf Grund gesetzlicher Vorschriften einen Aufsichtsrat haben müssen. [3]Hat die erforderliche Prüfung nicht stattgefunden, so kann der Jahresabschluß nicht festgestellt werden. [4]„Umstände, die in einem Verfahren nach § 270 Abs. 3 „ “** geltend gemacht werden können, hindern die Gültigkeit der Prüfung nur, wenn ein solches Verfahren zur Bestellung eines anderen Abschlussprüfers geführt hat.“* *(BGBl 1996/304; *BGBl I 2005/59; **BGBl I 2005/120)*

(2) Der Konzernabschluß und der Konzernlagebericht von Gesellschaften sind durch einen Abschlußprüfer zu prüfen, bevor sie dem Aufsichtsrat der Muttergesellschaft vorgelegt werden.

(3) *(entfällt, BGBl I 2015/22)*

(4) Abschlussprüfer (Konzernabschlussprüfer) können Wirtschaftsprüfer oder Wirtschaftsprüfungsgesellschaften sein. *(BGBl I 2008/70)*

(BGBl 1990/475)

Gegenstand und Umfang der Prüfung

§ 269. (1) [1]Die Prüfung des Jahresabschlusses und des Konzernabschlusses hat sich darauf zu erstrecken, ob die gesetzlichen Vorschriften und ergänzende Bestimmungen des Gesellschaftsvertrags oder der Satzung beachtet worden sind. [2]In die Prüfung des Jahresabschlusses ist die Buchführung einzubeziehen.

(1a) Für die Abschlussprüfung von Gesellschaften von öffentlichem Interesse im Sinn des § 189a Z 1 lit. a und lit. d gelten die Bestimmungen des Ersten Titels des Vierten Abschnitts, soweit nicht die Verordnung (EU) Nr. 537/2014 über spezifische Anforderungen an die Abschlussprüfung bei Unternehmen von öffentlichem Interesse und zur Aufhebung des Beschlusses 2005/909/EG, ABl. Nr. L 158 vom 27.05.2014 S. 77, in der Fassung der Berichtigung ABl. Nr. L 170 vom 11.06.2014 S. 66, anzuwenden ist. *(BGBl I 2016/43)*

(2) [1]„Der Abschlussprüfer des Konzernabschlusses trägt die volle Verantwortung für den Bestätigungsvermerk zum Konzernabschluss sowie gegebenenfalls für den zusätzlichen Bericht an den

Prüfungsausschuss gemäß Art. 11 der Verordnung (EU) Nr. 537/2014.“ [2]Er hat auch die im Konzernabschluss zusammengefassten Jahresabschlüsse daraufhin zu prüfen, ob sie den Grundsätzen ordnungsmäßiger Buchführung entsprechen und ob die für die Übernahme in den Konzernabschluss maßgeblichen Vorschriften beachtet worden sind. [3]Wenn in den Konzernabschluss einbezogene Unternehmen von anderen Abschlussprüfern geprüft werden, hat der Konzernabschlussprüfer deren Tätigkeit in geeigneter Weise zu überwachen, soweit dies für die Prüfung des Konzernabschlusses maßgeblich ist. *(BGBl I 2016/43)*

(3) [1]Der Lagebericht und der Konzernlagebericht von Kapitalgesellschaften sind darauf zu prüfen, ob der Lagebericht mit dem Jahresabschluss und der Konzernlagebericht mit dem Konzernabschluss in Einklang stehen und ob der Lagebericht und Konzernlagebericht nach den geltenden rechtlichen Anforderungen aufgestellt wurden. [2]Gegenstand der Abschlussprüfung ist auch, ob „eine nach § 243b oder § 267a erforderliche nichtfinanzielle Erklärung oder ein solcher Bericht und ob ein nach § 243c oder § 267b erforderlicher Corporate Governance-Bericht aufgestellt worden sind“. *(BGBl I 2017/20)*

(4) [1]Werden der Jahresabschluss, der Konzernabschluss, der Lagebericht oder der Konzernlagebericht nach Vorlage des Prüfungsberichts geändert, so ist die Änderung dem Abschlussprüfer bekanntzugeben, der sie mit ihren Auswirkungen zu prüfen hat. [2]Über das Ergebnis der Prüfung ist zu berichten; der Bestätigungsvermerk ist gemäß § 274 entsprechend zu ergänzen und erforderlichenfalls zu ändern.

(5) Die Abschlussprüfung umfasst keine Zusicherung des künftigen Fortbestands der geprüften Gesellschaft oder der Wirtschaftlichkeit oder Wirksamkeit der bisherigen oder zukünftigen Geschäftsführung. *(BGBl I 2016/43)*

(BGBl I 2015/22)

Internationale Prüfungsstandards

§ 269a. Wenn und soweit die Europäische Kommission internationale Prüfungsstandards übernommen hat, sind Abschlussprüfungen und Konzernabschlussprüfungen unter Beachtung dieser Grundsätze durchzuführen.

(BGBl I 2008/70)

Bestellung und Abberufung des Abschlußprüfers

§ 270. (1) [1]Der Abschlussprüfer des Jahresabschlusses wird von den Gesellschaftern gewählt; den Abschlussprüfer des Konzernabschlusses wählen die Gesellschafter des Mutterunternehmens. [2]Wenn ein Aufsichtsrat besteht, hat dieser einen Vorschlag für die Wahl des Abschlussprüfers zu erstatten. „[3]Eine Vereinbarung, die die Wahlmöglichkeiten auf bestimmte Kategorien oder Listen von Abschlussprüfern beschränkt, ist nichtig.“ [4]Die Aufsichtsratsmitglieder sind zur Teilnahme an der Hauptversammlung (Generalversammlung), die über die Bestellung des Abschlussprüfers zu entscheiden hat, einzuladen. [5]Der Abschlussprüfer soll jeweils vor Ablauf des Geschäftsjahrs gewählt werden, auf das sich seine Prüfungstätigkeit erstreckt. [6]Der Aufsichtsrat hat unverzüglich nach der Wahl mit dem gewählten Prüfer den Vertrag über die Durchführung der Abschlussprüfung abzuschließen und das Entgelt zu vereinbaren. [7]Falls kein Aufsichtsrat besteht, wird die Gesellschaft durch ihre gesetzlichen Vertreter vertreten. [8]Das Entgelt hat in einem angemessenen Verhältnis zu den Aufgaben des Prüfers und dem voraussichtlichen Umfang der Prüfung zu stehen. [9]Der Prüfungsvertrag und die Höhe des vereinbarten Entgelts dürfen an keinerlei Voraussetzungen oder Bedingungen geknüpft werden und nicht davon abhängen, ob der Prüfer neben der Prüfungstätigkeit zusätzliche Leistungen für die geprüfte Gesellschaft erbringt. *(BGBl I 2008/70; BGBl I 2016/43)*

(1a) [1]Ein Wirtschaftsprüfer oder eine Wirtschaftsprüfungsgesellschaft, der oder die in einen Wahlvorschlag aufgenommen werden soll, hat vor Erstattung dieses Wahlvorschlags durch den Aufsichtsrat beziehungsweise vor der Wahl durch die Gesellschafter eine nach Leistungskategorien gegliederte Aufstellung über das für das vorangegangene Geschäftsjahr von der Gesellschaft erhaltene Entgelt vorzulegen und über seine (ihre) Einbeziehung in „das durch das Abschlussprüfer-Aufsichtsgesetz [(BGBl I Nr. 43/2016)]*) eingerichtete System der externen Qualitätssicherung und die aufrechte Registrierung“ zu berichten. [2]Darüber hinaus hat er (sie) alle Umstände darzulegen und zu dokumentieren, die seine (ihre) Befangenheit oder Ausgeschlossenheit begründen könnten sowie jene Schutzmaßnahmen, die getroffen worden sind, um eine unabhängige und unbefangene Prüfung sicherzustellen. [3]Sofern aufgrund gesetzlicher Verpflichtung ein Prüfungsausschuss besteht, ist diesem schriftlich zu berichten. *(BGBl I 2008/70; BGBl I 2016/43)*

(2) [1]Als Abschlußprüfer des Konzernabschlusses gilt, wenn kein anderer Prüfer bestellt wird, der Prüfer als bestellt, der für die Prüfung des in den Konzernabschluß einbezogenen Jahresabschlusses des Mutterunternehmens bestellt worden ist, wenn er die Voraussetzungen gemäß „§ 268 Abs. 4“ erfüllt. [2]Erfolgt die Einbeziehung auf Grund eines Zwischenabschlusses, so gilt, wenn kein anderer Prüfer bestellt wird, der Prüfer als bestellt, der für die Prüfung des letzten vor dem Konzernabschlußstichtag aufgestellten Jahresabschlusses des Mutterunternehmens bestellt worden ist. *(BGBl I 2008/70)*

(3) [1]Auf Antrag der gesetzlichen Vertreter, des Aufsichtsrats „, von Gesellschaftern, deren Anteile zusammen fünf Prozent der Stimmrechte oder des Nennkapitals“*** oder den anteiligen Betrag von 350 000 Euro erreichen „, oder der Abschlussprüferaufsichtsbehörde“***, hat der zur Ausübung der Gerichtsbarkeit in Handelssachen berufene Gerichtshof erster Instanz im Verfahren außer Streitsachen nach Anhörung der Beteiligten und des gewählten Prüfers einen anderen Abschlussprüfer zu bestellen, wenn dies aus einem in der Person des gewählten Prüfers liegenden wichtigen Grund geboten erscheint, insbesondere wenn ein Ausschlussgrund „ “* vorliegt oder sonst die Besorgnis einer Befangenheit besteht. [2]Der Antrag ist binnen einem Monat nach dem Tag der Wahl des Abschlussprüfers zu stellen; Gesellschafter können den Antrag nur stellen, wenn sie gegen die Wahl des Abschlussprüfers bei der Beschlussfassung Widerspruch erklärt haben. [3]Wird ein Ausschluss- oder Befangenheitsgrund erst nach der Wahl bekannt oder tritt er erst nach der Wahl ein, ist der Antrag binnen einem Monat nach dem Tag zu stellen, an dem der Antragsberechtigte Kenntnis davon erlangt hat oder ohne grobe Fahrlässigkeit hätte erlangen können. [4]Stellen Aktionäre den Antrag, so haben sie glaubhaft zu machen, dass sie seit mindestens drei Monaten vor dem Tag der Hauptversammlung Inhaber der Aktien sind. [5]Zur Glaubhaftmachung genügt eine eidesstättige Erklärung vor einem Notar. [6]Unterliegt die Gesellschaft einer staatlichen Aufsicht, so kann auch die Aufsichtsbehörde den Antrag stellen. [7]Der Antrag kann nach Erteilung des Bestätigungsvermerks, im Fall einer Nachtragsprüfung nach „§ 269 Abs. 4“** nach Ergänzung des Bestätigungsvermerks, nicht mehr gestellt werden. [8]Wegen eines Verstoßes gegen „§§ 271 Abs. 1 bis 5, 271a oder 271b“* kann weder eine Nichtigkeits- noch eine Anfechtungsklage erhoben werden. *(BGBl I 2005/59, ab 1. 1. 2006, siehe § 906 Abs. 13; *BGBl I 2008/70; **BGBl I 2015/22; ***BGBl I 2016/43)*

(4) [1]Ist der Abschlußprüfer bis zum Ablauf des Geschäftsjahrs nicht gewählt worden, so hat der für den Sitz des Mutterunternehmens zuständige, zur Ausübung der Gerichtsbarkeit in Handelssachen berufene Gerichtshof erster Instanz im Verfahren außer Streitsachen auf Antrag der gesetzlichen Vertreter, mindestens zweier Mitglieder des Aufsichtsrats oder eines Gesellschafters den Abschlußprüfer zu bestellen. [2]Gleiches gilt, wenn ein gewählter Abschlußprüfer „den Abschluss des Prüfungsvertrags“ abgelehnt hat, weggefallen ist oder am rechtzeitigen Abschluß der Prüfung verhindert ist und ein anderer Abschlußprüfer nicht gewählt worden ist. [3]Die gesetzlichen Vertreter sind verpflichtet, den Antrag zu stellen. [4]Die Bestellung des Abschlußprüfers ist unanfechtbar. *(BGBl I 2008/70)*

(5) [1]Der vom Gericht bestellte Abschlußprüfer hat Anspruch auf Ersatz der notwendigen baren Auslagen und auf angemessene Entlohnung für seine Tätigkeit. [2] „ “ *(BGBl I 2005/59)*

(6) [1]Der Abschlußprüfer kann „den Prüfungsvertrag“ nur aus wichtigem Grund kündigen. [2]Als wichtiger Grund ist es nicht anzusehen, wenn Meinungsverschiedenheiten zwischen Gesellschaft und Abschlußprüfer bestehen. [3]Die Kündigung bedarf der Schriftform und ist zu begründen. [4]Der Abschlußprüfer hat über das Ergebnis seiner bisherigen Prüfung zu berichten. [5]§ 273 ist entsprechend anzuwenden. „[6]Die zu prüfende Gesellschaft kann den Prüfungsvertrag nicht kündigen. [7]Liegt auf Seiten des Prüfers ein wichtiger Grund vor, der seine Abberufung rechtfertigt, so ist Abs. 3 entsprechend anzuwenden.“ *(BGBl I 2008/70)*

(7) [1]„Kündigt der Abschlussprüfer den Prüfungsvertrag gemäß Abs. 6 oder wird dieser aus anderen Gründen beendet, so ist ein Abschlussprüfer von den Gesellschaftern unverzüglich zu wählen.“ [2]Der bisherige Abschlußprüfer hat seinen Bericht unverzüglich dem Vorstand und den Mitgliedern des Aufsichtsrats vorzulegen. *(BGBl I 2016/43)*

(BGBl 1990/475)

**) Richtig: BGBl I 43/2016*

Höchstlaufzeit der fortlaufenden Bestellung bei Gesellschaften von öffentlichem Interesse

§ 270a. Sofern bei Gesellschaften im Sinn des § 189a Z 1 lit. a und lit. d die fortlaufende Bestellung des Abschlussprüfers erstmalig für ein Geschäftsjahr erfolgt ist, das zwischen dem 17. Juni 2003 und dem 15. Juni 2014 begonnen hat, so verlängert sich die Höchstlaufzeit seiner fortlaufenden Bestellung gemäß Art. 17 Abs. 1 Unterabs. 2 der Verordnung (EU) Nr. 537/2014,

1. auf 20 Jahre, wenn der Wahl für das erste nach dem 16. Juni 2016 beginnende zu prüfende Geschäftsjahr, mit dem die Höchstlaufzeit des Art. 17 Abs. 1 Unterabs. 2 der Verordnung (EU) Nr. 537/2014 überschritten ist, ein im Einklang mit Art. 16 Abs. 2 bis 5 dieser Verordnung durchgeführtes öffentliches Ausschreibungsverfahren vorausgeht;

2. auf 24 Jahre, wenn ab dem ersten nach dem 16. Juni 2016 beginnenden zu prüfenden Geschäftsjahr, mit welchem die Höchstlaufzeit des Art. 17 Abs. 1 Unterabs. 2 der Verordnung (EU) Nr. 537/2014 überschritten ist, mehrere Abschlussprüfer gemeinsam bestellt werden.

(BGBl I 2016/43)

Befangenheit und Ausgeschlossenheit

§ 271. (1) Ein Wirtschaftsprüfer darf die Abschlussprüfung nicht durchführen, wenn „während des zu prüfenden Geschäftsjahres oder bis zur Abgabe des Bestätigungsvermerks“ Gründe, insbesondere Beziehungen geschäftlicher, finanzieller oder persönlicher Art, vorliegen, nach denen die Besorgnis der Befangenheit besteht. *(BGBl I 2016/43)*

(2) Ein Wirtschaftsprüfer ist als Abschlussprüfer ausgeschlossen, wenn er „während des zu prüfenden Geschäftsjahres oder bis zur Abgabe des Bestätigungsvermerks“ *(BGBl I 2016/43)*

1. Anteile an der zu prüfenden Gesellschaft oder an einem Unternehmen besitzt, das mit dieser Gesellschaft verbunden ist oder an dieser mindestens 20 von Hundert der Anteile besitzt, oder auf Erwerb, Verwaltung und Veräußerung derartiger Anteile maßgeblichen Einfluss hat;

2. gesetzlicher Vertreter oder Mitglied des Aufsichtsrats oder Arbeitnehmer der zu prüfenden Gesellschaft oder eines Unternehmens ist, das mit dieser Gesellschaft verbunden ist oder an dieser mindestens 20 von Hundert der Anteile besitzt, oder diese Tatbestände innerhalb von 24 Monaten vor dem Beginn des zu prüfenden Geschäftsjahrs erfüllt hat;

3. über keine „Registrierung gemäß § 52 APAG“ verfügt; *(BGBl I 2016/43)*

4. bei der zu prüfenden Gesellschaft oder für die zu prüfende Gesellschaft „ “ *(BGBl I 2016/43)*

a) bei der Führung der Bücher oder der Aufstellung des zu prüfenden Jahresabschlusses über die Prüfungstätigkeit hinaus mitgewirkt hat,

b) bei der internen Revision mitgewirkt hat,

c) Managementaufgaben übernommen hat oder in das Treffen von Entscheidungen, insbesondere über die Auswahl der gesetzlichen Vertreter oder der im Bereich der Rechnungslegung leitenden Angestellten, einbezogen war,

d) Bewertungsleistungen oder versicherungsmathematische Dienstleistungen erbracht hat, die sich auf den zu prüfenden Jahresabschluss nicht nur unwesentlich auswirken;

5. gesetzlicher Vertreter, Mitglied des Aufsichtsrats oder Gesellschafter einer juristischen Person oder einer Personengesellschaft, Arbeitnehmer einer natürlichen oder juristischen Person oder einer Personengesellschaft ist, sofern die natürliche oder juristische Person, die Personengesellschaft oder einer ihrer Gesellschafter gemäß Z 4 nicht Abschlussprüfer der zu prüfenden Gesellschaft sein darf;

6. bei der Prüfung eine Person beschäftigt, die gemäß Z 1, 2, 4 oder 5 nicht Abschlussprüfer sein darf;

7. in den letzten fünf Jahren jeweils mindestens 30 von Hundert der Gesamteinnahmen aus seiner beruflichen Tätigkeit aus der Prüfung und Beratung der zu prüfenden Gesellschaft oder von mit dieser verbundenen Unternehmen oder von Unternehmen, an denen die zu prüfende Gesellschaft mindestens 20 von Hundert der Anteile besitzt, bezogen hat, wenn dies auch im laufenden Geschäftsjahr zu erwarten ist.

(3) Ein Wirtschaftsprüfer ist als Abschlussprüfer ferner ausgeschlossen, wenn er seinen Beruf zusammen mit einer gemäß Abs. 2 Z 1, 2, 4, 5, 6 oder 7 ausgeschlossenen Person ausübt oder gemeinsam mit dieser im Rahmen gemeinsamer Berufsausübung die Voraussetzung des Abs. 2 Z 7 erfüllt.

UGB

(4) [1]Eine Wirtschaftsprüfungsgesellschaft gilt bei der Abschlussprüfung als befangen, wenn der den Bestätigungsvermerk unterzeichnende Wirtschaftsprüfer oder eine für ihn tätige Person, die eine maßgeblich leitende Funktion bei der Prüfung ausübt, nach Abs. 1 befangen ist. [2]Eine Wirtschaftsprüfungsgesellschaft ist von der Abschlussprüfung ausgeschlossen, wenn sie selbst, einer ihrer gesetzlichen Vertreter, ein Gesellschafter, ein mit ihr verbundenes Unternehmen oder eine von ihr bei der Prüfung beschäftigte Person nach Abs. 2 Z 1, 2, 4, 5, 6 oder 7 ausgeschlossen ist, oder einer ihrer Gesellschafter an einer ausgeschlossenen Gesellschaft beteiligt ist, oder jemand, der zumindest mittelbar an der Wirtschaftsprüfungsgesellschaft beteiligt ist, auch an einer ausgeschlossenen Gesellschaft mit mehr als fünf von Hundert zumindest mittelbar beteiligt ist. [3]Eine Wirtschaftsprüfungsgesellschaft ist ferner ausgeschlossen, wenn sie über keine „Registrierung gemäß § 52 APAG“ verfügt. *(BGBl I 2016/43)*

(5) Die Abs. 1 bis 4 sind auf den Konzernabschlussprüfer sinngemäß anzuwenden.

(6) [1]Weiß der Abschlussprüfer, dass er ausgeschlossen oder befangen ist, so gebührt ihm für dennoch erbrachte Leistungen kein Entgelt. [2]Dies gilt auch, wenn er seine Ausgeschlossenheit erkennen hätte müssen oder wenn er grob fahrlässig seine Befangenheit nicht erkannt hat.

(BGBl I 2008/70)

Ausschlussgründe bei fünffach großen Gesellschaften und Gesellschaften von öffentlichem Interesse

§ 271a. (1) „Ein Wirtschaftsprüfer ist als Abschlussprüfer „ “*** einer großen Gesellschaft, bei der das Fünffache eines der in Euro ausgedrückten Größenmerkmale einer großen Gesellschaft (§ 221 Abs. 3 erster Satz in Verbindung mit Abs. 4 bis 6) überschritten wird, neben den in § 271 Abs. 2 genannten Gründen ausgeschlossen, wenn er“* *(BGBl I 2005/120; *BGBl I 2008/70; **BGBl I 2016/43)*

1. in den letzten fünf Jahren jeweils mindestens 15 von Hundert der Gesamteinnahmen aus seiner beruflichen Tätigkeit aus der Prüfung und Beratung der zu prüfenden Gesellschaft oder „von mit dieser verbundenen Unternehmen“ oder von Unternehmen, an denen die zu prüfende Gesellschaft mindestens 20 von Hundert der Anteile besitzt, bezogen hat „ , wenn“ dies auch im laufenden Geschäftsjahr zu erwarten ist; *(BGBl I 2008/70)*

2. in dem zu prüfenden Geschäftsjahr über die Prüfungstätigkeit hinaus für die zu prüfende Gesellschaft Rechts- oder Steuerberatungsleistungen erbracht hat, die über das Aufzeigen von Gestaltungsalternativen hinausgehen und die sich auf den Jahresabschluss nicht nur unwesentlich auswirken;

3. in dem zu prüfenden Geschäftsjahr für die zu prüfende Gesellschaft bei der Entwicklung, Installation und Einführung von Rechnungslegungsinformationssystemen mitgewirkt hat;

4. einen Bestätigungsvermerk gemäß § 274 über die Prüfung des Jahresabschlusses der Gesellschaft bereits in sieben Fällen gezeichnet hat; dies gilt nicht nach einer Unterbrechung der Prüfungstätigkeit für zumindest drei aufeinander folgende Geschäftsjahre. *(BGBl I 2016/43)*

(2) Ein Wirtschaftsprüfer ist als Abschlussprüfer einer in Abs. 1 genannten Gesellschaft neben den in § 271 Abs. 2 und 3 genannten Gründen ferner ausgeschlossen, wenn er seinen Beruf zusammen mit einer gemäß Abs. 1 Z 2 oder 3 ausgeschlossenen Person ausübt oder gemeinsam mit dieser im Rahmen gemeinsamer Berufsausübung die Voraussetzung des Abs. 1 Z 1 erfüllt. *(BGBl I 2008/70)*

(3) [1]Eine Wirtschaftsprüfungsgesellschaft ist von der Abschlussprüfung einer in Abs. 1 genannten Gesellschaft neben den in § 271 Abs. 4 genannten Gründen ausgeschlossen, wenn sie selbst, einer ihrer gesetzlichen Vertreter, ein Gesellschafter, ein mit ihr verbundenes Unternehmen oder eine von ihr bei der Prüfung beschäftigte Person nach Abs. 1 ausgeschlossen ist, oder einer ihrer Gesellschafter an einer ausgeschlossenen Gesellschaft beteiligt ist, oder jemand, der zumindest mittelbar an der Wirtschaftsprüfungsgesellschaft beteiligt ist, auch an einer ausgeschlossenen Gesellschaft mit mehr als fünf von Hundert zumindest mittelbar beteiligt ist. [2]Abs. 1 Z 4 findet dabei mit der Maßgabe Anwendung, dass von der Prüfung der den Bestätigungsvermerk unterzeichnende Wirtschaftsprüfer nach Abs. 1 Z 4 ausgeschlossen wäre; dies gilt sinngemäß für eine für ihn tätige Person, die eine maßgeblich leitende Funktion bei der Prüfung ausübt. *(BGBl I 2008/70)*

(4) [1]Die Abs. 1 bis 3 sind auf den Konzernabschlussprüfer sinngemäß anzuwenden. „[2]Ausgeschlossen sind darüber hinaus Personen, die gemäß Abs. 1 Z 4 von der Prüfung eines bedeutenden verbundenen Unternehmens ausgeschlossen sind, sowie Wirtschaftsprüfungsgesellschaften, die gemäß Abs. 3 in Verbindung mit Abs. 1 Z 4 von der Prüfung eines bedeutenden verbundenen Unternehmens ausgeschlossen sind.“ *(BGBl I 2008/70)*

(5) Abweichend von Abs. 1 bis 4 ist ein Wirtschaftsprüfer oder eine Wirtschaftsprüfungsgesellschaft als Abschlussprüfer einer Gesellschaft von öffentlichem Interesse nach den in § 271 Abs. 2 genannten Gründen ausgeschlossen, sofern sich nicht aus der Verordnung (EU) Nr. 537/2014 oder den Abs. 6 und Abs. 7 anderes ergibt. *(BGBl I 2016/43)*

(6) Abweichend von Art. 5 Abs. 1 Unterabs. 2 der Verordnung (EU) Nr. 537/2014 darf der Abschlussprüfer in Gesellschaften im Sinn des § 189a Z 1 lit. a und lit. d Steuerberatungsleistungen gemäß Art. 5 Abs. 1 Unterabs. 2 lit. a (i) und (iv) bis (vii) Verordnung (EU) Nr. 537/2014 oder Bewertungsleistungen gemäß Art. 5 Abs. 1 Unterabs. 2 lit. f Verordnung (EU) Nr. 537/2014 erbringen, wenn

1. diese Leistungen in dem Geschäftsjahr, für dessen Schluss der zu prüfende Jahresabschluss aufzustellen ist, einzeln oder zusammen keine direkten oder nur unwesentliche Auswirkungen auf die geprüften Abschlüsse haben,

2. der Prüfungsausschuss diese Leistungen unter Bedachtnahme auf die Unabhängigkeit des Abschlussprüfers und die angewendeten Schutzmaßnahmen genehmigt und

3. der Abschlussprüfer die Auswirkungen dieser Leistungen auf den zu prüfenden Jahresabschluss im zusätzlichen Bericht an den Prüfungsausschuss darstellt und erläutert.
(BGBl I 2016/43)

(7) [1]Die Abschlussprüferaufsichtsbehörde kann den Abschlussprüfer einer Gesellschaft im Sinn des § 189a Z 1 lit. a und lit. d auf dessen Antrag ausnahmsweise und unter Bedachtnahme auf seine weiter bestehende Unabhängigkeit von den Anforderungen des Art. 4 Abs. 2 Unterabs. 1 der Verordnung (EU) Nr. 537/2014 für höchstens zwei Geschäftsjahre ausnehmen. [2]Der weitere Zeitraum gemäß Art. 4 Abs. 3 Unterabs. 2 der Verordnung (EU) Nr. 537/2014 darf ein Jahr nicht überschreiten. *(BGBl I 2016/43)*

(BGBl I 2005/59)

Befangenheit und Ausgeschlossenheit im Netzwerk

§ 271b. (1) Ein Netzwerk liegt vor, wenn Personen bei ihrer Berufsausübung zur Verfolgung gemeinsamer wirtschaftlicher Interessen für eine gewisse Dauer zusammenwirken.

(2) [1]Ein Abschlussprüfer ist befangen, wenn bei einem Mitglied seines Netzwerks die Voraussetzungen des § 271 Abs. 1, Abs. 2 Z 1, 2, 5 oder

6, oder des § 271a Abs. 1 Z 3 vorliegen, sofern nicht durch Schutzmaßnahmen sichergestellt ist, dass das Netzwerkmitglied auf das Ergebnis der Abschlussprüfung keinen Einfluss nehmen kann. [2]Er ist ausgeschlossen, wenn bei einem Mitglied seines Netzwerks die Voraussetzungen des § 271 Abs. 2 Z 4 oder des § 271a Abs. 1 Z 2 vorliegen. [3]Ist das Netzwerkmitglied keine natürliche Person, so sind § 271 Abs. 4 zweiter Satz und § 271a Abs. 3 sinngemäß anzuwenden.

(3) Abs. 2 ist auf den Konzernabschlussprüfer sinngemäß anzuwenden.

(BGBl I 2008/70)

Befristetes Tätigkeitsverbot

§ 271c. (1) Der Abschlussprüfer, der Konzernabschlussprüfer, der Abschlussprüfer eines bedeutenden verbundenen Unternehmens und der den jeweiligen Bestätigungsvermerk unterzeichnende Wirtschaftsprüfer dürfen innerhalb eines Jahres, in einer Gesellschaft von öffentlichem Interesse im Sinn des § 189a Z 1 lit. a und lit. d sowie in einer großen Gesellschaft mit den Merkmalen des § 271a Abs. 1 innerhalb von zwei Jahren nach Zeichnung des Bestätigungsvermerks weder eine Organfunktion noch eine leitende Stellung (§ 80 AktG) einnehmen. *(BGBl I 2016/43)*

(1a) Mitarbeiter und Mitgesellschafter eines Abschlussprüfers sowie alle anderen natürlichen Personen, deren Leistungen der Abschlussprüfer in Anspruch nehmen oder kontrollieren kann, dürfen dann, wenn sie selbst zugelassene Abschlussprüfer sind, innerhalb eines Jahres nach ihrer unmittelbaren Beteiligung an der Abschlussprüfung einer Gesellschaft weder eine Organfunktion noch eine leitende Stellung (§ 80 AktG) in dieser Gesellschaft einnehmen. *(BGBl I 2016/43)*

(2) Wenn eine der in Abs. 1 „und Abs. 1a“ genannten Personen eine Organfunktion einnimmt, gilt sie als nicht bestellt. Ihr gebührt für dennoch erbrachte Leistungen kein Entgelt; das gilt auch für die Einnahme einer leitenden Stellung. *(BGBl I 2016/43)*

(BGBl I 2008/70)

Vorlagepflicht, Auskunftsrecht

§ 272. (1) [1]Die gesetzlichen Vertreter der Gesellschaft haben dem Abschlußprüfer den Jahresabschluß und den Lagebericht unverzüglich nach der Aufstellung vorzulegen. [2]Sie haben ihm zu gestatten, die Bücher und Schriften der Gesellschaft sowie die Vermögensgegenstände und Schulden zu prüfen.

(2) [1]Der Abschlußprüfer kann von den gesetzlichen Vertretern alle Aufklärungen und Nachweise verlangen, die er für eine sorgfältige Prüfung als notwendig ansieht. [2]Er hat diese Rechte sowie die gemäß Abs. 1 auch schon vor Aufstellung des Jahresabschlusses. [3]Soweit er es für eine sorgfältige Prüfung als notwendig ansieht, hat der Abschlußprüfer diese Rechte auch gegenüber Mutter- und Tochterunternehmen.

(3) [1]Die gesetzlichen Vertreter einer Gesellschaft, die einen Konzernabschluß aufzustellen hat, haben dem Abschlußprüfer des Konzernabschlusses den Konzernabschluß, den Konzernlagebericht, die Jahresabschlüsse, Lageberichte und, wenn eine Prüfung stattgefunden hat, die Prüfungsberichte des Mutterunternehmens und der Tochterunternehmen vorzulegen. [2]Der Abschlußprüfer hat die Rechte gemäß Abs. 1 und Abs. 2 bei dem Mutterunternehmen und den Tochterunternehmen, die Rechte gemäß Abs. 2 auch gegenüber den Abschlußprüfern des Mutterunternehmens und der Tochterunternehmen.

(4) Ist die Kapitalgesellschaft als Tochterunternehmen in den Konzernabschluss eines Mutterunternehmens einbezogen, das seinen Sitz nicht in einem Mitgliedstaat der Europäischen Union oder in einem anderen Vertragsstaat des Abkommens über den Europäischen Wirtschaftsraum hat, so kann der Prüfer nach Abs. 2 zur Verfügung gestellte Unterlagen an den Abschlussprüfer des Konzernabschlusses weitergeben, soweit diese für die Prüfung des Konzernabschlusses des Mutterunternehmens erforderlich sind. *(BGBl I 2016/43)*

(BGBl 1990/475)

Prüfungsbericht

§ 273. (1) [1]Der Abschlussprüfer hat über das Ergebnis der Prüfung schriftlich zu berichten. [2]Im Bericht ist insbesondere festzustellen, ob die Buchführung, der Jahresabschluss, der Lagebericht, der Konzernabschluss und der Konzernlagebericht den gesetzlichen Vorschriften entsprechen „und die nichtfinanzielle Erklärung oder der gesonderte nichtfinanzielle Bericht (§ 243b), der Corporate Governance-Bericht (§ 243c), die konsolidierte nichtfinanzielle Erklärung oder der gesonderte konsolidierte nichtfinanzielle Bericht (§ 267a) und der konsolidierte Corporate-Governance Bericht (§ 267b)“** aufgestellt worden sind“* sowie ob die gesetzlichen Vertreter die verlangten Aufklärungen und Nachweise erbracht haben. [3]Im Prüfungsbericht zum Konzernabschluss ist auch festzustellen, ob die für die Übernahme in den Konzernabschluss maßgeblichen Vorschriften beachtet worden sind. [4]Die Posten des Jahresabschlusses sind aufzugliedern und zu erläutern. [5]Nachteilige Veränderungen der Vermögens-, Finanz- und Ertragslage gegenüber dem Vorjahr und Verluste, die das Jahresergebnis nicht unwesentlich beeinflusst haben, sind anzuführen und zu erläutern. [6]Werden Tatsachen nach Abs. 2 und 3 nicht festgestellt, so ist dies im Bericht ausdrücklich festzuhalten. *(*BGBl I 2016/43; **BGBl I 2017/20)*

UGB

(2) [1]Stellt der Abschlussprüfer bei Wahrnehmung seiner Aufgaben Tatsachen fest, die den Bestand des geprüften Unternehmens oder Konzerns gefährden oder seine Entwicklung wesentlich beeinträchtigen können oder die schwerwiegende Verstöße der gesetzlichen Vertreter oder von Arbeitnehmern gegen Gesetz, Gesellschaftsvertrag oder Satzung erkennen lassen, so hat er darüber unverzüglich zu berichten. [2]Darüber hinaus hat er unverzüglich über wesentliche Schwächen bei der internen Kontrolle des Rechnungslegungsprozesses zu berichten.

(3) Der Abschlussprüfer hat auch unverzüglich zu berichten, wenn bei der Prüfung des Jahresabschlusses das Vorliegen der Voraussetzungen für die Vermutung eines Reorganisationsbedarfs (§ 22 Abs. 1 Z 1 URG) festgestellt wird; im Bericht sind in diesem Fall die Eigenmittelquote (§ 23 URG) und die fiktive Schuldentilgungsdauer (§ 24 URG) anzugeben.

(4) [1]Der Abschlussprüfer hat diese Berichte zu unterzeichnen und den gesetzlichen Vertretern sowie den Mitgliedern des Aufsichtsrats vorzulegen. [2]Ist bei einem unbeschränkt haftenden Gesellschafter einer unternehmerisch tätigen eingetragenen Personengesellschaft im Sinn des § 221 Abs. 5 ein Aufsichtsrat eingerichtet, so hat der Abschlussprüfer den Bericht hinsichtlich der Personengesellschaft auch den Mitgliedern dieses Aufsichtsrats vorzulegen.

(BGBl I 2008/70)

Bestätigungsvermerk

§ 274. (1) [1]Der Abschlussprüfer hat das Ergebnis seiner Prüfung in einem Bestätigungsvermerk zusammenzufassen. [2]Der Bestätigungsvermerk umfasst

1. eine Einleitung, die zumindest das Unternehmen angibt, dessen Jahresabschluss beziehungsweise Konzernabschluss Gegenstand der Abschlussprüfung ist, weiters den Abschlussstichtag und den Abschlusszeitraum sowie die Rechnungslegungsgrundsätze, nach denen der Abschluss aufgestellt wurde,

2. eine Beschreibung der Art und des Umfanges der Abschlussprüfung, die zumindest Angaben über die Prüfungsgrundsätze enthält, nach denen die Abschlussprüfung durchgeführt wurde, sowie

3. ein Prüfungsurteil, das entweder ein uneingeschränktes, ein eingeschränktes oder ein negatives ist und zweifelsfrei Auskunft darüber gibt, ob nach Auffassung des Abschlussprüfers der Jahresabschluss oder Konzernabschluss den gesetzlichen Vorschriften entspricht und unter Beachtung der maßgeblichen Rechnungslegungsgrundsätzen ein möglichst getreues Bild der Vermögens-, Finanz- und Ertragslage des Unternehmens oder des Konzerns vermittelt.

(2) Ist der Abschlussprüfer nicht in der Lage, ein Prüfungsurteil abzugeben, so hat er dies im Bestätigungsvermerk anzugeben.

(3) Im Bestätigungsvermerk ist auf alle anderen Umstände zu verweisen, auf die der Abschlussprüfer in besonderer Weise aufmerksam gemacht hat, ohne das Prüfungsurteil einzuschränken.

(4) Der Bestätigungsvermerk muss eine Erklärung zu etwaigen wesentlichen Unsicherheiten in Verbindung mit den Ereignissen oder Gegebenheiten enthalten, die erhebliche Zweifel an der Fähigkeit des Unternehmens zur Fortführung der Unternehmenstätigkeit aufwerfen können.

(5) Der Bestätigungsvermerk umfasst ferner

1. ein Urteil darüber, ob der Lagebericht oder Konzernlagebericht

a) mit dem Jahresabschluss beziehungsweise Konzernabschluss des betreffenden Geschäftsjahres in Einklang steht,

b) nach den geltenden rechtlichen Anforderungen aufgestellt wurde und

c) gegebenenfalls zutreffende Angaben nach § 243a enthält sowie

2. eine Erklärung, ob angesichts der bei der Prüfung gewonnenen Erkenntnisse und des gewonnenen Verständnisses über das Unternehmen und sein Umfeld wesentliche fehlerhafte Angaben im Lagebericht beziehungsweise Konzernlagebericht festgestellt wurden, wobei auf die Art dieser fehlerhaften Angaben einzugehen ist.

(6) [1]Wurde die Abschlussprüfung von mehr als einem Abschlussprüfer durchgeführt, so haben sie sich auf die Ergebnisse der Abschlussprüfung zu einigen und einen gemeinsamen Bestätigungsvermerk und ein gemeinsames Prüfungsurteil zu erteilen. [2]Bei Uneinigkeit hat jeder Abschlussprüfer ein eigenes Urteil in einem gesonderten Absatz des Bestätigungsvermerks abzugeben und die Gründe für die Uneinigkeit darzulegen.

(7) [1]Der Bestätigungsvermerk ist vom Abschlussprüfer unter Angabe des Datums und des Ortes der Niederlassung zu unterzeichnen. [2]Wird eine Abschlussprüfung von einer Prüfungsgesellschaft durchgeführt, so ist der Bestätigungsvermerk zumindest vom verantwortlichen Abschlussprüfer zu unterzeichnen. [3]Sind mehr als ein Abschlussprüfer gleichzeitig beauftragt worden, so ist der Bestätigungsvermerk von allen verantwortlichen Abschlussprüfern zu unterzeichnen, welche die Abschlussprüfung durchgeführt haben.

(8) [1]Der Bestätigungsvermerk ist schriftlich zu verfassen und hat die Ergebnisse der Prüfung deutlich und in übersichtlicher Form darzustellen. [2]Der Bestätigungsvermerk ist auch in den Prüfungsbericht (§ 273) aufzunehmen.

(BGBl I 2015/22)

Verantwortlichkeit des Abschlußprüfers

§ 275. (1) [1]Der Abschlussprüfer, seine Gehilfen und die bei der Prüfung mitwirkenden gesetzlichen Vertreter einer Prüfungsgesellschaft sind zur Verschwiegenheit verpflichtet. [2]Sie dürfen nicht unbefugt Geschäfts- und Betriebsgeheimnisse verwerten, die sie bei ihrer Tätigkeit erfahren haben. [3]Wer vorsätzlich oder fahrlässig seine Pflichten verletzt, ist der Gesellschaft und, wenn ein verbundenes Unternehmen geschädigt worden ist, auch diesem zum Ersatz des daraus entstehenden Schadens verpflichtet. [4]Mehrere Personen haften als Gesamtschuldner. [5]„Der Abschlussprüfer hat dem nachfolgenden Abschlussprüfer auf schriftliches Verlangen Zugang zu den relevanten Informationen über das geprüfte Unternehmen „und über die zuletzt durchgeführte Abschlussprüfung"** zu gewähren."* *(BGBl I 2001/97; *BGBl I 2009/71; **BGBl I 2016/43)*

(2) [1]Der Abschlussprüfer ist zur gewissenhaften und unparteiischen Prüfung verpflichtet. [2]Verletzt er vorsätzlich oder fahrlässig diese Pflicht, so ist er der Gesellschaft und, wenn ein verbundenes Unternehmen geschädigt worden ist, auch diesem zum Ersatz des daraus entstehenden Schadens verpflichtet. [3]Mehrere Abschlussprüfer haften als Gesamtschuldner. [4]Die Ersatzpflicht ist bei Fahrlässigkeit bei der Prüfung einer kleinen oder mittelgroßen Gesellschaft (§ 221 Abs. 2) mit zwei Millionen Euro, bei Prüfung einer großen Gesellschaft (§ 221 Abs. 3) mit vier Millionen Euro, „bei Prüfung einer großen Gesellschaft, bei der"* das Fünffache eines der in Euro ausgedrückten Größenmerkmale einer großen Gesellschaft überschritten wird, mit acht Millionen Euro und „bei Prüfung einer großen Gesellschaft, bei der"* das Zehnfache eines der in Euro ausgedrückten Größenmerkmale einer großen Gesellschaft überschritten wird, mit zwölf Millionen Euro beschränkt; § 221 Abs. 4 bis 6 gilt sinngemäß. [5]Diese Beschränkungen für eine Prüfung gelten auch, wenn an ihr mehrere Abschlussprüfer beteiligt gewesen oder mehrere zum Ersatz verpflichtende Handlungen begangen worden sind, und ohne Rücksicht darauf, ob andere Beteiligte vorsätzlich gehandelt haben. „[7]Sie gelten jedoch nicht für den Abschlussprüfer, der in Kenntnis oder in grob fahrlässiger Unkenntnis seiner Befangenheit oder Ausgeschlossenheit gehandelt hat."** *(BGBl I 2005/59; *BGBl I 2005/120; **BGBl I 2008/70)*

(3) Die Verpflichtung zur Verschwiegenheit besteht, wenn eine Prüfungsgesellschaft Abschlußprüfer ist, auch gegenüber dem Aufsichtsrat der Prüfungsgesellschaft und dessen Mitgliedern.

(4) Die Ersatzpflicht nach diesen Vorschriften kann durch Vertrag weder ausgeschlossen noch beschränkt werden.

(5) Die Ansprüche aus diesen Vorschriften verjähren in fünf Jahren.

(BGBl 1990/475)

Meinungsverschiedenheiten zwischen Gesellschaft und Abschlußprüfer

§ 276. Bei Meinungsverschiedenheiten zwischen dem Abschlußprüfer und der Gesellschaft über die Auslegung und Anwendung von gesetzlichen Vorschriften sowie von Bestimmungen des Gesellschaftsvertrags oder der Satzung über den Jahresabschluß, Lagebericht, Konzernabschluß oder Konzernlagebericht entscheidet auf Antrag des Abschlußprüfers oder der gesetzlichen Vertreter der Gesellschaft ausschließlich der für den Sitz des Unternehmens zuständige, zur Ausübung der Gerichtsbarkeit in Handelssachen berufene Gerichtshof erster Instanz im Verfahren außer Streitsachen.

(BGBl 1990/475)

ZWEITER TITEL

Offenlegung, Veröffentlichung und Vervielfältigung, Prüfung durch das Registergericht

Offenlegung

§ 277. (1) [1]Die gesetzlichen Vertreter von Kapitalgesellschaften haben den Jahresabschluss und den Lagebericht sowie gegebenenfalls „den gesonderten nichtfinanziellen Bericht," den Corporate Governance-Bericht und den Bericht über Zahlungen an staatliche Stellen nach seiner Behandlung in der Hauptversammlung (Generalversammlung), jedoch spätestens neun Monate nach dem Bilanzstichtag, mit dem Bestätigungsvermerk beim Firmenbuchgericht des Sitzes der Kapitalgesellschaft einzureichen; innerhalb derselben Frist sind der Bericht des Aufsichtsrats und der Beschluss über die Verwendung des Ergebnisses einzureichen. [2]Werden zur Wahrung dieser Frist der Jahresabschluss und der Lagebericht sowie gegebenenfalls „der gesonderte nichtfinanzielle Bericht," der Corporate Governance-Bericht und der Bericht über Zahlungen an staatliche Stellen ohne die anderen Unterlagen eingereicht, so sind der Bericht des Aufsichtsrats nach seinem Vorliegen, die Beschlüsse nach der Beschlussfassung und der Vermerk nach der Erteilung unverzüglich einzureichen. [3]Wird der Jahresabschluss bei nachträglicher Prüfung oder Feststellung geändert, so ist auch diese Änderung einzureichen. *(BGBl I 2015/22; BGBl I 2017/20)*

(2) [1]Der Vorstand einer großen Aktiengesellschaft (§ 221 Abs. 3) hat die Veröffentlichung des Jahresabschlusses unmittelbar nach seiner Behandlung in der Hauptversammlung, jedoch

spätestens neun Monate nach dem Bilanzstichtag, mit dem Bestätigungsvermerk „ “** im „Amtsblatt zur Wiener Zeitung“* zu veranlassen. [2]Der Nachweis über die Veranlassung dieser Veröffentlichung ist gleichzeitig mit den in Abs. 1 bezeichneten Unterlagen beim Firmenbuchgericht einzureichen. [3]Bei der Veröffentlichung ist das Firmenbuchgericht und die Firmenbuchnummer anzugeben. [4]Dies gilt auch für allfällige Änderungen (Abs. 1 letzter Satz). *(*BGBl I 2001/41; **BGBl I 2015/22)*

(3) In der Offenlegung und der Veröffentlichung können alle Posten in vollen 1 000 Euro angegeben werden, nach Maßgabe der Wesentlichkeit (§ 189a Z 10) auch in größeren Einheiten. *(BGBl I 2015/22)*

(4) Die gesetzlichen Vertreter von Kapitalgesellschaften haben spätestens mit den Einreichungen gemäß Abs. 1 und 2 oder auf dem Jahresabschluss selbst anzugeben, in welche der Größenklassen des § 221 Abs. 1 bis 3 die Gesellschaft unter Bedachtnahme auf § 221 Abs. 4 im betreffenden Geschäftsjahr einzuordnen ist „und gegebenenfalls, dass die Gesellschaft die Kriterien der § 243b Abs. 1 oder § 243c Abs. 1 erfüllt“. *(BGBl I 2001/41; BGBl I 2017/20)*

„(5)“ Sonstige Veröffentlichungs- und Informationspflichten bleiben unberührt. *(BGBl I 2006/103)*

(6) [1]„Die Unterlagen nach Abs. 1 sind elektronisch einzureichen, in die Urkundensammlung des Firmenbuchs aufzunehmen und gemäß §§ 33 f. FBG öffentlich zugänglich zu machen.“ [2]Überschreiten die Umsatzerlöse in den zwölf Monaten vor dem Abschlussstichtag des einzureichenden Jahresabschlusses nicht 70 000 Euro, kann der Jahresabschluss auch in Papierform eingereicht werden. [3]Die Umsatzerlöse sind gleichzeitig mit der Einreichung bekannt zu geben. [4]In Papierform eingereichte Jahresabschlüsse müssen für die Aufnahme in die Datenbank des Firmenbuchs geeignet sein. [5]Der Bundesminister für Justiz kann durch Verordnung nähere Bestimmungen über die äußere Form der Jahresabschlüsse festlegen. *(BGBl I 2006/103; BGBl I 2015/22)*

(7) Nach der Aufnahme der Jahresabschlüsse in die Datenbank des Firmenbuchs hat sie das Gericht in elektronischer Form der Wirtschaftskammer Österreich, der Österreichischen Bundesarbeitskammer und der Präsidentenkonferenz der Landwirtschaftskammern Österreichs (Landwirtschaftskammer Österreich – LKÖ) zur Verfügung zu stellen; dies gilt jedoch nicht für die Jahresabschlüsse von kleinen Gesellschaften mit beschränkter Haftung (§ 221 Abs. 1). *(BGBl I 2006/103)*

(8) [1]Die Oesterreichische Nationalbank ist berechtigt, von der BundesrechenzentrumGmbH die elektronische Übermittlung elektronisch eingereichter Jahresabschlüsse gegen kostendeckendes Entgelt zu verlangen, soweit sie diese Daten zur Erfüllung der ihr gesetzlich oder gemeinschaftsrechtlich zugewiesenen Aufgaben benötigt. [2]Sie ist weiters berechtigt, die Daten an die Bundesanstalt Statistik Österreich weiterzugeben, soweit diese die Daten zur Erfüllung der ihr gesetzlich oder gemeinschaftsrechtlich zugewiesenen Aufgaben benötigt. *(BGBl I 2001/41)*

(BGBl 1996/304)

Offenlegung für kleine Gesellschaften mit beschränkter Haftung

§ 278. (1) [1]Auf kleine Gesellschaften mit beschränkter Haftung (§ 221 Abs. 1) ist § 277 mit der Maßgabe anzuwenden, dass die gesetzlichen Vertreter nur die Bilanz und den Anhang, bei Kleinstkapitalgesellschaften nur die Bilanz „ohne die Angaben nach § 242 Abs. 1 erster Satz“, einzureichen haben. [2]Die offenzulegende Bilanz braucht nur die in § 224 Abs. 2 und 3 mit Buchstaben und römischen Zahlen versehenen Posten zu enthalten, wobei beim Posten nach § 224 Abs. 2 B II alle zusammengefassten Forderungen mit einer Restlaufzeit von mehr als einem Jahr und beim Posten nach § 224 Abs. 3 C alle zusammengefassten Verbindlichkeiten mit einer Restlaufzeit von mehr als einem Jahr gesondert anzugeben sind; die Angaben nach § 229 Abs. 1 erster bis dritter Satz sind zu machen. [3]Ist die Gesellschaft gemäß § 268 Abs. 1 prüfungspflichtig, so ist auch der Bestätigungsvermerk einzureichen. *(BGBl I 2015/22; BGBl I 2019/46)*

(2) Der Bundesminister für Justiz hat durch Verordnung ein Formblatt festzulegen, dessen Verwendung zur Erfüllung der Verpflichtung gemäß Abs. 1 ausreichend ist.

(BGBl 1996/304)

Offenlegung für kleine und mittelgroße Aktiengesellschaften und mittelgroße Gesellschaften mit beschränkter Haftung

§ 279. Für die Offenlegung kleiner und mittelgroßer Aktiengesellschaften (§ 221 Abs. 1 und Abs. 2) und mittelgroßer Gesellschaften mit beschränkter Haftung (§ 221 Abs. 2) gilt Folgendes:

1. [1]Die offenzulegende Bilanz braucht nur die in § 224 Abs. 2 und 3 mit Buchstaben und römischen Zahlen bezeichneten, zusätzlich jedoch die folgenden Posten zu enthalten: auf der Aktivseite die Posten A I 2, A II 1, 2, 3 und 4, A III 1, 2, 3 und 4, B II 2 und 3, B III 1, auf der Passivseite die Posten B 1 und 2 und C 1, 2, 6 und 7. [2]Forderungen mit einer Restlaufzeit von mehr als einem Jahr sind bei den Posten nach § 224 Abs. 2 B II 2 und 3 gesondert auszuweisen, ebenso Verbindlichkeiten mit einer Restlaufzeit von mehr als einem Jahr bei den Posten nach § 224 Abs. 3 C 1, 2, 6 und 7. [3]Die Angaben nach § 229 sind zu machen.

2. Die Posten des § 231 Abs. 2 Z 1 bis 3 und 5 und Abs. 3 Z 1 bis 3 dürfen zu einem Posten unter der Bezeichnung „Rohergebnis" zusammengefasst werden.

(BGBl I 2015/22)

Offenlegung des Konzernabschlusses

§ 280. (1) „[1]Die gesetzlichen Vertreter einer Gesellschaft, die einen Konzernabschluss aufzustellen hat, haben den Konzernabschluss und den Konzernlagebericht sowie gegebenenfalls „den gesonderten konsolidierten nichtfinanziellen Bericht,"** den konsolidierten Corporate Governance-Bericht und den konsolidierten Bericht über Zahlungen an staatliche Stellen mit dem Bestätigungsvermerk gleichzeitig mit dem Jahresabschluss beim Firmenbuchgericht des Sitzes der Gesellschaft einzureichen. [2]§ 277 Abs. 3 und Abs. 6 erster Satz gelten sinngemäß."* [3]§ 277 Abs. 2 ist für die Veröffentlichung des Konzernabschlusses sinngemäß anzuwenden, wenn ein Tochterunternehmen eine große Aktiengesellschaft mit Sitz im Inland ist. *(BGBl 1996/304; *BGBl I 2015/22; **BGBl I 2017/20)*

(2) Ist ein Tochterunternehmen in einen ausländischen Konzernabschluß mit befreiender Wirkung gemäß § 245 Abs. 1 einbezogen, so hat es diesen in deutscher Sprache „oder in einer in internationalen Finanzkreisen gebräuchlichen Sprache" bei dem zuständigen „Firmenbuchgericht" zu hinterlegen; das gleiche gilt, falls eine große Kapitalgesellschaft in einen ausländischen Konzernabschluß einbezogen ist. *(BGBl I 2015/22)*

(3) und (4) *(aufgehoben, BGBl 1996/304)*

(BGBl 1990/475)

Offenlegung der Zweigniederlassungen ausländischer Kapitalgesellschaften

§ 280a. Bei Zweigniederlassungen von ausländischen Kapitalgesellschaften haben die Vertreter der Zweigniederlassung die Unterlagen der Rechnungslegung, die nach dem für die Hauptniederlassung der Gesellschaft maßgeblichen Recht erstellt, geprüft und offengelegt worden sind, gemäß den §§ 277, 281 und 282 in deutscher Sprache offenzulegen.

(BGBl 1996/304)

Form und Inhalt der Unterlagen bei der Offenlegung, Veröffentlichung und Vervielfältigung

§ 281. (1) [1]Bei der vollständigen oder teilweisen Offenlegung des Jahresabschlusses und des Konzernabschlusses und bei der Veröffentlichung oder Vervielfältigung in anderer Form auf Grund des Gesellschaftsvertrags oder der Satzung sind der Jahresabschluß und der Konzernabschluß so wiederzugeben, daß sie den für ihre Aufstellung maßgeblichen Vorschriften entsprechen; sie haben in diesem Rahmen vollständig und richtig zu sein. „"*[2]Wurde der Jahresabschluß oder der Konzernabschluß auf Grund gesetzlicher Vorschriften durch einen Abschlußprüfer geprüft, so ist jeweils der vollständige Wortlaut des Bestätigungsvermerks „ "** wiederzugeben; wird der Jahresabschluß wegen der Inanspruchnahme von Erleichterungen nur teilweise offengelegt und bezieht sich der Bestätigungsvermerk auf den vollständigen Jahresabschluß, so ist hierauf hinzuweisen. *(*BGBl I 2006/103; **BGBl I 2015/22)*

(2) [1]Werden der Jahresabschluß oder der Konzernabschluß in Veröffentlichungen und Vervielfältigungen, die nicht durch Gesetz, Gesellschaftsvertrag oder Satzung vorgeschrieben sind, nicht in der gemäß Abs. 1 vorgeschriebenen Form wiedergegeben, so ist jeweils in einer Überschrift darauf hinzuweisen, daß es sich nicht um eine der gesetzlichen Form entsprechende Veröffentlichung handelt. [2]Ein Bestätigungsvermerk darf nicht beigefügt werden. [3]„Im Fall einer verpflichtenden Abschlussprüfung ist jedoch über den Inhalt des Bestätigungsvermerks zu dem in gesetzlicher Form erstellten Jahresabschluss oder Konzernabschluss einschließlich der Angaben nach § 274 Abs. 3 zu berichten." [4]Ferner ist anzugeben, bei welchem Firmenbuch und in welcher Nummer des Bekanntmachungsblattes die Offenlegung erfolgt oder daß die Offenlegung noch nicht erfolgt ist. *(BGBl I 2015/22)*

(3) In den Dokumenten, die den Jahresabschluss und den Konzernabschluss enthalten, sind die in § 14 Abs. 1 erster Satz vorgeschriebenen Informationen anzugeben. *(BGBl I 2015/22)*

(BGBl 1990/475)

DRITTER TITEL

Prüfungspflicht und Zwangsstrafen

Prüfungspflicht des Registergerichts

§ 282. (1) Das Gericht hat zu prüfen, ob die gemäß §§ 277 bis 281 offenzulegenden Unterlagen vollzählig zum Firmenbuch eingereicht und ob, soweit Veröffentlichungen vorgeschrieben sind, diese veranlaßt worden sind. *(BGBl 1996/304)*

(2) [1]Gibt die Prüfung gemäß Abs. 1 Anlaß zu der Annahme, daß von der Größe der Gesellschaft abhängige Vorschriften nicht hätten in Anspruch genommen werden dürfen, so kann das Gericht zu seiner Unterrichtung von der Gesellschaft innerhalb einer angemessenen Frist die Mitteilung der Bilanzsumme, der Umsatzerlöse gemäß „§ 189a Z 5"** und der durchschnittlichen Zahl der Arbeitnehmer gemäß „§ 221 Abs. 6"* verlangen. [2]Unterläßt die Gesellschaft die fristgemäße

UGB

Mitteilung, so gelten die Vorschriften als zu Unrecht in Anspruch genommen. *(*BGBl 1996/304; **BGBl I 2016/43)*

(2a) [1]Das Gericht kann eine Gesellschaft zu folgenden Erklärungen auffordern:

1. ob sie oder eines ihrer Tochterunternehmen im Sinn des § 243d Abs. 2 in der mineralgewinnenden Industrie oder auf dem Gebiet des Holzeinschlages in Primärwäldern tätig ist;

2. ob ihre übertragbaren Wertpapiere zum Handel an einem geregelten Markt im Sinne des § 189a Z 1 lit. a zugelassen sind.

[2]Die Aufforderung ist zu begründen. [3]Zur Abgabe einer Erklärung ist eine angemessene Frist zu setzen. [4]Gibt die Gesellschaft innerhalb der Frist keine Erklärung ab, so wird vermutet, dass die Gesellschaft bei Unterlassen einer Erklärung nach Z 1 in den Anwendungsbereich des § 243d beziehungsweise des § 267c und bei Unterlassen einer Erklärung nach Z 2 in den Anwendungsbereich des § 243b beziehungsweise des § 267a fällt. *(BGBl I 2017/20)*

(3) [1]Ist eine gebotene Veröffentlichung unterblieben, so hat das Gericht diese Tatsache ohne Durchführung eines Verbesserungsverfahrens auf Kosten der Gesellschaft bekanntzumachen, wenn dies ein Gesellschafter, Gläubiger, Betriebsrat (Zentralbetriebsrat) oder eine gesetzliche Interessenvertretung beantragt. [2]Die Antragsberechtigung ist glaubhaft zu machen. [3]Ein späterer Wegfall der Antragsberechtigung ist unschädlich. [4]Der Antrag kann nicht zurückgenommen werden. *(BGBl 1996/304)*

(BGBl 1994/153)

Zwangsstrafen

§ 283. (1) [1]Die gesetzlichen Vertreter der Gesellschaft sind, unbeschadet der allgemeinen unternehmensrechtlichen Vorschriften, zur zeitgerechten Befolgung der §§ 277 und 280 vom Gericht durch Zwangsstrafen von 700 Euro bis 3 600 Euro, bei Kleinstkapitalgesellschaften (§ 221 Abs. 1a) von 350 Euro bis 1 800 Euro anzuhalten. [2]Die Zwangsstrafe ist nach Ablauf der Offenlegungsfrist zu verhängen. [3]Sie ist wiederholt zu verhängen, soweit die genannten Organe ihren Pflichten nach je weiteren zwei Monaten noch nicht nachgekommen sind. [4]Eine Gesellschaft ist als Kleinstkapitalgesellschaft im Sinn dieser Bestimmung anzusehen, wenn sie die gesetzlichen Vertreter zuletzt in plausibler Weise als solche eingestuft haben (§ 277 Abs. 4), es sei denn, es liegen Hinweise vor, dass die Schwellenwerte mittlerweile überschritten wurden. [5]Ansonsten wird eine Kleinstkapitalgesellschaft nur über rechtzeitigen Einwand der Partei als solche behandelt, wobei § 282 Abs. 2 anzuwenden ist. *(BGBl I 2015/22)*

(2) [1]Ist die Offenlegung nach Abs. 1 nicht bis zum letzten Tag der Offenlegungsfrist erfolgt, so ist – sofern die Offenlegung nicht bis zum Tag vor Erlassung der Zwangsstrafverfügung bei Gericht eingelangt ist – ohne vorausgehendes Verfahren durch Strafverfügung eine Zwangsstrafe von 700 Euro „, bei Kleinstkapitalgesellschaften (§ 221 Abs. 1a) von 350 Euro“ zu verhängen. [2]Von der Verhängung einer Zwangsstrafverfügung kann abgesehen werden, wenn das in Abs. 1 genannte Organ offenkundig durch ein unvorhergesehenes oder unabwendbares Ereignis an der fristgerechten Offenlegung gehindert war. [3]In diesem Fall kann – soweit bis dahin noch keine Offenlegung erfolgt ist – mit der Verhängung der Zwangsstrafverfügung bis zum Ablauf von vier Wochen nach Wegfall des Hindernisses, welches der Offenlegung entgegenstand, zugewartet werden. [4]Zwangsstrafverfügungen sind wie Klagen zuzustellen. [5]Gegen die Zwangsstrafverfügung kann das jeweilige Organ binnen 14 Tagen Einspruch erheben, andernfalls erwächst die Zwangsstrafverfügung in Rechtskraft. [6]Im Einspruch sind die Gründe für die Nichtbefolgung der in Abs. 1 genannten Pflichten anzuführen. [7]Gegen die Versäumung der Einspruchsfrist kann Wiedereinsetzung in den vorigen Stand bewilligt werden (§ 21 AußStrG). [8]Ist der Einspruch verspätet oder fehlt ihm jegliche Begründung, so ist er mit Beschluss zurückzuweisen. *(BGBl I 2015/22)*

(3) [1]Mit der rechtzeitigen Erhebung des begründeten Einspruchs tritt die Zwangsstrafverfügung außer Kraft. [2]Über die Verhängung der Zwangsstrafe ist im ordentlichen Verfahren mit Beschluss zu entscheiden. [3]Ist nicht mit Einstellung des Zwangsstrafverfahrens vorzugehen, so kann – ohne vorherige Androhung – eine Zwangsstrafe von 700 Euro bis 3 600 Euro „, bei Kleinstkapitalgesellschaften (§ 221 Abs. 1a) von 350 Euro bis 1 800 Euro“ verhängt werden. [4]Gegen die Verhängung einer Zwangsstrafe im ordentlichen Verfahren steht dem jeweiligen Organ ein Rechtsmittel zu (§§ 45 ff. AußStrG). *(BGBl I 2015/22)*

(4) [1]Ist die Offenlegung innerhalb von zwei Monaten nach Ablauf des letzten Tages der Offenlegungsfrist noch immer nicht erfolgt, so ist durch Strafverfügung eine weitere Zwangsstrafe von 700 Euro „, bei Kleinstkapitalgesellschaften (§ 221 Abs. 1a) von 350 Euro“ zu verhängen. [2]Das Gleiche gilt bei Unterbleiben der Offenlegung für jeweils weitere zwei Monate; wird gegen eine solche Zwangsstrafverfügung Einspruch erhoben, so ist der Beschluss über die verhängte Zwangsstrafe zu veröffentlichen. „Zwischen dem Tag der Erlassung einer Zwangsstrafverfügung nach diesem Absatz und dem Tag der Erlassung einer vorangegangenen Zwangsstrafverfügung, die denselben Adressaten und denselben Bilanzstichtag betrifft, müssen mindestens sechs Wochen liegen.“ *(BGBl I 2015/22)*

(5) [1]Richtet sich die Zwangsstrafverfügung gemäß Abs. 4 gegen ein in Abs. 1 genanntes Organ einer mittelgroßen (§ 221 Abs. 2) Kapitalgesellschaft, so erhöhen sich die damit zu verhängenden Zwangsstrafen sowie die in Abs. 1 und 3 angedrohten Zwangsstrafen im ordentlichen Verfahren jeweils auf das Dreifache. [2]Wird das Zwangsstrafenverfahren gegen ein in Abs. 1 genanntes Organ einer großen (§ 221 Abs. 3) Kapitalgesellschaft geführt, so erhöhen sich diese Beträge jeweils auf das Sechsfache. [3]Als Grundlage für die Größenklasse kann der zuletzt vorgelegte Jahresabschluss herangezogen werden.

(6) Die Zwangsstrafen sind auch dann zu vollstrecken, wenn die Bestraften ihrer Pflicht nachkommen oder deren Erfüllung unmöglich geworden ist.

(7) [1]Die den gesetzlichen Vertretern in den „§§ 277 und 280" auferlegten Pflichten treffen auch die Gesellschaft. [2]Kommt die Gesellschaft diesen Pflichten durch ihre Organe nicht nach, so ist gleichzeitig auch mit der Verhängung von Zwangsstrafen unter sinngemäßer Anwendung der Abs. 1 bis 6 auch gegen die Gesellschaft vorzugehen. *(BGBl I 2015/22)*

(BGBl I 2010/111)

§ 284. [1]Die gesetzlichen Vertreter der Gesellschaft und die Gesellschaft selbst sind, unbeschadet der allgemeinen unternehmensrechtlichen Vorschriften, zur Befolgung der §§ 222 Abs. 1, 244, 245, 247, 270, 272, 281 und 283, die Aufsichtsratsmitglieder zur Befolgung des § 270 und im Fall einer inländischen Zweigniederlassung einer ausländischen Kapitalgesellschaft die für diese im Inland vertretungsbefugten Personen zur Befolgung des § 280a vom Gericht durch Zwangsstrafen bis zu 3 600 Euro anzuhalten. [2]§ 24 Abs. 2 bis 5 FBG ist anzuwenden.

(BGBl I 2015/22)

Ausnahmen, Stundung und Nachlass

§ 285. (1) [1]Während der Dauer eines Insolvenzverfahrens mit Ausnahme eines Sanierungsverfahrens mit Eigenverwaltung sind keine Zwangsstrafverfügungen nach § 283 zu erlassen. [2]Rechte von Gesellschaftern und Dritten, die Offenlegung einzufordern, bleiben unberührt.

(2) [1]Auf Antrag des Adressaten einer Zwangsstrafe kann das Firmenbuchgericht den Zeitpunkt der Entrichtung einer Zwangsstrafe auch über mehr als sechs Monate hinausschieben (Stundung) oder die Entrichtung in Raten bewilligen, wenn die sofortige oder die sofortige volle Entrichtung der Strafe für den Antragsteller mit besonderer Härte verbunden wäre und die Einbringlichkeit der Zwangsstrafe durch den Aufschub nicht gefährdet wird. [2]Die Entrichtung in Raten darf nur mit der Maßgabe gestattet werden, dass alle noch aushaftenden Teilbeträge sofort fällig werden, wenn der Zahlungspflichtige mit mindestens zwei Raten in Verzug ist.

(3) Auf Antrag des Adressaten einer Zwangsstrafe kann das Firmenbuchgericht bis zur vollständigen Entrichtung eine Zwangsstrafe ganz oder teilweise nachlassen, wenn alle folgenden Voraussetzungen vorliegen:

1. die Einbringung ist für den Antragsteller mit besonderer Härte verbunden,

2. alle Offenlegungspflichten sind inzwischen erfüllt oder ihre Erfüllung ist für den Antragsteller nicht mehr möglich,

3. dem Antragsteller oder seinen vertretungsbefugten Organen ist nur ein geringes Verschulden an dem Verstoß zur Last zu legen, und

4. es bedarf der Einbringung nicht oder nicht in voller Höhe, um den Adressaten oder andere Unternehmen zur künftigen zeitgerechten Offenlegung anzuhalten.

(BGBl I 2015/22)

§§ 286 bis 334. *(aufgehoben, DRGBl 1937 I S 166)*

§§ 335 bis 342. *(aufgehoben, BGBl 1990/475)*

Viertes Buch
Unternehmensbezogene Geschäfte

Erster Abschnitt
Allgemeine Vorschriften

Anwendungsbereich

§ 343. (1) Das Vierte Buch ist auf Unternehmer im Sinn der §§ 1 bis 3 sowie auf juristische Personen des öffentlichen Rechts anzuwenden.

(2) Unternehmensbezogene Geschäfte sind alle Geschäfte eines Unternehmers, die zum Betrieb seines Unternehmens gehören.

(3) Geschäfte, die eine natürliche Person vor Aufnahme des Betriebes ihres Unternehmens zur Schaffung der Voraussetzungen dafür tätigt, gelten noch nicht als unternehmensbezogene Geschäfte.

(BGBl I 2005/120)

Vermutung unternehmensbezogener Geschäfte

§ 344. Die von einem Unternehmer vorgenommenen Rechtsgeschäfte gelten im Zweifel als zum Betrieb seines Unternehmens gehörig.

(BGBl I 2005/120)

UGB

Einseitig unternehmensbezogene Geschäfte

§ 345. Auf ein Rechtsgeschäft, das für einen der beiden Teile ein unternehmensbezogenes Geschäft ist, kommen die Vorschriften des Vierten Buchs für beide Teile zur Anwendung, soweit sich aus diesen Vorschriften nicht ein anderes ergibt.

(BGBl I 2005/120)

Gebräuche im Geschäftsverkehr

§ 346. Unter Unternehmern ist in Hinblick auf die Bedeutung und Wirkung von Handlungen und Unterlassungen auf die im Geschäftsverkehr geltenden Gewohnheiten und Gebräuche Rücksicht zu nehmen.

(BGBl I 2005/120)

Sorgfaltspflicht

§ 347. Wer aus einem Geschäft, das auf seiner Seite unternehmensbezogen ist, einem anderen zur Sorgfalt verpflichtet ist, hat für die Sorgfalt eines ordentlichen Unternehmers einzustehen.

(BGBl I 2005/120)

Haftung als Gesamtschuldner

§ 348. Verpflichten sich mehrere Unternehmer gemeinschaftlich zu einer teilbaren Leistung, so haften sie im Zweifel als Gesamtschuldner.

(BGBl I 2005/120)

Schadenersatz

§ 349. Unter Unternehmern umfasst der zu ersetzende Schaden auch den entgangenen Gewinn.

(BGBl I 2005/120)

§ 350. *(aufgehoben, BGBl I 2005/120)*

Verkürzung über die Hälfte

§ 351. Zulasten eines Unternehmers kann die Anwendung des § 934 ABGB vertraglich ausgeschlossen werden.

(BGBl I 2005/120)

§ 352. *(aufgehoben, BGBl I 2013/50)*

Unanwendbarkeit von § 1335 ABGB

§ 353. § 1335 ABGB ist auf Geldforderungen gegen einen Unternehmer nicht anzuwenden.

(BGBl I 2005/120)

Entgeltlichkeit

§ 354. (1) Ist in einem Geschäft kein Entgelt bestimmt und auch nicht Unentgeltlichkeit vereinbart, so gilt ein angemessenes Entgelt als bedungen.

(2) Für Darlehen, Vorschüsse, Auslagen und andere Verwendungen können vom Tag der Leistung an Zinsen berechnet werden.

(BGBl I 2005/120)

Kontokorrent

§ 355. (1) Vereinbart jemand mit einem Unternehmer, mit dem er in Geschäftsverbindung steht, dass die aus der Verbindung entspringenden beiderseitigen Ansprüche und Leistungen nebst Zinsen in Rechnung gestellt und in regelmäßigen Zeitabschnitten durch Verrechnung und Feststellung des für den einen oder anderen Teil sich ergebenden Überschusses ausgeglichen werden (laufende Rechnung, Kontokorrent), so treten, soweit nicht ein anderes vereinbart ist, die in den folgenden Bestimmungen geregelten Rechtswirkungen ein.

(2) Die Rechnungsperiode beträgt ein Jahr.

(3) [1]Zum Ende der Rechnungsperiode kommt es zur Verrechnung der beiderseitigen Ansprüche und Leistungen nebst Zinsen. [2]Die §§ 1415 und 1416 ABGB sind anzuwenden.

(4) [1]Jeder Teil hat gegen den anderen einen Anspruch auf Feststellung des Rechnungsabschlusses. [2]Liegt ein festgestellter Rechnungsabschluss vor, so kann derjenige, dem daraus ein Überschuss zusteht, sich zur Begründung seines Anspruchs auch auf diesen berufen. [3]Die Einwendung des anderen Teils, der Gläubiger werde dadurch ungerechtfertigt bereichert, bleibt unberührt. [4]Derjenige, dem beim Rechnungsabschluss ein Überschuss gebührt, kann vom Tag des Abschlusses an Zinsen vom Überschuss verlangen, auch soweit in der Rechnung Zinsen enthalten sind.

(5) Die laufende Rechnung kann im Zweifel auch während der Dauer einer Rechnungsperiode jederzeit mit der Wirkung gekündigt werden, dass derjenige, dem nach der Rechnung ein Überschuss gebührt, dessen Zahlung beanspruchen kann.

(6) Das Sich-Berufen auf einen Rechnungsabschluss, der unter Verwendung einer gegen ein gesetzliches Verbot oder gegen die guten Sitten verstoßenden Bedingung in Allgemeinen Geschäftsbedingungen oder Formblättern für Verträge aufgestellt wurde, steht einem Sich-Berufen auf eine solche Bedingung im Sinn des § 28 Abs. 1 letzter Satz KSchG gleich.

(BGBl I 2005/120)

Sicherheiten

§ 356. (1) Wird eine Forderung, die durch Pfand, Bürgschaft oder in anderer Weise gesichert ist, in die laufende Rechnung aufgenommen, so wird der Gläubiger durch die Anerkennung des Rechnungsabschlusses nicht gehindert, aus der Sicherheit insoweit Befriedigung zu suchen, „soweit die gesicherte Forderung nach § 355 Abs. 3 fortbesteht“. *(BGBl I 2005/120)*

(2) Haftet ein Dritter für eine in die laufende Rechnung aufgenommene Forderung als Gesamtschuldner, so findet auf die Geltendmachung der Forderung gegen ihn die Vorschrift des Abs. 1 entsprechende Anwendung.

Pfändung des Saldos

§ 357. [1]Hat der Gläubiger eines Beteiligten die Pfändung und Überweisung des Anspruchs auf dasjenige erwirkt, was seinem Schuldner als Überschuß aus der laufenden Rechnung zukommt, so können dem Gläubiger gegenüber Schuldposten, die nach der Pfändung durch neue Geschäfte entstehen, nicht in Rechnung gestellt werden. [2]Geschäfte, die auf Grund eines schon vor der Pfändung bestehenden Rechtes oder einer schon vor diesem Zeitpunkte bestehenden Verpflichtung des Drittschuldners vorgenommen werden, gelten nicht als neue Geschäfte im Sinne dieser Vorschrift.

§§ 358 bis 362. *(aufgehoben, BGBl I 2005/120)*

Unternehmerische Wertpapiere

§ 363. (1) [1]Anweisungen, die auf einen „Unternehmer“ über die Leistung von Geld, Wertpapieren oder anderen vertretbaren Sachen ausgestellt sind, ohne daß darin die Leistung von einer Gegenleistung abhängig gemacht ist, können durch Indossament übertragen werden, wenn sie an Order lauten. [2]Dasselbe gilt von Verpflichtungsscheinen, die von einem „Unternehmer“ über Gegenstände der bezeichneten Art an Order ausgestellt sind, ohne daß darin die Leistung von einer Gegenleistung abhängig gemacht ist. *(BGBl I 2005/120)*

(2) Ferner können Konnossemente der „Verfrachter“*, Ladescheine der Frachtführer, Lagerscheine der staatlich zur Ausstellung solcher Urkunden ermächtigten Anstalten sowie „Transportversicherungspolizzen“** durch Indossament übertragen werden, wenn sie an Order lauten. *(*DRGBl 1937 I S 891; **BGBl I 2005/120)*

Indossament

§ 364. (1) Durch das Indossament gehen alle Rechte aus dem indossierten Papier auf den Indossatar über.

(2) Dem legitimierten „Inhaber“ der Urkunde kann der Schuldner nur solche Einwendungen entgegensetzen, welche die Gültigkeit seiner Erklärung in der Urkunde betreffen oder sich aus dem Inhalte der Urkunde ergeben oder ihm unmittelbar gegen den „Inhaber“ zustehen. *(BGBl I 2005/120)*

(3) Der Schuldner ist nur gegen Aushändigung der quittierten Urkunde zur Leistung verpflichtet.

Anwendung des Wechselrechts; Aufgebotsverfahren; Kraftloserklärung

§ 365. (1) Hinsichtlich der Form des Indossaments, der Legitimation des Inhabers und der Prüfung der Legitimation sowie der Verpflichtung des Inhabers zur Herausgabe finden die Vorschriften der Art. 13, 14, 16 und 40 des Wechselgesetzes entsprechende Anwendung.

(2) [1]Ist die Urkunde vernichtet oder abhanden gekommen, so unterliegt sie der Kraftloserklärung im Wege des Aufgebotsverfahrens. [2]Ist das Aufgebotsverfahren eingeleitet, so kann der Berechtigte, wenn er bis zur Kraftloserklärung eine Sicherheit bestellt, vom Schuldner Leistung nach Maßgabe der Urkunde verlangen.

(3) Das Aufgebotsverfahren und die Aufgebotsfrist richten sich nach den für Wechsel geltenden Vorschriften, soweit nicht für einzelne Arten der in § 363 bezeichneten Urkunden Sondervorschriften bestehen.

(BGBl I 2005/120)

§ 366. *(aufgehoben, BGBl I 2005/120)*

Gutgläubiger Erwerb gesetzlicher Pfandrechte

§ 367. Das gesetzliche Pfandrecht des Kommissionärs, des Spediteurs, des Lagerhalters und des Frachtführers steht hinsichtlich des Schutzes des guten Glaubens einem gemäß § 456 ABGB durch Vertrag erworbenen Pfandrecht gleich.

(BGBl I 2005/120)

Pfandverwertung

§ 368. (1) Ist eine Verpfändung auf der Seite des Pfandgläubigers und des Pfandbestellers ein unternehmensbezogenes Geschäft, so tritt an die Stelle der in § 466b Abs. 1 ABGB bestimmten Frist von einem Monat eine solche von einer Woche.

(2) Diese Vorschrift findet auf das gesetzliche Pfandrecht des Kommissionärs, des Spediteurs,

des Lagerhalters und des Frachtführers entsprechende Anwendung, auf das Pfandrecht des Spediteurs und des Frachtführers auch dann, wenn der Speditions- oder Frachtvertrag nur auf ihrer Seite ein unternehmensbezogenes Geschäft ist.

(BGBl I 2005/120)

Zurückbehaltungsrecht

§ 369. (1) [1]Ein Unternehmer hat für die fälligen Forderungen, die ihm gegen einen anderen Unternehmer aus den zwischen ihnen geschlossenen unternehmensbezogenen Geschäften zustehen, ein Zurückbehaltungsrecht an den beweglichen Sachen und Wertpapieren des Schuldners, die mit dessen Willen auf Grund von unternehmensbezogenen Geschäften in seine Innehabung gelangt sind, sofern er sie noch innehat, insbesondere mittels Konnossements, Ladescheins oder Lagerscheins darüber verfügen kann. [2]Das Zurückbehaltungsrecht ist auch dann begründet, wenn das Eigentum an dem Gegenstand vom Schuldner auf den Gläubiger übergegangen ist oder von einem Dritten für den Schuldner auf den Gläubiger übertragen wurde, aber auf den Schuldner zurückzuübertragen ist. *(BGBl I 2005/120)*

(2) Einem dinglich berechtigten Dritten gegenüber besteht das Zurückbehaltungsrecht nicht. *(DRGBl 1938 I S 1999)*

(3) Das Zurückbehaltungsrecht ist ausgeschlossen, wenn die Zurückbehaltung des Gegenstandes der von dem Schuldner vor oder bei der Übergabe erteilten Anweisung oder der von dem Gläubiger übernommenen Verpflichtung, in einer bestimmten Weise mit dem Gegenstande zu verfahren, widerstreitet.

(4) [1]Der Schuldner kann die Ausübung des Zurückbehaltungsrechts durch Sicherheitsleistung abwenden. [2]Die Sicherheitsleistung durch Bürgen ist ausgeschlossen.

Außerordentliches Zurückbehaltungsrecht

§ 370. (1) Das Zurückbehaltungsrecht kann auch wegen nicht fälliger Forderungen geltend gemacht werden:

1. wenn über das Vermögen des Schuldners „das Konkursverfahren" eröffnet ist oder der Schuldner seine Zahlungen eingestellt hat; *(BGBl I 2010/58)*

2. wenn eine Zwangsvollstreckung in das Vermögen des Schuldners ohne Erfolg versucht ist.

(2) Der Geltendmachung des Zurückbehaltungsrechts steht die Anweisung des Schuldners oder die Übernahme der Verpflichtung, in einer bestimmten Weise mit dem Gegenstande zu verfahren, nicht entgegen, sofern die im Abs. 1, Nr. 1, 2, bezeichneten Tatsachen erst nach der Übergabe des Gegenstandes oder nach der Übernahme der Verpflichtung dem Gläubiger bekannt werden.

Befriedigungsrecht

§ 371. (1) [1]Der Gläubiger ist kraft des Zurückbehaltungsrechts befugt, sich aus dem zurückbehaltenen Gegenstande für seine Forderung zu befriedigen. [2]„Der Gläubiger hat gegenüber einem an dem Gegenstand nach der Entstehung des Zurückbehaltungsrechts durch Pfändung entstandenen Pfandrecht in Ansehung der Befriedigung aus dem Gegenstand den Vorrang." *(DRGBl 1938 I S 1999)*

(2) [1]Die Befriedigung erfolgt nach den für das Pfandrecht geltenden Vorschriften. [2]An die Stelle der in § 466b Abs. 1 ABGB bestimmten Frist von einem Monat tritt eine solche von einer Woche. *(BGBl I 2005/120)*

(3) [1]Sofern die Befriedigung nicht im Wege der Zwangsvollstreckung stattfindet, ist sie erst zulässig, nachdem der Gläubiger einen vollstreckbaren Titel für sein Recht auf Befriedigung gegen den Eigentümer oder, wenn der Gegenstand ihm selbst gehört, gegen den Schuldner erlangt hat; in dem letzteren Falle finden die den Eigentümer betreffenden Vorschriften des „ABGB" über die Befriedigung auf den Schuldner entsprechende Anwendung. [2]In Ermangelung des vollstreckbaren Titels ist der Verkauf des Gegenstandes nicht rechtmäßig. *(BGBl I 2005/120)*

(4) *(aufgehoben, BGBl I 2005/120)*

Eigentumsfiktion und Rechtskraftwirkung bei Befriedigungsrecht

§ 372. „" In Ansehung der Befriedigung aus dem zurückbehaltenen Gegenstande gilt zugunsten des Gläubigers der Schuldner, sofern er „beim Erwerb der Innehabung" des Gläubigers der Eigentümer des Gegenstandes war, auch weiter als Eigentümer, sofern nicht der Gläubiger weiß, daß der Schuldner nicht mehr Eigentümer ist. *(BGBl I 2005/120)*

(2) *(aufgehoben, DRGBl 1938 I S 1999)*

Zweiter Abschnitt

Warenkauf

Annahmeverzug

§ 373. (1) Ist der Käufer mit der Annahme der Ware im Verzuge, so kann der Verkäufer die Ware auf Gefahr und Kosten des Käufers in einem öffentlichen Lagerhaus oder sonst in sicherer Weise hinterlegen.

(2) [1]„Er ist ferner befugt, nach vorgängiger Androhung die Ware durch einen dazu befugten Unternehmer öffentlich versteigern zu lassen; er kann, wenn die Ware einen Börsen- oder Marktpreis hat, nach vorgängiger Androhung den Verkauf auch aus freier Hand durch einen dazu befugten Unternehmer zum laufenden Preis bewir-

ken." ²Ist die Ware dem Verderb ausgesetzt und Gefahr im Verzuge, so bedarf es der vorgängigen Androhung nicht; dasselbe gilt, wenn die Androhung aus anderen Gründen untunlich ist. *(BGBl I 2005/120)*

(3) Der Selbsthilfeverkauf erfolgt für Rechnung des säumigen Käufers.

(4) Der Verkäufer und der Käufer können bei der öffentlichen Versteigerung mitbieten.

(5) ¹Im Falle der öffentlichen Versteigerung hat der Verkäufer den Käufer von der Zeit und dem Orte der Versteigerung vorher zu benachrichtigen; von dem vollzogenen Verkaufe hat er bei jeder Art des Verkaufs dem Käufer unverzüglich Nachricht zu geben. ²Im Falle der Unterlassung ist er zum Schadensersatze verpflichtet. ³Die Benachrichtigungen dürfen unterbleiben, wenn sie untunlich sind.

Anwendbarkeit der bürgerlich-rechtlichen Bestimmungen

§ 374. Durch die Vorschriften des § 373 werden die Befugnisse nicht berührt, welche dem Verkäufer nach „anderen Bestimmungen" zustehen, wenn der Käufer im Verzuge der Annahme ist. *(BGBl I 2005/120)*

§ 375. *(aufgehoben, BGBl I 2005/120)*

Schadenersatz wegen Nichterfüllung

§ 376. „(1)" Wird „Schadenersatz" wegen Nichterfüllung verlangt und hat die Ware einen Börsen- oder Marktpreis, so kann der Unterschied des Kaufpreises und des Börsen- oder Marktpreises zur Zeit und am Orte der geschuldeten Leistung gefordert werden. *(BGBl I 2005/120)*

„(2)" ¹Das Ergebnis eines anderweit vorgenommenen Verkaufs oder Kaufes kann, falls die Ware einen Börsen- oder Marktpreis hat, dem Ersatzanspruche nur zugrunde gelegt werden, wenn der Verkauf oder Kauf sofort nach dem Ablaufe der bedungenen Leistungszeit oder Leistungsfrist bewirkt ist. ²Der Verkauf oder Kauf muß, wenn er nicht in öffentlicher Versteigerung geschieht, durch einen zu solchen Verkäufen oder Käufen „oder zu einer öffentlichen Versteigerung befugten Unternehmer" zum laufenden Preise erfolgen. *(BGBl I 2005/120)*

„(3)" ¹Auf den Verkauf „durch öffentliche" Versteigerung findet die Vorschrift des § 373, Abs. 4, Anwendung. ²Von dem Verkauf oder Kaufe hat der Gläubiger den Schuldner unverzüglich zu benachrichtigen; im Falle der Unterlassung ist er zum „Schadenersatz" verpflichtet. *(BGBl I 2005/120)*

Mängelrüge

§ 377. (1) Ist der Kauf für beide Teile ein unternehmensbezogenes Geschäft, so hat der Käufer dem Verkäufer Mängel der Ware, die er bei ordnungsgemäßem Geschäftsgang nach Ablieferung durch Untersuchung festgestellt hat oder feststellen hätte müssen, binnen angemessener Frist anzuzeigen.

(2) Unterlässt der Käufer die Anzeige, so kann er Ansprüche auf Gewährleistung (§§ 922 ff. ABGB), auf Schadenersatz wegen des Mangels selbst (§ 933a Abs. 2 ABGB) sowie aus einem Irrtum über die Mangelfreiheit der Sache (§§ 871 f. ABGB) nicht mehr geltend machen.

(3) Zeigt sich später ein solcher Mangel, so muss er ebenfalls in angemessener Frist angezeigt werden; andernfalls kann der Käufer auch in Ansehung dieses Mangels die in Abs. 2 bezeichneten Ansprüche nicht mehr geltend machen.

(4) Zur Erhaltung der Rechte des Käufers genügt die rechtzeitige Absendung der Anzeige; dies gilt auch dann, wenn die Anzeige dem Verkäufer nicht zugeht.

(5) Der Verkäufer kann sich auf diese Vorschrift nicht berufen, wenn der Käufer beweist, dass der Verkäufer den Mangel vorsätzlich oder grob fahrlässig verursacht oder verschwiegen hat, oder wenn es sich um einen Viehmangel handelt, für den eine Vermutungsfrist (§ 925 ABGB) besteht.

(BGBl I 2005/120)

Rügeobliegenheit bei Falschlieferung oder Mengenfehlern

§ 378. Die Vorschriften des § 377 finden auch dann Anwendung, wenn eine andere als die bedungene Ware oder eine andere als die bedungene Menge von Waren geliefert ist, sofern die gelieferte Ware nicht offensichtlich von der Bestellung so erheblich abweicht, daß der Verkäufer die Genehmigung des Käufers als ausgeschlossen betrachten mußte.

Aufbewahrungspflicht

§ 379. (1) Ist der Kauf für beide Teile ein „unternehmensbezogenes Geschäft", so ist der Käufer, wenn er die ihm von einem anderen Orte übersendete Ware beanstandet, verpflichtet, für ihre einstweilige Aufbewahrung zu sorgen. *(BGBl I 2005/120)*

(2) Er kann die Ware, wenn sie dem Verderb ausgesetzt und Gefahr im Verzuge ist, unter Beobachtung der Vorschriften des § 373 verkaufen lassen.

§ 380. *(aufgehoben, BGBl I 2005/120)*

UGB

Anwendungsbereich

§ 381. (1) Die in diesem Abschnitte für den Kauf von Waren getroffenen Vorschriften gelten auch für den Kauf von Wertpapieren.

(2) Sie finden auch auf Werkverträge über die Herstellung körperlicher beweglicher Sachen und Tauschverträge über körperliche bewegliche Sachen Anwendung. *(BGBl I 2005/120)*

§ 382. *(aufgehoben, BGBl I 2005/120)*

Dritter Abschnitt

Kommissionsgeschäft

Kommissionär, Kommissionsvertrag

§ 383. (1) [1]Kommissionär ist, wer es übernimmt, Waren oder Wertpapiere für Rechnung eines anderen (des Kommittenten) in eigenem Namen zu kaufen oder zu verkaufen. [2]Die Vorschriften dieses Abschnitts gelten auch für andere Geschäfte, insbesondere Werklieferungen, die ein Unternehmer für Rechnung eines anderen im eigenen Namen zu schließen übernimmt.

(2) [1]Kommissionsagent ist, wer von einem Kommittenten ständig mit Kommissionsgeschäften betraut ist. [2]Die Vorschriften über das Kommissionsgeschäft finden auf das Verhältnis des Kommissionsagenten zu den Kunden Anwendung. [3]Auf das Verhältnis zwischen Kommissionsagenten und Kommittenten sind die Vorschriften des Handelsvertretergesetzes anzuwenden.

(BGBl I 2005/120)

Pflichten des Kommissionärs

§ 384. (1) Der Kommissionär ist verpflichtet, das übernommene Geschäft mit der Sorgfalt eines ordentlichen „Unternehmers" auszuführen; er hat hierbei das Interesse des Kommittenten wahrzunehmen und dessen Weisungen zu befolgen. *(BGBl I 2005/120)*

(2) Er hat dem Kommittenten die erforderlichen Nachrichten zu geben, insbesondere von der Ausführung der Kommission unverzüglich Anzeige zu machen; er ist verpflichtet, dem Kommittenten über das Geschäft Rechenschaft abzulegen und ihm dasjenige herauszugeben, was er aus der Geschäftsbesorgung erlangt hat.

(3) Der Kommissionär haftet dem Kommittenten für die Erfüllung des Geschäfts, wenn er ihm nicht zugleich mit der Anzeige von der Ausführung der Kommission den Dritten namhaft macht, mit dem er das Geschäft abgeschlossen hat.

Weisungen des Kommittenten

§ 385. (1) Handelt der Kommissionär nicht gemäß den Weisungen des Kommittenten, so ist er diesem zum Ersatze des Schadens verpflichtet; der Kommittent braucht das Geschäft nicht für seine Rechnung gelten zu lassen.

(2) [1]Der Kommissionär ist berechtigt, von den Weisungen des Kommittenten abzuweichen, wenn er den Umständen nach annehmen darf, daß dieser bei Kenntnis der Sachlage die Abweichung billigen würde. [2]Der Kommissionär hat vor der Abweichung dem Kommittenten Anzeige zu machen und seine Entschließung abzuwarten, wenn nicht mit dem Aufschub Gefahr verbunden ist. *(DRGBl 1938 I S 1999)*

Preisgrenzen

§ 386. (1) Hat der Kommissionär unter dem ihm gesetzten Preise verkauft oder hat er den ihm für den Einkauf gesetzten Preis überschritten, so muß der Kommittent, falls er das Geschäft als nicht für seine Rechnung abgeschlossen zurückweisen will, dies unverzüglich auf die Anzeige von der Ausführung des Geschäfts erklären; andernfalls gilt die Abweichung von der Preisbestimmung als genehmigt.

(2) [1]Erbietet sich der Kommissionär zugleich mit der Anzeige von der Ausführung des Geschäfts zur Deckung des Preisunterschieds, so ist der Kommittent zur Zurückweisung nicht berechtigt. [2]Der Anspruch des Kommittenten auf den Ersatz eines den Preisunterschied übersteigenden Schadens bleibt unberührt.

Vorteilhafterer Abschluss

§ 387. (1) Schließt der Kommissionär zu vorteilhafteren Bedingungen ab, als sie ihm von dem Kommittenten gesetzt worden sind, so kommt dies dem Kommittenten zustatten.

(2) Dies gilt insbesondere, wenn der Preis, für welchen der Kommissionär verkauft, den von dem Kommittenten bestimmten niedrigsten Preis übersteigt oder wenn der Preis, für welchen er einkauft, den von dem Kommittenten bestimmten höchsten Preis nicht erreicht.

Beschädigtes oder mangelhaftes Kommissionsgut

§ 388. (1) Befindet sich das Gut, welches dem Kommissionär zugesendet ist, bei der Ablieferung in einem beschädigten oder mangelhaften Zustande, der äußerlich erkennbar ist, so hat der Kommissionär die Rechte gegen den Frachtführer oder Schiffer zu wahren, für den Beweis des Zustandes zu sorgen und dem Kommittenten unverzüglich Nachricht zu geben; im Falle der Unterlassung ist er zum Schadensersatze verpflichtet.

(2) Ist das Gut dem Verderb ausgesetzt oder treten später Veränderungen an dem Gute ein, die dessen Entwertung befürchten lassen, und ist keine Zeit vorhanden, die Verfügung des Kommittenten einzuholen, oder ist der Kommittent in der Erteilung der Verfügung säumig, so kann der Kommissionär den Verkauf des Gutes nach Maßgabe der Vorschriften des § 373 bewirken.

Hinterlegung, Selbsthilfeverkauf

§ 389. Unterläßt der Kommittent, über das Gut zu verfügen, obwohl er dazu nach Lage der Sache verpflichtet ist, so hat der Kommissionär die nach § 373 dem Verkäufer zustehenden Rechte.

Haftung des Kommissionärs für das Gut

§ 390. (1) Der Kommissionär ist für den Verlust und die Beschädigung des in seiner Verwahrung befindlichen Gutes verantwortlich, es sei denn, daß der Verlust oder die Beschädigung auf Umständen beruht, die durch die Sorgfalt eines ordentlichen „Unternehmers" nicht abgewendet werden konnten. *(BGBl I 2005/120)*

(2) Der Kommissionär ist wegen der Unterlassung der Versicherung des Gutes nur verantwortlich, wenn er von dem Kommittenten angewiesen war, die Versicherung zu bewirken.

Untersuchungs- und Rügepflicht; Aufbewahrung, Notverkauf

§ 391. [1]Ist eine Einkaufskommission erteilt, die für beide Teile ein „unternehmensbezogenes Geschäft" ist, so finden in bezug auf die Verpflichtung des Kommittenten, das Gut zu untersuchen und dem Kommissionär von den entdeckten Mängeln Anzeige zu machen, sowie in bezug auf die Sorge für die Aufbewahrung des beanstandeten Gutes und auf den Verkauf bei drohendem Verderbe die für den Käufer geltenden Vorschriften der §§ 377 bis 379 entsprechende Anwendung. [2]Der Anspruch des Kommittenten auf Abtretung der Rechte, die dem Kommissionär gegen den Dritten zustehen, von welchem er das Gut für Rechnung des Kommittenten gekauft hat, wird durch eine verspätete Anzeige des Mangels nicht berührt. *(BGBl I 2005/120)*

Forderungen aus dem Ausführungsgeschäft

§ 392. (1) Forderungen aus einem Geschäfte, das der Kommissionär abgeschlossen hat, kann der Kommittent dem Schuldner gegenüber erst nach der Abtretung geltend machen.

(2) Jedoch gelten solche Forderungen, auch wenn sie nicht abgetreten sind, im Verhältnisse zwischen dem Kommittenten und dem Kommissionär oder dessen Gläubigern als Forderungen des Kommittenten.

Vorschuss oder Kredite an Dritte

§ 393. (1) Wird von dem Kommissionär ohne Zustimmung des Kommittenten einem Dritten ein Vorschuß geleistet oder Kredit gewährt, so handelt der Kommissionär auf eigene Gefahr.

(2) Soweit am Ort des Geschäfts nach den im Geschäftsverkehr geltenden Gewohnheiten und Gebräuchen die Stundung des Kaufpreises üblich ist, ist mangels einer anderen Bestimmung des Kommittenten auch der Kommissionär dazu berechtigt. *(BGBl I 2005/120)*

(3) [1]Verkauft der Kommissionär unbefugt auf Kredit, so ist er verpflichtet, dem Kommittenten sofort als Schuldner des Kaufpreises die Zahlung zu leisten. [2]Wäre beim Verkaufe gegen bar der Preis geringer gewesen, so hat der Kommissionär nur den geringeren Preis und, wenn dieser niedriger ist als der ihm gesetzte Preis, auch den Unterschied nach § 386 zu vergüten.

Delkredere

§ 394. (1) Der Kommissionär hat für die Erfüllung der Verbindlichkeit des Dritten, mit dem er das Geschäft für Rechnung des Kommittenten abschließt, einzustehen, wenn dies von ihm übernommen oder am Orte seiner Niederlassung „üblich" ist. *(BGBl I 2005/120)*

(2) [1]Der Kommissionär, der für den Dritten einzustehen hat, ist dem Kommittenten für die Erfüllung im Zeitpunkte des Verfalls unmittelbar insoweit verhaftet, als die Erfüllung aus dem Vertragsverhältnisse gefordert werden kann. [2]Er kann eine besondere Vergütung (Delkredereprovision) beanspruchen.

Wechselindossament

§ 395. Ein Kommissionär, der den Ankauf eines Wechsels übernimmt, ist verpflichtet, den Wechsel, wenn er ihn indossiert, in üblicher Weise und ohne Vorbehalt zu indossieren.

Provision des Kommissionärs; Ersatz von Aufwendungen

§ 396. (1) [1]Der Kommissionär kann die Provision fordern, wenn das Geschäft zur Ausführung gekommen ist. [2]Ist das Geschäft nicht zur Ausführung gekommen, so hat er gleichwohl den Anspruch auf die Auslieferungsprovision, sofern eine solche ortsgebräuchlich ist; auch kann er die Provision verlangen, wenn die Ausführung des von ihm abgeschlossenen Geschäfts nur aus einem in der Person des Kommittenten liegenden Grunde unterblieben ist.

(2) [1]Der Kommittent ist zum Ersatz der Aufwendungen verpflichtet, die der Kommissionär zum Zweck der Ausführung des Auftrags gemacht hat und den Umständen nach für erforderlich

halten durfte. [2]Zu diesem Ersatz gehört auch die Vergütung für die Benutzung der Lagerräume und der Beförderungsmittel des Kommissionärs. *(DRGBl 1938 I S 1999)*

Gesetzliches Pfandrecht

§ 397. Der Kommissionär hat an dem Kommissionsgute, sofern er es im Besitze hat, insbesondere mittels Konnossements, Ladescheins oder Lagerscheins darüber verfügen kann, ein Pfandrecht wegen der auf das Gut verwendeten Kosten, der Provision, der auf das Gut gegebenen Vorschüsse und Darlehen, der mit Rücksicht auf das Gut gezeichneten Wechsel oder in anderer Weise eingegangenen Verbindlichkeiten sowie wegen aller Forderungen aus laufender Rechnung in Kommissionsgeschäften.

Befriedigung aus eigenem Kommissionsgut

§ 398. Der Kommissionär kann sich, auch wenn er Eigentümer des Kommissionsguts ist, für die im § 397 bezeichneten Ansprüche nach Maßgabe der für das Pfandrecht geltenden Vorschriften aus dem Gute befriedigen.

Befriedigung aus Forderungen

§ 399. Aus den Forderungen, welche durch das für Rechnung des Kommittenten geschlossene Geschäft begründet sind, kann sich der Kommissionär für die im § 397 bezeichneten Ansprüche vor dem Kommittenten und dessen Gläubigern befriedigen.

Selbsteintritt des Kommissionärs

§ 400. (1) Die Kommission zum Einkauf oder zum Verkaufe von Waren, die einen Börsen- oder Marktpreis haben, sowie von Wertpapieren, bei denen ein Börsen- oder Marktpreis amtlich festgestellt wird, kann, wenn der Kommittent nicht ein anderes bestimmt hat, von dem Kommissionär dadurch ausgeführt werden, daß er das Gut, welches er einkaufen soll, selbst als Verkäufer liefert oder das Gut, welches er verkaufen soll, selbst als Käufer übernimmt.

(2) [1]Im Falle einer solchen Ausführung der Kommission beschränkt sich die Pflicht des Kommissionärs, Rechenschaft über die Abschließung des Kaufes oder Verkaufs abzulegen, auf den Nachweis, daß bei dem berechneten Preise der zur Zeit der Ausführung der Kommission bestehende Börsen- oder Marktpreis eingehalten ist. [2]Als Zeit der Ausführung gilt der Zeitpunkt, in welchem der Kommissionär die Anzeige von der Ausführung zur Absendung an den Kommittenten abgegeben hat.

(3) Ist bei einer Kommission, die während der Börsen- oder Marktzeit auszuführen war, die Ausführungsanzeige erst nach dem Schlusse der Börse oder des Marktes zur Absendung abgegeben, so darf der berechnete Preis für den Kommittenten nicht ungünstiger sein als der Preis, der am Schlusse der Börse oder des Marktes bestand.

(4) Bei einer Kommission, die zu einem bestimmten Kurse (erster Kurs, Mittelkurs, letzter Kurs) ausgeführt werden soll, ist der Kommissionär ohne Rücksicht auf den Zeitpunkt der Absendung der Ausführungsanzeige berechtigt und verpflichtet, diesen Kurs dem Kommittenten in Rechnung zu stellen.

(5) Bei Wertpapieren und Waren, für welche der Börsen- oder Marktpreis amtlich festgestellt wird, kann der Kommissionär im Falle der Ausführung der Kommission durch Selbsteintritt dem Kommittenten keinen ungünstigeren Preis als den amtlich festgestellten in Rechnung stellen.

Deckungsgeschäft bei Selbsteintritt

§ 401. (1) Auch im Falle der Ausführung der Kommission durch Selbsteintritt hat der Kommissionär, wenn er bei Anwendung pflichtmäßiger Sorgfalt die Kommission zu einem günstigeren als dem nach § 400 sich ergebenden Preise ausführen konnte, dem Kommittenten den günstigeren Preis zu berechnen.

(2) Hat der Kommissionär vor der Absendung der Ausführungsanzeige aus Anlaß der erteilten Kommission an der Börse oder am Markte ein Geschäft mit einem Dritten abgeschlossen, so darf er dem Kommittenten keinen ungünstigeren als den hierbei vereinbarten Preis berechnen.

Unabdingbarkeit

§ 402. Die Vorschriften des § 400, Abs. 2 bis 5, und des § 401 können nicht durch Vertrag zum Nachteile des Kommittenten abgeändert werden.

Provision und Kosten bei Selbsteintritt

§ 403. Der Kommissionär, der das Gut selbst als Verkäufer liefert oder als Käufer übernimmt, ist zu der gewöhnlichen Provision berechtigt und kann die bei Kommissionsgeschäften sonst regelmäßig vorkommenden Kosten berechnen.

Gesetzliches Pfandrecht bei Selbsteintritt

§ 404. Die Vorschriften der §§ 397, 398 finden auch im Falle der Ausführung der Kommission durch Selbsteintritt Anwendung.

Ausführungsanzeige und Selbsteintritt; Widerruf der Kommission

§ 405. (1) Zeigt der Kommissionär die Ausführung der Kommission an, ohne ausdrücklich zu bemerken, daß er selbst eintreten wolle, so gilt dies als Erklärung, daß die Ausführung durch Abschluß des Geschäfts mit einem Dritten für Rechnung des Kommittenten erfolgt sei.

(2) Eine Vereinbarung zwischen dem Kommittenten und dem Kommissionär, daß die Erklärung darüber, ob die Kommission durch Selbsteintritt oder durch Abschluß mit einem Dritten ausgeführt sei, später als am Tage der Ausführungsanzeige abgegeben werden dürfe, ist nichtig.

(3) Widerruft der Kommittent die Kommission und geht der Widerruf dem Kommissionär zu, bevor die Ausführungsanzeige zur Absendung abgegeben ist, so steht dem Kommissionär das Recht des Selbsteintritts nicht mehr zu.

§ 406. *(aufgehoben, BGBl I 2005/120)*

Vierter Abschnitt

Speditionsgeschäft

Spediteur, Anwendung des 3. Abschnitts

§ 407. (1) Spediteur ist, wer es „ “ übernimmt, Güterversendungen durch Frachtführer oder durch Verfrachter von Seeschiffen für Rechnung eines anderen (des Versenders) im eigenen Namen zu besorgen. *(BGBl I 2005/120)*

(2) Auf die Rechte und Pflichten des Spediteurs finden, soweit dieser Abschnitt keine Vorschriften enthält, die für den Kommissionär geltenden Vorschriften, insbesondere die Vorschriften der §§ 388 bis 390 über die Empfangnahme, die Aufbewahrung und Versicherung des Gutes, Anwendung.

Pflichten des Spediteurs

§ 408. (1) Der Spediteur hat die Versendung, insbesondere die Wahl der Frachtführer, Verfrachter und Zwischenspediteure, mit der Sorgfalt eines ordentlichen „Unternehmers“ auszuführen; er hat hierbei das Interesse des Versenders wahrzunehmen und dessen Weisungen zu befolgen. *(BGBl I 2005/120)*

(2) Der Spediteur ist nicht berechtigt, dem Versender eine höhere als die mit dem Frachtführer oder dem Verfrachter bedungene Fracht zu berechnen.

Fälligkeit der Provision

§ 409. Der Spediteur hat die Provision zu fordern, wenn das Gut dem Frachtführer oder dem Verfrachter zur Beförderung übergeben ist.

Gesetzliches Pfandrecht

§ 410. Der Spediteur hat wegen der Fracht, der Provision, der Auslagen und Verwendungen sowie wegen der auf das Gut gegebenen Vorschüsse ein Pfandrecht an dem Gute, sofern er es noch im Besitze hat, insbesondere mittels Konnossements, Ladescheins oder Lagerscheins darüber verfügen kann.

Zwischenspediteur

§ 411. (1) Bedient sich der Spediteur eines Zwischenspediteurs, so hat dieser zugleich die seinem Vormanne zustehenden Rechte, insbesondere dessen Pfandrecht, auszuüben.

(2) [1]Soweit der Vormann wegen seiner Forderung von dem Nachmanne befriedigt wird, geht die Forderung und das Pfandrecht des Vormannes auf den Nachmann über. [2]Dasselbe gilt von der Forderung und dem Pfandrechte des Frachtführers, soweit der Zwischenspediteur ihn befriedigt.

Selbsteintritt des Spediteurs

§ 412. (1) Der Spediteur ist, wenn nicht ein anderes bestimmt ist, befugt, die Beförderung des Gutes selbst auszuführen.

(2) Macht er von dieser Befugnis Gebrauch, so hat er zugleich die Rechte und Pflichten eines Frachtführers oder Verfrachters; er kann die Provision, die bei Speditionsgeschäften sonst regelmäßig vorkommenden Kosten sowie die gewöhnliche Fracht verlangen.

Spedition zu festen Spesen; Sammelladung

§ 413. (1) [1]Hat sich der Spediteur mit dem Versender über einen bestimmten Satz der Beförderungskosten geeinigt, so hat er ausschließlich die Rechte und Pflichten eines Frachtführers. [2]Er kann in einem solchen Falle Provision nur verlangen, wenn es besonders vereinbart ist.

(2) [1]Bewirkt der Spediteur die Versendung des Gutes zusammen mit den Gütern anderer Versender auf Grund eines für seine Rechnung über eine Sammelladung geschlossenen Frachtvertrags, so finden die Vorschriften des Abs. 1 Anwendung, auch wenn eine Einigung über einen bestimmten Satz der Beförderungskosten nicht stattgefunden hat. [2]Der Spediteur kann in diesem Falle eine den Umständen nach angemessene Fracht, höchstens aber die für die Beförderung des einzelnen Gutes gewöhnliche Fracht verlangen.

Verjährung

§ 414. (1) [1]Die Ansprüche gegen den Spediteur wegen Verlustes, Minderung, Beschädigung oder verspäteter Ablieferung des Gutes verjähren in einem Jahre. [2]Die Verjährungsfrist kann durch Vertrag verlängert werden.

(2) Die Verjährung beginnt im Falle der Beschädigung oder Minderung mit dem Ablaufe des Tages, an welchem die Ablieferung stattgefunden hat, im Falle des Verlustes oder der verspäteten Ablieferung mit dem Ablaufe des Tages, an welchem die Ablieferung hätte bewirkt sein müssen.

(3) [1]Die im Abs. 1 bezeichneten Ansprüche können nach der Vollendung der Verjährung nur aufgerechnet werden, wenn vorher der Verlust, die Minderung, die Beschädigung oder die verspätete Ablieferung dem Spediteur angezeigt oder die Anzeige an ihn abgesendet worden ist. [2]Der Anzeige an den Spediteur steht es gleich, wenn gerichtliche Beweisaufnahme zur Sicherung des Beweises beantragt oder in einem zwischen dem Versender und dem Empfänger oder einem späteren Erwerber des Gutes wegen des Verlustes, der Minderung, der Beschädigung oder der verspäteten Ablieferung anhängigen Rechtsstreite dem Spediteur der Streit verkündet wird.

(4) Diese Vorschriften finden keine Anwendung, wenn der Spediteur den Verlust, die Minderung, die Beschädigung oder die verspätete Ablieferung des Gutes vorsätzlich herbeigeführt hat.

§ 415. *(aufgehoben, BGBl I 2005/120)*

Fünfter Abschnitt

Lagergeschäft[1)]

[1)] Die §§ 416-424 HGB wurden bereits durch die 3. EVO (14. 10. 1938, RGBl 1938 I S 1428) in Österreich eingeführt.

Lagerhalter

§ 416. Lagerhalter ist, wer „ “ die Lagerung und Aufbewahrung von Gütern übernimmt. *(BGBl I 2005/120)*

(DRGBl 1938 I S 1428)

Rechte und Pflichten des Lagerhalters

§ 417. (1) Auf die Rechte und Pflichten des Lagerhalters in Ansehung der Empfangnahme, Aufbewahrung und Versicherung des Gutes finden die für den Kommissionär geltenden Vorschriften der §§ 388 bis 390 Anwendung.

(2) [1]Treten Veränderungen an dem Gute ein, welche dessen Entwertung befürchten lassen, so hat der Lagerhalter den Einlagerer hiervon unverzüglich zu benachrichtigen. [2]Versäumt er dies, so hat er den daraus entstehenden Schaden zu ersetzen.

(DRGBl 1938 I S 1428)

Besichtigung während der Geschäftszeit

§ 418. Der Lagerhalter hat dem Einlagerer die Besichtigung des Gutes, die Entnahme von Proben und die zur Erhaltung des Gutes notwendigen Handlungen während der Geschäftsstunden zu gestatten.

(DRGBl 1938 I S 1428)

Sammellagerung

§ 419. (1) Im Falle der Lagerung vertretbarer Sachen ist der Lagerhalter zu ihrer Vermischung mit anderen Sachen von gleicher Art und Güte nur befugt, wenn ihm dies ausdrücklich gestattet ist.

(2) Der Lagerhalter erwirbt auch in diesem Falle nicht das Eigentum des Gutes; aus dem durch die Vermischung entstandenen Gesamtvorrate kann er jedem Einlagerer den ihm gebührenden Anteil ausliefern, ohne daß er hierzu der Genehmigung der übrigen Beteiligten bedarf.

(3) Ist das Gut in der Art hinterlegt, daß das Eigentum auf den Lagerhalter übergehen und dieser verpflichtet sein soll, Sachen von gleicher Art, Güte und Menge zurückzugewähren, so finden die Vorschriften dieses Abschnitts keine Anwendung.

(DRGBl 1938 I S 1428)

Lagerkosten

§ 420. (1) Der Lagerhalter hat Anspruch auf das bedungene oder ortsübliche Lagergeld sowie auf Erstattung der Auslagen für Fracht und Zölle und der sonst für das Gut gemachten Aufwendungen, soweit er sie den Umständen nach für erforderlich halten durfte.

(2) [1]Von den hiernach dem Lagerhalter zukommenden Beträgen (Lagerkosten) sind die baren Auslagen sofort zu erstatten. [2]Die sonstigen Lagerkosten sind nach dem Ablaufe von je drei Monaten seit der Einlieferung oder, wenn das Gut in der Zwischenzeit zurückgenommen wird, bei der Rücknahme zu erstatten; wird das Gut teilweise zurückgenommen, so ist nur ein entsprechender Teil zu berichtigen, es sei denn, daß das auf dem Lager verbleibende Gut zur Sicherung des Lagerhalters nicht ausreicht.

(DRGBl 1938 I S 1428)

Gesetzliches Pfandrecht

§ 421. Der Lagerhalter hat wegen der Lagerkosten ein Pfandrecht an dem Gute, solange er es im Besitze hat, insbesondere mittels Konnossements, Ladescheins oder Lagerscheins darüber verfügen kann.

(DRGBl 1938 I S 1428)

Rücknahme des Gutes

§ 422. (1) [1]Der Lagerhalter kann nicht verlangen, daß der Einlagerer das Gut vor dem Ablaufe der bedungenen Lagerzeit und, falls eine solche nicht bedungen ist, daß er es vor dem Ablaufe von drei Monaten nach der Einlieferung zurücknehme. [2]Ist eine Lagerzeit nicht bedungen oder behält der Lagerhalter nach dem Ablaufe der bedungenen Lagerzeit das Gut auf dem Lager, so kann er die Rücknahme nur nach vorgängiger Kündigung unter Einhaltung einer Kündigungsfrist von einem Monate verlangen.

(2) Der Lagerhalter ist berechtigt, die Rücknahme des Gutes vor dem Ablaufe der Lagerzeit und ohne Einhaltung einer Kündigungsfrist zu verlangen, wenn ein wichtiger Grund vorliegt.

(DRGBl 1938 I S 1428)

Verjährung

§ 423. [1]Auf die Verjährung der Ansprüche gegen den Lagerhalter wegen Verlustes, Minderung, Beschädigung oder verspäteter Ablieferung des Gutes finden die Vorschriften des § 414 entsprechende Anwendung. [2]Im Falle des gänzlichen Verlustes beginnt die Verjährung mit dem Ablaufe des Tages, an welchem der Lagerhalter dem Einlagerer Anzeige von dem Verluste macht.

(DRGBl 1938 I S 1428)

Übergabe des Lagerscheins

§ 424. Ist von dem Lagerhalter ein Lagerschein ausgestellt, der durch Indossament übertragen werden kann, so hat, wenn das Gut von dem Lagerhalter übernommen ist, die Übergabe des Lagerscheins an denjenigen, welcher durch den Schein zur Empfangnahme des Gutes legitimiert wird, für den Erwerb von Rechten an dem Gute dieselben Wirkungen wie die Übergabe des Gutes.

(DRGBl 1938 I S 1428)

Sechster Abschnitt
Frachtgeschäft

Frachtführer

§ 425. Frachtführer ist, wer es „ “ übernimmt, die Beförderung von Gütern zu Lande oder auf Flüssen oder sonstigen Binnengewässern auszuführen. *(BGBl I 2005/120)*

Frachtbrief

§ 426. (1) Der Frachtführer kann die Ausstellung eines Frachtbriefs verlangen.

(2) Der Frachtbrief soll enthalten:

1. den Ort und den Tag der Ausstellung;

2. den Namen und den Wohnort des Frachtführers;

3. den Namen dessen, an welchen das Gut abgeliefert werden soll (des Empfängers);

4. den Ort der Ablieferung;

5. die Bezeichnung des Gutes nach Beschaffenheit, Menge und Merkzeichen;

6. die Bezeichnung der für eine zoll- oder steueramtliche Behandlung oder polizeiliche Prüfung nötigen Begleitpapiere;

7. die Bestimmung über die Fracht sowie im Falle ihrer Vorausbezahlung einen Vermerk über die Vorausbezahlung;

8. die besonderen Vereinbarungen, welche die Beteiligten über andere Punkte, namentlich über die Zeit, innerhalb welcher die Beförderung bewirkt werden soll, über die Entschädigung wegen verspäteter Ablieferung und über die auf dem Gute haftenden Nachnahmen, getroffen haben;

9. die Unterschrift des Absenders; eine im Wege der mechanischen Vervielfältigung hergestellte Unterschrift ist genügend.

(3) Der Absender haftet dem Frachtführer für die Richtigkeit und die Vollständigkeit der in den Frachtbrief aufgenommenen Angaben.

Begleitpapiere

§ 427. [1]Der Absender ist verpflichtet, dem Frachtführer die Begleitpapiere zu übergeben, welche zur Erfüllung der Zoll-, Steuer- oder Polizeivorschriften vor der Ablieferung an den Empfänger erforderlich sind. [2]Er haftet dem Frachtführer, sofern nicht diesem ein Verschulden zur Last fällt, für alle Folgen, die aus dem Mangel, der Unzulänglichkeit oder der Unrichtigkeit der Papiere entstehen.

Lieferfrist; Verhinderung der Beförderung

§ 428. (1) [1]Ist über die Zeit, binnen welcher der Frachtführer die Beförderung bewirken soll, nichts bedungen, so bestimmt sich die Frist, innerhalb deren er die Reise anzutreten und zu vollenden hat, nach dem Ortsgebrauche. [2]Besteht ein Ortsgebrauch nicht, so ist die Beförderung binnen einer den Umständen nach angemessenen Frist zu bewirken.

(2) [1]Wird der Antritt oder die Fortsetzung der Reise ohne Verschulden des Absenders zeitweilig verhindert, so kann der Absender von dem Vertrage zurücktreten; er hat jedoch den Frachtführer, wenn diesem kein Verschulden zur Last fällt, für die Vorbereitung der Reise, die Wiederausladung und den zurückgelegten Teil der Reise zu entschädigen. [2]Über die Höhe der Entschädigung entscheidet der Ortsgebrauch; besteht ein Ortsgebrauch nicht, so ist eine den Umständen nach angemessene Entschädigung zu gewähren.

Haftung des Frachtführers

§ 429. (1) Der Frachtführer haftet für den Schaden, der durch Verlust oder Beschädigung des Gutes in der Zeit von der Annahme bis zur Ablieferung oder durch Versäumung der Lieferzeit entsteht, es sei denn, daß der Verlust, die Beschädigung oder die Verspätung auf Umständen beruht, die durch die Sorgfalt eines ordentlichen Frachtführers nicht abgewendet werden konnten.

(2) Für den Verlust oder die Beschädigung von Kostbarkeiten, Kunstgegenständen, Geld und Wertpapieren haftet der Frachtführer nur, wenn ihm diese Beschaffenheit oder der Wert des Gutes bei der Übergabe zur Beförderung angegeben worden ist.

(3) Sondergesetzliche Haftungsansprüche bleiben unberührt. *(BGBl I 2005/120)*

Umfang des Ersatzes

§ 430. (1) Muß auf Grund des Frachtvertrags von dem Frachtführer für gänzlichen oder teilweisen Verlust des Gutes Ersatz geleistet werden, so ist der gemeine Handelswert und in dessen Ermangelung der gemeine Wert zu ersetzen, welchen Gut derselben Art und Beschaffenheit am Orte der Ablieferung in dem Zeitpunkte hatte, in welchem die Ablieferung zu bewirken war; hiervon kommt in Abzug, was infolge des Verlustes an Zöllen und sonstigen Kosten sowie an Fracht erspart ist.

(2) Im Falle der Beschädigung ist der Unterschied zwischen dem Verkaufswerte des Gutes im beschädigten Zustand und dem gemeinen Handelswert oder dem gemeinen Wert zu ersetzen, welchen das Gut ohne die Beschädigung am Orte und zur Zeit der Ablieferung gehabt haben würde; hiervon kommt in Abzug, was infolge der Beschädigung an Zöllen und sonstigen Kosten erspart ist.

(3) Ist der Schaden durch Vorsatz oder grobe Fahrlässigkeit des Frachtführers herbeigeführt, so kann Ersatz des vollen Schadens gefordert werden.

Haftung für Gehilfen

§ 431. Der Frachtführer hat ein Verschulden seiner Leute und ein Verschulden anderer Personen, deren er sich bei der Ausführung der Beförderung bedient, in gleichem Umfange zu vertreten wie eigenes Verschulden.

Mehrere aufeinanderfolgende Frachtführer

§ 432. (1) Übergibt der Frachtführer zur Ausführung der von ihm übernommenen Beförderung das Gut einem anderen Frachtführer, so haftet er für die Ausführung der Beförderung bis zur Ablieferung des Gutes an den Empfänger.

(2) Der nachfolgende Frachtführer tritt dadurch, daß er das Gut mit dem ursprünglichen Frachtbrief annimmt, diesem gemäß in den Frachtvertrag ein und übernimmt die selbständige Verpflichtung, die Beförderung nach dem Inhalte des Frachtbriefs auszuführen.

(3) [1]Hat auf Grund dieser Vorschriften einer der beteiligten Frachtführer Schadensersatz geleistet, so steht ihm der Rückgriff gegen denjenigen zu, welcher den Schaden verschuldet hat. [2]Kann dieser nicht ermittelt werden, so haben die beteiligten Frachtführer den Schaden nach dem Verhältnis ihrer Anteile an der Fracht gemeinsam zu tragen, soweit nicht festgestellt wird, daß der Schaden nicht auf ihrer Beförderungsstrecke entstanden ist.

Verfügungsrecht des Absenders

§ 433. (1) [1]Der Absender kann den Frachtführer anweisen, das Gut anzuhalten, zurückzugeben oder an einen anderen als den im Frachtbriefe bezeichneten Empfänger auszuliefern. [2]Die Mehrkosten, die durch eine solche Verfügung entstehen, sind dem Frachtführer zu erstatten.

(2) [1]Das Verfügungsrecht des Absenders erlischt, wenn nach der Ankunft des Gutes am Orte der Ablieferung der Frachtbrief dem Empfänger übergeben oder von dem Empfänger Klage gemäß § 435 gegen den Frachtführer erhoben wird. [2]Der Frachtführer hat in einem solchen Falle nur die Anweisungen des Empfängers zu beachten; verletzt er diese Verpflichtung, so ist er dem Empfänger für das Gut verhaftet.

Rechte des Empfängers vor der Ankunft des Gutes

§ 434. [1]Der Empfänger ist vor der Ankunft des Gutes am Orte der Ablieferung dem Frachtführer gegenüber berechtigt, alle zur Sicherstellung des Gutes erforderlichen Maßregeln zu ergreifen und dem Frachtführer die zu diesem Zwecke notwendigen Anweisungen zu erteilen. [2]Die Auslieferung des Gutes kann er vor dessen Ankunft am Orte der Ablieferung nur fordern, wenn der Absender den Frachtführer dazu ermächtigt hat.

Rechte des Empfängers nach der Ankunft des Gutes

§ 435. [1]Nach der Ankunft des Gutes am Orte der Ablieferung ist der Empfänger berechtigt, die durch den Frachtvertrag begründeten Rechte gegen Erfüllung der sich daraus ergebenden Verpflichtungen in eigenem Namen gegen den Frachtführer geltend zu machen, ohne Unterschied, ob er hierbei in eigenem oder in fremdem

Interesse handelt. [2]Er ist insbesondere berechtigt, von dem Frachtführer die Übergabe des Frachtbriefs und die Auslieferung des Gutes zu verlangen. [3]Dieses Recht erlischt, wenn der Absender dem Frachtführer eine nach § 433 noch zulässige entgegenstehende Anweisung erteilt.

Zahlungspflicht des Empfängers

§ 436. Durch Annahme des Gutes und des Frachtbriefs wird der Empfänger verpflichtet, dem Frachtführer nach Maßgabe des Frachtbriefs Zahlung zu leisten.

Ablieferungshindernisse

§ 437. (1) Ist der Empfänger des Gutes nicht zu ermitteln oder verweigert er die Annahme oder ergibt sich ein sonstiges Ablieferungshindernis, so hat der Frachtführer den Absender unverzüglich hiervon in Kenntnis zu setzen und dessen Anweisung einzuholen.

(2) [1]Ist dies den Umständen nach nicht tunlich oder der Absender mit der Erteilung der Anweisung säumig oder die Anweisung nicht ausführbar, so ist der Frachtführer befugt, das Gut in einem öffentlichen Lagerhaus oder sonst in sicherer Weise zu hinterlegen. [2]Er kann, falls das Gut dem Verderben ausgesetzt und Gefahr im Verzug ist, das Gut auch gemäß § 373, Abs. 2 bis 4, verkaufen lassen.

(3) Von der Hinterlegung und dem Verkaufe des Gutes hat der Frachtführer den Absender und den Empfänger unverzüglich zu benachrichtigen, es sei denn, daß dies untunlich ist; im Falle der Unterlassung ist er zum Schadensersatze verpflichtet.

Erlöschen der Ansprüche gegen den Frachtführer

§ 438. (1) Ist die Fracht nebst den sonst auf dem Gute haftenden Forderungen bezahlt und das Gut angenommen, so sind alle Ansprüche gegen den Frachtführer aus dem Frachtvertrag erloschen.

(2) Diese Vorschrift findet keine Anwendung, soweit die Beschädigung oder Minderung des Gutes vor dessen Annahme durch amtlich bestellte Sachverständige festgestellt ist.

(3) [1]Wegen einer Beschädigung oder Minderung des Gutes, die bei der Annahme äußerlich nicht erkennbar ist, kann der Frachtführer auch nach der Annahme des Gutes und der Bezahlung der Fracht in Anspruch genommen werden, wenn der Mangel in der Zeit zwischen der Übernahme des Gutes durch den Frachtführer und der Ablieferung entstanden ist und die Feststellung des Mangels durch amtlich bestellte Sachverständige unverzüglich nach der Entdeckung und spätestens binnen einer Woche nach der Annahme beantragt wird. [2]Ist dem Frachtführer der Mangel unverzüglich nach der Entdeckung und binnen der bezeichneten Frist angezeigt, so genügt es, wenn die Feststellung unverzüglich nach dem Zeitpunkte beantragt wird, bis zu welchem der Eingang einer Antwort des Frachtführers unter regelmäßigen Umständen erwartet werden darf.

(4) Die Kosten einer von dem Empfangsberechtigten beantragten Feststellung sind von dem Frachtführer zu tragen, wenn ein Verlust oder eine Beschädigung ermittelt wird, für welche der Frachtführer Ersatz leisten muß.

(5) Der Frachtführer kann sich auf diese Vorschriften nicht berufen, wenn er den Schaden durch Vorsatz oder grobe Fahrlässigkeit herbeigeführt hat.

Verjährung

§ 439. [1]Auf die Verjährung der Ansprüche gegen den Frachtführer wegen Verlustes, Minderung, Beschädigung oder verspäteter Ablieferung des Gutes finden die Vorschriften des § 414 entsprechende Anwendung. [2]Dies gilt nicht für die im § 432, Abs. 3, bezeichneten Ansprüche.

Anwendung des Beförderungsvertrages im internationalen Straßengüterverkehr (CMR)

§ 439a. (1) Auf den Abschluß und die Ausführung des Vertrages über die entgeltliche Beförderung von Gütern auf der Straße - ausgenommen Umzugsgut – mittels Fahrzeugen, die Haftung des Frachtführers, Reklamationen und das Rechtsverhältnis zwischen aufeinanderfolgenden Frachtführern sind die Art. 2 bis 30 und 32 bis 41 des Übereinkommens vom 19. Mai 1956, BGBl. Nr. 138/1961, über den Beförderungsvertrag im internationalen Straßengüterverkehr (CMR) in der Fassung des Protokolls vom 5. Juli 1978, BGBl. Nr. 192/1981, in der für Österreich jeweils geltenden Fassung auch dann anzuwenden, wenn der vertragliche Ort der Übernahme und der vertragliche Ort der Ablieferung des Gutes im Inland liegen.

(2) Im Sinne des Abs. 1 sind unter Fahrzeugen Kraftfahrzeuge, Sattelkraftfahrzeuge, Anhänger und Sattelanhänger gemäß Art. I lit. p, q, r und u des Übereinkommens über den Straßenverkehr, BGBl. Nr. 289/1982, zu verstehen.

(BGBl 1990/459)

Gesetzliches Pfandrecht

§ 440. (1) Der Frachtführer hat wegen aller durch den Frachtvertrag begründeten Forderungen, insbesondere der Fracht- und Liegegelder, der Zollgelder und anderer Auslagen, sowie wegen der auf das Gut geleisteten Vorschüsse ein Pfandrecht an dem Gute.

(2) Das Pfandrecht besteht, solange der Frachtführer das Gut noch im Besitze hat, insbesondere mittels Konnossements, Ladescheins oder Lagerscheins darüber verfügen kann.

(3) Auch nach der Ablieferung dauert das Pfandrecht fort, sofern der Frachtführer es binnen drei Tagen nach der Ablieferung gerichtlich geltend macht und das Gut noch im Besitze des Empfängers ist.

(4) [1]„Die Androhung des Pfandverkaufs und die übrigen in § 466b ABGB genannten Benachrichtigungen sind an den Empfänger zu richten.“ [2]Ist dieser nicht zu ermitteln oder verweigert er die Annahme des Gutes, so hat die Androhung und Benachrichtigung gegenüber dem Absender zu erfolgen. *(BGBl I 2005/120)*

Rechte und Pflichten des letzten Frachtführers

§ 441. (1) [1]Der letzte Frachtführer hat, falls nicht im Frachtbrief ein anderes bestimmt ist, bei der Ablieferung auch die Forderungen der Vormänner sowie die auf dem Gute haftenden Nachnahmen einzuziehen und die Rechte der Vormänner, insbesondere auch das Pfandrecht, auszuüben. [2]Das Pfandrecht der Vormänner besteht solange als das Pfandrecht des letzten Frachtführers.

(2) Wird der vorhergehende Frachtführer von dem nachfolgenden befriedigt, so gehen seine Forderung und sein Pfandrecht auf den letzteren über.

(3) In gleicher Art gehen die Forderung und das Pfandrecht des Spediteurs auf den nachfolgenden Spediteur und den nachfolgenden Frachtführer über.

Haftung des abliefernden Frachtführers

§ 442. [1]Der Frachtführer, welcher das Gut ohne Bezahlung abliefert und das Pfandrecht nicht binnen drei Tagen nach der Ablieferung gerichtlich geltend macht, ist den Vormännern verantwortlich. [2]Er wird, ebenso wie die vorhergehenden Frachtführer und Spediteure des Rückgriffs gegen die Vormänner verlustig. [3]Der Anspruch gegen den Empfänger bleibt in Kraft.

Rang mehrerer Pfänder

§ 443. (1) Bestehen an demselben Gute mehrere nach den §§ 397, 410, 421, 440 begründete Pfandrechte, so geht unter denjenigen Pfandrechten, welche durch die Versendung oder durch die Beförderung des Gutes entstanden sind, das später entstandene dem früher entstandenen vor.

(2) Diese Pfandrechte haben sämtlich den Vorrang vor dem nicht aus der Versendung entstandenen Pfandrechte des Kommissionärs und des Lagerhalters sowie vor dem Pfandrechte des Spediteurs und des Frachtführers für Vorschüsse.

Ladeschein

§ 444. Über die Verpflichtung zur Auslieferung des Gutes kann von dem Frachtführer ein Ladeschein ausgestellt werden.

Inhalt des Ladescheins

§ 445. (1) Der Ladeschein soll enthalten:

1. den Ort und den Tag der Ausstellung;
2. den Namen und den Wohnort des Frachtführers;
3. den Namen des Absenders;
4. den Namen desjenigen, an welchen oder an dessen Order das Gut abgeliefert werden soll; als solcher gilt der Absender, wenn der Ladeschein nur an Order gestellt ist;
5. den Ort der Ablieferung;
6. die Bezeichnung des Gutes nach Beschaffenheit, Menge und Merkzeichen;
7. die Bestimmung über die Fracht und über die auf dem Gute haftenden Nachnahmen sowie im Falle der Vorausbezahlung der Fracht einen Vermerk über die Vorausbezahlung.

(2) Der Ladeschein muß von dem Frachtführer unterzeichnet sein.

(3) Der Absender hat dem Frachtführer auf Verlangen eine von ihm unterschriebene Abschrift des Ladescheins auszuhändigen.

Ladeschein und Frachtvertrag

§ 446. (1) Der Ladeschein entscheidet für das Rechtsverhältnis zwischen dem Frachtführer und dem Empfänger des Gutes; die nicht in den Ladeschein aufgenommenen Bestimmungen des Frachtvertrags sind dem Empfänger gegenüber unwirksam, sofern nicht der Ladeschein ausdrücklich auf sie Bezug nimmt.

(2) Für das Rechtsverhältnis zwischen dem Frachtführer und dem Absender bleiben die Bestimmungen des Frachtvertrags maßgebend.

Legitimation durch Ladeschein

§ 447. (1) Zum Empfange des Gutes legitimiert ist derjenige, an welchen das Gut nach dem Ladeschein abgeliefert werden soll oder auf welchen der Ladeschein, wenn er an Order lautet, durch Indossament übertragen ist.

(2) Der zum Empfange Legitimierte hat schon vor der Ankunft des Gutes am Ablieferungsorte die Rechte, welche dem Absender in Ansehung der Verfügung über das Gut zustehen, wenn ein Ladeschein nicht ausgestellt ist.

(3) Der Frachtführer darf einer Anweisung des Absenders, das Gut anzuhalten, zurückzugeben oder an einen anderen als den durch den Ladeschein legitimierten Empfänger auszuliefern, nur

Folge leisten, wenn ihm der Ladeschein zurückgegeben wird; verletzt er diese Verpflichtung, so ist er dem rechtmäßigen Besitzer des Ladescheins für das Gut verhaftet.

Frachtgut gegen Ladeschein

§ 448. Der Frachtführer ist zur Ablieferung des Gutes nur gegen Rückgabe des Ladescheins, auf dem die Ablieferung des Gutes bescheinigt ist, verpflichtet.

Ladeschein und nachfolgende Frachtführer

§ 449. Im Falle des § 432, Abs. 1, wird der nachfolgende Frachtführer, der das Gut auf Grund des Ladescheins übernimmt, nach Maßgabe des Scheines verpflichtet.

Wirkungen der Übergabe des Ladescheins

§ 450. Die Übergabe des Ladescheins an denjenigen, welcher durch den Schein zur Empfangnahme des Gutes legitimiert wird, hat, wenn das Gut von dem Frachtführer übernommen ist, für den Erwerb von Rechten an dem Gute dieselben Wirkungen wie die Übergabe des Gutes.

§ 451. Auf die Beförderung von Briefen und briefähnlichen Sendungen sind nicht die Bestimmungen des sechsten Abschnitts (Frachtgeschäft), sondern jene des allgemeinen Zivil- und Unternehmensrechts anzuwenden.

(BGBl I 2008/70)

§ 452. *(aufgehoben, BGBl I 2005/120)*

§ 453. *(aufgehoben, BGBl I 2005/120, BGBl I 2008/70)*

Siebenter Abschnitt
(BGBl I 2013/50)

Investitionsersatz

§ 454. (1) Ein Unternehmer, der an einem vertikalen Vertriebsbindungssystem als gebundener Unternehmer „ “ oder als selbständiger Handelsvertreter (§ 1 HVertrG) teilnimmt, hat bei Beendigung des Vertragsverhältnisses mit dem bindenden Unternehmer Anspruch auf Ersatz von Investitionen, die er nach dem Vertriebsbindungsvertrag für einen einheitlichen Vertrieb zu tätigen verpflichtet war, soweit sie bei der Vertragsbeendigung weder amortisiert noch angemessen verwertbar sind. *(BGBl I 2014/83)*

(2) Der Anspruch besteht nicht, wenn

a) der gebundene Unternehmer das Vertragsverhältnis gekündigt oder vorzeitig aufgelöst hat, es sei denn, dass dafür ein dem bindenden Unternehmer zurechenbarer wichtiger Grund vorlag,

b) der bindende Unternehmer das Vertragsverhältnis aus einem dem gebundenen Unternehmer zurechenbaren wichtigen Grund gekündigt oder vorzeitig aufgelöst hat oder

c) der gebundene Unternehmer gemäß einer Vereinbarung mit dem bindenden Unternehmer die Rechte und Pflichten, die er nach dem Vertrag hat, einem Dritten überbindet.

(3) Der gebundene Unternehmer verliert den Anspruch, wenn er dem bindenden Unternehmer nicht innerhalb eines Jahres nach Beendigung des Vertragsverhältnisses mitgeteilt hat, dass er seine Rechte geltend macht.

(4) Ansprüche nach Abs. 1 können zum Nachteil des gebundenen Unternehmers im Voraus durch Vereinbarung weder aufgehoben noch beschränkt werden.

(5) Der Ausgleichsanspruch nach § 24 HVertrG bleibt von dieser Bestimmung unberührt.

(BGBl I 2003/71)

Achter Abschnitt

Zahlungsverzug
(BGBl I 2013/50)

Anwendungsbereich

§ 455. Dieser Abschnitt gilt für Rechtsgeschäfte zwischen Unternehmern sowie für Rechtsgeschäfte zwischen einem Unternehmer und einer juristischen Person des öffentlichen Rechts.

(BGBl I 2013/50)

Verzugszinsen

§ 456. [1]Bei der Verzögerung der Zahlung von Geldforderungen beträgt der gesetzliche Zinssatz 9,2 Prozentpunkte über dem Basiszinssatz. [2]Dabei ist der Basiszinssatz, der am ersten Kalendertag eines Halbjahres gilt, für das jeweilige Halbjahr maßgebend. [3]Soweit der Schuldner für die Verzögerung aber nicht verantwortlich ist, hat er nur die in § 1000 Abs. 1 ABGB bestimmten Zinsen zu entrichten.

(BGBl I 2013/50)

Dauer von Abnahme- oder Überprüfungsverfahren

§ 457. [1]Die Dauer eines gesetzlich oder vertraglich vorgesehenen Abnahme- oder Überprüfungsverfahrens zur Feststellung der vertragsgemäßen Leistungserbringung darf höchstens 30 Tage ab dem Empfang der Ware oder der Erbringung der Dienstleistung betragen. [2]Die Vereinbarung einer längeren Frist kann nur ausdrücklich getroffen werden und ist nur zulässig, soweit dies für den Gläubiger nicht grob nachteilig ist.

(BGBl I 2013/50)

Entschädigung für Betreibungskosten

§ 458. Bei der Verzögerung der Zahlung von Geldforderungen ist der Gläubiger berechtigt, als Entschädigung für etwaige Betreibungskosten vom Schuldner einen Pauschalbetrag von 40 Euro zu fordern. Für den Ersatz von Betreibungskosten, die diesen Pauschalbetrag übersteigen, ist § 1333 Abs. 2 ABGB anzuwenden.

(BGBl I 2013/50)

Grob nachteilige Vertragsbestimmungen oder Geschäftspraktiken

§ 459. (1) [1]Eine Vertragsbestimmung über den Zahlungstermin, die Zahlungsfrist, den Verzugszinssatz oder die Entschädigung für Betreibungskosten ist nichtig, wenn sie für den Gläubiger grob nachteilig ist. [2]Ebenso wenig können aus einer diese Fragen betreffenden Geschäftspraktik rechtliche Wirkungen abgeleitet werden, wenn sie für den Gläubiger grob nachteilig ist.

(2) [1]Für die Beurteilung der groben Nachteiligkeit einer Vertragsbestimmung oder Geschäftspraktik ist insbesondere zu berücksichtigen, inwieweit diese von der Übung des redlichen Verkehrs abweicht, ob es einen sachlichen Grund für diese Abweichung gibt und um welche Vertragsleistung es sich handelt. [2]Bei einer zu Lasten des Gläubigers vereinbarten Vertragsbestimmung über eine von § 456 abweichende Höhe der Verzugszinsen oder über eine von § 458 erster Satz abweichende Höhe des pauschalen Entschädigungsbetrags ist auch zu berücksichtigen, ob es einen sachlichen Grund für diese Abweichung gibt.

(3) Die Vereinbarung einer Zahlungsfrist von bis zu 60 Tagen ist keinesfalls grob nachteilig.

(4) Der Ausschluss von Verzugszinsen ist jedenfalls grob nachteilig.

(5) Der Ausschluss der Entschädigung für Betreibungskosten nach § 458 gilt als grob nachteilig, sofern er nicht ausnahmsweise nach den Umständen des jeweiligen Rechtsgeschäfts sachlich gerechtfertigt ist.

(BGBl I 2013/50)

Verbandsklage

§ 460. (1) [1]Ein Unternehmer, der im geschäftlichen Verkehr ohne sachliche Rechtfertigung grob nachteilige Vertragsbestimmungen im Sinn des § 459 verwendet oder grob nachteilige Geschäftspraktiken in diesem Sinn ausübt, kann von Vereinigungen zur Förderung wirtschaftlicher Interessen von Unternehmern auf Unterlassung geklagt werden, soweit diese Vereinigungen Interessen vertreten, die durch die Handlung berührt werden. [2]Der Unterlassungsanspruch kann auch von der Wirtschaftskammer Österreich und der Präsidentenkonferenz der Landwirtschaftskammern Österreichs geltend gemacht werden. [3]Die §§ 24, 25 Abs. 3 bis 7 und 26 UWG 1984 sind sinngemäß anzuwenden.

(2) Die Gefahr einer Verwendung derartiger Vertragsbestimmungen oder einer Ausübung derartiger Geschäftspraktiken besteht nicht mehr, wenn der Unternehmer nach Abmahnung durch eine nach Abs. 1 klagebefugte Vereinigung binnen angemessener Frist eine mit angemessener Konventionalstrafe (§ 1336 ABGB) besicherte Unterlassungserklärung abgibt.

(BGBl I 2013/50)

§§ 461 bis 473. *(aufgehoben, DRGBl 1938 I S 1149)*

Fünftes Buch

Seehandel

§ 474 bis § 905. *(nicht abgedruckt)*

Inkrafttreten

§ 906. (1) § 17 Abs. 2 in der Fassung des Bundesgesetzes BGBl. I Nr. 158/1998 tritt mit 1. Jänner 1999 in Kraft. *(BGBl I 1998/158)*

(2) Die durch das Bundesgesetz BGBl. I Nr. 61/2000 geänderten Schwellenwerte des § 221 Abs. 1 und 2 und des § 246 Abs. 1 sind erstmals auf Geschäftsjahre anzuwenden, die nach dem 31. Dezember 1999 beginnen. *(BGBl I 2000/61)*

(3) Die §§ 10, 15 Abs. 2, 32 Abs. 1, 162 und 283 Abs. 2 in der Fassung des Bundesgesetzes BGBl. I Nr. 142/2000 treten mit 1. Jänner 2002 in Kraft. *(BGBl I 2000/142)*

(4) § 223 Abs. 2 sowie § 277 Abs. 3, 4, 7 und 8 in der Fassung des Bundesgesetzes BGBl. I Nr. 41/2001 treten mit 1. Mai 2001 in Kraft. Werden Einreichungen gemäß §§ 277 bis 281 für Geschäftsjahre, die spätestens am 31. Dezember 2002 enden, im Weg des elektronischen Rechtsverkehrs vorgenommen, so verlängert sich die Frist des § 277 Abs. 1 auf zwölf Monate. *(BGBl I 2001/41)*

(5) § 239 Abs. 1 Z 5 in der Fassung des Bundesgesetzes BGBl. I Nr. 42/2001 tritt am 1. Mai 2001 in Kraft und ist auf danach endende Geschäftsjahre anzuwenden. *(BGBl I 2001/42)*

(6) [1]§ 271 Abs. 2 Z 9 und Abs. 4 Z 2 sowie § 275 Abs. 1 und 2 in der Fassung des Bundesgesetzes BGBl. I Nr. 97/2001 treten am 1. Jänner 2002 in Kraft. [2]§ 271 Abs. 2 Z 9 und Abs. 4 Z 2 ist auf Prüfungen von Geschäftsjahren anzuwen-

den, die nach dem 31. Dezember 2005 beginnen und § 275 Abs. 1 und Abs. 2 auf Prüfungen von Geschäftsjahren, die nach dem 31. Dezember 2001 beginnen. [3]Auf die Prüfung von Geschäftsjahren, die nicht erst nach dem 31. Dezember 2005 beginnen, ist § 275 Abs. 2 mit der Maßgabe anzuwenden, dass im vierten Satz der Betrag von zwei Millionen Euro durch den Betrag von einer Million Euro zu ersetzen ist. [4]Sofern in den Bestimmungen über andere Prüfungen auf § 275 verwiesen wird, ist § 275 Abs. 1 und 2 in der Fassung des BGBl. I Nr. 97/2001 anzuwenden, wenn der Prüfungsbericht nach dem 31. Dezember 2002 erstattet wird; für Berichte, die bis zum 31. Dezember 2006 erstattet werden, gilt dies mit der Maßgabe, dass im vierten Satz des Abs. 2 der Betrag von zwei Millionen Euro durch den Betrag von einer Million Euro zu ersetzen ist. *(BGBl I 2004/14)*

(7) § 352 und die Aufhebung des § 353 in der Fassung des Bundesgesetzes BGBl. I Nr. 118/2002 treten mit 1. August 2002 in Kraft. *(BGBl I 2002/118)*

(8) [1]Rückstellungen im Sinne von § 198 Abs. 8 Z 4 lit. d für Verpflichtungen zur Rücknahme und Verwertungen von Altfahrzeugen gemäß § 5 der auf Grund von § 14 Abs. 1 des Abfallwirtschaftsgesetzes 2002, BGBl. I Nr. 102/2002, erlassenen Altfahrzeugeverordnung vom 6. November 2002, BGBl. II Nr. 407/2002, sind erstmals im Jahresabschluss für das nach dem 5. November 2002 endende Geschäftsjahr zu bilden. [2]Soweit sich diese Verpflichtungen auf Fahrzeuge beziehen, die vor dem 1. Juli 2002 in Verkehr gebracht wurden, darf der Unterschiedsbetrag zwischen der nach § 198 Abs. 8 Z 4 lit. d anzusetzenden Rückstellung und dem Betrag, der sich bei Ansammlung der Rückstellung in gleichmäßig bemessenen Jahresraten ergibt, als gesonderter Aktivposten, der in der Bilanz unter der Bezeichnung „Abgrenzungsposten gemäß § 906 Abs. 8 HGB“ vor dem Anlagevermögen auszuweisen ist, in die Bilanz aufgenommen werden. [3]Dabei ist ein Ansammlungszeitraum zugrundezulegen, der mit dem nach dem 5. November 2002 endenden Geschäftsjahr beginnt und mit dem letzten vor dem 1. Jänner 2007 endenden Geschäftsjahr endet. [4]Durch den Ansatz des Aktivpostens darf der ausschüttbare Gewinn nicht erhöht werden. *(BGBl I 2003/71)*

(9) [1]§ 454 in der Fassung des Bundesgesetzes BGBl. I Nr. 71/2003 ist auf Investitionen anzuwenden, zu denen der gebundene Unternehmer zur Durchführung des Vertriebsbindungsvertrags nach In-Kraft-Treten dieser Bestimmung verpflichtet wird. [2]Bereits bestehende Ansprüche bleiben unberührt. *(BGBl I 2003/71)*

(10) Die §§ 237a, 242 Abs. 2, 243 Abs. 2 Z 5, 266 Z 9 und 10, 267 Abs. 2 Z 4 in der Fassung des Bundesgesetzes BGBl. I Nr. 118/2003 treten am 1. Jänner 2004 in Kraft und sind auf Geschäftsjahre anzuwenden, die nach dem 31. Dezember 2003 beginnen. *(BGBl I 2003/118)*

(11) [1]Die §§ 221 Abs. 1 bis 3 und 7, 228 Abs. 3, 243, 245 Abs. 5, 245a, 246 Abs. 1 und 3, 247 Abs. 1, 250 Abs. 1, 265 Abs. 2 Z 1, 267 und 274 in der Fassung des Bundesgesetzes BGBl. I Nr. 161/2004 treten mit 1. Jänner 2005 in Kraft. Sie sind für Geschäftsjahre anzuwenden, die nach dem 31. Dezember 2004 beginnen. [2]Für den Eintritt der Rechtsfolgen der §§ 221 Abs. 1 und 2, sowie 246 Abs. 1 sind die geänderten Größenmerkmale auch für Beobachtungszeiträume nach §§ 221 Abs. 4 und 246 Abs. 2 anzuwenden, die vor diesem Zeitpunkt liegen. [3]Die §§ 248 und 260 Abs. 3 treten mit 1. Jänner 2005 außer Kraft. *(BGBl I 2004/161)*

UGB

(12) [1]Art. 4 der Verordnung (EG) Nr. 1606/2002 betreffend die Anwendung internationaler Rechnungslegungsstandards, Abl. Nr. L 243 vom 11.9.2002 S.1, muss von Unternehmen, von denen lediglich Schuldtitel zum Handel an einem geregelten Markt im Sinne des „§ 1 Abs. 2 BörseG“** zugelassen sind, erst für Geschäftsjahre angewendet werden, die nach dem 31. Dezember 2006 beginnen. [2]Dasselbe gilt für Unternehmen, deren Wertpapiere zum öffentlichen Handel in einem Nichtmitgliedstaat der EU zugelassen sind und die zu diesem Zweck seit einem Geschäftsjahr, das vor dem 11. September 2002 begonnen hat, international anerkannte Rechnungslegungsstandards anwenden. [3]In diesen Fällen ist § 245a HGB in der Fassung des Bundesgesetzes BGBl. I Nr. 49/1999 weiterhin anwendbar. [4]„In dieser Fassung ist § 245a auch auf nicht zu einem Konzernabschluss nach international anerkannten Rechnungslegungsgrundsätzen verpflichtete Mutterunternehmen bis zu Geschäftsjahren, die nach dem 31. Dezember 2006 beginnen, weiterhin anwendbar.“* *(BGBl I 2004/161; *BGBl I 2005/59; **BGBl I 2007/72)*

(13) [1]§ 268 Abs. 1, § 270 Abs. 1, 3 und 5, § 271, § 271a und § 275 Abs. 2 in der Fassung des Bundesgesetzes BGBl. I Nr. 59/2005 treten mit 1. Jänner 2006 in Kraft und sind auf die Bestellung zur Prüfung und auf die Prüfung von Geschäftsjahren anzuwenden, die nach dem 31. Dezember 2005 beginnen. [2]Sofern in Bestimmungen über andere Prüfungen auf § 275 verwiesen wird, ist § 275 in der Fassung des BGBl. I Nr. 59/2005 anzuwenden, wenn der Prüfungsbericht nach dem 31. Dezember 2005 erstattet wird. [3]§ 271 Abs. 2 Z 3 ist in Fällen, in denen ein Gesellschafter weniger als 20 von Hundert der Stimmrechte an einer Prüfungsgesellschaft besitzt, erst auf die Bestellung zur Prüfung von Geschäftsjahren anzuwenden, die nach dem 31. Dezember 2007 beginnen. *(BGBl I 2005/59)*

(14) [1]Die §§ 1 bis 24, 28 bis 40, 48 bis 58, 105 bis 180, 185 bis 195, 198, 205, 207, 211 bis 215,

221, 225, 228, 229, 237, 241, 244, 265, 266, 268, 273, 283, 343 bis 349, 351 bis 357, 363 bis 365, 367 bis 374, 376 bis 379, 381, 383 bis 405, 407 bis 414, 416 bis 439, 440 bis 450, 486a, 739a und 793 in der Fassung des Handelsrechts-Änderungsgesetzes, BGBl. I Nr. 120/2005, treten mit 1. Jänner 2007 in Kraft. [2]Die §§ 25 bis 27, 32a, 358 bis 362, 366, 375, 380, 382, 406, 415, 451 bis 453, 489 bis 510 und 679 bis 699 treten mit Ablauf des 31. Dezember 2006 außer Kraft. [3]Soweit im folgenden nichts anderes bestimmt ist, sind auf Sachverhalte, die sich vor diesem Zeitpunkt ereignet haben, die bisher geltenden Bestimmungen weiter anzuwenden. [4]Die §§ 270 Abs. 3, 271a Abs. 1 und 275 Abs. 2 in der Fassung des Handelsrechts-Änderungsgesetzes, BGBl. I Nr. 120/2005, treten mit 1. Jänner 2006 in Kraft. *(BGBl I 2005/120)*

(15) § 243a und § 267 Abs. 3a treten mit 20. Mai 2006 in Kraft und sind auf Jahresabschlüsse (Konzernabschlüsse) für Geschäftsjahre anzuwenden, die nach dem 31. Dezember 2005 beginnen. *(BGBl I 2006/75)*

(16) [1]§ 32 und § 189 Abs. 1 Z 2 und Abs. 2 Z 2 in der Fassung des Bundesgesetzes BGBl. I Nr. 103/2006 treten am 1. Jänner 2007 in Kraft. [2]§§ 277, 281 und 283 in der Fassung des Bundesgesetzes BGBl. I Nr. 103/2006 treten am 1. Juli 2006 in Kraft; § 277 Abs. 6 erster bis dritter Satz in der Fassung des Bundesgesetzes BGBl. I Nr. 103/2006 gilt erstmals für Einreichungen für Geschäftsjahre, die am 31. Dezember 2007 enden. *(BGBl I 2006/103)*

(17) §§ 221, 243a, 245, 246, 267 und 906 Abs. 12 in der Fassung des Bundesgesetzes BGBl. I Nr. 72/2007 treten am 15. Dezember 2007 in Kraft. *(BGBl I 2007/72)*

(18) [1]Die §§ 38, 221, 222, 237, 242, 243a, 243b, 245a, 246, 266, 267, 268, 269, 269a, 270, 271, 271a, 271b, 271c, 273, 274, 275, 277 und 451 in der Fassung des Bundesgesetzes BGBl. I Nr. 70/2008 treten mit 1. Juni 2008 in Kraft. [2]§ 38 Abs. 5a ist auf Unternehmensübergänge aufgrund eines nach dem 31. Mai 2008 vereinbarten oder beendeten Pacht-, Leih-, Fruchtnießungsvertrags und Vertrags über das Recht des Gebrauchs anzuwenden. [3]Auf davor aufgrund des Abschlusses oder der Beendigung eines Pacht-, Leih-, Fruchtnießungsvertrags und Vertrags über das Recht des Gebrauchs erfolgte Unternehmensübergänge sind die bisher geltenden Bestimmungen weiter anzuwenden. [4]§§ 221 Abs. 1 und 2 sowie 246 Abs. 1 sind auf Geschäftsjahre anzuwenden, die nach dem 31. Dezember 2007 beginnen. [5]Für den Eintritt der Rechtsfolgen der §§ 221 Abs. 1 und 2, sowie 246 Abs. 1 sind die geänderten Größenmerkmale auch für Beobachtungszeiträume nach §§ 221 Abs. 4 und 246 Abs. 2 anzuwenden, die vor diesem Zeitpunkt liegen. [6]Die §§ 222, 237, 242, 243a, 243b, 245a, 266, 267 und 277 sind auf Geschäftsjahre anzuwenden, die nach dem 31. Dezember 2008 beginnen. [7]„Die §§ 268, 269, 269a, 270, 271, 271a, 271b, 273, 274 und 275 sind auf die Bestellung zur Prüfung und auf die Prüfung von Geschäftsjahren anzuwenden, die nach dem 31. Dezember 2008 beginnen; § 271 Abs. 2 Z 3 und Abs. 4 letzter Satz ist abweichend davon auf Abschlussprüfer, die sich nach § 4 Abs. 2 AQSG in einem Abstand von jeweils sechs Jahren einer externen Qualitätsprüfung unterziehen müssen, für die Bestellung zum Abschlussprüfer für Geschäftsjahre anzuwenden, die nach dem 31. Dezember 2011 beginnen; dies gilt auch dann, wenn solche Abschlussprüfer erstmals zum Abschlussprüfer eines Unternehmens im Sinn von § 4 Abs. 1 Z 1 A-QSG bestellt werden.“ [8]Die §§ 271c und 451 sind auf nach dem 31. Mai 2008 geschlossene Verträge anzuwenden. Auf davor geschlossene Verträge sind die bisher geltenden Bestimmungen weiter anzuwenden. *(BGBl I 2008/70; BGBl I 2009/71)*

(19) Die §§ 229 Abs. 4 bis 7, 243b Abs. 2, 244 Abs. 1 und 275 Abs. 1 in der Fassung des Aktienrechts-Änderungsgesetzes 2009, BGBl. I Nr. 71/2009, treten mit 1. August 2009 in Kraft. § 243b Abs. 2 ist auf Geschäftsjahre anzuwenden, die nach dem 31. Dezember 2009 beginnen. *(BGBl I 2009/71)*

(20) § 189 Abs. 1 Z 2 und Abs. 2 Z 2 in der Fassung des Bundesgesetzes BGBl. I Nr. 140/2009 treten mit 1. Jänner 2010 in Kraft und sind in dieser Fassung auf Jahresabschlüsse für Geschäftsjahre anzuwenden, die nach dem 31. Dezember 2009 beginnen. Für den Eintritt und den Entfall der Rechtsfolgen des § 189 Abs. 1 Z 2 sind die geänderten Werte auch für Beobachtungszeiträume nach § 189 Abs. 2 anzuwenden, die vor diesem Zeitpunkt liegen. *(BGBl I 2009/140)*

(21) Die §§ 198 Abs. 3, 203 Abs. 5, 207, 210, 226 Abs. 1 und 2, 231 Abs. 2 Z 7 lit. a, 249 Abs. 2 und 261 Abs. 1 in der Fassung des Bundesgesetzes BGBl. I Nr. 140/2009 treten mit 1. Jänner 2010 in Kraft und sind auf Jahresabschlüsse (Konzernabschlüsse) für Geschäftsjahre anzuwenden, die nach dem 31. Dezember 2009 beginnen. Für Aktivposten nach § 198 Abs. 3, die in Geschäftsjahren, die vor dem 1. Jänner 2010 begonnen haben, ausgewiesen worden sind, sind die §§ 198 Abs. 3, 210, 226 Abs. 1 und 2 und 231 Abs. 2 Z 7 lit. a in der bis dahin geltenden Fassung weiter anzuwenden. *(BGBl I 2009/140)*

„(22)“ Die §§ 34 Abs. 1 und Abs. 5, 38 Abs. 5, 131 Z 3 und 5, 136 Abs. 2, 141 Abs.[1)] und 3, 143 Abs. 1, 144 Abs. 1, 145 Abs. 1 und 2, 146 Abs. 3, 171 Abs. 2, 187 Abs. 1 und 2, die Überschrift vor § 188, § 188 Abs. 1 und 2 sowie §§ 370 Abs. 1, 888 und 889 Abs. 1 in der Fassung des Bundesgesetzes BGBl. I Nr. 58/2010 treten mit 1. August 2010 in Kraft. § 144 Abs. 1 in der Fassung des

Bundesgesetzes BGBl. I Nr. 58/2010 ist anzuwenden, wenn das Insolvenzverfahren nach dem 30. Juni 2010 eröffnet oder wieder aufgenommen (§ 158 Abs. 2 IO) wurde. *(BGBl I 2010/58; BGBl I 2010/111)*

(23) [1]§ 283 in der Fassung des Budgetbegleitgesetzes 2011, BGBl. I Nr. 111/2010, tritt mit 1. Jänner 2011 in Kraft. [2]§ 283 in der Fassung des genannten Bundesgesetzes ist auf Verstöße gegen die in § 283 Abs. 1 genannten Pflichten anzuwenden, die nach dem 1. Jänner 2011 gesetzt werden oder fortdauern. [3]Hat die Offenlegungsfrist vor dem 1. März 2011 geendet und ist die Offenlegung nicht bis zum 28. Februar 2011 erfolgt, so ist mit einer Zwangsstrafverfügung nach § 283 Abs. 2 in der Fassung des Budgetbegleitgesetzes 2011 gegen das offenlegungspflichtige Organ sowie die Gesellschaft vorzugehen. [4]Erst bei Unterbleiben der Offenlegung für jeweils weitere zwei Monate nach dem 28. Februar 2011 kommen die Bestimmungen des § 283 Abs. 4 und 5 jeweils in der Fassung des genannten Bundesgesetzes zur Anwendung. [5]In Ansehung von Säumnissen der jeweiligen Organe vor dem 1. Jänner 2011 ist § 283 in der bis dahin geltenden Fassung anzuwenden. *(BGBl I 2010/111)*

(24) § 241 Abs. 4 und § 243b Abs. 2 Z 2 und 3 in der Fassung des 2. Stabilitätsgesetzes 2012, BGBl. I Nr. 35/2012, treten mit 1. Juli 2012 in Kraft und sind auf Geschäftsjahre anzuwenden, die nach dem 31. Dezember 2011 begonnen haben. *(BGBl I 2012/35)*

(25) § 5 und der Achte Abschnitt des Vierten Buches mit den §§ 455 bis 460 jeweils in der Fassung des Zahlungsverzugsgesetzes, BGBl. I Nr. 50/2013, die Änderung der Abschnittsbezeichnung vor § 454 durch dieses Bundesgesetz sowie die Aufhebung des § 352 durch dieses Bundesgesetz treten mit 16. März 2013 in Kraft. Die genannten Bestimmungen sind in der Fassung des Zahlungsverzugsgesetzes auf Verträge anzuwenden, die ab dem 16. März 2013 geschlossen werden. Auf Verträge, die vor dem 16. März 2013 geschlossen wurden, sind die bisherigen Bestimmungen weiter anzuwenden. *(BGBl I 2013/50)*

(26) [1]§ 38 Abs. 1, § 39, § 108, § 109, § 112, § 113 Abs. 1, § 116 Abs. 1 und 2, § 117 Abs. 1, § 118 Abs. 2, § 119, § 121, § 127, § 129 Abs. 2, § 131 Z 3 und Z 6, § 133 Abs. 1, § 135, § 140 Abs. 1, § 141 Abs. 1 und Abs. 2, § 160 Abs. 1, § 178, § 179 und § 454 Abs. 1 in der Fassung des GesbR-Reformgesetzes, BGBl. I Nr. 83/2014, treten mit 1. Jänner 2015 in Kraft. [2]§ 129 Abs. 3 und § 136 treten mit Ablauf des 31. Dezember 2014 außer Kraft. [3]Soweit im Folgenden nichts anderes bestimmt ist, sind auf Sachverhalte, die sich vor dem 1. Jänner 2015 ereignet haben, die Bestimmungen in ihrer Fassung vor dem GesbR-Reformgesetz weiter anzuwenden. *(BGBl I 2014/83)*

(27) [1]Unbeschadet des Vorrangs gesellschaftsvertraglicher Vereinbarungen (§ 108) gelten § 109, § 119 und § 121 in der Fassung des GesbR-Reformgesetzes, BGBl. I Nr. 83/2014, ab 1. Juli 2016 für Gesellschaften, die vor dem 1. Jänner 2015 errichtet wurden, wenn bis zum Ablauf des 30. Juni 2016 keiner der Gesellschafter gegenüber den übrigen Gesellschaftern erklärt, die Anwendung des zuvor geltenden Rechts beibehalten zu wollen. [2]Ab 1. Jänner 2022 gelten die § 109, § 119 und § 121 in der Fassung des GesbR-Reformgesetzes, BGBl. I Nr. 83/2014, unbeschadet des Vorrangs gesellschaftsvertraglicher Vereinbarungen (§ 108) jedenfalls auch für Gesellschaften, die vor dem 1. Jänner 2015 errichtet wurden. *(BGBl I 2014/83)*

(28) [1]§ 189 Abs. 1, 2 und 4, § 189a, § 196a, § 198 Abs. 1 und 7 bis 10, § 201 Abs. 2 und 3, § 203 Abs. 3 bis 5, § 204 Abs. 1a und 2, § 206 Abs. 3, § 207, § 208 Abs. 2, § 209 Abs. 1, § 211, § 212 Abs. 1, § 216, § 221 Abs. 1 bis 5 und 7, § 222 Abs. 1 und 3, § 223 Abs. 3 und 4, § 224 Abs. 2 und 3, § 225 Abs. 3 bis 7, § 226 Abs. 1, 3 und 5, § 227, § 229 Abs. 1 bis 1b, 3, 4 und 6, § 231 Abs. 2 bis 5, § 232 Abs. 2 und 3, §§ 234 bis 238, § 239 Abs. 1 und 2, § 240 bis 242, § 243 Abs. 3, § 243a Abs. 2, § 243c, § 244 Abs. 1, 3, 4 und 7, § 245, § 245a Abs. 1, § 246 Abs. 1 und 3, § 249, § 250 Abs. 3, § 251 Abs. 1 und 2, § 253 Abs. 1 und 2, § 254 Abs. 1 und 3, § 255 Abs. 2, § 256 Abs. 2, § 257 Abs. 2, § 258, § 259 Abs. 1, § 260 Abs. 2, § 261 Abs. 1 und 2, § 263 Abs. 1 und 2, § 264, § 265 Abs. 1 und 2, § 266, § 267 Abs. 3 und 3b, § 267a, § 267b, § 269, § 270 Abs. 3, § 274, § 277 Abs. 1 bis 3 und 6, § 278 Abs. 1, § 279, § 280, § 281, § 282 Abs. 2a, § 283, § 284 und § 285 in der Fassung des Bundesgesetz[es][2)] BGBl. I Nr. 22/2015 treten mit 20. Juli 2015 in Kraft. [2]Sie sind, soweit im Folgenden nichts Abweichendes angeordnet wird, erstmalig auf Unterlagen der Rechnungslegung für Geschäftsjahre anzuwenden, die nach dem 31. Dezember 2015 beginnen. [3]§ 205, § 208 Abs. 3, § 226 Abs. 2, § 228, § 230, § 232 Abs. 1 und 4, § 233, § 244 Abs. 6, § 253 Abs. 3 und § 268 Abs. 3 treten mit 20. Juli 2015 außer Kraft. [4]Auf Unterlagen der Rechnungslegung für Geschäftsjahre, die vor dem 1. Jänner 2016 begonnen haben, sind die Bestimmungen in der Fassung vor dem Bundesgesetzes BGBl. I Nr. 22/2015 weiterhin anzuwenden. [5]Unternehmen nach § 243c oder § 267b können einen Bericht oder einen konsolidierten Bericht über Zahlungen an staatliche Stellen bereits für jene Geschäftsjahre erstellen, die nach dem 31. Dezember 2014 beginnen; in diesem Fall wenden sie § 243c oder § 267b in der Fassung des Bundesgesetzes BGBl. I Nr. 28/2015 an. *(BGBl I 2015/22)*

(29) Für den Eintritt der Rechtsfolgen des § 221 Abs. 1, 1a und 2 sowie des § 246 Abs. 1 sind die geänderten Größenmerkmale auch für

Beobachtungszeiträume nach § 221 Abs. 4 und § 246 Abs. 2 anzuwenden, die vor dem 1. Jänner 2016 liegen. *(BGBl I 2015/22)*

(30) [1]Wurde ein Disagio nach § 198 Abs. 7 in der Fassung vor dem Bundesgesetz BGBl. I Nr. 22/2015 nicht als aktiver Rechnungsabgrenzungsposten bilanziert, so unterbleibt die Bildung eines aktiven Rechnungsabgrenzungsposten für diese Verbindlichkeit, bis diese nicht mehr ausgewiesen wird. [2]§ 203 Abs. 3 findet erstmals auf Herstellungsvorgänge Anwendung, die in Geschäftsjahren begonnen wurden, die nach dem 31. Dezember 2015 beginnen. [3]Auf Herstellungsvorgänge, die vor dem 1. Jänner 2016 begonnen wurden, ist § 203 Abs. 3 in der bisherigen Fassung anzuwenden. [4]§ 203 Abs. 5 und § 261 Abs. 1 in der Fassung des Bundesgesetzes BGBl. I Nr. 22/2015 sind nur auf Geschäfts(Firmen)werte anzuwenden, die nach dem 31. Dezember 2015 gebildet werden. [5]Auf Geschäfts(Firmen)werte, die vor dem 1. Jänner 2016 gebildet wurden, sind diese Bestimmungen in der bisherigen Fassung anzuwenden. *(BGBl I 2015/22)*

(31) Unversteuerte Rücklagen, die nach § 205 in der Fassung vor dem Bundesgesetz BGBl. I Nr. 22/2015 gebildet wurden, sind, soweit die darin enthaltenen passiven latenten Steuern nicht den Rückstellungen zuzuführen sind, im Geschäftsjahr, das nach dem 31. Dezember 2015 beginnt, unmittelbar in die Gewinnrücklagen einzustellen. *(BGBl I 2015/22)*

(32) [1]Ist bei einem Vermögensgegenstand eine Abschreibung gemäß § 204 Abs. 2 oder § 207 vorgenommen worden und wurde von der Zuschreibung aufgrund des § 208 Abs. 2 in der Fassung vor dem Bundesgesetz BGBl. I Nr. 22/2015 bisher abgesehen, so ist, wenn die Gründe für die Abschreibung nicht mehr bestehen, im Geschäftsjahr, das nach dem 31. Dezember 2015 beginnt, eine Zuschreibung vorzunehmen. [2]Wird nach § 124b Z 270 des Einkommensteuergesetzes 1988 steuerlich eine Zuschreibungsrücklage gebildet, kann der in dieser Rücklage erfasste Betrag in der Bilanz unter den passiven Rechnungsabgrenzungsposten gesondert ausgewiesen und entsprechend den Vorgaben des § 124b Z 270 des Einkommensteuergesetzes 1988 aufgelöst werden. *(BGBl I 2015/22)*

(33) [1]Soweit auf Grund der geänderten Bewertung von langfristigen Verpflichtungen, die die Bildung einer Rückstellung erforderlich machen, und auf Grund des Ansatzes von latenten Steuern aus der erstmaligen Anwendung des § 198 Abs. 9 und 10 und § 258 in der Fassung des Bundesgesetzes BGBl. I Nr. 22/2015 eine Zuführung zu den Rückstellungen erforderlich ist, ist dieser Betrag, beginnend mit dem Jahr der Zuführung, über längstens fünf Jahre gleichmäßig verteilt nachzuholen. „[2]Der Unterschiedsbetrag ermittelt sich als Differenzbetrag zwischen dem bei der erstmaligen Anwendung zu Beginn des Geschäftsjahres sich ergebenden Betrag und dem im vorausgegangenen Abschluss ausgewiesenen Betrag.“ [3]Es ist zulässig, die gebotene Rückstellung in Abschlüssen für Geschäftsjahre, die nach dem 31. Dezember 2015 beginnen, voll in die Bilanz einzustellen. [4]In diesem Fall kann in der Bilanz unter den aktiven Rechnungsabgrenzungsposten der sich gegenüber der nach dem ersten Satz gebotenen Rückstellung in den einzelnen Jahren ergebende Unterschiedsbetrag gesondert ausgewiesen werden. „[5]Latente Steuern aus der erstmaligen Anwendung des § 198 Abs. 10 Z 2 und § 254 in Verbindung mit § 258 sind nicht über die Gewinn- und Verlustrechnung nachzuerfassen.“ *(BGBl I 2015/22; BGBl I 2016/43)*

(34) [1]Soweit die erstmalige Anwendung des § 211 in der Fassung des Bundesgesetzes BGBl. I Nr. 22/2015 eine Auflösung der Rückstellungen erforderlich macht oder auf Grund der erstmaligen Anwendung des § 198 Abs. 9 und 10 und § 258 in der Fassung des Bundesgesetzes BGBl. I Nr. 22/2015 der Ansatz aktiver latenter Steuern erforderlich ist, ist dieser Betrag, beginnend mit dem Jahr der erstmaligen Anwendung dieser Bestimmungen, über längstens fünf Jahre gleichmäßig zu verteilen. „[2]Der Unterschiedsbetrag ermittelt sich als Differenzbetrag zwischen dem bei der erstmaligen Anwendung zu Beginn des Geschäftsjahres sich ergebenden Betrag und dem im vorausgangenen Abschluss ausgewiesenen Betrag.“ [3]Es ist zulässig, den gebotenen Betrag in Abschlüssen für Geschäftsjahre, die nach dem 31. Dezember 2015 beginnen, in vollem Umfang zu bilanzieren. [4]In diesem Fall kann eine Verteilung über längstens fünf Jahre erfolgen, indem der Unterschiedsbetrag zwischen dem vollen Umfang des Betrags und dem nach dem ersten Satz zumindest zu berücksichtigenden Betrag unter den passiven Rechnungsabgrenzungsposten gesondert ausgewiesen wird. „[5]Latente Steuern aus der erstmaligen Anwendung des § 254 in Verbindung mit § 258 sind nicht über die Gewinn- und Verlustrechnung nachzuerfassen.“ *(BGBl I 2015/22; BGBl I 2016/43)*

(35) [1]Gesellschaften, die in Konzernabschlüssen für Geschäftsjahre, die vor dem 1. Jänner 2016 begonnen haben, die Kapitalkonsolidierung nach § 254 Abs. 1 Z 1 in der Fassung vor dem Bundesgesetz BGBl. I Nr. 22/2015 durchgeführt haben, können diese Methode beibehalten; diesfalls ist § 254 Abs. 1, 2 und 3 in der bisherigen Fassung weiterhin anzuwenden. [2]Der Wechsel auf die Konsolidierungsmethode nach § 254 Abs. 1 in der Fassung des Bundesgesetzes BGBl. I Nr. 22/2015 ist im Sinn des § 250 Abs. 3 dritter Satz gerechtfertigt; die Auswirkungen auf die Vermögens-, Finanz- und Ertragslage sind im Konzernanhang darzustellen. *(BGBl I 2015/22)*

(36) [1]Ändern sich bei der erstmaligen Anwendung der Bestimmungen nach dem Bundesgesetz

BGBl. I Nr. 22/2015 die bisherige Form der Darstellung oder die bisher angewandten Bewertungsmethoden, so sind § 201 Abs. 2 Z 1 und § 223 Abs. 1 bei der erstmaligen Aufstellung eine Jahres- oder Konzernabschlusses nach den geänderten Vorschriften nicht anzuwenden. [2]Sind bei der erstmaligen Anwendung der Bestimmungen nach dem Bundesgesetz BGBl. I Nr. 22/2015 im Vergleich „zum Jahresabschluss des Vorjahres" Angaben einem anderen Posten zuzuordnen als bisher, so sind die Vorjahresbeträge (§ 223 Abs. 2) so zu berechnen, als wären die Bestimmungen nach der neuen Rechtslage schon im Vorjahr angewandt worden „, soweit das im Einzelfall zur Herstellung der im § 222 Abs. 2 genannten Zielsetzung erforderlich und praktikabel ist." [3]Soweit die Beträge nicht vergleichbar sind, sind die entsprechenden Anhangangaben zu machen. *(BGBl I 2015/22; BGBl I 2016/43)*

(37) [1]§§ 283, 284 und 285 sind auf Verstöße gegen die in § 283 Abs. 1 und § 284 genannten Pflichten anzuwenden, die nach dem 19. Juli 2015 gesetzt werden oder fortdauern. [2]Anträge auf Stundung und Nachlass können ab dem 20. Juli 2015 bei allen Zwangsstrafen gestellt werden; auf bereits anhängige Anträge auf Stundung und Nachlass ist § 285 in der Fassung des Bundesgesetzes BGBl. I Nr. 22/2015 sinngemäß anzuwenden. *(BGBl I 2015/22)*

(38) [1]§ 269, § 270 Abs. 3 und § 274 sind in der Fassung des Bundesgesetzes BGBl. I Nr. 22/2015 auf die Abschlussprüfung von Geschäftsjahren anzuwenden, die nach dem 31. Dezember 2015 beginnen. [2]§ 268 Abs. 3 tritt mit 20. Juli 2015 außer Kraft; auf die Abschlussprüfung von Geschäftsjahren, die vor dem 1. Jänner 2016 begonnen haben, sind die Bestimmungen in der Fassung vor dem Bundesgesetzes BGBl. I Nr. 22/2015 weiterhin anzuwenden. *(BGBl I 2015/22)*

(39) Durch die §§ 189 Abs. 1 Z 1 und 2, 189a, 195 Abs. 2, 196, 198, 201, 203 bis 211, 221 bis 227, 231 bis 269, 274 und 277 bis 284 in der Fassung des Bundesgesetzes BGBl. I Nr. 22/2015 wird die Richtlinie 2013/34/EU über den Jahresabschluss, den konsolidierten Abschluss und damit verbundene Berichte von Unternehmen bestimmter Rechtsformen und zur Änderung der Richtlinie 2006/43/EG des Europäischen Parlaments und des Rates und zur Aufhebung der Richtlinien 78/660/EWG und 83/349/EWG, ABl. Nr. L 182 vom 29.06.2013 S. 19, zuletzt geändert durch die Richtlinie 2014/102/EU, ABl. Nr. L 334 vom 21.11.2014 S. 86, umgesetzt. *(BGBl I 2016/43)*

„(40)" § 131 in der Fassung des Bundesgesetzes BGBl. I Nr. 22/2015 tritt mit 1. Jänner 2015 in Kraft. *(BGBl I 2015/22; BGBl I 2016/43)*

„(41)" § 235 Abs. 1 in der Fassung des Bundesgesetzes BGBl. I Nr. 163/2015 tritt mit 1. Jänner 2016 in Kraft. § 235 Abs. 1 Z 2 und 3 in der Fassung des Bundesgesetzes BGBl. I Nr. 163/2015 sind auf nach dem 31. Mai 2015 beschlossene Umgründungsvorgänge anzuwenden und gelten für Ausschüttungsbeschlüsse nach dem 31. Dezember 2015. § 235 Abs. 1 in der Fassung des Bundesgesetzes BGBl. I Nr. 163/2015 ist auf nach dem 31. Mai 2015 stattfindende Übergänge des Gesellschaftsvermögens gemäß § 142 anzuwenden und gilt für Ausschüttungsbeschlüsse nach dem 31. Dezember 2015. *(BGBl I 2015/163; BGBl I 2016/43)*

(42) § 189 Abs. 1 Z 2, § 221 Abs. 5, § 224 Abs. 3, § 229 Abs. 1 bis 1b, § 238 Abs. 1 Z 8, § 242 Abs. 2, § 244 Abs. 7, § 253 Abs. 2, § 254 Abs. 4, § 259 Abs. 1, § 266 Z 1 und 2, § 282 Abs. 2 und § 906 Abs. 33, 34 und 36 in der Fassung des Bundesgesetzes BGBl. I Nr. 43/2016 treten mit 20. Juli 2015 in Kraft; die Anwendbarkeit richtet sich nach Abs. 28. *(BGBl I 2016/43)*

(43) § 269 Abs. 1a, Abs. 2 und Abs. 5, § 270 Abs. 1, Abs. 1a, Abs. 3 und Abs 7, § 270a, § 271 Abs. 1 und Abs. 2 mit Ausnahme der Z 3, § 271a Abs. 1 erster Satz und Abs. 5 bis 7, § 271c, § 272 Abs. 4, § 273 Abs. 1 und § 275 Abs. 1 in der Fassung des Bundesgesetzes BGBl. I Nr. 43/2016 treten mit 17. Juni 2016 in Kraft. § 271 Abs. 2 Z 3 und Abs. 4 in der Fassung des Bundesgesetzes BGBl. I Nr. 43/2016 treten mit 1. Oktober 2016 in Kraft. §§ 269 Abs. 2, 271c und 275 Abs. 1 sind erstmals auf die Abschlussprüfung von Geschäftsjahren anzuwenden, die nach dem 16. Juni 2016 beginnen. § 271a Abs. 1 Z 4 in der Fassung des Bundesgesetzes BGBl. I 43/2016 ist erstmals auf die Abschlussprüfung von Geschäftsjahren anzuwenden, die nach dem 16. Juni 2016 beginnen; wurde vor dessen Anwendbarkeit die Prüfungstätigkeit für zumindest zwei Geschäftsjahre unterbrochen, so ist diese Unterbrechung einer dreijährigen gleichzuhalten. *(BGBl I 2016/43)*

(44) § 242 Abs. 4, § 243 Abs. 5, § 243b, § 243c, § 243d, § 244, § 267a, § 267b, § 267c, § 269 Abs. 3, § 273 Abs. 1, § 277 Abs. 1 und Abs. 4, § 280 Abs. 1 und § 282 Abs. 2a in der Fassung des Bundesgesetzes BGBl. I Nr. 20/2017 treten mit 6. Dezember 2016 in Kraft. Sie sind erstmalig auf Unterlagen der Rechnungslegung für Geschäftsjahre anzuwenden, die nach dem 31. Dezember 2016 beginnen. *(BGBl I 2017/20)*

(45) Durch § 243b, § 243c, § 267a, § 267b, § 269 Abs. 3, § 273 Abs. 1, § 277 Abs. 1 und 4, § 280 Abs. 1 und § 282 Abs. 2a in der Fassung des Bundesgesetzes BGBl. I Nr. 20/2017 wird die Richtlinie 2014/95/EU zur Änderung der Richtlinie 2013/34/EU im Hinblick auf die Angabe nichtfinanzieller und die Diversität betreffender Informationen durch bestimmte große Unternehmen und Gruppen, ABl. Nr. L 330 vom 22.10.2014, S. 1, umgesetzt. *(BGBl I 2017/20)*

(46) § 243a Abs. 1, § 243c Abs. 1, § 267 Abs. 3a und § 267b in der Fassung des Bundesge-

setzes BGBl. I Nr. 107/2017 treten mit 3. Jänner 2018 in Kraft. *(BGBl I 2017/107)*

(47) § 243c Abs. 1 in der Fassung des Bundesgesetzes BGBl. I Nr. 17/2018 tritt mit 3. Jänner 2018 in Kraft. *(BGBl I 2018/17)*

(48) § 32 in der Fassung des Bundesgesetzes BGBl. I Nr. 58/2018, tritt mit 1. August 2018 in Kraft. *(BGBl I 2018/58)*

(49) § 196a samt Überschrift, § 211 Abs. 1 und § 278 Abs. 1 in der Fassung des Bundesgesetzes BGBl. I Nr. 46/2019 treten mit 1. Juli 2019 in Kraft. Sie sind erstmalig auf Unterlagen der Rechnungslegung für Geschäftsjahre anzuwenden, die nach dem 31. Dezember 2018 beginnen. *(BGBl I 2019/46)*

(49)[3)] [1]§ 242 Abs. 4 und § 243c Abs. 2 in der Fassung des Aktienrechts-Änderungsgesetzes 2019, BGBl. I Nr. 63/2019, treten mit 10. Juni 2019 in Kraft. [2]Die Angaben zu den Gesamtbezügen der einzelnen Vorstandsmitglieder und zu den Grundsätzen der Vergütungspolitik können erstmals im Corporate Governance-Bericht über jenes Geschäftsjahr unterbleiben, das nach dem 10. Juni 2019 beginnt. *(BGBl I 2019/63)*

---

1) Gemeint ist hier wohl Abs „1"!
2) Redaktionelles Versehen.
3) Redaktionsfehler; richtig wohl Abs. 50

Übergangsbestimmungen zum Handelsrechts-Änderungsgesetz[1)]

1) 2005

§ 907. (1) Kaufleute im Sinne des Ersten Abschnitts des Ersten Buches des HGB gelten mit In-Kraft-Treten des Handelsrechts-Änderungsgesetzes, BGBl. I Nr. 120/2005, als Unternehmer im Sinne von § 1 in der Fassung dieses Gesetzes.

(2) [1]Vor dem 1. Jänner 2007 entstandene offene Handelsgesellschaften, offene Erwerbsgesellschaften und Kommanditerwerbsgesellschaften gelten unbeschadet der Abs. 8 bis 14 mit 1. Jänner 2007 als offene Gesellschaften bzw. Kommanditgesellschaften. [2]Sofern ihr Gegenstand auf eine unternehmerische Tätigkeit gerichtet ist, gelten sie ab diesem Zeitpunkt als Unternehmer im Sinne von § 1 in der Fassung des Handelsrechts-Änderungsgesetzes, BGBl. I Nr. 120/2005.

(3) [1]Vordrucke von Geschäftspapieren und Bestellscheinen sowie Webseiten haben bei Kapitalgesellschaften spätestens ab 1. Jänner 2007, bei anderen Unternehmern spätestens ab 1. Jänner 2010 den Bestimmungen des § 14 in der Fassung des Handelsrechts-Änderungsgesetzes, BGBl. I Nr. 120/2005, zu entsprechen. [2]Bis dahin finden ansonsten die bisher geltenden Bestimmungen Anwendung.

(4) Vor dem 1. Jänner 2007 in das Firmenbuch eingetragene Firmen können mit folgender Maßgabe weitergeführt werden:

1. Eingetragene Einzelunternehmer haben spätestens ab dem 1. Jänner 2010 im Geschäftsverkehr ihrer Firma den in § 19 Abs. 1 Z 1 in der Fassung des Handelsrechts-Änderungsgesetzes, BGBl. I Nr. 120/2005, bezeichneten Rechtsformzusatz beizufügen und die Änderung bis zu diesem Zeitpunkt zur Eintragung ins Firmenbuch anzumelden.

2. [1]Eingetragene Personengesellschaften haben spätestens ab dem 1. Jänner 2010 im Geschäftsverkehr ihrer Firma die in § 19 Abs. 1 Z 2 und 3 in der Fassung des Handelsrechts-Änderungsgesetzes, BGBl. I Nr. 120/2005, bezeichneten Rechtsformzusätze beizufügen und die Änderung bis zu diesem Zeitpunkt zur Eintragung im Firmenbuch anzumelden. [2]Eine offene Handelsgesellschaft, die zum Zeitpunkt des In-Kraft-Tretens des Handelsrechts-Änderungsgesetzes, BGBl. I Nr. 120/2005, den Rechtsformzusatz „OHG" in ihrer Firma führt, kann diesen beibehalten.

3. [1]Auf Anmeldungen zur Eintragung in das Firmenbuch, die ausschließlich die Aufnahme der nach den § 19 Abs. 1 Z 1 bis 3 in der Fassung des Handelsrechts-Änderungsgesetzes, BGBl. I Nr. 120/2005, vorgeschriebenen Rechtsformzusätze in eine Firma zum Gegenstand haben, ist § 11 FBG anzuwenden. [2]Solche Anmeldungen sowie Firmenbucheintragungen, die auf Grund dieser Anmeldungen vorgenommen werden, sind von den Gerichtsgebühren befreit, wenn die Anmeldung vor dem 1. Jänner 2010 beim Firmenbuchgericht eingelangt ist. [3]Wird in der Eingabe, die die Anmeldung enthält, darüber hinaus noch die Vornahme weiterer Eintragungen begehrt, so ist für die Eingabe die Eingabengebühr nach Tarifpost 10 Z I lit. a GGG und sind für diese Eintragungen die Eintragungsgebühren nach Tarifpost 10 Z I lit. b oder c GGG zu entrichten; hingegen ist auch in diesen Fällen die Aufnahme des Rechtsformzusatzes in die Firma von der Eintragungsgebühr nach Tarifpost 10 Z I lit. b Z 1 GGG befreit.

4. Entspricht der Unternehmer der genannten Verpflichtung nicht, werden ab dem 1. Jänner 2010 keine weiteren Eintragungen in das Firmenbuch vorgenommen.

5. Bestehende Personengesellschaften, die nicht im Firmenbuch eingetragen sind, sind bis zum 1. Jänner 2010 unter Berücksichtigung von § 19 Abs. 1 Z 2 zur Eintragung in das Firmenbuch anzumelden.

6. In der Eintragung ist auf die Anpassung an die Bestimmungen dieses Bundesgesetzes hinzuweisen.

(5) Für neu einzutragende Firmenwortlaute gilt:

1. Ein zur Eintragung in das Firmenbuch angemeldeter Firmenwortlaut, der nicht den Bestimmungen der §§ 18 ff. in der Fassung des Handelsrechts-Änderungsgesetzes, BGBl. I Nr. 120/2005,

entspricht, kann nach In-Kraft-Treten dieses Bundesgesetzes nicht mehr in das Firmenbuch eingetragen werden.

2. Ein vor In-Kraft-Treten des Handelsrechts-Änderungsgesetzes, BGBl. I Nr. 120/2005, zur Eintragung in das Firmenbuch angemeldeter Firmenwortlaut, der bereits den damit geänderten Bestimmungen der §§ 18 ff. entspricht, kann nach In-Kraft-Treten dieses Bundesgesetzes in das Firmenbuch eingetragen werden.

(6) Die §§ 38 und 39 in der Fassung des Handelsrechts-Änderungsgesetzes, BGBl. I Nr. 120/2005, sind auf nach dem 31. Dezember 2006 vereinbarte Unternehmensübergänge anzuwenden.

(7) § 40 in der Fassung des Handelsrechts-Änderungsgesetzes, BGBl. I Nr. 120/2005, ist auf die Fortführung eines Unternehmens durch den Erben anzuwenden, wenn der Erbanfall nach dem 31. Dezember 2006 liegt.

(8) Sofern in der Folge nichts anderes bestimmt wird, sind die Bestimmungen des Zweiten Buches in der Fassung des Handelsrechts-Änderungsgesetzes, BGBl. I Nr. 120/2005, auch auf Gesellschaften anzuwenden, die vor dem 1. Jänner 2007 errichtet wurden.

(9) [1]§ 123 in der Fassung des Handelsrechts-Änderungsgesetzes, BGBl. I Nr. 120/2005, ist auf nach dem 31. Dezember 2006 errichtete Personengesellschaften anzuwenden. [2]Sofern unter den Gesellschaftern nichts anderes vereinbart wurde, gilt dies auch für die §§ 109, 119, 120, 121 Abs. 1 und 2, 122 Abs. 1, 124 Abs. 1, 137 Abs. 4, 141 Abs. 1 erster Satz, 154 Abs. 2, 155 Abs. 1 und 4 sowie 167 bis 169. [3]Auf vor diesem Zeitpunkt errichtete Gesellschaften sind die bisher geltenden Bestimmungen weiter anzuwenden.

(10) [1]§ 136 Abs. 1 in der Fassung des Handelsrechts-Änderungsgesetzes, BGBl. I Nr. 120/2005, ist auf die einstweilige Fortführung von Geschäften anzuwenden, wenn die Gesellschaft nach dem 31. Dezember 2006 durch den Tod eines Gesellschafters aufgelöst würde. [2]Liegt der Tod des Gesellschafters vor diesem Zeitpunkt, so ist die bisher geltende Bestimmung weiter anzuwenden.

(11) § 139 Abs. 3 in der Fassung des Handelsrechts-Änderungsgesetzes, BGBl. I Nr. 120/2005, ist auch auf Erben anzuwenden, denen die Verlassenschaft innerhalb von drei Monaten vor dem 1. Jänner 2007 eingeantwortet wurde. Wurde die Verlassenschaft vor diesem Zeitpunkt eingeantwortet, so ist die bisher geltende Bestimmung weiter anzuwenden.

(12) [1]§ 149 in der Fassung des Handelsrechts-Änderungsgesetzes, BGBl. I Nr. 120/2005 ist auf Liquidatoren anzuwenden, die nach dem 31. Dezember 2006 bestellt werden. [2]Auf vor diesem Zeitpunkt bestellte Liquidatoren ist die bisher geltende Bestimmung weiter anzuwenden.

(13) [1]§ 160 in der Fassung des Handelsrechts-Änderungsgesetzes, BGBl. I Nr. 120/2005, ist auf vor dem 1. Jänner 2007 entstandene Verbindlichkeiten anzuwenden, wenn das Ausscheiden eines Gesellschafters oder sein Wechsel in die Rechtsstellung eines Kommanditisten nach diesem Zeitpunkt vereinbart wurde. [2]Auf vor diesem Zeitpunkt getroffene Vereinbarungen über das Ausscheiden eines Gesellschafters oder einen Wechsel in die Rechtsstellung eines Kommanditisten sind die bisher geltenden Bestimmungen weiter anzuwenden.

(14) [1]§ 176 in der Fassung des Handelsrechts-Änderungsgesetzes, BGBl. I Nr. 120/2005, ist auf nach dem 31. Dezember 2006 errichtete Kommanditgesellschaften anzuwenden. [2]Für die Haftung eines Kommanditisten einer vor diesem Zeitpunkt errichteten Kommanditgesellschaft ist die bisher geltende Bestimmung weiter anzuwenden.

(15) § 178 in der Fassung des Handelsrechts-Änderungsgesetzes, BGBl. I Nr. 120/2005, ist auf nach dem 31. Dezember 2006 vorgenommene rechtsgeschäftliche Handlungen im Namen einer unternehmerisch tätigen Gesellschaft bürgerlichen Rechts anzuwenden.

(16) [1]Für Unternehmer, die vor dem 1. Jänner 2007 nicht zur Rechnungslegung verpflichtet waren, sind ab diesem Stichtag die Beobachtungszeiträume des § 189 Abs. 2 für den Eintritt der Rechtsfolgen des § 189 Abs. 1 Z 2 maßgeblich. [2]Für Unternehmer, die vor dem 1. Jänner 2007 rechnungslegungspflichtig waren, sind für den Eintritt und den Entfall der Rechtsfolgen des § 189 Abs. 1 Z 2 auch Beobachtungszeiträume maßgeblich, die vor dem 1. Jänner 2007 liegen. [3]Für die Beurteilung der Rechnungslegungspflicht vor dem 1. Jänner 2007 sind im Zweifel die Umsatzgrenzen des § 125 Abs. 1 lit. a BAO in der bis 31. Dezember 2006 anzuwendenden Fassung heranzuziehen. *(BGBl I 2006/103)*

(17) [1]Vor dem 1. Jänner 2007 eingetragene Erwerbsgesellschaften und Kommanditerwerbsgesellschaften, bei denen kein unbeschränkt haftender Gesellschafter eine natürliche Person ist, sind erstmals für Geschäftsjahre gemäß § 189 Abs. 1 Z 1 rechnungslegungspflichtig, die nach dem 31. Dezember 2007 beginnen. [2]Zugleich beginnen die Beobachtungszeiträume gemäß § 221 Abs. 4 Z 1 und § 246 Abs. 2. *(BGBl I 2006/103)*

(18) Die mit dem Handelsrechts-Änderungsgesetz, BGBl. I Nr. 120/2005, geänderten Bestimmungen des Vierten Buches (§§ 343 bis 450) sind auf nach dem 31. Dezember 2006 abgeschlossene Rechtsgeschäfte anzuwenden.

(19) Auf vor dem 1. Jänner 2007 errichtete Reedereien sowie vereinbarte Verbodmungen sind die bisher geltenden Bestimmungen weiter anzuwenden.

(BGBl I 2005/120)

§ 908. *(aufgehoben, BGBl I 2016/43, die nunmehr obsolete Überschrift wurde weggelassen)*

Vollziehungsklausel

„**§ 909.**“ Mit der Vollziehung dieses Bundesgesetzes ist der Bundesminister für Justiz betraut. *(BGBl I 2015/22)*

(BGBl I 2005/120)

1/1. Bundes-Verfassungsgesetz

BGBl 1930/1 (WV) idF

1 BGBl 1931/103
2 BGBl 1932/244
3 StGBl 1945/4
4 StGBl 1945/232
5 BGBl 1946/6
6 BGBl 1946/211
7 BGBl 1948/143
8 BGBl 1949/19
9 BGBl 1955/8
10 BGBl 1955/281
11 BGBl 1956/269
12 BGBl 1958/12
13 BGBl 1958/271
14 BGBl 1959/37
15 BGBl 1959/171
16 BGBl 1960/148
17 BGBl 1961/155
18 BGBl 1962/162
19 BGBl 1962/205
20 BGBl 1962/215
21 BGBl 1963/75
22 BGBl 1963/267 (DFB)
23 BGBl 1964/59
24 BGBl 1964/212
25 BGBl 1968/73
26 BGBl 1968/412
27 BGBl 1969/27
28 BGBl 1969/269
29 BGBl 1972/105
30 BGBl 1973/391
31 BGBl 1974/287
32 BGBl 1974/444
33 BGBl 1975/302
34 BGBl 1975/316
35 BGBl 1975/368
36 BGBl 1975/409
37 BGBl 1977/323
38 BGBl 1977/539
39 BGBl 1979/92
40 BGBl 1979/134
41 BGBl 1981/350
42 BGBl 1982/354
43 BGBl 1983/175
44 BGBl 1983/611
45 BGBl 1984/203 (DFB)
46 BGBl 1984/296
47 BGBl 1984/490
48 BGBl 1986/212
49 BGBl 1987/285
50 BGBl 1987/640
51 BGBl 1988/125 (DFB)
52 BGBl 1988/341
53 BGBl 1988/684
54 BGBl 1988/685
55 BGBl 1990/445
56 BGBl 1991/565
57 BGBl 1992/276
58 BGBl 1992/470
59 BGBl 1992/868
60 BGBl 1993/508
61 BGBl 1993/532
62 BGBl 1994/268
63 BGBl 1994/504
64 BGBl 1994/506
65 BGBl 1994/819 (DFB)
66 BGBl 1994/1013
67 BGBl 1996/392
68 BGBl 1996/437
69 BGBl 1996/659
70 BGBl I 1997/2
71 BGBl I 1997/64
72 BGBl I 1997/82 (DFB)
73 BGBl I 1997/87
74 BGBl I 1998/30
75 BGBl I 1998/35 (DFB)
76 BGBl I 1998/68
77 BGBl I 1998/83
78 BGBl I 1999/8
79 BGBl I 1999/148
80 BGBl I 1999/194 (DFB)
81 BGBl I 2000/68
82 BGBl I 2000/114
83 BGBl I 2001/121
84 BGBl I 2002/99
85 BGBl I 2003/90
86 BGBl I 2003/100
87 BGBl I 2004/118
88 BGBl I 2004/153
89 BGBl I 2005/31
90 BGBl I 2005/54
91 BGBl I 2005/81
92 BGBl I 2005/100
93 BGBl I 2005/106
94 BGBl I 2005/121
95 BGBl I 2007/5
96 BGBl I 2007/27
97 BGBl I 2008/1
98 BGBl I 2008/2
99 BGBl I 2009/31
100 BGBl I 2009/47
101 BGBl I 2009/106
102 BGBl I 2009/127
103 BGBl I 2010/50
104 BGBl I 2010/57
105 BGBl I 2010/98
106 BGBl I 2011/43
107 BGBl I 2011/58
108 BGBl I 2011/60
109 BGBl I 2012/1
110 BGBl I 2012/12
111 BGBl I 2012/49
112 BGBl I 2012/51

113 BGBl I 2012/65
114 BGBl I 2013/59
115 BGBl I 2013/114
116 BGBl I 2013/115
117 BGBl I 2013/164
118 BGBl I 2014/101
119 BGBl I 2014/102
120 BGBl I 2016/41
121 BGBl I 2016/62
122 BGBl I 2016/106
123 BGBl I 2017/138
124 BGBl I 2018/22
125 BGBl I 2019/14
126 BGBl I 2019/57

Gliederung

„Bundes-Verfassungsgesetz (B-VG)“

(BGBl 1994/1013)

**„Erstes Hauptstück
Allgemeine Bestimmungen. Europäische Union“**

(BGBl 1994/1013)

„A. Allgemeine Bestimmungen“

(BGBl 1994/1013)

Artikel 1. Österreich ist eine demokratische Republik. Ihr Recht geht vom Volk aus.[1)2)3)]

Artikel 2. (1)[1)] Österreich ist ein Bundesstaat.

(2) Der Bundesstaat wird gebildet aus den selbständigen Ländern: Burgenland[2)], Kärnten, Niederösterreich, Oberösterreich, Salzburg, Steiermark, Tirol, Vorarlberg, Wien[3)].

(3) Änderungen im Bestand der Länder oder eine Einschränkung der in diesem Absatz und in Art. 3 vorgesehenen Mitwirkung der Länder be-

---

Zu Artikel 1:

[1)] Art 1 enthält eine grundlegende Aussage über die *Staats- und Regierungsform* Österreichs. Ferner wird in Art 1 der Staatsname, nämlich „Österreich“, festgesetzt (vgl Art 1 des G über die Staatsform StGBl 1919/484).
Zur Staatsform (*Republik*) beachte allgemein Art 60 Abs 6 und Art 68 iVm Art 142, sowie im Besonderen den I. Abschn (§§ 1 bis 4) des HabsbG (3a/1) und Art 10 Z 2 StV Wien (4/3).
Zur Regierungsform (*Demokratie*) im Allgemeinen beachte Art 7; Art 2 und Art 3 StGG (2a/1); Art 66 und Art 67 StV St. Germain (2a/4); Art 6 und Art 7 Z 1 und 4 StV Wien (4/3). Vgl auch Art 18, Art 26, Art 32 Abs 1, Art 41 Abs 2, Art 43 und Art 44 Abs 3, Art 49b, Art 60, Art 91, Art 95, Art 116a Abs 3, Art 117 Abs 1 lit a und Abs 2 und Art 120c Abs 1; Art I UnabhErkl (4/1); Art 1, Art 6, Art 8, Art 9 und Art 10 Z 1 StV Wien (4/3); Art 3 1. ZPEMRK (2b/2).
Zur *(Mehr-)Parteiendemokratie* im Besonderen beachte § 1 PartG (7/1), das VerbotsG (7/1a) und Art 9 und Art 10 Z 1 StV Wien (4/3).

[2)] Zur *Souveränität und Unabhängigkeit Österreichs* beachte Art I UnabhErkl (4/1); Art 1 bis 4 StV Wien (4/3).
Zur immerwährenden *Neutralität* beachte das BVG Neutralität (5a/1), heute aber auch Art 23j.

[3)] Staatszielbestimmungen enthalten Art 7 Abs 1 letzter Satz (*Gleichbehandlung von behinderten und nichtbehinderten Menschen*), Art 7 Abs 2 (*tatsächliche Gleichstellung von Mann und Frau*), Art 8 Abs 2 (*Volksgruppen*), Art 9a Abs 1 und 2 (*umfassende Landesverteidigung*), Art 13 Abs 2 (*Sicherstellung des gesamtwirtschaftlichen Gleichgewichtes bei der Haushaltsführung*), Art 13 Abs 3 (*tatsächliche Gleichstellung von Frauen und Männern bei der Haushaltsführung*), Art 14 Abs 5a und Art 14a Abs 7 (*Grundwerte und Ziele der Schule*), Art 120a Abs 2 (*Anerkennung der Rolle der Sozialpartner*), Art I Abs 3 BVG Rundfunk (2c/31) (*Rundfunk als öffentliche Aufgabe*) und das BVG Staatsziele (3a/9) (*Nachhaltigkeit, Tierschutz, umfassender Umweltschutz, Sicherstellung der Wasser- und Lebensmittelversorgung und Forschung*). Beachte auch das BVG Atomfreiheit (3a/7).

Zu Artikel 2:

[1)] Entsprechend der programmatischen Erklärung des Art 2 Abs 1 ist Österreich durch das B-VG als *Bundesstaat* eingerichtet (vgl den Titel des B-VG 1920). Der bundesstaatliche Charakter Österreichs ergibt sich insb aus den Art 10 bis 15 und den §§ 3, 4, 7, 8 und 11 F-VG (13a/1) (Aufteilung der Gesetzgebung und Vollziehung zwischen dem Bund und den Ländern) sowie den Art 34 ff, Art 42 und Art 44 Abs 2 (Beteiligung der Länder an der Gesetzgebung des Bundes durch das Organ BR) (vgl VfSlg 2455/1952). Zu den sich aus dem Unionsrecht ergebenden oder mit diesem in Zusammenhang stehenden Zuständigkeiten des BR siehe insb Art 23c Abs 5, Art 23e Abs 1, 2 und 4, Art 23f Abs 1, 2 und 4, Art 23g bis Art 23i, Art 23j Abs 1 letzter Satz und Art 50 Abs 4.
Laut VfSlg 11.403/1987 zählt auch das System der mittelbaren Bundesverwaltung zu den „wesentlichen Elementen der Realisierung des bundesstaatlichen Baugesetzes“. Wie der VfGH jedoch im Erkenntnis VfSlg 1030/1928 (vgl auch VfSlg 2455/1952, 3362/1958, 4413/1963, 7593/1975, 15.986/2000) zutreffend erkannt hat, entspricht es, im Gegenteil, der Idee des Bundesstaates, dass der Bund ebenso wie die Länder die ihnen übertragenen Funktionen durch ihre eigenen Organe besorgen. Dieser *Grundsatz der Trennung der Gesetzgebungs- und Vollziehungsbereiche des Bundes und der Länder* ist allerdings durch verschiedene bundesverfassungsgesetzliche Ausnahmen eingeschränkt bzw modifiziert; siehe
– für den Bereich der Bundesgesetzgebung zB Art 2 Abs 3, Art 3 Abs 3 und Art 15 Abs 4 (paktierte Gesetzgebung), Art 3 Abs 2, Art 14b Abs 4, Art 94 Abs 2, Art 102 Abs 1 und 4, Art 113 Abs 4 und 10, Art 130 Abs 2, Art 131 Abs 4 und Art 135 Abs 1 (Zustimmungsrechte der Länder) und Art 21 Abs 4 (wechselseitige Informationspflicht des Bundes und der Länder);
– für den Bereich der Bundesvollziehung insb Art 102 Abs 1 (mittelbare Bundesverwaltung) und Art 119 (übertragener Wirkungsbereich der Gemeinde) sowie zB § 13 Abs 6 NAG (Zustimmungsrecht des betroffenen Landes), Art 10 Abs 2, Art 14a Abs 5 und Art 118 Abs 7 (Zustimmungsrechte der LReg), Art 10 Abs 3 (Stellungnahmerecht der Länder), Art 23c Abs 4 (Vorschlagsrechte der Länder), Art 78b Abs 2 (Bestellung des Landespolizeidirektors durch den BMI im Einvernehmen mit dem LH) und Art 78b Abs 3 (Pflicht des BMI, bestimmte dem Landespolizeidirektor erteilte Weisungen dem LH mitzuteilen);
– für den Bereich der Landesgesetzgebung zB Art 94 Abs 2, Art 97 Abs 2 und Art 131 Abs 5 sowie § 9, § 11 Abs 3 und § 14 F-VG (13a/1) (Zustimmungs- und Einspruchsrechte der BReg), Art 10 Abs 2, Art 14 Abs 2, Art 14a Abs 3, Art 15 Abs 6, Art 16 Abs 4 und Art 23d Abs 5 (Devolution) und Art 21 Abs 4 (wechselseitige Informationspflicht des Bundes und der Länder) sowie Art 3 Abs 3 (paktierte Gesetzgebung der betroffenen Länder);
– für den Bereich der Landesvollziehung zB Art 15 Abs 3, Art 97 Abs 2 und Art 118 Abs 7 sowie § 11 Abs 3 F-VG (Vollziehung durch Bundesbehörden und -organe), Art 16 Abs 2 und Art 118 Abs 7 (Zustimmungsrechte der BReg), Art 11 Abs 7, Art 14 Abs 8, Art 14a Abs 6, Art 15 Abs 2 und 8 und Art 16 Abs 5 (Aufsichts- und Überwachungsrechte des Bundes) sowie Art 16 Abs 3 und 4 und Art 23d Abs 5 (Devolution).

[2)] Zur Aufnahme des Bgld in den Bund siehe § 12 ÜG 1920 und das 1. Burgenland-BVG; vgl auch das Venediger Protokoll BGBl 1922/138. Zur Wiedererrichtung des Bgld im Jahr 1945 siehe das BurgenlandG.

[3)] Zur Bildung des selbständigen Landes Wien siehe Art 114 B-VG 1920 (vgl auch Art 2 Abs 2, Art 3 Abs 3 und Abschn B des vierten Hauptstückes des B-VG 1920) und die sog TrennungsG Wr LGBl 1921/153, NÖ LGBl 1921/346.

dürfen auch verfassungsgesetzlicher Regelungen der Länder. *(BGBl I 2008/2)*

Artikel 3. (1) Das Bundesgebiet umfasst die Gebiete der Bundesländer.[1] *(BGBl I 2003/100)*

(2) Staatsverträge, mit denen die Bundesgrenzen geändert werden, dürfen nur mit Zustimmung der betroffenen Länder abgeschlossen werden. *(BGBl I 2008/2)*

(3) Grenzänderungen innerhalb des Bundesgebietes bedürfen übereinstimmender Gesetze des Bundes und der betroffenen Länder.[2)3)] Für Grenzbereinigungen innerhalb des Bundesgebietes genügen übereinstimmende Gesetze der betroffenen Länder. *(BGBl I 2008/2)*

(4) Sofern es sich nicht um Grenzbereinigungen handelt, bedürfen Beschlüsse des Nationalrates über Grenzänderungen gemäß Abs. 2 und 3 der Anwesenheit von mindestens der Hälfte der Mitglieder und einer Mehrheit von zwei Dritteln der abgegebenen Stimmen. *(BGBl I 2008/2)*

Artikel 4. (1) Das Bundesgebiet bildet ein einheitliches Währungs-, Wirtschafts- und Zollgebiet.[1]

(2) Innerhalb des Bundes dürfen Zwischenzolllinien oder sonstige Verkehrsbeschränkungen nicht errichtet werden. *(BGBl I 2003/100)*

Artikel 5. (1) Bundeshauptstadt und Sitz der obersten Organe des Bundes ist Wien.[1]

(2) Für die Dauer außergewöhnlicher Verhältnisse kann der Bundespräsident auf Antrag der Bundesregierung den Sitz oberster Organe des Bundes in einen anderen Ort des Bundesgebietes verlegen.[2]

Zu Artikel 3:

[1] Zu den *Grenzen der Republik Österreich* siehe die Art 27, 29, 49 und 50 StV St. Germain und das Venediger Protokoll BGBl 1922/138; vgl Art 5 StV Wien (4/3). Es bestehen zahlreiche StV betreffend den Verlauf oder die Änderung des Verlaufes der Staatsgrenze.

[2] Es bestehen zahlreiche solche BG.

[3] Sog *paktierte (Verfassungs-)Gesetzgebung.*

Zu Artikel 4:

[1] Vgl § 7 Abs 4 und § 8 Abs 4 F-VG (13a/1).

Zu Artikel 5:

[1] Vgl Art 25 Abs 1 (NR), Art 36 Abs 3 (BR), Art 38 (BVslg), Art 147 Abs 2 (VfGH) und Art 148g Abs 1 (VA).

[2] Vgl auch Art 18 Abs 3 bis 5, Art 25 Abs 2, Art 55 Abs 3, Art 79 Abs 5, Art 97 Abs 3 und 4 und Art 102 Abs 5.

Artikel 6. (1) Für die Republik Österreich besteht eine einheitliche Staatsbürgerschaft[1).2)].

(2) Jene Staatsbürger, die in einem Land den Hauptwohnsitz[3] haben, sind dessen Landesbürger[4]; die Landesgesetze können jedoch vorsehen, dass auch Staatsbürger, die in einem Land einen Wohnsitz[5], nicht aber den Hauptwohnsitz[3] haben, dessen Landesbürger[4] sind. *(BGBl 1994/504; BGBl I 2003/100)*

(3) Der Hauptwohnsitz einer Person ist dort begründet, wo sie sich in der erweislichen oder aus den Umständen hervorgehenden Absicht niedergelassen hat, hier den Mittelpunkt ihrer Lebensbeziehungen zu schaffen; trifft diese sachliche Voraussetzung bei einer Gesamtbetrachtung der beruflichen, wirtschaftlichen und gesellschaftlichen Lebensbeziehungen einer Person auf mehrere Wohnsitze[5] zu, so hat sie jenen als Hauptwohnsitz zu bezeichnen, zu dem sie das überwiegende Naheverhältnis hat.[6] *(BGBl 1994/504, Übergangsrecht siehe Art 151 Abs 9)*

(4) In den Angelegenheiten der Durchführung der Wahl des Bundespräsidenten, von Wahlen zu den allgemeinen Vertretungskörpern[7] und zum Europäischen Parlament, der Wahl des Bürgermeisters durch die zur Wahl des Gemeinderates Berechtigten, in den Angelegenheiten der Durchführung von Volksbegehren, Volksabstimmungen und Volksbefragungen auf Grund der Bundesverfassung oder einer Landesverfassung sowie in den Angelegenheiten der unmittelbaren Mitwirkung der zum Gemeinderat Wahlberechtigten an der Besorgung der Angelegenheiten des eigenen Wirkungsbereiches der Gemeinde gelten für die Dauer einer Festnahme oder Anhaltung im Sinne des Bundesverfassungsgesetzes über den Schutz der persönlichen Freiheit, BGBl. Nr. 684/1988,[8] die letzten, außerhalb des Ortes einer Festnahme oder Anhaltung gelegenen Wohnsitze[5] und der letzte, außerhalb des Ortes einer Festnahme oder Anhaltung gelegene Hauptwohnsitz[3] vor der Festnahme oder Anhaltung als Wohnsitze[5] beziehungsweise Hauptwohnsitz[3] der festgenommenen oder angehaltenen Person. *(BGBl I 2013/115)*

(BGBl 1988/685)

B-VG

Zu Artikel 6:

[1] Vgl Art 11 Abs 1 Z 1.

[2] Vgl auch die Art 20 ff AEUV (21/2) betreffend die Unionsbürgerschaft.

[3] Siehe die Definition des Abs 3.

[4] Vgl auch Art 95 Abs 1.

[5] Siehe § 1 Abs 6 MeldeG.

[6] Vgl auch § 1 Abs 7 MeldeG.

[7] Siehe FN 19 zu Art 20.

[8] Abgedruckt unter 2a/11.

Artikel 7.[1)] (1) Alle „Staatsbürger"** sind vor dem Gesetz gleich. Vorrechte der Geburt[2)], des Geschlechtes[3)], des Standes, der Klasse und des Bekenntnisses[4)] sind ausgeschlossen.[5)] „Niemand darf wegen seiner Behinderung benachteiligt werden. Die Republik (Bund, Länder und Gemeinden) bekennt sich dazu, die Gleichbehandlung von behinderten und nichtbehinderten Menschen in allen Bereichen des täglichen Lebens zu gewährleisten."* *(*BGBl I 1997/87; **BGBl I 2003/100)*

(2) Bund, Länder und Gemeinden bekennen sich zur tatsächlichen Gleichstellung von Mann und Frau. Maßnahmen zur Förderung der faktischen Gleichstellung von Frauen und Männern insbesondere durch Beseitigung tatsächlich bestehender Ungleichheiten sind zulässig.[3)] *(BGBl I 1998/68, ab 16. Mai 1998)*

(3) Amtsbezeichnungen[6)] können in der Form verwendet werden, die das Geschlecht des Amtsinhabers oder der Amtsinhaberin zum Ausdruck bringt. Gleiches gilt für Titel[7)], akademische Grade[8)] und Berufsbezeichnungen[9)]. *(BGBl I 1998/68, ab 16. Mai 1998)*

„(4)"* Den „öffentlich"** Bediensteten[10)], einschließlich der Angehörigen des Bundesheeres[11)], ist die ungeschmälerte Ausübung ihrer politischen Rechte gewährleistet.[12)] *(BGBl 1974/444; *BGBl I 1998/68, ab 16. Mai 1998; **BGBl I 2013/114)*

Artikel 8. (1) Die deutsche Sprache ist, unbeschadet der den sprachlichen Minderheiten bundesgesetzlich eingeräumten Rechte,[1)] die Staatssprache[2)] der Republik.[3)]

(2) Die Republik (Bund, Länder und Gemeinden) bekennt sich zu ihrer gewachsenen sprachlichen und kulturellen Vielfalt, die in den autochthonen Volksgruppen[4)] zum Ausdruck kommt. Sprache und Kultur, Bestand und Erhaltung dieser Volksgruppen[4)] sind zu achten, zu sichern und zu fördern.[5)]

(3) Die Österreichische Gebärdensprache ist als eigenständige Sprache anerkannt. Das Nähere bestimmen die Gesetze. *(BGBl I 2005/81)*

(BGBl I 2000/68; BGBl I 2003/100)

Artikel 8a.[1)] (1) Die Farben der Republik Österreich sind rot-weiß-rot. Die Flagge besteht aus drei gleichbreiten waagrechten Streifen, von denen der mittlere weiß, der obere und der untere rot sind.

(2) Das Wappen der Republik Österreich (Bundeswappen) besteht aus einem freischwebenden, einköpfigen, schwarzen, golden gewaffneten und rot bezungten Adler, dessen Brust mit einem roten, von einem silbernen Querbalken durchzogenen Schild belegt ist. Der Adler trägt auf seinem Haupt eine goldene Mauerkrone mit drei sichtbaren Zinnen. Die beiden Fänge umschließt eine gesprengte Eisenkette. Er trägt im rechten Fang eine goldene Sichel mit einwärts gekehrter

Zu Artikel 7:

[1)] Vgl auch Art 2 und Art 3 StGG (2a/1); Art 66 Abs 1 und Art 67 StV St. Germain (2a/4); Art 6 und Art 7 Z 1 und 4 StV Wien (4/3); Art 14 EMRK (2b/1); Art 20 f EUGRC (21/3).

[2)] Siehe das – gemäß Art 149 Abs 1 als VG iSd Art 44 Abs 1 geltende – AdelsaufhG (3a/2).

[3)] Zur Gleichbehandlung von Mann und Frau beachte Abs 2 zweiter Satz; das BVG Altersgrenzen (3a/4); das – vom NR als „verfassungsändernd" genehmigte – Übereinkommen über die politischen Rechte der Frau BGBl 1969/256 idF BGBl III 2000/182 (Zurückziehung des österreichischen Vorbehalts zu Art III) und die Konvention zur Beseitigung jeder Form von Diskriminierung der Frau BGBl 1982/443 idF BGBl III 2000/183, BGBl III 2006/154 und BGBl III 2015/82 (Zurückziehung der österreichischen Vorbehalte zu Art 7 lit b und Art 11) sowie das Fakultativprotokoll BGBl III 2000/206 dazu.

[4)] Vgl insb Art 66 Abs 1 bis 3 StV St. Germain (2a/4).

[5)] Zur rassischen Diskriminierung beachte Art 63 Abs 1, Art 66 Abs 1 und Art 67 StV St. Germain (2a/4); Art I Abs 1 RassDiskrBVG (2a/7); Art 14 EMRK (2b/1).

[6)] Siehe zB § 12 GOG-NR (9/1); § 1 Abs 1 GO-BR.

[7)] Siehe insb § 63 BDG und Art 65 Abs 2 lit a und b.

[8)] Siehe insb § 51 Abs 2 Z 10, 11, 14 und 23 sowie § 87 f UG.

[9)] Siehe zB § 20 Abs 2 GewO.

[10)] Vgl auch Art 21 Abs 4, Art 23b Abs 1, Art 59a, Art 59b, Art 95 Abs 5, Art 130 Abs 2 Z 3 und Art 131 Abs 2.

[11)] Siehe heute § 1 Abs 2 bis 5 WG.

[12)] Beachte jedoch § 2 und § 6a Abs 2 Unv-Tr-G (10/4). Vgl Art 59a, Art 59b und Art 95 Abs 5; vgl auch Art 23b Abs 1 und 2.

Zu Artikel 8:

[1)] Siehe im Jahr 1920 Art 19 StGG (2a/1) und Art 66 bis 68 StV St. Germain (2a/4), heute auch Art 7 StV Wien (4/3); Abschn V (§§ 13 bis 22) des VoGrG (2c/51), § 13 Abs 13 BFGG und § 7 VolksanwG (18/1); § 7 MinSchulG-Ktn (2c/52) und § 1 MinSchulG-Bgld (2c/53).

[2)] Vgl 53 Abs 1 Geo; § 105 GOG-NR (9/1); § 27 Abs 1 GO-BR; § 1 BGBlG (11a/1); § 16 Abs 1 SchUG und § 17 Abs 1 SchUG-BKV. Beachte jedoch § 27 Abs 2 GO-BR; § 16 Abs 2 ff SchUG und § 17 Abs 2 ff SchUG-BKV. Beachte ferner Art 4 Abs 6 PersFrBVG (2a/11) und Art 5 Abs 2 und Art 6 Abs 3 lit a und e EMRK (2b/1), aber auch § 56 StPO; § 39a AVG; § 14 Abs 2, § 15 Abs 4, § 17 Abs 9, § 22 Abs 1, 2 und 4, § 23 Abs 9, § 29 Abs 6 Z 2, § 35 Abs 3 und 55 Abs 5 AsylG; § 40 Abs 1, § 58 Abs 3, § 59 Abs 1, § 76 Abs 3 und § 100 Abs 1 FPG; § 7 VolksanwG (18/1).

[3)] Vgl Art 66 Abs 4 iVm Art 62 StV St. Germain (2a/4).

[4)] Vgl § 1 Abs 2 VoGrG (2c/51).

[5)] Vgl § 1 Abs 1 VoGrG (2c/51).

Zu Artikel 8a:

[1)] Beachte ferner das BG über den österreichischen Nationalfeiertag (5b/2) und das BHymG (5b/3).

Schneide, im linken Fang einen goldenen Hammer.

(3) Nähere Bestimmungen, insbesondere über den Schutz der Farben und des Wappens sowie über das Siegel der Republik werden durch Bundesgesetz getroffen.[2]

(BGBl I 2003/100)

Artikel 9. „(1)" Die allgemein anerkannten Regeln des Völkerrechtes gelten als Bestandteile des Bundesrechtes. *(BGBl 1981/350)*

(2) Durch Gesetz oder durch einen gemäß Art. 50 Abs. 1 genehmigten Staatsvertrag[1] können einzelne Hoheitsrechte auf andere Staaten oder zwischenstaatliche Einrichtungen übertragen werden. In gleicher Weise können die Tätigkeit von Organen anderer Staaten oder zwischenstaatlicher Einrichtungen im Inland und die Tätigkeit österreichischer Organe im Ausland geregelt sowie die Übertragung einzelner Hoheitsrechte anderer Staaten oder zwischenstaatlicher Einrichtungen auf österreichische Organe vorgesehen werden. Dabei kann auch vorgesehen werden, dass österreichische Organe der Weisungsbefugnis der Organe anderer Staaten oder zwischenstaatlicher Einrichtungen oder diese der Weisungsbefugnis österreichischer Organe unterstellt werden. *(BGBl I 2008/2)*

Artikel 9a. (1) Österreich bekennt sich zur umfassenden Landesverteidigung[1]. Ihre Aufgabe ist es, die Unabhängigkeit nach außen sowie die Unverletzlichkeit und Einheit des Bundesgebietes zu bewahren, insbesondere zur Aufrechterhaltung und Verteidigung der immerwährenden Neutralität[2]. Hiebei sind auch die verfassungsmäßigen Einrichtungen und ihre Handlungsfähigkeit sowie die demokratischen Freiheiten der Einwohner[3] vor gewaltsamen Angriffen von außen zu schützen und zu verteidigen.

(2) Zur umfassenden Landesverteidigung[1] gehören die militärische[4], die geistige, die zivile und die wirtschaftliche Landesverteidigung.

(3) Jeder männliche Staatsbürger ist wehrpflichtig.[5] Staatsbürgerinnen können freiwillig Dienst im Bundesheer als Soldatinnen leisten und haben das Recht, diesen Dienst zu beenden.[6] *(BGBl I 2005/106)*

(4) Wer die Erfüllung der Wehrpflicht aus Gewissensgründen verweigert und hievon befreit wird, hat die Pflicht, einen Ersatzdienst (Zivildienst) zu leisten.[7] *(BGBl I 2005/106)*

(BGBl 1975/368; BGBl I 2003/100)

Artikel 10. (1)[1] Bundessache ist die Gesetzgebung und die Vollziehung in folgenden Angelegenheiten:

1. Bundesverfassung, insbesondere Wahlen zum Nationalrat, „und Volksbegehren, Volksabstimmungen und Volksbefragungen"** auf Grund der Bundesverfassung; Verfassungsgerichtsbarkeit;[2] „Verwaltungsgerichtsbarkeit[3] mit Ausnahme der Organisation der Verwaltungsgerichte der Länder;"* *(*BGBl I 2012/51; **BGBl I 2013/115)*

1a. Wahlen zum Europäischen Parlament; Europäische Bürgerinitiativen; *(BGBl I 2012/12)*

2. äußere Angelegenheiten mit Einschluss der politischen und wirtschaftlichen Vertretung gegenüber dem Ausland, insbesondere Abschluss von Staatsverträgen, unbeschadet der Zuständigkeit der Länder nach Art. 16 Abs. 1; Grenzvermarkung; Waren- und Viehverkehr mit dem Ausland; Zollwesen; *(BGBl 1988/685; BGBl I 2003/100)*

3. Regelung und Überwachung des Eintrittes in das Bundesgebiet und des Austrittes aus ihm; „Ein- und Auswanderungswesen einschließlich des Aufenthaltsrechtes aus berücksichtigungswürdigen Gründen"**; Passwesen; „Aufenthaltsverbot, Ausweisung und Abschiebung; Asyl; Auslieferung;"* *(BGBl I 2003/100; *BGBl I 2008/2; **BGBl I 2012/51)*

4. Bundesfinanzen, insbesondere öffentliche Abgaben, die ausschließlich oder teilweise für den Bund einzuheben sind;[4] Monopolwesen;[5]

---

[2] Siehe das WappG (5b/1) und § 248 Abs 2 StGB.

Zu Artikel 9:

[1] Es bestehen zahlreiche solche StV.

Zu Artikel 9a:

[1] Vgl die vom NR am 10. Juni 1975 – dem Tag der Beschlussfassung der B-VGNov BGBl 1975/368 – angenommene, allgemein als „Verteidigungsdoktrin" bezeichnete Entschl (AB 1643 BlgNR 13. GP, 3 f).

[2] Siehe das BVG Neutralität (5a/1).

[3] Vgl Art 79 Abs 2 Z 1 lit a. Vgl aber auch Art 52a Abs 1 und § 20 iVm § 22 Abs 1 Z 2 SPG.

[4] Siehe Art 79 Abs 1 und § 2 Abs 1 lit a WG.

[5] *Allgemeine Wehrpflicht.* Siehe § 1 Abs 2 und § 10 WG.

[6] Siehe die §§ 37 bis 40 WG. Beachte § 39 Abs 2a WG.

[7] Siehe das ZDG, insb dessen § 1 (2c/11).

Zu Artikel 10:

[1] Beachte § 10 Abs 2 WhbFBeitrEinhG; § 19b BAG (3b/6); Art I SchBhG (3b/10); Art I Abs 1 PreisG (3b/19); § 1 AnmeldeG Irak (3b/20); § 1 AMA-G (3b/21); Art I Abs 1 VerssG (3b/22) (bis 31. Dezember 2026); Art I Abs 1 PreisTrG (3b/23); Art I Abs 1 LMBG (3b/30) (bis 31. Dezember 2026); Art I BauKG (3b/36); § 49 Abs 1 und § 62 Abs 5 BMSVG (3b/41); § 1 MOG (3b/49); § 1 KWK-G (3b/50); § 1 ElWOG (3b/51); § 1 Abs 1 E-ControlG (3b/52); § 1 ÖSG (3b/53); § 1 GWG (3b/54); § 1 AkkG (3b/55); § 3 LobbyG (3b/56); § 1 EBG (3b/57); § 1 EnLG (3b/58); Art I Abs 1 SKG (3b/59); § 1 BPNG (3b/60); § 1 EEffG (3b/62); § 1 KPG (3b/63). Beachte ferner § 2 DSG (3b/38) (bis 31. Dezember 2019).

[2] Beachte Art 148.

[3] Beachte Art 136.

[4] Vgl § 7 Abs 1 F-VG (13a/1).

[5] Beachte Art II B-VGNov 1974 (1a/5).

B-VG

5. Geld-, Kredit-, Börse- und Bankwesen; Maß- und Gewichts-, Normen- und Punzierungswesen;

6. Zivilrechtswesen einschließlich des wirtschaftlichen Assoziationswesens, jedoch mit Ausschluss von Regelungen, die den Grundstücksverkehr für Ausländer und den Verkehr mit bebauten oder zur Bebauung bestimmten Grundstücken verwaltungsbehördlichen Beschränkungen unterwerfen, einschließlich des Rechtserwerbes von Todes wegen durch Personen, die nicht zum Kreis der gesetzlichen Erben gehören;[6)] Privatstiftungswesen; Strafrechtswesen mit Ausschluss des Verwaltungsstrafrechtes und des Verwaltungsstrafverfahrens in Angelegenheiten, die in den selbständigen Wirkungsbereich der Länder fallen; Justizpflege; Einrichtungen zum Schutz der Gesellschaft gegen verbrecherische oder sonstige gefährliche Personen; „ “* Urheberrecht; Pressewesen; Enteignung, soweit sie nicht Angelegenheiten betrifft, die in den selbständigen Wirkungsbereich der Länder fallen; Angelegenheiten der Notare, der Rechtsanwälte und verwandter Berufe; *(BGBl 1993/508; BGBl I 2003/100; *BGBl I 2008/2)*

Fassung ab 1. 1. 2020 (BGBl I 2019/14):
6. Zivilrechtswesen einschließlich des wirtschaftlichen Assoziationswesens, jedoch mit Ausschluss von Regelungen, die den Grundstücksverkehr für Ausländer und den Verkehr mit bebauten oder zur Bebauung bestimmten Grundstücken verwaltungsbehördlichen Beschränkungen unterwerfen, einschließlich des Rechtserwerbes von Todes wegen durch Personen, die nicht zum Kreis der gesetzlichen Erben gehören;[6)] Privatstiftungswesen; Strafrechtswesen mit Ausschluss des Verwaltungsstrafrechtes und des Verwaltungsstrafverfahrens in Angelegenheiten, die in den selbständigen Wirkungsbereich der Länder fallen; Justizpflege; Einrichtungen zum Schutz der Gesellschaft gegen verbrecherische oder sonstige gefährliche Personen; „ “* Urheberrecht; Pressewesen; Enteignung, soweit sie nicht Angelegenheiten betrifft, die in den selbständigen Wirkungsbereich der Länder fallen; Angelegenheiten der Notare, der Rechtsanwälte und verwandter Berufe; „außergerichtliche Vermittlung von Streitigkeiten in den Angelegenheiten des Zivilrechtswesens und des Strafrechtswesens;“** *(BGBl 1993/508; BGBl I 2003/100; *BGBl I 2008/2; **BGBl I 2019/14)*

7. „Aufrechterhaltung der öffentlichen Ruhe, Ordnung und Sicherheit einschließlich der ersten allgemeinen Hilfeleistung[7)], jedoch mit Ausnahme der örtlichen Sicherheitspolizei[8)];[9)]“ Vereins- und Versammlungsrecht; Personenstandsangelegenheiten einschließlich des Matrikenwesens und der Namensänderung; Fremdenpolizei und Meldewesen; Waffen-, Munitions- und Sprengmittelwesen, Schießwesen; *(BGBl 1991/565)*

8. Angelegenheiten des Gewerbes und der Industrie;[10)] öffentliche Agentien und Privatgeschäftsvermittlungen; Bekämpfung des unlauteren Wettbewerbes; „Kartellrecht;“ Patentwesen sowie Schutz von Mustern, Marken und anderen Warenbezeichnungen; Angelegenheiten der Patentanwälte; Ingenieur- und Ziviltechnikerwesen; Kammern für Handel, Gewerbe und Industrie;[11)] Einrichtung beruflicher Vertretungen, soweit sie sich auf das ganze Bundesgebiet erstrecken, mit Ausnahme solcher auf land- und forstwirtschaftlichem Gebiet;[12)] *(BGBl I 2012/51)*

9. Verkehrswesen bezüglich der Eisenbahnen und der Luftfahrt sowie der Schifffahrt, soweit diese nicht unter Art. 11 fällt;[13)] Kraftfahrwesen; Angelegenheiten der wegen ihrer Bedeutung für den Durchzugsverkehr durch Bundesgesetz als Bundesstraßen erklärten Straßenzüge außer der Straßenpolizei;[14)] Strom- und Schifffahrtspolizei, soweit sie nicht unter Art. 11 fällt;[13)] Post- und Fernmeldewesen; „ „Umweltverträglichkeitsprüfung für Bundesstraßen und Eisenbahn-Hochleistungsstrecken, bei denen mit erheblichen Auswirkungen auf die Umwelt zu rechnen ist“**;[15)]“* *(BGBl 1974/444; *BGBl 1993/508; BGBl I 2003/100; **BGBl I 2004/153)*

10. Bergwesen; Forstwesen[16)] einschließlich des Triftwesens; Wasserrecht; Regulierung und Instandhaltung der Gewässer zum Zweck der unschädlichen Ableitung der Hochfluten oder zum Zweck der Schifffahrt und Flößerei; Wildbachverbauung; Bau und Instandhaltung von Wasserstraßen; Normalisierung und Typisierung elektrischer Anlagen und Einrichtungen, Sicherheitsmaßnahmen auf diesem Gebiet;[17)] Starkstromwegerecht, soweit sich die Leitungsanlage auf zwei oder mehrere Länder erstreckt; Dampfkessel- und

---

6) Beachte Art 14b; Art VII B-VGNov 1974 (1a/5); Art VII Abs 1 B-VGNov 1988 (1a/10); § 8 StellenbesG (3b/34); § 3 LobbyG (3b/56).

7) Vgl Art 78a Abs 2.

8) Siehe Art 15 Abs 2. Vgl Art 118 Abs 3 Z 3.

9) Beachte Art VIII B-VGNov 1974 (1a/5) (vgl VfSlg 1478/1932); Art IV B-VGNov 1988 (1a/10) (vgl VfSlg 9337/1982).

10) Beachte Art III B-VGNov 1974 (1a/5) (vgl VfSlg 7074/1973); § 1 Abs 3 GelverkG (3b/28).

11) Beachte Art VI B-VGNov 1988 (1a/10); Art IV Abs 1 8. HKGNov (3b/15).

12) Siehe Art 11 Abs 1 Z 2 und Art 15 Abs 1.

13) Siehe Art 11 Abs 1 Z 6.

14) Siehe Art 11 Abs 1 Z 4.

15) Vgl Art 11 Abs 1 Z 7.

16) Beachte § 16 Abs 5 ForstG (3b/9).

17) Siehe Art 12 Abs 1 Z 5. Beachte § 8 Abs 1 ETG (3b/25) (vgl VfSlg 10.831/1986, 17.022/2003).

Kraftmaschinenwesen; Vermessungswesen; *(BGBl I 2003/100)*

11. Arbeitsrecht, soweit es nicht unter Art. 12 fällt;[18] Sozial- und Vertragsversicherungswesen; „Pflegegeldwesen;“* „Sozialentschädigungsrecht;“** „Ausbildungspflicht für Jugendliche;“*** Kammern für Arbeiter und Angestellte, mit Ausnahme solcher auf land- und forstwirtschaftlichem Gebiet;[19] *(BGBl 1974/444; BGBl I 2003/100; *BGBl I 2011/58; **BGBl I 2013/59; ***BGBl I 2016/62)*

Fassung ab 1. 1. 2020 (BGBl I 2019/14):

11. „Arbeitsrecht, soweit es nicht unter Art. 11 fällt, jedoch einschließlich des Arbeiterrechtes sowie des Arbeiter- und Angestelltenschutzes der Dienstnehmer in Sägen, Harzverarbeitungsstätten, Mühlen und Molkereien, die von land- und forstwirtschaftlichen Erwerbs- und Wirtschaftsgenossenschaften betrieben werden, sofern in diesen eine bundesgesetzlich zu bestimmende Anzahl von Dienstnehmern dauernd beschäftigt ist; für diese Dienstnehmer gelten die für die Dienstnehmer in gewerblichen Betrieben bestehenden Rechtsvorschriften;“****[18] Sozial- und Vertragsversicherungswesen; „Pflegegeldwesen;“* „Sozialentschädigungsrecht;“** „Ausbildungspflicht für Jugendliche;“*** Kammern für Arbeiter und Angestellte, mit Ausnahme solcher auf land- und forstwirtschaftlichem Gebiet „„ jedoch auch für die Dienstnehmer in Sägen, Harzverarbeitungsstätten, Mühlen und Molkereien, die von land- und forstwirtschaftlichen Erwerbs- und Wirtschaftsgenossenschaften betrieben werden, sofern in diesen eine bundesgesetzlich zu bestimmende Anzahl von Dienstnehmern dauernd beschäftigt ist“****;[19] *(BGBl 1974/444; BGBl I 2003/100; *BGBl I 2011/58; **BGBl I 2013/59; ***BGBl I 2016/62; ****BGBl I 2019/14)*

12. Gesundheitswesen mit Ausnahme des Leichen- und Bestattungswesens sowie des Gemeindesanitätsdienstes und Rettungswesens, hinsichtlich der Heil- und Pflegeanstalten, des Kurortewesens und der natürlichen Heilvorkommen jedoch nur die sanitäre Aufsicht;[20] Maßnahmen zur Abwehr von gefährlichen Belastungen der Umwelt, die durch Überschreitung von Immissionsgrenzwerten entstehen;[21] Luftreinhaltung, unbeschadet der Zuständigkeit der Länder für Heizungsanlagen; Abfallwirtschaft hinsichtlich gefährlicher Abfälle, hinsichtlich anderer Abfälle nur soweit ein Bedürfnis nach Erlassung einheitlicher Vorschriften vorhanden ist;[22] Veterinärwesen; Ernährungswesen einschließlich der Nahrungsmittelkontrolle; „Regelung des geschäftlichen Verkehrs mit Saat- und Pflanzgut, Futter-, Dünge- und Pflanzenschutzmitteln sowie mit Pflanzenschutzgeräten, einschließlich der Zulassung und bei Saat- und Pflanzgut auch der Anerkennung;“ *(BGBl 1988/685; BGBl 1990/445)*

12a. Universitäts- und Hochschulwesen sowie das Erziehungswesen betreffend Studentenheime in diesen Angelegenheiten; *(BGBl I 2017/138)*

B-VG

13. wissenschaftlicher und fachtechnischer Archiv- und Bibliotheksdienst;[23] Angelegenheiten der künstlerischen und wissenschaftlichen Sammlungen und Einrichtungen des Bundes; Angelegenheiten der Bundestheater mit Ausnahme der Bauangelegenheiten; Denkmalschutz;[24] Angelegenheiten des Kultus; Volkszählungswesen sowie – unter Wahrung der Rechte der Länder, im eigenen Land jegliche Statistik zu betreiben – sonstige Statistik, soweit sie nicht nur den Interessen eines einzelnen Landes dient; Stiftungs- und Fondswesen, soweit es sich um Stiftungen und Fonds handelt, die nach ihren Zwecken über den Interessenbereich eines Landes hinausgehen und nicht schon bisher von den Ländern autonom verwaltet wurden; *(BGBl 1984/490)*

Fassung ab 1. 1. 2020 (BGBl I 2019/14):

13. wissenschaftlicher und fachtechnischer Archiv- und Bibliotheksdienst;[23] Angelegenheiten der künstlerischen und wissenschaftlichen Sammlungen und Einrichtungen des Bundes; Angelegenheiten der Bundestheater mit Ausnahme der Bauangelegenheiten; Denkmalschutz;[24] Angelegenheiten des Kultus; Volkszählungswesen sowie – unter Wahrung der Rechte der Länder, im eigenen Land jegliche Statistik zu betreiben – sonstige Statistik, soweit sie nicht nur den Interessen eines einzelnen Landes dient; „allgemeine Angelegenheiten des Schutzes personenbezogener Daten;“ Stiftungs- und Fondswesen, soweit es sich um Stiftungen und Fonds handelt, die nach

---

[18] Beachte das BVG Landarbeiter-Sonderkompetenz (3a/3); Art V Abs 1 B-VGNov 1974 (1a/5); Art I Abs 2 8. BEinstGNov (3b/13); § 1 Abs 3 APSG (3b/17); § 13 Abs 4 BForsteG (3b/31); § 1 Abs 3 LSD-BG (3b/65).

[19] Beachte das BVG Landarbeiter-Sonderkompetenz (3a/3); Art V Abs 2 B-VGNov 1974 (1a/5); Art VI B-VGNov 1988 (1a/10); § 10 Abs 1 Z 2 und Abs 2 Z 1 AKG (3b/16).

[20] Vgl Art 12 Abs 1 Z 1.

[21] Beachte Art II B-VGNov 1983 (1a/8) und die Bund/Länder-Vereinb Immissionsgrenzwerte. Vgl Art 11 Abs 5.

[22] Sog *Bedarfs(gesetzgebungs)kompetenz* des Bundes. Beachte § 38 Abs 1, 2 und 4 AWG (3b/42).

[23] Vgl § 8 Abs 1 ÜG 1920.

[24] Beachte § 1 Abs 12 DMSG samt Anhang 2 (3b/1) (vgl VfSlg 1240/1929, 4680/1964).

ihren Zwecken über den Interessenbereich eines Landes hinausgehen und nicht schon bisher von den Ländern autonom verwaltet wurden; *(BGBl 1984/490; BGBl I 2019/14)*

14. Organisation und Führung der Bundespolizei „ “; Regelung der Errichtung und der Organisierung sonstiger Wachkörper[25] mit Ausnahme der Gemeindewachkörper[26];[27] Regelung der Bewaffnung der Wachkörper[25] und des Rechtes zum Waffengebrauch; *(BGBl I 1999/8; BGBl I 2008/2)*

15. militärische Angelegenheiten;[28] „Angelegenheiten des Zivildienstes;“* Kriegsschadenangelegenheiten „ “**; Fürsorge für Kriegsgräber; aus Anlass eines Krieges oder im Gefolge eines solchen zur Sicherung der einheitlichen Führung der Wirtschaft notwendig erscheinende Maßnahmen, insbesondere auch hinsichtlich der Versorgung der Bevölkerung mit Bedarfsgegenständen;[29] *(BGBl I 2003/100; *BGBl I 2005/106; **BGBl I 2013/59)*

16. Einrichtung der Bundesbehörden und sonstigen Bundesämter; Dienstrecht und Personalvertretungsrecht der Bundesbediensteten;[30] *(BGBl 1974/444)*

17. Bevölkerungspolitik[31], soweit sie die Gewährung von Kinderbeihilfen und die Schaffung eines Lastenausgleiches im Interesse der Familie zum Gegenstand hat „.[32]“ *(BGBl 1955/8; BGBl I 2012/12)*

Fassung ab 1. 1. 2020 (BGBl I 2019/14):
17. Bevölkerungspolitik[31] „ “** „.[32]“* *(BGBl 1955/8; *BGBl I 2012/12; **BGBl I 2019/14)*

18. *(entfällt, BGBl I 2012/12)*

(2) „In Bundesgesetzen über das bäuerliche Anerbenrecht sowie in den nach Abs. 1 Z 10 ergehenden Bundesgesetzen kann die Landesgesetzgebung ermächtigt werden, zu genau zu bezeichnenden einzelnen Bestimmungen Ausführungsbestimmungen zu erlassen.[33]“* Für diese Landesgesetze sind die Bestimmungen des Art. 15 Abs. 6 sinngemäß anzuwenden.[34] Die Vollziehung der in solchen Fällen ergehenden Ausführungsgesetze steht dem Bund zu, doch bedürfen die Durchführungsverordnungen, soweit sie sich auf die Ausführungsbestimmungen des Landesgesetzes beziehen, des vorherigen Einvernehmens mit der betreffenden Landesregierung. *(*BGBl 1974/444; BGBl I 2003/100)*

(3) Bevor der Bund Staatsverträge, die Durchführungsmaßnahmen im Sinne des Art. 16 erforderlich machen oder die den selbständigen Wirkungsbereich der Länder in anderer Weise berühren, abschließt, hat er den Ländern Gelegenheit zur Stellungnahme zu geben.[35] „Liegt dem Bund eine einheitliche Stellungnahme der Länder vor, so ist der Bund beim Abschluss des Staatsvertrages an diese Stellungnahme gebunden.[36] Der Bund darf davon nur aus zwingenden außenpolitischen Gründen abweichen; er hat diese Gründe den Ländern unverzüglich mitzuteilen.[36]“ *(BGBl 1974/444; BGBl I 2003/100; BGBl I 2008/2)*

(4) bis (6) *(entfällt, BGBl 1994/1013)*

Artikel 11. (1)[1] Bundessache ist die Gesetzgebung, Landessache die Vollziehung in folgenden Angelegenheiten:

1. Staatsbürgerschaft;[2] *(BGBl 1988/685)*

2. berufliche Vertretungen, soweit sie nicht unter Art. 10 fallen,[3] jedoch mit Ausnahme jener auf land- und forstwirtschaftlichem Gebiet sowie auf dem Gebiet des Berg- und Schiführerwesens und des in den selbständigen Wirkungsbereich der Länder fallenden Sportunterrichtswesens;[4] *(BGBl 1988/685)*

3. Volkswohnungswesen mit Ausnahme der Förderung des Wohnbaus und der Wohnhaussanierung;[5] *(BGBl 1987/640)*

4. Straßenpolizei;[6] *(BGBl 1960/148)*

5. Assanierung;[7] *(BGBl 1974/287)*

6. Binnenschifffahrt hinsichtlich der Schifffahrtskonzessionen, Schifffahrtsanlagen und Zwangsrechte an solchen Anlagen, soweit sie sich nicht auf die Donau, den Bodensee, den Neusiedlersee und auf Grenzstrecken sonstiger Grenzgewässer bezieht; Strom- und Schifffahrtspolizei auf Binnengewässern mit Ausnahme der Donau, des Bodensees, des Neusiedlersees und der

---

25) Siehe Art 78d Abs 1.
26) Vgl Art 118 Abs 8 und Art 118a.
27) Beachte Art 78d Abs 2.
28) Vgl Art 79 Abs 1.
29) Sog *Bedarfs(gesetzgebungs)kompetenz* des Bundes (hM). Beachte Art 55 Abs 5. Vgl Art I Abs 1 PreisG (3b/19); § 1 AMA-G (3b/21); Art I Abs 1 VerssG (3b/22) (bis 31. Dezember 2026); Art I Abs 1 PrTrG (3b/23); Art I Abs 1 LMBG (3b/30) (bis 31. Dezember 2026); § 1 MOG (3b/49); § 1 EBG (3b/57); § 1 EnLG (3b/58).
30) Vgl Art 21 Abs 1.
31) Siehe Art 12 Abs 1 Z 1.
32) Vgl VfSlg 2668/1954.
33) Sog *Kompetenz-Kompetenz* der (einfachen) Bundesgesetzgebung.
34) Vgl auch Art 14 Abs 2 und Art 14a Abs 3.

35) Vgl auch Art 23d Abs 1.
36) Vgl auch Art 23d Abs 2.

Zu Artikel 11:
1) Beachte § 2 DSG (3b/38) (bis 31. Dezember 2019).
2) Vgl Art 6. Beachte § 10 Abs 6 StbG (6/1).
3) Siehe Art 10 Abs 1 Z 8 und Z 11.
4) Vgl Art VI B-VGNov 1988 (1a/10).
5) Beachte § 1 StWhgF-AbwG (3b/18); Art VII Abs 1 B-VGNov 1988 (1a/10); Art 2 Bund/Länder-Vereinb Wohnbauförderung.
6) Beachte Abs 3 zweiter Satz.
7) Beachte § 9 Abs 1 StErnG (3b/8).

Grenzstrecken sonstiger Grenzgewässer;[6] *(BGBl 1974/444; BGBl I 2003/100)*

7. Umweltverträglichkeitsprüfung für Vorhaben, bei denen mit erheblichen Auswirkungen auf die Umwelt zu rechnen ist;[8] soweit ein Bedürfnis nach Erlassung einheitlicher Vorschriften als vorhanden erachtet wird, Genehmigung solcher Vorhaben „;[9]" *(BGBl 1993/508; BGBl I 2004/118)*

8. Tierschutz, soweit er nicht nach anderen Bestimmungen in Gesetzgebung Bundessache ist,[10] jedoch mit Ausnahme der Ausübung der Jagd[11] oder der Fischerei.[11] *(BGBl I 2004/118)*

Fassung ab 1. 1. 2020 (BGBl I 2019/14):

8. Tierschutz, soweit er nicht nach anderen Bestimmungen in Gesetzgebung Bundessache ist,[10] jedoch mit Ausnahme der Ausübung der Jagd[11] oder der Fischerei „;"[11] *(BGBl I 2004/118; BGBl I 2019/14)*

Fassung ab 1. 1. 2020 (BGBl I 2019/14):

9. Arbeiterrecht sowie Arbeiter- und Angestelltenschutz, soweit es sich um land- und forstwirtschaftliche Arbeiter und Angestellte handelt. *(BGBl I 2019/14)*

(2) Soweit ein Bedürfnis nach Erlassung einheitlicher Vorschriften als vorhanden erachtet wird, werden das Verwaltungsverfahren, die allgemeinen Bestimmungen des Verwaltungsstrafrechtes, das Verwaltungsstrafverfahren und die Verwaltungsvollstreckung auch in den Angelegenheiten, in denen die Gesetzgebung den Ländern zusteht, „ " durch Bundesgesetz geregelt;[9][12] abweichende Regelungen können in den die einzelnen Gebiete der Verwaltung regelnden Bundes- oder Landesgesetzen nur dann getroffen werden, wenn sie zur Regelung des Gegenstandes erforderlich sind.[13] *(BGBl 1974/444; BGBl I 2012/51)*

(3) Die Durchführungsverordnungen zu den nach den Abs. 1 und 2 ergehenden Bundesgesetzen sind, soweit in diesen Gesetzen nicht anderes bestimmt ist, vom Bund zu erlassen. „Die Art der Kundmachung von Durchführungsverordnungen, zu deren Erlassung die Länder in den Angelegenheiten des Abs. 1 Z 4 und 6 bundesgesetzlich ermächtigt werden, kann durch Bundesgesetz geregelt werden."* *(*BGBl 1974/444; BGBl I 2003/100)*

(4) Die Handhabung der gemäß Abs. 2 ergehenden Gesetze und der hiezu erlassenen Durchführungsverordnungen steht dem Bund oder den Ländern zu, je nachdem, ob die den Gegenstand des Verfahrens bildende Angelegenheit der Vollziehung nach Bundes- oder Landessache ist. *(BGBl I 2003/100)*

(5) Soweit ein Bedürfnis nach Erlassung einheitlicher Vorschriften vorhanden ist, können durch Bundesgesetz einheitliche Emissionsgrenzwerte für Luftschadstoffe festgelegt werden.[9] Diese dürfen in den die einzelnen Gebiete der Verwaltung regelnden Bundes- und Landesvorschriften nicht überschritten werden.[14] *(BGBl 1988/685)*

(6) Soweit ein Bedürfnis nach Erlassung einheitlicher Vorschriften als vorhanden erachtet wird, werden auch das Bürgerbeteiligungsverfahren für bundesgesetzlich zu bestimmende Vorhaben, die Beteiligung an den einem Bürgerbeteiligungsverfahren nachfolgenden Verwaltungsverfahren und die Berücksichtigung der Ergebnisse des Bürgerbeteiligungsverfahrens bei der Erteilung der für die betroffenen Vorhaben erforderlichen Genehmigungen sowie die Genehmigung der in Art. 10 Abs. 1 Z 9 genannten Vorhaben durch Bundesgesetz geregelt.[9] Für die Vollziehung dieser Vorschriften gilt Abs. 4. *(BGBl 1993/508)*

„(7)" In den in Abs. 1 Z 7 und 8 genannten Angelegenheiten stehen der Bundesregierung und den einzelnen Bundesministern gegenüber der Landesregierung die folgenden Befugnisse zu:

1. die Befugnis, durch Bundesorgane in die Akten der Landesbehörden Einsicht zu nehmen;

2. die Befugnis, die Übermittlung von Berichten über die Vollziehung der vom Bund erlassenen Gesetze und Verordnungen zu verlangen;

3. die Befugnis, alle für die Vorbereitung der Erlassung von Gesetzen und Verordnungen durch

---

[8] Beachte Art 10 Abs 1 Z 9 („Umweltverträglichkeitsprüfung für Bundesstraßen und Eisenbahn-Hochleistungsstrecken …").

[9] Sog *Bedarfs(gesetzgebungs)kompetenz* des Bundes.

[10] Siehe insb Art 10 Abs 1 Z 9 („Verkehrswesen …", „Kraftfahrwesen"), Z 10 („Bergwesen", „Forstwesen einschließlich des Triftwesens"), Z 12 („Gesundheitswesen …", „Veterinärwesen", Z 13 („Angelegenheiten des Kultus") und Z 15 („militärische Angelegenheiten") sowie Art 14 („Schulwesen …") und Art 14a Abs 2 lit a bis c und g (einzelne Angelegenheiten auf dem „Gebiet des land- und forstwirtschaftlichen Schulwesens") (vgl VfSlg 5649/1967).

[11] Vgl Art 78d Abs 1.

[12] Beachte § 7 Abs 6 F-VG (13a/1).

[13] Vgl Art 15 Abs 9.

[14] Vgl Art 10 Abs 1 Z 12 („Maßnahmen zur Abwehr von gefährlichen Belastungen der Umwelt, die durch Überschreitung von Immissionsgrenzwerten entstehen"; „Luftreinhaltung …").

den Bund notwendigen Auskünfte über die Vollziehung zu verlangen;

4. die Befugnis, in bestimmten Fällen Auskünfte und die Vorlage von Akten zu verlangen, soweit dies zur Ausübung anderer Befugnisse notwendig ist.
(BGBl I 2004/118; BGBl I 2012/51)

(8) *(entfällt, BGBl I 2012/51)*

Artikel 12. (1) Bundessache ist die Gesetzgebung über die Grundsätze, Landessache die Erlassung von Ausführungsgesetzen und die Vollziehung in folgenden Angelegenheiten:

1. Armenwesen; Bevölkerungspolitik, soweit sie nicht unter Art. 10 fällt;[1] Volkspflegestätten „;" Mutterschafts-, Säuglings- und Jugendfürsorge;[2] Heil- und Pflegeanstalten; vom gesundheitlichen Standpunkt aus an Kurorte sowie Kuranstalten und Kureinrichtungen zu stellende Anforderungen; natürliche Heilvorkommen; *(BGBl 1983/175; BGBl I 2013/114)*

Fassung ab 1. 1. 2020 (BGBl I 2019/14):
1. Armenwesen; „ " Mutterschafts-, Säuglings- und Jugendfürsorge;[2] Heil- und Pflegeanstalten; „ " *(BGBl 1983/175; BGBl I 2019/14)*

2. öffentliche Einrichtungen zur außergerichtlichen Vermittlung von Streitigkeiten;

Fassung ab 1. 1. 2020 (BGBl I 2019/14):
2. *(entfällt, BGBl I 2019/14)*

3. Bodenreform, insbesondere agrarische Operationen und Wiederbesiedelung;[3]

Fassung ab 1. 1. 2020 (BGBl I 2019/14):
3. *(entfällt, BGBl I 2019/14)*

4. Schutz der Pflanzen gegen Krankheiten und Schädlinge;[3]

Fassung ab 1. 1. 2020 (BGBl I 2019/14):
4. *(entfällt, BGBl I 2019/14)*

5. Elektrizitätswesen, soweit es nicht unter Art. 10 fällt;[4] *(BGBl I 2003/100)*

Fassung ab 1. 1. 2020 (BGBl I 2019/14):
„2." Elektrizitätswesen, soweit es nicht unter Art. 10 fällt „."[4] *(BGBl I 2003/100; BGBl I 2019/14)*

6. Arbeiterrecht sowie Arbeiter- und Angestelltenschutz, soweit es sich um land- und forstwirtschaftliche Arbeiter und Angestellte handelt.[5]

Fassung ab 1. 1. 2020 (BGBl I 2019/14):
6. *(entfällt, BGBl I 2019/14)*

(BGBl 1974/444)

„(2)" Grundsatzgesetze und Grundsatzbestimmungen in Bundesgesetzen sind als solche ausdrücklich zu bezeichnen.[6] *(BGBl 1984/490; BGBl I 2003/100; BGBl I 2012/51)*

Artikel 13. „(1)"* Die Zuständigkeiten des Bundes und der Länder auf dem Gebiet des Abgabenwesens werden durch ein eigenes Bundesverfassungsgesetz („Finanz-Verfassungsgesetz") geregelt.[1] *(*BGBl 1986/212; BGBl I 2003/100)*

(2) Bund, Länder und Gemeinden haben bei ihrer Haushaltsführung die Sicherstellung des gesamtwirtschaftlichen Gleichgewichtes und nachhaltig geordnete Haushalte anzustreben. Sie haben ihre Haushaltsführung in Hinblick auf diese Ziele zu koordinieren.[2] *(BGBl I 2008/1)*

(3) Bund, Länder und Gemeinden haben bei der Haushaltsführung die tatsächliche Gleichstellung von Frauen und Männern anzustreben.[2] *(BGBl I 2008/1)*

Artikel 14.[1] (1) Bundessache ist die Gesetzgebung und die Vollziehung auf dem Gebiet des Schulwesens[2] sowie auf dem Gebiet des Erziehungswesens in den Angelegenheiten der „Schülerheime"**, soweit in den folgenden Absätzen nicht anderes bestimmt ist. „Zum Schul- und Erziehungswesen im Sinne dieses Artikels zählen nicht die im Art. 14a geregelten Angelegenhei-

Zu Artikel 12:

1) Siehe Art 10 Abs 1 Z 17.

2) Zum Zeitpunkt des Inkrafttretens des in Art 1 Z 7a BG BGBl I 2019/14 angeordneten Entfalls der Wortfolge „Mutterschafts-, Säuglings- und Jugendfürsorge;" beachte Art 151 Abs 63 Z 5.

3) Beachte § 3 GT-AV-RG (3b/64).

4) Siehe Art 10 Abs 1 Z 10. Beachte § 1 KWK-G (3b/50); § 1 ElWOG (3b/51); § 1 Abs 1 E-ControlG (3b/52); § 1 ÖSG (3b/53); § 1 GWG (3b/54); § 1 EBG (3b/57); § 1 EEffG (3b/62); § 1 KPG (3b/63). Vgl auch das ElWBVG (3a/6).

5) Beachte die in FN 18 zu Art 10 genannten Bestimmungen.

6) *Bezeichnungspflicht.* Siehe § 82 Abs 4 GOG-NR (9/1). Vgl auch Art 44 Abs 1.

Zu Artikel 13:

1) Siehe das F-VG (13a/1).

2) Siehe § 2 Abs 1 BHG.

Zu Artikel 14:

1) Beachte Art III Abs 1 und Art VIII SchulVfNov 1962 (1a/3); §§ 2 und 3 MinSchulG-Ktn (2c/52) und Art IX SchulVfNov 1962; § 1 Abs 2 und § 8g Abs 1 SchOG (3b/4).

2) Vgl Abschn E Z 2 des Teiles 2 der Anlage zu § 2 BMG (12/1).

ten."* *(BGBl 1975/316; *BGBl I 2003/100; **BGBl I 2017/138)*

(2)[3] „Bundessache ist die Gesetzgebung, Landessache die Vollziehung in den Angelegenheiten des Dienstrechtes und des Personalvertretungsrechtes der Lehrer für öffentliche Pflichtschulen, soweit im Abs. 4 lit. a nicht anderes bestimmt ist."* In diesen Bundesgesetzen kann die Landesgesetzgebung ermächtigt werden, zu genau zu bezeichnenden einzelnen Bestimmungen Ausführungsbestimmungen zu erlassen; hiebei finden die Bestimmungen des Art. 15 Abs. 6 sinngemäß Anwendung.[4] Durchführungsverordnungen zu diesen Bundesgesetzen sind, soweit darin nicht anderes bestimmt ist, vom Bund zu erlassen. *(*BGBl 1974/444; BGBl I 2003/100)*

(3)[5] Bundessache ist die Gesetzgebung über die Grundsätze, Landessache die Erlassung von Ausführungsgesetzen und die Vollziehung in folgenden Angelegenheiten:

„a)" äußere Organisation (Aufbau, Organisationsformen, Errichtung, Erhaltung, Auflassung, Sprengel, Klassenschülerzahlen und Unterrichtszeit) der öffentlichen Pflichtschulen; *(BGBl I 2017/138)*

„b)" äußere Organisation der öffentlichen Schülerheime, die ausschließlich oder vorwiegend für Schüler von Pflichtschulen bestimmt sind; *(BGBl I 2017/138)*

„c)" fachliche Anstellungserfordernisse für die von den Ländern, Gemeinden oder von Gemeindeverbänden anzustellenden Kindergärtnerinnen und Erzieher an Horten und an Schülerheimen, die ausschließlich oder vorwiegend für Schüler von Pflichtschulen bestimmt sind. *(BGBl I 2017/138)*

(4)[5] Landessache ist die Gesetzgebung und die Vollziehung in folgenden Angelegenheiten:

a) Behördenzuständigkeit zur Ausübung der Diensthoheit über die Lehrer für öffentliche Pflichtschulen auf Grund der gemäß Abs. 2 ergehenden Gesetze; *(BGBl I 2017/138)*

b) Kindergartenwesen und Hortwesen.

(5) Abweichend von den Bestimmungen der Abs. 2 bis 4 ist Bundessache die Gesetzgebung und die Vollziehung in folgenden Angelegenheiten:

a) Öffentliche „Praxisschulen", Übungskindergärten, Übungshorte und Übungsschülerheime, die einer öffentlichen Schule zum Zweck lehrplanmäßig vorgesehener Übungen eingegliedert sind; *(BGBl I 2003/100; BGBl I 2013/164)*

b) öffentliche Schülerheime, die ausschließlich oder vorwiegend für Schüler der in lit. a genannten „Praxisschulen" bestimmt sind; *(BGBl I 2013/164)*

c) Dienstrecht und Personalvertretungsrecht der Lehrer, Erzieher und Kindergärtnerinnen für die in lit. a und b genannten öffentlichen Einrichtungen. *(BGBl 1974/444)*

(5a) Demokratie, Humanität, Solidarität, Friede und Gerechtigkeit sowie Offenheit und Toleranz gegenüber den Menschen sind Grundwerte der Schule, auf deren Grundlage sie der gesamten Bevölkerung, unabhängig von Herkunft, sozialer Lage und finanziellem Hintergrund, unter steter Sicherung und Weiterentwicklung bestmöglicher Qualität ein höchstmögliches Bildungsniveau sichert. Im partnerschaftlichen Zusammenwirken von Schülern, Eltern und Lehrern ist Kindern und Jugendlichen die bestmögliche geistige, seelische und körperliche Entwicklung zu ermöglichen, damit sie zu gesunden, selbstbewussten, glücklichen, leistungsorientierten, pflichttreuen, musischen und kreativen Menschen werden, die befähigt sind, an den sozialen, religiösen und moralischen Werten orientiert Verantwortung für sich selbst, Mitmenschen, Umwelt und nachfolgende Generationen zu übernehmen. Jeder Jugendliche soll seiner Entwicklung und seinem Bildungsweg entsprechend zu selbständigem Urteil und sozialem Verständnis geführt werden, dem politischen, religiösen und weltanschaulichen Denken anderer aufgeschlossen sein sowie befähigt werden, am Kultur- und Wirtschaftsleben Österreichs, Europas und der Welt teilzunehmen und in Freiheits- und Friedensliebe an den gemeinsamen Aufgaben der Menschheit mitzuwirken. *(BGBl I 2005/31)*

(6) „Schulen sind Einrichtungen, in denen Schüler gemeinsam nach einem umfassenden, festen Lehrplan unterrichtet werden und im Zusammenhang mit der Vermittlung von allgemeinen oder allgemeinen und beruflichen Kenntnissen und Fertigkeiten ein umfassendes erzieherisches Ziel angestrebt wird." Öffentliche Schulen sind jene Schulen, die vom gesetzlichen Schulerhalter errichtet und erhalten werden. Gesetzlicher Schulerhalter ist der Bund, soweit die Gesetzgebung und Vollziehung in den Angelegenheiten der Errichtung, Erhaltung und Auflassung von öffentlichen Schulen Bundessache ist. Gesetzlicher Schulerhalter ist das Land oder nach Maßgabe der landesgesetzlichen Vorschriften die Gemeinde oder ein Gemeindeverband, soweit die Gesetzgebung oder Ausführungsgesetzgebung und die Vollziehung in den Angelegenheiten der Errichtung, Erhaltung und Auflassung von öffentlichen Schulen Landessache ist. Öffentliche Schulen sind allgemein ohne Unterschied der Geburt, des Geschlechtes, der Rasse, des Standes, der Klasse, der Sprache und des Bekenntnisses, im Übrigen im Rahmen der gesetzlichen Voraussetzungen zugänglich. Das Gleiche gilt sinngemäß

---

[3] Beachte Art III Abs 1 SchulVfNov 1962 (1a/3). Übergangsrecht siehe Art IV SchulVfNov 1962.

[4] Vgl auch Art 10 Abs 2 und Art 14a Abs 3.

[5] Beachte Art III Abs 1 SchulVfNov 1962 (1a/3); § 1 Abs 2 und § 8g Abs 1 SchOG (3b/4).

für Kindergärten, Horte und Schülerheime. *(BGBl I 2003/100; BGBl I 2005/31)*

(6a) Die Gesetzgebung hat ein differenziertes Schulsystem vorzusehen, das zumindest nach Bildungsinhalten in allgemeinbildende und berufsbildende Schulen und nach Bildungshöhe in Primar- und Sekundarschulbereiche gegliedert ist, wobei bei den Sekundarschulen eine weitere angemessene Differenzierung vorzusehen ist. *(BGBl I 2005/31)*

(7) Schulen, die nicht öffentlich sind, sind Privatschulen; diesen ist nach Maßgabe der gesetzlichen Bestimmungen das Öffentlichkeitsrecht zu verleihen.

(7a) Die Schulpflicht beträgt zumindest neun Jahre und es besteht auch Berufsschulpflicht. *(BGBl I 2005/31)*

(8)[8] Dem Bund steht die Befugnis zu, sich in den Angelegenheiten, die nach Abs. 2 und 3 in die Vollziehung der Länder fallen, von der Einhaltung der auf Grund dieser Absätze erlassenen Gesetze und Verordnungen Kenntnis zu verschaffen, zu welchem Zweck er auch Organe in die Schulen und Schülerheime entsenden kann. Werden Mängel wahrgenommen, so kann dem Landeshauptmann durch Weisung (Art. 20 Abs. 1) die Abstellung der Mängel innerhalb einer angemessenen Frist aufgetragen werden. Der Landeshauptmann hat für die Abstellung der Mängel nach Maßgabe der gesetzlichen Vorschriften Sorge zu tragen und ist verpflichtet, um die Durchführung solcher Weisungen zu bewirken, auch die ihm in seiner Eigenschaft als Organ des selbständigen Wirkungsbereiches des Landes zu Gebote stehenden Mittel anzuwenden.[9] *(BGBl I 2003/100)*

(9) Auf dem Gebiet des Dienstrechtes der Lehrer, Erzieher und Kindergärtnerinnen gelten für die Verteilung der Zuständigkeiten zur Gesetzgebung und Vollziehung hinsichtlich der Dienstverhältnisse zum Bund, zu den Ländern, zu den Gemeinden und zu den Gemeindeverbänden, soweit in den vorhergehenden Absätzen nicht anderes bestimmt ist, die diesbezüglichen allgemeinen Regelungen der Art. 10 und 21. Gleiches gilt für das Personalvertretungsrecht der Lehrer, Erzieher und Kindergärtnerinnen. *(BGBl 1974/444; BGBl I 2003/100)*

(10) In den Angelegenheiten der Schulgeldfreiheit sowie des Verhältnisses der Schule und Kirchen (Religionsgesellschaften) einschließlich des Religionsunterrichtes in der Schule, soweit es sich nicht um Angelegenheiten der Universitäten und Hochschulen handelt, können Bundesgesetze vom Nationalrat nur in Anwesenheit von mindestens der Hälfte der Mitglieder und mit einer Mehrheit von zwei Dritteln der abgegebenen Stimmen beschlossen werden. Das Gleiche gilt, wenn die Grundsätze des Abs. 6a verlassen werden sollen und für die Genehmigung der in vorstehenden Angelegenheiten abgeschlossenen Staatsverträge der im Art. 50 bezeichneten Art. *(BGBl I 2005/31)*

(11) *(entfällt, BGBl 1975/316)*

(BGBl 1962/215)

Artikel 14a.[1] (1) Auf dem Gebiet des land- und forstwirtschaftlichen Schulwesens sowie auf dem Gebiet des land- und forstwirtschaftlichen Erziehungswesens in den Angelegenheiten der Schülerheime, ferner in den Angelegenheiten des Dienstrechtes und des Personalvertretungsrechtes der Lehrer und Erzieher an den unter diesen Artikel fallenden Schulen und Schülerheimen sind Gesetzgebung und Vollziehung Landessache, soweit in den folgenden Absätzen nicht anderes bestimmt ist. „ “ *(BGBl I 2003/100; BGBl I 2017/138)*

(2) Bundessache ist die Gesetzgebung und Vollziehung in folgenden Angelegenheiten:

a) höhere land- und forstwirtschaftliche Lehranstalten sowie Anstalten für die Ausbildung und Fortbildung der Lehrer an land- und forstwirtschaftlichen Schulen;

b) Fachschulen für die Ausbildung von Forstpersonal;

c) öffentliche land- und forstwirtschaftliche Fachschulen, die zur Gewährleistung von lehrplanmäßig vorgesehenen Übungen mit einer der unter den lit. a und b genannten öffentlichen Schulen oder mit einer land- und forstwirtschaftlichen Versuchsanstalt des Bundes organisatorisch verbunden sind;

d) Schülerheime, die ausschließlich oder vorwiegend für Schüler der unter den lit. a bis c genannten Schulen bestimmt sind;

e) Dienstrecht und Personalvertretungsrecht der Lehrer und Erzieher für die unter den lit. a bis d genannten Einrichtungen;

f) Subventionen zum Personalaufwand der konfessionellen land- und forstwirtschaftlichen Schulen;

g) land- und forstwirtschaftliche Versuchsanstalten des Bundes, die mit einer vom Bund erhaltenen land- und forstwirtschaftlichen Schule zur Gewährleistung von lehrplanmäßig vorgesehenen Übungen an dieser Schule organisatorisch verbunden sind.

---

[8] Beachte auch den (überholten bzw gegenstandslosen?) § 4 Abs 2 MinSchulG-Ktn (2c/52).

[9] Beachte Art 132 Abs 1 Z 2. Vgl auch Art 14a Abs 6 und Art 15 Abs 2 und 8.

Zu Artikel 14a:

[1] Beachte Art III und Art IX SchulVfNov 1975 (1a/6); Art I SchBhG (3b/10).

(3) Soweit es sich nicht um die im Abs. 2 genannten Angelegenheiten handelt, ist Bundessache die Gesetzgebung, Landessache die Vollziehung in den Angelegenheiten

a) des Religionsunterrichtes;

b)[3] des Dienstrechtes und des Personalvertretungsrechtes der Lehrer für öffentliche land- und forstwirtschaftliche Berufs- und Fachschulen und der Erzieher für öffentliche Schülerheime, die ausschließlich oder vorwiegend für Schüler dieser Schulen bestimmt sind, ausgenommen jedoch die Angelegenheiten der Behördenzuständigkeit zur Ausübung der Diensthoheit über diese Lehrer und Erzieher.

In den auf Grund der Bestimmungen unter lit. b ergehenden Bundesgesetzen kann die Landesgesetzgebung ermächtigt werden, zu genau zu bezeichnenden einzelnen Bestimmungen Ausführungsbestimmungen zu erlassen; hiebei finden die Bestimmungen des Art. 15 Abs. 6 sinngemäß Anwendung.[4] Durchführungsverordnungen zu diesen Bundesgesetzen sind, soweit darin nicht anderes bestimmt ist, vom Bund zu erlassen.

(4) Bundessache ist die Gesetzgebung über die Grundsätze, Landessache die Erlassung von Ausführungsgesetzen und die Vollziehung

a) hinsichtlich der land- und forstwirtschaftlichen Berufsschulen: in den Angelegenheiten der Festlegung sowohl des Bildungszieles als auch von Pflichtgegenständen und der Unentgeltlichkeit des Unterrichtes sowie in den Angelegenheiten der Schulpflicht und des Übertrittes von der Schule eines Landes in die Schule eines anderen Landes;

b) hinsichtlich der land- und forstwirtschaftlichen Fachschulen: in den Angelegenheiten der Festlegung der Aufnahmevoraussetzungen, des Bildungszieles, der Organisationsformen, des Unterrichtsausmaßes und der Pflichtgegenstände, der Unentgeltlichkeit des Unterrichtes und des Übertrittes von der Schule eines Landes in die Schule eines anderen Landes;

c) in den Angelegenheiten des Öffentlichkeitsrechtes der privaten land- und forstwirtschaftlichen Berufs- und Fachschulen mit Ausnahme der unter Abs. 2 lit. b fallenden Schulen;

d) hinsichtlich der Organisation und des Wirkungskreises von Beiräten, die in den Angelegenheiten des Abs. 1 an der Vollziehung der Länder mitwirken.

(5)[5] Die Errichtung der im Abs. 2 unter den lit. c und g bezeichneten land- und forstwirtschaftlichen Fachschulen und Versuchsanstalten ist nur zulässig, wenn die Landesregierung des Landes, in dem die Fachschule „beziehungsweise“ Versuchsanstalt ihren Sitz haben soll, der Errichtung zugestimmt hat. Diese Zustimmung ist nicht erforderlich, wenn es sich um die Errichtung einer land- und forstwirtschaftlichen Fachschule handelt, die mit einer Anstalt für die Ausbildung und Fortbildung der Lehrer an land- und forstwirtschaftlichen Schulen zur Gewährleistung von lehrplanmäßig vorgesehenen Übungen organisatorisch verbunden werden soll. *(BGBl I 2012/51)*

(6) Dem Bund steht die Befugnis zu, in den Angelegenheiten, die nach Abs. 3 und 4 in die Vollziehung der Länder fallen, die Einhaltung der von ihm erlassenen Vorschriften wahrzunehmen.[6]

(7) Die Bestimmungen des Art. 14 Abs. „5a, 6, 6a, 7, 7a und 9“ gelten sinngemäß auch für die im ersten Satz des Abs. 1 bezeichneten Gebiete. *(BGBl I 2005/31)*

(8) Art. 14 Abs. 10 gilt sinngemäß. *(BGBl I 2005/31)*

(BGBl I 2003/100)

Artikel 14b.[1] (1) Bundessache ist die Gesetzgebung in den Angelegenheiten des öffentlichen Auftragswesens[2], soweit diese nicht unter Abs. 3 fallen.

(2) Die Vollziehung in den Angelegenheiten des Abs. 1 ist

1. Bundessache hinsichtlich

a) der Vergabe von Aufträgen durch den Bund;

b) der Vergabe von Aufträgen durch Stiftungen, Fonds und Anstalten im Sinne des Art. 126b Abs. 1;

c) der Vergabe von Aufträgen durch Unternehmungen im Sinne des Art. 126b Abs. 2, wenn die finanzielle Beteiligung oder der durch andere finanzielle oder sonstige wirtschaftliche oder organisatorische Maßnahmen vermittelte Einfluss des Bundes mindestens gleich groß ist wie die finanzielle Beteiligung oder der Einfluss der Länder;

d) der Vergabe von Aufträgen durch bundesgesetzlich eingerichtete Selbstverwaltungskörperschaften;

e) der Vergabe von Aufträgen durch in lit. a bis d und Z 2 lit. a bis d nicht genannte Rechtsträger,

aa) die vom Bund finanziert werden, wenn der Finanzierungsanteil des Bundes mindestens gleich groß ist wie der der Länder;

---

[3] Übergangsrecht siehe Art IV SchulVfNov 1975 (1a/6).

[4] Vgl auch Art 10 Abs 2 und Art 14 Abs 2.

[5] Beachte Art III SchulVfNov 1975 (1a/6).

[6] Beachte Art IX SchulVfNov 1975 (1a/6); Art 132 Abs 1 Z 2. Vgl auch Art 14 Abs 8, Art 15 Abs 2 und 8 und den (überholten bzw gegenstandslosen?) § 4 Abs 2 MinSchulG-Ktn (2c/52).

Zu Artikel 14b:

[1] Übergangsrecht siehe Art 4 des BG BGBl I 2002/99.

[2] Vgl Art 10 Abs 1 Z 6 („Zivilrechtswesen ...“).

bb) die hinsichtlich ihrer Leitung der Aufsicht des Bundes unterliegen, soweit die Vergabe nicht unter sublit. aa oder Z 2 lit. e sublit. aa fällt;

cc) deren Verwaltungs-, Leitungs- oder Aufsichtsorgane aus Mitgliedern bestehen, die vom Bund ernannt worden sind, wenn der Bund mindestens gleich viele Mitglieder ernannt hat wie die Länder, soweit die Vergabe nicht unter sublit. aa oder bb oder Z 2 lit. e sublit. aa oder bb fällt;

f) der gemeinsamen Vergabe von Aufträgen durch den Bund und die Länder, wenn der Anteil des Bundes am geschätzten Gesamtauftragswert mindestens gleich groß ist wie die Summe der Anteile der Länder;

g) der Vergabe von Aufträgen durch in lit. a bis f und Z 2 nicht genannte Rechtsträger;

2. Landessache hinsichtlich

a) der Vergabe von Aufträgen durch das Land, die Gemeinden und die Gemeindeverbände;

b) der Vergabe von Aufträgen durch Stiftungen, Fonds und Anstalten im Sinne des Art. 127 Abs. 1 und des Art. 127a Abs. 1 und 8;

c) der Vergabe von Aufträgen durch Unternehmungen im Sinne des Art. 126b Abs. 2, soweit sie nicht unter Z 1 lit. c fällt, sowie der Vergabe von Aufträgen durch Unternehmungen im Sinne des Art. 127 Abs. 3 und des Art. 127a Abs. 3 und 8;

d) der Vergabe von Aufträgen durch landesgesetzlich eingerichtete Selbstverwaltungskörperschaften;

e) der Vergabe von Aufträgen durch in Z 1 lit. a bis d und lit. a bis d nicht genannte Rechtsträger,

aa) die vom Land allein oder gemeinsam mit dem Bund oder anderen Ländern finanziert werden, soweit die Vergabe nicht unter Z 1 lit. e sublit. aa fällt;

bb) die hinsichtlich ihrer Leitung der Aufsicht des Landes unterliegen, soweit die Vergabe nicht unter Z 1 lit. e sublit. aa oder bb oder sublit. aa fällt;

cc) deren Verwaltungs-, Leitungs- oder Aufsichtsorgane aus Mitgliedern bestehen, die vom Land ernannt worden sind, soweit die Vergabe nicht unter Z 1 lit. e sublit. aa bis cc oder sublit. aa oder bb fällt;

f) der gemeinsamen Vergabe von Aufträgen durch den Bund und die Länder, soweit diese nicht unter Z 1 lit. f fällt, sowie der gemeinsamen Vergabe von Aufträgen durch mehrere Länder.

Gemeinden gelten unabhängig von der Zahl ihrer Einwohner als Rechtsträger, die im Sinne der Z 1 lit. b und c und der Z 2 lit. b und c der Zuständigkeit des Rechnungshofes unterliegen.[3] Im Rahmen der Z 1 lit. b, c, e und f werden Auftraggeber im Sinne der Z 1 dem Bund und Auftraggeber im Sinne der Z 2 dem jeweiligen Land zugerechnet. Sind nach Z 2 lit. c, e oder f mehrere Länder beteiligt, so richtet sich die Zuständigkeit zur Vollziehung nach dem Überwiegen des Merkmals, das nach der entsprechenden Litera (Sublitera) der Z 1 für die Abgrenzung der Vollziehungszuständigkeit des Bundes von jener der Länder maßgebend ist oder wäre, dann nach dem Sitz des Auftraggebers, dann nach dem Schwerpunkt der Unternehmenstätigkeit des Auftraggebers, dann nach dem Sitz (Hauptwohnsitz[4]) der vergebenden Stelle, kann jedoch auch danach die Zuständigkeit nicht bestimmt werden, so ist dasjenige beteiligte Land zuständig, das im Zeitpunkt der Einleitung des Vergabeverfahrens zum Vorsitz im Bundesrat berufen ist oder zuletzt war.

(3) Landessache ist die Gesetzgebung und die Vollziehung in den Angelegenheiten der Nachprüfung im Rahmen der Vergabe von Aufträgen durch Auftraggeber im Sinne des Abs. 2 Z 2.

(4) Der Bund hat den Ländern Gelegenheit zu geben, an der Vorbereitung von Gesetzesvorhaben[5] in Angelegenheiten des Abs. 1 mitzuwirken. Nach Abs. 1 ergehende Bundesgesetze, die Angelegenheiten regeln, die in Vollziehung Landessache sind, dürfen nur mit Zustimmung der Länder kundgemacht werden.[6]

(5) Die Durchführungsverordnungen zu den nach Abs. 1 ergehenden Bundesgesetzen sind, soweit in diesen Gesetzen nicht anderes bestimmt ist, vom Bund zu erlassen.[7] „Abs. 4 und Art. 42a sind auf solche Verordnungen sinngemäß anzuwenden." *(BGBl I 2012/51)*

(6) *(entfällt, BGBl I 2012/51)*

(BGBl I 2002/99)

Artikel 15. (1) Soweit eine Angelegenheit nicht ausdrücklich durch die Bundesverfassung der Gesetzgebung oder auch der Vollziehung des Bundes übertragen ist, verbleibt sie im selbständigen Wirkungsbereich der Länder.[1]

(2) In den Angelegenheiten der örtlichen Sicherheitspolizei,[2] das ist des Teiles der Sicherheitspolizei, der im ausschließlichen oder überwiegenden Interesse der in der Gemeinde verkörperten örtlichen Gemeinschaft gelegen und geeignet ist, durch die Gemeinschaft innerhalb ihrer örtlichen

---

[3] Vgl Art 127a einerseits und § 4 Abs 1, § 5 Abs 1 und § 8 Abs 1 BezBegrBVG (10/1) andererseits.

[4] Siehe die Definition des Art 6 Abs 3.

[5] Vgl § 3 Abs 1 Z 2 BMG (12/1).

[6] Vgl Art 94 Abs 2, Art 102 Abs 1 und 4, Art 130 Abs 2, Art 131 Abs 4 und Art 135 Abs 1.

[7] Vgl Art 11 Abs 3 erster Satz.

Zu Artikel 15:

[1] Beachte insb die in den FN 6, 9 und 10 zu Art 10 genannten Bestimmungen sowie § 3 GT-AV-RG (3b/64).

[2] Siehe Art 118 Abs 3 Z 3; vgl auch Art 10 Abs 1 Z 7.

Grenzen besorgt zu werden, wie die Wahrung des öffentlichen Anstandes und die Abwehr ungebührlicherweise hervorgerufenen störenden Lärmes, steht dem Bund die Befugnis zu, die Führung dieser Angelegenheiten durch die Gemeinde zu beaufsichtigen und wahrgenommene Mängel durch Weisungen an den Landeshauptmann (Art. 103) abzustellen. Zu diesem Zweck können auch Inspektionsorgane des Bundes in die Gemeinde entsendet werden; hievon ist in jedem einzelnen Fall der Landeshauptmann zu verständigen.[3] *(BGBl I 2003/100)*

(3)[4] Die landesgesetzlichen Bestimmungen in den Angelegenheiten des Theater- und Kinowesens sowie der öffentlichen Schaustellungen, Darbietungen und Belustigungen[5] haben für „das Gebiet einer Gemeinde, in dem die Landespolizeidirektion zugleich Sicherheitsbehörde erster Instanz ist,[6] der Landespolizeidirektion" wenigstens die Überwachung der Veranstaltungen, soweit sie sich nicht auf betriebstechnische, bau- und feuerpolizeiliche Rücksichten erstreckt, und die Mitwirkung in erster Instanz bei Verleihung von Berechtigungen, die in solchen Gesetzen vorgesehen werden, zu übertragen. *(BGBl I 2012/49)*

(4) Inwieweit „in den Angelegenheiten der Straßenpolizei mit Ausnahme der örtlichen Straßenpolizei (Art. 118 Abs. 3 Z 4) und der Strom- und Schifffahrtspolizei auf Binnengewässern mit Ausnahme der Donau, des Bodensees, des Neusiedlersees und der Grenzstrecken sonstiger Grenzgewässer für das Gebiet einer Gemeinde, in dem die Landespolizeidirektion zugleich Sicherheitsbehörde erster Instanz ist,[6] der Landespolizeidirektion" die Vollziehung übertragen wird, wird durch übereinstimmende Gesetze des Bundes und des betreffenden Landes geregelt.[7] *(BGBl I 1999/8; BGBl I 2012/49)*

(5) *(entfällt, BGBl I 2012/51)*

(6) Soweit dem Bund bloß die Gesetzgebung über die Grundsätze vorbehalten ist, obliegt innerhalb des bundesgesetzlich festgelegten Rahmens die nähere Ausführung der Landesgesetzgebung. Das Bundesgesetz kann für die Erlassung der Ausführungsgesetze eine Frist bestimmen, die ohne Zustimmung des Bundesrates nicht kürzer als sechs Monate und nicht länger als ein Jahr sein darf. Wird diese Frist von einem Land nicht eingehalten, so geht die Zuständigkeit zur Erlassung des Ausführungsgesetzes für dieses Land auf den Bund über. Sobald das Land das Ausführungsgesetz erlassen hat, tritt das Ausführungsgesetz des Bundes außer Kraft.[8] Sind vom „Bund" keine Grundsätze aufgestellt, so kann die Landesgesetzgebung solche Angelegenheiten frei regeln. Sobald der Bund Grundsätze aufgestellt hat, sind die landesgesetzlichen Bestimmungen binnen der bundesgesetzlich zu bestimmenden Frist dem Grundsatzgesetz anzupassen. *(BGBl I 2012/51)*

(7) Die Kundmachung der im Landesgesetzblatt zu verlautbarenden Rechtsvorschriften (Art. 97 Abs. 1) sowie der Rechtsvorschriften der Gemeinden, der Gemeindeverbände und der sonstigen im Bereich der Vollziehung der Länder eingerichteten Behörden kann im Rahmen des Rechtsinformationssystems des Bundes erfolgen. *(BGBl I 2019/14)*

(8) In den Angelegenheiten, die nach Art. 11 und 12 der Bundesgesetzgebung vorbehalten sind, steht dem Bund das Recht zu, die Einhaltung der von ihm erlassenen Vorschriften wahrzunehmen.[9] *(BGBl I 2003/100)*

(9) Die Länder sind im Bereich ihrer Gesetzgebung befugt, die zur Regelung des Gegenstandes erforderlichen Bestimmungen auch auf dem Gebiet des Straf- und Zivilrechtes zu treffen.[10]

(10) In Landesgesetzen, durch die die bestehende Organisation der Behörden der allgemeinen staatlichen Verwaltung in den Ländern[11] geändert oder neu geregelt wird,[12] kann eine sprengelübergreifende Zusammenarbeit von Bezirksverwaltungsbehörden einschließlich der Organe der Städte mit eigenem Statut (Art. 116 Abs. 3), insbesondere auch die Übertragung behördlicher Zuständigkeiten, vorgesehen werden. *(BGBl I 2019/14)*

(11) Die Sprengel der politischen Bezirke sind durch Verordnung der Landesregierung festzulegen.[13] *(BGBl I 2019/14)*

(BGBl 1974/444)

---

[3] Vgl auch Abs 8, Art 14 Abs 8, Art 14a Abs 6 und den (überholten bzw gegenstandslosen?) § 4 Abs 2 MinSchulG-Ktn (2c/52).

[4] Abs 3 ist durch Art 118 Abs 7 nicht derogiert worden (VfSlg 5415/1966, 5788/1968).

[5] Teil dieser Angelegenheiten ist die örtliche Veranstaltungspolizei (Art 118 Abs 3 Z 3).

[6] Siehe Art 78c.

[7] Sog *paktierte Gesetzgebung.*

[8] Siehe § 3 Z 5 BGBlG (11a/1). Vgl auch Art 16 Abs 4 und Art 23d Abs 5.

[9] Beachte Art 132 Abs 1 Z 2. Vgl auch Abs 2, Art 14 Abs 8, Art 14a Abs 6 und den (überholten bzw gegenstandslosen?) § 4 Abs 2 MinSchulG-Ktn (2c/52).

[10] Sog *Lex Starzynski.* Beachte die in FN 6 zu Art 10 genannten Bestimmungen.

[11] Vgl den durch die B-VGNov 1974 aufgehobenen Art 12 Abs 1 Z 1 B-VG 1920 idF von 1929 („Organisation der Verwaltung in den Ländern").

[12] Zur Organisation der BH in den Ländern außer Wien siehe die gemäß Art 15 Abs 10 erlassenen LG (Bgld: LGBl 2019/42; Ktn: LGBl 1982/19 zuletzt idF LGBl 2019/50; NÖ: LGBl 2015/96 idF LGBl 2019/45; Sbg: LGBl 1976/59 zuletzt idF LGBl 2013/106; Stmk: LGBl 1997/60 zuletzt idF LGBl 2019/63; Tir: LGBl 1977/11 zuletzt idF LGBl 2019/77; Vbg: LGBl 1976/1 zuletzt idF LGBl 2013/44), für OÖ § 1 Beilage A der V RGBl 1853/10 und § 10 f G RGBl 1868/44.

[13] Vgl § 8 Abs 5 lit d ÜG 1920.

Artikel 15a.[1] (1) Bund und Länder können untereinander Vereinbarungen über Angelegenheiten ihres jeweiligen Wirkungsbereiches schließen.[2] Der Abschluss solcher Vereinbarungen namens des Bundes obliegt je nach dem Gegenstand der Bundesregierung oder den Bundesministern. Vereinbarungen, die auch die Organe der Bundesgesetzgebung binden sollen, dürfen nur von der Bundesregierung mit Genehmigung des Nationalrates abgeschlossen werden, wobei Art. 50 Abs. 3 auf solche Beschlüsse des Nationalrates sinngemäß anzuwenden ist; sie sind im Bundesgesetzblatt kundzumachen.[3] *(BGBl I 2003/100)*

(2) Vereinbarungen der Länder untereinander[2] können nur über Angelegenheiten ihres selbständigen Wirkungsbereiches[4] getroffen werden und sind der Bundesregierung unverzüglich zur Kenntnis zu bringen.

(3) Die Grundsätze des völkerrechtlichen Vertragsrechtes sind auf Vereinbarungen im Sinne des Abs. 1 anzuwenden.[5] Das Gleiche gilt auch für Vereinbarungen im Sinne des Abs. 2, soweit nicht durch übereinstimmende Verfassungsgesetze der betreffenden Länder anderes bestimmt ist.[6] *(BGBl I 2003/100)*

(BGBl I 2003/100)

Artikel 16.[1] (1) Die Länder können in Angelegenheiten, die in ihren selbständigen Wirkungsbereich fallen, Staatsverträge mit an Österreich angrenzenden Staaten oder deren Teilstaaten abschließen.[2]

(2) Der Landeshauptmann hat die Bundesregierung vor der Aufnahme von Verhandlungen über einen solchen Staatsvertrag zu unterrichten.[3] Vor dessen Abschluss ist vom Landeshauptmann die Zustimmung der Bundesregierung einzuholen. Die Zustimmung gilt als erteilt, wenn die Bundesregierung nicht binnen acht Wochen von dem Tage, an dem das Ersuchen um Zustimmung beim Bundeskanzleramt eingelangt ist, dem Landeshauptmann mitgeteilt hat, dass die Zustimmung verweigert wird.[4] Die Bevollmächtigung zur Aufnahme von Verhandlungen und der Abschluss des Staatsvertrages obliegen dem Bundespräsidenten auf Vorschlag der Landesregierung und mit Gegenzeichnung des Landeshauptmannes.[5] *(BGBl I 2003/100)*

(3) Auf Verlangen der Bundesregierung sind Staatsverträge nach Abs. 1 vom Land zu kündigen. Kommt ein Land dieser Verpflichtung nicht rechtzeitig nach, so geht die Zuständigkeit dazu auf den Bund über.[6]

(4) Die Länder sind verpflichtet, Maßnahmen zu treffen, die in ihrem selbständigen Wirkungsbereich zur Durchführung von Staatsverträgen erforderlich werden; kommt ein Land dieser Verpflichtung nicht rechtzeitig nach, so geht „ " die Zuständigkeit zu solchen Maßnahmen, insbesondere zur Erlassung der notwendigen Gesetze, auf den Bund über.[7] Eine gemäß dieser Bestimmung vom Bund getroffene Maßnahme, insbesondere ein solcherart erlassenes Gesetz oder eine solcherart erlassene Verordnung, tritt außer Kraft, sobald das Land die erforderlichen Maßnahmen getroffen hat.[8] *(BGBl 1992/276; BGBl 1994/1013)*

(5)[9] Ebenso hat der Bund bei Durchführung „von Staatsverträgen" das Überwachungsrecht auch in solchen Angelegenheiten, die zum selbständigen Wirkungsbereich der Länder gehören. Hiebei stehen dem Bund die gleichen Rechte gegenüber den Ländern zu wie bei den Angelegenheiten der mittelbaren Bundesverwaltung (Art. 102). *(BGBl I 2013/114)*

(6) *(entfällt, BGBl 1994/1013)*

(BGBl 1988/685)

Artikel 17.[1] Durch die Bestimmungen der Art. 10 bis 15 über die Zuständigkeit in Gesetzgebung und Vollziehung wird die Stellung des

Zu Artikel 15a:

[1] Beachte Art 138a. Beachte ferner die Sonderbestimmungen des Art 1 und Art 2 Abs 1 BVG Gemeindebund (13b/1); siehe die Bund/Länder/Gemeinden-Vereinb Konsultationsmechanismus (13b/2), die Bund/Länder/Gemeinden-Vereinb Stabilitätspakt 2012 (13b/3) sowie die Bund/Länder/Gemeinden-Vereinb Stabilitätspakt (13b/4 der 17. Auflage), deren Wirksamkeit allerdings gemäß Art 28 Abs 3 Bund/Länder/Gemeinden-Vereinb Stabilitätspakt 2012 für die Geltungsdauer dieser Vereinb ausgesetzt ist.

[2] Sog *Gliedstaatsverträge.*

[3] Siehe § 3 Z 6 und § 4 Abs 1 Z 7 BGBlG (11a/1).

[4] Siehe insb Art 15 Abs 1.

[5] Siehe insb die WVK.

[6] Sog *paktierte Gesetzgebung.*

Zu Artikel 16:

[1] Zu Abs 1 bis 3 beachte Art 10 Abs 1 Z 2, Art 65 Abs 1, Art 66 Abs 3 und Art 140a.

[2] Vgl Art 10 Abs 1 Z 2.

[3] Vgl Art 50 Abs 5.

[4] Vgl Art 97 Abs 2.

[5] Beachte Art 65 Abs 1 und Art 66 Abs 3. Vgl für StV des Bundes Art 65 Abs 1 iVm Art 67.

[6] Vgl Abs 4 erster Satz.

[7] Vgl Abs 3.

[8] Siehe § 3 Z 5 und § 4 Abs 1 Z 3 BGBlG (11a/1). Vgl auch Art 15 Abs 6 und Art 23d Abs 5.

[9] Beachte auch den (überholten bzw gegenstandslosen?) § 4 Abs 2 MinSchulG-Ktn (2c/52).

Zu Artikel 17:

[1] Zur *Privatwirtschaftsverwaltung* des Bundes siehe ferner Art 52 Abs 2, Art 104, Art 126b Abs 2 und Art 148a Abs 1 und 2, zu jener der Länder Art 127 Abs 3 und 8; vgl für die Gemeinden Art 116 Abs 2, Art 116a Abs 1 und Art 127a Abs 3, 7 und 8 und für die sonstige Selbstverwaltung Art 120c Abs 3.

Bundes und der Länder als Träger von Privatrechten in keiner Weise berührt.[2)]

(BGBl I 2003/100)

Artikel 18. (1) Die gesamte staatliche Verwaltung darf nur auf Grund der Gesetze ausgeübt werden.[1)]

(2) Jede Verwaltungsbehörde kann auf Grund der Gesetze innerhalb ihres Wirkungsbereiches Verordnungen erlassen.[2)]

(3) Wenn die sofortige Erlassung von Maßnahmen, die verfassungsgemäß einer Beschlussfassung des Nationalrates bedürfen, zur Abwehr eines offenkundigen, nicht wieder gutzumachenden Schadens für die Allgemeinheit zu einer Zeit notwendig wird, in der der Nationalrat nicht versammelt ist,[3)] nicht rechtzeitig zusammentreten kann[4)] oder in seiner Tätigkeit durch höhere Gewalt behindert ist, kann der Bundespräsident auf Vorschlag der Bundesregierung unter seiner und deren Verantwortlichkeit diese Maßnahmen durch vorläufige gesetzändernde Verordnungen treffen.[5)] Die Bundesregierung hat ihren Vorschlag im Einvernehmen mit dem vom Hauptausschuss des Nationalrates einzusetzenden ständigen Unterausschuss „(Art. 55 Abs. 3)" zu erstatten. Eine solche Verordnung bedarf der Gegenzeichnung der Bundesregierung. *(BGBl I 2001/121; BGBl I 2003/100)*

(4) Jede nach Abs. 3 erlassene Verordnung ist von der Bundesregierung unverzüglich dem Nationalrat vorzulegen, den der Bundespräsident, falls der Nationalrat in diesem Zeitpunkt keine Tagung hat, während der Tagung aber der Präsident des Nationalrates für einen der der Vorlage folgenden acht Tage einzuberufen hat. Binnen vier Wochen nach der Vorlage hat der Nationalrat entweder an Stelle der Verordnung ein entsprechendes Bundesgesetz zu beschließen oder durch Beschluss das Verlangen zu stellen, dass die Verordnung von der Bundesregierung sofort außer Kraft gesetzt wird. Im letzterwähnten Fall muss die Bundesregierung diesem Verlangen sofort entsprechen. Zum Zweck der rechtzeitigen Beschlussfassung des Nationalrates hat der Präsident die Vorlage spätestens am vorletzten Tag der vierwöchigen Frist zur Abstimmung zu stellen; die näheren Bestimmungen trifft „das Bundesgesetz über die Geschäftsordnung des Nationalrates"*. Wird die Verordnung nach den vorhergehenden Bestimmungen von der Bundesregierung aufgehoben, treten mit dem Tag des Inkrafttretens der Aufhebung die gesetzlichen Bestimmungen wieder in „Kraft"**, die durch die Verordnung aufgehoben worden waren. *(*BGBl I 2001/121; **BGBl I 2003/100)*

(5) Die im Abs. 3 bezeichneten Verordnungen dürfen nicht eine Abänderung bundesverfassungsgesetzlicher Bestimmungen bedeuten und weder eine dauernde finanzielle Belastung des Bundes, noch eine finanzielle Belastung der Länder „ "** oder Gemeinden, noch finanzielle Verpflichtungen der „Staatsbürger"**, noch eine Veräußerung von „Bundesvermögen"***, noch Maßnahmen in den im „Art. 10 Abs. 1 Z 11"* bezeichneten Angelegenheiten, noch endlich solche auf dem Gebiet des Koalitionsrechtes oder des Mieterschutzes zum Gegenstand haben. *(*BGBl I 1999/8; **BGBl I 2003/100; ***BGBl I 2012/51)*

Artikel 19. (1) Die obersten Organe der Vollziehung sind der Bundespräsident, die Bundesminister und Staatssekretäre[1)] sowie die Mitglieder der Landesregierungen.

(2)[2)] Durch Bundesgesetz kann die Zulässigkeit der Betätigung der im Abs. 1 bezeichneten Organe und von sonstigen öffentlichen Funktionären in

---

[2)] Beachte Art II B-VGNov 1974 (1a/5).

Zu Artikel 18:

[1)] Grundsatz der Gesetzmäßigkeit der (Hoheits-)Verwaltung (*Legalitätsprinzip*); für das Abgabenwesen siehe § 5 F-VG (13a/1). Zum Ausmaß der nach Art 18 Abs 1 geforderten Bindung an das Gesetz vgl Art 130 Abs 3, woraus sich ergibt, dass die Gesetzgebung Ermessen einräumen kann. Für die universitäre Selbstverwaltung siehe Art 81c Abs 1, für die Gemeindeselbstverwaltung siehe Art 118 Abs 4, für die sonstige (nichtterritoriale) Selbstverwaltung siehe Art 120b Abs 1.

[2)] *Generalermächtigung* zur Erlassung von *Durchführungsverordnungen*. Laut VfSlg 16.995/2003 steht es jedoch Beliehenen unter bloßer Berufung auf Art 18 Abs 2 nicht zu, V zu erlassen. Soll der ausgegliederte Rechtsträger auch V erlassen dürfen, so ist diese Aufgabe in einer speziellen Verordnungsermächtigung zu bezeichnen. Beachte die Verfassungsbestimmung des § 17a Abs 3 PTSG (Ermächtigung der zuständigen Vorstandsvorsitzenden der Österreichischen Post AG, der Telekom Austria AG und der Österreichischen Postbus AG zur Erlassung dienst- und besoldungsrechtlicher V für die diesen Unternehmen sowie der Gebühren Info Service GmbH gemäß § 17a Abs 1 dieses BG zur Dienstleistung zugewiesenen Beamten).
Für die universitäre Selbstverwaltung siehe Art 81c Abs 1, für die sonstige (nichtterritoriale) Selbstverwaltung siehe Art 120b Abs 1; vgl aber auch Art 18 Abs 2 B-VG 1920 („im Rahmen der Gesetze").

[3)] Siehe insb Art 29 Abs 1 und Art 60 Abs 6 sowie Art 28 Abs 1.

[4)] Vgl Art 28 Abs 2 und Art 28 Abs 5.

[5)] *Notverordnungsrecht* des BPräs. Vgl Art 97 Abs 3 und 4 und Art 102 Abs 5; vgl auch Art 5 Abs 2, Art 25 Abs 2, Art 55 Abs 3 und Art 79 Abs 5.

Zu Artikel 19:

[1)] Beachte für die BM und die BReg insb Art 10 Abs 2 letzter Satz, Art 14b Abs 5 und 6, Art 23c Abs 4, Art 67 Abs 1 zweiter Satz, Art 78b Abs 2, Art 134 Abs 2, § 13 Abs 6 NAG und § 35 Abs 2 DSG sowie für die StS Art 78 Abs 3 zweiter Satz.

[2)] Hinsichtlich der öffentlichen Funktionäre der Länder und Gemeinden materiell derogiert durch § 2 Abs 5 UnvTr-G (10/4).

der Privatwirtschaft beschränkt werden.[3)4)] *(BGBl I 2003/100)*

Artikel 20. (1)[1)] Unter der Leitung der obersten Organe des Bundes und der Länder[2)] führen nach den Bestimmungen der Gesetze auf Zeit gewählte Organe, ernannte berufsmäßige Organe oder vertraglich bestellte Organe[3)] die Verwaltung.[4)] Sie sind den ihnen vorgesetzten Organen für ihre amtliche Tätigkeit verantwortlich und, soweit in Gesetzen gemäß Abs. 2 nicht anderes bestimmt ist,[5)] an deren Weisungen gebunden. Das nachgeordnete Organ kann die Befolgung einer Weisung ablehnen, wenn die Weisung entweder von einem unzuständigen Organ erteilt wurde oder die Befolgung gegen strafgesetzliche Vorschriften verstoßen würde.[6)] *(BGBl I 2008/2)*

(2) Durch Gesetz können Organe

1. zur sachverständigen Prüfung,[7)]

2. zur Kontrolle der Gesetzmäßigkeit der Verwaltung,[8)] *(BGBl I 2012/51)*

„3." mit Schieds-, Vermittlungs- und Interessenvertretungsaufgaben,[9)] *(BGBl I 2012/51)*

„4." zur Sicherung des Wettbewerbs[10)] und zur Durchführung der Wirtschaftsaufsicht, *(BGBl I 2012/51)*

„5." zur Aufsicht und Regulierung elektronischer Medien und zur Förderung der Medien,[11)] *(BGBl I 2010/50; BGBl I 2012/51)*

6. zur Durchführung einzelner Angelegenheiten des Dienst- und Disziplinarrechts,[12)]

7. zur Durchführung und Leitung von Wahlen, oder,

8. soweit dies nach Maßgabe des Rechts der Europäischen Union geboten ist,[13)]

---

3) Siehe das Unv-Tr-G (10/4), insb dessen § 2 Abs 1; § 5 Abs 2 Z 1 BFinG; § 22 Abs 4 und § 33 Abs 3 NBG.

4) Beachte die Berufsverbote des Art 61 Abs 1 (BPräs) und Art 148g Abs 5 (VA) und das Funktionsverbot des Art 126 (Mitglieder des RH).

Zu Artikel 20:

1) *Grundsatz der Weisungsgebundenheit der Verwaltungsorgane* (des Bundes und der Länder). Vgl demgegenüber für die Richter Art 87 Abs 1 und 2; vgl auch für die Rechtspfleger Art 87a Abs 3.

2) Siehe Art 19 Abs 1.

3) *Vertragsbedienstete.* Für die Entsendung durch sonstige (nichtterritoriale) Selbstverwaltungskörper beachte Art 120b Abs 3. Zur Führung der Verwaltung durch Private und den vom VfGH angenommenen Grenzen der Beleihung sog ausgegliederter Rechtsträger siehe VfSlg 14.473/1996 mwH, 16.400/2001, 16.995/2003, 17.421/2004.

4) Beachte Art 9 Abs 2; § 4 Abs 3 und 7 KSE-BVG (5a/4).

5) Siehe ferner Art 81c Abs 1, Art 118 Abs 4 und Art 120b Abs 1; § 3 Abs 1 APAG (Abschlussprüferaufsichtsbehörde); § 79 Abs 5 BWG (Oesterreichische Nationalbank); § 66 Abs 1 FinStrG (Spruchsenate bei den Finanzämtern und Zollämtern); § 1 Abs 1 FMABG (Finanzmarktaufsichtsbehörde); § 11 Abs 1 PartG (7/1) (unabhängiger Parteien-Transparenz-Senat); § 17a Abs 2 PTSG (Vorsitzender des Vorstands der Österreichischen Post AG, der Telekom Austria AG und der Österreichischen Postbus AG); § 4 Abs 7 WG (der Parlamentarischen Bundesheerkommission zur Verfügung gestelltes Personal).

6) Siehe insb § 44 BDG und § 5a VBG.

7) Siehe zB die Sicherheitsuntersuchungsstelle des Bundes gemäß § 2 f UUG.

8) Siehe zB den Rechtsschutzbeauftragten und dessen Stellvertreter gemäß § 57 MBG; den Rechtsschutzbeauftragten und dessen Stellvertreter gemäß § 91a SPG.

9) Siehe zB die Schlichtungsstellen gemäß den §§ 144 ff ArbVG; die Bundesschiedskommission gemäß § 346 ASVG; die Gleichbehandlungskommission gemäß den §§ 22 ff, die Gleichbehandlungsbeauftragten gemäß § 26 f und die Kontaktfrauen (Frauenbeauftragten) gemäß § 35 f B-GlBG; die Gleichbehandlungskommission gemäß § 1 f GBK/GAW-G; die Tierschutzombudsmänner der Länder gemäß § 41 TSchG; die Bundesentschädigungskommission gemäß den §§ 20 ff BesSchG (zuständig insb auch gemäß § 35 EntschädigungsG ČSSR BGBl 1975/452); die Bundesverteilungskommission beim BMF gemäß den §§ 17 ff VerteilungsG Bulgarien BGBl 1964/129 (zuständig auch gemäß § 34 VerteilungsG Polen BGBl 1974/75 und § 19 VerteilungsG DDR BGBl 1988/189); den Urheberrechtssenat gemäß § 79 VerwGesG; den Unabhängigen Beirat für Zivildienstbeschwerdeangelegenheiten gemäß den §§ 43 ff ZDG.

10) Siehe zB die Organe der E-Control gemäß den §§ 5 ff E-ControlG (ausgenommen bestimmte Angelegenheiten); die Schienen-Control Kommission gemäß den §§ 81ff EisbG; die Post-Control-Kommission gemäß den §§ 39 ff PMG; die Telekom-Control-Kommission gemäß den §§ 116 ff TKG; den Generaldirektor für Wettbewerb und dessen Stellvertreter gemäß § 1 Abs 2 WettbG.

11) Siehe die Kommunikationsbehörde Austria („KommAustria") gemäß § 1 KOG (2c/39).

12) Siehe zB die Begutachtungskommissionen gemäß § 7, die Weiterbestellungskommissionen gemäß § 18 und die Aufnahmekommissionen gemäß den §§ 29 ff AusG; die Auswahl-Kommissionen gemäß § 13 Abs 2 und § 14 AuswDG; die Sicherheitsvertrauenspersonen gemäß § 10 und die Sicherheitsfachkräfte gemäß § 73 B-BSG; die Prüfungskommissionen gemäß § 29, die Leistungsfeststellungskommissionen gemäß § 88 f, die Disziplinarkommissionen und die Disziplinaroberkommission gemäß den §§ 98 ff und die Gutachterkommissionen gemäß § 207j BDG; die Disziplinarkommission und die Disziplinaroberkommission gemäß den §§ 15 ff und die Einsatzstraforgane gemäß § 82 HDG; die landesgesetzlich vorgesehenen Leistungsfeststellungskommissionen gemäß § 68, die landesgesetzlich vorgesehenen Disziplinarkommissionen gemäß § 91 Abs 2, die Sicherheitsvertrauenspersonen gemäß § 113d und die Sicherheitsfachkräfte gemäß § 113e LDG; die landesgesetzlich vorgesehenen Leistungsfeststellungskommissionen gemäß § 76 und die landesgesetzlich vorgesehenen Disziplinarkommissionen gemäß § 99 Abs 2 LLDG; die Sicherheitsvertrauenspersonen und die Sicherheitsfachkräfte gemäß § 2 Abs 4 und 5 LVG; die Disziplinarkommission gemäß § 66 TÄKamG.

13) Siehe zB den Leiter der Datenschutzbehörde gemäß § 37 DSG; die Organe der E-Control gemäß den §§ 5 ff E-ControlG (ausgenommen bestimmte Angelegenheiten); die Schienen-Control Kommission gemäß den §§ 81 ff EisbG; die Post-Control-Kommission gemäß den §§ 39 ff PMG; die Telekom-Control-Kommission gemäß den §§ 116 ff TKG; die Übernahmekommission gemäß den §§ 28 ff ÜbG.

von der Bindung an Weisungen der ihnen vorgesetzten Organe freigestellt werden. Durch Landesverfassungsgesetz können weitere Kategorien weisungsfreier Organe geschaffen werden. Durch Gesetz ist ein der Aufgabe des weisungsfreien Organs angemessenes Aufsichtsrecht der obersten Organe vorzusehen, zumindest das Recht, sich über alle Gegenstände der Geschäftsführung der weisungsfreien Organe zu unterrichten, und – soweit es sich nicht um Organe „gemäß den „Z 2, 5 und 8"**"* handelt – das Recht, weisungsfreie Organe aus wichtigem Grund abzuberufen.[14)] *(*BGBl I 2010/50; **BGBl I 2012/51)* *(BGBl I 2008/2)*

„(3)"* „Alle mit Aufgaben der Bundes-, Landes- und Gemeindeverwaltung betrauten Organe sowie die Organe anderer Körperschaften des öffentlichen Rechts sind, soweit gesetzlich nicht anderes bestimmt ist,[15)] zur Verschwiegenheit über alle ihnen ausschließlich aus ihrer amtlichen Tätigkeit bekannt gewordenen Tatsachen verpflichtet, deren Geheimhaltung im Interesse der Aufrechterhaltung der öffentlichen Ruhe, Ordnung und Sicherheit,[16)] der umfassenden Landesverteidigung,[17)] der auswärtigen Beziehungen,[18)] im wirtschaftlichen Interesse einer Körperschaft des öffentlichen Rechts, zur Vorbereitung einer Entscheidung oder im überwiegenden Interesse der Parteien geboten ist (Amtsverschwiegenheit)."** Die Amtsverschwiegenheit besteht für die von einem allgemeinen Vertretungskörper[19)] bestellten Funktionäre nicht gegenüber diesem Vertretungskörper, wenn er derartige Auskünfte ausdrücklich verlangt.[20)] *(*BGBl 1975/302; **BGBl 1987/285)*

(4) Alle mit Aufgaben der Bundes-, Landes- und Gemeindeverwaltung betrauten Organe sowie die Organe anderer Körperschaften des öffentlichen Rechts haben über Angelegenheiten ihres Wirkungsbereiches Auskünfte zu erteilen, soweit eine gesetzliche Verschwiegenheitspflicht dem nicht entgegensteht; berufliche Vertretungen sind nur gegenüber den ihnen jeweils Zugehörigen auskunftspflichtig und dies insoweit, als dadurch die ordnungsgemäße Erfüllung ihrer gesetzlichen Aufgaben nicht verhindert wird. Die näheren Regelungen sind hinsichtlich der Organe des Bundes sowie der durch die Bundesgesetzgebung zu regelnden Selbstverwaltung in Gesetzgebung und Vollziehung Bundessache, hinsichtlich der Organe der Länder und Gemeinden sowie der durch die Landesgesetzgebung zu regelnden Selbstverwaltung in der Grundsatzgesetzgebung Bundessache, in der Ausführungsgesetzgebung und in der Vollziehung Landessache.[21)] *(BGBl 1987/285)*

Artikel 21.[1)] (1) Den Ländern obliegt die Gesetzgebung und Vollziehung in den Angelegenheiten des Dienstrechtes einschließlich des Dienstvertragsrechtes[2)] und des Personalvertretungsrechtes der Bediensteten der Länder, der Gemeinden und der Gemeindeverbände, soweit für alle diese Angelegenheiten in Abs. 2, in Art. 14 Abs. 2, „Abs. 3 lit. c"** und Abs. 5 lit. c und in Art. 14a Abs. 2 lit. e und Abs. 3 lit. b nicht anderes bestimmt ist. Über Streitigkeiten aus vertraglichen Dienstverhältnissen entscheiden die „ordentlichen"* Gerichte.[3)] *(BGBl I 2001/121; *BGBl I 2012/51; **BGBl I 2017/138)*

(2) Den Ländern obliegt die Gesetzgebung und Vollziehung in den Angelegenheiten des Arbeitnehmerschutzes der Bediensteten (Abs. 1) und der Personalvertretung der Bediensteten der Länder, soweit die Bediensteten nicht in Betrieben tätig sind. Soweit nach dem ersten Satz nicht die Zuständigkeit der Länder gegeben ist, fallen die genannten Angelegenheiten in die Zuständigkeit des Bundes. *(BGBl I 1999/8)*

(3) Soweit in diesem Gesetz nicht anderes bestimmt ist,[4)] wird die Diensthoheit gegenüber den Bediensteten des Bundes von den obersten Orga-

B-VG

---

14) Übergangsrecht siehe Art 151 Abs 38. Beachte § 1 Abs 2 BVG MedKF-T (3a/8).

15) Nach der Rsp des VfGH (VfSlg 6288/1970, 7455/1974, 9657/1983) darf die einfache Gesetzgebung nur Ausnahmen von der *Amtsverschwiegenheit* vorsehen, diese jedoch nicht erweitern.

16) Vgl Art 10 Abs 1 Z 7.

17) Vgl Art 9a Abs 1 und 2.

18) Beziehungen zu ausländischen Staaten und sonstigen Völkerrechtssubjekten einschließlich internationaler Organisationen („zwischenstaatlicher Einrichtungen"). Vgl Abschn C Z 1 des Teiles 2 der Anlage zu § 2 BMG (12/1) („auswärtige Angelegenheiten") und Art 10 Abs 1 Z 2 („äußere Angelegenheiten ..."); vgl auch Art 32 Abs 1 GG („Beziehungen zu auswärtigen Staaten").

19) Allgemeine Vertretungskörper vertreten nicht die Interessen bestimmter, etwa nach Stand, Beruf oder Bekenntnis gleichartiger Personen, sondern haben die Interessen aller innerhalb eines bestimmten Gebietes lebenden Menschen wahrzunehmen (VfSlg Anh 3/1956). Es sind dies die Repräsentationsorgane der Gebietskörperschaften: NR, BR, LT und GR (VfSlg 7678/1975) sowie die Wr Bezirksvertretungen (VfSlg 6087/1969, 11.738/1988, 17.264/2004; vgl auch VfSlg 888/1927).

20) Ob die BReg gegenüber dem NR zur Verschwiegenheit verpflichtet ist, ist umstritten (vgl Art 52, Art 70 Abs 1 und Art 74 Abs 1). Vgl für die VA Art 148b Abs 1 zweiter Satz und Abs 2.

21) Siehe das AuskPflG (20/1) und das AuskPflGG (20/2) sowie das UIG.

Zu Artikel 21:

1) Übergangsrecht zur B-VGNov 1981 (1a/7) siehe Art III Abs 1 bis 3 dieser B-VGNov. Beachte für Wien Art III Abs 4 dieser B-VGNov.

2) Siehe FN 3 zu Art 20.

3) Vgl VfSlg 8830/1980.

4) Siehe Art 30 Abs 4 und 6 (Präs des NR), Art 125 Abs 3 (Präs des RH), Art 134 Abs 8 (Präs des VwGH), Art 147 Abs 8 (Präs des VfGH) und Art 148h Abs 2 (Vors der VA).

nen des Bundes[5] ausgeübt. Die Diensthoheit gegenüber den Bediensteten der Länder wird von den obersten Organen der Länder[5] ausgeübt; soweit dieses Gesetz entsprechende Ausnahmen hinsichtlich der Bediensteten des Bundes vorsieht,[4] kann durch Landesverfassungsgesetz bestimmt werden, dass die Diensthoheit gegenüber den Bediensteten des Landes von gleichartigen Organen ausgeübt wird.[6] *(BGBl I 1999/8; BGBl I 2003/100)*

(4) Die Möglichkeit des Wechsels zwischen dem Dienst beim Bund, bei den Ländern, bei den Gemeinden und bei den Gemeindeverbänden bleibt den öffentlich Bediensteten[7] jederzeit gewahrt. Gesetzliche Bestimmungen, wonach die Anrechnung von Dienstzeiten davon abhängig unterschiedlich erfolgt, ob sie beim Bund, bei einem Land, bei einer Gemeinde oder bei einem Gemeindeverband zurückgelegt worden sind, sind unzulässig. Um eine gleichwertige Entwicklung des Dienstrechtes, des Personalvertretungsrechtes und des Arbeitnehmerschutzes bei Bund, Ländern und Gemeinden zu ermöglichen, haben Bund und Länder einander über Vorhaben in diesen Angelegenheiten zu informieren. *(BGBl I 1999/8)*

„(5)“* Durch Gesetz kann vorgesehen werden, dass

1. Beamte zur Ausübung bestimmter Leitungsfunktionen oder in den Fällen, in denen dies auf Grund der Natur des Dienstes erforderlich ist, befristet ernannt werden;

2. nach Ablauf der Befristung oder bei Änderung der Organisation der Behörden oder der dienstrechtlichen Gliederungen durch Gesetz keine Ernennung erforderlich ist;

3. es, soweit die Zuständigkeit zur Ernennung gemäß Art. 66 Abs. 1 übertragen ist, in den Fällen einer Versetzung oder einer Änderung der Verwendung keiner Ernennung bedarf.
*(BGBl 1994/1013; *BGBl I 1999/8; BGBl I 2003/100)*

„(6)“* In den Fällen des „Abs. 5“** besteht kein Anspruch auf eine gleichwertige Verwendung. *(BGBl 1994/1013; *BGBl I 1999/8; **BGBl I 2001/121)*

(BGBl 1974/444)

Artikel 22. Alle Organe des Bundes, der Länder, der Gemeinden und der Gemeindeverbände sowie der sonstigen Selbstverwaltungskörper sind im Rahmen ihres gesetzmäßigen Wirkungsbereiches zur wechselseitigen Hilfeleistung[1] verpflichtet.[2]

(BGBl I 2012/51)

Artikel 23.[1] (1) Der Bund, die Länder, „ “ die Gemeinden und die sonstigen Körperschaften und Anstalten des öffentlichen Rechts haften für den Schaden, den die als ihre Organe[2] handelnden Personen in Vollziehung der Gesetze durch ein rechtswidriges Verhalten wem immer schuldhaft[3] zugefügt haben.[4] *(BGBl I 2003/100)*

(2) Personen, die als Organe[2] eines im Abs. 1 bezeichneten Rechtsträgers handeln, sind ihm, soweit ihnen Vorsatz oder grobe Fahrlässigkeit zur Last fällt, für den Schaden haftbar, für den der Rechtsträger dem Geschädigten Ersatz geleistet hat.[5] *(BGBl I 2003/100)*

(3) Personen, die als Organe[6] eines im Abs. 1 bezeichneten Rechtsträgers handeln, haften für den Schaden, den sie in Vollziehung der Gesetze dem Rechtsträger durch ein rechtswidriges Verhalten unmittelbar zugefügt haben.[7] *(BGBl I 2003/100)*

(4) Die näheren Bestimmungen zu den Abs. 1 bis 3 werden durch Bundesgesetz getroffen.[8] *(BGBl I 2003/100)*

(5) Ein Bundesgesetz kann auch bestimmen, inwieweit auf dem Gebiet des Post- und Fernmeldewesens von den in den Abs. 1 bis 3 festgelegten Grundsätzen abweichende Sonderbestimmungen gelten.[9] *(BGBl 1974/444; BGBl I 2003/100)*

(BGBl 1949/19)

---

[5] Siehe Art 19 Abs 1.

[6] Vgl auch Art 118 Abs 3 Z 2.

[7] Vgl auch Art 7 Abs 4, Art 23b Abs 1, Art 59a, Art 59b, Art 95 Abs 5, Art 130 Abs 2 Z 3 und Art 131 Abs 2.

Zu Artikel 22:

[1] *Amtshilfe.* Beachte für die VA Art 148b Abs 1.

[2] Beachte die §§ 17a Abs 3, 33 Abs 5 und 93 Abs 1 AKG (3b/16); § 68 WKG (3b/35); § 5 Abs 1 AÖF-G (3b/48).

Zu Artikel 23:

[1] Nach der Rsp des EuGH *(Francovich, Brasserie du pêcheur und Factortame)* ist aus dem EGV (heute: AEUV) (21/2) eine *Staatshaftung* wegen Verletzung von Gemeinschaftsrecht (heute: Unionsrecht) abzuleiten. Vgl auch Art 41 EMRK (2b/1).

[2] Siehe § 1 Abs 2 AHG (19/1).

[3] Beachte jedoch Art 7 PersFrBVG (2a/11) und Art 5 Abs 5 EMRK (2b/1).

[4] Siehe § 1 Abs 1 und § 6 Abs 1 AHG (19/1).

[5] Siehe die §§ 3 bis 5 und § 6 Abs 2 AHG (19/1).

[6] Siehe § 1 Abs 2 OrgHG (19/2).

[7] Siehe die §§ 1 bis 6 OrgHG (19/2).

[8] Siehe das AHG (19/1) und das OrgHG (19/2); siehe auch § 74 BHG. Siehe ferner das StEG, das PolBEG und § 8 LSG.

[9] Siehe § 17 Abs 2 bis 6 PMG.

B. Europäische Union

(BGBl 1994/1013)

Artikel 23a.[1] (1) Die Mitglieder des Europäischen Parlaments werden in Österreich auf Grund des gleichen, unmittelbaren, persönlichen[2], freien und geheimen[2] Wahlrechtes der Männer und Frauen, die am Wahltag[3] das 16. Lebensjahr vollendet haben und am Stichtag der Wahl[4] entweder die österreichische Staatsbürgerschaft besitzen und nicht nach Maßgabe des Rechts der Europäischen Union vom Wahlrecht ausgeschlossen sind oder die Staatsangehörigkeit eines anderen Mitgliedstaates der Europäischen Union besitzen und nach Maßgabe des Rechts der Europäischen Union wahlberechtigt sind, nach den Grundsätzen der Verhältniswahl gewählt.[5] *(BGBl I 2007/27)*

(2) Das Bundesgebiet bildet für die Wahlen zum Europäischen Parlament einen einheitlichen Wahlkörper.[6]

(3) Wählbar sind die in Österreich zum Europäischen Parlament Wahlberechtigten, die am Wahltag[3] das 18. Lebensjahr vollendet haben.[7] *(BGBl I 2007/27)*

(4) Art. 26 Abs. 5 bis „7" ist sinngemäß anzuwenden.[8] *(BGBl I 2007/27; BGBl I 2016/106)*

(5) und (6) *(entfällt, BGBl I 2007/27)*

Artikel 23b.[1] (1) Öffentlich Bediensteten[2] ist, wenn sie sich um ein Mandat im Europäischen Parlament bewerben, die für die Bewerbung um das Mandat erforderliche freie Zeit zu gewähren.[3] Öffentlich Bedienstete[2], die zu Mitgliedern des Europäischen Parlaments gewählt wurden, sind für die Dauer der Mandatsausübung unter Entfall der Dienstbezüge außer Dienst zu stellen. Das Nähere wird durch Gesetz geregelt.[4]

(2) „Universitätslehrer" können eine Tätigkeit in Forschung und Lehre und die Prüfungstätigkeit auch während der Zugehörigkeit zum Europäischen Parlament fortsetzen. Die Dienstbezüge für diese Tätigkeit sind entsprechend den tatsächlich erbrachten Leistungen zu bemessen, dürfen aber 25% der Bezüge eines „Universitätslehrers" nicht übersteigen.[5] *(BGBl I 2001/121)*

(3) Insoweit dieses Bundesverfassungsgesetz die Unvereinbarkeit von Funktionen mit der Zugehörigkeit oder mit der ehemaligen Zugehörigkeit zum Nationalrat vorsieht, sind diese Funktionen auch mit der Zugehörigkeit oder mit der ehemaligen Zugehörigkeit zum Europäischen Parlament unvereinbar.[6]

Artikel 23c. (1) Die Erstellung der österreichischen Vorschläge für die Ernennung von Mitgliedern der Europäischen Kommission,[1] von Mitgliedern des Gerichtshofes der Europäischen Union,[2] von Mitgliedern des Rechnungshofes,[3] von Mitgliedern des Wirtschafts- und Sozialausschusses,[4] von Mitgliedern des Ausschusses der Regionen[5] und deren Stellvertretern und von Mitgliedern des Verwaltungsrates der Europäischen Investitionsbank[6] obliegt der Bundesregierung.

(2) Vor der Erstellung der Vorschläge für die Ernennung von Mitgliedern der Europäischen Kommission,[1] des Gerichtshofes der Europäischen Union,[2] des Rechnungshofes[3] und des Verwaltungsrates der Europäischen Investitionsbank[6] hat die Bundesregierung dem Nationalrat und dem Bundespräsidenten mitzuteilen, wen sie vorzuschlagen beabsichtigt. Die Bundesregierung hat über die Vorschläge das Einvernehmen mit dem Hauptausschuss des Nationalrates herzustellen.[7]

(3) Vor der Erstellung der Vorschläge für die Ernennung von Mitgliedern des Wirtschafts- und Sozialausschusses[4] hat die Bundesregierung Vorschläge der gesetzlichen und sonstigen beruf-

B-VG

Zu Artikel 23a:

[1] Übergangsrecht siehe Art 151 Abs 11 Z 5. Beachte
– Art 10 Abs 1 Z 1a, Art 26a, Art 30 Abs 3, Art 59, Art 141 Abs 1 lit a und c und Abs 2;
– Art 22 Abs 2 und die Art 223 ff AEUV (21/2), die EP-RL und den DWA.

[2] Beachte jedoch Abs 4 iVm Art 26 Abs 6.

[3] Siehe § 2 Abs 1 EuWO (8/11).

[4] Siehe § 2 Abs 1 und 2 EuWO (8/11).

[5] Siehe § 10 EuWO (8/11) iVm den §§ 2 bis 5 EuWEG (8/13).

[6] Siehe § 3 Abs 1 EuWO (8/11). Vgl demgegenüber Art 26 Abs 2 (NR) und Art 95 Abs 3 (LT).

[7] Siehe § 29 EuWO (8/11). Vgl auch Art 26 Abs 4 (NR).

[8] Siehe für Art 26 Abs 5 § 10 EuWO (8/11), die §§ 2 Abs 1 und 4 Abs 1, jeweils iVm § 3 EuWEG (8/13) und § 29 EuWO, für Art 26 Abs 6 § 46 EuWO und für Art 26 Abs 7 die EuWO als solche (vgl Art 10 Abs 1 Z 1a).

Zu Artikel 23b:

[1] Vgl auch Art 59a (NR, BR) und Art 95 Abs 5 (LT).

[2] Vgl auch Art 7 Abs 4, Art 21 Abs 4, Art 59a, Art 59b, Art 95 Abs 5, Art 130 Abs 2 Z 3 und Art 131 Abs 2.

[3] Siehe zB § 18 BDG, § 79 RStDG und § 29i VBG.

[4] Siehe zB die §§ 17 und 19 BDG, § 79 RStDG und § 29i VBG.

[5] Siehe § 19 Abs 2 BDG.

[6] Siehe Art 61 Abs 1 (BPräs), Art 92 Abs 2 (OGH), Art 122 Abs 5 (Präs des RH), Art 134 Abs 4 und 5 (VwGH), Art 147 Abs 4 und 5 (VfGH) und Art 148g Abs 5 (VA). Beachte Art 59 (NR, BR) und Art 7 DWA.

Zu Artikel 23c:

[1] Siehe Art 17 Abs 3 UAbs 2 und Abs 7 EUV (21/1).

[2] Siehe Art 253 Abs 1 AEUV (21/2).

[3] Siehe Art 286 Abs 2 UAbs 1 AEUV (21/2).

[4] Siehe Art 302 Abs 1 AEUV (21/2).

[5] Siehe Art 305 Abs 3 AEUV (21/2).

[6] Siehe Art 9 Abs 2 EIB-Satzung.

[7] Siehe § 23 Abs 3, § 29 Abs 2 lit a und § 31b Abs 1 GOG-NR (9/1).

lichen Vertretungen der verschiedenen Gruppen des wirtschaftlichen und sozialen Lebens einzuholen.

(4) Die Vorschläge für die Ernennung von Mitgliedern des Ausschusses der Regionen[5] und deren Stellvertretern hat die Bundesregierung auf Grund[8] von Vorschlägen der Länder sowie des Österreichischen Gemeindebundes und des Österreichischen Städtebundes zu erstellen. Jedes Land hat ein Mitglied und dessen Stellvertreter vorzuschlagen; die sonstigen Mitglieder und deren Stellvertreter sind vom Österreichischen Gemeindebund und vom Österreichischen Städtebund gemeinsam vorzuschlagen.

(5) Die Bundesregierung hat dem Nationalrat mitzuteilen, wen sie nach Abs. 3 und 4 vorgeschlagen hat, und dem Bundesrat mitzuteilen, wen sie nach Abs. 2, 3 und 4 vorgeschlagen hat.

(BGBl I 2010/57)

Artikel 23d. (1) Der Bund hat die Länder unverzüglich über alle Vorhaben im Rahmen der Europäischen Union[1], die den selbständigen Wirkungsbereich der Länder berühren oder sonst für sie von Interesse sein könnten, zu unterrichten[2] und ihnen Gelegenheit zur Stellungnahme zu geben.[3] Solche Stellungnahmen sind an das Bundeskanzleramt zu richten.[4] Gleiches gilt für die Gemeinden, soweit der eigene Wirkungsbereich oder sonstige wichtige Interessen der Gemeinden berührt werden.[2] Die Vertretung der Gemeinden obliegt in diesen Angelegenheiten dem Österreichischen Städtebund und dem Österreichischen Gemeindebund (Art. 115 Abs. 3).[2]

(2) Haben die Länder eine einheitliche Stellungnahme[5] zu einem Vorhaben erstattet,[6] das Angelegenheiten betrifft, in denen die Gesetzgebung Landessache ist, so darf der Bund bei Verhandlungen und Abstimmungen in der Europäischen Union nur aus zwingenden integrations- und außenpolitischen Gründen von dieser Stellungnahme abweichen.[7] Der Bund hat den Ländern diese Gründe unverzüglich mitzuteilen.[8] *(BGBl I 2010/57)*

(3) „Betrifft ein Vorhaben auch Angelegenheiten, in denen die Gesetzgebung Landessache ist, so kann die Bundesregierung die Befugnis, an den Tagungen des Rates teilzunehmen und in diesem Rahmen zu diesem Vorhaben die Verhandlungen zu führen und die Stimme abzugeben, einem von den Ländern namhaft gemachten Mitglied einer Landesregierung übertragen.[9] Die Wahrnehmung dieser Befugnis durch den Vertreter der Länder erfolgt unter Beteiligung des zuständigen Bundesministers und in Abstimmung mit diesem; Abs. 2 gilt auch für ihn.“ Der Vertreter der Länder ist dabei in Angelegenheiten der Bundesgesetzgebung dem Nationalrat, in Angelegenheiten der Landesgesetzgebung den Landtagen gemäß Art. 142 verantwortlich. *(BGBl I 2010/57)*

(4) Die näheren Bestimmungen zu den Abs. 1 bis 3 sind in einer Vereinbarung zwischen dem Bund und den Ländern (Art. 15a Abs. 1) festzulegen.[10]

(5) Die Länder sind verpflichtet, Maßnahmen zu treffen, die in ihrem selbständigen Wirkungsbereich[11] zur Durchführung von Rechtsakten „im Rahmen der Europäischen Union“ erforderlich werden; kommt ein Land dieser Verpflichtung nicht rechtzeitig nach und wird dies „vom Gerichtshof der Europäischen Union[12]“ gegenüber Österreich festgestellt, so geht die Zuständigkeit zu solchen Maßnahmen, insbesondere zur Erlassung der notwendigen Gesetze, auf den Bund über. Eine gemäß dieser Bestimmung vom Bund getroffene Maßnahme, insbesondere ein solcherart erlassenes Gesetz oder eine solcherart erlassene Verordnung, tritt außer Kraft, sobald das Land die erforderlichen Maßnahmen getroffen hat.[13] *(BGBl I 2010/57)*

Artikel 23e. (1) Der zuständige Bundesminister hat den Nationalrat und den Bundesrat unverzüglich über alle Vorhaben im Rahmen der Euro-

---

[8] Diese Vorschläge sind also bindend.

Zu Artikel 23d:

[1] Vgl Art 1 Abs 2 Bund/Länder-Vereinb europ Integration (1/11).

[2] Siehe Art 1 Abs 1 Bund/Länder-Vereinb europ Integration (1/11).

[3] Siehe die Art 2 bis 4 Bund/Länder-Vereinb europ Integration (1/11). Vgl auch Art 10 Abs 3 erster Satz.

[4] Siehe Art 5 Abs 2 Bund/Länder-Vereinb europ Integration (1/11).

[5] Siehe Art 6 Abs 2 Bund/Länder-Vereinb europ Integration (1/11) und die Länder-Vereinb europ Integration (1/14).

[6] Andernfalls siehe Art 5 Abs 1 Bund/Länder-Vereinb europ Integration (1/11).

[7] Siehe Art 6 Abs 1 Bund/Länder-Vereinb europ Integration (1/11) sowie ferner Art 7 dieser Vereinb. Vgl auch Art 10 Abs 3 zweiter und dritter Satz.

[8] Siehe Art 6 Abs 3 Bund/Länder-Vereinb europ Integration (1/11).

[9] Siehe Art 16 Abs 2 EUV (21/1).

[10] Siehe die Bund/Länder-Vereinb europ Integration (1/11).

[11] Siehe insb Art 15 Abs 1.

[12] Siehe Art 260 Abs 1 AEUV (21/2).

[13] Siehe § 3 Z 5 und § 4 Abs 1 Z 3 BGBlG (11a/1). Vgl auch Art 15 Abs 6 und Art 16 Abs 4.

päischen Union zu unterrichten und ihnen Gelegenheit zur Stellungnahme zu geben.[1]

(2) Der zuständige Bundesminister hat den Nationalrat und den Bundesrat über einen bevorstehenden Beschluss des Europäischen Rates oder des Rates betreffend

1. den Übergang von der Einstimmigkeit zur qualifizierten Mehrheit[2] oder

2. den Übergang von einem besonderen Gesetzgebungsverfahren zum ordentlichen Gesetzgebungsverfahren[3]

ausdrücklich und so rechtzeitig zu unterrichten, dass dem Nationalrat und dem Bundesrat die Wahrnehmung der Zuständigkeiten nach diesem Artikel ermöglicht wird.[1]

(3) Hat der Nationalrat eine Stellungnahme zu einem Vorhaben erstattet, das auf die Erlassung eines verbindlichen Rechtsaktes gerichtet ist, der sich auf die Erlassung von Bundesgesetzen auf dem im Rechtsakt geregelten Gebiet auswirken würde, so darf der zuständige Bundesminister bei Verhandlungen und Abstimmungen in der Europäischen Union nur aus zwingenden integrations- und außenpolitischen Gründen von dieser Stellungnahme abweichen. Beabsichtigt der zuständige Bundesminister, von der Stellungnahme des Nationalrates abzuweichen, so hat er den Nationalrat neuerlich zu befassen. Ist das Vorhaben auf die Erlassung eines verbindlichen Rechtsaktes gerichtet, der entweder die Erlassung bundesverfassungsgesetzlicher Bestimmungen erfordern würde oder Regelungen enthält, die nur durch solche Bestimmungen getroffen werden könnten, so ist eine Abweichung jedenfalls nur zulässig, wenn ihr der Nationalrat innerhalb angemessener Frist nicht widerspricht. Der zuständige Bundesminister hat dem Nationalrat nach der Abstimmung in der Europäischen Union unverzüglich Bericht zu erstatten und ihm gegebenenfalls die Gründe mitzuteilen, aus denen er von der Stellungnahme abgewichen ist.

(4) Hat der Bundesrat eine Stellungnahme zu einem Vorhaben erstattet, das auf die Erlassung eines verbindlichen Rechtsaktes gerichtet ist, der entweder die Erlassung bundesverfassungsgesetzlicher Bestimmungen erfordern würde, durch die die Zuständigkeit der Länder in Gesetzgebung oder Vollziehung gemäß Art. 44 Abs. 2 eingeschränkt wird, oder Regelungen enthält, die nur durch solche Bestimmungen getroffen werden könnten, so darf der zuständige Bundesminister bei Verhandlungen und Abstimmungen in der Europäischen Union nur aus zwingenden integrations- und außenpolitischen Gründen von dieser Stellungnahme abweichen. Eine Abweichung ist jedenfalls nur zulässig, wenn ihr der Bundesrat innerhalb angemessener Frist nicht widerspricht. Der zuständige Bundesminister hat dem Bundesrat nach der Abstimmung in der Europäischen Union unverzüglich Bericht zu erstatten und ihm gegebenenfalls die Gründe mitzuteilen, aus denen er von der Stellungnahme abgewichen ist.

(BGBl I 2010/57)

Artikel 23f. (1) Der Nationalrat und der Bundesrat üben die im Vertrag über die Europäische Union, im Vertrag über die Arbeitsweise der Europäischen Union und in den diesen Verträgen beigegebenen Protokollen in der jeweils geltenden Fassung vorgesehenen Zuständigkeiten[1] der nationalen Parlamente aus.[2]

(2) Jeder Bundesminister berichtet dem Nationalrat und dem Bundesrat zu Beginn jedes Jahres über die in diesem Jahr zu erwartenden Vorhaben des Rates und der „Europäischen Kommission" sowie über die voraussichtliche österreichische Position zu diesen Vorhaben.[3] *(BGBl I 2012/51)*

(3) Weitere Unterrichtungsverpflichtungen sind durch Bundesgesetz vorzusehen.[4]

(4) Der Nationalrat und der Bundesrat können ihren Wünschen über Vorhaben der Europäischen Union in Mitteilungen an die Organe der Europäischen Union Ausdruck geben.[5]

(BGBl I 2010/57)

Artikel 23g. (1) Der Nationalrat und der Bundesrat können zu einem Entwurf eines Gesetzgebungsakts im Rahmen der Europäischen Union in einer begründeten Stellungnahme darlegen, weshalb der Entwurf nicht mit dem Subsidiaritätsprinzip vereinbar ist.[1]

(2) Der Nationalrat und der Bundesrat können vom zuständigen Bundesminister eine Äußerung zur Vereinbarkeit von Entwürfen gemäß Abs. 1 mit dem Subsidiaritätsprinzip verlangen, die im

Zu Artikel 23e:

[1] Siehe § 23 Abs 3, § 29 Abs 2 lit b, § 31b Abs 2 und 3, § 31c und § 31d GOG-NR (9/1) und § 13a, § 13b, § 16 Abs 1 lit b und § 18 GO-BR.

[2] Siehe zB Art 31 Abs 3 EUV (21/1).

[3] Siehe zB Art 312 Abs 2 UAbs 2 AEUV (21/2).

Zu Artikel 23f:

[1] Siehe insb Art 12 EUV (21/1).

[2] Siehe § 23 Abs 3, § 29 Abs 2 lit c und § 31b Abs 2 GOG-NR (9/1).

[3] Siehe § 23 Abs 3 und § 28b Abs 1 und 2 GOG-NR (9/1); § 7 EU-InfoG (9/2).

[4] Siehe das EU-InfoG (9/2).

[5] Siehe § 31d Abs 1 Z 1, Abs 3 Z 2 und Abs 4 Z 2 GOG-NR (9/1). Vgl auch Art 52 Abs 1.

Zu Artikel 23g:

[1] Sog *Subsidiaritätsrüge.* Siehe § 23 Abs 3, § 29 Abs 2 lit d, § 31b Abs 2, § 31c Abs 4 und § 31d Abs 1 Z 1, Abs 3 Z 3 und Abs 4 Z 3 GOG-NR (9/1) und § 13a Abs 2 Z 5 und 7 und § 13b GO-BR.

Regelfall innerhalb von zwei Wochen nach Einlangen des Verlangens vorzulegen ist.[2]

(3) Der Bundesrat hat die Landtage unverzüglich über alle Entwürfe gemäß Abs. 1 zu unterrichten und ihnen Gelegenheit zur Stellungnahme zu geben. Bei Beschlussfassung einer begründeten Stellungnahme gemäß Abs. 1 hat der Bundesrat die Stellungnahmen der Landtage zu erwägen und die Landtage über solche Beschlüsse zu unterrichten.

(BGBl I 2010/57)

Artikel 23h. (1) Der Nationalrat und der Bundesrat können beschließen, dass gegen einen Gesetzgebungsakt im Rahmen der Europäischen Union beim Gerichtshof der Europäischen Union Klage wegen Verstoßes gegen das Subsidiaritätsprinzip erhoben wird.[1]

(2) Das Bundeskanzleramt übermittelt die Klage im Namen des Nationalrates oder des Bundesrates unverzüglich an den Gerichtshof der Europäischen Union.[2]

(BGBl I 2010/57)

Artikel 23i. (1) Das österreichische Mitglied im Europäischen Rat darf einer Initiative gemäß Art. 48 Abs. 7 des Vertrags über die Europäische Union in der Fassung des Vertrags von Lissabon[1] nur dann zustimmen, wenn es der Nationalrat mit Zustimmung des Bundesrates auf Grund eines Vorschlages der Bundesregierung dazu ermächtigt hat. Diese Beschlüsse des Nationalrates und des Bundesrates bedürfen jeweils der Anwesenheit von mindestens der Hälfte der Mitglieder und einer Mehrheit von zwei Dritteln der abgegebenen Stimmen.[2]

(2) Soweit nach dem Recht der Europäischen Union für die nationalen Parlamente die Möglichkeit der Ablehnung einer Initiative oder eines Vorschlages betreffend

1. den Übergang von der Einstimmigkeit zur qualifizierten Mehrheit[3] oder

2. den Übergang von einem besonderen Gesetzgebungsverfahren[4] zum ordentlichen Gesetzgebungsverfahren

vorgesehen ist, kann der Nationalrat mit Zustimmung des Bundesrates diese Initiative oder diesen Vorschlag innerhalb der nach dem Recht der Europäischen Union vorgesehenen Fristen ablehnen.[5]

(3) Beschlüsse des Rates, durch die neue Kategorien von Eigenmitteln der Europäischen Union eingeführt werden,[6] bedürfen der Genehmigung des Nationalrates und der Zustimmung des Bundesrates; Art. 50 Abs. 4 zweiter Satz ist sinngemäß anzuwenden. Andere Beschlüsse des Rates, mit denen Bestimmungen über das System der Eigenmittel der Europäischen Union festgelegt werden,[6] bedürfen der Genehmigung des Nationalrates. Art. 23e Abs. 2 gilt sinngemäß.[2]

(4) Auf andere Beschlüsse des Europäischen Rates oder des Rates, die nach dem Recht der Europäischen Union erst nach Zustimmung der Mitgliedstaaten im Einklang mit ihren jeweiligen verfassungsrechtlichen Vorschriften in Kraft treten,[7] ist Art. 50 Abs. 4 sinngemäß anzuwenden.[2]

(5) Beschlüsse des Nationalrates und des Bundesrates nach diesem Artikel sind vom Bundeskanzler im Bundesgesetzblatt kundzumachen.

(BGBl I 2010/57)

Artikel 23j.[1] (1) Österreich wirkt an der Gemeinsamen Außen- und Sicherheitspolitik der Europäischen Union auf Grund des Titels V Kapitel 1 und 2 des Vertrags über die Europäische Union in der Fassung des Vertrags von Lissabon[2] mit, der in Art. 3 Abs. 5 und in Art. 21 Abs. 1 insbesondere die Wahrung beziehungsweise Achtung der Grundsätze der Charta der Vereinten Nationen vorsieht. Dies schließt die Mitwirkung an Aufgaben gemäß Art. 43 Abs. 1 dieses Vertrags[3] sowie an Maßnahmen ein, mit denen die Wirtschafts- und Finanzbeziehungen zu einem oder mehreren Drittländern ausgesetzt, eingeschränkt oder vollständig eingestellt werden[4]. Auf Beschlüsse des Europäischen Rates über eine

---

[2] Siehe § 31c Abs 14 GOG-NR (9/1) und § 13a Abs 2 Z 6 und § 13b GO-BR.

Zu Artikel 23h:

[1] Sog *Subsidiaritätsklage*. Siehe § 21 Abs 1, § 23 Abs 3, § 26a, § 29 Abs 2 lit e und § 31b Abs 2 GOG-NR (9/1) und § 13b, § 16 Abs 1 lit c und Abs 3 bis 5 und § 21a GO-BR; § 8 EU-InfoG (9/2).

[2] Vgl Art 10 Abs 2 Bund/Länder-Vereinb europ Integration (1/11) einerseits und Abschn K Z 1 zweiter Untertatbestand („Vertretung der Republik Österreich vor dem Gerichtshof der Europäischen Union") des Teiles 2 der Anlage zu § 2 BMG (12/1) andererseits.

Zu Artikel 23i:

[1] Abgedruckt unter 21/1.

[2] Siehe § 21 Abs 1, § 23 Abs 1 und 3, § 25, § 31b Abs 2, § 76 Abs 1 und § 82 Abs 2 Z 1a GOG-NR (9/1).

[3] Siehe zB Art 31 Abs 3 EUV (21/1).

[4] Siehe zB Art 312 Abs 2 UAbs 2 AEUV (21/2).

[5] Siehe § 26b GOG-NR (9/1).

[6] Siehe Art 311 Abs 3 AEUV (21/2).

[7] Siehe insb Art 48 Abs 6 UAbs 2 EUV (21/1); Art 25 Abs 2, Art 218 Abs 8 UAbs 2, Art 223 Abs 1 UAbs 2 und Art 262 AEUV (21/2); Art 40.2. EZB-Satzung.

Zu Artikel 23j:

[1] Zum Verhältnis dieser Nachfolgebestimmung zu Art 23f B-VG (idF der B-VGNov BGBl I 1998/83) zum BVG Neutralität (5a/1) siehe FN 1 zu diesem BVG.

[2] Siehe die Art 21 ff EUV (21/1).

[3] Abgedruckt unter 21/1.

[4] *Restriktive Maßnahmen* iSd Art 215 AEUV (21/2).

gemeinsame Verteidigung ist Art. 50 Abs. 4 sinngemäß anzuwenden.[5)]

(2) Für Beschlüsse im Rahmen der Gemeinsamen Außen- und Sicherheitspolitik der Europäischen Union auf Grund des Titels V Kapitel 2 des Vertrags über die Europäische Union in der Fassung des Vertrags von Lissabon[2)] gilt Art. 23e Abs. 3 sinngemäß.

(3) Bei Beschlüssen über die Einleitung einer Mission außerhalb der Europäischen Union, die Aufgaben der militärischen Beratung und Unterstützung, Aufgaben der Konfliktverhütung und der Erhaltung des Friedens oder Kampfeinsätze im Rahmen der Krisenbewältigung einschließlich Frieden schaffender Maßnahmen und Operationen zur Stabilisierung der Lage nach Konflikten umfasst,[6)] sowie bei Beschlüssen gemäß Art. 42 Abs. 2 des Vertrags über die Europäische Union in der Fassung des Vertrags von Lissabon[3)] betreffend die schrittweise Festlegung einer gemeinsamen Verteidigungspolitik ist das Stimmrecht im Einvernehmen zwischen dem Bundeskanzler und dem für auswärtige Angelegenheiten zuständigen Bundesminister[7)] auszuüben.

(4) Eine Zustimmung zu Maßnahmen gemäß Abs. 3 darf, wenn der zu fassende Beschluss eine Verpflichtung Österreichs zur Entsendung von Einheiten oder einzelnen Personen bewirken würde, nur unter dem Vorbehalt gegeben werden, dass es diesbezüglich noch der Durchführung des für die Entsendung von Einheiten oder einzelnen Personen in das Ausland verfassungsrechtlich vorgesehenen Verfahrens bedarf.[8)]

(BGBl I 2010/57)

Artikel 23k. (1) Nähere Bestimmungen zu den Art. 23e, 23f Abs. 1, 2 und 4 sowie 23g bis 23j treffen das Bundesgesetz über die Geschäftsordnung des Nationalrates und die Geschäftsordnung des Bundesrates.[1)]

(2) Die Zuständigkeiten des Nationalrates nach den Art. 23e, 23f Abs. 4, 23g und 23j Abs. 2 obliegen dessen Hauptausschuss. Das Bundesgesetz über die Geschäftsordnung des Nationalrates kann vorsehen, dass der Hauptausschuss einen ständigen Unterausschuss[2)] wählt, für den Art. 55 Abs. 3 sinngemäß gilt. Der Hauptausschuss kann diesem ständigen Unterausschuss[2)] Zuständigkeiten nach dem ersten Satz übertragen. Eine solche Übertragung kann jederzeit ganz oder teilweise widerrufen werden. Durch das Bundesgesetz über die Geschäftsordnung des Nationalrates können Zuständigkeiten des Hauptausschusses nach dem ersten Satz dem Nationalrat oder dem ständigen Unterausschuss des Hauptausschusses[2)] gemäß dem zweiten Satz übertragen werden.

(3) Zuständigkeiten des Bundesrates nach den Art. 23e, 23f Abs. 4 und 23g können durch die Geschäftsordnung des Bundesrates einem von diesem zu wählenden Ausschuss[3)] übertragen werden.

(BGBl I 2010/57)

Zweites Hauptstück

Gesetzgebung des Bundes

(BGBl I 2003/100)

A. Nationalrat

(BGBl I 2003/100)

Artikel 24. Die Gesetzgebung des Bundes übt der Nationalrat gemeinsam mit dem Bundesrat aus.[1)]

Artikel 25. (1) Der Sitz des Nationalrates ist die Bundeshauptstadt Wien.[1)]

(2) Für die Dauer außerordentlicher Verhältnisse kann der Bundespräsident auf Antrag der Bundesregierung den Nationalrat in einen anderen Ort des Bundesgebietes berufen.[2)]

Artikel 26.[1)] (1) Der Nationalrat wird vom Bundesvolk[2)] auf Grund des gleichen, unmittelbaren, persönlichen[3)], freien und geheimen[3)4)] Wahlrechtes der Männer und Frauen, die am Wahltag[5)] das 16. Lebensjahr vollendet haben,

---

[5)] Siehe § 21 Abs 1, § 23 Abs 1 und 3, § 25, § 31b Abs 2, § 31c, § 76 Abs 1 und § 82 Abs 2 Z 1a GOG-NR (9/1).

[6)] Sog *Petersberg-Aufgaben.*

[7)] Heute: BMEIA (vgl Abschn C Z 1 des Teiles 2 der Anlage zu § 2 BMG [12/1]).

[8)] Siehe das KSE-BVG (5a/4).

Zu Artikel 23k:

[1)] Siehe die §§ 31 ff GOG-NR (9/1) und die §§ 13a ff GO-BR.

[2)] Ständiger Unterausschuss in Angelegenheiten der EU. Siehe § 31e Abs 1 und 2, aber auch § 31e Abs 3.

[3)] EU-Ausschuss des BR.

Zu Artikel 24:

[1)] Vgl Art III Abs 1 2. V-ÜG 1945. Vgl auch Art 95 Abs 1 erster Satz (LT).

Zu Artikel 25:

[1)] Vgl Art 5 Abs 1; Art 36 Abs 3 (BR) und Art 38 (BVslg).

[2)] Vgl auch Art 5 Abs 2, Art 18 Abs 3 bis 5, Art 55 Abs 3, Art 79 Abs 5, Art 97 Abs 3 und 4 und Art 102 Abs 5.

Zu Artikel 26:

[1)] Vgl auch Art 95 (LT) und Art 117 Abs 2 (GR); vgl ferner Art 60 (BPräs) und Art 23a (EP).

[2)] Das ist die Gesamtheit der Staatsbürger (*Kelsen/Froehlich/Merkl*, Bundesverfassung 1920 [1922], 94).

[3)] Beachte jedoch Abs 6.

[4)] Vgl Art 3 1. ZPEMRK (2b/2); vgl auch Art 8 StV Wien (4/3).

[5)] Siehe § 1 Abs 2 NRWO (8/1).

nach den Grundsätzen der Verhältniswahl gewählt.[6] *(BGBl I 2007/27)*

(2) Das Bundesgebiet wird in räumlich geschlossene Wahlkreise geteilt, deren Grenzen die Landesgrenzen nicht schneiden dürfen; diese Wahlkreise sind in räumlich geschlossene Regionalwahlkreise zu untergliedern.[7] Die Zahl der Abgeordneten wird auf die Wahlberechtigten der Wahlkreise (Wahlkörper) im Verhältnis der Zahl der Staatsbürger, die nach dem Ergebnis der letzten Volkszählung[8] im jeweiligen Wahlkreis den Hauptwohnsitz[9] hatten, vermehrt um die Zahl der Staatsbürger, die am Zähltag im Bundesgebiet zwar nicht den Hauptwohnsitz[9] hatten, aber in einer Gemeinde des jeweiligen Wahlkreises in der Wählerevidenz eingetragen waren, verteilt; in gleicher Weise wird die Zahl der einem Wahlkreis zugeordneten Abgeordneten auf die Regionalwahlkreise verteilt.[10] Die Wahlordnung zum Nationalrat hat ein abschließendes Ermittlungsverfahren im gesamten Bundesgebiet vorzusehen, durch das sowohl ein Ausgleich der den wahlwerbenden Parteien in den Wahlkreisen zugeteilten als auch eine Aufteilung der noch nicht zugeteilten Mandate nach den Grundsätzen der Verhältniswahl erfolgt.[11] Eine Gliederung der Wählerschaft in andere Wahlkörper ist nicht zulässig. *(BGBl 1994/504)*

(3) Der Wahltag[5] muss ein Sonntag oder ein „gesetzlicher Feiertag[12]"* sein. Treten Umstände ein, die den Anfang, die Fortsetzung oder die Beendigung der Wahlhandlung verhindern, so kann die Wahlbehörde die Wahlhandlung auf den nächsten Tag verlängern oder verschieben.[13] *(BGBl I 2003/100; *BGBl I 2012/12)*

(4) Wählbar sind die zum Nationalrat Wahlberechtigten, die am Stichtag[14] die österreichische Staatsbürgerschaft besitzen und am Wahltag[5] das 18. Lebensjahr vollendet haben.[15] *(BGBl I 2007/27)*

(5) Ein Ausschluss vom Wahlrecht oder von der Wählbarkeit kann, auch in jeweils unterschiedlichem Umfang, nur durch Bundesgesetz als Folge rechtskräftiger gerichtlicher Verurteilung vorgesehen werden.[16] *(BGBl I 2011/43)*

(6) Wahlberechtigte, die voraussichtlich am Wahltag[5] verhindert sein werden, ihre Stimme vor der Wahlbehörde abzugeben, etwa wegen Ortsabwesenheit, aus gesundheitlichen Gründen oder wegen Aufenthalts im Ausland, können ihr Wahlrecht auf Antrag unter Angabe des Grundes durch Briefwahl ausüben. Die Identität des Antragstellers ist glaubhaft zu machen. Der Wahlberechtigte hat durch Unterschrift an Eides statt zu erklären, dass die Stimmabgabe persönlich und geheim erfolgt ist.[17] *(BGBl I 2007/27)*

„(7)" Die näheren Bestimmungen über das Wahlverfahren werden durch Bundesgesetz getroffen.[18] *(BGBl I 2007/27; BGBl I 2016/106)*

(BGBl I 2003/100)

Artikel 26a. „(1)"** „Die Durchführung und Leitung der Wahlen zum Europäischen Parlament, der Wahlen zum Nationalrat, der Wahl des Bundespräsidenten, von Volksabstimmungen und Volksbefragungen, die Mitwirkung bei der Überprüfung von Volksbegehren sowie die Mitwirkung bei der Durchführung von Europäischen Bürgerinitiativen obliegt Wahlbehörden[1], die vor jeder Wahl zum Nationalrat neu gebildet werden."* Diesen haben als stimmberechtigte Beisitzer[2] Vertreter der wahlwerbenden Parteien anzugehören, der Bundeswahlbehörde[3] auch Richter des Dienst- oder Ruhestandes; die Zahl der Beisitzer ist in der Wahlordnung zum Nationalrat festzusetzen. Die nichtrichterlichen Beisitzer werden auf Grund von Vorschlägen der wahlwerbenden Parteien entsprechend ihrer bei der letzten Wahl zum Nationalrat festgestellten Stärke berufen. Im zuletzt gewählten Nationalrat vertretene wahlwerbende Parteien, die danach keinen Anspruch auf Berufung von Beisitzern hätten, sind jedoch berechtigt, einen Beisitzer für die Bundeswahlbehörde[3] vorzuschlagen. *(*BGBl I 2012/12; **BGBl I 2016/106)*

(2) Die Führung der Wählerevidenz und die Anlegung der entsprechenden Verzeichnisse bei einer Wahl zum Europäischen Parlament, einer Wahl zum Nationalrat, einer Wahl des Bundespräsidenten, einer Volksabstimmung und einer Volksbefragung obliegt der Gemeinde im übertragenen Wirkungsbereich[4]. Die Speicherung der Daten der Wählerevidenzen erfolgt in einem

[6] Siehe § 21 NRWO (8/1). Vgl auch Art 23a Abs 1 (EP) und Art 60 Abs 1 (BPräs).

[7] Siehe die §§ 2 und 3 NRWO (8/1). Vgl demgegenüber Art 23a Abs 2 (EP).

[8] Siehe das RegZG (8/7).

[9] Siehe die Definition des Art 6 Abs 3.

[10] Übergangsrecht siehe Art 151 Abs 9 letzter Satz. Siehe die §§ 4 und 5 NRWO (8/1) und die unter 8/1/1 abgedruckte, unrichtigerweise auf § 128 NRWO gestützte K.

[11] Siehe die §§ 106 ff NRWO (8/1).

[12] Siehe § 1 FRG.

[13] Siehe § 87 NRWO (8/1).

[14] Siehe § 1 Abs 2 NRWO (8/1).

[15] Siehe § 41 NRWO (8/1). Vgl auch Art 23a Abs 3 (EP).

[16] Siehe die §§ 22 und 41 NRWO (8/1), aber auch Art 142 Abs 4.

[17] Siehe § 60 NRWO (8/1).

[18] Vgl Art 10 Abs 1 Z 1. Siehe die NRWO (8/1).

Zu Artikel 26a:

[1] Siehe die §§ 6 ff NRWO (8/1).

[2] Siehe die §§ 14 ff NRWO (8/1).

[3] Siehe § 12 NRWO (8/1).

[4] Siehe Art 119 Abs 1.

zentralen Wählerregister, in dem auch Wählerevidenzen aufgrund der Landesgesetzgebung gespeichert werden können; die Länder und Gemeinden können diese Daten für solche Verzeichnisse in ihrem Zuständigkeitsbereich verwenden. *(BGBl I 2016/106)*

(BGBl I 2007/27)

Artikel 27.[1] (1) Die Gesetzgebungsperiode des Nationalrates dauert „fünf" Jahre, vom Tag seines ersten Zusammentrittes[2] an gerechnet, jedenfalls aber bis zu dem Tag, an dem der neue Nationalrat zusammentritt.[3] *(BGBl I 2007/27, ab 28. Oktober 2008)*

(2) Der neugewählte Nationalrat ist vom Bundespräsidenten längstens innerhalb dreißig Tagen nach der Wahl einzuberufen.[4] Diese ist von der Bundesregierung so anzuordnen, dass der neugewählte Nationalrat am Tag nach dem Ablauf des „fünften" Jahres der Gesetzgebungsperiode zusammentreten kann.[5] *(BGBl I 2003/100; BGBl I 2008/2, ab 28. Oktober 2008)*

Artikel 28. (1) Der Bundespräsident beruft den Nationalrat in jedem Jahr zu einer ordentlichen Tagung ein, die nicht vor dem 15. September beginnen und nicht länger als bis zum 15. Juli des folgenden Jahres währen soll.[1] *(BGBl 1975/409)*

(2) Der Bundespräsident kann den Nationalrat auch zu außerordentlichen Tagungen einberufen. Wenn es die Bundesregierung oder mindestens ein Drittel der Mitglieder des Nationalrates oder der Bundesrat verlangt, ist der Bundespräsident verpflichtet, den Nationalrat zu einer außerordentlichen Tagung einzuberufen,[2] und zwar so, dass der Nationalrat spätestens binnen zwei Wochen nach Eintreffen des Verlangens beim Bundespräsidenten zusammentritt; die Einberufung bedarf keiner Gegenzeichnung. Zur Einberufung einer außerordentlichen Tagung auf Antrag von Mitgliedern des Nationalrates oder auf Antrag des Bundesrates ist ein Vorschlag der Bundesregierung nicht erforderlich.[1] *(BGBl 1982/354; BGBl I 2003/100)*

(3) Der Bundespräsident erklärt die Tagungen des Nationalrates auf Grund Beschlusses des Nationalrates für beendet.[1]

(4) Bei Eröffnung einer neuen Tagung des Nationalrates innerhalb der gleichen Gesetzgebungsperiode werden die Arbeiten nach dem Stand fortgesetzt, in dem sie sich bei der Beendigung der letzten Tagung befunden haben.[3] Bei Beendigung einer Tagung können einzelne Ausschüsse vom Nationalrat beauftragt werden, ihre Arbeiten fortzusetzen.[1)4] „Mit dem Beginn einer neuen Gesetzgebungsperiode gelten vom Nationalrat der vorangegangenen Gesetzgebungsperiode nicht erledigte Volksbegehren und an den Nationalrat gerichtete Bürgerinitiativen als Verhandlungsgegenstände des neu gewählten Nationalrates. Durch das Bundesgesetz über die Geschäftsordnung des Nationalrates kann dies auch für weitere Verhandlungsgegenstände des Nationalrates bestimmt werden.[5]" *(BGBl I 2009/31)*

(5) Innerhalb einer Tagung beruft der Präsident des Nationalrates die einzelnen Sitzungen ein. „Wenn innerhalb einer Tagung die im Bundesgesetz über die Geschäftsordnung des Nationalrates festgesetzte Anzahl der Mitglieder des Nationalrates oder die Bundesregierung es verlangt, ist der Präsident verpflichtet, eine Sitzung einzuberufen.[6] Nähere Bestimmungen trifft das Bundesgesetz über die Geschäftsordnung des Nationalrates, das auch eine Frist festzusetzen hat, innerhalb derer der Nationalrat zusammenzutreten hat.[1]" *(BGBl 1993/508; BGBl 1996/437)*

(6) Für den Fall, dass die gewählten Präsidenten des Nationalrates an der Ausübung ihres Amtes verhindert oder deren Ämter erledigt sind, hat das Bundesgesetz über die Geschäftsordnung des Nationalrates Sonderbestimmungen über die Einberufung des Nationalrates zu treffen.[7] *(BGBl 1975/409; BGBl I 2003/100)*

Artikel 29. (1) Der Bundespräsident kann den Nationalrat auflösen,[1] er darf dies jedoch nur einmal aus dem gleichen Anlass verfügen. Die Neuwahl ist in diesem Fall von der Bundesregierung so anzuordnen, dass der neugewählte Nationalrat längstens am „hundertsten"* Tag nach der Auflösung zusammentreten kann.[2] *(*BGBl 1932/244; BGBl I 2003/100)*

Zu Artikel 27:

[1] Vgl auch Art 3 1. ZPEMRK (2b/2).

[2] Sog *Konstituierung* des NR. Siehe die §§ 1 bis 6 GOG-NR (9/1).

[3] Beachte jedoch Art 29 Abs 3.

[4] Siehe § 3 Abs 1 GOG-NR (9/1).

[5] Siehe § 1 Abs 2 NRWO (8/1).

Zu Artikel 28:

[1] Zu Abs 1 bis 5 siehe § 46 GOG-NR (9/1).

[2] Beachte ferner Art 18 Abs 4 und Art 70 Abs 3.

[3] *Grundsatz der Kontinuität.*

[4] Beachte Art 51d Abs 1 dritter Satz (§ 32a Abs 3 GOG-NR [9/1]), Art 52a Abs 3 (§ 32d Abs 3 GOG-NR), Art 55 Abs 2 und Art 57 Abs 5 (§ 80 Abs 2 GOG-NR).

[5] Siehe § 21 Abs 1a GOG-NR (9/1).

[6] Beachte ferner Art 18 Abs 4.

[7] Siehe § 6 Abs 2 bis 4 GOG-NR (9/1).

Zu Artikel 29:

[1] Beachte ferner Art 60 Abs 6.

[2] Siehe § 1 Abs 2 NRWO (8/1). Beachte § 6 Abs 1 GOG-NR (9/1); Art 55 Abs 3 letzter Satz (§ 6 Abs 1 und § 31 Abs 1 GOG-NR); Art 23k Abs 2 iVm Art 55 Abs 3 letzter Satz (§ 31e Abs 2 iVm § 6 Abs 1 und § 31 Abs 1 GOG-NR); Art 51d Abs 1 zweiter Satz (§ 32a Abs 1 GOG-NR).

(2) Vor Ablauf der Gesetzgebungsperiode kann der Nationalrat durch einfaches Gesetz seine Auflösung beschließen.[3)]

(3) Nach einer gemäß Abs. 2 erfolgten Auflösung sowie nach Ablauf der Zeit, für die der Nationalrat gewählt ist,[4)] dauert die Gesetzgebungsperiode bis zum Tag, an dem der neugewählte Nationalrat zusammentritt.[5)] *(BGBl I 2003/100)*

Artikel 30. (1) Der Nationalrat wählt aus seiner Mitte den Präsidenten, den zweiten und dritten Präsidenten.[1)]

(2) Die Geschäfte des Nationalrates werden auf Grund eines besonderen Bundesgesetzes geführt.[2)] Das „Bundesgesetz über die Geschäftsordnung des Nationalrates“ kann nur bei Anwesenheit von mindestens der Hälfte der Mitglieder und mit einer Mehrheit von zwei Dritteln der abgegebenen Stimmen beschlossen werden.[3)] *(BGBl 1961/155; BGBl I 2003/100)*

(3) „Zur Unterstützung der parlamentarischen Aufgaben und zur Besorgung der Verwaltungsangelegenheiten im Bereich der Organe der Gesetzgebung des Bundes sowie gleichartiger Aufgaben und Verwaltungsangelegenheiten, die „die in Österreich gewählten Mitglieder des Europäischen Parlaments“** betreffen, ist die Parlamentsdirektion berufen, die dem Präsidenten des Nationalrates untersteht.“* Für den Bereich des Bundesrates ist die innere Organisation der Parlamentsdirektion im Einvernehmen mit dem Vorsitzenden des Bundesrates zu regeln, dem bei Besorgung der auf Grund dieses Gesetzes dem Bundesrat übertragenen Aufgaben auch das Weisungsrecht zukommt. *(BGBl 1994/1013; *BGBl I 1999/148; **BGBl I 2007/27)*

(4) Dem Präsidenten des Nationalrates stehen insbesondere auch die Ernennung der Bediensteten der Parlamentsdirektion und alle übrigen Befugnisse in Personalangelegenheiten dieser Bediensteten zu.[4)] *(BGBl 1977/323)*

(5) Der Präsident des Nationalrates kann den parlamentarischen Klubs[5)] zur Erfüllung parlamentarischer Aufgaben Bedienstete der Parlamentsdirektion zur Dienstleistung zuweisen. *(BGBl 1974/444)*

(6) Bei der Vollziehung der nach diesem Artikel dem Präsidenten des Nationalrates zustehenden Verwaltungsangelegenheiten ist dieser oberstes Verwaltungsorgan[6)] und übt diese Befugnisse allein aus. Die Erlassung von Verordnungen steht dem Präsidenten des Nationalrates insoweit zu, als diese ausschließlich in diesem Artikel geregelte Verwaltungsangelegenheiten betreffen.[7)] *(BGBl 1977/323)*

Artikel 30a. Der besondere Schutz und die Geheimhaltung von Informationen im Bereich des Nationalrates und des Bundesrates werden auf Grund eines besonderen Bundesgesetzes geregelt. Das Bundesgesetz über die Informationsordnung des Nationalrates und des Bundesrates[1)] kann vom Nationalrat nur in Anwesenheit von mindestens der Hälfte der Mitglieder und mit einer Mehrheit von zwei Dritteln der abgegebenen Stimmen beschlossen werden. Es bedarf überdies der in Anwesenheit von mindestens der Hälfte der Mitglieder und mit einer Mehrheit von zwei Dritteln der abgegebenen Stimmen zu erteilenden Zustimmung des Bundesrates.

(BGBl I 2014/102)

Artikel 30b. (1) Zur Erlassung von Disziplinarerkenntnissen und zur Entscheidung über Suspendierungen hinsichtlich der Beamten der Parlamentsdirektion, des Rechnungshofes und der Volksanwaltschaft wird bei der Parlamentsdirektion eine Disziplinarkommission eingerichtet.

(2) Die Mitglieder der Disziplinarkommission und die Disziplinaranwälte sind vom Präsidenten des Nationalrates, vom Präsidenten des Rechnungshofes und vom Vorsitzenden der Volksanwaltschaft zu bestellen.

(3) Die näheren Bestimmungen über die Organisation und das Verfahren der Disziplinarkommission sowie die Stellung und Bestellung der Disziplinaranwälte werden durch Bundesgesetz getroffen.

(BGBl I 2019/57)

Artikel 31. Zu einem Beschluss des Nationalrates ist, soweit in diesem Gesetz nicht anderes

---

[3)] Siehe § 67 Abs 1 Z 2 und Abs 2 GOG-NR (9/1); beachte Art 42 Abs 5. Siehe zuletzt das BG BGBl I 2019/52.

[4)] Nicht jedoch nach einer Auflösung gemäß Abs 1 oder Art 60 Abs 6 (arg e contrario; vgl Art 55 Abs 3 letzter Satz).

[5)] Vgl Art 27 Abs 1.

Zu Artikel 30:

[1)] Siehe § 5 Abs 1 GOG-NR (9/1).

[2)] Siehe das GOG-NR (9/1).

[3)] Siehe § 82 Abs 2 Z 2 GOG-NR (9/1). Beachte § 108 GOG-NR; Art 42 Abs 5.

[4)] Siehe § 14 Abs 3 GOG-NR (9/1) sowie ferner § 14 Abs 4 GOG-NR (vgl § 20 Abs 4 zweiter Halbsatz ÜG 1920). Vgl auch Art 21 Abs 3 (oberste Organe des Bundes und der Länder), Art 125 Abs 3 (Präs des RH), Art 134 Abs 8 (Präs des VwGH), Art 147 Abs 8 (Präs des VfGH) und Art 148h Abs 2 (Vors der VA).

[5)] Siehe § 7 GOG-NR (9/1); vgl auch das KlubFG (7/3).

[6)] Vgl Art 19 Abs 1.

[7)] Siehe § 14 Abs 5 GOG-NR (9/1); § 12 Abs 1 Z 1 und Abs 2 BezBegrBVG (10/1); § 20 Z 1 BBezG (10/2); § 36 Abs 3 und § 50 BezG (10/2a).

Zu Artikel 30a:

[1)] Abgedruckt unter 9/3.

bestimmt oder im Bundesgesetz über die Geschäftsordnung des Nationalrates für einzelne Angelegenheiten nicht anderes festgelegt ist,[1] die Anwesenheit von mindestens einem Drittel der Mitglieder und die unbedingte Mehrheit der abgegebenen Stimmen erforderlich.[2]

(BGBl 1975/409; BGBl I 2003/100)

Artikel 32. (1) Die Sitzungen des Nationalrates sind öffentlich.[1)2)]

(2) Die Öffentlichkeit wird ausgeschlossen, wenn es vom Vorsitzenden oder von der im Bundesgesetz über die Geschäftsordnung des Nationalrates festgesetzten Anzahl der Mitglieder verlangt und vom Nationalrat nach Entfernung der Zuhörer beschlossen wird.[3] *(BGBl 1988/685)*

Artikel 33.[1] Wahrheitsgetreue Berichte über die Verhandlungen in den öffentlichen Sitzungen des Nationalrates und seiner Ausschüsse bleiben von jeder Verantwortung frei.[2]

B. Bundesrat[1]

(BGBl I 2003/100)

Artikel 34.[1] (1) Im Bundesrat sind die Länder im Verhältnis zur Bürgerzahl[2] im Land gemäß den folgenden Bestimmungen vertreten.

(2) Das Land mit der größten Bürgerzahl[2] entsendet zwölf, jedes andere Land so viele Mitglieder, als dem Verhältnis seiner Bürgerzahl[2] zur erstangeführten Bürgerzahl[2] entspricht, wobei Reste über die Hälfte der Verhältniszahl als voll gelten. Jedem Land gebührt jedoch eine Vertretung von wenigstens drei Mitgliedern. Für jedes Mitglied wird ein „Ersatzmitglied" bestellt.[3] *(BGBl I 2003/100)*

(3) Die Zahl der demnach von jedem Land zu entsendenden Mitglieder wird vom Bundespräsidenten nach jeder allgemeinen Volkszählung[4] festgesetzt.[5]

Artikel 35.[1] (1)[2] Die Mitglieder des Bundesrates und ihre „Ersatzmitglieder" werden von den Landtagen für die Dauer ihrer Gesetzgebungsperiode nach dem Grundsatz der Verhältniswahl gewählt,[3] jedoch muss wenigstens ein Mandat der Partei zufallen, die die zweithöchste Anzahl von Sitzen im Landtag oder, wenn mehrere Parteien die gleiche Anzahl von Sitzen haben, die zweithöchste Zahl von Wählerstimmen bei der letzten Landtagswahl aufweist. Bei gleichen Ansprüchen mehrerer Parteien entscheidet das Los.[4] *(BGBl I 2003/100)*

(2) Die Mitglieder des Bundesrates müssen nicht dem Landtag angehören, der sie entsendet;

Zu Artikel 31:

[1] Hinsichtlich des *Präsenzquorums* und/oder des *Konsensquorums* anderes bestimmt ist
– in Art 3 Abs 4, Art 14 Abs 10 (vgl auch § 9 Abs 2 MinSchulG-Ktn [2c/52]), Art 14a Abs 8 iVm Art 14 Abs 10, Art 23i Abs 1, Art 23i Abs 3, Art 23i Abs 4, Art 23j Abs 1 iVm Art 50 Abs 4, Art 30 Abs 2, Art 30a, Art 42 Abs 4, Art 44 Abs 1, Art 50 Abs 4, Art 60 Abs 6, Art 74 Abs 2 und Art 76 Abs 2 (vgl § 82 Abs 2 Z 1 bis 7a GOG-NR [9/1]);
– in § 44 Abs 2, § 49 Abs 5 und 6, § 53 Abs 7 und § 57 Abs 5 GOG-NR (vgl § 82 Abs 2 Z 8 GOG-NR);
– in § 9 Abs 2 MinSchulG-Ktn, § 38 Abs 5 BWG, § 57 Abs 7 MBG und Art II EU-BeitrittsBVG (3a/5).

[2] Vgl auch Art 37 Abs 1 (BR).

Zu Artikel 32:

[1] Siehe § 47 Abs 1 GOG-NR (9/1); beachte § 22 GOG-NR. Vgl auch Art 37 Abs 3 erster Satz und § 36 Abs 1 GO-BR (BR).

[2] Der *Grundsatz der Öffentlichkeit* gilt nicht für die Sitzungen der Ausschüsse (Unterausschüsse). Siehe § 37 GOG-NR (9/1), aber auch § 4 VO-UA (Anlage 1 zum GOG-NR); beachte Art 75 und § 18 f GOG-NR (Mitglieder der BReg und StS), Art 123a und § 20 Abs 1 bis 3 GOG-NR (Präs des RH) und Art 148d Abs 2 und § 20 Abs 5 GOG-NR (Mitglieder der VA).

[3] Siehe § 47 Abs 2 GOG-NR (9/1). Vgl auch Art 37 Abs 3 zweiter Satz und § 36 Abs 2 GO-BR (BR).

Zu Artikel 33:

[1] *Sachliche Immunität.* Die sachliche Immunität ist eine politische Konsequenz der persönlichen Immunität (Art 57) sowie des Prinzips der Öffentlichkeit der Sitzungen (Art 32) (*Kelsen/Froehlich/Merkl*, Bundesverfassung 1920 [1922], 99) und schließt (justiz-, verwaltungs- oder disziplinar-)strafrechtliche Verfolgung und zivilrechtliche Verantwortlichkeit aus, insb auch die Pflicht zur Veröffentlichung einer Gegendarstellung (vgl § 11 Abs 1 Z 1 MedienG). Vgl auch FN 1, 2 und 4 zu Art 57.

[2] Siehe § 30 MedienG. Beachte § 22 GOG-NR (9/1). Vgl auch Art 37 Abs 3 dritter Satz und § 17 GO-BR (BR)

Zu Abschnitt B:

[1] Nach hL (siehe insb *Adamovich*, Grundriß des österreichischen Verfassungsrechts [1947], 126 Anm 2; vgl RV 314 BlgNR 23. GP, 15) ist durch Art III 2. V-ÜG 1945 der Länder- und Ständerat endgültig durch den Bundesrat ersetzt worden, auf den fortan alle Bestimmungen des B-VG über den „Länder- und Ständerat" anzuwenden sind. Auf diese Ersetzung des Ausdrucks „Länder- und Ständerat" durch „Bundesrat" wird nicht eigens hingewiesen.

Zu Artikel 34:

[1] Siehe FN 1 zu Abschn B des zweiten Hauptstückes. Vgl Art III Abs 2 2. V-ÜG 1945.

[2] Vgl Art 26 Abs 2. Übergangsrecht zur B-VGNov BGBl 1994/504 siehe Art 151 Abs 9 letzter Satz.

[3] Siehe § 1 Abs 2 GO-BR.

[4] Siehe das RegZG (8/7).

[5] Siehe Art 1 der unter 1/2 abgedruckten Entschl.

Zu Artikel 35:

[1] Siehe FN 1 zu Abschn B des zweiten Hauptstückes. Vgl Art III Abs 2 2. V-ÜG 1945.

[2] Für den BR gilt der *Grundsatz der Partialerneuerung*, dh dieses Organ besteht ohne Unterbrechung.

[3] Siehe § 1 Abs 1 GO-BR.

[4] Vgl Art 36 Abs 2.

sie müssen jedoch zu diesem Landtag wählbar sein.[5)6)]

(3) Nach Ablauf der Gesetzgebungsperiode eines Landtages oder nach seiner Auflösung bleiben die von ihm entsendeten Mitglieder des Bundesrates so lange in Funktion, bis der neue Landtag die Wahl in den Bundesrat vorgenommen hat.

(4) Die Bestimmungen der Art. 34 und 35 können nur abgeändert werden, wenn im Bundesrat – abgesehen von der für seine Beschlussfassung überhaupt erforderlichen Stimmenmehrheit – die Mehrheit der Vertreter von wenigstens vier Ländern die Änderung angenommen hat. *(BGBl I 2003/100)*

Artikel 36.[1)] (1) Im Vorsitz des Bundesrates wechseln die Länder halbjährlich in alphabetischer Reihenfolge.

(2) Als Vorsitzender[2)] fungiert der an erster Stelle entsendete Vertreter des zum Vorsitz berufenen Landes, dessen Mandat auf jene Partei zu entfallen hat, die die höchste Anzahl von Sitzen im Landtag oder, wenn mehrere Parteien die gleiche Anzahl von Sitzen haben, die höchste Zahl von Wählerstimmen bei der letzten Landtagswahl aufweist; bei gleichen Ansprüchen mehrerer Parteien entscheidet das Los.[3)] Der Landtag kann jedoch beschließen, dass der Vorsitz von einem anderen Vertreter des Landes geführt werden soll, dessen Mandat im Bundesrat auf diese Partei entfällt; ein solcher Beschluss bedarf jedenfalls der Zustimmung der Mehrheit jener Mitglieder des Landtages, deren Mandate im Landtag auf diese Partei entfallen. Die Bestellung der Stellvertreter des Vorsitzenden wird durch die Geschäftsordnung des Bundesrates geregelt.[4)] Der Vorsitzende führt den Titel „Präsident des Bundesrates", seine Stellvertreter führen den Titel „Vizepräsident des Bundesrates". *(BGBl I 2005/54, ab 25. Juni 2005)*

(3) Der Bundesrat wird von seinem Vorsitzenden an den Sitz des Nationalrates[5)] einberufen.[6)] Der Vorsitzende ist verpflichtet, den Bundesrat sofort einzuberufen, wenn wenigstens ein Viertel seiner Mitglieder oder die Bundesregierung es verlangt.[7)]

(4) Die Landeshauptmänner sind berechtigt, an allen Verhandlungen des Bundesrates teilzunehmen. Sie haben nach den näheren Bestimmungen der Geschäftsordnung des Bundesrates das Recht, auf ihr Verlangen jedes Mal zu Angelegenheiten ihres Landes gehört zu werden.[8)] *(BGBl 1984/490; BGBl I 2003/100)*

Artikel 37.[1)] (1) Zu einem Beschluss des Bundesrates ist, soweit in diesem Gesetz nicht anders bestimmt ist oder in der Geschäftsordnung des Bundesrates für einzelne Angelegenheiten nicht anders festgelegt ist,[2)] die Anwesenheit von mindestens einem Drittel der Mitglieder und die unbedingte Mehrheit der abgegebenen Stimmen erforderlich.[3)] *(BGBl 1984/490; BGBl I 2003/100)*

(2) Der Bundesrat gibt sich seine Geschäftsordnung „durch Beschluss"*. Dieser Beschluss kann nur bei Anwesenheit der Hälfte der Mitglieder mit einer Mehrheit von mindestens zwei Dritteln der abgegebenen Stimmen gefasst werden. In der Geschäftsordnung können auch über den inneren Bereich des Bundesrates hinauswirkende Bestimmungen getroffen werden, sofern dies für die Regelung der Geschäftsbehandlung im Bundesrat erforderlich ist. Der Geschäftsordnung kommt die Wirkung eines Bundesgesetzes zu; sie ist durch den Bundeskanzler im Bundesgesetzblatt kundzumachen.[4)] *(BGBl 1984/490; *BGBl I 1999/8; BGBl I 2003/100)*

(3) Die Sitzungen des Bundesrates sind öffentlich.[5)6)] Die Öffentlichkeit kann jedoch gemäß den Bestimmungen der Geschäftsordnung durch Beschluss aufgehoben werden.[7)] Die Bestimmungen des Art. 33[8)] gelten auch für öffentliche Sitzungen

---

[5)] Siehe die LTWO.

[6)] Beachte Art 96 Abs 3.

Zu Artikel 36:

[1)] Siehe FN 1 zu Abschn B des zweiten Hauptstückes. Vgl Art III Abs 2 2. V-ÜG 1945.

[2)] Beachte Art 30 Abs 3.

[3)] Vgl Art 35 Abs 1.

[4)] Siehe § 6 Abs 3 GO-BR.

[5)] Siehe Art 25 Abs 1.

[6)] Siehe § 35 GO-BR.

[7)] Siehe § 40 GO-BR.

[8)] Siehe § 38 GO-BR. Vgl auch Art 75 und § 29 GO-BR (Mitglieder der BReg und StS).

Zu Artikel 37:

[1)] Siehe FN 1 zu Abschn B des zweiten Hauptstückes. Vgl Art III Abs 2 2. V-ÜG 1945.

[2)] Hinsichtlich des *Präsenzquorums* und/oder des *Konsensquorums* anderes bestimmt ist
– in Art 23i Abs 1, Art 23i Abs 3, Art 23i Abs 4, Art 23j Abs 1, Art 30a, Art 35 Abs 4, Art 37 Abs 2, Art 44 Abs 2, Art 50 Abs 4 und Art 100 Abs 1 (vgl § 58 Abs 2 bis 5 GO-BR);
– in § 16 Abs 3, § 16 Abs 4, § 40 Abs 4, § 41 Abs 3, § 44 Abs 3, § 56 Abs 6 und § 57 Abs 6 GO-BR;
– in Art II EU-BeitrittsBVG (3a/5).

[3)] Vgl auch Art 31 (NR).

[4)] Siehe die GO-BR.

[5)] Siehe § 36 Abs 1 GO-BR; beachte § 17 GO-BR. Vgl auch Art 32 Abs 1 und § 47 Abs 1 GOG-NR (9/1) (NR).

[6)] Der *Grundsatz der Öffentlichkeit* gilt nicht für die Sitzungen der Ausschüsse (Unterausschüsse). Siehe § 31 GO-BR; beachte Art 36 Abs 4 und § 38 GO-BR (LH) und Art 75 und § 29 GO-BR (Mitglieder der BReg und StS).

[7)] Siehe § 36 Abs 2 GO-BR. Vgl auch Art 32 Abs 2 und § 47 Abs 2 GOG-NR (9/1) (NR).

[8)] *Sachliche Immunität.*

des Bundesrates und seiner Ausschüsse. *(BGBl I 2003/100)*

C. Bundesversammlung

(BGBl I 2003/100)

Artikel 38. Der Nationalrat und der Bundesrat treten als Bundesversammlung in gemeinsamer öffentlicher Sitzung zur Angelobung des Bundespräsidenten, ferner zur Beschlussfassung über eine Kriegserklärung am Sitz des Nationalrates[1] zusammen.[2]

(BGBl I 2003/100)

Artikel 39. (1) Die Bundesversammlung wird – abgesehen von den Fällen des Art. 60 Abs. 6, des Art. 63 Abs. 2, des Art. 64 Abs. 4 und des Art. 68 Abs. 2 – vom Bundespräsidenten einberufen. Der Vorsitz wird abwechselnd vom Präsidenten des Nationalrates und vom Vorsitzenden des Bundesrates, das erste Mal von jenem, geführt. *(BGBl 1977/323; BGBl I 2003/100)*

(2) In der Bundesversammlung wird „das Bundesgesetz über die Geschäftsordnung des Nationalrates" sinngemäß angewendet. *(BGBl I 2001/121)*

(3) Die Bestimmungen des Art. 33[1] gelten auch für die Sitzungen der Bundesversammlung. *(BGBl I 2003/100)*

Artikel 40. (1) Die Beschlüsse der Bundesversammlung werden von ihrem Vorsitzenden beurkundet und vom Bundeskanzler gegengezeichnet.

(2) Die Beschlüsse der Bundesversammlung über eine Kriegserklärung sind vom Bundeskanzler amtlich kundzumachen.[1]

D. Der Weg der Bundesgesetzgebung

(BGBl I 2003/100)

Artikel 41.[1] (1) Gesetzesvorschläge gelangen an den Nationalrat als Anträge seiner Mitglieder,[2] des Bundesrates oder eines Drittels der Mitglieder des Bundesrates[3] sowie als Vorlagen der Bundesregierung[4]. *(BGBl 1992/276)*

(2)[5] Jedes von 100 000 Stimmberechtigten oder von je einem Sechstel der Stimmberechtigten dreier Länder unterstützte Volksbegehren ist von der Bundeswahlbehörde[6] dem Nationalrat zur Behandlung vorzulegen.[7] Stimmberechtigt ist, wer am letzten Tag des Eintragungszeitraums[8] das Wahlrecht zum Nationalrat besitzt[9]. Das Volksbegehren muss eine durch Bundesgesetz zu regelnde Angelegenheit betreffen und kann in Form eines Gesetzesantrages gestellt werden. Bundesgesetzlich kann eine elektronische Unterstützung eines Volksbegehrens durch die Stimmberechtigten vorgesehen werden, wobei zu gewährleisten ist, dass sie nur persönlich und nur einmal erfolgt. *(BGBl I 2016/106)*

(3) Die näheren Bestimmungen über das Verfahren für das Volksbegehren werden durch Bundesgesetz getroffen.[10] *(BGBl I 2007/27)*

Artikel 42. (1) Jeder Gesetzesbeschluss des Nationalrates[1] ist unverzüglich von dessen Präsidenten dem Bundesrat zu übermitteln.[2] *(BGBl 1981/350; BGBl I 2003/100)*

(2) Ein Gesetzesbeschluss kann, soweit nicht verfassungsgesetzlich anderes bestimmt ist,[3] nur dann beurkundet und kundgemacht[4] werden, wenn der Bundesrat gegen diesen Beschluss keinen mit Gründen versehenen Einspruch erhoben hat. *(BGBl I 2003/100)*

(3) Dieser Einspruch muss dem Nationalrat binnen acht Wochen nach Einlangen des Gesetzesbeschlusses beim Bundesrat von dessen Vorsitzenden schriftlich übermittelt werden; er ist

B-VG

Zu Artikel 38:

[1] Siehe Art 25 Abs 1.

[2] Siehe ferner Art 60 Abs 6, Art 63, Art 68 iVm Art 142 Abs 2 lit a und Abs 4 (ggf iVm Art 143) sowie die §§ 72 ff VfGG (17/1).

Zu Artikel 39:

[1] *Sachliche Immunität.*

Zu Artikel 40:

[1] Jedoch nicht notwendigerweise im BGBl; siehe § 4 Abs 2 BGBlG (11a/1) und § 1 VerlautbG (11a/2).

Zu Artikel 41:

[1] *Gesetzesinitiative.* Siehe § 69 Abs 1 und 2 GOG-NR (9/1). Beachte jedoch Art 51 und § 27 Abs 2 GOG-NR; § 108 GOG-NR.

[2] Zu den *Selbständigen Anträgen von Abgeordneten* (Initiativanträgen) (§ 26 Abs 1 GOG-NR [9/1]) siehe § 26, zu den *Selbständigen Anträgen von Ausschüssen* (§ 27 Abs 1 GOG-NR) siehe § 27 iVm § 42 GOG-NR.

[3] Siehe § 21 und § 23 GO-BR.

[4] *Regierungsvorlagen.* Siehe § 3 Abs 1 Z 2 BMG (12/1).

[5] Beachte Abs 3 iVm Art 10 Abs 1 Z 1, Art 26a, Art 28 Abs 4 und Art 141 Abs 3.

[6] Siehe § 12 NRWO (8/1).

[7] Siehe § 17 Abs 1 VoBeG (8/3). Zur parlamentarischen Behandlung eines Volksbegehrens siehe insb § 21 Abs 1, § 23 Abs 1, § 24, § 35 Abs 7, § 37 Abs 3 und 3a und § 42 Abs 1 und 1a GOG-NR (9/1).

[8] Siehe § 6 Abs 2 und 3 VoBeG (8/3).

[9] Siehe § 21 iVm § 22 NRWO (8/1), aber auch Art 142 Abs 4; vgl Art 26 Abs 1 und 5.

[10] Siehe das VoBeG (8/3).

Zu Artikel 42:

[1] Also auch ein Gesetzesbeschluss gemäß Abs 5.

[2] Siehe § 83 GOG-NR (9/1).

[3] Siehe Abs 5 (keine Mitwirkung des BR) und Art 15 Abs 6, Art 35 Abs 4 und Art 44 Abs 2 (Zustimmung des BR erforderlich). Beachte auch Art 14b Abs 4, Art 94 Abs 2, Art 102 Abs 1 und 4, Art 130 Abs 2, Art 131 Abs 4 und Art 135 Abs 1 (Zustimmung der Länder erforderlich).

[4] Siehe Art 49 Abs 1.

dem Bundeskanzler zur Kenntnis zu bringen.[5] *(BGBl 1981/350; BGBl I 2003/100)*

(4) Wiederholt der Nationalrat seinen ursprünglichen Beschluss bei Anwesenheit von mindestens der Hälfte der Mitglieder,[6] so ist dieser zu beurkunden und kundzumachen[7]. Beschließt der Bundesrat, keinen Einspruch zu erheben, oder wird innerhalb der im Abs. 3 festgesetzten Frist kein mit Begründung versehener Einspruch erhoben, so ist der Gesetzesbeschluss zu beurkunden und kundzumachen[7]. *(BGBl I 2003/100)*

(5) Insoweit Gesetzesbeschlüsse des Nationalrates die Geschäftsordnung des Nationalrates, die Auflösung des Nationalrates, ein Bundesgesetz, mit dem nähere Bestimmungen über die Erstellung des Bundesfinanzrahmengesetzes, des Bundesfinanzgesetzes und über die sonstige Haushaltsführung des Bundes[8] getroffen werden, ein Bundesfinanzrahmengesetz, ein Bundesfinanzgesetz, eine vorläufige Vorsorge im Sinne von Art. 51a Abs. 4 oder eine Verfügung über Bundesvermögen, die Übernahme oder Umwandlung einer Haftung des Bundes, das Eingehen oder die Umwandlung einer Finanzschuld[9] des Bundes oder die Genehmigung eines Bundesrechnungsabschlusses[10] betreffen, steht dem Bundesrat keine Mitwirkung zu. *(BGBl I 2008/1)*

Artikel 42a.[1] Insoweit ein Gesetzesbeschluss des Nationalrates der Zustimmung der Länder bedarf,[2] ist er unmittelbar nach Beendigung des Verfahrens gemäß Art. 42 vom Bundeskanzler den Ämtern der Landesregierungen der beteiligten Länder bekanntzugeben. Die Zustimmung gilt als erteilt, wenn der Landeshauptmann nicht innerhalb von acht Wochen nach dem Tag, an dem der Gesetzesbeschluss beim Amt der Landesregierung eingelangt ist, dem Bundeskanzler mitgeteilt hat, dass die Zustimmung verweigert wird. Vor Ablauf dieser Frist darf die Kundmachung des Gesetzesbeschlusses nur erfolgen, wenn die Landeshauptmänner der beteiligten Länder die ausdrückliche Zustimmung des Landes mitgeteilt haben.

(BGBl I 2012/51)

Artikel 43.[1] Einer Volksabstimmung ist jeder Gesetzesbeschluss des Nationalrates nach Beendigung des Verfahrens gemäß Art. 42 „beziehungsweise gemäß Art. 42a“, jedoch vor seiner Beurkundung durch den Bundespräsidenten, zu unterziehen, wenn der Nationalrat es beschließt oder die Mehrheit der Mitglieder des Nationalrates es verlangt.[2] *(BGBl I 2012/51)*

(BGBl I 2003/100)

Artikel 44. (1) Verfassungsgesetze oder in einfachen Gesetzen enthaltene Verfassungsbestimmungen können vom Nationalrat nur in Anwesenheit von mindestens der Hälfte der Mitglieder und mit einer Mehrheit von zwei Dritteln der abgegebenen Stimmen beschlossen werden; sie sind als solche („Verfassungsgesetz“, „Verfassungsbestimmung“) ausdrücklich zu bezeichnen.[1]

(2) Verfassungsgesetze oder in einfachen Gesetzen enthaltene Verfassungsbestimmungen, durch die die Zuständigkeit der Länder in Gesetzgebung oder Vollziehung eingeschränkt wird, bedürfen überdies der in Anwesenheit von mindestens der Hälfte der Mitglieder und mit einer Mehrheit von zwei Dritteln der abgegebenen Stimmen zu erteilenden Zustimmung des Bundesrates. *(BGBl 1984/490)*

„(3)“* Jede Gesamtänderung der Bundesverfassung, eine Teiländerung aber nur, wenn dies von einem Drittel der Mitglieder des Nationalrates oder des Bundesrates verlangt wird,[2] ist nach Beendigung des Verfahrens gemäß Art. 42, jedoch vor der Beurkundung durch den Bundespräsidenten, einer Abstimmung des gesamten Bundesvolkes[3] zu unterziehen.[4] *(*BGBl 1984/490; BGBl I 2003/100)*

---

[5] Zur parlamentarischen Behandlung des Einspruches siehe § 77 und § 27 Abs 2 GOG-NR (9/1).

[6] *Wiederholungs-* oder *Beharrungsbeschluss*. Siehe § 82 Abs 2 Z 3 GOG-NR (9/1).

[7] Siehe Art 49 Abs 1. Beachte jedoch Art 14b Abs 4, Art 94 Abs 2, Art 102 Abs 1 und 4, Art 130 Abs 2, Art 131 Abs 4 und Art 135 Abs 1, in denen anderes bestimmt ist.

[8] Da der Gesetzesbeschluss des NR betreffend das BHG auch Bestimmungen enthält, die nicht zu den „näheren Bestimmungen über die sonstige Haushaltsführung“ gehören (siehe näher FN 29 zu Art 51), wäre er dem Verfahren gemäß Art 42 zu unterziehen gewesen (siehe *Lödl*, Überlegungen zum neuen Bundeshaushalts(verfassungs-)recht: Gesetzgebungskompetenzen und -verfahren, in FS Mayer [2011], 339 [358]).

[9] Siehe die Definition des Art 51 Abs 9 Z 10.

[10] Vgl Art 121 Abs 2. Siehe zuletzt das BG BGBl I 2018/68.

Zu Artikel 42a:

[1] Vgl Art 97 Abs 2.

[2] Siehe Art 14b Abs 4, Art 94 Abs 2, Art 102 Abs 1 und 4, Art 130 Abs 2, Art 131 Abs 4 und Art 135 Abs 1.

Zu Artikel 43:

[1] Beachte Art 10 Abs 1 Z 1, Art 26a, Art 45, Art 46, Art 48 und Art 141 Abs 3.

[2] Siehe § 84 und § 106 GOG-NR (9/1).

Zu Artikel 44:

[1] *Bezeichnungspflicht*. Siehe § 82 Abs 4 GOG-NR (9/1). Vgl auch Art 12 Abs 2.

[2] Siehe § 85 GOG-NR (9/1).

[3] Siehe FN 2 zu Art 26.

[4] Siehe § 85 und § 106 GOG-NR (9/1); § 26 Abs 1 GO-BR.

Artikel 45. (1) In der Volksabstimmung entscheidet die unbedingte Mehrheit der gültig abgegebenen Stimmen.[1)]

(2) Das Ergebnis der Volksabstimmung ist amtlich zu verlautbaren.[2)]

Artikel 46. (1) Der Bundespräsident ordnet die Volksabstimmung an.[1)]

(2) Stimmberechtigt bei Volksabstimmungen ist, wer am Abstimmungstag[2)] das Wahlrecht zum Nationalrat besitzt.[3)4)]

(3) Die näheren Bestimmungen über das Verfahren für die Volksabstimmung werden durch Bundesgesetz getroffen.[5)] Art. 26 Abs. 6 ist sinngemäß anzuwenden.

(BGBl I 2007/27)

Artikel 47. (1) Das verfassungsmäßige Zustandekommen der Bundesgesetze wird „durch den Bundespräsidenten" beurkundet.[1)] *(BGBl I 2003/100)*

(2) Die Vorlage zur Beurkundung erfolgt durch den Bundeskanzler.

(3) Die Beurkundung ist vom Bundeskanzler gegenzuzeichnen.[1)] *(BGBl 1981/350)*

Artikel 48. Bundesgesetze und „gemäß Art. 50 Abs. 1 genehmigte Staatsverträge" werden mit Berufung auf den Beschluss des Nationalrates, Bundesgesetze, die auf einer Volksabstimmung beruhen, mit Berufung auf das Ergebnis der Volksabstimmung kundgemacht.[1)] *(BGBl I 2003/100)*

Artikel 49. (1) Die Bundesgesetze[1)] sind vom Bundeskanzler im Bundesgesetzblatt kundzumachen.[2)] Soweit nicht ausdrücklich anderes bestimmt ist, treten sie mit Ablauf des Tages ihrer Kundmachung in Kraft[3)4)] und gelten für das gesamte Bundesgebiet[5)].[6)7)]

(2) Die Staatsverträge[8)] gemäß Art. 50 Abs. 1 sind vom Bundeskanzler im Bundesgesetzblatt[9)] kundzumachen. Ist ein Staatsvertrag gemäß Art. 50 Abs. 1 Z 1 in mehr als zwei Sprachen authentisch festgelegt worden, reicht es aus, wenn

1. zwei „authentische" Sprachfassungen und eine Übersetzung in die deutsche Sprache, *(BGBl I 2013/114)*

2. wenn jedoch die deutsche Sprachfassung authentisch ist, diese und eine weitere authentische Sprachfassung

kundgemacht werden. Anlässlich der Genehmigung eines Staatsvertrages gemäß Art. 50 Abs. 1 kann der Nationalrat beschließen, auf welche andere Weise als im Bundesgesetzblatt die Kundmachung des Staatsvertrages oder einzelner genau zu bezeichnender Teile desselben zu erfolgen hat;[10)] solche Beschlüsse des Nationalrates sind vom Bundeskanzler im Bundesgesetzblatt kundzumachen.[11)] Soweit nicht ausdrücklich anderes bestimmt ist, treten Staatsverträge gemäß Art. 50 Abs. 1 mit Ablauf des Tages ihrer Kundmachung – im Fall des dritten Satzes mit Ablauf des Tages der Kundmachung des Beschlusses des Nationalrates – in Kraft[3)] und gelten für das gesamte Bundesgebiet;[6)] dies gilt nicht für Staatsverträge, die durch Erlassung von Gesetzen zu erfüllen sind (Art. 50 Abs. 2 Z 4).[12)] *(BGBl I 2012/51)*

B-VG

Zu Artikel 45:

[1)] Siehe § 15 Abs 1 VAbstG (8/4).

[2)] Gemäß § 15 Abs 2 VAbstG (8/4) im BGBl; vgl auch § 14 Abs 1 VAbstG.

Zu Artikel 46:

[1)] Gemäß Art 67 Abs 1 auf Vorschlag der BReg. Siehe § 1 VAbstG (8/4).

[2)] Siehe § 2 Abs 1 und Abs 2 lit a VAbstG (8/4).

[3)] Siehe § 21 iVm § 22 NRWO (8/1), aber auch Art 142 Abs 4; vgl Art 26 Abs 1 und 5.

[4)] Siehe § 5 Abs 1 VAbstG (8/4).

[5)] Siehe das VAbstG (8/4).

Zu Artikel 47:

[1)] Vgl die K BGBl I 1999/36 und 38 (siehe VfGH 1.10.1999, B 851-853/99, und VfSlg 16.152/2001).

Zu Artikel 48:

[1)] Sog *Promulgationsklausel*. Vgl die K BGBl I 2012/47 und 52 (siehe *mutatis mutandis* VfGH 1.10.1999, B 851-853/99, und VfSlg 16.152/2001).

Zu Artikel 49:

[1)] Präziser: Gesetzesbeschlüsse des NR; siehe § 3 Z 1 BGBlG (11a/1).

[2)] Vgl auch Art 97 Abs 1.

[3)] *Zeitlicher Geltungsbereich*. Vgl § 11 BGBlG (11a/1).

[4)] Art 49 Abs 1 schließt die Erlassung rückwirkender Gesetze nicht aus. Beachte jedoch das Rückwirkungsverbot des Art 7 Abs 1 EMRK (2b/1) sowie die Rsp des VfGH, wonach die Rückwirkung eines Gesetzes gleichheitswidrig sein kann. Beachte auch die Sonderregelung des Art 150 Abs 2.

[5)] Vgl Art 3.

[6)] *Räumlicher Geltungsbereich*. Vgl § 12 BGBlG (11a/1).

[7)] Zu sog *partikulärem Bundesrecht* siehe insb Art 15 Abs 6, Art 16 Abs 4 und Art 23d Abs 5.

[8)] Gemäß § 5 Abs 1 Z 1 BGBlG (11a/1) einschließlich ihrer Übersetzung in die deutsche Sprache.

[9)] Beachte jedoch den dritten Satz.

[10)] Siehe § 76 Abs 3 GOG-NR (9/1) und § 5 Abs 1 Z 1 und Abs 2 BGBlG (11a/1). Vgl auch § 5 Abs 3 BGBlG.

[11)] Die Kundmachung erfolgt regelmäßig durch Auflage des StV oder einzelner seiner Teile (zB von nicht deutschsprachigen Fassungen oder Anhängen) zur öffentlichen Einsichtnahme; siehe zuletzt die Beschl BGBl III 2018/26, 40, 66, 136; BGBl III 2019/56, 74.

[12)] Art 49 Abs 2 sieht als Regelfall die *generelle Transformation* von StV vor. Durch die Fassung eines sog *Erfüllungsvorbehaltes* (Art 50 Abs 2 Z 4) kann jedoch im Einzelfall die *spezielle Transformation* eines StV ermöglicht werden.

(3) Verlautbarungen im Bundesgesetzblatt und gemäß Abs. 2 zweiter Satz müssen allgemein zugänglich sein und in ihrer kundgemachten Form vollständig und auf Dauer ermittelt werden können.

(4) Die näheren Bestimmungen über die Kundmachung im Bundesgesetzblatt werden durch Bundesgesetz getroffen.[13)]

(BGBl I 2003/100)

Artikel 49a.[1)] (1) Der Bundeskanzler ist gemeinsam mit den zuständigen Bundesministern[2)] ermächtigt, Bundesgesetze, mit Ausnahme dieses Gesetzes, und im Bundesgesetzblatt kundgemachte Staatsverträge in ihrer geltenden Fassung durch Kundmachung im Bundesgesetzblatt wiederzuverlautbaren. *(BGBl I 2003/100)*

(2) „In der Kundmachung über die Wiederverlautbarung" können

1. überholte terminologische Wendungen richtiggestellt und veraltete Schreibweisen der neuen Schreibweise angepasst werden; *(BGBl I 2003/100)*

2. Bezugnahmen auf andere Rechtsvorschriften, die dem Stand der Gesetzgebung nicht mehr entsprechen, sowie sonstige Unstimmigkeiten richtiggestellt werden;

3. Bestimmungen, die durch spätere Rechtsvorschriften aufgehoben oder sonst gegenstandslos geworden sind, als nicht mehr geltend festgestellt werden;

4. Kurztitel und Buchstabenabkürzungen der Titel festgesetzt werden;

5. die Bezeichnungen der Artikel, Paragraphen, Absätze und dergleichen bei Ausfall oder Einbau einzelner Bestimmungen entsprechend geändert und hiebei auch Bezugnahmen darauf innerhalb des Textes der Rechtsvorschrift entsprechend richtiggestellt werden;

6. Übergangsbestimmungen sowie noch anzuwendende frühere Fassungen des Bundesgesetzes (Staatsvertrages) unter Angabe ihres Geltungsbereiches zusammengefasst werden. *(BGBl I 2003/100)*
(BGBl I 2003/100)

(3) Soweit nicht ausdrücklich anderes bestimmt ist, treten das wiederverlautbarte Bundesgesetz (der wiederverlautbarte Staatsvertrag) und die sonstigen in der Kundmachung enthaltenen Anordnungen mit Ablauf des Kundmachungstages in Kraft. *(BGBl I 2003/100)*

(BGBl I 2003/100)

Artikel 49b.[1)] (1) Eine Volksbefragung über eine Angelegenheit von grundsätzlicher und gesamtösterreichischer Bedeutung, zu deren Regelung „die Bundesgesetzgebung" zuständig ist, hat stattzufinden, sofern der Nationalrat dies auf Grund eines Antrages seiner Mitglieder oder der Bundesregierung nach Vorberatung im Hauptausschuss beschließt.[2)] Wahlen sowie Angelegenheiten, über die ein Gericht oder eine Verwaltungsbehörde zu entscheiden hat, können nicht Gegenstand einer Volksbefragung sein. *(BGBl I 2003/100; BGBl I 2007/27)*

(2) Ein Antrag gemäß Abs. 1 hat einen Vorschlag für die der Volksbefragung zugrunde zu legende Fragestellung zu enthalten. Diese hat entweder aus einer mit „ja" oder „nein" zu beantwortenden Frage oder aus zwei alternativen Lösungsvorschlägen zu bestehen.[3)]

(3) Volksbefragungen sind unter sinngemäßer Anwendung von Art. 45 und 46 durchzuführen. Stimmberechtigt bei Volksbefragungen ist, wer am Befragungstag[4)] das Wahlrecht zum Nationalrat besitzt[5)] „ ". Die Bundeswahlbehörde[6)] hat das Ergebnis einer Volksbefragung dem Nationalrat sowie der Bundesregierung vorzulegen.[7)] *(BGBl I 2003/90; BGBl I 2007/27)*

(BGBl 1988/685)

E. Mitwirkung des Nationalrates und des Bundesrates an der Vollziehung des Bundes
(BGBl I 2003/100)

Artikel 50. (1) Der Abschluss von

1. politischen Staatsverträgen und Staatsverträgen, die gesetzändernden oder gesetzesergänzenden Inhalt haben und nicht unter Art. 16 Abs. 1 fallen, sowie

2. Staatsverträgen, durch die die vertraglichen Grundlagen der Europäischen Union geändert werden,

bedarf der Genehmigung des Nationalrates[1)].

(2) Für Staatsverträge gemäß Abs. 1 Z 1 gilt darüber hinaus Folgendes:

1. Sieht ein Staatsvertrag seine vereinfachte Änderung vor, so bedarf eine solche Änderung nicht der Genehmigung nach Abs. 1, sofern sich diese der Nationalrat nicht vorbehalten hat.

[13)] Siehe das BGBlG (11a/1).

Zu Artikel 49a:

[1)] Beachte Art 139a.

[2)] Siehe § 5 Abs 1 Z 2 BMG (12/1).

Zu Artikel 49b:

[1)] Beachte Art 10 Abs 1 Z 1, Art 26a und Art 141 Abs 3.

[2)] Siehe § 29 Abs 2 lit f GOG-NR (9/1).

[3)] Siehe § 2 Abs 3 lit b VBefrG (8/5).

[4)] Siehe § 2 Abs 2 und Abs 3 lit a VBefrG (8/5).

[5)] Siehe § 21 iVm § 22 NRWO (8/1), aber auch Art 142 Abs 4; vgl auch Art 26 Abs 1 und 5.

[6)] Siehe § 12 NRWO (8/1).

[7)] Siehe § 17 VBefrG (8/5).

Zu Artikel 50:

[1)] Die Genehmigung erfolgt durch Beschluss (Abs 3).

2. Insoweit ein Staatsvertrag Angelegenheiten des selbständigen Wirkungsbereiches der Länder[2)] regelt, bedarf er der Zustimmung des Bundesrates. *(BGBl I 2012/51)*

3. Ist ein Staatsvertrag in mehr als zwei Sprachen authentisch festgelegt worden, reicht es aus, wenn die Genehmigung nach Abs. 1

a) auf der Grundlage von zwei authentischen Sprachfassungen und einer Übersetzung in die deutsche Sprache,

b) wenn jedoch die deutsche Sprachfassung authentisch ist, auf der Grundlage dieser und einer weiteren authentischen Sprachfassung

erfolgt. *(BGBl I 2012/51)*

„4." Anlässlich der Genehmigung eines Staatsvertrages kann der Nationalrat beschließen, in welchem Umfang dieser Staatsvertrag durch Erlassung von Gesetzen zu erfüllen ist.[3)] *(BGBl I 2012/51)*

(3) Auf Beschlüsse des Nationalrates nach Abs. 1 Z 1 und Abs. 2 „Z 4" ist Art. 42 Abs. 1 bis 4 sinngemäß anzuwenden.[4)] *(BGBl I 2012/51)*

(4) Staatsverträge gemäß Abs. 1 Z 2 dürfen unbeschadet des Art. 44 Abs. 3 nur mit Genehmigung des Nationalrates und mit Zustimmung des Bundesrates abgeschlossen werden. Diese Beschlüsse bedürfen jeweils der Anwesenheit von mindestens der Hälfte der Mitglieder und einer Mehrheit von zwei Dritteln der abgegebenen Stimmen.[5)]

(5) Der Nationalrat und der Bundesrat sind von der Aufnahme von Verhandlungen über einen Staatsvertrag gemäß Abs. 1 unverzüglich zu unterrichten.[6)]

(BGBl 1964/59; BGBl I 2008/2)

Artikel 50a. Der Nationalrat wirkt in Angelegenheiten des Europäischen Stabilitätsmechanismus mit.

(BGBl I 2012/65)

Artikel 50b. Ein österreichischer Vertreter im Europäischen Stabilitätsmechanismus darf

1. einem Vorschlag für einen Beschluss, einem Mitgliedstaat grundsätzlich Stabilitätshilfe zu gewähren,

2. einer Veränderung des genehmigten Stammkapitals und einer Anpassung des maximalen Darlehensvolumens des Europäischen Stabilitätsmechanismus sowie einem Abruf von genehmigtem nicht eingezahlten Stammkapital und

3. Änderungen der Finanzhilfeinstrumente

nur zustimmen oder sich bei der Beschlussfassung enthalten, wenn ihn der Nationalrat auf Grund eines Vorschlages der Bundesregierung dazu ermächtigt hat. In Fällen besonderer Dringlichkeit kann der zuständige Bundesminister den Nationalrat befassen. Ohne Ermächtigung des Nationalrates muss der österreichische Vertreter den Vorschlag für einen solchen Beschluss ablehnen.

(BGBl I 2012/65)

Artikel 50c. (1) Der zuständige Bundesminister hat den Nationalrat unverzüglich in Angelegenheiten des Europäischen Stabilitätsmechanismus gemäß den Bestimmungen des Bundesgesetzes über die Geschäftsordnung des Nationalrates zu unterrichten. Durch das Bundesgesetz über die Geschäftsordnung des Nationalrates sind Stellungnahmerechte des Nationalrates vorzusehen.

(2) Hat der Nationalrat rechtzeitig eine Stellungnahme in Angelegenheiten des Europäischen Stabilitätsmechanismus erstattet, so hat der österreichische Vertreter im Europäischen Stabilitätsmechanismus diese bei Verhandlungen und Abstimmungen zu berücksichtigen. Der zuständige Bundesminister hat dem Nationalrat nach der Abstimmung unverzüglich Bericht zu erstatten und ihm gegebenenfalls die Gründe mitzuteilen, aus denen der österreichische Vertreter die Stellungnahme nicht berücksichtigt hat.

(3) Der zuständige Bundesminister berichtet dem Nationalrat regelmäßig über die im Rahmen des Europäischen Stabilitätsmechanismus getroffenen Maßnahmen.

(BGBl I 2012/65)

Artikel 50d. (1) Das Nähere zu den Art. 50b und 50c Abs. 2 und 3 bestimmt das Bundesgesetz über die Geschäftsordnung des Nationalrates.

(2) Durch das Bundesgesetz über die Geschäftsordnung des Nationalrates können weitere Zuständigkeiten des Nationalrates zur Mitwirkung an der Ausübung des Stimmrechtes durch österreichische Vertreter im Europäischen Stabilitätsmechanismus vorgesehen werden.

(3) Zur Mitwirkung in Angelegenheiten des Europäischen Stabilitätsmechanismus wählt der mit der Vorberatung von Bundesfinanzgesetzen betraute Ausschuss des Nationalrates ständige Unterausschüsse. Jedem dieser ständigen Unterausschüsse muss mindestens ein Mitglied jeder im Hauptausschuss des Nationalrates vertretenen Partei angehören. Zuständigkeiten des Nationalrates nach Abs. 2, Art. 50b und 50c können durch

---

[2)] Siehe insb Art 15 Abs 1.

[3)] *Spezielle Transformation* des StV auf Grund eines sog *Erfüllungsvorbehaltes*. Siehe § 76 Abs 3 GOG-NR (9/1). Beachte Art 49 Abs 2 letzter Satz; vgl auch Art 65 Abs 1 zweiter Satz.

[4)] Ebenfalls anzuwenden ist Art 31. Beachte Art 3 Abs 2 (Zustimmung der betroffenen Länder erforderlich) und Art 50 Abs 4 (Zustimmung des BR erforderlich).

[5)] Siehe § 82 Abs 2 Z 1a GOG-NR (9/1). Vgl Art II EU-BeitrittsBVG (3a/5).

[6)] Vgl Art 16 Abs 2.

das Bundesgesetz über die Geschäftsordnung des Nationalrates diesen ständigen Unterausschüssen übertragen werden. Das Bundesgesetz über die Geschäftsordnung des Nationalrates hat Vorsorge zu treffen, dass die ständigen Unterausschüsse jederzeit einberufen werden und zusammentreten können. Wird der Nationalrat nach Art. 29 Abs. 1 vom Bundespräsidenten aufgelöst, so obliegt den ständigen Unterausschüssen die Mitwirkung in Angelegenheiten des Europäischen Stabilitätsmechanismus.

(BGBl I 2012/65)

Artikel 51. (1) Der Nationalrat beschließt das Bundesfinanzrahmengesetz[1] sowie innerhalb dessen Grenzen das Bundesfinanzgesetz[2]; den Beratungen ist der jeweilige Entwurf der Bundesregierung zugrunde zu legen.[3]

(2) Die Bundesregierung hat dem Nationalrat jährlich spätestens bis zu einem in einem Bundesgesetz festgesetzten Zeitpunkt[4] den Entwurf eines Bundesfinanzrahmengesetzes oder den Entwurf eines Bundesgesetzes, mit dem das Bundesfinanzrahmengesetz geändert wird, vorzulegen. Das Bundesfinanzrahmengesetz hat für das folgende Finanzjahr[5] und die drei nächstfolgenden Finanzjahre[5] Obergrenzen der vom Nationalrat im jeweiligen Bundesfinanzgesetz zu genehmigenden Mittelverwendung auf der Ebene von Rubriken sowie die Grundzüge des Personalplanes zu enthalten; ausgenommen hievon sind die Mittelverwendungen für die Rückzahlung von Finanzschulden[6] und zur vorübergehenden Kassenstärkung eingegangene Geldverbindlichkeiten sowie die Mittelverwendungen infolge eines Kapitalaustausches bei Währungstauschverträgen. Für weitere Untergliederungen sind Obergrenzen für das folgende Finanzjahr[5] und die drei nächstfolgenden Finanzjahre[5] vorzusehen.[7]

(3) Die Bundesregierung hat dem Nationalrat den Entwurf eines Bundesfinanzgesetzes für das folgende Finanzjahr[5] spätestens zehn Wochen vor Beginn jenes Finanzjahres[5] vorzulegen, für das ein Bundesfinanzgesetz beschlossen werden soll.[8] Ausnahmsweise kann die Bundesregierung den Entwurf eines Bundesfinanzgesetzes auch für das folgende und das nächstfolgende Finanzjahr[5], nach Jahren getrennt, dem Nationalrat vorlegen.[9]

(4) Wird ausnahmsweise ein Bundesfinanzgesetz für das folgende und das nächstfolgende Finanzjahr[5] beschlossen,[9] so ist in der zweiten Hälfte des folgenden Finanzjahres[5] der Entwurf eines Bundesgesetzes, mit dem das Bundesfinanzgesetz geändert wird, von der Bundesregierung bis spätestens zehn Wochen vor Beginn des nächstfolgenden Finanzjahres[5][8] dem Nationalrat vorzulegen. Die darin enthaltenen Änderungen des Bundesfinanzgesetzes haben sich jedenfalls auf das nächstfolgende Finanzjahr[5] zu beziehen. Der Entwurf ist bis zum Ende des folgenden Finanzjahres[5] vom Nationalrat in Verhandlung zu nehmen. Art. 51a Abs. 1 und 2 gilt sinngemäß.

(5) Das Bundesfinanzgesetz hat als Anlagen den Bundesvoranschlag[10] und den Personalplan[11] sowie weitere für die Haushaltsführung wesentliche Grundlagen[12] zu enthalten.

(6) Für die Haushaltsführung des Bundes gilt:

1. Es dürfen die Obergrenzen der Rubriken des Bundesfinanzrahmengesetzes weder überschritten werden, noch darf zu einer solchen Überschreitung ermächtigt werden.

2. Es dürfen die Obergrenzen der durch ein Bundesgesetz gemäß Abs. 9 zu bestimmenden Untergliederungen des Bundesfinanzrahmengesetzes für das folgende Finanzjahr[5] nicht überschritten werden noch darf zu einer solchen Überschreitung ermächtigt werden, es sei denn, es wird durch ein Bundesgesetz gemäß Abs. 9 vorgesehen, dass diese Obergrenzen mit Zustimmung des Bundesministers für Finanzen überschritten werden dürfen.

Wird ausnahmsweise ein Bundesfinanzgesetz für das folgende und nächstfolgende Finanzjahr[5] beschlossen,[9] sind die Bestimmungen der Z 2 mit der Maßgabe anzuwenden, dass die in Abs. 2 letzter Satz genannten Obergrenzen für das folgende und das nächstfolgende Finanzjahr[5] gelten.

(7) Die Obergrenzen des Abs. 6 Z 1 und 2 können in folgenden Fällen überschritten werden:

1. Bei Gefahr im Verzug dürfen auf Grund einer Verordnung der Bundesregierung im Einvernehmen mit dem mit der Vorberatung von Bundesfinanzgesetzen betrauten Ausschuss[13] des Nationalrates unvorhersehbare und unabweisbare zusätzliche Mittel im Ausmaß von höchstens 2 vT der durch Bundesfinanzgesetz vorgesehenen Summe an Mittelverwendungen geleistet werden, wenn die Bedeckung sichergestellt ist. Trifft der mit der Vorberatung von Bundesfinanzgesetzen betraute Ausschuss[13] des Nationalrates innerhalb

Zu Artikel 51:

[1] Siehe derzeit das BFRG 2019-2022.
[2] Siehe derzeit das BFG 2019.
[3] Vgl § 27 Abs 2 GOG-NR (9/1).
[4] Gemäß § 15 Abs 4 BHG bis spätestens 30. April.
[5] Gemäß § 4 BHG das Kalenderjahr.
[6] Siehe die Definition des Abs 9 Z 10.
[7] Siehe die §§ 12 und 13 BHG.
[8] Im Hinblick auf § 4 BHG bis spätestens 22. Oktober.
[9] Sog *Doppelbudget.*

[10] Siehe § 40 BHG.
[11] Siehe § 44 BHG.
[12] ZB Anlagen nach § 29 Abs 1 bis 3 BHG.
[13] Budgetausschuss. Siehe Art 51d.

von zwei Wochen keine Entscheidung, so gilt das Einvernehmen als hergestellt.[14)]

2. Im Verteidigungsfall dürfen für Zwecke der umfassenden Landesverteidigung (Art. 9a) unabweisliche zusätzliche Mittel innerhalb eines Finanzjahres[5)] bis zur Höhe von insgesamt 10 vH der durch Bundesfinanzgesetz vorgesehenen Summe an Mittelverwendungen auf Grund einer Verordnung der Bundesregierung im Einvernehmen mit dem mit der Vorberatung von Bundesfinanzgesetzen betrauten Ausschuss[13)] des Nationalrates geleistet werden. Soweit die Bereitstellung solcher zusätzlicher Mittel nicht durch Mitteleinsparungen oder zusätzlich aufgebrachte Mittel sichergestellt werden kann, hat die Verordnung der Bundesregierung den Bundesminister für Finanzen zu ermächtigen, durch Eingehen oder Umwandlung von Finanzschulden[6)] für die erforderliche Mittelbereitstellung zu sorgen.[14)]

(8) Bei der Haushaltsführung des Bundes sind die Grundsätze der Wirkungsorientierung insbesondere auch unter Berücksichtigung des Ziels der tatsächlichen Gleichstellung von Frauen und Männern[15)], der Transparenz, der Effizienz und der möglichst getreuen Darstellung der finanziellen Lage des Bundes zu beachten.[16)]

(9) Die näheren Bestimmungen über die Erstellung des Bundesfinanzrahmengesetzes, des Bundesfinanzgesetzes und über die sonstige Haushaltsführung des Bundes sind nach einheitlichen Grundsätzen entsprechend den Bestimmungen des Abs. 8 durch Bundesgesetz zu treffen.[17)] In diesem sind insbesondere zu regeln:

1. die Maßnahmen für eine wirkungsorientierte Verwaltung insbesondere auch unter Berücksichtigung des Ziels der tatsächlichen Gleichstellung von Frauen und Männern[15)];[18)]

2. die Maßnahmen zur Sicherstellung der Transparenz einschließlich der Pflicht zur Erstattung von Berichten an den mit der Vorberatung von Bundesfinanzgesetzen betrauten Ausschuss[13)] des Nationalrates;[19)]

3. Erstellung, Gliederung und Bindungswirkung des Bundesfinanzrahmengesetzes;[7)]

4. die Gliederung des Bundesvoranschlages;[20)]

5. die Bindungswirkung des Bundesfinanzgesetzes insbesondere in zeitlicher und betraglicher Hinsicht;[21)]

6. die Begründung von Vorbelastungen einschließlich der Voraussetzungen, bei deren Vorliegen Vorbelastungen einer Verordnung des Bundesministers für Finanzen im Einvernehmen mit dem mit der Vorberatung von Bundesfinanzgesetzen betrauten Ausschuss[13)] des Nationalrates oder einer gesetzlichen Ermächtigung bedürfen;[22)]

7. die Bildung von positiven und negativen Haushaltsrücklagen;[23)]

8. Verfügungen über Bundesvermögen einschließlich der Voraussetzungen, bei deren Vorliegen Verfügungen über Bundesvermögen einer Verordnung des Bundesministers für Finanzen im Einvernehmen mit dem mit der Vorberatung von Bundesfinanzgesetzen betrauten Ausschuss[13)] des Nationalrates oder einer gesetzlichen Ermächtigung bedürfen;[24)]

9. die Übernahme von Haftungen durch den Bund;[25)]

10. die Eingehung und Umwandlung von Verbindlichkeiten aus Geldmittelbeschaffungen, die nicht innerhalb desselben Finanzjahres[5)] getilgt werden, oder aus langfristigen Finanzierungen (Finanzschulden);[26)]

11. Anreiz- und Sanktionsmechanismen;[27)]

12. das Controlling;[28)]

13. die Mitwirkung des Rechnungshofes an der Ordnung des Rechnungswesens.[29)]

(BGBl I 2008/1)

Artikel 51a. (1) Hat die Bundesregierung dem Nationalrat nicht rechtzeitig (Art. 51 Abs. 2 und 3) den Entwurf eines Bundesfinanzrahmengesetzes oder eines Bundesfinanzgesetzes vorgelegt, so kann ein Entwurf eines Bundesfinanzrahmen-

---

[14)] Siehe § 54 Abs 2 und 3 BHG.

[15)] Vgl Art 13 Abs 3.

[16)] Siehe insb § 2 Abs 1 und 2 und § 6 Abs 2 letzter Satz BHG. Vgl Art 51b Abs 1 und Art 51c Abs 2 letzter Satz; vgl auch Abs 9 erster Satz und Z 1.

[17)] Siehe das BHG. Beachte § 1 Abs 1 und § 2 Abs 1 BFinG (3b/24) und das BG über die Errichtung des Fiskalrates BGBl 1996/742 zuletzt idF BGBl I 2013/149. Hinsichtlich der mittelbaren Bundesverwaltung beachte § 4 BVG ÄmterLReg (12/2).

[18)] Siehe insb § 17 und § 41 BHG.

[19)] Siehe insb § 43 BHG.

[20)] Siehe insb die §§ 39 bis 41 BHG.

[21)] Siehe insb § 46 BHG.

[22)] Siehe § 60 BHG.

[23)] Siehe § 55 BHG.

[24)] Siehe die §§ 69 bis 77 BHG.

[25)] Siehe § 82 BHG.

[26)] Siehe § 78 BHG.

[27)] Siehe die §§ 83 bis 86 BHG.

[28)] Siehe die §§ 66 bis 68 BHG.

[29)] Siehe zB § 5 Abs 4, § 9 Abs 6, § 26 Abs 3, § 77 Abs 1, § 88 Abs 4 sowie – mit Einschränkungen – § 116 Abs 1 und 2 BHG. Nicht zur „Mitwirkung des Rechnungshofes an der Ordnung des Rechnungswesens" (und auch nicht zur „sonstigen Haushaltsführung"), sondern zur „Rechnungs- und Gebarungskontrolle" (Erstellung des Bundesrechnungsabschlusses gemäß Art 121 Abs 2) gehören hingegen § 95 Abs 3, § 101 Abs 3, soweit er sich auf den RH bezieht, § 101 Abs 4, § 116 Abs 1 und 2, soweit er sich auf die vorstehend genannten Paragraphen bezieht, und die §§ 117 bis 119 BHG (vgl FN 8 zu Art 42). Dies zeigt sich auch am Inhalt des – denselben Gegenstand regelnden – § 9 Abs 1 bis 5 RHG (14/1).

gesetzes oder eines Bundesfinanzgesetzes im Nationalrat auch durch Antrag seiner Mitglieder eingebracht werden.

(2) Legt die Bundesregierung den Entwurf eines Bundesfinanzrahmengesetzes oder eines Bundesfinanzgesetzes nach der Stellung eines solchen Antrages vor, so kann der Nationalrat beschließen, den jeweiligen Entwurf seinen Beratungen zugrunde zu legen.

(3) Hat der Nationalrat in einem Finanzjahr[1] kein Bundesfinanzrahmengesetz beschlossen, so gelten die Obergrenzen des letzten Finanzjahres[1], für welches Obergrenzen festgelegt wurden, weiter.

(4) Hat der Nationalrat für ein Finanzjahr[1] kein Bundesfinanzgesetz beschlossen und trifft er auch keine vorläufige Vorsorge durch Bundesgesetz,[2] so ist der Bundeshaushalt nach den Bestimmungen des zuletzt beschlossenen Bundesfinanzgesetzes zu führen.[3] Finanzschulden[4] können dann nur bis zur Hälfte der jeweils vorgesehenen Höchstbeträge und kurzfristige Verpflichtungen zur vorübergehenden Kassenstärkung bis zur Höhe der jeweils vorgesehenen Höchstbeträge eingegangen werden.

(BGBl I 2008/1)

Artikel 51b. (1) Der Bundesminister für Finanzen hat dafür zu sorgen, dass bei der Haushaltsführung zuerst die fälligen Verpflichtungen abgedeckt und sodann die übrigen Mittelverwendungen getätigt werden, diese jedoch nur nach Maßgabe der Bedeckbarkeit und unter Beachtung der Grundsätze gemäß Art. 51 Abs. 8.[1]

(2) Wenn es die Entwicklung des Bundeshaushaltes erfordert oder sich im Verlauf des Finanzjahres[2] eine wesentliche Änderung der gesamtwirtschaftlichen Entwicklung abzeichnet, kann der Bundesminister für Finanzen zur Steuerung des Bundeshaushaltes mit Zustimmung der Bundesregierung oder auf Grund bundesfinanzgesetzlicher Ermächtigung einen bestimmten Anteil der im Bundesfinanzgesetz vorgesehenen Mittelverwendung binden, sofern dadurch die Erfüllung fälliger Verpflichtungen des Bundes nicht berührt wird. Er hat innerhalb von einem Monat nach Verfügung der Bindung dem mit der Vorberatung von Bundesfinanzgesetzen betrauten Ausschuss[3] des Nationalrates zu berichten.[4]

(3) Der Bundesminister für Finanzen hat die Mitglieder der Bundesregierung und die übrigen haushaltsleitenden Organe regelmäßig über den Budgetvollzug zu informieren.[5]

(BGBl 1986/212; BGBl I 2003/100; BGBl I 2008/1)

Artikel 51c. (1) Mittelverwendungen, die im Bundesfinanzgesetz nicht vorgesehen sind oder die die vom Nationalrat genehmigten Mittelverwendungen überschreiten, dürfen im Rahmen der Haushaltsführung nur auf Grund bundesfinanzgesetzlicher Ermächtigung geleistet werden.[1]

(2) Der Nationalrat kann im Bundesfinanzgesetz den Bundesminister für Finanzen ermächtigen, der Überschreitung der im Bundesfinanzgesetz vorgesehenen Mittelverwendungen zuzustimmen. Diese Ermächtigung darf nur erteilt werden, sofern die Überschreitung sachlich an Bedingungen geknüpft und ziffernmäßig bestimmt oder errechenbar ist.[2] Darüber hinaus dürfen mit Zustimmung des Bundesministers für Finanzen Überschreitungen der im Bundesfinanzgesetz vorgesehenen Mittelverwendungen erfolgen, wenn diese

1. auf Grund einer gesetzlichen Verpflichtung,

2. aus einer bestehenden Finanzschuld[3] oder auf Grund von Währungstauschverträgen oder

3. auf Grund einer bereits im Zeitpunkt des Inkrafttretens des Bundesfinanzgesetzes bestehenden sonstigen Verpflichtung

erforderlich werden. Die Zustimmung auf Grund der Bestimmungen dieses Absatzes darf nur im Falle eines unvorhergesehenen Erfordernisses und nur insoweit erteilt werden, als die Bedeckung sichergestellt ist und die jeweils verbindlich geltenden Obergrenzen gemäß Art. 51 Abs. 2 und 6 für das jeweilige Finanzjahr[4] nicht überschritten werden.[2] Der Bundesminister für Finanzen kann die auf Grund der Bestimmungen dieses Absatzes erteilten Ermächtigungen zur Zustimmung zu Überschreitungen vorgesehener Mittelverwendungen – ausgenommen jene gemäß Z 2 – im Einvernehmen mit dem zuständigen haushaltsleitenden Organ[5] an Leiter von Dienststellen übertragen,

Zu Artikel 51a:

[1] Gemäß § 4 BHG das Kalenderjahr.

[2] *Gesetzliches Budgetprovisorium.* Beachte Art 42 Abs 5. Siehe zuletzt das BG BGBl I 2017/165 idF BGBl I 2018/5.

[3] *Automatisches Budgetprovisorium.*

[4] Siehe die Definition des Art 51 Abs 9 Z 10.

Zu Artikel 51b:

[1] Siehe die §§ 50 und 51 BHG.

[2] Gemäß § 4 BHG das Kalenderjahr.

[3] Budgetausschuss. Siehe Art 51d.

[4] Siehe § 52 Abs 2 BHG.

[5] Siehe § 47 Abs 1 BHG.

Zu Artikel 51c:

[1] Beachte Abs 2 dritter Satz und Art 51 Abs 7. Siehe § 54 Abs 1 BHG sowie zuletzt das BÜG 2007.

[2] Siehe ferner § 54 Abs 4 bis 11 BHG.

[3] Siehe die Definition des Art 51 Abs 9 Z 10.

[4] Gemäß § 4 BHG das Kalenderjahr.

[5] Siehe § 6 BHG.

sofern dies für die Umsetzung einer wirkungsorientierten Verwaltung[6] erforderlich ist.

(3) Der Bundesminister für Finanzen hat dem mit der Vorberatung von Bundesfinanzgesetzen betrauten Ausschuss[7] des Nationalrates über die gemäß Abs. 2 getroffenen Maßnahmen vierteljährlich zu berichten.[8]

(BGBl I 2008/1)

Artikel 51d. (1) Die Mitwirkung des Nationalrates an der Haushaltsführung obliegt dem mit der Vorberatung von Bundesfinanzgesetzen betrauten Ausschuss[1] des Nationalrates. Dieser kann bestimmte Aufgaben einem ständigen Unterausschuss übertragen, dem auch die Mitwirkung an der Haushaltsführung obliegt, wenn der Nationalrat vom Bundespräsidenten gemäß Art. 29 Abs. 1 aufgelöst wird. Der mit der Vorberatung von Bundesfinanzgesetzen betraute Ausschuss[1] und sein ständiger Unterausschuss sind auch außerhalb der Tagungen des Nationalrates (Art. 28) einzuberufen, wenn sich die Notwendigkeit dazu ergibt. Nähere Bestimmungen trifft das Bundesgesetz über die Geschäftsordnung des Nationalrates.[2]

(2) Weitere über Art. 51b Abs. 2 und 51c Abs. 3 hinausgehende Berichte sind dem mit der Vorberatung von Bundesfinanzgesetzen betrauten Ausschuss[1] des Nationalrates nach Maßgabe besonderer bundesgesetzlicher Vorschriften zu übermitteln.[3]

(BGBl I 2008/1)

Artikel 52. (1) Der Nationalrat und der Bundesrat sind befugt, die Geschäftsführung der Bundesregierung zu überprüfen, deren Mitglieder über alle Gegenstände der Vollziehung zu befragen und alle einschlägigen Auskünfte zu verlangen[1] sowie ihren Wünschen über die Ausübung der Vollziehung in Entschließungen Ausdruck zu geben.[2]

(1a) Die zuständigen Ausschüsse des Nationalrates und des Bundesrates sind befugt, die Anwesenheit des Leiters eines gemäß Art. 20 Abs. 2 weisungsfreien Organs in den Sitzungen der Ausschüsse zu verlangen und diesen zu allen Gegenständen der Geschäftsführung zu befragen. *(BGBl I 2008/2)*

(2) Kontrollrechte gemäß Abs. 1 bestehen gegenüber der Bundesregierung und ihren Mitgliedern auch in bezug auf Unternehmungen, an denen der Bund mit mindestens 50 vH des Stamm-, Grund- oder Eigenkapitals beteiligt ist und die der Kontrolle des Rechnungshofes unterliegen. Einer solchen finanziellen Beteiligung ist die Beherrschung von Unternehmungen durch andere finanzielle oder sonstige wirtschaftliche oder organisatorische Maßnahmen gleichzuhalten. Dies gilt auch für Unternehmungen jeder weiteren Stufe, bei denen die Voraussetzungen gemäß diesem Absatz vorliegen.[3] *(BGBl 1993/508)*

B-VG

„(3)" Jedes Mitglied des Nationalrates und des Bundesrates ist befugt, in den Sitzungen des Nationalrates oder des Bundesrates kurze mündliche Anfragen an die Mitglieder der Bundesregierung zu richten.[4] *(BGBl 1993/508)*

„(4)"* Die nähere Regelung hinsichtlich des Fragerechtes wird durch das „Bundesgesetz über die Geschäftsordnung des Nationalrates"** sowie durch die Geschäftsordnung des Bundesrates getroffen.[5] *(* BGBl 1993/508; ** BGBl I 2013/114)*

(BGBl 1961/155)

Artikel 52a. (1) Zur Überprüfung von Maßnahmen zum Schutz der verfassungsmäßigen Einrichtungen und ihrer Handlungsfähigkeit[1] sowie von nachrichtendienstlichen Maßnahmen zur Sicherung der militärischen Landesverteidigung[2] wählen die zuständigen Ausschüsse des Nationalrates[3] je einen ständigen Unterausschuss. Jedem Unterausschuss muss mindestens ein Mitglied jeder im Hauptausschuss des Nationalrates vertretenen Partei angehören. *(BGBl I 2003/100)*

(2) Die ständigen Unterausschüsse sind befugt, von den zuständigen Bundesministern alle einschlägigen Auskünfte und Einsicht in die einschlägigen Unterlagen zu verlangen. Dies gilt nicht für Auskünfte und Unterlagen, insbesondere über Quellen, deren Bekanntwerden die nationale Si-

---

[6] Vgl Art 51 Abs 8.

[7] Budgetausschuss. Siehe Art 51d.

[8] Siehe § 54 Abs 12 BHG.

Zu Artikel 51d:

[1] Budgetausschuss.

[2] Siehe § 32a GOG-NR (9/1).

[3] Siehe insb § 42 Abs 5, § 52 Abs 2, § 60 Abs 3, § 66 Abs 3, § 67 Abs 4, § 68 Abs 5, § 78 Abs 5 und § 82 Abs 4 BHG; siehe ferner § 86 Abs 7 BHG.

Zu Artikel 52:

[1] *Interpellationsrecht* (Fragerecht). Siehe § 90 GOG-NR (9/1) und § 24 Abs 1 GO-BR.

[2] *Resolutionsrecht.* Siehe § 55 Abs 1 GOG-NR (9/1) und § 24 Abs 2 GO-BR.

[3] Vgl Art 126b Abs 2.

[4] Siehe die §§ 94 ff GOG-NR (9/1) und die §§ 42, 62 und 63 GO-BR.

[5] Siehe die §§ 90 ff GOG-NR (9/1) und die §§ 58 Abs 2 ff und 59 ff GO-BR. Siehe auch § 89 GOG-NR und § 58 Abs 1 GO-BR.

Zu Artikel 52a:

[1] Siehe § 20 iVm § 22 Abs 1 Z 2 SPG. Vgl aber auch Art 9a Abs 1 und Art 79 Abs 2 Z 1 lit a.

[2] Siehe § 20 MBG. Vgl Art 79 Abs 1.

[3] Ausschuss für innere Angelegenheiten und Landesverteidigungsausschuss.

cherheit[4] oder die Sicherheit von Menschen gefährden würde.

(3) Die ständigen Unterausschüsse können auch außerhalb der Tagungen des Nationalrates zusammentreten, wenn sich die Notwendigkeit hiezu ergibt.

(4) Nähere Bestimmungen trifft das Bundesgesetz über die Geschäftsordnung des Nationalrates.[5]

(BGBl 1991/565; BGBl I 2003/100)

Artikel 52b. (1) Zur Überprüfung eines bestimmten Vorganges in einer der Kontrolle des Rechnungshofes unterliegenden Angelegenheit der Bundesgebarung wählt der Ausschuss gemäß Art. 126d Abs. 2[1] „ “* einen ständigen Unterausschuss. Diesem Unterausschuss muss mindestens ein Mitglied jeder im Hauptausschuss des Nationalrates vertretenen Partei angehören. *(*BGBl I 1999/8; BGBl I 2003/100)*

(2) Nähere Bestimmungen trifft das Bundesgesetz über die Geschäftsordnung des Nationalrates.[2]

(BGBl 1993/508; BGBl I 2003/100)

Artikel 53. (1) Der Nationalrat kann durch Beschluss Untersuchungsausschüsse einsetzen.[1] Darüber hinaus ist auf Verlangen eines Viertels seiner Mitglieder ein Untersuchungsausschuss einzusetzen.

(2) Gegenstand der Untersuchung ist ein bestimmter abgeschlossener Vorgang im Bereich der Vollziehung des Bundes. Das schließt alle Tätigkeiten von Organen des Bundes, durch die der Bund, unabhängig von der Höhe der Beteiligung, wirtschaftliche Beteiligungs- und Aufsichtsrechte wahrnimmt, ein. Eine Überprüfung der Rechtsprechung ist ausgeschlossen.

(3) Alle Organe des Bundes, der Länder, der Gemeinden und der Gemeindeverbände sowie der sonstigen Selbstverwaltungskörper haben einem Untersuchungsausschuss auf Verlangen im Umfang des Gegenstandes der Untersuchung ihre Akten und Unterlagen vorzulegen und dem Ersuchen eines Untersuchungsausschusses um Beweiserhebungen im Zusammenhang mit dem Gegenstand der Untersuchung Folge zu leisten. Dies gilt nicht für die Vorlage von Akten und Unterlagen, deren Bekanntwerden Quellen im Sinne des Art. 52a Abs. 2 gefährden würde.

(4) Die Verpflichtung gemäß Abs. 3 besteht nicht, soweit die rechtmäßige Willensbildung der Bundesregierung oder von einzelnen ihrer Mitglieder oder ihre unmittelbare Vorbereitung beeinträchtigt wird.

(5) Nähere Bestimmungen trifft das Bundesgesetz über die Geschäftsordnung des Nationalrates.[2] In diesem können eine Mitwirkung der Mitglieder der Volksanwaltschaft sowie besondere Bestimmungen über die Vertretung des Vorsitzenden und die Vorsitzführung vorgesehen werden. Es hat auch vorzusehen, in welchem Umfang der Untersuchungsausschuss Zwangsmaßnahmen beschließen und um deren Anordnung oder Durchführung ersuchen kann.

(BGBl I 2014/101)

Artikel 54. *(entfällt, BGBl I 1997/2)*

Artikel 55. (1) Der Nationalrat wählt aus seiner Mitte nach dem Grundsatz der Verhältniswahl den Hauptausschuss.[1] *(BGBl I 2003/100)*

(2) Der Hauptausschuss ist auch außerhalb der Tagungen des Nationalrates (Art. 28) einzuberufen, wenn sich die Notwendigkeit hiezu ergibt. *(BGBl I 2003/100)*

(3) Der Hauptausschuss wählt einen ständigen Unterausschuss, dem die in diesem Gesetz vorgesehenen Befugnisse[2][3] obliegen.[4] Die Wahl erfolgt nach dem Grundsatz der Verhältniswahl; bei Bedachtnahme auf diesen Grundsatz muss jedoch dem Unterausschuss mindestens ein Mitglied jeder im Hauptausschuss vertretenen Partei angehören.[4] Das Bundesgesetz über die Geschäftsordnung des Nationalrates hat Vorsorge zu treffen, dass der ständige Unterausschuss jederzeit einberufen werden und zusammentreten kann. Wird der Nationalrat nach Art. 29 Abs. 1 vom Bundespräsidenten aufgelöst, so obliegt dem ständigen Unterausschuss die Mitwirkung an der Vollziehung, die nach diesem Gesetz sonst dem

---

[4] Vgl Art 8 Abs 2, Art 9 Abs 2, Art 10 Abs 2 und Art 11 Abs 2 EMRK (2b/1) sowie Art 2 Abs 3 4. ZPEMRK (2b/3). Vgl auch Art 148b Abs 2.

[5] Siehe die §§ 32b bis 32d GOG-NR (9/1); vgl auch § 310 Abs 2 StGB.

Zu Artikel 52b:

[1] Rechnungshofausschuss.

[2] Siehe § 32e GOG-NR (9/1).

Zu Artikel 53:

[1] *Enqueterecht* (Untersuchungsrecht).

[2] Siehe § 33 GOG-NR (9/1) und die VO-UA (Anlage 1 zum GOG-NR); vgl auch § 310 Abs 2 StGB. Siehe ferner § 98 f GOG-NR.

Zu Artikel 55:

[1] Siehe § 29 f GOG-NR (9/1).

[2] Siehe den letzten Satz dieses Absatzes und Art 18 Abs 3.

[3] Hinsichtlich der Zuständigkeiten des Hauptausschusses zur Behandlung von Vorhaben im Rahmen der EU beachte den Gesetzesvorbehalt des Art 23k Abs 2. Siehe § 31 und § 31e GOG-NR (9/1) betreffend den Ständigen Unterausschuss in Angelegenheiten der EU. Siehe auch FN 6.

[4] Siehe § 31 Abs 1 GOG-NR (9/1).

Nationalrat (Hauptausschuss) zusteht.[5)6)7)] *(BGBl I 2003/100)*

(4) Durch Bundesgesetz kann festgesetzt werden, dass bestimmte allgemeine Akte der Bundesregierung oder eines Bundesministers des Einvernehmens mit dem Hauptausschuss bedürfen sowie dass dem Hauptausschuss von Seiten der Bundesregierung oder eines Bundesministers Berichte zu erstatten sind.[8)] Nähere Bestimmungen, insbesondere für den Fall, dass kein Einvernehmen zustande kommt, trifft das Bundesgesetz über die Geschäftsordnung des Nationalrates. *(BGBl I 2003/100)*

(5) Für Verordnungen des zuständigen Bundesministers über Lenkungsmaßnahmen zur Sicherung einer ungestörten Produktion oder der Versorgung der Bevölkerung und sonstiger Bedarfsträger mit wichtigen Wirtschafts- und Bedarfsgütern ist die Zustimmung des Hauptausschusses des Nationalrates vorzusehen, wobei für den Fall von Gefahr im Verzug und über die Aufhebung solcher Verordnungen besondere gesetzliche Regelungen getroffen werden können. Beschlüsse des Hauptausschusses, mit denen derartigen Verordnungen die Zustimmung erteilt wird, können nur in Anwesenheit von mindestens der Hälfte seiner Mitglieder und mit einer Mehrheit von zwei Dritteln der abgegebenen Stimmen gefasst werden. *(BGBl I 2003/100)*

(BGBl I 1997/2)

F. Stellung der Mitglieder des Nationalrates und des Bundesrates

(BGBl I 2003/100)

Artikel 56. „(1)" Die Mitglieder des Nationalrates und die Mitglieder des Bundesrates sind bei der Ausübung dieses Berufes an keinen Auftrag gebunden.[1)2)] *(BGBl 1992/470)*

(2) Hat ein Mitglied der Bundesregierung oder ein Staatssekretär auf sein Mandat als Mitglied des Nationalrates verzichtet, so ist ihm nach dem Ausscheiden aus diesem Amt, in den Fällen des Art. 71 nach der Enthebung von der Betrauung mit der Fortführung der Verwaltung, von der zuständigen Wahlbehörde das Mandat erneut zuzuweisen, wenn der Betreffende nicht gegenüber der Wahlbehörde binnen acht Tagen auf die Wiederausübung des Mandates verzichtet hat.[3)] *(BGBl 1994/1013)*

(3) Durch diese erneute Zuweisung endet das Mandat jenes Mitgliedes des Nationalrates, welches das Mandat des vorübergehend ausgeschiedenen Mitgliedes innegehabt hat, sofern nicht ein anderes Mitglied des Nationalrates, das später in den Nationalrat eingetreten ist, bei seiner Berufung auf sein Mandat desselben Wahlkreises gegenüber der Wahlbehörde die Erklärung abgegeben hat, das Mandat vertretungsweise für das vorübergehend ausgeschiedene Mitglied des Nationalrates ausüben zu wollen.[3)] *(BGBl 1992/470)*

(4) Abs. 2 und 3 gelten auch, wenn ein Mitglied der Bundesregierung oder ein Staatssekretär die Wahl zum Mitglied des Nationalrates nicht angenommen hat. *(BGBl 1994/1013)*

Artikel 57.[1)] (1) Die Mitglieder des Nationalrates dürfen wegen der in Ausübung ihres Berufes geschehenen Abstimmungen niemals verantwortlich gemacht werden. Wegen der in diesem Beruf gemachten mündlichen oder schriftlichen Äußerungen dürfen sie nur vom Nationalrat verantwortlich gemacht werden;[2)] dies gilt nicht bei behördlicher Verfolgung wegen Verleumdung oder wegen einer nach dem Bundesgesetz über die Informationsordnung des Nationalrates und des Bundesrates strafbaren Handlung. *(BGBl I 2014/101)*

(2) Die Mitglieder des Nationalrates dürfen wegen einer strafbaren Handlung – den Fall der Ergreifung auf frischer Tat bei Verübung eines Verbrechens[3)] ausgenommen – nur mit Zustimmung des Nationalrates verhaftet werden.[4)] Desgleichen bedürfen Hausdurchsuchungen bei Mit-

---

[5)] Siehe Art 23c Abs 2, Art 122 Abs 4 und Art 148g Abs 2; beachte Art 18 Abs 3. Siehe ferner § 2 HabsbG (3a/1); § 4 Abs 2 Z 3 und § 5 Abs 1 NSOpferFondsG; § 4 Abs 9 WG (3b/39); § 2 Abs 1 und 5 KSE-BVG (5a/4).

[6)] Hinsichtlich der Zuständigkeiten des Hauptausschusses zur Behandlung von Vorhaben im Rahmen der EU beachte Art 23k Abs 2, wonach Art 55 Abs 3 für den Ständigen Unterausschuss in Angelegenheiten der EU sinngemäß gilt. Siehe auch FN 3.

[7)] Vgl auch Art 5 Abs 2, Art 18 Abs 3 bis 5, Art 25 Abs 2, Art 97 Abs 3 und 4 und Art 102 Abs 5.

[8)] Siehe ferner § 3 Abs 3 KOG (2c/39); § 2 Abs 3 bis 6 KSE-BVG (5a/4); § 11 Abs 6 PartG (7/1); § 4 Abs 7 NSOpferFondsG (Berichterstattung durch den Vorsitzenden des Kuratoriums des Fonds). Vgl auch § 6 Abs 6 E-ControlG (Anhörung im zuständigen Ausschuss des NR).

Zu Artikel 56:

[1)] *Freies Mandat.* Zu den parlamentarischen Klubs bzw Fraktionen siehe § 7 GOG-NR (9/1) und § 14 GO-BR. Beachte auch § 1 Abs 2 PartG (7/1).

[2)] Die Bezüge der Mitglieder des NR und des BR sind im BBezG (10/2) geregelt; Ansprüche auf Ruhebezüge nach dem BezG (10/2a) können bestehen. Beachte die §§ 4 bis 7 (ggf iVm § 11) BezBegrBVG (10/1).

[3)] *Mandat auf Zeit.* Siehe § 111 Abs 1 zweiter bis letzter Satz NRWO (8/1). Vgl auch Art 96 Abs 3 (LT).

Zu Artikel 57:

[1)] *Parlamentarische* oder *persönliche Immunität.* Vgl auch FN 1 zu Art 33.

[2)] *Berufliche Immunität.* Diese schließt im Interesse der parlamentarischen Abstimmungs- und Äußerungsfreiheit (justiz-, verwaltungs- und disziplinar-)strafrechtliche Verfolgung und zivilrechtliche Verantwortlichkeit aus, nicht jedoch die Anwendung parlamentarischer Disziplinarmittel gemäß § 102 GOG-NR (9/1). Vgl auch FN 1 zu Art 33.

[3)] Siehe § 17 Abs 1 StGB.

[4)] *Außerberufliche Immunität.*

B-VG

gliedern des Nationalrates der Zustimmung des Nationalrates.[4)]

(3) Ansonsten dürfen Mitglieder des Nationalrates ohne Zustimmung des Nationalrates wegen einer strafbaren Handlung nur dann behördlich verfolgt werden, wenn diese offensichtlich in keinem Zusammenhang mit der politischen Tätigkeit des betreffenden Abgeordneten steht. Die Behörde hat jedoch eine Entscheidung des Nationalrates über das Vorliegen eines solchen Zusammenhanges einzuholen, wenn dies der betreffende Abgeordnete oder ein Drittel der Mitglieder des mit diesen Angelegenheiten betrauten ständigen Ausschusses[5)] verlangt. Im Falle eines solchen Verlangens hat jede behördliche Verfolgungshandlung sofort zu unterbleiben oder ist eine solche abzubrechen.

(4) Die Zustimmung des Nationalrates gilt in allen diesen Fällen als erteilt, wenn der Nationalrat über ein entsprechendes Ersuchen der zur Verfolgung berufenen Behörde nicht innerhalb von acht Wochen entschieden hat; zum Zweck der rechtzeitigen Beschlussfassung des Nationalrates hat der Präsident ein solches Ersuchen spätestens am vorletzten Tag dieser Frist zur Abstimmung zu stellen. Die tagungsfreie Zeit wird in diese Frist nicht eingerechnet. *(BGBl I 2003/100)*

(5) Im Falle der Ergreifung auf frischer Tat bei Verübung eines Verbrechens[3)] hat die Behörde dem Präsidenten des Nationalrates sogleich die geschehene Verhaftung bekanntzugeben. Wenn es der Nationalrat oder in der tagungsfreien Zeit der mit diesen Angelegenheiten betraute ständige Ausschuss[5)] verlangt, muss die Haft aufgehoben oder die Verfolgung überhaupt unterlassen werden. *(BGBl I 2003/100)*

(6) Die Immunität der Abgeordneten endigt mit dem Tag des Zusammentrittes des neugewählten Nationalrates, bei Organen des Nationalrates, deren Funktion über diesen Zeitpunkt hinausgeht, mit dem Erlöschen dieser Funktion.[6)]

(7) Die näheren Bestimmungen trifft das Bundesgesetz über die Geschäftsordnung des Nationalrates.[7)]

(BGBl I 2003/100)

[5)] Immunitätsausschuss.

[6)] Als solche Organe kommen die Präs des NR und die Mitglieder des Hauptausschusses (§ 6 Abs 1 GOG-NR [9/1]) sowie im Fall der Auflösung des NR gemäß Art 29 Abs 1, abgesehen von den Präs des NR, die Mitglieder des Ständigen Unterausschusses des Hauptausschusses (Art 55 Abs 3; § 6 Abs 1 und § 31 Abs 1 GOG-NR), die Mitglieder des Ständigen Unterausschusses in Angelegenheiten der EU (Art 23k Abs 2; § 31 Abs 1 GOG-NR) und die Mitglieder des Ständigen Unterausschusses des Budgetausschusses (Art 51d Abs 1 zweiter Satz; § 32a Abs 1 GOG-NR) in Betracht.

[7)] Siehe die §§ 10 und 80 GOG-NR (9/1).

Artikel 58.[1)] Die Mitglieder des Bundesrates genießen während der ganzen Dauer ihrer Funktion die Immunität von Mitgliedern des Landtages, der sie entsendet hat.[2)]

Artikel 59. Kein Mitglied des Nationalrates, des Bundesrates oder des Europäischen Parlamentes[1)] kann gleichzeitig einem der beiden anderen Vertretungskörper angehören.[2)]

(BGBl 1994/1013)

Artikel 59a.[1)] (1) Dem öffentlich Bediensteten[2)] ist, wenn er sich um ein Mandat im Nationalrat bewirbt, die für die Bewerbung um das Mandat erforderliche freie Zeit zu gewähren.[3)]

(2) Der öffentlich Bedienstete[2)], der Mitglied des Nationalrates oder des Bundesrates ist, ist auf seinen Antrag in dem zur Ausübung seines Mandates erforderlichen Ausmaß dienstfrei oder außer Dienst zu stellen.[4)] Während der Dienstfreistellung gebühren die Dienstbezüge in dem Ausmaß, das der im Dienstverhältnis tatsächlich erbrachten Arbeitsleistung entspricht, höchstens aber 75 vH der Dienstbezüge; diese Grenze gilt auch, wenn weder die Dienstfreistellung noch die Außerdienststellung in Anspruch genommen wird. Die Außerdienststellung bewirkt den Entfall der Dienstbezüge.[5)]

Zu Artikel 58:

[1)] Siehe FN 1 zu Abschn B des zweiten Hauptstückes. Vgl Art III Abs 2 2. V-ÜG 1945.

[2)] Siehe § 5 GO-BR.

Zu Artikel 59:

[1)] Beachte Art 7 Abs 2 DWA.

[2)] Beachte ferner für die Mitglieder des NR und des BR Art 61 Abs 1 (BPräs), Art 92 Abs 2 (OGH), Art 122 Abs 5 (Präs des RH), Art 134 Abs 4 (VwGH), Art 147 Abs 4 (VfGH), Art 148g Abs 5 (VA) und § 6a Abs 2 Unv-Tr-G (Dienstverhältnis zu einer Gebietskörperschaft), für den Präs des NR und für die Obmänner der Klubs im NR (im Fall der Bestellung eines geschäftsführenden Obmannes für diesen) § 2 Abs 1, 3 und 4 Unv-Tr-G (Beruf mit Erwerbsabsicht) sowie für die Mitglieder des EP Art 23b Abs 3 (vgl Art 7 Abs 3 DWA). Die LV der Länder Bgld, Ktn und Tir enthalten weitere Unvereinbarkeitsbestimmungen.

Zu Artikel 59a:

[1)] Beachte für die Mitglieder des NR und des BR, die in einem Dienstverhältnis zu einer Gebietskörperschaft stehen, § 6a Unv-Tr-G (10/4), für den Präs des NR und für die Obmänner der Klubs im NR (im Fall der Bestellung eines geschäftsführenden Obmannes für diesen) ferner § 2 Abs 1, 3 und 4 Unv-Tr-G. Vgl auch Art 23b Abs 1 (EP) und Art 95 Abs 5 (LT).

[2)] Vgl auch Art 7 Abs 4, Art 21 Abs 4, Art 23b Abs 1, Art 59b, Art 95 Abs 5, Art 130 Abs 2 Z 3 und Art 131 Abs 2.

[3)] Siehe zB § 18 BDG, § 79 RStDG und § 29i VBG.

[4)] Siehe zB die §§ 17 und 19 BDG, § 79 RStDG und § 29i VBG. Vgl auch Art 23b Abs 1 (EP) und Art 95 Abs 5 (LT).

[5)] Vgl demgegenüber § 3 Abs 1 VwGG (16/1).

(3) Kann ein öffentlich Bediensteter[2] wegen der Ausübung seines Mandates an seinem bisherigen Arbeitsplatz nicht eingesetzt werden, so hat er Anspruch darauf, dass ihm eine zumutbar gleichwertige – mit seiner Zustimmung auch eine nicht gleichwertige – Tätigkeit zugewiesen wird. Die Dienstbezüge richten sich nach der vom Bediensteten tatsächlich ausgeübten Tätigkeit.[3] *(BGBl I 2003/100)*

(BGBl 1996/392)

Artikel 59b. (1) Zur Kontrolle der Bezüge von öffentlich Bediensteten[1], die zu Mitgliedern des Nationalrates oder des Bundesrates gewählt wurden, wird bei der Parlamentsdirektion eine Kommission[2] eingerichtet. Der Kommission[2] gehören an:

1. je ein von jedem Präsidenten des Nationalrates namhaft gemachter Vertreter,
2. zwei vom Vorsitzenden des Bundesrates mit Zustimmung seiner Stellvertreter namhaft gemachte Vertreter, *(BGBl I 2013/114)*
3. zwei Vertreter der Länder,
4. zwei Vertreter der Gemeinden und
5. ein Mitglied, das früher ein richterliches Amt ausgeübt hat.

Die Mitglieder gemäß Z 3 bis 5 sind vom Bundespräsidenten zu ernennen, wobei die Bundesregierung bei ihren Vorschlägen (Art. 67) im Falle der Z 3 an einen gemeinsamen Vorschlag der Landeshauptleute und im Falle der Z 4 an einen Vorschlag des Österreichischen Gemeindebundes und an einen Vorschlag des Österreichischen Städtebundes gebunden ist. Die Mitglieder der Kommission[2] gemäß Z 1 bis 4 müssen Personen sein, die früher eine Funktion im Sinne des Art. 19 Abs. 2 ausgeübt haben. Mitglied der Kommission[2] kann nicht sein, wer einen Beruf mit Erwerbsabsicht[3] ausübt. Die Mitgliedschaft in der Kommission[2] endet mit einer Gesetzgebungsperiode, jedoch nicht vor der Namhaftmachung oder Ernennung des neuen Mitgliedes.

(2) Die Kommission[2] gibt auf Antrag eines öffentlich Bediensteten[1], der Mitglied des Nationalrates oder des Bundesrates ist, oder auf Antrag seiner Dienstbehörde eine Stellungnahme zu Meinungsverschiedenheiten ab, die in Vollziehung des Art. 59a oder in dessen Ausführung ergangener gesetzlicher Vorschriften zwischen dem öffentlich Bediensteten[1] und seiner Dienstbehörde entstehen.[4] Die Kommission[2] gibt Stellungnahmen auch zu solchen Meinungsverschiedenheiten zwischen einem Richter und einem Senat oder einer Kommission im Sinne des Art. 87 Abs. 2 sowie zu Meinungsverschiedenheiten zwischen einem Mitglied des Nationalrates oder des Bundesrates und dem Präsidenten des Nationalrates in Vollziehung des Art. 30 Abs. 3 ab.

(3) Das Mitglied des Nationalrates oder des Bundesrates, das öffentlich Bediensteter ist, ist verpflichtet, der Kommission[2] jährlich mitzuteilen, welche Regelung es betreffend seine Dienstfreistellung oder Außerdienststellung gemäß Art. 59a getroffen hat und auf welche Weise die von ihm zu erbringende Arbeitsleistung überprüft wird.[5] Für Erhebungen der Kommission[2] gilt Art. 53 Abs. 3 sinngemäß. Die Kommission[2] gibt sich eine Geschäftsordnung. Die Kommission[2] hat jährlich dem Nationalrat – soweit Mitglieder des Bundesrates betroffen sind, dem Bundesrat – einen Bericht zu erstatten, der zu veröffentlichen ist.

(BGBl 1996/392)

Drittes Hauptstück

Vollziehung des Bundes

(BGBl I 2003/100)

A. Verwaltung

(BGBl I 2003/100)

1. Bundespräsident[1]

(BGBl I 2003/100)

Artikel 60. (1) Der Bundespräsident wird vom Bundesvolk[1] auf Grund des gleichen, unmittelbaren, persönlichen[2], freien und geheimen[2] Wahlrechtes der zum Nationalrat wahlberechtigten Männer und Frauen gewählt;[3] stellt sich nur ein Wahlwerber der Wahl, so ist die Wahl in Form einer Abstimmung durchzuführen. Art. 26 Abs. 5 bis 8 ist sinngemäß anzuwenden. *(BGBl I 2007/27)*

(2) Gewählt ist, wer mehr als die Hälfte aller gültigen Stimmen für sich hat. Ergibt sich keine solche Mehrheit, so findet ein zweiter Wahlgang[4]

Zu Artikel 59b:

[1] Vgl auch Art 7 Abs 4, Art 21 Abs 4, Art 23b Abs 1, Art 59a, Art 95 Abs 5, Art 130 Abs 2 Z 3 und Art 131 Abs 2.

[2] Sog Bezügekontrollkommission.

[3] Vgl § 1 Abs 1 Z 5, 6, 8 und 9 BezBegrBVG (10/1) und § 2 Abs 1 Unv-Tr-G (10/4).

[4] Siehe zB § 17 Abs 5 BDG, § 79 RStDG und § 29i VBG.

[5] Beachte auch § 6a Abs 1 Unv-Tr-G (10/4).

Zum 1. Unterabschnitt:

[1] Vgl Art 19 Abs 1 und Art 69 Abs 1.

Zu Artikel 60:

[1] Siehe FN 2 zu Art 26.

[2] Beachte jedoch den zweiten Satz iVm Art 26 Abs 6.

[3] Siehe § 21 iVm § 22 NRWO (8/1), aber auch Art 142 Abs 4; vgl auch Art 26 Abs 1 und 5.

[4] *Engere Wahl* oder *Stichwahl*. Siehe die §§ 18 ff BPräsWG (8/2).

statt. Bei diesem können gültigerweise nur für einen der beiden Wahlwerber, die im ersten Wahlgang die meisten Stimmen erhalten haben, Stimmen abgegeben werden. *(BGBl I 1999/8)*

(3) Zum Bundespräsidenten kann nur gewählt werden, wer zum Nationalrat wählbar[5] ist und am Wahltag[6] das 35. Lebensjahr vollendet hat. *(BGBl I 2011/43)*

(4) Das Ergebnis der Wahl des Bundespräsidenten ist vom Bundeskanzler amtlich kundzumachen.[7]

(5) Das Amt des Bundespräsidenten dauert sechs Jahre.[8] Eine Wiederwahl für die unmittelbar folgende Funktionsperiode ist nur einmal zulässig.[9]

(6) Vor Ablauf der Funktionsperiode kann der Bundespräsident durch Volksabstimmung abgesetzt werden.[10] Die Volksabstimmung ist durchzuführen, wenn die Bundesversammlung es verlangt. Die Bundesversammlung ist zu diesem Zweck vom Bundeskanzler[11] einzuberufen, wenn der Nationalrat einen solchen Antrag beschlossen hat. Zum Beschluss des Nationalrates ist die Anwesenheit von mindestens der Hälfte der Mitglieder und eine Mehrheit von zwei Dritteln der abgegebenen Stimmen erforderlich. Durch einen derartigen Beschluss des Nationalrates ist der Bundespräsident an der ferneren Ausübung seines Amtes verhindert.[12] Die Ablehnung der Absetzung durch die Volksabstimmung gilt als neue Wahl und hat die Auflösung des Nationalrates (Art. 29 Abs. 1) zur Folge. Auch in diesem Fall darf die gesamte Funktionsperiode des Bundespräsidenten nicht mehr als zwölf Jahre dauern. *(BGBl I 2003/100)*

Artikel 61. (1) Der Bundespräsident darf während seiner Amtstätigkeit keinem allgemeinen Vertretungskörper[1] angehören, keinen anderen Beruf ausüben[2][3] und muss zum Nationalrat wählbar[4] sein. *(BGBl I 2016/41)*

(2) Der Titel „Bundespräsident" darf – auch mit einem Zusatz oder im Zusammenhange mit anderen Bezeichnungen – von niemandem anderen geführt werden. Er ist gesetzlich geschützt.

Artikel 62. (1) Der Bundespräsident leistet bei Antritt seines Amtes vor der Bundesversammlung[1] das Gelöbnis:

„Ich gelobe, dass ich die Verfassung und alle Gesetze der Republik getreulich beobachten und meine Pflicht nach bestem Wissen und Gewissen erfüllen werde."
(BGBl I 2003/100)

(2) Die Beifügung einer religiösen Beteuerung ist zulässig.

Artikel 63. (1) Eine behördliche Verfolgung[1] des Bundespräsidenten ist nur zulässig, wenn ihr die Bundesversammlung zugestimmt hat.[2]

(2) Der Antrag auf Verfolgung des Bundespräsidenten ist von der zuständigen Behörde beim Nationalrat zu stellen, der beschließt, ob die Bundesversammlung damit zu befassen ist.[3] Spricht sich der Nationalrat dafür aus, hat der Bundeskanzler die Bundesversammlung sofort einzuberufen.

Artikel 64. (1) Wenn der Bundespräsident verhindert ist, gehen alle seine Funktionen zunächst auf den Bundeskanzler über. „Ein Aufenthalt in einem anderen Mitgliedstaat der Europäischen Union gilt nicht als Verhinderung." Dauert die Verhinderung jedoch länger als 20 Tage, oder ist der Bundespräsident gemäß Art. 60 Abs. 6 an der ferneren Ausübung seines Amtes verhindert, so üben der Präsident, der zweite Präsident und der dritte Präsident des Nationalrates[1] als Kollegium die Funktionen des Bundespräsidenten aus. Das Gleiche gilt, wenn die Stelle des Bundespräsidenten dauernd erledigt ist. *(BGBl I 2003/100; BGBl I 2007/5, ab 23. Februar 2007)*

---

[5] Siehe § 41 NRWO (8/1), aber auch Art 142 Abs 4; vgl auch Art 26 Abs 4 und 5.

[6] Siehe § 1 Abs 1 BPräsWG (8/2).

[7] Gemäß § 22 BPräsWG (8/2) im BGBl. Siehe zuletzt die K BGBl II 2017/16.

[8] Beachte Abs 6; Art 142 Abs 2 lit a und Abs 4 (ggf iVm Art 143) und die §§ 72 ff VfGG (17/1); die §§ 9 und 10 Unv-Tr-G (10/4) iVm § 71 Abs 4 VfGG (17/1); § 27 Abs 1 und § 74 Abs 1 Z 4 StGB.

[9] Siehe § 6 Abs 2 BPräsWG (8/2).

[10] *Politische Verantwortlichkeit*; zur rechtlichen Verantwortlichkeit siehe Art 68.

[11] Vgl Art 39 Abs 1.

[12] Vgl Art 64 Abs 1. Zur weiteren Vorgangsweise siehe Art 46 Abs 1 iVm Art 64 Abs 1.

Zu Artikel 61:

[1] Siehe FN 19 zu Art 20.

[2] *Unvereinbarkeit* (Inkompatibilität). Vgl Art 148g Abs 5 (VA); vgl auch § 2 Abs 1 Unv-Tr-G (10/4).

[3] Die Bezüge des BPräs sind im BBezG (10/2) geregelt. Beachte die §§ 4 bis 7 (ggf iVm § 11) BezBegrBVG (10/1).

[4] Siehe § 41 NRWO (8/1), aber auch Art 142 Abs 4; vgl auch Art 26 Abs 4 und 5.

Zu Artikel 62:

[1] Vgl Art 64 Abs 4.

Zu Artikel 63:

[1] Strafgerichtliche und verwaltungsbehördliche Verfolgung.

[2] *Immunität.*

[3] Siehe § 21 Abs 1, § 23 Abs 3, § 52 Abs 4 und § 80 GOG-NR (9/1).

Zu Artikel 64:

[1] Vgl Art 30 Abs 1.

(2) Das nach Abs. 1 mit der Ausübung der Funktion des Bundespräsidenten betraute Kollegium entscheidet mit Stimmenmehrheit. Der Vorsitz im Kollegium obliegt dem Präsidenten des Nationalrates, ebenso dessen Vertretung in der Öffentlichkeit.

(3) Ist einer oder sind zwei der Präsidenten des Nationalrates verhindert, oder ist deren Stelle dauernd erledigt, so bleibt das Kollegium auch ohne deren Mitwirkung beschlussfähig; entsteht dadurch Stimmengleichheit, so gibt die Stimme des ranghöheren Präsidenten den Ausschlag. *(BGBl I 2003/100)*

(4) Im Falle der dauernden Erledigung der Stelle des Bundespräsidenten hat die Bundesregierung sofort die Wahl des neuen Bundespräsidenten anzuordnen;[2] das Kollegium hat nach erfolgter Wahl die Bundesversammlung unverzüglich zur Angelobung des Bundespräsidenten einzuberufen.[3]

(BGBl 1977/323)

Artikel 65. (1) Der Bundespräsident vertritt die Republik[1] nach außen,[2] empfängt und beglaubigt die Gesandten, genehmigt die Bestellung der fremden Konsuln, bestellt die konsularischen Vertreter der Republik im Ausland[3] und schließt die Staatsverträge ab.[4] Er kann anlässlich des Abschlusses eines nicht unter Art. 50 fallenden Staatsvertrages oder eines Staatsvertrages gemäß Art. 16 Abs. 1, der weder gesetzändernd noch gesetzesergänzend ist, anordnen, dass dieser Staatsvertrag durch Erlassung von Verordnungen zu erfüllen ist.[5] *(BGBl 1988/685; BGBl I 2003/100)*

(2) Weiter stehen ihm – außer den ihm nach anderen Bestimmungen dieser Verfassung übertragenen Befugnissen[6] – zu:

a) die Ernennung der Bundesbeamten[7], einschließlich der Offiziere, und der sonstigen Bundesfunktionäre[8], die Verleihung von Amtstiteln[9] an solche; *(BGBl 1974/444)*

b) die Schaffung[10] und Verleihung von Berufstiteln[9];

c)[11] für Einzelfälle[12]: die Begnadigung der von den Gerichten rechtskräftig Verurteilten, die Milderung und Umwandlung der von den Gerichten ausgesprochenen Strafen, die Nachsicht von Rechtsfolgen und die Tilgung von Verurteilungen im Gnadenweg, ferner die Niederschlagung des strafgerichtlichen Verfahrens bei den von Amts wegen zu verfolgenden strafbaren Handlungen;[13]

d) die Erklärung unehelicher Kinder zu ehelichen auf Ansuchen der Eltern.

(3) Inwieweit dem Bundespräsidenten außerdem noch Befugnisse hinsichtlich Gewährung von Ehrenrechten, außerordentlichen Zuwendungen, Zulagen und Versorgungsgenüssen, Ernennungs- oder Bestätigungsrechten und sonstigen Befugnissen in Personalangelegenheiten zustehen, bestimmen besondere Gesetze.[14]

Artikel 66. (1)[1] Der Bundespräsident kann das ihm zustehende Recht der Ernennung von Bundesbeamten[2] bestimmter Kategorien den zuständigen Mitgliedern der Bundesregierung übertra-

---

[2] Siehe § 1 BPräsWG (8/2).

[3] Siehe Art 62.

Zu Artikel 65:

[1] Vgl Art 1.

[2] Vgl Art 7 Abs 2 lit a WVK. Beachte jedoch Art 38.

[3] Siehe § 6 AuswDG.

[4] Beachte für StV des Bundes Art 67, für StV der Länder Art 16 Abs 2 letzter Satz.

[5] *Spezielle Transformation* des StV auf Grund eines sog *Erfüllungsvorbehaltes* (vgl Art 50 Abs 2 Z 4). Beachte Art 66 Abs 2 und 3.

[6] Siehe Art 5 Abs 2, Art 18 Abs 3, Art 25 Abs 2, Art 27 Abs 2, Art 28 Abs 1 bis 3, Art 29 Abs 1, Art 34 Abs 3, Art 39 Abs 1, Art 46 Abs 1, Art 47 Abs 1, Art 59b Abs 1, Art 66, Art 67a Abs 1 zweiter Satz, Art 70 bis 74, Art 77 Abs 3, Art 78 Abs 2, Art 80 Abs 1, Art 86 Abs 1, Art 100 Abs 1, Art 101 Abs 4, Art 122 Abs 4, Art 125 Abs 1, Art 134 Abs 3 und 4, Art 146 Abs 2, Art 147 Abs 2, Art 148g Abs 2 und Art 148h Abs 1; § 25 Abs 3 ÜG 1920 (1a/1); § 10 HDG (3b/61); § 2 VwGG (16/1); § 8 Abs 2 VfGG (17/1).

[7] Beachte Art 66 Abs 1.

[8] Vgl VfSlg 13.016/1992.

[9] Vgl Art 7 Abs 3.

[10] Siehe die unter 1/3 abgedruckte Entschl.

[11] Beachte für das staatsgerichtliche Verfahren Art 142 Abs 5, für das Disziplinarverfahren der Bundesbeamten § 25 Abs 3 ÜG 1920 (1a/1) und für das Heeresdisziplinarverfahren § 10 HDG (3b/61). Beachte ferner § 23 Abs 1 BG IntG-Zusarb (3b/29) und § 36 Abs 1 BG IntStGH-Zusarb (3b/43).

[12] Generelle Gnadenakte (Amnestien) sind gemäß Art 93 der Bundesgesetzgebung vorbehalten.

[13] Siehe das 26. Hauptstück (§§ 507 bis 513) der StPO.

[14] Siehe zB das BG über die Verleihung des Doktorates unter den Auspizien des BPräs BGBl 1952/58 zuletzt idF BGBl 1968/405; das BG über die Schaffung von Ehrenzeichen für Verdienste um die Republik Österreich BGBl 1952/89 zuletzt idF BGBl 1969/242 (vgl auch das Bundes-EhrenzeichenG BGBl I 2002/44 idF BGBl I 2012/50, nach dessen § 1 Abs 2 das Bundes-Ehrenzeichen jedoch vom BK oder dem zuständigen Mitglied der BReg verliehen wird); das BG über die Schaffung eines Österreichischen Ehrenzeichens für Wissenschaft und Kunst und eines Österreichischen Ehrenkreuzes für Wissenschaft und Kunst BGBl 1955/96 idF BGBl I 2001/128; das BG über die Schaffung eines Ehrenzeichens für Verdienste um die Befreiung Österreichs BGBl 1976/79 idF BGBl I 2012/50; § 6 Abs 4 Z 3 WG (iVm der Entschl über die Beförderung von Offizieren BGBl II 2001/352).

Zu Artikel 66:

[1] Vgl auch die Delegationsermächtigungen des Art 86 Abs 1 (BMVRDJ), des Art 125 Abs 1 (Präs des RH) und des Art 148h Abs 1 (Vors der VA).

[2] Vgl Art 65 Abs 2 lit a.

gen[3] und sie ermächtigen, ihrerseits diese Befugnis für bestimmte Kategorien von Bundesbeamten an ihnen nachgeordnete Organe weiter zu übertragen.[4] *(BGBl 1994/506)*

(2) Der Bundespräsident kann zum Abschluss bestimmter Kategorien von Staatsverträgen, die weder unter Art. 16 Abs. 1 noch unter Art. 50 fallen, die Bundesregierung oder die zuständigen Mitglieder der Bundesregierung ermächtigen; eine solche Ermächtigung erstreckt sich auch auf die Befugnis zur Anordnung, dass diese Staatsverträge durch Erlassung von Verordnungen zu erfüllen sind.[5][6] *(BGBl 1988/685; BGBl I 2003/100)*

(3) Der Bundespräsident kann zum Abschluss von Staatsverträgen nach Art. 16 Abs. 1, die weder gesetzändernd noch gesetzesergänzend sind, auf Vorschlag der Landesregierung und mit Gegenzeichnung des Landeshauptmannes die Landesregierung ermächtigen; eine solche Ermächtigung erstreckt sich auch auf die Befugnis zur Anordnung, dass dieser Staatsvertrag durch Erlassung von Verordnungen zu erfüllen ist.[5] *(BGBl 1988/685; BGBl I 2003/100)*

Artikel 67. (1) Alle Akte des Bundespräsidenten erfolgen, soweit nicht verfassungsmäßig anderes bestimmt ist,[1] auf Vorschlag der Bundesregierung oder des von ihr ermächtigten[2] Bundesministers. Inwieweit die Bundesregierung oder der zuständige Bundesminister hiebei selbst an Vorschläge anderer Stellen gebunden ist, bestimmt das Gesetz.[3]

(2) Alle Akte des Bundespräsidenten bedürfen, soweit nicht verfassungsgesetzlich anderes bestimmt ist,[4] zu ihrer Gültigkeit der Gegenzeichnung des Bundeskanzlers oder der zuständigen Bundesminister.

Artikel 67a. (1) Zur Unterstützung des Bundespräsidenten bei der Besorgung seiner Amtsgeschäfte ist die Präsidentschaftskanzlei berufen, die dem Bundespräsidenten untersteht. Das Nähere über den Geschäftsgang in der Präsidentschaftskanzlei kann durch eine vom Bundespräsidenten zu erlassende Geschäftsordnung geregelt werden.[1]

(2) Art. 67 gilt nicht für die Erlassung der Geschäftsordnung der Präsidentschaftskanzlei,[2] für die Ernennung von Bediensteten der Präsidentschaftskanzlei und die Verleihung von Amtstiteln an diese[3] sowie für Akte des Bundespräsidenten in Ausübung der Diensthoheit diesen gegenüber[4].

(BGBl I 2008/2)

Artikel 68. (1) Der Bundespräsident ist für die Ausübung seiner Funktionen der Bundesversammlung gemäß Art. 142 verantwortlich.[1] *(BGBl I 2003/100)*

(2) Zur Geltendmachung dieser Verantwortung ist die Bundesversammlung auf Beschluss des Nationalrates oder des Bundesrates vom Bundeskanzler einzuberufen. *(BGBl I 2003/100)*

(3) Zu einem Beschluss, mit dem eine Anklage im Sinne des Art. 142 erhoben wird, bedarf es der Anwesenheit von mehr als der Hälfte der Mitglieder jedes der beiden Vertretungskörper und einer Mehrheit von zwei Dritteln der abgegebenen Stimmen. *(BGBl I 2003/100)*

(4) Auf das Verfahren gemäß Art. 141 Abs. 1 lit. d sind die Abs. 2 und 3 sinngemäß anzuwenden. *(BGBl I 2016/41)*

2. Bundesregierung[1]

(BGBl I 2003/100)

Artikel 69. (1) Mit den obersten Verwaltungsgeschäften des Bundes sind, soweit diese nicht

---

[3] Siehe Art I Abs 1 Entschl betreffend die Ausübung des Rechtes zur Ernennung von Bundesbeamten BGBl 1995/54 idF BGBl II 2018/245 und die Entschl betreffend die Übertragung des Rechtes zur Ernennung von Bundeslehrern BGBl 1930/168. Siehe auch Art I Entschl über die Beförderung von Offizieren BGBl II 2001/352. Beachte Art 21 Abs 5 Z 3.

[4] Siehe Art I Abs 2 und 3 Entschl betreffend die Ausübung des Rechtes zur Ernennung von Bundesbeamten BGBl 1995/54 idF BGBl II 2018/245 und die V BGBl II 2003/576, BGBl II 2004/469, BGBl II 2005/202 zuletzt idF BGBl II 2016/232 und BGBl II 2012/293 idF BGBl II 2015/59.

[5] Sog *Erfüllungsvorbehalt* (vgl Art 50 Abs 2 Z 4).

[6] Siehe die unter 1/4 abgedruckte Entschl.

Zu Artikel 67:

[1] Siehe Art 28 Abs 2 und 3, Art 47 Abs 1, Art 66 Abs 3, Art 67a, Art 70 Abs 1, Art 71 (str), Art 72, Art 74 Abs 1 und 3, Art 80 Abs 1, Art 101 Abs 4, Art 122 Abs 4, Art 125 Abs 1, Art 142 Abs 5, Art 146 Abs 2, Art 147 Abs 2 und Art 148h Abs 1.

[2] Vgl § 3 Abs 2 BMG (12/1).

[3] Siehe zB Art 134 Abs 2.

[4] Siehe Art 18 Abs 3, Art 28 Abs 2, Art 70 Abs 1, Art 125 Abs 1, Art 146 Abs 2 und Art 148h Abs 1.

Zu Artikel 67a:

[1] Vgl § 3 Abs 2 BVG ÄmterLReg (12/2). Siehe die unter 1/5 abgedruckte Entschl.

[2] Vgl Abs 1.

[3] Vgl Art 65 Abs 2 lit a.

[4] Vgl Art 21 Abs 3.

Zu Artikel 68:

[1] *Rechtliche Verantwortlichkeit*; zur politischen Verantwortlichkeit siehe Art 60 Abs 6. Beachte ferner die §§ 9 und 10 Unv-Tr-G (10/4) iVm § 71 Abs 4 VfGG (17/1); § 27 Abs 1 und § 74 Abs 1 Z 4 StGB.

Zum 2. Unterabschnitt:

[1] Vgl Art 19 Abs 1 und Art 69 Abs 1.

dem Bundespräsidenten übertragen sind,[1] der Bundeskanzler, der Vizekanzler und die übrigen Bundesminister betraut.[2] Sie bilden in ihrer Gesamtheit die Bundesregierung unter dem Vorsitz des Bundeskanzlers.[3)4]

(2) Der Vizekanzler ist zur Vertretung des Bundeskanzlers in dessen gesamtem Wirkungsbereich berufen. „Sind der Bundeskanzler und der Vizekanzler gleichzeitig verhindert, so wird der Bundeskanzler durch das dienstälteste, bei gleichem Dienstalter durch das an Jahren älteste, nicht verhinderte Mitglied der Bundesregierung vertreten." *(BGBl I 1997/87; BGBl I 2003/100; BGBl I 2007/5, ab 23. Februar 2007)*

(3) Die Bundesregierung ist beschlussfähig, wenn mehr als die Hälfte ihrer Mitglieder anwesend ist. *(BGBl I 1997/87; BGBl I 2003/100)*

Artikel 70. (1) Der Bundeskanzler und auf seinen Vorschlag die übrigen Mitglieder der Bundesregierung werden vom Bundespräsidenten ernannt. Zur Entlassung des Bundeskanzlers oder der gesamten Bundesregierung ist ein Vorschlag nicht erforderlich; die Entlassung einzelner Mitglieder der Bundesregierung erfolgt auf Vorschlag des Bundeskanzlers. Die Gegenzeichnung erfolgt, wenn es sich um die Ernennung des Bundeskanzlers oder der gesamten Bundesregierung handelt, durch den neubestellten Bundeskanzler; die Entlassung bedarf keiner Gegenzeichnung.

(2) Die Mitglieder der Bundesregierung müssen nicht dem Nationalrat angehören, aber zum Nationalrat wählbar[1] sein. *(BGBl I 2016/41)*

(3) Wird vom Bundespräsidenten eine neue Bundesregierung zu einer Zeit bestellt, in welcher der Nationalrat nicht tagt, so hat er den Nationalrat zum Zweck der Vorstellung der neuen Bundesregierung zu einer außerordentlichen Tagung (Art. 28 Abs. 2) einzuberufen, und zwar so, dass der Nationalrat binnen einer Woche zusammentritt. *(BGBl 1975/409; BGBl I 2003/100)*

Artikel 71. Ist die Bundesregierung aus dem Amt geschieden,[1] hat der Bundespräsident bis zur Bildung der neuen Bundesregierung Mitglieder der scheidenden Bundesregierung mit der Fortführung der Verwaltung und einen von ihnen mit dem Vorsitz in der einstweiligen Bundesregierung zu betrauen.[2] Mit der Fortführung der Verwaltung kann auch ein dem ausgeschiedenen Bundesminister beigegebener Staatssekretär oder ein leitender Beamter des betreffenden Bundesministeriums betraut werden. Diese Bestimmung gilt sinngemäß, wenn einzelne Mitglieder aus der Bundesregierung ausgeschieden sind.[1)2] Der mit der Fortführung der Verwaltung Beauftragte trägt die gleiche Verantwortung wie ein Bundesminister (Art. 76).[3]

(BGBl 1986/212; BGBl I 2003/100)

Artikel 72. (1) Die Mitglieder der Bundesregierung werden vor Antritt ihres Amtes vom Bundespräsidenten angelobt. Die Beifügung einer religiösen Beteuerung ist zulässig.

(2) Die Bestallungsurkunden des Bundeskanzlers, des Vizekanzlers und der übrigen Bundesminister werden vom Bundespräsidenten mit dem Tag der Angelobung ausgefertigt und vom neubestellten Bundeskanzler gegengezeichnet.

(3) Diese Bestimmungen sind auch auf die Fälle des Art. 71 sinngemäß anzuwenden. *(BGBl I 2003/100)*

Artikel 73. (1) Im Falle der zeitweiligen Verhinderung eines Bundesministers beauftragt dieser im Einvernehmen mit einem anderen Bundesminister diesen, einen ihm beigegebenen Staatssekretär oder einen leitenden Beamten des betreffenden Bundesministeriums mit seiner Vertretung; eine solche Beauftragung mit der Vertretung ist dem Bundespräsidenten und dem Bundeskanzler zur Kenntnis zu bringen. Ein Aufenthalt in einem anderen Mitgliedstaat der Europäischen Union gilt nicht als Verhinderung. Ist ein Bundesminister nicht in der Lage, einen Vertretungsauftrag im Sinne des ersten Satzes zu erteilen, so beauftragt der Bundeskanzler im Einvernehmen mit dem Vizekanzler einen anderen Bundesminister, einen dem verhinderten Bundesminister beigegebenen Staatssekretär oder einen leitenden Beamten des betreffenden Bundesministeriums mit dessen Vertretung; eine solche Beauftragung mit der Vertretung ist dem Bundespräsidenten zur Kenntnis zu bringen. Der Vertreter eines Bundesministers trägt die gleiche Verantwortung wie ein

---

Zu Artikel 69:

[1] Siehe Art 65 und die in FN 15 dazu genannten Vorschriften und Bestimmungen.

[2] Beachte die in FN 1 zu Art 19 genannten Verfassungsbestimmungen.

[3] Beachte § 3 Abs 2 BMG (12/1); § 24 RHG (14/1).

[4] Die Bezüge der Mitglieder der BReg sind im BBezG (10/2) geregelt; Ansprüche auf Ruhebezüge nach dem BezG (10/2a) können bestehen. Beachte die §§ 4 bis 7 (ggf iVm § 11) BezBegrBVG (10/1).

Zu Artikel 70:

[1] Siehe § 41 NRWO (8/1), aber auch Art 142 Abs 4; vgl Art 26 Abs 4 und 5.

Zu Artikel 71:

[1] Siehe Art 70 Abs 1 und Art 74 Abs 1 und 3.

[2] Ob und inwieweit der BPräs bei Bestellung der einstweiligen BReg (eines einstweiligen BM) an Vorschläge gebunden ist, ist umstritten.

[3] Beachte Art 56 Abs 2, Art 72 Abs 3 und Art 76 Abs 1. Laut VfSlg 1208/1929 hat die einstweilige (provisorische) BReg dieselben Befugnisse wie die endgültige (definitive) BReg (vgl Art 76 Abs 1).

Bundesminister (Art. 76). *(BGBl I 2007/5, ab 23. Februar 2007)*

(2) Der „ “ zuständige Bundesminister kann die Befugnis, an den Tagungen des Rates „ “ teilzunehmen und in diesem Rahmen zu einem bestimmten Vorhaben die Verhandlungen zu führen und die Stimme abzugeben, einem anderen Bundesminister oder einem Staatssekretär übertragen. *(BGBl 1994/1013; BGBl I 2010/57)*

(3) Ein Mitglied der Bundesregierung, das sich in einem anderen Mitgliedstaat der Europäischen Union aufhält, kann seine Angelegenheiten im Nationalrat oder Bundesrat durch einen ihm beigegebenen Staatssekretär[1] oder einen anderen Bundesminister wahrnehmen lassen. Ein Mitglied der Bundesregierung, das nicht vertreten ist, kann sein Stimmrecht in der Bundesregierung einem anderen Bundesminister übertragen; seine Verantwortlichkeit wird dadurch nicht berührt. Das Stimmrecht kann nur einem Mitglied der Bundesregierung übertragen werden, das nicht bereits mit der Vertretung eines anderen Mitgliedes der Bundesregierung betraut ist und dem nicht schon ein Stimmrecht übertragen worden ist. *(BGBl I 1997/87)*

(BGBl 1986/212; BGBl I 2003/100)

Artikel 74. (1) Versagt der Nationalrat der Bundesregierung oder einzelnen ihrer Mitglieder durch ausdrückliche Entschließung das Vertrauen,[1] so ist die Bundesregierung oder der betreffende Bundesminister des Amtes zu entheben.[2]

(2) Zu einem Beschluss des Nationalrates, mit dem das Vertrauen versagt wird,[1] ist die Anwesenheit der Hälfte der Mitglieder des Nationalrates erforderlich. Doch ist, wenn es die im Bundesgesetz über die Geschäftsordnung des Nationalrates festgesetzte Anzahl der Mitglieder verlangt, die Abstimmung auf den zweitnächsten Werktag zu vertagen. Eine neuerliche Vertagung der Abstimmung kann nur durch Beschluss des Nationalrates erfolgen.[3] *(BGBl 1988/685; BGBl I 2003/100)*

(3) Unbeschadet der dem Bundespräsidenten nach Art. 70 Abs. 1 sonst zustehenden Befugnis sind die Bundesregierung oder ihre einzelnen Mitglieder vom Bundespräsidenten in den gesetzlich bestimmten Fällen[4] oder auf ihren Wunsch des Amtes zu entheben. *(BGBl I 2003/100)*

Artikel 75. Die Mitglieder der Bundesregierung sowie die Staatssekretäre sind berechtigt, an allen Verhandlungen des Nationalrates, des Bundesrates und der Bundesversammlung sowie der Ausschüsse (Unterausschüsse) dieser Vertretungskörper teilzunehmen, jedoch an Verhandlungen des ständigen Unterausschusses des Hauptausschusses und der Untersuchungsausschüsse des Nationalrates nur auf besondere Einladung.[1] Sie haben nach den näheren Bestimmungen des Bundesgesetzes über die Geschäftsordnung des Nationalrates sowie der Geschäftsordnung des Bundesrates das Recht, auf ihr Verlangen jedes Mal gehört zu werden.[2] Der Nationalrat, der Bundesrat und die Bundesversammlung sowie deren Ausschüsse (Unterausschüsse) können die Anwesenheit der Mitglieder der Bundesregierung verlangen[3] und diese um die Einleitung von Erhebungen ersuchen.[4]

(BGBl 1975/409; BGBl I 2003/100)

Artikel 76. (1) Die Mitglieder der Bundesregierung (Art. 69 und 71) sind dem Nationalrat gemäß Art. 142 verantwortlich.[1] *(BGBl I 2003/100)*

(2) Zu einem Beschluss, mit dem eine Anklage gemäß Art. 142 erhoben wird, bedarf es der Anwesenheit von mehr als der Hälfte der Mitglieder. *(BGBl I 2003/100)*

Artikel 77. (1) Zur Besorgung der Geschäfte der Bundesverwaltung sind die Bundesministerien und die ihnen unterstellten Ämter berufen.

Zu Artikel 73:

[1] Vgl Art 78 Abs 2.

Zu Artikel 74:

[1] Sog *Misstrauensvotum.*

[2] *Politische Verantwortlichkeit*; zur rechtlichen Verantwortlichkeit siehe Art 76 Abs 1.

[3] Siehe § 55, § 67 Abs 1 Z 1 und Abs 2 und § 82 Abs 2 Z 4 GOG-NR (9/1).

[4] Siehe Art 142 Abs 2 lit b und Abs 4 (ggf iVm Art 143) und die §§ 72 ff VfGG (17/1); die §§ 9 und 10 Unv-Tr-G (10/4) iVm § 71 Abs 4 VfGG (17/1); § 27 Abs 1 und § 74 Abs 1 Z 4 StGB.

Zu Artikel 75:

[1] Siehe § 18 Abs 1 und 2 und § 37 Abs 5 GOG-NR (9/1) und § 29 Abs 1 und 2 und § 37 Abs 1 GO-BR. Vgl auch Art 123a Abs 1 (Präs des RH) und Art 148d Abs 2 (Mitglieder der VA).

[2] Siehe § 19, § 57a Abs 2, § 62 Abs 2 und § 63 Abs 2 GOG-NR (9/1) und § 29 Abs 5 und § 37 Abs 3 bis 5 GO-BR. Vgl auch Art 123a Abs 2 (Präs des RH) und Art 148d Abs 2 (Mitglieder der VA) sowie den (verfassungswidrigen) § 20c GOG-NR (9/1).

[3] *Zitationsrecht.* Siehe § 18 Abs 3 GOG-NR (9/1) und § 29 Abs 3 und § 37 Abs 2 GO-BR.

[4] Siehe § 40 Abs 1 GOG-NR (9/1) und § 33 Abs 1 GO-BR.

Zu Artikel 76:

[1] *Rechtliche Verantwortlichkeit*; zur politischen Verantwortlichkeit siehe Art 74 Abs 1.

(2) Die Zahl der Bundesministerien,[1] ihr Wirkungsbereich und ihre Einrichtung werden durch Bundesgesetz bestimmt.[2]

(3) Mit der Leitung des Bundeskanzleramtes ist der Bundeskanzler, mit der Leitung der anderen Bundesministerien je ein Bundesminister betraut. Der Bundespräsident kann die sachliche Leitung bestimmter, zum Wirkungsbereich des Bundeskanzleramtes gehörender Angelegenheiten, und zwar auch einschließlich der Aufgaben der Personalverwaltung und der Organisation, unbeschadet des Fortbestandes ihrer Zugehörigkeit zum Bundeskanzleramt eigenen Bundesministern übertragen; solche Bundesminister haben bezüglich der betreffenden Angelegenheiten die Stellung eines zuständigen Bundesministers.[3] *(BGBl 1959/171)*

(4) Der Bundeskanzler und die übrigen Bundesminister können ausnahmsweise auch mit der Leitung eines zweiten Bundesministeriums betraut werden.

Artikel 78. (1) In besonderen Fällen können Bundesminister auch ohne gleichzeitige Betrauung mit der Leitung eines Bundesministeriums bestellt werden.[1]

(2) Den Bundesministern können zur Unterstützung in der Geschäftsführung und zur parlamentarischen Vertretung[2] Staatssekretäre[3] beigegeben werden, „die unter denselben Voraussetzungen und in gleicher Weise"** wie die Bundesminister bestellt[4] werden und aus dem Amt scheiden[5].[6] „Der Bundeskanzler kann seine Angelegenheiten im Nationalrat und im Bundesrat im Einvernehmen mit dem Vizekanzler, der mit der Leitung eines Bundesministeriums betraut ist, durch einen Staatssekretär, der diesem beigegeben ist, wahrnehmen lassen. Der Vizekanzler, der mit der Leitung eines Bundesministeriums betraut ist, kann seine Angelegenheiten im Nationalrat und im Bundesrat im Einvernehmen mit dem Bundeskanzler durch einen Staatssekretär, der diesem beigegeben ist, wahrnehmen lassen."* *(*BGBl I 2007/5, ab 23. Februar 2007; **BGBl I 2016/41)*

(3) Der Bundesminister kann den Staatssekretär mit dessen Zustimmung auch mit der Besorgung bestimmter Aufgaben betrauen. Der Staatssekretär ist dem Bundesminister auch bei Erfüllung dieser Aufgaben unterstellt und an seine Weisungen gebunden.[7] *(BGBl 1988/685)*

3. Sicherheitsbehörden des Bundes
(BGBl 1991/565)

B-VG

Artikel 78a. (1) Oberste Sicherheitsbehörde ist der Bundesminister für Inneres.[1] Ihm sind die Landespolizeidirektionen, ihnen wiederum die Bezirksverwaltungsbehörden als Sicherheitsbehörden nachgeordnet.[2] *(BGBl I 2012/49)*

(2) Sind Leben, Gesundheit, Freiheit oder Eigentum von Menschen gegenwärtig gefährdet oder steht eine solche Gefährdung unmittelbar bevor, so sind die Sicherheitsbehörden, ungeachtet der Zuständigkeit einer anderen Behörde zur Abwehr der Gefahr, bis zum Einschreiten der jeweils zuständigen Behörde zur ersten allgemeinen Hilfeleistung[3] zuständig.[4]

(3) Inwieweit Organe der Gemeinden als Sicherheitsbehörden einzuschreiten haben, bestimmen die Bundesgesetze.[5]

(BGBl I 2003/100)

Artikel 78b. (1) Für jedes Land besteht eine Landespolizeidirektion.[1] An ihrer Spitze steht der Landespolizeidirektor.[2] Der Landespolizeidirektor der Landespolizeidirektion Wien trägt die Funktionsbezeichnung „Landespolizeipräsident".[3]

(2) Der Bundesminister für Inneres bestellt den Landespolizeidirektor im Einvernehmen mit dem Landeshauptmann.[4]

Zu Artikel 77:

[1] Verfassungsgesetzlich vorgesehen ist das BKA (Art 16 Abs 2, Art 23d Abs 1, Art 23h Abs 2, Art 77 Abs 3 und Art 97 Abs 2; § 9 Abs 1, 2 und 4 F-VG [13a/1]; Art 1 Abs 2 Bund/Länder/Gemeinden-Vereinb Konsultationsmechanismus [13b/2]).

[2] Siehe das BMG (12/1).

[3] Sog *Bundesminister im BKA* oder Kanzleramtsminister. Siehe § 1 Abs 2 BMG (12/1) sowie derzeit die Entschl BGBl II 2019/146 und BGBl II 2019/147.

Zu Artikel 78:

[1] *Bundesminister ohne Portefeuille.*

[2] Vgl Art 73 Abs 3. Siehe ferner Abs 3 erster Satz, Art 71, Art 73 Abs 1 und 2 und Art 75 erster und zweiter Satz.

[3] Die StS sind nicht Mitglieder der BReg (Art 69 Abs 1), sondern Hilfsorgane des BM (vgl Abs 3).

[4] Siehe Art 70 Abs 1.

[5] Siehe Art 70 Abs 1 und Art 74 Abs 1 und 3. Beachte Art 56 Abs 2 bis 4.

[6] Die Bezüge der StS sind im BBezG (10/2) geregelt; Ansprüche auf Ruhebezüge nach dem BezG (10/2a) können bestehen. Beachte die §§ 4 bis 7 (ggf iVm § 11) BezBegr-BVG (10/1).

[7] Beachte (Art 19 Abs 1 iVm) Art 20 Abs 1; siehe § 11 BMG (12/1).

Zu Artikel 78a:

[1] Siehe § 4 Abs 1 und § 6 SPG; § 7 Abs 9 BMG (12/1).

[2] Siehe § 4 Abs 2 SPG.

[3] Vgl Art 10 Abs 1 Z 7.

[4] Siehe § 19 SPG.

[5] Siehe § 4 Abs 3 SPG.

Zu Artikel 78b:

[1] Siehe § 7 Abs 1 erster Satz SPG.

[2] Siehe § 7 Abs 1 zweiter Satz sowie ferner § 7 Abs 1 letzter Satz und Abs 2 und 3 SPG.

[3] Siehe § 7 Abs 1 dritter SPG.

[4] Siehe § 7 Abs 1 vierter und fünfter Satz SPG.

(3) Der Bundesminister für Inneres hat jede staatspolitisch wichtige oder für die Aufrechterhaltung der öffentlichen Ruhe, Ordnung und Sicherheit im gesamten Land maßgebliche Weisung, die er einem Landespolizeidirektor erteilt, dem Landeshauptmann mitzuteilen.[5]

(BGBl I 2012/49)

Artikel 78c. Inwieweit für das Gebiet einer Gemeinde die Landespolizeidirektion zugleich Sicherheitsbehörde erster Instanz ist, wird durch Bundesgesetz geregelt. Für Wien ist die Landespolizeidirektion zugleich Sicherheitsbehörde erster Instanz.[1]

(BGBl I 2012/49)

Artikel 78d. (1) Wachkörper sind bewaffnete oder uniformierte oder sonst nach militärischem Muster eingerichtete Formationen, denen Aufgaben polizeilichen Charakters übertragen sind.[1] Zu den Wachkörpern sind insbesondere nicht zu zählen: Das zum Schutz einzelner Zweige der Landeskultur, wie der Land- und Forstwirtschaft (Feld-, Flur- und Forstschutz), des Bergbaues, der Jagd, der Fischerei oder anderer Wasserberechtigungen aufgestellte Wachpersonal, die Organe der Marktaufsicht, der Feuerwehr.

(2) Für das Gebiet einer Gemeinde, in der die Landespolizeidirektion zugleich Sicherheitsbehörde erster Instanz ist,[2] darf von einer anderen Gebietskörperschaft ein Wachkörper nicht errichtet werden. *(BGBl I 2012/49)*

(BGBl I 2003/100)

„4."* Bundesheer

*(*BGBl 1991/565; BGBl I 2003/100)*

Artikel 79. (1) Dem Bundesheer obliegt die militärische Landesverteidigung.[1] Es ist nach den Grundsätzen eines Milizsystems einzurichten.[2] *(BGBl 1988/341)*

(2) Das Bundesheer ist, soweit die gesetzmäßige zivile Gewalt seine Mitwirkung in Anspruch nimmt,[3] ferner bestimmt

1. auch über den Bereich der militärischen Landesverteidigung hinaus

a) zum Schutz der verfassungsmäßigen Einrichtungen und ihrer Handlungsfähigkeit sowie der demokratischen Freiheiten der Einwohner[4]

b) zur Aufrechterhaltung der Ordnung und Sicherheit im Inneren überhaupt;

2. zur Hilfeleistung bei Elementarereignissen und Unglücksfällen außergewöhnlichen Umfanges.
(BGBl 1975/368)

(3) Weitere Aufgaben des Bundesheeres werden durch Bundesverfassungsgesetz geregelt.[5]
(BGBl 1975/368)

„(4)"* Welche Behörden und Organe die Mitwirkung des Bundesheeres zu den im Abs. 2 genannten Zwecken unmittelbar in Anspruch nehmen können, bestimmt das „Wehrgesetz.[6]"**
*(*BGBl 1975/368; **BGBl I 1999/194 (DFB); BGBl I 2003/100)*

„(5)"* Selbständiges militärisches Einschreiten zu den im Abs. 2 genannten Zwecken ist nur zulässig, wenn entweder die zuständigen Behörden durch höhere Gewalt außerstande gesetzt sind, das militärische Einschreiten herbeizuführen, und bei weiterem Zuwarten ein nicht wieder gutzumachender Schaden für die Allgemeinheit eintreten würde,[7] oder wenn es sich um die Zurückweisung eines tätlichen Angriffes oder um die Beseitigung eines gewalttätigen Widerstandes handelt, die gegen eine Abteilung des Bundesheeres gerichtet sind. *(*BGBl 1975/368; BGBl I 2003/100)*

Artikel 80. (1) Den Oberbefehl über das Bundesheer führt der Bundespräsident.

(2) Soweit nicht nach dem Wehrgesetz der Bundespräsident über das Heer verfügt,[1] steht die Verfügung dem zuständigen Bundesminister

---

[5] Siehe § 7 Abs 5 SPG.

Zu Artikel 78c:

[1] Siehe § 8 SPG.

Zu Artikel 78d:

[1] Vgl Art 10 Abs 1 Z 14. Wachkörper des Bundes sind die Bundespolizei (§ 5 Abs 2 Z 1 SPG) und die Justizwache. Vereinzelt bestehen Gemeindewachkörper (§ 5 Abs 2 Z 2 SPG).

[2] Siehe Art 78c.

Zu Artikel 79:

[1] Siehe § 2 Abs 1 lit a und Abs 2 bis 4a WG. Beachte Art 9a Abs 1 und 2; Art I BVG Neutralität (5a/1); § 1 Z 2 KSE-BVG (5a/4).

[2] Siehe § 1 WG. Beachte Art 9a Abs 3.

[3] Sog Assistenzeinsätze. Siehe § 2 Abs 1 lit b und c, Abs 5 und Abs 6 WG.

[4] Vgl Art 9a Abs 1. Vgl aber auch Art 52a Abs 1 und § 20 iVm § 22 Abs 1 Z 2 SPG.

[5] Siehe § 1 Z 1 KSE-BVG (5a/4) und § 2 Abs 1 lit d WG; vgl aber heute Art 23j Abs 3.

[6] Siehe § 2 Abs 5 WG.

[7] Vgl auch Art 5 Abs 2, Art 18 Abs 3, Art 25 Abs 2 und Art 55 Abs 3.

Zu Artikel 80:

[1] Siehe § 24 Abs 3 und § 28 Abs 2 Z 4 WG. Beachte Art 146 Abs 2.

innerhalb der ihm von der Bundesregierung erteilten Ermächtigung[2] zu.[3]

(3) Die Befehlsgewalt über das Bundesheer übt der zuständige Bundesminister (Art. 76 Abs. 1) aus.[4] *(BGBl I 2003/100)*

Artikel 81. Durch Bundesgesetz wird geregelt, inwieweit die Länder bei der Ergänzung, Verpflegung und Unterbringung des Heeres und der Beistellung seiner sonstigen Erfordernisse mitwirken.[1]

„5." Universitäten
(BGBl I 2017/138)

(BGBl I 2008/2)

Artikel 81c. (1) Die öffentlichen Universitäten sind Stätten freier wissenschaftlicher Forschung, Lehre und Erschließung der Künste.[1] Sie handeln im Rahmen der Gesetze autonom und können Satzungen erlassen. Die Mitglieder universitärer Kollegialorgane sind weisungsfrei.

(2) Bundesgesetzlich kann vorgesehen werden, dass die Tätigkeit an der Universität sowie die Mitwirkung in Organen der Universität und der Studierendenvertretung von Personen, die nicht die österreichische Staatsbürgerschaft besitzen, zulässig ist.[2]

(3) *(entfällt, BGBl I 2012/51)*

„B. Ordentliche Gerichtsbarkeit"
(BGBl I 2012/51)

Artikel 82. (1) Die ordentliche Gerichtsbarkeit geht vom Bund aus. *(BGBl I 2012/51)*

(2) Die Urteile und Erkenntnisse werden im Namen der Republik verkündet und ausgefertigt.

Artikel 83. (1)[1] Die Organisation und die Zuständigkeit der ordentlichen Gerichte werden durch Bundesgesetz geregelt.[2] „Die Sprengel der Bezirksgerichte sind durch Verordnung der Bundesregierung festzulegen.[3]" *(BGBl I 2012/51; BGBl I 2019/14)*

(2) Niemand darf seinem gesetzlichen Richter entzogen werden.[4]

(3) *(entfällt, BGBl 1968/73)*

Artikel 84. Die Militärgerichtsbarkeit ist – außer für Kriegszeiten – aufgehoben.[1]

Artikel 85. Die Todesstrafe ist abgeschafft.[1]

(BGBl 1968/73)

Artikel 86. (1) Die Richter werden, sofern nicht in diesem Gesetz anderes bestimmt ist,[1] gemäß dem Antrag der Bundesregierung[2] vom Bundespräsidenten oder auf Grund seiner Ermächtigung vom zuständigen Bundesminister[3] ernannt;[4] die Bundesregierung oder der Bundesminister[3] hat Besetzungsvorschläge[5] der durch „Bundesgesetz[6]" hiezu berufenen Senate einzuholen.[7] *(BGBl I 2012/51)*

(2) Der dem zuständigen Bundesminister[3] vorzulegende und der von ihm an die Bundesregierung zu leitende Besetzungsvorschlag hat, wenn genügend Bewerber vorhanden sind, mindestens drei Personen, wenn aber mehr als eine Stelle[8] zu besetzen ist, mindestens doppelt so viele Personen zu umfassen, als Richter zu ernennen sind.

B-VG

---

[2] Siehe den – nicht kundgemachten – Beschl der BReg vom 6.11.1984, GZ 602.872/3-V/1/84; vgl § 24 Abs 3 und 4 und § 28 Abs 2 Z 4 WG.

[3] Beachte Art 79 Abs 2 und § 2 WG; Art 102 Abs 5; § 2 KSE-BVG (5a/4).

[4] Siehe § 3 WG.

Zu Artikel 81:

[1] Ein eigenes BG ist bisher nicht erlassen worden. Siehe aber § 14 WG.

Zu Artikel 81c:

[1] Vgl Art 17 und Art 17a StGG (2a/1). Beachte Abs 3.

[2] Vgl Art 3 Abs 2 StGG (2a/1).

Zu Artikel 83:

[1] Beachte Art 15 Abs 9 (vgl VfSlg 12.151/1989); Art 21 Abs 1 zweiter Satz (vgl VfSlg 8830/1980); Art VII Abs 1 B-VGNov 1988 (1a/10); § 8 StellenbesG (3b/34); § 3 LobbyG (3b/56). Vgl auch Art 6 EMRK (2b/1).

[2] Siehe insb das GOG, das OGHG und das RStDG, die JN und die StPO. Übergangsrecht siehe § 28 ÜG 1920 (1a/1).

[3] Vgl § 8 Abs 5 lit d ÜG 1920.

[4] *Recht auf ein Verfahren vor dem gesetzlichen Richter*. Vgl auch Art 87 Abs 3.

Zu Artikel 84:

[1] Siehe das 25. Hauptstück (§§ 499 bis 506) der StPO.

Zu Artikel 85:

[1] Beachte Art 1 13. ZPEMRK (2b/7).

Zu Artikel 86:

[1] Siehe Art 134 Abs 2 bis 4 (VwG und VwGH). Vgl auch Art 147 Abs 2 (VfGH).

[2] Vgl Art 67 Abs 1.

[3] BMVRDJ (Abschn K Z 11 des Teiles 2 der Anlage zu § 2 BMG [12/1]). Siehe Art I Abs 1 Z 4 Entschl betreffend die Ausübung des Rechtes zur Ernennung von Bundesbeamten BGBl 1995/54 idF BGBl II 2018/245. Vgl Art 66 Abs 1.

[4] Beachte Art 67 Abs 2.

[5] Diese sind jedoch nicht bindend. Ebenso die Dreiervorschläge gemäß Art 134 Abs 2 und 3(VwG), nicht jedoch die gemäß Art 134 Abs 4 (VwGH).

[6] Vgl Art 83 Abs 1.

[7] Siehe § 25 Abs 3 und die §§ 32 ff RStDG.

[8] Siehe § 25 Abs 1 iVm § 65 RStDG.

Artikel 87. (1) Die Richter sind in Ausübung ihres richterlichen Amtes unabhängig.[1)2)]

(2) In Ausübung seines richterlichen Amtes befindet sich ein Richter bei Besorgung aller ihm nach dem Gesetz und der Geschäftsverteilung[3)] zustehenden gerichtlichen Geschäfte, mit Ausschluss der Justizverwaltungssachen, die nicht nach Vorschrift des Gesetzes durch Senate oder Kommissionen zu erledigen sind.[2)3)4)] *(BGBl I 2003/100)*

(3) „Die Geschäfte sind auf die Richter des ordentlichen Gerichtes für die durch Bundesgesetz[5)] bestimmte Zeit im Voraus zu verteilen.[6)]" Eine nach dieser Geschäftsverteilung einem Richter zufallende Sache darf ihm nur durch Verfügung des durch „Bundesgesetz[5)]" hiezu berufenen Senates und nur im Fall seiner Verhinderung oder dann abgenommen werden, wenn er wegen des Umfangs seiner Aufgaben an deren Erledigung innerhalb einer angemessenen Frist gehindert ist.[7)8)] *(BGBl 1994/506; BGBl I 2012/51)*

Artikel 87a.[1)] (1) Durch Bundesgesetz kann die Besorgung einzelner, genau zu bezeichnender Arten von Geschäften der Gerichtsbarkeit erster Instanz „ "** besonders ausgebildeten nichtrichterlichen „Bundesbediensteten[2)]"* übertragen werden.[3)] *(*BGBl I 2003/100; **BGBl I 2009/47)*

(2) Der nach der Geschäftsverteilung[4)] zuständige Richter kann jedoch jederzeit die Erledigung solcher Geschäfte sich vorbehalten oder an sich ziehen.

(3) Bei der Besorgung der im Abs. 1 bezeichneten Geschäfte sind die nichtrichterlichen „Bundesbediensteten[2)]" nur an die Weisungen des nach der Geschäftsverteilung[4)] zuständigen Richters gebunden. Art. 20 Abs. 1 dritter Satz ist anzuwenden. *(BGBl I 2003/100)*

(BGBl I 2003/100)

Artikel 88. (1) Durch Bundesgesetz wird eine Altersgrenze bestimmt, mit deren Erreichung die Richter in den dauernden Ruhestand treten.[1)2)] *(BGBl I 2008/2)*

(2) Im Übrigen dürfen Richter nur in den vom Gesetz vorgeschriebenen Fällen und Formen und auf Grund eines förmlichen richterlichen Erkenntnisses ihres Amtes entsetzt oder wider ihren Willen an eine andere Stelle oder in den Ruhestand versetzt werden.[3)4)] Diese Bestimmungen finden jedoch auf Übersetzungen und Versetzungen in den Ruhestand keine Anwendung, die durch „eine Änderung der Gerichtsorganisation[5)]" nötig werden. In einem solchen Fall wird durch das Gesetz festgestellt, innerhalb welchen Zeitraumes Richter ohne die sonst vorgeschriebenen Förmlichkeiten übersetzt und in den Ruhestand versetzt werden können.[2)] *(BGBl I 2003/100; BGBl I 2012/51)*

(3) Die zeitweise Enthebung der Richter vom Amt darf nur durch Verfügung des Gerichtsvorstehers oder Gerichtspräsidenten oder der übergeordneten Gerichtsbehörde bei gleichzeitiger Verweisung der Sache an das zuständige ordentliche Gericht stattfinden.[6)] *(BGBl I 2012/51)*

Artikel 88a.[1)] Durch Bundesgesetz[2)] kann bestimmt werden, dass bei einem übergeordneten ordentlichen Gericht Stellen für Sprengelrichter vorgesehen werden können. Die Zahl der Sprengelrichterstellen darf 3 vH der bei den nachgeordneten ordentlichen Gerichten bestehenden Richterstellen nicht übersteigen. Die Verwendung der Sprengelrichter bei den nachgeordneten ordentlichen Gerichten und gegebenenfalls bei dem übergeordneten ordentlichen Gericht selbst wird von dem durch Bundesgesetz[2)] hiezu berufenen Senat des übergeordneten ordentlichen Gerichtes

Zu Artikel 87:

1) *Richterliche Unabhängigkeit.* Vgl demgegenüber für die Verwaltungsorgane (Organwalter) des Bundes Art 20 Abs 1, für die Staatsanwälte Art 90a und für die Rechtspfleger Art 87a Abs 3.

2) Vgl Art 134 Abs 7 (VwG und VwGH) und Art 147 Abs 6 (VfGH).

3) Siehe Abs 3.

4) Siehe Art 86 Abs 1, Art 87 Abs 3 und Art 88a; § 25 Abs 4, § 32 Abs 1 bis 4, § 46 Abs 2, § 46a Abs 9, § 46b Abs 4, § 52, § 55 Abs 3, § 65a Abs 1, § 77 Abs 2, § 85 Abs 3 und § 112 Abs 3 RStDG. Vgl auch § 31 Abs 1 und § 42 Abs 1 GOG.

5) Vgl Art 83 Abs 1.

6) Siehe den 2. Abschn des GOG.

7) *Grundsatz der festen Geschäftsverteilung.* Zu den Folgen eines Verstoßes gegen die Geschäftsverteilung siehe § 28a GOG; § 260 Abs 4 ZPO; § 281 Abs 1 Z 1 und § 345 Abs 1 Z 1 StPO.

8) Vgl Art 135 Abs 2 und 3 (VwG und VwGH) sowie demgegenüber § 16 VfGG (17/1) und § 6 GO-VfGH (17/1/1) (VfGH). Vgl ferner Art 148h Abs 4 (VA).

Zu Artikel 87a:

1) Vgl Art 135a.

2) *Rechtspfleger.*

3) Siehe das RpflG.

4) Vgl Art 87 Abs 3.

Zu Artikel 88:

1) Siehe § 99 RStDG.

2) Vgl Art 134 Abs 7 (VwG und VwGH).

3) *Unabsatzbarkeit und Unversetzbarkeit der Richter.* Beachte jedoch die Ausnahmen des Abs 2 zweiter und dritter Satz und des Art 88a.

4) Siehe § 95 RStDG sowie § 88, § 89 und § 101 Abs 1 iVm § 104 Abs 1 lit e RStDG.

5) Vgl Art 83 Abs 1.

6) Siehe § 96 RStDG.

Zu Artikel 88a:

1) Vgl Art 88 Abs 2 erster Satz und VfSlg 8523/1979.

2) Vgl Art 83 Abs 1.

bestimmt. Sprengelrichter dürfen nur mit der Vertretung von Richtern nachgeordneter ordentlicher Gerichte beziehungsweise von Richtern des übergeordneten ordentlichen Gerichtes selbst und nur im Falle der Verhinderung dieser Richter oder dann betraut werden, wenn diese Richter wegen des Umfangs ihrer Aufgaben an deren Erledigung innerhalb einer angemessenen Frist gehindert sind.[3]

(BGBl I 2012/51)

Artikel 89.[1)2)] (1) Die Prüfung der Gültigkeit gehörig kundgemachter Verordnungen, Kundmachungen über die Wiederverlautbarung eines Gesetzes (Staatsvertrages), Gesetze und Staatsverträge steht, soweit in den folgenden Absätzen nicht anderes bestimmt ist, den „ordentlichen" Gerichten nicht zu. *(BGBl I 2003/100; BGBl I 2012/51)*

(2) Hat ein ordentliches Gericht gegen die Anwendung einer Verordnung aus dem Grund der Gesetzwidrigkeit, einer Kundmachung über die Wiederverlautbarung eines Gesetzes (Staatsvertrages) aus dem Grund der Gesetzwidrigkeit, eines Gesetzes aus dem Grund der Verfassungswidrigkeit oder eines Staatsvertrages aus dem Grund der Rechtswidrigkeit Bedenken, so hat es den Antrag auf Aufhebung dieser Rechtsvorschrift beim Verfassungsgerichtshof zu stellen.[3] *(BGBl I 2013/114)*

(3) Ist die vom ordentlichen Gericht anzuwendende Rechtsvorschrift bereits außer Kraft getreten, so hat der Antrag des ordentlichen Gerichtes an den Verfassungsgerichtshof die Entscheidung zu begehren, dass die Rechtsvorschrift gesetzwidrig, verfassungswidrig oder rechtswidrig war. *(BGBl I 2013/114)*

(4) Durch Bundesgesetz ist zu bestimmen, welche Wirkungen ein Antrag gemäß Abs. 2 oder 3 für das beim ordentlichen Gericht anhängige Verfahren hat.[4] *(BGBl I 2013/114)*

(5) *(entfällt, BGBl I 2013/114)*

(BGBl I 2003/100)

Artikel 90.[1] (1) Die Verhandlungen in Zivil- und Strafrechtssachen vor dem erkennenden „ordentlichen" Gericht sind mündlich und öffentlich[2]. Ausnahmen bestimmt das Gesetz. *(BGBl I 2012/51)*

(2) Im Strafverfahren gilt der Anklageprozess.[3)4)] *(BGBl I 2003/100)*

Artikel 90a. Staatsanwälte sind Organe der „ordentlichen" Gerichtsbarkeit. In Verfahren wegen mit gerichtlicher Strafe bedrohter Handlungen nehmen sie Ermittlungs- und Anklagefunktionen wahr. Durch Bundesgesetz werden die näheren Regelungen über ihre Bindung an die Weisungen der ihnen vorgesetzten Organe getroffen. *(BGBl I 2012/51)*

(BGBl I 2008/2)

Artikel 91.[1] (1) Das Volk hat an der Rechtsprechung mitzuwirken.

(2) Bei den mit schweren Strafen bedrohten Verbrechen, die das Gesetz zu bezeichnen hat, sowie bei allen politischen Verbrechen und Vergehen entscheiden „Geschworene[2]" über die Schuld des Angeklagten.[3] *(BGBl I 2001/121)*

(3) Im Strafverfahren wegen anderer strafbarer Handlungen nehmen Schöffen[2] an der Rechtsprechung teil, wenn die zu verhängende Strafe ein vom Gesetz zu bestimmendes Maß überschreitet.[4]

Artikel 92. (1) Oberste Instanz in Zivil- und Strafrechtssachen ist der Oberste Gerichtshof.[1]

(2) Dem Obersten Gerichtshof können Mitglieder der Bundesregierung, einer Landesregierung, eines allgemeinen Vertretungskörpers[2] oder des Europäischen Parlaments nicht angehören; für Mitglieder eines allgemeinen Vertretungskörpers[2] oder des Europäischen Parlaments, die auf eine bestimmte Gesetzgebungs- oder Funktionsperiode gewählt wurden, dauert die Unvereinbarkeit auch bei vorzeitigem Verzicht auf das Mandat bis zum

[3] Siehe § 65a RStDG.

Zu Artikel 89:

[1] Beachte Art 267 AEUV (21/2).

[2] Vgl Art 135 Abs 4 (VwG und VwGH).

[3] Siehe Art 139 Abs 1 Z 1, Art 139a, Art 140 Abs 1 Z 1 lit a und Art 140a.

[4] Siehe § 57 Abs 3, § 62 Abs 3, § 61b und § 66 VfGG (17/1).

Zu Artikel 90:

[1] Vgl Art 6 EMRK (2b/1).

[2] Beachte Art 6 EMRK (2b/1) sowie – hinsichtlich des österreichischen Vorbehaltes zu dieser Bestimmung – FN 14 zur EMRK. Beachte ferner § 22 MedienG.

[3] Für selbstbelastende Aussagen beachte § 169 Abs 5 letzter Satz LFG (3b/2); § 103 Abs 2 letzter Satz KFG (3b/5) (vgl VfSlg 9950/1984, 10.394/1985, 11.829/1988); Art II FAGNov 1986 (3b/12); § 5 Abs 9 SchFG (3b/32). Für die Blutabnahme beachte § 99 Abs 1 lit c iVm § 5 Abs 6 und 10 StVO (3b/3) (vgl VfSlg 11.923/1988; vgl auch VfSlg 10.976/1986) und § 123 Abs 4 dritter Satz StPO; vgl auch § 18 Abs 2 WG (3b/39).

[4] Anklagebehörden sind die Staatsanwaltschaften (vgl Art 90a). Siehe die §§ 19 bis 28a StPO und das StAG.

Zu Artikel 91:

[1] Vgl Art 6 EMRK (2b/1).

[2] Siehe das GSchG.

[3] Siehe § 31 Abs 2 StPO.

[4] Siehe § 31 Abs 3 StPO.

Zu Artikel 92:

[1] Siehe das OGHG.

[2] Siehe FN 19 zu Art 20.

Ablauf der Gesetzgebungs- oder Funktionsperiode fort. Zum Präsidenten oder Vizepräsidenten des Obersten Gerichtshofes kann nicht ernannt werden, wer eine der eben erwähnten Funktionen in den letzten fünf Jahren ausgeübt hat. *(BGBl I 2008/2, ab 28. Oktober 2008)*

Artikel 93. Amnestien wegen gerichtlich strafbarer Handlungen werden durch Bundesgesetz erteilt.[1]

Artikel 94. „(1)" Die Justiz ist von der Verwaltung in allen Instanzen getrennt.[1] *(BGBl I 2012/51)*

(2) Durch Bundes- oder Landesgesetz kann in einzelnen Angelegenheiten anstelle der Erhebung einer Beschwerde beim Verwaltungsgericht ein Instanzenzug von der Verwaltungsbehörde an die ordentlichen Gerichte vorgesehen werden. In den Angelegenheiten der Vollziehung des Bundes, die nicht unmittelbar von Bundesbehörden besorgt werden, sowie in den Angelegenheiten der Art. 11, 12, 14 Abs. 2 und 3 und 14a Abs. 3 und 4 dürfen Bundesgesetze gemäß dem ersten Satz nur mit Zustimmung der Länder kundgemacht werden. Für Landesgesetze gemäß dem ersten Satz gilt Art. 97 Abs. 2 „ " sinngemäß. *(BGBl I 2012/51; BGBl I 2013/114)*

Viertes Hauptstück

Gesetzgebung und Vollziehung der Länder

(BGBl I 2003/100)

A. Allgemeine Bestimmungen

(BGBl I 2003/100)

Artikel 95. (1)[1] Die Gesetzgebung der Länder wird von den Landtagen ausgeübt.[2] Die Landtage werden auf Grund des gleichen, unmittelbaren, persönlichen, freien und geheimen[3] Wahlrechtes der nach den Landtagswahlordnungen wahlberechtigten männlichen und weiblichen Landesbürger[4] nach den Grundsätzen der Verhältniswahl gewählt. Die Landesverfassung kann vorsehen, dass auch Staatsbürger, die vor Verlegung ihres Hauptwohnsitzes in das Ausland, einen Wohnsitz im Land hatten, für die Dauer ihres Auslandsaufenthalts, längstens jedoch für einen Zeitraum von zehn Jahren, zum Landtag wahlberechtigt sind. *(BGBl I 2007/27)*

(2) Die Landtagswahlordnungen dürfen die Bedingungen des Wahlrechtes und der Wählbarkeit nicht enger ziehen als die Bundesverfassung für Wahlen zum Nationalrat und die Bedingungen der Wählbarkeit nicht weiter ziehen als die bundesgesetzlichen Bestimmungen für Wahlen zum Nationalrat.[5] *(BGBl I 2016/41)*

(3) „Die Wähler üben ihr Wahlrecht in Wahlkreisen aus, von denen jeder ein geschlossenes Gebiet[6] umfassen muss und die in räumlich geschlossene Regionalwahlkreise unterteilt werden können."*** Die Zahl der Abgeordneten ist auf die Wahlkreise im Verhältnis der Bürgerzahl[6] zu verteilen. „Die Landtagswahlordnung kann ein abschließendes Ermittlungsverfahren im gesamten Landesgebiet vorsehen, durch das sowohl ein Ausgleich der den wahlwerbenden Parteien in den Wahlkreisen zugeteilten als auch eine Aufteilung der noch nicht zugeteilten Mandate nach den Grundsätzen der Verhältniswahl erfolgt.[7]"** Eine Gliederung der Wählerschaft in andere Wahlkörper ist nicht zulässig.[8] „ "* *(*BGBl 1932/244; **BGBl 1992/470; ***BGBl 1994/504; BGBl I 2003/100)*

(4) Die näheren Bestimmungen über das Wahlverfahren werden durch die Landtagswahlordnungen getroffen. Art. 26 Abs. 6 ist sinngemäß anzuwenden. *(BGBl I 2007/27)*

„(5)"[9] Für öffentlich Bedienstete[10], die sich um ein Mandat im Landtag bewerben oder die zu Abgeordneten eines Landtages gewählt werden, gilt Art. 59a, strengere Regelungen sind zulässig.[11] Durch Landesverfassungsgesetz kann eine Einrichtung mit den gleichen Befugnissen und der gleichen Pflicht zur Veröffentlichung eines Berichtes wie die der Kommission gemäß Art. 59b[12] geschaffen werden.[13] *(BGBl 1996/392; BGBl I 2007/27)*

Artikel 96. (1) Die Mitglieder des Landtages genießen die gleiche Immunität wie die Mitglieder

Zu Artikel 93:

[1] Für Einzelfälle siehe Art 65 Abs 2 lit c.

Zu Artikel 94:

[1] *Grundsatz der Trennung der Justiz von der Verwaltung.* Beachte jedoch Abs 2, Art 65 Abs 2 lit c, Art 130, Art 133 Abs 2 und Art 141 Abs 1 lit j sowie Art 87 Abs 2, Art 135 Abs 4 und Art 147 Abs 6.

Zu Artikel 95:

[1] Für Wien siehe Art 108.

[2] Vgl Art 24 (NR und BR).

[3] Vgl Art 3 1. ZPEMRK (2b/2); vgl auch Art 8 StV Wien (4/3).

[4] Vgl Art 6 Abs 2.

[5] *Wahlrechtliches Homogenitätsgebot.* Siehe Art 26 Abs 1, 4 und 5. Vgl auch Art 117 Abs 2 (GR).

[6] Vgl Art 26 Abs 2 erster und zweiter Satz (NR).

[7] Vgl Art 26 Abs 2 dritter Satz (NR).

[8] Vgl Art 26 Abs 2 letzter Satz (NR).

[9] Beachte § 6a Unv-Tr-G (10/4).

[10] Vgl auch Art 7 Abs 4, Art 21 Abs 4, Art 23b Abs 1, Art 59a, Art 59b, Art 130 Abs 2 Z 3 und Art 131 Abs 2.

[11] Vgl auch Art 23b Abs 1 (EP).

[12] Sog Bezügekontrollkommission.

[13] Übergangsrecht siehe Art 151 Abs 12.

des Nationalrates; die Bestimmungen des Art. 57 sind sinngemäß anzuwenden.[1] *(BGBl I 2003/100)*

(2) Die Bestimmungen der Art. 32[2] und 33[3] gelten auch für die Sitzungen der Landtage und ihrer Ausschüsse. *(BGBl I 2003/100)*

(3) Durch Landesgesetz kann für Mitglieder des Landtages, die aus Anlass ihrer Wahl in den Bundesrat[4] oder in die Landesregierung[5] auf ihr Mandat verzichten, eine dem Art. 56 Abs. 2 bis 4 entsprechende Regelung getroffen werden.[6] *(BGBl 1992/470; BGBl I 2003/100)*

Artikel 97. (1) Zu einem Landesgesetz sind der Beschluss des Landtages, die Beurkundung und Gegenzeichnung nach den Bestimmungen der Landesverfassung und die Kundmachung durch den Landeshauptmann im Landesgesetzblatt erforderlich.[1] *(BGBl I 2003/100)*

(2)[2] Insoweit ein Landesgesetz bei der Vollziehung die Mitwirkung von Bundesorganen vorsieht, muss hiezu die Zustimmung der Bundesregierung eingeholt werden.[3] „ “ *(BGBl I 2012/51; BGBl I 2019/14)*

(3) Wenn die sofortige Erlassung von Maßnahmen, die verfassungsgemäß einer Beschlussfassung des Landtages bedürfen, zur Abwehr eines offenkundigen, nicht wieder gutzumachenden Schadens für die Allgemeinheit zu einer Zeit notwendig wird, in der der Landtag nicht rechtzeitig zusammentreten kann oder in seiner Tätigkeit durch höhere Gewalt behindert ist, kann die Landesregierung im Einvernehmen mit einem nach dem Grundsatz der Verhältniswahl bestellten Ausschuss des Landtages diese Maßnahmen durch vorläufige gesetzändernde Verordnungen treffen.[4] Sie sind von der Landesregierung unverzüglich der Bundesregierung zur Kenntnis zu bringen. Sobald das Hindernis für das Zusammentreten des Landtages weggefallen ist, ist dieser einzuberufen. Art. 18 Abs. 4 gilt sinngemäß. *(BGBl 1984/490; BGBl I 2003/100)*

(4) Die im Abs. 3 bezeichneten Verordnungen dürfen jedenfalls nicht eine Abänderung landesverfassungsgesetzlicher Bestimmungen bedeuten und weder eine dauernde finanzielle Belastung des Landes, noch eine finanzielle Belastung des Bundes „oder der Gemeinden“*, noch finanzielle Verpflichtungen der Staatsbürger, noch eine Veräußerung von „Landesvermögen“**, noch Maßnahmen in den im Art. 12 Abs. 1 Z 6 bezeichneten Angelegenheiten, noch endlich solche in Angelegenheiten der Kammern für Arbeiter und Angestellte auf land- und forstwirtschaftlichem Gebiet zum Gegenstand haben. *(BGBl 1984/490; *BGBl I 2003/100; **BGBl I 2012/51)*

Fassung ab 1. 1. 2020 (BGBl I 2019/14):

(4) Die im Abs. 3 bezeichneten Verordnungen dürfen jedenfalls nicht eine Abänderung landesverfassungsgesetzlicher Bestimmungen bedeuten und weder eine dauernde finanzielle Belastung des Landes, noch eine finanzielle Belastung des Bundes „oder der Gemeinden“*, noch finanzielle Verpflichtungen der Staatsbürger, noch eine Veräußerung von „Landesvermögen“**, noch Maßnahmen „ “*** in Angelegenheiten der Kammern für Arbeiter und Angestellte auf land- und forstwirtschaftlichem Gebiet zum Gegenstand haben. *(BGBl 1984/490; *BGBl I 2003/100; **BGBl I 2012/51; ***BGBl I 2019/14)*

Artikel 98. Insoweit ein Gesetzesbeschluss der Zustimmung der Bundesregierung bedarf, ist er unmittelbar nach der Beschlussfassung des Landtages vom Landeshauptmann dem Bundeskanzleramt bekanntzugeben. Die Zustimmung gilt als erteilt, wenn die Bundesregierung nicht innerhalb von acht Wochen nach dem Tag, an dem der Gesetzesbeschluss beim Bundeskanzleramt eingelangt ist, dem Landeshauptmann mitgeteilt hat, dass die Zustimmung verweigert wird. Vor Ablauf dieser Frist darf die Kundmachung des Gesetzesbeschlusses nur erfolgen, wenn die Bundesregierung die ausdrückliche Zustimmung mitgeteilt hat.

(BGBl I 2012/51; BGBl I 2019/14)

Artikel 99. (1) Die durch Landesverfassungsgesetz zu erlassende Landesverfassung kann, insoweit dadurch die Bundesverfassung nicht berührt wird, durch Landesverfassungsgesetz abgeändert werden.

(2) Ein Landesverfassungsgesetz kann nur bei Anwesenheit der Hälfte der Mitglieder des Landtages und mit einer Mehrheit von zwei Dritteln der abgegebenen Stimmen beschlossen werden.[1]

Zu Artikel 96:

[1] *Parlamentarische* oder *persönliche Immunität.*

[2] *Grundsatz der Öffentlichkeit* der Sitzungen der LT.

[3] *Sachliche Immunität.*

[4] Siehe Art 35 Abs 1.

[5] Siehe Art 101 Abs 1.

[6] *Mandat auf Zeit.*

Zu Artikel 97:

[1] Vgl Art 49 Abs 1 erster Satz.

[2] Beachte § 11 Abs 3 letzter Satz F-VG (13a/1). Beachte ferner die Zustimmungsrechte der BReg nach Art 94 Abs 2 und Art 131 Abs 5.

[3] Dies gilt nicht in den Fällen des Art 12 Abs 1 Z 6 (hM), des Art 14 Abs 4 lit a, des Art 15 Abs 3 (VfSlg 8155/1977), des Art 15 Abs 4 und des Art 15 Abs 9 (VfSlg 12.151/1989). Vgl auch Art 21 Abs 1 zweiter Satz.

[4] *Notverordnungsrecht* der Landesregierung. Vgl Art 18 Abs 3 bis 5 und Art 102 Abs 5; vgl auch Art 5 Abs 2, Art 25 Abs 2, Art 55 Abs 3 und Art 79 Abs 5.

Zu Artikel 99:

[1] Vgl Art 44 Abs 1.

B-VG

Artikel 100. (1) „Jeder Landtag kann auf Antrag der Bundesregierung mit Zustimmung des Bundesrates vom Bundespräsidenten aufgelöst werden; eine solche Auflösung darf jedoch nur einmal aus dem gleichen Anlass verfügt werden." Die Zustimmung des Bundesrates muss bei Anwesenheit der Hälfte der Mitglieder und mit einer Mehrheit von zwei Dritteln der abgegebenen Stimmen beschlossen werden. An der Abstimmung dürfen die Vertreter des Landes, dessen Landtag aufgelöst werden soll, nicht teilnehmen. *(BGBl 1984/490; BGBl I 2003/100)*

(2) Im Falle der Auflösung sind nach den Bestimmungen der Landesverfassung binnen drei Wochen Neuwahlen auszuschreiben; die Einberufung des neugewählten Landtages hat binnen vier Wochen nach der Wahl zu erfolgen.

Artikel 101. (1) Die Vollziehung jedes Landes übt eine vom Landtag zu wählende[1] Landesregierung aus.[2]

(2) Die Mitglieder der Landesregierung müssen nicht dem Landtag angehören, aber zum Landtag wählbar[3] sein.[4] *(BGBl I 2016/41)*

(3) Die Landesregierung besteht aus dem Landeshauptmann, der erforderlichen Zahl von Stellvertretern[5] und weiteren Mitgliedern.

(4) Der Landeshauptmann wird vom Bundespräsidenten, die anderen Mitglieder der Landesregierung werden vom Landeshauptmann vor Antritt des Amtes auf die Bundesverfassung angelobt. Die Beifügung einer religiösen Beteuerung ist zulässig.

Artikel 101a. *(entfällt, BGBl I 2019/14)*

Artikel 102. (1) Im Bereich der Länder üben die Vollziehung des Bundes, soweit nicht eigene Bundesbehörden bestehen (unmittelbare Bundesverwaltung), der Landeshauptmann und die ihm unterstellten Landesbehörden[1] aus (mittelbare Bundesverwaltung).[2] Soweit in Angelegenheiten, die in mittelbarer Bundesverwaltung besorgt werden, Bundesbehörden „ "* mit der Vollziehung betraut sind, unterstehen diese Bundesbehörden in den betreffenden Angelegenheiten dem Landeshauptmann und sind an dessen Weisungen (Art. 20 Abs. 1) gebunden; ob und inwieweit solche Bundesbehörden mit Akten der Vollziehung betraut werden, bestimmen die Bundesgesetze; sie dürfen, soweit es sich nicht um die Betrauung mit der Vollziehung von im Abs. 2 angeführten Angelegenheiten handelt, nur mit Zustimmung der beteiligten Länder kundgemacht werden.[3] *(BGBl 1974/444; BGBl I 2003/100; *BGBl I 2012/49)*

(2) Folgende Angelegenheiten können im Rahmen des verfassungsmäßig festgestellten Wirkungsbereiches unmittelbar von Bundesbehörden besorgt werden:[4]
Grenzvermarkung; Waren- und Viehverkehr mit dem Ausland; Zollwesen; Regelung und Überwachung des Eintrittes in das Bundesgebiet und des Austrittes aus ihm; „Aufenthaltsrecht aus berücksichtigungswürdigen Gründen;"** Passwesen; Aufenthaltsverbot, Ausweisung und Abschiebung; Asyl; Auslieferung; Bundesfinanzen; Monopolwesen; Geld-, Kredit-, Börse- und Bankwesen; Maß- und Gewichts-, Normen- und Punzierungswesen; Justizwesen; Pressewesen; Aufrechterhaltung der öffentlichen Ruhe, Ordnung und Sicher-

Zu Artikel 101:

[1] Beachte Art 20 Abs 3, Art 105 Abs 2 und Art 142 Abs 2 lit d. Vgl auch Art 105 Abs 1 (Bestimmung des LH-StV in der mittelbaren Bundesverwaltung durch die LReg).

[2] Vgl Art 19 Abs 1. Beachte Art 103 Abs 2 und § 3 Abs 1 BVG ÄmterLReg (12/2), aus denen sich die bundesverfassungsrechtliche Zulässigkeit des *Ressort(Ministerial)systems* ergibt (vgl VfSlg 7653/1975, 16.544/2002, 18.402/2008).

[3] Vgl Art 95 Abs 2. Siehe die LV und die LTWO.

[4] Beachte die Unvereinbarkeitsbestimmungen der Art 61 Abs 1 (BPräs), Art 92 Abs 2 (OGH), Art 122 Abs 5 (Präs des RH), Art 134 Abs 4 (VwGH), Art 147 Abs 4 (VfGH) und Art 148g Abs 5 (VA). Weitere Unvereinbarkeitsbestimmungen enthalten die LV.

[5] Vom LH-StV in der mittelbaren Bundesverwaltung (Art 105 Abs 1) zu unterscheiden.

Zu Artikel 102:

[1] Siehe § 8 Abs 5 lit b ÜG 1920 (1a/1) (vgl VfSlg 4413/1963). Beachte Art I Abs 1 VerssG (3b/22) (bis 31. Dezember 2026); § 1 EnLG (3b/58).

[2] Zur *mittelbaren Bundesverwaltung* beachte Art 103, Art 105 Abs 1, Art 106 und Art 142 Abs 2 lit e; § 2 Abs 5, § 3 Abs 1, § 3 Abs 2 und § 4 BVG ÄmterLReg (12/2); § 1 Abs 1 FAG 2017 (13a/2) (bis 31. Dezember 2021); § 1 Abs 1 iVm § 7 Abs 1 Z 3 BHG. Die Verwaltung von Bundesvermögen durch den LH und die ihm unterstellten Behörden (Art 104 Abs 2) ist nicht mittelbare Bundesverwaltung.

[3] Vgl Abs 4; vgl auch Art 14b Abs 4, Art 94 Abs 2, Art 130 Abs 2, Art 131 Abs 4 und Art 135 Abs 1.

[4] *Unmittelbare Bundesverwaltung* (vgl Abs 1 erster Satz). Beachte Art 26a und Art 78a; § 19b BAG (3b/6); Art I Abs 1 PreisG (3b/19); § 1 AnmeldeG Irak (3b/20); § 1 AMA-G (3b/21); Art I Abs 1 PreisTrG (3b/23); Art I Abs 1 LMBG (3b/30) (bis 31. Dezember 2026); Art I BauKG (3b/36); § 1a SMSG (3b/40); § 49 Abs 1 und § 62 Abs 5 BMSVG (3b/41); § 1 und § 6 Abs 2 MOG (3b/49); § 1 KWK-G (3b/50); § 1 ElWOG (3b/51); § 1 Abs 1 E-ControlG (3b/52); § 1 ÖSG (3b/53); § 1 GWG (3b/54); § 1 AkkG (3b/55); § 1 EBG (3b/57); Art I Abs 1 SKG (3b/59); § 1 BPNG (3b/60); § 1 EEffG (3b/62); § 1 KPG (3b/63); § 11 Abs 1 F-VG (13a/1); beachte ferner § 39 Abs 4 erster Satz SaatG (3b/33). Nach Ansicht des VfGH (VfSlg 15.986/2000) sind Maßnahmen zur Sicherstellung der Verfügbarkeit von Geschworenen und Schöffen als Angelegenheiten der Justizverwaltung iSd Art 87 Abs 2 in Vollziehung ausschließlich Bundessache und von Art 102 nicht betroffen.

heit einschließlich der ersten allgemeinen Hilfeleistung, jedoch mit Ausnahme der örtlichen Sicherheitspolizei; Vereins- und Versammlungsrecht; Fremdenpolizei und Meldewesen; Waffen-, Munitions- und Sprengmittelwesen, Schießwesen; „Kartellrecht;"** Patentwesen sowie Schutz von Mustern, Marken und anderen Warenbezeichnungen; Verkehrswesen; Strom- und Schifffahrtspolizei; Post- und Fernmeldewesen; Bergwesen; Regulierung und Instandhaltung der Donau; Wildbachverbauung; Bau und Instandhaltung von Wasserstraßen; Vermessungswesen; Arbeitsrecht; Sozial- und Vertragsversicherungswesen; „Pflegegeldwesen;"* „Sozialentschädigungsrecht;"*** geschäftlicher Verkehr mit Saat- und Pflanzgut, Futter-, Dünge- und Pflanzenschutzmitteln sowie mit Pflanzenschutzgeräten, einschließlich der Zulassung und bei Saat- und Pflanzgut auch der Anerkennung; Denkmalschutz; Organisation und Führung der Bundespolizei; militärische Angelegenheiten; Angelegenheiten des Zivildienstes; „ "*** Bevölkerungspolitik , soweit sie die Gewährung von Kinderbeihilfen und die Schaffung eines Lastenausgleiches im Interesse der Familie zum Gegenstand hat; „land- und forstwirtschaftliches Schul- und Erziehungswesen in den Angelegenheiten des Art. 14a Abs. 2 sowie Zentrallehranstalten; Universitäts- und Hochschulwesen sowie das Erziehungswesen betreffend Studentenheime in diesen Angelegenheiten;"***** „Ausbildungspflicht für Jugendliche;"**** öffentliches Auftragswesen.
*(BGBl I 2008/2; *BGBl I 2011/58; **BGBl I 2012/51; ***BGBl I 2013/59; ****BGBl I 2016/62; *****BGBl I 2017/138)*

Fassung ab 1. 1. 2020 (BGBl I 2019/14):

(2) Folgende Angelegenheiten können im Rahmen des verfassungsmäßig festgestellten Wirkungsbereiches unmittelbar von Bundesbehörden besorgt werden:[4]
Grenzvermarkung; Waren- und Viehverkehr mit dem Ausland; Zollwesen; Regelung und Überwachung des Eintrittes in das Bundesgebiet und des Austrittes aus ihm; „Aufenthaltsrecht aus berücksichtigungswürdigen Gründen;"** Passwesen; Aufenthaltsverbot, Ausweisung und Abschiebung; Asyl; Auslieferung; Bundesfinanzen; Monopolwesen; Geld-, Kredit-, Börse- und Bankwesen; Maß- und Gewichts-, Normen- und Punzierungswesen; Justizwesen; Pressewesen; Aufrechterhaltung der öffentlichen Ruhe, Ordnung und Sicherheit einschließlich der ersten allgemeinen Hilfeleistung, jedoch mit Ausnahme der örtlichen Sicherheitspolizei; Vereins- und Versammlungsrecht; Fremdenpolizei und Meldewesen; Waffen-, Munitions- und Sprengmittelwesen, Schießwesen; „Kartellrecht;"** Patentwesen sowie Schutz von Mustern, Marken und anderen Warenbezeichnungen; Verkehrswesen; Strom- und Schifffahrtspolizei; Post- und Fernmeldewesen; Bergwesen; Regulierung und Instandhaltung der Donau; Wildbachverbauung; Bau und Instandhaltung von Wasserstraßen; Vermessungswesen; Arbeitsrecht; Sozial- und Vertragsversicherungswesen; „Pflegegeldwesen;"* „Sozialentschädigungsrecht;"*** geschäftlicher Verkehr mit Saat- und Pflanzgut, Futter-, Dünge- und Pflanzenschutzmitteln sowie mit Pflanzenschutzgeräten, einschließlich der Zulassung und bei Saat- und Pflanzgut auch der Anerkennung; Denkmalschutz; „allgemeine Angelegenheiten des Schutzes personenbezogener Daten;"6* Organisation und Führung der Bundespolizei; militärische Angelegenheiten; Angelegenheiten des Zivildienstes; „ "*** Bevölkerungspolitik „ "6*; „land- und forstwirtschaftliches Schul- und Erziehungswesen in den Angelegenheiten des Art. 14a Abs. 2 sowie Zentrallehranstalten; Universitäts- und Hochschulwesen sowie das Erziehungswesen betreffend Studentenheime in diesen Angelegenheiten;"***** „Ausbildungspflicht für Jugendliche;"**** öffentliches Auftragswesen.
*(BGBl I 2008/2; *BGBl I 2011/58; **BGBl I 2012/51; ***BGBl I 2013/59; ****BGBl I 2016/62; *****BGBl I 2017/138; 6*BGBl I 2019/14)*

(3) Dem Bund bleibt es vorbehalten, auch in den im Abs. 2 aufgezählten Angelegenheiten den Landeshauptmann mit der Vollziehung des Bundes zu beauftragen. *(BGBl I 2003/100)*

(4) Die Errichtung von eigenen Bundesbehörden für andere als die im Abs. 2 bezeichneten Angelegenheiten kann nur mit Zustimmung der beteiligten Länder erfolgen.[5] *(BGBl I 2003/100)*

„(5)" Wenn in einem Land in Angelegenheiten der unmittelbaren Bundesverwaltung die sofortige Erlassung von Maßnahmen zur Abwehr eines offenkundigen, nicht wieder gutzumachenden Schadens für die Allgemeinheit zu einer Zeit notwendig wird, zu der die obersten Organe der Verwaltung des Bundes wegen höherer Gewalt

[5] Vgl Abs 1; vgl auch Art 14b Abs 4, Art 94 Abs 2, Art 130 Abs 2, Art 131 Abs 4 und Art 135 Abs 1.

dazu nicht in der Lage sind, hat der Landeshauptmann an deren Stelle die Maßnahmen zu treffen.[6] *(BGBl 1984/490; BGBl I 1999/8)*

Artikel 102a. *(entfällt, BGBl 1962/215)*

Artikel 103. (1) In den Angelegenheiten der mittelbaren Bundesverwaltung ist der Landeshauptmann an die Weisungen der Bundesregierung sowie der einzelnen Bundesminister gebunden (Art. 20) und verpflichtet, um die Durchführung solcher Weisungen zu bewirken, auch die ihm in seiner Eigenschaft als Organ des selbständigen Wirkungsbereiches des Landes zu Gebote stehenden Mittel anzuwenden. *(BGBl I 2003/100)*

(2) Die Landesregierung kann bei Aufstellung ihrer Geschäftsordnung beschließen, dass einzelne Gruppen von Angelegenheiten der mittelbaren Bundesverwaltung wegen ihres sachlichen Zusammenhanges mit Angelegenheiten des selbständigen Wirkungsbereiches des Landes im Namen des Landeshauptmannes von Mitgliedern der Landesregierung zu führen sind. In diesen Angelegenheiten sind die betreffenden Mitglieder der Landesregierung an die Weisungen des Landeshauptmannes ebenso gebunden (Art. 20) wie dieser an die Weisungen der Bundesregierung oder der einzelnen Bundesminister.[1] *(BGBl I 2003/100)*

(3) Nach Abs. 1 ergehende Weisungen der Bundesregierung oder der einzelnen Bundesminister sind auch in Fällen des Abs. 2 an den Landeshauptmann zu richten. Dieser ist, wenn er die bezügliche Angelegenheit der mittelbaren Bundesverwaltung nicht selbst führt, unter seiner Verantwortlichkeit[2] „(Art. 142 Abs. 2 lit. e)"* verpflichtet, die Weisung an das in Betracht kommende Mitglied der Landesregierung unverzüglich und unverändert auf schriftlichem Wege weiterzugeben und ihre Durchführung zu überwachen. Wird die Weisung nicht befolgt, trotzdem der Landeshauptmann die erforderlichen Vorkehrungen getroffen hat, so ist auch das betreffende Mitglied „der"** Landesregierung gemäß Art. 142 der Bundesregierung verantwortlich.[2] *(*BGBl I 1999/8; **BGBl I 1999/194 (DFB); BGBl I 2003/100)*

(4) *(entfällt, BGBl I 2012/51)*

[6] *Recht* des LH, *Notmaßnahmen* zu treffen. Vgl Art 18 Abs 3 bis 5 und Art 97 Abs 3 und 4; vgl auch Art 5 Abs 2, Art 25 Abs 2, Art 55 Abs 3 und Art 79 Abs 5.

Zu Artikel 103:

[1] Aus dieser Bestimmung und § 3 Abs 1 BVG ÄmterLReg (12/2) ergibt sich die bundesverfassungsrechtliche Zulässigkeit des *Ressort(Ministerial)systems* (vgl VfSlg 7653/1975, 16.544/2002, 18.402/2008).

[2] *Rechtliche Verantwortlichkeit.*

Artikel 104. (1) Die Bestimmungen des Art. 102 sind auf Einrichtungen zur Besorgung der im Art. 17 bezeichneten Geschäfte des Bundes[1] nicht anzuwenden. *(BGBl I 2003/100)*

(2) Die mit der Verwaltung des Bundesvermögens betrauten Bundesminister können jedoch die Besorgung solcher Geschäfte dem Landeshauptmann und den ihm unterstellten Behörden[2] im Land übertragen.[3][4] Eine solche Übertragung kann jederzeit ganz oder teilweise widerrufen werden. Inwieweit in besonderen Ausnahmefällen für die bei Besorgung solcher Geschäfte aufgelaufenen Kosten vom Bund ein Ersatz geleistet wird, wird durch Bundesgesetz bestimmt.[5] „Art. 103 Abs. 2 und 3 gilt sinngemäß." *(BGBl 1984/490)*

Artikel 105. (1) Der Landeshauptmann vertritt das Land. Er trägt in den Angelegenheiten der mittelbaren Bundesverwaltung die Verantwortung gegenüber der Bundesregierung gemäß Art. 142.[1] Der Landeshauptmann wird durch das von der Landesregierung bestimmte Mitglied der Landesregierung (Landeshauptmann-Stellvertreter) vertreten.[2] Diese Bestellung ist dem Bundeskanzler zur Kenntnis zu bringen. Tritt der Fall der Vertretung ein, so ist das zur Vertretung bestellte Mitglied der Landesregierung bezüglich der Angelegenheiten der mittelbaren Bundesverwaltung gleichfalls der Bundesregierung gemäß Art. 142 verantwortlich.[1] Der Geltendmachung einer solchen Verantwortung des Landeshauptmannes oder des ihn vertretenden Mitgliedes der Landesregierung steht die Immunität nicht im Weg. Ebenso steht die Immunität auch nicht der Geltendmachung der Verantwortung eines Mitgliedes der Landesregierung im Falle des Art. 103 Abs. 3 im Weg. *(BGBl I 2003/100)*

Zu Artikel 104:

[1] *Privatwirtschaftsverwaltung.*

[2] Vgl Art 102 Abs 1.

[3] Diese sog *Auftragsverwaltung* ist nicht mittelbare Bundesverwaltung (Art 102 Abs 1). Für die Übertragung der Abwicklung der Gewährung von Förderungen aus Bundesmitteln beachtet die §§ 7 und 9 ARR.

[4] Siehe die V BGBl 1969/280 (Bundeswasserbauverwaltung); BGBl 1975/523 (Förderung der Erwachsenenbildung Vbg); BGBl 1992/141 idF BGBl II 1999/473 (Förderung der Land- und Forstwirtschaft); BGBl II 2006/351 (Hochwasserschutz).

[5] Siehe derzeit § 1 Abs 2 FAG 2017 (13a/2) (bis 31. Dezember 2021).

Zu Artikel 105:

[1] *Rechtliche Verantwortlichkeit.* Siehe Art 142 Abs 2 lit e.

[2] Beachte § 1 Abs 1 und 2 BVG ÄmterLReg (12/2). Der LH-StV in der mittelbaren Bundesverwaltung ist von den – vom LT zu wählenden – StV des LH (Art 101) zu unterscheiden.

(2) Die Mitglieder der Landesregierung sind dem Landtag gemäß Art. 142 verantwortlich.[3] *(BGBl I 2003/100)*

(3) Zu einem Beschluss, mit dem eine Anklage im Sinne des Art. 142 erhoben wird, bedarf es der Anwesenheit der Hälfte der Mitglieder. *(BGBl I 2003/100)*

Artikel 106.[1] Zur Leitung des inneren Dienstes des Amtes der Landesregierung wird ein rechtskundiger „Bediensteter des Amtes der Landesregierung" als Landesamtsdirektor bestellt. Er ist auch in den Angelegenheiten der mittelbaren Bundesverwaltung das Hilfsorgan des Landeshauptmannes. *(BGBl I 2019/14)*

Artikel 107. *(entfällt, BGBl 1974/444)*

B. Die Bundeshauptstadt Wien[1]

(BGBl I 2003/100)

Artikel 108. „ " Für die Bundeshauptstadt Wien als Land hat der Gemeinderat auch die Funktion des Landtages, der Stadtsenat auch die Funktion der Landesregierung, der Bürgermeister auch die Funktion des Landeshauptmannes, der Magistrat auch die Funktion des Amtes der Landesregierung und der Magistratsdirektor auch die Funktion des Landesamtsdirektors. *(BGBl 1977/539)*

(2) *(entfällt, BGBl 1977/539)*

Artikel 109. Art. 102 Abs. 1 gilt für die Bundeshauptstadt Wien mit der Maßgabe, dass die Vollziehung des Bundes, soweit nicht eigene Bundesbehörden bestehen (unmittelbare Bundesverwaltung), der Bürgermeister als Landeshauptmann und der ihm unterstellte Magistrat als Bezirksverwaltungsbehörde ausüben (mittelbare Bundesverwaltung).

(BGBl I 2012/51)

---

[3] *Rechtliche Verantwortlichkeit.* Siehe Art 142 Abs 2 lit d.

Zu Artikel 106:

[1] Beachte § 8 Abs 5 lit a ÜG 1920 (1a/1) und § 1 Abs 3 BVG ÄmterLReg (12/2). Vgl auch Art 117 Abs 7.

Zu Abschnitt B:

[1] Zur bundesverfassungsrechtlichen Sonderstellung der Bundeshauptstadt Wien siehe Art 2 Abs 2, Art 108, Art 109, Art 112, Art 127 Abs 8 und Art 142 Abs 2 lit f, § 8 Abs 8 ÜG 1920 (1a/1) und Art III Abs 4 B-VGNov 1981 (1a/7). Wien ist Statutarstadt (vgl § 4 GemVfNov 1962 [1a/2]), deren Bestand laut VfSlg 6697/1972 bundesverfassungsgesetzlich garantiert ist (vgl Art 108 Abs 1). Das BVG ÄmterLReg (12/2) gilt für Wien nicht; laut VfSlg 18.402/2008 ist ein *Ressort(Ministerial)system* jedoch auch in Wien bundesverfassungsrechtlich zulässig.

Artikel 110. *(entfällt, BGBl 1984/490)*

Artikel 111. *(entfällt, BGBl I 2012/51)*

Artikel 112. „Nach Maßgabe der „Art. 108 und 109"**** gelten für die Bundeshauptstadt Wien im Übrigen die Bestimmungen „des Abschnittes A des „sechsten"***** Hauptstückes"*** mit Ausnahme des Art. 117 Abs. 6 zweiter Satz, des Art. 119 Abs. 4 und des Art. 119a."* „Art. 142 Abs. 2 lit. e"** findet auch auf die Führung des vom Bund der Bundeshauptstadt Wien übertragenen Wirkungsbereiches Anwendung.[1] *(*BGBl 1994/504; **BGBl 1994/1013; ***BGBl I 2008/2; ****BGBl I 2012/51; *****BGBl I 2017/138)*

(BGBl 1962/205; BGBl I 2003/100)

Artikel 113 und 114.

Fünftes Hauptstück

Vollziehung auf dem Gebiet des Schul- und Erziehungswesens

(BGBl I 2017/138)

Artikel 113. (1) Die Vollziehung auf dem Gebiet des Schulwesens und auf dem Gebiet des Erziehungswesens in Angelegenheiten der Schülerheime gemäß Art. 14, jedoch mit Ausnahme des Kindergartenwesens und Hortwesens gemäß Art. 14 Abs. 4 lit. b, ist vom zuständigen Bundesminister und – soweit es sich nicht um Zentrallehranstalten handelt – von den dem zuständigen Bundesminister unterstellten Bildungsdirektionen zu besorgen.

(2) Abweichend von Abs. 1 tritt in den Angelegenheiten der Vollziehung gemäß Art. 14 Abs. 2, Abs. 3 lit. a und b sowie Abs. 4 lit. a nach den näheren Bestimmungen der Landesverfassung die Landesregierung oder einzelne Mitglieder derselben (Art. 101 Abs. 1) an die Stelle des Bundesministers.

(3) Für jedes Land wird eine als Bildungsdirektion zu bezeichnende gemeinsame Behörde des Bundes und des Landes eingerichtet.

(4) Den Bildungsdirektionen obliegen die Vollziehung des Schulrechtes für öffentliche Schulen gemäß Art. 14, einschließlich der Qualitätssicherung, der Schulaufsicht sowie des Bildungscontrollings, und die Vollziehung des Dienstrechtes und des Personalvertretungsrechtes der Lehrer für öffentliche Schulen und der sonstigen Bundesbediensteten an öffentlichen Schulen.

Zu Artikel 112:

[1] Vgl den ersten Satz, wonach Art 119 Abs 4 für Wien nicht gilt.

B-VG

Durch Bundesgesetz können sonstige Angelegenheiten der Bundesvollziehung, durch Landesgesetz sonstige Angelegenheiten der Landesvollziehung auf die Bildungsdirektion übertragen werden oder kann die Mitwirkung der Bildungsdirektion bei deren Vollziehung vorgesehen werden. Diese Angelegenheiten müssen in sachlichem Zusammenhang mit den in Abs. 1 und 2 genannten Angelegenheiten stehen. In den Angelegenheiten der Bundesvollziehung dürfen Bundesgesetze gemäß dem zweiten Satz nur mit Zustimmung der Länder kundgemacht werden. In diesen Angelegenheiten ist die Bildungsdirektion dem Bundesminister unterstellt. Für Landesgesetze gemäß dem zweiten Satz gilt Art. 97 Abs. 2 sinngemäß. In den Angelegenheiten der Landesvollziehung ist die Bildungsdirektion der Landesregierung (oder einem einzelnen Mitglied derselben) unterstellt.

(5) Unbeschadet der Abs. 1 und 2 können Aufgaben auf dem Gebiet der Vollziehung des Dienstrechtes und des Personalvertretungsrechtes der Lehrer, insbesondere Aufgaben auf den Gebieten des Disziplinarrechts, der Leistungsfeststellung, der Gleichbehandlung und des Bedienstetenschutzes durch Gesetz auf andere Organe übertragen werden. Die Erhaltung öffentlicher Pflichtschulen kann auf Gemeinden oder Gemeindeverbände übertragen werden.

(6) An der Spitze der Bildungsdirektion steht der Bildungsdirektor. Der zuständige Bundesminister bestellt den Bildungsdirektor im Einvernehmen mit dem Landeshauptmann auf dessen Vorschlag. Die Bestellung des Bildungsdirektors ist auf fünf Jahre befristet. Wiederbestellungen sind zulässig. Kommt kein Einvernehmen zustande, kann der Landeshauptmann vorläufig eine Person mit der Funktion des Bildungsdirektors betrauen. Nähere Bestimmungen trifft das Bundesgesetz gemäß Abs. 10.

(7) Der Bildungsdirektor ist bei der Erfüllung seiner Aufgaben in den Angelegenheiten der Bundesvollziehung an die Weisungen des zuständigen Bundesministers und in den Angelegenheiten der Landesvollziehung an die Weisungen der Landesregierung (oder eines einzelnen Mitgliedes derselben) gebunden. In übergreifenden Angelegenheiten ist der Bildungsdirektor an die Weisungen des zuständigen Bundesministers im Einvernehmen mit der Landesregierung (oder einem einzelnen Mitglied derselben) gebunden.

(8) Durch Landesgesetz kann vorgesehen werden, dass der Landeshauptmann der Bildungsdirektion als Präsident vorsteht. Der Landeshauptmann kann in diesem Fall das in Betracht kommende Mitglied der Landesregierung durch Verordnung mit der Ausübung dieser Funktion betrauen. Sieht ein Landesgesetz einen Präsidenten vor, gilt Abs. 7 für den Präsidenten. In einem solchen Fall ist der Bildungsdirektor an die Weisungen des Präsidenten gebunden. Weisungen des zuständigen Bundesministers bzw. der Landesregierung (oder eines einzelnen Mitgliedes derselben) können auch unmittelbar an den Bildungsdirektor gerichtet werden. Der Präsident hat Weisungen an den Bildungsdirektor in Angelegenheiten der Bundesvollziehung unverzüglich dem zuständigen Bundesminister zur Kenntnis zu bringen.

(9) Bund und Land haben der Bildungsdirektion die zur Besorgung ihrer Aufgaben erforderliche Zahl an Bediensteten des Bundes bzw. des Landes zuzuweisen. Der Bildungsdirektor übt die Dienst- und Fachaufsicht über alle Bundes- und Landesbediensteten in der Bildungsdirektion aus.

(10) Die näheren Bestimmungen über die Einrichtung, die Organisation und die Kundmachung von Verordnungen der Bildungsdirektion einschließlich der Anforderungen an die persönliche und fachliche Eignung des Bildungsdirektors sowie dessen Bestellung werden durch Bundesgesetz getroffen. Dieses Bundesgesetz kann vorsehen, dass der zuständige Bundesminister in einzelnen Angelegenheiten das Einvernehmen mit der Landesregierung (oder einem einzelnen Mitglied derselben) herzustellen hat. Der Bund hat den Ländern Gelegenheit zu geben, an der Vorbereitung solcher Gesetzesvorhaben mitzuwirken; das Gesetz darf nur mit Zustimmung der Länder kundgemacht werden.

„„Sechstes“ Hauptstück
Selbstverwaltung“

(BGBl I 2008/2; BGBl I 2017/138)

„A. Gemeinden[1]“

(BGBl I 2008/2)

Artikel 115. (1) Soweit in den folgenden Artikeln von Gemeinden die Rede ist, sind darunter die Ortsgemeinden[1] zu verstehen.

(2) Soweit nicht ausdrücklich eine Zuständigkeit des Bundes festgesetzt ist,[2] hat die Landesgesetzgebung das Gemeinderecht[3] nach den Grundsätzen der folgenden Artikel dieses Abschnittes zu regeln. Die Zuständigkeit zur Regelung der gemäß den „Art. 118, 118a und 119“*

Zu Abschnitt A:

[1] Nach der Rsp des VfGH (VfSlg 6697/1972, 7830/1975, 9373/1982) enthält das B-VG eine Bestandsgarantie für die Gemeinde als Institution (institutionelle Garantie; vgl insb Art 116 Abs 1), garantiert aber der individuellen Gemeinde kein Recht auf „ungestörte Existenz“. Letzteres gilt jedoch laut VfSlg 6697/1972 nicht für Wien (vgl Art 108 Abs 1).

Zu Artikel 115:

[1] Von den sog Gebietsgemeinden zu unterscheiden; vgl Art 120 und § 8 Abs 5 lit f ÜG 1920 (1a/1).

[2] Siehe Art 116a Abs 2, Art 118 Abs 7 und Art 119a Abs 3.

[3] Gemeindeorganisationsrecht.

von den Gemeinden zu besorgenden Angelegenheiten „einschließlich eines allfälligen Ausschlusses des Instanzenzuges"** bestimmt sich nach den allgemeinen Vorschriften dieses Bundesverfassungsgesetzes.[4] *(*BGBl I 1999/8; **BGBl I 2012/51)*

(3) Der Österreichische Gemeindebund und der Österreichische Städtebund sind berufen, die Interessen der Gemeinden zu vertreten.[5] *(BGBl 1988/685)*

(BGBl 1962/205; BGBl I 2003/100)

Artikel 116. (1)[1] Jedes Land gliedert sich in Gemeinden. Die Gemeinde ist Gebietskörperschaft mit dem Recht auf Selbstverwaltung[2] und zugleich Verwaltungssprengel. Jedes Grundstück muss zu einer Gemeinde gehören. *(BGBl I 2003/100)*

(2) Die Gemeinde ist selbständiger Wirtschaftskörper. Sie hat das Recht, innerhalb der Schranken der allgemeinen Bundes- und Landesgesetze[3] Vermögen aller Art zu besitzen, zu erwerben und darüber zu verfügen, wirtschaftliche Unternehmungen zu betreiben[4] sowie im Rahmen der Finanzverfassung ihren Haushalt selbständig zu führen[5] und Abgaben auszuschreiben[6].

(3) Einer Gemeinde mit mindestens 20 000 Einwohnern ist, wenn Landesinteressen hiedurch nicht gefährdet werden, auf ihren Antrag durch Landesgesetz ein eigenes Statut (Stadtrecht) zu verleihen. „ " Eine Stadt mit eigenem Statut hat neben den Aufgaben der Gemeindeverwaltung auch die der Bezirksverwaltung[7] zu besorgen.[8] *(BGBl I 2003/100; BGBl I 2019/14)*

(4) *(entfällt, BGBl 1984/490)*

(BGBl 1962/205; BGBl I 2003/100)

Artikel 116a. (1) „Zur Besorgung ihrer Angelegenheiten können sich Gemeinden durch Vereinbarung zu Gemeindeverbänden zusammenschließen." Eine solche Vereinbarung bedarf der Genehmigung der Aufsichtsbehörde. Die Genehmigung ist durch Verordnung zu erteilen, wenn eine dem Gesetz entsprechende Vereinbarung der beteiligten Gemeinden vorliegt und die Bildung des Gemeindeverbandes *(BGBl I 2011/60)*

1. im Falle der Besorgung von „Angelegenheiten" der Hoheitsverwaltung die Funktion der beteiligten Gemeinden als Selbstverwaltungskörper nicht gefährdet, *(BGBl I 2011/60)*

2. im Falle der Besorgung von „Angelegenheiten" der Gemeinden als Träger von Privatrechten aus Gründen der Zweckmäßigkeit, Wirtschaftlichkeit und Sparsamkeit im Interesse der beteiligten Gemeinden gelegen ist. *(BGBl I 2011/60)*

(2) Im Interesse der Zweckmäßigkeit kann die zuständige Gesetzgebung (Art. 10 bis 15) „zur Besorgung von Angelegenheiten der Wirkungsbereiche der Gemeinde" die Bildung von Gemeindeverbänden vorsehen, doch darf dadurch die Funktion der Gemeinden als Selbstverwaltungskörper und Verwaltungssprengel nicht gefährdet werden. Bei der Bildung von Gemeindeverbänden im Wege der Vollziehung sind die beteiligten Gemeinden vorher zu hören. *(BGBl I 2011/60)*

(3) Die Organe der Gemeindeverbände, die Angelegenheiten des eigenen Wirkungsbereiches der Gemeinde besorgen sollen, sind nach demokratischen Grundsätzen zu bilden.[1] *(BGBl I 2011/60)*

(4) Die Landesgesetzgebung hat die Organisation der Gemeindeverbände zu regeln, wobei als deren Organe jedenfalls eine Verbandsversammlung, die aus gewählten Vertretern aller verbandsangehörigen Gemeinden zu bestehen hat, und ein Verbandsobmann vorzusehen sind. Für Gemeindeverbände, die durch Vereinbarung gebildet worden sind, sind weiters Bestimmungen über den Beitritt und Austritt von Gemeinden sowie

---

[4] Vgl auch Art 116a Abs 5.

[5] Vgl Art 23c Abs 4 und Art 23d Abs 1 letzter Satz, die Bund/Länder-Vereinb europ Integration (1/11), § 1 Abs 2 Z 5 BG Rat für Integrations- und Außenpolitik (1/12), § 7 Abs 2 FAG 2017 (13a/2) (bis 31. Dezember 2021), das BVG Gemeindebund (13b/1), die Bund/Länder/Gemeinden-Vereinb Konsultationsmechanismus (13b/2), die Bund/Länder/Gemeinden-Vereinb Stabilitätspakt (13b/4 der 17. Auflage) und die Bund/Länder/Gemeinden-Vereinb Stabilitätspakt 2012 (13b/3).

Zu Artikel 116:

[1] Festlegung des Gemeindegebietes. Vgl auch Art 2 und Art 3 Abs 1.

[2] Nach der mit VfSlg 7459/1974 beginnenden stRsp des VfGH schützt dieses verfassungsgesetzlich gewährleistete Recht (Art 144 Abs 1) nur vor solchen Maßnahme einer staatlichen Behörde, durch die das Recht der Gemeinde auf Besorgung einer bestimmten Angelegenheit im eigenen Wirkungsbereich schlechthin verneint wird. Vgl Art 119a Abs 9.

[3] Vgl Art 15 StGG (2a/1) („allgemeine Staatsgesetze"); vgl auch § 1 Abs 3 PartG (7/1) (keine Beschränkung durch „besondere Rechtsvorschriften").

[4] Vgl Art 17.

[5] Beachte Art 127a Abs 2 und § 16 F-VG (13a/1).

[6] Siehe insb den auf Grund des § 7 Abs 5 F-VG (13a/1) ergangenen § 17 FAG 2017 (13a/2) (bis 31. Dezember 2021) und die auf Grund des § 8 Abs 5 F-VG (13a/1) ergangenen LG, durch die die Gemeinden zur Ausschreibung (Erhebung) von Abgaben auf Grund ihres sog freien Beschlussrechtes ermächtigt werden.

[7] Vgl § 8 Abs 5 lit b ÜG 1920 (1a/1). Als Angelegenheiten des übertragenen Wirkungsbereiches werden die Aufgaben der Bezirksverwaltung vom Bürgermeister (Art 119 Abs 1 und 2), in Wien vom Magistrat (Art 109) besorgt. Beachte § 2 F-VG (13a/1) (vgl VfSlg 9507/1982).

[8] Beachte § 4 GemVfNov 1962 (1a/2).

Zu Artikel 116a:

[1] Vgl Art 120c Abs 1.

über die Auflösung des Gemeindeverbandes zu treffen.

(5) Die Zuständigkeit zur Regelung der von den Gemeindeverbänden zu besorgenden Angelegenheiten bestimmt sich nach den allgemeinen Vorschriften dieses Bundesverfassungsgesetzes.[2)]

(6) Ein Zusammenschluss von Gemeinden verschiedener Länder zu Gemeindeverbänden ist nach Maßgabe einer Vereinbarung zwischen den betreffenden Ländern gemäß Art. 15a zulässig, in die insbesondere Regelungen über die Genehmigung der Bildung der Gemeindeverbände und die Wahrnehmung der Aufsicht aufzunehmen sind. *(BGBl I 2011/60)*

(BGBl 1984/490; BGBl I 2003/100)

Artikel 116b. Gemeinden eines Landes können untereinander Vereinbarungen über ihren jeweiligen Wirkungsbereich abschließen, wenn die Landesgesetzgebung dies vorsieht.[1)] Die Landesgesetzgebung hat dabei auch Regelungen über die Kundmachung derartiger Vereinbarungen sowie über die Entscheidung von Meinungsverschiedenheiten zu treffen. Für Vereinbarungen von Gemeinden verschiedener Länder gilt Art. 116a Abs. 6 sinngemäß.

(BGBl I 2011/60)

Artikel 117. (1) Als Organe der Gemeinde sind jedenfalls vorzusehen:

a) der Gemeinderat, das ist ein von den Wahlberechtigten der Gemeinde zu wählender allgemeiner Vertretungskörper[1)];

b) der Gemeindevorstand (Stadtrat), bei Städten mit eigenem Statut der Stadtsenat;

c) der Bürgermeister.

(2) Der Gemeinderat wird auf Grund des gleichen, unmittelbaren, persönlichen, freien und geheimen Wahlrechtes der männlichen und weiblichen Staatsbürger, die in der Gemeinde ihren Hauptwohnsitz[2)] haben, nach den Grundsätzen der Verhältniswahl gewählt. Die Wahlordnung kann jedoch vorsehen, dass auch Staatsbürger, die in der Gemeinde einen Wohnsitz, nicht aber den Hauptwohnsitz[2)] haben, wahlberechtigt sind. Die Wahlordnung darf die Bedingungen des Wahlrechtes und der Wählbarkeit nicht enger ziehen als die Landtagswahlordnung[3)]; es kann jedoch bestimmt werden, dass Personen, die sich noch nicht ein Jahr in der Gemeinde aufhalten, dann nicht wahlberechtigt und wählbar sind, wenn ihr Aufenthalt in der Gemeinde offensichtlich nur vorübergehend ist. Unter den in der Wahlordnung festzulegenden Bedingungen sind auch Staatsangehörige anderer Mitgliedstaaten der Europäischen Union wahlberechtigt und wählbar. Die Wahlordnung kann bestimmen, dass die Wähler ihr Wahlrecht in Wahlkreisen ausüben, von denen jeder ein geschlossenes Gebiet umfassen muss. Eine Gliederung der Wählerschaft in andere Wahlkörper ist nicht zulässig. Art. 26 Abs. 6 ist sinngemäß anzuwenden. Für den Fall, dass keine Wahlvorschläge eingebracht werden, kann in der Wahlordnung bestimmt werden, dass Personen als gewählt gelten, deren Namen auf den Stimmzetteln am häufigsten genannt werden. *(BGBl I 2007/27)*

(3) Zu einem Beschluss des Gemeinderates ist die einfache Mehrheit der in beschlussfähiger Anzahl anwesenden Mitglieder desselben erforderlich; es können jedoch für bestimmte Angelegenheiten andere Beschlussfassungserfordernisse vorgesehen werden. *(BGBl I 2003/100)*

(4) Die Sitzungen des Gemeinderates sind öffentlich, es können jedoch Ausnahmen vorgesehen werden. Wenn der Gemeindevoranschlag oder der Gemeinderechnungsabschluss behandelt wird, darf die Öffentlichkeit nicht ausgeschlossen werden. *(BGBl I 2003/100)*

(5) Im Gemeinderat vertretene Wahlparteien haben nach Maßgabe ihrer Stärke Anspruch auf Vertretung im Gemeindevorstand.

(6) Der Bürgermeister wird vom Gemeinderat gewählt. In der Landesverfassung kann vorgesehen werden, dass die zur Wahl des Gemeinderates Berechtigten den Bürgermeister wählen. „In diesem Fall ist Art. 26 Abs. 6 sinngemäß anzuwenden.“ *(BGBl 1996/659; BGBl I 2003/100; BGBl I 2007/27)*

„(7)“* Die Geschäfte der Gemeinden werden durch das Gemeindeamt (Stadtamt), jene der Städte mit eigenem Statut durch den Magistrat besorgt. Zum Leiter des inneren Dienstes des Magistrates ist ein rechtskundiger „Bediensteter des Magistrates“** als Magistratsdirektor zu bestellen.[4)] *(*BGBl 1994/504; **BGBl I 2019/14)*

„(8)“* In Angelegenheiten des eigenen Wirkungsbereiches der Gemeinde kann „die Landesgesetzgebung“** die unmittelbare Teilnahme und Mitwirkung der zum Gemeinderat Wahlberechtigten vorsehen. *(BGBl 1984/490; *BGBl 1994/504; **BGBl I 2012/51)*

(BGBl 1962/205; BGBl I 2003/100)

[2)] Vgl Art 115 Abs 2 zweiter Satz.

Zu Artikel 116b:

[1)] Vgl Art 15a.

Zu Artikel 117:

[1)] Siehe FN 19 zu Art 20.

[2)] Siehe die Definition des Art 6 Abs 3.

[3)] *Wahlrechtliches Homogenitätsgebot.* Vgl auch Art 95 Abs 2 (LT).

[4)] Vgl auch Art 106, § 8 Abs 5 lit a ÜG 1920 (1a/1) und § 1 Abs 3 BVG ÄmterLReg (12/2).

Artikel 118. (1) Der Wirkungsbereich der Gemeinde ist ein eigener und ein vom Bund oder vom Land übertragener.

(2) Der eigene Wirkungsbereich umfasst neben den im Art. 116 Abs. 2 angeführten Angelegenheiten alle Angelegenheiten, die im ausschließlichen oder überwiegenden Interesse[1] der in der Gemeinde verkörperten örtlichen Gemeinschaft gelegen und geeignet sind, durch die Gemeinschaft innerhalb ihrer örtlichen Grenzen[2] besorgt zu werden.[3] Die Gesetze haben derartige Angelegenheiten ausdrücklich als solche des eigenen Wirkungsbereiches der Gemeinde zu bezeichnen.[4] *(BGBl I 2003/100)*

(3) Der Gemeinde sind zur Besorgung im eigenen Wirkungsbereich die behördlichen Aufgaben insbesondere in folgenden Angelegenheiten gewährleistet:

1. Bestellung der Gemeindeorgane unbeschadet der Zuständigkeit überörtlicher Wahlbehörden; Regelung der inneren Einrichtungen zur Besorgung der Gemeindeaufgaben;

2. Bestellung der Gemeindebediensteten und Ausübung der Diensthoheit[5] unbeschadet der Zuständigkeit überörtlicher Disziplinar-, Qualifikations- und Prüfungskommissionen;

3. örtliche Sicherheitspolizei (Art. 15 Abs. 2), örtliche Veranstaltungspolizei;[6] *(BGBl I 2003/100)*

4. Verwaltung der Verkehrsflächen der Gemeinde, örtliche Straßenpolizei;

5. Flurschutzpolizei;

6. örtliche Marktpolizei;

7. örtliche Gesundheitspolizei, insbesondere auch auf dem Gebiet des Hilfs- und Rettungswesens sowie des Leichen- und Bestattungswesens; *(BGBl I 2003/100)*

8. Sittlichkeitspolizei;

9. örtliche Baupolizei „ “; örtliche Feuerpolizei; örtliche Raumplanung; *(BGBl I 2012/51)*

10. öffentliche Einrichtungen zur außergerichtlichen Vermittlung von Streitigkeiten;

Fassung ab 1. 1. 2020 (BGBl I 2019/14):
10. außergerichtliche Vermittlung von Streitigkeiten in den Angelegenheiten des Zivilrechtswesens und des Strafrechtswesens; *(BGBl I 2019/14)*

11. freiwillige Feilbietungen beweglicher Sachen.

(4) Die Gemeinde hat die Angelegenheiten des eigenen Wirkungsbereiches im Rahmen der Gesetze und Verordnungen[7] des Bundes und des Landes in eigener Verantwortung frei von Weisungen[8] und unter Ausschluss eines Rechtsmittels an Verwaltungsorgane außerhalb der Gemeinde zu besorgen. In den Angelegenheiten des eigenen Wirkungsbereiches besteht ein zweistufiger Instanzenzug; dieser kann gesetzlich[9] ausgeschlossen werden. In den Angelegenheiten des eigenen Wirkungsbereiches kommt dem Bund und dem Land ein Aufsichtsrecht über die Gemeinde (Art. 119a) zu. *(BGBl I 2012/51)*

(5) Der Bürgermeister, die Mitglieder des Gemeindevorstandes (Stadtrates, Stadtsenates) und allenfalls bestellte andere Organe der Gemeinde sind für die Erfüllung ihrer dem eigenen Wirkungsbereich der Gemeinde zugehörigen Aufgaben dem Gemeinderat verantwortlich.[10]

(6) In den Angelegenheiten des eigenen Wirkungsbereiches hat die Gemeinde das Recht, ortspolizeiliche Verordnungen nach freier Selbstbestimmung zur Abwehr unmittelbar zu erwartender oder zur Beseitigung bestehender, das örtliche Gemeinschaftsleben[11] störender Missstände zu erlassen, sowie deren Nichtbefolgung als Verwaltungsübertretung[12] zu erklären[13]. Solche Verordnungen dürfen nicht gegen bestehende Gesetze und Verordnungen des Bundes und des Landes verstoßen. *(BGBl 1984/490; BGBl I 2003/100)*

(7)[14] Auf Antrag einer Gemeinde kann die Besorgung einzelner Angelegenheiten des eigenen Wirkungsbereiches nach Maßgabe des Art. 119a Abs. 3 durch Verordnung der Landesregierung beziehungsweise durch Verordnung des Landes-

B-VG

Zu Artikel 118:

[1] Vgl auch Art 119a Abs 8.

[2] Vgl Art 116 Abs 1.

[3] *Grundsatz der abstrakten Einheitsgemeinde*. Vgl demgegenüber Art 118 Abs 6, wo auf die konkrete Gemeinde abgestellt wird.

[4] Diese *Bezeichnungspflicht* gilt auch für die in Abs 3 genannten Angelegenheiten. Die Bezeichnung hat nach der mit VfSlg 5409/1966 beginnenden stRsp des VfGH konstitutiven Charakter.

[5] Vgl Art 21 Abs 3.

[6] Beachte jedoch Art 15 Abs 3.

[7] Das Legalitätsprinzip des Art 18 Abs 1 gilt jedoch – vorbehaltlich des Art 118 Abs 6 – auch für die gemeindliche Selbstverwaltung. Auch Abgaben (Art 116 Abs 2) können von der Gemeinde – vorbehaltlich der §§ 7 Abs 5 und 8 Abs 5 F-VG (13a/1) – nur auf Grund von Gesetzen erhoben werden (§ 5 F-VG).

[8] Des Bundes oder des Landes (Abs 4 zweiter Satz und Art 119 Abs 1). Beachte Abs 5 und FN 10.

[9] Siehe Art 115 Abs 2 zweiter Satz.

[10] Laut VfSlg 13.304/1992 ist der Gemeinderat in den Angelegenheiten des eigenen Wirkungsbereiches der Gemeinde (auch) ein den übrigen Gemeindeorganen vorgesetztes Organ; diese sind daher insoweit dem Gemeinderat gegenüber weisungsgebunden. Vgl auch Art 20 Abs 1.

[11] Siehe FN 3.

[12] Siehe Art II Abs 3 EGVG.

[13] Strafmittel und Strafsatz siehe § 10 Abs 2 VStG.

[14] Beachte Art 15 Abs 3.

hauptmannes auf eine staatliche Behörde übertragen werden. Soweit durch eine solche Verordnung eine Zuständigkeit auf eine Bundesbehörde übertragen werden soll, bedarf sie der Zustimmung der Bundesregierung. Soweit durch eine solche Verordnung des Landeshauptmannes eine Zuständigkeit auf eine Landesbehörde übertragen werden soll, bedarf sie der Zustimmung der Landesregierung. Eine solche Verordnung ist aufzuheben, sobald der Grund für ihre Erlassung weggefallen ist. Die Übertragung erstreckt sich nicht auf das Verordnungsrecht nach Abs. 6. *(BGBl I 2003/100)*

(8) Die Errichtung eines Gemeindewachkörpers oder eine Änderung seiner Organisation ist der Bundesregierung anzuzeigen. *(BGBl I 1999/8)*

(BGBl 1962/205; BGBl I 2003/100)

Artikel 118a. (1) Durch Bundes- oder Landesgesetz kann bestimmt werden, dass die Angehörigen eines Gemeindewachkörpers mit Zustimmung der Gemeinde zur Besorgung des Exekutivdienstes für die zuständige Behörde ermächtigt werden können.[1]

(2) Mit Zustimmung der Gemeinde kann die Bezirksverwaltungsbehörde Angehörige eines Gemeindewachkörpers ermächtigen, an der Handhabung des Verwaltungsstrafgesetzes[2] im selben Umfang mitzuwirken wie die übrigen Organe des öffentlichen Sicherheitsdienstes[3]. Diese Ermächtigung kann nur erteilt werden, soweit die Organe des öffentlichen Sicherheitsdienstes[3] in der den Gegenstand des Verwaltungsstrafverfahrens bildenden Angelegenheit die Einhaltung der Verwaltungsvorschriften zu überwachen haben oder soweit diese Angelegenheit im Wirkungsbereich der Gemeinde zu besorgen ist.

(BGBl I 1999/8; BGBl I 2003/100)

Artikel 119.[1] (1) Der übertragene Wirkungsbereich umfasst die Angelegenheiten, die die Gemeinde nach Maßgabe der Bundesgesetze im Auftrag und nach den Weisungen des Bundes oder nach Maßgabe der Landesgesetze im Auftrag und nach den Weisungen des Landes zu besorgen hat.[2] *(BGBl I 2003/100)*

(2) Die Angelegenheiten des übertragenen „Wirkungsbereiches" werden vom Bürgermeister besorgt. Er ist hiebei in den Angelegenheiten der Bundesvollziehung an die Weisungen der zuständigen Organe des Bundes, in den Angelegenheiten der Landesvollziehung an die Weisungen der zuständigen Organe des Landes gebunden und nach Abs. 4 verantwortlich. *(BGBl 1963/267 (DFB); BGBl I 2003/100)*

(3) Der Bürgermeister kann einzelne Gruppen von Angelegenheiten des übertragenen Wirkungsbereiches – unbeschadet seiner Verantwortlichkeit – wegen ihres sachlichen Zusammenhanges mit den Angelegenheiten des eigenen Wirkungsbereiches Mitgliedern des Gemeindevorstandes (Stadtrates, Stadtsenates), anderen nach Art. 117 Abs. 1 geschaffenen Organen oder bei Kollegialorganen deren Mitgliedern zur Besorgung in seinem Namen übertragen. In diesen Angelegenheiten sind die betreffenden Organe oder deren Mitglieder an die Weisungen des Bürgermeisters gebunden und nach Abs. 4 verantwortlich. *(BGBl I 2003/100)*

(4)[3] Wegen Gesetzesverletzung sowie wegen Nichtbefolgung einer Verordnung oder einer Weisung können die in den Abs. 2 und 3 genannten Organe, soweit ihnen Vorsatz oder grobe Fahrlässigkeit zur Last fällt, wenn sie auf dem Gebiet der Bundesvollziehung tätig waren, vom Landeshauptmann, wenn sie auf dem Gebiet der Landesvollziehung tätig waren, von der Landesregierung ihres Amtes verlustig erklärt werden. Die allfällige Mitgliedschaft einer solchen Person zum Gemeinderat wird hiedurch nicht berührt. *(BGBl I 2003/100)*

(BGBl I 2003/100)

Artikel 119a. (1) Der Bund und das Land üben das Aufsichtsrecht über die Gemeinde dahin aus, dass diese bei Besorgung des eigenen Wirkungsbereiches die Gesetze und Verordnungen nicht verletzt, insbesondere ihren Wirkungsbereich nicht überschreitet und die ihr gesetzlich obliegenden Aufgaben erfüllt. *(BGBl I 2003/100)*

(2) Das Land hat ferner das Recht, die Gebarung der Gemeinde auf ihre Sparsamkeit, Wirtschaftlichkeit und Zweckmäßigkeit zu überprüfen. Das Ergebnis der Überprüfung ist dem Bürgermeister zur Vorlage an den Gemeinderat zu übermitteln. Der Bürgermeister hat die auf Grund des Überprüfungsergebnisses getroffenen Maßnahmen innerhalb von drei Monaten der Aufsichtsbehörde mitzuteilen.

(3) Das Aufsichtsrecht und dessen gesetzliche Regelung stehen, insoweit als der eigene Wirkungsbereich der Gemeinde Angelegenheiten aus dem Bereich der Bundesvollziehung umfasst, dem Bund, im Übrigen den Ländern zu; das Aufsichtsrecht ist von den Behörden der allgemeinen

---

Zu Artikel 118a:

[1] Siehe § 9 Abs 3 und 4 SPG.

[2] Vgl Art 11 Abs 4. Siehe das VStG.

[3] Siehe § 5 Abs 2 SPG.

Zu Artikel 119:

[1] Vgl Art 102 Abs 1 und Art 103 Abs 1 bis 3.

[2] Beachte § 2 F-VG (13a/1) (vgl VfSlg 9507/1982).

[3] Für Wien siehe Art 112 zweiter Satz.

staatlichen Verwaltung auszuüben.[1] *(BGBl I 2003/100)*

(4) Die Aufsichtsbehörde ist berechtigt, sich über jedwede Angelegenheit der Gemeinde zu unterrichten. Die Gemeinde ist verpflichtet, die von der Aufsichtsbehörde im einzelnen Fall verlangten Auskünfte zu erteilen und Prüfungen an Ort und Stelle vornehmen zu lassen.

(5) *(entfällt, BGBl I 2012/51)*

(6) Die Gemeinde hat im eigenen Wirkungsbereich erlassene Verordnungen der Aufsichtsbehörde unverzüglich mitzuteilen. Die Aufsichtsbehörde hat gesetzwidrige Verordnungen nach Anhörung der Gemeinde durch Verordnung aufzuheben[2] und die Gründe hiefür der Gemeinde gleichzeitig mitzuteilen. *(BGBl I 2003/100)*

(7) Sofern die zuständige Gesetzgebung (Abs. 3) als Aufsichtsmittel die Auflösung des Gemeinderates vorsieht, kommt diese Maßnahme in Ausübung des Aufsichtsrechtes des Landes der Landesregierung, in Ausübung des Aufsichtsrechtes des Bundes dem Landeshauptmann zu. Die Zulässigkeit der Ersatzvornahme als Aufsichtsmittel ist auf die Fälle unbedingter Notwendigkeit zu beschränken. Die Aufsichtsmittel sind unter möglichster Schonung erworbener Rechte Dritter zu handhaben. *(BGBl I 2003/100)*

(8) Einzelne von der Gemeinde im eigenen Wirkungsbereich zu treffende Maßnahmen, durch die auch überörtliche Interessen in besonderem Maß berührt werden, insbesondere solche von besonderer finanzieller Bedeutung, können durch die zuständige Gesetzgebung (Abs. 3) an eine Genehmigung der Aufsichtsbehörde gebunden werden. Als Grund für die Versagung der Genehmigung darf nur ein Tatbestand vorgesehen werden, der die Bevorzugung überörtlicher Interessen eindeutig rechtfertigt. *(BGBl I 2003/100)*

(9) Die Gemeinde ist Partei des aufsichtsbehördlichen Verfahrens und hat das Recht, Beschwerde beim Verwaltungsgericht (Art. 130 bis 132) zu erheben. Sie ist Partei des Verfahrens vor dem Verwaltungsgericht und hat das Recht, Revision beim Verwaltungsgerichtshof (Art. 133) und Beschwerde beim Verfassungsgerichtshof (Art. 144) zu erheben. *(BGBl I 2012/51)*

(10) Die Bestimmungen dieses Artikels sind auf die Aufsicht über Gemeindeverbände, soweit diese Angelegenheiten des eigenen Wirkungsbereiches der Gemeinde besorgen „ “, entsprechend anzuwenden. *(BGBl 1984/490)*

(BGBl 1962/205; BGBl I 2003/100)

Artikel 120. Die Zusammenfassung von Ortsgemeinden[1] zu Gebietsgemeinden, deren Einrichtung nach dem Muster der Selbstverwaltung sowie die Festsetzung weiterer Grundsätze für die Organisation der allgemeinen staatlichen Verwaltung in den Ländern[2] ist Sache der Bundesverfassungsgesetzgebung;[3] die Ausführung obliegt der Landesgesetzgebung. Die Regelung der Zuständigkeit in Angelegenheiten des Dienstrechtes und des Personalvertretungsrechtes der Bediensteten der Gebietsgemeinden ist Sache der Bundesverfassungsgesetzgebung.[3]

(BGBl 1974/444)

B. Sonstige Selbstverwaltung
(BGBl I 2008/2)

B-VG

Artikel 120a. (1) Personen können zur selbständigen Wahrnehmung öffentlicher Aufgaben, die in ihrem ausschließlichen oder überwiegenden gemeinsamen Interesse gelegen und geeignet sind, durch sie gemeinsam besorgt zu werden, durch Gesetz zu Selbstverwaltungskörpern zusammengefasst werden.

(2) Die Republik anerkennt die Rolle der Sozialpartner. Sie achtet deren Autonomie und fördert den sozialpartnerschaftlichen Dialog durch die Einrichtung von Selbstverwaltungskörpern.

Artikel 120b. (1) Die Selbstverwaltungskörper haben das Recht, ihre Aufgaben in eigener Verantwortung frei von Weisungen zu besorgen und im Rahmen der Gesetze Satzungen zu erlassen. Dem Bund oder dem Land kommt ihnen gegenüber nach Maßgabe der gesetzlichen Bestimmungen hinsichtlich der Rechtmäßigkeit der Verwaltungsführung ein Aufsichtsrecht zu. Darüber hinaus kann sich das Aufsichtsrecht auch auf die Zweckmäßigkeit der Verwaltungsführung erstrecken, wenn dies auf Grund der Aufgaben des Selbstverwaltungskörpers erforderlich ist.

(2) Den Selbstverwaltungskörpern können Aufgaben staatlicher Verwaltung übertragen werden. Die Gesetze haben derartige Angelegenheiten ausdrücklich als solche des übertragenen Wirkungsbereiches zu bezeichnen und eine Weisungsbindung gegenüber dem zuständigen obersten Verwaltungsorgan vorzusehen.[1]

Zu Artikel 119a:

[1] Siehe für den Bereich der Bundesvollziehung das BGemAufsG (12/3), für den Bereich der Landesvollziehung die GemO.

[2] Beachte Art 139 Abs 1 zweiter Satz.

Zu Artikel 120:

[1] Vgl Art 115 Abs 1.

[2] Vgl § 8 Abs 5 lit f ÜG 1920 (1a/1). Vgl auch Art 15 Abs 10 und den durch die B-VGNov 1974 aufgehobenen Art 12 Abs 1 Z 1 B-VG 1920 idF von 1929 („Organisation der Verwaltung in den Ländern“).

[3] Ein solches BVG ist bisher nicht erlassen worden.

Zu Artikel 120b:

[1] Übergangsrecht siehe Art 151 Abs 38.

(3) Durch Gesetz können Formen der Mitwirkung der Selbstverwaltungskörper an der staatlichen Vollziehung vorgesehen werden.

Artikel 120c. (1) Die Organe der Selbstverwaltungskörper sind aus dem Kreis ihrer Mitglieder nach demokratischen Grundsätzen zu bilden.[1)]

(2) Eine sparsame und wirtschaftliche Erfüllung der Aufgaben der Selbstverwaltungskörper ist nach Maßgabe der gesetzlichen Bestimmungen durch Beiträge ihrer Mitglieder oder durch sonstige Mittel sicherzustellen.

(3) Die Selbstverwaltungskörper sind selbständige Wirtschaftskörper. Sie können im Rahmen der Gesetze zur Erfüllung ihrer Aufgaben Vermögen aller Art erwerben, besitzen und darüber verfügen.

„Siebentes"* Hauptstück

Rechnungs- und Gebarungskontrolle

*(BGBl 1948/143; BGBl I 2003/100; *BGBl I 2017/138)*

Artikel 121. (1) Zur Überprüfung der Gebarung des Bundes, der Länder, der Gemeindeverbände, der Gemeinden und anderer durch Gesetz bestimmter Rechtsträger ist der Rechnungshof berufen.

(2) Der Rechnungshof verfasst den Bundesrechnungsabschluss und legt ihn dem Nationalrat vor.[1)] „ "* *(BGBl 1961/155; *BGBl 1986/212; BGBl I 2003/100)*

(3) Alle Urkunden über Finanzschulden[2)] des Bundes sind, soweit sich aus ihnen eine Verpflichtung des Bundes ergibt, vom Präsidenten des Rechnungshofes, in dessen Verhinderung von seinem Stellvertreter[3)], gegenzuzeichnen. Die Gegenzeichnung gewährleistet lediglich die Gesetzmäßigkeit der Schuldaufnahme und die ordnungsmäßige Eintragung in das Hauptbuch der Staatsschuld.[4)]

(4) Der Rechnungshof hat bei Unternehmungen und Einrichtungen, die seiner Kontrolle unterliegen und für die eine Berichterstattungspflicht an den Nationalrat besteht,[5)] jedes zweite Jahr die durchschnittlichen Einkommen einschließlich aller Sozial- und Sachleistungen sowie zusätzliche Leistungen für Pensionen von Mitgliedern des Vorstandes und des Aufsichtsrates sowie aller Beschäftigten durch Einholung von Auskünften bei diesen Unternehmungen und Einrichtungen zu erheben und darüber dem Nationalrat zu berichten. Die durchschnittlichen Einkommen der genannten Personenkreise sind hiebei für jede Unternehmung und jede Einrichtung gesondert auszuweisen.[6)] *(BGBl 1988/685)*

Artikel 122. (1) Der Rechnungshof untersteht unmittelbar dem Nationalrat.[1)] Er ist in Angelegenheiten der Bundesgebarung und der Gebarung der gesetzlichen beruflichen Vertretungen, soweit sie in die Vollziehung des Bundes fallen, als Organ des Nationalrates, in Angelegenheiten der Länder-, Gemeindeverbände- und Gemeindegebarung sowie der Gebarung der gesetzlichen beruflichen Vertretungen, soweit sie in die Vollziehung der Länder fallen, als Organ des betreffenden Landtages tätig. *(BGBl 1994/1013)*

(2) Der Rechnungshof ist von der Bundesregierung und den Landesregierungen unabhängig und nur den Bestimmungen des Gesetzes unterworfen.

(3) Der Rechnungshof besteht aus einem Präsidenten und den erforderlichen Beamten und Hilfskräften. *(BGBl 1994/1013)*

(4) Der Präsident des Rechnungshofes wird auf Vorschlag des Hauptausschusses[2)] vom Nationalrat für eine Funktionsperiode von zwölf Jahren gewählt; eine Wiederwahl ist unzulässig. Er leistet vor Antritt seines Amtes dem Bundespräsidenten die Angelobung.[3)] *(BGBl 1994/1013)*

(5) Der Präsident des Rechnungshofes muss zum Nationalrat wählbar[4)] sein, darf weder einem allgemeinen Vertretungskörper[5)] noch dem Europäischen Parlament angehören und in den letzten fünf Jahren nicht Mitglied der Bundesregierung oder einer Landesregierung gewesen sein.[6)7)] *(BGBl I 2016/41)*

Zu Artikel 120c:

[1)] Vgl Art 116a Abs 3.

Zu Artikel 121:

[1)] Siehe § 9 RHG (14/1). Zur parlamentarischen Behandlung des Bundesrechnungsabschlusses siehe § 20, § 21 Abs 1, § 23 Abs 1, § 32a und § 79 GOG-NR (9/1); beachte Art 42 Abs 5. Siehe zuletzt das BG BGBl I 2018/68.

[2)] Siehe die Definition des Art 51 Abs 9 Z 10.

[3)] Siehe Art 124 Abs 1.

[4)] Siehe § 10 RHG (14/1).

[5)] Siehe Art 126b Abs 1 und 2 und Art 126c; § 31a Abs 1 ORF-G (2c/32).

[6)] Siehe § 14a RHG (14/1). Vgl auch § 8 BezBegrBVG (10/1).

Zu Artikel 122:

[1)] Vgl Abs 4, Art 123 Abs 2 und § 23 Abs 2 RHG (14/1); vgl ferner Art 123a und § 23 Abs 1 RHG.

[2)] Siehe § 21 Abs 3, § 29 Abs 2 lit i und § 87 GOG-NR (9/1).

[3)] Siehe § 21 RHG (14/1).

[4)] Siehe § 41 NRWO (8/1), aber auch Art 142 Abs 4; vgl Art 26 Abs 4 und 5.

[5)] Siehe FN 19 zu Art 20.

[6)] *Unvereinbarkeit* (Inkompatibilität). Beachte auch Art 126.

[7)] Die Bezüge des Präs des RH sind im BBezG (10/2) geregelt; ein Anspruch auf Ruhebezüge nach dem BezG (10/2a) kann bestehen. Beachte die §§ 4 bis 7 (ggf iVm § 11) BezBegrBVG (10/1).

Artikel 123. (1) Der Präsident des Rechnungshofes ist hinsichtlich der Verantwortlichkeit den Mitgliedern der Bundesregierung oder den Mitgliedern der in Betracht kommenden Landesregierung gleichgestellt, je nachdem der Rechnungshof als Organ des Nationalrates oder eines Landtages tätig ist.[1]

(2) Er kann durch Beschluss des Nationalrates abberufen werden.[2] *(BGBl 1994/1013; BGBl I 2003/100)*

Artikel 123a. (1) Der Präsident des Rechnungshofes ist berechtigt, an den Verhandlungen über die Berichte des Rechnungshofes, die Bundesrechnungsabschlüsse, Anträge betreffend die Durchführung besonderer Akte der Gebarungsüberprüfung[1] durch den Rechnungshof und die den Rechnungshof betreffenden „Untergliederungen" des Entwurfes des Bundesfinanzgesetzes im Nationalrat sowie in seinen Ausschüssen (Unterausschüssen) teilzunehmen.[2] *(BGBl 1994/1013; BGBl I 2008/1)*

(2) Der Präsident des Rechnungshofes hat nach den näheren Bestimmungen des Bundesgesetzes über die Geschäftsordnung des Nationalrates das Recht, auf sein Verlangen in den Verhandlungen zu den in Abs. 1 angeführten Gegenständen jedes Mal gehört zu werden.[2] *(BGBl I 2003/100)*

(BGBl 1975/409; BGBl I 2003/100)

Artikel 124. (1) Der Präsident des Rechnungshofes wird im Falle seiner Verhinderung vom rangältesten „Beamten des Rechnungshofes" vertreten. Dies gilt auch, wenn das Amt des Präsidenten erledigt ist. Die Stellvertretung des Präsidenten des Rechnungshofes im Nationalrat wird durch das Bundesgesetz über die Geschäftsordnung des Nationalrates bestimmt.[1] *(BGBl I 1998/35 (DFB))*

(2) Im Falle der Stellvertretung des Präsidenten gelten für den Stellvertreter die Bestimmungen des Art. 123 Abs. 1.

(BGBl 1994/1013)

Artikel 125. (1) Die Beamten des Rechnungshofes ernennt auf Vorschlag und unter Gegenzeichnung des Präsidenten des Rechnungshofes der Bundespräsident; das Gleiche gilt für die Verleihung der Amtstitel. Doch kann der Bundespräsident den Präsidenten des Rechnungshofes ermächtigen, Beamte bestimmter Kategorien zu ernennen.[1] *(BGBl 1959/171; BGBl I 2003/100)*

(2) Die Hilfskräfte ernennt der Präsident des Rechnungshofes.[2]

(3) Die Diensthoheit des Bundes gegenüber den beim Rechnungshof Bediensteten wird vom Präsidenten des Rechnungshofes ausgeübt.[3] *(BGBl I 1999/8)*

Artikel 126. Kein Mitglied des Rechnungshofes[1] darf an der Leitung und Verwaltung von Unternehmungen beteiligt sein, die der Kontrolle durch den Rechnungshof unterliegen.[2] Ebensowenig darf ein Mitglied des Rechnungshofes an der Leitung und Verwaltung sonstiger auf Gewinn gerichteter Unternehmungen teilnehmen.[3]

Artikel 126a. Entstehen zwischen dem Rechnungshof und einem Rechtsträger (Art. 121 Abs. 1) Meinungsverschiedenheiten über die Auslegung der gesetzlichen Bestimmungen, die die Zuständigkeit des Rechnungshofes regeln, so entscheidet auf Antrag der Bundesregierung oder einer Landesregierung oder des Rechnungshofes der Verfassungsgerichtshof. Alle Rechtsträger sind verpflichtet, entsprechend der Rechtsanschauung des Verfassungsgerichtshofes eine Überprü-

Zu Artikel 123:

[1] *Rechtliche Verantwortlichkeit.* Siehe Art 142 Abs 2 lit b und d. Vgl Art 122 Abs 1 zweiter Satz.

[2] *Politische Verantwortlichkeit.* Vgl Art 122 Abs 1 erster Satz.

Zu Artikel 123a:

[1] Sog Sonderprüfungen. Siehe Art 126b Abs 4.

[2] Siehe § 20 Abs 1 bis 4, § 37 Abs 5, § 62 Abs 2 und § 63 Abs 2 GOG-NR (9/1) und § 23 Abs 1 RHG (14/1), aber auch § 23 Abs 2 RHG. Vgl auch Art 75 (Mitglieder der BReg und StS) und Art 148d Abs 2 (Mitglieder der VA) sowie den (verfassungswidrigen) § 20c GOG-NR (9/1).

Zu Artikel 124:

[1] Eine parlamentarische Stellvertretung des Präs des RH ist seit der GOGNov BGBl 1996/438 nicht mehr vorgesehen. Vgl § 20 Abs 1 bis 4 GOG-NR (9/1).

Zu Artikel 125:

[1] Siehe Art II Entschl betreffend die Ausübung des Rechtes zur Ernennung von Bundesbeamten BGBl 1995/54. Vgl Art 65 Abs 2 lit a und Art 66 Abs 1; vgl auch Art 148h Abs 1 erster und zweiter Satz (Vors der VA).

[2] Vgl auch Art 21 Abs 3 (oberste Organe des Bundes und der Länder), Art 30 Abs 4 und 6 (Präs des NR), Art 134 Abs 8 (Präs des VwGH), Art 147 Abs 8 (Präs des VfGH) und Art 148h Abs 2 (Vors der VA).

[3] Siehe § 22, aber auch § 24 Z 2 RHG (14/1). Vgl Art 21 Abs 3; vgl auch Art 148h Abs 2 (Vors der VA).

Zu Artikel 126:

[1] Vgl Art 122 Abs 3.

[2] Siehe Art 126b Abs 2, Art 127 Abs 3 und Art 127a Abs 3; § 31a Abs 1 ORF-G (2c/32).

[3] *Unvereinbarkeit* (Inkompatibilität). Für den Präs des RH beachte auch Art 122 Abs 5.

fung durch den Rechnungshof zu ermöglichen.[1]
„ “ *(BGBl I 2003/100)*

(BGBl 1993/508)

Artikel 126b.[1] (1) Der Rechnungshof hat die gesamte Staatswirtschaft des Bundes, ferner die Gebarung von Stiftungen[2], Fonds und Anstalten zu „überprüfen,“ die von Organen des Bundes oder von Personen (Personengemeinschaften) verwaltet werden, die hiezu von Organen des Bundes bestellt sind.[3] *(BGBl I 1999/194 (DFB))*

(2)[2] Der Rechnungshof überprüft weiters die Gebarung von Unternehmungen, an denen der Bund allein oder gemeinsam mit anderen der Zuständigkeit des Rechnungshofes unterliegenden Rechtsträgern jedenfalls mit mindestens 50 vH des Stamm-, Grund- oder Eigenkapitals beteiligt ist oder die der Bund allein oder gemeinsam mit anderen solchen Rechtsträgern betreibt. Der Rechnungshof überprüft weiters jene Unternehmungen, die der Bund allein oder gemeinsam mit anderen der Zuständigkeit des Rechnungshofes unterliegenden Rechtsträgern durch finanzielle oder sonstige wirtschaftliche oder organisatorische Maßnahmen tatsächlich beherrscht. Die Zuständigkeit des Rechnungshofes erstreckt sich auch auf Unternehmungen jeder weiteren Stufe, bei denen die Voraussetzungen gemäß diesem Absatz vorliegen.[4] *(BGBl I 2009/106, ab 20. Oktober 2009)*

(3) Der Rechnungshof ist befugt, die Gebarung öffentlich-rechtlicher Körperschaften mit Mitteln des Bundes zu überprüfen.[5]

(4) Der Rechnungshof hat auf Beschluss des Nationalrates oder auf Verlangen von Mitgliedern des Nationalrates in seinen Wirkungsbereich fallende besondere Akte der Gebarungsüberprüfung[6] durchzuführen. Die nähere Regelung wird durch das Bundesgesetz über die Geschäftsordnung des Nationalrates getroffen.[7] Desgleichen hat der Rechnungshof auf begründetes Ersuchen der Bundesregierung oder eines Bundesministers solche Akte[6] durchzuführen und das Ergebnis der ersuchenden Stelle mitzuteilen. *(BGBl 1975/409; BGBl I 2003/100)*

(5) Die Überprüfung des Rechnungshofes hat sich auf die ziffernmäßige Richtigkeit, die Übereinstimmung mit den bestehenden Vorschriften, ferner auf die Sparsamkeit, Wirtschaftlichkeit und Zweckmäßigkeit zu erstrecken.

(BGBl I 2003/100)

Artikel 126c.[1] Der Rechnungshof ist befugt, die Gebarung der Träger der Sozialversicherung zu überprüfen.[2]

(BGBl I 2003/100)

Artikel 126d. (1) Der Rechnungshof erstattet dem Nationalrat über seine Tätigkeit im vorausgegangenen Jahr spätestens bis 31. Dezember jeden Jahres Bericht. Überdies kann der Rechnungshof über einzelne Wahrnehmungen jederzeit unter allfälliger Antragstellung an den Nationalrat berichten. Der Rechnungshof hat jeden Bericht gleichzeitig mit der Vorlage an den Nationalrat dem Bundeskanzler mitzuteilen. Die Berichte des Rechnungshofes sind nach Vorlage an den Nationalrat zu veröffentlichen. *(BGBl 1986/212)*

(2) Für die Verhandlung der Berichte des Rechnungshofes wird im Nationalrat ein ständiger Ausschuss eingesetzt. Bei der Einsetzung ist der Grundsatz der Verhältniswahl einzuhalten.[1] *(BGBl I 2003/100)*

(BGBl 1975/409; BGBl I 2003/100)

Artikel 127.[1] (1) Der Rechnungshof hat die in den selbständigen Wirkungsbereich der Länder fallende Gebarung sowie die Gebarung von Stiftungen, Fonds und Anstalten zu überprüfen, die von Organen eines Landes oder von Personen (Personengemeinschaften) verwaltet werden, die hiezu von Organen eines Landes bestellt sind. Die Überprüfung hat sich auf die ziffernmäßige Richtigkeit, die Übereinstimmung mit den bestehenden Vorschriften, ferner auf die Sparsamkeit, Wirtschaftlichkeit und Zweckmäßigkeit der Gebarung zu erstrecken; sie umfasst jedoch nicht die für die Gebarung maßgebenden Beschlüsse der verfassungsmäßig zuständigen Vertretungskörper.[2] *(BGBl I 2003/100)*

Zu Artikel 126a:

[1] Siehe die §§ 36a bis 36f VfGG (17/1).

Zu Artikel 126b:

[1] Beachte § 1 Abs 3 BVG MedKF-T (3a/8); § 1 Abs 6 und § 10 PartG (7/1); § 24a Abs 11 BPräsWG (8/2); § 3a Unv-Tr-G (10/4); Art 18 Abs 8 Bund/Länder/Gemeinden-Vereinb Stabilitätspakt 2012 (13b/3).

[2] Beachte § 31a Abs 1 ORF-G (2c/32).

[3] Siehe die §§ 1 bis 5 RHG (14/1).

[4] Siehe die §§ 11 und 12 RHG (14/1).

[5] Siehe § 13 RHG (14/1).

[6] Sog Sonderprüfungen.

[7] Siehe § 34 Abs 5, § 79 und § 99 GOG-NR (9/1).

Zu Artikel 126c:

[1] Beachte § 1 Abs 3 BVG MedKF-T (3a/8).

[2] Siehe § 20 RHG (14/1).

Zu Artikel 126d:

[1] Rechnungshofausschuss. Siehe § 32 und § 79 Abs 2 GOG-NR (9/1). Zum Ständigen Unterausschuss des Rechnungshofausschusses siehe Art 52b Abs 1 und § 32e GOG-NR.

Zu Artikel 127:

[1] Beachte § 1 Abs 3 BVG MedKF-T (3a/8).

[2] Siehe § 15 RHG (14/1).

(2) Die Landesregierungen haben alljährlich die Voranschläge und Rechnungsabschlüsse dem Rechnungshof zu übermitteln.[2)]

(3) Der Rechnungshof überprüft weiter die Gebarung von Unternehmungen, an denen das Land allein oder gemeinsam mit anderen der Zuständigkeit des Rechnungshofes unterliegenden Rechtsträgern mit mindestens 50 vH des Stamm-, Grund- oder Eigenkapitals beteiligt ist oder die das Land allein oder gemeinsam mit anderen solchen Rechtsträgern betreibt. „Hinsichtlich der Prüfzuständigkeit bei einer tatsächlichen Beherrschung gilt Art. 126b Abs. 2 sinngemäß."* Die Zuständigkeit des Rechnungshofes erstreckt sich auch auf Unternehmungen jeder weiteren Stufe, bei denen die Voraussetzungen gemäß diesem Absatz vorliegen.[2)] *(BGBl 1977/539; BGBl I 2003/100; *BGBl I 2009/106, ab 20. Oktober 2009)*

(4) Der Rechnungshof ist befugt, die Gebarung öffentlich-rechtlicher Körperschaften mit Mitteln des Landes zu überprüfen.[2)]

(5) Das Ergebnis seiner Überprüfung gibt der Rechnungshof der betreffenden Landesregierung bekannt. Diese hat hiezu Stellung zu nehmen und die auf Grund des Prüfungsergebnisses getroffenen Maßnahmen innerhalb von drei Monaten dem Rechnungshof mitzuteilen.[2)] *(BGBl 1988/685)*

(6) Der Rechnungshof erstattet dem Landtag über seine Tätigkeit im vorausgegangenen Jahr, die sich auf das betreffende Land bezieht, spätestens bis 31. Dezember jeden Jahres Bericht. Überdies kann der Rechnungshof über einzelne Wahrnehmungen jederzeit an den Landtag berichten. Der Rechnungshof hat jeden Bericht gleichzeitig mit der Vorlage an den Landtag der Landesregierung sowie der Bundesregierung mitzuteilen. Die Berichte des Rechnungshofes sind nach Vorlage an den Landtag zu veröffentlichen.[2)] *(BGBl 1988/685)*

(7) Der Rechnungshof hat auf Beschluss des Landtages oder auf Verlangen einer durch Landesverfassungsgesetz zu bestimmenden Anzahl von Mitgliedern eines Landtages, die ein Drittel nicht übersteigen darf, in seinen Wirkungsbereich fallende besondere Akte der Gebarungsprüfung durchzuführen. Solange der Rechnungshof auf Grund eines solchen Antrages dem Landtag noch keinen Bericht erstattet hat, darf ein weiterer derartiger Antrag nicht gestellt werden. Desgleichen hat der Rechnungshof auf begründetes Ersuchen der Landesregierung solche Akte durchzuführen und das Ergebnis der ersuchenden Stelle mitzuteilen.[2)] *(BGBl 1988/685; BGBl I 2003/100)*

(8) Die Bestimmungen dieses Artikels gelten auch für die Überprüfung der Gebarung der Stadt Wien, wobei an die Stelle des Landtages der Gemeinderat und „an die Stelle" der Landesregierung der Stadtsenat tritt.[3)] *(BGBl I 2013/114)*

[3)] Siehe § 16 RHG (14/1).

Artikel 127a.[1)] (1) Der Kontrolle durch den Rechnungshof unterliegt die Gebarung der Gemeinden mit mindestens „10 000" Einwohnern sowie die Gebarung von Stiftungen, Fonds und Anstalten, die von Organen einer Gemeinde oder von Personen (Personengemeinschaften) verwaltet werden, die hiezu von Organen einer Gemeinde bestellt sind. Die Überprüfung hat sich auf die ziffernmäßige Richtigkeit, die Übereinstimmung mit den bestehenden Vorschriften, ferner auf die Sparsamkeit, Wirtschaftlichkeit und Zweckmäßigkeit der Gebarung zu erstrecken.[2)] *(BGBl I 2010/98)*

(2) Die Bürgermeister haben alljährlich die Voranschläge und Rechnungsabschlüsse dem Rechnungshof und gleichzeitig der Landesregierung zu übermitteln.[2)]

B-VG

(3) Der Rechnungshof überprüft weiter die Gebarung von Unternehmungen, an denen eine Gemeinde mit mindestens „10 000"** Einwohnern allein oder gemeinsam mit anderen der Zuständigkeit des Rechnungshofes unterliegenden Rechtsträgern mit mindestens 50 vH des Stamm-, Grund- oder Eigenkapitals beteiligt ist oder die die Gemeinde allein oder gemeinsam mit anderen solchen Rechtsträgern betreibt. „Hinsichtlich der Prüfzuständigkeit bei einer tatsächlichen Beherrschung gilt Art. 126b Abs. 2 sinngemäß."* Die Zuständigkeit des Rechnungshofes erstreckt sich auch auf Unternehmungen jeder weiteren Stufe, bei denen die Voraussetzungen gemäß diesem Absatz vorliegen.[2)] *(BGBl 1977/539; BGBl I 2003/100; *BGBl I 2009/106, ab 20. Oktober 2009; **BGBl I 2010/98)*

(4) Der Rechnungshof ist befugt, die Gebarung öffentlich-rechtlicher Körperschaften mit Mitteln einer Gemeinde mit mindestens „10 000" Einwohnern zu überprüfen.[2)] *(BGBl I 2010/98)*

(5) Der Rechnungshof gibt das Ergebnis seiner Überprüfung dem Bürgermeister bekannt. Der Bürgermeister hat hiezu Stellung zu nehmen und die auf Grund des Prüfungsergebnisses getroffenen Maßnahmen innerhalb von drei Monaten dem Rechnungshof mitzuteilen. Der Rechnungshof hat das Ergebnis seiner Gebarungsüberprüfung samt einer allenfalls abgegebenen Äußerung des Bürgermeisters der Landesregierung und der Bundesregierung mitzuteilen.[2)] *(BGBl 1988/685)*

(6) Der Rechnungshof erstattet dem Gemeinderat über seine Tätigkeit im vorausgegangenen Jahr, soweit sie sich auf die betreffende Gemeinde bezieht, spätestens bis 31. Dezember Bericht. Er hat jeden Bericht gleichzeitig mit der Vorlage an den Gemeinderat auch der Landesregierung sowie der Bundesregierung mitzuteilen. Die Berichte des Rechnungshofes sind nach Vorlage an den

Zu Artikel 127a:

[1)] Beachte § 1 Abs 3 BVG MedKF-T (3a/8).

[2)] Siehe § 18 RHG (14/1).

Gemeinderat zu veröffentlichen.[2] *(BGBl 1988/685)*

(7) Der Rechnungshof hat auf begründetes Ersuchen der Landesregierung die Gebarung bestimmter Gemeinden mit weniger als 10 000 Einwohnern zu überprüfen. Die Abs. 1 und 3 bis 6 sind sinngemäß anzuwenden. In jedem Jahr dürfen nur zwei derartige Ersuchen gestellt werden. Solche Ersuchen sind nur hinsichtlich jener Gemeinden zulässig, die im Vergleich mit anderen Gemeinden über eine auffällige Entwicklung bei Schulden oder Haftungen verfügen.[3] *(BGBl I 2010/98)*

(8) Der Rechnungshof hat auf Beschluss des Landtages die Gebarung bestimmter Gemeinden mit weniger als 10 000 Einwohnern zu überprüfen. Die Abs. 1 und 3 bis 6 sind mit der Maßgabe sinngemäß anzuwenden, dass der Bericht des Rechnungshofes auch dem Landtag mitzuteilen ist. In jedem Jahr dürfen nur zwei derartige Anträge gestellt werden. Solche Anträge sind nur hinsichtlich jener Gemeinden zulässig, die im Vergleich mit anderen Gemeinden über eine auffällige Entwicklung bei Schulden oder Haftungen verfügen.[4] *(BGBl I 2010/98)*

(9) Die für die Überprüfung der Gebarung der Gemeinden geltenden Bestimmungen sind bei der Überprüfung der Gebarung der Gemeindeverbände sinngemäß anzuwenden.[5] *(BGBl I 2010/98)*

(BGBl I 2003/100)

Artikel 127b.[1] (1) Der Rechnungshof ist befugt, die Gebarung der gesetzlichen beruflichen Vertretungen zu überprüfen.[2]

(2) Die gesetzlichen beruflichen Vertretungen haben dem Rechnungshof alljährlich den Voranschlag und den Rechnungsabschluss zu übermitteln.[2] *(BGBl I 2003/100)*

(3) Die Überprüfung des Rechnungshofes hat sich auf die ziffernmäßige Richtigkeit, die Übereinstimmung mit den bestehenden Vorschriften, ferner auf die Sparsamkeit und Wirtschaftlichkeit der Gebarung zu erstrecken; diese Überprüfung umfasst jedoch nicht die für die Gebarung in Wahrnehmung der Aufgaben als Interessenvertretung maßgeblichen Beschlüsse der zuständigen Organe der gesetzlichen beruflichen Vertretungen.[2] *(BGBl I 2003/100)*

(4) Der Rechnungshof hat das Ergebnis seiner Überprüfung dem Vorsitzenden des satzungsgebenden Organs (Vertretungskörpers) der gesetzlichen beruflichen Vertretung bekanntzugeben. Dieser hat das Ergebnis der Überprüfung samt einer allfälligen Stellungnahme dazu dem satzungsgebenden Organ (Vertretungskörper) der gesetzlichen beruflichen Vertretung vorzulegen. Der Rechnungshof hat das Ergebnis der Überprüfung gleichzeitig auch der zur obersten Aufsicht über die gesetzliche berufliche Vertretung zuständigen Behörde mitzuteilen. Die Berichte des „Rechnungshofes" sind nach Vorlage an das satzungsgebende Organ (den Vertretungskörper) zu veröffentlichen.[2] *(BGBl I 1999/194 (DFB))*

(BGBl 1994/1013)

Artikel 127c. Ist in einem Land ein Landesrechnungshof eingerichtet, können durch Landesverfassungsgesetz folgende Regelungen getroffen werden:

1. eine dem Art. 126a erster Satz entsprechende Bestimmung mit der Maßgabe, dass Art. 126a zweiter Satz auch in diesem Fall gilt;

2. dem Art. 127a Abs. 1 bis 6 entsprechende Bestimmungen betreffend Gemeinden mit weniger als 10 000 Einwohnern;

3. dem Art. 127a Abs. 7 und 8 entsprechende Bestimmungen betreffend Gemeinden mit mindestens 10 000 Einwohnern „." *(BGBl I 2012/51)*

4. *(entfällt, BGBl I 2012/51)*

(BGBl I 2010/98)

Artikel 128. Die näheren Bestimmungen über die Einrichtung und Tätigkeit des Rechnungshofes werden durch Bundesgesetz getroffen.[1]

„Achtes" Hauptstück
Garantien der Verfassung und Verwaltung

(BGBl I 2003/100; BGBl I 2017/138)

A. Verwaltungsgerichtsbarkeit[1]

(BGBl I 2012/51)

Artikel 129. Für jedes Land besteht ein Verwaltungsgericht des Landes. Für den Bund bestehen ein als Bundesverwaltungsgericht zu bezeichnendes Verwaltungsgericht des Bundes und ein als Bundesfinanzgericht zu bezeichnendes Verwaltungsgericht des Bundes für Finanzen.[1]

---

[3] Siehe § 19 Abs 1 RHG (14/1).
[4] Siehe § 19 Abs 2 RHG (14/1).
[5] Siehe § 17 RHG (14/1).

Zu Artikel 127b:

[1] Beachte § 1 Abs 3 BVG MedKF-T (3a/8).
[2] Siehe § 20a RHG (14/1).

Zu Artikel 128:

[1] Siehe das RHG (14/1).

Zu Abschnitt A:

[1] Übergangsrecht siehe Art 151 Abs 51 und das auf Grund des Art 151 Abs 51 Z 11 erlassene VwGbk-ÜG (15/3).

Zu Artikel 129:

[1] Sog „9+2-Modell".

Artikel 130. (1) Die Verwaltungsgerichte erkennen über Beschwerden

1. gegen den Bescheid einer Verwaltungsbehörde wegen Rechtswidrigkeit;[1]

2. gegen die Ausübung unmittelbarer verwaltungsbehördlicher Befehls- und Zwangsgewalt wegen Rechtswidrigkeit;[2]

3. wegen Verletzung der Entscheidungspflicht durch eine Verwaltungsbehörde „.“[3] *(BGBl I 2017/138)*

4. *(entfällt, BGBl I 2017/138)*

(1a) Das Verwaltungsgericht des Bundes erkennt über die Anwendung von Zwangsmitteln gegenüber Auskunftspersonen eines Untersuchungsausschusses des Nationalrates nach Maßgabe des Bundesgesetzes über die Geschäftsordnung des Nationalrates. *(BGBl I 2014/101)*

(2) Durch Bundes- oder Landesgesetz können sonstige Zuständigkeiten der Verwaltungsgerichte zur Entscheidung über

1. Beschwerden wegen Rechtswidrigkeit eines Verhaltens einer Verwaltungsbehörde in Vollziehung der Gesetze[5] oder

2. Beschwerden wegen Rechtswidrigkeit eines Verhaltens eines Auftraggebers in den Angelegenheiten des öffentlichen Auftragswesens[6] oder

3. Streitigkeiten in dienstrechtlichen Angelegenheiten der öffentlich Bediensteten[7] „oder“ *(BGBl I 2019/14)*

4. Beschwerden, Streitigkeiten oder Anträge in sonstigen Angelegenheiten *(BGBl I 2019/14)*

vorgesehen werden. In den Angelegenheiten der Vollziehung des Bundes, die nicht unmittelbar von Bundesbehörden besorgt werden,[8] sowie in den Angelegenheiten der Art. 11, 12, 14 Abs. 2 und 3 und 14a Abs. 3 und 4 dürfen Bundesgesetze „gemäß Z 1 und 4“ nur mit Zustimmung der Länder kundgemacht werden.[9] *(BGBl I 2019/14)*

(2a) Die Verwaltungsgerichte erkennen über Beschwerden von Personen, die durch das jeweilige Verwaltungsgericht in Ausübung seiner gerichtlichen Zuständigkeiten in ihren Rechten gemäß der Verordnung (EU) 2016/679 zum Schutz natürlicher Personen bei der Verarbeitung personenbezogener Daten, zum freien Datenverkehr und zur Aufhebung der Richtlinie 95/46/EG (Datenschutz-Grundverordnung) – DSGVO, ABl. Nr. L 119 vom 4. 5. 2016 S. 1, verletzt zu sein behaupten. *(BGBl I 2018/22)*

(3) Außer in Verwaltungsstrafsachen und in den zur Zuständigkeit des Verwaltungsgerichtes des Bundes für Finanzen[10] gehörenden Rechtssachen[11] liegt Rechtswidrigkeit nicht vor, soweit das Gesetz der Verwaltungsbehörde Ermessen einräumt und sie dieses im Sinne des Gesetzes geübt hat.[12]

(4) Über Beschwerden gemäß Abs. 1 Z 1 in Verwaltungsstrafsachen hat das Verwaltungsgericht in der Sache selbst zu entscheiden.[13] Über Beschwerden gemäß Abs. 1 Z 1 in sonstigen Rechtssachen hat das Verwaltungsgericht dann in der Sache selbst zu entscheiden,[14] wenn

1. der maßgebliche Sachverhalt feststeht oder

2. die Feststellung des maßgeblichen Sachverhaltes durch das Verwaltungsgericht selbst im Interesse der Raschheit gelegen oder mit einer erheblichen Kostenersparnis verbunden ist.

(5) Von der Zuständigkeit der Verwaltungsgerichte ausgeschlossen sind Rechtssachen, die zur Zuständigkeit der ordentlichen Gerichte[15] oder des Verfassungsgerichtshofes[16] gehören „sofern nicht in diesem Gesetz anderes bestimmt ist[17]“. *(BGBl I 2013/115)*

Artikel 131. (1) Soweit sich aus Abs. 2 und 3 nicht anderes ergibt, erkennen über Beschwerden nach Art. 130 Abs. 1 die Verwaltungsgerichte der Länder.

(2) Soweit sich aus Abs. 3 nicht anderes ergibt, erkennt das Verwaltungsgericht des Bundes über Beschwerden gemäß Art. 130 Abs. 1 in Rechtssachen in den Angelegenheiten der Vollziehung des Bundes, die unmittelbar von Bundesbehörden besorgt werden[1]. Sieht ein Gesetz gemäß Art. 130 Abs. 2 Z 2 eine Zuständigkeit der

Zu Artikel 130:

[1] *Bescheidbeschwerde.*

[2] *Maßnahmenbeschwerde.*

[3] *Säumnisbeschwerde.*

[5] Beschwerde gegen sog *nicht typengebundenes* oder *atypisches Verwaltungshandeln* und Weisungen, beschränkt auf den Bereich der Hoheitsverwaltung (vgl Art 23 Abs 1).

[6] Siehe Art 14b Abs 1.

[7] Vgl auch Art 7 Abs 4, Art 21 Abs 4, Art 23b Abs 1, Art 59a, Art 59b, Art 95 Abs 5 und Art 131 Abs 2.

[8] Also nicht in unmittelbarer Bundesverwaltung (vgl Art 102 Abs 2 Einl).

[9] Vgl Art 14b Abs 4, Art 94 Abs 2, Art 102 Abs 1 und 4, Art 131 Abs 4 und Art 135 Abs 1.

[10] Siehe Art 129.

[11] Siehe insb Art 131 Abs 3.

[12] Vgl demgegenüber Art 133 Abs 3.

[13] Sog *meritorische Entscheidungsbefugnis* der VwG im Verfahren (über Bescheidbeschwerden) in Verwaltungsstrafsachen.

[14] Grundsätzlich *meritorische Entscheidungsbefugnis* der VwG im Verfahren (über Bescheidbeschwerden) in anderen Rechtssachen als Verwaltungsstrafsachen (siehe näher RV 1618 BlgNR 24. GP, 14).

[15] Siehe insb die auf Grund des Art 94 Abs 2 erlassenen BG und LG.

[16] Siehe insb Art 141 Abs 1 lit j.

[17] Mit dieser Einschränkung ist der Gesetzesvorbehalt des Art 141 Abs 1 lit j gemeint.

Zu Artikel 131:

[1] Also in unmittelbarer Bundesverwaltung (vgl Art 102 Abs 2 Einl).

Verwaltungsgerichte vor, erkennt das Verwaltungsgericht des Bundes über Beschwerden in Rechtssachen in den Angelegenheiten des öffentlichen Auftragswesens, die gemäß Art. 14b Abs. 2 Z 1 in Vollziehung Bundessache sind. Sieht ein Gesetz gemäß Art. 130 Abs. 2 Z 3 eine Zuständigkeit der Verwaltungsgerichte vor, erkennt das Verwaltungsgericht des Bundes über Streitigkeiten in dienstrechtlichen Angelegenheiten der öffentlich Bediensteten[2] des Bundes.

(3) Das Verwaltungsgericht des Bundes für Finanzen[3] erkennt über Beschwerden gemäß Art. 130 Abs. 1 Z 1 bis 3 in Rechtssachen in Angelegenheiten der öffentlichen Abgaben (mit Ausnahme der Verwaltungsabgaben des Bundes,[4] der Länder und Gemeinden[5])[6] und des Finanzstrafrechts[7] sowie in sonstigen gesetzlich festgelegten Angelegenheiten, soweit die genannten Angelegenheiten unmittelbar von den Abgaben-[8] oder Finanzstrafbehörden des Bundes[9] besorgt werden.[10]

(4) Durch Bundesgesetz kann

1. eine Zuständigkeit der Verwaltungsgerichte der Länder vorgesehen werden: in Rechtssachen in den Angelegenheiten gemäß Abs. 2 und 3;

2. eine Zuständigkeit der Verwaltungsgerichte des Bundes vorgesehen werden:

a) in Rechtssachen in den Angelegenheiten der Umweltverträglichkeitsprüfung für Vorhaben, bei denen mit erheblichen Auswirkungen auf die Umwelt zu rechnen ist (Art. 10 Abs. 1 Z 9 und Art. 11 Abs. 1 Z 7);

b) in Rechtssachen in den Angelegenheiten des Art. 14 Abs. 1 und 5; *(BGBl I 2017/138)*

„c)" in sonstigen Rechtssachen in den Angelegenheiten der Vollziehung des Bundes, die nicht unmittelbar von Bundesbehörden besorgt werden,[11] sowie in den Angelegenheiten der Art. 11, 12, 14 Abs. 2 und 3 und 14a Abs. 3. *(BGBl I 2017/138)*

Bundesgesetze gemäß Z 1 und „Z 2 lit. c" dürfen nur mit Zustimmung der Länder kundgemacht werden.[12] *(BGBl I 2017/138)*

(5) Durch Landesgesetz kann in Rechtssachen in den Angelegenheiten des selbständigen Wirkungsbereiches der Länder[13] eine Zuständigkeit der Verwaltungsgerichte des Bundes vorgesehen werden. Art. 97 Abs. 2 gilt sinngemäß.

(6) Über Beschwerden in Rechtssachen, in denen ein Gesetz „gemäß Art. 130 Abs. 2 Z 1 und 4" eine Zuständigkeit der Verwaltungsgerichte vorsieht, erkennen die in dieser Angelegenheit gemäß den Abs. 1 bis 4 dieses Artikels zuständigen Verwaltungsgerichte. Ist gemäß dem ersten Satz keine Zuständigkeit gegeben, erkennen über solche Beschwerden die Verwaltungsgerichte der Länder. *(BGBl I 2019/14)*

Artikel 132. (1) Gegen den Bescheid einer Verwaltungsbehörde kann wegen Rechtswidrigkeit Beschwerde erheben:

1. wer durch den Bescheid in seinen Rechten verletzt zu sein behauptet;[1]

2. der zuständige Bundesminister in Rechtssachen in einer Angelegenheit der Art. 11, 12, 14 Abs. 2 und 3 und 14a Abs. 3 und 4 „ ".[2] *(BGBl I 2017/138)*

(2) Gegen die Ausübung unmittelbarer verwaltungsbehördlicher Befehls- und Zwangsgewalt kann wegen Rechtswidrigkeit Beschwerde erheben, wer durch sie in seinen Rechten verletzt zu sein behauptet.

(3) Wegen Verletzung der Entscheidungspflicht kann Beschwerde erheben, wer im Verwaltungsverfahren als Partei zur Geltendmachung der Entscheidungspflicht berechtigt zu sein behauptet.

„(4)" Wer in anderen als den in Abs. 1 und 2 genannten Fällen und in den Fällen, in denen ein Gesetz gemäß Art. 130 Abs. 2 eine Zuständigkeit der Verwaltungsgerichte vorsieht, wegen Rechtswidrigkeit Beschwerde erheben kann, bestimmen die Bundes- oder Landesgesetze.[3] *(BGBl I 2017/138)*

---

[2] Vgl auch Art 7 Abs 4, Art 21 Abs 4, Art 23b Abs 1, Art 59a, Art 59b, Art 95 Abs 5 und Art 130 Abs 2 Z 3.

[3] Siehe Art 129.

[4] Siehe § 78 Abs 1 AVG.

[5] Siehe § 16 Abs 1 Z 16 FAG 2017 (13a/2) (bis 31. Dezember 2021).

[6] Siehe § 1 Abs 1 BAO.

[7] Das ist das von den Finanzstrafbehörden des Bundes zu vollziehende Abgabenstrafrecht (von den Finanzstrafbehörden des Bundes zu ahndende Finanzvergehen iSd § 1 Abs 1 FinStrG und Übertretungen aus dem Bereich des landesgesetzlichen und kommunalsteuerlichen Abgabenstrafrechts, soweit gemäß § 254 Abs 2 FinStrG zur Durchführung des Strafverfahrens in erster Instanz eine Finanzstrafbehörde des Bundes zuständig ist).

[8] BMF, Finanzämter und Zollämter (§ 1 Abs 2 BFGG).

[9] Finanzämter und Zollämter (§ 29 AVOG iVm § 58 Abs 1 FinStrG).

[10] Siehe § 1 Abs 2 BAO.

[11] Also nicht in unmittelbarer Bundesverwaltung (vgl Art 102 Abs 2 Einl).

[12] Vgl Art 14b Abs 4, Art 94 Abs 2, Art 102 Abs 1 und 4, Art 130 Abs 2 und Art 135 Abs 1.

[13] Siehe Art 15 Abs 1.

Zu Artikel 132:

[1] *Parteibeschwerde.*

[2] *Amtsbeschwerde.*

[3] Bundesgesetzlich ist eine *Amtsbeschwerde* zB vorgesehen in: § 25a Abs 1 AlSAG; § 48 Abs 3 und § 57 Abs 2 ApoKG; § 11 Abs 3 und § 12 Abs 4 ArbIG; § 52c Abs 4, § 62 Abs 5, § 151 Abs 3 und § 154 Abs 3 ÄrzteG; § 111a ASVG; § 22 Abs 5 AÜG; § 28a Abs 1, § 30 Abs 1 und § 30a AuslBG; § 42 Abs 1 Z 8, § 50 Abs 4, § 52 Abs 3 und § 87c Abs 1 und 2 AWG; § 2 Abs 6a, § 3a Abs 3, § 4 Abs 6, § 19 Abs 6 und § 23 Abs 5 BAG; § 103 Abs 4 Z 1

„(5)“ In den Angelegenheiten des eigenen Wirkungsbereiches der Gemeinde kann Beschwerde beim Verwaltungsgericht erst nach Erschöpfung des Instanzenzuges erhoben werden.[4] *(BGBl I 2017/138)*

Artikel 133. (1) Der Verwaltungsgerichtshof erkennt über

1. Revisionen gegen das Erkenntnis eines Verwaltungsgerichtes wegen Rechtswidrigkeit;

2. Anträge auf Fristsetzung wegen Verletzung der Entscheidungspflicht durch ein Verwaltungsgericht;[1]

3. Kompetenzkonflikte zwischen Verwaltungsgerichten oder zwischen einem Verwaltungsgericht und dem Verwaltungsgerichtshof.

(2) Durch Bundes- oder Landesgesetz können sonstige Zuständigkeiten des Verwaltungsgerichtshofes zur Entscheidung über Anträge eines ordentlichen Gerichtes auf Feststellung der Rechtswidrigkeit eines Bescheides oder eines Erkenntnisses eines Verwaltungsgerichtes vorgesehen werden.[2]

(2a) Der Verwaltungsgerichtshof erkennt über die Beschwerde einer Person, die durch den Verwaltungsgerichtshof in Ausübung seiner gerichtlichen Zuständigkeiten in ihren Rechten gemäß der DSGVO verletzt zu sein behauptet. *(BGBl I 2018/22)*

(3) Rechtswidrigkeit liegt nicht vor, soweit das Verwaltungsgericht Ermessen im Sinne des Gesetzes geübt hat.[3]

(4) Gegen ein Erkenntnis des Verwaltungsgerichtes ist die Revision zulässig, wenn sie von der Lösung einer Rechtsfrage abhängt, der grundsätzliche Bedeutung zukommt, insbesondere weil das Erkenntnis von der Rechtsprechung des Verwaltungsgerichtshofes abweicht, eine solche Rechtsprechung fehlt oder die zu lösende Rechtsfrage in der bisherigen Rechtsprechung des Verwaltungsgerichtshofes nicht einheitlich beantwortet wird. Hat das Erkenntnis nur eine geringe Geldstrafe zum Gegenstand, kann durch Bundesgesetz vorgesehen werden, dass die Revision unzulässig ist.[4]

(5) Von der Zuständigkeit des Verwaltungsgerichtshofes ausgeschlossen sind Rechtssachen, die zur Zuständigkeit des Verfassungsgerichtshofes[5] gehören.

(6) Gegen das Erkenntnis eines Verwaltungsgerichtes kann wegen Rechtswidrigkeit Revision erheben:

1. wer durch das Erkenntnis in seinen Rechten verletzt zu sein behauptet;[6]

2. die belangte Behörde des Verfahrens vor dem Verwaltungsgericht;[7]

3. der zuständige Bundesminister in den im Art. 132 Abs. 1 Z 2 genannten Rechtssachen „.“[5] *(BGBl I 2017/138)*

4. *(entfällt, BGBl I 2017/138)*

(7) Wegen Verletzung der Entscheidungspflicht kann einen Antrag auf Fristsetzung stellen, wer im Verfahren vor dem Verwaltungsgericht als Partei zur Geltendmachung der Entscheidungspflicht berechtigt zu sein behauptet.

(8) Wer in anderen als den in Abs. 6 genannten Fällen wegen Rechtswidrigkeit Revision erheben kann, bestimmen die Bundes- oder Landesgesetze.[8]

---

und § 112 Abs 3a BDG; § 3 Abs 1 Z 2a BG zur Durchführung unmittelbar anwendbarer unionsrechtlicher Bestimmungen auf dem Gebiet des Tierschutzes BGBl I 2013/47; § 4 Abs 2 BLRG; § 32 Abs 5 BUAG; § 13 Abs 2 B-UHG; § 5 Abs 8 und § 26 Z 7 DMSG; § 48 Abs 2 und § 89 Abs 2 ElWOG; § 151 Abs 1 lit b und § 152 Abs 1 FinStrG; § 6a Abs 10 GESG („Rechtsmittelbefugnis“); § 356b Abs 1 GewO; § 50 Abs 5 GSpG; § 69 Abs 3 und § 148 Abs 3 GWG; § 19 Abs 2 HDG; § 22a Abs 6 HebG; § 22 Abs 2 KGRG; § 75 Abs 2 Z 1 und § 80 Abs 3a LDG; § 83 Abs 2 Z 1 und § 88 Abs 3a LLDG; § 32 und § 34 Abs 3 LSD-BG; § 63 Abs 2 MEG; § 17 Abs 6 MeldeG; § 72 Abs 1 PatAnwG; § 15 Abs 4 PMG („Rechtsmittelbefugnis“); § 58 RAO („Rechtsmittelbefugnis“); § 91 Abs 2 SPG; § 69 Abs 6 TÄKamG; § 41 Abs 5 TSchG; § 43 Abs 7 UG; § 51 Abs 4 VermG; § 46 Abs 6 WeinG („Rechtsmittelbefugnis“); § 55 Abs 5, § 55g Abs 3, § 104a Abs 3 und § 116 Abs 1 WRG; § 26b Abs 4 und § 46 Abs 6 ZÄG; § 63 Abs 1 („Parteistellung“; vgl § 63 Abs 3), § 72 Abs 3 Z 1, § 75 Abs 4, § 86 Abs 1 und § 97 Abs 2 ZÄKG. Nicht um Amtsbeschwerden handelt es sich bei der Beschwerde gemäß Art 119a Abs 9 sowie nach hM bei der Beschwerde gemäß § 4 Abs 1 VoGrG (2c/51) (vgl VwGH 22.4.1998 Zlen 94/12/0056, 94/12/0377); insb im Bereich der wirtschaftlichen Selbstverwaltung ist die Zuordnung manchmal unklar (siehe zB § 363 Abs 2 und 3 GewO sowie zur Vorgängerregelung *Ringhofer*, Die österreichische Bundesverfassung [1977] 416).

[4] Vgl Art 118 Abs 4 zweiter Satz.

Zu Artikel 133:

[1] *Fristsetzungsantrag.*

[2] Bundesgesetzlich ist eine solche Zuständigkeit vorgesehen in: § 11 Abs 1 AHG (19/1); § 373 Abs 5 BVergG; § 142 Abs 4 BVergGVS; § 3 Abs 9 FERG (2c/36); § 9 Abs 1 OrgHG (19/2).

[3] Vgl demgegenüber Art 130 Abs 3.

[4] Siehe § 25a Abs 4 VwGG (16/1).

[5] Siehe Art 141 Abs 1 lit j („[bundes- oder landesgesetzlich vorgesehene] Anfechtung von ... Entscheidungen ... der Verwaltungsgerichte in den Fällen der lit. a bis c und g bis i“) und Art 144.

[6] *Parteirevision.*

[7] *Amtsrevision.*

[8] Bundesgesetzlich ist eine *Amtsrevision* zB vorgesehen in: § 25a Abs 2 AlSAG; § 57 Abs 5 ApoKG; § 13 ArbIG; § 52c Abs 4 und § 141 ÄrzteG; § 111a ASVG; § 22 Abs 5 AÜG; § 28a Abs 1, § 30 Abs 1 und § 30a AuslBG; § 42 Abs 1 Z 8, § 50 Abs 4, § 52 Abs 3 und § 87c Abs 3 und 4 AWG; § 2 Abs 6a, § 3a Abs 3, § 4 Abs 6, § 19 Abs 6 und § 23 Abs 5 BAG; § 103 Abs 4 Z 2 BDG; § 8 BFA-VG; § 32 Abs 5 BUAG; § 13 Abs 3 B-UHG; § 75 Abs 1 ChemG; § 5 Abs 8 und § 26 Z 7 DMSG; § 9 Abs 1 E-

(9) Auf die Beschlüsse der Verwaltungsgerichte sind die für ihre Erkenntnisse geltenden Bestimmungen dieses Artikels sinngemäß anzuwenden. Inwieweit gegen Beschlüsse der Verwaltungsgerichte Revision erhoben werden kann, bestimmt das die Organisation und das Verfahren des Verwaltungsgerichtshofes regelnde besondere Bundesgesetz.[9)]

Artikel 134. (1) Die Verwaltungsgerichte und der Verwaltungsgerichtshof bestehen aus je einem Präsidenten, einem Vizepräsidenten und der erforderlichen Zahl von sonstigen Mitgliedern.[1)]

(2) Den Präsidenten, den Vizepräsidenten und die sonstigen Mitglieder des Verwaltungsgerichtes eines Landes ernennt die Landesregierung; diese hat, soweit es sich nicht um die Stelle des Präsidenten oder des Vizepräsidenten handelt, Dreiervorschläge der Vollversammlung des Verwaltungsgerichtes oder eines aus ihrer Mitte zu wählenden Ausschusses, der aus dem Präsidenten, dem Vizepräsidenten und mindestens fünf sonstigen Mitgliedern des Verwaltungsgerichtes des Landes zu bestehen hat, einzuholen.[2)] Die Mitglieder der Verwaltungsgerichte der Länder müssen das Studium der Rechtswissenschaften oder die rechts- und staatswissenschaftlichen Studien abgeschlossen haben und über eine fünfjährige juristische Berufserfahrung verfügen.

(3) Den Präsidenten, den Vizepräsidenten und die sonstigen Mitglieder der Verwaltungsgerichte des Bundes ernennt der Bundespräsident auf Vorschlag der Bundesregierung; diese hat, soweit es sich nicht um die Stelle des Präsidenten oder des Vizepräsidenten handelt,[3)] Dreiervorschläge der Vollversammlung des Verwaltungsgerichtes oder eines aus ihrer Mitte zu wählenden Ausschusses, der aus dem Präsidenten, dem Vizepräsidenten und mindestens fünf sonstigen Mitgliedern des Verwaltungsgerichtes des Bundes zu bestehen hat, einzuholen.[2)] Die Mitglieder des Verwaltungsgerichtes des Bundes müssen das Studium der Rechtswissenschaften oder die rechts- und staatswissenschaftlichen Studien abgeschlossen haben und über eine fünfjährige juristische Berufserfahrung verfügen, die Mitglieder des Verwaltungsgerichtes des Bundes für Finanzen[4)] müssen ein einschlägiges Studium[5)] abgeschlossen haben und über eine fünfjährige einschlägige Berufserfahrung[6)] verfügen.

(4) Den Präsidenten, den Vizepräsidenten und die sonstigen Mitglieder des Verwaltungsgerichtshofes ernennt der Bundespräsident auf Vorschlag der Bundesregierung; diese erstattet ihre Vorschläge, soweit es sich nicht um die Stelle des Präsidenten oder des Vizepräsidenten handelt, auf Grund[7)] von Dreiervorschlägen der Vollversammlung des Verwaltungsgerichtshofes oder eines aus ihrer Mitte zu wählenden Ausschusses, der aus dem Präsidenten, dem Vizepräsidenten und mindestens fünf sonstigen Mitgliedern des Verwaltungsgerichtshofes zu bestehen hat. Die Mitglieder des Verwaltungsgerichtshofes müssen das Studium der Rechtswissenschaften oder die rechts- und staatswissenschaftlichen Studien abgeschlossen haben und über eine zehnjährige juristische Berufserfahrung verfügen. Wenigstens der vierte Teil soll aus Berufsstellungen in den Ländern, womöglich aus dem Verwaltungsdienst der Länder, entnommen werden.

(5) Den Verwaltungsgerichten und dem Verwaltungsgerichtshof können Mitglieder der Bundesregierung, einer Landesregierung, des Nationalrates, des Bundesrates, eines Landtages oder des Europäischen Parlaments nicht angehören, dem Verwaltungsgerichtshof ferner Mitglieder eines sonstigen allgemeinen Vertretungskörpers[8)]; für Mitglieder eines allgemeinen Vertretungskörpers[8)] oder des Europäischen Parlaments, die auf

---

ControlG; § 48 Abs 2 ElWOG; § 49a Abs 2 EZG; § 169 FinStrG; § 10 FPG; § 22 Abs 3 GebAG; § 6a Abs 10 GESG; § 356b Abs 1 GewO; § 21a GütbefG; § 9 Abs 3b GVG-B; § 69 Abs 3 GWG; § 19 Abs 2 und § 37 HDG; § 50 KflG; § 22 Abs 2 KGRG; § 15a Abs 2 KommStG; § 75 Abs 2 Z 2 LDG; § 83 Abs 2 Z 2 LLDG; § 40 und § 94 LMSVG; § 32 und § 34 Abs 3 LSD-BG; § 56 Abs 2 MBG; § 63 Abs 2 MEG; § 17 Abs 6 MeldeG; § 3a NAG; § 72 Abs 2 PatAnwG; § 15 Abs 4 PMG; § 18 Abs 3 PSG; § 58 RAO; § 91 Abs 1 und 2 SPG; § 46 Abs 4 StudFG; § 69 Abs 6 TÄKamG; § 46 Abs 4 UG; § 46 Abs 6 WeinG; § 55 Abs 4 WG; § 55 Abs 5, § 55g Abs 3, § 104a Abs 3 und § 116 Abs 2 WRG; § 26b Abs 4 ZÄG; § 63 Abs 1 ZÄKG. Nicht um Amtsrevisionen handelt es sich bei der Revision gemäß Art 119a Abs 9 sowie nach hM bei der Revision gemäß § 4 Abs 1 VoGrG (2c/51) (vgl VwGH 22.4.1998 Zlen 94/12/0056, 94/12/0377); insb im Bereich der wirtschaftlichen Selbstverwaltung ist die Zuordnung manchmal unklar (siehe zB § 363 Abs 2 und 3 GewO sowie zur Vorgängerregelung *Ringhofer*, Die österreichische Bundesverfassung [1977] 416).

9) Siehe § 25a Abs 2 und 3 VwGG (16/1).

Zu Artikel 134:

1) Siehe zB § 2 Abs 1 BVwGG (15/1) (BVwG) und § 3 Abs 1 BFGG (BFG) sowie § 1 Abs 1 VwGG (16/1) (VwGH).

2) Diese sind jedoch – ebenso wie die Dreiervorschläge gemäß Art 86 Abs 1 – nicht bindend; vgl demgegenüber Abs 4 (VwGH). Siehe § 2 Abs 4 BVwGG (15/1) (BVwG) und § 3 Abs 2 BFGG (BFG).

3) Siehe aber § 2 Abs 3 BVwGG (15/1) (BVwG).

4) Siehe Art 129.

5) Das sind, abgesehen vom Studium der Rechtswissenschaften (bzw den rechts- und staatswissenschaftlichen Studien), Studien, die einen unmittelbaren inhaltlichen Bezug zu den Aufgaben des BFGG (vgl Art 131 Abs 3) aufweisen (RV 1618 BlgNR 24. GP, 17 f).

6) Also nicht notwendigerweise eine juristische Berufserfahrung (vgl FN 4).

7) Diese Vorschläge sind also bindend (sog Selbstergänzungsrecht); vgl demgegenüber Abs 2 und 3 (VwG) sowie ferner Art 86 Abs 1.

8) Siehe FN 19 zu Art 20.

eine bestimmte Gesetzgebungs- oder Funktionsperiode gewählt wurden, dauert die Unvereinbarkeit auch bei vorzeitigem Verzicht auf das Mandat bis zum Ablauf der Gesetzgebungs- oder Funktionsperiode fort.[9)]

(6) Zum Präsidenten oder Vizepräsidenten eines Verwaltungsgerichtes oder des Verwaltungsgerichtshofes kann nicht ernannt werden, wer eine der in Abs. 5 bezeichneten Funktionen in den letzten fünf Jahren ausgeübt hat.[9)]

(7) Die Mitglieder der Verwaltungsgerichte und des Verwaltungsgerichtshofes sind Richter. Art. 87 Abs. 1 und 2[10)] und Art. 88 Abs. 1 und 2[11)] sind mit der Maßgabe sinngemäß anzuwenden, dass die Altersgrenze, mit deren Erreichung die Mitglieder der Verwaltungsgerichte der Länder in den dauernden Ruhestand treten oder ihr Dienstverhältnis endet, durch Landesgesetz bestimmt wird.

(8) Die Diensthoheit gegenüber den beim Verwaltungsgerichtshof Bediensteten wird vom Präsidenten ausgeübt.[12)]

Artikel 135. (1) Die Verwaltungsgerichte erkennen durch Einzelrichter. Im Gesetz über das Verfahren der Verwaltungsgerichte oder in Bundes- oder Landesgesetzen kann vorgesehen werden, dass die Verwaltungsgerichte durch Senate entscheiden. Die Größe der Senate wird durch das Gesetz über die Organisation des Verwaltungsgerichtes festgelegt.[1)] Die Senate sind von der Vollversammlung oder einem aus ihrer Mitte zu wählenden Ausschuss, der aus dem Präsidenten, dem Vizepräsidenten und einer gesetzlich zu bestimmenden Zahl von sonstigen Mitgliedern des Verwaltungsgerichtes zu bestehen hat, aus den Mitgliedern des Verwaltungsgerichtes und, soweit in Bundes- oder Landesgesetzen die Mitwirkung von fachkundigen Laienrichtern an der Rechtsprechung vorgesehen ist, aus einer in diesen zu bestimmenden Anzahl von fachkundigen Laienrichtern zu bilden.[2)] Insoweit ein Bundesgesetz vorsieht, dass ein Verwaltungsgericht des Landes in Senaten zu entscheiden hat oder dass fachkundige Laienrichter an der Rechtsprechung mitwirken, muss hiezu die Zustimmung der beteiligten Länder eingeholt werden. Der Verwaltungsgerichtshof erkennt durch Senate, die von der Vollversammlung oder einem aus ihrer Mitte zu wählenden Ausschuss, der aus dem Präsidenten, dem Vizepräsidenten und einer gesetzlich zu bestimmenden Zahl von sonstigen Mitgliedern des Verwaltungsgerichtshofes zu bestehen hat, aus den Mitgliedern des Verwaltungsgerichtshofes zu bilden sind.[3)]

(2) Die vom Verwaltungsgericht zu besorgenden Geschäfte sind durch die Vollversammlung oder einen aus ihrer Mitte zu wählenden Ausschuss, der aus dem Präsidenten, dem Vizepräsidenten und einer gesetzlich zu bestimmenden Zahl von sonstigen Mitgliedern des Verwaltungsgerichtes zu bestehen hat, auf die Einzelrichter und die Senate für die gesetzlich bestimmte Zeit im Voraus zu verteilen.[4)] Die vom Verwaltungsgerichtshof zu besorgenden Geschäfte sind durch die Vollversammlung oder einen aus ihrer Mitte zu wählenden Ausschuss, der aus dem Präsidenten, dem Vizepräsidenten und einer gesetzlich zu bestimmenden Zahl von sonstigen Mitgliedern des Verwaltungsgerichtshofes zu bestehen hat, auf die Senate für die gesetzlich bestimmte Zeit im Voraus zu verteilen.[4)]

(3) Eine nach der Geschäftsverteilung einem Mitglied zufallende Sache darf ihm nur durch das gemäß Abs. 2 zuständige Organ und nur im Fall seiner Verhinderung oder dann abgenommen werden, wenn es wegen des Umfangs seiner Aufgaben an deren Erledigung innerhalb einer angemessenen Frist gehindert ist.[4)5)]

(4)[6)] Art. 89 ist auf die Verwaltungsgerichte und den Verwaltungsgerichtshof sinngemäß anzuwenden.

Artikel 135a.[1)] (1) Im Gesetz über die Organisation des Verwaltungsgerichtes kann die Besorgung einzelner, genau zu bezeichnender Arten von Geschäften besonders ausgebildeten nichtrichterlichen Bediensteten[2)] übertragen werden.[3)]

(2) Das nach der Geschäftsverteilung[4)] zuständige Mitglied des Verwaltungsgerichtes kann jedoch jederzeit die Erledigung solcher Geschäfte sich vorbehalten oder an sich ziehen.[5)]

B-VG

[9)] *Unvereinbarkeit* (Inkompatibilität).

[10)] *Richterliche Unabhängigkeit.*

[11)] *Unabsetzbarkeit und Unversetzbarkeit der Richter.*

[12)] Vgl auch Art 21 Abs 3 (oberste Organe des Bundes und der Länder), Art 30 Abs 4 und 6 (Präs des NR), Art 125 Abs 3 (Präs des RH), Art 147 Abs 8 (Präs des VfGH) und Art 148h Abs 2 (Vors der VA).

Zu Artikel 135:

[1)] Siehe zB § 7 Abs 1 und 2 BVwGG (15/1) (BVwG) und § 12 Abs 2 BFGG (BFG).

[2)] Siehe zB § 15 Abs 1 Z 2 BVwGG (15/1) (BVwG) und § 13 Abs 3 Z 4 und 5 BFGG (BFG).

[3)] Siehe § 11 Abs 2 VwGG (16/1) (VwGH).

[4)] *Grundsatz der festen Geschäftsverteilung.*

[5)] Siehe zB § 17 Abs 3 BVwGG (15/1) (BVwG) und § 9 Abs 9 BFGG (BFG) sowie den – verfassungsrechtlich bedenklichen – § 11 Abs 3 VwGG (16/1) (VwGH).

[6)] Beachte Art 267 AEUV (21/2).

Zu Artikel 135a:

[1)] Vgl Art 87a.

[2)] *Rechtspfleger.*

[3)] Vgl Art 135 Abs 2 erster Satz.

[4)] Siehe (nur) § 25 G über das VwG Wien LGBl 2012/83.

[5)] Siehe § 4 Abs 5 G über das VwG Wien.

(3) Bei der Besorgung der im Abs. 1 bezeichneten Geschäfte sind die nichtrichterlichen Bediensteten[2] nur an die Weisungen des nach der Geschäftsverteilung[3] zuständigen Mitgliedes des Verwaltungsgerichtes gebunden.[6] Art. 20 Abs. 1 dritter Satz ist anzuwenden.

Artikel 136. (1) Die Organisation der Verwaltungsgerichte der Länder wird durch Landesgesetz geregelt, die Organisation der Verwaltungsgerichte des Bundes durch Bundesgesetz.[1]

(2) Das Verfahren der Verwaltungsgerichte mit Ausnahme des Verwaltungsgerichtes des Bundes für Finanzen[2] wird durch ein besonderes Bundesgesetz[3] einheitlich[4] geregelt. Der Bund hat den Ländern Gelegenheit zu geben, an der Vorbereitung solcher Gesetzesvorhaben mitzuwirken.[5] Durch Bundes- oder Landesgesetz können Regelungen über das Verfahren der Verwaltungsgerichte getroffen werden, wenn sie zur Regelung des Gegenstandes erforderlich sind oder soweit das im ersten Satz genannte besondere Bundesgesetz dazu ermächtigt.

(3) Das Verfahren des Verwaltungsgerichtes des Bundes für Finanzen[2] wird durch Bundesgesetz[6] geregelt. Durch Bundesgesetz kann auch das Abgabenverfahren vor den Verwaltungsgerichten der Länder geregelt werden.

(3a) Das Bundesgesetz über die Geschäftsordnung des Nationalrates kann für das Verfahren des Verwaltungsgerichtes des Bundes gemäß Art. 130 Abs. 1a besondere Bestimmungen treffen. *(BGBl I 2014/101)*

(3b) In den Fällen des Art. 130 Abs. 2 Z 4 können für das Verfahren der Verwaltungsgerichte durch Bundes- oder Landesgesetz besondere Bestimmungen getroffen werden. *(BGBl I 2019/14)*

(4) Die Organisation und das Verfahren des Verwaltungsgerichtshofes werden durch ein besonderes Bundesgesetz[7] geregelt.

(5) Die Vollversammlungen der Verwaltungsgerichte und des Verwaltungsgerichtshofes beschließen auf Grund der nach den vorstehenden Absätzen erlassenen Gesetze Geschäftsordnungen.[8]

---

[6] Siehe § 4 Abs 4 G über das VwG Wien.

Zu Artikel 136:

[1] Siehe das BVwGG (15/1) und das BFGG.

[2] Siehe Art 129.

[3] Siehe das VwGVG (15/2).

[4] Vgl Art 11 Abs 2.

[5] Vgl Art 14b Abs 4 erster Satz. Einer Zustimmung der Länder bedürfen solche BG also nicht.

[6] Siehe die BAO und das FinStrG.

[7] Siehe das VwGG (16/1).

[8] Siehe zB die GO-VwGH (16/1/1). Einer Vollziehung des jeweiligen Verfahrensgesetzes durch Erlassung von Durchführungsverordnungen steht Abs 5 nicht entgegen (RV 1618 BlgNR 24. GP, 19).

„B. Verfassungsgerichtsbarkeit[1]"

(BGBl I 2012/51)

Artikel 137.[1)2)] Der Verfassungsgerichtshof erkennt über vermögensrechtliche Ansprüche gegen den Bund, die Länder, die Gemeinden und die Gemeindeverbände, die weder im ordentlichen Rechtsweg auszutragen noch durch Bescheid einer Verwaltungsbehörde zu erledigen sind.

(BGBl I 2003/100)

Artikel 138. (1)[1] Der Verfassungsgerichtshof erkennt über Kompetenzkonflikte

1. zwischen Gerichten und Verwaltungsbehörden;

2. zwischen ordentlichen Gerichten und Verwaltungsgerichten oder dem Verwaltungsgerichtshof sowie zwischen dem Verfassungsgerichtshof selbst und allen anderen Gerichten; *(BGBl I 2012/51)*

3. zwischen dem Bund und einem Land oder zwischen den Ländern untereinander.
(BGBl I 2008/2)

(2)[2] Der Verfassungsgerichtshof stellt weiters auf Antrag der Bundesregierung oder einer Landesregierung fest, ob ein Akt der Gesetzgebung oder Vollziehung in die Zuständigkeit des Bundes oder der Länder fällt.[3] *(BGBl 1974/444)*

Zu Abschnitt B:

[1] Beachte Art 126a, Art 127c, Art 148f, Art 148i Abs 1 und Art 148i Abs 2, die §§ 9 und 10 Unv-Tr-G (10/4) und Art 2 und Art 3 BVG Gemeindebund (13b/1).

Zu Artikel 137:

[1] Sog *Kausalgerichtsbarkeit*. Siehe die §§ 37 bis 41 VfGG (17/1).

[2] Beachte die Sonderbestimmung des Art 3 BVG Gemeindebund (13b/1). Siehe Art 4 Abs 2 letzter Satz und Art 5 Abs 1 letzter Satz Bund/Länder/Gemeinden-Vereinb Konsultationsmechanismus (13b/2).

Zu Artikel 138:

[1] Siehe die §§ 42 bis 52 VfGG (17/1).

[2] Siehe die §§ 53 bis 56 VfGG (17/1).

[3] Siehe VfSlg 558/1926 (BGBl 1926/86) – *landwirtschaftliche Pachtverhältnisse, Pächterbeiräte*; VfSlg 865/1927 (BGBl 1927/345) – *Zwangsarbeits- und Besserungsanstalten*; VfSlg 896/1927 (BGBl 1927/346) – *Landessanitätsräte*; VfSlg 1030/1928 (BGBl 1928/171) – *Straßenpolizei*; VfSlg 1390/1931 (BGBl 1931/113) – *landwirtschaftliches Bringungsrecht*; VfSlg 1478/1932 (BGBl 1933/1) – *Schutz gegen Vortäuschung öffentlicher Berechtigungen und unbefugte Verfertigung amtlicher Siegel*; VfSlg 1642/1948 (BGBl 1948/183) – *berufliche Vertretungen der Arbeitgeber und Arbeitnehmer auf land- und forstwirtschaftlichem Gebiete*; VfSlg 1712/1948 (BGBl 1949/41) – *Jagdrecht*; VfSlg 1936/1950 (BGBl 1950/107) – *Personalvertretungen*; VfSlg 1990/1950 (BGBl 1950/158) – *Heil- und Pflegeanstalten*; VfSlg 2066/1950 (BGBl 1951/46) – *Ehrenzeichen*; VfSlg 2192/1951 (BGBl 1951/263) – *Enteignung von Grundstücken zur Errichtung*

von Klein- und Mittelwohnungen sowie von städtischen Siedlungen; VfSlg 2328/1952 (BGBl 1952/132) – *Dienstrecht des Fachpersonals öffentlicher Kindergärten*; VfSlg 2452/1952 (BGBl 1953/23) – *Anerbenrecht*; VfSlg 2527/1953 (BGBl 1953/127) – *ordnungspolizeiliche Maßnahmen hinsichtlich Werbebildern für Kinovorführungen*; VfSlg 2658/1954 (BGBl 1954/92) – *Grundverkehrsrecht, zur Regelung der Materie unerlässliche Bestimmungen auf dem Gebiete des Zivil- und Strafrechtes gemäß Art 15 Abs 9 B-VG*; VfSlg 2668/1954 (BGBl 1954/159) – *Maßnahmen zur Erleichterung der Familiengründung und zur Hebung der Geburtenfreudigkeit durch Gewährung von Familienbeihilfen*; VfSlg 2674/1954 (BGB 1954/162) – *Raumordnung*; VfSlg 2670/1954 (BGBl 1954/208) – *musikalische Produktion, Musikunterricht und Einrichtung einer zentralen beruflichen Vertretung der erwerbsmäßig tätigen Musiker*; VfSlg 2721/1954 (BGBl 1954/257) – *Rundfunkwesen*; VfSlg 2905/1955 (BGBl 1956/15) – *Kreuzungen von Eisenbahnen und Straßen*; VfSlg 2977/1956 (BGBl 1956/108) – *Betrieb von Garagen und Einstellplätzen sowie behelfsmäßige Einstellung von Kraftfahrzeugen*; VfSlg 3210/1957 (BGBl 1957/205) – *Vertragsbeziehungen zwischen einem Weingartenbesitzer und einem Winzer*; VfSlg 3234/1957 (BGBl 1957/249) – *Volksbildungswesen*; VfSlg 3314/1958 (BGBl 1958/112) – *Zugehörigkeit zu einer nationalen Minderheit*; VfSlg 3472/1958 (BGBl 1959/59) – *behördliche Bewilligung der Annahme und des Tragens ausländischer Orden und Ehrenzeichen*; VfSlg 3421/1958 (BGBl 1959/60) – *Wohnraumbewirtschaftung*; VfSlg 3504/1959 (BGBl 1959/153) – *Bau und Betrieb von landwirtschaftlichen Materialseilbahnen*; VfSlg 3650/1959 (BGBl 1960/47) – *Maßnahmen auf dem Gebiete des Strahlenschutzes*; VfSlg 3685/1960 (BGBl 1960/146) – *Fonds zur Leistung von Beihilfen für Tierverluste, die nicht durch Seuche oder sonstige Krankheit entstehen*; VfSlg 4206/1962 (BGBl 1962/266) – *Bodenreform, soweit sie sich auf forstwirtschaftliche Grundstücke bezieht*; VfSlg 4204/1962 (BGBl 1962/315) – *Ersatz für Schäden aus atomaren Ereignissen und Sicherung der Ersatzleistung*; VfSlg 4349/1963 (BGBl 1963/105) – *Herstellung und Erhaltung von Straßen sowie deren Ausstattung mit Beleuchtungsanlagen, die der Verkehrsregelung und der Verkehrssicherheit dienen*; VfSlg 4387/1963 (BGBl 1963/160) – *Abwässerbeseitigung von bebauten Liegenschaften*; VfSlg 4348/1963 (BGBl 1963/161) – *Maßnahmen zum Schutze des Waldes gegen Wildschäden*; VfSlg 4446/1963 (BGBl 1963/230) – *berufliche Vertretungen der Arbeitnehmer auf land- und forstwirtschaftlichem Gebiet*; VfSlg 4445/1963 (BGBl 1963/231) – *Durchführung der Genfer Abkommen zum Schutze der Opfer des Krieges vom 12. August 1949 hinsichtlich des Schutzes des Zeichens und des Namens des Roten Kreuzes*; VfSlg 4533/1963 (BGBl 1963/270) – *privatrechtliche Dienstverhältnisse zu den Ortsgemeinden*; VfSlg 4609/1963 (BGBl 1964/82) – *Bekämpfung von Infektionskrankheiten durch Gewährung von Beiträgen an die Erkrankten unter Bedachtnahme auf deren Vermögens- und Einkommensverhältnisse*; VfSlg 4605/1963 (BGBl 1964/118) – *zur Regelung von Straßenangelegenheiten iSd Art 15 Abs 9 B-VG erforderliche Bestimmungen auf dem Gebiet des Zivilrechtes*; VfSlg 4615/1963 (BGBl 1964/289) – *vermögensrechtliche Angelegenheiten der ehemaligen Landkreise in Österreich*; VfSlg 4680/1964 (BGBl 1965/140) – *Denkmalschutz*; VfSlg 5092/1965 (BGBl 1965/373) – *Böllerschießen*; VfSlg 5649/1967 (BGBl 1968/93) – *gerichtliche Strafbestimmungen gegen Tierquälerei*; VfSlg 5833/1968 (BGBl 1968/423) – *Kurortewesen*; VfSlg 5679/1968 (BGBl 1968/167) – *Bewährungshilfe für junge Rechtsbrecher*; VfSlg 5748/1968 (BGBl 1968/273) – *Ernährungswesen einschließlich der Nahrungsmittelkontrolle*; VfSlg 5859/1968 (BGBl 1969/76) – *Besteuerung des Haltens und Parkens von Fahrzeugen auf Verkehrsflächen, die nicht Bundesstraßen sind*; VfSlg 5910/1969 (BGBl 1969/157) – *verwaltungsstrafgesetzliche Bestimmungen gegen den Missbrauch von Zeichen, Einrichtungen und Vorrichtungen, mit denen einer Gefährdung von Personen und Sachen begegnet werden soll*; VfSlg 5977/1969 (BGBl 1969/314) – *Errichtung, Auflassung und Zusammenlegung von Bezirksgerichten*; VfSlg 6011/1969 (BGBl 1969/332) – *Abwehr von Gefahren, die durch das Auftreten von elektrischen Potenzialunterschieden entstehen können*; VfSlg 6084/1969 (BGBl 1970/153) – *Fonds zur Besorgung von Aufgaben der Privatwirtschaftsverwaltung, deren Zweck nicht über den Interessenbereich eines Landes hinausgeht*; VfSlg 6137/1970 (BGBl 1970/323) – *Verpflichtung von Liegenschaftseigentümern zur Anbringung von Abgabebriefkästen (Hausbrieffachanlagen)*; VfSlg 6262/1970 (BGBl 1971/52) – *Maßnahmen zum Schutz gegen den Baustellenlärm*; VfSlg 6407/1971 (BGBl 1971/170) – *Heranbildung von Sportlehrern und Leibeserziehern*; VfSlg 6338/1970 (BGBl 1971/175) – *Dienstrecht der Kindergärtnerinnen*; VfSlg 6862/1972 (BGBl 1973/59) – *Mindestabstände gegenüber landwirtschaftlichen Grundstücken bei nichtforstlichen Neupflanzungen*; VfSlg 7074/1973 (BGBl 1973/426) – *Privatzimmervermietung*; VfSlg 7168/1973 (BGBl 1973/658) – *Errichtung von Bezirksgerichten für Arbeitsrechtssachen sowie eines Vormundschaftsgerichtes*; VfSlg 7582/1975 (BGBl 1975/527) – *Wohnhygiene*; VfSlg 7792/1976 (BGBl 1976/187) – *unschädliche Beseitigung von Abfällen*; VfSlg 7959/1976 (BGBl 1977/99) – *Zuordnung der zum Gemeinderat Wahlberechtigten zu Wahlsprengeln*; VfSlg 8035/1977 (BGBl 1977/316) – *Beförderung von gefährlichen Gütern und von Lebensmitteln mit Kraftfahrzeugen*; VfSlg 8830/1980 (BGBl 1980/391) – *Dienstvertragsrecht der Vertragsbediensteten der Länder*; VfSlg 9337/1982 (BGBl 1982/187) – *Sammlungswesen*; VfSlg 9547/1982 (BGBl 1983/29) – *Art der Stimmabgabe bei Wahlen zu den Landtagen*; VfSlg 9667/1983 (BGBl 1983/339) – *Errichtung von Bezirksgerichten, die nicht mit einer Sprengeländerung verbunden ist; Errichtung, Auflassung und Zusammenlegung von Bezirksgerichten in Wien*; VfSlg 13.237/1992 (BGBl 1992/790) – *Errichtung, Erhaltung und Betrieb von Pflegeheimen*; VfSlg 13.322/1992 (BGBl 1993/184) – *gesetzliche Einräumung von Vorkaufs- und Vorbestandsrechten*; VfSlg 14.079/1995 (BGBl 1995/290) – *Ermittlung der Höhe des „Klinischen Mehraufwandes“*; VfSlg 15.637/1999 (BGBl I 1999/201) – *Abfallwirtschaft.*

Artikel 138a.[1] (1)[2] Auf Antrag der Bundesregierung oder einer beteiligten Landesregierung stellt der Verfassungsgerichtshof fest, ob eine Vereinbarung im Sinne des Art. 15a Abs. 1 vorliegt und ob von einem Land oder dem Bund die aus einer solchen Vereinbarung folgenden Verpflichtungen, soweit es sich nicht um vermögensrechtliche Ansprüche handelt, erfüllt worden sind. *(BGBl I 2003/100)*

(2) Wenn es in einer Vereinbarung im Sinne des Art. 15a Abs. 2 vorgesehen ist, stellt der Verfassungsgerichtshof ferner auf Antrag einer beteiligten Landesregierung fest, ob eine solche

Zu Artikel 138a:

[1] Siehe die §§ 56a und 56b VfGG (17/1).

[2] Beachte die Sonderbestimmung des Art 2 BVG Gemeindebund (13b/1).

B-VG

Vereinbarung vorliegt und ob die aus einer solchen Vereinbarung folgenden Verpflichtungen, soweit es sich nicht um vermögensrechtliche Ansprüche handelt, erfüllt worden sind. *(BGBl I 2003/100)*

(BGBl I 2003/100)

Artikel 138b.[1] (1) Der Verfassungsgerichtshof erkennt über

1. die Anfechtung von Beschlüssen des Geschäftsordnungsausschusses des Nationalrates, mit denen ein Verlangen eines Viertels der Mitglieder des Nationalrates, einen Untersuchungsausschuss einzusetzen, für ganz oder teilweise unzulässig erklärt wird, durch ein dieses Verlangen unterstützendes Viertel seiner Mitglieder wegen Rechtswidrigkeit;

2. den hinreichenden Umfang von grundsätzlichen Beweisbeschlüssen des Geschäftsordnungsausschusses des Nationalrates auf Antrag eines Viertels seiner Mitglieder gemäß Z 1;

3. die Rechtmäßigkeit des Beschlusses eines Untersuchungsausschusses des Nationalrates, mit dem das Bestehen eines sachlichen Zusammenhanges eines Verlangens eines Viertels seiner Mitglieder betreffend die Erhebung weiterer Beweise mit dem Untersuchungsgegenstand bestritten wird, auf Antrag des dieses Verlangen unterstützenden Viertels seiner Mitglieder;

4. Meinungsverschiedenheiten zwischen einem Untersuchungsausschuss des Nationalrates, einem Viertel seiner Mitglieder und informationspflichtigen Organen über die Verpflichtung, dem Untersuchungsausschuss Informationen zur Verfügung zu stellen, auf Antrag des Untersuchungsausschusses, eines Viertels seiner Mitglieder oder des informationspflichtigen Organs;

5. die Rechtmäßigkeit des Beschlusses eines Untersuchungsausschusses des Nationalrates, mit dem das Bestehen eines sachlichen Zusammenhanges eines Verlangens eines Viertels seiner Mitglieder betreffend die Ladung einer Auskunftsperson mit dem Untersuchungsgegenstand bestritten wird, auf Antrag des dieses Verlangen unterstützenden Viertels seiner Mitglieder;

6. Meinungsverschiedenheiten zwischen einem Untersuchungsausschuss des Nationalrates und dem Bundesminister für Justiz über das Erfordernis und die Auslegung einer Vereinbarung über die Rücksichtnahme auf die Tätigkeit der Strafverfolgungsbehörden auf Antrag des Untersuchungsausschusses oder des Bundesministers für Justiz;

7. Beschwerden einer Person, die durch ein Verhalten

a) eines Untersuchungsausschusses des Nationalrates,

b) eines Mitgliedes eines solchen Ausschusses in Ausübung seines Berufes als Mitglied des Nationalrates oder

c) gesetzlich zu bestimmender Personen in Ausübung ihrer Funktion im Verfahren vor dem Untersuchungsausschuss

in ihren Persönlichkeitsrechten verletzt zu sein behauptet.

(2) Der Verfassungsgerichtshof erkennt ferner über die Anfechtung von Entscheidungen des Präsidenten des Nationalrates und des Vorsitzenden des Bundesrates betreffend die Klassifizierung von Informationen, die dem Nationalrat beziehungsweise dem Bundesrat zur Verfügung stehen, durch das informationspflichtige Organ wegen Rechtswidrigkeit.

(BGBl I 2014/101)

Artikel 139.[1] (1) Der Verfassungsgerichtshof erkennt über Gesetzwidrigkeit von Verordnungen

1. auf Antrag eines Gerichtes;

2. von Amts wegen, wenn er die Verordnung in einer bei ihm anhängigen Rechtssache anzuwenden hätte;

3. auf Antrag einer Person, die unmittelbar durch diese Gesetzwidrigkeit in ihren Rechten verletzt zu sein behauptet, wenn die Verordnung ohne Fällung einer gerichtlichen Entscheidung oder ohne Erlassung eines Bescheides für diese Person wirksam geworden ist;

4. auf Antrag einer Person, die als Partei einer von einem ordentlichen Gericht in erster Instanz entschiedenen Rechtssache wegen Anwendung einer gesetzwidrigen Verordnung in ihren Rechten verletzt zu sein behauptet, aus Anlass eines gegen diese Entscheidung erhobenen Rechtsmittels;

5. einer Bundesbehörde auch auf Antrag einer Landesregierung oder der Volksanwaltschaft;

6. einer Landesbehörde auch auf Antrag der Bundesregierung oder, wenn landesverfassungsgesetzlich die Volksanwaltschaft auch für den Bereich der Verwaltung des betreffenden Landes für zuständig erklärt wurde, der Volksanwaltschaft oder einer Einrichtung gemäß Art. 148i Abs. 2;

7. einer Aufsichtsbehörde nach Art. 119a Abs. 6 auch auf Antrag der Gemeinde, deren Verordnung aufgehoben wurde.

Auf Anträge gemäß Z 3 und 4 ist Art. 89 Abs. 3 sinngemäß anzuwenden. *(BGBl I 2013/114)*

Zu Artikel 138b:

[1] Siehe die §§ 56c bis 56k VfGG (17/1).

Zu Artikel 139:

[1] Siehe die §§ 57 bis 61a VfGG (17/1).

(1a) Wenn dies zur Sicherung des Zwecks des Verfahrens vor dem ordentlichen Gericht erforderlich ist, kann die Stellung eines Antrages gemäß Abs. 1 Z 4 durch Bundesgesetz für unzulässig erklärt werden. Durch Bundesgesetz ist zu bestimmen, welche Wirkung ein Antrag gemäß Abs. 1 Z 4 hat. *(BGBl I 2013/114)*

(1b) Der Verfassungsgerichtshof kann die Behandlung eines Antrages gemäß Abs. 1 Z 3 oder 4 bis zur Verhandlung durch Beschluss ablehnen, wenn er keine hinreichende Aussicht auf Erfolg hat. *(BGBl I 2013/114)*

(2) Wird in einer beim Verfassungsgerichtshof anhängigen Rechtssache, in der der Verfassungsgerichtshof eine Verordnung anzuwenden hat, die Partei klaglos gestellt, so ist ein bereits eingeleitetes Verfahren zur Prüfung der Gesetzmäßigkeit der Verordnung dennoch fortzusetzen.

(3) Der Verfassungsgerichtshof darf eine Verordnung nur insoweit als gesetzwidrig aufheben, als ihre Aufhebung ausdrücklich beantragt wurde oder als er sie in der bei ihm anhängigen Rechtssache anzuwenden hätte. Gelangt der Verfassungsgerichtshof jedoch zur Auffassung, dass die ganze Verordnung

1. der gesetzlichen Grundlage entbehrt,

2. von einer unzuständigen Behörde erlassen wurde oder

3. in gesetzwidriger Weise kundgemacht wurde,

so hat er die ganze Verordnung als gesetzwidrig aufzuheben. Dies gilt nicht, wenn die Aufhebung der ganzen Verordnung offensichtlich den rechtlichen Interessen der Partei zuwiderläuft, die einen Antrag gemäß Abs. 1 Z 3 „oder 4" gestellt hat oder deren Rechtssache Anlass für die amtswegige Einleitung des Verordnungsprüfungsverfahrens gegeben hat. *(BGBl I 2003/100; BGBl I 2012/51; BGBl I 2013/114)*

(4) Ist die Verordnung im Zeitpunkt der Fällung des Erkenntnisses des Verfassungsgerichtshofes bereits außer Kraft getreten und wurde das Verfahren von Amts wegen eingeleitet oder der Antrag von einem Gericht „ "* oder von einer Person gestellt, die „ "** durch die Gesetzwidrigkeit der Verordnung in ihren Rechten verletzt zu sein behauptet, so hat der Verfassungsgerichtshof auszusprechen, ob die Verordnung gesetzwidrig war. Abs. 3 gilt sinngemäß. *(*BGBl I 2012/51; **BGBl I 2013/114)*

(5) Das Erkenntnis des Verfassungsgerichtshofes, mit dem eine Verordnung als gesetzwidrig aufgehoben wird, verpflichtet die zuständige oberste Behörde des Bundes oder des Landes zur unverzüglichen Kundmachung der Aufhebung. Dies gilt sinngemäß für den Fall eines Ausspruches gemäß Abs. 4. Die Aufhebung tritt „mit Ablauf des Tages"** der Kundmachung in Kraft, wenn nicht der Verfassungsgerichtshof für das Außerkrafttreten eine Frist bestimmt, die sechs Monate, wenn aber gesetzliche Vorkehrungen erforderlich sind, „18 Monate"* nicht überschreiten darf. *(*BGBl 1996/659; **BGBl I 2003/100)*

(6) Ist eine Verordnung wegen Gesetzwidrigkeit aufgehoben worden oder hat der Verfassungsgerichtshof gemäß Abs. 4 „ausgesprochen,"* dass eine Verordnung gesetzwidrig war, so sind alle Gerichte und Verwaltungsbehörden an den Spruch des Verfassungsgerichtshofes gebunden. Auf die vor der Aufhebung verwirklichten Tatbestände mit Ausnahme des Anlassfalles ist jedoch die Verordnung weiterhin anzuwenden, sofern der Verfassungsgerichtshof nicht in seinem aufhebenden Erkenntnis anderes ausspricht. Hat der Verfassungsgerichtshof in seinem aufhebenden Erkenntnis eine Frist gemäß Abs. 5 gesetzt, so ist die Verordnung auf alle bis zum Ablauf dieser Frist verwirklichten Tatbestände mit Ausnahme des Anlassfalles anzuwenden. *(*BGBl I 1999/194 (DFB); BGBl I 2003/100)*

(7) Für Rechtssachen, die zur Stellung eines Antrages gemäß Abs. 1 Z 4 Anlass gegeben haben, ist durch Bundesgesetz zu bestimmen, dass das Erkenntnis des Verfassungsgerichtshofes, mit dem die Verordnung als gesetzwidrig aufgehoben wird, eine neuerliche Entscheidung dieser Rechtssache ermöglicht. Dies gilt sinngemäß für den Fall eines Ausspruches gemäß Abs. 4. *(BGBl I 2013/114)*

(BGBl I 2003/100)

Artikel 139a.[1] Der Verfassungsgerichtshof erkennt über Gesetzwidrigkeit von Kundmachungen über die Wiederverlautbarung[2] eines Gesetzes (Staatsvertrages). Art. 139 ist sinngemäß anzuwenden.

(BGBl I 2012/51)

Artikel 140.[1] (1) Der Verfassungsgerichtshof erkennt über Verfassungswidrigkeit

1. von Gesetzen

a) auf Antrag eines Gerichtes;

b) von Amts wegen, wenn er das Gesetz in einer bei ihm anhängigen Rechtssache anzuwenden hätte;

c) auf Antrag einer Person, die unmittelbar durch diese Verfassungswidrigkeit in ihren Rechten verletzt zu sein behauptet, wenn das Gesetz ohne Fällung einer gerichtlichen Entscheidung oder ohne Erlassung eines Bescheides für diese Person wirksam geworden ist;

Zu Artikel 139a:

[1] Siehe § 61b VfGG (17/1).

[2] Siehe für den Bereich des Bundes Art 49a.

Zu Artikel 140:

[1] Siehe die §§ 62 bis 65a VfGG (17/1).

d) auf Antrag einer Person, die als Partei einer von einem ordentlichen Gericht in erster Instanz entschiedenen Rechtssache wegen Anwendung eines verfassungswidrigen Gesetzes in ihren Rechten verletzt zu sein behauptet, aus Anlass eines gegen diese Entscheidung erhobenen Rechtsmittels;

2. von Bundesgesetzen auch auf Antrag einer Landesregierung, eines Drittels der Mitglieder des Nationalrates oder eines Drittels der Mitglieder des Bundesrates;

3. von Landesgesetzen auch auf Antrag der Bundesregierung oder, wenn dies landesverfassungsgesetzlich vorgesehen ist, auf Antrag eines Drittels der Mitglieder des Landtages.

Auf Anträge gemäß Z 1 lit. c und d ist Art. 89 Abs. 3 sinngemäß anzuwenden. *(BGBl I 2013/114)*

(1a) Wenn dies zur Sicherung des Zwecks des Verfahrens vor dem ordentlichen Gericht erforderlich ist, kann die Stellung eines Antrages gemäß Abs. 1 Z 1 lit. d durch Bundesgesetz für unzulässig erklärt werden. Durch Bundesgesetz ist zu bestimmen, welche Wirkung ein Antrag gemäß Abs. 1 Z 1 lit. d hat. *(BGBl I 2013/114)*

(1b) Der Verfassungsgerichtshof kann die Behandlung eines Antrages gemäß Abs. 1 Z 1 lit. c oder d bis zur Verhandlung durch Beschluss ablehnen, wenn er keine hinreichende Aussicht auf Erfolg hat. *(BGBl I 2013/114)*

(2) Wird in einer beim Verfassungsgerichtshof anhängigen Rechtssache, in der der Verfassungsgerichtshof ein Gesetz anzuwenden hat, die Partei klaglos gestellt, so ist ein bereits eingeleitetes Verfahren zur Prüfung der Verfassungsmäßigkeit des Gesetzes dennoch fortzusetzen.

(3) Der Verfassungsgerichtshof darf ein Gesetz nur insoweit als verfassungswidrig aufheben, als seine Aufhebung ausdrücklich beantragt wurde oder als der Verfassungsgerichtshof das Gesetz in der bei ihm anhängigen Rechtssache anzuwenden hätte. Gelangt der Verfassungsgerichtshof jedoch zu der Auffassung, dass das ganze Gesetz von einem nach der Kompetenzverteilung nicht berufenen Gesetzgebungsorgan erlassen oder in verfassungswidriger Weise kundgemacht wurde, so hat er das ganze Gesetz als verfassungswidrig aufzuheben. „Dies gilt nicht, wenn die Aufhebung des ganzen Gesetzes offensichtlich den rechtlichen Interessen der Partei zuwiderläuft, die einen Antrag gemäß Abs. 1 Z 1 lit. c „oder d"** gestellt hat oder deren Rechtssache Anlass für die amtswegige Einleitung des Gesetzesprüfungsverfahrens gegeben hat."* *(BGBl I 2003/100; *BGBl I 2012/51; **BGBl I 2013/114)*

(4) Ist das Gesetz im Zeitpunkt der Fällung des Erkenntnisses des Verfassungsgerichtshofes bereits außer Kraft getreten und wurde das Verfahren von Amts wegen eingeleitet oder der Antrag von einem Gericht „ "* oder von einer Person gestellt, die „ "** durch die Verfassungswidrigkeit des Gesetzes in ihren Rechten verletzt zu sein behauptet, so hat der Verfassungsgerichtshof auszusprechen, ob das Gesetz verfassungswidrig war. Abs. 3 gilt sinngemäß. *(*BGBl I 2012/51; **BGBl I 2013/114)*

(5) Das Erkenntnis des Verfassungsgerichtshofes, mit dem ein Gesetz als verfassungswidrig aufgehoben wird, verpflichtet den Bundeskanzler oder den zuständigen Landeshauptmann zur unverzüglichen Kundmachung der Aufhebung. Dies gilt sinngemäß für den Fall eines Ausspruches gemäß Abs. 4. Die Aufhebung tritt „mit Ablauf des Tages" der Kundmachung in Kraft, wenn nicht der Verfassungsgerichtshof für das Außerkrafttreten eine Frist bestimmt. Diese Frist darf 18 Monate nicht überschreiten. *(BGBl 1992/276; BGBl I 2003/100)*

(6) Wird durch ein Erkenntnis des Verfassungsgerichtshofes ein Gesetz als verfassungswidrig aufgehoben, so treten mit dem Tag des Inkrafttretens der Aufhebung, falls das Erkenntnis nicht anderes ausspricht, die gesetzlichen Bestimmungen wieder in „Kraft", die durch das vom Verfassungsgerichtshof als verfassungswidrig erkannte Gesetz aufgehoben worden waren. In der Kundmachung über die Aufhebung des Gesetzes ist auch zu verlautbaren, ob und welche gesetzlichen Bestimmungen wieder in Kraft treten. *(BGBl I 2003/100)*

(7) Ist ein Gesetz wegen Verfassungswidrigkeit aufgehoben worden oder hat der Verfassungsgerichtshof gemäß Abs. 4 ausgesprochen, dass ein Gesetz verfassungswidrig war, so sind alle Gerichte und Verwaltungsbehörden an den Spruch des Verfassungsgerichtshofes gebunden. Auf die vor der Aufhebung verwirklichten Tatbestände mit Ausnahme des Anlassfalles ist jedoch das Gesetz weiterhin anzuwenden, sofern der Verfassungsgerichtshof nicht in seinem aufhebenden Erkenntnis anderes ausspricht. Hat der Verfassungsgerichtshof in seinem aufhebenden Erkenntnis eine Frist gemäß Abs. 5 gesetzt, so ist das Gesetz auf alle bis zum Ablauf dieser Frist verwirklichten Tatbestände mit Ausnahme des Anlassfalles anzuwenden. *(BGBl I 2003/100)*

(8) Für Rechtssachen, die zur Stellung eines Antrages gemäß Abs. 1 Z 1 lit. d Anlass gegeben haben, ist durch Bundesgesetz zu bestimmen, dass das Erkenntnis des Verfassungsgerichtshofes, mit dem das Gesetz als verfassungswidrig aufgehoben wird, eine neuerliche Entscheidung dieser Rechtssache ermöglicht. Dies gilt sinngemäß für den Fall eines Ausspruches gemäß Abs. 4. *(BGBl I 2013/114)*

(BGBl I 2003/100)

Artikel 140a.[1] Der Verfassungsgerichtshof erkennt über Rechtswidrigkeit von Staatsverträgen.[2] Auf die politischen, gesetzändernden und gesetzesergänzenden Staatsverträge und auf die Staatsverträge, durch die die vertraglichen Grundlagen der Europäischen Union geändert werden, ist Art. 140, auf alle anderen Staatsverträge Art. 139 sinngemäß mit folgenden Maßgaben anzuwenden:

1. Ein Staatsvertrag, dessen Verfassungs- oder Gesetzwidrigkeit der Verfassungsgerichtshof feststellt, ist mit Ablauf des Tages der Kundmachung des Erkenntnisses von den zu seiner Vollziehung berufenen Organen nicht mehr anzuwenden, wenn nicht der Verfassungsgerichtshof eine Frist bestimmt, innerhalb der der Staatsvertrag weiterhin anzuwenden ist; diese Frist darf bei den politischen, gesetzändernden und gesetzesergänzenden Staatsverträgen und bei den Staatsverträgen, durch die die vertraglichen Grundlagen der Europäischen Union geändert werden, zwei Jahre, bei allen anderen Staatsverträgen ein Jahr nicht überschreiten.

2. Ferner treten mit Ablauf des Tages der Kundmachung des Erkenntnisses eine Anordnung, dass der Staatsvertrag durch die Erlassung von Verordnungen zu erfüllen ist, oder ein Beschluss, dass der Staatsvertrag durch die Erlassung von Gesetzen zu erfüllen ist, außer Kraft.

(BGBl I 2012/51)

Artikel 141.[1] (1) Der Verfassungsgerichtshof erkennt

a) über die Anfechtung der Wahl des Bundespräsidenten[2], von Wahlen zu den allgemeinen Vertretungskörpern[3],[4] zum Europäischen Parlament[5] und zu den satzungsgebenden Organen (Vertretungskörpern) der gesetzlichen beruflichen Vertretungen;

b) über Anfechtungen von Wahlen in die Landesregierung[6] und in die mit der Vollziehung betrauten Organe einer Gemeinde;[7]

c) auf Antrag eines allgemeinen Vertretungskörpers[3] auf Mandatsverlust eines seiner Mitglieder oder – sofern in den das Verfahren des jeweiligen Vertretungskörpers regelnden Rechtsvorschriften vorgesehen – auf Antrag des Vorsitzenden oder eines Drittels der Mitglieder des Vertretungskörpers;[8] auf Antrag von mindestens der Hälfte der in Österreich gewählten Mitglieder des Europäischen Parlaments auf Mandatsverlust eines dieser Mitglieder des Europäischen Parlaments;[5] *(BGBl I 2016/41)*

d) auf Antrag der Bundesversammlung auf Amtsverlust des Bundespräsidenten; *(BGBl I 2016/41)*

e) auf Antrag des Nationalrates auf Amtsverlust eines Mitgliedes der Bundesregierung, eines Staatssekretärs, des Präsidenten des Rechnungshofes oder eines Mitgliedes der Volksanwaltschaft; *(BGBl I 2016/41)*

B-VG

f) auf Antrag eines Landtages auf Amtsverlust eines Mitgliedes der Landesregierung; *(BGBl I 2016/41)*

„g)" auf Antrag eines Gemeinderates auf Mandatsverlust eines Mitgliedes des mit der Vollziehung betrauten Organs der Gemeinde hinsichtlich dieser Funktion und auf Antrag eines satzungsgebenden Organs (Vertretungskörpers) einer gesetzlichen beruflichen Vertretung auf Mandatsverlust eines seiner Mitglieder; *(BGBl I 2012/51; BGBl I 2016/41)*

„h)" über die Anfechtung des Ergebnisses von Volksbegehren[9], Volksabstimmungen[10], Volksbefragungen[11] und Europäischen Bürgerinitiativen[12]; *(BGBl I 2012/51; BGBl I 2016/41)*

„i)" über die Aufnahme von Personen in Wählerevidenzen und die Streichung von Personen aus Wählerevidenzen; *(BGBl I 2012/51; BGBl I 2016/41)*

„j)"** über die Anfechtung von selbstständig anfechtbaren Bescheiden und Entscheidungen der Verwaltungsbehörden „sowie – sofern bundes-[13] oder landesgesetzlich vorgesehen – der Verwaltungsgerichte"* in den Fällen der „lit. a bis c und g bis i"**. *(BGBl I 2012/51; *BGBl I 2013/115; **BGBl I 2016/41)*

„ „Die Anfechtung gemäß lit. a, b, h, i und j kann auf die behauptete Rechtswidrigkeit des Verfah-

Zu Artikel 140a:

[1] Siehe § 66 VfGG (17/1).

[2] Siehe Art 89 Abs 4 und Art 135 Abs 4.

Zu Artikel 141:

[1] *Wahlgerichtsbarkeit.* Siehe die §§ 67 bis 71a VfGG (17/1).

[2] Siehe § 21 Abs 2 BPräsWG (8/2).

[3] Siehe FN 19 zu Art 20.

[4] Vgl Art 26 Abs 1, Art 95 Abs 1 und Art 117 Abs 1 lit a und Abs 2.

[5] Vgl Art 23a Abs 1.

[6] Vgl Art 101 Abs 1.

[7] Vgl Art 117 Abs 1 lit b und Abs 5; Art 117 Abs 1 lit c und Abs 6.

[8] Siehe § 2 Abs 1 bis 3 und 5 bis 7 GOG-NR (9/1) und § 3 Abs 1 lit c, Abs 4 und Abs 5 GO-BR. Beachte auch die §§ 9 und 10 Unv-Tr-G (10/4).

[9] Siehe zB § 16 VoBeG (8/3).

[10] Siehe zB § 14 Abs 2 und 3 VAbstG (8/4).

[11] Siehe zB § 16 VBefrG (8/5).

[12] Siehe § 4 EBIG (8/12).

[13] Siehe § 32 NRWO (8/1); § 2 BPräsWG (8/2); § 6 Abs 2 VAbstG (8/4); § 6 Abs 2 VBefrG (8/5); § 10 WEviG (8/6); § 20 EuWO (8/11); § 10 EuWEG (8/13). Diese Bestimmungen sehen Zuständigkeiten des BVwG zur Entscheidung über Beschwerden gegen Anträge auf Berichtigung von Wähler- und Abstimmungsverzeichnissen und Wählerevidenzen vor.

rens gegründet werden, der Antrag gemäß lit. c und g auf einen gesetzlich vorgesehenen Grund für den Verlust der Mitgliedschaft in einem allgemeinen Vertretungskörper[3], im Europäischen Parlament, in einem mit der Vollziehung betrauten Organ einer Gemeinde oder in einem satzungsgebenden Organ (Vertretungskörper) einer gesetzlichen beruflichen Vertretung, der Antrag gemäß lit. d, e und f auf einen gesetzlich vorgesehenen Grund für den Amtsverlust."** Der Verfassungsgerichtshof hat einer Anfechtung stattzugeben, wenn die behauptete Rechtswidrigkeit des Verfahrens erwiesen wurde und auf das Verfahrensergebnis von Einfluss war. In einem Verfahren vor der Verwaltungsbehörde haben auch der allgemeine Vertretungskörper[3] und das satzungsgebende Organ (Vertretungskörper) der gesetzlichen beruflichen Vertretung Parteistellung."*
*(BGBl 1994/1013; *BGBl I 2012/51; **BGBl I 2016/41)*

(2) Wird einer Anfechtung gemäß Abs. 1 lit. a stattgegeben und dadurch die teilweise oder gänzliche Wiederholung der Wahl zu einem allgemeinen Vertretungskörper[3], zum Europäischen Parlament oder zu einem satzungsgebenden Organ der gesetzlichen beruflichen Vertretungen erforderlich, so verlieren die betroffenen Mitglieder dieses Vertretungskörpers ihr Mandat im Zeitpunkt der Übernahme desselben durch jene Mitglieder, die bei der innerhalb von 100 Tagen nach der Zustellung des Erkenntnisses des Verfassungsgerichtshofes durchzuführenden Wiederholungswahl gewählt wurden. *(BGBl 1994/1013)*

(3) *(entfällt, BGBl I 2012/51)*

Artikel 142.[1] (1) Der Verfassungsgerichtshof erkennt über die Anklage, mit der die verfassungsmäßige Verantwortlichkeit der obersten Bundes- und Landesorgane für die durch ihre Amtstätigkeit erfolgten schuldhaften Rechtsverletzungen geltend gemacht wird.

(2) Die Anklage kann erhoben werden:

a) gegen den Bundespräsidenten wegen Verletzung der Bundesverfassung: durch Beschluss der Bundesversammlung;[2] *(BGBl I 2003/100)*

b) gegen die Mitglieder der Bundesregierung „," die ihnen hinsichtlich der Verantwortlichkeit gleichgestellten Organe[3] „und die Staatssekretäre" wegen Gesetzesverletzung: durch Beschluss des Nationalrates;[4] *(BGBl I 2003/100; BGBl I 2016/41)*

c) gegen einen österreichischen Vertreter im Rat wegen Gesetzesverletzung in Angelegenheiten, in denen die Gesetzgebung Bundessache wäre: durch Beschluss des Nationalrates, wegen Gesetzesverletzung in Angelegenheiten, in denen die Gesetzgebung Landessache wäre: durch gleichlautende Beschlüsse aller Landtage;[5] *(BGBl 1994/1013; BGBl I 2003/100)*

„d)"* gegen die Mitglieder einer Landesregierung und die ihnen hinsichtlich der Verantwortlichkeit durch dieses Gesetz oder durch die Landesverfassung gleichgestellten Organe[6] wegen Gesetzesverletzung: durch Beschluss des zuständigen Landtages;[7] *(*BGBl 1994/1013; BGBl I 2003/100)*

„e)[8]" gegen einen Landeshauptmann, dessen Stellvertreter (Art. 105 Abs. 1) oder ein Mitglied der Landesregierung (Art. 103 Abs. 2 und 3) wegen Gesetzesverletzung sowie wegen Nichtbefolgung der Verordnungen oder sonstigen Anordnungen (Weisungen) des Bundes in Angelegenheiten der mittelbaren Bundesverwaltung, wenn es sich um ein Mitglied der Landesregierung handelt, auch der Weisungen des Landeshauptmannes in diesen Angelegenheiten: durch Beschluss der Bundesregierung; *(*BGBl 1994/1013; BGBl I 2003/100)*

„f)"* gegen Organe der Bundeshauptstadt Wien, soweit sie Aufgaben aus dem Bereich der Bundesvollziehung im eigenen Wirkungsbereich besorgen, wegen Gesetzesverletzung: durch Beschluss der Bundesregierung;[9] *(BGBl 1975/302; *BGBl 1994/1013; BGBl I 2003/100)*

„g)"* gegen einen Landeshauptmann wegen Nichtbefolgung einer Weisung gemäß Art. 14 Abs. 8: durch Beschluss der Bundesregierung; *(BGBl 1962/215; *BGBl 1994/1013; BGBl I 2003/100)*

h) gegen einen Präsidenten der Bildungsdirektion oder das mit der Ausübung dieser Funktion betraute Mitglied der Landesregierung wegen Gesetzesverletzung sowie wegen Nichtbefolgung der Verordnungen oder sonstigen Anordnungen (Weisungen) des Bundes: durch Beschluss der Bundesregierung; wegen Nichtbefolgung sonstiger Anordnungen (Weisungen) des Landes: durch Beschluss des zuständigen Landtages; *(BGBl I 2017/138)*

i) gegen die Mitglieder einer Landesregierung wegen Gesetzesverletzung sowie wegen Behinderung der Befugnisse gemäß „Art. 11 Abs. 7", soweit sie Angelegenheiten des Art. 11 Abs. 1 Z 8 betreffen: durch Beschluss des Nationalrates oder

Zu Artikel 142:

[1] Sog *Staatsgerichtsbarkeit*. Siehe § 72 und die §§ 74 bis 81 VfGG (17/1).

[2] Siehe Art 68.

[3] Siehe Art 73 Abs 1, Art 123 Abs 1 und § 21 RHG (14/1), Art 124 Abs 2 und Art 148g Abs 6.

[4] Siehe Art 76.

[5] Siehe Art 23d Abs 3.

[6] Siehe Art 123 Abs 1 und Art 124 Abs 2.

[7] Siehe Art 105 Abs 2 und 3.

[8] Beachte für Wien Art 112 zweiter Satz.

[9] Vgl Art 112 erster Satz, wonach Art 119a für Wien nicht gilt.

der Bundesregierung. *(BGBl I 2009/127, ab 31. Dezember 2009; BGBl I 2016/41)*

(3) Wird von der Bundesregierung gemäß „Abs. 2 lit. e"* die Anklage nur gegen einen Landeshauptmann oder dessen Stellvertreter erhoben, und erweist es sich, dass einem nach Art. 103 Abs. 2 mit Angelegenheiten der mittelbaren Bundesverwaltung befassten anderen Mitglied der Landesregierung ein Verschulden im Sinne des „Abs. 2 lit. e"* zur Last fällt, so kann die Bundesregierung jederzeit bis zur Fällung des Erkenntnisses ihre Anklage auch auf dieses Mitglied der Landesregierung ausdehnen. *(*BGBl 1994/1013; BGBl I 2003/100)*

(4) Das verurteilende Erkenntnis des Verfassungsgerichtshofes hat auf Verlust des Amtes, unter besonders erschwerenden Umständen auch auf zeitlichen Verlust der politischen Rechte, zu lauten; „bei geringfügigen Rechtsverletzungen in den in Abs. 2 unter c, e, g und h erwähnten Fällen kann sich der Verfassungsgerichtshof auf die Feststellung beschränken, dass eine Rechtsverletzung vorliegt."* „Der Verlust des Amtes des Präsidenten der Bildungsdirektion hat auch den Verlust jenes Amtes zur Folge, mit dem das Amt des Präsidenten gemäß Art. 113 Abs. 8 verbunden ist."** *(*BGBl 1994/1013; BGBl I 2003/100; **BGBl I 2017/138)*

(5) Der Bundespräsident kann von dem ihm nach Art. 65 Abs. 2 lit. c zustehenden Recht nur auf Antrag des Vertretungskörpers oder der Vertretungskörper, von dem oder von denen die Anklage beschlossen worden ist, wenn aber die Bundesregierung die Anklage beschlossen hat, nur auf deren Antrag Gebrauch machen, und zwar in allen Fällen nur mit Zustimmung des Angeklagten. *(BGBl 1994/1013)*

Artikel 143.[1] Die Anklage gegen die in Art. 142 Genannten kann auch wegen strafgerichtlich zu verfolgender Handlungen erhoben werden, die mit der Amtstätigkeit des Anzuklagenden in Verbindung stehen. In diesem Falle wird der Verfassungsgerichtshof allein zuständig; die bei den ordentlichen Strafgerichten etwa bereits anhängige Untersuchung geht auf ihn über. Der Verfassungsgerichtshof kann in solchen Fällen neben dem Art. 142 Abs. 4 auch die strafgesetzlichen Bestimmungen anwenden.

(BGBl I 2003/100)

Zu Artikel 143:

[1] Siehe § 73 VfGG (17/1).

Artikel 144.[1)2)] (1) Der Verfassungsgerichtshof erkennt über Beschwerden gegen das Erkenntnis eines Verwaltungsgerichtes, soweit der Beschwerdeführer durch das Erkenntnis in einem verfassungsgesetzlich gewährleisteten Recht oder wegen Anwendung einer gesetzwidrigen Verordnung, einer gesetzwidrigen Kundmachung über die Wiederverlautbarung eines Gesetzes (Staatsvertrages), eines verfassungswidrigen Gesetzes oder eines rechtswidrigen Staatsvertrages in seinen Rechten verletzt zu sein behauptet.

(2) Der Verfassungsgerichtshof kann die Behandlung einer Beschwerde bis zur Verhandlung durch Beschluss ablehnen, wenn sie keine hinreichende Aussicht auf Erfolg hat oder von der Entscheidung die Klärung einer verfassungsrechtlichen Frage nicht zu erwarten ist.

(3) Findet der Verfassungsgerichtshof, dass durch das angefochtene Erkenntnis des Verwaltungsgerichtes ein Recht im Sinne des Abs. 1 nicht verletzt wurde, hat er auf Antrag des Beschwerdeführers die Beschwerde zur Entscheidung darüber, ob der Beschwerdeführer durch das Erkenntnis in einem sonstigen Recht verletzt wurde, dem Verwaltungsgerichtshof abzutreten. Auf Beschlüsse gemäß Abs. 2 ist der erste Satz sinngemäß anzuwenden.

(4) Auf die Beschlüsse der Verwaltungsgerichte sind die für ihre Erkenntnisse geltenden Bestimmungen dieses Artikels sinngemäß anzuwenden.[3)] Inwieweit gegen Beschlüsse der Verwaltungsgerichte Beschwerde erhoben werden kann, bestimmt das das die Organisation und das Verfahren des Verfassungsgerichtshofes regelnde besondere Bundesgesetz.[4)]

(5) Soweit das Erkenntnis oder der Beschluss des Verwaltungsgerichtes die Zulässigkeit der Revision zum Inhalt hat, ist eine Beschwerde gemäß Abs. 1 unzulässig.

(BGBl I 2012/51)

Artikel 144a. *(entfällt, BGBl I 2012/51)*

Artikel 145. Der Verfassungsgerichtshof erkennt über Verletzungen des Völkerrechtes nach den Bestimmungen eines besonderen Bundesgesetzes.[1)]

Zu Artikel 144:

[1)] Übergangsrecht siehe Art 151 Abs 51 und das auf Grund des Art 151 Abs 51 Z 11 erlassene VwGbk-ÜG (15/3).

[2)] Sog *Sonderverwaltungsgerichtsbarkeit.* Siehe die §§ 82 bis 88a VfGG (17/1).

[3)] Siehe § 88a Abs 1 VfGG (17/1).

[4)] Siehe § 88a Abs 2 und 3 VfGG (17/1).

Zu Artikel 145:

[1)] Ein solches BG ist bisher nicht erlassen worden.

Artikel 146.[1] (1) Die Exekution der Erkenntnisse des Verfassungsgerichtshofes nach Art. 126a, „Art. 127c Z 1" und Art. 137 wird von den ordentlichen Gerichten durchgeführt.[2] *(BGBl I 2003/100; BGBl I 2010/98)*

(2) Die Exekution der übrigen Erkenntnisse des Verfassungsgerichtshofes liegt dem Bundespräsidenten ob. Sie ist nach dessen Weisungen durch die nach seinem Ermessen hiezu beauftragten Organe des Bundes oder der Länder einschließlich des Bundesheeres durchzuführen. Der Antrag auf Exekution solcher Erkenntnisse ist vom Verfassungsgerichtshof beim Bundespräsidenten zu stellen. Die erwähnten Weisungen des Bundespräsidenten bedürfen, wenn es sich um Exekutionen gegen den Bund oder gegen Bundesorgane handelt, keiner Gegenzeichnung nach Art. 67. *(BGBl I 2003/100)*

Artikel 147. (1) Der Verfassungsgerichtshof besteht aus einem Präsidenten, einem Vizepräsidenten, zwölf weiteren Mitgliedern und sechs Ersatzmitgliedern.

(2) Den Präsidenten, den Vizepräsidenten, sechs weitere Mitglieder und drei Ersatzmitglieder ernennt der Bundespräsident auf Vorschlag der Bundesregierung; diese Mitglieder „und Ersatzmitglieder"**** sind aus dem Kreis der Richter, Verwaltungsbeamten und „Professoren eines rechtswissenschaftlichen Faches an einer Universität"* zu entnehmen. Die übrigen sechs Mitglieder und drei Ersatzmitglieder ernennt der Bundespräsident auf Grund von „Vorschlägen"**, die für drei Mitglieder und zwei Ersatzmitglieder der Nationalrat und für drei Mitglieder und ein Ersatzmitglied der Bundesrat erstatten. Drei Mitglieder und zwei Ersatzmitglieder müssen ihren ständigen Wohnsitz außerhalb der Bundeshauptstadt Wien[1] haben. „Verwaltungsbeamte des Dienststandes, die zu Mitgliedern oder Ersatzmitgliedern ernannt werden, sind unter Entfall ihrer Bezüge außer Dienst zu stellen. Dies gilt nicht für zum Ersatzmitglied ernannte Verwaltungsbeamte, die von allen weisungsgebundenen Tätigkeiten befreit worden sind, für die Dauer dieser Befreiung."*** *(*BGBl 1977/539; **BGBl 1994/1013; ***BGBl I 1999/148; ****BGBl I 2001/121)*

(3) Die Mitglieder und die Ersatzmitglieder des Verfassungsgerichtshofes müssen das Studium der Rechtswissenschaften oder die rechts- und staatswissenschaftlichen Studien abgeschlossen haben und über eine zehnjährige juristische Berufserfahrung verfügen. *(BGBl I 2012/51)*

(4) „Dem Verfassungsgerichtshof können Mitglieder der Bundesregierung, einer Landesregierung, eines allgemeinen Vertretungskörpers[2] oder des Europäischen Parlaments nicht angehören; für Mitglieder eines allgemeinen Vertretungskörpers[2] oder des Europäischen Parlaments, die auf eine bestimmte Gesetzgebungs- oder Funktionsperiode gewählt wurden, dauert die Unvereinbarkeit auch bei vorzeitigem Verzicht auf das Mandat bis zum Ablauf der Gesetzgebungs- oder Funktionsperiode fort." Endlich können dem Verfassungsgerichtshof Personen nicht angehören, die Angestellte oder sonstige Funktionäre einer politischen Partei sind.[3] *(BGBl I 2008/2, ab 28. Oktober 2008)*

(5) Zum Präsidenten oder Vizepräsidenten des Verfassungsgerichtshofes kann nicht ernannt werden, wer eine der im Abs. 4 bezeichneten Funktionen in den letzten fünf Jahren ausgeübt hat.[3] *(BGBl I 2008/2, ab 28. Oktober 2008)*

(6) Auf die Mitglieder „und die Ersatzmitglieder"* des Verfassungsgerichtshofes finden Art. 87 Abs. 1 und 2[4] und Art. 88 Abs. 2[5] Anwendung; die näheren Bestimmungen werden in dem gemäß Art. 148 ergehenden Bundesgesetz geregelt. Als Altersgrenze, nach deren Erreichung ihr Amt endet, wird der 31. Dezember des Jahres bestimmt, in dem „das Mitglied oder das Ersatzmitglied"** das siebzigste Lebensjahr vollendet hat.[6] *(BGBl I 1999/148; *BGBl I 2003/100; **BGBl I 2013/114)*

(7) Wenn ein Mitglied oder Ersatzmitglied drei aufeinanderfolgenden Einladungen zu einer Verhandlung des Verfassungsgerichtshofes ohne genügende Entschuldigung keine Folge geleistet hat, so hat dies nach seiner Anhörung der Verfassungsgerichtshof festzustellen. Diese Feststellung hat den Verlust der Mitgliedschaft oder der Eigenschaft als Ersatzmitglied zur Folge.

(8) Die Diensthoheit gegenüber den beim Verfassungsgerichtshof Bediensteten wird vom Präsidenten ausgeübt.[7] *(BGBl I 2012/51)*

Artikel 148. Die näheren Bestimmungen über die Organisation und das Verfahren des Verfassungsgerichtshofes werden durch ein besonderes

Zu Artikel 146:

[1] Siehe § 36 VfGG (17/1).

[2] Beachte ferner § 28 Abs 4 VfGG (17/1).

Zu Artikel 147:

[1] Vgl Art 5 Abs 1.

[2] Siehe FN 19 zu Art 20.

[3] *Unvereinbarkeit* (Inkompatibilität).

[4] *Richterliche Unabhängigkeit.*

[5] *Unabsatzbarkeit und Unversetzbarkeit der Richter.*

[6] Die Bezüge und Ruhebezüge der Mitglieder und die Entschädigungen der Ersatzmitglieder des VfGH sind im VfGG (17/1) geregelt. Beachte § 5i VfGG.

[7] Vgl auch Art 21 Abs 3 (oberste Organe des Bundes und der Länder), Art 30 Abs 4 und 6 (Präs des NR), Art 125 Abs 3 (Präs des RH), Art 134 Abs 8 (Präs des VwGH) und Art 148h Abs 2 (Vors der VA).

Bundesgesetz und auf Grund dieses[1] durch eine vom Verfassungsgerichtshof zu beschließende Geschäftsordnung geregelt.[2]

(BGBl 1964/212; BGBl I 2003/100)

„Neuntes" Hauptstück
Volksanwaltschaft

(BGBl I 2003/100; BGBl I 2017/138)

Artikel 148a. (1) Jedermann kann sich bei der Volksanwaltschaft wegen behaupteter Missstände in der Verwaltung des Bundes[1] einschließlich dessen Tätigkeit als Träger von Privatrechten[2] „, insbesondere wegen einer behaupteten Verletzung in Menschenrechten,"* beschweren, sofern er von diesen Missständen betroffen ist und soweit ihm ein Rechtsmittel nicht oder nicht mehr zur Verfügung steht. Jede solche Beschwerde ist von der Volksanwaltschaft zu prüfen. Dem Beschwerdeführer sind das Ergebnis der Prüfung sowie die allenfalls getroffenen Veranlassungen mitzuteilen. *(BGBl I 2003/100; *BGBl I 2012/1)*

(2) Die Volksanwaltschaft ist berechtigt, von ihr vermutete Missstände in der Verwaltung des Bundes[1] einschließlich dessen Tätigkeit als Träger von Privatrechten[2] „, insbesondere von ihr vermutete Verletzungen in Menschenrechten,"* von Amts wegen zu prüfen. *(BGBl I 2003/100; *BGBl I 2012/1)*

(3) Zum Schutz und zur Förderung der Menschenrechte obliegt es der Volksanwaltschaft und den von ihr eingesetzten Kommissionen (Art. 148h Abs. 3), im Bereich der Verwaltung des Bundes[1] einschließlich dessen Tätigkeit als Träger von Privatrechten[2]

1. den Ort einer Freiheitsentziehung zu besuchen und zu überprüfen,

2. das Verhalten der zur Ausübung unmittelbarer verwaltungsbehördlicher Befehls- und Zwangsgewalt ermächtigten Organe zu beobachten und begleitend zu überprüfen sowie

3. für Menschen mit Behinderungen bestimmte Einrichtungen und Programme zu überprüfen „beziehungsweise" zu besuchen.[3] *(BGBl I 2012/51)*
(BGBl I 2012/1)

„(4)" Unbeschadet des Abs. 1 kann sich jedermann wegen behaupteter Säumnis eines Gerichtes mit der Vornahme einer Verfahrenshandlung bei der Volksanwaltschaft beschweren, sofern er davon betroffen ist. Abs. 2 gilt sinngemäß. *(BGBl I 2008/2; BGBl I 2012/1)*

„(5)" Der Volksanwaltschaft obliegt ferner die Mitwirkung an der Erledigung der an den Nationalrat gerichteten Petitionen und Bürgerinitiativen. Näheres bestimmt das Bundesgesetz über die Geschäftsordnung des Nationalrates.[4] *(BGBl 1988/685; BGBl I 2012/1)*

„(6)" Die Volksanwaltschaft ist in Ausübung ihres Amtes unabhängig.[5] *(BGBl I 2012/1)*

(BGBl I 2003/100)

Artikel 148b. (1) „Alle Organe des Bundes, der Länder, der Gemeinden und der Gemeindeverbände sowie der sonstigen Selbstverwaltungskörper haben die Volksanwaltschaft bei der Besorgung ihrer Aufgaben zu unterstützen, ihr Akteneinsicht zu gewähren und auf Verlangen die erforderlichen Auskünfte zu erteilen.[1]" Amtsverschwiegenheit besteht nicht gegenüber der Volksanwaltschaft.[2] *(BGBl I 2012/51)*

(2) Die Volksanwaltschaft unterliegt der Amtsverschwiegenheit im gleichen Umfang wie das Organ, an das die Volksanwaltschaft in Erfüllung ihrer Aufgaben herangetreten ist.[3] Bei der Erstattung der Berichte an den Nationalrat ist die Volksanwaltschaft zur Wahrung der Amtsverschwiegenheit aber nur insoweit verpflichtet, als dies im Interesse der Parteien oder der nationalen Sicherheit[4] geboten ist.[5]

(3) Die Abs. 1 und 2 gelten sinngemäß auch für die Mitglieder der Kommissionen und die Mitglieder und Ersatzmitglieder des Menschenrechtsbeirats. *(BGBl I 2012/1)*

(BGBl I 2003/100)

Artikel 148c. Die Volksanwaltschaft kann den mit den obersten Verwaltungsgeschäften des Bundes betrauten Organen[1] Empfehlungen für

Zu Artikel 148:

[1] Vgl Art 18 Abs 2.

[2] Siehe das VfGG (17/1) sowie die auf Grund des § 14 VfGG erlassenen GO-VfGH (17/1/1) und VfGH-EVGO (17/1/3). Vgl auch Art 10 Abs 1 Z 1 („Verfassungsgerichtsbarkeit").

Zu Artikel 148a:

[1] Vgl Art 20 Abs 1.

[2] *Privatwirtschaftsverwaltung.* Vgl Art 17, Art 52 Abs 2, Art 104 und Art 126b Abs 2.

[3] Siehe § 11 VolksanwG (18/1).

[4] Siehe § 100b und § 100c Abs 3 GOG-NR (9/1). Beachte für Bürgerinitiativen Art 28 Abs 4.

[5] Vgl auch Art 122 Abs 2 (RH).

Zu Artikel 148b:

[1] Vgl Art 22; § 17 AVG; Art 52 Abs 1.

[2] Vgl Art 20 Abs 3. Beachte § 1 DSG (2a/13).

[3] Siehe auch § 5 Abs 2 GeO der VA 2018 (18/1/1).

[4] Vgl Art 8 Abs 2, Art 9 Abs 2, Art 10 Abs 2 und Art 11 Abs 2 EMRK (2b/1) sowie Art 2 Abs 3 4. ZPEMRK (2b/3). Vgl auch Art 52a Abs 2.

[5] Beachte § 1 DSG (2a/13).

Zu Artikel 148c:

[1] Siehe Art 19 Abs 1 und Art 69 Abs 1 (BPräs, BM) sowie ferner Art 30 Abs 6 (Präs des NR) und Art 125 Abs 3 (Präs des RH).

die in einem bestimmten Fall oder aus Anlass eines bestimmten Falles zu treffenden Maßnahmen erteilen. In Angelegenheiten der Selbstverwaltung oder der Verwaltung durch weisungsfreie Behörden kann die Volksanwaltschaft dem zuständigen Organ der Selbstverwaltung oder der weisungsfreien Behörde Empfehlungen erteilen; derartige Empfehlungen sind auch dem obersten Verwaltungsorgan des Bundes[1] zur Kenntnis zu bringen. Das betreffende Organ hat binnen einer bundesgesetzlich zu bestimmenden Frist entweder diesen Empfehlungen zu entsprechen und dies der Volksanwaltschaft mitzuteilen oder schriftlich zu begründen, warum der Empfehlung nicht entsprochen wurde.[2] „Die Volksanwaltschaft kann in einem bestimmten Fall oder aus Anlass eines bestimmten Falles einen auf die Beseitigung der Säumnis eines Gerichtes „(Art. 148a Abs. 4)"** gerichteten Fristsetzungsantrag stellen sowie Maßnahmen der Dienstaufsicht anregen."* *(*BGBl I 2008/2; **BGBl I 2012/1)*

(BGBl 1988/685; BGBl I 2003/100)

Artikel 148d. „(1)" Die Volksanwaltschaft hat dem Nationalrat und dem Bundesrat jährlich über ihre Tätigkeit zu berichten.[1] „Überdies kann die Volksanwaltschaft über einzelne Wahrnehmungen jederzeit an den Nationalrat und den Bundesrat berichten. Die Berichte der Volksanwaltschaft sind nach Vorlage an den Nationalrat und den Bundesrat zu veröffentlichen." *(BGBl I 2012/1)*

„(2)"** Die Mitglieder der Volksanwaltschaft haben das Recht, an den Verhandlungen über die Berichte der Volksanwaltschaft im Nationalrat und im Bundesrat sowie in deren Ausschüssen (Unterausschüssen) teilzunehmen und auf ihr Verlangen jedes Mal gehört zu werden. Dieses Recht steht den Mitgliedern der Volksanwaltschaft auch hinsichtlich der Verhandlungen über die die Volksanwaltschaft betreffenden „Untergliederungen"* des Entwurfes des Bundesfinanzgesetzes im Nationalrat und in seinen Ausschüssen (Unterausschüssen) zu. Näheres bestimmen das Bundesgesetz über die Geschäftsordnung des Nationalrates und die Geschäftsordnung des Bundesrates.[2] *(*BGBl I 2008/1; **BGBl I 2012/1)*

(BGBl I 1997/87; BGBl I 2003/100)

[2] Siehe § 6 VolksanwG (18/1).

Zu Artikel 148d:

[1] Siehe § 1 Abs 2 Z 2 und § 3 VolksanwG (18/1); § 9 Abs 1 Z 2 GeO der VA 2018 (18/1/1); § 21 Abs 1, § 23 Abs 1 und § 78 GOG-NR (9/1); § 29a und § 37a GO-BR.

[2] Siehe § 20 Abs 5, § 37 Abs 5, § 62 Abs 2 und § 63 Abs 2 GOG-NR (9/1); § 29a und § 37a GO-BR. Vgl auch Art 75 (Mitglieder der BReg und StS) und Art 123a (Präs des RH) sowie den (verfassungswidrigen) § 20c GOG-NR (9/1).

Artikel 148e. *(entfällt, BGBl I 2012/51)*

Artikel 148f. Entstehen zwischen der Volksanwaltschaft und der Bundesregierung oder einem Bundesminister Meinungsverschiedenheiten über die Auslegung der gesetzlichen Bestimmungen, die die Zuständigkeit der Volksanwaltschaft regeln, so entscheidet auf Antrag der Bundesregierung oder der Volksanwaltschaft der Verfassungsgerichtshof „ ".[1] *(BGBl I 2013/114)*

(BGBl I 2003/100)

Artikel 148g. (1) Die Volksanwaltschaft hat ihren Sitz in Wien.[1] Sie besteht aus drei Mitgliedern, von denen jeweils eines den Vorsitz ausübt.[2] Die Funktionsperiode beträgt sechs Jahre. Eine mehr als einmalige Wiederwahl der Mitglieder der Volksanwaltschaft ist unzulässig.

(2) Die Mitglieder der Volksanwaltschaft werden vom Nationalrat auf Grund eines Gesamtvorschlages des Hauptausschusses gewählt.[3] Der Hauptausschuss erstellt seinen Gesamtvorschlag bei Anwesenheit von mindestens der Hälfte seiner Mitglieder, wobei die drei mandatsstärksten Parteien des Nationalrates das Recht haben, je ein Mitglied für diesen Gesamtvorschlag namhaft zu machen. „Bei Mandatsgleichheit gibt die Zahl der bei der letzten Nationalratswahl abgegebenen Stimmen den Ausschlag." Die Mitglieder der Volksanwaltschaft leisten vor Antritt ihres Amtes dem Bundespräsidenten die Angelobung.[4] *(BGBl I 2003/100; BGBl I 2012/1)*

(3) Der Vorsitz in der Volksanwaltschaft wechselt jährlich zwischen den Mitgliedern in der Reihenfolge der „Mandatsstärke, bei Mandatsgleichheit der Stimmenstärke," der die Mitglieder namhaft machenden Parteien. Diese Reihenfolge wird während der Funktionsperiode der Volksanwaltschaft unverändert beibehalten.[2] *(BGBl I 2012/1)*

(4) Im Falle des vorzeitigen Ausscheidens eines Mitgliedes der Volksanwaltschaft[5] hat jene im Nationalrat vertretene Partei, die dieses Mitglied namhaft gemacht hat, ein neues Mitglied namhaft zu machen. Die Neuwahl für den Rest der Funktionsperiode ist gemäß Abs. 2 durchzuführen.

Zu Artikel 148f:

[1] Siehe § 1 Abs 2 Z 3 VolksanwG (18/1), § 9 Abs 1 Z 4 GeO der VA 2018 (18/1/1) und die §§ 89 bis 92 VfGG (17/1). Vgl auch Art 126a (RH).

Zu Artikel 148g:

[1] Vgl Art 5 Abs 1.

[2] Siehe Abs 3 und § 1 Abs 1 GeO der VA 2018 (18/1/1).

[3] Siehe § 21 Abs 3, § 29 Abs 2 lit j und § 87 GOG-NR (9/1).

[4] Vgl auch Art 122 Abs 4 (Präs des RH).

[5] Siehe § 1 Abs 3 und § 2 VolksanwG (18/1) und § 1 Abs 2 bis 4 GeO der VA 2018 (18/1/1).

„Bis zur allfälligen Erlassung einer neuen Geschäftsverteilung ist die geltende Geschäftsverteilung auf das neue Mitglied sinngemäß anzuwenden." *(BGBl I 2012/1)*

(5) Die Mitglieder der Volksanwaltschaft müssen zum Nationalrat wählbar[6] sein und über Kenntnisse der Organisation und Funktionsweise der Verwaltung und Kenntnisse auf dem Gebiet der Menschenrechte verfügen. Sie dürfen während ihrer Amtstätigkeit weder einem allgemeinen Vertretungskörper[7] noch dem Europäischen Parlament angehören, nicht Mitglied der Bundesregierung oder einer Landesregierung sein und keinen anderen Beruf ausüben.[8][9] *(BGBl I 2012/1)*

(6) Jedes Mitglied der Volksanwaltschaft ist hinsichtlich der Verantwortlichkeit gemäß Art. 142 den Mitgliedern der Bundesregierung gleichgestellt. *(BGBl I 2016/41)*

(BGBl I 2003/100)

Artikel 148h. (1) Die Beamten der Volksanwaltschaft ernennt auf Vorschlag und unter Gegenzeichnung des Vorsitzenden der Volksanwaltschaft der Bundespräsident; das Gleiche gilt für die Verleihung von Amtstiteln.[1] Der Bundespräsident kann jedoch den Vorsitzenden der Volksanwaltschaft ermächtigen, Beamte bestimmter Kategorien zu ernennen.[1] Die Hilfskräfte ernennt der Vorsitzende der Volksanwaltschaft.[2] Der Vorsitzende der Volksanwaltschaft ist insoweit oberstes Verwaltungsorgan[3] und übt diese Befugnisse allein aus. *(BGBl I 2003/100)*

(2) Die Diensthoheit des Bundes gegenüber den bei der Volksanwaltschaft Bediensteten wird vom Vorsitzenden der Volksanwaltschaft ausgeübt.[4]

(3) Zur Besorgung der Aufgaben nach Art. 148a Abs. 3 hat die Volksanwaltschaft Kommissionen einzusetzen[5] und einen Menschenrechtsbeirat zu ihrer Beratung einzurichten.[6][7] Der Menschenrechtsbeirat besteht aus einem Vorsitzenden, einem stellvertretenden Vorsitzenden und sonstigen Mitgliedern und Ersatzmitgliedern, die von der Volksanwaltschaft ernannt werden. Inwieweit die Volksanwaltschaft bei der Ernennung der Mitglieder und Ersatzmitglieder des Menschenrechtsbeirats an Vorschläge anderer Stellen gebunden ist, wird bundesgesetzlich bestimmt. Der Vorsitzende, der stellvertretende Vorsitzende und die sonstigen Mitglieder des Menschenrechtsbeirats sind in Ausübung ihrer Tätigkeit an keine Weisungen gebunden. *(BGBl I 2012/1)*

„(4)" „Die Volksanwaltschaft beschließt eine Geschäftsordnung[8] und eine Geschäftsverteilung[9], in der insbesondere zu bestimmen ist, welche Aufgaben von den Mitgliedern der Volksanwaltschaft selbständig wahrzunehmen sind.[10]" Die Beschlussfassung über die Geschäftsordnung und die Geschäftsverteilung erfordert Einstimmigkeit der Mitglieder der Volksanwaltschaft. *(BGBl I 2012/1)*

(BGBl I 2003/100)

Artikel 148i. (1) Durch Landesverfassungsgesetz können die Länder die Volksanwaltschaft auch für den Bereich der Verwaltung des betreffenden Landes für zuständig erklären; diesfalls ist Art. 148f sinngemäß anzuwenden.[1] *(BGBl I 2012/51)*

(2) Schaffen die Länder für den Bereich der Landesverwaltung Einrichtungen mit gleichartigen Aufgaben wie die Volksanwaltschaft, kann durch Landesverfassungsgesetz eine dem Art. 148f entsprechende Regelung getroffen werden.[2] *(BGBl I 2012/51)*

(3) Ein Land, das hinsichtlich der Aufgaben nach Art. 148a Abs. 3 von der Ermächtigung des Abs. 1 nicht Gebrauch macht, hat durch Landesverfassungsgesetz eine Einrichtung mit den Aufgaben nach Art. 148a Abs. 3 gleichartigen Aufga-

B-VG

---

[6] Siehe § 41 NRWO (8/1), aber auch Art 142 Abs 4; vgl Art 26 Abs 4 und 5.

[7] Siehe FN 19 zu Art 20.

[8] *Unvereinbarkeit* (Inkompatibilität). Vgl Art 61 Abs 1 (BPräs).

[9] Die Bezüge der Mitglieder der VA sind im BBezG (10/2) geregelt; Ansprüche auf Ruhebezüge nach dem BezG (10/2a) können bestehen. Beachte die §§ 4 bis 7 (ggf iVm § 11) BezBegrBVG (10/1).

Zu Artikel 148h:

[1] Siehe Art III Entschl betreffend die Ausübung des Rechtes zur Ernennung von Bundesbeamten BGBl 1995/54. Vgl Art 65 Abs 2 lit a und Art 66 Abs 1; vgl auch Art 125 Abs 1 (Präs des RH).

[2] Vgl auch Art 125 Abs 2 (Präs des RH).

[3] Vgl auch Art 30 Abs 6 (Präs des NR).

[4] Vgl auch Art 21 Abs 3 (oberste Organe des Bundes und der Länder), Art 30 Abs 4 und 6 (Präs des NR), Art 125 Abs 3 (Präs des RH), Art 134 Abs 8 (Präs des VwGH) und Art 147 Abs 8 (Präs des VfGH).

[5] Siehe die §§ 12 und 13 VolksanwG (18/1) und den II. Abschn (§§ 16 bis 24) der GeO der VA 2018 (18/1/1).

[6] Siehe die §§ 14 bis 16 VolksanwG (18/1) und den III. Abschn (§§ 25 bis 33) der GeO der VA 2018 (18/1/1).

[7] Beachte § 15 HOG (18/1a) und den IV. Abschn (§§ 34 bis 42) der GeO der VA 2018 (18/1/1).

[8] Siehe § 4 Abs 2 VolksanwG (18/1) und die GeO der VA 2018 (18/1/1).

[9] Siehe § 4 Abs 2 VolksanwG (18/1) und die GeV der VA 2019 (18/1/2).

[10] Siehe § 1 Abs 2 VolksanwG (18/1), § 2 Abs 1 GeO der VA 2018 (18/1/1) und die GeV der VA 2019 (18/1/2).

Zu Artikel 148i:

[1] Siehe § 93 Z 1 VfGG (17/1).

[2] Siehe § 93 Z 2 VfGG (17/1). Vgl auch für die Landesrechnungshöfe Art 127c.

ben für den Bereich der Landesverwaltung zu schaffen und zur Besorgung dieser Aufgaben den Art. 148c und Art. 148d entsprechende Regelungen zu treffen. *(BGBl I 2012/1)*

(BGBl I 2003/100)

Artikel 148j. Nähere Bestimmungen zur Ausführung dieses Hauptstückes sind bundesgesetzlich zu treffen.[1)]

(BGBl I 2003/100)

„Zehntes" Hauptstück
Schlussbestimmungen

(BGBl I 2003/100; BGBl I 2017/138)

Artikel 149. (1) Neben diesem Gesetz haben im Sinne des Art. 44 Abs. 1 unter Berücksichtigung der durch dieses Gesetz bedingten Änderungen als Verfassungsgesetze zu gelten:[1)] *(BGBl I 2003/100)*

Staatsgrundgesetz vom 21. Dezember 1867, RGBl. Nr. 142, über die allgemeinen Rechte der Staatsbürger für die im Reichsrate vertretenen Königreiche und Länder;[2)] *(BGBl I 2003/100)*

„ " *(BGBl I 1988/684)*

Gesetz vom 27. Oktober 1862, RGBl. Nr. 88, zum Schutze des Hausrechtes;[3)] *(BGBl I 2003/100)*

Beschluss der Provisorischen Nationalversammlung vom 30. Oktober 1918, StGBl. Nr. 3;[4)] *(BGBl I 2003/100)*

Gesetz vom 3. April 1919, StGBl. Nr. 209, betreffend die Landesverweisung und die Übernahme des Vermögens des Hauses Habsburg-Lothringen;[5)] *(BGBl I 2003/100)*

Gesetz vom 3. April 1919, StGBl. Nr. 211, über die Aufhebung des Adels, der weltlichen Ritter- und Damenorden und gewisser Titel und Würden;[6)] *(BGBl I 2003/100)*

„ " *(BGBl I 1999/8)*

Abschnitt V des III. Teiles des Staatsvertrages von Saint-Germain vom 10. September 1919, StGBl. Nr. 303 aus 1920.[7)] *(BGBl I 2003/100)*

„ " *(BGBl I 1999/8)*

(2) Art. 20 des Staatsgrundgesetzes vom 21. Dezember 1867, RGBl. Nr. 142, sowie das auf Grund dieses Artikels erlassene Gesetz vom 5. Mai 1869, RGBl. Nr. 66, treten außer Kraft. *(BGBl I 2003/100)*

Artikel 150. „(1)" Der Übergang zu der durch dieses Gesetz eingeführten bundesstaatlichen Verfassung wird durch ein eigenes, zugleich mit diesem Gesetz in Kraft tretendes Verfassungsgesetz geregelt.[1)] *(BGBl 1994/1013)*

(2) Gesetze, die erst einer neuen Fassung bundesverfassungsgesetzlicher Bestimmungen entsprechen, dürfen von der Kundmachung des die Änderung bewirkenden Bundesverfassungsgesetzes an erlassen werden. Sie dürfen jedoch nicht vor dem Inkrafttreten der neuen bundesverfassungsgesetzlichen Bestimmungen in Kraft treten, soweit sie nicht lediglich Maßnahmen vorsehen, die für ihre mit dem Inkrafttreten der neuen bundesverfassungsgesetzlichen Bestimmungen beginnende Vollziehung erforderlich sind. *(BGBl 1994/1013)*

Artikel 151. (1) Die Art. 78d und 118 Abs. 8 in der Fassung des Bundesverfassungsgesetzes BGBl. Nr. 565/1991 treten mit 1. Jänner 1992 in Kraft. „Am 1. Jänner 1992 vorhandene Wachkörper bleiben in ihrem Bestand unberührt; diese Bestimmung tritt mit 1. Jänner 1992 in Kraft."* *(BGBl 1991/565; *BGBl I 1999/8; BGBl I 2003/100)*

(2) Die Art. 10 Abs. 1 Z 7, 52a, 78a bis 78c, Art. 102 Abs. 2, die Bezeichnungsänderungen im dritten Hauptstück und in Art. 102 in der Fassung des Bundesverfassungsgesetzes BGBl. Nr. 565/1991 treten mit 1. Mai 1993 in Kraft. *(BGBl 1991/565; BGBl I 2003/100)*

(3) Art. 102 Abs. 5 zweiter Satz sowie die Abs. 6 und 7 treten mit Ablauf des 30. April 1993 außer Kraft. „Die Wortfolge „ , ausgenommen die örtliche Sicherheitspolizei," im Art. 102 Abs. 2 tritt mit Ablauf des 30. April 1993 außer Kraft." *(BGBl 1991/565; BGBl I 1999/8)*

(4) Die Art. 26, Art. 41 Abs. 2, Art. 49b Abs. 3, Art. 56 Abs. 2 bis 4, Art. 95 Abs. 1 bis 3, Art. 96 Abs. 3, ferner die Neubezeichnung des Abs. 1 im Art. 56 in der Fassung des Bundesverfassungsgesetzes BGBl. Nr. 470/1992 treten mit 1. Mai 1993 in Kraft. *(BGBl 1992/470)*

(5) Art. 54 in der Fassung des Bundesverfassungsgesetzes BGBl. Nr. 868/1992 tritt mit 1. Jänner 1993 in Kraft. *(BGBl 1992/868)*

Zu Artikel 148j:

1) Siehe das VolksanwG (18/1).

Zu Artikel 149:

1) Beachte FN 1 zu Art 150.
2) Abgedruckt unter 2a/1.
3) Abgedruckt unter 2a/2.
4) Abgedruckt unter 2a/3.
5) Abgedruckt unter 3a/1.
6) Abgedruckt unter 3a/2.
7) Abgedruckt unter 2a/4.

Zu Artikel 150:

1) Siehe das ÜG 1920 (1a/1). Eine vollständige Einführung des österreichischen Bundesverfassungsrechts im Bgld ist erst durch § 1 Abs 5 1. BVRBG erfolgt (zur vor dem 1. Jänner 2008 geltenden Rechtslage siehe die Ausführungen von *Brande,* Kodex Verfassungsrecht[13] [1996], *Anm zu Art 149 und 150 [nach Art 152] mwH).

(6) Die nachstehend angeführten Bestimmungen treten in der Fassung des Bundesverfassungsgesetzes BGBl. Nr. 508/1993 wie folgt in Kraft:

1. Art. 10 Abs. 1 Z 9, Art. 11 Abs. 1 Z 7 sowie Art. 11 Abs. 6, 7, 8 und 9 treten mit 1. Juli 1994 in Kraft.

2. Art. 28 Abs. 5, Art. 52 Abs. 2, die Bezeichnung des früheren Art. 52 Abs. 2 und 3 als Abs. 3 und 4 sowie Art. 52b treten mit 1. Oktober 1993 in Kraft. *(BGBl I 2003/100)*

3. *(entfällt, BGBl I 2000/114)*
(BGBl 1993/508)

(7) *(entfällt, BGBl I 2009/127, ab 31. Dezember 2009)*

(5) *(entfällt, BGBl I 1997/2)*

(7a) Art. 102 Abs. 2 in der Fassung des Bundesverfassungsgesetzes BGBl. I Nr. 2/1997 tritt mit 1. Jänner 1994 in Kraft. Art. 102 Abs. 2 in der Fassung des Bundesgesetzes BGBl. Nr. 532/1993 tritt zugleich außer Kraft. *(BGBl I 1997/2)*

(8) Art. 54 in der Fassung des Bundesverfassungsgesetzes BGBl. Nr. 268/1994 tritt mit 1. April 1994 in Kraft. *(BGBl 1994/268; BGBl I 2003/100)*

(9) Art. 6 Abs. 2 und 3, Art. 26 Abs. 2, Art. 41 Abs. 2, Art. 49b Abs. 3 und Art. 117 Abs. 2 erster Satz in der Fassung des Bundesverfassungsgesetzes BGBl. Nr. 504/1994 treten mit 1. Jänner 1995 in Kraft. In den Rechtsvorschriften des Bundes und der Länder wird mit Wirkung vom 1. Jänner 1996 der Begriff „ordentlicher Wohnsitz" in allen seinen grammatikalischen Formen durch den Begriff „Hauptwohnsitz[1)]" in der jeweils entsprechenden grammatikalischen Form ersetzt, sofern der Begriff „ordentlicher Wohnsitz" nicht bis zum Ablauf des 31. Dezember 1995 durch den Begriff „Wohnsitz" ersetzt wird; vom 1. Jänner 1996 an darf der Begriff „ordentlicher Wohnsitz" in den Rechtsvorschriften des Bundes und der Länder nicht mehr verwendet werden; solange die Landesgesetze nicht vorsehen, dass sich das Wahlrecht zum Landtag oder zum Gemeinderat nach dem Hauptwohnsitz[1)] oder nach dem Wohnsitz bestimmt, richtet es sich nach dem „ordentlichen Wohnsitz"*. Bis zum Vorliegen des Ergebnisses der nächsten Volkszählung nach dem genannten Inkrafttretenszeitpunkt ist für die Verteilung der Zahl der Abgeordneten auf die Wahlkreise (Wahlkörper) und auf die Regionalwahlkreise (Art. 26 Abs. 2) sowie die Vertretung der Länder im Bundesrat (Art. 34) der nach dem Ergebnis der letzten Volkszählung festgestellte ordentliche Wohnsitz dem Hauptwohnsitz gleichzuhalten. *(BGBl 1994/504; * BGBl I 1998/35 (DFB); BGBl I 2003/100)*

(10) Art. 87 Abs. 3 und Art. 88a in der Fassung des Bundesverfassungsgesetzes BGBl. Nr. 506/1994 treten mit 1. Juli 1994 in Kraft. *(BGBl 1994/506; BGBl I 2003/100)*

(11) Für das Inkrafttreten durch das Bundesverfassungsgesetz BGBl. Nr. 1013/1994 neu gefasster oder eingefügter Bestimmungen, für das Außerkrafttreten durch dasselbe Bundesverfassungsgesetz aufgehobener Bestimmungen dieses Bundesverfassungsgesetzes sowie für den Übergang zur neuen Rechtslage gilt folgendes:

1. Der Gesetzestitel, Art. 21 Abs. 6 und 7, Art. 56 Abs. 2 und 4, Art. 122 Abs. 3 bis 5, Art. 123 Abs. 2, Art. 123a Abs. 1, Art. 124, Art. 147 Abs. 2 zweiter Satz sowie Art. 150 Abs. 2 treten mit 1. Jänner 1995 in Kraft.

2. Die Überschrift des Ersten Hauptstückes, die Überschrift des Abschnitts A im Ersten Hauptstück, Art. 10 Abs. 1 Z 18, Art. 16 Abs. 4, Abschnitt B des Ersten Hauptstückes, Art. 30 Abs. 3, Art. 59, Art. 73 Abs. 2, Art. 117 Abs. 2, Art. 141 Abs. 1 und 2, Art. 142 Abs. 2 lit. c und Bezeichnungen der nunmehrigen lit. d bis i sowie Art. 142 Abs. 3 bis 5 treten zugleich mit dem Staatsvertrag über den Beitritt der Republik Österreich zur Europäischen Union „ " in Kraft.[2)] *(BGBl I 2013/114)*

3. Zugleich mit dem Inkrafttreten der in Z 2 genannten Bestimmungen treten Art. 10 Abs. 4 bis 6 und Art. 16 Abs. 6 in der Fassung des Bundesverfassungsgesetzes BGBl. Nr. 276/1992 außer Kraft.[2)]

4. Art. 122 Abs. 1 und Art. 127b treten mit 1. Jänner 1997 in Kraft. Sie gelten für dem 31. Dezember 1994 nachfolgende Gebarungsvorgänge.

5. Solange die Vertreter Österreichs im Europäischen Parlament nicht auf Grund einer allgemeinen Wahl gewählt sind, werden sie vom Nationalrat aus dem Kreis der Mitglieder der Bundesversammlung entsendet. Diese Entsendung erfolgt auf Grund von Vorschlägen der im Nationalrat vertretenen Parteien nach Maßgabe ihrer Stärke gemäß dem Grundsatz der Verhältniswahl. Für die Dauer der Entsendung können Mitglieder des Nationalrates und des Bundesrates gleichzeitig Mitglieder des Europäischen Parlamentes sein. Im Übrigen gilt Art. 23b Abs. 1 und 2 sinngemäß. Wenn ein in das Europäische Parlament entsendetes Mitglied des Nationalrates auf sein Mandat als Mitglied des Nationalrates verzichtet, dann gilt Art. 56 Abs. 2 und 3. *(BGBl I 2003/100)*

6. Z 5 tritt mit 22. Dezember 1994 in Kraft. *(BGBl 1994/1013)*

Zu Artikel 151:

[1)] Siehe die Definition des Art 6 Abs 3.

[2)] Die in Z 2 und 3 genannten Bestimmungen sind demnach mit 1. Jänner 1995 in bzw mit Ablauf des 31. Dezember 1994 außer Kraft getreten (siehe die K BGBl 1995/50).

(11a) Art. 112 in der Fassung des Bundesverfassungsgesetzes BGBl. Nr. 1013/1994 und Art. 103 Abs. 3 und Art. 151 Abs. 6 Z 3 in der Fassung des Bundesverfassungsgesetzes BGBl. I Nr. 8/1999 treten mit 1. Jänner 1995 in Kraft. *(BGBl I 1999/8)*

(12) Art. 59a, Art. 59b und Art. 95 Abs. 4 in der Fassung des Bundesverfassungsgesetzes BGBl. Nr. 392/1996 treten mit 1. August 1996 in Kraft. Bis zur Erlassung von landesgesetzlichen Vorschriften in Ausführung des Art. 59a und des Art. 95 Abs. 4 gelten die entsprechenden bundesgesetzlichen Vorschriften in den betreffenden Ländern sinngemäß, sofern die Länder nicht bereits Regelungen im Sinne des Art. 59a und des Art. 95 Abs. 4 erlassen haben. *(BGBl 1996/392)*

(13) Art. 23e Abs. 6 und Art. 28 Abs. 5 in der Fassung des Bundesverfassungsgesetzes BGBl. Nr. 437/1996 treten mit 15. September 1996 in Kraft. *(BGBl 1996/437)*

„(14)“ Art. 49 und Art. 49a Abs. 1 und 3 in der Fassung des Bundesverfassungsgesetzes BGBl. Nr. 659/1996 treten mit 1. Jänner 1997 in Kraft. *(BGBl 1996/659; BGBl I 1997/82 (DFB))*

(15) Art. 55 in der Fassung des Bundesverfassungsgesetzes BGBl. I Nr. 2/1997 tritt mit 1. Jänner 1997 in Kraft. Zugleich tritt Art. 54 außer Kraft. *(BGBl I 1997/2)*

(16) Art. 147 Abs. 2 in der Fassung des Bundesverfassungsgesetzes BGBl. I Nr. 64/1997 tritt mit 1. August 1997 in Kraft. *(BGBl I 1997/64)*

(17) Art. 69 Abs. 2 und 3, Art. 73 Abs. 1, Art. 73 Abs. 3 sowie Art. 148d in der Fassung des Bundesverfassungsgesetzes BGBl. I 87/1997 treten mit 1. September 1997, Art. 129, Abschnitt B des sechsten Hauptstückes, Art. 131 Abs. 3 und die neuen Abschnittsbezeichnungen im sechsten Hauptstück treten mit 1. Jänner 1998 in Kraft. *(BGBl I 1997/87)*

(18) Art. 9a Abs. 4 in der Fassung des Bundesgesetzes BGBl. I Nr. 30/1998 tritt mit 1. Jänner 1998 in Kraft. *(BGBl I 1998/30)*

(19) Art. 23f tritt gleichzeitig mit dem Vertrag von Amsterdam in Kraft. Der Bundeskanzler hat diesen Zeitpunkt im Bundesgesetzblatt kundzumachen.[3] *(BGBl I 1998/83)*

(20) Im Art. 149 Abs. 1 treten außer Kraft:

1. die Anfügung des Verfassungsgesetzes vom 30. November 1945, BGBl. Nr. 6/1946, betreffend die Anwendung des Gesetzes zum Schutze der persönlichen Freiheit vom 27. Oktober 1862, R. G. Bl. Nr. 87, in dem Verfahren vor dem Volksgericht mit Ablauf des 30. Dezember 1955;

2. die Wortfolge „Gesetz vom 8. Mai 1919, St. G. Bl. Nr. 257, über das Staatswappen und das Staatssiegel der Republik Deutschösterreich mit den durch die Artikel 2, 5 und 6 des Gesetzes vom 21. Oktober 1919, St. G. Bl. Nr. 484, bewirkten Änderungen;“ mit Ablauf des 31. Juli 1981. *(BGBl I 1999/8)*

(21) Die Wortfolge „oder durch die Ausübung unmittelbarer Befehls- und Zwangsgewalt“ im Art. 144 Abs. 3 tritt mit Ablauf des 31. Dezember 1990 außer Kraft. *(BGBl I 1999/8)*

(22) Die Art. 10 Abs. 1 Z 14, Art. 15 Abs. 3 und 4, 18 Abs. 5, 21, 37 Abs. 2, 51b Abs. 6, 52b Abs. 1, 60 Abs. 2, 78d Abs. 2, Art. 102 Abs. 1, die neue Absatzbezeichnung des Art. 102 Abs. 6 und die Art. 118 Abs. 8, 118a und 125 Abs. 3 in der Fassung des Bundesverfassungsgesetzes BGBl. I Nr. 8/1999 treten mit 1. Jänner 1999 in Kraft. Art. 102 Abs. 5 tritt mit Ablauf des 31. Dezember 1998 außer Kraft. *(BGBl I 1999/8)*

(23) Die Art. 30 Abs. 3 erster Satz, 127c, 129c Abs. 4, 147 Abs. 2 vierter und fünfter Satz und Art. 147 Abs. 6 erster Satz in der Fassung des Bundesverfassungsgesetzes BGBl. I Nr. 148/1999 treten mit 1. August 1999 in Kraft. *(BGBl I 1999/148)*

(24) Art. 8 in der Fassung des Bundesverfassungsgesetzes BGBl. I Nr. 68/2000 tritt mit 1. August 2000 in Kraft. *(BGBl I 2000/68)*

(25) Art. 11 Abs. 8 in der Fassung des Bundesverfassungsgesetzes BGBl. I Nr. 114/2000 tritt mit 1. Dezember 2000 in Kraft. Art. 151 Abs. 6 Z 3 tritt mit Ablauf des „24. November 2000“ außer Kraft. *(BGBl I 2000/114; BGBl I 2001/121)*

(26) In der Fassung des Bundesverfassungsgesetzes BGBl. I Nr. 121/2001 treten in Kraft:

1. Art. 18 Abs. 3 und Art. 23e Abs. 5 mit 1. Jänner 1997;

2. Art. 21 Abs. 1 und Abs. 6 mit 1. Jänner 1999;

3. Art. 147 Abs. 2 erster Satz mit 1. August 1999;

4. Art. 18 Abs. 4, Art. 23b Abs. 2, Art. 39 Abs. 2 und Art. 91 Abs. 2 mit 1. Jänner 2002;

5. Art. 23f Abs. 1 bis 3 gleichzeitig mit dem Vertrag von Nizza. Der Bundeskanzler hat diesen Zeitpunkt im Bundesgesetzblatt I kundzumachen.[4]

(BGBl I 2001/121)

(27) Art. 14b, Art. 102 Abs. 2 und Art. 131 Abs. 3 in der Fassung des Bundesgesetzes BGBl. I Nr. 99/2002 treten mit 1. Jänner 2003 in Kraft. § 2, § 4 Abs. 1, § 5 und § 6 Abs. 1 und 2 des Übergangsgesetzes, BGBl. Nr. 368/1925,[5] gelten sinngemäß. Ein gemäß dem zweiten Satz mit

---

[3] Art 23f (idF der B-VGNov BGBl I 1998/83) ist demnach mit 1. Mai 1999 in Kraft getreten (siehe die K BGBl I 1999/65).

[4] Art 23f Abs 1 bis 3 (idF der B-VGNov BGBl I 2001/121) ist demnach mit 1. Februar 2003 in Kraft getreten (siehe die K BGBl I 2003/43).

[5] Abgedruckt unter 1a/1.

1. Jänner 2003 zu einem Bundesgesetz gewordenes Landesgesetz tritt mit dem In-Kraft-Treten eines auf Grund des Art. 14b Abs. 3 ergehenden Landesgesetzes, spätestens jedoch mit Ablauf des 30. Juni 2003 außer Kraft; gleichzeitig treten die entsprechenden Bestimmungen des Bundesvergabegesetzes 2002, BGBl. I Nr. 99/2002, insoweit in Kraft. *(BGBl I 2002/99)*

(28) Art. 23a Abs. 1 und 3, Art. 26 Abs. 1 und 4, Art. 41 Abs. 2, Art. 46 Abs. 2, Art. 49b Abs. 3 und Art. 60 Abs. 3 erster Satz in der Fassung des Bundesgesetzes BGBl. I Nr. 90/2003 treten mit 1. Jänner 2004 in Kraft. *(BGBl I 2003/90)*

(29) Art. 11 Abs. 8 in der Fassung der Bundesgesetze BGBl. I Nr. 114/2000 und BGBl. I Nr. 100/2003 tritt mit 1. Dezember 2000 in Kraft, Art. 151 Abs. 7 in der Fassung des Bundesgesetzes BGBl. I Nr. 100/2003 mit Ablauf des Tages der Kundmachung dieses Bundesgesetzes. Art. 7 Abs. 1, Art. 8, Art. 8a, Art. 9a, Art. 10 Abs. 1 Z 10, Art. 13 Abs. 1, Art. 14 Abs. 1, Abs. 5 lit. a und Abs. 8, Art. 14a, Art. 15 Abs. 4, Art. 18 Abs. 4 und 5, Art. 23 Abs. 1 und 5, Art. 23e Abs. 6, Art. 26, Art. 30 Abs. 2, Art. 34 Abs. 2, Art. 35 Abs. 1, Art. 42 Abs. 4, Art. 47 Abs. 1, Art. 48, Art. 49, Art. 49a, Art. 51, Art. 51a, Art. 51b, Art. 51c, Art. 52b, Art. 57, Art. 71, Art. 73, Art. 81a Abs. 1, 4 und 5, Art. 87a, Art. 88a, Art. 89, Art. 97 Abs. 1 und 4, Art. 102 Abs. 2, Art. 112, Art. 115, Art. 116, Art. 116a, Art. 117, Art. 118, Art. 118a, Art. 119, Art. 119a, Art. 126a, Art. 126b Abs. 2, Art. 127 Abs. 3, Art. 127a, Art. 127c, Art. 134 Abs. 3, Art. 135, Art. 136, Art. 137, Art. 139, Art. 139a, Art. 140, Art. 140a, Art. 144, Art. 146 Abs. 1, Art. 147 Abs. 3, Art. 148, Art. 148a, Art. 148b, Art. 148e bis Art. 148j und Art. 149 sowie die Überschriften und die sonstigen Bestimmungen in der Fassung des Bundesgesetzes BGBl. I Nr. 100/2003 treten mit 1. Jänner 2004 in Kraft. *(BGBl I 2003/100)*

(30) Art. 11 Abs. 1 Z 7 und 8 sowie Abs. 9 in der Fassung des Bundesgesetzes BGBl. I Nr. 118/2004 tritt mit 1. Jänner 2005, jedoch nicht vor dem Ablauf des Tages der Kundmachung des genannten Bundesgesetzes im Bundesgesetzblatt, in Kraft. Soweit die Bundesgesetzgebung nicht anderes bestimmt, treten mit diesem Zeitpunkt in den Angelegenheiten des Art. 11 Abs. 1 Z 8 bestehende landesrechtliche Vorschriften außer Kraft. *(BGBl I 2004/118)*

(31) Art. 10 „Abs. 1 Z 9" und Art. 151 Abs. 7 in der Fassung des Bundesgesetzes BGBl. I Nr. 153/2004, treten mit 1. Jänner 2005 in Kraft. *(BGBl I 2004/153; BGBl I 2005/81)*

(32) Art. 14 Abs. 5a, 6, 6a, 7a und 10 und Art. 14a Abs. 7 und 8 treten mit Ablauf des Tages der Kundmachung des Bundesverfassungsgesetzes BGBl. I Nr. 31/2005 im Bundesgesetzblatt in Kraft.[6] *(BGBl I 2005/31)*

(33) In der Fassung des Bundesverfassungsgesetzes BGBl. I Nr. 81/2005 treten in Kraft:

1. Art. 151 Abs. 31 mit Ablauf des 30. Dezember 2004;

2. Art. 8 Abs. 3 mit Ablauf des Monats der Kundmachung dieses Bundesverfassungsgesetzes.[7]

(BGBl I 2005/81)

„(33a)" Art. 129a, Art. 129b und Art. 129c Abs. 1, 3, 5 und 7 in der Fassung des Bundesgesetzes BGBl. I Nr. 100/2005 treten mit 1. Jänner 2006 Kraft. *(BGBl I 2005/100; BGBl I 2007/27)*

(34) Art. 9a Abs. 3 und 4, Art. 10 Abs. 1 Z 15 und Art. 102 Abs. 2 in der Fassung des Bundesgesetzes BGBl. I Nr. 106/2005 treten mit 1. Jänner 2006 in Kraft. *(BGBl I 2005/106)*

(35) Art. 88a in der Fassung des Bundesgesetzes BGBl. I Nr. 121/2005 tritt mit 1. November 2005 in Kraft. *(BGBl I 2005/121)*

(36) Für das In-Kraft-Treten der durch das Bundesverfassungsgesetz BGBl. I Nr. 27/2007 geänderten oder eingefügten Bestimmungen und das Außer-Kraft-Treten der durch dieses Bundesverfassungsgesetz entfallenen Bestimmungen sowie für den Übergang zur neuen Rechtslage gilt Folgendes:

1. Art. 23a Abs. 1, 3 und 4, Art. 26 Abs. 1, 4, 6 und 8, Art. 30 Abs. 3, Art. 41 Abs. 3, Art. 46, Art. 49b Abs. 1 erster Satz und Abs. 3 zweiter Satz, Art. 60 Abs. 1 und Abs. 3 erster Satz, Art. 95 Abs. 1, 2, 4 und 5, Art. 117 Abs. 2 und 6 sowie Art. 151 Abs. 33a treten mit 1. Juli 2007 in Kraft; gleichzeitig tritt Art. 23a Abs. 5 und 6 außer Kraft. Die landesrechtlichen Vorschriften sind bis zum Ablauf des 31. Dezember 2007 der neuen Rechtslage anzupassen.

2. Art. 26a tritt mit 1. Juli 2007 in Kraft. Die Umbildung der Bundeswahlbehörde nach dieser Bestimmung hat bis zum Ablauf des 31. August 2007 zu erfolgen; die näheren Bestimmungen darüber werden durch die Wahlordnung zum Nationalrat getroffen.

3. Art. 27 Abs. 1 tritt mit Beginn der XXIV. Gesetzgebungsperiode in Kraft. *(BGBl I 2008/2)* *(BGBl I 2007/27)*

(37) Für das Inkrafttreten der durch Art. 1 des Bundesverfassungsgesetzes BGBl. I Nr. 1/2008 eingefügten oder neu gefassten Bestimmungen gilt Folgendes:

1. Art. 13 Abs. 2 und 3, Art. 51 in der Fassung der Z 4, Art. 51a, Art. 51b in der Fassung der Z 7

B-VG

[6] Die in Abs 32 genannten Bestimmungen sind demnach mit 10. Juni 2005 in Kraft getreten.

[7] Art 8 Abs 3 ist demnach mit 1. September 2005 in Kraft getreten.

bis 9a, Art. 123a Abs. 1 und Art. 148d treten mit 1. Jänner 2009 in Kraft; das Bundesfinanzrahmengesetz für die Finanzjahre 2009 bis 2012 und das Bundesfinanzgesetz für das Finanzjahr 2009 sind bereits auf Grundlage dieser Bestimmungen zu erstellen und zu beschließen, wobei der Entwurf des Bundesfinanzrahmengesetzes für die Finanzjahre 2009 bis 2012 spätestens gleichzeitig mit dem Entwurf für das Bundesfinanzgesetz für das Finanzjahr 2009 dem Nationalrat vorzulegen ist.

2. Art. 51 in der Fassung der Z 5, Art. 51b in der Fassung der Z 10, Art. 51c und Art. 51d treten mit 1. Jänner 2013 in Kraft. Art. 51 in der Fassung der Z 4 und Art. 51b in der Fassung der Z 7 bis 9a treten mit Ablauf des 31. Dezember 2012 außer Kraft. Diese Rechtslage gilt bereits für die Erstellung des Bundesfinanzrahmengesetzes für die Finanzjahre 2013 bis 2016 sowie des Bundesfinanzgesetzes für das Finanzjahr 2013 und deren Beschlussfassung durch den Nationalrat.

Art. 51a in der Fassung des Bundesgesetzes BGBl. I Nr. 100/2003 ist bis zum Ablauf des 31. Dezember 2012 weiterhin anzuwenden. *(BGBl I 2008/1)*

(38) Art. 2 Abs. 3, Art. 3 Abs. 2 bis 4, Art. 9 Abs. 2, Art. 10 Abs. 3 zweiter und dritter Satz, Art. 20 Abs. 1 und 2, Art. 23f Abs. 1 letzter Satz und Abs. 3, Art. 50, Art. 52 Abs. 1a, der sechste Unterabschnitt des Abschnittes A des dritten Hauptstückes, Art. 67a, Art. 88 Abs. 1, Art. 90a, Art. 112, die Überschriften vor Art. 115, Abschnitt B des (neuen) fünften Hauptstückes, die Überschriften vor Art. 121 und Art. 129, Art. 134 Abs. 6, die Überschrift vor Art. 148a, Art. 148a Abs. 3 bis 5, Art. 148c letzter Satz und die Überschrift vor Art. 149 in der Fassung des Bundesverfassungsgesetzes BGBl. I Nr. 2/2008 treten mit 1. Jänner 2008 in Kraft. Die zur Anpassung an die Art. 20 Abs. 2 letzter Satz und Art. 120b Abs. 2 erforderlichen Bundes- und Landesgesetze sind spätestens bis zum Ablauf des 31. Dezember 2009 zu erlassen. *(BGBl I 2008/2)*

(39) Art. 10 Abs. 1 Z 1, 3, 6 und 14, Art. 78d Abs. 2, Art. 102 Abs. 2, Art. 129, Abschnitt B des (neuen) siebenten Hauptstückes, Art. 132a, Art. 135 Abs. 2 und 3, Art. 138 Abs. 1, Art. 140 Abs. 1 erster Satz und Art. 144a in der Fassung des Bundesverfassungsgesetzes BGBl. I Nr. 2/2008 treten mit 1. Juli 2008 in Kraft. Für den Übergang zur neuen Rechtslage gilt:

1. Mit 1. Juli 2008 wird der bisherige unabhängige Bundesasylsenat zum Asylgerichtshof.

2. Bis zur Ernennung des Präsidenten, des Vizepräsidenten und der sonstigen Mitglieder des Asylgerichtshofes üben der bisherige Vorsitzende, der bisherige Stellvertretende Vorsitzende und die bisherigen sonstigen Mitglieder des unabhängigen Bundesasylsenates deren Funktionen aus. Die für die Ernennung des Präsidenten, des Vizepräsidenten und der sonstigen Mitglieder des Asylgerichtshofes erforderlichen Maßnahmen sowie die Aufnahme von nichtrichterlichen Bediensteten können bereits mit Ablauf des Tages der Kundmachung des Bundesverfassungsgesetzes BGBl. I Nr. 2/2008 erfolgen.

3. Mitglieder des unabhängigen Bundesasylsenates, die sich um die Ernennung zum Mitglied des Asylgerichtshofes bewerben und die persönliche und fachliche Eignung für die Ernennung aufweisen, haben ein Recht auf Ernennung; die Voraussetzungen des Art. 129d Abs. 3 gelten für solche Bewerber als erfüllt. Über die Ernennung solcher Bewerber entscheidet die Bundesregierung.

4. Am 1. Juli 2008 beim unabhängigen Bundesasylsenat anhängige Verfahren sind vom Asylgerichtshof weiterzuführen. Beim Verwaltungsgerichtshof oder beim Verfassungsgerichtshof anhängige Verfahren über Beschwerden gegen Bescheide des unabhängigen Bundesasylsenates sind von diesen mit der Maßgabe weiterzuführen, dass als belangte Behörde der Asylgerichtshof gilt.

5. Ab dem 28. November 2007 ist in Verfahren, die beim unabhängigen Bundesasylsenat anhängig sind, eine Beschwerde wegen Verletzung der Entscheidungspflicht nicht mehr zulässig. Beim Verwaltungsgerichtshof bereits anhängige Verfahren wegen Verletzung der Entscheidungspflicht durch den unabhängigen Bundesasylsenat gelten mit Ablauf des 30. Juni 2008 als eingestellt; die Verfahren, auf die sich die Beschwerde wegen Verletzung der Entscheidungspflicht bezieht, sind vom Asylgerichtshof weiterzuführen.
(BGBl I 2008/2)

(40) Art. 27 Abs. 2, Art. 92 Abs. 2, Art. 122 Abs. 5, Art. 134 Abs. 4 und 5 sowie Art. 147 Abs. 4 erster Satz und Abs. 5 in der Fassung des Bundesverfassungsgesetzes BGBl. I Nr. 2/2008 treten mit Beginn der XXIV. Gesetzgebungsperiode in Kraft. Auf Personen, die am Beginn der XXIV. Gesetzgebungsperiode bereits eine Funktion im Sinne des Art. 92 Abs. 2, Art. 122 Abs. 5, Art. 134 Abs. 4 und 5 sowie Art. 147 Abs. 4 erster Satz und Abs. 5 ausüben, sind diese Bestimmungen in der bis zu diesem Zeitpunkt geltenden Fassung weiterhin anzuwenden. *(BGBl I 2008/2)*

(41) Art. 28 Abs. 4, in der Fassung des Bundesverfassungsgesetzes BGBl. I Nr. 31/2009, tritt mit 1. April 2009 in Kraft. *(BGBl I 2009/31)*

(42) Art. 20 Abs. 2 in der Fassung des Bundesgesetzes BGBl. I Nr. 50/2010 tritt mit 1. Oktober 2010 in Kraft. *(BGBl I 2010/50)*

(43) Art. 23c, Art. 23d Abs. 2, Abs. 3 erster und zweiter Satz und Abs. 5 erster Satz, Art. 23e bis Art. 23k und Art. 73 Abs. 2 in der Fassung des Bundesverfassungsgesetzes BGBl. I Nr. 57/2010 treten mit 1. August 2010 in Kraft. *(BGBl I 2010/57)*

(44) Art. 127a Abs. 1, 3, 4 und 7 bis 9, Art. 127c und Art. 146 Abs. 1 in der Fassung des

Bundesgesetzes BGBl. I Nr. 98/2010 treten mit 1. Jänner 2011 in Kraft. *(BGBl I 2010/98)*

„(45)“ Art. 6 Abs. 4, Art. 26 Abs. 5 und Art. 60 Abs. 3 in der Fassung des Bundesgesetzes BGBl. I Nr. 43/2011 treten mit 1. Oktober 2011 in Kraft. Das Außerkrafttreten des bisherigen Art. 60 Abs. 3 zweiter Satz lässt das Gesetz betreffend die Landesverweisung und die Übernahme des Vermögens des Hauses Habsburg-Lothringen, StGBl. Nr. 209/1919,[8)] unberührt. *(BGBl I 2011/43; BGBl I 2012/1)*

„(46)“ Art. 10 Abs. 1 Z 11 und Art. 102 Abs. 2 in der Fassung des Bundesgesetzes BGBl. I Nr. 58/2011 treten mit 1. Jänner 2012 in Kraft. Für den Übergang zur neuen Rechtslage gilt:

1. Die die Angelegenheiten des Pflegegeldwesens regelnden landesgesetzlichen Bestimmungen werden Bundesgesetze im Sinne dieses Gesetzes.

2. Die auf Grund der in Z 1 genannten Gesetze ergangenen Verordnungen werden Verordnungen des Bundes und gelten, soweit sie den organisatorischen Vorschriften dieses Gesetzes widersprechen, als sinngemäß geändert.

3. Inwieweit die in Z 1 und Z 2 genannten Gesetze und Verordnungen auf am 1. Jänner 2012 anhängige Verfahren weiter anzuwenden sind, wird bundesgesetzlich bestimmt; die Durchführung solcher Verfahren steht den Ländern zu. Die für die Angelegenheiten des Art. 11 geltenden Bestimmungen dieses Gesetzes sind insoweit sinngemäß anzuwenden.

4. Nähere Bestimmungen über den Übergang zur neuen Rechtslage können bundesgesetzlich getroffen werden.

5. Der zuständige Bundesminister erstattet dem Nationalrat und dem Bundesrat spätestens bis 31. Dezember 2014 über die Vollziehung der Angelegenheiten des Pflegegeldwesens Bericht. *(BGBl I 2011/58; BGBl I 2012/1)*

„(47)“ Art. 15 Abs. 10 zweiter Satz, Art. 116a Abs. 1 erster Satz, Art. 116a Abs. 1 Z 1 und Z 2, Art. 116a Abs. 2, Abs. 3 und Abs. 6 und Art. 116b in der Fassung des Bundesverfassungsgesetzes BGBl. I Nr. 60/2011 treten mit 1. Oktober 2011 in Kraft. *(BGBl I 2011/60; BGBl I 2012/1)*

(48) Art. 22, Art. 148a, Art. 148b Abs. 1 erster Satz und Abs. 3, Art. 148c letzter Satz, Art. 148d, Art. 148g Abs. 2 bis 5, Art. 148h Abs. 3 und 4 und Art. 148i Abs. 3 in der Fassung des Bundesgesetzes BGBl. I Nr. 1/2012 treten mit 1. Juli 2012 in Kraft. Die für die Aufnahme der Tätigkeit der Kommissionen und des Menschenrechtsbeirats erforderlichen organisatorischen und personellen Maßnahmen können von der Volksanwaltschaft bereits mit Ablauf des Tages der Kundmachung des Bundesgesetzes BGBl. I Nr. 1/2012 getroffen werden. Steht am 1. Juli 2012 in einem Land ein Landesverfassungsgesetz in Geltung, durch das die Volksanwaltschaft gemäß Art. 148i Abs. 1 auch für den Bereich der Landesverwaltung für zuständig erklärt worden ist, so gilt es als Land, das von dieser Ermächtigung auch hinsichtlich der Aufgaben nach Art. 148a Abs. 3 in der Fassung des Bundesgesetzes BGBl. I Nr. 1/2012 Gebrauch gemacht hat. Landesverfassungsgesetze gemäß Art. 148i Abs. 3 sind spätestens bis zum Ablauf des 31. Dezember 2012 zu erlassen. *(BGBl I 2012/1)*

(49) Art. 10 Abs. 1 Z 1a und Z 17, Art. 26 Abs. 3 erster Satz, Art. 26a erster Satz und Art. 141 Abs. 3 erster Satz in der Fassung des Bundesgesetzes BGBl. I Nr. 12/2012 treten mit 1. April 2012 in Kraft; gleichzeitig tritt Art. 10 Abs. 1 Z 18 außer Kraft. *(BGBl I 2012/12)*

(50) Art. 15 Abs. 3 und 4, Art. 78a Abs. 1, Art. 78b, Art. 78c, Art. 78d Abs. 2 und Art. 102 Abs. 1 in der Fassung des Bundesverfassungsgesetzes BGBl. I Nr. 49/2012 treten mit 1. September 2012 in Kraft; gleichzeitig tritt die Verordnung der Bundesregierung über die Errichtung von Bundespolizeidirektionen und die Festlegung ihres örtlichen Wirkungsbereiches (Bundespolizeidirektionen-Verordnung), BGBl. II Nr. 56/1999, außer Kraft. *(BGBl I 2012/49)*

(51) Für das Inkrafttreten der durch das Bundesgesetz BGBl. I Nr. 51/2012 geänderten oder eingefügten Bestimmungen und für das Außerkrafttreten der durch dieses Bundesgesetz aufgehobenen Bestimmungen sowie für den Übergang zur neuen Rechtslage gilt Folgendes:

1. Die für die Aufnahme der Tätigkeit der Verwaltungsgerichte erforderlichen organisatorischen und personellen Maßnahmen können bereits mit Ablauf des Tages der Kundmachung des Bundesgesetzes BGBl. I Nr. 51/2012 getroffen werden. Für Ernennungen von Mitgliedern der Verwaltungsgerichte, die vor dem 1. Jänner 2014 erfolgen, gilt Art. 134 Abs. 2, 3, 5 und 6 in der Fassung des Bundesgesetzes BGBl. I Nr. 51/2012 mit der Maßgabe, dass Dreiervorschläge der Vollversammlung des Verwaltungsgerichtes beziehungsweise eines aus ihrer Mitte zu wählenden Ausschusses nicht einzuholen sind.

2. Ein Recht auf Ernennung zum Mitglied des jeweiligen Verwaltungsgerichtes des Bundes hat:

a) wer am 1. Juli 2012 Vorsitzender, stellvertretender Vorsitzender oder Senatsvorsitzender des Bundesvergabeamtes ist und sich um die Ernennung zum Mitglied des Verwaltungsgerichtes des Bundes bewirbt und die persönliche und fachliche Eignung für die Erfüllung der Aufgaben, die mit der vorgesehenen Verwendung verbunden sind, aufweist;

b) wer am 1. Juli 2012 Mitglied des unabhängigen Finanzsenates ist und sich um die Ernennung zum Mitglied des Verwaltungsgerichtes des Bundes für Finanzen bewirbt und die persönliche

B-VG

[8)] Abgedruckt unter 3a/1.

und fachliche Eignung für die Erfüllung der Aufgaben, die mit der vorgesehenen Verwendung verbunden sind, aufweist.

3. Der Präsident und der Vizepräsident der Verwaltungsgerichte des Bundes sind von der Bundesregierung innerhalb von sechs Wochen nach Ablauf des Tages der Kundmachung des Bundesgesetzes BGBl. I Nr. 51/2012 zu bestellen.

4. Der Antrag auf Ernennung zum sonstigen Mitglied des jeweiligen Verwaltungsgerichtes des Bundes kann bis zum Ablauf des 31. Dezember 2012 gestellt werden. Die Voraussetzungen des Art. 134 „ “ Abs. 3 letzter Satz gelten für solche Bewerber als erfüllt. Über die Ernennung solcher Bewerber entscheidet bis zum Ablauf des 28. Februar 2013 die Bundesregierung. Personen, deren Bewerbung abgelehnt wird, haben das Recht, gegen den ablehnenden Bescheid Beschwerde gemäß Art. 130 Abs. 1 lit. a beim Verwaltungsgerichtshof und gemäß Art. 144 beim Verfassungsgerichtshof zu erheben. *(BGBl I 2013/114)*

5. Das Recht auf Ernennung zum Mitglied der Verwaltungsgerichte der Länder und das Ernennungsverfahren sind nach gleichartigen Grundsätzen durch Landesgesetz zu regeln.

6. „ “ Art. 10 Abs. 1 Z 3, Art. 10 Abs. 1 Z 8, Art. 11 Abs. 2, Art. 14a Abs. 5 erster Satz, Art. 14b Abs. 5 zweiter Satz, Art. 15 Abs. 6 vorletzter Satz, Art. 18 Abs. 5, Art. 22, Art. 23f Abs. 2, Art. 42a, Art. 43, Art. 49 Abs. 2, Art. 50 Abs. 2 und 3, Art. 97 Abs. 2 und 4, Art. 101a, Art. 102 Abs. 2, Art. 117 Abs. 8, Art. 118 Abs. 3 Z 9, Art. 127c Z 3, Art. 140a, Art. 147 Abs. 3, Art. 148a Abs. 3 Z 3 und Art. 148b Abs. 1 erster Satz in der Fassung des Bundesgesetzes BGBl. I Nr. 51/2012 sowie Art. 131 Abs. 3 in der Fassung des Art. 1 Z 61 und Art. 134 Abs. 3 in der Fassung des Art. 1 Z 62 dieses Bundesgesetzes treten mit Ablauf des Monats der Kundmachung in Kraft; gleichzeitig treten Art. 15 Abs. 5, Art. 98 und Art. 127c Z 4 außer Kraft.[9] Art. 10 Abs. 1 Z 1, Art. 11 Abs. 9 (Abs. 7 neu), Art. 12 Abs. 4 (Abs. 2 neu), Art. 20 Abs. 2, Art. 21 Abs. 1 letzter Satz, Art. 81b Abs. 3 erster Satz, die Überschrift zu Abschnitt B des dritten Hauptstückes, Art. 82 Abs. 1, Art. 83 Abs. 1, Art. 86 Abs. 1, Art. 87 Abs. 3, Art. 88 Abs. 2 und 3, Art. 88a, Art. 89 Abs. 1 bis 3 und 5, Art. 90 Abs. 1, Art. 90a, Art. 94, Art. 109, Art. 112, Art. 115 Abs. 2, Art. 118 Abs. 4, Art. 119a Abs. 9, die Art. 129 bis 136 samt Abschnittsüberschriften (Abschnitt A neu des siebenten Hauptstückes), die Überschrift zu Abschnitt D (Abschnitt B neu) des siebenten Hauptstückes, Art. 138 Abs. 1 Z 2, Art. 139 Abs. 1, 3 und 4 erster Satz, Art. 139a, Art. 140 Abs. 1, 3 letzter Satz und 4 erster Satz, Art. 141 Abs. 1, Art. 144, Art. 147 Abs. 8, Art. 148i Abs. 1 und 2 und die **Anlage** in der Fassung des Bundesgesetzes BGBl. I Nr. 51/2012 treten mit 1. Jänner 2014 in Kraft; gleichzeitig treten Art. 11 Abs. 7 und 8, Art. 12 Abs. 2 und 3, Art. 14b Abs. 6, Art. 15 Abs. 7, Art. 81a Abs. 4 letzter Satz, Art. 81c Abs. 3, Art. 103 Abs. 4, Art. 111, Art. 119a Abs. 5, Art. 141 Abs. 3, Art. 144a und Art. 148e außer Kraft. *(BGBl I 2013/114)*

7. Mit 1. Jänner 2014 wird der Asylgerichtshof zum Verwaltungsgericht des Bundes; die Mitglieder des Asylgerichtshofes werden zu Mitgliedern des Verwaltungsgerichtes des Bundes.

8. Mit 1. Jänner 2014 werden die unabhängigen Verwaltungssenate in den Ländern, das Bundesvergabeamt und der unabhängige Finanzsenat (im Folgenden: unabhängige Verwaltungsbehörden) aufgelöst; ferner werden die in der **Anlage** genannten Verwaltungsbehörden (im Folgenden: sonstige unabhängige Verwaltungsbehörden) aufgelöst. Die Zuständigkeit zur Weiterführung der mit Ablauf des 31. Dezember 2013 bei diesen Behörden anhängigen Verfahren sowie der bei den Aufsichtsbehörden anhängigen Verfahren über Vorstellungen (Art. 119a Abs. 5) geht auf die Verwaltungsgerichte über; dies gilt auch für die bei sonstigen Behörden anhängigen Verfahren, in denen diese Behörden sachlich in Betracht kommende Oberbehörde oder im Instanzenzug übergeordnete Behörde sind, mit Ausnahme von Organen der Gemeinde.

9. In den beim Verwaltungsgerichtshof und beim Verfassungsgerichtshof mit Ablauf des 31. Dezember 2013 anhängigen Verfahren treten die Verwaltungsgerichte an die Stelle der unabhängigen Verwaltungsbehörden, sonstigen unabhängigen Verwaltungsbehörden und, soweit es sich um Beschwerdeverfahren handelt, aller sonstigen Verwaltungsbehörden mit Ausnahme jener Verwaltungsbehörden, die in erster und letzter Instanz entschieden haben oder zur Entscheidung verpflichtet waren, sowie mit Ausnahme von Organen der Gemeinde. Nach Beendigung des Verfahrens vor dem Verwaltungsgerichtshof betreffend den Bescheid oder die Säumnis einer unabhängigen Verwaltungsbehörde oder vor dem Verfassungsgerichtshof betreffend den Bescheid einer solchen ist das Verfahren gegebenenfalls vom Verwaltungsgericht fortzusetzen.

10. In den mit Ablauf des 31. Dezember 2013 beim Verwaltungsgerichtshof anhängigen Beschwerdeverfahren ist Art. 131 Abs. 3 in der Fassung des Art. 1 Z 61 des Bundesgesetzes BGBl. I Nr. 51/2012 weiter anzuwenden.

---

[9] Die in Z 6 erster Satz genannten Bestimmungen sind demnach mit Ablauf des Juni 2012 in bzw außer Kraft getreten.

11. Die näheren Bestimmungen über den Zuständigkeitsübergang werden durch Bundesgesetz getroffen.[10]
(BGBl I 2012/51)

(52) Die Art. 50a bis 50d in der Fassung des Bundesgesetzes BGBl. I Nr. 65/2012 treten gleichzeitig mit dem Vertrag zur Errichtung[11] des Europäischen Stabilitätsmechanismus in Kraft.[12]
(BGBl I 2012/65)

„(53)" Art. 10 Abs. 1 Z 11 und 15 und Art. 102 Abs. 2 in der Fassung des Bundesgesetzes BGBl. I Nr. 59/2013 treten mit Ablauf des Monats der Kundmachung dieses Bundesgesetzes in Kraft.[13]
(BGBl I 2013/59; BGBl I 2013/114)

(54) In der Fassung des Bundesverfassungsgesetzes BGBl. I Nr. 114/2013 treten in bzw. außer Kraft:

1. Abs. 51 Z 4 und 6 mit 6. Juni 2012;

2. Art. 49 Abs. 2 Z 1 mit 1. Juli 2012;

3. Art. 7 Abs. 4, Art. 12 Abs. 1 Z 1, Art. 14a Abs. 1, Art. 16 Abs. 5, Art. 52 Abs. 4, Art. 59b Abs. 1 Z 2, Art. 81a Abs. 1, Art. 127 Abs. 8, Art. 147 Abs. 6, Art. 148f sowie das Fußnotenzeichen „*)" in Abs. 11 Z 2 und die Fußnote zu dieser Bestimmung mit Ablauf des Monats der Kundmachung dieses Bundesverfassungsgesetzes;[14]

4. Art. 94 Abs. 2 mit 1. Jänner 2014;

5. Art. 89 Abs. 2 bis 4, Art. 139 Abs. 1, 1a, 1b, 3 letzter Satz, 4 und 7 und Art. 140 Abs. 1, 1a, 1b, 3 letzter Satz, 4 und 8 mit 1. Jänner 2015.
(BGBl I 2013/114)

(55) Art. 6 Abs. 4, Art. 10 Abs. 1 Z 1, Art. 130 Abs. 5 und Art. 141 Abs. 1 lit. g in der Fassung des Bundesverfassungsgesetzes BGBl. I Nr. 115/2013 treten mit 1. Jänner 2014 in Kraft.
(BGBl I 2013/115)

(56) In der Fassung des Schulbehörden – Verwaltungsreformgesetzes 2013, BGBl. I Nr. 164/2013, treten in Kraft:

1. Art. 14 Abs. 5 lit. a und b sowie der Einleitungssatz des Art. 81b Abs. 1 mit Ablauf des Tages der Kundmachung im Bundesgesetzblatt,[15]

2. Art. 81a Abs. 1 mit 1. September 2013,

3. Art. 14 Abs. 3 lit. a, Abs. 4 lit. a, Art. 81a Abs. 2 und Abs. 3, Art. 81b Abs. 1 (sofern nicht von Z 1 erfasst), Art. 132 Abs. 1 und 4 sowie Art. 133 Abs. 6 mit 1. August 2014.
(BGBl I 2013/164)

(57) Art. 53, Art. 57, Art. 130 Abs. 1a, Art. 136 Abs. 3a und Art. 138b in der Fassung des Bundesgesetzes BGBl. I Nr. 101/2014 treten mit 1. Jänner 2015 in Kraft. *(BGBl I 2014/101)*

(58) Art. 30a in der Fassung des Bundesgesetzes BGBl. I Nr. 102/2014 tritt mit 1. Jänner 2015 in Kraft. *(BGBl I 2014/102)*

(59) Art. 142 Abs. 2 lit. i in der Fassung des Bundesgesetzes BGBl. I Nr. 41/2016 tritt mit 1. Jänner 2014 in Kraft. Art. 61 Abs. 1, Art. 68 Abs. 4, Art. 70 Abs. 2, Art. 78 Abs. 2, Art. 101 Abs. 2, Art. 122 Abs. 5, Art. 141 Abs. 1, Art. 142 Abs. 2 lit. b und Art. 148g Abs. 6 in der Fassung des Bundesgesetzes BGBl. I Nr. 41/2016 treten mit 1. Jänner 2017 in Kraft. Art. 95 Abs. 2 in der Fassung des Bundesgesetzes BGBl. I Nr. 41/2016 tritt mit 1. Jänner 2018 in Kraft. *(BGBl I 2016/41)*

(59)[16] Art. 10 Abs. 1 Z 11 und Art. 102 Abs. 2 in der Fassung des Bundesgesetzes BGBl. I Nr. 62/2016 treten mit 1. August 2016 in Kraft. *(BGBl I 2016/62)*

(60) Die Art. 23a Abs. 4, Art. 26 Abs. 7, Art. 26a und Art. 41 Abs. 2 in der Fassung BGBl. I Nr. 106/2016 treten mit 1. Jänner 2018 in Kraft; gleichzeitig tritt Art. 26 Abs. 7 außer Kraft. *(BGBl I 2016/106)*

(61) Art. 10 Abs. 1 Z 12a, Art. 14 Abs. 1 und 3 und Abs. 4 lit. a, Art. 14a Abs. 1, Art. 21 Abs. 1, die Überschrift vor Art. 81c, Art. 102 Abs. 2, Art. 112, das fünfte Hauptstück, die Überschriften vor Art. 115, 121 und 129, Art. 130 Abs. 1 Z 3, Art. 131 Abs. 4 Z 2 lit. b und c und Abs. 4 letzter Satz, Art. 132 Abs. 1 Z 2, Abs. 4 und 5, Art. 133 Abs. 6, Art. 142 Abs. 2 lit. h, Art. 142 Abs. 4 letzter Satz sowie die Überschriften vor Art. 148a und 149 in der Fassung des Bundesgesetzes BGBl. I Nr. 138/2017 treten mit 1. Jänner 2019 in Kraft. Gleichzeitig treten der fünfte Unterabschnitt des Abschnittes A des dritten Hauptstückes, Art. 130 Abs. 1 Z 4, Art. 132 Abs. 4 und Art. 133 Abs. 6 Z 4 außer Kraft. Soweit die Bundesgesetzgebung nicht anderes bestimmt, treten mit diesem Zeitpunkt in den Angelegenheiten des Art. 14 Abs. 3 lit. a bestehende Grundsatzgesetze und Grundsatzbestimmungen in Bundesgesetzen sowie in diesen Angelegenheiten bestehende landesrechtliche Vorschriften außer Kraft. Für den Übergang zur neuen Rechtslage gilt:

1. Der Bildungsdirektor kann ab 1. Jänner 2018 gemäß dem in Art. 113 Abs. 6 in der Fassung BGBl. I Nr. 138/2017 festgelegten Verfahren bestellt werden. Der Landeshauptmann kann den amtsführenden Präsidenten des Landesschulrates auf dessen Antrag ab 1. Jänner 2018 bis einschließlich 30. Juni 2018 mit der Funktion des Bildungsdirektors betrauen. Der Antrag auf Betrauung mit

---

[10] Siehe das VwGbk-ÜG (15/3).

[11] Redaktionsversehen; richtig: Einrichtung.

[12] Dieser ist laut BGBl III 2012/138 mit 27. September 2012 in Kraft getreten.

[13] Die in Abs 53 genannten Bestimmungen sind demnach mit Ablauf des April 2013 in Kraft getreten.

[14] Die in Z 3 genannten Bestimmungen sind demnach mit Ablauf des Juli 2013 in bzw außer Kraft getreten.

[15] Die in Z 1 genannten Bestimmungen sind demnach mit Ablauf des 2. August 2013 in Kraft getreten.

[16] Redaktionsversehen, ein Abs 59 bestand bereits.

der Funktion des Bildungsdirektors kann bis zum Ablauf des 31. Jänner 2018 gestellt werden. Bei Betrauung des amtsführenden Präsidenten des Landesschulrates durch den Landeshauptmann endet die Funktion als Bildungsdirektor mit dem Tag des Zusammentrittes des neugewählten Landtages des jeweiligen Landes. Wird der amtsführende Präsident des Landesschulrates erst nach dem Zusammentritt des neugewählten Landtages vom Landeshauptmann mit der Funktion des Bildungsdirektors betraut, endet die Funktion als Bildungsdirektor jedenfalls mit Ablauf des 30. Juni 2018. Eine Wiederbestellung als Bildungsdirektor gemäß Art. 113 Abs. 6 in der Fassung BGBl. I Nr. 138/2017 ist zulässig. Der Bildungsdirektor übt für die Dauer seiner Bestellung bzw. Betrauung, längstens jedoch bis zum Ablauf des 31. Dezember 2018 die Funktion des amtsführenden Präsidenten des Landesschulrates aus.

2. Der Präsident der Bildungsdirektion kann ab 1. Jänner 2018 nach dem gemäß Art. 113 Abs. 8 in der Fassung BGBl. I Nr. 138/2017 festgelegten Verfahren vorgesehen werden.

3. Mit Ablauf des 31. Dezember 2018 werden die Landesschulräte einschließlich der im Rahmen der Landesschulräte eingerichteten Kollegien aufgelöst. Mit Ablauf des 31. Dezember 2018 gelten die zu diesem Zeitpunkt bei den Landesschulräten tätigen Bundes- und Landesbediensteten als der Bildungsdirektion zugewiesen. Die Zuständigkeit zur Weiterführung der mit Ablauf des 31. Dezember 2018 bei den Landesschulräten anhängigen Verfahren geht auf die Bildungsdirektionen über. Gleiches gilt für die mit Ablauf des 31. Dezember 2018 bei den Landesregierungen in den in Art. 113 Abs. 2 in der Fassung BGBl. I Nr. 138/2017 genannten Angelegenheiten anhängigen Verfahren. Die näheren Bestimmungen über den Zuständigkeitsübergang können durch Bundesgesetz getroffen werden.

4. Die für die Aufnahme der Tätigkeit der Bildungsdirektionen erforderlichen organisatorischen und personellen Maßnahmen können bereits mit Ablauf des Tages der Kundmachung des Bundesgesetzes BGBl. I Nr. 138/2017 getroffen werden. *(BGBl I 2017/138)*

(62) Art. 130 Abs. 2a und Art. 133 Abs. 2a in der Fassung des Bundesgesetzes BGBl. I Nr. 22/2018 treten mit 25. Mai 2018 in Kraft. *(BGBl I 2018/22)*

(63) Für das Inkrafttreten des Bundesgesetzes BGBl. I Nr. 14/2019 gilt Folgendes:

1. Art. 15 Abs. 7, 10 und 11, Art. 83 Abs. 1, Art. 97 Abs. 2, Art. 98, Art. 106, Art. 116 Abs. 3, Art. 117 Abs. 7, Art. 130 Abs. 2, Art. 131 Abs. 6 und Art. 136 Abs. 3b treten mit Ablauf des Monats der Kundmachung dieses Bundesgesetzes in Kraft. Gleichzeitig tritt Art. 101a außer Kraft.[17)]

2. Für Personen, die bis zu diesem Zeitpunkt zum Landesamtsdirektor oder Magistratsdirektor bestellt wurden, gelten die Voraussetzungen des Art. 106 erster Satz beziehungsweise des Art. 117 Abs. 7 zweiter Satz in der Fassung dieses Bundesgesetzes als erfüllt.

3. Bis zur Erlassung von Verordnungen gemäß Art. 83 Abs. 1 in der Fassung dieses Bundesgesetzes bleiben entsprechende gesetzliche Bestimmungen unberührt.

4. Art. 10 Abs. 1 Z 6, 11 und 17, Art. 11 Abs. 1 Z 8 und 9, Art. 12 Abs. 1 in der Fassung der Z 7 und 8, Art. 97 Abs. 4, Art. 102 Abs. 2 in der Fassung der Z 18 und Art. 118 Abs. 3 Z 10 treten mit 1. Jänner 2020 in Kraft; gleichzeitig treten das Bundesverfassungsgesetz vom 2. Juni 1948, betreffend die Zuständigkeit des Bundes auf dem Gebiete des Arbeiterrechtes sowie des Arbeiter- und Angestelltenschutzes und der Berufsvertretung, BGBl. Nr. 139/1948, und Art. V der Bundes-Verfassungsgesetznovelle 1974, BGBl. Nr. 444/1974, außer Kraft. Art. I Abs. 2 der 8. Behinderteneinstellungsgesetz-Novelle – 8. BEinstGNov, BGBl. Nr. 721/1988, § 1 Abs. 3 des Arbeitsplatz-Sicherungsgesetzes 1991, BGBl. Nr. 683/1991, und § 1 Abs. 3 des Lohn- und Sozialdumping-Bekämpfungsgesetzes – LSD-BG, BGBl. I Nr. 44/2016, bleiben unberührt. Für die mit Ablauf des 31. Dezember 2019 geltenden Rechtsvorschriften, die Angelegenheiten regeln, für die die Zuständigkeit zur Gesetzgebung und Vollziehung durch das Bundesgesetz BGBl. I Nr. 14/2019 neu geregelt wird, gilt, unbeschadet der Z 5, Folgendes: In den Angelegenheiten des bisherigen Art. 12 erlassene Grundsatzgesetze treten außer Kraft; in diesen Angelegenheiten erlassene Landesgesetze werden, je nachdem, ob die Gesetzgebung in diesen Angelegenheiten auf Grund der Bestimmungen dieses Bundesverfassungsgesetzes Bundessache oder Landessache ist, entweder für das Land, in dem sie erlassen worden sind, Bundesgesetze oder bleiben weiter Landesgesetze. Für die auf Grund dieser Gesetze erlassenen Verordnungen gilt sinngemäß dasselbe. Die betreffenden Gesetze und Verordnungen gelten, soweit sie den Bestimmungen dieses Bundesverfassungsgesetzes betreffend die Zuständigkeit der Behörden widersprechen, als sinngemäß geändert; sofern sich auf Grund dieser Auslegungsregel Zweifel ergeben können, hat je nach den die Zuständigkeiten regelnden Bestimmungen dieses Bundesverfassungsgesetzes entweder die Bundesregierung oder die betreffende Landesregierung diese Angelegenheit bis zur Erlassung einer gesetzlichen Bestimmung vorläufig durch Verord-

[17)] Die in Z 1 genannten Bestimmungen sind demnach mit Ablauf des Jänner 2019 in bzw außer Kraft getreten.

nung zu regeln. Die vor dem Inkrafttreten des Bundesgesetzes BGBl. I Nr. 14/2019 erlassenen Bescheide gelten als Bescheide der auf Grund der Bestimmungen dieses Bundesverfassungsgesetzes zuständigen Bundesbehörde oder Landesbehörde.

5. Art. 12 Abs. 1 in der Fassung der Z 7a tritt mit jenem Zeitpunkt in Kraft, in dem eine Vereinbarung zwischen dem Bund und den Ländern gemäß Art. 15a Abs. 1 über den Gegenstand des Bundes-Kinder- und Jugendhilfegesetzes 2013 – B-KJHG 2013, BGBl. I Nr. 69/2013, in Kraft tritt. Für die in diesem Zeitpunkt geltenden Rechtsvorschriften, die Angelegenheiten der Mutterschafts-, Säuglings-, und Jugendfürsorge regeln, gilt Z 4 sinngemäß.

6. Art. 10 Abs. 1 Z 13 und Art. 102 Abs. 2 in der Fassung der Z 17 treten mit 1. Jänner 2020 in Kraft. Gleichzeitig treten die landesgesetzlichen Vorschriften in allgemeinen Angelegenheiten des Schutzes personenbezogener Daten im nicht-automationsunterstützten Datenverkehr außer Kraft.
(BGBl I 2019/14)

(64) Art. 30b in der Fassung des Bundesgesetzes BGBl. I Nr. 57/2019 tritt mit dem der Kundmachung folgenden Tag in Kraft.[18] Für den Übergang zur neuen Rechtslage gilt:

1. Die bei den Disziplinarkommissionen im Bereich der Parlamentsdirektion, des Rechnungshofes und der Volksanwaltschaft bis zum 30. Juni 2020 anhängig gemachten Disziplinarverfahren sind nach den Bestimmungen des Beamten-Dienstrechtsgesetzes 1979 in der Fassung BGBl. I Nr. 32/2019 fortzuführen.

2. Ab dem 1. Juli 2020 geht die Zuständigkeit zur Durchführung von Disziplinarverfahren hinsichtlich der Beamten der Parlamentsdirektion, des Rechnungshofes und der Volksanwaltschaft auf die Disziplinarkommission gemäß Art. 30b in der Fassung dieses Bundesgesetzes BGBl. I Nr. 57/2019 über.
(BGBl I 2019/57)

Artikel 152. Mit der Vollziehung dieses Bundesverfassungsgesetzes ist die Bundesregierung betraut.
(BGBl 1991/565)

Anlage

(BGBl I 2012/51)

Aufgelöste unabhängige Verwaltungsbehörden

A. Bund

1. Berufungssenat in Ordnungsstrafsachen gemäß § 168 Abs. 1 der Notariatsordnung (NO), RGBl. Nr. 75/1871;

2. Kommission gemäß § 7 Abs. 1 des Verfassungsgesetzes vom 8. Mai 1945, über das Verbot der NSDAP (Verbotsgesetz 1947), StGBl. Nr. 13/1945;

3. Landesagrarsenate gemäß § 5 Abs. 1 des Agrarbehördengesetzes 1950, BGBl. Nr. 1/1951;

4. Oberster Agrarsenat gemäß § 6 Abs. 1 des Agrarbehördengesetzes 1950, BGBl. Nr. 1/1951;

5. Landesberufungskommissionen gemäß § 345 Abs. 1 des Bundesgesetzes vom 9. September 1955 über die Allgemeine Sozialversicherung (Allgemeines Sozialversicherungsgesetz – ASVG.), BGBl. Nr. 189;

6. Bundesschiedskommission gemäß § 346 Abs. 1 des Bundesgesetzes vom 9. September 1955 über die Allgemeine Sozialversicherung (Allgemeines Sozialversicherungsgesetz – ASVG.), BGBl. Nr. 189;

7. Unabhängige Heilmittelkommission gemäß § 351h Abs. 1 des Bundesgesetzes vom 9. September 1955 über die Allgemeine Sozialversicherung (Allgemeines Sozialversicherungsgesetz – ASVG.), BGBl. Nr. 189;

8. Schienen-Control Kommission gemäß § 81 Abs. 1 des Bundesgesetzes über Eisenbahnen, Schienenfahrzeuge auf Eisenbahnen und den Verkehr auf Eisenbahnen (Eisenbahngesetz 1957 – EisbG), BGBl. Nr. 60;

9. Bundesentschädigungskommission gemäß § 20 Abs. 1 des Bundesgesetzes vom 25. Juni 1958 über die Gewährung von Entschädigungen für Schäden, die im Zusammenhang mit der Besetzung Österreichs entstanden sind (Besatzungsschädengesetz), BGBl. Nr. 126;

10. Kommission zur Abgeltung von Ansprüchen nach dem Siebenten Rückstellungsgesetz gemäß § 7 Abs. 1 des Bundesgesetzes vom 12. Dezember 1963, betreffend die Abgeltung gewisser Ansprüche aus Dienstverhältnissen in der Privatwirtschaft, BGBl. Nr. 319;

11. Bundesverteilungskommission gemäß § 17 des Bundesgesetzes vom 18. März 1964 über die Verwendung der zufließenden Mittel aus dem Vertrag zwischen der Republik Österreich und der Volksrepublik Bulgarien zur Regelung offener finanzieller Fragen (Verteilungsgesetz Bulgarien), BGBl. Nr. 129;

12. Personalvertretungs-Aufsichtskommission beim Bundeskanzleramt gemäß § 39 Abs. 1 des Bundesgesetzes vom 10. März 1967 über die Personalvertretung bei den Dienststellen des

[18] Art 30b ist demnach mit 9. Juli 2019 in Kraft getreten.

Bundes (Bundes-Personalvertretungsgesetz – PVG), BGBl. Nr. 133;

13. Disziplinarsenat gemäß § 49 des Bundesgesetzes vom 7. Juni 1967, mit dem der Patentanwaltsberuf geregelt wird (Patentanwaltsgesetz), BGBl. Nr. 214;

14. Vollzugskammern gemäß § 11a des Bundesgesetzes vom 26. März 1969 über den Vollzug der Freiheitsstrafen und der mit Freiheitsentziehung verbundenen vorbeugenden Maßnahmen (Strafvollzugsgesetz – StVG), BGBl. Nr. 144;

15. Berufungskommission gemäß § 13a des Behinderteneinstellungsgesetzes (BEinstG), BGBl. Nr. 22/1970;

16. Oberster Patent- und Markensenat gemäß § 74 Abs. 1 des Patentgesetzes 1970, BGBl. Nr. 259;

17. Berufungskommission gemäß § 41a des Bundesgesetzes vom 27. Juni 1979 über das Dienstrecht der Beamten (Beamten-Dienstrechtsgesetz 1979 – BDG 1979), BGBl. Nr. 333;

18. Disziplinaroberkommission gemäß § 99 Abs. 1 des Bundesgesetzes vom 27. Juni 1979 über das Dienstrecht der Beamten (Beamten-Dienstrechtsgesetz 1979 – BDG 1979), BGBl. Nr. 333;

19. Zivildienstbeschwerderat gemäß § 43 Abs. 1 des Bundesgesetzes über den Zivildienst (Zivildienstgesetz 1986 – ZDG), BGBl. Nr. 679;

20. Berufungssenat gemäß § 64 Abs. 2 des Bundesgesetzes vom 8. November 1989 über die Wertpapier- und allgemeinen Warenbörsen und über die Abänderung des Börsesensale-Gesetzes 1949 und der Börsegesetz-Novelle 1903 (Börsegesetz 1989 – BörseG), BGBl. Nr. 555;

21. Oberste Berufungs- und Disziplinarkommission gemäß § 59 Abs. 1 des Bundesgesetzes vom 28. Juni 1990 über das Disziplinarrecht der Rechtsanwälte und Rechtsanwaltsanwärter (Disziplinarstatut für Rechtsanwälte und Rechtsanwaltsanwärter – DSt) sowie über Änderungen der Rechtsanwaltsordnung, der Zivilprozeßordnung und der Strafprozessordnung, BGBl. Nr. 474;

22. Berufungskommission in Disziplinarangelegenheiten gemäß § 58 Abs. 1 des Bundesgesetzes über die Kammern der Architekten und Ingenieurkonsulenten (Ziviltechnikerkammergesetz 1993 – ZTKG), BGBl. Nr. 157/1994;

23. Disziplinarsenat der Österreichischen Ärztekammer beim Bundesministerium für Gesundheit gemäß § 180 Abs. 1 des Bundesgesetzes, mit dem ein Bundesgesetz über die Ausübung des ärztlichen Berufes und die Standesvertretung der Ärzte (Ärztegesetz 1998 – ÄrzteG 1998) erlassen und das Ausbildungsvorbehaltsgesetz geändert wird, BGBl. I Nr. 169;

24. Disziplinaroberrat der Kammer der Wirtschaftstreuhänder gemäß § 121 des Bundesgesetzes über die Wirtschaftstreuhandberufe (Wirtschaftstreuhandberufsgesetz – WTBG), BGBl. I Nr. 58/1999;

25. Datenschutzkommission gemäß § 35 Abs. 1 des Bundesgesetzes über den Schutz personenbezogener Daten (Datenschutzgesetz 2000 – DSG 2000), BGBl. I Nr. 165/1999;

26. Unabhängiger Umweltsenat gemäß § 1 Abs. 1 des Bundesgesetzes über den Umweltsenat (USG 2000), BGBl. I Nr. 114;

27. Bundeskommunikationssenat gemäß § 1 Abs. 2 des Bundesgesetzes über die Einrichtung einer Kommunikationsbehörde Austria („KommAustria") und eines Bundeskommunikationssenates (KommAustria-Gesetz – KOG), BGBl. I Nr. 32/2001;

28. Disziplinarberufungssenat gemäß § 58 Abs. 1 des Bundesgesetzes über die Österreichische Apothekerkammer (Apothekerkammergesetz 2001), BGBl. I Nr. 111;

29. Disziplinaroberkommission gemäß § 15 Abs. 1 Z 2 des Heeresdisziplinargesetzes 2002 – HDG 2002, BGBl. I Nr. 167;

30. Einsatzstraforgane gemäß § 82 Abs. 1 des Heeresdisziplinargesetzes 2002 – HDG 2002, BGBl. I Nr. 167;

31. Qualitätskontrollbehörde gemäß § 20 Abs. 1 des Bundesgesetzes über die Qualitätssicherung bei Abschlussprüfungen (Abschlussprüfungs-Qualitätssicherungsgesetz – A-QSG), BGBl. I Nr. 84/2005;

32. Disziplinarsenat der Österreichischen Zahnärztekammer gemäß § 65 Abs. 1 Z 1 des Bundesgesetzes über die Standesvertretung der Angehörigen des zahnärztlichen Berufs und des Dentistenberufs (Zahnärztekammergesetz – ZÄKG), BGBl. I Nr. 154/2005;

33. Urheberrechtssenat gemäß § 30 Abs. 1 des Bundesgesetzes über Verwertungsgesellschaften (Verwertungsgesellschaftengesetz 2006 – VerwGesG 2006), BGBl. I Nr. 9.

B. Land Burgenland

1. Leistungsfeststellungsoberkommission für Landeslehrer für allgemeinbildende Pflichtschulen gemäß § 10 Abs. 1 des Gesetzes über die Behördenzuständigkeit zur Ausübung der Diensthoheit über die Landeslehrerinnen und Landeslehrer für öffentliche Pflichtschulen im Burgenland (Burgenländisches Landeslehrerinnen und -lehrer Diensthoheitsgesetz 1995 – Bgld. LDHG), LGBl. Nr. 62;

2. Leistungsfeststellungsoberkommission für Landeslehrer für Berufsschulen gemäß § 11 Abs. 1 des Gesetzes über die Behördenzuständigkeit zur Ausübung der Diensthoheit über die Landeslehrerinnen und Landeslehrer für öffentliche Pflichtschulen im Burgenland (Burgenländi-

sches Landeslehrerinnen und -lehrer Diensthoheitsgesetz 1995 – Bgld. LDHG), LGBl. Nr. 62;

3. Disziplinaroberkommission für Landeslehrer für allgemeinbildende Pflichtschulen gemäß § 14 Abs. 1 des Gesetzes über die Behördenzuständigkeit zur Ausübung der Diensthoheit über die Landeslehrerinnen und Landeslehrer für öffentliche Pflichtschulen im Burgenland (Burgenländisches Landeslehrerinnen und -lehrer Diensthoheitsgesetz 1995 – Bgld. LDHG), LGBl. Nr. 62;

4. Disziplinaroberkommission für Landeslehrer für Berufsschulen gemäß § 15 Abs. 1 des Gesetzes über die Behördenzuständigkeit zur Ausübung der Diensthoheit über die Landeslehrerinnen und Landeslehrer für öffentliche Pflichtschulen im Burgenland (Burgenländisches Landeslehrerinnen und -lehrer Diensthoheitsgesetz 1995 – Bgld. LDHG), LGBl. Nr. 62;

5. Disziplinaroberkommission gemäß § 117 Abs. 1 des Gesetzes vom 20. November 1997 über das Dienstrecht der Landesbeamten (Burgenländisches Landesbeamten-Dienstrechtsgesetz 1997 – LBDG 1997), LGBl. Nr. 17/1998.

C. Land Kärnten

1. Leistungsfeststellungsoberkommission gemäß § 2 Abs. 2 des Gesetzes vom 28. Juni 1968 über die Behördenzuständigkeit zur Ausübung der Diensthoheit über die Landeslehrer für öffentliche land- und forstwirtschaftliche Berufs- und Fachschulen (Land- und forstwirtschaftliches Landeslehrer-Diensthoheitsgesetz – K-LLDHG), LGBl. Nr. 62;

2. Disziplinaroberkommission gemäß § 3 Abs. 2 des Gesetzes vom 28. Juni 1968 über die Behördenzuständigkeit zur Ausübung der Diensthoheit über die Landeslehrer für öffentliche land- und forstwirtschaftliche Berufs- und Fachschulen (Land- und forstwirtschaftliches Landeslehrer-Diensthoheitsgesetz – K-LLDHG), LGBl. Nr. 62;

3. Leistungsfeststellungsoberkommission gemäß § 16 Abs. 3 des Kärntner Gemeindebedienstetengesetzes 1992 – K-GBG, LGBl. Nr. 56

4. Disziplinaroberkommission gemäß § 60 Abs. 1 des Kärntner Gemeindebedienstetengesetzes 1992 – K-GBG, LGBl. Nr. 56;

5. Leistungsfeststellungsoberkommission gemäß § 38 Abs. 1 des Kärntner Stadtbeamtengesetzes 1993 – K-StBG 1993, LGBl. Nr. 115;

6. Disziplinaroberkommission gemäß § 111 Abs. 1 des Kärntner Stadtbeamtengesetzes 1993 – K-StBG 1993, LGBl. Nr. 115;

7. Disziplinaroberkommission gemäß § 103 Abs. 1 des Kärntner Dienstrechtsgesetzes 1994 – K-DRG 1994, LGBl. Nr. 71;

8. Leistungsfeststellungs-Oberkommission gemäß § 10 Abs. 1 des Gesetzes vom 28. September 2000, mit dem Bewerberlisten für die Aufnahme von Landesvertragslehrern vorgesehen, die Behördenzuständigkeit zur Ausübung der Diensthoheit über die Landeslehrer für öffentliche Pflichtschulen festgelegt und das Landeslehrer-Dienstrechtsgesetz 1984 ausgeführt wird (Kärntner Landeslehrergesetz – K-LG), LGBl. Nr. 80;

9. Disziplinar-Oberkommission gemäß § 14 Abs. 1 des Gesetzes vom 28. September 2000, mit dem Bewerberlisten für die Aufnahme von Landesvertragslehrern vorgesehen, die Behördenzuständigkeit zur Ausübung der Diensthoheit über die Landeslehrer für öffentliche Pflichtschulen festgelegt und das Landeslehrer-Dienstrechtsgesetz 1984 ausgeführt wird (Kärntner Landeslehrergesetz – K-LG), LGBl. Nr. 80;

10. Grundverkehrslandeskommission gemäß § 12 Abs. 1 des Gesetzes vom 18. Dezember 2003 zur Regelung des Grundverkehrs (Kärntner Grundverkehrsgesetz 2002 – K-GVG), LGBl. Nr. 9/2004.

D. Land Niederösterreich

1. Disziplinaroberkommission gemäß § 181 Abs. 1 des NÖ Landes-Bedienstetengesetzes (NÖ LBG), LGBl. 2100;

2. Beschreibungskommissionen gemäß § 22 Abs. 1 der NÖ Gemeindebeamtendienstordnung 1976 (GBDO), LGBl. 2400;

3. Disziplinaroberkommission gemäß § 121 Abs. 1 der NÖ Gemeindebeamtendienstordnung 1976 (GBDO), LGBl. 2400;

4. Leistungsfeststellungsoberkommission gemäß § 15 Abs. 1 des NÖ Landeslehrer-Diensthoheitsgesetzes 1976, LGBl. 2600;

5. Disziplinaroberkommission gemäß § 18 Abs. 1 des NÖ Landeslehrer-Diensthoheitsgesetzes 1976, LGBl. 2600;

6. Leistungsfeststellungsoberkommission gemäß § 4 Abs. 1 des NÖ Land- und Forstwirtschaftlichen Landeslehrer-Diensthoheitsgesetzes, LGBl. 2620;

7. Disziplinaroberkommission gemäß § 7 Abs. 1 des NÖ Land- und Forstwirtschaftlichen Landeslehrer-Diensthoheitsgesetzes, LGBl. 2620;

8. Landeskommission für Jagd- und Wildschäden gemäß § 118 Abs. 1 des NÖ Jagdgesetzes 1974 (NÖ JG), LGBl. 6500;

9. Grundverkehrslandeskommission gemäß § 8 des NÖ Grundverkehrsgesetzes 2007 (NÖ GVG 2007), LGBl. 6800;

10. Grundverkehrskommission für ausländische Personen gemäß § 21 des NÖ Grundverkehrsgesetzes 2007 (NÖ GVG 2007), LGBl. 6800.

E. Land Oberösterreich

1. Leistungsfeststellungs-Oberkommission für Landeslehrer für allgemeinbildende Pflichtschulen gemäß § 11 Abs. 1 des Gesetzes vom 4. März 1986 betreffend die Zuständigkeit zur Ausübung der Diensthoheit über die Landeslehrer für öffentliche Pflichtschulen (Oö. Landeslehrer-Diensthoheitsgesetz 1986 – Oö. LDHG 1986), LGBl. Nr. 18;

2. Leistungsfeststellungs-Oberkommission für Landeslehrer für Berufsschulen gemäß § 12 Abs. 1 des Gesetzes vom 4. März 1986 betreffend die Zuständigkeit zur Ausübung der Diensthoheit über die Landeslehrer für öffentliche Pflichtschulen (Oö. Landeslehrer-Diensthoheitsgesetz 1986 – Oö. LDHG 1986), LGBl. Nr. 18;

3. Disziplinaroberkommission für Landeslehrer für allgemeinbildende Pflichtschulen gemäß § 15 Abs. 1 des Gesetzes vom 4. März 1986 betreffend die Zuständigkeit zur Ausübung der Diensthoheit über die Landeslehrer für öffentliche Pflichtschulen (Oö. Landeslehrer-Diensthoheitsgesetz 1986 – Oö. LDHG 1986), LGBl. Nr. 18;

4. Disziplinaroberkommission für Landeslehrer für Berufsschulen gemäß § 16 Abs. 1 des Gesetzes vom 4. März 1986 betreffend die Zuständigkeit zur Ausübung der Diensthoheit über die Landeslehrer für öffentliche Pflichtschulen (Oö. Landeslehrer-Diensthoheitsgesetz 1986 – Oö. LDHG 1986), LGBl. Nr. 18;

5. Leistungsfeststellungs-Oberkommission gemäß § 3 Abs. 1 des Gesetzes vom 4. März 1988 betreffend die Zuständigkeit zur Ausübung der Diensthoheit über die Landeslehrer für öffentliche land- und forstwirtschaftliche Berufs- und Fachschulen (Oö. Land- und forstwirtschaftliches Landeslehrer-Diensthoheitsgesetz 1988 – Oö. LLDHG 1988), LGBl. Nr. 32;

6. Disziplinaroberkommission gemäß § 5 Abs. 1 des Gesetzes vom 4. März 1988 betreffend die Zuständigkeit zur Ausübung der Diensthoheit über die Landeslehrer für öffentliche land- und forstwirtschaftliche Berufs- und Fachschulen (Oö. Land- und forstwirtschaftliches Landeslehrer-Diensthoheitsgesetz 1988 – Oö. LLDHG 1988), LGBl. Nr. 32;

7. Disziplinaroberkommission gemäß § 119 Abs. 1 des Landesgesetzes vom 3. Dezember 1993 über das Dienstrecht der Beamten des Landes Oberösterreich (Oö. Landesbeamtengesetz 1993 – Oö. LBG), LGBl. Nr. 11/1994;

8. Landesgrundverkehrskommission gemäß § 25 Abs. 2 des Landesgesetzes vom 7. Juli 1994 über den Verkehr mit Grundstücken (Oö. Grundverkehrsgesetz 1994 – Oö. GVG 1994), LGBl. Nr. 88;

9. Disziplinaroberkommission gemäß § 143 Abs. 1 des Landesgesetzes über das Dienstrecht der Bediensteten der oö. Gemeinden (mit Ausnahme der Städte mit eigenem Statut) und Gemeindeverbände (Oö. Gemeindebedienstetengesetz 2001 – Oö. GBG 2001), LGBl. Nr. 48;

10. Disziplinaroberkommission gemäß § 106 Abs. 1 des Landesgesetzes über das Dienstrecht der Beamten und Beamtinnen der Städte mit eigenem Statut (Oö. Statuargemeinden-Beamtengesetz 2002 – Oö. StGBG 2002), LGBl. Nr. 50;

11. Disziplinaroberkommission gemäß § 53 Abs. 1 des Landesgesetzes über das Dienst- und Gehaltsrecht der Bediensteten der oö. Gemeinden (mit Ausnahme der Städte mit eigenem Statut) und Gemeindeverbände (Oö. Gemeinde-Dienstrechts- und Gehaltsgesetz 2002 – Oö. GDG 2002), LGBl. Nr. 52.

F. Land Salzburg

1. Disziplinarkommission gemäß § 12 Z 2 des Salzburger Gemeindebeamtengesetzes 1968, LGBl. Nr. 27;

2. Leistungsfeststellungskommission für land- und forstwirtschaftliche Landeslehrer gemäß § 3 Abs. 1 des Gesetzes vom 8. Juli 1981 über die Zuständigkeit zur Ausübung der Diensthoheit über die Landeslehrer für land- und forstwirtschaftliche Berufs- und Fachschulen (Salzburger land- und forstwirtschaftliches Landeslehrerdiensthoheitsgesetz 1981), LGBl. Nr. 80;

3. Disziplinarkommission für land- und forstwirtschaftliche Landeslehrer gemäß § 5 Abs. 1 des Gesetzes vom 8. Juli 1981 über die Zuständigkeit zur Ausübung der Diensthoheit über die Landeslehrer für land- und forstwirtschaftliche Berufs- und Fachschulen (Salzburger land- und forstwirtschaftliches Landeslehrerdiensthoheitsgesetz 1981), LGBl. Nr. 80;

4. Leistungsfeststellungskommission gemäß § 22 Abs. 1 des Salzburger Landes-Beamtengesetzes 1987 – L-BG, LGBl. Nr. 1;

5. Disziplinarkommission gemäß § 38 Abs. 2 des Salzburger Landes-Beamtengesetzes 1987 – L-BG, LGBl. Nr. 1;

6. Leistungsfeststellungsoberkommission gemäß § 4 Abs. 1 des Salzburger Landeslehrer-Diensthoheitsgesetzes 1995 – LDHG 1995, LGBl. Nr. 138;

7. Disziplinaroberkommission gemäß § 8 Abs. 1 des Salzburger Landeslehrer-Diensthoheitsgesetzes 1995 – LDHG 1995, LGBl. Nr. 138;

8. Disziplinarkommission gemäß § 105 Abs. 2 des Gesetzes vom 5. Februar 2003 über das Dienstrecht der Beamtinnen und Beamten der Landeshauptstadt Salzburg (Magistrats- Beamtinnen- und Magistrats-Beamtengesetz 2002 – MagBG), LGBl. Nr. 42/2003;

9. Vergabekontrollsenat gemäß § 2 Abs. 1 des Gesetzes vom 7. Februar 2007 über die Kontrolle der Vergabe von öffentlichen Aufträgen (Salzbur-

ger Vergabekontrollgesetz 2007 – S.VKG 2007), LGBl. Nr. 28.

G. Land Steiermark

1. Leistungsfeststellungsoberkommission der Landeslehrer für allgemeinbildende Pflichtschulen gemäß § 9 Abs. 2 des Gesetzes vom 30. Juni 1966 über die Behördenzuständigkeit zur Ausübung der Diensthoheit über die Landeslehrer für Pflichtschulen in Steiermark (Steiermärkisches Landeslehrer-Diensthoheitsgesetz 1966 – LDHG.1966), LGBl. Nr. 209;

2. Leistungsfeststellungsoberkommission der Landeslehrer für berufsbildende Pflichtschulen gemäß § 10 Abs. 2 des Gesetzes vom 30. Juni 1966 über die Behördenzuständigkeit zur Ausübung der Diensthoheit über die Landeslehrer für Pflichtschulen in Steiermark (Steiermärkisches Landeslehrer-Diensthoheitsgesetz 1966 – LDHG.1966), LGBl. Nr. 209;

3. Disziplinaroberkommission für Landeslehrer für allgemeinbildende Pflichtschulen gemäß § 16 Abs. 2 des Gesetzes vom 30. Juni 1966 über die Behördenzuständigkeit zur Ausübung der Diensthoheit über die Landeslehrer für Pflichtschulen in Steiermark (Steiermärkisches Landeslehrer-Diensthoheitsgesetz 1966 – LDHG.1966), LGBl. Nr. 209;

4. Disziplinaroberkommission für Landeslehrer für berufsbildende Pflichtschulen gemäß § 17 Abs. 2 des Gesetzes vom 30. Juni 1966 über die Behördenzuständigkeit zur Ausübung der Diensthoheit über die Landeslehrer für Pflichtschulen in Steiermark (Steiermärkisches Landeslehrer-Diensthoheitsgesetz 1966 – LDHG.1966), LGBl. Nr. 209;

5. Leistungsfeststellungsoberkommission der land und forstwirtschaftlichen Landeslehrer gemäß § 3 Abs. 2 des Gesetzes vom 29. Oktober 1969 über die Behördenzuständigkeit zur Ausübung der Diensthoheit über die Landeslehrer für öffentliche land- und forstwirtschaftliche Berufs- und Fachschulen (Land- und forstwirtschaftliches Landeslehrer-Diensthoheitsgesetz), LGBl. Nr. 9/1970;

6. Disziplinaroberkommission gemäß § 5 Abs. 1 des Gesetzes vom 29. Oktober 1969 über die Behördenzuständigkeit zur Ausübung der Diensthoheit über die Landeslehrer für öffentliche land- und forstwirtschaftliche Berufs- und Fachschulen (Land- und forstwirtschaftliches Landeslehrer-Diensthoheitsgesetz), LGBl. Nr. 9/1970;

7. Berufungssenat der Steirischen Landesjägerschaft gemäß § 5 Abs. 1 des Gesetzes vom 10. November 1992, mit dem eine Disziplinarordnung der Steirischen Landesjägerschaft erlassen wird, LGBl. Nr. 16/1993;

8. Dienstbeurteilungskommission gemäß § 84 Abs. 1 des Gesetzes über das Dienst- und Besoldungsrecht der Bediensteten des Landes Steiermark (Stmk. L-DBR), LGBl. Nr. 29/2003;

9. Disziplinaroberkommission gemäß § 95 Abs. 1 des Gesetzes über das Dienst- und Besoldungsrecht der Bediensteten des Landes Steiermark (Stmk. L-DBR), LGBl. Nr. 29/2003.

H. Land Tirol

1. Landeshöfekommission gemäß § 9 Abs. 3 des Gesetzes vom 12. Juni 1900 betreffend die besonderen Rechtsverhältnisse geschlossener Höfe, wirksam für die gefürstete Grafschaft Tirol, LGBl. Nr. 47;

2. Disziplinaroberkommission gemäß § 74 Abs. 1 des Gemeindebeamtengesetzes 1970, LGBl. Nr. 9;

3. Dienstbeurteilungskommission der Tiroler Gemeindebeamten gemäß § 16 Abs. 2 des Gemeindebeamtengesetzes 1970, LGBl. Nr. 9;

4. Disziplinaroberkommission gemäß § 65 Abs. 1 des Innsbrucker Gemeindebeamtengesetzes 1970, LGBl. Nr. 44;

5. Dienstbeschreibungsausschüsse gemäß § 16 Abs. 9 des Innsbrucker Gemeindebeamtengesetzes 1970, LGBl. Nr. 44;

6. Leistungsfeststellungsoberkommission für Landeslehrer gemäß § 8 Abs. 1 des Gesetzes vom 1. Juli 1998 über die Behördenzuständigkeit zur Ausübung der Diensthoheit über die Landeslehrer (Tiroler Landeslehrer-Diensthoheitsgesetz 1998), LGBl. Nr. 74;

7. Disziplinaroberkommission für Landeslehrer gemäß § 11 Abs. 1 des Gesetzes vom 1. Juli 1998 über die Behördenzuständigkeit zur Ausübung der Diensthoheit über die Landeslehrer (Tiroler Landeslehrer-Diensthoheitsgesetz 1998), LGBl. Nr. 74;

8. Verwaltungsoberkommission der Kranken- und Unfallfürsorge der Landesbeamten gemäß § 62 des Beamten- und Lehrer-Kranken- und Unfallfürsorgegesetzes 1998, LGBl. Nr. 97;

9. Verwaltungsoberkommission der Kranken- und Unfallfürsorge der Landeslehrer gemäß § 72 des Beamten- und Lehrer-Kranken- und Unfallfürsorgegesetzes 1998, LGBl. Nr. 97;

10. Verwaltungsoberkommission der Kranken- und Unfallfürsorge der Tiroler Gemeindebeamten gemäß § 76 des Gemeindebeamten-Kranken- und Unfallfürsorgegesetzes 1998, LGBl. Nr. 98;

11. Leistungsfeststellungskommission für Landesbeamte gemäß § 2 lit. a des Landesbeamtengesetzes 1998, LGBl. Nr. 65;

12. Disziplinaroberkommission für Landesbeamte gemäß § 2 lit. a des Landesbeamtengesetzes 1998, LGBl. Nr. 65;

13. Berufungskommission gemäß § 38 Abs. 3 des Tiroler Tourismusgesetzes 2006, LGBl. Nr. 19;

14. Berufungskommission in Abgabensachen gemäß § 5 Abs. 1 des Gesetzes vom 30. September 2009 über die Abgabenbehörden des Landes und der Gemeinden sowie über das Strafrecht in Angelegenheiten der landesrechtlich geregelten Abgaben (Tiroler Abgabengesetz – TAbgG), LGBl. Nr. 97;

15. Umlegungsoberbehörde gemäß § 93 des Tiroler Raumordnungsgesetzes 2011 – TROG 2011, LGBl. Nr. 56.

I. Land Vorarlberg

Leistungsfeststellungsoberkommission gemäß § 4 Abs. 4 des Gesetzes über die Behördenzuständigkeit zur Ausübung der Diensthoheit über die Landeslehrer für öffentliche Pflichtschulen (Landeslehrer-Diensthoheitsgesetz), LGBl. Nr. 34/1964.

J. Land Wien

1. Bauoberbehörde gemäß § 138 des Wiener Stadtentwicklungs-, Stadtplanungs- und Baugesetzbuches (Bauordnung für Wien – BO für Wien), LGBl. Nr. 11/1930;

2. Oberschiedskommission gemäß § 116 des Gesetzes über die Regelung des Jagdwesens (Wiener Jagdgesetz), LGBl. Nr. 6/1948;

3. Abgabenberufungskommission gemäß § 203 des Gesetzes über das Wiener Abgabenorganisationsrecht (WAOR), LGBl. Nr. 21/1962;

4. Berufungssenat gemäß § 48a Abs. 1 der Verfassung der Bundeshauptstadt Wien (Wiener Stadtverfassung – WStV), LGBl. Nr. 28/1968;

5. Leistungsfeststellungsoberkommission beim Stadtschulrat für Wien gemäß § 4 Abs. 1 lit. b des Gesetzes betreffend die Zuständigkeit zur Ausübung der Diensthoheit über die Wiener Landeslehrer und Landeslehrerinnen für Volks-, Haupt-, Sonderschulen und Polytechnische Schulen sowie für Berufsschulen (Wiener Landeslehrer und Landeslehrerinnen-Diensthoheitsgesetz 1978 – LDHG 1978), LGBl. Nr. 4/1979;

6. Disziplinaroberkommission beim Stadtschulrat für Wien gemäß § 9 Abs. 1 lit. c des Gesetzes betreffend die Zuständigkeit zur Ausübung der Diensthoheit über die Wiener Landeslehrer und Landeslehrerinnen für Volks-, Haupt-, Sonderschulen und Polytechnische Schulen sowie für Berufsschulen (Wiener Landeslehrer und Landeslehrerinnen-Diensthoheitsgesetz 1978 – LDHG 1978), LGBl. Nr. 4/1979;

7. Dienstrechtssenat gemäß § 74a des Gesetzes über das Dienstrecht der Beamten der Bundeshauptstadt Wien (Dienstordnung 1994 – DO 1994), LGBl. Nr. 56;

8. Vergabekontrollsenat gemäß § 3 des Wiener Vergaberechtsschutzgesetzes 2007 (WVRG 2007), LGBl. Nr. 65/2006.

11. Konvention zum Schutze der Menschenrechte und Grundfreiheiten

BGBl 1958/210 idF

1 BGBl 1964/59
2 BGBl 1970/330
3 BGBl 1972/84
4 BGBl 1990/64
5 BGBl 1990/558 (DFB)
6 BGBl 1994/593
7 BGBl III 1998/30
8 BGBl III 2002/179 (DFB)
9 BGBl III 2010/47

Konvention zum Schutze der Menschenrechte und Grundfreiheiten[1)]

[Übersetzung]

Inhaltsverzeichnis

(nichtamtlich)

[1)] Die EMRK steht gemäß Art II Z 7 B-VGNov 1964 (1a/4) mit dem Tag ihres Inkrafttretens für Österreich (3. September 1958) im Verfassungsrang (zB VfSlg 4706/1964, 5100/1965).

EMRK

In Erwägung der Allgemeinen Erklärung der Menschenrechte, die von der Generalversammlung der Vereinten Nationen am 10. Dezember 1948 verkündet wurde;

in der Erwägung, daß diese Erklärung bezweckt, die allgemeine und wirksame Anerkennung und Einhaltung der darin erklärten Rechte zu gewährleisten;

in der Erwägung, daß das Ziel des Europarates die Herbeiführung einer größeren Einigkeit unter seinen Mitgliedern ist und daß eines der Mittel zur Erreichung dieses Zieles in der Wahrung und in der Entwicklung der Menschenrechte und Grundfreiheiten besteht;

unter erneuter Bekräftigung ihres tiefen Glaubens an diese Grundfreiheiten, welche die Grundlage der Gerechtigkeit und des Friedens in der Welt bilden, und deren Aufrechterhaltung wesentlich auf einem wahrhaft demokratischen politischen Regime einerseits und auf einer gemeinsamen Auffassung und Achtung der Menschenrechte andererseits beruht, von denen sie sich herleiten;

entschlossen, als Regierungen europäischer Staaten, die vom gleichen Geiste beseelt sind und ein gemeinsames Erbe an geistigen Gütern, politischen Überlieferungen, Achtung der Freiheit und Vorherrschaft des Gesetzes besitzen, die ersten Schritte auf dem Wege zu einer kollektiven Garantie gewisser in der Allgemeinen Erklärung verkündeter Rechte zu unternehmen;

vereinbaren die unterzeichneten Regierungen, die Mitglieder des Europarates sind, folgendes:

„Artikel 1 – Verpflichtung zur Achtung der Menschenrechte“[2]

Die Hohen Vertragschließenden Teile sichern allen ihrer Jurisdiktion unterstehenden Personen die in Abschnitt I dieser Konvention niedergelegten Rechte und Freiheiten zu.

(BGBl III 1998/30)

[2] Vgl Art 6 Z 1 StV Wien (4/3).

ABSCHNITT I „– RECHTE UND FREIHEITEN“

(BGBl III 1998/30)

„Artikel 2 – Recht auf Leben“[3]

(1) Das Recht jedes Menschen auf das Leben wird gesetzlich geschützt.[4] Abgesehen von der Vollstreckung eines Todesurteils, das von einem Gericht im Falle eines durch Gesetz mit der Todesstrafe bedrohten Verbrechens ausgesprochen worden ist,[5] darf eine absichtliche Tötung nicht vorgenommen werden.

(2) Die Tötung wird nicht als Verletzung dieses Artikels betrachtet, wenn sie sich aus einer unbedingt erforderlichen Gewaltanwendung ergibt:

a) um die Verteidigung eines Menschen gegenüber rechtswidriger Gewaltanwendung sicherzustellen;

b) um eine ordnungsgemäße Festnahme durchzuführen oder das Entkommen einer ordnungsgemäß festgehaltenen Person zu verhindern;

c) um im Rahmen der Gesetze einen Aufruhr oder einen Aufstand zu unterdrücken.

(BGBl III 1998/30)

„Artikel 3 – Verbot der Folter“[6]

Niemand darf der Folter oder unmenschlicher oder erniedrigender Strafe oder Behandlung unterworfen werden.[7]

(BGBl III 1998/30)

„Artikel 4 – Verbot der Sklaverei und der Zwangsarbeit“[8]

(1)[9] Niemand darf in Sklaverei oder Leibeigenschaft gehalten werden.

(2) Niemand darf gezwungen werden, Zwangs- oder Pflichtarbeit zu verrichten.

(3) Als „Zwangs- oder Pflichtarbeit“ im Sinne dieses Artikels gilt nicht:

[3] Beachte Art 15 Abs 2.

[4] Beachte Art 63 Abs 1 StV St. Germain (2a/4).

[5] Im Geltungsbereich des 13. ZPEMRK (2b/7) ist diese Ausnahme gegenstandslos. Beachte Art 85 B-VG (1/1).

[6] Beachte Art 15 Abs 2.

[7] Vgl auch das UN-Übereinkommen gegen Folter und andere grausame, unmenschliche oder erniedrigende Behandlung oder Strafe BGBl 1987/492 idF BGBl III 2018/215 (Zurückziehung der österreichischen Erklärung zu Art 5) und das Europäische Übereinkommen zur Verhütung von Folter und unmenschlicher oder erniedrigender Behandlung oder Strafe BGBl 1989/74.

[8] Beachte Art 63 Abs 1 StV St. Germain (2a/4). Vgl auch Art 7 StGG (2a/1).

[9] Beachte Art 15 Abs 2.

a) jede Arbeit, die normalerweise von einer Person verlangt wird, die unter den von Artikel 5 der vorliegenden Konvention vorgesehenen Bedingungen in Haft gehalten oder bedingt freigelassen worden ist;

b) jede Dienstleistung militärischen Charakters, oder im Falle der Verweigerung aus Gewissensgründen in Ländern, wo diese als berechtigt anerkannt ist, eine sonstige an Stelle der militärischen Dienstpflicht tretende Dienstleistung;

c) jede Dienstleistung im Falle von Notständen und Katastrophen, die das Leben oder das Wohl der Gemeinschaft bedrohen;

d) jede Arbeit oder Dienstleistung, die zu den normalen Bürgerpflichten gehört.

(BGBl III 1998/30)

„Artikel 5 – Recht auf Freiheit und Sicherheit“[10)][11)]

(1) Jedermann hat ein Recht auf Freiheit und Sicherheit. Die Freiheit darf einem Menschen nur in den folgenden Fällen und nur auf die gesetzlich vorgeschriebene Weise entzogen werden:

a) wenn er rechtmäßig nach Verurteilung durch ein zuständiges Gericht in Haft gehalten wird;

b) wenn er rechtmäßig festgenommen worden ist oder in Haft gehalten wird wegen Nichtbefolgung eines rechtmäßigen Gerichtsbeschlusses oder zur Erzwingung der Erfüllung einer durch das Gesetz vorgeschriebenen Verpflichtung;

c) wenn er rechtmäßig festgenommen worden ist oder in Haft gehalten wird zum Zwecke seiner Vorführung vor die zuständige Gerichtsbehörde[12)], sofern hinreichender Verdacht dafür besteht, daß der Betreffende eine strafbare Handlung begangen hat, oder begründeter Anlaß zu der Annahme besteht, daß es notwendig ist, den Betreffenden an der Begehung einer strafbaren Handlung oder an der Flucht nach Begehung einer solchen zu hindern;

d) wenn es sich um die rechtmäßige Haft eines Minderjährigen handelt, die zum Zwecke überwachter Erziehung angeordnet ist, oder um die rechtmäßige Haft eines solchen, die zum Zwecke seiner Vorführung vor die zuständige Behörde verhängt ist;

e) wenn er sich in rechtmäßiger Haft befindet, weil er eine Gefahrenquelle für die Ausbreitung ansteckender Krankheiten bildet, oder weil er geisteskrank, Alkoholiker, rauschgiftsüchtig oder Landstreicher ist;

f) wenn er rechtmäßig festgenommen worden ist oder in Haft gehalten wird, um ihn daran zu hindern, unberechtigt in das Staatsgebiet einzudringen oder weil er von einem gegen ihn schwebenden Ausweisungs- oder Auslieferungsverfahren betroffen ist.

(2) Jeder Festgenommene muß in möglichst kurzer Frist und in einer ihm verständlichen Sprache über die Gründe seiner Festnahme und über die gegen ihn erhobenen Beschuldigungen unterrichtet werden.

(3) Jede nach der Vorschrift des Abs. 1 c dieses Artikels festgenommene oder in Haft gehaltene Person muß unverzüglich einem Richter oder einem anderen, gesetzlich zur Ausübung richterlicher Funktionen ermächtigten Beamten vorgeführt werden. Er hat Anspruch auf Aburteilung innerhalb einer angemessenen Frist oder auf Haftentlassung während des Verfahrens. Die Freilassung kann von der Leistung einer Sicherheit für das Erscheinen vor Gericht abhängig gemacht werden.

(4) Jedermann, dem seine Freiheit durch Festnahme oder Haft entzogen wird, hat das Recht, ein Verfahren zu beantragen, in dem von einem Gericht ehetunlich über die Rechtmäßigkeit der Haft entschieden wird und im Falle der Widerrechtlichkeit seine Entlassung angeordnet wird.

(5) Jeder, der entgegen den Bestimmungen dieses Artikels von Festnahme oder Haft betroffen worden ist, hat Anspruch auf Schadenersatz.

(BGBl III 1998/30)

„Artikel 6 – Recht auf ein faires Verfahren“[13)][14)]

(1) Jedermann hat Anspruch darauf, daß seine Sache in billiger Weise öffentlich und innerhalb

---

[10)] Der BPräs hat die EMRK unter dem Vorbehalt ratifiziert, dass „die Bestimmungen des Artikels 5 der Konvention mit der Maßgabe angewendet werden, daß die in den Verwaltungsverfahrensgesetzen, BGBl. Nr. 172/1950, vorgesehenen Maßnahmen des Freiheitsentzuges unter der in der österreichischen Bundesverfassung vorgesehenen nachprüfenden Kontrolle durch den Verwaltungsgerichtshof oder den Verfassungsgerichtshof unberührt bleiben“.

[11)] Beachte das PersFrBVG (2a/11) und Art 63 Abs 1 StV St. Germain (2a/4).

[12)] Die Übersetzung der Begriffe „legal authority“ („autorité judiciaire compétente“) mit „zuständige Gerichtsbehörde“ dürfte fehlerhaft sein (vgl *Funk/Gimpel-Hinteregger*, Der Schutz der persönlichen Freiheit, EuGRZ 1985, 1 [8 f]).

[13)] Beachte für Strafsachen Art 2 bis 4 7. ZPEMRK (2b/5).

[14)] Der BPräs hat die EMRK unter dem Vorbehalt ratifiziert, dass „die Bestimmungen des Artikels 6 der Konvention mit der Maßgabe angewendet werden, daß die in Artikel 90 des Bundes-Verfassungsgesetzes in der Fassung von 1929 festgelegten Grundsätze über die Öffentlichkeit im gerichtlichen Verfahren in keiner Weise beeinträchtigt werden“. Dieser Vorbehalt erfüllt laut EGMR (Fall *Eisenstecken,* ÖJZ 2001/7 [MRK]) nicht die Voraussetzungen des Art 57 Abs 2 EMRK und ist daher ungültig („invalid“). Siehe Art 90 B-VG (1/1).

einer angemessenen Frist gehört wird, und zwar von einem unabhängigen und unparteiischen, auf Gesetz beruhenden Gericht, das über zivilrechtliche Ansprüche und Verpflichtungen[15] oder über die Stichhaltigkeit der gegen ihn erhobenen strafrechtlichen Anklage zu entscheiden hat. Das Urteil muß öffentlich verkündet werden, jedoch kann die Presse und die Öffentlichkeit während der gesamten Verhandlung oder eines Teiles derselben im Interesse der Sittlichkeit, der öffentlichen Ordnung oder der nationalen Sicherheit in einem demokratischen Staat ausgeschlossen werden, oder wenn die Interessen von Jugendlichen oder der Schutz des Privatlebens der Prozeßparteien es verlangen, oder, und zwar unter besonderen Umständen, wenn die öffentliche Verhandlung die Interessen der Rechtspflege beeinträchtigen würde, in diesem Fall jedoch nur in dem nach Auffassung des Gerichts erforderlichen Umfang.

(2) Bis zum gesetzlichen Nachweis seiner Schuld wird vermutet, daß der wegen einer strafbaren Handlung Angeklagte unschuldig ist.

(3) Jeder Angeklagte hat mindestens (englischer Text) insbesondere (französischer Text) die folgenden Rechte:

a) in möglichst kurzer Frist in einer für ihn verständlichen Sprache in allen Einzelheiten über die Art und den Grund der gegen ihn erhobenen Beschuldigung in Kenntnis gesetzt zu werden;

b) über ausreichende Zeit und Gelegenheit zur Vorbereitung seiner Verteidigung zu verfügen;

c) sich selbst zu verteidigen oder den Beistand eines Verteidigers seiner Wahl zu erhalten und, falls er nicht über die Mittel zur Bezahlung eines Verteidigers verfügt, unentgeltlich den Beistand eines Pflichtverteidigers zu erhalten, wenn dies im Interesse der Rechtspflege erforderlich ist;

d) Fragen an die Belastungszeugen zu stellen oder stellen zu lassen und die Ladung und Vernehmung der Entlastungszeugen unter denselben Bedingungen wie die der Belastungszeugen zu erwirken;

e) die unentgeltliche Beiziehung eines Dolmetschers zu verlangen, wenn der Angeklagte die Verhandlungssprache des Gerichts nicht versteht oder sich nicht darin ausdrücken kann.

(BGBl III 1998/30)

„Artikel 7 – Keine Strafe ohne Gesetz"[16]

(1) Niemand kann wegen einer Handlung oder Unterlassung verurteilt werden, die zur Zeit ihrer Begehung nach inländischem oder internationalem Recht nicht strafbar war. Ebenso darf keine höhere Strafe als die im Zeitpunkt der Begehung der strafbaren Handlung angedrohte Strafe verhängt werden.

(2) Durch diesen Artikel darf die Verurteilung oder Bestrafung einer Person nicht ausgeschlossen werden, die sich einer Handlung oder Unterlassung schuldig gemacht hat, welche im Zeitpunkt ihrer Begehung nach den von den zivilisierten Völkern allgemein anerkannten Rechtsgrundsätzen strafbar war.

(BGBl III 1998/30)

„Artikel 8 – Recht auf Achtung des Privat- und Familienlebens"[17]

(1) Jedermann hat Anspruch auf Achtung seines Privat- und Familienlebens, seiner Wohnung und seines Briefverkehrs.

(2) Der Eingriff einer öffentlichen Behörde in die Ausübung dieses Rechts ist nur statthaft, insoweit dieser Eingriff gesetzlich vorgesehen ist und eine Maßnahme darstellt, die in einer demokratischen Gesellschaft für die nationale Sicherheit, die öffentliche Ruhe und Ordnung, das wirtschaftliche Wohl des Landes, die Verteidigung der Ordnung und zur Verhinderung von strafbaren Handlungen, zum Schutz der Gesundheit und der Moral oder zum Schutz der Rechte und Freiheiten anderer notwendig ist.

(BGBl III 1998/30)

„Artikel 9 – Gedanken-, Gewissens- und Religionsfreiheit"[18]

(1) Jedermann hat Anspruch auf Gedanken-, Gewissens- und Religionsfreiheit; dieses Recht umfaßt die Freiheit des einzelnen zum Wechsel der Religion oder der Weltanschauung sowie die Freiheit, seine Religion oder Weltanschauung einzeln oder in Gemeinschaft mit anderen öffentlich oder privat, durch Gottesdienst, Unterricht, Andachten und Beachtung religiöser Gebräuche auszuüben.

(2) Die Religions- und Bekenntnisfreiheit darf nicht Gegenstand anderer als vom Gesetz vorgesehener Beschränkungen sein, die in einer demokratischen Gesellschaft notwendige Maßnahmen im Interesse der öffentlichen Sicherheit, der öffentlichen Ordnung, Gesundheit und Moral oder

[15] Übersetzungsfehler; statt „über zivilrechtliche Ansprüche und Verpflichtungen" richtig: „über seine zivilrechtlichen Ansprüche und Verpflichtungen".

[16] Beachte Art 15 Abs 2.

[17] Beachte Art 9 StGG (2a/1) und das HausrechtsG (2a/2); Art 10 und Art 10a StGG; § 1 DSG (2a/13).

[18] Beachte Art 2 1. ZPEMRK (2b/2); Art 14 bis 16 StGG (2a/1); Art 63 Abs 2 und Art 66 Abs 3 StV St. Germain (2a/4); Art 6 StV Wien (4/3); Art 9a Abs 4 B-VG (1/1) und § 1 ZDG (2c/11).

für den Schutz der Rechte und Freiheiten anderer sind.

(BGBl III 1998/30)

„Artikel 10 – Freiheit der Meinungsäußerung“[19)20)]

(1) Jedermann hat Anspruch auf freie Meinungsäußerung. Dieses Recht schließt die Freiheit der Meinung und die Freiheit zum Empfang und zur Mitteilung von Nachrichten oder Ideen ohne Eingriffe öffentlicher Behörden und ohne Rücksicht auf Landesgrenzen ein. Dieser Artikel schließt nicht aus, daß die Staaten Rundfunk-, Lichtspiel- oder Fernsehunternehmen einem Genehmigungsverfahren unterwerfen.

(2) Da die Ausübung dieser Freiheiten Pflichten und Verantwortung mit sich bringt, kann sie bestimmten, vom Gesetz vorgesehenen Formvorschriften, Bedingungen, Einschränkungen oder Strafdrohungen unterworfen werden, wie sie in einer demokratischen Gesellschaft im Interesse der nationalen Sicherheit, der territorialen Unversehrtheit oder der öffentlichen Sicherheit, der Aufrechterhaltung der Ordnung und der Verbrechensverhütung, des Schutzes der Gesundheit und der Moral, des Schutzes des guten Rufes oder der Rechte anderer unentbehrlich sind, um die Verbreitung von vertraulichen Nachrichten zu verhindern oder das Ansehen und die Unparteilichkeit der Rechtsprechung zu gewährleisten[21)].

(BGBl III 1998/30)

„Artikel 11 – Versammlungs- und Vereinigungsfreiheit“[22)23)]

(1) Alle Menschen haben das Recht, sich friedlich zu versammeln und sich frei mit anderen zusammenzuschließen, einschließlich des Rechts, zum Schutze ihrer Interessen Gewerkschaften zu bilden und diesen beizutreten.

(2) Die Ausübung dieser Rechte darf keinen anderen Einschränkungen unterworfen werden als den vom Gesetz vorgesehenen, die in einer demokratischen Gesellschaft im Interesse der nationalen und öffentlichen Sicherheit, der Aufrechterhaltung der Ordnung und der Verbrechensverhütung, des Schutzes der Gesundheit und der Moral oder des Schutzes der Rechte und Freiheiten anderer notwendig sind.[24)] Dieser Artikel verbietet nicht, daß die Ausübung dieser Rechte durch Mitglieder der Streitkräfte, der Polizei oder der Staatsverwaltung gesetzlichen Einschränkungen unterworfen wird.

(BGBl III 1998/30)

„Artikel 12 – Recht auf Eheschließung“

Mit Erreichung des heiratsfähigen Alters haben Männer und Frauen gemäß den einschlägigen nationalen Gesetzen das Recht, eine Ehe einzugehen und eine Familie zu gründen.

(BGBl III 1998/30)

„Artikel 13 – Recht auf wirksame Beschwerde“[25)]

Sind die in der vorliegenden Konvention festgelegten Rechte und Freiheiten verletzt worden, so hat der Verletzte das Recht, eine wirksame Beschwerde bei einer nationalen Instanz einzulegen, selbst wenn die Verletzung von Personen begangen worden ist, die in amtlicher Eigenschaft gehandelt haben.

(BGBl III 1998/30)

„Artikel 14 – Verbot der Benachteiligung“[26)27)]

Der Genuß der in der vorliegenden Konvention festgelegten Rechte und Freiheiten ist ohne Benachteiligung zu gewährleisten, die insbesondere im Geschlecht, in der Rasse, Hautfarbe, Sprache, Religion, in den politischen oder sonstigen Anschauungen, in nationaler oder sozialer Herkunft, in der Zugehörigkeit zu einer nationalen Minder-

---

19) Beachte Art 16.

20) Beachte Art 13 StGG (2a/1), erweitert durch Z 1 und 2 Beschl ProvNV 1918 (2a/3). Beachte ferner das BVG Rundfunk (2c/31).

21) Übersetzungsfehler; statt „oder der Rechte anderer unentbehrlich sind, um die Verbreitung von vertraulichen Nachrichten zu verhindern oder das Ansehen und die Unparteilichkeit der Rechtsprechung zu gewährleisten“ richtig: „oder der Rechte anderer, oder um die Verbreitung von vertraulichen Nachrichten zu verhindern oder das Ansehen und die Unparteilichkeit der Rechtsprechung zu gewährleisten, notwendig sind“ (*Berka*, Medienfreiheit und Persönlichkeitsschutz [1982], 157 FN 20 und VfSlg 6288/1970, 691).

22) Beachte Art 16.

23) Beachte Art 12 StGG (2a/1); Z 3 Beschl ProvNV 1918 (2a/3); Art 7 Z 5 und Art 9 StV Wien (4/3); § 1 PartG (7/1).

24) Siehe insb das VerbotsG (7/1a).

25) Beachte für Strafsachen die Sonderbestimmung des Art 2 7. ZPEMRK (2b/5).

26) Beachte Art 16.

27) Vgl auch Art 7 B-VG (1/1) und die in den FN 1 und 3 bis 5 dazu genannten Bestimmungen.

heit, im Vermögen, in der Geburt oder im sonstigen Status begründet ist.

(BGBl III 1998/30)

„Artikel 15 – Außerkraftsetzen im Notstandsfall"

(1) Im Falle eines Krieges oder eines anderen öffentlichen Notstandes, der das Leben der Nation bedroht, kann jeder der Hohen Vertragschließenden Teile Maßnahmen ergreifen, welche die in dieser Konvention vorgesehenen Verpflichtungen in dem Umfang, den die Lage unbedingt erfordert, und unter der Bedingung außer Kraft setzen, daß diese Maßnahmen nicht in Widerspruch zu den sonstigen völkerrechtlichen Verpflichtungen stehen.

(2) Die vorstehende Bestimmung gestattet kein Außerkraftsetzen des Artikels 2 außer bei Todesfällen, die auf rechtmäßige Kriegshandlungen zurückzuführen sind, oder der Artikel 3, 4, Abs. 1, und 7.

(3) Jeder Hohe Vertragschließende Teil, der dieses Recht der Außerkraftsetzung ausübt, hat den Generalsekretär des Europarats eingehend über die getroffenen Maßnahmen und deren Gründe zu unterrichten. Er muß den Generalsekretär des Europarats auch über den Zeitpunkt in Kenntnis setzen, in dem diese Maßnahmen außer Kraft getreten sind und die Vorschriften der Konvention wieder volle Anwendung finden.

(BGBl III 1998/30)

„Artikel 16 – Beschränkungen der politischen Tätigkeit von Ausländern"

Keine der Bestimmungen der Artikel 10, 11 und 14 darf so ausgelegt werden, daß sie den Hohen Vertragschließenden Parteien verbietet, die politische Tätigkeit von Ausländern Beschränkungen zu unterwerfen.

(BGBl III 1998/30)

„Artikel 17 – Verbot des Mißbrauchs der Rechte"

Keine Bestimmung dieser Konvention darf dahin ausgelegt werden, daß sie für einen Staat, eine Gruppe oder eine Person das Recht begründet, eine Tätigkeit auszuüben oder eine Handlung zu begehen, die auf die Abschaffung der in der vorliegenden Konvention festgelegten Rechte und Freiheiten oder auf weitergehende Beschränkungen dieser Rechte und Freiheiten, als in der Konvention vorgesehen, hinzielt.

(BGBl III 1998/30)

„Artikel 18 – Begrenzung der Rechtseinschränkungen"

Die nach der vorliegenden Konvention gestatteten Einschränkungen dieser Rechte und Freiheiten dürfen nicht für andere Zwecke als die vorgesehenen angewendet werden.

(BGBl III 1998/30)

„ABSCHNITT II – EUROPÄISCHER GERICHTSHOF FÜR MENSCHENRECHTE"

(BGBl III 1998/30)

Artikel 19 – Errichtung des Gerichtshofs

Um die Einhaltung der Verpflichtungen sicherzustellen, welche die Hohen Vertragschließenden Teile in dieser Konvention und den Protokollen dazu übernommen haben, wird ein Europäischer Gerichtshof für Menschenrechte, im folgenden als „Gerichtshof" bezeichnet, errichtet. Er nimmt seine Aufgaben als ständiger Gerichtshof wahr.

(BGBl III 1998/30)

Artikel 20 – Zahl der Richter

Die Zahl der Richter des Gerichtshofs entspricht derjenigen der Hohen Vertragschließenden Teile.

(BGBl III 1998/30)

Artikel 21 – Voraussetzungen für das Amt

(1) Die Richter müssen hohes sittliches Ansehen genießen und entweder die für die Ausübung hoher richterlicher Ämter erforderlichen Voraussetzungen erfüllen oder Rechtsgelehrte von anerkanntem Ruf sein.

(2) Die Richter gehören dem Gerichtshof in ihrer persönlichen Eigenschaft an.

(3) Während ihrer Amtszeit dürfen die Richter keine Tätigkeit ausüben, die mit ihrer Unabhängigkeit, ihrer Unparteilichkeit oder mit den Erfordernissen der Vollzeitbeschäftigung in diesem Amt unvereinbar ist; alle Fragen, die sich aus der Anwendung dieses Absatzes ergeben, werden vom Gerichtshof entschieden.

(BGBl III 1998/30)

Artikel 22 – Wahl der Richter

„ “[28] Die Richter werden von der Parlamentarischen Versammlung für jeden Hohen Vertragschließenden Teil mit Stimmenmehrheit aus einer Liste von drei Kandidaten gewählt, die von dem Hohen Vertragschließenden Teil vorgeschlagen werden.

(2) *(entfällt, BGBl III 2010/47)*

(BGBl III 1998/30)

Artikel 23 – Amtszeit und Entlassung

(1) Die Richter werden für neun Jahre gewählt. Ihre Wiederwahl ist nicht zulässig.

(2) Die Amtszeit der Richter endet mit Vollendung des 70. Lebensjahrs.

(3) Die Richter bleiben bis zum Amtsantritt ihrer Nachfolger im Amt. Sie bleiben jedoch in den Rechtssachen tätig, mit denen sie bereits befasst sind.

(4) Ein Richter kann nur entlassen werden, wenn die anderen Richter mit Zweidrittelmehrheit entscheiden, dass er die erforderlichen Voraussetzungen nicht mehr erfüllt.

(BGBl III 2010/47)

Artikel 24 – Kanzlei und Berichterstatter

(1) Der Gerichtshof hat eine Kanzlei, deren Aufgaben und Organisation in der Verfahrensordnung des Gerichtshofs festgelegt werden.

(2) Wenn der Gerichtshof in Einzelrichterbesetzung tagt, wird er von Berichterstattern unterstützt, die ihre Aufgaben unter der Aufsicht des Präsidenten des Gerichtshofs ausüben. Sie gehören der Kanzlei des Gerichtshofs an.

(BGBl III 2010/47)

„Artikel 25“ – Plenum des Gerichtshofs

Das Plenum des Gerichtshofs

a) wählt seinen Präsidenten und einen oder zwei Vizepräsidenten für drei Jahre; ihre Wiederwahl ist zulässig;

b) bildet Kammern für einen bestimmten Zeitraum;

c) wählt die Präsidenten der Kammern des Gerichtshofs; ihre Wiederwahl ist zulässig;

d) beschließt die Verfahrensordnung des Gerichtshofs[29] „;“ *(BGBl III 2010/47)*

e) wählt den Kanzler und einen oder mehrere stellvertretende Kanzler „;“ *(BGBl III 2010/47)*

f) stellt Anträge nach Artikel 26 Absatz 2.

(BGBl III 1998/30; BGBl III 2010/47)

Artikel 26 – Einzelrichterbesetzung, Ausschüsse, Kammern und Grosse Kammer

(1) Zur Prüfung der Rechtssachen, die bei ihm anhängig gemacht werden, tagt der Gerichtshof in Einzelrichterbesetzung, in Ausschüssen mit drei Richtern, in Kammern mit sieben Richtern und in einer Grossen Kammer mit siebzehn Richtern. Die Kammern des Gerichtshofs bilden die Ausschüsse für einen bestimmten Zeitraum.

(2) Auf Antrag des Plenums des Gerichtshofs kann die Anzahl Richter je Kammer für einen bestimmten Zeitraum durch einstimmigen Beschluss des Ministerkomitees auf fünf herabgesetzt werden.

(3) Ein Richter, der als Einzelrichter tagt, prüft keine Beschwerde gegen die Hohe Vertragspartei, für die er gewählt worden ist.

(4) Der Kammer und der Grossen Kammer gehört von Amts wegen der für eine als Partei beteiligte Hohe Vertragspartei gewählte Richter an. Wenn ein solcher nicht vorhanden ist oder er an den Sitzungen nicht teilnehmen kann, nimmt eine Person in der Eigenschaft eines Richters an den Sitzungen teil, die der Präsident des Gerichtshofs aus einer Liste auswählt, welche ihm die betreffende Vertragspartei vorab unterbreitet hat.

(5) Der Grossen Kammer gehören ferner der Präsident des Gerichtshofs, die Vizepräsidenten, die Präsidenten der Kammern und andere nach der Verfahrensordnung des Gerichtshofs ausgewählte Richter an. Wird eine Rechtssache nach Artikel 43 an die Grosse Kammer verwiesen, so dürfen Richter der Kammer, die das Urteil gefällt hat, der Grossen Kammer nicht angehören; das gilt nicht für den Präsidenten der Kammer und den Richter, welcher in der Kammer für die als Partei beteiligte Hohe Vertragspartei mitgewirkt hat.

(BGBl III 2010/47)

Artikel 27 –Befugnisse des Einzelrichters

(1) Ein Einzelrichter kann eine nach Artikel 34 erhobene Beschwerde für unzulässig erklären oder im Register streichen, wenn eine solche Entscheidung ohne weitere Prüfung getroffen werden kann.

[28] Der Entfall der Absatzbezeichnung des Abs 1 wird in der Novellierungsanordnung des Art 1 14. ZPEMRK nicht ausdrücklich angeordnet, dürfte jedoch nach der angewandten Novellierungstechnik vorausgesetzt worden sein.

[29] Siehe die K BGBl III 2009/43.

(2) Die Entscheidung ist endgültig.

(3) Erklärt der Einzelrichter eine Beschwerde nicht für unzulässig und streicht er sie auch nicht im Register des Gerichtshofs, so übermittelt er sie zur weiteren Prüfung an einen Ausschuss oder eine Kammer.

(BGBl III 2010/47)

Artikel 28 – Befugnisse der Ausschüsse

(1) Ein Ausschuss, der mit einer nach Artikel 34 erhobenen Beschwerde befasst wird, kann diese durch einstimmigen Beschluss

a) für unzulässig erklären oder im Register streichen, wenn eine solche Entscheidung ohne weitere Prüfung getroffen werden kann, oder

b) für zulässig erklären und zugleich ein Urteil über die Begründetheit fällen, sofern die der Rechtssache zugrunde liegende Frage der Auslegung oder Anwendung dieser Konvention oder der Protokolle dazu Gegenstand einer gefestigten Rechtsprechung des Gerichtshofs ist.

(2) Die Entscheidungen und Urteile nach Absatz 1 sind endgültig.

(3) Ist der für die als Partei beteiligte Hohe Vertragspartei gewählte Richter nicht Mitglied des Ausschusses, so kann er von Letzterem jederzeit während des Verfahrens eingeladen werden, den Sitz eines Mitglieds im Ausschuss einzunehmen; der Ausschuss hat dabei alle erheblichen Umstände einschliesslich der Frage, ob diese Vertragspartei der Anwendung des Verfahrens nach Absatz 1 Buchstabe b entgegengetreten ist, zu berücksichtigen.

(BGBl III 2010/47)

Artikel 29 – Entscheidungen der Kammern über die Zulässigkeit und Begründetheit

(1) Ergeht weder eine Entscheidung nach Artikel 27 oder 28 noch ein Urteil nach Artikel 28, so entscheidet eine Kammer über die Zulässigkeit und Begründetheit der nach Artikel 34 erhobenen Beschwerden. Die Entscheidung über die Zulässigkeit kann gesondert ergehen. *(BGBl III 2010/47)*

(2) Eine Kammer entscheidet über die Zulässigkeit und Begründetheit der nach Artikel 33 erhobenen Staatenbeschwerden. „Die Entscheidung über die Zulässigkeit ergeht gesondert, sofern der Gerichtshof in Ausnahmefällen nicht anders entscheidet.“ *(BGBl III 2010/47)*

(3) *(entfällt, BGBl III 2010/47)*

(BGBl III 1998/30)

Artikel 30 – Abgabe der Rechtssache an die Große Kammer

Wirft eine bei einer Kammer anhängige Rechtssache eine schwerwiegende Frage der Auslegung dieser Konvention oder der Protokolle dazu auf oder kann die Entscheidung einer ihr vorliegenden Frage zu einer Abweichung von einem früheren Urteil des Gerichtshofs führen, so kann die Kammer diese Sache jederzeit, bevor sie ihr Urteil gefällt hat, an die Große Kammer abgeben, sofern nicht eine Partei widerspricht.

(BGBl III 1998/30)

Artikel 31 – Befugnisse der Großen Kammer

Die Große Kammer

a) entscheidet über nach Artikel 33 oder Artikel 34 erhobene Beschwerden, wenn eine Kammer die Rechtssache nach Artikel 30 an sie abgegeben hat oder wenn die Sache nach Artikel 43 an sie verwiesen worden ist, „ “ *(BGBl III 2010/47)*

b) entscheidet über Fragen, mit denen der Gerichtshof durch das Ministerkomitee nach Artikel 46 Absatz 4 befasst wird, und *(BGBl III 2010/47)*

„c)“ behandelt Anträge nach Artikel 47 auf Erstattung von Gutachten. *(BGBl III 2010/47)*

(BGBl III 1998/30)

Artikel 32 – Zuständigkeit des Gerichtshofs

(1) Die Zuständigkeit des Gerichtshofs umfaßt alle die Auslegung und Anwendung dieser Konvention und der Protokolle dazu betreffenden Angelegenheiten, mit denen er nach den Artikeln 33, 34 „, 46“ und 47 befaßt wird. *(BGBl III 2010/47)*

(2) Besteht Streit über die Zuständigkeit des Gerichtshofs, so entscheidet der Gerichtshof.

(BGBl III 1998/30)

Artikel 33 – Staatenbeschwerden

Jeder Hohe Vertragschließende Teil kann den Gerichtshof wegen jeder behaupteten Verletzung dieser Konvention und der Protokolle dazu durch einen anderen Hohen Vertragschließenden Teil anrufen.

(BGBl III 1998/30)

Artikel 34 – Individualbeschwerden

Der Gerichtshof kann von jeder natürlichen Person, nichtstaatlichen Organisation oder Personengruppe, die behauptet, durch einen der Hohen Vertragschließenden Teile in einem der in dieser Konvention oder den Protokollen dazu anerkannten Rechte verletzt zu sein, mit einer Beschwerde befaßt werden. Die Hohen Vertragschließenden Teile verpflichten sich, die wirksame Ausübung dieses Rechts nicht zu behindern.

(BGBl III 1998/30)

Artikel 35 – Zulässigkeitsvoraussetzungen

(1) Der Gerichtshof kann sich mit einer Angelegenheit erst nach Erschöpfung aller innerstaatlichen Rechtsbehelfe in Übereinstimmung mit den allgemein anerkannten Grundsätzen des Völkerrechts und nur innerhalb einer Frist von sechs Monaten nach der endgültigen innerstaatlichen Entscheidung befassen.

(2) Der Gerichtshof befaßt sich nicht mit einer nach Artikel 34 erhobenen Individualbeschwerde, die

a) anonym ist oder

b) im wesentlichen mit einer schon vorher vom Gerichtshof geprüften Beschwerde übereinstimmt oder schon einer anderen internationalen Untersuchungs- oder Vergleichsinstanz unterbreitet worden ist und keine neuen Tatsachen enthält.

(3) Der Gerichtshof erklärt eine nach Artikel 34 erhobene Individualbeschwerde für unzulässig,

a) wenn er sie für unvereinbar mit dieser Konvention oder den Protokollen dazu, für offensichtlich unbegründet oder für missbräuchlich hält oder

b) wenn er der Ansicht ist, dass dem Beschwerdeführer kein erheblicher Nachteil entstanden ist, es sei denn, die Achtung der Menschenrechte, wie sie in dieser Konvention und den Protokollen dazu anerkannt sind, erfordert eine Prüfung der Begründetheit der Beschwerde, und vorausgesetzt, es wird aus diesem Grund nicht eine Rechtssache zurückgewiesen, die noch von keinem innerstaatlichen Gericht gebührend geprüft worden ist. *(BGBl III 2010/47)*

(4) Der Gerichtshof weist eine Beschwerde zurück, die er nach diesem Artikel für unzulässig hält. Er kann dies in jedem Stadium des Verfahrens tun.

(BGBl III 1998/30)

Artikel 36 – Beteiligung Dritter

(1) In allen bei einer Kammer oder der Großen Kammer anhängigen Rechtssachen ist der Hohe Vertragschließende Teil, dessen Staatsangehörigkeit der Beschwerdeführer besitzt, berechtigt, schriftliche Stellungnahmen abzugeben und an den mündlichen Verhandlungen teilzunehmen.

(2) Im Interesse der Rechtspflege kann der Präsident des Gerichtshofs jedem Hohen Vertragschließenden Teil, der in dem Verfahren nicht Partei ist, oder jeder betroffenen Person, die nicht Beschwerdeführer ist, Gelegenheit geben, schriftlich Stellung zu nehmen oder an den mündlichen Verhandlungen teilzunehmen.

(3) In allen bei einer Kammer oder der Grossen Kammer anhängigen Rechtssachen kann der Kommissar für Menschenrechte des Europarats schriftliche Stellungnahmen abgeben und an den mündlichen Verhandlungen teilnehmen. *(BGBl III 2010/47)*

(BGBl III 1998/30)

Artikel 37 – Streichung von Beschwerden

(1) Der Gerichtshof kann jederzeit während des Verfahrens entscheiden, eine Beschwerde in seinem Register zu streichen, wenn die Umstände Grund zur Annahme geben, daß

a) der Beschwerdeführer seine Beschwerde nicht weiterzuverfolgen beabsichtigt,

b) die Streitigkeit einer Lösung zugeführt worden ist oder

c) eine weitere Prüfung der Beschwerde aus anderen vom Gerichtshof festgestellten Gründen nicht gerechtfertigt ist.

Der Gerichtshof setzt jedoch die Prüfung der Beschwerde fort, wenn die Achtung der Menschenrechte, wie sie in dieser Konvention und den Protokollen dazu anerkannt sind, dies erfordert.

(2) Der Gerichtshof kann die Wiedereintragung einer Beschwerde in sein Register anordnen, wenn er dies den Umständen nach für gerechtfertigt hält.

(BGBl III 1998/30)

Artikel 38 – Prüfung der Rechtssache

Der Gerichtshof prüft die Rechtssache mit den Vertretern der Parteien und nimmt, falls erforderlich, Ermittlungen vor; die betreffenden Hohen Vertragsparteien haben alle zur wirksamen Durchführung der Ermittlungen erforderlichen Erleichterungen zu gewähren.

(BGBl III 2010/47)

Artikel 39 – Gütliche Einigung

(1) Der Gerichtshof kann sich jederzeit während des Verfahrens zur Verfügung der Parteien halten mit dem Ziel, eine gütliche Einigung auf der Grundlage der Achtung der Menschenrechte, wie sie in dieser Konvention und den Protokollen dazu anerkannt sind, zu erreichen.

(2) Das Verfahren nach Absatz 1 ist vertraulich.

(3) Im Fall einer gütlichen Einigung streicht der Gerichtshof durch eine Entscheidung, die sich auf eine kurze Angabe des Sachverhalts und der erzielten Lösung beschränkt, die Rechtssache in seinem Register.

(4) Diese Entscheidung ist dem Ministerkomitee zuzuleiten; dieses überwacht die Durchführung der gütlichen Einigung, wie sie in der Entscheidung festgehalten wird.

(BGBl III 2010/47)

Artikel 40 – Öffentliche Verhandlung und Akteneinsicht

(1) Die Verhandlung ist öffentlich, soweit nicht der Gerichtshof auf Grund besonderer Umstände anders entscheidet.

(2) Die beim Kanzler verwahrten Schriftstücke sind der Öffentlichkeit zugänglich, soweit nicht der Präsident des Gerichtshofs anders entscheidet.

(BGBl III 1998/30)

Artikel 41 – Gerechte Entschädigung

Stellt der Gerichtshof fest, daß diese Konvention oder die Protokolle dazu verletzt worden sind, und gestattet das innerstaatliche Recht des beteiligten Hohen Vertragschließenden Teiles nur eine unvollkommene Wiedergutmachung für die Folgen dieser Verletzung, so spricht der Gerichtshof der verletzten Partei eine gerechte Entschädigung zu, wenn dies notwendig ist.[30)]

(BGBl III 1998/30)

Artikel 42 – Urteile der Kammern

Urteile der Kammern werden nach Maßgabe des Artikels 44 Absatz 2 endgültig.

(BGBl III 1998/30)

Artikel 43 – Verweisung an die Große Kammer

(1) Innerhalb von drei Monaten nach dem Datum des Urteils der Kammer kann jede Partei in Ausnahmefällen die Verweisung der Rechtssache an die Große Kammer beantragen.

(2) Ein Ausschuß von fünf Richtern der Großen Kammer nimmt den Antrag an, wenn die Rechtssache eine schwerwiegende Frage der Auslegung oder Anwendung dieser Konvention oder der Protokolle dazu oder eine schwerwiegende Frage von allgemeiner Bedeutung aufwirft.

(3) Nimmt der Ausschuß den Antrag an, so entscheidet die Große Kammer die Sache durch Urteil.

(BGBl III 1998/30)

Artikel 44 – Endgültige Urteile

(1) Das Urteil der Großen Kammer ist endgültig.

(2) Das Urteil einer Kammer wird endgültig,

a) wenn die Parteien erklären, daß sie die Verweisung der Rechtssache an die Große Kammer nicht beantragen werden,

b) drei Monate nach dem Datum des Urteils, wenn nicht die Verweisung der Rechtssache an die Große Kammer beantragt worden ist, oder

c) wenn der Ausschuß der Großen Kammer den Antrag auf Verweisung nach Artikel 43 abgelehnt hat.

(3) Das endgültige Urteil wird veröffentlicht.

(BGBl III 1998/30)

Artikel 45 – Begründung der Urteile und Entscheidungen

(1) Urteile sowie Entscheidungen, mit denen Beschwerden für zulässig oder für unzulässig erklärt werden, werden begründet.

(2) Bringt ein Urteil ganz oder teilweise nicht die übereinstimmende Meinung der Richter zum Ausdruck, so ist jeder Richter berechtigt, seine abweichende Meinung darzulegen.

(BGBl III 1998/30)

Artikel 46 – Verbindlichkeit und Durchführung der Urteile

(1) Die Hohen Vertragsparteien verpflichten sich, in allen Rechtssachen, in denen sie Partei sind, das endgültige Urteil des Gerichtshofs zu befolgen.

(2) Das endgültige Urteil des Gerichtshofs ist dem Ministerkomitee zuzuleiten; dieses überwacht seine Durchführung.

(3) Wird die Überwachung der Durchführung eines endgültigen Urteils nach Auffassung des Ministerkomitees durch eine Frage betreffend die Auslegung dieses Urteils behindert, so kann das Ministerkomitee den Gerichtshof anrufen, damit er über diese Auslegungsfrage entscheidet. Der Beschluss des Ministerkomitees, den Gerichtshof anzurufen, bedarf der Zweidrittelmehrheit der

---

30) Vgl auch Art 5 Abs 5.

Stimmen der zur Teilnahme an den Sitzungen des Komitees berechtigten Mitglieder.

(4) Weigert sich eine Hohe Vertragspartei nach Auffassung des Ministerkomitees, in einer Rechtssache, in der sie Partei ist, ein endgültiges Urteil des Gerichtshofs zu befolgen, so kann das Ministerkomitee, nachdem es die betreffende Partei gemahnt hat, durch einen mit Zweidrittelmehrheit der Stimmen der zur Teilnahme an den Sitzungen des Komitees berechtigten Mitglieder gefassten Beschluss den Gerichtshof mit der Frage befassen, ob diese Partei ihrer Verpflichtung nach Absatz 1 nachgekommen ist.

(5) Stellt der Gerichtshof eine Verletzung des Absatzes 1 fest, so weist er die Rechtssache zur Prüfung der zu treffenden Massnahmen an das Ministerkomitee zurück. Stellt der Gerichtshof fest, dass keine Verletzung des Absatzes 1 vorliegt, so weist er die Rechtssache an das Ministerkomitee zurück; dieses beschliesst die Einstellung seiner Prüfung.

(BGBl III 2010/47)

Artikel 47 – Gutachten

(1) Der Gerichtshof kann auf Antrag des Ministerkomitees Gutachten über Rechtsfragen erstatten, welche die Auslegung dieser Konvention und der Protokolle dazu betreffen.

(2) Diese Gutachten dürfen keine Fragen zum Gegenstand haben, die sich auf den Inhalt oder das Ausmaß der in Abschnitt I dieser Konvention und in den Protokollen dazu anerkannten Rechte und Freiheiten beziehen, noch andere Fragen, über die der Gerichtshof oder das Ministerkomitee auf Grund eines nach dieser Konvention eingeleiteten Verfahrens zu entscheiden haben könnte.

(3) Der Beschluß des Ministerkomitees, ein Gutachten beim Gerichtshof zu beantragen, bedarf der Stimmenmehrheit der zur Teilnahme an den Sitzungen des Komitees berechtigten Mitglieder.

(BGBl III 1998/30)

Artikel 48 – Gutachterliche Zuständigkeit des Gerichtshofs

Der Gerichtshof entscheidet, ob ein vom Ministerkomitee gestellter Antrag auf Erstattung eines Gutachtens in seine Zuständigkeit nach Artikel 47 fällt.

(BGBl III 1998/30)

Artikel 49 – Begründung der Gutachten

(1) Die Gutachten des Gerichtshofs werden begründet.

(2) Bringt das Gutachten ganz oder teilweise nicht die übereinstimmende Meinung der Richter zum Ausdruck, so ist jeder Richter berechtigt, seine abweichende Meinung darzulegen.

(3) Die Gutachten des Gerichtshofs werden dem Ministerkomitee übermittelt.

(BGBl III 1998/30)

Artikel 50 – Kosten des Gerichtshofs

Die Kosten des Gerichtshofs werden vom Europarat getragen.

(BGBl III 1998/30)

Artikel 51 – Privilegien und Immunitäten der Richter

„ “ Die Richter genießen bei der Ausübung ihres Amtes die Vorrechte und Immunitäten, die in Artikel 40 der Satzung des Europarats und den auf Grund jenes Artikels geschlossenen Übereinkünften vorgesehen sind. *(BGBl III 2002/179 (DFB))*

(BGBl III 1998/30)

„ABSCHNITT III – VERSCHIEDENE BESTIMMUNGEN“

(BGBl III 1998/30)

„Artikel 52 – Anfragen des Generalsekretärs“

Nach Empfang einer entsprechenden Aufforderung durch den Generalsekretär des Europarats hat jeder Hohe Vertragschließende Teil die erforderlichen Erklärungen abzugeben, in welcher Weise sein internes Recht die wirksame Anwendung aller Bestimmungen dieser Konvention gewährleistet.

(BGBl III 1998/30)

„Artikel 53 – Wahrung anerkannter Menschenrechte“

Keine Bestimmung dieser Konvention darf als Beschränkung oder Minderung eines der Menschenrechte und Grundfreiheiten ausgelegt werden, die in den Gesetzen eines Hohen Vertragschließenden Teils oder einer anderen Vereinbarung, an der er beteiligt ist, festgelegt sind.

(BGBl III 1998/30)

„Artikel 54 – Befugnisse des Ministerkomitees"

Keine Bestimmung dieser Konvention beschränkt die durch die Satzung des Europarats dem Ministerkomitee übertragenen Vollmachten.

(BGBl III 1998/30)

„Artikel 55 – Ausschluß anderer Verfahren zur Streitbeilegung"

Die Hohen Vertragschließenden Teile kommen überein, daß sie, es sei denn auf Grund besonderer Vereinbarungen, keinen Gebrauch von zwischen ihnen geltenden Verträgen, Übereinkommen oder Erklärungen machen werden, um von sich aus einen Streit um die Auslegung oder Anwendung dieser Konvention einem anderen Verfahren zu unterwerfen als in der Konvention vorgesehen ist.

(BGBl III 1998/30)

„Artikel 56 – Räumlicher Geltungsbereich"

(1) Jeder Staat kann im Zeitpunkt der Ratifizierung oder in der Folge zu jedem anderen Zeitpunkt durch eine an den Generalsekretär des Europarats gerichtete Mitteilung erklären, daß diese Konvention „vorbehaltlich des Absatzes 4" auf alle oder einzelne Gebiete Anwendung findet, für deren internationale Beziehungen er verantwortlich ist. *(BGBl III 1998/30)*

(2) Die Konvention findet auf das oder die in der Erklärung bezeichneten Gebiete vom dreißigsten Tage an Anwendung, gerechnet vom Eingang der Erklärung beim Generalsekretär des Europarates.

(3) In den genannten Gebieten werden die Bestimmungen dieser Konvention unter Berücksichtigung der örtlichen Notwendigkeiten angewendet.

(4) Jeder Staat, der eine Erklärung gemäß Absatz 1 dieses Artikels abgegeben hat, kann zu jedem späteren Zeitpunkt für ein oder mehrere der in einer solchen Erklärung bezeichneten Gebiete erklären, daß er die Zuständigkeit „des Gerichtshofs für die Entgegennahme von Beschwerden" von natürlichen Personen, nichtstaatlichen Organisationen oder Personengruppen „gemäß Artikel 34"[31] annimmt. *(BGBl III 1998/30)*

(BGBl III 1998/30)

„Artikel 57 – Vorbehalte"

(1) Jeder Staat kann bei Unterzeichnung dieser Konvention oder bei Hinterlegung seiner Ratifikationsurkunde bezüglich bestimmter Vorschriften der Konvention einen Vorbehalt machen, soweit ein zu dieser Zeit in seinem Gebiet geltendes Gesetz nicht mit der betreffenden Vorschrift übereinstimmt. Vorbehalte allgemeiner Art sind nach diesem Artikel nicht zulässig.

(2) Jeder nach diesem Artikel gemachte Vorbehalt muß mit einer kurzen Inhaltsangabe des betreffenden Gesetzes verbunden sein.[32]

(BGBl III 1998/30)

„Artikel 58 – Kündigung"

(1) Ein Hoher Vertragschließender Teil kann diese Konvention nicht vor Ablauf von fünf Jahren nach dem Tage, an dem die Konvention für ihn wirksam wird, und nur nach einer sechs Monate vorher an den Generalsekretär des Europarats gerichteten Mitteilung kündigen; der Generalsekretär hat den anderen Hohen Vertragschließenden Teilen von der Kündigung Kenntnis zu geben.

(2) Eine derartige Kündigung bewirkt nicht, daß der betreffende Hohe Vertragschließende Teil in bezug auf irgendeine Handlung, welche eine Verletzung dieser Verpflichtungen darstellen könnte, und von dem Hohen Vertragschließenden Teil vor dem Datum seines rechtswirksamen Ausscheidens vorgenommen wurde, von seinen Verpflichtungen nach dieser Konvention befreit wird.

(3) Unter dem gleichen Vorbehalt scheidet ein Vertragschließender Teil aus dieser Konvention aus, der aus dem Europarat ausscheidet.

(4) Entsprechend den Bestimmungen der vorstehenden Absätze kann die Konvention auch für ein Gebiet gekündigt werden, auf das sie „nach Artikel 56" ausgedehnt worden ist. *(BGBl III 1998/30)*

(BGBl III 1998/30)

„Artikel 59 – Unterzeichnung und Ratifikation"

(1) Diese Konvention steht den Mitgliedern des Europarats zur Unterzeichnung offen; sie bedarf der Ratifikation. Die Ratifikationsurkunden sind beim Generalsekretär des Europarats zu hinterlegen.

[31] Übersetzungsfehler; richtig: „gemäß Artikel 34 der Konvention".

[32] Siehe die österreichischen Vorbehalte und „Erklärungen" zu Art 5 und Art 6 EMRK, Art 1 1. ZPEMRK (2b/2) und Art 2 Abs 1, Art 3 und Art 4 7. ZPEMRK (2b/5).

(2) Die Europäische Union kann dieser Konvention beitreten. *(BGBl III 2010/47)*

„(3)“ Diese Konvention tritt nach der Hinterlegung von zehn Ratifikationsurkunden in Kraft. *(BGBl III 2010/47)*

„(4)“ Für jeden Unterzeichnerstaat, dessen Ratifikation später erfolgt, tritt die Konvention am Tage der Hinterlegung seiner Ratifikationsurkunde in Kraft.[33] *(BGBl III 2010/47)*

[33] Für Österreich in Kraft getreten am 3. September 1958 (BGBl 1958/210, 1957).

„(5)“ Der Generalsekretär des Europarats hat allen Mitgliedern des Europarats das Inkrafttreten der Konvention, die Namen der Hohen Vertragschließenden Teile, die sie ratifiziert haben, sowie die Hinterlegung jeder später eingehenden Ratifikationsurkunde mitzuteilen. *(BGBl III 2010/47)*

(BGBl III 1998/30)

GESCHEHEN zu Rom, am 4. November 1950, in englischer und französischer Sprache, wobei die beiden Texte in gleicher Weise authentisch sind, in einer einzigen Ausfertigung, die in den Archiven des Europarats hinterlegt wird. Der Generalsekretär wird allen Signatarstaaten beglaubigte Abschriften übermitteln.

12. Zusatzprotokoll zur Konvention zum Schutze der Menschenrechte und Grundfreiheiten

BGBl 1958/210 idF

1 BGBl 1964/59 **2** BGBl III 1998/30

Zusatzprotokoll zur Konvention zum Schutze der Menschenrechte und Grundfreiheiten[1)]

[Übersetzung]

Inhaltsverzeichnis

(nichtamtlich)

Entschlossen, Maßnahmen zur kollektiven Sicherung gewisser Rechte und Freiheiten außer denjenigen zu treffen, die bereits im Abschnitt I der am 4. November 1950 in Rom unterzeichneten Konvention zum Schutze der Menschenrechte und Grundfreiheiten[2)] (nachstehend als „Konvention" bezeichnet) berücksichtigt sind,

vereinbaren die unterzeichneten Regierungen, die Mitglieder des Europarates sind, folgendes:

„Artikel 1 – Schutz des Eigentums"[3)4)]

[1] Jede natürliche oder juristische Person hat ein Recht auf Achtung ihres Eigentums. Niemandem darf sein Eigentum entzogen werden, es sei denn, daß das öffentliche Interesse es verlangt, und nur unter den durch Gesetz und durch die allgemeinen Grundsätze des Völkerrechts vorgesehenen Bedingungen.

[2] Die vorstehenden Bestimmungen beeinträchtigen jedoch in keiner Weise das Recht des Staates, diejenigen Gesetze anzuwenden, die er für die Regelung der Benutzung des Eigentums in Übereinstimmung mit dem Allgemeininteresse oder zur Sicherung der Zahlung der Steuern, sonstiger Abgaben oder von Geldstrafen für erforderlich hält.

„Artikel 2 – Recht auf Bildung"[5)]

Das Recht auf Bildung darf niemandem verwehrt werden. Der Staat hat bei Ausübung der von ihm auf dem Gebiete der Erziehung und des Unterrichts übernommenen Aufgaben das Recht der Eltern zu achten, die Erziehung und den Unterricht entsprechend ihren eigenen religiösen und weltanschaulichen Überzeugungen sicherzustellen.

(BGBl III 1998/30)

„Artikel 3 – Recht auf freie Wahlen"[6)]

Die Hohen Vertragschließenden Teile verpflichten sich, in angemessenen Zeitabständen freie und geheime Wahlen unter Bedingungen abzuhalten, die die freie Äußerung der Meinung des Volkes bei der Wahl der gesetzgebenden Organe gewährleisten.

(BGBl III 1998/30)

„Artikel 4 – Räumlicher Geltungsbereich"

[1] Jeder der Hohen Vertragschließenden Teile kann im Zeitpunkt der Unterzeichnung oder Ratifikation oder in der Folge zu jedem anderen Zeitpunkt an den Generalsekretär des Europarates eine Erklärung darüber richten, in welchem Umfang er sich zur Anwendung der Bestimmungen dieses Protokolls auf die in dieser Erklärung an-

---

1) Das 1. ZPEMRK steht gemäß Art II Z 7 B-VGNov 1964 (1a/4) mit dem Tag seines Inkrafttretens für Österreich (3. September 1958) im Verfassungsrang (zB VfSlg 4706/1964, 5100/1965). Um die Zitierung zu erleichtern, wurden den durchwegs unbezeichneten Absätzen Absatzbezeichnungen vorangestellt.

2) Abgedruckt unter 2b/1.

3) Der BPräs erklärte, „von dem Wunsch geleitet, jede Unsicherheit betreffend die Anwendung des Artikels 1 des Zusatzprotokolls im Zusammenhang mit dem Staatsvertrag betreffend die Wiederherstellung eines unabhängigen und demokratischen Österreich vom 15. Mai 1955 zu vermeiden, das Zusatzprotokoll mit dem Vorbehalt" für ratifiziert, „daß die Bestimmungen des Teiles IV „Aus dem Krieg herrührende Ansprüche" und des Teiles V „Eigentum, Rechte und Interessen" des zitierten Staatsvertrages unberührt bleiben".

4) Beachte Art 5 StGG (2a/1).

5) Beachte Art 17 StGG (2a/1); Art 67 und Art 68 StV St. Germain (2a/4).

6) Beachte Art 26, Art 27 und Art 95 B-VG (1/1); Art 8 StV Wien (4/3).

gegebenen Gebiete, für deren internationale Beziehungen er verantwortlich ist, verpflichtet.

[2] Jeder der Hohen Vertragschließenden Teile, der eine Erklärung gemäß dem vorstehenden Absatz abgegeben hat, kann von Zeit zu Zeit eine weitere Erklärung abgeben, die den Inhalt einer früheren Erklärung ändert oder die Anwendung der Bestimmungen dieses Protokolls auf irgend einem Gebiet beendet.

[3] Eine im Einklang mit diesem Artikel abgegebene Erklärung gilt als eine „gemäß Artikel 56" Abs. 1 der Konvention abgegebene Erklärung.

(BGBl III 1998/30)

„Artikel 5 – Verhältnis zur Konvention"

Die Hohen Vertragschließenden Teile betrachten die Bestimmungen der Artikel 1, 2, 3 und 4 dieses Protokolls als Zusatzartikel zur Konvention; alle Vorschriften der Konvention sind dementsprechend anzuwenden.

(BGBl III 1998/30)

„Artikel 6 – Unterzeichnung und Ratifikation"

[1] Dieses Protokoll steht den Mitgliedern des Europarates, die die Konvention unterzeichnet haben, zur Unterzeichnung offen; es wird gleichzeitig mit der Konvention oder zu einem späteren Zeitpunkt ratifiziert. Es tritt nach der Hinterlegung von zehn Ratifikationsurkunden in Kraft. Für jeden Unterzeichnerstaat, dessen Ratifikation später erfolgt, tritt das Protokoll am Tage der Hinterlegung seiner Ratifikationsurkunde in Kraft.[7)]

[2] Die Ratifikationsurkunden werden beim Generalsekretär des Europarates hinterlegt, der allen Mitgliedern die Namen der Staaten, die das Protokoll ratifiziert haben, mitteilt.

Geschehen zu Paris am 20. März 1952 in englischer und französischer Sprache, wobei die beiden Texte in gleicher Weise authentisch sind, in einer einzigen Ausfertigung, die in den Archiven des Europarates hinterlegt wird. Der Generalsekretär wird allen Signatarstaaten beglaubigte Abschriften übermitteln.

[7)] Für Österreich in Kraft getreten am 3. September 1958 (BGBl 1958/210, 1957).

13. Staatsgrundgesetz über die allgemeinen Rechte der Staatsbürger

RGBl 1867/142 idF

1 StGBl 1920/303
2 BGBl 1920/1 (BVG)
3 BGBl 1974/8
4 BGBl 1982/262
5 BGBl 1988/684

Staatsgrundgesetz vom 21. December 1867, über die allgemeinen Rechte der Staatsbürger für die im Reichsrathe vertretenen Königreiche und Länder.[1)]

Mit Zustimmung beider Häuser des Reichsrathes finde Ich das nachstehende Staatsgrundgesetz über die allgemeinen Rechte der Staatsbürger zu erlassen, und anzuordnen, wie folgt:

Artikel 1.[2)] *(entfällt, BGBl 1920/1)*

Artikel 2.[3)] Vor dem Gesetze sind alle Staatsbürger gleich.

Artikel 3.[4)] [1] Die öffentlichen Aemter sind für alle Staatsbürger gleich zugänglich.[5)]

[2] Für Ausländer wird der Eintritt in dieselben von der Erwerbung des österreichischen Staatsbürgerrechtes abhängig gemacht.[6)]

Artikel 4. [1][7)] Die Freizügigkeit der Person und des Vermögens innerhalb des Staatsgebietes unterliegt keiner Beschränkung.

[2][8)] *(entfällt, BGBl 1920/1)*

[3][9)] Die Freiheit der Auswanderung ist von Staatswegen nur durch die Wehrpflicht beschränkt.

[4][10)] Abfahrtsgelder[11)] dürfen nur in Anwendung der Reciprocität erhoben werden.

Artikel 5.[12)] Das Eigenthum ist unverletzlich. Eine Enteignung gegen den Willen des Eigenthümers kann nur in den Fällen und in der Art eintreten, welche das Gesetz bestimmt.[13)]

Artikel 6. [1] Jeder Staatsbürger kann an jedem Orte des Staatsgebietes seinen Aufenthalt und Wohnsitz nehmen,[14)] Liegenschaften jeder Art erwerben und über dieselben frei verfügen,[15)] sowie unter den gesetzlichen Bedingungen jeden Erwerbszweig ausüben.[16)]

Allgemein zum StGG:

1) Gilt gemäß Art 149 Abs 1 B-VG (1/1) als VG iSd Art 44 Abs 1 B-VG. Um die Zitierung zu erleichtern, wurden den durchwegs unbezeichneten Absätzen Absatzbezeichnungen vorangestellt.

Zu Artikel 1:

2) Art 1 wegen Widerspruchs zu Art 6 B-VG 1920 gemäß Art 149 Abs 1 Einl B-VG (1/1) nicht rezipiert.

Zu Artikel 2:

3) *Gleichheit aller Staatsbürger vor dem Gesetz*. Vgl auch Art 7 B-VG (1/1) und die in den FN 1 und 3 bis 5 zu dieser Bestimmung genannten Rechtsvorschriften.

Zu Artikel 3:

4) *Gleiche Zugänglichkeit der öffentlichen Ämter*. Beachte Art 66 Abs 2 StV St. Germain (2a/4) und Art 8 StV Wien (4/3).

5) Vgl auch das AusG und das StellenbesG.

6) Art 3 Abs 2 hinsichtlich der Staatsangehörigen der Vertragsparteien des EWR-Abkommens materiell derogiert durch den – vom NR als „verfassungsändernd" genehmigten – Art 4 EWR-Abkommen BGBl 1993/909; beachte Art 45 AEUV (21/2). Beachte für den universitären Bereich Art 81c Abs 2 B-VG (1/1).

Zu Artikel 4:

7) *Freizügigkeit der Person und des Vermögens*. Beachte Art 2 Abs 1, 3 und 4 4. ZPEMRK (2b/3). Vgl auch Art 4 Abs 2 B-VG (1/1).

8) Abs 2 wegen Widerspruchs zu Art 119 Abs 2 B-VG 1920 (heute: Art 117 Abs 2 B-VG) gemäß Art 149 Abs 1 Einl B-VG (1/1) nicht rezipiert.

9) *Auswanderungsfreiheit*. Beachte Art 2 Abs 2 4. ZPEMRK (2b/3).

10) Beachte Art 2 Abs 3 4. ZPEMRK (2b/3).

11) Das sind Steuern, die dem im Zuge der Auswanderung mitgeführten Vermögen auferlegt werden (*Ermacora*, Handbuch der Menschenrechte und Grundfreiheiten [1963], 119).

Zu Artikel 5:

12) *Unverletzlichkeit des Eigentums*. Beachte Art 1 1. ZPEMRK (2b/2).

13) Vgl § 365 ABGB.

Zu Artikel 6:

14) *Aufenthaltsfreiheit* bzw *Wohnsitzfreiheit*. Beachte Art 2 Abs 1, 3 und 4 4. ZPEMRK (2b/3); vgl auch Art 4 Abs 1 StGG. Zum *Schutz vor Ausweisung und Auslieferung* siehe FN 7 und 8 zum 4. ZPEMRK (2b/3).
Vgl auch § 2 HabsbG (3a/1) (heute ohne Anwendungsbereich).

15) *Freiheit des Liegenschaftserwerbs*. Vgl Art 10 Abs 1 Z 6 B-VG (1/1) und Art VII B-VGNov 1974 (1a/5).

16) *Erwerbs(ausübungs)freiheit*.

[2] Für die todte Hand[17] sind Beschränkungen des Rechtes, Liegenschaften zu erwerben und über sie zu verfügen, im Wege des Gesetzes aus Gründen des öffentlichen Wohles zulässig.

Artikel 7. Jeder Unterthänigkeits- und Hörigkeitsverband ist für immer aufgehoben.[18] Jede aus dem Titel des getheilten Eigenthumes auf Liegenschaften haftende Schuldigkeit oder Leistung ist ablösbar, und es darf in Zukunft keine Liegenschaft mit einer derartigen unablösbaren Leistung belastet werden.

Artikel 8.[19] *(entfällt, BGBl 1988/684)*

Artikel 9.[20] [1] Das Hausrecht ist unverletzlich.

[2] Das bestehende Gesetz vom 27. October 1862 (Reichs-Gesetz-Blatt Nr. 88) zum Schutze des Hausrechtes[21] wird hiemit als Bestandtheil dieses Staatsgrundgesetzes erklärt.[22]

Artikel 10.[23] Das Briefgeheimniß darf nicht verletzt und die Beschlagnahme von Briefen, außer dem Falle einer gesetzlichen Verhaftung oder Haussuchung, nur in Kriegsfällen oder auf Grund eines richterlichen Befehles in Gemäßheit bestehender Gesetze vorgenommen werden.[24]

Artikel 10a.[25] [1] Das Fernmeldegeheimnis darf nicht verletzt werden.

[2] Ausnahmen von der Bestimmung des vorstehenden Absatzes sind nur auf Grund eines richterlichen Befehles in Gemäßheit bestehender Gesetze zulässig.[26]

(BGBl 1974/8)

Artikel 11.[27] [1] Das Petitionsrecht steht Jedermann zu.[28]

[2] Petitionen unter einem Gesammtnamen dürfen nur von gesetzlich anerkannten Körperschaften oder Vereinen ausgehen.[29]

Artikel 12.[30] Die österreichischen Staatsbürger haben das Recht, sich zu versammeln und Vereine zu bilden. Die Ausübung dieser Rechte wird durch besondere Gesetze geregelt.[31]

Artikel 13.[32] [1] Jedermann hat das Recht, durch Wort, Schrift, Druck oder durch bildliche Darstellung seine Meinung innerhalb der gesetzlichen Schranken frei zu äußern.

[2] Die Presse darf weder unter Censur gestellt, noch durch das Concessions-System beschränkt werden. Administrative Postverbote finden auf inländische Druckschriften keine Anwendung.

Artikel 14.[33] [1][34] Die volle Glaubens- und Gewissensfreiheit ist Jedermann gewährleistet.[35]

[2][36] Der Genuß der bürgerlichen und politischen Rechte ist von dem Religionsbekenntnisse unabhängig; doch darf den staatsbürgerlichen Pflichten durch das Religionsbekenntniß kein Abbruch geschehen.

[3] Niemand kann zu einer kirchlichen Handlung oder zur Theilnahme an einer kirchlichen Feierlichkeit gezwungen werden, in sofern er

---

[17] Unter der „toten Hand" sind insb unter dem Banne der Veräußerungsverbote stehende kirchliche Korporationen, Anstalten und Stiftungen zu verstehen, und zwar solche, die in Verfolgung ihrer dauernden Endzwecke die erworbenen Güter zu erhalten verpflichtet sind (*Ermacora* [FN 11], 190 f).

Zu Artikel 7:

[18] *Aufhebung des Untertänigkeits- und Hörigkeitsverbandes*. Vgl Art 4 EMRK (2b/1).

Zu Artikel 8:

[19] Betraf den *Schutz der persönlichen Freiheit*. Siehe heute das PersFrBVG (2a/11). Beachte Art 8 EMRK (2b/1).

Zu Artikel 9:

[20] *Schutz des Hausrechtes*. Beachte Art 8 EMRK (2b/1).

[21] Abgedruckt unter 2a/2.

[22] Die seinerzeitige staatsrechtliche Bedeutung dieser Bestimmung (höhere Bestandsgarantie) ist im Jahr 1920 von Art 149 Abs 1 B-VG (1/1) übernommen worden.

Zu Artikel 10:

[23] *Schutz des Briefgeheimnisses*. Beachte Art 8 EMRK (2b/1) und § 1 DSG (2a/13).

[24] Siehe zB die §§ 135 und 137 bis 140 StPO und § 78 Abs 2 IO. Vgl auch § 118 StGB.

Zu Artikel 10a:

[25] *Schutz des Fernmeldegeheimnisses*. Beachte Art 8 und Art 10 EMRK (2b/1) und § 1 DSG (2a/13).

[26] Siehe die §§ 136 bis 140 StPO. Vgl auch § 119 StGB.

Zu Artikel 11:

[27] *Petitionsrecht*.

[28] Siehe § 100 GOG-NR (9/1) und § 25 GO-BR.

[29] Hinsichtlich der von Versammlungen ausgehenden Petitionen siehe § 10 VslgG (2c/22).

Zu Artikel 12:

[30] *Vereins- und Versammlungsfreiheit*. Beachte Z 3 Beschl ProvNV 1918 (2a/3), Art 11 und Art 16 EMRK (2b/1) und Art 7 Z 5 und Art 9 StV Wien (4/3).

[31] Siehe das VerG (2c/21) und das VslgG (2c/22).

Zu Artikel 13:

[32] *Freiheit der Meinungsäußerung*. Erweitert durch Z 1 und 2 Beschl ProvNV 1918 (2a/3). Beachte Art 10 EMRK (2b/1).

Zu Artikel 14:

[33] *Glaubens- und Gewissensfreiheit*.

[34] Beachte Art 63 Abs 2 und Art 66 Abs 3 StV St. Germain (2a/4); Art 6 StV Wien (4/3); Art 9 EMRK (2b/1); Art 2 1. ZPEMRK (2b/2); Art 9a Abs 3 B-VG (1/1) und § 2 ZDG (2c/11).

[35] Siehe insb das IntKonfVerhG (2c/1) und die KirchAustrV (2c/2), das RelKEG (2c/5) und das ZDG.

[36] Beachte Art 66 Abs 1 und 2 StV St. Germain (2a/4); vgl auch Art 7 Abs 1 erster Satz B-VG (1/1).

nicht der nach dem Gesetze hiezu berechtigten Gewalt eines Anderen untersteht.

Artikel 15.[37] Jede gesetzlich anerkannte Kirche und Religionsgesellschaft[38] hat das Recht der gemeinsamen öffentlichen Religionsübung, ordnet und verwaltet ihre inneren Angelegenheiten selbständig, bleibt im Besitze und Genusse ihrer für Cultus-, Unterrichts- und Wohlthätigkeitszwecke bestimmten Anstalten, Stiftungen und Fonde, ist aber, wie jede Gesellschaft, den allgemeinen Staatsgesetzen[39] unterworfen.[40]

Artikel 16.[41] Den Anhängern eines gesetzlich nicht anerkannten Religionsbekenntnisses ist die häusliche[42] Religionsübung gestattet, in soferne dieselbe weder rechtswidrig, noch sittenverletzend ist.

Artikel 17. [1][43] Die Wissenschaft und ihre Lehre ist frei.

[2][44] Unterrichts- und Erziehungsanstalten zu gründen und an solchen Unterricht zu ertheilen, ist jeder Staatsbürger berechtigt, der seine Befähigung hiezu in gesetzlicher Weise nachgewiesen hat.[45]

[3] Der häusliche Unterricht unterliegt keiner solchen Beschränkung.

[4] Für den Religionsunterricht in den Schulen ist von der betreffenden Kirche oder Religionsgesellschaft Sorge zu tragen.[46]

[5] Dem Staate steht rücksichtlich des gesammten Unterrichts- und Erziehungswesens das Recht der obersten Leitung und Aufsicht zu.[47]

Artikel 17a.[48] Das künstlerische Schaffen, die Vermittlung von Kunst sowie deren Lehre sind frei.

(BGBl 1982/262)

Artikel 18.[49] Es steht Jedermann frei, seinen Beruf zu wählen und sich für denselben auszubilden, wie und wo er will.

Artikel 19.[50] [1] Alle Volksstämme des Staates sind gleichberechtigt, und jeder Volksstamm hat ein unverletzliches Recht auf Wahrung und Pflege seiner Nationalität und Sprache.

[2] Die Gleichberechtigung aller landesüblichen Sprachen in Schule, Amt und öffentlichem Leben wird vom Staate anerkannt.

[3] In den Ländern, in welchen mehrere Volksstämme wohnen, sollen die öffentlichen Unterrichtsanstalten derart eingerichtet sein, daß ohne Anwendung eines Zwanges zur Erlernung einer zweiten Landessprache jeder dieser Volksstämme die erforderlichen Mittel zur Ausbildung in seiner Sprache erhält.

Artikel 20.[51] *(entfällt, BGBl 1920/1)*

Zu Artikel 15:

[37] *Stellung der gesetzlich anerkannten Kirchen und Religionsgesellschaften.* Beachte Art 9 EMRK (2b/1).

[38] Zur Anerkennung der „Evangelischen Kirche" siehe § 1 Abs 1 EvangKG (2c/4).

[39] Vgl auch Art 116 Abs 2 zweiter Satz B-VG (1/1) („allgemeine Bundes- und Landesgesetze") und § 1 Abs 3 PartG (7/1) (keine Beschränkung durch „besondere Rechtsvorschriften").

[40] Siehe insb das AnerkG (2c/3).

Zu Artikel 16:

[41] *(Aus-)Übung eines gesetzlich nicht anerkannten Religionsbekenntnisses.* Beachte Art 63 StV St. Germain (2a/4) und Art 9 EMRK (2b/1). Vgl auch das RelBekGemG (2c/6).

[42] Laut *Ermacora* (FN 11), 440 f ist Art 16 durch Art 63 Abs 2 StV St. Germain (2a/4), insb durch die Worte „öffentlich oder privat" materiell derogiert worden. Demnach wäre die öffentliche Religions(aus)übung auch Anhängern eines gesetzlich nicht anerkannten Religionsbekenntnisses gestattet.

Zu Artikel 17:

[43] *Wissenschaftsfreiheit.* Vgl auch Art 17a.

[44] *Unterrichtsfreiheit.* Beachte Art 2 1. ZPEMRK (2b/2); Art 14 Abs 7 und Art 14a Abs 7 B-VG (1/1).

[45] Siehe das Schule-Kirche-G (2c/2), das PrivSchG, das Land- u forstw PrivSchG und das PUG.

[46] Siehe § 2 Schule-Kirche-G (2c/2) und das RelUG.

[47] Siehe die §§ 1 und 9 Schule-Kirche-G (2c/2). Die Verbandskompetenz richtet sich heute nach den Art 14 und 14a B-VG (1/1) sowie nach Sonderkompetenzbestimmungen der SchulVfNov 1962 (1a/3), der SchulVfNov 1975 (1a/6) und des MinSchulG-Ktn (2c/52).

Zu Artikel 17a:

[48] *Kunstfreiheit.* Beachte Art 10 EMRK (2b/1); vgl auch Art 17.

Zu Artikel 18:

[49] *Freiheit der Berufswahl und der Berufsausbildung.* Vgl auch Art 4 EMRK (2b/1).

Zu Artikel 19:

[50] *Schutz der Volksstämme.* Die Geltung des Art 19 ist umstritten (siehe die ausführliche Darstellung des Meinungsstandes bei *Kolonovits*, Sprachenrecht in Österreich [1999], 87 ff FN 289). Laut VfSlg 2459/1952 ist Art 19 durch die gemäß Art 149 B-VG (1/1) als verfassungsgesetzliche Bestimmungen geltenden Art 66, 67 und 68 StV St. Germain (2a/4) iVm Art 8 (heute: Abs 1) B-VG derogiert worden (ebenso im Ergebnis VfSlg 4221/1962, 12.836/1991, 15.759/2000, 18.451/2008; diese Frage offen lassend dagegen VfSlg 3509/1959, 9224/1981). Beachte Art 7 StV Wien (4/3).

Zu Artikel 20:

[51] Art 20 durch Art 149 Abs 2 B-VG (1/1) aufgehoben.

Verfassungsgerichtshofgesetz 1953

BGBl 1953/85 (WV) idF

1 BGBl 1955/11
2 BGBl 1956/171
3 BGBl 1958/18
4 BGBl 1961/232 (VfGH)
5 BGBl 1964/185
6 BGBl 1964/297
7 BGBl 1967/200
8 BGBl 1968/284
9 BGBl 1972/275
10 BGBl 1976/311
11 BGBl 1977/234 (VfGH)
12 BGBl 1977/298
13 BGBl 1977/670
14 BGBl 1978/683
15 BGBl 1980/545
16 BGBl 1981/353
17 BGBl 1983/51
18 BGBl 1984/297
19 BGBl 1988/732
20 BGBl 1990/329
21 BGBl 1993/334
22 BGBl 1993/510
23 BGBl 1995/43
24 BGBl 1995/297
25 BGBl 1995/469
26 BGBl 1995/820
27 BGBl 1996/201
28 BGBl 1996/392
29 BGBl I 1997/3
30 BGBl I 1997/64
31 BGBl I 1997/88
32 BGBl I 1999/191 (BG)
33 BGBl I 1999/194 (DFB)
34 BGBl I 2000/95
35 BGBl I 2000/142
36 BGBl I 2001/34 (VfGH)
37 BGBl I 2001/86
38 BGBl I 2001/136
39 BGBl I 2002/123
40 BGBl I 2003/71
41 BGBl I 2003/100
42 BGBl I 2004/89
43 BGBl I 2004/142
44 BGBl I 2005/19 (VFB)
45 BGBl I 2005/80
46 BGBl I 2005/165
47 BGBl I 2006/113
48 BGBl I 2006/163 (VfGH)
49 BGBl I 2008/2
50 BGBl I 2008/4
51 BGBl I 2010/98
52 BGBl I 2010/111
53 BGBl I 2012/51
54 BGBl I 2013/33
55 BGBl I 2013/122
56 BGBl I 2014/46
57 BGBl I 2014/92
58 BGBl I 2014/101
59 BGBl I 2015/23 (VfGH)
60 BGBl I 2015/124 (VfGH)
61 BGBl I 2016/15 (VfGH)
62 BGBl I 2016/41
63 BGBl I 2016/58 (VfGH)
64 BGBl I 2016/59 (VfGH)
65 BGBl I 2016/78 (VfGH)
66 BGBl I 2016/89 (VfGH)
67 BGBl I 2016/90 (VfGH)
68 BGBl I 2016/107 (VfGH)
69 BGBl I 2016/110 (VfGH)
70 BGBl I 2017/24
71 BGBl I 2018/22

Gliederung

D. Bei einem Antrag auf Feststellung des Vorliegens und der Erfüllung von Vereinbarungen zwischen Bund und Ländern oder der Länder untereinander (Art 138a B-VG) §§ 56a und 56b

E. Bei Anträgen betreffend die Einsetzung und die Tätigkeit von Untersuchungsausschüssen des Nationalrates und bei Anfechtung von Entscheidungen des Präsidenten des Nationalrates und des Vorsitzenden des Bundesrates betreffend die Klassifizierung von Informationen, die dem Nationalrat bzw dem Bundesrat zur Verfügung stehen (Art 138b B-VG) §§ 56c bis 56k

F. Bei Prüfung der Gesetzmäßigkeit von Verordnungen (Art 139 B-VG) §§ 57 bis 61a

G. Bei Prüfung der Gesetzmäßigkeit von Kundmachungen über die Wiederverlautbarung eines Gesetzes (Staatsvertrages) (Art 139a B-VG) § 61b

H. Bei Prüfung der Verfassungsmäßigkeit von Gesetzen (Art 140 B-VG) §§ 62 bis 65a

I. Bei Prüfung der Rechtmäßigkeit von Staatsverträgen (Art 140a B-VG) § 66

J. Bei Anfechtungen von Wahlen, bei Anträgen auf Mandatsverlust, bei Anfechtungen des Ergebnisses von Volksbegehren, Volksabstimmungen, Volksbefragungen und Europäischen Bürgerinitiativen, bei der Aufnahme von Personen in Wählerevidenzen und der Streichung von Personen aus Wählerevidenzen und bei der Anfechtung von selbstständig anfechtbaren Bescheiden und Entscheidungen der Verwaltungsbehörden in allen diesen Fällen (Art. 141 B-VG) §§ 67 bis 71a

K. Bei Anklagen, mit denen die verfassungsmäßige Verantwortlichkeit der obersten Bundes- und Landesorgane für die durch ihre Amtstätigkeit erfolgten schuldhaften Rechtsverletzungen geltend gemacht wird (Art 142 und 143 B-VG) §§ 72 bis 81

L. Bei Beschwerden wegen Verletzung in verfassungsgesetzlich gewährleisteten Rechten oder Verletzung in Rechten wegen Anwendung einer gesetzwidrigen Verordnung, einer gesetzwidrigen Kundmachung über die Wiederverlautbarung eines Gesetzes (Staatsvertrages), eines verfassungswidrigen Gesetzes oder eines rechtswidrigen Staatsvertrages (Art. 144 B-VG) §§ 82 bis 88a

M. Bei Beschwerden wegen Verletzung in Rechten gemäß der DSGVO durch den Verfassungsgerichtshof § 88b

N. Bei Meinungsverschiedenheiten über die Auslegung der gesetzlichen Bestimmungen, die die Zuständigkeit der Volksanwaltschaft oder eines Landesvolksanwalts regeln (Art 148f und Art 148i Abs 1 und 2 B-VG) §§ 89 bis 93

3. Teil: Schlussbestimmungen §§ 94 bis 96

STICHWORTVERZEICHNIS

„Verfassungsgerichtshofgesetz 1953 – VfGG“

(BGBl I 2001/136)

**„1. Teil
Organisation des Verfassungsgerichtshofes“**

(BGBl I 2003/100)

§ 1. „(1)“ Der Verfassungsgerichtshof besteht aus einem Präsidenten, einem Vizepräsidenten, zwölf weiteren Mitgliedern und sechs Ersatzmitgliedern. *(BGBl 1995/469)*

(2) Wird die Stelle eines Mitgliedes oder Ersatzmitgliedes des Verfassungsgerichtshofes voraussichtlich innerhalb der nächsten drei Monate frei oder ist ein solches Amt erledigt, so hat der Präsident dies dem Vorsitzenden jenes Organs mitzuteilen, das gemäß Art. 147 Abs. 2 „des Bundes-Verfassungsgesetzes – B-VG, BGBl. Nr. 1/1930,“ den Ernennungsvorschlag zu erstatten hat. *(BGBl I 2008/4; BGBl I 2013/33)*

(3) Der Vorsitzende „(Abs. 2)“ hat die Stelle unverzüglich, spätestens jedoch einen Monat nach ihrem Freiwerden zur allgemeinen Bewerbung auszuschreiben. Soweit sie vom selben Vorsitzenden „(Abs. 2)“ auszuschreiben sind, können mehrere Stellen gemeinsam ausgeschrieben werden und kann mit der Ausschreibung einer Stelle die Ausschreibung der durch die Ernennung allenfalls freiwerdenden Stelle verbunden werden. *(BGBl I 2008/4; BGBl I 2012/51)*

(4) Die Ausschreibung ist im „Amtsblatt zur Wiener Zeitung“ und in den für amtliche Kundmachungen bestimmten Landeszeitungen zu veröffentlichen. *(BGBl I 2008/4)*

§ 2. (1) Der Verfassungsgerichtshof wählt aus seiner Mitte auf die Dauer von drei Jahren ständige Referenten. Der Vizepräsident kann auch mit der Funktion eines ständigen Referenten betraut werden. Solange keine Wahl vorgenommen werden kann, bestellt die fehlenden ständigen Referenten der Präsident „ “. *(BGBl I 2008/4)*

(2) Der Präsident oder der Vizepräsident, wenigstens zwei der ständigen Referenten und wenigstens zwei Ersatzmitglieder müssen ihren Wohnsitz in Wien haben.

§ 3. (1) Die Leitung des Verfassungsgerichtshofes steht dem Präsidenten zu; er führt den Vorsitz bei den Verhandlungen und Beratungen.

(2) Im „Fall“ seiner Verhinderung hat ihn der Vizepräsident zu vertreten. *(BGBl I 2013/33)*

(3) Ist auch dieser verhindert, so übernimmt die Leitung das in Wien anwesende an Jahren älteste Mitglied des Verfassungsgerichtshofes.

(4) Die Bestimmungen der Abs. 2 und 3 gelten auch, wenn die Stelle des Präsidenten unbesetzt ist.

(5) Der Präsident kann dem Vizepräsidenten auch, abgesehen vom „Fall“ des Abs. 2, den Vorsitz bei Verhandlungen und Beratungen übertragen. Der Vizepräsident ist berechtigt, an den Verhandlungen, in denen er nicht den Vorsitz führt, als Stimmführer teilzunehmen. *(BGBl I 2013/33)*

§ 3a. Die §§ 1 bis 4 und 16 des Gerichtsorganisationsgesetzes – GOG, RGBl. Nr. 217/1896, gelten sinngemäß mit der Maßgabe, dass die Hausordnung durch Bereitstellung im Internet kundzumachen ist.

(BGBl I 2017/24)

§ 4. (1) Die Mitglieder des Verfassungsgerichtshofes erhalten ab dem ersten Tag des ihrer Bestellung nachfolgenden Monats eine Geldentschädigung, in einem Prozentsatz bezogen auf den Ausgangsbetrag des § 1 des Bundesverfassungsgesetzes über die Begrenzung von Bezügen öffentlicher Funktionäre, BGBl. I Nr. 64/1997, in folgender Höhe:

1. der Präsident im Ausmaß von 180 vH,

2. der Vizepräsident und die ständigen Referenten im Ausmaß von 160 vH,

3. die übrigen Mitglieder im Ausmaß von 90 vH.

(BGBl I 1997/64)

(2) Bekleidet der Vizepräsident auch die Funktion eines ständigen Referenten, so erhält er für diese Funktion keine Entschädigung.

(3) Ersatzmitglieder des Verfassungsgerichtshofes erhalten für jede Sitzung, an der sie teilgenommen haben, eine Entschädigung, die für jeden Sitzungstag ein Zehntel der für einen Monat entfallenden Entschädigung der in Abs. 1 Z 3 genannten Mitglieder beträgt. *(BGBl I 1997/64)*

(4) Außer den Entschädigungen erhalten die Mitglieder des Verfassungsgerichtshofes Sonderzahlungen in sinngemäßer Anwendung der Bestimmungen der §§ 3 Abs. 3 und 7 Abs. 2 des Gehaltsgesetzes 1956, „BGBl. Nr. 54/1956“. *(BGBl I 2013/33)*

(5) Dem Präsidenten „ “ gebührt ein Dienstwagen, der mit seinem Einverständnis auch dem Vizepräsidenten und den übrigen Mitgliedern des Verfassungsgerichtshofes für Dienstfahrten zur Verfügung zu stellen ist. § 9 Abs. 2 „des Bundesbezügegesetzes – BBezG, BGBl. I Nr. 64/1997,“ gilt. *(BGBl I 1997/64; BGBl I 2013/33)*

(6) Außer den Bezügen ist der Präsident „ “ einem Bundesminister, der Vizepräsident einem Staatssekretär, der mit der Besorgung bestimmter Aufgaben betraut ist, gleichgestellt. *(BGBl I 1997/64; BGBl I 2013/33)*

(BGBl 1972/275)

§ 5. *(entfällt, BGBl I 1997/64)*

§ 5a. (1) Den nicht in Wien wohnenden Mitgliedern und Ersatzmitgliedern wird außer den im § 4 bestimmten Entschädigungen für jede Sitzung eine Vergütung der Reisekosten und überdies eine Vergütung der durch den Aufenthalt in Wien verursachten besonderen Kosten gewährt. Das Ausmaß der Reisekosten und der durch den Aufenthalt in Wien verursachten besonderen Kosten wird von der Bundesregierung besonders geregelt.

(2) Die Geldentschädigungen „nach § 4 und Abs. 1“** sind exekutionsfrei. „ “* *(BGBl 1972/275; *BGBl 1980/545; **BGBl I 2003/100)*

(BGBl I 2003/100)

§ 5b. (1) Den Mitgliedern des Verfassungsgerichtshofes ist auf ihren Antrag nach Beendigung ihrer Amtstätigkeit ein monatlicher Ruhebezug zuzuerkennen. Der Ruhebezug gebührt von dem auf den Antrag folgenden Monatsersten an, frühestens jedoch nach Ablauf der Zeit, für die nach § 5 Abs. 1 die Geldentschädigung weiterbezogen wird.

(2) Für den Ruhebezug gelten die pensionsrechtlichen Bestimmungen für öffentlich-rechtliche Bundesbedienstete mit den Maßgaben sinngemäß, dass kein Anspruch auf Ruhebezug besteht, wenn die Amtstätigkeit infolge eines der im § 10 Abs. 1 lit. b und c genannten Gründe endet, dass die Ruhegenussbemessungsgrundlage 80 vH der im § 4 Abs. 1 Z 3 festgesetzten Geldentschädigung beträgt, dass nach Vollendung von acht Jahren der Amtstätigkeit 40 vH der Ruhegenussbemessungsgrundlage gebühren und dass sich der Ruhebezug für jedes weitere volle Jahr der Amtstätigkeit um 5 vH und für jeden restlichen vollen Monat der Amtstätigkeit um 0,417 vH der Ruhegenussbemessungsgrundlage erhöht. § 5 Abs. 2 des Pensionsgesetzes 1965, „BGBl. Nr. 340/1965“, ist mit den Maßgaben anzuwenden, dass

1. anstelle der Versetzung in den Ruhestand die Amtsenthebung vor dem vollendeten 65. Lebensjahr nach § 10 Abs. 1 lit. a oder d dieses Bundesgesetzes zu treten hat und

2. die Ruhegenussbemessungsgrundlage von 80% für jeden Monat, der zwischen dem Zeitpunkt der Amtsenthebung und dem Ablauf des Monats liegt, in dem das Mitglied sein 65. Lebensjahr vollendet haben wird, um 0,28 Prozentpunkte zu kürzen ist.

Der Ruhebezug darf 40% der Ruhegenussbemessungsgrundlage nicht unterschreiten. Auf das nach Z 1 und 2 jeweils in Betracht kommende Lebensjahr ist § 236c Abs. 1 des Beamten-Dienstrechtsgesetzes 1979, „BGBl. Nr. 333/1979“, anzuwenden. Die bis 31. Dezember 2003 nach der bis zu diesem Tag geltenden Rechtslage erworbenen Anwartschaften bleiben unberührt. *(BGBl I 2003/71; BGBl I 2013/33)*

(3) Abschnitt XIII des Pensionsgesetzes 1965 ist mit den Maßgaben anzuwenden, dass

1. an die Stelle der ruhegenussfähigen Gesamtdienstzeit nach § 99 die Dauer der Amtstätigkeit tritt und

2. der Pensionsbemessung und dem Pensionskonto nach dem Allgemeinen Pensionsgesetz (APG), BGBl. I Nr. 142/2004, nur die Zeit der Amtstätigkeit zugrunde zu legen ist.
(BGBl I 2004/142)

(4) Auf den nach § 5e zu entrichtenden Beitrag ist § 12 Abs. 4 und 5 des Bezügegesetzes, BGBl. Nr. 273/1972, anzuwenden. *(BGBl I 2004/142)*

(5) Auf Mitglieder, deren Amtstätigkeit nach dem 31. Dezember 2004 beginnt, sind die pensionsrechtlichen Vorschriften dieses Bundesgesetzes nicht anzuwenden. An deren Stelle treten die pensionsrechtlichen Bestimmungen des Allgemeinen Sozialversicherungsgesetzes, BGBl. Nr. 189/1955, und des APG. *(BGBl I 2004/142)*

(BGBl I 2003/100)

§ 5c. (1) Jenen Mitgliedern, die die Funktion des Präsidenten, des Vizepräsidenten oder eines ständigen Referenten ausgeübt haben, gebühren zu dem Ruhebezug Zulagen. Die Zulage beträgt für jedes volle Jahr, in dem eine dieser Funktionen ausgeübt wurde, 8 „vH“*** des Differenzbetrages zwischen der Geldentschädigung nach „§ 4 Abs. 1 Z 1 und 2“** und der Geldentschädigung nach „§ 4 Abs. 1 Z 3“**, höchstens jedoch 80 „vH“*** des der höchsten innegehabten Funktion entsprechenden Differenzbetrages. Für die höhere Funktion nicht zur Auswirkung gelangende Zeiten sind dabei der Dauer der nächst niedrigeren innegehabten Funktion zuzurechnen. „Im „Fall“*** einer Kürzung der Ruhegenussbemessungsgrundlage nach § 5b Abs. 2 letzter Satz ist das im „zweiten Satz“*** festgelegte Höchstausmaß der Zulage entsprechend zu kürzen.“* *(*BGBl 1996/201; **BGBl I 1997/64; ***BGBl I 2013/33)*

(2) Hat das Mitglied noch keinen Anspruch auf Ruhebezug im Sinne des § 5b erworben, jedoch zumindest drei Jahre Funktionen nach Abs. 1 innegehabt, so ist ihm auf Antrag ein monatlicher Ruhebezug in Höhe der Zulage zuzuerkennen. *(BGBl I 2003/100)*

(BGBl I 2003/100)

§ 5d. *(entfällt, BGBl I 2001/86)*

§ 5e. „Das Mitglied kann auf die Anwartschaft auf Ruhebezug nach § 5b, auf die Anwartschaft auf Zulage nach § 5c oder auf beide Anwartschaften verzichten.“** Soweit ein solcher Verzicht nicht ausgesprochen wurde, hat das Mitglied „22,79%“* der jeweils gebührenden Geldentschädigung oder im „Fall“*** des Teilverzichtes von dem entsprechenden Teil der Geldentschädigung

VfGG

sowie von den Sonderzahlungen im „Abzugsweg"*** zu entrichten. Ein Widerruf des Verzichts ist unzulässig. *(*BGBl I 2000/142; **BGBl I 2005/165, ab 31. Dezember 2005; ***BGBl I 2013/33)*

(BGBl I 1997/64)

§ 5f. Stirbt ein Mitglied des Verfassungsgerichtshofes während der Amtstätigkeit oder stirbt der Empfänger eines Ruhebezuges gemäß § 5b, erhalten seine Hinterbliebenen eine Versorgung. Auf die Versorgung sind die für Bundesbeamte und ihre Hinterbliebenen geltenden gleichartigen Bestimmungen anzuwenden. Der Bemessung der Versorgungsleistungen sind der Ruhebezug nach § 5b und die Zulage nach § 5c zugrunde zu legen. Den Hinterbliebenen eines verstorbenen „Mitglieds oder" Empfängers eines Ruhebezuges nach § 5b kann ein Sterbekostenbeitrag unter Anwendung der für Bundesbeamte und ihre Hinterbliebenen geltenden gleichartigen Bestimmungen gewährt werden. *(BGBl I 2005/165, ab 31. Dezember 2005)*

(BGBl I 2005/80)

§ 5g. Die §§ 5b bis 5f sind auch auf ehemalige Mitglieder des Verfassungsgerichtshofes und auf deren Hinterbliebene anzuwenden.

(BGBl I 2005/80)

§ 5h. Die Bestimmungen über den Beitrag gemäß § 13a des Pensionsgesetzes 1965, BGBl. Nr. 340/1965, sind mit folgenden Maßgaben anzuwenden:

„1."** An die Stelle des Ausdrucks „monatlich wiederkehrende Geldleistungen nach diesem Bundesgesetz" tritt der Ausdruck „Ruhe(Versorgungs)bezüge nach den §§ 5b bis 5g dieses Bundesgesetzes". *(*BGBl I 2000/142)*

2. Für jene Teile der Ansprüche nach Z 1, die bis 150% der jeweils geltenden monatlichen Höchstbeitragsgrundlage des § 45 ASVG betragen, sowie für die diesen Teilen entsprechenden Teile der Sonderzahlungen ist ein um 5,7 Prozentpunkte erhöhter Beitrag zu entrichten. *(BGBl I 2014/46)*

(BGBl 1996/201)

§ 5i. (Verfassungsbestimmung) (1) Die Geldentschädigung nach § 4 und die sonstigen Bezüge, Ruhebezüge und Entgelte, die ein Mitglied des Verfassungsgerichtshofes von einem Rechtsträger, der der Kontrolle des Rechnungshofes unterliegt, erhält, darf insgesamt den Bezug eines Bundesministers nicht übersteigen. *(BGBl I 1997/64)*

(2) Für ehemalige Mitglieder des Verfassungsgerichtshofes ist Abs. 1 mit der Maßgabe anzuwenden, daß an die Stelle der Geldentschädigung nach § 4 der Ruhebezug (Zulage) nach den §§ 5b und 5c zu treten hat. *(BGBl I 1997/64)*

(3) Übersteigt die Summe der Ansprüche nach Abs. 1 oder 2 die dort genannten Grenzen, so ist der Bezug nach § 4 entsprechend zu kürzen. *(BGBl I 1997/64)*

(4) Hat ein Mitglied oder ehemaliges Mitglied des Verfassungsgerichtshofes einen Anspruch auf Geldleistungen auf Grund einer Tätigkeit oder früheren Tätigkeit in einem Organ der Europäischen Gemeinschaften (Art. 23c Abs. 1 B-VG), sind abweichend von Abs. 3 die Ansprüche nach den Abs. 1 oder 2 nur in dem Ausmaß auszuzahlen, um das die Summe der Ansprüche auf Geldleistungen (ausgenommen jene, die ausdrücklich als Abgeltung für durch den Wohnsitz am Dienstort entstehende Aufwendungen gewährt werden) von diesen Organen der Europäischen Gemeinschaft hinter der in den Abs. 1 oder 2 angeführten Höchstgrenze zurückbleibt.

(5) Das Mitglied oder ehemalige Mitglied des Verfassungsgerichtshofes hat sämtliche der in den Abs. 1 bis 4 angeführten Ansprüche auf Geldleistungen sowie Änderungen derselben allen auszahlenden Stellen unverzüglich zu melden.

(6) Die Abs. 1 bis 5 sind auch auf die Versorgungsbezüge der Hinterbliebenen von ehemaligen Mitgliedern des Verfassungsgerichtshofes anzuwenden. *(BGBl I 1997/64)*

(BGBl 1996/392)

§ 6. (1) Zu jeder Verhandlung des Verfassungsgerichtshofes sind der Vizepräsident und sämtliche übrigen Mitglieder einzuladen.

(2) Im „Fall" der Verhinderung eines Mitgliedes ist ein Ersatzmitglied zu laden. Dabei ist tunlichst darauf Rücksicht zu nehmen, ob das verhinderte Mitglied auf Vorschlag der Bundesregierung, auf Vorschlag des Nationalrates oder auf Vorschlag des Bundesrates ernannt worden ist. Das „Gleiche" gilt, falls die Stelle eines Mitgliedes frei geworden ist, bis zu ihrer Besetzung. *(BGBl 1976/311; BGBl I 2013/33)*

§ 7. (1) Der Verfassungsgerichtshof ist beschlussfähig, wenn der Vorsitzende und wenigstens acht Stimmführer anwesend sind. *(BGBl I 2013/33)*

(2) Zur Beschlussfähigkeit genügt die Anwesenheit des Vorsitzenden und von vier Stimmführern:

1. bei der Beratung von Rechtssachen, in denen die Rechtsfrage durch die bisherige Rechtsprechung des Verfassungsgerichtshofes bereits genügend klargestellt ist;

2. bei der Beratung von Anträgen gemäß Abschnitt E des 2. Teiles betreffend die Einsetzung und die Tätigkeit von Untersuchungsausschüssen des Nationalrates und bei Anfechtung von Ent-

scheidungen des Präsidenten des Nationalrates und des Vorsitzenden des Bundesrates betreffend die Klassifizierung von Informationen, die dem Nationalrat bzw. dem Bundesrat zur Verfügung stehen.

Auf Verlangen jedes Mitgliedes hat die (weitere) Beratung nur in Anwesenheit wenigstens der in Abs. 1 genannten Anzahl von Stimmführern stattzufinden. *(BGBl I 2014/101)*

§ 8. (1) Die Mitglieder des Verfassungsgerichtshofes geloben vor dem Antritt ihres Amtes die unverbrüchliche Beobachtung der Verfassung und aller anderen Gesetze der Republik sowie die gewissenhafte Erfüllung ihrer Pflichten.

(2) Der Präsident und der Vizepräsident legen das Gelöbnis in die Hand des Bundespräsidenten, die Mitglieder und Ersatzmitglieder in die Hand des Präsidenten „ “ ab. *(BGBl I 2008/4)*

(3) Die Beifügung einer religiösen Beteuerung zu den nach den Abs. 1 und 2 abzulegenden Gelöbnissen ist zulässig.

§ 9. Die Erteilung eines Urlaubes an den Präsidenten oder Vizepräsidenten ist dem Bundespräsidenten vorbehalten. Den Mitgliedern und Ersatzmitgliedern des Verfassungsgerichtshofes wird der Urlaub vom Präsidenten des Gerichtshofes erteilt.

§ 10. (1) Ein Mitglied oder Ersatzmitglied ist durch Erkenntnis des Verfassungsgerichtshofes vom Amt zu entheben:

a) wenn ein Umstand eintritt, der nach Art. 147 Abs. 4 „B-VG“ ausschließt, dass das Mitglied (Ersatzmitglied) dem Verfassungsgerichtshof weiter angehöre, *(BGBl I 2013/33)*

b) wenn die Voraussetzungen des Art. 147 Abs. 7 „B-VG“ gegeben sind, *(BGBl I 2013/33)*

c) wenn sich das Mitglied (Ersatzmitglied) durch sein Verhalten „im Amt oder außerhalb des Amtes“ der Achtung und des Vertrauens, die sein Amt erfordert, unwürdig gezeigt oder die Verpflichtung zur Amtsverschwiegenheit gröblich verletzt hat, oder *(BGBl I 2013/33)*

d) wenn das Mitglied (Ersatzmitglied) durch körperliche oder geistige Gebrechen zur Erfüllung seiner Amtspflicht untauglich wird.

(2) Das Verfahren zur Enthebung eines Mitgliedes (Ersatzmitgliedes) vom „Amt“* kann in den im Abs. 1 unter lit. a bis c angeführten Fällen nur auf Grund eines nach Vernehmung dieses Mitgliedes (Ersatzmitgliedes) durch den Präsidenten oder das vom Präsidenten damit betraute Mitglied des Verfassungsgerichtshofes gefassten Beschlusses des Verfassungsgerichtshofes eingeleitet werden. Der Beschluss wird in nichtöffentlicher Sitzung nach Anhörung des Generalprokurators gefasst und hat die Anschuldigungspunkte bestimmt zu bezeichnen. Der Verfassungsgerichtshof kann auch in nichtöffentlicher Sitzung die vorläufige Enthebung eines Mitgliedes, gegen das das Verfahren eingeleitet wird, vom „Amt“* verfügen. Auf das weitere Verfahren finden die Vorschriften der §§ 15, 16, 18 bis 23 des Richterdisziplinargesetzes vom 21. Mai 1868, RGBl. Nr. 46,[1)] sinngemäß Anwendung. Stellt eine Pflichtverletzung eine gerichtlich strafbare Handlung dar, gelten sinngemäß die Vorschriften der §§ 33 und 34 des letztbezogenen Gesetzes[1)]. *(BGBl I 2013/33; *BGBl I 2013/122)*

(3) Auf das Verfahren im „Fall“ des Abs. 1 lit. d finden die Bestimmungen des § 52 Abs. 2 und des § 53 des erwähnten Richterdisziplinargesetzes[1)] sinngemäß Anwendung. *(BGBl I 2013/33)*

(4) Ein Erkenntnis des Verfassungsgerichtshofes nach Abs. 1 kann nur mit einer Mehrheit von wenigstens zwei Dritteln der Mitglieder beschlossen werden und hat auf Enthebung des Mitgliedes (Ersatzmitgliedes) vom „Amt“ zu lauten. Im „Fall“ des Abs. 1 lit. b hat sich der Verfassungsgerichtshof auf die Feststellung zu beschränken, dass das Mitglied (Ersatzmitglied) drei aufeinanderfolgenden Einladungen zu einer Verhandlung des Verfassungsgerichtshofes ohne genügende Entschuldigung keine Folge geleistet hat; diese Feststellung steht einem Erkenntnis auf Enthebung vom „Amt“ gleich. *(BGBl I 2013/33)*

VfGG

---

1) Nunmehr gemäß § 172 RStDG die „entsprechenden Vorschriften“ dieses BG.

§ 11. (1) Die Mitglieder (Ersatzmitglieder) haben dem Präsidenten innerhalb eines Monats nach ihrer Bestellung folgende Tätigkeiten zu melden:

1. die Ausübung eines Berufes;

2. jede leitende Stellung in einer Aktiengesellschaft, Gesellschaft mit beschränkter Haftung, Genossenschaft, Stiftung oder Sparkasse, insbesondere als Mitglied des Vorstandes oder Aufsichtsrates einer Aktiengesellschaft, als Geschäftsführer oder Mitglied des Aufsichtsrates einer Gesellschaft mit beschränkter Haftung oder einer Genossenschaft, als Stiftungsvorstand oder Mitglied des Aufsichtsrates einer Stiftung oder als Mitglied des Vorstandes oder Sparkassenrates einer Sparkasse.

Wird eine der in den Z 1 und 2 genannten Tätigkeiten nach erfolgter Bestellung zum Mitglied (Ersatzmitglied) aufgenommen oder beendet, so ist auch dies dem Präsidenten innerhalb eines Monats zu melden.

(2) Der Präsident hat die gemäß Abs. 1 gemeldeten Tätigkeiten bei den auf der Website www.vfgh.gv.at veröffentlichten Lebensläufen der Mitglieder (Ersatzmitglieder) zu veröffentlichen.

(3) Die Veröffentlichungen gemäß Abs. 2 sind für die Dauer von drei Jahren nach Beendigung

der jeweiligen Tätigkeit gemäß Abs. 1 aufrechtzuerhalten.

(BGBl I 2014/92)

§ 12. (1) Die Ablehnung eines Mitgliedes „(Ersatzmitgliedes)" in einer vor dem Verfassungsgerichtshof zur Verhandlung gelangenden Angelegenheit ist nicht zulässig. *(BGBl I 2003/100)*

(2) Mitglieder (Ersatzmitglieder) des Verfassungsgerichtshofes sind von der Ausübung ihres Amtes ausgeschlossen:

1. in den Fällen, in denen ein Richter gemäß § 20 der Jurisdiktionsnorm – JN, RGBl. Nr. 111/1895, oder nach den in diesem Gesetz verwiesenen Prozessgesetzen ausgeschlossen wäre;

2. wenn sie in einem dem Verfahren vor dem Verfassungsgerichtshof vorangegangenen Gerichts- oder Verwaltungsverfahren mitgewirkt haben „;" *(BGBl I 2014/92)*

3. wenn sonstige wichtige Gründe vorliegen, die geeignet sind, in ihre volle Unbefangenheit Zweifel zu setzen. *(BGBl I 2014/92)*
(BGBl I 2013/33)

(3) Von der Verhandlung und Entscheidung über eine Wahlanfechtung sind die Mitglieder „(Ersatzmitglieder)" ausgeschlossen, die in der Sache an der Entscheidung einer Wahlbehörde teilgenommen haben. *(BGBl I 2003/100)*

(4) Bei Prüfung der Gesetzmäßigkeit von Verordnungen oder Kundmachungen über die Wiederverlautbarung eines Gesetzes (Staatsvertrages) sind die Mitglieder (Ersatzmitglieder) ausgeschlossen, die im Zeitpunkt der Erlassung der Verordnung oder Kundmachung der Bundesregierung oder der jeweiligen Landesregierung angehört haben. Bei Prüfung der Verfassungsmäßigkeit von Gesetzen sind die Mitglieder (Ersatzmitglieder) ausgeschlossen, die der gesetzgebenden Körperschaft, die das Gesetz beschlossen hat, im Zeitpunkt des Gesetzesbeschlusses angehört haben. Ebenso sind bei Prüfung der Verfassungsmäßigkeit von Bundesgesetzen auch die Mitglieder (Ersatzmitglieder) ausgeschlossen, die dem Bundesrat im Zeitpunkt der Abstimmung über den Gesetzesbeschluss des Nationalrates angehört haben. „Bei Prüfung der Rechtmäßigkeit von Staatsverträgen sind die Bestimmungen des ersten Satzes, und, soweit es sich um politische, gesetzändernde oder gesetzesergänzende Staatsverträge oder Staatsverträge, durch die die vertraglichen Grundlagen der Europäischen Union geändert werden, handelt, auch die Bestimmungen des zweiten und dritten Satzes sinngemäß anzuwenden." *(BGBl I 2003/100; BGBl I 2012/51)*

(5) Bei Prüfung der Gesetzmäßigkeit von Verordnungen, der Gesetzmäßigkeit von Kundmachungen über die Wiederverlautbarung eines Gesetzes (Staatsvertrages), der Verfassungsmäßigkeit von Gesetzen oder der Rechtmäßigkeit von Staatsverträgen sind ausgeschlossen:

1. wenn die Prüfung auf Antrag eines Gerichtes durchzuführen ist, die Mitglieder (Ersatzmitglieder), die dem antragstellenden Gericht angehören;

2. wenn die Prüfung auf Antrag einer Person durchzuführen ist, die als Partei einer von einem ordentlichen Gericht in erster Instanz entschiedenen Rechtssache in ihren Rechten verletzt zu sein behauptet, die Mitglieder (Ersatzmitglieder), die dem ordentlichen Gericht angehören, das die Rechtssache in erster Instanz entschieden hat oder das über das gegen die Entscheidung erhobene Rechtsmittel zu entscheiden hat.
(BGBl I 2014/92)

(6) Ob ein Ausschließungsgrund vorliegt, entscheidet der Verfassungsgerichtshof selbst, und zwar in nichtöffentlicher Sitzung.

§ 13. (1) Unbeschadet des Art. 65 Abs. 2 lit. a B-VG werden die Angelegenheiten, die das dem Verfassungsgerichtshof angehörende Verwaltungspersonal und die sachlichen Erfordernisse betreffen, vom Präsidenten geführt.

(2) Vor wichtigen Personalmaßnahmen, insbesondere vor Aufnahmen in den Personalstand und vor der Betrauung von Angehörigen des Verwaltungspersonals mit leitenden Funktionen, ist der aus dem Präsidenten, dem Vizepräsidenten und den ständigen Referenten des Verfassungsgerichtshofes bestehende Personalsenat zu hören.

(BGBl I 2002/123)

§ 13a. (1) Beim Verfassungsgerichtshof ist ein Evidenzbüro einzurichten. Betraut der Präsident ein Mitglied des Verfassungsgerichtshofes mit der Leitung des Evidenzbüros, so ist jenes hinsichtlich der geldentschädigungs- und pensionsrechtlichen Ansprüche einem ständigen Referenten gleichgestellt.

(2) Dem Evidenzbüro obliegt insbesondere die übersichtliche Erfassung der Erkenntnisse des Verfassungsgerichtshofes, im Bedarfsfall auch der Entscheidungen anderer oberster Gerichte und des einschlägigen Schrifttums. *(BGBl I 2008/4)*

(BGBl I 2003/100)

§ 14. (1) Der Verfassungsgerichtshof beschließt seine Geschäftsordnung selbst. Sie ist durch den Bundeskanzler kundzumachen.

(2) In der Geschäftsordnung wird auch geregelt, welche Mittel – abgesehen von der Verhängung von Mutwillens- und Ordnungsstrafen nach § 28 – dem Präsidenten bei der Handhabung der Geschäftsordnung und zur Aufrechterhaltung der Ruhe und Ordnung bei den Verhandlungen und Beratungen des Verfassungsgerichtshofes zur Verfügung stehen.

(3) Der Verfassungsgerichtshof verfasst nach Abschluss eines jeden Jahres einen Bericht über seine Tätigkeit und die hiebei gesammelten Erfahrungen und teilt diesen Bericht dem Bundeskanzler mit. *(BGBl I 2013/33)*

§ 14a. (1) Schriftsätze und Beilagen zu Schriftsätzen, Ausfertigungen von Erledigungen des Verfassungsgerichtshofes sowie Kopien von Schriftsätzen und Beilagen können nach Maßgabe der technischen Möglichkeiten auf folgende Weise wirksam elektronisch eingebracht bzw. übermittelt werden:

1. im Weg des elektronischen Rechtsverkehrs oder

2. über elektronische Zustelldienste nach den Bestimmungen des 3. Abschnittes des Zustellgesetzes – ZustG, BGBl. Nr. 200/1982.

(2) Der Präsident kann nach Anhörung der sonstigen Mitglieder durch Verordnung nach Maßgabe der technischen Möglichkeiten die Einbringung bzw. Übermittlung von Dokumenten im Sinne des Abs. 1 durch Anwendung eines anderen sicheren Verfahrens, das die Authentizität und die Integrität des übermittelten elektronischen Dokuments sicherstellt, insbesondere durch elektronische Vorschreibung im elektronischen Akt oder mit auf der Website www.vfgh.gv.at abrufbaren elektronischen Formblättern, für zulässig erklären.

(3) Auf den elektronischen Rechtsverkehr (Abs. 1 Z 1) sind die §§ 89a Abs. 2, 89c Abs. 1 und 89d des Gerichtsorganisationsgesetzes – GOG, RGBl. Nr. 217/1896, sinngemäß anzuwenden. Der Präsident hat nach Anhörung der sonstigen Mitglieder durch Verordnung die nähere Vorgangsweise bei der Einbringung bzw. Übermittlung von Schriftsätzen und von Beilagen zu Schriftsätzen, von Ausfertigungen von Erledigungen des Verfassungsgerichtshofes sowie von Kopien von Schriftsätzen und Beilagen im Weg des elektronischen Rechtsverkehrs (Abs. 1 Z 1) festzulegen; dazu gehören insbesondere Regelungen über die zulässigen elektronischen Formate und Signaturen sowie über die Ausgestaltung der automationsunterstützt hergestellten Ausfertigungen einschließlich der technischen Vorgaben für die elektronische Signatur des Verfassungsgerichtshofes und deren Überprüfung. In der Verordnung kann vorgesehen werden, dass sich die Einbringer einer Übermittlungsstelle zu bedienen haben.

(4) Soweit eine elektronische Einbringung von Schriftsätzen und von Beilagen zu Schriftsätzen für zulässig erklärt ist, sind Rechtsanwälte (§ 17 Abs. 2) zu dieser Form der Einbringung verpflichtet. Soweit Behörden über die technischen Möglichkeiten verfügen, sind auch sie zu dieser Form der Einbringung verpflichtet. Ein Verstoß gegen diese Verpflichtung ist wie ein Mangel im Sinne des § 18 zu behandeln, der zu verbessern ist.

(5) Für die durch den Einsatz der Informations- und Kommunikationstechnik verursachten Schäden aus Fehlern bei der Führung der Geschäfte des Verfassungsgerichtshofes einschließlich der Angelegenheiten der Justizverwaltung haftet der Bund. Die Haftung ist ausgeschlossen, wenn der Schaden durch ein unabwendbares Ereignis verursacht wird, das weder auf einem Fehler in der Beschaffenheit noch auf einem Versagen der Mittel der automationsunterstützten Datenverarbeitung beruht. Im Übrigen ist das Amtshaftungsgesetz – AHG, BGBl. Nr. 20/1949, anzuwenden. Bei Daten, die an den Verfassungsgerichtshof übermittelt worden sind, haftet der Bund im Fall des Abs. 1 Z 1 ab ihrem Einlangen bei der Bundesrechenzentrum GmbH, sonst ab ihrem Einlangen in den elektronischen Verfügungsbereich des Verfassungsgerichtshofes; bei Daten, die vom Verfassungsgerichtshof zu übermitteln sind, haftet der Bund bis zu ihrem Einlangen in den elektronischen Verfügungsbereich des Empfängers.

(6) Der Bundesrechenzentrum GmbH und der ARGE ELAK GmbH & Co OG obliegt nach Maßgabe ihrer maschinellen und personellen Ausstattung die Mitwirkung an der automationsunterstützten Abwicklung von gesetzlichen Aufgaben des Verfassungsgerichtshofes als „Auftragsverarbeiter (Art. 4 Z 8 der Verordnung [EU] 2016/679 zum Schutz natürlicher Personen bei der Verarbeitung personenbezogener Daten, zum freien Datenverkehr und zur Aufhebung der Richtlinie 95/46/EG [Datenschutz-Grundverordnung] – DSGVO, ABl. Nr. L 119 vom 4. 5. 2016, S. 1)“, soweit dies im Interesse der Zweckmäßigkeit, Einfachheit und Kostenersparnis gelegen ist. *(BGBl I 2018/22)*

(BGBl I 2013/33)

„2. Teil

Verfahren vor dem Verfassungsgerichtshof“

(BGBl I 2003/100)

„1. Hauptstück

Allgemeine Bestimmungen“

(BGBl I 2003/100)

§ 15. (1) Die an den Verfassungsgerichtshof gemäß den Art. 126a, „127c Z 1“, 137 bis 145, 148f und 148i B-VG gerichteten Anträge sind schriftlich zu stellen. *(BGBl I 2004/89; BGBl I 2010/98)*

(2) Der Antrag hat zu enthalten die Bezugnahme auf den Artikel des „B-VG“, auf Grund dessen der Verfassungsgerichtshof angerufen wird, die Darstellung des Sachverhaltes, aus dem der Antrag hergeleitet wird, und ein bestimmtes Begehren. *(BGBl I 2013/33)*

§ 16. Der Präsident weist jede anfallende Rechtssache einem ständigen Referenten zu. Er kann aber ausnahmsweise auch ein anderes Mitglied des Verfassungsgerichtshofes mit einem Referat betrauen.

§ 17. (1) Alle Schriftsätze und Beilagen können einfach eingebracht werden. Der Referent kann der Partei unter Setzung einer angemessenen Frist die Beibringung so vieler Ausfertigungen in Papierform auftragen, dass jeder nach dem Gesetz zu ladenden Partei (Behörde) ein Exemplar zugestellt werden kann. *(BGBl I 2014/92)*

(2) Klagen gemäß § 37, Anträge gemäß den §§ 46, 48, 50, 57, 57a, 62, 62a und 66 und Beschwerden gemäß den §§ 56i und 82 sind durch einen bevollmächtigten Rechtsanwalt abzufassen und einzubringen (Anwaltspflicht). *(BGBl I 2014/101)*

(3) Der Anwaltspflicht unterliegen nicht

1. Anträge der in § 24 Abs. 2 genannten Körperschaften sowie „von" deren Behörden; *(BGBl I 2017/24)*

2. Anträge gemäß § 62, die von Mitgliedern des Nationalrates, des Bundesrates oder eines Landtages gestellt werden.
(BGBl I 2014/101)

(4) Die „Schriftsätze" können auch Rechtsausführungen enthalten. *(BGBl I 2013/33)*

(BGBl 1976/311)

§ 17a. Für Anträge gemäß § 15 Abs. 1 einschließlich der Beilagen ist nach Maßgabe der folgenden Bestimmungen eine Eingabengebühr zu entrichten:

1. Die Gebühr beträgt 240 Euro. Der Bundeskanzler und der Bundesminister für Finanzen sind ermächtigt, die Eingabengebühr durch Verordnung neu festzusetzen, sobald und soweit sich der von der Bundesanstalt „Statistik Österreich" verlautbarte Verbraucherpreisindex 2010 oder ein an dessen Stelle tretender Index gegenüber der für Jänner 2013 verlautbarten und in der Folge gegenüber der der letzten Festsetzung zugrunde gelegten Indexzahl um mehr als 10% geändert hat. Der neue Betrag ist aus dem im ersten Satz genannten Betrag im Verhältnis der Veränderung der für Jänner 2013 verlautbarten Indexzahl zu der für die Neufestsetzung maßgebenden Indexzahl zu berechnen, jedoch auf ganze zehn Euro kaufmännisch auf- oder abzurunden. *(BGBl I 2013/33)*

2. Gebietskörperschaften und Mitglieder des Nationalrates in den Angelegenheiten des Art. 138b Abs. 1 Z 1 bis 6 B-VG sind von der Entrichtung der Gebühr befreit. *(BGBl I 2014/101)*

3. Die Gebührenschuld entsteht im Zeitpunkt der Überreichung der Eingabe; die Gebühr wird mit diesem Zeitpunkt fällig. „Bei elektronisch eingebrachten Schriftsätzen ist in den Fällen des § 14a Abs. 1 jener Zeitpunkt maßgeblich, der sich aus den für die jeweilige Form der Einbringung maßgeblichen Bestimmungen des GOG bzw. des ZustG ergibt; soweit eine andere Form der Einbringung für zulässig erklärt ist (§ 14a Abs. 2), ist der Zeitpunkt des Einlangens in den elektronischen Verfügungsbereich des Verfassungsgerichtshofes maßgeblich." *(BGBl I 2013/33)*

4. Die Gebühr ist unter Angabe des Verwendungszwecks durch Überweisung auf ein entsprechendes Konto des „Finanzamtes für Gebühren, Verkehrsteuern und Glücksspiel"** zu entrichten. Die Entrichtung der Gebühr ist durch einen von „einer Post-Geschäftsstelle"* oder einem Kreditinstitut bestätigten Zahlungsbeleg in Urschrift nachzuweisen. Dieser Beleg ist der Eingabe anzuschließen. Die Einlaufstelle hat den Beleg dem Beschwerdeführer (Antragsteller) auf Verlangen zurückzustellen, zuvor darauf einen deutlichen Sichtvermerk anzubringen und auf der im Akt verbleibenden Ausfertigung der Eingabe zu bestätigen, dass die Gebührenentrichtung durch Vorlage des Zahlungsbeleges nachgewiesen wurde. Für jede Eingabe ist die Vorlage eines gesonderten Beleges erforderlich. Rechtsanwälte können die Entrichtung der Gebühr auch durch einen schriftlichen Beleg des spätestens zugleich mit der Eingabe weiterzuleitenden Überweisungsauftrages nachweisen, wenn sie darauf mit Datum und Unterschrift bestätigen, dass der Überweisungsauftrag unter einem unwiderruflich erteilt wird. *(*BGBl I 2008/4; **BGBl I 2010/111)*

5. Wird der Antrag im Weg des elektronischen Rechtsverkehrs (§ 14a Abs. 1 Z 1) eingebracht, so hat der Gebührenentrichter das Konto, von dem die Eingabengebühr einzuziehen ist, oder einen Anschriftcode, unter dem ein Konto zur Einziehung der Eingabengebühr gespeichert ist, anzugeben. Gibt der Gebührenentrichter sowohl einen Anschriftcode, unter dem ein Konto zur Einziehung der Eingabengebühr gespeichert ist, als auch ein Konto zur Einziehung der Eingabengebühr an, so ist die Eingabengebühr von diesem Konto einzuziehen. Die Abbuchung und die Einziehung der Eingabengebühr sind im Weg der automationsunterstützten Datenverarbeitung durchzuführen. *(BGBl I 2013/33)*

„6."** Für die Erhebung der Gebühr „(Z 4 und 5)"** ist das „Finanzamt für Gebühren, Verkehrsteuern und Glücksspiel"* „ "** zuständig. *(*BGBl I 2010/111; **BGBl I 2013/33)*

7. Im Übrigen sind auf die Gebühr die Bestimmungen des Gebührengesetzes 1957, BGBl. Nr. 267/1957, über Eingaben mit Ausnahme der §§ 11 Z 1 und 14 anzuwenden. *(BGBl I 2013/33)*

(BGBl I 2004/89)

§ 18. „Schriftsätze“*, die den Anforderungen der „§§ 15, 17, 57 Abs. 2 letzter Satz, „ “*** 57a Abs. 3 und 4, „ “*** „62 Abs. 2 letzter Satz“*** und „ “*** 62a Abs. 3 und 4“*** oder anderen durch dieses Gesetz aufgestellten Formerfordernissen nicht entsprechen, sind, sofern die Mängel voraussichtlich zu beheben sind, vom Referenten dem Einbringer zur Verbesserung innerhalb einer Frist zurückzustellen. *(*BGBl I 2013/33; **BGBl I 2014/92; ***BGBl I 2017/24)*

§ 19. (1) Die Erkenntnisse des Verfassungsgerichtshofes werden mit Ausnahme der Erkenntnisse nach „§ 10, § 36d, § 92 und § 93 in Verbindung mit § 92“** nach einer öffentlichen mündlichen Verhandlung geschöpft, zu der der Antragsteller, die Gegenpartei und die etwa sonst Beteiligten zu laden sind. „ “* *(BGBl 1958/18; *BGBl 1984/297; **BGBl I 2003/100)*

(2) Die Erkenntnisse werden im Namen der Republik verkündet und ausgefertigt.

(3) Ohne weiteres Verfahren und ohne vorangegangene Verhandlung können in nichtöffentlicher Sitzung auf Antrag des Referenten beschlossen werden:

1. die Ablehnung der Behandlung eines Antrages bzw. einer Beschwerde gemäß Art. 139 Abs. 1b B-VG, Art. 140 Abs. 1b B-VG und Art. 144 Abs. 2 B-VG;

2. die Zurückweisung eines Antrages bzw. einer Beschwerde wegen

a) offenbarer Nichtzuständigkeit des Verfassungsgerichtshofes,

b) Versäumung einer gesetzlichen Frist,

c) nicht behobenen Mangels der formellen Erfordernisse,

d) rechtskräftig entschiedener Sache und

e) Mangels der Legitimation;

3. die Einstellung des Verfahrens wegen Zurücknahme des Antrages oder wegen Klaglosstellung (§ 86);

4. die Entscheidung in „Rechtssachen“, in denen die Rechtsfrage durch die bisherige Rechtsprechung des Verfassungsgerichtshofes bereits genügend klargestellt ist. *(BGBl I 2017/24)*
(BGBl I 2014/92)

(4) Der Verfassungsgerichtshof kann von einer mündlichen Verhandlung absehen, wenn die Schriftsätze der Parteien des verfassungsgerichtlichen Verfahrens und die dem Verfassungsgerichtshof vorgelegten Akten erkennen lassen, dass die mündliche Erörterung eine weitere Klärung der Rechtssache nicht erwarten lässt. „Dies gilt nicht bei Anträgen auf Mandatsverlust gemäß Art. 141 Abs. 1 lit. c B-VG.“ *(BGBl I 2014/92; BGBl I 2016/41)*

(5) *(entfällt, BGBl I 2014/92)*

„ “
(BGBl I 2012/51)

§ 19a. (1) „Beschlüsse des Verfassungsgerichtshofes, dem Gerichtshof der Europäischen Union eine Frage zur Vorabentscheidung nach Art. 267 des Vertrags über die Arbeitsweise der Europäischen Union vorzulegen, sind den Parteien zuzustellen.“* Hat der Verfassungsgerichtshof einen solchen Beschluss gefasst, so darf er bis zum Einlangen der Vorabentscheidung nur solche Handlungen vornehmen und nur solche „Anordnungen und Entscheidungen“** treffen, die durch die Vorabentscheidung nicht beeinflusst werden können oder die die Frage nicht abschließend regeln und keinen Aufschub gestatten. *(*BGBl I 2012/51; **BGBl I 2013/33)*

(2) Ist die beantragte Vorabentscheidung noch nicht ergangen und hat der Verfassungsgerichtshof die Bestimmung, die Gegenstand seines Vorabentscheidungsantrages war, nicht mehr anzuwenden, so hat er diesen unverzüglich zurückzuziehen.

(BGBl I 2008/4)

§ 20. (1) Verfahrensleitende Anordnungen im Vorverfahren und verfahrensleitende Anordnungen, die nur zur Vorbereitung der Entscheidung dienen, trifft der Referent ohne Gerichtsbeschluss. *(BGBl I 2013/33)*

„(2)“ Entscheidungen über die Gewährung von Verfahrenshilfe einschließlich jener über den Ersatz von Barauslagen trifft der Referent, solche über die Ab- oder die Zurückweisung eines Antrages auf Verfahrenshilfe im Falle, dass der Verfassungsgerichtshof nicht versammelt ist, der Präsident auf Antrag des Referenten. *(BGBl I 2014/92; BGBl I 2017/24)*

„(3)“ Insbesondere kann der Referent zur Vorbereitung der Verhandlung die Vernehmung von Beteiligten, Zeugen, Sachverständigen und Auskunftspersonen, die Vornahme eines Augenscheines, die Herbeischaffung von Urkunden sowie Amts- und Gerichtsakten anordnen sowie Auskünfte von Verwaltungsbehörden und Gerichten einholen. *(BGBl I 2014/92; BGBl I 2017/24)*

„(4)“ Die Verwaltungsbehörden und Gerichte können anlässlich der Vorlage von Akten an den Verfassungsgerichtshof verlangen, dass bestimmte Akten oder Aktenbestandteile im öffentlichen Interesse von der Akteneinsicht ausgenommen werden. Hält der Referent das Verlangen für zu weitgehend, hat er die Verwaltungsbehörde bzw. das Gericht über seine Bedenken zu hören und allenfalls einen in nichtöffentlicher Sitzung zu fassenden Beschluss des Gerichtshofes einzuholen. In Aktenbestandteile, die im Verwaltungsverfahren oder im Verfahren vor dem Gericht von der Akteneinsicht ausgenommen waren, darf Akteneinsicht jedoch nicht gewährt werden. Die

Verwaltungsbehörde bzw. das Gericht hat die in Betracht kommenden Aktenbestandteile anlässlich der Vorlage der Akten zu bezeichnen. *(BGBl I 2014/92; BGBl I 2017/24)*

„(5)“ Der Referent kann die vorbereitenden Erhebungen selbst durchführen oder die zuständige Verwaltungsbehörde oder das zuständige Gericht darum ersuchen. *(BGBl I 2014/92; BGBl I 2017/24)*

(6) Die schriftlichen Ausfertigungen der Erkenntnisse, Beschlüsse und sonstigen Erledigungen des Verfassungsgerichtshofes werden unter Wiedergabe der auf der Urschrift beigesetzten Fertigungen von der Kanzlei mit dem Vermerk „Für die Richtigkeit der Ausfertigung“ beglaubigt.

§ 20a. Unbeschadet des § 85 kann der Verfassungsgerichtshof in bei ihm anhängigen Rechtssachen durch Beschluss einstweiligen Rechtsschutz zuerkennen, wenn dies nach den Vorschriften des Unionsrechts erforderlich ist.

(BGBl I 2014/92)

§ 21. (1) Eine Verhandlung, die anberaumt ist, kann nur aus erheblichen Gründen verlegt werden. Für einen darauf gerichteten Antrag ist die Zustimmung der Gegenpartei weder erforderlich noch ausreichend.

(2) Die Verlegung wird durch den Gerichtshof beschlossen, wenn dieser versammelt ist, sonst von dem Präsidenten verfügt.

§ 22. Der Präsident ordnet die Verhandlung an. „Die Verhandlung ist an der Amtstafel und im „ “Amtsblatt zur Wiener Zeitung„ “** vorher kundzumachen. Darüber hinaus kann sie im Internet auf der Website www.vfgh.gv.at bekannt gemacht werden.“* *(*BGBl I 2013/33; **BGBl I 2017/24)*

§ 23. Das Ausbleiben der Geladenen steht der Verhandlung und Entscheidung nicht entgegen.

§ 24. (1) Die Parteien können unbeschadet des § 17 Abs. 2 ihre Sache vor dem Verfassungsgerichtshof selbst führen oder sich durch einen Rechtsanwalt vertreten lassen. *(BGBl I 2003/100)*

(2) Der Bund, die Länder, die Gemeinden und die Gemeindeverbände, die Stiftungen, Fonds und Anstalten, die von Organen dieser Körperschaften oder von Personen (Personengemeinschaften) verwaltet werden, die hiezu von diesen Körperschaften bestellt sind, und die sonstigen Selbstverwaltungskörperschaften sowie deren Behörden werden durch ihre vertretungsbefugten oder bevollmächtigten Organe vertreten. *(BGBl I 2003/100)*

(3) Mit der Vertretung „des Bundes, der Länder und der Stiftungen“, Fonds und Anstalten, die von Organen des Bundes oder der Länder oder von Personen (Personengemeinschaften) verwaltet werden, die hiezu von Organen dieser Körperschaften bestellt sind, sowie deren Behörden kann auch die Finanzprokuratur, mit der Vertretung der Länder, der Gemeinden und Gemeindeverbände und der Stiftungen, Fonds und Anstalten, die von Organen dieser Körperschaften oder von Personen (Personengemeinschaften) verwaltet werden, die hiezu von Organen dieser Körperschaften bestellt sind, sowie deren Behörden können auch Organe der sachlich in Betracht kommenden Bundesministerien betraut werden. Die Finanzprokuratur und die Organe der Bundesministerien dürfen jedoch die Vertretung eines anderen Rechtsträgers als des Bundes nur übernehmen, wenn weder eine Bundesbehörde noch der Bund selbst am Verfahren beteiligt ist und bei der Vertretung von Behörden der sachlich in Betracht kommende Bundesminister, sonst der Bundesminister für Finanzen zustimmt. *(BGBl I 2003/100; BGBl I 2004/89)*

(4) In Anträgen gemäß den §§ 56c bis 56h und in Anträgen gemäß § 62 „und § 71“, die von Mitgliedern des Nationalrates, des Bundesrates oder eines Landtages gestellt und nicht von einem bevollmächtigten Rechtsanwalt eingebracht werden, haben die Antragsteller einen oder mehrere Bevollmächtigte namhaft zu machen. Wird ein solcher nicht ausdrücklich namhaft gemacht, so gilt der erstangeführte Antragsteller als Bevollmächtigter. *(BGBl I 2014/101; BGBl I 2016/41)*

„(5)“ Die Vertretung durch einen Rechtsanwalt oder durch die Finanzprokuratur schließt nicht aus, dass auch die Parteien selbst erscheinen und im eigenen Namen Erklärungen abgeben. *(BGBl I 2013/33; BGBl I 2014/101)*

„(6)“ Die für die Parteien auftretenden Organe und Vertreter haben ihre Bevollmächtigung nachzuweisen. *(BGBl I 2014/101)*

„(7)“ Durch Verordnung der Bundesregierung wird bestimmt, ob und für welche in den Abs. 1 und 3 bezeichneten Vertreter das Tragen von Amtskleidern bei den Verhandlungen des Verfassungsgerichtshofes vorgeschrieben oder für zulässig erklärt wird. *(BGBl I 2014/101)*

§ 25. Die Verhandlung beginnt mit dem Vortrag des Referenten. Sein Bericht hat den aus den Akten sich ergebenden Sachverhalt, den Wortlaut der von den Parteien gestellten Anträge und das Ergebnis der etwa gepflogenen Erhebungen zu enthalten. „In Schriftsätzen enthaltene“ Rechtsausführungen sind nur dann vorzulesen, wenn „der Schriftsatz“ von einer Partei herrührt, die zur Verhandlung nicht erschienen ist, oder wenn eine der erschienenen Parteien die Verlesung verlangt. *(BGBl I 2013/33)*

§ 26. (1) Das Erkenntnis ist, wenn möglich, sogleich nach Schluss der mündlichen Verhandlung zu fällen und mit den wesentlichen Entscheidungsgründen sofort mündlich zu verkünden. Die Verkündung des Erkenntnisses ist von der Anwesenheit der Parteien nicht abhängig. *(BGBl I 2013/33)*

(2) Wenn das Erkenntnis nicht sofort nach Schluss der mündlichen Verhandlung gefällt werden kann, so wird es entweder mündlich in einer besonderen, den Beteiligten nach Schluss der Verhandlung sofort bekanntzugebenden öffentlichen Tagsatzung verkündet oder nach Ermessen des Gerichtshofes auf schriftlichem Wege durch Zustellung einer Ausfertigung bekanntgemacht. *(BGBl I 2013/33)*

§ 27. Der Ersatz der Kosten des Verfahrens findet nur statt, wenn er in diesem Gesetz ausdrücklich vorgesehen ist. „Wird der Zuspruch von Kosten beantragt, so brauchen regelmäßig anfallende Kosten, insbesondere für den Antrag (die Beschwerde) und für die Teilnahme an Verhandlungen, nicht ziffernmäßig verzeichnet werden." *(BGBl 1984/297)*

§ 28. (1) Über Personen, die die Amtshandlung des Verfassungsgerichtshofes stören oder durch ungeziemendes Benehmen den Anstand verletzen, kann der Vorsitzende, wenn Ermahnung erfolglos geblieben ist, eine Ordnungsstrafe bis zur Höhe von „109 Euro"* und, falls diese uneinbringlich ist, Haft bis zu drei Tagen verhängen. Bei erschwerenden Umständen ist die „selbstständige"** oder gleichzeitige Verhängung einer Haftstrafe bis zur angegebenen Dauer zulässig. Die gleichen Ordnungsstrafen kann der Verfassungsgerichtshof über Personen verhängen, die sich in „Schriftsätzen"** einer beleidigenden Schreibweise bedienen. Die Verhängung einer Ordnungsstrafe schließt die strafgerichtliche Verfolgung wegen derselben Handlung nicht aus. *(BGBl 1958/18; *BGBl I 2008/4; **BGBl I 2013/33)*

(2) Gegen Personen, die die Tätigkeit des Verfassungsgerichtshofes offenbar mutwillig in Anspruch nehmen oder in der Absicht einer Verschleppung der Angelegenheit unrichtige Angaben machen, kann der Verfassungsgerichtshof eine Mutwillensstrafe bis „109 Euro"* und im „Fall"*** der Uneinbringlichkeit Haft bis zu „drei Tagen"*** verhängen. *(BGBl 1958/18; *BGBl I 2001/136; **BGBl I 2008/4; ***BGBl I 2013/33)*

(3) Die Ordnungs- und Mutwillensstrafen fließen dem „Bund" zu. *(BGBl I 2013/33)*

(4) Zur Exekution der Beschlüsse des Vorsitzenden gemäß Abs. 1 oder des Verfassungsgerichtshofes gemäß Abs. 1 oder 2 sind die ordentlichen Gerichte berufen. *(BGBl I 2013/33)*

§ 29. (1) Über die Verhandlung ist ein Protokoll zu führen; es hat den Namen des Vorsitzenden, der anwesenden Stimmführer des Verfassungsgerichtshofes, die erschienenen Parteien und deren Vertreter sowie die wesentlichen Vorkommnisse der Verhandlung, insbesondere die von den Parteien gestellten Anträge, zu enthalten.

(2) Über die nichtöffentliche Beratung und Abstimmung ist ein besonderes Protokoll zu führen. Jedes Protokoll ist von dem Vorsitzenden und dem Schriftführer zu unterschreiben.

§ 30. (1) Die Beratung und Abstimmung sind nicht öffentlich.

(2) Die Beratung beginnt mit der Antragstellung des Referenten, worauf die Wechselrede eingeleitet wird. Nach Abschluss der Wechselrede erfolgt die Abstimmung. *(BGBl I 2013/33)*

(3) Der Vorsitzende stellt fest, in welcher Ordnung über die gestellten Anträge abgestimmt werden soll. Auf Antrag eines Stimmführers ist hierüber vom Gerichtshof ein Beschluss einzuholen. Die Stimmführer haben ihre Stimmen nach dem Lebensalter vom ältesten angefangen, abzugeben. *(BGBl I 2013/33)*

§ 31. Die Beschlüsse werden mit unbedingter Stimmenmehrheit gefasst. Der Vorsitzende stimmt nicht mit. Hat aber von mehreren Meinungen wenigstens eine die Hälfte aller Stimmen auf sich vereinigt, ist auch der Vorsitzende verpflichtet, seine Stimme abzugeben. Tritt er in diesem Fall einer Meinung bei, die die Hälfte der Stimmen auf sich vereinigt hat, ist sie zum Beschluss erhoben. Besteht zwischen zwei gleichgeteilten Meinungen der Unterschied nur über Summen, kann der Vorsitzende auch eine mittlere Summe bestimmen. „Beschlüsse gemäß § 19 Abs. 3 Z 1 bedürfen der Einstimmigkeit." *(BGBl I 2014/92)*

(BGBl I 2013/33)

§ 32. (1) Hat sich für keine Meinung die zu einem Beschluss erforderliche Stimmenmehrheit ergeben, ist die Umfrage zu wiederholen. *(BGBl I 2013/33)*

(2) Ergibt sich auch hiebei nicht die erforderliche Stimmenmehrheit, ist eine neue Abstimmung vorzunehmen, bei der die gestellten Anträge nötigenfalls in mehrere Fragepunkte zu zerlegen sind.

(3) Der über einen Punkt gefasste Beschluss ist der Beratung und Beschlussfassung über alle folgenden Punkte in der Art zugrunde zu legen, dass ihn auch die Stimmführer, die dem früheren Beschluss nicht zugestimmt haben, als Grundlage anzunehmen und danach weiter abzustimmen haben. *(BGBl I 2013/33)*

§ 33. *(entfällt, BGBl I 2016/110 (VfGH))*

§ 34. Eine Wiederaufnahme des Verfahrens kann nur in den Fällen „der Art. 137, 143 „und 144“** B-VG“* stattfinden. Über ihre Zulässigkeit entscheidet der Verfassungsgerichtshof in nichtöffentlicher Sitzung. *(*BGBl I 2008/4; **BGBl I 2013/33)*

§ 35. (1) Soweit in diesem Gesetz nicht anderes bestimmt ist, ist auf das Verfahren vor dem Verfassungsgerichtshof die Zivilprozessordnung – ZPO, RGBl. Nr. 113/1895, sinngemäß anzuwenden. *(BGBl I 2014/92)*

(2) Insbesondere finden die Bestimmungen „dieses Gesetzes“ auch auf die Berechnung von Fristen Anwendung; die Tage des „Postlaufs“ werden in die Fristen nicht eingerechnet. *(BGBl I 2013/33)*

§ 36. Für Exekutionen, die auf Grund des Art. 126a, des „Art. 127c Z 1“ oder des Art. 137 B-VG durchzuführen sind, bildet das Erkenntnis des Verfassungsgerichtshofes den Exekutionstitel. *(BGBl I 2010/98)*

(BGBl I 2003/100)

„2. Hauptstück
Besondere Bestimmungen“

(BGBl I 2003/100)

„A. Bei Meinungsverschiedenheiten über die Auslegung der gesetzlichen Bestimmungen, die die Zuständigkeit des Rechnungshofes oder „eines Landesrechnungshofes“**** regeln (Art. 126a und „Art. 127c Z 1“*** „B-VG“***)“*

*(*BGBl I 2003/100; **BGBl I 2010/98; ***BGBl I 2013/33; ****BGBl I 2013/122)*

§ 36a. (1) Bei Meinungsverschiedenheiten zwischen dem Rechnungshof und einem Rechtsträger (Art. 121 Abs. 1 B-VG) über die Auslegung der gesetzlichen Bestimmungen, die die Zuständigkeit des Rechnungshofes regeln, können der Rechnungshof sowie in Angelegenheiten der Bundesgebarung die Bundesregierung und in Angelegenheiten der Länder-, Gemeindeverbände- und Gemeindegebarung die Landesregierung den Antrag auf Entscheidung durch den Verfassungsgerichtshof stellen. Eine Meinungsverschiedenheit liegt vor, wenn ein Rechtsträger die Zuständigkeit des Rechnungshofes zur Gebarungsüberprüfung ausdrücklich bestreitet oder die Gebarungsüberprüfung tatsächlich nicht zulässt, oder aber der Rechnungshof sich weigert, besondere Akte der Gebarungsüberprüfung durchzuführen. *(BGBl I 2013/33)*

(2) Ein Antrag ist nicht mehr zulässig, wenn seit dem Auftreten der Meinungsverschiedenheit ein Jahr vergangen ist.

(BGBl I 2003/100)

§ 36b. Wird der Verfassungsgerichtshof angerufen, so hat dies den Aufschub oder die Unterbrechung der betreffenden Amtshandlung des Rechnungshofes bis zur Entscheidung durch den Verfassungsgerichtshof zur Folge.

(BGBl I 2003/100)

§ 36c. (1) Parteien sind der Antragsteller, der Rechtsträger, mit dem eine Meinungsverschiedenheit über die Zuständigkeit des Rechnungshofes entstanden ist, und der Rechnungshof. *(BGBl I 2008/4)*

(2) Hat sich die Meinungsverschiedenheit mit einem Rechtsträger ergeben, der nicht eine Gebietskörperschaft ist, so sind im „Fall“** einer Unternehmung jene Gebietskörperschaften, die an dieser beteiligt sind, wenn es sich jedoch um einen anderen Rechtsträger handelt, jene Gebietskörperschaften, in deren Gebarungsbereich der betreffende Rechtsträger fällt, vom Verfassungsgerichtshof zu einer „Äußerung“* aufzufordern und als mitbeteiligte Parteien dem Verfahren beizuziehen. *(*BGBl I 2003/100; **BGBl I 2013/33)*

(BGBl I 2003/100)

§ 36d. In einem Erkenntnis, mit dem festgestellt wird, dass der Rechnungshof zur Überprüfung der Gebarung eines Rechtsträgers zuständig ist, ist auch auszusprechen, dass der Rechtsträger schuldig ist, die Gebarungsüberprüfung bei sonstiger Exekution zu ermöglichen.

(BGBl I 2003/100)

§ 36e. Das Erkenntnis des Verfassungsgerichtshofes ist tunlichst binnen sechs Monaten nach Einlangen des Antrages zu fällen und den Parteien des Verfahrens zuzustellen.

(BGBl I 2003/100)

§ 36f. (1) In Verfahren über eine Meinungsverschiedenheit zwischen einer Gebietskörperschaft und dem Rechnungshof werden Kosten nicht zugesprochen.

(2) In Verfahren über eine Meinungsverschiedenheit zwischen anderen Rechtsträgern und dem Rechnungshof kann der unterlegenen Partei sowie einer Partei, die ihren Antrag vor der mündlichen Verhandlung zurückgezogen hat, auf Antrag der Ersatz der Prozesskosten auferlegt werden. *(BGBl I 2013/33)*

(BGBl I 2003/100)

§ 36g. *(entfällt, BGBl I 2003/100)*

„B. Bei vermögensrechtlichen Ansprüchen gegen den Bund, die Länder, die Gemeinden und die Gemeindeverbände, die weder im ordentlichen Rechtsweg auszutragen noch durch Bescheid einer Verwaltungsbehörde zu erledigen sind (Art. 137 „B-VG“)“***

*(*BGBl I 2003/100; **BGBl I 2013/33)*

§ 37. Das Begehren ist in einer Klage zu stellen, die gegen den Bund, gegen ein Land, gegen eine Gemeinde oder gegen einen Gemeindeverband als beklagte Partei gerichtet wird.

(BGBl I 2003/100)

§ 38. Die Klage kann auch auf Feststellung des Bestehens oder Nichtbestehens eines Rechtes oder Rechtsverhältnisses gerichtet werden, wenn die klagende Partei ein rechtliches Interesse daran hat, dass das Recht oder das Rechtsverhältnis alsbald festgestellt werde. *(BGBl I 2013/33)*

§ 39. (1) Eine Ausfertigung der Klage samt deren Beilagen ist der beklagten Partei mit dem Auftrage zuzustellen, innerhalb einer bestimmten Frist eine Gegenschrift einzubringen. Die Frist ist mit mindestens zwei Wochen zu bemessen.

(2) Zur Vorbereitung der Verhandlung kann den Parteien auch die Erstattung weiterer Äußerungen und Gegenäußerungen innerhalb zu bestimmender Fristen freigestellt werden.

(3) Eine Verlängerung dieser Fristen kann nur aus erheblichen Gründen bewilligt werden; die Zustimmung der Gegenpartei ist hiezu weder erforderlich noch ausreichend.

§ 40. Nach Einlangen der Gegenschrift und weiterer etwa verlangter Äußerungen oder nach Ablauf der Fristen beraumt der Präsident die Verhandlung an.

§ 41. Dem unterliegenden Teil kann auf Antrag der Ersatz der Prozesskosten auferlegt werden. Der Ersatz von Kosten kann auf Antrag auch der klagenden Partei auferlegt werden, wenn sie die von ihr eingebrachte Klage vor Beginn der öffentlichen mündlichen Verhandlung zurückzieht und der beklagten Partei bereits Kosten erwachsen sind. *(BGBl I 2013/33)*

(BGBl 1958/18)

„C“*. Bei Entscheidungen in Kompetenzfragen (Art. 138 „B-VG“)**

*(*BGBl 1958/18; BGBl I 2003/100; **BGBl I 2013/33)*

a) In den Fällen des Art. 138 Abs. 1 „B-VG“ (Kompetenzkonflikte)

(BGBl I 2003/100; BGBl I 2013/33)

§ 42. (1) Der Antrag auf Entscheidung eines Kompetenzkonfliktes, der dadurch entstand, dass ein Gericht und eine Verwaltungsbehörde „(Art. 138 Abs. 1 Z 1 B-VG)“* die Entscheidung derselben Sache in Anspruch genommen oder in der Sache selbst entschieden haben (bejahender Kompetenzkonflikt), kann nur so lange gestellt werden, als nicht in der Hauptsache ein rechtskräftiger Spruch gefällt ist. *(*BGBl I 2008/4; BGBl I 2013/33)*

(2) Der Antrag ist von der zuständigen obersten Verwaltungsbehörde des Bundes oder eines Landes binnen der Frist von vier Wochen nach Ablauf des Tages zu stellen, an dem diese Behörde von dem Kompetenzkonflikt amtlich Kenntnis erlangt hat.

(3) Die Versäumung dieser Frist hat die Zuständigkeit des Gerichtes zur Entscheidung der Rechtssache zur Folge.

(4) Die antragstellende Behörde hat sofort dem betreffenden Gerichte mitzuteilen, dass sie den Antrag gestellt hat. *(BGBl I 2013/33)*

(5) Das Einlangen dieser Mitteilung unterbricht das anhängige Verfahren bis zur Entscheidung des Verfassungsgerichtshofes.

§ 43. (1) Ist ein Kompetenzkonflikt dadurch entstanden, dass ein ordentliches Gericht und ein Verwaltungsgericht, ein ordentliches Gericht und der Verwaltungsgerichtshof oder der Verfassungsgerichtshof selbst und ein anderes Gericht (Art. 138 Abs. 1 Z 2 B-VG) die Entscheidung derselben Sache in Anspruch genommen haben (bejahender Kompetenzkonflikt), so hat der Verfassungsgerichtshof nur dann ein Erkenntnis zu fällen, wenn von einem der genannten Gerichte ein rechtskräftiger Spruch in der Hauptsache noch nicht gefällt ist. *(BGBl I 2013/33)*

(2) Hat ein Gericht bereits einen rechtskräftigen Spruch in der Hauptsache gefällt, so bleibt die alleinige Zuständigkeit dieses Gerichtes aufrecht.

(3) Lag ein rechtskräftiger Spruch in der Hauptsache noch nicht vor, so ist das Verfahren zur Entscheidung des Kompetenzkonfliktes einzuleiten, sobald der Verfassungsgerichtshof von dem Entstehen des Konfliktes, sei es durch Anzeige eines im Abs. 1 bezeichneten Gerichtes oder der an der Sache beteiligten Behörden oder Parteien, sei es durch den Inhalt seiner eigenen Akten, Kenntnis erlangt.

(4) Die im Abs. 3 genannten Behörden sind zu dieser Anzeige verpflichtet.

(5) Die Einleitung des Verfahrens beim Verfassungsgerichtshof unterbricht das bei dem betreffenden Gericht anhängige Verfahren bis zur Entscheidung des Kompetenzkonfliktes.

§ 44. Während der Unterbrechung kann die Aufschiebung einer bewilligten Exekution, die Exekution zur Sicherstellung, eine einstweilige Verfügung oder deren Aufschiebung von dem zuständigen Gerichte nach Maßgabe der Bestimmungen der „Exekutionsordnung – EO, RGBl. Nr. 79/1896," bewilligt werden. *(BGBl I 2013/33)*

§ 45. Zur Verhandlung sind die beteiligten Parteien zu laden. Den beteiligten Behörden, einschließlich der Gerichte, ist das Erscheinen freizustellen.

§ 46. (1) Der Antrag auf Entscheidung eines Kompetenzkonfliktes, der dadurch entstanden ist, dass in derselben Sache

1. ein Gericht und eine Verwaltungsbehörde (Art. 138 Abs. 1 Z 1 B-VG) oder

2. ein ordentliches Gericht und ein Verwaltungsgericht, ein ordentliches Gericht und der Verwaltungsgerichtshof oder der Verfassungsgerichtshof selbst und ein anderes Gericht (Art. 138 Abs. 1 Z 2 B-VG)

die Zuständigkeit abgelehnt haben (verneinender Kompetenzkonflikt), kann nur von der beteiligten Partei gestellt werden. *(BGBl I 2013/33)*

(2) Zur Verhandlung ist die beteiligte Partei zu laden. Den beteiligten Behörden, einschließlich der Gerichte, ist das Erscheinen freizustellen.

§ 47. (1) Entsteht ein Kompetenzkonflikt zwischen zwei Ländern oder zwischen einem Land und dem Bund „(Art. 138 Abs. 1 Z 3 B-VG)"* dadurch, dass jedes der Länder oder das Land und der Bund das Verfügungs- oder Entscheidungsrecht in derselben Verwaltungsangelegenheit beansprucht haben (bejahender Kompetenzkonflikt), so kann jede der beteiligten Regierungen den Antrag auf Entscheidung stellen. *(*BGBl I 2008/4; BGBl I 2013/33)*

(2) Der Antrag ist binnen der Frist von vier Wochen nach Ablauf des Tages zu stellen, an dem die antragstellende Regierung von dem Kompetenzkonflikt amtlich Kenntnis erlangt hat.

(3) Die antragstellende Regierung hat sofort der beteiligten Regierung den Antrag mitzuteilen.

(4) Die Anrufung des Verfassungsgerichtshofes hat die Unterbrechung des bei den Verwaltungsbehörden anhängigen Verfahrens zur Folge.

§ 48. Die am Verfahren beteiligten Personen sind berechtigt, im Fall eines Kompetenzkonfliktes gemäß den §§ 42, 43 und 47 an die zur Antragstellung berufene Verwaltungs- oder Gerichtsbehörde das Begehren zu richten, den Antrag auf Entscheidung des Kompetenzkonfliktes im Sinne des Gesetzes zu stellen. Wird diesem Antrag binnen einer Frist von vier Wochen nicht entsprochen, so ist die Partei selbst berechtigt, den Antrag auf Entscheidung des Kompetenzkonfliktes binnen weiteren vier Wochen beim Verfassungsgerichtshof zu stellen.

§ 49. Zur Verhandlung sind die beteiligten Regierungen und die an der Sache beteiligten Parteien zu laden.

§ 50. (1) Entsteht ein Kompetenzkonflikt „(Art. 138 Abs. 1 Z 3 B-VG)"* dadurch, dass zwei Länder oder ein Land und der Bund das Verfügungs- oder Entscheidungsrecht in derselben Verwaltungsangelegenheit abgelehnt haben (verneinender Kompetenzkonflikt), so kann die abgewiesene Partei den Antrag auf Entscheidung stellen. *(*BGBl I 2008/4; BGBl I 2013/33)*

(2) Zur Verhandlung sind der Antragsteller und die beteiligten Regierungen zu laden.

§ 51. Das Erkenntnis des Verfassungsgerichtshofes über die Kompetenz hat auch die Aufhebung der diesem Erkenntnis entgegenstehenden behördlichen Akte auszusprechen.

§ 52. Im Fall eines im Sinne der §§ 46, 48 und 50 durch die Partei anhängig gemachten Kompetenzkonfliktes kann der Verfassungsgerichtshof der Gebietskörperschaft, deren Behörde die Kompetenz mit Unrecht abgelehnt oder mit Unrecht in Anspruch genommen hat, den Ersatz der der Partei erwachsenen Prozesskosten auferlegen. Der Ersatz von Kosten kann der Partei auch dann auferlegt werden, wenn sie ihren Antrag vor Beginn der mündlichen öffentlichen Verhandlung zurückzieht und anderen Beteiligten bereits Kosten erwachsen sind. *(BGBl I 2013/33)*

(BGBl 1958/18)

b) In den Fällen des Art. 138 Abs. 2 „B-VG"
(BGBl I 2003/100; BGBl I 2013/33)

§ 53. Der Antrag im Sinne des Art. 138 Abs. 2 „B-VG" hat die Feststellung zu begehren, ob eine Angelegenheit nach Gesetzgebung oder Vollziehung in die Zuständigkeit des Bundes oder der Länder fällt. *(BGBl I 2013/33)*

§ 54. Handelt es sich um die Zuständigkeit der Gesetzgebung, dann hat der Antrag einen Gesetzentwurf zu enthalten, der den Gegenstand der Beschlussfassung in einer gesetzgebenden Körperschaft bilden soll. *(BGBl I 2013/33)*

§ 55. Handelt es sich um die Zuständigkeit der Vollziehung, dann hat der Antrag zu enthalten:

a) bei Verordnungen: den Entwurf der in Aussicht genommenen Verordnung und die Bezeichnung der Behörde, von der die Verordnung erlassen werden soll;

b) bei sonstigen Akten der Vollziehung: den gegebenen Tatbestand, der einer Regelung unterzogen werden soll, und die Angabe der Behörde, von der der Bescheid ergehen soll.

§ 56. (1) Das Erkenntnis des Verfassungsgerichtshofes über einen Antrag nach § 53 wird nach öffentlicher mündlicher Verhandlung gefällt.

(2) Zur Verhandlung sind außer der antragstellenden Regierung die Bundesregierung und sämtliche Landesregierungen mit dem Beifügen zu laden, dass es ihnen freisteht, an der Verhandlung teilzunehmen. *(BGBl I 2013/33)*

(3) Zugleich mit der Anberaumung der Verhandlung werden die nichtantragstellenden Regierungen aufgefordert, eine schriftliche Äußerung über den Gegenstand dem „Verfassungsgerichtshof"** so rechtzeitig vorzulegen, dass diese Äußerung spätestens eine Woche vor der Verhandlung dem „Gerichtshof"* vorliegt. *(*BGBl I 2008/4; **BGBl I 2013/33)*

(4) Der Verfassungsgerichtshof fasst seine Feststellung in einem Rechtssatz zusammen. Der Rechtssatz ist vom Bundeskanzler unverzüglich im „Bundesgesetzblatt" kundzumachen. *(BGBl I 2013/33)*

D. Bei einem Antrag auf Feststellung des Vorliegens und der Erfüllung von Vereinbarungen zwischen Bund und Ländern oder der Länder untereinander (Art. 138a „B-VG"*)

*(BGBl 1976/311; BGBl I 2003/100; *BGBl I 2013/33)*

§ 56a. (1) Der Antrag im Sinne des Art. 138a Abs. 1 „B-VG" hat die Feststellung zu begehren, dass

1. eine Vereinbarung zwischen dem Bund und einem oder mehreren Ländern vorliegt oder nicht vorliegt oder

2. eine aus einer Vereinbarung zwischen dem Bund und einem oder mehreren Ländern folgende Verpflichtung erfüllt oder nicht erfüllt worden ist.

(BGBl I 2013/33)

(2) Der Abs. 1 gilt für Vereinbarungen der Länder untereinander sinngemäß.

(3) Der Antrag ist „im Einzelnen" zu begründen. *(BGBl I 2013/33)*

(BGBl I 2003/100)

§ 56b. (1) Der Präsident ordnet ohne Verzug die öffentliche mündliche Verhandlung an. Zu dieser sind die an der Vereinbarung beteiligten Regierungen zu laden. Der Bundesregierung obliegt die Vertretung des Bundes, der jeweiligen Landesregierung die Vertretung des Landes.

(2) Zugleich mit der Anberaumung der Verhandlung werden die an der Sache beteiligten Regierungen aufgefordert, eine schriftliche Äußerung dem Verfassungsgerichtshof so rechtzeitig vorzulegen, dass sie spätestens eine Woche vor der Verhandlung dem Gerichtshof vorliegt. Der Verfassungsgerichtshof kann auch die anderen an der Vereinbarung beteiligten Regierungen zur Abgabe von Äußerungen auffordern. *(BGBl I 2013/33)*

(BGBl I 2003/100)

E. Bei Anträgen betreffend die Einsetzung und die Tätigkeit von Untersuchungsausschüssen des Nationalrates und bei Anfechtung von Entscheidungen des Präsidenten des Nationalrates und des Vorsitzenden des Bundesrates betreffend die Klassifizierung von Informationen, die dem Nationalrat bzw. dem Bundesrat zur Verfügung stehen „(Art. 138b B-VG)"

(BGBl I 2014/101; BGBl I 2017/24)

VfGG

a) Bei Anfechtung von Beschlüssen des Geschäftsordnungsausschusses des Nationalrates, mit denen ein Verlangen auf Einsetzung eines Untersuchungsausschusses des Nationalrates für ganz oder teilweise unzulässig erklärt wird

§ 56c. (1) Die Frist zur Anfechtung eines Beschlusses des Geschäftsordnungsausschusses des Nationalrates, mit dem ein Verlangen auf Einsetzung eines Untersuchungsausschusses des Nationalrates für ganz oder teilweise unzulässig erklärt wird, beträgt zwei Wochen. Sie beginnt mit dem Zeitpunkt, den der Präsident des Nationalrates gemäß § 4 Abs. 2 der Anlage 1 zum Bundesgesetz über die Geschäftsordnung des Nationalrates: „Verfahrensordnung für parlamentarische Untersuchungsausschüsse" festgestellt hat. Wurde ein Verlangen für gänzlich unzulässig erklärt, beginnt die Frist mit Beginn der Behandlung des Berichts des Geschäftsordnungsausschusses im Nationalrat.

(2) Die Anfechtung hat zu enthalten:

1. die Bezeichnung des Beschlusses bzw. Berichts des Geschäftsordnungsausschusses;

2. den Sachverhalt;

3. die Gründe, auf die sich die Behauptung der Rechtswidrigkeit stützt;

4. die erforderlichen Beweise;

5. die Angaben und Unterlagen, die erforderlich sind, um zu beurteilen, ob der Beschluss rechtzeitig angefochten wurde.

(3) Der Anfechtung ist eine Ausfertigung, Abschrift oder Kopie des Verlangens der Anfechtungswerber sowie des Beschlusses bzw. Berichts des Geschäftsordnungsausschusses anzuschließen.

(4) Parteien des Verfahrens sind die Anfechtungswerber, die beschlussfassende Mehrheit im Geschäftsordnungsausschuss und die Bundesregierung.

(5) Eine Ausfertigung der Anfechtung samt Beilagen ist der Bundesregierung mit der Mitteilung zuzustellen, dass es ihr freisteht, innerhalb einer Frist von zwei Wochen eine Äußerung zu erstatten.

(6) Der Verfassungsgerichtshof entscheidet auf Grund der Aktenlage ohne unnötigen Aufschub, tunlichst aber binnen vier Wochen.

(7) Der Beschluss des Geschäftsordnungsausschusses ist für rechtswidrig zu erklären, wenn die Anfechtung nicht zurückzuweisen oder als unbegründet abzuweisen ist. Der Untersuchungsausschuss gilt in dem Umfang, in dem der Verfassungsgerichtshof den Beschluss für rechtswidrig erklärt hat, als eingesetzt.

b) Bei einem Antrag auf Feststellung des hinreichenden Umfangs von grundsätzlichen Beweisbeschlüssen des Geschäftsordnungsausschusses des Nationalrates

§ 56d. (1) Der Antrag im Sinne des Art. 138b Abs. 1 Z 2 B-VG hat die Feststellung zu begehren, dass der Umfang des grundsätzlichen Beweisbeschlusses des Geschäftsordnungsausschusses des Nationalrates nicht hinreichend ist, oder in welchem Umfang die gemäß § 24 Abs. 5 der Anlage 1 zum Bundesgesetz über die Geschäftsordnung des Nationalrates: „Verfahrensordnung für parlamentarische Untersuchungsausschüsse" beschlossene Ergänzung des grundsätzlichen Beweisbeschlusses zu erweitern ist.

(2) Der Antrag hat zu enthalten:

1. die Bezeichnung des Beschlusses bzw. Berichts des Geschäftsordnungsausschusses;

2. den Sachverhalt;

3. die Gründe, auf die sich die Behauptung des nicht hinreichenden Umfangs des grundsätzlichen Beweisbeschlusses oder seiner Ergänzung stützt;

4. die erforderlichen Beweise;

5. die Angaben und Unterlagen, die erforderlich sind, um zu beurteilen, ob der Antrag rechtzeitig gestellt wurde.

(3) Dem Antrag ist eine Ausfertigung, Abschrift oder Kopie des Beschlusses bzw. Berichts des Geschäftsordnungsausschusses anzuschließen.

(4) Ein Antrag betreffend den grundsätzlichen Beweisbeschluss ist nicht mehr zulässig, wenn seit dem Zeitpunkt, den der Präsident des Nationalrates gemäß § 4 Abs. 2 der Anlage 1 zum Bundesgesetz über die Geschäftsordnung des Nationalrates festgestellt hat, zwei Wochen vergangen sind. Ein Antrag betreffend die Ergänzung des grundsätzlichen Beweisbeschlusses ist nicht mehr zulässig, wenn seit dem Zeitpunkt der Veröffentlichung des grundsätzlichen Beweisbeschlusses samt Ergänzung gemäß § 24 Abs. 5 der Anlage 1 zum Bundesgesetz über die Geschäftsordnung des Nationalrates zwei Wochen vergangen sind.

(5) Parteien des Verfahrens sind die Antragsteller, die beschlussfassende Mehrheit im Geschäftsordnungsausschuss und die Organe des Bundes, der Länder, der Gemeinden und der Gemeindeverbände sowie der sonstigen Selbstverwaltungskörper, die zur Vorlage der Beweismittel verpflichtet werden.

(6) Der Verfassungsgerichtshof entscheidet auf Grund der Aktenlage ohne unnötigen Aufschub, tunlichst aber binnen vier Wochen, nachdem der Antrag vollständig eingebracht wurde.

(7) Mit der Entscheidung über einen Antrag betreffend die Ergänzung des grundsätzlichen Beweisbeschlusses wird diese in dem vom Verfassungsgerichtshof festgestellten erweiterten Umfang wirksam.

c) Bei einem Antrag auf Feststellung der Rechtmäßigkeit eines Beschlusses, mit dem das Bestehen eines sachlichen Zusammenhanges eines Verlangens eines Viertels der Mitglieder eines Untersuchungsausschusses des Nationalrates betreffend die Erhebung weiterer Beweise mit dem Untersuchungsgegenstand bestritten wird

§ 56e. (1) Der Antrag im Sinne des Art. 138b Abs. 1 Z 3 B-VG hat die Feststellung zu begehren, dass der Beschluss eines Untersuchungsausschusses des Nationalrates, mit dem das Bestehen eines sachlichen Zusammenhanges eines Verlangens eines Viertels seiner Mitglieder betreffend die Erhebung weiterer Beweise mit dem Untersuchungsgegenstand bestritten wird, rechtswidrig ist.

(2) Der Antrag hat zu enthalten:

1. die Bezeichnung des Verlangens;

2. die Bezeichnung des Beschlusses;

3. den Sachverhalt;

4. die Gründe, auf die sich die Behauptung der Rechtswidrigkeit stützt;

5. die erforderlichen Beweise;

6. die Angaben und Unterlagen, die erforderlich sind, um zu beurteilen, ob der Antrag rechtzeitig gestellt wurde.

(3) Dem Antrag ist eine Ausfertigung, Abschrift oder Kopie des Verlangens der Antragsteller, der gegenständlichen Teile des Protokolls der

Ausschusssitzung sowie des Beschlusses des Untersuchungsausschusses anzuschließen.

(4) Ein Antrag ist nicht mehr zulässig, wenn seit dem Beschluss des Untersuchungsausschusses zwei Wochen vergangen sind.

(5) Bis zur Verkündung bzw. Zustellung des Erkenntnisses des Verfassungsgerichtshofes dürfen nur solche Handlungen vorgenommen oder Anordnungen und Entscheidungen getroffen werden, die durch das Erkenntnis des Verfassungsgerichtshofes nicht beeinflusst werden können oder die die Frage nicht abschließend regeln und keinen Aufschub gestatten.

(6) Der Verfassungsgerichtshof entscheidet auf Grund der Aktenlage ohne unnötigen Aufschub, tunlichst aber binnen vier Wochen, nachdem der Antrag vollständig eingebracht wurde.

(7) Mit der Feststellung des Verfassungsgerichtshofes über die Rechtswidrigkeit des Beschlusses wird das Verlangen auf Erhebung weiterer Beweise wirksam.

(BGBl I 2014/101)

d) Bei Meinungsverschiedenheiten zwischen einem Untersuchungsausschuss des Nationalrates, einem Viertel seiner Mitglieder und informationspflichtigen Organen über die Verpflichtung, dem Untersuchungsausschuss Informationen zur Verfügung zu stellen

§ 56f. (1) Ein Antrag auf Entscheidung einer Meinungsverschiedenheit zwischen einem Untersuchungsausschuss des Nationalrates, einem Viertel der Mitglieder dieses Untersuchungsausschusses und informationspflichtigen Organen über die Verpflichtung, dem Untersuchungsausschuss Informationen zur Verfügung zu stellen, ist nicht mehr zulässig, wenn seit dem Ablauf der Frist gemäß § 27 Abs. 4 der Anlage 1 zum Bundesgesetz über die Geschäftsordnung des Nationalrates: „Verfahrensordnung für parlamentarische Untersuchungsausschüsse“ zwei Wochen vergangen sind.

(2) Bis zur Verkündung bzw. Zustellung des Erkenntnisses des Verfassungsgerichtshofes dürfen nur solche Handlungen vorgenommen oder Anordnungen und Entscheidungen getroffen werden, die durch das Erkenntnis des Verfassungsgerichtshofes nicht beeinflusst werden können oder die die Frage nicht abschließend regeln und keinen Aufschub gestatten.

(3) Der Verfassungsgerichtshof entscheidet auf Grund der Aktenlage ohne unnötigen Aufschub, tunlichst aber binnen vier Wochen, nachdem der Antrag vollständig eingebracht wurde.

e) Bei einem Antrag auf Feststellung der Rechtmäßigkeit eines Beschlusses, mit dem das Bestehen eines sachlichen Zusammenhanges eines Verlangens eines Viertels der Mitglieder eines Untersuchungsausschusses des Nationalrates betreffend die Ladung einer Auskunftsperson mit dem Untersuchungsgegenstand bestritten wird

§ 56g. (1) Der Antrag im Sinne des Art. 138b Abs. 1 Z 5 B-VG hat die Feststellung zu begehren, dass der Beschluss eines Untersuchungsausschusses des Nationalrates, mit dem das Bestehen eines sachlichen Zusammenhanges eines Verlangens eines Viertels seiner Mitglieder betreffend die Ladung einer Auskunftsperson mit dem Untersuchungsgegenstand bestritten wird, rechtswidrig ist.

(2) Der Antrag hat zu enthalten:

1. die Bezeichnung des Verlangens;

2. die Bezeichnung des Beschlusses;

3. den Sachverhalt;

4. die Gründe, auf die sich die Behauptung der Rechtswidrigkeit stützt;

5. die erforderlichen Beweise;

6. die Angaben und Unterlagen, die erforderlich sind, um zu beurteilen, ob der Antrag rechtzeitig gestellt wurde.

(3) Dem Antrag ist eine Ausfertigung, Abschrift oder Kopie des Verlangens der Antragsteller, der gegenständlichen Teile des Protokolls der Ausschusssitzung sowie des Beschlusses des Untersuchungsausschusses anzuschließen.

(4) Ein Antrag ist nicht mehr zulässig, wenn seit dem Beschluss des Untersuchungsausschusses zwei Wochen vergangen sind.

(5) Bis zur Verkündung bzw. Zustellung des Erkenntnisses des Verfassungsgerichtshofes dürfen nur solche Handlungen vorgenommen oder Anordnungen und Entscheidungen getroffen werden, die durch das Erkenntnis des Verfassungsgerichtshofes nicht beeinflusst werden können oder die die Frage nicht abschließend regeln und keinen Aufschub gestatten.

(6) Der Verfassungsgerichtshof entscheidet auf Grund der Aktenlage ohne unnötigen Aufschub, tunlichst aber binnen vier Wochen, nachdem der Antrag vollständig eingebracht wurde.

(7) Mit der Feststellung des Verfassungsgerichtshofes über die Rechtswidrigkeit des Beschlusses wird das Verlangen auf Ladung einer Auskunftsperson wirksam.

f) Bei Meinungsverschiedenheiten zwischen einem Untersuchungsausschuss des Nationalrates und dem Bundesminister für Justiz über das Erfordernis und die Auslegung einer Vereinbarung über die Rücksichtnahme auf die Tätigkeit der Strafverfolgungsbehörden

§ 56h. (1) Ein Antrag auf Entscheidung einer Meinungsverschiedenheit zwischen einem Untersuchungsausschuss des Nationalrates und dem Bundesminister für Justiz über das Erfordernis und die Auslegung einer Vereinbarung über die Rücksichtnahme auf die Tätigkeit der Strafverfolgungsbehörden ist nicht mehr zulässig, wenn seit dem Ablauf der Frist gemäß § 58 Abs. 5 der Anlage 1 zum Bundesgesetz über die Geschäftsordnung des Nationalrates: „Verfahrensordnung für parlamentarische Untersuchungsausschüsse" zwei Wochen vergangen sind.

(2) Bis zur Verkündung bzw. Zustellung des Erkenntnisses des Verfassungsgerichtshofes dürfen nur solche Handlungen vorgenommen oder Anordnungen und Entscheidungen getroffen werden, die durch das Erkenntnis des Verfassungsgerichtshofes nicht beeinflusst werden können oder die die Frage nicht abschließend regeln und keinen Aufschub gestatten.

g) Bei Beschwerden wegen Verletzung in Persönlichkeitsrechten im Zusammenhang mit der Tätigkeit eines Untersuchungsausschusses

§ 56i. (1) Personen, wegen deren Verhaltens in Ausübung ihrer Funktionen im Verfahren vor dem Untersuchungsausschuss Beschwerde erhoben werden kann (im Folgenden Funktionäre genannt), sind:

1. der Verfahrensrichter und sein Stellvertreter;

2. der Verfahrensanwalt und sein Stellvertreter;

3. der Ermittlungsbeauftragte;

4. der Vorsitzende und seine Stellvertreter.

(2) Die Frist zur Erhebung der Beschwerde wegen eines Verhaltens

1. eines Untersuchungsausschusses des Nationalrates,

2. eines Mitgliedes eines solchen Ausschusses in Ausübung seines Berufes als Mitglied des Nationalrates oder

3. eines Funktionärs eines Untersuchungsausschusses

beträgt sechs Wochen. Sie beginnt mit dem Zeitpunkt, in dem der Betroffene Kenntnis von dem Verhalten erlangt hat, wenn er aber durch dieses Verhalten behindert war, von seinem Beschwerderecht Gebrauch zu machen, mit dem Wegfall dieser Behinderung.

(3) Die Beschwerde hat zu enthalten:

1. die Bezeichnung des angefochtenen Verhaltens und, soweit dies zumutbar ist, die Angabe, wer es gesetzt hat;

2. den Sachverhalt;

3. die Bezeichnung der Persönlichkeitsrechte, in denen der Beschwerdeführer verletzt zu sein behauptet;

4. die erforderlichen Beweise;

5. die Angaben, die erforderlich sind, um zu beurteilen, ob das Verhalten rechtzeitig angefochten wurde.

(4) Parteien des Verfahrens sind der Beschwerdeführer und der Präsident des Nationalrates.

(5) Eine Ausfertigung der Beschwerde ist dem Präsidenten des Nationalrates mit der Aufforderung zuzustellen, dass es ihm freisteht, eine Äußerung zu erstatten. Er hat gegebenenfalls jene Mitglieder oder Funktionäre, wegen deren Verhaltens Beschwerde erhoben worden ist, unter Setzung einer angemessenen Frist aufzufordern, ihm gegenüber zu dieser schriftlich Stellung zu nehmen. Die zur Erstattung der Äußerung gesetzte Frist hat mindestens vier Wochen, wenn sich die Beschwerde jedoch auch gegen ein Verhalten von Mitgliedern des Untersuchungsausschusses oder Funktionären richtet, mindestens sechs Wochen zu betragen.

(6) Die Äußerung hat zu enthalten:

1. den Sachverhalt;

2. die erforderlichen Beweise;

3. die Stellungnahmen gemäß Abs. 5.

(7) Der Verfassungsgerichtshof entscheidet ohne unnötigen Aufschub.

(8) Das angefochtene Verhalten ist für rechtswidrig zu erklären, wenn die Beschwerde nicht zurückzuweisen oder als unbegründet abzuweisen ist.

h) Bei Anfechtung von Entscheidungen des Präsidenten des Nationalrates und des Vorsitzenden des Bundesrates betreffend die Klassifizierung von Informationen, die dem Nationalrat bzw. dem Bundesrat zur Verfügung stehen

§ 56j. (1) Die Frist zur Anfechtung einer Entscheidung des Präsidenten des Nationalrates oder des Vorsitzenden des Bundesrates betreffend die Klassifizierung von Informationen, die dem Nationalrat bzw. dem Bundesrat zur Verfügung stehen, beträgt zwei Wochen. Sie beginnt mit dem Zeitpunkt, in dem das informationspflichtige Organ von der Entscheidung Kenntnis erlangt hat.

(2) Die Anfechtung hat zu enthalten:

1. die Bezeichnung der Entscheidung;

2. den Sachverhalt;

3. die Gründe, auf die sich die Behauptung der Rechtswidrigkeit stützt;

4. die erforderlichen Beweise;

5. die Angaben, die erforderlich sind, um zu beurteilen, ob die Entscheidung rechtzeitig angefochten wurde.

(3) Der Anfechtung ist eine Ausfertigung, Abschrift oder Kopie der Entscheidung des Präsidenten des Nationalrates oder Vorsitzenden des Bundesrates anzuschließen.

(4) Parteien des Verfahrens sind der Präsident des Nationalrates bzw. der Vorsitzende des Bundesrates und das informationspflichtige Organ.

(5) Der Verfassungsgerichtshof entscheidet auf Grund der Aktenlage ohne unnötigen Aufschub, tunlichst aber binnen vier Wochen, nachdem die Anfechtung vollständig eingebracht wurde.

(6) Die Anfechtung hat aufschiebende Wirkung.

(7) Die Entscheidung des Präsidenten des Nationalrates bzw. des Vorsitzenden des Bundesrates ist für rechtswidrig zu erklären, wenn die Anfechtung nicht zurückzuweisen oder als unbegründet abzuweisen ist.

i) Ausfertigungen in den Verfahren gemäß diesem Abschnitt

§ 56k. In den Verfahren gemäß den §§ 56c bis 56j sind alle Schriftsätze der Parteien des Verfahrens und Entscheidungen des Verfassungsgerichtshofes auch dem Präsidenten des Nationalrates zuzustellen.

„ „F.“*** Bei Prüfung der Gesetzmäßigkeit von Verordnungen (Art. 139 „B-VG“**)“*

*(*BGBl I 2003/100; **BGBl I 2013/33; ***BGBl I 2014/101)*

§ 57. (1) Der Antrag, eine Verordnung als gesetzwidrig aufzuheben, muss begehren, dass entweder die Verordnung ihrem ganzen „Inhalt“** nach oder dass bestimmte Stellen der Verordnung als gesetzwidrig aufgehoben werden. Der Antrag hat die gegen die Gesetzmäßigkeit der Verordnung sprechenden Bedenken „im Einzelnen“* darzulegen. Wird ein solcher Antrag von einer Person gestellt, die unmittelbar durch die Gesetzwidrigkeit der Verordnung in ihren Rechten verletzt zu sein behauptet „(Art. 139 Abs. 1 Z 3 B-VG)“*, so ist auch darzutun, inwieweit die Verordnung ohne Fällung einer gerichtlichen Entscheidung oder ohne Erlassung eines Bescheides für sie wirksam geworden ist. *(*BGBl I 2013/33; **BGBl I 2013/122)*

(2) Von einem Gericht und einer Person gemäß § 57a kann der Antrag auf Aufhebung einer Verordnung oder von bestimmten Stellen einer solchen nur dann gestellt werden, wenn die Verordnung vom Gericht in der anhängigen Rechtssache unmittelbar anzuwenden bzw. wenn die Gesetzmäßigkeit der Verordnung eine Vorfrage für die Entscheidung der beim Gericht anhängigen Rechtssache ist oder nach Ansicht der Antragsteller wäre. Der Antrag hat darzulegen, inwiefern das Gericht die Verordnung anzuwenden und welche Auswirkungen die Entscheidung des Verfassungsgerichtshofes auf die beim Gericht anhängige Rechtssache hätte. *(BGBl I 2014/92)*

„(3)“** Hat ein Gericht „(Art. 139 Abs. 1 Z 1 B-VG)“* einen Antrag auf Aufhebung einer Verordnung oder von bestimmten Stellen einer solchen gestellt, so dürfen „in dem bei ihm anhängigen Verfahren“* bis zur Verkündung bzw. Zustellung des Erkenntnisses des Verfassungsgerichtshofes nur solche Handlungen vorgenommen oder „Anordnungen und Entscheidungen“* getroffen werden, die durch das Erkenntnis des Verfassungsgerichtshofes nicht beeinflusst werden können oder die die Frage nicht abschließend regeln und keinen Aufschub gestatten. *(BGBl I 2003/100; *BGBl I 2013/33; **BGBl I 2014/92)*

„(4)“** Hat das Gericht „(Art. 139 Abs. 1 Z 1 B-VG)“* die Verordnung, deren „Aufhebung“* beantragt wurde, nicht mehr anzuwenden, so ist der Antrag unverzüglich zurückzuziehen. *(BGBl I 2003/100; *BGBl I 2013/33; **BGBl I 2014/92)*

(BGBl 1976/311)

VfGG

§ 57a. (1) Eine Person, die als Partei einer von einem ordentlichen Gericht in erster Instanz entschiedenen Rechtssache „ “ wegen Anwendung einer gesetzwidrigen Verordnung in ihren Rechten verletzt zu sein behauptet, kann „ “ einen Antrag stellen, die Verordnung als gesetzwidrig aufzuheben (Art. 139 Abs. 1 Z 4 B-VG). Die Stellung eines solchen Antrages ist unzulässig:

1. im Verfahren zur Anordnung oder Durchsetzung der Rückstellung widerrechtlich verbrachter oder zurückgehaltener Kinder (§ 111a AußStrG);

2. im Besitzstörungsverfahren (§§ 454 bis 459 ZPO);

3. im Beweissicherungsverfahren (§§ 384 bis 389 ZPO);

4. im Verfahren gemäß „ “ § 52 Abs. 1 des Wohnungseigentumsgesetzes 2002 – WEG 2002, BGBl. I Nr. 70/2002, und § 22 Abs. 1 des Wohnungsgemeinnützigkeitsgesetzes – WGG, BGBl. Nr. 13/1979; *(BGBl I 2016/89 (VfGH))*

5. im Verfahren über die Kündigung von Mietverträgen und über die Räumung von Mietgegenständen;

6. im Verfahren betreffend mittlerweilige Vorkehrungen gemäß § 180 der Notariatsordnung – NO, RGBl. Nr. 75/1871;

7. im Verfahren gemäß den Bestimmungen des Unterhaltsvorschußgesetzes 1985 – UVG, BGBl. Nr. 451/1985;

8. im Insolvenzverfahren;

9. im Exekutionsverfahren und im Verfahren betreffend einstweilige Verfügungen gemäß den

Bestimmungen der Exekutionsordnung – EO, RGBl. Nr. 79/1896, einschließlich des Verfahrens über die Vollstreckbarerklärung;

10. im Verfahren der justiziellen Zusammenarbeit in Strafsachen, insbesondere Auslieferung, Übergabe, Rechtshilfe, gegenseitige Anerkennung und Vollstreckung.
(BGBl I 2016/90 (VfGH))

(2) Der gesetzliche Vertreter eines jugendlichen Beschuldigten (§ 38 des Jugendgerichtsgesetzes 1988 – JGG, BGBl. Nr. 599/1988) hat das Recht, auch gegen den Willen des Beschuldigten zu dessen Gunsten einen Antrag zu stellen, die Verordnung als gesetzwidrig aufzuheben.

(3) Der Antrag hat über die Erfordernisse des § 57 hinaus zu enthalten:

1. die Bezeichnung der Entscheidung „ “ und des ordentlichen Gerichtes, das sie erlassen hat; *(BGBl I 2016/90 (VfGH))*

2. die Angaben, die erforderlich sind, um zu beurteilen, ob der Antrag rechtzeitig eingebracht ist.

(4) Dem Antrag sind eine Ausfertigung, Abschrift oder Kopie der Entscheidung „ “ sowie eine Abschrift oder Kopie dieses Rechtsmittels anzuschließen. *(BGBl I 2016/90 (VfGH))*

(5) Der Verfassungsgerichtshof hat das ordentliche Gericht erster Instanz von der Stellung eines Antrages gemäß Abs. 1 unverzüglich zu verständigen. Dieses hat dem Verfassungsgerichtshof seine Entscheidung über die Rechtzeitigkeit und Zulässigkeit des Rechtsmittels mitzuteilen.

(6) In dem beim Rechtsmittelgericht anhängigen Verfahren dürfen bis zur Verkündung bzw. Zustellung des Erkenntnisses des Verfassungsgerichtshofes nur solche Handlungen vorgenommen oder Anordnungen und Entscheidungen getroffen werden, die durch das Erkenntnis des Verfassungsgerichtshofes nicht beeinflusst werden können oder die die Frage nicht abschließend regeln und keinen Aufschub gestatten.

(BGBl I 2014/92)

§ 58. (1) Der Präsident ordnet ohne Verzug die Verhandlung an. Zu dieser sind der Antragsteller, die Verwaltungsbehörde, die die Verordnung erlassen hat, und die zuständige oberste Verwaltungsbehörde des Bundes oder des Landes, die zur Vertretung der angefochtenen Verordnung berufen ist, zu laden. „In den Fällen des Art. 139 Abs. 1 Z 1 und 4 B-VG sind auch die an der Rechtssache beteiligten Parteien zu laden.“ *(BGBl I 2003/100; BGBl I 2014/92)*

(2) Die Verwaltungsbehörde, die die Verordnung erlassen hat, und die „zuständige oberste Verwaltungsbehörde des Bundes oder des Landes“ haben binnen zwei Wochen nach Empfang der Ladung eine schriftliche Äußerung über den Gegenstand zu erstatten. *(BGBl I 2013/33)*

(BGBl 1958/18)

§ 59. (1) Das Erkenntnis des Verfassungsgerichtshofes hat auszusprechen, ob der ganze Inhalt der Verordnung oder bestimmte Stellen derselben als gesetzwidrig aufgehoben werden.

(2) Das Erkenntnis ist auch der Verwaltungsbehörde, die die Verordnung erlassen hat, und der zuständigen obersten Verwaltungsbehörde des Bundes oder des Landes zuzustellen. Lautet es auf Aufhebung, so muss in der gemäß Art. 139 Abs. 5 B-VG zu erlassenden Kundmachung zum Ausdruck gebracht werden, dass die Verordnung oder bestimmte Stellen derselben durch das genau zu bezeichnende Erkenntnis des Verfassungsgerichtshofes aufgehoben worden ist bzw. sind.

(BGBl I 2013/33)

§ 60. *(entfällt, BGBl I 2013/33)*

§ 61. Die vorstehenden Bestimmungen dieses Abschnittes sind sinngemäß anzuwenden:

1. auf Anträge eines Gerichtes (Art. 139 Abs. 1 Z 1 B-VG), die die Entscheidung begehren, dass die angefochtene Verordnung oder bestimmte Stellen einer solchen gesetzwidrig waren (Art. 89 Abs. 3 B-VG);

2. wenn der Verfassungsgerichtshof über die Gesetzwidrigkeit einer Verordnung oder von bestimmten Stellen einer solchen von Amts wegen zu erkennen hat (Art. 139 Abs. 1 Z 2 B-VG).

(BGBl I 2013/33)

§ 61a. Wurde das Verordnungsprüfungsverfahren auf Antrag einer Person, die unmittelbar durch die Gesetzwidrigkeit der Verordnung in ihren Rechten verletzt zu sein behauptet „(Art. 139 Abs. 1 Z 3 B-VG)“, eingeleitet, so sind ihr im „Fall“ des Obsiegens die erwachsenen Prozesskosten von dem Rechtsträger zu ersetzen, für den die Behörde bei Erlassung der Verordnung gehandelt hat. *(BGBl I 2013/33)*

(BGBl I 2003/100)

„G.“** Bei Prüfung der Gesetzmäßigkeit von Kundmachungen über die Wiederverlautbarung eines Gesetzes (Staatsvertrages) (Art. 139a „B-VG“*)

*(BGBl I 2003/100; *BGBl I 2013/33; **BGBl I 2014/101)*

§ 61b. Bei Prüfung der Gesetzmäßigkeit von Kundmachungen über die Wiederverlautbarung eines Gesetzes (Staatsvertrages) sind die Bestimmungen des „Abschnittes F“ sinngemäß anzuwenden. *(BGBl I 2014/101)*

„ „H.“* Bei Prüfung der Verfassungsmäßigkeit von Gesetzen (Art. 140 „B-VG“**)“***

*(*BGBl I 2003/100; **BGBl I 2013/33; ***BGBl I 2014/101)*

§ 62. (1) Der Antrag, ein Gesetz als verfassungswidrig aufzuheben, muss begehren, dass entweder das Gesetz seinem ganzen „Inhalt“** nach oder dass bestimmte Stellen des Gesetzes als verfassungswidrig aufgehoben werden. Der Antrag hat die gegen die Verfassungsmäßigkeit des Gesetzes sprechenden Bedenken „im Einzelnen“* darzulegen. Wird ein solcher Antrag von einer Person gestellt, die unmittelbar durch die Verfassungswidrigkeit des Gesetzes in ihren Rechten verletzt zu sein behauptet „(Art. 140 Abs. 1 Z 1 lit. c B-VG)“*, so ist auch darzutun, inwieweit das Gesetz ohne Fällung einer gerichtlichen Entscheidung oder ohne Erlassung eines Bescheides für sie wirksam geworden ist. *(*BGBl I 2013/33; **BGBl I 2013/122)*

(2) Von einem Gericht oder einer Person gemäß § 62a kann der Antrag auf Aufhebung eines Gesetzes oder von bestimmten Stellen eines solchen nur dann gestellt werden, wenn das Gesetz vom Gericht in der anhängigen Rechtssache unmittelbar anzuwenden bzw. wenn die Verfassungsmäßigkeit des Gesetzes eine Vorfrage für die Entscheidung der beim Gericht anhängigen Rechtssache ist oder nach Ansicht der Antragsteller wäre. Der Antrag hat darzulegen, inwiefern das Gericht das Gesetz anzuwenden und welche Auswirkungen die Entscheidung des Verfassungsgerichtshofes auf die beim Gericht anhängige Rechtssache hätte. *(BGBl I 2014/101)*

(3) Hat ein Gericht „(Art. 140 Abs. 1 Z 1 lit. a B-VG)“ einen Antrag auf Aufhebung eines Gesetzes oder von bestimmten Stellen eines solchen gestellt, so dürfen „in dem bei ihm anhängigen Verfahren“ bis zur Verkündung bzw. Zustellung des Erkenntnisses des Verfassungsgerichtshofes nur solche Handlungen vorgenommen oder „Anordnungen und Entscheidungen“ getroffen werden, die durch das Erkenntnis des Verfassungsgerichtshofes nicht beeinflusst werden können oder die die Frage nicht abschließend regeln und keinen Aufschub gestatten. *(BGBl I 2003/100; BGBl I 2013/33)*

(4) Hat das Gericht „(Art. 140 Abs. 1 Z 1 lit. a B-VG)“ das Gesetz, dessen „Aufhebung“ beantragt wurde, nicht mehr anzuwenden, so ist der Antrag unverzüglich zurückzuziehen. *(BGBl I 2003/100; BGBl I 2013/33)*

(BGBl 1976/311)

§ 62a. (1) Eine Person, die als Partei einer von einem ordentlichen Gericht in erster Instanz entschiedenen Rechtssache „ “ wegen Anwendung eines verfassungswidrigen Gesetzes in ihren Rechten verletzt zu sein behauptet, kann „ “ einen Antrag stellen, das Gesetz als verfassungswidrig aufzuheben (Art. 140 Abs. 1 Z 1 lit. d B-VG). Die Stellung eines solchen Antrages ist unzulässig:

1. im Verfahren zur Anordnung oder Durchsetzung der Rückstellung widerrechtlich verbrachter oder zurückgehaltener Kinder (§ 111a AußStrG);

2. im Besitzstörungsverfahren (§§ 454 bis 459 ZPO);

3. im Beweissicherungsverfahren (§§ 384 bis 389 ZPO);

4. *(entfällt, BGBl I 2016/107 (VfGH))*

5. *(entfällt, BGBl I 2016/15 (VfGH))*

6. im Verfahren betreffend mittlerweilige Vorkehrungen gemäß § 180 NO;

7. im Verfahren gemäß den Bestimmungen des UVG;

8. im Insolvenzverfahren;

9. im Exekutionsverfahren und im Verfahren betreffend einstweilige Verfügungen gemäß den Bestimmungen der EO, einschließlich des Verfahrens über die Vollstreckbarerklärung;

10. *(entfällt, BGBl I 2016/58(VfGH))*

(BGBl I 2016/78(VfGH))

(2) Der gesetzliche Vertreter eines jugendlichen Beschuldigten (§ 38 JGG) hat das Recht, auch gegen den Willen des Beschuldigten zu dessen Gunsten einen Antrag zu stellen, das Gesetz als verfassungswidrig aufzuheben.

(3) Der Antrag hat über die Erfordernisse des § 62 hinaus zu enthalten:

1. die Bezeichnung der Entscheidung „ “ und des ordentlichen Gerichtes, das sie erlassen hat; *(BGBl I 2016/78, (VfGH))*

2. die Angaben, die erforderlich sind, um zu beurteilen, ob der Antrag rechtzeitig eingebracht ist.

(4) Dem Antrag sind eine Ausfertigung, Abschrift oder Kopie der Entscheidung „ “ sowie eine Abschrift oder Kopie dieses Rechtsmittels anzuschließen. *(BGBl I 2016/78 (VfGH))*

(5) Der Verfassungsgerichtshof hat das ordentliche Gericht erster Instanz von der Stellung eines Antrages gemäß Abs. 1 unverzüglich zu verständigen. Dieses hat dem Verfassungsgerichtshof seine Entscheidung über die Rechtzeitigkeit und Zulässigkeit des Rechtsmittels mitzuteilen.

(6) In dem beim Rechtsmittelgericht anhängigen Verfahren dürfen bis zur Verkündung bzw. Zustellung des Erkenntnisses des Verfassungsgerichtshofes nur solche Handlungen vorgenommen oder Anordnungen und Entscheidungen getroffen werden, die durch das Erkenntnis des Verfassungsgerichtshofes nicht beeinflusst werden können

oder die die Frage nicht abschließend regeln und keinen Aufschub gestatten.

(BGBl I 2014/92)

§ 63. (1) Der Präsident ordnet ohne Verzug die Verhandlung an. Zu dieser sind der Antragsteller und die zur Vertretung des angefochtenen Gesetzes berufene Regierung zu laden. Zur Vertretung eines angefochtenen Bundesgesetzes ist die Bundesregierung, eines angefochtenen Landesgesetzes die Landesregierung berufen. „In den Fällen des Art. 140 Abs. 1 Z 1 lit. a und d B-VG sind auch die an der Rechtssache beteiligten Parteien zu laden.“ *(BGBl I 2003/100; BGBl I 2014/92)*

(2) Zugleich mit der Anberaumung der Verhandlung wird die berufene Regierung aufgefordert, eine schriftliche Äußerung über den Gegenstand dem „Verfassungsgerichtshof“ so rechtzeitig vorzulegen, dass die Äußerung spätestens eine Woche vor der Verhandlung dem „Gerichtshof“ vorliegt. *(BGBl I 2013/33)*

(3) *(entfällt, BGBl I 2013/33)*

§ 64. (1) Das Erkenntnis des Verfassungsgerichtshofes hat auszusprechen, ob der ganze Inhalt des Gesetzes oder bestimmte Stellen desselben als verfassungswidrig aufgehoben werden.

(2) Das Erkenntnis ist auch dem Bundeskanzler oder dem zuständigen Landeshauptmann zuzustellen. Lautet es auf Aufhebung, so muss in der gemäß Art. 140 Abs. 5 B-VG zu erlassenden Kundmachung zum Ausdruck gebracht werden, dass das Gesetz oder bestimmte Stellen desselben durch das genau zu bezeichnende Erkenntnis des Verfassungsgerichtshofes aufgehoben worden ist bzw. sind.

(BGBl I 2013/33)

§ 65. Die vorstehenden Bestimmungen dieses Abschnittes sind sinngemäß anzuwenden:

1. auf Anträge eines Gerichtes (Art. 140 Abs. 1 Z 1 lit. a B-VG), die die Entscheidung begehren, dass das angefochtene Gesetz oder bestimmte Stellen eines solchen verfassungswidrig waren (Art. 89 Abs. 3 B-VG);

2. wenn der Verfassungsgerichtshof über die Verfassungswidrigkeit eines Gesetzes oder von bestimmten Stellen eines solchen von Amts wegen zu erkennen hat (Art. 140 Abs. 1 Z 1 lit. b B-VG).

(BGBl I 2013/33)

§ 65a. Wurde das Gesetzesprüfungsverfahren auf Antrag einer Person, die unmittelbar durch die Verfassungswidrigkeit des Gesetzes in ihren Rechten verletzt zu sein behauptet „(Art. 140 Abs. 1 Z 1 lit. c B-VG)“, eingeleitet, so sind ihr im „Fall“ des Obsiegens die erwachsenen Prozesskosten im „Fall“ eines Bundesgesetzes vom Bund, im „Fall“ eines Landesgesetzes vom betreffenden Land zu ersetzen. *(BGBl I 2013/33)*

(BGBl I 2003/100)

„ „I.“* Bei Prüfung der Rechtmäßigkeit von Staatsverträgen (Art. 140a „B-VG“**)“***

(BGBl I 2003/100; ** BGBl I 2013/33; *** BGBl I 2014/101)*

§ 66. „Bei Prüfung der Rechtmäßigkeit von Staatsverträgen sind auf die politischen, gesetzändernden und gesetzesergänzenden Staatsverträge und auf die Staatsverträge, durch die die vertraglichen Grundlagen der Europäischen Union geändert werden, die Bestimmungen des „Abschnittes H“**, auf alle anderen Staatsverträge die Bestimmungen des „Abschnittes F“** sinngemäß mit folgenden Maßgaben anzuwenden:“*

1. Zur Verhandlung sind der Antragsteller und die Verwaltungsbehörde, die den Staatsvertrag abgeschlossen hat, zu laden. Zur Vertretung eines vom Bundespräsidenten abgeschlossenen Staatsvertrages ist die Bundesregierung, handelt es sich jedoch um einen Staatsvertrag gemäß Art. 16 Abs. 1 B-VG, die Landesregierung berufen. „ “ *(BGBl I 2003/100; BGBl I 2014/92)*

2. Das Erkenntnis hat auszusprechen, ob der ganze Inhalt des Staatsvertrages oder bestimmte Stellen wegen Rechtswidrigkeit von den zu seiner Vollziehung berufenen Organen nicht anzuwenden sind.

3. Das Erkenntnis des Verfassungsgerichtshofes ist auch jener Verwaltungsbehörde zuzustellen, die den Staatsvertrag abgeschlossen hat. Hat der Bundespräsident den Staatsvertrag abgeschlossen, so ist das Erkenntnis der Bundesregierung, handelt es sich jedoch um einen Staatsvertrag gemäß Art. 16 Abs. 1 „B-VG“, der Landesregierung zuzustellen. Betrifft das Erkenntnis einen Staatsvertrag, der mit Genehmigung des Nationalrates abgeschlossen wurde, so ist es überdies dem Bundeskanzler zuzustellen, betrifft das Erkenntnis einen Staatsvertrag, der mit Genehmigung eines Landtages abgeschlossen wurde, so ist es überdies dem Landeshauptmann zuzustellen. *(BGBl I 2013/33)*

4. Wird in dem Erkenntnis des Verfassungsgerichtshofes die Rechtswidrigkeit festgestellt, so muss in der nach Art. 140a „B-VG“** im Zusammenhang mit Art. 139 Abs. 5 oder Art. 140 Abs. 5 „B-VG“** zu erlassenden Kundmachung zum Ausdruck gebracht werden, dass der Staatsvertrag nach dem genau zu „bezeichnenden“* Erkenntnis des Verfassungsgerichtshofes von den zu seiner Vollziehung berufenen Organen nicht anzuwenden und die Wirksamkeit eines allfälligen, diesen Staatsvertrag betreffenden Genehmigungsbeschlusses oder einer allfälligen Anordnung, den Staatsvertrag durch Verordnung zu erfüllen, erloschen

ist. *(*BGBl I 1999/194 (DFB); **BGBl I 2013/33)*

*(BGBl 1988/732; *BGBl I 2012/51; **BGBl I 2014/101)*

„ „J.“* Bei Anfechtungen von Wahlen, bei Anträgen auf Mandatsverlust, bei Anfechtungen des Ergebnisses von Volksbegehren, Volksabstimmungen, Volksbefragungen und Europäischen Bürgerinitiativen, bei der Aufnahme von Personen in Wählerevidenzen und der Streichung von Personen aus Wählerevidenzen und bei der Anfechtung von selbstständig anfechtbaren Bescheiden und Entscheidungen der Verwaltungsbehörden „und Erkenntnissen und Beschlüssen der Verwaltungsgerichte“** in allen diesen Fällen (Art. 141 B-VG)“***

*(*BGBl I 2013/33; **BGBl I 2014/92; ***BGBl I 2014/101)*

§ 67. (1) Die Wahl des Bundespräsidenten, die Wahlen zu den allgemeinen Vertretungskörpern, zum Europäischen Parlament und zu den satzungsgebenden Organen (Vertretungskörpern) der gesetzlichen beruflichen Vertretungen, die Wahlen in die Landesregierung und in die mit der Vollziehung betrauten Organe einer Gemeinde (im Folgenden Gemeindevorstand genannt) und die Ergebnisse von Volksbegehren, Volksabstimmungen, Volksbefragungen und Europäischen Bürgerinitiativen können wegen jeder behaupteten Rechtswidrigkeit des Verfahrens (im Folgenden Wahlverfahren genannt) angefochten werden. Eine solche Anfechtung (im Folgenden Wahlanfechtung genannt) hat den begründeten Antrag auf Nichtigerklärung des Wahlverfahrens oder eines bestimmten Teiles desselben zu enthalten. *(BGBl I 2013/33)*

(2) „Die Anfechtung der Wahl in die Landesregierung bedarf eines Antrages eines Zehntels der Mitglieder des Landtages, mindestens aber von zwei Mitgliedern, die Anfechtung der Wahl in den Gemeindevorstand des Antrages eines Zehntels der Mitglieder des Gemeinderates, mindestens aber von zwei Mitgliedern.“ Zur Anfechtung der übrigen im Abs. 1 genannten Wahlen sind Wählergruppen (Parteien) berechtigt, die bei einer durch die Wahlordnung vorgeschriebenen Wahlbehörde Wahlvorschläge für die angefochtene Wahl rechtzeitig vorgelegt haben, und zwar durch ihren zustellungsbevollmächtigten Vertreter. Sieht die Wahlordnung keine derartige Anmeldung von Wahlvorschlägen vor, so richtet sich die Berechtigung zur Anfechtung von Wahlen vor dem Verfassungsgerichtshof nach den besonderen Bestimmungen solcher Wahlordnungen. Eine Wahlanfechtung kann auch der Wahlwerber einbringen, der behauptet, dass ihm die Wählbarkeit im Wahlverfahren rechtswidrig aberkannt wurde. *(BGBl I 2013/33)*

(3) Der Verfassungsgerichtshof hat einer auf die Rechtswidrigkeit eines Bescheides „oder einer Entscheidung einer Verwaltungsbehörde oder eines Erkenntnisses oder Beschlusses eines Verwaltungsgerichtes“ gegründeten Wahlanfechtung auf Antrag der anfechtenden Partei in sinngemäßer Anwendung des § 85 Abs. 2 erster Satz die aufschiebende Wirkung zuzuerkennen. § 85 Abs. 2 zweiter Satz, Abs. 3 und Abs. 4 ist sinngemäß anzuwenden. *(BGBl I 2013/33; BGBl I 2014/92)*

(4) Auf das Verfahren über die Aufnahme von Personen in Wählerevidenzen und die Streichung von Personen aus Wählerevidenzen sind die Bestimmungen dieses Abschnittes über Wahlanfechtungen, die auf die Rechtswidrigkeit eines Bescheides „oder einer Entscheidung einer Verwaltungsbehörde oder eines Erkenntnisses oder Beschlusses eines Verwaltungsgerichtes“ gegründet werden, sinngemäß anzuwenden. *(BGBl I 2013/33; BGBl I 2014/92)*

(BGBl 1958/18)

§ 68. (1) Soweit das in Betracht kommende Gesetz (im Folgenden Wahlordnung genannt) nicht anderes bestimmt, ist die Wahlanfechtung binnen vier Wochen nach Beendigung des Wahlverfahrens oder, wenn sie auf die Rechtswidrigkeit eines Bescheides „oder einer Entscheidung einer Verwaltungsbehörde oder eines Erkenntnisses oder Beschlusses eines Verwaltungsgerichtes“ gegründet wird, binnen vier Wochen nach „seiner bzw. ihrer Zustellung“ einzubringen. In den Angelegenheiten des eigenen Wirkungsbereiches der Gemeinde kann die Wahlanfechtung erst nach Erschöpfung des Instanzenzuges eingebracht werden. Wird in der Wahlanfechtung zum Zweck der Beweisführung auf Urkunden Bezug genommen, so sind ihr Ausfertigungen, Abschriften oder Kopien dieser Urkunden anzuschließen. *(BGBl I 2013/33; BGBl I 2014/92)*

(2) Der Verfassungsgerichtshof hat eine Ausfertigung der eingebrachten Wahlanfechtung der nach der in Betracht kommenden Wahlordnung höchsten Wahlbehörde mit dem Auftrag zu übermitteln, die Wahlakten binnen einer bestimmten Frist vorzulegen. Dieser Wahlbehörde steht es frei, eine Gegenschrift spätestens bei Vorlage der Wahlakten zu erstatten.

§ 69. (1) Zur öffentlichen mündlichen Verhandlung vor dem „Verfassungsgerichtshof“ sind außer der anfechtenden Partei alle Wählergruppen (Parteien) zu laden, die an der Bewerbung zu der angefochtenen Wahl teilgenommen haben, oder die sonst nach der betreffenden Wahlordnung zur Anfechtung der Wahl berechtigten Parteien. Der im § 68 Abs. 2 bezeichneten Wahlbehörde ist die

Entsendung eines Vertreters freizustellen. *(BGBl I 2013/33)*

(2) Besteht die in der Wahlanfechtung behauptete Rechtswidrigkeit des Wahlverfahrens darin, dass eine nicht wählbare Person für gewählt erklärt oder einer wählbaren Person die Wählbarkeit zu Unrecht aberkannt worden ist, ist auch diese Person zu laden. *(BGBl I 2013/33)*

§ 70. (1) Einer gemäß § 67 eingebrachten Wahlanfechtung hat der Verfassungsgerichtshof stattzugeben, wenn die behauptete Rechtswidrigkeit des Wahlverfahrens erwiesen wurde und auf das Wahlergebnis von Einfluss war. In dem der Anfechtung stattgebenden Erkenntnis hat der Verfassungsgerichtshof entweder das ganze Wahlverfahren oder von ihm genau zu bezeichnende Teile des Wahlverfahrens aufzuheben. *(BGBl I 2013/33)*

(2) Gibt der Verfassungsgerichtshof einer Wahlanfechtung statt, weil eine nicht wählbare Person für gewählt erklärt worden ist, so hat er die Wahl dieser Person für nichtig zu erklären. In diesem „Fall" finden die Bestimmungen der betreffenden Wahlordnung Anwendung, die sich auf das Freiwerden eines Mandats beziehen. *(BGBl I 2013/33)*

(3) Gibt der Verfassungsgerichtshof einer Wahlanfechtung statt, weil einer wählbaren Person die Wählbarkeit zu Unrecht aberkannt worden ist, so hat das Erkenntnis auszusprechen, ob hiedurch die Wahl anderer Personen nichtig geworden ist, und in diesem „Fall" die Wahl dieser Personen aufzuheben. Hat die angefochtene Wahl auf Grund von angemeldeten Parteilisten stattgefunden, so hat die zuständige Wahlbehörde ihre Verlautbarung des Wahlergebnisses richtigzustellen. *(BGBl I 2013/33)*

(4) Die Wahlbehörden, die nach Stattgebung der Wahlanfechtung in der Sache die weiteren Verfügungen zu treffen haben, sind an die tatsächlichen Feststellungen und an die Rechtsanschauung gebunden, von denen der Verfassungsgerichtshof bei seinem Erkenntnis ausgegangen ist.

(5) In den Fällen der Abs. 1 bis 3 ist das Erkenntnis des Verfassungsgerichtshofes dem Vorsitzenden des betreffenden Vertretungskörpers (der gesetzlichen beruflichen Vertretung selbst) unverzüglich zuzustellen. Jene Personen, deren Wahl durch das Erkenntnis als aufgehoben oder als nichtig erklärt anzusehen ist, haben von dem dieser Zustellung folgenden Tag an den Beratungen des betreffenden Vertretungskörpers fernzubleiben und sich der Führung der Geschäfte in der Landesregierung (im Gemeindevorstand, in der gesetzlichen beruflichen Vertretung) zu enthalten. „Ist jedoch auf Grund des aufhebenden Erkenntnisses des Verfassungsgerichtshofes die teilweise oder gänzliche Wiederholung der Wahl zu einem allgemeinen Vertretungskörper, zum Europäischen Parlament oder zu einem satzungsgebenden Organ (Vertretungskörper) einer gesetzlichen beruflichen Vertretung erforderlich, so verlieren die betroffenen Mitglieder dieses Vertretungskörpers ihr Mandat erst im Zeitpunkt der Übernahme desselben durch die in der Wiederholungswahl gewählten Mitglieder." *(BGBl 1976/311; BGBl I 2003/100)*

§ 71. (1) „Die allgemeinen Vertretungskörper oder – sofern in den das Verfahren des jeweiligen Vertretungskörpers regelnden Rechtsvorschriften vorgesehen – der Vorsitzende oder ein Drittel der Mitglieder des Vertretungskörpers können beim Verfassungsgerichtshof den Antrag stellen, ein Mitglied des Vertretungskörpers aus einem gesetzlich vorgesehenen Grund seines Mandates für verlustig zu erklären."** Dies gilt entsprechend für die „Gemeinderäte"* gegenüber den Mitgliedern des Gemeindevorstandes hinsichtlich dieser Funktion und für die in den Wahlordnungen der gesetzlichen beruflichen Vertretungen hiezu bestimmten Organe gegenüber den satzungsgebenden Organen (Vertretungskörpern) einer gesetzlichen beruflichen Vertretung. Wird ein solcher Beschluss von einem dieser Vertretungskörper gefasst, so hat dessen Vorsitzender, wenn es sich aber um ihn selbst handelt, sein Stellvertreter den Antrag namens des Vertretungskörpers beim Verfassungsgerichtshof einzubringen. *(BGBl 1958/18; *BGBl I 2013/33; **BGBl I 2016/41)*

(2) Tritt der Verlust der Wählbarkeit infolge strafgerichtlicher Verurteilung ein, ist der Verfassungsgerichtshof an das rechtskräftige Strafurteil gebunden.

(3) Auf das Verfahren finden die Bestimmungen über Wahlanfechtungen sinngemäß Anwendung. Zur öffentlichen mündlichen Verhandlung ist auch diejenige Person, die ihres Mandates verlustig erklärt werden soll, zu laden. *(BGBl 1958/18)*

(4) Die Abs. 1 bis 3 sind sinngemäß anzuwenden, wenn der Antrag auf Mandatsverlust gemäß den §§ 9 und 10 des „Unvereinbarkeits- und Transparenz-Gesetzes – Unv-Transparenz-G, BGBl. Nr. 330/1983," gestellt wird. *(BGBl I 2002/123; BGBl I 2013/33)*

(5) Stellt der Vorsitzende eines Vertretungskörpers einen Antrag auf Mandatsverlust, ist dieser vom Vorsitzenden zu unterzeichnen. *(BGBl I 2016/41)*

(6) Die Abs. 1 bis 3 sind auf Anträge auf Amtsverlust gemäß Art. 141 Abs. 1 lit. d, e und f B-VG sinngemäß anzuwenden. *(BGBl I 2016/41)*

§ 71a. (1) Die Anfechtung „eines Bescheides oder einer Entscheidung einer Verwaltungsbehörde oder eines Erkenntnisses oder Beschlusses eines Verwaltungsgerichtes, mit dem bzw. mit der"

der Verlust des Mandates in einem allgemeinen Vertretungskörper, der Funktion in einem Gemeindevorstand oder in einem satzungsgebenden Organ (Vertretungskörper) einer gesetzlichen beruflichen Vertretung ausgesprochen wird, ist binnen sechs Wochen nach „seiner bzw. ihrer Zustellung" einzubringen. *(BGBl I 2013/33; BGBl I 2014/92)*

(2) In dem Verfahren vor dem Verfassungsgerichtshof hat auch der Vertretungskörper (die gesetzliche berufliche Vertretung) Parteistellung.

(3) Die Anfechtung hat aufschiebende Wirkung.

(4) Der Verfassungsgerichtshof hat der Anfechtung stattzugeben und den angefochtenen Bescheid „, die angefochtene Entscheidung, das angefochtene Erkenntnis bzw. den angefochtenen Beschluss" aufzuheben, wenn die behauptete Rechtswidrigkeit stattgefunden hat. *(BGBl I 2014/92)*

(5) Auf das Verfahren sind „im Übrigen"** die „§§ 82 „Abs. 2 bis 3b"***,"* 83, 84 Abs. 1, 86 und 88 sinngemäß anzuwenden. Zur öffentlichen mündlichen Verhandlung sind der Anfechtungswerber sowie die Behörde zu laden. *(*BGBl I 2002/123; **BGBl I 2013/33; ***BGBl I 2017/24)*

(BGBl I 2003/100)

„K" . Bei Anklagen, mit denen die verfassungsmäßige Verantwortlichkeit der obersten Bundes- und Landesorgane für die durch ihre Amtstätigkeit erfolgten schuldhaften Rechtsverletzungen geltend gemacht wird (Art. 142 und 143 „B-VG"*)**

*(BGBl I 2003/100; *BGBl I 2013/33; **BGBl I 2014/101)*

§ 72. (1) Die von der Bundesversammlung, von dem Nationalrat oder von einem Landtag beschlossenen Anklagen werden beim „Verfassungsgerichtshof" durch Übermittlung einer beglaubigten Abschrift des Protokolls über die Sitzung erhoben, in der der Anklagebeschluss gefasst worden ist. *(BGBl I 2013/33)*

(2) Der betreffende Vertretungskörper hat zugleich die Mitglieder zu bezeichnen, die mit der Vertretung der Anklage vor dem „Verfassungsgerichtshof" beauftragt sind. *(BGBl I 2013/33)*

(3) Die von der Bundesregierung beschlossenen Anklagen sind vom Bundeskanzler einzubringen. Der Anklage muss die beglaubigte Abschrift der Stellen des Ministerratsprotokolls beigelegt werden, aus denen der Beschluss der Bundesregierung auf Erhebung der Anklage hervorgeht. Dies gilt sinngemäß auch für den Fall der nachträglichen Ausdehnung der Anklage auf ein nach Art. 103 Abs. 2 B-VG mit Angelegenheiten der mittelbaren Bundesverwaltung befasstes Mitglied der Landesregierung. *(BGBl I 2008/4)*

§ 73. Wird eine Anklage auch gemäß Art. 143 „B-VG" erhoben, so sind in der Anklageschrift die dem Beschuldigten zur Last gelegten strafbaren Handlungen nach allen ihren gesetzlichen, die Anwendung eines bestimmten Strafsatzes bedingenden Merkmalen, ihre gesetzliche Benennung und die Stellen des Strafgesetzes, deren Anwendung beantragt wird, anzuführen. *(BGBl I 2013/33)*

§ 74. (1) Der Anordnung der öffentlichen mündlichen Verhandlung hat eine Voruntersuchung voranzugehen.

(2) Diese Voruntersuchung führt ein vom Präsidenten aus den Mitgliedern des Verfassungsgerichtshofes bestellter Untersuchungsrichter.

(3) „Öffentlich Bedienstete" sind bei ihrer Vernehmung durch den Untersuchungsrichter und in der öffentlichen mündlichen Verhandlung der Pflicht zur Amtsverschwiegenheit entbunden. *(BGBl I 2008/4)*

(4) Die Untersuchung ist mit tunlichster Beschleunigung durchzuführen.

(5) „Die Voruntersuchung ist einzustellen, wenn der Vertretungskörper (die Vertretungskörper) oder die Bundesregierung ihre Anklage zurückziehen." Hierüber entscheidet der Verfassungsgerichtshof in nichtöffentlicher Sitzung. *(BGBl 1990/329; BGBl I 2008/4)*

§ 75. (1) Nach geschlossener Voruntersuchung legt der Untersuchungsrichter die Akten dem Präsidenten „ " vor, der die öffentliche mündliche Verhandlung anzuordnen hat. *(BGBl I 2008/4)*

(2) Der Tag der öffentlichen mündlichen Verhandlung ist derart zu bestimmen, dass dem Angeklagten insoweit er nicht selbst eine Abkürzung begehrt, zur Vorbereitung seiner Verteidigung eine Frist von wenigstens zwei Wochen bleibt. *(BGBl I 2013/33)*

(3) Zur öffentlichen mündlichen Verhandlung sind sowohl der Angeklagte als auch dessen Verteidiger sowie die mit der Vertretung der Anklage Beauftragten zu laden. *(BGBl 1990/329)*

§ 76. Der Untersuchungsrichter ist von der Mitwirkung bei der öffentlichen mündlichen Verhandlung ausgeschlossen.

§ 77. Die Öffentlichkeit der mündlichen Verhandlung darf nur wegen Gefährdung der Sicherheit des Staates ausgeschlossen werden.

§ 78. Die öffentliche mündliche Verhandlung beginnt mit der Verlesung der Anklage durch den Schriftführer.

§ 79. (1) Wenn der Angeklagte verurteilt wird, hat der Verfassungsgerichtshof in der Regel auch über „geltend gemachte“ Ersatzansprüche zu erkennen. *(BGBl I 2013/33)*

(2) Das Urteil kann sich darauf beschränken, die Verpflichtung zur Ersatzleistung auszusprechen und die Feststellung des Betrages dem ordentlichen Rechtsweg vorzubehalten.

§ 80. (1) Die Anklage muss beim „Verfassungsgerichtshof“ binnen einem Jahr nach dem Tag erhoben werden, an dem die beschuldigte Person aus der Amtstätigkeit geschieden ist, auf die sich die zu erhebende Anklage beziehen würde. *(BGBl I 2013/33)*

(2) In die einjährige Frist gemäß Abs. 1 ist der Zeitraum von dem Tag, an dem der Antrag auf Erhebung der Anklage im Vertretungskörper (im jeweiligen Vertretungskörper) gestellt worden ist, bis zur endgültigen Beschlussfassung über diesen Antrag – jedoch höchstens in der Dauer von sechs Monaten – nicht einzurechnen. *(BGBl I 2008/4)*

(3) Durch den Ablauf der Gesetzgebungsperiode des Vertretungskörpers (eines der Vertretungskörper) oder durch das Ausscheiden der Bundesregierung aus dem Amt wird das Verfahren über eine beschlossene Anklage nicht gehindert. *(BGBl I 2008/4)*

§ 81. Auf das Verfahren über die gemäß den Art. 142 und 143 B-VG erhobenen Anklagen ist, soweit in diesem Gesetz nicht anderes bestimmt ist, die Strafprozeßordnung 1975 – StPO, BGBl. Nr. 631/1975, sinngemäß anzuwenden.

(BGBl I 2013/33)

„ „L.“* Bei Beschwerden wegen Verletzung in verfassungsgesetzlich gewährleisteten Rechten oder Verletzung in Rechten wegen Anwendung einer gesetzwidrigen Verordnung, einer gesetzwidrigen Kundmachung über die Wiederverlautbarung eines Gesetzes (Staatsvertrages), eines verfassungswidrigen Gesetzes oder eines rechtswidrigen Staatsvertrages „(Art. 144 B-VG)“**“***

*(*BGBl I 2003/100; **BGBl I 2013/33; ***BGBl I 2014/101)*

§ 82. (1) Die Frist zur Erhebung einer Beschwerde gegen ein Erkenntnis eines Verwaltungsgerichtes gemäß Art. 144 B-VG (Beschwerdefrist) beträgt sechs Wochen. „Sie beginnt mit dem Tag der Zustellung des Erkenntnisses.“ *(BGBl I 2014/92)*

(2) Ist das Erkenntnis bereits einer anderen Partei zugestellt „ “ worden, kann die Beschwerde bereits ab dem Zeitpunkt erhoben werden, in dem der Beschwerdeführer von dem Erkenntnis Kenntnis erlangt hat. *(BGBl I 2017/24)*

(3) Hat die Partei innerhalb der Beschwerdefrist die Bewilligung der Verfahrenshilfe beantragt (§ 64 ZPO), so beginnt für sie die Beschwerdefrist mit der Zustellung des Bescheides über die Bestellung des Rechtsanwaltes an diesen. Der Bescheid ist durch den Verfassungsgerichtshof zuzustellen. Wird der rechtzeitig gestellte Antrag auf Bewilligung der Verfahrenshilfe abgewiesen, so beginnt die Beschwerdefrist mit der Zustellung des abweisenden Beschlusses an die Partei.

(3a) Wurde das Erkenntnis des Verwaltungsgerichts mündlich verkündet (§ 29 Abs. 2 des Verwaltungsgerichtsverfahrensgesetzes – VwGVG, BGBl. I Nr. 33/2013), ist ein Antrag auf Verfahrenshilfe nur nach einem Antrag auf Ausfertigung des Erkenntnisses gemäß § 29 Abs. 4 VwGVG durch mindestens einen der hiezu Berechtigten zulässig. Ein Nachweis über einen rechtzeitigen Antrag auf Ausfertigung des Erkenntnisses gemäß § 29 Abs. 4 VwGVG ist anzuschließen. *(BGBl I 2017/24)*

(3b) Die Beschwerde ist nicht mehr zulässig, wenn nach Verkündung oder Zustellung des Erkenntnisses oder Beschlusses ausdrücklich auf die Beschwerde verzichtet wurde. Der Verzicht ist bis zur Zustellung der Ausfertigung des Erkenntnisses oder Beschlusses dem Verwaltungsgericht, nach Zustellung der Ausfertigung des Erkenntnisses oder Beschlusses dem Verfassungsgerichtshof schriftlich bekanntzugeben oder zu Protokoll zu erklären. Wurde der Verzicht nicht von einem berufsmäßigen Parteienvertreter oder im Beisein eines solchen abgegeben, so kann er binnen drei Tagen schriftlich oder zur Niederschrift widerrufen werden. Ein Verzicht ist nur zulässig, wenn die Partei zuvor über die Folgen des Verzichts belehrt wurde. Wurde das Erkenntnis des Verwaltungsgerichts mündlich verkündet (§ 29 Abs. 2 VwGVG), ist eine Beschwerde nur nach einem Antrag auf Ausfertigung des Erkenntnisses gemäß § 29 Abs. 4 VwGVG durch mindestens einen der hiezu Berechtigten zulässig. *(BGBl I 2017/24)*

(4) Die Beschwerde hat zu enthalten:

1. die Bezeichnung des angefochtenen Erkenntnisses und des Verwaltungsgerichtes, das es erlassen hat;

2. den Sachverhalt;

3. die Angabe, ob der Beschwerdeführer durch das angefochtene Erkenntnis in verfassungsgesetzlich gewährleisteten Rechten oder wegen Anwendung einer gesetzwidrigen Verordnung, einer gesetzwidrigen Kundmachung über die Wiederverlautbarung eines Gesetzes (Staatsvertrages), eines verfassungswidrigen Gesetzes oder eines rechtswidrigen Staatsvertrages in seinen Rechten verletzt zu sein behauptet, im letzteren Fall auch die Bezeichnung der für rechtswidrig erachteten Rechtsvorschrift;

4. ein bestimmtes Begehren;

5. die Angaben, die erforderlich sind, um zu beurteilen, ob die Beschwerde rechtzeitig eingebracht ist.

(5) Der Beschwerde ist eine Ausfertigung, Abschrift oder Kopie des angefochtenen Erkenntnisses anzuschließen, wenn es dem Beschwerdeführer zugestellt worden ist. „Andernfalls ist das Vorliegen der Voraussetzungen des Abs. 1 letzter Satz oder des Abs. 2 nachzuweisen.“ *(BGBl I 2017/24)*

(BGBl I 2013/33)

§ 83. (1) *(entfällt, BGBl I 2015/23(VfGH))*

(2) Der Verfassungsgerichtshof kann die Parteien auffordern, binnen angemessener Frist weitere schriftliche Äußerungen und Gegenäußerungen zu erstatten. Die Parteien können auch unaufgefordert schriftliche Äußerungen und Gegenäußerungen erstatten.

(3) § 20 „Abs. 4“ ist sinngemäß mit der Maßgabe anzuwenden, dass die belangte Behörde, soweit sie dies nicht bereits bei Vorlage von Akten an das Verwaltungsgericht getan hat, anlässlich der Vorlage von Akten durch das Verwaltungsgericht an den Verfassungsgerichtshof verlangen kann, dass bestimmte Akten oder Aktenbestandteile im öffentlichen Interesse von der Akteneinsicht ausgenommen werden. *(BGBl I 2014/92; BGBl I 2017/24)*

(BGBl I 2013/33)

§ 84. (1) Nach Einlangen der Gegenschrift und „allfälliger Äußerungen und Gegenäußerungen“** oder nach Ablauf der Fristen und wenn die Behandlung der Beschwerde nicht gemäß § 19 Abs. 3 Z 1 mit Beschluss, der durch eine kurze Angabe der dafür wesentlichen rechtlichen Gesichtspunkte zu begründen und „den Parteien“** zuzustellen ist, abgelehnt wurde, beraumt der Präsident „ “** die Verhandlung an. *(BGBl 1981/353; *BGBl I 2008/4; **BGBl I 2013/33)*

(2) Zu dieser Verhandlung sind „die Parteien“ zu laden. *(BGBl I 2013/33)*

§ 85. (1) Die Beschwerde hat keine aufschiebende Wirkung.

(2) Der Verfassungsgerichtshof hat der Beschwerde auf Antrag des Beschwerdeführers die aufschiebende Wirkung mit Beschluss zuzuerkennen, wenn dem nicht zwingende öffentliche Interessen entgegenstehen und nach Abwägung der berührten öffentlichen Interessen und Interessen anderer Parteien mit dem Vollzug des angefochtenen Erkenntnisses oder mit der Ausübung der durch das angefochtene Erkenntnis eingeräumten Berechtigung für den Beschwerdeführer ein unverhältnismäßiger Nachteil verbunden wäre. Die Zuerkennung der aufschiebenden Wirkung bedarf nur dann einer Begründung, wenn durch sie Interessen anderer Parteien berührt werden. Wenn sich die Voraussetzungen, die für die Entscheidung über die aufschiebende Wirkung der Beschwerde maßgebend waren, wesentlich geändert haben, ist von Amts wegen oder auf Antrag einer Partei neu zu entscheiden. *(BGBl I 2013/122)*

(3) Beschlüsse gemäß Abs. 2 sind den Parteien zuzustellen. Wird die aufschiebende Wirkung zuerkannt, ist der Vollzug des angefochtenen Erkenntnisses aufzuschieben und sind die hiezu erforderlichen Anordnungen zu treffen; der durch das angefochtene Erkenntnis Berechtigte darf diese Berechtigung nicht ausüben. *(BGBl I 2013/33)*

(4) Wenn der Verfassungsgerichtshof nicht versammelt ist, so sind Beschlüsse gemäß Abs. 2 auf Antrag des Referenten vom Präsidenten „ “ zu fassen. *(BGBl I 2008/4)*

(BGBl 1981/353)

§ 86. Wird vor Schluss der Verhandlung über die Beschwerde der Nachweis erbracht, dass der Beschwerdeführer klaglos gestellt erscheint, so hat der Verfassungsgerichtshof nach Einvernehmung des Beschwerdeführers die Beschwerde als gegenstandslos geworden zu erklären und das Verfahren einzustellen. *(BGBl I 2013/33)*

§ 86a. (1) Ist beim Verfassungsgerichtshof eine erhebliche Anzahl von Verfahren über Beschwerden anhängig, in denen gleichartige Rechtsfragen zu lösen sind, oder besteht Grund zur Annahme, dass eine erhebliche Anzahl solcher Beschwerden eingebracht werden wird, so kann der Verfassungsgerichtshof dies mit Beschluss aussprechen. Ein solcher Beschluss hat zu enthalten:

1. die in diesen Verfahren anzuwendenden Rechtsvorschriften;

2. die auf Grund dieser Rechtsvorschriften zu lösenden Rechtsfragen;

3. die Angabe, welche der Beschwerden der Verfassungsgerichtshof behandeln wird.

(2) Beschlüsse gemäß Abs. 1 verpflichten, soweit es sich bei den darin genannten Rechtsvorschriften zumindest auch um „Gesetze, politische, gesetzändernde oder gesetzesergänzende Staatsverträge oder Staatsverträge, durch die die vertraglichen Grundlagen der Europäischen Union geändert werden,“ handelt, den Bundeskanzler oder den zuständigen Landeshauptmann, ansonsten die zuständige oberste Behörde des Bundes oder des Landes zu ihrer unverzüglichen Kundmachung.[1)] *(BGBl I 2012/51)*

(3) Mit Ablauf des Tages der Kundmachung des Beschlusses gemäß Abs. 1 treten folgende Wirkungen ein:

1. in Rechtssachen, in denen ein Verwaltungsgericht die im Beschluss genannten Rechtsvorschriften anzuwenden und eine darin genannte Rechtsfrage zu beurteilen hat:

a) Es dürfen nur solche Handlungen vorgenommen oder Anordnungen und Entscheidungen getroffen werden, die durch das Erkenntnis des Verfassungsgerichtshofes nicht beeinflusst werden können oder die die Frage nicht abschließend regeln und keinen Aufschub gestatten.

b) Die Beschwerdefrist beginnt nicht zu laufen; eine laufende Beschwerdefrist wird unterbrochen. *(BGBl I 2013/33)*

2. in allen beim Verfassungsgerichtshof anhängigen Verfahren gemäß Abs. 1, die im Beschluss gemäß Abs. 1 nicht genannt sind:
Es dürfen nur solche Handlungen vorgenommen oder „Anordnungen und Entscheidungen" getroffen werden, die durch das Erkenntnis des Verfassungsgerichtshofes nicht beeinflusst werden können oder die die Frage nicht abschließend regeln und keinen Aufschub gestatten.
(BGBl I 2013/33)

(4) In seinem Erkenntnis fasst der Verfassungsgerichtshof seine Rechtsanschauung in einem oder mehreren Rechtssätzen zusammen, die nach Maßgabe des Abs. 2 unverzüglich kundzumachen sind.[2] Mit Ablauf des Tages der Kundmachung beginnt eine unterbrochene Beschwerdefrist neu zu laufen und enden die sonstigen Wirkungen des Abs. 3.

(BGBl I 2008/4)

---

[1] *Siehe die K BGBl I 2016/57.*
[2] *Siehe die K BGBl I 2016/91.*

§ 87. (1) Das Erkenntnis hat auszusprechen, ob der Beschwerdeführer durch „das angefochtene Erkenntnis" in einem verfassungsgesetzlich gewährleisteten Recht oder wegen Anwendung einer gesetzwidrigen Verordnung, einer gesetzwidrigen Kundmachung über die Wiederverlautbarung eines Gesetzes (Staatsvertrages), eines verfassungswidrigen Gesetzes oder eines rechtswidrigen Staatsvertrages in seinen Rechten verletzt worden ist, und bejahendenfalls „das angefochtene Erkenntnis" aufzuheben. *(BGBl I 2003/100; BGBl I 2013/122)*

(2) Wenn der Verfassungsgerichtshof einer Beschwerde stattgegeben hat, sind die Verwaltungsgerichte und die Verwaltungsbehörden verpflichtet, in der betreffenden Rechtssache mit den ihnen zu Gebote stehenden rechtlichen Mitteln unverzüglich den der Rechtsanschauung des Verfassungsgerichtshofes entsprechenden Rechtszustand herzustellen. *(BGBl I 2013/33)*

(3) Lehnt der Verfassungsgerichtshof die Behandlung einer Beschwerde ab oder weist er die Beschwerde ab, so hat, wenn bis dahin ein darauf abzielender Antrag des Beschwerdeführers gestellt worden ist, der Verfassungsgerichtshof, wenn dieser Antrag innerhalb von zwei Wochen nach Zustellung der Entscheidung des Verfassungsgerichtshofes gestellt wird, der Referent, auszusprechen, dass die Beschwerde gemäß Art. 144 Abs. 3 B-VG dem Verwaltungsgerichtshof abgetreten wird. „ " *(BGBl 1984/297; BGBl I 2013/33)*

§ 88. Der Partei, die unterliegt oder die den Beschwerdeführer klaglos gestellt hat, kann auf Antrag der Ersatz der Prozesskosten auferlegt werden. Das „Gleiche" gilt sinngemäß für den Fall, dass der Beschwerdeführer die Beschwerde vor der mündlichen Verhandlung zurückzieht, ohne klaglos gestellt worden zu sein. *(BGBl I 2013/33)*

§ 88a. (1) Auf die Beschlüsse der Verwaltungsgerichte sind die für deren Erkenntnisse geltenden Bestimmungen dieses Abschnittes sinngemäß anzuwenden.

(2) Eine Beschwerde ist nicht zulässig gegen:

1. Aussprüche gemäß § 25a Abs. 1 des Verwaltungsgerichtshofgesetzes 1985 – VwGG, BGBl. Nr. 10/1985;

2. Beschlüsse gemäß § 30a Abs. 1, 3, 8 und 9 VwGG;

3. Beschlüsse gemäß § 30b Abs. 3 VwGG;

4. Beschlüsse gemäß § 61 Abs. 2 VwGG.

(3) Gegen verfahrensleitende Beschlüsse ist eine abgesonderte Beschwerde nicht zulässig. Sie können erst in der Beschwerde gegen das die Rechtssache erledigende Erkenntnis angefochten werden.

(BGBl I 2013/33)

M. Bei Beschwerden wegen Verletzung in Rechten gemäß der DSGVO durch den Verfassungsgerichtshof

(BGBl I 2018/22)

§ 88b. Die §§ 84 und 85 GOG gelten sinngemäß mit der Maßgabe, dass über behauptete Verletzungen solcher Rechte durch den Verfassungsgerichtshof der Gerichtshof in nichtöffentlicher Sitzung durch Beschluss nach den Bestimmungen dieses Bundesgesetzes entscheidet.

„ „„„N."****"***** Bei Meinungsverschiedenheiten über die Auslegung der gesetzlichen Bestimmungen, die die Zuständigkeit der Volksanwaltschaft oder eines Landesvolksanwalts regeln (Art. 148f und „Art. 148i Abs. 1 und 2"** „B-VG"***)"*

*(*BGBl I 2003/100; **BGBl I 2008/4; ***BGBl I 2013/33; ****BGBl I 2014/101; *****BGBl I 2018/22)*

§ 89. (1) Bei Meinungsverschiedenheiten zwischen der Volksanwaltschaft und der Bundesregierung oder einem Bundesminister über die

Auslegung der gesetzlichen Bestimmungen, die die Zuständigkeit der Volksanwaltschaft regeln, kann die Bundesregierung oder die Volksanwaltschaft den Antrag auf Entscheidung durch den Verfassungsgerichtshof stellen.

(2) Der Antrag ist binnen der Frist von vier Wochen zu stellen. Diese Frist beginnt für die Bundesregierung mit Ablauf des Tages, an dem sie amtlich Kenntnis davon erhält, dass die Volksanwaltschaft ihre Zuständigkeit zu einer in Angriff genommenen oder von ihr beabsichtigten Amtshandlung entgegen dem Einspruch der Bundesregierung oder des zuständigen Bundesministers für sich in Anspruch nimmt und auf der Fortsetzung der begonnenen oder auf dem Vollzug der beabsichtigten Amtshandlung besteht; für die Volksanwaltschaft beginnt die Frist mit Ablauf des Tages, an dem sie amtlich Kenntnis von der endgültigen ablehnenden Stellungnahme der Bundesregierung erhält oder an dem sie am Vollzug der strittigen Amtshandlung mit Kenntnis der Bundesregierung behindert wird.

(3) Die antragstellende Bundesregierung hat den Antrag sofort der Volksanwaltschaft mitzuteilen, die antragstellende Volksanwaltschaft der Bundesregierung.

§ 90. Die Anrufung des Verfassungsgerichtshofes hat den Aufschub oder die Unterbrechung der Amtshandlung der Volksanwaltschaft bis zur Entscheidung durch den Verfassungsgerichtshof zur Folge.

§ 91. Parteien des Verfahrens sind die Bundesregierung und die Volksanwaltschaft.

§ 92. Das Erkenntnis des Verfassungsgerichtshofes ist tunlichst binnen sechs Monaten nach Einlangen des Antrages zu fällen und sowohl der Bundesregierung als auch der Volksanwaltschaft zuzustellen.

§ 93. Die vorstehenden Bestimmungen sind sinngemäß anzuwenden auf Verfahren bei Meinungsverschiedenheiten

1. zwischen der Volksanwaltschaft und einer Landesregierung oder einem Mitglied der Landesregierung über die Auslegung der gesetzlichen Bestimmungen, die die Zuständigkeit der Volksanwaltschaft regeln „(Art. 148i Abs. 1 B-VG)“; *(BGBl I 2008/4)*

2. zwischen einem Landesvolksanwalt und der Landesregierung oder einem Mitglied der Landesregierung über die Auslegung der gesetzlichen Bestimmungen, die die Zuständigkeit des Landesvolksanwalts regeln (Art. 148i Abs. 2 B-VG).

„3. Teil
Schlussbestimmungen“

(BGBl I 2003/100)

„**§ 94.**“** „(1)“* § 5h in der Fassung des Bundesgesetzes BGBl. Nr. 334/1993 tritt mit 1. Juli 1993 in Kraft. *(BGBl 1993/334; *BGBl 1995/43; ** BGBl I 2003/100)*

(2) § 5e und § 5h in der Fassung des Bundesgesetzes BGBl. Nr. 43/1995 treten mit 1. Jänner 1995 in Kraft. *(BGBl 1995/43)*

(3) § 5e in der Fassung des Bundesgesetzes BGBl. Nr. 297/1995 tritt mit 1. Mai 1995 in Kraft. *(BGBl 1995/297)*

(4) § 5e Abs. 2 und § 5h Abs. 2 in der Fassung des Bundesgesetzes BGBl. Nr. 820/1995 treten mit 1. Jänner 1996 in Kraft. *(BGBl 1995/820)*

(5) In der Fassung des Bundesgesetzes BGBl. Nr. 201/1996 treten in Kraft:

1. § 5b Abs. 2 und § 5c Abs. 1 mit 1. Mai 1996,

2. § 5h mit 1. Juni 1996.

(BGBl 1996/201)

(6) Auf Mitglieder des Verfassungsgerichtshofes, deren Amtsenthebung vor dem 16. Februar 1996 eingeleitet wurde, ist § 5b Abs. 2 in der bis zum Ablauf des 30. April 1996 geltenden Fassung anzuwenden. *(BGBl 1996/201)*

(7) *(als nicht mehr geltend festgestellt, BGBl I 2008/2)*

(8) § 5e Abs. 2 und § 5h Z 2 in der Fassung des Bundesgesetzes BGBl. I Nr. 3/1997 treten mit 1. Jänner 1997 in Kraft. *(BGBl I 1997/3)*

(9) § 4 Abs. 1, 3, 5 und 6, § 5b Abs. 2, § 5c Abs. 1, § 5d, § 5e und § 5h in der Fassung des Bundesgesetzes BGBl. I Nr. 64/1997 und die Aufhebung des § 5 durch das Bundesgesetz BGBl. I Nr. 64/1997 treten mit 1. August 1997 in Kraft. Soweit Personen mit 1. August 1997 die zeitlichen Voraussetzungen für eine Geldentschädigung nach § 5 erfüllen, ist § 5 weiter anzuwenden. *(BGBl I 1997/64)*

(10) *(als nicht mehr geltend festgestellt, BGBl I 2008/2)*

„(11)“ § 17a und § 90 in der Fassung des Bundesgesetzes BGBl. I Nr. 88/1997 treten mit 1. August 1997 in Kraft. *(BGBl I 1997/88; BGBl I 1999/194 (DFB))*

(12) § 5b Abs. 2 und § 5f in der Fassung des Bundesgesetzes BGBl. I Nr. 86/2001 und die Aufhebung des § 5d durch das Bundesgesetz BGBl. I Nr. 86/2001 treten mit 1. Oktober 2000 in Kraft. *(BGBl I 2001/86)*

(13) Es treten in Kraft:

1. § 5h in der Fassung des Art. 65 Z 4 lit. a des Bundesgesetzes BGBl. I Nr. 142/2000 mit 1. Oktober 2000,

2. § 5e, § 5f erster Satz und § 5g in der Fassung des Bundesgesetzes BGBl. I Nr. 142/2000 und § 5h in der Fassung des Art. 65 Z 4 lit. b des

Bundesgesetzes BGBl. I Nr. 142/2000 mit 1. Jänner 2001. *(BGBl I 2000/142)*

(14) Der Titel und die §§ 17a, 28 Abs. 1 und 2 und 91 in der Fassung des Bundesgesetzes BGBl. I Nr. 136/2001 treten mit 1. Jänner 2002 in Kraft. *(BGBl I 2001/136)*

(15) § 7 Abs. 2 lit. a, § 13, die Überschrift zu den §§ 37 bis 41, § 71 Abs. 4, § 71a Abs. 5, § 72 Abs. 3, § 74 Abs. 5, § 80 Abs. 2 und 3, § 82 Abs. 3 und § 90 in der Fassung des Bundesgesetzes BGBl. I Nr. 123/2002 treten mit 1. Oktober 2002 in Kraft. *(BGBl I 2002/123)*

(16) § 5b Abs. 2 und § 5h Z 2 in der Fassung des Bundesgesetzes BGBl. I Nr. 71/2003 treten mit 1. Jänner 2004 in Kraft. *(BGBl I 2003/71)*

(17) Die Überschrift zum 1. Teil (zum bisherigen Ersten Abschnitt), § 5a Abs. 2, § 7 Abs. 2 lit. a, § 12, die Überschriften zum 2. Teil (zum bisherigen Zweiten Abschnitt) und zu dessen 1. Hauptstück (zu den §§ 15 bis 36), § 17 Abs. 2, § 19 Abs. 1 und Abs. 4 Z 3, § 22, § 24 Abs. 1 bis 3, § 28 Abs. 4, § 36, die Überschriften zum 2. Hauptstück (zu den §§ 36a bis 88) und zu dessen Abschnitt A, § 36c Abs. 2, § 36d, die Überschrift zu Abschnitt B, § 37, die Überschrift zu Abschnitt E, § 57 Abs. 2 bis 4, § 58 Abs. 1, § 60 Abs. 1, der neu eingefügte Abschnitt F samt Überschrift, die Überschrift zu Abschnitt G (zum bisherigen Abschnitt F), § 62 Abs. 3 und 4, § 63 Abs. 1, die Überschrift zu Abschnitt H (zum bisherigen Abschnitt G), § 66 Einleitung und Z 1, die Überschriften zu den Abschnitten I und J (zu den bisherigen Abschnitten H und I), § 67 Abs. 1 erster Satz, § 70 Abs. 5 letzter Satz, § 71a Abs. 1, die Überschrift zu Abschnitt K (zum bisherigen Abschnitt J), § 82 Abs. 1 und 2, § 85 Abs. 3, § 87 Abs. 1, der neu eingefügte Abschnitt L samt Überschrift, die Überschrift zum 3. Teil (zum bisherigen Dritten Abschnitt), die Paragraphenbezeichnungen der §§ 94 bis 96 (der bisherigen §§ 89 bis 91) sowie die sonstigen Überschriften und Bestimmungen in der Fassung des Bundesgesetzes BGBl. I Nr. 100/2003 treten mit 1. Jänner 2004 in Kraft. Zugleich tritt § 36g außer Kraft. *(BGBl I 2003/100)*

(18) § 15 Abs. 1, § 17a und § 24 Abs. 3 in der Fassung des Bundesgesetzes BGBl. I Nr. 89/2004 treten mit Ablauf des Monats der Kundmachung dieses Bundesgesetzes in Kraft. *(BGBl I 2004/89)*

(19) Soweit das Bundesgesetz, mit dem das Verfassungsgerichtshofgesetz geändert wird, BGBl. Nr. 329/1990, noch in Geltung steht, tritt es mit Ablauf des Monats der Kundmachung des Bundesgesetzes BGBl. I Nr. 89/2004 außer Kraft. Durch dieses Bundesgesetz geänderte gesetzliche Bestimmungen bleiben unberührt; durch dieses aufgehobene gesetzliche Bestimmungen treten nicht wieder in Kraft. *(BGBl I 2004/89)*

(20) § 5b Abs. 3 bis 5 in der Fassung des Bundesgesetzes BGBl. I Nr. 142/2004 tritt am 1. Jänner 2005 in Kraft. *(BGBl I 2004/142)*

(21) Die §§ 5f und 5g in der Fassung des Bundesgesetzes BGBl. I Nr. 80/2005 treten mit 1. Juli 2005 in Kraft. *(BGBl I 2005/80)*

(22) § 1 Abs. 2 bis 4, § 2 Abs. 1 letzter Satz, § 7 Abs. 2 lit. b, § 8 Abs. 2, § 13a Abs. 2, § 17a Z 1 und 4, § 19 Abs. 3 Z 1, § 19a samt Überschrift, § 28 Abs. 1 erster Satz und Abs. 2, § 33, § 34, § 36c Abs. 1, § 42 Abs. 1, § 43 Abs. 1, § 46 Abs. 1, § 47 Abs. 1, § 50 Abs. 1, § 56 Abs. 3, § 68 Abs. 1 letzter Satz, § 72 Abs. 3, § 74 Abs. 3 und Abs. 5 erster Satz, § 75 Abs. 1, § 80 Abs. 2 und 3, die Überschrift zu Abschnitt K, § 82 Abs. 1a, Abs. 2 Z 2 und Abs. 3, § 83 Abs. 1, § 84, § 85 Abs. 2 bis 4, § 86a, § 88a, die Überschrift zu Abschnitt L, § 93 Z 1 und § 94a samt Überschrift in der Fassung des Bundesgesetzes BGBl. I Nr. 4/2008 treten mit 1. Juli 2008 in Kraft; gleichzeitig tritt § 11 außer Kraft. *(BGBl I 2008/4)*

(23) § 15 Abs. 1, § 22, § 36 und die Überschrift zu Abschnitt A des 2. Hauptstückes in der Fassung des Bundesgesetzes BGBl. I Nr. 98/2010 treten mit 1. Jänner 2011 in Kraft. *(BGBl I 2010/98)*

(24) § 17a Z 4 und 5 in der Fassung des Art. 1 des Budgetbegleitgesetzes 2011, BGBl. I Nr. 111/2010, tritt mit 1. Jänner 2011 in Kraft. *(BGBl I 2010/111)*

(25) § 1 Abs. 3, § 12 Abs. 4 letzter Satz, § 19a Abs. 1 erster Satz, § 66 Einleitung und § 86a Abs. 2 in der Fassung des Bundesgesetzes BGBl. I Nr. 51/2012 treten mit Ablauf des Monats der Kundmachung dieses Bundesgesetzes in Kraft; gleichzeitig treten die Überschriften zu § 19a und § 94a außer Kraft.[1] *(BGBl I 2012/51)*

(26) In der Fassung des Art. 4 des Bundesgesetzes BGBl. I Nr. 33/2013 treten in Kraft:

1. § 17 Abs. 3 in der Fassung der Z 19, § 17a Z 6 in der Fassung der Z 25, § 19 Abs. 3 Z 1 in der Fassung der Z 29, § 19a Abs. 1 in der Fassung der Z 31, § 20 Abs. 1 in der Fassung der Z 32, § 20 Abs. 2 in der Fassung der Z 33, § 28 Abs. 4 in der Fassung der Z 38, § 33 in der Fassung der Z 39, § 34 in der Fassung der Z 40, § 43 Abs. 1 in der Fassung der Z 43, § 46 Abs. 1 in der Fassung der Z 45, § 57 Abs. 1 in der Fassung der Z 49, § 57 Abs. 3 (Abs. 2 neu) in der Fassung der Z 31, 50 und 51 „ “, § 57 Abs. 4 (Abs. 3 neu) in der Fassung der Z 50 und 52 „ “, § 58 in der Fassung der Z 53 und 54, § 59 in der Fassung der Z 55, § 61 in der Fassung der Z 56, § 61a in der Fassung der Z 49, § 62 Abs. 1 in der Fassung der Z 57, § 62 Abs. 2 in der Fassung der Z 58, § 62 Abs. 3 in der Fassung der Z 31 und 59, § 62 Abs. 4 in der Fassung der Z 60, § 63 Abs. 1 in der Fassung der Z 61, die §§ 64 und 65 in der Fassung der Z 64, § 65a in der Fassung der Z 57, die Überschrift zu Abschnitt I des 2. Hauptstückes

in der Fassung der Z 65, § 67 in der Fassung der Z 66 bis 69, § 68 Abs. 1 in der Fassung der Z 70, § 71 Abs. 1 in der Fassung der Z 71, § 71a Abs. 1 in der Fassung der Z 73, die Überschrift zu Abschnitt K des 2. Hauptstückes in der Fassung der Z 77, § 82 in der Fassung der Z 78, § 83 in der Fassung der Z 79, § 84 in der Fassung der Z 80 und 81, § 85 Abs. 2 in der Fassung der Z 82, diese in der Fassung des Art. 1 Z 5 des Bundesgesetzes BGBl. I Nr. 122/2013, § 85 Abs. 3 in der Fassung der Z 83, § 86a Abs. 3 in der Fassung der Z 31 und 84, § 87 Abs. 2 in der Fassung der Z 85 und § 88a in der Fassung der Z 87 mit 1. Jänner 2014; gleichzeitig treten § 57 Abs. 2, § 63 Abs. 3 und § 87 Abs. 3 letzter Satz außer Kraft; *(BGBl I 2017/24, ab 18. Jänner 2017)*

2. die sonstigen Bestimmungen und Änderungen, insbesondere auch Z 11 in der Fassung des Art. 1 Z 4 des Bundesgesetzes BGBl. I Nr. 122/2013 sowie die in Z 88 vorgesehene Anpassung von in Z 1 dieses Absatzes genannte Bestimmungen an die neue Rechtschreibung, mit Ablauf des Februars 2013.
(BGBl I 2013/122)

(27) In der Fassung des Art. 5 des Bundesgesetzes BGBl. I Nr. 122/2013 treten in Kraft:

1. § 12 Abs. 5, § 66 Z 1 und § 87 Abs. 1 mit 1. Jänner 2014;

2. die sonstigen Bestimmungen mit Ablauf des Monats der Kundmachung dieses Bundesgesetzes.[2)]
(BGBl I 2013/122)

(28) § 5h Z 2 in der Fassung des Bundesgesetzes BGBl. I Nr. 46/2014 tritt am 1. Jänner 2015 in Kraft und ist auch auf Personen anzuwenden, die im Zeitpunkt des Inkrafttretens dieses Bundesgesetzes bereits Ruhe(Versorgungs)bezüge nach den §§ 5b bis 5g dieses Bundesgesetzes bezogen haben. *(BGBl I 2014/46)*

(29) In der Fassung des Bundesgesetzes BGBl. I Nr. 92/2014 treten in bzw. außer Kraft:

1. „ “ die Überschrift zu Abschnitt I des 2. Hauptstückes des 2. Teiles, § 67 Abs. 3 und 4, § 68 Abs. 1, § 71a Abs. 1 und 4, § 82 Abs. 1 zweiter Satz und § 83 Abs. 3 mit Ablauf des Tages der Kundmachung dieses Bundesgesetzes;[3)]
(BGBl I 2017/24)

2. § 11, § 12 Abs. 2 und 5, § 17 Abs. 1, § 18, § 19 Abs. 3 bis 5, § 20 Abs. 1a bis 5, § 20a, § 31, § 35 Abs. 1, § 57 Abs. 2 bis 4, § 57a, § 58 Abs. 1 letzter Satz, § 62a, § 63 Abs. 1 letzter Satz und § 66 Z 1 letzter Satz mit 1. Jänner 2015. *(BGBl I 2014/101)*

„Art. 1 Z 1, Z 1e und Z 4a dieses Bundesgesetzes entfallen, § 7 Abs. 2, § 17 Abs. 2 und § 62 Abs. 3 bis 5 treten also nicht in Kraft.“ *(BGBl I 2014/92; BGBl I 2014/101)*

(30) § 7 Abs. 2, § 17 Abs. 2 und 3, § 17a Z 2, § 24 Abs. 4 bis 7, Abschnitt E samt Überschrift, die Abschnittsbezeichnungen der Abschnitte F bis M des 2. Hauptstückes des 2. Teils, § 61b, § 62 Abs. 2 und § 66 in der Fassung des Bundesgesetzes BGBl. I Nr. 101/2014 treten mit 1. Jänner 2015 in Kraft. *(BGBl I 2014/101)*

(31) § 19 Abs. 4, § 24 Abs. 4 und § 71 Abs. 1, 5 und 6 in der Fassung des Bundesgesetzes BGBl. I Nr. 41/2016 treten mit 1. Jänner 2017 in Kraft. *(BGBl I 2016/41)*

(32) In der Fassung des Bundesgesetzes BGBl. I Nr. 24/2017 treten in Kraft:

1. § 94 Abs. 29 Z 1 mit 17. Dezember 2014;

2. § 17 Abs. 3 Z 1, § 18, § 19 Abs. 3 Z 4, § 20, § 22, die Überschrift zu Abschnitt E des 2. Hauptstückes, § 83 Abs. 3 und § 94 Abs. 26 Z 1 mit Ablauf des Monats der Kundmachung dieses Bundesgesetzes;[4)]

3. § 3a, § 71a Abs. 5 und § 82 Abs. 2, 3a, 3b und 5 letzter Satz mit 1. Jänner 2017.
(BGBl I 2017/24)

(33) § 14a Abs. 6, der Abschnitt M samt Überschrift und die Abschnittsbezeichnung des Abschnitts N in der Fassung des Bundesgesetzes BGBl. I Nr. 22/2018 treten mit 25. Mai 2018 in Kraft. *(BGBl I 2018/22)*

(BGBl I 2003/100)

1) Die Kundmachung der Verwaltungsgerichtsbarkeits-Novelle 2012, BGBl I 2012/51, im Bundesgesetzblatt erfolgte am 5. Juni 2012.
2) Die Kundmachung der Novelle BGBl I 2013/122 im Bundesgesetzblatt erfolgte am 11. Juli 2013.
3) Die Kundmachung der Novelle BGBl I 2014/92 im Bundesgesetzblatt erfolgte am 16. Dezember 2014.
4) Die Kundmachung der Novelle BGBl I 2017/24 im Bundesgesetzblatt erfolgte am 17. Jänner 2017.

„ “

(BGBl I 2012/51)

§ 94a. Soweit in diesem Bundesgesetz auf natürliche Personen bezogene Bezeichnungen nur in männlicher Form angeführt sind, beziehen sie sich auf Frauen und Männer in gleicher Weise. Bei der Anwendung der Bezeichnung auf bestimmte natürliche Personen ist die jeweils geschlechtsspezifische Form zu verwenden.

(BGBl I 2008/4)

„**§ 95.**“* Soweit in den vorstehenden Bestimmungen nichts anderes „vorgesehen“** ist, ist mit der Vollziehung dieses Bundesgesetzes der Präsident des Verfassungsgerichtshofes betraut. *(* BGBl I 2003/100; ** BGBl I 2005/19 (VFB))*

(BGBl I 2002/123)

„**§ 96.**“ Soweit in diesem Bundesgesetz auf Bestimmungen anderer Bundesgesetze verwiesen wird, sind diese in ihrer jeweils geltenden Fassung anzuwenden. *(BGBl I 2003/100)*

(BGBl I 2001/136)

KODEX

DES ÖSTERREICHISCHEN RECHTS
HERAUSGEBER: UNIV.-PROF. DR. WERNER DORALT

COMPLIANCE FÜR UNTERNEHMEN

1 StrafR – StGB, VbVG, VStG
2 Lobbying u Medientransp. – LobbyG, BVG MedKF-T
3 FinanzR – FinStrG, BAO
4 WettbewerbsR – KartG, UWG, AEUV
5 DatenschutzR – DSG, DSGVO
6 KapitalmarktR – BörseG, ECV, EU-Verordnungen
7 GesellschaftsR – ÖCGK, GmbH, AktG, EKEG, UGB
8 GewO – GewO, 2. GTV-GewO
9 ImmaterialgR – UrhG, MarkschG, MuSchG, PatG
10 ArbeitsR – AZG, ARG, ASchG, GlBG, LSD-BG, ASVG, ArbVG
11 Produktsicherheit – PSG 2004, PHG

LexisNexis

KODEX

DES ÖSTERREICHISCHEN RECHTS
HERAUSGEBER: UNIV.-PROF. DR. WERNER DORALT

DATENSCHUTZ

1 Datenschutz international – DSGVO, GDPR, RGPD, DS Übk, EMRK, GRC
2 Datenschutz national – DSG 2018, ABGB, ArbVG, MedienG, StGB, VStG, ECG
3 Telekom u E-Gov – DSRL elektr Kom, TKG, TKG-DSVO, E-GovG, StZRegBehV, ERegV
4 AuskPfl u Infoweiterv – AuskPflG, AuskPflG Länder, IWG
5 InfoSicherheit – NIS-RL, InfoSiG, InfoSiV
6 Gesundheit – GTelG, GTelV, ÄrzteG
7 Finanz – FM-GwG, WAG, VersVG, ZaDiG, VKrG, WiEReg
8 Transparenzdatenbank – TDBG, TDB-BetriebsV, 2. TDB-LeistAngV, TDB-LeistungsV, TDB-ÜbertragV, 2. TDB-ÜbertragV
9 Fluggastdaten – PNR-Daten RL
Anhang

Linde
LexisNexis

KODEX

DES ÖSTERREICHISCHEN RECHTS
HERAUSGEBER: UNIV.-PROF. DR. WERNER DORALT

VERSICHERUNGSRECHT

1 VersVG
2 PHG – KSchG, FernFinG
3 EuGVVO – Rom I + IPRG
4 KFG + ZustV – EKHG
5 KHVG – AKHB + AKKB
6 KHV Euro-Üb – Abk Ö-Schweiz
7 VOEG – Vertrag Ö-Schweiz
8 LFG – BGzLV
9 GewO – RSV + ERV-RVB
10 RAO | EIRAG | NO – WTBG | BiBuG – ÄrzteG
11 Sonstige HP-Vers
12 AVB – Leben, Kranken | Unfall, Sachversicherung, Einbruchdiebstahl, Feuer | Glas, Haftpfl., USKV, ÖAK, Haushalt, Rechtsschutz, Transport + AÖSp (SVS/RVS)
13 VAG + VOen
14 PRIIP-VO
15 FMABG + VOen
16 BAG + VOen
17 GewO + VOen
18 MaklerG – AGB-VersMakler
19 Hagelvers-FöG
20 Tiervers-FöG
21 Waldbrandvers-Fö – ForstG + VO
22 Kapitalvers-FöG – EStG
23 VersStG + VO
24 FeuerschStG + VO
25 PKG + VOen
26 BPG
27 Kartellrecht
28 FM-GwG + VOen

LexisNexis

KODEX

DES ÖSTERREICHISCHEN RECHTS
HERAUSGEBER: UNIV.-PROF. DR. WERNER DORALT

VERSICHERUNGSRECHT

1 Solvency II
2 L2-VO
3 ITS – Zweckgesellschaften, Solvabilität, Gruppenaufsicht, Informationen, Aufsicht und Verfahren, Übergangsbestimmungen
4 EIOPA-GL – Allg. Best., Governance, Solvabilität, Gruppenaufsicht, Informationen, Aufsicht und Verfahren, Übergangsbestimmungen
5 Intl. Abk. Gleichwertigkeit
6 IMD + IDD + Beschwerde-Management
7 PRIIP-VO
8 EIOPA-VO
9 §§ 189 ff UGB, Bilanz-RL, VersBil-RL
10 §§ 268 ff UGB, AP-RL & VO
11 IORP/EbAV
12 4. GW-RL

LexisNexis

Allgemeines Verwaltungsverfahrensgesetz 1991

BGBl 1991/51 (WV) idF

1 BGBl 1992/866
2 BGBl 1994/686 (VfGH)
3 BGBl 1995/471
4 BGBl I 1998/158
5 BGBl I 1998/164 (DFB)
6 BGBl I 1999/164
7 BGBl I 1999/191 (BG)
8 BGBl I 1999/194 (DFB)
9 BGBl I 2000/29
10 BGBl I 2001/126 (VfGH)
11 BGBl I 2001/137
12 BGBl I 2002/65
13 BGBl I 2002/117
14 BGBl I 2004/10
15 BGBl I 2008/4
16 BGBl I 2008/5
17 BGBl I 2009/20
18 BGBl I 2009/135
19 BGBl I 2010/111
20 BGBl I 2011/100
21 BGBl I 2013/33
22 BGBl I 2013/161
23 BGBl I 2018/57
24 BGBl I 2018/58

GLIEDERUNG

STICHWORTVERZEICHNIS

Kundmachung des Bundeskanzlers, mit der das Allgemeine Verwaltungsverfahrensgesetz wiederverlautbart wird

ABSCHNITT A

Artikel I

Auf Grund des Art. 49 a B-VG wird in der Anlage 1 das Allgemeine Verwaltungsverfahrensgesetz, BGBl. Nr. 172/1950, wiederverlautbart.

Artikel II – VI

(nicht abgedruckt)

ABSCHNITT B

Artikel VII

Auf Grund des Art. 49 a B-VG wird in der Anlage 2 [„Übergangsrecht zum AVG 1950 (AVG-Übergangsrecht 1991)"] Art. IV Abs. 2 des Bundesgesetzes BGBl. Nr. 357/1990, wiederverlaufbart.

Art VIII

(nicht abgedruckt)

Anlage 1

Allgemeines Verwaltungsverfahrensgesetz 1991 – AVG

I. Teil

Allgemeine Bestimmungen

1. Abschnitt

Behörden

Zuständigkeit

§ 1. Die sachliche und örtliche Zuständigkeit der Behörden richtet sich nach den Vorschriften über ihren Wirkungsbereich und nach den Verwaltungsvorschriften.

§ 2. Enthalten die in § 1 erwähnten Vorschriften über die sachliche Zuständigkeit keine Bestimmungen, so sind in den Angelegenheiten der Bundesverwaltung „ "** die Bezirksverwaltungsbehörden „ "* „ "** sachlich zuständig. *(*BGBl I 2008/5; **BGBl I 2013/33)*

§ 3. Soweit die in § 1 erwähnten Vorschriften über die örtliche Zuständigkeit nichts bestimmen, richtet sich diese

1. in Sachen, die sich auf ein unbewegliches Gut beziehen: nach der Lage des Gutes;

2. in Sachen, die sich auf den „Betrieb eines Unternehmens oder einer sonstigen dauernden Tätigkeit" beziehen: nach dem Ort, an dem das Unternehmen betrieben oder die Tätigkeit ausgeübt wird oder werden soll; *(BGBl I 2011/100)*

3. in sonstigen Sachen: zunächst nach dem Hauptwohnsitz (Sitz) des Beteiligten, und zwar im Zweifelsfall des belangten oder verpflichteten Teiles, dann nach seinem Aufenthalt, dann nach seinem letzten Hauptwohnsitz (Sitz) im Inland, schließlich nach seinem letzten Aufenthalt im Inland, wenn aber keiner dieser Zuständigkeitsgründe in Betracht kommen kann oder Gefahr im Verzug ist, nach dem Anlaß zum Einschreiten; kann jedoch auch danach die Zuständigkeit nicht bestimmt werden, so ist die sachlich in Betracht kommende oberste Behörde zuständig. *(BGBl I 1998/158)*

§ 4. (1) Ist gemäß den in § 1 erwähnten Vorschriften die örtliche Zuständigkeit mehrerer Behörden gegeben und für diesen Fall nicht anderes bestimmt oder begründen die in § 3 Z 1 und 2 angeführten Umstände die örtliche Zuständigkeit mehrerer Behörden, so haben diese Behörden einvernehmlich vorzugehen.

(2) Gelangen sie in der Sache zu keinem Einvernehmen, so geht die Zuständigkeit auf die sachlich in Betracht kommende Oberbehörde und, wenn danach verschiedene Behörden berufen sind und auch diese sich nicht zu einigen vermögen, auf die sachlich in Betracht kommende gemeinsame Oberbehörde über.

(3) Bei Gefahr im Verzug hat jede der in Abs. 1 bezeichneten Behörden in ihrem Amtsbereich die notwendigen Amtshandlungen unter gleichzeitiger Verständigung der anderen Behörden vorzunehmen.

§ 5. (1) Über Zuständigkeitsstreite zwischen Behörden entscheidet die sachlich in Betracht kommende gemeinsame Oberbehörde.

(2) § 4 Abs. 3 gilt auch in diesem Fall.

§ 6. (1) Die Behörde hat ihre sachliche und örtliche Zuständigkeit von Amts wegen wahrzunehmen; langen bei ihr Anbringen ein, zu deren Behandlung sie nicht zuständig ist, so hat sie diese ohne unnötigen Aufschub auf Gefahr des Einschreiters an die zuständige Stelle weiterzuleiten oder den Einschreiter an diese zu weisen.

(2) Durch Vereinbarung der Parteien kann die Zuständigkeit der Behörde weder begründet noch geändert werden.

Befangenheit von Verwaltungsorganen

§ 7. (1) Verwaltungsorgane haben sich der Ausübung ihres Amtes zu enthalten und ihre Vertretung zu veranlassen:

1. in Sachen, an denen sie selbst, einer ihrer Angehörigen (§ 36a) oder „eine von ihnen vertretene schutzberechtigte Person“ beteiligt sind; *(BGBl I 2018/58)*

2. in Sachen, in denen sie als Bevollmächtigte einer Partei bestellt waren oder noch bestellt sind;

3. wenn sonstige wichtige Gründe vorliegen, die geeignet sind, ihre volle Unbefangenheit in Zweifel zu ziehen;

4. im Berufungsverfahren, wenn sie an der Erlassung des angefochtenen Bescheides oder der Berufungsvorentscheidung (§ 64a) mitgewirkt haben.
(BGBl I 2008/5)

(2) Bei Gefahr im Verzug hat, wenn die Vertretung durch ein anderes Verwaltungsorgan nicht sogleich bewirkt werden kann, auch das befangene Organ die unaufschiebbaren Amtshandlungen selbst vorzunehmen.

2. Abschnitt
Beteiligte und deren Vertreter

Beteiligte; Parteien

§ 8. Personen, die eine Tätigkeit der Behörde in Anspruch nehmen oder auf die sich die Tätigkeit der Behörde bezieht, sind Beteiligte und, insoweit sie an der Sache vermöge eines Rechtsanspruches oder eines rechtlichen Interesses beteiligt sind, Parteien.

Rechts- und Handlungsfähigkeit

§ 9. Insoweit die persönliche Rechts- und Handlungsfähigkeit von Beteiligten in Frage kommt, ist sie von der Behörde, wenn in den Verwaltungsvorschriften nicht anderes bestimmt ist, nach den Vorschriften des bürgerlichen Rechts zu beurteilen.

Vertreter

§ 10. (1) „Die Beteiligten und ihre gesetzlichen Vertreter können sich, sofern nicht ihr persönliches Erscheinen ausdrücklich gefordert wird, durch natürliche Personen, die volljährig und handlungsfähig sind und für die in keinem Bereich ein gerichtlicher Erwachsenenvertreter bestellt oder eine gewählte oder gesetzliche Erwachsenenvertretung oder Vorsorgevollmacht wirksam ist, durch juristische Personen oder durch eingetragene Personengesellschaften vertreten lassen.“ Bevollmächtigte haben sich durch eine schriftliche, auf Namen oder Firma lautende Vollmacht auszuweisen. Vor der Behörde kann eine Vollmacht auch mündlich erteilt werden; zu ihrer Beurkundung genügt ein Aktenvermerk. Schreitet eine zur berufsmäßigen Parteienvertretung befugte Person ein, so ersetzt die Berufung auf die ihr erteilte Vollmacht deren urkundlichen Nachweis. *(BGBl I 1998/158; BGBl I 2018/58)*

(2) Inhalt und Umfang der Vertretungsbefugnis richten sich nach den Bestimmungen der Vollmacht; hierüber auftauchende Zweifel sind nach den Vorschriften des bürgerlichen Rechts zu beurteilen. Die Behörde hat die Behebung etwaiger Mängel unter sinngemäßer Anwendung des § 13 Abs. 3 von Amts wegen zu veranlassen.

(3) Als Bevollmächtigte sind solche Personen nicht zuzulassen, die unbefugt die Vertretung anderer zu Erwerbszwecken betreiben.

(4) Die Behörde kann von einer ausdrücklichen Vollmacht absehen, wenn es sich um die Vertretung durch amtsbekannte „Angehörige (§ 36a)“, Haushaltsangehörige, Angestellte oder durch amtsbekannte Funktionäre von beruflichen oder anderen Organisationen handelt und Zweifel über Bestand und Umfang der Vertretungsbefugnis nicht obwalten. *(BGBl I 2011/100)*

(5) Die Beteiligten können sich eines Rechtsbeistandes bedienen und auch in seiner Begleitung vor der Behörde erscheinen.

(6) Die Bestellung eines Bevollmächtigten schließt nicht aus, daß der Vollmachtgeber im eigenen Namen Erklärungen abgibt.

§ 11. Soll von Amts wegen oder auf Antrag gegen einen „schutzberechtigten“** Beteiligten, der eines gesetzlichen Vertreters entbehrt, oder gegen eine Person, deren Aufenthalt unbekannt ist, eine Amtshandlung vorgenommen werden, so kann die Behörde, wenn die Wichtigkeit der Sache es erfordert, „die Betrauung einer Person mit der Obsorge oder die Bestellung eines „gerichtlichen Erwachsenenvertreters“** oder Kurators beim zuständigen Gericht (§ 109 JN)“* veranlassen. *(*BGBl I 2008/5; **BGBl I 2018/58)*

§ 12. Die Vorschriften dieses Bundesgesetzes über die Beteiligten sind auch auf deren gesetzliche Vertreter und Bevollmächtigte zu beziehen.

3. Abschnitt
Verkehr zwischen Behörden und Beteiligten

Anbringen

§ 13. (1) Soweit in den Verwaltungsvorschriften nicht anderes bestimmt ist, können Anträge, Gesuche, Anzeigen, Beschwerden und sonstige Mitteilungen bei der Behörde schriftlich, mündlich oder telefonisch eingebracht werden. Rechtsmittel und Anbringen, die an eine Frist gebunden sind oder durch die der Lauf einer Frist bestimmt wird, sind schriftlich einzubringen. Erscheint die telefonische Einbringung eines Anbringens der Natur der Sache nach nicht tunlich, so kann die Behörde dem Einschreiter auftragen, es innerhalb einer angemessenen Frist schriftlich oder mündlich einzubringen. *(BGBl I 2004/10; BGBl I 2008/5)*

(2) Schriftliche Anbringen können der Behörde in jeder technisch möglichen Form übermittelt werden, mit E-Mail jedoch nur insoweit, als für den elektronischen Verkehr zwischen der Behörde und den Beteiligten nicht besondere Übermittlungsformen vorgesehen sind. Etwaige technische Voraussetzungen oder organisatorische Beschränkungen des elektronischen Verkehrs zwischen der Behörde und den Beteiligten sind im Internet bekanntzumachen. *(BGBl I 2008/5)*

(3) Mängel schriftlicher Anbringen ermächtigen die Behörde nicht zur Zurückweisung. Die Behörde hat vielmehr von Amts wegen unverzüglich deren Behebung zu veranlassen und kann dem Einschreiter die Behebung des Mangels innerhalb einer angemessenen Frist mit der Wirkung auftragen, dass das Anbringen nach fruchtlosem Ablauf dieser Frist zurückgewiesen wird. Wird der Mangel rechtzeitig behoben, so gilt das Anbringen als ursprünglich richtig eingebracht. *(BGBl I 2008/5)*

(4) Bei Zweifeln über die Identität des Einschreiters oder die Authentizität eines Anbringens gilt Abs. 3 mit der Maßgabe sinngemäß, dass das Anbringen nach fruchtlosem Ablauf der Frist als zurückgezogen gilt. *(BGBl I 2008/5)*

(5) Die Behörde ist nur während der Amtsstunden verpflichtet, schriftliche Anbringen entgegenzunehmen oder Empfangsgeräte empfangsbereit zu halten, und, außer bei Gefahr im Verzug, nur während der für den Parteienverkehr bestimmten Zeit verpflichtet, mündliche oder telefonische Anbringen entgegenzunehmen. Die Amtsstunden und die für den Parteienverkehr bestimmte Zeit sind im Internet und „ “ an der Amtstafel bekanntzumachen. *(BGBl I 2008/5; BGBl I 2011/100)*

(6) Die Behörde ist nicht verpflichtet, Anbringen, die sich auf keine bestimmte Angelegenheit beziehen, in Behandlung zu nehmen. *(BGBl I 2008/5)*

(7) Anbringen können in jeder Lage des Verfahrens zurückgezogen werden.

(8) Der verfahrenseinleitende Antrag kann in jeder Lage des Verfahrens „bis zu einer allfälligen Schließung des Ermittlungsverfahrens (§ 39 Abs. 3)“ geändert werden. Durch die Antragsänderung darf die Sache ihrem Wesen nach nicht geändert und die sachliche und örtliche Zuständigkeit nicht berührt werden. *(BGBl I 2018/57)*

(9) *(aufgehoben, BGBl I 2004/10)*

(BGBl I 1998/158)

Rechtsbelehrung

§ 13a. Die Behörde hat Personen, die nicht durch berufsmäßige Parteienvertreter vertreten sind, die zur Vornahme ihrer Verfahrenshandlungen nötigen Anleitungen in der Regel mündlich zu geben und sie über die mit diesen Handlungen oder Unterlassungen unmittelbar verbundenen Rechtsfolgen zu belehren.

Niederschriften

§ 14. (1) Mündliche Anbringen von Beteiligten sind erforderlichenfalls ihrem wesentlichen Inhalt nach in einer Niederschrift festzuhalten. Niederschriften über Verhandlungen (Verhandlungsschriften) sind derart abzufassen, daß bei Weglassung alles nicht zur Sache Gehörigen der Verlauf und Inhalt der Verhandlung richtig und verständlich wiedergegeben wird.

(2) Jede Niederschrift hat außerdem zu enthalten:

1. Ort, Zeit und Gegenstand der Amtshandlung und, wenn schon frühere darauf bezügliche Amtshandlungen vorliegen, erforderlichenfalls eine kurze Darstellung des Standes der Sache;

2. „die“ Bezeichnung der Behörde und die Namen des Leiters der Amtshandlung und der sonst mitwirkenden amtlichen Organe, der anwesenden Beteiligten und ihrer Vertreter sowie der etwa vernommenen Zeugen und Sachverständigen „.“ *(BGBl I 2008/5)*

3. *(aufgehoben, BGBl I 2008/5)*

(3) Die Niederschrift ist den vernommenen oder sonst beigezogenen Personen, wenn sie nicht darauf verzichten, zur Durchsicht vorzulegen oder vorzulesen; wenn ein „Schallträger verwendet (Abs. 7) oder die Niederschrift elektronisch erstellt wird“, kann ihr Inhalt auch auf andere Weise wiedergegeben werden. Der Leiter der Amtshandlung kann auch ohne Verzicht von einer Wiedergabe absehen; die beigezogenen Personen können diesfalls bis zum Schluß der Amtshandlung die Zustellung einer Ausfertigung verlangen und binnen zwei Wochen ab Zustellung Einwendungen wegen behaupteter Unvollständigkeit oder Unrichtigkeit der Niederschrift erheben. *(BGBl I 2008/5)*

(4) In dem einmal Niedergeschriebenen darf nichts Erhebliches ausgelöscht, zugesetzt oder verändert werden. Durchgestrichene Stellen sollen noch lesbar bleiben. Erhebliche Zusätze oder Einwendungen der beigezogenen Personen wegen behaupteter Unvollständigkeit oder Unrichtigkeit der Niederschrift sind in einen Nachtrag aufzunehmen und gesondert zu unterfertigen.

(5) Die Niederschrift ist vom Leiter der Amtshandlung und den beigezogenen Personen zu unterschreiben; bei Amtshandlungen, denen mehr als drei Beteiligte beigezogen wurden, genügt es jedoch, wenn die Niederschrift von der Partei, die den verfahrenseinleitenden Antrag gestellt hat, und zwei weiteren Beteiligten, in Abwesenheit dieser Partei von mindestens drei Beteiligten, so-

wie von den sonstigen beigezogenen Personen unterschrieben wird. Kann dem nicht entsprochen werden, so sind die dafür maßgeblichen Gründe in der Niederschrift festzuhalten. Wird die Niederschrift elektronisch erstellt, so kann an die Stelle der Unterschriften des Leiters der Amtshandlung und der beigezogenen Personen ein Verfahren zum Nachweis der Identität (§ 2 Z 1 E-GovG) des Leiters der Amtshandlung und der Authentizität (§ 2 Z 5 E-GovG) der Niederschrift treten. *(BGBl I 2008/5)*

(6) Den beigezogenen Personen ist auf Verlangen eine Ausfertigung der Niederschrift auszufolgen oder zuzustellen.

(7) Die Niederschrift oder Teile davon können unter Verwendung eines „Schallträgers" oder in Kurzschrift aufgenommen werden. Die Angaben gemäß Abs. 2, die Feststellung, daß für die übrigen Teile der Niederschrift ein „Schallträger" verwendet wird, und die Tatsache der Verkündung eines mündlichen Bescheides sind in Vollschrift festzuhalten. Die Aufzeichnung und die in Kurzschrift aufgenommenen Teile der Niederschrift sind unverzüglich in Vollschrift zu übertragen. Die beigezogenen Personen können bis zum Schluß der Amtshandlung die Zustellung einer Ausfertigung der Übertragung verlangen und binnen zwei Wochen ab Zustellung Einwendungen wegen behaupteter Unvollständigkeit oder Unrichtigkeit der Übertragung erheben. Wird eine solche Zustellung beantragt, so darf die Aufzeichnung frühestens einen Monat nach Ablauf der Einwendungsfrist, ansonsten frühestens einen Monat nach erfolgter Übertragung gelöscht werden. *(BGBl I 2008/5)*

(8) *(aufgehoben, BGBl I 2004/10)*

(BGBl I 1998/158)

§ 15. Soweit nicht Einwendungen erhoben wurden, liefert eine gemäß § 14 aufgenommene Niederschrift über den Verlauf und den Gegenstand der betreffenden Amtshandlung vollen Beweis. Der Gegenbeweis der Unrichtigkeit des bezeugten Vorganges bleibt zulässig.

Aktenvermerke

§ 16. (1) Amtliche Wahrnehmungen, mündliche oder telefonische Anbringen oder sonstige Mitteilungen an die Behörde, mündliche oder telefonische Belehrungen, Aufforderungen, Anordnungen und sonstige Äußerungen, schließlich Umstände, die nur für den inneren Dienst der Behörde in Betracht kommen, sind, wenn nicht anderes bestimmt ist und kein Anlass zur Aufnahme einer Niederschrift besteht, erforderlichenfalls in einem Aktenvermerk kurz festzuhalten.

(2) Der Aktenvermerk ist vom Amtsorgan unter Beisetzung des Datums zu unterschreiben; wurde der Aktenvermerk elektronisch erstellt, kann an die Stelle dieser Unterschrift ein Verfahren zum Nachweis der Identität (§ 2 Z 1 E-GovG) des Amtsorgans und der Authentizität (§ 2 Z 5 E-GovG) des Aktenvermerks treten.

(BGBl I 2008/5)

Akteneinsicht

§ 17. (1) Soweit in den Verwaltungsvorschriften nicht anderes bestimmt ist, können die Parteien bei der Behörde in die ihre Sache betreffenden Akten Einsicht nehmen und sich von Akten oder Aktenteilen an Ort und Stelle Abschriften selbst anfertigen oder auf ihre Kosten Kopien oder Ausdrucke erstellen lassen. Soweit die Behörde die die Sache betreffenden Akten elektronisch führt, kann der Partei auf Verlangen die Akteneinsicht in jeder technisch möglichen Form gewährt werden. *(BGBl I 2008/5)*

(2) Allen an einem Verfahren beteiligten Parteien muß auf Verlangen die Akteneinsicht in gleichem Umfang gewährt werden.

(3) Von der Akteneinsicht sind Aktenbestandteile ausgenommen, insoweit deren Einsichtnahme eine Schädigung berechtigter Interessen einer Partei oder dritter Personen oder eine Gefährdung der Aufgaben der Behörde herbeiführen oder den Zweck des Verfahrens beeinträchtigen würde.

(4) Die Verweigerung der Akteneinsicht gegenüber der Partei eines anhängigen Verfahrens erfolgt durch Verfahrensanordnung. *(BGBl I 2013/33)*

Blinde und hochgradig sehbehinderte Beteiligte

§ 17a. Blinden oder hochgradig sehbehinderten Beteiligten, die eines Vertreters entbehren, hat die Behörde auf Verlangen den Inhalt von Akten oder Aktenteilen durch Verlesung oder nach Maßgabe der vorhandenen technischen Möglichkeiten in sonst geeigneter Weise zur Kenntnis zu bringen.

(BGBl I 1999/164)

Erledigungen

§ 18. (1) Die Behörde hat die Sache möglichst zweckmäßig, rasch, einfach und kostensparend zu erledigen und den wesentlichen Inhalt der Amtshandlung erforderlichenfalls in einer Niederschrift oder einem Aktenvermerk festzuhalten.

(2) Erledigungen haben jedenfalls schriftlich zu ergehen, wenn dies in den Verwaltungsvorschriften ausdrücklich angeordnet ist oder von der Partei verlangt wird.

(3) Schriftliche Erledigungen sind vom Genehmigungsberechtigten mit seiner Unterschrift zu genehmigen; wurde die Erledigung elektronisch erstellt, kann an die Stelle dieser Unterschrift ein Verfahren zum Nachweis der Identität (§ 2 Z 1

E-GovG) des Genehmigenden und der Authentizität (§ 2 Z 5 E-GovG) der Erledigung treten.

(4) Jede schriftliche Ausfertigung hat die Bezeichnung der Behörde, das Datum der Genehmigung und den Namen des Genehmigenden zu enthalten. Ausfertigungen in Form von elektronischen Dokumenten müssen mit einer Amtssignatur (§ 19 E-GovG) versehen sein; Ausfertigungen in Form von Ausdrucken von mit einer Amtssignatur versehenen elektronischen Dokumenten oder von Kopien solcher Ausdrucke brauchen keine weiteren Voraussetzungen zu erfüllen. Sonstige Ausfertigungen haben die Unterschrift des Genehmigenden zu enthalten; an die Stelle dieser Unterschrift kann die Beglaubigung der Kanzlei treten, dass die Ausfertigung mit der Erledigung übereinstimmt und die Erledigung gemäß Abs. 3 genehmigt worden ist. Das Nähere über die Beglaubigung wird durch Verordnung geregelt.

(5) Für Bescheide gilt der III. Teil, für Ladungsbescheide überdies § 19.

(BGBl I 2008/5)

Ladungen

§ 19. (1) Die Behörde ist berechtigt, Personen, die in ihrem Amtsbereich ihren Aufenthalt (Sitz) haben und deren Erscheinen nötig ist, vorzuladen. „“ *(BGBl I 2013/33)*

(2) In der Ladung ist außer Ort und Zeit der Amtshandlung auch anzugeben, was den Gegenstand der Amtshandlung bildet, in welcher Eigenschaft der Geladene vor der Behörde erscheinen soll (als Beteiligter, Zeuge usw.) und welche Behelfe und Beweismittel mitzubringen sind. In der Ladung ist ferner bekanntzugeben, ob der Geladene persönlich zu erscheinen hat oder ob die Entsendung eines Vertreters genügt und welche Folgen an ein Ausbleiben geknüpft sind.

(3) Wer nicht durch Krankheit, „Behinderung“ oder sonstige begründete Hindernisse vom Erscheinen abgehalten ist, hat die Verpflichtung, der Ladung Folge zu leisten und kann zur Erfüllung dieser Pflicht durch Zwangsstrafen verhalten oder vorgeführt werden. Die Anwendung dieser Zwangsmittel ist nur zulässig, wenn sie in der Ladung angedroht waren und die Ladung zu eigenen Handen zugestellt war; sie obliegt den Vollstreckungsbehörden. *(BGBl I 2008/5)*

(4) Eine einfache Ladung erfolgt durch Verfahrensanordnung. *(BGBl I 2013/33)*

§ 20. „“ Steht die zu ladende Person in einem öffentlichen Amt oder Dienst oder im Dienst eines dem öffentlichen Verkehr dienenden Unternehmens und muß voraussichtlich zur Wahrung der Sicherheit oder anderer öffentlicher Interessen eine Stellvertretung während der Verhinderung dieser Person eintreten, so ist gleichzeitig deren vorgesetzte Stelle von der Ladung zu benachrichtigen. *(BGBl I 1998/158)*

(2) *(aufgehoben, BGBl I 1998/158)*

4. Abschnitt

Zustellungen

§ 21. Zustellungen sind nach dem Zustellgesetz vorzunehmen.

§ 22. Wenn wichtige Gründe hiefür vorliegen, ist eine schriftliche Ausfertigung mit Zustellnachweis zuzustellen. Bei Vorliegen besonders wichtiger Gründe oder wenn es gesetzlich vorgesehen ist, ist die Zustellung zu eigenen Handen des Empfängers zu bewirken.

§§ 23 bis 31. *(Entfallen; Art. III Abs. 2 der Kundmachung)*

5. Abschnitt

Fristen

§ 32. (1) Bei der Berechnung von Fristen, die nach Tagen bestimmt sind, wird der Tag nicht mitgerechnet, in den der Zeitpunkt oder das Ereignis fällt, wonach sich der Anfang der Frist richten soll.

(2) Nach Wochen, Monaten oder Jahren bestimmte Fristen enden mit dem Ablauf desjenigen Tages der letzten Woche oder des letzten Monats, der durch seine Benennung oder Zahl dem Tag entspricht, an dem die Frist begonnen hat. Fehlt dieser Tag im letzten Monat, so endet die Frist mit Ablauf des letzten Tages dieses Monats.

§ 33. (1) Beginn und Lauf einer Frist werden durch Samstage, Sonntage oder gesetzliche Feiertage nicht behindert. *(BGBl I 2013/33)*

(2) Fällt das Ende einer Frist auf einen Samstag, Sonntag, gesetzlichen Feiertag, Karfreitag oder 24. Dezember, so ist der nächste Tag, der nicht einer der vorgenannten Tage ist, als letzter Tag der Frist anzusehen. *(BGBl I 2013/33)*

(3) Die Tage von der Übergabe an einen Zustelldienst im Sinne des § 2 Z 7 des Zustellgesetzes zur Übermittlung an die Behörde bis zum Einlangen bei dieser (Postlauf) werden in die Frist nicht eingerechnet. *(BGBl I 2004/10; BGBl I 2008/5)*

(4) Durch Gesetz oder Verordnung festgesetzte Fristen können, wenn nicht ausdrücklich anderes bestimmt ist, nicht geändert werden.

6. Abschnitt
Ordnungs- und Mutwillensstrafen

Ordnungsstrafen

§ 34. (1) Das Verwaltungsorgan, das eine Verhandlung, Vernehmung, einen Augenschein oder eine Beweisaufnahme leitet, hat für die Aufrechterhaltung der Ordnung und für die Wahrung des Anstandes zu sorgen.

(2) Personen, die die Amtshandlung stören oder durch ungeziemendes Benehmen den Anstand verletzen, sind zu ermahnen; bleibt die Ermahnung erfolglos, so kann ihnen nach vorausgegangener Androhung das Wort entzogen, ihre Entfernung verfügt und ihnen die Bestellung eines Bevollmächtigten aufgetragen werden oder gegen sie eine Ordnungsstrafe bis „726 Euro" verhängt werden. *(BGBl I 2001/137)*

(3) Die gleichen Ordnungsstrafen können von der Behörde gegen Personen verhängt werden, die sich in schriftlichen Eingaben einer beleidigenden Schreibweise bedienen.

(4) Gegen öffentliche Organe und gegen Bevollmächtigte, die zur berufsmäßigen Parteienvertretung befugt sind, ist, wenn sie einem Disziplinarrecht unterstehen, keine Ordnungsstrafe zu verhängen, sondern lediglich die Anzeige an die Disziplinarbehörde zu erstatten.

(5) Die Verhängung einer Ordnungsstrafe schließt die strafgerichtliche Verfolgung wegen derselben Handlung nicht aus.

Mutwillensstrafen

§ 35. Gegen Personen, die offenbar mutwillig die Tätigkeit der Behörde in Anspruch nehmen oder in der Absicht einer Verschleppung der Angelegenheit unrichtige Angaben machen, kann die Behörde eine Mutwillensstrafe bis „726 Euro" verhängen. *(BGBl I 2001/137)*

Widmung und Vollzug der Ordnungs- und Mutwillensstrafen

§ 36. „" Die Ordnungs- und Mutwillensstrafen fließen der Gebietskörperschaft zu, die den Aufwand der Behörde zu tragen hat. Die Bestimmungen des Verwaltungsstrafgesetzes über den Strafvollzug sind sinngemäß anzuwenden. *(BGBl I 2008/4)*

(2) *(aufgehoben, BGBl I 2008/4)*

7. Abschnitt
Begriffsbestimmungen

Angehörige

§ 36a. (1) Angehörige im Sinne dieses Bundesgesetzes sind

1. der Ehegatte,

2. die Verwandten in gerader Linie und die Verwandten zweiten, dritten und vierten Grades in der Seitenlinie,

3. die Verschwägerten in gerader Linie und die Verschwägerten zweiten Grades in der Seitenlinie,

4. die Wahleltern und Wahlkinder und die Pflegeeltern und Pflegekinder „," *(BGBl I 2009/135)*

5. Personen, die miteinander in Lebensgemeinschaft leben, sowie Kinder und Enkel einer dieser Personen im Verhältnis zur anderen Person „sowie" *(BGBl I 2009/135)*

6. der eingetragene Partner. *(BGBl I 2009/135)*

(2) Abs. 1 Z 3 gilt für eingetragene Partner sinngemäß. *(BGBl I 2018/57)*

(3) Die durch eine Ehe, Lebensgemeinschaft oder eingetragene Partnerschaft begründete Eigenschaft einer Person als Angehöriger bleibt aufrecht, auch wenn die Ehe, die Lebensgemeinschaft oder die eingetragene Partnerschaft nicht mehr besteht. *(BGBl I 2009/135; BGBl I 2018/57)*

(BGBl I 2008/5)

II. Teil
Ermittlungsverfahren

1. Abschnitt
Zweck und Gang des Ermittlungsverfahrens

Allgemeine Grundsätze

§ 37. Zweck des Ermittlungsverfahrens ist, den für die Erledigung einer Verwaltungssache maßgebenden Sachverhalt festzustellen und den Parteien Gelegenheit zur Geltendmachung ihrer Rechte und rechtlichen Interessen zu geben. „Nach einer Antragsänderung (§ 13 Abs. 8) hat die Behörde das Ermittlungsverfahren insoweit zu ergänzen, als dies im Hinblick auf seinen Zweck notwendig ist." *(BGBl I 1998/158)*

§ 38. Sofern die Gesetze nicht anderes bestimmen, ist die Behörde berechtigt, im Ermittlungsverfahren auftauchende Vorfragen, die als Hauptfragen von anderen Verwaltungsbehörden oder von den Gerichten zu entscheiden wären, nach der über die maßgebenden Verhältnisse gewonnenen eigenen Anschauung zu beurteilen und diese Beurteilung ihrem Bescheid zugrunde zu legen. Sie kann aber auch das Verfahren bis zur rechtskräftigen Entscheidung der Vorfrage aussetzen, wenn die Vorfrage schon den Gegenstand eines anhängigen Verfahrens „bei der zuständigen Verwaltungsbehörde bzw. beim zuständigen Gericht“ bildet oder ein solches Verfahren gleichzeitig anhängig gemacht wird. *(BGBl I 2013/33)*

§ 38a. (1) Hat die Behörde dem Gerichtshof der Europäischen Union eine Frage zur Vorabentscheidung nach Art. 267 des Vertrags über die Arbeitsweise der Europäischen Union vorgelegt, so dürfen bis zum Einlangen der Vorabentscheidung nur solche Handlungen vorgenommen oder Entscheidungen und Verfügungen getroffen werden, die durch die Vorabentscheidung nicht beeinflusst werden können oder die die Frage nicht abschließend regeln und keinen Aufschub gestatten. *(BGBl I 2011/100)*

(2) Erachtet die Behörde die noch nicht ergangene Vorabentscheidung für ihre Entscheidung in der Sache als nicht mehr erforderlich, so hat sie ihren Antrag unverzüglich zurückzuziehen.

(BGBl 1995/471)

§ 39. (1) Für die Durchführung des Ermittlungsverfahrens sind die Verwaltungsvorschriften maßgebend.

(2) Soweit die Verwaltungsvorschriften hierüber keine Anordnungen enthalten, hat die Behörde von Amts wegen vorzugehen und unter Beobachtung der in diesem Teil enthaltenen Vorschriften den Gang des Ermittlungsverfahrens zu bestimmen. Sie kann insbesondere von Amts wegen oder auf Antrag eine mündliche Verhandlung durchführen und mehrere Verwaltungssachen zur gemeinsamen Verhandlung und Entscheidung verbinden oder sie wieder trennen. Die Behörde hat sich bei allen diesen Verfahrensanordnungen von Rücksichten auf möglichste Zweckmäßigkeit, Raschheit, Einfachheit und Kostenersparnis leiten zu lassen. *(BGBl I 1998/158)*

(2a) Jede Partei hat ihr Vorbringen so rechtzeitig und vollständig zu erstatten, dass das Verfahren möglichst rasch durchgeführt werden kann (Verfahrensförderungspflicht). *(BGBl I 2018/57)*

„(2b)“ Sind nach den Verwaltungsvorschriften für ein Vorhaben mehrere Bewilligungen, Genehmigungen oder bescheidmäßige Feststellungen erforderlich und werden diese unter einem beantragt, so hat die Behörde die Verfahren zur gemeinsamen Verhandlung und Entscheidung zu verbinden und mit den von anderen Behörden geführten Verfahren zu koordinieren. Eine getrennte Verfahrensführung ist zulässig, wenn diese im Interesse der Zweckmäßigkeit, Raschheit, Einfachheit und Kostenersparnis gelegen ist. *(BGBl I 2002/65; BGBl I 2018/57)*

(3) Wenn die Sache zur Entscheidung reif ist, kann die Behörde das Ermittlungsverfahren durch Verfahrensanordnung für geschlossen erklären. Die Erklärung hat nach Möglichkeit in der mündlichen Verhandlung, in allen anderen Fällen schriftlich zu ergehen. *(BGBl I 1998/158; BGBl I 2018/57)*

(4) Das Ermittlungsverfahren ist auf Antrag fortzusetzen, wenn eine Partei glaubhaft macht, dass Tatsachen oder Beweismittel ohne ihr Verschulden nicht geltend gemacht werden konnten und allein oder in Verbindung mit dem sonstigen Ergebnis des Ermittlungsverfahrens voraussichtlich einen im Hauptinhalt des Spruches anders lautenden Bescheid herbeiführen würden. Die Entscheidung über den Antrag erfolgt durch Verfahrensanordnung. Die Behörde kann das Ermittlungsverfahren jederzeit von Amts wegen fortsetzen. *(BGBl I 2018/57)*

(5) Soweit in den Verwaltungsvorschriften nicht anderes bestimmt ist, gilt das Ermittlungsverfahren als nicht geschlossen, wenn der Bescheid nicht binnen acht Wochen ab jenem Zeitpunkt, zu dem erstmals einer Partei gegenüber das Ermittlungsverfahren für geschlossen erklärt worden ist, gegenüber einer Partei erlassen wird. *(BGBl I 2018/57)*

Dolmetscher und Übersetzer

§ 39a. (1) Ist eine Partei oder eine zu vernehmende Person der deutschen Sprache nicht hinreichend kundig, „stumm, gehörlos oder hochgradig hörbehindert“**, so ist erforderlichenfalls der der Behörde beigegebene oder zur Verfügung stehende Dolmetscher (Amtsdolmetscher) beizuziehen. „Die §§ 52 Abs. 2 bis 4 und 53 sind anzuwenden.“* *(*BGBl 1995/471; **BGBl I 2008/5)*

(2) Als Dolmetscher im Sinne dieses Bundesgesetzes gelten auch die Übersetzer.

Mündliche Verhandlung

§ 40. (1) Mündliche Verhandlungen sind unter Zuziehung aller bekannten Beteiligten sowie der erforderlichen Zeugen und Sachverständigen vorzunehmen und, sofern sie mit einem Augenschein verbunden sind, womöglich an Ort und Stelle, sonst am Sitz der Behörde oder an dem Ort abzuhalten, der nach der Sachlage am zweckmäßigsten erscheint. Bei der Auswahl des Verhandlungsortes ist, sofern die mündliche Verhandlung nicht mit einem Augenschein verbunden ist, darauf zu achten, daß dieser für körperbehinderte Beteiligte gefahrlos und tunlichst ohne fremde Hilfe zugänglich ist. „In verbundenen Verfahren „(§ 39 Abs. 2b)“** abzuhaltende mündliche Verhandlungen sind von der Behörde tunlichst gemeinsam durchzuführen.“* *(BGBl I 1999/164; *BGBl I 2002/65; **BGBl I 2018/57)*

(2) Die Behörde hat darüber zu wachen, daß die Vornahme eines Augenscheins nicht zur Verletzung eines Kunst-, Betriebs- oder Geschäftsgeheimnisses mißbraucht werde.

§ 41. (1) Die Anberaumung einer mündlichen Verhandlung hat durch persönliche Verständigung der bekannten Beteiligten zu erfolgen. Wenn noch andere Personen als Beteiligte in Betracht kommen, ist die Verhandlung überdies „an der Amtstafel"* der Gemeinde „, durch Verlautbarung in der für amtliche Kundmachungen der Behörde bestimmten Zeitung oder durch Verlautbarung im elektronischen Amtsblatt der Behörde"** kundzumachen. *(BGBl I 1998/158; *BGBl I 2011/100; **BGBl I 2013/33)*

(2) Die Verhandlung ist so anzuberaumen, dass die Teilnehmer rechtzeitig und vorbereitet erscheinen können. Die Verständigung (Kundmachung) über die Anberaumung der Verhandlung hat die für Ladungen vorgeschriebenen Angaben einschließlich des Hinweises auf die gemäß § 42 eintretenden Folgen zu enthalten. Sie kann unter Hinweis auf die gemäß § 39 Abs. 4 eintretenden Folgen die Aufforderung an die Parteien enthalten, binnen einer angemessenen, vier Wochen möglichst nicht übersteigenden Frist alle ihnen bekannten Tatsachen und Beweismittel geltend zu machen. Falls für Zwecke der Verhandlung Pläne oder sonstige Behelfe zur Einsicht der Beteiligten aufzulegen sind, ist dies bei der Anberaumung der Verhandlung unter Angabe von Zeit und Ort der Einsichtnahme bekanntzugeben. *(BGBl I 2018/57)*

§ 42. (1) „Wurde eine mündliche Verhandlung gemäß § 41 Abs. 1 zweiter Satz und in einer in den Verwaltungsvorschriften vorgesehenen besonderen Form kundgemacht, so hat dies zur Folge, dass eine Person ihre Stellung als Partei verliert, soweit sie nicht spätestens am Tag vor Beginn der Verhandlung während der Amtsstunden bei der Behörde oder während der Verhandlung Einwendungen erhebt."* Wenn die Verwaltungsvorschriften über die Form der Kundmachung nichts bestimmen, so tritt die im ersten Satz bezeichnete Rechtsfolge ein, wenn die mündliche Verhandlung gemäß § 41 Abs. 1 zweiter Satz und in geeigneter Form kundgemacht wurde. „ "** *(BGBl I 2004/10; *BGBl I 2008/5; **BGBl I 2013/33)*

(1a) Die Kundmachung im Internet unter der Adresse der Behörde gilt als geeignet, wenn sich aus einer dauerhaften Kundmachung an der Amtstafel der Behörde ergibt, dass solche Kundmachungen im Internet erfolgen können und unter welcher Adresse sie erfolgen. Sonstige Formen der Kundmachung sind geeignet, wenn sie sicherstellen, dass ein Beteiligter von der Verhandlung voraussichtlich Kenntnis erlangt. *(BGBl I 2013/33)*

(2) Wurde eine mündliche Verhandlung nicht gemäß Abs. 1 kundgemacht, so erstreckt sich die darin bezeichnete Rechtsfolge nur auf jene Beteiligten, die rechtzeitig die Verständigung von der Anberaumung der Verhandlung erhalten haben.

(3) Eine Person, die glaubhaft macht, daß sie durch ein unvorhergesehenes oder unabwendbares Ereignis verhindert war, rechtzeitig Einwendungen zu erheben, und die kein Verschulden oder nur ein minderer Grad des Versehens trifft, kann binnen zwei Wochen nach dem Wegfall des Hindernisses, jedoch spätestens bis zum Zeitpunkt der rechtskräftigen Entscheidung der Sache bei der Behörde Einwendungen erheben. Solche Einwendungen gelten als rechtzeitig erhoben und sind von jener Behörde zu berücksichtigen, bei der das Verfahren anhängig ist.

(4) Versäumt derjenige, über dessen Antrag das Verfahren eingeleitet wurde, die Verhandlung, so kann sie entweder in seiner Abwesenheit durchgeführt oder auf seine Kosten auf einen anderen Termin verlegt werden.

(BGBl I 1998/158)

§ 43. (1) Das mit der Leitung der mündlichen Verhandlung betraute Organ (Verhandlungsleiter) hat sich von der Identität der Erschienenen zu überzeugen und ihre Stellung als Parteien oder sonst Beteiligte und die etwaige Vertretungsbefugnis zu prüfen.

AVG

(2) Der Verhandlungsleiter eröffnet die Verhandlung und legt ihren Gegenstand dar. Er kann die Verhandlung in Abschnitte gliedern und einen Zeitplan erstellen. Er bestimmt die Reihenfolge, in der die Beteiligten zu hören, die Beweise aufzunehmen und die Ergebnisse früher aufgenommener Beweise oder Erhebungen vorzutragen und zu erörtern sind. Er entscheidet über die Beweisanträge und hat offenbar unerhebliche Anträge zurückzuweisen. Ihm steht auch die Befugnis zu, die Verhandlung nach Bedarf zu unterbrechen oder zu vertagen und den Zeitpunkt für die Fortsetzung der Verhandlung mündlich zu bestimmen.

(3) Der Verhandlungsleiter hat die Verhandlung unter steter Bedachtnahme auf ihren Zweck zügig so zu führen, daß den Parteien das Recht auf Gehör gewahrt, anderen Beteiligten aber Gelegenheit geboten wird, bei der Feststellung des Sachverhalts mitzuwirken. An der Sache nicht beteiligte Personen dürfen in der Verhandlung nicht das Wort ergreifen.

(4) Jeder Partei muß insbesondere Gelegenheit geboten werden, alle zur Sache gehörenden Gesichtspunkte vorzubringen und unter Beweis zu stellen, Fragen an die anwesenden Zeugen und Sachverständigen zu stellen, sich über die von anderen Beteiligten, den Zeugen und Sachverständigen vorgebrachten oder die als offenkundig behandelten Tatsachen sowie über die von ande-

ren gestellten Anträge und über das Ergebnis amtlicher Erhebungen zu äußern.

(5) Stehen einander zwei oder mehrere Parteien mit einander widersprechenden Ansprüchen gegenüber, so hat der Verhandlungsleiter auf das Zustandekommen eines Ausgleichs dieser Ansprüche mit den öffentlichen und den von anderen Beteiligten geltend gemachten Interessen hinzuwirken.

(BGBl I 1998/158)

§ 44. (1) Über jede mündliche Verhandlung ist eine Verhandlungsschrift nach den §§ 14 und 15 aufzunehmen.

(2) Schriftliche Äußerungen und Mitteilungen von Beteiligten, Niederschriften über Beweise, die bis zum Schluß der mündlichen Verhandlung, aber außerhalb dieser aufgenommen wurden, Berichte und schriftliche Sachverständigengutachten sind der Verhandlungsschrift anzuschließen. Dies ist in der Verhandlungsschrift zu vermerken. Teilnehmer an der mündlichen Verhandlung dürfen ihre Erklärungen jedoch nicht schriftlich abgeben.

(3) Sobald die zulässigen Vorbringen aller Beteiligten aufgenommen sind und die Beweisaufnahme beendet ist, hat der Verhandlungsleiter die Verhandlung, gegebenenfalls nach Wiedergabe der Verhandlungsschrift (§ 14 Abs. 3) und nach mündlicher Verkündung des Bescheides (§ 62 Abs. 2), für geschlossen zu erklären.

(BGBl I 1998/158)

Großverfahren

§ 44a. (1) Sind an einer Verwaltungssache oder an verbundenen Verwaltungssachen voraussichtlich insgesamt mehr als 100 Personen beteiligt, so kann die Behörde den Antrag oder die Anträge durch Edikt kundmachen.

(2) Das Edikt hat zu enthalten:

1. den Gegenstand des Antrages und eine Beschreibung des Vorhabens;

2. eine Frist von mindestens sechs Wochen, innerhalb derer bei der Behörde schriftlich Einwendungen erhoben werden können;

3. den Hinweis auf die Rechtsfolgen des § 44b;

4. den Hinweis, daß die Kundmachungen und Zustellungen im Verfahren durch Edikt vorgenommen werden können.

(3) Das Edikt ist im redaktionellen Teil zweier im Bundesland weitverbreiteter Tageszeitungen und im „Amtsblatt zur Wiener Zeitung"[1)] zu verlautbaren. Ist in den Verwaltungsvorschriften für die Kundmachung der mündlichen Verhandlung eine besondere Form vorgesehen, so ist der Inhalt des Edikts darüber hinaus in dieser Form kundzumachen; im übrigen kann die Behörde jede geeignete Form der Kundmachung wählen. „ " In der Zeit vom 15. Juli bis 25. August und vom 24. Dezember bis 6. Jänner ist die Kundmachung durch Edikt nicht zulässig. *(BGBl I 2013/33)*

(BGBl I 1998/158)

[1)] *Hervorhebung im Original.*

§ 44b. (1) Wurde ein Antrag durch Edikt kundgemacht, so hat dies zur Folge, daß Personen ihre Stellung als Partei verlieren, soweit sie nicht rechtzeitig bei der Behörde schriftlich Einwendungen erheben. § 42 Abs. 3 ist sinngemäß anzuwenden.

(2) Der Antrag, die Antragsunterlagen und die vorliegenden Gutachten der Sachverständigen sind, soweit sie nicht von der Akteneinsicht ausgenommen sind, während der Einwendungsfrist bei der Behörde und bei der Gemeinde zur öffentlichen Einsicht aufzulegen. „Die Beteiligten können sich hievon Abschriften selbst anfertigen oder auf ihre Kosten Kopien oder Ausdrucke erstellen lassen. Soweit die Behörde die die Sache betreffenden Akten elektronisch führt, kann den Beteiligten auf Verlangen die Akteneinsicht in jeder technisch möglichen Form gewährt werden."* Erforderlichenfalls hat die Behörde der Gemeinde eine ausreichende Anzahl von „Kopien oder Ausdrucken"** zur Verfügung zu stellen. *(*BGBl I 2008/5; **BGBl I 2009/20)*

(BGBl I 1998/158)

§ 44c. (1) Die Behörde kann unter den in § 44a Abs. 1 genannten Voraussetzungen eine öffentliche Erörterung des Vorhabens durchführen. Ort, Zeit und Gegenstand der Erörterung sind gemäß § 44a Abs. 3 zu verlautbaren.

(2) Zur öffentlichen Erörterung können Sachverständige beigezogen werden. Es ist jedermann gestattet, Fragen zu stellen und sich zum Vorhaben zu äußern.

(3) Über die öffentliche Erörterung ist eine Niederschrift nicht zu erstellen.

(BGBl I 1998/158)

§ 44d. (1) Die Behörde kann eine mündliche Verhandlung gemäß § 44a Abs. 3 durch Edikt anberaumen, wenn der Antrag gemäß § 44a Abs. 1 kundgemacht worden ist oder gleichzeitig kundgemacht wird.

(2) Das Edikt hat zu enthalten:

1. den Gegenstand der Verhandlung, eine Beschreibung des Vorhabens und einen etwaigen Zeitplan;

2. Ort und Zeit der Verhandlung.

(BGBl I 1998/158)

§ 44e. (1) Die durch Edikt anberaumte mündliche Verhandlung ist öffentlich.

(2) „§ 25 Abs. 1 bis 4 des Verwaltungsgerichtsverfahrensgesetzes – VwGVG, BGBl. I Nr. 33/2013," ist sinngemäß anzuwenden. *(BGBl I 2013/33)*

(3) Die Verhandlungsschrift ist spätestens eine Woche nach Schluß der mündlichen Verhandlung bei der Behörde und bei der Gemeinde während der Amtsstunden mindestens drei Wochen zur öffentlichen Einsicht aufzulegen. Wurde eine Aufzeichnung oder ein Stenogramm in Vollschrift übertragen, so können die Beteiligten während der Einsichtsfrist bei der Behörde Einwendungen wegen behaupteter Unvollständigkeit oder Unrichtigkeit der Übertragung erheben. Die Beteiligten können sich von der Verhandlungsschrift Abschriften selbst anfertigen oder auf ihre Kosten „Kopien oder Ausdrucke erstellen"* lassen. Erforderlichenfalls hat die Behörde der Gemeinde eine ausreichende Anzahl von „Kopien oder Ausdrucken"** zur Verfügung zu stellen. Nach Maßgabe der vorhandenen technischen Möglichkeiten hat die Behörde die Verhandlungsschrift im Internet bereitzustellen. *(*BGBl I 2008/5; **BGBl I 2009/20)*

(BGBl I 1998/158)

§ 44f. (1) Ist der Antrag gemäß § 44a Abs. 1 kundgemacht worden, so kann die Behörde Schriftstücke durch Edikt zustellen. Hiezu hat sie gemäß § 44a Abs. 3 zu verlautbaren, daß ein Schriftstück bestimmten Inhalts bei der Behörde „zur" öffentlichen Einsicht aufliegt; auf die Bestimmungen des Abs. 2 ist hinzuweisen. Mit Ablauf von zwei Wochen nach dieser Verlautbarung gilt das Schriftstück als zugestellt. *(BGBl I 1999/194 (DFB))*

(2) Die Behörde hat das Schriftstück während der Amtsstunden mindestens acht Wochen zur öffentlichen Einsicht aufzulegen. Sie hat den Beteiligten auf Verlangen Ausfertigungen des Schriftstückes auszufolgen und den Parteien auf Verlangen unverzüglich zuzusenden. Nach Maßgabe der vorhandenen technischen Möglichkeiten hat sie das Schriftstück im Internet bereitzustellen.

(BGBl I 1998/158)

§ 44g. Die Kosten der Verlautbarung des Edikts im „Amtsblatt zur Wiener Zeitung" sind von Amts wegen zu tragen.

(BGBl I 1998/158)

2. Abschnitt
Beweise

Allgemeine Grundsätze über den Beweis

§ 45. (1) Tatsachen, die bei der Behörde offenkundig sind, und solche, für deren Vorhandensein das Gesetz eine Vermutung aufstellt, bedürfen keines Beweises.

(2) Im übrigen hat die Behörde unter sorgfältiger Berücksichtigung der Ergebnisse des Ermittlungsverfahrens nach freier Überzeugung zu beurteilen, ob eine Tatsache als erwiesen anzunehmen ist oder nicht.

(3) Den Parteien ist Gelegenheit zu geben, vom Ergebnis der Beweisaufnahme Kenntnis und dazu Stellung zu nehmen.

§ 46. Als Beweismittel kommt alles in Betracht, was zur Feststellung des maßgebenden Sachverhaltes geeignet und nach Lage des einzelnen Falles zweckdienlich ist.

Urkunden

§ 47. Die Beweiskraft von öffentlichen Urkunden und Privaturkunden ist von der Behörde nach den §§ 292 bis 294, 296, 310 und 311 ZPO zu beurteilen. Dabei gilt § 292 Abs. 1 erster Satz ZPO jedoch mit der Maßgabe, daß inländische öffentliche Urkunden den Beweis auch über jene Tatsachen und Rechtsverhältnisse liefern, die die Voraussetzung für ihre Ausstellung bildeten und in der Urkunde ausdrücklich genannt sind; wenn die Behörde im Hinblick auf die besonderen Umstände des Einzelfalles dagegen Bedenken hat, daß die Urkunde diesen Beweis liefert, so kann sie der Partei auftragen, den Beweis auf andere Weise zu führen.

(BGBl 1995/471)

Zeugen

§ 48. Als Zeugen dürfen nicht vernommen werden:

1. Personen, die zur Mitteilung ihrer Wahrnehmungen unfähig sind oder die zur Zeit, auf die sich ihre Aussage beziehen soll, zur Wahrnehmung der zu beweisenden Tatsache unfähig waren;

2. Geistliche darüber, was ihnen in der Beichte oder sonst unter dem Siegel geistlicher Amtsverschwiegenheit anvertraut wurde;

3. mit Aufgaben der Bundes-, Landes- und Gemeindeverwaltung betraute Organe sowie Organe anderer Körperschaften des öffentlichen Rechts, wenn der Gegenstand ihrer Aussage der Amtsverschwiegenheit unterliegt und sie von der

Pflicht zur Amtsverschwiegenheit nicht entbunden worden sind. *(BGBl I 2008/5)*

§ 49. (1) Die Aussage darf von einem Zeugen verweigert werden:

1. über Fragen, deren Beantwortung dem Zeugen, einem seiner Angehörigen (§ 36a), einer mit seiner Obsorge betrauten Person, seinem „Erwachsenenvertreter, seinem Vorsorgebevollmächtigten nach Wirksamwerden der Vorsorgevollmacht oder der von ihm in einer dieser Eigenschaften vertretenen Person" einen unmittelbaren Vermögensnachteil oder die Gefahr einer strafrechtlichen Verfolgung zuziehen oder zur Unehre gereichen würde; *(BGBl I 2018/58)*

2. über Fragen, die er nicht beantworten könnte, ohne eine ihm obliegende gesetzlich anerkannte Pflicht zur Verschwiegenheit, von der er nicht gültig entbunden wurde, zu verletzen oder ein Kunst-, Betriebs- oder Geschäftsgeheimnis zu offenbaren;

3. über Fragen, wie er sein Wahl- oder Stimmrecht ausgeübt hat, wenn dessen Ausübung gesetzlich für geheim erklärt ist.
(BGBl I 2008/5)

(2) Die zur berufsmäßigen Parteienvertretung befugten Personen können die Zeugenaussage auch darüber verweigern, was ihnen in ihrer Eigenschaft als Vertreter einer Partei von dieser anvertraut wurde.

(3) Wegen der Gefahr eines Vermögensnachteils darf die Aussage über Geburten, Eheschließungen und Sterbefälle der in Abs. 1 Z 1 bezeichneten Personen nicht verweigert werden.

(4) Will ein Zeuge die Aussage verweigern, so hat er die Gründe seiner Weigerung glaubhaft zu machen.

(5) Einem Zeugen, der einer Ladung (§§ 19 und 20) ohne genügende Entschuldigung nicht Folge leistet oder die Aussage ohne Angabe von Gründen verweigert oder auf seiner Weigerung beharrt, obwohl die vorgebrachten Gründe als nicht gerechtfertigt (Abs. 1 bis 3) erkannt wurden, kann die Verpflichtung zum Ersatz aller durch seine Säumnis oder Weigerung verursachten Kosten auferlegt werden; im Fall der ungerechtfertigten Aussageverweigerung kann über ihn eine Ordnungsstrafe (§ 34) verhängt werden.

§ 50. Jeder Zeuge ist zu Beginn seiner Vernehmung über die für die Vernehmung maßgebenden persönlichen Verhältnisse zu befragen und zu ermahnen, die Wahrheit anzugeben und nichts zu verschweigen. Er ist auch auf die gesetzlichen Gründe für die Verweigerung der Aussage, auf die Folgen einer ungerechtfertigten Verweigerung der Aussage und die strafrechtlichen Folgen einer falschen Aussage aufmerksam zu machen.

Vernehmung von Beteiligten

§ 51. Die §§ 48 und 49 sind auch auf die Vernehmung von Beteiligten zum Zweck der Beweisführung anzuwenden, doch gilt der Weigerungsgrund des § 49 Abs. 1 Z 1 wegen Gefahr eines Vermögensnachteils nicht.

Audiovisuelle Vernehmungen

§ 51a. Nach Maßgabe der technischen Möglichkeiten kann eine Vernehmung unter Verwendung technischer Einrichtungen zur Wort- und Bildübertragung durchgeführt werden, es sei denn, das persönliche Erscheinen vor der Behörde ist unter Berücksichtigung der Verfahrensökonomie zweckmäßiger oder aus besonderen Gründen erforderlich.

(BGBl I 2018/57)

§§ 51b bis 51d. *(aufgehoben samt Überschrift, BGBl I 2013/33)*

Sachverständige

§ 52. (1) Wird die Aufnahme eines Beweises durch Sachverständige notwendig, so sind die der Behörde beigegebenen oder zur Verfügung stehenden amtlichen Sachverständigen (Amtssachverständige) beizuziehen.

(2) Wenn Amtssachverständige nicht zur Verfügung stehen oder es mit Rücksicht auf die Besonderheit des Falles geboten ist, kann die Behörde aber ausnahmsweise andere geeignete Personen als Sachverständige (nichtamtliche Sachverständige) heranziehen. *(BGBl 1995/471)*

(3) Liegen die Voraussetzungen des Abs. 2 nicht vor, so kann die Behörde dennoch nichtamtliche Sachverständige heranziehen, wenn davon eine wesentliche Beschleunigung des Verfahrens zu erwarten ist. Die Heranziehung ist jedoch nur zulässig, wenn sie von demjenigen, über dessen Ansuchen das Verfahren eingeleitet wurde, angeregt wird und die daraus entstehenden Kosten einen von dieser Partei bestimmten Betrag voraussichtlich nicht überschreiten. *(BGBl 1995/471)*

(4) Der Bestellung zum nichtamtlichen Sachverständigen hat Folge zu leisten, wer zur Erstattung von Gutachten der erforderten Art öffentlich bestellt ist oder wer die Wissenschaft, die Kunst oder das Gewerbe, deren Kenntnis die Voraussetzung der geforderten Begutachtung ist, öffentlich als Erwerb ausübt oder zu deren Ausübung öffentlich angestellt oder ermächtigt ist. Nichtamtliche Sachverständige sind zu beeiden, wenn sie nicht schon für die Erstattung von Gutachten der erforderten Art im allgemeinen beeidet sind. Die §§ 49 und 50 gelten auch für nichtamtliche Sachverständige. *(BGBl 1995/471)*

§ 53. (1) Auf Amtssachverständige ist § 7 anzuwenden. Andere Sachverständige sind ausgeschlossen, wenn einer der Gründe des § 7 Abs. 1 „Z 1, 2 und 4" zutrifft; außerdem können sie von einer Partei abgelehnt werden, wenn diese Umstände glaubhaft macht, die die Unbefangenheit oder Fachkunde des Sachverständigen in Zweifel stellen. Die Ablehnung kann vor der Vernehmung des Sachverständigen, später aber nur dann erfolgen, wenn die Partei glaubhaft macht, daß sie den Ablehnungsgrund vorher nicht erfahren oder wegen eines für sie unüberwindbaren Hindernisses nicht rechtzeitig geltend machen konnte. *(BGBl I 2009/20)*

(2) Die Entscheidung über den Ablehnungsantrag erfolgt durch Verfahrensanordnung. *(BGBl I 2013/33)*

Gebühren der nichtamtlichen Sachverständigen

§ 53a. (1) „Nichtamtliche Sachverständige haben für ihre Tätigkeit im Verfahren Anspruch auf Gebühren, die durch Verordnung der Bundesregierung in Pauschalbeträgen (nach Tarifen) festzusetzen sind. Soweit keine solchen Pauschalbeträge (Tarife) festgesetzt sind, sind auf den Umfang der Gebühr die §§ 24 bis 37, 43 bis 49 und 51 des Gebührenanspruchsgesetzes – GebAG, BGBl. Nr. 136/1975, sinngemäß anzuwenden." Die Gebühr ist gemäß § 38 des Gebührenanspruchsgesetzes 1975 bei der Behörde geltend zu machen, die den Sachverständigen herangezogen hat. *(BGBl I 2013/161)*

(2) „Die Gebühr ist von der Behörde, die den Sachverständigen herangezogen hat, mit Bescheid zu bestimmen."** Vor der Gebührenbestimmung kann der Sachverständige aufgefordert werden, sich über Umstände, die für die Gebührenberechnung bedeutsam sind, zu äußern und, unter Setzung einer bestimmten Frist, noch fehlende Bestätigungen vorzulegen. „Die Gebührenbeträge sind auf volle 10 Cent aufzurunden."* *(*BGBl I 2001/137; **BGBl I 2013/33)*

(3) Die Gebühr ist dem nichtamtlichen Sachverständigen kostenfrei zu zahlen. Bestimmt die Behörde eine höhere Gebühr, als dem nichtamtlichen Sachverständigen gezahlt wurde, so ist der Mehrbetrag dem nichtamtlichen Sachverständigen kostenfrei nachzuzahlen. Bestimmt die Behörde eine niedrigere Gebühr oder übersteigt der dem nichtamtlichen Sachverständigen gezahlte Vorschuss die von ihr bestimmte Gebühr, so ist der nichtamtliche Sachverständige zur Rückzahlung des zu viel gezahlten Betrages zu verpflichten. *(BGBl I 2013/33)*

(4) *(aufgehoben, BGBl I 2013/33)*

(BGBl I 1998/158)

Gebühren der nichtamtlichen Dolmetscher

§ 53b. Nichtamtliche Dolmetscher haben für ihre Tätigkeit im Verfahren Anspruch auf Gebühren, die durch Verordnung der Bundesregierung in Pauschalbeträgen (nach Tarifen) festzusetzen sind. Soweit keine solchen Pauschalbeträge (Tarife) festgesetzt sind, sind auf den Umfang der Gebühr die §§ 24 bis 34, 36 und 37 Abs. 2 des Gebührenanspruchsgesetzes – GebAG, BGBl. Nr. 136/1975, mit den in § 53 Abs. 1 GebAG genannten Besonderheiten und § 54 GebAG sinngemäß anzuwenden. Unter nichtamtlichen Dolmetschern im Sinne dieses Bundesgesetzes sind auch die nichtamtlichen Übersetzer zu verstehen. § 53a Abs. 1 letzter Satz und „Abs. 2 und 3"* ist sinngemäß anzuwenden. *(*BGBl I 2013/33)*

(BGBl I 2013/161)

Augenschein

§ 54. Zur Aufklärung der Sache kann die Behörde auf Antrag oder von Amts wegen auch einen Augenschein, nötigenfalls mit Zuziehung von Sachverständigen, vornehmen.

Mittelbare Beweisaufnahmen und Erhebungen

§ 55. (1) Die Behörde kann Beweisaufnahmen auch durch ersuchte oder beauftragte Verwaltungsbehörden oder einzelne dazu bestimmte amtliche Organe vornehmen lassen oder durch sonstige Erhebungen ersetzen oder ergänzen. Insbesondere können Amtssachverständige außer dem Fall einer mündlichen Verhandlung mit der selbständigen Vornahme eines Augenscheines betraut werden.

(2) Die Gerichte dürfen um die Aufnahme von Beweisen nur in den gesetzlich besonders bestimmten Fällen ersucht werden.

III. Teil

Bescheide

Erlassung von Bescheiden

§ 56. Der Erlassung eines Bescheides „ " hat, wenn es sich nicht um eine Ladung (§ 19) oder einen Bescheid nach § 57 handelt, die Feststellung des maßgebenden Sachverhaltes, soweit er nicht von vornherein klar gegeben ist, nach den §§ 37 und 39 voranzugehen. *(BGBl I 1998/158)*

§ 57. (1) Wenn es sich um die Vorschreibung von Geldleistungen nach einem gesetzlich, statutarisch oder tarifmäßig feststehenden Maßstab oder bei Gefahr im Verzug um unaufschiebbare Maßnahmen handelt, ist die Behörde berechtigt, einen Bescheid auch ohne vorausgegangenes Ermittlungsverfahren zu erlassen.

(2) Gegen einen nach Abs. 1 erlassenen Bescheid kann bei der Behörde, die den Bescheid erlassen hat, binnen zwei Wochen Vorstellung erhoben werden. Die Vorstellung hat nur dann aufschiebende Wirkung, wenn sie gegen die Vorschreibung einer Geldleistung gerichtet ist.

(3) Die Behörde hat binnen zwei Wochen nach Einlangen der Vorstellung das Ermittlungsverfahren einzuleiten, widrigenfalls der angefochtene Bescheid von Gesetzes wegen außer Kraft tritt. Auf Verlangen der Partei ist das Außerkrafttreten des Bescheides schriftlich zu bestätigen.

Inhalt und Form der Bescheide

§ 58. (1) Jeder Bescheid ist ausdrücklich als solcher zu bezeichnen und hat den Spruch und die Rechtsmittelbelehrung zu enthalten.

(2) Bescheide sind zu begründen, wenn dem Standpunkt der Partei nicht vollinhaltlich Rechnung getragen oder über Einwendungen oder Anträge von Beteiligten abgesprochen wird.

(3) Im übrigen gilt auch für Bescheide § 18 Abs. 4.

§ 58a. In verbundenen Verfahren „(§ 39 Abs. 2b)“ hat die Behörde über die nach den Verwaltungsvorschriften erforderlichen Bewilligungen oder Genehmigungen in einem Bescheid zu entscheiden. Der Spruch des Bescheides ist nach den jeweils angewendeten Verwaltungsvorschriften in Spruchpunkte zu gliedern. Die Behörde kann über einzelne oder mehrere Bewilligungen oder Genehmigungen gesondert absprechen, wenn dies zweckmäßig erscheint. *(BGBl I 2018/57)*

(BGBl I 2002/65)

§ 59. (1) „Der Spruch hat die in Verhandlung stehende Angelegenheit und alle die Hauptfrage betreffenden Parteianträge, ferner die allfällige Kostenfrage in möglichst gedrängter, deutlicher Fassung und unter Anführung der angewendeten Gesetzesbestimmungen, und zwar in der Regel zur Gänze, zu erledigen. Mit Erledigung des verfahrenseinleitenden Antrages gelten Einwendungen als miterledigt.“ Läßt der Gegenstand der Verhandlung eine Trennung nach mehreren Punkten zu, so kann, wenn dies zweckmäßig erscheint, über jeden dieser Punkte, sobald er spruchreif ist, gesondert abgesprochen werden. *(BGBl I 1998/158)*

(2) Wird die Verbindlichkeit zu einer Leistung oder zur Herstellung eines bestimmten Zustandes ausgesprochen, so ist im Spruch zugleich auch eine angemessene Frist zur Ausführung der Leistung oder Herstellung zu bestimmen.

§ 60. In der Begründung sind die Ergebnisse des Ermittlungsverfahrens, die bei der Beweiswürdigung maßgebenden Erwägungen und die darauf gestützte Beurteilung der Rechtsfrage klar und übersichtlich zusammenzufassen.

§ 61. (1) Die Rechtsmittelbelehrung hat anzugeben, ob gegen den Bescheid ein Rechtsmittel erhoben werden kann, bejahendenfalls welchen Inhalt und welche Form dieses Rechtsmittel haben muss und bei welcher Behörde und innerhalb welcher Frist es einzubringen ist. *(BGBl I 2013/33)*

(2) Enthält ein Bescheid keine Rechtsmittelbelehrung oder fälschlich die Erklärung, daß kein Rechtsmittel zulässig sei oder ist keine oder eine kürzere als die gesetzliche Rechtsmittelfrist angegeben, so gilt das Rechtsmittel als rechtzeitig eingebracht, wenn es innerhalb der gesetzlichen Frist eingebracht wurde.

(3) Ist in dem Bescheid eine längere als die gesetzliche Frist angegeben, so gilt das innerhalb der angegebenen Frist eingebrachte Rechtsmittel als rechtzeitig.

(4) Enthält der Bescheid keine oder eine unrichtige Angabe über die Behörde, bei der das Rechtsmittel einzubringen ist, so ist das Rechtsmittel auch dann richtig eingebracht, wenn es bei der Behörde, die den Bescheid „erlassen“ hat, oder bei der angegebenen Behörde eingebracht wurde. *(BGBl I 2013/33)*

(5) *(aufgehoben, BGBl I 1998/158)*

§ 61a. *(aufgehoben, BGBl I 2013/33)*

§ 62. (1) Wenn in den Verwaltungsvorschriften nicht anderes bestimmt ist, können Bescheide sowohl schriftlich als auch mündlich erlassen werden.

(2) Der Inhalt und die Verkündung eines mündlichen Bescheides ist, wenn die Verkündung bei einer mündlichen Verhandlung erfolgt, am Schluß der Verhandlungsschrift, in anderen Fällen in einer besonderen Niederschrift zu beurkunden.

(3) Eine schriftliche Ausfertigung des mündlich verkündeten Bescheides ist den bei der Verkündung nicht anwesenden und jenen Parteien zuzustellen, die spätestens drei Tage nach der Verkündung eine Ausfertigung verlangen; über dieses Recht ist die Partei bei Verkündung des mündlichen Bescheides zu belehren.

(4) Schreib- und Rechenfehler oder diesen gleichzuhaltende, offenbar auf einem Versehen oder offenbar ausschließlich auf technisch mangelhaftem Betrieb einer automationsunterstützten Datenverarbeitungsanlage beruhende Unrichtigkeiten in Bescheiden kann die Behörde jederzeit von Amts wegen berichtigen.

IV. Teil

Rechtsschutz

1. Abschnitt

Berufung

§ 63. (1) Der Instanzenzug in den Angelegenheiten des eigenen Wirkungsbereiches der Gemeinde und das Recht zur Erhebung der Berufung richten sich nach den Verwaltungsvorschriften. Gegen die Bewilligung oder die Verfügung der Wiederaufnahme und gegen die Bewilligung der Wiedereinsetzung ist eine Berufung nicht zulässig. *(BGBl I 2013/33)*

(2) Gegen „Verfahrensanordnungen"* ist eine abgesonderte Berufung nicht zulässig. Sie können erst in der Berufung gegen den die „Sache"** erledigenden Bescheid angefochten werden. *(*BGBl I 1998/158; **BGBl I 2013/33)*

(3) Die Berufung hat den Bescheid zu bezeichnen, gegen den sie sich richtet, und einen begründeten Berufungsantrag zu enthalten.

(4) Eine Berufung ist nicht mehr zulässig, wenn die Partei nach der Zustellung oder Verkündung des Bescheides ausdrücklich auf die Berufung verzichtet hat.

(5) Die Berufung ist von der Partei binnen zwei Wochen bei der Behörde einzubringen, die den Bescheid in erster Instanz erlassen hat. Die Frist beginnt für jede Partei mit der an sie erfolgten Zustellung der schriftlichen Ausfertigung des Bescheides, im Fall bloß mündlicher Verkündung mit dieser. Wird eine Berufung innerhalb dieser Frist bei der Berufungsbehörde eingebracht, so gilt dies als rechtzeitige Einbringung; die Berufungsbehörde hat die bei ihr eingebrachte Berufung unverzüglich an die Behörde erster Instanz weiterzuleiten. *(BGBl 1995/471)*

§ 64. (1) Eine rechtzeitig eingebrachte und zulässige Berufung hat aufschiebende Wirkung. *(BGBl I 2013/33)*

(2) „Die Behörde kann die aufschiebende Wirkung mit Bescheid ausschließen, wenn nach Abwägung der berührten öffentlichen Interessen und Interessen anderer Parteien der vorzeitige Vollzug des angefochtenen Bescheides oder die Ausübung der durch den angefochtenen Bescheid eingeräumten Berechtigung wegen Gefahr im Verzug dringend geboten ist." Ein solcher Ausspruch ist tunlichst schon in den über die Hauptsache ergehenden Bescheid aufzunehmen. *(BGBl I 2013/33)*

§ 64a. (1) Die Behörde kann die Berufung binnen zwei Monaten nach Einlangen bei der Behörde erster Instanz durch Berufungsvorentscheidung erledigen. Sie kann die Berufung nach Vornahme notwendiger Ergänzungen des Ermittlungsverfahrens als unzulässig oder verspätet zurückweisen, den Bescheid aufheben oder nach jeder Richtung abändern.

(2) Jede Partei kann binnen zwei Wochen nach Zustellung der Berufungsvorentscheidung bei der Behörde den Antrag stellen, daß die Berufung der Berufungsbehörde zur Entscheidung vorgelegt wird (Vorlageantrag).

(3) Mit Einlangen des Vorlageantrages tritt die Berufungsvorentscheidung außer Kraft. Die Behörde hat die Parteien vom Außerkrafttreten der Berufungsvorentscheidung zu verständigen. Verspätete oder unzulässige Vorlageanträge sind von ihr zurückzuweisen.

(BGBl I 1998/158)

§ 65. Werden in einer Berufung neue Tatsachen oder Beweise, die der Behörde erheblich scheinen, vorgebracht, so hat sie hievon unverzüglich den etwaigen Berufungsgegnern Mitteilung zu machen und ihnen Gelegenheit zu geben, binnen angemessener, zwei Wochen nicht übersteigender Frist vom Inhalt der Berufung Kenntnis zu nehmen und sich dazu zu äußern.

§ 66. (1) Notwendige Ergänzungen des Ermittlungsverfahrens hat die Berufungsbehörde durch „eine im Instanzenzug untergeordnete Behörde" durchführen zu lassen oder selbst vorzunehmen. *(BGBl I 1998/158)*

(2) Ist der der Berufungsbehörde vorliegende Sachverhalt so mangelhaft, daß die Durchführung oder Wiederholung einer mündlichen Verhandlung unvermeidlich erscheint, so kann die Berufungsbehörde den angefochtenen Bescheid beheben und die Angelegenheit zur neuerlichen Verhandlung und Erlassung eines neuen Bescheides „an eine im Instanzenzug untergeordnete Behörde zurückverweisen". *(BGBl I 1998/158)*

(3) Die Berufungsbehörde kann jedoch die mündliche Verhandlung und unmittelbare Beweisaufnahme auch selbst durchführen, wenn hiemit eine Ersparnis an Zeit und Kosten verbunden ist.

(4) Außer dem in Abs. 2 erwähnten Fall hat die Berufungsbehörde, sofern die Berufung nicht als unzulässig oder verspätet zurückzuweisen ist, immer in der Sache selbst zu entscheiden. Sie ist berechtigt, sowohl im Spruch als auch hinsichtlich der Begründung (§ 60) ihre Anschauung an die Stelle jener der Unterbehörde zu setzen und demgemäß den angefochtenen Bescheid nach jeder Richtung abzuändern.

§ 67. Der III. Teil gilt auch für die Bescheide der Berufungsbehörde, doch ist der Spruch auch dann zu begründen, wenn dem Berufungsantrag stattgegeben wird.

§§ 67a bis 67h. *(aufgehoben, BGBl I 2013/33)*

2. Abschnitt
Sonstige Abänderung von Bescheiden

Abänderung und Behebung von Amts wegen

§ 68. (1) Anbringen von Beteiligten, die außer den Fällen der §§ 69 und 71 die Abänderung eines der Berufung nicht oder nicht mehr unterliegenden Bescheides begehren, sind, wenn die Behörde nicht den Anlaß zu einer Verfügung gemäß den Abs. 2 bis 4 findet, wegen entschiedener Sache zurückzuweisen.

(2) Von Amts wegen können Bescheide, aus denen niemandem ein Recht erwachsen ist, sowohl von der Behörde „ “, die „ “ den Bescheid erlassen hat, als auch in Ausübung des Aufsichtsrechtes von der sachlich in Betracht kommenden Oberbehörde aufgehoben oder abgeändert werden. *(BGBl 1995/471; BGBl I 2013/33)*

(3) Andere Bescheide kann „die Behörde, die den Bescheid in letzter Instanz erlassen hat, oder die sachlich in Betracht kommende Oberbehörde im öffentlichen Interesse“ insoweit abändern, als dies zur Beseitigung von das Leben oder die Gesundheit von Menschen gefährdenden Mißständen oder zur Abwehr schwerer volkswirtschaftlicher Schädigungen notwendig und unvermeidlich ist. In allen Fällen hat die Behörde mit möglichster Schonung erworbener Rechte vorzugehen. *(BGBl I 2013/33)*

(4) Außerdem können Bescheide von Amts wegen in Ausübung des Aufsichtsrechtes von der sachlich in Betracht kommenden Oberbehörde als nichtig erklärt werden, wenn der Bescheid

1. von einer unzuständigen Behörde oder von einer nicht richtig zusammengesetzten Kollegialbehörde erlassen wurde,

2. einen strafgesetzwidrigen Erfolg herbeiführen würde,

3. tatsächlich undurchführbar ist oder

4. an einem durch gesetzliche Vorschrift ausdrücklich mit Nichtigkeit bedrohten Fehler leidet.

(5) Nach Ablauf von drei Jahren nach dem in § 63 Abs. 5 bezeichneten Zeitpunkt ist eine Nichtigerklärung aus den Gründen des Abs. 4 Z 1 nicht mehr zulässig.

(6) Die der Behörde in den Verwaltungsvorschriften eingeräumten Befugnisse zur Zurücknahme oder Einschränkung einer Berechtigung außerhalb eines Berufungsverfahrens bleiben unberührt.

(7) Auf die Ausübung des der Behörde gemäß den Abs. 2 bis 4 zustehenden Abänderungs- und Behebungsrechts steht niemandem ein Anspruch zu. Mutwillige Aufsichtsbeschwerden und Abänderungsanträge sind nach § 35 zu ahnden.

Wiederaufnahme des Verfahrens

§ 69. (1) Dem Antrag einer Partei auf Wiederaufnahme eines durch Bescheid abgeschlossenen Verfahrens ist stattzugeben, wenn ein Rechtsmittel gegen den Bescheid nicht oder nicht mehr zulässig ist und:

1. der Bescheid durch Fälschung einer Urkunde, falsches Zeugnis oder eine andere gerichtlich strafbare Handlung herbeigeführt oder sonstwie erschlichen worden ist oder

2. neue Tatsachen oder Beweismittel hervorkommen, die im Verfahren ohne Verschulden der Partei nicht geltend gemacht werden konnten und allein oder in Verbindung mit dem sonstigen Ergebnis des Verfahrens voraussichtlich einen im Hauptinhalt des Spruches anders lautenden Bescheid herbeigeführt hätten, oder

3. der Bescheid gemäß § 38 von Vorfragen abhängig war und nachträglich über eine solche Vorfrage „von der zuständigen Verwaltungsbehörde bzw. vom zuständigen Gericht“ in wesentlichen Punkten anders entschieden wurde „;“ *(BGBl I 2013/33)*

4. nachträglich ein Bescheid oder eine gerichtliche Entscheidung bekannt wird, der bzw. die einer Aufhebung oder Abänderung auf Antrag einer Partei nicht unterliegt und die im Verfahren die Einwendung der entschiedenen Sache begründet hätte. *(BGBl I 2013/33)*

(2) Der Antrag auf Wiederaufnahme ist binnen zwei Wochen bei der Behörde einzubringen, die den Bescheid in erster Instanz erlassen hat. Die Frist beginnt mit dem Zeitpunkt, in dem der Antragsteller von dem Wiederaufnahmegrund Kenntnis erlangt hat, wenn dies jedoch nach der Verkündung des mündlichen Bescheides und vor Zustellung der schriftlichen Ausfertigung geschehen ist, erst mit diesem Zeitpunkt. Nach Ablauf von drei Jahren nach Erlassung des Bescheides kann der Antrag auf Wiederaufnahme nicht mehr gestellt werden. Die Umstände, aus welchen sich die Einhaltung der gesetzlichen Frist ergibt, sind vom Antragsteller glaubhaft zu machen. *(BGBl I 1998/158)*

(3) Unter den Voraussetzungen des Abs. 1 kann die Wiederaufnahme des Verfahrens auch von Amts wegen verfügt werden. Nach Ablauf von drei Jahren nach Erlassung des Bescheides kann die Wiederaufnahme auch von Amts wegen nur mehr aus den Gründen des Abs. 1 Z 1 stattfinden.

(4) Die Entscheidung über die Wiederaufnahme steht der Behörde zu, die den Bescheid in letzter Instanz erlassen hat. *(BGBl I 2013/33)*

§ 70. (1) In dem die Wiederaufnahme bewilligenden oder verfügenden Bescheid ist, sofern nicht schon auf Grund der vorliegenden Akten ein neuer Bescheid erlassen werden kann, auszusprechen, inwieweit und in welcher Instanz das Verfahren wieder aufzunehmen ist.

(2) Frühere Erhebungen und Beweisaufnahmen, die durch die Wiederaufnahmsgründe nicht betroffen werden, sind keinesfalls zu wiederholen.

(3) *(aufgehoben, BGBl I 2013/33)*

Wiedereinsetzung in den vorigen Stand

§ 71. (1) Gegen die Versäumung einer Frist oder einer mündlichen Verhandlung ist auf Antrag der Partei, die durch die Versäumung einen Rechtsnachteil erleidet, die Wiedereinsetzung in den vorigen Stand zu bewilligen, wenn:

1. die Partei glaubhaft macht, daß sie durch ein unvorhergesehenes oder unabwendbares Ereignis verhindert war, die Frist einzuhalten oder zur Verhandlung zu erscheinen und sie kein Verschulden oder nur ein minderer Grad des Versehens trifft, oder

2. die Partei die Rechtsmittelfrist versäumt hat, weil der Bescheid keine Rechtsmittelbelehrung, keine Rechtsmittelfrist oder fälschlich die Angabe enthält, daß kein Rechtsmittel zulässig sei. *(BGBl I 1998/158)*

(2) Der Antrag auf Wiedereinsetzung muß binnen zwei Wochen nach dem Wegfall des Hindernisses oder nach dem Zeitpunkt, in dem die Partei von der Zulässigkeit der Berufung Kenntnis erlangt hat, gestellt werden.

(3) Im Fall der Versäumung einer Frist hat die Partei die versäumte Handlung gleichzeitig mit dem Wiedereinsetzungsantrag nachzuholen.

(4) Zur Entscheidung über den Antrag auf Wiedereinsetzung ist die Behörde berufen, bei der die versäumte Handlung vorzunehmen war oder die die versäumte Verhandlung angeordnet oder die unrichtige Rechtsmittelbelehrung erteilt hat.

(5) Gegen die Versäumung der Frist zur Stellung des Wiedereinsetzungsantrages findet keine Wiedereinsetzung in den vorigen Stand statt.

(6) Die Behörde kann dem Antrag auf Wiedereinsetzung aufschiebende Wirkung zuerkennen. „ “ *(BGBl 1995/471; BGBl I 2013/33)*

(7) Der Wiedereinsetzungsantrag kann nicht auf Umstände gestützt werden, die die Behörde schon früher für unzureichend befunden hat, um die Verlängerung der versäumten Frist oder die Verlegung der versäumten Verhandlung zu bewilligen.

§ 72. (1) Durch die Bewilligung der Wiedereinsetzung tritt das Verfahren in die Lage zurück, in der es sich vor dem Eintritt der Versäumung befunden hat.

(2) Durch den Antrag auf Wiedereinsetzung gegen die Versäumung der mündlichen Verhandlung wird die Frist zur Anfechtung des infolge der Versäumung erlassenen Bescheides nicht verlängert.

(3) Hat eine Partei Wiedereinsetzung gegen die Versäumung der mündlichen Verhandlung beantragt und gegen den Bescheid Berufung eingelegt, so ist auf die Erledigung der Berufung erst einzugehen, wenn der Antrag auf Wiedereinsetzung abgewiesen worden ist.

(4) *(aufgehoben, BGBl I 2013/33)*

3. Abschnitt

Entscheidungspflicht

§ 73. (1) Die Behörden sind verpflichtet, wenn in den Verwaltungsvorschriften nicht anderes bestimmt ist, über Anträge von Parteien (§ 8) und Berufungen ohne unnötigen Aufschub, spätestens aber sechs Monate nach deren Einlangen den Bescheid zu erlassen. „Sofern sich in verbundenen Verfahren „(§ 39 Abs. 2b)“** aus den anzuwendenden Rechtsvorschriften unterschiedliche Entscheidungsfristen ergeben, ist die zuletzt ablaufende maßgeblich.“* *(*BGBl I 2002/65; **BGBl I 2018/57)*

(2) „Wird ein Bescheid, gegen den Berufung erhoben werden kann, nicht innerhalb der Entscheidungsfrist erlassen, so geht auf schriftlichen Antrag der Partei die Zuständigkeit zur Entscheidung auf die Berufungsbehörde über (Devolutionsantrag). Der Devolutionsantrag ist bei der Berufungsbehörde einzubringen.“ Er ist abzuweisen, wenn die Verzögerung nicht auf ein überwiegendes Verschulden der Behörde zurückzuführen ist. *(BGBl I 2013/33)*

(3) Für die „Berufungsbehörde“ beginnt die Entscheidungsfrist mit dem Tag des Einlangens des Devolutionsantrages zu laufen. *(BGBl I 2013/33)*

(BGBl I 1998/158)

V. Teil

Kosten

Kosten der Beteiligten

§ 74. (1) Jeder Beteiligte hat die ihm im Verwaltungsverfahren erwachsenden Kosten selbst zu bestreiten.

(2) Inwiefern einem Beteiligten ein Kostenersatzanspruch gegen einen anderen Beteiligten zusteht, bestimmen die Verwaltungsvorschriften. Der Kostenersatzanspruch ist so zeitgerecht zu stellen, daß der Ausspruch über die Kosten in den Bescheid aufgenommen werden kann. Die Höhe der zu ersetzenden Kosten wird von der Behörde bestimmt und kann von dieser auch in einem „Pauschalbetrag“ festgesetzt werden. *(BGBl I 2008/5)*

Kosten der Behörden

§ 75. (1) Sofern sich aus den §§ 76 bis 78 nicht anderes ergibt, sind die Kosten für die Tätigkeit der Behörden im Verwaltungsverfahren von Amts wegen zu tragen.

(2) Die Heranziehung der Beteiligten zu anderen als den in den §§ 76 bis 78 vorgesehenen Leistungen, unter welchem Titel immer, ist unzulässig.

(3) Die gesetzlichen Bestimmungen über die Stempel- und Rechtsgebühren des Bundes bleiben unberührt.

§ 76. (1) Erwachsen der Behörde bei einer Amtshandlung Barauslagen, so hat dafür, sofern nach den Verwaltungsvorschriften nicht auch diese Auslagen von Amts wegen zu tragen sind, die Partei aufzukommen, die den verfahrenseinleitenden Antrag gestellt hat. Als Barauslagen gelten auch die Gebühren, die den Sachverständigen und Dolmetschern zustehen. Kosten, die der Behörde aus ihrer Verpflichtung nach § 17a erwachsen, sowie die einem Gehörlosendolmetscher zustehenden Gebühren gelten nicht als Barauslagen. Im Falle des § 52 Abs. 3 hat die Partei für die Gebühren, die den nichtamtlichen Sachverständigen zustehen, nur soweit aufzukommen, als sie den von ihr bestimmten Betrag nicht überschreiten. *(BGBl I 1999/164)*

(2) Wurde jedoch die Amtshandlung durch das Verschulden eines anderen Beteiligten verursacht, so sind die Auslagen von diesem zu tragen. Wurde die Amtshandlung von Amts wegen angeordnet, so belasten die Auslagen den Beteiligten dann, wenn sie durch sein Verschulden herbeigeführt worden sind.

(3) Treffen die Voraussetzungen der vorangehenden Absätze auf mehrere Beteiligte zu, so sind die Auslagen auf die einzelnen Beteiligten angemessen zu verteilen.

(4) Ist eine Amtshandlung nicht ohne größere Barauslagen durchführbar, so kann die Partei, die den verfahrenseinleitenden Antrag gestellt hat, zum Erlag eines entsprechenden Vorschusses verhalten werden. *(BGBl I 2001/137)*

(5) Die Kosten, die der Behörde aus ihrer Verpflichtung nach § 17a erwachsen, sowie die den Sachverständigen und Dolmetschern zustehenden Gebühren sind – falls hiefür nicht die Beteiligten des Verfahrens aufzukommen haben – von jenem Rechtsträger zu tragen, in dessen Namen die Behörde in der Angelegenheit gehandelt hat. *(BGBl I 1999/164)*

§ 76a. *(aufgehoben, BGBl I 2013/33)*

§ 77. (1) Für Amtshandlungen der Behörden außerhalb des Amtes können Kommissionsgebühren eingehoben werden. Hinsichtlich der Verpflichtung zur Entrichtung dieser Gebühren ist § 76 sinngemäß anzuwenden.

(2) Die Kommissionsgebühren sind in „Pauschalbeträgen“ (nach Tarifen) oder, soweit keine „Pauschalbeträge“ (Tarife) festgesetzt sind, als Barauslagen nach § 76 aufzurechnen. Die „Pauschalbeträge“ (Tarife) sind nach der für die Amtshandlung aufgewendeten Zeit, nach der Entfernung des Ortes der Amtshandlung vom Amt oder nach der Zahl der notwendigen Amtsorgane festzusetzen. *(BGBl I 2008/5)*

(3) Die Festsetzung der „Pauschalbeträge“ (Tarife) erfolgt durch Verordnung der Bundesregierung, für die Behörden der Länder „ “ und Gemeinden durch Verordnung der Landesregierung. *(BGBl I 2008/5)*

(4) Die Kommissionsgebühren sind von der Behörde, die die Amtshandlung vorgenommen hat, einzuheben und fließen der Gebietskörperschaft zu, die den Aufwand dieser Behörde zu tragen hat.

(5) Entsenden andere am Verfahren beteiligte Verwaltungsbehörden Amtsorgane, so sind von der die Amtshandlung führenden Behörde Kommissionsgebühren nach den für die entsendeten Organe geltenden Tarifen als Barauslagen einzuheben und dem Rechtsträger, dem die entsendeten Verwaltungsorgane zugehören, zu übermitteln.

(6) § 76 Abs. 4 gilt auch für die Kommissionsgebühren.

§ 78. (1) Den Parteien können in den Angelegenheiten der Bundesverwaltung (unmittelbare oder mittelbare Bundesverwaltung, übertragener Wirkungsbereich der Gemeinden in Bundesangelegenheiten) für die Verleihung von Berechtigungen oder sonstige wesentlich in ihrem Privatinteresse liegende Amtshandlungen der Behörden Bundesverwaltungsabgaben auferlegt werden, sofern die Freiheit von derlei Abgaben nicht ausdrücklich durch Gesetz festgesetzt ist. Wenn ein im Verwaltungsverfahren als Partei auftretender Rechtsträger zur Vollziehung der Gesetze berufen ist, so unterliegt er insoweit der Verpflichtung zur Entrichtung von Bundesverwaltungsabgaben nicht, als die Amtshandlung eine unmittelbare Voraussetzung der dem Rechtsträger obliegenden Vollziehung der Gesetze bildet. Die Gebietskörperschaften unterliegen ferner der Verpflichtung zur Entrichtung einer Bundesverwaltungsabgabe nicht, wenn diese der als Partei einschreitenden Gebietskörperschaft zufließen würde.

(2) Für das Ausmaß der Bundesverwaltungsabgaben sind, abgesehen von den durch Gesetz besonders geregelten Fällen, durch Verordnung der Bundesregierung zu erlassende Tarife maßgebend, in denen die Abgaben mit festen Ansätzen, die nach objektiven Merkmalen abgestuft sein können, bis zum Höchstbetrag von „1 090 Euro“ im

einzelnen Fall festzusetzen sind. *(BGBl 1992/866; BGBl I 2002/117)*

(3) Das Ausmaß der Verwaltungsabgaben in den Angelegenheiten der Landes- „ “ und Gemeindeverwaltung richtet sich nach den auf Grund des Finanz-Verfassungsgesetzes und des Finanzausgleichsgesetzes bestehenden landesgesetzlichen Vorschriften. *(BGBl I 2008/5)*

(4) Die Bundesverwaltungsabgaben sind von der „ “ Behörde einzuheben und fließen der Gebietskörperschaft zu, die „deren Aufwand“ zu tragen hat. *(BGBl I 2013/33)*

(5) Die Art der Einhebung ist für die Bundesbehörden durch Verordnung der Bundesregierung, für die Behörden der Länder „ “ und Gemeinden durch Verordnung der Landesregierung zu regeln. *(BGBl I 2008/5)*

§ 78a. Von den Bundesverwaltungsabgaben befreit sind

1. die Erteilung von Rechtsbelehrungen und die Erstellung von Kopien oder Ausdrucken von Akten oder Aktenteilen,

2. die Bestimmung der Gebühren der Zeugen, Beteiligten, nichtamtlichen Sachverständigen und nichtamtlichen Dolmetscher und

3. Amtshandlungen, die durch Katastrophenschäden (insbesondere Hochwasser-, Erdrutsch-, Vermurungs- und Lawinenschäden) veranlasst worden sind.

(BGBl I 2008/5)

§ 79. Die in den §§ 76 bis 78 vorgesehenen Leistungen sind nur insoweit einzuheben, als dadurch der notwendige Unterhalt des Beteiligten und der Personen, für die er nach dem Gesetz zu sorgen hat, nicht gefährdet wird.

§ 79a. *(aufgehoben samt Überschrift, BGBl I 2013/33)*

VI. Teil

Schlußbestimmungen

Verweisungen

§ 80. Soweit in diesem Bundesgesetz auf Bestimmungen anderer Bundesgesetze verwiesen wird, sind diese in ihrer jeweils geltenden Fassung anzuwenden.

(BGBl I 1998/158)

Sprachliche Gleichbehandlung

§ 80a. Soweit sich die in diesem Bundesgesetz verwendeten Bezeichnungen auf natürliche Personen beziehen, gilt die gewählte Form für beide Geschlechter. Bei der Anwendung dieser Bezeichnungen auf bestimmte natürliche Personen ist die jeweils geschlechtsspezifische Form zu verwenden.

(BGBl I 2008/5)

Vollziehung

§ 81. Mit der Vollziehung dieses Bundesgesetzes ist die Bundesregierung betraut.

(BGBl I 2011/100)

Inkrafttreten

„**§ 82.**“ (1) § 78 Abs. 2 in der Fassung des Bundesgesetzes BGBl. Nr. 866/1992 tritt mit 1. Jänner 1993 in Kraft. *(BGBl 1992/866)*

(2) § 18 Abs. 3 fünfter bis neunter Satz, § 18 Abs. 4 zweiter Satz, § 38a, § 39a Abs. 1 zweiter Satz, § 47, § 51a, § 52 Abs. 2 bis 4, § 53a Abs. 1, § 63 Abs. 5, § 64a Abs. 1, § 67c Abs. 3 sowie die Neubezeichnung der Abs. 4 und 5, § 67d Abs. 2, § 67g, § 67h samt Überschrift, § 68 Abs. 2, § 70 Abs. 3, § 71 Abs. 6, § 73 Abs. 1 und 3, § 76 Abs. 1 zweiter und dritter Satz, § 76 Abs. 5, § 76a, die Überschrift vor § 79b, die Neubezeichnung des § 79b Abs. 1 sowie die Überschrift vor § 80 in der Fassung des Bundesgesetzes BGBl. Nr. 471/1995 treten mit 1. Juli 1995 in Kraft. *(BGBl 1995/471)*

(3) § 79a in der Fassung des Bundesgesetzes BGBl. Nr. 471/1995 tritt mit 1. Jänner 1996 in Kraft. Verordnungen auf Grund des § 79a in der Fassung des Bundesgesetzes BGBl. Nr. 471/1995 können bereits ab dem auf seine Kundmachung folgenden Tag erlassen werden; sie dürfen jedoch frühestens mit dem 1. Jänner 1996 in Kraft gesetzt werden. *(BGBl 1995/471)*

(4) § 63 Abs. 5 in der Fassung des Bundesgesetzes BGBl. Nr. 471/1995 gilt für Bescheide, die nach dem 30. Juni 1995 erlassen werden. § 67c Abs. 3 in der Fassung des Bundesgesetzes BGBl. Nr. 471/1995 gilt für Verwaltungsakte, die nach dem 30. Juni 1995 gesetzt werden. *(BGBl 1995/471)*

(5) *(aufgehoben, BGBl I 2001/137)*

(6) Die §§ 3 Z 3, 10 Abs. 1, 13 samt Überschrift, 14 samt Überschrift, 18 Abs. 3 und 4, 20, 34 Abs. 2, 35, 36 Abs. 2, 37 zweiter Satz, 39 Abs. 2 und 3, 41 Abs. 1, 42, 43, 44, 44a bis 44g samt Überschrift, 51a bis 51d samt Überschrift, 53a samt Überschrift, 53b samt Überschrift, 56, 59 Abs. 1 erster und zweiter Satz, 61 Abs. 1 zweiter Satz, „ “ 61a, 63 Abs. 2, 64a, 66 Abs. 1 und 2, 67a samt Überschrift, 67b samt Überschrift, der neu bezeichnete § 67c Abs. 3, § 67d samt Überschrift, die Überschrift zu § 67e, die Überschrift zu § 67f, die §§ 67g samt Überschrift, 69 Abs. 2, 71 Abs. 1 Z 2, 71 Abs. 6 zweiter Satz, 73, 76 Abs. 1 erster Satz und 76a in der Fassung des Bundesgesetzes BGBl. I Nr. 158/1998 treten

AVG

mit 1. Jänner 1999 in Kraft. Die §§ 61 Abs. 5, 67c Abs. 3 und 5, 67f Abs. 3, 67h samt Überschrift sowie die Telekopie-Verordnung, BGBl. Nr. 110/1991, treten mit Ablauf des 31. Dezember 1998 außer Kraft. *(BGBl I 1998/158; BGBl I 2011/100)*

(7) Alle in Vorschriften des Bundes und der Länder enthaltenen Bestimmungen, die von den §§ 13 Abs. 3 bis 8, 14, 18 Abs. 3 und 4, 37 zweiter Satz, 39 Abs. 2 und 3, 42, 43, 44, 44a bis 44g, 59 Abs. 1 erster und zweiter Satz, 61 Abs. 1 zweiter Satz, 63 Abs. 2, 64a, 66 Abs. 1 und 2, 69 Abs. 2, 71 Abs. 1 Z 2, 73 Abs. 2 und 3 und 76 Abs. 1 erster Satz in der Fassung des Bundesgesetzes BGBl. I Nr. 158/1998 abweichen, treten mit Ablauf des 31. Dezember 1998 außer Kraft. Dies gilt nicht, wenn diese Bestimmungen nach dem 30. Juni 1998 kundgemacht worden sind. *(BGBl I 1998/158)*

(8) In am 1. Jänner 1999 anhängigen Verfahren gilt § 44f mit der Maßgabe, daß die Behörde ein Schriftstück an mehr als 100 Personen auch dann durch Edikt zustellen kann, wenn diese persönlich verständigt worden sind, daß die Kundmachungen und Zustellungen im Verfahren künftig durch Edikt vorgenommen werden können. *(BGBl I 1998/158)*

(9) § 78 Abs. 2 in der Fassung des Bundesgesetzes BGBl. I Nr. 29/2000 tritt mit 1. Juni 2000 in Kraft. *(BGBl I 2000/29)*

(10) § 13 Abs. 5, § 16 Abs. 2 letzter Satz, § 18 Abs. 3 letzter Satz, § 34 Abs. 2, § 35, § 51b Z 1 letzter Satz und Z 2 zweiter Satz, § 53a Abs. 2 erster und letzter Satz, § 67d, § 76 Abs. 4 und § 79a Abs. 4 Z 3 in der Fassung des Bundesgesetzes BGBl. I Nr. 137/2001 treten mit 1. Jänner 2002 in Kraft. *(BGBl I 2001/137)*

(11) Für den Übergang zu der durch das Verwaltungsreformgesetz 2001, BGBl. I Nr. 65/2002, geschaffenen Rechtslage gilt:

1. § 13 Abs. 4a und 9, § 14 Abs. 8, § 17 Abs. 1 letzter Satz, § 39 Abs. 2a, § 40 Abs. 1 letzter Satz, § 58a, § 67a Abs. 1, § 73 Abs. 1 letzter Satz in der Fassung des Verwaltungsreformgesetzes 2001 treten mit 1. Jänner 2002, jedoch nicht vor dem der Kundmachung des genannten Bundesgesetzes folgenden Tag, in Kraft. Die §§ 39 Abs. 2a, 40 Abs. 1 letzter Satz, 58a und 73 Abs. 1 letzter Satz in der Fassung des Verwaltungsreformgesetzes 2001 sind auf Verfahren, die zum In-Kraft-Tretens-Zeitpunkt anhängig sind, nicht anzuwenden.

2. § 67h in der Fassung des Verwaltungsreformgesetzes 2001 tritt mit 1. Juli 2002, jedoch nicht vor dem vierten der Kundmachung des genannten Gesetzes folgenden Monatsersten, in Kraft. Er ist auf Verfahren, die zum In-Kraft-Tretens-Zeitpunkt anhängig sind, nicht anzuwenden.

3. § 36 Abs. 2 in der Fassung des Verwaltungsreformgesetzes 2001 tritt mit dem der Kundmachung des genannten Bundesgesetzes folgenden Monatsersten, spätestens jedoch mit 1. November 2002 in Kraft.[1)]
(BGBl I 2002/65)

(12) § 78 Abs. 2 in der Fassung des Bundesgesetzes BGBl. I Nr. 117/2002 tritt mit 1. Jänner 2003 in Kraft. § 67a Abs. 1 in der Fassung des Bundesgesetzes BGBl. I Nr. 117/2002 tritt mit 1. Jänner 2003 in Kraft, ist jedoch auf in diesem Zeitpunkt beim unabhängigen Verwaltungssenat im Land anhängige Verfahren nicht anzuwenden. *(BGBl I 2002/117)*

(13) § 13 Abs. 1, 4 und 5, § 14 Abs. 2 Z 3 und Abs. 5 erster Satz, § 16 Abs. 1 und 2, § 17 Abs. 1 letzter Satz, § 18 samt Überschrift, § 33 Abs. 3 sowie § 42 Abs. 1 erster Satz, in der Fassung des Bundesgesetzes BGBl. I Nr. 10/2004, treten mit 1. März 2004 in Kraft. Zugleich treten § 13 Abs. 9 sowie § 14 Abs. 8, in der zu diesem Zeitpunkt geltenden Fassung, außer Kraft; § 13 Abs. 4a tritt mit Ablauf des 30. Juni 2004 außer Kraft. *(BGBl I 2004/10)*

(13a) In der Fassung des Bundesgesetzes BGBl. I Nr. 4/2008 treten in Kraft:

1. § 36 mit Ablauf des Tages der Kundmachung dieses Bundesgesetzes;[2)]

2. § 67a, § 67c Abs. 1 und § 67h Abs. 1 mit 1. Juli 2008.

(BGBl I 2008/4)

(14) § 2, § 7 Abs. 1, § 10 Abs. 1, § 11, § 13 Abs. 1 bis 6, § 14 Abs. 2 Z 2, Abs. 3 erster Satz, Abs. 5 und Abs. 7 erster und zweiter Satz, § 16 samt Überschrift, § 17 Abs. 1, § 18 samt Überschrift, § 19 Abs. 3, § 33 Abs. 3, der 7. Abschnitt des I. Teiles, § 39a Abs. 1 erster Satz, § 42 Abs. 1 erster Satz, § 44b Abs. 2, § 44e Abs. 3 dritter Satz, § 48 Z 3, § 49 Abs. 1, § 67h Abs. 2, § 74 Abs. 2, § 77 Abs. 2 und 3, § 78 Abs. 3 und 5, § 78a, § 80a samt Überschrift und § 82a in der Fassung des Bundesgesetzes BGBl. I Nr. 5/2008 treten mit 1. Jänner 2008 in Kraft. *(BGBl I 2008/5)*

(15) Mit Ablauf des 31. Dezember 2007 treten außer Kraft:

1. § 14 Abs. 2 Z 3;

2. das AVG-Übergangsrecht 1991, Anlage 2 zur Kundmachung BGBl. Nr. 51/1991;

3. § 2 Abs. 3 der Bundesverwaltungsabgabenverordnung 1983, BGBl. Nr. 24.

(BGBl I 2008/5)

(16) § 13 Abs. 5 letzter Satz tritt mit Ablauf des 31. Dezember 2010 außer Kraft. *(BGBl I 2008/5)*

(17) § 10 Abs. 4 sowie § 36a Abs. 1 Z 4 bis 6 und Abs. 3 in der Fassung des Bundesgesetzes BGBl. I Nr. 135/2009 treten mit 1. Jänner 2010 in Kraft. *(BGBl I 2009/135)*

(18) § 44a Abs. 3 in der Fassung des Budgetbegleitgesetzes 2011, BGBl. I Nr. 111/2010, tritt mit 1. Jänner 2011 in Kraft. *(BGBl I 2010/111)*

(19) § 3 Z 2, § 10 Abs. 4, § 13 Abs. 5, § 38a Abs. 1, § 41 Abs. 1, § 61a Z 3 und 4, § 81 samt Überschrift und § 82 Abs. 6 erster Satz in der Fassung des Bundesgesetzes BGBl. I Nr. 100/2011 treten mit 1. Jänner 2012 in Kraft. *(BGBl I 2011/100)*

(20) In der Fassung des Bundesgesetzes BGBl. I Nr. 33/2013 treten in Kraft:

1. § 33 Abs. 1 und 2, § 38 zweiter Satz, § 41 Abs. 1 zweiter Satz, § 42 Abs. 1a und § 69 Abs. 1 Z 3 in der Fassung der Z 28 mit Ablauf des Monats der Kundmachung dieses Bundesgesetzes; gleichzeitig treten § 42 Abs. 1 letzter Satz, § 44a Abs. 3 dritter Satz und § 82a außer Kraft;[3)]

2. § 2, § 17 Abs. 4, § 19 Abs. 4, § 44e Abs. 2, § 53 Abs. 2, § 53a Abs. 2 erster Satz und Abs. 3, § 53b letzter Satz, § 61 Abs. 1 und 4, § 63 Abs. 1 und 2, § 64, die Abschnittsbezeichnung **„2. Abschnitt:“**, § 68 Abs. 2 und 3, § 69 Abs. 1 Z 3 und 4 in der Fassung der Z 29, § 69 Abs. 4, die Abschnittsbezeichnung **„3. Abschnitt:“**, § 73 Abs. 2 und 3 und § 78 Abs. 4 mit 1. Jänner 2014; gleichzeitig treten § 19 Abs. 1 zweiter Satz, die §§ 51a bis 51d samt Überschrift, § 53a Abs. 4, § 61a, der 2. Abschnitt des IV. Teiles samt Überschrift, § 70 Abs. 3, § 71 Abs. 6 zweiter Satz, § 72 Abs. 4, § 76a und § 79a samt Überschrift außer Kraft.

(BGBl I 2013/33)

(21) § 53a Abs. 1 und § 53b in der Fassung des Bundesgesetzes BGBl. I Nr. 161/2013 treten mit Ablauf des Monats der Kundmachung dieses Bundesgesetzes in Kraft.[4)] *(BGBl I 2013/161)*

(22) § 13 Abs. 8, § 36a Abs. 2 und 3, § 39 Abs. 2a bis 5, § 40 Abs. 1, § 41 Abs. 2, § 51a samt Überschrift, § 58a und § 73 Abs. 1 in der Fassung des Bundesgesetzes BGBl. I Nr. 57/2018 treten mit Ablauf des Tages der Kundmachung in Kraft.[5)] *(BGBl I 2018/57)*

(23) § 7 Abs. 1 Z 1, § 10 Abs. 1, § 11 und § 49 Abs. 1 Z 1 in der Fassung des Bundesgesetzes BGBl. I Nr. 58/2018 treten mit 1. August 2018 in Kraft. *(BGBl I 2018/58)*

(BGBl I 1998/158)

[1)] *Die Kundmachung des Verwaltungsreformgesetzes 2001, BGBl I 2002/65, im Bundesgesetzblatt erfolgte am 19. April 2002.*

[2)] *Die Kundmachung des Asylgerichtshof-Einrichtungsgesetzes, BGBl I 2008/4, im Bundesgesetzblatt erfolgte am 4. Jänner 2008.*

[3)] *Die Kundmachung des Verwaltungsgerichtsbarkeits-Ausführungsgesetzes 2013, BGBl I 2013/33, im Bundesgesetzblatt erfolgte am 13. Februar 2013.*

[4)] *Die Kundmachung des Verwaltungsgerichtsbarkeits-Anpassungsgesetzes – Inneres, BGBl I 2013/161, im Bundesgesetzblatt erfolgte am 31. Juli 2013.*

[5)] *Die Kundmachung des BG BGBl I 2018/57 im Bundesgesetzblatt erfolgte am 14. August 2018.*

§ 82a. *(aufgehoben, BGBl I 2013/33)*

Anlage 2

Übergangsrecht zum AVG 1950 (AVG-Übergangsrecht 1991)

(aufgehoben, BGBl I 2008/5)

KODEX
DES ÖSTERREICHISCHEN RECHTS
HERAUSGEBER: UNIV.-PROF. DR. WERNER DORALT
VERFASSUNGS-
RECHT
LexisNexis
1 B-VG
1a ÜG, B-VGNov
2a StGG
2b EMRK
2c ReligionsR ZDG VerG, VslgG ORF-G, RGG PrR-G, AMD-G FERG, KOG PresseFG MinderheitenR
3a BVG
3b VfBest in BG
4 UnabhErkl, R-ÜG StV Wien
5 BVG Neutralität KMG SanktG KSE-BVG, TrAufG Staatl Symbole
6 StbG
7 PartG, VerbotsG PartFörG KlubFG, PubFG
8 Wahlen Direkte Demokratie
9 GOG-NR EU-InfoG InfOG
10 BezR Unv-TrG
11 BGBlG Rechtsbereinigung
12 BMG BVG ÄmterLReg BGemAufsG
13a F-VG, FAG 2008
13b KonsMech ÖStP 2012
14 RHG
15 BVwGG VwGVG VwGbk-ÜG
16 VwGG
17 VfGG
18 VolksanwG
19 AHG, OrgHG
20 AuskPfl
21 EUV, AEUV EU-GRC
Anh IA 1295/A BlgNR 25. GP

KODEX
DES ÖSTERREICHISCHEN RECHTS
HERAUSGEBER: UNIV.-PROF. DR. WERNER DORALT
VÖLKER-
RECHT
LexisNexis
1 UN UN-Charta IGH-Statut Völkerbund Amtssitzabk.
2 WVK WVK I, II
3 Österreich B-VG Auszug Staatsvertrag 1955 NeutralitätsG
4 Immunität UN-Übk Basler Übk Immunität UN Immunität Spezialorg. IO ImmunitätenG
5 Dipl. Verkehr WDK WKK Spezialmissionen Straftaten
6 Streitbeileg. I. Haager Übk Manila-Erkl.
7 Gewaltverbot Uniting for Peace Definit. Aggression Friendl. Relations Decl. Weltgipfel 2005 Auszug UNSR-Resolutionen
8 Humanitäres VR Haager LKO GK + Protokoll I, II Kulturgut
9 Seerecht UNCLOS
10 Polarrecht Antarktis
11 LuftfahrtR Zivilluftfahrt
12 WeltraumR Weltraum Rettung Haftung Registrierung Mond WeltraumG
13 WirtschaftsR WTO-Abk. GATT GATS TRIPS DSU NY Übk. ICSID
14 UmweltR Rio-Dekl.
15 Menschenrechte UDHR ICCPR + Fak.prot. ICESCR CAT EMRK EU-Charta GFK
16 Strafrecht Röm. Statut IStGH-G StGB Auszug
17 Verantwortlk. ASR, ARIO

KODEX
DES ÖSTERREICHISCHEN RECHTS
HERAUSGEBER: UNIV.-PROF. DR. WERNER DORALT
UNTERNEHMENS-
RECHT
LexisNexis
1 UGB HGB A-QSG, SRLG USPG
2 ABGB
3 E-Commerce-G
4 FBG
6 KSchG FAGG
7 UN-KaufR
8 GmbHG
9 AktG UbG + VO VeröffentlichungsV Corporate Governance
10 SE (EU-Ges) SE-Gesetz
11 GenG GenRevG GenRevRÄG GenVerschmG GenIG
12 SCE (EU-Gen) SCEG
13 VerG VereinsDS-VO
14 EWIVG
15 PSG
16 ArbVG + VO/RL
17 StellenbesG + BW
18 GesAusG
19 KapBG
20 EKEG
21 URG
22 UmwG
23 SpaltG
24 EU-VerschG
25 UmgrStG
26 KMG
27 ScheckG
28 WechselG
29 KEG + VO
30 AÖSp
31 CMR
32 UWG
33 KartG
34 WettbG
35 UrhG
36 MarkSchG
37 MuSchG
38 PatG
Anhang: Entwurf Europäische Einmann-GmbH

KODEX
DES ÖSTERREICHISCHEN RECHTS
HERAUSGEBER: UNIV.-PROF. DR. WERNER DORALT
ASYL- UND
FREMDENRECHT
LexisNexis
1 FPG Erläuterungen FPG-DV ReisedokVO LichtbildVO VISA-VO Visakodex VIS-VO
2 NAG Erläuterungen NLV 2015 NAG-DV IV-V
3 AsylG Erläuterungen StDokBeirV AsylG-DV HerkSt-V Entsch.RB Dublin III EurodacV FlüchtKonv
4 GVG-B Erläuterungen BEBV GV-Vereinb
5 BFA-VG Erläuterungen BFA-VG-DV BFA-G Erläuterungen BFA-G-DV
6 GrekoG Erläuterungen Kundm. Grenzkodex
7 SDÜ Kundm. Protokoll

Verwaltungsstrafgesetz 1991

BGBl 1991/52 (WV) idF

1 BGBl 1992/755 (VfGH)
2 BGBl 1992/867
3 BGBl 1993/666
4 BGBl 1993/799
5 BGBl 1995/620
6 BGBl I 1998/158
7 BGBl I 1999/191 (BG)
8 BGBl I 1999/194 (DFB)
9 BGBl I 2000/26
10 BGBl I 2000/138
11 BGBl I 2001/137
12 BGBl I 2002/65
13 BGBl I 2002/117
14 BGBl I 2008/3
15 BGBl I 2008/5
16 BGBl I 2008/142 (VfGH)
17 BGBl I 2009/20
18 BGBl I 2009/135
19 BGBl I 2010/111
20 BGBl I 2011/100
21 BGBl I 2012/50
22 BGBl I 2013/33
23 BGBl I 2016/120
24 BGBl I 2018/57
25 BGBl I 2018/58

STICHWORTVERZEICHNIS

Stichwortverzeichnis

Kundmachung des Bundeskanzlers, mit der das Verwaltungsstrafgesetz wiederverlautbart wird

ABSCHNITT A

Artikel I

Auf Grund des Art. 49 a B-VG wird in der Anlage 1 das Verwaltungsstrafgesetz, BGBl. Nr. 172/1950, wiederverlautbart.

Artikel II – VI

(nicht abgedruckt)

Abschnitt B

Artikel VII

Auf Grund des Art. 49 a B-VG werden in der Anlage 2 [„Übergangsrecht zum VStG 1950 (VStG-Übergangsrecht 1991)"] Art. II Abs. 3 der Verwaltungsstrafgesetz-Novelle 1987, BGBl. Nr. 516, und Art. II des Bundesgesetzes, mit dem das Verwaltungsstrafgesetz geändert wird, BGBl. Nr. 358/1990, wiederverlautbart.

Artikel VIII

(nicht abgedruckt)

Anlage 1

Verwaltungsstrafgesetz 1991 – VStG

I. Teil

Allgemeine Bestimmungen des Verwaltungsstrafrechts

Allgemeine Voraussetzungen der Strafbarkeit

§ 1. (1) Als Verwaltungsübertretung kann eine Tat (Handlung oder Unterlassung) nur bestraft werden, wenn sie vor ihrer Begehung mit Strafe bedroht war.

(2) Die Strafe richtet sich nach dem zur Zeit der Tat geltenden Recht, es sei denn, dass das zur Zeit der Entscheidung geltende Recht in seiner Gesamtauswirkung für den Täter günstiger wäre. *(BGBl I 2013/33)*

§ 2. (1) Sofern die Verwaltungsvorschriften nicht anderes bestimmen, sind nur die im Inland begangenen Verwaltungsübertretungen strafbar.

(2) Eine Übertretung ist im Inland begangen, wenn der Täter im Inland gehandelt hat oder hätte handeln sollen oder wenn der zum Tatbestand gehörende Erfolg im Inland eingetreten ist.

(3) Niemand darf wegen einer Verwaltungsübertretung an einen anderen Staat ausgeliefert werden, und eine von einer ausländischen Behörde wegen einer Verwaltungsübertretung verhängte Strafe darf im Inland nicht vollstreckt werden, es sei denn, dass in Staatsverträgen ausdrücklich anderes bestimmt ist. *(BGBl I 2008/3)*

Zurechnungsfähigkeit

§ 3. (1) Nicht strafbar ist, wer zur Zeit der Tat wegen Bewußtseinsstörung, wegen krankhafter Störung der Geistestätigkeit oder wegen Geistesschwäche unfähig war, das Unerlaubte der Tat einzusehen oder dieser Einsicht gemäß zu handeln.

(2) War die Fähigkeit zur Zeit der Tat aus einem dieser Gründe in hohem Grad vermindert, so ist das als mildernder Umstand bei der Bemessung der Strafe zu berücksichtigen. Das gilt aber nicht für Bewußtseinsstörungen, die auf selbst verschuldeter Trunkenheit beruhen.

§ 4. (1) Nicht strafbar ist, wer zur Zeit der Tat das 14. Lebensjahr noch nicht zurückgelegt hat.

(2) War der Täter zur Zeit der Tat zwar 14, aber noch nicht 18 Jahre alt (Jugendlicher), so wird sie ihm nicht zugerechnet, wenn er aus besonderen Gründen noch nicht reif genug war, das Unerlaubte der Tat einzusehen oder dieser Einsicht gemäß zu handeln. *(BGBl I 2002/117)*

Schuld

§ 5. (1) Wenn eine Verwaltungsvorschrift über das Verschulden nicht anderes bestimmt, genügt zur Strafbarkeit fahrlässiges Verhalten. Fahrlässigkeit ist bei Zuwiderhandeln gegen ein Verbot oder bei Nichtbefolgung eines Gebotes dann ohne weiteres anzunehmen, wenn zum Tatbestand einer Verwaltungsübertretung der Eintritt eines Schadens oder einer Gefahr nicht gehört und der Täter nicht glaubhaft macht, daß ihn an der Verletzung der Verwaltungsvorschrift kein Verschulden trifft.

(1a) Abs. 1 zweiter Satz gilt nicht, wenn die Verwaltungsübertretung mit einer Geldstrafe von über 50 000 Euro bedroht ist. *(BGBl I 2018/57)*

(2) Unkenntnis der Verwaltungsvorschrift, der der Täter zuwidergehandelt hat, entschuldigt nur dann, wenn sie erwiesenermaßen unverschuldet ist und der Täter das Unerlaubte seines Verhaltens ohne Kenntnis der Verwaltungsvorschrift nicht einsehen konnte.

§ 6. Eine Tat ist nicht strafbar, wenn sie durch Notstand entschuldigt oder, obgleich sie dem Tatbestand einer Verwaltungsübertretung entspricht, vom Gesetz geboten oder erlaubt ist.

Anstiftung und Beihilfe

§ 7. Wer vorsätzlich veranlaßt, daß ein anderer eine Verwaltungsübertretung begeht, oder wer vorsätzlich einem anderen die Begehung einer Verwaltungsübertretung erleichtert, unterliegt der auf diese Übertretung gesetzten Strafe, und zwar auch dann, wenn der unmittelbare Täter selbst nicht strafbar ist.

Versuch

§ 8. (1) Sofern eine Verwaltungsvorschrift den Versuch einer Verwaltungsübertretung ausdrücklich für strafbar erklärt, unterliegt der Strafe, wer vorsätzlich eine zur wirklichen Ausübung führende Handlung unternimmt.

(2) Wegen Versuches wird nicht bestraft, wer aus freien Stücken die Ausführung aufgibt oder verhindert oder den Erfolg abwendet.

Besondere Fälle der Verantwortlichkeit

§ 9. (1) Für die Einhaltung der Verwaltungsvorschriften durch „juristische Personen oder eingetragene Personengesellschaften" ist, sofern die Verwaltungsvorschriften nicht anderes bestimmen und soweit nicht verantwortliche Beauftragte (Abs. 2) bestellt sind, strafrechtlich verantwortlich, wer zur Vertretung nach außen berufen ist. *(BGBl I 2008/3)*

(2) Die zur Vertretung nach außen Berufenen sind berechtigt und, soweit es sich zur Sicherstellung der strafrechtlichen Verantwortlichkeit als erforderlich erweist, auf Verlangen der Behörde verpflichtet, aus ihrem Kreis eine oder mehrere Personen als verantwortliche Beauftragte zu bestellen, denen für das ganze Unternehmen oder für bestimmte räumlich oder sachlich abgegrenzte Bereiche des Unternehmens die Verantwortung für die Einhaltung der Verwaltungsvorschriften obliegt. Für bestimmte räumlich oder sachlich abgegrenzte Bereiche des Unternehmens können aber auch andere Personen zu verantwortlichen Beauftragten bestellt werden.

(3) Eine „natürliche Person", die Inhaber eines räumlich oder sachlich gegliederten Unternehmens ist, kann für bestimmte räumlich oder sachlich abgegrenzte Bereiche ihres Unternehmens einen verantwortlichen Beauftragten bestellen. *(BGBl I 1998/158)*

(4) Verantwortlicher Beauftragter kann nur eine Person mit „Hauptwohnsitz"* im Inland sein, die strafrechtlich verfolgt werden kann, ihrer Bestellung nachweislich zugestimmt hat und der für den ihrer Verantwortung unterliegenden klar abzugrenzenden Bereich eine entsprechende Anordnungsbefugnis zugewiesen ist. „Das Erfordernis des Hauptwohnsitzes im Inland gilt nicht für Staatsangehörige von EWR-Vertragsstaaten, falls Zustellungen im Verwaltungsstrafverfahren durch Staatsverträge mit dem Vertragsstaat des Wohnsitzes des verantwortlichen Beauftragten oder auf andere Weise sichergestellt sind."** *(*BGBl I 1998/158; **BGBl I 2001/137)*

(5) Verletzt der verantwortliche Beauftragte auf Grund einer besonderen Weisung des Auftraggebers eine Verwaltungsvorschrift, so ist er dann nicht verantwortlich, wenn er glaubhaft zu machen vermag, daß ihm die Einhaltung dieser Verwaltungsvorschrift unzumutbar war.

(6) Die zur Vertretung nach außen berufenen Personen im Sinne des Abs. 1 sowie Personen im Sinne des Abs. 3 bleiben trotz Bestellung eines verantwortlichen Beauftragten – unbeschadet der Fälle des § 7 – strafrechtlich verantwortlich, wenn sie die Tat vorsätzlich nicht verhindert haben.

(7) „Juristische Personen und eingetragene Personengesellschaften"** sowie die in Abs. 3 genannten „natürlichen Personen"* haften für die über die zur Vertretung nach außen Berufenen oder über einen verantwortlichen Beauftragten verhängten Geldstrafen, sonstige in Geld bemessene Unrechtsfolgen und die Verfahrenskosten zur ungeteilten Hand. *(*BGBl I 1998/158; **BGBl I 2008/3)*

Strafen

§ 10. „(1)" Strafart und Strafsatz richten sich nach den Verwaltungsvorschriften, soweit in diesem Bundesgesetz nicht anderes bestimmt ist. *(BGBl I 2008/5)*

(2) Soweit für Verwaltungsübertretungen, insbesondere auch für die Übertretung ortspolizeilicher Vorschriften, keine besondere Strafe festgesetzt ist, werden sie mit Geldstrafe bis zu 218 Euro oder mit Freiheitsstrafe bis zu zwei Wochen bestraft. *(BGBl I 2008/5)*

Verhängung einer Freiheitsstrafe

§ 11. Eine Freiheitsstrafe darf nur verhängt werden, wenn dies notwendig ist, um den Täter von weiteren Verwaltungsübertretungen gleicher Art abzuhalten.

§ 12. (1) Die Mindestdauer der Freiheitsstrafe beträgt zwölf Stunden. Eine Freiheitsstrafe von mehr als zwei Wochen darf nur verhängt werden, wenn dies wegen besonderer Erschwerungsgründe geboten ist. Eine längere als eine sechswöchige Freiheitsstrafe darf nicht verhängt werden.

(2) Darf nach § 11 eine Freiheitsstrafe nicht verhängt werden, so ist die für die Tat neben der Freiheitsstrafe angedrohte Geldstrafe zu verhängen. Ist eine solche nicht vorgesehen, so ist eine Geldstrafe bis zu „2 180 Euro" zu verhängen. *(BGBl I 2001/137)*

Verhängung einer Geldstrafe

§ 13. Abgesehen von Organstrafverfügungen ist mindestens eine Geldstrafe von „7 Euro" zu verhängen. *(BGBl I 2001/137)*

§ 14. (1) Geldstrafen dürfen nur insoweit „eingetrieben" werden, als dadurch weder der notwendige Unterhalt des Bestraften und derjenigen, zu deren Unterhalt ihn das Gesetz verpflichtet, noch die Erfüllung der Pflicht, den Schaden gutzumachen, gefährdet wird. *(BGBl I 2018/57)*

(2) Mit dem Tod des Bestraften erlischt die Vollstreckbarkeit der Geldstrafe.

Widmung von Geldstrafen

§ 15. Geldstrafen sowie der Erlös verfallener Sachen fließen, sofern die Verwaltungsvorschriften nicht anderes bestimmen,

1. dem Land für Zwecke der Sozialhilfe, bestehen aber Sozialhilfeverbände, dem Sozialhilfeverband, in dessen Gebiet die Strafe verhängt wurde, zu;

2. dem Bund zu, sofern ein Bundesgesetz im Wirkungsbereich einer „Landespolizeidirektion" vollzogen wurde. *(BGBl I 2012/50)*

(BGBl I 2000/26)

Ersatzfreiheitsstrafe

§ 16. (1) Wird eine Geldstrafe verhängt, so ist zugleich für den Fall ihrer Uneinbringlichkeit eine Ersatzfreiheitsstrafe festzusetzen.

(2) Die Ersatzfreiheitsstrafe darf das Höchstmaß der für die Verwaltungsübertretung angedrohten Freiheitsstrafe und, wenn keine Freiheitsstrafe angedroht und nicht anderes bestimmt ist, zwei Wochen nicht übersteigen. Eine Ersatzfreiheitsstrafe von mehr als sechs Wochen ist nicht zulässig. Sie ist ohne Bedachtnahme auf § 12 nach den Regeln der Strafbemessung festzusetzen.

Verfall

§ 17. (1) Sofern die Verwaltungsvorschriften nicht anderes bestimmen, dürfen nur Gegenstände für verfallen erklärt werden, die im Eigentum des Täters oder eines Mitschuldigen stehen oder ihnen vom Verfügungsberechtigten überlassen worden sind, obwohl dieser hätte erkennen müssen, daß die Überlassung des Gegenstandes der Begehung einer mit Verfall bedrohten Verwaltungsübertretung dienen werde.

(2) Gegenstände, die nach Abs. 1 verfallsbedroht sind, hinsichtlich deren aber eine an der strafbaren Handlung nicht als Täter oder Mitschuldiger beteiligte Person ein Pfandrecht oder Zurückbehaltungsrecht nachweist, dürfen nur für verfallen erklärt werden, wenn die betreffende Person fahrlässig dazu beigetragen hat, daß mit diesem Gegenstand die strafbare Handlung begangen wurde, oder bei Erwerb ihres Rechtes von der Begehung der den Verfall begründenden strafbaren Handlung wußte oder hätte wissen müssen.

(3) Kann keine bestimmte Person verfolgt oder bestraft werden, so kann auf den Verfall selbständig erkannt werden, wenn im übrigen die Voraussetzungen dafür vorliegen. Die Zustellung solcher Bescheide kann auch durch öffentliche Bekanntmachung bewirkt werden.

§ 18. Verfallene Gegenstände sind, sofern in den Verwaltungsvorschriften nicht anderes bestimmt ist oder die Gegenstände nicht wegen ihrer Beschaffenheit vernichtet werden müssen, nutzbringend zu verwerten. Nähere Vorschriften darüber können durch Verordnung getroffen werden.

Strafbemessung

§ 19. (1) Grundlage für die Bemessung der Strafe sind die Bedeutung des strafrechtlich geschützten Rechtsgutes und die Intensität seiner Beeinträchtigung durch die Tat. *(BGBl I 2013/33)*

(2) Im ordentlichen Verfahren (§§ 40 bis 46) sind überdies die nach dem Zweck der Strafdrohung in Betracht kommenden Erschwerungs- und Milderungsgründe, soweit sie nicht schon die Strafdrohung bestimmen, gegeneinander abzuwägen. Auf das Ausmaß des Verschuldens ist besonders Bedacht zu nehmen. Unter Berücksichtigung der Eigenart des Verwaltungsstrafrechtes sind die §§ 32 bis 35 des Strafgesetzbuches sinngemäß anzuwenden. Die „Einkommens- und Vermögensverhältnisse und allfällige Sorgepflichten" des Beschuldigten sind bei der Bemessung von Geldstrafen zu berücksichtigen. *(BGBl I 2011/100)*

Anrechnung der Vorhaft

§ 19a. (1) Die verwaltungsbehördliche und eine allfällige gerichtliche Verwahrungs- oder Untersuchungshaft sind auf die zu verhängende Strafe insoweit, als sie nicht bereits auf eine andere Strafe angerechnet worden sind, anzurechnen, wenn sie der Täter

1. wegen der Tat, für die er bestraft wird, oder

2. sonst nach der Begehung dieser Tat wegen des Verdachtes einer Verwaltungsübertretung

erlitten hat.

(2) Werden Strafen verschiedener Art verhängt, so ist die Vorhaft zunächst auf die Freiheitsstrafe anzurechnen.

(3) Für die Anrechnung der Vorhaft auf in Geld bemessene Unrechtsfolgen ist die an deren Stelle tretende Ersatzfreiheitsstrafe maßgebend.

(4) Eine Anrechnung gemäß Abs. 1 ist nur vorzunehmen, wenn der Behörde die anzurechnende Haft bekannt ist oder der Beschuldigte eine Anrechnung vor Erlassung des Straferkenntnisses beantragt.

Außerordentliche Milderung der Strafe

§ 20. Überwiegen die Milderungsgründe die Erschwerungsgründe beträchtlich oder ist der Beschuldigte ein Jugendlicher, so kann die Mindeststrafe bis zur Hälfte unterschritten werden.

§ 21. *(aufgehoben samt Überschrift, BGBl I 2013/33)*

Zusammentreffen von strafbaren Handlungen

§ 22. (1) Soweit die Verwaltungsvorschriften nicht anderes bestimmen, ist eine Tat als Verwaltungsübertretung nur dann strafbar, wenn sie nicht den Tatbestand einer in die Zuständigkeit der Gerichte fallenden strafbaren Handlung bildet.

(2) Hat jemand durch mehrere selbstständige Taten mehrere Verwaltungsübertretungen begangen oder fällt eine Tat unter mehrere einander nicht ausschließende Strafdrohungen, so sind die Strafen nebeneinander zu verhängen. Dasselbe gilt bei einem Zusammentreffen von Verwaltungsübertretungen mit anderen von einer Verwaltungsbehörde zu ahndenden strafbaren Handlungen.

(BGBl I 2013/33)

II. Teil

Verwaltungsstrafverfahren

1. Abschnitt

Allgemeine Bestimmungen

§ 23. *(aufgehoben, BGBl I 2013/33)*

§ 24. Soweit sich aus diesem Bundesgesetz nicht anderes ergibt, gilt das AVG auch im Verwaltungsstrafverfahren. „Die §§ 2, 3, 4, 11, 12, 13 Abs. 8, 14 Abs. 3 zweiter Satz, 37 zweiter Satz, „§ 39 Abs. 3 bis 5,“** 41, 42, 44a bis 44g, 51, 57, 68 Abs. 2 und 3, 75 und 78 bis 82 AVG sind im Verwaltungsstrafverfahren nicht anzuwenden.“* *(*BGBl I 2013/33; **BGBl I 2018/57)*

(BGBl I 1998/158)

§ 25. (1) Verwaltungsübertretungen sind mit Ausnahme des Falles des § 56 von Amts wegen zu verfolgen.

(2) Die der Entlastung des Beschuldigten dienlichen Umstände sind in gleicher Weise zu berücksichtigen wie die belastenden.

(3) Die Gerichte und Verwaltungsbehörden sind nicht verpflichtet, der Behörde die Begehung einer Verwaltungsübertretung anzuzeigen, wenn die Bedeutung des strafrechtlich geschützten Rechtsgutes und die Intensität seiner Beeinträchtigung durch die Tat gering sind. *(BGBl I 2013/33)*

Zuständigkeit

§ 26. (1) Enthalten die Verwaltungsvorschriften über die sachliche Zuständigkeit keine Bestimmungen, so sind in Verwaltungsstrafsachen die Bezirksverwaltungsbehörden zuständig. *(BGBl I 2013/33)*

(2) In Verwaltungsstrafsachen in den Angelegenheiten des sachlichen Wirkungsbereiches der Landespolizeidirektionen ist jedoch im Gebiet einer Gemeinde, für das die Landespolizeidirektion zugleich Sicherheitsbehörde erster Instanz ist, die Landespolizeidirektion zuständig. *(BGBl I 2013/33)*

(3) Ob und inwieweit die Organe des öffentlichen Sicherheitsdienstes durch Ausübung der in diesem Bundesgesetz geregelten Befugnisse am Strafverfahren mitzuwirken haben, bestimmen die Verwaltungsvorschriften. *(BGBl I 2018/57)*

§ 27. (1) Örtlich zuständig ist die Behörde, in deren Sprengel die Verwaltungsübertretung begangen worden ist, auch wenn der zum Tatbestand gehörende Erfolg in einem anderen Sprengel eingetreten ist.

(2) Ist danach die Zuständigkeit mehrerer Behörden begründet oder ist es ungewiß, in welchem Sprengel die Übertretung begangen worden ist, so ist die Behörde zuständig, die zuerst eine Verfolgungshandlung (§ 32 Abs. 2) vorgenommen hat.

(2a) Ist die Verwaltungsübertretung nicht im Inland begangen worden, so richtet sich die Zuständigkeit

1. in Verwaltungsstrafsachen, die sich auf den Betrieb eines Unternehmens oder „die Ausübung“ einer sonstigen dauernden Tätigkeit beziehen: zunächst nach dem Ort, an dem das Unternehmen betrieben oder die Tätigkeit ausgeübt wird, dann nach dem Hauptwohnsitz des Beschuldigten, dann nach seinem Aufenthalt; *(BGBl I 2018/57)*

2. in sonstigen Verwaltungsstrafsachen: zunächst nach dem Hauptwohnsitz des Beschuldigten, dann nach seinem Aufenthalt.

Wenn keiner dieser Zuständigkeitsgründe in Betracht kommen kann, ist die Behörde zuständig, die zuerst von der Verwaltungsübertretung Kenntnis erlangt (§ 28). *(BGBl I 2013/33)*

(3) Amtshandlungen der Organe des öffentlichen Sicherheitsdienstes gelten, unabhängig davon, wo sie vorgenommen werden, als Amtshand-

lungen der örtlich zuständigen Behörde. *(BGBl I 2018/57)*

(4) *(entfällt, BGBl I 2018/57)*

§ 28. Die Behörde, die zuerst von einer Verwaltungsübertretung Kenntnis erlangt, ist zur Verfolgung zuständig, solange nicht ein Umstand hervorgekommen ist, der nach § 27 Abs. 1 die Zuständigkeit einer anderen Behörde begründet.

§ 29. (1) Die Zuständigkeit einer Behörde für das Strafverfahren gegen einen Täter begründet auch ihre örtliche Zuständigkeit gegenüber allen Mitschuldigen.

(2) Das Strafverfahren gegen alle diese Personen ist womöglich gleichzeitig durchzuführen. Die Behörde kann jedoch aus Zweckmäßigkeitsgründen, insbesondere zur Beschleunigung des Verfahrens, von der gemeinsamen Durchführung absehen und das Verfahren gegen einzelne Mitbeschuldigte abgesondert zum Abschluß bringen.

§ 29a. Wenn hiedurch das Verfahren wesentlich vereinfacht oder beschleunigt wird, kann die zuständige Behörde das Strafverfahren oder den Strafvollzug an die sachlich zuständige Behörde übertragen, in deren Sprengel der Beschuldigte seinen „Hauptwohnsitz"** oder Aufenthalt hat. „Das Strafverfahren darf nur an eine Behörde im selben Bundesland, der Strafvollzug nur an eine Bezirksverwaltungsbehörde oder „Landespolizeidirektion, insoweit diese zugleich Sicherheitsbehörde erster Instanz ist,"*** übertragen werden."* *(*BGBl 1995/620; **BGBl I 1998/158; ***BGBl I 2012/50)*

Zusammentreffen verschiedener strafbarer Handlungen

§ 30. (1) Liegen einem Beschuldigten von verschiedenen Behörden zu ahndende Verwaltungsübertretungen oder eine Verwaltungsübertretung und eine andere von einer Verwaltungsbehörde oder einem Gericht zu ahndende strafbare Handlung zur Last, so sind die strafbaren Handlungen unabhängig voneinander zu verfolgen, und zwar in der Regel auch dann, wenn die strafbaren Handlungen durch ein und dieselbe Tat begangen worden sind.

(2) Ist aber eine Tat von den Behörden nur zu ahnden, wenn sie nicht den Tatbestand einer in die Zuständigkeit anderer Verwaltungsbehörden oder der Gerichte fallenden strafbaren Handlung bildet, und ist es zweifelhaft, ob diese Voraussetzung erfüllt ist, so hat die Behörde das Strafverfahren auszusetzen, bis über diese Frage von der sonst in Betracht kommenden Verwaltungsbehörde oder vom Gericht rechtskräftig entschieden ist.

(3) Hat die Behörde vor dieser Entscheidung ein Straferkenntnis „erlassen"*, so darf es vorläufig nicht „vollstreckt"** werden. Ergibt sich später, daß das Verwaltungsstrafverfahren nicht hätte durchgeführt werden sollen, so hat die Behörde „ "** das Straferkenntnis außer Kraft zu setzen und das Verfahren einzustellen. *(*BGBl I 2013/33; **BGBl I 2018/57)*

(4) Die Gerichte und die sonst in Betracht kommenden Verwaltungsbehörden haben eine entgegen Abs. 3 vollstreckte Verwaltungsstrafe auf die von ihnen wegen derselben Tat verhängte Strafe anzurechnen.

Verjährung

§ 31. (1) Die Verfolgung einer Person ist unzulässig, wenn gegen sie binnen einer Frist von einem Jahr keine Verfolgungshandlung (§ 32 Abs. 2) vorgenommen worden ist. Diese Frist ist von dem Zeitpunkt zu berechnen, an dem die strafbare Tätigkeit abgeschlossen worden ist oder das strafbare Verhalten aufgehört hat; ist der zum Tatbestand gehörende Erfolg erst später eingetreten, so läuft die Frist erst von diesem Zeitpunkt.

(2) Die Strafbarkeit einer Verwaltungsübertretung erlischt durch Verjährung. Die Verjährungsfrist beträgt drei Jahre und beginnt in dem in Abs. 1 genannten Zeitpunkt. In die Verjährungsfrist werden nicht eingerechnet:

1. die Zeit, während deren nach einer gesetzlichen Vorschrift die Verfolgung nicht eingeleitet oder fortgesetzt werden kann;

2. die Zeit, während deren wegen der Tat gegen den Täter ein Strafverfahren bei der Staatsanwaltschaft, beim Gericht oder bei einer anderen Verwaltungsbehörde geführt wird;

3. die Zeit, während deren das Verfahren bis zur rechtskräftigen Entscheidung einer Vorfrage ausgesetzt ist;

4. die Zeit eines Verfahrens vor dem Verwaltungsgerichtshof, vor dem Verfassungsgerichtshof oder vor dem Gerichtshof der Europäischen Union.

(3) Eine Strafe darf nicht mehr vollstreckt werden, wenn seit ihrer rechtskräftigen Verhängung drei Jahre vergangen sind. In die Verjährungsfrist werden nicht eingerechnet:

1. die Zeit eines Verfahrens vor dem Verwaltungsgerichtshof, vor dem Verfassungsgerichtshof oder vor dem Gerichtshof der Europäischen Union;

2. Zeiten, in denen die Strafvollstreckung unzulässig, ausgesetzt, aufgeschoben oder unterbrochen war;

3. Zeiten, in denen sich der „Bestrafte" im Ausland aufgehalten hat. *(BGBl I 2018/57)*

(BGBl I 2013/33)

Beschuldigter

§ 32. (1) Beschuldigter ist die im Verdacht einer Verwaltungsübertretung stehende Person von dem Zeitpunkt der ersten von der Behörde gegen sie gerichteten Verfolgungshandlung bis zum Abschluß der Strafsache. Der Beschuldigte ist Partei im Sinne des AVG.

(2) Verfolgungshandlung ist jede von einer Behörde gegen eine bestimmte Person als Beschuldigten gerichtete Amtshandlung (Ladung, Vorführungsbefehl, Vernehmung, Ersuchen um Vernehmung, „ “* „Beratung,“** Strafverfügung u. dgl.), und zwar auch dann, wenn die Behörde zu dieser Amtshandlung nicht zuständig war, die Amtshandlung ihr Ziel nicht erreicht oder der Beschuldigte davon keine Kenntnis erlangt hat. *(*BGBl I 2013/33; **BGBl I 2018/57)*

(3) Eine Verfolgungshandlung, die gegen einen zur Vertretung nach außen Berufenen (§ 9 Abs. 1) gerichtet ist, gilt auch als Verfolgungshandlung gegen die anderen zur Vertretung nach außen Berufenen und die verantwortlichen Beauftragten. Eine Verfolgungshandlung, die gegen den Unternehmer (§ 9 Abs. 3) gerichtet ist, gilt auch als Verfolgungshandlung gegen die verantwortlichen Beauftragten. *(BGBl I 1998/158)*

Verteidiger

§ 32a. Beschuldigte haben in jeder Lage des Verfahrens das Recht, mit einem Verteidiger Kontakt aufzunehmen, ihn zu bevollmächtigen und sich mit ihm zu besprechen, ohne dabei überwacht zu werden. Als Verteidiger sind die in § 48 Abs. 1 Z 5 der Strafprozeßordnung 1975 – StPO, BGBl. Nr. 631/1975, genannten Personen zugelassen.

(BGBl I 2018/57)

„Vernehmung“
(BGBl I 2018/57)

§ 33. (1) „Jeder Beschuldigte ist bei Beginn seiner ersten Vernehmung über „den Vornamen und den Familiennamen „ “***“**, Tag und Ort der Geburt, die Staatsangehörigkeit, den „Personenstand“**, die Beschäftigung und den Wohnort sowie über die „Einkommens- und Vermögensverhältnisse und allfällige Sorgepflichten“** zu befragen.“* Sind die Angaben darüber schon in den Akten enthalten, so sind sie dem Beschuldigten zur Anerkennung oder Richtigstellung vorzuhalten. *(*BGBl I 1998/158; **BGBl I 2011/100; ***BGBl I 2016/120)*

(2) Der Beschuldigte ist, erforderlichenfalls unter Beiziehung eines Dolmetschers, in einer für ihn verständlichen Sprache über die gegen ihn erhobenen Anschuldigungen, über das Recht, sich zur Sache zu äußern oder nicht auszusagen, und über das Recht auf Beiziehung eines Verteidigers zu belehren. Der Umstand der Belehrung sowie der Verzicht auf Beiziehung eines Verteidigers sind schriftlich festzuhalten. *(BGBl I 2018/57)*

(3) Der Beschuldigte darf zur Beantwortung der an ihn gestellten Fragen nicht gezwungen werden. Er darf nicht durch Zwangsmittel, Drohungen, Versprechungen oder Vorspiegelungen zu Äußerungen genötigt oder bewogen werden. Die Stellung von Fragen, in welchen eine nicht zugestandene Tatsache als bereits zugestanden angenommen wird, ist nicht zulässig. Fragen, wodurch Umstände vorgehalten werden, die erst durch die Antwort festgestellt werden sollen, dürfen erst dann gestellt werden, wenn der Befragte nicht in anderer Weise zu einer Erklärung über dieselben geführt werden konnte; die Fragen sind in solchen Fällen wörtlich in die Niederschrift aufzunehmen. Der Beschuldigte darf nicht durch Zwangsstrafen zur Herausgabe von Tatgegenständen und Beweismitteln verhalten werden. *(BGBl I 2018/57)*

Beratung

§ 33a. (1) Stellt die Behörde eine Übertretung fest und sind die Bedeutung des strafrechtlich geschützten Rechtsgutes und die Intensität seiner Beeinträchtigung durch die Tat und das Verschulden des Beschuldigten gering, so hat ihn die Behörde, soweit die Verwaltungsvorschriften nicht anderes bestimmen, mit dem Ziel einer möglichst wirksamen Beendigung des strafbaren Verhaltens oder der strafbaren Tätigkeiten zu beraten und ihn schriftlich unter Angabe der festgestellten Sachverhalte aufzufordern, innerhalb einer angemessenen Frist den den Verwaltungsvorschriften und behördlichen Verfügungen entsprechenden Zustand herzustellen.

(2) Wird der schriftlichen Aufforderung innerhalb der von der Behörde festgelegten oder erstreckten Frist entsprochen, dann ist die weitere Verfolgung einer Person wegen jener Übertretungen, betreffend welche der den Rechtsvorschriften und behördlichen Verfügungen entsprechende Zustand hergestellt worden ist, unzulässig.

(3) Die Intensität der Beeinträchtigung des strafrechtlich geschützten Rechtsgutes ist jedenfalls nicht gering, wenn die Übertretung nachteilige Auswirkungen auf Personen oder Sachgüter bewirkt hat oder das Auftreten solcher Auswirkungen bei auch nur kurzem Andauern des strafbaren Verhaltens oder der strafbaren Tätigkeiten zu erwarten ist.

(4) Die Intensität der Beeinträchtigung des strafrechtlich geschützten Rechtsgutes gilt als gering, wenn geringfügige Abweichungen von technischen Maßen festgestellt wurden und keine der im Abs. 3 genannten Umstände vorliegen.

(5) Abs. 1 und 2 sind jedenfalls nicht anzuwenden auf

1. Übertretungen von Verwaltungsvorschriften, die zur Strafbarkeit vorsätzliches Verhalten erfordern;

2. Übertretungen, die innerhalb der letzten drei Jahre vor Feststellung der Übertretung bereits Gegenstand einer Beratung und schriftlichen Aufforderung durch die Behörde waren oder zu denen einschlägige noch nicht getilgte Verwaltungsstrafen bei der Behörde aufscheinen;

3. Übertretungen, die Anlass zu in den Verwaltungsvorschriften vorgesehenen einstweiligen Zwangs- und Sicherungsmaßnahmen geben;

4. Übertretungen, für welche die Verwaltungsvorschriften die Maßnahme der Entziehung von Berechtigungen vorsehen.

(BGBl I 2018/57)

„Vorläufiges Absehen von der Einleitung oder Fortführung des Strafverfahrens“

(BGBl I 2018/57)

§ 34. Die Behörde kann von der Einleitung oder Fortführung des Strafverfahrens vorläufig absehen, solange

1. die Strafverfolgung voraussichtlich nicht möglich ist oder

2. die Strafverfolgung voraussichtlich einen Aufwand verursachen würde, der gemessen an der Bedeutung des strafrechtlich geschützten Rechtsgutes und der Intensität seiner Beeinträchtigung durch die Tat unverhältnismäßig wäre.

Bei einer wesentlichen Änderung der für diese Beurteilung maßgeblichen Umstände ist das Strafverfahren einzuleiten oder fortzuführen.

(BGBl I 2013/33)

Information der Medien

§ 34a. (1) Den Behörden obliegt die Information der Medien (§ 1 des Mediengesetzes – MedienG, BGBl. Nr. 314/1981) über die von ihnen geführten Ermittlungsverfahren nach Maßgabe der nachstehenden Absätze unter Berücksichtigung des Interesses der Öffentlichkeit an sachlicher Information über Verfahren von öffentlicher Bedeutung.

(2) Eine Information der Medien ist nur zulässig, wenn durch ihren Zeitpunkt und Inhalt die Persönlichkeitsrechte der betroffenen Personen, der Grundsatz der Unschuldsvermutung sowie der Anspruch auf ein faires Verfahren nicht verletzt werden.

(3) Auskünfte sind nicht zu erteilen, soweit schutzwürdige Geheimhaltungsinteressen entgegenstehen oder wenn durch die Auskunft der Zweck des Ermittlungsverfahrens gefährdet wäre.

(BGBl I 2018/57)

2. Abschnitt

Sicherung der Strafverfolgung und der Strafvollstreckung

Identitätsfeststellung

§ 34b. Die Organe des öffentlichen Sicherheitsdienstes sind zur Feststellung der Identität einer Person ermächtigt, wenn diese auf frischer Tat betreten oder unmittelbar danach entweder glaubwürdig der Tatbegehung beschuldigt oder mit Gegenständen betreten wird, die auf ihre Beteiligung an der Tat hinweisen. § 35 Abs. 2 und 3 des Sicherheitspolizeigesetzes – SPG, BGBl. Nr. 566/1991, ist sinngemäß anzuwenden.

(BGBl I 2018/57)

Festnahme

§ 35. Die Organe des öffentlichen Sicherheitsdienstes dürfen außer den gesetzlich besonders geregelten Fällen Personen, die auf frischer Tat betreten werden, zum Zweck ihrer Vorführung vor die Behörde festnehmen, wenn

1. der Betretene dem anhaltenden Organ unbekannt ist, sich nicht ausweist und seine Identität auch sonst nicht sofort feststellbar ist oder

2. begründeter Verdacht besteht, daß er sich der Strafverfolgung zu entziehen suchen werde, oder

3. der Betretene trotz Abmahnung in der Fortsetzung der strafbaren Handlung verharrt oder sie zu wiederholen sucht.

§ 36. (1) Jeder Festgenommene ist unverzüglich der nächsten sachlich zuständigen Behörde zu übergeben oder aber, wenn der Grund der Festnahme schon vorher wegfällt, freizulassen. „ “ Die Behörde hat den Angehaltenen unverzüglich zu vernehmen. „Hat er von seinem Recht auf Beiziehung eines Verteidigers Gebrauch gemacht, so ist die Vernehmung bis zum Eintreffen des Verteidigers aufzuschieben, es sei denn, dass damit eine erhebliche Gefährdung der Ermittlungen oder eine Beeinträchtigung von Beweismitteln verbunden wäre; eine solche Beschränkung des Rechts auf Beiziehung eines Verteidigers ist schriftlich festzuhalten. Die Anhaltung darf keinesfalls länger als 24 Stunden dauern.“ *(BGBl I 2018/57)*

(2) „ “ Für die Anhaltung gilt § 53c Abs. 1 und 2 sinngemäß; das Erfordernis genügenden Tageslichtes kann jedoch entfallen, sofern ausreichende künstliche Beleuchtung vorhanden ist. *(BGBl I 2018/57)*

(3) Dem Festgenommenen ist ohne unnötigen Aufschub zu gestatten, einen Angehörigen (§ 36a AVG) oder eine sonstige Person seines Vertrauens zu verständigen und Kontakt mit einem Verteidiger aufzunehmen und diesen zu bevollmächtigen. Einem Festgenommenen, der nicht österreichischer Staatsbürger ist, ist ferner zu gestatten, die konsularische Vertretung seines Heimatstaates unverzüglich von der Festnahme zu verständigen und mit dieser Kontakt aufzunehmen. Bestehen gegen eine Verständigung durch den Festgenommenen selbst Bedenken, so hat die Behörde die Verständigung vorzunehmen. *(BGBl I 2018/57)*

(4) „Der Angehaltene darf von „Angehörigen (§ 36a AVG)“**, „von seinem Verteidiger sowie von den konsularischen Vertretern“*** seines Heimatstaates besucht werden.“* Für den Brief- und Besuchsverkehr gilt § 53c Abs. 3 bis 5 sinngemäß. *(*BGBl I 2009/135; **BGBl I 2011/100; ***BGBl I 2018/57)*

Rechtsbelehrung

§ 36a. Der Beschuldigte ist sogleich oder unmittelbar nach seiner Festnahme schriftlich in einer für ihn verständlichen Sprache über die Gründe seiner Festnahme und die gegen ihn erhobenen Anschuldigungen, über sein Recht auf Akteneinsicht, über sonstige wesentliche Rechte im Verfahren (§ 33 Abs. 2, § 36 Abs. 1 letzter Satz, Abs. 3 erster und zweiter Satz) und darüber zu informieren, dass er berechtigt ist, Zugang zu dringender medizinischer Versorgung zu erhalten. Ist die schriftliche Belehrung in einer Sprache, die der Beschuldigte versteht, nicht verfügbar, so ist er mündlich unter Beiziehung eines Dolmetschers zu belehren und die schriftliche Übersetzung ist ihm nachzureichen. Der Umstand der Belehrung ist schriftlich festzuhalten.

(BGBl I 2018/57)

Sicherheitsleistung

§ 37. (1) Die Behörde kann dem Beschuldigten mit Bescheid auftragen, einen angemessenen Betrag als Sicherheit zu erlegen oder durch Pfandbestellung oder taugliche Bürgen, die sich als Zahler verpflichten, sicherzustellen,

1. wenn begründeter Verdacht besteht, dass sich der Beschuldigte der Strafverfolgung oder der Strafvollstreckung entziehen werde, oder

2. wenn andernfalls

a) die Strafverfolgung oder die Strafvollstreckung voraussichtlich nicht möglich wäre oder

b) die Strafverfolgung oder die Strafvollstreckung voraussichtlich einen Aufwand verursachen würde, der gemessen an der Bedeutung des strafrechtlich geschützten Rechtsgutes und der Intensität seiner Beeinträchtigung durch die Tat unverhältnismäßig wäre.

(BGBl I 2013/33)

(2) „Die Sicherheit darf das Höchstmaß der angedrohten Geldstrafe nicht übersteigen.“ Für den Fall, daß die aufgetragene Sicherheitsleistung nicht unverzüglich erfolgt, kann die Behörde als Sicherheit verwertbare Sachen beschlagnahmen, die dem Anschein nach dem Beschuldigten gehören; ihr Wert soll die Höhe des zulässigen Betrages der Sicherheit nicht übersteigen. *(BGBl I 2013/33)*

(3) Die Beschwerde beim Verwaltungsgericht gegen einen Bescheid gemäß Abs. 1 oder 2 hat keine aufschiebende Wirkung. *(BGBl I 2013/33)*

(4) Die Sicherheit wird frei, wenn das Verfahren eingestellt wird oder die gegen den Beschuldigten verhängte Strafe vollzogen ist, oder nicht binnen „zwölf Monaten“ der Verfall ausgesprochen wurde. Die als Sicherheit beschlagnahmte Sache wird auch frei, wenn vom Beschuldigten die aufgetragene Sicherheit in Geld erlegt oder sonst sichergestellt wird oder ein Dritter Rechte an der Sache glaubhaft macht. *(BGBl I 2013/33)*

(5) „Die Sicherheit ist für verfallen zu erklären, sobald feststeht, dass die Strafverfolgung oder die Strafvollstreckung nicht möglich ist.“ § 17 ist sinngemäß anzuwenden. *(BGBl I 2013/33)*

(6) Für die Verwertung verfallener Sachen gilt § 18, wobei aus der verfallenen Sicherheit zunächst die allenfalls verhängte Geldstrafe und sodann die Kosten des Strafverfahrens sowie die Verwahrungs- und Verwertungskosten zu decken sind. Nach Abzug dieser Posten verbleibende Restbeträge sind dem Beschuldigten auszufolgen. Im Übrigen gelten für die Widmung der verfallenen Sicherheit dieselben Vorschriften wie für Geldstrafen. *(BGBl I 2001/137)*

§ 37a. (1) „Die Organe des öffentlichen Sicherheitsdienstes sind ermächtigt, von Personen, die auf frischer Tat betreten werden, eine vorläufige Sicherheit einzuheben,“ *(BGBl I 2018/57)*

1. wenn die Voraussetzungen des § 35 Z 1 und 2 für eine Festnahme vorliegen oder

2. wenn andernfalls

a) die Strafverfolgung oder die Strafvollstreckung erheblich erschwert sein könnte oder

b) die Strafverfolgung oder die Strafvollstreckung einen Aufwand verursachen könnte, der gemessen an der Bedeutung des strafrechtlich geschützten Rechtsgutes und der Intensität seiner Beeinträchtigung durch die Tat unverhältnismäßig wäre.

Besondere Ermächtigungen in den Verwaltungsvorschriften bleiben unberührt. § 50 „ “ Abs. 3, Abs. 5, Abs. 6 erster Satz sowie Abs. 8 sind sinngemäß anzuwenden. *(BGBl I 2013/33; BGBl I 2018/57)*

(2) Die vorläufige Sicherheit darf das Höchstmaß der angedrohten Geldstrafe nicht übersteigen. *(BGBl I 2013/33)*

(3) „Leistet der Betretene im Fall des Abs. 1 Z 2 die vorläufige Sicherheit nicht, so kann das Organ verwertbare Sachen, die dem Anschein nach dem Betretenen gehören und deren Wert das Höchstmaß der angedrohten Geldstrafe nicht übersteigt, „vorläufig sicherstellen"**."* „ "** *(*BGBl I 2013/33; **BGBl I 2018/57)*

(4) Über „die vorläufige Sicherheit"* „ "** ist sofort eine Bescheinigung auszustellen. Die vorläufige Sicherheit ist der Behörde mit der Anzeige unverzüglich vorzulegen. *(*BGBl I 2013/33; **BGBl I 2018/57)*

(5) Die vorläufige Sicherheit wird frei, wenn das Verfahren eingestellt wird oder die gegen den Beschuldigten verhängte Strafe vollzogen ist oder wenn nicht binnen „zwölf Monaten" gemäß § 37 Abs. 5 der Verfall ausgesprochen wird. § 37 Abs. 4 letzter Satz gilt sinngemäß. *(BGBl I 2013/33)*

Zeugen

§ 38. Die Angehörigen (§ 36a AVG) des Beschuldigten, die mit seiner Obsorge betrauten Personen, „sein Erwachsenenvertreter, sein Vorsorgebevollmächtigter nach Wirksamwerden der Vorsorgevollmacht oder die von ihm in einer dieser Eigenschaften vertretenen Person" sind von der Aussagepflicht befreit. *(BGBl I 2018/58)*

(BGBl I 2009/135)

Beschlagnahme von Verfallsgegenständen

§ 39. (1) Liegt der Verdacht einer Verwaltungsübertretung vor, für die der Verfall von Gegenständen als Strafe vorgesehen ist, so kann die Behörde zur Sicherung des Verfalles die Beschlagnahme dieser Gegenstände anordnen.

(2) Bei Gefahr im Verzug können auch die Organe der öffentlichen Aufsicht aus eigener Macht solche Gegenstände „vorläufig sicherstellen". Sie haben darüber dem Betroffenen sofort eine Bescheinigung auszustellen und der Behörde die Anzeige zu erstatten. *(BGBl I 2018/57)*

(3) Die Behörde kann an Stelle der Beschlagnahme den Erlag eines Geldbetrages anordnen, der dem Wert der der Beschlagnahme unterliegenden Sache entspricht.

(4) Ist die Beschlagnahme anders nicht durchführbar, so können auch dem Verfall nicht unterliegende Behältnisse, in denen sich die mit Beschlag belegten Gegenstände befinden, vorläufig beschlagnahmt werden; sie sind jedoch tunlichst bald zurückzustellen.

(5) Unterliegen die beschlagnahmten Gegenstände raschem Verderben oder lassen sie sich nur mit unverhältnismäßigen Kosten aufbewahren und ist ihre Aufbewahrung nicht zur Sicherung des Beweises erforderlich, so können sie öffentlich versteigert oder zu dem von der Behörde zu ermittelnden Preis veräußert werden. Der Erlös tritt an die Stelle der veräußerten Gegenstände. Die Veräußerung wegen unverhältnismäßiger Aufbewahrungskosten unterbleibt, wenn rechtzeitig ein zur Deckung dieser Kosten ausreichender Betrag erlegt wird.

(6) Die Beschwerde beim Verwaltungsgericht gegen einen Bescheid gemäß Abs. 1 oder 3 hat keine aufschiebende Wirkung. *(BGBl I 2013/33)*

Zwangsgewalt

§ 39a. Die Organe des öffentlichen Sicherheitsdienstes sind ermächtigt, verhältnismäßigen und angemessenen Zwang anzuwenden, um die ihnen nach den §§ 34b, 35, 37a Abs. 3 und 39 Abs. 2 eingeräumten Befugnisse durchzusetzen. Dabei haben sie unter Achtung der Menschenwürde und mit möglichster Schonung der Person vorzugehen. Für den Waffengebrauch gelten die Bestimmungen des Waffengebrauchsgesetzes 1969, BGBl. Nr. 149/1969.

(BGBl I 2018/57)

3. Abschnitt

Ordentliches Verfahren

§ 40. (1) Sieht die Behörde nicht schon auf Grund der Anzeige oder der darüber gepflogenen Erhebungen von der Verfolgung ab (§ 45), so hat sie dem Beschuldigten Gelegenheit zu geben, sich zu rechtfertigen.

(2) Die Behörde kann den Beschuldigten zu diesem Zweck zur Vernehmung laden oder ihn auffordern, nach seiner Wahl entweder zu einem bestimmten Zeitpunkt zu seiner Vernehmung zu erscheinen oder sich bis zu diesem Zeitpunkt schriftlich zu rechtfertigen. Dabei ist der Beschuldigte auf sein Recht hinzuweisen, zur Vernehmung einen „Verteidiger" seiner Wahl beizuziehen. *(BGBl I 2018/57)*

(3) Hält sich der Beschuldigte nicht in der Gemeinde auf, in der die Behörde ihren Sitz hat, so kann sie die Vernehmung des Beschuldigten durch die Gemeinde seines Aufenthaltsortes veranlassen.

§ 41. (1) Die Ladung (§ 19 AVG) hat zu enthalten:

1. die deutliche Bezeichnung der dem Beschuldigten zur Last gelegten Tat sowie die in Betracht kommende Verwaltungsvorschrift;

2. die Aufforderung, die der Verteidigung dienlichen Tatsachen vorzubringen und die der Verteidigung dienlichen Beweismittel mitzubrin-

gen oder der Behörde so rechtzeitig bekannt zu geben, dass sie zur Vernehmung noch herbeigeschafft werden können.
(BGBl I 2013/33)

„(2)"* Die Ladung kann auch die Androhung enthalten, daß das Strafverfahren, wenn der Beschuldigte der Ladung „ungerechtfertigt"** keine Folge leistet, ohne seine Anhörung durchgeführt werden kann. Diese Rechtsfolge kann nur eintreten, wenn sie in der Ladung angedroht und wenn die Ladung dem Beschuldigten zu eigenen Handen zugestellt worden ist. *(*BGBl I 2013/33; **BGBl I 2018/57)*

§ 42. (1) Die Aufforderung nach § 40 Abs. 2 hat zu enthalten:

1. die deutliche Bezeichnung der dem Beschuldigten zur Last gelegten Tat sowie die in Betracht kommende Verwaltungsvorschrift;

2. die Aufforderung, sich entweder binnen der gesetzten Frist schriftlich oder zu dem zur Vernehmung bestimmten Zeitpunkt mündlich zu rechtfertigen und die der Verteidigung dienlichen Tatsachen und Beweismittel der Behörde bekanntzugeben, widrigenfalls die Behörde das Strafverfahren ohne seine Anhörung durchführen werde.

(2) Diese Aufforderung ist zu eigenen Handen zuzustellen.

§ 43. (1) Wird der Beschuldigte zur Vernehmung vor die erkennende Behörde geladen oder ihr vorgeführt, so ist das Strafverfahren in mündlicher Verhandlung durchzuführen und nach der Aufnahme der erforderlichen Beweise womöglich sogleich der Bescheid (Straferkenntnis oder Einstellung) zu verkünden.

(2) Kann der Bescheid nicht sofort auf Grund der mündlichen Verhandlung „erlassen" werden, so ist dem Beschuldigten, der an der Verhandlung teilgenommen hat, sofern er nicht darauf verzichtet hat, vor der „Erlassung" des Straferkenntnisses Gelegenheit zu geben, sich zum Ergebnis der später vorgenommenen Erhebungen, wenn sie im Straferkenntnis berücksichtigt werden sollen, zu äußern. *(BGBl I 2013/33)*

(3) Der Beschuldigte kann zur mündlichen Verhandlung eine an der Sache nicht beteiligte Person seines Vertrauens beiziehen.

(4) Hat der Beschuldigte bei seiner Vernehmung einen Verteidiger beigezogen, so darf sich dieser an der Vernehmung beteiligen, indem er nach deren Abschluss oder nach thematisch zusammenhängenden Abschnitten ergänzende Fragen an den Beschuldigten richtet oder Erklärungen abgibt. Während der Vernehmung darf sich der Beschuldigte nicht mit dem Verteidiger über die Beantwortung einzelner Fragen beraten. *(BGBl I 2018/57)*

§ 44. (1) Die Niederschrift über den Gang der mündlichen Verhandlung hat zu enthalten:

1. die Behörde;

2. „den Vornamen und den Familiennamen „ "**"*, Tag und Ort der Geburt, die Staatsangehörigkeit, den „Personenstand"*, die Beschäftigung und den Wohnort des Beschuldigten; *(BGBl 1995/620; *BGBl I 2011/100; **BGBl I 2016/120)*

3. den Namen eines allfälligen Verteidigers des Beschuldigten; *(BGBl I 2018/57)*

„4." die deutliche Bezeichnung der dem Beschuldigten zur Last gelegten Tat; *(BGBl I 2018/57)*

„5." die wesentlichen Aussagen der Zeugen und Sachverständigen und die sonstigen Beweisergebnisse; *(BGBl I 2018/57)*

„6." die Rechtfertigung oder das Geständnis des Beschuldigten; *(BGBl I 2018/57)*

„7." den Spruch; *(BGBl I 2018/57)*

„8." die Begründung (§ 60 AVG); *(BGBl I 2018/57)*

„9." die Rechtsmittelbelehrung; *(BGBl I 2018/57)*

„10." das Datum des Bescheides; *(BGBl I 2018/57)*

„11." das Datum der Verkündung. *(BGBl I 2018/57)*

(2) Alle Angaben in der Niederschrift sind mit möglichster Kürze abzufassen. Sind die in Abs. 1 Z 2 bis 5 bezeichneten Angaben bereits schriftlich in den Akten niedergelegt, so genügt in der Niederschrift ein kurzer Hinweis auf die bezüglichen Aktenstücke.

(3) Von der Aufnahme der in Abs. 1 bezeichneten Niederschrift kann abgesehen werden,

1. wenn der Beschuldigte einer nach § 41 „Abs. 2"* erfolgten Ladung oder einer nach § 42 Abs. 1 Z 2 ergangenen Aufforderung zur Rechtfertigung „ungerechtfertigt keine Folge geleistet hat"** und das Verfahren „ohne seine Anhörung"** durchgeführt wird. In diesem Fall ist ein Aktenvermerk über die Tatsache der erfolgten Ladung oder Aufforderung zur Rechtfertigung aufzunehmen; *(*BGBl I 2013/33; **BGBl I 2018/57)*

2. wenn der Beschuldigte vor der erkennenden oder ersuchten Behörde ein volles Geständnis ablegt und weitere Beweise nicht aufgenommen werden. In diesem Fall sind das Geständnis und der Verhandlungstag schriftlich festzuhalten.

§ 44a. Der Spruch hat, wenn er nicht auf Einstellung lautet, zu enthalten:

1. die als erwiesen angenommene Tat;

2. die Verwaltungsvorschrift, die durch die Tat verletzt worden ist;

3. die verhängte Strafe und die angewendete Gesetzesbestimmung;

4. den etwaigen Ausspruch über privatrechtliche Ansprüche;

5. im Fall eines Straferkenntnisses die Entscheidung über die Kosten.

§ 44b. (1) Jedes Straferkenntnis hat eine Belehrung über das Recht des Beschuldigten, im Verfahren vor dem Verwaltungsgericht einen Verfahrenshilfeverteidiger zu erhalten (§ 40 des Verwaltungsgerichtsverfahrensgesetzes – VwGVG, BGBl. I Nr. 33/2013), zu enthalten.

(2) Abs. 1 ist nicht auf Verwaltungsübertretungen anzuwenden,

1. die mit einer Geldstrafe von bis zu 7 500 Euro und keiner Freiheitsstrafe bedroht sind oder

2. für die bereits ein Verfahren nach den Bestimmungen des 4. Abschnittes durchgeführt worden ist.

(BGBl I 2018/57)

§ 45. (1) Die Behörde hat von der Einleitung oder Fortführung eines Strafverfahrens abzusehen und die Einstellung zu verfügen, wenn

1. die dem Beschuldigten zur Last gelegte Tat nicht erwiesen werden kann oder keine Verwaltungsübertretung bildet;

2. der Beschuldigte die ihm zur Last gelegte Verwaltungsübertretung nicht begangen hat oder Umstände vorliegen, die die Strafbarkeit aufheben oder ausschließen;

3. Umstände vorliegen, die die Verfolgung ausschließen „;" *(BGBl I 2013/33)*

4. die Bedeutung des strafrechtlich geschützten Rechtsgutes und die Intensität seiner Beeinträchtigung durch die Tat und das Verschulden des Beschuldigten gering sind; *(BGBl I 2013/33)*

5. die Strafverfolgung nicht möglich ist; *(BGBl I 2013/33)*

6. die Strafverfolgung einen Aufwand verursachen würde, der gemessen an der Bedeutung des strafrechtlich geschützten Rechtsgutes und der Intensität seiner Beeinträchtigung durch die Tat unverhältnismäßig wäre. *(BGBl I 2013/33)*

Anstatt die Einstellung zu verfügen, kann die Behörde dem Beschuldigten im Fall der Z 4 unter Hinweis auf die Rechtswidrigkeit seines Verhaltens mit Bescheid eine Ermahnung erteilen, wenn dies geboten erscheint, um ihn von der Begehung strafbarer Handlungen gleicher Art abzuhalten. *(BGBl I 2013/33)*

(2) Wird die Einstellung verfügt, so genügt ein Aktenvermerk mit Begründung, es sei denn, daß einer Partei „gegen die Einstellung Beschwerde beim Verwaltungsgericht" zusteht oder die Erlassung eines Bescheides aus anderen Gründen notwendig ist. Die Einstellung ist, soweit sie nicht bescheidmäßig erfolgt, dem Beschuldigten mitzuteilen, wenn er nach dem Inhalt der Akten von dem gegen ihn gerichteten Verdacht wußte. *(BGBl I 2013/33)*

§ 46. (1) Den Parteien, denen gegen den Bescheid „Beschwerde beim Verwaltungsgericht" zusteht, ist von Amts wegen eine Ausfertigung des Bescheides „zuzustellen", wenn ihnen der Bescheid nicht mündlich verkündet worden ist. Sonst ist eine schriftliche Ausfertigung nur auf Verlangen einer Partei zuzustellen. *(BGBl I 2013/33)*

(1a) Ist der Beschuldigte der deutschen Sprache nicht hinreichend kundig, so ist dem Straferkenntnis eine Übersetzung in einer für den Beschuldigten verständlichen Sprache anzuschließen. Sofern dies einem fairen Verfahren nicht entgegensteht, kann die Übersetzung durch auszugsweise Darstellung des wesentlichen Inhalts ersetzt werden. Die Pflicht zur Übersetzung des Straferkenntnisses ist nicht auf Verwaltungsübertretungen anzuwenden, die mit einer Geldstrafe von bis zu 7 500 Euro und keiner Freiheitsstrafe bedroht sind oder wegen denen bereits ein Verfahren nach den Bestimmungen des 4. Abschnittes durchgeführt worden ist. *(BGBl I 2018/57)*

(2) Die schriftliche Ausfertigung des Bescheides hat die Bezeichnung der Behörde, „den Vornamen und den Familiennamen „ "** sowie den Wohnort"* der Parteien, den Spruch, die Begründung, die Rechtsmittelbelehrung „, die Belehrung über das Recht auf Beigabe eines Verfahrenshilfeverteidigers im Verfahren vor dem Verwaltungsgericht gemäß § 44b"*** und das Datum des Bescheides zu enthalten. *(*BGBl I 2011/100; **BGBl I 2016/120; ***BGBl I 2018/57)*

(3) Wird über einen Soldaten eine Strafe verhängt, so ist davon dem Disziplinarvorgesetzten Mitteilung zu machen.

4. Abschnitt
Abgekürztes Verfahren

„Strafverfügung"
(BGBl I 2018/57)

§ 47. (1) Wenn von einem Gericht, einer Verwaltungsbehörde, einem Organ der öffentlichen Aufsicht oder „einem militärischen Organ im Wachdienst"** auf Grund eigener dienstlicher Wahrnehmung oder eines vor ihnen abgelegten Geständnisses eine Verwaltungsübertretung angezeigt oder wenn das strafbare Verhalten auf Grund „von Verkehrsüberwachung mittels bildverarbeitender technischer Einrichtungen"* festgestellt wird, dann kann die Behörde ohne weiteres Verfahren durch Strafverfügung eine Geldstrafe bis zu „600"* Euro festsetzen. In der Strafverfügung kann auch auf den Verfall beschlagnahmter Sachen oder ihres Erlöses erkannt werden, wenn der Wert der beschlagnahmten Sachen „200"* Euro nicht übersteigt. *(*BGBl I 2013/33; **BGBl I 2018/57)*

(2) Das oberste Organ kann, soweit die Verwaltungsvorschriften nicht anderes bestimmen, durch Verordnung zur Verfahrensbeschleunigung einzelne Tatbestände von Verwaltungsübertretungen bestimmen, für die die Behörde durch Strafverfügung eine unter Bedachtnahme auf § 19 Abs. 1 im Vorhinein festgesetzte Geldstrafe bis zu 500 Euro verhängen darf. *(BGBl I 2018/57)*

(BGBl I 2002/117)

§ 48. „" In der Strafverfügung müssen angegeben sein:

1. die Behörde, die die Strafverfügung erläßt;

2. „der Vorname und der Familienname „ "**"* sowie der Wohnort des Beschuldigten; *(BGBl I 2001/137; *BGBl I 2011/100; **BGBl I 2016/120)*

3. die Tat, die als erwiesen angenommen ist, ferner die Zeit und der Ort ihrer Begehung;

4. die Verwaltungsvorschrift, die durch die Tat verletzt worden ist;

5. die verhängte Strafe und die angewendete Gesetzesbestimmung;

6. allenfalls der Ausspruch über die vom Beschuldigten zu ersetzenden Kosten (§ 64 Abs. 3);

7. die Belehrung über den Einspruch (§ 49). *(BGBl I 2013/33)*

(2) *(aufgehoben, BGBl I 2013/33)*

§ 49. (1) Der Beschuldigte kann gegen die Strafverfügung binnen zwei Wochen nach deren Zustellung Einspruch erheben und dabei die seiner Verteidigung dienlichen Beweismittel vorbringen. Der Einspruch kann auch mündlich erhoben werden. Er ist bei der Behörde einzubringen, die die Strafverfügung erlassen hat.

(2) „Wenn der Einspruch rechtzeitig eingebracht und nicht binnen zwei Wochen zurückgezogen wird, ist das ordentliche Verfahren einzuleiten."** Der Einspruch gilt als Rechtfertigung im Sinne des § 40. Wenn im Einspruch ausdrücklich nur das Ausmaß der verhängten Strafe oder die Entscheidung über die Kosten angefochten wird, dann hat die Behörde, die die Strafverfügung erlassen hat, darüber zu entscheiden. „In allen anderen Fällen tritt durch den Einspruch, soweit er nicht binnen zwei Wochen zurückgezogen wird, die gesamte Strafverfügung außer Kraft."** „In dem auf Grund des Einspruches ergehenden Straferkenntnis darf keine höhere Strafe verhängt werden als in der Strafverfügung."* *(*BGBl 1995/620; **BGBl I 2018/57)*

(3) Wenn ein Einspruch nicht oder nicht rechtzeitig erhoben oder zurückgezogen wird, ist die Strafverfügung zu vollstrecken. *(BGBl I 2018/57)*

Anonymverfügung

§ 49a. (1) Das oberste Organ kann, soweit die Verwaltungsvorschriften nicht anderes bestimmen, durch Verordnung zur Verfahrensbeschleunigung einzelne Tatbestände von Verwaltungsübertretungen bestimmen, für die die Behörde durch Anonymverfügung eine unter Bedachtnahme auf § 19 Abs. 1 im Vorhinein festgesetzte Geldstrafe bis zu 365 Euro vorschreiben darf. *(BGBl I 2018/57)*

(2) „Hat das oberste Organ" durch Verordnung gemäß Abs. 1 eine Geldstrafe im Vorhinein festgesetzt und beruht die Anzeige auf der dienstlichen Wahrnehmung eines Organs der öffentlichen Aufsicht oder auf Verkehrsüberwachung mittels bildverarbeitender technischer Einrichtungen, so kann die Behörde die Geldstrafe ohne Festsetzung einer „Ersatzfreiheitsstrafe" durch Anonymverfügung vorschreiben. *(BGBl I 2013/33; BGBl I 2018/57)*

(3) In der Anonymverfügung müssen angegeben sein:

1. die Behörde, die sie erläßt, und das Datum der Ausfertigung;

2. die Tat, die als erwiesen angenommen ist, ferner die Zeit und der Ort ihrer Begehung;

3. die Verwaltungsvorschrift, die durch die Tat verletzt worden ist;

4. die verhängte Strafe und die angewendete Gesetzesbestimmung;

5. die Belehrung über die in Abs. 6 getroffene Regelung.

(4) Der Anonymverfügung ist ein zur postalischen Einzahlung des Strafbetrages geeigneter Beleg beizugeben. Der Beleg hat eine Identifikationsnummer zu enthalten, die automationsunterstützt gelesen werden kann. § 50 Abs. 5 gilt sinngemäß. *(BGBl I 1998/158)*

(5) Die Anonymverfügung ist einer Person zuzustellen, von der die Behörde mit Grund annehmen kann, daß sie oder ein für sie gemäß § 9 verantwortliches Organ den Täter kennt oder leicht feststellen kann.

(6) Die Anonymverfügung ist keine Verfolgungshandlung. Gegen sie ist kein Rechtsmittel zulässig. Sie wird gegenstandslos, wenn nicht binnen vier Wochen nach Ausfertigung die Einzahlung des Strafbetrages mittels Beleges (Abs. 4) erfolgt. Ist die Anonymverfügung gegenstandslos geworden, so hat die Behörde „den Sachverhalt möglichst zu klären und Nachforschungen nach

dem unbekannten Täter einzuleiten“**. „Als fristgerechte Einzahlung des Strafbetrages mittels Beleges (Abs. 4) gilt auch die „Überweisung des vorgeschriebenen Strafbetrages oder eines höheren Betrages“*** auf das im Beleg angegebene Konto, wenn der Überweisungsauftrag die automationsunterstützt lesbare, vollständige und richtige Identifikationsnummer des Beleges enthält und der Strafbetrag dem Konto des Überweisungsempfängers fristgerecht gutgeschrieben wird.“* *(*BGBl I 1998/158; **BGBl I 2013/33; ***BGBl I 2018/57)*

(7) Wird der Strafbetrag mittels Beleges (Abs. 4) fristgerecht eingezahlt, so hat die Behörde von der Ausforschung des unbekannten Täters endgültig Abstand zu nehmen und jede Verfolgungshandlung zu unterlassen.

(8) Die Anonymverfügung darf weder in amtlichen Auskünften erwähnt noch bei der Strafbemessung im Verwaltungsstrafverfahren berücksichtigt werden. Jede über Abs. 5 und 6 hinausgehende Verknüpfung von Daten mit jenen einer Anonymverfügung im automationsunterstützten Datenverkehr ist unzulässig. Die Daten einer solchen Anonymverfügung sind spätestens sechs Monate nach dem Zeitpunkt, in dem sie gegenstandslos geworden oder die Einzahlung des Strafbetrages erfolgt ist, physisch zu löschen.

(9) Wird der Strafbetrag nach Ablauf der in Abs. 6 bezeichneten Frist oder nicht mittels Beleges (Abs. 4) bezahlt und weist der Beschuldigte die Zahlung im Zuge des Verwaltungsstrafverfahrens nach, so ist der Strafbetrag zurückzuzahlen oder anzurechnen.

(10) Wird binnen der in Abs. 6 bezeichneten Frist mittels Beleges (Abs. 4) ein höherer Betrag als der durch die Anonymverfügung vorgeschriebene Strafbetrag eingezahlt, so ist ein Betrag in der Höhe des Differenzbetrages abzüglich zwei Euro zurückzuzahlen; übersteigt dieser Betrag zwei Euro nicht, hat keine Rückzahlung zu erfolgen. *(BGBl I 2018/57)*

Organstrafverfügung

§ 50. (1) Die Behörde kann besonders geschulte Organe der öffentlichen Aufsicht ermächtigen, wegen bestimmter von ihnen dienstlich wahrgenommener oder vor ihnen eingestandener Verwaltungsübertretungen mit Organstrafverfügung Geldstrafen einzuheben. „Das oberste Organ kann, soweit die Verwaltungsvorschriften nicht anderes bestimmen, durch Verordnung zur Verfahrensbeschleunigung einzelne Tatbestände von Verwaltungsübertretungen bestimmen, für die durch Organstrafverfügung eine unter Bedachtnahme auf § 19 Abs. 1 im Vorhinein festgesetzte Geldstrafe bis zu 90 Euro eingehoben werden darf.“ *(BGBl I 2002/117; BGBl I 2018/57)*

(2) Die Behörde kann die Organe (Abs. 1) ferner ermächtigen, dem Beanstandeten einen zur postalischen Einzahlung des Strafbetrages geeigneten Beleg zu übergeben, oder, wenn keine bestimmte Person beanstandet wird, am Tatort zu hinterlassen. Der Beleg hat eine Identifikationsnummer zu enthalten, die automationsunterstützt gelesen werden kann. *(BGBl I 1998/158)*

(3) Die Behörde kann einem Organ (Abs. 1) die Ermächtigung entziehen, wenn sie dies für erforderlich erachtet. *(BGBl I 2018/57)*

(4) Eine Organstrafverfügung hat die Tat, die Zeit und den Ort ihrer Begehung, den Strafbetrag und die Behörde, in deren Namen eingeschritten wurde, anzugeben. Falls ein Beleg gemäß Abs. 2 verwendet wird, hat das Organ zusätzlich jene Daten festzuhalten, die für eine allfällige Anzeigenerstattung an die Behörde erforderlich sind.

(5) Die Gestaltung der für die Organstrafverfügung zu verwendenden Drucksorten, die Art ihrer Ausstellung und die Gebarung mit diesen Drucksorten sowie mit den eingehobenen Strafbeträgen sind durch Verordnung der Bundesregierung zu regeln.

(5a) Das Organ (Abs. 1) kann von der Einhebung einer Geldstrafe mit Organstrafverfügung absehen, wenn die Bedeutung des strafrechtlich geschützten Rechtsgutes und die Intensität seiner Beeinträchtigung durch die Tat und das Verschulden des Beanstandeten gering sind; eine Anzeige an die Behörde ist in diesem Fall nicht zu erstatten. Das Organ kann jedoch den Beanstandeten in einem solchen Fall in geeigneter Weise auf die Rechtswidrigkeit seines Verhaltens aufmerksam machen. *(BGBl I 2013/33)*

(6) Gegen die Organstrafverfügung ist kein Rechtsmittel zulässig. Verweigert der Beanstandete die Zahlung des Strafbetrages oder die Entgegennahme des Beleges (Abs. 2), so ist die Organstrafverfügung gegenstandslos. Die Unterlassung der Einzahlung mittels Beleges (Abs. 2) binnen einer Frist von zwei Wochen gilt als Verweigerung der Zahlung des Strafbetrages; der Lauf der Frist beginnt mit Ablauf des Tages, an dem der Beleg am Tatort hinterlassen oder dem „Beanstandeten“** übergeben wurde. Im Fall der Verweigerung der Zahlung des Strafbetrages oder der Entgegennahme des Beleges (Abs. 2) ist die Anzeige an die Behörde zu erstatten. „Als fristgerechte Einzahlung des Strafbetrages mittels Beleges (Abs. 2) gilt auch die „Überweisung des einzuhebenden Strafbetrages oder eines höheren Betrages“*** auf das im Beleg angegebene Konto, wenn der Überweisungsauftrag die automationsunterstützt lesbare, vollständige und richtige Identifikationsnummer des Beleges enthält und der Strafbetrag dem Konto des Überweisungsempfängers fristgerecht gutgeschrieben wird.“* *(*BGBl I 1998/158; **BGBl I 2001/137; ***BGBl I 2018/57)*

(7) Wird der Strafbetrag nach Ablauf der in Abs. 6 bezeichneten Frist oder nicht mittels Beleges (Abs. 2) bezahlt und weist der Beschuldigte die Zahlung im Zuge des Verwaltungsstrafverfahrens nach, so ist der Strafbetrag zurückzuzahlen oder anzurechnen.

(7a) Wird binnen der in Abs. 6 bezeichneten Frist mittels Beleges (Abs. 2) ein höherer Betrag als der durch die Organstrafverfügung eingehobene Strafbetrag eingezahlt, so ist ein Betrag in der Höhe des Differenzbetrages abzüglich zwei Euro zurückzuzahlen; übersteigt dieser Betrag zwei Euro nicht, hat keine Rückzahlung zu erfolgen. *(BGBl I 2018/57)*

(8) Die Behörde kann die Organe (Abs. 1) ermächtigen, dem Beanstandeten zu gestatten, den einzuhebenden Strafbetrag auch in bestimmten fremden Währungen oder mit Scheck oder Kreditkarte zu entrichten. Wird der Strafbetrag mit Kreditkarte entrichtet, so ist der mit dem Kreditkartenunternehmen vereinbarte Abschlag von demjenigen zu tragen, dem die Geldstrafe gewidmet ist. *(BGBl I 1998/158)*

(9) Die Organe des öffentlichen Sicherheitsdienstes sind zur Vornahme von Handlungen im Sinne der Abs. 1, 2 und 8 ermächtigt. *(BGBl I 2018/57)*

§§ 51 bis 51i. *(entfallen, BGBl I 2013/33)*

„5. Abschnitt“

Sonstige Abänderung von Bescheiden

(BGBl 1995/620; BGBl I 2013/33)

Wiederaufnahme des Verfahrens zum Nachteil des Beschuldigten

§ 52. Die Wiederaufnahme eines durch Einstellung abgeschlossenen Strafverfahrens ist nur innerhalb der in „§ 31 Abs. 1“** bezeichneten „Frist“* zulässig. *(*BGBl I 2009/20; **BGBl I 2013/33)*

Abänderung und Aufhebung von Amts wegen

§ 52a. (1) Von Amts wegen können der „Beschwerde beim Verwaltungsgericht“ nicht mehr unterliegende Bescheide, durch die das Gesetz zum Nachteil des Bestraften offenkundig verletzt worden ist, sowohl von der Behörde als auch in Ausübung des Aufsichtsrechtes von der sachlich in Betracht kommenden Oberbehörde aufgehoben oder abgeändert werden. § 68 Abs. 7 AVG gilt sinngemäß. *(BGBl I 1998/158; BGBl I 2013/33)*

(2) Die Folgen der Bestrafung sind wiedergutzumachen. Soweit dies nicht möglich ist, ist gemäß dem „Strafrechtlichen Entschädigungsgesetz 2005 (StEG 2005), BGBl. I Nr. 125/2004,“* zu entschädigen. „Die Ersatzpflicht trifft jenen Rechtsträger, in dessen Namen die Behörde in der Angelegenheit gehandelt hat.“** *(*BGBl I 2008/3; **BGBl I 2018/57)*

§ 52b. *(aufgehoben samt Überschrift, BGBl I 2013/33)*

III. Teil

Strafvollstreckung

Vollzug von Freiheitsstrafen

§ 53. (1) „Die Freiheitsstrafe ist im Haftraum der Behörde oder jener Behörde zu vollziehen, der der Strafvollzug gemäß § 29a übertragen wurde.“** Können diese Behörden die Strafe nicht vollziehen oder verlangt es der Bestrafte, so ist die dem ständigen Aufenthalt des Bestraften nächstgelegene Bezirksverwaltungsbehörde oder „Landespolizeidirektion“* um den Strafvollzug zu ersuchen, wenn sie über einen Haftraum verfügt. Kann auch diese Behörde die Strafe nicht vollziehen, so ist der Leiter des gerichtlichen Gefangenenhauses, in dessen Sprengel der Bestrafte seinen ständigen Aufenthalt hat, um den Strafvollzug zu ersuchen. Dieser hat dem Ersuchen zu entsprechen, soweit dies ohne Beeinträchtigung anderer gesetzlicher Aufgaben möglich ist. *(*BGBl I 2012/50; **BGBl I 2013/33)*

(2) Im unmittelbaren Anschluß an eine gerichtliche Freiheitsstrafe, oder wenn andernfalls die Untersuchungshaft zu verhängen wäre, darf die von der Verwaltungsbehörde verhängte Freiheitsstrafe auch sonst in einem gerichtlichen Gefangenenhaus vollzogen werden; mit Zustimmung des Bestraften ist der Anschlußvollzug auch in einer Strafvollzugsanstalt zulässig.

Zuständige Behörde

§ 53a. „Alle Anordnungen und Entscheidungen im Zusammenhang mit dem Vollzug der Freiheitsstrafe obliegen bis zum Strafantritt der Behörde oder jener Behörde, der der Strafvollzug gemäß § 29a übertragen wurde.“** Mit Strafantritt stehen diese Anordnungen und Entscheidungen, soweit nicht das Vollzugsgericht zuständig ist, der Verwaltungsbehörde zu, der gemäß „§ 53“* der Strafvollzug obliegt (Strafvollzugsbehörde). *(*BGBl I 1999/194 (DFB); **BGBl I 2013/33)*

Einleitung des Vollzuges von Freiheitsstrafen

§ 53b. (1) Ein Bestrafter auf freiem Fuß, der die Strafe nicht sofort antritt, ist aufzufordern, die Freiheitsstrafe binnen einer bestimmten angemessenen Frist anzutreten.

(2) Kommt der Bestrafte der Aufforderung zum Strafantritt nicht nach, so ist er zwangsweise vorzuführen. Dies ist ohne vorherige Aufforde-

rung sofort zu veranlassen, wenn die begründete Sorge besteht, daß er sich durch Flucht dem Vollzug der Freiheitsstrafe entziehen werde. „ “** „§ 36 Abs. 1 zweiter Satz und § 36 Abs. 3 sind anzuwenden.“* *(*BGBl 1995/620; **BGBl I 2018/57)*

(3) Wird gegen das Erkenntnis des Verwaltungsgerichtes, mit dem die Freiheitsstrafe verhängt wurde, Revision beim Verwaltungsgerichtshof oder Beschwerde beim Verfassungsgerichtshof erhoben, so ist mit dem Vollzug der Freiheitsstrafe bis zu deren Entscheidung zuzuwarten. Dies gilt nicht, wenn die Voraussetzungen des Abs. 2 zweiter Satz vorliegen. *(BGBl I 2018/57)*

Durchführung des Strafvollzuges

§ 53c. (1) Häftlinge dürfen ihre eigene Kleidung tragen und sich, ohne dazu verpflichtet zu sein, angemessen beschäftigen. Sie dürfen sich selbst verköstigen, wenn dies nach den verfügbaren Einrichtungen weder die Aufsicht und Ordnung beeinträchtigt noch unverhältnismäßigen Verwaltungsmehraufwand verursacht. Sie sind tunlichst von Häftlingen, die nach anderen Bestimmungen als nach diesem Bundesgesetz angehalten werden, männliche Häftlinge jedenfalls von weiblichen Häftlingen getrennt zu halten.

(2) Häftlinge sind in einfach und zweckmäßig eingerichteten Räumen mit ausreichendem Luftraum und genügend Tageslicht unterzubringen. Die Hafträume sind gut zu lüften und in der kalten Jahreszeit entsprechend zu heizen. Bei Dunkelheit sind sie außerhalb der Zeit der Nachtruhe so zu beleuchten, daß die Häftlinge ohne Gefährdung des Augenlichtes lesen und arbeiten können. Es ist dafür zu sorgen, daß die Häftlinge Vorfälle, die das unverzügliche Einschreiten eines Aufsichtsorgans erforderlich machen könnten, diesem jederzeit zur Kenntnis bringen können.

(3) Ihr Briefverkehr darf nicht beschränkt, sondern nur durch Stichproben überwacht werden. Schriftstücke, die offenbar der Vorbereitung oder Weiterführung strafbarer Handlungen oder deren Verschleierung dienen, sind zurückzuhalten. Geld- oder Paketsendungen sind frei. Pakete sind in Gegenwart des Häftlings zu öffnen. Sachen, die die Sicherheit und Ordnung gefährden können, sind ihm jedoch erst bei der Entlassung auszufolgen, sofern sie nicht wegen ihrer Beschaffenheit vernichtet werden müssen.

(4) Häftlinge dürfen innerhalb der Amtsstunden Besuche empfangen, soweit dies unter Berücksichtigung der erforderlichen Überwachung ohne Gefährdung der Sicherheit und Ordnung sowie ohne Beeinträchtigung des Dienstbetriebes möglich ist.

(5) Der Brief- und Besuchsverkehr von Häftlingen mit inländischen Behörden und Rechtsbeiständen sowie mit Organen, die durch für Österreich verbindliche internationale Übereinkommen zum Schutz der Menschenrechte eingerichtet sind, darf weder beschränkt noch inhaltlich überwacht werden. Das gleiche gilt für den Verkehr ausländischer Häftlinge mit „ “ konsularischen Vertretern ihres Heimatstaates. *(BGBl I 2018/57)*

(6) Die obersten Behörden haben für den Strafvollzug in den Hafträumen der Bezirksverwaltungsbehörden oder „Landespolizeidirektionen“* eine Hausordnung zu erlassen. Darin sind die Rechte und Pflichten der Häftlinge unter Bedachtnahme auf die Aufrechterhaltung der Ordnung sowie unter sinngemäßer Berücksichtigung der sich „aus dem Strafvollzugsgesetz – StVG, BGBl. Nr. 144/1969“** ergebenden Grundsätze des Strafvollzuges und der räumlichen und personellen Gegebenheiten zu regeln. Für diese Häftlinge gelten die „§§ 76 ff StVG“** über die Unfallfürsorge sinngemäß. Über die gebührenden Leistungen entscheidet die oberste Behörde. *(*BGBl I 2012/50; **BGBl I 2018/57)*

Vollzug in gerichtlichen Gefangenenhäusern und Strafvollzugsanstalten

§ 53d. (1) Soweit in diesem Bundesgesetz nicht anderes bestimmt ist, sind auf den Vollzug von Freiheitsstrafen in gerichtlichen Gefangenenhäusern oder Strafvollzugsanstalten die Bestimmungen des Strafvollzugsgesetzes über den Vollzug von Freiheitsstrafen, deren Strafzeit „achtzehn Monate“** nicht übersteigt, mit Ausnahme der §§ 31 Abs. 2, „32“*, 45 Abs. 1, „54 Abs. 3“*, 115, 127, 128, 132 Abs. 4 und 149 Abs. 1 und 4 sinngemäß anzuwenden, soweit dies nicht zu Anlaß und Dauer der von der Verwaltungsbehörde verhängten Freiheitsstrafe außer Verhältnis steht. Die Entscheidungen des Vollzugsgerichtes stehen dem Einzelrichter zu. *(*BGBl 1993/799; **BGBl I 2000/138)*

(2) Soweit Häftlinge eine Arbeitsvergütung zu erhalten haben, ist ihnen diese nach Abzug des Vollzugskostenbeitrages (§ 32 Abs. 2 erster Fall und Abs. 3 „StVG“) zur Gänze als Hausgeld gutzuschreiben. *(BGBl 1993/799; BGBl I 2018/57)*

(3) Wird eine Freiheitsstrafe nach § 53 Abs. 2 in einer Strafvollzugsanstalt vollzogen, so bleiben die im Strafvollzug gewährten Vergünstigungen und Lockerungen auch für den Vollzug der durch eine Verwaltungsbehörde verhängten Freiheitsstrafe aufrecht.

Vollzug von Freiheitsstrafen an Jugendlichen

§ 53e. (1) Jugendliche Häftlinge sind von Erwachsenen zu trennen.

(2) Auf den Strafvollzug an Jugendlichen in gerichtlichen Gefangenenhäusern oder Strafvoll-

zugsanstalten sind die Bestimmungen des Jugendgerichtsgesetzes 1988, „BGBl. Nr. 599/1988", über den Jugendstrafvollzug sinngemäß anzuwenden. *(BGBl I 2018/57)*

Unzulässigkeit des Vollzuges von Freiheitsstrafen

§ 54. (1) An „psychisch kranken" oder körperlich schwer kranken Personen und an Jugendlichen unter 16 Jahren darf eine Freiheitsstrafe nicht vollzogen werden. *(BGBl I 2008/3)*

(2) Der Vollzug der Freiheitsstrafe an einer Bestraften, die schwanger ist oder entbunden hat, ist bis zum Ablauf der achten Woche nach der Entbindung und darüber hinaus so lange auszusetzen, als sich das Kind in ihrer Pflege befindet, höchstens aber bis zum Ablauf eines Jahres nach der Entbindung. Die Freiheitsstrafe kann jedoch vollzogen werden, wenn es die Bestrafte verlangt.

(3) Auf Verlangen des Standeskörpers ist der Vollzug einer Freiheitsstrafe „an Soldaten, die Präsenz- oder Ausbildungsdienst leisten,"* und im Fall eines Einsatzes des Bundesheeres „(§ 2 Abs. 1 des Wehrgesetzes 2001, „BGBl. I Nr. 146/2001"****)"*** oder der unmittelbaren Vorbereitung eines solchen Einsatzes auch an anderen Soldaten auszusetzen. Auf Verlangen „der Zivildienstserviceagentur"*** ist auch der Vollzug einer Freiheitsstrafe an Personen, die Zivildienst leisten, auszusetzen. *(*BGBl I 1998/158; **BGBl I 2008/3; ***BGBl I 2011/100; ****BGBl I 2018/57)*

Aufschub und Unterbrechung des Strafvollzuges

§ 54a. (1) Auf Antrag des Bestraften kann aus wichtigem Grund der Strafvollzug aufgeschoben werden, insbesondere wenn

1. durch den sofortigen Vollzug der Freiheitsstrafe die Erwerbsmöglichkeit des Bestraften oder der notwendige Unterhalt der ihm gegenüber gesetzlich unterhaltsberechtigten Personen gefährdet würde oder

2. dringende „Angelegenheiten, die Angehörige (§ 36a AVG) betreffen," zu ordnen sind. *(BGBl I 2011/100)*

(2) Auf Antrag des Bestraften kann aus wichtigem Grund (Abs. 1) auch die Unterbrechung des Vollzuges der Freiheitsstrafe bewilligt werden. Die Zeit der Unterbrechung des Strafvollzuges ist nicht in die Strafzeit einzurechnen.

(3) Der Strafvollzug ist auf Antrag oder von Amts wegen für die Dauer von mindestens sechs Monaten aufzuschieben oder zu unterbrechen, wenn der Bestrafte während der letzten sechs Monate schon ununterbrochen sechs Wochen wegen einer von einer Verwaltungsbehörde verhängten Strafe in Haft war und dem Strafvollzug nicht ausdrücklich zustimmt. *(BGBl I 2018/57)*

(4) Liegen die Voraussetzungen des § 53b Abs. 2 zweiter Satz vor, darf der Aufschub oder die Unterbrechung des Strafvollzuges nicht bewilligt werden oder ist dessen bzw. deren Bewilligung von Amts wegen zu widerrufen. *(BGBl I 2018/57)*

Vollstreckung von Geldstrafen

§ 54b. (1) Rechtskräftig verhängte Geldstrafen oder sonstige in Geld bemessene Unrechtsfolgen sind binnen zwei Wochen nach Eintritt der Rechtskraft zu bezahlen. Erfolgt binnen dieser Frist keine Zahlung, kann sie unter Setzung einer angemessenen Frist von höchstens zwei Wochen eingemahnt werden. Nach Ablauf dieser Frist ist die Unrechtsfolge zu vollstrecken. Ist mit Grund anzunehmen, dass der Bestrafte zur Zahlung nicht bereit ist oder die Unrechtsfolge uneinbringlich ist, hat keine Mahnung zu erfolgen und ist sofort zu vollstrecken oder nach Abs. 2 vorzugehen. *(BGBl I 2013/33)*

(1a) Im Fall einer Mahnung gemäß Abs. 1 ist ein pauschalierter Kostenbeitrag in der Höhe von fünf Euro zu entrichten. Der Kostenbeitrag fließt der Gebietskörperschaft zu, die den Aufwand der Behörde zu tragen hat. *(BGBl I 2013/33)*

(1b) Als Grundlage für die Einbringung der vollstreckbar gewordenen Mahngebühr ist ein Rückstandsausweis auszufertigen, der den Namen und die Anschrift des Bestraften, den pauschalierten Kostenbeitrag und den Vermerk zu enthalten hat, dass der Kostenbeitrag vollstreckbar geworden ist. Der Rückstandsausweis ist Exekutionstitel im Sinne des § 1 der Exekutionsordnung, RGBl. Nr. 79/1896. *(BGBl I 2018/57)*

(2) Soweit eine Geldstrafe uneinbringlich ist oder dies mit Grund anzunehmen ist, ist die dem ausstehenden Betrag entsprechende Ersatzfreiheitsstrafe zu vollziehen. Der Vollzug der Ersatzfreiheitsstrafe hat zu unterbleiben, soweit die ausstehende Geldstrafe erlegt wird. Darauf ist in der Aufforderung zum Strafantritt hinzuweisen.

(3) „Einem Bestraften, dem aus wirtschaftlichen Gründen die unverzügliche Zahlung nicht zuzumuten ist, hat die Behörde auf Antrag einen angemessenen Aufschub oder Teilzahlung zu bewilligen, wodurch die Strafvollstreckung aufgeschoben wird."**,„Die Entrichtung der Geldstrafe in Teilbeträgen darf nur mit der Maßgabe gestattet werden, dass alle noch aushaftenden Teilbeträge sofort fällig werden, wenn der Bestrafte mit mindestens zwei Ratenzahlungen in Verzug ist."** *(*BGBl I 2013/33; **BGBl I 2018/57)*

§ 54c. *(entfällt, BGBl I 2001/137)*

Kosten des Vollzuges von Freiheitsstrafen

§ 54d. (1) Den Aufwand für den Vollzug von Freiheitsstrafen hat jene Gebietskörperschaft zu tragen, die Rechtsträger jener Einrichtung ist, in der die Freiheitsstrafen vollzogen werden.

(2) Außer dem Fall des § 53d Abs. 2 haben Häftlinge für jeden Hafttag einen Beitrag zu den Kosten des Vollzuges in der im § 32 Abs. 2 zweiter Fall „StVG" vorgesehenen Höhe zu leisten. Eine solche Verpflichtung entfällt für jeden Tag, an dem der Häftling im Interesse einer Gebietskörperschaft nützliche Arbeit leistet, oder soweit ihn daran, dass er keine solche Arbeit leistet, weder ein vorsätzliches noch ein grob fahrlässiges Verschulden trifft. *(BGBl I 2018/57)*

(3) Der Kostenbeitrag ist nach Beendigung des Vollzuges durch Bescheid, im Fall des Vollzuges in einem gerichtlichen Gefangenenhaus oder einer Strafvollzugsanstalt durch Bescheid des Vollzugsgerichtes vorzuschreiben, wenn er nicht ohne weiteres geleistet wird oder offenkundig uneinbringlich ist. Der Kostenbeitrag ist nach den Bestimmungen des VVG über die Einbringung von Geldleistungen, im Fall der Vorschreibung durch das Vollzugsgericht nach den für die Einbringung gerichtlich festgesetzter Kostenbeiträge geltenden Bestimmungen einzutreiben.

(4) Die Kostenbeiträge fließen der Gebietskörperschaft zu, die gemäß Abs. 1 den Aufwand für den Strafvollzug zu tragen hatte. Dieser sind uneinbringliche Kostenbeiträge von jener Gebietskörperschaft zu refundieren, in deren Vollzugsbereich die Freiheitsstrafe verhängt wurde.

(BGBl I 2000/26)

IV. Teil

Straftilgung, besondere Verfahrensvorschriften, Verfahrenskosten

Tilgung der Strafe

§ 55. (1) Ein wegen einer Verwaltungsübertretung verhängtes Straferkenntnis zieht, sofern gesetzlich nicht anderes bestimmt ist, keinerlei Straffolgen nach sich und gilt „mit Ablauf von fünf Jahren nach Eintritt der Rechtskraft" als getilgt. *(BGBl I 2013/33)*

(2) Getilgte Verwaltungsstrafen dürfen in amtlichen „ " Auskünften für Zwecke eines Strafverfahrens nicht erwähnt und bei der Strafbemessung im Verwaltungsstrafverfahren nicht berücksichtigt werden. *(BGBl I 2018/57)*

Privatanklagesachen

§ 56. (1) Die Verwaltungsübertretung der Ehrenkränkung ist nur zu verfolgen und zu bestrafen, wenn der Verletzte binnen sechs Wochen von dem Zeitpunkt an, in dem er von der Verwaltungsübertretung und der Person des Täters Kenntnis erlangt hat, bei der zuständigen Behörde einen Strafantrag stellt (Privatankläger).

(2) Der Privatankläger ist Partei im Sinne des AVG. Er kann jederzeit von der Verfolgung zurücktreten. Leistet er einer Ladung ungerechtfertigt keine Folge oder kommt er einem sonstigen das Verfahren betreffenden Auftrag der Behörde innerhalb der gesetzten Frist nicht nach, so wird angenommen, daß er von der Verfolgung zurückgetreten ist. In diesen Fällen ist das Verfahren einzustellen.

(3) Der Privatankläger hat das Recht, gegen die Einstellung Beschwerde beim Verwaltungsgericht zu erheben. *(BGBl I 2013/33)*

(4) *(entfällt, BGBl I 2013/33)*

Entscheidung über privatrechtliche Ansprüche

§ 57. (1) Soweit die Behörde nach einzelnen Verwaltungsvorschriften im Straferkenntnis auch über die aus einer Verwaltungsübertretung abgeleiteten privatrechtlichen Ansprüche zu entscheiden hat, ist der Anspruchsberechtigte Partei im Sinne des AVG.

(2) Dem Anspruchsberechtigten steht gegen die im Straferkenntnis enthaltene Entscheidung über seine privatrechtlichen Ansprüche kein Rechtsmittel zu. Es steht ihm aber frei, diese Ansprüche, soweit sie ihm nicht im Verwaltungsstrafverfahren zuerkannt worden sind, im ordentlichen Rechtsweg geltend zu machen.

(3) Der Beschuldigte kann die Entscheidung über die privatrechtlichen Ansprüche nur mit „Beschwerde beim Verwaltungsgericht" anfechten. *(BGBl I 2013/33)*

Sonderbestimmungen für Jugendliche

§ 58. (1) Die Behörden sollen sich im Strafverfahren gegen Jugendliche nach Möglichkeit der Mithilfe der öffentlichen Unterrichts(Erziehungs)anstalten und Jugendämter sowie von Personen und Körperschaften bedienen, die in der Jugendfürsorge tätig sind und sich den Behörden zur Verfügung stellen. Die Mithilfe kann insbesondere in der Erhebung der persönlichen Verhältnisse des Jugendlichen, in der Fürsorge für seine Person und in dem Beistand bestehen, dessen er im Verfahren bedarf.

(2) Über Jugendliche, die zur Tatzeit das 16. Lebensjahr noch nicht vollendet haben, darf eine Freiheitsstrafe nicht verhängt werden. Über andere Jugendliche darf eine Freiheitsstrafe bis zu zwei Wochen verhängt werden, wenn dies aus besonderen Gründen geboten ist; der Vollzug einer Ersatzfreiheitsstrafe, die gleichfalls zwei Wochen nicht übersteigen darf, wird dadurch nicht berührt.

§ 59. (1) Die Behörde hat, wenn sie es im Interesse eines jugendlichen Beschuldigten für notwendig oder zweckmäßig hält, seinen bekannten gesetzlichen Vertreter von der Einleitung des Strafverfahrens und dem Straferkenntnis zu benachrichtigen.

(2) Der Befragung durch Organe des öffentlichen Sicherheitsdienstes oder der Vernehmung durch die Behörde eines wegen des Verdachtes einer Verwaltungsübertretung festgenommenen Jugendlichen ist auf sein Verlangen ein gesetzlicher Vertreter, ein Erziehungsberechtigter oder ein Vertreter des „Kinder- und Jugendhilfeträgers", der Jugendgerichtshilfe oder der Bewährungshilfe beizuziehen, sofern damit keine unangemessene Verlängerung der Anhaltung verbunden wäre. *(BGBl I 2018/58)*

(3) Ein jugendlicher Beschuldigter kann zu mündlichen Verhandlungen zwei an der Sache nicht beteiligte Personen seines Vertrauens beiziehen.

(4) Jugendliche sind über ihr Recht gemäß Abs. 2 nach der Festnahme, über ihr Recht gemäß Abs. 3 in der Ladung zu belehren.

§ 60. Der gesetzliche Vertreter eines jugendlichen Beschuldigten hat das Recht, auch gegen den Willen des Beschuldigten zu dessen Gunsten Beweisanträge zu stellen und innerhalb der dem Beschuldigten offenstehenden Frist Rechtsmittel einzulegen, Anträge auf Wiedereinsetzung in den vorigen Stand oder auf Wiederaufnahme des Verfahrens zu stellen.

§ 61. Einem jugendlichen Beschuldigten kann von Amts wegen ein Verteidiger bestellt werden, wenn sein gesetzlicher Vertreter an der strafbaren Handlung beteiligt ist oder wenn es wegen der geringeren geistigen Entwicklung des Beschuldigten notwendig oder zweckmäßig ist und die Verteidigung durch den gesetzlichen Vertreter aus irgendeinem Grund nicht Platz greifen kann. Als Verteidiger kann ein Beamter der Behörde oder eine andere geeignete Person bestellt werden.

§ 62. Erlangt die Behörde von Umständen Kenntnis, die eine pflegschaftsbehördliche Maßnahme erfordern, so hat sie dem Pflegschaftsgericht davon Mitteilung zu machen.

§ 63. *(Entfällt; Art. III Abs. 2 der Kundmachung)*

Kosten des Strafverfahrens

§ 64. (1) In jedem Straferkenntnis „ " ist auszusprechen, daß der Bestrafte einen Beitrag zu den Kosten des Strafverfahrens zu leisten hat. *(BGBl I 2013/33)*

(2) Dieser Beitrag ist für das Verfahren erster Instanz mit 10% der verhängten Strafe, „ " mindestens jedoch mit „10" Euro zu bemessen; bei Freiheitsstrafen ist zur Berechnung der Kosten ein Tag Freiheitsstrafe gleich „100" Euro anzurechnen. Der Kostenbeitrag fließt der Gebietskörperschaft zu, die den Aufwand der Behörde zu tragen hat. *(BGBl I 2013/33)*

(3) Sind im Zuge des Verwaltungsstrafverfahrens Barauslagen erwachsen (§ 76 AVG), so ist dem Bestraften der Ersatz dieser Auslagen aufzuerlegen, sofern sie nicht durch Verschulden einer anderen Person verursacht sind; der hienach zu ersetzende Betrag ist, wenn tunlich, im Erkenntnis (der Strafverfügung), sonst durch besonderen Bescheid ziffernmäßig festzusetzen. Dies gilt nicht für Gebühren, die „dem Dolmetscher und Übersetzer" zustehen, der dem Beschuldigten beigestellt wurde. *(BGBl I 2018/57)*

(3a) *(aufgehoben, BGBl I 2013/33)*

(4) Von der Eintreibung der Kostenbeiträge (Abs. 1 und § 54d) und der Barauslagen ist abzusehen, wenn mit Grund angenommen werden darf, daß sie erfolglos wäre.

(5) Die §§ 14 und 54b Abs. „1, 1a und 1b" sind sinngemäß anzuwenden. *(BGBl I 2018/57)*

(6) Wird einem Antrag des Bestraften auf Wiederaufnahme des Strafverfahrens nicht stattgegeben, so gelten hinsichtlich der Verpflichtung zur Tragung der Verfahrenskosten sinngemäß die vorhergehenden Bestimmungen.

§ 65. *(aufgehoben, BGBl I 2013/33)*

§ 66. (1) Wird ein Strafverfahren eingestellt oder eine verhängte Strafe infolge „ " Wiederaufnahme des Verfahrens aufgehoben, so sind die Kosten des Verfahrens von der Behörde zu tragen, falls sie aber schon gezahlt sind, zurückzuerstatten. *(BGBl I 2013/33)*

(2) Dem Privatankläger sind in solchen Fällen nur die durch sein Einschreiten tatsächlich verursachten Kosten aufzuerlegen.

Verweisungen

„**§ 67.**" Soweit in diesem Bundesgesetz auf Bestimmungen anderer Bundesgesetze verwiesen wird, sind diese in ihrer jeweils geltenden Fassung anzuwenden. *(BGBl I 2018/57)*

(BGBl I 1998/158)

Umsetzung von Richtlinien der Europäischen Union

§ 68. (1) § 46 Abs. 1a und § 64 Abs. 3 in der Fassung des Bundesgesetzes BGBl. I Nr. 57/2018 dienen der Umsetzung der Richtlinie 2010/64 EU über das Recht auf Dolmetschleistungen und

Übersetzungen in Strafverfahren, ABl. Nr. L 280 vom 26.10.2010 S. 1.

(2) § 33 Abs. 2, § 36a, § 44b und § 46 Abs. 1a in der Fassung des Bundesgesetzes BGBl. I Nr. 57/2018 dienen der Umsetzung der Richtlinie 2012/13/EU über das Recht auf Belehrung und Unterrichtung in Strafverfahren, ABl. Nr. L 142 vom 01.06.2012 S. 1.

(3) § 32a, § 33 Abs. 2, § 36, § 40 Abs. 2, § 43 Abs. 4 und § 44 Abs. 1 Z 3 in der Fassung des Bundesgesetzes BGBl. I Nr. 57/2018 dienen der Umsetzung der Richtlinie 2013/48/EU über das Recht auf Zugang zu einem Rechtsbeistand in Strafverfahren und in Verfahren zur Vollstreckung des Europäischen Haftbefehls sowie über das Recht auf Benachrichtigung eines Dritten bei Freiheitsentzug und das Recht auf Kommunikation mit Dritten und mit Konsularbehörden während des Freiheitsentzugs, ABl. Nr. L 294 vom 06. 11.2013 S. 1.

(4) § 34a in der Fassung des Bundesgesetzes BGBl. I Nr. 57/2018 dient der Umsetzung der Richtlinie 2016/343/EU über die Stärkung bestimmter Aspekte der Unschuldsvermutung und des Rechts auf Anwesenheit in der Verhandlung in Strafverfahren, ABl. Nr. L 65 vom 11.3.2016 S. 1.

(BGBl I 2018/57)

Inkrafttreten

„**§ 69.**" (1) § 50 Abs. 1 in der Fassung des Bundesgesetzes BGBl. Nr. 867/1992 tritt mit 1. Jänner 1993 in Kraft. *(BGBl 1992/867)*

(2) § 51 Abs. 1 in der Fassung des Bundesgesetzes BGBl. Nr. 666/1993 tritt mit 1. Oktober 1993 in Kraft. *(BGBl 1993/666)*

(3) Die §§ 53 d Abs. 1 und 2 sowie 54 d Abs. 1 in der Fassung des Bundesgesetzes BGBl. Nr. 799/1993 treten mit 1. Jänner 1994 in Kraft. *(BGBl 1993/799)*

(4) § 24, § 29a zweiter Satz, § 31 Abs. 3 letzter Satz, § 44 Abs. 1 Z 2, § 48 Abs. 1 Z 2, § 49 Abs. 2 letzter Satz, § 51 Abs. 1, 3, 6 und 7, § 51e, § 51h Abs. 3 und 4, § 51i, die Überschriften vor der Überschrift zu § 52 und vor § 52a, § 53b Abs. 2 letzter Satz sowie die Überschriften vor § 66a und vor § 66b in der Fassung des Bundesgesetzes BGBl. Nr. 620/1995 treten mit 1. Juli 1995 in Kraft. *(BGBl 1995/620)*

(5) § 51b in der Fassung vor dem Bundesgesetz BGBl. Nr. 620/1995 tritt mit Ablauf des 30. Juni 1995 außer Kraft. *(BGBl 1995/620)*

(6) § 51 Abs. 1 in der Fassung vor dem Bundesgesetz BGBl. Nr. 620/1995 ist in Verfahren weiter anzuwenden, in denen die mündliche Verhandlung bis zum 30. Juni 1995 abgehalten wurde. *(BGBl 1995/620)*

(7) § 49 Abs. 2 letzter Satz in der Fassung des Bundesgesetzes BGBl. Nr. 620/1995 ist für Bescheide anzuwenden, die nach dem 30. Juni 1995 erlassen werden. § 51 Abs. 3 in der Fassung des Bundesgesetzes BGBl. Nr. 620/1995 ist in Fällen anzuwenden, in denen die Berufung nach dem 30. Juni 1995 eingebracht wird. *(BGBl 1995/620)*

(8) § 54 Abs. 3 in der Fassung des Bundesgesetzes BGBl. I Nr. 158/1998 tritt mit 1. Jänner 1998 in Kraft. Die §§ 9 Abs. 1, 3, 4 und 7, 24, 29a, 31 Abs. 1, 32 Abs. 3, 33 Abs. 1 erster Satz, 49a Abs. 4 und 6, die Überschrift zu § 50, die §§ 50 Abs. 2, 6 und 8, 51 Abs. 3, 5 und 7, 51a samt Überschrift, 51c samt Überschrift, 51d samt Überschrift, 51e, 51f Abs. 3, 51i, die Überschrift zu § 52a, die §§ 52a Abs. 1, 52b samt Überschrift, 56 Abs. 3, 65 und 66a samt Überschrift in der Fassung des Bundesgesetzes BGBl. I Nr. 158/1998 treten mit 1. Jänner 1999 in Kraft. Die Überschrift nach § 51a tritt mit Ablauf des 31. Dezember 1998 außer Kraft. *(BGBl I 1998/158)*

(9) § 15 in der Fassung des Bundesgesetzes BGBl. I Nr. 26/2000 tritt mit 1. Jänner 2000 in Kraft. § 54d in der Fassung desselben Bundesgesetzes tritt mit 1. Jänner 1997 in Kraft. *(BGBl I 2000/26)*

(10) § 9 Abs. 4, § 12 Abs. 2, § 13, § 37 Abs. 2 und 6, § 37a Abs. 1, Abs. 2 Z 2, Abs. 3 und Abs. 5, § 47 Abs. 1 und 2, § 48 Abs. 1 Z 2, § 49a Abs. 1, § 50 Abs. 1 und 6, § 51 Abs. 1, § 51c, § 51e Abs. 3 Z 3, § 54a Abs. 3 und § 64 Abs. 2 in der Fassung des Bundesgesetzes BGBl. I Nr. 137/2001 treten mit 1. Jänner 2002 in Kraft. Zugleich tritt § 54c außer Kraft. *(BGBl I 2001/137)*

(11) § 21 Abs. 1a und 1b, § 24, § 51c und § 51e Abs. 3 Z 3 in der Fassung des Verwaltungsreformgesetzes 2001, BGBl. I Nr. 65/2002, treten mit 1. Jänner 2002, jedoch nicht vor dem der Kundmachung des genannten Gesetzes folgenden Tag, in Kraft.[1)] *(BGBl I 2002/65)*

(12) Die §§ 4 Abs. 2, 47, 49a Abs. 1 und 50 Abs. 1 in der Fassung des Bundesgesetzes BGBl. I Nr. 117/2002 treten mit 1. August 2002 in Kraft. Zugleich tritt § 52b letzter Satz außer Kraft. *(BGBl I 2002/117)*

(13) § 2 Abs. 3, § 9 Abs. 1 und 7, § 15 Z 2, § 26 Abs. 2, § 29a, § 51g Abs. 3 Z 1, § 52a Abs. 2, § 53 Abs. 1, § 53c Abs. 6 und § 54 Abs. 1 und 3 in der Fassung des Bundesgesetzes BGBl. I Nr. 3/2008 treten mit Ablauf des Tages der Kundmachung dieses Bundesgesetzes in Kraft. Das VStG-Übergangsrecht 1991, Anlage 2 zur Kundmachung BGBl. Nr. 52/1991, tritt mit diesem Zeitpunkt außer Kraft.[2)] *(BGBl I 2008/3)*

(14) § 10 in der Fassung des Bundesgesetzes BGBl. I Nr. 5/2008 tritt mit 1. Jänner 2008 in Kraft. *(BGBl I 2008/5)*

(15) § 26 Abs. 1, § 36 Abs. 3 erster Satz und Abs. 4 erster Satz, die Überschrift vor § 38 und § 38 in der Fassung des Bundesgesetzes BGBl. I Nr. 135/2009 treten mit 1. Jänner 2010 in Kraft. *(BGBl I 2009/135)*

(16) § 50 Abs. 3 in der Fassung des Budgetbegleitgesetzes 2011, BGBl. I Nr. 111/2010, tritt mit 1. Jänner 2011 in Kraft. *(BGBl I 2010/111)*

(17) § 19 Abs. 2, § 33 Abs. 1, § 36 Abs. 3 und 4, § 44 Abs. 1 Z 2, § 46 Abs. 2, § 48 Abs. 1 Z 2, § 51a Abs. 1, § 54 Abs. 3 und § 54a Abs. 1 Z 2 in der Fassung des Bundesgesetzes BGBl. I Nr. 100/2011 treten mit 1. Jänner 2012 in Kraft. *(BGBl I 2011/100)*

(18) § 36 Abs. 4 in der Fassung des Bundesgesetzes BGBl. I Nr. 50/2012 tritt mit 1. Jänner 2012 in Kraft. § 15 Z 2, § 26 Abs. 2, § 29a, § 53 Abs. 1 und § 53c Abs. 6 in der Fassung des Bundesgesetzes BGBl. I Nr. 50/2012 treten mit 1. September 2012 in Kraft. *(BGBl I 2012/50)*

(19) In der Fassung des Bundesgesetzes BGBl. I Nr. 33/2013 treten in Kraft:

1. § 26 Abs. 2 in der Fassung der Z 9 mit 1. September 2012;

2. § 1 Abs. 2, § 22 samt Überschrift, § 26 Abs. 1 in der Fassung der Z 8, § 27 Abs. 2a, § 30 Abs. 3 erster Satz, § 43 Abs. 2, § 51 Abs. 7, § 55 Abs. 1, § 64 Abs. 2 in der Fassung der Z 57 und § 64 Abs. 3a mit Ablauf des Monats der Kundmachung dieses Bundesgesetzes;[3)]

3. § 19 Abs. 1, § 25 Abs. 3, § 31 samt Überschrift, § 32 Abs. 2, § 34, § 37 Abs. 1, 2, 4 und 5, § 37a, § 41, § 44 Abs. 3 Z 1, § 45 Abs. 1, § 47, § 48, § 49a Abs. 1, 2 und 6, § 50 Abs. 1 und 5a, § 52, § 54b Abs. 1, 1a und 3 und § 64 Abs. 5 mit 1. Juli 2013; gleichzeitig tritt § 21 samt Überschrift außer Kraft; soweit Bestimmungen in den Verwaltungsvorschriften für Strafverfügungen, Anonymverfügungen und Organstrafverfügungen geringere Höchstbeträge vorsehen als § 47, § 49a Abs. 1 und § 50 Abs. 1 treten sie ebenfalls gleichzeitig außer Kraft;

4. § 24 zweiter Satz, § 26 in der Fassung der Z 10, § 30 Abs. 3 zweiter Satz, § 37 Abs. 3, § 39 Abs. 6, § 45 Abs. 2 erster Satz, § 46 Abs. 1, die Abschnittsbezeichnung **„5. Abschnitt:“**, § 52a Abs. 1, § 53 Abs. 1 erster Satz, § 53a erster Satz, § 56 Abs. 3, § 57 Abs. 3, § 64 Abs. 1, § 64 Abs. 2 in der Fassung der Z 58 und § 66 Abs. 1 mit 1. Jänner 2014; gleichzeitig treten § 23, der 5. Abschnitt des II. Teiles samt Überschrift, § 52b samt Überschrift, § 56 Abs. 4, § 64 Abs. 3a und § 65 außer Kraft.
(BGBl I 2013/33)

(20) Für das Inkrafttreten der durch das Bundesgesetz BGBl. I Nr. 57/2018 geänderten oder eingefügten Bestimmungen und für das Außerkrafttreten der durch das genannte Bundesgesetz aufgehobenen Bestimmungen sowie für den Übergang zur neuen Rechtslage gilt Folgendes:

1. § 24, § 32a samt Überschrift, die Überschrift vor § 33, § 33 Abs. 2 und 3, die Überschrift vor § 34, § 34a samt Überschrift, § 36 Abs. 1, 3 und 4, § 36a samt Überschrift, § 40 Abs. 2, § 43 Abs. 4, § 44 Abs. 1, § 44b, § 46 Abs. 1a und 2, § 53c Abs. 5, § 64 Abs. 3, die Änderungen der Paragraphenbezeichnungen der §§ 66a, 66b und 67, der Entfall des § 68 sowie § 68 (neu) samt Überschrift treten mit Ablauf des Tages der Kundmachung in Kraft.[4)]

2. § 5 Abs. 1a, § 14 Abs. 1, § 26 Abs. 3, § 27 Abs. 2a Z 1 und Abs. 3, § 30 Abs. 3 erster Satz, § 31 Abs. 3 Z 3, § 32 Abs. 2, § 33a samt Überschrift, die Überschrift zum 2. Abschnitt des II. Teiles, § 34b samt Überschrift, § 37a Abs. 1, Abs. 3 erster Satz und Abs. 4, § 39 Abs. 2 erster Satz, § 39a samt Überschrift, § 41 Abs. 2, § 44 Abs. 3 Z 1, § 45 Abs. 1 Z 6 und 7, die Überschrift vor den §§ 47 bis 49, § 47 Abs. 1 und Abs. 2, § 49 Abs. 2 und Abs. 3, § 49a Abs. 1, Abs. 2, Abs. 6 letzter Satz und Abs. 10, § 50 Abs. 1, Abs. 3, Abs. 6 letzter Satz, Abs. 7a und Abs. 9, § 52a Abs. 2 letzter Satz, § 53b Abs. 3, § 53c Abs. 6, § 53d Abs. 2, § 53e Abs. 2, § 54 Abs. 3, § 54a Abs. 3 und Abs. 4, § 54b Abs. 1b und Abs. 3 erster Satz, § 54d Abs. 2, § 55 Abs. 2 und § 64 Abs. 5 treten mit 1. Jänner 2019 in Kraft. Zugleich treten § 27 Abs. 4, § 36 Abs. 2 erster Satz, § 37a Abs. 3 letzter Satz und § 53b Abs. 2 dritter Satz außer Kraft.

3. Verordnungen auf Grund der §§ 47 Abs. 2, 49a Abs. 1 und 50 Abs. 1 können bereits ab dem auf seine Kundmachung folgenden Tag erlassen werden; sie dürfen jedoch frühestens mit dem 1. Jänner 2019 in Kraft gesetzt werden. Verordnungen, die auf Grund der §§ 47 Abs. 2 und 49a Abs. 1 in der bis zum Ablauf des 31. Dezember 2018 geltenden Fassung erlassen wurden, bleiben bis zur Erlassung von Verordnungen auf Grund der §§ 47 Abs. 2 und 49a Abs. 1 weiter in Kraft. *(BGBl I 2018/57)*

(20) § 38 und § 59 Abs. 2 in der Fassung des Bundesgesetzes BGBl. I Nr. 58/2018, treten mit 1. August 2018 in Kraft. *(BGBl I 2018/58)*

(BGBl I 2018/57)

[1)] Die Kundmachung des Verwaltungsreformgesetzes 2001, BGBl I 2002/65, im Bundesgesetzblatt erfolgte am 19. April 2002.

[2)] Die Kundmachung des BG BGBl I 2008/3 im Bundesgesetzblatt erfolgte am 4. Jänner 2008.

[3)] Die Kundmachung des Verwaltungsgerichtsbarkeits-Ausführungsgesetzes 2013, BGBl I 2013/33, im Bundesgesetzblatt erfolgte am 13. Februar 2013.

[4)] Die Kundmachung des BG BGBl I 2018/57 im Bundesgesetzblatt erfolgte am 14. August 2018.

Vollziehung

„**§ 70.**“ Mit der Vollziehung dieses Bundesgesetzes ist die Bundesregierung betraut. *(BGBl I 2018/57)*

Anlage 2

Übergangsrecht zum VStG 1950 (VStG-Übergangsrecht 1991)

(aufgehoben, BGBl I 2008/3)

Verwaltungsgerichtshofgesetz 1985

BGBl 1985/10 (WV) idF

1 BGBl 1985/197 (VfGH)
2 BGBl 1985/564
3 BGBl 1990/330
4 BGBl 1995/470
5 BGBl I 1997/88
6 BGBl I 1998/158
7 BGBl I 1999/60
8 BGBl I 1999/191 (BG)
9 BGBl I 1999/194 (DFB)
10 BGBl I 2000/31 (VfGH)
11 BGBl I 2001/136
12 BGBl I 2002/124
13 BGBl I 2004/89
14 BGBl I 2006/113
15 BGBl I 2008/4
16 BGBl I 2010/98
17 BGBl I 2010/111
18 BGBl I 2012/51
19 BGBl I 2013/33
20 BGBl I 2013/122
21 BGBl I 2016/50
22 BGBl I 2017/24
23 BGBl I 2017/138
24 BGBl I 2018/22
25 BGBl I 2018/58
26 BGBl I 2019/33

Gliederung

STICHWORTVERZEICHNIS

Verwaltungsgerichtshofgesetz 1985 – VwGG

I. ABSCHNITT
Einrichtung des Verwaltungsgerichtshofes

Mitglieder

§ 1. (1) Der Verwaltungsgerichtshof besteht aus einem Präsidenten, einem Vizepräsidenten und der erforderlichen Zahl von sonstigen Mitgliedern (Senatspräsidenten und Räten).

(2) Die zu besetzenden Planstellen des Präsidenten und des Vizepräsidenten sind vom Bundeskanzler auszuschreiben, die Planstellen der sonstigen Mitglieder vom Präsidenten. Die Ausschreibung hat möglichst „sechs" Monate vor, spätestens jedoch „drei Monate" nach Freiwerden der Planstelle zu erfolgen. Soweit sie vom selben Organ auszuschreiben sind, können mehrere Planstellen gemeinsam ausgeschrieben werden und kann mit der Ausschreibung einer Planstelle die Ausschreibung der durch die Ernennung auf diese Planstelle allenfalls freiwerdenden Planstelle (Folgeposten) verbunden werden. *(BGBl I 2008/4; BGBl I 2019/33)*

(3) Die Planstelle ist im „Amtsblatt zur Wiener Zeitung" und in den für amtliche Kundmachungen bestimmten Landeszeitungen auszuschreiben; die Ausschreibung kann daneben auch auf andere geeignete Weise verlautbart werden. *(BGBl I 2008/4)*

(4) Für die Planstellen der Mitglieder des Verwaltungsgerichtshofes mit Ausnahme des Präsidenten und des Vizepräsidenten sind von der Vollversammlung Dreiervorschläge zu erstatten und vom Präsidenten dem Bundeskanzler vorzulegen. *(BGBl I 2008/4)*

§ 2. Die Mitglieder des Verwaltungsgerichtshofes sind Berufsrichter und in Ausübung ihres richterlichen Amtes unabhängig. Sie geloben vor Antritt ihres Amtes die unverbrüchliche Beobachtung der Gesetze der Republik Österreich und die gewissenhafte Erfüllung ihrer Amtspflichten. Der Präsident und der Vizepräsident leisten die Angelobung vor dem Bundespräsidenten, die „sonstigen" Mitglieder vor der Vollversammlung. *(BGBl I 2013/33)*

§ 3. (1) Mitglieder des Verwaltungsgerichtshofes, bei denen ein Ausschließungsgrund nach Art. 134 „Abs. 5" B-VG eintritt, sind für die Dauer dieser Ausschließung außer Dienst gestellt. „Die Zeit der Außerdienststellung bleibt für die Vorrückung in höhere Bezüge und für die Bemessung des Ruhegenusses anrechenbar." *(BGBl I 2013/33)*

(2) „Im Übrigen" dürfen Mitglieder des Verwaltungsgerichtshofes nur in den für Richter sonst vom Gesetz vorgeschriebenen Fällen und auf Grund eines gerichtlichen Erkenntnisses ihres Amtes entsetzt oder wider ihren Willen an eine andere Stelle oder in den Ruhestand versetzt werden. *(BGBl I 2013/33)*

§ 4. Die Richter des Verwaltungsgerichtshofes sind wie folgt zu reihen:

1. der Präsident,
2. der Vizepräsident,
3. die Senatspräsidenten entsprechend dem Zeitpunkt ihrer Ernennung,
4. die Räte entsprechend dem Zeitpunkt ihrer Ernennung.

Insoweit sich nicht schon hieraus eine bestimmte Reihung ergibt, sind für deren Beurteilung nacheinander folgende Umstände maßgebend:

1. für die Senatspräsidenten die Reihung als Rat,
2. das Lebensalter.

(BGBl I 2013/33)

§ 5. Urlaube erteilt dem Präsidenten der Bundeskanzler, den sonstigen Mitgliedern der Präsident. Ein Urlaub von mehr als zwei Monaten bedarf der Zustimmung des Bundeskanzlers.

§ 6. Die Mitglieder des Verwaltungsgerichtshofes tragen bei den Verhandlungen und bei den Erkenntnis- und Beschlussverkündungen das für die entsprechenden Mitglieder des Obersten Gerichtshofes festgesetzte Amtskleid mit dem Unterschied, dass statt der violetten die purpurrote Farbe zu verwenden ist. *(BGBl I 2013/33)*

§ 7. (1) Die Vorschriften über das Dienstverhältnis der Richter des Obersten Gerichtshofes gelten, soweit nicht anderes bestimmt ist, auch für das Dienstverhältnis der Mitglieder des Verwaltungsgerichtshofes.

(2) Für die Disziplinarbehandlung von Mitgliedern des Verwaltungsgerichtshofes und für deren unfreiwillige Versetzung in den Ruhestand gelten entsprechend die für Richter sonst geltenden Vorschriften. Disziplinargericht ist die Vollversammlung des Gerichtshofes. Der Generalprokurator hat dieselben Aufgaben wie im Disziplinarverfahren gegen Richter des Obersten Gerichtshofes. Die Disziplinarstrafe der Dienstentlassung darf nur verhängt werden, wenn wenigstens zwei Drittel der Mitglieder des Disziplinargerichtes dafür stimmen.

Leitung

§ 8. Der Präsident leitet den Verwaltungsgerichtshof. Er wird im Verhinderungsfall vom Vizepräsidenten und, wenn auch dieser verhindert ist, vom rangältesten sonstigen in Wien anwesenden Mitglied des Gerichtshofes vertreten. Dies gilt auch, wenn die Stelle des Präsidenten oder des Vizepräsidenten unbesetzt ist.

§ 9. (1) Zu den Leitungsgeschäften gehören neben den im vorliegenden Bundesgesetz dem Präsidenten übertragenen Aufgaben die nähere Regelung des Dienstbetriebes nach den hiefür geltenden Vorschriften und die Dienstaufsicht über das gesamte Personal. Der Präsident hat insbesondere unter Bedachtnahme auf einen ordnungsgemäßen Geschäftsgang die Tage festzusetzen, an denen die Senate zur Beratung und Verhandlung zusammenzutreten haben.

(2) Dem Präsidenten obliegt es auch, bei voller Wahrung der richterlichen Unabhängigkeit der Mitglieder auf eine möglichst einheitliche Rechtsprechung Bedacht zu nehmen.

(3) *(entfällt, BGBl I 2013/33)*

Sicherheit im Amtsgebäude

§ 9a. Die §§ 1 bis 14 und 16 des Gerichtsorganisationsgesetzes – GOG, RGBl. Nr. 217/1896, gelten sinngemäß mit der Maßgabe, dass die darin vorgesehenen Befugnisse der Gerichtspräsidenten bzw. der Dienststellenleitung dem Präsidenten zukommen, und dass die Hausordnung durch Auflage zur öffentlichen Einsicht im Amtsgebäude und Bereitstellung im Internet kundzumachen ist.

(BGBl I 2017/24)

Vollversammlung

§ 10. (1) Der Präsident, der Vizepräsident und die sonstigen Mitglieder des Gerichtshofes bilden die Vollversammlung. Zur Beschlussfähigkeit ist die Anwesenheit von wenigstens zwei Dritteln der Mitglieder erforderlich. *(BGBl I 2013/33)*

(2) Der Vollversammlung obliegt, abgesehen von ihrer Tätigkeit als Disziplinargericht (§ 7 Abs. 2), die Beschlussfassung über

1. die Dreiervorschläge für die Ernennung von Mitgliedern (Art. 134 „Abs. 4“ B-VG); *(BGBl I 2013/33)*

2. die Geschäftsverteilung (§ 11);

3. die Geschäftsordnung (§ 19);

4. den Tätigkeitsbericht (§ 20).
(BGBl I 2013/33)

Senate

§ 11. (1) Die Senate bestehen in der Regel aus fünf Mitgliedern (Fünfersenat), in Verwaltungsstrafsachen aus drei Mitgliedern (Strafsenat), von denen eines den Vorsitz führt und ein anderes Bericht erstattet. Sie entscheiden in den einzelnen Rechtssachen, die ihnen nach der Geschäftsverteilung zufallen. Ein Schriftführer hat mitzuwirken. *(BGBl I 2013/33)*

„(2)“ Vor Ablauf jedes Jahres hat die Vollversammlung für die Dauer des nächsten Jahres die Vorsitzenden und die „sonstigen“ Mitglieder der Senate gemäß Abs. 1, die zur Verstärkung eines Senates heranzuziehenden Mitglieder und die Ersatzmitglieder sowie die Reihenfolge, in der diese einzutreten haben, zu bestimmen und die Geschäfte unter die Senate „im Voraus“ zu verteilen. Hiebei ist auch auf § 31 Abs. 2 Bedacht zu nehmen. Jedes Mitglied kann auch mehreren Senaten angehören. *(BGBl I 2013/33)*

„(3)“ Ist ein Mitglied eines nach diesem Bundesgesetz gebildeten Senates verhindert, so verfügt der Präsident, insoweit dies für den ordnungsgemäßen Geschäftsgang notwendig ist, den Eintritt des in der Geschäftsverteilung vorgesehenen Ersatzmitgliedes. „ “ *(BGBl I 2013/33)*

„(4)“ Die Vollversammlung kann für den Rest des Jahres, soweit dies für den ordnungsgemäßen Geschäftsgang notwendig ist, die Geschäftsverteilung ändern, wenn Veränderungen im Personalstand eingetreten sind oder dies wegen Überbelastung eines Senates oder einzelner Mitglieder notwendig ist. *(BGBl I 2013/33)*

§ 12. (1) Senate, die nur aus dem Vorsitzenden, dem Berichter und „einem in der Geschäftsverteilung zu bestimmenden Mitglied“ des Fünfersenates bestehen (Dreiersenate), haben zu entscheiden *(BGBl I 2013/33)*

1. a) über die Zurückweisung von „Revisionen und“ Anträgen, die nicht durch den Berichter zu erledigen sind (§ 14 Abs. 2); *(BGBl I 2013/33)*

b) über die Einstellung des Verfahrens;

c) über Fristsetzungsanträge; *(BGBl I 2013/33)*

d) über einen Antrag auf Wiederaufnahme des Verfahrens, wenn er ein Verfahren betrifft, das durch den Dreiersenat abgeschlossen wurde;

e) über den Antrag auf Wiedereinsetzung in den vorigen Stand, wenn noch kein Verfahren anhängig war oder er ein Verfahren betrifft, das durch den Dreiersenat abgeschlossen wurde;

f) über den Antrag auf Aufwandersatz, der erst nach Abschluss des Verfahrens gestellt wird; *(BGBl I 2013/33)*

g) über Einwendungen gegen den Anspruch aus einem Erkenntnis oder Beschluss des Verwaltungsgerichtshofes, soweit sie auf den Anspruch aufhebenden oder hemmenden Tatsachen beruhen, die erst nach Entstehen des Exekutionstitels eingetreten sind; *(BGBl I 2013/33)*

2. auf Antrag des Vorsitzenden oder des Berichters über „Revisionen“, in denen die Rechtsfrage besonders einfach oder durch die bisherige Rechtsprechung klargestellt ist. *(BGBl I 2013/33)*

„(2)“ Das Verfahren ist im Fünfersenat fortzusetzen, wenn es der Dreiersenat oder der Strafsenat beschließt. *(BGBl 1995/470; BGBl I 2013/33)*

„(3)“ Wurde über die „Revision“ oder über den Antrag bereits im Fünfersenat beraten, so bleibt dieser zur Entscheidung auch in den Fällen des Abs. 1 und in Verwaltungsstrafsachen zuständig. *(BGBl 1995/470; BGBl I 2013/33)*

(BGBl I 2013/33)

§ 13. (1) Der Fünfersenat ist durch vier „ “* weitere Mitglieder (§ 11 „Abs. 2“**) zu verstärken (verstärkter Senat), wenn er mit Beschluss ausspricht,

1. dass die Entscheidung ein Abgehen von der bisherigen Rechtsprechung des Verwaltungsgerichtshofes bedeuten würde; *(BGBl I 2013/33)*

2. dass die zu lösende Rechtsfrage in der bisherigen Rechtsprechung des Verwaltungsgerichtshofes nicht einheitlich beantwortet wird. *(BGBl I 2013/33)*
*(*BGBl 1995/470; **BGBl I 2013/33)*

(2) Eine Beschlussfassung auf Verstärkung des Senates im Sinne des Abs. 1 ist für Entscheidungen über den Aufwandersatz nicht zulässig. *(BGBl I 2013/33)*

(BGBl I 2013/33)

Berichter

§ 14. (1) Der Präsident weist jede anfallende Rechtssache dem nach der Geschäftsverteilung zuständigen Senat zu und bestellt ein Mitglied desselben zum Berichter. Für die Beratungen der verstärkten Senate (§ 13) ist ein zweites, nötigenfalls ein drittes Mitglied als Mitberichter zu bestellen.

(2) Verfahrensleitende Anordnungen im Vorverfahren, verfahrensleitende Anordnungen, die nur zur Vorbereitung der Entscheidung dienen, sowie verfahrensleitende Anordnungen und Entscheidungen betreffend die Zuerkennung der aufschiebenden Wirkung und die Verfahrenshilfe (§ 61) trifft der Berichter ohne Senatsbeschluss. *(BGBl I 2013/33)*

(3) Der Berichter kann sich der Mithilfe eines rechtskundigen Bediensteten bedienen. *(BGBl I 2013/33)*

(4) Dem Berichter (Mitberichter) darf eine Rechtssache nur im Fall seiner Verhinderung oder dann abgenommen werden, wenn er wegen des Umfangs seiner Aufgaben an deren Erledigung innerhalb einer angemessenen Frist gehindert ist. *(BGBl I 2012/51)*

Beratung und Abstimmung

§ 15. (1) Die Beratungen und Abstimmungen der Vollversammlung und der Senate sind nicht öffentlich.

(2) Der Vorsitzende leitet die Beratung und die Abstimmung. Der Berichter gibt seine Stimme zuerst ab, die Mitberichter unmittelbar danach in der Reihenfolge, in der sie Bericht erstattet haben, der Vorsitzende, der sich an der Abstimmung gleich jedem anderen Mitglied zu beteiligen hat, zuletzt. Außerdem stimmen die dem Dienstrang nach älteren Mitglieder vor den jüngeren. Kein Mitglied darf die Abstimmung über die zur Beschlussfassung gestellte Frage verweigern, und zwar auch dann nicht, wenn es bei der Abstimmung über eine Vorfrage in der Minderheit geblieben ist. *(BGBl I 2013/33)*

(3) Hat ein Antrag im Senat oder in der Vollversammlung mehr als die Hälfte der Stimmen auf sich vereinigt, so gilt er, soweit das Gesetz nicht anderes vorschreibt, als beschlossen. Hat sich für keine Meinung die erforderliche Mehrheit ergeben, so ist die Umfrage zu wiederholen. Ergibt sich auch hiebei nicht die erforderliche Stimmenanzahl, so ist eine neuerliche Abstimmung vorzunehmen, bei der die Anträge nötigenfalls in mehrere Fragepunkte zu zerlegen sind. In der Vollversammlung gibt bei Stimmengleichheit die Stimme des Vorsitzenden den Ausschlag.

(4) Der Vorsitzende kann die Beratung und Beschlussfassung in Rechtssachen, in denen ein Strafsenat (§ 11 Abs. 1) oder ein Dreiersenat (§ 12 Abs. 1) entscheidet, durch Einholung der Zustimmung der anderen Mitglieder des Strafsenates bzw. des Dreiersenates im Umlaufweg ersetzen, wenn keines dieser Mitglieder widerspricht. Die Zustimmung kann nur schriftlich erteilt werden. *(BGBl I 2017/24)*

„ “ *(BGBl I 2013/122)*

Evidenzbüro

§ 17. (1) Beim Verwaltungsgerichtshof ist ein Evidenzbüro einzurichten.

(2) Der Präsident hat ein Mitglied des Verwaltungsgerichtshofes zum Leiter des Evidenzbüros zu bestellen. Der Leiter des Evidenzbüros hat dem Präsidenten über Erkenntnisse und Beschlüsse, die von der bisherigen Rechtsprechung abweichen, zu berichten.

(3) Dem Evidenzbüro obliegt insbesondere die Registrierung der Erkenntnisse des Verwaltungsgerichtshofes, im Bedarfsfall auch der Entscheidungen anderer oberster Gerichte und des einschlägigen Schrifttums. *(BGBl I 2013/33)*

§ 18. *(entfällt, BGBl I 2000/31 (VfGH))*

Geschäftsordnung

§ 19. Das Nähere über die Führung der Geschäfte enthält die Geschäftsordnung, die der Verwaltungsgerichtshof in der Vollversammlung selbst beschließt. Sie ist vom Bundeskanzler im Bundesgesetzblatt kundzumachen.

Tätigkeitsbericht

§ 20. Der Verwaltungsgerichtshof verfasst nach Schluss jedes Jahres einen Bericht über seine Tätigkeit und die hiebei gesammelten Erfahrungen und teilt diesen Bericht dem Bundeskanzler mit. *(BGBl I 2013/33)*

II. ABSCHNITT
Verfahren des Verwaltungsgerichtshofes

1. Unterabschnitt
Allgemeine Bestimmungen „ “

(BGBl I 2013/33)

Parteien

§ 21. (1) Parteien im Verfahren über eine Revision gegen das Erkenntnis oder den Beschluss eines Verwaltungsgerichtes wegen Rechtswidrigkeit gemäß Art. 133 Abs. 1 Z 1 bzw. Abs. 9 B-VG (Revision) sind

1. der Revisionswerber;

2. die belangte Behörde des Verfahrens vor dem Verwaltungsgericht, wenn gegen dessen Erkenntnis oder Beschluss nicht von ihr selbst Revision erhoben wird;

3. in den Fällen des § 22 zweiter Satz auch der zuständige Bundesminister oder die Landesregierung;

4. die Personen, die durch eine Aufhebung des angefochtenen Erkenntnisses oder Beschlusses oder einer Entscheidung in der Sache selbst in ihren rechtlichen Interessen berührt werden (Mitbeteiligte).

(BGBl I 2013/33)

(2) Auch wenn in der „Revision“ Mitbeteiligte nicht bezeichnet sind, ist von Amts wegen darauf Bedacht zu nehmen, dass alle Mitbeteiligten gehört werden und Gelegenheit zur Wahrung ihrer Rechte erhalten. *(BGBl I 2013/33)*

(3) Partei im Verfahren über einen Antrag auf Fristsetzung wegen Verletzung der Entscheidungspflicht durch ein Verwaltungsgericht gemäß Art. 133 Abs. 1 Z 2 B-VG (Fristsetzungsantrag) ist der Antragsteller. *(BGBl I 2013/33)*

§ 22. Wird die Revision von einem staatlichen Organ erhoben oder ist eine andere Behörde Partei im Sinne des § 21 Abs. 1 Z 2, so kann in einer Rechtssache in den Angelegenheiten der Bundesverwaltung der zuständige Bundesminister und in den Angelegenheiten der Landesverwaltung die Landesregierung an Stelle dieses Organs bzw. dieser Behörde jederzeit in das Verfahren eintreten. Dies gilt nicht, wenn

1. in einer Angelegenheit des eigenen Wirkungsbereiches der Gemeinde oder eines sonstigen Selbstverwaltungskörpers ein Organ des Selbstverwaltungskörpers oder

2. ein weisungsfrei gestelltes Organ

Partei im Sinne des § 21 Abs. 1 Z 2 ist.

(BGBl I 2013/33)

§ 23. (1) Die Parteien können, soweit dieses Bundesgesetz nicht anderes bestimmt, ihre „Rechtssache“*** vor dem Verwaltungsgerichtshof selbst führen oder sich durch einen Rechtsanwalt vertreten lassen. „In Abgaben- und Abgabenstrafsachen können sie sich auch durch einen „Steuerberater oder Wirtschaftsprüfer“** vertreten lassen.“* *(BGBl I 1999/60; *BGBl I 2004/89; **BGBl I 2008/4; ***BGBl I 2013/33)*

(2) Der Bund, die Länder, die Gemeinden und die Gemeindeverbände, die Stiftungen, Fonds und Anstalten, die von Organen dieser Körperschaften oder von Personen (Personengemeinschaften) verwaltet werden, die hiezu von diesen Körperschaften bestellt sind, und die sonstigen Selbstverwaltungskörperschaften sowie deren Behörden werden durch ihre vertretungsbefugten oder bevollmächtigten Organe vertreten. *(BGBl I 2004/89)*

(3) Mit der Vertretung des Bundes, der Länder und der Stiftungen, Fonds und Anstalten, die von Organen des Bundes oder der Länder oder von Personen (Personengemeinschaften) verwaltet werden, die hiezu von Organen dieser Körperschaften bestellt sind, sowie deren Behörden kann auch die Finanzprokuratur, mit der Vertretung der Länder, der Gemeinden und Gemeindeverbände und der Stiftungen, Fonds und Anstalten, die von Organen dieser Körperschaften oder von Personen (Personengemeinschaften) verwaltet werden, die hiezu von Organen dieser Körperschaften bestellt sind, sowie deren Behörden können auch Organe der sachlich in Betracht kommenden Bundesministerien betraut werden. Die Finanzprokuratur und die Organe der Bundesministerien dürfen jedoch die Vertretung eines anderen Rechtsträgers als des Bundes nur übernehmen, wenn weder eine Bundesbehörde noch der Bund selbst am Verfahren beteiligt ist und bei der Vertretung von Behörden der sachlich in Betracht kommende Bundesminister, sonst der Bundesminister für Finanzen zustimmt. *(BGBl I 2004/89)*

(4) Die Vertretung durch einen Rechtsanwalt „(Steuerberater oder Wirtschaftsprüfer)“* oder

durch die Finanzprokuratur schließt nicht aus, dass auch die Parteien selbst erscheinen und im eigenen Namen Erklärungen abgeben. *(* BGBl I 2008/4; BGBl I 2013/33)*

(5) Die einem Rechtsanwalt „(Steuerberater oder Wirtschaftsprüfer)" für das Verfahren vor dem Verwaltungsgerichtshof erteilte Vollmacht ermächtigt ihn, wenn die Partei während des Verfahrens stirbt, deren Rechtsnachfolger zu vertreten. *(BGBl I 2008/4)*

Schriftsätze

§ 24. (1) Soweit in diesem Bundesgesetz nicht anderes bestimmt ist, sind die Schriftsätze beim Verwaltungsgericht einzubringen. Unmittelbar beim Verwaltungsgerichtshof sind insbesondere einzubringen:

1. Schriftsätze im Revisionsverfahren ab Vorlage der Revision an den Verwaltungsgerichtshof;

2. Anträge auf Bewilligung der Verfahrenshilfe zur Abfassung und Einbringung einer Revision gegen ein Erkenntnis oder einen Beschluss des Verwaltungsgerichtes, in dem es ausgesprochen hat, dass die Revision nicht gemäß Art. 133 Abs. 4 B-VG zulässig ist.

(2) Die Revisionen, Fristsetzungsanträge und Anträge auf Wiederaufnahme des Verfahrens und auf Wiedereinsetzung in den vorigen Stand sind durch einen bevollmächtigten Rechtsanwalt (Steuerberater oder Wirtschaftsprüfer) abzufassen und einzubringen (Anwaltspflicht). Dies gilt nicht für

1. Revisionen und Anträge, die vom Bund, von einem Land, von einer Stadt mit eigenem Statut oder von einer Stiftung, einem Fonds oder einer Anstalt, die von Organen dieser Gebietskörperschaften oder von Personen (Personengemeinschaften) verwaltet werden, die hiezu von Organen dieser Gebietskörperschaften bestellt sind, oder von deren Behörden oder Organen eingebracht werden;

2. Revisionen und Anträge in Dienstrechtssachen von dem Dienst- oder Ruhestand angehörenden rechtskundigen Bediensteten des Bundes, eines Landes, einer Gemeinde oder eines Gemeindeverbandes.

(3) Von jedem Schriftsatz samt Beilagen sind so viele gleichlautende Ausfertigungen beizubringen, dass jeder vom Verwaltungsgericht oder vom Verwaltungsgerichtshof zu verständigenden Partei oder Behörde eine Ausfertigung zugestellt und überdies eine für die Akten des Verwaltungsgerichtshofes zurückbehalten werden kann. Sind die Beilagen sehr umfangreich, kann die Beigabe von Ausfertigungen unterbleiben. Beilagen gemäß § 28 Abs. 4 und 5 sind nur in einfacher Ausfertigung beizubringen. Gleichschriften bedürfen keiner Unterschrift.

(4) Für Schriftsätze, die elektronisch eingebracht werden, genügt eine einfache Einbringung. Soweit mehrere Ausfertigungen von im elektronischen Rechtsverkehr eingebrachten Schriftsätzen benötigt werden, hat der Verwaltungsgerichtshof die entsprechenden Ausdrucke herzustellen. In Fällen, in denen Ausfertigungen von im elektronischen Rechtsverkehr eingebrachten Schriftsätzen mit außergewöhnlichem Umfang oder in außergewöhnlicher Anzahl benötigt werden, kann der Berichter der Partei unter Setzung einer angemessenen Frist die Beibringung der Ausfertigungen auftragen.

(BGBl I 2013/33)

§ 24a. Für Revisionen, Fristsetzungsanträge und Anträge auf Wiederaufnahme des Verfahrens und auf Wiedereinsetzung in den vorigen Stand einschließlich der Beilagen ist nach Maßgabe der folgenden Bestimmungen eine Eingabengebühr zu entrichten:

1. Die Gebühr beträgt 240 Euro. Der Bundeskanzler und der Bundesminister für Finanzen sind ermächtigt, die Eingabengebühr durch Verordnung neu festzusetzen, sobald und soweit sich der von der Bundesanstalt „Statistik Österreich" verlautbarte Verbraucherpreisindex 2010 oder ein an dessen Stelle tretender Index gegenüber der für Jänner 2013 verlautbarten und in der Folge gegenüber der der letzten Festsetzung zugrunde gelegten Indexzahl um mehr als 10% geändert hat. Der neue Betrag ist aus dem im ersten Satz genannten Betrag im Verhältnis der Veränderung der für Jänner 2013 verlautbarten Indexzahl zu der für die Neufestsetzung maßgebenden Indexzahl zu berechnen, jedoch auf ganze zehn Euro kaufmännisch auf- oder abzurunden.

2. Gebietskörperschaften sind von der Entrichtung der Gebühr befreit.

3. Die Gebührenschuld entsteht im Zeitpunkt der Überreichung der Eingabe oder, wenn diese im Weg des elektronischen Rechtsverkehrs eingebracht wird, mit dem Zeitpunkt der Einbringung beim Verwaltungsgerichtshof gemäß § 75 Abs. 1. Die Gebühr wird mit diesem Zeitpunkt fällig.

4. Die Gebühr ist unter Angabe des Verwendungszwecks durch Überweisung auf ein entsprechendes Konto des Finanzamtes für Gebühren, Verkehrsteuern und Glücksspiel zu entrichten. Die Entrichtung der Gebühr ist durch einen von einer Post-Geschäftsstelle oder einem Kreditinstitut bestätigten Zahlungsbeleg in Urschrift nachzuweisen. Dieser Beleg ist der Eingabe anzuschließen. Die Einlaufstelle des Verwaltungsgerichtes oder des Verwaltungsgerichtshofes hat den Beleg dem Revisionswerber (Antragsteller) auf Verlangen zurückzustellen, zuvor darauf einen deutlichen Sichtvermerk anzubringen und auf der im Akt verbleibenden Ausfertigung der Eingabe zu bestätigen, dass die Gebührenentrichtung durch

Vorlage des Zahlungsbeleges nachgewiesen wurde. Für jede Eingabe ist die Vorlage eines gesonderten Beleges erforderlich. Rechtsanwälte (Steuerberater oder Wirtschaftsprüfer) können die Entrichtung der Gebühr auch durch einen schriftlichen Beleg des spätestens zugleich mit der Eingabe weiterzuleitenden Überweisungsauftrages nachweisen, wenn sie darauf mit Datum und Unterschrift bestätigen, dass der Überweisungsauftrag unter einem unwiderruflich erteilt wird.

5. Wird eine Eingabe im Weg des elektronischen Rechtsverkehrs eingebracht, so ist die Gebühr durch Abbuchung und Einziehung zu entrichten. In der Eingabe ist das Konto, von dem die Gebühr einzuziehen ist, oder der Anschriftcode (§ 73), unter dem ein Konto gespeichert ist, von dem die Gebühr eingezogen werden soll, anzugeben. Der Präsident hat nach Anhörung der Vollversammlung durch Verordnung unter Bedachtnahme auf die Grundsätze einer einfachen und sparsamen Verwaltung und eine Sicherung vor Missbrauch das Verfahren bei der Abbuchung und Einziehung der Gebühr im Weg automationsunterstützter Datenverarbeitung und nach Maßgabe der technischen und organisatorischen Voraussetzungen den Zeitpunkt zu bestimmen, ab dem die Gebühr durch Abbuchung und Einziehung entrichtet werden kann.

6. Für die Erhebung der Gebühr (Z 4 und 5) ist das Finanzamt für Gebühren, Verkehrsteuern und Glücksspiel zuständig.

7. Im Übrigen sind auf die Gebühr die Bestimmungen des Gebührengesetzes 1957, BGBl. Nr. 267/1957, über Eingaben mit Ausnahme der §§ 11 Z 1 und 14 anzuwenden.

(BGBl I 2013/33)

Akteneinsicht

§ 25. (1) Die Parteien können beim Verwaltungsgerichtshof in die ihre Rechtssache betreffenden Akten Einsicht nehmen und sich von Akten oder Aktenbestandteilen an Ort und Stelle Abschriften selbst anfertigen oder auf ihre Kosten Kopien oder Ausdrucke erstellen lassen. Soweit der Verwaltungsgerichtshof die die Rechtssache betreffenden Akten elektronisch führt, kann der Partei auf Verlangen die Akteneinsicht in jeder technisch möglichen Form gewährt werden. Entwürfe von Erkenntnissen und Beschlüssen des Verwaltungsgerichtshofes und Niederschriften über seine Beratungen und Abstimmungen sind von der Akteneinsicht ausgenommen.

(2) Soweit sie dies nicht bereits bei Vorlage von Akten an das Verwaltungsgericht getan haben, können die Behörden anlässlich der Vorlage von Akten durch das Verwaltungsgericht an den Verwaltungsgerichtshof verlangen, dass bestimmte Akten oder Aktenbestandteile im öffentlichen Interesse von der Akteneinsicht ausgenommen werden. Hält der Berichter das Verlangen für zu weitgehend, hat er die Behörde über seine Bedenken zu hören und allenfalls einen Beschluss des Senates einzuholen. In Aktenbestandteile, die im Verwaltungsverfahren von der Akteneinsicht ausgenommen waren, darf Akteneinsicht jedoch nicht gewährt werden. Die Behörde hat die in Betracht kommenden Aktenbestandteile anlässlich der Vorlage der Akten zu bezeichnen.

(BGBl I 2013/33)

Revision

§ 25a. (1) Das Verwaltungsgericht hat im Spruch seines Erkenntnisses oder Beschlusses auszusprechen, ob die Revision gemäß Art. 133 Abs. 4 B-VG zulässig ist. Der Ausspruch ist kurz zu begründen.

(2) Eine Revision ist nicht zulässig gegen:

1. Beschlüsse gemäß § 30a Abs. 1, 3, 8 und 9;
2. Beschlüsse gemäß § 30b Abs. 3;
3. Beschlüsse gemäß § 61 Abs. 2.

(3) Gegen verfahrensleitende Beschlüsse ist eine abgesonderte Revision nicht zulässig. Sie können erst in der Revision gegen das die Rechtssache erledigende Erkenntnis angefochten werden.

(4) Wenn in einer Verwaltungsstrafsache oder in einer Finanzstrafsache

1. eine Geldstrafe von bis zu 750 Euro und keine Freiheitsstrafe verhängt werden durfte und

2. im Erkenntnis eine Geldstrafe von bis zu 400 Euro verhängt wurde,

ist eine Revision wegen Verletzung in Rechten (Art. 133 Abs. 6 Z 1 B-VG) nicht zulässig.

(4a) Die Revision ist nicht mehr zulässig, wenn nach Verkündung oder Zustellung des Erkenntnisses oder Beschlusses ausdrücklich auf die Revision verzichtet wurde. Der Verzicht ist dem Verwaltungsgericht schriftlich bekanntzugeben oder zu Protokoll zu erklären. Wurde der Verzicht nicht von einem berufsmäßigen Parteienvertreter oder im Beisein eines solchen abgegeben, so kann er binnen drei Tagen schriftlich oder zur Niederschrift widerrufen werden. Ein Verzicht ist nur zulässig, wenn die Partei zuvor über die Folgen des Verzichts belehrt wurde. Wurde das Erkenntnis des Verwaltungsgerichts mündlich verkündet (§ 29 Abs. 2 VwGVG), ist eine Revision nur nach einem Antrag auf Ausfertigung des Erkenntnisses gemäß § 29 Abs. 4 VwGVG durch mindestens einen der hiezu Berechtigten zulässig. *(BGBl I 2017/24)*

(5) Die Revision ist beim Verwaltungsgericht einzubringen.

(BGBl I 2013/33)

Revisionsfrist

§ 26. (1) Die Frist zur Erhebung einer Revision gegen ein Erkenntnis eines Verwaltungsgerichtes (Revisionsfrist) beträgt sechs Wochen. Sie beginnt

1. in den Fällen des Art. 133 Abs. 6 Z 1 B-VG dann, wenn das Erkenntnis dem Revisionswerber zugestellt wurde, mit dem Tag der Zustellung, wenn das Erkenntnis dem Revisionswerber nur mündlich verkündet wurde, jedoch mit dem Tag der Verkündung;

2. in den Fällen des Art. 133 Abs. 6 Z 2 B-VG dann, wenn das Erkenntnis der belangten Behörde des Verfahrens vor dem Verwaltungsgericht zugestellt wurde, mit dem Tag der Zustellung;

3. in den Fällen des Art. 133 Abs. 6 Z 3 B-VG dann, wenn das Erkenntnis dem zuständigen Bundesminister zugestellt wurde, mit dem Tag der Zustellung, sonst mit dem Zeitpunkt, in dem er von dem Erkenntnis Kenntnis erlangt hat;

4. in den Fällen des Art. 133 Abs. 6 Z 4 B-VG dann, wenn das Erkenntnis der Schulbehörde zugestellt wurde, mit dem Tag der Zustellung, sonst mit dem Zeitpunkt, in dem sie von dem Erkenntnis Kenntnis erlangt hat;

5. in den Fällen des Art. 133 Abs. 8 B-VG dann, wenn das Erkenntnis dem auf Grund des Bundes- oder Landesgesetzes zur Erhebung der Revision befugten Organ zugestellt wurde, mit dem Tag der Zustellung, sonst mit dem Zeitpunkt, in dem es von dem Erkenntnis Kenntnis erlangt hat.

(2) Ist das Erkenntnis bereits einer anderen Partei zugestellt „ “ worden, kann die Revision bereits ab dem Zeitpunkt erhoben werden, in dem der Revisionswerber von dem Erkenntnis Kenntnis erlangt hat. *(BGBl I 2017/24)*

(3) Hat die Partei innerhalb der Revisionsfrist die Bewilligung der Verfahrenshilfe beantragt (§ 61), so beginnt für sie die Revisionsfrist mit der Zustellung des Bescheides über die Bestellung des Rechtsanwaltes an diesen. Wird der rechtzeitig gestellte Antrag auf Bewilligung der Verfahrenshilfe abgewiesen, so beginnt die Revisionsfrist mit der Zustellung des abweisenden Beschlusses an die Partei.

(4) Hat der Verfassungsgerichtshof eine Beschwerde gemäß Art. 144 Abs. 3 B-VG dem Verwaltungsgerichtshof abgetreten, so beginnt die Revisionsfrist mit der Zustellung des Erkenntnisses oder Beschlusses des Verfassungsgerichtshofes oder, wenn der Antrag auf Abtretung der Beschwerde erst nach dessen Zustellung gestellt wurde, mit der Zustellung des Beschlusses gemäß § 87 Abs. 3 VfGG.

(5) Auf die Beschlüsse der Verwaltungsgerichte sind die für ihre Erkenntnisse geltenden Bestimmungen dieses Paragraphen sinngemäß anzuwenden.

(BGBl I 2013/33)

§ 26a. *(entfällt, BGBl I 2004/89)*

§ 27. *(entfällt, BGBl I 2013/33)*

Inhalt der Revision

§ 28. (1) Die Revision hat zu enthalten

1. die Bezeichnung des angefochtenen Erkenntnisses oder des angefochtenen Beschlusses,

2. die Bezeichnung des Verwaltungsgerichtes, das das Erkenntnis bzw. den Beschluss erlassen hat,

3. den Sachverhalt,

4. die Bezeichnung der Rechte, in denen der Revisionswerber verletzt zu sein behauptet (Revisionspunkte),

5. die Gründe, auf die sich die Behauptung der Rechtswidrigkeit stützt,

6. ein bestimmtes Begehren,

7. die Angaben, die erforderlich sind, um zu beurteilen, ob die Revision rechtzeitig eingebracht ist.

(2) Bei Revisionen gegen Erkenntnisse, die nicht wegen Verletzung in Rechten erhoben werden, „ “ tritt an die Stelle der Revisionspunkte die Erklärung über den Umfang der Anfechtung. *(BGBl I 2017/138)*

(3) Hat das Verwaltungsgericht im Erkenntnis ausgesprochen, dass die Revision nicht gemäß Art. 133 Abs. 4 B-VG zulässig ist, hat die Revision auch gesondert die Gründe zu enthalten, aus denen entgegen dem Ausspruch des Verwaltungsgerichtes die Revision für zulässig erachtet wird (außerordentliche Revision).

(4) Der Revision ist eine Ausfertigung, Abschrift oder Kopie des angefochtenen Erkenntnisses anzuschließen, wenn es dem Revisionswerber zugestellt worden ist. „Andernfalls ist das Vorliegen der Voraussetzungen des § 25a Abs. 4a letzter Satz oder des § 26 Abs. 2 nachzuweisen.“ *(BGBl I 2017/24)*

(5) Auf die Beschlüsse der Verwaltungsgerichte sind die für ihre Erkenntnisse geltenden Bestimmungen dieses Paragraphen sinngemäß anzuwenden.

(BGBl I 2013/33)

§ 29. Ist Partei im Sinne des § 21 Abs. 1 Z 2 in einer Rechtssache in den Angelegenheiten der Bundesverwaltung nicht der zuständige Bundesminister oder in den Angelegenheiten der Landesverwaltung nicht die Landesregierung, ist außer den sonst erforderlichen Ausfertigungen der Revision samt Beilagen noch eine weitere Ausfertigung für den Bundesminister bzw. die Landesregierung anzuschließen.

(BGBl I 2013/33)

Aufschiebende Wirkung

§ 30. (1) Die Revision hat keine aufschiebende Wirkung. Dasselbe gilt für den Antrag auf Wiedereinsetzung in den vorigen Stand wegen Versäumung der Revisionsfrist.

(2) Bis zur Vorlage der Revision hat das Verwaltungsgericht, ab Vorlage der Revision hat der Verwaltungsgerichtshof jedoch auf Antrag des Revisionswerbers die aufschiebende Wirkung mit Beschluss zuzuerkennen, wenn dem nicht zwingende öffentliche Interessen entgegenstehen und nach Abwägung der berührten öffentlichen Interessen und Interessen anderer Parteien mit dem Vollzug des angefochtenen Erkenntnisses oder mit der Ausübung der durch das angefochtene Erkenntnis eingeräumten Berechtigung für den Revisionswerber ein unverhältnismäßiger Nachteil verbunden wäre. Die Zuerkennung der aufschiebenden Wirkung bedarf nur dann einer Begründung, wenn durch sie Interessen anderer Parteien berührt werden. Wenn sich die Voraussetzungen, die für die Entscheidung über die aufschiebende Wirkung der Revision maßgebend waren, wesentlich geändert haben, ist „von Amts wegen oder" auf Antrag einer Partei neu zu entscheiden. *(BGBl I 2013/122)*

(3) Der Verwaltungsgerichtshof kann ab Vorlage der Revision Beschlüsse gemäß Abs. 2 von Amts wegen oder auf Antrag einer Partei aufheben oder abändern, wenn er die Voraussetzungen der Zuerkennung der aufschiebenden Wirkung anders beurteilt oder wenn sich die Voraussetzungen, die für die Entscheidung über die aufschiebende Wirkung der Revision maßgebend waren, wesentlich geändert haben.

(4) Beschlüsse gemäß Abs. 2 und 3 sind den Parteien zuzustellen. Wird die aufschiebende Wirkung zuerkannt, ist der Vollzug des angefochtenen Erkenntnisses aufzuschieben und sind die hiezu erforderlichen Anordnungen zu treffen; der Inhaber der durch das angefochtene Erkenntnis eingeräumten Berechtigung darf diese nicht ausüben.

(5) Auf die Beschlüsse der Verwaltungsgerichte sind die für ihre Erkenntnisse geltenden Bestimmungen dieses Paragraphen sinngemäß anzuwenden.

(BGBl I 2013/33)

Vorentscheidung durch das Verwaltungsgericht

§ 30a. (1) Revisionen, die sich wegen Versäumung der Einbringungsfrist oder wegen Unzuständigkeit des Verwaltungsgerichtshofes nicht zur Behandlung eignen oder denen die Einwendung der entschiedenen Sache oder der Mangel der Berechtigung zu ihrer Erhebung entgegensteht, sind ohne weiteres Verfahren mit Beschluss zurückzuweisen.

(2) Revisionen, denen keiner der im Abs. 1 bezeichneten Umstände entgegensteht, bei denen jedoch die Vorschriften über die Form und den Inhalt (§§ 23, 24, 28, 29) nicht eingehalten wurden, sind zur Behebung der Mängel unter Setzung einer kurzen Frist zurückzustellen; die Versäumung dieser Frist gilt als Zurückziehung. Dem Revisionswerber steht es frei, einen neuen, dem Mängelbehebungsauftrag voll Rechnung tragenden Schriftsatz unter Wiedervorlage der zurückgestellten unverbesserten Revision einzubringen.

(3) Das Verwaltungsgericht hat über den Antrag auf Zuerkennung der aufschiebenden Wirkung unverzüglich mit Beschluss zu entscheiden.

(4) Das Verwaltungsgericht hat den anderen Parteien Ausfertigungen der Revision samt Beilagen mit der Aufforderung zuzustellen, binnen einer mit höchstens acht Wochen festzusetzenden Frist eine Revisionsbeantwortung einzubringen.

(5) Im Fall des § 29 hat das Verwaltungsgericht eine Ausfertigung der Revision samt Beilagen auch dem zuständigen Bundesminister bzw. der Landesregierung mit der Mitteilung zuzustellen, dass es ihm bzw. ihr freisteht, binnen einer mit höchstens acht Wochen festzusetzenden Frist eine Revisionsbeantwortung einzubringen.

(6) Nach Ablauf der Fristen gemäß Abs. 4 und 5 hat das Verwaltungsgericht den anderen Parteien Ausfertigungen der eingelangten Revisionsbeantwortungen samt Beilagen zuzustellen und dem Verwaltungsgerichtshof die Revision und die Revisionsbeantwortungen samt Beilagen unter Anschluss der Akten des Verfahrens vorzulegen.

(7) Hat das Verwaltungsgericht in seinem Erkenntnis oder Beschluss ausgesprochen, dass die Revision nicht gemäß Art. 133 Abs. 4 B-VG zulässig ist, sind die Abs. 1 bis 6 nicht anzuwenden. Das Verwaltungsgericht hat den anderen Parteien sowie im Fall des § 29 dem zuständigen Bundesminister bzw. der Landesregierung eine Ausfertigung der außerordentlichen Revision samt Beilagen zuzustellen und dem Verwaltungsgerichtshof die außerordentliche Revision samt Beilagen unter Anschluss der Akten des Verfahrens vorzulegen.

(8) Auf Fristsetzungsanträge sind die Abs. 1 und 2 sinngemäß anzuwenden. Das Verwaltungsgericht hat dem Verwaltungsgerichtshof den Fristsetzungsantrag unter Anschluss der Akten des Verfahrens vorzulegen.

(9) Auf Anträge auf Wiederaufnahme des Verfahrens und auf Wiedereinsetzung in den vorigen Stand sind die Abs. 1 und 2 sinngemäß anzuwenden.

(10) Hat das Verwaltungsgericht Verfahrensschritte gemäß den Abs. 2 und 4 bis 7 nicht oder nicht vollständig vorgenommen, kann der Verwaltungsgerichtshof dem Verwaltungsgericht die Revision samt Beilagen unter Anschluss der Akten des Verfahrens mit dem Auftrag zurückstellen, diese Verfahrensschritte binnen einer ihm zu setzenden kurzen Frist nachzuholen. Der Verwaltungsgerichtshof kann diese Verfahrensschritte auch selbst vornehmen, wenn dies im Interesse der Zweckmäßigkeit, Raschheit, Einfachheit und Kostenersparnis gelegen ist.

(BGBl I 2013/33)

Vorlageantrag

§ 30b. (1) Soweit das Verwaltungsgericht die Revision bzw. den Fristsetzungsantrag als unzulässig zurückweist, kann jede Partei binnen zwei Wochen nach Zustellung des Beschlusses beim Verwaltungsgericht den Antrag stellen, dass die Revision bzw. der Fristsetzungsantrag dem Verwaltungsgerichtshof zur Entscheidung vorgelegt wird (Vorlageantrag).

(2) Das Verwaltungsgericht hat dem Verwaltungsgerichtshof den Vorlageantrag und die Revision bzw. den Fristsetzungsantrag unter Anschluss der Akten des Verfahrens vorzulegen.

(3) Verspätete und unzulässige Vorlageanträge sind vom Verwaltungsgericht mit Beschluss zurückzuweisen.

(BGBl I 2013/33)

Befangenheit

§ 31. (1) Mitglieder des Gerichtshofes und Schriftführer haben sich unter Anzeige an den Präsidenten der Ausübung ihres Amtes wegen Befangenheit zu enthalten

1. in „Rechtssachen"* , an denen sie selbst, einer ihrer Angehörigen (§ 36a AVG) oder „eine von ihnen vertretene schutzberechtigte Person"** beteiligt sind; *(BGBl I 2008/4; *BGBl I 2013/33; **BGBl I 2018/58)*

„2." in „Rechtssachen", in denen sie als Bevollmächtigte einer Partei bestellt waren oder bestellt sind; *(BGBl I 2013/33)*

„3." wenn sie „in einem" dem Verfahren vor dem Verwaltungsgerichtshof „vorangegangenen" Verfahren mitgewirkt haben; *(BGBl I 2013/33)*

„4." wenn sonstige wichtige Gründe vorliegen, die geeignet sind, in ihre volle Unbefangenheit Zweifel zu setzen. *(BGBl I 2013/33)*

(2) Aus den im Abs. 1 angeführten Gründen können Mitglieder des Gerichtshofes und Schriftführer auch von den Parteien, und zwar spätestens zu Beginn der Verhandlung, abgelehnt werden. Stützt sich die Ablehnung auf Abs. 1 „Z 4" , so hat die Partei die hiefür maßgebenden Gründe glaubhaft zu machen. Über die Ablehnung entscheidet in Abwesenheit des Abgelehnten der für die Rechtssache zuständige Senat durch Beschluss; bei Stimmengleichheit gibt die Stimme des Vorsitzenden den Ausschlag. Werden der Vorsitzende oder so viele Mitglieder des Senates abgelehnt, dass nicht wenigstens drei verbleiben, so hat der Präsident die Beschlussfassung über den Ablehnungsantrag dem nach der Geschäftsverteilung vorgesehenen Senat zuzuweisen. Beschließt der hiezu berufene Senat, dass die Ablehnung begründet ist, so hat der Präsident den Eintritt des Ersatzmitgliedes (§ 11 „Abs. 3") zu verfügen. *(BGBl I 2013/33)*

Wahrnehmung der Zuständigkeit

§ 32. Der Verwaltungsgerichtshof nimmt seine Zuständigkeit in jeder Lage des Verfahrens von Amts wegen wahr.

„Einstellung"

(BGBl I 2013/33)

§ 33. (1) Wenn in irgendeiner Lage des Verfahrens offenbar wird, dass der „Revisionswerber" klaglos gestellt wurde, ist „die Revision nach Anhörung des Revisionswerbers" in nichtöffentlicher Sitzung mit Beschluss als gegenstandslos geworden zu erklären und das Verfahren einzustellen. Dasselbe gilt, wenn die „Revision" zurückgezogen wurde. *(BGBl I 2013/33)*

(2) Beruht die „Revision"** auf einer Rechtsansicht, die der bisherigen Rechtsprechung des Verwaltungsgerichtshofes widerspricht, so kann der Berichter den „Revisionswerber"** mit Zustimmung des Vorsitzenden unter Hinweis auf die einschlägigen Erkenntnisse oder Beschlüsse des Verwaltungsgerichtshofes und unter „Setzung"* einer angemessenen Frist auffordern, die „Revision"** durch Angabe der Gründe zu ergänzen, aus denen er die der bisherigen Rechtsprechung zugrunde liegende Rechtsansicht für unrichtig hält; die Versäumung dieser Frist gilt als Zurückziehung. *(*BGBl I 2008/4; **BGBl I 2013/33)*

§ 33a. *(entfällt samt Überschrift, BGBl I 2013/33)*

Zurückweisung

§ 34. (1) Revisionen, die sich wegen Versäumung der Einbringungsfrist, Unzuständigkeit des Verwaltungsgerichtshofes oder Nichtvorliegen der Voraussetzungen des Art. 133 Abs. 4 B-VG nicht zur Behandlung eignen oder denen die Einwendung der entschiedenen Sache oder der Mangel der Berechtigung zu ihrer Erhebung entgegensteht, sind ohne weiteres Verfahren in nichtöffentlicher Sitzung mit Beschluss zurückzuweisen. *(BGBl I 2013/33)*

(1a) Bei der Beurteilung der Zulässigkeit der Revision gemäß Art. 133 Abs. 4 B-VG ist der Verwaltungsgerichtshof an den Ausspruch des Verwaltungsgerichtes gemäß § 25a Abs. 1 nicht gebunden. Die Zulässigkeit einer außerordentlichen Revision gemäß Art. 133 Abs. 4 B-VG hat der Verwaltungsgerichtshof im Rahmen der dafür in der Revision vorgebrachten Gründe (§ 28 Abs. 3) zu überprüfen. *(BGBl I 2013/33)*

(2) „Revisionen“*** , denen keiner der im Abs. 1 bezeichneten Umstände entgegensteht, bei denen jedoch die Vorschriften über die Form und den Inhalt (§§ 23, 24, 28, 29) nicht eingehalten wurden, sind zur Behebung der Mängel unter „Setzung“** einer kurzen Frist zurückzustellen; die Versäumung dieser Frist gilt als Zurückziehung. „Dem „Revisionswerber“*** steht es frei, einen neuen, dem Mängelbehebungsauftrag voll Rechnung tragenden Schriftsatz unter Wiedervorlage der zurückgestellten unverbesserten „Revision“*** einzubringen.“* *(*BGBl I 1997/88; **BGBl I 2008/4; ***BGBl I 2013/33)*

(3) Ein Beschluss nach Abs. 1 ist in jeder Lage des Verfahrens zu fassen. *(BGBl I 2013/33)*

(4) Auf Anträge auf Wiederaufnahme des Verfahrens und auf Wiedereinsetzung in den vorigen Stand sind die „Abs. 1, 2 und 3“ sinngemäß anzuwenden. *(BGBl I 2008/4; BGBl I 2013/33)*

Abweisung und Aufhebung in nichtöffentlicher Sitzung

§ 35. (1) Revisionen, deren Inhalt erkennen lässt, dass die vom Revisionswerber behaupteten Rechtsverletzungen nicht vorliegen, sind ohne weiteres Verfahren in nichtöffentlicher Sitzung als unbegründet abzuweisen.

(2) Das angefochtene Erkenntnis oder der angefochtene Beschluss ist ohne weiteres Verfahren in nichtöffentlicher Sitzung aufzuheben, wenn

1. dem Verfahren keine Mitbeteiligten beizuziehen sind,

2. sich schon aus dem Erkenntnis oder dem Beschluss ergibt, dass eine der in der Revision behaupteten Rechtsverletzungen vorliegt, und

3. die Partei im Sinne des § 21 Abs. 1 Z 2 in einer Revisionsbeantwortung oder innerhalb einer ihr zu setzenden angemessenen Frist nichts vorgebracht hat, was geeignet ist, das Vorliegen dieser Rechtsverletzung als nicht gegeben erkennen zu lassen.

(BGBl I 2013/33)

Vorverfahren

§ 36. (1) In jenen Fällen, in denen sich eine außerordentliche Revision zur weiteren Behandlung als geeignet erweist, hat der Verwaltungsgerichtshof die anderen Parteien aufzufordern, binnen einer mit höchstens acht Wochen festzusetzenden Frist eine Revisionsbeantwortung einzubringen.

(2) Im Fall des § 29 hat der Verwaltungsgerichtshof eine Ausfertigung der außerordentlichen Revision samt Beilagen auch dem zuständigen Bundesminister bzw. der Landesregierung mit der Mitteilung zuzustellen, dass es ihm bzw. ihr freisteht, binnen einer mit höchstens acht Wochen festzusetzenden Frist eine Revisionsbeantwortung einzubringen.

(3) Nach Ablauf der Fristen gemäß Abs. 1 und 2 hat der Verwaltungsgerichtshof den anderen Parteien Ausfertigungen der eingelangten Revisionsbeantwortungen samt Beilagen zuzustellen.

(BGBl I 2013/33)

§ 37. Der Verwaltungsgerichtshof kann die Parteien auffordern, binnen angemessener Frist weitere Schriftsätze einzubringen oder sich zu Schriftsätzen der anderen Parteien zu äußern. Die Parteien können solche Schriftsätze auch unaufgefordert einbringen.

(BGBl I 2013/33)

§ 37a. Das Verfahren ist auch dann fortzuführen, wenn Revisionsbeantwortungen oder die im § 37 genannten Schriftsätze nicht eingebracht wurden.

(BGBl I 2013/33)

Fristsetzungsantrag

§ 38. (1) Ein Fristsetzungsantrag kann erst gestellt werden, wenn das Verwaltungsgericht die Rechtssache nicht binnen sechs Monaten, wenn aber durch Bundes- oder Landesgesetz eine kürzere oder längere Frist bestimmt ist, nicht binnen dieser entschieden hat.

(2) In die Frist werden nicht eingerechnet:

1. die Zeit, während deren das Verfahren bis zur rechtskräftigen Entscheidung einer Vorfrage ausgesetzt ist;

2. die Zeit eines Verfahrens vor dem Verwaltungsgerichtshof, vor dem Verfassungsgerichtshof oder vor dem Gerichtshof der Europäischen Union;

3. in Verwaltungsstrafsachen und Finanzstrafsachen

a) die Zeit, während deren nach einer gesetzlichen Vorschrift die Verfolgung nicht eingeleitet oder fortgesetzt werden kann;

b) die Zeit, während deren wegen der Tat gegen den Täter ein Strafverfahren bei der Staatsanwaltschaft, beim Gericht oder bei einer Behörde geführt wird.

(3) Der Fristsetzungsantrag hat zu enthalten:

1. die Bezeichnung des Verwaltungsgerichtes, dessen Entscheidung in der Rechtssache begehrt wird,

2. den Sachverhalt,

3. das Begehren, dem Verwaltungsgericht für die Entscheidung eine Frist zu setzen,

4. die Angaben, die erforderlich sind, um glaubhaft zu machen, dass die Antragsfrist gemäß Abs. 1 abgelaufen ist.

(4) Auf Fristsetzungsanträge sind die §§ 33 Abs. 1 und 34 Abs. 1, 2 und 3 sinngemäß anzuwenden. In allen sonstigen Fällen ist dem Verwaltungsgericht aufzutragen, innerhalb einer Frist von bis zu drei Monaten das Erkenntnis oder den Beschluss zu erlassen und eine Ausfertigung, Abschrift oder Kopie desselben dem Verwaltungsgerichtshof vorzulegen oder anzugeben, warum eine Verletzung der Entscheidungspflicht nicht vorliegt. Die Frist kann einmal verlängert werden, wenn das Verwaltungsgericht das Vorliegen von in der Sache gelegenen Gründen nachzuweisen vermag, die eine fristgerechte Erlassung des Erkenntnisses oder Beschlusses unmöglich machen. Wird das Erkenntnis oder der Beschluss erlassen, so ist das Verfahren über den Fristsetzungsantrag einzustellen.

(BGBl I 2013/33)

Gleichartige Rechtsfragen in einer erheblichen Anzahl von Verfahren

§ 38a. (1) Ist beim Verwaltungsgerichtshof eine erhebliche Anzahl von Verfahren über „Revisionen" „ " anhängig, in denen gleichartige Rechtsfragen zu lösen sind, oder besteht Grund zur Annahme, dass eine erhebliche Anzahl solcher „Revisionen" eingebracht werden wird, so kann der Verwaltungsgerichtshof dies mit Beschluss aussprechen. Ein solcher Beschluss hat zu enthalten:

1. die in diesen Verfahren anzuwendenden Rechtsvorschriften;

2. die auf Grund dieser Rechtsvorschriften zu lösenden Rechtsfragen;

3. die Angabe, welche der „Revisionen" der Verwaltungsgerichtshof behandeln wird. *(BGBl I 2013/33)*

Die Beschlüsse werden von dem nach der Geschäftsverteilung zuständigen Senat gefasst. *(BGBl I 2013/33)*

(2) Beschlüsse gemäß Abs. 1 verpflichten, soweit es sich bei den darin genannten Rechtsvorschriften zumindest auch um „Gesetze, politische, gesetzändernde oder gesetzesergänzende Staatsverträge oder Staatsverträge, durch die die vertraglichen Grundlagen der Europäischen Union geändert werden," handelt, den Bundeskanzler oder den zuständigen Landeshauptmann, ansonsten die zuständige oberste Behörde des Bundes oder des Landes zu ihrer unverzüglichen Kundmachung. *(BGBl I 2012/51)*

(3) Mit Ablauf des Tages der Kundmachung des Beschlusses gemäß Abs. 1 treten folgende Wirkungen ein:

1. in Rechtssachen, in denen ein Verwaltungsgericht die im Beschluss genannten Rechtsvorschriften anzuwenden und eine darin genannte Rechtsfrage zu beurteilen hat:

a) Es dürfen nur solche Handlungen vorgenommen oder Anordnungen und Entscheidungen getroffen werden, die durch das Erkenntnis des Verwaltungsgerichtshofes nicht beeinflusst werden können oder die die Frage nicht abschließend regeln und keinen Aufschub gestatten.

b) Die Revisionsfrist beginnt nicht zu laufen; eine laufende Revisionsfrist wird unterbrochen.

c) Die Frist zur Stellung eines Fristsetzungsantrages sowie in den Bundes- oder Landesgesetzen vorgesehene Entscheidungsfristen werden gehemmt.

(BGBl I 2013/33)

2. in allen beim Verwaltungsgerichtshof anhängigen Verfahren gemäß Abs. 1, die im Beschluss gemäß Abs. 1 nicht genannt sind:

Es dürfen nur solche Handlungen vorgenommen oder „Anordnungen und Entscheidungen" getroffen werden, die durch das Erkenntnis des Verwaltungsgerichtshofes nicht beeinflusst werden können oder die die Frage nicht abschließend regeln und keinen Aufschub gestatten.
(BGBl I 2013/33)

(4) In seinem Erkenntnis fasst der Verwaltungsgerichtshof seine Rechtsanschauung in einem oder mehreren Rechtssätzen zusammen, die nach Maßgabe des Abs. 2 unverzüglich kundzumachen sind. Mit Ablauf des Tages der Kundmachung beginnt eine unterbrochene „Revisionsfrist" neu zu laufen und enden die sonstigen Wirkungen des Abs. 3. *(BGBl I 2013/33)*

(BGBl I 2004/89)

Einholung einer Vorabentscheidung des Gerichtshofes der „Europäischen Union"
(BGBl I 2012/51)

§ 38b. (1) „Beschlüsse des Verwaltungsgerichtshofes, dem Gerichtshof der Europäischen Union eine Frage zur Vorabentscheidung nach Art. 267 des Vertrags über die Arbeitsweise der Europäischen Union vorzulegen, sind den Parteien zuzustellen."* Hat der Verwaltungsgerichtshof einen solchen Beschluss gefasst, so darf er bis zum Einlangen der Vorabentscheidung nur solche Handlungen vornehmen und nur solche „Anordnungen und Entscheidungen"** treffen, die durch die Vorabentscheidung nicht beeinflusst werden können oder die die Frage nicht abschließend regeln und keinen Aufschub gestatten. *(*BGBl I 2012/51; **BGBl I 2013/33)*

(2) Ist die beantragte Vorabentscheidung noch nicht ergangen und hat der Verwaltungsgerichtshof die Bestimmung, die Gegenstand seines Vorabentscheidungsantrages war, nicht mehr anzuwenden, so hat er diesen unverzüglich zurückzuziehen.

(BGBl I 2004/89)

Verhandlungen

§ 39. (1) Über die „Revision" ist nach Abschluss des Vorverfahrens eine Verhandlung vor dem Verwaltungsgerichtshof durchzuführen, wenn

1. der Revisionswerber innerhalb der Revisionsfrist oder eine andere Partei innerhalb der Frist zur Erstattung der Revisionsbeantwortung die Durchführung der Verhandlung beantragt hat. Ein solcher Antrag kann nur mit Zustimmung der anderen Parteien zurückgezogen werden; *(BGBl I 2013/33)*

2. der Berichter oder der Vorsitzende die Durchführung der Verhandlung für zweckmäßig erachtet oder der Senat sie beschließt.
(BGBl I 2013/33)

(2) Der Verwaltungsgerichtshof kann ungeachtet eines Parteiantrages nach Abs. 1 Z 1 von einer Verhandlung absehen, wenn

1. das Verfahren einzustellen (§ 33) oder die Revision zurückzuweisen ist (§ 34);

2. das angefochtene Erkenntnis oder der angefochtene Beschluss wegen Rechtswidrigkeit infolge Unzuständigkeit des Verwaltungsgerichtes aufzuheben ist (§ 42 Abs. 2 Z 2);

3. das angefochtene Erkenntnis oder der angefochtene Beschluss wegen Rechtswidrigkeit infolge Verletzung von Verfahrensvorschriften aufzuheben ist (§ 42 Abs. 2 Z 3);

4. das angefochtene Erkenntnis oder der angefochtene Beschluss nach der ständigen Rechtsprechung des Verwaltungsgerichtshofes wegen Rechtswidrigkeit seines Inhalts aufzuheben ist;

5. keine andere Partei eine Revisionsbeantwortung eingebracht hat und das angefochtene Erkenntnis oder der angefochtene Beschluss aufzuheben ist;

6. die Schriftsätze der Parteien und die Akten des Verfahrens vor dem Verwaltungsgericht erkennen lassen, dass die mündliche Erörterung eine weitere Klärung der Rechtssache nicht erwarten lässt und einem Entfall der Verhandlung weder Art. 6 Abs. 1 der Konvention zum Schutze der Menschenrechte und Grundfreiheiten, BGBl. Nr. 210/1958, noch Art. 47 der Charta der Grundrechte der Europäischen Union, ABl. Nr. C 83 vom 30.03.2010 S. 389 entgegenstehen. *(BGBl I 2013/33)*

(3) Hat eine Verhandlung vor dem Fünfersenat stattgefunden, so ist sie vor dem verstärkten Senat (§ 13) nur dann zu wiederholen, wenn der verstärkte Senat dies beschließt.

§ 40. (1) Die Verhandlung ordnet der Vorsitzende an.

(2) Zur Verhandlung sind alle Parteien zu laden. Das Ausbleiben von Parteien steht jedoch der Verhandlung und Entscheidung nicht entgegen.

(3) Die Verhandlung findet vor dem Senat statt.

(4) Die Verhandlung ist öffentlich. Die Öffentlichkeit darf von der Verhandlung nur so weit ausgeschlossen werden, als dies aus Gründen der Sittlichkeit, der öffentlichen Ordnung oder der nationalen Sicherheit, der Wahrung von Geschäfts- und Betriebsgeheimnissen sowie im Interesse des Schutzes Jugendlicher oder des Privatlebens einer Partei, eines Opfers, eines Zeugen oder eines Dritten geboten ist. *(BGBl I 2013/33)*

(4a) Der Ausschluss der Öffentlichkeit erfolgt durch Beschluss des Senates entweder von Amts wegen oder auf Antrag einer Partei oder eines Zeugen. *(BGBl I 2013/33)*

(4b) Unmittelbar nach der Verkündung des Beschlusses über den Ausschluss der Öffentlichkeit haben sich alle Zuhörer zu entfernen, doch können die Parteien verlangen, dass je drei Personen ihres Vertrauens die Teilnahme an der Verhandlung gestattet wird. *(BGBl I 2013/33)*

(4c) Wenn die Öffentlichkeit von einer Verhandlung ausgeschlossen wurde, ist es so weit untersagt, daraus Umstände weiterzuverbreiten, als dies aus den in Abs. 4 angeführten Gründen geboten ist. *(BGBl I 2013/33)*

(5) Der Vorsitzende eröffnet, leitet und schließt die Verhandlung und handhabt die Sitzungspolizei. Die Verhandlung beginnt mit dem Vortrag des Berichters. Der Vorsitzende hat von Amts wegen für die vollständige Erörterung der Rechtssache zu sorgen. Auch die sonstigen Mitglieder des Senates sind befugt, Fragen zu stellen.

(6) Über Einwendungen gegen Anordnungen, die das Verfahren betreffen, sowie über Anträge, die im Laufe des Verfahrens gestellt werden, ist durch Beschluss zu entscheiden. *(BGBl I 2013/33)*

(7) Über jede Verhandlung ist eine Niederschrift anzufertigen. Diese hat die Namen der Mitglieder des Senates, des Schriftführers, der Parteien und ihrer Vertreter sowie die wesentlichen Vorkommnisse der Verhandlung, insbesondere Anträge der Parteien, zu enthalten und ist vom Vorsitzenden und vom Schriftführer zu unterfertigen.

(8) Eine Verhandlung darf nur aus erheblichen Gründen vertagt werden; im Zuge einer Verhandlung beschließt die Vertagung der Senat, sonst verfügt sie der Vorsitzende.

Prüfung des angefochtenen Erkenntnisses oder Beschlusses

§ 41. Soweit nicht Rechtswidrigkeit infolge Unzuständigkeit des Verwaltungsgerichtes oder infolge Verletzung von Verfahrensvorschriften vorliegt (§ 42 Abs. 2 Z 2 und 3), hat der Verwaltungsgerichtshof das angefochtene Erkenntnis oder den angefochtenen Beschluss auf Grund des vom Verwaltungsgericht angenommenen Sachverhalts im Rahmen der geltend gemachten Revisionspunkte (§ 28 Abs. 1 Z 4) bzw. der Erklärung über den Umfang der Anfechtung (§ 28 Abs. 2) zu überprüfen. Ist er der Ansicht, dass für die Entscheidung über die Rechtswidrigkeit des Erkenntnisses oder Beschlusses in einem der Revisionspunkte oder im Rahmen der Erklärung über den Umfang der Anfechtung Gründe maßgebend sein könnten, die einer Partei bisher nicht bekannt gegeben wurden, so hat er die Parteien darüber zu hören und erforderlichenfalls eine Vertagung anzuordnen.

(BGBl I 2013/33)

Erkenntnisse

§ 42. (1) Der Verwaltungsgerichtshof hat alle Rechtssachen, soweit in diesem Bundesgesetz nicht anderes bestimmt ist, mit Erkenntnis zu erledigen. Mit dem Erkenntnis ist entweder die Revision als unbegründet abzuweisen, das angefochtene Erkenntnis oder der angefochtene Beschluss aufzuheben oder in der Sache selbst zu entscheiden.

(2) Das angefochtene Erkenntnis oder der angefochtene Beschluss ist aufzuheben

1. wegen Rechtswidrigkeit seines Inhaltes,

2. wegen Rechtswidrigkeit infolge Unzuständigkeit des Verwaltungsgerichtes,

3. wegen Rechtswidrigkeit infolge Verletzung von Verfahrensvorschriften, und zwar weil

a) der Sachverhalt vom Verwaltungsgericht in einem wesentlichen Punkt aktenwidrig angenommen wurde oder

b) der Sachverhalt in einem wesentlichen Punkt einer Ergänzung bedarf oder

c) das Verwaltungsgericht bei Einhaltung der verletzten Verfahrensvorschriften zu einem anderen Erkenntnis oder Beschluss hätte kommen können.

(3) Durch die Aufhebung des angefochtenen Erkenntnisses oder Beschlusses gemäß Abs. 2 tritt die Rechtssache in die Lage zurück, in der sie sich vor Erlassung des angefochtenen Erkenntnisses bzw. Beschlusses befunden hat.

(4) Der Verwaltungsgerichtshof kann in der Sache selbst entscheiden, wenn sie entscheidungsreif ist und die Entscheidung in der Sache selbst im Interesse der Einfachheit, Zweckmäßigkeit und Kostenersparnis liegt. In diesem Fall hat er den maßgeblichen Sachverhalt festzustellen und kann zu diesem Zweck auch das Verwaltungsgericht mit der Ergänzung des Ermittlungsverfahrens beauftragen.

(BGBl I 2013/33)

§ 42a. Ist das Verwaltungsgericht seiner Entscheidungspflicht nicht nachgekommen, so hat ihm der Verwaltungsgerichtshof aufzutragen, das Erkenntnis oder den Beschluss innerhalb einer von ihm festzusetzenden angemessenen Frist nachzuholen.

(BGBl I 2013/33)

§ 43. (1) Die Erkenntnisse sind im Namen der Republik zu verkünden und auszufertigen.

(2) Jedes Erkenntnis ist zu begründen. Soweit die Rechtsfrage durch die bisherige Rechtsprechung klargestellt ist, genügt es, diese anzuführen. *(BGBl I 2013/33)*

(3) Die Urschrift ist vom Vorsitzenden des Senates und vom Schriftführer zu unterfertigen. Die schriftlichen Ausfertigungen der Erkenntnisse „“* beglaubigt die Kanzlei unter Wiedergabe der auf der Urschrift beigesetzten Unterschriften mit dem Vermerk „Für die Richtigkeit der Ausfertigung“. „Ausfertigungen in Form von elektronischen Dokumenten müssen mit einer Amtssignatur (§ 19 E-GovG) versehen sein; Ausfertigungen in Form von Ausdrucken von mit einer Amtssignatur versehenen elektronischen Dokumenten oder von Kopien solcher Ausdrucke brauchen keine weiteren Voraussetzungen zu erfüllen.“** *(*BGBl I 2004/89; **BGBl I 2008/4)*

(4) Hat eine Verhandlung in Anwesenheit von Parteien stattgefunden, so hat in der Regel der Vorsitzende das Erkenntnis mit den wesentlichen Entscheidungsgründen sogleich zu verkünden.

(5) Die Verkündung des Erkenntnisses entfällt, wenn sich die Parteien vorzeitig entfernt haben oder wenn die Beratung vertagt werden muss. In diesen Fällen wird das Erkenntnis den Parteien nur in schriftlicher Ausfertigung zugestellt. *(BGBl I 2013/33)*

(6) Eine schriftliche Ausfertigung des Erkenntnisses ist auch den Parteien zuzustellen, denen es verkündet wurde.

(7) Schreib- oder „Rechenfehler“ oder andere offenbar auf einem Versehen beruhende Unrichtigkeiten im Erkenntnis können jederzeit von Amts wegen berichtigt werden. *(BGBl I 2012/51)*

(8) Zur Herstellung der für die Kenntnis durch jedermann bestimmten Ausdrucke (Speicherungen auf Datenträgern) sind personenbezogene Daten „im Erkenntnis“ nur so weit unkenntlich zu machen, als es die berechtigten Interessen der Parteien an der Geheimhaltung dieser Daten gebieten (wie etwa Umstände des Privat- und Familienle-

bens, Steuergeheimnis), ohne hiedurch die Verständlichkeit „des Erkenntnisses" zu beeinträchtigen. Die Anordnungen hiefür hat der erkennende Senat, in Fällen des § 14 Abs. 2 der Berichter zu beschließen. *(BGBl I 1997/88; BGBl I 2004/89)*

„(9)"* Die Abs. 2 bis „8"** gelten entsprechend, wenn das Verfahren durch Beschluss beendet wird. *(*BGBl I 1997/88; **BGBl I 2004/89; BGBl I 2013/33)*

§ 44. (1) Im Fall des § 29 ist eine schriftliche Ausfertigung des Erkenntnisses oder Beschlusses auch dem zuständigen Bundesminister bzw. der Landesregierung zuzustellen.

(2) Hat ein Verwaltungsgericht dem Verwaltungsgerichtshof gemäß § 34 Abs. 3 des Verwaltungsgerichtsverfahrensgesetzes – VwGVG, BGBl. I Nr. 33/2013, die Aussetzung eines Verfahrens mitgeteilt, ist eine Ausfertigung des Erkenntnisses oder Beschlusses in der vom Verwaltungsgericht bezeichneten Rechtssache auch dem Verwaltungsgericht zuzustellen.

(BGBl I 2013/33)

Wiederaufnahme des Verfahrens

§ 45. (1) Die Wiederaufnahme eines durch Erkenntnis oder Beschluss abgeschlossenen Verfahrens ist auf Antrag einer Partei zu bewilligen, wenn

1. das Erkenntnis oder der Beschluss durch eine gerichtlich strafbare Handlung herbeigeführt oder sonstwie erschlichen worden ist oder *(BGBl I 2013/33)*

2. das Erkenntnis oder der Beschluss auf einer nicht von der Partei verschuldeten irrigen Annahme der Versäumung einer in diesem Bundesgesetz vorgesehenen Frist beruht oder *(BGBl I 2013/33)*

3. nachträglich eine rechtskräftige gerichtliche Entscheidung bekannt wird, die in dem Verfahren vor dem Verwaltungsgerichtshof die Einwendung der entschiedenen Sache begründet hätte, oder

4. im Verfahren vor dem Gerichtshof den Vorschriften über das Parteiengehör nicht entsprochen wurde und anzunehmen ist, dass sonst das Erkenntnis oder der Beschluss anders gelautet hätte oder *(BGBl I 2013/33)*

5. das Verfahren vor dem Gerichtshof wegen Klaglosstellung oder wegen einer durch Klaglosstellung veranlassten Zurückziehung der Revision eingestellt wurde und der Grund für die Klaglosstellung nachträglich weggefallen ist. *(BGBl I 2013/33)*
(BGBl I 2013/33)

(2) Der Antrag ist beim Verwaltungsgerichtshof binnen zwei Wochen von dem Tag, an dem der Antragsteller von dem Wiederaufnahmegrund Kenntnis erlangt hat, jedoch spätestens binnen drei Jahren nach der Zustellung des Erkenntnisses oder des Beschlusses zu stellen.

(3) Über den Antrag ist in nichtöffentlicher Sitzung mit Beschluss zu entscheiden. *(BGBl I 2013/33)*

(4) Wenn der Verwaltungsgerichtshof „ " in der Sache selbst entschieden hatte, gilt für die Wiederaufnahme § 69 AVG sinngemäß. *(BGBl I 2012/51)*

(5) Auf Beschlüsse der Verwaltungsgerichte gemäß den §§ 30a Abs. 1 und 30b Abs. 3 sind die Abs. 1 bis 4 mit der Maßgabe sinngemäß anzuwenden, dass der Antrag beim Verwaltungsgericht zu stellen und über ihn vom Verwaltungsgericht zu entscheiden ist. *(BGBl I 2013/33)*

(6) In Verfahrenshilfesachen (§ 61) ist die Wiederaufnahme des Verfahrens nicht zulässig. *(BGBl I 2013/33)*

Wiedereinsetzung in den vorigen Stand

§ 46. (1) Wenn eine Partei durch ein unvorhergesehenes oder unabwendbares Ereignis – so dadurch, dass sie von einer Zustellung ohne ihr Verschulden keine Kenntnis erlangt hat – eine Frist versäumt und dadurch einen Rechtsnachteil erleidet, so ist dieser Partei auf Antrag die Wiedereinsetzung in den vorigen Stand zu bewilligen. Dass der Partei ein Verschulden an der Versäumung zur Last liegt, hindert die Bewilligung der Wiedereinsetzung nicht, wenn es sich nur um einen minderen Grad des Versehens handelt. *(BGBl 1985/564; BGBl I 2013/33)*

(2) Die Wiedereinsetzung in den vorigen Stand wegen Versäumung der Revisionsfrist und der Frist zur Stellung eines Vorlageantrages ist auch dann zu bewilligen, wenn die Frist versäumt wurde, weil das anzufechtende Erkenntnis, der anzufechtende Beschluss oder die anzufechtende Revisionsvorentscheidung fälschlich einen Rechtsbehelf eingeräumt und die Partei den Rechtsbehelf ergriffen hat oder keine Belehrung zur Erhebung einer Revision oder zur Stellung eines Vorlageantrages, keine Frist zur Erhebung einer Revision oder zur Stellung eines Vorlageantrages oder die Angabe enthält, dass kein Rechtsbehelf zulässig sei. *(BGBl I 2013/33)*

(3) Der Antrag auf Wiedereinsetzung ist in den Fällen des Abs. 1 bis zur Vorlage der Revision beim Verwaltungsgericht, ab Vorlage der Revision beim Verwaltungsgerichtshof binnen zwei Wochen nach dem Wegfall des Hindernisses zu stellen. In den Fällen des Abs. 2 ist der Antrag binnen zwei Wochen

1. nach Zustellung eines Bescheides oder einer gerichtlichen Entscheidung, der bzw. die den Rechtsbehelf als unzulässig zurückgewiesen hat, bzw.

2. nach dem Zeitpunkt, in dem die Partei von der Zulässigkeit der Erhebung der Revision bzw.

der Stellung eines Antrages auf Vorlage Kenntnis erlangt hat,

beim Verwaltungsgericht zu stellen. Die versäumte Handlung ist gleichzeitig nachzuholen. *(BGBl I 2013/33)*

(4) Bis zur Vorlage der Revision hat über den Antrag das Verwaltungsgericht zu entscheiden. Ab Vorlage der Revision hat über den Antrag der Verwaltungsgerichtshof in nichtöffentlicher Sitzung durch Beschluss zu entscheiden. Das Verwaltungsgericht oder der Verwaltungsgerichtshof können dem Antrag auf Wiedereinsetzung die aufschiebende Wirkung zuerkennen. *(BGBl I 2013/33)*

(5) Durch die Bewilligung der Wiedereinsetzung tritt das Verfahren in die Lage zurück, in der es sich vor dem Eintritt der Versäumung befunden hat.

(6) Gegen die Versäumung der Frist zur Stellung des Wiedereinsetzungsantrages findet keine Wiedereinsetzung statt.

Aufwandersatz

§ 47. (1) Die Parteien im Verfahren vor dem Verwaltungsgerichtshof haben einen Anspruch auf Aufwandersatz nach Maßgabe der §§ 47 bis 59.

(2) Unbeschadet der folgenden Bestimmungen hat einen Anspruch auf Aufwandersatz

1. der Revisionswerber im Fall der Aufhebung des angefochtenen Erkenntnisses oder Beschlusses oder der Entscheidung in der Sache selbst;

2. der Rechtsträger im Sinne des Abs. 5 im Fall der Abweisung der Revision.

(3) Mitbeteiligte haben einen Anspruch auf Aufwandersatz im Fall der Abweisung der Revision.

(4) In den Fällen des Art. 133 Abs. 6 Z 2 bis 4 und Abs. 8 B-VG haben der Revisionswerber und der Rechtsträger im Sinne des Abs. 5 keinen Anspruch auf Aufwandersatz.

(5) Der dem Revisionswerber zu leistende Aufwandersatz ist von jenem Rechtsträger zu tragen, in dessen Namen die Behörde in dem dem Verfahren vor dem Verwaltungsgericht vorangegangenen Verwaltungsverfahren gehandelt hat. Diesem Rechtsträger fließt auch der Aufwandersatz zu, der auf Grund dieses Bundesgesetzes vom Revisionswerber zu leisten ist.

(BGBl I 2013/33)

§ 48. (1) Der Revisionswerber hat Anspruch auf Ersatz

1. der Kommissionsgebühren und der Eingabengebühr gemäß § 24a, die er im Verfahren vor dem Verwaltungsgerichtshof zu entrichten hat, sowie der Barauslagen des Verwaltungsgerichtshofes, für die er aufzukommen hat;

2. des Aufwandes, der für ihn mit der Einbringung der Revision durch einen Rechtsanwalt (Steuerberater oder Wirtschaftsprüfer) verbunden war (Schriftsatzaufwand);

3. der Reisekosten (Fahrt- und Aufenthaltskosten), die für ihn mit der Wahrnehmung ihrer Parteirechte in Verhandlungen vor dem Verwaltungsgerichtshof verbunden waren;

4. des sonstigen Aufwandes, der für ihn mit der Vertretung durch einen Rechtsanwalt (Steuerberater oder Wirtschaftsprüfer) in Verhandlungen vor dem Verwaltungsgerichtshof verbunden war (Verhandlungsaufwand).

(2) Die Partei im Sinne des § 21 Abs. 1 Z 2 hat Anspruch auf Ersatz

1. des Aufwandes, der für sie mit der Einbringung der Revisionsbeantwortung verbunden war (Schriftsatzaufwand);

2. der Reisekosten (Fahrt- und Aufenthaltskosten), die für sie mit der Wahrnehmung ihrer Parteirechte in Verhandlungen vor dem Verwaltungsgerichtshof verbunden waren;

3. des sonstigen Aufwandes, der für sie mit der Wahrnehmung seiner Parteirechte in Verhandlungen vor dem Verwaltungsgerichtshof verbunden war (Verhandlungsaufwand).

(3) Ein Mitbeteiligter hat Anspruch auf Ersatz

1. der Kommissionsgebühren und der Eingabengebühr gemäß § 24a, die er im Verfahren vor dem Verwaltungsgerichtshof zu entrichten hat, sowie der Barauslagen des Verwaltungsgerichtshofes, für die er aufzukommen hat;

2. des Aufwandes, der für ihn mit der Einbringung einer Revisionsbeantwortung durch einen Rechtsanwalt (Steuerberater oder Wirtschaftsprüfer) verbunden war (Schriftsatzaufwand);

3. der Reisekosten (Fahrt- und Aufenthaltskosten), die für ihn mit der Wahrnehmung seiner Parteirechte in Verhandlungen vor dem Verwaltungsgerichtshof verbunden waren;

4. des sonstigen Aufwandes, der für ihn mit der Vertretung durch einen Rechtsanwalt (Steuerberater oder Wirtschaftsprüfer) in Verhandlungen vor dem Verwaltungsgerichtshof verbunden war (Verhandlungsaufwand).

(BGBl I 2013/33)

§ 49. (1) Als Ersatz für den Schriftsatz- und den Verhandlungsaufwand gemäß § 48 Abs. 1 Z 2 und 4 sowie Abs. 3 Z 2 und 4 sind Pauschalbeträge zu zahlen, deren Höhe vom Bundeskanzler „ “ durch Verordnung in einem Ausmaß festzustellen ist, das den durchschnittlichen Kosten der Einbringung eines der im § 48 Abs. 1 Z 2 sowie Abs. 3 Z 2 genannten Schriftsätze bzw. der

Vertretung durch einen Rechtsanwalt entspricht. *(BGBl I 2008/4; BGBl I 2013/33)*

(2) Als Ersatz für den Vorlage-, den Schriftsatz- und den Verhandlungsaufwand gemäß § 48 Abs. 2 „Z 1 und 3“** sind „Pauschalbeträge“* zu zahlen, deren Ausmaß vom Bundeskanzler „ “** durch Verordnung in einem Ausmaß festzustellen ist, das dem durchschnittlichen Aufwand der Behörden für diese Parteihandlungen entspricht. „Die Höhe der Pauschalbeträge für den Schriftsatz- und für den Verhandlungsaufwand darf jedoch die Hälfte der Pauschalbeträge nicht übersteigen, die auf Grund des Abs. 1 als Ersatz für den Schriftsatzaufwand gemäß § 48 Abs. 1 Z 2 bzw. für den Verhandlungsaufwand gemäß § 48 Abs. 1 Z 4 festgestellt werden.“* *(*BGBl I 2008/4; **BGBl I 2013/33)*

(3) Fahrtkosten im Inland (§ 48) sind in dem bei Inanspruchnahme der öffentlichen Verkehrsmittel notwendigen Ausmaß zu ersetzen. Bei Eisenbahnen ist die 1., ansonsten die 2. Tarifklasse maßgebend. Der Fahrpreis ist nach den für das betreffende öffentliche Verkehrsmittel jeweils geltenden Tarifen zu vergüten, wobei bestehende allgemeine Tarifermäßigungen zu berücksichtigen sind. *(BGBl I 2013/33)*

(4) Aufenthaltskosten im Sinne des § 48 sind die mit dem Aufenthalt am Sitz des Verwaltungsgerichtshofes notwendig verbundenen zusätzlichen Kosten für Verpflegung und Unterkunft. Als Ersatz dieser Kosten sind „Pauschalbeträge“* zu zahlen, deren Höhe vom Bundeskanzler „ “** durch Verordnung für alle Fälle des § 48 einheitlich in einem Ausmaß festzustellen ist, das der durchschnittlichen Höhe der in Betracht kommenden Kosten entspricht. *(*BGBl I 2008/4; **BGBl I 2013/33)*

(5) Hat an einer mündlichen Verhandlung in den Fällen der Abs. 1 und 3 des § 48 im Auftrag der Partei ein Rechtsanwalt „(Steuerberater oder Wirtschaftsprüfer)“* teilgenommen, so sind für die Berechnung der Reisekosten dessen Verhältnisse, ansonsten die Verhältnisse der Partei maßgebend. Neben den Reisekosten eines Rechtsanwaltes „(Steuerberaters oder Wirtschaftsprüfers)“** sind die Reisekosten der von ihm vertretenen Partei nur zu ersetzen, wenn die Partei an der mündlichen Verhandlung auf Grund einer Ladung des Verwaltungsgerichtshofes teilzunehmen hatte. In den Fällen des § 48 Abs. 2 sind für die Berechnung der Reisekosten die Verhältnisse „der Partei im Sinne des § 21 Abs. 1 Z 2“***, im „Fall“*** einer Vertretung gemäß § 23 Abs. 3 jedoch die Verhältnisse des mit der Vertretung betrauten Organs (Bundesministerium, Finanzprokuratur) maßgebend. *(*BGBl I 2004/89; **BGBl I 2008/4; ***BGBl I 2013/33)*

(6) Sind mehrere Mitbeteiligte vorhanden, so sind jene unter ihnen, denen ein Schriftsatz- oder ein Verhandlungsaufwand, Fahrt- oder Aufenthaltskosten erwachsen sind, hinsichtlich des Ersatzes jeder dieser Arten von Aufwendungen als eine Partei anzusehen. Der dieser Partei zustehende Ersatz für Schriftsatz- und für Verhandlungsaufwand ist an die die Partei bildenden Mitbeteiligten zu gleichen Teilen zu leisten. Der Berechnung der Reisekosten sind die Verhältnisse jenes Mitbeteiligten zugrunde zu legen, der die größte Entfernung zurückzulegen hatte. Der so errechnete Betrag für Reisekostenersatz ist an diesen Mitbeteiligten zu zahlen. Die Zahlung hat gegenüber allen Mitbeteiligten, die auf Reisekostenersatz Anspruch haben, schuldbefreiende Wirkung. „Welche Ansprüche diese Mitbeteiligten untereinander haben, richtet sich nach dem Verhältnis jener Beträge zueinander, auf die jeder Mitbeteiligte gemäß Abs. 3 im Fall der Abweisung der Revision Anspruch hätte.“ *(BGBl I 2013/33)*

§ 50. In Fällen, in denen ein Erkenntnis oder ein Beschluss vom Verwaltungsgerichtshof teilweise aufgehoben wurde, ist die Frage des Anspruches auf Aufwandersatz (§ 47) so zu beurteilen, wie wenn das Erkenntnis bzw. der Beschluss zur Gänze aufgehoben worden wäre.

(BGBl I 2013/33)

§ 51. In Fällen, in denen die Revision nach der Vorlage an den Verwaltungsgerichtshof oder die außerordentliche Revision nach der Einleitung des Vorverfahrens zurückgewiesen oder zurückgezogen wurde, ist die Frage des Anspruches auf Aufwandersatz (§ 47) so zu beurteilen, wie wenn die Revision abgewiesen worden wäre.

(BGBl I 2013/33)

§ 52. (1) Haben ein oder mehrere Revisionswerber in einer Revision mehrere Erkenntnisse oder Beschlüsse angefochten, ist die Frage des Anspruches auf Aufwandersatz (§ 47) so zu beurteilen, wie wenn jedes der Erkenntnisse bzw. jeder der Beschlüsse in einer gesonderten Revision angefochten worden wäre.

(2) Für Verhandlungen, die im Fall des Abs. 1 am selben Tag oder an unmittelbar aufeinander folgenden Tagen stattgefunden haben, sind einer Partei Fahrtkosten so zu ersetzen, wie wenn nur eine Verhandlung stattgefunden hätte. Aufenthaltskosten sind einer Partei für denselben Zeitraum nur einmal, der Verhandlungsaufwand ist einer Partei für jede mündliche Verhandlung zu ersetzen. Kommissionsgebühren, die Eingabengebühr gemäß § 24a und Barauslagen sind einer Partei in dem Ausmaß zu ersetzen, in dem sie von ihr tatsächlich entrichtet worden sind.

(3) Haben in den Fällen des Abs. 2 erster Satz für die Fahrtkosten einer Partei gemäß § 47 Abs. 5

mehrere Rechtsträger aufzukommen, sind sie von diesen Rechtsträgern zu gleichen Teilen zu tragen.

(BGBl I 2013/33)

§ 53. (1) Haben mehrere Revisionswerber ein Erkenntnis oder einen Beschluss gemeinsam in einer Revision angefochten, ist die Frage des Anspruches auf Aufwandersatz (§ 47) so zu beurteilen, wie wenn die Revision nur von dem in der Revision erstangeführten Revisionswerber eingebracht worden wäre. Der Aufwandersatz ist an diesen Revisionswerber zu zahlen. Die Zahlung hat gegenüber allen Revisionswerbern, die auf Aufwandersatz Anspruch haben, schuldbefreiende Wirkung. Welche Ansprüche diese Revisionswerber untereinander haben, ist nach den Bestimmungen des bürgerlichen Rechts zu beurteilen. Aufwandersatz haben die Revisionswerber zu gleichen Teilen zu leisten.

(2) Haben mehrere Revisionswerber ein Erkenntnis oder einen Beschluss in getrennten Revisionen angefochten und sind diese Revisionen durch denselben Rechtsanwalt (Steuerberater oder Wirtschaftsprüfer) eingebracht worden, ist Abs. 1 sinngemäß anzuwenden. An die Stelle des erstangeführten Revisionswerbers tritt in diesem Fall der Revisionswerber, dessen Revision die niedrigste Geschäftszahl des Verwaltungsgerichtshofes trägt.

(BGBl I 2013/33)

§ 54. (1) Wird die Wiederaufnahme eines Verfahrens gemäß § 45 Abs. 1 Z 1 oder gemäß § 45 Abs. 4 dieses Bundesgesetzes in Verbindung mit „§ 69 Abs. 1 Z 1 AVG"* bewilligt, so hat die Partei, die die Wiederaufnahme beantragt hat, gegen jene Partei, die das Erkenntnis beziehungsweise den Beschluss durch eine gerichtlich strafbare Handlung herbeigeführt oder sonstwie erschlichen hat, einen Anspruch

1. auf Ersatz des Aufwandes, der für sie mit dem Antrag auf Wiederaufnahme des Verfahrens verbunden war (Schriftsatzaufwand);

2. auf Ersatz der Geldleistungen, die sie auf Grund der §§ 47 bis 59 dieses Bundesgesetzes im anhängigen Verfahren vor dessen Wiederaufnahme zu erbringen hatte.
*(*BGBl I 2004/89; BGBl I 2013/33)*

(2) Auf den Schriftsatzaufwand gemäß Abs. 1 Z 1 sind die Bestimmungen des § 49 Abs. 1 und 2 über den Schriftsatzaufwand mit der Maßgabe sinngemäß anzuwenden, dass der Pauschalbetrag für den Ersatz des Schriftsatzaufwandes in der Verordnung gemäß § 49 Abs. 1 um die Hälfte niedriger festzusetzen ist als der sonst auf Grund dieser Bestimmung für den Ersatz des Schriftsatzaufwandes festzustellende Pauschalbetrag. *(BGBl I 2013/33)*

(3) Wurde die Wiederaufnahme des Verfahrens von mehreren Parteien beantragt, so hat jede von ihnen einen Anspruch auf Aufwandersatz gemäß den Abs. 1 und 2. „Wurde jedoch von mehreren Parteien ein gemeinsamer Wiederaufnahmeantrag gestellt oder wurden getrennte Wiederaufnahmeanträge von mehreren Parteien durch denselben Rechtsanwalt (Steuerberater oder Wirtschaftsprüfer) eingebracht, so gilt § 53 Abs. 1 und 2 sinngemäß." *(BGBl I 2012/51)*

(4) Soweit die Abs. 1 und 2 nicht anderes bestimmen, gelten die allgemeinen Bestimmungen über den Aufwandersatz auch für das wiederaufgenommene Verfahren.

§ 55. Wurde der Revisionswerber hinsichtlich einzelner oder aller Revisionspunkte (§ 28 Abs. 1 Z 4) klaglos gestellt (§ 33), ist die Frage des Anspruches auf Aufwandersatz (§ 47) so zu beurteilen, wie im Fall des § 47 Abs. 2 Z 1. Für jene Fälle, in denen die Klaglosstellung hinsichtlich aller Revisionspunkte (§ 28 Abs. 1 Z 4) innerhalb der gemäß § 30a Abs. 4 oder § 36 Abs. 1 gesetzten Frist erfolgte, ist jedoch der Pauschalbetrag für den Ersatz des Schriftsatzaufwandes in der Verordnung gemäß § 49 Abs. 1 um ein Viertel niedriger festzusetzen als der allein auf Grund dieser Bestimmung für den Ersatz des Schriftsatzaufwandes festzustellende Pauschalbetrag.

(BGBl I 2013/33)

§ 56. (1) Im Fall eines Fristsetzungsantrages, in dem der Verwaltungsgerichtshof gemäß § 42a vorgeht, ist die Frage des Anspruches auf Aufwandersatz (§ 47) so zu beurteilen, wie im Fall des § 47 Abs. 2 Z 1. Im Fall eines Fristsetzungsantrages, in dem das Verfahren wegen Nachholung des versäumten Erkenntnisses oder Beschlusses eingestellt wurde, ist der Pauschalbetrag für den Ersatz des Schriftsatzaufwandes in der Verordnung gemäß § 49 Abs. 1 um die Hälfte niedriger festzusetzen als der sonst auf Grund dieser Bestimmung für den Ersatz des Schriftsatzaufwandes festzustellende Pauschalbetrag.

(2) Abs. 1 ist nicht anzuwenden, wenn

1. das Verwaltungsgericht Gründe nachzuweisen vermag, die eine fristgerechte Erlassung des Erkenntnisses oder Beschlusses unmöglich gemacht haben, und diese Gründe dem Antragsteller vor Einbringung des Fristsetzungsantrages bekannt gegeben hat,

2. die Verzögerung der verwaltungsgerichtlichen Entscheidung ausschließlich auf das Verschulden des Antragstellers zurückzuführen war oder

3. die dem Fristsetzungsantrag zugrunde liegende Rechtssache mutwillig betrieben wird.

(BGBl I 2013/33)

§ 57. Durch die §§ 47 bis 56 wird der Entlohnungsanspruch der Rechtsanwälte „(Steuerberater oder Wirtschaftsprüfer)“ gegenüber den von ihnen vertretenen Parteien nicht berührt. *(BGBl I 2008/4)*

§ 58. „(1)“ Soweit die §§ 47 bis 56 nicht anderes bestimmen, hat jede Partei den ihr im Verfahren vor dem Verwaltungsgerichtshof erwachsenden Aufwand selbst zu tragen. *(BGBl I 1997/88)*

(2) Fällt bei einer „Revision oder einem Fristsetzungsantrag“ das Rechtsschutzinteresse nachträglich weg, so ist dies bei der Entscheidung über die Kosten „ “ nicht zu berücksichtigen; würde hiebei die Entscheidung über die Kosten einen unverhältnismäßigen Aufwand erfordern, so ist darüber nach freier Überzeugung zu entscheiden. *(BGBl I 1997/88; BGBl I 2013/33)*

§ 59. (1) Aufwandersatz ist vom Verwaltungsgerichtshof auf Antrag zuzuerkennen.

(2) Der Antrag auf Zuerkennung von Aufwandersatz ist einzubringen

1. für Schriftsatzaufwand im Schriftsatz;

„2.“ für Reisekosten und Verhandlungsaufwand am Schluss der mündlichen Verhandlung; *(BGBl I 2013/33)*

„3.“ für Leistungen betreffend Kommissionsgebühren und Barauslagen binnen einer Woche nach dem Entstehen der Leistungspflicht. *(BGBl I 2008/4; BGBl I 2013/33)*

Alle Anträge sind schriftlich zu stellen und zu begründen.

(3) Über rechtzeitig gestellte Anträge auf Zuerkennung von Aufwandersatz hat der Verwaltungsgerichtshof in dem das Verfahren abschließenden Erkenntnis bzw. Beschluss, wenn dies jedoch nicht möglich ist, mit abgesondertem Beschluss zu entscheiden. Nicht rechtzeitig gestellte Anträge sind zurückzuweisen. Wurde jedoch bis zur Entscheidung zumindest ein allgemeiner Antrag auf Zuerkennung von Aufwandersatz gestellt, sind die Pauschalbeträge für Schriftsatzaufwand und Verhandlungsaufwand sowie die tatsächlich entrichteten Kommissionsgebühren und die Eingabengebühr gemäß § 24a im gebührenden Ausmaß jedenfalls zuzusprechen. *(BGBl I 2013/33)*

(4) In der Entscheidung über den Antrag auf Zuerkennung von Aufwandersatz hat der Verwaltungsgerichtshof eine Leistungsfrist von zwei Wochen festzusetzen. Die Exekution dieser Entscheidungen wird von den ordentlichen Gerichten durchgeführt. Der Verwaltungsgerichtshof hat durch seine Geschäftsstelle auf einer Ausfertigung der Entscheidung über den Aufwandersatz der anspruchsberechtigten Partei die Vollstreckbarkeit dieser Entscheidung zu bestätigen. *(BGBl I 2013/33)*

§ 60. *(entfällt, BGBl I 2008/4)*

Verfahrenshilfe

§ 61. (1) Soweit im Folgenden nicht anderes bestimmt ist, sind die Voraussetzungen und die Wirkungen der Bewilligung der Verfahrenshilfe nach den Vorschriften der Zivilprozessordnung – ZPO, RGBl. Nr. 113/1895, zu beurteilen. Die Bewilligung der Verfahrenshilfe schließt das Recht ein, dass der Partei ohne weiteres Begehren zur Abfassung und Einbringung der Revision, des Fristsetzungsantrages, des Antrages auf Wiederaufnahme des Verfahrens oder auf Wiedereinsetzung in den vorigen Stand oder des Antrages auf Entscheidung eines Kompetenzkonfliktes und zur Vertretung bei der Verhandlung (§ 40) ein Rechtsanwalt beigegeben wird.

(1a) Wurde das Erkenntnis des Verwaltungsgerichts mündlich verkündet (§ 29 Abs. 2 VwGVG), ist ein Antrag auf Verfahrenshilfe nur nach einem Antrag auf Ausfertigung des Erkenntnisses gemäß § 29 Abs. 4 VwGVG durch mindestens einen der hiezu Berechtigten zulässig. Ein Nachweis über einen rechtzeitigen Antrag auf Ausfertigung des Erkenntnisses gemäß § 29 Abs. 4 VwGVG ist anzuschließen. *(BGBl I 2017/24)*

(2) Hat das Verwaltungsgericht in seinem Erkenntnis oder Beschluss ausgesprochen, dass die Revision gemäß Art. 133 Abs. 4 B-VG zulässig ist, entscheidet über den Antrag auf Verfahrenshilfe das Verwaltungsgericht mit Beschluss. Die Erfolgsaussichten der Rechtsverfolgung (§ 63 Abs. 1 ZPO) sind für seine Entscheidung nicht maßgeblich.

(3) Hat das Verwaltungsgericht in seinem Erkenntnis oder Beschluss ausgesprochen, dass die Revision gemäß Art. 133 Abs. 4 B-VG nicht zulässig ist, entscheidet über den Antrag auf Verfahrenshilfe der Verwaltungsgerichtshof. Im Antrag ist, soweit dies dem Antragsteller zumutbar ist, kurz zu begründen, warum entgegen dem Ausspruch des Verwaltungsgerichtes die Revision für zulässig erachtet wird.

(4) Über Anträge auf Verfahrenshilfe für die Abfassung und Einbringung eines Fristsetzungsantrages oder eines Antrages auf Entscheidung eines Kompetenzkonfliktes entscheidet der Verwaltungsgerichtshof.

(5) Hat das Verwaltungsgericht bzw. der Verwaltungsgerichtshof die Verfahrenshilfe bewilligt, hat es bzw. hat er den Ausschuss der nach dem gewöhnlichen Aufenthalt der Partei zuständigen Rechtsanwaltskammer zu benachrichtigen, damit der Ausschuss einen Rechtsanwalt zum Vertreter bestelle. Wünschen der Partei über die Auswahl dieses Rechtsanwalts ist im Einvernehmen mit dem namhaft gemachten Rechtsanwalt nach Möglichkeit zu entsprechen.

(6) Wird gemäß § 45 Abs. 4 der Rechtsanwaltsordnung – RAO, RGBl. Nr. 96/1868, anstelle des bisher beigegebenen Rechtsanwaltes ein anderer Rechtsanwalt zur Verfahrenshilfe bestellt, hat die Rechtsanwaltskammer den Verwaltungsgerichtshof hievon unverzüglich unter Beischluss eines Zustellnachweises in Kenntnis zu setzen.

(7) Hat der Verfassungsgerichtshof eine Beschwerde gemäß Art. 144 Abs. 3 B-VG dem Verwaltungsgerichtshof abgetreten, gilt eine von ihm bewilligte Verfahrenshilfe und die Bestellung eines Rechtsanwaltes auch für das Revisionsverfahren.

(BGBl I 2013/33)

Anzuwendendes Recht

§ 62. (1) Soweit in diesem Bundesgesetz nicht anderes bestimmt ist, ist auf das Verfahren vor dem Verwaltungsgerichtshof das AVG anzuwenden.

(2) Entscheidet der Verwaltungsgerichtshof in der Sache selbst, so hat er, soweit in diesem Bundesgesetz nicht anderes bestimmt ist, jene Vorschriften anzuwenden, die das Verwaltungsgericht anzuwenden hätte.

(BGBl I 2013/33)

Vollstreckung

§ 63. (1) Wenn der Verwaltungsgerichtshof einer Revision stattgegeben hat, sind die Verwaltungsgerichte und die Verwaltungsbehörden verpflichtet, in der betreffenden Rechtssache mit den ihnen zu Gebote stehenden rechtlichen Mitteln unverzüglich den der Rechtsanschauung des Verwaltungsgerichtshofes entsprechenden Rechtszustand herzustellen.

(2) In einem Erkenntnis, mit dem der Verwaltungsgerichtshof in der Sache selbst entscheidet, hat er auch das Gericht oder die Verwaltungsbehörde zu bestimmen, das bzw. die das Erkenntnis zu vollstrecken hat. Das Vollstreckungsverfahren richtet sich nach den für dieses Gericht bzw. diese Verwaltungsbehörde sonst geltenden Vorschriften.

(BGBl I 2013/33)

2. Unterabschnitt
„Besondere Bestimmungen über Feststellungsanträge in Amts- und Organhaftungssachen, in Rechtssachen betreffend die Verpflichtungen des Fernsehveranstalters nach dem Fernseh-Exklusivrechtegesetz und in Rechtssachen in den Angelegenheiten der Nachprüfung im Rahmen der Vergabe von Aufträgen“

(BGBl I 2013/122)

Parteien

§ 64. Parteien im Verfahren nach diesem Unterabschnitt sind das antragstellende Gericht, die Behörde, die den Bescheid bzw. das Verwaltungsgericht, das das Erkenntnis oder den Beschluss erlassen hat, und die Parteien des Rechtsstreites vor dem antragstellenden Gericht (§ 11 des Amtshaftungsgesetzes – AHG, BGBl. Nr. 20/1949; § 9 des Organhaftpflichtgesetzes – OrgHG, BGBl. Nr. 181/1967; § 3 Abs. 9 des Fernseh-Exklusivrechtegesetzes – FERG, BGBl. I Nr. 85/2001; § 341 Abs. 4 des Bundesvergabegesetzes 2006 – BVergG 2006, BGBl. I Nr. 17/2006[15]; § 142 Abs. 4 des Bundesvergabegesetzes Verteidigung und Sicherheit 2012 – BVergGVS 2012, BGBl. I Nr. 10/2012).

(BGBl I 2013/33)

[15] *Heute: § 373 Abs 5 BVergG.*

Einleitung des Verfahrens

§ 65. (1) „Sobald der Beschluss auf Unterbrechung des Verfahrens (§ 11 des Amtshaftungsgesetzes – AHG, BGBl. Nr. 20/1949; § 9 des Organhaftpflichtgesetzes – OrgHG, BGBl. Nr. 181/1967; § 3 Abs. 9 des Fernseh-Exklusivrechtegesetzes – FERG, BGBl. I Nr. 85/2001; § 341 Abs. 4 des Bundesvergabegesetzes 2006 – BVergG 2006, BGBl. I Nr. 17/2006[15]; § 142 Abs. 4 des Bundesvergabegesetzes Verteidigung und Sicherheit 2012 – BVergGVS 2012, BGBl. I Nr. 10/2012) rechtskräftig geworden ist, hat das Gericht beim Verwaltungsgerichtshof den Antrag auf Überprüfung des Bescheides bzw. des Erkenntnisses oder des Beschlusses zu stellen.“ Den übrigen Parteien steht es frei, binnen zwei Wochen nach Rechtskraft des Unterbrechungsbeschlusses ergänzende Ausführungen zur Frage der Rechtswidrigkeit des Bescheides „bzw. des Erkenntnisses oder des Beschlusses“ zu machen. *(BGBl I 2013/33)*

(2) Der Antrag (Abs. 1) hat den Bescheid „bzw. das Erkenntnis oder den Beschluss“ und allenfalls die Punkte zu bezeichnen, deren Überprüfung das Gericht verlangt. Dem Antrag sind die Akten des Rechtsstreites anzuschließen. *(BGBl I 2013/33)*

(3) Der Verwaltungsgerichtshof hat „die Behörde, die den Bescheid bzw. das Verwaltungsgericht, das das Erkenntnis oder den Beschluss erlassen hat, aufzufordern, die Akten des Verwaltungsverfahrens bzw. des Gerichtsverfahrens", soweit sie nicht bereits dem Akt des antragstellenden Gerichtes beiliegen, binnen zwei Wochen vorzulegen. Kommt die Behörde dieser Aufforderung nicht nach, kann der Verwaltungsgerichtshof seinen Beschluss

1. wenn es sich um ein gemäß § 11 „AHG" eingeleitetes Verfahren handelt, auf Grund der ihm vorliegenden Akten und der Behauptungen des Klägers, *(BGBl I 2013/122)*

2. wenn es sich um ein gemäß § 9 „OrgHG" eingeleitetes Verfahren handelt, auf Grund der ihm vorliegenden Akten und der Behauptungen des Beklagten, *(BGBl I 2013/122)*

3. wenn es sich um ein gemäß „§ 3 Abs. 9 FERG, § 341 Abs. 4 BVergG 2006[15] oder § 142 Abs. 4 BVergGVS 2012" eingeleitetes Verfahren handelt, auf Grund der ihm vorliegenden Akten und der Behauptungen der Parteien des Rechtsstreites vor dem antragstellenden Gericht *(BGBl I 2013/33)*

fassen. *(BGBl I 2008/4; BGBl I 2013/33)*

Verhandlung

§ 66. Die Durchführung einer Verhandlung bleibt dem Gerichtshof überlassen.

Erkenntnis

§ 67. Das Erkenntnis des Verwaltungsgerichtshofes über die Rechtswidrigkeit eines Bescheides „bzw. eines Erkenntnisses oder eines Beschlusses" hat lediglich feststellende Bedeutung. Je eine Ausfertigung des Erkenntnisses ist den Parteien zuzustellen. *(BGBl I 2013/33)*

Kosten

§ 68. Die in diesem Verfahren erwachsenden Kosten sind Kosten des Rechtsstreites vor dem antragstellenden Gericht.

Verfahrenshilfe

§ 69. Die Bewilligung der Verfahrenshilfe für den Rechtsstreit vor dem antragstellenden Gericht gilt auch für das Verfahren nach diesem Unterabschnitt.

(BGBl I 2013/33)

Ergänzende Bestimmungen

§ 70. Soweit sich aus den §§ 64 bis 69 nicht anderes ergibt, sind die §§ 22 bis 25, § 29, § 31, § 32, § 33 Abs. 2, § 34, § 36, § 37, § 38b, § 40, § 41, § 43 Abs. 1 bis 5 und 7 bis 9 sowie die §§ 45, 46 und 62 Abs. 1 sinngemäß anzuwenden.

(BGBl I 2013/33)

3. Unterabschnitt

Besondere Bestimmungen im Verfahren zur Entscheidung von Kompetenzkonflikten zwischen Verwaltungsgerichten oder zwischen einem Verwaltungsgericht und dem Verwaltungsgerichtshof

(BGBl I 2013/33)

§ 71. Im Verfahren zur Entscheidung von Kompetenzkonflikten zwischen Verwaltungsgerichten oder zwischen einem Verwaltungsgericht und dem Verwaltungsgerichtshof gemäß Art. 133 Abs. 1 Z 3 B-VG sind die §§ 43 bis 46, 48, 49, 51 und 52 des Verfassungsgerichtshofgesetzes 1953 – VfGG, BGBl. Nr. 85/1953, sinngemäß anzuwenden.

(BGBl I 2013/33)

4. Unterabschnitt

Elektronischer Rechtsverkehr

(BGBl I 2013/33)

§ 72. (1) Die Schriftsätze können auch im Weg des nach diesem Unterabschnitt eingerichteten elektronischen Rechtsverkehrs wirksam eingebracht werden. Anstelle schriftlicher Ausfertigungen der Erledigungen sowie anstelle von Gleichschriften von Eingaben, die elektronisch eingebracht worden sind, kann der Verwaltungsgerichtshof die darin enthaltenen Daten „ " im Weg des elektronischen Rechtsverkehrs übermitteln. *(BGBl I 2017/24)*

(2) Ist die Zustellung im elektronischen Rechtsverkehr nach den folgenden Bestimmungen nicht möglich, kann sie auch über elektronische Zustelldienste nach den Bestimmungen des 3. Abschnittes des Zustellgesetzes – ZustG, BGBl. Nr. 200/1982, erfolgen.

§ 73. Der Präsident hat nach Anhörung der Vollversammlung nach Maßgabe der technischen und organisatorischen Möglichkeiten sowie unter Bedachtnahme auf eine einfache und sparsame Verwaltung und eine Sicherung vor Missbrauch die nähere Vorgangsweise bei der elektronischen Einbringung von Schriftsätzen und Übermittlung von Ausfertigungen von Erledigungen des Verwaltungsgerichtshofes durch Verordnung zu regeln. Dazu gehören insbesondere die zulässigen elektronischen Formate und Signaturen, die Regelungen für die Ausgestaltung der automationsunterstützt hergestellten Ausfertigungen einschließlich der technischen Vorgaben für die Amtssigna-

VwGG

tur und deren Überprüfung sowie Bestimmungen über den Anschriftcode. In der Verordnung kann vorgeschrieben werden, dass sich der Einbringer einer Übermittlungsstelle zu bedienen hat. Diese Verordnung hat nach Maßgabe der technischen und organisatorischen Möglichkeiten den Zeitpunkt zu bestimmen, ab dem Schriftsätze und Ausfertigungen von Erledigungen im Weg des elektronischen Rechtsverkehrs eingebracht bzw. übermittelt werden können.

§ 74. (1) Soweit dies in der Verordnung gemäß § 73 angeordnet ist,

1. sind die Schriftsätze mit einer geeigneten elektronischen Signatur zu unterschreiben;

2. kann auch ein anderes sicheres Verfahren, das die Authentizität und die Integrität des übermittelten elektronischen Dokuments sicherstellt, angewandt werden;

3. sind Beilagen zu elektronisch eingebrachten Schriftsätzen in Form von elektronischen Urkunden (Urschriften oder elektronischen Abschriften von Papierurkunden) anzuschließen.

(2) Die Ausfertigungen von Erledigungen des Verwaltungsgerichtshofes, die im elektronischen Rechtsverkehr übermittelt werden sollen, sind mit der Amtssignatur des Verwaltungsgerichtshofes (§§ 19 und 20 des E-Government-Gesetzes – E-GovG, BGBl. I Nr. 10/2004), zu versehen, soweit dies in der Verordnung nach § 73 vorgesehen ist. Die Bestimmungen des „Signatur- und Vertrauensdienstegesetzes – SVG, BGBl. I Nr. 50/2016, und der Verordnung (EU) Nr. 910/2014 über elektronische Identifizierung und Vertrauensdienste für elektronische Transaktionen im Binnenmarkt und zur Aufhebung der Richtlinie 1999/93/EG, ABl. Nr. L 257 vom 28.08.2014 S. 73, in der Fassung der Berichtigung „ABl. Nr. L 155 vom 14.06.2016 S. 44“**“*, sind sinngemäß anzuwenden. *(*BGBl I 2016/50; **BGBl I 2017/24)*

(3) Nach Maßgabe der technischen Möglichkeiten sind Rechtsanwälte sowie Steuerberater und Wirtschaftsprüfer zur Teilnahme am elektronischen Rechtsverkehr verpflichtet. Ein Verstoß gegen diese Vorschrift wird wie ein Formmangel behandelt, der zu verbessern ist.

§ 75. (1) Schriftsätze, die im Weg des elektronischen Rechtsverkehrs eingebracht werden, gelten als beim Verwaltungsgerichtshof eingebracht, wenn ihre Daten zur Gänze bei der Bundesrechenzentrum GmbH eingelangt sind. Ist vorgesehen, dass die Schriftsätze über eine Übermittlungsstelle zu leiten sind (§ 73), und sind sie auf diesem Weg bei der Bundesrechenzentrum GmbH tatsächlich zur Gänze eingelangt, so gelten sie als beim Verwaltungsgerichtshof mit demjenigen Zeitpunkt eingebracht, an dem die Übermittlungsstelle dem Einbringer rückgemeldet hat, dass sie die Daten des Schriftsatzes zur Weiterleitung an die Bundesrechenzentrum GmbH übernommen hat.

(2) Als Zustellungszeitpunkt elektronisch übermittelter Ausfertigungen von Erledigungen des Verwaltungsgerichtshofes und Eingaben (§ 72 Abs. 1) gilt jeweils der auf das Einlangen in den elektronischen Verfügungsbereich des Empfängers folgende Werktag, wobei Samstage nicht als Werktage gelten.

§ 76. Im Übrigen sind die §§ 89a bis 89g „GOG“ sinngemäß anzuwenden. *(BGBl I 2017/24)*

5. Unterabschnitt

Datenschutz

(BGBl I 2018/22)

§ 76a. Die §§ 84 und 85 GOG gelten sinngemäß mit der Maßgabe, dass über behauptete Verletzungen solcher Rechte (Art. 133 Abs. 2a B-VG) ein Senat des Verwaltungsgerichtshofes nach den Bestimmungen dieses Bundesgesetzes entscheidet.

III. ABSCHNITT

Schlussbestimmungen

Sprachliche Gleichbehandlung

„**§ 77.**“ Soweit in diesem Bundesgesetz auf natürliche Personen bezogene Bezeichnungen nur in männlicher Form angeführt sind, beziehen sie sich auf Frauen und Männer in gleicher Weise. Bei der Anwendung der Bezeichnung auf bestimmte natürliche Personen ist die jeweils geschlechtsspezifische Form zu verwenden. *(BGBl I 2013/33)*

(BGBl I 2008/4)

Vollziehung

„**§ 78.**“* Mit der Vollziehung des „§ 24a“** ist, soweit darin nicht anderes bestimmt ist, der Bundesminister für Finanzen betraut, mit der Vollziehung der sonstigen Bestimmungen dieses Bundesgesetzes, soweit in den §§ 49 und 54 bis 56 nicht anderes bestimmt ist, die Bundesregierung. *(*BGBl I 2013/33; **BGBl I 2013/122)*

(BGBl I 2012/51)

„Inkrafttreten"
(BGBl I 1998/158)

„§ 79." „(1)" § 24 Abs. 1 und Abs. 2 bis 4, § 34 Abs. 2 und 4, § 36 Abs. 2 dritter Satz, § 39 Abs. 2 Z 6, § 43 Abs. 8 sowie die Absatzbezeichnung des Abs. 9, § 48 Abs. 1 Z 1, § 49 Abs. 1, die Änderung in § 55 Abs. 1, § 55 Abs. 4, die Absatzänderung in § 58 und § 58 Abs. 2 und § 72 in der Fassung des Bundesgesetzes BGBl. I Nr. 88/1997 treten mit 1. September 1997 in Kraft. § 33a samt Überschrift in der Fassung des genannten Bundesgesetzes tritt mit 1. Jänner 1998 in Kraft. *(BGBl I 1998/158)*

(2) § 27 Abs. 1 erster Satz und § 48 Abs. 2 Z 1 in der Fassung des Bundesgesetzes BGBl. I Nr. 158/1998 treten mit 1. Jänner 1999 in Kraft. *(BGBl I 1998/158)*

(3) § 23 Abs. 1 und § 24 Abs. 2 zweiter Satz treten gleichzeitig mit dem Inkrafttreten des Wirtschaftstreuhandberufsgesetzes, BGBl. I Nr. 58/1999, in Kraft. *(BGBl I 1999/60)*

(4) Die §§ 24 Abs. 3 und 4, 33a und 74 samt Überschrift in der Fassung des Bundesgesetzes BGBl. I Nr. 136/2001 treten mit 1. Jänner 2002 in Kraft. *(BGBl I 2001/136)*

(5) § 26a in der Fassung des Bundesgesetzes BGBl. I Nr. 124/2002 tritt mit 1. Oktober 2002 in Kraft. *(BGBl I 2002/124)*

(6) § 21 Abs. 1, § 23, § 24 Abs. 2 und 3, § 28 Abs. 1 Z 1, § 30 Abs. 3, § 33a, § 34 Abs. 1, § 36 Abs. 2 letzter Satz und Abs. 6, § 38a samt Überschrift, § 38b samt Überschrift, § 43 Abs. 3, 8 und 9, § 44, § 47 Abs. 2 Z 1, § 49 Abs. 1 und 5, § 50, § 52 Abs. 1, § 53, § 54 Abs. 1 und 3 und § 57 in der Fassung des Bundesgesetzes BGBl. I Nr. 89/2004 treten mit Ablauf des Monats der Kundmachung dieses Bundesgesetzes in Kraft; zugleich treten § 24 Abs. 4 und § 26a außer Kraft. *(BGBl I 2004/89)*

(7) Mit Ablauf des Monats der Kundmachung des Bundesgesetzes BGBl. I Nr. 89/2004 treten, soweit sie noch in Geltung stehen, in ihrer zu diesem Zeitpunkt geltenden Fassung außer Kraft:

1. das Übergangsrecht anläßlich von Novellen zum Verwaltungsgerichtshofgesetz 1965, Anlage 2 zur Kundmachung des Bundeskanzlers vom 20. Dezember 1984, mit der das Verwaltungsgerichtshofgesetz 1965 wiederverlautbart wird, BGBl. Nr. 10/1985;

2. das Bundesgesetz, mit dem das Verwaltungsgerichtshofgesetz 1985 geändert wird, BGBl. Nr. 564/1985;

3. das Bundesgesetz, mit dem das Verwaltungsgerichtshofgesetz und das Richterdienstgesetz geändert werden, BGBl. Nr. 330/1990.

Durch die aufgehobenen Bundesgesetze geänderte gesetzliche Bestimmungen bleiben unberührt; durch diese aufgehobene gesetzliche Bestimmungen treten nicht wieder in Kraft. *(BGBl I 2004/89)*

(8) § 1 Abs. 2 bis 4, § 11 Abs. 2, § 21 Abs. 1, § 22 zweiter Satz, § 23 Abs. 1 zweiter Satz, Abs. 4 und Abs. 5, § 24 Abs. 2 erster Satz, Abs. 2a und Abs. 3 Z 2 und 5, § 25 Abs. 1, § 27, § 28 Abs. 1 Z 2, Abs. 3 und 5, § 31 Abs. 1 Z 1, § 33 Abs. 2, § 34 Abs. 2 und 4, § 36 Abs. 2 zweiter Satz, Abs. 5, Abs. 6 und Abs. 7 letzter Satz, § 38 Abs. 2, § 38a Abs. 3 Z 1 lit. c, § 42 Abs. 4 erster Satz, § 43 Abs. 3, § 47 Abs. 2 Z 1 und Abs. 5, § 48 Abs. 1, Abs. 2 Z 1 und Abs. 3, § 49 Abs. 1, 2, 4 und 5, § 50, § 52 Abs. 2 dritter Satz, § 53 Abs. 2, § 54 Abs. 2 und 3, die §§ 55 bis 57, § 59 Abs. 2 Z 4 und Abs. 3 dritter Satz, § 61 Abs. 2, § 62 Abs. 2, die Überschrift zum 2. Unterabschnitt des II. Abschnittes, § 64, § 65 Abs. 1 und 3, § 70 samt Überschrift, der dritte Unterabschnitt des II. Abschnittes, der bisherige § 71 (§ 79 samt Überschrift neu) und die Paragraphenbezeichnungen der bisherigen §§ 72 bis 74 (§§ 80 bis 82 neu) in der Fassung des Bundesgesetzes BGBl. I Nr. 4/2008 treten mit 1. Juli 2008 in Kraft; gleichzeitig treten § 31 Abs. 1 Z 2, § 36 Abs. 4 und § 60 außer Kraft. *(BGBl I 2008/4)*

(9) § 24 Abs. 3 Z 5 und 6 in der Fassung des Art. 2 des Budgetbegleitgesetzes 2011, BGBl. I Nr. 111/2010, tritt mit 1. Jänner 2011 in Kraft. *(BGBl I 2010/111)*

(10) § 14 Abs. 4, § 15 Abs. 3, § 24 Abs. 1, § 25 Abs. 2, § 27 Abs. 2 erster Satz, § 33a, § 37 Abs. 1, § 38a Abs. 2, die Überschrift zu § 38b, § 38b Abs. 1 erster Satz, § 41 Abs. 2, § 42 Abs. 1 und 3a, § 43 Abs. 7, § 45 Abs. 4, § 47 Abs. 1 und Abs. 2 Z 1, § 53 Abs. 2 erster Satz, § 54 Abs. 3 zweiter Satz, § 55 Abs. 2 Z 2, § 62 Abs. 2, § 76 Abs. 3 und 5 und § 80 samt Überschrift in der Fassung des Bundesgesetzes BGBl. I Nr. 51/2012 treten mit Ablauf des Monats der Kundmachung dieses Bundesgesetzes in Kraft.[1)] *(BGBl I 2012/51)*

(11) In der Fassung des Art. 3 des Bundesgesetzes BGBl. I Nr. 33/2013 treten in Kraft:

1. die neue Absatzbezeichnung des § 15 Abs. 3 mit 1. Juli 2012;

2. § 3 Abs. 1 in der Fassung der Z 2, § 10 Abs. 2 Z 1 in der Fassung der Z 5, § 12 Abs. 1 Z 1 lit. a in der Fassung der Z 11, § 12 Abs. 1 Z 1 lit. c in der Fassung der Z 12, § 12 Abs. 1 Z 2 in der Fassung der Z 13, § 12 Abs. 3 in der Fassung der Z 15, § 14 Abs. 2 in der Fassung der Z 17, § 15 Abs. 4 in der Fassung der Z 20, die Überschrift zum 1. Unterabschnitt des II. Abschnittes in der Fassung der Z 21, § 21 in der Fassung der Z 22 bis 24, § 22 in der Fassung der Z 25, § 23 Abs. 1 in der Fassung der Z 26, die §§ 24 und § 24a in der Fassung der Z 28, § 25 in der Fassung der Z 29, § 25a samt Überschrift in der Fassung der Z 30, § 26 samt Überschrift in der Fassung der Z 31, § 28 samt Überschrift in der Fassung

der Z 33, § 29 in der Fassung der Z 34, § 30 in der Fassung der Z 35, diese in der Fassung des Art. 1 Z 1 des Bundesgesetzes BGBl. I Nr. 122/2013, die §§ 30a und 30b samt Überschriften in der Fassung der Z 36, § 31 Abs. 1 in der Fassung der Z 37 bis 40, § 31 Abs. 2 in der Fassung der Z 42, die Überschrift vor § 33 in der Fassung der Z 43, § 33 in der Fassung der Z 44 und 45, § 34 Abs. 1 und 1a in der Fassung der Z 47, § 34 Abs. 2 in der Fassung der Z 48, § 34 Abs. 4 in der Fassung der Z 49, § 35 samt Überschrift in der Fassung der Z 50, die §§ 36 bis 37a samt Überschrift in der Fassung der Z 51, § 38 samt Überschrift in der Fassung der Z 52, § 38a Abs. 1, 3 und 4 in der Fassung der Z 53 bis 57, § 38b Abs. 1 in der Fassung der Z 56, § 39 Abs. 1 und 2 in der Fassung der Z 58 bis 60, § 40 Abs. 4 bis 4c in der Fassung der Z 61, § 41 samt Überschrift in der Fassung der Z 62, § 42 in der Fassung der Z 63, § 42a in der Fassung der Z 64, § 44 in der Fassung der Z 65, § 45 Abs. 1 Z 5 in der Fassung der Z 66, § 45 Abs. 5 und 6 in der Fassung der Z 67, § 46 Abs. 2 bis 4 in der Fassung der Z 68, die §§ 47 und 48 samt Überschrift in der Fassung der Z 69, § 49 Abs. 2 in der Fassung der Z 72, § 49 Abs. 5 in der Fassung der Z 73, § 49 Abs. 6 letzter Satz in der Fassung der Z 74, § 50 in der Fassung der Z 75, § 51 in der Fassung der Z 76, § 52 in der Fassung der Z 77, § 53 in der Fassung der Z 78, § 54 Abs. 2 in der Fassung der Z 79, die §§ 55 und 56 in der Fassung der Z 80, § 58 Abs. 2 in der Fassung der Z 81, § 59 Abs. 2 bis 4 in der Fassung der Z 82 bis 84, § 61 in der Fassung der Z 85, § 62 in der Fassung der Z 86, § 63 in der Fassung der Z 87, die Überschrift zum 2. Unterabschnitt des II. Abschnittes in der Fassung der Z 88, § 64 in der Fassung der Z 90, § 65 Abs. 1 in der Fassung der Z 92, § 65 Abs. 2 in der Fassung der Z 93, diese in der Fassung des Art. 1 Z 2 des Bundesgesetzes BGBl. I Nr. 122/2013, § 65 Abs. 3 Einleitung in der Fassung der Z 94, § 67 in der Fassung der Z 96, § 70 in der Fassung der Z 97, der 3. Unterabschnitt des II. Abschnittes samt Überschrift in der Fassung der Z 98, der 4. Unterabschnitt des II. Abschnittes samt Überschrift in der Fassung der Z 99 und die Paragraphenbezeichnungen der §§ 77 bis 80 neu in der Fassung der Z 100 mit 1. Jänner 2014; gleichzeitig treten § 27 und § 33a samt Überschrift außer Kraft;

3. die sonstigen Bestimmungen und Änderungen, insbesondere auch die in Z 101 in der Fassung des Art. 1 Z 3 des Bundesgesetzes BGBl. I Nr. 122/2013 vorgesehene Anpassung von in Z 1 dieses Absatzes genannte Bestimmungen an die neue Rechtschreibung, mit Ablauf des Februars 2013; gleichzeitig treten § 9 Abs. 3 und § 15 Abs. 4 letzter Satz außer Kraft.

Soweit durch das Verwaltungsgerichtsbarkeits-Übergangsgesetz – VwGbk-ÜG, BGBl. I Nr. 33/2013, nicht anderes bestimmt ist, sind in den mit Ablauf des 31. Dezember 2013 beim Verwaltungsgerichtshof anhängigen Beschwerdeverfahren die bis zum Ablauf des 31. Dezember 2013 geltenden Bestimmungen weiter anzuwenden. *(BGBl I 2013/122)*

(12) In der Fassung des Art. 4 des Bundesgesetzes BGBl. I Nr. 122/2013 treten in Kraft:

1. die Überschrift zum 2. Unterabschnitt des II. Abschnittes und § 65 Abs. 3 Z 1 und 2 mit Ablauf des 28. Februar 2013; gleichzeitig entfällt der Ausdruck **„§ 16.** *(Entfällt samt Überschrift; BGBl. Nr. 192/1973)*“;

2. § 80 (§ 78 neu) mit 1. Jänner 2014;

3. die sonstigen Bestimmungen mit Ablauf des Monats der Kundmachung dieses Bundesgesetzes.[2])

(BGBl I 2013/122)

(13) § 74 Abs. 2 in der Fassung des Bundesgesetzes BGBl. I Nr. 50/2016 tritt mit 1. Juli 2016 in Kraft. *(BGBl I 2016/50)*

(14) § 9a samt Überschrift, § 15 Abs. 4, § 25a Abs. 4a, § 26 Abs. 2, § 28 Abs. 4 letzter Satz, § 61 Abs. 1a, § 72 Abs. 1 zweiter Satz, § 74 Abs. 2 und § 76 in der Fassung des Bundesgesetzes BGBl. I Nr. 24/2017 treten mit 1. Jänner 2017 in Kraft. *(BGBl I 2017/24)*

(15) § 28 Abs. 2 in der Fassung des Bundesgesetzes BGBl. I Nr. 138/2017 tritt mit 1. Jänner 2019 in Kraft. *(BGBl I 2017/138)*

(16) Der 5. Unterabschnitt samt Überschrift in der Fassung des Bundesgesetzes BGBl. I Nr. 22/2018 tritt mit 25. Mai 2018 in Kraft. *(BGBl I 2018/22)*

(17) § 31 Abs. 1 Z 1 in der Fassung des Bundesgesetzes BGBl. I Nr. 58/2018, tritt mit 1. August 2018 in Kraft. *(BGBl I 2018/58)*

(18) § 1 Abs. 2 zweiter Satz in der Fassung des Bundesgesetzes BGBl. I Nr. 33/2019, tritt mit Ablauf des Monats der Kundmachung des genannten Bundesgesetzes in Kraft.[3]) *(BGBl I 2019/33)*

(BGBl I 1997/88; BGBl I 2013/33)

---

[1]) Die Kundmachung der Verwaltungsgerichtsbarkeits-Novelle 2012, BGBl I 2012/51, im Bundesgesetzblatt erfolgte am 5. Juni 2012.

[2]) Die Kundmachung der Novelle BGBl I 2013/122 im Bundesgesetzblatt erfolgte am 11. Juli 2013.

[3]) Die Kundmachung der Novelle BGBl I 2019/33 im Bundesgesetzblatt erfolgte am 24. April 2019.

(BGBl I 1997/88)

Verweisungen

„§ 80.“ Soweit in diesem Bundesgesetz auf Bestimmungen anderer Bundesgesetze verwiesen wird, sind diese in ihrer jeweils geltenden Fassung anzuwenden. *(BGBl I 2013/33)*

(BGBl I 2001/136)

Verwaltungsgerichtsverfahrensgesetz

BGBl I 2013/33 (Art 1) idF

1 BGBl I 2013/122
2 BGBl I 2015/82 (VfGH)
3 BGBl I 2017/2 (VfGH)
4 BGBl I 2017/24
5 BGBl I 2017/138
6 BGBl I 2018/57

STICHWORTVERZEICHNIS

Bundesgesetz über das Verfahren der Verwaltungsgerichte (Verwaltungsgerichtsverfahrensgesetz – VwGVG)

Inhaltsverzeichnis

1. Hauptstück
Allgemeine Bestimmungen

Anwendungsbereich

§ 1. Dieses Bundesgesetz regelt das Verfahren der Verwaltungsgerichte mit Ausnahme des Bundesfinanzgerichtes.

Ausübung der Verwaltungsgerichtsbarkeit

§ 2. Soweit die Bundes- oder Landesgesetze nicht die Entscheidung durch den Senat vorsehen, entscheidet das Verwaltungsgericht durch Einzelrichter (Rechtspfleger).

Örtliche Zuständigkeit

§ 3. (1) Sofern die Rechtssache nicht zur Zuständigkeit des Bundesverwaltungsgerichtes gehört, ist in Rechtssachen in den Angelegenheiten, in denen die Vollziehung Landessache ist, das Verwaltungsgericht im Land zuständig.

(2) Im Übrigen richtet sich die örtliche Zuständigkeit in Rechtssachen, die nicht zur Zuständigkeit des Bundesverwaltungsgerichtes gehören,

1. in den Fällen des Art. 130 Abs. 1 Z 1 und 3 des Bundes-Verfassungsgesetzes – B-VG, BGBl. Nr. 1/1930, nach § 3 Z 1, 2 und 3 mit Ausnahme des letzten Halbsatzes des Allgemeinen Verwaltungsverfahrensgesetzes 1991 – AVG, BGBl. Nr. 51/1991, in Verwaltungsstrafsachen jedoch nach dem Sitz der Behörde, die den Bescheid erlassen bzw. nicht erlassen hat;

2. in den Fällen des Art. 130 Abs. 1 Z 2 B-VG nach dem Ort, an dem die Ausübung unmittelbarer verwaltungsbehördlicher Befehls- und Zwangsgewalt begonnen wurde, wenn diese jedoch im Ausland ausgeübt wurde, danach, wo das ausübende Organ die Bundesgrenze überschritten hat;

„3.“ in den Fällen des Art. 130 Abs. 2 Z 1 B-VG nach dem Ort, an dem das Verhalten gesetzt wurde. *(BGBl I 2017/138)*

(3) Lässt sich die Zuständigkeit nicht gemäß Abs. 1 oder 2 bestimmen, ist das Verwaltungsgericht im Land Wien zuständig.

(BGBl I 2013/122)

Rechtshilfe auf Ersuchen inländischer Gerichte

§ 4. (1) Die Verwaltungsgerichte haben einander Rechtshilfe zu leisten.

(2) Das Ersuchen um Rechtshilfe ist an das Verwaltungsgericht zu stellen, in dessen Sprengel die Amtshandlung vorgenommen werden soll. Es ist abzulehnen, wenn das ersuchte Verwaltungsgericht zu der betreffenden Handlung örtlich unzuständig ist.

(3) Wird ein Rechtshilfeersuchen an ein unzuständiges Verwaltungsgericht gerichtet und ist diesem die Bestimmung des zuständigen Verwaltungsgerichtes möglich, so hat es das Ersuchen an dieses weiterzuleiten.

(4) Auf Rechtshilfeersuchen anderer inländischer Gerichte sind die Abs. 1 bis 3 sinngemäß anzuwenden.

Rechtshilfe auf Ersuchen ausländischer Gerichte und Behörden

§ 5. (1) Ausländischen Gerichten und Behörden ist Rechtshilfe nach den bestehenden Staatsverträgen, mangels solcher unter der Voraussetzung der Gegenseitigkeit zu leisten.

(2) Die Rechtshilfe ist abzulehnen:

1. wenn die von dem ersuchenden Gericht oder der ersuchenden Behörde begehrte Handlung nicht in die Zuständigkeit der Verwaltungsgerichte fällt; sollte die begehrte Handlung in die Zuständigkeit anderer inländischer Behörden oder Gerichte fallen, kann das ersuchte Verwaltungsgericht das Ersuchen an die zuständige Behörde bzw. das zuständige Gericht weiterleiten;

2. wenn sie unzulässig ist.

Über die Ablehnung ist das ersuchende Gericht oder die ersuchende Behörde unter Angabe der Gründe zu unterrichten.

Befangenheit

§ 6. Mitglieder des Verwaltungsgerichtes, fachkundige Laienrichter und Rechtspfleger haben sich unter Anzeige an den Präsidenten der Ausübung ihres Amtes wegen Befangenheit zu enthalten.

2. Hauptstück
Verfahren

1. Abschnitt
Beschwerde

Beschwerderecht und Beschwerdefrist

§ 7. (1) Gegen Verfahrensanordnungen im Verwaltungsverfahren ist eine abgesonderte Beschwerde nicht zulässig. Sie können erst in der Beschwerde gegen den die Sache erledigenden Bescheid angefochten werden.

(2) Eine Beschwerde ist nicht mehr zulässig, wenn die Partei nach der Zustellung oder Verkündung des Bescheides ausdrücklich auf die Beschwerde verzichtet hat.

(3) Ist der Bescheid bereits einer anderen Partei zugestellt oder verkündet worden, kann die Beschwerde bereits ab dem Zeitpunkt erhoben werden, in dem der Beschwerdeführer von dem Bescheid Kenntnis erlangt hat.

(4) Die Frist zur Erhebung einer Beschwerde gegen den Bescheid einer Behörde gemäß Art. 130 Abs. 1 Z 1 B-VG „ “ oder wegen Rechtswidrigkeit des Verhaltens einer Behörde in Vollziehung der Gesetze gemäß Art. 130 Abs. 2 Z 1 B-VG beträgt vier Wochen. Die Frist zur Erhebung einer Beschwerde gegen die Ausübung unmittelbarer verwaltungsbehördlicher Befehls- und Zwangsgewalt gemäß Art. 130 Abs. 1 Z 2 B-VG beträgt sechs Wochen. Sie beginnt *(BGBl I 2017/138)*

1. in den Fällen des Art. 132 Abs. 1 Z 1 B-VG dann, wenn der Bescheid dem Beschwerdeführer zugestellt wurde, mit dem Tag der Zustellung, wenn der Bescheid dem Beschwerdeführer nur mündlich verkündet wurde, mit dem Tag der Verkündung,

2. in den Fällen des Art. 132 Abs. 1 Z 2 B-VG dann, wenn der Bescheid dem zuständigen Bundesminister zugestellt wurde, mit dem Tag der Zustellung, sonst mit dem Zeitpunkt, in dem der zuständige Bundesminister von dem Bescheid Kenntnis erlangt hat,

3. in den Fällen des Art. 132 Abs. 2 B-VG mit dem Zeitpunkt, in dem der Betroffene Kenntnis von der Ausübung unmittelbarer verwaltungsbehördlicher Befehls- und Zwangsgewalt erlangt hat, wenn er aber durch diese behindert war, von seinem Beschwerderecht Gebrauch zu machen, mit dem Wegfall dieser Behinderung, „und“ *(BGBl I 2017/138)*

„4.“ in den Fällen des Art. 132 Abs. 5 B-VG dann, wenn der Bescheid dem zur Erhebung der Beschwerde befugten Organ zugestellt wurde, mit dem Tag der Zustellung, sonst mit dem Zeitpunkt, in dem dieses Organ von dem Bescheid Kenntnis erlangt hat. *(BGBl I 2017/138)*

Frist zur Erhebung der Säumnisbeschwerde

§ 8. (1) Beschwerde wegen Verletzung der Entscheidungspflicht gemäß Art. 130 Abs. 1 Z 3 B-VG (Säumnisbeschwerde) kann erst erhoben werden, wenn die Behörde die Sache nicht innerhalb von sechs Monaten, wenn gesetzlich eine kürzere oder längere Entscheidungsfrist vorgesehen ist, innerhalb dieser entschieden hat. Die Frist beginnt mit dem Zeitpunkt, in dem der Antrag auf Sachentscheidung bei der Stelle eingelangt ist, bei der er einzubringen war. Die Beschwerde ist abzuweisen, wenn die Verzögerung nicht auf ein überwiegendes Verschulden der Behörde zurückzuführen ist.

(2) In die Frist werden nicht eingerechnet:

1. die Zeit, während deren das Verfahren bis zur rechtskräftigen Entscheidung einer Vorfrage ausgesetzt ist;

2. die Zeit eines Verfahrens vor dem Verwaltungsgerichtshof, vor dem Verfassungsgerichtshof

oder vor dem Gerichtshof der Europäischen Union.

Verfahrenshilfe

§ 8a. (1) Soweit durch Bundes- oder Landesgesetz nicht anderes bestimmt ist, ist einer Partei Verfahrenshilfe zu bewilligen, soweit dies auf Grund des Art. 6 Abs. 1 der Konvention zum Schutze der Menschenrechte und Grundfreiheiten, BGBl. Nr. 210/1958, oder des Art. 47 der Charta der Grundrechte der Europäischen Union, ABl. Nr. C 83 vom 30.03.2010 S. 389, geboten ist, die Partei außerstande ist, die Kosten der Führung des Verfahrens ohne Beeinträchtigung des notwendigen Unterhalts zu bestreiten, und die beabsichtigte Rechtsverfolgung oder Rechtsverteidigung nicht als offenbar mutwillig oder aussichtslos erscheint. Juristischen Personen ist Verfahrenshilfe sinngemäß mit der Maßgabe zu bewilligen, dass an die Stelle des Bestreitens der Kosten der Führung des Verfahrens ohne Beeinträchtigung des notwendigen Unterhalts das Aufbringen der zur Führung des Verfahrens erforderlichen Mittel durch die Partei oder die an der Führung des Verfahrens wirtschaftlich Beteiligten tritt.

(2) Soweit in diesem Paragraphen nicht anderes bestimmt ist, sind die Voraussetzungen und die Wirkungen der Bewilligung der Verfahrenshilfe nach den Vorschriften der Zivilprozessordnung – ZPO, RGBl. Nr. 113/1895, zu beurteilen. Die Bewilligung der Verfahrenshilfe schließt das Recht ein, dass der Partei ohne weiteres Begehren zur Abfassung und Einbringung der Beschwerde, des Vorlageantrags, des Antrags auf Wiederaufnahme des Verfahrens oder des Antrags auf Wiedereinsetzung in den vorigen Stand oder zur Vertretung bei der Verhandlung ein Rechtsanwalt beigegeben wird.

(3) Der Antrag auf Bewilligung der Verfahrenshilfe ist schriftlich zu stellen. Er ist bis zur Vorlage der Beschwerde bei der Behörde, ab Vorlage der Beschwerde beim Verwaltungsgericht einzubringen. Für Verfahren über Beschwerden gemäß Art. 130 Abs. 1 Z 2 B-VG ist der Antrag unmittelbar beim Verwaltungsgericht einzubringen.

(4) Der Antrag auf Bewilligung der Verfahrenshilfe kann ab Erlassung des Bescheides bzw. ab dem Zeitpunkt, in dem der Betroffene Kenntnis von der Ausübung unmittelbarer verwaltungsbehördlicher Befehls- und Zwangsgewalt erlangt hat, gestellt werden. Wird die Bewilligung der Verfahrenshilfe zur Abfassung und Einbringung einer Säumnisbeschwerde beantragt, kann dieser Antrag erst nach Ablauf der Entscheidungsfrist gestellt werden. Sobald eine Partei Säumnisbeschwerde erhoben hat, kann der Antrag auf Bewilligung der Verfahrenshilfe auch von den anderen Parteien gestellt werden.

(5) In dem Antrag auf Bewilligung der Verfahrenshilfe ist die Rechtssache bestimmt zu bezeichnen, für die die Bewilligung der Verfahrenshilfe begehrt wird.

(6) Die Behörde hat dem Verwaltungsgericht den Antrag auf Bewilligung der Verfahrenshilfe und die Akten des Verfahrens unverzüglich vorzulegen. Hat das Verwaltungsgericht die Bewilligung der Verfahrenshilfe beschlossen, so hat es den Ausschuss der zuständigen Rechtsanwaltskammer zu benachrichtigen, damit der Ausschuss einen Rechtsanwalt zum Vertreter bestelle. Dabei hat der Ausschuss Wünschen der Partei zur Auswahl der Person des Vertreters im Einvernehmen mit dem namhaft gemachten Rechtsanwalt nach Möglichkeit zu entsprechen.

(7) Hat die Partei innerhalb der Beschwerdefrist die Bewilligung der Verfahrenshilfe beantragt, so beginnt für sie die Beschwerdefrist mit dem Zeitpunkt zu laufen, in dem der Beschluss über die Bestellung des Rechtsanwalts zum Vertreter und der anzufechtende Bescheid diesem zugestellt sind. Wird der rechtzeitig gestellte Antrag abgewiesen, so beginnt die Beschwerdefrist mit der Zustellung des abweisenden Beschlusses an die Partei zu laufen. Entsprechendes gilt für die Fristen, die sich auf die sonstigen in Abs. 2 genannten Anträge beziehen.

(8) Die Bestellung des Rechtsanwalts zum Vertreter erlischt mit dem Einschreiten eines Bevollmächtigten.

(9) In Verfahrenshilfesachen ist die Wiederaufnahme des Verfahrens nicht zulässig.

(10) Der Aufwand ist von jenem Rechtsträger zu tragen, in dessen Namen das Verwaltungsgericht in der Angelegenheit handelt.

(BGBl I 2017/24)

Inhalt der Beschwerde

§ 9. (1) Die Beschwerde hat zu enthalten:

1. die Bezeichnung des angefochtenen Bescheides oder der angefochtenen Ausübung unmittelbarer verwaltungsbehördlicher Befehls- und Zwangsgewalt, *(BGBl I 2017/138)*

2. die Bezeichnung der belangten Behörde,

3. die Gründe, auf die sich die Behauptung der Rechtswidrigkeit stützt,

4. das Begehren und

5. die Angaben, die erforderlich sind, um zu beurteilen, ob die Beschwerde rechtzeitig eingebracht ist.

(2) Belangte Behörde ist

1. in den Fällen des Art. 130 Abs. 1 Z 1 B-VG jene Behörde, die den angefochtenen Bescheid erlassen hat,

2. in den Fällen des Art. 130 Abs. 1 Z 2 B-VG jene Behörde, der die Ausübung unmittelbarer verwaltungsbehördlicher Befehls- und Zwangsgewalt zuzurechnen ist,

3. in den Fällen des Art. 130 Abs. 1 Z 3 B-VG jene Behörde, die den Bescheid nicht erlassen hat, „und" *(BGBl I 2017/138)*

„4." in den Fällen des Art. 130 Abs. 2 Z 1 B-VG jene Behörde, die das Verhalten gesetzt hat. *(BGBl I 2017/138)*

(3) Soweit bei Beschwerden gegen Bescheide gemäß Art. 130 Abs. 1 Z 1 B-VG „ " eine Verletzung des Beschwerdeführers in Rechten nicht in Betracht kommt, tritt an die Stelle der Gründe, auf die sich die Behauptung der Rechtswidrigkeit stützt, die Erklärung über den Umfang der Anfechtung. *(BGBl I 2017/138)*

(4) Bei Beschwerden gegen die Ausübung unmittelbarer verwaltungsbehördlicher Befehls- und Zwangsgewalt gemäß Art. 130 Abs. 1 Z 2 B-VG tritt an die Stelle der Bezeichnung der belangten Behörde, soweit dies zumutbar ist, eine Angabe darüber, welches Organ die Maßnahme gesetzt hat.

(5) Bei Beschwerden wegen Verletzung der Entscheidungspflicht gemäß Art. 130 Abs. 1 Z 3 B-VG entfallen die Angaben nach Abs. 1 Z 1 bis 3 und 5. Als belangte Behörde ist die Behörde zu bezeichnen, deren Entscheidung in der Rechtssache begehrt wurde. Ferner ist glaubhaft zu machen, dass die Frist zur Erhebung der Säumnisbeschwerde gemäß § 8 Abs. 1 abgelaufen ist.

Mitteilung der Beschwerde

§ 10. Werden in einer Beschwerde neue Tatsachen oder Beweise, die der Behörde oder dem Verwaltungsgericht erheblich scheinen, vorgebracht, so hat sie bzw. hat es hievon unverzüglich den sonstigen Parteien Mitteilung zu machen und ihnen Gelegenheit zu geben, binnen angemessener, zwei Wochen nicht übersteigender Frist vom Inhalt der Beschwerde Kenntnis zu nehmen und sich dazu zu äußern.

2. Abschnitt

Vorverfahren

Anzuwendendes Recht

§ 11. Soweit in diesem und im vorangehenden Abschnitt nicht anderes bestimmt ist, sind auf das Verfahren nach diesem Abschnitt jene Verfahrensvorschriften anzuwenden, die die Behörde in einem Verfahren anzuwenden hat, das der Beschwerde beim Verwaltungsgericht vorangeht.

Schriftsätze

§ 12. Bis zur Vorlage der Beschwerde an das Verwaltungsgericht sind die Schriftsätze bei der belangten Behörde einzubringen. Dies gilt nicht in Rechtssachen gemäß Art. 130 Abs. 1 Z 2 B-VG.

Aufschiebende Wirkung

§ 13. (1) Eine rechtzeitig eingebrachte und zulässige Beschwerde gemäß Art. 130 Abs. 1 Z 1 B-VG hat aufschiebende Wirkung.

(2) Die Behörde kann die aufschiebende Wirkung mit Bescheid ausschließen, wenn nach Abwägung der berührten öffentlichen Interessen und Interessen anderer Parteien der vorzeitige Vollzug des angefochtenen Bescheides oder die Ausübung der durch den angefochtenen Bescheid eingeräumten Berechtigung wegen Gefahr im Verzug dringend geboten ist. Ein solcher Ausspruch ist tunlichst schon in den über die Hauptsache ergehenden Bescheid aufzunehmen.

„(3)"** Die Behörde kann Bescheide gemäß „Abs. 2"** „von Amts wegen oder"* auf Antrag einer Partei aufheben oder abändern, wenn sich der maßgebliche Sachverhalt so geändert hat, dass seine neuerliche Beurteilung einen im Hauptinhalt des Spruchs anderslautenden Bescheid zur Folge hätte. *(*BGBl I 2013/122; **BGBl I 2017/138)*

„(4)" Die Beschwerde gegen einen Bescheid gemäß „Abs. 2" hat keine aufschiebende Wirkung. Sofern die Beschwerde nicht als verspätet oder unzulässig zurückzuweisen ist, hat die Behörde dem Verwaltungsgericht die Beschwerde unter Anschluss der Akten des Verfahrens unverzüglich vorzulegen. Das Verwaltungsgericht hat über die Beschwerde ohne weiteres Verfahren unverzüglich zu entscheiden und der Behörde, wenn diese nicht von der Erlassung einer Beschwerdevorentscheidung absieht, die Akten des Verfahrens zurückzustellen. *(BGBl I 2017/138)*

Beschwerdevorentscheidung

§ 14. (1) Im Verfahren über Beschwerden gemäß Art. 130 Abs. 1 Z 1 B-VG steht es der Behörde frei, den angefochtenen Bescheid innerhalb von zwei Monaten aufzuheben, abzuändern oder die Beschwerde zurückzuweisen oder abzuweisen (Beschwerdevorentscheidung). § 27 ist sinngemäß anzuwenden.

(2) Will die Behörde von der Erlassung einer Beschwerdevorentscheidung absehen, hat sie dem Verwaltungsgericht die Beschwerde unter Anschluss der Akten des Verwaltungsverfahrens vorzulegen.

(3) *(entfällt, BGBl I 2017/138)*

Vorlageantrag

§ 15. (1) Jede Partei kann binnen zwei Wochen nach Zustellung der Beschwerdevorentscheidung bei der Behörde den Antrag stellen, dass die Beschwerde dem Verwaltungsgericht zur Entscheidung vorgelegt wird (Vorlageantrag). Wird der Vorlageantrag von einer anderen Partei als dem Beschwerdeführer gestellt, hat er die Gründe, auf die sich die Behauptung der Rechtswidrigkeit stützt (§ 9 Abs. 1 Z 3), und ein Begehren (§ 9 Abs. 1 Z 4) zu enthalten.

(2) „Ein rechtzeitig eingebrachter und zulässiger Vorlageantrag hat aufschiebende Wirkung, wenn die Beschwerde

1. von Gesetzes wegen aufschiebende Wirkung hatte und die Behörde diese nicht ausgeschlossen hat;

2. von Gesetzes wegen keine aufschiebende Wirkung hatte, die Behörde diese jedoch zuerkannt hat.“

Die Behörde hat dem Verwaltungsgericht den Vorlageantrag und die Beschwerde unter Anschluss der Akten des Verfahrens vorzulegen und den sonstigen Parteien die Vorlage des Antrags mitzuteilen. *(BGBl I 2013/122)*

(3) Verspätete und unzulässige Vorlageanträge sind von der Behörde mit Bescheid zurückzuweisen. Wird gegen einen solchen Bescheid Beschwerde erhoben, hat die Behörde dem Verwaltungsgericht unverzüglich die Akten des Verfahrens vorzulegen.

Nachholung des Bescheides

§ 16. (1) Im Verfahren über Beschwerden wegen Verletzung der Entscheidungspflicht gemäß Art. 130 Abs. 1 Z 3 B-VG kann die Behörde innerhalb einer Frist von bis zu drei Monaten den Bescheid erlassen. Wird der Bescheid erlassen oder wurde er vor Einleitung des Verfahrens erlassen, ist das Verfahren einzustellen.

(2) Holt die Behörde den Bescheid nicht nach, hat sie dem Verwaltungsgericht die Beschwerde unter Anschluss der Akten des Verwaltungsverfahrens vorzulegen.

3. Abschnitt

Verfahren vor dem Verwaltungsgericht

Anzuwendendes Recht

§ 17. Soweit in diesem Bundesgesetz nicht anderes bestimmt ist, sind auf das Verfahren über Beschwerden gemäß Art. 130 Abs. 1 B-VG die Bestimmungen des AVG mit Ausnahme der §§ 1 bis 5 sowie des IV. Teiles, die Bestimmungen der Bundesabgabenordnung – BAO, BGBl. Nr. 194/1961, des Agrarverfahrensgesetzes – AgrVG, BGBl. Nr. 173/1950, und des Dienstrechtsverfahrensgesetzes 1984 – DVG, BGBl. Nr. 29/1984, und im Übrigen jene verfahrensrechtlichen Bestimmungen in Bundes- oder Landesgesetzen sinngemäß anzuwenden, die die Behörde in dem dem Verfahren vor dem Verwaltungsgericht vorangegangenen Verfahren angewendet hat oder anzuwenden gehabt hätte.

Parteien

§ 18. Partei ist auch die belangte Behörde.

Eintritt oberster Organe

§ 19. Durch Bundes- oder Landesgesetz kann bestimmt werden, dass in einer Angelegenheit der Bundesverwaltung der zuständige Bundesminister, in einer Angelegenheit der Landesverwaltung die zuständige Landesregierung an Stelle eines anderen beschwerdeführenden staatlichen Organs oder einer anderen belangten Behörde jederzeit in das Verfahren eintreten. Dies ist jedoch unzulässig, wenn

1. in einer Angelegenheit des eigenen Wirkungsbereiches der Gemeinde oder eines sonstigen Selbstverwaltungskörpers ein Organ des Selbstverwaltungskörpers oder

2. ein weisungsfrei gestelltes Organ

belangte Behörde ist.

Schriftsätze

§ 20. Die Beschwerden gegen die Ausübung unmittelbarer verwaltungsbehördlicher Befehls- und Zwangsgewalt gemäß Art. 130 Abs. 1 Z 2 B-VG und die sonstigen Schriftsätze im Verfahren über diese sind unmittelbar beim Verwaltungsgericht einzubringen. In allen sonstigen Verfahren sind die Schriftsätze ab Vorlage der Beschwerde beim Verwaltungsgericht unmittelbar bei diesem einzubringen.

Akteneinsicht

§ 21. (1) Entwürfe von Erkenntnissen und Beschlüssen des Verwaltungsgerichtes und Niederschriften über etwaige Beratungen und Abstimmungen sind von der Akteneinsicht ausgenommen.

(2) Die Behörden können bei der Vorlage von Akten an das Verwaltungsgericht verlangen, dass bestimmte Akten oder Aktenbestandteile im öffentlichen Interesse von der Akteneinsicht ausgenommen werden. In Aktenbestandteile, die im Verwaltungsverfahren von der Akteneinsicht ausgenommen waren, darf Akteneinsicht nicht gewährt werden. Die Behörde hat die in Betracht kommenden Aktenbestandteile bei Vorlage der Akten zu bezeichnen.

Aufschiebende Wirkung

§ 22. (1) Beschwerden gemäß Art. 130 Abs. 1 Z 2 B-VG haben keine aufschiebende Wirkung. Das Verwaltungsgericht hat jedoch auf Antrag des Beschwerdeführers die aufschiebende Wirkung mit Beschluss zuzuerkennen, wenn dem nicht zwingende öffentliche Interessen entgegenstehen und nach Abwägung der berührten öffentlichen Interessen mit dem Andauern der Ausübung unmittelbarer verwaltungsbehördlicher Befehls- und Zwangsgewalt für den Beschwerdeführer ein unverhältnismäßiger Nachteil verbunden wäre.

(2) Im Verfahren über Beschwerden gemäß Art. 130 Abs. 1 Z 1 B-VG kann das Verwaltungsgericht die aufschiebende Wirkung durch Beschluss ausschließen, wenn nach Abwägung der berührten öffentlichen Interessen und Interessen anderer Parteien der vorzeitige Vollzug des angefochtenen Bescheides oder die Ausübung der durch den angefochtenen Bescheid eingeräumten Berechtigung wegen Gefahr im Verzug dringend geboten ist.

(3) Das Verwaltungsgericht kann Bescheide gemäß § 13 und Beschlüsse gemäß Abs. 1 und 2 auf Antrag einer Partei aufheben oder abändern, wenn es die Voraussetzungen der Zuerkennung bzw. des Ausschlusses der aufschiebenden Wirkung anders beurteilt oder wenn sich die Voraussetzungen, die für die Entscheidung über den Ausschluss bzw. die Zuerkennung der aufschiebenden Wirkung der Beschwerde maßgebend waren, wesentlich geändert haben.

Ladung

§ 23. Das Verwaltungsgericht ist berechtigt, auch Personen, die ihren Aufenthalt (Sitz) außerhalb des Sprengels des Verwaltungsgerichtes haben und deren Erscheinen nötig ist, vorzuladen.

Verhandlung

§ 24. (1) Das Verwaltungsgericht hat auf Antrag oder, wenn es dies für erforderlich hält, von Amts wegen eine öffentliche mündliche Verhandlung durchzuführen.

(2) Die Verhandlung kann entfallen, wenn

1. der das vorangegangene Verwaltungsverfahren einleitende Antrag der Partei oder die Beschwerde zurückzuweisen ist oder bereits auf Grund der Aktenlage feststeht, dass der mit Beschwerde angefochtene Bescheid aufzuheben oder die angefochtene Ausübung unmittelbarer verwaltungsbehördlicher Befehls- und Zwangsgewalt für rechtswidrig zu erklären ist oder *(BGBl I 2017/138)*

2. die Säumnisbeschwerde zurückzuweisen oder abzuweisen ist „;“ *(BGBl I 2017/24)*

3. wenn die Rechtssache durch einen Rechtspfleger erledigt wird. *(BGBl I 2017/24)*

(3) Der Beschwerdeführer hat die Durchführung einer Verhandlung in der Beschwerde oder im Vorlageantrag zu beantragen. Den sonstigen Parteien ist Gelegenheit zu geben, binnen angemessener, zwei Wochen nicht übersteigender Frist einen Antrag auf Durchführung einer Verhandlung zu stellen. Ein Antrag auf Durchführung einer Verhandlung kann nur mit Zustimmung der anderen Parteien zurückgezogen werden.

(4) Soweit durch Bundes- oder Landesgesetz nicht anderes bestimmt ist, kann das Verwaltungsgericht ungeachtet eines Parteiantrags von einer Verhandlung absehen, wenn die Akten erkennen lassen, dass die mündliche Erörterung eine weitere Klärung der Rechtssache nicht erwarten lässt, und einem Entfall der Verhandlung weder Art. 6 Abs. 1 der Konvention zum Schutze der Menschenrechte und Grundfreiheiten „ “ noch Art. 47 der Charta der Grundrechte der Europäischen Union „ “ entgegenstehen. *(BGBl I 2017/24)*

(5) Das Verwaltungsgericht kann von der Durchführung (Fortsetzung) einer Verhandlung absehen, wenn die Parteien ausdrücklich darauf verzichten. Ein solcher Verzicht kann bis zum Beginn der (fortgesetzten) Verhandlung erklärt werden.

Öffentlichkeit der Verhandlung und Beweisaufnahme

§ 25. (1) Die Öffentlichkeit darf von der Verhandlung nur so weit ausgeschlossen werden, als dies aus Gründen der Sittlichkeit, der öffentlichen Ordnung oder der nationalen Sicherheit, der Wahrung von Geschäfts- und Betriebsgeheimnissen sowie im Interesse des Schutzes Jugendlicher oder des Privatlebens einer Partei, eines Opfers, eines Zeugen oder eines Dritten geboten ist.

(2) Der Ausschluss der Öffentlichkeit erfolgt durch verfahrensleitenden Beschluss entweder von Amts wegen oder auf Antrag einer Partei oder eines Zeugen.

(3) Unmittelbar nach der Verkündung des Beschlusses gemäß Abs. 2 haben sich alle Zuhörer zu entfernen, doch können die Parteien verlangen, dass je drei Personen ihres Vertrauens die Teilnahme an der Verhandlung gestattet wird.

(4) Wenn die Öffentlichkeit von einer Verhandlung ausgeschlossen wurde, ist es so weit untersagt, daraus Umstände weiterzuverbreiten, als dies aus den in Abs. 1 angeführten Gründen geboten ist.

(5) Der Verhandlungsleiter eröffnet und leitet die Verhandlung und handhabt die Sitzungspolizei. Der Verhandlungsleiter hat von Amts wegen für die vollständige Erörterung der Rechtssache zu sorgen. Ist durch Bundes- oder Landesgesetz bestimmt, dass das Verwaltungsgericht durch den Senat entscheidet, sind auch die sonstigen Mitglieder des Senates befugt, Fragen zu stellen. Über Einwendungen gegen Anordnungen, die das Verfahren betreffen, sowie über Anträge, die im Laufe des Verfahrens gestellt werden, entscheidet das Verwaltungsgericht durch verfahrensleitenden Beschluss.

(6) In der Verhandlung sind die zur Entscheidung der Rechtssache erforderlichen Beweise aufzunehmen.

(6a) Eine Verlesung von Aktenstücken kann unterbleiben, wenn diese Aktenstücke von der Partei, die die Verlesung verlangt, selbst stammen oder wenn es sich um Aktenstücke handelt, die der die Verlesung begehrenden Partei nachweislich zugestellt wurden. *(BGBl I 2018/57)*

„(6b)“ Das Verwaltungsgericht kann nach Maßgabe der technischen Möglichkeiten eine „Vernehmung“ unter Verwendung technischer Einrichtungen zur Wort- und Bildübertragung durchführen, es sei denn, das persönliche Erscheinen vor dem Gericht ist unter Berücksichtigung der Verfahrensökonomie zweckmäßiger oder aus besonderen Gründen erforderlich. *(BGBl I 2017/24; BGBl I 2018/57)*

(6c) Niederschriften bedürfen nicht der Unterschrift der Zeugen. *(BGBl I 2018/57)*

(7) Das Erkenntnis kann nur von denjenigen Mitgliedern des Verwaltungsgerichtes gefällt werden, die an der Verhandlung teilgenommen haben. Ändert sich die Zusammensetzung des Senates oder wurde die Rechtssache einem anderen Richter zugewiesen, ist die Verhandlung zu wiederholen. Bei Fällung des Erkenntnisses ist nur auf das Rücksicht zu nehmen, was in dieser Verhandlung vorgekommen ist.

(8) Die Beratung und Abstimmung der Senate ist nicht öffentlich.

Gebühren der Zeugen und Beteiligten

§ 26. (1) Zeugen, die im Verfahren vor dem Verwaltungsgericht zu Beweiszwecken vernommen werden oder deren Vernehmung ohne ihr Verschulden unterbleibt, haben Anspruch auf Gebühren nach § 2 Abs. 3 und den §§ 3 bis 18 des Gebührenanspruchsgesetzes – GebAG, BGBl. Nr. 136/1975. Die Gebühr ist gemäß § 19 GebAG beim Verwaltungsgericht geltend zu machen.

(2) Für die Bestimmung der Gebühr gilt § 20 GebAG mit folgenden Maßgaben:

1. Die Gebühr ist vorläufig zu berechnen. Vor der Gebührenberechnung kann der Zeuge aufgefordert werden, sich über Umstände, die für die Gebührenberechnung bedeutsam sind, zu äußern und, unter Setzung einer bestimmten Frist, noch fehlende Bestätigungen vorzulegen. Die Gebührenbeträge sind auf volle 10 Cent aufzurunden.

2. Die vorläufig berechnete Gebühr ist dem Zeugen schriftlich oder mündlich bekanntzugeben. Dieser kann binnen zwei Wochen nach Bekanntgabe der Gebühr schriftlich oder mündlich die Gebührenbestimmung durch das Verwaltungsgericht beantragen. Wenn der Zeuge keinen Antrag auf Gebührenbestimmung stellt oder diesen zurückzieht, gilt die bekanntgegebene Gebühr als bestimmt. Das Verwaltungsgericht kann die Gebühr jedoch von Amts wegen anders bestimmen. Nach Ablauf von drei Jahren nach Bekanntgabe der Gebühr ist eine amtswegige Gebührenbestimmung nicht mehr zulässig.

3. Der Zeuge kann die Gebührenbestimmung durch das Verwaltungsgericht auch beantragen, wenn ihm innerhalb von acht Wochen nach Geltendmachung keine Gebühr bekanntgegeben wird. Zieht er den Antrag auf Gebührenbestimmung zurück, so erlischt der Gebührenanspruch.

(3) Die Gebühr ist dem Zeugen kostenfrei zu zahlen. Bestimmt das Verwaltungsgericht eine höhere Gebühr, als dem Zeugen gezahlt wurde, so ist der Mehrbetrag dem Zeugen kostenfrei nachzuzahlen. Bestimmt das Verwaltungsgericht eine niedrigere Gebühr oder übersteigt der dem Zeugen gezahlte Vorschuss die von ihm bestimmte Gebühr, so ist der Zeuge zur Rückzahlung des zu viel gezahlten Betrages zu verpflichten.

(4) Die den Zeugen zustehenden Gebühren sind von jenem Rechtsträger zu tragen, in dessen Namen das Verwaltungsgericht in der Angelegenheit gehandelt hat.

(5) Die Abs. 1 bis 4 gelten auch für Beteiligte.

Prüfungsumfang

§ 27. Soweit das Verwaltungsgericht nicht Rechtswidrigkeit wegen Unzuständigkeit der Behörde gegeben findet, hat es „den angefochtenen Bescheid und die angefochtene Ausübung unmittelbarer verwaltungsbehördlicher Befehls- und Zwangsgewalt“ auf Grund der Beschwerde (§ 9 Abs. 1 Z 3 und 4) oder auf Grund der Erklärung über den Umfang der Anfechtung (§ 9 Abs. 3) zu überprüfen. *(BGBl I 2017/138)*

4. Abschnitt
Erkenntnisse und Beschlüsse

Erkenntnisse

§ 28. (1) Sofern die Beschwerde nicht zurückzuweisen oder das Verfahren einzustellen ist, hat das Verwaltungsgericht die Rechtssache durch Erkenntnis zu erledigen.

(2) Über Beschwerden gemäß Art. 130 Abs. 1 Z 1 B-VG hat das Verwaltungsgericht dann in der Sache selbst zu entscheiden, wenn

1. der maßgebliche Sachverhalt feststeht oder

2. die Feststellung des maßgeblichen Sachverhalts durch das Verwaltungsgericht selbst im Interesse der Raschheit gelegen oder mit einer erheblichen Kostenersparnis verbunden ist.

(3) Liegen die Voraussetzungen des Abs. 2 nicht vor, hat das Verwaltungsgericht im Verfahren über Beschwerden gemäß Art. 130 Abs. 1 Z 1 B-VG in der Sache selbst zu entscheiden, wenn die Behörde dem nicht bei der Vorlage der Beschwerde unter Bedachtnahme auf die wesentliche

Vereinfachung oder Beschleunigung des Verfahrens widerspricht. Hat die Behörde notwendige Ermittlungen des Sachverhalts unterlassen, so kann das Verwaltungsgericht den angefochtenen Bescheid mit Beschluss aufheben und die Angelegenheit zur Erlassung eines neuen Bescheides an die Behörde zurückverweisen. Die Behörde ist hiebei an die rechtliche Beurteilung gebunden, von welcher das Verwaltungsgericht bei seinem Beschluss ausgegangen ist.

(4) Hat die Behörde bei ihrer Entscheidung Ermessen zu üben, hat das Verwaltungsgericht, wenn es nicht gemäß Abs. 2 in der Sache selbst zu entscheiden hat und wenn die Beschwerde nicht zurückzuweisen oder abzuweisen ist, den angefochtenen Bescheid mit Beschluss aufzuheben und die Angelegenheit zur Erlassung eines neuen Bescheides an die Behörde zurückzuverweisen. Die Behörde ist hiebei an die rechtliche Beurteilung gebunden, von welcher das Verwaltungsgericht bei seinem Beschluss ausgegangen ist.

(5) Hebt das Verwaltungsgericht den angefochtenen Bescheid auf, sind die Behörden verpflichtet, in der betreffenden Rechtssache mit den ihnen zu Gebote stehenden rechtlichen Mitteln unverzüglich den der Rechtsanschauung des Verwaltungsgerichtes entsprechenden Rechtszustand herzustellen.

(6) Ist im Verfahren wegen Ausübung unmittelbarer verwaltungsbehördlicher Befehls- und Zwangsgewalt gemäß Art. 130 Abs. 1 Z 2 B-VG eine Beschwerde nicht zurückzuweisen oder abzuweisen, so hat das Verwaltungsgericht die Ausübung unmittelbarer verwaltungsbehördlicher Befehls- und Zwangsgewalt für rechtswidrig zu erklären und gegebenenfalls aufzuheben. Dauert die für rechtswidrig erklärte Ausübung unmittelbarer verwaltungsbehördlicher Befehls- und Zwangsgewalt noch an, so hat die belangte Behörde unverzüglich den der Rechtsanschauung des Verwaltungsgerichtes entsprechenden Zustand herzustellen.

(7) Im Verfahren über Beschwerden wegen Verletzung der Entscheidungspflicht gemäß Art. 130 Abs. 1 Z 3 B-VG kann das Verwaltungsgericht sein Erkenntnis vorerst auf die Entscheidung einzelner maßgeblicher Rechtsfragen beschränken und der Behörde auftragen, den versäumten Bescheid unter Zugrundelegung der hiermit festgelegten Rechtsanschauung binnen bestimmter, acht Wochen nicht übersteigender Frist zu erlassen. Kommt die Behörde dem Auftrag nicht nach, so entscheidet das Verwaltungsgericht über die Beschwerde durch Erkenntnis in der Sache selbst, wobei es auch das sonst der Behörde zustehende Ermessen handhabt.

(8) *(entfällt, BGBl I 2017/138)*

Verkündung und Ausfertigung der Erkenntnisse

§ 29. (1) Die Erkenntnisse sind im Namen der Republik zu verkünden und auszufertigen. Sie sind zu begründen.

(2) Hat eine Verhandlung in Anwesenheit von Parteien stattgefunden, so hat in der Regel das Verwaltungsgericht das Erkenntnis mit den wesentlichen Entscheidungsgründen sogleich zu verkünden.

(2a) Das Verwaltungsgericht hat im Fall einer mündlichen Verkündung die Niederschrift den zur Erhebung einer Revision beim Verwaltungsgerichtshof oder einer Beschwerde beim Verfassungsgerichtshof legitimierten Parteien und Organen auszufolgen oder zuzustellen. Der Niederschrift ist eine Belehrung anzuschließen:

1. über das Recht, binnen zwei Wochen nach Ausfolgung bzw. Zustellung der Niederschrift eine Ausfertigung gemäß Abs. 4 zu verlangen;

2. darüber, dass ein Antrag auf Ausfertigung des Erkenntnisses gemäß Abs. 4 eine Voraussetzung für die Zulässigkeit der Revision beim Verwaltungsgerichtshof und der Beschwerde beim Verfassungsgerichtshof darstellt.
(BGBl I 2017/24)

(2b) Ist das Erkenntnis bereits einer Partei verkündet worden, kann ein Antrag auf Ausfertigung des Erkenntnisses gemäß Abs. 4 bereits ab dem Zeitpunkt gestellt werden, in dem der Antragsteller von dem Erkenntnis Kenntnis erlangt hat. Ein Antrag auf Ausfertigung des Erkenntnisses gemäß Abs. 4 ist den übrigen Antragsberechtigten zuzustellen. *(BGBl I 2017/24)*

(3) Die Verkündung des Erkenntnisses entfällt, wenn

1. eine Verhandlung nicht durchgeführt (fortgesetzt) worden ist oder

2. das Erkenntnis nicht sogleich nach Schluss der mündlichen Verhandlung gefasst werden kann

und jedermann die Einsichtnahme in das Erkenntnis gewährleistet ist.

(4) Den Parteien ist eine schriftliche Ausfertigung des Erkenntnisses zuzustellen. Eine schriftliche Ausfertigung des Erkenntnisses ist in den in Art. 132 Abs. 1 Z 2 B-VG genannten Rechtssachen auch dem zuständigen Bundesminister zuzustellen.

(5) Wird auf die Revision beim Verwaltungsgerichtshof und die Beschwerde beim Verfassungsgerichtshof von den Parteien verzichtet oder nicht binnen zwei Wochen nach Ausfolgung bzw. Zustellung der Niederschrift gemäß Abs. 2a eine Ausfertigung des Erkenntnisses gemäß Abs. 4 von mindestens einem der hiezu Berechtigten beantragt, so kann das Erkenntnis in gekürzter Form ausgefertigt werden. Die gekürzte Ausfertigung hat den Spruch sowie einen Hinweis auf

den Verzicht oder darauf, dass eine Ausfertigung des Erkenntnisses gemäß Abs. 4 nicht beantragt wurde, zu enthalten. *(BGBl I 2017/24)*

Belehrung über die Beschwerde beim Verfassungsgerichtshof und die Revision beim Verwaltungsgerichtshof

§ 30. Jedes Erkenntnis hat eine Belehrung über die Möglichkeit der Erhebung einer Beschwerde beim Verfassungsgerichtshof und einer ordentlichen oder außerordentlichen Revision beim Verwaltungsgerichtshof zu enthalten. Das Verwaltungsgericht hat ferner hinzuweisen:

1. auf die bei der Einbringung einer solchen Beschwerde bzw. Revision einzuhaltenden Fristen;

2. auf die gesetzlichen Erfordernisse der Einbringung einer solchen Beschwerde bzw. Revision durch einen bevollmächtigten Rechtsanwalt;

3. auf die für eine solche Beschwerde bzw. Revision zu entrichtenden Eingabengebühren „;" *(BGBl I 2017/24)*

4. auf die Möglichkeit, auf die Revision beim Verwaltungsgerichtshof und die Beschwerde beim Verfassungsgerichtshof zu verzichten, und die Folgen des Verzichts. *(BGBl I 2017/24)*

Beschlüsse

§ 31. (1) Soweit nicht ein Erkenntnis zu fällen ist, erfolgen die Entscheidungen und Anordnungen durch Beschluss.

(2) An seine Beschlüsse ist das Verwaltungsgericht insoweit gebunden, als sie nicht nur verfahrensleitend sind.

(3) Auf die Beschlüsse des Verwaltungsgerichtes sind § 29 Abs. 1 zweiter Satz, „2a, 2b, 4 und „5"*"*" „, § 30, § 38a Abs. 3 und § 50 Abs. 3"** sinngemäß anzuwenden. Dies gilt nicht für verfahrensleitende Beschlüsse. *(*BGBl I 2017/24; **BGBl I 2018/57)*

Wiederaufnahme des Verfahrens

§ 32. (1) Dem Antrag einer Partei auf Wiederaufnahme eines durch Erkenntnis des Verwaltungsgerichtes abgeschlossenen Verfahrens ist stattzugeben, wenn „ "

1. das Erkenntnis durch Fälschung einer Urkunde, falsches Zeugnis oder eine andere gerichtlich strafbare Handlung herbeigeführt oder sonstwie erschlichen worden ist oder

2. neue Tatsachen oder Beweismittel hervorkommen, die im Verfahren ohne Verschulden der Partei nicht geltend gemacht werden konnten und allein oder in Verbindung mit dem sonstigen Ergebnis des Verfahrens voraussichtlich ein im Hauptinhalt des Spruchs anders lautendes Erkenntnis herbeigeführt hätten, oder

3. das Erkenntnis von Vorfragen (§ 38 AVG) abhängig war und nachträglich über eine solche Vorfrage von der zuständigen Verwaltungsbehörde bzw. vom zuständigen Gericht in wesentlichen Punkten anders entschieden wurde oder

4. nachträglich ein Bescheid oder eine gerichtliche Entscheidung bekannt wird, der bzw. die einer Aufhebung oder Abänderung auf Antrag einer Partei nicht unterliegt und die im Verfahren des Verwaltungsgerichtes die Einwendung der entschiedenen Sache begründet hätte.
(BGBl I 2017/2 (VfGH))

(2) Der Antrag auf Wiederaufnahme ist binnen zwei Wochen beim Verwaltungsgericht einzubringen. Die Frist beginnt mit dem Zeitpunkt, in dem der Antragsteller von dem Wiederaufnahmegrund Kenntnis erlangt hat, wenn dies jedoch nach der Verkündung des mündlichen Erkenntnisses und vor Zustellung der schriftlichen Ausfertigung geschehen ist, erst mit diesem Zeitpunkt. Nach Ablauf von drei Jahren nach Erlassung des Erkenntnisses kann der Antrag auf Wiederaufnahme nicht mehr gestellt werden. Die Umstände, aus welchen sich die Einhaltung der gesetzlichen Frist ergibt, sind vom Antragsteller glaubhaft zu machen.

(3) Unter den Voraussetzungen des Abs. 1 kann die Wiederaufnahme des Verfahrens auch von Amts wegen verfügt werden. Nach Ablauf von drei Jahren nach Erlassung des Erkenntnisses kann die Wiederaufnahme auch von Amts wegen nur mehr aus den Gründen des Abs. 1 Z 1 stattfinden.

(4) Das Verwaltungsgericht hat die Parteien des abgeschlossenen Verfahrens von der Wiederaufnahme des Verfahrens unverzüglich in Kenntnis zu setzen.

(5) Auf die Beschlüsse des Verwaltungsgerichtes sind die für seine Erkenntnisse geltenden Bestimmungen dieses Paragraphen sinngemäß anzuwenden. Dies gilt nicht für verfahrensleitende Beschlüsse.

Wiedereinsetzung in den vorigen Stand

§ 33. (1) Wenn eine Partei glaubhaft macht, dass sie durch ein unvorhergesehenes oder unabwendbares Ereignis – so dadurch, dass sie von einer Zustellung ohne ihr Verschulden keine Kenntnis erlangt hat – eine Frist oder eine mündliche Verhandlung versäumt und dadurch einen Rechtsnachteil erleidet, so ist dieser Partei auf Antrag die Wiedereinsetzung in den vorigen Stand zu bewilligen. Dass der Partei ein Verschulden an der Versäumung zur Last liegt, hindert die Bewilligung der Wiedereinsetzung nicht, wenn es sich nur um einen minderen Grad des Versehens handelt.

(2) Die Wiedereinsetzung in den vorigen Stand wegen Versäumung der Frist zur Stellung eines

Vorlageantrags ist auch dann zu bewilligen, wenn die Frist versäumt wurde, weil die anzufechtende Beschwerdevorentscheidung fälschlich ein Rechtsmittel eingeräumt und die Partei das Rechtsmittel ergriffen hat oder die Beschwerdevorentscheidung keine Belehrung zur Stellung eines Vorlageantrags, keine Frist zur Stellung eines Vorlageantrags oder die Angabe enthält, dass kein Rechtsmittel zulässig sei.

(3) Der Antrag auf Wiedereinsetzung ist in den Fällen des Abs. 1 bis zur Vorlage der Beschwerde bei der Behörde, ab Vorlage der Beschwerde beim Verwaltungsgericht binnen zwei Wochen nach dem Wegfall des Hindernisses zu stellen. In den Fällen des Abs. 2 ist der Antrag binnen zwei Wochen

1. nach Zustellung eines Bescheides oder einer gerichtlichen Entscheidung, der bzw. die das Rechtsmittel als unzulässig zurückgewiesen hat, bzw.

2. nach dem Zeitpunkt, in dem die Partei von der Zulässigkeit der Stellung eines Antrags auf Vorlage Kenntnis erlangt hat,

bei der Behörde zu stellen. Die versäumte Handlung ist gleichzeitig nachzuholen.

(4) Bis zur Vorlage der Beschwerde hat über den Antrag die Behörde mit Bescheid zu entscheiden. § 15 Abs. 3 ist sinngemäß anzuwenden. Ab Vorlage der Beschwerde hat über den Antrag das Verwaltungsgericht mit Beschluss zu entscheiden. Die Behörde oder das Verwaltungsgericht kann dem Antrag auf Wiedereinsetzung die aufschiebende Wirkung zuerkennen.

(4a) Die Wiedereinsetzung in den vorigen Stand wegen Versäumung der Frist zur Stellung eines Antrags auf Ausfertigung einer Entscheidung gemäß § 29 Abs. 4 ist auch dann zu bewilligen, wenn die Frist versäumt wurde, weil auf das Erfordernis eines solchen Antrags als Voraussetzung für die Erhebung einer Revision beim Verwaltungsgerichtshof und einer Beschwerde beim Verfassungsgerichtshof nicht hingewiesen wurde oder dabei die zur Verfügung stehende Frist nicht angeführt war. Der Antrag ist binnen zwei Wochen

1. nach Zustellung einer Entscheidung, die einen Antrag auf Ausfertigung der Entscheidung gemäß § 29 Abs. 4, eine Revision beim Verwaltungsgerichtshof oder eine Beschwerde beim Verfassungsgerichtshof als unzulässig zurückgewiesen hat, bzw.

2. nach dem Zeitpunkt, in dem die Partei von der Zulässigkeit eines Antrags auf Ausfertigung der Entscheidung gemäß § 29 Abs. 4 Kenntnis erlangt hat,

beim Verwaltungsgericht zu stellen. Die versäumte Handlung ist gleichzeitig nachzuholen. Über den Antrag entscheidet das Verwaltungsgericht. *(BGBl I 2017/24)*

(5) Durch die Bewilligung der Wiedereinsetzung tritt das Verfahren in die Lage zurück, in der es sich vor dem Eintritt der Versäumung befunden hat.

(6) Gegen die Versäumung der Frist zur Stellung des Wiedereinsetzungsantrags findet keine Wiedereinsetzung statt.

Entscheidungspflicht

§ 34. (1) Soweit durch Bundes- oder Landesgesetz nicht anderes bestimmt ist, ist das Verwaltungsgericht verpflichtet, über verfahrenseinleitende Anträge von Parteien und Beschwerden ohne unnötigen Aufschub, spätestens aber sechs Monate nach deren Einlangen zu entscheiden. Im Verfahren über Beschwerden gemäß Art. 130 Abs. 1 „ “ B-VG beginnt die Entscheidungsfrist mit der Vorlage der Beschwerde und in den Fällen des § 28 Abs. 7 mit Ablauf der vom Verwaltungsgericht gesetzten Frist. Soweit sich in verbundenen Verfahren (§ 39 Abs. 2a AVG) aus den anzuwendenden Rechtsvorschriften unterschiedliche Entscheidungsfristen ergeben, ist die zuletzt ablaufende maßgeblich. *(BGBl I 2017/24)*

(2) In die Frist werden nicht eingerechnet:

1. die Zeit, während deren das Verfahren bis zur rechtskräftigen Entscheidung einer Vorfrage ausgesetzt ist;

2. die Zeit eines Verfahrens vor dem Verwaltungsgerichtshof, vor dem Verfassungsgerichtshof oder vor dem Gerichtshof der Europäischen Union.

(3) Das Verwaltungsgericht kann ein Verfahren über eine Beschwerde gemäß Art. 130 Abs. 1 Z 1 B-VG mit Beschluss aussetzen, wenn

1. vom Verwaltungsgericht in einer erheblichen Anzahl von anhängigen oder in naher Zukunft zu erwartenden Verfahren eine Rechtsfrage zu lösen ist und gleichzeitig beim Verwaltungsgerichtshof ein Verfahren über eine Revision gegen ein Erkenntnis oder einen Beschluss eines Verwaltungsgerichtes anhängig ist, in welchem dieselbe Rechtsfrage zu lösen ist, und

2. eine Rechtsprechung des Verwaltungsgerichtshofes zur Lösung dieser Rechtsfrage fehlt oder die zu lösende Rechtsfrage in der bisherigen Rechtsprechung des Verwaltungsgerichtshofes nicht einheitlich beantwortet wird.

Gleichzeitig hat das Verwaltungsgericht dem Verwaltungsgerichtshof das Aussetzen des Verfahrens unter Bezeichnung des beim Verwaltungsgerichtshof anhängigen Verfahrens mitzuteilen. Eine solche Mitteilung hat zu entfallen, wenn das Verwaltungsgericht in der Mitteilung ein Verfahren vor dem Verwaltungsgerichtshof zu bezeichnen hätte, das es in einer früheren Mitteilung schon einmal bezeichnet hat. Mit der Zustellung des Erkenntnisses oder Beschlusses des Verwaltungsgerichtshofes an das Verwaltungsgericht gemäß § 44 Abs. 2 des Verwaltungsgerichtshofgesetzes 1985 – VwGG, BGBl. Nr. 10/1985, ist das Verfahren fortzusetzen. Das Verwaltungsgericht hat den Parteien die Fortsetzung des Verfahrens mitzuteilen.

5. Abschnitt

Kosten

Kosten im Verfahren über Beschwerden wegen Ausübung unmittelbarer verwaltungsbehördlicher Befehls- und Zwangsgewalt

§ 35. (1) Die im Verfahren über Beschwerden wegen Ausübung unmittelbarer verwaltungsbehördlicher Befehls- und Zwangsgewalt (Art. 130 Abs. 1 Z 2 B-VG) obsiegende Partei hat Anspruch auf Ersatz ihrer Aufwendungen durch die unterlegene Partei.

(2) Wenn die angefochtene Ausübung unmittelbarer verwaltungsbehördlicher Befehls- und Zwangsgewalt für rechtswidrig erklärt wird, dann ist der Beschwerdeführer die obsiegende und die Behörde die unterlegene Partei.

(3) Wenn die Beschwerde zurückgewiesen oder abgewiesen wird oder vom Beschwerdeführer vor der Entscheidung durch das Verwaltungsgericht zurückgezogen wird, dann ist die Behörde die obsiegende und der Beschwerdeführer die unterlegene Partei.

(4) Als Aufwendungen gemäß Abs. 1 gelten:

1. die Kommissionsgebühren sowie die Barauslagen, für die der Beschwerdeführer aufzukommen hat,

2. die Fahrtkosten, die mit der Wahrnehmung seiner Parteirechte in Verhandlungen vor dem Verwaltungsgericht verbunden waren, sowie

3. die durch Verordnung des Bundeskanzlers festzusetzenden Pauschalbeträge für den Schriftsatz-, den Verhandlungs- und den Vorlageaufwand.

(5) Die Höhe des Schriftsatz- und des Verhandlungsaufwands hat den durchschnittlichen Kosten der Vertretung bzw. der Einbringung des Schriftsatzes durch einen Rechtsanwalt zu entsprechen. Für den Ersatz der den Behörden erwachsenden Kosten ist ein Pauschalbetrag festzusetzen, der dem durchschnittlichen Vorlage-, Schriftsatz- und Verhandlungsaufwand der Behörden entspricht.

(6) Die §§ 52 bis 54 VwGG sind auf den Anspruch auf Aufwandersatz gemäß Abs. 1 sinngemäß anzuwenden.

(7) Aufwandersatz ist auf Antrag der Partei zu leisten. Der Antrag kann bis zum Schluss der mündlichen Verhandlung gestellt werden.

3. Hauptstück

Besondere Bestimmungen

1. Abschnitt

Verfahren in Rechtssachen in den Angelegenheiten des eigenen Wirkungsbereiches der Gemeinde

§ 36. (1) In Rechtssachen in den Angelegenheiten des eigenen Wirkungsbereiches der Gemeinde sind die Bestimmungen dieses Bundesgesetzes über die Behörde auf die Berufungsbehörde sinngemäß anzuwenden.

(2) Behörde im Sinne des § 8 Abs. 1 letzter Satz ist sowohl die Behörde, die den Bescheid als oberste Behörde, die im Verwaltungsverfahren, sei es im administrativen Instanzenzug, sei es im Weg eines Antrags auf Übergang der Entscheidungspflicht, angerufen werden konnte, nicht erlassen hat, als auch jene Behörde, bei der der das vorangegangene Verwaltungsverfahren einleitende Antrag zu stellen war.

2. Abschnitt

Verfahren in Verwaltungsstrafsachen

Frist zur Erhebung der Säumnisbeschwerde

§ 37. In die Frist zur Erhebung einer Säumnisbeschwerde werden auch nicht eingerechnet:

1. die Zeit, während deren nach einer gesetzlichen Vorschrift die Verfolgung einer Verwaltungsübertretung nicht eingeleitet oder fortgesetzt werden kann;

2. die Zeit, während deren wegen der Tat gegen den Täter ein Strafverfahren bei der Staatsanwaltschaft oder bei einem Gericht geführt wird.

Anzuwendendes Recht

§ 38. Soweit in diesem Bundesgesetz nicht anderes bestimmt ist, sind auf das Verfahren über Beschwerden gemäß Art. 130 Abs. 1 B-VG in Verwaltungsstrafsachen die Bestimmungen des Verwaltungsstrafgesetzes 1991 – VStG, BGBl. Nr. 52/1991, mit Ausnahme des 5. Abschnittes des II. Teiles, und des Finanzstrafgesetzes – FinStrG, BGBl. Nr. 129/1958, und im Übrigen jene verfahrensrechtlichen Bestimmungen in Bundes- oder Landesgesetzen sinngemäß anzuwenden, die die Behörde in dem dem Verfahren vor dem Verwaltungsgericht vorangegangenen Verfahren angewendet hat oder anzuwenden gehabt hätte.

Dolmetscher und Übersetzer

§ 38a. (1) Ist ein Beschuldigter der deutschen Sprache nicht hinreichend kundig, gehörlos oder hochgradig hör- oder sprachbehindert, hat er das Recht auf Beiziehung eines Dolmetschers. Dies gilt insbesondere für Beweisaufnahmen, an denen der Beschuldigte teilnimmt, für Verhandlungen und auf Verlangen auch für den Kontakt des Beschuldigten mit seinem Verteidiger, sofern dies in unmittelbarem Zusammenhang mit einer Verhandlung oder sonstigen Amtshandlung, an der der Beschuldigte teilnimmt, steht und im Interesse einer zweckentsprechenden Verteidigung erforderlich ist.

(2) Können Dolmetschleistungen für die Sprache, die für den Beschuldigten verständlich ist, nicht binnen angemessener Zeit zur Verfügung gestellt werden und ist das persönliche Erscheinen des Dolmetschers für die Gewährleistung eines fairen Verfahrens nicht erforderlich, kann die Dolmetschleistung nach Maßgabe der technischen Möglichkeiten des Verwaltungsgerichtes unter Verwendung technischer Einrichtungen zur Wort- und Bildübertragung erbracht werden.

(3) Soweit dies zur Wahrung der Verteidigungsrechte und eines fairen Verfahrens erforderlich ist, hat ein der deutschen Sprache nicht hinreichend kundiger Beschuldigter das Recht auf schriftliche Übersetzung der wesentlichen Aktenstücke innerhalb einer angemessenen Frist. Als wesentlich gelten insbesondere die zur Beschwerde erstatteten Äußerungen, die schriftliche Ausfertigung des Erkenntnisses und eine gegen das Erkenntnis von einer anderen Partei als dem Beschuldigten erhobene Revision. Auf Antrag des Beschuldigten sind ihm weitere konkret zu bezeichnende Aktenstücke schriftlich zu übersetzen, soweit die Erforderlichkeit einer Übersetzung hinreichend begründet wird oder offenkundig ist. Die schriftliche Übersetzung kann durch auszugsweise Darstellung des wesentlichen Inhalts, durch mündliche Übersetzung oder, wenn der Beschuldigte durch einen Verteidiger vertreten ist, durch mündliche Zusammenfassung ersetzt werden, sofern dies einem fairen Verfahren nicht entgegensteht.

(4) Über sein Recht auf Beiziehung eines Dolmetschers und Übersetzers ist der Beschuldigte in einer für ihn verständlichen Sprache zu belehren. Der Umstand der Belehrung ist schriftlich festzuhalten.

(5) Ein Verzicht des Beschuldigten auf schriftliche Übersetzung ist nur zulässig, wenn er zuvor über sein Recht und die Folgen des Verzichts in einer für ihn verständlichen Sprache belehrt wurde. Belehrung und Verzicht sind schriftlich festzuhalten.

(6) Die Entscheidung über die Beiziehung eines Dolmetschers und Übersetzers erfolgt durch verfahrensleitenden Beschluss.

(BGBl I 2018/57)

Beschwerdeverzicht

§ 39. Der Beschuldigte kann während einer Anhaltung einen Beschwerdeverzicht (§ 7 Abs. 2) nicht wirksam abgeben.

Verfahrenshilfeverteidiger

§ 40. (1) Ist ein Beschuldigter außerstande, die Kosten der Verteidigung ohne Beeinträchtigung des notwendigen Unterhalts zu bestreiten, so hat das Verwaltungsgericht auf Antrag des Beschuldigten zu beschließen, dass diesem ein Verteidiger beigegeben wird, dessen Kosten der Beschuldigte nicht zu tragen hat, soweit dies im Interesse der Rechtspflege, vor allem im Interesse einer zweckentsprechenden Verteidigung, erforderlich und auf Grund des Art. 6 Abs. 1 und Abs. 3 lit. c der Konvention zum Schutze der Menschenrechte und Grundfreiheiten oder des Art. 47 der Charta der Grundrechte der Europäischen Union geboten ist.

(2) § 8a Abs. 3 bis 10 ist sinngemäß anzuwenden, § 8 Abs. 3 mit der Maßgabe, dass der Antrag auch mündlich gestellt werden kann.

(BGBl I 2017/24)

Aufschiebende Wirkung

§ 41. Die aufschiebende Wirkung der Beschwerde kann nicht ausgeschlossen werden.

Verbot der Verhängung einer höheren Strafe

§ 42. Auf Grund einer vom Beschuldigten oder auf Grund einer zu seinen Gunsten erhobenen Beschwerde darf in einem Erkenntnis oder in einer Beschwerdevorentscheidung keine höhere Strafe verhängt werden als im angefochtenen Bescheid.

Verjährung

§ 43. (1) Sind seit dem Einlangen einer rechtzeitig eingebrachten und zulässigen Beschwerde des Beschuldigten gegen ein Straferkenntnis bei der Behörde 15 Monate vergangen, tritt es von Gesetzes wegen außer Kraft; das Verfahren ist einzustellen.

(2) In die Frist gemäß Abs. 1 werden die Zeiten gemäß § 34 Abs. 2 und § 51 nicht eingerechnet.

Verhandlung

§ 44. (1) Das Verwaltungsgericht hat eine öffentliche mündliche Verhandlung durchzuführen.

(2) Die Verhandlung entfällt, wenn der Antrag der Partei oder die Beschwerde zurückzuweisen ist oder bereits auf Grund der Aktenlage feststeht, dass der mit Beschwerde angefochtene Bescheid aufzuheben ist.

(3) Das Verwaltungsgericht kann von einer Verhandlung absehen, wenn

1. in der Beschwerde nur eine unrichtige rechtliche Beurteilung behauptet wird oder

2. sich die Beschwerde nur gegen die Höhe der Strafe richtet oder

3. im angefochtenen Bescheid eine 500 Euro nicht übersteigende Geldstrafe verhängt wurde oder

4. sich die Beschwerde gegen einen verfahrensrechtlichen Bescheid richtet

und keine Partei die Durchführung einer Verhandlung beantragt hat. Der Beschwerdeführer hat die Durchführung einer Verhandlung in der Beschwerde oder im Vorlageantrag zu beantragen. Den sonstigen Parteien ist Gelegenheit zu geben, einen Antrag auf Durchführung einer Verhandlung zu stellen. Ein Antrag auf Durchführung einer Verhandlung kann nur mit Zustimmung der anderen Parteien zurückgezogen werden.

(4) Soweit durch Bundes- oder Landesgesetz nicht anderes bestimmt ist, kann das Verwaltungsgericht ungeachtet eines Parteiantrages von einer Verhandlung absehen, wenn es einen Beschluss zu fassen hat, die Akten erkennen lassen, dass die mündliche Erörterung eine weitere Klärung der „Rechtssache" nicht erwarten lässt, und einem Entfall der Verhandlung weder Art. 6 Abs. 1 der Konvention zum Schutze der Menschenrechte und Grundfreiheiten „ " noch Art. 47 der Charta der Grundrechte der Europäischen Union „ " entgegenstehen. *(BGBl I 2017/24)*

(5) Das Verwaltungsgericht kann von der Durchführung (Fortsetzung) einer Verhandlung absehen, wenn die Parteien ausdrücklich darauf verzichten. Ein solcher Verzicht kann bis zum Beginn der (fortgesetzten) Verhandlung erklärt werden.

(6) Die Parteien sind so rechtzeitig zur Verhandlung zu laden, dass ihnen von der Zustellung der Ladung an mindestens zwei Wochen zur Vorbereitung zur Verfügung stehen.

Durchführung der Verhandlung

§ 45. (1) Die Verhandlung beginnt mit dem Aufruf der „Rechtssache". Zeugen haben daraufhin das Verhandlungszimmer zu verlassen. *(BGBl I 2017/24)*

(2) Wenn eine Partei trotz ordnungsgemäßer Ladung nicht erschienen ist, dann hindert dies weder die Durchführung der Verhandlung noch die Fällung des Erkenntnisses.

(3) Zu Beginn der Verhandlung ist der Gegenstand der Verhandlung zu bezeichnen und der bisherige Gang des Verfahrens zusammenzufassen. Sodann ist den Parteien Gelegenheit zu geben, sich zu äußern.

Beweisaufnahme

§ 46. (1) Das Verwaltungsgericht hat die zur Entscheidung der „Rechtssache" erforderlichen Beweise aufzunehmen. *(BGBl I 2017/24)*

(2) Außer dem Verhandlungsleiter sind die Parteien und ihre Vertreter, insbesondere der Beschuldigte, im Verfahren vor dem Senat auch die sonstigen Mitglieder berechtigt, an jede Person, die vernommen wird, Fragen zu stellen. Der Verhandlungsleiter erteilt ihnen hiezu das Wort. Er kann Fragen, die nicht der Aufklärung des Sachverhaltes dienen, zurückweisen.

(3) Niederschriften über die Vernehmung des Beschuldigten oder von Zeugen sowie die Gutachten der Sachverständigen dürfen nur verlesen werden, wenn

1. die Vernommenen in der Zwischenzeit gestorben sind, ihr Aufenthalt unbekannt ist oder ihr persönliches Erscheinen wegen ihres Alters, wegen Krankheit oder Behinderung oder wegen entfernten Aufenthaltes oder aus anderen erheblichen Gründen nicht verlangt werden kann oder

2. die in der mündlichen Verhandlung Vernommenen in wesentlichen Punkten von ihren früheren Aussagen abweichen oder

3. Zeugen, ohne dazu berechtigt zu sein, oder Beschuldigte die Aussage verweigern oder

4. alle anwesenden Parteien zustimmen.

(4) Sonstige Beweismittel, wie Augenscheinsaufnahmen, Fotos oder Urkunden, müssen dem Beschuldigten vorgehalten werden. Es ist ihm Gelegenheit zu geben, sich dazu zu äußern.

Schluss der Verhandlung

§ 47. (1) Das Verfahren ist möglichst in einer Verhandlung abzuschließen. Wenn sich die „Vernehmung" des der Verhandlung ferngebliebenen Beschuldigten oder die Aufnahme weiterer Beweise als notwendig erweist, dann ist die Verhandlung zu vertagen. *(BGBl I 2018/57)*

(2) Wenn die „Rechtssache" reif zur Entscheidung ist, dann ist die Beweisaufnahme zu schließen. *(BGBl I 2017/24)*

(3) Nach Schluss der Beweisaufnahme ist den Parteien Gelegenheit zu ihren Schlussausführungen zu geben. Dem Beschuldigten steht das Recht zu, sich als letzter zu äußern. „ " *(BGBl I 2018/57)*

(4) Hierauf ist die Verhandlung zu schließen. Im Verfahren vor dem Senat zieht sich dieser zur Beratung und Abstimmung zurück. Der Spruch des Erkenntnisses und seine wesentliche Begründung sind nach Möglichkeit sofort zu beschließen und zu verkünden.

Unmittelbarkeit des Verfahrens

§ 48. „(1)" Wenn eine Verhandlung durchgeführt wurde, dann ist bei der Fällung des Erkenntnisses nur auf das Rücksicht zu nehmen, was in dieser Verhandlung vorgekommen ist. Auf Aktenstücke ist nur insoweit Rücksicht zu nehmen, als sie bei der Verhandlung verlesen wurden, es sei denn, der Beschuldigte hätte darauf verzichtet, oder als es sich um Beweiserhebungen handelt, deren Erörterung infolge des Verzichts auf eine fortgesetzte Verhandlung gemäß § 44 Abs. 5 entfallen ist. *(BGBl I 2018/57)*

(2) Eine Verlesung von Aktenstücken kann unterbleiben, wenn diese Aktenstücke von der Partei, die die Verlesung verlangt, selbst stammen oder wenn es sich um Aktenstücke handelt, die der die Verlesung begehrenden Partei nachweislich zugestellt wurden. *(BGBl I 2018/57)*

Gebühren der Beteiligten

§ 49. § 26 gilt nicht für Beteiligte.

Erkenntnisse

§ 50. „(1)" Sofern die Beschwerde nicht zurückzuweisen oder das Verfahren einzustellen ist, hat das Verwaltungsgericht über Beschwerden gemäß Art. 130 Abs. 1 Z 1 B-VG in der Sache selbst zu entscheiden. *(BGBl I 2017/24)*

(2) Die gekürzte Ausfertigung des Erkenntnisses hat überdies zu enthalten:

1. im Fall der Verhängung einer Strafe die vom Verwaltungsgericht als erwiesen angenommenen Tatsachen in gedrängter Darstellung sowie die für die Strafbemessung maßgebenden Umstände in Schlagworten;

2. im Fall des § 45 Abs. 1 VStG eine gedrängte Darstellung der dafür maßgebenden Gründe. *(BGBl I 2017/24)*

(3) Jedes Erkenntnis hat einen Hinweis auf die Voraussetzungen für die Bewilligung der Verfahrenshilfe im Verfahren vor dem Verfassungsgerichtshof und im Verfahren vor dem Verwaltungsgerichtshof zu enthalten. *(BGBl I 2018/57)*

Entscheidungspflicht

§ 51. In die Frist gemäß § 34 Abs. 1 werden auch nicht eingerechnet:

1. die Zeit, während deren nach einer gesetzlichen Vorschrift die Verfolgung nicht eingeleitet oder fortgesetzt werden kann;

2. die Zeit, während deren wegen der Tat gegen den Täter ein Strafverfahren bei der Staatsanwaltschaft, bei einem Gericht oder bei einer Verwaltungsbehörde geführt wird.

Kosten

§ 52. (1) In jedem Erkenntnis des Verwaltungsgerichtes, mit dem ein Straferkenntnis bestätigt wird, ist auszusprechen, dass der Bestrafte einen Beitrag zu den Kosten des Strafverfahrens zu leisten hat.

(2) Dieser Beitrag ist für das Beschwerdeverfahren mit 20% der verhängten Strafe, mindestens jedoch mit zehn Euro zu bemessen; bei Freiheitsstrafen ist zur Berechnung der Kosten ein Tag Freiheitsstrafe gleich 100 Euro anzurechnen. Der Kostenbeitrag fließt der Gebietskörperschaft zu, die den Aufwand des Verwaltungsgerichtes zu tragen hat.

(3) Sind im verwaltungsgerichtlichen Verfahren Barauslagen erwachsen (§ 76 AVG), so ist dem Bestraften der Ersatz dieser Auslagen aufzuerlegen, soweit sie nicht durch Verschulden einer anderen Person verursacht sind; der hiernach zu ersetzende Betrag ist, wenn tunlich, im Erkenntnis, sonst durch besonderen Beschluss ziffernmäßig festzusetzen. Dies gilt nicht für Gebühren, die dem „Dolmetscher und Übersetzer" zustehen, der dem Beschuldigten beigestellt wurde. *(BGBl I 2018/57)*

(4) Einem nach § 40 beigegebenen Verfahrenshilfeverteidiger sind die Kosten eines Dolmetschers, soweit dessen Beiziehung zu den Besprechungen zwischen dem Verteidiger und dem Beschuldigten notwendig war, von jenem Rechtsträger, in dessen Vollziehungsbereich das Verwaltungsgericht in der Angelegenheit gehandelt hat, in der Höhe der für Dolmetscher geltenden Bestimmungen des GebAG, zu vergüten. Die Gebühr ist beim Verwaltungsgericht, das über den Antrag auf Beigebung eines Verteidigers entschieden hat, geltend zu machen.

(5) Von der Eintreibung der Kostenbeiträge (Abs. 1 und § 54d VStG) und der Barauslagen ist abzusehen, wenn mit Grund angenommen werden darf, dass sie erfolglos wäre.

(6) Die §§ 14 und 54b Abs. 1 und 1a VStG sind sinngemäß anzuwenden.

(7) Wird einem Antrag des Bestraften auf Wiederaufnahme des verwaltungsgerichtlichen Strafverfahrens nicht stattgegeben, so gelten hinsichtlich der Verpflichtung zur Tragung der Verfahrenskosten sinngemäß die vorangehenden Bestimmungen.

(8) Die Kosten des Beschwerdeverfahrens sind dem Beschwerdeführer nicht aufzuerlegen, wenn der Beschwerde auch nur teilweise Folge gegeben worden ist.

(9) Wird eine verhängte Strafe infolge Beschwerde aufgehoben, so sind die Kosten des Verfahrens von der Behörde zu tragen, falls sie aber schon gezahlt sind, zurückzuerstatten.

(10) Dem Privatankläger sind in solchen Fällen nur die durch sein Einschreiten tatsächlich verursachten Kosten aufzuerlegen.

3. Abschnitt
Verfahren über Beschwerden wegen Rechtswidrigkeit eines Verhaltens einer Behörde in Vollziehung der Gesetze

§ 53. Soweit durch Bundes- oder Landesgesetz nicht anderes bestimmt ist, sind auf Verfahren über Beschwerden wegen Rechtswidrigkeit eines Verhaltens einer Behörde in Vollziehung der Gesetze gemäß Art. 130 Abs. 2 Z 1 B-VG die Bestimmungen über Beschwerden gegen die Ausübung unmittelbarer verwaltungsbehördlicher Befehls- und Zwangsgewalt sinngemäß anzuwenden.

4. Abschnitt
Vorstellung gegen Erkenntnisse und Beschlüsse des Rechtspflegers

§ 54. (1) Gegen Erkenntnisse und Beschlüsse des Rechtspflegers (§ 2) kann Vorstellung beim zuständigen Mitglied des Verwaltungsgerichtes erhoben werden.

(2) Gegen verfahrensleitende Beschlüsse des Rechtspflegers ist eine abgesonderte Vorstellung nicht zulässig. Sie können erst in der Vorstellung gegen das die Rechtssache erledigende Erkenntnis angefochten werden.

(3) Die Frist zur Erhebung der Vorstellung beträgt zwei Wochen. „§ 7 Abs. 4 Z 1, 2 und 4“ ist sinngemäß anzuwenden. *(BGBl I 2017/138)*

(4) Jedes Erkenntnis und jeder Beschluss im Sinne des Abs. 1 hat eine Belehrung über die Möglichkeit der Erhebung einer Vorstellung beim zuständigen Mitglied des Verwaltungsgerichtes zu enthalten. Das Verwaltungsgericht hat auf die bei der Einbringung einer solchen Vorstellung einzuhaltenden Fristen hinzuweisen.

4. Hauptstück
Schlussbestimmungen

Verweisungen

§ 55. Soweit in diesem Bundesgesetz auf Bestimmungen anderer Bundesgesetze verwiesen wird, sind diese in ihrer jeweils geltenden Fassung anzuwenden.

Sprachliche Gleichbehandlung

§ 56. Soweit sich die in diesem Bundesgesetz verwendeten Bezeichnungen auf natürliche Personen beziehen, gilt die gewählte Form für beide Geschlechter. Bei der Anwendung dieser Bezeichnungen auf bestimmte natürliche Personen ist die jeweils geschlechtsspezifische Form zu verwenden.

Umsetzung von Richtlinien der Europäischen Union

§ 57. (1) § 38a Abs. 1, 2, 3, 5 und 6 und § 52 Abs. 3 in der Fassung des Bundesgesetzes BGBl. I Nr. 57/2018 dienen der Umsetzung der Richtlinie 2010/64 EU über das Recht auf Dolmetschleistungen und Übersetzungen in Strafverfahren, ABl. Nr. L 280 vom 26.10.2010 S. 1.

(2) § 31 Abs. 3, § 38a Abs. 3 und § 50 Abs. 3 in der Fassung des Bundesgesetzes BGBl. I Nr. 57/2018 dienen der Umsetzung der Richtlinie 2012/13 EU über das Recht auf Belehrung und Unterrichtung in Strafverfahren, ABl. Nr. L 142 vom 01.06.2012 S. 1.

(BGBl I 2018/57)

Vollziehung

„**§ 58.**“ Mit der Vollziehung dieses Bundesgesetzes ist, soweit darin nicht anderes bestimmt ist, die Bundesregierung betraut. *(BGBl I 2018/57)*

Inkrafttreten

„**§ 59.**“ (1) Dieses Bundesgesetz tritt mit 1. Jänner 2014 in Kraft.

(2) Entgegenstehende Bestimmungen in Bundes- oder Landesgesetzen, die zum Zeitpunkt des Inkrafttretens dieses Bundesgesetzes bereits kundgemacht sind, bleiben unberührt.

(3) § 3 samt Überschrift, § 13 Abs. 4 und § 15 Abs. 2 erster Satz in der Fassung des Bundesgesetzes BGBl. I Nr. 122/2013 treten mit 1. Jänner 2014 in Kraft. Entgegenstehende Bestimmungen in Bundes- oder Landesgesetzen, die zum Zeitpunkt des Inkrafttretens dieses Bundesgesetzes bereits kundgemacht sind, bleiben unberührt. *(BGBl I 2013/122)*

(4) Das Inhaltsverzeichnis, § 8a samt Überschrift, § 13 Abs. 3, § 24 Abs. 2 Z 2 und 3 und Abs. 4, § 25 Abs. 6a, § 29 Abs. 2a, 2b und 5, § 30 Z 3 und 4, § 31 Abs. 3, § 33 Abs. 4a, § 34 Abs. 1, § 40 samt Überschrift, § 44 Abs. 4, § 45 Abs. 1, § 46 Abs. 1, § 47 Abs. 2 und § 50 in der Fassung des Bundesgesetzes BGBl. I Nr. 24/2017 treten mit 1. Jänner 2017 in Kraft. *(BGBl I 2017/24)*

(5) § 3 Abs. 2, § 7 Abs. 4, § 9 Abs. 1 bis 3, § 13, § 24 Abs. 2 Z 1, § 27 und § 54 Abs. 3 in der Fassung des Bundesgesetzes BGBl. I Nr. 138/2017 treten mit 1. Jänner 2019 in Kraft; gleichzeitig treten § 14 Abs. 3 und § 28 Abs. 8 außer Kraft. Die mit Ablauf des 31. Dezember 2018 anhängigen Verfahren über Beschwerden gemäß Art. 130 Abs. 1 Z 4 B-VG (Weisungsbeschwerden) in der bis zum Ablauf des 31. Dezember 2018 geltenden Fassung gelten als eingestellt. *(BGBl I 2017/138)*

(5) Das Inhaltsverzeichnis, § 25 Abs. 6a bis 6c, § 31 Abs. 3, § 38a samt Überschrift, § 47

Abs. 1 und 3, § 48, § 50 Abs. 3, § 52 Abs. 3, § 57 (neu) samt Überschrift und die Paragraphenbezeichnungen der §§ 58 und 59 (neu) in der Fassung des Bundesgesetzes BGBl. I Nr. 57/2018 treten mit Ablauf des Monats der Kundmachung in Kraft. *(BGBl I 2018/57)*

(BGBl I 2018/57)

19. Vertrag über die Europäische Union (konsolidierte Fassung)

ABl 2016 C 202, 13 idF

1 ABl 2016 C 400, 1

STICHWORTVERZEICHNIS

Inhaltsverzeichnis[*)]

[*)] Der abgedruckte Text des Inhaltsverzeichnisses entspricht dem ABl, wurde jedoch zur besseren Übersicht um Artikelüberschriften ergänzt.

PRÄAMBEL

SEINE MAJESTÄT DER KÖNIG DER BELGIER, IHRE MAJESTÄT DIE KÖNIGIN VON DÄNEMARK, DER PRÄSIDENT DER BUNDESREPUBLIK DEUTSCHLAND, DER PRÄSIDENT DER GRIECHISCHEN REPUBLIK, SEINE MAJESTÄT DER KÖNIG VON SPANIEN, DER PRÄSIDENT DER FRANZÖSISCHEN REPUBLIK, DER PRÄSIDENT IRLANDS, DER PRÄSIDENT DER ITALIENISCHEN REPUBLIK, SEINE KÖNIGLICHE HOHEIT DER GROSSHERZOG VON LUXEMBURG, IHRE MAJESTÄT DIE KÖNIGIN DER NIEDERLANDE, DER PRÄSIDENT DER PORTUGIESISCHEN REPUBLIK, IHRE MAJESTÄT DIE KÖNIGIN DES VEREINIGTEN KÖNIGREICHS GROSSBRITANNIEN UND NORDIRLAND[1)][1)],

ENTSCHLOSSEN, den mit der Gründung der Europäischen Gemeinschaften eingeleiteten Prozess der europäischen Integration auf eine neue Stufe zu heben,

SCHÖPFEND aus dem kulturellen, religiösen und humanistischen Erbe Europas, aus dem sich die unverletzlichen und unveräußerlichen Rechte des Menschen sowie Freiheit, Demokratie, Gleichheit und Rechtsstaatlichkeit als universelle Werte entwickelt haben,

EINGEDENK der historischen Bedeutung der Überwindung der Teilung des europäischen Kontinents und der Notwendigkeit, feste Grundlagen für die Gestalt des zukünftigen Europas zu schaffen,

IN BESTÄTIGUNG ihres Bekenntnisses zu den Grundsätzen der Freiheit, der Demokratie und der Achtung der Menschenrechte und Grundfreiheiten und der Rechtsstaatlichkeit,

IN BESTÄTIGUNG der Bedeutung, die sie den sozialen Grundrechten beimessen, wie sie in der am 18. Oktober 1961 in Turin unterzeichneten Europäischen Sozialcharta und in der Gemeinschaftscharta der sozialen Grundrechte der Arbeitnehmer von 1989 festgelegt sind,

IN DEM WUNSCH, die Solidarität zwischen ihren Völkern unter Achtung ihrer Geschichte, ihrer Kultur und ihrer Traditionen zu stärken,

IN DEM WUNSCH, Demokratie und Effizienz in der Arbeit der Organe weiter zu stärken, damit

[1)] Seit dem ursprünglichen Vertragsschluss sind Mitgliedstaaten der Europäischen Union geworden: die Republik Bulgarien, die Tschechische Republik, die Republik Estland, die Republik Kroatien, die Republik Zypern, die Republik Lettland, die Republik Litauen, Ungarn, die Republik Malta, die Republik Österreich, die Republik Polen, Rumänien, die Republik Slowenien, die Slowakische Republik, die Republik Finnland und das Königreich Schweden.

[1)] Seit dem ursprünglichen Vertragsschluss sind Mitgliedstaaten der Europäischen Union geworden: die Republik Bulgarien, die Tschechische Republik, die Republik Estland, die Republik Kroatien, die Republik Zypern, die Republik Lettland, die Republik Litauen, Ungarn, die Republik Malta, die Republik Österreich, die Republik Polen, Rumänien, die Republik Slowenien, die Slowakische Republik, die Republik Finnland und das Königreich Schweden.

diese in die Lage versetzt werden, die ihnen übertragenen Aufgaben in einem einheitlichen institutionellen Rahmen besser wahrzunehmen,

ENTSCHLOSSEN, die Stärkung und die Konvergenz ihrer Volkswirtschaften herbeizuführen und eine Wirtschafts- und Währungsunion zu errichten, die im Einklang mit diesem Vertrag und dem Vertrag über die Arbeitsweise der Europäischen Union[2] eine einheitliche, stabile Währung einschließt,

IN DEM FESTEN WILLEN, im Rahmen der Verwirklichung des Binnenmarkts sowie der Stärkung des Zusammenhalts und des Umweltschutzes den wirtschaftlichen und sozialen Fortschritt ihrer Völker unter Berücksichtigung des Grundsatzes der nachhaltigen Entwicklung zu fördern und Politiken zu verfolgen, die gewährleisten, dass Fortschritte bei der wirtschaftlichen Integration mit parallelen Fortschritten auf anderen Gebieten einhergehen,

ENTSCHLOSSEN, eine gemeinsame Unionsbürgerschaft für die Staatsangehörigen ihrer Länder einzuführen,

ENTSCHLOSSEN, eine Gemeinsame Außen- und Sicherheitspolitik zu verfolgen, wozu nach Maßgabe des Artikels 42 auch die schrittweise Festlegung einer gemeinsamen Verteidigungspolitik gehört, die zu einer gemeinsamen Verteidigung führen könnte, und so die Identität und Unabhängigkeit Europas zu stärken, um Frieden, Sicherheit und Fortschritt in Europa und in der Welt zu fördern,

ENTSCHLOSSEN, die Freizügigkeit unter gleichzeitiger Gewährleistung der Sicherheit ihrer Bürger durch den Aufbau eines Raums der Freiheit, der Sicherheit und des Rechts nach Maßgabe der Bestimmungen dieses Vertrags und des Vertrags über die Arbeitsweise der Europäischen Union[2] zu fördern,

ENTSCHLOSSEN, den Prozess der Schaffung einer immer engeren Union der Völker Europas, in der die Entscheidungen entsprechend dem Subsidiaritätsprinzip möglichst bürgernah getroffen werden, weiterzuführen,

IM HINBLICK auf weitere Schritte, die getan werden müssen, um die europäische Integration voranzutreiben,

HABEN BESCHLOSSEN, eine Europäische Union zu gründen; sie haben zu diesem Zweck zu ihren Bevollmächtigten ernannt:

(Aufzählung der Bevollmächtigten nicht wiedergegeben)

[2] Abgedruckt unter 21/2.

DIESE SIND nach Austausch ihrer als gut und gehörig befundenen Vollmachten wie folgt übereingekommen:

TITEL I
GEMEINSAME BESTIMMUNGEN

Artikel 1[3][2]

(ex-Artikel 1 EUV)

Durch diesen Vertrag gründen die HOHEN VERTRAGSPARTEIEN untereinander eine EUROPÄISCHE UNION (im Folgenden „Union"), der die Mitgliedstaaten Zuständigkeiten zur Verwirklichung ihrer gemeinsamen Ziele übertragen.

Dieser Vertrag stellt eine neue Stufe bei der Verwirklichung einer immer engeren Union der Völker Europas dar, in der die Entscheidungen möglichst offen und möglichst bürgernah getroffen werden.

Grundlage der Union sind dieser Vertrag und der Vertrag über die Arbeitsweise der Europäischen Union[2] (im Folgenden „Verträge"). Beide Verträge sind rechtlich gleichrangig. Die Union tritt an die Stelle der Europäischen Gemeinschaft, deren Rechtsnachfolgerin sie ist.

Artikel 2

Die Werte, auf die sich die Union gründet, sind die Achtung der Menschenwürde, Freiheit, Demokratie, Gleichheit, Rechtsstaatlichkeit und die Wahrung der Menschenrechte einschließlich der Rechte der Personen, die Minderheiten angehören. Diese Werte sind allen Mitgliedstaaten in einer Gesellschaft gemeinsam, die sich durch Pluralismus, Nichtdiskriminierung, Toleranz, Gerechtigkeit, Solidarität und die Gleichheit von Frauen und Männern auszeichnet.

Artikel 3

(ex-Artikel 2 EUV)

(1) Ziel der Union ist es, den Frieden, ihre Werte und das Wohlergehen ihrer Völker zu fördern.

(2) Die Union bietet ihren Bürgerinnen und Bürgern einen Raum der Freiheit, der Sicherheit

[3] Laut ABl hat dieser Verweis lediglich hinweisenden Charakter. Zur Vertiefung vgl die Übereinstimmungstabellen für die Entsprechung zwischen bisheriger und neuer Nummerierung der Verträge (ABl 2016 C 202, 361).

[2] Laut ABl hat dieser Verweis lediglich hinweisenden Charakter. Zur Vertiefung vgl die Übereinstimmungstabellen für die Entsprechung zwischen bisheriger und neuer Nummerierung der Verträge (ABl 2016 C 202, 361).

und des Rechts ohne Binnengrenzen, in dem – in Verbindung mit geeigneten Maßnahmen in Bezug auf die Kontrollen an den Außengrenzen, das Asyl, die Einwanderung sowie die Verhütung und Bekämpfung der Kriminalität – der freie Personenverkehr gewährleistet ist.

(3) Die Union errichtet einen Binnenmarkt. Sie wirkt auf die nachhaltige Entwicklung Europas auf der Grundlage eines ausgewogenen Wirtschaftswachstums und von Preisstabilität, eine in hohem Maße wettbewerbsfähige soziale Marktwirtschaft, die auf Vollbeschäftigung und sozialen Fortschritt abzielt, sowie ein hohes Maß an Umweltschutz und Verbesserung der Umweltqualität hin. Sie fördert den wissenschaftlichen und technischen Fortschritt.

Sie bekämpft soziale Ausgrenzung und Diskriminierungen und fördert soziale Gerechtigkeit und sozialen Schutz, die Gleichstellung von Frauen und Männern, die Solidarität zwischen den Generationen und den Schutz der Rechte des Kindes.

Sie fördert den wirtschaftlichen, sozialen und territorialen Zusammenhalt und die Solidarität zwischen den Mitgliedstaaten.

Sie wahrt den Reichtum ihrer kulturellen und sprachlichen Vielfalt und sorgt für den Schutz und die Entwicklung des kulturellen Erbes Europas.

(4) Die Union errichtet eine Wirtschafts- und Währungsunion, deren Währung der Euro ist.

(5) In ihren Beziehungen zur übrigen Welt schützt und fördert die Union ihre Werte und Interessen und trägt zum Schutz ihrer Bürgerinnen und Bürger bei. Sie leistet einen Beitrag zu Frieden, Sicherheit, globaler nachhaltiger Entwicklung, Solidarität und gegenseitiger Achtung unter den Völkern, zu freiem und gerechtem Handel, zur Beseitigung der Armut und zum Schutz der Menschenrechte, insbesondere der Rechte des Kindes, sowie zur strikten Einhaltung und Weiterentwicklung des Völkerrechts, insbesondere zur Wahrung der Grundsätze der Charta der Vereinten Nationen.

(6) Die Union verfolgt ihre Ziele mit geeigneten Mitteln entsprechend den Zuständigkeiten, die ihr in den Verträgen übertragen sind.

Artikel 4

(1) Alle der Union nicht in den Verträgen übertragenen Zuständigkeiten verbleiben gemäß Artikel 5 bei den Mitgliedstaaten.

(2) Die Union achtet die Gleichheit der Mitgliedstaaten vor den Verträgen und ihre jeweilige nationale Identität, die in ihren grundlegenden politischen und verfassungsmäßigen Strukturen einschließlich der regionalen und lokalen Selbstverwaltung zum Ausdruck kommt. Sie achtet die grundlegenden Funktionen des Staates, insbesondere die Wahrung der territorialen Unversehrtheit, die Aufrechterhaltung der öffentlichen Ordnung und den Schutz der nationalen Sicherheit. Insbesondere die nationale Sicherheit fällt weiterhin in die alleinige Verantwortung der einzelnen Mitgliedstaaten.

(3) Nach dem Grundsatz der loyalen Zusammenarbeit achten und unterstützen sich die Union und die Mitgliedstaaten gegenseitig bei der Erfüllung der Aufgaben, die sich aus den Verträgen ergeben.

Die Mitgliedstaaten ergreifen alle geeigneten Maßnahmen allgemeiner oder besonderer Art zur Erfüllung der Verpflichtungen, die sich aus den Verträgen oder den Handlungen der Organe der Union ergeben.

Die Mitgliedstaaten unterstützen die Union bei der Erfüllung ihrer Aufgabe und unterlassen alle Maßnahmen, die die Verwirklichung der Ziele der Union gefährden könnten.

Artikel 5

(ex-Artikel 5 EGV)

(1) Für die Abgrenzung der Zuständigkeiten der Union gilt der Grundsatz der begrenzten Einzelermächtigung. Für die Ausübung der Zuständigkeiten der Union gelten die Grundsätze der Subsidiarität und der Verhältnismäßigkeit.

(2) Nach dem Grundsatz der begrenzten Einzelermächtigung wird die Union nur innerhalb der Grenzen der Zuständigkeiten tätig, die die Mitgliedstaaten ihr in den Verträgen zur Verwirklichung der darin niedergelegten Ziele übertragen haben. Alle der Union nicht in den Verträgen übertragenen Zuständigkeiten verbleiben bei den Mitgliedstaaten.

(3) Nach dem Subsidiaritätsprinzip wird die Union in den Bereichen, die nicht in ihre ausschließliche Zuständigkeit fallen, nur tätig, sofern und soweit die Ziele der in Betracht gezogenen Maßnahmen von den Mitgliedstaaten weder auf zentraler noch auf regionaler oder lokaler Ebene ausreichend verwirklicht werden können, sondern vielmehr wegen ihres Umfangs oder ihrer Wirkungen auf Unionsebene besser zu verwirklichen sind.

Die Organe der Union wenden das Subsidiaritätsprinzip nach dem Protokoll über die Anwendung der Grundsätze der Subsidiarität und der Verhältnismäßigkeit an. Die nationalen Parlamente achten auf die Einhaltung des Subsidiaritätsprinzips nach dem in jenem Protokoll vorgesehenen Verfahren.

(4) Nach dem Grundsatz der Verhältnismäßigkeit gehen die Maßnahmen der Union inhaltlich wie formal nicht über das zur Erreichung der Ziele der Verträge erforderliche Maß hinaus.

Die Organe der Union wenden den Grundsatz der Verhältnismäßigkeit nach dem Protokoll über die Anwendung der Grundsätze der Subsidiarität und der Verhältnismäßigkeit an.

Artikel 6

(ex-Artikel 6 EUV)

(1) Die Union erkennt die Rechte, Freiheiten und Grundsätze an, die in der Charta der Grundrechte der Europäischen Union vom 7. Dezember 2000 in der am 12. Dezember 2007 in Straßburg angepassten Fassung[4] niedergelegt sind; die Charta der Grundrechte[4] und die Verträge sind rechtlich gleichrangig.

Durch die Bestimmungen der Charta[4] werden die in den Verträgen festgelegten Zuständigkeiten der Union in keiner Weise erweitert.

Die in der Charta[4] niedergelegten Rechte, Freiheiten und Grundsätze werden gemäß den allgemeinen Bestimmungen des Titels VII der Charta[4], der ihre Auslegung und Anwendung regelt, und unter gebührender Berücksichtigung der in der Charta[4] angeführten Erläuterungen, in denen die Quellen dieser Bestimmungen angegeben sind, ausgelegt.

(2) Die Union tritt der Europäischen Konvention zum Schutz der Menschenrechte und Grundfreiheiten[5] bei. Dieser Beitritt ändert nicht die in den Verträgen festgelegten Zuständigkeiten der Union.

(3) Die Grundrechte, wie sie in der Europäischen Konvention zum Schutz der Menschenrechte und Grundfreiheiten[5] gewährleistet sind und wie sie sich aus den gemeinsamen Verfassungsüberlieferungen der Mitgliedstaaten ergeben, sind als allgemeine Grundsätze Teil des Unionsrechts.

Artikel 7

(ex-Artikel 7 EUV)

(1) Auf begründeten Vorschlag eines Drittels der Mitgliedstaaten, des Europäischen Parlaments oder der Europäischen Kommission kann der Rat mit der Mehrheit von vier Fünfteln seiner Mitglieder nach Zustimmung des Europäischen Parlaments feststellen, dass die eindeutige Gefahr einer schwerwiegenden Verletzung der in Artikel 2 genannten Werte durch einen Mitgliedstaat besteht. Der Rat hört, bevor er eine solche Feststellung trifft, den betroffenen Mitgliedstaat und kann Empfehlungen an ihn richten, die er nach demselben Verfahren beschließt.

Der Rat überprüft regelmäßig, ob die Gründe, die zu dieser Feststellung geführt haben, noch zutreffen.

(2) Auf Vorschlag eines Drittels der Mitgliedstaaten oder der Europäischen Kommission und nach Zustimmung des Europäischen Parlaments kann der Europäische Rat einstimmig feststellen, dass eine schwerwiegende und anhaltende Verletzung der in Artikel 2 genannten Werte durch einen Mitgliedstaat vorliegt, nachdem er den betroffenen Mitgliedstaat zu einer Stellungnahme aufgefordert hat.

(3) Wurde die Feststellung nach Absatz 2 getroffen, so kann der Rat mit qualifizierter Mehrheit beschließen, bestimmte Rechte auszusetzen, die sich aus der Anwendung der Verträge auf den betroffenen Mitgliedstaat herleiten, einschließlich der Stimmrechte des Vertreters der Regierung dieses Mitgliedstaats im Rat. Dabei berücksichtigt er die möglichen Auswirkungen einer solchen Aussetzung auf die Rechte und Pflichten natürlicher und juristischer Personen.

Die sich aus den Verträgen ergebenden Verpflichtungen des betroffenen Mitgliedstaats sind für diesen auf jeden Fall weiterhin verbindlich.

(4) Der Rat kann zu einem späteren Zeitpunkt mit qualifizierter Mehrheit beschließen, nach Absatz 3 getroffene Maßnahmen abzuändern oder aufzuheben, wenn in der Lage, die zur Verhängung dieser Maßnahmen geführt hat, Änderungen eingetreten sind.

(5) Die Abstimmungsmodalitäten, die für die Zwecke dieses Artikels für das Europäische Parlament, den Europäischen Rat und den Rat gelten, sind in Artikel 354 des Vertrags über die Arbeitsweise der Europäischen Union[2] festgelegt.

Artikel 8

(1) Die Union entwickelt besondere Beziehungen zu den Ländern in ihrer Nachbarschaft, um einen Raum des Wohlstands und der guten Nachbarschaft zu schaffen, der auf den Werten der Union aufbaut und sich durch enge, friedliche Beziehungen auf der Grundlage der Zusammenarbeit auszeichnet.

(2) Für die Zwecke des Absatzes 1 kann die Union spezielle Übereinkünfte mit den betreffenden Ländern schließen. Diese Übereinkünfte können gegenseitige Rechte und Pflichten umfassen und die Möglichkeit zu gemeinsamem Vorgehen eröffnen. Zur Durchführung der Übereinkünfte finden regelmäßige Konsultationen statt.

---

[4] Abgedruckt unter 21/3.

[5] Abgedruckt unter 2b/1.

TITEL II

BESTIMMUNGEN ÜBER DIE DEMOKRATISCHEN GRUNDSÄTZE

Artikel 9

Die Union achtet in ihrem gesamten Handeln den Grundsatz der Gleichheit ihrer Bürgerinnen und Bürger, denen ein gleiches Maß an Aufmerksamkeit seitens der Organe, Einrichtungen und sonstigen Stellen der Union zuteil wird. Unionsbürger ist, wer die Staatsangehörigkeit eines Mitgliedstaats besitzt. Die Unionsbürgerschaft tritt zur nationalen Staatsbürgerschaft hinzu, ersetzt sie aber nicht.

Artikel 10

(1) Die Arbeitsweise der Union beruht auf der repräsentativen Demokratie.

(2) Die Bürgerinnen und Bürger sind auf Unionsebene unmittelbar im Europäischen Parlament vertreten.

Die Mitgliedstaaten werden im Europäischen Rat von ihrem jeweiligen Staats- oder Regierungschef und im Rat von ihrer jeweiligen Regierung vertreten, die ihrerseits in demokratischer Weise gegenüber ihrem nationalen Parlament oder gegenüber ihren Bürgerinnen und Bürgern Rechenschaft ablegen müssen.

(3) Alle Bürgerinnen und Bürger haben das Recht, am demokratischen Leben der Union teilzunehmen. Die Entscheidungen werden so offen und bürgernah wie möglich getroffen.

(4) Politische Parteien auf europäischer Ebene tragen zur Herausbildung eines europäischen politischen Bewusstseins und zum Ausdruck des Willens der Bürgerinnen und Bürger der Union bei.

Artikel 11

(1) Die Organe geben den Bürgerinnen und Bürgern und den repräsentativen Verbänden in geeigneter Weise die Möglichkeit, ihre Ansichten in allen Bereichen des Handelns der Union öffentlich bekannt zu geben und auszutauschen.

(2) Die Organe pflegen einen offenen, transparenten und regelmäßigen Dialog mit den repräsentativen Verbänden und der Zivilgesellschaft.

(3) Um die Kohärenz und die Transparenz des Handelns der Union zu gewährleisten, führt die Europäische Kommission umfangreiche Anhörungen der Betroffenen durch.

(4) Unionsbürgerinnen und Unionsbürger, deren Anzahl mindestens eine Million betragen und bei denen es sich um Staatsangehörige einer erheblichen Anzahl von Mitgliedstaaten handeln muss, können die Initiative ergreifen und die Europäische Kommission auffordern, im Rahmen ihrer Befugnisse geeignete Vorschläge zu Themen zu unterbreiten, zu denen es nach Ansicht jener Bürgerinnen und Bürger eines Rechtsakts der Union bedarf, um die Verträge umzusetzen.

Die Verfahren und Bedingungen, die für eine solche Bürgerinitiative gelten, werden nach Artikel 24 Absatz 1 des Vertrags über die Arbeitsweise der Europäischen Union[2)] festgelegt.

Artikel 12

Die nationalen Parlamente tragen aktiv zur guten Arbeitsweise der Union bei, indem sie

a) von den Organen der Union unterrichtet werden und ihnen die Entwürfe von Gesetzgebungsakten der Union gemäß dem Protokoll über die Rolle der nationalen Parlamente in der Europäischen Union zugeleitet werden;

b) dafür sorgen, dass der Grundsatz der Subsidiarität gemäß den in dem Protokoll über die Anwendung der Grundsätze der Subsidiarität und der Verhältnismäßigkeit vorgesehenen Verfahren beachtet wird;

c) sich im Rahmen des Raums der Freiheit, der Sicherheit und des Rechts an den Mechanismen zur Bewertung der Durchführung der Unionspolitiken in diesem Bereich nach Artikel 70 des Vertrags über die Arbeitsweise der Europäischen Union[2)] beteiligen und in die politische Kontrolle von Europol und die Bewertung der Tätigkeit von Eurojust nach den Artikeln 88 und 85 des genannten Vertrags[2)] einbezogen werden;

d) sich an den Verfahren zur Änderung der Verträge nach Artikel 48 dieses Vertrags beteiligen;

e) über Anträge auf Beitritt zur Union nach Artikel 49 dieses Vertrags unterrichtet werden;

f) sich an der interparlamentarischen Zusammenarbeit zwischen den nationalen Parlamenten und mit dem Europäischen Parlament gemäß dem Protokoll über die Rolle der nationalen Parlamente in der Europäischen Union beteiligen.

TITEL III

BESTIMMUNGEN ÜBER DIE ORGANE

Artikel 13

(1) Die Union verfügt über einen institutionellen Rahmen, der zum Zweck hat, ihren Werten Geltung zu verschaffen, ihre Ziele zu verfolgen, ihren Interessen, denen ihrer Bürgerinnen und Bürger und denen der Mitgliedstaaten zu dienen sowie die Kohärenz, Effizienz und Kontinuität ihrer Politik und ihrer Maßnahmen sicherzustellen.

Die Organe der Union sind

– das Europäische Parlament,

– der Europäische Rat,

– der Rat,
– die Europäische Kommission (im Folgenden „Kommission"),
– der Gerichtshof der Europäischen Union,
– die Europäische Zentralbank,
– der Rechnungshof.

(2) Jedes Organ handelt nach Maßgabe der ihm in den Verträgen zugewiesenen Befugnisse nach den Verfahren, Bedingungen und Zielen, die in den Verträgen festgelegt sind. Die Organe arbeiten loyal zusammen.

(3) Die Bestimmungen über die Europäische Zentralbank und den Rechnungshof sowie die detaillierten Bestimmungen über die übrigen Organe sind im Vertrag über die Arbeitsweise der Europäischen Union[2)] enthalten.

(4) Das Europäische Parlament, der Rat und die Kommission werden von einem Wirtschafts- und Sozialausschuss sowie einem Ausschuss der Regionen unterstützt, die beratende Aufgaben wahrnehmen.

Artikel 14

(1) Das Europäische Parlament wird gemeinsam mit dem Rat als Gesetzgeber tätig und übt gemeinsam mit ihm die Haushaltsbefugnisse aus. Es erfüllt Aufgaben der politischen Kontrolle und Beratungsfunktionen nach Maßgabe der Verträge. Es wählt den Präsidenten der Kommission.

(2) Das Europäische Parlament setzt sich aus Vertretern der Unionsbürgerinnen und Unionsbürger zusammen. Ihre Anzahl darf 750 nicht überschreiten, zuzüglich des Präsidenten. Die Bürgerinnen und Bürger sind im Europäischen Parlament degressiv proportional, mindestens jedoch mit sechs Mitgliedern je Mitgliedstaat vertreten. Kein Mitgliedstaat erhält mehr als 96 Sitze.

Der Europäische Rat erlässt einstimmig auf Initiative des Europäischen Parlaments und mit dessen Zustimmung einen Beschluss über die Zusammensetzung des Europäischen Parlaments, in dem die in Unterabsatz 1 genannten Grundsätze gewahrt sind.

(3) Die Mitglieder des Europäischen Parlaments werden in allgemeiner, unmittelbarer, freier und geheimer Wahl für eine Amtszeit von fünf Jahren gewählt.

(4) Das Europäische Parlament wählt aus seiner Mitte seinen Präsidenten und sein Präsidium.

Artikel 15

(1) Der Europäische Rat gibt der Union die für ihre Entwicklung erforderlichen Impulse und legt die allgemeinen politischen Zielvorstellungen und Prioritäten hierfür fest. Er wird nicht gesetzgeberisch tätig.

(2) Der Europäische Rat setzt sich zusammen aus den Staats- und Regierungschefs der Mitgliedstaaten sowie dem Präsidenten des Europäischen Rates und dem Präsidenten der Kommission. Der Hohe Vertreter der Union für Außen- und Sicherheitspolitik nimmt an seinen Arbeiten teil.

(3) Der Europäische Rat tritt zweimal pro Halbjahr zusammen; er wird von seinem Präsidenten einberufen. Wenn es die Tagesordnung erfordert, können die Mitglieder des Europäischen Rates beschließen, sich jeweils von einem Minister oder – im Fall des Präsidenten der Kommission – von einem Mitglied der Kommission unterstützen zu lassen. Wenn es die Lage erfordert, beruft der Präsident eine außerordentliche Tagung des Europäischen Rates ein.

(4) Soweit in den Verträgen nichts anderes festgelegt ist, entscheidet der Europäische Rat im Konsens.

(5) Der Europäische Rat wählt seinen Präsidenten mit qualifizierter Mehrheit für eine Amtszeit von zweieinhalb Jahren; der Präsident kann einmal wiedergewählt werden. Im Falle einer Verhinderung oder einer schweren Verfehlung kann der Europäische Rat ihn im Wege des gleichen Verfahrens von seinem Amt entbinden.

(6) Der Präsident des Europäischen Rates

a) führt den Vorsitz bei den Arbeiten des Europäischen Rates und gibt ihnen Impulse,

b) sorgt in Zusammenarbeit mit dem Präsidenten der Kommission auf der Grundlage der Arbeiten des Rates „Allgemeine Angelegenheiten" für die Vorbereitung und Kontinuität der Arbeiten des Europäischen Rates,

c) wirkt darauf hin, dass Zusammenhalt und Konsens im Europäischen Rat gefördert werden,

d) legt dem Europäischen Parlament im Anschluss an jede Tagung des Europäischen Rates einen Bericht vor.

Der Präsident des Europäischen Rates nimmt auf seiner Ebene und in seiner Eigenschaft, unbeschadet der Befugnisse des Hohen Vertreters der Union für Außen- und Sicherheitspolitik, die Außenvertretung der Union in Angelegenheiten der Gemeinsamen Außen- und Sicherheitspolitik wahr.

Der Präsident des Europäischen Rates darf kein einzelstaatliches Amt ausüben.

Artikel 16

(1) Der Rat wird gemeinsam mit dem Europäischen Parlament als Gesetzgeber tätig und übt gemeinsam mit ihm die Haushaltsbefugnisse aus. Zu seinen Aufgaben gehört die Festlegung der Politik und die Koordinierung nach Maßgabe der Verträge.

(2) Der Rat besteht aus je einem Vertreter jedes Mitgliedstaats auf Ministerebene, der befugt ist,

für die Regierung des von ihm vertretenen Mitgliedstaats verbindlich zu handeln und das Stimmrecht auszuüben.

(3) Soweit in den Verträgen nichts anderes festgelegt ist, beschließt der Rat mit qualifizierter Mehrheit.

(4) Ab dem 1. November 2014 gilt als qualifizierte Mehrheit eine Mehrheit von mindestens 55 % der Mitglieder des Rates, gebildet aus mindestens 15 Mitgliedern, sofern die von diesen vertretenen Mitgliedstaaten zusammen mindestens 65 % der Bevölkerung der Union ausmachen.

Für eine Sperrminorität sind mindestens vier Mitglieder des Rates erforderlich, andernfalls gilt die qualifizierte Mehrheit als erreicht.

Die übrigen Modalitäten für die Abstimmung mit qualifizierter Mehrheit sind in Artikel 238 Absatz 2 des Vertrags über die Arbeitsweise der Europäischen Union[2)] festgelegt.

(5) Die Übergangsbestimmungen für die Definition der qualifizierten Mehrheit, die bis zum 31. Oktober 2014 gelten, sowie die Übergangsbestimmungen, die zwischen dem 1. November 2014 und dem 31. März 2017 gelten, sind im Protokoll über die Übergangsbestimmungen[6)] festgelegt.

(6) Der Rat tagt in verschiedenen Zusammensetzungen; die Liste dieser Zusammensetzungen wird nach Artikel 236 des Vertrags über die Arbeitsweise der Europäischen Union[2)] angenommen.

Als Rat „Allgemeine Angelegenheiten" sorgt er für die Kohärenz der Arbeiten des Rates in seinen verschiedenen Zusammensetzungen. In Verbindung mit dem Präsidenten des Europäischen Rates und mit der Kommission bereitet er die Tagungen des Europäischen Rates vor und sorgt für das weitere Vorgehen.

Als Rat „Auswärtige Angelegenheiten" gestaltet er das auswärtige Handeln der Union entsprechend den strategischen Vorgaben des Europäischen Rates und sorgt für die Kohärenz des Handelns der Union.

(7) Ein Ausschuss der Ständigen Vertreter der Regierungen der Mitgliedstaaten ist für die Vorbereitung der Arbeiten des Rates verantwortlich.

(8) Der Rat tagt öffentlich, wenn er über Entwürfe zu Gesetzgebungsakten berät und abstimmt. Zu diesem Zweck wird jede Ratstagung in zwei Teile unterteilt, von denen der eine den Beratungen über die Gesetzgebungsakte der Union und der andere den nicht die Gesetzgebung betreffenden Tätigkeiten gewidmet ist.

(9) Der Vorsitz im Rat in allen seinen Zusammensetzungen mit Ausnahme des Rates „Auswärtige Angelegenheiten" wird von den Vertretern der Mitgliedstaaten im Rat unter Bedingungen, die gemäß Artikel 236 des Vertrags über die Arbeitsweise der Europäischen Union[2)] festgelegt werden, nach einem System der gleichberechtigten Rotation wahrgenommen.

Artikel 17

(1) Die Kommission fördert die allgemeinen Interessen der Union und ergreift geeignete Initiativen zu diesem Zweck. Sie sorgt für die Anwendung der Verträge sowie der von den Organen kraft der Verträge erlassenen Maßnahmen. Sie überwacht die Anwendung des Unionsrechts unter der Kontrolle des Gerichtshofs der Europäischen Union. Sie führt den Haushaltsplan aus und verwaltet die Programme. Sie übt nach Maßgabe der Verträge Koordinierungs-, Exekutiv- und Verwaltungsfunktionen aus. Außer in der Gemeinsamen Außen- und Sicherheitspolitik und den übrigen in den Verträgen vorgesehenen Fällen nimmt sie die Vertretung der Union nach außen wahr. Sie leitet die jährliche und die mehrjährige Programmplanung der Union mit dem Ziel ein, interinstitutionelle Vereinbarungen zu erreichen.

(2) Soweit in den Verträgen nichts anderes festgelegt ist, darf ein Gesetzgebungsakt der Union nur auf Vorschlag der Kommission erlassen werden. Andere Rechtsakte werden auf der Grundlage eines Kommissionsvorschlags erlassen, wenn dies in den Verträgen vorgesehen ist.

(3) Die Amtszeit der Kommission beträgt fünf Jahre.

Die Mitglieder der Kommission werden aufgrund ihrer allgemeinen Befähigung und ihres Einsatzes für Europa unter Persönlichkeiten ausgewählt, die volle Gewähr für ihre Unabhängigkeit bieten.

Die Kommission übt ihre Tätigkeit in voller Unabhängigkeit aus. Die Mitglieder der Kommission dürfen unbeschadet des Artikels 18 Absatz 2 Weisungen von einer Regierung, einem Organ, einer Einrichtung oder jeder anderen Stelle weder einholen noch entgegennehmen. Sie enthalten sich jeder Handlung, die mit ihrem Amt oder der Erfüllung ihrer Aufgaben unvereinbar ist.

(4) Die Kommission, die zwischen dem Zeitpunkt des Inkrafttretens des Vertrags von Lissabon und dem 31. Oktober 2014 ernannt wird, besteht einschließlich ihres Präsidenten und des Hohen Vertreters der Union für Außen- und Sicherheitspolitik, der einer der Vizepräsidenten der Kommission ist, aus je einem Staatsangehörigen jedes Mitgliedstaats.

(5) Ab dem 1. November 2014 besteht die Kommission, einschließlich ihres Präsidenten und des Hohen Vertreters der Union für Außen- und Sicherheitspolitik, aus einer Anzahl von Mitgliedern, die zwei Dritteln der Zahl der Mitgliedstaaten entspricht, sofern der Europäische Rat nicht

[6)] Siehe Art 3 dieses Protokolls.

einstimmig eine Änderung dieser Anzahl beschließt.

Die Mitglieder der Kommission werden unter den Staatsangehörigen der Mitgliedstaaten in einem System der strikt gleichberechtigten Rotation zwischen den Mitgliedstaaten so ausgewählt, dass das demografische und geografische Spektrum der Gesamtheit der Mitgliedstaaten zum Ausdruck kommt. Dieses System wird vom Europäischen Rat nach Artikel 244 des Vertrags über die Arbeitsweise der Europäischen Union[2)] einstimmig festgelegt.

(6) Der Präsident der Kommission

a) legt die Leitlinien fest, nach denen die Kommission ihre Aufgaben ausübt,

b) beschließt über die interne Organisation der Kommission, um die Kohärenz, die Effizienz und das Kollegialitätsprinzip im Rahmen ihrer Tätigkeit sicherzustellen,

c) ernennt, mit Ausnahme des Hohen Vertreters der Union für Außen- und Sicherheitspolitik, die Vizepräsidenten aus dem Kreis der Mitglieder der Kommission.

Ein Mitglied der Kommission legt sein Amt nieder, wenn es vom Präsidenten dazu aufgefordert wird. Der Hohe Vertreter der Union für Außen- und Sicherheitspolitik legt sein Amt nach dem Verfahren des Artikels 18 Absatz 1 nieder, wenn er vom Präsidenten dazu aufgefordert wird.

(7) Der Europäische Rat schlägt dem Europäischen Parlament nach entsprechenden Konsultationen mit qualifizierter Mehrheit einen Kandidaten für das Amt des Präsidenten der Kommission vor; dabei berücksichtigt er das Ergebnis der Wahlen zum Europäischen Parlament. Das Europäische Parlament wählt diesen Kandidaten mit der Mehrheit seiner Mitglieder. Erhält dieser Kandidat nicht die Mehrheit, so schlägt der Europäische Rat dem Europäischen Parlament innerhalb eines Monats mit qualifizierter Mehrheit einen neuen Kandidaten vor, für dessen Wahl das Europäische Parlament dasselbe Verfahren anwendet.

Der Rat nimmt, im Einvernehmen mit dem gewählten Präsidenten, die Liste der anderen Persönlichkeiten an, die er als Mitglieder der Kommission vorschlägt. Diese werden auf der Grundlage der Vorschläge der Mitgliedstaaten entsprechend den Kriterien nach Absatz 3 Unterabsatz 2 und Absatz 5 Unterabsatz 2 ausgewählt.

Der Präsident, der Hohe Vertreter der Union für Außen- und Sicherheitspolitik und die übrigen Mitglieder der Kommission stellen sich als Kollegium einem Zustimmungsvotum des Europäischen Parlaments. Auf der Grundlage dieser Zustimmung wird die Kommission vom Europäischen Rat mit qualifizierter Mehrheit ernannt.

(8) Die Kommission ist als Kollegium dem Europäischen Parlament verantwortlich. Das Europäische Parlament kann nach Artikel 234 des Vertrags über die Arbeitsweise der Europäischen Union[2)] einen Misstrauensantrag gegen die Kommission annehmen. Wird ein solcher Antrag angenommen, so müssen die Mitglieder der Kommission geschlossen ihr Amt niederlegen, und der Hohe Vertreter der Union für Außen- und Sicherheitspolitik muss sein im Rahmen der Kommission ausgeübtes Amt niederlegen.

Artikel 18

(1) Der Europäische Rat ernennt mit qualifizierter Mehrheit und mit Zustimmung des Präsidenten der Kommission den Hohen Vertreter der Union für Außen- und Sicherheitspolitik. Der Europäische Rat kann die Amtszeit des Hohen Vertreters nach dem gleichen Verfahren beenden.

(2) Der Hohe Vertreter leitet die Gemeinsame Außen- und Sicherheitspolitik der Union. Er trägt durch seine Vorschläge zur Festlegung dieser Politik bei und führt sie im Auftrag des Rates durch. Er handelt ebenso im Bereich der Gemeinsamen Sicherheits- und Verteidigungspolitik.

(3) Der Hohe Vertreter führt den Vorsitz im Rat „Auswärtige Angelegenheiten“.

(4) Der Hohe Vertreter ist einer der Vizepräsidenten der Kommission. Er sorgt für die Kohärenz des auswärtigen Handelns der Union. Er ist innerhalb der Kommission mit deren Zuständigkeiten im Bereich der Außenbeziehungen und mit der Koordinierung der übrigen Aspekte des auswärtigen Handelns der Union betraut. Bei der Wahrnehmung dieser Zuständigkeiten in der Kommission und ausschließlich im Hinblick auf diese Zuständigkeiten unterliegt der Hohe Vertreter den Verfahren, die für die Arbeitsweise der Kommission gelten, soweit dies mit den Absätzen 2 und 3 vereinbar ist.

Artikel 19

(1) Der Gerichtshof der Europäischen Union umfasst den Gerichtshof, das Gericht und Fachgerichte. Er sichert die Wahrung des Rechts bei der Auslegung und Anwendung der Verträge.

Die Mitgliedstaaten schaffen die erforderlichen Rechtsbehelfe, damit ein wirksamer Rechtsschutz in den vom Unionsrecht erfassten Bereichen gewährleistet ist.

(2) Der Gerichtshof besteht aus einem Richter je Mitgliedstaat. Er wird von Generalanwälten unterstützt.

Das Gericht besteht aus mindestens einem Richter je Mitgliedstaat.

Als Richter und Generalanwälte des Gerichtshofs und als Richter des Gerichts sind Persönlichkeiten auszuwählen, die jede Gewähr für Unabhängigkeit bieten und die Voraussetzungen der Artikel 253 und 254 des Vertrags über die Arbeitsweise der Europäischen Union[2)] erfüllen. Sie werden von den Regierungen der Mitgliedstaaten im gegenseitigen Einvernehmen für eine Amtszeit von sechs Jahren ernannt. Die Wiederernennung ausscheidender Richter und Generalanwälte ist zulässig.

(3) Der Gerichtshof der Europäischen Union entscheidet nach Maßgabe der Verträge

a) über Klagen eines Mitgliedstaats, eines Organs oder natürlicher oder juristischer Personen;

b) im Wege der Vorabentscheidung auf Antrag der einzelstaatlichen Gerichte über die Auslegung des Unionsrechts oder über die Gültigkeit der Handlungen der Organe;

c) in allen anderen in den Verträgen vorgesehenen Fällen.

TITEL IV

BESTIMMUNGEN ÜBER EINE VERSTÄRKTE ZUSAMMENARBEIT

Artikel 20

(ex-Artikel 27a bis 27e, 40 bis 40b und 43 bis 45 EUV und ex-Artikel 11 und 11a EGV)

(1) Die Mitgliedstaaten, die untereinander eine Verstärkte Zusammenarbeit im Rahmen der nicht ausschließlichen Zuständigkeiten der Union begründen wollen, können, in den Grenzen und nach Maßgabe dieses Artikels und der Artikel 326 bis 334 des Vertrags über die Arbeitsweise der Europäischen Union[2)], die Organe der Union in Anspruch nehmen und diese Zuständigkeiten unter Anwendung der einschlägigen Bestimmungen der Verträge ausüben.

Eine Verstärkte Zusammenarbeit ist darauf ausgerichtet, die Verwirklichung der Ziele der Union zu fördern, ihre Interessen zu schützen und ihren Integrationsprozess zu stärken. Sie steht allen Mitgliedstaaten nach Artikel 328 des Vertrags über die Arbeitsweise der Europäischen Union[2)] jederzeit offen.

(2) Der Beschluss über die Ermächtigung zu einer Verstärkten Zusammenarbeit wird vom Rat als letztes Mittel erlassen, wenn dieser feststellt, dass die mit dieser Zusammenarbeit angestrebten Ziele von der Union in ihrer Gesamtheit nicht innerhalb eines vertretbaren Zeitraums verwirklicht werden können, und sofern an der Zusammenarbeit mindestens neun Mitgliedstaaten beteiligt sind. Der Rat beschließt nach dem in Artikel 329 des Vertrags über die Arbeitsweise der Europäischen Union[2)] vorgesehenen Verfahren.

(3) Alle Mitglieder des Rates können an dessen Beratungen teilnehmen, aber nur die Mitglieder des Rates, die die an der Verstärkten Zusammenarbeit beteiligten Mitgliedstaaten vertreten, nehmen an der Abstimmung teil. Die Abstimmungsmodalitäten sind in Artikel 330 des Vertrags über die Arbeitsweise der Europäischen Union[2)] vorgesehen.

(4) An die im Rahmen einer Verstärkten Zusammenarbeit erlassenen Rechtsakte sind nur die an dieser Zusammenarbeit beteiligten Mitgliedstaaten gebunden. Sie gelten nicht als Besitzstand, der von beitrittswilligen Staaten angenommen werden muss.

TITEL V

ALLGEMEINE BESTIMMUNGEN ÜBER DAS AUSWÄRTIGE HANDELN DER UNION UND BESONDERE BESTIMMUNGEN ÜBER DIE GEMEINSAME AUSSEN- UND SICHERHEITSPOLITIK

Kapitel 1

Allgemeine Bestimmungen über das auswärtige Handeln der Union

Artikel 21

(1) Die Union lässt sich bei ihrem Handeln auf internationaler Ebene von den Grundsätzen leiten, die für ihre eigene Entstehung, Entwicklung und Erweiterung maßgebend waren und denen sie auch weltweit zu stärkerer Geltung verhelfen will: Demokratie, Rechtsstaatlichkeit, die universelle Gültigkeit und Unteilbarkeit der Menschenrechte und Grundfreiheiten, die Achtung der Menschenwürde, der Grundsatz der Gleichheit und der Grundsatz der Solidarität sowie die Achtung der Grundsätze der Charta der Vereinten Nationen und des Völkerrechts.

Die Union strebt an, die Beziehungen zu Drittländern und zu regionalen oder weltweiten internationalen Organisationen, die die in Unterabsatz 1 aufgeführten Grundsätze teilen, auszubauen und Partnerschaften mit ihnen aufzubauen. Sie setzt sich insbesondere im Rahmen der Vereinten Nationen für multilaterale Lösungen bei gemeinsamen Problemen ein.

(2) Die Union legt die gemeinsame Politik sowie Maßnahmen fest, führt diese durch und setzt sich für ein hohes Maß an Zusammenarbeit auf allen Gebieten der internationalen Beziehungen ein, um

a) ihre Werte, ihre grundlegenden Interessen, ihre Sicherheit, ihre Unabhängigkeit und ihre Unversehrtheit zu wahren;

b) Demokratie, Rechtsstaatlichkeit, die Menschenrechte und die Grundsätze des Völkerrechts zu festigen und zu fördern;

c) nach Maßgabe der Ziele und Grundsätze der Charta der Vereinten Nationen sowie der Prinzipien der Schlussakte von Helsinki und der Ziele der Charta von Paris, einschließlich derjenigen, die die Außengrenzen betreffen, den Frieden zu erhalten, Konflikte zu verhüten und die internationale Sicherheit zu stärken;

d) die nachhaltige Entwicklung in Bezug auf Wirtschaft, Gesellschaft und Umwelt in den Entwicklungsländern zu fördern mit dem vorrangigen Ziel, die Armut zu beseitigen;

e) die Integration aller Länder in die Weltwirtschaft zu fördern, unter anderem auch durch den schrittweisen Abbau internationaler Handelshemmnisse;

f) zur Entwicklung von internationalen Maßnahmen zur Erhaltung und Verbesserung der Qualität der Umwelt und der nachhaltigen Bewirtschaftung der weltweiten natürlichen Ressourcen beizutragen, um eine nachhaltige Entwicklung sicherzustellen;

g) den Völkern, Ländern und Regionen, die von Naturkatastrophen oder von vom Menschen verursachten Katastrophen betroffen sind, zu helfen; und

h) eine Weltordnung zu fördern, die auf einer verstärkten multilateralen Zusammenarbeit und einer verantwortungsvollen Weltordnungspolitik beruht.

(3) Die Union wahrt bei der Ausarbeitung und Umsetzung ihres auswärtigen Handelns in den verschiedenen unter diesen Titel und den Fünften Teil des Vertrags über die Arbeitsweise der Europäischen Union[2)] fallenden Bereichen sowie der externen Aspekte der übrigen Politikbereiche die in den Absätzen 1 und 2 genannten Grundsätze und Ziele.

Die Union achtet auf die Kohärenz zwischen den einzelnen Bereichen ihres auswärtigen Handelns sowie zwischen diesen und ihren übrigen Politikbereichen. Der Rat und die Kommission, die vom Hohen Vertreter der Union für Außen- und Sicherheitspolitik unterstützt werden, stellen diese Kohärenz sicher und arbeiten zu diesem Zweck zusammen.

Artikel 22

(1) Auf der Grundlage der in Artikel 21 aufgeführten Grundsätze und Ziele legt der Europäische Rat die strategischen Interessen und Ziele der Union fest.

Die Beschlüsse des Europäischen Rates über die strategischen Interessen und Ziele der Union erstrecken sich auf die Gemeinsame Außen- und Sicherheitspolitik sowie auf andere Bereiche des auswärtigen Handelns der Union. Sie können die Beziehungen der Union zu einem Land oder einer Region betreffen oder aber ein bestimmtes Thema zum Gegenstand haben. Sie enthalten Bestimmungen zu ihrer Geltungsdauer und zu den von der Union und den Mitgliedstaaten bereitzustellenden Mitteln.

Der Europäische Rat beschließt einstimmig auf Empfehlung des Rates, die dieser nach den für den jeweiligen Bereich vorgesehenen Regelungen abgibt. Die Beschlüsse des Europäischen Rates werden nach Maßgabe der in den Verträgen vorgesehenen Verfahren durchgeführt.

(2) Der Hohe Vertreter der Union für Außen- und Sicherheitspolitik und die Kommission können dem Rat gemeinsame Vorschläge vorlegen, wobei der Hohe Vertreter für den Bereich der Gemeinsamen Außen- und Sicherheitspolitik und die Kommission für die anderen Bereiche des auswärtigen Handelns zuständig ist.

Kapitel 2

Besondere Bestimmungen über die Gemeinsame Außen- und Sicherheitspolitik

Abschnitt 1

Gemeinsame Bestimmungen.

Artikel 23

Das Handeln der Union auf internationaler Ebene im Rahmen dieses Kapitels beruht auf den Grundsätzen des Kapitels 1, verfolgt die darin genannten Ziele und steht mit den allgemeinen Bestimmungen jenes Kapitels im Einklang.

Artikel 24

(ex-Artikel 11 EUV)

(1) Die Zuständigkeit der Union in der Gemeinsamen Außen- und Sicherheitspolitik erstreckt sich auf alle Bereiche der Außenpolitik sowie auf sämtliche Fragen im Zusammenhang mit der Sicherheit der Union, einschließlich der schrittweisen Festlegung einer gemeinsamen Verteidigungspolitik, die zu einer gemeinsamen Verteidigung führen kann.

Für die Gemeinsame Außen- und Sicherheitspolitik gelten besondere Bestimmungen und Verfahren. Sie wird vom Europäischen Rat und vom Rat einstimmig festgelegt und durchgeführt, soweit in den Verträgen nichts anderes vorgesehen ist. Der Erlass von Gesetzgebungsakten ist ausgeschlossen. Die Gemeinsame Außen- und Sicherheitspolitik wird vom Hohen Vertreter der Union für Außen- und Sicherheitspolitik und von den Mitgliedstaaten gemäß den Verträgen durchgeführt. Die spezifische Rolle des Europäischen Parlaments und der Kommission in diesem Bereich ist in den Verträgen festgelegt. Der Gerichtshof der Europäischen Union ist in Bezug auf diese Bestimmungen nicht zuständig; hiervon ausgenommen ist die Kontrolle der Einhaltung des Artikels 40 dieses Vertrags und die Überwachung der Rechtmäßigkeit bestimmter Beschlüsse nach Artikel 275 Absatz 2 des Vertrags über die Arbeitsweise der Europäischen Union[2)].

(2) Die Union verfolgt, bestimmt und verwirklicht im Rahmen der Grundsätze und Ziele ihres auswärtigen Handelns eine Gemeinsame Außen- und Sicherheitspolitik, die auf einer Entwicklung der gegenseitigen politischen Solidarität der Mitgliedstaaten, der Ermittlung der Fragen von allgemeiner Bedeutung und der Erreichung einer immer stärkeren Konvergenz des Handelns der Mitgliedstaaten beruht.

(3) Die Mitgliedstaaten unterstützen die Außen- und Sicherheitspolitik der Union aktiv und vorbehaltlos im Geiste der Loyalität und der gegenseitigen Solidarität und achten das Handeln der Union in diesem Bereich.

Die Mitgliedstaaten arbeiten zusammen, um ihre gegenseitige politische Solidarität zu stärken und weiterzuentwickeln. Sie enthalten sich jeder Handlung, die den Interessen der Union zuwiderläuft oder ihrer Wirksamkeit als kohärente Kraft in den internationalen Beziehungen schaden könnte.

Der Rat und der Hohe Vertreter tragen für die Einhaltung dieser Grundsätze Sorge.

Artikel 25

(ex-Artikel 12 EUV)

Die Union verfolgt ihre Gemeinsame Außen- und Sicherheitspolitik, indem sie

a) die allgemeinen Leitlinien bestimmt,

b) Beschlüsse erlässt zur Festlegung

i) der von der Union durchzuführenden Aktionen,

ii) der von der Union einzunehmenden Standpunkte,

iii) der Einzelheiten der Durchführung der unter den Ziffern i und ii genannten Beschlüsse,

und

c) die systematische Zusammenarbeit der Mitgliedstaaten bei der Führung ihrer Politik ausbaut.

Artikel 26

(ex-Artikel 13 EUV)

(1) Der Europäische Rat bestimmt die strategischen Interessen der Union und legt die Ziele und die allgemeinen Leitlinien der Gemeinsamen Außen- und Sicherheitspolitik fest, und zwar auch bei Fragen mit verteidigungspolitischen Bezügen. Er erlässt die erforderlichen Beschlüsse.

Wenn eine internationale Entwicklung es erfordert, beruft der Präsident des Europäischen Rates eine außerordentliche Tagung des Europäischen Rates ein, um die strategischen Vorgaben für die Politik der Union angesichts dieser Entwicklung festzulegen.

(2) Der Rat gestaltet die Gemeinsame Außen- und Sicherheitspolitik und fasst die für die Festlegung und Durchführung dieser Politik erforderlichen Beschlüsse auf der Grundlage der vom Europäischen Rat festgelegten allgemeinen Leitlinien und strategischen Vorgaben.

Der Rat und der Hohe Vertreter der Union für Außen- und Sicherheitspolitik tragen für ein einheitliches, kohärentes und wirksames Vorgehen der Union Sorge.

(3) Die Gemeinsame Außen- und Sicherheitspolitik wird vom Hohen Vertreter und von den Mitgliedstaaten mit einzelstaatlichen Mitteln und den Mitteln der Union durchgeführt.

Artikel 27

(1) Der Hohe Vertreter der Union für Außen- und Sicherheitspolitik, der im Rat „Auswärtige Angelegenheiten" den Vorsitz führt, trägt durch seine Vorschläge zur Festlegung der Gemeinsamen Außen- und Sicherheitspolitik bei und stellt sicher, dass die vom Europäischen Rat und vom Rat erlassenen Beschlüsse durchgeführt werden.

(2) Der Hohe Vertreter vertritt die Union in den Bereichen der Gemeinsamen Außen- und Sicherheitspolitik. Er führt im Namen der Union den politischen Dialog mit Dritten und vertritt den Standpunkt der Union in internationalen Organisationen und auf internationalen Konferenzen.

(3) Bei der Erfüllung seines Auftrags stützt sich der Hohe Vertreter auf einen Europäischen Auswärtigen Dienst. Dieser Dienst arbeitet mit den diplomatischen Diensten der Mitgliedstaaten zusammen und umfasst Beamte aus den einschlägigen Abteilungen des Generalsekretariats des Rates und der Kommission sowie abgeordnetes Personal der nationalen diplomatischen Dienste. Die Organisation und die Arbeitsweise des Europäischen Auswärtigen Dienstes werden durch einen Beschluss des Rates festgelegt. Der Rat beschließt auf Vorschlag des Hohen Vertreters nach Anhörung des Europäischen Parlaments und nach Zustimmung der Kommission.

Artikel 28

(ex-Artikel 14 EUV)

(1) Verlangt eine internationale Situation ein operatives Vorgehen der Union, so erlässt der Rat die erforderlichen Beschlüsse. In den Beschlüssen sind ihre Ziele, ihr Umfang, die der Union zur Verfügung zu stellenden Mittel sowie die Bedingungen und erforderlichenfalls der Zeitraum für ihre Durchführung festgelegt.

Tritt eine Änderung der Umstände mit erheblichen Auswirkungen auf eine Angelegenheit ein, die Gegenstand eines solchen Beschlusses ist, so überprüft der Rat die Grundsätze und Ziele dieses

Beschlusses und erlässt die erforderlichen Beschlüsse.

(2) Die Beschlüsse nach Absatz 1 sind für die Mitgliedstaaten bei ihren Stellungnahmen und ihrem Vorgehen bindend.

(3) Jede einzelstaatliche Stellungnahme oder Maßnahme, die im Rahmen eines Beschlusses nach Absatz 1 geplant ist, wird von dem betreffenden Mitgliedstaat so rechtzeitig mitgeteilt, dass erforderlichenfalls eine vorherige Abstimmung im Rat stattfinden kann. Die Pflicht zur vorherigen Unterrichtung gilt nicht für Maßnahmen, die eine bloße praktische Umsetzung der Beschlüsse des Rates auf einzelstaatlicher Ebene darstellen.

(4) Bei zwingender Notwendigkeit aufgrund der Entwicklung der Lage und falls eine Überprüfung des Beschlusses des Rates nach Absatz 1 nicht stattfindet, können die Mitgliedstaaten unter Berücksichtigung der allgemeinen Ziele des genannten Beschlusses die erforderlichen Sofortmaßnahmen ergreifen. Der betreffende Mitgliedstaat unterrichtet den Rat sofort über derartige Maßnahmen.

(5) Ein Mitgliedstaat befasst den Rat, wenn sich bei der Durchführung eines Beschlusses nach diesem Artikel größere Schwierigkeiten ergeben; der Rat berät darüber und sucht nach angemessenen Lösungen. Diese dürfen nicht im Widerspruch zu den Zielen des Beschlusses nach Absatz 1 stehen oder seiner Wirksamkeit schaden.

Artikel 29

(ex-Artikel 15 EUV)

Der Rat erlässt Beschlüsse, in denen der Standpunkt der Union zu einer bestimmten Frage geografischer oder thematischer Art bestimmt wird. Die Mitgliedstaaten tragen dafür Sorge, dass ihre einzelstaatliche Politik mit den Standpunkten der Union in Einklang steht.

Artikel 30

(ex-Artikel 22 EUV)

(1) Jeder Mitgliedstaat, der Hohe Vertreter der Union für Außen- und Sicherheitspolitik oder der Hohe Vertreter mit Unterstützung der Kommission kann den Rat mit einer Frage der Gemeinsamen Außen- und Sicherheitspolitik befassen und ihm Initiativen beziehungsweise Vorschläge unterbreiten.

(2) In den Fällen, in denen eine rasche Entscheidung notwendig ist, beruft der Hohe Vertreter von sich aus oder auf Antrag eines Mitgliedstaats innerhalb von 48 Stunden, bei absoluter Notwendigkeit in kürzerer Zeit, eine außerordentliche Tagung des Rates ein.

Artikel 31

(ex-Artikel 23 EUV)

(1) Beschlüsse nach diesem Kapitel werden vom Europäischen Rat und vom Rat einstimmig gefasst, soweit in diesem Kapitel nichts anderes festgelegt ist. Der Erlass von Gesetzgebungsakten ist ausgeschlossen.

Bei einer Stimmenthaltung kann jedes Ratsmitglied zu seiner Enthaltung eine förmliche Erklärung im Sinne dieses Unterabsatzes abgeben. In diesem Fall ist es nicht verpflichtet, den Beschluss durchzuführen, akzeptiert jedoch, dass der Beschluss für die Union bindend ist. Im Geiste gegenseitiger Solidarität unterlässt der betreffende Mitgliedstaat alles, was dem auf diesem Beschluss beruhenden Vorgehen der Union zuwiderlaufen oder es behindern könnte, und die anderen Mitgliedstaaten respektieren seinen Standpunkt. Vertreten die Mitglieder des Rates, die bei ihrer Stimmenthaltung eine solche Erklärung abgeben, mindestens ein Drittel der Mitgliedstaaten, die mindestens ein Drittel der Unionsbevölkerung ausmachen, so wird der Beschluss nicht erlassen.

(2) Abweichend von Absatz 1 beschließt der Rat mit qualifizierter Mehrheit, wenn er

- auf der Grundlage eines Beschlusses des Europäischen Rates über die strategischen Interessen und Ziele der Union nach Artikel 22 Absatz 1 einen Beschluss erlässt, mit dem eine Aktion oder ein Standpunkt der Union festgelegt wird;
- auf einen Vorschlag hin, den ihm der Hohe Vertreter der Union für Außen- und Sicherheitspolitik auf spezielles Ersuchen des Europäischen Rates unterbreitet hat, das auf dessen eigene Initiative oder auf eine Initiative des Hohen Vertreters zurückgeht, einen Beschluss erlässt, mit dem eine Aktion oder ein Standpunkt der Union festgelegt wird;
- einen Beschluss zur Durchführung eines Beschlusses, mit dem eine Aktion oder ein Standpunkt der Union festgelegt wird, erlässt,
- nach Artikel 33 einen Sonderbeauftragten ernennt.

Erklärt ein Mitglied des Rates, dass es aus wesentlichen Gründen der nationalen Politik, die es auch nennen muss, die Absicht hat, einen mit qualifizierter Mehrheit zu fassenden Beschluss abzulehnen, so erfolgt keine Abstimmung. Der Hohe Vertreter bemüht sich in engem Benehmen mit dem betroffenen Mitgliedstaat um eine für diesen Mitgliedstaat annehmbare Lösung. Gelingt dies nicht, so kann der Rat mit qualifizierter Mehrheit veranlassen, dass die Frage im Hinblick auf einen einstimmigen Beschluss an den Europäischen Rat verwiesen wird.

(3) Der Europäische Rat kann einstimmig einen Beschluss erlassen, in dem vorgesehen ist, dass der Rat in anderen als den in Absatz 2 genannten Fällen mit qualifizierter Mehrheit beschließt.

(4) Die Absätze 2 und 3 gelten nicht für Beschlüsse mit militärischen oder verteidigungspolitischen Bezügen.

(5) In Verfahrensfragen beschließt der Rat mit der Mehrheit seiner Mitglieder.

Artikel 32

(ex-Artikel 16 EUV)

Die Mitgliedstaaten stimmen sich im Europäischen Rat und im Rat zu jeder außen- und sicherheitspolitischen Frage von allgemeiner Bedeutung ab, um ein gemeinsames Vorgehen festzulegen. Bevor ein Mitgliedstaat in einer Weise, die die Interessen der Union berühren könnte, auf internationaler Ebene tätig wird oder eine Verpflichtung eingeht, konsultiert er die anderen Mitgliedstaaten im Europäischen Rat oder im Rat. Die Mitgliedstaaten gewährleisten durch konvergentes Handeln, dass die Union ihre Interessen und ihre Werte auf internationaler Ebene geltend machen kann. Die Mitgliedstaaten sind untereinander solidarisch.

Hat der Europäische Rat oder der Rat ein gemeinsames Vorgehen der Union im Sinne des Absatzes 1 festgelegt, so koordinieren der Hohe Vertreter der Union für Außen- und Sicherheitspolitik und die Minister für auswärtige Angelegenheiten der Mitgliedstaaten ihre Tätigkeiten im Rat.

Die diplomatischen Vertretungen der Mitgliedstaaten und die Delegationen der Union in Drittländern und bei internationalen Organisationen arbeiten zusammen und tragen zur Festlegung und Durchführung des gemeinsamen Vorgehens bei.

Artikel 33

(ex-Artikel 18 EUV)

Der Rat kann auf Vorschlag des Hohen Vertreters der Union für Außen- und Sicherheitspolitik einen Sonderbeauftragten für besondere politische Fragen ernennen. Der Sonderbeauftragte übt sein Mandat unter der Verantwortung des Hohen Vertreters aus.

Artikel 34

(ex-Artikel 19 EUV)

(1) Die Mitgliedstaaten koordinieren ihr Handeln in internationalen Organisationen und auf internationalen Konferenzen. Sie treten dort für die Standpunkte der Union ein. Der Hohe Vertreter der Union für Außen- und Sicherheitspolitik trägt für die Organisation dieser Koordinierung Sorge.

In den internationalen Organisationen und auf internationalen Konferenzen, bei denen nicht alle Mitgliedstaaten vertreten sind, setzen sich die dort vertretenen Mitgliedstaaten für die Standpunkte der Union ein.

(2) Nach Artikel 24 Absatz 3 unterrichten die Mitgliedstaaten, die in internationalen Organisationen oder auf internationalen Konferenzen vertreten sind, die dort nicht vertretenen Mitgliedstaaten und den Hohen Vertreter laufend über alle Fragen von gemeinsamem Interesse.

Die Mitgliedstaaten, die auch Mitglieder des Sicherheitsrats der Vereinten Nationen sind, stimmen sich ab und unterrichten die übrigen Mitgliedstaaten sowie den Hohen Vertreter in vollem Umfang. Die Mitgliedstaaten, die Mitglieder des Sicherheitsrats sind, setzen sich bei der Wahrnehmung ihrer Aufgaben unbeschadet ihrer Verantwortlichkeiten aufgrund der Charta der Vereinten Nationen für die Standpunkte und Interessen der Union ein.

Wenn die Union einen Standpunkt zu einem Thema festgelegt hat, das auf der Tagesordnung des Sicherheitsrats der Vereinten Nationen steht, beantragen die dort vertretenen Mitgliedstaaten, dass der Hohe Vertreter gebeten wird, den Standpunkt der Union vorzutragen.

Artikel 35

(ex-Artikel 20 EUV)

Die diplomatischen und konsularischen Vertretungen der Mitgliedstaaten und die Delegationen der Union in dritten Ländern und auf internationalen Konferenzen sowie ihre Vertretungen bei internationalen Organisationen stimmen sich ab, um die Einhaltung und Durchführung der nach diesem Kapitel erlassenen Beschlüsse, mit denen Standpunkte und Aktionen der Union festgelegt werden, zu gewährleisten.

Sie intensivieren ihre Zusammenarbeit durch Informationsaustausch und gemeinsame Bewertungen.

Sie tragen zur Verwirklichung des in Artikel 20 Absatz 2 Buchstabe c des Vertrags über die Arbeitsweise der Europäischen Union[2)] genannten Rechts der Unionsbürgerinnen und Unionsbürger auf Schutz im Hoheitsgebiet von Drittländern und zur Durchführung der nach Artikel 23 des genannten Vertrags[2)] erlassenen Maßnahmen bei.

Artikel 36

(ex-Artikel 21 EUV)

Der Hohe Vertreter der Union für Außen- und Sicherheitspolitik hört das Europäische Parlament regelmäßig zu den wichtigsten Aspekten und den grundlegenden Weichenstellungen der Gemeinsamen Außen- und Sicherheitspolitik und der Gemeinsamen Sicherheits- und Verteidigungspolitik und unterrichtet es über die Entwicklung der Politik in diesen Bereichen. Er achtet darauf, dass die Auffassungen des Europäischen Parlaments gebührend berücksichtigt werden. Die Sonderbeauftragten können zur Unterrichtung des Europäischen Parlaments mit herangezogen werden.

Das Europäische Parlament kann Anfragen oder Empfehlungen an den Rat und den Hohen Vertreter richten. Zweimal jährlich führt es eine Aussprache über die Fortschritte bei der Durchführung der Gemeinsamen Außen- und Sicherheitspolitik, einschließlich der Gemeinsamen Sicherheits- und Verteidigungspolitik.

Artikel 37

(ex-Artikel 24 EUV)

Die Union kann in den unter dieses Kapitel fallenden Bereichen Übereinkünfte mit einem oder mehreren Staaten oder internationalen Organisationen schließen.

Artikel 38

(ex-Artikel 25 EUV)

Unbeschadet des Artikels 240 des Vertrags über die Arbeitsweise der Europäischen Union[2)] verfolgt ein Politisches und Sicherheitspolitisches Komitee die internationale Lage in den Bereichen der Gemeinsamen Außen- und Sicherheitspolitik und trägt auf Ersuchen des Rates, des Hohen Vertreters der Union für Außen- und Sicherheitspolitik oder von sich aus durch an den Rat gerichtete Stellungnahmen zur Festlegung der Politiken bei. Ferner überwacht es die Durchführung vereinbarter Politiken; dies gilt unbeschadet der Zuständigkeiten des Hohen Vertreters.

Im Rahmen dieses Kapitels nimmt das Politische und Sicherheitspolitische Komitee unter der Verantwortung des Rates und des Hohen Vertreters die politische Kontrolle und strategische Leitung von Krisenbewältigungsoperationen im Sinne des Artikels 43 wahr.

Der Rat kann das Komitee für den Zweck und die Dauer einer Operation zur Krisenbewältigung, die vom Rat festgelegt werden, ermächtigen, geeignete Beschlüsse hinsichtlich der politischen Kontrolle und strategischen Leitung der Operation zu fassen.

Artikel 39

Gemäß Artikel 16 des Vertrags über die Arbeitsweise der Europäischen Union[2)] und abweichend von Absatz 2 des genannten Artikels erlässt der Rat einen Beschluss zur Festlegung von Vorschriften über den Schutz natürlicher Personen bei der Verarbeitung personenbezogener Daten durch die Mitgliedstaaten im Rahmen der Ausübung von Tätigkeiten, die in den Anwendungsbereich dieses Kapitels fallen, und über den freien Datenverkehr. Die Einhaltung dieser Vorschriften wird von unabhängigen Behörden überwacht.

Artikel 40

(ex-Artikel 47 EUV)

Die Durchführung der Gemeinsamen Außen- und Sicherheitspolitik lässt die Anwendung der Verfahren und den jeweiligen Umfang der Befugnisse der Organe, die in den Verträgen für die Ausübung der in den Artikeln 3 bis 6 des Vertrags über die Arbeitsweise der Europäischen Union[2)] aufgeführten Zuständigkeiten der Union vorgesehen sind, unberührt.

Ebenso lässt die Durchführung der Politik nach den genannten Artikeln die Anwendung der Verfahren und den jeweiligen Umfang der Befugnisse der Organe, die in den Verträgen für die Ausübung der Zuständigkeiten der Union nach diesem Kapitel vorgesehen sind, unberührt.

Artikel 41

ex-Artikel 28 EUV)

(1) Die Verwaltungsausgaben, die den Organen aus der Durchführung dieses Kapitels entstehen, gehen zulasten des Haushalts der Union.

(2) Die operativen Ausgaben im Zusammenhang mit der Durchführung dieses Kapitels gehen ebenfalls zulasten des Haushalts der Union, mit Ausnahme der Ausgaben aufgrund von Maßnahmen mit militärischen oder verteidigungspolitischen Bezügen und von Fällen, in denen der Rat einstimmig etwas anderes beschließt.

In Fällen, in denen die Ausgaben nicht zulasten des Haushalts der Union gehen, gehen sie nach dem Bruttosozialprodukt-Schlüssel zulasten der Mitgliedstaaten, sofern der Rat nicht einstimmig etwas anderes beschließt. Die Mitgliedstaaten, deren Vertreter im Rat eine förmliche Erklärung nach Artikel 31 Absatz 1 Unterabsatz 2 abgegeben haben, sind nicht verpflichtet, zur Finanzierung von Ausgaben für Maßnahmen mit militärischen oder verteidigungspolitischen Bezügen beizutragen.

(3) Der Rat erlässt einen Beschluss zur Festlegung besonderer Verfahren, um den schnellen

Zugriff auf die Haushaltsmittel der Union zu gewährleisten, die für die Sofortfinanzierung von Initiativen im Rahmen der Gemeinsamen Außen- und Sicherheitspolitik, insbesondere von Tätigkeiten zur Vorbereitung einer Mission nach Artikel 42 Absatz 1 und Artikel 43 bestimmt sind. Er beschließt nach Anhörung des Europäischen Parlaments.

Die Tätigkeiten zur Vorbereitung der in Artikel 42 Absatz 1 und in Artikel 43 genannten Missionen, die nicht zulasten des Haushalts der Union gehen, werden aus einem aus Beiträgen der Mitgliedstaaten gebildeten Anschubfonds finanziert.

Der Rat erlässt mit qualifizierter Mehrheit auf Vorschlag des Hohen Vertreters der Union für Außen- und Sicherheitspolitik die Beschlüsse über

a) die Einzelheiten für die Bildung und die Finanzierung des Anschubfonds, insbesondere die Höhe der Mittelzuweisungen für den Fonds;

b) die Einzelheiten für die Verwaltung des Anschubfonds;

c) die Einzelheiten für die Finanzkontrolle.

Kann die geplante Mission nach Artikel 42 Absatz 1 und Artikel 43 nicht aus dem Haushalt der Union finanziert werden, so ermächtigt der Rat den Hohen Vertreter zur Inanspruchnahme dieses Fonds. Der Hohe Vertreter erstattet dem Rat Bericht über die Erfüllung dieses Mandats.

Abschnitt 2

Bestimmungen über die Gemeinsame Sicherheits- und Verteidigungspolitik

Artikel 42

(ex-Artikel 17 EUV)

(1) Die Gemeinsame Sicherheits- und Verteidigungspolitik ist integraler Bestandteil der Gemeinsamen Außen- und Sicherheitspolitik. Sie sichert der Union eine auf zivile und militärische Mittel gestützte Operationsfähigkeit. Auf diese kann die Union bei Missionen außerhalb der Union zur Friedenssicherung, Konfliktverhütung und Stärkung der internationalen Sicherheit in Übereinstimmung mit den Grundsätzen der Charta der Vereinten Nationen zurückgreifen. Sie erfüllt diese Aufgaben mit Hilfe der Fähigkeiten, die von den Mitgliedstaaten bereitgestellt werden.

(2) Die Gemeinsame Sicherheits- und Verteidigungspolitik umfasst die schrittweise Festlegung einer gemeinsamen Verteidigungspolitik der Union. Diese führt zu einer gemeinsamen Verteidigung, sobald der Europäische Rat dies einstimmig beschlossen hat. Er empfiehlt in diesem Fall den Mitgliedstaaten, einen Beschluss in diesem Sinne im Einklang mit ihren verfassungsrechtlichen Vorschriften zu erlassen.

Die Politik der Union nach diesem Abschnitt berührt nicht den besonderen Charakter der Sicherheits- und Verteidigungspolitik bestimmter Mitgliedstaaten; sie achtet die Verpflichtungen einiger Mitgliedstaaten, die ihre gemeinsame Verteidigung in der Nordatlantikvertrags-Organisation (NATO) verwirklicht sehen, aus dem Nordatlantikvertrag und ist vereinbar mit der in jenem Rahmen festgelegten gemeinsamen Sicherheits- und Verteidigungspolitik.

(3) Die Mitgliedstaaten stellen der Union für die Umsetzung der Gemeinsamen Sicherheits- und Verteidigungspolitik zivile und militärische Fähigkeiten als Beitrag zur Verwirklichung der vom Rat festgelegten Ziele zur Verfügung. Die Mitgliedstaaten, die zusammen multinationale Streitkräfte aufstellen, können diese auch für die Gemeinsame Sicherheits- und Verteidigungspolitik zur Verfügung stellen.

Die Mitgliedstaaten verpflichten sich, ihre militärischen Fähigkeiten schrittweise zu verbessern. Die Agentur für die Bereiche Entwicklung der Verteidigungsfähigkeiten, Forschung, Beschaffung und Rüstung (im Folgenden „Europäische Verteidigungsagentur") ermittelt den operativen Bedarf und fördert Maßnahmen zur Bedarfsdeckung, trägt zur Ermittlung von Maßnahmen zur Stärkung der industriellen und technologischen Basis des Verteidigungssektors bei und führt diese Maßnahmen gegebenenfalls durch, beteiligt sich an der Festlegung einer europäischen Politik im Bereich der Fähigkeiten und der Rüstung und unterstützt den Rat bei der Beurteilung der Verbesserung der militärischen Fähigkeiten.

(4) Beschlüsse zur Gemeinsamen Sicherheits- und Verteidigungspolitik, einschließlich der Beschlüsse über die Einleitung einer Mission nach diesem Artikel, werden vom Rat einstimmig auf Vorschlag des Hohen Vertreters der Union für Außen- und Sicherheitspolitik oder auf Initiative eines Mitgliedstaats erlassen. Der Hohe Vertreter kann gegebenenfalls gemeinsam mit der Kommission den Rückgriff auf einzelstaatliche Mittel sowie auf Instrumente der Union vorschlagen.

(5) Der Rat kann zur Wahrung der Werte der Union und im Dienste ihrer Interessen eine Gruppe von Mitgliedstaaten mit der Durchführung einer Mission im Rahmen der Union beauftragen. Die Durchführung einer solchen Mission fällt unter Artikel 44.

(6) Die Mitgliedstaaten, die anspruchsvollere Kriterien in Bezug auf die militärischen Fähigkeiten erfüllen und die im Hinblick auf Missionen mit höchsten Anforderungen untereinander weiter gehende Verpflichtungen eingegangen sind, begründen eine Ständige Strukturierte Zusammenarbeit im Rahmen der Union. Diese Zusammenar-

beit erfolgt nach Maßgabe von Artikel 46. Sie berührt nicht die Bestimmungen des Artikels 43.

(7) Im Falle eines bewaffneten Angriffs auf das Hoheitsgebiet eines Mitgliedstaats schulden die anderen Mitgliedstaaten ihm alle in ihrer Macht stehende Hilfe und Unterstützung, im Einklang mit Artikel 51 der Charta der Vereinten Nationen. Dies lässt den besonderen Charakter der Sicherheits- und Verteidigungspolitik bestimmter Mitgliedstaaten unberührt.

Die Verpflichtungen und die Zusammenarbeit in diesem Bereich bleiben im Einklang mit den im Rahmen der Nordatlantikvertrags-Organisation eingegangenen Verpflichtungen, die für die ihr angehörenden Staaten weiterhin das Fundament ihrer kollektiven Verteidigung und das Instrument für deren Verwirklichung ist.

Artikel 43

(1) Die in Artikel 42 Absatz 1 vorgesehenen Missionen, bei deren Durchführung die Union auf zivile und militärische Mittel zurückgreifen kann, umfassen gemeinsame Abrüstungsmaßnahmen, humanitäre Aufgaben und Rettungseinsätze, Aufgaben der militärischen Beratung und Unterstützung, Aufgaben der Konfliktverhütung und der Erhaltung des Friedens sowie Kampfeinsätze im Rahmen der Krisenbewältigung einschließlich Frieden schaffender Maßnahmen und Operationen zur Stabilisierung der Lage nach Konflikten. Mit allen diesen Missionen kann zur Bekämpfung des Terrorismus beigetragen werden, unter anderem auch durch die Unterstützung für Drittländer bei der Bekämpfung des Terrorismus in ihrem Hoheitsgebiet.

(2) Der Rat erlässt die Beschlüsse über Missionen nach Absatz 1; in den Beschlüssen sind Ziel und Umfang der Missionen sowie die für sie geltenden allgemeinen Durchführungsbestimmungen festgelegt. Der Hohe Vertreter der Union für Außen- und Sicherheitspolitik sorgt unter Aufsicht des Rates und in engem und ständigem Benehmen mit dem Politischen und Sicherheitspolitischen Komitee für die Koordinierung der zivilen und militärischen Aspekte dieser Missionen.

Artikel 44

(1) Im Rahmen der nach Artikel 43 erlassenen Beschlüsse kann der Rat die Durchführung einer Mission einer Gruppe von Mitgliedstaaten übertragen, die dies wünschen und über die für eine derartige Mission erforderlichen Fähigkeiten verfügen. Die betreffenden Mitgliedstaaten vereinbaren in Absprache mit dem Hohen Vertreter der Union für Außen- und Sicherheitspolitik untereinander die Ausführung der Mission.

(2) Die an der Durchführung der Mission teilnehmenden Mitgliedstaaten unterrichten den Rat von sich aus oder auf Antrag eines anderen Mitgliedstaats regelmäßig über den Stand der Mission. Die teilnehmenden Mitgliedstaaten befassen den Rat sofort, wenn sich aus der Durchführung der Mission schwerwiegende Konsequenzen ergeben oder das Ziel der Mission, ihr Umfang oder die für sie geltenden Regelungen, wie sie in den in Absatz 1 genannten Beschlüssen festgelegt sind, geändert werden müssen. Der Rat erlässt in diesen Fällen die erforderlichen Beschlüsse.

Artikel 45

(1) Aufgabe der in Artikel 42 Absatz 3 genannten, dem Rat unterstellten Europäischen Verteidigungsagentur ist es,

a) bei der Ermittlung der Ziele im Bereich der militärischen Fähigkeiten der Mitgliedstaaten und der Beurteilung, ob die von den Mitgliedstaaten in Bezug auf diese Fähigkeiten eingegangenen Verpflichtungen erfüllt wurden, mitzuwirken;

b) auf eine Harmonisierung des operativen Bedarfs sowie die Festlegung effizienter und kompatibler Beschaffungsverfahren hinzuwirken;

c) multilaterale Projekte zur Erfüllung der Ziele im Bereich der militärischen Fähigkeiten vorzuschlagen und für die Koordinierung der von den Mitgliedstaaten durchgeführten Programme sowie die Verwaltung spezifischer Kooperationsprogramme zu sorgen;

d) die Forschung auf dem Gebiet der Verteidigungstechnologie zu unterstützen, gemeinsame Forschungsaktivitäten sowie Studien zu technischen Lösungen, die dem künftigen operativen Bedarf gerecht werden, zu koordinieren und zu planen;

e) dazu beizutragen, dass zweckdienliche Maßnahmen zur Stärkung der industriellen und technologischen Basis des Verteidigungssektors und für einen wirkungsvolleren Einsatz der Verteidigungsausgaben ermittelt werden, und diese Maßnahmen gegebenenfalls durchzuführen.

(2) Alle Mitgliedstaaten können auf Wunsch an der Arbeit der Europäischen Verteidigungsagentur teilnehmen. Der Rat erlässt mit qualifizierter Mehrheit einen Beschluss, in dem die Rechtsstellung, der Sitz und die Funktionsweise der Agentur festgelegt werden. Dieser Beschluss trägt dem Umfang der effektiven Beteiligung an den Tätigkeiten der Agentur Rechnung. Innerhalb der Agentur werden spezielle Gruppen gebildet, in denen Mitgliedstaaten zusammenkommen, die gemeinsame Projekte durchführen. Die Agentur versieht ihre Aufgaben erforderlichenfalls in Verbindung mit der Kommission.

Artikel 46

(1) Die Mitgliedstaaten, die sich an der Ständigen Strukturierten Zusammenarbeit im Sinne des

Artikels 42 Absatz 6 beteiligen möchten und hinsichtlich der militärischen Fähigkeiten die Kriterien erfüllen und die Verpflichtungen eingehen, die in dem Protokoll über die Ständige Strukturierte Zusammenarbeit enthalten sind, teilen dem Rat und dem Hohen Vertreter der Union für Außen- und Sicherheitspolitik ihre Absicht mit.

(2) Der Rat erlässt binnen drei Monaten nach der in Absatz 1 genannten Mitteilung einen Beschluss über die Begründung der Ständigen Strukturierten Zusammenarbeit und über die Liste der daran teilnehmenden Mitgliedstaaten. Der Rat beschließt nach Anhörung des Hohen Vertreters mit qualifizierter Mehrheit.

(3) Jeder Mitgliedstaat, der sich zu einem späteren Zeitpunkt an der Ständigen Strukturierten Zusammenarbeit beteiligen möchte, teilt dem Rat und dem Hohen Vertreter seine Absicht mit.

Der Rat erlässt einen Beschluss, in dem die Teilnahme des betreffenden Mitgliedstaats, der die Kriterien und Verpflichtungen nach den Artikeln 1 und 2 des Protokolls über die Ständige Strukturierte Zusammenarbeit erfüllt beziehungsweise eingeht, bestätigt wird. Der Rat beschließt mit qualifizierter Mehrheit nach Anhörung des Hohen Vertreters. Nur die Mitglieder des Rates, die die teilnehmenden Mitgliedstaaten vertreten, sind stimmberechtigt.

Die qualifizierte Mehrheit bestimmt sich nach Artikel 238 Absatz 3 Buchstabe a des Vertrags über die Arbeitsweise der Europäischen Union[2)].

(4) Erfüllt ein teilnehmender Mitgliedstaat die Kriterien nach den Artikeln 1 und 2 des Protokolls über die Ständige Strukturierte Zusammenarbeit nicht mehr oder kann er den darin genannten Verpflichtungen nicht mehr nachkommen, so kann der Rat einen Beschluss erlassen, durch den die Teilnahme dieses Staates ausgesetzt wird.

Der Rat beschließt mit qualifizierter Mehrheit. Nur die Mitglieder des Rates, die die teilnehmenden Mitgliedstaaten mit Ausnahme des betroffenen Mitgliedstaats vertreten, sind stimmberechtigt.

Die qualifizierte Mehrheit bestimmt sich nach Artikel 238 Absatz 3 Buchstabe a des Vertrags über die Arbeitsweise der Europäischen Union[2)].

(5) Wünscht ein teilnehmender Mitgliedstaat, von der Ständigen Strukturierten Zusammenarbeit Abstand zu nehmen, so teilt er seine Entscheidung dem Rat mit, der zur Kenntnis nimmt, dass die Teilnahme des betreffenden Mitgliedstaats beendet ist.

(6) Mit Ausnahme der Beschlüsse nach den Absätzen 2 bis 5 erlässt der Rat die Beschlüsse und Empfehlungen im Rahmen der Ständigen Strukturierten Zusammenarbeit einstimmig. Für die Zwecke dieses Absatzes bezieht sich die Einstimmigkeit allein auf die Stimmen der Vertreter der an der Zusammenarbeit teilnehmenden Mitgliedstaaten.

TITEL VI
SCHLUSSBESTIMMUNGEN

Artikel 47

Die Union besitzt Rechtspersönlichkeit.

Artikel 48

(ex-Artikel 48 EUV)

(1) Die Verträge können gemäß dem ordentlichen Änderungsverfahren geändert werden. Sie können ebenfalls nach vereinfachten Änderungsverfahren geändert werden.

Ordentliches Änderungsverfahren

(2) Die Regierung jedes Mitgliedstaats, das Europäische Parlament oder die Kommission kann dem Rat Entwürfe zur Änderung der Verträge vorlegen. Diese Entwürfe können unter anderem eine Ausdehnung oder Verringerung der der Union in den Verträgen übertragenen Zuständigkeiten zum Ziel haben. Diese Entwürfe werden vom Rat dem Europäischen Rat übermittelt und den nationalen Parlamenten zur Kenntnis gebracht.

(3) Beschließt der Europäische Rat nach Anhörung des Europäischen Parlaments und der Kommission mit einfacher Mehrheit die Prüfung der vorgeschlagenen Änderungen, so beruft der Präsident des Europäischen Rates einen Konvent von Vertretern der nationalen Parlamente, der Staats- und Regierungschefs der Mitgliedstaaten, des Europäischen Parlaments und der Kommission ein. Bei institutionellen Änderungen im Währungsbereich wird auch die Europäische Zentralbank gehört. Der Konvent prüft die Änderungsentwürfe und nimmt im Konsensverfahren eine Empfehlung an, die an eine Konferenz der Vertreter der Regierungen der Mitgliedstaaten nach Absatz 4 gerichtet ist.

Der Europäische Rat kann mit einfacher Mehrheit nach Zustimmung des Europäischen Parlaments beschließen, keinen Konvent einzuberufen, wenn seine Einberufung aufgrund des Umfangs der geplanten Änderungen nicht gerechtfertigt ist. In diesem Fall legt der Europäische Rat das Mandat für eine Konferenz der Vertreter der Regierungen der Mitgliedstaaten fest.

(4) Eine Konferenz der Vertreter der Regierungen der Mitgliedstaaten wird vom Präsidenten des Rates einberufen, um die an den Verträgen vorzunehmenden Änderungen zu vereinbaren.

Die Änderungen treten in Kraft, nachdem sie von allen Mitgliedstaaten nach Maßgabe ihrer verfassungsrechtlichen Vorschriften ratifiziert worden sind.

(5) Haben nach Ablauf von zwei Jahren nach der Unterzeichnung eines Vertrags zur Änderung der Verträge vier Fünftel der Mitgliedstaaten den genannten Vertrag ratifiziert und sind in einem Mitgliedstaat oder mehreren Mitgliedstaaten Schwierigkeiten bei der Ratifikation aufgetreten, so befasst sich der Europäische Rat mit der Frage.

Vereinfachte Änderungsverfahren

(6) Die Regierung jedes Mitgliedstaats, das Europäische Parlament oder die Kommission kann dem Europäischen Rat Entwürfe zur Änderung aller oder eines Teils der Bestimmungen des Dritten Teils des Vertrags über die Arbeitsweise der Europäischen Union[2)] über die internen Politikbereiche der Union vorlegen.

Der Europäische Rat kann einen Beschluss zur Änderung aller oder eines Teils der Bestimmungen des Dritten Teils des Vertrags über die Arbeitsweise der Europäischen Union[2)] erlassen. Der Europäische Rat beschließt einstimmig nach Anhörung des Europäischen Parlaments und der Kommission sowie, bei institutionellen Änderungen im Währungsbereich, der Europäischen Zentralbank. Dieser Beschluss tritt erst nach Zustimmung der Mitgliedstaaten im Einklang mit ihren jeweiligen verfassungsrechtlichen Vorschriften in Kraft.

Der Beschluss nach Unterabsatz 2 darf nicht zu einer Ausdehnung der der Union im Rahmen der Verträge übertragenen Zuständigkeiten führen.

(7) In Fällen, in denen der Rat nach Maßgabe des Vertrags über die Arbeitsweise der Europäischen Union[2)] oder des Titels V dieses Vertrags in einem Bereich oder in einem bestimmten Fall einstimmig beschließt, kann der Europäische Rat einen Beschluss erlassen, wonach der Rat in diesem Bereich oder in diesem Fall mit qualifizierter Mehrheit beschließen kann. Dieser Unterabsatz gilt nicht für Beschlüsse mit militärischen oder verteidigungspolitischen Bezügen.

In Fällen, in denen nach Maßgabe des Vertrags über die Arbeitsweise der Europäischen Union[2)] Gesetzgebungsakte vom Rat gemäß einem besonderen Gesetzgebungsverfahren erlassen werden müssen, kann der Europäische Rat einen Beschluss erlassen, wonach die Gesetzgebungsakte gemäß dem ordentlichen Gesetzgebungsverfahren erlassen werden können.

Jede vom Europäischen Rat auf der Grundlage von Unterabsatz 1 oder Unterabsatz 2 ergriffene Initiative wird den nationalen Parlamenten übermittelt. Wird dieser Vorschlag innerhalb von sechs Monaten nach der Übermittlung von einem nationalen Parlament abgelehnt, so wird der Beschluss nach Unterabsatz 1 oder Unterabsatz 2 nicht erlassen. Wird die Initiative nicht abgelehnt, so kann der Europäische Rat den Beschluss erlassen.

Der Europäische Rat erlässt die Beschlüsse nach den Unterabsätzen 1 oder 2 einstimmig nach Zustimmung des Europäischen Parlaments, das mit der Mehrheit seiner Mitglieder beschließt.

Artikel 49

(ex-Artikel 49 EUV)

Jeder europäische Staat, der die in Artikel 2 genannten Werte achtet und sich für ihre Förderung einsetzt, kann beantragen, Mitglied der Union zu werden. Das Europäische Parlament und die nationalen Parlamente werden über diesen Antrag unterrichtet. Der antragstellende Staat richtet seinen Antrag an den Rat; dieser beschließt einstimmig nach Anhörung der Kommission und nach Zustimmung des Europäischen Parlaments, das mit der Mehrheit seiner Mitglieder beschließt. Die vom Europäischen Rat vereinbarten Kriterien werden berücksichtigt.

Die Aufnahmebedingungen und die durch eine Aufnahme erforderlich werdenden Anpassungen der Verträge, auf denen die Union beruht, werden durch ein Abkommen zwischen den Mitgliedstaaten und dem antragstellenden Staat geregelt. Das Abkommen bedarf der Ratifikation durch alle Vertragsstaaten gemäß ihren verfassungsrechtlichen Vorschriften.

Artikel 50

(1) Jeder Mitgliedstaat kann im Einklang mit seinen verfassungsrechtlichen Vorschriften beschließen, aus der Union auszutreten.

(2) Ein Mitgliedstaat, der auszutreten beschließt, teilt dem Europäischen Rat seine Absicht mit. Auf der Grundlage der Leitlinien des Europäischen Rates handelt die Union mit diesem Staat ein Abkommen über die Einzelheiten des Austritts aus und schließt das Abkommen, wobei der Rahmen für die künftigen Beziehungen dieses Staates zur Union berücksichtigt wird. Das Abkommen wird nach Artikel 218 Absatz 3 des Vertrags über die Arbeitsweise der Europäischen Union[2)] ausgehandelt. Es wird vom Rat im Namen der Union geschlossen; der Rat beschließt mit qualifizierter Mehrheit nach Zustimmung des Europäischen Parlaments.

(3) Die Verträge finden auf den betroffenen Staat ab dem Tag des Inkrafttretens des Austrittsabkommens oder andernfalls zwei Jahre nach der in Absatz 2 genannten Mitteilung keine Anwendung mehr, es sei denn, der Europäische Rat beschließt im Einvernehmen mit dem betroffenen Mitgliedstaat einstimmig, diese Frist zu verlängern.

(4) Für die Zwecke der Absätze 2 und 3 nimmt das Mitglied des Europäischen Rates und des Rates, das den austretenden Mitgliedstaat vertritt, weder an den diesen Mitgliedstaat betreffenden Beratungen noch an der entsprechenden Beschluss-

fassung des Europäischen Rates oder des Rates teil.

Die qualifizierte Mehrheit bestimmt sich nach Artikel 238 Absatz 3 Buchstabe b des Vertrags über die Arbeitsweise der Europäischen Union[2)].

(5) Ein Staat, der aus der Union ausgetreten ist und erneut Mitglied werden möchte, muss dies nach dem Verfahren des Artikels 49 beantragen.

Artikel 51

Die Protokolle und Anhänge der Verträge sind Bestandteil der Verträge.

Artikel 52

(1) Die Verträge gelten für das Königreich Belgien, die Republik Bulgarien, die Tschechische Republik, das Königreich Dänemark, die Bundesrepublik Deutschland, die Republik Estland, Irland, die Hellenische Republik, das Königreich Spanien, die Französische Republik, die Republik Kroatien, die Italienische Republik, die Republik Zypern, die Republik Lettland, die Republik Litauen, das Großherzogtum Luxemburg, die Republik Ungarn, die Republik Malta, das Königreich der Niederlande, die Republik Österreich, die Republik Polen, die Portugiesische Republik, Rumänien, die Republik Slowenien, die Slowakische Republik, die Republik Finnland, das Königreich Schweden und das Vereinigte Königreich Großbritannien und Nordirland.

(2) Der räumliche Geltungsbereich der Verträge wird in Artikel 355 des Vertrags über die Arbeitsweise der Europäischen Union[2)] im Einzelnen angegeben.

Artikel 53

(ex-Artikel 51 EUV)

Dieser Vertrag gilt auf unbegrenzte Zeit.

Artikel 54

(ex-Artikel 52 EUV)

(1) Dieser Vertrag bedarf der Ratifikation durch die Hohen Vertragsparteien gemäß ihren verfassungsrechtlichen Vorschriften. Die Ratifikationsurkunden werden bei der Regierung der Italienischen Republik hinterlegt.

(2) Dieser Vertrag tritt am 1. Januar 1993 in Kraft, sofern alle Ratifikationsurkunden hinterlegt worden sind, oder andernfalls am ersten Tag des auf die Hinterlegung der letzten Ratifikationsurkunde folgenden Monats.

Artikel 55

(ex-Artikel 53 EUV)

(1) Dieser Vertrag ist in einer Urschrift in bulgarischer, dänischer, deutscher, englischer, estnischer, finnischer, französischer, griechischer, irischer, italienischer, kroatischer, lettischer, litauischer, maltesischer, niederländischer, polnischer, portugiesischer, rumänischer, schwedischer, slowakischer, slowenischer, spanischer, tschechischer und ungarischer Sprache abgefasst, wobei jeder Wortlaut gleichermaßen verbindlich ist; er wird im Archiv der Regierung der Italienischen Republik hinterlegt; diese übermittelt der Regierung jedes anderen Unterzeichnerstaats eine beglaubigte Abschrift.

(2) Dieser Vertrag kann ferner in jede andere von den Mitgliedstaaten bestimmte Sprache übersetzt werden, sofern diese Sprache nach der Verfassungsordnung des jeweiligen Mitgliedstaats in dessen gesamtem Hoheitsgebiet oder in Teilen davon Amtssprache ist. Die betreffenden Mitgliedstaaten stellen eine beglaubigte Abschrift dieser Übersetzungen zur Verfügung, die in den Archiven des Rates hinterlegt wird.

ZU URKUND DESSEN haben die unterzeichneten Bevollmächtigten ihre Unterschriften unter diesen Vertrag gesetzt.

Geschehen zu Maastricht am siebten Februar neunzehnhundertzweiundneunzig.

(Aufzählung der Unterzeichner nicht wiedergegeben)

20. Vertrag über die Arbeitsweise der Europäischen Union (konsolidierte Fassung)

ABl 2016 C 202, 47 idF

1 ABl 2016 C 400, 1

STICHWORTVERZEICHNIS

Inhaltsverzeichnis[*)]

[*)] Der abgedruckte Text des Inhaltsverzeichnisses entspricht dem ABl, wurde jedoch zur besseren Übersicht um Artikelüberschriften ergänzt.

PRÄAMBEL

SEINE MAJESTÄT DER KÖNIG DER BELGIER, DER PRÄSIDENT DER BUNDESREPUBLIK DEUTSCHLAND, DER PRÄSIDENT DER FRANZÖSISCHEN REPUBLIK, DER PRÄSIDENT DER ITALIENISCHEN REPUBLIK, IHRE KÖNIGLICHE HOHEIT DIE GROSSHERZOGIN VON LUXEMBURG, IHRE MAJESTÄT DIE KÖNIGIN DER NIEDERLANDE, [1]

IN DEM FESTEN WILLEN, die Grundlagen für einen immer engeren Zusammenschluss der europäischen Völker zu schaffen,

ENTSCHLOSSEN, durch gemeinsames Handeln den wirtschaftlichen und sozialen Fortschritt ihrer

[1] Seit dem ursprünglichen Vertragsschluss sind Mitgliedstaaten der Europäischen Union geworden: die Republik Bulgarien, die Tschechische Republik, das Königreich Dänemark, die Republik Estland, Irland, die Hellenische Republik, das Königreich Spanien, die Republik Kroatien, die Republik Zypern, die Republik Lettland, die Republik Litauen, Ungarn, die Republik Malta, die Republik Österreich, die Republik Polen, die Portugiesische Republik, Rumänien, die Republik Slowenien, die Slowakische Republik, die Republik Finnland, das Königreich Schweden und das Vereinigte Königreich Großbritannien und Nordirland.

Staaten zu sichern, indem sie die Europa trennenden Schranken beseitigen,

IN DEM VORSATZ, die stetige Besserung der Lebens- und Beschäftigungsbedingungen ihrer Völker als wesentliches Ziel anzustreben,

IN DER ERKENNTNIS, dass zur Beseitigung der bestehenden Hindernisse ein einverständliches Vorgehen erforderlich ist, um eine beständige Wirtschaftsausweitung, einen ausgewogenen Handelsverkehr und einen redlichen Wettbewerb zu gewährleisten,

IN DEM BESTREBEN, ihre Volkswirtschaften zu einigen und deren harmonische Entwicklung zu fördern, indem sie den Abstand zwischen einzelnen Gebieten und den Rückstand weniger begünstigter Gebiete verringern,

IN DEM WUNSCH, durch eine gemeinsame Handelspolitik zur fortschreitenden Beseitigung der Beschränkungen im zwischenstaatlichen Wirtschaftsverkehr beizutragen,

IN DER ABSICHT, die Verbundenheit Europas mit den überseeischen Ländern zu bekräftigen, und in dem Wunsch, entsprechend den Grundsätzen der Satzung der Vereinten Nationen den Wohlstand der überseeischen Länder zu fördern,

ENTSCHLOSSEN, durch diesen Zusammenschluss ihrer Wirtschaftskräfte Frieden und Freiheit zu wahren und zu festigen, und mit der Aufforderung an die anderen Völker Europas, die sich zu dem gleichen hohen Ziel bekennen, sich diesen Bestrebungen anzuschließen,

ENTSCHLOSSEN, durch umfassenden Zugang zur Bildung und durch ständige Weiterbildung auf einen möglichst hohen Wissensstand ihrer Völker hinzuwirken,

HABEN zu diesem Zweck zu ihren Bevollmächtigten ERNANNT

(Aufzählung der Bevollmächtigten nicht wiedergegeben)

DIESE SIND nach Austausch ihrer als gut und gehörig befundenen Vollmachten wie folgt übereingekommen:

ERSTER TEIL
GRUNDSÄTZE

Artikel 1

(1) Dieser Vertrag regelt die Arbeitsweise der Union und legt die Bereiche, die Abgrenzung und die Einzelheiten der Ausübung ihrer Zuständigkeiten fest.

(2) Dieser Vertrag und der Vertrag über die Europäische Union[2)] bilden die Verträge, auf die sich die Union gründet. Diese beiden Verträge, die rechtlich gleichrangig sind, werden als „die Verträge" bezeichnet.

[2)] Abgedruckt unter 21/1.

TITEL I
ARTEN UND BEREICHE DER ZUSTÄNDIGKEIT DER UNION

Artikel 2

(1) Übertragen die Verträge der Union für einen bestimmten Bereich eine ausschließliche Zuständigkeit, so kann nur die Union gesetzgeberisch tätig werden und verbindliche Rechtsakte erlassen; die Mitgliedstaaten dürfen in einem solchen Fall nur tätig werden, wenn sie von der Union hierzu ermächtigt werden, oder um Rechtsakte der Union durchzuführen.

(2) Übertragen die Verträge der Union für einen bestimmten Bereich eine mit den Mitgliedstaaten geteilte Zuständigkeit, so können die Union und die Mitgliedstaaten in diesem Bereich gesetzgeberisch tätig werden und verbindliche Rechtsakte erlassen. Die Mitgliedstaaten nehmen ihre Zuständigkeit wahr, sofern und soweit die Union ihre Zuständigkeit nicht ausgeübt hat. Die Mitgliedstaaten nehmen ihre Zuständigkeit erneut wahr, sofern und soweit die Union entschieden hat, ihre Zuständigkeit nicht mehr auszuüben.

(3) Die Mitgliedstaaten koordinieren ihre Wirtschafts- und Beschäftigungspolitik im Rahmen von Regelungen nach Maßgabe dieses Vertrags, für deren Festlegung die Union zuständig ist.

(4) Die Union ist nach Maßgabe des Vertrags über die Europäische Union[2)] dafür zuständig, eine gemeinsame Außen- und Sicherheitspolitik einschließlich der schrittweisen Festlegung einer gemeinsamen Verteidigungspolitik zu erarbeiten und zu verwirklichen.

(5) In bestimmten Bereichen ist die Union nach Maßgabe der Verträge dafür zuständig, Maßnahmen zur Unterstützung, Koordinierung oder Ergänzung der Maßnahmen der Mitgliedstaaten durchzuführen, ohne dass dadurch die Zuständigkeit der Union für diese Bereiche an die Stelle der Zuständigkeit der Mitgliedstaaten tritt.

Die verbindlichen Rechtsakte der Union, die aufgrund der diese Bereiche betreffenden Bestimmungen der Verträge erlassen werden, dürfen keine Harmonisierung der Rechtsvorschriften der Mitgliedstaaten beinhalten.

(6) Der Umfang der Zuständigkeiten der Union und die Einzelheiten ihrer Ausübung ergeben sich aus den Bestimmungen der Verträge zu den einzelnen Bereichen.

Artikel 3

(1) Die Union hat ausschließliche Zuständigkeit in folgenden Bereichen:

a) Zollunion,

b) Festlegung der für das Funktionieren des Binnenmarkts erforderlichen Wettbewerbsregeln,

c) Währungspolitik für die Mitgliedstaaten, deren Währung der Euro ist,

d) Erhaltung der biologischen Meeresschätze im Rahmen der gemeinsamen Fischereipolitik,

e) gemeinsame Handelspolitik.

(2) Die Union hat ferner die ausschließliche Zuständigkeit für den Abschluss internationaler Übereinkünfte, wenn der Abschluss einer solchen Übereinkunft in einem Gesetzgebungsakt der Union vorgesehen ist, wenn er notwendig ist, damit sie ihre interne Zuständigkeit ausüben kann, oder soweit er gemeinsame Regeln beeinträchtigen oder deren Tragweite verändern könnte.

Artikel 4

(1) Die Union teilt ihre Zuständigkeit mit den Mitgliedstaaten, wenn ihr die Verträge außerhalb der in den Artikeln 3 und 6 genannten Bereiche eine Zuständigkeit übertragen.

(2) Die von der Union mit den Mitgliedstaaten geteilte Zuständigkeit erstreckt sich auf die folgenden Hauptbereiche:

a) Binnenmarkt,

b) Sozialpolitik hinsichtlich der in diesem Vertrag genannten Aspekte,

c) wirtschaftlicher, sozialer und territorialer Zusammenhalt,

d) Landwirtschaft und Fischerei, ausgenommen die Erhaltung der biologischen Meeresschätze,

e) Umwelt,

f) Verbraucherschutz,

g) Verkehr,

h) transeuropäische Netze,

i) Energie,

j) Raum der Freiheit, der Sicherheit und des Rechts,

k) gemeinsame Sicherheitsanliegen im Bereich der öffentlichen Gesundheit hinsichtlich der in diesem Vertrag genannten Aspekte.

(3) In den Bereichen Forschung, technologische Entwicklung und Raumfahrt erstreckt sich die Zuständigkeit der Union darauf, Maßnahmen zu treffen, insbesondere Programme zu erstellen und durchzuführen, ohne dass die Ausübung dieser Zuständigkeit die Mitgliedstaaten hindert, ihre Zuständigkeit auszuüben.

(4) In den Bereichen Entwicklungszusammenarbeit und humanitäre Hilfe erstreckt sich die Zuständigkeit der Union darauf, Maßnahmen zu treffen und eine gemeinsame Politik zu verfolgen, ohne dass die Ausübung dieser Zuständigkeit die Mitgliedstaaten hindert, ihre Zuständigkeit auszuüben.

Artikel 5

(1) Die Mitgliedstaaten koordinieren ihre Wirtschaftspolitik innerhalb der Union. Zu diesem Zweck erlässt der Rat Maßnahmen; insbesondere beschließt er die Grundzüge dieser Politik.

Für die Mitgliedstaaten, deren Währung der Euro ist, gelten besondere Regelungen.

(2) Die Union trifft Maßnahmen zur Koordinierung der Beschäftigungspolitik der Mitgliedstaaten, insbesondere durch die Festlegung von Leitlinien für diese Politik.

(3) Die Union kann Initiativen zur Koordinierung der Sozialpolitik der Mitgliedstaaten ergreifen.

Artikel 6

Die Union ist für die Durchführung von Maßnahmen zur Unterstützung, Koordinierung oder Ergänzung der Maßnahmen der Mitgliedstaaten zuständig. Diese Maßnahmen mit europäischer Zielsetzung können in folgenden Bereichen getroffen werden:

a) Schutz und Verbesserung der menschlichen Gesundheit,

b) Industrie,

c) Kultur,

d) Tourismus,

e) allgemeine und berufliche Bildung, Jugend und Sport,

f) Katastrophenschutz,

g) Verwaltungszusammenarbeit.

TITEL II
ALLGEMEIN GELTENDE BESTIMMUNGEN

Artikel 7

Die Union achtet auf die Kohärenz zwischen ihrer Politik und ihren Maßnahmen in den verschiedenen Bereichen und trägt dabei unter Einhaltung des Grundsatzes der begrenzten Einzelermächtigung ihren Zielen in ihrer Gesamtheit Rechnung.

Artikel 8

(ex-Artikel 3 Absatz 2 EGV)[3]

Bei allen ihren Tätigkeiten wirkt die Union darauf hin, Ungleichheiten zu beseitigen und die Gleichstellung von Männern und Frauen zu fördern.

Artikel 9

Bei der Festlegung und Durchführung ihrer Politik und ihrer Maßnahmen trägt die Union den Erfordernissen im Zusammenhang mit der Förderung eines hohen Beschäftigungsniveaus, mit der Gewährleistung eines angemessenen sozialen Schutzes, mit der Bekämpfung der sozialen Ausgrenzung sowie mit einem hohen Niveau der allgemeinen und beruflichen Bildung und des Gesundheitsschutzes Rechnung.

Artikel 10

Bei der Festlegung und Durchführung ihrer Politik und ihrer Maßnahmen zielt die Union darauf ab, Diskriminierungen aus Gründen des Geschlechts, der Rasse, der ethnischen Herkunft, der Religion oder der Weltanschauung, einer Behinderung, des Alters oder der sexuellen Ausrichtung zu bekämpfen.

Artikel 11

(ex-Artikel 6 EGV)

Die Erfordernisse des Umweltschutzes müssen bei der Festlegung und Durchführung der Unionspolitiken und -maßnahmen insbesondere zur Förderung einer nachhaltigen Entwicklung einbezogen werden.

Artikel 12

(ex-Artikel 153 Absatz 2 EGV)

Den Erfordernissen des Verbraucherschutzes wird bei der Festlegung und Durchführung der anderen Unionspolitiken und -maßnahmen Rechnung getragen.

Artikel 13

Bei der Festlegung und Durchführung der Politik der Union in den Bereichen Landwirtschaft, Fischerei, Verkehr, Binnenmarkt, Forschung, technologische Entwicklung und Raumfahrt tragen die Union und die Mitgliedstaaten den Erfordernissen des Wohlergehens der Tiere als fühlende Wesen in vollem Umfang Rechnung; sie berücksichtigen hierbei die Rechts- und Verwaltungsvorschriften und die Gepflogenheiten der Mitgliedstaaten insbesondere in Bezug auf religiöse Riten, kulturelle Traditionen und das regionale Erbe.

Artikel 14

(ex-Artikel 16 EGV)

Unbeschadet des Artikels 4 des Vertrags über die Europäische Union[2] und der Artikel 93, 106 und 107 dieses Vertrags und in Anbetracht des Stellenwerts, den Dienste von allgemeinem wirtschaftlichem Interesse innerhalb der gemeinsamen Werte der Union einnehmen, sowie ihrer Bedeutung bei der Förderung des sozialen und territorialen Zusammenhalts tragen die Union und die Mitgliedstaaten im Rahmen ihrer jeweiligen Befugnisse im Anwendungsbereich der Verträge dafür Sorge, dass die Grundsätze und Bedingungen, insbesondere jene wirtschaftlicher und finanzieller Art, für das Funktionieren dieser Dienste so gestaltet sind, dass diese ihren Aufgaben nachkommen können. Diese Grundsätze und Bedingungen werden vom Europäischen Parlament und vom Rat durch Verordnungen gemäß dem ordentlichen Gesetzgebungsverfahren festgelegt, unbeschadet der Zuständigkeit der Mitgliedstaaten, diese Dienste im Einklang mit den Verträgen zur Verfügung zu stellen, in Auftrag zu geben und zu finanzieren.

Artikel 15

(ex-Artikel 255 EGV)

(1) Um eine verantwortungsvolle Verwaltung zu fördern und die Beteiligung der Zivilgesellschaft sicherzustellen, handeln die Organe, Einrichtungen und sonstigen Stellen der Union unter weitestgehender Beachtung des Grundsatzes der Offenheit.

(2) Das Europäische Parlament tagt öffentlich; dies gilt auch für den Rat, wenn er über Entwürfe zu Gesetzgebungsakten berät oder abstimmt.

(3) Jeder Unionsbürger sowie jede natürliche oder juristische Person mit Wohnsitz oder satzungsgemäßem Sitz in einem Mitgliedstaat hat das Recht auf Zugang zu Dokumenten der Organe, Einrichtungen und sonstigen Stellen der Union, unabhängig von der Form der für diese Dokumente verwendeten Träger, vorbehaltlich der Grundsätze und Bedingungen, die nach diesem Absatz festzulegen sind.

[3] Laut ABl hat dieser Verweis lediglich hinweisenden Charakter. Zur Vertiefung vgl die Übereinstimmungstabellen für die Entsprechung zwischen bisheriger und neuer Nummerierung der Verträge (ABl 2016 C 202, 361).

Die allgemeinen Grundsätze und die aufgrund öffentlicher oder privater Interessen geltenden Einschränkungen für die Ausübung dieses Rechts auf Zugang zu Dokumenten werden vom Europäischen Parlament und vom Rat durch Verordnungen gemäß dem ordentlichen Gesetzgebungsverfahren festgelegt.

Die Organe, Einrichtungen und sonstigen Stellen gewährleisten die Transparenz ihrer Tätigkeit und legen im Einklang mit den in Unterabsatz 2 genannten Verordnungen in ihrer Geschäftsordnung Sonderbestimmungen hinsichtlich des Zugangs zu ihren Dokumenten fest.

Dieser Absatz gilt für den Gerichtshof der Europäischen Union, die Europäische Zentralbank und die Europäische Investitionsbank nur dann, wenn sie Verwaltungsaufgaben wahrnehmen.

Das Europäische Parlament und der Rat sorgen dafür, dass die Dokumente, die die Gesetzgebungsverfahren betreffen, nach Maßgabe der in Unterabsatz 2 genannten Verordnungen öffentlich zugänglich gemacht werden.

(ABl 2016 C 400, 1)

Artikel 16

(ex-Artikel 286 EGV)

(1) Jede Person hat das Recht auf Schutz der sie betreffenden personenbezogenen Daten.

(2) Das Europäische Parlament und der Rat erlassen gemäß dem ordentlichen Gesetzgebungsverfahren Vorschriften über den Schutz natürlicher Personen bei der Verarbeitung personenbezogener Daten durch die Organe, Einrichtungen und sonstigen Stellen der Union sowie durch die Mitgliedstaaten im Rahmen der Ausübung von Tätigkeiten, die in den Anwendungsbereich des Unionsrechts fallen, und über den freien Datenverkehr. Die Einhaltung dieser Vorschriften wird von unabhängigen Behörden überwacht.

Die auf der Grundlage dieses Artikels erlassenen Vorschriften lassen die spezifischen Bestimmungen des Artikels 39 des Vertrags über die Europäische Union[2)] unberührt.

Artikel 17

(1) Die Union achtet den Status, den Kirchen und religiöse Vereinigungen oder Gemeinschaften in den Mitgliedstaaten nach deren Rechtsvorschriften genießen, und beeinträchtigt ihn nicht.

(2) Die Union achtet in gleicher Weise den Status, den weltanschauliche Gemeinschaften nach den einzelstaatlichen Rechtsvorschriften genießen.

(3) Die Union pflegt mit diesen Kirchen und Gemeinschaften in Anerkennung ihrer Identität und ihres besonderen Beitrags einen offenen, transparenten und regelmäßigen Dialog.

ZWEITER TEIL

NICHTDISKRIMINIERUNG UND UNIONSBÜRGERSCHAFT

Artikel 18

(ex-Artikel 12 EGV)

Unbeschadet besonderer Bestimmungen der Verträge ist in ihrem Anwendungsbereich jede Diskriminierung aus Gründen der Staatsangehörigkeit verboten.

Das Europäische Parlament und der Rat können gemäß dem ordentlichen Gesetzgebungsverfahren Regelungen für das Verbot solcher Diskriminierungen treffen.

Artikel 19

(ex-Artikel 13 EGV)

(1) Unbeschadet der sonstigen Bestimmungen der Verträge kann der Rat im Rahmen der durch die Verträge auf die Union übertragenen Zuständigkeiten gemäß einem besonderen Gesetzgebungsverfahren und nach Zustimmung des Europäischen Parlaments einstimmig geeignete Vorkehrungen treffen, um Diskriminierungen aus Gründen des Geschlechts, der Rasse, der ethnischen Herkunft, der Religion oder der Weltanschauung, einer Behinderung, des Alters oder der sexuellen Ausrichtung zu bekämpfen.

(2) Abweichend von Absatz 1 können das Europäische Parlament und der Rat gemäß dem ordentlichen Gesetzgebungsverfahren die Grundprinzipien für Fördermaßnahmen der Union unter Ausschluss jeglicher Harmonisierung der Rechts- und Verwaltungsvorschriften der Mitgliedstaaten zur Unterstützung der Maßnahmen festlegen, die die Mitgliedstaaten treffen, um zur Verwirklichung der in Absatz 1 genannten Ziele beizutragen.

Artikel 20

(ex-Artikel 17 EGV)

(1) Es wird eine Unionsbürgerschaft eingeführt. Unionsbürger ist, wer die Staatsangehörigkeit eines Mitgliedstaats besitzt. Die Unionsbürgerschaft tritt zur nationalen Staatsbürgerschaft hinzu, ersetzt diese aber nicht.

(2) Die Unionsbürgerinnen und Unionsbürger haben die in den Verträgen vorgesehenen Rechte und Pflichten. Sie haben unter anderem

a) das Recht, sich im Hoheitsgebiet der Mitgliedstaaten frei zu bewegen und aufzuhalten;

b) in dem Mitgliedstaat, in dem sie ihren Wohnsitz haben, das aktive und passive Wahlrecht bei den Wahlen zum Europäischen Parlament und bei den Kommunalwahlen, wobei für sie dieselben Bedingungen gelten wie für die Angehörigen des betreffenden Mitgliedstaats;

c) im Hoheitsgebiet eines Drittlands, in dem der Mitgliedstaat, dessen Staatsangehörigkeit sie besitzen, nicht vertreten ist, Recht auf Schutz durch die diplomatischen und konsularischen Behörden eines jeden Mitgliedstaats unter denselben Bedingungen wie Staatsangehörige dieses Staates;

d) das Recht, Petitionen an das Europäische Parlament zu richten und sich an den Europäischen Bürgerbeauftragten zu wenden, sowie das Recht, sich in einer der Sprachen der Verträge an die Organe und die beratenden Einrichtungen der Union zu wenden und eine Antwort in derselben Sprache zu erhalten.

Diese Rechte werden unter den Bedingungen und innerhalb der Grenzen ausgeübt, die in den Verträgen und durch die in Anwendung der Verträge erlassenen Maßnahmen festgelegt sind.

Artikel 21

(ex-Artikel 18 EGV)

(1) Jeder Unionsbürger hat das Recht, sich im Hoheitsgebiet der Mitgliedstaaten vorbehaltlich der in den Verträgen und in den Durchführungsvorschriften vorgesehenen Beschränkungen und Bedingungen frei zu bewegen und aufzuhalten.

(2) Erscheint zur Erreichung dieses Ziels ein Tätigwerden der Union erforderlich und sehen die Verträge hierfür keine Befugnisse vor, so können das Europäische Parlament und der Rat gemäß dem ordentlichen Gesetzgebungsverfahren Vorschriften erlassen, mit denen die Ausübung der Rechte nach Absatz 1 erleichtert wird.

(3) Zu den gleichen wie den in Absatz 1 genannten Zwecken kann der Rat, sofern die Verträge hierfür keine Befugnisse vorsehen, gemäß einem besonderen Gesetzgebungsverfahren Maßnahmen erlassen, die die soziale Sicherheit oder den sozialen Schutz betreffen. Der Rat beschließt einstimmig nach Anhörung des Europäischen Parlaments.

Artikel 22

(ex-Artikel 19 EGV)

(1) Jeder Unionsbürger mit Wohnsitz in einem Mitgliedstaat, dessen Staatsangehörigkeit er nicht besitzt, hat in dem Mitgliedstaat, in dem er seinen Wohnsitz hat, das aktive und passive Wahlrecht bei Kommunalwahlen, wobei für ihn dieselben Bedingungen gelten wie für die Angehörigen des betreffenden Mitgliedstaats. Dieses Recht wird vorbehaltlich der Einzelheiten ausgeübt, die vom Rat einstimmig gemäß einem besonderen Gesetzgebungsverfahren und nach Anhörung des Europäischen Parlaments festgelegt werden; in diesen können Ausnahmeregelungen vorgesehen werden, wenn dies aufgrund besonderer Probleme eines Mitgliedstaats gerechtfertigt ist.

(2) Unbeschadet des Artikels 223 Absatz 1 und der Bestimmungen zu dessen Durchführung besitzt jeder Unionsbürger mit Wohnsitz in einem Mitgliedstaat, dessen Staatsangehörigkeit er nicht besitzt, in dem Mitgliedstaat, in dem er seinen Wohnsitz hat, das aktive und passive Wahlrecht bei den Wahlen zum Europäischen Parlament, wobei für ihn dieselben Bedingungen gelten wie für die Angehörigen des betreffenden Mitgliedstaats. Dieses Recht wird vorbehaltlich der Einzelheiten ausgeübt, die vom Rat einstimmig gemäß einem besonderen Gesetzgebungsverfahren und nach Anhörung des Europäischen Parlaments festgelegt werden; in diesen können Ausnahmeregelungen vorgesehen werden, wenn dies aufgrund besonderer Probleme eines Mitgliedstaats gerechtfertigt ist.

Artikel 23

(ex-Artikel 20 EGV)

Jeder Unionsbürger genießt im Hoheitsgebiet eines dritten Landes, in dem der Mitgliedstaat, dessen Staatsangehörigkeit er besitzt, nicht vertreten ist, den diplomatischen und konsularischen Schutz eines jeden Mitgliedstaats unter denselben Bedingungen wie Staatsangehörige dieses Staates. Die Mitgliedstaaten treffen die notwendigen Vorkehrungen und leiten die für diesen Schutz erforderlichen internationalen Verhandlungen ein.

Der Rat kann gemäß einem besonderen Gesetzgebungsverfahren und nach Anhörung des Europäischen Parlaments Richtlinien zur Festlegung der notwendigen Koordinierungs- und Kooperationsmaßnahmen zur Erleichterung dieses Schutzes erlassen.

Artikel 24

(ex-Artikel 21 EGV)

Die Bestimmungen über die Verfahren und Bedingungen, die für eine Bürgerinitiative im Sinne des Artikels 11 des Vertrags über die Europäische Union[2)] gelten, einschließlich der Mindestzahl der Mitgliedstaaten, aus denen die Bürgerinnen und Bürger, die diese Initiative ergreifen, kommen müssen, werden vom Europäischen Parlament und vom Rat gemäß dem ordentlichen Gesetzgebungsverfahren durch Verordnungen festgelegt.

Jeder Unionsbürger besitzt das Petitionsrecht beim Europäischen Parlament nach Artikel 227.

Jeder Unionsbürger kann sich an den nach Artikel 228 eingesetzten Bürgerbeauftragten wenden.

Jeder Unionsbürger kann sich schriftlich in einer der in Artikel 55 Absatz 1 des Vertrags über die Europäische Union[2)] genannten Sprachen an jedes Organ oder an jede Einrichtung wenden, die in dem vorliegenden Artikel oder in Artikel 13 des genannten Vertrags[2)] genannt sind, und eine Antwort in derselben Sprache erhalten.

Artikel 25

(ex-Artikel 22 EGV)

Die Kommission erstattet dem Europäischen Parlament, dem Rat und dem Wirtschafts- und Sozialausschuss alle drei Jahre über die Anwendung dieses Teils Bericht. In dem Bericht wird der Fortentwicklung der Union Rechnung getragen.

Auf dieser Grundlage kann der Rat unbeschadet der anderen Bestimmungen der Verträge zur Ergänzung der in Artikel 20 Absatz 2 aufgeführten Rechte einstimmig gemäß einem besonderen Gesetzgebungsverfahren nach Zustimmung des Europäischen Parlaments Bestimmungen erlassen. Diese Bestimmungen treten nach Zustimmung der Mitgliedstaaten im Einklang mit ihren jeweiligen verfassungsrechtlichen Vorschriften in Kraft.

DRITTER TEIL

DIE INTERNEN POLITIKEN UND MASSNAHMEN DER UNION

TITEL I

DER BINNENMARKT

Artikel 26

(ex-Artikel 14 EGV)

(1) Die Union erlässt die erforderlichen Maßnahmen, um nach Maßgabe der einschlägigen Bestimmungen der Verträge den Binnenmarkt zu verwirklichen beziehungsweise dessen Funktionieren zu gewährleisten.

(2) Der Binnenmarkt umfasst einen Raum ohne Binnengrenzen, in dem der freie Verkehr von Waren, Personen, Dienstleistungen und Kapital gemäß den Bestimmungen der Verträge gewährleistet ist.

(3) Der Rat legt auf Vorschlag der Kommission die Leitlinien und Bedingungen fest, die erforderlich sind, um in allen betroffenen Sektoren einen ausgewogenen Fortschritt zu gewährleisten.

Artikel 27

(ex-Artikel 15 EGV)

Bei der Formulierung ihrer Vorschläge zur Verwirklichung der Ziele des Artikels 26 berücksichtigt die Kommission den Umfang der Anstrengungen, die einigen Volkswirtschaften mit unterschiedlichem Entwicklungsstand für die Errichtung des Binnenmarkts abverlangt werden, und kann geeignete Bestimmungen vorschlagen.

Erhalten diese Bestimmungen die Form von Ausnahmeregelungen, so müssen sie vorübergehender Art sein und dürfen das Funktionieren des Binnenmarkts so wenig wie möglich stören.

TITEL II

DER FREIE WARENVERKEHR

Artikel 28

(ex-Artikel 23 EGV)

(1) Die Union umfasst eine Zollunion, die sich auf den gesamten Warenaustausch erstreckt; sie umfasst das Verbot, zwischen den Mitgliedstaaten Ein- und Ausfuhrzölle und Abgaben gleicher Wirkung zu erheben, sowie die Einführung eines Gemeinsamen Zolltarifs gegenüber dritten Ländern.

(2) Artikel 30 und Kapitel 3 dieses Titels gelten für die aus den Mitgliedstaaten stammenden Waren sowie für diejenigen Waren aus dritten Ländern, die sich in den Mitgliedstaaten im freien Verkehr befinden.

Artikel 29

(ex-Artikel 24 EGV)

Als im freien Verkehr eines Mitgliedstaats befindlich gelten diejenigen Waren aus dritten Ländern, für die in dem betreffenden Mitgliedstaat die Einfuhrförmlichkeiten erfüllt sowie die vorgeschriebenen Zölle und Abgaben gleicher Wirkung erhoben und nicht ganz oder teilweise rückvergütet worden sind.

KAPITEL 1

DIE ZOLLUNION

Artikel 30

(ex-Artikel 25 EGV)

Ein- und Ausfuhrzölle oder Abgaben gleicher Wirkung sind zwischen den Mitgliedstaaten verboten. Dieses Verbot gilt auch für Finanzzölle.

Artikel 31

(ex-Artikel 26 EGV)

Der Rat legt die Sätze des Gemeinsamen Zolltarifs auf Vorschlag der Kommission fest.

Artikel 32

(ex-Artikel 27 EGV)

Bei der Ausübung der ihr aufgrund dieses Kapitels übertragenen Aufgaben geht die Kommission von folgenden Gesichtspunkten aus:

a) der Notwendigkeit, den Handelsverkehr zwischen den Mitgliedstaaten und dritten Ländern zu fördern;

b) der Entwicklung der Wettbewerbsbedingungen innerhalb der Union, soweit diese Entwicklung zu einer Zunahme der Wettbewerbsfähigkeit der Unternehmen führt;

c) dem Versorgungsbedarf der Union an Rohstoffen und Halbfertigwaren; hierbei achtet die Kommission darauf, zwischen den Mitgliedstaaten die Wettbewerbsbedingungen für Fertigwaren nicht zu verfälschen;

d) der Notwendigkeit, ernsthafte Störungen im Wirtschaftsleben der Mitgliedstaaten zu vermeiden und eine rationelle Entwicklung der Erzeugung sowie eine Ausweitung des Verbrauchs innerhalb der Union zu gewährleisten.

KAPITEL 2
DIE ZUSAMMENARBEIT IM ZOLLWESEN

Artikel 33

(ex-Artikel 135 EGV)

Das Europäische Parlament und der Rat treffen im Rahmen des Geltungsbereichs der Verträge gemäß dem ordentlichen Gesetzgebungsverfahren Maßnahmen zum Ausbau der Zusammenarbeit im Zollwesen zwischen den Mitgliedstaaten sowie zwischen den Mitgliedstaaten und der Kommission.

KAPITEL 3
VERBOT VON MENGENMÄßIGEN BESCHRÄNKUNGEN ZWISCHEN DEN MITGLIEDSTAATEN

Artikel 34

(ex-Artikel 28 EGV)

Mengenmäßige Einfuhrbeschränkungen sowie alle Maßnahmen gleicher Wirkung sind zwischen den Mitgliedstaaten verboten.

Artikel 35

(ex-Artikel 29 EGV)

Mengenmäßige Ausfuhrbeschränkungen sowie alle Maßnahmen gleicher Wirkung sind zwischen den Mitgliedstaaten verboten.

Artikel 36

(ex-Artikel 30 EGV)

Die Bestimmungen der Artikel 34 und 35 stehen Einfuhr-, Ausfuhr- und Durchfuhrverboten oder -beschränkungen nicht entgegen, die aus Gründen der öffentlichen Sittlichkeit, Ordnung und Sicherheit, zum Schutze der Gesundheit und des Lebens von Menschen, Tieren oder Pflanzen, des nationalen Kulturguts von künstlerischem, geschichtlichem oder archäologischem Wert oder des gewerblichen und kommerziellen Eigentums gerechtfertigt sind. Diese Verbote oder Beschränkungen dürfen jedoch weder ein Mittel zur willkürlichen Diskriminierung noch eine verschleierte Beschränkung des Handels zwischen den Mitgliedstaaten darstellen.

Artikel 37

(ex-Artikel 31 EGV)

(1) Die Mitgliedstaaten formen ihre staatlichen Handelsmonopole derart um, dass jede Diskriminierung in den Versorgungs- und Absatzbedingungen zwischen den Angehörigen der Mitgliedstaaten ausgeschlossen ist.

Dieser Artikel gilt für alle Einrichtungen, durch die ein Mitgliedstaat unmittelbar oder mittelbar die Einfuhr oder die Ausfuhr zwischen den Mitgliedstaaten rechtlich oder tatsächlich kontrolliert, lenkt oder merklich beeinflusst. Er gilt auch für die von einem Staat auf andere Rechtsträger übertragenen Monopole.

(2) Die Mitgliedstaaten unterlassen jede neue Maßnahme, die den in Absatz 1 genannten Grundsätzen widerspricht oder die Tragweite der Artikel über das Verbot von Zöllen und mengenmäßigen Beschränkungen zwischen den Mitgliedstaaten einengt.

(3) Ist mit einem staatlichen Handelsmonopol eine Regelung zur Erleichterung des Absatzes oder der Verwertung landwirtschaftlicher Erzeugnisse verbunden, so sollen bei der Anwendung dieses Artikels gleichwertige Sicherheiten für die

Beschäftigung und Lebenshaltung der betreffenden Erzeuger gewährleistet werden.

TITEL III
DIE LANDWIRTSCHAFT UND DIE FISCHEREI

Artikel 38

(ex-Artikel 32 EGV)

(1) Die Union legt eine gemeinsame Agrar- und Fischereipolitik fest und führt sie durch.

Der Binnenmarkt umfasst auch die Landwirtschaft, die Fischerei und den Handel mit landwirtschaftlichen Erzeugnissen. Unter landwirtschaftlichen Erzeugnissen sind die Erzeugnisse des Bodens, der Viehzucht und der Fischerei sowie die mit diesen in unmittelbarem Zusammenhang stehenden Erzeugnisse der ersten Verarbeitungsstufe zu verstehen. Die Bezugnahmen auf die gemeinsame Agrarpolitik oder auf die Landwirtschaft und die Verwendung des Wortes „landwirtschaftlich" sind in dem Sinne zu verstehen, dass damit unter Berücksichtigung der besonderen Merkmale des Fischereisektors auch die Fischerei gemeint ist.

(2) Die Vorschriften für die Errichtung oder das Funktionieren des Binnenmarkts finden auf die landwirtschaftlichen Erzeugnisse Anwendung, soweit in den Artikeln 39 bis 44 nicht etwas anderes bestimmt ist.

(3) Die Erzeugnisse, für welche die Artikel 39 bis 44 gelten, sind in Anhang I aufgeführt.

(4) Mit dem Funktionieren und der Entwicklung des Binnenmarkts für landwirtschaftliche Erzeugnisse muss die Gestaltung einer gemeinsamen Agrarpolitik Hand in Hand gehen.

Artikel 39

(ex-Artikel 33 EGV)

(1) Ziel der gemeinsamen Agrarpolitik ist es,

a) die Produktivität der Landwirtschaft durch Förderung des technischen Fortschritts, Rationalisierung der landwirtschaftlichen Erzeugung und den bestmöglichen Einsatz der Produktionsfaktoren, insbesondere der Arbeitskräfte, zu steigern;

b) auf diese Weise der landwirtschaftlichen Bevölkerung, insbesondere durch Erhöhung des Pro-Kopf-Einkommens der in der Landwirtschaft tätigen Personen, eine angemessene Lebenshaltung zu gewährleisten;

c) die Märkte zu stabilisieren;

d) die Versorgung sicherzustellen;

e) für die Belieferung der Verbraucher zu angemessenen Preisen Sorge zu tragen.

(2) Bei der Gestaltung der gemeinsamen Agrarpolitik und der hierfür anzuwendenden besonderen Methoden ist Folgendes zu berücksichtigen:

a) die besondere Eigenart der landwirtschaftlichen Tätigkeit, die sich aus dem sozialen Aufbau der Landwirtschaft und den strukturellen und naturbedingten Unterschieden der verschiedenen landwirtschaftlichen Gebiete ergibt;

b) die Notwendigkeit, die geeigneten Anpassungen stufenweise durchzuführen;

c) die Tatsache, dass die Landwirtschaft in den Mitgliedstaaten einen mit der gesamten Volkswirtschaft eng verflochtenen Wirtschaftsbereich darstellt.

Artikel 40

(ex-Artikel 34 EGV)

(1) Um die Ziele des Artikels 39 zu erreichen, wird eine gemeinsame Organisation der Agrarmärkte geschaffen.

Diese besteht je nach Erzeugnis aus einer der folgenden Organisationsformen:

a) gemeinsame Wettbewerbsregeln,

b) bindende Koordinierung der verschiedenen einzelstaatlichen Marktordnungen,

c) eine europäische Marktordnung.

(2) Die nach Absatz 1 gestaltete gemeinsame Organisation kann alle zur Durchführung des Artikels 39 erforderlichen Maßnahmen einschließen, insbesondere Preisregelungen, Beihilfen für die Erzeugung und die Verteilung der verschiedenen Erzeugnisse, Einlagerungs- und Ausgleichsmaßnahmen, gemeinsame Einrichtungen zur Stabilisierung der Ein- oder Ausfuhr.

Die gemeinsame Organisation hat sich auf die Verfolgung der Ziele des Artikels 39 zu beschränken und jede Diskriminierung zwischen Erzeugern oder Verbrauchern innerhalb der Union auszuschließen.

Eine etwaige gemeinsame Preispolitik muss auf gemeinsamen Grundsätzen und einheitlichen Berechnungsmethoden beruhen.

(3) Um der in Absatz 1 genannten gemeinsamen Organisation die Erreichung ihrer Ziele zu ermöglichen, können ein oder mehrere Ausrichtungs- oder Garantiefonds für die Landwirtschaft geschaffen werden.

Artikel 41

(ex-Artikel 35 EGV)

Um die Ziele des Artikels 39 zu erreichen, können im Rahmen der gemeinsamen Agrarpolitik folgende Maßnahmen vorgesehen werden:

a) eine wirksame Koordinierung der Bestrebungen auf dem Gebiet der Berufsausbildung, der Forschung und der Verbreitung landwirtschaftlicher Fachkenntnisse; hierbei können Vorhaben oder Einrichtungen gemeinsam finanziert werden;

b) gemeinsame Maßnahmen zur Förderung des Verbrauchs bestimmter Erzeugnisse.

Artikel 42

(ex-Artikel 36 EGV)

Das Kapitel über die Wettbewerbsregeln findet auf die Produktion landwirtschaftlicher Erzeugnisse und den Handel mit diesen nur insoweit Anwendung, als das Europäische Parlament und der Rat dies unter Berücksichtigung der Ziele des Artikels 39 im Rahmen des Artikels 43 Absatz 2 und gemäß dem dort vorgesehenen Verfahren bestimmt.

Der Rat kann auf Vorschlag der Kommission genehmigen, dass Beihilfen gewährt werden

a) zum Schutz von Betrieben, die durch strukturelle oder naturgegebene Bedingungen benachteiligt sind, oder

b) im Rahmen wirtschaftlicher Entwicklungsprogramme.

Artikel 43

(ex-Artikel 37 EGV)

(1) Die Kommission legt zur Gestaltung und Durchführung der gemeinsamen Agrarpolitik Vorschläge vor, welche unter anderem die Ablösung der einzelstaatlichen Marktordnungen durch eine der in Artikel 40 Absatz 1 vorgesehenen gemeinsamen Organisationsformen sowie die Durchführung der in diesem Titel bezeichneten Maßnahmen vorsehen.

Diese Vorschläge müssen dem inneren Zusammenhang der in diesem Titel aufgeführten landwirtschaftlichen Fragen Rechnung tragen.

(2) Das Europäische Parlament und der Rat legen gemäß dem ordentlichen Gesetzgebungsverfahren und nach Anhörung des Wirtschafts- und Sozialausschusses die gemeinsame Organisation der Agrarmärkte nach Artikel 40 Absatz 1 sowie die anderen Bestimmungen fest, die für die Verwirklichung der Ziele der gemeinsamen Agrar- und Fischereipolitik notwendig sind.

(3) Der Rat erlässt auf Vorschlag der Kommission die Maßnahmen zur Festsetzung der Preise, der Abschöpfungen, der Beihilfen und der mengenmäßigen Beschränkungen sowie zur Festsetzung und Aufteilung der Fangmöglichkeiten in der Fischerei.

(4) Die einzelstaatlichen Marktordnungen können nach Maßgabe des Absatzes 1 durch die in Artikel 40 Absatz 2 vorgesehene gemeinsame Organisation ersetzt werden,

a) wenn sie den Mitgliedstaaten, die sich gegen diese Maßnahme ausgesprochen haben und eine eigene Marktordnung für die in Betracht kommende Erzeugung besitzen, gleichwertige Sicherheiten für die Beschäftigung und Lebenshaltung der betreffenden Erzeuger bietet; hierbei sind die im Zeitablauf möglichen Anpassungen und erforderlichen Spezialisierungen zu berücksichtigen, und

b) wenn die gemeinsame Organisation für den Handelsverkehr innerhalb der Union Bedingungen sicherstellt, die denen eines Binnenmarkts entsprechen.

(5) Wird eine gemeinsame Organisation für bestimmte Rohstoffe geschaffen, bevor eine gemeinsame Organisation für die entsprechenden weiterverarbeiteten Erzeugnisse besteht, so können die betreffenden Rohstoffe aus Ländern außerhalb der Union eingeführt werden, wenn sie für weiterverarbeitete Erzeugnisse verwendet werden, die zur Ausfuhr nach dritten Ländern bestimmt sind.

Artikel 44

(ex-Artikel 38 EGV)

Besteht in einem Mitgliedstaat für ein Erzeugnis eine innerstaatliche Marktordnung oder Regelung gleicher Wirkung und wird dadurch eine gleichartige Erzeugung in einem anderen Mitgliedstaat in ihrer Wettbewerbslage beeinträchtigt, so erheben die Mitgliedstaaten bei der Einfuhr des betreffenden Erzeugnisses aus dem Mitgliedstaat, in dem die genannte Marktordnung oder Regelung besteht, eine Ausgleichsabgabe, es sei denn, dass dieser Mitgliedstaat eine Ausgleichsabgabe bei der Ausfuhr erhebt.

Die Kommission setzt diese Abgaben in der zur Wiederherstellung des Gleichgewichts erforderlichen Höhe fest; sie kann auch andere Maßnahmen genehmigen, deren Bedingungen und Einzelheiten sie festlegt.

TITEL IV

DIE FREIZÜGIGKEIT, DER FREIE DIENSTLEISTUNGS- UND KAPITALVERKEHR

KAPITEL 1

DIE ARBEITSKRÄFTE

Artikel 45

(ex-Artikel 39 EGV)

(1) Innerhalb der Union ist die Freizügigkeit der Arbeitnehmer gewährleistet.

(2) Sie umfasst die Abschaffung jeder auf der Staatsangehörigkeit beruhenden unterschiedlichen Behandlung der Arbeitnehmer der Mitgliedstaaten in Bezug auf Beschäftigung, Entlohnung und sonstige Arbeitsbedingungen.

(3) Sie gibt – vorbehaltlich der aus Gründen der öffentlichen Ordnung, Sicherheit und Gesundheit gerechtfertigten Beschränkungen – den Arbeitnehmern das Recht,

a) sich um tatsächlich angebotene Stellen zu bewerben;

b) sich zu diesem Zweck im Hoheitsgebiet der Mitgliedstaaten frei zu bewegen;

c) sich in einem Mitgliedstaat aufzuhalten, um dort nach den für die Arbeitnehmer dieses Staates geltenden Rechts- und Verwaltungsvorschriften eine Beschäftigung auszuüben;

d) nach Beendigung einer Beschäftigung im Hoheitsgebiet eines Mitgliedstaats unter Bedingungen zu verbleiben, welche die Kommission durch Verordnungen festlegt.

(4) Dieser Artikel findet keine Anwendung auf die Beschäftigung in der öffentlichen Verwaltung.

Artikel 46

(ex-Artikel 40 EGV)

Das Europäische Parlament und der Rat treffen gemäß dem ordentlichen Gesetzgebungsverfahren und nach Anhörung des Wirtschafts- und Sozialausschusses durch Richtlinien oder Verordnungen alle erforderlichen Maßnahmen, um die Freizügigkeit der Arbeitnehmer im Sinne des Artikels 45 herzustellen, insbesondere

a) durch Sicherstellung einer engen Zusammenarbeit zwischen den einzelstaatlichen Arbeitsverwaltungen;

b) durch die Beseitigung der Verwaltungsverfahren und -praktiken sowie der für den Zugang zu verfügbaren Arbeitsplätzen vorgeschriebenen Fristen, die sich aus innerstaatlichen Rechtsvorschriften oder vorher zwischen den Mitgliedstaaten geschlossenen Übereinkünften ergeben und deren Beibehaltung die Herstellung der Freizügigkeit der Arbeitnehmer hindert;

c) durch die Beseitigung aller Fristen und sonstigen Beschränkungen, die in innerstaatlichen Rechtsvorschriften oder vorher zwischen den Mitgliedstaaten geschlossenen Übereinkünften vorgesehen sind und die den Arbeitnehmern der anderen Mitgliedstaaten für die freie Wahl des Arbeitsplatzes andere Bedingungen als den inländischen Arbeitnehmern auferlegen;

d) durch die Schaffung geeigneter Verfahren für die Zusammenführung und den Ausgleich von Angebot und Nachfrage auf dem Arbeitsmarkt zu Bedingungen, die eine ernstliche Gefährdung der Lebenshaltung und des Beschäftigungsstands in einzelnen Gebieten und Industrien ausschließen.

Artikel 47

(ex-Artikel 41 EGV)

Die Mitgliedstaaten fördern den Austausch junger Arbeitskräfte im Rahmen eines gemeinsamen Programms.

Artikel 48

(ex-Artikel 42 EGV)

Das Europäische Parlament und der Rat beschließen gemäß dem ordentlichen Gesetzgebungsverfahren die auf dem Gebiet der sozialen Sicherheit für die Herstellung der Freizügigkeit der Arbeitnehmer notwendigen Maßnahmen; zu diesem Zweck führen sie insbesondere ein System ein, das zu- und abwandernden Arbeitnehmern und Selbstständigen sowie deren anspruchsberechtigten Angehörigen Folgendes sichert:

a) die Zusammenrechnung aller nach den verschiedenen innerstaatlichen Rechtsvorschriften berücksichtigten Zeiten für den Erwerb und die Aufrechterhaltung des Leistungsanspruchs sowie für die Berechnung der Leistungen;

b) die Zahlung der Leistungen an Personen, die in den Hoheitsgebieten der Mitgliedstaaten wohnen.

Erklärt ein Mitglied des Rates, dass ein Entwurf eines Gesetzgebungsakts nach Absatz 1 wichtige Aspekte seines Systems der sozialen Sicherheit, insbesondere dessen Geltungsbereich, Kosten oder Finanzstruktur, verletzen oder dessen finanzielles Gleichgewicht beeinträchtigen würde, so kann es beantragen, dass der Europäische Rat befasst wird. In diesem Fall wird das ordentliche Gesetzgebungsverfahren ausgesetzt. Nach einer Aussprache geht der Europäische Rat binnen vier Monaten nach Aussetzung des Verfahrens wie folgt vor:

a) er verweist den Entwurf an den Rat zurück, wodurch die Aussetzung des ordentlichen Gesetzgebungsverfahrens beendet wird, oder

b) er sieht von einem Tätigwerden ab, oder aber er ersucht die Kommission um Vorlage eines neuen Vorschlags; in diesem Fall gilt der ursprünglich vorgeschlagene Rechtsakt als nicht erlassen.

KAPITEL 2
DAS NIEDERLASSUNGSRECHT

Artikel 49

(ex-Artikel 43 EGV)

Die Beschränkungen der freien Niederlassung von Staatsangehörigen eines Mitgliedstaats im Hoheitsgebiet eines anderen Mitgliedstaats sind nach Maßgabe der folgenden Bestimmungen verboten. Das Gleiche gilt für Beschränkungen der Gründung von Agenturen, Zweigniederlassungen oder Tochtergesellschaften durch Angehörige eines Mitgliedstaats, die im Hoheitsgebiet eines Mitgliedstaats ansässig sind.

Vorbehaltlich des Kapitels über den Kapitalverkehr umfasst die Niederlassungsfreiheit die Aufnahme und Ausübung selbstständiger Erwerbstätigkeiten sowie die Gründung und Leitung von Unternehmen, insbesondere von Gesellschaften im Sinne des Artikels 54 Absatz 2, nach den Bestimmungen des Aufnahmestaats für seine eigenen Angehörigen.

Artikel 50

(ex-Artikel 44 EGV)

(1) Das Europäische Parlament und der Rat erlassen gemäß dem ordentlichen Gesetzgebungsverfahren und nach Anhörung des Wirtschafts- und Sozialausschusses Richtlinien zur Verwirklichung der Niederlassungsfreiheit für eine bestimmte Tätigkeit.

(2) Das Europäische Parlament, der Rat und die Kommission erfüllen die Aufgaben, die ihnen aufgrund der obigen Bestimmungen übertragen sind, indem sie insbesondere

a) im Allgemeinen diejenigen Tätigkeiten mit Vorrang behandeln, bei denen die Niederlassungsfreiheit die Entwicklung der Produktion und des Handels in besonderer Weise fördert;

b) eine enge Zusammenarbeit zwischen den zuständigen Verwaltungen der Mitgliedstaaten sicherstellen, um sich über die besondere Lage auf den verschiedenen Tätigkeitsgebieten innerhalb der Union zu unterrichten;

c) die aus innerstaatlichen Rechtsvorschriften oder vorher zwischen den Mitgliedstaaten geschlossenen Übereinkünften abgeleiteten Verwaltungsverfahren und -praktiken ausschalten, deren Beibehaltung der Niederlassungsfreiheit entgegensteht;

d) dafür Sorge tragen, dass Arbeitnehmer eines Mitgliedstaats, die im Hoheitsgebiet eines anderen Mitgliedstaats beschäftigt sind, dort verbleiben und eine selbstständige Tätigkeit unter denselben Voraussetzungen ausüben können, die sie erfüllen müssten, wenn sie in diesen Staat erst zu dem Zeitpunkt einreisen würden, in dem sie diese Tätigkeit aufzunehmen beabsichtigen;

e) den Erwerb und die Nutzung von Grundbesitz im Hoheitsgebiet eines Mitgliedstaats durch Angehörige eines anderen Mitgliedstaats ermöglichen, soweit hierdurch die Grundsätze des Artikels 39 Absatz 2 nicht beeinträchtigt werden;

f) veranlassen, dass bei jedem in Betracht kommenden Wirtschaftszweig die Beschränkungen der Niederlassungsfreiheit in Bezug auf die Voraussetzungen für die Errichtung von Agenturen, Zweigniederlassungen und Tochtergesellschaften im Hoheitsgebiet eines Mitgliedstaats sowie für den Eintritt des Personals der Hauptniederlassung in ihre Leitungs- oder Überwachungsorgane schrittweise aufgehoben werden;

g) soweit erforderlich, die Schutzbestimmungen koordinieren, die in den Mitgliedstaaten den Gesellschaften im Sinne des Artikels 54 Absatz 2 im Interesse der Gesellschafter sowie Dritter vorgeschrieben sind, um diese Bestimmungen gleichwertig zu gestalten;

h) sicherstellen, dass die Bedingungen für die Niederlassung nicht durch Beihilfen der Mitgliedstaaten verfälscht werden.

Artikel 51

(ex-Artikel 45 EGV)

Auf Tätigkeiten, die in einem Mitgliedstaat dauernd oder zeitweise mit der Ausübung öffentlicher Gewalt verbunden sind, findet dieses Kapitel in dem betreffenden Mitgliedstaat keine Anwendung.

Das Europäische Parlament und der Rat können gemäß dem ordentlichen Gesetzgebungsverfahren beschließen, dass dieses Kapitel auf bestimmte Tätigkeiten keine Anwendung findet.

Artikel 52

(ex-Artikel 46 EGV)

(1) Dieses Kapitel und die aufgrund desselben getroffenen Maßnahmen beeinträchtigen nicht die Anwendbarkeit der Rechts- und Verwaltungsvorschriften, die eine Sonderregelung für Ausländer vorsehen und aus Gründen der öffentlichen Ordnung, Sicherheit oder Gesundheit gerechtfertigt sind.

(2) Das Europäische Parlament und der Rat erlassen gemäß dem ordentlichen Gesetzgebungsverfahren Richtlinien für die Koordinierung der genannten Vorschriften.

Artikel 53

(ex-Artikel 47 EGV)

(1) Um die Aufnahme und Ausübung selbstständiger Tätigkeiten zu erleichtern, erlassen das Europäische Parlament und der Rat gemäß dem ordentlichen Gesetzgebungsverfahren Richtlinien für die gegenseitige Anerkennung der Diplome, Prüfungszeugnisse und sonstigen Befähigungsnachweise sowie für die Koordinierung der Rechts- und Verwaltungsvorschriften der Mitgliedstaaten über die Aufnahme und Ausübung selbstständiger Tätigkeiten.

(2) Die schrittweise Aufhebung der Beschränkungen für die ärztlichen, arztähnlichen und pharmazeutischen Berufe setzt die Koordinierung der Bedingungen für die Ausübung dieser Berufe in den einzelnen Mitgliedstaaten voraus.

Artikel 54

(ex-Artikel 48 EGV)

Für die Anwendung dieses Kapitels stehen die nach den Rechtsvorschriften eines Mitgliedstaats gegründeten Gesellschaften, die ihren satzungsmäßigen Sitz, ihre Hauptverwaltung oder ihre Hauptniederlassung innerhalb der Union haben, den natürlichen Personen gleich, die Angehörige der Mitgliedstaaten sind.

Als Gesellschaften gelten die Gesellschaften des bürgerlichen Rechts und des Handelsrechts einschließlich der Genossenschaften und die sonstigen juristischen Personen des öffentlichen und privaten Rechts mit Ausnahme derjenigen, die keinen Erwerbszweck verfolgen.

Artikel 55

(ex-Artikel 294 EGV)

Unbeschadet der sonstigen Bestimmungen der Verträge stellen die Mitgliedstaaten die Staatsangehörigen der anderen Mitgliedstaaten hinsichtlich ihrer Beteiligung am Kapital von Gesellschaften im Sinne des Artikels 54 den eigenen Staatsangehörigen gleich.

KAPITEL 3
DIENSTLEISTUNGEN

Artikel 56

(ex-Artikel 49 EGV)

Die Beschränkungen des freien Dienstleistungsverkehrs innerhalb der Union für Angehörige der Mitgliedstaaten, die in einem anderen Mitgliedstaat als demjenigen des Leistungsempfängers ansässig sind, sind nach Maßgabe der folgenden Bestimmungen verboten.

Das Europäische Parlament und der Rat können gemäß dem ordentlichen Gesetzgebungsverfahren beschließen, dass dieses Kapitel auch auf Erbringer von Dienstleistungen Anwendung findet, welche die Staatsangehörigkeit eines dritten Landes besitzen und innerhalb der Union ansässig sind.

Artikel 57

(ex-Artikel 50 EGV)

Dienstleistungen im Sinne der Verträge sind Leistungen, die in der Regel gegen Entgelt erbracht werden, soweit sie nicht den Vorschriften über den freien Waren- und Kapitalverkehr und über die Freizügigkeit der Personen unterliegen.

Als Dienstleistungen gelten insbesondere:

a) gewerbliche Tätigkeiten,

b) kaufmännische Tätigkeiten,

c) handwerkliche Tätigkeiten,

d) freiberufliche Tätigkeiten.

Unbeschadet des Kapitels über die Niederlassungsfreiheit kann der Leistende zwecks Erbringung seiner Leistungen seine Tätigkeit vorübergehend in dem Mitgliedstaat ausüben, in dem die Leistung erbracht wird, und zwar unter den Voraussetzungen, welche dieser Mitgliedstaat für seine eigenen Angehörigen vorschreibt.

Artikel 58

(ex-Artikel 51 EGV)

(1) Für den freien Dienstleistungsverkehr auf dem Gebiet des Verkehrs gelten die Bestimmungen des Titels über den Verkehr.

(2) Die Liberalisierung der mit dem Kapitalverkehr verbundenen Dienstleistungen der Banken und Versicherungen wird im Einklang mit der Liberalisierung des Kapitalverkehrs durchgeführt.

Artikel 59

(ex-Artikel 52 EGV)

(1) Das Europäische Parlament und der Rat erlassen gemäß dem ordentlichen Gesetzgebungsverfahren und nach Anhörung des Wirtschafts- und Sozialausschusses Richtlinien zur Liberalisierung einer bestimmten Dienstleistung.

(2) Bei den in Absatz 1 genannten Richtlinien sind im Allgemeinen mit Vorrang diejenigen Dienstleistungen zu berücksichtigen, welche die Produktionskosten unmittelbar beeinflussen oder

deren Liberalisierung zur Förderung des Warenverkehrs beiträgt.

Artikel 60

(ex-Artikel 53 EGV)

Die Mitgliedstaaten bemühen sich, über das Ausmaß der Liberalisierung der Dienstleistungen, zu dem sie aufgrund der Richtlinien gemäß Artikel 59 Absatz 1 verpflichtet sind, hinauszugehen, falls ihre wirtschaftliche Gesamtlage und die Lage des betreffenden Wirtschaftszweigs dies zulassen. Die Kommission richtet entsprechende Empfehlungen an die betreffenden Staaten.

Artikel 61

(ex-Artikel 54 EGV)

Solange die Beschränkungen des freien Dienstleistungsverkehrs nicht aufgehoben sind, wendet sie jeder Mitgliedstaat ohne Unterscheidung nach Staatsangehörigkeit oder Aufenthaltsort auf alle in Artikel 56 Absatz 1 bezeichneten Erbringer von Dienstleistungen an.

Artikel 62

(ex-Artikel 55 EGV)

Die Bestimmungen der Artikel 51 bis 54 finden auf das in diesem Kapitel geregelte Sachgebiet Anwendung.

KAPITEL 4
DER KAPITAL- UND ZAHLUNGSVERKEHR

Artikel 63

(ex-Artikel 56 EGV)

(1) Im Rahmen der Bestimmungen dieses Kapitels sind alle Beschränkungen des Kapitalverkehrs zwischen den Mitgliedstaaten sowie zwischen den Mitgliedstaaten und dritten Ländern verboten.

(2) Im Rahmen der Bestimmungen dieses Kapitels sind alle Beschränkungen des Zahlungsverkehrs zwischen den Mitgliedstaaten sowie zwischen den Mitgliedstaaten und dritten Ländern verboten.

Artikel 64

(ex-Artikel 57 EGV)

(1) Artikel 63 berührt nicht die Anwendung derjenigen Beschränkungen auf dritte Länder, die am 31. Dezember 1993 aufgrund einzelstaatlicher Rechtsvorschriften oder aufgrund von Rechtsvorschriften der Union für den Kapitalverkehr mit dritten Ländern im Zusammenhang mit Direktinvestitionen einschließlich Anlagen in Immobilien, mit der Niederlassung, der Erbringung von Finanzdienstleistungen oder der Zulassung von Wertpapieren zu den Kapitalmärkten bestehen. Für in Bulgarien, Estland und Ungarn bestehende Beschränkungen nach innerstaatlichem Recht ist der maßgebliche Zeitpunkt der 31. Dezember 1999. Für in Kroatien nach innerstaatlichem Recht bestehende Beschränkungen ist der maßgebliche Zeitpunkt der 31. Dezember 2002.

(2) Unbeschadet der anderen Kapitel der Verträge sowie ihrer Bemühungen um eine möglichst weit gehende Verwirklichung des Zieles eines freien Kapitalverkehrs zwischen den Mitgliedstaaten und dritten Ländern beschließen das Europäische Parlament und der Rat gemäß dem ordentlichen Gesetzgebungsverfahren Maßnahmen für den Kapitalverkehr mit dritten Ländern im Zusammenhang mit Direktinvestitionen einschließlich Anlagen in Immobilien, mit der Niederlassung, der Erbringung von Finanzdienstleistungen oder der Zulassung von Wertpapieren zu den Kapitalmärkten.

(3) Abweichend von Absatz 2 kann nur der Rat gemäß einem besonderen Gesetzgebungsverfahren und nach Anhörung des Europäischen Parlaments Maßnahmen einstimmig beschließen, die im Rahmen des Unionsrechts für die Liberalisierung des Kapitalverkehrs mit Drittländern einen Rückschritt darstellen.

Artikel 65

(ex-Artikel 58 EGV)

(1) Artikel 63 berührt nicht das Recht der Mitgliedstaaten,

a) die einschlägigen Vorschriften ihres Steuerrechts anzuwenden, die Steuerpflichtige mit unterschiedlichem Wohnort oder Kapitalanlageort unterschiedlich behandeln,

b) die unerlässlichen Maßnahmen zu treffen, um Zuwiderhandlungen gegen innerstaatliche Rechtsund Verwaltungsvorschriften, insbesondere auf dem Gebiet des Steuerrechts und der Aufsicht über Finanzinstitute, zu verhindern, sowie Meldeverfahren für den Kapitalverkehr zwecks administrativer oder statistischer Information vorzusehen oder Maßnahmen zu ergreifen, die aus Gründen der öffentlichen Ordnung oder Sicherheit gerechtfertigt sind.

(2) Dieses Kapitel berührt nicht die Anwendbarkeit von Beschränkungen des Niederlassungsrechts, die mit den Verträgen vereinbar sind.

(3) Die in den Absätzen 1 und 2 genannten Maßnahmen und Verfahren dürfen weder ein Mittel zur willkürlichen Diskriminierung noch eine verschleierte Beschränkung des freien Kapital- und Zahlungsverkehrs im Sinne des Artikels 63 darstellen.

(4) Sind keine Maßnahmen nach Artikel 64 Absatz 3 erlassen worden, so kann die Kommission oder, wenn diese binnen drei Monaten nach der Vorlage eines entsprechenden Antrags des betreffenden Mitgliedstaats keinen Beschluss erlassen hat, der Rat einen Beschluss erlassen, mit dem festgelegt wird, dass die von einem Mitgliedstaat in Bezug auf ein oder mehrere Drittländer getroffenen restriktiven steuerlichen Maßnahmen insofern als mit den Verträgen vereinbar anzusehen sind, als sie durch eines der Ziele der Union gerechtfertigt und mit dem ordnungsgemäßen Funktionieren des Binnenmarkts vereinbar sind. Der Rat beschließt einstimmig auf Antrag eines Mitgliedstaats.

Artikel 66

(ex-Artikel 59 EGV)

Falls Kapitalbewegungen nach oder aus dritten Ländern unter außergewöhnlichen Umständen das Funktionieren der Wirtschafts- und Währungsunion schwerwiegend stören oder zu stören drohen, kann der Rat auf Vorschlag der Kommission und nach Anhörung der Europäischen Zentralbank gegenüber dritten Ländern Schutzmaßnahmen mit einer Geltungsdauer von höchstens sechs Monaten treffen, wenn diese unbedingt erforderlich sind.

TITEL V
DER RAUM DER FREIHEIT, DER SICHERHEIT UND DES RECHTS

KAPITEL 1
ALLGEMEINE BESTIMMUNGEN

Artikel 67

(ex-Artikel 61 EGV und ex-Artikel 29 EUV)

(1) Die Union bildet einen Raum der Freiheit, der Sicherheit und des Rechts, in dem die Grundrechte und die verschiedenen Rechtsordnungen und -traditionen der Mitgliedstaaten geachtet werden.

(2) Sie stellt sicher, dass Personen an den Binnengrenzen nicht kontrolliert werden, und entwickelt eine gemeinsame Politik in den Bereichen Asyl, Einwanderung und Kontrollen an den Außengrenzen, die sich auf die Solidarität der Mitgliedstaaten gründet und gegenüber Drittstaatsangehörigen angemessen ist. Für die Zwecke dieses Titels werden Staatenlose den Drittstaatsangehörigen gleichgestellt.

(3) Die Union wirkt darauf hin, durch Maßnahmen zur Verhütung und Bekämpfung von Kriminalität sowie von Rassismus und Fremdenfeindlichkeit, zur Koordinierung und Zusammenarbeit von Polizeibehörden und Organen der Strafrechtspflege und den anderen zuständigen Behörden sowie durch die gegenseitige Anerkennung strafrechtlicher Entscheidungen und erforderlichenfalls durch die Angleichung der strafrechtlichen Rechtsvorschriften ein hohes Maß an Sicherheit zu gewährleisten.

(4) Die Union erleichtert den Zugang zum Recht, insbesondere durch den Grundsatz der gegenseitigen Anerkennung gerichtlicher und außergerichtlicher Entscheidungen in Zivilsachen.

Artikel 68

Der Europäische Rat legt die strategischen Leitlinien für die gesetzgeberische und operative Programmplanung im Raum der Freiheit, der Sicherheit und des Rechts fest.

Artikel 69

Die nationalen Parlamente tragen bei Gesetzgebungsvorschlägen und -initiativen, die im Rahmen der Kapitel 4 und 5 vorgelegt werden, Sorge für die Achtung des Subsidiaritätsprinzips nach Maßgabe des Protokolls über die Anwendung der Grundsätze der Subsidiarität und der Verhältnismäßigkeit.

Artikel 70

Unbeschadet der Artikel 258, 259 und 260 kann der Rat auf Vorschlag der Kommission Maßnahmen erlassen, mit denen Einzelheiten festgelegt werden, nach denen die Mitgliedstaaten in Zusammenarbeit mit der Kommission eine objektive und unparteiische Bewertung der Durchführung der unter diesen Titel fallenden Unionspolitik durch die Behörden der Mitgliedstaaten vornehmen, insbesondere um die umfassende Anwendung des Grundsatzes der gegenseitigen Anerkennung zu fördern. Das Europäische Parlament und die nationalen Parlamente werden vom Inhalt und den Ergebnissen dieser Bewertung unterrichtet.

Artikel 71

(ex-Artikel 36 EUV)

Im Rat wird ein ständiger Ausschuss eingesetzt, um sicherzustellen, dass innerhalb der Union die operative Zusammenarbeit im Bereich der inneren

Sicherheit gefördert und verstärkt wird. Er fördert unbeschadet des Artikels 240 die Koordinierung der Maßnahmen der zuständigen Behörden der Mitgliedstaaten. Die Vertreter der betroffenen Einrichtungen und sonstigen Stellen der Union können an den Arbeiten des Ausschusses beteiligt werden. Das Europäische Parlament und die nationalen Parlamente werden über die Arbeiten des Ausschusses auf dem Laufenden gehalten.

Artikel 72

(ex-Artikel 64 Absatz 1 EGV und ex-Artikel 33 EUV)

Dieser Titel berührt nicht die Wahrnehmung der Zuständigkeiten der Mitgliedstaaten für die Aufrechterhaltung der öffentlichen Ordnung und den Schutz der inneren Sicherheit.

Artikel 73

Es steht den Mitgliedstaaten frei, untereinander und in eigener Verantwortung Formen der Zusammenarbeit und Koordinierung zwischen den zuständigen Dienststellen ihrer für den Schutz der nationalen Sicherheit verantwortlichen Verwaltungen einzurichten, die sie für geeignet halten.

Artikel 74

(ex-Artikel 66 EGV)

Der Rat erlässt Maßnahmen, um die Verwaltungszusammenarbeit zwischen den zuständigen Dienststellen der Mitgliedstaaten in den Bereichen dieses Titels sowie die Zusammenarbeit zwischen diesen Dienststellen und der Kommission zu gewährleisten. Dabei beschließt er auf Vorschlag der Kommission vorbehaltlich des Artikels 76 und nach Anhörung des Europäischen Parlaments.

Artikel 75

(ex-Artikel 60 EGV)

Sofern dies notwendig ist, um die Ziele des Artikels 67 in Bezug auf die Verhütung und Bekämpfung von Terrorismus und damit verbundener Aktivitäten zu verwirklichen, schaffen das Europäische Parlament und der Rat gemäß dem ordentlichen Gesetzgebungsverfahren durch Verordnungen einen Rahmen für Verwaltungsmaßnahmen in Bezug auf Kapitalbewegungen und Zahlungen, wozu das Einfrieren von Geldern, finanziellen Vermögenswerten oder wirtschaftlichen Erträgen gehören kann, deren Eigentümer oder Besitzer natürliche oder juristische Personen, Gruppierungen oder nichtstaatliche Einheiten sind.

Der Rat erlässt auf Vorschlag der Kommission Maßnahmen zur Umsetzung des in Absatz 1 genannten Rahmens.

In den Rechtsakten nach diesem Artikel müssen die erforderlichen Bestimmungen über den Rechtsschutz vorgesehen sein.

Artikel 76

Die in den Kapiteln 4 und 5 genannten Rechtsakte sowie die in Artikel 74 genannten Maßnahmen, mit denen die Verwaltungszusammenarbeit in den Bereichen der genannten Kapitel gewährleistet wird, werden wie folgt erlassen:

a) auf Vorschlag der Kommission oder

b) auf Initiative eines Viertels der Mitgliedstaaten.

KAPITEL 2
POLITIK IM BEREICH GRENZKONTROLLEN, ASYL UND EINWANDERUNG

Artikel 77

(ex-Artikel 62 EGV)

(1) Die Union entwickelt eine Politik, mit der

a) sichergestellt werden soll, dass Personen unabhängig von ihrer Staatsangehörigkeit beim Überschreiten der Binnengrenzen nicht kontrolliert werden;

b) die Personenkontrolle und die wirksame Überwachung des Grenzübertritts an den Außengrenzen sichergestellt werden soll;

c) schrittweise ein integriertes Grenzschutzsystem an den Außengrenzen eingeführt werden soll.

(2) Für die Zwecke des Absatzes 1 erlassen das Europäische Parlament und der Rat gemäß dem ordentlichen Gesetzgebungsverfahren Maßnahmen, die folgende Bereiche betreffen:

a) die gemeinsame Politik in Bezug auf Visa und andere kurzfristige Aufenthaltstitel;

b) die Kontrollen, denen Personen beim Überschreiten der Außengrenzen unterzogen werden;

c) die Voraussetzungen, unter denen sich Drittstaatsangehörige innerhalb der Union während eines kurzen Zeitraums frei bewegen können;

d) alle Maßnahmen, die für die schrittweise Einführung eines integrierten Grenzschutzsystems an den Außengrenzen erforderlich sind;

e) die Abschaffung der Kontrolle von Personen gleich welcher Staatsangehörigkeit beim Überschreiten der Binnengrenzen.

(3) Erscheint zur Erleichterung der Ausübung des in Artikel 20 Absatz 2 Buchstabe a genannten Rechts ein Tätigwerden der Union erforderlich, so kann der Rat gemäß einem besonderen Gesetz-

gebungsverfahren Bestimmungen betreffend Pässe, Personalausweise, Aufenthaltstitel oder diesen gleichgestellte Dokumente erlassen, sofern die Verträge hierfür anderweitig keine Befugnisse vorsehen. Der Rat beschließt einstimmig nach Anhörung des Europäischen Parlaments.

(4) Dieser Artikel berührt nicht die Zuständigkeit der Mitgliedstaaten für die geografische Festlegung ihrer Grenzen nach dem Völkerrecht.

Artikel 78

(ex-Artikel 63 Nummern 1 und 2 und ex-Artikel 64 Absatz 2 EGV)

(1) Die Union entwickelt eine gemeinsame Politik im Bereich Asyl, subsidiärer Schutz und vorübergehender Schutz, mit der jedem Drittstaatsangehörigen, der internationalen Schutz benötigt, ein angemessener Status angeboten und die Einhaltung des Grundsatzes der Nicht-Zurückweisung gewährleistet werden soll. Diese Politik muss mit dem Genfer Abkommen vom 28. Juli 1951 und dem Protokoll vom 31. Januar 1967 über die Rechtsstellung der Flüchtlinge sowie den anderen einschlägigen Verträgen im Einklang stehen.

(2) Für die Zwecke des Absatzes 1 erlassen das Europäische Parlament und der Rat gemäß dem ordentlichen Gesetzgebungsverfahren Maßnahmen in Bezug auf ein gemeinsames europäisches Asylsystem, das Folgendes umfasst:

a) einen in der ganzen Union gültigen einheitlichen Asylstatus für Drittstaatsangehörige;

b) einen einheitlichen subsidiären Schutzstatus für Drittstaatsangehörige, die keinen europäischen Asylstatus erhalten, aber internationalen Schutz benötigen;

c) eine gemeinsame Regelung für den vorübergehenden Schutz von Vertriebenen im Falle eines Massenzustroms;

d) gemeinsame Verfahren für die Gewährung und den Entzug des einheitlichen Asylstatus beziehungsweise des subsidiären Schutzstatus;

e) Kriterien und Verfahren zur Bestimmung des Mitgliedstaats, der für die Prüfung eines Antrags auf Asyl oder subsidiären Schutz zuständig ist;

f) Normen über die Aufnahmebedingungen von Personen, die Asyl oder subsidiären Schutz beantragen;

g) Partnerschaft und Zusammenarbeit mit Drittländern zur Steuerung des Zustroms von Personen, die Asyl oder subsidiären beziehungsweise vorübergehenden Schutz beantragen.

(3) Befinden sich ein oder mehrere Mitgliedstaaten aufgrund eines plötzlichen Zustroms von Drittstaatsangehörigen in einer Notlage, so kann der Rat auf Vorschlag der Kommission vorläufige Maßnahmen zugunsten der betreffenden Mitgliedstaaten erlassen. Er beschließt nach Anhörung des Europäischen Parlaments.

Artikel 79

(ex-Artikel 63 Nummern 3 und 4 EGV)

(1) Die Union entwickelt eine gemeinsame Einwanderungspolitik, die in allen Phasen eine wirksame Steuerung der Migrationsströme, eine angemessene Behandlung von Drittstaatsangehörigen, die sich rechtmäßig in einem Mitgliedstaat aufhalten, sowie die Verhütung und verstärkte Bekämpfung von illegaler Einwanderung und Menschenhandel gewährleisten soll.

(2) Für die Zwecke des Absatzes 1 erlassen das Europäische Parlament und der Rat gemäß dem ordentlichen Gesetzgebungsverfahren Maßnahmen in folgenden Bereichen:

a) Einreise- und Aufenthaltsvoraussetzungen sowie Normen für die Erteilung von Visa und Aufenthaltstiteln für einen langfristigen Aufenthalt, einschließlich solcher zur Familienzusammenführung, durch die Mitgliedstaaten;

b) Festlegung der Rechte von Drittstaatsangehörigen, die sich rechtmäßig in einem Mitgliedstaat aufhalten, einschließlich der Bedingungen, unter denen sie sich in den anderen Mitgliedstaaten frei bewegen und aufhalten dürfen;

c) illegale Einwanderung und illegaler Aufenthalt, einschließlich Abschiebung und Rückführung solcher Personen, die sich illegal in einem Mitgliedstaat aufhalten;

d) Bekämpfung des Menschenhandels, insbesondere des Handels mit Frauen und Kindern.

(3) Die Union kann mit Drittländern Übereinkünfte über eine Rückübernahme von Drittstaatsangehörigen in ihr Ursprungs- oder Herkunftsland schließen, die die Voraussetzungen für die Einreise in das Hoheitsgebiet eines der Mitgliedstaaten oder die Anwesenheit oder den Aufenthalt in diesem Gebiet nicht oder nicht mehr erfüllen.

(4) Das Europäische Parlament und der Rat können gemäß dem ordentlichen Gesetzgebungsverfahren unter Ausschluss jeglicher Harmonisierung der Rechtsvorschriften der Mitgliedstaaten Maßnahmen festlegen, mit denen die Bemühungen der Mitgliedstaaten um die Integration der sich rechtmäßig in ihrem Hoheitsgebiet aufhaltenden Drittstaatsangehörigen gefördert und unterstützt werden.

(5) Dieser Artikel berührt nicht das Recht der Mitgliedstaaten, festzulegen, wie viele Drittstaatsangehörige aus Drittländern in ihr Hoheitsgebiet einreisen dürfen, um dort als Arbeitnehmer oder Selbstständige Arbeit zu suchen.

Artikel 80

Für die unter dieses Kapitel fallende Politik der Union und ihre Umsetzung gilt der Grundsatz der Solidarität und der gerechten Aufteilung der Verantwortlichkeiten unter den Mitgliedstaaten, einschließlich in finanzieller Hinsicht. Die aufgrund dieses Kapitels erlassenen Rechtsakte der Union enthalten, immer wenn dies erforderlich ist, entsprechende Maßnahmen für die Anwendung dieses Grundsatzes.

KAPITEL 3

JUSTIZIELLE ZUSAMMENARBEIT IN ZIVILSACHEN

Artikel 81

(ex-Artikel 65 EGV)

(1) Die Union entwickelt eine justizielle Zusammenarbeit in Zivilsachen mit grenzüberschreitendem Bezug, die auf dem Grundsatz der gegenseitigen Anerkennung gerichtlicher und außergerichtlicher Entscheidungen beruht. Diese Zusammenarbeit kann den Erlass von Maßnahmen zur Angleichung der Rechtsvorschriften der Mitgliedstaaten umfassen.

(2) Für die Zwecke des Absatzes 1 erlassen das Europäische Parlament und der Rat, insbesondere wenn dies für das reibungslose Funktionieren des Binnenmarkts erforderlich ist, gemäß dem ordentlichen Gesetzgebungsverfahren Maßnahmen, die Folgendes sicherstellen sollen:

a) die gegenseitige Anerkennung und die Vollstreckung gerichtlicher und außergerichtlicher Entscheidungen zwischen den Mitgliedstaaten;

b) die grenzüberschreitende Zustellung gerichtlicher und außergerichtlicher Schriftstücke;

c) die Vereinbarkeit der in den Mitgliedstaaten geltenden Kollisionsnormen und Vorschriften zur Vermeidung von Kompetenzkonflikten;

d) die Zusammenarbeit bei der Erhebung von Beweismitteln;

e) einen effektiven Zugang zum Recht;

f) die Beseitigung von Hindernissen für die reibungslose Abwicklung von Zivilverfahren, erforderlichenfalls durch Förderung der Vereinbarkeit der in den Mitgliedstaaten geltenden zivilrechtlichen Verfahrensvorschriften;

g) die Entwicklung von alternativen Methoden für die Beilegung von Streitigkeiten;

h) die Förderung der Weiterbildung von Richtern und Justizbediensteten.

(3) Abweichend von Absatz 2 werden Maßnahmen zum Familienrecht mit grenzüberschreitendem Bezug vom Rat gemäß einem besonderen Gesetzgebungsverfahren festgelegt. Dieser beschließt einstimmig nach Anhörung des Europäischen Parlaments.

Der Rat kann auf Vorschlag der Kommission einen Beschluss erlassen, durch den die Aspekte des Familienrechts mit grenzüberschreitendem Bezug bestimmt werden, die Gegenstand von Rechtsakten sein können, die gemäß dem ordentlichen Gesetzgebungsverfahren erlassen werden. Der Rat beschließt einstimmig nach Anhörung des Europäischen Parlaments.

Der in Unterabsatz 2 genannte Vorschlag wird den nationalen Parlamenten übermittelt. Wird dieser Vorschlag innerhalb von sechs Monaten nach der Übermittlung von einem nationalen Parlament abgelehnt, so wird der Beschluss nicht erlassen. Wird der Vorschlag nicht abgelehnt, so kann der Rat den Beschluss erlassen.

KAPITEL 4

JUSTIZIELLE ZUSAMMENARBEIT IN STRAFSACHEN

Artikel 82

(ex-Artikel 31 EUV)

(1) Die justizielle Zusammenarbeit in Strafsachen in der Union beruht auf dem Grundsatz der gegenseitigen Anerkennung gerichtlicher Urteile und Entscheidungen und umfasst die Angleichung der Rechtsvorschriften der Mitgliedstaaten in den in Absatz 2 und in Artikel 83 genannten Bereichen.

Das Europäische Parlament und der Rat erlassen gemäß dem ordentlichen Gesetzgebungsverfahren Maßnahmen, um

a) Regeln und Verfahren festzulegen, mit denen die Anerkennung aller Arten von Urteilen und gerichtlichen Entscheidungen in der gesamten Union sichergestellt wird;

b) Kompetenzkonflikte zwischen den Mitgliedstaaten zu verhindern und beizulegen;

c) die Weiterbildung von Richtern und Staatsanwälten sowie Justizbediensteten zu fördern;

d) die Zusammenarbeit zwischen den Justizbehörden oder entsprechenden Behörden der Mitgliedstaaten im Rahmen der Strafverfolgung sowie des Vollzugs und der Vollstreckung von Entscheidungen zu erleichtern.

(2) Soweit dies zur Erleichterung der gegenseitigen Anerkennung gerichtlicher Urteile und Entscheidungen und der polizeilichen und justiziellen Zusammenarbeit in Strafsachen mit grenzüberschreitender Dimension erforderlich ist, können das Europäische Parlament und der Rat gemäß dem ordentlichen Gesetzgebungsverfahren durch Richtlinien Mindestvorschriften festlegen. Bei diesen Mindestvorschriften werden die Unter-

schiede zwischen den Rechtsordnungen und -traditionen der Mitgliedstaaten berücksichtigt.

Die Vorschriften betreffen Folgendes:

a) die Zulässigkeit von Beweismitteln auf gegenseitiger Basis zwischen den Mitgliedstaaten;

b) die Rechte des Einzelnen im Strafverfahren;

c) die Rechte der Opfer von Straftaten;

d) sonstige spezifische Aspekte des Strafverfahrens, die zuvor vom Rat durch Beschluss bestimmt worden sind; dieser Beschluss wird vom Rat einstimmig nach Zustimmung des Europäischen Parlaments erlassen.

Der Erlass von Mindestvorschriften nach diesem Absatz hindert die Mitgliedstaaten nicht daran, ein höheres Schutzniveau für den Einzelnen beizubehalten oder einzuführen.

(3) Ist ein Mitglied des Rates der Auffassung, dass ein Entwurf einer Richtlinie nach Absatz 2 grundlegende Aspekte seiner Strafrechtsordnung berühren würde, so kann es beantragen, dass der Europäische Rat befasst wird. In diesem Fall wird das ordentliche Gesetzgebungsverfahren ausgesetzt. Nach einer Aussprache verweist der Europäische Rat im Falle eines Einvernehmens den Entwurf binnen vier Monaten nach Aussetzung des Verfahrens an den Rat zurück, wodurch die Aussetzung des ordentlichen Gesetzgebungsverfahrens beendet wird.

Sofern kein Einvernehmen erzielt wird, mindestens neun Mitgliedstaaten aber eine Verstärkte Zusammenarbeit auf der Grundlage des betreffenden Entwurfs einer Richtlinie begründen möchten, teilen diese Mitgliedstaaten dies binnen derselben Frist dem Europäischen Parlament, dem Rat und der Kommission mit. In diesem Fall gilt die Ermächtigung zu einer Verstärkten Zusammenarbeit nach Artikel 20 Absatz 2 des Vertrags über die Europäische Union und Artikel 329 Absatz 1 dieses Vertrags als erteilt, und die Bestimmungen über die Verstärkte Zusammenarbeit finden Anwendung.

Artikel 83

(ex-Artikel 31 EUV)

(1) Das Europäische Parlament und der Rat können gemäß dem ordentlichen Gesetzgebungsverfahren durch Richtlinien Mindestvorschriften zur Festlegung von Straftaten und Strafen in Bereichen besonders schwerer Kriminalität festlegen, die aufgrund der Art oder der Auswirkungen der Straftaten oder aufgrund einer besonderen Notwendigkeit, sie auf einer gemeinsamen Grundlage zu bekämpfen, eine grenzüberschreitende Dimension haben.

Derartige Kriminalitätsbereiche sind: Terrorismus, Menschenhandel und sexuelle Ausbeutung von Frauen und Kindern, illegaler Drogenhandel, illegaler Waffenhandel, Geldwäsche, Korruption, Fälschung von Zahlungsmitteln, Computerkriminalität und organisierte Kriminalität.

Je nach Entwicklung der Kriminalität kann der Rat einen Beschluss erlassen, in dem andere Kriminalitätsbereiche bestimmt werden, die die Kriterien dieses Absatzes erfüllen. Er beschließt einstimmig nach Zustimmung des Europäischen Parlaments.

(2) Erweist sich die Angleichung der strafrechtlichen Rechtsvorschriften der Mitgliedstaaten als unerlässlich für die wirksame Durchführung der Politik der Union auf einem Gebiet, auf dem Harmonisierungsmaßnahmen erfolgt sind, so können durch Richtlinien Mindestvorschriften für die Festlegung von Straftaten und Strafen auf dem betreffenden Gebiet festgelegt werden. Diese Richtlinien werden unbeschadet des Artikels 76 gemäß dem gleichen ordentlichen oder besonderen Gesetzgebungsverfahren wie die betreffenden Harmonisierungsmaßnahmen erlassen.

(3) Ist ein Mitglied des Rates der Auffassung, dass der Entwurf einer Richtlinie nach den Absätzen 1 oder 2 grundlegende Aspekte seiner Strafrechtsordnung berühren würde, so kann es beantragen, dass der Europäische Rat befasst wird. In diesem Fall wird das ordentliche Gesetzgebungsverfahren ausgesetzt. Nach einer Aussprache verweist der Europäische Rat im Falle eines Einvernehmens den Entwurf binnen vier Monaten nach Aussetzung des Verfahrens an den Rat zurück, wodurch die Aussetzung des ordentlichen Gesetzgebungsverfahrens beendet wird.

Sofern kein Einvernehmen erzielt wird, mindestens neun Mitgliedstaaten aber eine Verstärkte Zusammenarbeit auf der Grundlage des betreffenden Entwurfs einer Richtlinie begründen möchten, teilen diese Mitgliedstaaten dies binnen derselben Frist dem Europäischen Parlament, dem Rat und der Kommission mit. In diesem Fall gilt die Ermächtigung zu einer Verstärkten Zusammenarbeit nach Artikel 20 Absatz 2 des Vertrags über die Europäische Union[2)] und Artikel 329 Absatz 1 dieses Vertrags als erteilt, und die Bestimmungen über die Verstärkte Zusammenarbeit finden Anwendung.

Artikel 84

Das Europäische Parlament und der Rat können gemäß dem ordentlichen Gesetzgebungsverfahren unter Ausschluss jeglicher Harmonisierung der Rechtsvorschriften der Mitgliedstaaten Maßnahmen festlegen, um das Vorgehen der Mitgliedstaaten im Bereich der Kriminalprävention zu fördern und zu unterstützen.

Artikel 85

(ex-Artikel 31 EUV)

(1) Eurojust hat den Auftrag, die Koordinierung und Zusammenarbeit zwischen den nationalen Behörden zu unterstützen und zu verstärken, die für die Ermittlung und Verfolgung von schwerer Kriminalität zuständig sind, wenn zwei oder mehr Mitgliedstaaten betroffen sind oder eine Verfolgung auf gemeinsamer Grundlage erforderlich ist; Eurojust stützt sich dabei auf die von den Behörden der Mitgliedstaaten und von Europol durchgeführten Operationen und gelieferten Informationen.

Zu diesem Zweck legen das Europäische Parlament und der Rat gemäß dem ordentlichen Gesetzgebungsverfahren durch Verordnungen den Aufbau, die Arbeitsweise, den Tätigkeitsbereich und die Aufgaben von Eurojust fest. Zu diesen Aufgaben kann Folgendes gehören:

a) Einleitung von strafrechtlichen Ermittlungsmaßnahmen sowie Vorschläge zur Einleitung von strafrechtlichen Verfolgungsmaßnahmen, die von den zuständigen nationalen Behörden durchgeführt werden, insbesondere bei Straftaten zum Nachteil der finanziellen Interessen der Union;

b) Koordinierung der unter Buchstabe a genannten Ermittlungs- und Verfolgungsmaßnahmen;

c) Verstärkung der justiziellen Zusammenarbeit, unter anderem auch durch die Beilegung von Kompetenzkonflikten und eine enge Zusammenarbeit mit dem Europäischen Justiziellen Netz.

Durch diese Verordnungen werden ferner die Einzelheiten für die Beteiligung des Europäischen Parlaments und der nationalen Parlamente an der Bewertung der Tätigkeit von Eurojust festgelegt.

(2) Im Rahmen der Strafverfolgungsmaßnahmen nach Absatz 1 werden die förmlichen Prozesshandlungen unbeschadet des Artikels 86 durch die zuständigen einzelstaatlichen Bediensteten vorgenommen.

Artikel 86

(1) Zur Bekämpfung von Straftaten zum Nachteil der finanziellen Interessen der Union kann der Rat gemäß einem besonderen Gesetzgebungsverfahren durch Verordnungen ausgehend von Eurojust eine Europäische Staatsanwaltschaft einsetzen. Der Rat beschließt einstimmig nach Zustimmung des Europäischen Parlaments.

Sofern keine Einstimmigkeit besteht, kann eine Gruppe von mindestens neun Mitgliedstaaten beantragen, dass der Europäische Rat mit dem Entwurf einer Verordnung befasst wird. In diesem Fall wird das Verfahren im Rat ausgesetzt. Nach einer Aussprache verweist der Europäische Rat im Falle eines Einvernehmens den Entwurf binnen vier Monaten nach Aussetzung des Verfahrens an den Rat zur Annahme zurück.

Sofern kein Einvernehmen erzielt wird, mindestens neun Mitgliedstaaten aber eine Verstärkte Zusammenarbeit auf der Grundlage des betreffenden Entwurfs einer Verordnung begründen möchten, teilen diese Mitgliedstaaten dies binnen derselben Frist dem Europäischen Parlament, dem Rat und der Kommission mit. In diesem Fall gilt die Ermächtigung zu einer Verstärkten Zusammenarbeit nach Artikel 20 Absatz 2 des Vertrags über die Europäische Union[2)] und Artikel 329 Absatz 1 dieses Vertrags als erteilt, und die Bestimmungen über die Verstärkte Zusammenarbeit finden Anwendung.

(2) Die Europäische Staatsanwaltschaft ist, gegebenenfalls in Verbindung mit Europol, zuständig für die strafrechtliche Untersuchung und Verfolgung sowie die Anklageerhebung in Bezug auf Personen, die als Täter oder Teilnehmer Straftaten zum Nachteil der finanziellen Interessen der Union begangen haben, die in der Verordnung nach Absatz 1 festgelegt sind. Die Europäische Staatsanwaltschaft nimmt bei diesen Straftaten vor den zuständigen Gerichten der Mitgliedstaaten die Aufgaben der Staatsanwaltschaft wahr.

(3) Die in Absatz 1 genannte Verordnung legt die Satzung der Europäischen Staatsanwaltschaft, die Einzelheiten für die Erfüllung ihrer Aufgaben, die für ihre Tätigkeit geltenden Verfahrensvorschriften sowie die Regeln für die Zulässigkeit von Beweismitteln und für die gerichtliche Kontrolle der von der Europäischen Staatsanwaltschaft bei der Erfüllung ihrer Aufgaben vorgenommenen Prozesshandlungen fest.

(4) Der Europäische Rat kann gleichzeitig mit der Annahme der Verordnung oder im Anschluss daran einen Beschluss zur Änderung des Absatzes 1 mit dem Ziel einer Ausdehnung der Befugnisse der Europäischen Staatsanwaltschaft auf die Bekämpfung der schweren Kriminalität mit grenzüberschreitender Dimension und zur entsprechenden Änderung des Absatzes 2 hinsichtlich Personen, die als Täter oder Teilnehmer schwere, mehr als einen Mitgliedstaat betreffende Straftaten begangen haben, erlassen. Der Europäische Rat beschließt einstimmig nach Zustimmung des Europäischen Parlaments und nach Anhörung der Kommission.

KAPITEL 5

POLIZEILICHE ZUSAMMENARBEIT

Artikel 87

(ex-Artikel 30 EUV)

(1) Die Union entwickelt eine polizeiliche Zusammenarbeit zwischen allen zuständigen Behörden der Mitgliedstaaten, einschließlich der Polizei, des Zolls und anderer auf die Verhütung oder die Aufdeckung von Straftaten sowie entsprechende Ermittlungen spezialisierter Strafverfolgungsbehörden.

(2) Für die Zwecke des Absatzes 1 können das Europäische Parlament und der Rat gemäß dem ordentlichen Gesetzgebungsverfahren Maßnahmen erlassen, die Folgendes betreffen:

a) Einholen, Speichern, Verarbeiten, Analysieren und Austauschen sachdienlicher Informationen;

b) Unterstützung bei der Aus- und Weiterbildung von Personal sowie Zusammenarbeit in Bezug auf den Austausch von Personal, die Ausrüstungsgegenstände und die kriminaltechnische Forschung;

c) gemeinsame Ermittlungstechniken zur Aufdeckung schwerwiegender Formen der organisierten Kriminalität.

(3) Der Rat kann gemäß einem besonderen Gesetzgebungsverfahren Maßnahmen erlassen, die die operative Zusammenarbeit zwischen den in diesem Artikel genannten Behörden betreffen. Der Rat beschließt einstimmig nach Anhörung des Europäischen Parlaments.

Sofern keine Einstimmigkeit besteht, kann eine Gruppe von mindestens neun Mitgliedstaaten beantragen, dass der Europäische Rat mit dem Entwurf von Maßnahmen befasst wird. In diesem Fall wird das Verfahren im Rat ausgesetzt. Nach einer Aussprache verweist der Europäische Rat im Falle eines Einvernehmens den Entwurf binnen vier Monaten nach Aussetzung des Verfahrens an den Rat zur Annahme zurück.

Sofern kein Einvernehmen erzielt wird, mindestens neun Mitgliedstaaten aber eine Verstärkte Zusammenarbeit auf der Grundlage des betreffenden Entwurfs von Maßnahmen begründen möchten, teilen diese Mitgliedstaaten dies binnen derselben Frist dem Europäischen Parlament, dem Rat und der Kommission mit. In diesem Fall gilt die Ermächtigung zu einer Verstärkten Zusammenarbeit nach Artikel 20 Absatz 2 des Vertrags über die Europäische Union[2)] und Artikel 329 Absatz 1 dieses Vertrags als erteilt, und die Bestimmungen über die Verstärkte Zusammenarbeit finden Anwendung.

Das besondere Verfahren nach den Unterabsätzen 2 und 3 gilt nicht für Rechtsakte, die eine Weiterentwicklung des Schengen-Besitzstands darstellen.

Artikel 88

(ex-Artikel 30 EUV)

(1) Europol hat den Auftrag, die Tätigkeit der Polizeibehörden und der anderen Strafverfolgungsbehörden der Mitgliedstaaten sowie deren gegenseitige Zusammenarbeit bei der Verhütung und Bekämpfung der zwei oder mehr Mitgliedstaaten betreffenden schweren Kriminalität, des Terrorismus und der Kriminalitätsformen, die ein gemeinsames Interesse verletzen, das Gegenstand einer Politik der Union ist, zu unterstützen und zu verstärken.

(2) Das Europäische Parlament und der Rat legen gemäß dem ordentlichen Gesetzgebungsverfahren durch Verordnungen den Aufbau, die Arbeitsweise, den Tätigkeitsbereich und die Aufgaben von Europol fest. Zu diesen Aufgaben kann Folgendes gehören:

a) Einholen, Speichern, Verarbeiten, Analysieren und Austauschen von Informationen, die insbesondere von den Behörden der Mitgliedstaaten oder Drittländern beziehungsweise Stellen außerhalb der Union übermittelt werden;

b) Koordinierung, Organisation und Durchführung von Ermittlungen und von operativen Maßnahmen, die gemeinsam mit den zuständigen Behörden der Mitgliedstaaten oder im Rahmen gemeinsamer Ermittlungsgruppen durchgeführt werden, gegebenenfalls in Verbindung mit Eurojust.

Durch diese Verordnungen werden ferner die Einzelheiten für die Kontrolle der Tätigkeiten von Europol durch das Europäische Parlament festgelegt; an dieser Kontrolle werden die nationalen Parlamente beteiligt.

(3) Europol darf operative Maßnahmen nur in Verbindung und in Absprache mit den Behörden des Mitgliedstaats oder der Mitgliedstaaten ergreifen, deren Hoheitsgebiet betroffen ist. Die Anwendung von Zwangsmaßnahmen bleibt ausschließlich den zuständigen einzelstaatlichen Behörden vorbehalten.

Artikel 89

(ex-Artikel 32 EUV)

Der Rat legt gemäß einem besonderen Gesetzgebungsverfahren fest, unter welchen Bedingungen und innerhalb welcher Grenzen die in den Artikeln 82 und 87 genannten zuständigen Behörden der Mitgliedstaaten im Hoheitsgebiet eines anderen Mitgliedstaats in Verbindung und in Absprache mit dessen Behörden tätig werden dürfen. Der Rat beschließt einstimmig nach Anhörung des Europäischen Parlaments.

TITEL VI
DER VERKEHR

Artikel 90

(ex-Artikel 70 EGV)

Auf dem in diesem Titel geregelten Sachgebiet werden die Ziele der Verträge im Rahmen einer gemeinsamen Verkehrspolitik verfolgt.

Artikel 91

(ex-Artikel 71 EGV)

(1) Zur Durchführung des Artikels 90 werden das Europäische Parlament und der Rat unter Berücksichtigung der Besonderheiten des Verkehrs gemäß dem ordentlichen Gesetzgebungsverfahren und nach Anhörung des Wirtschafts- und Sozialausschusses sowie des Ausschusses der Regionen

a) für den internationalen Verkehr aus oder nach dem Hoheitsgebiet eines Mitgliedstaats oder für den Durchgangsverkehr durch das Hoheitsgebiet eines oder mehrerer Mitgliedstaaten gemeinsame Regeln aufstellen;

b) für die Zulassung von Verkehrsunternehmern zum Verkehr innerhalb eines Mitgliedstaats, in dem sie nicht ansässig sind, die Bedingungen festlegen;

c) Maßnahmen zur Verbesserung der Verkehrssicherheit erlassen;

d) alle sonstigen zweckdienlichen Vorschriften erlassen.

(2) Beim Erlass von Maßnahmen nach Absatz 1 wird den Fällen Rechnung getragen, in denen die Anwendung den Lebensstandard und die Beschäftigungslage in bestimmten Regionen sowie den Betrieb der Verkehrseinrichtungen ernstlich beeinträchtigen könnte.

Artikel 92

(ex-Artikel 72 EGV)

Bis zum Erlass der in Artikel 91 Absatz 1 genannten Vorschriften darf ein Mitgliedstaat die verschiedenen, am 1. Januar 1958 oder, im Falle später beigetretener Staaten, zum Zeitpunkt ihres Beitritts auf diesem Gebiet geltenden Vorschriften in ihren unmittelbaren oder mittelbaren Auswirkungen auf die Verkehrsunternehmer anderer Mitgliedstaaten im Vergleich zu den inländischen Verkehrsunternehmern nicht ungünstiger gestalten, es sei denn, dass der Rat einstimmig eine Maßnahme billigt, die eine Ausnahmeregelung gewährt.

Artikel 93

(ex-Artikel 73 EGV)

Mit den Verträgen vereinbar sind Beihilfen, die den Erfordernissen der Koordinierung des Verkehrs oder der Abgeltung bestimmter, mit dem Begriff des öffentlichen Dienstes zusammenhängender Leistungen entsprechen.

Artikel 94

(ex-Artikel 74 EGV)

Jede Maßnahme auf dem Gebiet der Beförderungsentgelte und -bedingungen, die im Rahmen der Verträge getroffen wird, hat der wirtschaftlichen Lage der Verkehrsunternehmer Rechnung zu tragen.

Artikel 95

(ex-Artikel 75 EGV)

(1) Im Verkehr innerhalb der Union sind Diskriminierungen verboten, die darin bestehen, dass ein Verkehrsunternehmer in denselben Verkehrsverbindungen für die gleichen Güter je nach ihrem Herkunfts- oder Bestimmungsland unterschiedliche Frachten und Beförderungsbedingungen anwendet.

(2) Absatz 1 schließt sonstige Maßnahmen nicht aus, die das Europäische Parlament und der Rat gemäß Artikel 91 Absatz 1 treffen können.

(3) Der Rat trifft auf Vorschlag der Kommission und nach Anhörung des Europäischen Parlaments und des Wirtschafts- und Sozialausschusses eine Regelung zur Durchführung des Absatzes 1.

Er kann insbesondere die erforderlichen Vorschriften erlassen, um es den Organen der Union zu ermöglichen, für die Beachtung des Absatzes 1 Sorge zu tragen, und um den Verkehrsnutzern die Vorteile dieser Bestimmung voll zukommen zu lassen.

(4) Die Kommission prüft von sich aus oder auf Antrag eines Mitgliedstaats die Diskriminierungsfälle des Absatzes 1 und erlässt nach Beratung mit jedem in Betracht kommenden Mitgliedstaat die erforderlichen Beschlüsse im Rahmen der gemäß Absatz 3 getroffenen Regelung.

Artikel 96

(ex-Artikel 76 EGV)

(1) Im Verkehr innerhalb der Union sind die von einem Mitgliedstaat auferlegten Frachten und Beförderungsbedingungen verboten, die in irgendeiner Weise der Unterstützung oder dem Schutz eines oder mehrerer bestimmter Unternehmen oder Industrien dienen, es sei denn, dass die Kommission die Genehmigung hierzu erteilt.

(2) Die Kommission prüft von sich aus oder auf Antrag eines Mitgliedstaats die in Absatz 1 bezeichneten Frachten und Beförderungsbedingungen; hierbei berücksichtigt sie insbesondere sowohl die Erfordernisse einer angemessenen Standortpolitik, die Bedürfnisse der unterentwickelten Gebiete und die Probleme der durch poli-

tische Umstände schwer betroffenen Gebiete als auch die Auswirkungen dieser Frachten und Beförderungsbedingungen auf den Wettbewerb zwischen den Verkehrsarten.

Die Kommission erlässt die erforderlichen Beschlüsse nach Beratung mit jedem in Betracht kommenden Mitgliedstaat.

(3) Das in Absatz 1 genannte Verbot trifft nicht die Wettbewerbstarife.

Artikel 97

(ex-Artikel 77 EGV)

Die Abgaben oder Gebühren, die ein Verkehrsunternehmer neben den Frachten beim Grenzübergang in Rechnung stellt, dürfen unter Berücksichtigung der hierdurch tatsächlich verursachten Kosten eine angemessene Höhe nicht übersteigen.

Die Mitgliedstaaten werden bemüht sein, diese Kosten schrittweise zu verringern.

Die Kommission kann zur Durchführung dieses Artikels Empfehlungen an die Mitgliedstaaten richten.

Artikel 98

(ex-Artikel 78 EGV)

Die Bestimmungen dieses Titels stehen Maßnahmen in der Bundesrepublik Deutschland nicht entgegen, soweit sie erforderlich sind, um die wirtschaftlichen Nachteile auszugleichen, die der Wirtschaft bestimmter, von der Teilung Deutschlands betroffener Gebiete der Bundesrepublik aus dieser Teilung entstehen. Der Rat kann fünf Jahre nach dem Inkrafttreten des Vertrags von Lissabon auf Vorschlag der Kommission einen Beschluss erlassen, mit dem dieser Artikel aufgehoben wird.

Artikel 99

(ex-Artikel 79 EGV)

Bei der Kommission wird ein beratender Ausschuss gebildet; er besteht aus Sachverständigen, die von den Regierungen der Mitgliedstaaten ernannt werden. Die Kommission hört den Ausschuss je nach Bedarf in Verkehrsfragen an.

Artikel 100

(ex-Artikel 80 EGV)

(1) Dieser Titel gilt für die Beförderungen im Eisenbahn-, Straßen- und Binnenschiffsverkehr.

(2) Das Europäische Parlament und der Rat können gemäß dem ordentlichen Gesetzgebungsverfahren geeignete Vorschriften für die Seeschifffahrt und die Luftfahrt erlassen. Sie beschließen nach Anhörung des Wirtschafts- und Sozialausschusses und des Ausschusses der Regionen.

TITEL VII

GEMEINSAME REGELN BETREFFEND WETTBEWERB, STEUERFRAGEN UND ANGLEICHUNG DER RECHTSVORSCHRIFTEN

KAPITEL 1

WETTBEWERBSREGELN

ABSCHNITT 1

VORSCHRIFTEN FÜR UNTERNEHMEN

Artikel 101

(ex-Artikel 81 EGV)

(1) Mit dem Binnenmarkt unvereinbar und verboten sind alle Vereinbarungen zwischen Unternehmen, Beschlüsse von Unternehmensvereinigungen und aufeinander abgestimmte Verhaltensweisen, welche den Handel zwischen Mitgliedstaaten zu beeinträchtigen geeignet sind und eine Verhinderung, Einschränkung oder Verfälschung des Wettbewerbs innerhalb des Binnenmarkts bezwecken oder bewirken, insbesondere

a) die unmittelbare oder mittelbare Festsetzung der An- oder Verkaufspreise oder sonstiger Geschäftsbedingungen;

b) die Einschränkung oder Kontrolle der Erzeugung, des Absatzes, der technischen Entwicklung oder der Investitionen;

c) die Aufteilung der Märkte oder Versorgungsquellen;

d) die Anwendung unterschiedlicher Bedingungen bei gleichwertigen Leistungen gegenüber Handelspartnern, wodurch diese im Wettbewerb benachteiligt werden;

e) die an den Abschluss von Verträgen geknüpfte Bedingung, dass die Vertragspartner zusätzliche Leistungen annehmen, die weder sachlich noch nach Handelsbrauch in Beziehung zum Vertragsgegenstand stehen.

(2) Die nach diesem Artikel verbotenen Vereinbarungen oder Beschlüsse sind nichtig.

(3) Die Bestimmungen des Absatzes 1 können für nicht anwendbar erklärt werden auf

- Vereinbarungen oder Gruppen von Vereinbarungen zwischen Unternehmen,
- Beschlüsse oder Gruppen von Beschlüssen von Unternehmensvereinigungen,

– aufeinander abgestimmte Verhaltensweisen oder Gruppen von solchen,

die unter angemessener Beteiligung der Verbraucher an dem entstehenden Gewinn zur Verbesserung der Warenerzeugung oder -verteilung oder zur Förderung des technischen oder wirtschaftlichen Fortschritts beitragen, ohne dass den beteiligten Unternehmen

a) Beschränkungen auferlegt werden, die für die Verwirklichung dieser Ziele nicht unerlässlich sind, oder

b) Möglichkeiten eröffnet werden, für einen wesentlichen Teil der betreffenden Waren den Wettbewerb auszuschalten.

Artikel 102

(ex-Artikel 82 EGV)

Mit dem Binnenmarkt unvereinbar und verboten ist die missbräuchliche Ausnutzung einer beherrschenden Stellung auf dem Binnenmarkt oder auf einem wesentlichen Teil desselben durch ein oder mehrere Unternehmen, soweit dies dazu führen kann, den Handel zwischen Mitgliedstaaten zu beeinträchtigen.

Dieser Missbrauch kann insbesondere in Folgendem bestehen:

a) der unmittelbaren oder mittelbaren Erzwingung von unangemessenen Einkaufs- oder Verkaufspreisen oder sonstigen Geschäftsbedingungen;

b) der Einschränkung der Erzeugung, des Absatzes oder der technischen Entwicklung zum Schaden der Verbraucher;

c) der Anwendung unterschiedlicher Bedingungen bei gleichwertigen Leistungen gegenüber Handelspartnern, wodurch diese im Wettbewerb benachteiligt werden;

d) der an den Abschluss von Verträgen geknüpften Bedingung, dass die Vertragspartner zusätzliche Leistungen annehmen, die weder sachlich noch nach Handelsbrauch in Beziehung zum Vertragsgegenstand stehen.

Artikel 103

(ex-Artikel 83 EGV)

(1) Die zweckdienlichen Verordnungen oder Richtlinien zur Verwirklichung der in den Artikeln 101 und 102 niedergelegten Grundsätze werden vom Rat auf Vorschlag der Kommission und nach Anhörung des Europäischen Parlaments beschlossen.

(2) Die in Absatz 1 vorgesehenen Vorschriften bezwecken insbesondere,

a) die Beachtung der in Artikel 101 Absatz 1 und Artikel 102 genannten Verbote durch die Einführung von Geldbußen und Zwangsgeldern zu gewährleisten;

b) die Einzelheiten der Anwendung des Artikels 101 Absatz 3 festzulegen; dabei ist dem Erfordernis einer wirksamen Überwachung bei möglichst einfacher Verwaltungskontrolle Rechnung zu tragen;

c) gegebenenfalls den Anwendungsbereich der Artikel 101 und 102 für die einzelnen Wirtschaftszweige näher zu bestimmen;

d) die Aufgaben der Kommission und des Gerichtshofs der Europäischen Union bei der Anwendung der in diesem Absatz vorgesehenen Vorschriften gegeneinander abzugrenzen;

e) das Verhältnis zwischen den innerstaatlichen Rechtsvorschriften einerseits und den in diesem Abschnitt enthaltenen oder aufgrund dieses Artikels getroffenen Bestimmungen andererseits festzulegen.

Artikel 104

(ex-Artikel 84 EGV)

Bis zum Inkrafttreten der gemäß Artikel 103 erlassenen Vorschriften entscheiden die Behörden der Mitgliedstaaten im Einklang mit ihren eigenen Rechtsvorschriften und den Bestimmungen der Artikel 101, insbesondere Absatz 3, und 102 über die Zulässigkeit von Vereinbarungen, Beschlüssen und aufeinander abgestimmten Verhaltensweisen sowie über die missbräuchliche Ausnutzung einer beherrschenden Stellung auf dem Binnenmarkt.

Artikel 105

(ex-Artikel 85 EGV)

(1) Unbeschadet des Artikels 104 achtet die Kommission auf die Verwirklichung der in den Artikeln 101 und 102 niedergelegten Grundsätze. Sie untersucht auf Antrag eines Mitgliedstaats oder von Amts wegen in Verbindung mit den zuständigen Behörden der Mitgliedstaaten, die ihr Amtshilfe zu leisten haben, die Fälle, in denen Zuwiderhandlungen gegen diese Grundsätze vermutet werden. Stellt sie eine Zuwiderhandlung fest, so schlägt sie geeignete Mittel vor, um diese abzustellen.

(2) Wird die Zuwiderhandlung nicht abgestellt, so trifft die Kommission in einem mit Gründen versehenen Beschluss die Feststellung, dass eine derartige Zuwiderhandlung vorliegt. Sie kann den Beschluss veröffentlichen und die Mitgliedstaaten ermächtigen, die erforderlichen Abhilfemaßnahmen zu treffen, deren Bedingungen und Einzelheiten sie festlegt.

(3) Die Kommission kann Verordnungen zu den Gruppen von Vereinbarungen erlassen, zu denen der Rat nach Artikel 103 Absatz 2 Buchstabe b eine Verordnung oder Richtlinie erlassen hat.

Artikel 106

(ex-Artikel 86 EGV)

(1) Die Mitgliedstaaten werden in Bezug auf öffentliche Unternehmen und auf Unternehmen, denen sie besondere oder ausschließliche Rechte gewähren, keine den Verträgen und insbesondere den Artikeln 18 und 101 bis 109 widersprechende Maßnahmen treffen oder beibehalten.

(2) Für Unternehmen, die mit Dienstleistungen von allgemeinem wirtschaftlichem Interesse betraut sind oder den Charakter eines Finanzmonopols haben, gelten die Vorschriften der Verträge, insbesondere die Wettbewerbsregeln, soweit die Anwendung dieser Vorschriften nicht die Erfüllung der ihnen übertragenen besonderen Aufgabe rechtlich oder tatsächlich verhindert. Die Entwicklung des Handelsverkehrs darf nicht in einem Ausmaß beeinträchtigt werden, das dem Interesse der Union zuwiderläuft.

(3) Die Kommission achtet auf die Anwendung dieses Artikels und richtet erforderlichenfalls geeignete Richtlinien oder Beschlüsse an die Mitgliedstaaten.

ABSCHNITT 2

STAATLICHE BEIHILFEN

Artikel 107

(ex-Artikel 87 EGV)

(1) Soweit in den Verträgen nicht etwas anderes bestimmt ist, sind staatliche oder aus staatlichen Mitteln gewährte Beihilfen gleich welcher Art, die durch die Begünstigung bestimmter Unternehmen oder Produktionszweige den Wettbewerb verfälschen oder zu verfälschen drohen, mit dem Binnenmarkt unvereinbar, soweit sie den Handel zwischen Mitgliedstaaten beeinträchtigen.

(2) Mit dem Binnenmarkt vereinbar sind:

a) Beihilfen sozialer Art an einzelne Verbraucher, wenn sie ohne Diskriminierung nach der Herkunft der Waren gewährt werden;

b) Beihilfen zur Beseitigung von Schäden, die durch Naturkatastrophen oder sonstige außergewöhnliche Ereignisse entstanden sind;

c) Beihilfen für die Wirtschaft bestimmter, durch die Teilung Deutschlands betroffener Gebiete der Bundesrepublik Deutschland, soweit sie zum Ausgleich der durch die Teilung verursachten wirtschaftlichen Nachteile erforderlich sind. Der Rat kann fünf Jahre nach dem Inkrafttreten des Vertrags von Lissabon auf Vorschlag der Kommission einen Beschluss erlassen, mit dem dieser Buchstabe aufgehoben wird.

(3) Als mit dem Binnenmarkt vereinbar können angesehen werden:

a) Beihilfen zur Förderung der wirtschaftlichen Entwicklung von Gebieten, in denen die Lebenshaltung außergewöhnlich niedrig ist oder eine erhebliche Unterbeschäftigung herrscht, sowie der in Artikel 349 genannten Gebiete unter Berücksichtigung ihrer strukturellen, wirtschaftlichen und sozialen Lage;

b) Beihilfen zur Förderung wichtiger Vorhaben von gemeinsamem europäischem Interesse oder zur Behebung einer beträchtlichen Störung im Wirtschaftsleben eines Mitgliedstaats;

c) Beihilfen zur Förderung der Entwicklung gewisser Wirtschaftszweige oder Wirtschaftsgebiete, soweit sie die Handelsbedingungen nicht in einer Weise verändern, die dem gemeinsamen Interesse zuwiderläuft;

d) Beihilfen zur Förderung der Kultur und der Erhaltung des kulturellen Erbes, soweit sie die Handels- und Wettbewerbsbedingungen in der Union nicht in einem Maß beeinträchtigen, das dem gemeinsamen Interesse zuwiderläuft;

e) sonstige Arten von Beihilfen, die der Rat durch einen Beschluss auf Vorschlag der Kommission bestimmt.

Artikel 108

(ex-Artikel 88 EGV)

(1) Die Kommission überprüft fortlaufend in Zusammenarbeit mit den Mitgliedstaaten die in diesen bestehenden Beihilferegelungen. Sie schlägt ihnen die zweckdienlichen Maßnahmen vor, welche die fortschreitende Entwicklung und das Funktionieren des Binnenmarkts erfordern.

(2) Stellt die Kommission fest, nachdem sie den Beteiligten eine Frist zur Äußerung gesetzt hat, dass eine von einem Staat oder aus staatlichen Mitteln gewährte Beihilfe mit dem Binnenmarkt nach Artikel 107 unvereinbar ist oder dass sie missbräuchlich angewandt wird, so beschließt sie, dass der betreffende Staat sie binnen einer von ihr bestimmten Frist aufzuheben oder umzugestalten hat.

Kommt der betreffende Staat diesem Beschluss innerhalb der festgesetzten Frist nicht nach, so kann die Kommission oder jeder betroffene Staat in Abweichung von den Artikeln 258 und 259 den Gerichtshof der Europäischen Union unmittelbar anrufen.

Der Rat kann einstimmig auf Antrag eines Mitgliedstaats beschließen, dass eine von diesem Staat gewährte oder geplante Beihilfe in Abweichung von Artikel 107 oder von den nach Artikel 109 erlassenen Verordnungen als mit dem Binnenmarkt vereinbar gilt, wenn außergewöhnliche Umstände einen solchen Beschluss rechtfertigen. Hat die Kommission bezüglich dieser Beihilfe das in Unterabsatz 1 dieses Absatzes vorgesehene Verfahren bereits eingeleitet, so bewirkt der Antrag des betreffenden Staates an den Rat die Aussetzung dieses Verfahrens, bis der Rat sich geäußert hat.

Äußert sich der Rat nicht binnen drei Monaten nach Antragstellung, so beschließt die Kommission.

(3) Die Kommission wird von jeder beabsichtigten Einführung oder Umgestaltung von Beihilfen so rechtzeitig unterrichtet, dass sie sich dazu äußern kann. Ist sie der Auffassung, dass ein derartiges Vorhaben nach Artikel 107 mit dem Binnenmarkt unvereinbar ist, so leitet sie unverzüglich das in Absatz 2 vorgesehene Verfahren ein. Der betreffende Mitgliedstaat darf die beabsichtigte Maßnahme nicht durchführen, bevor die Kommission einen abschließenden Beschluss erlassen hat.

(4) Die Kommission kann Verordnungen zu den Arten von staatlichen Beihilfen erlassen, für die der Rat nach Artikel 109 festgelegt hat, dass sie von dem Verfahren nach Absatz 3 ausgenommen werden können.

Artikel 109

(ex-Artikel 89 EGV)

Der Rat kann auf Vorschlag der Kommission und nach Anhörung des Europäischen Parlaments alle zweckdienlichen Durchführungsverordnungen zu den Artikeln 107 und 108 erlassen und insbesondere die Bedingungen für die Anwendung des Artikels 108 Absatz 3 sowie diejenigen Arten von Beihilfen festlegen, die von diesem Verfahren ausgenommen sind.

KAPITEL 2
STEUERLICHE VORSCHRIFTEN

Artikel 110

(ex-Artikel 90 EGV)

Die Mitgliedstaaten erheben auf Waren aus anderen Mitgliedstaaten weder unmittelbar noch mittelbar höhere inländische Abgaben gleich welcher Art, als gleichartige inländische Waren unmittelbar oder mittelbar zu tragen haben.

Die Mitgliedstaaten erheben auf Waren aus anderen Mitgliedstaaten keine inländischen Abgaben, die geeignet sind, andere Produktionen mittelbar zu schützen.

Artikel 111

(ex-Artikel 91 EGV)

Werden Waren in das Hoheitsgebiet eines Mitgliedstaats ausgeführt, so darf die Rückvergütung für inländische Abgaben nicht höher sein als die auf die ausgeführten Waren mittelbar oder unmittelbar erhobenen inländischen Abgaben.

Artikel 112

(ex-Artikel 92 EGV)

Für Abgaben außer Umsatzsteuern, Verbrauchsabgaben und sonstigen indirekten Steuern sind Entlastungen und Rückvergütungen bei der Ausfuhr nach anderen Mitgliedstaaten sowie Ausgleichsabgaben bei der Einfuhr aus den Mitgliedstaaten nur zulässig, soweit der Rat sie vorher auf Vorschlag der Kommission für eine begrenzte Frist genehmigt hat.

Artikel 113

(ex-Artikel 93 EGV)

Der Rat erlässt gemäß einem besonderen Gesetzgebungsverfahren und nach Anhörung des Europäischen Parlaments und des Wirtschafts- und Sozialausschusses einstimmig die Bestimmungen zur Harmonisierung der Rechtsvorschriften über die Umsatzsteuern, die Verbrauchsabgaben und sonstige indirekte Steuern, soweit diese Harmonisierung für die Errichtung und das Funktionieren des Binnenmarkts und die Vermeidung von Wettbewerbsverzerrungen notwendig ist.

KAPITEL 3
ANGLEICHUNG DER RECHTSVORSCHRIFTEN

Artikel 114

(ex-Artikel 95 EGV)

(1) Soweit in den Verträgen nichts anderes bestimmt ist, gilt für die Verwirklichung der Ziele des Artikels 26 die nachstehende Regelung. Das Europäische Parlament und der Rat erlassen gemäß dem ordentlichen Gesetzgebungsverfahren und nach Anhörung des Wirtschafts- und Sozialausschusses die Maßnahmen zur Angleichung der Rechts- und Verwaltungsvorschriften der Mitgliedstaaten, welche die Errichtung und das Funktionieren des Binnenmarkts zum Gegenstand haben.

(2) Absatz 1 gilt nicht für die Bestimmungen über die Steuern, die Bestimmungen über die

Freizügigkeit und die Bestimmungen über die Rechte und Interessen der Arbeitnehmer.

(3) Die Kommission geht in ihren Vorschlägen nach Absatz 1 in den Bereichen Gesundheit, Sicherheit, Umweltschutz und Verbraucherschutz von einem hohen Schutzniveau aus und berücksichtigt dabei insbesondere alle auf wissenschaftliche Ergebnisse gestützten neuen Entwicklungen. Im Rahmen ihrer jeweiligen Befugnisse streben das Europäische Parlament und der Rat dieses Ziel ebenfalls an.

(4) Hält es ein Mitgliedstaat nach dem Erlass einer Harmonisierungsmaßnahme durch das Europäische Parlament und den Rat beziehungsweise durch den Rat oder die Kommission für erforderlich, einzelstaatliche Bestimmungen beizubehalten, die durch wichtige Erfordernisse im Sinne des Artikels 36 oder in Bezug auf den Schutz der Arbeitsumwelt oder den Umweltschutz gerechtfertigt sind, so teilt er diese Bestimmungen sowie die Gründe für ihre Beibehaltung der Kommission mit.

(5) Unbeschadet des Absatzes 4 teilt ferner ein Mitgliedstaat, der es nach dem Erlass einer Harmonisierungsmaßnahme durch das Europäische Parlament und den Rat beziehungsweise durch den Rat oder die Kommission für erforderlich hält, auf neue wissenschaftliche Erkenntnisse gestützte einzelstaatliche Bestimmungen zum Schutz der Umwelt oder der Arbeitsumwelt aufgrund eines spezifischen Problems für diesen Mitgliedstaat, das sich nach dem Erlass der Harmonisierungsmaßnahme ergibt, einzuführen, die in Aussicht genommenen Bestimmungen sowie die Gründe für ihre Einführung der Kommission mit.

(6) Die Kommission beschließt binnen sechs Monaten nach den Mitteilungen nach den Absätzen 4 und 5, die betreffenden einzelstaatlichen Bestimmungen zu billigen oder abzulehnen, nachdem sie geprüft hat, ob sie ein Mittel zur willkürlichen Diskriminierung und eine verschleierte Beschränkung des Handels zwischen den Mitgliedstaaten darstellen und ob sie das Funktionieren des Binnenmarkts behindern.

Erlässt die Kommission innerhalb dieses Zeitraums keinen Beschluss, so gelten die in den Absätzen 4 und 5 genannten einzelstaatlichen Bestimmungen als gebilligt.

Die Kommission kann, sofern dies aufgrund des schwierigen Sachverhalts gerechtfertigt ist und keine Gefahr für die menschliche Gesundheit besteht, dem betreffenden Mitgliedstaat mitteilen, dass der in diesem Absatz genannte Zeitraum gegebenenfalls um einen weiteren Zeitraum von bis zu sechs Monaten verlängert wird.

(7) Wird es einem Mitgliedstaat nach Absatz 6 gestattet, von der Harmonisierungsmaßnahme abweichende einzelstaatliche Bestimmungen beizubehalten oder einzuführen, so prüft die Kommission unverzüglich, ob sie eine Anpassung dieser Maßnahme vorschlägt.

(8) Wirft ein Mitgliedstaat in einem Bereich, der zuvor bereits Gegenstand von Harmonisierungsmaßnahmen war, ein spezielles Gesundheitsproblem auf, so teilt er dies der Kommission mit, die dann umgehend prüft, ob sie dem Rat entsprechende Maßnahmen vorschlägt.

(9) In Abweichung von dem Verfahren der Artikel 258 und 259 kann die Kommission oder ein Mitgliedstaat den Gerichtshof der Europäischen Union unmittelbar anrufen, wenn die Kommission oder der Staat der Auffassung ist, dass ein anderer Mitgliedstaat die in diesem Artikel vorgesehenen Befugnisse missbraucht.

(10) Die vorgenannten Harmonisierungsmaßnahmen sind in geeigneten Fällen mit einer Schutzklausel verbunden, welche die Mitgliedstaaten ermächtigt, aus einem oder mehreren der in Artikel 36 genannten nicht wirtschaftlichen Gründe vorläufige Maßnahmen zu treffen, die einem Kontrollverfahren der Union unterliegen.

Artikel 115

(ex-Artikel 94 EGV)

Unbeschadet des Artikels 114 erlässt der Rat gemäß einem besonderen Gesetzgebungsverfahren einstimmig und nach Anhörung des Europäischen Parlaments und des Wirtschafts- und Sozialausschusses Richtlinien für die Angleichung derjenigen Rechts- und Verwaltungsvorschriften der Mitgliedstaaten, die sich unmittelbar auf die Errichtung oder das Funktionieren des Binnenmarkts auswirken.

Artikel 116

(ex-Artikel 96 EGV)

Stellt die Kommission fest, dass vorhandene Unterschiede in den Rechts- und Verwaltungsvorschriften der Mitgliedstaaten die Wettbewerbsbedingungen auf dem Binnenmarkt verfälschen und dadurch eine Verzerrung hervorrufen, die zu beseitigen ist, so tritt sie mit den betreffenden Mitgliedstaaten in Beratungen ein.

Führen diese Beratungen nicht zur Beseitigung dieser Verzerrung, so erlassen das Europäische Parlament und der Rat gemäß dem ordentlichen Gesetzgebungsverfahren die erforderlichen Richtlinien. Es können alle sonstigen in den Verträgen vorgesehenen zweckdienlichen Maßnahmen erlassen werden.

Artikel 117

(ex-Artikel 97 EGV)

(1) Ist zu befürchten, dass der Erlass oder die Änderung einer Rechts- oder Verwaltungsvorschrift eine Verzerrung im Sinne des Artikels 116 verursacht, so setzt sich der Mitgliedstaat, der diese Maßnahme beabsichtigt, mit der Kommission ins Benehmen. Diese empfiehlt nach Beratung mit den Mitgliedstaaten den beteiligten Staaten die zur Vermeidung dieser Verzerrung geeigneten Maßnahmen.

(2) Kommt der Staat, der innerstaatliche Vorschriften erlassen oder ändern will, der an ihn gerichteten Empfehlung der Kommission nicht nach, so kann nicht gemäß Artikel 116 verlangt werden, dass die anderen Mitgliedstaaten ihre innerstaatlichen Vorschriften ändern, um die Verzerrung zu beseitigen. Verursacht ein Mitgliedstaat, der die Empfehlung der Kommission außer Acht lässt, eine Verzerrung lediglich zu seinem eigenen Nachteil, so findet Artikel 116 keine Anwendung.

Artikel 118

Im Rahmen der Verwirklichung oder des Funktionierens des Binnenmarkts erlassen das Europäische Parlament und der Rat gemäß dem ordentlichen Gesetzgebungsverfahren Maßnahmen zur Schaffung europäischer Rechtstitel über einen einheitlichen Schutz der Rechte des geistigen Eigentums in der Union sowie zur Einführung von zentralisierten Zulassungs-, Koordinierungs- und Kontrollregelungen auf Unionsebene.

Der Rat legt gemäß einem besonderen Gesetzgebungsverfahren durch Verordnungen die Sprachenregelungen für die europäischen Rechtstitel fest. Der Rat beschließt einstimmig nach Anhörung des Europäischen Parlaments.

TITEL VIII
DIE WIRTSCHAFTS- UND WÄHRUNGSPOLITIK

Artikel 119

(ex-Artikel 4 EGV)

(1) Die Tätigkeit der Mitgliedstaaten und der Union im Sinne des Artikels 3 des Vertrags über die Europäische Union[2)] umfasst nach Maßgabe der Verträge die Einführung einer Wirtschaftspolitik, die auf einer engen Koordinierung der Wirtschaftspolitik der Mitgliedstaaten, dem Binnenmarkt und der Festlegung gemeinsamer Ziele beruht und dem Grundsatz einer offenen Marktwirtschaft mit freiem Wettbewerb verpflichtet ist.

(2) Parallel dazu umfasst diese Tätigkeit nach Maßgabe der Verträge und der darin vorgesehenen Verfahren eine einheitliche Währung, den Euro, sowie die Festlegung und Durchführung einer einheitlichen Geld- sowie Wechselkurspolitik, die beide vorrangig das Ziel der Preisstabilität verfolgen und unbeschadet dieses Zieles die allgemeine Wirtschaftspolitik in der Union unter Beachtung des Grundsatzes einer offenen Marktwirtschaft mit freiem Wettbewerb unterstützen sollen.

(3) Diese Tätigkeit der Mitgliedstaaten und der Union setzt die Einhaltung der folgenden richtungweisenden Grundsätze voraus: stabile Preise, gesunde öffentliche Finanzen und monetäre Rahmenbedingungen sowie eine tragfähige Zahlungsbilanz.

KAPITEL 1
DIE WIRTSCHAFTSPOLITIK

Artikel 120

(ex-Artikel 98 EGV)

Die Mitgliedstaaten richten ihre Wirtschaftspolitik so aus, dass sie im Rahmen der in Artikel 121 Absatz 2 genannten Grundzüge zur Verwirklichung der Ziele der Union im Sinne des Artikels 3 des Vertrags über die Europäische Union[2)] beitragen. Die Mitgliedstaaten und die Union handeln im Einklang mit dem Grundsatz einer offenen Marktwirtschaft mit freiem Wettbewerb, wodurch ein effizienter Einsatz der Ressourcen gefördert wird, und halten sich dabei an die in Artikel 119 genannten Grundsätze.

Artikel 121

(ex-Artikel 99 EGV)

(1) Die Mitgliedstaaten betrachten ihre Wirtschaftspolitik als eine Angelegenheit von gemeinsamem Interesse und koordinieren sie im Rat nach Maßgabe des Artikels 120.

(2) Der Rat erstellt auf Empfehlung der Kommission einen Entwurf für die Grundzüge der Wirtschaftspolitik der Mitgliedstaaten und der Union und erstattet dem Europäischen Rat hierüber Bericht.

Der Europäische Rat erörtert auf der Grundlage dieses Berichtes des Rates eine Schlussfolgerung zu den Grundzügen der Wirtschaftspolitik der Mitgliedstaaten und der Union.

Auf der Grundlage dieser Schlussfolgerung verabschiedet der Rat eine Empfehlung, in der diese Grundzüge dargelegt werden. Der Rat unterrichtet das Europäische Parlament über seine Empfehlung.

(3) Um eine engere Koordinierung der Wirtschaftspolitik und eine dauerhafte Konvergenz der Wirtschaftsleistungen der Mitgliedstaaten zu gewährleisten, überwacht der Rat anhand von Berichten der Kommission die wirtschaftliche

Entwicklung in jedem Mitgliedstaat und in der Union sowie die Vereinbarkeit der Wirtschaftspolitik mit den in Absatz 2 genannten Grundzügen und nimmt in regelmäßigen Abständen eine Gesamtbewertung vor.

Zum Zwecke dieser multilateralen Überwachung übermitteln die Mitgliedstaaten der Kommission Angaben zu wichtigen einzelstaatlichen Maßnahmen auf dem Gebiet ihrer Wirtschaftspolitik sowie weitere von ihnen für erforderlich erachtete Angaben.

(4) Wird im Rahmen des Verfahrens nach Absatz 3 festgestellt, dass die Wirtschaftspolitik eines Mitgliedstaats nicht mit den in Absatz 2 genannten Grundzügen vereinbar ist oder das ordnungsgemäße Funktionieren der Wirtschafts- und Währungsunion zu gefährden droht, so kann die Kommission eine Verwarnung an den betreffenden Mitgliedstaat richten. Der Rat kann auf Empfehlung der Kommission die erforderlichen Empfehlungen an den betreffenden Mitgliedstaat richten. Der Rat kann auf Vorschlag der Kommission beschließen, seine Empfehlungen zu veröffentlichen.

Der Rat beschließt im Rahmen dieses Absatzes ohne Berücksichtigung der Stimme des den betreffenden Mitgliedstaat vertretenden Mitglieds des Rates.

Die qualifizierte Mehrheit der übrigen Mitglieder des Rates bestimmt sich nach Artikel 238 Absatz 3 Buchstabe a.

(5) Der Präsident des Rates und die Kommission erstatten dem Europäischen Parlament über die Ergebnisse der multilateralen Überwachung Bericht. Der Präsident des Rates kann ersucht werden, vor dem zuständigen Ausschuss des Europäischen Parlaments zu erscheinen, wenn der Rat seine Empfehlungen veröffentlicht hat.

(6) Das Europäische Parlament und der Rat können gemäß dem ordentlichen Gesetzgebungsverfahren durch Verordnungen die Einzelheiten des Verfahrens der multilateralen Überwachung im Sinne der Absätze 3 und 4 festlegen.

Artikel 122

(ex-Artikel 100 EGV)

(1) Der Rat kann auf Vorschlag der Kommission unbeschadet der sonstigen in den Verträgen vorgesehenen Verfahren im Geiste der Solidarität zwischen den Mitgliedstaaten über die der Wirtschaftslage angemessenen Maßnahmen beschließen, insbesondere falls gravierende Schwierigkeiten in der Versorgung mit bestimmten Waren, vor allem im Energiebereich, auftreten.

(2) Ist ein Mitgliedstaat aufgrund von Naturkatastrophen oder außergewöhnlichen Ereignissen, die sich seiner Kontrolle entziehen, von Schwierigkeiten betroffen oder von gravierenden Schwierigkeiten ernstlich bedroht, so kann der Rat auf Vorschlag der Kommission beschließen, dem betreffenden Mitgliedstaat unter bestimmten Bedingungen einen finanziellen Beistand der Union zu gewähren. Der Präsident des Rates unterrichtet das Europäische Parlament über den Beschluss.

Artikel 123

(ex-Artikel 101 EGV)

(1) Überziehungs- oder andere Kreditfazilitäten bei der Europäischen Zentralbank oder den Zentralbanken der Mitgliedstaaten (im Folgenden als „nationale Zentralbanken" bezeichnet) für Organe, Einrichtungen oder sonstige Stellen der Union, Zentralregierungen, regionale oder lokale Gebietskörperschaften oder andere öffentlich-rechtliche Körperschaften, sonstige Einrichtungen des öffentlichen Rechts oder öffentliche Unternehmen der Mitgliedstaaten sind ebenso verboten wie der unmittelbare Erwerb von Schuldtiteln von diesen durch die Europäische Zentralbank oder die nationalen Zentralbanken.

(2) Die Bestimmungen des Absatzes 1 gelten nicht für Kreditinstitute in öffentlichem Eigentum; diese werden von der jeweiligen nationalen Zentralbank und der Europäischen Zentralbank, was die Bereitstellung von Zentralbankgeld betrifft, wie private Kreditinstitute behandelt.

Artikel 124

(ex-Artikel 102 EGV)

Maßnahmen, die nicht aus aufsichtsrechtlichen Gründen getroffen werden und einen bevorrechtigten Zugang der Organe, Einrichtungen oder sonstigen Stellen der Union, der Zentralregierungen, der regionalen oder lokalen Gebietskörperschaften oder anderen öffentlich-rechtlichen Körperschaften, sonstiger Einrichtungen des öffentlichen Rechts oder öffentlicher Unternehmen der Mitgliedstaaten zu den Finanzinstituten schaffen, sind verboten.

Artikel 125

(ex-Artikel 103 EGV)

(1) Die Union haftet nicht für die Verbindlichkeiten der Zentralregierungen, der regionalen oder lokalen Gebietskörperschaften oder anderen öffentlich-rechtlichen Körperschaften, sonstiger Einrichtungen des öffentlichen Rechts oder öffentlicher Unternehmen von Mitgliedstaaten und tritt nicht für derartige Verbindlichkeiten ein; dies gilt unbeschadet der gegenseitigen finanziellen Garantien für die gemeinsame Durchführung eines be-

stimmten Vorhabens. Ein Mitgliedstaat haftet nicht für die Verbindlichkeiten der Zentralregierungen, der regionalen oder lokalen Gebietskörperschaften oder anderen öffentlich-rechtlichen Körperschaften, sonstiger Einrichtungen des öffentlichen Rechts oder öffentlicher Unternehmen eines anderen Mitgliedstaats und tritt nicht für derartige Verbindlichkeiten ein; dies gilt unbeschadet der gegenseitigen finanziellen Garantien für die gemeinsame Durchführung eines bestimmten Vorhabens.

(2) Der Rat kann erforderlichenfalls auf Vorschlag der Kommission und nach Anhörung des Europäischen Parlaments die Definitionen für die Anwendung der in den Artikeln 123 und 124 sowie in diesem Artikel vorgesehenen Verbote näher bestimmen.

Artikel 126

(ex-Artikel 104 EGV)

(1) Die Mitgliedstaaten vermeiden übermäßige öffentliche Defizite.

(2) Die Kommission überwacht die Entwicklung der Haushaltslage und der Höhe des öffentlichen Schuldenstands in den Mitgliedstaaten im Hinblick auf die Feststellung schwerwiegender Fehler. Insbesondere prüft sie die Einhaltung der Haushaltsdisziplin anhand von zwei Kriterien, nämlich daran,

a) ob das Verhältnis des geplanten oder tatsächlichen öffentlichen Defizits zum Bruttoinlandsprodukt einen bestimmten Referenzwert überschreitet, es sei denn, dass

- entweder das Verhältnis erheblich und laufend zurückgegangen ist und einen Wert in der Nähe des Referenzwerts erreicht hat
- oder der Referenzwert nur ausnahmsweise und vorübergehend überschritten wird und das Verhältnis in der Nähe des Referenzwerts bleibt,

b) ob das Verhältnis des öffentlichen Schuldenstands zum Bruttoinlandsprodukt einen bestimmten Referenzwert überschreitet, es sei denn, dass das Verhältnis hinreichend rückläufig ist und sich rasch genug dem Referenzwert nähert.

Die Referenzwerte werden in einem den Verträgen beigefügten Protokoll über das Verfahren bei einem übermäßigen Defizit im Einzelnen festgelegt.

(3) Erfüllt ein Mitgliedstaat keines oder nur eines dieser Kriterien, so erstellt die Kommission einen Bericht. In diesem Bericht wird berücksichtigt, ob das öffentliche Defizit die öffentlichen Ausgaben für Investitionen übertrifft; berücksichtigt werden ferner alle sonstigen einschlägigen Faktoren, einschließlich der mittelfristigen Wirtschafts- und Haushaltslage des Mitgliedstaats.

Die Kommission kann ferner einen Bericht erstellen, wenn sie ungeachtet der Erfüllung der Kriterien der Auffassung ist, dass in einem Mitgliedstaat die Gefahr eines übermäßigen Defizits besteht.

(4) Der Wirtschafts- und Finanzausschuss gibt eine Stellungnahme zu dem Bericht der Kommission ab.

(5) Ist die Kommission der Auffassung, dass in einem Mitgliedstaat ein übermäßiges Defizit besteht oder sich ergeben könnte, so legt sie dem betreffenden Mitgliedstaat eine Stellungnahme vor und unterrichtet den Rat.

(6) Der Rat beschließt auf Vorschlag der Kommission und unter Berücksichtigung der Bemerkungen, die der betreffende Mitgliedstaat gegebenenfalls abzugeben wünscht, nach Prüfung der Gesamtlage, ob ein übermäßiges Defizit besteht.

(7) Stellt der Rat nach Absatz 6 ein übermäßiges Defizit fest, so richtet er auf Empfehlung der Kommission unverzüglich Empfehlungen an den betreffenden Mitgliedstaat mit dem Ziel, dieser Lage innerhalb einer bestimmten Frist abzuhelfen. Vorbehaltlich des Absatzes 8 werden diese Empfehlungen nicht veröffentlicht.

(8) Stellt der Rat fest, dass seine Empfehlungen innerhalb der gesetzten Frist keine wirksamen Maßnahmen ausgelöst haben, so kann er seine Empfehlungen veröffentlichen.

(9) Falls ein Mitgliedstaat den Empfehlungen des Rates weiterhin nicht Folge leistet, kann der Rat beschließen, den Mitgliedstaat mit der Maßgabe in Verzug zu setzen, innerhalb einer bestimmten Frist Maßnahmen für den nach Auffassung des Rates zur Sanierung erforderlichen Defizitabbau zu treffen.

Der Rat kann in diesem Fall den betreffenden Mitgliedstaat ersuchen, nach einem konkreten Zeitplan Berichte vorzulegen, um die Anpassungsbemühungen des Mitgliedstaats überprüfen zu können.

(10) Das Recht auf Klageerhebung nach den Artikeln 258 und 259 kann im Rahmen der Absätze 1 bis 9 dieses Artikels nicht ausgeübt werden.

(11) Solange ein Mitgliedstaat einen Beschluss nach Absatz 9 nicht befolgt, kann der Rat beschließen, eine oder mehrere der nachstehenden Maßnahmen anzuwenden oder gegebenenfalls zu verschärfen, nämlich

- von dem betreffenden Mitgliedstaat verlangen, vor der Emission von Schuldverschreibungen und sonstigen Wertpapieren vom Rat näher zu bezeichnende zusätzliche Angaben zu veröffentlichen,
- die Europäische Investitionsbank ersuchen, ihre Darlehenspolitik gegenüber dem Mitgliedstaat zu überprüfen,

– von dem Mitgliedstaat verlangen, eine unverzinsliche Einlage in angemessener Höhe bei der Union zu hinterlegen, bis das übermäßige Defizit nach Ansicht des Rates korrigiert worden ist,

– Geldbußen in angemessener Höhe verhängen.

Der Präsident des Rates unterrichtet das Europäische Parlament von den Beschlüssen.

(12) Der Rat hebt einige oder sämtliche Beschlüsse oder Empfehlungen nach den Absätzen 6 bis 9 und 11 so weit auf, wie das übermäßige Defizit in dem betreffenden Mitgliedstaat nach Ansicht des Rates korrigiert worden ist. Hat der Rat zuvor Empfehlungen veröffentlicht, so stellt er, sobald der Beschluss nach Absatz 8 aufgehoben worden ist, in einer öffentlichen Erklärung fest, dass in dem betreffenden Mitgliedstaat kein übermäßiges Defizit mehr besteht.

(13) Die Beschlussfassung und die Empfehlungen des Rates nach den Absätzen 8, 9, 11 und 12 erfolgen auf Empfehlung der Kommission.

Erlässt der Rat Maßnahmen nach den Absätzen 6 bis 9 sowie den Absätzen 11 und 12, so beschließt er ohne Berücksichtigung der Stimme des den betreffenden Mitgliedstaat vertretenden Mitglieds des Rates.

Die qualifizierte Mehrheit der übrigen Mitglieder des Rates bestimmt sich nach Artikel 238 Absatz 3 Buchstabe a.

(14) Weitere Bestimmungen über die Durchführung des in diesem Artikel beschriebenen Verfahrens sind in dem den Verträgen beigefügten Protokoll über das Verfahren bei einem übermäßigen Defizit enthalten.

Der Rat verabschiedet gemäß einem besonderen Gesetzgebungsverfahren einstimmig und nach Anhörung des Europäischen Parlaments sowie der Europäischen Zentralbank die geeigneten Bestimmungen, die sodann das genannte Protokoll ablösen.

Der Rat beschließt vorbehaltlich der sonstigen Bestimmungen dieses Absatzes auf Vorschlag der Kommission und nach Anhörung des Europäischen Parlaments nähere Einzelheiten und Begriffsbestimmungen für die Durchführung des genannten Protokolls.

KAPITEL 2
DIE WÄHRUNGSPOLITIK

Artikel 127

(ex-Artikel 105 EGV)

(1) Das vorrangige Ziel des Europäischen Systems der Zentralbanken (im Folgenden „ESZB") ist es, die Preisstabilität zu gewährleisten. Soweit dies ohne Beeinträchtigung des Zieles der Preisstabilität möglich ist, unterstützt das ESZB die allgemeine Wirtschaftspolitik in der Union, um zur Verwirklichung der in Artikel 3 des Vertrags über die Europäische Union[2)] festgelegten Ziele der Union beizutragen. Das ESZB handelt im Einklang mit dem Grundsatz einer offenen Marktwirtschaft mit freiem Wettbewerb, wodurch ein effizienter Einsatz der Ressourcen gefördert wird, und hält sich dabei an die in Artikel 119 genannten Grundsätze.

(2) Die grundlegenden Aufgaben des ESZB bestehen darin,

– die Geldpolitik der Union festzulegen und auszuführen,

– Devisengeschäfte im Einklang mit Artikel 219 durchzuführen,

– die offiziellen Währungsreserven der Mitgliedstaaten zu halten und zu verwalten,

– das reibungslose Funktionieren der Zahlungssysteme zu fördern.

(3) Absatz 2 dritter Gedankenstrich berührt nicht die Haltung und Verwaltung von Arbeitsguthaben in Fremdwährungen durch die Regierungen der Mitgliedstaaten.

(4) Die Europäische Zentralbank wird gehört

– zu allen Vorschlägen für Rechtsakte der Union im Zuständigkeitsbereich der Europäischen Zentralbank,

– von den nationalen Behörden zu allen Entwürfen für Rechtsvorschriften im Zuständigkeitsbereich der Europäischen Zentralbank, und zwar innerhalb der Grenzen und unter den Bedingungen, die der Rat nach dem Verfahren des Artikels 129 Absatz 4 festlegt.

Die Europäische Zentralbank kann gegenüber den zuständigen Organen, Einrichtungen oder sonstigen Stellen der Union und gegenüber den nationalen Behörden Stellungnahmen zu in ihren Zuständigkeitsbereich fallenden Fragen abgeben.

(5) Das ESZB trägt zur reibungslosen Durchführung der von den zuständigen Behörden auf dem Gebiet der Aufsicht über die Kreditinstitute und der Stabilität des Finanzsystems ergriffenen Maßnahmen bei.

(6) Der Rat kann einstimmig durch Verordnungen gemäß einem besonderen Gesetzgebungsverfahren und nach Anhörung des Europäischen Parlaments und der Europäischen Zentralbank besondere Aufgaben im Zusammenhang mit der Aufsicht über Kreditinstitute und sonstige Finanzinstitute mit Ausnahme von Versicherungsunternehmen der Europäischen Zentralbank übertragen.

Artikel 128

(ex-Artikel 106 EGV)

(1) Die Europäische Zentralbank hat das ausschließliche Recht, die Ausgabe von Euro-Banknoten innerhalb der Union zu genehmigen. Die Europäische Zentralbank und die nationalen Zentralbanken sind zur Ausgabe dieser Banknoten berechtigt. Die von der Europäischen Zentralbank und den nationalen Zentralbanken ausgegebenen Banknoten sind die einzigen Banknoten, die in der Union als gesetzliches Zahlungsmittel gelten.

(2) Die Mitgliedstaaten haben das Recht zur Ausgabe von Euro-Münzen, wobei der Umfang dieser Ausgabe der Genehmigung durch die Europäische Zentralbank bedarf. Der Rat kann auf Vorschlag der Kommission und nach Anhörung des Europäischen Parlaments und der Europäischen Zentralbank Maßnahmen erlassen, um die Stückelung und die technischen Merkmale aller für den Umlauf bestimmten Münzen so weit zu harmonisieren, wie dies für deren reibungslosen Umlauf innerhalb der Union erforderlich ist.

Artikel 129

(ex-Artikel 107 EGV)

(1) Das ESZB wird von den Beschlussorganen der Europäischen Zentralbank, nämlich dem Rat der Europäischen Zentralbank und dem Direktorium, geleitet.

(2) Die Satzung des Europäischen Systems der Zentralbanken und der Europäischen Zentralbank (im Folgenden „Satzung des ESZB und der EZB") ist in einem den Verträgen beigefügten Protokoll festgelegt.

(3) Das Europäische Parlament und der Rat können die Artikel 5.1, 5.2, 5.3, 17, 18, 19.1, 22, 23, 24, 26, 32.2, 32.3, 32.4, 32.6, 33.1 Buchstabe a und 36 der Satzung des ESZB und der EZB gemäß dem ordentlichen Gesetzgebungsverfahren ändern. Sie beschließen entweder auf Empfehlung der Europäischen Zentralbank nach Anhörung der Kommission oder auf Empfehlung der Kommission nach Anhörung der Europäischen Zentralbank.

(4) Der Rat erlässt entweder auf Vorschlag der Kommission und nach Anhörung des Europäischen Parlaments und der Europäischen Zentralbank oder auf Empfehlung der Europäischen Zentralbank und nach Anhörung des Europäischen Parlaments und der Kommission die in den Artikeln 4, 5.4, 19.2, 20, 28.1, 29.2, 30.4 und 34.3 der Satzung des ESZB und der EZB genannten Bestimmungen.

Artikel 130

(ex-Artikel 108 EGV)

Bei der Wahrnehmung der ihnen durch die Verträge und die Satzung des ESZB und der EZB übertragenen Befugnisse, Aufgaben und Pflichten darf weder die Europäische Zentralbank noch eine nationale Zentralbank noch ein Mitglied ihrer Beschlussorgane Weisungen von Organen, Einrichtungen oder sonstigen Stellen der Union, Regierungen der Mitgliedstaaten oder anderen Stellen einholen oder entgegennehmen. Die Organe, Einrichtungen oder sonstigen Stellen der Union sowie die Regierungen der Mitgliedstaaten verpflichten sich, diesen Grundsatz zu beachten und nicht zu versuchen, die Mitglieder der Beschlussorgane der Europäischen Zentralbank oder der nationalen Zentralbanken bei der Wahrnehmung ihrer Aufgaben zu beeinflussen.

Artikel 131

(ex-Artikel 109 EGV)

Jeder Mitgliedstaat stellt sicher, dass seine innerstaatlichen Rechtsvorschriften einschließlich der Satzung seiner nationalen Zentralbank mit den Verträgen sowie mit der Satzung des ESZB und der EZB im Einklang stehen.

Artikel 132

(ex-Artikel 110 EGV)

(1) Zur Erfüllung der dem ESZB übertragenen Aufgaben werden von der Europäischen Zentralbank gemäß den Verträgen und unter den in der Satzung des ESZB und der EZB vorgesehenen Bedingungen

- Verordnungen erlassen, insoweit dies für die Erfüllung der in Artikel 3.1 erster Gedankenstrich, Artikel 19.1, Artikel 22 oder Artikel 25.2 der Satzung des ESZB und der EZB festgelegten Aufgaben erforderlich ist; sie erlässt Verordnungen ferner in den Fällen, die in den Rechtsakten des Rates nach Artikel 129 Absatz 4 vorgesehen werden,
- Beschlüsse erlassen, die zur Erfüllung der dem ESZB nach den Verträgen und der Satzung des ESZB und der EZB übertragenen Aufgaben erforderlich sind,
- Empfehlungen und Stellungnahmen abgegeben.

(2) Die Europäische Zentralbank kann die Veröffentlichung ihrer Beschlüsse, Empfehlungen und Stellungnahmen beschließen.

(3) Innerhalb der Grenzen und unter den Bedingungen, die der Rat nach dem Verfahren des Artikels 129 Absatz 4 festlegt, ist die Europäische Zentralbank befugt, Unternehmen bei Nichteinhaltung der Verpflichtungen, die sich aus ihren Verordnungen und Beschlüssen ergeben, mit

Geldbußen oder in regelmäßigen Abständen zu zahlenden Zwangsgeldern zu belegen.

Artikel 133

Unbeschadet der Befugnisse der Europäischen Zentralbank erlassen das Europäische Parlament und der Rat gemäß dem ordentlichen Gesetzgebungsverfahren die Maßnahmen, die für die Verwendung des Euro als einheitliche Währung erforderlich sind. Diese Maßnahmen werden nach Anhörung der Europäischen Zentralbank erlassen.

KAPITEL 3
INSTITUTIONELLE BESTIMMUNGEN

Artikel 134

(ex-Artikel 114 EGV)

(1) Um die Koordinierung der Politiken der Mitgliedstaaten in dem für das Funktionieren des Binnenmarkts erforderlichen Umfang zu fördern, wird ein Wirtschafts- und Finanzausschuss eingesetzt.

(2) Der Wirtschafts- und Finanzausschuss hat die Aufgabe,

- auf Ersuchen des Rates oder der Kommission oder von sich aus Stellungnahmen an diese Organe abzugeben;
- die Wirtschafts- und Finanzlage der Mitgliedstaaten und der Union zu beobachten und dem Rat und der Kommission regelmäßig darüber Bericht zu erstatten, insbesondere über die finanziellen Beziehungen zu dritten Ländern und internationalen Einrichtungen;
- unbeschadet des Artikels 240 an der Vorbereitung der in Artikel 66, Artikel 75, Artikel 121 Absätze 2, 3, 4 und 6, Artikel 122, Artikel 124, Artikel 125, Artikel 126, Artikel 127 Absatz 6, Artikel 128 Absatz 2, Artikel 129 Absätze 3 und 4, Artikel 138, Artikel 140 Absätze 2 und 3, Artikel 143, Artikel 144 Absätze 2 und 3 und Artikel 219 genannten Arbeiten des Rates mitzuwirken und die sonstigen ihm vom Rat übertragenen Beratungsaufgaben und vorbereitenden Arbeiten auszuführen;
- mindestens einmal jährlich die Lage hinsichtlich des Kapitalverkehrs und der Freiheit des Zahlungsverkehrs, wie sie sich aus der Anwendung der Verträge und der Maßnahmen des Rates ergeben, zu prüfen; die Prüfung erstreckt sich auf alle Maßnahmen im Zusammenhang mit dem Kapital- und Zahlungsverkehr; der Ausschuss erstattet der Kommission und dem Rat Bericht über das Ergebnis dieser Prüfung.

Jeder Mitgliedstaat sowie die Kommission und die Europäische Zentralbank ernennen jeweils höchstens zwei Mitglieder des Ausschusses.

(3) Der Rat legt auf Vorschlag der Kommission und nach Anhörung der Europäischen Zentralbank und des in diesem Artikel genannten Ausschusses im Einzelnen fest, wie sich der Wirtschafts- und Finanzausschuss zusammensetzt. Der Präsident des Rates unterrichtet das Europäische Parlament über diesen Beschluss.

(4) Sofern und solange es Mitgliedstaaten gibt, für die eine Ausnahmeregelung nach Artikel 139 gilt, hat der Ausschuss zusätzlich zu den in Absatz 2 beschriebenen Aufgaben die Währungs- und Finanzlage sowie den allgemeinen Zahlungsverkehr der betreffenden Mitgliedstaaten zu beobachten und dem Rat und der Kommission regelmäßig darüber Bericht zu erstatten.

Artikel 135

(ex-Artikel 115 EGV)

Bei Fragen, die in den Geltungsbereich von Artikel 121 Absatz 4, Artikel 126 mit Ausnahme von Absatz 14, Artikel 138, Artikel 140 Absatz 1, Artikel 140 Absatz 2 Unterabsatz 1, Artikel 140 Absatz 3 und Artikel 219 fallen, kann der Rat oder ein Mitgliedstaat die Kommission ersuchen, je nach Zweckmäßigkeit eine Empfehlung oder einen Vorschlag zu unterbreiten. Die Kommission prüft dieses Ersuchen und unterbreitet dem Rat umgehend ihre Schlussfolgerungen.

KAPITEL 4
BESONDERE BESTIMMUNGEN FÜR DIE MITGLIEDSTAATEN, DEREN WÄHRUNG DER EURO IST

Artikel 136

(1) Im Hinblick auf das reibungslose Funktionieren der Wirtschafts- und Währungsunion erlässt der Rat für die Mitgliedstaaten, deren Währung der Euro ist, Maßnahmen nach den einschlägigen Bestimmungen der Verträge und dem entsprechenden Verfahren unter den in den Artikeln 121 und 126 genannten Verfahren, mit Ausnahme des in Artikel 126 Absatz 14 genannten Verfahrens, um

a) die Koordinierung und Überwachung ihrer Haushaltsdisziplin zu verstärken,

b) für diese Staaten Grundzüge der Wirtschaftspolitik auszuarbeiten, wobei darauf zu achten ist, dass diese mit den für die gesamte Union angenommenen Grundzügen der Wirtschaftspolitik vereinbar sind, und ihre Einhaltung zu überwachen.

(2) Bei den in Absatz 1 genannten Maßnahmen sind nur die Mitglieder des Rates stimmberechtigt, die die Mitgliedstaaten vertreten, deren Währung der Euro ist.

Die qualifizierte Mehrheit dieser Mitglieder bestimmt sich nach Artikel 238 Absatz 3 Buchstabe a.

(3) Die Mitgliedstaaten, deren Währung der Euro ist, können einen Stabilitätsmechanismus einrichten, der aktiviert wird, wenn dies unabdingbar ist, um die Stabilität des Euro-Währungsgebiets insgesamt zu wahren. Die Gewährung aller erforderlichen Finanzhilfen im Rahmen des Mechanismus wird strengen Auflagen unterliegen.

Artikel 137

Die Einzelheiten für die Tagungen der Minister der Mitgliedstaaten, deren Währung der Euro ist, sind in dem Protokoll betreffend die Euro-Gruppe festgelegt.

Artikel 138

(ex-Artikel 111 Absatz 4 EGV)

(1) Zur Gewährleistung der Stellung des Euro im internationalen Währungssystem erlässt der Rat auf Vorschlag der Kommission einen Beschluss zur Festlegung der innerhalb der zuständigen internationalen Einrichtungen und Konferenzen im Finanzbereich einzunehmenden gemeinsamen Standpunkte zu den Fragen, die von besonderer Bedeutung für die Wirtschafts- und Währungsunion sind. Der Rat beschließt nach Anhörung der Europäischen Zentralbank.

(2) Der Rat kann auf Vorschlag der Kommission geeignete Maßnahmen mit dem Ziel erlassen, eine einheitliche Vertretung bei den internationalen Einrichtungen und Konferenzen im Finanzbereich sicherzustellen. Der Rat beschließt nach Anhörung der Europäischen Zentralbank.

(3) Bei den in den Absätzen 1 und 2 genannten Maßnahmen sind nur die Mitglieder des Rates stimmberechtigt, die die Mitgliedstaaten vertreten, deren Währung der Euro ist.

Die qualifizierte Mehrheit dieser Mitglieder bestimmt sich nach Artikel 238 Absatz 3 Buchstabe a.

KAPITEL 5

ÜBERGANGSBESTIMMUNGEN

Artikel 139

(1) Die Mitgliedstaaten, für die der Rat nicht beschlossen hat, dass sie die erforderlichen Voraussetzungen für die Einführung des Euro erfüllen, werden im Folgenden als „Mitgliedstaaten, für die eine Ausnahmeregelung gilt" oder „Mitgliedstaaten mit Ausnahmeregelung" bezeichnet.

(2) Auf die Mitgliedstaaten, für die eine Ausnahmeregelung gilt, finden die im Folgenden aufgeführten Bestimmungen der Verträge keine Anwendung:

a) Annahme der das Euro-Währungsgebiet generell betreffenden Teile der Grundzüge der Wirtschaftspolitik (Artikel 121 Absatz 2);

b) Zwangsmittel zum Abbau eines übermäßigen Defizits (Artikel 126 Absätze 9 und 11);

c) Ziele und Aufgaben des ESZB (Artikel 127 Absätze 1, 2, 3 und 5);

d) Ausgabe des Euro (Artikel 128);

e) Rechtsakte der Europäischen Zentralbank (Artikel 132);

f) Maßnahmen bezüglich der Verwendung des Euro (Artikel 133);

g) Währungsvereinbarungen und andere Maßnahmen bezüglich der Wechselkurspolitik (Artikel 219);

h) Ernennung der Mitglieder des Direktoriums der Europäischen Zentralbank (Artikel 283 Absatz 2);

i) Beschlüsse zur Festlegung der innerhalb der zuständigen internationalen Einrichtungen und Konferenzen im Finanzbereich einzunehmenden gemeinsamen Standpunkte zu den Fragen, die von besonderer Bedeutung für die Wirtschafts- und Währungsunion sind (Artikel 138 Absatz 1);

j) Maßnahmen zur Sicherstellung einer einheitlichen Vertretung bei den internationalen Einrichtungen und Konferenzen im Finanzbereich (Artikel 138 Absatz 2).

Somit sind „Mitgliedstaaten" im Sinne der in den Buchstaben a bis j genannten Artikel die Mitgliedstaaten, deren Währung der Euro ist.

(3) Die Mitgliedstaaten, für die eine Ausnahmeregelung gilt, und deren nationale Zentralbanken sind nach Kapitel IX der Satzung des ESZB und der EZB von den Rechten und Pflichten im Rahmen des ESZB ausgeschlossen.

(4) Das Stimmrecht der Mitglieder des Rates, die Mitgliedstaaten mit Ausnahmeregelung vertreten, ruht beim Erlass von Maßnahmen nach den in Absatz 2 genannten Artikeln durch den Rat sowie bei

a) Empfehlungen an die Mitgliedstaaten, deren Währung der Euro ist, im Rahmen der multilateralen Überwachung, einschließlich Empfehlungen zu den Stabilitätsprogrammen und Verwarnungen (Artikel 121 Absatz 4);

b) Maßnahmen bei übermäßigem Defizit von Mitgliedstaaten, deren Währung der Euro ist (Artikel 126 Absätze 6, 7, 8, 12 und 13).

Die qualifizierte Mehrheit der übrigen Mitglieder des Rates bestimmt sich nach Artikel 238 Absatz 3 Buchstabe a.

Artikel 140

(ex-Artikel 121 Absatz 1, ex-Artikel 122 Absatz 2 Satz 2 und ex-Artikel 123 Absatz 5 EGV)

(1) Mindestens einmal alle zwei Jahre oder auf Antrag eines Mitgliedstaats, für den eine Ausnahmeregelung gilt, berichten die Kommission und die Europäische Zentralbank dem Rat, inwieweit die Mitgliedstaaten, für die eine Ausnahmeregelung gilt, bei der Verwirklichung der Wirtschafts- und

Währungsunion ihren Verpflichtungen bereits nachgekommen sind. In ihren Berichten wird auch die Frage geprüft, inwieweit die innerstaatlichen Rechtsvorschriften jedes einzelnen dieser Mitgliedstaaten einschließlich der Satzung der jeweiligen nationalen Zentralbank mit Artikel 130 und Artikel 131 sowie der Satzung des ESZB und der EZB vereinbar sind. Ferner wird darin geprüft, ob ein hoher Grad an dauerhafter Konvergenz erreicht ist; Maßstab hierfür ist, ob die einzelnen Mitgliedstaaten folgende Kriterien erfüllen:

- Erreichung eines hohen Grades an Preisstabilität, ersichtlich aus einer Inflationsrate, die der Inflationsrate jener – höchstens drei – Mitgliedstaaten nahe kommt, die auf dem Gebiet der Preisstabilität das beste Ergebnis erzielt haben;
- eine auf Dauer tragbare Finanzlage der öffentlichen Hand, ersichtlich aus einer öffentlichen Haushaltslage ohne übermäßiges Defizit im Sinne des Artikels 126 Absatz 6;
- Einhaltung der normalen Bandbreiten des Wechselkursmechanismus des Europäischen Währungssystems seit mindestens zwei Jahren ohne Abwertung gegenüber dem Euro;
- Dauerhaftigkeit der von dem Mitgliedstaat mit Ausnahmeregelung erreichten Konvergenz und seiner Teilnahme am Wechselkursmechanismus, die im Niveau der langfristigen Zinssätze zum Ausdruck kommt.

Die vier Kriterien in diesem Absatz sowie die jeweils erforderliche Dauer ihrer Einhaltung sind in einem den Verträgen beigefügten Protokoll näher festgelegt. Die Berichte der Kommission und der Europäischen Zentralbank berücksichtigen auch die Ergebnisse bei der Integration der Märkte, den Stand und die Entwicklung der Leistungsbilanzen, die Entwicklung bei den Lohnstückkosten und andere Preisindizes.

(2) Der Rat beschließt nach Anhörung des Europäischen Parlaments und nach Aussprache im Europäischen Rat auf Vorschlag der Kommission, welche der Mitgliedstaaten, für die eine Ausnahmeregelung gilt, die auf den Kriterien des Absatzes 1 beruhenden Voraussetzungen erfüllen, und hebt die Ausnahmeregelungen der betreffenden Mitgliedstaaten auf.

Der Rat beschließt auf Empfehlung einer qualifizierten Mehrheit derjenigen seiner Mitglieder, die Mitgliedstaaten vertreten, deren Währung der Euro ist. Diese Mitglieder beschließen innerhalb von sechs Monaten nach Eingang des Vorschlags der Kommission beim Rat.

Die in Unterabsatz 2 genannte qualifizierte Mehrheit dieser Mitglieder bestimmt sich nach Artikel 238 Absatz 3 Buchstabe a.

(3) Wird nach dem Verfahren des Absatzes 2 beschlossen, eine Ausnahmeregelung aufzuheben, so legt der Rat aufgrund eines einstimmigen Beschlusses der Mitgliedstaaten, deren Währung der Euro ist, und des betreffenden Mitgliedstaats auf Vorschlag der Kommission und nach Anhörung

der Europäischen Zentralbank den Kurs, zu dem dessen Währung durch den Euro ersetzt wird, unwiderruflich fest und ergreift die sonstigen erforderlichen Maßnahmen zur Einführung des Euro als einheitliche Währung in dem betreffenden Mitgliedstaat.

Artikel 141

(ex-Artikel 123 Absatz 3 und ex-Artikel 117 Absatz 2 erster bis fünfter Gedankenstrich EGV)

(1) Sofern und solange es Mitgliedstaaten gibt, für die eine Ausnahmeregelung gilt, wird unbeschadet des Artikels 129 Absatz 1 der in Artikel 44 der Satzung des ESZB und der EZB bezeichnete Erweiterte Rat der Europäischen Zentralbank als drittes Beschlussorgan der Europäischen Zentralbank errichtet.

(2) Sofern und solange es Mitgliedstaaten gibt, für die eine Ausnahmeregelung gilt, ist es die Aufgabe der Europäischen Zentralbank, in Bezug auf diese Mitgliedstaaten

- die Zusammenarbeit zwischen den nationalen Zentralbanken zu verstärken;
- die Koordinierung der Geldpolitiken der Mitgliedstaaten mit dem Ziel zu verstärken, die Preisstabilität aufrechtzuerhalten;
- das Funktionieren des Wechselkursmechanismus zu überwachen;
- Konsultationen zu Fragen durchzuführen, die in die Zuständigkeit der nationalen Zentralbanken fallen und die Stabilität der Finanzinstitute und -märkte berühren;
- die seinerzeitigen Aufgaben des Europäischen Fonds für währungspolitische Zusammenarbeit, die zuvor vom Europäischen Währungsinstitut übernommen worden waren, wahrzunehmen.

Artikel 142

(ex-Artikel 124 Absatz 1 EGV)

Jeder Mitgliedstaat, für den eine Ausnahmeregelung gilt, behandelt seine Wechselkurspolitik als eine Angelegenheit von gemeinsamem Interesse. Er berücksichtigt dabei die Erfahrungen, die bei der Zusammenarbeit im Rahmen des Wechselkursmechanismus gesammelt worden sind.

Artikel 143

(ex-Artikel 119 EGV)

(1) Ist ein Mitgliedstaat, für den eine Ausnahmeregelung gilt, hinsichtlich seiner Zahlungsbilanz von Schwierigkeiten betroffen oder ernstlich bedroht, die sich entweder aus einem Ungleichgewicht seiner Gesamtzahlungsbilanz oder aus der Art der ihm zur Verfügung stehenden Devisen ergeben, und sind diese Schwierigkeiten geeignet, insbesondere das Funktionieren des Binnenmarkts oder die Verwirklichung der gemeinsamen Handelspolitik zu gefährden, so prüft die Kommission unverzüglich die Lage dieses Staates sowie die Maßnahmen, die er getroffen hat oder unter Einsatz aller ihm zur Verfügung stehenden Mittel nach den Verträgen treffen kann. Die Kommission gibt die Maßnahmen an, die sie dem betreffenden Mitgliedstaat empfiehlt.

Erweisen sich die von einem Mitgliedstaat mit Ausnahmeregelung ergriffenen und die von der Kommission angeregten Maßnahmen als unzureichend, die aufgetretenen oder drohenden Schwierigkeiten zu beheben, so empfiehlt die Kommission dem Rat nach Anhörung des Wirtschafts- und Finanzausschusses einen gegenseitigen Beistand und die dafür geeigneten Methoden.

Die Kommission unterrichtet den Rat regelmäßig über die Lage und ihre Entwicklung.

(2) Der Rat gewährt den gegenseitigen Beistand; er erlässt Richtlinien oder Beschlüsse, welche die Bedingungen und Einzelheiten hierfür festlegen. Der gegenseitige Beistand kann insbesondere erfolgen

a) durch ein abgestimmtes Vorgehen bei anderen internationalen Organisationen, an die sich die Mitgliedstaaten, für die eine Ausnahmeregelung gilt, wenden können;

b) durch Maßnahmen, die notwendig sind, um Verlagerungen von Handelsströmen zu vermeiden, falls der in Schwierigkeiten befindliche Mitgliedstaat mit Ausnahmeregelung mengenmäßige Beschränkungen gegenüber dritten Ländern beibehält oder wieder einführt;

c) durch Bereitstellung von Krediten in begrenzter Höhe seitens anderer Mitgliedstaaten; hierzu ist ihr Einverständnis erforderlich.

(3) Stimmt der Rat dem von der Kommission empfohlenen gegenseitigen Beistand nicht zu oder sind der gewährte Beistand und die getroffenen Maßnahmen unzureichend, so ermächtigt die Kommission den in Schwierigkeiten befindlichen Mitgliedstaat mit Ausnahmeregelung, Schutzmaßnahmen zu treffen, deren Bedingungen und Einzelheiten sie festlegt.

Der Rat kann diese Ermächtigung aufheben und die Bedingungen und Einzelheiten ändern.

Artikel 144

(ex-Artikel 120 EGV)

(1) Gerät ein Mitgliedstaat, für den eine Ausnahmeregelung gilt, in eine plötzliche Zahlungsbilanzkrise und wird ein Beschluss im Sinne des Artikels 143 Absatz 2 nicht unverzüglich getroffen, so kann der betreffende Staat vorsorglich die erforderlichen Schutzmaßnahmen ergreifen. Sie dürfen nur ein Mindestmaß an Störungen im Funktionieren des Binnenmarkts hervorrufen und nicht über das zur Behebung der plötzlich aufgetretenen Schwierigkeiten unbedingt erforderliche Ausmaß hinausgehen.

(2) Die Kommission und die anderen Mitgliedstaaten werden über die Schutzmaßnahmen spätestens bei deren Inkrafttreten unterrichtet. Die Kommission kann dem Rat den gegenseitigen Beistand nach Artikel 143 empfehlen.

(3) Auf Empfehlung der Kommission und nach Anhörung des Wirtschafts- und Finanzausschusses kann der Rat beschließen, dass der betreffende Mitgliedstaat diese Schutzmaßnahmen zu ändern, auszusetzen oder aufzuheben hat.

TITEL IX

BESCHÄFTIGUNG

Artikel 145

(ex-Artikel 125 EGV)

Die Mitgliedstaaten und die Union arbeiten nach diesem Titel auf die Entwicklung einer koordinierten Beschäftigungsstrategie und insbesondere auf die Förderung der Qualifizierung, Ausbildung und Anpassungsfähigkeit der Arbeitnehmer sowie der Fähigkeit der Arbeitsmärkte hin, auf die Erfordernisse des wirtschaftlichen Wandels zu reagieren, um die Ziele des Artikels 3 des Vertrags über die Europäische Union[2)] zu erreichen.

Artikel 146

(ex-Artikel 126 EGV)

(1) Die Mitgliedstaaten tragen durch ihre Beschäftigungspolitik im Einklang mit den nach Artikel 121 Absatz 2 verabschiedeten Grundzügen der Wirtschaftspolitik der Mitgliedstaaten und der Union zur Erreichung der in Artikel 145 genannten Ziele bei.

(2) Die Mitgliedstaaten betrachten die Förderung der Beschäftigung als Angelegenheit von gemeinsamem Interesse und stimmen ihre diesbezüglichen Tätigkeiten nach Maßgabe des Artikels 148 im Rat aufeinander ab, wobei die einzelstaatlichen Gepflogenheiten in Bezug auf die Verantwortung der Sozialpartner berücksichtigt werden.

Artikel 147

(ex-Artikel 127 EGV)

(1) Die Union trägt zu einem hohen Beschäftigungsniveau bei, indem sie die Zusammenarbeit zwischen den Mitgliedstaaten fördert und deren Maßnahmen in diesem Bereich unterstützt und erforderlichenfalls ergänzt. Hierbei wird die Zuständigkeit der Mitgliedstaaten beachtet.

(2) Das Ziel eines hohen Beschäftigungsniveaus wird bei der Festlegung und Durchführung der Unionspolitiken und -maßnahmen berücksichtigt.

Artikel 148

(ex-Artikel 128 EGV)

(1) Anhand eines gemeinsamen Jahresberichts des Rates und der Kommission prüft der Europäische Rat jährlich die Beschäftigungslage in der Union und nimmt hierzu Schlussfolgerungen an.

(2) Anhand der Schlussfolgerungen des Europäischen Rates legt der Rat auf Vorschlag der Kommission und nach Anhörung des Europäischen Parlaments, des Wirtschafts- und Sozialausschusses, des Ausschusses der Regionen und des in Artikel 150 genannten Beschäftigungsausschusses jährlich Leitlinien fest, welche die Mitgliedstaaten in ihrer Beschäftigungspolitik berücksichtigen. Diese Leitlinien müssen mit den nach Artikel 121 Absatz 2 verabschiedeten Grundzügen in Einklang stehen.

(3) Jeder Mitgliedstaat übermittelt dem Rat und der Kommission jährlich einen Bericht über die wichtigsten Maßnahmen, die er zur Durchführung seiner Beschäftigungspolitik im Lichte der beschäftigungspolitischen Leitlinien nach Absatz 2 getroffen hat.

(4) Anhand der in Absatz 3 genannten Berichte und nach Stellungnahme des Beschäftigungsausschusses unterzieht der Rat die Durchführung der Beschäftigungspolitik der Mitgliedstaaten im Lichte der beschäftigungspolitischen Leitlinien jährlich einer Prüfung. Der Rat kann dabei auf Empfehlung der Kommission Empfehlungen an die Mitgliedstaaten richten, wenn er dies aufgrund der Ergebnisse dieser Prüfung für angebracht hält.

(5) Auf der Grundlage der Ergebnisse der genannten Prüfung erstellen der Rat und die Kommission einen gemeinsamen Jahresbericht für den Europäischen Rat über die Beschäftigungslage in der Union und über die Umsetzung der beschäftigungspolitischen Leitlinien.

Artikel 149

(ex-Artikel 129 EGV)

Das Europäische Parlament und der Rat können gemäß dem ordentlichen Gesetzgebungsverfahren und nach Anhörung des Wirtschafts- und Sozialausschusses sowie des Ausschusses der Regionen Anreizmaßnahmen zur Förderung der Zusammenarbeit zwischen den Mitgliedstaaten und zur Unterstützung ihrer Beschäftigungsmaßnahmen durch Initiativen beschließen, die darauf abzielen, den Austausch von Informationen und bewährten Verfahren zu entwickeln, vergleichende Analysen und Gutachten bereitzustellen sowie innovative Ansätze zu fördern und Erfahrungen zu bewerten, und zwar insbesondere durch den Rückgriff auf Pilotvorhaben.

Diese Maßnahmen schließen keinerlei Harmonisierung der Rechts- und Verwaltungsvorschriften der Mitgliedstaaten ein.

Artikel 150

(ex-Artikel 130 EGV)

Der Rat, der mit einfacher Mehrheit beschließt, setzt nach Anhörung des Europäischen Parlaments einen Beschäftigungsausschuss mit beratender Funktion zur Förderung der Koordinierung der Beschäftigungs- und Arbeitsmarktpolitik der Mitgliedstaaten ein. Der Ausschuss hat folgende Aufgaben:

- Er verfolgt die Beschäftigungslage und die Beschäftigungspolitik in den Mitgliedstaaten und der Union;
- er gibt unbeschadet des Artikels 240 auf Ersuchen des Rates oder der Kommission oder von sich aus Stellungnahmen ab und trägt zur Vorbereitung der in Artikel 148 genannten Beratungen des Rates bei.

Bei der Erfüllung seines Auftrags hört der Ausschuss die Sozialpartner.

Jeder Mitgliedstaat und die Kommission entsenden zwei Mitglieder in den Ausschuss.

TITEL X
SOZIALPOLITIK

Artikel 151

(ex-Artikel 136 EGV)

Die Union und die Mitgliedstaaten verfolgen eingedenk der sozialen Grundrechte, wie sie in der am 18. Oktober 1961 in Turin unterzeichneten Europäischen Sozialcharta und in der Gemeinschaftscharta der sozialen Grundrechte der Arbeitnehmer von 1989 festgelegt sind, folgende Ziele: die Förderung der Beschäftigung, die Verbesserung der Lebens- und Arbeitsbedingungen, um dadurch auf dem Wege des Fortschritts ihre Angleichung zu ermöglichen, einen angemessenen sozialen Schutz, den sozialen Dialog, die Entwicklung des Arbeitskräftepotenzials im Hinblick auf ein dauerhaft hohes Beschäftigungsniveau und die Bekämpfung von Ausgrenzungen.

Zu diesem Zweck führen die Union und die Mitgliedstaaten Maßnahmen durch, die der Vielfalt der einzelstaatlichen Gepflogenheiten, insbesondere in den vertraglichen Beziehungen, sowie der Notwendigkeit, die Wettbewerbsfähigkeit der Wirtschaft der Union zu erhalten, Rechnung tragen.

Sie sind der Auffassung, dass sich eine solche Entwicklung sowohl aus dem eine Abstimmung der Sozialordnungen begünstigenden Wirken des Binnenmarkts als auch aus den in den Verträgen vorgesehenen Verfahren sowie aus der Angleichung ihrer Rechts- und Verwaltungsvorschriften ergeben wird.

Artikel 152

Die Union anerkennt und fördert die Rolle der Sozialpartner auf Ebene der Union unter Berücksichtigung der Unterschiedlichkeit der nationalen Systeme. Sie fördert den sozialen Dialog und achtet dabei die Autonomie der Sozialpartner.

Der Dreigliedrige Sozialgipfel für Wachstum und Beschäftigung trägt zum sozialen Dialog bei.

Artikel 153

(ex-Artikel 137 EGV)

(1) Zur Verwirklichung der Ziele des Artikels 151 unterstützt und ergänzt die Union die Tätigkeit der Mitgliedstaaten auf folgenden Gebieten:

a) Verbesserung insbesondere der Arbeitsumwelt zum Schutz der Gesundheit und der Sicherheit der Arbeitnehmer,

b) Arbeitsbedingungen,

c) soziale Sicherheit und sozialer Schutz der Arbeitnehmer,

d) Schutz der Arbeitnehmer bei Beendigung des Arbeitsvertrags,

e) Unterrichtung und Anhörung der Arbeitnehmer,

f) Vertretung und kollektive Wahrnehmung der Arbeitnehmer- und Arbeitgeberinteressen, einschließlich der Mitbestimmung, vorbehaltlich des Absatzes 5,

g) Beschäftigungsbedingungen der Staatsangehörigen dritter Länder, die sich rechtmäßig im Gebiet der Union aufhalten,

h) berufliche Eingliederung der aus dem Arbeitsmarkt ausgegrenzten Personen, unbeschadet des Artikels 166,

i) Chancengleichheit von Männern und Frauen auf dem Arbeitsmarkt und Gleichbehandlung am Arbeitsplatz,

j) Bekämpfung der sozialen Ausgrenzung,

k) Modernisierung der Systeme des sozialen Schutzes, unbeschadet des Buchstabens c.

(2) Zu diesem Zweck können das Europäische Parlament und der Rat

a) unter Ausschluss jeglicher Harmonisierung der Rechts- und Verwaltungsvorschriften der Mitgliedstaaten Maßnahmen annehmen, die dazu bestimmt sind, die Zusammenarbeit zwischen den Mitgliedstaaten durch Initiativen zu fördern, die die Verbesserung des Wissensstands, die Entwicklung des Austauschs von Informationen und bewährten Verfahren, die Förderung innovativer Ansätze und die Bewertung von Erfahrungen zum Ziel haben;

b) in den in Absatz 1 Buchstaben a bis i genannten Bereichen unter Berücksichtigung der in den einzelnen Mitgliedstaaten bestehenden Bedingungen und technischen Regelungen durch Richtlinien Mindestvorschriften erlassen, die schrittweise anzuwenden sind. Diese Richtlinien sollen keine verwaltungsmäßigen, finanziellen oder rechtlichen Auflagen vorschreiben, die der Gründung und Entwicklung von kleinen und mittleren Unternehmen entgegenstehen.

Das Europäische Parlament und der Rat beschließen gemäß dem ordentlichen Gesetzgebungsverfahren nach Anhörung des Wirtschafts- und Sozialausschusses und des Ausschusses der Regionen.

In den in Absatz 1 Buchstaben c, d, f und g genannten Bereichen beschließt der Rat einstimmig gemäß einem besonderen Gesetzgebungsverfahren nach Anhörung des Europäischen Parlaments und der genannten Ausschüsse.

Der Rat kann einstimmig auf Vorschlag der Kommission nach Anhörung des Europäischen Parlaments beschließen, dass das ordentliche Gesetzgebungsverfahren auf Absatz 1 Buchstaben d, f und g angewandt wird.

(3) Ein Mitgliedstaat kann den Sozialpartnern auf deren gemeinsamen Antrag die Durchführung von aufgrund des Absatzes 2 angenommenen

Richtlinien oder gegebenenfalls die Durchführung eines nach Artikel 155 erlassenen Beschlusses des Rates übertragen.

In diesem Fall vergewissert sich der Mitgliedstaat, dass die Sozialpartner spätestens zu dem Zeitpunkt, zu dem eine Richtlinie umgesetzt oder ein Beschluss durchgeführt sein muss, im Wege einer Vereinbarung die erforderlichen Vorkehrungen getroffen haben; dabei hat der Mitgliedstaat alle erforderlichen Maßnahmen zu treffen, um jederzeit gewährleisten zu können, dass die durch diese Richtlinie oder diesen Beschluss vorgeschriebenen Ergebnisse erzielt werden.

(4) Die aufgrund dieses Artikels erlassenen Bestimmungen

– berühren nicht die anerkannte Befugnis der Mitgliedstaaten, die Grundprinzipien ihres Systems der sozialen Sicherheit festzulegen, und dürfen das finanzielle Gleichgewicht dieser Systeme nicht erheblich beeinträchtigen;
– hindern die Mitgliedstaaten nicht daran, strengere Schutzmaßnahmen beizubehalten oder zu treffen, die mit den Verträgen vereinbar sind.

(5) Dieser Artikel gilt nicht für das Arbeitsentgelt, das Koalitionsrecht, das Streikrecht sowie das Aussperrungsrecht.

Artikel 154

(ex-Artikel 138 EGV)

(1) Die Kommission hat die Aufgabe, die Anhörung der Sozialpartner auf Unionsebene zu fördern, und erlässt alle zweckdienlichen Maßnahmen, um den Dialog zwischen den Sozialpartnern zu erleichtern, wobei sie für Ausgewogenheit bei der Unterstützung der Parteien sorgt.

(2) Zu diesem Zweck hört die Kommission vor Unterbreitung von Vorschlägen im Bereich der Sozialpolitik die Sozialpartner zu der Frage, wie eine Unionsaktion gegebenenfalls ausgerichtet werden sollte.

(3) Hält die Kommission nach dieser Anhörung eine Unionsmaßnahme für zweckmäßig, so hört sie die Sozialpartner zum Inhalt des in Aussicht genommenen Vorschlags. Die Sozialpartner übermitteln der Kommission eine Stellungnahme oder gegebenenfalls eine Empfehlung.

(4) Bei den Anhörungen nach den Absätzen 2 und 3 können die Sozialpartner der Kommission mitteilen, dass sie den Prozess nach Artikel 155 in Gang setzen wollen. Die Dauer dieses Prozesses darf höchstens neun Monate betragen, sofern die betroffenen Sozialpartner und die Kommission nicht gemeinsam eine Verlängerung beschließen.

Artikel 155

(ex-Artikel 139 EGV)

(1) Der Dialog zwischen den Sozialpartnern auf Unionsebene kann, falls sie es wünschen, zur Herstellung vertraglicher Beziehungen einschließlich des Abschlusses von Vereinbarungen führen.

(2) Die Durchführung der auf Unionsebene geschlossenen Vereinbarungen erfolgt entweder nach den jeweiligen Verfahren und Gepflogenheiten der Sozialpartner und der Mitgliedstaaten oder – in den durch Artikel 153 erfassten Bereichen – auf gemeinsamen Antrag der Unterzeichnerparteien durch einen Beschluss des Rates auf Vorschlag der Kommission. Das Europäische Parlament wird unterrichtet.

Der Rat beschließt einstimmig, sofern die betreffende Vereinbarung eine oder mehrere Bestimmungen betreffend einen der Bereiche enthält, für die nach Artikel 153 Absatz 2 Einstimmigkeit erforderlich ist.

Artikel 156

(ex-Artikel 140 EGV)

Unbeschadet der sonstigen Bestimmungen der Verträge fördert die Kommission im Hinblick auf die Erreichung der Ziele des Artikels 151 die Zusammenarbeit zwischen den Mitgliedstaaten und erleichtert die Abstimmung ihres Vorgehens in allen unter dieses Kapitel fallenden Bereichen der Sozialpolitik, insbesondere auf dem Gebiet

– der Beschäftigung,
– des Arbeitsrechts und der Arbeitsbedingungen,
– der beruflichen Ausbildung und Fortbildung,
– der sozialen Sicherheit,
– der Verhütung von Berufsunfällen und Berufskrankheiten,
– des Gesundheitsschutzes bei der Arbeit,
– des Koalitionsrechts und der Kollektivverhandlungen zwischen Arbeitgebern und Arbeitnehmern.

Zu diesem Zweck wird die Kommission in enger Verbindung mit den Mitgliedstaaten durch Untersuchungen, Stellungnahmen und die Durchführung von Konsultationen in Bezug auf innerstaatlich oder in den internationalen Organisationen zu behandelnde Fragen tätig, und zwar insbesondere im Wege von Initiativen, die darauf abzielen, Leitlinien und Indikatoren festzulegen, den Austausch bewährter Verfahren durchzuführen und die erforderlichen Elemente für eine regelmäßige Überwachung und Bewertung auszuarbeiten. Das Europäische Parlament wird in vollem Umfang unterrichtet.

Vor Abgabe der in diesem Artikel vorgesehenen Stellungnahmen hört die Kommission den Wirtschafts- und Sozialausschuss.

Artikel 157

(ex-Artikel 141 EGV)

(1) Jeder Mitgliedstaat stellt die Anwendung des Grundsatzes des gleichen Entgelts für Männer und Frauen bei gleicher oder gleichwertiger Arbeit sicher.

(2) Unter „Entgelt" im Sinne dieses Artikels sind die üblichen Grund- oder Mindestlöhne und -gehälter sowie alle sonstigen Vergütungen zu verstehen, die der Arbeitgeber aufgrund des Dienstverhältnisses dem Arbeitnehmer unmittelbar oder mittelbar in bar oder in Sachleistungen zahlt.

Gleichheit des Arbeitsentgelts ohne Diskriminierung aufgrund des Geschlechts bedeutet,

a) dass das Entgelt für eine gleiche nach Akkord bezahlte Arbeit aufgrund der gleichen Maßeinheit festgesetzt wird,

b) dass für eine nach Zeit bezahlte Arbeit das Entgelt bei gleichem Arbeitsplatz gleich ist.

(3) Das Europäische Parlament und der Rat beschließen gemäß dem ordentlichen Gesetzgebungsverfahren und nach Anhörung des Wirtschafts- und Sozialausschusses Maßnahmen zur Gewährleistung der Anwendung des Grundsatzes der Chancengleichheit und der Gleichbehandlung von Männern und Frauen in Arbeits- und Beschäftigungsfragen, einschließlich des Grundsatzes des gleichen Entgelts bei gleicher oder gleichwertiger Arbeit.

(4) Im Hinblick auf die effektive Gewährleistung der vollen Gleichstellung von Männern und Frauen im Arbeitsleben hindert der Grundsatz der Gleichbehandlung die Mitgliedstaaten nicht daran, zur Erleichterung der Berufstätigkeit des unterrepräsentierten Geschlechts oder zur Verhinderung bzw. zum Ausgleich von Benachteiligungen in der beruflichen Laufbahn spezifische Vergünstigungen beizubehalten oder zu beschließen.

Artikel 158

(ex-Artikel 142 EGV)

Die Mitgliedstaaten sind bestrebt, die bestehende Gleichwertigkeit der Ordnungen über die bezahlte Freizeit beizubehalten.

Artikel 159

(ex-Artikel 143 EGV)

Die Kommission erstellt jährlich einen Bericht über den Stand der Verwirklichung der in Artikel 151 genannten Ziele sowie über die demografische Lage in der Union. Sie übermittelt diesen Bericht dem Europäischen Parlament, dem Rat und dem Wirtschafts- und Sozialausschuss.

Artikel 160

(ex-Artikel 144 EGV)

Der Rat, der mit einfacher Mehrheit beschließt, setzt nach Anhörung des Europäischen Parlaments einen Ausschuss für Sozialschutz mit beratender Aufgabe ein, um die Zusammenarbeit im Bereich des sozialen Schutzes zwischen den Mitgliedstaaten und mit der Kommission zu fördern. Der Ausschuss hat folgende Aufgaben:

- Er verfolgt die soziale Lage und die Entwicklung der Politiken im Bereich des sozialen Schutzes in den Mitgliedstaaten und der Union;
- er fördert den Austausch von Informationen, Erfahrungen und bewährten Verfahren zwischen den Mitgliedstaaten und mit der Kommission;
- unbeschadet des Artikels 240 arbeitet er auf Ersuchen des Rates oder der Kommission oder von sich aus in seinem Zuständigkeitsbereich Berichte aus, gibt Stellungnahmen ab oder wird auf andere Weise tätig.

Bei der Erfüllung seines Auftrags stellt der Ausschuss geeignete Kontakte zu den Sozialpartnern her.

Jeder Mitgliedstaat und die Kommission ernennen zwei Mitglieder des Ausschusses.

Artikel 161

(ex-Artikel 145 EGV)

Der Jahresbericht der Kommission an das Europäische Parlament hat stets ein besonderes Kapitel über die Entwicklung der sozialen Lage in der Union zu enthalten.

Das Europäische Parlament kann die Kommission auffordern, Berichte über besondere, die soziale Lage betreffende Fragen auszuarbeiten.

TITEL XI

DER EUROPÄISCHE SOZIALFONDS

Artikel 162

(ex-Artikel 146 EGV)

Um die Beschäftigungsmöglichkeiten der Arbeitskräfte im Binnenmarkt zu verbessern und damit zur Hebung der Lebenshaltung beizutragen, wird nach Maßgabe der folgenden Bestimmungen ein Europäischer Sozialfonds errichtet, dessen Ziel es ist, innerhalb der Union die berufliche Verwendbarkeit und die örtliche und berufliche Mobilität der Arbeitskräfte zu fördern sowie die Anpassung an die industriellen Wandlungsprozesse und an Veränderungen der Produktionssysteme insbesondere durch berufliche Bildung und Umschulung zu erleichtern.

Artikel 163

(ex-Artikel 147 EGV)

Die Verwaltung des Fonds obliegt der Kommission.

Die Kommission wird hierbei von einem Ausschuss unterstützt, der aus Vertretern der Regierungen sowie der Arbeitgeber- und der Arbeitnehmerverbände besteht; den Vorsitz führt ein Mitglied der Kommission.

Artikel 164

(ex-Artikel 148 EGV)

Das Europäische Parlament und der Rat erlassen gemäß dem ordentlichen Gesetzgebungsverfahren und nach Anhörung des Wirtschafts- und Sozialausschusses sowie des Ausschusses der Regionen die den Europäischen Sozialfonds betreffenden Durchführungsverordnungen.

TITEL XII

ALLGEMEINE UND BERUFLICHE BILDUNG, JUGEND UND SPORT

Artikel 165

(ex-Artikel 149 EGV)

(1) Die Union trägt zur Entwicklung einer qualitativ hoch stehenden Bildung dadurch bei, dass sie die Zusammenarbeit zwischen den Mitgliedstaaten fördert und die Tätigkeit der Mitgliedstaaten unter strikter Beachtung der Verantwortung der Mitgliedstaaten für die Lehrinhalte und die Gestaltung des Bildungssystems sowie der Vielfalt ihrer Kulturen und Sprachen erforderlichenfalls unterstützt und ergänzt.

Die Union trägt zur Förderung der europäischen Dimension des Sports bei und berücksichtigt dabei dessen besondere Merkmale, dessen auf freiwilligem Engagement basierende Strukturen sowie dessen soziale und pädagogische Funktion.

(2) Die Tätigkeit der Union hat folgende Ziele:

– Entwicklung der europäischen Dimension im Bildungswesen, insbesondere durch Erlernen und Verbreitung der Sprachen der Mitgliedstaaten;
– Förderung der Mobilität von Lernenden und Lehrenden, auch durch die Förderung der akademischen Anerkennung der Diplome und Studienzeiten;
– Förderung der Zusammenarbeit zwischen den Bildungseinrichtungen;
– Ausbau des Informations- und Erfahrungsaustauschs über gemeinsame Probleme im Rahmen der Bildungssysteme der Mitgliedstaaten;
– Förderung des Ausbaus des Jugendaustauschs und des Austauschs sozialpädagogischer Betreuer und verstärkte Beteiligung der Jugendlichen am demokratischen Leben in Europa;
– Förderung der Entwicklung der Fernlehre;
– Entwicklung der europäischen Dimension des Sports durch Förderung der Fairness und der Offenheit von Sportwettkämpfen und der Zusammenarbeit zwischen den für den Sport verantwortlichen Organisationen sowie durch den Schutz der körperlichen und seelischen Unversehrtheit der Sportler, insbesondere der jüngeren Sportler.

(3) Die Union und die Mitgliedstaaten fördern die Zusammenarbeit mit dritten Ländern und den für den Bildungsbereich und den Sport zuständigen internationalen Organisationen, insbesondere dem Europarat.

(4) Als Beitrag zur Verwirklichung der Ziele dieses Artikels

– erlassen das Europäische Parlament und der Rat gemäß dem ordentlichen Gesetzgebungsverfahren und nach Anhörung des Wirtschafts- und Sozialausschusses und des Ausschusses der Regionen Fördermaßnahmen unter Ausschluss jeglicher Harmonisierung der Rechts- und Verwaltungsvorschriften der Mitgliedstaaten;
– erlässt der Rat auf Vorschlag der Kommission Empfehlungen.

Artikel 166

(ex-Artikel 150 EGV)

(1) Die Union führt eine Politik der beruflichen Bildung, welche die Maßnahmen der Mitgliedstaaten unter strikter Beachtung der Verantwortung der Mitgliedstaaten für Inhalt und Gestaltung der beruflichen Bildung unterstützt und ergänzt.

(2) Die Tätigkeit der Union hat folgende Ziele:

- Erleichterung der Anpassung an die industriellen Wandlungsprozesse, insbesondere durch berufliche Bildung und Umschulung;
- Verbesserung der beruflichen Erstausbildung und Weiterbildung zur Erleichterung der beruflichen Eingliederung und Wiedereingliederung in den Arbeitsmarkt;
- Erleichterung der Aufnahme einer beruflichen Bildung sowie Förderung der Mobilität der Ausbilder und der in beruflicher Bildung befindlichen Personen, insbesondere der Jugendlichen;
- Förderung der Zusammenarbeit in Fragen der beruflichen Bildung zwischen Unterrichtsanstalten und Unternehmen;
- Ausbau des Informations- und Erfahrungsaustauschs über gemeinsame Probleme im Rahmen der Berufsbildungssysteme der Mitgliedstaaten.

(3) Die Union und die Mitgliedstaaten fördern die Zusammenarbeit mit dritten Ländern und den für die berufliche Bildung zuständigen internationalen Organisationen.

(4) Das Europäische Parlament und der Rat erlassen gemäß dem ordentlichen Gesetzgebungsverfahren und nach Anhörung des Wirtschafts- und Sozialausschusses sowie des Ausschusses der Regionen Maßnahmen, die zur Verwirklichung der Ziele dieses Artikels beitragen, unter Ausschluss jeglicher Harmonisierung der Rechts- und Verwaltungsvorschriften der Mitgliedstaaten, und der Rat erlässt auf Vorschlag der Kommission Empfehlungen.

TITEL XIII
KULTUR

Artikel 167

(ex-Artikel 151 EGV)

(1) Die Union leistet einen Beitrag zur Entfaltung der Kulturen der Mitgliedstaaten unter Wahrung ihrer nationalen und regionalen Vielfalt sowie gleichzeitiger Hervorhebung des gemeinsamen kulturellen Erbes.

(2) Die Union fördert durch ihre Tätigkeit die Zusammenarbeit zwischen den Mitgliedstaaten und unterstützt und ergänzt erforderlichenfalls deren Tätigkeit in folgenden Bereichen:

- Verbesserung der Kenntnis und Verbreitung der Kultur und Geschichte der europäischen Völker,
- Erhaltung und Schutz des kulturellen Erbes von europäischer Bedeutung,
- nichtkommerzieller Kulturaustausch,
- künstlerisches und literarisches Schaffen, einschließlich im audiovisuellen Bereich.

(3) Die Union und die Mitgliedstaaten fördern die Zusammenarbeit mit dritten Ländern und den für den Kulturbereich zuständigen internationalen Organisationen, insbesondere mit dem Europarat.

(4) Die Union trägt bei ihrer Tätigkeit aufgrund anderer Bestimmungen der Verträge den kulturellen Aspekten Rechnung, insbesondere zur Wahrung und Förderung der Vielfalt ihrer Kulturen.

(5) Als Beitrag zur Verwirklichung der Ziele dieses Artikels

- erlassen das Europäische Parlament und der Rat gemäß dem ordentlichen Gesetzgebungsverfahren und nach Anhörung des Ausschusses der Regionen Fördermaßnahmen unter Ausschluss jeglicher Harmonisierung der Rechts- und Verwaltungsvorschriften der Mitgliedstaaten.
- erlässt der Rat auf Vorschlag der Kommission Empfehlungen.

TITEL XIV
GESUNDHEITSWESEN

Artikel 168

(ex-Artikel 152 EGV)

(1) Bei der Festlegung und Durchführung aller Unionspolitiken und -maßnahmen wird ein hohes Gesundheitsschutzniveau sichergestellt.

Die Tätigkeit der Union ergänzt die Politik der Mitgliedstaaten und ist auf die Verbesserung der Gesundheit der Bevölkerung, die Verhütung von Humankrankheiten und die Beseitigung von Ursachen für die Gefährdung der körperlichen und geistigen Gesundheit gerichtet. Sie umfasst die Bekämpfung der weit verbreiteten schweren Krankheiten, wobei die Erforschung der Ursachen, der Übertragung und der Verhütung dieser Krankheiten sowie Gesundheitsinformation und -erziehung gefördert werden; außerdem umfasst sie die Beobachtung, frühzeitige Meldung und Bekämpfung schwerwiegender grenzüberschreitender Gesundheitsgefahren.

Die Union ergänzt die Maßnahmen der Mitgliedstaaten zur Verringerung drogenkonsumbedingter Gesundheitsschäden einschließlich der Informations- und Vorbeugungsmaßnahmen.

(2) Die Union fördert die Zusammenarbeit zwischen den Mitgliedstaaten in den in diesem Artikel genannten Bereichen und unterstützt erforderlichenfalls deren Tätigkeit. Sie fördert insbesondere die Zusammenarbeit zwischen den Mitgliedstaaten, die darauf abzielt, die Komplementarität ihrer Gesundheitsdienste in den Grenzgebieten zu verbessern.

Die Mitgliedstaaten koordinieren untereinander im Benehmen mit der Kommission ihre Politiken und Programme in den in Absatz 1 genannten Bereichen. Die Kommission kann in enger Verbindung mit den Mitgliedstaaten alle Initiativen ergreifen, die dieser Koordinierung förderlich sind, insbesondere Initiativen, die darauf abzielen, Leitlinien und Indikatoren festzulegen, den Austausch bewährter Verfahren durchzuführen und die erforderlichen Elemente für eine regelmäßige Überwachung und Bewertung auszuarbeiten. Das Europäische Parlament wird in vollem Umfang unterrichtet.

(3) Die Union und die Mitgliedstaaten fördern die Zusammenarbeit mit dritten Ländern und den für das Gesundheitswesen zuständigen internationalen Organisationen.

(4) Abweichend von Artikel 2 Absatz 5 und Artikel 6 Buchstabe a tragen das Europäische Parlament und der Rat nach Artikel 4 Absatz 2 Buchstabe k gemäß dem ordentlichen Gesetzgebungsverfahren und nach Anhörung des Wirtschafts- und Sozialausschusses sowie des Ausschusses der Regionen mit folgenden Maßnahmen zur Verwirklichung der Ziele dieses Artikels bei, um den gemeinsamen Sicherheitsanliegen Rechnung zu tragen:

a) Maßnahmen zur Festlegung hoher Qualitäts- und Sicherheitsstandards für Organe und Substanzen menschlichen Ursprungs sowie für Blut und Blutderivate; diese Maßnahmen hindern die Mitgliedstaaten nicht daran, strengere Schutzmaßnahmen beizubehalten oder einzuführen;

b) Maßnahmen in den Bereichen Veterinärwesen und Pflanzenschutz, die unmittelbar den Schutz der Gesundheit der Bevölkerung zum Ziel haben;

c) Maßnahmen zur Festlegung hoher Qualitäts- und Sicherheitsstandards für Arzneimittel und Medizinprodukte.

(5) Das Europäische Parlament und der Rat können unter Ausschluss jeglicher Harmonisierung der Rechtsvorschriften der Mitgliedstaaten gemäß dem ordentlichen Gesetzgebungsverfahren und nach Anhörung des Wirtschafts- und Sozialausschusses und des Ausschusses der Regionen auch Fördermaßnahmen zum Schutz und zur Verbesserung der menschlichen Gesundheit sowie insbesondere zur Bekämpfung der weit verbreiteten schweren grenzüberschreitenden Krankheiten, Maßnahmen zur Beobachtung, frühzeitigen Meldung und Bekämpfung schwerwiegender grenzüberschreitender Gesundheitsgefahren sowie Maßnahmen, die unmittelbar den Schutz der Gesundheit der Bevölkerung vor Tabakkonsum und Alkoholmissbrauch zum Ziel haben, erlassen.

(6) Der Rat kann ferner auf Vorschlag der Kommission für die in diesem Artikel genannten Zwecke Empfehlungen erlassen.

(7) Bei der Tätigkeit der Union wird die Verantwortung der Mitgliedstaaten für die Festlegung ihrer Gesundheitspolitik sowie für die Organisation des Gesundheitswesens und die medizinische Versorgung gewahrt. Die Verantwortung der Mitgliedstaaten umfasst die Verwaltung des Gesundheitswesens und der medizinischen Versorgung sowie die Zuweisung der dafür bereitgestellten Mittel. Die Maßnahmen nach Absatz 4 Buchstabe a lassen die einzelstaatlichen Regelungen über die Spende oder die medizinische Verwendung von Organen und Blut unberührt.

TITEL XV

VERBRAUCHERSCHUTZ

Artikel 169

(ex-Artikel 153 EGV)

(1) Zur Förderung der Interessen der Verbraucher und zur Gewährleistung eines hohen Verbraucherschutzniveaus leistet die Union einen Beitrag zum Schutz der Gesundheit, der Sicherheit und der wirtschaftlichen Interessen der Verbraucher sowie zur Förderung ihres Rechtes auf Information, Erziehung und Bildung von Vereinigungen zur Wahrung ihrer Interessen.

(2) Die Union leistet einen Beitrag zur Erreichung der in Absatz 1 genannten Ziele durch

a) Maßnahmen, die sie im Rahmen der Verwirklichung des Binnenmarkts nach Artikel 114 erlässt;

b) Maßnahmen zur Unterstützung, Ergänzung und Überwachung der Politik der Mitgliedstaaten.

(3) Das Europäische Parlament und der Rat beschließen gemäß dem ordentlichen Gesetzgebungsverfahren und nach Anhörung des Wirtschafts- und Sozialausschusses die Maßnahmen nach Absatz 2 Buchstabe b.

(4) Die nach Absatz 3 beschlossenen Maßnahmen hindern die einzelnen Mitgliedstaaten nicht daran, strengere Schutzmaßnahmen beizubehalten oder zu ergreifen. Diese Maßnahmen müssen mit den Verträgen vereinbar sein. Sie werden der Kommission mitgeteilt.

TITEL XVI

TRANSEUROPÄISCHE NETZE

Artikel 170

(ex-Artikel 154 EGV)

(1) Um einen Beitrag zur Verwirklichung der Ziele der Artikel 26 und 174 zu leisten und den Bürgern der Union, den Wirtschaftsbeteiligten sowie den regionalen und lokalen Gebietskörperschaften in vollem Umfang die Vorteile zugute

kommen zu lassen, die sich aus der Schaffung eines Raumes ohne Binnengrenzen ergeben, trägt die Union zum Auf- und Ausbau transeuropäischer Netze in den Bereichen der Verkehrs-, Telekommunikations- und Energieinfrastruktur bei.

(2) Die Tätigkeit der Union zielt im Rahmen eines Systems offener und wettbewerbsorientierter Märkte auf die Förderung des Verbunds und der Interoperabilität der einzelstaatlichen Netze sowie des Zugangs zu diesen Netzen ab. Sie trägt insbesondere der Notwendigkeit Rechnung, insulare, eingeschlossene und am Rande gelegene Gebiete mit den zentralen Gebieten der Union zu verbinden.

Artikel 171

(ex-Artikel 155 EGV)

(1) Zur Erreichung der Ziele des Artikels 170 geht die Union wie folgt vor:

- Sie stellt eine Reihe von Leitlinien auf, in denen die Ziele, die Prioritäten und die Grundzüge der im Bereich der transeuropäischen Netze in Betracht gezogenen Aktionen erfasst werden; in diesen Leitlinien werden Vorhaben von gemeinsamem Interesse ausgewiesen;
- sie führt jede Aktion durch, die sich gegebenenfalls als notwendig erweist, um die Interoperabilität der Netze zu gewährleisten, insbesondere im Bereich der Harmonisierung der technischen Normen;
- sie kann von den Mitgliedstaaten unterstützte Vorhaben von gemeinsamem Interesse, die im Rahmen der Leitlinien gemäß dem ersten Gedankenstrich ausgewiesen sind, insbesondere in Form von Durchführbarkeitsstudien, Anleihebürgschaften oder Zinszuschüssen unterstützen; die Union kann auch über den nach Artikel 177 errichteten Kohäsionsfonds zu spezifischen Verkehrsinfrastrukturvorhaben in den Mitgliedstaaten finanziell beitragen.

Die Union berücksichtigt bei ihren Maßnahmen die potenzielle wirtschaftliche Lebensfähigkeit der Vorhaben.

(2) Die Mitgliedstaaten koordinieren untereinander in Verbindung mit der Kommission die einzelstaatlichen Politiken, die sich erheblich auf die Verwirklichung der Ziele des Artikels 170 auswirken können. Die Kommission kann in enger Zusammenarbeit mit den Mitgliedstaaten alle Initiativen ergreifen, die dieser Koordinierung förderlich sind.

(3) Die Union kann beschließen, mit dritten Ländern zur Förderung von Vorhaben von gemeinsamem Interesse sowie zur Sicherstellung der Interoperabilität der Netze zusammenzuarbeiten.

Artikel 172

(ex-Artikel 156 EGV)

Die Leitlinien und die übrigen Maßnahmen nach Artikel 171 Absatz 1 werden vom Europäischen Parlament und vom Rat gemäß dem ordentlichen Gesetzgebungsverfahren und nach Anhörung des Wirtschafts- und Sozialausschusses und des Ausschusses der Regionen festgelegt.

Leitlinien und Vorhaben von gemeinsamem Interesse, die das Hoheitsgebiet eines Mitgliedstaats betreffen, bedürfen der Billigung des betroffenen Mitgliedstaats.

TITEL XVII

INDUSTRIE

Artikel 173

(ex-Artikel 157 EGV)

(1) Die Union und die Mitgliedstaaten sorgen dafür, dass die notwendigen Voraussetzungen für die Wettbewerbsfähigkeit der Industrie der Union gewährleistet sind.

Zu diesem Zweck zielt ihre Tätigkeit entsprechend einem System offener und wettbewerbsorientierter Märkte auf Folgendes ab:

- Erleichterung der Anpassung der Industrie an die strukturellen Veränderungen;
- Förderung eines für die Initiative und Weiterentwicklung der Unternehmen in der gesamten Union, insbesondere der kleinen und mittleren Unternehmen, günstigen Umfelds;
- Förderung eines für die Zusammenarbeit zwischen Unternehmen günstigen Umfelds;
- Förderung einer besseren Nutzung des industriellen Potenzials der Politik in den Bereichen Innovation, Forschung und technologische Entwicklung.

(2) Die Mitgliedstaaten konsultieren einander in Verbindung mit der Kommission und koordinieren, soweit erforderlich, ihre Maßnahmen. Die Kommission kann alle Initiativen ergreifen, die dieser Koordinierung förderlich sind, insbesondere Initiativen, die darauf abzielen, Leitlinien und Indikatoren festzulegen, den Austausch bewährter Verfahren durchzuführen und die erforderlichen Elemente für eine regelmäßige Überwachung und Bewertung auszuarbeiten. Das Europäische Parlament wird in vollem Umfang unterrichtet.

(3) Die Union trägt durch die Politik und die Maßnahmen, die sie aufgrund anderer Bestimmungen der Verträge durchführt, zur Erreichung der Ziele des Absatzes 1 bei. Das Europäische Parlament und der Rat können unter Ausschluss jeglicher Harmonisierung der Rechtsvorschriften der

Mitgliedstaaten gemäß dem ordentlichen Gesetzgebungsverfahren und nach Anhörung des Wirtschafts- und Sozialausschusses spezifische Maßnahmen zur Unterstützung der in den Mitgliedstaaten durchgeführten Maßnahmen im Hinblick auf die Verwirklichung der Ziele des Absatzes 1 beschließen.

Dieser Titel bietet keine Grundlage dafür, dass die Union irgendeine Maßnahme einführt, die zu Wettbewerbsverzerrungen führen könnte oder steuerliche Vorschriften oder Bestimmungen betreffend die Rechte und Interessen der Arbeitnehmer enthält.

TITEL XVIII

WIRTSCHAFTLICHER, SOZIALER UND TERRITORIALER ZUSAMMENHALT

Artikel 174

(ex-Artikel 158 EGV)

Die Union entwickelt und verfolgt weiterhin ihre Politik zur Stärkung ihres wirtschaftlichen, sozialen und territorialen Zusammenhalts, um eine harmonische Entwicklung der Union als Ganzes zu fördern.

Die Union setzt sich insbesondere zum Ziel, die Unterschiede im Entwicklungsstand der verschiedenen Regionen und den Rückstand der am stärksten benachteiligten Gebiete zu verringern.

Unter den betreffenden Gebieten gilt besondere Aufmerksamkeit den ländlichen Gebieten, den vom industriellen Wandel betroffenen Gebieten und den Gebieten mit schweren und dauerhaften natürlichen oder demografischen Nachteilen, wie den nördlichsten Regionen mit sehr geringer Bevölkerungsdichte sowie den Insel-, Grenz- und Bergregionen.

Artikel 175

(ex-Artikel 159 EGV)

Die Mitgliedstaaten führen und koordinieren ihre Wirtschaftspolitik in der Weise, dass auch die in Artikel 174 genannten Ziele erreicht werden. Die Festlegung und Durchführung der Politiken und Aktionen der Union sowie die Errichtung des Binnenmarkts berücksichtigen die Ziele des Artikels 174 und tragen zu deren Verwirklichung bei. Die Union unterstützt auch diese Bemühungen durch die Politik, die sie mit Hilfe der Strukturfonds (Europäischer Ausrichtungs- und Garantiefonds für die Landwirtschaft – Abteilung Ausrichtung, Europäischer Sozialfonds, Europäischer Fonds für regionale Entwicklung), der Europäischen Investitionsbank und der sonstigen vorhandenen Finanzierungsinstrumente führt.

Die Kommission erstattet dem Europäischen Parlament, dem Rat, dem Wirtschafts- und Sozialausschuss und dem Ausschuss der Regionen alle drei Jahre Bericht über die Fortschritte bei der Verwirklichung des wirtschaftlichen, sozialen und territorialen Zusammenhalts und über die Art und Weise, in der die in diesem Artikel vorgesehenen Mittel hierzu beigetragen haben. Diesem Bericht werden erforderlichenfalls entsprechende Vorschläge beigefügt.

Falls sich spezifische Aktionen außerhalb der Fonds und unbeschadet der im Rahmen der anderen Politiken der Union beschlossenen Maßnahmen als erforderlich erweisen, so können sie vom Europäischen Parlament und vom Rat gemäß dem ordentlichen Gesetzgebungsverfahren nach Anhörung des Wirtschafts- und Sozialausschusses und des Ausschusses der Regionen beschlossen werden.

Artikel 176

(ex-Artikel 160 EGV)

Aufgabe des Europäischen Fonds für regionale Entwicklung ist es, durch Beteiligung an der Entwicklung und an der strukturellen Anpassung der rückständigen Gebiete und an der Umstellung der Industriegebiete mit rückläufiger Entwicklung zum Ausgleich der wichtigsten regionalen Ungleichgewichte in der Union beizutragen.

Artikel 177

(ex-Artikel 161 EGV)

Unbeschadet des Artikels 178 legen das Europäische Parlament und der Rat durch Verordnungen gemäß dem ordentlichen Gesetzgebungsverfahren und nach Anhörung des Wirtschafts- und Sozialausschusses und des Ausschusses der Regionen die Aufgaben, die vorrangigen Ziele und die Organisation der Strukturfonds fest, was ihre Neuordnung einschließen kann. Nach demselben Verfahren werden ferner die für die Fonds geltenden allgemeinen Regeln sowie die Bestimmungen festgelegt, die zur Gewährleistung einer wirksamen Arbeitsweise und zur Koordinierung der Fonds sowohl untereinander als auch mit den anderen vorhandenen Finanzierungsinstrumenten erforderlich sind.

Ein nach demselben Verfahren errichteter Kohäsionsfonds trägt zu Vorhaben in den Bereichen Umwelt und transeuropäische Netze auf dem Gebiet der Verkehrsinfrastruktur finanziell bei.

Artikel 178

(ex-Artikel 162 EGV)

Die den Europäischen Fonds für regionale Entwicklung betreffenden Durchführungsverordnungen werden vom Europäischen Parlament und vom Rat gemäß dem ordentlichen Gesetzgebungsverfahren und nach Anhörung des Wirtschafts- und Sozialausschusses sowie des Ausschusses der Regionen gefasst.

Für den Europäischen Ausrichtungs- und Garantiefonds für die Landwirtschaft, Abteilung Ausrichtung, und den Europäischen Sozialfonds sind die Artikel 43 bzw. 164 weiterhin anwendbar.

TITEL XIX

FORSCHUNG, TECHNOLOGISCHE ENTWICKLUNG UND RAUMFAHRT

Artikel 179

(ex-Artikel 163 EGV)

(1) Die Union hat zum Ziel, ihre wissenschaftlichen und technologischen Grundlagen dadurch zu stärken, dass ein europäischer Raum der Forschung geschaffen wird, in dem Freizügigkeit für Forscher herrscht und wissenschaftliche Erkenntnisse und Technologien frei ausgetauscht werden, die Entwicklung ihrer Wettbewerbsfähigkeit einschließlich der ihrer Industrie zu fördern sowie alle Forschungsmaßnahmen zu unterstützen, die aufgrund anderer Kapitel der Verträge für erforderlich gehalten werden.

(2) In diesem Sinne unterstützt sie in der gesamten Union die Unternehmen – einschließlich der kleinen und mittleren Unternehmen –, die Forschungszentren und die Hochschulen bei ihren Bemühungen auf dem Gebiet der Forschung und technologischen Entwicklung von hoher Qualität; sie fördert ihre Zusammenarbeitsbestrebungen, damit vor allem die Forscher ungehindert über die Grenzen hinweg zusammenarbeiten und die Unternehmen die Möglichkeiten des Binnenmarkts in vollem Umfang nutzen können, und zwar insbesondere durch Öffnen des einzelstaatlichen öffentlichen Auftragswesens, Festlegung gemeinsamer Normen und Beseitigung der dieser Zusammenarbeit entgegenstehenden rechtlichen und steuerlichen Hindernisse.

(3) Alle Maßnahmen der Union aufgrund der Verträge auf dem Gebiet der Forschung und der technologischen Entwicklung einschließlich der Demonstrationsvorhaben werden nach Maßgabe dieses Titels beschlossen und durchgeführt.

Artikel 180

(ex-Artikel 164 EGV)

Zur Erreichung dieser Ziele trifft die Union folgende Maßnahmen, welche die in den Mitgliedstaaten durchgeführten Aktionen ergänzen:

a) Durchführung von Programmen für Forschung, technologische Entwicklung und Demonstration unter Förderung der Zusammenarbeit mit und zwischen Unternehmen, Forschungszentren und Hochschulen;

b) Förderung der Zusammenarbeit mit dritten Ländern und internationalen Organisationen auf dem Gebiet der Forschung, technologischen Entwicklung und Demonstration der Union;

c) Verbreitung und Auswertung der Ergebnisse der Tätigkeiten auf dem Gebiet der Forschung, technologischen Entwicklung und Demonstration der Union;

d) Förderung der Ausbildung und der Mobilität der Forscher aus der Union.

Artikel 181

(ex-Artikel 165 EGV)

(1) Die Union und die Mitgliedstaaten koordinieren ihre Tätigkeiten auf dem Gebiet der Forschung und der technologischen Entwicklung, um die Kohärenz der einzelstaatlichen Politiken und der Politik der Union sicherzustellen.

(2) Die Kommission kann in enger Zusammenarbeit mit den Mitgliedstaaten alle Initiativen ergreifen, die der Koordinierung nach Absatz 1 förderlich sind, insbesondere Initiativen, die darauf abzielen, Leitlinien und Indikatoren festzulegen, den Austausch bewährter Verfahren durchzuführen und die erforderlichen Elemente für eine regelmäßige Überwachung und Bewertung auszuarbeiten. Das Europäische Parlament wird in vollem Umfang unterrichtet.

Artikel 182

(ex-Artikel 166 EGV)

(1) Das Europäische Parlament und der Rat stellen gemäß dem ordentlichen Gesetzgebungsverfahren und nach Anhörung des Wirtschafts- und Sozialausschusses ein mehrjähriges Rahmenprogramm auf, in dem alle Aktionen der Union zusammengefasst werden.

In dem Rahmenprogramm werden

– die wissenschaftlichen und technologischen Ziele, die mit den Maßnahmen nach Artikel 180 erreicht werden sollen, sowie die jeweiligen Prioritäten festgelegt;

– die Grundzüge dieser Maßnahmen angegeben;

– der Gesamthöchstbetrag und die Einzelheiten der finanziellen Beteiligung der Union am Rahmenprogramm sowie die jeweiligen Anteile der vorgesehenen Maßnahmen festgelegt.

(2) Das Rahmenprogramm wird je nach Entwicklung der Lage angepasst oder ergänzt.

(3) Die Durchführung des Rahmenprogramms erfolgt durch spezifische Programme, die innerhalb einer jeden Aktion entwickelt werden. In jedem spezifischen Programm werden die Einzelheiten seiner Durchführung, seine Laufzeit und die für notwendig erachteten Mittel festgelegt. Die Summe der in den spezifischen Programmen für notwendig erachteten Beträge darf den für das Rahmenprogramm und für jede Aktion festgesetzten Gesamthöchstbetrag nicht überschreiten.

(4) Die spezifischen Programme werden vom Rat gemäß einem besonderen Gesetzgebungsverfahren nach Anhörung des Europäischen Parlaments und des Wirtschafts- und Sozialausschusses beschlossen.

(5) Ergänzend zu den in dem mehrjährigen Rahmenprogramm vorgesehenen Aktionen erlassen das Europäische Parlament und der Rat gemäß dem ordentlichen Gesetzgebungsverfahren und nach Anhörung des Wirtschafts- und Sozialausschusses die Maßnahmen, die für die Verwirklichung des Europäischen Raums der Forschung notwendig sind.

Artikel 183

(ex-Artikel 167 EGV)

Zur Durchführung des mehrjährigen Rahmenprogramms legt die Union Folgendes fest:

– die Regeln für die Beteiligung der Unternehmen, der Forschungszentren und der Hochschulen;

– "die Regeln für die Verbreitung der Forschungsergebnisse.

Artikel 184

(ex-Artikel 168 EGV)

Bei der Durchführung des mehrjährigen Rahmenprogramms können Zusatzprogramme beschlossen werden, an denen nur bestimmte Mitgliedstaaten teilnehmen, die sie vorbehaltlich einer etwaigen Beteiligung der Union auch finanzieren.

Die Union legt die Regeln für die Zusatzprogramme fest, insbesondere hinsichtlich der Verbreitung der Kenntnisse und des Zugangs anderer Mitgliedstaaten.

Artikel 185

(ex-Artikel 169 EGV)

Die Union kann im Einvernehmen mit den betreffenden Mitgliedstaaten bei der Durchführung des mehrjährigen Rahmenprogramms eine Beteiligung an Forschungs- und Entwicklungsprogrammen mehrerer Mitgliedstaaten, einschließlich der Beteiligung an den zu ihrer Durchführung geschaffenen Strukturen, vorsehen.

Artikel 186

(ex-Artikel 170 EGV)

Die Union kann bei der Durchführung des mehrjährigen Rahmenprogramms eine Zusammenarbeit auf dem Gebiet der Forschung, technologischen Entwicklung und Demonstration der Union mit dritten Ländern oder internationalen Organisationen vorsehen.

Die Einzelheiten dieser Zusammenarbeit können Gegenstand von Abkommen zwischen der Union und den betreffenden dritten Parteien sein.

Artikel 187

(ex-Artikel 171 EGV)

Die Union kann gemeinsame Unternehmen gründen oder andere Strukturen schaffen, die für die ordnungsgemäße Durchführung der Programme für Forschung, technologische Entwicklung und Demonstration der Union erforderlich sind.

Artikel 188

(ex-Artikel 172)

Der Rat legt auf Vorschlag der Kommission und nach Anhörung des Europäischen Parlaments und des Wirtschafts- und Sozialausschusses die in Artikel 187 vorgesehenen Bestimmungen fest.

Das Europäische Parlament und der Rat legen gemäß dem ordentlichen Gesetzgebungsverfahren und nach Anhörung des Wirtschafts- und Sozialausschusses die in den Artikeln 183, 184 und 185 vorgesehenen Bestimmungen fest. Für die Verabschiedung der Zusatzprogramme ist die Zustimmung der daran beteiligten Mitgliedstaaten erforderlich.

Artikel 189

(1) Zur Förderung des wissenschaftlichen und technischen Fortschritts, der Wettbewerbsfähigkeit der Industrie und der Durchführung ihrer Politik arbeitet die Union eine europäische Raumfahrtpolitik aus. Sie kann zu diesem Zweck

gemeinsame Initiativen fördern, die Forschung und technologische Entwicklung unterstützen und die Anstrengungen zur Erforschung und Nutzung des Weltraums koordinieren.

(2) Als Beitrag zur Erreichung der Ziele des Absatzes 1 werden vom Europäischen Parlament und vom Rat unter Ausschluss jeglicher Harmonisierung der Rechtsvorschriften der Mitgliedstaaten gemäß dem ordentlichen Gesetzgebungsverfahren die notwendigen Maßnahmen erlassen, was in Form eines europäischen Raumfahrtprogramms geschehen kann.

(3) Die Union stellt die zweckdienlichen Verbindungen zur Europäischen Weltraumorganisation her.

(4) Dieser Artikel gilt unbeschadet der sonstigen Bestimmungen dieses Titels.

Artikel 190

(ex-Artikel 173 EGV)

Zu Beginn jedes Jahres unterbreitet die Kommission dem Europäischen Parlament und dem Rat einen Bericht. Dieser Bericht erstreckt sich insbesondere auf die Tätigkeiten auf dem Gebiet der Forschung und technologischen Entwicklung und der Verbreitung der Ergebnisse dieser Tätigkeiten während des Vorjahres sowie auf das Arbeitsprogramm des laufenden Jahres.

TITEL XX

UMWELT

Artikel 191

(ex-Artikel 174 EGV)

(1) Die Umweltpolitik der Union trägt zur Verfolgung der nachstehenden Ziele bei:

- Erhaltung und Schutz der Umwelt sowie Verbesserung ihrer Qualität;
- Schutz der menschlichen Gesundheit;
- umsichtige und rationelle Verwendung der natürlichen Ressourcen;
- Förderung von Maßnahmen auf internationaler Ebene zur Bewältigung regionaler oder globaler Umweltprobleme und insbesondere zur Bekämpfung des Klimawandels.

(2) Die Umweltpolitik der Union zielt unter Berücksichtigung der unterschiedlichen Gegebenheiten in den einzelnen Regionen der Union auf ein hohes Schutzniveau ab. Sie beruht auf den Grundsätzen der Vorsorge und Vorbeugung, auf dem Grundsatz, Umweltbeeinträchtigungen mit Vorrang an ihrem Ursprung zu bekämpfen, sowie auf dem Verursacherprinzip.

Im Hinblick hierauf umfassen die den Erfordernissen des Umweltschutzes entsprechenden Harmonisierungsmaßnahmen gegebenenfalls eine Schutzklausel, mit der die Mitgliedstaaten ermächtigt werden, aus nicht wirtschaftlich bedingten umweltpolitischen Gründen vorläufige Maßnahmen zu treffen, die einem Kontrollverfahren der Union unterliegen.

(3) Bei der Erarbeitung ihrer Umweltpolitik berücksichtigt die Union

- die verfügbaren wissenschaftlichen und technischen Daten;
- die Umweltbedingungen in den einzelnen Regionen der Union;
- die Vorteile und die Belastung aufgrund des Tätigwerdens bzw. eines Nichttätigwerdens;
- die wirtschaftliche und soziale Entwicklung der Union insgesamt sowie die ausgewogene Entwicklung ihrer Regionen.

(4) Die Union und die Mitgliedstaaten arbeiten im Rahmen ihrer jeweiligen Befugnisse mit dritten Ländern und den zuständigen internationalen Organisationen zusammen. Die Einzelheiten der Zusammenarbeit der Union können Gegenstand von Abkommen zwischen dieser und den betreffenden dritten Parteien sein.

Unterabsatz 1 berührt nicht die Zuständigkeit der Mitgliedstaaten, in internationalen Gremien zu verhandeln und internationale Abkommen zu schließen.

Artikel 192

(ex-Artikel 175 EGV)

(1) Das Europäische Parlament und der Rat beschließen gemäß dem ordentlichen Gesetzgebungsverfahren und nach Anhörung des Wirtschafts- und Sozialausschusses sowie des Ausschusses der Regionen über das Tätigwerden der Union zur Erreichung der in Artikel 191 genannten Ziele.

(2) Abweichend von dem Beschlussverfahren des Absatzes 1 und unbeschadet des Artikels 114 erlässt der Rat gemäß einem besonderen Gesetzgebungsverfahren nach Anhörung des Europäischen Parlaments, des Wirtschafts- und Sozialausschusses sowie des Ausschusses der Regionen einstimmig

a) Vorschriften überwiegend steuerlicher Art;

b) Maßnahmen, die

- die Raumordnung berühren,
- die mengenmäßige Bewirtschaftung der Wasserressourcen berühren oder die Verfügbarkeit dieser Ressourcen mittelbar oder unmittelbar betreffen,

– die Bodennutzung mit Ausnahme der Abfallbewirtschaftung berühren;

c) Maßnahmen, welche die Wahl eines Mitgliedstaats zwischen verschiedenen Energiequellen und die allgemeine Struktur seiner Energieversorgung erheblich berühren.

Der Rat kann auf Vorschlag der Kommission und nach Anhörung des Europäischen Parlaments, des Wirtschafts- und Sozialausschusses und des Ausschusses der Regionen einstimmig festlegen, dass für die in Unterabsatz 1 genannten Bereiche das ordentliche Gesetzgebungsverfahren gilt.

(3) Das Europäische Parlament und der Rat beschließen gemäß dem ordentlichen Gesetzgebungsverfahren und nach Anhörung des Wirtschafts- und Sozialausschusses sowie des Ausschusses der Regionen allgemeine Aktionsprogramme, in denen die vorrangigen Ziele festgelegt werden.

Die zur Durchführung dieser Programme erforderlichen Maßnahmen werden, je nach Fall, nach dem in Absatz 1 beziehungsweise Absatz 2 vorgesehenen Verfahren erlassen.

(4) Unbeschadet bestimmter Maßnahmen der Union tragen die Mitgliedstaaten für die Finanzierung und Durchführung der Umweltpolitik Sorge.

(5) Sofern eine Maßnahme nach Absatz 1 mit unverhältnismäßig hohen Kosten für die Behörden eines Mitgliedstaats verbunden ist, werden darin unbeschadet des Verursacherprinzips geeignete Bestimmungen in folgender Form vorgesehen:

– vorübergehende Ausnahmeregelungen und/oder

– eine finanzielle Unterstützung aus dem nach Artikel 177 errichteten Kohäsionsfonds.

Artikel 193

(ex-Artikel 176 EGV)

Die Schutzmaßnahmen, die aufgrund des Artikels 192 getroffen werden, hindern die einzelnen Mitgliedstaaten nicht daran, verstärkte Schutzmaßnahmen beizubehalten oder zu ergreifen. Die betreffenden Maßnahmen müssen mit den Verträgen vereinbar sein. Sie werden der Kommission notifiziert.

TITEL XXI

ENERGIE

Artikel 194

(1) Die Energiepolitik der Union verfolgt im Geiste der Solidarität zwischen den Mitgliedstaaten im Rahmen der Verwirklichung oder des Funktionierens des Binnenmarkts und unter Berücksichtigung der Notwendigkeit der Erhaltung und Verbesserung der Umwelt folgende Ziele:

a) Sicherstellung des Funktionierens des Energiemarkts;

b) Gewährleistung der Energieversorgungssicherheit in der Union;

c) Förderung der Energieeffizienz und von Energieeinsparungen sowie Entwicklung neuer und erneuerbarer Energiequellen und

d) Förderung der Interkonnektion der Energienetze.

(2) Unbeschadet der Anwendung anderer Bestimmungen der Verträge erlassen das Europäische Parlament und der Rat gemäß dem ordentlichen Gesetzgebungsverfahren die Maßnahmen, die erforderlich sind, um die Ziele nach Absatz 1 zu verwirklichen. Der Erlass dieser Maßnahmen erfolgt nach Anhörung des Wirtschafts- und Sozialausschusses und des Ausschusses der Regionen.

Diese Maßnahmen berühren unbeschadet des Artikels 192 Absatz 2 Buchstabe c nicht das Recht eines Mitgliedstaats, die Bedingungen für die Nutzung seiner Energieressourcen, seine Wahl zwischen verschiedenen Energiequellen und die allgemeine Struktur seiner Energieversorgung zu bestimmen.

(3) Abweichend von Absatz 2 erlässt der Rat die darin genannten Maßnahmen gemäß einem besonderen Gesetzgebungsverfahren einstimmig nach Anhörung des Europäischen Parlaments, wenn sie überwiegend steuerlicher Art sind.

TITEL XXII

TOURISMUS

Artikel 195

(1) Die Union ergänzt die Maßnahmen der Mitgliedstaaten im Tourismussektor, insbesondere durch die Förderung der Wettbewerbsfähigkeit der Unternehmen der Union in diesem Sektor.

Die Union verfolgt zu diesem Zweck mit ihrer Tätigkeit das Ziel,

a) die Schaffung eines günstigen Umfelds für die Entwicklung der Unternehmen in diesem Sektor anzuregen;

b) die Zusammenarbeit zwischen den Mitgliedstaaten insbesondere durch den Austausch bewährter Praktiken zu unterstützen.

(2) Das Europäische Parlament und der Rat erlassen unter Ausschluss jeglicher Harmonisierung der Rechtsvorschriften der Mitgliedstaaten gemäß dem ordentlichen Gesetzgebungsverfahren die spezifischen Maßnahmen zur Ergänzung der Maßnahmen, die die Mitgliedstaaten zur Verwirklichung der in diesem Artikel genannten Ziele durchführen.

TITEL XXIII
KATASTROPHENSCHUTZ

Artikel 196

(1) Die Union fördert die Zusammenarbeit zwischen den Mitgliedstaaten, um die Systeme zur Verhütung von Naturkatastrophen oder von vom Menschen verursachten Katastrophen und zum Schutz vor solchen Katastrophen wirksamer zu gestalten.

Die Tätigkeit der Union hat folgende Ziele:

a) Unterstützung und Ergänzung der Tätigkeit der Mitgliedstaaten auf nationaler, regionaler und kommunaler Ebene im Hinblick auf die Risikoprävention, auf die Ausbildung der in den Mitgliedstaaten am Katastrophenschutz Beteiligten und auf Einsätze im Falle von Naturkatastrophen oder von vom Menschen verursachten Katastrophen in der Union;

b) Förderung einer schnellen und effizienten Zusammenarbeit in der Union zwischen den einzelstaatlichen Katastrophenschutzstellen;

c) Verbesserung der Kohärenz der Katastrophenschutzmaßnahmen auf internationaler Ebene.

(2) Das Europäische Parlament und der Rat erlassen unter Ausschluss jeglicher Harmonisierung der Rechtsvorschriften der Mitgliedstaaten gemäß dem ordentlichen Gesetzgebungsverfahren die erforderlichen Maßnahmen zur Verfolgung der Ziele des Absatzes 1.

TITEL XXIV
VERWALTUNGSZUSAMMENARBEIT

Artikel 197

(1) Die für das ordnungsgemäße Funktionieren der Union entscheidende effektive Durchführung des Unionsrechts durch die Mitgliedstaaten ist als Frage von gemeinsamem Interesse anzusehen.

(2) Die Union kann die Mitgliedstaaten in ihren Bemühungen um eine Verbesserung der Fähigkeit ihrer Verwaltung zur Durchführung des Unionsrechts unterstützen. Dies kann insbesondere die Erleichterung des Austauschs von Informationen und von Beamten sowie die Unterstützung von Aus- und Weiterbildungsprogrammen beinhalten. Die Mitgliedstaaten müssen diese Unterstützung nicht in Anspruch nehmen. Das Europäische Parlament und der Rat erlassen die erforderlichen Maßnahmen unter Ausschluss jeglicher Harmonisierung der Rechtsvorschriften der Mitgliedstaaten durch Verordnungen gemäß dem ordentlichen Gesetzgebungsverfahren.

(3) Dieser Artikel berührt weder die Verpflichtung der Mitgliedstaaten, das Unionsrecht durchzuführen, noch die Befugnisse und Pflichten der Kommission. Er berührt auch nicht die übrigen Bestimmungen der Verträge, in denen eine Verwaltungszusammenarbeit unter den Mitgliedstaaten sowie zwischen diesen und der Union vorgesehen ist.

VIERTER TEIL
DIE ASSOZIIERUNG DER ÜBERSEEISCHEN LÄNDER UND HOHEITSGEBIETE

Artikel 198

(ex-Artikel 182 EGV)

Die Mitgliedstaaten kommen überein, die außereuropäischen Länder und Hoheitsgebiete, die mit Dänemark, Frankreich, den Niederlanden und dem Vereinigten Königreich besondere Beziehungen unterhalten, der Union zu assoziieren. Diese Länder und Hoheitsgebiete, im Folgenden als „Länder und Hoheitsgebiete" bezeichnet, sind in Anhang II aufgeführt.

Ziel der Assoziierung ist die Förderung der wirtschaftlichen und sozialen Entwicklung der Länder und Hoheitsgebiete und die Herstellung enger Wirtschaftsbeziehungen zwischen ihnen und der gesamten Union.

Entsprechend den in der Präambel dieses Vertrags aufgestellten Grundsätzen soll die Assoziierung in erster Linie den Interessen der Einwohner dieser Länder und Hoheitsgebiete dienen und ihren Wohlstand fördern, um sie der von ihnen erstrebten wirtschaftlichen, sozialen und kulturellen Entwicklung entgegenzuführen.

Artikel 199

(ex-Artikel 183 EGV)

Mit der Assoziierung werden folgende Zwecke verfolgt:

1. Die Mitgliedstaaten wenden auf ihren Handelsverkehr mit den Ländern und Hoheitsgebieten das System an, das sie aufgrund der Verträge untereinander anwenden.

2. Jedes Land oder Hoheitsgebiet wendet auf seinen Handelsverkehr mit den Mitgliedstaaten und den anderen Ländern und Hoheitsgebieten das System an, das es auf den europäischen Staat anwendet, mit dem es besondere Beziehungen unterhält.

3. Die Mitgliedstaaten beteiligen sich an den Investitionen, welche die fortschreitende Entwicklung dieser Länder und Hoheitsgebiete erfordert.

4. Bei Ausschreibungen und Lieferungen für Investitionen, die von der Union finanziert werden, steht die Beteiligung zu gleichen Bedingungen allen natürlichen und juristischen Personen offen, welche die Staatsangehörigkeit der Mitglied-

staaten oder der Länder oder Hoheitsgebiete besitzen.

5. Soweit aufgrund des Artikels 203 nicht Sonderregelungen getroffen werden, gelten zwischen den Mitgliedstaaten und den Ländern und Hoheitsgebieten für das Niederlassungsrecht ihrer Staatsangehörigen und Gesellschaften die Bestimmungen und Verfahrensregeln des Kapitels Niederlassungsfreiheit, und zwar unter Ausschluss jeder Diskriminierung.

Artikel 200

(ex-Artikel 184 EGV)

(1) Zölle bei der Einfuhr von Waren aus den Ländern und Hoheitsgebieten in die Mitgliedstaaten sind verboten; dies geschieht nach Maßgabe des in den Verträgen vorgesehenen Verbots von Zöllen zwischen den Mitgliedstaaten.

(2) In jedem Land und Hoheitsgebiet sind Zölle bei der Einfuhr von Waren aus den Mitgliedstaaten und den anderen Ländern und Hoheitsgebieten nach Maßgabe des Artikels 30 verboten.

(3) Die Länder und Hoheitsgebiete können jedoch Zölle erheben, die den Erfordernissen ihrer Entwicklung und Industrialisierung entsprechen oder als Finanzzölle der Finanzierung ihres Haushalts dienen.

Die in Unterabsatz 1 genannten Zölle dürfen nicht höher sein als diejenigen, die für die Einfuhr von Waren aus dem Mitgliedstaat gelten, mit dem das entsprechende Land oder Hoheitsgebiet besondere Beziehungen unterhält.

(4) Absatz 2 gilt nicht für die Länder und Hoheitsgebiete, die aufgrund besonderer internationaler Verpflichtungen bereits einen nichtdiskriminierenden Zolltarif anwenden.

(5) Die Festlegung oder Änderung der Zollsätze für Waren, die in die Länder und Hoheitsgebiete eingeführt werden, darf weder rechtlich noch tatsächlich zu einer mittelbaren oder unmittelbaren Diskriminierung zwischen den Einfuhren aus den einzelnen Mitgliedstaaten führen.

Artikel 201

(ex-Artikel 185 EGV)

Ist die Höhe der Zollsätze, die bei der Einfuhr in ein Land oder Hoheitsgebiet für Waren aus einem dritten Land gelten, bei Anwendung des Artikels 200 Absatz 1 geeignet, Verkehrsverlagerungen zum Nachteil eines Mitgliedstaats hervorzurufen, so kann dieser die Kommission ersuchen, den anderen Mitgliedstaaten die erforderlichen Abhilfemaßnahmen vorzuschlagen.

Artikel 202

(ex-Artikel 186 EGV)

Vorbehaltlich der Bestimmungen über die Volksgesundheit und die öffentliche Sicherheit und Ordnung werden für die Freizügigkeit der Arbeitskräfte aus den Ländern und Hoheitsgebieten in den Mitgliedstaaten und der Arbeitskräfte aus den Mitgliedstaaten in den Ländern und Hoheitsgebieten Rechtsakte nach Artikel 203 erlassen.

Artikel 203

(ex-Artikel 187 EGV)

Der Rat erlässt einstimmig auf Vorschlag der Kommission und aufgrund der im Rahmen der Assoziierung der Länder und Hoheitsgebiete an die Union erzielten Ergebnisse und der Grundsätze der Verträge die Bestimmungen über die Einzelheiten und das Verfahren für die Assoziierung der Länder und Hoheitsgebiete an die Union. Werden diese Bestimmungen vom Rat gemäß einem besonderen Gesetzgebungsverfahren angenommen, so beschließt er einstimmig auf Vorschlag der Kommission nach Anhörung des Europäischen Parlaments.

Artikel 204

(ex-Artikel 188 EGV)

Die Artikel 198 bis 203 sind auf Grönland anwendbar, vorbehaltlich der spezifischen Bestimmungen für Grönland in dem Protokoll über die Sonderregelung für Grönland im Anhang zu den Verträgen.

FÜNFTER TEIL

DAS AUSWÄRTIGE HANDELN DER UNION

TITEL I

ALLGEMEINE BESTIMMUNGEN ÜBER DAS AUSWÄRTIGE HANDELN DER UNION

Artikel 205

Das Handeln der Union auf internationaler Ebene im Rahmen dieses Teils wird von den Grundsätzen bestimmt, von den Zielen geleitet und an den allgemeinen Bestimmungen ausgerichtet, die in Titel V Kapitel 1 des Vertrags über die Europäische Union[2)] niedergelegt sind.

TITEL II
GEMEINSAME HANDELSPOLITIK

Artikel 206

(ex-Artikel 131 EGV)

Durch die Schaffung einer Zollunion nach den Artikeln 28 bis 32 trägt die Union im gemeinsamen Interesse zur harmonischen Entwicklung des Welthandels, zur schrittweisen Beseitigung der Beschränkungen im internationalen Handelsverkehr und bei den ausländischen Direktinvestitionen sowie zum Abbau der Zollschranken und anderer Schranken bei.

Artikel 207

(ex-Artikel 133 EGV)

(1) Die gemeinsame Handelspolitik wird nach einheitlichen Grundsätzen gestaltet; dies gilt insbesondere für die Änderung von Zollsätzen, für den Abschluss von Zoll- und Handelsabkommen, die den Handel mit Waren und Dienstleistungen betreffen, und für die Handelsaspekte des geistigen Eigentums, die ausländischen Direktinvestitionen, die Vereinheitlichung der Liberalisierungsmaßnahmen, die Ausfuhrpolitik sowie die handelspolitischen Schutzmaßnahmen, zum Beispiel im Fall von Dumping und Subventionen. Die gemeinsame Handelspolitik wird im Rahmen der Grundsätze und Ziele des auswärtigen Handelns der Union gestaltet.

(2) Das Europäische Parlament und der Rat erlassen durch Verordnungen gemäß dem ordentlichen Gesetzgebungsverfahren die Maßnahmen, mit denen der Rahmen für die Umsetzung der gemeinsamen Handelspolitik bestimmt wird.

(3) Sind mit einem oder mehreren Drittländern oder internationalen Organisationen Abkommen auszuhandeln und zu schließen, so findet Artikel 218 vorbehaltlich der besonderen Bestimmungen dieses Artikels Anwendung.

Die Kommission legt dem Rat Empfehlungen vor; dieser ermächtigt die Kommission zur Aufnahme der erforderlichen Verhandlungen. Der Rat und die Kommission haben dafür Sorge zu tragen, dass die ausgehandelten Abkommen mit der internen Politik und den internen Vorschriften der Union vereinbar sind.

Die Kommission führt diese Verhandlungen im Benehmen mit einem zu ihrer Unterstützung vom Rat bestellten Sonderausschuss und nach Maßgabe der Richtlinien, die ihr der Rat erteilen kann. Die Kommission erstattet dem Sonderausschuss sowie dem Europäischen Parlament regelmäßig Bericht über den Stand der Verhandlungen.

(4) Über die Aushandlung und den Abschluss der in Absatz 3 genannten Abkommen beschließt der Rat mit qualifizierter Mehrheit.

Über die Aushandlung und den Abschluss eines Abkommens über den Dienstleistungsverkehr, über Handelsaspekte des geistigen Eigentums oder über ausländische Direktinvestitionen beschließt der Rat einstimmig, wenn das betreffende Abkommen Bestimmungen enthält, bei denen für die Annahme interner Vorschriften Einstimmigkeit erforderlich ist.

Der Rat beschließt ebenfalls einstimmig über die Aushandlung und den Abschluss von Abkommen in den folgenden Bereichen:

a) Handel mit kulturellen und audiovisuellen Dienstleistungen, wenn diese Abkommen die kulturelle und sprachliche Vielfalt in der Union beeinträchtigen könnten;

b) Handel mit Dienstleistungen des Sozial-, des Bildungs- und des Gesundheitssektors, wenn diese Abkommen die einzelstaatliche Organisation dieser Dienstleistungen ernsthaft stören und die Verantwortlichkeit der Mitgliedstaaten für ihre Erbringung beinträchtigen könnten.

(5) Für die Aushandlung und den Abschluss von internationalen Abkommen im Bereich des Verkehrs gelten der Dritte Teil Titel VI sowie Artikel 218.

(6) Die Ausübung der durch diesen Artikel übertragenen Zuständigkeiten im Bereich der gemeinsamen Handelspolitik hat keine Auswirkungen auf die Abgrenzung der Zuständigkeiten zwischen der Union und den Mitgliedstaaten und führt nicht zu einer Harmonisierung der Rechtsvorschriften der Mitgliedstaaten, soweit eine solche Harmonisierung in den Verträgen ausgeschlossen wird.

TITEL III
ZUSAMMENARBEIT MIT DRITTLÄNDERN UND HUMANITÄRE HILFE

KAPITEL 1
ENTWICKLUNGSZUSAMMENARBEIT

Artikel 208

(ex-Artikel 177 EGV)

(1) Die Politik der Union auf dem Gebiet der Entwicklungszusammenarbeit wird im Rahmen der Grundsätze und Ziele des auswärtigen Handelns der Union durchgeführt. Die Politik der Union und die Politik der Mitgliedstaaten auf dem Gebiet der Entwicklungszusammenarbeit ergänzen und verstärken sich gegenseitig.

Hauptziel der Unionspolitik in diesem Bereich ist die Bekämpfung und auf längere Sicht die

Beseitigung der Armut. Bei der Durchführung politischer Maßnahmen, die sich auf die Entwicklungsländer auswirken können, trägt die Union den Zielen der Entwicklungszusammenarbeit Rechnung.

(2) Die Union und die Mitgliedstaaten kommen den im Rahmen der Vereinten Nationen und anderer zuständiger internationaler Organisationen gegebenen Zusagen nach und berücksichtigen die in diesem Rahmen gebilligten Zielsetzungen.

Artikel 209

(ex-Artikel 179 EGV)

(1) Das Europäische Parlament und der Rat erlassen gemäß dem ordentlichen Gesetzgebungsverfahren die zur Durchführung der Politik im Bereich der Entwicklungszusammenarbeit erforderlichen Maßnahmen; diese Maßnahmen können Mehrjahresprogramme für die Zusammenarbeit mit Entwicklungsländern oder thematische Programme betreffen.

(2) Die Union kann mit Drittländern und den zuständigen internationalen Organisationen alle Übereinkünfte schließen, die zur Verwirklichung der Ziele des Artikels 21 des Vertrags über die Europäische Union[2] und des Artikels 208 dieses Vertrags beitragen.

Unterabsatz 1 berührt nicht die Zuständigkeit der Mitgliedstaaten, in internationalen Gremien zu verhandeln und Übereinkünfte zu schließen.

(3) Die Europäische Investitionsbank trägt nach Maßgabe ihrer Satzung zur Durchführung der Maßnahmen im Sinne des Absatzes 1 bei.

Artikel 210

(ex-Artikel 180 EGV)

(1) Die Union und die Mitgliedstaaten koordinieren ihre Politik auf dem Gebiet der Entwicklungszusammenarbeit und stimmen ihre Hilfsprogramme aufeinander ab, auch in internationalen Organisationen und auf internationalen Konferenzen, damit ihre Maßnahmen einander besser ergänzen und wirksamer sind. Sie können gemeinsame Maßnahmen ergreifen. Die Mitgliedstaaten tragen erforderlichenfalls zur Durchführung der Hilfsprogramme der Union bei.

(2) Die Kommission kann alle Initiativen ergreifen, die der in Absatz 1 genannten Koordinierung förderlich sind.

Artikel 211

(ex-Artikel 181 EGV)

Die Union und die Mitgliedstaaten arbeiten im Rahmen ihrer jeweiligen Befugnisse mit dritten Ländern und den zuständigen internationalen Organisationen zusammen.

KAPITEL 2

WIRTSCHAFTLICHE, FINANZIELLE UND TECHNISCHE ZUSAMMENARBEIT MIT DRITTLÄNDERN

Artikel 212

(ex-Artikel 181a EGV)

(1) Unbeschadet der übrigen Bestimmungen der Verträge, insbesondere der Artikel 208 bis 211, führt die Union mit Drittländern, die keine Entwicklungsländer sind, Maßnahmen der wirtschaftlichen, finanziellen und technischen Zusammenarbeit durch, die auch Unterstützung, insbesondere im finanziellen Bereich, einschließen. Diese Maßnahmen stehen mit der Entwicklungspolitik der Union im Einklang und werden im Rahmen der Grundsätze und Ziele ihres auswärtigen Handelns durchgeführt. Die Maßnahmen der Union und die Maßnahmen der Mitgliedstaaten ergänzen und verstärken sich gegenseitig.

(2) Das Europäische Parlament und der Rat erlassen gemäß dem ordentlichen Gesetzgebungsverfahren die zur Durchführung des Absatzes 1 erforderlichen Maßnahmen.

(3) Die Union und die Mitgliedstaaten arbeiten im Rahmen ihrer jeweiligen Zuständigkeiten mit Drittländern und den zuständigen internationalen Organisationen zusammen. Die Einzelheiten der Zusammenarbeit der Union können in Abkommen zwischen dieser und den betreffenden dritten Parteien geregelt werden.

Unterabsatz 1 berührt nicht die Zuständigkeit der Mitgliedstaaten, in internationalen Gremien zu verhandeln und internationale Abkommen zu schließen.

Artikel 213

Ist es aufgrund der Lage in einem Drittland notwendig, dass die Union umgehend finanzielle Hilfe leistet, so erlässt der Rat auf Vorschlag der Kommission die erforderlichen Beschlüsse.

KAPITEL 3

HUMANITÄRE HILFE

Artikel 214

(1) Den Rahmen für die Maßnahmen der Union im Bereich der humanitären Hilfe bilden die Grundsätze und Ziele des auswärtigen Handelns der Union. Die Maßnahmen dienen dazu, Einwohnern von Drittländern, die von Naturkatastrophen

oder von vom Menschen verursachten Katastrophen betroffen sind, gezielt Hilfe, Rettung und Schutz zu bringen, damit die aus diesen Notständen resultierenden humanitären Bedürfnisse gedeckt werden können. Die Maßnahmen der Union und die Maßnahmen der Mitgliedstaaten ergänzen und verstärken sich gegenseitig.

(2) Die Maßnahmen der humanitären Hilfe werden im Einklang mit den Grundsätzen des Völkerrechts sowie den Grundsätzen der Unparteilichkeit, der Neutralität und der Nichtdiskriminierung durchgeführt.

(3) Das Europäische Parlament und der Rat legen gemäß dem ordentlichen Gesetzgebungsverfahren die Maßnahmen zur Festlegung des Rahmens fest, innerhalb dessen die Maßnahmen der humanitären Hilfe der Union durchgeführt werden.

(4) Die Union kann mit Drittländern und den zuständigen internationalen Organisationen alle Übereinkünfte schließen, die zur Verwirklichung der Ziele des Absatzes 1 und des Artikels 21 des Vertrags über die Europäische Union[2)] beitragen.

Unterabsatz 1 berührt nicht die Zuständigkeit der Mitgliedstaaten, in internationalen Gremien zu verhandeln und Übereinkünfte zu schließen.

(5) Als Rahmen für gemeinsame Beiträge der jungen Europäer zu den Maßnahmen der humanitären Hilfe der Union wird ein Europäisches Freiwilligenkorps für humanitäre Hilfe geschaffen. Das Europäische Parlament und der Rat legen gemäß dem ordentlichen Gesetzgebungsverfahren durch Verordnungen die Rechtsstellung und die Einzelheiten der Arbeitsweise des Korps fest.

(6) Die Kommission kann alle Initiativen ergreifen, die der Koordinierung zwischen den Maßnahmen der Union und denen der Mitgliedstaaten förderlich sind, damit die Programme der Union und der Mitgliedstaaten im Bereich der humanitären Hilfe wirksamer sind und einander besser ergänzen.

(7) Die Union trägt dafür Sorge, dass ihre Maßnahmen der humanitären Hilfe mit den Maßnahmen der internationalen Organisationen und Einrichtungen, insbesondere derer, die zum System der Vereinten Nationen gehören, abgestimmt werden und im Einklang mit ihnen stehen.

TITEL IV

RESTRIKTIVE MASSNAHMEN

Artikel 215

(ex-Artikel 301 EGV)

(1) Sieht ein nach Titel V Kapitel 2 des Vertrags über die Europäische Union[2)] erlassener Beschluss die Aussetzung, Einschränkung oder vollständige Einstellung der Wirtschafts- und Finanzbeziehungen zu einem oder mehreren Drittländern vor, so erlässt der Rat die erforderlichen Maßnahmen mit qualifizierter Mehrheit auf gemeinsamen Vorschlag des Hohen Vertreters der Union für Außen- und Sicherheitspolitik und der Kommission. Er unterrichtet hierüber das Europäische Parlament.

(2) Sieht ein nach Titel V Kapitel 2 des Vertrags über die Europäische Union[2)] erlassener Beschluss dies vor, so kann der Rat nach dem Verfahren des Absatzes 1 restriktive Maßnahmen gegen natürliche oder juristische Personen sowie Gruppierungen oder nichtstaatliche Einheiten erlassen.

(3) In den Rechtsakten nach diesem Artikel müssen die erforderlichen Bestimmungen über den Rechtsschutz vorgesehen sein.

TITEL V

INTERNATIONALE ÜBEREINKÜNFTE

Artikel 216

(1) Die Union kann mit einem oder mehreren Drittländern oder einer oder mehreren internationalen Organisationen eine Übereinkunft schließen, wenn dies in den Verträgen vorgesehen ist oder wenn der Abschluss einer Übereinkunft im Rahmen der Politik der Union entweder zur Verwirklichung eines der in den Verträgen festgesetzten Ziele erforderlich oder in einem verbindlichen Rechtsakt der Union vorgesehen ist oder aber gemeinsame Vorschriften beeinträchtigen oder deren Anwendungsbereich ändern könnte.

(2) Die von der Union geschlossenen Übereinkünfte binden die Organe der Union und die Mitgliedstaaten.

Artikel 217

(ex-Artikel 310 EGV)

Die Union kann mit einem oder mehreren Drittländern oder einer oder mehreren internationalen Organisationen Abkommen schließen, die eine Assoziierung mit gegenseitigen Rechten und Pflichten, gemeinsamem Vorgehen und besonderen Verfahren herstellen.

Artikel 218

(ex-Artikel 300 EGV)

(1) Unbeschadet der besonderen Bestimmungen des Artikels 207 werden Übereinkünfte zwischen der Union und Drittländern oder internationalen Organisationen nach dem im Folgenden beschriebenen Verfahren ausgehandelt und geschlossen.

(2) Der Rat erteilt eine Ermächtigung zur Aufnahme von Verhandlungen, legt Verhandlungsrichtlinien fest, genehmigt die Unterzeichnung und schließt die Übereinkünfte.

(3) Die Kommission oder, wenn sich die geplante Übereinkunft ausschließlich oder hauptsächlich auf die Gemeinsame Außen- und Sicherheitspolitik bezieht, der Hohe Vertreter der Union für Außen- und Sicherheitspolitik legt dem Rat Empfehlungen vor; dieser erlässt einen Beschluss über die Ermächtigung zur Aufnahme von Verhandlungen und über die Benennung, je nach dem Gegenstand der geplanten Übereinkunft, des Verhandlungsführers oder des Leiters des Verhandlungsteams der Union.

(4) Der Rat kann dem Verhandlungsführer Richtlinien erteilen und einen Sonderausschuss bestellen; die Verhandlungen sind im Benehmen mit diesem Ausschuss zu führen.

(5) Der Rat erlässt auf Vorschlag des Verhandlungsführers einen Beschluss, mit dem die Unterzeichnung der Übereinkunft und gegebenenfalls deren vorläufige Anwendung vor dem Inkrafttreten genehmigt werden.

(6) Der Rat erlässt auf Vorschlag des Verhandlungsführers einen Beschluss über den Abschluss der Übereinkunft.

Mit Ausnahme der Übereinkünfte, die ausschließlich die Gemeinsame Außen- und Sicherheitspolitik betreffen, erlässt der Rat den Beschluss über den Abschluss der Übereinkunft

a) nach Zustimmung des Europäischen Parlaments in folgenden Fällen:

i) Assoziierungsabkommen;

ii) Übereinkunft über den Beitritt der Union zur Europäischen Konvention zum Schutz der Menschenrechte und Grundfreiheiten[4)];

iii) Übereinkünfte, die durch die Einführung von Zusammenarbeitsverfahren einen besonderen institutionellen Rahmen schaffen;

iv) Übereinkünfte mit erheblichen finanziellen Folgen für die Union;

v) Übereinkünfte in Bereichen, für die entweder das ordentliche Gesetzgebungsverfahren oder, wenn die Zustimmung des Europäischen Parlaments erforderlich ist, das besondere Gesetzgebungsverfahren gilt.

Das Europäische Parlament und der Rat können in dringenden Fällen eine Frist für die Zustimmung vereinbaren.

b) nach Anhörung des Europäischen Parlaments in den übrigen Fällen. Das Europäische Parlament gibt seine Stellungnahme innerhalb einer Frist ab, die der Rat entsprechend der Dringlichkeit festlegen kann. Ergeht innerhalb dieser Frist keine Stellungnahme, so kann der Rat einen Beschluss fassen.

(7) Abweichend von den Absätzen 5, 6 und 9 kann der Rat den Verhandlungsführer bei Abschluss einer Übereinkunft ermächtigen, im Namen der Union Änderungen der Übereinkunft zu billigen, wenn die Übereinkunft vorsieht, dass diese Änderungen im Wege eines vereinfachten Verfahrens oder durch ein durch die Übereinkunft eingesetztes Gremium anzunehmen sind. Der Rat kann diese Ermächtigung gegebenenfalls mit besonderen Bedingungen verbinden.

(8) Der Rat beschließt während des gesamten Verfahrens mit qualifizierter Mehrheit.

Er beschließt jedoch einstimmig, wenn die Übereinkunft einen Bereich betrifft, in dem für den Erlass eines Rechtsakts der Union Einstimmigkeit erforderlich ist, sowie bei Assoziierungsabkommen und Übereinkünften nach Artikel 212 mit beitrittswilligen Staaten. Auch über die Übereinkunft über den Beitritt der Union zur Europäischen Konvention zum Schutz der Menschenrechte und Grundfreiheiten[4)] beschließt der Rat einstimmig; der Beschluss zum Abschluss dieser Übereinkunft tritt in Kraft, nachdem die Mitgliedstaaten im Einklang mit ihren jeweiligen verfassungsrechtlichen Vorschriften zugestimmt haben.

(9) Der Rat erlässt auf Vorschlag der Kommission oder des Hohen Vertreters der Union für Außen- und Sicherheitspolitik einen Beschluss über die Aussetzung der Anwendung einer Übereinkunft und zur Festlegung der Standpunkte, die im Namen der Union in einem durch eine Übereinkunft eingesetzten Gremium zu vertreten sind, sofern dieses Gremium rechtswirksame Akte, mit Ausnahme von Rechtsakten zur Ergänzung oder Änderung des institutionellen Rahmens der betreffenden Übereinkunft, zu erlassen hat.

(10) Das Europäische Parlament wird in allen Phasen des Verfahrens unverzüglich und umfassend unterrichtet.

(11) Ein Mitgliedstaat, das Europäische Parlament, der Rat oder die Kommission können ein Gutachten des Gerichtshofs über die Vereinbarkeit einer geplanten Übereinkunft mit den Verträgen einholen. Ist das Gutachten des Gerichtshofs ablehnend, so kann die geplante Übereinkunft nur in Kraft treten, wenn sie oder die Verträge geändert werden.

Artikel 219

(ex-Artikel 111 Absätze 1 bis 3 und Absatz 5 EGV)

(1) Abweichend von Artikel 218 kann der Rat entweder auf Empfehlung der Europäischen Zentralbank oder auf Empfehlung der Kommission und nach Anhörung der Europäischen Zentralbank in dem Bemühen, zu einem mit dem Ziel

[4)] Abgedruckt unter 2b/1.

der Preisstabilität im Einklang stehenden Konsens zu gelangen, förmliche Vereinbarungen über ein Wechselkurssystem für den Euro gegenüber den Währungen von Drittstaaten treffen. Der Rat beschließt nach dem Verfahren des Absatzes 3 einstimmig nach Anhörung des Europäischen Parlaments.

Der Rat kann entweder auf Empfehlung der Europäischen Zentralbank oder auf Empfehlung der Kommission und nach Anhörung der Europäischen Zentralbank in dem Bemühen, zu einem mit dem Ziel der Preisstabilität im Einklang stehenden Konsens zu gelangen, die Euro-Leitkurse innerhalb des Wechselkurssystems festlegen, ändern oder aufgeben. Der Präsident des Rates unterrichtet das Europäische Parlament von der Festlegung, Änderung oder Aufgabe der Euro-Leitkurse.

(2) Besteht gegenüber einer oder mehreren Währungen von Drittstaaten kein Wechselkurssystem nach Absatz 1, so kann der Rat entweder auf Empfehlung der Kommission und nach Anhörung der Europäischen Zentralbank oder auf Empfehlung der Europäischen Zentralbank allgemeine Orientierungen für die Wechselkurspolitik gegenüber diesen Währungen aufstellen. Diese allgemeinen Orientierungen dürfen das vorrangige Ziel des ESZB, die Preisstabilität zu gewährleisten, nicht beeinträchtigen.

(3) Wenn von der Union mit einem oder mehreren Drittstaaten oder internationalen Organisationen Vereinbarungen im Zusammenhang mit Währungsfragen oder Devisenregelungen auszuhandeln sind, beschließt der Rat abweichend von Artikel 218 auf Empfehlung der Kommission und nach Anhörung der Europäischen Zentralbank die Modalitäten für die Aushandlung und den Abschluss solcher Vereinbarungen. Mit diesen Modalitäten wird gewährleistet, dass die Union einen einheitlichen Standpunkt vertritt. Die Kommission wird an den Verhandlungen in vollem Umfang beteiligt.

(4) Die Mitgliedstaaten haben das Recht, unbeschadet der Unionszuständigkeit und der Unionsvereinbarungen über die Wirtschafts- und Währungsunion in internationalen Gremien Verhandlungen zu führen und internationale Vereinbarungen zu treffen.

TITEL VI
BEZIEHUNGEN DER UNION ZU INTERNATIONALEN ORGANISATIONEN UND DRITTLÄNDERN SOWIE DELEGATIONEN DER UNION

Artikel 220

(ex-Artikel 302 bis 304 EGV)

(1) Die Union betreibt jede zweckdienliche Zusammenarbeit mit den Organen der Vereinten Nationen und ihrer Sonderorganisationen, dem Europarat, der Organisation für Sicherheit und Zusammenarbeit in Europa und der Organisation für wirtschaftliche Zusammenarbeit und Entwicklung.

Die Union unterhält ferner, soweit zweckdienlich, Beziehungen zu anderen internationalen Organisationen.

(2) Die Durchführung dieses Artikels obliegt dem Hohen Vertreter der Union für Außen- und Sicherheitspolitik und der Kommission.

Artikel 221

(1) Die Delegationen der Union in Drittländern und bei internationalen Organisationen sorgen für die Vertretung der Union.

(2) Die Delegationen der Union unterstehen der Leitung des Hohen Vertreters der Union für Außen- und Sicherheitspolitik. Sie werden in enger Zusammenarbeit mit den diplomatischen und konsularischen Vertretungen der Mitgliedstaaten tätig.

TITEL VII
SOLIDARITÄTSKLAUSEL

Artikel 222

(1) Die Union und ihre Mitgliedstaaten handeln gemeinsam im Geiste der Solidarität, wenn ein Mitgliedstaat von einem Terroranschlag, einer Naturkatastrophe oder einer vom Menschen verursachten Katastrophe betroffen ist. Die Union mobilisiert alle ihr zur Verfügung stehenden Mittel, einschließlich der ihr von den Mitgliedstaaten bereitgestellten militärischen Mittel, um

a)

- terroristische Bedrohungen im Hoheitsgebiet von Mitgliedstaaten abzuwenden;
- die demokratischen Institutionen und die Zivilbevölkerung vor etwaigen Terroranschlägen zu schützen;
- im Falle eines Terroranschlags einen Mitgliedstaat auf Ersuchen seiner politischen Organe innerhalb seines Hoheitsgebiets zu unterstützen;

b) im Falle einer Naturkatastrophe oder einer vom Menschen verursachten Katastrophe einen Mitgliedstaat auf Ersuchen seiner politischen Organe innerhalb seines Hoheitsgebiets zu unterstützen.

(2) Ist ein Mitgliedstaat von einem Terroranschlag, einer Naturkatastrophe oder einer vom Menschen verursachten Katastrophe betroffen, so leisten die anderen Mitgliedstaaten ihm auf Ersuchen seiner politischen Organe Unterstüt-

zung. Zu diesem Zweck sprechen die Mitgliedstaaten sich im Rat ab.

(3) Die Einzelheiten für die Anwendung dieser Solidaritätsklausel durch die Union werden durch einen Beschluss festgelegt, den der Rat aufgrund eines gemeinsamen Vorschlags der Kommission und des Hohen Vertreters der Union für Außen- und Sicherheitspolitik erlässt. Hat dieser Beschluss Auswirkungen im Bereich der Verteidigung, so beschließt der Rat nach Artikel 31 Absatz 1 des Vertrags über die Europäische Union[2]. Das Europäische Parlament wird darüber unterrichtet.

Für die Zwecke dieses Absatzes unterstützen den Rat unbeschadet des Artikels 240 das Politische und Sicherheitspolitische Komitee, das sich hierbei auf die im Rahmen der Gemeinsamen Sicherheitsund Verteidigungspolitik entwickelten Strukturen stützt, sowie der Ausschuss nach Artikel 71, die dem Rat gegebenenfalls gemeinsame Stellungnahmen vorlegen.

(4) Damit die Union und ihre Mitgliedstaaten auf effiziente Weise tätig werden können, nimmt der Europäische Rat regelmäßig eine Einschätzung der Bedrohungen vor, denen die Union ausgesetzt ist.

SECHSTER TEIL
INSTITUTIONELLE BESTIMMUNGEN UND FINANZVORSCHRIFTEN

TITEL I
VORSCHRIFTEN ÜBER DIE ORGANE

KAPITEL 1
DIE ORGANE

ABSCHNITT 1
DAS EUROPÄISCHE PARLAMENT

Artikel 223

(ex-Artikel 190 Absätze 4 und 5 EGV)

(1) Das Europäische Parlament erstellt einen Entwurf der erforderlichen Bestimmungen für die allgemeine unmittelbare Wahl seiner Mitglieder nach einem einheitlichen Verfahren in allen Mitgliedstaaten oder im Einklang mit den allen Mitgliedstaaten gemeinsamen Grundsätzen.

Der Rat erlässt die erforderlichen Bestimmungen einstimmig gemäß einem besonderen Gesetzgebungsverfahren und nach Zustimmung des Europäischen Parlaments, die mit der Mehrheit seiner Mitglieder erteilt wird. Diese Bestimmungen treten nach Zustimmung der Mitgliedstaaten im Einklang mit ihren jeweiligen verfassungsrechtlichen Vorschriften in Kraft.

(2) Das Europäische Parlament legt aus eigener Initiative gemäß einem besonderen Gesetzgebungsverfahren durch Verordnungen nach Anhörung der Kommission und mit Zustimmung des Rates die Regelungen und allgemeinen Bedingungen für die Wahrnehmung der Aufgaben seiner Mitglieder fest. Alle Vorschriften und Bedingungen, die die Steuerregelung für die Mitglieder oder ehemaligen Mitglieder betreffen, sind vom Rat einstimmig festzulegen.

Artikel 224

(ex-Artikel 191 Absatz 2 EGV)

Das Europäische Parlament und der Rat legen gemäß dem ordentlichen Gesetzgebungsverfahren durch Verordnungen die Regelungen für die politischen Parteien auf europäischer Ebene nach Artikel 10 Absatz 4 des Vertrags über die Europäische Union[2] und insbesondere die Vorschriften über ihre Finanzierung fest.

Artikel 225

(ex-Artikel 192 Absatz 2 EGV)

Das Europäische Parlament kann mit der Mehrheit seiner Mitglieder die Kommission auffordern, geeignete Vorschläge zu Fragen zu unterbreiten, die nach seiner Auffassung die Ausarbeitung eines Unionsakts zur Durchführung der Verträge erfordern. Legt die Kommission keinen Vorschlag vor, so teilt sie dem Europäischen Parlament die Gründe dafür mit.

Artikel 226

(ex-Artikel 193 EGV)

Das Europäische Parlament kann bei der Erfüllung seiner Aufgaben auf Antrag eines Viertels seiner Mitglieder die Einsetzung eines nichtständigen Untersuchungsausschusses beschließen, der unbeschadet der Befugnisse, die anderen Organen oder Einrichtungen durch die Verträge übertragen sind, behauptete Verstöße gegen das Unionsrecht oder Missstände bei der Anwendung desselben prüft; dies gilt nicht, wenn ein Gericht mit den behaupteten Sachverhalten befasst ist, solange das Gerichtsverfahren nicht abgeschlossen ist.

Mit der Vorlage seines Berichts hört der nichtständige Untersuchungsausschuss auf zu bestehen.

Die Einzelheiten der Ausübung des Untersuchungsrechts werden vom Europäischen Parlament festgelegt, das aus eigener Initiative gemäß einem besonderen Gesetzgebungsverfahren durch

Verordnungen nach Zustimmung des Rates und der Kommission beschließt.

Artikel 227

(ex-Artikel 194 EGV)

Jeder Bürger der Union sowie jede natürliche oder juristische Person mit Wohnort oder satzungsmäßigem Sitz in einem Mitgliedstaat kann allein oder zusammen mit anderen Bürgern oder Personen in Angelegenheiten, die in die Tätigkeitsbereiche der Union fallen und die ihn oder sie unmittelbar betreffen, eine Petition an das Europäische Parlament richten.

Artikel 228

(ex-Artikel 195 EGV)

(1) Ein vom Europäischen Parlament gewählter Europäischer Bürgerbeauftragter ist befugt, Beschwerden von jedem Bürger der Union oder von jeder natürlichen oder juristischen Person mit Wohnort oder satzungsmäßigem Sitz in einem Mitgliedstaat über Missstände bei der Tätigkeit der Organe, Einrichtungen oder sonstigen Stellen der Union, mit Ausnahme des Gerichtshofs der Europäischen Union in Ausübung seiner Rechtsprechungsbefugnisse, entgegenzunehmen. Er untersucht diese Beschwerden und erstattet darüber Bericht.

Der Bürgerbeauftragte führt im Rahmen seines Auftrags von sich aus oder aufgrund von Beschwerden, die ihm unmittelbar oder über ein Mitglied des Europäischen Parlaments zugehen, Untersuchungen durch, die er für gerechtfertigt hält; dies gilt nicht, wenn die behaupteten Sachverhalte Gegenstand eines Gerichtsverfahrens sind oder waren. Hat der Bürgerbeauftragte einen Missstand festgestellt, so befasst er das betreffende Organ, die betreffende Einrichtung oder sonstige Stelle, das bzw. die über eine Frist von drei Monaten verfügt, um ihm seine bzw. ihre Stellungnahme zu übermitteln. Der Bürgerbeauftragte legt anschließend dem Europäischen Parlament und dem betreffenden Organ, der betreffenden Einrichtung oder sonstigen Stelle einen Bericht vor. Der Beschwerdeführer wird über das Ergebnis dieser Untersuchungen unterrichtet.

Der Bürgerbeauftragte legt dem Europäischen Parlament jährlich einen Bericht über die Ergebnisse seiner Untersuchungen vor.

(2) Der Bürgerbeauftragte wird nach jeder Wahl des Europäischen Parlaments für die Dauer der Wahlperiode gewählt. Wiederwahl ist zulässig.

Der Bürgerbeauftragte kann auf Antrag des Europäischen Parlaments vom Gerichtshof seines Amtes enthoben werden, wenn er die Voraussetzungen für die Ausübung seines Amtes nicht mehr erfüllt oder eine schwere Verfehlung begangen hat.

(3) Der Bürgerbeauftragte übt sein Amt in völliger Unabhängigkeit aus. Er darf bei der Erfüllung seiner Pflichten von keiner Regierung, keinem Organ, keiner Einrichtung oder sonstigen Stelle Weisungen einholen oder entgegennehmen. Der Bürgerbeauftragte darf während seiner Amtszeit keine andere entgeltliche oder unentgeltliche Berufstätigkeit ausüben.

(4) Das Europäische Parlament legt aus eigener Initiative gemäß einem besonderen Gesetzgebungsverfahren durch Verordnungen nach Stellungnahme der Kommission und nach Zustimmung des Rates die Regelungen und allgemeinen Bedingungen für die Ausübung der Aufgaben des Bürgerbeauftragten fest.

Artikel 229

(ex-Artikel 196 EGV)

Das Europäische Parlament hält jährlich eine Sitzungsperiode ab. Es tritt, ohne dass es einer Einberufung bedarf, am zweiten Dienstag des Monats März zusammen.

Das Europäische Parlament kann auf Antrag der Mehrheit seiner Mitglieder sowie auf Antrag des Rates oder der Kommission zu einer außerordentlichen Sitzungsperiode zusammentreten.

Artikel 230

(ex-Artikel 197 Absätze 2, 3 und 4 EGV)

Die Kommission kann an allen Sitzungen des Europäischen Parlaments teilnehmen und wird auf ihren Antrag gehört.

Die Kommission antwortet mündlich oder schriftlich auf die ihr vom Europäischen Parlament oder von dessen Mitgliedern gestellten Fragen.

Der Europäische Rat und der Rat werden vom Europäischen Parlament nach Maßgabe der Geschäftsordnung des Europäischen Rates und der Geschäftsordnung des Rates gehört.

Artikel 231

(ex-Artikel 198 EGV)

Soweit die Verträge nicht etwas anderes bestimmen, beschließt das Europäische Parlament mit der Mehrheit der abgegebenen Stimmen.

Die Geschäftsordnung legt die Beschlussfähigkeit fest.

Artikel 232

(ex-Artikel 199 EGV)

Das Europäische Parlament gibt sich seine Geschäftsordnung; hierzu sind die Stimmen der Mehrheit seiner Mitglieder erforderlich.

Die Verhandlungsniederschriften des Europäischen Parlaments werden nach Maßgabe der Verträge und seiner Geschäftsordnung veröffentlicht.

Artikel 233

(ex-Artikel 200 EGV)

Das Europäische Parlament erörtert in öffentlicher Sitzung den jährlichen Gesamtbericht, der ihm von der Kommission vorgelegt wird.

Artikel 234

(ex-Artikel 201 EGV)

Wird wegen der Tätigkeit der Kommission ein Misstrauensantrag eingebracht, so darf das Europäische Parlament nicht vor Ablauf von drei Tagen nach seiner Einbringung und nur in offener Abstimmung darüber entscheiden.

Wird der Misstrauensantrag mit der Mehrheit von zwei Dritteln der abgegebenen Stimmen und mit der Mehrheit der Mitglieder des Europäischen Parlaments angenommen, so legen die Mitglieder der Kommission geschlossen ihr Amt nieder, und der Hohe Vertreter der Union für Außen- und Sicherheitspolitik legt sein im Rahmen der Kommission ausgeübtes Amt nieder. Sie bleiben im Amt und führen die laufenden Geschäfte bis zu ihrer Ersetzung nach Artikel 17 des Vertrags über die Europäische Union[2)] weiter. In diesem Fall endet die Amtszeit der zu ihrer Ersetzung ernannten Mitglieder der Kommission zu dem Zeitpunkt, zu dem die Amtszeit der Mitglieder der Kommission, die ihr Amt geschlossen niederlegen mussten, geendet hätte.

ABSCHNITT 2
DER EUROPÄISCHE RAT

Artikel 235

(1) Jedes Mitglied des Europäischen Rates kann sich das Stimmrecht höchstens eines anderen Mitglieds übertragen lassen.

Beschließt der Europäische Rat mit qualifizierter Mehrheit, so gelten für ihn Artikel 16 Absatz 4 des Vertrags über die Europäische Union[2)] und Artikel 238 Absatz 2 dieses Vertrags. An Abstimmungen im Europäischen Rat nehmen dessen Präsident und der Präsident der Kommission nicht teil.

Die Stimmenthaltung von anwesenden oder vertretenen Mitgliedern steht dem Zustandekommen von Beschlüssen des Europäischen Rates, zu denen Einstimmigkeit erforderlich ist, nicht entgegen.

(2) Der Präsident des Europäischen Parlaments kann vom Europäischen Rat gehört werden.

(3) Der Europäische Rat beschließt mit einfacher Mehrheit über Verfahrensfragen sowie über den Erlass seiner Geschäftsordnung.

(4) Der Europäische Rat wird vom Generalsekretariat des Rates unterstützt.

Artikel 236

Der Europäische Rat erlässt mit qualifizierter Mehrheit

a) einen Beschluss zur Festlegung der Zusammensetzungen des Rates, mit Ausnahme des Rates „Allgemeine Angelegenheiten" und des Rates „Auswärtige Angelegenheiten" nach Artikel 16 Absatz 6 des Vertrags über die Europäische Union[2)];

b) einen Beschluss nach Artikel 16 Absatz 9 des Vertrags über die Europäische Union[2)] zur Festlegung des Vorsitzes im Rat in allen seinen Zusammensetzungen mit Ausnahme des Rates „Auswärtige Angelegenheiten".

ABSCHNITT 3
DER RAT

Artikel 237

(ex-Artikel 204 EGV)

Der Rat wird von seinem Präsidenten aus eigenem Entschluss oder auf Antrag eines seiner Mitglieder oder der Kommission einberufen.

Artikel 238

(ex-Artikel 205 Absätze 1 und 2 EGV)

(1) Ist zu einem Beschluss des Rates die einfache Mehrheit erforderlich, so beschließt der Rat mit der Mehrheit seiner Mitglieder.

(2) Beschließt der Rat nicht auf Vorschlag der Kommission oder des Hohen Vertreters der Union für Außen- und Sicherheitspolitik, so gilt ab dem 1. November 2014 abweichend von Artikel 16 Absatz 4 des Vertrags über die Europäische Union[2)] und vorbehaltlich der Vorschriften des Protokolls

über die Übergangsbestimmungen als qualifizierte Mehrheit eine Mehrheit von mindestens 72 % der Mitglieder des Rates, sofern die von ihnen vertretenen Mitgliedstaaten zusammen mindestens 65 % der Bevölkerung der Union ausmachen.

(3) In den Fällen, in denen in Anwendung der Verträge nicht alle Mitglieder des Rates stimmberechtigt sind, gilt ab dem 1. November 2014 vorbehaltlich der Vorschriften des Protokolls über die Übergangsbestimmungen[5)] für die qualifizierte Mehrheit Folgendes:

a) Als qualifizierte Mehrheit gilt eine Mehrheit von mindestens 55 % derjenigen Mitglieder des Rates, die die beteiligten Mitgliedstaaten vertreten, sofern die von ihnen vertretenen Mitgliedstaaten zusammen mindestens 65 % der Bevölkerung der beteiligten Mitgliedstaaten ausmachen.

Für eine Sperrminorität bedarf es mindestens der Mindestzahl von Mitgliedern des Rates, die zusammen mehr als 35 % der Bevölkerung der beteiligten Mitgliedstaaten vertreten, zuzüglich eines Mitglieds; andernfalls gilt die qualifizierte Mehrheit als erreicht.

b) Beschließt der Rat nicht auf Vorschlag der Kommission oder des Hohen Vertreters der Union für Außen- und Sicherheitspolitik, so gilt abweichend von Buchstabe a als qualifizierte Mehrheit eine Mehrheit von mindestens 72 % derjenigen Mitglieder des Rates, die die beteiligten Mitgliedstaaten vertreten, sofern die von ihnen vertretenen Mitgliedstaaten zusammen mindestens 65 % der Bevölkerung der beteiligten Mitgliedstaaten ausmachen.

(4) Die Stimmenthaltung von anwesenden oder vertretenen Mitgliedern steht dem Zustandekommen von Beschlüssen des Rates, zu denen Einstimmigkeit erforderlich ist, nicht entgegen.

Artikel 239

(ex-Artikel 206 EGV)

Jedes Mitglied kann sich das Stimmrecht höchstens eines anderen Mitglieds übertragen lassen.

Artikel 240

(ex-Artikel 207 EGV)

(1) Ein Ausschuss, der sich aus den Ständigen Vertretern der Regierungen der Mitgliedstaaten zusammensetzt, trägt die Verantwortung, die Arbeiten des Rates vorzubereiten und die ihm vom Rat übertragenen Aufträge auszuführen. Der Ausschuss kann in Fällen, die in der Geschäftsordnung des Rates vorgesehen sind, Verfahrensbeschlüsse fassen.

[5)] Siehe Art 3 dieses Protokolls.

(2) Der Rat wird von einem Generalsekretariat unterstützt, das einem vom Rat ernannten Generalsekretär untersteht.

Der Rat beschließt mit einfacher Mehrheit über die Organisation des Generalsekretariats.

(3) Der Rat beschließt mit einfacher Mehrheit über Verfahrensfragen sowie über den Erlass seiner Geschäftsordnung.

Artikel 241

(ex-Artikel 208 EGV)

Der Rat, der mit einfacher Mehrheit beschließt, kann die Kommission auffordern, die nach seiner Ansicht zur Verwirklichung der gemeinsamen Ziele geeigneten Untersuchungen vorzunehmen und ihm entsprechende Vorschläge zu unterbreiten. Legt die Kommission keinen Vorschlag vor, so teilt sie dem Rat die Gründe dafür mit.

Artikel 242

(ex-Artikel 209 EGV)

Der Rat, der mit einfacher Mehrheit beschließt, regelt nach Anhörung der Kommission die rechtliche Stellung der in den Verträgen vorgesehenen Ausschüsse.

Artikel 243

(ex-Artikel 210 EGV)

Der Rat setzt die Gehälter, Vergütungen und Ruhegehälter für den Präsidenten des Europäischen Rates, den Präsidenten der Kommission, den Hohen Vertreter der Union für Außen- und Sicherheitspolitik, die Mitglieder der Kommission, die Präsidenten, die Mitglieder und die Kanzler des Gerichtshofs der Europäischen Union sowie den Generalsekretär des Rates fest. Er setzt ebenfalls alle als Entgelt gezahlten Vergütungen fest.

ABSCHNITT 4
DIE KOMMISSION

Artikel 244

Gemäß Artikel 17 Absatz 5 des Vertrags über die Europäische Union[2)] werden die Kommissionsmitglieder in einem vom Europäischen Rat einstimmig festgelegten System der Rotation ausgewählt, das auf folgenden Grundsätzen beruht:

a) Die Mitgliedstaaten werden bei der Festlegung der Reihenfolge und der Dauer der Amtszeiten ihrer Staatsangehörigen in der Kommission vollkommen gleich behandelt; demzufolge kann die Gesamtzahl der Mandate, welche Staatsangehörige zweier beliebiger Mitgliedstaaten innehaben, niemals um mehr als eines voneinander abweichen.

b) Vorbehaltlich des Buchstabens a ist jede der aufeinander folgenden Kommissionen so zusammengesetzt, dass das demografische und geografische Spektrum der Gesamtheit der Mitgliedstaaten auf zufrieden stellende Weise zum Ausdruck kommt.

Artikel 245

(ex-Artikel 213 EGV)

Die Mitglieder der Kommission haben jede Handlung zu unterlassen, die mit ihren Aufgaben unvereinbar ist. Die Mitgliedstaaten achten ihre Unabhängigkeit und versuchen nicht, sie bei der Erfüllung ihrer Aufgaben zu beeinflussen.

Die Mitglieder der Kommission dürfen während ihrer Amtszeit keine andere entgeltliche oder unentgeltliche Berufstätigkeit ausüben. Bei der Aufnahme ihrer Tätigkeit übernehmen sie die feierliche Verpflichtung, während der Ausübung und nach Ablauf ihrer Amtstätigkeit die sich aus ihrem Amt ergebenden Pflichten zu erfüllen, insbesondere die Pflicht, bei der Annahme gewisser Tätigkeiten oder Vorteile nach Ablauf dieser Tätigkeit ehrenhaft und zurückhaltend zu sein. Werden diese Pflichten verletzt, so kann der Gerichtshof auf Antrag des Rates, der mit einfacher Mehrheit beschließt, oder der Kommission das Mitglied je nach Lage des Falles gemäß Artikel 247 seines Amtes entheben oder ihm seine Ruhegehaltsansprüche oder andere an ihrer Stelle gewährte Vergünstigungen aberkennen.

Artikel 246

(ex-Artikel 215 EGV)

Abgesehen von den regelmäßigen Neubesetzungen und von Todesfällen endet das Amt eines Mitglieds der Kommission durch Rücktritt oder Amtsenthebung.

Für ein zurückgetretenes, seines Amtes enthobenes oder verstorbenes Mitglied wird für die verbleibende Amtszeit vom Rat mit Zustimmung des Präsidenten der Kommission nach Anhörung des Europäischen Parlaments und nach den Anforderungen des Artikels 17 Absatz 3 Unterabsatz 2 des Vertrags über die Europäische Union[2)] ein neues Mitglied derselben Staatsangehörigkeit ernannt.

Der Rat kann auf Vorschlag des Präsidenten der Kommission einstimmig beschließen, dass ein ausscheidendes Mitglied der Kommission für die verbleibende Amtszeit nicht ersetzt werden muss, insbesondere wenn es sich um eine kurze Zeitspanne handelt.

Bei Rücktritt, Amtsenthebung oder Tod des Präsidenten wird für die verbleibende Amtszeit ein Nachfolger ernannt. Für die Ersetzung findet das Verfahren des Artikels 17 Absatz 7 Unterabsatz 1 des Vertrags über die Europäische Union[2)] Anwendung.

Bei Rücktritt, Amtsenthebung oder Tod des Hohen Vertreters der Union für die Außen- und Sicherheitspolitik wird für die verbleibende Amtszeit nach Artikel 18 Absatz 1 des Vertrags über die Europäische Union[2)] ein Nachfolger ernannt.

Bei Rücktritt aller Mitglieder der Kommission bleiben diese bis zur Neubesetzung ihres Sitzes nach Artikel 17 des Vertrags über die Europäische Union[2)] für die verbleibende Amtszeit im Amt und führen die laufenden Geschäfte weiter.

Artikel 247

(ex-Artikel 216 EGV)

Jedes Mitglied der Kommission, das die Voraussetzungen für die Ausübung seines Amtes nicht mehr erfüllt oder eine schwere Verfehlung begangen hat, kann auf Antrag des Rates, der mit einfacher Mehrheit beschließt, oder der Kommission durch den Gerichtshof seines Amtes enthoben werden.

Artikel 248

(ex-Artikel 217 Absatz 2 EGV)

Die Zuständigkeiten der Kommission werden unbeschadet des Artikels 18 Absatz 4 des Vertrags über die Europäische Union[2)] von ihrem Präsidenten nach Artikel 17 Absatz 6 des genannten Vertrags gegliedert und zwischen ihren Mitgliedern aufgeteilt. Der Präsident kann diese Zuständigkeitsverteilung im Laufe der Amtszeit ändern. Die Mitglieder der Kommission üben die ihnen vom Präsidenten übertragenen Aufgaben unter dessen Leitung aus.

Artikel 249

(ex-Artikel 218 Absatz 2 und ex-Artikel 212 EGV)

(1) Die Kommission gibt sich eine Geschäftsordnung, um ihr ordnungsgemäßes Arbeiten und das ihrer Dienststellen zu gewährleisten. Sie sorgt für die Veröffentlichung dieser Geschäftsordnung.

(2) Die Kommission veröffentlicht jährlich, und zwar spätestens einen Monat vor Beginn der Sitzungsperiode des Europäischen Parlaments, einen Gesamtbericht über die Tätigkeit der Union.

Artikel 250

(ex-Artikel 219 EGV)

Die Beschlüsse der Kommission werden mit der Mehrheit ihrer Mitglieder gefasst.

Die Beschlussfähigkeit wird in ihrer Geschäftsordnung festgelegt.

ABSCHNITT 5
DER GERICHTSHOF DER EUROPÄISCHEN UNION

Artikel 251

(ex-Artikel 221 EGV)

Der Gerichtshof tagt in Kammern oder als Große Kammer entsprechend den hierfür in der Satzung des Gerichtshofs der Europäischen Union vorgesehenen Regeln.

Wenn die Satzung es vorsieht, kann der Gerichtshof auch als Plenum tagen.

Artikel 252

(ex-Artikel 222 EGV)

Der Gerichtshof wird von acht Generalanwälten unterstützt. Auf Antrag des Gerichtshofs kann der Rat einstimmig die Zahl der Generalanwälte erhöhen.

Der Generalanwalt hat öffentlich in völliger Unparteilichkeit und Unabhängigkeit begründete Schlussanträge zu den Rechtssachen zu stellen, in denen nach der Satzung des Gerichtshofs der Europäischen Union seine Mitwirkung erforderlich ist.

Artikel 253

(ex-Artikel 223 EGV)

Zu Richtern und Generalanwälten des Gerichtshofs sind Persönlichkeiten auszuwählen, die jede Gewähr für Unabhängigkeit bieten und in ihrem Staat die für die höchsten richterlichen Ämter erforderlichen Voraussetzungen erfüllen oder Juristen von anerkannt hervorragender Befähigung sind; sie werden von den Regierungen der Mitgliedstaaten im gegenseitigen Einvernehmen nach Anhörung des in Artikel 255 vorgesehenen Ausschusses auf sechs Jahre ernannt.

Alle drei Jahre findet nach Maßgabe der Satzung des Gerichtshofs der Europäischen Union eine teilweise Neubesetzung der Stellen der Richter und Generalanwälte statt.

Die Richter wählen aus ihrer Mitte den Präsidenten des Gerichtshofs für die Dauer von drei Jahren. Wiederwahl ist zulässig.

Die Wiederernennung ausscheidender Richter und Generalanwälte ist zulässig.

Der Gerichtshof ernennt seinen Kanzler und bestimmt dessen Stellung.

Der Gerichtshof erlässt seine Verfahrensordnung. Sie bedarf der Genehmigung des Rates.

Artikel 254

(ex-Artikel 224 EGV)

Die Zahl der Richter des Gerichts wird in der Satzung des Gerichtshofs der Europäischen Union festgelegt. In der Satzung kann vorgesehen werden, dass das Gericht von Generalanwälten unterstützt wird.

Zu Mitgliedern des Gerichts sind Personen auszuwählen, die jede Gewähr für Unabhängigkeit bieten und über die Befähigung zur Ausübung hoher richterlicher Tätigkeiten verfügen. Sie werden von den Regierungen der Mitgliedstaaten im gegenseitigen Einvernehmen nach Anhörung des in Artikel 255 vorgesehenen Ausschusses für sechs Jahre ernannt. Alle drei Jahre wird das Gericht teilweise neu besetzt. Die Wiederernennung ausscheidender Mitglieder ist zulässig.

Die Richter wählen aus ihrer Mitte den Präsidenten des Gerichts für die Dauer von drei Jahren. Wiederwahl ist zulässig.

Das Gericht ernennt seinen Kanzler und bestimmt dessen Stellung.

Das Gericht erlässt seine Verfahrensordnung im Einvernehmen mit dem Gerichtshof. Sie bedarf der Genehmigung des Rates.

Soweit die Satzung des Gerichtshofs der Europäischen Union nichts anderes vorsieht, finden die den Gerichtshof betreffenden Bestimmungen der Verträge auf das Gericht Anwendung.

Artikel 255

Es wird ein Ausschuss eingerichtet, der die Aufgabe hat, vor einer Ernennung durch die Regierungen der Mitgliedstaaten nach den Artikeln 253 und 254 eine Stellungnahme zur Eignung der Bewerber für die Ausübung des Amts eines Richters oder Generalanwalts beim Gerichtshof oder beim Gericht abzugeben.

Der Ausschuss setzt sich aus sieben Persönlichkeiten zusammen, die aus dem Kreis ehemaliger Mitglieder des Gerichtshofs und des Gerichts, der Mitglieder der höchsten einzelstaatlichen Gerichte und der Juristen von anerkannt hervorragender Befähigung ausgewählt werden, von denen einer vom Europäischen Parlament vorgeschlagen wird. Der Rat erlässt einen Beschluss zur Festlegung der Vorschriften für die Arbeitsweise und einen Beschluss zur Ernennung der Mitglieder dieses

Ausschusses. Er beschließt auf Initiative des Präsidenten des Gerichtshofs.

Artikel 256

(ex-Artikel 225 EGV)

(1) Das Gericht ist für Entscheidungen im ersten Rechtszug über die in den Artikeln 263, 265, 268, 270 und 272 genannten Klagen zuständig, mit Ausnahme derjenigen Klagen, die einem nach Artikel 257 gebildeten Fachgericht übertragen werden, und der Klagen, die gemäß der Satzung dem Gerichtshof vorbehalten sind. In der Satzung kann vorgesehen werden, dass das Gericht für andere Kategorien von Klagen zuständig ist.

Gegen die Entscheidungen des Gerichts aufgrund dieses Absatzes kann nach Maßgabe der Bedingungen und innerhalb der Grenzen, die in der Satzung vorgesehen sind, beim Gerichtshof ein auf Rechtsfragen beschränktes Rechtsmittel eingelegt werden.

(2) Das Gericht ist für Entscheidungen über Rechtsmittel gegen die Entscheidungen der Fachgerichte zuständig.

Die Entscheidungen des Gerichts aufgrund dieses Absatzes können nach Maßgabe der Bedingungen und innerhalb der Grenzen, die in der Satzung vorgesehen sind, in Ausnahmefällen vom Gerichtshof überprüft werden, wenn die ernste Gefahr besteht, dass die Einheit oder Kohärenz des Unionsrechts berührt wird.

(3) Das Gericht ist in besonderen in der Satzung festgelegten Sachgebieten für Vorabentscheidungen nach Artikel 267 zuständig.

Wenn das Gericht der Auffassung ist, dass eine Rechtssache eine Grundsatzentscheidung erfordert, die die Einheit oder die Kohärenz des Unionsrechts berühren könnte, kann es die Rechtssache zur Entscheidung an den Gerichtshof verweisen.

Die Entscheidungen des Gerichts über Anträge auf Vorabentscheidung können nach Maßgabe der Bedingungen und innerhalb der Grenzen, die in der Satzung vorgesehen sind, in Ausnahmefällen vom Gerichtshof überprüft werden, wenn die ernste Gefahr besteht, dass die Einheit oder die Kohärenz des Unionsrechts berührt wird.

Artikel 257

(ex-Artikel 225a EGV)

Das Europäische Parlament und der Rat können gemäß dem ordentlichen Gesetzgebungsverfahren dem Gericht beigeordnete Fachgerichte bilden, die für Entscheidungen im ersten Rechtszug über bestimmte Kategorien von Klagen zuständig sind, die auf besonderen Sachgebieten erhoben werden. Das Europäische Parlament und der Rat beschließen durch Verordnungen entweder auf Vorschlag der Kommission nach Anhörung des Gerichtshofs oder auf Antrag des Gerichtshofs nach Anhörung der Kommission.

In der Verordnung über die Bildung eines Fachgerichts werden die Regeln für die Zusammensetzung dieses Gerichts und der ihm übertragene Zuständigkeitsbereich festgelegt.

Gegen die Entscheidungen der Fachgerichte kann vor dem Gericht ein auf Rechtsfragen beschränktes Rechtsmittel oder, wenn die Verordnung über die Bildung des Fachgerichts dies vorsieht, ein auch Sachfragen betreffendes Rechtsmittel eingelegt werden.

Zu Mitgliedern der Fachgerichte sind Personen auszuwählen, die jede Gewähr für Unabhängigkeit bieten und über die Befähigung zur Ausübung richterlicher Tätigkeiten verfügen. Sie werden einstimmig vom Rat ernannt.

Die Fachgerichte erlassen ihre Verfahrensordnung im Einvernehmen mit dem Gerichtshof. Diese Verfahrensordnung bedarf der Genehmigung des Rates.

Soweit die Verordnung über die Bildung der Fachgerichte nichts anderes vorsieht, finden die den Gerichtshof der Europäischen Union betreffenden Bestimmungen der Verträge und die Satzung des Gerichtshofs der Europäischen Union auf die Fachgerichte Anwendung. Titel I und Artikel 64 der Satzung gelten auf jeden Fall für die Fachgerichte.

Artikel 258

(ex-Artikel 226 EGV)

Hat nach Auffassung der Kommission ein Mitgliedstaat gegen eine Verpflichtung aus den Verträgen verstoßen, so gibt sie eine mit Gründen versehene Stellungnahme hierzu ab; sie hat dem Staat zuvor Gelegenheit zur Äußerung zu geben.

Kommt der Staat dieser Stellungnahme innerhalb der von der Kommission gesetzten Frist nicht nach, so kann die Kommission den Gerichtshof der Europäischen Union anrufen.

Artikel 259

(ex-Artikel 227 EGV)

Jeder Mitgliedstaat kann den Gerichtshof der Europäischen Union anrufen, wenn er der Auffassung ist, dass ein anderer Mitgliedstaat gegen eine Verpflichtung aus den Verträgen verstoßen hat.

Bevor ein Mitgliedstaat wegen einer angeblichen Verletzung der Verpflichtungen aus den Verträgen gegen einen anderen Staat Klage erhebt, muss er die Kommission damit befassen.

Die Kommission erlässt eine mit Gründen versehene Stellungnahme; sie gibt den beteiligten

Staaten zuvor Gelegenheit zu schriftlicher und mündlicher Äußerung in einem kontradiktorischen Verfahren.

Gibt die Kommission binnen drei Monaten nach dem Zeitpunkt, in dem ein entsprechender Antrag gestellt wurde, keine Stellungnahme ab, so kann ungeachtet des Fehlens der Stellungnahme vor dem Gerichtshof geklagt werden.

Artikel 260

(ex-Artikel 228 EGV)

(1) Stellt der Gerichtshof der Europäischen Union fest, dass ein Mitgliedstaat gegen eine Verpflichtung aus den Verträgen verstoßen hat, so hat dieser Staat die Maßnahmen zu ergreifen, die sich aus dem Urteil des Gerichtshofs ergeben.

(2) Hat der betreffende Mitgliedstaat die Maßnahmen, die sich aus dem Urteil des Gerichtshofs ergeben, nach Auffassung der Kommission nicht getroffen, so kann die Kommission den Gerichtshof anrufen, nachdem sie diesem Staat zuvor Gelegenheit zur Äußerung gegeben hat. Hierbei benennt sie die Höhe des von dem betreffenden Mitgliedstaat zu zahlenden Pauschalbetrags oder Zwangsgelds, die sie den Umständen nach für angemessen hält.

Stellt der Gerichtshof fest, dass der betreffende Mitgliedstaat seinem Urteil nicht nachgekommen ist, so kann er die Zahlung eines Pauschalbetrags oder Zwangsgelds verhängen.

Dieses Verfahren lässt den Artikel 259 unberührt.

(3) Erhebt die Kommission beim Gerichtshof Klage nach Artikel 258, weil sie der Auffassung ist, dass der betreffende Mitgliedstaat gegen seine Verpflichtung verstoßen hat, Maßnahmen zur Umsetzung einer gemäß einem Gesetzgebungsverfahren erlassenen Richtlinie mitzuteilen, so kann sie, wenn sie dies für zweckmäßig hält, die Höhe des von dem betreffenden Mitgliedstaat zu zahlenden Pauschalbetrags oder Zwangsgelds benennen, die sie den Umständen nach für angemessen hält.

Stellt der Gerichtshof einen Verstoß fest, so kann er gegen den betreffenden Mitgliedstaat die Zahlung eines Pauschalbetrags oder eines Zwangsgelds bis zur Höhe des von der Kommission genannten Betrags verhängen. Die Zahlungsverpflichtung gilt ab dem vom Gerichtshof in seinem Urteil festgelegten Zeitpunkt.

Artikel 261

(ex-Artikel 229 EGV)

Aufgrund der Verträge vom Europäischen Parlament und vom Rat gemeinsam sowie vom Rat erlassene Verordnungen können hinsichtlich der darin vorgesehenen Zwangsmaßnahmen dem Gerichtshof der Europäischen Union eine Zuständigkeit übertragen, welche die Befugnis zu unbeschränkter Ermessensnachprüfung und zur Änderung oder Verhängung solcher Maßnahmen umfasst.

Artikel 262

(ex-Artikel 229a EGV)

Unbeschadet der sonstigen Bestimmungen der Verträge kann der Rat gemäß einem besonderen Gesetzgebungsverfahren nach Anhörung des Europäischen Parlaments einstimmig Bestimmungen erlassen, mit denen dem Gerichtshof der Europäischen Union in dem vom Rat festgelegten Umfang die Zuständigkeit übertragen wird, über Rechtsstreitigkeiten im Zusammenhang mit der Anwendung von aufgrund der Verträge erlassenen Rechtsakten, mit denen europäische Rechtstitel für das geistige Eigentum geschaffen werden, zu entscheiden. Diese Bestimmungen treten nach Zustimmung der Mitgliedstaaten im Einklang mit ihren jeweiligen verfassungsrechtlichen Vorschriften in Kraft.

Artikel 263

(ex-Artikel 230 EGV)

Der Gerichtshof der Europäischen Union überwacht die Rechtmäßigkeit der Gesetzgebungsakte sowie der Handlungen des Rates, der Kommission und der Europäischen Zentralbank, soweit es sich nicht um Empfehlungen oder Stellungnahmen handelt, und der Handlungen des Europäischen Parlaments und des Europäischen Rates mit Rechtswirkung gegenüber Dritten. Er überwacht ebenfalls die Rechtmäßigkeit der Handlungen der Einrichtungen oder sonstigen Stellen der Union mit Rechtswirkung gegenüber Dritten.

Zu diesem Zweck ist der Gerichtshof der Europäischen Union für Klagen zuständig, die ein Mitgliedstaat, das Europäische Parlament, der Rat oder die Kommission wegen Unzuständigkeit, Verletzung wesentlicher Formvorschriften, Verletzung der Verträge oder einer bei ihrer Durchführung anzuwendenden Rechtsnorm oder wegen Ermessensmissbrauchs erhebt.

Der Gerichtshof der Europäischen Union ist unter den gleichen Voraussetzungen zuständig für Klagen des Rechnungshofs, der Europäischen Zentralbank und des Ausschusses der Regionen, die auf die Wahrung ihrer Rechte abzielen.

Jede natürliche oder juristische Person kann unter den Bedingungen nach den Absätzen 1 und 2 gegen die an sie gerichteten oder sie unmittelbar und individuell betreffenden Handlungen sowie gegen Rechtsakte mit Verordnungscharakter, die sie unmittelbar betreffen und keine Durchführungsmaßnahmen nach sich ziehen, Klage erheben.

In den Rechtsakten zur Gründung von Einrichtungen und sonstigen Stellen der Union können besondere Bedingungen und Einzelheiten für die Erhebung von Klagen von natürlichen oder juristischen Personen gegen Handlungen dieser Einrichtungen und sonstigen Stellen vorgesehen werden, die eine Rechtswirkung gegenüber diesen Personen haben.

Die in diesem Artikel vorgesehenen Klagen sind binnen zwei Monaten zu erheben; diese Frist läuft je nach Lage des Falles von der Bekanntgabe der betreffenden Handlung, ihrer Mitteilung an den Kläger oder in Ermangelung dessen von dem Zeitpunkt an, zu dem der Kläger von dieser Handlung Kenntnis erlangt hat.

Artikel 264

(ex-Artikel 231 EGV)

Ist die Klage begründet, so erklärt der Gerichtshof der Europäischen Union die angefochtene Handlung für nichtig.

Erklärt der Gerichtshof eine Handlung für nichtig, so bezeichnet er, falls er dies für notwendig hält, diejenigen ihrer Wirkungen, die als fortgeltend zu betrachten sind.

Artikel 265

(ex-Artikel 232 EGV)

Unterlässt es das Europäische Parlament, der Europäische Rat, der Rat, die Kommission oder die Europäische Zentralbank unter Verletzung der Verträge, einen Beschluss zu fassen, so können die Mitgliedstaaten und die anderen Organe der Union beim Gerichtshof der Europäischen Union Klage auf Feststellung dieser Vertragsverletzung erheben. Dieser Artikel gilt entsprechend für die Einrichtungen und sonstigen Stellen der Union, die es unterlassen, tätig zu werden.

Diese Klage ist nur zulässig, wenn das in Frage stehende Organ, die in Frage stehende Einrichtung oder sonstige Stelle zuvor aufgefordert worden ist, tätig zu werden. Hat es bzw. sie binnen zwei Monaten nach dieser Aufforderung nicht Stellung genommen, so kann die Klage innerhalb einer weiteren Frist von zwei Monaten erhoben werden.

Jede natürliche oder juristische Person kann nach Maßgabe der Absätze 1 und 2 vor dem Gerichtshof Beschwerde darüber führen, dass ein Organ oder eine Einrichtung oder sonstige Stelle der Union es unterlassen hat, einen anderen Akt als eine Empfehlung oder eine Stellungnahme an sie zu richten.

Artikel 266

(ex-Artikel 233 EGV)

Die Organe, Einrichtungen oder sonstigen Stellen, denen das für nichtig erklärte Handeln zur Last fällt oder deren Untätigkeit als vertragswidrig erklärt worden ist, haben die sich aus dem Urteil des Gerichtshofs der Europäischen Union ergebenden Maßnahmen zu ergreifen.

Diese Verpflichtung besteht unbeschadet der Verpflichtungen, die sich aus der Anwendung des Artikels 340 Absatz 2 ergeben.

Artikel 267

(ex-Artikel 234 EGV)

Der Gerichtshof der Europäischen Union entscheidet im Wege der Vorabentscheidung

a) über die Auslegung der Verträge,

b) über die Gültigkeit und die Auslegung der Handlungen der Organe, Einrichtungen oder sonstigen Stellen der Union,

Wird eine derartige Frage einem Gericht eines Mitgliedstaats gestellt und hält dieses Gericht eine Entscheidung darüber zum Erlass seines Urteils für erforderlich, so kann es diese Frage dem Gerichtshof zur Entscheidung vorlegen.

Wird eine derartige Frage in einem schwebenden Verfahren bei einem einzelstaatlichen Gericht gestellt, dessen Entscheidungen selbst nicht mehr mit Rechtsmitteln des innerstaatlichen Rechts angefochten werden können, so ist dieses Gericht zur Anrufung des Gerichtshofs verpflichtet.

Wird eine derartige Frage in einem schwebenden Verfahren, das eine inhaftierte Person betrifft, bei einem einzelstaatlichen Gericht gestellt, so entscheidet der Gerichtshof innerhalb kürzester Zeit.

Artikel 268

(ex-Artikel 235 EGV)

Der Gerichtshof der Europäischen Union ist für Streitsachen über den in Artikel 340 Absätze 2 und 3 vorgesehenen Schadensersatz zuständig.

Artikel 269

Der Gerichtshof ist für Entscheidungen über die Rechtmäßigkeit eines nach Artikel 7 des Vertrags über die Europäische Union[2)] erlassenen Rechtsakts des Europäischen Rates oder des Rates nur auf Antrag des von einer Feststellung des Europäischen Rates oder des Rates betroffenen Mitgliedstaats und lediglich im Hinblick auf die

Einhaltung der in dem genannten Artikel vorgesehenen Verfahrensbestimmungen zuständig.

Der Antrag muss binnen eines Monats nach der jeweiligen Feststellung gestellt werden. Der Gerichtshof entscheidet binnen eines Monats nach Antragstellung.

Artikel 270

(ex-Artikel 236 EGV)

Der Gerichtshof der Europäischen Union ist für alle Streitsachen zwischen der Union und deren Bediensteten innerhalb der Grenzen und nach Maßgabe der Bedingungen zuständig, die im Statut der Beamten der Union und in den Beschäftigungsbedingungen für die sonstigen Bediensteten der Union festgelegt sind.

Artikel 271

(ex-Artikel 237 EGV)

Der Gerichtshof der Europäischen Union ist nach Maßgabe der folgenden Bestimmungen zuständig in Streitsachen über

a) die Erfüllung der Verpflichtungen der Mitgliedstaaten aus der Satzung der Europäischen Investitionsbank. Der Verwaltungsrat der Bank besitzt hierbei die der Kommission in Artikel 258 übertragenen Befugnisse;

b) die Beschlüsse des Rates der Gouverneure der Europäischen Investitionsbank. Jeder Mitgliedstaat, die Kommission und der Verwaltungsrat der Bank können hierzu nach Maßgabe des Artikels 263 Klage erheben;

c) die Beschlüsse des Verwaltungsrats der Europäischen Investitionsbank. Diese können nach Maßgabe des Artikels 263 nur von Mitgliedstaaten oder der Kommission und lediglich wegen Verletzung der Formvorschriften des Artikels 19 Absatz 2 und Absätze 5 bis 7 der Satzung der Investitionsbank angefochten werden;

d) die Erfüllung der sich aus den Verträgen und der Satzung des ESZB und der EZB ergebenden Verpflichtungen durch die nationalen Zentralbanken. Der Rat der Gouverneure der Europäischen Zentralbank besitzt hierbei gegenüber den nationalen Zentralbanken die Befugnisse, die der Kommission in Artikel 258 gegenüber den Mitgliedstaaten eingeräumt werden. Stellt der Gerichtshof der Europäischen Union fest, dass eine nationale Zentralbank gegen eine Verpflichtung aus den Verträgen verstoßen hat, so hat diese Bank die Maßnahmen zu ergreifen, die sich aus dem Urteil des Gerichtshofs ergeben.

Artikel 272

(ex-Artikel 238 EGV)

Der Gerichtshof der Europäischen Union ist für Entscheidungen aufgrund einer Schiedsklausel zuständig, die in einem von der Union oder für ihre Rechnung abgeschlossenen öffentlich-rechtlichen oder privatrechtlichen Vertrag enthalten ist.

Artikel 273

(ex-Artikel 239 EGV)

Der Gerichtshof ist für jede mit dem Gegenstand der Verträge in Zusammenhang stehende Streitigkeit zwischen Mitgliedstaaten zuständig, wenn diese bei ihm aufgrund eines Schiedsvertrags anhängig gemacht wird.

Artikel 274

(ex-Artikel 240 EGV)

Soweit keine Zuständigkeit des Gerichtshofs der Europäischen Union aufgrund der Verträge besteht, sind Streitsachen, bei denen die Union Partei ist, der Zuständigkeit der einzelstaatlichen Gerichte nicht entzogen.

Artikel 275

Der Gerichtshof der Europäischen Union ist nicht zuständig für die Bestimmungen hinsichtlich der Gemeinsamen Außen- und Sicherheitspolitik und für die auf der Grundlage dieser Bestimmungen erlassenen Rechtsakte.

Der Gerichtshof ist jedoch zuständig für die Kontrolle der Einhaltung von Artikel 40 des Vertrags über die Europäische Union[2)] und für die unter den Voraussetzungen des Artikels 263 Absatz 4 dieses Vertrags erhobenen Klagen im Zusammenhang mit der Überwachung der Rechtmäßigkeit von Beschlüssen über restriktive Maßnahmen gegenüber natürlichen oder juristischen Personen, die der Rat auf der Grundlage von Titel V Kapitel 2 des Vertrags über die Europäische Union[2)] erlassen hat.

Artikel 276

Bei der Ausübung seiner Befugnisse im Rahmen der Bestimmungen des Dritten Teils Titel V Kapitel 4 und 5 über den Raum der Freiheit, der Sicherheit und des Rechts ist der Gerichtshof der Europäischen Union nicht zuständig für die Überprüfung der Gültigkeit oder Verhältnismäßigkeit von Maßnahmen der Polizei oder anderer Strafverfolgungsbehörden eines Mitgliedstaats oder der Wahrnehmung der Zuständigkeiten der Mitgliedstaaten für die Aufrechterhaltung der öffentlichen Ordnung und den Schutz der inneren Sicherheit.

Artikel 277

(ex-Artikel 241 EGV)

Ungeachtet des Ablaufs der in Artikel 263 Absatz 6 genannten Frist kann jede Partei in einem Rechtsstreit, bei dem die Rechtmäßigkeit eines von einem Organ, einer Einrichtung oder einer sonstigen Stelle der Union erlassenen Rechtsakts mit allgemeiner Geltung angefochten wird, vor dem Gerichtshof der Europäischen Union die Unanwendbarkeit dieses Rechtsakts aus den in Artikel 263 Absatz 2 genannten Gründen geltend machen.

Artikel 278

(ex-Artikel 242 EGV)

Klagen bei dem Gerichtshof der Europäischen Union haben keine aufschiebende Wirkung. Der Gerichtshof kann jedoch, wenn er dies den Umständen nach für nötig hält, die Durchführung der angefochtenen Handlung aussetzen.

Artikel 279

(ex-Artikel 243 EGV)

Der Gerichtshof der Europäischen Union kann in den bei ihm anhängigen Sachen die erforderlichen einstweiligen Anordnungen treffen.

Artikel 280

(ex-Artikel 244 EGV)

Die Urteile des Gerichtshofs der Europäischen Union sind gemäß Artikel 299 vollstreckbar.

Artikel 281

(ex-Artikel 245 EGV)

Die Satzung des Gerichtshofs der Europäischen Union wird in einem besonderen Protokoll festgelegt.

Das Europäische Parlament und der Rat können gemäß dem ordentlichen Gesetzgebungsverfahren die Satzung mit Ausnahme ihres Titels I und ihres Artikels 64 ändern. Das Europäische Parlament und der Rat beschließen entweder auf Antrag des Gerichtshofs nach Anhörung der Kommission oder auf Vorschlag der Kommission nach Anhörung des Gerichtshofs.

ABSCHNITT 6
DIE EUROPÄISCHE ZENTRALBANK

Artikel 282

(1) Die Europäische Zentralbank und die nationalen Zentralbanken bilden das Europäische System der Zentralbanken (ESZB). Die Europäische Zentralbank und die nationalen Zentralbanken der Mitgliedstaaten, deren Währung der Euro ist, bilden das Eurosystem und betreiben die Währungspolitik der Union.

(2) Das ESZB wird von den Beschlussorganen der Europäischen Zentralbank geleitet. Sein vorrangiges Ziel ist es, die Preisstabilität zu gewährleisten. Unbeschadet dieses Zieles unterstützt es die allgemeine Wirtschaftspolitik in der Union, um zur Verwirklichung ihrer Ziele beizutragen.

(3) Die Europäische Zentralbank besitzt Rechtspersönlichkeit. Sie allein ist befugt, die Ausgabe des Euro zu genehmigen. Sie ist in der Ausübung ihrer Befugnisse und der Verwaltung ihrer Mittel unabhängig. Die Organe, Einrichtungen und sonstigen Stellen der Union sowie die Regierungen der Mitgliedstaaten achten diese Unabhängigkeit.

(4) Die Europäische Zentralbank erlässt die für die Erfüllung ihrer Aufgaben erforderlichen Maßnahmen nach den Artikeln 127 bis 133 und Artikel 138 und nach Maßgabe der Satzung des ESZB und der EZB. Nach diesen Artikeln behalten die Mitgliedstaaten, deren Währung nicht der Euro ist, sowie deren Zentralbanken ihre Zuständigkeiten im Währungsbereich.

(5) Die Europäische Zentralbank wird in den Bereichen, auf die sich ihre Befugnisse erstrecken, zu allen Entwürfen für Rechtsakte der Union sowie zu allen Entwürfen für Rechtsvorschriften auf einzelstaatlicher Ebene gehört und kann Stellungnahmen abgeben.

Artikel 283

(ex-Artikel 112 EGV)

(1) Der Rat der Europäischen Zentralbank besteht aus den Mitgliedern des Direktoriums der Europäischen Zentralbank und den Präsidenten der nationalen Zentralbanken der Mitgliedstaaten, deren Währung der Euro ist.

(2) Das Direktorium besteht aus dem Präsidenten, dem Vizepräsidenten und vier weiteren Mitgliedern.

Der Präsident, der Vizepräsident und die weiteren Mitglieder des Direktoriums werden vom Europäischen Rat auf Empfehlung des Rates, der hierzu das Europäische Parlament und den Rat der Europäischen Zentralbank anhört, aus dem Kreis der in Währungs- oder Bankfragen anerkannten und erfahrenen Persönlichkeiten mit qualifizierter Mehrheit ausgewählt und ernannt.

Ihre Amtszeit beträgt acht Jahre; Wiederernennung ist nicht zulässig.

Nur Staatsangehörige der Mitgliedstaaten können Mitglieder des Direktoriums werden.

Artikel 284

(ex-Artikel 113 EGV)

(1) Der Präsident des Rates und ein Mitglied der Kommission können ohne Stimmrecht an den Sitzungen des Rates der Europäischen Zentralbank teilnehmen.

Der Präsident des Rates kann dem Rat der Europäischen Zentralbank einen Antrag zur Beratung vorlegen.

(2) Der Präsident der Europäischen Zentralbank wird zur Teilnahme an den Tagungen des Rates eingeladen, wenn dieser Fragen im Zusammenhang mit den Zielen und Aufgaben des ESZB erörtert.

(3) Die Europäische Zentralbank unterbreitet dem Europäischen Parlament, dem Rat und der Kommission sowie auch dem Europäischen Rat einen Jahresbericht über die Tätigkeit des ESZB und die Geld- und Währungspolitik im vergangenen und im laufenden Jahr. Der Präsident der Europäischen Zentralbank legt den Bericht dem Rat und dem Europäischen Parlament vor, das auf dieser Grundlage eine allgemeine Aussprache durchführen kann.

Der Präsident der Europäischen Zentralbank und die anderen Mitglieder des Direktoriums können auf Ersuchen des Europäischen Parlaments oder auf ihre Initiative hin von den zuständigen Ausschüssen des Europäischen Parlaments gehört werden.

ABSCHNITT 7
DER RECHNUNGSHOF

Artikel 285

(ex-Artikel 246 EGV)

Der Rechnungshof nimmt die Rechnungsprüfung der Union wahr. Der Rechnungshof besteht aus einem Staatsangehörigen je Mitgliedstaat. Seine Mitglieder üben ihre Aufgaben in voller Unabhängigkeit zum allgemeinen Wohl der Union aus.

Artikel 286

(ex-Artikel 247 EGV)

(1) Zu Mitgliedern des Rechnungshofs sind Persönlichkeiten auszuwählen, die in ihren Staaten Rechnungsprüfungsorganen angehören oder angehört haben oder die für dieses Amt besonders geeignet sind. Sie müssen jede Gewähr für Unabhängigkeit bieten.

(2) Die Mitglieder des Rechnungshofs werden auf sechs Jahre ernannt. Der Rat nimmt die gemäß den Vorschlägen der einzelnen Mitgliedstaaten erstellte Liste der Mitglieder nach Anhörung des Europäischen Parlaments an. Die Wiederernennung der Mitglieder des Rechnungshofs ist zulässig.

Sie wählen aus ihrer Mitte den Präsidenten des Rechnungshofs für drei Jahre. Wiederwahl ist zulässig.

(3) Die Mitglieder des Rechnungshofs dürfen bei der Erfüllung ihrer Pflichten Anweisungen von einer Regierung oder einer anderen Stelle weder anfordern noch entgegennehmen. Sie haben jede Handlung zu unterlassen, die mit ihren Aufgaben unvereinbar ist.

(4) Die Mitglieder des Rechnungshofs dürfen während ihrer Amtszeit keine andere entgeltliche oder unentgeltliche Berufstätigkeit ausüben. Bei der Aufnahme ihrer Tätigkeit übernehmen sie die feierliche Verpflichtung, während der Ausübung und nach Ablauf ihrer Amtstätigkeit die sich aus ihrem Amt ergebenden Pflichten zu erfüllen, insbesondere die Pflicht, bei der Annahme gewisser Tätigkeiten oder Vorteile nach Ablauf dieser Tätigkeit ehrenhaft und zurückhaltend zu sein.

(5) Abgesehen von regelmäßigen Neubesetzungen und von Todesfällen endet das Amt eines Mitglieds des Rechnungshofs durch Rücktritt oder durch Amtsenthebung durch den Gerichtshof gemäß Absatz 6.

Für das ausscheidende Mitglied wird für die verbleibende Amtszeit ein Nachfolger ernannt.

Außer im Fall der Amtsenthebung bleiben die Mitglieder des Rechnungshofs bis zur Neubesetzung ihres Sitzes im Amt.

(6) Ein Mitglied des Rechnungshofs kann nur dann seines Amtes enthoben oder seiner Ruhegehaltsansprüche oder anderer an ihrer Stelle gewährter Vergünstigungen für verlustig erklärt werden, wenn der Gerichtshof auf Antrag des Rechnungshofs feststellt, dass es nicht mehr die erforderlichen Voraussetzungen erfüllt oder den sich aus seinem Amt ergebenden Verpflichtungen nicht mehr nachkommt.

(7) Der Rat setzt die Beschäftigungsbedingungen für den Präsidenten und die Mitglieder des Rechnungshofs fest, insbesondere die Gehälter, Vergütungen und Ruhegehälter. Er setzt alle sonstigen als Entgelt gezahlten Vergütungen fest.

(8) Die für die Richter des Gerichtshofs der Europäischen Union geltenden Bestimmungen des Protokolls über die Vorrechte und Befreiun-

gen der Europäischen Union gelten auch für die Mitglieder des Rechnungshofs.

Artikel 287

(ex-Artikel 248 EGV)

(1) Der Rechnungshof prüft die Rechnung über alle Einnahmen und Ausgaben der Union. Er prüft ebenfalls die Rechnung über alle Einnahmen und Ausgaben jeder von der Union geschaffenen Einrichtung oder sonstigen Stelle, soweit der Gründungsakt dies nicht ausschließt.

Der Rechnungshof legt dem Europäischen Parlament und dem Rat eine Erklärung über die Zuverlässigkeit der Rechnungsführung sowie die Rechtmäßigkeit und Ordnungsmäßigkeit der zugrunde liegenden Vorgänge vor, die im *Amtsblatt der Europäischen Union* veröffentlicht wird. Diese Erklärung kann durch spezifische Beurteilungen zu allen größeren Tätigkeitsbereichen der Union ergänzt werden.

(2) Der Rechungshof prüft die Rechtmäßigkeit und Ordnungsmäßigkeit der Einnahmen und Ausgaben und überzeugt sich von der Wirtschaftlichkeit der Haushaltsführung. Dabei berichtet er insbesondere über alle Fälle von Unregelmäßigkeiten.

Die Prüfung der Einnahmen erfolgt anhand der Feststellungen und der Zahlungen der Einnahmen an die Union.

Die Prüfung der Ausgaben erfolgt anhand der Mittelbindungen und der Zahlungen.

Diese Prüfungen können vor Abschluss der Rechnung des betreffenden Haushaltsjahrs durchgeführt werden.

(3) Die Prüfung wird anhand der Rechnungsunterlagen und erforderlichenfalls an Ort und Stelle bei den anderen Organen der Union, in den Räumlichkeiten der Einrichtungen oder sonstigen Stellen, die Einnahmen oder Ausgaben für Rechnung der Union verwalten, sowie der natürlichen und juristischen Personen, die Zahlungen aus dem Haushalt erhalten, und in den Mitgliedstaaten durchgeführt. Die Prüfung in den Mitgliedstaaten erfolgt in Verbindung mit den einzelstaatlichen Rechnungsprüfungsorganen oder, wenn diese nicht über die erforderliche Zuständigkeit verfügen, mit den zuständigen einzelstaatlichen Dienststellen. Der Rechnungshof und die einzelstaatlichen Rechnungsprüfungsorgane arbeiten unter Wahrung ihrer Unabhängigkeit vertrauensvoll zusammen. Diese Organe oder Dienststellen teilen dem Rechnungshof mit, ob sie an der Prüfung teilzunehmen beabsichtigen.

Die anderen Organe der Union, die Einrichtungen oder sonstigen Stellen, die Einnahmen oder Ausgaben für Rechnung der Union verwalten, die natürlichen oder juristischen Personen, die Zahlungen aus dem Haushalt erhalten, und die einzelstaatlichen Rechnungsprüfungsorgane oder, wenn diese nicht über die erforderliche Zuständigkeit verfügen, die zuständigen einzelstaatlichen Dienststellen übermitteln dem Rechnungshof auf dessen Antrag die für die Erfüllung seiner Aufgabe erforderlichen Unterlagen oder Informationen.

Die Rechte des Rechnungshofs auf Zugang zu Informationen der Europäischen Investitionsbank im Zusammenhang mit deren Tätigkeit bei der Verwaltung von Einnahmen und Ausgaben der Union werden in einer Vereinbarung zwischen dem Rechnungshof, der Bank und der Kommission geregelt. Der Rechnungshof hat auch dann Recht auf Zugang zu den Informationen, die für die Prüfung der von der Bank verwalteten Einnahmen und Ausgaben der Union erforderlich sind, wenn eine entsprechende Vereinbarung nicht besteht.

(4) Der Rechnungshof erstattet nach Abschluss eines jeden Haushaltsjahrs einen Jahresbericht. Dieser Bericht wird den anderen Organen der Union vorgelegt und im *Amtsblatt der Europäischen Union* zusammen mit den Antworten dieser Organe auf die Bemerkungen des Rechnungshofs veröffentlicht.

Der Rechnungshof kann ferner jederzeit seine Bemerkungen zu besonderen Fragen vorlegen, insbesondere in Form von Sonderberichten, und auf Antrag eines der anderen Organe der Union Stellungnahmen abgeben.

Er nimmt seine jährlichen Berichte, Sonderberichte oder Stellungnahmen mit der Mehrheit seiner Mitglieder an. Er kann jedoch für die Annahme bestimmter Arten von Berichten oder Stellungnahmen nach Maßgabe seiner Geschäftsordnung Kammern bilden.

Er unterstützt das Europäische Parlament und den Rat bei der Kontrolle der Ausführung des Haushaltsplans.

Der Rechnungshof gibt sich eine Geschäftsordnung. Diese bedarf der Genehmigung des Rates.

KAPITEL 2
RECHTSAKTE DER UNION, ANNAHMEVERFAHREN UND SONSTIGE VORSCHRIFTEN

ABSCHNITT 1
DIE RECHTSAKTE DER UNION

Artikel 288

(ex-Artikel 249 EGV)

Für die Ausübung der Zuständigkeiten der Union nehmen die Organe Verordnungen, Richtlinien, Beschlüsse, Empfehlungen und Stellungnahmen an.

Die Verordnung hat allgemeine Geltung. Sie ist in allen ihren Teilen verbindlich und gilt unmittelbar in jedem Mitgliedstaat.

Die Richtlinie ist für jeden Mitgliedstaat, an den sie gerichtet wird, hinsichtlich des zu erreichenden Ziels verbindlich, überlässt jedoch den innerstaatlichen Stellen die Wahl der Form und der Mittel.

Beschlüsse sind in allen ihren Teilen verbindlich. Sind sie an bestimmte Adressaten gerichtet, so sind sie nur für diese verbindlich.

Die Empfehlungen und Stellungnahmen sind nicht verbindlich.

Artikel 289

(1) Das ordentliche Gesetzgebungsverfahren besteht in der gemeinsamen Annahme einer Verordnung, einer Richtlinie oder eines Beschlusses durch das Europäische Parlament und den Rat auf Vorschlag der Kommission. Dieses Verfahren ist in Artikel 294 festgelegt.

(2) In bestimmten, in den Verträgen vorgesehenen Fällen erfolgt als besonderes Gesetzgebungsverfahren die Annahme einer Verordnung, einer Richtlinie oder eines Beschlusses durch das Europäische Parlament mit Beteiligung des Rates oder durch den Rat mit Beteiligung des Europäischen Parlaments.

(3) Rechtsakte, die gemäß einem Gesetzgebungsverfahren angenommen werden, sind Gesetzgebungsakte.

(4) In bestimmten, in den Verträgen vorgesehenen Fällen können Gesetzgebungsakte auf Initiative einer Gruppe von Mitgliedstaaten oder des Europäischen Parlaments, auf Empfehlung der Europäischen Zentralbank oder auf Antrag des Gerichtshofs oder der Europäischen Investitionsbank erlassen werden.

Artikel 290

(1) In Gesetzgebungsakten kann der Kommission die Befugnis übertragen werden, Rechtsakte ohne Gesetzescharakter mit allgemeiner Geltung zur Ergänzung oder Änderung bestimmter nicht wesentlicher Vorschriften des betreffenden Gesetzgebungsaktes zu erlassen.

In den betreffenden Gesetzgebungsakten werden Ziele, Inhalt, Geltungsbereich und Dauer der Befugnisübertragung ausdrücklich festgelegt. Die wesentlichen Aspekte eines Bereichs sind dem Gesetzgebungsakt vorbehalten und eine Befugnisübertragung ist für sie deshalb ausgeschlossen.

(2) Die Bedingungen, unter denen die Übertragung erfolgt, werden in Gesetzgebungsakten ausdrücklich festgelegt, wobei folgende Möglichkeiten bestehen:

a) Das Europäische Parlament oder der Rat kann beschließen, die Übertragung zu widerrufen.

b) Der delegierte Rechtsakt kann nur in Kraft treten, wenn das Europäische Parlament oder der Rat innerhalb der im Gesetzgebungsakt festgelegten Frist keine Einwände erhebt.

Für die Zwecke der Buchstaben a und b beschließt das Europäische Parlament mit der Mehrheit seiner Mitglieder und der Rat mit qualifizierter Mehrheit.

(3) In den Titel der delegierten Rechtsakte wird das Wort „delegiert" eingefügt.

Artikel 291

(1) Die Mitgliedstaaten ergreifen alle zur Durchführung der verbindlichen Rechtsakte der Union erforderlichen Maßnahmen nach innerstaatlichem Recht.

(2) Bedarf es einheitlicher Bedingungen für die Durchführung der verbindlichen Rechtsakte der Union, so werden mit diesen Rechtsakten der Kommission oder, in entsprechend begründeten Sonderfällen und in den in den Artikeln 24 und 26 des Vertrags über die Europäische Union[2)] vorgesehenen Fällen, dem Rat Durchführungsbefugnisse übertragen.

(3) Für die Zwecke des Absatzes 2 legen das Europäische Parlament und der Rat gemäß dem ordentlichen Gesetzgebungsverfahren durch Verordnungen im Voraus allgemeine Regeln und Grundsätze fest, nach denen die Mitgliedstaaten die Wahrnehmung der Durchführungsbefugnisse durch die Kommission kontrollieren.

(4) In den Titel der Durchführungsrechtsakte wird der Wortteil „Durchführungs-" eingefügt.

Artikel 292

Der Rat gibt Empfehlungen ab. Er beschließt auf Vorschlag der Kommission in allen Fällen, in denen er nach Maßgabe der Verträge Rechtsakte auf Vorschlag der Kommission erlässt. In den Bereichen, in denen für den Erlass eines Rechtsakts der Union Einstimmigkeit vorgesehen ist, beschließt er einstimmig. Die Kommission und, in bestimmten in den Verträgen vorgesehenen Fällen, die Europäische Zentralbank geben Empfehlungen ab.

ABSCHNITT 2

ANNAHMEVERFAHREN UND SONSTIGE VORSCHRIFTEN

Artikel 293

(ex-Artikel 250 EGV)

(1) Wird der Rat aufgrund der Verträge auf Vorschlag der Kommission tätig, so kann er diesen Vorschlag nur einstimmig abändern; dies gilt

nicht in den Fällen nach Artikel 294 Absätze 10 und 13, nach Artikel 310, Artikel 312, Artikel 314 und nach Artikel 315 Absatz 2.

(2) Solange ein Beschluss des Rates nicht ergangen ist, kann die Kommission ihren Vorschlag jederzeit im Verlauf der Verfahren zur Annahme eines Rechtsakts der Union ändern.

Artikel 294

(ex-Artikel 251 EGV)

(1) Wird in den Verträgen hinsichtlich der Annahme eines Rechtsakts auf das ordentliche Gesetzgebungsverfahren Bezug genommen, so gilt das nachstehende Verfahren.

(2) Die Kommission unterbreitet dem Europäischen Parlament und dem Rat einen Vorschlag.

Erste Lesung

(3) Das Europäische Parlament legt seinen Standpunkt in erster Lesung fest und übermittelt ihn dem Rat.

(4) Billigt der Rat den Standpunkt des Europäischen Parlaments, so ist der betreffende Rechtsakt in der Fassung des Standpunkts des Europäischen Parlaments erlassen.

(5) Billigt der Rat den Standpunkt des Europäischen Parlaments nicht, so legt er seinen Standpunkt in erster Lesung fest und übermittelt ihn dem Europäischen Parlament.

(6) Der Rat unterrichtet das Europäische Parlament in allen Einzelheiten über die Gründe, aus denen er seinen Standpunkt in erster Lesung festgelegt hat. Die Kommission unterrichtet das Europäische Parlament in vollem Umfang über ihren Standpunkt.

Zweite Lesung

(7) Hat das Europäische Parlament binnen drei Monaten nach der Übermittlung

a) den Standpunkt des Rates in erster Lesung gebilligt oder sich nicht geäußert, so gilt der betreffende Rechtsakt als in der Fassung des Standpunkts des Rates erlassen;

b) den Standpunkt des Rates in erster Lesung mit der Mehrheit seiner Mitglieder abgelehnt, so gilt der vorgeschlagene Rechtsakt als nicht erlassen;

c) mit der Mehrheit seiner Mitglieder Abänderungen an dem Standpunkt des Rates in erster Lesung vorgeschlagen, so wird die abgeänderte Fassung dem Rat und der Kommission zugeleitet; die Kommission gibt eine Stellungnahme zu diesen Abänderungen ab.

(8) Hat der Rat binnen drei Monaten nach Eingang der Abänderungen des Europäischen Parlaments mit qualifizierter Mehrheit

a) alle diese Abänderungen gebilligt, so gilt der betreffende Rechtsakt als erlassen;

b) nicht alle Abänderungen gebilligt, so beruft der Präsident des Rates im Einvernehmen mit dem Präsidenten des Europäischen Parlaments binnen sechs Wochen den Vermittlungsausschuss ein.

(9) Über Abänderungen, zu denen die Kommission eine ablehnende Stellungnahme abgegeben hat, beschließt der Rat einstimmig.

Vermittlung

(10) Der Vermittlungsausschuss, der aus den Mitgliedern des Rates oder deren Vertretern und ebenso vielen das Europäische Parlament vertretenden Mitgliedern besteht, hat die Aufgabe, mit der qualifizierten Mehrheit der Mitglieder des Rates oder deren Vertretern und der Mehrheit der das Europäische Parlament vertretenden Mitglieder binnen sechs Wochen nach seiner Einberufung eine Einigung auf der Grundlage der Standpunkte des Europäischen Parlaments und des Rates in zweiter Lesung zu erzielen.

(11) Die Kommission nimmt an den Arbeiten des Vermittlungsausschusses teil und ergreift alle erforderlichen Initiativen, um auf eine Annäherung der Standpunkte des Europäischen Parlaments und des Rates hinzuwirken.

(12) Billigt der Vermittlungsausschuss binnen sechs Wochen nach seiner Einberufung keinen gemeinsamen Entwurf, so gilt der vorgeschlagene Rechtsakt als nicht erlassen.

Dritte Lesung

(13) Billigt der Vermittlungsausschuss innerhalb dieser Frist einen gemeinsamen Entwurf, so verfügen das Europäische Parlament und der Rat ab dieser Billigung über eine Frist von sechs Wochen, um den betreffenden Rechtsakt entsprechend diesem Entwurf zu erlassen, wobei im Europäischen Parlament die Mehrheit der abgegebenen Stimmen und im Rat die qualifizierte Mehrheit erforderlich ist. Andernfalls gilt der vorgeschlagene Rechtsakt als nicht erlassen.

(14) Die in diesem Artikel genannten Fristen von drei Monaten beziehungsweise sechs Wochen werden auf Initiative des Europäischen Parlaments oder des Rates um höchstens einen Monat beziehungsweise zwei Wochen verlängert.

Besondere Bestimmungen

(15) Wird in den in den Verträgen vorgesehenen Fällen ein Gesetzgebungsakt auf Initiative einer Gruppe von Mitgliedstaaten, auf Empfehlung der Europäischen Zentralbank oder auf Antrag des Gerichtshofs im ordentlichen Gesetzgebungsverfahren erlassen, so finden Absatz 2, Absatz 6 Satz 2 und Absatz 9 keine Anwendung.

In diesen Fällen übermitteln das Europäische Parlament und der Rat der Kommission den Entwurf des Rechtsakts sowie ihre jeweiligen Standpunkte in erster und zweiter Lesung. Das Europäische Parlament oder der Rat kann die Kommission während des gesamten Verfahrens um eine Stellungnahme bitten, die die Kommission auch von sich aus abgeben kann. Sie kann auch nach Maßgabe des Absatzes 11 an dem Vermittlungsausschuss teilnehmen, sofern sie dies für erforderlich hält.

Artikel 295

Das Europäische Parlament, der Rat und die Kommission beraten sich und regeln einvernehmlich die Einzelheiten ihrer Zusammenarbeit. Dazu können sie unter Wahrung der Verträge interinstitutionelle Vereinbarungen schließen, die auch bindenden Charakter haben können.

Artikel 296

(ex-Artikel 253 EGV)

Wird die Art des zu erlassenden Rechtsakts von den Verträgen nicht vorgegeben, so entscheiden die Organe darüber von Fall zu Fall unter Einhaltung der geltenden Verfahren und des Grundsatzes der Verhältnismäßigkeit.

Die Rechtsakte sind mit einer Begründung zu versehen und nehmen auf die in den Verträgen vorgesehenen Vorschläge, Initiativen, Empfehlungen, Anträge oder Stellungnahmen Bezug.

Werden das Europäische Parlament und der Rat mit dem Entwurf eines Gesetzgebungsakts befasst, so nehmen sie keine Rechtsakte an, die gemäß dem für den betreffenden Bereich geltenden Gesetzgebungsverfahren nicht vorgesehen sind.

Artikel 297

(ex-Artikel 254 EGV)

(1) Gesetzgebungsakte, die gemäß dem ordentlichen Gesetzgebungsverfahren erlassen wurden, werden vom Präsidenten des Europäischen Parlaments und vom Präsidenten des Rates unterzeichnet.

Gesetzgebungsakte, die gemäß einem besonderen Gesetzgebungsverfahren erlassen wurden, werden vom Präsidenten des Organs unterzeichnet, das sie erlassen hat.

Die Gesetzgebungsakte werden im *Amtsblatt der Europäischen Union* veröffentlicht. Sie treten zu dem durch sie festgelegten Zeitpunkt oder anderenfalls am zwanzigsten Tag nach ihrer Veröffentlichung in Kraft.

(2) Rechtsakte ohne Gesetzescharakter, die als Verordnung, Richtlinie oder Beschluss, der an keinen bestimmten Adressaten gerichtet ist, erlassen wurden, werden vom Präsidenten des Organs unterzeichnet, das sie erlassen hat.

Verordnungen, Richtlinien, die an alle Mitgliedstaaten gerichtet sind, sowie Beschlüsse, die an keinen bestimmten Adressaten gerichtet sind, werden im *Amtsblatt der Europäischen Union* veröffentlicht. Sie treten zu dem durch sie festgelegten Zeitpunkt oder anderenfalls am zwanzigsten Tag nach ihrer Veröffentlichung in Kraft.

Die anderen Richtlinien sowie die Beschlüsse, die an einen bestimmten Adressaten gerichtet sind, werden denjenigen, für die sie bestimmt sind, bekannt gegeben und durch diese Bekanntgabe wirksam.

Artikel 298

(1) Zur Ausübung ihrer Aufgaben stützen sich die Organe, Einrichtungen und sonstigen Stellen der Union auf eine offene, effiziente und unabhängige europäische Verwaltung.

(2) Die Bestimmungen zu diesem Zweck werden unter Beachtung des Statuts und der Beschäftigungsbedingungen nach Artikel 336 vom Europäischen Parlament und vom Rat gemäß dem ordentlichen Gesetzgebungsverfahren durch Verordnungen erlassen.

Artikel 299

(ex-Artikel 256 EGV)

Die Rechtsakte des Rates, der Kommission oder der Europäischen Zentralbank, die eine Zahlung auferlegen, sind vollstreckbare Titel; dies gilt nicht gegenüber Staaten.

Die Zwangsvollstreckung erfolgt nach den Vorschriften des Zivilprozessrechts des Staates, in dessen Hoheitsgebiet sie stattfindet. Die Vollstreckungsklausel wird nach einer Prüfung, die sich lediglich auf die Echtheit des Titels erstrecken darf, von der staatlichen Behörde erteilt, welche die Regierung jedes Mitgliedstaats zu diesem Zweck bestimmt und der Kommission und dem Gerichtshof der Europäischen Union benennt.

Sind diese Formvorschriften auf Antrag der die Vollstreckung betreibenden Partei erfüllt, so kann diese die Zwangsvollstreckung nach innerstaatlichem Recht betreiben, indem sie die zuständige Stelle unmittelbar anruft.

Die Zwangsvollstreckung kann nur durch eine Entscheidung des Gerichtshofs der Europäischen Union ausgesetzt werden. Für die Prüfung der Ordnungsmäßigkeit der Vollstreckungsmaßnahmen sind jedoch die einzelstaatlichen Rechtsprechungsorgane zuständig.

KAPITEL 3
DIE BERATENDEN EINRICHTUNGEN DER UNION

Artikel 300

(1) Das Europäische Parlament, der Rat und die Kommission werden von einem Wirtschafts- und Sozialausschuss sowie einem Ausschuss der Regionen unterstützt, die beratende Aufgaben wahrnehmen.

(2) Der Wirtschafts- und Sozialausschuss setzt sich zusammen aus Vertretern der Organisationen der Arbeitgeber und der Arbeitnehmer sowie anderen Vertretern der Zivilgesellschaft, insbesondere aus dem sozialen und wirtschaftlichen, dem staatsbürgerlichen, dem beruflichen und dem kulturellen Bereich.

(3) Der Ausschuss der Regionen setzt sich zusammen aus Vertretern der regionalen und lokalen Gebietskörperschaften, die entweder ein auf Wahlen beruhendes Mandat in einer regionalen oder lokalen Gebietskörperschaft innehaben oder gegenüber einer gewählten Versammlung politisch verantwortlich sind.

(4) Die Mitglieder des Wirtschafts- und Sozialausschusses und des Ausschusses der Regionen sind an keine Weisungen gebunden. Sie üben ihre Tätigkeit in voller Unabhängigkeit zum allgemeinen Wohl der Union aus.

(5) Die Vorschriften der Absätze 2 und 3 über die Art der Zusammensetzung dieser Ausschüsse werden in regelmäßigen Abständen vom Rat überprüft, um der wirtschaftlichen, sozialen und demografischen Entwicklung in der Union Rechnung zu tragen. Der Rat erlässt auf Vorschlag der Kommission Beschlüsse zu diesem Zweck.

ABSCHNITT 1
DER WIRTSCHAFTS- UND SOZIALAUSSCHUSS

Artikel 301

(ex-Artikel 258 EGV)

Der Wirtschafts- und Sozialausschuss hat höchstens dreihundertfünfzig Mitglieder.

Der Rat erlässt einstimmig auf Vorschlag der Kommission einen Beschluss über die Zusammensetzung des Ausschusses.

Der Rat setzt die Vergütungen für die Mitglieder des Ausschusses fest.

Artikel 302

(ex-Artikel 259 EGV)

(1) Die Mitglieder des Ausschusses werden für fünf Jahre ernannt. Der Rat nimmt die gemäß den Vorschlägen der einzelnen Mitgliedstaaten erstellte Liste der Mitglieder an. Die Wiederernennung der Mitglieder des Ausschusses ist zulässig.

(2) Der Rat beschließt nach Anhörung der Kommission. Er kann die Meinung der maßgeblichen europäischen Organisationen der verschiedenen Zweige des Wirtschafts- und Soziallebens und der Zivilgesellschaft einholen, die von der Tätigkeit der Union betroffen sind.

Artikel 303

(ex-Artikel 260 EGV)

Der Ausschuss wählt aus seiner Mitte seinen Präsidenten und sein Präsidium auf zweieinhalb Jahre.

Er gibt sich eine Geschäftsordnung.

Der Ausschuss wird von seinem Präsidenten auf Antrag des Europäischen Parlaments, des Rates oder der Kommission einberufen. Er kann auch von sich aus zusammentreten.

Artikel 304

(ex-Artikel 262 EGV)

Der Ausschuss wird vom Europäischen Parlament, vom Rat oder der Kommission in den in den Verträgen vorgesehenen Fällen gehört. Er kann von diesen Organen in allen Fällen gehört werden, in denen diese es für zweckmäßig erachten. Er kann von sich aus eine Stellungnahme in den Fällen abgeben, in denen er dies für zweckmäßig erachtet.

Wenn das Europäische Parlament, der Rat oder die Kommission es für notwendig erachten, setzen sie dem Ausschuss für die Vorlage seiner Stellungnahme eine Frist; diese beträgt mindestens einen Monat, vom Eingang der Mitteilung beim Präsidenten des Ausschusses an gerechnet. Nach Ablauf der Frist kann das Fehlen einer Stellungnahme unberücksichtigt bleiben.

Die Stellungnahmen des Ausschusses sowie ein Bericht über die Beratungen werden dem Europäischen Parlament, dem Rat und der Kommission übermittelt.

ABSCHNITT 2
DER AUSSCHUSS DER REGIONEN

Artikel 305

(ex-Artikel 263 Absätze 2, 3 und 4 EGV)

Der Ausschuss der Regionen hat höchstens dreihundertfünfzig Mitglieder.

Der Rat erlässt einstimmig auf Vorschlag der Kommission einen Beschluss über die Zusammensetzung des Ausschusses.

Die Mitglieder des Ausschusses sowie eine gleiche Anzahl von Stellvertretern werden auf fünf Jahre ernannt. Wiederernennung ist zulässig. Der Rat nimmt die gemäß den Vorschlägen der einzelnen Mitgliedstaaten erstellte Liste der Mitglieder und Stellvertreter an. Die Amtszeit der Mitglieder des Ausschusses endet automatisch bei Ablauf des in Artikel 300 Absatz 3 genannten Mandats, aufgrund dessen sie vorgeschlagen wurden; für die verbleibende Amtszeit wird nach demselben Verfahren ein Nachfolger ernannt. Ein Mitglied des Ausschusses darf nicht gleichzeitig Mitglied des Europäischen Parlaments sein.

Artikel 306

(ex-Artikel 264 EGV)

Der Ausschuss der Regionen wählt aus seiner Mitte seinen Präsidenten und sein Präsidium auf zweieinhalb Jahre.

Er gibt sich eine Geschäftsordnung.

Der Ausschuss wird von seinem Präsidenten auf Antrag des Europäischen Parlaments, des Rates oder der Kommission einberufen. Er kann auch von sich aus zusammentreten.

Artikel 307

(ex-Artikel 265 EGV)

Der Ausschuss der Regionen wird vom Europäischen Parlament, vom Rat oder von der Kommission in den in den Verträgen vorgesehenen Fällen und in allen anderen Fällen gehört, in denen eines dieser Organe dies für zweckmäßig erachtet, insbesondere in Fällen, welche die grenzüberschreitende Zusammenarbeit betreffen.

Wenn das Europäische Parlament, der Rat oder die Kommission es für notwendig erachten, setzen sie dem Ausschuss für die Vorlage seiner Stellungnahme eine Frist; diese beträgt mindestens einen Monat, vom Eingang der diesbezüglichen Mitteilung beim Präsidenten des Ausschusses an gerechnet. Nach Ablauf der Frist kann das Fehlen einer Stellungnahme unberücksichtigt bleiben.

Wird der Wirtschafts- und Sozialausschuss nach Artikel 304 gehört, so wird der Ausschuss der Regionen vom Europäischen Parlament, vom Rat oder von der Kommission über dieses Ersuchen um Stellungnahme unterrichtet. Der Ausschuss der Regionen kann, wenn er der Auffassung ist, dass spezifische regionale Interessen berührt werden, eine entsprechende Stellungnahme abgeben.

Er kann, wenn er dies für zweckdienlich erachtet, von sich aus eine Stellungnahme abgeben.

Die Stellungnahme des Ausschusses sowie ein Bericht über die Beratungen werden dem Europäischen Parlament, dem Rat und der Kommission übermittelt.

KAPITEL 4

DIE EUROPÄISCHE INVESTITIONSBANK

Artikel 308

(ex-Artikel 266 EGV)

Die Europäische Investitionsbank besitzt Rechtspersönlichkeit.

Mitglieder der Europäischen Investitionsbank sind die Mitgliedstaaten.

Die Satzung der Europäischen Investitionsbank ist den Verträgen als Protokoll beigefügt. Der Rat kann auf Antrag der Europäischen Investitionsbank und nach Anhörung des Europäischen Parlaments und der Kommission oder auf Vorschlag der Kommission und nach Anhörung des Europäischen Parlaments und der Europäischen Investitionsbank die Satzung der Bank einstimmig gemäß einem besonderen Gesetzgebungsverfahren ändern.

Artikel 309

(ex-Artikel 267 EGV)

Aufgabe der Europäischen Investitionsbank ist es, zu einer ausgewogenen und reibungslosen Entwicklung des Binnenmarkts im Interesse der Union beizutragen; hierbei bedient sie sich des Kapitalmarkts sowie ihrer eigenen Mittel. In diesem Sinne erleichtert sie ohne Verfolgung eines Erwerbszwecks durch Gewährung von Darlehen und Bürgschaften die Finanzierung der nachstehend bezeichneten Vorhaben in allen Wirtschaftszweigen:

a) Vorhaben zur Erschließung der weniger entwickelten Gebiete;

b) Vorhaben zur Modernisierung oder Umstellung von Unternehmen oder zur Schaffung neuer Arbeitsmöglichkeiten, die sich aus der Errichtung oder dem Funktionieren des Binnenmarkts ergeben und wegen ihres Umfangs oder ihrer Art mit den in den einzelnen Mitgliedstaaten vorhandenen Mitteln nicht vollständig finanziert werden können;

c) Vorhaben von gemeinsamem Interesse für mehrere Mitgliedstaaten, die wegen ihres Umfangs oder ihrer Art mit den in den einzelnen Mitgliedstaaten vorhandenen Mitteln nicht vollständig finanziert werden können.

In Erfüllung ihrer Aufgabe erleichtert die Bank die Finanzierung von Investitionsprogrammen in Verbindung mit der Unterstützung aus den

Strukturfonds und anderen Finanzierungsinstrumenten der Union.

TITEL II
FINANZVORSCHRIFTEN

Artikel 310

(ex-Artikel 268 EGV)

(1) Alle Einnahmen und Ausgaben der Union werden für jedes Haushaltsjahr veranschlagt und in den Haushaltsplan eingesetzt.

Der jährliche Haushaltsplan der Union wird vom Europäischen Parlament und vom Rat nach Maßgabe des Artikels 314 aufgestellt.

Der Haushaltsplan ist in Einnahmen und Ausgaben auszugleichen.

(2) Die in den Haushaltsplan eingesetzten Ausgaben werden für ein Haushaltsjahr entsprechend der Verordnung nach Artikel 322 bewilligt.

(3) Die Ausführung der in den Haushaltsplan eingesetzten Ausgaben setzt den Erlass eines verbindlichen Rechtsakts der Union voraus, mit dem die Maßnahme der Union und die Ausführung der entsprechenden Ausgabe entsprechend der Verordnung nach Artikel 322 eine Rechtsgrundlage erhalten, soweit nicht diese Verordnung Ausnahmen vorsieht.

(4) Um die Haushaltsdisziplin sicherzustellen, erlässt die Union keine Rechtsakte, die erhebliche Auswirkungen auf den Haushaltsplan haben könnten, ohne die Gewähr zu bieten, dass die mit diesen Rechtsakten verbundenen Ausgaben im Rahmen der Eigenmittel der Union und unter Einhaltung des mehrjährigen Finanzrahmens nach Artikel 312 finanziert werden können.

(5) Der Haushaltsplan wird entsprechend dem Grundsatz der Wirtschaftlichkeit der Haushaltsführung ausgeführt. Die Mitgliedstaaten arbeiten mit der Union zusammen, um sicherzustellen, dass die in den Haushaltsplan eingesetzten Mittel nach diesem Grundsatz verwendet werden.

(6) Die Union und die Mitgliedstaaten bekämpfen nach Artikel 325 Betrügereien und sonstige gegen die finanziellen Interessen der Union gerichtete rechtswidrige Handlungen.

KAPITEL 1
DIE EIGENMITTEL DER UNION

Artikel 311

(ex-Artikel 269 EGV)

Die Union stattet sich mit den erforderlichen Mitteln aus, um ihre Ziele erreichen und ihre Politik durchführen zu können.

Der Haushalt wird unbeschadet der sonstigen Einnahmen vollständig aus Eigenmitteln finanziert.

Der Rat erlässt gemäß einem besonderen Gesetzgebungsverfahren einstimmig und nach Anhörung des Europäischen Parlaments einen Beschluss, mit dem die Bestimmungen über das System der Eigenmittel der Union festgelegt werden. Darin können neue Kategorien von Eigenmitteln eingeführt oder bestehende Kategorien abgeschafft werden. Dieser Beschluss tritt erst nach Zustimmung der Mitgliedstaaten im Einklang mit ihren jeweiligen verfassungsrechtlichen Vorschriften in Kraft.

Der Rat legt gemäß einem besonderen Gesetzgebungsverfahren durch Verordnungen Durchführungsmaßnahmen zu dem System der Eigenmittel der Union fest, sofern dies in dem nach Absatz 3 erlassenen Beschluss vorgesehen ist. Der Rat beschließt nach Zustimmung des Europäischen Parlaments.

KAPITEL 2
DER MEHRJÄHRIGE FINANZRAHMEN

Artikel 312

(1) Mit dem mehrjährigen Finanzrahmen soll sichergestellt werden, dass die Ausgaben der Union innerhalb der Grenzen ihrer Eigenmittel eine geordnete Entwicklung nehmen.

Er wird für einen Zeitraum von mindestens fünf Jahren aufgestellt.

Bei der Aufstellung des jährlichen Haushaltsplans der Union ist der mehrjährige Finanzrahmen einzuhalten.

(2) Der Rat erlässt gemäß einem besonderen Gesetzgebungsverfahren eine Verordnung zur Festlegung des mehrjährigen Finanzrahmens. Er beschließt einstimmig nach Zustimmung des Europäischen Parlaments, die mit der Mehrheit seiner Mitglieder erteilt wird.

Der Europäische Rat kann einstimmig einen Beschluss fassen, wonach der Rat mit qualifizierter Mehrheit beschließen kann, wenn er die in Unterabsatz 1 genannte Verordnung erlässt.

(3) In dem Finanzrahmen werden die jährlichen Obergrenzen der Mittel für Verpflichtungen je Ausgabenkategorie und die jährliche Obergrenze der Mittel für Zahlungen festgelegt. Die Ausgabenkategorien, von denen es nur wenige geben darf, entsprechen den Haupttätigkeitsbereichen der Union.

Der Finanzrahmen enthält auch alle sonstigen für den reibungslosen Ablauf des jährlichen Haushaltsverfahrens sachdienlichen Bestimmungen.

(4) Hat der Rat bis zum Ablauf des vorangegangenen Finanzrahmens keine Verordnung zur Aufstellung eines neuen Finanzrahmens erlassen, so werden die Obergrenzen und sonstigen Bestim-

mungen des letzten Jahres des vorangegangenen Finanzrahmens bis zum Erlass dieses Rechtsakts fortgeschrieben.

(5) Das Europäische Parlament, der Rat und die Kommission treffen während des gesamten Verfahrens zur Annahme des Finanzrahmens alle erforderlichen Maßnahmen, um den Erlass des Rechtsakts zu erleichtern.

KAPITEL 3
DER JAHRESHAUSHALTSPLAN DER UNION

Artikel 313

(ex-Artikel 272 Absatz 1 EGV)

Das Haushaltsjahr beginnt am 1. Januar und endet am 31. Dezember.

Artikel 314

(ex-Artikel 272 Absätze 2 bis 10 EGV)

Das Europäische Parlament und der Rat legen den Jahreshaushaltsplan der Union im Rahmen eines besonderen Gesetzgebungsverfahrens nach den folgenden Bestimmungen fest:

(1) Jedes Organ, mit Ausnahme der Europäischen Zentralbank, stellt vor dem 1. Juli einen Haushaltsvoranschlag für seine Ausgaben für das folgende Haushaltsjahr auf. Die Kommission fasst diese Voranschläge in einem Entwurf für den Haushaltsplan zusammen, der abweichende Voranschläge enthalten kann.

Dieser Entwurf umfasst den Ansatz der Einnahmen und den Ansatz der Ausgaben.

(2) Die Kommission legt dem Europäischen Parlament und dem Rat spätestens am 1. September des Jahres, das dem entsprechenden Haushaltsjahr vorausgeht, einen Vorschlag mit dem Entwurf des Haushaltsplans vor.

Die Kommission kann den Entwurf des Haushaltsplans während des laufenden Verfahrens bis zur Einberufung des in Absatz 5 genannten Vermittlungsausschusses ändern.

(3) Der Rat legt seinen Standpunkt zu dem Entwurf des Haushaltsplans fest und leitet ihn spätestens am 1. Oktober des Jahres, das dem entsprechenden Haushaltsjahr vorausgeht, dem Europäischen Parlament zu. Er unterrichtet das Europäische Parlament in vollem Umfang über die Gründe, aus denen er seinen Standpunkt festgelegt hat.

(4) Hat das Europäische Parlament binnen 42 Tagen nach der Übermittlung

a) den Standpunkt des Rates gebilligt, so ist der Haushaltsplan erlassen;

b) keinen Beschluss gefasst, so gilt der Haushaltsplan als erlassen;

c) mit der Mehrheit seiner Mitglieder Abänderungen angenommen, so wird die abgeänderte Fassung des Entwurfs dem Rat und der Kommission zugeleitet. Der Präsident des Europäischen Parlaments beruft im Einvernehmen mit dem Präsidenten des Rates umgehend den Vermittlungsausschuss ein. Der Vermittlungsausschuss tritt jedoch nicht zusammen, wenn der Rat dem Europäischen Parlament binnen zehn Tagen nach der Übermittlung des geänderten Entwurfs mitteilt, dass er alle seine Abänderungen billigt.

(5) Der Vermittlungsausschuss, der aus den Mitgliedern des Rates oder deren Vertretern und ebenso vielen das Europäische Parlament vertretenden Mitgliedern besteht, hat die Aufgabe, binnen 21 Tagen nach seiner Einberufung auf der Grundlage der Standpunkte des Europäischen Parlaments und des Rates mit der qualifizierten Mehrheit der Mitglieder des Rates oder deren Vertretern und der Mehrheit der das Europäische Parlament vertretenden Mitglieder eine Einigung über einen gemeinsamen Entwurf zu erzielen.

Die Kommission nimmt an den Arbeiten des Vermittlungsausschusses teil und ergreift alle erforderlichen Initiativen, um eine Annäherung der Standpunkte des Europäischen Parlaments und des Rates zu bewirken.

(6) Einigt sich der Vermittlungsausschuss innerhalb der in Absatz 5 genannten Frist von 21 Tagen auf einen gemeinsamen Entwurf, so verfügen das Europäische Parlament und der Rat ab dieser Einigung über eine Frist von 14 Tagen, um den gemeinsamen Entwurf zu billigen.

(7) Wenn innerhalb der in Absatz 6 genannten Frist von 14 Tagen

a) der gemeinsame Entwurf sowohl vom Europäischen Parlament als auch vom Rat gebilligt wird oder beide keinen Beschluss fassen oder eines dieser Organe den gemeinsamen Entwurf billigt, während das andere Organ keinen Beschluss fasst, so gilt der Haushaltsplan als entsprechend dem gemeinsamen Entwurf endgültig erlassen, oder

b) der gemeinsame Entwurf sowohl vom Europäischen Parlament mit der Mehrheit seiner Mitglieder als auch vom Rat abgelehnt wird oder eines dieser Organe den gemeinsamen Entwurf ablehnt, während das andere Organ keinen Beschluss fasst, so legt die Kommission einen neuen Entwurf für den Haushaltsplan vor, oder

c) der gemeinsame Entwurf vom Europäischen Parlament mit der Mehrheit seiner Mitglieder abgelehnt wird, während er vom Rat gebilligt wird, so legt die Kommission einen neuen Entwurf für den Haushaltsplan vor, oder

d) der gemeinsame Entwurf vom Europäischen Parlament gebilligt wird, während er vom Rat abgelehnt wird, so kann das Europäische Parlament binnen 14 Tagen ab dem Tag der Ablehnung durch den Rat mit der Mehrheit seiner Mitglieder und drei Fünfteln der abgegebenen Stimmen beschließen, alle oder einige der in Absatz 4 Buchstabe c genannten Abänderungen zu bestätigen. Wird eine Abänderung des Europäischen Parlaments nicht bestätigt, so wird der im Vermittlungsausschuss vereinbarte Standpunkt zu dem Haushaltsposten, der Gegenstand der Abänderung ist, übernommen. Der Haushaltsplan gilt als auf dieser Grundlage endgültig erlassen.

(8) Einigt sich der Vermittlungsausschuss nicht binnen der in Absatz 5 genannten Frist von 21 Tagen auf einen gemeinsamen Entwurf, so legt die Kommission einen neuen Entwurf für den Haushaltsplan vor.

(9) Nach Abschluss des Verfahrens dieses Artikels stellt der Präsident des Europäischen Parlaments fest, dass der Haushaltsplan endgültig erlassen ist.

(10) Jedes Organ übt die ihm aufgrund dieses Artikels zufallenden Befugnisse unter Wahrung der Verträge und der Rechtsakte aus, die auf der Grundlage der Verträge insbesondere im Bereich der Eigenmittel der Union und des Gleichgewichts von Einnahmen und Ausgaben erlassen wurden.

Artikel 315

(ex-Artikel 273 EGV)

Ist zu Beginn eines Haushaltsjahres der Haushaltsplan noch nicht endgültig erlassen, so können nach der gemäß Artikel 322 festgelegten Haushaltsordnung für jedes Kapitel monatliche Ausgaben bis zur Höhe eines Zwölftels der im betreffenden Kapitel des Haushaltsplans des vorangegangenen Haushaltsjahres eingesetzten Mittel vorgenommen werden, die jedoch ein Zwölftel der Mittelansätze des gleichen Kapitels des Haushaltsplanentwurfs nicht überschreiten dürfen.

Der Rat kann auf Vorschlag der Kommission unter Beachtung der sonstigen Bestimmungen des Absatzes 1 entsprechend der nach Artikel 322 erlassenen Verordnung Ausgaben genehmigen, die über dieses Zwölftel hinausgehen. Er leitet seinen Beschluss unverzüglich dem Europäischen Parlament zu.

In dem Beschluss nach Absatz 2 werden unter Beachtung der in Artikel 311 genannten Rechtsakte die zur Durchführung dieses Artikels erforderlichen Maßnahmen betreffend die Mittel vorgesehen.

Der Beschluss tritt 30 Tage nach seinem Erlass in Kraft, sofern das Europäische Parlament nicht innerhalb dieser Frist mit der Mehrheit seiner Mitglieder beschließt, diese Ausgaben zu kürzen.

Artikel 316

(ex-Artikel 271 EGV)

Nach Maßgabe der aufgrund des Artikels 322 erlassenen Vorschriften dürfen die nicht für Personalausgaben vorgesehenen Mittel, die bis zum Ende der Durchführungszeit eines Haushaltsplans nicht verbraucht worden sind, lediglich auf das nächste Haushaltsjahr übertragen werden.

Die vorgesehenen Mittel werden nach Kapiteln gegliedert, in denen die Ausgaben nach Art oder Bestimmung zusammengefasst sind; die Kapitel werden nach der gemäß Artikel 322 festgelegten Haushaltsordnung unterteilt.

Die Ausgaben des Europäischen Parlaments, des Europäischen Rates und des Rates, der Kommission sowie des Gerichtshofs der Europäischen Union werden unbeschadet einer besonderen Regelung für bestimmte gemeinsame Ausgaben in gesonderten Teilen des Haushaltsplans aufgeführt.

KAPITEL 4
AUSFÜHRUNG DES HAUSHALTSPLANS UND ENTLASTUNG

Artikel 317

(ex-Artikel 274 EGV)

Die Kommission führt den Haushaltsplan zusammen mit den Mitgliedstaaten gemäß der nach Artikel 322 festgelegten Haushaltsordnung in eigener Verantwortung und im Rahmen der zugewiesenen Mittel entsprechend dem Grundsatz der Wirtschaftlichkeit der Haushaltsführung aus. Die Mitgliedstaaten arbeiten mit der Kommission zusammen, um sicherzustellen, dass die Mittel nach dem Grundsatz der Wirtschaftlichkeit der Haushaltsführung verwendet werden.

In der Haushaltsordnung sind die Kontroll- und Wirtschaftsprüfungspflichten der Mitgliedstaaten bei der Ausführung des Haushaltsplans sowie die damit verbundenen Verantwortlichkeiten geregelt. Darin sind ferner die Verantwortlichkeiten und die besonderen Einzelheiten geregelt, nach denen jedes Organ an der Vornahme seiner Ausgaben beteiligt ist.

Die Kommission kann nach der gemäß Artikel 322 festgelegten Haushaltsordnung Mittel von Kapitel zu Kapitel oder von Untergliederung zu Untergliederung übertragen.

Artikel 318

(ex-Artikel 275 EGV)

Die Kommission legt dem Europäischen Parlament und dem Rat jährlich die Rechnung des abgelaufenen Haushaltsjahres für die Rechnungsvorgänge des Haushaltsplans vor. Sie übermittelt ihnen ferner eine Übersicht über das Vermögen und die Schulden der Union.

Die Kommission legt dem Europäischen Parlament und dem Rat ferner einen Evaluierungsbericht zu den Finanzen der Union vor, der sich auf die Ergebnisse stützt, die insbesondere in Bezug auf die Vorgaben erzielt wurden, die vom Europäischen Parlament und vom Rat nach Artikel 319 erteilt wurden.

Artikel 319

(ex-Artikel 276 EGV)

(1) Auf Empfehlung des Rates erteilt das Europäische Parlament der Kommission Entlastung zur Ausführung des Haushaltsplans. Zu diesem Zweck prüft es nach dem Rat die Rechnung, die Übersicht und den Evaluierungsbericht nach Artikel 318 sowie den Jahresbericht des Rechnungshofs zusammen mit den Antworten der kontrollierten Organe auf dessen Bemerkungen, die in Artikel 287 Absatz 1 Unterabsatz 2 genannte Zuverlässigkeitserklärung und die einschlägigen Sonderberichte des Rechnungshofs.

(2) Das Europäische Parlament kann vor der Entlastung der Kommission sowie auch zu anderen Zwecken im Zusammenhang mit der Ausübung ihrer Haushaltsbefugnisse die Kommission auffordern, Auskunft über die Vornahme der Ausgaben oder die Arbeitsweise der Finanzkontrollsysteme zu erteilen. Die Kommission legt dem Europäischen Parlament auf dessen Ersuchen alle notwendigen Informationen vor.

(3) Die Kommission trifft alle zweckdienlichen Maßnahmen, um den Bemerkungen in den Entlastungsbeschlüssen und anderen Bemerkungen des Europäischen Parlaments zur Vornahme der Ausgaben sowie den Erläuterungen, die den Entlastungsempfehlungen des Rates beigefügt sind, nachzukommen.

Auf Ersuchen des Europäischen Parlaments oder des Rates erstattet die Kommission Bericht über die Maßnahmen, die aufgrund dieser Bemerkungen und Erläuterungen getroffen wurden, insbesondere über die Weisungen, die den für die Ausführung des Haushaltsplans zuständigen Dienststellen erteilt worden sind. Diese Berichte sind auch dem Rechnungshof zuzuleiten.

KAPITEL 5
GEMEINSAME BESTIMMUNGEN

Artikel 320

(ex-Artikel 277 EGV)

Der mehrjährige Finanzrahmen und der Jahreshaushaltsplan werden in Euro aufgestellt.

Artikel 321

(ex-Artikel 278 EGV)

Die Kommission kann vorbehaltlich der Unterrichtung der zuständigen Behörden der betreffenden Mitgliedstaaten ihre Guthaben in der Währung eines dieser Staaten in die Währung eines anderen Mitgliedstaats transferieren, soweit dies erforderlich ist, um diese Guthaben für die in den Verträgen vorgesehenen Zwecke zu verwenden. Besitzt die Kommission verfügbare oder flüssige Guthaben in der benötigten Währung, so vermeidet sie soweit möglich derartige Transferierungen.

Die Kommission verkehrt mit jedem Mitgliedstaat über die von diesem bezeichnete Behörde. Bei der Durchführung ihrer Finanzgeschäfte nimmt sie die Notenbank des betreffenden Mitgliedstaats oder ein anderes von diesem genehmigtes Finanzinstitut in Anspruch.

Artikel 322

(ex-Artikel 279 EGV)

(1) Das Europäische Parlament und der Rat erlassen gemäß dem ordentlichen Gesetzgebungsverfahren durch Verordnungen nach Anhörung des Rechnungshofs

a) die Haushaltsvorschriften, in denen insbesondere die Aufstellung und Ausführung des Haushaltsplans sowie die Rechnungslegung und Rechnungsprüfung im Einzelnen geregelt werden;

b) die Vorschriften, die die Kontrolle der Verantwortung der Finanzakteure und insbesondere der Anweisungsbefugten und der Rechnungsführer regeln.

(2) Der Rat legt auf Vorschlag der Kommission und nach Anhörung des Europäischen Parlaments und des Rechnungshofs die Einzelheiten und das Verfahren fest, nach denen die Haushaltseinnahmen, die in der Regelung über die Eigenmittel der Union vorgesehen sind, der Kommission zur Verfügung gestellt werden, sowie die Maßnahmen, die zu treffen sind, um gegebenenfalls die erforderlichen Kassenmittel bereitzustellen.

Artikel 323

Das Europäische Parlament, der Rat und die Kommission stellen sicher, dass der Union die Finanzmittel zur Verfügung stehen, die es ihr ermöglichen, ihren rechtlichen Verpflichtungen gegenüber Dritten nachzukommen.

Artikel 324

Auf Initiative der Kommission werden im Rahmen der nach diesem Titel vorgesehenen Haushaltsverfahren regelmäßige Treffen der Präsidenten des Europäischen Parlaments, des Rates und der Kommission einberufen. Diese treffen alle erforderlichen Maßnahmen, um die Abstimmung und Annäherung der Standpunkte der Organe, denen sie vorstehen, zu fördern und so die Durchführung dieses Titels zu erleichtern.

KAPITEL 6

BETRUGSBEKÄMPFUNG

Artikel 325

(ex-Artikel 280 EGV)

(1) Die Union und die Mitgliedstaaten bekämpfen Betrügereien und sonstige gegen die finanziellen Interessen der Union gerichtete rechtswidrige Handlungen mit Maßnahmen nach diesem Artikel, die abschreckend sind und in den Mitgliedstaaten sowie in den Organen, Einrichtungen und sonstigen Stellen der Union einen effektiven Schutz bewirken.

(2) Zur Bekämpfung von Betrügereien, die sich gegen die finanziellen Interessen der Union richten, ergreifen die Mitgliedstaaten die gleichen Maßnahmen, die sie auch zur Bekämpfung von Betrügereien ergreifen, die sich gegen ihre eigenen finanziellen Interessen richten.

(3) Die Mitgliedstaaten koordinieren unbeschadet der sonstigen Bestimmungen der Verträge ihre Tätigkeit zum Schutz der finanziellen Interessen der Union vor Betrügereien. Sie sorgen zu diesem Zweck zusammen mit der Kommission für eine enge, regelmäßige Zusammenarbeit zwischen den zuständigen Behörden.

(4) Zur Gewährleistung eines effektiven und gleichwertigen Schutzes in den Mitgliedstaaten sowie in den Organen, Einrichtungen und sonstigen Stellen der Union beschließen das Europäische Parlament und der Rat gemäß dem ordentlichen Gesetzgebungsverfahren nach Anhörung des Rechnungshofs die erforderlichen Maßnahmen zur Verhütung und Bekämpfung von Betrügereien, die sich gegen die finanziellen Interessen der Union richten.

(5) Die Kommission legt in Zusammenarbeit mit den Mitgliedstaaten dem Europäischen Parlament und dem Rat jährlich einen Bericht über die Maßnahmen vor, die zur Durchführung dieses Artikels getroffen wurden.

TITEL III

VERSTÄRKTE ZUSAMMENARBEIT

Artikel 326

(ex-Artikel 27a bis 27e, 40 bis 40b und 43 bis 45 EUV sowie ex-Artikel 11 und 11a EGV)

Eine Verstärkte Zusammenarbeit achtet die Verträge und das Recht der Union.

Sie darf weder den Binnenmarkt noch den wirtschaftlichen, sozialen und territorialen Zusammenhalt beeinträchtigen. Sie darf für den Handel zwischen den Mitgliedstaaten weder ein Hindernis noch eine Diskriminierung darstellen noch darf sie zu Verzerrungen des Wettbewerbs zwischen den Mitgliedstaaten führen.

Artikel 327

(ex-Artikel 27a bis 27e, 40 bis 40b und 43 bis 45 EUV sowie ex-Artikel 11 und 11a EGV)

Eine Verstärkte Zusammenarbeit achtet die Zuständigkeiten, Rechte und Pflichten der nicht an der Zusammenarbeit beteiligten Mitgliedstaaten. Diese stehen der Durchführung der Verstärkten Zusammenarbeit durch die daran beteiligten Mitgliedstaaten nicht im Wege.

Artikel 328

(ex-Artikel 27a bis 27e, 40 bis 40b und 43 bis 45 EUV sowie ex-Artikel 11 und 11a EGV)

(1) Bei ihrer Begründung steht eine Verstärkte Zusammenarbeit allen Mitgliedstaaten offen, sofern sie die in dem hierzu ermächtigenden Beschluss gegebenenfalls festgelegten Teilnahmevoraussetzungen erfüllen. Dies gilt auch zu jedem anderen Zeitpunkt, sofern sie neben den genannten Voraussetzungen auch die in diesem Rahmen bereits erlassenen Rechtsakte beachten.

Die Kommission und die an einer Verstärkten Zusammenarbeit teilnehmenden Mitgliedstaaten tragen dafür Sorge, dass die Teilnahme möglichst vieler Mitgliedstaaten gefördert wird.

(2) Die Kommission und gegebenenfalls der Hohe Vertreter der Union für die Außen- und Sicherheitspolitik unterrichten das Europäische Parlament und den Rat regelmäßig über die Entwicklung einer Verstärkten Zusammenarbeit.

Artikel 329

(ex-Artikel 27a bis 27e, 40 bis 40b und 43 bis 45 EUV sowie ex-Artikel 11 und 11a EGV)

(1) Die Mitgliedstaaten, die in einem der Bereiche der Verträge – mit Ausnahme der Bereiche, für die die Union die ausschließliche Zuständigkeit besitzt, und der Gemeinsamen Außen- und Sicherheitspolitik – untereinander eine Verstärkte Zusammenarbeit begründen möchten, richten einen Antrag an die Kommission, in dem der Anwendungsbereich und die Ziele aufgeführt werden, die mit der beabsichtigten Verstärkten Zusammenarbeit angestrebt werden. Die Kommis-

sion kann dem Rat einen entsprechenden Vorschlag vorlegen. Legt die Kommission keinen Vorschlag vor, so teilt sie den betroffenen Mitgliedstaaten ihre Gründe dafür mit.

Die Ermächtigung zur Einleitung einer Verstärkten Zusammenarbeit nach Unterabsatz 1 wird vom Rat auf Vorschlag der Kommission und nach Zustimmung des Europäischen Parlaments erteilt.

(2) Der Antrag der Mitgliedstaaten, die untereinander im Rahmen der Gemeinsamen Außen- und Sicherheitspolitik eine Verstärkte Zusammenarbeit begründen möchten, wird an den Rat gerichtet. Er wird dem Hohen Vertreter der Union für die Außen- und Sicherheitspolitik, der zur Kohärenz der beabsichtigten Verstärkten Zusammenarbeit mit der Gemeinsamen Außen- und Sicherheitspolitik der Union Stellung nimmt, sowie der Kommission übermittelt, die insbesondere zur Kohärenz der beabsichtigten Verstärkten Zusammenarbeit mit der Politik der Union in anderen Bereichen Stellung nimmt. Der Antrag wird ferner dem Europäischen Parlament zur Unterrichtung übermittelt.

Die Ermächtigung zur Einleitung einer Verstärkten Zusammenarbeit wird mit einem Beschluss des Rates erteilt, der einstimmig beschließt.

Artikel 330

(ex-Artikel 27a bis 27e, 40 bis 40b und 43 bis 45 EUV sowie ex-Artikel 11 und 11a EGV)

Alle Mitglieder des Rates können an dessen Beratungen teilnehmen, aber nur die Mitglieder des Rates, die die an der Verstärkten Zusammenarbeit beteiligten Mitgliedstaaten vertreten, sind stimmberechtigt.

Die Einstimmigkeit bezieht sich allein auf die Stimmen der Vertreter der an der Verstärkten Zusammenarbeit beteiligten Mitgliedstaaten.

Die qualifizierte Mehrheit bestimmt sich nach Artikel 238 Absatz 3.

Artikel 331

(ex-Artikel 27a bis 27e, 40 bis 40b und 43 bis 45 EUV sowie ex-Artikel 11 und 11a EGV)

(1) Jeder Mitgliedstaat, der sich einer bestehenden Verstärkten Zusammenarbeit in einem der in Artikel 329 Absatz 1 genannten Bereiche anschließen will, teilt dem Rat und der Kommission seine Absicht mit.

Die Kommission bestätigt binnen vier Monaten nach Eingang der Mitteilung die Beteiligung des betreffenden Mitgliedstaats. Dabei stellt sie gegebenenfalls fest, dass die Beteiligungsvoraussetzungen erfüllt sind, und erlässt die notwendigen Übergangsmaßnahmen zur Anwendung der im Rahmen der Verstärkten Zusammenarbeit bereits erlassenen Rechtsakte.

Ist die Kommission jedoch der Auffassung, dass die Beteiligungsvoraussetzungen nicht erfüllt sind, so gibt sie an, welche Bestimmungen zur Erfüllung dieser Voraussetzungen erlassen werden müssen, und legt eine Frist für die erneute Prüfung des Antrags fest. Nach Ablauf dieser Frist prüft sie den Antrag erneut nach dem in Unterabsatz 2 vorgesehenen Verfahren. Ist die Kommission der Auffassung, dass die Beteiligungsvoraussetzungen weiterhin nicht erfüllt sind, so kann der betreffende Mitgliedstaat mit dieser Frage den Rat befassen, der über den Antrag befindet. Der Rat beschließt nach Artikel 330. Er kann außerdem auf Vorschlag der Kommission die in Unterabsatz 2 genannten Übergangsmaßnahmen erlassen.

(2) Jeder Mitgliedstaat, der an einer bestehenden Verstärkten Zusammenarbeit im Rahmen der Gemeinsamen Außen- und Sicherheitspolitik teilnehmen möchte, teilt dem Rat, dem Hohen Vertreter der Union für die Außen- und Sicherheitspolitik und der Kommission seine Absicht mit.

Der Rat bestätigt die Teilnahme des betreffenden Mitgliedstaats nach Anhörung des Hohen Vertreters der Union für die Außen- und Sicherheitspolitik und gegebenenfalls nach der Feststellung, dass die Teilnahmevoraussetzungen erfüllt sind. Der Rat kann auf Vorschlag des Hohen Vertreters ferner die notwendigen Übergangsmaßnahmen zur Anwendung der im Rahmen der Verstärkten Zusammenarbeit bereits erlassenen Rechtsakte treffen. Ist der Rat jedoch der Auffassung, dass die Teilnahmevoraussetzungen nicht erfüllt sind, so gibt er an, welche Schritte zur Erfüllung dieser Voraussetzungen notwendig sind, und legt eine Frist für die erneute Prüfung des Antrags auf Teilnahme fest.

Für die Zwecke dieses Absatzes beschließt der Rat einstimmig nach Artikel 330.

Artikel 332

(ex-Artikel 27a bis 27e, 40 bis 40b und 43 bis 45 EUV sowie ex-Artikel 11 und 11a EGV)

Die sich aus der Durchführung einer Verstärkten Zusammenarbeit ergebenden Ausgaben, mit Ausnahme der Verwaltungskosten der Organe, werden von den beteiligten Mitgliedstaaten getragen, sofern der Rat nicht nach Anhörung des Europäischen Parlaments durch einstimmigen Beschluss sämtlicher Mitglieder des Rates etwas anderes beschließt.

Artikel 333

(ex-Artikel 27a bis 27e, 40 bis 40b und 43 bis 45 EUV sowie ex-Artikel 11 und 11a EGV)

(1) Wenn nach einer Bestimmung der Verträge, die im Rahmen einer Verstärkten Zusammenarbeit angewendet werden könnte, der Rat einstimmig beschließen muss, kann der Rat nach Artikel 330 einstimmig einen Beschluss dahin gehend erlassen, dass er mit qualifizierter Mehrheit beschließt.

(2) Wenn nach einer Bestimmung der Verträge, die im Rahmen einer Verstärkten Zusammenarbeit angewendet werden könnte, Rechtsakte vom Rat gemäß einem besonderen Gesetzgebungsverfahren erlassen werden müssen, kann der Rat nach Artikel 330 einstimmig einen Beschluss dahin gehend erlassen, dass er gemäß dem ordentlichen Gesetzgebungsverfahren beschließt. Der Rat beschließt nach Anhörung des Europäischen Parlaments.

(3) Die Absätze 1 und 2 gelten nicht für Beschlüsse mit militärischen oder verteidigungspolitischen Bezügen.

Artikel 334

(ex-Artikel 27a bis 27e, 40 bis 40b und 43 bis 45 EUV sowie ex-Artikel 11 und 11a EGV)

Der Rat und die Kommission stellen sicher, dass die im Rahmen einer Verstärkten Zusammenarbeit durchgeführten Maßnahmen untereinander und mit der Politik der Union im Einklang stehen, und arbeiten entsprechend zusammen.

SIEBTER TEIL

ALLGEMEINE UND SCHLUSSBESTIMMUNGEN

Artikel 335

(ex-Artikel 282 EGV)

Die Union besitzt in jedem Mitgliedstaat die weitestgehende Rechts- und Geschäftsfähigkeit, die juristischen Personen nach dessen Rechtsvorschriften zuerkannt ist; sie kann insbesondere bewegliches und unbewegliches Vermögen erwerben und veräußern sowie vor Gericht stehen. Zu diesem Zweck wird sie von der Kommission vertreten. In Fragen, die das Funktionieren der einzelnen Organe betreffen, wird die Union hingegen aufgrund von deren Verwaltungsautonomie von dem betreffenden Organ vertreten.

Artikel 336

(ex-Artikel 283 EGV)

Das Europäische Parlament und der Rat erlassen gemäß dem ordentlichen Gesetzgebungsverfahren durch Verordnungen nach Anhörung der anderen betroffenen Organe das Statut der Beamten der Europäischen Union und die Beschäftigungsbedingungen für die sonstigen Bediensteten der Union.

Artikel 337

(ex-Artikel 284 EGV)

Zur Erfüllung der ihr übertragenen Aufgaben kann die Kommission alle erforderlichen Auskünfte einholen und alle erforderlichen Nachprüfungen vornehmen; der Rahmen und die nähere Maßgabe hierfür werden vom Rat, der mit einfacher Mehrheit beschließt, gemäß den Bestimmungen der Verträge festgelegt.

Artikel 338

(ex-Artikel 285 EGV)

(1) Unbeschadet des Artikels 5 des Protokolls über die Satzung des Europäischen Systems der Zentralbanken und der Europäischen Zentralbank beschließen das Europäische Parlament und der Rat gemäß dem ordentlichen Gesetzgebungsverfahren Maßnahmen für die Erstellung von Statistiken, wenn dies für die Durchführung der Tätigkeiten der Union erforderlich ist.

(2) Die Erstellung der Unionsstatistiken erfolgt unter Wahrung der Unparteilichkeit, der Zuverlässigkeit, der Objektivität, der wissenschaftlichen Unabhängigkeit, der Kostenwirksamkeit und der statistischen Geheimhaltung; der Wirtschaft dürfen dadurch keine übermäßigen Belastungen entstehen.

Artikel 339

(ex-Artikel 287 EGV)

Die Mitglieder der Organe der Union, die Mitglieder der Ausschüsse sowie die Beamten und sonstigen Bediensteten der Union sind verpflichtet, auch nach Beendigung ihrer Amtstätigkeit Auskünfte, die ihrem Wesen nach unter das Berufsgeheimnis fallen, nicht preiszugeben; dies gilt insbesondere für Auskünfte über Unternehmen sowie deren Geschäftsbeziehungen oder Kostenelemente.

Artikel 340

(ex-Artikel 288 EGV)

Die vertragliche Haftung der Union bestimmt sich nach dem Recht, das auf den betreffenden Vertrag anzuwenden ist.

Im Bereich der außervertraglichen Haftung ersetzt die Union den durch ihre Organe oder Bediensteten in Ausübung ihrer Amtstätigkeit verursachten Schaden nach den allgemeinen Rechtsgrundsätzen, die den Rechtsordnungen der Mitgliedstaaten gemeinsam sind.

Abweichend von Absatz 2 ersetzt die Europäische Zentralbank den durch sie oder ihre Bediensteten in Ausübung ihrer Amtstätigkeit verursachten Schaden nach den allgemeinen Rechtsgrundsätzen, die den Rechtsordnungen der Mitgliedstaaten gemeinsam sind.

Die persönliche Haftung der Bediensteten gegenüber der Union bestimmt sich nach den Vorschriften ihres Statuts oder der für sie geltenden Beschäftigungsbedingungen.

Artikel 341

(ex-Artikel 289 EGV)

Der Sitz der Organe der Union wird im Einvernehmen zwischen den Regierungen der Mitgliedstaaten bestimmt.

Artikel 342

(ex-Artikel 290 EGV)

Die Regelung der Sprachenfrage für die Organe der Union wird unbeschadet der Satzung des Gerichtshofs der Europäischen Union vom Rat einstimmig durch Verordnungen getroffen.

Artikel 343

(ex-Artikel 291 EGV)

Die Union genießt im Hoheitsgebiet der Mitgliedstaaten die zur Erfüllung ihrer Aufgabe erforderlichen Vorrechte und Befreiungen nach Maßgabe des Protokolls vom 8. April 1965 über die Vorrechte und Befreiungen der Europäischen Union. Dasselbe gilt für die Europäische Zentralbank und die Europäische Investitionsbank.

Artikel 344

(ex-Artikel 292 EGV)

Die Mitgliedstaaten verpflichten sich, Streitigkeiten über die Auslegung oder Anwendung der Verträge nicht anders als hierin vorgesehen zu regeln.

Artikel 345

(ex-Artikel 295 EGV)

Die Verträge lassen die Eigentumsordnung in den verschiedenen Mitgliedstaaten unberührt.

Artikel 346

(ex-Artikel 296 EGV)

(1) Die Vorschriften der Verträge stehen folgenden Bestimmungen nicht entgegen:

a) Ein Mitgliedstaat ist nicht verpflichtet, Auskünfte zu erteilen, deren Preisgabe seines Erachtens seinen wesentlichen Sicherheitsinteressen widerspricht;

b) jeder Mitgliedstaat kann die Maßnahmen ergreifen, die seines Erachtens für die Wahrung seiner wesentlichen Sicherheitsinteressen erforderlich sind, soweit sie die Erzeugung von Waffen, Munition und Kriegsmaterial oder den Handel damit betreffen; diese Maßnahmen dürfen auf dem Binnenmarkt die Wettbewerbsbedingungen hinsichtlich der nicht eigens für militärische Zwecke bestimmten Waren nicht beeinträchtigen.

(2) Der Rat kann die von ihm am 15. April 1958 festgelegte Liste der Waren, auf die Absatz 1 Buchstabe b Anwendung findet, einstimmig auf Vorschlag der Kommission ändern.

Artikel 347

(ex-Artikel 297 EGV)

Die Mitgliedstaaten setzen sich miteinander ins Benehmen, um durch gemeinsames Vorgehen zu verhindern, dass das Funktionieren des Binnenmarkts durch Maßnahmen beeinträchtigt wird, die ein Mitgliedstaat bei einer schwerwiegenden innerstaatlichen Störung der öffentlichen Ordnung, im Kriegsfall, bei einer ernsten, eine Kriegsgefahr darstellenden internationalen Spannung oder in Erfüllung der Verpflichtungen trifft, die er im Hinblick auf die Aufrechterhaltung des Friedens und der internationalen Sicherheit übernommen hat.

Artikel 348

(ex-Artikel 298 EGV)

Werden auf dem Binnenmarkt die Wettbewerbsbedingungen durch Maßnahmen aufgrund der Artikel 346 und 347 verfälscht, so prüft die Kommission gemeinsam mit dem beteiligten Staat, wie diese Maßnahmen den Vorschriften der Verträge angepasst werden können.

In Abweichung von dem in den Artikeln 258 und 259 vorgesehenen Verfahren kann die Kommission oder ein Mitgliedstaat den Gerichtshof unmittelbar anrufen, wenn die Kommission oder der Staat der Auffassung ist, dass ein anderer Mitgliedstaat die in den Artikeln 346 und 347 vorgesehenen Befugnisse missbraucht. Der Gerichtshof entscheidet unter Ausschluss der Öffentlichkeit.

Artikel 349

(ex-Artikel 299 Absatz 2 Unterabsätze 2, 3 und 4 EGV)

Unter Berücksichtigung der strukturbedingten sozialen und wirtschaftlichen Lage von Guadeloupe, Französisch-Guayana, Martinique, Mayotte, Réunion und Saint-Martin, der Azoren, Madeiras und der Kanarischen Inseln, die durch die Faktoren Abgelegenheit, Insellage, geringe Größe, schwierige Relief- und Klimabedingungen und wirtschaftliche Abhängigkeit von einigen wenigen Erzeugnissen erschwert wird, die als ständige Gegebenheiten und durch ihr Zusammenwirken die Entwicklung schwer beeinträchtigen, beschließt der Rat auf Vorschlag der Kommission nach Anhörung des Europäischen Parlaments spezifische Maßnahmen, die insbesondere darauf abzielen, die Bedingungen für die Anwendung der Verträge auf die genannten Gebiete, einschließlich gemeinsamer Politiken, festzulegen. Werden die betreffenden spezifischen Maßnahmen vom Rat gemäß einem besonderen Gesetzgebungsverfahren erlassen, so beschließt er ebenfalls auf Vorschlag der Kommission und nach Anhörung des Europäischen Parlaments.

Die Maßnahmen nach Absatz 1 betreffen insbesondere die Zoll- und Handelspolitik, Steuerpolitik, Freizonen, Agrar- und Fischereipolitik, die Bedingungen für die Versorgung mit Rohstoffen und grundlegenden Verbrauchsgütern, staatliche Beihilfen sowie die Bedingungen für den Zugang zu den Strukturfonds und zu den horizontalen Unionsprogrammen.

Der Rat beschließt die in Absatz 1 genannten Maßnahmen unter Berücksichtigung der besonderen Merkmale und Zwänge der Gebiete in äußerster Randlage, ohne dabei die Integrität und Kohärenz der Rechtsordnung der Union, die auch den Binnenmarkt und die gemeinsamen Politiken umfasst, auszuhöhlen.

Artikel 350

(ex-Artikel 306 EGV)

Die Verträge stehen dem Bestehen und der Durchführung der regionalen Zusammenschlüsse zwischen Belgien und Luxemburg sowie zwischen Belgien, Luxemburg und den Niederlanden nicht entgegen, soweit die Ziele dieser Zusammenschlüsse durch Anwendung der Verträge nicht erreicht sind.

Artikel 351

(ex-Artikel 307 EGV)

Die Rechte und Pflichten aus Übereinkünften, die vor dem 1. Januar 1958 oder, im Falle später beigetretener Staaten, vor dem Zeitpunkt ihres Beitritts zwischen einem oder mehreren Mitgliedstaaten einerseits und einem oder mehreren dritten Ländern andererseits geschlossen wurden, werden durch die Verträge nicht berührt.

Soweit diese Übereinkünfte mit den Verträgen nicht vereinbar sind, wenden der oder die betreffenden Mitgliedstaaten alle geeigneten Mittel an, um die festgestellten Unvereinbarkeiten zu beheben. Erforderlichenfalls leisten die Mitgliedstaaten zu diesem Zweck einander Hilfe; sie nehmen gegebenenfalls eine gemeinsame Haltung ein.

Bei Anwendung der in Absatz 1 bezeichneten Übereinkünfte tragen die Mitgliedstaaten dem Umstand Rechnung, dass die in den Verträgen von jedem Mitgliedstaat gewährten Vorteile Bestandteil der Errichtung der Union sind und daher in untrennbarem Zusammenhang stehen mit der Schaffung gemeinsamer Organe, der Übertragung von Zuständigkeiten auf diese und der Gewährung der gleichen Vorteile durch alle anderen Mitgliedstaaten.

Artikel 352

(ex-Artikel 308 EGV)

(1) Erscheint ein Tätigwerden der Union im Rahmen der in den Verträgen festgelegten Politikbereiche erforderlich, um eines der Ziele der Verträge zu verwirklichen, und sind in den Verträgen die hierfür erforderlichen Befugnisse nicht vorgesehen, so erlässt der Rat einstimmig auf Vorschlag der Kommission und nach Zustimmung des Europäischen Parlaments die geeigneten Vorschriften. Werden diese Vorschriften vom Rat gemäß einem besonderen Gesetzgebungsverfahren erlassen, so beschließt er ebenfalls einstimmig auf Vorschlag der Kommission und nach Zustimmung des Europäischen Parlaments.

(2) Die Kommission macht die nationalen Parlamente im Rahmen des Verfahrens zur Kontrolle der Einhaltung des Subsidiaritätsprinzips nach Artikel 5 Absatz 3 des Vertrags über die Europäische Union[2)] auf die Vorschläge aufmerksam, die sich auf diesen Artikel stützen.

(3) Die auf diesem Artikel beruhenden Maßnahmen dürfen keine Harmonisierung der Rechtsvorschriften der Mitgliedstaaten in den Fällen bein-

halten, in denen die Verträge eine solche Harmonisierung ausschließen.

(4) Dieser Artikel kann nicht als Grundlage für die Verwirklichung von Zielen der Gemeinsamen Außen- und Sicherheitspolitik dienen, und Rechtsakte, die nach diesem Artikel erlassen werden, müssen innerhalb der in Artikel 40 Absatz 2 des Vertrags über die Europäische Union[2)] festgelegten Grenzen bleiben.

Artikel 353

Artikel 48 Absatz 7 des Vertrags über die Europäische Union[2)] findet keine Anwendung auf die folgenden Artikel:

- Artikel 311 Absätze 3 und 4,
- Artikel 312 Absatz 2 Unterabsatz 1,
- Artikel 352 und
- Artikel 354.

Artikel 354

(ex-Artikel 309 EGV)

Für die Zwecke des Artikels 7 des Vertrags über die Europäische Union[2)] über die Aussetzung bestimmter mit der Zugehörigkeit zur Union verbundener Rechte ist das Mitglied des Europäischen Rates oder des Rates, das den betroffenen Mitgliedstaat vertritt, nicht stimmberechtigt und der betreffende Mitgliedstaat wird bei der Berechnung des Drittels oder der vier Fünftel der Mitgliedstaaten nach den Absätzen 1 und 2 des genannten Artikels nicht berücksichtigt. Die Stimmenthaltung von anwesenden oder vertretenen Mitgliedern steht dem Erlass von Beschlüssen nach Absatz 2 des genannten Artikels nicht entgegen.

Für den Erlass von Beschlüssen nach Artikel 7 Absätze 3 und 4 des Vertrags über die Europäische Union[2)] bestimmt sich die qualifizierte Mehrheit nach Artikel 238 Absatz 3 Buchstabe b dieses Vertrags.

Beschließt der Rat nach dem Erlass eines Beschlusses über die Aussetzung der Stimmrechte nach Artikel 7 Absatz 3 des Vertrags über die Europäische Union[2)] auf der Grundlage einer Bestimmung der Verträge mit qualifizierter Mehrheit, so bestimmt sich die qualifizierte Mehrheit hierfür nach Artikel 238 Absatz 3 Buchstabe b dieses Vertrags oder, wenn der Rat auf Vorschlag der Kommission oder des Hohen Vertreters der Union für die Außen- und Sicherheitspolitik handelt, nach Artikel 238 Absatz 3 Buchstabe a.

Für die Zwecke des Artikels 7 des Vertrags über die Europäische Union[2)] beschließt das Europäische Parlament mit der Mehrheit von zwei Dritteln der abgegebenen Stimmen und mit der Mehrheit seiner Mitglieder.

Artikel 355

(ex-Artikel 299 Absatz 2 Unterabsatz 1 und Absätze 3 bis 6 EGV)

Zusätzlich zu den Bestimmungen des Artikels 52 des Vertrags über die Europäische Union[2)] über den räumlichen Geltungsbereich der Verträge gelten folgende Bestimmungen:

(1) Die Verträge gelten nach Artikel 349 für Guadeloupe, Französisch-Guayana, Martinique, Mayotte, Réunion, Saint Martin, die Azoren, Madeira und die Kanarischen Inseln.

(2) Für die in Anhang II aufgeführten überseeischen Länder und Hoheitsgebiete gilt das besondere Assoziierungssystem, das im Vierten Teil festgelegt ist.

Die Verträge finden keine Anwendung auf die überseeischen Länder und Hoheitsgebiete, die besondere Beziehungen zum Vereinigten Königreich Großbritannien und Nordirland unterhalten und die in dem genannten Anhang nicht aufgeführt sind.

(3) Die Verträge finden auf die europäischen Hoheitsgebiete Anwendung, deren auswärtige Beziehungen ein Mitgliedstaat wahrnimmt.

(4) Die Verträge finden entsprechend den Bestimmungen des Protokolls Nr. 2 zur Akte über die Bedingungen des Beitritts der Republik Österreich, der Republik Finnland und des Königreichs Schweden auf die Ålandinseln Anwendung.

(5) Abweichend von Artikel 52 des Vertrags über die Europäische Union[2)] und von den Absätzen 1 bis 4 dieses Artikels gilt:

a) Die Verträge finden auf die Färöer keine Anwendung.

b) Die Verträge finden auf die Hoheitszonen des Vereinigten Königreichs auf Zypern, Akrotiri und Dhekelia, nur insoweit Anwendung, als dies erforderlich ist, um die Anwendung der Regelungen des Protokolls über die Hoheitszonen des Vereinigten Königreichs Großbritannien und Nordirland in Zypern, das der Akte über die Bedingungen des Beitritts der Tschechischen Republik, der Republik Estland, der Republik Zypern, der Republik Lettland, der Republik Litauen, der Republik Ungarn, der Republik Malta, der Republik Polen, der Republik Slowenien und der Slowakischen Republik zur Europäischen Union beigefügt ist, nach Maßgabe jenes Protokolls sicherzustellen.

c) Die Verträge finden auf die Kanalinseln und die Insel Man nur insoweit Anwendung, als dies erforderlich ist, um die Anwendung der Regelung sicherzustellen, die in dem am 22. Januar 1972 unterzeichneten Vertrag über den Beitritt neuer Mitgliedstaaten zur Europäischen Wirtschaftsgemeinschaft und zur Europäischen Atomgemeinschaft für diese Inseln vorgesehen ist.

(6) Der Europäische Rat kann auf Initiative des betroffenen Mitgliedstaats einen Beschluss zur Änderung des Status eines in den Absätzen 1 und 2 genannten dänischen, französischen oder niederländischen Landes oder Hoheitsgebiets gegenüber der Union erlassen. Der Europäische Rat beschließt einstimmig nach Anhörung der Kommission.

Artikel 356

(ex-Artikel 312 EGV)

Dieser Vertrag gilt auf unbegrenzte Zeit.

Artikel 357

(ex-Artikel 313 EGV)

Dieser Vertrag bedarf der Ratifizierung durch die Hohen Vertragsparteien gemäß ihren verfassungsrechtlichen Vorschriften. Die Ratifikationsurkunden werden bei der Regierung der Italienischen Republik hinterlegt.

Dieser Vertrag tritt am ersten Tag des auf die Hinterlegung der letzten Ratifikationsurkunde folgenden Monats in Kraft. Findet diese Hinterlegung weniger als fünfzehn Tage vor Beginn des folgenden Monats statt, so tritt der Vertrag am ersten Tag des zweiten Monats nach dieser Hinterlegung in Kraft.

Artikel 358

Die Bestimmungen des Artikels 55 des Vertrags über die Europäische Union[2)] sind auf diesen Vertrag anwendbar.

ZU URKUND DESSEN haben die unterzeichneten Bevollmächtigten ihre Unterschriften unter diesen Vertrag gesetzt.

Geschehen zu Rom am fünfundzwanzigsten März neunzehnhundertsiebenundfünfzig.

(Aufzählung der Unterzeichner nicht wiedergegeben)

Anhang I

ANHANG I

LISTE ZU ARTIKEL 38 DES VERTRAGS ÜBER DIE ARBEITSWEISE DER EUROPÄISCHEN UNION

- 1 - Nummer des Brüsseler Zolltarifschemas	- 2 - Warenbezeichnung
Kapitel 1	Lebende Tiere
Kapitel 2	Fleisch und genießbarer Schlachtabfall
Kapitel 3	Fische, Krebstiere und Weichtiere
Kapitel 4	Milch und Milcherzeugnisse, Vogeleier; natürlicher Honig
Kapitel 5	
05.04	Därme, Blasen und Mägen von anderen Tieren als Fischen, ganz oder geteilt
05.15	Waren tierischen Ursprungs, anderweit weder genannt noch inbegriffen; nicht lebende Tiere des Kapitels 1 oder 3, ungenießbar
Kapitel 6	Lebende Pflanzen und Waren des Blumenhandels
Kapitel 7	Gemüse, Pflanzen, Wurzeln und Knollen, die zu Ernährungszwecken verwendet werden
Kapitel 8	Genießbare Früchte, Schalen von Zitrusfrüchten oder von Melonen
Kapitel 9	Kaffee, Tee und Gewürze, ausgenommen Mate (Position 09.03)
Kapitel 10	Getreide
Kapitel 11	Müllereierzeugnisse, Malz; Stärke; Kleber, Inulin
Kapitel 12	Ölsaaten und ölhaltige Früchte; verschiedene Samen und Früchte; Pflanzen zum Gewerbe- oder Heilgebrauch, Stroh und Futter
Kapitel 13	
ex 13.03	Pektin
Kapitel 15	
15.01	Schweineschmalz; Geflügelfett, ausgepresst oder ausgeschmolzen

15.02	Talg von Rindern, Schafen oder Ziegen, roh oder ausgeschmolzen, einschließlich Premier Jus
15.03	Schmalzstearin; Oleostearin; Schmalzöl, Oleomargarine und Talgöl, weder emulgiert, vermischt noch anders verarbeitet
15.04	Fette und Öle von Fischen oder Meeressäugetieren, auch raffiniert
15.07	Fette pflanzliche Öle, flüssig oder fest, roh, gereinigt oder raffiniert
15.12	Tierische und pflanzliche Fette und Öle, gehärtet, auch raffiniert, jedoch nicht weiter verarbeitet
15.13	Margarine, Kunstspeisefett und andere genießbare verarbeitete Fette
15.17	Rückstände aus der Verarbeitung von Fettstoffen oder von tierischen oder pflanzlichen Wachsen
Kapitel 16	Zubereitungen von Fleisch, Fischen, Krebstieren und Weichtieren
Kapitel 17	
17.01	Rüben- und Rohrzucker, fest
17.02	Andere Zucker; Sirupe; Kunsthonig, auch mit natürlichem Honig vermischt; Zucker und Melassen, karamellisiert
17.03	Melassen, auch entfärbt
17.05(*)	Zucker, Sirupe und Melassen, aromatisiert oder gefärbt (einschließlich Vanille- und Vanillinzucker), ausgenommen Fruchtsäfte mit beliebigem Zusatz von Zucker
Kapitel 18	
18.01	Kakaobohnen, auch Bruch, roh oder geröstet
18.02	Kakaoschalen, Kakaohäutchen und anderer Kakaoabfall
Kapitel 20	Zubereitungen von Gemüse, Küchenkräutern, Früchten und anderen Pflanzen oder Pflanzenteilen
Kapitel 22	
22.04	Traubenmost, teilweise vergoren, auch ohne Alkohol stummgemacht
22.05	Wein aus frischen Weintrauben; mit Alkohol stummgemachter Most aus frischen Weintrauben
22.07	Apfelwein, Birnenwein, Met und andere gegorene Getränke
ex 22.08 (*) ex 22.09 (*)	Äthylalkohol und Sprit, vergällt und unvergällt, mit einem beliebigen Äthylalkoholgehalt, hergestellt aus landwirtschaftlichen Erzeugnissen, die in Anhang I aufgeführt sind (ausgenommen Branntwein, Likör und andere alkoholische Getränke, zusammengesetzte alkoholische Zubereitungen – Essenzen – zur Herstellung von Getränken)
ex 22.10 (*)	Speiseessig
Kapitel 23	Rückstände und Abfälle der Lebensmittelindustrie; zubereitetes Futter
Kapitel 24	
24.01	Tabak, unverarbeitet; Tabakabfälle
Kapitel 45	
45.01	Naturkork, unbearbeitet, und Korkabfälle; Korkschrot, Korkmehl
Kapitel 54	
54.01	Flachs, roh, geröstet, geschwungen, gehechelt oder anders bearbeitet, jedoch nicht versponnen; Werg und Abfälle (einschließlich Reißspinnstoff)
Kapitel 57	
57.01	Hanf (Cannabis sativa), roh, geröstet, geschwungen, gehechelt oder anders bearbeitet, jedoch nicht versponnen; Werg und Abfälle (einschließlich Reißspinnstoff)

(*) Position eingefügt gemäß Artikel 1 der Verordnung Nr. 7a des Rates der Europäischen Wirtschaftsgemeinschaft vom 18.12.1959 (ABl. 7 vom 30.1.1961, S. 71/61)

(*) Position eingefügt gemäß Artikel 1 der Verordnung Nr. 7 a des Rates der Europäischen Wirtschaftsgemeinschaft vom 18. Dezember 1959 (ABl. Nr. 7 vom 30.1.1961, S. 71/61).

Anhang II

ANHANG II

ÜBERSEEISCHE LÄNDER UND HOHEITSGEBIETE, AUF WELCHE DER VIERTE TEIL DES VERTRAGS ÜBER DIE ARBEITSWEISE DER EUROPÄISCHEN UNION ANWENDUNG FINDET

- Grönland
- Neukaledonien und Nebengebiete
- Französisch-Polynesien
- Französische Süd- und Antarktisgebiete
- Wallis und Futuna
- St. Pierre und Miquelon
- Saint-Barthélemy
- Aruba
- Niederländische Antillen:
  - Bonaire
  - Curaç ao
  - Saba
  - Sint Eustatius
  - Sint Maarten
- Anguilla
- Kaimaninseln
- Falklandinseln
- Südgeorgien und südliche Sandwichinseln
- Montserrat
- Pitcairn
- St. Helena und Nebengebiete
- Britisches Antarktis-Territorium
- Britisches Territorium im Indischen Ozean
- Turks- und Caicosinseln
- Britische Jungferninseln
- Bermuda

21. Charta der Grundrechte der Europäischen Union (konsolidierte Fassung)

ABl 2016 C 202, 389

STICHWORTVERZEICHNIS

Stichwortverzeichnis

Wissenschaftsfreiheit 13
Würde des Menschen 1

Zugang zu Dienstleistungen von allgemeinem wirtschaftlichen Interesse 36

Inhaltsverzeichnis[*)]

[*)] Der abgedruckte Text des Inhaltsverzeichnisses entspricht dem ABl, wurde jedoch zur besseren Übersicht um Artikelüberschriften ergänzt.

Das Europäische Parlament, der Rat und die Kommission proklamieren feierlich den nachstehenden Text als Charta der Grundrechte der Europäischen Union.

CHARTA DER GRUNDRECHTE DER EUROPÄISCHEN UNION

Die Völker Europas sind entschlossen, auf der Grundlage gemeinsamer Werte eine friedliche Zukunft zu teilen, indem sie sich zu einer immer engeren Union verbinden.

In dem Bewusstsein ihres geistig-religiösen und sittlichen Erbes gründet sich die Union auf die unteilbaren und universellen Werte der Würde des Menschen, der Freiheit, der Gleichheit und der Solidarität. Sie beruht auf den Grundsätzen der Demokratie und der Rechtsstaatlichkeit. Sie stellt den Menschen in den Mittelpunkt ihres Handelns, indem sie die Unionsbürgerschaft und einen Raum der Freiheit, der Sicherheit und des Rechts begründet.

Die Union trägt zur Erhaltung und zur Entwicklung dieser gemeinsamen Werte unter Achtung der Vielfalt der Kulturen und Traditionen der Völker Europas sowie der nationalen Identität der Mitgliedstaaten und der Organisation ihrer staatlichen Gewalt auf nationaler, regionaler und lokaler Ebene bei. Sie ist bestrebt, eine ausgewogene und nachhaltige Entwicklung zu fördern und stellt den freien Personen-, Dienstleistungs-, Waren- und Kapitalverkehr sowie die Niederlassungsfreiheit sicher.

Zu diesem Zweck ist es notwendig, angesichts der Weiterentwicklung der Gesellschaft, des sozialen Fortschritts und der wissenschaftlichen und technologischen Entwicklungen den Schutz der Grundrechte zu stärken, indem sie in einer Charta sichtbarer gemacht werden.

Diese Charta bekräftigt unter Achtung der Zuständigkeiten und Aufgaben der Union und des Subsidiaritätsprinzips die Rechte, die sich vor allem aus den gemeinsamen Verfassungstraditionen und den gemeinsamen internationalen Verpflichtungen der Mitgliedstaaten, aus der Europäischen Konvention zum Schutz der Menschenrechte und Grundfreiheiten[1], aus den von der Union und dem Europarat beschlossenen Sozialchartas sowie aus der Rechtsprechung des Gerichtshofs der Europäischen Union und des Europäischen Gerichtshofs für Menschenrechte ergeben. In diesem Zusammenhang erfolgt die Auslegung der Charta durch die Gerichte der Union und der Mitgliedstaaten unter gebührender Berücksichtigung der Erläuterungen[2], die unter der Leitung des Präsidiums des Konvents zur Ausarbeitung der Charta formuliert und unter der Verantwortung des Präsidiums des Europäischen Konvents aktualisiert wurden.

Die Ausübung dieser Rechte ist mit Verantwortung und mit Pflichten sowohl gegenüber den Mitmenschen als auch gegenüber der menschlichen Gemeinschaft und den künftigen Generationen verbunden.

Daher erkennt die Union die nachstehend aufgeführten Rechte, Freiheiten und Grundsätze an.

TITEL I
WÜRDE DES MENSCHEN

Artikel 1
Würde des Menschen

Die Würde des Menschen ist unantastbar. Sie ist zu achten und zu schützen.

Artikel 2
Recht auf Leben

(1) Jeder Mensch hat das Recht auf Leben.

(2) Niemand darf zur Todesstrafe verurteilt oder hingerichtet werden.

Artikel 3
Recht auf Unversehrtheit

(1) Jeder Mensch hat das Recht auf körperliche und geistige Unversehrtheit.

(2) Im Rahmen der Medizin und der Biologie muss insbesondere Folgendes beachtet werden:

a) die freie Einwilligung des Betroffenen nach vorheriger Aufklärung entsprechend den gesetzlich festgelegten Einzelheiten,

b) das Verbot eugenischer Praktiken, insbesondere derjenigen, welche die Selektion von Menschen zum Ziel haben,

c) das Verbot, den menschlichen Körper und Teile davon als solche zur Erzielung von Gewinnen zu nutzen,

d) das Verbot des reproduktiven Klonens von Menschen.

[1] Abgedruckt unter 2b/1.

[2] ABl 2007 C 303, 17.

Artikel 4
Verbot der Folter und unmenschlicher oder erniedrigender Strafe oder Behandlung

Niemand darf der Folter oder unmenschlicher oder erniedrigender Strafe oder Behandlung unterworfen werden.

Artikel 5
Verbot der Sklaverei und der Zwangsarbeit

(1) Niemand darf in Sklaverei oder Leibeigenschaft gehalten werden.

(2) Niemand darf gezwungen werden, Zwangs- oder Pflichtarbeit zu verrichten.

(3) Menschenhandel ist verboten.

TITEL II

FREIHEITEN

Artikel 6
Recht auf Freiheit und Sicherheit

Jeder Mensch hat das Recht auf Freiheit und Sicherheit.

Artikel 7
Achtung des Privat- und Familienlebens

Jede Person hat das Recht auf Achtung ihres Privat- und Familienlebens, ihrer Wohnung sowie ihrer Kommunikation.

Artikel 8
Schutz personenbezogener Daten

(1) Jede Person hat das Recht auf Schutz der sie betreffenden personenbezogenen Daten.

(2) Diese Daten dürfen nur nach Treu und Glauben für festgelegte Zwecke und mit Einwilligung der betroffenen Person oder auf einer sonstigen gesetzlich geregelten legitimen Grundlage verarbeitet werden. Jede Person hat das Recht, Auskunft über die sie betreffenden erhobenen Daten zu erhalten und die Berichtigung der Daten zu erwirken.

(3) Die Einhaltung dieser Vorschriften wird von einer unabhängigen Stelle überwacht.

Artikel 9
Recht, eine Ehe einzugehen und eine Familie zu gründen

Das Recht, eine Ehe einzugehen, und das Recht, eine Familie zu gründen, werden nach den einzelstaatlichen Gesetzen gewährleistet, welche die Ausübung dieser Rechte regeln.

Artikel 10
Gedanken-, Gewissens- und Religionsfreiheit

(1) Jede Person hat das Recht auf Gedanken-, Gewissens- und Religionsfreiheit. Dieses Recht umfasst die Freiheit, die Religion oder Weltanschauung zu wechseln, und die Freiheit, seine Religion oder Weltanschauung einzeln oder gemeinsam mit anderen öffentlich oder privat durch Gottesdienst, Unterricht, Bräuche und Riten zu bekennen.

(2) Das Recht auf Wehrdienstverweigerung aus Gewissensgründen wird nach den einzelstaatlichen Gesetzen anerkannt, welche die Ausübung dieses Rechts regeln.

Artikel 11
Freiheit der Meinungsäußerung und Informationsfreiheit

(1) Jede Person hat das Recht auf freie Meinungsäußerung. Dieses Recht schließt die Meinungsfreiheit und die Freiheit ein, Informationen und Ideen ohne behördliche Eingriffe und ohne Rücksicht auf Staatsgrenzen zu empfangen und weiterzugeben.

(2) Die Freiheit der Medien und ihre Pluralität werden geachtet.

Artikel 12
Versammlungs- und Vereinigungsfreiheit

(1) Jede Person hat das Recht, sich insbesondere im politischen, gewerkschaftlichen und zivilgesellschaftlichen Bereich auf allen Ebenen frei und friedlich mit anderen zu versammeln und frei mit anderen zusammenzuschließen, was das Recht jeder Person umfasst, zum Schutz ihrer Interessen Gewerkschaften zu gründen und Gewerkschaften beizutreten.

(2) Politische Parteien auf der Ebene der Union tragen dazu bei, den politischen Willen der Unionsbürgerinnen und Unionsbürger zum Ausdruck zu bringen.

Artikel 13
Freiheit der Kunst und der Wissenschaft

Kunst und Forschung sind frei. Die akademische Freiheit wird geachtet.

Artikel 14
Recht auf Bildung

(1) Jede Person hat das Recht auf Bildung sowie auf Zugang zur beruflichen Ausbildung und Weiterbildung.

(2) Dieses Recht umfasst die Möglichkeit, unentgeltlich am Pflichtschulunterricht teilzunehmen.

(3) Die Freiheit zur Gründung von Lehranstalten unter Achtung der demokratischen Grundsätze sowie das Recht der Eltern, die Erziehung und den Unterricht ihrer Kinder entsprechend ihren eigenen religiösen, weltanschaulichen und erzieherischen Überzeugungen sicherzustellen, werden nach den einzelstaatlichen Gesetzen geachtet, welche ihre Ausübung regeln.

Artikel 15
Berufsfreiheit und Recht zu arbeiten

(1) Jede Person hat das Recht, zu arbeiten und einen frei gewählten oder angenommenen Beruf auszuüben.

(2) Alle Unionsbürgerinnen und Unionsbürger haben die Freiheit, in jedem Mitgliedstaat Arbeit zu suchen, zu arbeiten, sich niederzulassen oder Dienstleistungen zu erbringen.

(3) Die Staatsangehörigen dritter Länder, die im Hoheitsgebiet der Mitgliedstaaten arbeiten dürfen, haben Anspruch auf Arbeitsbedingungen, die denen der Unionsbürgerinnen und Unionsbürger entsprechen.

Artikel 16
Unternehmerische Freiheit

Die unternehmerische Freiheit wird nach dem Unionsrecht und den einzelstaatlichen Rechtsvorschriften und Gepflogenheiten anerkannt.

Artikel 17
Eigentumsrecht

(1) Jede Person hat das Recht, ihr rechtmäßig erworbenes Eigentum zu besitzen, zu nutzen, darüber zu verfügen und es zu vererben. Niemandem darf sein Eigentum entzogen werden, es sei denn aus Gründen des öffentlichen Interesses in den Fällen und unter den Bedingungen, die in einem Gesetz vorgesehen sind, sowie gegen eine rechtzeitige angemessene Entschädigung für den Verlust des Eigentums. Die Nutzung des Eigentums kann gesetzlich geregelt werden, soweit dies für das Wohl der Allgemeinheit erforderlich ist.

(2) Geistiges Eigentum wird geschützt.

Artikel 18
Asylrecht

Das Recht auf Asyl wird nach Maßgabe des Genfer Abkommens vom 28. Juli 1951 und des Protokolls vom 31. Januar 1967 über die Rechtsstellung der Flüchtlinge sowie nach Maßgabe des Vertrags über die Europäische Union und des Vertrags über die Arbeitsweise der Europäischen Union (im Folgenden „die Verträge“) gewährleistet.

Artikel 19
Schutz bei Abschiebung, Ausweisung und Auslieferung

(1) Kollektivausweisungen sind nicht zulässig.

(2) Niemand darf in einen Staat abgeschoben oder ausgewiesen oder an einen Staat ausgeliefert werden, in dem für sie oder ihn das ernsthafte Risiko der Todesstrafe, der Folter oder einer anderen unmenschlichen oder erniedrigenden Strafe oder Behandlung besteht.

TITEL III

GLEICHHEIT

Artikel 20
Gleichheit vor dem Gesetz

Alle Personen sind vor dem Gesetz gleich.

Artikel 21
Nichtdiskriminierung

(1) Diskriminierungen insbesondere wegen des Geschlechts, der Rasse, der Hautfarbe, der ethnischen oder sozialen Herkunft, der genetischen Merkmale, der Sprache, der Religion oder der Weltanschauung, der politischen oder sonstigen Anschauung, der Zugehörigkeit zu einer nationalen Minderheit, des Vermögens, der Geburt, einer Behinderung, des Alters oder der sexuellen Ausrichtung sind verboten.

(2) Unbeschadet besonderer Bestimmungen der Verträge ist in ihrem Anwendungsbereich jede Diskriminierung aus Gründen der Staatsangehörigkeit verboten.

Artikel 22
Vielfalt der Kulturen, Religionen und Sprachen

Die Union achtet die Vielfalt der Kulturen, Religionen und Sprachen.

Artikel 23
Gleichheit von Frauen und Männern

Die Gleichheit von Frauen und Männern ist in allen Bereichen, einschließlich der Beschäftigung, der Arbeit und des Arbeitsentgelts, sicherzustellen.

Der Grundsatz der Gleichheit steht der Beibehaltung oder der Einführung spezifischer Vergünstigungen für das unterrepräsentierte Geschlecht nicht entgegen.

Artikel 24
Rechte des Kindes

(1) Kinder haben Anspruch auf den Schutz und die Fürsorge, die für ihr Wohlergehen notwendig sind. Sie können ihre Meinung frei äußern. Ihre Meinung wird in den Angelegenheiten, die sie betreffen, in einer ihrem Alter und ihrem Reifegrad entsprechenden Weise berücksichtigt.

(2) Bei allen Kinder betreffenden Maßnahmen öffentlicher Stellen oder privater Einrichtungen muss das Wohl des Kindes eine vorrangige Erwägung sein.

(3) Jedes Kind hat Anspruch auf regelmäßige persönliche Beziehungen und direkte Kontakte zu beiden Elternteilen, es sei denn, dies steht seinem Wohl entgegen.

Artikel 25
Rechte älterer Menschen

Die Union anerkennt und achtet das Recht älterer Menschen auf ein würdiges und unabhängiges Leben und auf Teilnahme am sozialen und kulturellen Leben.

Artikel 26
Integration von Menschen mit Behinderung

Die Union anerkennt und achtet den Anspruch von Menschen mit Behinderung auf Maßnahmen zur Gewährleistung ihrer Eigenständigkeit, ihrer sozialen und beruflichen Eingliederung und ihrer Teilnahme am Leben der Gemeinschaft.

TITEL IV
SOLIDARITÄT

Artikel 27
Recht auf Unterrichtung und Anhörung der Arbeitnehmerinnen und Arbeitnehmer im Unternehmen

Für die Arbeitnehmerinnen und Arbeitnehmer oder ihre Vertreter muss auf den geeigneten Ebenen eine rechtzeitige Unterrichtung und Anhörung in den Fällen und unter den Voraussetzungen gewährleistet sein, die nach dem Unionsrecht und den einzelstaatlichen Rechtsvorschriften und Gepflogenheiten vorgesehen sind.

Artikel 28
Recht auf Kollektivverhandlungen und Kollektivmaßnahmen

Die Arbeitnehmerinnen und Arbeitnehmer sowie die Arbeitgeberinnen und Arbeitgeber oder ihre jeweiligen Organisationen haben nach dem Unionsrecht und den einzelstaatlichen Rechtsvorschriften und Gepflogenheiten das Recht, Tarifverträge auf den geeigneten Ebenen auszuhandeln und zu schließen sowie bei Interessenkonflikten kollektive Maßnahmen zur Verteidigung ihrer Interessen, einschließlich Streiks, zu ergreifen.

Artikel 29
Recht auf Zugang zu einem Arbeitsvermittlungsdienst

Jeder Mensch hat das Recht auf Zugang zu einem unentgeltlichen Arbeitsvermittlungsdienst.

Artikel 30
Schutz bei ungerechtfertigter Entlassung

Jede Arbeitnehmerin und jeder Arbeitnehmer hat nach dem Unionsrecht und den einzelstaatlichen Rechtsvorschriften und Gepflogenheiten Anspruch auf Schutz vor ungerechtfertigter Entlassung.

Artikel 31
Gerechte und angemessene Arbeitsbedingungen

(1) Jede Arbeitnehmerin und jeder Arbeitnehmer hat das Recht auf gesunde, sichere und würdige Arbeitsbedingungen.

(2) Jede Arbeitnehmerin und jeder Arbeitnehmer hat das Recht auf eine Begrenzung der Höchstarbeitszeit, auf tägliche und wöchentliche Ruhezeiten sowie auf bezahlten Jahresurlaub.

Artikel 32
Verbot der Kinderarbeit und Schutz der Jugendlichen am Arbeitsplatz

Kinderarbeit ist verboten. Unbeschadet günstigerer Vorschriften für Jugendliche und abgesehen von begrenzten Ausnahmen darf das Mindestalter für den Eintritt in das Arbeitsleben das Alter, in dem die Schulpflicht endet, nicht unterschreiten.

Zur Arbeit zugelassene Jugendliche müssen ihrem Alter angepasste Arbeitsbedingungen erhalten und vor wirtschaftlicher Ausbeutung und vor jeder Arbeit geschützt werden, die ihre Sicherheit, ihre Gesundheit, ihre körperliche, geistige, sittliche oder soziale Entwicklung beeinträchtigen oder ihre Erziehung gefährden könnte.

Artikel 33
Familien- und Berufsleben

(1) Der rechtliche, wirtschaftliche und soziale Schutz der Familie wird gewährleistet.

(2) Um Familien- und Berufsleben miteinander in Einklang bringen zu können, hat jeder Mensch das Recht auf Schutz vor Entlassung aus einem mit der Mutterschaft zusammenhängenden Grund sowie den Anspruch auf einen bezahlten Mutter-

schaftsurlaub und auf einen Elternurlaub nach der Geburt oder Adoption eines Kindes.

Artikel 34
Soziale Sicherheit und soziale Unterstützung

(1) Die Union anerkennt und achtet das Recht auf Zugang zu den Leistungen der sozialen Sicherheit und zu den sozialen Diensten, die in Fällen wie Mutterschaft, Krankheit, Arbeitsunfall, Pflegebedürftigkeit oder im Alter sowie bei Verlust des Arbeitsplatzes Schutz gewährleisten, nach Maßgabe des Unionsrechts und der einzelstaatlichen Rechtsvorschriften und Gepflogenheiten.

(2) Jeder Mensch, der in der Union seinen rechtmäßigen Wohnsitz hat und seinen Aufenthalt rechtmäßig wechselt, hat Anspruch auf die Leistungen der sozialen Sicherheit und die sozialen Vergünstigungen nach dem Unionsrecht und den einzelstaatlichen Rechtsvorschriften und Gepflogenheiten.

(3) Um die soziale Ausgrenzung und die Armut zu bekämpfen, anerkennt und achtet die Union das Recht auf eine soziale Unterstützung und eine Unterstützung für die Wohnung, die allen, die nicht über ausreichende Mittel verfügen, ein menschenwürdiges Dasein sicherstellen sollen, nach Maßgabe des Unionsrechts und der einzelstaatlichen Rechtsvorschriften und Gepflogenheiten.

Artikel 35
Gesundheitsschutz

Jeder Mensch hat das Recht auf Zugang zur Gesundheitsvorsorge und auf ärztliche Versorgung nach Maßgabe der einzelstaatlichen Rechtsvorschriften und Gepflogenheiten. Bei der Festlegung und Durchführung der Politik und Maßnahmen der Union in allen Bereichen wird ein hohes Gesundheitsschutzniveau sichergestellt.

Artikel 36
Zugang zu Dienstleistungen von allgemeinem wirtschaftlichen Interesse

Die Union anerkennt und achtet den Zugang zu Dienstleistungen von allgemeinem wirtschaftlichen Interesse, wie er durch die einzelstaatlichen Rechtsvorschriften und Gepflogenheiten im Einklang mit den Verträgen geregelt ist, um den sozialen und territorialen Zusammenhalt der Union zu fördern.

Artikel 37
Umweltschutz

Ein hohes Umweltschutzniveau und die Verbesserung der Umweltqualität müssen in die Politik der Union einbezogen und nach dem Grundsatz der nachhaltigen Entwicklung sichergestellt werden.

Artikel 38
Verbraucherschutz

Die Politik der Union stellt ein hohes Verbraucherschutzniveau sicher.

TITEL V
BÜRGERRECHTE

Artikel 39
Aktives und passives Wahlrecht bei den Wahlen zum Europäischen Parlament

(1) Die Unionsbürgerinnen und Unionsbürger besitzen in dem Mitgliedstaat, in dem sie ihren Wohnsitz haben, das aktive und passive Wahlrecht bei den Wahlen zum Europäischen Parlament unter denselben Bedingungen wie die Angehörigen des betreffenden Mitgliedstaats.

(2) Die Mitglieder des Europäischen Parlaments werden in allgemeiner, unmittelbarer, freier und geheimer Wahl gewählt.

Artikel 40
Aktives und passives Wahlrecht bei den Kommunalwahlen

Die Unionsbürgerinnen und Unionsbürger besitzen in dem Mitgliedstaat, in dem sie ihren Wohnsitz haben, das aktive und passive Wahlrecht bei Kommunalwahlen unter denselben Bedingungen wie die Angehörigen des betreffenden Mitgliedstaats.

Artikel 41
Recht auf eine gute Verwaltung

(1) Jede Person hat ein Recht darauf, dass ihre Angelegenheiten von den Organen, Einrichtungen und sonstigen Stellen der Union unparteiisch, gerecht und innerhalb einer angemessenen Frist behandelt werden.

(2) Dieses Recht umfasst insbesondere

a) das Recht jeder Person, gehört zu werden, bevor ihr gegenüber eine für sie nachteilige individuelle Maßnahme getroffen wird,

b) das Recht jeder Person auf Zugang zu den sie betreffenden Akten unter Wahrung des berechtigten Interesses der Vertraulichkeit sowie des Berufs- und Geschäftsgeheimnisses,

c) die Verpflichtung der Verwaltung, ihre Entscheidungen zu begründen.

(3) Jede Person hat Anspruch darauf, dass die Union den durch ihre Organe oder Bediensteten in Ausübung ihrer Amtstätigkeit verursachten Schaden nach den allgemeinen Rechtsgrundsätzen

ersetzt, die den Rechtsordnungen der Mitgliedstaaten gemeinsam sind.

(4) Jede Person kann sich in einer der Sprachen der Verträge an die Organe der Union wenden und muss eine Antwort in derselben Sprache erhalten.

Artikel 42
Recht auf Zugang zu Dokumenten

Die Unionsbürgerinnen und Unionsbürger sowie jede natürliche oder juristische Person mit Wohnsitz oder satzungsmäßigem Sitz in einem Mitgliedstaat haben das Recht auf Zugang zu den Dokumenten der Organe, Einrichtungen und sonstigen Stellen der Union, unabhängig von der Form der für diese Dokumente verwendeten Träger.

Artikel 43
Der Europäische Bürgerbeauftragte

Die Unionsbürgerinnen und Unionsbürger sowie jede natürliche oder juristische Person mit Wohnsitz oder satzungsmäßigem Sitz in einem Mitgliedstaat haben das Recht, den Europäischen Bürgerbeauftragten im Falle von Missständen bei der Tätigkeit der Organe, Einrichtungen und sonstigen Stellen der Union, mit Ausnahme des Gerichtshofs der Europäischen Union in Ausübung seiner Rechtsprechungsbefugnisse, zu befassen.

Artikel 44
Petitionsrecht

Die Unionsbürgerinnen und Unionsbürger sowie jede natürliche oder juristische Person mit Wohnsitz oder satzungsmäßigem Sitz in einem Mitgliedstaat haben das Recht, eine Petition an das Europäische Parlament zu richten.

Artikel 45
Freizügigkeit und Aufenthaltsfreiheit

(1) Die Unionsbürgerinnen und Unionsbürger haben das Recht, sich im Hoheitsgebiet der Mitgliedstaaten frei zu bewegen und aufzuhalten.

(2) Staatsangehörigen von Drittländern, die sich rechtmäßig im Hoheitsgebiet eines Mitgliedstaats aufhalten, kann nach Maßgabe der Verträge Freizügigkeit und Aufenthaltsfreiheit gewährt werden.

Artikel 46
Diplomatischer und konsularischer Schutz

Die Unionsbürgerinnen und Unionsbürger genießen im Hoheitsgebiet eines Drittlands, in dem der Mitgliedstaat, dessen Staatsangehörigkeit sie besitzen, nicht vertreten ist, den Schutz durch die diplomatischen und konsularischen Behörden eines jeden Mitgliedstaats unter denselben Bedingungen wie Staatsangehörige dieses Staates.

TITEL VI
JUSTIZIELLE RECHTE

Artikel 47
Recht auf einen wirksamen Rechtsbehelf und ein unparteiisches Gericht

Jede Person, deren durch das Recht der Union garantierte Rechte oder Freiheiten verletzt worden sind, hat das Recht, nach Maßgabe der in diesem Artikel vorgesehenen Bedingungen bei einem Gericht einen wirksamen Rechtsbehelf einzulegen.

Jede Person hat ein Recht darauf, dass ihre Sache von einem unabhängigen, unparteiischen und zuvor durch Gesetz errichteten Gericht in einem fairen Verfahren, öffentlich und innerhalb angemessener Frist verhandelt wird. Jede Person kann sich beraten, verteidigen und vertreten lassen.

Personen, die nicht über ausreichende Mittel verfügen, wird Prozesskostenhilfe bewilligt, soweit diese Hilfe erforderlich ist, um den Zugang zu den Gerichten wirksam zu gewährleisten.

Artikel 48
Unschuldsvermutung und Verteidigungsrechte

(1) Jeder Angeklagte gilt bis zum rechtsförmlich erbrachten Beweis seiner Schuld als unschuldig.

(2) Jedem Angeklagten wird die Achtung der Verteidigungsrechte gewährleistet.

Artikel 49
Grundsätze der Gesetzmäßigkeit und der Verhältnismäßigkeit im Zusammenhang mit Straftaten und Strafen

(1) Niemand darf wegen einer Handlung oder Unterlassung verurteilt werden, die zur Zeit ihrer Begehung nach innerstaatlichem oder internationalem Recht nicht strafbar war. Es darf auch keine schwerere Strafe als die zur Zeit der Begehung angedrohte Strafe verhängt werden. Wird nach Begehung einer Straftat durch Gesetz eine mildere Strafe eingeführt, so ist diese zu verhängen.

(2) Dieser Artikel schließt nicht aus, dass eine Person wegen einer Handlung oder Unterlassung verurteilt oder bestraft wird, die zur Zeit ihrer Begehung nach den allgemeinen, von der Gesamtheit der Nationen anerkannten Grundsätzen strafbar war.

(3) Das Strafmaß darf zur Straftat nicht unverhältnismäßig sein.

Artikel 50
Recht, wegen derselben Straftat nicht zweimal strafrechtlich verfolgt oder bestraft zu werden

Niemand darf wegen einer Straftat, derentwegen er bereits in der Union nach dem Gesetz rechtskräftig verurteilt oder freigesprochen worden ist, in einem Strafverfahren erneut verfolgt oder bestraft werden.

TITEL VII
ALLGEMEINE BESTIMMUNGEN ÜBER DIE AUSLEGUNG UND ANWENDUNG DER CHARTA

Artikel 51
Anwendungsbereich

(1) Diese Charta gilt für die Organe, Einrichtungen und sonstigen Stellen der Union unter Wahrung des Subsidiaritätsprinzips und für die Mitgliedstaaten ausschließlich bei der Durchführung des Rechts der Union. Dementsprechend achten sie die Rechte, halten sie sich an die Grundsätze und fördern sie deren Anwendung entsprechend ihren jeweiligen Zuständigkeiten und unter Achtung der Grenzen der Zuständigkeiten, die der Union in den Verträgen übertragen werden.

(2) Diese Charta dehnt den Geltungsbereich des Unionsrechts nicht über die Zuständigkeiten der Union hinaus aus und begründet weder neue Zuständigkeiten noch neue Aufgaben für die Union, noch ändert sie die in den Verträgen festgelegten Zuständigkeiten und Aufgaben.

Artikel 52
Tragweite und Auslegung der Rechte und Grundsätze

(1) Jede Einschränkung der Ausübung der in dieser Charta anerkannten Rechte und Freiheiten muss gesetzlich vorgesehen sein und den Wesensgehalt dieser Rechte und Freiheiten achten. Unter Wahrung des Grundsatzes der Verhältnismäßigkeit dürfen Einschränkungen nur vorgenommen werden, wenn sie erforderlich sind und den von der Union anerkannten dem Gemeinwohl dienenden Zielsetzungen oder den Erfordernissen des Schutzes der Rechte und Freiheiten anderer tatsächlich entsprechen.

(2) Die Ausübung der durch diese Charta anerkannten Rechte, die in den Verträgen geregelt sind, erfolgt im Rahmen der in den Verträgen festgelegten Bedingungen und Grenzen.

(3) Soweit diese Charta Rechte enthält, die den durch die Europäische Konvention zum Schutz der Menschenrechte und Grundfreiheiten[1)] garantierten Rechten entsprechen, haben sie die gleiche Bedeutung und Tragweite, wie sie ihnen in der genannten Konvention verliehen wird. Diese Bestimmung steht dem nicht entgegen, dass das Recht der Union einen weiter gehenden Schutz gewährt.

(4) Soweit in dieser Charta Grundrechte anerkannt werden, wie sie sich aus den gemeinsamen Verfassungsüberlieferungen der Mitgliedstaaten ergeben, werden sie im Einklang mit diesen Überlieferungen ausgelegt.

(5) Die Bestimmungen dieser Charta, in denen Grundsätze festgelegt sind, können durch Akte der Gesetzgebung und der Ausführung der Organe, Einrichtungen und sonstigen Stellen der Union sowie durch Akte der Mitgliedstaaten zur Durchführung des Rechts der Union in Ausübung ihrer jeweiligen Zuständigkeiten umgesetzt werden. Sie können vor Gericht nur bei der Auslegung dieser Akte und bei Entscheidungen über deren Rechtmäßigkeit herangezogen werden.

(6) Den einzelstaatlichen Rechtsvorschriften und Gepflogenheiten ist, wie es in dieser Charta bestimmt ist, in vollem Umfang Rechnung zu tragen.

(7) Die Erläuterungen[2)], die als Anleitung für die Auslegung dieser Charta verfasst wurden, sind von den Gerichten der Union und der Mitgliedstaaten gebührend zu berücksichtigen.

Artikel 53
Schutzniveau

Keine Bestimmung dieser Charta ist als eine Einschränkung oder Verletzung der Menschenrechte und Grundfreiheiten auszulegen, die in dem jeweiligen Anwendungsbereich durch das Recht der Union und das Völkerrecht sowie durch die internationalen Übereinkünfte, bei denen die Union oder alle Mitgliedstaaten Vertragsparteien sind, darunter insbesondere die Europäische Konvention zum Schutz der Menschenrechte und Grundfreiheiten[1)], sowie durch die Verfassungen der Mitgliedstaaten anerkannt werden.

Artikel 54
Verbot des Missbrauchs der Rechte

Keine Bestimmung dieser Charta ist so auszulegen, als begründe sie das Recht, eine Tätigkeit auszuüben oder eine Handlung vorzunehmen, die darauf abzielt, die in der Charta anerkannten Rechte und Freiheiten abzuschaffen oder sie stärker einzuschränken, als dies in der Charta vorgesehen ist.

*
* *

Der vorstehende Wortlaut übernimmt mit Anpassungen die am 7. Dezember 2000 proklamierte Charta und ersetzt sie ab dem Zeitpunkt des Inkrafttretens des Vertrags von Lissabon.

KODEX

DES ÖSTERREICHISCHEN RECHTS

HERAUSGEBER: UNIV.-PROF. DR. WERNER DORALT

VERFASSUNGS-RECHT

1 B-VG
1a ÜG, B-VGNov
2a StGG
2b EMRK
2c ReligionsR, ZDG, VerG, VslgG, ORF-G, RGG, PrR-G, AMD-G, FERG, KOG, PresseFG, MinderheitenR
3a BVG
3b VfBest in BG
4 UnabhErkl, R-ÜG, StV Wien
5 BVG Neutralität, KMG, SanktG, KSE-BVG, TrAufG, Staatl Symbole
6 StbG
7 PartG, VerbotsG, PartFörG, KlubFG, PubFG
8 Wahlen, Direkte Demokratie
9 GOG-NR, EU-InfoG, InfOG
10 BezR, Unv-Tr-G
11 BGBlG, Rechtsbereinigung
12 BMG, BVG ÄmterLReg, BGemAufsG
13a F-VG, FAG 2008
13b KonsMech, ÖStP 2012
14 RHG
15 BVwGG, VwGVG, VwGbk-ÜG
16 VwGG
17 VfGG
18 VolksanwG
19 AHG, OrgHG
20 AuskPfl
21 EUV, AEUV, EU-GRC
Anh IA 1295/A, BlgNR 25. GP

LexisNexis

KODEX

DES ÖSTERREICHISCHEN RECHTS

HERAUSGEBER: UNIV.-PROF. DR. WERNER DORALT

VÖLKER-RECHT

1 **UN** UN-Charta, IGH-Statut, Völkerbund, Amtssitzabk.
2 **WVK** WVK I, II
3 **Österreich** B-VG Auszug, Staatsvertrag 1955, NeutralitätsG
4 **Immunität** UN-Übk, Basler Übk, Immunität UN, Immunität Spezialorg., IO ImmunitätenG
5 **Dipl. Verkehr** WDK, WKK, Spezialmissionen, Straftaten
6 **Streitbeileg.** I. Haager Übk, Manila-Erkl.
7 **Gewaltverbot** Uniting for Peace, Definit. Aggression, Friendl. Relations Decl., Weltgipfel 2005 Auszug, UNSR-Resolutionen
8 **Humanitäres VR** Haager LKO, GK + Protokoll I, II, Kulturgut
9 **Seerecht** UNCLOS
10 **Polarrecht** Antarktis
11 **LuftfahrtR** Zivilluftfahrt
12 **WeltraumR** Weltraum, Rettung, Haftung, Registrierung, Mond, WeltraumG
13 **WirtschaftsR** WTO-Abk., GATT, GATS, TRIPS, DSU, NY Übk., ICSID
14 **UmweltR** Rio-Dekl.
15 **Menschenrechte** UDHR, ICCPR + Fak.prot., ICESCR, CAT, EMRK, EU-Charta, GFK
16 **Strafrecht** Röm. Statut, IStGH-G, StGB Auszug
17 **Verantwortlk.** ASR, ARIO

LexisNexis

KODEX

DES ÖSTERREICHISCHEN RECHTS

HERAUSGEBER: UNIV.-PROF. DR. WERNER DORALT

UNTERNEHMENS-RECHT

1 UGB, HGB, A-QSG, SRLG, USPG
2 ABGB
3 E-Commerce-G
4 FBG
5a HVertrG
5b MaklerG
6 KSchG, FAGG
7 UN-KaufR
8 GmbHG
9 AktG, ÜbG + VO, VeröffentlichungsV, Corporate Governance
10 SE (EU-Ges), SE-Gesetz
11 GenG, GenRevG, GenRevRÄG, GenVerschmG, GenIG
12 SCE (EU-Gen), SCEG
13 VerG, VereinsDS-VO
14 EWIVG
15 PSG
16 ArbVG +VO/RL
17 StellenbesG +B-VV
18 GesAusG
19 KapBG
20 EKEG
21 URG
22 UmwG
23 SpaltG
24 EU-VerschG
25 UmgrStG
26 KMG
27 ScheckG
28 WechselG
29 KEG +VO
30 AÖSp
31 CMR
32 UWG
33 KartG
34 WettbG
35 UrhG
36 MarkSchG
37 MuSchG
38 PatG

Anhang: Entwurf Europäische Einmann-GmbH

LexisNexis

KODEX

DES ÖSTERREICHISCHEN RECHTS

HERAUSGEBER: UNIV.-PROF. DR. WERNER DORALT

ASYL- UND FREMDENRECHT

1 **FPG** Erläuterungen, FPG-DV, ReisedokVO, LichtbildVO, VISA-VO, Visakodex, VIS-VO
2 **NAG** Erläuterungen, NLV 2015, NAG-DV, IV-V
3 **AsylG** Erläuterungen, StDokBeirV, AsylG-DV, HerkSt-V, Entsch.RB, Dublin III, EurodacV, FlüchtKonv
4 **GVG-B** Erläuterungen, BEBV, GV-Vereinb
5 **BFA-VG** Erläuterungen, BFA-VG-DV; **BFA-G** Erläuterungen, BFA-G-DV
6 **GrekoG** Erläuterungen, Kundm., Grenzkodex
7 **SDÜ** Kundm., Protokoll

LexisNexis

KODEX

DES ÖSTERREICHISCHEN RECHTS
HERAUSGEBER: UNIV.-PROF. DR. WERNER DORALT

LEBENSMITTEL-RECHT

1 LMSVG
2 Kennzeichnung
3 Lebensmittel
4 LM für spez. Gruppen
5 Wasser
6 Zusatzstoffe
7 Hygiene
8 Gebrauchsgegenstände
9 Kosmetika
10 Amtl Kontrolle
11 EG-Basis-Verordnung
12 EG-Hygiene-Verordnungen
13 EG-KontrollV
14 EG-ClaimsV
15 EG-AnreicherungsV
16 EU-Novel FoodV
17 EU-QuaDG

LexisNexis

KODEX

DES ÖSTERREICHISCHEN RECHTS
HERAUSGEBER: UNIV.-PROF. DR. WERNER DORALT

GESUNDHEITS-BERUFE

1 GuKG
GuK-AV
GuK-TAV
FH-GuK-AV
GuK-SV
GuK-LFV
PA-PFA-AV
GuK-WV
GuK-BAV
GuK-AusweisV
GBR-BAV
GuK-EWRV
Art. 15a-B-VG-V
SozbetrB
2 HebG
Heb-AV
FH-Heb-AV
HebAV
Heb-EWRV 2008
HebGSV
Heb-GWO
3 KTG
KT-AV
4 MABG
MAB-AV
TT-AV
TT-AkkV
5 MMHmG
MMHm-AV
MMHm-ZV
Hm-BerufsausweisV
6 MTD-G
FH-MTD-AV
V-RFS-MTD
MTD-AusweisV
7 MTF-SHD-G
8 MuthG
9 PsychologenG
EWR-PsychologenG
EWR-PsychologenV
PsychotherapieG
EWR-PsychotherapieG
EWR-PsychotherapieV
10 SanG
San-AV
SanAFV
11 ZÄG
ZASS-VO
BAG
Lehre ZfAO
12 GBRG

LexisNexis

KODEX

DES ÖSTERREICHISCHEN RECHTS
HERAUSGEBER: UNIV.-PROF. DR. WERNER DORALT

POLIZEI-RECHT

1 SPG + Ven
2 PStSG
3 WaffGebrG
4 BKA-G
5 BAK-G
6 PolKG EU-PolKG
7 Sonstige
8 StGB VbVG
9 NebenG
10 StPO JGG
11 StRegG TilgG
12 Sonstige
13 EGVG + Sonstige
14 AVG
15 VStG VVG + VwGVG
16 ZustellG
17 MeldeG + DV
18 PassG + DV
19 BFA-G + DV BFA-VG + DV
20 FPG + DV
21 NAG + DV
22 AsylG + DV
23 GrekoG
24 SDÜ + Sonstige
25 AuslBG
26 WaffG + Ven
27 KriegsmatG + V
28 PyroTG + DV
29 SprG + Ven
30 MedienG
31 VersammlG
32 StVO + Ven
33 FSG + DV
34 KFG + Ven
35 Sonstige
36 B-VG
37 EMRK + ZP StGG HausRG PersFrG
38 Sonstige
39 ABGB
40 AHG, OrgHG PolBEG
41 ASVG
42 BDG + Ven

LexisNexis

KODEX

DES ÖSTERREICHISCHEN RECHTS
HERAUSGEBER: UNIV.-PROF. DR. WERNER DORALT

BESONDERES VERWALTUNGS-RECHT

1 BVergG 2006
2 DSG
3 UG 2002
4 DMSG
5 KAKuG
6 GTG
7 SPG + BG KorruptPräv + PStSG
8 MeldeG
9 PassG
10 FPG
11 NAG
12 AsylG 2005
13 GVG-B 2005
14 WaffG
15 BFA-G
16 BFA-VG
17 PStG 2013
18 ForstG
19 WRG
20 AWG
21 IG-L
22 EG-K
23 UVP-G
24 StVO
25 KFG
26 FSG
27 GewO

LexisNexis

KODEX
DES ÖSTERREICHISCHEN RECHTS
SAMMLUNG DER ÖSTERREICHISCHEN BUNDESGESETZE

EINFÜHRUNGSGESETZE ABGB UND B-VG

- **ABGB** Allgemeines bürgerliches Gesetzbuch
- **EheG** Gesetz zur Vereinheitlichung des Rechts der Eheschließung und der Ehescheidung mit 1. u 4. DV
- **KSchG** Konsumentenschutzgesetz
- **B-VG** Bundes-Verfassungsgesetz
- **StGG** Staatsgrundgesetz über die allgem Rechte der Staatsbürger
- **EMRK** Europäische Menschenrechtskonvention

LexisNexis

KODEX
DES ÖSTERREICHISCHEN RECHTS
HERAUSGEBER: UNIV.-PROF. DR. WERNER DORALT

INTERNATIONALES PRIVATRECHT

1. **IPRG** EGV, StbG, Genfer FlüchtK
2. **Pers.Stand** CIEC, Bilaterale V
3. **Ehe-KindR** AußStrG, EuFamVO, Anerk. Ehe, MSÜ, ESÜ, HKÜ, HAÜ, Bilaterale V
4. **Unterhalt** UVG, AuslUG, EuUVO, HUÜ, NYUÜ, HUVÜ, Bilaterale V
5. **Erbrecht** HTÜ, Bilaterale V
6. **SachenR** KultGütRG
7. **SchuldR** EVÜ, Rom I, IVVG, ECG, FinSG, KSchG, TNG, ZahlVerzRL, UN-KaufR
8. **DeliktsR** AtomHG, GTG, Rom II, HStVÜ
9. **TransportR** LFG, EuLFVO, MÜ, WA, CMR, COTIF
10. **IZPR** EGJN, JN, ZPO, LGVÜ, EuGVVO, Bilaterale V
11. **R-Hilfe** RHE Ziv 2004, RAÜ, Bilaterale V
12. **Schiedsrecht** NY SchiedÜ, HandelsSchiedsÜ

LexisNexis

KODEX
DES ÖSTERREICHISCHEN RECHTS
SAMMLUNG DER ÖSTERREICHISCHEN BUNDESGESETZE

VERFASSUNGSRECHT

- 1 B-VG
- 1a ÜG, B-VGNov
- 2a StGG
- 2b EMRK
- 2c ReligionsR, ZDG, VerG, VersammlungsG, ORF-G, RGG, PrR-G, PrTV-G, FERG, KOG, PresseFG, MinderheitenR
- 3a BVG
- 3b VfBest in BG
- 4 UnabhErkl, V-ÜG, R-ÜG, StV Wien
- 5 BVG Neutralität, KMG, Int Sanktionen, KSE-BVG, TrAufG, Staatl Symbole
- 6 StbG
- 7 PartG, VerbotsG 1947, KlubFG, PubFG
- 8 Wahlen, Direkte Demokratie
- 9 GOG-NR
- 10 BezR, UnvG
- 11 BGBlG, Rechtsbereinigung
- 12 BMG, BVG ÄmterlReg, BGemAufsG
- 13 F-VG, FAG 2001, KonsMech, StabPakt 2001
- 14 RHG
- 15 UBASG
- 16 VwGG
- 17 VfGG
- 18 VolksanwG
- 19 AHG, OrgHG
- 20 AuskPfl

LexisNexis

KODEX
DES ÖSTERREICHISCHEN RECHTS
SAMMLUNG DER ÖSTERREICHISCHEN BUNDESGESETZE

BÜRGERLICHES RECHT

- 1 ABGB mit 1. Euro-JuBeG
- 2 IPRG mit EVÜ
- 3 TEG
- 4 EheG
- 5 PStG
- 6 NÄG
- 7 RelKEG
- 8 UVG mit AuslUG
- 9 JWG
- 10 NotwegeG
- 11 GSGG
- 12 WWSGG
- 13 EisbEG
- 14 WEG
- 15 MRG mit HeizKG
- 16 BauRG
- 17 LPG
- 18 KlGG
- 19 GBG mit GUG
- 20 UHG mit LiegTG
- 21 AnerbG
- 22 KSchG mit BTVG, TNG
- 23 WucherG
- 24 UrhG mit ZuKG
- 25 RHPflG
- 26 EKHG mit LFG
- 27 AtomHG
- 28 AHG mit PolBEG
- 29 OrgHG
- 30 DHG
- 31 ASVG/Haftung
- 32 PHG mit GTG
- 33 UN-KaufR
- 34 AngG
- 35 NotaktsG
- 36 ECG
- 37 SigG
- 38 RAPG

LexisNexis

KODEX

DES ÖSTERREICHISCHEN RECHTS

SAMMLUNG DER ÖSTERREICHISCHEN BUNDESGESETZE

VERFASSUNGS-RECHT

1	B-VG
1a	ÜG, B-VGNov
2a	StGG
2b	EMRK
2c	ReligionsR, ZDG VerG VersammlungsG ORF-G, RGG PrR-G, PrTV-G FERG, KOG PresseFG MinderheitenR
3a	BVG
3b	VfBest in BG
4	UnabhErkl, V-ÜG R-ÜG, StV Wien
5	BVG Neutralität KMG Int Sanktionen KSE-BVG, TrAufG Staatl Symbole
6	StbG
7	PartG VerbotsG KlubFG, PubFG
8	Wahlen Direkte Demokratie
9	GOG-NR
10	BezR UnvG
11	BGBlG Rechtsbereinigung
12	BMG BVG ÄmterLReg BGemAufsG
13	F-VG, FAG 2005 KonsMech StabPakt 2005
14	RHG
15	UBASG
16	VwGG
17	VfGG
18	VolksanwG
19	AHG, OrgHG
20	AuskPfl
21	EUV/EGV

LexisNexis

KODEX

DES ÖSTERREICHISCHEN RECHTS

SAMMLUNG DER ÖSTERREICHISCHEN BUNDESGESETZE

BÜRGERLICHES RECHT

1	ABGB mit FamErbRÄG
2	IPRG mit EVÜ
3	TEG
4	EheG
5	PStG
6	NÄG
7	RelKEG
8	UVG mit AuslUG
9	JWG
10	NotwegeG
11	GSGG
12	WWSGG
13	EisbEG
14	WEG
15	MRG RWG HeizKG
16	BauRG
17	LPG
18	KlGG
19	GBG mit GUG
20	UHG mit LiegTG
21	AnerbG
22	KSchG BTVG, TNG FernFinG
23	WucherG
24	UrhG mit ZuKG
25	RHPflG
26	EKHG VerkOG, LFG EU-LFVO ÜberbuchVO
27	AtomHG
28	AHG mit PolBEG
29	OrgHG
30	DHG
31	ASVG/Haftung
32	PHG mit GTG
33	UN-KaufR
34	AngG
35	NotaktsG
36	ECG
37	SigG
38	RAPG

LexisNexis

KODEX

DES ÖSTERREICHISCHEN RECHTS

HERAUSGEBER: UNIV.-PROF. DR. WERNER DORALT

UNTERNEHMENS-RECHT

1	UGB HGB A-QSG, SRLG
2	ABGB
3	FBG +VOen
4	HVertrG
5	MaklerG
6	KSchG
7	UN-KaufR
8	GmbHG
9	AktG ÜbG + VO VeröffentlichungsV Corporate Governance
10	SE (EU-Ges) SEG
11	GenG GenRevG, GenRevRÄG GenRevPO GenVerschmG GenKonkVO Euro-GenBeG
12	SCE (EU-Gen) SCEG
13	VerG VereinsDS-VO
14	EWIVG
15	PSG
16	ArbVG +VO/RL
17	StellenbesG +VO
18	GesAusG
19	KapBG
20	EKEG
21	URG
22	UmwG
23	SpaltG
24	EU-VerschG
25	UmgrStG
26	InvFG +VOen
27	ImmoInvFG
28	BeteilFG
29	KMG
30	ScheckG
31	WechselG
32	KEG +VO
33	AÖSp
34	CMR
35	UWG
36	KartG
37	WettbG
38	UrhG
39	MarkSchG
40	MuSchG
41	PatG
Anhang	EU Privatges

LexisNexis

KODEX

DES ÖSTERREICHISCHEN RECHTS

SAMMLUNG DER ÖSTERREICHISCHEN BUNDESGESETZE

ZIVIL-GERICHTLICHES VERFAHREN

1	JN
2	ZPO
3	ZustellG ZustellV
4	ASGG
5	OGHG
6	ProkG
7	RpflG
8	Winkel-schreiber
9	Ehe- und Abstverf EidesG FeiertRG B-VG, EMRK
10	EO
11	EO-ÜbgB
12	LBG
13	VGebG
14	VVG
15	USchG
16	KO
17	AO
18	IEG Insolvenz-ÜbgB
19	AnfO
20	GenKV
21/1	BWG
21/2	URG
22	IESG
23	EuInsVO
23/1	EuInsVO – Erlass
24	AußStrG
25	GKoärG
26	KEG
27	VerwEinzG
28	UVG
29	AuslUG
30	UbG
31	HeimAufG
Anhang:	BG-Wien/Graz GOG Elektr Rechtsverk ADV-FormV ZustellFormV TABELLEN LUGANO-Übk Brüsseler Übk Brüssel I-VO Euro BeweisaufnahmeVO Zivilrechts-MediationsG RL Prozesskosten AußStrG aF FamErbRÄG 2004 samt Mat Zivilverfahrensnov 2004 samt Mat

LexisNexis

KODEX
DES ÖSTERREICHISCHEN RECHTS
SAMMLUNG DER ÖSTERREICHISCHEN BUNDESGESETZE

SOZIAL-VERSICHERUNG

1 ASVG
2 AlVG
3 KGG/KBGG
4 SUG
5 NSchG
6 BPGG
7 NeuFÖG
8 IVF-Fonds-G
9 AMPFG
10 GSVG
11 BSVG
12 FSVG
13 K-SVFG
14 NVG
15 B-KUVG
16 EU-BSVG
17 ARÜG
18 SV-EG
19 Int. Abk.

LINDE VERLAG

KODEX
DES ÖSTERREICHISCHEN RECHTS
SAMMLUNG DER ÖSTERREICHISCHEN BUNDESGESETZE

VERGABE-GESETZE

1 BVergG, Begl. Best., ABVV, ÖNORM, ErstreckVO, FormVO, BeschVO, Schw.Werte
2 Bgld VergG
3 Krnt VergG, DurchfVO
4 NÖ VergG, VergO
5 OÖ VergG
6 Sbg VergG, VergO
7 Stmk VergG
8 Tirol VergG
9 Vlbg VergG, Vergform
10 Wien VergG

LINDE

KODEX
DES ÖSTERREICHISCHEN RECHTS
SAMMLUNG DER ÖSTERREICHISCHEN BUNDESGESETZE

WIRTSCHAFTS-GESETZE

TEIL I

1 GewO, ÖffnungsZG, Sonn-, FBZG, NahVG, ReisebR, MaklerR, VerbrKV, ProduktSG, GelVG, KraftFLG, GüterbefG
2 BVergG, BB-GmbHG, EU-Recht, DienstL-RL, LieferK-RL, BauA-RL, RechtsM-RL, Sek-RL, SekRM-RL, StandF-RL
3 ElWOG, ERegBG, EigentEG, ÖkostromG, GWG, PreisTrG, RohrLG, EU-Recht, ElektrBM-RL, ErdgasBM-RL, EnergieT-RL
4 DSG, EU-Recht, DatenS-RL, DatenB-RL
5 PreisG, PreisAG, Preis-BÜG, EU-Recht, PreisA-RL
6 VerssG, EnLG, Erdöl-BMG, LMBG

LINDE VERLAG

KODEX
DES ÖSTERREICHISCHEN RECHTS
SAMMLUNG DER ÖSTERREICHISCHEN BUNDESGESETZE

WIRTSCHAFTS-GESETZE

TEIL II

1 WettbG, KartellG, EU-Recht, EGV, VO Nr. 17, Anhör-VO, Bagat-Bek, WettbR-VO, GruFr-VO, FusKon-VO
2 PatentG, SchuZG, GebrMG, HalbLSG, MarkenSG, MusterSG, ProdPirG, UrhebRG, VerwertG, EU-Recht, MarkenR-RL, Gem-Mark-VO, GemGM-VO, HalbL-RL, CompPr-RL, Verm-Verl-RL, SchutzD-RL, UrhebR-RL, Sat-RL, Biotech-E-RL, FolgeR-RL, ProdPir-VO
3 UWG, EU-Recht, IrrWerb-RL

LINDE VERLAG

KODEX

DES ÖSTERREICHISCHEN RECHTS

SAMMLUNG DER ÖSTERREICHISCHEN BUNDESGESETZE

ARBEITS-RECHT

LINDE VERLAG

1	AngG
2	GewO
3	ABGB
4	ArbVG
5	ArbAbfG
6	APSG
7	AVRAG
8	AuslBG
9	BEinstG
10	BPG
11	DNHG
12	EFZG
13	GleichbG
14	IESG
15	KautSchG
16	KJBG
17	KoalitG/AntiterrG
18	MSchG/EKUG
19	PatG
20	UrlG
21	BAG
22	BauArb
23	GAngG
24	HausbG
25	HausgG
26	HeimAG
27	JournG
28	SchauspG
29	ASchG
30	AZG/ARG
31	BäckAG
32	FrNachtAG
33	NSchG
34	ArbIG
35	AMFG
36	AÜG
37	VBG/StBG
38	ASGG
39	EO, AO, KO
40	EU-Recht

KODEX

DES ÖSTERREICHISCHEN RECHTS

SAMMLUNG DER ÖSTERREICHISCHEN BUNDESGESETZE

AUSHANGPFLICHTIGE GESETZE

LINDE VERLAG

1	ASchG DOK-VO Kenn-V AMZ-VO STZ-VO SFK-VO SVP-VO VGÜ BS-V VbA AStV AM-VO ESV GKV Bverbote
2	üVO
3	AAV
4	BauV
5	AZG FahrtbVO EU-VOen
6	ARG ARG-VO
7	MSchG
8	FrNArbG
9	KJBG KJBG-VO
10	KA-AZG
11	BäckAG
12	BEinstG
13	GleichbG

KODEX

DES ÖSTERREICHISCHEN RECHTS

SAMMLUNG DER ÖSTERREICHISCHEN BUNDESGESETZE

PFLEGEGELD-GESETZE

LINDE VERLAG

1	BPGG EinstVO EinbeziehungsVO RL-VO
2	Bundes- und Ländervereinb
3	Bgld PGG EinstVO
4	Krnt PGG EinstVO
5	NÖ PGG EinstVO
6	OÖ PGG EinstVO
7	Sbg PGG EinstVO Sb-NachsVO
8	Stmk PGG EinstVO PG-AnpassG PG-Öff.BedVO
9	Tirol PGG PflegebedVO
10	Vlbg PGG PflegebedVO
11	Wien PGG EinstVO ÜbertragungVO

KODEX

DES ÖSTERREICHISCHEN RECHTS

SAMMLUNG DER ÖSTERREICHISCHEN BUNDESGESETZE

STEUER-GESETZE

LINDE VERLAG

1	EStG
2	KStG
3	UmgrStG UmwG SpaltG
4	UStG
5	BewG
6	GrStG AbgLuF BWA
7	GebG
8	ErbStG
9	GrEStG
10	KVG
11	VersSt FSchSt
12	KfzStG StraBAG
13	Energie-abgaben
14	AbgZuw InvFG WKG NoVAG KGG Sicherheitsb KommSt NeuFöG WerbeAbg
15	FLAG KarenzgeldG KBGG
16	DBA Übersicht
17	BAO AVOG ZustellG AuskG
18	AbgEO
19	FinStrG
20	HGB
21	BWG
22	Amtshilfe
23	ASVG
24	WTBG

KODEX

DES ÖSTERREICHISCHEN RECHTS

SAMMLUNG DER ÖSTERREICHISCHEN BUNDESGESETZE

DOPPEL-BESTEUERUNGS-ABKOMMEN

1	Deutschland
2	Liechtenstein
3	Schweiz
4	Italien
5	Slowenien
6	Ungarn
7	Slowakei
8	Tschechien
9	CSSR
10	Belgien
11	Bulgarien
12	Dänemark
13	Finnland
14	Frankreich
15	Griechenland
16	Großbritannien
17	Irland
18	Kroatien
19	Luxemburg
20	Malta
21	Moldova
22	Niederlande
23	Norwegen
24	Polen
25	Portugal
26	Rumänien
27	Russland
28	Schweden
29	Spanien
30	Türkei
31	UdSSR
32	Ukraine
33	Weißrussland
34	Zypern
35	USA
36	Kanada
37	Argentinien
38	Brasilien
39	Australien
40	China
41	Japan
42	Armenien
43	Aserbaidschan
44	Georgien
45	Indien
46	Indonesien
47	Israel
48	Korea, Rep.
49	Malaysia
50	Pakistan
51	Philippinen
52	Tadschikistan
53	Thailand
54	Turkmenistan
55	Usbekistan
56	Ägypten
57	Südafrika
58	Tunesien
Anhang	EU-Recht

LINDE VERLAG

KODEX

DES ÖSTERREICHISCHEN RECHTS

SAMMLUNG DER ÖSTERREICHISCHEN BUNDESGESETZE

VERKEHRS-RECHT

1	StVO VO
2	PARKGEBÜHRENGESETZE: Bgld, Kärnten, NÖ, OÖ, Salzburg, Steiermark, Tirol, Vorarlberg, Wien
3	BStG
4	KFG KDV PBStV Kraftstoff-VO FSG + VO
5	GGBG VO
6	GüterbefG VO
7	GelegenheitsVG VO
8	KraftfahrlinienG
9	KHVG 1994 Kfz StG 1992 Nov AG 1991 BStFG 1996 Mautstrecken-VO StraBAG 1994
10	TGSt VO TGEisb
11	EKHG
12	EisenbahnG E-Kr VO SchLV SchIV
13	EBG
14	Transit
15	Ökopunkte-Vereinbarungen
16	EWG-RECHTSAKTE: VO 3820, VO 3821, Einheitsformulare, Verfahrensrichtlinie

LexisNexis

KODEX

DES ÖSTERREICHISCHEN RECHTS

SAMMLUNG DER ÖSTERREICHISCHEN BUNDESGESETZE

WEHR-RECHT

1	WG
2	B-VG NeutralVG SichVertDok NSR EMRK ZDG
3	AuslEins KSE-BVG AuslEG AZHG
4	HGG
5	APSG
6	HVG
7	MilStG
8	HDG
9	MBG
10	SperrGG
11	MunLG
12	MAG VerwMG
13	EZG
14	MilBFG
15	VFüDgrd
16	TrAufG InfoSiG NATO-SOFA NATO-PFP-SOFA

LexisNexis

KODEX

DES ÖSTERREICHISCHEN RECHTS

SAMMLUNG DER ÖSTERREICHISCHEN BUNDESGESETZE

ZOLLRECHT UND VERBRAUCHSTEUERN

1	ZK
2	ZBefrVO
3	ZK-DVO
4	ZollR-DG
5	ZollR-DV
6	KN-VO
7	EGV
8	EUBeitr
9	FristVO
10	AußHR
11	AußHStat
12	AHVO
13	BeitrRL
14	Nachg Waren
15	AusfErst
16	GrekoG
17	StraBAG
18	KfzStG
19	SystemRL
20	BeglDokVO VereinfBeglDokVO FrStellBeschVO
21	VStBefrV VStBeglDokV
22	AlkStG
23	BierStG
24	SchwStG
25	TabStG
26	MinStG
27	€
28	EG-AHG
29	EG-VAHG
30	TabMG
31	ALSaG
32	UStG
33	AVOG
34	FinStrG
35	BetrBek

LexisNexis

KODEX

DES ÖSTERREICHISCHEN RECHTS

SAMMLUNG DER ÖSTERREICHISCHEN BUNDESGESETZE

VETERINÄR-RECHT

1 TierÄG -Verordnungen
2 Staatliche VetVerwalt
3 TierSG -Verordnungen
4 BangSG -BangS-VO
5 RindLeukG -RindLeuk-UntsVO
6 IBR/IPV-G -Verordnungen
7 DeckSG -DeckS-VO
8 DasselBG
9 Veterinärrechtsanpass G ArtV
10 BienenSG
11 TGG -Verordnungen
12 Desinfektionsvorschriften
13 Tierkörperverwertung
14 FleischUG -Verordnungen
15 TAKG -Verordnungen
16 Völkerrechtl Verträge Übersicht
17 Nebenvorschriften

LexisNexis

KODEX

DES ÖSTERREICHISCHEN RECHTS

SAMMLUNG DER ÖSTERREICHISCHEN BUNDESGESETZE

ÄRZTE-RECHT

1 ÄrzteG Ärzte-AusbildungsO Ärztekammer-WO ÄrztelisteV ArbMedV EWR-ÄrzteV SchildO SchlichtungsO POÖAK StMV PhysikatsPV Ärzte-Eid
2 FA ZMK DentistenG Dentistenkammer-WO
3 PsychologenG EWR-PsychologenG PsychotherapieG EWR-PsychotherapieG
4 GuKG HebG KTG MTD-G MTF-SHD-G MMHmG SanG
5 AusbVorbG
6 AIDS-G AIDS-V-Infektion AIDS-V-Qualität EpidemieG AnzeigepflÜbertrK-V GeschlechtsKG TbcG
7 KrebsstatistikG KrebsstatistikV
8 KAG KA-AZG
9 ASchG AMZ-VO Arbeitsruhbeg-V
10 StrahlenschutzG StrahlenschutzV
11 AMG MeldepflichtV FachinformV MPG RezeptpflichtG
12 ApothekenG ApothekenBO
13 FMedG FMedV IVF-Fonds-G GTG
14 MuKiPaßV
15 ASVG V § 132c ASVG ReihungsKV
16 SMG SV PV
17 PStG PStV
18 StVO FSG FSG-GV KFG
19 StGB StVG
20 ABGB JWG

LexisNexis

KODEX

DES ÖSTERREICHISCHEN RECHTS

SAMMLUNG DER ÖSTERREICHISCHEN BUNDESGESETZE

KRANKEN-ANSTALTEN-GESETZE

1 KAKuG
2 Bundes- und Länder-vereinb
3 Bgld Bgld KAG
4 Krnt K-KAO
5 NÖ NÖ KAG
6 OÖ OÖ KAG
7 Sbg S-KAG
8 Stmk KALG
9 Tirol Tir KAG
10 Vlbg SpG
11 Wien Wr KAG

LexisNexis

KODEX

DES ÖSTERREICHISCHEN RECHTS

SAMMLUNG DER ÖSTERREICHISCHEN BUNDESGESETZE

VERWALTUNGS-VERFAHRENS-GESETZE

1 EGVG
2 AVG BVwAbgVO BKommGebVO AufwandersatzVO UVS-Verfhilfe-PauschVO BeglaubigungsVO
3 VStG VerfallsVO AnhO VorlSiVO OrgStVfVO
4 VVG EintrVO
5 AgrVG
6 DVG DVV
7 ZustellG ZFormVO ZustellÜb
8 VwFormV
9 FristenÜb
10 AmtssprVOen
11 AuskPflG B-BerichtspflG

LexisNexis

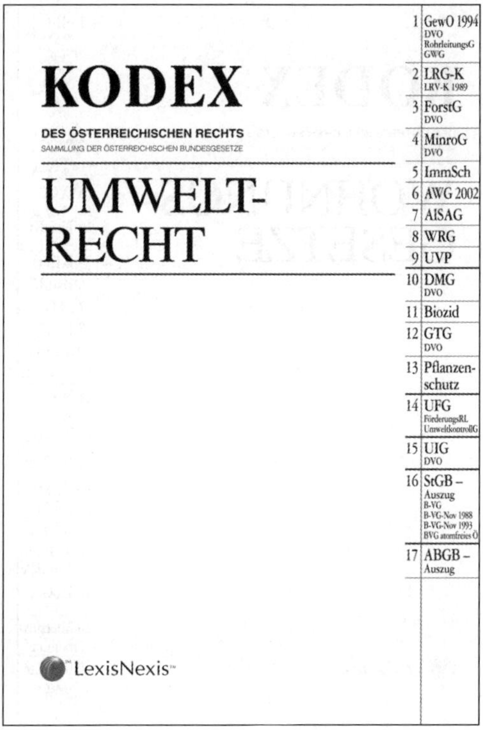
KODEX
DES ÖSTERREICHISCHEN RECHTS
SAMMLUNG DER ÖSTERREICHISCHEN BUNDESGESETZE
UMWELT-RECHT
1 GewO 1994 DVO RohrleitungsG GWG
2 LRG-K LRV-K 1989
3 ForstG DVO
4 MinroG DVO
5 ImmSch
6 AWG 2002
7 AISAG
8 WRG
9 UVP
10 DMG DVO
11 Biozid
12 GTG DVO
13 Pflanzenschutz
14 UFG FörderungsRL UmweltkontrollG
15 UIG DVO
16 StGB – Auszug B-VG B-VG-Nov 1988 B-VG-Nov 1993 BVG atomfreies Ö
17 ABGB – Auszug
LexisNexis

KODEX
DES ÖSTERREICHISCHEN RECHTS
SAMMLUNG DER ÖSTERREICHISCHEN BUNDESGESETZE
CHEMIKALIEN-RECHT
1 ChemG
2 VO
2/1 ChemV
2/2 AnmV
2/3 FCKW-VO
2/4 Selbstbedienungs V
2/5 Gift-MeldeV
2/6 mindgift Zub
2/7 GiftV 2000
2/8 FormaldehydV
2/9 vollhalFCKW
2/10 AsbestV
2/11 HalonenV
2/12 Antifoulings
2/13 Pentachlorphenol
2/14 LösungsmittelV
2/15 HFCKW-V
2/16 TrichlorethanV
2/17 HalogenV
2/18 GiftlisteV
2/19 GiftinfoV
2/20 PICV
2/21 PflanzenschutzV
2/22 CadmiumV
2/23 EU-V
2/24 PhosphatbestimmungsVO
2/25 KreosotV
2/26 HalonbankV
2/27 GLP-V
3 EU
3/1 Stoff-RL
3/1/1 ZusatzRL
3/2 Einstufungs-RL
3/3 Verbots-RL
3/4 Altstoff-V und DVO
3/5 PIC-V
3/6 Ozon-V
LexisNexis

KODEX
DES ÖSTERREICHISCHEN RECHTS
SAMMLUNG DER ÖSTERREICHISCHEN BUNDESGESETZE
WASSER-RECHT
1 WRG
2 VO
3/1 Best im AWG für Deponien
3/2 DeponieV
4 EU-RL
LexisNexis

KODEX
DES ÖSTERREICHISCHEN RECHTS
SAMMLUNG DER ÖSTERREICHISCHEN BUNDESGESETZE
ABFALL-RECHT UND ÖKO-AUDIT
1/1. AWG 2002
1/2/1. AltölVO
1/2/2. LampenVO
1/2/3. Kunststoff GetränkeVO
1/2/4. BatterieVO
1/2/5/1. FestsetzungsVO
1/2/5/2. K Ausstufung
1/2/6. SchmiermittelVO
1/2/9. AbfallnachweisVO
1/2/10. BauschuttVO
1/2/11. BiogeneVO
1/2/12. KunststoffkennVO
1/2/13. KühlgeräteVO
1/2/14/1. VO Außerkrafttreten und Inkrafttreten VerpackungsVO
1/2/14/2. VerpackungsVO
1/2/14/3. ZielVO Verpackabfälle
1/2/16. DeponieVO
1/2/17. V Verbrennung gef Abfälle
1/2/18. AbfallWP 2001
1/2/19. KompostV
1/3. Basler Übereinkommen
1/4/1. GewO 1994 (Auszug)
1/4/2. V Verbrennung gef A in gewerbl BA
1/5. MinroG (Auszug)
2. Landesabfallvorschriften (Auszug)
2/1. Burgenland
2/2. Kärnten
2/3. Niederösterreich
2/4. Oberösterreich
2/5. Salzburg
2/6. Steiermark
2/7. Tirol
2/8. Vorarlberg
2/9. Wien
3. AISAG
4. EU-Richtlinien und Verordnungen
5. Öko-Audit
LexisNexis

KODEX

DES ÖSTERREICHISCHEN RECHTS

SAMMLUNG DER ÖSTERREICHISCHEN BUNDESGESETZE

SCHUL-GESETZE

1	SchUG
	SchUG-B Berufsreifeprüf-G
	SchVeranst VO LB VO Zeugn.form VO
	Aufn.prüf VO
	abschl.Prüf VO AHS, AHS-B, BMHS, KIGA/SOZ
	Extern.prüf VO
	Schulordnung Aufsichtserlass sonst. SchUG VO
	Wahl VO Schüler, Eltern, SGA
	AStG Dipl.Supplement AStO, UPG
2	SchOG
	Beitrags VO Eröf. u. Teilz VO Univ.berecht VO sonst. SchOG VO
	BA f Leibeserzieher
3	SchZG SchZG-VO
4	SchPflG SchPflG-VO BAG, JASG
5	SchBeihG
6	PflSchErh-GG Bild.Dok.G
7	PrivSchG Luf PrivSchG
8	BSchAufsG BSchAufsG-VO
9	Luf SchGe LufBSchG ForstG Luf BerufsSchG Luf FachSchG
10	MindSchG Bgld MindSchG Ktn
11	SchVG SchVG-VO
12	Schule/Kirche RelUG, VO, StV, rel.Bekenntnisgem.G, OrientKG
13	FLAG, TabakG, ASVG
14	B-VG BVG 1962, 1975, StGG, StV, FAG 2001
15	Wr. SchulG

LexisNexis

KODEX

DES ÖSTERREICHISCHEN RECHTS

SAMMLUNG DER ÖSTERREICHISCHEN BUNDESGESETZE

WOHNUNGS-GESETZE

1	MRG MRG-Nov 1985 2. WÄG 3. WÄG RichtWG ABGB §§ 1090 ff ZPO §§ 560 ff JN §§ 49, 83 EO § 349 AO § 12a
2	WEG IRÄG 1982 Art X
3	WGG mit Verordnungen
4	HeizKG mit Verordnungen
5	BTVG
6	BauRG
7	LPG
8	KlGG
9	StadtEG
10	BodenbG
11	WFG
12	WSG
13	StartWG
14	B-SWBG
15	WWG
16	BWSF-G
17	KSchG
18	MaklerG ImmMV
19	HbG mit ArbVG
20	Mietzins-beihilfe
Anhang	ÖVI-Ehren-kodex

LexisNexis

KODEX

DES ÖSTERREICHISCHEN RECHTS

SAMMLUNG DER ÖSTERREICHISCHEN BUNDESGESETZE

UNIVERSITÄTS-RECHT

1	UOG 1993
2	KUOG
3	VOen aufgrund der Organisationsgesetze
	ImplemVOen
	GIVO
	EvalVO
	UBV
	BBVO
	KOVO
4	UniAkkG
5	DUK-Gesetz
6	UniStG
	EinrichtVO
	Studien-standortVOen
	UniStEVO 1997
	PersgrupVO
7	FHStG
8	HSG 1998
	HSWO 2001
9	StudFG
10	HTaxG
	StuBeiVO
	RErstVO
11	BDG 1979
12	GG
13	VBG
14	AbgelteG
15	B-GBG
	FFP

LexisNexis

KODEX

DES ÖSTERREICHISCHEN RECHTS

SAMMLUNG DER ÖSTERREICHISCHEN BUNDESGESETZE

INNERE VERWALTUNG

1	EGVG
2	AVG+VOen
3	VStG+VOen
4	VVG+VO
5	AgrVG
6	DVG+VO
7	ZustellG +VO +Üb
8	VwFormVO
9	FristenÜb
10	AmtssprVOen
11	AuskPflG B-BerichtspflG
12	SPG+VOen +Div. Gesetze +BKAG
13	MeldeG+VO
14	PaßG+VOen
15	StbG +VOen +BG
16	FrG+VOen
17	FlüchtlingsK +Abk, Prot, Üb
18	AsylG+VOen UBÄSG
19	BBetrG+VOen
20	GrekoG +VO und Kdm
21	SDÜ-BeitrittsÜb +Kdm, Prot, Beschl
22	SuSprmittelG
23	PyrotechG
24	WaffG+VOen
25	KriegsmatG+VO
26	VereinsG
27	VersammlG
28	DSG+VOen
29	MedienG+VOen
30	PornoG
	Anhang

LexisNexis

KODEX

DES ÖSTERREICHISCHEN RECHTS

HERAUSGEBER: UNIV.-PROF. DR. WERNER DORALT

FINANZMARKT-RECHT I

1 BWG
CRR-BegleitV
KI-RMV
MündelsicherheitsV
ReservenmeldungsV
ZKR-Austausch-VO
AP-VO
JKAB-V
VERA-V
STDM-V 2016
ZKRMV
EKV 2016
SK-EMV
KP-V
ParameterV

2 CRR + Ven
EZB-Finrep Ext-VO
EZB-Wahlrechte-VO
EZB-AnaCredit-VO
CRD-IV + Ven

3 ESAEG + Ven

4 BaSAG + Ven
EU-DelV und DVen
SRM-VO + Ven

5 SpG

6 BSpG + V

7 PSK-G

8 HypBG
PfandbriefG
+ EinfVen
FBSchVG
PfandbriefstelleG
KuratorenG

9 WBIB-G

LexisNexis®

KODEX

DES ÖSTERREICHISCHEN RECHTS

HERAUSGEBER: UNIV.-PROF. DR. WERNER DORALT

FINANZMARKT-RECHT II

1 ZaDiG + Ven
SEPA-VO
VZKG + VO
ÜberweisungsVO
Auftraggeber-datenVO
GeldtransferVO
ZertifizierungsVO
ZertifizierungsVO -Beschl
ZahlungsdiensteRL (PSD II)
Interbankenent-gelteVO (MIF)
E-GeldG + VO
DevisenG + Ven
SanktionenG
Euro-Begleit-gesetze
SchMG
WechselG + ScheckG

2 VKrG
VKrRL
HIKrG
FMA-MiKaNa-V
ImmoKrRL + VO
FernFinG
FernFinRL

3 FM-GwG + V
4. GW-RL
DelVO Drittländer

4 StabAbgG

5 KontRegG/KapAbflMG + Ven

6 GMSG + V
ADG
EU-Amtshilfe-RL

7 FMABG + Ven
NBG
EBA-VO
ESRB-VO
SSM-VO + Ven

8 FinStaG + Ven
ZaBiStaG
ÖIAG-G/ÖBIB-G
HypoSanG
HaftungsG Ktn

9 Finanzkonglo-merateG + V
FK-DelVO

10 APAG
RL-KG

LexisNexis®

KODEX

DES ÖSTERREICHISCHEN RECHTS

HERAUSGEBER: UNIV.-PROF. DR. WERNER DORALT

FINANZMARKT-RECHT III

1 WAG
HTAusnV
AusnV
IIKV
WPMV
WAG 2018
MiFIR
MiFIR DfVO
MiFID II
MiFID DfVO

2 BörseG + Ven
BörseG 2018
Veröff-V
MpV
VMV
TransV
ECV
2.LVV

3 Short-Selling-VO

4 Bench-mark-VO
Benchmark-DfVO
RW-VG

5 REMIT-VO

6 Strommärkte-VO

7 Treibhausgas-VO

8 Marktmissbrauchs-VO + Ven
MAD-Sankt
DRL-Meldung
Del-VO Ausn
DfVO Meldung Form
DfVO Eigengeschäft
DfVO Insider
TransRL + delVen
DfVO Infoaustausch ESMA

9 ESMA-VO

LexisNexis®

KODEX

DES ÖSTERREICHISCHEN RECHTS

HERAUSGEBER: UNIV.-PROF. DR. WERNER DORALT

FINANZMARKT-RECHT IV

1 KMG
HGebV
MVS-V
EU-ProspektVO
Prospekt-DfV
DelV VeröffNach
DelV Veröff
AquivalenzV

2 UDRBG
UDRB-KorrV

3 AltFG
AltF-InfoV

4 PRIIP-VO

5 DepG

6 FinSG

7 KEG

8 InvFG
AnteileV
InfoGlwV
4. DerRiskM-V
Geldmarktf-V
EU-Geldmarktf-VO
ÜbHi-V
TeilfondsV
KID-V
InvF-LRMV
FMV, WPV
OGAW KID-V
OGAW VerfV
OGAW Asset-RL
OGAW VwGesRL
OGAW-MF-RL
OGAW DelV VwSt
OGAW DfV Infoü

9 AIFMG
AIF-WarnV
AIFM-MV
AIFM-Ven
Risikokapital-fondsVO + DfVO
SozUnternehm-FondsVO + DfVO
ELIF-VO

10 ImmoInvFG
RisikohinweisV
OTC DerV
ProspInV

11 EMIR-VO + Ven
SFT-VO
SFT-VollzugsG
ZGVG + ZG-EKV

12 FinalitätsG
CSD-VO + ZvVG

13 BMSVG + Ven
PKG, BPG
DfV Pensfonds
EU-EbAV-RL

14 CRA-VO
RAVG
Ratingagenturliste

LexisNexis®

KODEX
DES ÖSTERREICHISCHEN RECHTS
HERAUSGEBER: UNIV.-PROF. DR. WERNER DORALT

LEBENSMITTELRECHT

1 LMSVG
2 Kennzeichnung
3 Lebensmittel
4 LM für spez. Gruppen
5 Wasser
6 Zusatzstoffe
7 Hygiene
8 Gebrauchsgegenstände
9 Kosmetika
10 Amtl Kontrolle
11 EG-Basis-Verordnung
12 EG-Hygiene-Verordnungen
13 EG-KontrollV
14 EG-ClaimsV
15 EG-AnreicherungsV
16 EU-Novel FoodV
17 EU-QuaDG

LexisNexis

KODEX
DES ÖSTERREICHISCHEN RECHTS
HERAUSGEBER: UNIV.-PROF. DR. WERNER DORALT

GESUNDHEITSBERUFE

1 GuKG – GuK-AV, GuK-TAV, FH-GuK-AV, GuK-SV, GuK-LFV, PA-PFA-AV, GuK-WV, GuK-BAV, GuK-AusweisV, GBR-BAV, GuK-EWRV, Art. 15a-B-VG-V SozbetrB
2 HebG – Heb-AV, FH-Heb-AV, HebAV, Heb-EWRV 2008, HebGSV, Heb-GWO
3 KTG – KT-AV
4 MABG – MAB-AV, TT-AV, TT-AkkV
5 MMHmG – MMHm-AV, MMHm-ZV, Hm-BerufsausweisV
6 MTD-G – FH-MTD-AV, V-RFS-MTD, MTD-AusweisV
7 MTF-SHD-G
8 MuthG
9 PsychologenG – EWR-PsychologenG, EWR-PsychologenV, PsychotherapieG, EWR-PsychotherapieG, EWR-PsychotherapieV
10 SanG – San-AV, SanAFV
11 ZÄG – ZASS-VO, BAG, Lehre ZfAO
12 GBRG

LexisNexis

KODEX
DES ÖSTERREICHISCHEN RECHTS
HERAUSGEBER: UNIV.-PROF. DR. WERNER DORALT

POLIZEIRECHT

1 SPG + Ven
2 PStSG
3 WaffGebrG
4 BKA-G
5 BAK-G
6 PolKG, EU-PolKG
7 Sonstige
8 StGB, VbVG
9 NebenG
10 StPO, JGG
11 StRegG, TilgG
12 Sonstige
13 EGVG + Sonstige
14 AVG
15 VStG, VVG + VwGVG
16 ZustellG
17 MeldeG + DV
18 PassG + DV
19 BFA-G + DV, BFA-VG + DV
20 FPG + DV
21 NAG + DV
22 AsylG + DV
23 GrekoG
24 SDÜ + Sonstige
25 AuslBG
26 WaffG + Ven
27 KriegsmatG + V
28 PyroTG + DV
29 SprG + Ven
30 MedienG
31 VersammlG
32 StVO + Ven
33 FSG + DV
34 KFG + Ven
35 Sonstige
36 B-VG
37 EMRK + ZP, StGG, HausRG, PersFrG
38 Sonstige
39 ABGB
40 AHG, OrgHG, PolBEG
41 ASVG
42 BDG + Ven

LexisNexis

KODEX
DES ÖSTERREICHISCHEN RECHTS
HERAUSGEBER: UNIV.-PROF. DR. WERNER DORALT

BESONDERES VERWALTUNGSRECHT

1 BVergG 2006
2 DSG
3 UG 2002
4 DMSG
5 KAKuG
6 GTG
7 SPG + BG KorruptPräv + PStSG
8 MeldeG
9 PassG
10 FPG
11 NAG
12 AsylG 2005
13 GVG-B 2005
14 WaffG
15 BFA-G
16 BFA-VG
17 PStG 2013
18 ForstG
19 WRG
20 AWG
21 IG-L
22 EG-K
23 UVP-G
24 StVO
25 KFG
26 FSG
27 GewO

LexisNexis

KODEX

DES ÖSTERREICHISCHEN RECHTS

HERAUSGEBER: UNIV.-PROF. DR. WERNER DORALT

COMPLIANCE FÜR UNTERNEHMEN

1 StrafR: StGB, VbVG, VStG
2 Lobbying u Medientransp.: LobbyG, BVG MedKF-T
3 FinanzR: FinStrG, BAO
4 Wettbewerbs R: KartG, UWG, AEUV
5 DatenschutzR: DSG, DSGVO
6 KapitalmarktR: BörseG, ECV, EU-Verordnungen
7 GesellschaftsR: ÖCGK, GmbH, AktG, EKEG, UGB
8 GewO: GewO, 2. GTV-GewO
9 ImmaterialgR: UrhG, MarkschG, MuSchG, PatG
10 ArbeitsR: AZG, ARG, ASchG, GlBG, LSD-BG, ASVG, ArbVG
11 Produktsicherheit: PSG 2004, PHG

LexisNexis

KODEX

DES ÖSTERREICHISCHEN RECHTS

HERAUSGEBER: UNIV.-PROF. DR. WERNER DORALT

DATENSCHUTZ

1 Datenschutz international: DSGVO, GDPR, RGPD, DS Übk, EMRK, GRC
2 Datenschutz national: DSG 2018, ABGB, ArbVG, MedienG, StGB, VStG, ECG
3 Telekom u E-Gov: DSRL elektr Kom, TKG, TKG-DSVO, E-GovG, StZRegBehV, ERegV
4 AuskPfl u Infoweiterv: AuskPflG, AuskPflG Länder, IWG
5 InfoSicherheit: NIS-RL, InfoSiG, InfoSiV
6 Gesundheit: GTelG, GTelV, ÄrzteG
7 Finanz: FM-GwG, WAG, VersVG, ZaDiG, VKrG, WiEReg
8 Transparenzdatenbank: TDBG, TDB-BetriebsV, 2. TDB-LeistAngV, TDB-LeistungsV, TDB-ÜbertragV, 2. TDB-ÜbertragV
9 Fluggastdaten: PNR-Daten RL
Anhang

Linde

LexisNexis

KODEX

DES ÖSTERREICHISCHEN RECHTS

HERAUSGEBER: UNIV.-PROF. DR. WERNER DORALT

VERSICHERUNGSRECHT

1 VersVG
2 PHG, KSchG, FernFinG
3 EuGVVO, Rom I + IPRG
4 KFG + ZustV, EKHG
5 KHVG, AKHB + AKKB
6 KHV Euro-Üb, Abk Ö-Schweiz
7 VOEG, Vertrag Ö-Schweiz
8 LFG, BGzLV
9 GewO, RSV + ERV-RVB
10 RAO | EIRAG | NO, WTBG | BiBuG, ÄrzteG
11 Sonstige HP-Vers
12 AVB: Leben, Kranken | Unfall, Sachversicherung, Einbruchdiebstahl, Feuer | Glas, Haftpfl., USKV, ÖÄK, Haushalt, Rechtsschutz, Transport + AÖSp (SVS/RVS)
13 VAG + VOen
14 PRIIP-VO
15 FMABG + VOen
16 BAG + VOen
17 GewO + VOen
18 MaklerG, AGB-VersMakler
19 Hagelvers-FöG
20 Tiervers-FöG
21 Waldbrandvers-Fö, ForstG + VO
22 Kapitalvers-FöG, EStG
23 VersStG + VO
24 FeuerschStG + VO
25 PKG + VOen
26 BPG
27 Kartellrecht
28 FM-GwG + VOen

LexisNexis

KODEX

DES ÖSTERREICHISCHEN RECHTS

HERAUSGEBER: UNIV.-PROF. DR. WERNER DORALT

VERSICHERUNGSRECHT

1 Solvency II
2 L2-VO
3 ITS: Zweckgesellschaften, Solvabilität, Gruppenaufsicht, Informationen, Aufsicht und Verfahren, Übergangsbestimmungen
4 EIOPA-GL: Allg. Best., Governance, Solvabilität, Gruppenaufsicht, Informationen, Aufsicht und Verfahren, Übergangsbestimmungen
5 Intl. Abk. Gleichwertigkeit
6 IMD + IDD + Beschwerde-Management
7 PRIIP-VO
8 EIOPA-VO
9 §§ 189 ff UGB, Bilanz-RL, VersBil-RL
10 §§ 268 ff UGB, AP-RL & VO
11 IORP/EbAV
12 4. GW-RL

LexisNexis

KODEX-Bestellformular

Titel	Preis im Abo EUR	Einzelpreis EUR
Verfassungsrecht 2019/20, inkl. App	32,-	40,-
Europarecht (EU-Verfassungsrecht) 2019, inkl. App	29,20	36,50
Völkerrecht 2018/19	26,80	33,50
Einführungsgesetze ABGB und B-VG 2019/20, inkl. App		13,00
Bürgerliches Recht 2019/20, inkl. App	28,80	36,-
Taschen-Kodex ABGB 2019		19,-
Familienrecht 2017, inkl. App	40,80	51,-
Unternehmensrecht 2019/20, inkl. App	30,-	37,50
Zivilgerichtliches Verfahren 2019/20, inkl. App	32,-	40,-
Internationales Privatrecht 2017, inkl. App	24,80	31,-
Taschen-Kodex Strafgesetzbuch 2019		14,-
Strafrecht 2019, inkl. App	28,80	36,-
Gerichtsorganisation 2019, inkl. App	60,80	76,-
Anwalts- und Gerichtstarife 9/2017	28,50	22,80
Justizgesetze 2018/19, inkl. App	21,20	26,50
Wohnungsgesetze 2018/19, inkl. App	41,60	52,-
Finanzmarktrecht Band I (Bankenaufsicht), inkl. App	60,80	76,-
Finanzmarktrecht Band II (Zahlungsverkehr), inkl. App	60,80	76,-
Finanzmarktrecht Band III (Wertpapierrecht, Börse), inkl. App	60,80	76,-
Finanzmarktrecht Band IV (Kapitalmarkt, Prospektrecht), inkl. App	60,80	76,-
Versicherungsrecht Band I 2019, inkl. App	56,-	70,-
Versicherungsrecht Band II 2018/19, inkl. App	44,-	55,-
Compliance für Unternehmen 2019, inkl. App	58,40	73,-
Legal Tech, inkl. App	49,60	62,-
Wirtschaftsprivatrecht, inkl. App	23,20	29,-
WirtschaftsG I (Öffentliches Wirtschaftsrecht) 2018/19, inkl. App	46,40	58,-
WirtschaftsG II (Wettbewerb, Gew. Rechtsschutz) 2019, inkl. App	52,-	65,-
WirtschaftsG III (UWG) 2015/16, inkl. App	27,20	34,-
WirtschaftsG IV (Telekommunikation) 2019/20	65,60	82,-
WirtschaftsG V (Wettbewerbs- und Kartellrecht) 2017	52,-	65,-
WirtschaftsG VI (Datenschutz) 2019, inkl. App	52,-	65,-
Vergabegesetze 2019	42,40	53,-
Arbeitsrecht 2018/19	31,20	39,-
EU-Arbeitsrecht 2016/17	52,-	65,-
Arbeitnehmerschutz 2019	28,-	35,-
Sozialversicherung (Bd. I) 2019, inkl. App	31,20	39,-
Sozialversicherung (Bd. II) 2019, inkl. App	29,60	37,-
Sozialversicherung (Bd. III) 2019	25,60	32,-
Personalverrechnung 2019	30,40	38,-
Steuergesetze 2019, inkl. App	30,40	39,-
Steuer-Erlässe (Bd. I) 2019, inkl. App	47,20	59,-
Steuer-Erlässe (Bd. II) 2019, inkl. App	25,60	32,-
Steuer-Erlässe (Bd. III) 2018/19, inkl. App	46,40	58,-
Steuer-Erlässe (Bd. IV) 2019, inkl. App	47,20	59,-
EStG - Richtlinienkommentar 2019, inkl. App	54,40	68,-
LStG - Richtlinienkommentar 2019	45,60	57,-
KStG - Richtlinienkommentar 2018	37,60	47,-
UmgrStG - Richtlinienkommentar 2018/19	46,40	58,-
UStG - Richtlinienkommentar 2019	40,80	51,-
Doppelbesteuerungsabkommen 2018, inkl. App	49,60	62,-
Zollrecht 2019, inkl. App	88,-	110,-
Finanzpolizei 2017, inkl. App	36,-	45,-
Rechnungslegung- und Prüfung 2019	41,60	52,-
Internationale Rechnungslegung IAS/IFRS 2019	22,40	28,-
Verkehrsrecht 2019, inkl. App	69,60	87,-
Wehrrecht 2019, inkl. App	41,60	52,-
Ärzterecht 2018/19, inkl. App	72,-	90,-
Krankenanstaltengesetze 2018	53,60	67,-
Gesundheitsberufe 2019, inkl. App	44,80	56,-
Veterinärrecht 2018/19	72,80	91,-
Umweltrecht 2019, inkl. App	84,-	105,-
EU-Umweltrecht 2019, inkl. App	78,40	98,-
Wasserrecht 2019, inkl. App	77,60	97,-
Abfallrecht mit ÖKO-Audit 2019, inkl. App	83,20	104,-
Chemikalienrecht 2018/19, inkl. App	32,-	40,-
EU-Chemikalienrecht 2019, inkl. App	76,-	95,-
Lebensmittelrecht 2018/19, inkl. App	69,60	87,-
Schulgesetze 2018/19	52,80	66,-
Universitätsrecht 2019, inkl. App	47,20	59,-
Besonderes Verwaltungsrecht 2019/20, inkl. App	55,20	69,-
Innere Verwaltung 2018/19, inkl. App	76,80	96,-
Asyl- und Fremdenrecht 2018/19, inkl. App	36,-	45,-
Polizeirecht 2019, inkl. App	46,40	58,-
Verwaltungsverfahrensgesetze (AVG) 2019/20, inkl. App	19,20	24,-
Landesrecht Vorarlberg 2018	92,-	115,-
Landesrecht Tirol 2019	102,40	128,-

Die Preise beziehen sich auf die angegebene Auflage, zzgl. Porto und Versandspesen. Satz- und Druckfehler vorbehalten.

Für Ihre Bestellung einfach Seite kopieren, gewünschte Anzahl eintragen, Bestellabschnitt ausfüllen und an Ihren Buchhändler oder an den Verlag LexisNexis ARD Orac **faxen: (01) 534 52-141** oder Tel.: (01) 534 52-5555.

Firma: .... Kundennr.: ....

Name: ....

Straße: ....

PLZ/Ort: .... Datum/Unterschrift: ....